中国科学技术协会
年　鉴
2023

中国科学技术出版社
·北　京·

图书在版编目（CIP）数据

中国科学技术协会年鉴 . 2023 / 中国科学技术协会组织编写 . -- 北京：中国科学技术出版社，2024.2

ISBN 978-7-5236-0355-0

Ⅰ . ①中…　Ⅱ . ①中…　Ⅲ . ①中国科学技术协会－2023－年鉴　Ⅳ . ①G322.25-54

中国国家版本馆 CIP 数据核字（2023）第 225206 号

责任编辑　韩　颖
装帧设计　中文天地
责任校对　焦　宁　邓雪梅　张晓莉　吕传新
责任印制　李晓霖

出　　版　中国科学技术出版社
发　　行　中国科学技术出版社有限公司发行部
地　　址　北京市海淀区中关村南大街16号
邮　　编　100081
发行电话　010-62173865
传　　真　010-62179148
网　　址　http://www.cspbooks.com.cn

开　　本　889mm × 1194mm　1/16
字　　数　2300千字
印　　张　65
彩　　插　68
印　　数　1—1600册
版　　次　2024年2月第1版
印　　次　2024年2月第1次印刷
印　　刷　北京华联印刷有限公司
书　　号　ISBN 978-7-5236-0355-0 / G · 1030
定　　价　460.00元

编辑说明

一、《中国科学技术协会年鉴》是一部综合性资料性工具书，由中国科学技术协会主办，2001年创刊，每年出版一卷，旨在全面、系统地反映中国科协系统为科技工作者服务、为创新驱动发展服务、为提高全民科学素质服务、为党和政府科学决策服务等各项事业发展变化的基本情况和发生的大事、要事、新事及有影响的事，为各方面了解中国科协提供信息和资料。

二、《中国科学技术协会年鉴》采用分类编辑法，主体内容设类目、分目、条目三个结构层次，以条目为表现内容的基本形式，全书条目的标题统一用黑体加【 】表示。

三、《中国科学技术协会年鉴（2023）》着重反映2022年中国科协系统的基本情况。全书设中央领导同志贺信，中国科协主席、党组书记讲话文章，重要文件，中国科协学习贯彻党的二十大精神专题，主要活动和重要事件，人物，表彰奖励，统计公报，全国学会（协会、研究会）简况，省（自治区、直辖市，新疆生产建设兵团）科协简况，大事记，附录12个类目。

四、本年鉴配备双重检索系统，书前刊有目录，书后配有索引。索引采用主题分析法，款目按汉语拼音字母顺序排列。

五、本年鉴的编辑出版工作得到各撰稿单位的通力合作，谨此致谢。本卷疏漏之处，敬请批评指正。

《中国科学技术协会年鉴（2023）》编辑委员会

《中国科学技术协会年鉴（2023）》编辑部

（编辑部设在中国科协信息中心）

目　录

中央领导同志贺信

中国科协主席、党组书记讲话文章

重要文件

中国科协学习贯彻党的二十大精神专题

中国科协2022年主要活动和重要事件

人　物

表彰奖励

中国科协 2022 年度事业发展统计公报

全国学会、协会、研究会（含受委托管理的学会）简况

省、自治区、直辖市科协，新疆生产建设兵团科协简况

大事记

附　录

索　引

中国科学技术协会章程

（中国科学技术协会第十次全国代表大会部分修改，2021 年 5 月 30 日通过）

第一章　总　则

第一条　中国科学技术协会是中国科学技术工作者的群众组织，是中国共产党领导下的人民团体，是党和政府联系科学技术工作者的桥梁和纽带，是国家推动科学技术事业发展、建设世界科技强国的重要力量。

第二条　中国科学技术协会坚持以下宗旨：

高举中国特色社会主义伟大旗帜，坚持以马克思列宁主义、毛泽东思想、邓小平理论、“三个代表”重要思想、科学发展观、习近平新时代中国特色社会主义思想为指导，增强“四个意识”、坚定“四个自信”、做到“两个维护”，按照“五位一体”总体布局和“四个全面”战略布局，坚持科学技术是第一生产力，坚持把创新作为引领发展的第一动力，把人才作为支撑发展的第一资源，坚持面向世界科技前沿、面向经济主战场、面向国家重大需求、面向人民生命健康，充分发挥作为国家创新体系重要组成部分的作用。

牢牢把握增强政治性、先进性、群众性要求，建设开放型、枢纽型、平台型科协组织，坚持为科技工作者服务、为创新驱动发展服务、为提高全民科学素质服务、为党和政府科学决策服务，促进科学技术的繁荣和发展，促进科学技术的普及和推广，促进科技人才的成长和提高，促进科技智库作用的发挥和彰显。坚持面向世界、面向未来，增进对国际科技界的开放、信任、合作，为推动构建人类命运共同体作出更大贡献。

坚定不移走中国特色社会主义群团发展道路，最广泛地把广大科技工作者团结凝聚在党的周围，自觉履行高水平科技自立自强的使命担当，为全面建设社会主义现代化国家、实现中华民族伟大复兴的中国梦而努力奋斗。

第三条　中国科学技术协会由全国学会、协会、研究会（以下学会、协会、研究会简称学会），地方科学技术协会及基层组织组成。

地方科学技术协会由同级学会和下一级科学技术协会及基层组织组成。

第四条　中国科学技术协会党组发挥领导作用，把方向、管大局、保落实，加强对业务工作和党的建设的领导，确保党的理论和路线方针政策的贯彻落实。

第五条　中国科学技术协会倡导尊重劳动、尊重知识、尊重人才、尊重创造的风尚，弘扬科学家精神，坚持独立自主、民主办会的原则和“百花齐放、百家争鸣”的方针，依法依章程开展工作。

第六条　中国科学技术协会高举爱国主义旗帜，加强与香港特别行政区、澳门特别行政区和台湾地区的科学技术交流，维护民族团结，促进祖国统一。

第七条　每年 5 月 30 日为“全国科技工作者日”。

第二章　任　务

第八条　引导科技工作者学习贯彻习近平新时代中国特色社会主义思想，宣传党的路线方针政策，密切联系科技工作者，反映科技工作者的建议、意见和诉求，维护科技工作者的合法权益，建设有温度、可信赖的科技工作者之家。

第九条　开展学术交流，活跃学术思想，倡导学术民主，优化学术环境，促进学科发展，协同组织推进世界一流科技期刊培育建设，推进国家创新体系建设。

第十条　组织科技工作者开展科技创新，开展科技志愿服务，参与科学论证和咨询服务，坚定创新自信，着力攻克关键核心技术，加快科学技术成果转化应用，助力创新发展，促进科技创新与经济社会发展深度融合。

第十一条　弘扬科学精神，普及科学知识，推广先进技术，传播科学思想，倡导科学方法，捍卫科学尊严，提高全民科学素质。

第十二条　健全科学共同体的自律功能，推动建立和完善科学研究诚信监督机制，促进科学道德建设，加强科技伦理建设，涵养优良学风，宣传优秀科技工作者，培育科学文化，践行社会主义核心价值观。

第十三条　组织科技工作者参与国家科技战略、规划、布局、政策、法律法规的研究、咨询和制定，参与国家事务的政治协商、科学决策、民主监督工作，建设中国特色高端科技创新智库。

第十四条　组织学会有序承接科技评估、工程技术领域职业资格认定、技术标准研制、国家科技奖励推荐等政府委托工作或转移职能。支持地方科学技术协会承接政府的科技类公共服务职能。

第十五条　注重激发青少年科技兴趣，推进科技人才队伍建设，造就更多国际一流的科技领军人才和创新团队，培养具有国际竞争力的青年科技人才后备军。表彰奖励优秀科技工作者，举荐科技人才。

第十六条　开展民间国际科学技术交流活动，促进国际科学技术合作，支持学会等加入国际科技组织，推动设立国际科技组织或分支机构，参与国际科技事务和全球科技治理。加强中国工程师联合体建设，扩大与国际工程师组织合作。支持科技工作者在国际科技组织和重大国际科技议程中发挥积极作用。发展同国（境）外科学技术团体和科技工作者的友好交往，为国际科技组织和海外科技人才来华交流合作、创新创业提供服务。

第十七条　兴办符合中国科学技术协会宗旨的社会公益性事业。

第三章　会　员

第十八条　中国科学技术协会实行团体会员制。

学会和基层组织，符合条件的，经批准可成为同级科学技术协会的团体会员。

学会和基层组织发展个人会员。支持学会发展港澳台和外籍会员，吸纳港澳台和外籍科学家在学会任职。

第十九条　会员的权利和义务：

团体会员可推选代表参加科学技术协会代表大会，享有选举权、被选举权和监督权；参加科学技术协会的活动，对科学技术协会的工作提出建议和批评并进行监督。

团体会员须遵守本章程，接受科学技术协会的领导，执行科学技术协会的决议和决定，开展符合本章程规定的各项活动，承担科学技术协会委托的工作任务。

个人会员的权利和义务由学会和基层组织章程规定。

第四章　全国领导机构

第二十条　全国代表大会和它选举产生的全国委员会是中国科学技术协会全国领导机构。

全国代表大会常务委员会是全国代表大会的常设机构。

第二十一条　全国代表大会每五年举行一次，由全国委员会召集。特殊情况下，可以提前或延期举行。

第二十二条　全国代表大会的代表名额和选举办法由常务委员会决定，其代表经全国学会和省、自治区、直辖市科学技术协会及有关方面民主协商，选举产生，实行任期制。

第二十三条　全国代表大会行使下列职权：

一、决定中国科学技术协会的工作方针和任务；

二、审议和批准全国委员会的工作报告；

三、制定和修改中国科学技术协会章程；

四、选举产生全国委员会；

五、决定其他重大事项。

第二十四条　全国委员会会议每年举行一次，由常务委员会召集。

第二十五条　全国委员会行使下列职权：

一、执行全国代表大会的决议；

二、选举主席、副主席和常务委员会委员；

三、审议中国科学技术协会年度工作报告；

四、决定授予荣誉职务；

五、决定其他重大事项。

第二十六条　全国委员会闭会期间，常务委员会领导中国科学技术协会的工作，实施全国委员会确定的任务，批准全国委员会委员的变更、增补或撤销，会员的接纳、退出或处理；决定常务委员会委员、全国委员会副主席的调整，并提交全国委员会会议批准。

常务委员会会议一般每半年举行一次，由主席召集，也可由主席委托副主席召集。

第二十七条 常务委员会下设书记处。书记处由第一书记和书记若干人组成，人选由主席提名，经常务委员会通过。书记处在常务委员会领导下主持中国科学技术协会的日常工作。

第二十八条 常务委员会设置若干工作委员会和专门委员会，协助审议需经常务委员会审定的有关事项。

第二十九条 常务委员会根据需要，聘请成就卓著的科学家为中国科学技术协会顾问。

第三十条 全国委员会委员和常务委员会委员应珍惜荣誉，遵守纪律，认真履职。全国委员会委员连续两次无故缺席全国委员会会议，没有正常履职的，一般应辞去全国委员会委员职务；常务委员会委员三次无故缺席常务委员会会议，没有正常履职的，一般应辞去常务委员会委员职务。

因为严重违纪受到查处或受到刑事处罚的，撤销委员职务，同时终止全国代表大会代表资格。

第五章 全国学会

第三十一条 本章程所称全国学会是按自然科学、技术科学、工程技术及相关科学的学科领域组建或以促进科学技术发展和普及为宗旨的社会团体。

第三十二条 加入中国科学技术协会的全国学会须满足以下基本条件：

一、承认并遵守中国科学技术协会章程；

二、按照社会团体登记管理规定依法登记；

三、学会负责人应在相关领域有重要影响，个人会员达到1000名以上；

四、有健全的党组织，能正常开展党的工作；

五、经常开展国内外学术交流活动，具有较强的服务科技创新、决策咨询和科学技术普及能力，编辑出版科学技术或科学普及刊物，原则上应设有科学技术奖项；

六、有实体办事机构、固定办公场所和专职工作人员。

第三十三条 符合本章程第三十二条规定的全国学会，向中国科学技术协会提出申请，经常务委员会批准，即为中国科学技术协会的团体会员。

第三十四条 加入中国科学技术协会的全国学会接受中国科学技术协会的领导，执行中国科学技术协会的决议，承担并完成中国科学技术协会委托的任务，选举代表参加中国科学技术协会全国代表大会。

全国学会退出中国科学技术协会，须经中国科学技术协会常务委员会批准。

第三十五条 全国学会会员代表大会每四至五年举行一次，决定学会的工作方针和任务，审议和批准学会理事会的工作报告和财务报告，制定、修改学会章程，选举新的理事会、监事会。

全国学会办事机构在理事会领导下开展工作。

第三十六条 全国学会可根据学科发展需要组建学会联合体，有条件的学会联合体应设立党的工作机构。学会联合体为非法人社团组织，其成立或解散须经中国科学技术协会常务委员会批准。

第三十七条 全国学会有下列情形之一的，经中国科学技术协会批准，给予限期整改、警告、撤销团体会员资格等处理：

一、履职不力、组织涣散的，责令限期整改；

二、限期整改后仍无明显改进的，经批准，给予警告；

三、违反国家法律法规，或严重违反中国科学技术协会章程，造成严重不良后果的，经常务委员会批准，撤销团体会员资格。

第六章 地方科学技术协会

第三十八条 本章程所称地方科学技术协会指省（自治区、直辖市）科学技术协会，市（地、州、盟）科学技术协会和县（市、区、旗）科学技术协会。地方科学技术协会是中国科学技术协会的地方组织，是地方同级党委领导下的人民团体。

第三十九条 地方科学技术协会一般应设立党组。地方科学技术协会应在同级党委领导和上级科学技术协会指导下，结合本地实际履行职责，定期向同级党委和上一级科学技术协会报告工作。

省级以下（含省级）学会接受同级科学技术协会领导，业务上受相应的上级学会指导。

第四十条 地方科学技术协会执行中国科学技术协会的章程和决议，推选代表参加上级科学技术协会代表大会。

第四十一条 地方各级科学技术协会代表大会和它选举产生的地方科学技术协会委员会是地方科学技术协会的领导机构，每届任期五年。市（县）级及以下科学技术协会应注重吸纳教育、医疗卫生、农业技术推广等领域的机构负责人进入领导机构。

地方科学技术协会代表大会每五年举行一次，决定本地区科学技术协会的工作方针和任务，审议地方科学技术协会委员会的工作报告，选举地方科学技术协会委员会。上一级科学技术协会负责人一般应到会指导。

地方科学技术协会委员会会议每年举行一次，由同级科学技术协会常务委员会召集。

地方科学技术协会委员会闭会期间，由地方科学技术协会常务委员会领导地方科学技术协会工作。

地方科学技术协会常务委员会会议一般每半年举行一次，由主席召集，也可由主席委托副主席召集。

地方科学技术协会主席、副主席选举结果应报上一级科学技术协会备案。

第七章　基层组织

第四十二条 中国科学技术协会的基层组织，在本单位同级党组织的领导和地方科学技术协会的指导下，依照本章程开展活动。

科技工作者集中的高等学校、科研院所、医院、企业、园区等单位，经党组织隶属关系所在地的科学技术协会审批，可以建立科学技术协会（科学技术普及协会）等基层组织。

乡镇（街道）、村（社区）可以建立科学技术协会（科学技术普及协会、农村专业技术协会）等基层组织。

第四十三条 中国科学技术协会和地方科学技术协会可依规模和影响发展符合条件的基层组织作为团体会员。

第四十四条 基层组织应立足自身特点，动员和组织科技工作者开展学术交流，普及科学技术，推广实用技术，助力创新驱动，服务大众创业、万众创新，发挥在社会治理中的作用。

第四十五条 基层组织应大力发展个人会员，及时准确反映基层科技工作者的建议、意见和诉求，建好科技工作者之家、广交科技工作者之友。

第八章　工作人员

第四十六条 各级科学技术协会按照信念坚定、为民服务、勤政务实、敢于担当、清正廉洁的标准，加强对工作人员的管理，建设一支忠诚干净担当的高素质、专业化干部队伍。

第四十七条 各级科学技术协会工作人员应热爱科学技术协会的事业，牢固树立为科技工作者服务的思想，持续改进工作作风，深入实际和基层，密切联系和真诚服务科技工作者，不断提高政策水平、专业技能和社会服务能力。

第四十八条 各级科学技术协会要加强对工作人员的培养和教育，有计划有组织地开展培训工作，提高工作人员的政治和业务素质。

第四十九条 各级科学技术协会及所属团体工作人员应自觉加强纪律和道德约束，共同维护科学技术协会作为科技工作者之家的良好形象，不得肆意贬损诋毁。如有违犯者，视情节轻重给予处理。

第九章　经费及资产管理

第五十条 经费来源：

一、财政拨款；

二、资助；
三、捐赠；
四、会费；
五、企事业收入；
六、其他收入。

第五十一条 建立学术交流、科学技术普及、人才举荐和奖励等专项基金。

第五十二条 建立常务委员会领导下的民主理财管理体制。

第五十三条 各级科学技术协会的经费、资产及国家和地方拨给科学技术协会的不动产受法律保护，任何单位和个人不得侵占、挪用和任意调拨；各级科学技术协会所属企业、事业单位的资产隶属关系不得随意改变。

第十章 会 徽

第五十四条 中国科学技术协会会徽由古天象仪、航天器、齿轮、麦穗、蛇杖以及中文和英文标出的中国科学技术协会名称组成。

第五十五条 中国科学技术协会会徽可在办公地点、活动场所、会议会场悬挂，在出版物上印制，也可制作成徽章佩戴。

第十一章 附 则

第五十六条

中国科学技术协会简称中国科协。

中国科学技术协会会址设在北京。

中国科学技术协会的英文全称是 CHINA ASSOCIATION FOR SCIENCE AND TECHNOLOGY，缩写为 CAST。

科学技术工作者简称科技工作者。

第五十七条 全国委员会依照本章程制定《全国学会组织通则》。

第五十八条 全国学会依据有关社会团体登记管理规定、本章程制定学会章程。

地方科学技术协会可根据本章程制定实施细则。

第五十九条 本章程解释权属中国科学技术协会。

第六十条 本章程经中国科学技术协会全国代表大会通过实施。

中国科学技术协会会徽

中国科学技术协会会徽由古天象仪、航天器、齿轮、麦穗、蛇杖以及中文和英文标出的中国科学技术协会名称组成。

中国科学技术协会会徽可在办公地点、活动场所、会议会场悬挂，在出版物上印制，也可作为徽章佩戴。

中国科学技术协会标识

中国科学技术协会标识图案为双面拓扑图形，造型富于变化，富有动感。舞动的丝带寓意中国科协是党和政府联系广大科技工作者的桥梁和纽带，象征科协组织具有蓬勃的生命力和创造力。

中国科学技术协会简介

一、历史沿革

中华人民共和国成立前夕，党中央为团结科技工作者，为新中国建设事业贡献力量，邀请科技界派代表参加中国人民政治协商会议，批准由中国科学社、中华自然科学社、中国科学工作者协会和东北自然科学研究会等 4 个科学团体共同发起，筹备召开中华全国自然科学工作者代表会议（简称科代会）。1949 年 7 月，科代会筹备会议在北平召开，选出正式代表 15 人和候补代表 2 人参加中国人民政治协商会议。1950 年 8 月，科代会在北京举行，决定成立“中华全国自然科学专门学会联合会”（简称全国科联）和“中华全国科学技术普及协会”（简称全国科普），推举地质学家李四光为全国科联主席、林学家梁希为全国科普主席。

1958 年 9 月，经党中央批准，全国科联和全国科普合并，正式成立全国科技工作者的统一组织——中国科学技术协会。至今，中国科协先后召开十次全国代表大会，李四光、周培源、钱学森、朱光亚曾分别担任第一、二、三、四届全国委员会主席，周光召为第五、六届全国委员会主席，韩启德为第七、八届全国委员会主席，2016 年 6 月，万钢当选为第九届全国委员会主席。2021 年 5 月，万钢当选第十届全国委员会主席。1991 年 1 月，全国政协七届十二次常委会议决定，恢复中国科协为全国政协组成单位。

二、宗旨任务

1. 宗旨

高举中国特色社会主义伟大旗帜，坚持以马克思列宁主义、毛泽东思想、邓小平理论、“三个代表”重要思想、科学发展观、习近平新时代中国特色社会主义思想为指导，增强“四个意识”、坚定“四个自信”、做到“两个维护”，按照“五位一体”总体布局和“四个全面”战略布局，坚持科学技术是第一生产力，坚持把创新作为引领发展的第一动力，把人才作为支撑发展的第一资源，坚持面向世界科技前沿、面向经济主战场、面向国家重大需求、面向人民生命健康，充分发挥作为国家创新体系重要组成部分的作用。

牢牢把握增强政治性、先进性、群众性要求，建设开放型、枢纽型、平台型科协组织，坚持为科技工作者服务、为创新驱动发展服务、为提高全民科学素质服务、为党和政府科学决策服务，促进科学技术的繁荣和发展，促进科学技术的普及和推广，促进科技人才的成长和提高，促进科技智库作用的发挥和彰显。坚持面向世界、面向未来，增进对国际科技界的开放、信任、合作，为推动构建人类命运共同体作出更大贡献。

坚定不移走中国特色社会主义群团发展道路，最广泛地把广大科技工作者团结凝聚在党的周围，自觉履行高水平科技自立自强的使命担当，为全面建设社会主义现代化国家、实现中华民族伟大复兴的中国梦而努力奋斗。

2. 任务

一是引导科技工作者学习贯彻习近平新时代中国特色社会主义思想，宣传党的路线方针政策，密切联系科技工作者，反映科技工作者的建议、意见和诉求，维护科技工作者的合法权益，建设有温度、可信赖的科技工作者之家。二是开展学术交流，活跃学术思想，倡导学术民主，优化学术环境，促进学科发展，协同组织推进世界一流科技期刊培育建设，推进国家创新体系建设。三是组织科技工作者开展科技创新，开展科技志愿服务，参与科学论证和咨询服务，坚定创新自信，着力攻克关键核心技术，加快科学技术成果转化应用，助力创新发展，促进科技创新与经济社会发展深度融合。四是弘扬科学精神，普及科学知识，推广先进技术，传播科学思想，倡导科学方法，捍卫科学尊严，提高全民科学素质。五是健全科学共同体的自律功能，推动建立和完善科学研究诚信监督机制，促进科学道德建设，加强科技伦理建设，涵养优良学风，宣传优秀科技工作者，培育科学文化，践行社会主义核心价值观。六是组织科技工作者参与国家科技战略、规划、布局、政策、法律法规的研究、咨询和制定，参与国家事务的政治协商、科学决策、民主监督工作，建设中国特色高端科技创新智库。七是组织学会有序承接科技评估、工程技术领域职业资格认定、技术标准研制、国家科技奖励推荐等政府委托工作或转移职能。支持地方科学技术协会承接政府的科技类公共服务职能。八是注重激发青少年科技兴趣，推进科技人才队伍建设，造就更多国际一流的科技领军人才和创新团队，培养具有国际竞争力的青年科技人才后备军。表彰奖励优秀科技工作者，举荐科技人才。九是开展民间国际科学技术交流活动，促进国际科学技术合作，支持学会等加入国际科技组织，推动设立国际科技组织或分支机构，参与国际科技事务和全球科技治理。加强中国工程师联合体建设，扩大与国际工程师组织合作。支持科技工作者在国际科技组织和重大国际科技议程中发挥积极作用。发展同国（境）外科学技术团体和科技工作者的友好交往，为国际科技组织和海外科技人才来华交流合作、创新创业提供服务。十是兴办符合中国科学技术协会宗旨的社会公益性事业。

三、组织状况

中国科学技术协会由全国学会、协会、研究会，地方科学技术协会及基层组织组成。地方科学技术协会由同级学会、协会、研究会和下一级科学技术协会及基层组织组成。全国学会、协会、研究会是中国科学技术协会的团体会员。各级地方学会、协会、研究会是同级地方科学技术协会的团体会员。县级以上科学技术协会发展团体会员。学会和基层组织发展个人会员。

中国科学技术协会全国代表大会和它选举产生的全国委员会是中国科学技术协会全国领导机构。全国委员会闭会期间，常务委员会领导中国科学技术协会的工作。常务委员会下设书记处，设置若干工作委员会和专门委员会。书记处在常务委员会的领导下主持中国科学技术协会的日常工作。

A Brief Introduction to the China Association for Science and Technology

As the largest non-governmental organization of scientific and technological professionals in China, the China Association for Science and Technology (CAST) serves as a bridge that links the Communist Party of China and the Chinese government to the country's science and technology community. Through its 210 national member societies and local branches all over the country, CAST maintains close ties with millions of Chinese scientists, engineers and other professionals working in the fields of science and technology.

The history of CAST can trace back to the eve of the founding of the People's Republic of China in 1949 when a number of the nation's primary scientific and technological organizations gathered at a meeting to call upon the country's science and technology community to dedicate all their efforts to the building of New China. The meeting led to the birth in 1950 of two new national organizations — the All-China Federation of Natural Science Societies and the All-China Association for Science Popularization. In September 1958, the two organizations decided at their joint congress to merge into a unified single organization — the China Association for Science and Technology.

Since its inauguration, CAST has made significant contributions to the prosperity and development of science and technology, to the popularization of science and technology among the public, to the emerging of large numbers of professional talents, and to the overall economic and social development in China.

As the bridge linking Chinese science and technology community with the Communist Party of China and the Chinese government, CAST is a constituent member of the country's top political advisory body — the Chinese People's Political Consultative Conference (CPPCC), where it joins all the political parties and other social groups in the state affairs through political consultation, policy-making and democratic supervision.

CAST maintains cooperative relations with scientific and technological organizations of many countries and, as the representative of the Chinese science and technology community, is the national members of ICSU, WFEO and many other international scientific and technological organizations. In 2004, CAST was granted consultative status with the Economic and Social Council of the United Nations.

The highest leading organ of CAST is the National Congress that meets every five years and the National Committee elected by it. The President of the current National Committee is Prof. Dr. Wan Gang. The Secretariat appointed by the National Committee is responsible for the daily operation of CAST.

Major tasks of CAST include:

1) to carry out academic exchanges, activate academic thinking, promote the development of all scientific disciplines, and stimulate independent innovation.

2) to organize scientific and technological professionals to contribute to the establishment of a technological innovation system that takes enterprises as the main body and can significantly enhance the enterprises' innovation ability.

3) to carry forward the scientific spirit, popularize scientific knowledge and disseminating scientific ideas and methods according to the Law of the People's Republic of China on Science and Technology Popularization; uphold the dignity of science, promote the application of advanced technologies, encourage and organize science educational activities among children and youth, and improve the scientific literacy of all citizens.

4) to reflect suggestions, opinions and demands of scientific and technological professionals, and safeguard their legitimate rights and interests.

5) to push forward the establishment and improvement of a research integrity supervision mechanism, and promote the construction of scientific ethics and a fine style of study.

6) to organize scientific and technological professionals to participate in the making of science and technology-related policies and laws; organize scientific and technological professionals to participate in the political consultation, scientifically informed decisions and democratic supervision of state affairs.

7) to recognize and reward outstanding scientific and technological professionals, and recommend scientific and technological talents.

8) to provide scientific augmentation and consulting services, and policy advice, facilitate the transformation of research results; undertake project evaluation and appraisal, participate in the formulation of technical standards, professional qualification accreditation.

9) to organize international science and technology exchange programs, promote international scientific and technological cooperation, and develop cooperative relations with scientific and technological organizations and personnel worldwide.

10) to carry out continuing education and training programs.

11) to develop social and public welfare institutions cohering to the aim of the China Association for Science and Technology.

中央领导同志贺信

习近平向发展中国家科学院第 16 届学术大会暨第 30 届院士大会致贺信

11 月 21 日，国家主席习近平向发展中国家科学院第 16 届学术大会暨第 30 届院士大会致贺信。

习近平指出，中方高度重视基础科学发展，愿同包括广大发展中国家在内的世界各国一道，进一步增进国际科技界开放、信任与合作，以科学繁荣发展造福各国人民，为推进全球发展倡议、落实联合国 2030 年可持续发展议程、推动构建人类命运共同体作出贡献。

发展中国家科学院第 16 届学术大会暨第 30 届院士大会当日在浙江省杭州市开幕，主题为“基础科学推动发展中国家循证决策与可持续发展”，由发展中国家科学院主办、浙江大学承办、中国科协和中国科学院协办。

李克强向2022世界新能源汽车大会致贺信

8月27日，国务院总理李克强向2022世界新能源汽车大会致贺信。

李克强表示，中国是汽车生产和消费大国，近年来新能源汽车产业发展迅速，产销量和保有量位居世界前列，已进入全面市场化拓展期。发展新能源汽车不仅有利于先进制造业和绿色低碳发展，也有利于丰富消费者选择和提供高质量产品。

李克强指出，中国作为世界最大发展中国家，无论是应对气候变化，还是推动绿色低碳发展，都需要开展广泛国际合作。长期以来，中国同汽车产业发展较早的国家开展了装备、技术、标准等领域的交流合作，既实现了优势互补，又共同促进了产业发展和升级。我们对新能源汽车产业的支持政策是符合国际规则的，对在华注册的新能源汽车企业是一视同仁的。中国将继续以开放的姿态深化新能源汽车产业相关领域的国际合作，以合作促发展，以发展促升级，同各方更好实现互利共赢，共同为汽车产业发展谋划新篇章，为全球经济社会可持续发展增添新动能。

中国科协主席、党组书记讲话文章

在2022年全国科技工作者日主场活动上的讲话

（2022年5月30日）

全国政协副主席、中国科协主席　万　钢

各位来宾，全国广大科技工作者朋友们：

今天，我们迎来了第六个“全国科技工作者日”。当前，广大科技工作者坚守抗疫、生产和科研一线，为积极应对疫情防控的严峻考验，为保障人民生命健康，为推动经济发展、社会稳定和国家安全作出了不懈努力与巨大贡献。

全国科技工作者日和全国科技活动周的各项活动也正在蓬勃开展，广大科技工作者深入田间地头、厂矿车间、学校社区，弘扬“研必以报效国家为己任，学必以服务人民为荣光”的科技志愿服务精神，以实际行动践行着创新争先、自立自强的时代主题和科技报国、创新为民的初心使命。在此，我谨代表中国科学技术协会，向广大科技工作者致以良好祝愿和崇高敬意！

党的十八大以来，广大科技工作者坚持以习近平新时代中国特色社会主义思想为指引，大力弘扬科学家精神，涵养优良学风，在建设创新型国家征程中创新争先，为经济社会高质量发展作出了突出贡献。当前，紧抓新一轮科技革命和产业变革的机遇，加快实现高水平科技自立自强，成为塑造未来发展新优势的重要基础。作为自立自强的排头兵，广大科技工作者要更加深刻领会到“创新是引领发展的第一动力，科技是战胜困难的有力武器”的内涵，更加充分认识到不断提升自主创新能力永远是解决问题的根本之道，更加准确理解加快产学研深度融合、壮大新增长点、培育发展新动能的重要性紧迫性，进一步增强以开放合作应对全球挑战、推动构建人类命运共同体的责任感使命感。

科技是国家强盛之基，创新是民族进步之魂。让我们更加紧密团结在以习近平同志为核心的党中央周围，增强“四个意识”、坚定“四个自信”、做到“两个维护”，以创新、创业、创造的生动实践为建设世界科技强国不断作出新的更大贡献，以优异的成绩向党的二十大献礼。

推进高水平开放合作　为构建人类命运共同体贡献中国科技力量

全国政协副主席、中国科协主席　万　钢

2021年是中国共产党建党100周年。在中国共产党的坚强领导下，中国创造了经济快速增长和社会长期稳定这两大世界奇迹。中国科技从最开始的“一穷二白”不断向世界科技前沿奋力追赶超越，取得了历史性成就，彰显了中国制度的优势。习近平总书记指出，科学技术具有世界性、时代性，是人类共同的财富。中国科技界始终坚持面向世界、面向未来，参与全球科技治理，统筹发展和安全，以全球视野谋划和推动创新，推进高水平开放合作，坚定不移地为推动构建人类命运共同体贡献中国科技力量。

一、胸怀天下，将团结合作解决人类发展共同难题作为科技发展的主要方向

当前，世界百年未有之大变局和新冠疫情全球大流行交织影响，新一轮科技革命和产业变革方兴未艾。在此关头，迫切需要全球科技界的共同行动，共同激活创新合作的新动能。正如习近平总书记在二十国集团领导人第十六次峰会上所指出，“创新是推动经济社会发展、应对人类共同挑战的决定性因素”。应对事关全人类共同命运的挑战，需要全球科技界加强高水平开放合作，提供系统性、高质量的解决方案，有效回应世界各国人民的共同关切。

中国始终坚持胸怀天下，以世界眼光关注人类前途命运，牢牢把握世界科技进步大方向、全球产业变革大趋势，深度参与国际创新合作，在推动人类科技进步的全球行动中持续贡献智慧和力量。目前，中国已经与160多个国家和地区建立了科技合作关系，参加国际组织和多边机制超过200个，同90个国家和地区定期召开科技合作联委会，签署115项政府间科技合作协议，形成10大创新对话机制，中国科协及全国学会加入372个国际科技组织，深度参与国际热核聚变实验堆、平方公里阵列射电望远镜（SKA）等国际大科学工程，务实推进全球疫情防控和公共卫生等领域国际科技合作。科技创新的国际化程度不断提升，中国的大科学基础设施，如500米口径球面射电望远镜（FAST）、上海同步辐射光源（SSRF）等，都已经向世界开放，中国空间站也将迎来国际航天员，全方位开放的新格局正在加速形成。

未来，中国还将不断打通国际科技合作、学术交流、人才引进和共同发展的通道，持续释放创新潜能，加速聚集创新要素，主动发起全球性创新议题，设计和牵头发起国际大科学计划和大科学工程，推动大科学设施开放共享，日益深度参与全球科技创新治理，全面融入全球科技创新网络，团结世界各国合力应对人类共同挑战，为全球科技合作提供广阔舞台，为世界科技创新作出更大的贡献。

二、坚持人民至上，共筑科技抗疫的铜墙铁壁

新冠肺炎疫情暴发以来，中国始终把人民生命安全和身体健康放在第一位，秉持人类命运共同体理

念，以坚定果敢的勇气和决心，肩负大国担当。中国对疫情给各国人民带来的苦难感同身受，尽己所能向国际社会提供人道主义援助，助力全球共同抗疫，以实际行动彰显了推动构建人类命运共同体的真诚愿望和责任担当。

推动抗疫知识和信息共享。中国快速分离鉴定出病毒毒株并将全基因组序列与世界卫生组织共享，同有关国家在溯源、药物、疫苗、检测等方面开展科研交流与合作，共享科研数据信息。中国医疗和科研工作者在《科学》《自然》《柳叶刀》等国际知名期刊上分享新冠肺炎临床诊疗、风险预测、药物研发、疫苗实验、方舱建设等研究成果，为全球科学家开展相关研究提供了基础。

搭建开放交流平台。中国推动170多家科技期刊参与世界卫生组织新冠论文数据库建设，积极支持"新型冠状病毒肺炎科研成果学术交流平台""新型冠状病毒国家科技资源服务系统"和"新型冠状病毒科研文献共享平台"建设，以及"新型冠状病毒资源库"发布，为全球提供下载、浏览和检索服务，并通过国际学会和医疗机构开展了数百场各类科技交流和医疗诊治视频会议，毫无保留地同各国分享防控和救治经验。

深化联合科研攻关。中国加强同世界卫生组织沟通交流和同有关国家合作，建立科研合作机制和联合资助机制，打造国际合作专家库，开展科技交流和远程会诊，共享科研数据信息，共同研究防控和救治策略。

维护多边合作机制。中国肯定并支持世界卫生组织在抗击疫情中的领导作用，积极深化多边合作，并以世界卫生组织为纽带，积极参与全球疫苗免疫联盟（GAVI），充分发挥"一带一路"国际科学组织联盟的作用，主动与多个国家、国际组织、国际企业展开全方位的科研合作与交流，为守护人类健康贡献智慧和力量。

加速新兴科技应用。中国支持相关科研机构和企业开展算力共享、分布式计算等国际合作，为疫苗和特效药物研发所需的数据分析、功效匹配、文献筛选提供有效支撑，并以多种形式向国际社会推广大数据、人工智能、5G等新技术在精准识别、精准防控、精准治疗、康养恢复等方面的应用经验，为其他国家科学制定疫情防控策略提供重要参考。

着眼后疫情时代，中国将继续把人民至上、生命至上作为行动的准则，通过科技创新，加强疫苗和药物的研发合作，将研发完成并投入使用的新冠疫苗和药物作为普惠可及的全球公共产品，实现疫苗和药物在广大发展中国家特别是弱势群体中的可及性和可负担性，为健全惠及全人类、高效可持续的全球公共卫生体系作出更大贡献。

三、"双碳"引领，开辟生态文明建设新空间

一直以来，中国始终坚持绿色发展导向，习近平总书记于2020年提出，中国"二氧化碳排放力争于2030年前达到峰值，努力争取2060年前实现碳中和"。不久前，中央经济工作会议进一步明确，"实现碳达峰碳中和是推动高质量发展的内在要求"。随着"碳达峰碳中和"在全球范围内获得越来越多的共识，必将引发一场广泛而深刻的经济社会系统性变革，中国与世界各国在全球气候变化和经济绿色复苏方面也将保持更加强劲的合作势头。

能源科技创新是实现碳中和的关键领域。中国积极推进能源消费革命、能源供给革命、能源技术革命和能源体制革命，全方位加强国际合作，能源生产和利用方式发生重大变革，能源消费结构向清洁低碳加快转变。近年来，中国能源领域技术创新成果不断涌现，超超临界燃煤发电、特高压输变电技术世界领先，第三代核电"华龙一号"跻身世界前列，全超导托卡马克聚变实验装置一亿度燃烧超过100秒创造世界纪录。中国可再生能源开发利用规模稳居世界第一，截至2020年年底，累计装机量占全球可再生能源总装机规模的约1/3，其中水电、风电、光伏发电累计装机容量均居世界首位，为能源清洁低碳转型提供了强大支撑。

加速电动化转型是汽车产业迈向碳中和的重要路径。发展新能源汽车已经成为全球共识。2021年，全球新能源汽车市场保持高速增长态势，中国新能源汽车销量已超过300万辆，将达到市场渗透率10%，进入以多元化用户为主体的市场化快速发展阶段。从汽车的全生命周期排放占比来看，随着电力的清洁化发展，新能源汽车使用阶段碳排放大幅降低，相对而言，其制造阶段的碳排放占比将提升；为降低全生命周期的碳排放，零部件、材料生产制造和回收利用过程的碳排放受到更多关注。在2021世界新能源汽车大会上，来自15个国家的数千家汽车企业形成"海南共识"：要通过新能源汽车能源供给低碳化、材料供应低碳化、生产过程低碳化、交通出行低碳化，推动新能源汽车全生命周期和全产业链的绿色低碳发展。

在我们共同应对全球气候变化的同时，土地荒漠化也已成为迫在眉睫的重要问题。中国作为全球荒漠化防治的重要力量，始终坚定不移地走“生态优先，绿色发展”之路，土地荒漠化和沙化趋势得到扭转，连续10余年保持“双缩减”，实现由“沙进人退”到“绿进沙退”的历史性转变。自2016年开始，在科技部的支持下，企业为主体，与大学、科研院所开展联合研究，针对4500米以上高原高寒地区植树和绿化的世界难题，通过长期观察和深入研究在高原暖湿化背景下的土壤积温和含水量变化，科学地选择和驯化可种植的树种和植被资源，攻克天寒、土薄、风大、辐射强、温差大五大技术难题，越冬成活率达到75%。如今，所培育的幼树种植到城市公园、政府大院、养老院和儿童福利院以及街道两边，结束了西藏自治区那曲市“史上无树”的历史。

世界各国要进一步凝聚发展共识，加强科技创新和开放合作，全面落实联合国2030年可持续发展议程，坚定不移地为推进全球生态文明建设和可持续发展、助力碳达峰碳中和目标早日实现作出积极的努力。

四、促进民心相通，架设“一带一路”科技合作友谊之桥

科技创新合作是“一带一路”人文交流的重要组成部分，是促进民心相通的有效途径。中国始终秉持和平合作、开放包容、互学互鉴、互利共赢理念，充分尊重沿线国家发展需求，以全面发挥科技创新合作对共建“一带一路”的支撑引领作用为主线，以增强战略互信、促进共同发展为导向，突出科技人才在支撑“一带一路”建设中的关键核心作用，全面提升科技创新合作的层次和水平，构建民心相通的桥梁，为开创“一带一路”建设新局面提供了有力支撑。

深入实施“一带一路”科技创新行动计划，开展科技人文交流、共建联合实验室、科技园区合作、技术转移四项行动。在科技人文交流方面，通过国际杰青计划等渠道支持来自42个国家的755名青年科学家来华交流；在科技园区合作方面，专门针对国内具备国际科技合作能力的园区开展管理建设培训班，为相关园区联系“一带一路”沿线国家提供便利条件；在共建联合实验室方面，认定建设三批共53家“一带一路”联合实验室，覆盖亚洲、中东欧、非洲等多个区域，相关科研成果将逐渐产出；在技术转移与创新合作方面，与东盟、南亚、中亚、中东欧、阿拉伯国家和非洲共建的六个国家级技术转移和创新合作平台正在加速推进。

在人类命运共同体理念指引下，中国坚持全球胸怀和创新自信，与“一带一路”沿线国家并肩携手，深化科技教育、公共卫生、数字经济、绿色发展等领域人文合作，积极弥合市场割裂、破除技术壁垒、打通数据孤岛，架设文明互学互鉴桥梁，促进科学知识跨国传播、专利技术有序转移、产业数据有效连接、供应体系协同响应、人才要素自由流动，培育创新活跃、开放共享、互利共赢的创新发展生态，打造发展理念相通、要素流动畅通、科技设施联通、创新链条融通、人员交流顺通的创新共同体。

五、推动科技向善，让科技更有力地服务人类社会发展

当前，新一轮科技革命突飞猛进，科技创新的渗透性、扩展性、颠覆性特征正在深刻改变人类社会的生产生活方式。习近平总书记在两院院士大会、中国科协第十次全国代表大会上的重要讲话指出：“科技是发展的利器，也可能成为风险的源头。要前瞻研判科技发展带来的规则冲突、社会风险、伦理挑战，完善相关法律法规、伦理审查规则及监管框架。要深度参与全球科技治理，贡献中国智慧，塑造科技向善的文化理念，让科技更好增进人类福祉，让中国科技为推动构建人类命运共同体作出更大贡献！”

科技伦理是科技活动必须遵守的价值准则。为适应科技伦理治理的需要，中国组建了国家科技伦理委员会，坚持促进创新与防范风险相统一、制度规范与自我约束相结合，强化底线思维和风险意识，加强监测预警和前瞻研究，不断完善制度规范、健全治理机制、强化伦理监管，细化相关法律法规和伦理审查规则，把科技伦理要求贯穿到科学研究、技术开发等科技活动全过程，覆盖到科技创新各领域，规范各类科学研究活动，确保科技活动风险可控，推动覆盖全面、导向正确、规范有序、统筹协调的科技伦理治理体系建设，努力实现科技创新高质量发展与高水平安全的良性互动。

中国高度重视以人工智能为代表的新兴技术发展中的伦理、道德、标准、法规研究。人工智能具有科技属性和社会属性高度融合的特点，针对社会关切的问题和疑虑，加强自然科学和社会科学联合研究，协同推进人工智能伦理、道德、标准、法规研究，形成广泛的社会共识。高度重视人工智能在国家安全、社

会安全和金融安全领域的风险防范和管理控制，着力促进行业规范、企业自律和社会监督，加大对数据滥用、侵犯隐私等行为的惩戒力度，形成自律、他律和法律的社会生态。

中国科技界始终是全球开放合作的倡导者、科技治理的参与者、创新发展的贡献者，坚持面向世界科技前沿、面向经济主战场、面向国家重大需求、面向人民生命健康，促进科学思想和知识的交流，激发技术创新的活力，携手全球科技界共同应对人类社会发展的重大挑战。

进入新的发展阶段，中国深化科技开放合作的决心将更加坚定，将继续倡导无国界、无障碍、无歧视的开放科学精神与理念，以包容性创新为引领，落实联合国2030年可持续发展议程，加强科学知识交流和技术创新合作，以高水平开放合作的有效行动，携手共建人类命运共同体。

来源：“学习强国”学习平台

凝聚创新动能　谱写崭新篇章

中国科协党组

党的二十大是在全党全国各族人民迈上全面建设社会主义现代化国家新征程、向第二个百年奋斗目标进军的关键时刻召开的一次十分重要的大会，习近平总书记在党的二十大报告中对中国式现代化作出重要论述，鲜明指出："从现在起，中国共产党的中心任务就是团结带领全国各族人民全面建成社会主义现代化强国、实现第二个百年奋斗目标，以中国式现代化全面推进中华民族伟大复兴。"广大科技工作者要坚持以习近平新时代中国特色社会主义思想为指导，深入学习贯彻党的二十大精神，为全面建设社会主义现代化国家、全面推进中华民族伟大复兴贡献智慧和力量。

深刻理解和把握中国式现代化的中国特色

世界上既不存在定于一尊的现代化模式，也不存在放之四海而皆准的现代化标准。习近平总书记指出："中国式现代化，是中国共产党领导的社会主义现代化，既有各国现代化的共同特征，更有基于自己国情的中国特色。"我们要深刻理解和把握中国式现代化的中国特色，将中国式现代化的丰富内涵和实践要求融入我国发展的各领域各方面各环节。

人口规模巨大的现代化。中国是世界上人口最多的发展中国家。习近平总书记指出："我国 14 亿人口要整体迈入现代化社会，其规模超过现有发达国家的总和，将彻底改写现代化的世界版图，在人类历史上是一件有深远影响的大事。"让 14 亿多人口整体迈入现代化，其发展任务之重、协调难度之大、潜在优势之强前所未有。推进中国式现代化，要始终坚持以人民为中心的发展思想，站稳人民立场，提高公民科学文化素质，加快从人力资源大国迈向人力资源强国。

全体人民共同富裕的现代化。共同富裕是中国特色社会主义的本质要求。习近平总书记指出："我国现代化坚持以人民为中心的发展思想，自觉主动解决地区差距、城乡差距、收入分配差距，促进社会公平正义，逐步实现全体人民共同富裕，坚决防止两极分化。"中国式现代化是全体人民共同富裕的现代化，不能只是少数人富裕，而是要全体人民共同富裕。我们要深刻认识到，促进全体人民共同富裕是一项长期任务，要将其摆在更加重要的位置，让现代化发展成果包括科技发展成果更多更公平惠及全体人民，努力以科技创新提升人民群众幸福指数。

物质文明和精神文明相协调的现代化。现代化不仅是物质财富的积累，也是精神文明的发展。习近平总书记指出："我国现代化坚持社会主义核心价值观，加强理想信念教育，弘扬中华优秀传统文化，增强人民精神力量，促进物的全面丰富和人的全面发展。"实现中华民族伟大复兴，既需要强大的物质力量，也需要强大的精神力量。实现物质文明和精神文明相协调的中国式现代化，要增强全体人民的文化自信、文化自觉和文化凝聚力，提高国民思想道德素质、科学文化素质，在社会主义现代化建设中随着物的全面丰富不断提高社会文明程度。

人与自然和谐共生的现代化。生态环境是人类生存最为基础的条件，是我国持续发展最为重要的基础。习近平总书记指出："我国建设社会主义现代化具有许多重要特征，其中之一就是我国现代化是人与自然和谐共生的现代化，注重同步推进物质文明建设和生态文明建设。"人与自然和谐共生的现代化，是可持续发展的现代化，要走生产发展、生活富裕、生态良好的文明发展道路。推进人与自然和谐共生的现代化，离不开科技的创新引领。我们要坚持"四个面向"，推动经济社会发展全面绿色转型，形成绿色发展方式和生活方式，为绿色发展提供有力的科技支撑。

走和平发展道路的现代化。中国式现代化决不会以牺牲别国利益为代价来发展自己。习近平总书记指出："我国现代化强调同世界各国互利共赢，推动构建人类命运共同体，努力为人类和平与发展作出贡献。"中国式现代化摒弃了西方以资本为中心的现代化、两极分化的现代化、物质主义膨胀的现代化、对外扩张掠夺的现代化老路，为促进人类文明进步贡献了中国智慧和中国方案。我们要充分发挥科技人文交流优势，拓展开放信任合作，更加主动深入参与全球科技治理，让科技发展造福世界，为人类和平与发展贡献中国力量。

坚持创新在我国现代化建设全局中的核心地位

未来 5 年是全面建设社会主义现代化国家开局起步的关键时期，搞好这 5 年的发展对于实现第二个百年奋斗目标至关重要。习近平总书记指出："坚持创新在我国现代化建设全局中的核心地位。"科技创新是经济社会发展的重要引擎，是应对许多全球性挑战的有力武器。以中国式现代化全面推进中华民族伟大复兴，要在更高层次、更大范围发挥科技创新的引领作用，完善党中央对科技工作统一领导的体制，牢牢把握战略主动，持续提升科技自主创新能力。

完善党中央对科技工作统一领导的体制。党的十九大确立了到 2035 年跻身创新型国家前列的战略目标。党的二十大对完善科技创新体系作出新的部署，要求完善党中央对科技工作统一领导的体制。完善科技创新体系、加快实现高水平科技自立自强是深刻的系统性变革，必须以强有力的国家战略意志和体制机制作保障，必须始终坚持党的全面领导。新征程上，要完善党中央对科技工作统一领导的体制，健全党对科技工作的领导体制机制，发挥党的领导政治优势，观大势、谋全局、抓根本，为我国科技事业发展提供坚强政治保证。

牢牢把握战略主动。我国发展进入战略机遇和风险挑战并存、不确定难预料因素增多的时期。紧紧抓住机遇、有效应对挑战、牢牢把握战略主动，对于推进中国式现代化具有重要意义。我们要用全面、辩证、长远的眼光看问题，坚定战略定力，坚持把国家和民族发展放在自己力量的基点上、把中国发展进步的命运牢牢掌握在自己手中。当前，新一轮科技革命和产业变革加速演变，更加凸显了加快提高我国科技创新能力的紧迫性。我们要紧紧抓住这一历史性机遇，顺应当代科技革命和产业变革大趋势，牢牢把握战略主动，在一些优势领域打造"长板"，加速科技成果向现实生产力转化。

持续提升科技自主创新能力。习近平总书记指出："从最初提出'四个现代化'到现在提出全面建设社会主义现代化强国，科学技术现代化从来都是我国实现现代化的重要内容。"党的十八大以来，科技创新取得新的历史性成就证明，我国自主创新事业是大有可为的。科技界要坚持建设世界科技强国的奋斗目标，提升国家创新体系整体效能，增强自主创新能力，强化建设世界科技强国对建设社会主义现代化强国的战略支撑，掌握全球科技竞争先机，加强基础研究、鼓励自由探索，为在更高层次、更大范围发挥科技创新的引领作用作出更大贡献。

更好服务加快实现高水平科技自立自强

蓝图已经绘就，奋斗正当其时。习近平总书记指出："当前最重要的任务，就是撸起袖子加油干，一步一个脚印把党的二十大作出的重大决策部署付诸行动、见之于成效。"我们要深入学习贯彻党的二十大精神，坚持不懈用习近平新时代中国特色社会主义思想武装头脑、指导实践、推动工作，充分发挥科协的开放型、枢纽型、平台型组织优势，更好服务加快实现高水平科技自立自强、以中国式现代化全面推进中华民族伟大复兴。

坚持为科技工作者服务。科协组织要切实肩负起党和政府联系科技工作者的桥梁和纽带职责，团结爱国奉献的各方面优秀科技人才，服务国家发展大局。推动习近平新时代中国特色社会主义思想学习贯彻在科技界走深走实走心，弘扬新时代科学家精神，更好激励释放科技人才的创造力和创新活力。在联系服务科技工作者“亲”和“紧”上下功夫，既努力把国家实验室、国家科研机构、高水平研究型大学、科技领军企业等国家战略科技力量广泛联系起来，又加大对新型研发机构、非公有制企业和高新技术企业的服务覆盖，增强企业科技人员创新创业能力。

坚持为创新驱动发展服务。科协组织要增强服务创新驱动发展实效，发挥科技社团在科技创新新型举国体制中的作用，加强前瞻研判，紧密围绕“四个面向”，紧跟科技创新前沿步伐。加快完善科技类公共服务产品体系，促进产学研金深度融合，支撑高水平创新创造和高质量创业就业，深化“科创中国”试点城市建设，迭代重点支持产业，按需匹配服务团，导入人才技术资源，服务区域经济高质量发展。

坚持为提高全民科学素质服务。科协组织要高质量做好新时代科普工作，切实发挥科协作为科普工作主要社会力量的作用。认真贯彻落实《关于新时代进一步加强科学技术普及工作的意见》，牵头推进《全民科学素质行动规划纲要（2021—2035年）》实施，筑牢构建新发展格局的公众科学素质基础。做优“科普中国”品牌，引导科技工作者和社会力量创作科普科幻精品，强化优质科普资源供给。

坚持为党和政府科学决策服务。科协组织要充分发挥智库功能，有效集思汇智聚力，开展世界科技强国建设、原创性引领性科技攻关等重大问题战略咨询研究。加强决策咨询专家队伍建设，发挥全国学会决策咨询主体作用，发挥地方科协决策咨询特色优势，实施科技智库青年人才计划。开展科技伦理挑战、风险防范、安全保障、冲突化解等前瞻性决策咨询研判，维护科技安全，以科技支撑社会治理、保障国家安全。

来源:《人民日报》2022年10月28日08版

汇聚高水平科技自立自强磅礴力量

中国科协党组

习近平总书记在中国科学院第二十次院士大会、中国工程院第十五次院士大会和中国科协第十次全国代表大会上的重要讲话，站在时代发展前沿，统揽中华民族伟大复兴战略全局和世界百年未有之大变局，洞察当今世界科技革命和产业变革大势，深入总结党领导我国科技事业发展的百年历程和辉煌成就，系统阐明新发展阶段实现高水平科技自立自强的战略支点和改革方向，对推动新时代我国科技创新发展作出战略谋划和系统部署，为我们在新的历史起点上做好科技工作、建设世界科技强国指明了前进方向、提供了根本遵循。

一、深刻把握当代科技创新大势规律，增强科技强国的使命感责任感紧迫感

习近平总书记指出，当今世界百年未有之大变局加速演进，国际环境错综复杂，世界经济陷入低迷期，全球产业链供应链面临重塑，不稳定性不确定性明显增加。新冠肺炎疫情影响广泛深远，逆全球化、单边主义、保护主义思潮暗流涌动。科技创新成为国际战略博弈的主要战场，围绕科技制高点的竞争空前激烈。

习近平总书记深刻洞悉国际格局演变规律，准确把握世界潮流浩荡脉动，从广度、深度、速度、精度四个方面高度概括新一轮科技革命和产业变革的时代特征，从宏观至微观审视当今世界科技发展的前沿图景，从深海、深空、深地细察人类认识自然视野的新拓展，从时间、空间、认知前瞻万物智能互联时代的新演进，从合成、设计生命变革警示伦理新挑战，为我们准确把握世界百年未有之大变局背景下科技创新动因和走向提供了科学理论指导。

当今世界，科技创新进入空前密集活跃时期，新一轮科技革命和产业变革正在重构全球创新版图、重塑全球经济结构，科学技术和经济社会发展加速渗透融合。科学技术从来没有像今天这样深刻影响着国家前途命运，从来没有像今天这样深刻影响着人民生活福祉。从国际形势看，美西方对我全面遏制打压的势头不减，手法不断翻新，从贸易战到科技战再到人才战，意识形态、人权、碳排放、科技伦理等问题成为重要砝码。我们不仅要高度关注产业链供应链自主可控，更要关注在重要国际组织的话语权。针对我国发展环境面临的新形势和新挑战，要坚持把科技创新摆在国家发展全局的核心位置，切实履行加快建设科技强国的使命担当。

二、顶层设计中国特色自主创新道路，推动实现高水平科技自立自强

习近平总书记指出，立足新发展阶段、贯彻新发展理念、构建新发展格局、推动高质量发展，必须深入实施科教兴国战略、人才强国战略、创新驱动发展战略，完善国家创新体系，加快建设科技强国，实现高水平科技自立自强。

习近平总书记坚持用马克思主义世界观方法论指导我国科技创新发展新实践，将创新驱动发展战略确立为国家重大战略，强调构建新发展格局最本质特征是实现高水平自立自强，指出要发挥市场在资源配置中的决定性作用和社会主义制度优势，明确非对称赶超的突破口，在开放创新中融入全球创新网络，为构建人类命运共同体贡献中国科技力量，科学阐明了在科技革命和产业变革中我国自主创新发展的大格局、大战略。

不断提升自身发展能力永远是解决问题的根本之道。面对复杂变局和诸多不确定因素，只有加强原创性、引领性科技攻关，把关键核心技术掌握在自己手中，变“卡脖子”为“撒手锏”，才能从根本上保障国家经济安全、国防安全和其他安全。只有构筑以国内大循环为主体、国内国际双循环相互促进的新发展格局，通过深化改革不断激发内在活力，有力释放创新第一动力，同时优化外部力量，形成对海外人才的巨大吸引力，才是有效破局、增强反“围剿”能力的根本。只有以科技创新加快培育新的增长点，实现创新链产业链深度融合，才能带动经济社会发展水平整体跃升，不断满足人民日益增长的美好生活需要。必须强化国家实验室、国家科研机构、高水平研究型大学、科技领军企业等国家战略科技力量，提升国家创新体系整体效能。我们从来没有像今天这样离实现中华民族伟大复兴目标如此之近，必须抢抓科技创新和自立自强先机，充分用好科技这一国之利器，在日趋激烈的国际竞争中占据战略主动。

三、坚持以鲜明问题导向攻坚科技体制改革，形成支持全面创新的基础制度

习近平总书记指出，推进科技体制改革，形成支持全面创新的基础制度。要健全社会主义市场经济条件下新型举国体制，充分发挥国家作为重大科技创新组织者的作用；要推动有效市场和有为政府更好结合，充分发挥市场在资源配置中的决定性作用。

习近平总书记从推进国家治理体系和治理能力现代化的高度谋划科技体制改革这篇大文章，以鲜明的问题导向，针对制约科技发展和人才活力的重大体制机制障碍，强调要健全社会主义市场经济条件下新型举国体制，全面提升国家创新体系整体效能，重点抓好完善评价制度等基础改革，拿出更大的勇气推动科技管理职能转变，改革重大科技项目立项和组织管理方式，为新时代全面深化科技体制改革指明了方向。

实现高水平科技自立自强是一场深刻的发展理念和发展方式变革，必须以强有力的国家战略意志和体制机制作保障，把社会主义集中力量办大事的制度优势和发挥市场在资源配置中的决定性作用有效结合，不断健全完善社会主义市场经济条件下新型举国体制。努力破除一切制约科技创新的思想障碍和制度藩篱。科技管理改革不能只做“加法”，要善于做“减法”。要把实现高水平自立自强作为科技创新的主攻目标和最关键绩效指标，完善以创新能力、质量、实效、贡献为导向的科技人才评价体系，推动将科技型中小企业高端研发人才纳入相应职称序列。落实科研人员减负专项行动，破除“官本位”传统思维，改变“填表式”管理模式，切实解决评估检查多、会议多、报销难等突出问题，让科技人员把主要精力投入科技创新和研发活动。治理“圈子”文化，破除论资排辈和门户偏见，切实为科技工作者想干事、能干事、干成事斩棘清障、创设平台。

四、深度参与全球科技治理，为推动构建人类命运共同体作出更大贡献

习近平总书记指出，科学技术具有世界性、时代性，是人类共同的财富。要深度参与全球科技治理，贡献中国智慧，塑造科技向善的文化理念，让科技更好增进人类福祉。

习近平总书记以政治家的远见卓识，强调要实施更加开放包容、互惠共享的国际科技合作战略，同各国携手打造开放、公平、公正、非歧视的科技发展环境。同时也深刻提醒，科技是发展的利器，也可能成为风险的源头。要前瞻研判科技发展带来的规则冲突、社会风险、伦理挑战，完善相关法律法规、伦理审查规则及监管框架。

我们要以全球视野谋划和推动创新，积极融入全球创新网络，努力构建服务可持续创新的全球伙伴关系，为世界可持续发展提供更多的中国方案和中国经验。发挥民间科技人文交流的独特优势，更紧密连接世界各国科技人才与科技组织，拓展我国科技工作者、科技组织参与国际科技治理渠道，服务我国科学家在国际交流中当好“科技使者”，积极吸纳外籍科学家在我国科技学术组织任职，在国际科技合作中展现中华民族以和邦国、兼济天下的胸怀和格局。面向前沿科技领域抢抓发展先机，大力支持全国学会和顶尖科学家发起国际科技组织，推动国际科技组织落户中国，使我国成为全球科技开放合作的广阔舞台，以更宏大的格局联结世界，为人类文明进步和全面发展贡献强大的中国力量。

五、下实下活人才大棋局，积极建设世界重要人才中心和创新高地

习近平总书记指出，我国要实现高水平科技自立

自强，归根结底要靠高水平创新人才。要更加重视人才自主培养；要更加重视青年人才培养；要在全社会营造尊重劳动、尊重知识、尊重人才、尊重创造的环境；要构筑集聚全球优秀人才的科研创新高地。

习近平总书记高度重视人才、渴求人才、尊重人才，鲜明提出加快建设人才强国和全球人才高地的战略目标。高度概括党关于人才工作“八个坚持”的重要论断；深刻阐释科学家精神时代内涵，强化做好人才工作的精神引领和思想保证；强调不断优化创新生态，形成天下英才聚神州、万类霜天竞自由的创新局面；提出科技创新和科学普及并重，不断提高全民科学素质。习近平总书记关于人才工作的重要论述，为我国建设全球人才高地指明了前进方向。

创新不问出身，英雄不论出处。要真研究问题，让那些想干事、能干事、干成事的科技领军人才挂帅出征，做到不论资历、不设门槛，让有真才实学的科技人才“英雄有用武之地”。进一步深化对科技人才成长规律的认识，完善优秀青年科技人才全链条培养体系，加大国家重大人才计划、科技项目、科研基金对青年科技人才的支持力度，注重向企业特别是非公有制企业青年科技人才倾斜，促进青年才俊像泉水一样奔涌而出。建立为科技工作者办实事的长效机制，不断完善各级领导干部联系服务专家制度，完善相关优惠和税收政策，加强科研成果转化和保护。强化薪酬待遇、住房、子女教育等保障措施，为科技工作者减轻后顾之忧。完善各方面法规政策，加强科研环境建设，增强对海外优秀人才的吸引力。引导广大科技工作者坚持国家至上、民族至上、人民至上，牢固树立创新科技、服务国家、造福人民思想，着力解决当前最紧迫、最重大、最突出的现实问题，将国家、民族和人民的需要转化为自身科研的强大动力，把满足人民对美好生活的向往作为科技创新的出发点、落脚点，把惠民、利民、富民、改善民生作为科技创新的重要方向，把论文写在祖国大地上，把个人理想和科学追求融入全面建设社会主义现代化国家的伟大事业中。

六、走好中国特色科技群团发展道路，更广泛地把广大科技工作者团结在党的周围

习近平总书记指出，中国科协要肩负起党和政府联系科技工作者桥梁和纽带的职责，坚持为科技工作者服务、为创新驱动发展服务、为提高全民科学素质服务、为党和政府科学决策服务，更广泛地把广大科技工作者团结在党的周围，弘扬科学家精神，涵养优良学风。

习近平总书记的重要指示对科协自身建设发展提出了明确要求。中国科协要推动开放型、枢纽型、平台型组织建设，接长手臂，扎根基层，团结引领广大科技工作者积极进军科技创新，组织开展创新争先行动，促进科技繁荣发展，促进科学普及和推广，真正成为党领导下团结联系广大科技工作者的人民团体，成为科技创新的重要力量。坚持面向世界、面向未来，增进对国际科技界的开放、信任、合作，为全面建设社会主义现代化国家、推动构建人类命运共同体作出更大贡献。

科学成就离不开精神的支撑，团结的力量源于价值的引领。我国科技创新事业正逢大有可为的历史机遇期，也处于爬坡过坎的关键时期，尤其需要凝聚广泛的思想共识，熔铸坚实的精神支撑，激发强劲的创新动力。习近平总书记勉励广大科技工作者大力弘扬胸怀祖国、服务人民的爱国精神，勇攀高峰、敢为人先的创新精神，追求真理、严谨治学的求实精神，淡泊名利、潜心研究的奉献精神，集智攻关、团结协作的协同精神，甘为人梯、奖掖后学的育人精神，绘就了新时代科技工作者以高水平科技自立自强，报效国家、服务人民无上荣光的精神坐标。科协要坚持以习近平新时代中国特色社会主义思想为指导，以弘扬科学家精神为抓手，立根铸魂，加强和改进面向科技工作者的思想政治工作方式方法，凝聚起众心向党、自立自强的磅礴力量。

在加快建设科技强国、实现高水平科技自立自强的新征程上，科协要不断增强政治性、先进性、群众性，团结引领广大科技工作者当好高水平科技自立自强排头兵，砥砺创新创造，践行报国之志，面向未来，奋发有为，努力开创新时代科协工作新局面。

来源:《求是》2022 年第 9 期

喜迎二十大、奋进新征程　凝心聚力 推动高水平科技自立自强

中国科协党组书记、分管日常工作副主席、书记处第一书记　张玉卓

【摘要】党的二十大是一次承前启后、继往开来、具有里程碑意义的重要会议，必将在新的历史起点上，凝聚起全党全国人民全面建设社会主义现代化国家、实现中华民族伟大复兴的磅礴力量。中国科协系统广大党员干部要深入学习领会习近平总书记系列重要讲话精神，更加自觉坚持以迎接党的二十大召开、学习贯彻党的二十大精神为主线，胸怀"两个大局"，勇担推动高水平科技自立自强的历史使命；聚焦"国之大者"，自觉运用党的创新理论武装头脑指导实践；当好桥梁纽带，团结引领科技工作者加快建设科技强国；强化党建引领，坚持不懈推动全面从严治党向纵深发展。

今年下半年，我们党将召开第二十次全国代表大会，这是党和国家政治生活中的头等大事。党的二十大是一次承前启后、继往开来、具有里程碑意义的重要会议，必将在新的历史起点上，凝聚起全党全国人民全面建设社会主义现代化国家、实现中华民族伟大复兴的磅礴力量。中国科协系统广大党员干部要深入学习领会习近平总书记系列重要讲话精神，更加自觉坚持以迎接党的二十大召开、学习贯彻党的二十大精神为主线，胸怀"两个大局"，聚焦"国之大者"，当好"桥梁纽带"，在服务高水平科技自立自强中作出科协贡献。

胸怀"两个大局"，勇担推动高水平科技自立自强的历史使命

人类社会的脚步已经迈入21世纪第三个十年，新一轮科技革命与产业变革蓬勃兴起，科技与经济、政治、社会、文化、生态文明深入协同，重构世界创新版图，重塑全球治理结构，推进人类文明发展。当前国际形势风云变幻，世纪疫情起伏反复，中美战略博弈激烈复杂，乌克兰危机扑朔迷离，全球发展面临不稳定性、不确定性、不安全性。面对这场深刻而宏阔的世界之变、时代之变，以习近平同志为核心的党中央站在时代发展前沿，统揽中华民族伟大复兴战略全局和世界百年未有之大变局，团结带领全党全国人民，把握历史大势，揭示历史规律，坚定历史自信，增强历史主动，续写时代新篇。在两院院士大会和中国科协第十次全国代表大会上，习近平总书记发出了加快建设科技强国、实现高水平科技自立自强的伟大号召，为新征程上我国科技事业发展举旗定向、锚定方位、擘画蓝图。

高水平科技自立自强是顺应全球科技革命和产业变革的大势所趋。审视当今世界科技发展，最鲜明的时代特征之一体现为新一轮科技革命和产业变革的蓬勃兴起。科技创新空前密集活跃，从广度、深度、速

度、精度四个方面加速演进，使人类探索的视野向深海、深空、深地、深蓝不断拓展，知识文明持续积淀迎来新图景。基础科学前沿领域酝酿群体突破，知识体系及其逻辑结构不断演化，科学研究范式正在发生深刻变革，颠覆性技术不断涌现。科技创新日益走向大融通时代，多学科交叉、多领域融合、多主体协同趋势更加明显。科技创新的辐射性、渗透性、扩散性、颠覆性特点更加鲜明，数据驱动与场景牵引成为研发新范式，科技、教育、产业、金融紧密结合，数字经济与实体经济加速融合。科技创新不断释放巨大能量，深刻改变生产生活方式乃至思维模式，既塑造了人类文明的新载体新形态，也为人类文明发展注入了新动力新动能。

近代文明史上，科技革命与产业变革在互动演进的同时，又在特定时空积厚成势，促使科技和人才资源向发展势头好、文明程度高、创新更活跃的地域集聚，推动科学中心转移。16 世纪以来，全球先后形成 5 个科学中心，即 16 世纪的意大利、17 世纪的英国、18 世纪的法国、19 世纪的德国、20 世纪的美国。近代科技文明演化数百年间，我们曾数次落后于世界科技革命的脚步，也一度被隔离于全球创新体系之外。历史上唯有这一次科技革命，我国真正意义上全面参与并可望发挥部分领域的引领作用。面对千载难逢的战略机遇，我们要充分汲取近代以来大国兴衰、国力消长的历史经验和教训，增强机遇意识、忧患意识，克服人云亦云的话语被动，打破亦步亦趋的路径依赖，以时不我待、刻不容缓的奋斗姿态，在战略必争、体系必备、发展必需、安全必要的关键领域加强战略部署，奋力追赶世界科技创新前沿。

高水平科技自立自强是应对激烈复杂国际竞争的环境所迫。近年来特别是疫情暴发以来，西方一些国家逆全球化趋势凸显，世界范围内技术壁垒呈加剧态势，科技创新与人才交流渠道收窄。美国蓄意推进对中国科技的遏制：一是战略遏制。拜登政府更加重视以系统化战略实施对华打压，并强化创新战略提升美国竞争力。《国会和拜登政府在 2021 年推进优质技术政策的 24 种方法》的报告提出，国会应按照两党的新的《无尽前沿法案》提议，增加联邦对关键技术和先进产业研发的资助。二是精准遏制。美国对华科技封锁正在由粗放型向精细、灵巧、务实型转变。拜登政府《国情咨文》中强调与中国“在需要竞争的时候竞争、在可能合作的时候合作、在必须对抗的时候对抗”。国会“中国特别工作组”下设的中美科技关系专家小组提出，拜登政府将强化科技领域的对华“防御”和“进攻”，实施“小院高墙”的精准打击。三是人才遏制。拜登政府推行开放的移民政策。新美国安全中心（CNAS）报告《掌舵：迎接中国挑战的国家技术战略》指出，“吸引和留住人才是这场全面竞争的真正零和要素，建议美国吸引和留住世界上最好和最聪明的科技人才”。四是联盟遏制。美国借由“科技民主和科技专制”拉拢盟友以对华施压，联合欧盟升级对华技术遏制联合阵线，还诱使“印太经济框架”参加国降低对华经济贸易投资的依赖。五是道义遏制。美国将科技议题泛政治化，将科技活动同民主、人权等更广泛的意识形态议题挂钩。用“高科技威权主义”“精准社会控制”“病毒制造者”等为中国科技贴上“毒标签”，持续在知识产权、技术窃取等方面施压，炒作科研诚信、科技伦理与学术规范等问题，将中国科技人员视为天然的问题人群和不信任对象。我们要把握对美科技竞争新特点，在战略上更加主动，在策略上更加灵活，在战术上更加精准，从而妥善应对中美科技博弈的复杂局面。

高水平科技自立自强是支撑中华民族伟大复兴的国运所系。党的十八大以来，以习近平同志为核心的党中央加强对科技工作的全面领导。这十年是我国科技事业实现历史性、整体性、格局性重大变化的十年。2021 年，我国全社会研发投入达 2.79 万亿元，同比增长 14.2%，占国内生产总值比重达 2.44%；基础研究经费比上年增长 15.6%，占全社会研发投入的比重为 6.09%。根据 WIPO 发布的全球创新指数，中国创新能力综合排名上升至世界第 12 位。我国整体科技创新正在由量的积累迈向质的飞跃、从点的突破迈向系统能力提升，科技实力跃上新的大台阶。主要表现在：科学研究水平和学科整体实力明显提升，企业创新主体地位不断增强，科技人力资源规模领先、门类齐全且影响力快速提升，重点领域和关键环节改革引领政策环境持续优化，科技创新社会基础日益夯实，世界科技大国地位总体稳固，国家整体科技能力不断提升。

在党中央坚强领导下，通过科技工作者的共同努力，我们前所未有地接近世界科技舞台的中央，面临着千载难逢的战略机遇。坚定创新自信，是科技工作增强“四个自信”的重要体现。我国有独特的历史、独特的文化、独特的国情，在如此短的时间内取得令人瞩目的成就，应当有足够的自信。在中美科技竞争背景下，我国完全有基础、有底气、有信心、有能力抓住机遇、知难而进、乘势而上，在日趋激烈的国际科技竞争中赢得主动、赢得优势、赢得未来。

同时，我们也要清醒认识在科技上存在的短板。我国科技事业发展还存在不少短板和问题。原始创新能力方面，从0到1的重大理论突破和原创引领型成果不多，关键核心技术“卡脖子”普遍存在；创新体系整体效能方面，创新主体各单元功能定位不够清晰，央地联动协调不足，区域创新能力发展不平衡，企业创新主体地位不牢固；科技创新资源整合方面，高校、企业、科研院所等协同能力有待提升，科技创新资源共享不足；科技创新力量布局方面，国家战略科技力量功能布局不尽合理；科技投入产出方面，产学研存在脱节，企业对成果转化信心不足，科技投入分散、重复、低效的状况仍存在；科技人才结构方面，战略人才力量存在结构性失衡，战略科学家和顶尖人才缺乏，青年人才培养不足，卓越工程师队伍储备不够；科技评价体系方面，“破五唯”与“立新标”不同步，评价体系不健全；科技生态方面，“帽子”“圈子”文化存在，科研人员“减负”“松绑”任重道远。这些不足成为抢抓战略机遇、乘势而上的“绊脚石”，更成为高水平科技自立自强的“拦路虎”，科技界必须直面问题，以时不我待的紧迫感和只争朝夕的责任感革故鼎新、知难而进。

形势逼人、挑战逼人、使命逼人。科技自立自强既是发展之道，更是生存之道。习近平总书记指出，“自力更生是中华民族自立于世界民族之林的奋斗基点，自主创新是我们攀登世界科技高峰的必由之路”“科技立则民族立，科技强则国家强”“把科技自立自强作为国家发展的战略支撑”“发展是第一要务，人才是第一资源，创新是第一动力”。中国科技界要坚定信心、决心和意志，保持耐心打好持久战、打赢攻坚战，在各种可以预见和难以预见的科技变革浪潮中增强生存力、竞争力、发展力、持续力。

聚焦“国之大者”，自觉运用党的创新理论武装头脑指导实践

对“国之大者”领悟到位、执行到位，要善于从习近平总书记重要论述中领会掌握马克思主义的立场、观点、方法。党的十八大以来，习近平总书记多次强调，各级领导干部要努力学习掌握科学的思维方法；领导干部最根本的本领不足是理论素养不够。我们要深入领会、坚持运用好党的创新理论和思维方法，自觉指导科协的改革创新发展。

在战略思维方面，习近平总书记强调，战略问题是一个政党、一个国家的根本性问题；战略上判断得准确，战略上谋划得科学，战略上赢得主动，党和人民事业就大有希望。科协工作要善于从政治上把方向，从全局上看问题，从长远上谋战略，从根本上抓大事。要始终对“国之大者”了然于胸，团结引领科技人才，深入实施科教兴国、人才强国、创新驱动发展战略，助力高水平科技自立自强。同时要深刻认识科技创新长期积累、厚积薄发等特点，在我国科技由大向强的过程中，必须保持战略定力和战略耐心。

在系统思维方面，习近平总书记强调，要善于运用系统科学、系统思维、系统方法研究解决问题。科协工作要把握科技与经济、政治、社会、文化深入融合的特点，坚持开放协同，涵养创新生态雨林，促进国家战略科技力量有效协同，增强动力，凝聚合力，助力提升国家科技整体能力。要完善科协工作体系、优化学会布局，提升科协服务体系化能力。

在历史思维方面，习近平总书记强调“历史、现实、未来是相通的，历史是过去的现实，现实是未来的历史。”“要深刻把握人类发展历史规律，在对历史的深入思考中汲取智慧、走向未来”。科协工作要善于从历史长周期比较分析，把握历史主动，借鉴历史经验，引导科技工作者从党的百年征程中汲取奋进力量，引导科技界坚定历史自信，书写历史新篇。

在辩证思维方面，习近平总书记强调“学习掌握唯物辩证法的根本方法，不断增强辩证思维能力，提高驾驭复杂局面、处理复杂问题的本领。”“危和机总是同生并存的，克服了危即是机。”“坚持统筹发展和安全”。科协工作要把握好主题主线主流本质，把握好主要矛盾及其变化，统筹好科技发展与科技治理、科技创新与科学普及、科技创新与制度创新、科学精神与人文精神的辩证关系，处理好局部与全局、当前与长远、重点与一般的关系，以辩证思维促进科技、科协事业健康发展。

在创新思维方面，习近平总书记强调，创新是引领发展的第一动力，要把握创新发展规律。科协工作要大力营造鼓励创新、宽容失败的良好环境，砥砺创新、创业、创造；要摒弃路径依赖、惯性思维，坚持

改革创新，倡导破立并举，尊重基层首创，推动科协改革向基层延伸、向纵深发展。

在法治思维方面，习近平总书记强调，要提高运用法治思维和法治方式深化改革、推动发展、化解矛盾、维护稳定的能力。科协工作要尊崇法治、敬畏法律，推动科学、民主、依法管理，当前科普、学术、智库工作都要着眼于建立完善管长远、固根本、稳预期的法律制度，依法保障和推动科技事业健康发展。前段时间，我们一直推动科普法修订，从法治方面推动工作，非常有效。

在精准思维方面，习近平总书记强调，要强化精准思维，做到谋划时统揽大局、操作中细致精当，以绣花功夫把工作做扎实、做到位。科协工作要致广大、尽精微，重视精准化做事方法，以小切口服务大目标，把工作做细做实做到位。

在底线思维方面，习近平总书记强调，要善于运用底线思维的方法，凡事从坏处准备，努力争取最好的结果，这样才能有备无患、遇事不慌，牢牢把握主动权。科协工作要善于梳理排查、防范化解意识形态、安全生产等重大风险隐患，时刻警惕“灰犀牛”“黑天鹅”。聚焦破解一些事关经济社会长远发展和国家安全的“燃眉之急”“心腹之患”“后顾之忧”，提升我国的极限抗压能力、主动应变能力、风险对冲能力、“卡脖子”反制能力。

在批判性思维方面，习近平总书记强调，要更加重视科学精神、创新能力、批判性思维的培养培育。科协工作要尊重科学、发扬民主，鼓励学术批评，提倡平等争鸣，反对权威压制，特别要鼓励青年科技工作者在学术研究中质疑传统、挑战权威，摒弃人云亦云、众说纷纭，要勇闯“无人区”、敢为天下先。这一条特别重要，我们当前的学术环境中，争鸣、批判性思维不足，这不利于科学发展。

在互联网思维方面，习近平总书记反复强调“过不了互联网这一关，就过不了长期执政这一关”“用信息化手段更好感知社会态势、畅通沟通渠道、辅助决策施政、方便群众办事，做到心中有数。”网络空间已经成为科技工作者交流交往的新空间，也应该成为党凝聚科技界共识的新空间，成为科协团结引领科技人才的新空间。科协工作要善于运用互联网技术、信息化手段，走好网上群众路线。

恩格斯曾说，思维着的精神是地球上最美的花朵。他在《反杜林论》旧序中指出，一个民族想要站在科学的高峰，就一刻也不能没有理论思维。钱学森先生在 20 世纪 80 年代提出建立思维科学，努力架起思维基础科学通向马克思主义认识论的桥梁。我们要深入领会上述十大思维方法，紧密结合科协实践，锤炼思维能力，提升思维品质，让我们的思维多一些远见，少一些短视；多一些全面，少一些片面；多一些系统，少一些零散；多一些深刻，少一些肤浅；多一些灵动，少一些机械，补齐能力短板，克服本领恐慌，提高驾驭纷繁复杂矛盾、识变应变、开拓新局的整体能力。

当好“桥梁纽带”，团结引领科技工作者加快建设科技强国

习近平总书记在科协第十次全国代表大会上对科协组织提出新要求，是科协工作的根本遵循。我们要深入学习领悟，不断加深对科协组织、科协工作、科协服务本质和内涵的理解和认识。

深入理解“四位一体”组织属性，把握科协历史方位。中国科协是中国科学技术工作者的群众组织，是中国共产党领导下的人民团体，是党和政府联系科学技术工作者的桥梁和纽带，是国家推动科学技术事业发展、建设世界科技强国的重要力量。作为党领导下的人民团体，就是要让党放心、不负人民，凝聚科技人才许党报国、创新惠民，用科技装点江山、服务人民。作为科技工作者的群众组织，就是要真正代表科技工作者，听党的话，替科技工作者说话。作为桥梁纽带，就是要当好传递关心关爱之桥、联系服务之桥、开放合作之桥，扎实扎紧政治引领、政治吸纳的坚固纽带。我们还要时时警惕，不能成为走不通的“断桥”、不落地的“浮桥”和空中“飘带”。作为推动科技事业发展、建设世界科技强国的重要力量，要以提升科技创新体系化能力为主线，以促进原创性引领性科技攻关、强化国家战略科技力量为重点，以培育国家战略人才力量为保障，以科技体制机制改革和高水平开放为动力，凝心聚力加快建设科技强国、实现高水平科技自立自强。

准确把握主责主业，提升科协体系化服务能力。科协主责是当好桥梁纽带、强化团结引领，要紧扣和体现政治性先进性群众性。强“三性”是相互贯通的有机整体。政治性愈坚定，先进性愈彰显，群众性愈突出。科协工作的团结引领主要是政治引领、政治吸

纳、政治动员，包括学术引领、学风引领、科学家精神引领。团结引领科技工作者围绕中心、服务大局，归根结底，就是要引导科技工作者坚定不移听党话、矢志不渝跟党走，夯实党在科技界的执政基础。把强“三性”融入“四服务”，在变局中开新局，要透彻分析发展环境，与时俱进理解和把握“四服务”的需求特点，完善“四服务”的供给机制，增强“四服务”的整体效能，不断提升更富思想、更具价值、更有潜力的科协服务新境界。

在服务科技工作者方面，要深入开展科技工作者状况调查，了解科技工作者的急难愁盼。要敏锐把握战略人才力量布局，掌握科技人才成长特点和规律。国内外环境瞬息万变，与时俱进、全面准确理解科技工作者，才能与他们对得上话、交得了心，才能真正建好有温度、可信赖的科技工作者之家，助力科技人才价值实现，为高水平科技自立自强蓄积力量之源。

在服务创新驱动发展方面，要深入分析百年大变局下科技的新变化，深刻理解创新驱动就是创新成为引领发展的第一动力，科技创新与制度创新、管理创新、商业模式创新、业态创新和文化创新相结合，推动发展方式向依靠持续的知识积累、技术进步和劳动力素质提升转变，促进经济向形态更高级、分工更精细、结构更合理的阶段演进，数字经济与实体经济深度融合等趋势，更好适应以高水平科技供给支撑高质量发展的要求。深入理解习近平总书记提出的“四个面向”新理念，科技创新的广度、深度、速度、精度变化新特点，科研范式深刻变革新内涵，遵循创新发展规律、人才成长规律、科技管理规律，推动科研组织模式、科技管理方式变革，解放和发展科技第一生产力，提升国家创新体系整体效能。要团结引导科技工作者强化使命责任，当好高水平科技自立自强的排头兵，为科技人才拓宽新时代报国之门。

在服务全民科学素质提高方面，习近平总书记强调“科技创新、科学普及是实现创新发展的两翼，要把科学普及放在与科技创新同等重要的位置”。科普是一个国家、一个地区、一个城市科技发展、文化繁荣、文明进步的重要表征，是国家强盛、民族复兴的奠基工程。国际上通行用公民具备科学素质比例来反映公民科学素质水平。科普是提升公民科学素质的重要途径，科普投入是支撑科普公共服务的基础。“十四五”期间确立公民具备科学素质比例每年新增一个百分点，这一目标与其他目标同向行、同步走、同时达，任务十分艰巨。要深化科普供给侧改革，开拓科普新境界。缓解科普投入不足，必须构建政府、社会、市场协同推进的社会化科普大格局，发挥第三次分配作用，引导慈善公益聚焦科普方向。国家发展迫切需要将公民科学素质建设、科普工作由“软任务”变成“硬措施”。要推动修订《科普法》等法规制度，依法保障和推动科学素质建设。

在服务党和政府科学决策方面，党和国家治理比以往任何时候都迫切需要利国利民的“大主意”“好主意”。党领导下的人民团体发挥智库功能，就是坚定为党分忧、忠诚谋略。要聚焦“国之大者”精准选题，有效集思汇智聚力，把科技工作者的个体智慧凝练上升为有组织的集体智慧。科技治理是国家治理现代化的重要支撑，是决策咨询的重要议题。要深入落实习近平总书记关于塑造科技向善文化理念的重要指示精神，加强风险前瞻研判，推动科技伦理组织创新，积极参与规则制定，维护科技安全，规范科技治理，以科技支撑社会治理、保障国家安全。

理清科协工作思路，提升科协组织执行力。中国科协今年提出了聚焦靶心、争创一流、赋能基层、开放协同“十六字”工作思路。这是结合年度工作特点，把强“三性”融入“四服务”的具体体现，是紧扣主线、围绕中心、服务大局的工作着力点。四个方面是有机联系的统一体，不能割裂开来。聚靶心才能集人心，入主流才能创一流，夯基层才能固基础，强协同才能谋大同。

一是聚焦靶心强引领。强化政治引领，要探索开展有血有肉、生动鲜活、符合科技界特点的政治引领路径。科学家精神为什么重要？习近平总书记强调“这是做好人才工作的精神引领和思想保证”。科学家精神是科技工作者安身立命的精神食粮，是科技人才服务“国之大者”的精神坐标，是实现高水平科技自立自强的精神力量，是中国科技屹立于世界学术之林的精神标识。要大力弘扬科学家精神，更好释放科技人才蕴藏的巨大创造力和创新活力，为高水平科技自立自强提供精神动力。

我们要建设科协党校体系，筑牢润物无声团结引领的坚强阵地。人心是最大的政治，科协党校就是要联系服务人才、做人心的工作，通过“党建红”引领“科技蓝”，运用科技工作者喜闻乐见的话语体系讲好政治——凝聚人心，聚焦科技工作者干事创业和急难愁盼做好服务——温润人心，倡导科技工作者报国为民的价值追求立根铸魂——激励人心，打造科协特色政治学校、人才之家、价值高地、思想“熔炉”。

聚焦靶心，要善于从政治上看科协三大主业。以科普服务国民。科普是最广泛的社会服务，是最公平的公共产品，是最普惠的民生福祉。我们要实现共同富裕，知识和精神的富有，更普遍、更深刻、更持久影响人民群众的获得感、幸福感、安全感，科普是践行党的初心和宗旨、为人民谋幸福的重要内容。以学术增强国力。学术工作为科技人才搭平台、拓渠道，坚持“四个面向”，活跃学术交流，建设一流学会一流期刊，建设国际科技组织参与全球科技治理，推动科技同经济深度融合，抓创新、促转化、优生态，是创新驱动高质量发展的战略需要。以智库建言国是。聚焦“国之大者”、责之重者，集思汇智聚力，为党和政府科学决策服务，就是为党分忧、为国谋略、为民解难。

二是争创一流铸品牌。要坚持高站位、高标准、高质量做强做优主业，为科技工作者搭平台、拓渠道、建机制，提升科协服务体系化能力。做优科普中国，做强科创中国，做精智汇中国，进一步植内涵、增实效、筑生态。加快建设一流期刊、一流学会，构筑高水平学术交流平台。着眼提升国家创新体系整体效能，引导全国学会聚焦战略必争关键领域，设置分支机构，推动实力强、运行规范的分支机构发起新学会，现有全国学会专业委员会搞得好的，将来可以以此为基础发起全国一级学会或国际科技组织。促进学会加快内部治理改革步伐，200 多个全国学会，有一个出了问题就会影响整体形象，要加快改革，推动构建中国特色、中国风格、中国气派的学会体系、学术体系、话语体系。

三是赋能基层固根本。突出改革强基。强化基层科协组织建设，特别是企业科协建设，以改革增动力，以创新添活力，让科协工作更加有形、有感、有为、有效，少做锦上添花，多做雪中送炭，让基层更有获得感。准确把握“抓重点、补短板、强弱项”的改革方法论，准确把握破立并举的改革大逻辑，突出建机制、强功能、增实效，健全联系广泛、服务人才的科协工作体系，扩大组织覆盖和工作覆盖。

突出“智慧”赋能。建设智慧科协 2.0，大踏步赶上数字中国的时代步伐。当前，我们正在着手打造中国科协的“新基建”，加快数字化转型，推动科协工作向数据支撑、流程驱动、智慧服务、生态优化转变。其中人才信息化是一个重要突破口，要以国家级科技人才库建设为抓手，以先进理念、模式和经验，高质量构筑基础底座，力争 3 年内建成权威、动态、海量的科技人才库，实现数千万量级人才信息“一库集成”，显著提升联系服务能力，提升人才发展体制机制改革决策支持能力，为党和国家人才工作大局提供有力支撑。

四是开放协同筑生态。开放协同包括国内协同、对外开放两个方面。对内要强化战略协同，促进国家战略科技力量、战略人才力量功能协同，促进产学研深度融合，提升国家创新体系整体效能。在国家创新体系中，科协应当也能够发挥“查漏补缺”“强基补链”的独特作用。我们加强战略协作，同国务院国资委等部委、有关省份等已累计签署 30 份战略合作协议。要增强大局意识，深化务实合作，建起组织、架设渠道，促进资源共享、优势互补，相互点亮、相互滋养，以合作育先机，以协同开新局，共同服务“国之大者”。

面向世界、面向未来，拓展开放信任合作，是新型国际关系背景下科协发展的时代要求。在国际科技组织中有声音、有身影、有席位，才能发挥出作用。据统计，当前落户美国的国际科技组织有 908 个，落户在我国的仅有 11 个，数量相差悬殊。同时，国内组织国际化是科技发达国家普遍的现象。美国现有 2911 家国内科技社团，英国有 1058 个，日本有 1316 个，这些组织在国际上不同程度地发挥着作用。我国全国性科技社团数量仅有 303 个，大部分是中国科协所属，数量明显不足，结构也不尽合理。有些学会不够活跃，会员少，有的才几百、几千个会员。

大力推动民间科技交流，要深化与联合国组织的合作，深度参与推进 2030 可持续发展议程，加强国际科技组织建设。要大力倡导全人类共同价值，共促开放科学发展，持续打造世界新能源汽车大会、世界科技发展论坛、世界公众科学素质促进大会、世界青年科学家峰会、世界智能大会、中关村论坛、青少年国际交流活动等品牌，凝聚信任共识，推动开放合作，为人类命运共同体搭建科技之桥。

强化“党建引领”，坚持不懈推动全面从严治党向纵深发展

党的领导是中国特色社会主义的最大优势，全面

从严治党是实现中华民族伟大复兴的坚强政治引领和政治保障。我们要坚持以习近平新时代中国特色社会主义思想为指导，深刻领悟“两个确立”的决定性意义，增强“四个意识”、坚定“四个自信”、做到“两个维护”，强化“党建引领”，走好第一方阵，建设让党中央放心、让科技界信赖、让人民群众满意的人民团体。

第一，弘扬党的光荣传统和优良作风。党始终支持依靠科技进步、关心关爱科技人才、领导推动科技组织发展。科技工作者始终与党同心同德，绘就创新报国、科技为民精彩篇章。党建工作就是要凝聚人心，就是要讲好中央领导同志关心科技事业、关爱科技人才的生动故事，传递党的温暖。

中国科协会史馆很小，但有一处周总理牵挂科技工作者身体状况的展陈总能打动人。1955 年，作出中国原子能事业战略决策会议前一天，周总理邀请地质学家李四光和核物理学家钱三强到办公室交流。之后，总理执笔向毛主席写报告：“主席：今天下午已约李四光、钱三强两位谈过，一波、刘杰同志参加，时间谈得较长，李四光因治牙痛先走，故今晚不可能续谈。先将有关文件送上请先阅。最好能在明（十五）日下午三时后约李四光、钱三强一谈。下午三时前，李四光午睡。晚间，李四光身体支持不了。请主席明日起床后通知我，我可先一小时汇报一下今日所谈，以便节省一些时间。”领袖关心科学家，从这个事例上我们可以有所感悟。1955 年 1 月 15 日下午 3 时，中央书记处扩大会议召开。会上作出了创建中国原子能事业的战略决策，中国核工业建设大幕从此拉开。

习近平总书记在实地考察、调研和重要会议讲话中，格外关心科技人才。总书记时常牵挂科技工作者的烦心事揪心事。在 2016 年全国科技创新大会、中国科学院第十八次院士大会和中国工程院第十三次院士大会、中国科学技术协会第九次全国代表大会上，习近平总书记强调“让经费为人的创造性活动服务，而不能让人的创造性活动为经费服务”。在 2018 年两院院士大会上，习近平总书记指出“不能让繁文缛节把科学家的手脚捆死了，不能让无穷的报表和审批把科学家的精力耽误了”。在两院院士大会、中国科协第十次全国代表大会上，习近平总书记强调“决不能让科技人员把大量时间花在一些无谓的迎来送往活动上，花在不必要的评审评价活动上，花在形式主义、官僚主义的种种活动上。”在总书记亲自关心下，科技体制改革“最后一公里”逐步在打通，越来越多青年英才担重任、挑大梁，创新生态持续向好。

习近平总书记强调，立德树人的人，必先立己；铸魂培根的人，必先铸己。倡导科技工作者弘扬伟大建党精神，弘扬科学家精神，涵养优良学风作风，我们科协工作者要做示范、当表率。我们要真正悟透以人民为中心的发展思想，真心依靠科技工作者，密切联系科技工作者，热忱服务科技工作者，聚人心、暖人心、筑同心。

第二，巩固拓展党史学习教育成果。持续在明理增信、崇德力行上下功夫，着眼坚定历史自信、增强理论自觉、提高政治能力、强化宗旨意识、激发昂扬斗志、永葆初心使命，把党史学习教育融入科协主责主业，发挥“一体两翼”优势，形成典型示范经验，建立以“学”铸魂、以“宣”聚力、以“教”赋能、以“行”促效的常态化长效化机制，把科技界精气神更好凝聚到喜迎二十大、奋进新征程上来。

在党史学习教育中，有一位科协老同志的事迹材料让人很受感动。中国科协优秀共产党员、离退休干部王直安同志（1926—2022 年）以过硬作风担当作为、彰显风骨，是我们学习的楷模。今年 6 月，王直安同志生命垂危，嘱托子女“一定要把全年的党费交给党组织”。他是一名至“勇”战士，参加过抗日战争、解放战争和抗美援朝战争，曾身背炸药匍匐炸掉伪军碉堡。他是一名低调“老兵”，1978 年 12 月，王直安同志被调往中国科协，待人接物平易近人、谦逊友善，有着不凡经历，却从不居功自傲。他是一位朴素、正直的父亲。遇到有困难的同事，总是伸出援手。国内哪里有灾，他都捐款捐物。他经常教育子女“我在朝鲜战场上没牺牲、没负伤，这是十几万人换来的，不要给党组织和国家添麻烦！”科协系统还有很多像王直安一样明理增信、崇德力行的好干部，我们要向身边的榜样学习，让见贤思齐在科协系统蔚然成风。

第三，持续深化党建强会。坚持和加强党对学会工作的全面领导，完善学会党建工作指导委员会工作机制，优化学会治理结构，支持学会激浊扬清、守正创新。加快推进学会党组织有形覆盖转向有效覆盖，以落实学会党建主体责任提升学会治理效能。突出思想政治引领，团结凝聚学会会员听党话跟党走。推动党建业务深度融合，以党建引领学会事业高质量发展。

第四，打造廉洁科协亮丽名片。认真落实全面从严治党主体责任，坚持服务中心、紧盯质效、延伸学会、修饰作风，突出政治监督，加强日常监督，延伸学会监管，强化监督执纪，做好巡视审计，一体推进不敢腐不能腐不想腐。要在科协工作中力戒形式主义、官僚主义，严格遵守中央八项规定及其实施细则精神，持之以恒打造廉洁科协亮丽名片，大力营造风清气正的政治生态、干事创业的浓厚氛围。

从党的十八大到党的二十大，十载奋进，十载开拓，十载辉煌，党领导下的科技事业走过光辉历程。当代中国，江山壮丽，人民豪迈，前程远大，中国科技必将铸就新的辉煌。党和国家千秋伟业，建党精神薪火相传，历史任务接续推进。中华民族伟大复兴进入了不可逆转的历史进程，高水平科技自立自强是加速这一进程的硬核力量。让我们更加紧密团结在以习近平同志为核心的党中央周围，踔厉奋发，砥砺前行，以昂扬斗志和饱满热情、以实际行动和优异成绩，迎接党的二十大胜利召开！

来源:《人民论坛》2022 年第 16 期

弘扬新时代科学家精神 激荡建设世界重要人才中心和创新高地的源头活水

中国科协党组书记、分管日常工作副主席、书记处第一书记 张玉卓

2021年9月，在中央人才工作会议上，习近平总书记明确提出，要深入实施新时代人才强国战略，加快建设世界重要人才中心和创新高地。世界重要人才中心和创新高地的形成和转移，昭示着科学技术与经济社会发展的长周期规律，凸显着思想解放和体制机制创新对先进文化孕育兴起的极端重要性。当前，全球新一轮科技革命和产业变革加速演进，对我们来说是极为难得的历史机遇。科技是国家强盛之基，强国之路的动力在于科技的全面崛起。我们必须把握战略主动，以史为鉴，从中华文明中汲取历史自信，从党的百年奋斗中传承自我革命的精神，不断弘扬科学家精神，为人才创新创造提供强大的精神引领和思想保证，努力创造人类科技文明繁荣发展的中国贡献。

一、成为世界重要人才中心和创新高地，是实现高水平科技自立自强的时代标识

马克思把科学首先看成历史的有力杠杆、最高意义上的革命力量。对于中华民族创造的闻名于世的科技成果之一，他深刻指出，印刷术“变成科学复兴的手段，变成对精神发展创造必要前提的最强大的杠杆”。近代以来，每一次科技浪潮的兴起，都极大地推动了经济发展和社会进步；每一次科技革命的发生，都孕育催生了一批新兴强国。当前，新一轮科技革命和产业变革重塑世界创新资源配置格局，世界重要人才中心和创新高地形成的基础动力发生深刻变化。

（一）世界重要人才中心和创新高地深刻影响强国进程

近代科学诞生以来，几乎每隔一个世纪就会出现一个“世界性意义”的人才中心和创新高地。16世纪，意大利文艺复兴达至高峰，率先开辟近代科学之路。17世纪，英国“光荣革命”确立君主立宪，倡导自然科学，为近代科学发展扫除封建思想障碍。18世纪，启蒙运动的浪潮引动法国大革命，让法国科技一骑绝尘。19世纪，德国通过教育改革带动近代本国科学兴起，仅用40多年就成为欧洲头号工业强国。20世纪，美国吸纳大量欧洲科学家和思想家，在第二次世界大战后引领全球科技并成为超级大国。哥白尼、伽利略、牛顿、波义耳、拉格朗日、拉瓦锡、爱因斯坦、普朗克、费米、冯·诺依曼、贝尔等科技巨擘，塑造了国家崛起的驱动器，创造了世界科技文明新高度。世界人才中心和创新高地的地理转移见证了国家综合国力消长和强国崛起，其蕴含的内驱动力和底层逻辑给人以深刻启示。从科学繁荣和技术进步维度看，科学因自身及相互的批判而进步，其蓬勃发展首先得益于聚集杰出人才，以优质的创新生态激励其内在的巨大创造活力，并不断扎根于深厚的公众科学素质沃土，以链式反应带来科学思想、创新成果的持续涌现。

（二）新一轮科技革命和产业变革新赛场孕育全球创新经济地理新形态

新一轮科技革命和产业变革步入蓬勃兴起的朝阳期，与新一轮全球产业分工调整叠加，形成对创新秩序和板块的巨大震荡，突出表现为工业化、信息化的充分发展，人类社会迎来“人机物”三元融合的万物互联时代。新的科研范式前所未有地加速着知识创造，从时间、空间、认知上塑造人类对未知疆域的宏阔探索。跨学科领域交叉融合、集成创新的广度深度前所未有，“跨界、抱团式”创新突破成为主要形态。数字技术有力促进全球范围内思想交流、知识共享和技术合作，科学技术和经济社会加速融合、一体化发展，深刻改变着生产、交换过程和人才、技术、资本等生产要素的流动、配置、集聚。产学研多主体互动、跨领域协同的“结构式创新”为全球化注入新的动力。在百舸争流的创新版图中，把握新赛场主动权的领跑者将率先形成人才中心和创新高地，屹立于世界民族之林。

（三）建设世界重要人才中心和创新高地是中国特色创新发展道路的历史选择

科技自立自强集中体现了中国道路百年奋斗历程的实践逻辑和历史逻辑。从自力更生、自主创新到自立自强，党领导科技发展所开创的中国道路，始终坚持以人民为中心、以人才为第一资源，以不断解放和发展第一生产力使国家发展紧跟时代步伐，实现科技实力从量的积累迈向质的飞跃、从点的突破迈向系统能力提升，打造了一支大有可为也大有作为的科技人才队伍，为中国发展不断跨越雄关漫道提供了不竭动力。党的十八大以来，以习近平同志为核心的党中央立足复杂多变的国际环境，以发展为第一要务，把创新摆在现代化建设全局中的核心地位，面向世界、面向未来，以建设世界重要人才中心和创新高地的历史担当，为世界科技发展不断注入中国动力。我们必须紧握创新这一发展的根本之钥，深刻领会习近平总书记关于科技创新的重要论述精神，以卧薪尝胆的奋发姿态和“十年磨一剑”的必胜信念，把握百年未有之大变局，推进中国现代化巨轮迎着新一轮科技革命和产业变革的浪潮奋力前行，以新的伟大成就为国家发展和民族复兴赢得主动、赢得优势、赢得未来，不断开辟中国道路和人类文明发展的蓬勃生机和灿烂前景。

二、把握创新发展规律和人才成长规律，增强驾驭时代变革的历史主动

建设世界重要人才中心和创新高地，是推动我国从科技大国向科技强国迈进、实现中华民族伟大复兴的关键所在。近代以来，人类社会的文明进步和国家兴衰与科技发展的关联程度超出之前任何时期。由于各种原因，我国多次与科技革命失之交臂，留下深刻教训。直到中国共产党登上政治舞台，终于将民族复兴和科技发展的使命系于一身，培养人才、团结人才、引领人才、成就人才，开启了中国与世界科技革命结缘的新历史篇章。党带领人民的百年奋斗，奠定了我国建设世界重要人才中心和创新高地的深厚基础；中国特色自主创新道路的不断开拓，更深化了我们对创新发展规律和人才成长规律的认识，为我们在复杂变局中提高战略谋划能力提供了系统观和方法论。

（一）强化世界重要人才中心和创新高地建设的国家自信

科技兴则民族兴、科技强则国家强。习近平总书记立足当代科技革命前沿，以历史纵深和全球视野深刻把握这一执政兴国的发展规律，强调发展是第一要务、人才是第一资源、创新是第一动力，要把创新摆在国家发展全局的核心位置。“三个第一、一个核心”的战略论断深化了科技是第一生产力的思想，把人才、创新在国家发展全局中的位置提升到了前所未有的战略高度，科学阐释了形成世界重要人才中心和创新高地所必须牢牢把握的最活跃、最革命的关键要素和依靠力量。这一国家战略意志的宣示，必将最广泛地动员起一切有生力量投入这一历史进程中，向着目标的最后达成不懈奋斗。

（二）强化创新主体的系统动员

习近平总书记多次指出以系统观念推动发展的重要性，强调要遵循创新发展规律，完善符合科技创新规律的资源配置方式，强化科技创新策源功能，做好体系化技术布局，构建富有吸引力的创新生态系统，激发科技人员积极性；指出科学技术在广泛交叉和深度融合中不断创新，要抓系统布局、系统组织、跨界集成，为我们把握协同创新这一现代科技创新方法论，更有针对性进行科技创新系统布局和科技创新平台的系统安排提供了指南。建设世界重要人才中心和创新高地，根本上是要形成各主体、各方面、各环节有机互动、协同高效的国家创新体系，最大限度解放和激发第一生产力和第一资源的活力潜能。习近平总书记关于尊重科技创新的区域集聚规律，因地制宜探索差异化的创新发展路径，加快打造具有全球影响力的科技创新中心，建设若干具有强大带动力的创新型城市和区域创新中心的重要论述，形成了系统动员、科学布局的路线图。

（三）强化人才发展观的全面落实

习近平总书记在中央人才工作会议上提出“八个坚持”，进一步深化了我们党对人才事业发展的规律性认识，形成了科学的人才发展观，为我们把握建设世界重要人才中心和创新高地的主要矛盾和矛盾的主要方面提供了指南。习近平总书记多次指出，要尊重人才成长规律和科研活动自身规律，建立适应科技创新要求、符合科技创新规律的人才管理制度，解决人才队伍结构性矛盾，建立健全以创新能力、质量、贡献为导向的科技人才评价体系，优化人才政策，营造有利于创新创业的政策环境，构建有效的引才用才机制，培养造就一大批具有国际水平的战略科技人才、科技领军人才、青年科技人才和创新团队。习近平总书记强调，要高度重视青年科技人才成长，使他们成为科技创新主力军；甘做提携后学的铺路石和领路人，大力破除论资排辈、圈子文化，鼓励年轻人大胆创新、勇于创新，让青年才俊像泉水一样奔涌而出。这些重要论述为我们认识规律、尊重规律、按规律办事，营造“不拘一格降人才”“非常之人”喷薄而出和群贤毕至“济济多士”的繁荣局面指明了方向。

（四）强化人才工作的精神引领和思想保证

习近平总书记多次指出，科学成就离不开精神支撑，新时代更需要继续发扬以爱国主义为底色的科学家精神，要把科技成果应用在实现国家现代化的伟大事业中，把人生理想融入为实现中华民族伟大复兴的中国梦的奋斗中。习近平总书记殷切勉励广大科技工作者，要树立敢于创造的雄心壮志，敢于提出新理论、开辟新领域、探索新路径，在独创独有上下功夫，以科技界的良好风尚引领全社会自觉践行社会主义核心价值观。习近平总书记强调，要更加重视科学精神、创新能力、批判性思维的培养培育，在全社会营造鼓励大胆创新、勇于创新、包容创新的良好氛围。这些重要论述为我们深刻把握科学家精神这一国家创新系统的灵魂和动力之源，引领创新人才适应科技变革潮流，把握大势、抢占先机，不断夯实思想文化基础指明了方向。

（五）强化开放、信任、合作的创新交流理念

创新不问“出身”。习近平总书记多次指出，发展科学技术必须树立全球视野，要增进对国际科技界的开放、信任、合作，塑造科技向善的文化理念，在开放合作中提升自身科技创新能力，让中国科技为推动构建人类命运共同体作出更大贡献。习近平总书记紧紧把握创新资源全球配置这一生产力发展的客观要求和科技进步的必然结果，强调中国发展需要世界人才的参与，中国发展也为世界人才提供机遇，必须实行更加积极、更加开放、更加有效的人才引进政策，用好全球创新资源，面向世界汇聚一流人才，精准引进急需紧缺人才，构筑集聚全球优秀人才的科研创新高地，形成具有吸引力和国际竞争力的人才制度体系，让各类人才的创造活力竞相迸发、聪明才智充分涌流，形成天下英才聚神州、万类霜天竞自由的创新局面，加快建设世界重要人才中心和创新高地。

三、以科学家精神引领科技工作者积极投身世界重要人才中心和创新高地建设

习近平总书记指出，坚持弘扬科学家精神是做好人才工作的精神引领和思想保证。科学家精神传承了中华文化的“人和”“自强不息”“无信不立”“学贵知疑”等优秀文化基因，在兼收并蓄中汲取世界科学文明的养分，于百年来中华民族的奋起中砥砺昂扬斗志和追梦动力，立体呈现了当代中国科学家创新报国的精神风貌。作为中国共产党人精神谱系的有机组成，爱国、创新、求实、奉献、协同、育人的科学家精神为中华民族的伟大精神殿堂增添了生动的时代观照，在与伟大时代精神同频共振、相互激荡中，必将进一步感召和激励当代科技工作者在建设世界重要人才中心和创新高地中续写科技报国为民的历史荣光。

（一）激发家国情怀，增强建设世界重要人才中心和创新高地的历史使命感

爱国是科学家精神的底色，是对新时代人才的第一位要求。实现中华民族伟大复兴是近代以来中华民族最伟大的梦想，牵引着中国科学家的理想信念与现实选择。个人的梦想只有和国家民族的命运紧紧融在一起，才能焕发惊人的力量、激发不竭的动力。把爱国济民的信念和情怀、进取超越的精神和执着作为一种进步和昂扬的力量注入中国现代社会，必将激励全社会每一名奋进者时刻从伟大事业中确定方向和目标，使人生的每一步，因为融入国家发展大局并为之不懈努力，而获得战胜任何困难和阻力的动力源泉，自觉把人生理想融入为实现中华民族伟大复兴的中国梦的奋斗中。

（二）坚定创新自信，在持续攀登中创造中国科技新高峰

变革时代，勇者胜。科学的征程如星辰大海，向创新“无人区”的不断挺进，激发着创新勇士们不止步于“高原”的斗志。要支持和鼓励广大科技工作者坚持从世界看中国，紧跟世界科技发展大势，不断向科学技术广度和深度进军，以“敢为天下先”的胆略跳出“跟踪模仿陷阱”，远离“鄙秦贬汉笑钟王，越唐迈宋压苏黄”的学术江湖，树立并保持永不止步的进取意识和开创精神，激发并保持永不满足的求知欲和创造欲，培养并保持永远昂扬的自立精神和奋进姿态，敢于逆势而上，敢与国际同行分伯仲、比高下，在坚持“四个面向”中创新创造，推动中国科技贡献向规律级、体系级、科学级迈进。

（三）坚持求真求实，坚守科研诚信和伦理底线

求实是科学家精神的核心，一切科学成果都是实事求是的产物。要牢牢坚持唯实求是，树立有信仰有敬畏的科研诚信，尊重事实、崇尚理性，在名利浮躁面前不为所动。坚决防止弄虚作假、浮夸的风气在科研领域滋生蔓延，以对国家和人民高度负责的意识，追求真理、勇闯创新“无人区”。要深刻把握科技的社会功能发展规律，前瞻研判科技发展带来的规则冲突、社会风险、伦理挑战，开展负责任的科研，确保科技向善，始终服务人的全面发展。

（四）弘扬坚守志业、心怀“国之大者”的奉献境界

人民的需要和呼唤，是科技创新的时代声音。奉献从来是最可贵的品质。马克思曾讲到，“科学绝不是一种自私自利的享乐。有幸能够致力于科学研究的人，首先应该拿自己的学识为人类服务”。广大科技工作者要为人民创新、为人民创造，把惠民、利民、富民、改善民生作为科技创新的重要方向，围绕关键领域实现自主可控、提高产业链供应链稳定性和现代化水平，把国家发展蕴含的科研创新呼唤作为强大牵引，把社会主义现代化国家建设的巨大场景和潜能转化为科技创新、产业创新的新优势，把满足人民对美好生活的向往作为科技创新的落脚点，找真问题、从实处突破，服务社会、忘我献身，勇做胸怀人民、把高水平论文写在祖国大地上的先锋。

（五）广泛协同交叉，在融通创新中形成集智攻关的强大合力

新一轮科技革命和产业变革的系统性、跨界性、结构性对协同合作提出了前所未有的更高要求。必须以更广阔的视野加强协同，形成集智攻关的强大合力，接好创新和转化的接力棒，实现个性表达和团队协作的和谐，积极构建跨组织跨部门跨学科领域协同、产学研协同、国家战略科技力量协同、跨区域协同等创新协同网络，秉持开放、信任、合作理念，主动创造、构建、引领科技创新对我国发展的新机遇，打通从科技强到产业强、经济强、国家强的通道。

（六）肩负“甘当人梯”这一科学家面向未来的使命

拥有一大批创新型青年人才，是国家创新活力之所在，也是科技发展希望之所在。要鼓励广大科学家以师长之风甘为人梯、奖掖后学，既做科技前沿的开拓者，又做提携后学的奉献者，大力托举青年人才成长，鼓励更多的后来者站在自己的肩膀上不断超越，当好青年人才脱颖而出的“开路小工”。要在全社会积极用当代创新文化滋养青年，助力青年树立永不言弃的探索精神、培养创新思维，充分激发他们勇于创造一流的激情和荣誉感，努力让我国科技界的优良学风和精神气质薪火相传，形成对全球人才具有强大磁力的优良创新生态，在新时代创新赛场上不断展现强大生机和活力。爱国、创新、求实、奉献、协同、育人，是推动发展的精神动力，也是改革创新的方法论，搭建着人才成长的阶梯，夯实着国家强盛的路径。人类社会以不断推进人的解放和自由全面发展构筑前行方向，民族的自信源于其全体参与者朝着真理的共同信念协力前行。踏上新征程，我们将牢记习近平总书记嘱托，以与时俱进的精神、革故鼎新的勇气、坚忍不拔的定力，逢山开路、遇水架桥，肩负起时代赋予的重任，深入实施新时代人才强国战略和创新驱动发展战略，努力建设世界重要人才中心和创新高地，推动习近平新时代中国特色社会主义思想在世界文明发展进程中再结硕果。

来源：《习近平经济思想研究》2022 年第 6 期

科技成为民生福祉强劲引擎

中国科协党组书记、分管日常工作副主席、书记处第一书记　张玉卓

党的二十大报告强调，“必须坚持科技是第一生产力”“坚持创新在我国现代化建设全局中的核心地位”“让现代化建设成果更多更公平惠及全体人民”。当今世界，科学技术从来没有像今天这样深刻影响着人民的幸福安康，我国经济社会发展和民生改善比过去任何时候都更加需要科学技术解决方案，更加需要增强科技这个第一生产力。

近年来，我国科技工作者坚定“科技为民”的价值追求，持续加强科技攻关，不断释放科技红利，造福千家万户。面向人民生命健康需求，我国推动了医用磁共振、彩超、CT等高端医疗装备国产化替代，降低了医疗成本。坚持“绿水青山就是金山银山”，研发推广清洁高效燃烧、钢铁多污染物超低排放等技术，还人民一片蓝天。扛起保障粮食安全责任，农业科技进步贡献率超过61%，有力支撑粮食“十八连丰”。推动C919大飞机、600公里时速磁浮列车、5G规模化应用、新能源汽车等民用技术取得关键性突破。

为推进科技为民事业，中国科协共建“科创中国”平台，组建137家全国学会、279家地方科协、3946位专家参加院士领衔的105个科技服务团，营造科技经济深度融合的良好生态。中国科协还加强“智汇中国”建设，形成600余期科技、产业等重大问题战略决策咨询成果，强化科技研发的民生导向。

众多科技工作者积极投身文化科技卫生“三下乡”，参与全国科普日、科技活动周等群众性科普活动，让科学思维和科学精神“飞入寻常百姓家”——新奇的太空科普课，前两次天宫课堂全网总点击量超40亿次，成为科技教育的生动案例；“科普中国”品牌总用户数4400万，累计传播437亿人次；建设科学家精神教育基地，营造尊重人才、尊崇创新的社会氛围。

我国科技工作者与人民群众勠力同心，共同完成近亿人脱贫的壮举，为全面建成小康社会奠定坚实基础。他们运用科技手段构建精准扶贫新模式，为贫困地区培育科技产业、培养科技人才，催生乡村振兴内生动力。中国科技志愿者总队累计有360万科技志愿者、7.2万个志愿服务组织扎根基层一线，实现500个新时代文明实践中心科技志愿服务队伍全覆盖。中国科协还组建了1.2万个农技协、359家科技小院，打通高校、院所、企业与农民之间的“最后一公里”，有效助力农民脱贫致富。

广大科技工作者临危受命、奋力攻坚，在新冠疫情防控中发挥了重要作用。他们践行人民至上、生命至上，打了一场成功的科技抗疫战——率先分离新冠病毒毒株，完成核酸检测试剂研发和审批上市、疫苗研发等，彰显了抗疫的中国力量、中国速度。中国科协所属的191个全国学会、3500多个省级学会和1.5万个科技志愿服务组织还开展了应急科普、心理援助服务和决策咨询，以“科学辟谣平台”阻击疫情谣言，形成近200项规范指南和专业建议，有效助力抗疫和复工复产。

站在新的历史起点，广大科技工作者必将大有作

为。中国科协将更好履行桥梁纽带职责，引领广大科技工作者肩负起时代赋予的重任，以更加丰硕的科技成果报效国家、服务人民，为中国式现代化作出新的更大贡献。

来源:《光明日报》2022 年 10 月 19 日 09 版

开创新时代科学文化建设的中国气派

中国科协党组书记、分管日常工作副主席、书记处第一书记　张玉卓

习近平总书记强调，中华优秀传统文化是中华文明的智慧结晶和精华所在，是中华民族的根和魂，是我们在世界文化激荡中站稳脚跟的根基。科学文化作为人类科技实践的精神化结晶，贯通古今中外博大精深的思想源泉，连接不同价值体系、思维方式和行为准则，是推动人类文明发展进步的强大动力。处于百年未有之大变局，探讨科学文化在当今世界大势、人类文明大局和中西文化交流格局中的位置，探求中国传统文化对当代世界的普遍意义，开展面向世界的文化对话，真正做到坚定文化自信，有力激发支撑民族复兴大业更基本、更深沉、更持久的力量意义重大。

坚定文化自信，推动科学文化创新发展

西方文明对于现代科学的诞生和发展有着深刻意义，其“普遍性”背后也隐含了“西方中心”的叙事逻辑，使得研究者们常常采用线性、单向度的理解模式开展科学文化研究，缺乏对文化自身整体性和复杂度的理解。形成对科学文化的整体观照，其理论框架必须更多地涵盖和包容文化的多样性。礼仪之大，故称夏；服章之美，谓之华，“华夏”更多体现的是“中华”作为一种文明体在世界历史上的意义。中华文化倡导“同天下之利”，主流精神是刚健有为、自强不息与和而不同，注重“不谋全局者不足以谋一域”的整体观、“牵一发而动全身”的系统观和“以人为本”的人本思想，以其探索天地之间奥秘更为深刻的哲学思辨和生命感悟，形成对科学文化的整体观照，为科技文明发展提供丰厚的滋养。

与此同时，当代科学文化从量变到质变的发展趋势正在叩击“割裂还是融合”的“时代之问”。万物互联极大地推动学科、区域、国家的界面重塑，更为各种文化的连接提供桥梁。以一种时代的、世界的眼光审视社会系统连接、整合正在发生的革命性变化，就会注意到科学文化也将随之实现从量变到质变的飞跃。机械式、还原式的认识论已经不能够“包打天下”，需要以系统观、整体论的方法全面认识科学文化的时代特征和发展走向。科学的联系是文化在动荡中建构的重要纽带。割裂还是融合，对世界至关重要，对中国尤其重要。

从千年时空看，人类社会以不断推进人的全面发展和自我解放构筑前行方向，科技对社会的改造和文明的塑造能力不断加强，并在以更快的加速度实现这种塑造。一旦科技的基础、引领性地位得以确立，科学文化的发展必然迎来新一轮的版本升级。依稀可见，当代科学文化的大潮正一往无前地朝着向善、求真、为了人的全面发展的方向前进。每一位参与其中的科技工作者，都历史性地成为科学文化的创造者、力行者，以更加繁荣的文化创造，推动科技进步和科学文化向行业、部门、产业前所未有地融合，成就更加美好的未来。

在百年中国科学家精神的壮阔实践中汲取创新自信

政党、国家、民族的历史自信展现在其“美美与共”的博大胸怀里。爱国主义是我们民族精神的核心，搭建了中华民族团结奋斗、自强不息的精神纽带。中国共产党人高举科学大旗，汇聚全民族科学救国的壮阔洪流，从自力更生、自主创新到自立自强，推动科学文化在中国不断焕发新的生机和活力。几十年前，竺可桢、茅以升、童第周、苏步青、梁思成等一大批学贯中西的优秀科学家在中华大地率先推动了以爱国主义为精神纽带的中西文明互鉴实践。中国特色自主创新道路从“追赶”走向“跨越”，展现了创新自信的生动实践。爱国、创新、求实、奉献、协同、育人的科学家精神进入中国共产党人精神谱系，历史总结了我们党团结带领广大科技工作者的百年奋斗、求索，树立了传承优秀传统文化、弘扬新时代科学文化的光辉典范。迎着科技革命的浪潮，随着科学文化日益走出“经院”，在塑造社会文化新潮流中作用不断凸显，呼唤我们以更加坚定的文化自信和海纳百川的格局胸襟面向世界、面向未来，增进对国际科技界的开放、信任、合作，在新的科学文化创造中展示与时俱进、革故鼎新的中国气派。

当好新时代科学文化发展的旗手和使者

科技工作者是推动科技进步、繁荣科学文化的拓荒者和开路人。肩负起这一时代洪流创造者的历史重任，必须把握科学文化发展规律，与时俱进推进理论创新，尊重文明发展的复杂性，在正确历史观中把握科学文化前进规律，以整体观照、涵盖和包容多样。必须做科学文化融入社会的力行者、传播者，使科学文化在开放社会的环境中真正融入人民生活和社会生产，让广大人民理解并掌握，真正形成科学思维方式，保持开放创新的文化发展活力，使科学文化成为有本之木、有源之水。必须坚持开放胸怀和世界眼光，做国际民间科技文化交流的使者，秉承“以人为中心”的理念以及求真务实、协同开放、理性严谨等各国普遍认同的理念，让科学文化的创新发展在不同文明之间架起理解的桥梁，营造国际合作环境，展现中华民族以和邦国、兼济天下的胸怀和格局。

来源:《光明日报》2022 年 9 月 21 日 04 版

让新时代科学家精神在中华大地扎根绽放

中国科协党组书记、分管日常工作副主席、书记处第一书记　张玉卓

2016年，习近平总书记在全国科技创新大会、两院院士大会、中国科协第九次全国代表大会上的重要讲话，绘就中国建设世界科技强国的宏伟蓝图。2021年，习近平总书记在两院院士大会、中国科协第十次全国代表大会上深刻指出，要加快建设科技强国，实现高水平科技自立自强。把握新发展阶段，贯彻新发展理念，构建新发展格局，推动高质量发展，中国科技界正以奋发进取的姿态，肩负起创新第一动力、人才第一资源的时代重任，在以爱国、创新、求实、奉献、协同、育人为鲜明特征的科学家精神指引下，面向世界面向未来，向着实现第二个百年奋斗目标的伟大征程迈步前行。

一、赓续红色血脉，挺起科技脊梁，勇担中华民族复兴大任

习近平总书记在庆祝中国共产党成立100周年大会上的重要讲话中指出："一百年前，中国共产党的先驱们创建了中国共产党，形成了坚持真理、坚守理想，践行初心、担当使命，不怕牺牲、英勇斗争，对党忠诚、不负人民的伟大建党精神，这是中国共产党的精神之源。"在党的坚强领导下，科技工作者弘扬伟大建党精神，在长期的科学技术实践中养成了中国科学家独特的精神气质，铸造了具有中国风格、中国气派的新时代科学家精神，成为中国共产党人精神谱系的重要组成部分。

矢志科学、许身报国是科技工作者的价值引领。经受新文化运动和五四运动洗礼，以马克思主义为行动指南的中国共产党自诞生之日起就深刻认识到科学技术的重要性，中国共产党的创建者都是"赛先生"的坚定拥护者，号召要重用"科学家来帮助无产者开发实业、振兴学术"。抗日战争时期，仅1938年至1940年初，从全国各地奔赴延安的知识分子就达4万余人，其中不乏科技人才。严济慈、贝时璋、陈省身、华罗庚、邓稼先、钱学森、朱光亚等一批又一批科学家为中华民族救亡图存、披肝沥胆，尤其是在新中国百废待兴之初，他们投身科学报国之路，书写了与党和人民相濡以沫、为共和国科技发展奠基立石的不朽篇章。

扎根实践、学以致用是科技工作者的行动遵循。马克思主义是实践的理论，马克思主义实践观具有鲜明的与时俱进的精神品格。中国共产党始终强调用生动的社会实践团结凝聚广大科技工作者，并以海纳百川的胸怀为各类人才施展才华搭建广阔平台。抗日战争时期，由共产党领导成立的陕甘宁边区自然科学研究会，团结各部门、各行业科技人才在机电、冶铁、土木、航空、数理、化学等10余个方向开展科研攻关和学术研究，为边区国防和生产建设服务。1949年新中国成立后，面对复杂严峻的国内外形势，党中央向海外知识分子发出"祖国需要你们"的号召，一大批杰出科学家为之感召，克服重重阻力，全身心投入新中国建设，取得了以"两弹一星"为标志的一批重大科技成果，推动建立了学科齐全的科学研究体系、工业技术体系、国防科技体系、地方科技体系。

事实证明，只有坚持中国共产党的领导，才能最大程度上凝聚发挥科技人才的智慧力量，发挥出社会主义制度集中力量办大事、攻难事的优势，实现国家繁荣昌盛。

科技为民、造福人类是科技工作者的不懈追求。中国共产党是中国工人阶级的先锋队，是中国人民和中华民族的先锋队，自成立之初就把为中国人民谋幸福、为中华民族谋复兴作为自己的初心和使命。党的十八大以来，广大科技工作者时刻铭记习近平总书记提出的“人民对美好生活的向往，就是我们的奋斗目标”指示要求，接力前行，以只争朝夕的使命感、责任感、紧迫感，在脱贫攻坚、全面建成小康社会、医药卫生、基础设施、科学普及、生态文明、防疫抗疫等方面取得一批重大科技成就，在依靠科技发展和保障民生、促进人的全面发展和国家现代化建设方面创造了中国案例和中国实践，极大提升了民众的获得感、幸福感、安全感。

二、践行科学家精神，激发创新发展内生动力

习近平总书记多次指出，“科学家精神是科技工作者在长期科学实践中积累的宝贵精神财富”“新时代更需要继承发扬以国家民族命运为己任的爱国主义精神，更需要继续发扬以爱国主义为底色的科学家精神”。在建党百年之际，科学家精神进入中国共产党人的精神谱系，体现了以习近平同志为核心的党中央对科技工作者的亲切关怀和充分信任，为新时代人才工作指明了方向。

激发家国情怀，传承红色基因，砥砺奋斗之志。爱国是科学家精神第一要义，也是对新时代人才的第一要求。从李四光、钱学森、钱三强、邓稼先等一大批老一辈科学家，到陈景润、黄大年、南仁东等一大批新中国成立后成长起来的杰出科学家，都是爱国科学家的典范。只有把个人的梦想和国家民族命运紧紧融合在一起，才能焕发出惊人的力量，激发出不竭的动力。把祖国和人民的需要和呼唤常记心间，把爱国济民的信念和情怀融入行动，必将激励每一位奋斗者以进取超越的精神和执着，战胜任何困难和阻力，自觉把人生理想融入为实现中华民族伟大复兴中国梦的奋斗中。

坚定创新自信，勇担科技自立自强重任。惟创新者进，惟创新者强，惟创新者胜。习近平总书记多次强调，构建新发展格局最本质的特征是实现高水平的自立自强，必须更强调自主创新。创新自信是变革时代的前行力量，创新精神已经成为新时代科学家精神的主旋律。广大科技工作者要坚持从世界看中国，紧跟科技发展大势，不断向科学技术的广度和深度进军，树立和保持永不止步的进取意识和开创精神，“胸有凌云志，敢为天下先”。要坚定勇于探索、突破进取的自信，敢于逆势而上，拥有强大的自主创新能力，在“四个面向”中创新创造，在激烈的国际竞争中赢得主动。

坚持求真求实，恪尽科学研究的底线原则。实事求是的科学态度是科学家的精神基础，也是新时代科学家精神的本质特征。科学家的优势不仅是智力，更主要的是专注和勤奋，经过不懈努力和艰辛探索而在某个领域形成优势。要牢牢坚持唯实求是，树立有信仰有敬畏的科研诚信，不为浮躁所动，不为名利所累，真正尊重事实、崇尚理性地面对未知，探索自然、人生和社会之道。要深刻把握科技的社会功能发展规律，前瞻研判科技发展带来的规则冲突、社会风险、伦理挑战，洞悉风险源头，推进人类文明发展。

弘扬奉献精神，以实际行动传承人间大爱。科技创新需要“板凳一坐十年冷”的毅力、“为伊消得人憔悴”的境界、“不破楼兰终不还”的执着和“功成不必在我”的胸怀，没有精神的支撑是很难成功的。中国首获诺贝尔奖的科学家屠呦呦，自1968年以来历经190次失败和无数次坚持，最终取得了青蒿素对疟疾100%抑制率的成果。正是这种“功成不必在我、功成必定有我”的胸怀境界和坚守担当，才能够实现科技创新的一次次爬坡过坎，闪耀出科技文明的光辉。广大科技工作者要为民创新、为民创造，把“四个面向”作为巨大牵引，把社会主义现代化国家建设潜能转化为新优势，把满足人民对美好生活的向往作为创新攀登的落脚点，真正做到把高质量的论文写在祖国大地上。

以协同之力促进科技创新体系化效能全面提升。“积力之所举，则无不胜也；众智之所为，则无不成也。”我国的高铁自主研发，近30家一流科研机构、院校与近50家骨干企业组成了产学研用密切结合的创新联合体，推动高铁攀上了世界高速列车技术高峰。人工合成牛胰岛素、载人航天工程、深海潜水器等，无不证明，单打独斗、闭门造车早已不适合当今时代的发展潮流。广大科技工作者必须以更广阔的视野顺应当代科技革命和产业变革的新趋势，把推动学科领域的广泛交叉和深度融合作为创新的重要方法论，强化协同创新，善于集成创新，以开放、信任、合作的理念，形成集智攻关的整体合力，以高效协同推动国家创新体系效能的整体提升，在更高水平上实现科技的自立自强。

弘扬甘为人梯精神，做新时代人才培养的“开路小工”。拥有一大批创新型青年人才，是国家创新活力之所在，也是科技发展希望之所在。千里马常有，而伯乐不常有。为党育才、为国育才，以己为梯、提携后进，是科学大师载誉青史的宝贵品格。1956年，时任清华大学数学系主任的华罗庚收到厦门大学年轻的图书管理员陈景润对他的著作提出改进意见的信件，马上邀请陈景润在全国数学论文报告会上作学术报告。陈景润也因此来到北京，进入中国科学院数学所。十年后，陈景润完成了哥德巴赫猜想，登上了数学王国的顶峰。正是一代代优秀科研人才的育人精神，助力青年树立永不言弃的探索精神，才让我国科技界的优良学风和精神气质薪火相传。广大科技工作者要按照习近平总书记提出的“言传身教，发扬学术民主，甘做提携后学的铺路石和领路人”重要指示要求，大力培育人才队伍持续壮大、人才辈出的优良创新生态，确保科技事业不断展现强大生机和活力。

三、面向世界面向未来，汇聚建设高水平科技自立自强的磅礴力量

习近平总书记指出，中国科协要肩负起党和政府联系科技工作者桥梁和纽带的职责，更广泛地把广大科技工作者团结在党的周围，弘扬科学家精神，涵养优良学风。立足新发展阶段，贯彻新发展理念，构建新发展格局，中国科协将进一步坚持以习近平新时代中国特色社会主义思想为指导，大力弘扬科学家精神，润物无声，加强对科技工作者的思想引领，发挥开放型、枢纽型、平台型组织优势，聚焦靶心，争创一流，开放协同，赋能基层，团结广大科技工作者在服务党和国家事业中不断作出扎实贡献。

以强大的思想伟力汇聚爱国奋斗的创新动力，绘好众心向党同心圆。大力弘扬以爱国创新为底色的科学家精神，以历史纵深观照时代，从中华文脉中阐扬科学文化，进一步强化与相关部门单位协同合作，广泛联合地方、行业建好科学家精神教育基地，精心打造科学家博物馆，推出更多反映新时代精神的精品力作，激发全民族创新自信。坚持聚焦青年，在党和国家工作大局中进一步确立科协组织“举旗帜、育新人、兴文化”的地位，推动科学家精神主题话剧走进港澳高校，增加青年对国家的认同。全面加强党对科技创新和科协组织的领导，依托新时代文明实践中心、党群服务中心和科技文化场馆，广泛开展科技志愿服务，大胆开展模式创新，使之真正成为党联系服务广大群众的“桥头堡”和科技普惠为民助力共同富裕的“催化剂”。

围绕大局生动实践，支撑构建新发展格局。深度融入国家战略区域布局，引学会之水助力创新驱动发展，做好创新链支撑，促进网络化协同，推动打造纵横交错、资源互补、有效协同的创新经济地理新空间，激励广大科技工作者在“四个面向”中创新创造。发挥连接四方、智力汇聚优势，聚焦战略、规划、政策资源，把国家实验室、国家科研机构、高水平研究型大学、科技领军企业等国家战略科技力量广泛联系起来，巩固科技自立自强的战略支点。高质量推动《全民科学素质行动规划纲要（2021—2035年）》实施，推进现代科技馆体系建设，深化青少年科技教育活动改革，打造社会化协同、智慧化传播、法治化建设和国际化合作的科学素质建设生态，夯实进军世界科技强国的社会基础。

优化科技创新生态，激发创新创造活力。深刻领会习近平总书记关于人才工作“八个坚持”的重要论断，把科学的评价导向作为识才的关键，搭建“独立客观、标准透明、开放获取”的第三方成果评价指标体系，强化以科技创新质量、绩效、贡献为核心的评价导向，以最优的创新环境高质量助力世界重要人才中心和创新高地建设。进一步涵养优良学风，面向重点人群持续开展宣讲教育，以只争朝夕不负韶华的奋斗姿态传承优良学风，推动创新生态持续优化。加快推进建设世界一流的学会群体、科技期刊群，以构建公益性、普惠性国家学术文献服务平台推动开放获取学术资源和开放科学数据，为提高国家创新体系建设效能“储能蓄能”。

拓展对外科技人文交流，增进国际科技界开放信任合作。加快国家科技组织建设，推动在华建立一批新兴或优势领域的国际科技组织，寻找各国共同发展的战略默契点，推动我国接入全球创新网络，主动创造、构建、引领全球化对中国发展的新机遇。探索建立具有中国特色的科技伦理治理体系，深度参与国际科技竞争合作和科技治理，倡导负责任的科研活动，鲜明提出中国科技界的创新主张。推动全国学会开拓民间科技交流渠道功能，使中国科技发展成为人类文明进步的更大贡献者，为人类命运共同体构建注入强劲动力。

立足第二个百年奋斗目标的历史新起点，我们将牢记习近平总书记的嘱托，以与时俱进的精神、革故鼎新的勇气、坚忍不拔的定力，逢山开路，遇水搭桥，肩负历史重任，秉持初心前行，让科学家精神厚植于中华大地，绽放出新时代华光！

来源:《中国新闻发布》2022 年第 5 期

新时代党建引领保障科协事业高质量发展

中国科协党组书记、分管日常工作副主席、书记处第一书记　张玉卓

党的十八大以来，习近平总书记高度重视科技创新和群团改革，先后出席中国科协第九次、第十次全国代表大会，发表重要讲话、作出重要指示，为新时代科协事业发展指明了方向、提供了根本遵循。中国科协党组始终坚持以习近平新时代中国特色社会主义思想为指导，坚定不移走中国特色社会主义群团发展道路，全面贯彻新时代党的建设总要求，充分发挥党建引领保障作用，切实履行桥梁纽带职责，坚持为科技工作者服务、为创新驱动发展服务、为提高全民科学素质服务、为党和政府科学决策服务，大力弘扬科学家精神，积极增进对国际科技界的开放、信任、合作，团结引领广大科技工作者坚定创新自信、勇攀科技高峰，为加快建设世界科技强国、实现高水平科技自立自强作出了积极贡献。

毫不动摇坚持党的全面领导，大力弘扬科学家精神，团结科技工作者坚定不移听党话跟党走

坚定不移把厚植党执政的群众基础作为首要政治任务，引导广大科技工作者深刻领会“两个确立”的决定性意义，把广大科技工作者紧紧地团结在党中央周围。

着力强化政治引领。抓好“关键少数”理论武装，建立党组成员、全国学会理事长、知名科学家讲党课常态化机制，开展习近平科技创新论述摘编工作，用党的创新理论指导科协发展实践。推动设立“全国科技工作者日”，开展创新争先行动。创办中国科协党校，面向科技领军人才、科协系统干部、海外科技人才开展理想信念教育、专题研修、国情调研。组建“中国科技志愿者总队”，广泛开展科技志愿服务活动。聚焦“众心向党、自立自强”主题，扎实开展党史学习教育。2020年新冠疫情期间，连续发布5个倡议，激励科技工作者奋战抗击疫情和复工复产一线。

大力弘扬科学家精神。参与研究制定并积极落实《关于进一步弘扬科学家精神加强作风和学风建设的意见》，科学家精神被纳入第一批中国共产党人精神谱系。持续开展全国科学道德和学风建设宣讲教育，深化科学大师名校宣传工程，通过科学家精神宣讲团、科学家精神教育基地、学风传承行动、中国科学家博物馆等全方位建设科技工作者精神家园，实施老科学家学术成长资料采集工程，深入挖掘杰出科学家成长历程。赴香港举办“时代精神耀香江”系列活动，凝聚港人爱国热情。打造《嘱托》《佑护》《创新中国》等文化宣传产品，举办“最美科技工作者”学习宣传活动，引发科技界广泛共鸣。

扎实服务科技人才。发挥组织优势系统联动，以企业、高校为重点扩大基层组织节点，广泛吸纳医院院长、学校校长、农技站站长等进入县乡科协领导机构，依托新时代文明实践中心、党群服务中心等共建共享基层工作阵地。开展全国创新争先奖、中国青年科技奖、中国青年女科学家奖等评选表彰，

持续实施青年人才托举工程，积极参与院士制度改革，组织开展院士候选人举荐。持续开展科技工作者状况调查，广泛开展法律咨询服务，维护科技工作者合法权益。

毫不动摇履行桥梁纽带职责，始终围绕中心服务大局，引导科技工作者当好科技自立自强排头兵

心怀“国之大者”，着力服务党和国家工作大局，健全联系广泛、服务科技工作者的科协工作体系，凝聚广大科技工作者投身科技创新事业。

依托“科创中国”服务创新驱动发展。制定关于支撑构建新发展格局举措，围绕国家重大战略，深化会省、会企、会校创新战略合作。建设“科创中国”国家公共技术服务与交易平台，设立65个“科创中国”试点城市（园区），助力地方经济社会发展。组织“科创中国”技术路演，承办全国大众创业万众创新活动周，打造中国科协年会、世界科技与发展论坛、世界新能源汽车大会、世界机器人大会等高端品牌会议，发布重大科学问题难题，促进科技与经济社会融合。

依托“科普中国”服务全民科学素质提升。坚持以人民为中心的发展思想，牵头编制、落实全民科学素质行动规划纲要，推动科普协同化、信息化、国际化转型，2020年公民具备科学素质比例达到10.56%，计划2025年超15%。以法治化手段推动科普事业高质量发展，推动科普法修订纳入2022年全国人大修法计划。完善“科普中国”服务平台，打造科学辟谣合作新平台，联合实施网络科普生态专项治理行动，服务新冠疫情防控。发展现代科技馆体系，成立科技文化场馆联合体，推进青少年科技教育改革，助力“双减”政策落地。联合组织“天宫课堂”，持续打造“全国科普日”，举办世界公众科学素质促进大会，打造以全球科学素质提升服务人的全面发展的开放高地。突出志智双扶，决战脱贫攻坚顺利收官。

依托“智汇中国”服务党和政府科学决策。建设“智汇中国”服务平台，打造系统联动的科协智库体系，围绕科学文化、科技治理、数字经济、公共卫生等领域与北京大学、清华大学等高校和天津、湖北、重庆等地方政府共建智库。围绕新一轮国家中长期科技发展规划、科技进步法等积极建言献策，围绕科技抗疫、复工复产、碳达峰碳中和等形成决策咨询建议报告，围绕“双创”等开展第三方评估。

推动构建人类命运共同体。拓展对外民间科技人文交流，与联合国教科文组织、世界工程组织联合会等重要国际组织举办全球性主场会议，习近平总书记多次视频致辞或致贺信。深度参与全球科技治理，开展“一带一路”国际组织平台建设，推进工程师资格国际互认，举荐我国科学家在国际科技组织担任领导职务，发起成立国际氢能燃料电池协会、国际智能制造联盟等国际科技组织。持续推进海外智力为国服务行动计划，持续加强与港澳台科技组织交流合作，团结服务港澳台科技工作者融入国家发展、民族复兴大局。

毫不动摇全面深化群团改革，打造开放型枢纽型平台型组织，推进科协系统治理体系和治理能力现代化

全面落实党中央关于群团改革的重大部署，持之以恒将科协系统改革引向深入，不断助力科技创新体制机制改革。

深化科技期刊改革。实施“中国科技期刊卓越行动计划”，多种期刊跻身世界一流，在新兴交叉、战略前沿领域成功创办高起点新刊。发布涵盖26个学科国内外4424种高质量科技期刊的分级目录，推动破除“SCI至上”导向。打造临床案例成果数据库、中医药案例库和科研仪器案例库，服务临床医生评价改革。开展期刊集群化运营试点，推进科技期刊出版数字转型，与国际重要数据库建立选刊推荐机制。举办“世界科技期刊论坛”和系列主编沙龙，凝聚共识共同应对科技期刊领域热点难点问题。

深化学会治理改革。健全学会党建领导体制，完善学会党委、办事机构基层党组织、分支机构党的工作小组，明确职责任务清单和负面清单，加强党对学会的全面领导。加快建设世界一流学会，构建中国特色一流学会评估指标体系，在信息、能源、新材料、先进制造、生命科学等前沿交叉领域加快布局一批新型学会，支持学会有序发展港澳台会员和外籍会员，探索吸纳港澳台及海外知华友华科学家在学会任职。

深化信息化改革。持续加强“智慧科协”建设，带动科协系统数字化转型发展，全力打造网上“科技工作者之家”。着力推进科技人才库、科协组织库和“科协党建”“科创中国”“科普中国”“智汇中国”等

平台建设，为基层工作进行数字化、平台化赋能，推动新时代科协组织治理体系和治理能力现代化。

毫不动摇推进全面从严治党，切实提升党建工作质量，创建让党中央放心、让人民群众满意的模范机关

始终坚持和加强党对科协工作的全面领导，以党的政治建设为统领，全面推进党的各项建设，为科协事业发展提供坚强保障。

持续深化政治机关建设。深入开展“不忘初心、牢记使命”主题教育和党史学习教育，实施理论学习中心组示范学、党支部集体学、青年理论学习小组研讨学、宣讲报告辅导学、教育培训系统学、党员个人自觉学、老党员灵活学“七学联动”。推动政治机关意识教育向机关处室、基层单位延伸。持续深化模范机关创建，促进党建和事业融合发展。严格落实意识形态工作责任制，完善对学术会议、论坛、期刊和活动等意识形态把关机制，针对科技伦理治理等敏感问题发声亮剑。

全面推进标准化规范化建设。深入实施“基层党组织建设质量提升三年行动计划”，着力抓好“四强”党支部建设。健全党建、纪检、巡视工作制度体系，深化机关党委、机关纪委自身建设，完善事业单位党的领导体制机制。落实年度思想政治状况分析报告制度，认真做好党员教育管理。评选表彰“两优一先”，加大党内关怀帮扶力度。在新冠疫情防控期间，成立疫情关爱小组、疫情监督小组，坚持党建带群建发挥群团组织作用。

持续营造良好政治生态。制定党组全面从严治党责任清单，出台加强对“一把手”和领导班子监督落实方案，每年组织召开中国科协全面从严治党工作会议、党风廉政建设推进会、警示教育大会，压实各级党组织党建责任。深化中央巡视整改，实现对直属单位巡视全覆盖。树立选人用人正确导向，着力加强领导班子建设，关心青年干部成长。强化作风兴会，深化作风建设专项整治，培育追求卓越、大力协同的科协组织文化。

中国共产党第二十次全国代表大会即将召开。科协系统将突出迎接服务党的二十大和学习宣传贯彻党的二十大精神这一主线，深刻领会“两个确立”的决定性意义，增强“四个意识”、坚定“四个自信”、做到“两个维护”，扎实履行党和政府联系科技工作者的桥梁纽带职责，聚焦靶心、争创一流、赋能基层、开放协同，团结带领广大科技工作者为建设世界科技强国、实现高水平科技自立自强作出新的更大贡献。

来源:《旗帜》2022 年第 7 期

在深化系统改革中持续增强科协组织的发展活力

中国科协党组书记、分管日常工作副主席、书记处第一书记　张玉卓

党的十八大以来，以习近平同志为核心的党中央高度重视群团改革发展，习近平总书记亲自谋划，对做好新时代群团工作作出一系列重要论述，深刻回答了群团事业发展的一系列方向性、根本性、战略性问题，为推进群团工作和群团改革提供了根本遵循。中国科协作为党领导下的人民团体、科技工作者的群众组织，切实发挥党和政府联系科技工作者的桥梁纽带职责，全面落实中央关于群团改革的重大部署，以不断增强科协组织的政治性、先进性、群众性为标尺，坚持问题导向，不断将科协系统改革引向深入，在加强科技工作者思想政治引领、做好联系服务工作、推动创新驱动发展、提高全民科学素质、服务党和政府科学决策等方面做了大量富有成效的工作，有力服务了党和国家工作大局。

立根铸魂，科协组织政治建设全面加强

坚定不移把厚植党执政的群众基础作为首要政治任务，把发挥桥梁纽带职责、团结引领科技工作者服务国家发展作为“最大的政治”和“重要的大局”，大力弘扬科学家精神，强化政治引领和政治吸纳，增强“四个意识”、坚定“四个自信”、做到“两个维护”。

把推动习近平新时代中国特色社会主义思想在科技界走深走实作为一切工作的“纲”和“魂”。抓好“关键少数”理论武装，在重要报刊媒体发表理论文章，深入解读习近平新时代中国特色社会主义思想和习近平总书记关于科技创新、群团发展的重要论述。建立中国科协党组成员、全国学会理事长、知名科学家讲党课常态化机制，用党的创新理论指导科协发展实践，聚焦新时代政治建设靶心设计科协系统工作格局，走好“两个维护”第一方阵。创办中国科协党校，面向科技领军人才、科协系统干部、海外科技人才开展理想信念教育、专题研修、国情调研，推动设立“全国科技工作者日”并广泛开展系列活动，强化全国创新争先奖、中国青年科技奖等激励导向，引导科技工作者奋力创新争先，持续打造没有围墙的思想引领阵地。编制并在海内外广泛传播《跟着总书记学科技》《嘱托》《佑护》等文化作品，推进思想政治引领空间深化拓展，润物无声凝心聚力，不断筑牢科技界团结奋斗的共同思想基础。

弘扬新时代科学家精神。深入贯彻习近平总书记关于科技创新重要论述，全面阐释以爱国、创新、求实、奉献、协同、育人为内核的科学家精神。全国科学道德和学风建设宣讲深入高校师生，科学家精神宣讲团、科学家精神教育基地、学风传承行动、中国科学家博物馆全方位建设科技工作者的精神家园。引领青年学子接力精神火炬，科学大师名校宣传工程深耕高校，“英才计划”“高校科学营”等机制实现科教协同育人。探索人才成长规律，老科学家学术成长资料采集工程深入挖掘600余位杰出科学家成长历程，展示科学家群体精神气质。“科学家精神”话题引发科技界广泛共鸣，社会辨识度、认同感显著增强，科学

家精神引领时代风尚的底色更加浓厚。

夯实科协系统党建保障，破冰学会党建难题。深入贯彻新时代党的建设总要求，推进党建与业务深度融合。成立科技社团党委，实施“党建强会”计划。截至目前，推动成立全国学会理事会党委197个、学会办事机构基层党组织162个，114个学会探索建立分支机构党的工作小组2151个，初步形成学会理事会、办事机构、分支机构三层党建工作模式，完成全国学会党的组织和党的工作“两个全覆盖”。发挥政治引领作用，推动所属全国学会全面实现将习近平新时代中国特色社会主义思想、坚持党的全面领导、党的建设等载入章程。积极探索在学会理事会层面开展党建工作，旗帜鲜明加强党对学会工作的全面领导，切实发挥党组织的政治领导作用和战斗堡垒作用。

锐意创新，全面拓展“四服务”事业发展新空间

把坚持以人民为中心的发展思想贯穿科协事业发展全过程，紧扣时代主题，聚力打造科普、学术、智库“三轮驱动”服务品牌，实现科协优势资源战略重组和服务流程再造，为科技工作者创新创造、实现价值搭建广阔舞台。

坚持在联系服务科技工作者“亲”和“紧”上下功夫。发挥中国科协和全国学会、地方科协“一体两翼”组织优势系统联动，开通心理咨询服务热线，为科技工作者提供有温度的服务。推动完善奖励举荐制度，共推荐1006人次成为两院院士有效候选人，397人获得中国青年科技奖、89人获得中国青年女科学家奖。强化学会对科技人才尤其是青年人才的培养和举荐，青年人才托举工程支持2100余名青年科研人员成长。网上“科技工作者之家”连接14万基层组织，为科技工作者提供一站式服务。零距离听取科技工作者诉求呼声，建设“科情在线”调查系统，连接覆盖全国的1254个机构调查节点、700余万科技工作者，形成快速调查和信息获取机制，网上联系服务、引领动员能力进一步增强。

全面提升战略支撑力，强机制、建基地、筑生态促进产学研融合。优化升级创新驱动助力工程，推出“科创中国”服务品牌，打造产学研供需对接的信息平台、技术服务与交易的运营平台、人才与技术的赋能平台。建设65个“科创中国”试点城市和园区，组建482支科技服务团，组织科技人员响应企业需求“揭榜挂帅”，为6800余家企业解难题、促升级。出台《中国科协科创促就业八项举措》，建立政产学研金服用多主体联动、形成要素汇聚涌流的创新联合体，“科创中国”咨询委员会、青年百人会、长三角助力创新联盟、国际技术交易联盟等近200个各类新型协同创新组织快速发展，大力营造科技经济深度融合发展的良好生态。

深入落实科学普及与科技创新同等重要的战略思想。准确把握科普内涵之变，既注重科学知识传播，更注重科学方法传授，不断强化科学精神、树立创新自信，推动科普协同化、信息化、国际化转型。接续推动《全民科学素质行动计划纲要（2006—2010—2020年）》《全民科学素质行动规划纲要（2021—2035年）》实施，成立中国公众科学素质促进联合体，持续开展全国科普日活动，协同化机制广聚百川势能共塑社会化动员新格局。2020年，我国公民具备基本科学素质的比例达到10.56%，全民科学素质建设迈上新台阶。扎实推动基层科普设施建设，现代科技馆体系从无到有、量质齐升，10年来已逐步发展成为拥有408座全国实体科技馆、612套流动科技馆、1251辆科普大篷车、1112所农村中学科技馆和中国数字科技馆“五位一体”的覆盖全国、世界独有的科普基础设施体系，线下服务公众超8.5亿人次。着力打造“科普中国”平台，面向公众提供科学、权威、有趣、有用的科普内容，平台资源总量超53TB，传播渠道715家，传播量达416亿人次，已成为国内最权威的科普平台和最大的科普资源库之一。面对新冠疫情大考，迅速启动应急科普机制，以“科学辟谣平台”阻击“疫情谣言”，联合中宣部等提出加强应急科普宣教工作的意见，推动形成平战结合的科普协同联动长效机制。连续举办3届世界公众科学素质促进大会，成立世界公众科学素质组织筹委会，打造以全球科学素质提升服务人的全面发展的开放高地。

突出科技治理特色，打造系统联动的科协智库体系。建立持续研判机制，组织引导科技工作者聚焦国家战略，积极建言献策。探索跨界研判“卡脖子”瓶颈的工作机制，持续发布重大科学问题、工程技术难题和产业技术问题。协同高校、地方和社会智库形成开放研究平台，围绕数字经济、公共卫生等重大问题，会地合作建设战略区域智库。组织能源企业和专家持续开展科技支撑“双碳”目标战略研究，提出煤化工消纳可再生能源以及原料煤不纳入能耗统计筹建

议。积极配合政府部门开展第三方评估，大众创业万众创新评估、全面创新改革试验评估、国家整体科技能力评估等受到广泛好评。

团结合作，开放型枢纽型平台型组织建设迈出坚实步伐

根据科技经济社会深度融合、创新主体协同发展的时代趋势，把握科技工作者思想动态、规模分布等新特点，探索新时代“三型”科技群团发展的新机制新模式。

坚持以会兴业、以业聚才、以才引才，持续打造团结引领的价值平台。打造世界科技与发展论坛、世界新能源汽车大会、世界机器人大会、世界生命科学大会、世界青年科学家峰会等国际交流平台，中国主场影响力持续提升。紧扣变革时代的发展主题，主动发起全球话题，广泛汇聚全球智慧。全国学会和地方科协推出数以万计的精品会议，机制化联系 200 多个国际组织，形成学科领域广泛交叉、产学研深度融合、思想碰撞交流的重要阵地。

强化学会改革主体地位。以治理结构和治理方式现代化为目标深化学会治理改革，加快建设世界一流学会，支持学会有序发展港澳台会员和外籍会员，探索吸纳港澳台及海外知华友华科学家在学会任职，拓展社会组织发展国际视野。一流期刊建设取得新突破。大力实施中国科技期刊卓越行动计划，一批优秀期刊跻身国际前列，44 种期刊学科排名进入国际前 5%，30 种位列学科前三，14 种跻身学科第一，5 种进入全球百强，实现零的突破。建设临床案例成果数据库，汇聚 10 万余篇病例报告向社会开放，为临床医生评价制度改革提供支撑。发布 32 个学科领域高质量科技期刊分级目录，覆盖国内外期刊 5198 种，推进中外期刊同质等效应用。集成 95 个国家（地区）、38 个语种共 1.4 万余种科技期刊构建“世界引文库”，研制期刊影响力综合评价指数，形成面向世界的自主评价体系。

党建带群建赋予基层组织新活力。推动组织与业务融通发展，集成科普、学术、智库资源协同下沉，进入基层党建平台，融入社会治理网络，增强科协组织服务发展的能力。构建省域统筹政策机制、市域构建资源中心、县域着重组织落实、各级学会协同联动的工作体系，以基层党群服务中心、新时代文明实践中心为阵地，推动建立科技志愿服务工作机制。赋能 4 万余名基层“三长”（医院院长、学校校长、农技站站长），有效延长科普服务链、拓宽科普惠民覆盖面，基层组织力不断增强。

以“互联网 +”促进组织变革。集成科协优势资源，主动融入数字化转型大局，以科技工作者为中心打造“智慧科协 2.0”一体化功能平台，做好各部门单位、地方科协、全国学会等组织、专网、独立信息系统的整合接入工作，推进审查事项、办事流程、数据交换等方面的标准化建设。国家级科技人才库入库人数向千万量级迈进，为党和政府人才工作大局提供服务支撑。弥合不同领域、不同行业、不同部门单位、不同组织之间的断层，打破时空限制、信息分割与数据壁垒，重组整合科协各类业务，形成“一体两翼”数字化转型升级的新发展格局，提升网上群众工作能力。

发挥国际民间科技交流主渠道作用。坚持面向世界、面向未来，秉持开放、信任、合作理念引领科技工作者共同应对国际复杂变局。持续加强与港澳台科技组织的交流合作，团结服务港澳台科技工作者融入国家发展、民族复兴大局。积极参与全球科技治理，代表中国科技界加入 372 个国际科技组织，推荐中国科学家就任执委以上职务 399 人次。支持发起成立国际氢能燃料电池协会等国际科技组织。积极参加联合国与重要国际科技组织联合发起的大科学计划。积极深化科技抗疫国际合作，组织 167 个全国学会与 254 个对口国际科技组织建立信息分享机制，推动 200 多种期刊迅速向世界卫生组织提交授权书参与 COVID-19 数据库建设。积极开展“一带一路”科技人文交流合作平台建设，支持建立或筹建 30 个区域科技组织或联盟、39 个国际科技组织联合研究或培训中心、5 个国别或区域科技问题研究中心。持续实施“海智计划”，累计与 102 个海外科技团体建立合作关系，设立 138 个各类海智基地，以多种形式开展引才引智工作。

10 年来，我们深刻体会到，科协事业发展的根基在于坚持以习近平新时代中国特色社会主义思想为指引，始终保持党领导下人民团体的政治本色；活力在于始终围绕党和国家事业发展大局，以科技工作者为中心，与时俱进地确立工作重心；动力在于顺应世界科技发展大势，坚持不懈深化改革、扩大开放。面向未来，科协组织必须立足新发展阶段、贯彻新发展理念，不断提高政治判断力、政治领悟力、政治执行

力，着力涵养自立自强，着力推动创新发展，着力推进协同治理，着力拓展开放融合，以更加广阔的视野、更强有力的历史担当，团结科技工作者主动融入构建新发展格局的历史进程中。

全面建设社会主义现代化国家的号角已经吹响。新征程上，科协组织要自觉把党和人民的期待和呼唤当作科技进步和创新的时代强音，坚定主心骨、汇聚正能量、振奋精气神，以昂扬奋进的姿态最广泛地凝聚广大科技工作者，更加紧密地团结在以习近平同志为核心的党中央周围，众心向党、自立自强，向着实现第二个百年奋斗目标的宏伟蓝图不断前进，以实际行动迎接党的二十大胜利召开。

来源:《学习时报》2022 年 9 月 19 日第 1 版

以高水平科技自立自强开辟中国道路和人类文明发展新境界

中国科协党组书记、分管日常工作副主席、书记处第一书记　张玉卓

【编者按】党的十九届六中全会是在“两个一百年”奋斗目标历史交汇关键节点上召开的一次重要会议，全会提出的“两个确立”对新时代党和国家事业发展、对推进中华民族伟大复兴历史进程具有里程碑式的重要意义。为全面阐释、深入解读以上会议精神，本刊策划、编发本期笔谈，邀请五位知名学者，从科技自立自强、推进共同富裕、党的经济思想体系构建、理论创新推动高质量发展、区域协调发展等方面撰文，研究阐释中国共产党取得百年奋斗重大成就的重要历史经验，为深入理解党的十九届六中全会精神提供有益的理论启示。

政党、国家、民族的历史自信，源于其全体参与者的共同理想和信仰，以及在奋斗历程中的拼搏和奉献。中国共产党带领人民百年奋斗，开创了中国现代化道路，创造了人类文明的新形态。党的十九届六中全会审议通过的《中共中央关于党的百年奋斗重大成就和历史经验的决议》(以下简称《决议》)回顾总结百年奋斗历程的重大成就和历史经验，阐释党的十八大以来的历史性成就和历史性变革，吹响了进军第二个百年奋斗目标的集结号。这一马克思主义的纲领性文献，为全党全国人民投身全面建设社会主义现代化国家新征程举旗定向、意义重大而深远。在党的百年奋斗成绩单上，“四大创造”鲜明标识了中国道路的历史和未来，充分体现了党在不断把握“十个坚持”中推动社会主义物质、政治、精神、社会和生态文明协调发展的清醒和成就。与时俱进推动科技生产力的解放和发展，集中展现了党把握执政规律、社会主义建设规律、人类社会发展规律的变革精神和高度自信。站在“两个一百年”奋斗目标历史交汇的起点，以习近平同志为核心的党中央观察时代、把握时代、引领时代，推动以科技创新为核心的全面创新，擘画了实现高水平科技自立自强的宏伟蓝图。这一战略思想必将有力指引我们把握百年未有之大变局，以新的伟大成就赢得主动、赢得优势、赢得未来，不断开辟中国道路和人类文明发展的新境界。

一、科技自立自强集中体现了中国道路百年历程的实践和历史逻辑

在绵延5000多年的文明发展进程中，中华民族创造的闻名于世的科技成果对人类社会发展产生了深刻影响。正如马克思指出的，这些成果变成了科学复兴的手段，变成了对精神发展创造必要前提的最强大的杠杆。近代以来，科技的迅猛发展对人类社会文明进步和国家兴衰的影响之广、关联之深，超出之前的任何时期。由于各种原因，我国屡次与科技革命失之交臂，留下深刻教训。中国共产党登上政治舞台，将实现民族复兴和推动科技发展的使命系于一身，彻底改变了科技革命与中国无缘的历史循环，赋予了中国道路强大的不竭动力。

科技自立自强贯穿于中华民族从站起来、富起来到强起来伟大飞跃的全过程。从“吃水不忘挖井人”的科技为民情怀，到“向科学进军”“12年规划”和“10年规划”战略布局科学技术发展，党带领人民在“一穷二白”的基础上创造了以“两弹一星”为代表的重大成就，更以自力更生的奋斗精神和举国体制的自强胆略，打赢了新中国科技立国的攻坚战，奠定了中华民族昂然屹立于世界民族之林的深厚基础。改革开放以来，党深刻把握国际国内形势，解放和发展科技第一生产力，深入实施科教兴国战略、人才强国战略、创新驱动发展战略。进入新时代，党进一步把创新摆在国家发展全局的核心位置，不断激发人才第一资源的创新创造活力，以滚石上山的韧劲深化改革，打造现代化强国建设的科技创新体系化能力，向着高水平科技自立自强迈出坚实步伐。

科技自立自强是党执政兴国的秘诀和法宝。从自力更生、自主创新到自立自强，中国发展不断跨越雄关漫道、中国道路越走越宽广的根本在于党对科技发展的坚强领导，在于始终坚持以人民为中心的逻辑原点，胸怀天下团结凝聚人才于民族复兴伟业，始终把解放和发展第一生产力作为改革首要，以自我革命的胆魄紧跟时代步伐，大力推进理论和实践创新，不断释放第一生产力的系统动能，推进中国现代化巨轮破浪前行，创造出中国特色社会主义道路的蓬勃生机和灿烂前景。

科学家精神赋予高水平科技自立自强以鲜明的时代标识。百年来，中华民族从磨难中奋起昂扬斗志，在伟大民族精神的涵养中激发追梦的动力，从科学救国，到科教兴国，再到科技强国，一代代中国科学家矢志报国、前赴后继，书写的科技发展成就深深镌刻于人类科技文明的历史丰碑，更以爱国、创新、求实、奉献、协同、育人的科学家精神，为中华民族的伟大精神殿堂增添了生动的时代观照、焕发出熠熠光辉。科学家精神作为党的革命精神谱系的重要组成部分，彰显着广大科技工作者与党同心同德、国家至上、人民至上的坚定信念，展现了以高水平科技自立自强奋进新时代的精神风格。

科技自立自强的历史逻辑贯穿于百年奋斗的伟大实践，也必将为新时代中国现代化巨轮驾驭变革浪潮奋进前行确立清晰航标。党的十八大以来，以习近平同志为核心的党中央立足复杂多变的国际竞争环境，以发展为第一要务，把创新摆在现代化建设全局中的核心地位，开启了以创新谋复兴的崭新篇章。科技自立自强作为一条鲜明主线，系统贯穿于习近平新时代中国特色社会主义思想体系之中，为我们紧握创新这一发展的根本之钥、开创中国道路新境界提供了战略指针。

二、围绕新征程强国目标，构建高水平科技自立自强的战略支点和制度体系

党带领人民开创的中国特色社会主义现代化道路，使中华民族伟大复兴进入不可逆转的历史进程。国运系于科技，强国之路的动力在于科技的全面崛起，必须在精神、物质和制度保障上充分动员打牢基础。

以强大的创新自信奋进科技自立自强新征程。科学成就离不开精神的支撑，创新自信是科技界坚定“四个自信”的集中体现，是进军科技强国征程的不竭动力。一是广泛弘扬以爱国创新为鲜明底色的科学家精神，在中华民族伟大精神特别是伟大创造精神中汲取动力，绘好科技界“众心向党”同心圆，为实现科技自立自强立根铸魂。二是充分激励科技工作者卧薪尝胆，以“敢为天下先”的胆略摆脱“跟踪模仿陷阱”，勇闯创新“无人区”，在“四个面向”中创新创造，切实担负起第一资源的时代责任。三是全面加强党对科技创新的领导，全面落实新发展理念，强化创新在构建新发展格局、推动高质量发展中的第一动力作用，以科技普惠为民实现共同富裕，以咬定青山不放松的行动自觉加快实现高水平科技自立自强。

建立完善新型举国体制，为实现科技自立自强提供组织保障。实现高水平科技自立自强是一场深刻的发展理念和方式变革，必须以强有力的国家战略意志和体制机制做保障，把社会主义集中力量办大事的制度优势和发挥市场在资源配置中的决定性作用有效结合，不断完善具有中国特色的新型举国体制。一是强化国家战略意志。聚集战略、规划、政策资源，打造科技自立自强的战略支点，为企业发挥创新主体功能提供引导、搭建平台，促进网络化协同创新。二是三链协同提升自主可控能力。以产业链供应链自主可控为目标，深化产学融合，打造具有强大应急应变能力、安全可靠的创新链。密切上下游企业的创新伙伴关系，以集群化创新结船出海提高应对风险能力。三是拓展国家区域创新战略纵深。以高水平自立自强为牵引，强化国家战略区域的创新引领功能，打造纵横交错、资源互补、有效协同的创新经济地理新空间，大胆突破制约创新的体制和政策藩篱，构筑以国内大

循环为主体、国内国际双循环相互促进发展格局的创新特区和枢纽高地，为创新驱动高质量发展、生态文明建设、共同富裕探路先行。

全面改革提升科技创新体系化能力，为实现科技自立自强提供制度保障。当代创新日益呈现多循环往复、多组织交叉的特点，创新体系演化为超越组织和国家层面的复杂系统，创新竞争成为全域系统之争。一是要强化创新主体互动提升系统效能。因应学科交叉融合、集成创新重塑科研场景，引发创新组织方式深刻变革的趋势，以数据和智能化驱动知识的生产、流动。催化产学研新联系，在重大方向的识别、重大任务的确立和重大项目的组织实施上系统布局、系统组织、跨界集成，实现人才、技术、资本的充分流动和高效配置，以科研活动效率和创新活动效率的同步提升实现科技创新体系化能力的不断跃升。二是要加快布局国家战略科技力量。充分发挥党和国家作为重大创新领导者、组织者作用，以改革为动力，重构科技力量战略布局，夯实驾驭新一轮科技革命和产业变革的基础能力，全面增强新竞争态势下的应急应变和处突能力。强化国家实验室体系的使命驱动和任务导向，突出交叉集成和平台整合功能，发挥高水平研究型大学策源思想、立德育人的全社会创新孵化功能，凸显国家科研机构抢滩前沿领域的尖兵功能，壮大科技领军企业和新型研发机构群体，成为产业变革的领跑者。

海纳百川凝聚培养创新人才，筑牢科技自立自强根基。千军易得、一将难求，创新型人才特别是领军人才决定着国力消长和国家竞争优势转换的天平。一是要深刻领会习近平总书记关于人才工作“八个坚持”的重要论断，把科学的评价导向作为识才的关键，把信任作为用才的关键，更加重视创新能力、批判性思维的培养培育，不做“球磨机”，鼓励各类人才特别是青年人才像泉水一样奔涌而出。二是要牢牢抓住现代化的核心是人的现代化这一根本，让科技创新和科学普及两翼齐飞，在全社会深刻融入崇尚科学、崇尚创新这一社会文明的重要标志和国家发展的重要文化基因，夯实进军世界科技强国的社会基础、人才塔座。三是要不断优化创新生态，以最优的创新创造环境吸引、汇聚、培育一流人才，努力实现人才的充分流动和优化配置，使中国的创新发展形成对全球人才的强大吸引力和感召力，营造“万类霜天竞自由”的人才涌现局面。

把开放创新作为实现科技自立自强的关键路径。开放创新是改革开放的鲜明标识，是贯通以国内大循环为主体、国内国际双循环的必经之路。一是紧紧围绕把现代化目标建立在强大的开放基础之上，寻找各国共同发展的战略默契点，主动创造、构建、引领全球化对中国发展的新机遇，成为全球价值链塑造的重要推动者、主导者和有效治理者。二是努力赢得未来全球化新优势并成为引领全球化的重要力量，适应世界互鉴、共存、多维的发展潮流，以开放胸怀广聚人才，以开放、信任、合作的理念参与到全球创新体系建设中。三是胸怀天下推动中国科技发展成为人类文明进步的更大贡献者，把中国现代化作为全人类现代化的重要组成部分，为人类命运共同体构建注入强劲动力，使不断强起来的现代化中国成为推进世界现代化和人类文明进步的重要力量。

三、中国道路将在不断创造先进文明新形态中为人类全面发展作出新贡献

迅猛发展的科技创新正以前所未有的程度深刻影响人类文明形态和走向。历经工业化、信息化的快速发展，人类社会正大步迈向万物互联的智能化时代，展现出不同文明交流互鉴、携手跨越的新图景。中国共产党的百年奋斗，将 14 亿人民带入现代化的康庄大道，不仅深刻改变了国家命运，更创造了人类发展的奇迹。新时代的中国现代化道路，以人民为中心的发展理念将更深融入人类命运共同体建设中，高水平科技自立自强不仅意味着中国将以新的奋斗创造生产力发展新成就，更将展现当代中国胸怀天下，在开放、信任、合作中架设中国与世界文明互鉴之桥的自信担当。

推动科技向善、践行科技为民，彰显中国道路促进人的全面发展的核心价值。人民至上的中国道路从生生不息的中华文化中汲取深沉力量，更以革故鼎新的创新气魄开启科技塑造人类文明新形态的壮阔进程。坚持科技向善，加强科技伦理建设，倡导负责任的科研，鲜明提出中国科技界的创新主张和道义坚守。把面向人民生命健康作为科技创新的重要目标，把提高公众科学文化素质作为现代化建设的基础，让现代科技走进广大人民群众的生产，用科技创造美好生活，是新时代科技发展的重大使命。在不断增进与国际科技界的开放、信任、合作中，中国科技界将以高水平的自立自强肩负起科技为民的天赋人责，使包括中国人民在内的全世界人民共享现代科技文明、拥抱现代化发展，携手创造人类社会的美好未来。

以“双碳”目标引领生态文明新发展，为世界可持续发展贡献中国力量。我国以对人类社会可持续发展的强大担当，作出了2030年前实现碳达峰、2060年前实现碳中和的郑重承诺。这是继以能源动力革命为内核的工业化、以“硅基”创新为引擎的信息化之后，以“碳基”创新为核心的广泛而深刻的经济社会系统变革。低碳发展开辟高质量发展的广阔空间，绿色智能更将不断赋能社会形态新跨越，促进人类文明进步。“双碳”目标这一国之大计，将有效引领生态文明建设，中国将在深入参与相关国际规则制定和调整中，加强与各国的协同行动，积极构建服务可持续创新的全球伙伴关系，推动形成更加科学、合理和公正的全球气候治理体系，为世界可持续发展提供更多的中国方案和中国经验。

在开放信任合作中架起科技共荣、文明互鉴的桥梁。科技是发展的利器，也是风险的源头。中国倡导开放、信任、合作的科技人文交流理念，符合当代科技与文明繁荣发展的时代潮流，顺应民心民意所向。以此为遵循，全面构建各国广泛参与且以国际协议为基础的科技治理框架，寻求包容分歧差异的最大公约数，是共同识别科技的风险挑战、共同解决人类全面发展共同难题的根本出路。大道不孤，天下一家。人类命运共同体的思想为世界提供了极具智慧和创造性的共同行动框架。在百舸争流的科技革命和产业变革浪潮中，开放创新作为高水平科技自立自强的鲜明时代特征，将持续推动中国道路以更宏大的格局联结世界，为人类文明进步和全面发展贡献强大的中国力量。

来源:《经济管理》2021年第12期

推动新时代科普工作迈上新台阶
夯实社会主义现代化建设根基

——专访中国科协党组书记、分管日常工作副主席、书记处第一书记张玉卓

近日，中共中央办公厅、国务院办公厅印发《关于新时代进一步加强科学技术普及工作的意见》（以下简称《意见》），为新时代科普工作指明了方向。

围绕文件出台的背景和意义、新时代科普工作的特点，以及如何高质量落实《意见》、做强做优做大新时代科普工作等问题，中国科协党组书记、分管日常工作副主席、书记处第一书记张玉卓接受了科技日报记者专访。

记者：当前我国正向第二个百年奋斗目标进军，如何从走好中国式现代化道路的战略高度看待《意见》的出台？

张玉卓：习近平总书记在庆祝中国共产党成立100周年大会上指出："我们坚持和发展中国特色社会主义，推动物质文明、政治文明、精神文明、社会文明、生态文明协调发展，创造了中国式现代化新道路，创造了人类文明新形态。"开辟中国式现代化新道路是党带领中国人民百年奋斗的历史成就，是超越西方国家现代化既定模式的成功经验。

回望中国共产党百年奋斗路，也是科普为民的光辉之路，党用科学造福人民、武装人民，为取得革命、建设、改革各个历史阶段伟大成就奠定基础。当前我们已经走上了全面建设社会主义现代化国家新征程，向着第二个百年奋斗目标进军，科普工作的基础性、全局性、战略性地位更加凸显，全民科学素质建设保障功能更加彰显。

习近平总书记准确把握世界之变、时代之变、历史之变，深刻指出"科技创新、科学普及是实现创新发展的两翼，要把科学普及放在与科技创新同等重要的位置。没有全民科学素质普遍提高，就难以建立起宏大的高素质创新大军，难以实现科技成果快速转化"。这一关于中国创新发展基本逻辑的重大论断，揭示高质量科普已成为执政兴国、决胜未来的先决条件，成为走好中国式现代化道路的战略抉择。

《意见》是继2021年6月国务院印发《全民科学素质行动规划纲要（2021—2035年）》后的又一重磅文件，这是进一步贯彻落实习近平总书记关于"两翼同等重要"论述的重大战略举措，对推动以科技创新为核心的全面创新，加强国家战略人才力量建设，实现高水平科技自立自强、建设世界科技强国具有重大意义。

《意见》既立足当前，坚持务实，又谋划长远，从经济社会长远发展的战略高度思考科普的价值和功能。《意见》战略视野宏阔，要求推动科普全面融入我国经济、政治、文化、社会和生态文明建设"五位一体"总体布局，构建社会化协同、数字化传播、规范化建设、国际化合作的新时代科普生态，服务人的全面发展、服务创新发展、服务国家治理体系和治理能力现代化、服务推动构建人类命运共同体，为实现“十四五”规划和2035年远景目标提供有力保障，以强烈的历史主动精神赋能中国式现代化道路行稳致远。

记者：针对科学普及出现的新形势新情况新变化，在推动新时代科普工作方面，《意见》呈现出哪些特点？

张玉卓：党的十八大以来，科普事业蓬勃发展，公民科学素质快速提升，我国公民具备科学素质比例由2015年的6.2%增长至2020年的10.56%，但也正如《意见》中提到的，还存在对科普工作重要性认识不到位、落实“科学普及与科技创新同等重要”的制度安排尚不完善、高质量科普产品和服务供给不足、网络伪科普流传等问题。我们要科学认识科普在内涵、理念、手段、机制、环境等方面的深刻变化，勇担新时代赋予科普的新使命。

《意见》着眼解决科普工作面临的主要问题，适应科技与经济社会发展要求，激发科普新动能、释放科普新活力，推动新时代新科普高质量发展，体现出三方面特点。

一是方向准。《意见》体现出鲜明的问题导向、目标导向、效果导向，以深入落实习近平总书记关于“两翼同等重要”论述为出发点，紧紧抓住制约科普高质量发展的“牛鼻子”问题、“卡脖子”领域，从指导思想、工作要求、发展目标到任务举措都有的放矢，具有鲜明的指向性，对于建构科学普及与科技创新同等重要的体制机制极具针对性、操作性、实效性。

二是路径明。《意见》强调树立大科普理念，从整体上为新时代谋划科普高质量发展明确了路径。大科普强化党委和政府、科协、学校和科研机构、企业、媒体等各主体的科普责任，强调协同联动和资源共享，构建政府、社会、市场等协同推进的社会化科普发展格局，把科学普及贯穿到经济社会发展全过程各环节，对于推进科普工作向纵深发展、完善现代化创新治理体系具有重要推动作用。

三是举措新。《意见》分析了科普工作成绩和不足，适应新形势新要求，把新时代探索的成功经验固化到任务举措中，如在基层科普服务中强调科技志愿服务，鼓励开展全域科普；在壮大科普人才队伍中，提到要合理制定专职科普工作者的职称评聘标准；在加强科普领域舆论引导中，实际上强调了科普对意识形态建设的能动作用，等等。这些新思路新举措将有力有效推动新征程上科普事业健康发展。

记者：科协系统下一步如何高质量落实《意见》，做强做优做大新时代科普工作？

张玉卓：科协组织是党领导下的人民团体，必须让党放心、不负人民。科协系统将以习近平新时代中国特色社会主义思想为指导，坚持党的全面领导，切实发挥党和政府联系科技工作者的桥梁和纽带作用，切实发挥科普工作主要社会力量的作用，认真学习领会《意见》精神，深刻把握科普赋能中国式现代化的时代内涵和深层逻辑，深入贯彻落实《意见》。

一是担当职责使命，牵头深入实施全民科学素质行动。完整、准确、全面贯彻新发展理念，倡导大科普观，加强部门统筹协同，加强资源有效衔接，推动科普全面融入经济社会建设，融入服务新发展格局，构建新时代科普生态，聚焦重点人群和基层发力，确保如期实现公民科学素质建设目标，为全面建设社会主义现代化国家提供有力支撑。

二是创新科普机制，发挥科普宣传教育的基础作用。积极组织广大科技工作者投身科普，创新方式方法，提高整体效能，面向公众深入开展科学精神、科学家精神、创新能力、批判性思维的培养培育，努力形成劳动光荣、知识崇高、人才宝贵、创造伟大的时代新风。

三是深化供给侧改革，提升科普公共服务能力。强化价值引领，做优“科普中国”品牌，引导科技工作者和社会力量创作科普科幻精品，推进现代科技馆体系建设，扩大科技志愿服务规模，围绕实现“双碳”目标倡导绿色低碳生活方式，强化优质科普资源服务“双减”，完善基层科普组织动员和服务体系。积极打造中国特色新型科普智库，加强科学素质建设战略规划、政策研究和监测评估，为科普工作高质量发展提供优质决策服务。

四是拓展开放合作，加强国际科技人文交流。增进与国际科技界的开放、信任、合作，推进世界公众科学素质组织建设，以民间国际科技交流共筑对话平台，促进民心相通、文明互鉴，服务全球可持续发展和人类命运共同体建设。

各级科协组织要更加紧密团结在以习近平同志为核心的党中央周围，深刻领悟“两个确立”的决定性意义，增强“四个意识”、坚定“四个自信”、做到“两个维护”，坚守初心，守正创新，推动科普事业高质量发展，奋力谱写全面建设社会主义现代化的科普篇章，以实际行动迎接党的二十大胜利召开。

来源:《科技日报》2022 年 9 月 5 日 01 版

重要文件

中共中央办公厅　国务院办公厅印发《关于新时代进一步加强科学技术普及工作的意见》

科学技术普及（以下简称“科普”）是国家和社会普及科学技术知识、弘扬科学精神、传播科学思想、倡导科学方法的活动，是实现创新发展的重要基础性工作。党的十八大以来，我国科普事业蓬勃发展，公民科学素质快速提高，同时还存在对科普工作重要性认识不到位、落实科学普及与科技创新同等重要的制度安排尚不完善、高质量科普产品和服务供给不足、网络伪科普流传等问题。面对新时代新要求，为进一步加强科普工作，现提出如下意见。

一、总体要求

（一）指导思想。以习近平新时代中国特色社会主义思想为指导，坚持把科学普及放在与科技创新同等重要的位置，强化全社会科普责任，提升科普能力和全民科学素质，推动科普全面融入经济、政治、文化、社会、生态文明建设，构建社会化协同、数字化传播、规范化建设、国际化合作的新时代科普生态，服务人的全面发展、服务创新发展、服务国家治理体系和治理能力现代化、服务推动构建人类命运共同体，为实现高水平科技自立自强、建设世界科技强国奠定坚实基础。

（二）工作要求。坚持党的领导，把党的领导贯彻到科普工作全过程，突出科普工作政治属性，强化价值引领，践行社会主义核心价值观，大力弘扬科学精神和科学家精神。坚持服务大局，聚焦“四个面向”和高水平科技自立自强，全面提高全民科学素质，厚植创新沃土，以科普高质量发展更好服务党和国家中心工作。坚持统筹协同，树立大科普理念，推动科普工作融入经济社会发展各领域各环节，加强协同联动和资源共享，构建政府、社会、市场等协同推进的社会化科普发展格局。坚持开放合作，推动更大范围、更高水平、更加紧密的科普国际交流，共筑对话平台，增进开放互信、合作共享、文明互鉴，推进全球可持续发展，推动构建人类命运共同体。

（三）发展目标。到2025年，科普服务创新发展的作用显著提升，科学普及与科技创新同等重要的制度安排基本形成，科普工作和科学素质建设体系优化完善，全社会共同参与的大科普格局加快形成，科普公共服务覆盖率和科研人员科普参与率显著提高，公民具备科学素质比例超过15%，全社会热爱科学、崇尚创新的氛围更加浓厚。到2035年，公民具备科学素质比例达到25%，科普服务高质量发展能效显著，科学文化软实力显著增强，为世界科技强国建设提供有力支撑。

二、强化全社会科普责任

（四）各级党委和政府要履行科普工作领导责任。落实科普相关法律法规，把科普工作纳入国民经济和社会发展规划、列入重要议事日程，与科技创新协同部署推进。统筹日常科普和应急科普，深入实施全民科学素质行动，为全社会开展科普工作创造良好环境和条件。

（五）各行业主管部门要履行科普行政管理责任。各级科学技术行政部门要强化统筹协调，切实发挥科普工作联席会议机制作用，加强科普工作规划，强化督促检查，加强科普能力建设，按有关规定开展科普表彰奖励。各级各有关部门要加强行业领域科普工作的组织协调、服务引导、公共应急、监督考评等。

（六）各级科学技术协会要发挥科普工作主要社会力量作用。各级科学技术协会要履行全民科学素质行动牵头职责，强化科普工作职能，加强国际科技人文交流，提供科普决策咨询服务。有关群团组织和社会组织要根据工作对象特点，在各自领域开展科普宣传教育。

（七）各类学校和科研机构要强化科普工作责任意识。发挥学校和科研机构科教资源丰富、科研设施完善的优势，加大科普资源供给。学校要加强科学教育，不断提升师生科学素质，积极组织并支持师生开展丰富多彩的科普活动。科研机构要加强科普与科研结合，为开展科普提供必要的支持和保障。

（八）企业要履行科普社会责任。企业要积极开展科普活动，加大科普投入，促进科普工作与科技研发、产品推广、创新创业、技能培训等有机结合，提高员工科学素质，把科普作为履行社会责任的重要内容。

（九）各类媒体要发挥传播渠道重要作用。广播、电视、报刊、网络等各类媒体要加大科技宣传力度，主流媒体要发挥示范引领作用，增加科普内容。各类新兴媒体要强化责任意识，加强对科普作品等传播内容的科学性审核。

（十）广大科技工作者要增强科普责任感和使命感。发挥自身优势和专长，积极参与和支持科普事业，自觉承担科普责任。注重提升科普能力，运用公众易于理解、接受和参与的方式开展科普。积极弘扬科学家精神，恪守科学道德准则，为提高全民科学素质作出表率。鼓励和支持老科技工作者积极参与科普工作。

（十一）公民要自觉提升科学素质。公民要积极参与科普活动，主动学习、掌握、运用科技知识，自觉抵制伪科学、反科学等不良现象。

三、加强科普能力建设

（十二）强化基层科普服务。围绕群众的教育、健康、安全等需求，深入开展科普工作，提升基层科普服务能力。依托城乡社区综合服务设施，积极动员学校、医院、科研院所、企业、社会组织等，广泛开展以科技志愿服务为重要手段的基层科普活动。建立完善跨区域科普合作和共享机制，鼓励有条件的地区开展全领域行动、全地域覆盖、全媒体传播、全民参与共享的全域科普行动。

（十三）完善科普基础设施布局。加强科普基础设施在城市规划和建设中的宏观布局，促进全国科普基础设施均衡发展。鼓励建设具有地域、产业、学科等特色的科普基地。全面提升科技馆服务能力，推动有条件的地方因地制宜建设科技馆，支持和鼓励多元主体参与科技馆等科普基础设施建设，加强科普基础设施、科普产品及服务规范管理。充分利用公共文化体育设施开展科普宣传和科普活动。发挥重大科技基础设施、综合观测站等在科普中的重要作用。充分利用信息技术，深入推进科普信息化发展，大力发展线上科普。

（十四）加强科普作品创作。以满足公众需求为导向，持续提升科普作品原创能力。依托现有科研、教育、文化等力量，实施科普精品工程，聚焦“四个面向”创作一批优秀科普作品，培育高水平科普创作中心。鼓励科技工作者与文学、艺术、教育、传媒工作者等加强交流，多形式开展科普创作。运用新技术手段，丰富科普作品形态。支持科普展品研发和科幻作品创作。加大对优秀科普作品的推广力度。

（十五）提升科普活动效益。发挥重大科技活动示范引领作用，展示国家科技创新成就，举办科普惠民活动，充分展现科技创新对推动经济社会高质量发展和满足人民群众美好生活需要的支撑作用。面向群众实际需求和经济社会发展典型问题，积极开展针对性强的高质量公益科普。

（十六）壮大科普人才队伍。培育一支专兼结合、素质优良、覆盖广泛的科普工作队伍。优化科普人才发展政策环境，畅通科普工作者职业发展通道，增强职业认同。合理制定专职科普工作者职称评聘标准。广泛开展科普能力培训，依托高等学校、科研院所、科普场馆等加强对科普专业人才的培养和使用，推进科普智库建设。加强科普志愿服务组织和队伍建设。

（十七）推动科普产业发展。培育壮大科普产业，促进科普与文化、旅游、体育等产业融合发展。推动科普公共服务市场化改革，引入竞争机制，鼓励兴办科普企业，加大优质科普产品和服务供给。鼓励科技领军企业加大科普投入，促进科技研发、市场推广与科普有机结合。加强科普成果知识产权保护。

（十八）加强科普交流合作。健全国际科普交流机制，拓宽科技人文交流渠道，实施国际科学传播行动。引进国外优秀科普成果。积极加入或牵头创建国际科普组织，开展青少年国际科普交流，策划组织国际科普活动，加强重点领域科普交流，增强国际合作共识。打造区域科普合作平台，推动优质资源共建共享。

四、促进科普与科技创新协同发展

（十九）发挥科技创新对科普工作的引领作用。大力推进科技资源科普化，加大具备条件的科技基础设施和科技创新基地向公众开放力度，因地制宜开展科普活动。组织实施各级各类科技计划（专项、基金）要合理设置科普工作任务，充分发挥社会效益。注重宣传国家科技发展重点方向和科技创新政策，引导社会形成理解和支持科技创新的正确导向，为科学研究和技术应用创造良好氛围。

（二十）发挥科普对科技成果转化的促进作用。聚焦战略导向基础研究和前沿技术等科技创新重点领域开展针对性科普，在安全保密许可的前提下，及时向公众普及科学新发现和技术创新成果。引导社会正确认识和使用科技成果，让科技成果惠及广大人民群众。鼓励在科普中率先应用新技术，营造新技术应用良好环境。推动建设科技成果转移转化示范区、高新技术产业开发区等，搭建科技成果科普宣介平台，促进科技成果转化。

五、强化科普在终身学习体系中的作用

（二十一）强化基础教育和高等教育中的科普。将激发青少年好奇心、想象力，增强科学兴趣和创新意识作为素质教育重要内容，把弘扬科学精神贯穿于教育全过程。建立科学家有效参与基础教育机制，充

分利用校外科技资源加强科学教育。加强幼儿园和中小学科学教育师资配备和科学类教材编用，提升教师科学素质。高等学校应设立科技相关通识课程，满足不同专业、不同学习阶段学生需求，鼓励和支持学生开展创新实践活动和科普志愿服务。

（二十二）强化对领导干部和公务员的科普。在干部教育培训中增加科普内容比重，突出科学精神、科学思想培育，加强前沿科技知识和全球科技发展趋势学习，提高领导干部和公务员科学履职能力。

（二十三）强化职业学校教育和职业技能培训中的科普。弘扬工匠精神，提升技能素质，培育高技能人才队伍。发挥基层农村专业技术协会、科技志愿服务等农业科技社会化服务体系作用，深入推进科技特派员制度，引导优势科普资源向农村流动，助力乡村振兴。

（二十四）强化老龄工作中的科普。依托老年大学（学校、学习点）、社区学院（学校、学习点）、养老服务机构等，在老年人群中广泛普及卫生健康、网络通信、智能技术、安全应急等老年人关心、需要又相对缺乏的知识技能，提升老年人信息获取、识别、应用等能力。

六、营造热爱科学、崇尚创新的社会氛围

（二十五）加强科普领域舆论引导。坚持正确政治立场，强化科普舆论阵地建设和监管。增强科普领域风险防控意识和国家安全观念，强化行业自律规范。建立科技创新领域舆论引导机制，掌握科技解释权。坚决破除封建迷信思想，打击假借科普名义进行的抹黑诋毁和思想侵蚀活动，整治网络传播中以科普名义欺骗群众、扰乱社会、影响稳定的行为。

（二十六）大力弘扬科学家精神。继承和发扬老一代科学家优秀品质，加大对优秀科技工作者和创新团队的宣传力度，深入挖掘精神内涵，推出一批内蕴深厚、形式多样的优秀作品，引导广大科技工作者自觉践行科学家精神，引领更多青少年投身科技事业。

（二十七）加强民族地区、边疆地区、欠发达地区科普工作。推广一批实用科普产品和服务，组织实施科技下乡进村入户等科普活动，引导优质科普资源向民族地区、边疆地区、欠发达地区流动，推动形成崇尚科学的风尚，促进铸牢中华民族共同体意识和巩固拓展脱贫攻坚成果。

七、加强制度保障

（二十八）构建多元化投入机制。各级党委和政府要保障对科普工作的投入，将科普经费列入同级财政预算。鼓励通过购买服务、项目补贴、以奖代补等方式支持科普发展。鼓励和引导社会资金通过建设科普场馆、设立科普基金、开展科普活动等形式投入科普事业。依法制定鼓励社会力量兴办科普事业的政策措施。

（二十九）完善科普奖励激励机制。对在科普工作中作出突出贡献的组织和个人按照国家有关规定给予表彰。完善科普工作者评价体系，在表彰奖励、人才计划实施中予以支持。鼓励相关单位把科普工作成效作为职工职称评聘、业绩考核的参考。合理核定科普场馆绩效工资总量，对工作成效明显的适当核增绩效工资总量。

（三十）强化工作保障和监督评估。完善科普法律法规体系，推动修订《中华人民共和国科学技术普及法》，健全相关配套政策，加强政策衔接。开展科普理论和实践研究，加强科普调查统计等基础工作。加强科普规范化建设，完善科普工作标准和评估评价体系，适时开展科普督促检查。合理设置科普工作在文明城市、卫生城镇、园林城市、环保模范城市、生态文明示范区等评选体系中的比重。

中国科协　科技部关于开展 2022 年“全国科技工作者日”活动的通知

科协发宣字〔2022〕15 号

各省、自治区、直辖市科协、科技厅（委、局），新疆生产建设兵团科协、科技局，中国科协所属全国学会、协会、研究会，有关高校科协、企业科协：

2022 年是我国进入全面建设社会主义现代化国家、向第二个百年奋斗目标进军新征程的重要一年。为深入学习贯彻习近平新时代中国特色社会主义思想，大力宣传以习近平同志为核心的党中央对科技工作和科技工作者的高度重视和亲切关怀，弘扬科学家精神，团结引导广大科技工作者厚植家国情怀、勇于创新争先，争做高水平科技自立自强排头兵，为党的二十大胜利召开营造浓厚氛围，中国科协、科技部决定于 2022 年 5 月 30 日第六个全国科技工作者日前后，在全国范围内组织开展系列活动，以实际行动为广大科技工作者献上诚挚的节日祝福，增强科技工作者自豪感、获得感、认同感。现将有关事项通知如下。

一、活动主题

创新争先、自立自强

二、活动时间

2022年5月中旬—6月上旬

三、目标成效

全国科技工作者日活动与全国科技活动周联动，将5月打造为科技工作者的节日。服务疫情防控大局，鼓励以多种方式开展特色活动，重点培育线上精品活动。广泛宣传展现科技工作者风采，增强科技工作者职业荣誉感和自豪感。强化与基层一线科技工作者的联系，扩大联系服务覆盖面，切实为科技工作者办实事，推动解决急难愁盼问题。

四、主要活动

（一）“创新争先、自立自强”主题活动。发动引导广大基层科技工作者特别是青年科技工作者积极参与，以录制短视频形式表达对实现高水平科技自立自强的信心和期待，通过各媒体平台推送宣传，营造浓厚节日氛围。

（二）全国科技活动周与全国科技工作者日联动重点活动。全国科技活动周延长至30日，科技活动周闭幕式由上海迁至北京举办。组织科研机构和大学向社会开放时注重和科技工作者日活动相结合。组织网络科普大V座谈会，积极引导科技工作者充分运用新媒体开展科普，强化优质网络科普资源供给，正向引导网络科普舆论。

（三）优秀典型学习宣传活动。集中举办本学科、本领域、本地区2022年“最美科技工作者”发布仪式，大力宣传扎根基层一线的优秀科技工作者，树立把论文写在祖国大地上的价值导向。鼓励各单位将有关重要表彰奖励安排在5月下旬颁发，激发科技工作者的荣誉感、自豪感。

（四）弘扬科学家精神系列活动。中国科协、科技部将会同有关部委联合发布首批“科学家精神教育基地”，在全国省会城市同步举办“党领导下的科学家”主题展全国巡展，各级科协、科技厅（委、局）要广泛组织科技工作者、青少年参观学习。积极组织开展科学家精神报告团进校园、“百馆千场万人科学家精神宣讲系列活动”等，线上线下讲好科学家故事。

（五）科技为民志愿服务活动。组织科技服务团依托“科创中国”试点城市深入开展科技助力经济发展服务系列活动。组织科技志愿者依托新时代文明实践中心、党群服务中心、社区服务中心开展助力乡村振兴和公众科学文化素质提升服务系列活动。团结凝聚青年创新创业者担当时代责任，鼓励积极参与科技志愿服务。以科技工作者知识产权保护为主题，为科技工作者提供法律咨询服务。关注科研人员心理健康，组织心理专家深入高校、科研院所和科技企业，重点对中青年科研人员进行心理辅导和压力舒缓。

（六）讲好中国科技创新和科学家故事。系统梳理、全面展示党的十八大以来，在以习近平同志为核心的党中央领导下，我国在科技创新、科技体制改革、科技人才培养、公民科学素质提升等领域取得的重大成就。制作推出一批精品短视频和宣传海报，用艺术化表现手法展现基层一线科技工作者立足岗位、无私奉献、拼搏建功的感人事迹和精神品质，激发普通科技工作者的内心共鸣和情感共振。对外讲好中国科学家故事，展示中国科技界积极参与科技伦理治理、服务人类命运共同体建设的群像。

（七）百花齐放开展特色活动。各部门、各单位要结合实际，精心策划开展一批特色活动，并及时上报。中国科协、科技部将择优纳入全国科技工作者日重点活动，进行宣传推广。

五、工作要求

（一）广泛组织动员。积极争取当地党委政府和社会各界对全国科技工作者日活动的支持，充分调动、发挥各方面积极性创造性，扩大活动受益面和影响力。践行全国科技工作者日设立的初心，推进理念创新、手段创新、载体平台创新、基层工作创新，因地、因人、因事、因时制宜开展工作，切实提高科技工作者获得感，进一步贴近大众。

（二）强调节俭务实。严格执行中央八项规定精神及实施细则，厉行节约，精打细算，杜绝铺张浪费、摆谱走秀，让科技工作者得实惠、让人民群众有获得感，切实提高活动实效和满意度。

（三）做好总结评估。请各有关单位认真总结活动开展情况和工作成效，梳理总结典型经验，提出意见建议，于6月底前报送文字信息、影像资料等。各省级科协、全国学会、高校科协、企业科协报送中国科协宣传文化部，各省科技厅（委、局）在报送全国科技活动周总结时请专章总结科技工作者日活动开展情况并报送科技部人才与科普司。

六、联系方式（略）

中国科协　科技部
2022 年 4 月 28 日

中国科协等 18 部门关于举办 2022 年全国科普日活动的通知

科协发普字〔2022〕29 号

2022 年是进入全面建设社会主义现代化国家、向第二个百年奋斗目标进军新征程的重要一年，下半年将召开党的二十大。2022 年全国科普日活动以习近平新时代中国特色社会主义思想为指导，深入贯彻党的十九大和十九届历次全会精神，弘扬科学精神、普及科学知识，激发科学梦想和科学志向，推动全民科学素质全面提升，为高水平科技自立自强提供坚强支撑，为建设世界科技强国、实现中华民族伟大复兴作出更大贡献。

一、时间和主题

2022 年全国科普日主题为：喜迎二十大，科普向未来。定于 9 月 15—21 日在全国各地集中开展。各地各部门可根据全国活动主题，结合工作实际拟定活动副主题，主题宣传活动贯穿全年。

二、活动内容

（一）弘扬科学精神，激发创新活力。在《中华人民共和国科学技术普及法》颁布实施 20 周年之际，进一步将弘扬科学精神与增强科技创新活力相融合，将弘扬科学家精神与激励爱国奋斗相结合，传播科学思想、倡导科学方法，在全社会营造爱党爱国、热爱科学、崇尚创新的良好氛围，激发创新创造潜能，为建设世界科技强国作出贡献。

（二）聚焦重点领域，服务高质量发展。聚焦乡村振兴、生态文明建设、碳达峰碳中和、疫情防控、安全生产等国家重点工作，围绕大数据、人工智能、区块链、量子科技等科技发展前沿，让更多公众深刻感知前沿科技魅力、主动服务融入国家重点工作，为推动高质量发展作出贡献。

（三）深化文明实践，培育时代新风。依托新时代文明实践中心（所、站）、党群服务中心、社区综合服务设施、科技文化场馆等阵地，开展科技志愿服务，弘扬社会主义核心价值观，推动移风易俗，培育文明乡风、良好家风、淳朴民风，为社会主义精神文明建设作出贡献。

（四）立足群众所需，赋能基层治理。围绕科普助力“双减”、卫生健康、食品安全、农业生产、科学防疫、数字素养、知识产权、国防知识、防灾避险、低碳生活等基层群众普遍关注的热点问题，聚焦青少年、农民、产业工人、老年人、领导干部和公务员等重点人群，将科普活动与“我为群众办实事”紧密结合，增强人民群众获得感、幸福感，为推进基层社会治理体系和治理能力现代化作出贡献。

三、主要活动

结合“我为群众办实事”实践活动，广泛开展聚焦重点领域、面向基层所需、服务创新发展、促进素质提升的系列科普活动，着力组织好 2022 年全国科普日北京主场活动、部委主场活动、省级主场活动、系列联合行动、“云上科普日”活动和特别参与单位专项科普活动。

（一）北京主场活动。在中国科技馆和北京科学中心开展北京主场活动，汇聚各主办单位、一体两翼优势资源，打造精彩纷呈、内容丰富的主场活动。

（二）部委主场活动。动员 2022 年全国科普日联合主办单位结合自身职能和优势，开展全国科普日部委主场活动，示范引领本系统相关单位重视科普工作、参与科普日活动。

（三）省级主场活动。根据各地实际情况，组织开展全国科普日省级主场活动，邀请党政领导、科技工作者、广大公众参与活动，带动各地掀起科普活动热潮。

（四）系列联合行动。在全国科普日活动期间，汇聚多方科普资源、协同社会各方力量、动员广大科技工作者，深入新时代文明实践中心（所、站）、党群服务中心、社区服务中心等阵地，开展系列科普联合行动。

1. 部委系统联合行动。联合主办部委动员本系统各级单位，围绕信息技术、科学教育、核科普、自然资源、生态文明、节水科普、乡村振兴、卫生健康、应急科普、林草科普、科普文学创作、食品安全等本系统的相关领域，广泛动员学校、科研院所、医院、企业、社会组织、媒体、文学工作者等各方力量，开展科普活动和科普宣传，普及科技知识、增强公众意识。

2. 学会科普联合行动。发动各级学会，积极组织、动员、服务科技工作者，大力弘扬科学精神和科学家精神，发展壮大学会科普工作队伍，为公众提供精准化、专业化的高质量科普服务，为科技工作者投身科普探索创新路径，为学会科普工作提能打造品牌、积累经验。

3. 全国科普示范县联合行动。2021—2025 年全国科普示范县（市、区）创建和认定单位，结合县域实际，围绕全国科普日主题，发挥全国科普示范县（市、区）的示范引领作用，积极打造高质量、品牌化、多样化的科普活动，丰富县域科普服务供给，提升县域居民科学素质。

4. 科普阵地联合行动。充分发挥各类科普教育基地、免费开放科技馆以及流动科技馆、科普大篷车、农村中学科技馆等科普阵地作用，开展研学体验、科学教育、科普报告等活动，以“走出去，请进来”、线上线下结合等多种形式服务中小学“双减”和公众科普需要，提升青少年的科学兴趣，促进公众对科学价值的认同。

5. 农技协联合行动。充分发动农技协组织、中国农技协科技小院，围绕乡村振兴重点任务，面向农民普及先进技术、传播科学知识、倡导科学文明，促进农村产业发展，提升农民科技文化素质。

6. 企业科协联合行动。发动各类企业特别是成立企业科协的企业，立足企业创新成果、科技特色，面向公众开放企业场馆，开展企业开放日等多种形式的科普活动，展现科技助力企业、创新赋能企业的重要成果，营造崇尚创新的氛围。

（五）“云上科普日”活动。利用全国科普日平台做好各地各类线上科普活动的集中汇聚和宣传展示，推出“云上科普日”“开学科普季”、网络互动话题、直播等系列线上活动，扩大优质线上活动影响力和服务面，共同营造爱科学、学科学、传播科学的网络环境，带动广大公众参与线上科普活动。

（六）特别参与单位专项科普活动。与中国科协签署全面战略协议的清华大学、中国石化、中国银行、中国宋庆龄基金会、中交集团、中国国新、中国煤科、国家能源集团、海南大学等单位，聚焦科学与艺术、清洁能源、金融风险防范、青少年科技教育、民航科技与绿色、创新科技、智能机器人守护煤矿安全、煤炭清洁高效利用等主题，组织开展学术讲座、博物馆沙龙、重点实验室开放、青少年实践体验、观影观展、短视频大赛等专项科普活动，为广大公众提供丰富多彩的特色科普活动。

四、工作要求

（一）强化组织动员。各单位和部门要高度重视全国科普日活动，把活动作为纪念《中华人民共和国科学技术普及法》颁布实施 20 周年、贯彻落实《全民科学素质行动规划纲要（2021—2035 年）》（简称《科学素质纲要》）的重要举措，突出政治引领和科普价值引领，为党的二十大胜利召开营造良好氛围。要依托各地各级《科学素质纲要》实施协调机制，强化动员、开放协同、系统谋划，团结更加广泛的社会力量、汇聚更加优质的科普资源，精心组织好全国科普日活动。

（二）务求活动实效。各单位和部门要紧紧围绕科普日活动主题，聚焦公众所需所盼，积极构建全国科普日活动良好生态，为科技工作者参与科普、广大公众享受科普搭建更加便捷、更高质量、更强支撑的服务平台。要认真贯彻落实中央八项规定精神，坚决防止形式主义、官僚主义，统筹好活动实效和为基层减负，高效、勤俭、务实举办全国科普日活动。

（三）确保安全有序。各单位和部门要坚决贯彻落实党中央、国务院关于疫情防控决策部署，严格遵守所在地疫情防控要求，防范化解包括疫情防控、意识形态在内的各种风险隐患。严格按照“谁举办、谁负责”原则，强化举办单位、举办地主体责任，加强风险预判，合理确定活动举办形式，提前制定疫情防控和风险处置工作方案，提高应急管理和处置能力，平稳、安全、有序开展全国科普日活动。

五、有关事项

（一）登记发布。2022 年 8 月 15 日—9 月 28 日，各活动举办单位可注册并登录全国科普日网站（www.kepuri.cn）或下载“科普中国”客户端，提供科普日活动内容信息，网络活动可提供活动网址信息，以便于平台进行活动推广和公众参与活动。活动主办单位可提供参与活动的科技工作者准确信息，平台可以活动举办单位的名义发送感谢短信，增强科技工作者获得感。请各全国学会、省（自治区、直辖市）科协做好组织动员，鼓励利用全国科普日平台管理、发布活动信息，便于公众参与。活动宣传中，请规范使用全国科普日和科普中国标识，突出活动品牌。

（二）信息完善。10 月 14 日前，各活动举办单位可通过全国科普日网站或“科普中国”客户端及时补充完善活动信息和进展，包括活动图片视频、新闻报道链接等，并提交活动总结材料。

（三）工作总结。10 月 25 日前，各全国学会、省（自治区、直辖市）科协通过全国科普日网站完成优秀组织单位和优秀活动推荐工作。主办单位将按照组织动员、数量规模、品牌宣传、科技志愿、联合行动、网络活动话题协同等指标，对活动组织有序、服务基层有效的单位和影响大、关注多、反映好的活动予以表扬。

联系方式：(略)

中国科协　中央宣传部　中央网信办
教育部　科技部　国家原子能机构
自然资源部　生态环境部　水利部
农业农村部　国家卫生健康委　应急管理部
国务院国资委　中国科学院　中国工程院
国家林草局　全国工商联　中国作协
2022 年 7 月 18 日

中国科学技术协会　中华全国妇女联合会　中国联合国教科文组织全国委员会关于开展第十九届中国青年女科学家奖和第八届未来女科学家计划候选人提名工作的通知

科协发组字〔2022〕57 号

各省、自治区、直辖市及新疆生产建设兵团科协、妇联，中国科协所属各全国学会、协会、研究会，有关高校和企业科协，各有关单位：

为深入学习贯彻习近平新时代中国特色社会主义思想，贯彻落实党的二十大精神和中央人才工作会议精神，深入实施新时代人才强国战略，表彰面向世界科技前沿、面向经济主战场、面向国家重大需求、面向人民生命健康，在相关科技创新领域作出突出贡献的青年女科技工作者和团队，激发广大女科技工作者的创新创业创造热情，大力弘扬科学家精神，为加快建设世界重要人才中心和创新高地、实现高水平科技自立自强贡献智慧和力量，现开展第十九届中国青年女科学家奖和第八届未来女科学家计划候选人提名工作。有关事项通知如下。

一、第十九届中国青年女科学家奖

（一）奖项设置

中国青年女科学家奖奖项设置个人奖和团队奖。

（二）评选条件

1. 中国青年女科学家奖个人奖

（1）思想政治坚定，热爱祖国，遵纪守法，拥护党的路线、方针、政策，增强“四个意识”、坚定“四个自信”、坚决做到“两个维护”，学风正派，积极践行科学家精神。

（2）在基础科学、生命科学、计算机与信息等领域取得重大科技创新成果，具有较大发展潜力的青年科技领军人才。

（3）年龄不超过 45 周岁（1977 年 1 月 1 日及以后出生）的中国籍女性科技工作者。

历届中国青年科技奖获得者不作为中国青年女科学家奖被提名人选。

2. 中国青年女科学家奖团队奖

（1）团队负责人须符合中国青年女科学家奖的评选条件，团队结构稳定、合理，主要成员须有女性科技工作者。

（2）团队承担国家基础科学、生命科学、计算机与信息等领域重大科研任务，取得创新性和系统性的重大科技成果。

（3）团队有明确的研发目标和发展规划，并具有持续创新能力和较好的发展前景。

历届中国青年女科学家奖个人奖获得者不作为被提名团队负责人。

（三）组织提名

1. 各省、自治区、直辖市及新疆生产建设兵团妇联、科协分别可提名本地区候选人 5 名、候选团队 2 个。

2. 各有关中央和国家机关部门可提名候选人 3 名、候选团队 1 个。

3. 国防科技领域，其中中央军委政治工作部可提名军队系统候选人 10 名、候选团队 4 个；国家国防科工局可提名候选人 10 名、候选团队 4 个。

4. 中国科协所属各有关全国学会、协会、研究会可提名本学科领域候选人 3 名、候选团队 1 个。中国女科技工作者协会可提名候选人 10 名、候选团队 4 个。

5. 香港、澳门特别行政区有关机构可分别提名本地区候选人 5 名、候选团队 2 个。

6. 各有关高校科协和企业科协可提名本单位候选人 2 名、候选团队 1 个。

（四）专家提名

1. 提名规则

中国科学院院士和中国工程院院士可作为提名专家。每位提名专家可提名本学科专业（一级学科）范围内中国青年女科学家奖候选人 1 名或候选团队 1 个；候选人、候选团队须获得 1 名专家提名即为有效。

2. 责任与义务

（1）提名专家应承担提名、异议答复等责任，并对相关材料的真实性和准确性负责。

（2）提名专家签署提名意见应严格遵守保密规定。

二、第八届未来女科学家计划

（一）评选范围和条件

1. 热爱祖国、遵纪守法、诚实守信、勤奋学习、刻苦钻研，具有良好的学风和道德品质。

2. 从事基础科学、生命科学或计算机与信息等领域研究工作，表现出较强的科研能力和发展潜力。研究项目涉及动物（如实验用脊椎动物）和化妆品研究的不在此列。

3. 年龄不超过 35 周岁（1987 年 1 月 1 日及以后出生）的中国籍女性在读博士生或在站博士后（候选人学籍关系或工作关系应在国内，在读博士生应为全日制）。

4. 具有拟利用本计划资助开展的科研项目，且获得资助后该项目研究的持续时间不少于 12 个月。

（二）组织提名

1. 各省、自治区、直辖市及新疆生产建设兵团妇联、科协分别可提名本地区候选人 3 名。

2. 中央军委政治工作部可提名军队系统候选人 6 名；国家国防科工局可提名候选人 6 名。

3. 中国科协所属各有关全国学会、协会、研究会可提名本学科领域候选人 2 名。

4. 香港、澳门特别行政区有关机构可分别提名本地区候选人 3 名。

5. 各有关高校科协和企业科协可提名本单位候选人 1 名。

（三）专家提名

1. 提名规则

中国科学院院士和中国工程院院士可作为提名专家。每位提名专家可提名本学科专业（一级学科）范围内的未来女科学家计划候选人 1 名，候选人须获得 1 名专家提名即为有效。

2. 责任与义务

（1）提名专家应承担提名、异议答复等责任，并对相关材料的真实性和准确性负责。

（2）提名专家签署提名意见应严格遵守保密规定。

三、提名工作要求

（一）军队系统候选人或团队由中央军委政治工作部统一提名，不得由其他提名渠道（包括组织提名和专家提名）进行提名。

（二）每位被提名人须明确参评中国青年女科学家奖个人奖、团队奖（负责人）或未来女科学家计划中的一项。

（三）坚持“公开、公正、公平、择优”原则，拓宽提名渠道，严格评选条件，坚持以创新价值、能力、贡献为导向的科技人才评价标准，克服唯论文、唯职称、唯学历、唯奖项倾向，保证评选质量。请明确区分“个人、团队和单位在科技成果产出中的贡献”。鼓励相关候选人以临床案例库、中医药案例库或科研仪器案例库等作为科技成果代表作。

（四）人选提名要注重向长期在科研和生产一线以及西部地区艰苦行业工作的优秀青年女科技工作者倾斜，关注企业一线女性科技工作者。提名表中所列成果贡献应以在国内作出的为主，候选人（团队）应为该成果的主要贡献人或主要完成人。

（五）候选团队的研究方向应符合国家、行业重点发展需求，结构合理，具有良好的持续发展和服务能力。

（六）未来女科学家计划候选人既要注重目前已承担的科研工作取得的成果及表现出的科研潜力，也要注重拟申请资助项目的创新性。

（七）提名单位和候选人、团队要自觉恪守科学道德和学术规范。提名材料要简明扼要、突出重点，客观、准确、完整。对于材料不实或有其他学术不端行为者，经查实，均按程序取消评选资格或撤销获奖和资助资格。如候选人或团队被投诉，提名单位及候选人或团队所在单位应进行调查核实并提供书面调查材料和结论性意见。

（八）中国青年女科学家奖候选人或团队负责人须按干部管理权限征求干部管理、纪检监察部门意见。中国青年女科学家奖候选人或团队负责人为企业负责人的，还须按照《企业负责人征求意见表》征求有关部门意见。相关工作应由提名渠道统一组织，如专家提名的由候选人所在单位组织，不得由候选人或候选团队办理。

（九）推荐材料涉及国家秘密的，严格按有关保密规定办理，由候选人所在单位出具保密审查证明。违反保密规定的，取消被提名资格。

（十）候选人获奖后，提名渠道和所在单位应为获奖者搭建培养和用好人才的平台。获奖者应积极参加中国科协组织的国情研修、座谈交流、科技服务等活动。

四、材料填报要求

材料均为线上提交。提名渠道请于 2023 年 2 月 28 日 17:00 前在线完成提名工作。候选人提交截止时间以提名渠道要求为准。

（一）候选人填报

请候选人注册“中国科协智慧科技人才评审系统”（http://kecaihui.cast.org.cn/login），在线填写提名表和有关附件材料等，凭“推荐码”提交至提名渠道。“推荐码”是建立提名关系的重要标识，由提名渠道发放给候选人。具体申报、提名等环节的操作流程参考评审系统左侧通知公告栏《申报指南》，各项填报信息以系统提示为准。

《附件材料》应提交代表性成果，主要围绕重要科技奖项、重大科研项目、代表性论文和著作、重要发明专利等提供上传相关证明材料，以及候选人所在单位出具的保密审查证明。

候选人或候选团队负责人所在单位为机关事业单位、国有企业的，须上传盖章版《中国青年女科学家奖人选征求意见表》（见附件 4）。候选人或候选团队负责人为企业负责人的，须上传盖章版《企业负责人征求意见表》（见附件 5）。

未来女科学家计划候选人须上传有关证明材料：博士生请提供研究生院出具的在读证明，需写明专业及拟毕业时间；在站博士后请提供博士学位证书及工作协议。

（二）提名渠道（含提名单位、提名专家）提名

提名渠道在线审核候选人材料（提名单位沿用“单位账号 + 密码”、提名专家凭“手机号 + 验证码”方式登录系统），根据分配名额确定正式提名人选，为提名人选填写提名意见、上传签字（盖章）的提名意见页、《提名报告》（仅限提名单位），完成提名。

《提名情况报告》须加盖公章，内容包括候选人或团队产生方式、专家评审情况以及确定提名的人选等。中央和国家机关提名的，加盖有关司局公章；地方提名的，加盖省级妇联或科协公章；学术团体提名的，加盖学术团体公章。如为专家提名，则不需要提交提名情况报告。

五、联系方式（略）

附件：

1. 第十九届中国青年女科学家奖候选人提名表（略）

2. 第十九届中国青年女科学家奖团队奖候选团队提名表（略）

3. 第八届未来女科学家计划候选人提名表（略）

4. 中国青年女科学家奖人选征求意见表（略）

5. 企业负责人征求意见表（略）

中国科学技术协会　中华全国妇女联合会

中国联合国教科文组织全国委员会

2022 年 12 月 30 日

中国科协　教育部　科技部　中科院　社科院　工程院　自然科学基金委　国防科工局关于印发“2022 年全国科学道德和学风建设宣传月”活动工作安排的通知

科协发宣字〔2022〕39 号

为深入贯彻习近平新时代中国特色社会主义思想，全面落实党的十九大和十九届历次全会精神，切实加强科研作风和学风建设，积极营造良好科研生态和舆论氛围，为迎接宣传贯彻党的二十大精神营造良好氛围，全国科学道德和学风建设宣讲教育领导小组决定开展“2022 年全国科学道德和学风建设宣传月活动”，现就有关安排通知如下。

一、指导思想

以习近平新时代中国特色社会主义思想为指导，全面贯彻党的十九大和十九届历次全会精神，贯彻落实习近平总书记关于学风建设和科研诚信建设工作以及研究生教育工作重要指示精神，引导广大师生、科技工作者弘扬科学家精神，涵养优良学风，增强恪守科研诚信和科技伦理规范的思想自觉行动自觉，系好学术生涯“第一粒扣子”，共同营造风清气正的学术生态，在全社会形成崇尚创新、鼓励探索、尊重人才

的良好环境。

二、参与单位

指导单位：中宣部

主办单位：中国科协、教育部、科技部、中科院、社科院、工程院、自然科学基金委、国防科工局

三、活动时间

2022年9月下旬陆续启动相关活动，10—11月在全国各地集中开展特色活动。

四、活动安排

紧紧围绕弘扬科学家精神、涵养优良学风这一主题，多渠道、多形式、全方位开展科学道德和学风建设宣讲教育活动，强化传播效果、品牌效应，切实提升宣讲教育实效。

（一）举办全国科学道德和学风建设宣讲教育报告会

1. 人民大会堂报告会。在疫情防控允许的条件下，以线上线下结合的方式，举办全国科学道德和学风建设宣讲教育报告会。

2. 中央广播电视总台“学风传承”专场报告。精心打造“开讲啦——学风传承”系列节目，采取线下线上等灵活形式，组织本地区高等学校师生、科研院所及相关科技产业领域科技工作者收看，推动科技界优良传统薪火相传。

3. 宣讲报告视频展播。汇聚宣讲报告会视频资源，面向高校院所推出一批优质宣讲报告视频和学风精品课程，组织全国高校学生登录“智慧高教”研究生教育版块、“风启学林”主题社区集中观看。

（二）面向青年群体开展学风涵养系列活动

1.“共和国的脊梁——科学大师名校宣传工程”2022年演出季。组织清华大学等科学大师名校宣传工程参与高校面向一年级新生开展校内演出。组织南开大学等一批高校赴广西、福建、河南等地演出。组织中国地质大学（武汉）走进澳门高校。支持科学家主题短剧、微展览等品牌活动走进中小学课堂。

2. 系好学术生涯“第一粒扣子”系列宣讲。对新入学大学生、研究生和新入职青年科研人员集中开展科学家精神、科研作风学风、科研诚信、科技伦理等宣讲，引导和帮助其系好科研生涯“第一粒扣子”。

3. 涵养优良学风主题沙龙。加强青少年科技实践学术规范教育引导，组织涵养优良学风主题沙龙，邀请科学家、研究生导师深入宣传解读《青少年科技实践活动规范指南（试行）》，鼓励青少年坚持科研诚信，树立高远的创新志向。

（三）强化学风传承推广

1. 科学家精神宣讲团“三进”（进学校、进院所、进企业）活动。精心打造中国科学家精神宣讲团。支持各地各单位组建一批特色鲜明的科学家精神宣讲团，定期推荐优秀宣讲专家加入中国科学家精神宣讲团。以首批140家中国科学家精神教育基地为载体，面向各年龄段学生和一线科研人员，组织生动活泼的宣讲教育活动。

2.“科学也偶像”短视频征集宣传。大力弘扬爱国、创新、求实、奉献、协同、育人的中国科学家精神，动员科技工作者特别是青年科技工作者，以新的传播媒介和方式记录身边人身边事，全面展示科技界坚持“四个面向”、报国为民、创新求实的集体形象和生动事迹。推荐优秀作品参与全国大学生网络文化节和全国高校网络教育优秀作品推选展示。

3. 学风传承行动。持续在高校院所建立一批形式多样的“学风涵养工作室”，组织青年师生参与学风传承行动，做优良学风的践行者、传播者、传承者。加大“学风涵养工作室”宣传力度，凝练推出一批典型做法、亮点活动。鼓励地方探索学风创建试点。

4.“科技伦理前沿谈”全国征文大赛。联动科技类期刊和中央媒体，面向全国开展“科技伦理前沿谈”征文大赛，提升科技人员和社会公众科技伦理意识。

五、工作要求

（一）提高站位，统筹谋划。全国科学道德和学风建设宣讲教育领导小组各成员单位和各省区市宣讲教育领导小组，要按照统一部署和职责分工，研究制定符合各自实际、符合疫情防控要求的工作计划，加强与各相关单位的协同配合，做好活动设计策划和统筹安排，建立长效工作机制，提升工作质量。全国科学道德和学风建设宣讲教育领导小组办公室要切实做好支撑保障，强化沟通，协同推进。

（二）突出特色，力求实效。全国科学道德和学风建设宣讲教育领导小组各成员单位和各省区市宣讲教育领导小组要上下联动“一盘棋”，充分挖掘自身资源，组织开展具有地域特点、符合实际的宣讲活动。各全国学会和地方科协要按照工作安排，结合实际情况，做好动员组织。

（三）加强宣传，扩大传播。各省区市宣讲教育领导小组要充分利用媒体优势，创新宣传形式和手段，大力宣传相关活动，形成整体宣传效果。各全国

学会和地方科协发挥宣传资源、平台等优势，紧扣宣传主题，讲好科学家故事，传播优良学风。

（四）精心组织，及时总结。全国科学道德和学风建设宣讲教育领导小组各成员单位和各省区市宣讲教育领导小组要认真总结活动开展情况和成效，总结凝练典型经验。各全国学会和地方科协做好典型人物、优秀案例等收集。各单位于2022年12月31日前通过指定网站（https://xuefeng.scimall.org.cn）报送活动总结和特色活动情况。

联系方式:（略）

中国科协　教育部　科技部　中科院
社科院　工程院　自然科学基金委　国防科工局
2022年9月22日

中国科协　国家乡村振兴局关于实施“科技助力乡村振兴行动”的意见

科协发普字〔2022〕27号

各省、自治区、直辖市和新疆生产建设兵团科协、乡村振兴局，各全国学会、协会、研究会：

为深入学习贯彻习近平总书记关于“三农”工作的重要论述，全面落实党中央、国务院关于乡村振兴的决策部署，推进巩固拓展脱贫攻坚成果同乡村振兴有效衔接，服务乡村振兴战略实施，按照《中共中央　国务院关于全面推进乡村振兴加快农业农村现代化的意见》要求，现就组织实施“科技助力乡村振兴行动”提出如下意见。

一、指导思想

以习近平新时代中国特色社会主义思想为指导，立足新发展阶段，贯彻新发展理念，构建新发展格局，坚持以人民为中心，以服务乡村人才振兴为切入点，以农民科技文化素质提升为落脚点，坚持科技赋能、深化智志双扶，团结动员广大科技工作者大力开展“科技助力乡村振兴行动”，服务巩固拓展脱贫攻坚成果和乡村发展、乡村建设、乡村治理，为全面实现农业农村现代化作出新的更大贡献。

二、基本原则

——科技赋能、智志双扶。深入贯彻习近平总书记关于科技创新和科学普及的重要论述，以科技服务乡村人才振兴为核心，发挥人才和智力优势，推动科技创新成果惠及广大农民、高质量科普服务广泛人群，全面提升农民科技文化素质，催生乡村振兴内生动力，营造乡村创新创业创造氛围。

——突出重点、精准发力。坚持问题导向、需求导向，聚焦乡村振兴关键事、关键人，在成果转化、建言献策、科学普及、生态建设、乡风文明等重点领域找准发力点、切入点，探索精准服务路径，建立和推广精准服务模式。

——夯基固本、创新提升。坚持稳字当头、稳中求进，厚植工作基础和工作优势，立足品牌、平台、机制、队伍、改革、阵地“六位一体”的高质量科技科普服务体系，持续培育新特色、打造新优势、实现新突破。

——广泛参与、协同聚力。发挥群团组织优势，强化科协组织与乡村振兴、农业农村系统协同合作，动员各方力量，统筹各类资源，加大支持力度，建立起上下联动、开放合作、广泛协同、多方参与的工作格局。

三、重点任务

（一）搭建科技助力乡村振兴平台。科协组织、乡村振兴部门要积极搭建平台，汇聚科协之能，服务乡村所需，引导和推动各级学会、高校科协、企业科协等建立科技服务乡村振兴目录，促进优质服务与县乡村科技需求精准对接，为农村地区提供亟须的科技培训、科普讲座、产业指导等科技服务。各级学会、高校科协、企业科协等要深入总结优势、整合资源，动员和服务科技工作者，打造出专业化、精准化的服务项目，积极与乡村振兴部门和地方科协组织对接合作，以“科创中国”等平台为支撑，构建科技服务与乡村振兴所需对接的有效机制。

（二）壮大科技助力乡村振兴队伍。科协组织要立足各级学会、高校科协、企业科协、科技科普志愿服务组织、基层农技协等组织，在不同地域、不同层级、不同领域培育出综合素质高、服务能力强、运行管理规范、热爱乡村振兴工作的科技服务队伍。要广泛吸纳农技推广机构负责人、科技型企业家等进入基层科协“三长”队伍，加强组织动员，引领基层科技工作者投身乡村振兴工作。要发挥中国农技协科技小院长驻农村作用，加强中国农技协科技小院联盟建设，推动科技小院与当地组织和队伍相融互促，推动科技小院聚焦县域主导农业产业，优化集成农业生产技术，实现增产、提质、节本。乡村振兴部门要与科协组织建立常态化对接渠道，推动科技服务队伍与县乡村建立起科技结对服务机制，优化、配套科技服务的支撑保障举措。

（三）丰富科技助力乡村振兴资源。乡村振兴部门要推动科普设施建设纳入乡村基础设施建设总体布局，鼓励有条件的地区拓展和强化农村基本公共服务设施的科普服务功能。乡村振兴部门、科协组织要推动“科普中国”优质内容融入数字乡村建设，强化农民数字素养，促进科普信息化资源的生产、汇聚和传播。科协组织要针对县域、乡村需求，提升科普大篷车、流动科技馆等流动科普设施的下沉服务，加强农村中学科技馆建设，依托科普大篷车区域资源共享中心建设，优化流动科普资源配置模式、丰富流动科普资源库内容、推动流动科技馆区域常态化巡展换展，为乡村提供丰富有效的科普服务。

（四）开展科技助力乡村振兴精准服务。科协组织要强化团结引领，动员科技工作者积极投身农业关键核心技术攻关、农业产业升级、农业科技成果转化和推广、农业科技普及和农民科技素质提升。乡村振兴部门、科协组织要通过“科创中国”科技服务团等形式，汇聚各领域专家人才群体智慧，围绕巩固拓展脱贫攻坚成果及乡村发展、建设和治理积极建言献策。要以“科创中国”等平台为依托促进农业科技成果转化，推动云计算、大数据等先进技术应用于农业，助力现代农业产业园、产业融合发展示范园筹建设，服务乡村产业发展。要推动科学普及，聚焦老年人信息和健康素养，重点围绕激发农村青少年科学梦想，全面提升农民科学素质。要开展产业技术推广，助力高素质农民、科技科普带头人、乡土技术人才培育。要以碳达峰碳中和为重点，倡导生态文明理念、传播生态文明知识、开展生态农业规划，引导农民增强节约意识、环保意识、生态意识，助力农村生态文明建设。

（五）开展村“两委”科技赋能专项行动。乡村振兴部门要引导、推动村“两委”成员重视科技、支持科普，发展村“两委”成员成为科普中国信息员，促进优质科普资源传播到乡村、传导到农民。科协组织要针对村“两委”成员，编制针对性的科普课程资源，定制适合在乡村传播的科普图文、科普视频等资源，面向村“两委”精准提供，持续开展特色科技科普培训，提升村“两委”成员科技素养。

（六）助力农村精神文明建设。科协组织、乡村振兴部门要把弘扬科学精神与弘扬社会主义核心价值观紧密结合，通过科普话剧、科普活动、科普影视、广播图文等喜闻乐见、浸润人心的方式，传播创新文化和科学文化，促进现代科技与乡村文化融合，推动乡村移风易俗，培育文明乡风、良好家风、淳朴民风。乡村振兴部门要把开展科学普及、弘扬科学精神作为农村移风易俗专项行动的重要内容，推动形成新风正气。

（七）加大重点区域支持服务力度。乡村振兴部门、科协组织要强化脱贫地区科技助力，把国家乡村振兴重点帮扶县和其他脱贫县作为巩固拓展脱贫攻坚成果的重中之重，组织专家团队从指导主导产业发展、提供决策咨询服务、开展技术指导服务、帮助培养本土人才、促进科研成果转化等方面开展精准服务，促进富民产业发展。乡村振兴部门要重点摸排脱贫县产业基础和科技服务需求、搭建科技服务人才与项目对接平台、强化政策资金保障支持，推动建立各级乡村振兴和科协系统协同机制。科协组织要强化脱贫地区科普赋能，通过“科普＋研学”“科普＋旅游”等助力乡村产业融合发展，丰富乡村多元价值，拓展农业复合功能，促进农民增收致富。要提升易地搬迁集中安置区的社区科普服务能力，引导搬迁群众树立健康生活观念和科学生活方式，加快融入城镇社区生活。

（八）深化科协系统定点帮扶工作。乡村振兴部门要强化对科协系统定点帮扶工作的支持、配合和指导。科协组织、学会要严格落实“四个不摘”要求，继续发扬“会企”合作帮扶、学会组团式帮扶、跨地区帮扶、党组织结对帮扶等工作经验，发挥企业、高校等社会力量在定点帮扶中的作用，加大对定点帮扶地区的政策、人才、信息、资源、技术等支持和倾斜力度，推动定点帮扶地区特色产业发展，高标准完成定点帮扶工作任务。

四、工作要求

（一）强化领导，协调联动。各级科协组织和乡村振兴部门要充分认识科技服务乡村振兴的重要意义，把“科技助力乡村振兴行动”作为科技赋能乡村振兴的重要举措，列入议事日程和总体考虑。要强化协调配合和统筹指导，与政府部门、其他群团、各级学会、院校、企业等合作联动，合力推进巩固拓展脱贫攻坚成果同乡村振兴有效衔接。

（二）强化保障，务求实效。各级科协组织和乡村振兴部门要建立对接机制、细化落实举措，做好指导、推动、服务和落实工作。要注重赋能基层，强化支撑保障，探索通过政策保障、项目支持、活动引领、平台支撑等方式，深化精准助力、推动创新探索、形成工作突破，切实为广大农民服务，为乡村振兴战略服务。

（三）强化宣传，典型示范。各级科协组织和乡村振兴部门要强化宣传表彰，发现典型人物和典型事迹，挖掘创新路径和有效模式，开展多渠道的宣传推广，营造科技助力乡村振兴的良好氛围。国家乡村振兴局将会同中国科协共同选树乡村振兴科技助力先锋人物（团队及组织），引导带动更广泛科技工作者投身乡村振兴，汇聚服务乡村振兴的强大力量。

中国科协　国家乡村振兴局

2022 年 7 月 13 日

中国科协关于印发《“智慧科协 2.0”建设三年规划（2022—2024 年）》的通知

科协发厅字〔2022〕18 号

各全国学会、协会、研究会，各省、自治区、直辖市、副省级城市科协，新疆生产建设兵团科协：

中国科协十届书记处第二十九次会议审议通过《“智慧科协 2.0”建设三年规划（2022—2024 年）》，现印发给你们。请结合本会、本地区科协组织实际工作情况，认真贯彻实施。

中国科协

2022 年 5 月 20 日

“智慧科协 2.0”建设三年规划（2022—2024 年）

依据《中共中央关于加强和改进党的群团工作的意见》和《中国科学技术协会事业发展“十四五”规划（2021—2025 年）》等工作部署，推进科协事业数字化转型升级，组织实施“智慧科协 2.0”建设，制定本规划。

一、建设背景

习近平总书记强调，没有信息化就没有现代化，要以数字化改革助力政府职能转变，以信息化培育新动能，用新动能推动新发展，以新发展创造新辉煌。党的十八大以来，党中央围绕实施网络强国战略、大数据战略等作出一系列重大部署，要求加快数字化发展，扎实推进数字中国、智慧社会建设，更好地用信息化手段感知社会态势、畅通沟通渠道、辅助科学决策、推进国家治理体系和治理能力现代化。中共中央办公厅印发《科协系统深化改革实施方案》要求，建设“网上科技工作者之家”，真正把科协组织建设成为对科技工作者有强大吸引力凝聚力、能够提供不同形式高质量科技类社会化公共服务产品的中国特色社会主义群团。当前，信息技术正加快推动生产方式、生活方式和治理方式的深刻变革，为顺应新阶段形势变化、抢抓信息革命机遇、构筑科协组织发展新优势，中国科协推动“智慧科协 2.0”建设，加快数字化转型，作为贯彻新发展理念、深化科协系统改革、推动科协组织高质量发展的战略性、基础性工程。

“十三五”时期，中国科协深入贯彻落实习近平总书记关于科技创新和群团改革的重要论述精神，坚持把团结引领广大科技工作者作为根本职责，开展“智慧科协”建设，推进网上群团工作，“科普中国”“科创中国”“智汇中国”等平台建设全面启动，网上联系服务科技工作者的能力大幅提升，线上线下相互促进、有机融合的工作格局初步形成，为数字化转型升级奠定了坚实基础。对标新发展阶段赋予的新使命，科协系统信息化、数字化建设还存在较大差距，主要是网上联系服务科技工作者的数量和质量不高；高黏性和强交互的应用场景不多；集成共享、互联互通的网络基础设施和数据治理体系不完善；高效专业安全的平台运营运维机制不健全。

“十四五”时期，是以信息化创新引领高质量发展的重要机遇期。站在新的历史起点，我们要深刻认识信息革命持续深化为科协组织发展带来的新机遇新空间，主动融入“数字中国”战略大局，全面深化科协系统改革，加快科协组织数字化转型发展，推动数字技术与科协业务深度融合，培育新能力新业态新模式，大力提升“四服务”效能，赋能各级科协组织，让数字技术成为推动科协治理体系和治理能力现代化的新动力。

二、总体要求

（一）指导思想

坚持以习近平新时代中国特色社会主义思想为指

导，深入贯彻党的十九大和十九届历次全会精神，全面落实习近平总书记关于群团工作、科协工作，特别是加强网上群团组织建设的重要要求，立足新发展阶段、贯彻新发展理念、构建新发展格局、推动高质量发展，履行党和政府联系科技工作者桥梁和纽带的职责，切实增强政治性、先进性、群众性，遵循科协工作规律和数字化转型发展规律，以更广泛团结引领和联系服务科技工作者为目标，以改革创新为动力，以数字技术与科协业务深度融合为主线，推动人才、组织、业务数据融合发展，带动"一体两翼"高效共享协同，强化数字理念、优化应用场景、夯实基础设施，提升科协组织网上群众工作能力，打造泛在可及、智慧便捷、公平普惠的数字化智能化科技服务和内容生产综合运营平台，建设有温度、可信赖的网上科技工作者之家。

（二）基本原则

1. 坚持系统推进。加强战略顶层规划，强化统筹协调和整体推进，建立健全"统一规划、统一标准、统一建设、统一预算、统一管理、统一运营"的数字化转型发展机制，实现高起点、跨越式、数字化发展。

2. 坚持用户思维。聚焦团结引领广大科技工作者主责，以科技工作者爱用好用作为衡量标准，提升对用户需求的快速响应能力、场景设计能力、互联协作能力和高效运营能力，推动科协服务从产品供给向用户需求导向转变。

3. 坚持平台赋能。突出"非平台不业务"，以应用为牵引，推动业务数字化、流程协同化、服务平台化和运营一体化，营造开放共赢的平台生态，赋能各级科协组织。

4. 坚持协同共享。强化分工协作、资源共享，鼓励基层首创、开展试点示范，支持"一体两翼"协同建设，广泛开展社会合作，构建上下联动、纵横互通的平台建设新格局。

5. 坚持改革创新。强化问题导向，面向国家所需、未来所向、群众所盼，推进数字技术、应用场景和平台模式融合创新，着力破解制约数字化转型的体制机制问题。

6. 坚持安全保障。强化整体网络安全观，严格执行网络安全和信息安全等要求，统筹技术、数据、流程、内容、制度等要素，建立综合性安全保障体系，牢牢守住网络安全底线，以安全保发展、以发展促安全。

（三）建设目标

到2024年年底，完成中国科协数字化转型，以科技工作者为主体的科技服务和内容生产综合运营平台基本建成，科协组织的价值引领、联系服务、品牌运营、数据治理等能力全面提升。网络平台基础设施集约完善，纵向贯通、横向协同、数据赋能的智慧科协体系建立健全，共建共享共治的平台生态基本形成，国家级科技人才库建设成效明显，网上联系服务科技工作者数量质量显著提升，科协工作实现从职能驱动型向流程驱动型、数据驱动型转变，由"管理"向"服务"转变，打造国内领先、国际一流的国家级科技服务平台。

——国家级科技人才库建设成效明显。建成权威、动态、海量的科技人才库，完成科协系统人才信息"一库集成"，开展全系统业务和人才数据的交互，实现3000万以上科技工作者入库，提升联系服务科技工作者的能力，为党和政府人才工作大局提供服务支撑。

——共建共享共治的平台生态基本形成。建立健全共建共享共治的平台建设和运营机制，开发丰富、通用的应用场景和业务组件，有效支撑全国学会、地方科协和基层组织"建家开店"，实现科协系统核心业务、重大任务"一网协同"。

——基础设施集约完善。建成安全、统一、智慧的科协云平台、数据平台和应用支撑平台等基础设施底座，完成科协各类应用系统"一云部署""一网统

"智慧科协2.0"建设主要指标

类别	编号	主要指标	指标说明	2022年	2023年	2024年
人才库	1	科协本级人才库整合率	机关部门、直属单位有效人才库整合的比例	80%	100%	100%
	2	全国学会、地方科协人才库整合率	全国学会、省级科协有效人才库整合的比例	20%	60%	100%
	3	科技工作者入库人数	完成入库人才唯一识别以及全平台注册的用户数量	1000万	2000万	3000万

续表

类别	编号	主要指标	指标说明	2022 年	2023 年	2024 年
科技服务和内容生产运营生态	4	注册党员数	在平台上完成注册的科技工作者党员数量	5 万	10 万	30 万
	5	公共组件业务支撑率	科协所有业务中使用平台公共组件开展线上工作的比例	60%	80%	90%
	6	全国学会入驻率	全国学会到“智慧科协 2.0”平台上开展服务、发布业务的比例	10%	50%	100%
	7	省级科协入驻率	省级科协到“智慧科协 2.0”平台上开展服务、发布业务的比例	10%	50%	100%
	8	传播渠道整合率	“科普中国”“科创中国”“智汇中国”等平台自建和共建渠道整合到“智慧科协 2.0”平台上的比例	10%	50%	100%
	9	移动办公比例	机关部门、直属单位人员实现移动端办公的比例	20%	50%	100%
	10	品牌业务整合率	“科普中国”“科创中国”“智汇中国”“网上科技工作者之家”等平台向“智慧科协 2.0”平台进行业务组件和应用整合迁移的比例	10%	50%	100%
	11	官网统一建设率	机关部门、直属单位官网在统一基础平台上建设的比例	60%	80%	100%
基础设施	12	云平台整合率	机关部门、直属单位现有平台纳入统一云平台管理的比例	40%	80%	100%
	13	信息孤岛打通率	机关部门、直属单位信息化系统联通和数据共享的比例	50%	80%	100%
深化改革	14	数据标准建设完成率	已发布的数据标准占全部计划发布标准的比例	50%	80%	100%
	15	政务“一网通办”率	科协审批、备案等适宜网上办理事项“一网通办”的比例	30%	80%	100%

揽”，实现标准通、数据通、业务通、渠道通。

——深化改革落地见效。建成“一网通办”的科协系统政务服务体系，大数据、云计算、人工智能、区块链等数字技术广泛应用于业务决策和服务管理，形成科学规范的数字化转型制度标准体系、技术运维体系和业务运营体系。

三、平台架构和核心能力

（一）总体架构

构建“智慧科协 2.0”平台“4811”总体架构，提升四大能力、拓展八大应用、建设一个底座、健全一套体系，以平台—组织—用户（P2B2C）的模式，打造统一建设、数据共享、业务协同、服务高效、场景共建、安全运维、专业运营的数字科协体系，建成泛在可及、智慧便捷、公平普惠的数字化智能化科技服务和内容生产综合运营平台。

1. 提升四大能力

——提升价值引领能力。支撑党建和业务工作同谋划、同部署、同推进、同考核，实现党务线上化，形成党建、业务“一盘棋”。完善面向科技领军人才、青年科技骨干、海外科技人才、广大基层科技工作者以及科技群团干部的网上党校服务。

——提升联系服务能力。打造国家级科技人才库，构建面向广大科技工作者的网上网下结合的工作体系，为国内国际的战略科学家、一流科技领军人才和创新团队、青年科技人才队伍、卓越工程师等提供方便、安全、好用的科技资源与数字服务，形成大规

智慧科协2.0

四大能力
建设成效
价值引领
联系服务
品牌运营
数据治理

八大应用
入口
统一门户
核心品牌入口
生态入口
科技服务社区
科协服务窗口【P2B，P2C】
服务目录
服务评价
办事大厅【P2B2C,B2B, C2C, 社交】
发布服务
订购服务
我的运营

业务场景
一体两翼
智慧党建：党建强国、党建引领
数字人才：人才、组织
数字科普：数字科普服务、现代科技馆、……
数字科创：数字学会、数字期刊、……
数字智汇：数字汇智、数字决策、……
数字办公：OA、智慧财务、……
两翼赋能：平台与工具赋能、科技资源赋能、科技人才赋能
外部机构
数字生态：政务服务、产业服务、高校服务、金融服务、专业服务、科研服务

业务组件
党建引领：党务、党建活动管理、知识管理
组织人才协同：各类组织管理、人才管理、代表大会管理、第三方合作管理
联系互动：传播矩阵、各类关系管理、品牌宣传
科技服务：基础服务、专项服务、生态服务
科技内容管理：科技内容生产管理、新媒体内容生产、文创产品设计管理、科技资源管理、电子资料资源管理、版权资源管理
内部管理与支撑：办公管理、财务管理、采购管理、内控合规

一个底座
应用支撑
统一工作台：统一登录、统一消息、统一界面标准、统一认证、千人千面
微应用平台：注册与服务、统一接口
核心应用共享平台：核心数据创建、核心数据维护、核心数据发布
门户建设运营平台：专业品牌、百家百网
生态开放平台：开发者门户、App商店

数据资源
数据中台：数据汇聚、数据整合、数据分析挖掘、数据服务
数据管控平台：数据资产视图、数据标准化监控、数据质量监督
数据治理制度：数据治理组织、数据治理办法、数据标准

基础设施
一朵云
容器化交付平台
多云一体化管控平台
开发运维一体化平台
人工智能平台
云设施（专有云）

一套体系
数字化运营体系
技术运维体系
标准规范体系
安全保障体系

模联系服务科技工作者的能力。

——提升品牌运营能力。全面构建线上线下融合一体的业务格局，持续提升“科普中国”“科创中国”“智汇中国”等品牌运营水平，为各类科技组织“建家开店”提供技术、平台、数据、用户、展示、渠道、品牌和流量等运营资源支撑。

——提升数据治理能力。实现数据驱动的科协系统协同治理创新变革，加强数据平台和数字政务建设，实现数据与业务融合互促、可视可控，大数据、云计算、人工智能、区块链等技术广泛应用于业务决策和服务管理。

2. 拓展八大应用

基于全场景的业务组件与全平台统一的用户入口建设，高质量建设智慧党建、数字人才、数字科普、数字科创、数字智汇、数字办公、“两翼”赋能和数字生态等八大核心业务应用场景。面向全国学会、地方科协和基层组织提供技术、数据和业务资源支撑，推进业务场景和应用组件开放共享。

3. 建设一个底座

——基础设施。建设专有云基础设施、多云一体化管理平台、开发运维一体化平台和人工智能平台，构建智慧科协“一朵云”，实现业务应用、服务场景和平台系统“一云部署”，实现统一资源管理、统一运维支撑，为“智慧科协 2.0”建设提供统一、安全、弹性、敏捷的基础设施和管理能力支撑。

——数据资源。建设数据中台和数据管控平台，围绕数据汇集、整合、分析、可视化、共享和管理等环节，建设数据资产、数据标准、数据质量管理等组件，提供一站式、全流程、全生命周期的数据管理，建立数据治理和安全保障制度，推进数据资产标准化、产品化和共享化，支撑数据驾驶舱等决策系统建设。

——应用支撑平台。打造微应用平台和核心应用共享平台，实现业务应用的轻量化开发和快速化部署，实现应用间业务数据和用户资源共享，形成共建共享的业务应用体系。建设统一工作台和门户运营支撑平台，整合各类业务场景，支持“千人千面”的用户体验、“百家百网”的运营效果。建设生态开放服务平台，赋能全国学会、地方科协和基层组织，打造具有科协特色的科技服务和内容生产综合运营平台生态。

4. 健全一套体系

——数字化运营体系。建立赋能各级科协组织及社会机构的市场化、数字化、平台化运营机制，提升应用场景的用户黏性和交互质量，大幅提升触达广大科技工作者的有效性和快捷性，形成用户运营、内容运营、渠道运营、资源运营、平台运营、数据运营等工作闭环。

——技术运维体系。建立专业的技术运维团队，健全运维标准和制度体系，实现技术运维专业化、标准化和流程化，确保“智慧科协 2.0”安全、稳定、高效运行。

——标准规范体系。建立基础设施、业务应用、工作流程、数据资源等各方面的标准规范，制定标准管理制度，形成标准规范体系。

——安全保障体系。强化整体网络安全观，统筹技术、数据、流程、内容、制度等要素，建立综合性安全保障体系，强化网络安全和信息安全管理，建立分级分类授信、网络安全和数据安全等管理制度，坚守安全底线。

（二）层级结构

统分结合、统筹推进“智慧科协 2.0”基础底座、业务组件、应用场景与生态运营体系建设，向全国学会、地方科协等开放部署使用，实现共性应用一体化协同建设、个性应用标准化接入和多元化数字资源共享。

实现中国科协各类信息化系统平台统一向“智慧科协 2.0”集成、融合。鼓励引导全国学会、省市科协开展应用场景、数据接入和共建共享。引导各级各类科协组织“建家开店”，吸引科技工作者广泛使用，面向社会需求和群众需要，提供丰富、多样的科技服务和内容产品。

建设统一的业务与技术标准规范体系、安全体系、业务运营体系和技术运维体系，鼓励支持和指导全国学会、地方科协和基层组织参与建设，实现业务场景融合互通，推动跨层级、跨地域、跨系统、跨部门、跨业务的数据共享。

四、重点任务

深入组织实施、同步推进 6 大任务 11 项工程，高效率、高标准、高质量建设“智慧科协 2.0”。

（一）组织与人才库建设

打造国家级权威海量科技组织与人才数据库，建立组织人才唯一识别标准，制定组织人才关键信息动态采集与维护机制，提高信息的可信度、权威性和新鲜度。加强国际科技组织和海外人才等数据资源的集成整合。建立组织人才关系图谱，绘制组织人才地图，支持组织人才规划和发展策略制定。构建组织人才标签信息库，建设组织人才画像体系。推进科技人才智慧评审功能建设，制定组织人才评价与细分标准。优化科协组织人才管理和服务流程，创新精细化管理模式，增强互动式人才服务能力，实现大规模联系服务科技工作者的能力。完善组织治理、动态监测、赋能激活等功能，打造科技组织前端综合服务与后台管理监测一体化的综合服务平台。建立数据安全分级分类体系，确保信息安全。

专栏1：国家级科技人才库与组织库建设工程
建立国家级科技人才信息库。构建一套管理办法、一套数据标准、九大业务功能、N个业务应用场景的基本架构，建成“权威、集成、场景、动态”的海量科技人才库，为联系和服务各类人才等提供全方位、多层次、专业化支持。实现科技工作者的唯一性识别，建立标准化、动态化的科技工作者信息采集和维护机制，加强科技工作者关系管理、服务与信息管理，构建科技工作者统一视图。实施以科技工作者为中心的精细化管理，2022年实现1000万以上科技工作者入库，2023年逐步实现2000万以上科技工作者入库，2024年努力实现3000万以上科技工作者入库。建立人才库综合性信息安全保护和授权使用机制，统筹技术、数据、内容安全，加强个人隐私保护。以科技人才智慧评审建设为突破口，建立人才选拔、培养和举荐、负面清单管理等机制。 建立权威科技组织信息库。建立标准化的组织信息管理平台，设计统一的组织数据标准和机构代码规则，完善组织信息的动态采集与更新机制。设计开发代表大会等核心应用场景，构建各类科协组织和国际科技组织等设立、维护和撤销等标准化流程，实现科协组织的全生命周期管理。构建科协组织统一视图和分布地图，建立横向和纵向的组织树。优化和完善组织联系与服务功能，赋能基层组织，扩大传播矩阵。

（二）智慧党建建设

完成党建工作线上化、数字化、标准化，打造党建与“科普、科创、智汇”等业务工作融合的创新应用场景。构建党员偏好和行为标签，建立党组织和党员画像，实现党建政策、内容和课程等资源自动推送。逐步支撑全国学会、地方科协和基层科协组织的党建工作，进一步提升价值引领能力。

专栏2：智慧党建建设工程
智慧党建建设工程。打造“政治引领的阵地、思想交流的家园、党务管理的抓手、融合发展的支撑”，实现党建与业务工作同谋划、同部署、同推进、同考核。建立党务管理功能，实现多元参与、多层贯通、多维互动，全方面支持各级科协组织的党建工作。推进机关党建与学会党建、中国科协党建与中央和国家机关工委党建的有机融合融通，实现与支部工作等平台的打通共享。构建全国学会党组织多维度画像，满足学会特色党建需求。构建党建知识库，汇集制度、规范、优秀案例等内容，高效支撑各级各类科协组织党务工作高质量开展。

（三）业务应用建设

为支撑智慧党建、数字人才、数字科普、数字科创、数字智汇、数字办公、“两翼”赋能和数字生态等八大应用场景建设，提升应用场景的复用和共享水平，配套建设联系触达、科技服务社区、科技服务聚合、内容管理、内部管理等应用组件。

1. 建设联系触达应用，实现全渠道服务供给能力。完善联系触达科技工作者的渠道管理能力，整合系统内外联系广大科技工作者的渠道手段，实现基于用户画像的精准内容推送。建设数字化对外民间交流合作渠道和传播矩阵，建立国际科技信息传播联动机制。

专栏3：联系触达服务建设工程
建设传播矩阵组件。整合传统媒体、新媒体、自媒体等现有传播渠道，建设数字化国际科技信息传播矩阵，实现线下业务和线上传播渠道的融合，加强与第三方渠道对接合作，实现线上科技服务和内容精准推送，提升传播矩阵触达能力，深化移动社交新模式。 建设关系管理组件。加强基于品牌活动和服务的用户关系管理，通过“组织—业务—人才”协同建设，提高联系服务科技工作者的能力。 建设品牌宣传组件。统筹管理科协品牌资源，塑造科协整体形象，提升科协品牌的影响力和知名度，促进平台持续发展。

2. 建设科技服务社区应用，提高“网店”式运营服务能力。建设网上办事大厅，搭建科技服务社区，协同各类科技服务机构，面向科技组织、科技工作者及公众提供一站式网上服务，实现科技服务平台化。建设科协系统服务目录、全景视图与多级管理机制，构建科技服务评价指标体系，动态采集服务关键信息和评价反馈信息，形成服务闭环。

专栏 4：科技服务社区建设工程
建设科技服务窗口组件。整合科协系统服务业态，建立统一的科技服务目录和科技服务评价体系，为科技工作者提供一站式综合服务，实现科技服务全生命周期管理。 建设办事大厅组件。建设科协“办事大厅”，涵盖审批服务、发布服务、订购服务等功能，为全国学会、地方科协和基层组织、科技工作者等提供一站式服务体验。

3. 打造科技服务聚合应用，实现多场景服务供给能力。整合会议、培训、竞赛、展览、评奖、宣传等基础服务场景，加强产学研融合、智库研究、社会调查、个性化社交的专项应用管理，建立科技服务信息标准、工作流程、管理规范和全景视图，实现科技服务全流程信息采集和分析，持续提升平台服务能力和管理决策能力。

专栏 5：科技服务管理建设工程
建设基础科技服务系列组件。开展会议服务、培训服务、展览服务、竞赛服务、组合活动服务、举荐服务、评选服务、评定服务、证书服务、科技文化交流服务等共性应用场景建设，规范工作流程，实现线上线下业务一体化融合开展，形成对全系统共性业务的统一平台化支撑。 建设专项服务活动系列组件。开展政企协作服务、产学研融合、学术交流、数字科技馆、资讯服务、期刊服务、智库研究服务、社交服务等专项应用场景建设，形成具有鲜明科协特色的业务体系。 建设生态服务系列组件。建设政府服务、科研服务、产业服务、金融服务、高校服务等应用场景，支撑打造“政产学研金服用”的平台生态圈，拓展科协服务的深度和广度。

4. 建设内容管理应用，形成内容资源共建共享能力。整合“科普中国”“科创中国”“智汇中国”和数字科技馆等平台的内容资源，汇聚科协系统内外业务活动、科技资讯、历史数据等内容，加强科技内容生产管理，加快科普短视频等新媒体内容生产和创新，推进共建共享，建立统一管理和加工机制，形成标准化、产品化、数字化的内容资源服务能力，实现多渠道、高质量、平台化供给。

专栏 6：科技内容建设工程
建设科技内容管理系列组件。制定科技内容生产管理规范，形成图书、期刊、音视频、展览、展品、文创产品等科技内容的选题、研发设计、生产制作、审核发布、营销管理等流程标准，建设图书出版管理、音视频生产管理、新媒体内容生产、课程和教材生产管理、展览展品研发生产管理、文创产品设计管理等系列组件，推动科技内容资源高效率生产、高质量供给。 建设科技资源管理系列组件。汇聚中国科协内容资源，实现统一分类，形成科技内容目录，制定科技内容资源的使用规范和权限机制。建设电子资料资源管理、科技资源版权管理、文创产品资源管理、影片实物资源管理、展览展品资源管理、科技馆基础设施管理、流动科普设施管理、会史馆管理等应用组件，形成标准化、产品化、数字化的内容资源服务能力，实现多渠道、高质量、平台化供给。

5. 建设内部管理应用，形成数据驱动的管理决策能力。加强办公、预算、财务、内控、采购、人力资源、机关事务等内部管理等工作标准化、流程化、规范化、一体化建设，升级课题、调查、订单、舆情等应用组件，实现一网通办、一号通行、数据互通和线上线下一体化协同，减少重复劳动，提升工作效率和服务质量，实现管理决策数字化、移动化、智慧化，形成数据驱动的组织治理体系。

专栏 7：内部管理与支撑建设工程
建设内部管理系列组件。开展办公、财务、内控、采购、人力资源、机关事务等内部管理工作标准化、流程化、数字化建设，打造应用组件和业务场景，实现内部管理与科技服务的有效衔接，提升工作效率和服务质量。 建设内部工作支撑系列组件。建设课题、调查、订单、舆情等内部工作支撑系列组件，开展课题项目全生命周期管理，支撑调查工作流程化和规范化，实现平台服务订单快速响应，有效监测社会热点舆情。

（四）集成整合

根据先数据再功能、先共性再个性、先并行再替换的迁移策略，分别制定“科普中国”“科创中国”“智汇中国”等平台数据与应用迁移方案和全国学会、省市科协现有系统应用集成与数据整合方案，分阶段向“智慧科协 2.0”平台集成。

1. 集成“科普中国”平台。配合“科普中国”供给侧转型重塑，集成整合中央厨房、科普信息员、传播矩阵、科学辟谣等业务功能，巩固发展知名网端“科普中国”。2022 年开展“科普中国”部分数据和应用迁移，2023 年实现全面集成整合。

整合科技馆相关系统。集成整合原有系统的智慧服务、智慧共享与智慧管理功能，配合“双减”背景下科技教育转型要求与现代科技馆体系建设要求，整合新增能力建设任务。2022 年实现实体馆与数字馆数据共享整合，2023 年完成原有系统能力向“智慧科协 2.0”平台迁移，同期实现与中国科技馆特有数字化平台和信息化系统的智慧互联、生态协同。

2. 整合“科创中国”平台。重点整合“科创中国”平台供需对接、学术资源、会议展览、揭榜挂帅等原有业务数据和应用功能，以开放共享学术资源与服务能力助力科技工作者成长。2022 年开展“科创中国”部分数据和应用迁移，2023 年全面融入统一平台。

3. 整合原有智库调查系统。重点整合科技工作者状况调查和反馈应用系统及相关业务功能，实现“智汇中国”网上“立起来”和“强起来”。2022 年推进“智汇中国”门户、组件建设，实现功能、规范、数据全面整合。

4. 迁移其他系统。分析各部门单位原有系统业务类型、用户规模、使用频率、技术架构等，制定分批次迁移路线图，明确数据迁移映射关系和下线归档数据，制定新老系统并行方案，明确新老系统的衔接点和业务衔接方式，实现有序、安全迁移。

5. 开展全国学会和地方科协的系统集成。加强“智慧科协 2.0”技术标准、数据标准、业务标准的推广和应用，为全国学会、各级科协组织的数字化转型提供建设指导和平台支撑。推动与全国学会、省市科协现有系统的数据共享和对接迁移，制定应用集成与数据整合方案。推动全国学会和地方科协现有成熟应用与“智慧科协 2.0”平台对接融合共享。

（五）公共技术底座建设

1. 建设云基础设施。打造科协“一朵云”，健全多云一体化管理机制，强化敏捷开发保障体系，完善容器化交付能力。建设开发运维一体化平台，完善开发运维管理机制，以“众包共建模式”建设人工智能平台。逐步迁移现有业务应用上云，提升对全国学会和地方科协的对接和融合水平。

专栏 8：云服务平台建设工程

建设云服务基础设施。部署满足业务需求的云服务基础设施，建设科协专有云，支持在线扩容、弹性伸缩、高可用、热迁移、规格可定制等特性，建立云基础设施安全保障体系，提供互联网接入的边界安全。

建设容器化交付平台。实现动态资源调度、弹性编排管理和自动化运维，结合分布式微服务平台、敏捷研发平台，实现应用研发场景化、支撑交付敏捷化、运维智能化。

建设多云一体化运维管理平台。通过对多种云资源和云服务的统一纳管和调度，实现对云基础设施的统一运维管理。建立标准化的云服务交付流程，形成监控、告警、技术服务管理等运维工具。

建设开发运维一体化技术平台。打通产品设计、开发、测试、发布全过程，建设开发运维一体化机制，对软件交付过程、环节全面度量和管理，提升交付效率和质量。

建设人工智能平台。与合作机构协同共建各类人工智能应用，提升服务精准度和平台运行效率。

2. 建设数据资源与服务体系。建设数据中台，提供全系统、全业务域的标准化、高价值业务数据存储和加工能力。建设数据管控平台，形成数据资产管理和监控能力。建设科协数据驾驶舱，实现数据驱动的综合业务决策和及时高效的智慧服务管理。

专栏 9：数据平台建设工程

建立数据中台。实现多源异构数据汇集，建设非结构化数据、归档数据和数据实验室数据服务的统一管理功能，识别整合主题数据，实现各业务域指标和标签的统一定义、加工和存储，构建多种分析工具和模型的数据分析环境。统一数据资产管理，提供数据统一注册、统一申请等数据服务功能，实现数据标准、数据质量等全流程管理，为各级科协组织提供准确有效的决策信息支持。

建设数据管控平台。盘点中国科协数据资产，形成统一的数据资产目录，构建数据全景视图，实现数据的可见、可管和可控。推进数据标准化工作机制，完善数据质量评估标准和问题反馈机制，实现数据质量监控和源头追溯，形成数据全生命周期闭环治理。

3. 建设应用支撑平台。建设门户管理运营平台，为各类用户群体提供统一、可定制的门户服务。建设核心应用共享服务平台，实现用户、内容、服务、传播矩阵的服务能力与其他业务应用集成互通。建设微应用平台，规范业务应用间交互标准，支撑业务应用微服务化。建设生态开放服务平台，共享用户、渠道、资源、服务能力，打造共建共享生态。

专栏 10：公共应用服务平台建设工程

构建统一工作台。实现与各应用的统一登录，实现科技服务与内容资源的一站式访问，实现“千人千面”式用户体验。

建设微应用平台。打造云原生微应用平台，规范业务应用之间的交互标准，为各类应用微服务化提供注册、路由、发现、监控等支持。

建设核心应用共享平台。整合核心业务数据，满足线上线下业务应用对核心数据的创建、维护与共享需求，形成统一的组织、用户、服务、资源（内容）、合约等信息的创建、维护与共享能力。

建设门户运营平台。基于应用支撑体系中用户、内容、服务和传播矩阵的公共服务能力，提供标准化、可定制的门户运营与传播矩阵运营能力，支撑各类科技组织“百家百网”的个性化运营服务。

建设生态开放服务平台。建设开放应用接口和开放服务，实现渠道、资源、服务等共享调度，赋能各类合作伙伴共建共享，满足用户对科技服务与内容的多元化需求。

（六）支撑体系构建

1. 建设数字化运营体系。建立专门运营机构，引入专业团队，整合全系统运营资源，构建上下贯通的数字化运营体系，提升科技服务和内容产品的平台化运营质量和效率。建立用户运营体系，建立潜在用户挖掘和转化机制、用户分级体系、科技工作者认证机制、用户激励机制等，形成新用户持续增长、老用户稳定留存的用户运营体系。建立内容运营体系，整合科技服务和内容设计、生产、审核、集成、传播和营销等工作，联合科技工作者、专业机构，打造共建共享共治的内容运营体系。建立市场运营体系，加强品牌运营机制建设，建立传播矩阵和分发机制，实现用户有效触达，形成数字化营销闭环。

专栏 11：数字化运营平台建设工程
建设数字化运营平台。建立专门运营机构，统筹平台运营工作，形成统分结合的运营格局，实现用户运营、内容运营、渠道运营、资源运营、平台运营、数据运营等工作闭环。

2. 建立技术运维体系。组建专业技术运维机构和团队，建立技术运维标准、制度、规范和工作章程，加强运维能力和资源监控，建立完善的应用突发事件应对机制。建立全域统一、规范的技术运维管理模式，保障历史数据可控、处理过程可查，提高系统运行效率。

3. 建立健全标准规范体系。建立规划设计、数据管理、业务构建、质量管理、技术运维、安全保密等标准体系，制定和发布微服务框架规范、错误编码与设计规范、可交换的用户和组织摘要规范、接口服务规范等技术标准，制定和发布人才、组织、服务目录、合约、活动等高共享性的数据标准规范，推动业务流程标准化、规范化，支撑服务和内容标准化、产品化。推动标准开放，提升关键业务信息的融合和共享程度。建设与地方政务系统开展数据交换与共享的标准体系。

4. 完善安全体系。统筹技术、数据、流程、内容、制度等要素，建立综合性安全保障体系。健全网络安全和信息安全管理体系，明确各级组织和部门管理职责，建立以风险评估为基础的安全控制方式。加强对科协组织数据、人才数据、个人信息数据、业务数据的保护，建立数据资源资产化管理机制和应用，落实授信机制、网络安全管理制度和数据安全管理机制，确保数据使用合法合规，切实守住安全底线。

五、保障措施

1. 加强组织领导。中国科协信息化工作领导小组加强宏观决策、统筹协调和机制保障，强化责任落实，实行党组、书记处分管同志领导下的域长负责制，完善信息化工作领导小组办公室工作落实机制，推动各部门、单位“一把手工程”意识落实，建立健全以统为主、统分结合、协同共享、运行支撑的一体化工作格局。积极鼓励引导全国学会、地方科协和基层组织参与建设，推动业务协同、共建共享。

2. 加强队伍建设。制定数字化转型人才培养计划，面向“一体两翼”开展多种形式培训和宣传，全面提升干部职工的数字化思维、数字化素养和数据治理能力，灵活用人机制，建设一支讲政治、懂技术、会业务、能运营的综合性专业人才队伍，加快建设技术运维和业务运营专业机构。加强外部专家顾问团队建设，充分发挥第三方咨询团队规划和管控作用。

3. 健全工作机制。强化落实“统一规划、统一标准、统一预算、统一建设、统一管理、统一运维”的工作机制，一体化推进“智慧科协 2.0”建设。强化问题导向、目标导向、用户导向，以“工作坊”机制持续强化科协业务与数字化发展深度融合。强化规划动态调整和修订机制，及时研究解决规划实施中出现的新情况、新问题。

4. 加强考核评估。建立信息化建设评估、监督检查及激励机制，将“智慧科协 2.0”建设实施情况纳入各级科协组织及所属学会的年度工作和绩效考核中。建立核心业务、重大任务“非平台不业务”考核评价、督查督办制度，强化以联系服务广大科技工作者为目标的科技人才库贡献度核心指标。加强对全国学会、地方科协信息化建设指导，突出信息化能力在一流学会、一流期刊建设评价中的权重。建立业务运营和平台运维考核评估机制，强化业务运营价值实现和技术平台平稳、高效、安全运维。

中国科协办公厅
2022 年 5 月 20 日

中国科协印发《企业科学技术协会组织通则》

近日，中国科协印发了《企业科学技术协会组织通则》（以下简称《通则》），并发出通知，要求各省、自治区、直辖市科协和新疆生产建设兵团科协以及企业科协等，结合实际认真贯彻落实，并且在执行《通则》中的重要情况和建议，要及时报告中国科协。

《通则》全文如下。

企业科学技术协会组织通则

第一章　总　则

第一条　为规范和推进企业科学技术协会（以下简称“企业科协”）建设，加强对企业科技工作者的团结引领，提升企业技术创新能力，巩固企业创新主体地位，根据《中国科学技术协会章程》，制定本通则。

第二条　企业科协是中国科学技术协会在企业的基层组织，是中国共产党领导下由企业科技工作者自愿组成的群众组织，是党和政府联系企业科技工作者的桥梁和纽带，是推动企业科技进步和助力世界科技强国建设的重要力量。企业科协在企业党组织的领导下，在中国科学技术协会及企业党组织关系所在地的地方科学技术协会的指导下开展活动。

第三条　企业科协的宗旨是：以习近平新时代中国特色社会主义思想为指导，贯彻落实新时代党的组织路线，立足新发展阶段，贯彻新发展理念，构建新发展格局，推进高质量发展，促进企业科技人才的成长，促进企业技术创新和转型升级，促进科学技术的普及和推广，促进科技智库作用的发挥和彰显，把企业科技工作者团结凝聚在党的周围，自觉履行高水平科技自立自强的使命担当，为全面建设社会主义现代化国家、实现中华民族伟大复兴的中国梦而努力奋斗。

第二章　任　务

第四条　宣传和贯彻落实党的路线方针政策，加强对企业科技工作者的思想政治引领。密切联系企业科技工作者，引导企业科技工作者胸怀“国之大者”。大力发展个人会员，反映企业科技工作者的建议、意见和诉求，维护企业科技工作者的合法权益，建设有温度、可信赖的科技工作者之家。

第五条　围绕国家重大战略需求，组织开展政产学研用跨界学术、技术交流活动，积极开展国际科技交流。加强学会、企业联动，引导支持企业科技工作者加入学术团体，提高专业能力。

第六条　强化企业创新主体地位，组织企业科技工作者围绕企业创新发展面临的突出技术问题，开展技术攻关等活动，有效提升企业技术创新能力，促进企业高质量发展。

第七条　培养推荐、表彰奖励优秀企业科技工作者，开展创新方法和知识产权等培训，为企业科技工作者参评国家和地方各级科技奖项，参加工程师资格认证、专业技术职称评定，申报专利、转化成果和参与各类科技项目创造条件、提供帮助，培养国家战略科技人才。

第八条　开展科学技术普及活动，弘扬科学精神，普及科学知识，推广先进技术，传播科学思想，倡导科学方法，提高企业员工和社会公众分析判断事物和解决实际问题的能力，激发企业科普活力，构建高质量科普服务体系。

第九条　接受委托参与、协调专业技术职称评定工作，组织企业科技工作者参与科学论证和咨询服务，推进企业智库建设。围绕产业发展加强相关研究和交流，服务党和政府科学决策。

第十条　弘扬科学家精神、企业家精神、工匠精神，培育企业创新文化。加强企业科技工作者自律管理，促进学风道德建设和科技伦理建设，宣传优秀企业科技工作者，引领企业科技工作者奋力实现高水平科技自立自强。

第十一条　开展符合本通则的其他活动。

第三章　建立和注销

第十二条　承认《中国科学技术协会章程》、拥有一定数量科技工作者的企业，经企业党组织同意，可向党组织关系所在地的地方科学技术协会申请建立企业科协。未建立党组织的，经企业决策层同意，可向企业所在地的地方科学技术协会申请建立企业科协。

第十三条 企业申请建立科协组织一般应提交申请报告或申请表、企业科协章程（草案）、企业党组织同意建立企业科协的有关文件等材料。地方科学技术协会应结合实际情况，优化企业科协建立的审批程序。

第十四条 各级科学技术协会应积极运用信息化手段开展企业科协的审批、登记等工作，在中国科学技术协会搭建的企业科协信息化平台上开展相关管理和服务工作。

第十五条 在同一集团内，下级企业建立科协，应报上一级企业的党组织同意；下级企业科协在业务上接受上级企业科协的指导，并可以团体会员身份加入上级企业科协。

第十六条 符合条件的企业科协，可申请成为同级地方科学技术协会的团体会员。规模较大、在行业内具有较强影响力的企业科协，符合条件的可申请成为中国科学技术协会的团体会员。

第十七条 地方科学技术协会可结合实际需要，推动建立区域性的企业科协联合会，大力促进企业科协组织发展。暂不具备单独建立科协组织条件的企业，可按地域联合申请建立科协组织，或通过建立企业科协工作站、企业科协联络员制度等方式，畅通与企业科技工作者之间的联系渠道。

第十八条 企业科协出现下列情形之一的，应当向批准其建立的地方科学技术协会申请注销：

一、决定自行解散的；

二、所在企业解散的；

三、由于其他原因终止的。

企业科协出现下列情形的，批准其建立的地方科学技术协会可给予其限期整改、警告、撤销企业科协组织等处理：

一、履职不力、组织涣散的，责令限期整改；

二、限期整改后仍无明显改进的，给予警告；

三、违反国家法律法规，或严重违反《中国科学技术协会章程》，造成严重不良后果的，撤销企业科协组织。

第四章 会 员

第十九条 企业科技人员、管理人员、高级技能人员等，承认并遵守企业科协章程，可申请成为企业科协的会员。

第二十条 会员享有以下权利：

一、选举权、被选举权和表决权；

二、对企业科协工作的知情权、建议权、批评权和监督权；

三、优先参加科协组织的各项活动；

四、自愿加入和退出企业科协；

五、企业科协章程规定的其他权利。

第二十一条 会员应履行以下义务：

一、遵守企业科协章程，执行企业科协决议；

二、按照有关规定缴纳会费；

三、完成企业科协委托的工作；

四、企业科协章程规定的其他义务。

第二十二条 企业科协应建立健全会员联系和服务制度，大力发展个人会员。对严重违反企业规章制度和企业科协章程的会员，或因违法犯罪受到刑事处罚的，经企业科协委员会决定，取消其会员资格。

第二十三条 会员退会，由本人提出申请，经企业科协确认，即可退会。

第五章 领导机构

第二十四条 企业科协会员代表大会及其选举产生的委员会是企业科协的领导机构。

第二十五条 企业科协会员代表大会每三至五年召开一次，由企业科协委员会召集。科技工作者少于一百人的企业科协可直接召开全体会员大会。会员代表大会召开后一个月内，企业科协应向批准其建立的地方科学技术协会报送选举结果和企业科协章程修改等基本情况。

第二十六条 企业科协会员代表大会的代表名额及产生方案由召集代表大会的委员会决定，报企业党组织同意。未建立党组织的，报企业决策层同意。

第二十七条 企业科协会员代表大会履行以下职责：

一、决定企业科协的工作方针和任务；

二、制定和修改企业科协章程；

三、审议和批准企业科协委员会的工作报告和财务报告；

四、选举产生企业科协委员会；

五、决定其他重大事项。

第二十八条 企业科协委员会委员名额及候选人产生方案由召集代表大会的委员会决定，报企业党组织同意。未建立党组织的，报企业决策层同意。

第二十九条 企业科协委员会履行以下职责：

一、执行企业科协会员代表大会的决议；

二、选举企业科协主席、副主席等；

三、讨论通过企业科协主席提名的秘书长和副秘书长等人选；

四、审议工作计划和工作总结；

五、组织开展各项活动；

六、表彰作出突出贡献的会员；

七、决定其他重大事项。

第三十条 企业科协委员会会议应定期召开，由企业科协主席召集。委员会会议须有三分之二以上委员出席方能召开，其决议须经到会委员二分之一以上表决通过方能生效。

第三十一条 企业科协委员会设主席一人、副主席若干人，候选人人选由企业党组织提名。未建立党组织的，由企业决策层提名。主席、副主席人选应具备较高学术、技术水平和较强组织领导能力。

第三十二条 企业科协委员会委员超过一定规模的可设立常务委员会。常务委员会委员名额及候选人产生方案由召集代表大会的委员会决定，报企业党组织同意。未建立党组织的，报企业决策层同意。

第三十三条 委员会闭会期间，常务委员会领导企业科协的工作，完成企业科协委员会确定的任务。

第三十四条 企业科协委员会根据工作需要，可设置若干工作委员会和专门委员会，协助审议需经委员会或常务委员会审定的有关事项。

第六章 办事机构

第三十五条 企业科协的办事机构为秘书处（办公室），秘书处（办公室）在委员会（常务委员会）的领导下开展工作。

第三十六条 秘书长主持秘书处（办公室）日常工作。秘书长应由热爱科协工作、熟悉国家科技政策、沟通协调能力较强的科技工作者或企业管理人员担任。

第三十七条 企业科协秘书处（办公室）可根据自身实际情况和企业所属行业特点，设置若干工作机构，更好地开展相关专业领域的工作。

第三十八条 具备条件的企业应为企业科协秘书处（办公室）设置专职工作岗位、配备专门办公场所和相关办公设施。工作人员可在企业内外选聘，按照企业有关规定管理。

第三十九条 地方科学技术协会要加大对企业科协的联系与服务工作力度，及时指导并开展年度工作评估。

第七章 经 费

第四十条 企业科协经费主要来源于所属企业预算，还可包括资助、捐赠和其他合法收入。

第四十一条 企业科协经费应专项管理、单独核算，执行有关财务管理制度，定期向会员代表大会和委员会报告财务收支情况，并接受会员监督。

第八章 附 则

第四十二条 地方科学技术协会可根据本通则制定实施细则。企业科协根据本通则制定企业科协章程。

第四十三条 在国家和各级地方政府批准成立的自主创新示范区、经济技术开发区和高新技术产业开发区等企业密集区域和众创空间等新经济组织内建立科协组织，以及多个企业联合建立科协组织，可参照本通则执行。

第四十四条 本通则由中国科学技术协会负责解释。

第四十五条 本通则经中国科学技术协会常务委员会审议通过，自发布之日起施行。

中国科协办公厅 教育部办公厅等5部门关于印发2022年“共和国的脊梁——科学大师名校宣传工程”工作安排的通知

科协办发宣字〔2022〕8号

各省、自治区、直辖市科协、教育厅（教委）、团委，新疆生产建设兵团科协、教育局、团委，中国科学院院属各单位：

为全面贯彻落实党的十九大和十九届历次全会精神，突出迎接宣传贯彻党的二十大工作主线，按照《中共中央办公厅 国务院办公厅关于进一步弘扬科学家精神加强作风和学风建设的意见》部署要求，坚定不移用习近平新时代中国特色社会主义思想铸魂育人，弘扬科学家精神，涵养优良学风，中国科协、教育部、共青团中央、中国科学院、中国工程院将联合开展2022年“共和国的脊梁——科学大师名校宣传工程”（以下简称“宣传工程”），现将相关工作通知如下。

一、总体要求

以习近平新时代中国特色社会主义思想为指导，全面贯彻党的十九大和十九届历次全会精神，深刻领悟“两个确立”的决定性意义，不断增强“四个意识”、坚定“四个自信”、做到“两个维护”，以立德树人为根本任务，紧紧扭住“举旗帜、聚民心、育新人、兴文化、展形象”使命任务，突出迎接宣传贯彻党的二十大工作主线，稳中求进，守正创新，弘扬科学家精神，涵养优良学风，在高校院所广泛推动宣传贯彻习近平新时代中国特色社会主义思想和中央决策部署往深里走、往实里走、往心里走，积极构建一体化大思政工作新格局，培养德智体美劳全面发展的栋梁之材。

二、主要安排

（一）坚持用科学家精神培根铸魂，强基固本

主要内容：持续拓展宣传工程参与面，加强精品力作原创供给。着力提升宣传工程影响力，推动科学家主题剧目走进中小学。创新人才培养方式，推广宣传工程经验方法，让科学家精神真正融入大中小学思政教育。

具体举措：

1. 持续支持科学家精神主题优秀作品创作。鼓励地方科协、教育厅（教委）、团委以各种形式支持推荐一批校园优秀科学家主题剧目，重点支持 1 ～ 2 所高校参与宣传工程，推动形成弘扬科学家精神的良好社会氛围。推动建立科技界与文艺界合作交流机制，引导支持文艺工作者运用多种艺术形式，讲好科技工作者科学报国故事。

2. 开展多层次广覆盖演出活动。利用好高校新生入学季，动员所有参与高校组织校内演出，重点面向大一、研一入校新生连续演出多场，帮助广大青年学生扣好人生第一颗纽扣，树立正确的理想信念。利用五四青年节、全国科技工作者日等重大节点，支持科学家主题剧目面向社会公开演出，继续申请国家艺术基金资助支持。鼓励高校院所创排科学家主题舞台剧。

3. 支持精品短剧走进中小学。支持优秀科学家精神主题短剧、展览走进课堂内外，用优质作品助力“双减”、用生动表演阐释科学家精神。

4. 广泛建设“学风涵养工作室”。巩固宣传工程经验成果，在高校院所广泛建立一批“学风涵养工作室”，支持青年学生创作更多制作精良的主题产品，创新人才培养形式。

（二）努力营造迎接宣传贯彻党的二十大浓厚氛围

主要内容：以喜迎党的二十大和学习宣传贯彻党的二十大精神为主题，广泛动员高校院所围绕弘扬科学家精神、涵养优良学风开展专题活动。

具体举措：

1. 举办宣传工程 2022 年广西汇演。组织 4 ～ 6 所参与高校赴广西南宁等地演出科学家精神主题舞台剧，推动形成崇尚科学、尊重人才的社会风尚。

2. 持续开展“科学也偶像”主题作品征集评选活动。鼓励广大科技工作者和青年学生积极参与，以新的传播媒介和呈现方式，打造时代新偶像。

3. 深化与港澳青年科学文化交流。联合有关部委举办“时代精神耀濠江”系列活动，结合香港回归 25 周年组织相关活动，支持上海交通大学等高校走进港澳演出科学家精神主题剧目，以科学家精神进一步增强凝聚港澳地区民众家国情怀。

4. 开展“科学家精神耀天山”主题实践。利用暑假时间，组织高校师生赴新疆开展科学家精神主题社会实践活动，支持青年学生深入边疆开展调研，强化爱国之志，激发爱国之情。

5. 开展“最美科技工作者进校园、进院所”系列活动。在全国范围内组织 100 位“最美科技工作者”走进高校院所。

（三）大力涵养优良学风

主要内容：以科学家精神为引领，大力弘扬优良学风，发挥教育引导功能，创新形式手段，在春风化雨中引导青年学生立大志、明大德、成大才、担大任，改善优化科技创新生态。

具体举措：

1. 深入实施学风传承行动。继续开展学风建设资助，围绕“优良学风创建工程”选树典型案例、凝练典型经验，以实际行动坚决反对论资排辈、圈子文化等学术不良习气。

2. 组织大师名师走进思政课堂。用好中国科学家精神宣讲团、中国科学院老科学家科普演讲团等资源，组织一批科研功底扎实、学风作风优良的大师名师走进大中小学课堂。遴选吸纳高校院所优秀教师加入中国科学家精神宣讲团。鼓励支持优秀科技工作者担任校外辅导员，指导学生实习实践。

3. 开展优秀典型选树宣传。发挥“时代楷模”“最美科技工作者”等典范引领带动作用，开展多层次优秀教师、科技工作者选树宣传，采取微视频、微课堂等青年易于接受的方式，讲好治学故事。

4. 开展科学道德和学风建设宣讲教育活动。办好全国科学道德和学风建设宣讲报告会。开展多层次多形式宣讲教育活动。遴选 2 ～ 3 个省（市）开展优良学风创建试点。

（四）建强用好科学家精神网络教育阵地

主要内容：大力开发宣传工程优质成果，推进

"互联网+"模式，丰富优质数字教育资源，加强网上对青年学生的凝聚引导，推动科学家精神优秀资源向农村、边远、民族地区延伸。

具体举措：

1. 丰富科学家精神网络传播内容。用优秀科学家主题剧目持续丰富网络思政内容，利用开学第一课，广泛组织青年学生观看"云端剧院"。大力支持微视频创作，搭建全媒体传播平台，扩大科学家主题精品剧目传播力影响力。

2. 精心打造"风启学林"社交媒体平台。聚焦弘扬科学家精神、建设优良学风，为青年群体提供交流、研讨、分享的虚拟广场，满足Z世代青年学生需求，让青年人真正成为学习主体、传播主体、实践主体。

（五）构建协同工作新格局

主要内容：全面落实中央人才工作会议精神，加强科学家精神对创新人才培养的精神引领和思想保证，落实立德树人根本任务，强化部门协同，汇聚社会力量，构建一体化思想政治工作新格局。

具体举措：

1. 科学谋划同部署。各主办单位要切实担负起政治责任和领导责任，把弘扬科学家精神、涵养优良学风作为全面落实立德树人根本任务的重要工作摆上议事日程，创新思政工作方法，拓展人才培养模式，相关任务纳入年度工作部署。

2. 密切配合抓落实。中国科协要发挥好牵头单位的作用，全面协调，有力保障，凝练推荐一批典型经验，确保各项工作落实到位。各高校院所党委要将弘扬科学家精神、涵养优良学风纳入议事范围，主动参与宣传工程，建立主题鲜明、形式多样的学风涵养工作室，用以爱国主义为底色的科学家精神铸魂育人，引导青年学生立大志、明大德、成大才、担大任。

3. 鼓励广泛参与。及时将好经验、好做法、好成果推送高校思政网等平台，依托"青年之声""风启学林"等平台加大优秀作品传播力度，加强与中央电视台、光明日报、科技日报等主流媒体合作，动员各级各类媒体宣传资源，引导社会各界共同弘扬科学家精神、涵养优良学风。

三、联系方式（略）

中国科协办公厅　教育部办公厅　共青团中央办公厅

中国科学院办公厅　中国工程院办公厅

2022年3月16日

中国科协办公厅关于印发《中国科协2022年科普工作要点》的通知

科协办函普字〔2022〕31号

各全国学会、协会、研究会，各省、自治区、直辖市、副省级城市科协，新疆生产建设兵团科协：

为学习贯彻习近平新时代中国特色社会主义思想，全面贯彻落实党的十九大和十九届历次全会精神，深入实施全民科学素质行动，打造高质量科普服务体系，现将《中国科协2022年科普工作要点》印发给你们，请结合实际认真贯彻落实。

中国科协办公厅

2022年2月25日

中国科协2022年科普工作要点

2022年是党的二十大召开之年，是实施"十四五"规划承上启下之年。中国科协科普工作以习近平新时代中国特色社会主义思想为指导，全面贯彻落实党的十九大和十九届历次全会精神，紧紧围绕"四服务"定位，聚焦靶心、争创一流、赋能基层、开放协同，推动主责主业融通贯通、组织建设和业务工作融合互促，强化"双引领双服务双获得"，以《全民科学素质行动规划纲要（2021—2035年）》（以下简称《纲要》）落实为主线，深化科普供给侧改革，构建科学素质建设"四化"生态，着力打造"六位一体"高质量科普服务体系和"省、市、县、文明实践中心"联动的基层科普组织动员体系，服务全民科学素质提升。

一、以政治引领和价值引领为统领，不断增强科技工作者和公众的科普获得感

（一）坚持旗帜鲜明讲政治，为党的二十大召开营造良好氛围

紧密团结在以习近平同志为核心的党中央周围，坚定捍卫"两个确立"，不断增强"四个意识"、坚定"四个自信"、做到"两个维护"，运用好党史学习教育成果，完整、准确、全面贯彻新发展理念，以实际行动把党中央决策部署落实到位。举办献礼二十大专题展览，全面反映党的十八大以来科普为民的生动实践和科学素质建设对国家创新发展的支撑作用。

（二）强化科普价值导向

将弘扬科学精神贯穿于科普服务全链条，聚焦国家战略需求和科学前沿重大问题，发布《2022 年科普中国选题指南和创作建议》，加大科普原创精品创作支持力度，组织动员科技工作者面向重大题材开展科普创作，支持遴选和推介宣传一批优秀科普原创作品，不断增强科普供给源头活力。

（三）大力弘扬科学家精神

依托科技馆继续打造科学家精神教育基地，用好“百馆千场万人科学家精神宣讲联盟”，深入宣讲科学家精神。征集弘扬科学家精神展览，推动优质展览全国巡展，推出优质科学教育活动和影视资源。办好“科普中国·繁星追梦——我眼中的中国科学家”网络科普活动，引导青少年树立网络新偶像、树立正确价值观。发展壮大“大手拉小手科普报告汇”，支持地方开展青少年科学节等活动，深入基层服务青少年。

（四）广泛开展群众性示范科普活动

进一步创新组织形式，强化协同联动，打造全国科普日活动大平台。组织动员全国学会、地方科协深入开展全国科普日、科技活动周、文化科技卫生“三下乡”、防灾减灾日、食品安全宣传周、全国低碳日、世界环境日等主题科普活动，继续办好“天宫课堂”活动，积极营造崇尚创新的社会氛围。

（五）推进网络科普生态综合治理长效化

联合有关部委开展网络科普生态综合治理，做好科学性甄别相关工作，引导网络平台建立科普内容的政治性和科学性把关机制。

二、围绕《纲要》主线，推动科普工作体制机制创新

（一）创新《纲要》实施机制

强化部际间“双边、多边”合作，实现会省、会部、会企战略合作框架下的科普大联合大协作。联合相关部委共同开展专项科学素质提升行动，推动出台政策性文件，深入实施医疗健康、防灾减灾、食品安全和碳达峰碳中和等主题科普行动。在省会合作中明确科学素质建设目标和任务举措。推进科协系统落实《纲要》，细化工作任务，明确牵头部门和参与部门。

（二）深化重点部际合作项目

加强与教育部合作，落实《关于利用科普资源助推“双减”工作的通知》，以科普资源进校园、学生进科普阵地“双进”服务“双减”，以科技场馆、科普教育基地为阵地，围绕中小学校课后服务需求积极开展科普服务。加强与国务院食安办、全国老龄办、中国老科协和中国银行、三大电信运营商等合作，开展老年人科学素质提升行动，推进老年科技大学建设，出台指导意见，服务老年人信息素养和健康素养提升。与农业农村部合作，推动科学素质建设内容融入高素质农民培训，推进科技小院建设，推动农技协组织开展科学普及和农技社会化服务。探索与中国银行开展乡村振兴农村实用人才培训。与生态环境部联合开展“双碳”科普活动。联合国务院食安办修订发布《食品安全科普宣传大纲》，举办食品安全宣传周——中国科协主题日活动。

（三）完善基层科普组织动员体系

协同科协“一体两翼”联动和资源力量汇聚，鼓励学校、医院、科研院所、企业等组建科技志愿服务队，构建省域统筹政策和机制、市域构建资源集散中心、县域组织落实，以新时代文明实践中心（所、站）、党群服务中心、社区服务中心（站）等为阵地，以科技志愿服务为手段的基层科普组织动员体系。推动跨区域科普合作和共享机制探索，鼓励有条件的地区开展全域科普试点。举办基层科普云论坛、基层科普区域性观摩交流活动，提升基层科普工作能力。

三、构建“四化”生态，打造高质量科普服务体系

（一）强化科普社会化动员机制

推进科技资源科普化，支持和指导全国学会联动高校、科研机构、企业等利用科技资源开展科普活动，开发科普资源，加强与传媒、专业科普组织合作，提升科研机构、科技企业等的科普服务能力。通过宣传教育、能力培训、榜样示范等增强科技人员科普能力。加强中国公众科学素质促进联合体平台连接服务，开展联合体乡村振兴公益行动、公众开放日等活动，推动设立科普奖项。深化全国科普示范县（市、区）创建工作，认定 2021—2025 年全国科普示范县（市、区），总结推介典型模式，促进经验交流与推广。鼓励省市级科协在政策、项目、经费、活动等方面加大对科普示范县的支持。认定 2021—2025 年全国科普教育基地，组织动员纲要办成员单位、地方科协、全国学会、企业、科研院所等多元主体参与。加强对全国科普教育基地的管理与服务，组织交流研讨和试点引导，鼓励合作协同，支持基地服务中小学科技活动。继续贯彻落实“科幻十条”，发挥国家级科幻电影科学顾问库、全国科幻科普电影放映联盟作用。办好 2022 中国科幻大会，搭建高水平科幻发展平台，支持科幻产业联合体发展，推动设立民间国际科幻奖项，促进各地科幻发展。推动科普产业发展，建设科普中国供需服务平台，鼓励地方科协、学会和企业举办科普产品交流交易展示活动。探索“科普＋产业”模式，服务地方经济社会发展。

（二）创新升级科普中国平台

实施科普中国平台建设工程。开展前沿科技、国家重大科技成果、安全健康、碳达峰碳中和、航空航天、军事科技、应急安全等领域的科普创作和解读。建立有效的专家识谣、辟谣机制，建好国家级科学辟谣平台。持续完善科普中国中央厨房，优化内容库、专家库、团队库以及传播矩阵后台建设。构建科普中国渠道矩阵。加强科普中国网、科普中国客户端、科普中国第三方新媒体、科普中国服务云等官方渠道建设。加强与主流媒体深度合作，开展头条要闻科普解读。推动开设科普中国频道。推动开展科普中国星空创作联合行动，以品牌合作方式联合互联网平台开展专题征集、自媒体培训、科普创作者库建设等工作。团结引领网络名人队伍传播科普正能量。推进科技馆数字化转型。加强数字科技馆智慧服务、智慧共享、智慧管理建设，启动数字科技馆智慧化支撑平台建设。

（三）推进科普规范化建设

积极配合全国人大，会同科技部等推进科普法制化建设，扎实做好《中华人民共和国科学技术普及法》执法检查，加强理论和实践研究，做好《中华人民共和国科学技术普及法》实施情况评估，全力推进《中华人民共和国科学技术普及法》修订。鼓励各地修订或制订科普条例。开展科技馆法制化研究。落实《中国科协办公厅关于加强科普标准化工作的通知》，加强科普标准化工作指导和项目引导，推动国家、地方、团体等标准及标准化文件制定。依托全国科普服务标准化技术委员会加强全国科普标准工作交流与宣传服务，完成科普标委会换届。加快制定符合国情和新发展阶段要求的科学素质监测评估标准与方法，并开展试点测评。开展第十二次中国公民科学素质调查。推动构建地区科普工作评价体系和全民数字素养评价体系。

（四）推进科普国际化发展

推进科学素质国际组织建设。办好2022世界公众科学素质促进大会，以发展国际组织成员为重点，为成立国际组织做好准备。推动优质科普资源与世界公众科学素质组织筹委会成员单位共享。实施科学素质交流合作项目，开展公众科学素质评价等国际合作研究，推动在有意愿的国家开展科学素质水平测试。深化国际及港澳台科技人文交流。做强“一带一路”青少年创客营与教师研讨活动品牌，巩固“一带一路”国际科学教育协调委员会伙伴关系网络。深化与“一带一路”沿线国家科普机构的交流合作，持续开展科普资源共享、学术交流、人才培训等项目。做好港澳台学生暑期实习工作。

四、深化科普供给侧改革，提升科普服务能力

（一）推进科普数字化转型

落实“智慧科协2.0”建设总体要求，推进科普中国域建设。按照“人才、内容、渠道、队伍”一体化建设理念推进科普供给侧改革。按照“非平台不业务”要求，通过线上统筹、线下协同，以重大任务为牵引，推动中国科协、全国学会、地方科协科普工作深度协同，实现业务融合，打通工作边界，整合科普资源，形成科普中国品牌合力，提高品牌影响力和辨识度。

（二）创新发展现代科技馆体系

推动科技馆融合发展。召开现代科技馆体系工作会，落实《现代科技馆体系发展“十四五”规划》，建设科学家精神教育基地、前沿科技体验基地、公共安全健康教育基地和科学教育资源汇集平台。以中国科技文化场馆联合体为平台，推动各类场馆资源共享、跨界合作。做好全国科技馆免费开放实施工作，推动出台有关补助资金管理使用办法。实施“全国科技馆联动计划”。加强资源连接、活动连接、智慧连接，增强行业凝聚力，加强各地科技馆间的互联互动，形成全行业大联动大协作机制。推进卓越科技馆建设，启动全国科技馆定级评估研究及试评工作。落实中国企业公益科普联合倡议，开展“中小科技馆共建”行动。开展冬奥主题科普宣传。办好第八届全国科技馆辅导员大赛全国总决赛。开展“科技场馆志愿服务联合行动”，组织大学生和院士专家参加科普志愿服务。优化流动科普资源配置模式。丰富流动科普资源库内容，继续开展流动科技馆区域换展、科普大篷车区域资源共享中心建设，推动供给侧内容、形式、模式等全面改革。推动流动科技馆区域常态化巡展，依托中国数字科技馆加强科普资源共建共享平台建设，继续实施优秀科普展览巡展。

（三）提升基层科普服务能力

加强农村科普工作。落实《乡村振兴农民科学素质提升行动实施方案（2019—2022年）》，组织开

展全国农民科学素质网络知识竞赛、“乡村振兴，科教赋能”青少年科技活动乡村行、“智爱妈妈”“我和妈妈学科学”等活动，实施“科普中国智惠农民”项目。组织召开农村科普工作现场会，开展高素质农民风采展评活动。深入实施“基层科普行动计划”，开展“智惠行动·百会百县乡村行”活动，推动全国学会、省级学会与县级科协结对开展技术咨询、培训讲座、现场指导。巩固提升城乡社区科普工作水平。研究编制社区科普展品目录，探索定制化流动科普设施落地社区、资源共享、服务群众的有效模式。推动各级科协依托社区综合服务设施、社区服务中心（站）、社区图书馆、社区书院、社区大学等平台加强科普设施建设，拓展科普服务功能。整合基层科协、学会资源，开展银龄科普行动。推进科普中国落地应用。联合省级科协和省内主流媒体，开展科普中国省级融媒传播试点建设。建好用好科普中国信息员队伍，分享传播科普中国内容信息，选树各地科协优秀组织单位。推进科普中国信息员管理权限下放试点改革，优化信息员管理平台服务功能。发布科协系统科学传播榜单。切实做好新冠肺炎疫情防控常态化下应急科普工作。协同构建国家级应急科普宣教平台，加强应急科普资源生产和传播。落实《关于进一步加强突发事件应急科普宣教工作的意见》有关要求，完善应急科普与常态化科普宣教协同联动机制。

（四）提升科技工作者科普能力

实施科普中国星空创作培育计划，动员创作者注册科普中国科普号，依据传播效果择优支持。实施科普中国创作出版扶持计划，支持优秀科普图书原创和出版。策划举办科普中国青年之星创作大赛。办好“典赞·科普中国”活动，盘点年度科普人物、作品、事件、辟谣榜。推动举办科普中国创作大会和创作学院，为科技工作者做科普提供全链条服务。打造科普中国星空讲坛和科学家演讲类电视节目。推动高层次科普人才培养。深化科普专业研究生培养工作。推动有关高校、科技馆成立高端科普人才培养联盟，加强科普人才培养课程、教材和学科建设。研究推进科普人才职称评定工作，推动建立科普人才评价标准。开展科技采编人员、科技自媒体培训。分区域开展基层科普人员培训。推动农技协科技小院联盟建设，与农村科普、乡村振兴、校外科技和劳动教育等深度融合，激发小院师生的主动性和创造性。开展“最美科技小院”选树和宣传工作，提炼一批可复制可推广的示范模式。

（五）加强科技后备人才培养工作

深化青少年科技竞赛改革。进一步完善青少年科技创新大赛和学科竞赛赛制规则、改革评价和治理，推动五学科竞赛考务工作改革。加强对青少年科研诚信教育，建立健全竞赛协调和监督工作机制。探索青少年科技创新大赛与电视、网络等媒体合作。推动英才计划扩编扩容。着力调动“高校”“导师”“地方”的积极性，带动省域基础学科后备人才培养工作，推进基础学科后备人才培养阵地体系建设，推动高校导师培训中学基础学科教师机制化，推广中学生前置培养工作。深化青少年科技教育活动改革。做精“高校科学营”，深入实施青少年科学调查体验等品牌科技活动，举办第八届全国青年科普创新实验暨作品大赛。加强基础学科后备人才成长规律研究，建立健全标准、规范、指南。密切与相关部委协作，推动优质科技教育资源开发开放。加强科技辅导员队伍建设。建强“科创筑梦”全国青少年科技创新服务云平台，推动更多科技工作者入驻，提升服务能力。

（六）提升学会科普能力

实施学会科普能力提升工程。落实《中国科协关于加强新时代学会科普工作的意见》，加大对学会科普工作的支持和指导，建设科普特色学会，支持全国学会突出学科领域特色和组织优势，打造“食品安全进万家”“烛光义教”等品牌科普活动，推动科技资源科普化。

（七）积极发展科普智库

建设科普中国智库平台。聚合政府、学界、业界专家力量，组建“小核心，大外围”专兼职智库队伍，打造具有权威影响力的科普研究共同体，推出指导和服务科普实践的智库产品。结合数字化转型，搭建数字科普研究平台，推动科普中国智库建设取得实质性成果。

五、创新体制机制，推动科技助力乡村振兴

进一步完善科技助力乡村振兴机制，推动科协系统服务巩固拓展脱贫攻坚成果同乡村振兴有效衔接工作。创新帮扶举措，精准对接定点帮扶县需求，围绕特色产业发展、人才队伍建设、公民科学素质提升、精神文明建设等方面，设计安排帮扶项目，探索帮扶项目长效机制，助力乡村全面振兴。加强与国家能源投资集团、中国石化等企业开展会企合作，为定点帮扶县引入更多企业帮扶资源，形成共同推进乡村振兴、促进农业农村现代化的强大工作合力。加强典型经验、典型事迹的总结宣传。召开援疆援藏工作会议，支持新疆、西藏开展科技培训、科技交流、科普活动。

中国科协办公厅关于印发《2022 年“科创中国”工作要点》的通知

科协办函创〔2022〕18 号

各全国学会、协会、研究会，各省、自治区、直辖市、副省级城市科协，新疆生产建设兵团科协：

《2022 年“科创中国”工作要点》已经中国科协科技经济融合工作领导小组办公室同意，现印发给你们，请结合实际认真贯彻执行。

中国科协办公厅

2022 年 1 月 30 日

2022 年“科创中国”工作要点

2022 年，“科创中国”建设坚持以习近平新时代中国特色社会主义思想为指导，认真落实党的十九大和十九届历次全会精神，全面贯彻中央部署要求，坚持聚焦靶心、争创一流、赋能基层、开放协同，进一步突出科协组织的人才优势、大众特色，从创品牌向求实效转变、搭平台向植内涵转变、扩面向提质转变、提供场景向营造生态转变，服务科技创新创业，团结引领广大科技工作者在服务高质量发展中建功立业，为党的二十大献礼。

一、推动试点建设提质增效，服务区域高质量创新创业

1. 提高试点城市重点产业服务匹配度。完成对 65 个试点城市（园区）产业创新需求的精准画像，为每个城市确定 1 ~ 2 个具有引领效应的重点产业，个性化匹配资源，提供特色服务。支持 4 个创新枢纽城市拓展资源汇聚渠道，辐射带动更多区域。落实落细各试点建设方案，以科技传播、技术交易、国际资源“三件套”为基础，推出更多组合的科技创新创业服务“套餐”。绘制试点城市（园区）服务路线图，明确具体需求清单、对接方式、合作方式等，在“科创中国”平台张榜发布。

2. 优化科技服务团组建机制和支持方式。按照广泛发动、自主建设、择优支持、注重长效的思路，完善科技服务团管理机制。依托“科创中国”平台开展科技服务团线上注册，吸引全国学会、省级学会和高校、科研院所、专业服务机构等发挥学科行业优势组建服务团，争取服务团总数达 200 支以上。结合科技服务团匹配需求情况、预期产生实效等，优化评估指标，完善激励制度，择优支持一批服务务实、绩效显著、机制稳固的服务团，遴选 30 支左右服务团给予 3 年及以上稳定支持，引导服务团工作谋长远重长效，切实走深走实。

3. 动态调整试点城市层次布局。依据试点城市（园区）积极性、建设效果、辐射带动力等，研制评估指标，集中考核评估。研究分级管理机制，稳定试点城市（园区）规模，动态调整布局，适时适度增设创新枢纽城市。在“科创中国”平台发布全国学会、地方科协等参与单位资源汇聚排行、需求对接排行、成果转化排行、创新带动排行等，持续推出优秀案例，强化评估结果运用，充分融入中国特色一流学会等评价体系，深化工作联动。

4. 夯实省级科协枢纽功能。完善中国科协统筹、省级科协推动、试点城市（园区）实施三级工作定位和任务功能，压实试点建设各级工作责任。着重发挥省级科协作用，搭建省级科协、试点城市（园区）与全国学会、高校院所等交流合作平台，强化区域科技服务团衔接产业服务团、专业服务团资源，畅通科技资源“两级下沉”通道。支持省级科协开展省域“科创中国”建设，在 10 个左右省份开展“科创中国”试点培育。挂点工作组从“专班式”向“机制化”转型，充实省级科协、全国学会相关人员加入挂点工作组，加强挂点干部考核激励。

二、丰富数字平台服务内涵，高效对接创新创业供需资源

5. 分级分类扩容平台基础资源。持续推进“问题库”“项目库”等资源库建设，完善各类资源库入库标准、分类标准、分级标准，根据入库资源情况和平台运营情况动态发布更新。加强数据对接合作，与 10 个以上地方技术交易平台和 10 个以上知识产权、学术论文数据平台深度对接并连通，实现数据共享，平台资源库规模翻一番。聚焦传统产业优化升级技术、战略性新兴产业技术、数字融合创新技术、绿色低碳技术、未来产业技术等聚合成果、人才、机构、政策等

信息，结合用户特征提供智能化精准推送。

6. 务实有序拓展平台协同合作。完善平台入驻机构标准、工作规范、激励机制等，加快推动中小企业、科研机构、金融机构等入驻平台，机构用户规模翻一番。细化落实中国科协与有关部委、大型企事业单位的战略合作协议内容，重点强化与科技领军企业、中管高校的务实合作。联合部分“链主”企业、全国学会和地方，打造100个左右平台协作站点，完善协作内容和合作机制，确保协作站“有名有实”。系列化开展技术经理人培训，在平台协作站点、入驻机构中认定一批“科创中国”技术经理人，完善技术经理人服务流程、规范和评价办法。

7. 加速平台专业化运营服务。加强平台运营团队建设，兼顾平台公益属性与市场拓展，精细化开展平台线上线下运营服务。统筹高质量线下服务和智能化线上服务，不断提升用户黏性。增设平台创业就业服务专区，组合匹配科技成果、科技人才、政策咨询等不同资源，新增5项左右简便易用的应用场景。打造20期以上《“科创中国”院士开讲》等高端科创栏目。迭代升级平台PC端及移动端应用，加强对科技服务团等工作开展的功能支撑，逐步做细做全技术服务与交易线上服务功能。

8. 持续促进“双创”活动资源融入平台。发展30个左右试点城市（园区）域内国家“双创”示范基地作为协作站点，推动国家海外人才离岸创新创业基地和中国科协海智计划工作基地建设，为“双创”企业提供有针对性的供需对接服务。推动“创响中国”、海外“双创”周等活动资源入驻“科创中国”平台，汇聚不少于5000项“双创”企业和项目信息，面向投资机构、优质园区进行推介。

三、强化科技群团协同特色，厚植创新创业生态优势

9. 强化“科创中国”咨询委引领作用。突出“科创中国”咨询委员会在思想策源、前沿预判方面的优势，加强与战略科学家的联系，围绕试点城市（园区）高质量发展、人才中心与创新高地建设等，组织开展闭门会等高端咨询活动，办好“科创中国”2022峰会等品牌活动，探索咨询委委员人才举荐工作。发挥“科创中国”青年百人会作用，组织领域和区域专题活动，联系和服务一批优秀青年科技工作者和企业家。

10. 扩充“科创中国”联合体组织覆盖。促进产学研金等各类机构跨界合作，组建新型研发机构、青年创新创业、海外创新创业等子联合体，支持科技领军企业等牵头组建重点产业子联合体，继续做好开源创新、投资等联合体工作。开展“科创中国”系列榜单遴选，拓展2～3项榜单类型，创新宣传形式，扩大宣传覆盖。举办5场左右“科创中国”系列技术服务与交易大会，发布产业创新重点方向、重要共识、重大成果。围绕试点区域产业布局建设创新创业孵化中心、专精特新企业培育中心等。

11. 拓展企业科协参与深度广度。加快企业科协组织建设，着力推动科技领军企业、地方国有企业、民营领军企业、平台型企业、专精特新“小巨人”企业成立科协组织，实现试点城市所辖园区企业科协组织全覆盖。引导全国学会设立服务企业创新分支机构，鼓励与企业联合举办学术会议，邀请企业科技工作者参与国内外重要学术活动。鼓励企业科协积极参与“港澳台大学生暑期交流实习”工作。支持企业科协打造科技服务特色活动品牌，参与科创成果短视频大赛。开展“科创中国”西藏生态科技服务，组织“科创中国”人工智能赋能实体经济地方行，推动“科创中国——美团青山环保科技创新示范项目”落地。

四、做精做实重要活动品牌，有力支撑高水平创业就业

12. 线上线下支撑全国“双创”活动周。继续承办好全国“双创”活动周，组织开展“创响中国”“科创中国”新时代创业者说等系列活动，促进创新创业企业快速成长，扩大活动周长尾效应。办好中国海外人才创新创业项目大赛，推选优秀项目参加全国“双创”活动周。深化“科创中国”平台线上支撑功能，继续做好项目征集、线上展示等工作，遴选200项左右优秀科技创新创业项目和团队参与现场和云上展示，增设科创企业人才招聘、技术服务等功能，促进高质量创业，提振高水平就业。

13. 依托重大活动平台提升“双创”服务效能。围绕北京、上海等创新中心和人才高地建设，在中关村论坛、世界顶尖科学家论坛等国家级平台举办3场左右“科创中国”主题论坛活动，兼顾前沿引领和促进创业功能。举办科学家企业家创投家高峰论坛，搭建交流渠道，提出科技经济融合发展政策建议。大力宣传“求是杰出青年实用工程及成果转化奖”获奖代表及技术，吸引更多优秀科技工作者积极参与“科创中国”，致力于成果转化应用。

14. 强化“双创”资源统筹和激励引导。实施科技创新创业服务专项，开展不少于150场次活动，积累优质项目，推动资源上线，提供跟进服务，探索建立完善全链条服务机制。支持全国学会联合头部企业、地方合作举办50场左右产学融合会议、揭榜挂帅等线上线下相结合的品牌活动。明确统计口径，研究梳理“科创中国”建设支撑创业就业的情况，以及“科创中国”促进创业就业的供给、需求和平台资源，统筹服务对象和底层数据，提升服务产出质量。

关于印发《2022年中国科协学会学术工作要点》的通知

科协创函综字〔2022〕26号

各全国学会、协会、研究会秘书处（办公室），各省、自治区、直辖市、副省级城市科协，新疆生产建设兵团科协学会工作负责部门：

为深入学习贯彻习近平新时代中国特色社会主义思想，全面落实党的十九大和十九届历次全会精神，落实中央书记处指示要求，根据《中国科协党组2022年工作要点》，我部研究制定了《2022年中国科协学会学术工作要点》。现印发给你们，请结合实际抓好落实。

中国科协科学技术创新部
2022年2月16日

2022年中国科协学会学术工作要点

2022年，中国科协学会学术工作坚持以习近平新时代中国特色社会主义思想为指导，全面贯彻落实党的十九大和十九届历次全会精神，聚焦靶心强引领、争创一流抓质量、赋能基层树典型、开放协同求突破，守正创新、稳中求进，攻坚克难、砥砺奋进，为推进高水平科技自立自强、支撑高质量发展凝聚人心汇聚力量，以优异成绩迎接党的二十大胜利召开。

一、调整优化学会布局

把握科技创新战略机遇，以系统观念谋划学会建设、深化学会改革，推进党建和业务深度融合，构建一流学会发展新格局。

1. 强化思想政治引领。以迎接学习宣传党的二十大为主线，通过调研宣讲、联学联建等方式，推动习近平新时代中国特色社会主义思想入脑入心入行。深化“党建强会计划”，落实学会理事会党委职责清单，健全学会党委、办事机构党组织、分支机构党小组三层组织体系和党建工作机制。举办“建设一流期刊　献礼党的二十大”云展览、中国卓越科技期刊最美封面评选等主题活动，讲好新时代我国标志性成果和突破性进展。积极为科技工作者办实事，推动解决急难愁盼问题。吸纳优秀青年人才、基层一线人才加入学会，提升学会凝聚力、向心力。

2. 优化学会学科布局。加强部际协同，推动优先支持科技类社团成立和发展的政策出台。支持顶尖科学家牵头组织，推动在碳达峰碳中和、新能源、生命健康、信息安全、科技伦理等前沿新兴交叉领域成立新学会。支持学会做强分支机构，遴选一批组织规范、运行有序、引领显著、实力强劲的学会分支机构作为新学会后备力量。梳理全国科技社团学科行业分布，吸纳有优势、有实力、有意愿的科技社团加入中国科协团体会员。推动学会联合体组织重构和业务流程再造，打造重要业务品牌。

3. 大力推进一流学会建设。实施中国特色一流学会建设专项，进一步提升学会的组织凝聚力、学术引领力、社会公信力和国际影响力。完善全国学会综合评估体系，建立学会基础数据实时跟踪分析机制，优化学会创新发展系列特色专项排行榜。对标世界一流，坚持问题导向，对学会“精准画像”，做实“一会一案”，打造中国特色一流学会和特色创新学会集群。

4. 加强学会发展示范导向。支持学会开展科技评估、科技奖励和标准研制等，提升科技公共服务能力。修订《全国学会组织通则》《全国学会分支（代表）机构管理办法》，加强学会制度监管和联系服务。研究制定《全国学会负责人人选条件及履职尽责监督办法》，发挥好学会理事长沙龙、秘书长沙龙作用，提升学会负责人引领学会发展能力。持续加强专业化、职业化学会干部队伍建设。

5. 推动学会深度参与国际科技治理。推动学会吸纳外籍科技工作者政策落实，支持学会发展外籍和港澳台会员，吸纳一批知华友华外籍科学家和港澳台科技工作者到学会任职。举办世界科技社团发展与治理论坛，深化学会与国际、国别组织实质化合作。开展跟踪调查与政策研究，持续发布全球科技社团影响力排行榜，形成全球科技社团名录及发展蓝皮书。

二、做大一流科技期刊矩阵

面向建设世界创新高地，坚持质量第一、稳中求进，成熟一个、保持一个，不断扩大一流期刊建设成效，推动期刊高质量发展。

6. 持续打造高品质科技期刊。深入实施“中国科技期刊卓越行动计划”，引导期刊围绕国家重大战略和科技前沿热点组不少于200期专刊专栏，增强学术引领力。协同媒体宣传卓越期刊重大成果，制作不少于50期学术前沿快报、期刊掠影，提升期刊品牌影响力。扩增20个高起点新刊名额，加快英文期刊布局。实施学会期刊出版能力提升计划，遴选不少于50种精品期刊重点培育，支持学会强化期刊建设。发布《中国科协全国学会学术出版道德公约》，加强学风建设，规范出版管理。

7. 推进自主评价体系建设。推进高质量期刊分级目录编制工作，完善同质等效评价标准，实现分级目录学科覆盖面不少于40个。广泛吸纳国内外科学家参与，优化统计源期刊和世界引文库，发布2022版期刊影响力指数。依托临床医学、实验仪器等领域全国学会，推广案例成果数据库，争取年度新增入库案例超过1万篇、下载量达到百万次，扩大基层认可使用范围。

8. 构建开放协同办刊机制。举办第五届世界科技期刊论坛、第十七届中国科技期刊发展论坛、中国科协主编（社长）沙龙等高端对话活动，深入研讨学术出版热点问题，发布《中国开放获取白皮书》《中国科技期刊发展蓝皮书（2022）》。增进与国际出版机构、学协会组织务实合作，共同开展办刊人才培训、学术成果传播，推动不少于50种期刊进入国际主流数据库。实施中国学者国际期刊任职计划，面向全球选聘顶尖科学家担任我国一流期刊主编或编委，推荐优秀科学家担任国际顶尖期刊编委、审稿人。择优参与2～3个国际科技出版领域重大会议、展览，展示国内科技期刊良好形象。

9. 推动科技资源汇聚利用。加快卓越计划集群试点扩容提质，建设自主出版平台，实现编辑出版流程数字化重构，吸引外部期刊加盟，提升知识服务能力。建设科学数据仓储和应用服务平台，试点推动不少于100种期刊建立数据政策，组建期刊数据库联盟，探索论文关联数据汇交共享。加快卓越计划数字平台功能贯通，面向不少于500种国内期刊提供公共服务，推动期刊出版数字升级，探索平台资源开放获取路径。

三、强化学术引领能力

聚焦基础前沿、关键核心技术、产业发展等领域，探索线上线下相结合的有效交流形式，促进学术与智库、科普有效互动，不断提高学术交流质量和国际化水平。

10. 创新重大科技问题难题前瞻研判机制。联合国内外科技组织，持续研判发布10个重大前沿科学问题、10个工程技术难题、10个产业技术问题。引导推动全国学会完善重大问题难题前瞻研判和凝练机制，完善学术、智库、科普、人才协同联动的成果应用模式，继续编写出版《面向未来的科技》科普图书，形成引领科技创新、推动集智攻关、深化全球科技交流合作的工作品牌。联合国际科技组织和知名期刊，继续发布“年度人类社会发展十大科学问题”，引导全球科学家加强信任合作，推动人类社会可持续发展。

11. 开展产业技术发展路线图和学科发展系列研究。组织动员全国学会，围绕重点产业开展12项技术发展路线图研究，坚持龙头企业主导，领军企业、科研机构、高等院校等相关力量参与，推动学术资源向企业等科技创新主体汇聚，探索推动解决关键核心技术问题的有效方案。围绕基础、重点、前沿、交叉等学科方向开展20项学科发展研究，总结学科发展规律，推动学科交叉融合，为引领原始创新、优化学科布局和人才培养提供支撑。

12. 打造高端国际化学术交流和人才培养平台。举办第四届世界科技与发展论坛，联合相关部委和地方政府举办第二十四届中国科协年会、2022世界新能源汽车大会、2022世界机器人大会、第六届世界智能大会等系列高端品牌会议，增进对国际科技界的开放、信任、合作。举办20期高层次专家研讨活动，提供高质量政策建议。持续支持地方科协与全国学会举办高端品牌学术活动，编印《重要学术会议指南》，开展学术会议分级目录试点、学术会议规范建设、学术会议资源汇聚等工作。优化青年人才托举工作，开展25期青年科学家沙龙活动。

四、促进“科创中国”支撑“双创”提质增效

突出科协组织的人才优势、大众特色，推动“科创中国”从创品牌向求实效、从搭平台向植内涵、从扩面向提质、从提供场景向营造生态转变，以高效动员响应机制激发创新创业积极性。

13. 依托数字平台持续汇聚“双创”资源。强化“科创中国”国家公共技术服务与交易平台功能，继续做好“双创”活动周线上支撑，筹办2022全国“双创”活动周。发挥全国学会柔性人才、成果网络优势，推动科技服务团资源、服务和成效向数字平台汇聚，年内对接服务试点城市50%以上“双创”示范基地。围绕产业前沿热点领域举办中关村论坛平行论坛，推动“求是杰出青年实用工程及成果转化奖”转型，举荐积极参与“科创中国”、致力于成果转化应用的青年人才。与澳门特别行政区政府合作主办2022年中国科技峰会。

14. 提升全国学会服务试点城市（园区）实效。根据试点城市产业需求精准画像，明确重点服务的主导产业，调整优化科技服务团类型结构、学科结构，择优稳定支持，力争全年组建服务团200支以上。开展科技服务团考核评估，动态调整试点城市层次布局。推广“科创中国”典型模式，推动建设一批联合实验室、产业技术研究院等落地载体。面向试点城市开展国际资源、科技投融资、中小企业技术合作三类科技创新创业服务，支持西藏那曲开展环境宜居科技系列服务。

15. 充实高水平创业就业服务内容。增设“科创中国”数字平台创业就业服务功能，统计和研究“科创中国”支撑创业就业相关情况，促进科技创业带动就业。研究制定平台合作站点建设标准与资源联结规范，分级、分类建设100个以上合作站点。统筹高质量线下服务和智能化线上服务，全年提供5000次以上技术供需对接服务。支持平台加速实现专业化运营，与地方联合开展“科创中国”产学融合会议等品牌活动。充实“科创中国”联合体组织体系，策划组建海外创新创业、新型研发机构等子联合体。联合流量平台以短视频等形式推介榜单成果，开展技术成果对接落地服务。

16. 带动企业科技工作者参与科技服务。推动科技领军企业等成立科协组织，融入“科创中国”平台服务网络，实现试点城市所辖园区企业科协组织全覆盖。依托平台为企业“揭榜挂帅”“张榜招贤”提供对接服务，打通中小企业创新资源对接通道。引导全国学会设立服务企业创新分支机构，鼓励与企业联合开展学术活动。举办中国创新方法大赛，扩大企业云课堂服务效能，开展企业“创新达人”遴选宣讲活动。吸纳1000名以上企业科技人才参与产业需求挖掘、技术推介等各项科技服务活动，培育企业技术经理人和卓越工程师。编撰“双碳”及新一代信息技术系列丛书。

中国科协办公厅关于印发《中国科协科创促就业八项举措》的通知

各全国学会、协会、研究会，各省、自治区、直辖市、副省级城市科协，新疆生产建设兵团科协：

为贯彻落实党中央、国务院决策部署，汇聚科协系统合力助力高水平创业就业，为推动经济社会高质量发展提供支撑，中国科协制定以科创促就业八项举措。现印发你们，请结合实际贯彻执行。

中国科协办公厅

2022年6月22日

中国科协科创促就业八项举措

为深入贯彻落实党中央、国务院决策部署，积极发挥科技创新在培育发展新动能、打造就业新引擎中的源头作用，推动实现更加充分更高质量的就业，中国科协制定以科创促就业八项举措。

一、导入技术资源拓展就业新空间

实施科技创新创业服务专项，面向“科创中国”试点城市（园区）每年开展150场以上“科创中国”系列技术路演活动，征集10000项以上科技成果产业化方案，促成500项以上成果转化项目落实落地，增强试点城市产业竞争位势，增强地方产业对高水平就业的吸纳能力。

开展企业技术问题征集活动，建立“科创中国”试点城市（园区）企业技术需求凝练服务机制，为企业技术改造、技术攻关、产品研发提供解决方案，帮助企业实现数字化、智能化、绿色低碳转型，提升企业创新实力和就业承载能力。

完善“科创中国”平台技术服务与交易流程，批量化、标准化开展企业技术问题解析、科技成果综合评价等“一站式”服务，加速科技成果转化，助力孵化创新项目，催生高增长市场主体，以科技创业带动新就业。

二、加注科技含量提升就业质量

支持全国学会积极参与国家专业技术人才知识更新工程，围绕智能制造、碳中和、检验检测等领域每年开展40场技术转移转化培训和技术经理人研修，提升技术经理人职业资格水平。针对“科创中国”试点城市重点产业“紧急缺”岗位需求，引导各级科协组织统筹全国学会及地方专家资源，开办专业技能培训课程，培育高技能专门人才。

优化"科创中国"科技服务团示范项目任务设计，将重点产业领域技术培训纳入产业科技服务团实施任务，将区域特色产业领域技术培训纳入区域科技服务团实施任务，将知识产权、技术交易等专业培训纳入专业科技服务团实施任务，规模化提升就业培训水平。

结合就业市场及劳动者需求，组织专家研发人工智能、网络安全等系列培训课程，面向基层适龄就业青年开展线上培训，服务新业态新就业群体。对接高校孵化载体、创业学院，共享企业云课堂、创业培训慕课等优质课程，联合开设就业公益直播课。

三、精准对接需求做实就业服务

汇总"科创中国"试点城市（园区）重点产业人才需求，围绕新一代信息技术产业、高端装备制造产业、新材料产业、生物产业等战略性新兴产业形成岗位需求库，面向重点群体定向推送，促进科技工作者及相关就业人员精准就业。

增设"科创中国"平台及各地分站就业服务模块，联合"链主"企业、全国学会和地方，布局一批平台协作站点，深度对接各地中小企业公共服务平台、社会化职业发展平台就业资源，及时发布就业岗位、求职意向信息，提供就业供需信息对接服务。

通过"科创中国"联合体等搭建企业、高校、院所、金融机构、产业园区之间的组织桥梁和纽带，促进跨界主体之间高效分发共享创业就业相关政策和信息，鼓励各级科协组织围绕就业重点领域、重点群体，灵活推动建立新型协同组织，畅通创业就业渠道。

四、推动产教融合服务大学生创业就业

组织千家企业科协对接千家高校科协行动，建立地方科协、高校科协、企业科协联动协调机制，支持同一属地企业和高校科协联合召开应届毕业生就业对接会，定期面向企业和高校双向推送就业供需信息。

开展"科创中国"创新基地遴选工作，依托基地定期接收大学生实习、实训，助力产教融合、产训结合，培养高水平应用型人才。联合企业、科研院所和专业机构组建就业导师团，深入高校创业实践教育中心，提供就业指导。

发挥"科创中国"开源联合体作用，组织开源社区、开源基金深入高校宣传推介开源理念、开源技术，提升"科创中国"平台开源库资源汇聚能力，推荐优质开源项目，引导相关专业学生灵活就业。

五、助力乡村振兴带动基层就业

联合国家乡村振兴局开展"乡村振兴科技助力行动"，聚焦产业技术、绿色投入品、优质农产品等，应用一批先进实用科技成果，推广一批农业可持续发展模式，培育一批新型农业生产经营主体，增强培育乡村振兴高端新动能，扩大乡村特色产业就业增量。

大力推广"科技小院"模式，发挥基层科协和农技协作用，组织"科创中国"科技服务团下沉基层，推动农林牧渔科技资源零距离、零门槛、零时差服务基层农户，提升农村科技服务专业化水平，为农民工返乡创业、农业企业吸纳农民工就业提供科技支撑。

深入挖掘全国科普教育基地等科普平台载体价值，开展"科普＋研学""科普＋旅游"等沉浸式科普实践活动，鼓励更多社会公众参与科普微视频、微电影及网络传播等内容创作。联合地方政府集聚资源，培育社会化、市场化科普展教、科普出版等产业集群，扶持科幻产业发展，增强科普产业聚集人才、提供就业能力。

六、放大平台效应创造就业机会

结合"双创"活动周、中关村论坛等国家级活动平台，联合北京、天津、黑龙江、广东等地方政府举办"科创中国"创新创业投资大会、"科创中国"全球青年创新创业论坛、中国创新方法大赛等重要赛事活动，吸引更广泛的社会资源关注创新创业，营造良好创新创业氛围。

组织全国学会举办机器人、工业互联网、先进制造、网联汽车、新材料等关键领域系列赛事。支持地方科协在京津冀、长三角、粤港澳大湾区、成渝地区等重点区域打造品牌赛事，结合区域产业领域需求提供政策咨询、开业指导、融资服务等创业服务，支持创业者实现梦想，带动更多就业。

针对"科创中国"试点城市（园区）个性化产业需求，在各地系列化开展"科创中国"技术交易大会、"科创中国"系列产学融合会议，主动帮助地方产业锻造长板、补齐短板，蓄积企业发展后劲，稳定市场主体规模。

七、优化政策环境提振就业信心

组织"科创中国"咨询委员会围绕"科创中国"试点城市（园区）产业政策、企业发展、就业环境开展智库研究，因地制宜提出稳岗促就业的真招实策，帮助地方产业和企业纾困解难，推动支持科技工作者创业就业政策体系。

组建"科创中国"创新创业联合体，搭建全国各地众创空间、孵化器、大学科技园等服务机构的合作交流平台，常态化组织经验交流活动，促进优质服务机构经验推广，深化协同合作，提升创业就业服务水平。

强化"科创中国"平台服务"双创"功能，搭建线上创新创业项目展厅，汇聚并展示历年双创活动周等创新创业活动优质项目，扩大双创活动周宣传推广效应，推动科技创新与创业就业相互联动、有机融合，持续激发创新创业热情。

八、打造示范样板强化就业引领

面向北京、上海、长沙、深圳、成都、西安等城市每年遴选30位优秀青年科创代表，树立科创带就业典型人物。持续发布"科创中国"新锐企业榜、产学研融通组织榜、科技创业投资机构榜遴选，增设科创促就业榜单，表彰在促创业、稳就业方面贡献突出的机构。

开展"科创中国"试点城市（园区）"科创指数"研究，优化完善试点建设评估评价体系，提高科创促就业相关指标权重，引导地方政府搭平台、聚资源、促转化，切实依靠科技带动高水平创业就业。

各全国学会和地方科协要完善工作推进机制，因地制宜明确相关落地措施，及时报送工作进展情况。中国科协将科创促就业纳入各地科协、全国学会工作评估体系，挖掘各地科协组织在服务企业保就业、促进创业带就业、针对重点群体稳就业等方面的典型案例，开展广泛宣传，推广工作模式。

中国科协办公厅关于开展第八届中国科协青年人才托举工程项目申报工作的通知

科协办函创字〔2022〕65号

各全国学会、协会、研究会，各学会联合体：

为贯彻中央人才工作会议精神，落实中国科协党组、书记处部署，促进优秀青年科技人才脱颖而出，按照中国科协2022年工作安排，根据《中国科协青年人才托举工程实施管理细则（修订）》（以下简称"实施管理细则"）有关规定，现将第八届（2022—2024年度）中国科协青年人才托举工程项目（以下简称"本届项目"）申报工作有关事项通知如下。

一、资助对象

本届项目围绕"四个面向"，重点支持在关键核心技术、前沿引领技术、现代工程技术、颠覆性技术、产业共性技术等方面潜心研究、有成长潜力的青年科技工作者；积极投身疫情防控等国家重大战略部署的青年科技工作者；为推动科技与经济融合发展作出积极贡献的青年科技工作者；在国内开展学术研究取得突出成绩、在国内期刊发表高水平研究成果等的青年科技工作者。向材料、计算机、化学、环境、生命科学等创新活跃、产出丰富、人才体量大的学科领域适当倾斜，向全国创新争先奖获奖团队的青年成员、企业青年科技人才、工程技术人才适当倾斜。

本届项目拟资助对象为32岁（1990年6月30日以后出生）以下青年科技工作者（以下简称"被托举人"）。

其中，中国科协通过全国学会、协会、研究会（以下简称"全国学会"）和学会联合体选拔资助300名，给予每人每年10万元资助；全国学会和学会联合体通过自筹资金的方式选拔资助400名左右，资助金额不低于每人每年10万元。资助周期均为3年。

人力资源和社会保障部博士后创新人才支持计划、留学回国人员创业启动支持计划入选者和其他国家级人才计划入选者，不作为资助对象。同期申报青年人才托举工程和博士后创新人才支持计划，如同时入选，必须主动选择其一，并及时反馈。如隐瞒不报，查实后将取消入选资格，收回青托证书和资助资金。

二、申报对象

1. 全国学会。曾获第七届青托项目立项的全国学会，申报名额原则上不超过第七届获得科协立项资助名额的1.5倍；其他学会申报名额原则上不超过2个。综合学科发展、行业需求和自筹资金能力，按需申报自筹名额。鼓励未获得过立项支持的学会参与申报。

2. 学会联合体。曾获第七届青托项目立项的学会联合体，申报名额原则上不超过第七届获得科协立项资助名额的1.5倍；其他联合体申报名额原则上不超过本联合体参与申报学会数量的2倍。联合体各成员学会综合学科发展、行业需求和自筹资金能力，按需申报自筹名额。鼓励未获得过立项支持的学会联合体参与申报。

三、申报方式

1. 注册。申报单位须在"科创中国"平台（https://www.kczg.org.cn/）或青年人才托举工程人才培养跟踪服务平台（http://qingtuo.36ve.com）注册。注册时应先选择用户类别（全国学会用户、学会联合体用户等），使用项目联络人手机号码作为用户名，注册成功后即可登录账户进行项目申报。曾获青年人才托举工程立项的单位，可使用已有管理员账户直接登录，进行网上申报。

2. 申报。申报单位在线完成《中国科协青年人才托举工程项目申报书》（以申报平台内版式为准，以下简称《项目申报书》）填写，下载打印带有自动生成二维码的《项目申报书》,《项目申报书》一式 2 份及相关证明材料按要求签字盖章后，报送至中国科协培训和人才服务中心科技人才服务处，并在信封上注明“青年人才托举工程项目申报”字样。报送截止时间为 2022 年 7 月 22 日 17:00，申报平台同时关闭。邮寄以邮戳时间为准，逾期不予受理。

四、步骤安排

1. 项目申报。各全国学会和学会联合体根据本通知要求，严格按照《实施管理细则》中的申报条件自愿申报。鼓励各申报单位建立完善青年人才专门工作机构和青年人才储备库。

2. 项目评审。评审采取现场答辩、专家评议和无记名投票等方式组织。通过评审评选出拟定立项单位名单及资助名额分配方案。具体评审工作安排另行通知。

3. 项目公示。拟定立项单位名单及资助名额分配方案在中国科协官方网站、官方微信平台公示 5 个工作日。公示无异议的申报单位，经中国科协审议通过后，正式确定立项单位，给予相应资助名额。

4. 人才选拔。中国科协加强青托遴选指导监督；立项单位严格按照《实施管理细则》及相关工作要求，公正公平公开地选拔出有发展潜质的被托举人，制定项目实施方案和培养方案，按要求报送中国科协，签署年度《项目合同书》。

5. 组织实施。中国科协按规定拨付项目经费；立项单位要强化人才培养理念，按照《项目合同书》、项目实施方案和培养方案要求，开展被托举人培养、服务工作，做好被托举人成长过程的跟踪记录，优化考核流程，接受中国科协的监督指导。自筹资金的立项单位须按照中国科协总体要求和工作进度统一组织实施。

6. 验收和结项。中国科协对项目经费实际使用情况和被托举人培养工作进行年度检查。按《项目合同书》要求的项目完成时限前发布项目结项验收通知，组织开展财务验收和业务验收。

五、有关要求

1. 以学会联合体形式申报本届项目，须征得全体成员学会同意，并指定责任学会专门负责申报及组织实施等工作。凡以学会联合体形式参与申报的，联合体成员学会不能再以学会形式单独申报；同时加入多个学会联合体的学会，只能选择参与一个学会联合体的申报；联合体统一申报自筹资金资助名额的，联合体成员学会不再单独申报自筹资金资助名额。

2. 支持有条件的学会逐步扩大自筹资金资助名额。自筹资金资助名额可根据筹资能力按需申报。科协立项资助与自筹资金资助名额同等管理，统一开放申报、统一专家评审、统一选拔标准、统一托举支持。通过自筹资金资助被托举人的申报学会，须面向本学科领域开放申报，不得将自筹资金来源与资助名额、人选直接挂钩，不得限定自筹资金的资助对象；鼓励学会合法合规募集社会资金，促进资助资金来源多元化、资助对象开放化、管理基金化、使用规范化。

3. 中国科协将建立青托遴选特派员制度，经授权后可对青托遴选全过程开展跟踪指导和监督检查。

4. 申请人及所在单位、推荐学会或学会联合体须签署互斥人才计划审查承诺书。相关学会和学会联合体要本着精简、高效、务实的原则，减轻青年人才填报量。

5. 在立项评审时，将适度增加对青年人才跟踪服务的指标权重，引导学会吸引青年人才在学会任职和参与学术交流服务。

6. 特殊科技领域和创新争先奖获奖团队的青年人才托举工程申报工作另行通知。

六、联系方式（略）

中国科协办公厅

2022 年 6 月 23 日

中国科协办公厅关于开展第八届中国科协青年人才托举工程项目被托举人遴选工作的通知

各全国学会、协会、研究会：

按照《中国科协青年人才托举工程实施管理细则（修订）》（科协创函会字〔2021〕30 号），经有关单位自愿申报、专家评审、社会公示，并经中国科协书记处会议审议通过，确定中国物理学会等 73 个全国学会（学会联合体）为第八届（2022—2024 年度）中国科协青年人才托举工程（以下简称“青托工程”）项目立项单位。现将立项单位名单及资助名额予以公布（见附件 1），并就开展被托举人遴选工作有关事项通知如下。

一、遴选时间

自通知之日起至2022年11月15日。

二、年龄条件

被托举人应为1990年6月30日后出生，女性或医学领域可适当放宽至1988年6月30日后出生。

三、遴选步骤

（一）完善组织机制和遴选标准。成立遴选工作领导小组和遴选专家组，邀请本学科领域内权威专家参与遴选评议。制定遴选办法，明确遴选程序。

（二）公开征集和宣传动员。公开发布正式遴选通知，通过多种途径广泛在本学科领域开展人选报名，对报名人选进行资格审查。

（三）精心组织遴选评审。严格按照遴选办法和遴选程序，精心组织召开遴选评议会议，通过打分、投票等方式确定推荐人选。相关工作人员和遴选专家应严格遵守保密和回避制度。

（四）规范履行公示程序。应将被托举人推荐人选姓名、年龄、研究领域、工作单位、对应的推荐专家或机构，遴选专家姓名、研究领域、工作单位等信息，在本单位官方网站、官方微信平台面向社会公示5个工作日。

四、材料报送

各项目立项单位在公示无异议后，请于2022年11月15日前在青年人才托举工程人才培养跟踪服务平台（http://qingtuo.36ve.com）上完成项目和青年人才信息填报。从平台中导出被托举人推荐人选登记表（见附件2）和被托举人推荐人选名单（见附件3），一式1份送至中国科协培训和人才服务中心科技人才服务处。所有材料须加盖学会公章，学会联合体由牵头学会负责填写并代章。

中国科协将对上报的被托举人推荐人选进行统一审核，审核确认后的被托举人推荐人选相关信息统一公示后，确定并公布被托举人名单。

五、有关要求

（一）坚持“为国选材”的责任担当。各立项单位要高度重视，认真贯彻落实中央人才工作会议精神，坚持“四个面向”导向，严把政治关和学术道德关，向企业青年科技人才和工程技术人才适度倾斜，真正把有潜质的优秀青年科技人才遴选出来。

（二）统一标准和程序。科协资助与自筹资金资助名额要统一遴选标准、统一评审公示，不得将自筹资金来源与资助名额、人选直接挂钩，不得限定自筹资金的资助方向。

（三）做好人才计划互斥审查。各立项单位要切实负起责任，对申请人未入选与青托工程项目互斥的人才计划（如人力资源和社会保障部博士后创新人才支持计划、留学回国人员创业启动支持计划和其他国家级人才计划等）进行严格审查。申请人本人应填写个人诚信申报承诺书。

（四）减少申请人填报量。各立项单位要依据申请人信息表参考模板（见附件4），组织开展申报工作，确保申请人只填报一次，总填报工作量要严格控制。

（五）强化青年人才吸纳。各立项单位要积极争取将参与申报的青年人才吸纳为学会会员，积极推动被托举人进入学会专委会、理事会等，给予他们更多的学术交流和专业实践机会。

中国科协已开通青托工程监督举报邮箱，并将建立青托遴选特派员制度，组建督导专家团队，对青托遴选全过程开展跟踪指导和监督检查。

特殊科技领域青年人才托举工程相关工作另行安排。

六、联系方式（略）

附件：

1. 第八届中国科协青年人才托举工程拟立项单位名单及资助名额（略）

2. 第八届中国科协青年人才托举工程被托举人推荐人选登记表样表（略）

3. 第八届中国科协青年人才托举工程被托举人推荐人选名单样表（略）

4. 第八届中国科协青年人才托举工程申请人信息表参考样表（略）

中国科协办公厅

2022年10月13日

中国科协办公厅关于开展第五次全国科技工作者状况调查的通知

有关全国学会、协会、研究会，各省、自治区、直辖市科协，新疆生产建设兵团科协：

开展科技工作者状况调查是中央交给科协的重要任务，是科协服务科技工作者的基础工作。为迎接

党的二十大胜利召开，扎实履行党和政府联系科技工作者桥梁和纽带的职责，团结带领广大科技工作者为推动高水平科技自立自强作出新的更大贡献，中国科协决定于2022年9月至10月在全国范围内组织开展第五次全国科技工作者状况调查（以下简称“本次调查”）。现将有关事项通知如下。

一、工作目标

本次调查面向全国范围的科技工作者，以迎接服务党的二十大召开、学习贯彻党的二十大精神为主线，以“团结引领科技工作者，服务高水平科技自立自强”为主题，通过大规模问卷调查和专项调研，全面描绘新时代我国科技工作者队伍整体面貌，总体呈现十九大以来科技人才队伍的新变化、新特征、新气象，展示全国各地各领域科技工作者创新争先、砥砺奋进的担当作为和勇当高水平科技自立自强排头兵的信心决心，反映基层科技工作者的困难、焦虑、诉求、期待和建议，进一步加强党对科技事业的全面领导，建设有温度、可信赖的科技工作者之家，夯实党在科技界的执政基础，团结引领广大科技工作者喜迎党的二十大、奋进新征程、建功新时代。

二、调查范围、时间和方式

（一）本次调查的科技工作者是指在自然科学领域掌握相关专业的系统知识，从事科学技术的研究、开发、传播、推广、应用以及专门从事科技工作管理等方面的人员，主要包括科学研究人员、工程技术人员、农业技术人员、卫生技术人员、自然科学教学人员以及在相应岗位上从事实际工作的专业技术人员等。

（二）调查涵盖全国31个省、自治区、直辖市（不含香港特别行政区、澳门特别行政区和台湾地区）。

（三）自2022年9月中旬起实施，具体起止时间见调查工作平台通知。

（四）主要通过中国科协科技工作者状况调查站点体系进行一次性抽样，通过网络进行调查问卷填报。

三、组织实施和工作要求

中国科协战略发展部牵头、创新战略研究院承担本次调查的研究设计和总体组织实施工作。全国科技工作者状况调查站点区域责任部门负责本次调查的组织动员和填报工作。科技工作者状况调查站点和有关单位承担随机抽样、问卷填答和专项调研等工作。鼓励具备条件的地方科协采用全国调查使用的标准规范，通过追加样本方式同期开展本区域科技工作者状况调查。

（一）加强组织领导。各地方科协要高度重视本次调查，主要负责同志要亲自抓工作，并明确有关部门负责此项工作，按照中国科协统一部署按时、保质保量完成调查任务。

（二）坚持责任到人。各区域责任部门须确定调查督导员1名，负责指导、检查与监督调查站点完成调查任务。每个调查站点明确1～2名调查员，负责样本选取和组织问卷填答。

（三）严格遵守规程。参与本次调查的工作人员要严格按照工作要求界定调查范围，有序组织问卷填答和调研活动，严禁主观臆造、弄虚作假。工作人员要严格遵守纪律，不得私自留存、公开传播项目涉及的内部资料、原始数据、个人信息等。

四、其他事项

由于时间紧、工作量大、涉及人员多，为保证工作效率，本次调查将通过调查站点工作平台（zddc.cast.org.cn）联系各区域责任部门和调查站点，发布本次调查的具体安排和有关资料。调查实施中如有问题，请及时咨询中国科协创新战略研究院项目团队。

中国科协办公厅
2022年8月30日

中国科协办公厅关于认定首批“科创中国”创新基地的通知

各有关单位：

根据《“科创中国”创新基地建设实施与管理办法（试行）》（科协办函创字〔2022〕57号）、《中国科协办公厅关于推荐首批“科创中国”创新基地的通知》（科协办函创字〔2022〕60号）要求，经评审和公示，现将194个首批“科创中国”创新基地认定名单予以公布。获得认定的创新基地进入建设阶段，建设周期为2022年至2024年。请各推荐单位加强指导、主动服务，切实推动创新基地融入“科创中国”创新网络。请各依托单位加大投入、创优争先，积极开展创新基地规范、长效、特色创建工作。

附件：首批“科创中国”创新基地认定名单

中国科协办公厅
2022年8月22日

附件

首批“科创中国”创新基地认定名单

一、产学研协作类

序号	创新基地名称	依托单位名称	推荐单位名称
1	“科创中国”北京大学智慧康养创新基地	北京大学	中华护理学会
2	“科创中国”数字地球创新基地	中科星图股份有限公司	中国指挥与控制学会
3	“科创中国”衢州职业技术学院创新基地	衢州职业技术学院	中国针灸学会
4	“科创中国”北京大学第三医院创新基地	北京大学第三医院	中国女医师协会
5	“科创中国”创新设计创新基地	青岛海尔创新科技有限公司	中国流行色协会
6	“科创中国”生物基材料创新基地	宏业控股集团有限公司	中国化工学会
7	“科创中国”纺织服装（泉州）创新基地	石狮市中纺学服装及配饰产业研究院	中国纺织工程学会
8	“科创中国”算力网络创新基地	中国联合网络通信集团有限公司	中国标准化协会
9	“科创中国”轨道交通运行控制系统创新基地	交控科技股份有限公司	詹天佑科学技术发展基金会
10	“科创中国”信创领域创新基地	天津先进技术研究院	天津市科协
11	“科创中国”成都理工大学资源与环境创新基地	成都理工大学	四川省科协
12	“科创中国”光刻装备创新基地	上海微电子装备（集团）股份有限公司	上海市科协
13	“科创中国”智能机电创新基地	湖北香城智能机电研究院有限公司	湖北省科协
14	“科创中国”国网甘肃电科院创新基地	国家电网甘肃省电力公司电力科学研究院	甘肃省科协
15	“科创中国”光电信息创新基地	闽都创新实验室	福建省科协
16	“科创中国”园艺创新基地	中国农业科学院蔬菜花卉研究所	中国园艺学会
17	“科创中国”大熊猫国家公园创新基地	中国大熊猫保护研究中心	中国野生动物保护协会
18	“科创中国”黄河和长江中游山地森林带麝类种质资源保育与高效生态型产业链协同创新基地	北京林业大学	中国野生动物保护协会
19	“科创中国”中国中元智慧消防创新基地	中国中元国际工程有限公司	中国消防协会
20	“科创中国”无人机应急救援装备研发及示范应用创新基地	河南省猎鹰消防科技有限公司	中国消防协会
21	“科创中国”三河牛创新基地	呼伦贝尔农垦谢尔塔拉农牧场有限公司	中国农村专业技术协会
22	“科创中国”交通运输智慧治理产学研协作创新基地	安徽省淮北市交通运输局	中国公路学会
23	“科创中国”车联网数字交通创新基地	先导（苏州）数字产业投资有限公司	中国公路学会
24	“科创中国”园林绿化创新基地	北京市园林绿化科学研究院	中国风景园林学会
25	“科创中国”生态园林创新基地	上海市园林科学规划研究院	中国风景园林学会
26	“科创中国”高能量密度固态电池创新基地	浙江金羽新能源科技有限公司	浙江省科协
27	“科创中国”工业互联网创新基地	宁波工业互联网研究院有限公司	浙江省科协
28	“科创中国”云南高原特色农业创新基地	云南省农业科学院生物技术与种质资源研究所	云南省科协

续表

序号	创新基地名称	依托单位名称	推荐单位名称
29	“科创中国”绿色铝基新材料创新基地	云南铝业股份有限公司	云南省科协
30	“科创中国”内分泌代谢性疾病干细胞与基因治疗创新基地	山东第一医科大学附属省立医院（山东省立医院）	山东省科协
31	“科创中国”智能农机装备创新基地	潍柴雷沃重工股份有限公司	山东省科协
32	“科创中国”生命健康产业（长春）创新基地	长春生命健康产业研究院有限公司	吉林省科协
33	“科创中国”衡阳白沙绿岛创新基地	湖南白沙绿岛投资开发有限公司	湖南省科协
34	“科创中国”电网防灾减灾创新基地	国网湖南省电力有限公司防灾减灾中心	湖南省科协
35	“科创中国”湖北荆门产业技术研究院创新基地	湖北荆门产业技术研究院有限公司	湖北省科协
36	“科创中国”液态金属前沿新材料创新基地	云南中宣液态金属科技有限公司	云南省科协
37	“科创中国”风力发电创新基地	新疆金风科技股份有限公司	新疆维吾尔自治区科协
38	“科创中国”青藏高原生态产品创新基地	中国科学院西北高原生物研究所	青海省科协
39	“科创中国”江铜创新基地	江西铜业集团有限公司	江西省科协
40	“科创中国”北京航空航天大学江西研究院创新基地	北京航空航天大学江西研究院	江西省科协
41	“科创中国”物联网创新基地	无锡物联网创新中心有限公司	江苏省科协
42	“科创中国”环境功能材料创新基地	河南省科学院化学研究所有限公司	河南省科协
43	“科创中国”草原牲畜智能养殖研发中心创新基地	内蒙古科技大学	内蒙古自治区科协
44	“科创中国”郑州大学产业技术研究院创新基地	郑州大学产业技术研究院有限公司	河南省科协
45	“科创中国”聚碳酸酯产学研协作创新基地	濮阳市盛通聚源新材料有限公司	河南省科协
46	“科创中国”慈铭生殖健康创新基地	慈铭博鳌国际医院	海南省科协
47	“科创中国”贵州贵安战略研究院创新基地	贵州贵安战略研究院	贵州省科协
48	“科创中国”政府治理大数据创新基地	中电科大数据研究院有限公司	贵州省科协
49	“科创中国”高端铝合金材料创新基地	广西南南铝加工有限公司	广西壮族自治区科协
50	“科创中国”射频开关电源创新基地	深圳市恒运昌真空技术有限公司	广东省科协
51	“科创中国”中国科大先研院创新基地	中国科学技术大学先进技术研究院	安徽省科协
52	“科创中国”智能机器人创新基地	埃夫特智能装备股份有限公司	安徽省科协
53	“科创中国”中医药贴敷技术创新基地	亚宝药业集团股份有限公司	中华中医药学会
54	“科创中国”飞桨人工智能创新基地	北京百度网讯科技有限公司	中国自动化学会
55	“科创中国”深圳现代安全实景模拟创新基地	深圳市城市公共安全技术研究院有限公司	中国自动化学会
56	“科创中国”智能与绿色印刷创新基地	上海出版印刷高等专科学校	中国印刷技术协会
57	“科创中国”盛通股份创新基地	北京盛通印刷股份有限公司	中国印刷技术协会
58	“科创中国”设施蔬菜创新基地	山东省寿光蔬菜产业集团有限公司	中国农村专业技术协会
59	“科创中国”核技术创新基地	济南中科核技术研究院	中国核学会
60	“科创中国”中核集团核安保技术创新基地	中核第四研究设计工程有限公司	中国核学会
61	“科创中国”中科院海洋所创新基地	中国科学院海洋研究所	中国海洋湖沼学会

续表

序号	创新基地名称	依托单位名称	推荐单位名称
62	“科创中国”乡村振兴创新基地	北京超选智能科技研究院	中国国土经济学会
63	“科创中国”华中农业大学园艺学创新基地	华中农业大学	中国园艺学会
64	“科创中国”有色创新基地	中国恩菲工程技术有限公司	中国有色金属学会
65	“科创中国”稀有金属材料创新基地	西北有色金属研究院	中国有色金属学会
66	“科创中国”超精密测量与仪器技术创新基地	哈尔滨工业大学	中国仪器仪表学会
67	“科创中国”创新药物研发创新基地	浙江大学智能创新药物研究院	中国药学会
68	“科创中国”遥感技术创新基地	湖南东方至远科技有限公司	中国遥感应用协会
69	“科创中国”能源与环境创新基地	柳林能源与环境院士工作站	中国岩石力学与工程学会
70	“科创中国”绿色钢铁智能冶金技术创新基地	北京建龙重工集团有限公司	中国金属学会
71	“科创中国”新一代半导体创新基地	湖南省科创检验检测认证研究院	中国检验检测学会
72	“科创中国”八月瓜科技创新基地	北京八月瓜科技有限公司	中国技术经济学会
73	“科创中国”地下工程灾害防控与智能建造创新基地	山东大学	中国岩石力学与工程学会
74	“科创中国”动物健康创新基地	中国农业科学院北京畜牧兽医研究所	中国微生物学会
75	“科创中国”微生物发酵工艺优化与控制创新基地	华东理工大学	中国微生物学会
76	“科创中国”轨道交通自主运行创新基地	北京全路通信信号研究设计院集团有限公司	中国铁道学会
77	“科创中国”铁路空间信息技术创新基地	中铁第五勘察设计院集团有限公司	中国铁道学会
78	“科创中国”半导体芯片检测技术创新基地	西安交通大学	中国计量测试学会
79	“科创中国”真空技术创新基地	北京东方计量测试研究所	中国计量测试学会
80	“科创中国”焊接创新基地	天津市金桥焊材集团股份有限公司	中国机械工程学会
81	“科创中国”草业创新基地	句容市南农大草坪研究院	中国草学会
82	“科创中国”优质牧草种植加工创新基地	内蒙古正时生态农业（集团）有限公司	中国草学会
83	“科创中国”中国电建华东院创新基地	中国电建集团华东勘测设计研究院有限公司	中国水力发电工程学会
84	“科创中国”数字技术创新基地	南方电网数字电网研究院有限公司	中国电子学会
85	“科创中国”电力电子创新基地	上海临港电力电子研究有限公司	中国电源学会
86	“科创中国”英飞特开关电源创新基地	英飞特电子（杭州）股份有限公司	中国电源学会
87	“科创中国”能源互联网创新基地	清华四川能源互联网研究院	中国电机工程学会
88	“科创中国”浙江温州近零碳数智创新基地	浙江图盛输变电工程有限公司	中国电机工程学会
89	“科创中国”常州科教城创新基地	常州龙城中高技术转移转化有限公司	中国兵工学会
90	“科创中国”军工安防与应急创新基地	安华消防新材料科技（江苏）有限公司	中国兵工学会
91	“科创中国”中国汽车工程学会创新基地	《汽车之友》杂志社有限公司	中国汽车工程学会
92	“科创中国”汽车轻量化创新基地	国汽轻量化（江苏）汽车技术有限公司	中国汽车工程学会

续表

序号	创新基地名称	依托单位名称	推荐单位名称
93	“科创中国”肉类产业加工科技创新基地	中国农业科学院农产品加工研究所	中国农学会
94	“科创中国”中国农业大学涿州创新基地	中国农业大学	中国农学会
95	“科创中国”煤炭绿色智能开发创新基地	中国矿业大学（北京）	中国煤炭学会
96	“科创中国”重盐碱地生态治理创新基地	天津泰达绿化科技集团股份有限公司	中国林学会
97	“科创中国”石斛种质资源创新基地	四川千邦亚农业科技有限公司	中国林学会
98	“科创中国”医疗器械高新技术创新基地	北京昌科华光科技有限公司	中国科协生命科学学会联合体
99	“科创中国”中国眼谷创新基地	温州眼视光国际创新中心	中国科协生命科学学会联合体
100	“科创中国”中医药创新基地	首都医科大学附属北京中医医院	中国中西医结合学会
101	“科创中国”数字家庭创新基地	青岛海尔智能技术研发有限公司	中国制冷学会
102	“科创中国”长三角创新基地	长三角物理研究中心有限公司	中国物理学会
103	“科创中国”数字建造创新基地	中建工程产业技术研究院有限公司	中国图学学会
104	“科创中国”发动机特种材料创新基地	上海大学（浙江）高端装备基础件材料研究院	中国内燃机学会
105	“科创中国”重庆科技经济融合创新基地	重庆市菁英科技经济融合发展服务中心	重庆市科协
106	“科创中国”现代中药研发创新基地	天士力医药集团股份有限公司	中华中医药学会
107	“科创中国”城市轨道交通创新基地	北京城建设计发展集团股份有限公司	中国土木工程学会
108	“科创中国”健康医学人工智能创新基地	南京曦光信息科技研究院有限公司	中国生物医学工程学会
109	“科创中国”中北长治创新基地	中北大学－长治产业技术研究院	山西省科协
110	“科创中国”产业互联网创新基地	联通（广东）产业互联网有限公司	广东省科协
111	“科创中国”北京市科学技术研究院创新基地	北京市科学技术研究院	北京市科协
112	“科创中国”抽水蓄能与新型储能创新基地	南方电网调峰调频发电有限公司	中国水力发电工程学会
113	“科创中国”中国科大创新基地	中国科学技术大学	中国数学会
114	“科创中国”乳业创新基地	内蒙古乳业技术研究院有限责任公司	中国食品科学技术学会
115	“科创中国”晨光生物植物提取创新基地	晨光生物科技集团股份有限公司	中国食品科学技术学会
116	“科创中国”细胞与再生医学创新基地	南华生物医药股份有限公司	中国生物工程学会
117	“科创中国”多模态远场感知与AI异构云脑创新基地	北京声智科技有限公司	中国人工智能学会
118	“科创中国”人工智能治疗创新基地	数坤（北京）网络科技股份有限公司	中国人工智能学会
119	“科创中国”重点原材料行业双碳创新基地	中国国检测试控股集团股份有限公司	中国能源研究会
120	“科创中国”冠农农产品创新基地	新疆冠农检测科技有限公司	新疆生产建设兵团科协
121	“科创中国”新疆干细胞资源库创新基地	新疆碳智干细胞库有限公司	新疆生产建设兵团科协
122	“科创中国”西部陇南防灾减灾技术创新基地	陇南新微电地震研究科技有限公司	甘肃省科协
123	“科创中国”智能制鞋装备产业创新基地	泉州华中科技大学智能制造研究院	福建省科协
124	“科创中国”轨道交通与能源装备创新基地	西安中车永电电气有限公司	陕西省科协
125	“科创中国”藏毯产业领域创新基地	圣源地毯集团有限公司	青海省科协
126	“科创中国”银川产业技术创新基地	银川产业技术研究院	宁夏回族自治区科协

续表

序号	创新基地名称	依托单位名称	推荐单位名称
127	“科创中国”中国营养学会－百事创新基地	百事亚洲研发中心有限公司	中国营养学会
128	“科创中国”中科亿海微－北理工创新基地	中科亿海微电子科技（苏州）有限公司	中国图象图形学学会
129	“科创中国”5G 车联网创新基地	西南交通大学	中国通信学会
130	“科创中国”中国土木工程学会 & 哲弗智能锂电池安全创新基地	哲弗智能系统（上海）有限公司	中国土木工程学会
131	“科创中国”北京自贸创新服务中心创新基地	北京新航城建设实业发展有限公司	北京市科协
132	“科创中国”山西大学－岳康药业创新基地	岳康药业集团有限公司	山西省科协

二、创新创业孵化类

序号	创新基地名称	依托单位名称	推荐单位名称
1	“科创中国”西部云谷创新基地	陕西省西咸新区信息产业园投资发展有限公司	陕西省科协
2	“科创中国”西安大普科技产业园创新基地	西安大普激光科技有限公司	陕西省科协
3	“科创中国”呼伦贝尔创新基地	呼伦贝尔市科技事业发展中心	内蒙古自治区科协
4	“科创中国”沈阳国际软件园创新基地	沈阳国际软件园产业服务集团有限公司	辽宁省科协
5	“科创中国”特地高校院所科技成果转化创新基地	特地世界（大连）科技股份有限公司	辽宁省科协
6	“科创中国”哈尔滨创新谷创新基地	哈尔滨创新谷投资管理有限责任公司	黑龙江省科协
7	“科创中国”启迪郑东科技城创新基地	郑州启迪东龙科技发展有限公司	河南省科协
8	“科创中国”复兴城数字经济创新基地	海南复兴城产业园投资管理有限公司	海南省科协
9	“科创中国”菱动创新基地	柳州五菱汽车科技有限公司	广西壮族自治区科协
10	“科创中国”贵港市创新基地	贵港市高新技术应用研究所	广西壮族自治区科协
11	“科创中国”中安创谷创新基地	安徽中安创谷科技园有限公司	安徽省科协
12	“科创中国”世界青年科学家创业园创新基地	温州市大学科技园发展有限公司	浙江省科协
13	“科创中国”湖州西塞科学谷创新基地	湖州西塞科学谷（湖州市科技发展集团有限公司）	浙江省科协
14	“科创中国”新疆上海科技合作创新基地	乌鲁木齐申新科技合作基地有限公司	新疆维吾尔自治区科协
15	“科创中国”京津中关村科技城创新基地	天津宝坻京津中关村科技城管理委员会	天津市科协
16	“科创中国”天津市南开区博士创业园创新基地	天津南开启航科技创新产业发展有限公司	天津市科协
17	“科创中国”电子科大菁蓉创新基地	成都电子科大科技园发展有限公司	四川省科协
18	“科创中国”同济大学创新基地	同济大学	上海市科协
19	“科创中国”银川中关村创新基地	银川中关村信息谷科技服务有限责任公司	宁夏回族自治区科协
20	“科创中国”新材料产业创新基地	吉林省国科创新孵化投资有限公司	吉林省科协

续表

序号	创新基地名称	依托单位名称	推荐单位名称
21	“科创中国”华中科技大学科技园创新基地	武汉华工大学科技园发展有限公司	湖北省科协
22	“科创中国”福州高新区创新基地	福州高新技术产业开发区管理委员会	福建省科协
23	“科创中国”长沙人力资源服务产业园创新基地	长沙创客加速企业管理有限公司	中国遥感应用协会
24	“科创中国”中国科学院声学研究所苏州电声产业创新基地	中科新声（苏州）科技有限公司	中国声学学会
25	“科创中国”新能源创新基地	武汉新能源研究院有限公司	中国能源研究会
26	“科创中国”上湾煤矿 8.8 米超大采高创新基地	国能神东煤炭集团有限责任公司	中国煤炭学会
27	“科创中国”四川大学科技园创新基地	四川大学国家大学科技园（四川川大科技园发展有限公司）	中国技术经济学会
28	“科创中国”智能计算技术研究院创新基地	中科苏州智能计算技术研究院	中国计算机学会
29	“科创中国”宁波启迪科技园创新基地	宁波启迪科技园发展有限公司	中国机械工程学会
30	“科创中国”佛山中发兆创科技园创新基地	佛山中国发明成果转化研究院	中国发明协会
31	“科创中国”九洲双创科技园创新基地	山东九洲齐力集团有限公司	中国发明协会
32	“科创中国”齐鲁云商创新基地	山东云商智谷电子商务产业有限公司	中国产学研合作促进会
33	“科创中国”极地加创新基地	北京极地加科技有限公司	中国产学研合作促进会
34	“科创中国”两江新区创新基地	重庆明月湖协同创新研究院有限公司	重庆市科协
35	“科创中国”宝地创新基地	上海吴淞口创业园有限公司	中国金属学会
36	“科创中国”宜兴环科园节能环保创新基地	江苏中宜环科环保产业发展有限公司	中国环境科学学会
37	“科创中国”科创中国海创汇加速器创新基地	海创汇科技创业发展股份有限公司	中国海洋湖沼学会
38	“科创中国”农文旅融合创新基地	上海马克沪众创空间管理有限公司	中国国土经济学会
39	“科创中国”常州医疗器械创新基地	常州医疗器械产业研究院有限公司	江苏省科协
40	“科创中国”安全应急产业创新基地	徐州高新区安全应急产业发展服务中心	江苏省科协
41	“科创中国”唐山高新技术创业中心创新基地	唐山高新技术创业中心	河北省科协
42	“科创中国”天择质量创新基地	海南天择质量管理有限公司	海南省科协
43	“科创中国”华新园创新基地	广州华南新材料创新园有限公司	广东省科协
44	“科创中国”亦庄全要素资产运营创新基地	北京亦庄城市服务集团有限公司	北京市科协
45	“科创中国”高端医疗装备创新基地	北京水木东方医用机器人技术创新中心有限公司	中国生物医学工程学会
46	“科创中国”南通京源创新基地	南通京源环保产业发展有限公司	中国环境科学学会

三、国际创新合作类

序号	创新基地名称	依托单位名称	推荐单位名称
1	“科创中国”中药民族药创新基地	中国科学院新疆理化技术研究所	新疆维吾尔自治区科协
2	“科创中国”绿洲作物高效生产与农业环境保护创新基地	石河子大学	新疆生产建设兵团科协

续表

序号	创新基地名称	依托单位名称	推荐单位名称
3	“科创中国”四川大学清洁能源创新基地	四川大学	四川省科协
4	“科创中国”复旦类脑智能创新基地	复旦大学	上海市科协
5	“科创中国”江西理工大学创新基地	江西理工大学	江西省科协
6	“科创中国”益生菌资源开发与利用创新基地	兰州大学	甘肃省科协
7	“科创中国”长安汽车创新基地	重庆长安汽车股份有限公司	重庆市科协
8	“科创中国”人工智能触觉创新基地	北京他山科技有限公司	中国仪器仪表学会
9	“科创中国”东北数学创新基地	吉林大学	中国数学会
10	“科创中国”海洋组学与再生医学创新基地	青岛华大基因研究院	中国检验检测学会
11	“科创中国”廊坊临空服务中心创新基地	河北临空集团	中国电子学会
12	“科创中国”黑龙江工研龙创创新基地	黑龙江省工业技术研究院	黑龙江省科协
13	“科创中国”海智创新基地	河北迈拓港湾数字信息股份有限公司	河北省科协
14	“科创中国”金之键高科功能性配位技术创新基地	贵州金之键高科技材料股份有限公司	贵州省科协
15	“科创中国”青岛中德生态园创新基地	青岛中德生态园（国际经济合作区）管理委员会	山东省科协
16	“科创中国”工业数控技术创新基地	特瑞拓软件（辽宁）有限公司	辽宁省科协

中国科协办公厅关于公布2022年度科技志愿服务先进典型的通知

各全国学会、协会、研究会，各省、自治区、直辖市科协，新疆生产建设兵团科协：

为大力弘扬科技志愿服务精神，增强科技志愿者的荣誉感、自豪感，激励更多人投身科技志愿服务事业，提升科技志愿服务质量和社会影响力，打造科技志愿服务品牌，厚植高水平科技自立自强的科学文化基础，中国科协决定选树胡勇等30名科技志愿者、中国电子学会科技志愿者总队等30个科技志愿服务组织、科技工作者心理服务热线项目等30个科技志愿服务项目、贵州省遵义市播州区影山湖街道龙泉社区等10个科技志愿服务点（社区或村）为2022年科技志愿服务先进典型。

希望受到表扬的组织和个人珍惜荣誉、再接再厉，全面贯彻落实党的二十大精神，积极践行科技志愿服务精神，不断提升科技为民的广度、深度和精度，为全面建设社会主义现代化国家、全面推进中华民族伟大复兴贡献智慧和力量。

附件：2022年度科技志愿服务先进典型名单

中国科协办公厅

2022年12月3日

2022年度科技志愿服务先进典型名单

（按推荐单位全国学会、省份排序）

科技志愿者		
序号	推荐单位	姓　名
1	中国风景园林学会	胡　勇
2	中国林学会	黄艳丽

续表

科技志愿者		
序号	推荐单位	姓　名
3	中国作物学会	马代夫
4	中国康复医学会	金红芳
5	中国农村专业技术协会	许小敏
6	中国城市规划学会	许哲瑶
7	中国城市规划学会	杨　慧
8	北京市科协	罗　昊
9	天津市科协	刘　宁
10	河北省科协	崔明武
11	山西省科协	苏延恒
12	内蒙古自治区科协	张玉林
13	辽宁省科协	荆　雪
14	辽宁省科协	唐　伟
15	黑龙江省科协	徐福志
16	上海市科协	涂　晴
17	江苏省科协	张　晨
18	浙江省科协	陆春莲
19	安徽省科协	钟子如
20	福建省科协	陈启贞
21	山东省科协	宋明波
22	河南省科协	邓同兴
23	湖北省科协	易美军
24	湖南省科协	尹怡诚
25	广西壮族自治区科协	韩咏雪
26	重庆市科协	陶小红
27	云南省科协	杨　琛
28	陕西省科协	胡飒俊
29	宁夏回族自治区科协	李　飞
30	新疆生产建设兵团科协	李鹏飞
科技志愿服务组织		
序号	推荐单位	服务组织名称
1	中国电子学会	中国电子学会科技志愿者总队
2	中国建筑学会	南京大学建筑与城市规划学院乡村振兴工作队

续表

科技志愿服务组织		
序号	推荐单位	服务组织名称
3	中国农村专业技术协会	中国农技协科技志愿服务总队
4	中国城市规划学会	北斗乡村建设研究服务团队
5	中国城市规划学会	中国城市规划学会乡村规划与建设学术委员会秘书处团队
6	天津市科协	天津市蓟州区科技志愿服务队
7	河北省科协	秦皇岛市反射疗法研究会科技志愿服务队
8	内蒙古自治区科协	科右前旗科技志愿服务队
9	辽宁省科协	北票市科协科技志愿服务队
10	吉林省科协	九台区科技志愿者服务队
11	黑龙江省科协	黑龙江省科技志愿服务队
12	上海市科协	上海市长宁区睿湛人工智能研究中心科技志愿服务队
13	江苏省科协	江苏省青少年科技教育协会科技志愿服务队
14	浙江省科协	松阳县老科技工作者协会科技志愿服务队
15	浙江省科协	桐乡市中小企业科技创新协会科技志愿服务队
16	安徽省科协	潜山科技志愿服务队
17	江西省科协	新余市科协科普志愿服务队
18	山东省科协	滨州市科协科普志愿服务总队
19	河南省科协	中国文字博物馆科技志愿服务队
20	河南省科协	驻马店市农村专业技术协会科技志愿服务队
21	湖北省科协	黄州区科技志愿服务队
22	湖南省科协	辰溪县科技志愿者服务队
23	广东省科协	肇庆市端州区启航科普志愿服务队
24	广西壮族自治区科协	广西科普传播中心志愿队
25	重庆市科协	重庆市农村专业技术协会联合会科技志愿支队
26	云南省科协	玉溪市科协科技志愿服务队
27	陕西省科协	西安市长安区电子商务协会科技志愿者服务队
28	甘肃省科协	岷县中医院健康管理中心科技志愿服务组织
29	宁夏回族自治区科协	宁夏消防协会科技志愿服务队
30	新疆维吾尔自治区科协	新疆农村专业技术协会联合会科技志愿服务队
科技志愿服务项目		
序号	推荐单位	项目名称
1	中国心理学会	科技工作者心理服务热线项目
2	中国机械工程学会	青少年设计思维助推“双减”科技志愿服务项目

续表

科技志愿服务项目		
序号	推荐单位	项目名称
3	中国汽车工程学会	青少年汽车无限创意科普宣传活动
4	中国电机工程学会	“电力三下乡·青春光明行”电力科普志愿服务
5	中国水利学会	“护好大水、喝好小水”科技志愿服务项目
6	中国农学会	“乡村振兴　志愿有我”中国农学会科技志愿服务基层行
7	中国研究型医院学会	百名医学专家精准健康服务行暨危重医学专委会基层巡讲与健康服务
8	中国青少年科技教育工作者协会	“助力乡村振兴　巡礼大国重器”中小学校长科技教育研修活动
9	中国城市规划学会	我们的城市——北京青少年城市规划宣传教育计划
10	河北省科协	“汇科技　慧生活”　科技志愿服务系列活动
11	内蒙古自治区科协	新时代文明实践科技志愿助力乡村振兴示范点服务能力提升项目
12	辽宁省科协	“沈阳大学自然博物馆科学夜”科技志愿服务项目
13	黑龙江省科协	“四驱”助推“双减”科技志愿服务项目
14	上海市科协	乐缘健康科普宣讲服务项目
15	江苏省科协	江苏省大学生志愿者千乡万村环保科普行
16	浙江省科协	“光影助力　数字赋能”智慧助老志愿服务
17	安徽省科协	黄山移动“智惠夕阳”科普志愿服务活动
18	福建省科协	爱鸟护鸟科普志愿服务行动
19	江西省科协	搭建科学普及平台，提升科技创新思维
20	山东省科协	山东省昌乐县乔官镇农业科技志愿服务
21	湖北省科协	“中华优秀传统文化——手工扎染”进基层
22	湖南省科协	“好奇之旅”科技志愿服务项目
23	广东省科协	“流动科学馆”巡展科普志愿服务项目
24	广东省科协	“粤科普，粤快乐”科技志愿服务品牌项目
25	广西壮族自治区科协	科普大篷车走基层活动
26	重庆市科协	“为艾发声”防艾宣教项目
27	贵州省科协	中国飞天梦——王伟英雄班
28	云南省科协	农业科技下乡行志愿服务项目
29	陕西省科协	西安市癌症康复协会“每月一次科普讲座”
30	宁夏回族自治区科协	“旅游医生”志愿服务项目
科技志愿服务点（社区或村）		
序号	推荐单位	服务点（社区或村）名称
1	中国农村专业技术协会	贵州省遵义市播州区影山湖街道龙泉社区
2	内蒙古自治区科协	内蒙古自治区通辽市科尔沁左翼中旗保康街道科尔沁社区

续表

科技志愿服务点（社区或村）		
序号	推荐单位	服务点（社区或村）名称
3	辽宁省科协	辽宁省沈阳市皇姑区三台子街道牡丹社区
4	江苏省科协	江苏省常州市天宁区青龙街道横塘社区
5	江苏省科协	江苏省扬州市广陵区曲江街道玺园社区
6	安徽省科协	安徽省合肥市蜀山区五里墩街道清溪路社区
7	河南省科协	河南省鹤壁市淇滨区泰山路街道东方社区
8	河南省科协	河南省新乡市牧野区王村镇牛村社区
9	湖北省科协	湖北省恩施州恩施市小渡船街道航空路社区
10	重庆市科协	重庆市江北区江北城街道桂花街社区

中国科协学习贯彻
党的二十大精神专题

中国科协印发《中国科协关于认真学习宣传贯彻党的二十大精神工作方案》的通知

各全国学会、协会、研究会，各省、自治区、直辖市、副省级城市科协，新疆生产建设兵团科协，机关各部门、各直属单位：

党的二十大是在全党全国各族人民迈上全面建设社会主义现代化国家新征程、向第二个百年奋斗目标进军的关键时刻召开的一次十分重要的大会。认真学习宣传贯彻党的二十大精神是科协系统当前首要的政治任务。按照中央统一部署和习近平总书记重要指示精神，为深入学习宣传贯彻党的二十大精神、迅速掀起科协系统和科技界学习热潮，现将《中国科协关于认真学习宣传贯彻党的二十大精神工作方案》印发你们。

各单位要参照工作方案，结合实际研究制定本单位工作方案及细化落实举措，迅速掀起学习宣传贯彻党的二十大精神热潮，使党的二十大精神成为推动科协事业发展的强大思想武器，把党的二十大提出的各项目标任务落到科协工作实处。

中国科协

2022 年 11 月 8 日

中国科协关于认真学习宣传贯彻党的二十大精神工作方案

根据中央统一部署，按照《中共中央关于认真学习宣传贯彻党的二十大精神的决定》要求，为切实抓好学习培训、宣讲宣传，把科协系统广大干部职工的思想统一到党的二十大精神上来，把科技界力量凝聚到党的二十大确定的各项任务上来，制定工作方案如下。

一、指导思想

高举中国特色社会主义伟大旗帜，全面贯彻习近平新时代中国特色社会主义思想，深刻领悟党的二十大提出的一系列新思路、新战略、新举措，更加自觉地维护习近平总书记党中央的核心、全党的核心地位，更加自觉地维护以习近平同志为核心的党中央权威和集中统一领导，进一步提高政治判断力、政治领悟力、政治执行力，在中国式现代化进程中牢牢把握科协组织的时代方位和改革建设方向，团结凝聚广大科技工作者自信自强、守正创新，踔厉奋发、勇毅前行，为全面建设社会主义现代化国家、全面推进中华民族伟大复兴贡献智慧和力量。

二、重大意义

党的二十大是在全党全国各族人民迈上全面建设社会主义现代化国家新征程、向第二个百年奋斗目标进军的关键时刻召开的一次十分重要的大会，是一次高举旗帜、凝聚力量、团结奋进的大会。大会高举中国特色社会主义伟大旗帜，坚持马克思列宁主义、毛泽东思想、邓小平理论、“三个代表”重要思想、科学发展观，全面贯彻习近平新时代中国特色社会主义思想，分析了国际国内形势，提出了党的二十大主题，回顾总结了过去五年的工作和新时代十年的伟大变革，阐述了开辟马克思主义中国化时代化新境界、中国式现代化的中国特色和本质要求等重大问题，对全面建设社会主义现代化国家、全面推进中华民族伟大复兴进行了战略谋划，对统筹推进“五位一体”总体布局、协调推进“四个全面”战略布局作出了全面部署。

习近平同志的报告，深刻阐释了新时代坚持和发展中国特色社会主义的一系列重大理论和实践问题，描绘了全面建设社会主义现代化国家、全面推进中华民族伟大复兴的宏伟蓝图，为新时代新征程党和国家事业发展、实现第二个百年奋斗目标指明了前进方向、确立了行动指南，是党和人民智慧的结晶，是党团结带领全国各族人民夺取中国特色社会主义新胜利的政治宣言和行动纲领，是马克思主义的纲领性文献。

学习宣传贯彻党的二十大精神是当前和今后一个时期科协系统的首要政治任务，要深刻领会党的二十大的主题，深刻领会过去五年的工作和新时代十年的伟大变革，深刻领会开辟马克思主义中国化时代化新境界，深刻领会新时代新征程中国共产党的使命任务，深刻领会中国式现代化的中国特色和本质要求，深刻领会社会主义经济建设、政治建设、文化建设、社会建设、生态文明建设等方面的重大部署，深刻领会教育科技人才、法治建设、国家安全等方面的重大部署，深刻领会国防和军队建设、港澳台工作、外交工作等方面的重大部署，深刻领会坚持党的全面领导和全面从严治党的重大部署。保持清醒坚定、把握历史主动，更广泛团结科技工作者紧密团结在以习近平同志为核心的党中央周围，积极投身科教兴国战略、人才强国战略、创新驱动发展战略，以高水平科技自立自强续写服务全面现代化建设的新篇章。

三、工作安排

（一）做好统筹部署

建立统一工作机制，对中国科协机关、直属单位和全国学会有关工作作出安排，迅速掀起科协系统学习宣传贯彻的热潮。

各全国学会要结合实际成立学习宣传贯彻党的二十大精神领导和工作机构，加强顶层设计，做好学会办事机构和广大会员的学习安排。

（二）组织开展学习培训

党组、书记处以上率下带头学习。党组理论学习中心组把学习党的二十大精神作为重点内容专题学习，原原本本、逐字逐句学习党的二十大报告和党章，学习习近平总书记在党的二十届一中全会上的重要讲话精神。在《人民日报》或《求是》发表理论文章，带头学习阐释，推动党的创新理论在科技界深化转化。

组织机关、直属单位党员干部认真学习。举办学习贯彻党的二十大精神辅导报告会，邀请中央宣讲团成员作辅导报告。在科协系统网上党校开设“学习贯彻党的二十大精神在线学习”专栏。对机关、直属单位处级以上党员领导干部进行集中轮训，分期分批对党员干部进行系统培训。

面向科技界开展学习培训。举办高层次科技领军人才学习贯彻党的二十大精神专题研修班。面向女科技工作者、青年科技工作者、老科技工作者、科普智库专家、全国学会负责人等，举办系列座谈会、报告会。开展“领航计划”科技人才国情研修活动，举办港澳高层次科技人才国情研修班，增进对党的二十大精神的认知认同。举办全国学会党组织负责人、全国学会负责人培训班和全国学会青年骨干研修等活动。

（三）切实抓好科技界宣讲

党组、书记处同志走进学会、走进科学家精神教育基地带头宣讲，以实际行动带动党员干部群众学习。

中国科协全委会委员、常委会委员发挥示范带动作用，在本地区、本领域、本单位积极开展宣讲。依

托中国科学家精神宣讲团和特色团，组织骨干力量进高校、进院所、进企业进行宣讲。鼓励科技创新带头人既要做钻研家，又要做宣传家，引导广大科技工作者深入学习领会党的二十大精神。

各全国学会组织开展“党的二十大代表进学会”系列活动，广泛邀请各领域党的二十大代表深入学会，以实地调研、现场座谈等形式面向学会会员、广大科技工作者和学会从业人员开展交流学习。

（四）宣传展示科技界良好精神面貌

开展科技界学习宣传党的二十大精神情况调查，及时了解掌握科技界学习宣传贯彻情况、反响和意见建议。编发《科技界情况》“学习宣传贯彻党的二十大精神专刊”简报，向中共中央办公厅、国务院办公厅和有关部委报送。

在中国科协官网开设专题网页，集中宣传展示科协系统学习宣传贯彻党的二十大精神有关工作进展、典型案例，推出一批科协系统、科技界学习贯彻党的二十大精神的宣传精品。加强与主流媒体、传播机构、研究机构的工作协同，围绕科学家精神、科学家故事打造更多精品力作在全社会广泛传播。

各全国学会要依托知名科学家、重大学术交流活动等，积极做好对外宣传，多渠道宣介党的二十大精神，讲好中国科技创新的故事、讲好新时代中国科学家的故事。

（五）加强研究阐释回应社会关切

进一步深入研究科学家精神作为中国共产党人精神谱系重要组成部分的深刻内涵，聚焦新时代加强和改进科技工作者思想政治工作，推动出台有关文件，进一步在科技界凝聚思想共识、做好政治引领。

举办中国科技政策论坛、新时代弘扬科学家精神论坛等高端论坛，围绕党的二十大精神以及科技创新相关内容和问题，邀请科研一线、科技领军企业的科学家、企业家和资深行业专家开展思想交流、跨界对话，服务科技决策科学化民主化。

各全国学会要围绕党的二十大精神，针对社会关注的科学研究、科技创新、学风建设等热点问题，组织力量开展研究、深入解读，撰写刊发理论文章和短文短评，加强正面引导，回应关切。

（六）贯彻落实党的二十大决策部署

以更高的政治站位，在中国式现代化伟大进程中把握科协组织的功能定位，战略谋划好科协事业发展的新理念、新思路、新举措，以更具前瞻性的战略谋划和系统设计全面深化科协系统改革。适时印发《中国科协学习宣传贯彻党的二十大精神实施方案》，以精神文化先锋、学术交流高地、国家科普中心、人才托举平台、开放合作纽带建设的新突破，打造科协组织支撑中国式现代化的“新地标”，把党的二十大提出的战略部署和目标任务落到实处。

各全国学会要结合学习宣传贯彻党的二十大精神，认真研究谋划明年和未来一段时期的工作，进一步强化学会枢纽功能，优化发展方向，加强内部治理，增强对会员的凝聚力，建设学术交流高地，担负起产学协同创新的纽带作用，奋进新领域新赛道，在现代化建设主战场有更大作为。

四、工作要求

科协系统要积极行动起来，周密计划、精心安排、落实举措，用党的二十大精神指引科协事业前行的正确航向，把大会各项要求部署落实到科协工作各方面、各环节。

（一）把握工作原则

坚持政治引领、知行合一、系统协同、载体创新、梯次推进，走好第一方阵，深刻领悟“两个确立”的决定性意义，增强“四个意识”、坚定“四个自信”、做到“两个维护”，带动科技界迅速掀起学习宣传贯彻党的二十大精神的热潮，把思想认识统一到党的二十大要求部署上来，把智慧力量凝聚到党的二十大确定的各项任务上来。

（二）加强组织领导

中国科协党组成立中国科协学习宣传贯彻党的二十大精神领导小组，统筹推进科协系统相关工作。各地方科协按照属地党委统一部署、参照中国科协有关要求开展工作。各级科协党组织负责人承担起第一责任人责任，研究制定符合各自实际的工作方案、实施方案。各级领导班子认真对标对表，深入研讨党的二十大对本部门、本领域工作提出的新要求、新挑战，研究提出切实可行的工作举措，把党的二十大精神转化为指导实践、推动工作的强大力量。

（三）做好宣传阐释

以多种形式解读、宣讲、传播党的二十大精神，推动习近平新时代中国特色社会主义思想在科技界入脑入心、深化转化。广泛汇集机关单位、各级学会、地方科协以及企业科协、高校科协贯彻落实工作举措、经验做法、典型案例，通过科协系统传播矩阵、主流媒体阵地、新媒体平台等进行宣传展示，有效放大科协系统、科技界的声音。

各全国学会、各地方科协要及时汇集本领域、本地区学习宣传贯彻党的二十大精神工作情况、先进典型，多渠道编发宣传稿件，并及时上传发布到中国科协网专题网页，宣传展示“一体两翼”贯彻落实党的二十大精神的行动风采。

附件：科协系统学习宣传贯彻党的二十大精神活动信息报送方式（略）

中国科协常委座谈会学习贯彻党的二十大精神

10月28日，全国政协副主席、中国科协主席万钢主持召开中国科协第十届全国委员会常务委员会委员座谈会，深入学习贯彻党的二十大精神。32位常委线下线上参加会议。

座谈会上，各位常委畅谈学习党的二十大精神的认识体会。大家一致认为，党的二十大是在迈上全面建设社会主义现代化国家新征程、向第二个百年奋斗目标进军的关键时刻召开的一次十分重要的大会。习近平总书记所作的报告举旗定向、内涵丰富、催人奋进，为迈进全面建设社会主义现代化国家、全面推进中华民族伟大复兴的新征程提供了根本遵循和行动指南。

大家一致表示，党的二十大报告首次将教育、科技、人才作为全面建设社会主义现代化国家的基础性、战略性支撑进行统筹部署、专章表述，充分体现了以习近平同志为核心的党中央对教育、科技和人才工作的高度重视和关心关爱，深感振奋、备受鼓舞。要深入贯彻习近平总书记关于学习贯彻二十大精神的重要指示要求，按照中央有关部署，在全面学习、全面把握、全面落实上下功夫，坚定不移把党的二十大提出的目标任务落到实处。

党的二十大代表、中国科协党组书记、分管日常工作副主席、书记处第一书记张玉卓代表科协党组、书记处就学习贯彻党的二十大精神作主旨发言，指出要充分认识大会的深远历史意义，认真把握中国式现代化进程中科技、科协工作的新使命，全面梳理党的二十大对科技群团改革发展的新要求，立足党和国家大局，找准科协组织的时代方位和改革建设方向，以精神文化先锋、学术交流高地、国家科普中心、人才托举平台、开放合作纽带建设的新突破，打造科协组织支撑中国式现代化的“新地标”。

党的二十大代表、农业农村部党组成员、中国农业科学院院长吴孔明，党的二十大代表、探月与航天工程中心首次火星探测任务工程总设计师张荣桥，党的二十大代表、北京大学校长龚旗煌，党的二十大代表、中国科学院古脊椎动物与古人类研究所研究员付巧妹，以及中国科协副主席、西湖大学校长施一公，中国科协副主席、北京大学常务副校长乔杰，香港科技大学校长叶玉如等委员，结合工作实际和学科领域分别谈了体会。在学习交流中，中国科学院国家天文台研究员武向平、自然资源部第二海洋研究所研究员韩喜球等常委作发言。

吴孔明讲到，党的二十大报告明确把“全面推进乡村振兴”作为新时代新征程“三农”工作的主题，加快建设农业强国、全面推进乡村振兴，关键要靠科技，要加强党对农业科技工作的集中统一领导，健全新型举国体制，坚决打赢农业核心关键技术和生物育种技术攻坚战，用现代科技支撑农业农村现代化。

张荣桥讲到，自己主持或参与的探月探火工作成果被写入报告，感到非常自豪。党的十八大以来国防科技领域特别是航天领域取得一系列重大成就，根本在于习近平总书记的思想引领、方向指引、果断决策和关怀鼓励，要以二十大精神为指引，仰望星空、脚踏实地，以实干实绩捍卫“两个确立”、践行“两个维护”。

龚旗煌讲到，党的二十大报告为教育和科技事业高质量发展指明了前进方向，高校是科技第一生产力、培养人才第一资源、增强创新第一动力的重要结合点，要落实立德树人根本任务，为党育人、为国育才，培养堪当民族复兴大任的青年学生。要坚持科技自立自强，主动对接国家战略目标和战略任务，建设国家战略科技力量。

付巧妹讲到，党和国家对青年科研人员的高度重视和支持，激励着我们要将自己的科研梦想和奋斗目标融入国家科技事业发展之中，融入中华民族伟大复兴战略全局之中，要拿出坐穿“冷板凳”的决心，立足领域内关键科学问题进行理论创新，聚焦前沿核心技术进行攻关突破，为我国科技事业发展夯实基础。

施一公讲到，新征程上一体统筹实施“教育强国”“科技强国”“人才强国”战略，为中国式现代化提供创新动能，其意深邃。要更加重视基础研究的意义，持续优化科技创新的生态，始终坚持国际交流与合作，自觉肩负起新型研究型大学的责任和使命，为中华民族伟大复兴和人类社会文明进步贡献绵薄之力。

叶玉如讲到，学习党的二十大报告，深切感受到中央对香港发展的关心和重视，香港应该更加积极主动融入国家发展大局，发挥国际金融、航运、贸易中心的优势，更加积极主动助力国家全面开放，建立全球产学研协同创新平台，建构连接内地、香港与国际的科研生态系统。

乔杰讲到，党的二十大报告提出推进“健康中国”建设，把保障人民健康放在优先发展的战略位置，中国卫生健康事业要进一步围绕如何满足人民日益增长的美好生活需要这一重大命题进行思考，大力开展公共卫生研究，加强重大以及新发传染病防治技术体系创新，推进前沿医学科技创新研究和成果转化。

万钢在总结讲话中指出，党的二十大是一次高举旗帜、凝聚力量、团结奋进的大会，党的二十大报告进一步指明了党和国家事业的前进方向，是我们党团结带领全国各族人民在新时代新征程坚持和发展中国特色社会主义的政治宣言和行动纲领。要深刻领会党的二十大精神的核心要义和丰富内涵，按照习近平总书记“五个牢牢把握”的要求，进一步深化思想认识，深刻理解关于中国式现代化的系统论述，以及未来五年和一段时间内全面建设社会主义现代化国家的主要目标任务，确保科协各项工作与党和国家步调一致向前进。

万钢讲到，党的十八大以来的实践表明，科技创新是全面贯彻新发展理念、推动高质量发展的重要驱动力，党的二十大报告5次提到“科技创新”、39次单独提到“科技”、50次单独提到“创新”，在高质量发展、健康中国、绿色发展、国家安全等领域都可看到科技的身影，凸显了科技在新时代新征程中的基础性、战略性支撑作用。要在中国式现代化的伟大进程中强化科技支撑作用。着眼中国式现代化的中国特色和本质要求，推进中国式科技创新，改变传统发展模式，更多依靠科技进步，不断塑造发展新动能新优势，推动构建新发展格局和建设现代化经济体系。要在高水平科技自立自强中拓展科技发挥作用的新空间。面对百年未有之大变局，中国科技界要坚定创新自信，聚焦国家战略需求，打好关键核心技术攻坚战，不断拓展科技创新的深度和广度。加快建设现代化产业体系，破解被“卡脖子”局面和“断链”“脱钩”风险，提升产业链供应链韧性和安全水平。要在增强中华文明传播力影响力中增强科技交流互鉴功能。扩大国际科技交流合作，深入参与国际科技治理，助力打造具有全球竞争力的开放创新生态。构建科技领域的中国话语和中国叙事体系，讲好中国科技故事和中国科技界故事。发挥港澳台优势和特点，在科技创新、人才交流等方面开展更加开放、更加密切的交往合作，推动中国科技走向世界。

万钢强调，中国科协是党领导下的人民团体，是党和政府联系科技工作者的桥梁和纽带，肩负着团结带领广大科技工作者听党话、跟党走的光荣使命，要深入贯彻习近平总书记关于学习贯彻二十大精神的重要指示要求，坚定不移把党的二十大提出的目标任务落到实处，增强科协组织新时代使命担当，凝聚科技界团结奋进磅礴力量。中国科协常委会作为中国科协的领导机构，要切实提高政治站位，率先垂范、走在前列，加强理论宣讲，及时研究提出贯彻落实具体举措，推动科协系统和科技界迅速掀起学习宣传贯彻党的二十大精神热潮，团结凝聚广大科技工作者，坚持“四个面向”，脚踏实地、埋头苦干，勇当先锋、报效祖国，为全面建设社会主义现代化国家、全面推进中华民族伟大复兴作出实实在在的贡献。

中国科协机关、直属单位有关负责同志列席会议。

中国科协党组传达学习党的二十大精神

10月24日，中国科协党组召开2022年第三十九次（扩大）会议，传达学习党的十九届七中全会精神、党的二十大精神、党的二十届一中全会精神，传达学习习近平总书记在二十届中央政治局常委同中外记者见面会上的重要讲话精神。中国科协党的二十大代表介绍参会情况、交流学习体会。会议由中国科协党组书记张玉卓主持。

会议认为，党的二十大是一次高举旗帜、凝聚力量、团结奋进的大会，在党和国家发展进程中具有极其重大的历史意义。习近平总书记在大会上所做的工作报告，以鲜明的人民立场和强大的创新自信，科学回答中国式现代化的时代之问，指引中华民族伟大复兴的前进方向，通篇闪耀着马克思主义中国化时代化的理论光芒。我们要深入学习、全面把握大会精神，更加紧密地团结在以习近平同志为核心的党中央周围，坚定走好必由之路，一步一个脚印把党的二十大作出的各项决策部署付诸行动、见之于成效。

会议指出，要深刻领会党的二十大报告这一重大政治宣言和行动纲领的时代意义。始终牢记、倍加珍惜党在长期实践中得出的五个"必由之路"至关重要的规律性认识，围绕五个"牢牢把握"准确把握学习宣传贯彻党的二十大精神的基本要求。在新征程上，坚定不移坚持党的全面领导，衷心拥护"两个确立"、忠诚践行"两个维护"，把核心意识转化为在党爱党、在党言党、在党忧党、在党为党的实际行动。在新征程上，始终不渝走中国特色社会主义道路，锚定奋斗目标、保持强大前进定力，始终沿着正确方向坚定前行。在新征程上，更广泛团结科技工作者投身科教兴国战略，激发人才引领驱动的强大动能，以高水平科技自立自强续写服务全面现代化建设的新篇章。在新征程上，完整准确全面贯彻新发展理念，以开放创新助力高水平对外开放，支撑构建新发展格局。在新征程上，大力弘扬伟大建党精神，坚守初心使命，勇于自我革命，全面加强科协组织党的建设。

会议指出，要在中国式现代化的进程中把握科协组织的时代方位和改革建设方向。牢牢把握习近平新时代中国特色社会主义思想的世界观和方法论，在坚持好、运用好贯穿其中的立场观点方法中开展科协组织的理论实践创新，以更高的政治站位，战略谋划更好发挥桥梁纽带作用的新理念、新思路、新举措。要深刻理解人民至上这一马克思主义的根本立场观点方法，深刻理解自我革命这一党永葆生机活力的建设规律，不断站稳人民立场，不断把握人民意愿，始终尊重人民创造，有力集中人民智慧。要把政治引领有机融入人民至上的改革发展实践中，用科学更广泛团结起包括科技工作者在内的亿万人民，以"大众科学"的蓬勃发展，推动以科技创新为核心的全面创新，以精神文化先锋、学术交流高地、国家科普中心、人才托举平台、开放合作纽带建设的新突破，打造科协组织支撑中国式现代化的"新地标"，为保持和增强政治性、先进性、群众性提供强大的源头活水。

会议强调，要坚持人民至上，推动科协改革发展理念和体制机制深刻变革。进一步推动思想政治工作走深走实，提高对科技工作者思想动态及时感知把握能力，深刻把握科技教育人才贯通发展的时代规律，高度重视信息化时代的群众工作能力建设，通过工作体制机制、方式手段上的自我革命，形成一呼百应的群众组织动员能力。要坚定自立自强，勇当科教兴国、人才强国排头兵。顺应科技革命和产业变革发展趋势，强化学会枢纽功能，建设学术交流高地，引领学会奋进新领域新赛道，在现代化建设主战场有更大作为。要增强文化自信，推动民族的科学的大众的社会主义文化繁荣发展。以强大的文化自信和历史主动，扎实推进科学文化探源工作，为高水平科技自立自强提供文化滋养；推动科普理念深刻变革，贯通科学教育、人才培养、精神养成、文化涵养各环节，满足人民群众日益增长的科学文化需求。要聚力敏捷治理，建设具有全球竞争力的开放创新生态。统筹科技发展安全，推动人才激励和交流进入更高级状态，建设开放合作纽带，加快国际科技组织建设步伐，不断提升对外传播能力，以科技向善理念积极参与全球科技治理，增强文化传播话语权。

会议要求科协机关直属单位各级党组织切实发挥政治功能、组织功能，组织开展好学习宣传贯彻党的二十大精神有关工作。全面发挥学会的传导效应、学会理事长和知名科学家等关键少数的群体效应，以一带十、百千成万，迅速掀起科技界学习贯彻热潮。

会议还研究了其他事项。

中国科协党组副书记徐延豪，党组成员束为、殷皓、王进展、罗晖出席会议。中国科协专职副主席、书记处书记孟庆海，中央纪委国家监委驻科技部纪检监察组同志，审计署科技审计局负责同志，党的二十大代表齐欣同志列席会议。中国科协机关全体党员、各直属单位处级以上干部线上线下列席会议。

中国科协党组传达学习习近平总书记重要讲话精神

10月31日，中国科协召开2022年第四十次党组会议，传达学习习近平总书记主持中央政治局会议和二十届中央政治局第一次集体学习会议时的重要讲话精神，在出席军队领导干部会议时的重要讲话精神，瞻仰延安革命纪念地和赴陕西、河南考察时的重要讲话精神，传达学习《中共中央关于认真学习宣传贯彻党的二十大精神的决定》。会议由中国科协党组书记张玉卓主持。

会议指出，习近平总书记近期在一系列重要讲话中反复强调，学习宣传贯彻党的二十大精神是当前和今后一个时期全党全国的首要政治任务，对如何学习宣传贯彻作出总体部署，提出要在“全面学习、全面把握、全面落实上下功夫”的具体要求，为科协系统进一步学习宣传贯彻好党的二十大精神提供了重要遵循和具体指引。

会议指出，科协系统要按照总书记的重要指示精神，根据中央有关部署抓紧制定出台科协系统学习贯彻细化方案。党组、书记处同志要亲力亲为、带头宣讲，抓好宣传思想教育工作。要把学习贯彻党的二十大精神作为干部培训的主要内容，抓紧组织干部集中轮训。要通过学习研读党的二十大报告和党章，认真领悟党的二十大提出的新思想新论断、作出的新部署新要求，深刻领悟“两个确立”的决定性意义，深刻理解党的二十大对全面建设社会主义现代化国家作出的战略部署，切实把思想和行动统一到党中央精神上来，把各项工作抓紧抓好，确保学习贯彻党的二十大精神取得实效。

会议指出，在新时代新征程的启航时刻，总书记带领中央政治局常委瞻仰延安革命纪念地，并赴陕西延安和河南安阳考察，意义重大，科协要认真学习，深刻理解总书记在考察中发表重要讲话的深意。一是深刻理解“社会主义是拼出来、干出来、拿命换来的，不仅过去如此，新时代也是如此”，牢记“空谈误国，实干兴邦”，撸起袖子加油干，埋头苦干、勇毅前行。二是深刻理解“全面建设社会主义现代化国家，最艰巨最繁重的任务仍然在农村”，没有农业农村现代化，就没有整个国家现代化。三是深刻理解“中华优秀传统文化是我们党创新理论的‘根’，我们推进马克思主义中国化时代化的根本途径是‘两个结合’”，只有推动中华优秀传统文化创造性转化、创新性发展，才能为全面推进中华民族伟大复兴立根铸魂。只有植根本国、本民族历史文化沃土，马克思主义真理之树才能根深叶茂。

会议还研究了其他事项。

中国科协党组副书记徐延豪，党组成员束为、殷皓、王进展、罗晖出席会议。中国科协专职副主席、书记处书记孟庆海，中央纪委国家监委驻科技部纪检监察组同志，审计署科技审计局负责同志，中国科协机关各部门和直属单位主要负责同志列席会议。

中国科协党组理论学习中心组深入学习党的二十大精神

11月21日，中国科协党组理论学习中心组召开2022年度第十一次集体学习扩大会议，围绕“学习贯彻党的二十大精神，找准科协组织的时代方位和改革建设方向”主题，深入学习党的二十大精神。中国科协党组书记、分管日常工作副主席、书记处第一书记张玉卓主持会议并作总结讲话。中国科协党组成员殷皓、王进展围绕学习习近平生态文明思想、经济思想等重要论述作重点发言，党组副书记束为、党组成员罗晖围绕落实新时代党的组织路线、推动构建人类命运共同体作交流发言。

会议认为，人民立场是党的根本政治立场。近代以来，无数仁人志士为实现中华民族现代化的梦想而拼搏奋斗，直到中国共产党走上历史舞台，人民群众才得以有力地广泛团结起来，形成改造中国改变世界的强大力量。正是在中国共产党的领导下，革命、建设和改革的历史才成为一部真正的人民所创造的历史。习近平总书记始终把人民放在最高位置，在党的二十大报告中提到105次“人民”，强调“新时代的伟大成就是党和人民一道拼出来、干出来、奋斗出来的”，号召全党要站稳人民立场、把握人民愿望、尊重人民创造、集中人民智慧，肩负起不断谱写马克思主义中国化时代化新篇章的庄严历史责任，充分体现出习近平总书记人民至上的执政理念和以人民为中心的发展思想。

会议指出，中国科协作为党领导下的人民团体、科技工作者的群众组织，务必要把学习习近平总书记关于群众工作重要论述和党的二十大精神融会贯通。深刻认识科协组织的群众工作生命线，在现代化进程中走实党的群众路线，自觉用马克思人民观点立场方法指导事业方向，以自我革命的勇气破除“四化”倾向，克服路径依赖，与时代并进，以更多创造性的改革举措，切实发挥桥梁纽带作用。

会议要求，要坚持人民至上，强化习近平新时代中国特色社会主义思想凝心铸魂的大众动员。牢牢把握习近平新时代中国特色社会主义思想的世界观和方法论，坚持人民至上这一马克思主义的根本立场观点方法，把政治引领有机融入人民至上的改革发展实践中，以大众科学的蓬勃发展，推动以科技创新为核心的全面创新，以习近平新时代中国特色社会主义思想的强大感召力凝聚人心、繁荣文化、培育新人。要站稳人民立场，把实现最广大人民的根本利益作为推进大众科学的重大使命。发展繁荣当代大众科学，使先进科学文化深深融入民族性格，汇聚成引领发展、驱动复兴的不竭动力。推进党的群众工作体制机制、方式手段的自我革命，提高一呼百应的群众动员能力，不断催化中国式现代化征程中亿万人民自信自强、团结奋斗的历史主动和使命担当。要把握人民意愿，以科学的大众化推进人的全面发展。坚持发展为民所系、为民所谋、为民所用，以服务人的全面发展为目标，构建推动和激发人的全面现代化的科学传播体系。推动科普理念深刻变革，贯通科学教育、人才培养、精

神养成、文化涵养各个环节，从根本上推动科技创新和科学普及的结合，实现科普能力的系统提升，满足人民群众日益增长的科学文化需求。广泛开展科技志愿服务，彰显科技为民的时代价值。把握历史主动，努力构筑全民科学化、现代化的思想方法和思维方式，不断提升全体人民矗立前沿、引领科技文明时代的能力。要尊重人民创造，把科学的动因转化为科教兴国、人才强国的磅礴动能。始终把事业发展的基点建立在亿万科技工作者和广大人民的创新创造伟大实践之上，深刻把握科技教育人才贯通发展的时代规律，鲜明人才激励导向，树立服务人才全周期成长的新型人才观，加强全链条人才服务能力、系统化人才托举能力，使支持、参与科技创新成为全民的自觉行动。以人的创新创造动能牵引社会系统的良性互动和协同创新，真正让自然科学这个好东西、科技这个第一生产力，通过大众化实现全民创新的新局面，筑牢自立自强的高水平基础。要集中人民智慧，在开放生态中激励“众人拾柴火焰高”的良好势头和全球自信。善用现代化手段助力实时感知科情民意，通过大众科学的广泛行动，有效动员组织广大科技工作者和全社会面向现代化国家建设协同攻关经济社会发展难题。接入全球创新网络，打造立足全球的信息感知动员平台，以开阔的视野关注科技新生事物、地缘最新动向，察创新于青萍之末，识变革于端倪之初，开创集智创新的生动局面。

会议强调，党的二十大对群团改革发展提出新的任务和要求，科协组织要进一步强化桥梁纽带职责，用科学更广泛团结起包括科技工作者在内的亿万人民，凝聚在以习近平同志为核心的党中央周围，以精神文化先锋、学术交流高地、国家科普中心、人才托举平台、开放合作纽带建设的新突破，打造支撑中国式现代化的“新地标”，以强大的政治性、先进性、群众性不断创造科协组织的时代荣光，以高水平科技自立自强谱写服务全面建设社会主义现代化国家的新篇章。

机关各部门、各直属单位主要负责同志线上线下列席会议。

中国科协党组召开贯彻落实党的二十大精神、扎实谋划2023年重点工作研讨会

12月28日，中国科协党组召开贯彻落实党的二十大精神、扎实谋划2023年重点工作研讨会。会议由中国科协党组副书记、专职副主席、书记处书记束为主持。

会议围绕2022年工作亮点和2023年工作思路开展研讨，有关部门主要负责同志分别针对精神文化先锋、人才托举平台、学术交流高地、国家科普中心、高端科技智库和开放合作纽带等六个科协工作“新地标”，逐一汇报2023年工作的整体思路和重点任务。与会同志围绕发言进行了深入讨论。

会议指出，2022年是党和国家历史上极为重要的一年。党的二十大胜利召开，擘画了全面建成社会主义现代化强国、以中国式现代化全面推进中华民族伟大复兴的宏伟蓝图，明确了新时代新征程党和国家事业发展的目标任务。习近平总书记在12月27日召开的中共中央政治局民主生活会上强调，贯彻落实党的二十大精神是当前和今后一个时期全党的首要政治任务。把党的二十大描绘的宏伟蓝图变成美好现实，需要各级领导干部担当作为，以时时放心不下的责任感、积极担当作为的精气神为党和人民履好职、尽好责。

会议强调，2023年是深入贯彻落实党的二十大精神的开局之年。各级科协要持续在全面学习、全面把握、全面落实上下功夫，坚定不移把党的二十大提出的目标任务落到实处。要认真贯彻落实党的二十大精神，按照中央要求，坚持全面、系统、深入学习，完整、准确、全面领会，持续在科协系统掀起学习热潮，围绕主责主业做好落实。与学习中央经济工作会议、中央农村工作会议等近期重要会议精神紧密结合，提出更多创造性的改革举措，发挥好桥梁纽带作用。要找准科协组织在中国式现代化伟大进程中的新使命，准确把握中国式现代化的中国特色、本质要求，围绕党的二十大作出的各项战略部署，深入思考科技群团组织现代化的内涵、目标和路径。要战略谋划好科协事业发展的新理念、新思路、新举措，结合自身实际，把党中央提出的战略部署转化为“一体两翼”的工作任务，进一步明确时间表和施工图，体现在明年的工作要点中。

会议还研究了其他事项。

中国科协党组成员殷皓、王进展、罗晖出席会议。中国科协专职副主席、书记处书记孟庆海，中国科协机关各部门、各直属单位主要负责同志列席会议。

中国科协学习贯彻党的二十大精神辅导报告会

11月16日，中国科协召开学习贯彻党的二十大精神辅导报告会，邀请中央宣讲团成员、中央财经委员会办公室副主任尹艳林作专题辅导报告。报告会由中国科协党组书记、分管日常工作副主席、书记处第一书记张玉卓主持。

尹艳林结合党的二十大报告，从新时代十年伟大变革的里程碑意义、马克思主义中国化时代化的精神实质、中国式现代化的丰富内涵和本质要求、全面建设社会主义现代化国家的目标任务、以党的自我革命引领社会革命、团结奋斗的时代要求等六个方面，作了系统梳理和深入阐释，全面解读了党的二十大在经济建设、科教人才、社会建设、生态文明建设等方面作出的一系列战略部署，对建设现代化产业体系、加快发展数字经济、建设国家战略人才力量、培育创新文化弘扬科学家精神等内容展开了生动阐述。

张玉卓在总结中指出，学习宣传贯彻党的二十大精神是中国科协当前和今后一个时期的首要政治任务，科协机关、直属单位、全国学会各级党组织要在前期组织学习宣传的良好基础上，继续在全面学习、全面把握、全面落实上下功夫，把学习宣传贯彻党的二十大精神不断引向深入。要通过系统深入的学习，深刻领悟党的二十大关于党和国家事业发展大政方针和战略部署的历史逻辑、理论逻辑、实践逻辑，更加自觉地维护习近平总书记党中央的核心、全党的核心地位，更加自觉地维护以习近平同志为核心的党中央权威和集中统一领导，进一步提高政治判断力、政治领悟力、政治执行力，在中国式现代化进程中牢牢把握科协组织的时代方位和改革建设方向，研究提出切实可行的工作举措，把党的二十大精神转化为指导实践、推动工作的强大力量。

张玉卓强调，党的二十大作出了加快构建新发展格局、着力推动高质量发展的战略部署，迫切需要科技提供有力支撑。中国科协要进一步强化使命担当，突出发挥好机关部门单位、全国学会理事会和办事机构的带头作用，带动科技界围绕“国之大者”担当作为，把广大科技工作者的思想认识统一到党的二十大要求部署上来，把智慧力量凝聚到党的二十大确定的各项任务上来，在全面建设社会主义现代化国家、全面推进中华民族伟大复兴的伟大实践中，作出科协组织的新贡献。

报告会后，尹艳林与科协党员、干部代表围绕党的二十大报告内容进行互动交流。

中国科协党组、书记处同志，在京全国学会党组织负责人，中国科协学会党建研究会部分理事、专家，科协机关各部门、各直属单位全体在职党员、干部和部分离退休党员参加学习，各全国学会干部职工在线听讲。

“党的二十大代表进学会”系列学习活动

10月27日，中国科协面向全国学会开展的“党的二十大代表进学会”学习宣传贯彻党的二十大精神系列学习活动首场座谈会在北京举办。党的二十大代表、中国科协党组书记、分管日常工作副主席、书记处第一书记张玉卓宣讲党的二十大精神并与全国学会理事长、党委书记座谈交流。中国科协党组成员、书记处书记束为、殷皓参加首场学习活动。会议由中国计算机学会党委书记、副理事长胡事民主持。

张玉卓表示，党的二十大高举中国特色社会主义伟大旗帜，科学谋划了未来一个时期党和国家事业发展的目标任务和大政方针，擘画了以中国式现代化全面推进中华民族伟大复兴的宏伟蓝图，是全面建设社会主义现代化国家、全面推进中华民族伟大复兴的政治宣言和行动纲领。习近平总书记所作的工作报告，科学回答了中国式现代化的时代之问，指引中华民族伟大复兴的前进方向，通篇闪耀着马克思主义中国化、时代化的真理光芒。我们要在深刻认识新时代十年伟大变革的历史意义基础上，全面把握这一重大政治宣言和行动纲领的时代特征，坚定走好必由之路，把握贯彻落实的基本要求。全国学会各级党组织要把学习宣传贯彻党的二十大精神作为当前和今后一段时期首要的政治任务。要全面学习、全面把握、全面落实，把思想和行动统一到党的二十大精神上来；要坚定创新自信，勇担科技支撑中国式现代化的新使命；要坚持党建强会，凝聚广大科技工作者在新征程上团结奋斗。

张玉卓强调，全国学会在中国式现代化中的历史方位更加重要，在国家创新体系中不可或缺。全国学会要坚持党的全面领导，以党建引领学会事业高质量发展，勇当实施科教兴国、人才强国、创新驱动发展战略的排头兵；要优化学会布局，完善国家创新体系，引领学会奋进新领域新赛道，在现代化建设主战场上有更大的作为；要以“双一流”建设为牵引，加强学会内部治理，以党建强会团结凝聚学会会员听党话跟党走。学会党组织要全面发挥传导效应，主动组织动员知名科学家等关键少数发挥头雁效应，带动引领学会广大会员和科技工作者，迅速掀起科技界学习宣传贯彻党的二十大精神热潮；学会党委书记、理事长要率先垂范，先学一步、学深一层，把握党的二十大精髓要义，认真思考和研究贯彻落实好党的二十大精神的新战略、新策略，推动学会工作打开新局面、再上新台阶，用学习贯彻大会精神的新实效检验党建工作新成效。

座谈会上，与会代表畅谈了对党的二十大精神的认识体会。大家一致认为，党的二十大是在迈上全面建设社会主义现代化国家新征程、向第二个百年奋斗目标进军的关键时刻召开的一次具有里程碑意义的大会。习近平总书记所作的工作报告，科学回答中国式现代化的时代之问，指引中华民族伟大复兴的前进方向，通篇闪耀着马克思主义中国化、时代化的真理光芒。大会通过的《中国共产党章程（修正案）》，将近年来党的重大理论创新、实践创新和制度创新成果写入党章，充分体现了党的二十大报告确立的重大理论观点和重大战略思想。

大家一致表示，新时代十年的伟大变革，是以习近平同志为核心的党中央坚强领导的结果，是全党全军全国各族人民团结奋斗、顽强拼搏的结果，坚决拥护以习近平同志为核心的党中央，坚决拥护党的二十大作出的各项战略决策部署，要带领学会更加紧密地团结凝聚广大会员和科技工作者听党话跟党走，坚定自立自强，勇当实施科教兴国、人才强国、创新驱动发展战略的排头兵。与会代表围绕推动以科技创新为核心的全面创新，实现精神文化先锋、学术交流高地、国家科普中心、人才托举平台、开放合作枢纽建设的新突破等方面交流了意见建议。

中国计算机学会理事长、中国科学院院士梅宏说，围绕新时代新征程的使命任务，中国计算机学会将重点围绕专业化、企业化、行业化、大众化、国际化、数字化的“六化”发展战略，推动计算领域科技、教育、产业高质量发展，为国家全面实现社会主义现代化强国而持续努力。中国岩石力学与工程学会理事长、党委书记、中国科学院院士何满潮说，要把科技创新作为学会工作的首要任务，团结引领广大科技工作者紧密团结在以习近平同志为核心的党中央周围，围绕国家重大工程建设、围绕国家重大需求潜心科研、砥砺前行，为党和国家科技事业发展建言献策。中华医学会副会长、理事会党委副书记李五四说，学会要认真学习好、领会好、贯彻落实好党的二十大精神，始终把党的建设摆在首位，全面加强党委自身建设和医学会各级党组织建设，引领学会各级组织、广大会员和医学科技工作者为健康中国建设和中华民族伟大复兴贡献智慧和力量。

中国电子学会理事长、党委书记张峰说，学会作为电子信息领域科技工作者的共同体，要始终胸怀“国之大者”，自觉将工作任务融入党和国家事业发展大局，自觉担负起团结引领科技工作者始终听党话跟党走的重大任务。中国职业安全健康协会党委副书记王浩水说，要将党的二十大精神作为协会发展的指路灯、指南针，科学指导、谋划、推动未来工作，全面加强党的领导，坚持走中国特色社会主义的办会道路，努力做到依法办会，把党的二十大作出的重大决策部署付诸行动、见之于成效。中国城市规划学会理事长、党委书记杨保军说，学会将始终牢记使命和责任，以国家战略需求为导向，加强原创性、引领性科技攻关，把关键核心技术掌握在自己手中，有效满足和服务国家高质量长远发展需求。中国汽车工程学会常务副理事长兼秘书长、党委副书记、国际氢燃料电池协会常务副理事长张进华说，学会要加快建设国际权威汽车科技智库，引领产业科技发展方向；发挥联盟和国家创新中心平台作用，积极探索科技社团深入产业科技创新主战场的新模式，团结广大汽车科技工作者为建设汽车强国而努力奋斗。

中国化工学会副理事长兼秘书长、党委书记华炜说，学会要紧紧抓住当前的机遇，以国家战略需求为导向，聚焦能源化工关键核心技术领域，潜心钻研、久久为功，持续加强原创性、引领性科技攻关，全力以赴走好新时代自主创新之路。中国农学会副会长兼秘书长、理事会党委副书记胡义萍说，学会将深刻理解把握团结奋斗的时代要求，坚持以高质量党建引领中国特色一流学会建设，强化对农业科技工作者的思想引领，团结带领广大农业科技工作者坚定创新自信、勇攀科技高峰，努力汇聚起做好新时代新征程农业科技创新工作的强大力量。中国技术经济学会理事长、党委书记李平说，学会将结合学习党的二十大精神，进一步在优化科技决策咨询方面下功夫，加快科技决策咨询法制化进程，形成长效规划机制。

“党的二十大代表进学会”是全国学会深入学习宣传贯彻党的二十大精神开展的系列学习活动。全国学会党组织广泛邀请各领域党的二十大代表深入学会，以实地调研、现场座谈等形式面向学会会员、广大科技工作者和学会从业人员开展交流学习。

中国稀土学会、中国自然科学博物馆学会也开展了“党的二十大代表进学会”系列学习活动，党的二十大代表、中国科协党组成员、书记处书记王进展，党的二十大代表、中国科技馆展览教育中心主任齐欣分别走进学会开展宣讲。

科技工作者代表学习贯彻党的二十大精神座谈会

10月25日，中国科协召开科技工作者代表学习贯彻党的二十大精神座谈会。党的二十大代表于吉红、杨宏、周琦、孙晨华、王秀杰、张会平、孟祥飞、沈玉君，以及来自各行业各领域的科技工作者代表出席。中国科协党组书记、分管日常工作副主席、书记处第一书记张玉卓出席座谈会。座谈会由中国科协党组成员、书记处书记束为主持。

座谈会上，与会代表一致认为党的二十大是在迈上全面建设社会主义现代化国家新征程、向第二个百年奋斗目标进军的关键时刻召开的一次具有里程碑意义的大会。习近平总书记所作的报告，通篇贯穿着以人民为中心的发展思想，是指导全面建设社会主义现代化国家、向第二个百年奋斗目标进军的纲领性文献，是马克思主义中国化时代化的最新理论成果。

与会代表一致表示，要高举中国特色社会主义伟大旗帜，深刻领悟"两个确立"的决定性意义，坚决维护习近平同志党中央的核心、全党的核心地位，坚决维护党中央权威和集中统一领导。党的二十大代表、吉林大学教授、吉林省科协主席、中国科学院院士于吉红说，"总书记的报告令人鼓舞、催人奋进，是党团结带领全国各族人民夺取中国特色社会主义新胜利的政治宣言和行动纲领"。党的二十大代表、中国载人航天工程空间站系统总设计师、中国工程院院士杨宏表示，"新时代航天事业每一步发展都离不开以习近平同志为核心的党中央坚强领导、亲切关怀和战略指引"。党的二十大代表、贵州省地矿局首席科学家周琦表示，"报告清晰描绘了新征程新蓝图新路径，是我们一切工作的总遵循"。国防科技创新研究院研究员常超表示，"总书记的报告高屋建瓴、铿锵有力，是党团结带领全国人民全面建设社会主义现代化国家、全面推进中华民族伟大复兴的宣言书、动员令、行动指南"。中国农业大学动物医学院教授徐闯表示，"我所在的农业领域，这10年发生了深刻变化，是党领导下农业科技取得的巨大进步和对人类伟大的贡献，深感骄傲和自豪"。

与会代表指出，无论是开辟新领域新赛道还是塑造新动能新优势，中国式现代化都呼唤着科技"利器"的更大贡献。科技界在中国式现代化建设中将大有可为、大有作为，要以加快实现高水平科技自立自强为目标，勇攀科技新高峰，勇闯科研"无人区"。中国作物学会理事长、中国工程院院士万建民表示，"党的二十大报告指出要加快实施创新驱动发展战略，加快建设农业强国，全方位夯实粮食安全根基，这让人备感欣喜与振奋"。党的二十大代表、中国科学院遗传与发育生物学研究所研究员王秀杰表示，"要强化'敢想敢为又善作善战的能力'，集中力量攻克基础研究的重要科学问题和技术领域的'卡脖子'难题"。党的二十大代表、农业农村部规划设计研究院农村能源与环保研究所所长沈玉君表示，"我们相信乡村振兴重大使命叠加科技创新重大原动力，建设农业强国、实现中国式现代化的目标一定能够实现"。北京大学第一医院副院长杨莉表示，“党的二十大报告为推进我国临床医院高质量发展，建设中国式现代化的医学教育、医学研究以及疾病防控与诊疗体系指明了方向”。中国移动通信集团有限公司研究院首席专家孙滔指出，“中国式现代化将是我们自主创新的最大源泉，是我们科技人员最大的底气”。

与会代表一致认为，教育、科技、人才是全面建设社会主义现代化国家的基础性、战略性支撑。要用好用活用巧人才第一资源，更好激发人才的创新活力，充分释放创新潜能，为社会主义现代化强国建设提供坚实的智力支撑。党的二十大代表、国家超级计算天津中心党组书记孟祥飞指出，“要充分发挥新型举国体制的作用，将关键技术的突破融入产业链、创新链中，持续推动高质量发展，真正实现创新驱动发展”。党的二十大代表、中国地震局地质研究所研究员张会平表示，“地震科技创新平台正在加速推进，推动国际一流的地震科技人才队伍建设，为防震减灾事业高质量发展提供高水平科技供给”。党的二十大代表、中国电子科技集团公司首席科学家、第五十四研究所副总工程师孙晨华表示，“作为卫星网络行业的一员，要秉持团结协作、努力拼搏，为塑造卫星互联网新动能新优势，实现航天强国、网络强国、数字中国作出新贡献”。中国科学院计算技术研究所副所长陈云霁表示，“落实人才强国战略，要既产出成果又培养人才，为我国高科技产业的长远发展筑牢人才资源基础”。

张玉卓在总结讲话中指出，要深刻领会党的二十大的划时代意义，新时代的十年成就的取得，根本在于有习近平总书记作为党中央的核心、全党的核心掌舵领航，在于有习近平新时代中国特色社会主义思想的科学指引，必须更坚定更自觉、更内在更深层地衷心拥护“两个确立”、忠实践行“两个维护”。要深入思考谋划新征程上科技创新的使命责任，为中国式现代化建设提供科技动力，做好新时代科技人才工作，发挥科技人文交流优势，推动构建人类命运共同体。各级科协组织要担负起团结凝聚广大科技工作者在新征程上团结奋斗、创新建功的光荣使命，把党中央对科技界的期望化为切实行动。要深学细悟、深入思考，全面贯彻落实党的二十大精神；要弘扬科学家精神、涵养优良学风，蓄积高水平科技自立自强的精神动力；要围绕中心、服务大局，为中国式现代化提供强有力的战略支撑；要拓展开放、信任、合作，营造具有全球竞争力的开放创新生态。

中国科协组织人事部、宣传文化部、战略发展部、机关党委负责同志参加座谈会。

青年科技工作者代表学习贯彻党的二十大精神座谈会

11月11日，中国科协在浙江省温州市召开青年科技工作者代表学习贯彻党的二十大精神座谈会。第17届中国青年科技奖获奖者代表参加。中国科协党组成员、书记处书记束为出席座谈会并作总结讲话。中国科协组织人事部部长李坤平主持会议。

座谈会上，与会代表一致认为，党的二十大是在迈上全面建设社会主义现代化国家新征程、向第二个百年奋斗目标进军的关键时刻召开的一次具有里程碑意义的大会。党的二十大报告是一个强信心、聚党心、暖民心、筑同心的好报告，进一步指明了党和国家事业的前进方向，是我们党团结带领全国各族人民在新时代、新征程坚持和发展中国特色社会主义的政治宣言、行动纲领和进军号角。与会代表一致表示，教育、科技、人才三位一体，意义重大，要在开辟新领域新赛道、塑造新动能新优势的科技发展道路上奋勇争先、创新攻关。要心怀“国之大者”，牢记初心使命，坚决拥护“两个确立”，始终做到“两个维护”。要传承弘扬科学家精神，涵养优良学风，具备国际视野，向世界展现大国青年科学家的负责任形象。

四川大学华西医院副院长陈蕾指出中国在医疗器械和医共体结合方面处于起步阶段，医疗行业科技工作者任重道远。国家对华西医院给予良好的科研条件和平台支撑，给予科技工作者充分的尊重。作为科技工作者将进一步做到讲党性、讲大局、讲良心、有定力，潜心钻研，竭力奉献。中国电子科技集团公司第五十五所陈韬围绕“志存高远、未雨绸缪、知行合一”三个方面对我国的战略科技力量发展提出意见建议。指出科技人才要有国际视角，要将关键核心技术掌握在自己手中。企业作为国家战略科技力量重要组成部分，应加快自主创新，参与到构建以国内大循环为主体、国内国际双循环相互促进的新发展格局中去。江南大学科学技术研究院院长范大明提到我国的科研体系围绕技术攻关、人才项目、国家科技战略平台等方面已有非常完备的模式。要完善科研管理机制，推进有组织科研，加快科研范式和组织模式转变，提升科研管理规范程度。北京大学物理学院研究员冯旭围绕实现基础研究自立自强的路径，指出科技创新要集聚世界一流人才开展独创性研究。要发掘有天赋、有兴趣、有潜力的年轻人，给奇才、怪才、偏才以生存发展空间。要深入推进科技评价体系的改革，加快推动破“四唯”，建立以“四个面向”为导向的科技评价体系。中国科学院遗传与发育生物学研究所基因组生物学中心副主任许操聚焦党的二十大报告中出现的高频关键词“科技、创新、青年和精神”，详细介绍了种质安全、乡村振兴的实践成果，心系国家粮食安全和人民生命健康，表示科技工作者将努力成为引领世界科技的雁阵。中国人民解放军军事科学院研究室主任杨健从追核心，坚定不移走中国特色社会主义道路；立决心，把人生进步、事业发展与国家发展和民族复兴大业相结合；树信心，敢于挑战不确定性，把

不可能变成可能；明重心，找准科技创新着力点；有良心，扣牢学术人生的“风纪扣”五个方面阐述做好自主创新、服务国家战略科技力量的思考和感悟。西安电子科技大学先进材料与纳米材料学院副院长杨丽指出要着力突破从“0”到“1”的原始创新，突出人才的重要地位，要继续服务国家重大需求，深度创新攻关，抓好青年科技人才培养，从解决实际问题出发，一点一滴培养学生的创新能力。哈尔滨工程大学水声工程学院教授郑翠娥表示将立足海洋强国战略，充分调动和发挥高校的创新资源优势，围绕海洋信息、海洋工程、国防安全等前沿问题和国家重大需求开展科研攻关，在解决真问题中实现技术创新，在创新成果转化中攻克新难题。同济大学土木工程学院院长周颖从坚持自我革命、主动求变，坚持创新是第一动力，发挥教育科技人才的战略支撑作用三个方面分享了高校科研攻关、教学育人等创新实践，提出了高校办学的“大师、大器、大爱”战略发展支撑体系。

束为在总结讲话中对青年科技人才代表提出的真知灼见表示高度认可和赞同，勉励青年人才做好新时代科技创新的“答卷”。要坚持“四个面向”，始终把国家战略需求放在第一位、把人民的福祉放在第一位，努力成长为高水平科技自立自强的排头兵、爱国奉献的排头兵、团结奋斗的排头兵；要继续弘扬科学家精神和“两弹一星”精神，淡泊名利，潜心研究，坚持十年磨一剑，甘坐冷板凳，做到“不求做大官，但求做大事”，把更多的精力投入科学研究、应用在攀登科学高峰上；要进一步发现和培养更年轻的人才，甘做人梯，带好团队，当好雁阵领头雁；要开辟科技创新新赛道、激发经济增长新动能、拓展互利共赢新空间，为人类文明进步汇聚青年科学家的智慧与力量。

中国科协组织人事部、培训和人才服务中心，浙江省科协负责同志参加座谈会。

女科技工作者学习贯彻党的二十大精神座谈会

11月5日，中国科协常委会女科技工作者专门委员会、中国女科技工作者协会联合召开座谈会，深入学习贯彻党的二十大精神。中国科协副主席、女专委会联席主任、中国工程院院士乔杰主持会议，中国科协副主席、女专委会联席主任、中国工程院院士向巧，中国女科技工作者协会会长、女专委会委员、中国工程院院士王红阳线上出席并发言。中国科协党组成员、书记处书记束为出席会议并讲话。党的二十大代表中的女科技工作者代表、女专委会委员、女科协代表以线上线下相结合方式参加座谈。

座谈会上，党的二十大代表，云南白药集团中药研发总监朱兆云、军事科学院研究员何元智、农业农村部规划设计研究院农村能源与环保研究所所长沈玉君、沈阳鼓风机集团股份有限公司设计院副总工程师姜妍、中国医学科学院苏州系统医学研究院执行副院长马瑜婷、中国科技馆展览教育中心主任齐欣交流了参加党的二十大的感受和学习收获。参加座谈会的女科技工作者代表向巧、王红阳、国家自然科学基金委员会副主任高瑞平、中国标准化协会理事长于欣丽、中国食品学会常务副理事长邵薇、女科协秘书长解欣也谈了自己的心得体会。

与会女科技工作者一致认为，胜利闭幕的党的二十大，是在迈上全面建设社会主义现代化国家新征程、向第二个百年奋斗目标进军的关键时刻召开的一次十分重要的大会。习近平总书记所作的报告举旗定向、内涵丰富、催人奋进，为迈进全面建设社会主义现代化国家、全面推进中华民族伟大复兴的新征程提供了根本遵循和行动指南。党的二十大报告首次将教育、科技、人才贯通论述单独成章，强调创新在我国现代化建设全局中的核心地位和人才引领驱动的新要求，充分体现了以习近平同志为核心的党中央对教育、科技和人才工作的高度重视，体现了党对创新发展规律、科技管理规律和人才成长规律的认识和把握达到了新的高度，体现了“三大战略”在中国式现代化建设中的突出作用，进一步赋予科技界和科协组织新的任务。广大女科技工作者深受鼓舞，倍感振奋。

乔杰强调，女专委会、女科协在学习宣传贯彻党的二十大精神上要率先垂范、走在前列，更好地团结引领和服务女科技工作者，为加快建设教育强国、科技强国、人才强国，建设世界人才中心和创新高地贡献巾帼力量。

束为在讲话中指出，全国上下正在掀起学习二十大精神的热潮，按照中央部署，中国科协把学习宣传贯彻党的二十大精神作为当前和今后一个时期的首要政治任务。此次组织召开女科技工作者学习贯彻党的二十大精神座谈会，既体现了女专委会和女科协的政治引领力，也充分展现了女性科技工作者的政治自觉和历史担当。中国科协将按照党的二十大“深化群团组织改革和建设”的要求，着力建设有温度可信赖的科技工作者之家，进一步加强对女性科技人才的服务

支持，当好女科技工作者可亲可敬的“娘家”，想女科技工作者之所想，急女科技工作者之所急。要加大对女科技工作者的举荐奖励力度，加大女科技工作者组织建设的支持力度，切实为服务女科技工作者建功立业搭平台、建机制、筑生态，更广泛地将广大女科技工作者团结在以习近平同志为核心的党中央周围，在全面建设社会主义现代化国家的火热实践中展示巾帼风采。

科普研究领域专家学习贯彻党的二十大精神座谈会

11月4日，科普研究领域专家学习贯彻党的二十大精神座谈会在北京召开，会议邀请清华大学教授李正风、中国科学技术大学教授汤书昆、山西大学教授任定成、中国科学院科技战略咨询研究院研究员杜鹏、中国政法大学教授张秀华和英国肯特大学教授张悦悦等科普研究领域的专家参加座谈。中国科协专职副主席、书记处书记孟庆海出席会议并讲话。

会议围绕学习宣传贯彻党的二十大精神，结合落实《关于新时代进一步加强科学技术普及工作的意见》和《全民科学素质行动规划纲要（2021—2035年）》，重点就加强国家科普能力建设、以高质量科普赋能中国式现代化建设等重大理论和实践问题开展研讨交流，听取“科普中国智库”的专家、学者意见建议。

与会专家一致认为，党的二十大是在全党全国各族人民迈上全面建设社会主义现代化国家新征程、向第二个百年奋斗目标进军的关键时刻召开的一次十分重要的大会，是一次高举旗帜、凝聚力量、团结奋进的大会。习近平总书记的报告深刻阐释了新时代坚持和发展中国特色社会主义的一系列重大理论和实践问题，描绘了全面建设社会主义现代化国家、全面推进中华民族伟大复兴的宏伟蓝图，为新时代新征程党和国家事业发展、实现第二个百年奋斗目标指明了前进方向、确立了行动指南。党的二十大报告强调教育、科技、人才是全面建设社会主义现代化国家的基础性、战略性支撑，提出加强国家科普能力建设、提高全社会文明程度、实现社会主义文化新辉煌，这是党中央对科普工作提出的新要求，也为新时代科普工作高质量发展带来新机遇。

与会专家围绕学习贯彻党的二十大精神，深入分析新形势下党和国家对科普工作的新定位新要求，就推动新时代科普工作高质量发展，坚持人民性、引领性、时代性、科学性、融合性、开放性，更好发挥科普在中国式现代化进程中的重要作用，开展研讨交流，提出意见建议。中国科协按照党的二十大报告中“加强国家科普能力建设”的部署，建设国家科普中心，应切实履行全民科学素质行动牵头职责，强化组织动员能力，协同各方加强优质科普创作、推进智慧传播、建设科普生态，以高质量科普赋能中国式现代化。

孟庆海在讲话中指出，全国上下正在掀起学习党的二十大精神的热潮，中国科协把学习宣传贯彻党的二十大精神作为当前和今后一个时期的首要政治任务。组织召开科普专家座谈会，共商新时代新征程科普工作的新理念、新思路、新举措，也是中国科协学习宣传贯彻党的二十大精神的一个重要举措和安排。专家们牢牢把握习近平新时代中国特色社会主义思想的世界观、方法论和贯穿其中的立场观点方法，深刻领会“两个结合”“六个坚持”，思考和建议政治站位高、理论积淀深、意见建议好，充分展现了科普研究领域科技工作者的政治自觉和历史担当。

孟庆海指出，中国科普研究所要以学习宣传贯彻党的二十大精神为契机，继续推进“科普中国智库”建设，团结凝聚科普领域专家、学者，围绕新时代科普重大理论和实践问题开展研究，为党和政府开展科普工作提供决策咨询，在中国科协建设国家科普中心的新使命新任务中作出应有贡献。

中国科协科学技术普及部负责人、中国科普研究所班子成员等参加座谈。

现代科技馆体系学习党的二十大精神宣讲会

10月28日，现代科技馆体系召开学习党的二十大精神宣讲会。中国科协党组成员、书记处书记兼中国科技馆馆长殷皓主持会议并讲话。党的二十大代表、中国科技馆展览教育中心主任齐欣作专题宣讲。

殷皓指出，党的二十大在政治上、理论上、实践上取得了一系列重大成果，就新时代新征程党和国家事业发展制定了大政方针和战略部署，是我们党团结带领人民全面建设社会主义现代化国家、全面推进中华民族伟大复兴的政治宣言和行动纲领。现代科技馆体系要深刻领悟“两个确立”的决定性意义，牢记“国之大者”，增强“四个意识”、坚定“四个自信”、做到“两个维护”，全面发挥体系连接传导效应，迅速兴起学习宣传党的二十大精神热潮，积极谋划党的二十大精神在科技馆体系落地落实。

齐欣表示，党的二十大是在全党全国各族人民迈上全面建设社会主义现代化国家新征程、向第二个百年奋斗目标进军的关键时刻召开的一次十分重要的大会。要深入领会党的二十大报告，始终坚持党的领导，坚持以人民为中心，坚持价值引领，坚持科教融合。要按照党中央的统一部署，以饱满的政治热情履职尽责，以奋发有为的精神状态担当使命，继续面向广大公众和行业工作者做好党的二十大精神的宣讲解读，推动党的二十大精神在科普一线和科技馆体系落地见效。

北京科学中心、山西省科技馆、广西科技馆、合肥市科技馆、漠河极地体验馆主要负责人分别就各自领域学习领会党的二十大精神交流学习体会，介绍学习宣传贯彻的新部署新举措。

体系所属31个省级科技馆（含科技活动中心）及流动科技馆、科普大篷车、农村中学科技馆、数字科技馆代表，部分省级、地市级、县级科协代表和中国科技馆干部职工代表分别在北京主会场和各地视频分会场参加会议。

中国科协职工“致敬红色经典　献礼党的二十大”红色经典诵读会

9月23日，由中国科协机关党委、团委、直属机关工会主办，中国科协学会服务中心工会、团支部承办的“致敬红色经典　献礼党的二十大”红色经典诵读会决赛在北京举办。中国科协党组成员、书记处书记束为到现场观看比赛，中国科协机关党委负责同志，参赛单位部分领导班子成员和部分干部职工出席，约800人线上线下观看活动。

本次诵读活动邀请中国科普作家协会荣誉理事、中国科学院文联名誉主席郭曰方，中央音乐学院声乐歌剧系表演教研室主任、副教授王慧，中国电影集团公司党委组织教育宣传处处长、中国电影股份有限公司团委书记张旭，中国传媒大学导演系导演、编剧张馨元，以及群众评委、科普所诗歌朗诵爱好者石尚等5位评委进行现场打分和点评。

经过初赛，共有13支代表队参加诵读会决赛比拼。参赛选手们通过独诵、对诵、合诵、话剧等多种表现形式，饱含深情地表达对党的热爱、对革命先烈的崇敬和对科学家精神的歌颂。科技社团党委、中国科技馆、中国科学技术出版社3家单位获得一等奖，科协机关、学会服务中心、农村专业技术服务中心、中国公路学会4家单位获得二等奖，创新战略研究院、信息中心、青少年科技中心、企业创新服务中心、国际科技交流中心、科技导报社6家单位获得三等奖，其他单位选送的16个作品获得优秀奖。科技社团党委、中国科技馆、农村专业技术服务中心选送的作品获得原创作品奖，科协机关选送的作品《选择》荣获最佳原创作品奖。

9 月 19 日，全国政协副主席、中国科协主席万钢在北京参加全国科普日主场活动

8 月 28 日，中国科协荣誉主席韩启德参观在北京举办的周培源诞辰 120 周年主题展览

2 月 15 日，中国科协第十届全国委员会第三次会议在北京召开

2 月 15 日，中国科协第十届全国委员会常务委员会第四次会议在北京召开

6 月 17 日，中国科协第十届全国委员会常务委员会第五次会议在北京召开

6月26日，中国科协党组书记、分管日常工作副主席、书记处第一书记张玉卓
主持在湖南省长沙市举行的第二十四届中国科协年会开幕式

8月25日，中国科协党组书记、分管日常工作副主席、书记处第一书记张玉卓
在山西省临县调研基层科技教育工作

6月28日，中国科协党组副书记徐延豪主持在湖南省长沙市举行的第二十四届中国科协年会闭幕式

4月20日，中国科协专职副主席、书记处书记、世界公众科学素质组织筹委会主任孟庆海在北京以视频会议形式主持召开2022世界公众科学素质筹备委员会第一次会议

11月12日，中国科协党组成员、书记处书记束为出席在浙江省温州市举办的2022世界青年科学家峰会开幕式

2月21日，中国科协党组成员、书记处书记吕昭平出席在北京召开的2022“科创中国”年度会议

9月23日，中国科协党组成员、书记处书记兼中国科技馆馆长殷皓主持在北京举行的中国海洋石油集团有限公司助力乡村振兴暨中小科技馆共建行动启动仪式

11月4日，中国科协党组成员、书记处书记王进展出席在北京举办的中国科协高端科技创新智库建设专家会议并讲话

9月2日，中国科协党组成员兼国际合作部部长罗晖出席在北京举办的2022年中日韩女科学家论坛并主持对话交流环节

10月24日，中国科协党组在北京召开2022年第三十九次（扩大）会议，传达学习党的二十大精神

10月25日，中国科协在北京以线上线下结合方式召开科技工作者代表学习贯彻党的二十大精神座谈会

10月28日，中国科协十届常委会学习贯彻党的二十大精神座谈会以线上线下结合方式在北京召开

11月5日，女科技工作者学习贯彻党的二十大精神座谈会以线上线下结合方式在北京召开

11月16日，中国科协学习贯彻党的二十大精神辅导报告会以线上线下结合方式在北京举办

11月18日，中国科协在北京举办“勇担新使命　奋进新征程”学习贯彻党的二十大精神青年主题党日活动

2月21日，第二十四届中国科协求是杰出青年成果转化奖颁奖仪式在北京举行

2月25日，中国科协人才工作会议在北京召开

5月30日，2022年全国科技工作者日座谈会在北京举办

7月15日，第十七届中国青年女科学家奖颁奖典礼在北京举行

7月26日，2022年“最美科技工作者”集中遴选会议在北京召开

11月12日，世界青年科学家峰会在浙江省温州市开幕，开幕式上举行第十七届中国青年科技奖颁奖仪式

1月19日，中国科协与中国日报社在北京签署共建国际科技传播研究院合作协议

3月10日，中国交通建设集团有限公司科协成立，中国科协与中国交通建设集团有限公司在北京签署全面战略合作协议

3月11日，中国科协与黑龙江省人民政府在北京签署全面战略合作协议

5月7日，中国联通科协成立，中国科协与中国联通集团在北京签署战略合作协议

7月13日，中国科协与北京市人民政府在北京签署全面战略合作协议

11月22日，中国科协与中国能源建设集团有限公司在北京签署战略合作协议

8 月 27 日，2022 世界新能源汽车大会在北京开幕，
全国政协副主席、中国科协主席、世界新能源汽车大会主席万钢作主旨报告

11 月 21 日，发展中国家科学院第 16 届学术大会暨第 30 届院士大会
以视频会议方式在北京举办

3月28日，科技期刊集群发展和学术交流平台建设研讨会在北京召开

6月24日，第五届世界科技期刊论坛在湖南省长沙市举办

8月25日，第十七届中国科技期刊发展论坛在安徽省合肥市举办

2月21日，中国科协在北京召开2022“科创中国”年度会议

4月13日，人工智能与元宇宙高层次研讨会在北京召开

6月25日，中国科协主席与湖南大学生见面会在中南大学举办

6月26日，第二十四届中国科协年会在湖南省长沙市开幕

6月26日，湖南省党政领导与院士专家座谈会在湖南省长沙市举办

7月30日，以“脑机接口与脑机智能”为主题的第十五期中国科技会堂论坛在北京举办，发布《迈向自立自强　中国科技会堂论坛》丛书第一辑

1月7日，“典赞·2021科普中国”揭晓盛典特别节目在中央广播电视总台录制并于2月14日在CCTV10科教频道播出

4月1日，第十三届全国人大教科文卫委员会调研组到中国科技馆就《中华人民共和国科学技术普及法》落实情况开展专题调研

4月12日，2022年中国科协科普工作会议在北京召开

6 月 16 日，全国现代科技馆体系工作会议在北京召开

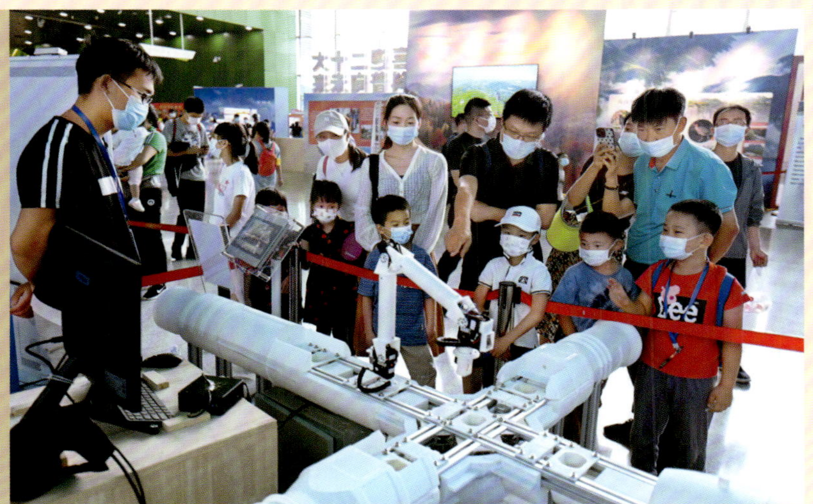

9月15—21日，2022年全国科普日北京主场活动在中国科技馆和北京科学中心举办

3 月 23 日，“天宫课堂”第二课地面主课堂在中国科技馆举办。神舟十三号航天员翟志刚、王亚平、叶光富在中国空间站为全国青少年进行太空授课

7 月 10 日，第 54 届国际化学奥林匹克在天津市开幕

7 月 20 日，2022 年青少年高校科学营全国开营式在北京举办

7 月 18 日，全国政协副主席、中国科协主席万钢
在北京会见联合国开发计划署驻华代表白雅婷

8 月 19 日，全国政协副主席、中国科协主席万钢
在北京会见大众汽车集团管理董事会成员贝瑞德一行

3月1日，中国科协与美国科学促进会在北京举行视频会谈

6月30日，中国科协与新加坡工程师学会在北京签署谅解备忘录

10月21日，中国科协党组成员兼国际合作部部长罗晖在北京会见来访的新任韩国驻华使馆科学技术和信息通信公使衔参赞李镇守一行

6 月 26 日，海峡两岸暨港澳科学家圆桌对话以线上线下结合方式在湖南省长沙市举办

9 月 9 日，全国政协副主席、中国科协主席万钢在北京会见香港工程科学院院长潘乐陶及其夫人郑若骅

9 月 22 日，中国科协党组副书记徐延豪率代表团出席在澳门举办的海峡两岸暨港澳协同创新论坛

加强自身建设　深入推进全面从严治党

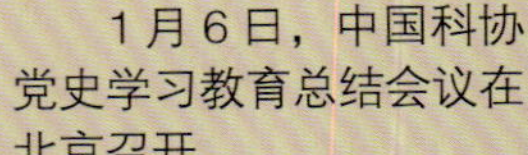

1 月 6 日，中国科协党史学习教育总结会议在北京召开

4 月 7 日，中国科协 2022 年全面从严治党工作会议在北京召开

4 月 15 日，中国科协 2022 年警示教育大会在北京召开

中国科协 2022 年
主要活动和重要事件

中国科协 2022 年工作概况

2022 年，中国科协坚持以习近平新时代中国特色社会主义思想为指导，以迎接学习贯彻党的二十大为主线，深刻领悟“两个确立”的决定性意义，进一步增强“四个意识”、坚定“四个自信”、做到“两个维护”，按照“聚焦靶心、争创一流、赋能基层、开放协同”的工作思路，广泛联合协作，在强化思想政治引领中勇担使命，在发挥桥梁纽带作用中奋发有为，在深化科协系统改革中开拓创新，更紧密地联系科技工作者、更广泛地惠及社会公众，团结带领广大科技工作者争当高水平科技自立自强排头兵，为全面建设社会主义现代化国家作贡献。

一、强化思想政治引领，团结动员广大科技工作者永远跟党走、奋进新征程

一是践行使命担当，全面贯彻习近平新时代中国特色社会主义思想。坚持学思用贯通、知信行统一，组织科技界深入学习习近平总书记关于科技创新、人才工作等重要论述。与求是杂志社开展战略合作，深化理论研究和价值引领，推动习近平新时代中国特色社会主义思想在科技界走深走实。实施党校“领航计划”，面向新当选院士举办学员论坛。面向青年科技领军人才、青年杰出工程师等开展国情研修活动，覆盖近千名领军科技人才。

二是加强“一体两翼”联动，推动科技界深入学习宣传贯彻党的二十大精神。“众心向党　自立自强”主题活动广泛动员全国学会、省级科协和各类基层科协组织宣传新时代伟大变革和非凡成就。“喜迎二十大，科普向未来”活动覆盖 324 个地（市、州、盟）2346 个县（市、区、旗）。“党领导下的科学家”全国巡展、“不忘初心、奋进新时代”展演等各类活动联动，“科普中国”平台“党的二十大”相关话题传播量超 116 亿人次，为喜迎党的二十大召开营造良好氛围。成立学习宣传贯彻党的二十大精神领导小组，邀请中央宣讲团成员做辅导报告，党组同志带头到全国学会和地方科协宣讲，发挥“关键少数”传导带动效应，以全国学会和知名科学家带动科技界学深悟透，组织科协常委、科技工作者代表、女科技工作者、青年科技人才专题学习座谈会，开展“百名科学家讲党课”“党的二十大代表进学会”等活动。发挥现代科技馆体系遍布全国、灵活机动的阵地优势，以群众喜闻乐见的形式开展宣讲。全国学会、各级地方科协走进企业、院所、高校，把党的二十大精神送到科技工作者身边。中国环境科学学会积极宣传习近平生态文明思想，中国老科技工作者协会制定专门工作方案引导老科技工作者深入学习贯彻党的二十大精神。

三是大力弘扬科学家精神，汇聚团结奋进力量。深化理论研究，与人民日报社、中央广播电视总台、求是杂志社等中央媒体深化合作，开设专题栏目。提升舆论传播力引导力，联合中国作协、新华社、中国日报社等推出“大地上的星火”、《科学偶像》等一批群众喜闻乐见的以科学家精神为主题的优秀文艺作品，微博“致敬最闪耀的星”“这是中国科学家的铮铮誓言”等话题累计阅读量超 20 亿。强化阵地建设，联合教育部、科技部、国资委、中科院、中国工程院、国防科工局等认证首批 140 个科学家精神教育基地，完成中国科学家博物馆基本建设，认真筹备国家科技传播中心首展。丰富活动载体，联合中央宣传部、教育部、科技部、中科院、社科院、中国工程院、国防科工局等组建中国科学家精神宣讲团，1000 余场“进高校、进院所、进企业”活动线上线下覆盖人群 4.6 亿人次。32 个省级科协共推出 6800 余位“最美科技工作者”先进典型，活动覆盖 2.4 万余家单位 2270 万人次。实施老科学家学术成长资料采集工程，挖掘珍贵史料，启动“中国科学家的故事”精品力作采编工程，推出“共和国勋章”获得者等系列丛书，组织“我愿以身许国”王淦昌生平事迹展等各类活动，全社会弘扬科学家精神的氛围更加浓厚。

四是涵养优良学风，推动形成风清气正、求真务实的科研氛围。联合科技部、教育部等开展“全国科学道德和学风建设宣传月”活动，发布学风倡议，引导广大青年与科研工作者“扣好第一粒扣子”。联合教育部共同拓展“共和国的脊梁——科学大师名校宣传工程”参与面，以宣传中国科学家为主题，19 所高校推出 20 个科学家主题剧目，上海交通大学排演的话剧《钱学森》赴澳门大学演出，坚持师生演校友、学弟演学长，广泛宣传把自身事业追求和人生价值追求同国家富强、社会进步、人民幸福紧密联系起来，坚持以人民利益为最高利益、以报效祖国为最高荣誉，在创造一流业绩中书写人生辉煌的科学大师。深入实施学风传承行动，在 500 余所高校院所新建“学风涵养工作室”，10 万大学生入驻“风启学林”社区，网上覆盖 5 亿人次。

二、围绕中心服务大局，激发广大科技工作者积极性主动性创造性推动高质量发展

一是推动产学研深度融合，支持科技工作者创新创业。与有关部委、地方、企业等建立战略合作机制，有效动员各方资源优势，形成支持科技工作者创新创业的工作合力。“全国双创活动周”2400余场活动吸引9605万人次线上线下参与，“科创中国”融通发展240多个产学研协同组织，通过创交会、创新方法大赛等各类活动搭建平台，推动构建开放创新生态。100家全国学会主动融入国家创新体系建设，组建489个科技服务团，1.6万名院士专家深入65个试点城市一线，推进科技成果应用转化。内蒙古引导所属学会广泛参与科技经济融合发展行动，辽宁“科技110”快速反应机制服务科技型中小微企业创新，浙江“博士创新站”带动青年科技人员创新创业，贵州实施“科技助力高质量发展引领工程”服务主战场。全国学会积极有序承接政府转移职能，发布团体标准1100余项，中国细胞生物学学会发布干细胞领域系列标准，中国电机工程学会促进标准国际化合作，中国制冷学会积极参与制冷行业国家标准复审和修订，中国针灸学会稳步推进针灸标准化工作，中国工程教育专业认证协会公布高教评估领域首个团体标准。

二是强化科技赋能，引导科技工作者助力乡村振兴。拓展产业帮扶有效模式，联合国家乡村振兴局实施“科技助力乡村振兴行动”，聚焦672个脱贫县产业发展，组建产业顾问组导入项目和人才资源，助力全面推进乡村振兴。会同中央文明办实施“智惠行动·百会百县乡村行”，推动科技资源下沉乡村。联合教育部、农业农村部推广“科技小院”研究生培养模式，支持全国780个“科技小院”建设，组织高校师生深入乡村推广现代农业技术，育好用好乡土人才。高效完成定点帮扶任务，落实科技助力产业发展、人才培训、消费帮扶等各项工作，培训基层干部、乡村振兴带头人、专业技术人才近5000人次。召开科协系统对口援疆工作座谈会，明确援藏三年重点任务，持续推进科技援疆援藏工作。

三是完善战略咨询体系，组织科技工作者服务科学决策。充分发挥高端科技智库作用，聚焦“国之大者”，围绕高水平科技自立自强、战略科技力量布局、国家整体科技能力评估、科技人才激励、创新创业生态等重大问题开展研究，科协系统全年报送各类决策咨询报告7000余篇。中国科技会堂论坛聚焦科技前沿搭建顶尖科学家与党政领导干部的交流平台，与中央党校合作开设10期“科技前沿”院士系列讲座。与清华大学、复旦大学等8家高校共建智库，实施科技智库青年人才计划。凝聚共识发布“人类社会发展十大科学问题”，提出10个前沿科学问题、10个工程技术难题、10个产业技术问题。50余家全国学会组建160余个决策咨询团队，吸纳汇聚2700余位智库专家。中国地理学会围绕国家安全和区域发展战略需求等积极建言献策，中国城市科学研究会围绕城市、能源、重大灾害防治等服务地方经济社会发展，中国科学学与科技政策研究会制定规划支撑科学学学科发展及人才培养。

三、一流期刊一流学会建设同向发力，服务高水平科技自立自强

一是世界一流科技期刊建设成效显著。122种期刊学科排名进入国际前25%，较上年增加26种；44种期刊学科排名进入国际前5%，较上年增加19种；30种期刊位列学科前三，较上年增加10种；《电化学能源评论》等14种期刊排名学科第一，《细胞研究》（英文版）等5种期刊影响因子进入全球百强。高起点新刊创办数量从30种增至50种，重点支持优先建设领域创办高水平英文科技新刊，积极推动海外英文期刊回流，25种首期纳入回归登记试点。推动开放科学，协同建设公益性学术资源服务平台，汇聚国内外40余家知名机构发起成立开放科学促进联合体，上线运营科技期刊自主传播平台SciOpen，吸纳41种期刊入驻。联合中国科学院共建数据仓储服务平台，推动期刊论文关联数据汇交共享。与全球最大的同行评议文献数据库Scopus持续开展选刊合作，中国期刊收录数量突破1000种。

二是持续推进中国特色一流学会建设。打造一批中国特色一流学会样板，分类评估全国学会实现精准画像，推广“一会一案”先进典型案例，示范带动整体能力提升。积极推进学会学科布局优化，中国胰腺病学会正式登记注册，中国网络空间安全学会、中国川藏铁路技术创新促进会、中国科技伦理学会等发起筹备，中国矿山安全学会加入中国科协团体会员。遴选支持50个学会分支机构做大做强，为开辟新领域新赛道奠定组织基础。

三是高质量学术交流引导科技发展方向。联动湖南、四川、北京、海南、天津、湖北等地，中国汽车工程学会、中国电子学会、中国公路学会等全国学

会积极作为，共同办好中国科协年会、世界科技与发展论坛、世界机器人大会、世界新能源汽车大会、世界智能大会、世界交通运输大会、全球工业互联网大会等高水平会议，广泛连接各类创新主体，汇聚全球产业资源和专家智慧。上海搭建高端前沿、层次多元的学术平台，加强与国际产业界和科技组织合作。宁夏举办绿色发展国际科技创新大会，推动绿色经济合作。754 个重要学术会议入选中国科协 2022 年度重要学术会议指南。聚焦基础前沿、关键核心技术、产业发展等重点领域，举办高层次专家研讨会、国际青年科学家沙龙等小型高端论坛活动。创新升级学科发展引领工程，启动 20 项学科发展研究、2 项学科史研究和 13 项产业技术路线图研究，促进学术繁荣和发展。

四、全面提升科协人才工作整体效能，助力推进人才强国建设

一是提升政治站位，系统布局科协人才工作。召开科协系统人才工作会议，印发《关于进一步加强和改进新时代科技人才工作的意见》《中国科协“十四五”期间人才工作规划》，扎实落实中央人才工作领导小组交办的 64 项重点任务，将人才工作有机融入科协工作的各个环节，为党聚才、为国荐才。多家省级科协先后召开人才工作会议，形成科协系统齐抓人才工作的生动局面，吉林科协做实“科技工作者之家”强化对高层次人才的联系服务，辽宁科协深化领军人才发展平台建设，山东科协牵头实施“战略科学家引育行动”服务区域人才大局，广东科协制定办法支持青年科技人才挑大梁、当主角。

二是实施人才工作基础工程，推动用好用活各类人才。开展中国青年科技奖、中国青年女科学家奖、中国科协求是杰出青年成果转化奖等表彰奖励，完善对全国创新争先奖等人才奖项获奖者的全周期服务。中国宇航学会推荐的天问一号任务团队获得国际宇航联合会 2022 年度“世界航天奖”，中国林学会“梁希科学技术奖”加大对林草科技人员的奖励力度，詹天佑科学技术发展基金会优化“詹天佑铁道科学技术奖”奖励办法。推动设立国家工程师奖，加强中国工程师联合体建设。“青年人才托举工程”辐射带动 19 个省（区、市）累计支持 7800 余名 32 岁以下科技人才，中国科技青年论坛吸引近 3000 名一线科技工作者，与教育部等联合发布《关于支持青年科技人才全面发展联合行动倡议》，推动“英才计划”纳入国家“十四五”教育发展规划等文件，培育青少年创新后备力量。服务人才评价改革，为临床医务人员、实验技术人员打造案例成果发表平台，并与湖南、河南两省卫生健康部门协同推进案例成果在人才评价中的应用。支持全国学会认定发布 41 个学科领域高质量期刊分级目录，推动中外期刊同质等效。研制世界期刊影响力指数，面向全球遴选统计源期刊 1.5 万余种，初步形成自主评价标准。

三是密切联系海外科技界，做大国际“朋友圈”。举办世界顶尖科学家论坛、世界青年科学家峰会等 1300 余场国际活动，近 2 万场高端学术活动“以会聚才”，促进科技人文交流。“海智计划”联系 2700 余家海外机构，提升各类海智基地质量，广泛辐射吸引海外科技人才。全国学会发展外籍会员 4500 余名，外籍科学家担任学会领导职务实现多年来零的突破。北京、广东等地开展工程师国际互认区域和行业试点，中国工程师联合体登记注册具备专业能力国际互认资格的工程师超过 1000 名，与新加坡、缅甸等国工程组织签署专业能力互认协议。北京、上海、广东、江苏、湖北等地加强海外引才工作，服务建设世界重要人才中心和创新高地。广西、重庆、云南等地深入开展人才培训、青少年科技交流等工作，促进“一带一路”沿线科技界民心相通。

五、深化科普供给侧改革，促进全社会共同提升全民科学素质

一是加强顶层设计，提升科普组织动员能力。密切与全国人大、科技部、司法部的沟通，推动科普法修订并配合做好科普法执法检查工作。推动制定并认真贯彻落实《“十四五”国家科学技术普及发展规划》《关于新时代进一步加强科学技术普及工作的意见》。开展第十二次中国公民科学素质调查。河南制定印发“科普十条”，浙江科普条例通过省人大初审，广东探索市场化、企业化思路推进科普公益事业发展。强化深化食品安全、防疫、地震、水利、气象、农业、应急等各领域的部际间科普协同与合作，24 个省（区、市）将科学素质纳入本省经济社会发展规划，17 个省（区、市）以及新疆生产建设兵团将科学素质工作纳入党委、政府考核指标。全国科普日活动覆盖 97.6% 的地级市及澳门特别行政区。天津、宁夏、深圳等地持续推进“全域科普”向纵深发展。

二是提升服务供给能力，加强优质科普内容生产。组织动员近 100 万名科技工作者开展科普创作，汇聚科普作品超过 360 万个，总传播量超 132 亿人次。

中国地理学会打造以《中国国家地理》为龙头的多媒体和重点活动科普品牌，中国心理学会面向新冠肺炎疫情及重大突发事件积极组织开展科学持续的心理援助，中国航空学会主办的《问天少年》成为年度出版行业现象级新刊，中国食品科学技术学会修订《食品安全科普宣传大纲》促进提升食品安全意识，中国营养学会发布《中国居民膳食指南（2022）》指导公众提升健康素养，中国抗癌协会搭建肿瘤“防筛诊治康”服务平台服务公众上亿人次。“科普中国”平台创新升级，累计传播量超1600亿人次。联合权威机构发布辟谣榜单，“科学辟谣平台”传播量29亿人次，搭建网络科普专家审核平台。现代科技馆体系线上线下服务公众近23亿人次，“天宫课堂”24小时全网点击量19亿次。北京、辽宁、黑龙江等地举办“冬梦飞扬”科技冬奥主题巡展，青海着力打造“生态科普”服务品牌，江西“科技一日游”活动推进优质科普资源普惠共享。

三是开展各类专项科普行动，服务基层和重点群体。全国科技馆联动计划汇聚1000余套科普资源形成流动库目录，服务3440余万人次。联合中国海油、河南济源钢铁等一批企业启动“中小科技馆共建行动”，在海南五指山和甘肃合作等地区建设县级科技馆。实施“银龄跨越数字鸿沟”专项行动，推动筹建国家老年科技大学，浙江组建教学网点5290个、培训258万人次，服务老年群体融入数字生活。

六、扩大基层组织覆盖，健全联系服务科技工作者的工作体系

一是重点发展企业科协，加强对企业科技工作者的联系服务。围绕人工智能、新能源等领域新建央企科协21家，约40%的央企均已成立科协。在128家头部民营企业、专精特新企业、“独角兽”和“瞪羚”企业成立科协，服务“码农”、技术经理人等新业态新就业群体中的科技工作者，扩大对科技领域新的社会阶层人士的覆盖。国家级高新技术产业开发区、经济技术开发区新建科协14家，以点带面服务企业科技工作者。各地科协不断创新工作机制，北京建立企业科协“秒批制”，安徽实现省级以上园区科协、部属省属高校科协全覆盖，陕西推进科协组织向国有大型企业和非公科技组织等延伸，江苏提供清单式服务助力企业纾困解难，湖南发挥企业科协联合会作用，福建推动院士和科技社团资源向企业聚集，服务企业科技创新。

二是尊重基层首创，激发科协基层组织的发展活力。100余个地方科协和全国学会先后开展改革试点探索，创新组织设置，建强工作阵地，形成一批可复制可推广的经验。“科技工作者之家”建设试点联系1万余家各类团体，常态化推进“三长”制，吸纳7.3万名科技工作者进入科协。依托党群服务中心、新时代文明实践中心和科技文化场馆，开展特色科技志愿服务活动，累计注册志愿者近400万人、志愿服务组织近9万个，组织10万名大学生参与各类科技志愿服务，全年开展140万项科技志愿服务活动，切实提升群众获得感。中国计算机学会设立108个地方服务机构，为会员提供“贴身”服务。中国农学会完善农村科普体系，建立科技志愿服务队伍130余支。中国农村专业技术协会优化组织动员服务体系开展基层科技服务活动，受益人数3430万人次。

三是完善制度体系，强化科协基层组织的工作保障。构建以中国科协章程为统领，涵盖准则、条例、通则、规定、办法、规则、细则等的组织建设制度体系，制定（修订）中国科协团体会员管理办法、选举工作条例、常务委员会专门委员会工作规则、全国学会重点事项监管暂行办法、企业科协组织通则等系列制度。山东、河南、贵州等多地人大常委会修订《科学技术协会条例》，北京、广西、湖北、新疆、宁夏、山西等省级科协修订实施中国科协章程的细则，为激发基层组织活力奠定基础。

七、深化全球科技人文交流，增进科技界开放信任合作

一是推进国际科技组织建设，支持科技工作者参与全球科技治理。会同相关部委、地方就优化国际科技组织审批程序达成共识。中国汽车工程学会牵头发起成立国际氢能燃料电池协会，中国电子学会发起成立世界机器人合作组织，中国颗粒学会发起成立国际介科学组织，中国机械工程学会发起成立国际智能制造联盟，取得突破性进展。启动世界青年科学家联合会等新一批国际科技组织的论证和报批工作，支持中国工业设计协会等20余家单位在重要科技领域做好国际科技组织培育发起工作。科技工作者深度参与国际组织事务取得新进展，中国科协及全国学会共加入国际组织380个，专家个人加入国际组织205个，969位专家在其中任重要职务。

二是织密伙伴关系网络，完善中外科技界对话交流机制。发挥联合国咨商专委会和咨商专家作用，支

持我国科技工作者在国际平台上阐明中国主张。推进与美、欧等主要创新型国家科技界的交流对话，加强与东盟和周边国家科技界的合作，深化与发展中国家科技界的团结。与美国科学促进会续签合作备忘录。推动科技馆体系国际交流，“中国古代科技展”展品受邀赴希腊美术学院巡展。中国物理学会与美国物理学会共办吴健雄先生诞辰 110 周年纪念活动。中国化学会联合南开大学等承办第 54 届国际化学奥林匹克竞赛，84 个国家参赛。举办青少年创客营等品牌活动，覆盖全球 150 个国家。

三是团结爱国进步力量，加强与港澳台科技界交流合作。支持爱国爱港爱澳科技界人士发挥积极作用，团结台湾科技界人士参与两岸融合发展，加强对港澳台青年科技工作者的国情教育，联合教育部组织港澳台大学生暑期实习活动，290 名港澳台大学生在内地 137 家企业参加实习研修，630 名港澳台青少年参加高校科学营等活动，举办港澳台青年科技人才国情研修班。支持港澳发展创新科技，融入国家发展大局，共同举办大湾区工程师论坛，推动建立粤港澳大湾区专业学会联合体，在港澳地区创建科学家精神教育基地、全国科普教育基地，举办“时代精神耀濠江”、当代杰出华人科学家公开讲座等活动。

八、扎实推动数字化转型，走深走实网上群众路线

一是“智慧科协”建设初见成效。全国学会和地方科协广泛参与，迭代建设“科普中国”“科创中国”“智汇中国”平台，打造上下联动、纵横互通、共建共治共享的平台生态。“科普中国”汇聚 1380 万科普信息员，“科创中国”吸引 1600 余万科技工作者，“科情在线”连通近 1000 万科技工作者。各全国学会和地方科协以数字化转型推动组织改革发展，中国力学学会以业务需求为驱动、以服务科学家为目的构建覆盖全面、功能完善的信息系统，中国自动化学会接长信息化服务手臂实现平台与业务同频共振，中国汽车工程学会建立与学术活动轨迹档案等线上线下全面融合的人才服务体系，中国仪器仪表学会积极打造数字化会员生态，中华预防医学会持续开展健康科普云讲堂提升公众健康素养，中华口腔医学会建设网上会员办事大厅提供更精准服务；北京全力建设“数字科协”，河北科协建好用好网上办事服务大厅，甘肃推进“甘肃智慧科协”平台和虚拟融媒体中心建设，四川“天府科技云”平台覆盖 7.5 亿人次。

二是打造“网上科技工作者之家”。培育网上科协组织社区，推动“科技工作者之家”建设向纵深拓展、向基层延伸。网上科协组织社区累计用户达 780 万人、年度新增 97.83 万人，入驻组织达 18.37 万家、年度新增 3.69 万家，联系服务能力进一步提升。建设科技人才信息库，全国学会、地方科协、中央企业等各类人才数据入库。

三是初步建成“全国学会办事大厅”。实现全国学会会员信息基本入库，汇集中国环境科学学会、中国金属学会、中国农村专业技术协会、中华护理学会等 210 家全国学会、559 万会员基础数据信息，为科技工作者提供更精准服务。为学会提供直播、宣传服务 663 场，累计观看人次达 2249 万，更好服务学会发展。

九、深化党史学习教育，持续为科技工作者办实事

一是把党史学习教育融入科协主责主业。广泛开展“强国复兴有我”群众性主题宣传教育，全国学会和地方科协举办特色鲜明的系列活动，利用全国科技工作者日等重大节日和事件，组织看望慰问、基层宣讲、视频展示、文艺汇演等活动，吸引科技工作者主动参与，自觉把个人和团队奋斗融入国家发展大局。

二是及时了解反映科技工作者所思所盼。持续打造全口径、零距离、广覆盖的线上线下调查体系，及时感知科技工作者思想动态，成为洞察科情民意的“千里眼”。依托 516 个线下调查站点开展第五次全国科技工作者状况调查，覆盖 10 万科技工作者，11 个省级、地市级科协联动 120 余家相关机构开展区域调查。围绕科技工作者思想状况、企业科技人才发展趋势等开展专题调研，深入调查反映一线科技工作者的期待和建议。

三是建立“我为科技工作者办实事”常态化长效化机制。各级科协领导带头深入基层调研，推动解决学会、基层组织发展面临的困难和问题。开展“访学会、送服务”系列活动，针对学会工作人员存在的职业发展评价难、晋升难、交流难问题，在中国公路学会等 3 家学会试点开展学会专职人员水平评价工作。各地结合实际推出科技工作者心理服务热线、“为女科技工作者办实事”、知识产权服务等一批实事，把组织关心送到广大科技工作者身边。天津科协开展民营企业工程技术系列职称评审，深受一线科技工作者欢迎。黑龙江科协制定出台服务科技工作者 18 条，促进科技人才成长。山东科协将科学传播专业纳入专业职称评价系列，拓展科普人才职称晋升渠道。重庆科协牵头开展“为助”行动，为科技工作者解决子女入学、看病就医等实际困难。

十、深入推进全面从严治党，形成追求卓越、大力协同的科协组织文化

一是全面加强党的政治建设，强化使命担当。广泛开展“走好第一方阵　我为二十大作贡献”“对党忠诚、始于足下”主题党日等活动，不断增强同党中央保持高度一致的思想自觉政治自觉行动自觉。全面落实“两个责任”，压实管党治党政治责任，自觉接受纪检监察组监督，开展“融合监督”建设，推动巡视监督、审计监督、财务监督、纪律监督统筹衔接，加强警示教育。开展“作风兴会”建设，做实做细日常监督，加强对重要业务工作的全过程监督。坚决落实中央八项规定精神，紧盯重要节点和年节假期及时提醒预警，坚决纠治形式主义、官僚主义。

二是旗帜鲜明加强党的全面领导，提升学会党建实效。214 家全国学会将坚持党的全面领导、党的建设等载入章程。完善学会党建工作指导委员会工作规则，加强党建理论研究，创新在学会理事会层面开展党建工作的模式，明确学会党委职责任务清单和“负面”清单。扩大学会分支机构党建工作覆盖面，推进党建向“毛细血管”延伸。广东科协健全与科技社团党组织挂钩直联机制，抓党建带群建。西藏成立区科协行业党委，实现所属 35 个区级学会党组织全覆盖。中国水产学会以党建引领水产绿色健康养殖“五大行动”，助力渔业高质量发展；中国康复医学会开展“康复服务行”党建强会活动，组织 16 批次专家开展义诊培训；中国城市规划学会发挥党的组织引领核心作用，致力形成党领导下的中国特色一流学会治理体系。中国岩石力学与工程学会、中国机械工程学会、中国热带作物学会、中华医学会、中国青少年科技教育工作者协会等 75 家学会实施“党建强会计划”，以党建引领事业发展。

三是落实意识形态工作责任制，防范化解风险隐患。加强宣传思想阵地和队伍建设，压紧压实意识形态主体责任，及时了解干部职工思想动态，有针对性地做好思想政治工作，出台工作方案和系列制度，部署应急预案，加强舆情监测，第一时间发现、第一时间处置，防范化解重大风险。

四是培育科协组织文化，夯实科协事业发展长远基础。各位副主席、常委、全委带头发挥作用，在宣传贯彻党的二十大精神、促进科协事业发展中积极作为。各工作委员会和专门委员会全力支撑常委会，指导开展各项业务工作，提供高质量决策咨询，积极促进委员履职。各级科协主动争取支持，加强与部门、企业等的战略合作和协同联动，广泛联系国内外各类团体，寻求最大公约数，绘好同心圆。重视青年干部成长，创造条件让青年干部担重担、挑大梁，增强科协系统干部明大势、能洞察、敢担当、善执行的本领，建设高素质专业化干部队伍。科协各级工会组织举办丰富多彩的群众性文化体育活动，坚持为职工做好事办实事解难事，持续关心困难群众。

综　合

【中国科协第十届全国委员会第三次、第四次、第五次会议】 2 月 15 日，中国科协第十届全国委员会第三次会议在北京召开。会议传达学习中央书记处关于中国科协工作的重要指示精神，审议通过了中国科协常委会工作报告。全国政协副主席、中国科协主席万钢作常委会工作报告。中国科协党组书记、分管日常工作副主席、书记处第一书记张玉卓主持会议。

会议认为，2021 年是中国共产党成立一百周年，在党和国家历史上具有里程碑意义。中国科协第十次全国代表大会成功召开，习近平总书记出席大会并发表重要讲话，面向科技界发出推动高水平科技自立自强的动员令，科技界深受鼓舞。一年来，在党中央的坚强领导下，中国科协切实履行桥梁纽带职责，着力加强思想政治引领，着力服务党和国家工作大局，着力深化科协系统改革，着力加强党的领导和党的建设，团结科技工作者在党史学习教育中明理增信、崇德力行，激励科技工作者心怀“国之大者”，勇当高水平科技自立自强排头兵，在国家现代化新征程中建功立业，展现了科协组织服务推动高质量发展和共同富裕的新气象、新作为。

会议指出，2022 年是进入全面建设社会主义现代化国家、向第二个百年奋斗目标进军新征程的重要一年，改革发展稳定任务之重、矛盾风险挑战之多、治国理政考验之大都前所未有，国内国际新形势对科协组织提出了新任务。要把迎接学习宣传党的二十大作为工作主线，切实提高政治站位，自觉同党的理论和路线方针政策对标对表，进一步加强对科技工作者的团结服务，做细人心工作，为党的二十大胜利召开营造良好社会氛围。要坚决抢占高水平科技自立自强制

高点，紧跟科技革命和产业变革时代步伐，坚持开放创新，以更广阔的视野和系统的思维，审视创新发展、预见风险挑战、实现历史主动。要提振奋进新时代新征程的精气神，面对世纪疫情冲击和百年变局加速演进，牢固树立底线思维和风险意识，发扬斗争精神，团结引领科技界坚定理想信念、坚定创新自信、坚定科技报国，把创新主动权、发展主动权牢牢掌握在自己手中，有效服务高质量发展。

会议指出，2022 年，中国科协要坚持以习近平新时代中国特色社会主义思想为指导，全面贯彻落实党的十九大和十九届历次全会精神，深刻认识“两个确立”的决定性意义，切实增强“四个意识”、坚定“四个自信”、做到“两个维护”，保持和增强政治性、先进性、群众性，聚焦靶心、争创一流、赋能基层、开放协同。要扎实做好十个方面的工作：巩固党在科技界的执政基础，在思想引领的广度深度精度上实现新突破；全面支撑高质量发展，在组织动员响应机制上实现新突破；推动高水平科技自立自强，在两个一流建设上实现新突破；全面做好人才工作，在联系服务机制和效能上实现新突破；高质量推动科学素质纲要实施，在提升科普组织动员和服务能力上实现新突破；拓展基层组织联系覆盖，在科技志愿服务机制上实现新突破；增进对国际科技界的开放信任合作，在国际科技组织建设上实现新突破；走实网上群众路线，在信息化水平上实现新突破；深化党史学习教育，在“我为群众办实事”的成效上实现新突破；推动全面从严治党向纵深发展，在组织文化发展上实现新突破。

会议强调，要深入学习贯彻习近平总书记在中国科协“十大”上的重要指示精神，切实担负起党和国家赋予科协组织的使命任务，春风化雨做好思想政治引领工作，与科技工作者广交朋友，用好科学家精神载体，凝聚奋进新征程的磅礴力量。要坚持聚焦靶心，紧密围绕中心和大局开展工作，提高战略谋划和执行能力，做到“看得懂、看得准、看得远”。要坚持争创一流，加快建设一流学会和一流期刊，全国学会善于捕捉国际科技前沿变化，确保在战略必争领域实现有效覆盖，吸引国内机构在海外出版的期刊回流，增强我国科技期刊的全球知识服务与传播能力。要坚持赋能基层，拓展基层组织联系覆盖，眼睛向下、重心下移，全面谋划中国科协资源与省市县科协和基层科协组织的互联互通，探索科技志愿服务新模式。要坚持开放协同，强化“一体两翼”协同共进，放大科协系统工作合力，主动加强同各级党委政府和社会各界的沟通联系，进一步加强同国际科技组织和科学家的交往和务实合作，增进对国际科技界的开放信任合作。

来自全国学会、地方科协、高校、科研机构、企业等领域的 8 位全国委员，结合本人履职和工作情况，分别从党建强会、人才联系服务、青年人才成长、一流科技期刊建设、政治化提升全民科学素质、打造科协高端智库、企业科协建设、国际合作交流等角度作交流发言。会议向中国化学会等 14 个荣获“全国先进社会组织”称号的中国科协所属全国学会颁授奖牌。211 家全国学会在会上联名发布了《中国科协全国学会学术出版道德公约》。

会议以电视电话形式召开，中国科协 362 名全委会委员参加会议。各省区市科协班子成员和中层干部，各全国学会、协会、研究会负责人，驻科技部纪检监察组负责人，中国科协机关部门和直属单位负责人列席会议。

出席委员：万钢、张玉卓、乔杰、向巧、陈学东、孟庆海、袁亚湘、莫则尧、高鸿钧、尤政、陈薇、施一公、高松、黄璐琦、潘建伟、王博、王进展、付巧妹、吕昭平、束为、吴孔明、张进华、张荣桥、陈维江、武向平、罗琦、赵巍胜、殷皓、龚旗煌、薛澜、巴桑旺堆、卢怀玉、叶聪、叶如玉、宁允展、吕智强、朱蓓薇、刘庆峰、刘明侦、李元元、李党生、宋永华、张杰、陈勇、陈红樱、凯赛尔·阿不都克热木、韩喜球、薛其坤、丁志峰、于小虎、于明祥、于忠山、于欣丽、万建民、马超、马歆、马爱文、马福海、王刚、王健、王韵、王小云、王正志、王延祜、王守东、王时伟、王国辰、王建华、王俊利、王新江、牛东晓、毛大庆、方忠、方宪法、石楠、龙卫球、申金升、白由路、仝小林、吕跃广、朱莎、朱立新、朱庆山、伏广伟、刘峰、刘峰、刘文杰、刘正雷、刘兴平、刘军萍、池宏、池慧、汤鑫华、许泽玮、孙乐、孙滔、孙小淳、孙正运、李红霞、李坤平、李宗浩、李晓虎、李海燕、杨晓光、杨焕明、吴季、吴升艳、吴欣娟、吴建平、吴善超、何鸣鸿、何满潮、沈清、宋延林、宋超智、张辉、张幼怡、张延川、张志强、张抒扬、张丽萍、张宝晨、张春华、张晓玲、陆大明、陆日宇、陈英、陈鹏、陈山枝、陈文涛、陈发虎、陈伟明、陈志强、陈幸良、陈海生、邵薇、武强、林明森、罗格、罗晖、季林、金灿荣、周源、周平坤、周伟奇、周德山、底青云、郑素萍、赵罡、郝卫东、胡义萍、胡所亭、胡承森、胡海岩、钟林生、修龙、姜文波、姜恩来、娄智勇、姚俊臣、秦川、袁利、贾明星、贾金生、夏扬、钱岩、徐颖、徐延豪、徐明波、高吉喜、高焕芝、高瑞平、郭哲、郭立新、郭传瑸、郭良栋、唐卫清、曹春昱、崔利锋、崔恒建、康乐、彭友良、彭明强、蒋澄宇、谢小勇、詹祥江、穆荣平、戴厚良、戴彧虹、魏山忠、魏均民、沈洁、王光强、于黎、于吉红、万芬芬、马兴发、王凡、王奕、王娜、王涛、王涛、王二涛、王红阳、王春秋、王彬文、王耀南、尤伟利、毛大付、卞永明、方毅、艾先涛、叶贤林、田梅、白卉、冯志君、冯夏庭、冯淑霞、冯新斌、尼玛次仁、匡铭、吕学强、吕爱辉、朱有勇、向虹翔、刘丽、刘彦、刘敏、王瑰曙、刘文峰、王海龙、刘丽君、刘秀玲、刘章锁、关静、江用文、孙东明、孙春雷、芮筱亭、严建文、苏秀清、李小年、李连成、李言荣、李喜和、李豫琦、杨小锋、杨礼富、杨庆新、杨希娟、杨晓江、肖艳红、吴玉章、吴安华、吴泽源、何卫锋、宋宝安、张旭、张佳宝、张春英、张晓燕、张福仁、陆为民、陈军、陈娟、陈骏、陈蓉、陈馨、陈十一、陈明志、陈剑平、陈炳东、陈振明、纳翔、范渊、金东寒、金智新、周时莹、郑兰荪、郑庆顺、郑李娟、胡洁、胡月明、柏连阳、姚宜斌、骆清铭、徐涛、徐建光、徐德鸿、高翅、高新波、郭东明、郭素萍、陶静、黄莹、曹荣、崔鹏、麻魁、梁建英、蒋艳、蒋宇扬、蒋晓云、韩振宇、童小华、曾萍、曾能建、谢志远、詹仁斌、廖森泰、樊代明、魏伟、王新会、赵刚、丁茂生、丁奎岭、王飞跃、巨东英、石勇、卢春房、冯连世、成升魁、成诗明、刘世荣、刘志硕、刘保延、孙立宁、严纯华、李晓刚、杨占峰、岑浩璋、张莹、张英俊、张树林、张福锁、陈晔光、林天、林忠钦、欧建成、尚春明、胡文鑫、姚俊臣、饶权、秦继荣、袁智军、顾瑛、晏志勇、徐建国、高会军、高裕弟、唐威华、黄才发、崔世平、葛群、蒋庄德、景益鹏、谢剑平、谢潮添、戴国强、戴琼海、种康、刘大可。

7月6—14日，中国科协第十届全国委员会第四次会议以通讯方式召开。中国科协391位全委会委员出席会议。

11月28日，中国科协第十届全国委员会第五次会议以通讯方式召开。中国科协393位全委会委员出席会议。会议审议了《中国科协十届常委会第六次会议关于增补束为同志为中国科协第十届全国委员会副主席的决议》。按照《中国科学技术协会章程》和《中国科协选举工作条例（试行）》规定，会议批准同意增补束为同志为中国科协第十届全国委员会副主席。

【中国科协第十届全国委员会常务委员会第四次、第五次、第六次会议】 2月15日，中国科协第十届全国委员会常务委员会第四次会议以电视电话形式召开。全国政协副主席、中国科协主席万钢主持会议。

会议传达学习了中央书记处对中国科协工作的指示精神，报告了中国科协十届三次全委会议日程安排。

会议指出，中央书记处对科协2021年工作给予充分肯定，对2022年工作提出明确要求，充分体现了以习近平同志为核心的党中央对广大科技工作者的亲切关怀、对科协工作的高度重视。

会议审议通过了《中国科协常委会工作报告》，审议并同意变更、增补中国科协第十届全国委员会委员事项。会议听取了十届常委会专门委员会组建情况的汇报，书面审议了常委会各专门委员会2022年工作计划。

会议强调，2022年是进入全面建设社会主义现代化国家、向第二个百年奋斗目标进军新征程的重要一年，特别是今年将隆重召开党的二十大，做好全年工作意义重大。中国科协要坚持以习近平新时代中国特色社会主义思想为指导，深入学习贯彻党的十九大和十九届历次全会精神，学深悟透习近平总书记关于群团工作的重要论述精神和中国科协“十大”重要讲话精神，按照中央书记处指示要求，紧扣迎接学习宣传党的二十大工作主线，强化思想政治引领，加快实施中国科协“十四五”规划，团结引领广大科技工作者为加快实现高水平科技自立自强作出更大贡献。

万钢、王博、王进展、尤政、巴桑旺堆、卢怀玉、叶聪、叶玉如、付巧妹、宁允展、吕昭平、吕智强、朱蓓薇、乔杰、向巧、刘庆峰、刘明侦、李元元、李党生、束为、吴孔明、宋永华、张杰、张玉卓、张进华、张荣桥、陈勇、陈薇、陈红缨、陈学东、陈维江、武向平、罗琦、凯赛尔·阿不都克热木、孟庆海、赵巍胜、施一公、袁亚湘、莫则尧、殷皓、高松、高鸿钧、黄璐琦、龚旗煌、韩喜球、潘建伟、薛澜、薛其坤等49位常委出席会议。

中国科协党组副书记徐延豪，党组成员、国际合

作部部长罗晖，驻科技部纪检监察组有关同志和中国科协有关部门单位负责人列席会议。

6 月 17 日，中国科协第十届全国委员会常务委员会第五次会议以线上线下形式召开。全国政协副主席、中国科协主席万钢主持会议。会议审议通过了中国科协第十届常务委员会委员建议名单；审议并同意吕昭平不再担任中国科协书记处书记职务。

会议听取了中国科协 2022 年上半年工作情况和下半年工作思路的汇报，听取了第二十四届中国科协年会筹备情况的汇报。

会议审议通过了《企业科学技术协会组织通则》，审议并同意接纳中国矿山安全学会加入中国科协团体会员，审议并同意变更、增补中国科协第十届全国委员会委员事项。

会议强调，要深入学习贯彻落实习近平总书记重要讲话、指示批示精神和中央书记处指示要求，扎实履行党和政府联系科技工作者桥梁纽带职责。第二十四届中国科协年会要聚焦靶心，对标国家发展战略，心怀“国之大者”，充分发挥科协人才荟萃、智力密集优势，进一步提升年会成效，以务实举措服务湖南高质量发展，以更加优异的成绩迎接党的二十大胜利召开。

万钢、王博、王进展、王恩东、尤政、巴桑旺堆、邓秀新、卢怀玉、叶玉如、宁允展、吕昭平、向巧、刘若鹏、刘明侦、李党生、杨伟、束为、宋永华、张玉卓、张进华、张荣桥、陈红缨、陈学东、陈维江、武向平、罗琦、凯赛尔·阿不都克热木、孟庆海、施一公、袁亚湘、莫则尧、殷皓、高松、高鸿钧、韩喜球、薛澜等常委出席会议。

中国科协负责同志徐延豪、罗晖，中央纪委国家监委驻科技部纪检监察组同志，中国科协有关部门单位负责人列席会议。

11 月 24 日，中国科协第十届全国委员会常务委员会以通讯方式召开第六次会议，审议增补束为同志为中国科协第十届全国委员会副主席事项。按照中央要求，根据《中国科学技术协会章程》和《中国科协选举工作条例（试行）》规定，会议表决同意增补束为同志为中国科协第十届全国委员会副主席，按照程序提交中国科协第十届全国委员会会议批准，并报中央备案。

【中国科协十届常委会组织建设专门委员会第一次会议】 1 月 20 日，中国科协十届常委会组织建设专门委员会第一次会议在北京召开。中国科协党组书记、分管日常工作副主席、书记处第一书记、专委会主任张玉卓主持会议。中国科协党组成员、书记处书记、专委会常务副主任束为，农业农村部党组成员、中国农业科学院院长、中国工程院院士、专委会副主任吴孔明，中国科协党组成员、机关党委书记、专委会副主任王守东以及 15 位委员通过线上线下方式参加会议。

张玉卓强调，组织建设是坚持党对科协工作的全面领导、强化桥梁纽带职责、广泛团结凝聚海内外科技人才的重要基础工程。专委会是中国科协副主席、常委和全委会委员履职的重要平台。希望专委会委员分工协作、履职尽责，争取在任期内实现指导构建一个科学完备的制度规范体系、破解一批改革发展难题、营造一个大联合大协作的组织建设工作氛围、发起成立一批科技组织、实现一系列数字化转型、联系一批国家战略人才力量和战略科技力量的愿景目标。组织人事部作为专委会办公室要做好支撑保障。

会议审议通过 2022 年专委会工作计划、中国科协组织建设制度规范制定修订计划，听取推进国际科技组织建设、加强企业（园区）科协组织建设的情况汇报。与会委员围绕加强科协系统组织建设和发挥专委会作用发表了意见。委员们表示，组织建设事关科协事业发展全局，将积极参与专委会工作，共同推进组织建设取得新突破，增强科协组织对高水平科技自立自强的支撑力、贡献力，以优异成绩迎接党的二十大胜利召开。

组织建设专门委员会经中国科协十届三次常委会议同意成立，共设委员 23 人，主要负责协助常委会研究和审议科协系统组织建设相关事项。

中国科协有关负责人列席会议。

【中国科协十届常委会人才工作专门委员会第一次会议】 2 月 10 日，中国科协十届常委会人才工作专门委员会第一次会议在北京召开。中国科协副主席、中国科学院院士、专委会联席主任袁亚湘主持会议。中国科协副主席、中国科学院院士、专委会联席主任杨伟，中国科协党组成员、书记处书记、专委会常务副主任束为，专委会副主任王博、巴桑旺堆以及 17 位委员通过线上线下方式参加会议。

袁亚湘强调，党的十九大提出“人才是实现民族振兴、赢得国际竞争主动的战略资源。”2022 年是专委会工作起步之年，希望专委会发挥好高端智库作用，在深入贯彻中央人才工作会议精神的基础上，深度参与中国科协人才工作顶层设计，推动开展科技人才成长规律与相关理论研究；坚持以身作则弘扬科学家精神，努力营造健康而富有活力的创新生态；坚定推动科技界开放信任合作，推动新时代人才工作取得历史性成就、发生历史性变革，以优异成绩迎接党的二十大胜利召开。

杨伟表示，科技人才是实现高水平科技自立自强的保障，做好专委会工作，需要各位委员共同努力，为中国的科技人才队伍建设贡献自己的智慧和力量，不断增强科协人才工作对建设世界科技强国的支撑力、贡献力，助力中国科协人才工作再上新台阶。

与会委员围绕专委会的职责和任务，结合自己的专业专长，从发挥国家科研机构、高水平研究型大学、科技领军企业的国家队作用，加速集聚、重点支持一流科技领军人才和创新团队等方面进行交流讨论，并表示将积极参与专委会的各项工作，为中国科协人才工作提级升舱建言献策。

会议审议通过2022年专委会工作计划，听取中国科协人才工作会议筹备、中国科协党校建设、中国科协人才库和校友库建设情况汇报。

中国科协机关和直属单位有关负责人列席会议。

【中国科协十届常委会学风道德建设专门委员会第一次会议】 1月28日，中国科协十届常委会学风道德建设专门委员会第一次会议在北京召开。中国科协副主席、中国科学院院士、中山大学校长、专委会主任高松主持会议。中国科协党组副书记、专委会常务副主任徐延豪，广东省科协主席、中国科学院广州分院广州能源研究所首席科学家、中国工程院院士、专委会副主任陈勇，中国物理学会副理事长、中国科学院院士、南方科技大学党委副书记、校长、专委会副主任薛其坤，以及专委会委员等12人通过线上线下方式参加会议。

高松强调，学风道德建设已成为实现高水平科技自立自强的重要支撑和基础保障，事关创新型国家建设和人才强国建设的战略全局，也是教育界、科技界推动落实总书记关于科技创新、人才培养等重要论述精神的具体举措。2022年学风道德建设要在三个方面着力：一是突出思想引领；二是提升协同能力；三是任务落实落地。希望各位委员充分发挥专长优势，贡献智慧力量，多建诤言、多谋良策、多出高招，在春风化雨中引导青年学生立大志、明大德、成大才、担大任，更加扎实推动学风道德建设工作。

徐延豪为与会委员颁发了专委会聘书。会议介绍了专委会委员组成和主要职责，审议通过增补专委会委员事项，听取学风道德建设2022年工作要点汇报。与会委员一致认为，加强学风道德建设是科协组织面向科技界加强思想政治工作的重要抓手，将积极参与专委会的各项工作，认真履职尽责，以科学家精神为引领，推动形成科学、理性、平等、扎实的科研作风，持续完善科技创新生态，为实现高水平科技自立自强立根铸魂。

学风道德建设专门委员会经中国科协十届三次常委会议同意成立，共设委员18人，主要职责是在常委会领导下做好中国科协学风道德建设相关工作，办公室设在中国科协宣传文化部。

中国科协机关和直属单位有关负责人列席会议。

【中国科协十届常委会学术交流与期刊出版专门委员会第一次会议】 1月28日，中国科协十届常委会学术交流与期刊出版专门委员会第一次会议在北京召开。会议由中国科协副主席、专委会联席主任高鸿钧主持，中国科协副主席、专委会联席主任包为民，专委会常务副主任、中国科协党组成员、书记处书记吕昭平，副主任李党生、凯赛尔·阿不都克热木、赵巍胜以及何满潮、田刚等21位委员通过线上线下方式参加会议。

会议介绍了专委会组成和工作职责，审议通过专委会2022年工作计划，听取中文科技期刊布局优化及创新发展路径课题研究思路和工作进展情况汇报。与会委员围绕打造高端学术交流平台和推动中文期刊建设进行交流讨论。会议认为，近年来中国科协注重学术交流平台的品牌建设，聚焦国际前沿开展了系列重要学术交流活动，有效推动了国内国际开放信任合作。通过实施中国科技期刊卓越行动计划，推动中国科技期刊发展取得了重大突破，期刊学术质量和国际影响力得到显著提升。与会专家建议，应在建设好国际化英文期刊的同时，着力优化提升中文科技期刊，从政策环境、人才支撑和数字化平台等方面为中文期刊发展提供支撑，为国内科技工作者提供更好的知识服务；应面向国家重大需求、重大工程建设，聚焦重大科学问题、疑难工程问题和“卡脖子”问题等搭建交流平台；应着重发挥全国学会、地方科协在开展学术活动、推动一流期刊建设方面的独特作用。

会议强调，专委会是委员履职尽责的平台，是中

国科协团结引领科技工作者建言献策的平台。各位委员要积极发挥桥梁纽带作用和各自的专业优势，参与指导世界一流期刊建设、重大问题难题征集发布等重大工作，以及中国科协年会、世界科技与发展论坛、世界科技期刊论坛等重大学术活动，积极为中国科协学术交流和期刊工作问诊把脉、建言献策，为持续提升学术交流与期刊工作成效、打造一流工作品牌提供智库支撑。

学术交流与期刊出版专委会经中国科协十届三次常委会议审议通过并正式成立，共有委员 27 人。主要职责是研究审议学术交流与期刊出版重点工作计划、报告建议，指导、协调、监督学术交流与期刊出版重大活动，统筹推进高水平学术交流和高质量科技期刊建设。

【中国科协十届常委会科技经济融合专门委员会第一次会议】 1 月 27 日，中国科协十届常委会科技经济融合专门委员会第一次会议在北京召开。中国科协副主席、专委会联席主任陈学东主持会议并为现场参会的委员颁发聘书。中国科协副主席、专委会联席主任尤政，中国科协常委、党组成员、书记处书记、专委会常务副主任吕昭平，中国科协常委、专委会副主任王恩东、吕智强、张进华，以及 16 位委员通过线上线下方式参加会议。

会议审议通过 2022 年专委会工作计划及委员分工建议，听取“科创中国”建设情况、“科创中国”公共技术服务与交易平台建设情况以及“全国双创活动周”有关情况汇报。与会委员围绕加强科协系统科技经济融合工作、发挥专委会作用进行探讨，发表意见建议。

尤政指出，科技经济融合对于提升综合国力、促进国家长远发展具有重要意义。要让技术领域的成果在经济领域绽放。专委会要坚持谋大局、谋先机，研判面向未来发展、能够引领世界的战略产业；要聚焦服务区域经济发展，推动产品技术优化升级，促进实用化、有品牌、有竞争力的技术聚集。

陈学东强调，专委会是委员履职尽责、参与科协工作并发挥参谋咨询作用的重要平台，是推进科协治理体系和治理能力现代化的重要组成部分。各位委员要积极参与专委会工作，切实发挥作用，汇聚成果、下沉资源、完善平台、支撑“双创”，助力产业区域发展，共同推进“科创中国”建设取得新突破，为深化科技经济融合、加速科技强国建设作出应有贡献。专委会工作办公室要认真做好支撑保障，各项工作要按部署及时落实。

科技经济融合专委会经中国科协十届三次常委会议同意设立，共设委员 24 人，主要负责协助常委会研究审议科技经济融合有关事项。专委会办公室设在中国科协科学技术创新部。

中国科协有关部门负责人列席会议。

【中国科协十届常委会科学技术普及专门委员会第一次会议】 1 月 20 日，中国科协十届常委会科学技术普及专门委员会第一次会议以线上线下相结合的形式召开。会议由中国科协专职副主席、书记处书记、专委会联席主任孟庆海主持。中国科协副主席、专委会联席主任潘建伟，中国科协党组成员、书记处书记、专委会常务副主任殷皓，副主任卢怀玉、张杰、武向平，以及王挺、王健等 12 位委员参加会议。

会议介绍了专委会人员组成和主要职责，听取第九届专委会工作汇报，审议通过第十届专委会 2022 年工作计划。与会委员围绕专委会年度工作计划和重点调研意向作交流发言，并对专委会工作和中国科协科普工作提出意见和建议。会议通报了中国科协 2022 年度重点科普工作。

会议强调，2022 年专委会将坚持“聚焦靶心、提质增效、赋能基层、开放协同”，紧紧围绕“四服务”的定位，持续推动主责主业贯通融合、组织建设和业务工作融合互促，强化“双引领双服务双获得”。以《纲要》落实为主线，深化科普供给侧改革，构建“社会化协同、智慧化传播、规范化建设和国际化交流”的科普生态，提升组织动员能力，服务全民科学素质提升，筑牢科技自立自强科学素质根基。

与会委员一致表示，将发挥好在各自领域科技工作者中的代表作用，认真履职尽责，积极建言献策，群策群力，共同推进科普工作提质增效，以优异成绩迎接党的二十大胜利召开。

科学技术普及专委会经中国科协十届三次常委会议审议通过并正式成立。主要职责是审议科协系统科普重点工作计划并指导实施，深入开展调查研究，指导、监督中国科协科普战线推进科普工作，推动科普工作法治化和制度化建设，为科普事业发展建言献策。

【中国科协十届常委会决策咨询专门委员会第一次会议】 2 月 10 日，中国科协十届常委会决策咨询专门委员会第一次会议在北京召开。中国科协副主席、专委会联席主任邓秀新主持会议。中国科协党组副书记、专委会常务副主任徐延豪，中国科协党组成员、书记处书记、专委会副主任王进展，专委会副主任张荣桥、陈维江、薛澜以及其他委员出席会议。

会议介绍了专委会职责及人员组成等情况，审议通过专委会2022年工作计划、重点工作、决策咨询研究重点项目选题方案和决策咨询专家团队建设工作方案，听取中国科协战略发展工作情况汇报。

会议要求，专委会要紧扣服务党和政府科学决策的职能定位，认真履行好指导、协调、参与科协系统决策咨询工作的职责。要聚焦科协主责主业，加强开放合作，服务好国家、服务好企业、服务好科技工作者。专委会委员要胸怀“国之大者”，在把好“出题关”“判题关”中发挥作用，促进决策咨询多出思想、多出精品。要充分发挥示范带动作用，积极参加科协重大决策咨询活动，团结广大科技工作者建言献策，以优异成绩迎接党的二十大召开。专委会办公室要认真落实委员的意见建议，进一步完善会议文件并推进各项工作任务落实，务求取得实际成效。

决策咨询专门委员会经中国科协十届三次常委会议审议同意设立，共设委员24人，主要协助常委会审议决策咨询相关事项，指导和参与科协决策咨询工作。

会议以线上线下方式召开，专委会办公室及有关同志列席会议。

【中国科协十届常委会国际合作与对外联络专门委员会第一次会议】 1月7日，中国科协十届常委会国际合作与对外联络专门委员会第一次会议在北京召开。会议由中国科协副主席、专委会主任施一公主持。中国科协党组成员、书记处书记、专委会常务副主任王进展，专委会副主任高福、宋永华等24位委员通过线上线下方式参加会议。

施一公介绍专委会人员组成、职责任务和议事制度。他希望各位委员积极参与专委会的工作，履职尽责，充分提出宝贵意见与建议，为指导和推动科协系统的对外科技交流工作集思广益、出谋划策。

会议听取并审议了中国科协国际合作与对外联络工作2021年总结及2022年计划、专委会2022年专题调研工作方案，并围绕有关议题进行研讨。会议还研究讨论了服务中国科学家在国际组织任职履职、推进工程师资格国际互认、在澳门开展经济适度多元发展专题调研、开展港澳台大学生暑期交流实习等4项工作。

国际合作与对外联络专委会经中国科协十届三次常委会议审议通过并正式成立，设委员28人。主要职责是审议科协系统国际合作与对外联络年度工作计划及重大项目组织方案，指导并协调科协系统开展国际合作与对外联络工作，讨论重大热点问题并开展相关调研课题等。

中国科协国际合作部、创新战略研究院、国际科技交流中心、青少年科技中心、培训和人才服务中心、中国科学学与科技政策研究会有关负责人列席会议。

【中国科协十届常委会青年科技工作者专门委员会第一次会议】 2月10日，中国科协十届常委会青年科技工作者专门委员会第一次会议在北京召开。中国科协副主席、专委会联席主任陈薇主持会议。中国科协副主席、专委会联席主任莫则尧，中国科协党组成员、书记处书记、专委会常务副主任束为，专委会副主任叶聪、付巧妹、宁允展、刘若鹏以及16位委员通过线上线下方式参加会议。

陈薇指出，要深入贯彻中央人才工作会议精神，充分发挥专委会作用，支持青年人才挑大梁、当主角，团结引领青年科技工作者有“新提升”，助力青年科技工作者成长成才有“新突破”，加强青年科技人才联系服务有“新举措”，激励青年科技人才勇做新时代科技创新、建设世界科技强国的排头兵，为加快建设世界重要人才中心和创新高地、实现高水平科技自立自强贡献智慧和力量，以优异成绩迎接党的二十大胜利召开。

莫则尧强调，专委会是中国科协做好青年科技工作者工作的重要平台，各位委员要积极参与专委会工作，履职尽责，充分发挥自身专长优势，开展青年科技工作者状况调查，积极反映广大青年科技工作者的意见、建议和诉求，用心用情为青年科技工作者办实事见实效，注重加强与全国学会和地方科协的青年工作机构联动，推进搭建干事创业平台，助力青年科技工作者成长成才。

与会委员围绕专委会的职责和任务，结合自己的专业专长，从基础研究人才、卓越工程师、高技能人才和企业创新创业人才培养和队伍建设等方面进行交流讨论，并表示将积极参与专委会的各项工作，认真履职尽责，多出谋划策、多提意见建议，群策群力，共同促进培养造就规模宏大的青年科技人才队伍。

会议审议通过2022年专委会工作计划，听取世界青年科学家峰会、传承“两弹一星”精神中国青年英才论坛、中国科协党校建设、表彰联系服务青年科技

人才有关工作、青年人才托举工程建设的情况汇报。

中国科协机关和直属单位有关负责人列席会议。

【中国科协十届常委会女科技工作者专门委员会第一次会议】 2 月 25 日，中国科协十届常委会女科技工作者专门委员会第一次会议在北京召开。中国科协副主席、专委会联席主任向巧主持会议。中国科协副主席、专委会联席主任乔杰，中国科协党组成员、书记处书记、专委会常务副主任束为，中国科协党组成员兼国际合作部（港澳台办公室）部长（主任）、专委会委员罗晖，专委会副主任叶玉如、朱蓓薇、韩喜球以及 17 位委员通过线上线下方式参加会议。

向巧就做好专委会工作强调，要深刻领会习近平总书记“妇女是人类文明的开创者、社会进步的推动者”重要讲话精神，强化政治引领，团结广大女科技工作者始终感党恩、听党话、跟党走；打造有温度、可信赖的女科技工作者之家，助力女科技工作者实现个人价值、成就人生梦想；大力弘扬科学家精神，引导鼓励更多女性从事科学技术工作。

乔杰提出，提升专委会服务效能要在“专”“能”“实”“活”四个方面下功夫。着眼“专题”突出“专长”，科学设置议题，学习研讨“专业”；着力提升能力，加强对女科技工作者成长规律的研究，推动政策落地；增强服务意识，推动解决急难愁盼问题，争取每届做成三五件实事，每年干成一两件实事；做好规定动作和自选动作，多种方式激发专委会活力，带动激发广大女科技工作者活力。

与会委员围绕专委会职责任务，结合各自专业专长，就如何团结引领女科技工作者、支持女科技工作者建功立业、加强专委会自身建设以及如何更好发挥中国女科技工作者协会作用等方面进行交流讨论。

会议听取专委会 2022 年工作计划介绍，以及女科技工作者组织建设和宣传、中国科协党校建设和表彰举荐、女科学家参与国际交流情况汇报，审议了三八节倡议书。

中国科协机关和直属单位有关负责人列席会议。

【中国科协十届常委会老科技工作者专门委员会第一次会议】 3 月 20 日，中国科协十届常委会老科技工作者专门委员会第一次会议在北京召开。中国科协副主席、中国中医科学院院长、专委会主任黄璐琦主持会议。中国科协党组副书记、专委会常务副主任徐延豪，中国科协党组成员、书记处书记、专委会副主任王进展，专委会副主任齐让、宋军、王延祜以及 10 位委员以线上线下形式出席会议。

徐延豪介绍了专委会职责任务，并为现场参会委员颁发聘书。会议传达学习全国老龄工作会议精神，听取并审议专委会 2022 年工作计划和专题调研工作方案。

与会委员围绕如何做好专委会工作进行交流讨论。与会委员一致认为，专委会要贯彻落实好习近平总书记对老龄工作和老科协工作的重要指示精神，践行“积极老龄观、健康老龄化”理念，认真履行工作职责，加强与全国学会和地方科协的联系，进一步发挥好老科技工作者作用。要促进产学研用相结合，面向政府、社会和企业，推动科技成果转化；要讲好老科技工作者的故事和案例，发挥老有作为的示范带动作用；要弘扬科学家精神，积极引领和指导青年科技人才成长；要面向基层老科技工作者和老年人，做好科普服务；要发挥好中国老科协作用，推动科协系统老科技工作者团体组织建设。

老科技工作者专门委员会经中国科协十届三次常委会议审议设立，共有委员 21 人，主要职责是在常委会指导下推动中国科协有关老科技工作者重点工作，指导全国学会、地方科协和基层组织共同支持老科技工作者工作，推动老科技工作者团体组织建设，为老科技工作者发挥优势特长，积极参与决策咨询、科技创新、科学普及等工作创造条件、搭建平台。

专委会办公室设在中国科协创新战略研究院，研究院有关负责人列席会议。

【湖南省党政领导与院士专家座谈会】 6 月 26 日，根据第二十四届中国科协年会安排，湖南省党政领导与科技领域的院士专家进行座谈交流，围绕全面落实“三高四新”战略定位和使命任务以及经济社会发展重大问题，发挥中国科协资政建言智库平台优势，集思汇智湖湘大地，聚力谋划高质量发展新篇章。全国政协副主席、中国科协主席万钢，湖南省委副书记、省长毛伟明出席并讲话。中国科协党组书记、分管日常工作副主席、书记处第一书记张玉卓，中国科协党组副书记徐延豪出席。会议由湖南省委副书记朱国贤主持。

座谈会旨在深入贯彻习近平总书记关于湖南重要讲话重要指示批示精神，聚焦湖南“三个高地”建设，立足湖南省现有优势产业，着力突破和解决关键核心技术与难点问题。为筹备好此次座谈会，中国科协组织由院士专家领衔的高端调研组开展实地调研，

3—6月，10个全国学会和湖南相关省级学会、200余位行业专家、36个湖南省直部门和13个市州积极联动，组织各领域资深院士专家分赴湖南各地一线，聚焦湖南区域创新发展、产业转型升级、重大科技创新项目、重点企业技术需求，围绕先进制造业、种业、有色产业、绿色发展、北斗应用、医疗健康等关键领域重大问题进行高水平专题调研并形成报告。会上，王怀民、罗锡文、杨华勇、谢在库、万建民、柴立元、廖湘科、杨焕明、穆荣平、李平等院士专家交流汇报了各自主持的服务湖南课题的调研成果。

万钢高度赞赏院士专家服务湖南的课题调研成果，并充分肯定近年来湖南经济社会发展特别是科技创新取得的成就。结合院士专家的观点，他希望湖南要提升产业链完整性，加大产业核心技术攻关和龙头企业培育力度，进一步优化产业生态环境，促进产业链、供应链、价值链深度融合。要加快转型升级步伐，以科技力量着力补短板、锻长板，持续推动湖南装备制造、轨道交通、北斗等优势产业创新发展，培塑国际竞争新优势。要培育特色农业产业、推动乡村振兴，立足湖南农业科技创新基础和优势条件，着力打造现代种业、智慧农机、绿色低碳农业，以科技创新推动湖南省乡村产业振兴。

万钢强调，中国科协要拓展政治引领政治吸纳广度深度，打造高水平科技创新智库，汇聚广大科技工作者智慧，主动服务党和国家大局、服务区域经济社会发展。要建立健全服务区域发展常态化机制，构建学会智库、高校智库、区域智库协同联动机制，形成“需求库”“人才库”“项目库”和“成果库”，促进科技经济深度融合。要加强成果凝练，促进调研资源向决策咨询资源转化，将院士专家的建议切实转化为湖南推动科技进步的良方和创新驱动发展的妙策。中国科协将继续发挥广泛联系科技工作者的优势，以此次年会在湘召开为新起点，完善院士专家、科协智库与湖南的良好沟通机制，助力湖南加快实现高水平科技自立自强，为高质量发展插上更加强健的科技翅膀。

毛伟明指出，第二十四届中国科协年会是一个高水平、高格局、高站位的年会，各位院士专家把“国之大者”与研究领域结合起来、把专业理论和发展实际结合起来、从湖南高质量发展全局想问题、提建议，我们将认真梳理消化、充分吸纳，将院士专家的智慧转化为创新发展的成效。

毛伟明强调，当前湖南发展站在新的历史起点、面临千载难逢的机遇，迫切需要广大院士专家的智力支持。希望中国科协和各位院士专家助力湖南打造“三个高地”、开展高水平攻关、搭建高能级平台、培引高端化人才、推动高效率转化，在先进计算、装备制造、航空航天等领域开展基础研究、集成攻关，推动更多国家战略科技力量在湘布局，让更多优秀科技成果在湖南转化见效。

座谈会后，中国科协与省政府签署全面战略合作协议，中国科协党组副书记徐延豪、湖南省人民政府副省长陈飞代表双方签约。

中国科协有关部门、直属单位负责人，湖南省委省政府、省人大、省政协相关领导，在湘院士，承担调研课题的全国学会专家，省直相关部门主要负责同志，各市州党委或政府负责同志，湖南省有关学会负责同志参加会议。党政领导与院士专家座谈会组织高端专家为助力地方经济社会高质量发展建言献策，已经成为中国科协年会一项品牌性活动。

【中国科协主席与湖南高校大学生见面会】6月25日，中国科协主席与湖南大学生见面会在中南大学举办，全国政协副主席、中国科协主席万钢与来自中南大学、湖南大学、国防科技大学、湖南师范大学等11所高校的170余名优秀学子代表进行面对面交流，相关高校师生通过中国科协年会平台线上同步观看。

作为第二十四届中国科协年会重点活动之一，本次见面会以“新时代·新青年·新使命”为主题，万钢与大学生们围绕如何以“四个面向”引领科研之路、如何助力“双碳”目标实现、如何推动高校科研成果转化、军校学生如何实现科技报国等问题进行交流，与大家分享了自身在成长、求学、工作等方面的人生经历，给予大家悉心指导、殷切期待和亲切鼓励。

万钢鼓励青年学子们心怀国之大者，坚持“四个面向”，树立雄心壮志，“要从第一步脚踏实地地走起，为国家的经济发展、为国家的社会安全、为国家的科技创新、为人民的健康作出贡献；要努力学习和奋斗，到国家和人民最需要的地方去；要多在实践中学习、在实践中了解社会”。

针对有同学提出的在科学研究中如何坚持实事求是的问题，万钢结合自身经历认为，实事求是是每一位科技工作者的基本准则，无论今后做什么工作，广大学子都应坚持求真务实、实事求是的精神品格。

在谈到元宇宙发展形势时，万钢指出近年来以元

宇宙为代表的新型融合应用形态，在游戏、文化、艺术、旅游和工业等领域应用广泛和深入，与人工智能综合式场景驱动相辅相成，可以通过开源共享、相互借鉴、循序发展，不断创造经济和社会价值，走出一条具有中国特色的元宇宙发展路径。

在谈到科技助力乡村振兴时，万钢结合科技助农的实际案例指出，农村有广阔的天地，大有可为，希望新时代的有志青年把论文写在祖国的大地上，向袁隆平院士的“禾下乘凉梦”的美好愿景努力，既为乡村振兴作出贡献，也实现自己的理想。

见面会前，万钢参观了中南大学 56 度中南工作室、学生科技成果展等。

湖南省委副书记朱国贤，中国科协党组副书记徐延豪，湖南省政协副主席胡旭晟，中南大学党委书记易红，湖南省科协主席、中南大学校长田红旗以及湖南省直部门、长沙市政府有关负责人出席活动。

【中国科协与北京市人民政府签署全面战略合作协议】 7 月 13 日，北京市科学技术协会第十次代表大会在北京开幕。中央政治局委员、北京市委书记蔡奇，中国科协党组书记、分管日常工作副主席、书记处第一书记张玉卓出席会议并讲话。北京市委副书记、市长陈吉宁，北京市人大常委会主任李伟，北京市政协主席魏小东，北京市委副书记殷勇出席会议。北京市科协党组书记沈洁主持开幕式。

开幕式前，中国科协与北京市人民政府签署了全面战略合作协议。中国科协党组成员、国际合作部部长罗晖与北京市委常委、副市长靳伟代表双方签约。按照协议，双方将着力提升公民科学文化素质，深入实施《北京市全民科学素质行动规划纲要（2021—2035 年）》，共同举办全国科普日北京主场活动，深化中国科技馆与北京中小学的馆校合作；扎实推进“科创中国 · 北京”高质量发展，共同主办中国科幻大会，推动“科幻十条”政策在北京落实，实施科幻产业发展扶持计划；培育聚集科技领军人才，开展科学道德和学风建设宣讲活动，推动科学家精神教育基地建设和服务管理工作，共建、共享、共用科学家精神教育基地资源；推动建设国际科技创新中心，共同举办“中关村论坛”“世界机器人大会”等高端科技品牌活动，吸引国际高端科技成果在北京落地。

开幕式上，北京市科协第九届委员会主席、中国工程院院士刘德培作工作报告，北京市科协常务副主席司马红致开幕词，共青团北京市委负责人代表人民团体致贺词。

开幕式后，陈吉宁为出席北京市科协第十次代表大会代表作经济社会发展形势报告。

中国科协党组成员、书记处书记束为，北京市委常委、秘书长赵磊，北京市人大常委会秘书长刘云广，北京市政府秘书长戴彬彬参加开幕式与签约仪式。

【中国科协与黑龙江省人民政府签署全面战略合作协议】 3 月 11 日，中国科协与黑龙江省人民政府在北京举办座谈会并签署全面战略合作协议。全国政协副主席、中国科协主席万钢，黑龙江省委书记、省人大常委会主任许勤，中国科协党组书记、分管日常工作副主席、书记处第一书记张玉卓出席签约仪式并讲话。黑龙江省委副书记、省长胡昌升，中国科协党组副书记徐延豪出席签约仪式。

万钢指出，黑龙江省区域地缘优势和资源优势突出，具有十分重要的战略地位。自新中国成立以来，黑龙江省一直是我国最重要的工业基地、粮食基地之一，为我国的发展作出了巨大贡献。中国科协历来重视与黑龙江省的合作，在举办科协年会、引进科技人才、开展智库咨询等方面的合作成果显著。希望黑龙江省用好自身优势，把握“双碳”机遇，发挥科协力量，推动黑龙江走出一条质量更高、效益更好、结构更优、优势充分释放的高质量发展之路，推进黑龙江全面振兴、全方位振兴。

许勤指出，中国科协在国家科技创新体系中发挥着重要作用，是落实中央决策部署、服务国家发展大局的坚实力量。黑龙江省要深入贯彻落实习近平总书记对黑龙江省作出的“把振兴发展的基点放在创新上”等重要指示精神，承担起东北振兴的核心使命，通过与中国科协深化全面战略合作，引进尖端科技人才，加强科技成果转化，加大农业技术创新，打造科技、绿色、质量、品牌的农业发展路径，推动各类产业从无到有、有中生优的突破性发展，为实现东北振兴贡献力量。

张玉卓介绍了中国科协与黑龙江省开展全面战略合作的主要内容和方向。他强调，中国科协积极开展对外交流合作，组织广大科技工作者服务地方经济社会发展。此次与黑龙江省的全面战略合作，双方将充分发挥各自优势，围绕科技经济融合发展、产学研协同创新、建设高水平科技智库、提升公民科学素质、加强对俄科技交流合作等方面加强合作，共同服务国家发展大局，为实现高水平科技自立自强作出更多积极贡献。

张玉卓与胡昌升代表双方签署全面战略合作协议。根据协议，双方将充分发挥科协组织和人才优势，实施“科创中国”黑龙江行动，助力科技经济融合发展；推动产学研协同创新，促进战略性新兴产业发展；建设高水平科技智库，服务国家重大战略实施；打造“科普中国”黑龙江品牌，提升公民科学素质；加强对俄科技交流合作，打造向北开放合作新前沿。共同打造原始创新策源地、科技成果转化地、创新人才集聚地，为推动黑龙江融入新发展格局、实现高质量发展汇聚强大的创新动能。

中国科协专职副主席、书记处书记孟庆海，中国科协党组、书记处束为、吕昭平、罗晖，黑龙江省委常委、秘书长徐建国，省政府副省长孙东生，省政协副主席、省科协主席庞达，以及中国科协、黑龙江省委省政府、黑龙江省科协等有关负责人参加活动。

【中国科协与上海市人民政府签署全面战略合作协议】 11月5日，中国科协与上海市人民政府在上海签署全面战略合作协议。全国政协副主席、中国科协主席万钢，上海市委副书记、市长龚正，中国科协党组书记、分管日常工作副主席、书记处第一书记张玉卓出席并见证签约。中国科协党组成员、国际合作部部长罗晖与上海市副市长刘多代表双方签约。

此次签约，是中国科协与上海市政府全面贯彻落实党的二十大精神、习近平总书记重要讲话精神和指示批示精神，推动上海加快建设具有全球影响力的科技创新中心，更好服务国家科技事业发展的重要举措。按照协议，双方将在以“科创中国·上海行动”为引领、推动高质量发展，推动国际科技创新中心建设，推动高水平人才高地建设，着力提升公民科学文化素质等四方面开展合作。双方将进一步聚焦科技前沿领域和国家战略需求，围绕重大科学问题和关键核心技术，发挥各自优势，加强战略对接，协力攻坚突破，为我国科技自立自强发挥更大作用、作出更多贡献。

中国科协，上海市委市政府、市科协有关负责人参加活动。

【中国科协与安徽省人民政府签署全面战略合作协议】 8月25日，中国科协与安徽省人民政府全面战略合作协议签约仪式在第十七届中国科技期刊发展论坛开幕式上举行。中国科协党组书记、分管日常工作副主席、书记处第一书记张玉卓以视频方式见证签约仪式。

张玉卓表示，中国科协与安徽长期以来合作紧密，成果显著。服务国家战略、实现科技自立自强是中国科协与安徽省的共同目标和政治责任，双方开展全面战略合作，体现了共同贯彻落实习近平总书记加快建设科技强国、实现高水平科技自立自强重要指示精神的责任感和紧迫感，协议的签署必将进一步推动双方合作走深走实。

按照协议，双方将在着力提升全民科学素质、推进“科创中国·安徽”高质量发展、培育集聚科技领军人才、推进绿色低碳循环发展、深化科协组织建设等五方面开展合作。合作内容紧密结合安徽省实际，具有鲜明的安徽特色。双方将持续巩固提升已有合作成果，继续共同主办中国（芜湖）科普产品博览交易会，提升展会能级；中国科协支持安徽发展科普产业、培育长三角一体化院士论坛等高端学术品牌活动。聚焦安徽省创新发展战略重点，致力于合作推动科技创新与科学普及“两翼齐飞”，将“科普中国”“科创中国”“智汇中国”等优质资源融入“数字安徽”建设，在江淮大数据中心实现数据互联互通、共建共享；双方合作建设“科创中国”试点城市、全域科普试点市；中国科协指导支持安徽省科学家牵头发起设立国际量子信息学会，以国际组织为平台参与全球科技治理等。

【中国科协与河南省人民政府签署全面战略合作协议】 6月21日，中国科协与河南省人民政府签署全面战略合作协议。中国科协党组书记、分管日常工作副主席、书记处第一书记张玉卓，河南省委副书记、省政府省长、党组书记王凯出席签约仪式并讲话。河南省政府副省长、党组成员何金平出席签约仪式。

王凯指出，中国科协人才荟萃、智力密集、联系广泛，是推动科技创新的重要力量。河南省要继续深入贯彻落实习近平总书记重要指示精神，锚定“两个确保”奋斗目标，坚持把创新摆在发展逻辑起点、现代化河南建设的核心位置，加快实现国家创新、区域创新，把河南建设成为国家创新高地和重要人才中心。通过与中国科协深化全面战略合作协议，在推动重大技术创新、加快成果落地河南、搭建重大创新平台、引进聚集一流人才、开展科学普及、提升全民科学素质、加强上下协同联动、培育一流创新生产等方面深化合作，加强工作对接，细化任务安排，强化责任落实，推动协议落细落地，取得更多成果，为实现高水平科技自立自强作出河南贡献。

张玉卓指出，中国科协与河南省合作紧密、源远流长、成果显著，希望进一步总结实践，争创更多鲜活经验。服务国家战略、实现科技自立自强是双方共同目标和政治责任，此次签约体现了双方贯彻落实习近平总书记加快建设科技强国、实现高水平科技自立自强重要指示精神的责任感和紧迫感。中国科协将利用自身优势，在提升全民科学素质、扎实推进“科创中国·河南”建设、为河南高质量发展提供科技人才支撑等方面加强合作，建立长效机制，推动合作走深走实，促进合作成果转化，全力支持河南省建设国家创新高地，团结引领广大科技工作者共同为区域经济高质量发展和高水平科技自立自强作出贡献。

按照协议，双方将发挥“科普中国”资源优势，助力提升河南省全民科学素质，加快推进全域科普试点，加强基层科普人才培训；发挥“科创中国”平台与人才优势，支持河南开展“科创中国”试点城市（园区）培育和“科创中国·河南”中心建设；引进高端人才，举办院士中原行、院士专家智库论坛等活动，联合开展重大课题研究，创建中国科协海智计划工作基地和国家海外人才离岸创新创业基地。

中国科协，河南省委省政府、省科协有关负责人参加活动。

【中国科协与贵州省人民政府签署全面战略合作协议】 12月8日，中国科协与贵州省人民政府共同签署了《中国科学技术协会　贵州省人民政府全面战略合作协议》。协议达成了五方面合作内容，为科技助力贵州高质量发展注入强大动力。

一是建设高水平科技智库。中国科协发挥科技群团智库优势，支持贵州建设高水平科技智库。贵州在磷石膏、锰渣无害化资源化利用技术攻关和工程应用，新型综合能源基地建设，面向全国的算力保障基地建设等重大课题，提出科技政策和科技发展战略咨询需求，形成课题库。采用更为灵活的方式、机制，引进和使用科技智库专家与相应人才，建立完善发挥科技智库的思想库、智囊团、参谋部作用的机制。

二是加强全民科学素质建设。中国科协支持贵州省深入实施《全民科学素质行动规划纲要（2021—2035年）》。支持贵州科技馆体系建设，推进全国科普示范县（市、区）和全国科普教育基地建设。引导组织院士和知名专家定期赴贵州开展高端前沿科学报告，提升领导干部科学素质。开展“科普惠农兴村计划”“社区科普益民计划”。支持贵州省申办全国青少年科技创新大赛，促进青少年科学素质提升。贵州大力推动全民科学素质行动计划各项工作任务的落实，确保2025年公民具备基本科学素质的比例达到或超过12%。

三是扎实推进“科创中国·贵州”高质量发展。中国科协支持贵州继续开展“科创中国”试点建设，组织全国学会到贵州开展调研、科技咨询、科技成果转化和项目引进活动。开展专利信息服务、创新方法培训、知识产权巡讲等。贵州省政府持续强化“科创中国”贵州试点政策支持，总结贵阳试点经验，扩大成果运用，培育其他市（州）申报试点。

四是打造集聚海内外创新人才的“高地”。中国科协支持贵州汇聚全国学会和国内外高水平专家资源，举办“会、展、服”一体的系列活动，搭建高水平学术交流和技术对接平台，带动相关贵州学科发展与人才成长，指导在贵州海外人才较为集中的园区建设海智计划工作基地，鼓励和支持海外高层次科技人才到贵州开展创新创业活动。贵州省政府为国内外高层次人才和优秀青年人才到贵州工作创造条件，着力促进高层次人才引得来、留得住。

五是深化科协组织建设。中国科协指导支持贵州启动新一轮科协系统深化改革试点，推动破解制约基层科协创新发展深层次问题，指导支持贵州深化“三长”工作，建设一批新时代科技工作者之家。贵州省政府支持各级科协按《中国科学技术协会章程》《中国科协组织建设“十四五”规划（2021—2025年）》开展组织建设。支持地方科协探索建立城乡社区科普协会、科技志愿组织、农技协、老年科技大学、“科技小院”等。

中国科协与贵州省将进一步深化合作，为贵州在新时代西部大开发上闯新路、在乡村振兴上开新局、在实施数字经济战略上抢新机、在生态文明建设上出新绩等方面给予帮助，共同推动实施“科技入黔”。

【国务院国资委与中国科协签署战略合作协议】 2月14日，国务院国资委与中国科协举办座谈会并签署全面战略合作协议，共同深入学习贯彻习近平总书记关于科技创新的重要论述精神，贯彻落实党中央、国务院决策部署，牢记“国之大者”，积极打造国家战略科技力量，推动中央企业提升科技创新能力、加强科技交流工作，加快实现高水平科技自立自强，更好助力创新型国家和世界科技强国建设。国务院国资委党委书记、主任郝鹏，中国科协党组书记、分管日常工作副主席、书记处第一书记张玉卓出席签约仪式并讲话。国资委党委委员、副主任任洪斌，中国科协党组成员、书记处书记王进展分别代表双方签署协议。中国科协党组副书记徐延豪，专职副主席、书记处书记孟庆海，国资委党委委员、秘书长彭华岗，中国科协党组、书记处成员束为、吕昭平、殷皓、罗晖出席签约仪式。

郝鹏表示，近年来在以习近平同志为核心的党中央坚强领导下，国资委坚决落实科技强国战略，坚持创新是第一动力、人才是第一资源，大力支持推动中央企业强化科技创新和人才队伍建设，打造原创技术“策源地”，企业科技创新能力和水平迈上新台阶。国资委、中央企业与中国科协多年来始终保持密切联系，希望双方深入落实战略合作协议，进一步深化合作、强化协同，深入落实人才强国战略，加强科技人才交流，支持推动中央企业培养、团结、引领、成就更多人才，打造一流科技领军人才和创新团队，不断激发企业创新创造活力；持续加强科技创新交流合作，推进中央企业打造跨界协同创新、国际产学研合作平台，强化关键核心技术攻关，共同推进高水平科技自立自强；推动中央企业充分发挥科技资源优势，更好参与科普工作，助力全民科学素质提升，为加快建设世界重要人才中心和创新高地作出新的更大贡献。

张玉卓表示，中央企业是国民经济的骨干力量和建设创新型国家的重要力量，中国科协是党和政府联系科技工作者的桥梁纽带。近年来，双方在引领中央企业科技创新、壮大产业创新人才队伍、开展企业科普工作、促进国际产学合作等方面开展了一系列卓有成效的合作。立足新发展阶段，双方在贯彻新发展理念、构建新发展格局、推动高质量发展方面，都面临新任务新要求。希望以此次战略合作协议签订为新起点，双方围绕中心、服务大局，在聚焦思想政治引领和组织建设、推动科普工作发展、促进科技交流合作、推进创新创业和成果转化等方面，深化务实合作，推动资源共享、优势互补，共同打造国家战略科技力量，充分发挥科技创新战略支撑作用，为科技工作者搭建广阔创新奋斗舞台，为实现高水平科技自立自强作出更大贡献。

会前，双方调研了中央企业承建的国家科技传播中心项目建设情况，通过现场考察、座谈交流、观看视频短片等详细了解中央企业参与推动科普工作情况。

国务院国资委副秘书长，国资委有关厅局、中国科协有关部门负责人参加活动。

【中国科协与中国作协签署战略合作协议】 3月18日，中国科协与中国作协在北京举行座谈并签署战略合作协议。双方就深入落实习近平总书记关于科技创新、科学普及、文艺工作和群团工作等论述精神，加强科学家精神弘扬、科普科幻作品创作和人才培养等方面进行充分交流。中国科协党组书记、分管日常工作副主席、书记处第一书记张玉卓，中国作协党组书记、副主席、书记处书记张宏森出席签约仪式并讲话。

张玉卓指出，中国科协与中国作协签署战略合作协议，是双方全面贯彻习近平新时代中国特色社会主义思想，深入落实习近平总书记科技创新、科学普及、文艺工作和群团工作等重要论述精神的具体行动。中国科协和中国作协都是党和政府联系各自领域群众的桥梁和纽带，双方要有效推动资源共享、优势互补，共同强化思想文化引领，提升全民科学文化素质，培育科普科幻人才，拓展开放合作，为科技工作者、文学工作者、科普工作者创新创造搭建广阔平台，开展全方位深度合作，更好服务文化强国建设和高水平科技自立自强，书写喜迎二十大、奋进新征程的新篇章。

张宏森指出，中国科协和中国作协都是党领导下的人民团体，肩负着团结广大群众听党话、跟党走的政治使命，发挥着凝心聚力围绕中心、服务大局的重要作用。长期以来，中国作协与中国科协在科创文学创作和科学家精神弘扬等方面的工作有着广泛交集和合作。双方应相互支持、携手共进，贯彻落实习近平总书记关于文艺创作和科学普及的重要讲话精神，立足新发展阶段，谋划新时代文艺发展的宏伟蓝图，促进人民精神共同富裕，提升全民科学素质，推动科技和人文作为人类文明腾飞两翼相得益彰，促进文艺界与科学界广泛交流、互学互鉴，共同实现科技与文学的高质量发展。

中国科协专职副主席、书记处书记孟庆海，中国作协书记处书记邱华栋、邓凯出席签约仪式。孟庆海、邱华栋代表双方签署战略合作协议。按照协议，双方将围绕“国之大者”，发挥各自优势，弘扬科学家精神，培育科学文化；充分挖掘新时代科技题材资源，加强原创精品供给；推动科学普及和文学阅读，服务精神共同富裕；拓展对外交流合作，展现科技强国形象；强化人才培养，促进队伍建设。共同促进科技与文化文学深度融合，推动生产更多富含科技素养与人文精神的精品力作，服务文化强国战略和高水平科技自立自强。

张玉卓一行还参观了中国现代文学馆和鲁迅文学院。

中国科协、中国作协有关负责人参加活动。

【中国科协与中国宋庆龄基金会签署全面战略合作协议】 2 月 25 日，中国科协与中国宋庆龄基金会举行座谈会并签署全面战略合作协议。中国科协党组书记、分管日常工作副主席、书记处第一书记张玉卓，中国宋庆龄基金会党组书记、常务副主席杭元祥出席签约仪式并讲话。中国科协党组成员、书记处书记、中国科技馆馆长殷皓，中国宋庆龄基金会党组成员、副主席井顿泉，中国宋庆龄基金会副秘书长李安晋出席签约仪式。

张玉卓指出，中国科协和中国宋庆龄基金会作为中国共产党领导下的群团组织，自成立以来，始终把充分发挥党和政府联系服务群众的桥梁纽带作用作为第一任务，在各自领域做了大量卓有成效的工作，在国内外取得了广泛影响。协议的签署，是双方全面贯彻习近平新时代中国特色社会主义思想，深入落实习近平总书记关于科技创新、科学普及和群团工作重要论述精神的具体行动。双方合作由来已久，业务内容诸多交集，要以协议签署为契机，进一步深化合作、优势互补，围绕中心大局，共同助力全民科学素质提升，打造青少年科技教育新生态，拓展民间科技人文交流渠道，把同事之谊化为协同之机，以战略合作育先机、拓新局，为提高全民科学素质，早日实现高水平科技自立自强、服务高质量发展贡献坚实力量。

杭元祥表示，近年来，中国宋庆龄基金会认真贯彻落实习近平总书记关于青少年工作重要论述精神，坚持始终把握时代性主题根本要求，践行宋庆龄“缔造未来”理念，把立德树人作为根本任务，在提升青少年科技素养等方面积极探索实践，通过举办“宋庆龄少年儿童发明奖”、推出“给孩子们的大师讲堂”等优质网络内容，助力培养德智体美劳全面发展的社会主义建设者和接班人。在基金会建会 40 周年、第八届理事会开局之年这一重要特殊时刻，与中国科协携手合作，为基金会贯彻新发展理念、推动事业高质量发展注入了新的动力。期待双方实现资源叠加、优势聚合，使战略合作协议落地见效，共同为培育担当民族复兴大任的时代新人作出新的更大贡献。

殷皓与李安晋代表双方签署战略合作协议。根据协议，双方将利用各自优势，在科学普及、人才培养、国际科技交流等领域开展全方位深度合作，共建共享科普场馆和对外交流渠道，共同创设科普奖，推动青少年科技教育改革，营造良好的科学文化氛围，深化与港澳台青少年科技人文交流，为提升全民科学素质、更好贯彻新发展理念、加快构建新发展格局、实现高水平科技自立自强作出新贡献。

会后，双方还调研了中国宋庆龄青少年科技文化交流中心，通过现场考察、观看短片等了解青少年科普工作的情况与成效。

中国科协、中国宋庆龄基金会有关负责人参加活动。

【中国科协与求是杂志社签署战略合作协议】 9 月 23 日，中国科协与求是杂志社在北京签署战略合作协议，贯彻落实习近平总书记关于科技创新、人才工作重要指示批示精神，团结引领科技工作者听党话、跟党走，进一步推动习近平新时代中国特色社会主义思想在科技界深化转化。

中国科协党组书记、分管日常工作副主席、书记处第一书记张玉卓，中国科协党组成员、书记处书记兼中国科技馆馆长殷皓，求是杂志社社长夏伟东，求是杂志社总编辑陈扬勇出席并见证签约。中国科协党组成员、书记处书记王进展，求是杂志社副总编辑张宇分别代表双方签署协议。

按照协议，双方将在加强理论研究成果转化、提升领导干部科学素养、推动传播平台融合发展等方面开展务实合作，形成一批理论成果，推出一批宣传精品，推动“科普中国”“科创中国”“智汇中国”平台与求是网深入对接、融合发展，深化新时代主旋律传播和新媒体传播规律研究，提升全媒体传播能力，大力弘扬科学精神和科学家精神，引导各级领导干部和广大科技工作者在实现高水平科技自立自强新征程中创新争先。

签约仪式前，双方在中国科技馆共同参观了 2022 年全国科普日活动主场“科普十年”主题展览和“笔鉴丹心——手稿中的中国科学家精神”专题展览。

求是杂志社编委姚眉平、李文阁，中国科协和求是杂志社有关部门负责人参加活动。

【中国科协与中国日报社签署战略合作协议】 1 月 19 日，中国科协与中国日报社在北京签署战略合作协议。中国科协党组书记、分管日常工作副主席、书记处第一书记张玉卓，中国日报社总编辑周树春出席并为“国际科技传播研究院”揭牌。中国科协党组成员、书记处书记王进展主持签约仪式。

张玉卓指出，中国科协与中国日报社共建国际科技传播研究院，是贯彻落实习近平总书记关于“坚持面向世界、面向未来，增进对国际科技界的开放、信任、合作”“加强和改进国际传播工作，展示真实立体全面的中国”等重要指示精神，推动实现智库与媒体深度融合、国际民间科技交流主渠道与对外宣传主阵地深度融合，构建具有鲜明中国特色的战略科技传播体系的重要探索和务实举措。双方要发挥各自专业优势、技术优势、资源优势，秉承开放共享、融合创新的原则，探索建立更加多元的国际科技传播合作模式，用融通中外的表现形式增强国际科技传播创造力、感召力和公信力，为我国建设创新型国家和世界科技强国提供坚实的舆论基础。以科技人文交流为纽带促进民心相知相通，增强中华文化在世界上的感召力和影响力，为中国特色大国外交作出积极贡献。不断拓展国际民间科技交流合作主渠道，提高主动设置议题能力，鲜明提出中国科技界的创新主张和道义值守，积极推动构建国际科技界平等互利合作的新型发展伙伴关系。

周树春指出，双方携手共建国际科技传播研究院，是贯彻落实习近平总书记致中国日报创刊40周年重要贺信和关于加强和改进国际传播工作重要讲话精神的重要举措。中国科学家的光辉形象和我国科技界一长串响亮的名字，是对外展示真实、立体、全面的中国的靓丽名片。双方将以研究院为阵地，围绕服务国家科技人才建设大局，发挥好中国科协中外科学家资源和中国日报全球化全媒体传播平台作用，做好国际科技传播研究，创新对外话语表达方式，加快构建全面、深入、立体的国际科技传播体系，打造国际科技传播旗舰，共同对外阐释好习近平总书记关于科技创新的重要论述，讲好科技支撑人类命运共同体建设的故事，讲好中国科学家故事、中国科技创新故事和中外科技合作故事，塑造可信、可爱、可敬的中国形象，为促进中国与世界交流沟通、推动构建人类命运共同体贡献力量。

中国科协党组副书记徐延豪、中国日报社副总编辑曲莹璞代表双方签约。按照协议，双方将共建国际科技传播研究院，在加强国际科技传播研究、开展科技人文交流、形成平台矩阵讲好科技创新故事等方面加强深化合作，建立完善工作机制，保障高效务实运转，加快构建全面、深入、立体的国际科技传播体系。

周树春一行还参观了中国科协会史馆。

中国科协、中国日报社有关负责人参加活动。

【中国科协与中国能建集团签署战略合作协议】 11月22日，中国科协与中国能源建设集团有限公司（以下简称“中国能建”）签署战略合作协议。中国科协党组书记、分管日常工作副主席、书记处第一书记张玉卓，中国能建党委书记、董事长宋海良出席签约仪式并讲话。中国科协党组成员、书记处书记王进展，中国科协党组成员兼国际合作部部长罗晖，中国能建党委副书记、工会主席马明伟，中国能建党委常委、副总经理吴云出席签约仪式。

张玉卓对中国能建在新能源发电和原创技术研发等方面取得的工作成果给予高度评价，并对中国能建的捐赠表示感谢。他指出，党的二十大报告强调推动绿色发展、促进人与自然和谐共生，为我国能源结构调整优化指明了方向，也为能源企业推动绿色能源高质量发展开辟了广阔空间。中国科协将全力支持中国能建的各项工作，与中国能建深化会企合作，加强优势互补，持续优化能源结构，建设能源领域高端智库，共同应对“双碳”挑战，在科学普及、科技创新、人才培养等方面加强合作，服务经济社会高质量发展。

宋海良对中国科协长期以来对中国能建工作的指导和支持表示感谢。他表示，中国能建作为国家电力建设的主力军，围绕新能源、新基建、新产业三个领域，勇扛发展之责，打造大国重器。中国能建愿与中国科协开展战略合作，共同建设“双碳”领域国家智库，在科技创新、科学普及等领域发挥中央企业的带头示范作用，建设企业科协长效工作机制，持续优化能源结构，共同应对“双碳”挑战，为提升国家创新体系整体效能作出应有贡献。

王进展、吴云代表双方签署战略合作协议。根据协议，双方发挥各自优势，围绕推动我国能源绿色发展，共同打造学术交流开放平台，提升企业创新能力；加强能源科学普及，促进公众科学素质提升；深化战略研究合作，服务国家能源发展战略；深入开展数字化合作，服务重大科技创新成就宣传；加强科协组织建设，建立企业科协长效工作机制；推动高质量开放创新，推进国际科技合作。

中国科协信息中心主任高勤，中国能建数科集团党委书记、董事长万明忠代表双方签署捐赠协议。双方还参观了中国科协会史馆。

中国科协、中国能建有关负责人参加活动。

【全国科协系统对口援疆工作座谈会】 9月6日，中国科协召开全国科协系统对口援疆工作座谈会。会议深入学习贯彻习近平总书记关于新疆工作的重要指示精神，总结科协系统对口援疆工作情况，交流学习经验，研究部署科协系统新时代对口援疆工作。会议采取线上线下相结合的方式，在北京和乌鲁木齐市设主会场，在其他对口援疆省市设分会场。中国科协党组书记、分管日常工作副主席、书记处第一书记张玉卓，新疆维吾尔自治区党委书记、兵团党委第一书记、第一政委马兴瑞出席会议并讲话。中国科协专职副主席、书记处书记孟庆海主持会议。

张玉卓代表中国科协，向自治区党委、政府和兵团及有关方面表示感谢。他指出，做好新时代对口援疆工作，是科协系统贯彻落实习近平总书记对新疆系列重要讲话重要指示批示精神的政治使命，是融入党和国家工作大局、服务新疆高质量发展的重要责任，是团结凝聚广大科技工作者奋进新征程的时代要求。要深入学习贯彻习近平总书记重要讲话重要指示批示精神，准确把握科协系统援疆工作目标方向，持续强化政治引领，推动科普融入文化润疆、服务社会治理、赋能基层发展，打造“科普+”新引擎，推动铸牢中华民族共同体意识；深化“科创”服务“双创”，用好“科创中国”平台，强化企业创新主体地位，助力打造区域科技创新高地，推动新疆科技创新和高质量发展；汇聚智库资源、强化智力支撑，瞄准重大任务、核心技术和发展短板开展决策咨询战略研究，支持新疆深化国际交流合作，持续开展“天山南北院士专家行”等活动，服务新疆科学决策和治理现代化；深化科技人才培育交流，支持高层次人才培育引进，推动学会开展“组团式”帮扶，加大新疆优秀科技人才举荐、表彰和宣传力度，激发新疆创新发展新动能。要切实加强组织领导，健全责任落实、组织动员、支撑保障等机制，守正创新、真抓实干，推动科协系统援疆各项工作落地见效，以优异成绩迎接党的二十大胜利召开。

马兴瑞代表自治区党委、政府和兵团，向全国科协系统对新疆的支持和帮助表示感谢。他指出，中国科协和19省市科协、全国学会，坚持把对口援疆作为重大政治任务，在科学普及与推广、人才培养等方面给予新疆大力支持和帮助，为推进新疆社会稳定和长治久安作出了积极贡献。我们要深入学习贯彻习近平总书记关于对口援疆工作重要论述和视察新疆重要讲话重要指示精神，用好援疆机制，发挥科协优势，深化科技合作，推动新时代对口援疆工作高质量发展。坚持创新驱动发展，依托全国科协系统科技力量资源，主动服务国家战略，围绕丝绸之路经济带核心区高质量发展、“三基地一通道”建设等工作，加快关键核心技术攻关，服务和融入新发展格局。提升科技创新能力，围绕油气、煤炭、矿产、粮食、棉花、果蔬等特色优势产业和新能源、新材料等领域，推动学科、人才和企业有机互动、资源共享、协同高效。强化科技人才支撑，加大科技人才培养和引进力度，深化“天山南北院士行”活动，用好人才基金，建设创新型科技人才队伍，激发创新活力。建立完善体制机制，健全学术交流、科技决策咨询等机制，加强同“一带一路”沿线国家和地区科技交流合作，提升科技创新体系化能力，为高质量发展提供坚实支撑。各级党委和政府要高度重视科技创新、支持科协发展，推动新疆科技工作不断迈上新台阶，以实际行动迎接党的二十大胜利召开。

会上，中国科协党组副书记徐延豪和自治区党委常委、自治区副主席玉苏甫江·麦麦提分别代表双方签署全面战略合作协议。

新疆科协、兵团科协代表受援方发言，河北省科协、浙江省科协、中国石油学会、中华医学会分别代表参与对口援疆的地方科协和全国学会作交流发言。

中国科协领导束为、殷皓、罗晖，新疆维吾尔自治区、新疆生产建设兵团领导艾尔肯·吐尼亚孜、李邑飞、何忠友、张国梁、王永明、哈增友出席会议。中国科协有关部门和单位、部分全国学会、新疆维吾尔自治区科协、新疆生产建设兵团科协、对口援疆省市科协负责人参加会议。

【张玉卓赴山西临县岚县调研指导定点帮扶工作】 8月25日，中国科协党组书记、分管日常工作副主席、书记处第一书记张玉卓深入山西省临县、岚县调研中国科协定点帮扶工作，调查了解定点帮扶县巩固拓展脱贫成果与乡村振兴工作进展情况，部署安排中国科协定点帮扶工作，看望慰问中国科协挂职干部、驻村第一书记。中国科协专职副主席、书记处书记孟庆海参加调研。

在临县安业乡前青塘村，张玉卓实地参观了粽子和月饼生产车间，考察“一村一品”产业发展情况，详细了解企业生产规模、原料来源、工艺流程及产品销售等情况。来到前青塘九年制学校，听取临县青少年科技教育工作介绍，考察“科创筑梦”乡村科教服务站、中国自动化学会智航助学助教基地，与青少年亲切交流、询问科技资源包使用情况，现场观看了学生无人机飞行表演，对学校建设发展成果给予肯定，对全国学会参与定点帮扶、助力乡村振兴工作给予赞赏。

在临县城庄镇小马坊村，张玉卓考察了食用菌产业发展现状，听取了中国科协驻村第一书记张贸越对中国科协帮扶工作的情况汇报，深入食用菌制菌棒生产车间和种植大棚，了解全县食用菌品种培育、产业产值和带动群众就业致富等方面的工作情况。

张玉卓到岚县屋顶分布式光伏项目建设点，听取了山西国华副总经理赵静波对光伏项目运行、带动群众增收等情况的介绍，对岚县下一步光伏开发建设提出建议。在山西老磨坊农业科技有限公司，张玉卓深入粗粮产品生产加工车间和产品展示大厅，考察了解中国科协组织专家支持企业开展粗粮产品标准化生产情况，重点围绕产品质量检验、市场销售、品牌打造等情况，与企业负责人进行深入交流。

张玉卓充分肯定了定点帮扶县坚持党建引领、促进特色产业发展取得的成果。他指出，要深入贯彻落实习近平总书记关于巩固拓展脱贫攻坚成果同乡村振兴有效衔接的重要论述，坚持和完善定点帮扶工作，推动中国科协定点帮扶工作再上新台阶。他强调，中国科协定点帮扶工作要充分发挥人才和组织优势，围绕食用菌、杂粮等特色产业，依托当地特色优势农业资源，进一步服务企业研发绿色食品、功能食品，推动标准化生产，把住食品安全关，提高产品质量。要促进农产品深加工，延长产业链、提升产品附加值，着力打造品牌、多渠道扩大宣传，推动当地特色优质农产品走出山西、走向全国，切实促进农民增收。要继续加强青少年科技教育工作，重视青少年科普，用好流动科技馆、农村中学科技馆进校园等平台渠道，推动优质科技科普资源下沉基层，着力提升当地公民科学素质。

孟庆海还率调研组赴帮扶县种养殖农技协、合作社以及食品加工企业调研，专题了解帮扶县特色产业发展现状，与有关负责同志共同谋划乡村产业发展。

中国科协有关部门单位负责人，山西省科协党组书记丁纪岗，吕梁市委书记孙大军，吕梁市科协、临县、岚县等有关负责人一同调研。

【“科学泰斗　国士无双”——纪念周培源诞辰 120 周年主题展】 8 月 28 日，由中国科协、九三学社、北京大学、中国科学院主办的“科学泰斗　国士无双”——纪念周培源诞辰 120 周年主题展在北京开幕。

第十二届全国政协副主席、中国科协名誉主席、中国科学院院士韩启德；中国科协党组书记、分管日常工作副主席、书记处第一书记张玉卓；北京大学校长、中国科学院院士龚旗煌；中国科学院副院长、党组成员、中国科学院院士李树深；中国物理学会理事长、中国科学院院士张杰；国际科学与和平周中国组织委员会主任马文普；周培源基金会副理事长、中国科学院院士陈十一；周培源家属代表周志兵出席展览开幕式并共同为展览揭幕。开幕式由中国科协党组成员、书记处书记兼中国科技馆馆长殷皓主持。

周培源是蜚声海内外的科学家、教育家和社会活动家，是我国近代科学、教育事业的奠基人和科技界的卓越领导人之一。他一生追求真理、崇尚科学、献身和平，为人类科学与和平事业鞠躬尽瘁，为世人楷模。今年正值周培源先生诞辰 120 周年，此次主题展是“纪念周培源先生诞辰 120 周年”系列活动的重要组成部分。

“科学泰斗　国士无双”——纪念周培源诞辰 120 周年主题展，从大师初成、科技外交、捍卫和平、桃李满园、科学巨匠、科协工作、参政议政、家庭生活、反哺桑梓等方面，通过 196 幅历史图片和 47 件珍贵实物，系统回顾了周培源在我国科学研究、教书育人、国际科技交流、参政议政等方面的卓越贡献，感怀他强大的精神力量和高尚的人格魅力，向公众传递周培源先生以国家民族命运为己任的爱国主义精神、以爱国主义为底色的科学家精神。

本次展览由中国力学学会、中国物理学会、周培源基金会、宜兴市人民政府、国际科学与和平周中国组织委员会、中国科技馆协办，由中科海镁（北京）科技有限公司、中国科学院大学现代科学家研究中心承办。

【吴健雄诞辰 110 周年纪念活动】 当地时间 9 月 24 日，著名美籍华裔物理学家吴健雄诞辰 110 周年纪念活动在美国邮政总局会议中心举行。本次活动由中国物理学会和美国物理学会共同主办、南京大学北美校友会承办。

中国科协主席万钢向纪念活动致贺信。万钢表示，吴健雄先生是二十世纪最杰出的物理学家之一，一生为推动中美科技、教育领域的交流合作倾注心血。我们要弘扬以她为代表的科学家精神，不懈探索科学无尽前沿，携手应对全球共同挑战，为人类社会永续发展、为保护地球美丽家园作出科技界的应有贡献。万钢指出，中国科协致力于不断增进对国际科技界的开放、信任、合作，希望与包括美国在内的全球科技界一道，促进开放交流和务实合作，架起科技共荣、文明互鉴的桥梁，共同为科技增进人类福祉贡献力量。

中国物理学会理事长、上海交通大学教授张杰和美国物理学会 2024 年候任会长、芝加哥大学教授金英姬分别代表中美两国主办方在纪念活动上致辞。中国物理学会派出了以上海交通大学教授刘江来为团长的代表团赴美参加活动并现场宣读万钢主席贺信。

科技部部长王志刚在纪念活动上以视频形式致辞。南京大学、哥伦比亚大学、浙江大学、普林斯顿大学、哈佛大学等高校代表在纪念活动上发言，现场还宣读了北京大学、中国科学技术大学、东南大学等院校的贺电。

吴健雄（1912—1997）是世界最杰出的实验物理学家之一，在核物理领域贡献突出、获奖无数，对当代物理学的发展起到了极其重要的推动作用，被誉为“中国的玛丽·居里”和“世界最杰出的女性实验物理学家之一”。她是美国物理学会历史上第一位女性会长，曾参与曼哈顿计划，其实验成果助力李政道、杨振宁获得 1957 年诺贝尔物理学奖。

【赵忠贤当选世界科技工作者联合会副主席】 5 月 8—12 日，第 23 届世界科技工作者联合会全体大会在摩洛哥马拉喀什举行。由中国科协推荐的中国科协荣誉委员、中国科学院院士赵忠贤当选该组织副主席，中国科协常委、清华大学苏世民书院院长薛澜，中国科协常委、自然资源部第二海洋研究所海底科学重点实验室研究员韩喜球当选执行理事会委员。中国科协代表团以线上方式参加会议。

本次世界科技工作者联合会全体大会以科学家责任、开放科学与时代挑战为主题，各成员组织代表进行了广泛的交流与研讨。积极推动各国科技工作者加强团结与合作，在共同应对当前全人类面临的挑战中承担更大的责任与作用，特别是围绕气候变化、环境保护、开放科学、人工智能治理等领域推进联合国可持续发展目标的实现。薛澜、韩喜球分别就人工智能治理和基于海洋的持续发展道路作线上报告。

世界科技工作者联合会（World Federation of Scientific Workers，WFSW）是中国科协最早加入的国际民间科技组织之一。WFSW 于 1946 年在英国伦敦成立，以提升科技工作者社会责任为宗旨，目前拥有 29 个成员组织。1963 年，WFSW 与中国科协在北京成立“北京中心”，并于 1964 年在北京召开北京科学讨论会，成为新中国成立后举办的第一次大型国际学术会议。多年来，中国科协积极参与 WFSW 的各项活动，双方保持良好的友谊与合作。

【张玉卓出席“中国这十年”系列主题新闻发布会并答记者问】 6 月 6 日，中央宣传部举行“中国这十年”系列主题新闻发布会，中国科协党组书记、分管日常工作副主席、书记处第一书记张玉卓与科技部部长王志刚、中国科学院院长侯建国、中国工程院院长李晓红、国家自然科学基金委主任李静海共同出席发布会，介绍“实施创新驱动发展战略 建设科技强国”有关情况并答记者问。发布会由中共中央宣传部对外新闻局副局长、新闻发言人寿小丽主持。

发布会上，关于中央广播电视总台央广记者提出的公民科学素质建设问题，张玉卓表示，党的十八大以来，我国公民具备科学素质的比例大幅提升。2020 年我国公民具备科学素质的比例达到 10.56%，比 2015 年的 6.2% 提高了近 1 倍。经过十年发展，我国科普组织力动员力不断提高，构建省域统筹政策和机制、市域构建资源集散中心、县域组织落实，以新时代文明实践中心（所、站）、党群服务中心、社区服务中心（站）等为阵地，以科技志愿服务为手段的基层科普组织动员体系，打造“品牌、平台、机制、队伍、改革、阵地”六位一体的高质量科普服务体系。“科普中国”平台资源总量超 53TB，各类传播渠道 715 家，传播量 416 亿人次，已成为国内最权威的科普平台，在疫情防控中也发挥了重要作用。中国特色现代科技馆体系取得长足发展，实体科技馆数量从 2012 年的 118 座增长到目前的 408 座，流动科技馆累计巡展 4944 站，科普大篷车累计行驶里程超过 5000 万千米，农村中学科技馆累计建设 1112 所，中国数字科技馆用户达到 1500 多万，体系服务线下公众超过 8.5 亿人次。联合有关部委共同打造科学辟谣平台，动员 125 家国内知名机构发起成立“中国公众科学素质促进联合体”，发动 213 万科技工作者实名注册科技志愿者。国际合作持续深化，落实习近平总书记 2018 年给世界公众科学素质促进大会贺信的精神，已连续举办4届，推动筹建“世界公众科学素质组织”；“一带一路”青少年创客营等活动不断深入。

张玉卓指出，当前公民科学素质水平城乡、区域发展不平衡依然存在，需要我们持续推进、久久为功。接下来，要以纲要实施为主线，强化部委协同、全社会参与，着力营造“人人科普、科普人人”的良好氛围。引导科普资源和服务向欠发达地区倾斜，尤其向西部地区倾斜，大力开展科技援疆援藏以及兴边富民行动，努力缩小地区差距。持续推动科技助力乡村振兴，以村两委成员和高素质农民为抓手，带动农民科学素质普遍提升；深化“智惠行动·百会百县乡村行”等，着力解决城乡不平衡问题。

发布会上，关于中新社记者提出的科技期刊建设问题，张玉卓表示，近年来我国科技工作者发表论文数量呈井喷之势。据统计，2021年有68万篇论文在英文科技期刊上发表。相比而言，我们在自己的英文期刊上发文偏少。党中央对此高度重视，中央深改委审议通过了《关于深化改革培育世界一流科技期刊的意见》。经过几年努力，国际重要期刊检索库目前收录我国科技期刊数量翻了接近一番（从152种增至257种），刊均影响因子由过去的1.13升到4.42，增长了2.9倍。一批优秀期刊已跻身国际前列，25种期刊影响因子学科排名进入国际前5%，20种期刊位列学科前三，3种期刊进入全球百强。英文期刊虽然成长很快，从244种增到现在的436种，但仍远远不能满足我国科技工作者发高影响因子刊的需求。

张玉卓表示，下一步，中国科协要深入实施“中国科技期刊卓越行动计划”，扩大领军期刊方阵，做强后备期刊梯队，推动更多优秀期刊进入世界一流行列。今年新增期刊预计超过50种，部分在国外注册的英文期刊，如符合标准可在国内登记注册。要加快科技期刊集群化改革和数字化发展，培育若干具有市场竞争力的出版机构，建立有国际水平的数字出版服务平台和开放获取资源平台，吸纳更多的高水平科学家参与中国期刊建设，促进科研论文和科学数据共享。

【2022中国科技智库论坛】 6月25日，2022中国科技智库论坛在湖南省长沙市举办。本次论坛是第二十四届中国科协年会的智库板块，以“科技自立自强战略目标下我国整体科技创新能力提升——使命与责任”为主题。中国科协党组副书记徐延豪和湖南省政协党组副书记、副主席黄兰香出席论坛并致辞。

徐延豪在致辞中强调，要贯彻落实习近平总书记关于建设中国特色新型智库的系列重要论述和指示精神，围绕“国之大者”，增强关于新时代国家创新体系建设的研究，明晰其需求和任务，找准科技强国的着力点，为党和政府的科学决策建言献策；突出“以人为本”，聚焦科技人才和产业人才，探索新时期人才成长和发挥作用的新特点、新规律，为我国切实建设世界重要人才中心和创新高地作出更大贡献；聚焦科协使命，发挥群团优势，为高水平科技自立自强的实现搭建互通有无的智汇平台，为科技经济深度融合、建设世界科技强国作出贡献提供助力。

论坛围绕国际力量对比深刻调整、全球科技竞争日趋激烈的大背景下，我国为实现高水平科技自立自强的战略目标，如何优化国家科技战略力量布局、强化我国整体科技创新实力、提升我国科技核心竞争力等重大议题进行探讨。论坛上发布了中国科协创新战略研究院的智库成果《中国科技人力资源发展研究报告（2020）》，对促进我国科技人力资源持续发展提出了政策建议；举行了中国科协创新战略研究院“双碳”经济与创新发展研究中心成立暨揭牌仪式。

论坛上，5位院士专家应邀作主旨报告。北京大学原校长、中国科学院院士王恩哥以《基础创新　科技强国》为题，从物理词义和相对论的奥秘展开，分析了松山湖材料实验室聚焦基础创新领域、助力科技强国的经验；介绍了实验室在新能源材料、金属材料、生物医学材料等一批核心技术、应用场景、项目最新进展、产业化情况。清华大学经管学院教授陈劲、国务院发展研究中心创新发展研究部部长马名杰、中国技术经济学会理事长李平、中国科学学与科技政策研究会理事长穆荣平分别围绕《从自主创新到科技自立自强》《科技自立自强的改革与政策》《构建颠覆性技术形成产业的创新生态系统》《创新驱动数字转型高质量发展——基于创新发展指数和创新能力指数的思考》等主题做了演讲。

北京师范大学科学教育研究院院长、原国家自然科学基金委政策局局长郑永和，全国城市工业品贸易中心联合会副会长、中国商业经济学会消费研究院院长刘普合等11位来自国内知名智库、高校、研究院所、企业和科协系统的专家学者围绕“科技创新与‘双碳’目标驱动下的绿色发展”“高水平人才高地和人才吸引集聚平台建设战略与路径”两个议题开展对话交流。

本次论坛由中国科协与湖南省人民政府主办、中

国科协创新战略研究院承办、湖南省自然辩证法研究会协办。来自智库机构、高校、科研院所和企业的 100 余人参加现场会议，近 2000 人参加线上会议。

【"2021 年度科协十大事件"揭晓】 回首 2021 年，"两个一百年"奋斗目标历史交汇，我国开启了全面建设社会主义现代化国家新征程，正昂首阔步行进在实现中华民族伟大复兴的道路上。一年来，中国科协以习近平新时代中国特色社会主义思想为指导，深入贯彻党的十九大和十九届历次全会精神，在思想政治引领、科技经济融合、科普惠民服务、服务科学决策、开放交流合作等领域持续发力，扎实推进科协系统深化改革，各项事业迈上新台阶。

经社会公众投票和专家评审，面向社会发布"2021 年度科协十大事件"（排序不分先后）。

1. 习近平总书记出席中国科协"十大"并发表重要讲话，凝聚科技界奋进新时代磅礴力量

2021 年 5 月 28 日，习近平总书记出席中国科协"十大"并发表重要讲话，对做好中国科协工作提出明确要求。中国科协积极贯彻落实习近平总书记重要指示精神，修订《中国科学技术协会章程》，制定实施《中国科协事业发展"十四五"规划（2021—2025 年）》，号召广大科技工作者开展"自立自强、创新争先"行动，开启科协服务高水平科技自立自强新征程。

2. 习近平向第 32 届国际航空科学大会致贺信

2021 年 9 月 6 日，习近平总书记向第 32 届国际航空科学大会致贺信。国际航空科学大会被誉为航空科技界的奥林匹克盛会。本次大会是国际航空科学大会时隔 29 年后再次在中国召开。

3. 聚焦"众心向党、自立自强"主题，扎实开展党史学习教育

组织"与党同心、百年同行"全国学会访谈录活动，引导全国学会学党史、续会史。广泛开展"科学家讲党课"活动，把政治与业务有机融合。依托嘉兴南湖革命纪念馆、"两弹一星"理想信念教育学院建设中国科协党校教育基地，面向青年科技领军人才开展国情研修，举办"自立自强、青春向党"演讲大赛等，引导青年科技人才坚定理想信念，打造没有围墙的价值引领高地。中央党史学习教育简报 8 次刊发科协典型案例和先进经验。

4. "我为群众办实事"深入开展，推动解决急难愁盼问题

推动临床案例成果纳入代表作类型在职称评价中试点应用，利用科普资源助推"双减"，"追寻红色足迹、科技为民服务""智惠行动·百会百县乡村行"等行动将科技资源和服务送入基层，形成"一懂两爱"（懂农业、爱农村、爱农民）科技服务团、科技小院、银龄跨越数字鸿沟、天府科技云、科技搭桥行动、河南特大汛情应急科普等典型案例，带动科协系统为群众办实事 3900 余项。

5. 科学家精神赓续红色血脉，强化精神引领和思想保证

科学家精神进入中国共产党人精神谱系。"党领导下的科学家"主题展、"党领导下的百年科普展""科创百年——庆祝建党 100 周年科技成就科普展"等系列展览引发社会广泛关注。钱学森故居等科学家精神培育基地成为青少年研学和红色旅游打卡地。"科学大师名校宣传工程"深耕高校，成为思政工作新载体。学风传承行动推动青年一代自觉传承优良学风。"最美科技工作者"不断强化科技工作者把论文写在祖国大地上的价值导向。"科学家精神"话题全年点击量超过 245 亿人次。

6. 国务院颁布《全民科学素质行动规划纲要（2021—2035 年）》，开启科学素质建设新征程

2021 年 6 月，国务院颁布《全民科学素质行动规划纲要（2021—2035 年）》，推动构建"两翼同等重要"制度安排。出台《中国科协科普发展规划（2021—2025 年）》《现代科技馆体系发展"十四五"规划（2021—2025 年）》《中国科协关于新时代加强学会科普工作的意见》《中国科协办公厅关于加强科普标准化工作的通知》等系列政策文件，明确未来科普工作的目标任务和落实举措。推动《科普法》修订纳入全国人大修法计划，推动科学素质指标纳入 2021 版全国文明城市测评体系，联合教育部印发《关于利用科学资源助推"双减"工作的通知》。

7. 发挥"三型"组织优势，服务构建新发展格局

制定《中国科协关于支撑构建新发展格局的意见》。深化与中石化、三峡集团等中央企业的创新战略合作，"科创中国""智汇中国"平台深度融入国家战略区域布局，服务高质量发展。中国科技会堂论坛搭建顶尖科学家与党政领导干部交流平台。科技支撑"双碳"目标的战略研究相关建议被纳入中央经济工作会议部署。"科普中国"荣获《人民日报》最佳政务奖和中央网信办走好网上群众路线百个成绩突出账号。打

造“以科技工作者为中心的科技服务和内容生产综合运营平台”，构筑数字化时代服务科技工作者新模式。

8. 世界一流期刊建设三年成效显著

2018 年以来，中国科协密切协同中宣部等相关部门，深入推进世界一流科技期刊建设工作。经过三年持续发展，一流期刊建设取得新突破，7 种跻身学科第一，3 种进入世界百强。目前已有 96 种期刊学科排名进入前 25%，较 2018 年增加 41 种；25 种期刊学科排名进入前 5%，较 2018 年增加 17 种；20 种期刊位列学科前 3，较 2018 年增加 11 种。国际施引机构由 864 个增至 9608 个，引用来源地由 42 个国家和地区增至 124 个。

9. “天宫课堂”点燃青少年科学梦想

与中国载人航天工程办公室共同组织“天宫课堂”，联动广西、四川、香港、澳门分会场，开展天地实验互动。动员 29 个省、自治区、直辖市近 200 所实体科技馆、193 个流动科技馆站点、124 辆科普大篷车、850 所农村中学科技馆参与观看，24 小时内全网点击量超 21 亿次，成为我国科学教育活动一天内覆盖面最大、参与公众最多的科普生动实践。

10. 努力破解学会党建难题，促进党建工作与学会业务融合

实施“党建强会计划”，成立学会党建工作指导委员会，建立学会理事长、知名科学家讲党课常态化机制，探索建立学会双理事长等制度机制。突出党建引领，发动 70 余个学会理事会党委牵头深入江西瑞金井冈山等 23 个省份 78 个市县的红色革命老区，扎实开展实践活动，形成“百家学会进老区”的生动实践，推动学会党建和业务深度融合。

【2022 年中国科协宣传思想工作会议暨宣传干部培训班】 4 月 21 日，2022 年中国科协宣传思想工作会议暨宣传干部培训班在北京举办。中国科协党组副书记徐延豪出席会议并讲话。

会议认为，2021 年科协系统坚持以习近平总书记关于守正创新做好宣传思想工作系列重要讲话和重要指示为遵循，高举思想之旗、汇聚奋进之力，扎实推进科技界思想政治引领，深入开展党史学习教育，大力弘扬科学家精神，在围绕中心、服务大局中展现新作为、取得新成效。

会议指出，2022 年要突出迎接宣传贯彻党的二十大工作主线，深入研判当前面临的形势任务，全面增强用习近平总书记思想武装科协、武装科技工作者的能力，以更广阔视野和系统思维，审视创新发展，预见风险挑战，科学谋划全年工作，打好宣传思想战略主动仗，切实担当在科技界举旗帜、聚民心、育新人、兴文化、展形象的使命任务。

会议指出，要继续保持勠力同心、砥砺实干为要，推动科协系统宣传思想工作稳中求进，出精品、出亮点，为党的二十大胜利召开营造良好舆论氛围。要强化政治性，突出“两个确立”的决定性意义，推动习近平新时代中国特色社会主义思想深入人心，团结引导广大科技工作者自觉做党的创新理论的坚定信仰者和忠实实践者。要注重系统性，树立大宣传理念，构建大宣传格局，做好顶层设计和策划，找准工作支点，着力在增强协同效应上下功夫，通过宣传思想工作为基层组织赋能提供有力抓手。要突出实效性，切实把价值观培育作为宣传思想工作的核心目标，杜绝形式主义和表面文章，准确把握科技界思想动态，认真研究科技工作者特点和需求，不断深化对科协宣传思想工作内在规律的认识，不断提高宣传思想理论水平和工作质量，壮大科技界奋进新时代主流思想舆论。

会议期间，发布了“科协系统党史学习教育系列榜单”和“2021 年度中国科协网络平台宣传评价排行榜”。邀请专家围绕“百年党史中的宣传史”“国际传播视野下的中国科技传播思路”“人工智能服务科技传播路径”等主题作专题辅导报告。重庆、浙江、广西、河南、福建科协以及中国城市规划学会、中国科协信息中心、中国科协科技社团党委等作交流发言。

会议以主会场和视频直播相结合形式召开，部分全国学会、中国科协机关和直属单位有关负责人等 50 人线下参会，科协系统宣传干部、反邪教协会通讯员等 3000 余人线上参会。

【全国科学道德和学风建设宣讲教育领导小组 2022 年工作会议】 8 月 26 日，全国科学道德和学风建设宣讲教育领导小组 2022 年工作会议在北京召开。中国科协党组副书记徐延豪主持会议。

会议审议通过新增国防科工局作为领导小组成员单位，研究制定“科学道德和学风建设联合工作机制”，从制度层面推动各成员单位优势互补、资源共享、协同发展，确保宣讲教育工作统一部署，形成合力。

会议审议通过 2022 年全国科学道德和学风建设宣传月工作安排。宣传月期间，各单位联合开展形式

多样、生动活泼的宣讲教育工作，包括“学风传承”专题电视节目、科学大师名校宣传工程 2022 年会演、学术生涯“第一粒扣子”全国宣讲、中国科学家精神“进高校进院所进企业”、“科学也偶像”短视频征集宣传以及科技伦理宣传活动等。各成员单位就做好科学道德和学风建设宣讲教育工作进行讨论交流，提出意见建议。

徐延豪指出，党中央、国务院始终高度重视学风作风建设。作为迎接和宣传贯彻党的二十大精神的重要工作，2022 年全国科学道德和学风建设宣传月要切实提高政治站位，主动融入党的宣传思想工作大局，以科学家精神塑形铸魂，把宣讲教育作为加强科技界思想政治引领的有力抓手。要加强协同配合，中国科协认真履行全国科学道德和学风建设宣讲教育领导小组办公室职责，以联合工作机制为基础，做好服务保障。各成员单位各司其职、合作协同，共同开拓宣讲教育新格局。要创新传播方法，拓展与主流媒体和新媒体沟通合作，共同打造学风精品传播品牌，以优良学风引领社会风尚。

全国科学道德和学风建设宣讲教育领导小组成员单位有关同志出席会议，中宣部、中央广播电视总台、科技日报社应邀参会。

【“2022 年全国科学道德和学风建设宣传月”活动】 在中共中央宣传部指导下，全国科学道德和学风建设宣讲教育领导小组成员单位联合开展了“2022 年全国科学道德和学风建设宣传月”活动。活动于 9 月下旬陆续启动，10—11 月在全国各地集中开展。

活动围绕弘扬科学家精神、涵养优良学风主题，多渠道、多形式、全方位开展科学道德和学风建设宣讲教育活动，强化传播效果、品牌效应，切实提升宣讲教育实效。宣传月期间，重点开展了以下活动：一是首次将报告会搬上电视荧幕，联合中央广播电视总台《开讲啦》栏目共同策划制作 3 期电视宣讲报告会，引导广大青年与科研工作者“扣好第一粒扣子”；二是“共和国的脊梁——科学大师名校宣传工程”首次在澳门特别行政区巡演，上海交通大学原创话剧《钱学森》在澳门大学演出，这也是《钱学森》话剧团首次走出内地；三是举办“科学也偶像”短视频征集评选活动，动员科技工作者特别是青年科技工作者以新的传播媒介和方式记录身边人身边事，大力弘扬爱国、创新、求实、奉献、协同、育人的中国科学家精神，全面展示科技界坚持“四个面向”、报国为民、创新求实的集体形象和生动事迹；四是持续开展学风传承行动，支持有关高校院所等建立 211 个“学风涵养工作室”，组织青年师生参与学风传承行动，做优良学风的践行者、传播者、传承者，鼓励地方探索学风创建试点；五是开展“科技伦理前沿谈”全国征文大赛，联动科技类期刊和中央媒体，面向全国开展“科技伦理前沿谈”征文大赛，大力宣传普及科技伦理知识，提升科技人员和社会公众科技伦理意识；六是各省、自治区、直辖市宣讲教育领导小组充分挖掘自身资源，组织开展了具有地域特点、形式多样的宣讲活动。

【《中国现代科学家（九）》纪念邮票首发式】 9 月 7 日，《中国现代科学家（九）》纪念邮票首发式在北京举行。《中国现代科学家（九）》纪念邮票一套 4 枚，入选的四位科学家分别是地质学家刘东生、物理学家程开甲、数学家吴文俊、农学家袁隆平。中国科协党组成员、国际合作部部长罗晖和中国邮政集团有限公司副总经理康宁共同为《中国现代科学家（九）》纪念邮票揭幕。

罗晖在致辞中表示，在喜迎党的二十大胜利召开之际，中国科协与中国邮政集团联合推出第九组中国现代科学家纪念邮票，用科学家精神引领社会文明风尚，向世界展示中国风格、中国气派、中国精神，有利于团结凝聚广大科技工作者坚定创新自信，有利于进一步在全社会营造尊重劳动、尊重知识、尊重人才、尊重创造的良好氛围。新时代科学家精神与伟大建党精神一脉相承，是党的革命精神和伟大民族精神的重要组成部分，广大科技工作者要牢记习近平总书记嘱托，传承我国科技界优良传统，大力弘扬以爱国、创新、求实、奉献、协同、育人为内核的新时代科学家精神，争当高水平科技自立自强排头兵，以优异成绩迎接党的二十大胜利召开。

首发式上，中国邮政集团有限公司邮政业务部副总经理顾军宣读邮票发行通告。中国科协宣传文化部副部长宋玉荣和中国邮政集团北京市分公司总经理徐茂君为《中国现代科学家（九）》纪念邮票首日封揭幕。中国邮政集团北京市分公司副总经理范小荣向入选者家属及单位代表赠送邮票纪念品。

《中国现代科学家》系列纪念邮票自 1988 年首次发行以来，已经发行九组，共有地质学家李四光、气象和地理学家竺可桢、光学家王大珩等 38 位中国现代科学家入选。

本次活动由中国科协、中国邮政集团有限公司共同主办，中国科协宣传文化部、中国邮政集团北京市分公司共同承办。程开甲之女程漱玉、吴文俊之子吴天骄、袁隆平之弟袁隆湘等入选科学家家属代表，中国科学院、中国科技馆等相关单位代表，邮票人选评审专家王渝生、张藜、罗兴波，邮票设计师李晨，以及媒体记者共50余人参加首发式。

【2022年科学家精神教育基地名单发布】 5月30日，在2022年全国科技工作者日主场活动中，中国科协、教育部、科技部、国务院国资委、中国科学院、中国工程院、国家国防科工局联合发布2022年科学家精神教育基地名单。中国科协党组副书记徐延豪，中国工程院党组成员、副院长陈左宁，国家国防科工局副局长、党组成员董保同，中国科学院直属机关党委副书记王维佐共同启动科学家精神教育基地电子导图、导图上线，并对入选基地进行云端授牌。中国科技馆、浙江钱学森故居、广西贵港市黄大年科学家精神教育基地（贵港市港北区高级中学）作为首批入选基地代表进行连线情况介绍。

为深入贯彻落实中央人才工作会议精神，推动习近平新时代中国特色社会主义思想在科技界转化深化，根据中共中央办公厅、国务院办公厅《关于进一步弘扬科学家精神　加强作风和学风建设的意见》，3月16日，中国科协联合教育部、科技部等7部委印发《关于开展“科学家精神教育基地”建设与服务管理工作的通知》，启动了2022年科学家精神教育基地认定工作。通知印发后，各有关单位积极申报，各有关部委、全国学会、地方科协等单位切实履行推荐单位职责，截至5月13日，共收到495份“科学家精神教育基地”申报材料。经排重，实际申报单位473家。

经过初评、终评和公示等程序，中国科学院与“两弹一星”纪念馆等140个单位入选首批科学家精神教育基地，建设期至2026年。140个单位来自30个省、自治区、直辖市和澳门特别行政区，类别涵盖科技馆、学校、科研院所、科技企业、国家重点实验室、重大科技工程纪念馆（遗迹）、科技人物纪念馆和故居等。

【2022年科学家精神宣讲团“进高校、进院所、进企业”活动】 5月30日，在2022年全国科技工作者日主场活动中，中国科学家精神宣讲团举行成立仪式，中国科协党组书记、分管日常工作副主席、书记处第一书记张玉卓宣布科学家精神宣讲团“进高校、进院所、进企业”活动启动。

中国科学家精神宣讲团由中国科协联合教育部、科技部等7部委共同组建，并以此为抓手，广泛动员各级各单位优质资源和有效力量，努力推动构建广覆盖、高质量的科学家精神宣讲体系，力求实现常态化、长效化、社会化，让科学家精神真正内化于心、外化于行，成为建设世界科技强国、实现高水平科技自立自强的动力之源。在中国科学家精神宣讲团引导示范下，全国各地也形成了北京市科学家精神宣讲团、郭永怀先进事迹宣讲团、红领巾宣讲团等一批特色宣讲团。

科学家精神宣讲团“进高校、进院所、进企业”活动，聚焦打造高质量宣讲队伍、广泛开展宣讲教育、满足基层群众需求等内容，积极发挥中国科学家精神宣讲团示范引领作用，联合中央媒体资源，加强策划，面向重点领域和地区，全年共开展300余场宣讲活动。宣讲过程中，突出重点人群，重点面向青年学生和一线科研人员，讲好科学家故事，引导广大青年学生担当民族复兴大任，引领广大科技工作者心怀“国之大者”，把个人追求与祖国需要紧密结合起来，把所学知识化作服务社会、服务人民的具体行动。各省级科协把宣讲教育作为常态化落实“我为群众办实事”的重要举措，首批科学家精神教育基地所在单位面向基层开展“接地气”的宣讲活动，线上线下讲好科学家故事，引导基层群众通过身边人身边事切身感悟爱国、创新、求实、奉献、协同、育人的科学家精神，坚定理想信念，厚植爱国情怀，增强使命担当，积极营造尊重知识、崇尚创新、尊重人才、热爱科学、诚实守信的浓厚氛围。

【高校大学生科技志愿服务工作】 3月5日，在学雷锋纪念日来临之际，中国科协、教育部、共青团中央、中央文明办联合印发通知，就共同开展高校大学生科技志愿服务工作作出部署。

四部门联合开展大学生科技志愿服务工作，旨在组织动员高校大学生大力弘扬和践行“研必以报效国家为己任，学必以服务人民为荣光”的科技志愿服务精神，传播科学思想、普及科学知识，以科技为民实际行动书写新时代的雷锋故事，在学思践悟中坚定理想信念，在奋发有为中践行初心使命，把论文写在祖国大地上，着力打造新时代高校大学生心怀大爱、无私奉献、助人为乐、服务社会的崭新形象。

高校大学生科技志愿服务工作采取多种形式开展。

一是依托中国科协科技馆体系、全国科普教育基地、新时代文明实践中心（所、站）等机构，采取“馆校结对”模式，组织高校大学生科技志愿服务队开展科学家精神宣讲、公众引导服务、科普知识讲解、科普剧排演、科技展品设计研制等。

二是协同新时代文明实践中心（所、站）开展科技志愿服务进乡村、青少年科技教育进学校、科技文化宣传进社区等活动。

三是以多种多样的方式面向社会开展各类有特色的科技志愿服务活动，努力在科技为民、科普惠民方面发挥独特作用。

通知要求，大学生科技志愿服务工作重在搞好对接、讲求实效，各高校青年志愿者协会、科技志愿服务队等志愿服务组织与各场馆（基地、中心）对接，可采取“一馆一校”或者“一馆多校”的方式结对开展科技志愿服务工作。

【学雷锋志愿服务“四个 100”先进典型推荐工作】 5 月 13 日，中共中央宣传部、中央文明办等 18 部门印发《关于公布 2021 年度全国学雷锋志愿服务“四个 100”先进典型名单的通知》，公布了“最美志愿者”“最佳志愿服务组织”“最佳志愿服务项目”“最佳志愿服务社区”的先进典型名单。由中国科协推荐的 2 位科技志愿者、3 个科技志愿服务组织、2 个科技志愿服务项目和 3 个社区入选“四个 100”先进典型。

入选“最美志愿者”的是陕西省西安市中心医院眼健康服务队骨干志愿者杜兆江和辽宁省沈阳市农业科技志愿者姜大光；入选“最佳志愿服务组织”的是中国飞天梦科技志愿服务团、四川省成都大熊猫繁育研究基地科技科普志愿服务队和浙江省温州市老卫生科技工作者协会医疗义工队；入选“最佳志愿服务项目”的是浙江省“生态无蚊村”志愿服务项目和贵州省“德行龙里　农技加油站”科技志愿服务项目；入选“最佳志愿服务社区”的是安徽省黄山市屯溪区阳湖镇柏山社区、江苏省常州市天宁区雕庄街道菱溪社区、辽宁省大连市甘井子区辛寨子街道魅力社区。

近年来，中国科协以培育和践行社会主义核心价值观为抓手，聚焦党和国家中心工作，聚焦服务百姓民生，积极开展“我为群众办实事”系列活动，深入践行学雷锋科技志愿服务，为提升全民科学素质和社会文明程度发挥了重要作用。

人　才

【2022 年全国科技工作者日主场活动】 5 月 30 日是第六个全国科技工作者日。当天，以“创新争先　自立自强”为主题的 2022 年全国科技工作者日主场活动在北京举办。全国政协副主席、中国科协主席万钢出席活动并讲话，向广大科技工作者致以良好祝愿和崇高敬意。中国科协党组书记、分管日常工作副主席、书记处第一书记张玉卓等有关领导和院士专家出席活动。

万钢表示，党的十八大以来，广大科技工作者坚持以习近平新时代中国特色社会主义思想为指引，大力弘扬科学家精神，涵养优良学风，在建设创新型国家征程中创新争先，为经济社会高质量发展作出了突出贡献。疫情当前，广大科技工作者坚守抗疫、生产和科研一线，为积极应对疫情防控的严峻考验、为保障人民生命健康、为推动经济发展和社会稳定和国家安全作出了不懈努力与巨大贡献，深入田间地头、厂矿车间、学校社区开展科技志愿服务，以实际行动践行着创新争先、自立自强的时代主题和科技报国、创新为民的初心使命。

万钢指出，当前紧抓新一轮科技革命和产业变革的机遇，加快实现高水平科技自立自强，成为塑造未来发展新优势的重要基础。作为自立自强的排头兵，广大科技工作者要更加深刻领会到“创新是引领发展的第一动力，科技是战胜困难的有力武器”的内涵，更加充分认识到不断提升自主创新能力永远是解决问题的根本之道，更加准确理解加快产学研深度融合、壮大新增长点、培育发展新动能的重要性紧迫性，进一步增强以开放合作应对全球挑战、推动构建人类命运共同体的责任感使命感。要更加紧密团结在以习近平同志为核心的党中央周围，增强“四个意识”、坚定“四个自信”、做到“两个维护”，以创新、创业、创造的生动实践为建设世界科技强国不断作出新的更大贡献，以优异的成绩向党的二十大献礼。

青年科技人才是实现高水平科技自立自强的重要力量和生力军，是实现中华民族伟大复兴中国梦的战略支撑。为贯彻落实习近平总书记重要讲话和中央人才工作会议精神，支持青年科技人才全面发展，中国科协、教育部、科技部、共青团中央、中国科学院、中国工程院、国家国防科工局、国家自然科学基金委员会在活动中联合发布了《关于支持青年科技人才全面发展联合行动倡议》。倡议号召有关单位和社会各界开展支持青年科技人才全面发展联合行动，关心青年科技人才所思所想，大力弘扬科学家精神，激励青年人才脱颖而出，营造良好创新生态，强化组织建设和平台支撑，拓宽国际视野，为加快建设世界重要人才中心和创新高地提供不竭动力。

活动中，中国科协、教育部、科技部、国务院国资委、中国科学院、中国工程院、国家国防科工局联合发布2022年科学家精神教育基地名单，同时，举行中国科学家精神宣讲团成立仪式，张玉卓宣布科学家精神宣讲团“进高校、进院所、进企业”活动启动。发布了中国科协碳达峰碳中和系列丛书。

活动中，科技工作者心理咨询服务热线正式开通。热线聚焦科技工作者职业和群体特点，重点针对科技工作者的工作压力、职业发展、人际关系、家庭关系、亲子教育等问题导致的不适进行心理疏导，提供心理热线咨询、心理健康自评、自助心理调适、心理课堂等心理保障与服务，助力科技工作者的阳光心态建设，完善科技工作者服务保障体系，是中国科协为群众办实事的重要举措。

中国科学院院士欧阳自远，中国工程院院士杜祥琬、毛新平，中国科学院大学医学院常务副院长胡宝洋，空间技术研究院总体设计研究员孙泽洲，兵器装备集团兵器装备研究所工程师史亦超，探月与航天工程中心深空探测总体部部长耿言，中国天眼总工姜鹏等老中青三代科技工作者共同宣读了《关于涵养优良学风的倡议》，号召广大科技工作者知责行责、报国为民，求实创新、追求卓越，奖掖后学、铺路育人，坚守底线、引领先风，以爱国奋斗的精神风貌书写建设科技强国、实现中华民族伟大复兴的历史华章。

活动中还发布了主题宣传片《大地上的星火》，向所有立足岗位、默默奉献的科技工作者致敬。

受疫情影响，此次活动以线上形式举办。

【2022年全国科技工作者日座谈会】 5月30日，中国科协召开2022年全国科技工作者日座谈会，深入学习习近平总书记在中国科协“十大”开幕式上的重要讲话精神，重温党的十八大以来，以习近平同志为核心的党中央对科技工作和科技工作者的高度重视和亲切关怀，庆祝第六个全国科技工作者日。全国政协副主席、中国科协主席万钢出席座谈会并讲话。中国科协党组书记、分管日常工作副主席、书记处第一书记张玉卓主持座谈会。

万钢向广大科技工作者致以节日问候。他指出，党的十八大以来，广大科技工作者坚持以习近平新时代中国特色社会主义思想为指引，大力弘扬科学家精神，涵养优良学风，在建设创新型国家征程中创新争先，为经济社会高质量发展作出了突出贡献。当前，紧抓新一轮科技革命和产业变革的机遇、加快实现高水平科技自立自强，成为塑造未来发展新优势的重要基础。作为自立自强的排头兵，广大科技工作者要深刻领会“创新是引领发展的第一动力，科技是战胜困难的有力武器”，充分认识不断提升自主创新能力永远是解决问题的根本之道，准确理解加快产学研深度融合、壮大新增长点、培育发展新动能的重要性紧迫性，进一步增强以开放合作应对全球挑战、推动构建人类命运共同体的责任感和使命感。

万钢鼓励广大科技工作者，以实际行动践行创新争先、自立自强的时代主题和科技报国、创新为民的初心使命，以创新、创业、创造的生动实践为建设世界科技强国不断作出新的更大贡献，以优异的成绩向党的二十大献礼。

中国科协常委、中国首次火星探测任务工程总设计师张荣桥，中国科协常委、北京航空航天大学研究生院常务副院长赵巍胜在线参加座谈。中国科学院院士欧阳自远、中国工程院院士杜祥琬、中国农业科学院植物保护研究所副所长陆宴辉、中国航天科技集团第一研究院副总工程师李洪波等专家，作为中国科学家精神宣讲团代表在线参加座谈。

与会委员、专家代表围绕牢记习近平总书记嘱托、秉承家国情怀和使命担当、积极投身创新争先和高水平科技自立自强等方面交流心得体会，并就加强基础研究、树立创新自信、弘扬科学家精神、培育一流科技人才、加强国际科技交流协作等提出意见建议。

欧阳自远结合学习科研经历指出，科技工作者要牢记习近平总书记嘱托，把创新争先、自立自强作为国家使命和责任义务，坚定创新自信，坚持实事求是，一步一步去追赶，建设世界科技强国的目标一定能够实现。杜祥琬指出，家国情怀、使命担当是科学家精神的灵魂。“两弹一星”事业凝练的“铸国防基石，做民族脊梁”文化，最核心的就是以民族振兴为己任的奋斗精神。在价值观多元化的21世纪，这种精神不仅需要传承，更需要弘扬。赵巍胜指出，要明确创新争先路径，加强基础研究，实现原始创新突破；大力推进科学仪器自主可控，实现科技自立自强；加强国际合作，与国际科技友军互惠互赢。陆宴辉表示，按照习近平总书记把论文写在祖国大地上的指示要求，自己将带领团队和学生坚守保障国家棉花生产安全的科研初心，履行好扎根新疆、辐射中亚、服务“一带一路”的时代使命。李洪波表示，要借助中国科学家精神宣讲团这个平台，传承好、发扬好、传播好科学家精神，肩负起时代赋予青年一代科技工作者的重任。

座谈会上，宣读了《关于支持青年科技人才全面发展联合行动倡议》，倡导社会各界为青年人才健康全面成长提供支撑，为他们脱颖而出搭建平台。会议连线广西、河南、浙江，广西壮族自治区科协党组书记纳翔、河南省科协主席吕国范、浙江省科协党组书记谢志远分别介绍了地方科协开展特色活动情况。万钢与参加第九届广西青年学术年会分会场会议的广西青年科学家代表、广西南南铝加工有限公司副总工程师兼技术研发中心副主任何克准视频连线对话，勉励广大青年科技工作者传承老一辈科技工作者的优良作风，发扬团队精神，积极投身科技强国建设。座谈会还与广西贵港港北高中黄大年纪念馆、浙江钱学森故居连线，探访首批科学家精神教育基地，与浙江大学学风传承工作室连线，了解学风养成融入高校思政有关情况。

张玉卓在主持会议时指出，科技工作者最美的样子就是将自己的青春、热情和智慧融入国家发展需求，应时代之需、解国家之急，以小我微光、聚星河万顷。他们的精神跨越学科界限，激励更多科技工作者奋勇向前。科协组织要充分发挥桥梁纽带职责，更好地团结凝聚广大科技工作者，为建设世界科技强国不断作出新的更大贡献。

中国科协党组副书记徐延豪，中国科协专职副主席、书记处书记孟庆海，中国科协党组成员、书记处书记束为、吕昭平、殷皓，中国科协党组成员罗晖参加座谈会，中国科协机关有关部门主要负责人线上线下参加座谈会。

【中国科协人才工作会议】 2 月 25 日，中国科协人才工作会议在北京召开。会议围绕深入学习领会习近平总书记在中央人才工作会议上的重要讲话精神，全面贯彻落实党中央关于新时代人才工作的战略部署和重大举措，研究部署科协系统人才工作。全国政协副主席、中国科协主席万钢作视频致辞。中国科协党组书记、分管日常工作副主席、书记处第一书记张玉卓主持会议并作总结讲话。中国科协副主席、中国工程院副院长、中国工程院院士邓秀新出席并致辞，中国科协副主席、中国科学院数学与系统科学研究院研究员、中国科学院院士袁亚湘出席会议。中国科协党组、书记处全体同志出席会议。

万钢强调，习近平总书记在中央人才工作会议上发表重要讲话，统揽党和国家工作大局，把握世界之变、时代之变，谋划人才发展大计，深刻阐明新时代人才发展重大理论和实践问题，科学擘画建设世界重要人才中心和创新高地的宏伟蓝图。要深刻领会总书记关于新时代人才工作的新理念新战略新举措，把学习贯彻中央人才工作会议精神引向深入、扎实落地。要准确把握加快建设世界重要人才中心和创新高地的战略目标，坚持营造识才爱才敬才用才的环境，坚持弘扬科学家精神，坚持聚天下英才而用之，为加快建设世界重要人才中心和创新高地提供有力支撑。各级科协组织要将人才工作作为科协事业发展的重中之重，坚持党对人才工作的全面领导，坚持人才引领发展的战略地位，坚持深化人才发展体制机制改革，有效激发广大科技工作者的创新创造活力。全国学会要着力为科技人才打造干事创业、建功立业的广阔舞台，坚持全方位培养用好人才，坚持“四个面向”，优化学会布局，着力建设具有国际影响力的中国特色社会主义现代化科技社团，以昂扬的精神状态和优异的成绩迎接党的二十大胜利召开。

张玉卓强调，科协系统要深入领会习近平总书记关于新时代人才工作的新理念新战略新举措，特别是深入学习、深刻把握习近平总书记精辟概括的“八个坚持”，认真对标总书记重要讲话，对人才工作进行专题研究，在推动加强人才投入、生态营造、政策创新等方面多谋真招实招。要把弘扬科学家精神作为科协人才工作的精神引领和思想保证，引领广大科技人才自觉涵养优良学风，培育热爱科学、立志报国的青少年后备军。要聚焦人才发展战略目标，提升科协组织服务科技人才的战略能力。以科协组织枢纽型、平台型、开放型组织优势服务科技人才。打造事业平台、密切组织联系、建实精神家园、提供暖心服务，以建家交友促进科技人才建功立业。完善科技人才评价体系，加强中国科技人才信息库建设，以科协实践助力人才发展体制机制改革。要完善联系服务战略科学家的机制，协力打造科技领军人才和创新团队，鼎力支持青年科技人才成长，大力培养卓越工程师队伍，助力人才工作对外开放，为战略人才力量发挥作用营造良好生态，持续激发科技人才的创新创造活力。

邓秀新在致辞中表示，中国工程院将更加强化与中国科协的合作，充分发挥院士学风引领和科普方面作用，积极推动卓越工程师的培养和奖励工作，加强对工程科技人才的团结引领和联系服务。中国科协党组成员、书记处书记束为报告了科协系统贯彻落实中央人才工作会议精神的各项举措，并就贯彻《中国科协关于加强和改进新时代科技人才工作的意见》作出部署。中国计算机学会、中国化学会、北京市科协、中国移动科协、青年科技人才代表作交流发言。会议对“智慧科协 2.0 科技人才信息库”建设思路进行视频展示。中国物理学会、浙江省科协、工程师联合体作书面交流发言。

会议以线上线下形式召开。中央人才工作领导小组办公室、驻科技部纪检监察组、教育部、科技部、人力资源社会保障部、国务院国资委、中科院、自然基金委、国防科工局、全国工商联等有关部门负责人，中国科协十届常委会人才工作专委会委员出席线下会议，各省（自治区、直辖市）科协、新疆生产建设兵团科协负责同志和全国学会负责人线上参会。

【中国科协人才工作领导小组第一次会议】 2月21日，中国科协党组书记、分管日常工作副主席、书记处第一书记，中国科协人才工作领导小组（以下简称领导小组）组长张玉卓主持召开领导小组第一次会议。领导小组副组长徐延豪、孟庆海、束为、吕昭平、殷皓、王进展、罗晖和全体成员出席会议。

会议审议通过《中国科协人才工作领导小组工作规则》和《中国科协人才工作领导小组办公室工作细则》，听取了中国科协人才工作会议筹备情况汇报和有关文件起草情况汇报。

会议指出，领导小组是中国科协党组领导下的决策议事协调机构，要坚持以习近平新时代中国特色社会主义思想为指引，深入学习贯彻中央人才工作会议精神，全面贯彻落实新时代党的组织路线和新时代人才强国战略，强化科协人才工作的顶层设计、总体布局、统筹协调、整体推进、督促落实，提升人才工作视野和体系化动员效能，真正建立纵向贯通、横向联通、上下联动的“大人才”工作格局，推进科协系统人才工作聚焦靶心、争创一流、赋能基层、开放协同。

会议强调，中国科协是科技工作者的群众组织，要坚定担当服务人才第一资源的职责使命，切实肩负起党和政府联系科技工作者桥梁和纽带的职责，不断增强政治性、先进性、群众性，充分发挥开放型枢纽型平台型的组织优势，广泛团结凝聚科技人才，充分激发人才的创新创造活力，加快建设国家战略人才力量，为建设世界科技强国打好人才基础，在向第二个百年奋斗目标进军新征程上展现新气象、实现新作为，以更加优异的成绩迎接党的二十大胜利召开。

为贯彻落实中央人才工作会议精神，进一步加强和完善对科协系统人才工作的集中领导，优化完善中国科协人才工作领导机制，中国科协于近期成立人才工作领导小组。

【2022 世界青年科学家峰会】 汇聚天下英才，共创美好未来。11月12日，由中国科协与浙江省政府联合主办的 2022 世界青年科学家峰会在浙江省温州市召开。全国政协副主席、中国科协主席万钢讲话。

中国科协党组书记、分管日常工作副主席、书记处第一书记张玉卓，浙江省委副书记黄建发出席开幕式并致辞。中央和国家有关部委领导张碧涌、束为，浙江省领导刘小涛、姒健敏、卢山、周国辉出席开幕式。开幕式上，与会领导为第十七届中国青年科技奖获奖者颁奖。近 800 位中外科学家、企业家、艺术家和青年科技人才代表通过线上或线下方式参加活动。

万钢指出，中国共产党第二十次全国代表大会将教育、科技、人才贯通论述、统筹部署，对创新发展规律、科技管理规律和人才成长规律的认识与把握达到了新高度，并对广大青年提出了殷切希望。希望广大青年坚持守正创新，以科技塑造未来；坚持问题导向，以创新驱动发展；坚持开放融合，以对话合作凝聚共识。中国科协愿同全球科技界携手，团结带领广大科技工作者特别是青年科技工作者，共商共议全球科技议题，让科技之光照耀当下、照亮未来。

张玉卓说，国际科技人才交流正砥砺前行。希望此次峰会凝聚价值共识、激发创新活力、深化开放合作，更好服务世界青年科技人才，提升开放交流水平，促进共同繁荣发展。科技的未来在青年，新领域新赛道呼唤青年科技人才大展宏图。真诚期待与会专家学者和社会各界人士贡献真知灼见，以信任连接多元世界，以合作促进全球创新，为科技支撑中国式现

代化，培育全球新动能，绽放科技青春光彩。

黄建发说，浙江深入贯彻习近平总书记致首届世界青年科学家峰会贺信精神，以科技创新筑牢稳进提质大盘、加快动力变革速度、激活经济发展后劲、拓展合作交流空间，科技创新驱动力越来越强。浙江将聚焦“两个先行”，以超常规力度一体推进教育强省、科技强省、人才强省建设，以更开放的态度促进全球人才合作交流。欢迎全球优秀青年人才在浙江施展抱负、成就梦想，携手共创美好未来。

开幕式后，万钢一行赴中国眼谷、瑞浦能源调研科技创新等工作。

【“科创中国”2022 峰会】 11 月 12 日，“科创中国”2022 峰会在浙江省温州市举办。中国科协党组书记、分管日常工作副主席、书记处第一书记张玉卓，浙江省委常委、温州市委书记刘小涛出席并致辞。“科创中国”咨询委员会联席主席、中国行政管理学会会长江小涓作视频致辞。浙江省人民政府副省长卢山，“科创中国”咨询委员会委员、青年百人会成员，试点城市（园区）有关负责人、省市科协负责人，有关全国学会负责人和有关企业代表等线上线下出席峰会相关活动。会议由中国科协党组成员、书记处书记束为主持。

张玉卓指出，举办“科创中国”2022 峰会是科协系统深入贯彻党的二十大精神、团结凝聚广大科技工作者奋进中国式现代化的具体行动。两年多来，“科创中国”有力促进地方创新创业就业，为推动高水平科技自立自强、服务区域高质量发展奠定了扎实基础。张玉卓强调，科协系统要全面把握时代脉搏和人民需要、人才需求，研究谋划“科创中国”更好服务“国之大者”，持续强化桥梁纽带职责，通过“智慧科协”数字化转型，建好科技人才智能服务平台，更好托举科技人才成长，助力实现高水平科技自立自强；要推进科技经济融合，持续引导人才、技术和资本等创新资源向试点城市延伸集聚，服务经济社会高质量发展；要扩大国际科技交流合作，推进工程师资格国际互认，发起成立或引导国际科技组织总部落地试点城市，营造具有全球竞争力的开放创新生态。

刘小涛表示，“科创中国”2022 峰会走进浙江、走进温州，与 2022 世界青年科学家峰会两会合璧，节点特殊、意义重大。温州将继续深入实施人才创新首位战略，奋力续写创新史、走好共富路、争创先行市，不断营造创新创业创造最优生态，在品牌塑造上加快新跃升，在“四链”融合上展现新成效，在体制机制上实现新突破，持续做强“科创中国”品牌，为“科创中国”探索更多具有借鉴意义的温州经验。

江小涓表示，“科创中国”咨询委员会成立近两年来，在助力“科创中国”试点城市科技经济融合发展等方面开展了一系列工作并取得了良好成效。下一步，咨委会将重点围绕引导科创要素集聚，激发企业主体创新活力，助力企业成为推动试点城市高质量发展的重要力量；完善科创平台建设，推动跨界融合落地见效，提高要素整合与供需匹配效率；在优化科创生态构筑，促进创新链产业链全面融通，助力试点城市引导产业升级、优化产业生态三个方面发挥高端智库作用，为推进试点城市“智慧、绿色、开放、健康”发展贡献力量。

在主旨报告环节，“科创中国”咨询委员会委员、中国工程院院士、华中科技大学教授李培根，“科创中国”咨询委员会委员、中关村大河资本创始合伙人刘志硕，中国电子科技集团首席科学家郑爱民，浙江省科协党组成员、副主席武传宇分别围绕《科创环境之我见》《关于科技创新的几个认识》《数字时代技术创新》《共富之路，千博千企“千帆竞”》主题作主旨报告。

主论坛上，举行了浙江省 12 个“科创中国”创新基地授牌和 7 项“科创中国”科技服务团、全国学会与地方签约仪式。在“青·创·汇——之江对话”环节，来自“科创中国”青年百人会以及“科创中国”之江青年百人会和潇湘青年百人会的青年科学家、企业家围绕“聚才引智、创新为民”主题进行对话交流。

“科创中国”2022 峰会以“塑造发展新动能，砥砺奋进新征程”为主题，与世界青年科学家峰会同期同地举办。本届“科创中国”峰会由中国科协主办，“科创中国”咨询委员会、“科创中国”青年百人会、浙江省科协、温州市人民政府承办。

【第十七届中国青年女科学家奖颁奖典礼】 7 月 15 日，第十七届中国青年女科学家奖颁奖典礼在北京举办。全国人大常委会副委员长、全国妇联主席沈跃跃，全国妇联党组书记、副主席、书记处第一书记黄晓薇，中国科协党组书记、分管日常工作副主席、书记处第一书记张玉卓，中央网信办副主任、全国妇联兼职副主席曹淑敏，中国科协副主席、中国工程院院士陈薇，第十七届中国青年女科学家奖监督委员会主任、中国科学院院士王小云，中国科学院院士段文晖，中国科协党组成员、书记处书记束为，中国联合国教科文组织全国委员会副秘书长崔莹出席并为获奖者颁奖。张玉卓代表主办单位讲话，欧莱雅中国首席执行官费博瑞视频致辞，全国妇联党组成员、副主席、书记处书记吴海鹰主持颁奖典礼。

沈跃跃强调，女科学家们要牢记习近平总书记的嘱托，心怀国之大者，积极投身科技创新巾帼行动，在提升我国发展独立性、自主性、安全性中展现巾帼担当，争当高水平科技自立自强的排头兵。希望女科学家们接续奋斗、不断攀登科技高峰，激扬奋斗新时代、奋进新征程的巾帼力量，为广大科技工作者树立光辉榜样，以实际行动迎接党的二十大胜利召开。

张玉卓指出，中国青年女科学家奖是助力优秀女性科技工作者脱颖而出的重要平台，先后有9位获奖者当选两院院士、3位获奖者获得世界杰出女科学家成就奖。衷心期待女科学家们做科学家精神的践行者、科学高峰的攀登者、科技界开放合作的推动者，在加快建设世界重要人才中心和创新高地的征程中赓续前行、奋楫争先。

陈薇代表第十七届中国青年女科学家奖评审委员会介绍了奖项评选情况。46位专家在监督委员会的全程监督下坚持国之大者、坚持弘扬优良学风、坚持面向科研一线，评选出20名获奖者、5个获奖团队和5名未来女科学家计划入选者。付巧妹等3名科学家作为获奖者代表在发言中表示，将牢记习近平总书记的教导，把个人理想追求融入党和国家事业之中，为实现中华民族伟大复兴中国梦贡献智慧与力量。

中国青年女科学家奖由全国妇联、中国科协、中国联合国教科文组织全国委员会和欧莱雅中国于2004年联合设立，共有164位女性获得此项殊荣。本次表彰增设团队奖，共有5个团队获奖。

第十七届中国青年女科学家奖获奖者名单

（以姓氏笔画为序）

付巧妹　中国科学院古脊椎动物与古人类研究所
冯　琳　四川农业大学
刘　玮　中国人民解放军军事科学院
刘　英　西安电子科技大学
刘宏涛　中国科学院分子植物科学卓越创新中心
许叶春　中国科学院上海药物研究所
杨晓菲　北京大学
肖仁珍　西北核技术研究所
吴　俊　南京农业大学
余　彦　中国科学技术大学
余　倩　浙江大学
邹　丽　大连理工大学
张　然　吉林大学
张东菊　兰州大学
张海霞　山东大学
陈　娟　重庆医科大学
陈兰芬　厦门大学
陈芳芳　吉林大学
周欢萍　北京大学
侯　静　中国人民解放军国防科技大学

第十七届中国青年女科学家奖团队奖获奖团队名单

（以团队名称笔画为序）

团队名称	负责人	团队依托单位
分子生药学研究团队	袁　媛	中国中医科学院中药研究所
风云卫星高精度定标与定位技术团队	漆成莉	国家卫星气象中心
安全自组织无线通信网络团队	盛　敏	西安电子科技大学
南极巡天望远镜研制团队	袁祥岩	中国科学院国家天文台南京天文光学技术研究所
高分子功能材料和器件先进制造团队	张楚虹	四川大学

【“弘扬科学家精神，勇做科技自立自强排头兵”新当选院士研修班学员论坛】 为贯彻落实中央人才工作会议精神，凝心聚力推进高水平科技自立自强，9月7日，由中央组织部主办、中国科协承办的“弘扬科学家精神，勇做科技自立自强排头兵”新当选院士研修班学员论坛在中央党校举办。中国科协党组书记、分管日常工作副主席、书记处第一书记张玉卓院士出席并主持论坛。国家最高科学技术奖获得者、“八一勋章”获得者、陆军工程大学教授钱七虎院士，中国工程院原副院长、中国工程物理研究院高级科学顾问杜祥瑰院士，中国科学院副院长、党组成员周琪

院士，中国科协党组成员、书记处书记束为，中央组织部人才工作局二级巡视员董英、曹世文等出席论坛。100 余名 2021 年新当选中国科学院、中国工程院院士参加论坛。

钱七虎以《建设科技强国迫切需要科学家精神》为主题，通过讲述自己从选派留学到归国工作的强军报国的经历，展示科学家精神的精髓和内涵，提出科学家要有正确的财富观，心中要有国家、心中要有人民，发出继承弘扬好、实践好科学家精神，把个人理想和国家重大需求相结合的倡导，鼓励各位院士以自身为榜样教育青年科技工作者，勇担关键科技领域的领跑者，抢占世界科技发展的制高点，为开启伟大新征程作出更大贡献。

杜祥琬以《守护净土　责任担当》为主题，分享了朱光亚、彭桓武等老一辈科学家鲜为人知的生动故事，针对科技界的科研浮躁之风和学术不端行为，提出院士自律、弘扬楷模、完善制度、社会监督的建设性意见。通过给新当选院士的一封知心信，鼓励大家发挥自己的专业特长，多从事一线工作，保持谦逊和优良学风，实事求是，谨慎公正，严于律己，团结身边科技工作者，做“大写的人”。

周琪以《弘扬科学家精神，推动高水平科技自立自强》为主题，结合自身研究领域，深入分析了当前科技革命、科研范式加速演进，中美科技脱钩、美国加大对中国打压制裁的时代背景，阐述了我国当前科技实力整体情况和存在的短板问题，号召大家不忘初心、牢记使命，敢为人先、追求卓越，坚守学术道德和科研伦理，推动高水平科技自立自强。

张玉卓在论坛总结时指出，党和国家高度重视战略科学家，科技强国建设需要战略科学家。院士群体是国家战略人才力量雁阵格局的“头雁”，希望新当选院士勇担战略科学家的使命，引领科技自主创新，承担国家战略科技任务，同时支持和参与面向公众的科普工作，厚植创新沃土。院士群体是风清气正学术生态的“引领者”，希望新当选院士秉持奖掖后学、甘为人梯的风范，当好青年人才学风养成的领路人。院士群体是国际开放合作交流的“开路人”，希望新当选院士发挥开放合作的引领作用，共同推动我国科技人才融入全球创新网络、深度参与全球科技治理，不断提升中国科技界的国际话语权和影响力。作为科技工作者之家，中国科协长期以来与院士群体有着天然、紧密的联系。中国科协紧紧依靠各位院士做好学术、科普、智库、国际交流等工作，非常愿意为院士提供竭诚服务。

南京大学党委常委、常务副校长、教授谈哲敏院士，中国交通建设股份有限公司首席科学家林鸣院士，作为研修班学员代表，结合论坛主题和专题报告畅谈了传承、弘扬科学家精神的心得体会。

【传承“两弹一星”精神中国青年英才论坛】 8月4—6日，由中国科协、青海省委省政府共同主办的传承“两弹一星”精神中国青年英才论坛在青海省西宁市、海北藏族自治州举办，论坛主题为“传承·奉献·创新——喜迎二十大、永远跟党走、圆梦新时代”。8月4日，传承“两弹一星”精神中国青年英才论坛暨“科学与中国”20周年院士青海报告会在西宁市开幕。中国科协党组书记、分管日常工作副主席、书记处第一书记张玉卓视频致辞。青海省委书记、省人大常委会主任信长星，中国科学院副院长、中国科协副主席高鸿钧出席开幕式并致辞。青海省委副书记、省长吴晓军，中国科协党组成员、书记处书记束为，青海省委常委、秘书长朱向峰，青海省副省长刘超出席开幕式，青海省委常委、组织部部长赵月霞主持开幕式。会上，向青海省入选“2022 年科学家精神教育基地”的青海原子城纪念馆、两弹一星理想信念教育学院、青海师范大学“两弹一星”精神展览馆授牌。

中国航天科技集团有限公司原高级技术顾问、共和国勋章获得者、“两弹一星”功勋奖章获得者、中国科学院院士孙家栋发来贺信。孙家栋在贺信中对论坛开幕表示热烈祝贺，向昔日在“两弹一星”研制历程中一起奋斗的老朋友，以及参加论坛的各位专家学者、嘉宾代表致以诚挚问候。“两弹一星”是中华民族挺起脊梁的荣耀，是伟大祖国屹立于世界之林的丰碑。当年，钱学森、邓稼先、郭永怀等一大批爱国知识分子积极响应党的号召，投身到新中国的科技和国防事业建设中，大力协同、攻坚克难，书写了自主创新的惊世奇迹。“两弹一星”的成功研制极大地振奋了中华民族的精神，显著提升了中国的国际地位。作为科技工作者，要始终牢记使命责任、接力精神火炬、勇攀科技高峰。希望青年一代赓续“两弹一星”精神，砥砺爱国情怀，矢志拼搏奉献，建功伟大事业，让青春在世界科技强国建设和第二个百年奋斗目标的伟大征程中绽放异彩、再谱华章。

张玉卓在致辞中指出，在“两弹一星”精神的发源地举办传承“两弹一星”精神中国青年英才论坛，同时举行“科学与中国”20周年院士青海报告会，是贯彻落实习近平总书记重要指示精神，凝聚英才喜迎二十大、奋进新征程的具体举措。“两弹一星”精神是中华民族的宝贵精神财富，是矗立在中华大地的不朽精神丰碑，也是中国科技自立自强的独特精神标识。张玉卓强调，面对世界百年未有之大变局，面对科技革命和产业变革，要增强精神动力，更好发挥人才第一资源作用，加强战略人才力量建设，推进高水平科技自立自强。赓续血脉、培根铸魂，期待青年英才以“两弹一星”精神陶冶情操、塑造灵魂，把科学理想、人生追求同国家前途、民族命运、人民愿望紧密结合起来；坚定自信、自立自强，期待青年英才增强朝气锐气，下真功夫、练真本事、求真学问，勇当高水平科技自立自强的排头兵；勇担使命、踔厉奋进，期待青年英才坚持“四个面向”，在开放合作中参与全球治理，矢志建设世界主要科学中心、重要人才中心和创新高地。

信长星表示，这是一次感悟思想伟力的高原盛会，奋力推进世界科技强国建设的信心更加坚定、目标更加明确、步伐更加有力。这是一次赓续红色血脉的精神盛会，弘扬的是红色传统，传承的是红色基因，延续的是科学精神，折射的是“两弹一星”精神在新时代的光芒。这是一次共襄科学科技的创新盛会，院士专家、青年英才齐聚青海，探讨攻克关键核心技术和创新发展课题，必将对推进青海生态保护和高质量发展提供有力支撑、产生深远影响。这是一次助力青海发展的智慧盛会，院士专家、青年英才为青海的发展带来了科技创新的前沿声音、注入了科技创新的强劲动力。

高鸿钧表示，由中国科学院、中国科协等六部门共同主办的“科学与中国”院士专家巡讲活动，是立足于院士专家的开阔视野和专业所长，让科学亲近公众、让公众理解科学，聚焦社会普遍关注的热点问题，及时从科学立场发出权威声音，今年正值这一活动启动20周年。面向未来，将共同为加快建设绿色发展、生态友好、创新开放的现代化新青海作出更大贡献。

国际宇航科学院院士、中国工程院院士、航天科技集团五院技术顾问、神舟号飞船首任总设计师戚发轫作主旨报告。中国科学院院士、冰川环境与全球变化学家姚檀栋，中国科学院院士、石油天然气地质学家邹才能作科普报告。37名中国科学院、中国工程院院士，全国各地200余名有关领导、专家学者、青年科技领军人才国情研修班学员、部分高校师生和相关代表参加开幕式。

【第二届青年前沿科技论坛】 11月27日，第二届青年前沿科技论坛在四川省成都市召开。邱志明、吴江、穆荣平等院士专家为青年人才作专题报告，袁亚湘等8名院士为论坛和青年人才送来寄语。论坛由四川省科协副主席经戈主持。

青年前沿科技论坛是专门为青年人才量身打造的学术交流会，旨在为青年科技工作者搭建开阔视野和了解前沿的平台，打造学术交流和成果分享的舞台，创造与政策制定者、产学界大咖的交流机会，促进学科交叉和科研合作，服务青年科技人才成长。

本届论坛设置“青·出于蓝——嘉宾寄语”“青·心相随——领航助力”“青·当自强——成长之路”“青·采飞扬——风采展示”四个板块。袁亚湘、薛其坤、陈香美、雒建斌、何满潮、黄璐琦、戴琼海、朱美芳8名院士为论坛和青年人才送上谆谆寄语；中国工程院院士邱志明，中国人事科学研究院原院长吴江，中国科协联合国咨商科学伦理与负责任创新专委会主席、中国科学学与科技政策研究会理事长穆荣平作专题报告；新一代载人登月火箭发射支持系统主管孙振莲、福建医科大学公共技术中心研究员付志飞、中国林科院资源所研究员符利勇、哈尔滨工程大学副教授马璐、西南交通大学副教授邓开来、浙江工业大学教授林丽利6位青年人才通过线上、线下进行交流分享，论坛还以照片墙的形式在本次论坛主会场展示第五届中国科协“青年托举人才工程”项目入选者的风采。

论坛由中国科协科学技术创新部、培训和人才服务中心承办，有关全国学会、成都市科协协办。

【中国科技会堂论坛（第十五至十九期）】 7月30日，以“脑机接口与脑机智能”为主题的第十五期中国科技会堂论坛暨《迈向自立自强　中国科技会堂论坛》丛书（第一辑）发布仪式在北京举办。国家神经疾病医学中心主任、中国科学院院士赵继宗，浙江大学校长、中国科学院院士吴朝晖作论坛主题报告，北京脑科学与类脑研究中心联合主任罗敏敏参与互动讨论。受中国科协党组书记、分管日常工作副主席、书记处第一书记张玉卓委托，中国科协党组成员、书记处书记殷皓为嘉宾颁发荣誉证书和纪念章并与嘉宾一道为丛书（第一辑）揭幕。中央和国家机关有关部委、中央企业的百余位省部级、司局级领导干部参加

论坛。

赵继宗围绕“脑机接口技术临床研究”作专题报告，从脑科学研究的结构、脑机接口技术临床研究、脑机接口临床转化展望等方面进行了深入分析。吴朝晖院士围绕“从 AI 到 CI：脑机智能的发展”作主题报告，对人工智能的现状、脑机智能的内涵进行了总体介绍和深入阐释，并结合最新研究进展和国际研究前沿对脑机智能未来发展趋势进行了展望。

在互动环节，专家们围绕脑机融合、脑机技术安全、脑机接口伦理风险、脑机接口的技术难题、脑计划发展态势等话题进行互动交流。

《迈向自立自强　中国科技会堂论坛》丛书（第一辑）汇集了已经举办的其中 10 期论坛的内容精华。张玉卓为丛书作序，10 位院士联袂推荐。

8 月 20 日，以“卫星互联网——守护平安中国”为主题的第十六期中国科技会堂论坛在北京举办。中国科协党组书记、分管日常工作副主席、书记处第一书记张玉卓出席论坛并为主讲嘉宾颁发荣誉证书和纪念章。中国科学院院士、军事科学院研究员尹浩作主题报告。北京理工大学网络空间安全学院院长安建平、中国卫星网络集团科技委副主任汪春霆、中国航天科技集团卫星型号总设计师邹恒光等专家就相关话题进行互动交流。中国科协党组成员、书记处书记束为、王进展，党组成员罗晖出席论坛。中央和国家机关有关部委、中央企业的百余位省部级、司局级领导干部参加论坛。

尹浩围绕中国卫星互联网发展机遇与挑战作专题报告，详细阐释了卫星互联网的内涵意义、国内外发展历程和产业发展态势，并结合大量案例和数据分享了卫星互联网在国民经济发展、现代社会治理、国防军事等领域的典型场景和应用成果，从国家安全形势、关键技术演进等多个层面深刻剖析了卫星互联网在未来新发展阶段面临的重大历史机遇和挑战。

在互动环节，专家们围绕星座建设瓶颈、星座安全协调、产业发展建议、未来应用前景等话题进行交流。

9月3日，以“低空智联网——无人机产业的基石”为主题的第十七期中国科技会堂论坛在北京举办。中国科协党组书记、分管日常工作副主席、书记处第一书记张玉卓出席论坛并为主讲嘉宾颁发荣誉证书和纪念章。中国工程院院士、中国电子学会监事长樊邦奎作主题报告。北京大学先进技术研究院副院长程承旗、民航数据通信公司首席科学家朱衍波、中国航天科技集团九院党委书记姜梁等专家就相关话题进行互动交流。中国科协党组成员、书记处书记束为，党组成员罗晖出席论坛。中央和国家机关有关部委、中央企业的百余位省部级、司局级领导干部参加论坛。

樊邦奎在专题报告中阐释了无人机的发展历程、无人机时代的到来和低空智联网的六大瓶颈，分享了无人机在农林植保、遥感监测、低空运输、公共安全、国防安全以及娱乐消费等领域的应用，分析了无人机产业快速发展与迫切发展低空智联网的关系，从网络化、数字化、智能化三个层面剖析了低空智联网未来发展的方向。

在互动环节，专家们围绕低空智联网建设、无人机产业、空域管理、低空网格化、无人机部件国产化等话题进行交流。

9 月 24 日，以“智慧能源：储能技术与能源互联网”为主题的第十八期中国科技会堂论坛在北京举办。中国科协党组书记、分管日常工作副主席、书记处第一书记张玉卓出席论坛并为主讲嘉宾颁发荣誉证书和纪念章。中国科学院院士、清华大学汽车安全与节能国家重点实验室主任欧阳明高，中国工程院院士、中国电力科学研究院名誉院长郭剑波作主题报告。中国科学院物理研究所清洁能源实验室主任、中科海纳创始人 / 董事长胡勇胜，国网智能电网研究院有限公司总经理孙华东等专家就相关话题进行互动交流。中国科协党组成员、书记处书记束为、王进展出席论坛。中央和国家机关有关部委、中央企业的百余位省部级、司局级领导干部参加论坛。

欧阳明高在《储存“风光”，路在何方》专题报告中认为，第四次工业革命将是以可再生能源为基础的绿色化和以数字网络为基础的智能化，储能是新能源革命的瓶颈，电池和氢能互补将形成主流储能方式，以有效解决时空错位的能量存入和回送问题。郭剑波作《用系统观念认知构建新型电力系统》专题报告，认为当下新能源尚不能同时实现供应安全、价格便宜、绿色环保的经济学上所谓“不可能三角”难题，提出要从技术和制度等方面系统应对新能源高占比给电力系统带来的挑战，从而确保碳达峰碳中和目标如期完成。

在互动环节，专家们围绕我国储能技术和智能电网建设情况、钠离子电池、未来智慧能源生态等话题进行交流。

10月29日，以“元宇宙：未来的数字化世界”为主题的第十九期中国科技会堂论坛举办。中国科协党组书记、分管日常工作副主席、书记处第一书记张玉卓出席论坛并为主讲嘉宾颁发荣誉证书和纪念章。中国工程院院士、网络与交换技术国家重点实验室主任张平，北京理工大学计算机学院党委书记、中国仿真学会元宇宙专委会主任委员丁刚毅分别作专题报告。中国科学院北京纳米能源与系统研究所研究员李舟、京东方科技集团视觉艺术业务总经理吴坚等嘉宾就相关话题进行交流互动。中国科协党组成员、书记处书记束为、王进展出席论坛。中央和国家机关有关部委、中央企业的百余位省部级、司局级领导干部参加论坛。

张平在专题报告中，围绕元宇宙背景和发展方向，详细阐释了构建元宇宙的技术标准体系和数字经济形态，对比分析了相关国家元宇宙发展优势，提出适合我国发展实际的演进版元宇宙体系化建设方案。丁刚毅在专题报告中，从仿真科学角度出发，分析了元宇宙与仿真技术的关系，提出对虚拟智能空间发展和未来元宇宙机理探索研究的展望，分享了团队在承担建党百年、北京冬奥会和冬残奥会等一系列国家重大活动的典型应用实践。

在互动环节，专家们围绕我国元宇宙产业发展现状、元宇宙为我国数字化发展带来的新机遇、元宇宙对企业全面转型的促进作用、元宇宙技术在政务服务中的应用等话题进行交流。

【青年杰出工程师国情研修班】 7月11—18日，青年杰出工程师国情研修班在中国大连高级经理学院举办。研修班纳入中央组织部培训计划，由中国科协选调学员。55位优秀青年工程师代表参加研修班。

中国科协党组书记、分管日常工作副主席、书记处第一书记张玉卓以《喜迎二十大、奋进新征程，凝心聚力推动高水平科技自立自强》为题作直播党课报告。

中国科协副主席，中国航空工业集团有限公司党组成员、副总经理杨伟以《心有大我，至诚报国——战斗机创新发展实践》为题，与青年工程师分享科技报国的使命与担当。

本次研修班共邀请13位专家授课，其中港珠澳大桥总工程师苏权科以《重大工程推动科技创新——跨越伶仃洋的国之重器》为题，用世界眼光解读重大工程项目创新体系；中国国际经济交流中心首席研究员张燕生以《创新成为驱动经济发展的第一动力》为题，分析当前经济形势和创新趋势；世界工程组织联合会前任主席龚克以《工程与可持续发展》为题，探讨当前世界严峻形势下青年工程师应承担的责任；中央党校、北京大学、清华大学、中国科学院大学、上海交通大学、国家电力投资集团公司、中国国际问题研究院的专家参与授课。

研修班还设置了现场教学、分组研讨、学员论坛等环节，组织学员参观爱国主义教育基地、国防教育基地和重大工程，7位青年工程师分享了各自专业领域创新成果。研修班还通过学院网络学习平台设置在线网络辅修课程，实现线下线上互补教学。

本期研修班由中国科协主办、中国大连高级经理学院承办。

【中国科协第十七届中国青年科技奖获奖者国情研修活动】 11月10—11日，中国科协在浙江省温州市举办第十七届中国青年科技奖获奖者国情研修活动。部分获奖者共43人参加研修活动。中国科协党组成员、书记处书记束为与学员开展座谈会并作总结讲话。中国科协组织人事部部长李坤平，温州市委副书记、市长张振丰出席开班式并致辞。浙江省科协党组书记、副主席谢志远主持开班式。

中共中央党校（国家行政学院）教授李拓以《全面建设社会主义现代化国家的冲锋号》为题作线上直播党课报告，解读党的二十大报告精神，分析报告的主体框架和逻辑结构，梳理报告中提出的新论断新思想，对二十大召开后的形势提出见解。温州医科大学党委副书记、校长，中国工程院院士李校堃与学员进行面对面交流。用自己的成长经历、人生感悟以及科技创新实践经验，鼓励新时代的青年科学家传承发扬科学家精神、树立敢为人先的创新追求和勇于攻坚克难的顽强作风，以推动科技创新发展为己任，肩负起党和人民赋予的时代重任。

11月11日，束为与青年科技人才代表开展座谈。四川大学华西医院副院长陈蕾等9位青年科技人才代表围绕学习贯彻党的二十大精神，结合个人成长经历和科研思考进行发言。

研修活动组织学员到红色革命基地中共浙江省一大纪念园、科学家精神基地苏步青励志教育馆调研。分组讨论为青年科技人才搭建了学科交叉融合、促成交流合作的平台。青年科技人才围绕深入贯彻落实党的二十大精神，结合自身研究领域，围绕实现高水平

自立自强、培育国家战略科技力量、传承科学家精神、培养青年一代以及科技体制机制改革等建言献策。

本期研修活动由中国科协主办、浙江省科协承办。

【2022 年中国科协党校青年科技领军人才国情研修活动】 8 月 1—6 日，中国科协党校青年科技领军人才国情研修活动在青海省举办。部分中国青年科技奖、中国青年女科学家奖获奖者，中国科协青年人才托举工程部分入选者，全国学会、省级科协推荐的相关领域优秀青年科技工作者共 57 人参加研修活动。

8 月 3 日，中国科协党组成员、书记处书记束为看望学员并与全体学员座谈交流。西北工业大学分析测试中心主任、材料学院教授刘峰等 10 位学员代表分别结合个人成长经历和科研思考，围绕解决关键核心技术的“卡脖子”问题、科学引才用才、关心关注青年科技工作者成长等议题提出意见建议。

束为回应了学员代表的意见建议，并与青年科技领军人才进行深入交流。束为指出，中国科协作为党和政府联系科技工作者的桥梁和纽带，坚持为科技工作者服务、为创新驱动发展服务、为提高全民科学素质服务、为党和政府科学决策服务，着力为科技工作者搭建学术、科普、智库等平台，引导科技工作者践行弘扬科学家精神、涵养优良学风，推动科技工作者深度参与国际科技治理。中国科协高度重视服务青年科技人才成长，通过组织举办国情研修活动邀请高水平专家授课实现教学相长；通过学员间交流互鉴实现学学相长；通过不同领域人才汇聚推进解决实际问题实现以才聚才。束为强调，希望青年科技领军人才要带头践行爱国、创新、求实、奉献、协同、育人的科学家精神，讲好党和政府关心科技工作者、重视科技创新的故事，并鼓励青年科技领军人才在中国科协搭建的服务平台上展现风采、建功立业，中国科协将一如既往关心关注青年科技工作者的成长。

本次研修活动同传承“两弹一星”精神中国青年英才论坛活动深度融合，青年科技人才共同聆听戚发轫院士主旨报告，参观原子城纪念馆、爆轰试验场、上星站等红色教育基地，观看“两弹一星”精神永放光芒宣讲。

研修活动中，科技部、中国人民大学有关专家作了《加快高水平科技自立自强的战略举措》和《科技伦理与负责任创新》专题报告，学员走进青海金诃藏药药业股份有限公司、西宁科技大市场等地调研，同当地企业开展对接活动。还设置了学员论坛、分组研讨等交流环节。

本次研修活动由中国科协组织人事部、培训和人才服务中心主办，青海省科协协办。

【中国科协党校“领航计划”青年科技领军人才国情研修活动】 8 月 22—26 日，中国科协党校“领航计划”青年科技领军人才国情研修活动（江苏班）在江苏省无锡市举办。中国科协党组成员、书记处书记王进展参加研修班学员论坛并与学员交流，来自 17 个省、自治区、直辖市的 40 余名青年科技人才参加研修活动。

与会学员结合自身科研经历，分享了体会和看法。他们一致认为，青年科技人才应该服务和融入国家发展大局，不断深入“无人区”，创新理论、创新思想，长期坚持和积累，源头创新解决“卡脖子”技术难题等。希望科协能够继续搭建跨学科领域交流平台，构建良好的学术生态，更好地营造青年科技人才的成长氛围，促进产学研用一体化融合，促进科技成果转化，推进构建符合青年科技人才成长规律、利于青年人才成长的体制机制。

王进展对青年科技人才成长提出三点建议：一是要树立宏观思想和战略思维，心怀“国之大者”，从战略角度看待战术问题，以“道和术结合”的理念实现战略和战术的融合；二是要有国际视野，积极参加国际组织，从服务国家战略角度更深程度参与到国际科技治理中，提升中国话语权；三是要加强学术自律，“做准事、做大事、做实事、做善事”，自觉抵制学术不端和科技伦理问题，弘扬科学家精神，涵养优良学风。

此次研修活动围绕青年科技人才政治引领的核心目标，将党的理论教育、科学家精神传承、助力区域经济发展和服务科技人才成长相结合，组织了专题讲座、院士面对面、现场教学、科研成果路演、科技企业人才交流、分组研讨等活动。

中国船舶科学研究中心名誉所长、中国工程院院士吴有生，中国船舶科学研究中心副所长叶聪，围绕载人深潜工作进行科学家精神宣讲，以国之重器为载体阐释“国之大者”，引领青年科技人才自觉肩负起时代赋予的使命责任。中国科协学会党建研究会会长王守东以《深入实施新时代人才强国战略构建科协特色人才工作体系》为题作主旨报告，解读中央人才工作会议精神，介绍中国科协在新时代背景下的人才工作整体谋划部署。江苏省委组织部、省委党校专家分别从不同角度解读党的最新理论和政策，与学员展开深度交流。

此外，研修活动还组织学员深入国家超级计算无锡中心、无锡物联网创新促进中心等科技企业一线，开展科技创新与成果转化应用现场教学，通过路演方式助力学员科研成果与重点产业对接。

本次活动由中国科协党校主办、江苏省科协党校承办。

【“秒聚青科”首期活动】 8月19—21日，“秒聚青科·强国有我”活动在安徽省合肥市举办。活动由中国科协组织人事部、安徽省科协主办，中国科学技术大学科协、安徽医科大学皮肤病学教育部重点实验室承办。安徽省委常委、副省长张红文出席并致辞。活动以“传承科学家精神，科技创新自立自强”为主题，青年科技人才代表近40人参加活动。

学术报告环节，中国科学院院士、中国科学技术大学副校长杜江峰以《自主研制科学仪器、助力科技强国建设》为题，面向世界科技前沿，介绍了我国加快建设自主研制科学仪器的有关情况；中国农业大学教授徐闯阐述运用科技手段，推进我国奶业健康、可持续发展的情况；中国科学技术大学教授李传锋讲述中国科大在量子网络研究中取得的重要进展；中国科学技术大学教授彭承志面向国家重大需求，阐述我国在空间量子科学领域的进展及展望；中国石油勘探开发研究院教授朱光有面向经济主战场，介绍油气产业运用科技手段的发展趋势以及超深层资源勘探的发展前景；南京农业大学教授吴俊围绕梨的遗传多样性和分子育种新进展，阐述我国在生物学领域的新发展；中国科学院微生物研究所教授毕玉海面向人民生命健康，将目前受大众关注的新冠与流感相联系，讲述其共同流行的风险及防控措施。

与会人员一同参观了国家同步辐射实验室、中国科学院微观磁共振重点实验室、中国科学院量子信息与量子科技创新研究院、合肥物质科学院等。

“秒聚青科”系列活动是中国科协贯彻落实中央人才会议精神，从科技创新规律和人才成长规律出发，聚焦青年科技人才跨界融合创新的现实需要，以中国青年科技奖、中国青年女科学家奖等青年科技人才为主体，搭建的跨界融通交流平台，旨在促进交叉融合创新和服务青年科技人才成长。

【2022年中国（长沙）海外人才创新创业项目大赛】 11月25日，2022年中国（长沙）海外人才创新创业项目大赛颁奖仪式在北京、湖南两地以线上线下相结合形式举办。中国科协党组成员兼国际合作部部长罗晖线上出席并致辞，全国政协常委、湖南省政协副主席张大方现场出席活动并讲话。大赛评审委员会主任、中国科学院院士高福等专家出席活动并颁奖。中国科协及湖南省有关领导、院士专家、投资机构负责人、参赛项目代表等共200余人线上线下参加颁奖活动。

罗晖表示，大赛要秉持构建人类命运共同体的价值理念，推动与国际科技界、产业界合作共赢、交流互鉴；要对标加快建设科技强国的时代要求，助力构建具有国际竞争力的开放创新生态；要发挥科协组织“科技工作者之家”的作用，深化与海外伙伴合作，发挥“以赛引才”“以会聚才”作用，同时“走出去”开展推介活动，提升大赛吸引力凝聚力。

张大方希望通过本次大赛的成功举办，进一步向全球宣介湖南良好的科技人才政策和创新创业生态，不断吸引海外优势资源，促进海外科技成果在湘实现转移转化。

在颁奖仪式的项目展示及专家点评环节，从五个赛道总决赛选拔出的参赛代表进行了项目路演展示，来自学术界、产业界、投资界的专家进行了点评。在主旨报告环节，海智计划特聘专家、浙江中科领航汽车电子有限公司董事长金星，湖南华曙高科技股份有限公司董事长兼创始人许小曙分享创业经验，用鲜活案例为广大创业者“传经送宝”。

湖南湘江新区管理委员会、国家海外人才离岸创新创业基地（长沙高新技术产业开发区）代表分别与5个赛道的12个参赛项目代表进行项目签约。

本届大赛由中国科协、湖南省政府主办，中国国际科技交流中心、湖南省科协、中国海归创业联合体、长沙市政府等湖南省地市州政府及湖南湘江新区（长沙高新区）管理委员会共同承办。大赛结合湖南优势特色产业布局，设置大健康、智能化、装备及新材料、绿色低碳、数字经济5个赛道，共征集到来自五大洲36个国家和地区的1039个项目参赛。大赛经过预赛、决赛和总决赛三轮专家评审，共评选出一等奖5名、二等奖10名、三等奖15名和优胜奖20名，以及14个大赛优秀组织奖。

中国海外人才创新创业项目大赛自2016年开始举办，已经举办七届，累计吸引超3500个项目参赛。本次大赛参赛项目数量创历届大赛之最。为向全球宣介

湖南省创新创业政策和环境，推动优质项目对接，吸引海外高层次人才及团队创新创业，主办方前期在湖南长沙、岳阳、株洲、湘潭、郴州等地举办了多场海外创业者中国行和项目专场路演活动。大赛结束后，中国海归创业联合体为进入总决赛的 100 个项目的创业团队提供“训练营”系列指导。

【中国海归创业联盟第三次会员代表大会】 6 月 25 日，中国海归创业联盟（以下简称“海创联”）第三次会员代表大会以视频会议形式召开。中国科协党组成员兼国际合作部部长、中国国际科技交流中心主任罗晖视频致辞。

罗晖表示，海创联成立六年来，始终以“服务海归创业、服务海归企业、服务科技创新”为宗旨，推动创新创业和科技经济融合，取得了可喜的成绩。海创联要以此次换届为契机，进一步助力创新创业，促进更多的海外科技人才和海归人才在华落地生根、发展壮大。下一步，海创联要凝聚广泛共识，鼎立促进高质量发展的“桥头堡”，为海外科技人才在华创新创业搭建平台，为海归企业创新发展服务；把握机遇窗口，步入科技创新的“快车道”，持续加强在“硬科技”及相关实体经济领域的精耕细作，与国内高校院所、新型机构合作，互利共赢；强化协同联动，提高服务联系海归人才的“硬实力”，推动海创联改革创新，加强顶层设计和制度建设，向建设一流组织的目标迈进；加强价值引领，形成凝聚各类人才的“向心力”，大力弘扬科学家精神，鼓励激发海归人才的家国情怀，担当起当代科学家和企业家的使命和责任。

会议听取并表决通过第二届理事会工作报告及财务工作报告，表决通过章程修订案，选举产生新一届理事会、监事会等。根据大会通过的《中国海归创业联合体规程》，中国海归创业联盟更名为中国海归创业联合体。在大会期间召开的第三届理事会第一次会议上，胡胜发当选理事长，陈忠苏、巨东英、刘会波、彭泽忠、石宏、宋志伟、吴建平、严晋跃等 8 人当选副理事长；聘谢晓飞为秘书长，聘孙明旭为常务副秘书长，聘蔡丽菲、陈萃英、金晖、邱波、赵凤济等 5 人为副秘书长。在第三届监事会第一次会议上，任福继续当选监事长。

此次会议共有 130 余名海创联会员代表参加会议。中国科协国际合作部、中国科协新技术开发中心有限责任公司相关负责人出席会议。

【中国科协海智计划 2022 年新春云端交流活动】 中国科协海智计划 2022 年新春云端交流活动于 1 月 23 日和 29 日分别举办。中国科协党组成员兼中国科协国际合作部部长、中国国际科技交流中心主任、中国科协新技术开发中心主任罗晖出席活动并作总结讲话，与海外华人科技团体代表一起共庆虎年新春佳节。此次云端交流活动分为欧洲、北美洲和亚洲大洋洲 3 个专场，以线上线下相结合的方式举行。

罗晖向与会的海外华人科技团体及其负责人和广大会员致以新春问候。她表示，2021 年，中国隆重庆祝中国共产党成立 100 周年，经济继续保持稳步发展，创新能力持续提升，如期实现全面建成小康社会目标，历史性地解决了绝对贫困问题，向世界提供了和平友善的发展环境和巨大市场空间，也为全球新技术新产品提供了最佳实践场所和应用场景。广大海外华人科技工作者一直关心支持祖国的发展，希望新的一年继续关心和参与祖国全面现代化进程，同时用好熟悉所在国情况这一优势，讲好中国故事，促进民心相通。中国科协作为世界上规模最大的科技工作者之家，也是中国科技社团之家，将致力于促进国内外科技人员的交流合作，坚持面向世界、面向未来，构建开放、合作、信任的科技共同体，为建设美好世界贡献科技力量。

会上，中国科协机关、直属单位的有关负责人介绍了相关情况，包括中国科协“十四五”规划、青年科技人才成长、工程师资格国际互认、全国学会发展外籍会员、海外创业者中国行等内容。来自亚洲、欧洲、北美洲、大洋洲 18 个国家、46 个海外华人科技团体的代表线上出席交流活动并发言。

中国科协组织人事部、科学技术创新部、战略发展部、国际合作部、中国国际科技交流中心、中国科协培训和人才服务中心等单位的相关负责人出席交流活动。

【2022 年中国科协国际组织任职及后备人员培训班】 7 月 16 日，2022 年中国科协国际组织任职及后备人员培训班在北京开班。中国科协党组成员兼国际合作部部长罗晖出席并致辞，中国工程院院士、北京理工大学党委书记张军出席开班式，北京理工大学副校长王博致辞。

罗晖指出，国际科技组织作为参与全球科技治理、推动实现全球共同价值的重要平台，是联系全球创新资源的重要纽带，在推动科技全球化、塑造国际秩序中发挥着重要作用。中国科协支持我国科学家牵头发起成立国际科技组织，参与国际科技组织事务并任职履职，不断增进国际科技界开放、信任、合作，推动构建人类命运共同体。希望各位学员珍惜学习机会，提高国际组织任职履职能力，身体力行推动国际民间科技人文交流，深度参与全球科技治理。

本次培训班由中国科协国际合作部主办，中国国际科技交流中心、北京理工大学共同承办。培训期间，邀请具有丰富经验的国际组织高级别官员、资深外交官、国际组织研究专家授课。40位拟在国际科技组织任秘书长或重要职位的专业人员、20位中国科协国际组织储备人员参加培训。

中国科协国际合作部、中国国际科技交流中心、北京理工大学有关负责人参加开班式。

【2022年中国科协外事能力提升专题培训班】 4月20—22日，2022年中国科协外事能力提升专题培训班在北京举办。中国科协党组成员、国际合作部（港澳台办公室）部长（主任）、中国国际科技交流中心主任罗晖出席培训班并讲话。

罗晖强调，要深刻领悟习近平总书记重要讲话精神和中央决策部署，切实增强做好外事工作的责任感、使命感。充分发挥群团组织优势，在促进对外民间科技人文交流中彰显科协的担当作为。罗晖表示，举办培训班的目的，是要认真贯彻落实科协党组对国际合作及对外联络工作的要求，提升科协系统的对外工作水平和外事管理水平，更好服务国家外交工作大局，服务高水平科技自立自强，服务科技工作者参与全球科技治理，促进国际科技界的开放、信任与合作。罗晖从提高政治站位、加强政策学习、提高斗争意识和风险意识、加强外事干部力量配备和资源保障、服务中心工作敢于担当等五个方面，对加强科协系统外事队伍建设提出要求。

培训班历时3天，设置了形势报告、政策解读、专题讲座、工作部署、经验交流等内容。中央、国务院有关部门负责人、高校及科研院所有关方面专家作专题辅导报告；中国科协国际合作部、中国科协青少年科技中心、中国国际科技交流中心、中国科协科学技术传播中心、中国科协培训和人才服务中心的有关负责人介绍专项工作。北京市科协、江苏省科协、广东省科协、中国物理学会、中国汽车工程学会、中国大坝工程学会等负责人以及部分一线科技工作者代表进行经验分享交流。来自中国科协机关及直属单位、全国学会、省级科协的共200余名外事干部在线上线下参加培训。

【“科创中国”技术经理人培训】 4月11—16日，由中国科协科技经济融合领导小组办公室主办、中国技术经济学会承办的“科创中国”技术经理人培训班在北京举办，57位来自中国科协直属单位的专业技术人员参加培训。本次培训是人力资源社会保障部2022年高级研修项目，是技术转移与技术经理人专业技术能力提升的专项培训，主要目的是提高中国科协所属事业单位专技人才服务国家“双创”建设、更好履职“科创中国”平台工作的能力。

中国科协党组成员、书记处书记、中国科协科技经济融合领导小组副组长束为出席4月11日的开班式并发表讲话。束为要求学员秉持“学本领、长才干、作贡献”的精神来参加本次学习。他强调，“科创中国”技术经理人培训是科协年轻干部培养的一个重要平台和手段，目的是让年轻干部能够尽快成长，在科协的业务中建功立业、发光发热。束为要求各位学员通过学习来提高自身在科技服务方面的才干，更好地服务科技工作者，助力科技成果转移转化，促进科技与经济的有机融合，切实在科协事业中发挥应有的作用。

培训按照人力资源社会保障部批准实施的2022年技术转移转化专项高级研修项目计划，设计课程内容。12位来自中国科协、科学技术部、中国科学院、中国工程院、清华大学、中国机械工业集团有限公司、中国农业科学院的专家学者及国内科技成果转移转化工作领域知名企业的负责人、律师、风险投资专家等就当前科技发展趋势、科技成果转化政策，“科创中国”诞生的背景及初步工作情况，技术需求发掘、技术评估评价、技术交易、技术合同管理的方法和措施，不同领域的科技成果转移转化案例等向学员作了讲解。

培育技术经理人队伍是“科创中国”的重要任务之一，《“科创中国”2021—2023三年行动计划》明确提出“发现并培育万名专兼职技术经理人”的工作目标。2022年，经人力资源社会保障部批准，中国科协牵头，组织30余个全国学会承担知识更新工程技术转移转化专项高级研修项目40个，全年计划培养3300名以上技术经理人，并支持技术经理人在“科创中国”平台兼职开展技术转移转化服务。

【第三十期中国科协新进人员初任培训班】 10月

9—12 日，第三十期中国科协新进人员初任培训班在北京举办。

为帮助新进人员扣好科协工作的“第一粒扣子”，中国科协 7 位党组书记处同志为学员授课，全面系统介绍党中央对科协组织的要求和科协的职责定位、任务布局、重点工作。中国科协党组副书记徐延豪从宣传工作的重要性、党对宣传工作的要求、宣传工作的作用等方面，阐释了科协宣传工作的定位、内涵和举措，提出了构建大宣传格局、扎实推进科技界思想政治引领的思路举措。中国科协专职副主席、书记处书记孟庆海回顾了中国科普的历史进程和新时代科普的“变”与“化”，围绕新时代新征程科协科普工作的新使命和新要求，明确了实现科普高质量发展的路径和方式。中国科协党组成员、书记处书记束为聚焦新时代科协组织的职责和使命，从中国科协的性质、宗旨和主要任务等方面阐释了科协“是什么”、科协“干什么”、科协“怎么干”。中国科协党组成员、书记处书记兼中国科技馆馆长殷皓讲述了世界科技馆的起源与发展和我国科技馆事业的发展历程，分析了现代科技馆体系的建设背景与意义，谋划了现代科技馆体系助力新时代科普事业高质量发展的战略路径。中国科协党组成员、书记处书记王进展以六个案例为切入点，从科协组织建设高水平科技创新智库的意义和作用、科协干部如何发挥作用等方面，介绍了中国特色高水平科技创新智库的建设发展路径以及科协组织的优势和方法。中国科协党组成员兼国际合作部部长罗晖从我国科技创新能力、当前科情世情国情、推进高水平自立自强和中国科协对外工作四个方面阐释了新时代中国科协加强科技人文交流、增进国际科技界开放信任合作的创新工作理念、整体战略部署和具体工作举措。

培训班邀请中央党校陈宇学、舒绍福两位教授分别解读了习近平总书记在中国科协“十大”上的重要讲话精神和习近平总书记关于年轻干部成长的要求。全国“人民满意的公务员”宫飞、中央和国家机关三八红旗手郝茜为学员们分享了在科协工作多年的体会和感悟。培训班还组织学员开展了以“增进友谊，促进合作”为主题的拓展训练。

2022 年中国科协机关和直属单位的 50 余名新入职员工参加培训，部分局处级干部参加相关课程学习。本次培训班由中国科协组织人事部主办、培训和人才服务中心承办。

学术交流与学会建设

【2022 世界新能源汽车大会】 8 月 27 日，2022 世界新能源汽车大会在北京开幕。中共中央政治局常委、国务院总理李克强向大会致贺信。中共中央政治局委员、北京市委书记蔡奇宣布大会开幕。全国政协副主席、中国科协主席、世界新能源汽车大会主席万钢作主旨报告。北京市委副书记殷勇、工业和信息化部副部长辛国斌致辞。海南省委副书记、海南省人民政府省长冯飞，联合国开发计划署署长阿奇姆·施泰纳，世界经济论坛创始人兼执行主席克劳斯·施瓦布为大会视频致辞。中国科协党组书记、分管日常工作副主席、书记处第一书记张玉卓主持开幕式。

万钢表示，全球新能源汽车产业发展成效显著，已成为全球经济新的增长点，但也面临新问题、新挑战，需要统筹推进用户需求为中心的新能源乘用车市场普及，加快氢能燃料电池为重点的商用车电动化转型，建设新能源为特征的新型车用能源系统，推动智能网联赋能的电动化出行新模式，加快构建碳中和愿景下的汽车产业全面电动化发展新格局。万钢强调，全球汽车产业应进一步加强全球合作，构建可持续的汽车产业链供应链，不断推动国际汽车产业碳排放政策标准体系协同发展，共同构建全球汽车产业绿色、低碳、可持续发展新生态。

殷勇表示，北京市将发展新能源汽车作为构建高精尖经济结构的战略选择和实现“双碳”目标的重要举措，将进一步强化创新引领，突破关键核心技术，强化链式协同，提升产业基础能力，强化需求牵引，优化产业发展环境，加快打造全球新能源汽车技术创新和产业发展新高地。

冯飞表示，海南省将发展新能源汽车作为国家生态文明试验区建设的标志性工程，围绕 2030 年全面禁售燃油汽车目标，扎实推进新能源汽车发展中长期行动计划，拓展绿色低碳实践，推进多业态融合的全产业链发展，扩大开放合作，共享自贸港发展机遇和成果。

辛国斌表示，中国顺应汽车产业变革趋势，统筹推进技术创新、推广应用和基础设施建设，新能源汽车产业发展取得积极成效。下一步将锚定电动化、网联化、智能化发展方向，不断优化发展环境、深化国际合作，推动新能源汽车实现更加强劲、绿色、健康的全球发展。

北京市委常委、副市长靳伟，北京市委常委、秘书长赵磊等出席会议，海南省政协副主席侯茂丰等在线出席会议。

会上，重庆长安汽车股份有限公司董事长朱华荣，大众汽车乘用车品牌中国CEO、大众汽车集团（中国）销售负责人Stefan Mecha，中国南方电网有限责任公司董事长孟振平，上海汽车集团股份有限公司董事长陈虹，中国第一汽车集团有限公司副总经理刘亦功，宝马集团董事长齐普策，宁德时代新能源科技有限公司创始人、董事长、总经理曾毓群等企业家围绕汽车产业全面电动化与绿色低碳转型作专题演讲。

大会期间，由政产学研各界讨论形成并发布《2022世界新能源汽车大会共识》，发布"2022全球新能源汽车前沿及创新技术"评选结果。

本次大会由中国科协、北京市人民政府、海南省人民政府、科技部、工业和信息化部、生态环境部、住房和城乡建设部、交通运输部、国家市场监督管理总局、国家能源局主办，中国汽车工程学会、中国电动汽车百人会、中国国际科技交流中心、北京经济技术开发区管理委员会、海南省工业和信息化厅、海南省科协、海口市人民政府承办，在北京、海南两地共同举办。来自14个国家和地区的1500余位专家学者围绕"碳中和愿景下的全面电动化与全球合作"主题，就氢能与燃料电池汽车商业化、全面电动化与绿色低碳转型、全球产业链协同与跨界融通、开放合作共同构筑智能生态等议题，通过线上线下结合方式展开交流研讨。

据统计，2021年全球主要国家新能源汽车销量超过650万辆，其中中国销量达到352.1万辆，占中国新车销售比例的13.4%。截至2021年年底，全球新能源汽车累计销量突破1600万辆，中国占比50%以上。

【第四届世界科技与发展论坛】 11月27日，第四届世界科技与发展论坛在四川省成都市开幕。全国政协副主席、中国科协主席万钢，中国科学院党组书记、院长侯建国，中国工程院党组成员、副院长王辰，四川省委常委、常务副省长李云泽，成都市委副书记、市长王凤朝，以及联合国教科文组织自然科学助理总干事莎米拉·奈尔－贝杜埃勒，世界工程组织联合会前任主席龚克等出席开幕式并致辞。

万钢在致辞中指出，党的二十大报告立足全球全人类的视角，思考新时代中国的历史方位，深刻阐释中国式现代化的重要特征，推动科教兴国、人才强国、创新驱动发展战略一体谋划、一体部署、一体实施。中国科技界始终是全球开放合作的倡导者、科技治理的参与者和创新发展的贡献者。希望全球科技界构建守正创新的新生态、培育跨界融通的新动能、共享开放合作的新时代，为构建人类命运共同体作出更大的贡献。

开幕式主旨报告由四川省科协副主席、中国工程院院士邓建军主持。诺贝尔经济学奖获得者、伦敦政治经济学院教授克里斯托弗·皮萨里德斯，诺贝尔和平奖获得者、孟加拉国经济学家、孟加拉乡村银行创始人穆罕默德·尤努斯，中国移动通信集团有限公司党组书记、董事长杨杰，中国工程院副院长、中国工程院院士王辰，耶鲁大学绿色化学和绿色工程中心主任保罗·阿纳斯塔斯，中国大熊猫保护研究中心副主任李德生围绕"发展优先——科技推动人类社会进步""以人为本——科技保障和改善民生""普惠包容——绿色创新与可持续发展"3个议题作主旨报告。

高端对话环节由四川省科协主席、四川大学校长、中国工程院院士李言荣主持。中国科协副主席、中国机械工业集团副总经理、中国工程院院士陈学东，东北大学副校长、中国工程院院士唐立新，爱思唯尔《柳叶刀》系列期刊总编理查德·霍顿，未来学家、《人机冲突》作者戈尔德·莱昂哈德，日本国立德岛大学教授、日本工程院院士任福继围绕"行动导向——面向全球挑战的科技创新之道"议题进行对话交流。

11月28日，第四届世界科技与发展论坛闭幕。诺贝尔物理学奖获得者迈克尔·科斯特里兹围绕全新科学知识的创造主题作报告，通过热力学的研究案例分析基础研究与工程应用的密切联系，并进一步阐明基础研究对未来科技革命和产业变革的重要意义。电子科技大学校长、成都市科协主席曾勇主持闭幕式高端对话，8位嘉宾围绕面向联合国可持续发展目标的基础研究主题进行高端对话，探讨基础科学前沿趋势和国际合作方向。

闭幕式上发布了《基础科学促进可持续发展倡议》，呼吁全球科技界共同推动基础科学为实现可持续发展目标作出贡献，倡议得到390个国际国别科技组织、国内外高校和科学家的积极响应与支持。联合国基础科学促进可持续发展国际年主席、国际纯粹与应用物理联合会主席米歇尔・斯皮罗发表致辞表示支持。

闭幕式上还发布了“2022 年度人类社会发展十大科学问题”，围绕联合国 17 个人类社会可持续发展目标中的气候、城市、制造 3 个领域，研判人类所面临的重大全球性问题与挑战。发布“2022 年度化学领域十大新兴技术”，推动化学领域创新技术更好更快地为经济社会发展服务。

第四届世界科技与发展论坛由中国科协、中国科学院、中国工程院和四川省人民政府共同主办，成都市人民政府承办，联合国教科文组织、国际科学理事会、世界工程组织联合会共同支持。论坛延续“开放、信任、合作”主题，分为世界向同、数字向实、发展向好、科技向善、未来向上 5 个版块，设置主论坛、世界数字经济论坛等 17 场分论坛，线上线下同步进行。来自 20 余个国家和地区的政府部门、科研院所、高校、企业、科技组织等机构的 300 余位专家学者参加论坛活动，包括 7 位诺贝尔奖获得者、1 位图灵奖获得者以及 60 余位国内外院士。

【第四届世界科技与发展论坛分论坛：世界数字经济论坛】 11 月 28 日，世界数字经济论坛在四川省成都市开幕。本次论坛以“领航全球数字经济新时代”为主题，由中国科协、中国科学院、中国工程院和四川省政府共同主办，成都市政府、中国科协科学技术创新部、中国科协学会服务中心、中国通信学会承办。论坛得到联合国教科文组织、世界工程组织联合会、上海合作组织、亚洲基础设施投资银行等单位的支持。论坛共设置“变革与机遇”“科技与赋能”“发展与治理”“转型与创新”4 个议题，来自全球数字技术、经济、产业等领域的专家学者和 200 多位嘉宾现场参与研讨交流，940 余万人通过网络同步直播“云参会”。

中国科协党组书记、分管日常工作副主席、书记处第一书记张玉卓视频致辞。成都市人民政府副市长鲜荣生，世界工程组织联合会前任主席、中国新一代人工智能发展战略研究院执行院长龚克，上海合作组织秘书处副秘书长索海尔・汗分别致辞。

张玉卓在致辞中指出，当前世界之变、时代之变、历史之变正以前所未有的方式展开，数字化、网络化、智能化深刻影响人类生产方式、生活方式和社会治理方式，不断塑造世界经济和全球治理新格局。中国共产党第二十次全国代表大会擘画中国式现代化新蓝图，强调加快发展数字经济、促进数字经济与实体经济深度融合，强调中国坚持对外开放基本国策、致力于推动构建人类命运共同体。期待全球通过充分交流数字化转型、数字经济发展等方面的经验，凝聚更多共识，推动更多实质性合作。中国科协愿同各方深化沟通，携手共创全球数字经济发展新格局。他提出三点建议：一是共同推动数字转型。全球要携手合作，加快新技术、新模式培育和推广，推动数字经济领域的基础难题攻关，构建现代化基础设施体系，加快数字产业化和产业数字化，有力支撑高质量发展。二是共同弥合数字鸿沟。凝聚合力，推动数字时代互联互通，引领数字科技向上向善，提升国家科普能力，提高全民数字技能和素养，助力弱势群体融入数字化浪潮，消除数字鸿沟。三是共同拓展数字合作。以对话交流促进共商，以务实合作推动共享，打造公平合理、开放包容、安全稳定、富有生机、造福人民的数字网络空间，塑造普惠平衡、合作共赢、共同繁荣的全球数字经济新格局。

鲜荣生在致辞中指出，数字经济已成为重组全球要素资源、重塑全球经济结构、改变全球竞争格局的关键力量。近年来，成都深入贯彻落实制造强国、数字中国等战略，持续推动数字产业化和产业数字化，不断促进数字经济与实体经济深度融合。2021 年，成都数字经济核心产业规模超 2500 亿元，占全市 GDP 比重的 13.0%，已成为推动经济增长的主引擎之一。面对新形势、新任务、新要求，成都市对标学习国际、国内先进城市经验，抓住新一轮科技革命和产业变革战略机遇，持续打造城市数字产业集群、推进数字经济产业建圈强链，大力培育数字经济新业态，构建数字经济新生态，抢抓“东数西算”国家战略机遇、持续推动“产业共兴”、加快推进“大城善治”。他希望，以本次论坛为契机，聚焦数字经济领域的重大发展问题，探讨数字科技赋能可持续发展路径，推动数字经济与实体经济深度融合。

龚克在致辞中强调，新冠疫情暴露了现有世界经济格局的弱点，拥有更强大数字基础设施的国家能够采取更快、更有效的应对措施。数字基础设施的创新驱动，将助力疫后经济复苏。全球数字经济是开放和紧密相连的整体，各国应加强数字经济治理合作，推动构建全球治理新秩序。他指出，实现全球可持续发展目标离不开数字经济的发展，数字经济的高速发展离不开数字治理来保障。联合国、世界银行、国际货币基金组织、世界贸易组织等在内的各大国际组织均在开展数字经济治理相关工作，以制定网络空间国际规则、提升全球治理能力、促进经济文化和社会的可持续发展、消除数字鸿沟和数字壁垒为主要目标。希望各国激发数字合作活力，合力营造开放、包容、公平、公正、非歧视的数字经济发展环境，在数字产业化、产业数字化方面推进国际合作，释放数字经济推动全球增长的潜力，让数字经济发展成果造福各国人民。

索海尔·汗在致辞中表示，新兴的数字技术和创新为全球发展注入了强大的动力，并对提高整个社会的生活质量方面发挥重要作用。数字技术将使国家结构、商业圈和社会的相互作用转变和提升到一个新的水平，数字经济逐步成为经济和工业领域增长和发展的引擎。他认为，中国与上海合作组织国家在数字经济领域人才培训方面的密切合作是重要的。上海合作组织高度重视加强数字经济合作，愿意在数字经济、电子贸易、人力资源和人力培训等领域促进本组织成员国更好地实践和加强合作。

报告环节，全国人大常委会委员、社会建设委员会副主任委员、国务院原副秘书长江小涓，中国工程院院士陈鲸，亚洲基础设施投资银行副行长丹尼·亚历山大，诺贝尔经济学奖获得者、哈佛大学经济学和数学教授埃里克·马斯金，清华大学智能产业研究院院长、中国工程院院士张亚勤，清华大学经济管理学院院长、全球财富管理论坛执委会主席白重恩，中国工程院院士、中国科学院光电技术研究所所长罗先刚，腾讯公司副总裁、西南区总经理蔡光忠，中国科学院院士、中国计算机学会理事长梅宏，上海合作组织国家多功能经贸平台秘书长文继旭，诺贝尔经济学奖获得者、芝加哥大学经济学和法律学教授詹姆斯·赫克曼，中欧数字协会主席鲁乙己，国家电网有限公司党组成员、副总经理陈国平，全球化智库创始人兼理事长、国务院原参事王辉耀，新加坡国立大学和南洋理工大学客座教授、新加坡金融管理学院原院长白士泮，比利时皇家科学院院士、欧盟委员会专家顾问布鲁诺·伯纳德等16位专家学者作报告。

【第四届世界科技与发展论坛分论坛：开放科学与开源创新发展论坛】 11月28日，以“实践开放科学·赋能高质量发展”为主题的第四届世界科技与发展论坛——开放科学与开源创新发展论坛在四川省成都市以线上线下结合的形式举办。论坛由中国科协、中国科学院、中国工程院、四川省政府主办。中国科协党组书记、分管日常工作副主席、书记处第一书记张玉卓，“科创中国”开源创新联合体荣誉理事长、中国工程院院士倪光南分别致辞。浙江大学教授、中国科学院院士杨卫，中国科学技术大学副校长、中国科学院院士杜江峰，四川省科协党组书记、副主席毛大付，中国科学院成都分院副院长、分党组成员陈锋等出席会议。

张玉卓表示，本届论坛旨在通过汇集全球智慧，策源创新思想，推动科技人文交流，搭建高端开放合作平台，凝聚更多开放共识，积极应对当前科技发展中的多重风险挑战。中国科协将一如既往地发挥好桥梁纽带作用，与国际同仁共促开放科学、共助开源创新。张玉卓建议，一是繁荣基础科学。要强化原创导向，营造宽松环境，鼓励自由探索，孕育新领域新赛道，要弘扬科学家精神，厚植创新沃土，催生更多变革性研究、颠覆性创新、标志性成果。二是拓展开放空间。打造开放科学合作联盟，签署开放数据交换协议，打造全球化开放大数据平台，最大限度地提升科学出版物、科学数据、开源软件及源代码等科研成果的开放度和可见度，最大化提升科研成果价值。三是共建开放平台。健全更具枢纽功能的科技社会组织，推动多元协同，对外积极拓展开放科学合作渠道，培育“开放科学交流”学术会议品牌，打造具有国际影响力的开放科学平台。

倪光南在致辞中表示，要大力推动科研全流程开放，加强开放科学基础理论研究、注重分析科研全流程的开放路径，不断发挥利益攸关方作用，既需要制定可行的开放科学战略规划，也需要向全社会开展有关开放科学的科普教育，还需要加强开放获取和开源软件推广。要鼓励更多类似“科创中国”开源创新联合体的开放科学与开源创新柔性组织，激活开放科学生态。

杨卫作主旨报告，从研究框架、研究命题、理论模型和路线图规划、开放科学成熟度指标体系、发展政策比较五个方面系统性地论述了我国开放科学路线图以及配套的政策体系，为开放获取数据服务资助提出具体的方案和建议。

杜江峰作主旨报告，从量子计算、量子精密测量

和相关科学仪器产业三方面介绍了量子科技开放创新与未来产业，提出了实现创新链、人才链、资本链融合发展的“科技创新 + 落地 + 可持续发展”的科技成果转化生态系统。

“科创中国”开源创新联合体副理事长、中国科学院软件研究所所长赵琛，施普林格·自然集团大中华区董事长 Niels Peter Thomas，国际科学理事会数据委员会副主席黎建辉，国家青藏高原科学数据中心主任李新分别就开源软件、开放出版、开放基础设施建设、开放科学数据作专题报告。论坛现场发布了《全球开源科学软件发展态势 2022》报告，并成立了“科创中国”开放算力科技服务团。

本届论坛由“科创中国”开源创新联合体、中国科协科学技术传播中心、中国科学院成都文献情报中心共同承办。

【2022 世界机器人大会】 8 月 20 日，2022 世界机器人大会开幕式在北京举办。中共中央政治局委员、北京市委书记蔡奇，全国政协副主席、中国科协主席万钢出席开幕式并参加启动仪式。工业和信息化部党组书记金壮龙，中国科协党组书记、分管日常工作副主席、书记处第一书记张玉卓，北京市市长陈吉宁出席开幕式并致辞。世界工程组织联合会主席何塞·维埃拉代表国际支持机构以线上形式参与开幕式并通过视频致辞。开幕式由北京市委常委、副市长靳伟主持。

世界机器人大会已举办六届。本届大会以“共创共享　共商共赢”为主题，由北京市政府、工业和信息化部、中国科协主办，中国电子学会、北京市经济和信息化局、北京经济技术开发区管委会承办，共设置论坛、博览会、大赛 3 个板块以及系列配套活动，得到了 24 家国际机构支持。

大会论坛由 1 场开幕式、3 场主题峰会、40 余场专题论坛及配套活动组成，以线上线下结合、境内境外互动的方式进行，共邀请到来自 15 个国家和地区的 300 余位专家分享机器人领域前沿学术成果和发展趋势，激发未来智能社会畅想。论坛创新演讲模式，仿人机器人、仿生机器人、无人机等热点实物亮相讲台。

从科技创新到产业落地，从国内黑科技到国际视野，“高精尖”技术与产品集中亮相本届博览会，30 余款全球首发新品在现场集中发布。本届博览会展区面积 4 万平方米，共有 130 余家企业携 500 余件展品参展。

机器人界的“奥林匹克”——世界机器人大赛于 18 日正式拉开帷幕，四大赛事赛程正式开启。2022 世界机器人大赛设共融机器人挑战赛、BCI 脑控机器人大赛、机器人应用大赛、青少年机器人设计大赛等共 4 个赛事，下设 56 个赛项、142 个竞赛组别。本次大赛锦标赛参赛选手由往届优胜队伍和本年度选拔出的优秀参赛队组成，共收到 12000 余名选手的报名信息，报名人数创历届之最。大赛计划全年举办近 60 场城市选拔赛，选拔出的精英赛手将参加本年度总决赛和锦标赛，参赛选手遍布全国 32 个省级行政区域，参赛人数将首次突破 60000 余人次。

大会上发布了《中国机器人产业发展报告（2022）》《先进机器人与自动化学术论文集》、机器人十大前沿热点领域、机器人十大应用热点产品等成果。

【第五届世界顶尖科学家论坛】 11 月 6 日，第五届世界顶尖科学家论坛开幕式在上海市召开。上海市委书记陈吉宁，中国科协主席万钢，中宣部副部长、中央广播电视总台台长慎海雄，世界顶尖科学家协会主席、2006 年诺贝尔化学奖得主罗杰·科恩伯格出席开幕式并发表致辞。中国科协党组书记、分管日常工作副主席、书记处第一书记张玉卓主持开幕式。上海市委副书记诸葛宇杰，市委组织部部长胡文容，市委常委、自贸区临港新片区管委会主任陈金山，副市长刘多，中国科协党组成员兼国际合作部部长罗晖等参加有关活动。

陈吉宁指出，纵观全球科技发展大势，科学研究范式正在发生深刻变革，协同创新、合作创新、开放创新已成为不可阻挡的大势所趋。我们将搭建更高质量的合作平台，提供更为便利的创新服务，营造更加开放包容的文化氛围，打造市场化、法治化、国际化一流营商环境，与世界各国科学家一道共同探索充满魅力的科技前沿，让科技更好造福人类。本届论坛以“科学向新　共创未来”为主题，希望大家深入研讨沟通、发表真知灼见，为创造人类更加美好的未来作出新的贡献。

万钢致辞时希望全球科学家加速基础科学的融合性创新，强化科学技术的包容性治理，增进全球科技的开放性合作。中国科技界将始终秉持全人类共同价值和科技向善理念，积极参与全球科技治理，构建各国广泛参与且以国际协议为基础的科技治理互信框架，架起中国与世界友好交流合作的桥梁，助力中国科学家更好地融入全球创新网络，更广泛地凝聚起构建人类命运共同体的国际科技界力量。

开幕式上颁发首届世界顶尖科学家协会奖（简称“顶科协奖”），并举行国际联合实验室项目启动、科学期刊创刊发布、世界顶尖科学家纪录片发布等3项活动。

在主旨演讲环节，2013年诺贝尔生理学或医学奖得主、耶鲁大学细胞生物学系教授詹姆斯·罗斯曼，2010年诺贝尔物理学奖得主、英国曼彻斯特大学教授安德烈·盖姆，2022年顶科协奖“智能科学或数学奖”得主、美国加州大学伯克利分校教授迈克尔·I·乔丹，2022年顶科协奖“生命科学或医学奖”得主、德国Max Planck多学科科学研究所主任迪尔克·格尔利希，中国科学院院士、中国科协联合国咨商开放科学与全球伙伴专委会主席杨卫等科学家围绕基础研究、科研中的好奇心、机器学习、水凝胶通路等主题进行交流。杨卫还代表中国科技工作者发出《关于国际合作科研行为的倡议》。

11月3—4日，第五届世界顶尖科学家论坛系列先导活动在上海市举办。中国科协党组成员兼国际合作部部长罗晖出席世界顶尖科学家碳大会、世界顶尖科学家卓越工程师论坛、世界顶尖科学家“她”论坛、世界顶尖科学家论坛永久会场启用暨海智国际研发社区揭牌仪式等活动。

世界顶尖科学家碳大会围绕实现碳达峰碳中和目标，从“双碳”政策、碳中和科技和绿色能源3个角度展开交流研讨。1997年诺贝尔物理学奖得主、斯坦福大学物理学冠名教授、分子和细胞生物学教授朱棣文，2013年诺贝尔化学奖得主、斯坦福大学结构生物学教授迈克尔·莱维特，中国工程院院士、清华大学碳中和研究院院长贺克斌，中国工程院院士、清华大学建筑节能研究中心主任江亿，中国科学院院士、北京大学环境科学与工程学院教授朱彤等顶尖科学家围绕气候变化与碳中和战略、低碳行业发展政策、“双碳”领域科技创新和产业发展发表主题演讲。

世界顶尖科学家卓越工程师论坛聚焦工程师文化的传承发展、科学思想与工程思维交叉融合、复合型技术人才培养和高水平国际科技合作等话题，邀请2017年诺贝尔物理学奖得主巴里·巴里什、2011年诺贝尔物理学奖得主亚当·里斯、世界工程组织联合会前任主席龚克，以及上海市杰出工程师/工匠等专家学者开展交流。

世界顶尖科学家“她”论坛以“重塑包容与多元的未来”为主题，探讨如何在科研领域发挥更多女性力量，推动世界发展和科技进步进入更加平等、包容、多元和可持续的轨道。2014年诺贝尔生理学或医学奖得主梅－布莱特·莫索尔，上海市科协主席、中国工程院院士陈赛娟，中国科学院院士、东华大学材料科学与工程学院院长朱美芳，中国科学院微小卫星创新研究院导航卫星总体研究所所长、北斗三号卫星副总指挥沈苑等女科学家参加对话活动。

世界顶尖科学家论坛永久会场（临港中心）暨海智国际研发社区揭牌仪式于11月4日举行，罗晖代表中国科协出席活动并揭牌。

第五届世界顶尖科学家论坛由中国科协、世界顶尖科学家协会、中央广播电视总台共同主办，中国科学院、中国工程院指导，以“科学向新　共创未来”为主题，汇聚世界顶尖科学家交流思想、发布顶尖科技成果、扶持青年英才成长，打造世界科学事业的高端国际科学交流平台。活动自10月29日起持续10天，来自全球近20个国家和地区、分布于12个时区的60位世界顶尖科技奖项获得者，30余位中国两院院士，50余位青年科学家和100余位“小科学家”线上线下出席。

【第六届世界智能大会】 6月24日，第六届世界智能大会云开幕式暨创新发展高峰会在天津市举办。全国政协副主席、中国科协主席万钢作主旨报告。中国工程院党组书记、院长李晓红，天津市委书记李鸿忠致辞。天津市委副书记、代市长张工主持开幕式。

中国科协党组书记、分管日常工作副主席、书记处第一书记张玉卓，中国工程院主席团名誉主席、国家制造强国建设战略咨询委员会主任周济，天津市人大常委会主任段春华，天津市政协主席盛茂林，中央网信办副主任、国家网信办副主任兼总工程师赵泽良，中央广播电视总台编务会议成员兼总经理室总经理彭健明出席。

万钢在主旨报告中指出，中国新一代人工智能发展快速，呈现出单体智能的技术集成和功能拓展、群体智能的多源异构和内涵延伸、场景驱动的跨界融合和安全高效等趋势和特征。智能科技的新趋势、基础研究的新内涵、关键技术的新挑战、社会伦理标准规范的新要求、科学普及的新范畴、高水平开放合作等重点问题，也进一步引发我们关于新一代智能科技发

展的新思考。经过五年的发展，世界智能大会已成为一个国际化的交流平台、一座开放性的桥梁，立体化地呈现当前世界人工智能领域的新动态和新成果。作为天津市精心打造的人工智能领域的标志性活动，世界智能大会成为我国对外展示人工智能产业发展的窗口。让我们相互携手，以开放、包容的共赢心态，共同以科技创新破解人类社会发展的重重挑战，让新一代人工智能成为造福人类的普惠科技，为人类社会创造出更加美好的未来。

李晓红在致辞中表示，中国工程院将与各方一道，走创新策源之路，聚焦智能科技领域基础理论和发展战略、关键核心技术研发、应用场景落地等开展研究和攻关；走人才强“智”之路，构建“产学研”融合人才培养模式，坚持“走出去＋引进来”，形成引才聚才“强磁场”；走团结合作之路，推进世界范围内对话交流、合作研究和资源共享。

李鸿忠在致辞中表示，天津将深入贯彻习近平总书记关于数字经济的重要论述，抓住京津冀协同发展的历史性机遇，着力打造创新集群，大力实施制造业立市战略，深化科技体制改革，加快建设“天津智港”。期待与会各方用好世界智能大会平台，同行共进、智赢未来。

随后，大会举行创新发展高峰会。世界工程组织联合会前任主席、中国新一代人工智能发展战略研究院执行院长龚克主持高峰会。周济，旷视科技联合创始人兼 CEO 印奇，中国联合网络通信集团有限公司董事长刘烈宏，联想集团董事长兼 CEO 杨元庆，中国电子信息产业集团有限公司董事、总经理曾毅，GE 高级副总裁、GE 国际总裁兼首席执行官纳比尔，360 集团创始人周鸿祎，诺贝尔经济学奖获得者、纽约大学经济学教授托马斯·萨金特，IBM 大中华区总经理陈旭东，东软集团创始人、董事长刘积仁，新奥集团董事局主席王玉锁，中国工程院院士、阿里云创始人王坚等 12 位专家作现场主题演讲和视频演讲。

第六届世界智能大会由国家发展改革委、科技部、工业和信息化部、国家广播电视总局、国家网信办、中国科学院、中国工程院、中国科协与天津市政府共同主办，开展云平行论坛、云科技智能展、云赛事、云智能体验等系列活动。

【第六届世界智能大会人工智能伦理高峰论坛】 6 月 24 日，中国科协会同天津市人民政府首次在世界智能大会期间举办人工智能伦理高峰论坛，中国科协党组书记、分管日常工作副主席、书记处第一书记，中国工程院院士张玉卓和天津市委副书记、代市长张工出席论坛并致辞。天津市委常委、常务副市长刘桂平，天津市委常委、市委教育工委书记王旭出席。中国科协党组成员兼国际合作部（港澳台办公室）部长（主任）、中国国际科技交流中心主任罗晖出席并主持论坛开幕式。

世界工程组织联合会前任主席、中国新一代人工智能发展战略研究院执行院长龚克，重庆大学校长、中国工程院院士王树新，清华大学苏世民书院院长、清华大学文科资深教授薛澜，360 集团创始人、董事长周鸿祎等专家学者、企业家，围绕人工智能面临的科技伦理挑战、伦理规范、治理策略等议题进行交流讨论，彰显政府、专家、企业及社会各界对人工智能健康发展的责任担当，体现了中国科协和天津市共同推动构建完善人工智能伦理治理体系的坚定决心，对于加强人工智能的伦理规范、提升人工智能安全治理能力、促进人工智能健康发展发挥了重要作用。

张玉卓在致辞中指出，人工智能是引领新一轮科技革命和产业变革的基础性、战略性、先导性技术，正驱动经济社会新变革，与此同时也带来伦理、公平和安全等方面问题和挑战。全球人工智能伦理治理体系建设面临复杂矛盾，远未成熟定型。张玉卓建议，要深化人工智能伦理治理多学科研究，把握人工智能发展规律，探索研究伦理新问题，协同解决治理新难题；完善人工智能伦理治理机制，联动创新链、产业链上下游各类创新主体和资源，推进协同共治；推进人工智能伦理科普教育，及时宣传前沿成果和发展趋势，普及政策信息、治理规则和治理成效；促进人工智能伦理治理国际交流合作，推动全球人工智能治理体系向更加公平合理的方向发展。中国科协将持续打造“科创中国”“科普中国”“智汇中国”平台，推进人工智能伦理治理跨界融合、开放包容、务实合作，为科技引领高质量发展、支撑人类命运共同体建设作出切实贡献。

张工在致辞中指出，人工智能技术正在深刻改变着人类生产生活方式和思维方式。近年来，天津充分发挥世界智能大会平台优势，加快建设国家新一代人工智能创新发展试验区，积极探索人工智能发展新路径、新机制、新政策、新模式，促进建立人工智能治理框架及伦理指南。张工表示，要加快促进制造业与人工智能深度融合，加强人工智能伦理、规范方面的学术研究和成果应用，推动探索和形成具有广泛共识的人工智能治理框架和标准规范。

本届论坛由天津市科协、中国科学学与科技政策研究会以及天津市计算机学会等承办，以“人工智能伦理挑战与治理策略”为主题，倡导人工智能发展坚持以人为本、促进人机和谐，推动文明进步、增进人类福祉，80余位智能领域和伦理领域专家学者和中国科协、天津市相关部门负责人参加论坛。

【第六届世界智能大会京津冀数字经济联盟成立大会暨京津冀数字产业高峰论坛】 6月24日，第六届世界智能大会平行论坛——京津冀数字经济联盟成立大会暨京津冀数字产业高峰论坛在天津市开幕。中国科协党组书记、分管日常工作副主席、书记处第一书记张玉卓，天津市委副书记、代市长张工致辞。天津市委常委、常务副市长刘桂平，天津市委常委、市委教育工委书记王旭，天津市政府秘书长孟庆松共同出席。世界工程组织联合会前任主席、京津冀数字经济联盟联席理事长兼召集人、中国科协－天津市政府－南开大学数字经济研究中心理事长龚克主持。

张玉卓说，数字经济具有高创新性、强渗透性、广覆盖性，是改造传统产业的重要支点，是构建现代化经济体系的重要引擎。中国科协将全力支持联盟建设，为联盟发挥重要作用搭建载体平台、提供优质资源、创造有利条件。希望联盟强化使命担当，联合政产学研金等各方力量，发挥数字技术对经济发展的放大、叠加、倍增作用，助力京津冀产业数字化、数字产业化、治理数字化，增进数字经济开放合作，为推动实现京津冀协同高质量发展贡献智慧和力量。

张工说，京津冀数字经济联盟成立是贯彻落实习近平总书记关于加快数字经济发展重要要求、深入推进京津冀协同发展的务实举措，是抢占发展先机、加速弯道超车的战略选择。近年来，天津持续深入实施制造业立市战略，大力发展数字经济，推进数字经济核心产业培育和智能制造赋能工程，加快数字经济和实体经济深度融合发展，努力建设人工智能先锋城市和全国领先的信创产业基地。下一步，将以数字经济联盟成立为契机，更好推动京津冀三地数字经济领域产业共生、资源共享、生态共筑、发展共赢。

活动中，为京津冀数字经济联盟联席理事会代表颁发证书。同时，京津冀数字经济联盟与河西区政府，中国新一代人工智能发展战略研究院与中国北方人才市场，河西区政府与天津出版传媒集团、浙江大华技术股份有限公司等企业签约。

天津市河西区政府负责人发布河西区数字经济产业发展概况；北京中关村数字经济产业联盟、河北省数字经济联合会、国家超级计算天津中心、知乎、华为昇腾等机构专家作主旨发言；南开大学经济研究所发布《京津冀数字经济发展研究报告》；百度发展研究中心、中电科卫星导航运营公司、北京航天长峰科技工业集团天津研究院、凌霄（天津）工业互联网有限公司等企业代表参与圆桌对话；京津冀数字经济联盟秘书长、中国科协科学技术传播中心相关负责人作总结发言。

论坛前，京津冀数字经济联盟第一届理事会第一次会议召开，审议并表决通过了联盟章程及联盟会长、联席理事长、副理事长、理事、秘书长名单。

本次论坛由中国科协、天津市政府主办，天津市科协、中国科协科技传播中心、北京市科协、河北省科协、天津市河西区政府、中国新一代人工智能发展战略研究院、中国科协－天津市政府－南开大学数字经济研究中心协办。120人参加论坛活动。

【第六届世界智能大会“科创中国”智能科技助力“双碳”论坛】 6月23日，第六届世界智能大会高峰论坛——“科创中国”智能科技助力“双碳”论坛举办。论坛是在中国科协、天津市政府的指导下，由“科创中国”青年百人会、中国科协科学技术传播中心、天津市科协、天津大学共同主办。会议设置北京、天津、河北保定、吉林长春4个线下会场，通过人民网天津频道、“科创中国”平台等渠道线上同步直播。天津市人大常委会副主任马延和，中国科协党组成员、国际合作部部长罗晖出席活动并致辞。“科创中国”青年百人会轮值主席、天津大学副校长巩金龙主持。

天津市科协党组书记、常务副主席陆为民为天津安捷物联科技股份有限公司授予天津市“双碳”技术院士专家协同创新中心牌匾。

在主题报告环节，国际欧亚科学院院士、中国城市科学研究会理事长仇保兴，中国工程院院士、中国矿业大学教授彭苏萍，“科创中国”青年百人会主席团成员、中国科学院重大科技任务局副局长陈海生，英国标准协会亚太双碳发展部负责人万扬，天津大学化

工学院教授杨全红针对各行业领域的“双碳”技术进行解读和分析。

第六届世界智能大会共包括 13 场高峰论坛，涵盖智能制造、车联网先导应用创新发展、制造业数字化转型、“双碳”目标下的数字经济发展等，对智能技术与重点产业的融合开展研讨。

【2022 年世界工程日中国庆祝活动】 3 月 4 日，2022 年世界工程日首次以 24 小时线上直播形式举办全球庆祝活动。活动以“更智慧地重建：工程建设未来”为主题，澳大利亚、中国、印度、法国、加纳、英国、美国和哥斯达黎加 8 个国家作为代表，展示科学技术特别是工程技术在疫情重建中发挥的重要作用，强调工程师在建设可持续的未来方面所扮演的不可替代的角色，同时呼吁通过工程技术构建更加开放、创新、负责任的世界。

作为 2022 世界工程日庆祝活动的重要组成部分，由中国科协主办的中国庆祝活动通过“理念篇：寄语未来”“愿景篇：预见未来”“应用篇：迈向未来”讲述中国工程科技新成就、工程国际合作新进展、工程服务可持续发展新贡献，全面增进对国际工程科技界的开放、信任、合作。全国政协副主席、中国科协主席万钢，世界工程组织联合会主席龚克，亚太工程组织联合会主席、中国科学院院士黄维，国际隧道协会主席严金秀在线出席活动并致辞。

万钢在致辞中首先对长期致力于工程事业、为可持续发展作出卓越贡献的工程师们致以节日的问候和崇高的敬意。他指出，要以世界工程日为契机，团结全球广大工程师群体，更好地发挥工程科技在促进全球可持续发展中的重要作用，并提出三点期望：一是协同推动工程科技创新；二是共同加强工程能力培养；三是携手推进工程开放合作。未来，中国科协期待与全球工程科技界深度合作，加强工程科技信息交流，促进科学、技术与工程建设融合，创新工程教育机制，促进工程科技人才培养，共同发起国际科技组织，为世界的健康和可持续发展增添不竭动力。

龚克在致辞中提到，“更智慧地重建：工程建设未来”中的“更智慧”，意味着要更好地发挥科学技术和工程在转型重建中的作用以及更好地承担工程的伦理责任，并表示未来中国宏大的工程科技人才队伍一定会成为全球可持续发展的重要力量。

黄维在致辞中指出，当今时代是创新赋能、共享共创、追求“美好未来”的时代，纵使有百年变局的波动、世纪疫情的反复，都无法改变我们对“工程创造美好未来”的执着向往，亚太工程组织联合会愿与来自世界各地的工程人员和科技工作者一道，为实现这个美好未来贡献积极力量。

严金秀作为国际组织代表同时又是女性工程师代表，号召更多的女性加盟工程技术领域，希望国际隧道协会与世界工程组织联合会加强合作，特别是在发挥隧道和地下空间优势促进联合国 2030 可持续发展目标实现方面，共同为解决全球面临的挑战贡献工程力量，造福人类。

在“愿景篇：预见未来”环节，中国科学院院士、可持续发展科学卫星首席科学家郭华东以可持续发展大数据卫星的项目为例，讲述了我国工程科技的最新成就，展示了中国致力于通过工程助力可持续发展的愿景；中国天眼总工程师姜鹏以天眼项目为例，展示了我国自主创新成果和科技之美，彰显了我国科技向全球开放的新境界；南开大学教授，世界工程组织联合会信息与通信委员会委员、中国委员会委员程明明作为青年工程师，结合其研究工作——视觉识别算法谈工程推动人类进步的实践，展现了中国工程师新生力量的风采。

“应用篇：迈向未来”环节结合北京冬奥会背后的工程黑科技，展示工程助力可持续发展的生动实践。北京大学工学院教授、国家速滑馆二氧化碳跨临界制冷系统专家张信荣、中国航天科技集团六院 101 所冬奥火炬项目总工程师姜联东、北京科技大学新材料技术研究院腐蚀与防护中心教授李晓刚分别围绕北京冬奥会上二氧化碳制冰技术、运用氢能作为奥运火炬燃料及高性能免涂装耐候钢技术的首钢大跳台，讲述了绿色冬奥、科技冬奥的故事。

除全球直播外，本次活动还邀请了知名工程专家、组织及科普工作者在多个平台共同发起庆祝世界工程日主题系列活动。在抖音等相关平台上线“寻找工程师”话题，鼓励全平台用户发布寻找身边工程师相关内容，积极参与发现生活中的工程之美。

【发展中国家科学院第 16 届学术大会暨第 30 届院士大会】 11 月 21 日，发展中国家科学院第 16 届学术大会暨第 30 届院士大会在浙江省杭州市开幕。全国政协副主席、中国科协主席万钢出席开幕式并宣读习近平主席贺信。

中国科学院院长、发展中国家科学院候任副院长侯建国，发展中国家科学院院长穆罕默德·哈桑，联合国教科文组织总干事奥德蕾·阿祖莱，教育部部长怀进鹏，中国科协党组书记、分管日常工作副主席、书记处第一书记张玉卓等在开幕式上致辞。

张玉卓致辞时表示，国家主席习近平向大会致贺信，对增进国际科技界的开放、信任、合作寄予期待，对促进科学繁荣发展造福各国人民提出希望，对推进全球发展倡议、实现联合国2030可持续发展目标发出动员，为世界永续和平发展锚定目标、指明方向。中国科协是中国科技工作者的群众组织，将始终秉持构建人类命运共同体的理念，支持中国科技界与各国共同应对气候变化、能源安全等各类全球挑战，凝聚开放共识，支持开放科学，建设开放创新生态。

本届大会由发展中国家科学院主办、浙江大学承办、中国科协和中国科学院协办。大会以“基础科学推动发展中国家循证决策与可持续发展”为主题，来自中国、埃及、澳大利亚、巴基斯坦、巴西、德国等20多个国家的140余名专家学者参加会议，全球近千名学术科研人员在线收看会议实况。

发展中国家科学院成立于1983年，致力于支持和促进发展中国家的科学研究，拥有来自70余个国家和地区的近1400名院士，是具有广泛影响力的国际科技组织。

【2022世界人工智能大会】 9月1日，2022世界人工智能大会在上海市开幕。中共中央政治局委员、上海市委书记李强出席开幕式。工业和信息化部党组书记金壮龙通过视频致辞。上海市委副书记、市长龚正在开幕式上致辞。上海市人大常委会主任蒋卓庆、市政协主席董云虎出席。

开幕式前，上海市领导和国家相关部委领导到2022世界人工智能大会展馆参观元宇宙核心展和中信集团、华为公司等展区，察看人工智能特别是元宇宙领域的最新创新成果和应用场景展示。开幕式线上线下相结合，以视频连线、成果发布等形式进行。开幕式上发布了“智赋百景”人工智能典型应用场景、2022卓越人工智能引领者奖评选结果。

中国工程院副院长钟志华，中国科协党组成员、书记处书记束为，上海市领导吴清、朱芝松、张为、肖贵玉、钱锋出席开幕式。国家有关部委、中央企业、高校和上海市相关部门、区负责人参加开幕式。来自海内外人工智能领域的专家学者、企业家、投资家等现场参会或通过云会场参会。

大会围绕产业发展和科技创新邀请行业相关专家发表观点、交流思想，聚焦科技创新、产业落地、安全治理等领域举行10余场行业主题论坛，推出五周年特色活动、项目路演和投融资对接会等活动，打造智能高效办会管理系统、共创分享智能应用场景，展示人工智能技术和产品，推动人工智能生态建设。

【2022全球数字经济大会】 7月29日，2022全球数字经济大会在北京开幕。中共中央政治局委员、北京市委书记蔡奇宣布大会开幕，市委副书记、市长陈吉宁致辞，市委副书记殷勇出席。开幕式前，与会领导和嘉宾参观了精品主题展和“开元之境”元宇宙展，与数字经济头部企业负责人交流，了解数字技术创新成果和数字经济发展情况。本次大会以“启航数字文明——新要素、新规则、新格局”为主题，聚焦数字经济发展的新趋势、新热点，采取“线上线下结合、虚拟现实交融”的方式，设置开幕式暨主论坛、6场主题峰会和近50场专题论坛，并开展北京数字经济体验周、精品主题展、创新大赛和成果发布会等特色活动。

中央网信办副主任、国家网信办副主任曹淑敏，工业和信息化部总经济师许科敏在开幕式现场致辞。韩国中小风险企业部部长李永、奥地利财政部国务秘书图尔斯基、世界经济论坛总裁布伦德等嘉宾视频致辞。国家有关部委、北京市、西藏自治区拉萨市有关领导，部分外国驻华使节，国内外相关企业、院校、机构、协会负责人和专家学者等分别以线上线下方式参加。

【2022中国国际智能产业博览会】 8月22日，由工业和信息化部、国家发展改革委、科技部、国家网信办、中国科学院、中国工程院、中国科协、新加坡贸易与工业部和重庆市人民政府共同主办的2022中国国际智能产业博览会采取“云上”办会方式在重庆市开幕。

国务委员王勇通过视频连线出席开幕式并致辞，重庆市委书记陈敏尔致辞。乌拉圭副总统、国会主席兼参议长阿希蒙，匈牙利国会副主席雅高布·伊什特万，上海合作组织秘书长张明，新加坡通讯及新闻部部长兼内政部第二部长杨莉明，中国工程院院长李晓红，四川省委副书记、省长黄强发表视频致辞。重庆市委副书记、市长胡衡华主持开幕式。重庆市委常委，市人大常委会、市政府、市政协负责人，市有关部门负责人现场参会。

开幕式后举行了高峰会，中国科学院院士梅宏，图灵奖得主杰克·唐加拉，华为公司高级副总裁、中国地区部总裁鲁勇，诺贝尔奖得主康斯坦丁·诺沃肖洛夫，阿里巴巴集团副总裁、斑马智行联席 CEO 张春晖，中国工程院院士、重庆大学校长王树新，长安汽车党委书记、董事长朱华荣，中国工程院院士、清华大学教授李克强，中国联通董事长刘烈宏等 9 位科学家、企业家围绕智慧时代新趋势、新技术、新业态发表线上演讲，分享各自在智慧城市、智慧生活、智能汽车、数字经济等方面的见解。

本次博览会延续“智能化：为经济赋能，为生活添彩”主题，聚焦“智慧城市”建设年度主题，围绕“会、展、赛、论、系列活动”5 个板块进行，有来自意大利等国家和地区的 557 家单位参展，展示内容涵盖智能制造、智慧交通等领域。

【2022 世界智能网联汽车大会】 9 月 16 日，2022 世界智能网联汽车大会在北京开幕。大会主题为“智能加速度　网联新生态”，由北京市人民政府、工业和信息化部、公安部、交通运输部、中国科协共同主办。

中国科协党组书记、分管日常工作副主席、书记处第一书记张玉卓在致辞中说，夯实科技基础是汽车产业发展之本。要立足智能网联发展目标和智慧交通系统基础架构，针对汽车芯片设备、材料、工艺等短板识别关键技术、凝练科学问题、深化基础研究。要强化智能网联基础设施保障，促进技术与市场和谐共振。要引导战略科技力量、战略人才力量聚焦前沿、独辟蹊径，破解瓶颈难题。要构建融合生态，迈向智能交通时代，需要突破数据孤岛、技术与治理碎片化等关隘。要坚持“单车智能 + 网联赋能”发展路线，推动从测试验证转向多场景示范、规模化应用，深化“车路云”协同发展，辐射带动上下游产业协同健康发展。

中国工程院副院长钟志华在主旨报告中说，世界发达国家都把汽车产业作为重要支柱产业。汽车带动工业发展，工业的进步反过来支撑汽车产业的发展。在工业 4.0 时代，汽车的内涵在发生变化，智能化网联化飞速发展，未来汽车驾驶将变成一种全新的体验和技术形态。随着汽车驾驶无人化的演进，交通运输会发生重大变革，商业模式也会随之改变。因此，对智能网联汽车来讲，技术路线需要探索，支撑体系需要不断完善。

从 2018 年起，世界智能网联汽车大会已连续举办五届。本届大会采用多媒体传播方式，设置“引领篇”“支撑篇”“聚合篇”“突破篇”“驱动篇”“共赢篇”6 个篇章，以“向未来”“夯基础”“稳链条”“强技术”“创应用”“铸融合”6 个维度展开主体内容。大会设置 1 场开幕式暨主论坛、7 场主题峰会、6 个特色专场、2 场闭门会、1 个实地调研活动和 1 个展览会。

展览会采用线上线下相结合、室内室外相呼应、静态展示和动态体验并举三种模式进行展示。线下展会面积约 5 万平方米，新能源和智能网联汽车产业上下游企业共 200 余家参展。

【2022 全球工业互联网大会】 11 月 7 日，2022 全球工业互联网大会在辽宁省沈阳市开幕。辽宁省委书记、省人大常委会主任张国清出席开幕式。中国科协党组书记、分管日常工作副主席、书记处第一书记张玉卓，辽宁省委副书记、省长李乐成，工业和信息化部副部长徐晓兰致辞。中国工程院院士周济作主旨演讲。中国科协专职副主席、书记处书记孟庆海出席。辽宁省委常委、副省长王健主持，副省长姜有为发布辽宁数字化应用场景需求。

张玉卓在致辞中说，工业互联网作为第四次工业革命的重要引擎，正在成长为促进中国经济高质量发展的重要力量，将为中国式现代化注入强劲动力。中国科协将深化改革与建设，有效发挥桥梁纽带作用，持续打造“科创中国”服务品牌，优化产学研供需对接的信息平台、技术服务与交易的运营平台、人才与技术的赋能平台，助力辽宁工业互联网建设，为推动全球工业互联网发展作出积极贡献。

大会发布了 2022“数字领航”企业名单、全球工业互联网创新发展报告、工业软件创新发展倡议书、工业安全系统典型应用案例库，举办了“星火·链网”超级节点（沈阳）上线仪式。

2022 全球工业互联网大会由工业和信息化部、中国科协和辽宁省人民政府主办，沈阳市人民政府、中国工业互联网研究院、辽宁省通信管理局、辽宁省工业和信息化厅、辽宁省科协承办。大会为期 2 天，以“赋能高质量·打造新动能”为主题，举办开幕式、大会报告、创新成果展、专题会议及夜话、中德 / 中日 / 中韩高端论坛、产业数字化数字产业化招商会、中小企业数字经济全球论坛、第四届中国工业互联网专业赛等系列活动。

【2022世界智能制造大会】 11月23—25日，2022世界智能制造大会在江苏省南京市举办。江苏省人民政府省长许昆林，工业和信息化部副部长辛国斌，中国工程院院士周济，第十三届全国政协经济委员会副主任苏波，国际电工委员会主席、中国工程院院士、中国电机工程学会理事长舒印彪，江苏省委常委、南京市委书记韩立明，江苏省副省长胡广杰，南京市人民政府市长夏心旻出席开幕式。

本次大会由江苏省人民政府、工业和信息化部、中国工程院、中国科协共同主办，江苏省科协、中国科协智能制造学会联合体等联合承办。大会期间，共举办开闭幕式、国家智能制造专家委员会年会、智能装备与机器人国际会议等专场活动及14场分论坛。中国科协智能制造学会联合体发布了世界及中国智能制造年度十大科技进展。"科创中国"平台与大会"云上展"数据链通，重点推介300家左右科技企业和相关创新成果。

【2022世界传感器大会】 8月21日，由工业和信息化部、中国科协、河南省人民政府联合主办，郑州市人民政府、河南省工业和信息化厅、河南省科协、中国仪器仪表学会承办的2022世界传感器大会在河南省郑州市开幕。

中国科协副主席、中国工程院院士、华中科技大学校长、中国仪器仪表学会理事长尤政，中国科学院院士蒋庄德，中国科学院院士姜德生，欧洲科学院院士李长明，中国工程院院士周立伟，加拿大工程院院士沈卫明出席大会。

工业和信息化部党组成员、副部长王江平线上出席并致辞。河南省委常委、副省长费东斌，郑州市委副书记、市长何雄，河南省工业和信息化厅党组书记、厅长朱鸣出席大会。开幕式由河南省政府副秘书长魏晓伟主持。

德中友好协会副主席菲利克斯·库尔茨，国际电气和电子工程师协会候任主席赛义夫·拉曼，诺贝尔奖获得者、西澳大利亚大学教授巴里·马歇尔，美国加州大学圣地亚哥分校教授约瑟夫·王线上参加会议。

本次大会以"感知世界 智创未来"为主题，由传感器大会、传感器创新大赛、智能传感器产销对接会、国内十大传感器产业园区发展与科创能力排行榜、传感器产业科技成果展（会—赛—销—榜—展）五个板块组成。大会重点围绕传感技术发展前沿、国际发展趋势、产业化发展等热点问题进行交流，旨在促进国际交流与合作，着力打造具有国际影响力的千亿级智能传感器产业新高地，助推中国（郑州）智能传感谷建设，为郑州建设国家中心城市提供强有力的战略性新兴产业支撑。

【2022世界交通运输大会】 12月2日，由中国科协、交通运输部、中国工程院、湖北省人民政府共同主办的2022世界交通运输大会主旨报告会线上召开。中国工程院院士、中国铁道学会理事长、中国工程院工程管理学部主任卢春房，中国科学院院士、中国工程院院士、武汉大学教授李德仁，德国交通部联邦公路院主席马库斯·约泽，中国工程院院士、武汉理工大学首席教授姜德生，中国工程院院士、公路养护技术国家工程研究中心主任、中国公路学会副理事长郑健龙，围绕大会主题就交通运输的可持续发展和未来交通发展的有关问题作主旨报告。中国公路学会理事长、世界交通运输大会执委会主席翁孟勇主持主旨报告会。

13场主题论坛邀请了20余位国际知名专家通过线上报告的方式与国内外参会者交流互动。其中国际运输与物流论坛、水中悬浮隧道论坛得到国际交通界高度关注。德国作为本届大会主宾国，在中德可持续交通论坛上带来德国及欧盟国家在交通运输智能化、低碳化、交通部门气候政策、公铁联运、低碳长途公路运输等方面的最新政策与成果。

170场专题论坛包括了1071个报告，涵盖铁路、公路、水运、民航、管道、城市交通和物流等领域，专家学者共同探讨绿色、低碳背景下交通与其他产业、学科交叉融合发展的趋势。会议还进一步探讨未来交通的可能性和可及性，如自动驾驶和车路协同、零碳交通等行业和科技界共同关注的领域。

【2022年中国国际服务贸易交易会数字贸易发展趋势和前沿高峰论坛】 9月1日，2022年中国国际服务贸易交易会数字贸易发展趋势和前沿高峰论坛在北京召开。商务部副部长盛秋平，工业和信息化部副部长徐晓兰，北京市政协副主席林抚生，人民日报社编委委员、秘书长程庆民出席论坛并致辞。

与会各方代表表示，完整、准确、全面贯彻新发展理念，以此推动数字技术创新发展，促进数字经济社会治理深入协同，持续推动数字经济和数字贸易做

强做优做大，共创全球数字经济发展新格局。

著名经济学家布莱恩·阿瑟、中国社会科学院大学教授江小涓在论坛上作主旨报告。

高峰论坛以“数字化赋能贸易高质量发展”为主题，由商务部、工业和信息化部、北京市政府、中国科协、人民日报社共同主办，中国电子学会、人民日报数字传播公司承办。

【第十五届中德应用型高等教育研讨会】 9 月 28 日，第十五届中德应用型高等教育研讨会以线上线下相结合的形式在安徽省合肥市与德国奥斯纳布吕克市共同开幕。中国科协主席万钢以视频方式发表致辞。

万钢指出，2022 年是中德建交 50 周年，双方关系展现了充足的活力、韧力和潜力。50 年来，中德双方高度重视教育对促进经济社会发展、提升科技创新能力的重要意义，持续开展高等教育领域的交流合作。万钢希望，双方立足中德应用型高等教育研讨会的平台，遵循互相尊重、互利共赢的合作理念，进一步加强教育科技文化领域的交流合作。要在交流互鉴中深化改革创新，共同推动应用型高等教育的发展。要在开源开放中共建共享，共同促进高质量创新人才的培养。要在教育交流中扩大合作范围，共同推动科技、人文、经贸与产业的合作。

德国前总统克里斯蒂安·武尔夫、安徽省省长王清宪、德国下萨克森州州长施特凡·魏尔等出席会议并致辞。

中德应用型高等教育研讨会由安徽省教育厅与德国下萨克森州科学与文化部共同主办，自 2008 年起每年在中国与德国轮流举办。本届研讨会以“创新与高质量发展”为主题，国内外高校及企业代表共约 500 人参会。

【第九届中俄工程技术论坛】 12 月 6 日，以“工程技术促进可持续创新”为主题的第九届中俄工程技术论坛在北京、天津和俄罗斯莫斯科三地连线举办。中国科协党组书记、分管日常工作副主席、书记处第一书记张玉卓，天津市委副书记、市长张工视频致辞。俄罗斯科学工程协会联合会第一书记德鲁卡连科·谢尔盖·彼得罗维奇线上致辞。论坛由中国科协党组成员兼国际合作部部长罗晖主持。

张玉卓表示，习近平主席强调共享工程科技成果是推动共同发展、促进共同繁荣的重要途径。中俄工程技术论坛是中俄互鉴之桥、合作之桥、友谊之桥，希望在此平台上汇聚更多的两国科学精英，链接双方高校院所、科技企业和创新项目，以科学交流、技术创新、场景展示等方式加速促进技术转移、成果转化与产业化合作，助力天津产业振兴，促进中俄科技经济融合发展。

张玉卓提出三点建议，一是深化工程技术交流合作。聚焦碳达峰碳中和等全球性问题，在互学互鉴中解决新难题、应对新挑战，为解决全球性重大问题提供更多工程技术答案。二是构建开源开放共享平台。以知识的多元化、无障碍传播推动高水平开放合作，实现工程技术知识与理念的传播普及。三是推动工程师资格国际互认。促进中俄工程界更广范围、更宽领域、更高水平的交流合作，推动世界工程技术进步与创新。

张工在致辞中表示，天津市当前面临交汇叠加的重大机遇，具备区位、港口、产业等系列优势，与俄罗斯在经贸投资等领域也有着广泛合作。此次论坛对中俄科技界深化交流合作、汇聚创新动能发挥重要作用。天津市将以此为契机，更加积极主动服务中俄科技创新、技术合作、成果转化等工作，更好赋能高质量发展，为巩固深化新时代中俄全面战略协作伙伴关系作出新贡献。

德鲁卡连科表示中俄工程技术论坛是俄罗斯科工联和中国科协联合开展的工程技术盛会，是落实双方合作谅解备忘录的重要举措。他强调，信息、环境、粮食等各方面都需要具备新技术和高素质的工程人员来保障安全，俄罗斯特别关注工程技术创新和发展。俄罗斯科工联和中国科协具备实施科学、技术和创新合作等综合计划的先决条件，未来将深入挖掘双方在人才、科学、技术和教育等方面的巨大潜力，促进工程领域知识生产、技术传播和产业发展，进一步深化交流合作，增强两国人民友谊。

主论坛上，世界工程组织联合会前任主席龚克以及中国科学院院士饶子和、刘昌胜、吴宜灿，俄罗斯科学院院士斯捷潘·尼古拉耶维奇·卡尔米科夫、尤利娅·戈尔布诺娃、阿列克谢·阿特维耶维奇·里帕诺夫，俄罗斯自然科学院及俄罗斯工程科学院院士米哈伊尔·米哈伊洛夫等 7 位中俄院士围绕新冠病毒研究进展、智能科技、新能源、新材料等专题作主旨报告。

莫斯科大学科技园、北京国际交流协会、天津（滨海）海外人才离岸创新创业基地、南开大学科技园、天津大学科技园、京津中关村科技城发起成立了中国（天津）– 俄罗斯科技创新创业协作网络。该网络将秉承资源互通、技术互补，促进创新、推动创业的理念，积极吸收中俄双方企业、高校、科研院所、投融资机构和科技中介组织等参加，致力于加强产学研合作、科技成果转化、人才培养交流和科技型企业培育等方面的深度合作。

本次论坛由中国科协、俄罗斯科学工程协会联合会主办，中国科协科学技术传播中心、天津市科协等单位承办，10 余家国际学会、全国学会、创新基地等作为支持机构，光明网、央视网作为媒体支持机构直播论坛，点击观看量达到 516.3 万人次。论坛期间举办中俄工程能力建设圆桌会、人工智能创新平行论坛、核医学创新平行论坛、项目路演暨创新创业大赛等系列活动。

中俄工程技术论坛自 2014 年开始举办，已连续举办九届。

【2022 年中俄数字经济高峰论坛】 11 月 3 日，2022 年中俄数字经济高峰论坛在北京市、黑龙江省哈尔滨市、俄罗斯莫斯科市等地同步开幕。论坛由中国科协、俄罗斯科工联、黑龙江省人民政府主办，论坛主题为“开源开放　数创未来”。中国科协党组书记、分管日常工作副主席、书记处第一书记张玉卓，黑龙江省委书记、省人大常委会主任许勤分别发表视频致辞。俄罗斯科工联第一书记德鲁卡连科在线参会并致辞。黑龙江省委副书记王志军参加开幕式。

张玉卓在致辞中建议，一是探索数字经济产业融合新模式，主动把握数字化、网络化、智能化方向，加快制造业、服务业、农业等传统产业数字化转型；二是打造数字经济人才集聚新高地，充分发挥科协系统组织优势、人才优势，助力黑龙江塑造数字经济基础能力，建设区域创新中心；三是构筑数字经济开放发展新生态，推动创新链产业链资金链人才链深度融合，形成构建新发展格局、塑造新动能新优势的新赛道。

许勤在致辞中表示，党的二十大擘画了强国复兴的宏伟蓝图，为中俄数字经济发展创造了有利条件。他号召以更高水平科技创新开辟数字经济新赛道、以更深层次融合发展打造经济增长新动能、以更宽领域开放合作拓展互利共赢新空间。他希望各位院士专家和企业家充分交流沟通、联结合作纽带、搭建友谊之桥，为巩固深化新时代中俄全面战略协作伙伴关系作出更大贡献。

德鲁卡连科表示，数字经济涵盖了科技创新的全链条，包括新知识的产生、新工艺的研发和新技术的商业化。俄罗斯和中国拥有开发和实施数字经济领域先进项目的先决条件，拥有丰富的科技领域合作经验。俄罗斯科工联将与中国科协一起，聚焦中俄数字经济领域合作，共同促进两国科技进步、实现可持续发展。

主论坛上，中国科学院院士、可持续发展大数据国际研究中心主任郭华东围绕“地球大数据助力全球可持续发展”主题，中国工程院院士、国家农业信息化工程技术研究中心主任赵春江围绕“对发展农业农村数字经济的思考”主题，中国工程院院士、哈尔滨工业大学精密仪器工程研究院院长谭久彬围绕“区域测量体系建设与制造质量提升”主题，中国社会科学院俄罗斯东欧中亚研究所所长孙壮志围绕“数字经济为深化中俄务实合作增添新动力”主题分别作主旨报告。俄罗斯科学院院士、俄罗斯门捷列夫化工大学国际资源节约物流与技术创新研究院院长梅沙尔金·瓦列里·巴甫洛维奇围绕“炼油行业数字化发展的主要方向”主题，俄罗斯建筑科学院院士、别尔哥罗德舒霍夫国立技术大学莱索维奇·瓦列里·斯坦尼斯瓦维奇围绕“新的世界秩序、数字化和改善人类栖息地是当代的战略目标”主题，莫斯科大学副校长、中俄数字经济研究中心副理事长卡拉塞夫·奥列格·伊戈雷维奇围绕“前瞻性研究在战略规划系统中的地位和作用”主题分别作主旨报告。

中俄数字经济高峰论坛秘书处北京、黑龙江、莫斯科三地同步成立，现场举行北京、黑龙江秘书处授牌仪式。同时现场还展示了智能网联汽车、企业级无代码软件平台、数字资产管理等数字经济应用场景。中国汽车工程学会与哈尔滨新区、中国通信学会与齐齐哈尔市政府、中国作物学会与佳木斯市政府现场签署战略合作协议。此外，还正式启动由“科创中国”开源创新联合体、黑龙江省科协、哈尔滨新区发起的龙江（哈尔滨新区）国际开源创新社区建设。

本次论坛由中国科协科学技术传播中心、黑龙江省科协、哈尔滨新区管理委员会承办，中国国际科技交流中心、中国科协新技术开发中心、“科创中国”开源创新联合体、中国海归创业联合体等支持举办。论坛通过光明网等平台直播，在线收看人数达到 201.6 万人次。

【2022 年中日韩女科学家论坛】 9 月 2 日，以“科技女性 · 共创未来”为主题的 2022 年中日韩女科学家论坛在北京举办。中国科协党组书记、分管日常工作副主席、书记处第一书记张玉卓以视频形式作开幕式致辞。中国科协党组成员兼国际合作部部长罗晖主持对话交流环节，发展中国家科学院院士、中国科学学与科技政策研究会名誉理事长、中国科学院大学公共政策与管理学院教授方新主持开幕式和主旨报告环节。

张玉卓指出，2022 年是中日邦交正常化 50 周年、中韩建交 30 周年，值此重要时刻举办中日韩女科学家论坛，充分展示三国科技女性在创造美好未来中的智慧和力量。科技女性是科技文明的开创者、社会进步的推动者，世界需要科学，科学离不开女性。他倡议科技女性要汇聚精神力量，引领科技向善；汇聚创新力量，支撑可持续发展；汇聚信任力量，推动开放合作。中国科协将一如既往地支持女性参与科技创新，增进与国际科技界的开放合作。期待中日韩科技女性坚定创新自信，在未来科学舞台上闪耀巾帼之光。

罗晖表示，推动落实 2030 年可持续发展议程，需要国际社会共同努力。要携手推出更多促进女性参与科技、有利于科技女性成长成才的政策措施，提高女性在科技界的影响力，共创科技女性的美好未来。中国科协将与国际组织及相关国家的科学组织合作，共建全球女性科学家开放交流、团结合作的桥梁和平台，为实现联合国可持续发展目标贡献“她”力量。

中国科协副主席、北京大学党委常委、常务副校长、北京大学第三医院院长、中国工程院院士乔杰，“闪耀女科学家奖”评审委员会委员长、美国霍华德修斯医学研究所正研究员鸟居启子（Keiko Torii），韩国女性科学技术团体总联合会政策研究所所长、韩国第四次工业革命政策中心中心长、韩国科学技术翰林院院士金昭影（Kim Soyoung），分别以《女性科技人才培育的实践与反思》《日本为何要促进女性在 STEM 领域的发展，该如何做？》《跨越羁绊　走向成长：韩国女科学家现状研究》为主题发表演讲。

在对话交流环节，日本东北大学理事 / 副校长、国际科学理事会候任主席小谷元子（Motoko Kotani），发展中国家科学院院士、中国科学院院士、中国科学院遗传与发育生物学研究所研究员曹晓风，日本学术会议成员、日本科学技术振兴机构高级研究员渡边美代子（Miyoko O. Watanabe），韩国加图立大学医学院教授、女性生命科学技术论坛运营委员长李淑庆（Lee Suk Kyeong），联合国妇女署中国办公室合作伙伴关系专员杨睿侃，世界科技工作者联合会执行理事会委员、浙江大学海洋学院副院长、自然资源部第二海洋研究所研究员韩喜球，延世大学工业工程系教授、韩国科学技术翰林院女性科学家委员长、韩国科学技术翰林院院士孙素映（Sohn Soyoung），联合国开发计划署助理驻华代表张薇等，围绕鼓励、培养和支持女性科研人员的经验做法与科技女性在实现联合国可持续发展目标中的作用两个议题开展交流，就树立杰出女科学家榜样、提升女科学家领导力、奖励优秀青年女科学家、为青年女科学家提供学术成长和科研项目机会、分担科学职业女性照顾家庭的责任等提供了实践案例和经验。

以“女性与科学”这一国际社会的共识性议题为引领，2022 年中日韩女科学家论坛广泛联系联合国相关机构、国际科学理事会等国际组织及中日韩三方的科研机构并获得支持。论坛由中国科协联合日本科学技术振兴机构、韩国科学技术翰林院等机构共同主办，由中国国际科技交流中心、中国女科技工作者协会、韩中科学技术合作中心联合承办，采取线上线下相结合的形式举办。

历届中国青年女科学家奖获奖者代表，教育部、中国科学院及中国科协有关部门领导，高校、科研院所女性科技领军人才代表以及日韩在华科研机构代表等 40 余人线下出席。论坛通过央视网海内外多平台面向全球双语直播，截至 9 月 2 日 17 点，论坛全球浏览量累计达 721.2 万人。

【国际科学理事会中国委员会工作会议】 6 月 16 日，国际科学理事会中国委员会（ISC-CHINA）工作会议在中国科技会堂以线上线下方式召开。中国科协党组成员兼国际合作部部长、中国国际科技交流中心主任罗晖出席会议。ISC-CHINA 主席顾问吴国雄、中国社会科学院国际合作局局长王镭、中国科学院国际合作局副局长王振宇等 60 余位 ISC-CHINA 委员参加会议。ISC-CHINA 主席郭华东院士主持会议。

会议听取了 ISC-CHINA 秘书长顾雁峰的工作汇报，王赤等 30 位在国际科学理事会相关联合会中担任重要职务的科学家代表介绍了履职情况。委员代表结合各自在 ISC 联合会组织任职履职的经验和体会，就如何加强与ISC的互动合作、如何组织动员更多的科学家参与ISC工作、如何鼓励支持青年科学家和女性科技工作者参与全球科技事务提出意见和建议。会议认为，进一步密切中国科学界与ISC的合作关系，深度参与ISC框架下的各类事务，提升中国科技界参与全球科技治理的能力和水平，对于增进对国际科技界的开放、信任与合作意义重大。

会议审议通过新一届ISC-CHINA组织架构及委员名单、ISC常设委员会委员名单、ISC-CHINA专委会建设方案。新一届ISC-CHINA领导机构中，郭华东任主席，成秋明、刘世荣、金奎娟、郭正堂、康乐、韩雅芳、蒋捷、傅伯杰、王庆林、王镭、王振宇任副主席，委员50人。另有荣誉主席、主席顾问和荣誉委员17人。

郭华东对ISC-CHINA 2021年的工作表示肯定，对各位委员的支持表示感谢，他希望各位委员根据ISC工作重点，继续推进中委会工作不断创新发展，推动全球发展倡议和联合国可持续发展目标的实现。

罗晖指出，国际科技组织是现代全球科技治理体系的重要节点，是各国科技界之间开展交流、促进科技发展的重要组织形式，是展示各国在国际科技界影响和地位的重要舞台，是参与国际政治、经济和社会事务的重要代表，是开展国际科技治理、谋求开放合作的重要平台。国际科学理事会作为覆盖面最广泛、学科门类最齐全的国际综合性科技组织，在联合国多边机制中发挥重要作用，在国际科技界具有较强号召力。我国科学家积极参与ISC事务，在ISC系统中担任领导层职务，在当前国际力量对比深刻调整、国际关系错综复杂的形势下具有重要意义。中国科协积极支持我国科学家在国际科技组织中履职任职，拓展创新合作网络，在多边科技外交场合维护国家核心利益，向国际社会贡献中国智慧、发出中国声音，推动构建人类命运共同体。

国际科学理事会是汇聚自然科学和社会科学学科的全球最大非政府国际科技组织。该组织致力成为全球科学界最具影响力和公信力的声音，将科学发展成为一项全球性公益事业作为组织使命。ISC目前有146个国家/地区的科学组织和机构作为其组织会员，41个国际科学联合会和协会是其联合会会员，另有40个其他政府和非政府组织是其联系会员。中国科协国际科学理事会中国委员会是为履行中国科协作为ISC组织会员的职责，更好地协调和发挥国内自然科学和社会科学界作用而成立的协调机构，任务是组织、协调和推动国内科学界参与和开展与ISC相关的活动，促进与ISC相关组织机构的国际交流与合作。

【世界工程组织联合会中国委员会年度全体大会】 9月30日，世界工程组织联合会中国委员会（WFEO-CHINA，以下简称“中委会”）年度全体大会在北京召开。WFEO前任主席、执委、中委会主席龚克，WFEO执委、创新技术委员会（WFEO-CEIT）主席彭静等40余位中委会副主席、委员及秘书处成员通过线上线下方式参会。中国科协党组成员兼国际合作部部长罗晖出席会议并讲话。会议由龚克主持。

WFEO执委、创新技术委员会主席彭静汇报了工程创新委员会的创新专委会工作总结和下一步工作计划。WFEO-CHINA秘书长陈锐汇报了WFEO-CHNIA的工作总结和下一步工作计划。会上参会委员还围绕WFEO、WFEO-CEIT以及WFEO-CHINA重点工作，就如何发挥自身作用、激发组织效能，如何提升中委会工作等进行了深入的交流研讨。

龚克围绕实现WFEO对外目标、推动WFEO组织治理等方面作履职报告，并介绍下一步工作计划安排。龚克表示，中委会是中国科协作为WFEO国家会员的重要支撑力量，在推动中国工程界参与国际工程科技治理中发挥着重要作用。中委会将依托WFEO平台优势继续团结广大工程技术人才，以工程科技促进全球可持续发展目标实现，推动构建人类命运共同体。

罗晖在总结中对WFEO-CHINA在龚克主席领导下开展的工作予以充分肯定。她表示，中国科协将继续支持科学家在国际组织任职履职、发起设立国际科技组织、申请加入国际工程能力互认协议等方面开展工作，为科技工作者参与全球科技治理和开展科技人文交流做好服务工作。

世界工程组织联合会成立于1968年，是在联合国教科文组织的倡议和支持下成立的世界上最大的非政府工程组织。该组织是联合国教科文组织的A级咨询机构，也是联合国工业发展和经社理事会等组织的顾问机构。截至目前，WFEO已有93个国家会员、12个国际组织会员和13个联系会员。WFEO-CHINA秘书处挂靠在中国科协科学技术传播中心，主要负责组织、协调和推动国内有关机构和专家参与和开展与WFEO相关的活动。

【工程创新服务绿色低碳发展高级别研讨会】 9月5日，世界工程组织联合会中国委员会、技术创新专委会在2022中国国际服务贸易交易会期间举办工程创新服务绿色低碳发展高级别研讨会。研讨会邀请国内外政、产、学、研等领域的专家学者，围绕“工程创新服务绿色低碳发展”的主题，从科技革命、政策支持、产业发展三个维度研讨工程如何助力实现绿色低碳发展。

研讨会开幕式由世界工程组织联合会技术创新专委会主席、中国水利水电科学研究院副院长彭静主持。世界工程组织联合会前任主席、世界工程组织联合会中国委员会主席、南开大学学术委员会主任、中国新一代人工智能发展战略研究院执行院长龚克，中国科协党组成员兼国际合作部部长罗晖，北京市人民政府副秘书长刘印春，北京市科协副主席、中国工程院院士、中石化炼化工程（集团）股份有限公司董事长、党委书记孙丽丽，中国电子学会副理事长兼秘书长陈英分别代表主办方发表致辞。北京市科协党组书记沈洁出席会议。

龚克在致辞中指出，实现“双碳”目标和能源革命是一场广泛而深刻的经济社会系统性变革，全球工程界、每一位工程师都身在其中，而且要自觉地身体力行。工程实践直接影响人类的生活和环境，人类可持续发展需要负责任的工程、负责任的工程师，工程师不仅要将可持续发展和“双碳”理念根植于内心，还要不断深化对于可持续发展和“双碳”问题的科学认知，提升在自身职业实践中贯彻可持续发展目标和在工程全生命周期减碳、脱碳的工程能力。“双碳”目标为工程科技创新开辟了新的方向，工程界需要跨行业、跨领域、跨国界联合攻关，以实现工程技术和实践的绿色化。

罗晖在致辞中表示，中国科协作为世界上最大的科技共同体组织，联系服务广大科技工作者，其中有4200多万的工程科技人才，他们是中国在低碳转型之路稳步前行的中坚力量，是实现“双碳”目标的宝贵资源。中国科协愿联合社会各界力量，团结引导广大科技工作者围绕清洁低碳、安全高效开展长期攻关，打赢碳达峰碳中和这场硬仗，为全球可持续发展提供更多的中国方案和中国经验。

研讨会分为3个阶段。第一阶段主题为“工程创新加快绿色低碳科技革命”。北京工程师学会理事长、中国工程院院士、清华大学碳中和研究院院长贺克斌以《科技赋能“双碳”行动与绿色高质量发展》为题，北京市科协副主席、中国工程院院士、中石化炼化工程（集团）股份有限公司董事长、党委书记孙丽丽以《构建多能互补的能源耦合体推动石化行业清洁低碳高质量发展》为题，世界工程组织联合会能源委员会副主席、太原理工大学副校长、清华大学能源互联网能量管理与调控研究中心主任孙宏斌以《支撑能源绿色低碳发展的多能流综合能量管理关键技术及系统》为题，世界工程组织联合会工程环境专委会委员、中国建筑设计标准院副总建筑师贺静以《绿色建筑技术助力“双碳”目标》为题分别发表主旨演讲。

研讨会第二阶段主题为“工程创新与绿色低碳政策体系构建”。2007年诺贝尔和平奖获得者、斯里兰卡政府高级名誉顾问、联合国政府间气候变化专门委员会前副主席莫汉·芒纳星河以《工程师在低碳发展中推动平衡包容绿色增长和国际合作的重要作用》为题，国家发展改革委能源研究所原所长、中国能源研究会学术顾问、国家气候变化专家委员会委员、中国碳中和50人论坛成员周大地以《绿色低碳转型需要系统性工程创新》为题，美国人文与科学院院士、美国科学促进会会士、爱尔兰皇家艺术与科学院院士、第七届中国环境与发展国际合作委员会委员、哈佛大学环境科学教授麦克尔罗伊以《应对全球气候变化中的工程和科技挑战：国际合作的重要性》为题，“一带一路”绿色发展国际研究院执行院长、中国环境与发展国际合作委员会特邀顾问张建宇以《碳市场建设与绿色低碳转型》为题分别发表主旨演讲。

在研讨会第三阶段圆桌论坛上，清华大学苏世民书院院长、文科资深教授、中国科技政策研究中心主任薛澜，世界工程组织联合会中国委员会副主席、中国科协国际合作部一级巡视员王庆林，商汤智能产业研究院院长田丰，山东产业技术研究院副院长兼青岛执行院长赵宇波，金风科技股份有限公司集团总工程师翟恩地作为对话嘉宾，围绕“工程创新推动绿色低碳产业发展”话题进行讨论。

2022中国国际服务贸易交易会期间，“工程创新服务绿色低碳发展”主题展览亮相北京国家会议中心展区，主要展示工程创新促进绿色低碳目标实现的优秀实践案例，旨在推广工程创新促进绿色低碳发展的价值理念和有益经验、增进全球工程创新的合作交流。本次展览还搭建了VR展厅，吸引众多观众线上观展。

【2022 腾冲科学家论坛——国际前沿科学论坛】 12 月 2 日，腾冲科学家论坛——国际前沿科学论坛在云南省腾冲市举办。论坛由国际科学理事会中国委员会（ISC-CHINA）承办，以“前沿科学助力可持续发展”为主题，关注数字技术等国际前沿科学创新发展，探讨可持续发展过程中亟待解决的重要前沿科学问题，交流实现联合国 2030 可持续发展目标过程中的科学理念和创新思想，旨在推进与东盟国家在科研开放合作、科技园区合作、技术转移转化、科技人文交流等方面合作，提供中国－东盟国际科学对话机制，应对全球性可持续发展共同挑战问题。

中国科协副主席、国际工业与应用数学联合会主席袁亚湘院士主持论坛。可持续发展大数据国际研究中心主任、ISC-CHINA 主席郭华东院士，国际生物联合会副主席、ISC-CHINA 副主席康乐院士，国际地质科学联合会卸任主席、ISC-CHINA 副主席成秋明院士，矿冶科技集团有限公司首席科学家沈政昌院士，国际材料研究会联合会卸任主席、ISC-CHINA 副主席韩雅芳研究员，亚洲理工学院环境、资源和发展学院院长 Vilas Nitivattananon 教授，第 37 届国际地质大会组委会主席、国际地质科学联合会副主席、江原大学教授 Daekyo Cheong 等科学家出席论坛并作报告。

中国科协党组成员兼国际合作部部长罗晖出席论坛并致辞。罗晖表示，中国科协愿与世界各国科技界深化交流合作，希望国际前沿科学论坛能以探索科学前沿、扩展认知边界为使命，探讨可持续发展过程中亟待解决的重要前沿科学问题，呼吁国际社会和世界各国重视前沿科学研究，不断拓展前沿科学研究的广度和深度，提升前沿科学支撑科技创新和经济社会发展的效能。

郭华东以《构建数字丝路》为题，介绍了数字丝绸之路国际计划。该计划对照联合国六个可持续发展目标，目前已经形成了一系列科学报告，未来将在“一带一路”倡议下持续推进全球数据共享，尤其注重与泰国及东盟国家建立长效合作机制。

康乐以《微生物组与病虫害防治》为题，强调了微生物组对地球生态系统、人类健康、能源领域的重要性以及微生物组对病虫害防治的重要作用。希望各领域的科学家能携起手来，共同投身这一前景广阔的交叉性前沿研究中来。

Vilas Nitivattananon 以《城市可持续发展目标》为题，以实现联合国可持续发展目标为导向，通过泰国区域发展的实际经验，系统讲述了对可持续发展目标和可持续城市发展的整合式评估方式。

韩雅芳以《发展储能新材料，保障能源安全》为题，在分析当前储能产业发展现状的基础上，对新一代储能材料面临的机遇和挑战进行展望，探索如何与全球科学家齐心协力，为实现 2030 年“双碳”目标贡献力量。

Daekyo Cheong 以《2024 年国际地质大会的进展与韩国釜山的可持续发展》为题，围绕 2024 年韩国釜山地质大会的举办，从地质科学、全球气候变化、新系统学技术、教育和政策可持续发展四个主题出发，强调增强公众对地质科学的了解。

成秋明以《数据驱动地学创新　科技保障可持续发展》为题，鼓励地质科学家展开可持续发展相关研究，利用大数据、人工智能的方式推动地学研究的转型，实现联盟成员国组织的内部共享，实现开放科学、增进人类福祉。

来自国际科技组织、全国学会及科技企业的代表以线下线上方式参加论坛。

【中国－东盟工程师流动圆桌对话活动】 12 月 2 日，中国－东盟工程师流动圆桌对话活动通过线上方式举办。中国科协党组成员兼国际合作部部长、中国工程师联合体副理事长兼联席秘书长罗晖，东盟工程组织联合会秘书长穆赫德·基尔，马来西亚工程师学会主席诺丽达·布尼雅敏出席开幕式并致辞。中国工程师联合体国际合作委员会主任委员、中国电机工程学会副理事长林铭山主持开幕式和主旨报告，东盟工程组织联合会、东盟工程注册首席委员饶兆丰主持交流环节。

罗晖表示，中国和东盟地理相邻、文化相通、经济互补。近年来，中泰铁路、中老铁路、印尼雅万高铁等项目在东盟落地生根，一大批中国和东盟工程师为合作项目的顺利实施贡献了智慧和力量。本次圆桌对话就是要探索搭建中国－东盟工程领域交流对话与合作长效机制，推动工程师流动，促进共同进步和繁荣。中国科协、中国工程师联合体愿意与东盟工程组织联合会、东盟各国工程组织携手开展合作，共同关注工程师的职业发展和价值实现，共同探索工程师多边和双边互认机制，共同设立中国－东盟工程师机制化的对话与交流平台。

穆赫德·基尔认为全球化为工程领域带来众多机

遇和挑战，东盟工程组织联合会期待和东盟地区及更大范围的伙伴密切合作，共同提升工程师能力水平，探索工程师跨境流动的有效途径。

诺丽达·布尼雅敏表示，马来西亚工程师学会希望与中国工程师联合体在工程师技能水平和能力发展方面加强合作，取长补短、交流互鉴。

中国科协培训和人才服务中心主任、中国工程师联合体常务副秘书长郑凯，东盟工程组织联合会/东盟工程注册首席委员饶兆丰，中国铁建国际集团有限公司科技部副总经理张红平，以及来自马来西亚、新加坡、印度尼西亚、缅甸、泰国、文莱相关工程组织的代表作主旨报告并进行交流对话，分享了工程师认证、注册和促进工程师流动的经验。大家非常期待建立中国与东盟地区工程组织的常态化交流机制，在提升工程师能力、推动资格互认等方面开展深入合作。

中国－东盟工程师流动圆桌对话由中国工程师联合体、东盟工程组织联合会联合主办，以“工程师流动助力东盟繁荣与可持续发展”为主题，旨在搭建中国工程界与东盟地区工程组织对话交流平台。来自中国科协国际合作部、培训和人才服务中心、中国工程师联合体、东盟工程组织联合会、马来西亚工程师学会、新加坡工程师学会、印度尼西亚工程师学会、缅甸工程理事会、泰国工程师理事会、文莱测量师工程师建筑师学会，以及有关全国学会、高校、企业的 60 余名专家学者参加活动。

【中俄工程能力建设圆桌对话活动】 12 月 14 日，中俄工程能力建设圆桌对话活动在线举办。中国科协党组成员兼国际合作部部长、中国工程师联合体副理事长兼联席秘书长罗晖，俄罗斯工程教育协会主席尤里·彼得罗维奇·波霍尔科夫出席并致辞。圆桌对话活动由中国工程师联合体工程教育委员会委员、联合国教科文组织国际工程教育中心副主任兼秘书长王孙禺，俄罗斯工程教育协会认证中心主任克塞尼亚·康斯坦丁诺夫娜·扎伊塞娃，中国工程师联合体工程能力评价委员会办公室主任欧阳武共同主持。

罗晖表示，举办中俄工程能力建设圆桌对话活动，有利于深化中俄工程领域交流合作机制，共同推动工程师能力建设，推动工程创新和工程师交流，更好地落实全球发展倡议，促进可持续发展。

尤里·彼得罗维奇·波霍尔科夫表示，此次圆桌对话活动构建了一个非常好的平台，对中俄两国加强工程能力建设合作起到积极的推动作用。

会上，中国工程教育专业认证协会和俄罗斯工程教育协会分别介绍了工程教育认证实践的经验成果和未来展望，中国工程师联合体秘书处分享了工程师国际互认和工程能力评价体系建设情况。中国工程教育专业认证电子信息与电气工程类专业认证委员会、莫斯科航空学院、中国通信学会等中俄机构根据各自行业特点，围绕工程教育认证、工程能力评价等进行了交流。与会人员一致认为，中俄双方在工程教育认证、工程师双边互认、留学生注册工程师资格等方面有很大合作空间，期待进一步加强交流，推动合作成果早日落地。

中俄工程能力建设圆桌对话活动是第九届中俄工程技术论坛的重要组成部分，由中国工程师联合体、中国工程教育专业认证协会、俄罗斯科学工程协会联合会、俄罗斯工程教育协会主办，旨在为中俄两国工程教育认证和工程师国际互认搭建交流平台。中方来自中国机械工程学会、中国汽车工程学会、中国电机工程学会等有关全国学会、高校的 60 余名专家学者参加活动。

【中俄科技人文交流合作联合委员会第二次会议】 12 月 6 日，中俄科技人文交流合作联合委员会第二次会议在线召开。会议由中国科协党组成员兼国际合作部部长罗晖、俄罗斯科学工程协会联合会第一书记德鲁卡连科共同主持。中国驻俄罗斯使馆科技处公使衔参赞郑世民出席会议并讲话。

会议听取了中国科协中俄科技人文交流机制秘书处负责人以及俄罗斯科工联相关负责人对 2022 年双方执行谅解备忘录情况的报告以及未来展望。中华医学会与俄罗斯国家医学委员会，中国地理学会与俄罗斯地理学会，中国土木工程学会与俄罗斯隧道协会，中国造船工程学会与俄罗斯马林内特行业中心，国际动物学会与俄罗斯科学院，中国发明协会与“阿基米德”国际创新俱乐部，中国科协青少年科技中心与俄罗斯“迈向未来”计划国家组织者办公室，北京国际交流协会与莫斯科大学科技园等 16 家中俄科技领域机构围绕 8 个正在合作的项目进行了交流分享。

罗晖表示，2019 年 9 月中国科协与俄罗斯科工联在中俄两国总理见证下签署《关于进一步加强科技人文交流与合作的谅解备忘录》。三年来，在中俄两国领导人的战略引领下，两国科技界的合作取得了长足进步，取得了令人鼓舞的成效。中国科协和俄罗斯科工联作为两国有重要影响力的科技组织，未来双方要协调更多组织，支持科技界在更多领域建立具有发展潜力和发展成效的合作机制，共绘长期合作新画卷。

德鲁卡联科表示，中国科协与俄罗斯科工联每年都在不断加强和拓展合作，双方在数字经济和工程技术领域的合作已经迈上了新的台阶，取得了可喜的成绩。未来俄罗斯科工联希望与中国科协共同编制长远合作规划，在巩固工程技术、数字经济等领域合作的基础上，通过中俄双边机制和金砖国家、上海合作组织多边机制，在工程技术教育认证、学术期刊交流、学术资源共享、人文互动交流等方面加强合作。

郑世民表示，中俄科技创新合作是中俄全面战略协作伙伴关系的重要组成部分，人文交流是重要的基础，促进两国科技界相知相近。随着中俄全面战略协作伙伴关系不断深入发展，中俄科技创新合作迎来新的发展机遇，需要深挖合作潜力，打造更多合作增长点，提高利益契合度。

中国驻俄罗斯大使馆、中国科协国际合作部、中国科协科学技术传播中心、黑龙江省科协，俄罗斯驻华大使馆、俄罗斯科工联及下属学会、俄罗斯国立大学化学技术与工业生态研究所、莫斯科国立鲍曼技术大学等27家单位的近50位相关负责人及代表参加会议。

【“双碳”目标下的中韩科学与技术合作研讨会】 7月5日，“双碳”目标下的中韩科学与技术合作研讨会在辽宁省大连市举办。中国科协党组成员兼国际合作部部长、中国国际科技交流中心主任罗晖，大连市委常委、大连市副市长方铁林，韩国驻华大使馆科学技术通信官（公使衔参赞）卢京元，（韩国）绿色技术中心所长丁炳起出席研讨会并致辞。研讨会由大连市科协党组书记、副主席杨代刚主持。

罗晖指出，在未来推动低碳发展中，中韩两国科技界有着广袤的合作空间。双方应共同推动科技创新引领低碳转型，共同推动实现低碳发展制度创新，共同推动绿色理念成为自觉行动，共同支持全球可持续发展。中国科协将继续支持大连市建设“科创中国”试点，发挥地理优势、技术优势和人才优势，为中韩两国的科研人员和科技企业搭建更多交流合作的平台，为促进中韩科技人文交流作出更大贡献。

方铁林表示，大连作为中国与东北亚的重要枢纽，为中韩科技合作提供交流技术平台，支撑中韩两国在创新链、产业链、人才链的持续合作发展。大连重视“双碳”发展，具备高水平专家资源和诸多科研院校，并于2021年成立氢能产业发展促进协会，持续为“双碳”领域合作提供平台。

卢京元代表韩国驻华使馆对会议的召开表示祝贺。他表示，科技在人类应对气候变化中起到重要作用，应对气候危机需要国际社会的共同努力。中韩两国作为友好邻邦和战略合作伙伴，展开诸多领域的合作，也应共同应对气候危机。本次会议为中韩清洁能源的技术开发提供了合作平台，探讨“双碳”重要议题，为环境技术的产品与服务提供交流机会。

会议邀请中国国家气候变化专家委员会名誉主任刘燕华、韩国国家科学技术咨询会议咨询委员尹齐镛、中国工程院院士贺克斌、韩国工学翰林院院士朴镇浩、中国工程院院士刘中民、韩国工学翰林院院士闵东畯等6位专家围绕中韩气候变化与绿色低碳发展战略路径、清洁能源与能源系统低碳转型、传统产业绿色低碳转型3个议题作主旨报告。

圆桌讨论环节围绕中韩推动实现“双碳”的路径比较、氢能源技术发展、创新颠覆性绿色低碳技术开展交流讨论。

“双碳”目标下的中韩科学与技术合作研讨会由中国国际科技交流中心、韩中科学技术合作中心主办，大连市科协、（韩国）绿色技术中心、中国环境科学学会、中国科学院大连化学物理研究所承办，旨在推动中韩两国在“双碳”领域科技界和产业界的交流合作，并为后续两国相关组织和机构在本领域开展深入交流提供平台和基础，推动中韩民间科技合作与交流。

【联合国STI论坛“开放科学促进发展中国家优质研究生教育”边会】 5月4日，由中国科协联合国咨商开放科学与全球伙伴专业委员会（CCOS/CAST）、中国女科技工作者协会联合主办的首场国际活动——第七届联合国STI论坛“开放科学促进发展中国家优质研究生教育”边会（以下简称“边会”）在线举办。中国科协荣誉委员、CCOS主席、发展中国家科学院司库杨卫院士主持会议。

会上，作为开放科学利益攸关方代表，联合国教科文组织自然科学助理总干事Shamila Nair-Bedouelle、发展中国家科学院执行官Romain Murenzi、爱思唯尔集团董事长Youngsuk (YS) CHI、施普林格·自然出

版集团大中华区总裁 Niels Peter Thomas、北京大学常务副校长乔杰院士、浙江大学副校长何莲珍受邀出席边会并作主旨发言。六位专家围绕“优质教育（SDG4）”和“性别平等（SDG5）”等联合国可持续发展目标，以“探索发展中国家优质研究生教育的未来道路”“开放科学如何提升发展中国家科学研究的包容性、协作性与透明性”“推动发展中国家的数字包容性”“研究生教育和专业培养中的性别平等”等为主题分享观点，并就开放科学如何促进发展中国家高质量研究生教育展开对话。

Shamila Nair-Bedouelle 认为，开放科学与高质量研究生教育之间的关系密不可分，开放科学可以成为弥合国家之间或国家内部存在的科技创新发展差距的强大引擎。她在会上重申了联合国教科文组织《开放科学建议书》的重要性，呼吁出版机构、科研人员、高校及学术机构等各利益攸关方通过开放科学这一有效方式来提升发展中国家的高等教育质量，减少科学研究领域的不平等。

Romain Murenzi 认为，开放科学的透明性、包容性和实用性将推动科学的进步，这种包容性是人类早日实现联合国可持续发展目标和 2030 议程的基础。其中，联合国教科文组织《开放科学建议书》是关键一步，建议书通过更成文的规范与准则让开放科学有据可循，从而推动发展中国家优质研究生教育的变革。

何莲珍强调了优质研究生教育对受教育者个人发展及社会进步的关键作用，并分享了中国在南南教育合作中出台的相关计划与举措，指出在“一带一路”倡议框架下，中国持续吸引国际学生来华学习，促进各国人民民心相通。她重点介绍了浙大三个备受国际学生（尤其是发展中国家学生）欢迎的项目，并认为有效利用多边合作平台与数字技术支撑将在未来发展中国家优质研究生教育中起到重要作用。

Youngsuk (YS) CHI 分享了爱思唯尔在开放科学领域的实践实例，指出开放获取、开放数据对于促进发展中国家高质量研究生教育和全球科研团队合作发挥了重要作用。学术出版商的使命是提供更高质量的同行评议来保护科学研究的准确性和可靠性，使得科学研究更具包容性、协作性和透明性，保障包含发展中国家的研究生在内的科研人员从中受益。

Niels Peter Thomas 在发言中提到开放科学是全球性趋势，目前施普林格 · 自然出版集团正在逐步从传统订阅转变为开放获取的出版模式，也正在各个发展中国家积极推进开放获取的里程碑式转换协议。施普林格 · 自然出版集团将积极响应联合国可持续发展目标（重点关注 SDG4、SDG13 和 SDG17）并推动相关工作。

乔杰在发言中指出，教育和性别平等是联合国可持续发展目标中的重要组成部分。以中国为例，截至 2021 年，在校女硕士、女博士总数已超过 170 万人，教育层次和学科广度不断提高，女性科研工作者在人才培养、科学研究、社会服务等方面作出了突出贡献。但女性在从事工程学科和在更高职业发展方面仍存在瓶颈，因此推动女性接受更高质量的高等教育将有利于个人、家庭和下一代，从而促进整个社会的可持续发展。

杨卫在会议总结中表示，开放科学已成为全球科技发展的新生态，广大发展中国家应积极参与全球开放科学行动，通过高质量的研究生教育和推动性别平等来促进经济、社会与科学发展。

中国科协积极行使联合国特别咨商地位职能，坚定维护以联合国为核心的国际体系，组织动员中国科学家积极参与联合国框架下的重要论坛及活动。

本次边会由中国国际科技交流中心作为中国科协咨商办承办、CCOS 秘书处协助。参会的专委会专家有世界工程组织联合会主席龚克、国际科学技术与医学出版商协会中国顾问颜帅、全球学术与专业出版协会前任董事会委员张月红等。各社交媒体平台直播参会人数总计约 3300 人次。

【第二十四届中国科协年会】 6 月 26 日，由中国科协和湖南省人民政府共同主办的第二十四届中国科协年会在湖南省长沙市开幕，会议主题为“创新引领　自立自强——打造中部崛起新引擎”。全国政协副主席、中国科协主席万钢致开幕词，湖南省委书记、省人大常委会主任张庆伟致欢迎词。湖南省委副书记、省长毛伟明，湖南省政协主席李微微出席开幕式。开幕式由中国科协党组书记、分管日常工作副主席、书记处第一书记，中国工程院院士张玉卓主持。

万钢在致辞中说，中国科协坚持以习近平新时代中国特色社会主义思想为指导，以迎接学习宣传党的二十大为主线，引领广大科技工作者坚持“四个面向”，以创新争先、自立自强、开放合作的有力实践，在建设世界科技强国的伟大事业中谱写科技报国的时代乐章。他表示，中国科协各级组织要大力弘扬科学家精神，引领广大科技工作者厚植家国情怀、坚定创新自信、勇于创新争先，在践行科技报国、推动创新为民中讲好中国科技创新故事，努力提升全民科学素质，凝聚高水平科技自立自强的不竭动力。要营造协同创新的良好生态，持续发挥开放型、枢纽型、平台型组织优势，把优化国家创新体系整体布局、完善科技创新体制机制作为重要目标，从园区、城市向产业集群发力，带动学会联合体、协同共同体等组织方式创新，在“万类霜天竞自由”中唱响助力创新、创业、创造的“大合奏”。要推动高水平开放合作，加强国际人才、知识、技术、数据和算力等资源的开放共享，秉持“无国界、无障碍、无歧视”的开放科学精神和理念，破除科学交流合作壁垒，以跨界创新推进科学资源利用效率最大化和最优化，以高水平开放合作激活全球科技创新动能，服务构建人类命运共同体。近年来，湖南省以科技创新服务国家重大战略和民生福祉，引领广大科技工作者和众多科技企业聚力推动高水平科技自立自强。希望湖南省继续发挥创新优势，为支撑高质量发展发挥更大作用。期待本届年会助力湖南省发挥好“引擎”作用，为推动中部地区崛起注入新动能。

张庆伟代表湖南省委、省政府向本届中国科协年会的召开表示热烈祝贺，向出席年会的各位领导、各位专家学者以及海内外嘉宾表示诚挚欢迎，向中国科协和长期以来关心支持湖南发展的各界朋友表示衷心感谢。他说，湖南科教资源底蕴深厚，创新发展势头强劲。近年来，湖南深入学习贯彻习近平总书记关于科技创新的重要论述和对湖南重要讲话重要指示批示精神，全面落实“三高四新”战略定位和使命任务，把科技创新摆在突出位置，坚持“四个面向”、攻关“国之重器”，对接产业需求、强化自主创新，优化创新生态、广聚天下英才，支持青年科技人才挑大梁、当主角，加快推进关键核心技术攻关计划、基础研究发展计划、创新主体增量提质计划等“七大计划”，推动科技强省和创新型湖南建设取得新进展新成效。湖南将以本届年会为契机，进一步深化与中国科协和国内外科技界、企业界合作，更加有效链接全国科技智力资源，增强战略科技力量，加快提升区域创新能力，在打造具有核心竞争力的科技创新高地上取得更大成果。湖南将持续加大政策支持、优化创新环境、提升服务水平，让广大科技工作者的聪明才智在湖南的创新沃土上开花结果。

开幕式上，中国工程院院士周济，中国人民解放军军事科学院院长、中国科学院院士杨学军，中国科学院副院长、中国科协副主席、中国科学院院士高鸿钧，山河智能装备股份有限公司董事长、首席专家何清华分别作了题为《智能制造与制造业数字化转型、智能化升级》《因果关系数据湖》《强化国家战略科技力量　支撑高水平科技自立自强》《制造业高地源自体系》的主旨报告。中国机械工业集团有限公司党委常委、副总经理、总工程师，中国科协副主席，中国工程院院士陈学东主持报告环节。

中国科协党组副书记徐延豪，中国科协党组成员罗晖，湖南省委副书记朱国贤，湖南省领导李殿勋、吴桂英、谢卫江、刘莲玉、陈飞、胡旭晟出席开幕式。中国科学院院士、中国工程院院士等著名专家学者，来自一线的科技工作者，知名企业家，港澳台嘉宾，来自海外的专家学者、科技组织代表，各分论坛、31 个省市科协分会场及媒体记者 5000 余人线下线上参加开幕式。

6 月 27 日，第二十四届中国科协年会闭幕式在长沙北辰国际会议中心举行。中国科协党组书记、分管日常工作副主席、书记处第一书记张玉卓出席并致辞。湖南省委副书记朱国贤，湖南省副省长陈飞，中南大学校长、湖南省科协主席、中国工程院院士田红旗出席。中国科协党组、书记处有关领导，院士专家、企业家和一线科技工作者代表，以及媒体记者 300 余人参加闭幕式。中国科协党组副书记徐延豪主持闭幕式。

张玉卓在致辞中指出，本届中国科协年会围绕宣传贯彻习近平新时代中国特色社会主义思想，紧扣“创新引领　自立自强——打造中部崛起新引擎”主题，以科协“三型”组织特色和“四服务”品牌产品紧密对接湖南省“三高四新”战略需求，体现出“任务聚焦、活动务实”的鲜明特点。年会聚焦政治靶心，突出习近平总书记对科技创新和科技人才的高度重视，大力弘扬科学家精神，突出关注支持青年科技人才，营造团结奋进开放创新的良好氛围；聚焦学术引领，着眼于服务党和政府科学决策，面向广大科技工作者，面向国际科技界，持续推出高质量思想产品；聚焦地方发展，围绕助推先进制造业加快发展、助推企业组织创新和技术变革、助力内陆地区开放崛起、助力富饶美丽幸福新湖南建设，搭建科技创新支撑高质量发展的赋能平台。

张玉卓强调，党中央把创新摆在我国现代化建设全局中的核心地位，把高水平科技自立自强作为国家发展的战略支撑。科协组织要做坚强后盾，为科技工作者坚定创新自信、坚持“四个面向”、奋进新征程提供强大支撑。要坚持走中国特色科技群团发展道路，团结引领科技工作者当好高水平科技自立自强排头兵。主动融入国家创新体系建设，推动现代科技治理。大力弘扬科学家精神，涵养科学文化、营造优良创新生态。增进国际科技界开放、信任、合作，为推动构建人类命运共同体作贡献。

闭幕式上，中国科协副主席、华中科技大学校长、中国工程院院士尤政发布 2022 重大科学问题、工程技术难题和产业技术问题，共 30 个问题难题入选。2018 年以来，中国科协连续 5 年组织全国学会、企业科协等组织，广泛联系国内外科技组织和专家，征集评选重大科技问题难题，并在中国科协年会上发布。五年共征集问题难题 2772 个、发布 160 个，146 个全国学会和学会联合体参与推荐。有关领导向推荐入选 2022 年问题难题的中国化学会、中国环境科学学会等 28 个学会颁发“优秀推荐单位”牌匾。

闭幕式上，还举办了 2022 年中国（长沙）海外人才创新创业项目大赛暨海外创业者中国行启动仪式，大赛组委会办公室与项目推荐渠道代表现场签约。大赛创办于 2016 年，是中国科协联合地方政府为服务海外人才来华创新创业搭建的国际化平台，已先后举办六届。本届大赛计划组织进入总决赛的参赛团队，在长沙、株洲、湘潭、衡阳、岳阳、怀化、邵阳、郴州等 8 个地级市开展“海外创业者中国行”活动，面向全球推介湖南创新创业环境、展现良好创业生态，以更好地服务举办地经济社会发展。

在闭幕式的主旨报告环节，中核集团核工业北京地质研究院副院长、高级工程师陈亮，湖南苏科智能科技有限公司总经理邓意麒，中国中铁隧道局隧道股份有限公司盾构主司机、隧道工高级技师母永奇分别作了题为《在戈壁无人区燃烧青春，推动核工业产业链最终闭环》《从“看见”到“看懂”，人工智能赋能下的科创高地》《奋斗书写青春　拼搏成就梦想》的主旨报告。

本届年会围绕“科技创新构建新发展格局”“‘科创中国’助力中部崛起”“双碳目标引领绿色发展”“开放协同构筑人才高地”“聚力共享科技为民服务”五个板块开展 35 项专题活动，发布《中国科技人力资源发展研究报告（2020）》《中国开放获取白皮书》、年度全球科技社团排行榜等成果。共有 6900 余位国内外专家学者通过线上线下形式参会交流互动，其中企业界、产业界和投资界代表 3442 位，创历史之最，110 余家全国学会、学会联合体承办、协办和参与活动。

【2022 重大科学问题、工程技术难题和产业技术问题遴选发布】 6 月 14 日，中国科协召开 2022 重大科学问题、工程技术难题和产业技术问题终选会。会议由中国科协名誉主席、中国科学院院士、终选学术委员会主任韩启德主持。中国科协党组书记、分管日常工作副主席、书记处第一书记，中国工程院院士张玉卓出席会议并讲话。31 位院士以线上线下相结合的形式参与终选评议。

韩启德表示，中国科协连续 5 年开展重大问题难题征集发布活动，问题凝练的质量和活动影响力逐年提升。每年发布的问题难题，是国内外广大科技工作者尚未认识、难以解决、亟须攻克的重大科学问题、工程技术难题和产业技术问题。这些问题难题的前瞻研判，进一步激发了广大科技工作者的好奇心和自由探索热情，引领科技创新趋势和科研方向，服务国家科技发展规划和科研立项决策，有力推动了高水平科技自立自强。韩启德希望，中国科协征集发布重大问题难题要体现群团组织的特点，强化组织动员，通过邀请提名等方式，号召更多有战略眼光、全球视野的科学家、工程师、技术人才提出问题。要加强评议，选出最前沿、最有代表性和战略性的问题，展现在科学、技术、工程上的最高水平。经过不断努力和持续改进，把重大问题难题征集发布打造成中国科技界乃至世界瞩目的品牌学术引领活动。

张玉卓指出，中国科协深入贯彻落实习近平总书记对科技创新和科协工作的重要指示精神，切实履行桥梁和纽带职责，着眼服务“国之大者”战略需要，持续征集并发布重大前沿科技问题，引导科技工作者找准科技创新突破口，围绕问题难题开展原创性、引领性科技攻关。面向未来，中国科协将坚持全球视野，突出“四个面向”，完善重大问题难题研判工作体系，一是突出问题导向，推动基础研究和原始创新；二是推动产学研融合，服务经济社会高质量发展；三是凝聚科技人才，锻造勇担创新重担的生力军；四是拓展民间交流，架起开放信任合作的科技之桥，更好凝聚人才第一资源的智慧、发挥创新第一动力的作用。建设“智慧科协”，为广大科技工作者筑好“创新争先、自立自强”的大平台，为加快建设科技强国作出新的更大贡献，以优异成绩向党的二十大献礼。

2022重大科学问题、工程技术难题和产业技术问题终选学术委员会由31位院士组成，韩启德主席担任学术委员会主任。经过材料审读、集中评议和投票，最终遴选出10个前沿科学问题、10个工程技术难题和10个产业技术问题。

6月27日，由中国科协副主席、中国工程院院士尤政在第二十四届中国科协年会闭幕式上面向社会进行发布。发布活动中，向推荐入选问题难题的中国化学会、中国环境科学学会等28个学会颁发“优秀推荐单位”牌匾。

2022重大科学问题、工程技术难题和产业技术问题征集活动，重点涉及数理化基础科学、地球科学、生态环境、制造科技、信息科技、先进材料、资源能源、农业科技、生命健康、空天科技等十个领域，征集到107家全国学会和学会联合体、8家领军企业和企业科协提交的649个问题难题，华润集团、腾讯公司等一批行业领军企业首次参与推荐，3万余名一线科技工作者和战略科学家参与推荐和研判。经过科技工作者初选、学科领域专家复选和终选预选、终选等环节，最终评选出30个重大问题难题。

10个前沿科学问题为：

如何早期诊断无症状期阿尔茨海默病？

如何实现可信可靠可解释人工智能技术路线和方案？

如何实现原子尺度精准制备和结构调控构建未来信息功能器件？

新污染物治理面临何种问题和挑战？

如何实现自动、智能、精准的化学合成？

如何整合多组学对生物的复杂性状进行研究？

能否实现材料表面原子尺度可控去除？

如何全方位精准评价城市综合交通系统及基础设施韧性？

宇宙中的黑洞是如何形成和演化的？

制约海水提铀的关键科学问题是什么？

10个工程技术难题为：

如何突破我国深远海养殖设施的关键技术？

如何实现我国煤矿超大量“三废”（固、液、气）低成本地质封存及生态环境协同发展？

如何创建心源性休克的综合救治体系？

如何实现全固态锂金属电池的工程化应用？

如何实现高精密复杂硬曲面随形电路？

如何突破高原极复杂地质超长深埋隧道安全建造与性能保持技术难题？

如何解决高温跨介质的热/力/化学耦合建模与表征难题？

如何从低品位含氦天然气中提取氦气？

如何利用遥感科技对地球健康开展有效诊断、识别与评估？

如何实现极大口径星载天线在轨展开、组装及建造？

10个产业技术问题为：

如何建立细胞和基因疗法的临床转化治疗体系？

如何实现存算一体芯片工程化和产业化？

碳中和背景下如何实现火电行业的低碳发展？

如何通过标准化设计、自动化生产、机器人施工和装配式建造系统性解决建筑工业化和高能耗问题？

如何发展自主可控的工业设计软件？

如何利用多源数据实现农作物病虫害精准预报？

如何采用非石油原料高效、安全地合成己二腈？

小麦茎基腐病近年为什么会在我国小麦主产区暴发成灾，如何进行科学有效地防控？

如何研制大型可变速抽水蓄能机组？

如何突破满足高端应用领域需求的高品质对位芳纶国产化卡脖子技术？

2018年以来，中国科协连续5年组织全国学会、企业科协等组织，广泛联系国内外科技组织和专家，征集评选重大科技问题难题，共征集问题难题2772个、发布160个，146个全国学会和学会联合体参与推荐。

【第五届世界科技社团发展与治理论坛】 6月25日，第五届世界科技社团发展与治理论坛在湖南省长沙市举办。论坛以“共同发展　共创未来”为主题，旨在推动国内外科技社团深度交流，携手合作发展。中国科协党组书记、分管日常工作副主席、书记处第一书记，中国工程院院士张玉卓在开幕式上发表视频致辞。湖南省政协副主席、南华大学校长张灼华出席开幕式并致辞。国内外知名科技社团及国际组织的负责人、科技社团研究专家等400余人线上线下参加会议。

张玉卓指出，科技社团是科技活动社会化、组织化、制度化的产物，承载着繁荣学术、培养人才、促

进交流、深化合作等重要使命。面对深刻而宏阔的世界之变、时代之变，全球科技社团都在努力寻求应变之策、创新之道。中国科协愿意与国际同行深化务实合作，共谋科技社团创新发展，共创人类社会美好未来。他强调，科技社团要围绕碳达峰碳中和、人类健康、能源与环境等全球科技治理问题，聚焦重大学科发展问题设置议题、制定规则，共同应对挑战，为解决全球性问题提供更多科技答案；要创设组织平台，倡导开放科学，以知识的多元化、无障碍传播推动更多无歧视、无偏见的科学合作，拓展全球网络，促进全球科技治理体系不断优化；要引领科技向善，前瞻研判科技发展带来的规则冲突、社会风险、伦理挑战等，以全人类共同价值引领科技治理变革，共建美好世界。

张灼华指出，近年来科技社团在湖南省全面落实“三高四新”战略定位和使命任务，促进科技创新及科技经济融合发展，加快推进以科技创新为核心的全面创新，加快形成创新基因传承，创新结构合理、方式优化、区域协调的创新发展新格局中发挥了重要的作用。湖南省将秉承开放包容、合作共赢的理念，与科技社团和各位专家学者加强合作，共谋发展，携手共进。

论坛上，中国科学学与科技政策研究会理事长穆荣平发布了《2022 年全球科技社团发展指数报告》，首次推出全球科技社团发展指数，从治理、引领、影响三大维度构建评价指标体系，并从会员、期刊、奖项等方面为全球 70 多个国家和地区的 3000 多家科技社团精准“画像”，科学定位其所处世界坐标，全面刻画全球科技社团发展态势，为科技社团研判未来发展方向和创新路径提供参考。

论坛邀请美国科学促进会首席执行官苏迪普·帕里赫、日本科学技术振兴机构名誉理事长冲村宪树，中国计算机学会理事长、中国科学院院士梅宏，中国药学会理事长孙咸泽，美国电气与电子工程师协会主席赛义夫·拉曼，联合国工业发展组织能源司司长塔里克·埃姆塔伊拉，英国工程技术学会国际部总监托尼·艾伦，约翰威立国际出版集团全球高级副总裁兼新兴市场总裁菲利普·基斯里等全球知名科技组织负责人、研究专家等，围绕促进科技社团开放协同发展，数字化转型，服务生命健康、绿色发展等人类重大关切，携手应对全球挑战等议题作主旨报告。中国机械工程学会副理事长兼秘书长、中国科学院院士毛明主持主旨报告会。

论坛还设置了中外科技社团负责人专场对话，世界针灸学会联合会主席、中国针灸学会会长刘保延，美国电气与电子工程师协会亚太区高级业务总监华宁，英国工程技术学会中国区总监龙宝罗等中外科技社团负责人围绕科技社团参与全球科技治理、国际化发展和履行社会责任进行对话。中国科协有关全国学会理事长、秘书长，科技社团领域研究专家等参与交流。

【2022 中国绿色低碳创新大会】 8 月 15—16 日，2022 中国绿色低碳创新大会在浙江省湖州市召开，大会围绕“科技创新　绿色低碳”主题开展系列会议活动。全国政协副主席、中国科协主席万钢在开幕式上视频致辞。浙江省委书记、省人大常委会主任袁家军，中国科协党组书记、分管日常工作副主席、书记处第一书记张玉卓出席开幕式并代表主办方现场致辞。

万钢表示，自“绿水青山就是金山银山”理念提出以来，10 万平方千米的之江大地奋力书写绿色、低碳、共富的精彩答卷，为中国提供浙江实践，为世界贡献中国方案。他指出，在“两山理念”和“双碳”目标的指引下，加速推进绿色低碳科技创新已经成为应对气候变化、实现可持续发展的全球共识。针对加快低碳转型，推动实现更加强劲、绿色、健康的全球发展，万钢提出三点期望：一是要锐意创新，加强科技研发和应用，为实现“双碳”目标提供坚实科技支撑；二是要协同融合，通过社会各界同频共振，努力赢得时代大考；三是要合作共赢，构建高水平开放合作新格局，共同应对全球挑战。

袁家军表示，当前浙江“双碳”工作已实现扎实开局。浙江要深入贯彻习近平生态文明思想，深刻领会总书记关于碳达峰碳中和的重要论述精神，坚持“绿水青山就是金山银山”理念，强化“科技赋能”和“数字赋能”双核牵引，强化“政府有为”和“市场有效”驱动，系统重塑“双碳”工作理念、机制、工具、手段、方法，扎实推进“碳达峰十二大行动”，推动实现精准降碳、科技降碳、数智降碳、安全降碳，率先走出生态优先、绿色低碳的高质量发展之路，打造生态文明高地。

张玉卓指出，绿色低碳创新是科技革命和产业变革的重要方向，是最富生机、最有前途的重要领域，是人类社会可持续发展的重要支撑。要加快绿色低碳科技攻关，以科技创新支撑低碳转型、引领绿色发展；

要推动绿色转型社会行动，整合创新资源，凝聚社会合力，促进人与自然和谐共生；要拓展绿色发展开放合作，推动民间科技交流，加强国际科技组织建设，深度参与全球生态环境治理，为共建繁荣美丽世界贡献全面绿色转型的中国方案。

全国人大常委会副委员长、中国科学院院士丁仲礼，联合国官员代表、联合国《生物多样性公约》秘书处执行秘书伊丽莎白·穆雷玛在开幕式上作视频致辞。中国工程院院士、清华大学碳中和研究院院长、中国工程院环境与轻纺工程学部主任贺克斌，国际欧亚科学院院士、中国城市科学研究会理事长仇保兴，中国工程院院士、国际电工委员会主席、中国电机工程学会理事长、中国华能集团有限公司董事长舒印彪出席开幕式并作主旨报告。中国科协与浙江省委、省政府负责人，有关中央企业和全国学会负责人，国家有关部委负责人，国际科技组织、国内外有关高校、科研院所和企业的专家学者，媒体记者等约400人参加开幕式。

大会由开幕式、“两山理念”专题研讨会、3个主题论坛、3类赋能地方行动组成。张玉卓出席“两山理念”专题研讨会并致辞，海内外有关专家学者围绕践行“绿水青山就是金山银山”理念、推动全球可持续发展、构建人与自然和谐共生现代化主题作主旨报告。大会围绕“绿色低碳技术与创新”“面向碳中和的能源革命”“低碳生活与绿色生态”3个主题举办6场论坛。围绕“绿色低碳创新浙江实践”“高端智库赋能浙江高质量发展”“国际绿色低碳发展合作”3类内容开展赋能地方行动10场。大会成立“科创中国”绿色低碳创新联合体，发布浙江省“双碳”领域十大优秀案例、“科创中国”绿色低碳先导技术推介以及《2022绿色低碳创新大会宣言》等一批重要成果。

大会由中国科协、浙江省人民政府主办，浙江省科协及湖州市委、市政府承办。

【2022绿色发展国际科技创新大会】 7月6日，由中国科协、生态环境部、住房和城乡建设部、宁夏回族自治区人民政府主办的2022绿色发展国际科技创新大会在宁夏回族自治区银川市召开。宁夏回族自治区党委副书记，自治区人民政府主席、党组书记张雨浦致欢迎词并作推介。中国科协党组书记、分管日常工作副主席、书记处第一书记张玉卓，生态环境部副部长、党组成员赵英民，住房和城乡建设部总经济师杨保军分别致开幕词。宁夏回族自治区人民政府副主席、党组成员吴秀章，中国科协党组成员、书记处书记束为，中国科协党组成员兼中国科协国际合作部部长罗晖出席开幕式。

张雨浦在致辞中说，宁夏是一块实现科技创新的热土、推广绿色低碳的沃土，真诚希望与国内外各界朋友加强合作，共谋绿色发展大计，共商科技创新大事，共享绿色低碳成果。宁夏愿与各方一道，以能源转型为重点、以科技创新为动力、以大数据产业为基础，推动绿色低碳发展，共绘绿色画卷，共创美好未来。

张玉卓在致辞中表示，中国科协将广泛动员科技工作者，围绕可再生能源大规模利用、新型电力系统、节能、氢能、储能、动力电池、二氧化碳捕集利用与封存等重点领域，推进原创性、引领性科技攻关，坚持以科技创新引领全面绿色转型；率先在绿色低碳产业领域助力以企业为主体的创新联合体建设，强化支撑绿色发展的组织与制度创新，为绿色发展提供强有力的科技支撑；持续加强绿色低碳科普教育，充分调动社会公众参与碳达峰碳中和的积极性，推动绿色理念转化为社会公众的自觉行动；积极在华设立国际科技组织、发起国际科学计划，促进民心相通，共同支持全球可持续发展。

赵英民在致辞中表示，生态环境部将继续加强绿色技术发展和合作共享，进一步发挥科技在深入打好污染防治攻坚战和绿色发展中的推动引领作用。加强关键核心技术攻关，完善生态环境质量改善技术支撑体系；加快绿色低碳技术推广，深化国家生态环境科技成果转化综合服务平台建设，大力推进绿色、低碳技术成果转化应用；积极培育绿色发展新动能，加快相关标准、技术规范的制修订，促进关键领域绿色发展；加强对外交流合作，加强应对气候变化、海洋污染治理、生物多样性保护等领域国际合作。

杨保军在致辞中表示，住房和城乡建设部将持续加强改革创新和制度建设，积极推动城乡建设方式转变，促进城乡建设绿色低碳、高质量发展。推进城乡人居环境整治，加快实施城市更新行动和乡村建设行动，推进生态修复和功能完善工程；推进城乡建设节能减碳，推动城市结构和布局优化，开展绿色低碳城镇、乡村和社区建设，实施绿色建筑创建行动；推进建造方式转变，加快推进绿色建造和智能建造，积极推广绿色建材，促进建造活动绿色化。

在主题报告环节，国际货币基金组织副总裁李波，世界工程组织联合会前任主席、南开大学原校长龚克，中国科学院院士、清华大学学术委员会副主任欧阳明高分别作了题为《加强国际合作，携手推动绿色复苏》《科技创新与可持续发展》和《氢能发展的机遇与挑战》的主旨报告。佛吉亚中国区总裁唐德福，巴西旅游部前部长、世界投资促进机构协会前主席福鑫分别作了题为《长算远虑　低碳有为　佛吉亚的碳中和战略与实践》和《可持续发展时代的绿色创新与合作》的主题报告。

本届大会以“绿色低碳　合作共享”为主题，倡导绿色发展理念，聚焦绿色科技主题，展示创新前沿趋势，推动绿色经济合作，分享绿色发展经验，围绕实现“双碳”目标促进国际科技界开放信任合作。大会面向全球发布“宁夏绿能开发、绿氢生产、绿色发展技术需求”和《公园城市指数》，并围绕绿色发展、绿能开发、绿色生活、绿氢生产、绿色农业等主题开展 5 场专题论坛。

【创新创业高质量发展峰会】 9 月 15 日，中共中央政治局常委、国务院总理李克强在北京出席 2022 年全国大众创业万众创新活动周，发表重要讲话，并宣布活动周启动。全国政协副主席、中国科协主席万钢，中国科协党组书记、分管日常工作副主席、书记处第一书记张玉卓参加启动仪式。

本届活动周主题为“创新增动能，创业促就业”，举办主会场活动、部委活动、地方活动、海外活动、线上活动等近 1000 场系列活动。作为 2022 年全国大众创业万众创新活动周的重点活动，创新创业高质量发展峰会于 9 月 15 日在安徽省合肥市举办。峰会由国家发展改革委、中国科协主办，国家发展改革委创新驱动发展中心、中国科协科学技术传播中心、安徽省发展改革委、合肥市人民政府承办。

峰会上，5 位来自高校、科研院所、企业和重点区域的专家围绕“创新增动能　创业促就业”主题，从不同视角讲述了“双创”九年来的变化与体会，并结合当前我国双循环发展的宏观背景，提出了推动“双创”高质量发展的建议。

中国科协副主席、中国科学院院士、中国科学技术大学常务副校长潘建伟围绕“高水平科技自立自强”主题，以量子科技为例，提出了强化国家战略科技力量的建议。上海交通大学党委常委、副校长朱新远围绕“高校科技成果转化”主题，介绍了上海交大“小切口”推进科技成果转化改革的举措及经验。上海联影医疗科技股份有限公司医疗功率部件事业部总裁褚旭围绕“国产高端医疗装备自主创新”主题，介绍了联影医疗在国家政策支持下的创新突围与实践。杭州缦图摄影有限公司（“海马体”照相馆）创始人、高级副总裁吴雨奇从“一张照片”讲起，分享了作为大学生创业者与缦图摄影共同成长的创新创业故事。合肥高新区党工委书记、管委会主任，合肥高新区国家双创示范基地负责人宋道军围绕“双创生态体系”主题，介绍了合肥高新区近年来的发展历程、特色工作和积极成效。

推进大众创业万众创新部际联席会议成员单位负责人，各省、自治区、直辖市、计划单列市有关负责人，来自高校、科研院所、企业的专家学者，以及创新创业者代表参加峰会。

【中国科协数字农业与智慧农机国际青年科学家沙龙】 7 月 15 日，中国科协数字农业与智慧农机国际青年科学家沙龙在北京以线上线下结合的方式召开。沙龙由中国科协主办，中国农学会承办，中国农业工程学会、联合国可持续农业机械化中心、联合国粮农组织驻华代表处、德国农业协会、农业农村部信息中心协办。

联合国粮农组织驻华代表文康农，联合国可持续农业机械化中心项目官员兼代理负责人森杩柯，德国农业协会驻华首席代表张莉，中国农业工程学会理事长张辉，农业农村部信息中心主任王小兵，中国农学会党委书记、副秘书长刘瑞明等出席开幕式并致辞。开幕式由中国农学会副秘书长莫广刚主持。

中国工程院院士罗锡文，法国欧洲科学院外籍院士兰玉彬分别围绕智慧农业关键技术与实践、精准农业航空技术在生态无人农场中的应用作特邀报告。农业农村部规划设计研究院农村能源与环保研究所所长沈玉君、中国农业大学信息与电气工程学院教授张昭担任本次活动执行主席。来自美国、英国、德国、日本、巴基斯坦和国内的 17 位优秀青年科学家分别围绕农业机器人、智慧农场、精准农业等作主旨报告，从事相关研究和开发应用的 15 位优秀青年专家代表参与对话讨论和现场交流，国际欧亚科学院院士朱明、教育部“长江学者”特聘教授李道亮对报告进行点评。

青年科学家沙龙是中国科协搭建的青年科技人才跨界交流平台，2022 年首次探索沙龙活动国际化，本次沙龙是 2022 年国际青年科学家沙龙的第一期，活动全程直播，在线收看达 50 多万人次。

【中国科协气候变化、生态环境保护与可持续发展国际青年科学家沙龙】 12月14日，由中国科协主办、中国女科技工作者协会承办，兰州大学、甘肃省女科技工作者协会、亚洲树木年轮协会协办的中国科协气候变化、生态环境保护与可持续发展国际青年科学家沙龙在线召开。中国科协党组成员兼国际合作部部长罗晖，中国科学院院士、中国女科技工作者协会常务副会长郑晓静，中国科学院院士、兰州大学校长严纯华，甘肃省人民政府副省长、甘肃省科协主席张世珍致辞。沙龙由兰州大学资源环境学院院长勾晓华、自然资源部第二海洋研究所研究员韩喜球和兰州大学教授牟翠翠主持。5300多名国内外专家学者在线参加沙龙活动。

在主题报告环节，中国科学院青藏高原研究所研究员刘勇勤、英国生态水文中心教授Sanchita Mandal、同济大学测绘与地理信息学院院长谢欢、兰州大学教授管晓丹、香港中文大学博士胡燕围绕“气候变化及其影响”议题，分别从气候变化对青藏高原冰川微生物的分布、生物炭对全球气候变化的减缓作用、卫星激光测绘在全球变化中的应用、黄河流域水循环变化以及青藏高原岩石冰川的最新研究方法等方面进行交流。

针对“生态环境保护”议题，西安科技大学教授毕银丽、美国圣路易斯华盛顿大学助理教授Kimberly Parker、中国科学院地理科学与资源研究所研究员卢宏玮、北京师范大学教授杨晓帆、美国奥本大学副教授Lauren Beckingham分别从矿山生态修复关键技术与应用模式、农业环境污染物演变与影响、青藏高原工矿区地表系统健康诊断与绿色发展、寒区地表环境过程模拟、大气二氧化碳的封存与储能系统研究等方面进行分享，从不同视角讲述目前生态环境保护领域存在的主要问题与面临的挑战。

围绕“可持续发展”议题，兰州大学教授张东菊、香港大学教授Wendy Y. Chen、荷兰瓦格宁根大学助理研究员Maryna Strokal、兰州大学教授牟翠翠和南安普顿大学博士Charlie Thompson分别从青藏高原上的丹尼索瓦人、中国城市森林与城市可持续发展、气候变化与可持续发展下的水污染问题、青藏高原热融湖塘碳排放过程及影响因素、气候变化背景下沿海地区风险管理与挑战等方面作报告，通过古今中外结合，围绕水污染、碳排放、风险灾害管理等可持续发展热点与前沿问题进行探讨。

结合专家们的报告与讨论，沙龙邀请中国科学院院士郑晓静、中国工程院院士吴丰昌、中国环境科学研究院教授赵晓丽、中国科学院南京土壤研究所研究员王芳、中国农业科学院植物保护研究所研究员高利、南京大学教授罗义、兰州大学教授张东菊，聚焦“气候变化的影响及应对策略”“生态环境保护的困难及挑战”和“可持续发展”等方面开展交流对话，为区域及国家的生态环境保护与建设建言献策。

【2022“科创中国”年度会议】 2月21日，中国科协召开2022“科创中国”年度会议。全国政协副主席、中国科协主席万钢，中国科协党组书记、分管日常工作副主席、书记处第一书记张玉卓，“科创中国”咨询委员会联席主席、中国工程院院士王小谟，“科创中国”联合体理事长、中国工程院原院长、中国工程院院士周济，“科创中国”咨询委员会联席主席江小涓，中国科协党组、书记处全体成员出席。会议由中国科协党组成员、书记处书记束为主持。

会议回顾了2021年“科创中国”建设情况，总结了“科创中国”试点探索、组织创新、平台建设“三位一体”取得的积极成效，展示了一批可操作、可推广的科技经济融合发展样板。万钢为第二十四届中国科协求是杰出青年成果转化奖获奖代表颁奖，10位在科技成果转化方面取得优异业绩的青年科技人才受到表彰。王小谟、江小涓为2021年优秀科技服务团代表授牌。周济发布了2021“科创中国”系列榜单，吕昭平发布了“科创中国”平台－试点城市（园区）排行。

张玉卓对2022年“科创中国”工作作出总体部署。他强调，“科创中国”要深入贯彻落实习近平总书记重要指示要求和党中央、国务院决策部署，着力求实效、植内涵、提质量、筑生态，充分发挥协同创新的组织人才优势，深化“科创”服务“双创”，促进创新链产业链融合，以科技创新支撑高质量发展。他要求，2022年“科创中国”建设要强化科技供给侧组织能力，在动员科技工作者方面见实效；强化产业需求侧资源导入，在促进企业科技创新方面见实效；强化试点建设多元化探索，在打造科技经济融合样板方面见实效；强化数字平台运营服务，在提升专业化规模化信息化水平方面见实效。要坚定不移观大势、识大局、谋大事，坚定信心、锐意进取、真抓实干，打造科技经济融合工作新篇章。

地方科协、地方政府、科技服务团、平台协作

站、创业企业和投资机构有关代表介绍了在参与“科创中国”建设中的做法和经验。

2021“科创中国”榜单扩大至 7 个系列，由全国学会、各省市科协推荐，超过 150 位相关领域院士专家参与初评和终评，分别遴选出 100 项先导技术，10 项突破短板关键技术，100 家新锐企业，10 家产学研融通组织，10 家科技创业投资机构，70 项开源产品、社区、机构和 90 位青年创业人才。

按照支撑平台、服务试点、赋能组织、推广品牌 4 类 11 项指标，对产业、区域和专业科技服务团分类评估，“科创中国”高端装备制造产业科技服务团等 26 个科技服务团获得 2021 年度优秀。按照各试点城市（园区）在创新资源挖掘汇聚、科技经济融合服务对接、“科创中国”推介传播三方面的工作情况，陕西西咸新区、浙江宁波等试点城市（园区）进入综合排名前十；辽宁大连、江西南昌国家高新区、山东菏泽分别领衔资源汇聚、转化对接和推介传播排行榜。

本次会议采取线上线下结合方式召开。中国石油化工集团有限公司党组书记、董事长马永生，国家石油天然气管网集团有限公司党组书记、董事长张伟，中国长江三峡集团有限公司党组书记、董事长雷鸣山，国家林业和草原局党组成员、副局长谭光明，中国机械工程学会副理事长陈学东，中国复合材料学会副理事长侯晓，清华大学党委副书记过勇，中国银行副行长陈怀宇等现场出席会议。

各省（自治区、直辖市）科协，新疆生产建设兵团科协以及“科创中国”试点城市（园区）等相关部门的负责人；全国学会负责人及办事机构代表、双创示范基地代表、企业科协代表、“科创中国”联合体及子联合体各成员单位等 2572 人，通过电视电话、视频会议系统线上参会。

会议通过“科创中国”平台、新华网等进行视频直播，当日浏览人数达 433 万。抖音平台实时观看人数超 3 万。

【2022 科创中国 · 科学家企业家创投家峰会】 9 月 7 日，2022 科创中国 · 科学家企业家创投家峰会暨全国学会智汇浙江促共富推进会在浙江省台州市开幕。中国科协党组成员、书记处书记王进展，浙江省科协主席、省人大常委会副主任姒健敏，台州市委书记李跃旗出席活动并致辞。中国科协副主席，中国机械工业集团有限公司党委常委、副总经理、总工程师，中国工程院院士陈学东；中国神经科学学会理事长、广东省智能科学与技术研究院院长、中国科学院院士张旭作主旨报告。温州医科大学校长、中国工程院院士李校堃等参与高端对话。浙江省科协党组书记、副主席谢志远主持开幕式。来自全国的 200 余位科技工作者、企业家、创投家代表参加活动。

王进展在致辞中指出，中国科协紧紧围绕党中央、国务院的战略部署，开展“科创中国”建设试点探索、组织创新、平台建设“三位一体”模式，汇聚“政产学研金服用”创新各方要素资源，带动高质量创新创业，助力区域产业创新升级。他强调，要以组织创新为动力，构建科技成果转移转化的高效能网络；以试点城市为核心，打造服务产业发展的“科创中国”浙江样板间；以数字平台建设为支撑，打通科技与经济深度融合通道。

峰会为期 2 天，以“创享新生态　共富新时代”为主题，围绕中国科技面临的机遇与挑战集中探讨，中国工程院院士、浙江大学教授谭建荣，中国工程院外籍院士余艾冰等专家作报告。峰会期间，还举办了“科创中国”院士专家企业行（台州站）、2022 年“科创中国”榜单活动启动、台州市“五城”产业高质量发展智库科学家聘任、全国学会与台州市政府合作框架协议签约、院士创业项目签约等活动。

峰会由中国科协、浙江省人民政府指导，中国科协科学技术创新部、浙江省科协、台州市人民政府、中国科学技术出版社共同主办，台州市科协、椒江区人民政府承办，中国科协智能制造学会联合体、中国科协生命科学学会联合体协办。

【“科创中国”科技创新企业家高峰论坛】 6 月 25 日，作为第二十四届中国科协年会“科创中国”助力中部崛起板块活动之一，“科创中国”科技创新企业家高峰论坛在湖南省长沙市举行。湖南省政协副主席、工商业联合会主席张健出席论坛并致辞。中国科协副主席、中国工程院院士陈学东，中国工程院院士李培根、刘友梅，中国科协企业创新服务中心、湖南省科技厅、湖南省工信厅、湖南省科协等单位负责人出席论坛。来自相关全国学会、科技领军企业、“专精特新”企业和投资机构的代表约 80 人参加现场活动。

李培根、陈学东、湖南华菱线缆股份有限公司总经理熊硕、山河智能装备股份有限公司副总经理朱建新、创客共赢基金创始合伙人李建军等 5 位专家分别以《数字时代企业家智慧一二》《提升企业自主创新能力促进我国制造业高质量发展》《创新引领，探索

"新型国企"发展之路》《先导式创新成就差异化竞争优势》和《投资视角下的新技术推动制造业转型升级》为题作主旨报告。

李培根、陈学东、熊硕、李建军和山河智能装备股份有限公司创始人、董事长何清华等围绕论坛主题开展高端对话，聚焦制造业数字化转型、绿色低碳发展、跨界协同创新等议题发表观点，为推动制造业高质量发展献计献策。

本次论坛以"制造业变革与发展"为主题，由中国科协企业创新服务中心和湖南省科学技术咨询中心联合承办，中国机械工程学会、中国仪器仪表学会、中国电子学会协办。

【"科创中国"新时代创业者说活动】 9月15日，2022年大众创业万众创新活动周（以下简称"双创"活动周）部委重点活动——"科创中国"新时代创业者说活动开幕式暨高峰论坛在安徽合肥主会场举行。活动以"科技引领　融通创新"为主题。合肥市委副书记、市长罗云峰，安徽省科协党组成员、副主席魏军锋等出席活动开幕式并致辞。中国工程院院士刘文清等来自科研院所、企业、园区、学会等机构的专家进行主旨演讲或参加圆桌论坛。

在主题分享环节，中国工程院院士刘文清，中国科学院国创会创新驱动研究院副院长刘春晓，优客工场创始人、董事长毛大庆，科大讯飞副总裁方明分别从"双碳"目标下科技创新发展机遇、"双循环"下创新创业带动高质量发展、科技创新引领产业生态、数字经济加速新业态涌现等方面，对创新增动能、创业促就业进行解读。刘文清表示，我国科技创新面临关键核心技术自主研发攻关的能力、独立前瞻研判科技发展前沿方向的能力、引领动员全社会创新资源的能力以及主导制定新技术新产业发展标准规则的能力提升等一系列复杂严峻的挑战，需要发挥企业和社会力量在前沿突破和新兴产业培育方面的作用，迅速抓住产业发展先机。

圆桌论坛环节由创兴动力创始人、董事长陈志刚主持，四川长虹创新投资有限公司总经理孟家富，聚励资本执行董事张喆，荣事达工业互联网研究院执行院长陈勇，杭州国芯科技副总裁、人工智能事业部总经理凌云以"新动能——科技创新赋能高质量发展"为主题，围绕科技经济融合、创新要素融通、创业带动就业等话题，分享了创新创业的成长经历与成功经验。

本次活动除开幕式暨高峰论坛外，还围绕国家"十四五"规划和2035年远景目标纲要重点战略方向，于9月18—20日举办了以"科技文创、数字赋能""创新链产业链双向融合""统筹推进　优化升级"为主题的3期创新创业沙龙。本次活动由中国科协指导，中国科协企业创新服务中心主办，安徽省科协、合肥市人民政府承办，"科创中国"创新创业联合体、优客工场、创兴动力执行，合肥市科协、创头条等单位支持。

【"青·创·汇"高端对话】 6月27日，由中国科协和湖南省人民政府主办，"科创中国"青年百人会、中国科协科学技术传播中心、湖南省科协承办的第二十四届中国科协年会——"青·创·汇"高端对话在湖南省长沙市举行。

活动聚焦"青年、创新、汇智"主题，分为"青""创""汇"3个板块。中国科协党组成员、书记处书记兼中国科技馆馆长殷皓发表视频致辞，全国政协常委、九三学社中央委员会常委、湖南省政协副主席张大方现场致辞，并见证了"科创中国"潇湘青年百人会成立、潇湘U30活动启动及潇湘技术传播中心揭牌。"科创中国"青年百人会轮值主席、第十三届全国青联副主席、天津大学副校长巩金龙发来视频贺词。

在"青"板块，中国科协科学技术传播中心副主任陈锐、圣湘生物科技股份有限公司研究院院长刘佳、湖南吉兴农业科技开发有限公司总经理万志云分别围绕"树立青年榜样：青年无悔时代，青春不负韶华"作主题报告。

在"创"板块，91科技创始人、董事长、CEO许泽玮，中车株洲电力机车有限公司副院长申政，"科创中国"潇湘青年百人会主席团成员兼秘书长、湖南省科协副主席、长沙华时捷环保科技总经理蒋晓云围绕"引领青年担当：创新未来愿景，创造社会价值"作主题报告。

"汇"板块设置了以"服务青年科创：汇力服务省级，汇智发展动能"为主题的圆桌论坛，由"科创中国"青年百人会会员、北京朗玥星光文化传媒创始人张文玥主持，湖南农业大学副校长兰勇、中南大学湘雅医院运动系统损伤修复研究中心主任谢辉、湖南大学智能电气量测与应用技术重点实验室副主任高云鹏、湖南中科电气股份有限公司技术总监肖红围绕"理念共识：创新创造价值"展开对话讨论，湖南工商大学创新创业学院副院长王娟、湖南华菱涟源钢

铁有限公司副总经理汪净、山河智能装备股份有限公司研究院副院长刘昌盛畅谈“共同行动：创业促进就业”。

“科创中国”潇湘青年百人会作为首个省级青年百人会组织，将按照融“会”贯通、“荟”萃人才、“汇”集资源、“慧”智思想、“惠”及民生的5H理念，努力打造特别能战斗、特别能奉献、特别能攀登的人才湘军。

【第五届世界科技期刊论坛】 6月24日，中国科协第二十四届年会首场活动——第五届世界科技期刊论坛在湖南省长沙市开幕。论坛以“共享科学，共享未来”为主题，聚焦开放科学背景下学术期刊发展的重点问题，邀请国内外知名科技团体、学术机构、出版机构等代表研讨交流。

中国科协党组书记、分管日常工作副主席、书记处第一书记、中国工程院院士张玉卓在开幕式上发表视频致辞。他指出，随着互联网和新一代信息技术的发展，开放科学运动蓬勃兴起，在促进高水平合作、驱动高质量发展、应对全球性挑战等方面发挥了重要作用，对科学研究范式和期刊出版模式带来了深刻影响。他强调，要推动多元协同，创建扁平化组织机构，消弭数字鸿沟、缩小知识差距；要布局开放科学设施，打造一流数据平台和服务平台，促进科技成果更广泛传播利用；要推进出版转型，加大开放获取期刊培育力度，提升期刊的传播覆盖面和学术影响力。他表示，中国科协愿意与国际科学界和出版界一道，共同推进开放科学运动在全球纵深发展。开幕式上发布了中国图书进出口集团开发建设的一站式科研服务平台 DataDimension，以及由清华大学出版社承建的中国科技期刊卓越行动计划国际传播平台 SciOpen，展示了中国机构在建设开放科学基础设施层面的最新实践。

中国科协副主席、中国科学院副院长、中国科学院院士高鸿钧主持了主旨报告。国际科技与医学出版商协会首席执行官卡洛琳·萨顿，巴西科学在线图书馆联合创办人阿贝尔·派克，国际科学数据委员会前主席、前英国皇家学会理事会成员、爱丁堡大学钦定地质学教授和名誉副校长杰佛瑞·包尔顿以及约翰威立国际出版集团全球高级副总裁利兹·弗格森分别通过视频报告形式分享了不同国家和地区推进开放获取、开放数据、开放科学平台建设等方面的实践和典型案例。中国高校科技期刊研究会理事长张铁明以《中国开放获取的进展和展望》为题，介绍了我国科技界、期刊出版界以及研究机构在开放获取发表、出版以及资源汇聚利用等方面的积极探索以及未来的工作方向。

论坛设立了“高起点新刊国际化发展策略”和“推动开放科学的中国实践”2场专题论坛，分别围绕提升我国科技期刊国际化影响力以及推动开放科学在中国深入发展等问题进行研讨。在中国科技期刊卓越行动计划专场交流中，湖南、湖北、重庆、四川四地卓越期刊以线上线下相结合的方式，交流期刊发展中的亮点工作和现实挑战，邀请国内外出版界专家为期刊把脉问诊。

本次论坛得到了国际科技与医学出版商协会、施普林格·自然、爱思唯尔、约翰威立国际出版集团、英国工程技术学会等单位的大力支持。来自中国科学院、国家自然科学基金委等单位的相关代表以及国内外科技期刊出版机构的代表共计400余人线上线下参加论坛。

【第十七届中国科技期刊发展论坛】 8月25日，以“新阶段　新格局　新使命——向科技强国进军的中国科技期刊”为主题的第十七届中国科技期刊发展论坛在安徽省合肥市开幕。中国科协党组书记、分管日常工作副主席、书记处第一书记张玉卓，中共中央宣传部副部长张建春在开幕式上视频致辞。安徽省委常委、副省长张红文出席开幕式并致辞。中国科学院院士杨卫、郑永飞，中国工程院院士田伟、杨华勇、刘文清出席论坛。论坛发布了《中国科技期刊发展蓝皮书（2021）》《中国科技期刊产业发展报告（2021）》、高质量科技期刊分级目录成果、科技期刊产业协同创新孵化实践项目。

张玉卓认为，培育世界一流科技期刊，需绵绵用力、久久为功。要强化价值引领，弘扬科学家精神、涵养优良学风，把握正确政治方向和评价导向，坚定创新自信，坚守诚信伦理，激励科技工作者把论文写在祖国大地上。深化改革创新，着眼交叉学科、新兴领域、前沿方向，探索办刊新理念、新机制、新模式，加快传统出版向现代知识服务转型，以期刊体系承载中国特色学术体系，塑造新时代学术交流传播新格局。增进开放办刊，对内紧紧依靠国家战略科技力量，汇聚办刊合力；对外加强互学互鉴、共建共享，充分用好全球创新资源，提升中国科技的国际话语权和影响力，推动构建人类命运共同体。

张建春对科技期刊出版工作提出五点建议：以多出高水平原创成果为重点，着力加强内容质量建设；以推进深度融合发展为重点，着力提升出版服务能力；以打造品牌集群化单位为重点，着力完善科技期刊布局结构；以增强国际传播力影响力为重点，着力提升开放办刊水平；以加强作风学风建设为重点，着力优化科技期刊发展环境。

张红文表示，安徽省将坚持把原始创新作为重要策源，启动实施基础研究十年行动，在前沿引领和新兴交叉领域办优做强一批优秀期刊；聚焦重点支持学科，创办和引进一批高水平科技期刊；围绕政府所能、期刊发展所需，对优秀期刊实行“一刊一策”支持政策，进一步拓宽科技创新的源头供给，助推原始创新，引领基础研究、应用基础研究和技术创新，努力为全省经济社会发展注入强劲动力。

在大会主旨报告环节，中国工程院院士、中国机械工程学会副理事长、浙江大学工学部主任杨华勇，中国工程院院士、中国科学院安徽光学精密机械研究所学术所长、中国光学学会副理事长刘文清，中国科学院院士、发展中国家科学院院士、世界一流科技期刊建设专家委员会主任杨卫，中国科学院院士、《中国科学：地球科学》主编、中国科学技术大学图书馆馆长郑永飞，科学出版社总经理彭斌分别围绕《推进关键技术研发和工程领域期刊建设，助力社会经济发展》《千秋伟业　人才为先——新时代科技期刊人才队伍建设的思考》《我国开放科学路线图与政策体系研究》《融合创新推动科技期刊高质量发展》《提升出版服务能力　助力一流期刊建设》等主题作论坛主旨报告。

在高端对话环节，主持人、中国有色金属工业协会副会长兼秘书长、中国有色金属学会理事长贾明星同科研机构、高校、科技企业代表围绕“一流科技期刊助力高水平科技自立自强”展开交流讨论。中国科学院上海光学精密机械研究所党委书记、《光学学报》副主编邵建达，安徽大学副校长王守国，讯飞医疗科技股份有限公司总经理陶晓东分别作了题为《专业研究所的办刊之道——激光照亮创新之路》《营造学术创新生态的几点思考》《架设科技期刊与科技产业的桥梁——医学人工智能实践思考》的报告。

本届论坛举办 2 场高峰论坛。中国机械工程学会牵头组织实施的高峰论坛围绕“做精做强工程技术科技期刊，有效服务经济社会发展和应用型人才培养”这一话题，从办刊定位、服务能力提升、差异化特色发展等层面探讨做强重大工程技术领域专业期刊的路径。由中国科学院文献情报中心牵头实施的“开放科学与科学数据共享下的我国科技期刊新格局、新业态”高峰论坛，从科学数据共享、开放科学下科技期刊的发展态势和格局以及在开放科学背景下我国科技期刊的探索和实践等方面进行研讨。

在 4 场专题论坛中，与会专家就科技期刊专业人才队伍建设、科技期刊出版服务能力建设、科技期刊评价体系创新、科技期刊产业融合推进探索、科技期刊数字化转型与融合发展平台建设等议题进行交流研讨。

为服务区域科技期刊发展，本届论坛首次举办“地方刊潮”——一流科技期刊建设研讨会，邀请来自安徽、湖南、广西、湖北、四川等地的参会人员围绕当地推进一流科技期刊建设的具体做法和取得成效进行经验交流和分享。

本届论坛发布了空天荟科创服务平台、方正鸿云学术出版云服务平台、《中国科学院院刊》协同传播平台、中华中医药学会中医药临床案例库平台、钛学术智汇文献服务平台、钛学术分享空间、SciEngine 科技期刊全流程数字出版与知识服务平台。《遥感学报》编辑部与北京北大方正电子有限公司在分论坛上进行了战略合作签约。

第五届科技期刊青年编辑大赛决赛同期举办。决赛设置学术、技术、数字、运营 4 个板块。48 位选手参加决赛，最终评选出杰出青年编辑 8 名、突出青年编辑 12 名、优秀青年编辑 27 名，决赛线上直播浏览量达 8000 余人次。

本届论坛为期 3 天，来自 380 余家期刊编辑部、出版社、相关学术研究机构和企业的近 700 人通过线上线下方式参加论坛，其中高校 75 家，学会、协会及省（区、市）科协 44 家，企业和其他单位 145 家。100 余名期刊主编、副主编、编辑部主任到场参与论坛活动。论坛通过央视网全球同步直播，截至主旨报告结束，论坛全球直播浏览量达 172 万人次。

【2022 年世界一流科技期刊建设部际协调会议】 2 月 18 日，2022 年世界一流科技期刊建设部际协调会议在北京召开。会议由中国科协党组书记、分管日常工作副主席、书记处第一书记张玉卓主持。中国科学院副院长高鸿钧，中国工程院副院长王辰，中国科协党组成员、书记处书记吕昭平，以及中宣部、教育

部、科技部、财政部等世界一流科技期刊建设部际协调会议成员单位代表出席会议。

会议传达了中央领导同志关于世界一流科技期刊建设的最新指示精神，审议《2022 年世界一流科技期刊建设工作要点》，就如何采取有效措施推动一流期刊建设再上新台阶进行研讨。

张玉卓表示，经过三年持续建设，我国科技期刊已经在若干领域取得点上突破，头部期刊数量持续增长。下一步，要从谋篇布局向落地实施全面转换。要深入实施“卓越行动计划”，尤其是加大高起点新刊的建设力度，做大我国高水平科技期刊的基数，在战略必争、发展必需、体系必备的领域布局新刊，抢占国际学术交流高地。要继续加大评价改革力度，将“破四唯”和“立新标”并举，扩大分级目录、案例成果等评价应用，加快建立以创新价值、能力、贡献为导向的科技人才评价体系。要以推进论文关联数据汇交共享为切入点，推动开放科学发展，提升我国科学数据资源质量和规模，提高开放共享、安全保障水平，更好支撑创新驱动发展。要大力推动我国优秀期刊“走出去”，吸纳国际高水平科学家参与期刊工作，加强对国内外重磅成果的组约能力，持续提升国际显示度。

张玉卓强调，要发挥好部际协调机制作用，各组成部门之间优势互补、通力协作，针对新刊创办、期刊质量提升、评价改革等重要问题，持续深化政策研究和机制创新，推出一些切实管用的硬招实招，为我国科技期刊高质量发展保驾护航，以一流科技期刊建设服务高水平科技自立自强，以优异成绩迎接党的二十大胜利召开。

中国科协机关有关部门和直属单位、部际协调会议各成员单位相关业务司局负责人列席会议。

【中国科协科技期刊集群发展和学术交流平台建设研讨会】 3 月 28 日，中国科协组织召开科技期刊集群发展和学术交流平台建设研讨会。会议由中国科协党组书记、分管日常工作副主席、书记处第一书记张玉卓主持。来自期刊出版界、文献情报界、产业界的有关专家参会。

会上，中国科学院计算机网络信息中心副主任周园春介绍了科学数据库建设和数据开放共享方面的情况；中国图书进出口（集团）有限公司总经理林丽颖以打造高端学术交流平台为主题，介绍了中图集团开展的相关工作；《中国学术期刊（光盘版）》电子杂志社有限公司副总编辑佟建国分享了中国知网发挥平台优势促进科研成果传播利用的案例和经验；有科出版（北京）有限公司董事长钱九红就打造工程技术领域学术期刊出版集团分享有关思考。与会专家围绕促进科学数据开放共享、打造高端学术交流平台、推进科技期刊集群化发展等议题进行研讨交流。专家一致认为，开放科学是国际学术交流和出版的发展趋势，相关管理部门和科技界、期刊出版界、产业界应增进统筹协作、完善政策规划、加大实践探索，共同推动中国科技期刊高质量发展，加强公益性学术交流平台建设，提升创新资源供给能力，打造良好学术生态。

张玉卓强调，要加大新刊资源供给，在保证学术质量的基础上创办更多高质量期刊，引导海外优秀期刊回归，推动优秀科技论文双语传播，提升我国科技期刊的学术影响力和服务能力。要建立科学数据汇缴、管理、存储机制，把科学数据银行做大做强，以成立开放科学联合体为契机，推动我国科学数据库进入国际知名期刊或国际学术共同体认可的科学数据库名录，强化对全球科学数据的汇聚利用能力。要推进对科学数据管理软件和算法的研究应用，为数据驱动科学发展提供强有力工具。要将公益性和市场化有机结合，联合国内各类型主体共同打造具有全球影响力的学术平台，不断提升国际话语权。

中国科协党组成员、书记处书记吕昭平，中央宣传部出版局、中国科学院传播局、中国科协科学技术创新部和学会服务中心相关负责人出席会议。

【211 家中国科协全国学会联合发布学术出版道德公约】 2 月 15 日，在中国科协第十届全国委员会第三次会议上，211 家中国科协全国学会联名发布《中国科协全国学会学术出版道德公约》（以下简称《公约》）。中国科协第十届常委会学术交流与期刊出版专委会委员、中国岩石力学与工程学会党委书记兼理事长、中国科学院院士何满潮代表各全国学会宣读了《公约》内容。

中国科协有关负责人表示，近年来，我国科技创新实力和国际竞争力取得显著进步，学术论文的规模和质量大幅提升，高被引论文总量持续增长，但是论文撤稿等问题仍然时有发生。为进一步加强科学道德建设、规范学术出版行为，中国科协在广泛听取专家意见的基础上制定了《中国科协全国学会学术出版道德公约》，并由 211 家全国学会联名发布，旨在充分发挥学术共同体自律功能，对于学术论文发表中的一些新问题强化共识规范，引导科技工作者和期刊从业人员共同抵制学术不当行为，维护风清气正的科研生态。

中国科协作为中国科技工作者的群众组织，始终把深化科学道德和学风建设、维护学术出版伦理规范作为一项重点任务，曾先后组织全国学会科技期刊签署了《关于加强科技期刊科学道德规范、营造良好学术氛围的联合声明》，联合相关部委印发《在国际学术期刊发表论文的“五不准”行为守则》，编制《科技期刊出版伦理规范》，积极引导广大科技工作者和科技期刊恪守学术出版道德规范，营造良好学术生态。

《中国科协全国学会学术出版道德公约》内容如下：

为加强学术共同体自律，恪守学术出版道德规范，营造良好学术生态，保障我国科技事业高质量发展，加快实现高水平科技自立自强，中国科协所属各全国学会特郑重发表学术出版道德公约，倡议广大论文作者、审稿人和编辑出版人员共同遵循：

一、遵守科研活动规范，确保研究成果真实可信

确保研究数据的真实性、实验的可重复性；不有意夸大研究成果和学术价值；不向公众传播未经科学验证的现象和观点；科研成果发表后，要及时将所涉及的实验记录、实验数据等原始数据资料交所在单位统一管理、留存备查；公布突破性科技成果和重大科研进展应经所在单位同意；推广转化科技成果不故意夸大技术价值和经济社会效益，不隐瞒技术风险，要经得起同行评、用户用、市场认。

二、恪守出版伦理道德，确保论文撰写诚信规范

不参与任何有损国家利益、违反法律或违背道德的科研活动。不抄袭、剽窃他人科研成果或者伪造、篡改研究数据、研究结论；不通过第三方购买、代写、代投论文，以及虚构同行评议专家及评议意见；论文署名和排序应基于对科研成果的贡献确定，不在无实质学术贡献的论文中“挂名”；导师、科研项目负责人不在成果署名、知识产权归属等方面侵占学生、团队成员的合法权益；不擅自标注或虚假标注获得科技计划（专项、基金等）等资助信息；在引用他人论著时，应遵从合理引用、规范引用的原则，反对友情互引用、合作互引用、审稿拉引用等情形。

三、严守论文评审要求，确保出版过程客观公正

期刊应按照本刊办刊宗旨和要求，拒绝接收不符合本刊发文范围的稿件。稿件评审专家、评估人员、期刊编委或编辑等人员要恪尽职守，按照有关规定、程序和办法，实事求是，独立、客观、公正开展审稿工作；不接受或不参加自己不熟悉领域的评审、咨询活动；反对科研领域的“圈子”文化，破除各种利益纽带和人身依附关系，抵制各种人情稿、关系稿；在稿件评审活动中不委托他人代为评审，主动回避与自己有利害关系的稿件；不泄露或剽窃所审稿件内容，不利用审稿谋取私利。

四、坚守学术道德底线，确保论文发表真实可靠

所收稿件必须符合我国相关法规及政策要求，坚决抵制一稿多投、重复发表、抄袭剽窃、弄虚作假等行为。对已发布的研究成果中确实存在错误和失误的，责任方要以适当方式予以公开和承认。如发现已发表的论文存在弄虚作假、抄袭剽窃、严重差错等问题，期刊应根据问题严重程度，及时通过发布撤稿声明、更正启事或公开致歉信等方式进行纠正，并通知收录有关论文的数据库予以更正。

【《中国科技期刊发展蓝皮书（2022）》定稿会】

12月6日，《中国科技期刊发展蓝皮书（2022）》［以下简称“《蓝皮书（2022）》”］定稿会线上召开。《蓝皮书》专家委员会主任、中国科学院院士、世界一流科技期刊建设专家委员会主任杨卫，《蓝皮书》专家委员会副主任、全国政协教科卫体委员会副主任、世界一流科技期刊建设专家委员会委员曹健林，中国工程院院士、中国科协副主席、世界一流科技期刊建设专家委员会委员陈学东，中国科学院院士、中国科协副主席、世界一流科技期刊建设专家委员会委员袁亚湘，中国科学院院士、中国物理学会理事长张杰，中国工程院院士、中国病理生理学会副理事长董尔丹，中国出版协会理事长邬书林，中国期刊协会副会长、世界一流科技期刊建设专家委员会委员李军，中国科协科学技术创新部部长刘兴平，中宣部专职巡视组长刘建生等50位《蓝皮书》专家委员会、编写委员会委员及编写组成员参加会议，会议由中国科协学会服务中心主任刘亚东主持。

《蓝皮书（2022）》以“数字经济时代的学术出版与交流平台”为主题，以数据形式呈现我国科技期刊和科技论文整体现状，研究全球数字出版技术变革，探讨国内外数字资源与学术交流平台进展与趋势，提出数字经济时代的中国学术出版与交流平台发展建议。会议听取了《蓝皮书（2022）》编制工作总体情况及各章主要内容介绍，与会专家围绕书稿的总体情况和具体内容进行讨论，提出修改意见。

杨卫指出，要进一步发挥《蓝皮书》在中国科技期刊发展中的引领和推动作用，逐步从单一的学术出版向数据、知识服务渗透，在客观呈现发展现状的同时，进行深入的数据分析和趋势研判，强化《蓝皮书》作为学术界、期刊界案头必备工具书的作用。杨卫提出，数字技术、数据资源驱动发展变革，科技期刊跨界合作、资源整合已经掀起新浪潮，中国科技期刊可乘势而为，增强参与度和数据互动性，充分挖掘其中的应用潜能。随着开放科学实践不断发展，数字基础设施成为关键支撑，未来应加强科学数据仓储库建设使其达到国际水平。

【《中国开放获取出版发展报告（2022）》发布】 12 月 15 日，中国科协与国际科学技术和医学出版商协会（STM）在国内外同期发布《中国开放获取出版发展报告（2022）》中、英文版。中国科协党组书记、分管日常工作副主席、书记处第一书记张玉卓和 STM 首席执行官卡洛琳萨顿分别为报告撰写序言。

作为首个全景展现中国开放获取出版发展进程的专题文献，该报告由中国科协和 STM 联合组建专家团队，通过大量的数据分析、文献研究和问卷调查工作，历时近一年编制而成。报告系统梳理了全球开放科学和开放获取的起源、演进及多种类型开放获取出版的特点，重点用翔实数据和具体案例展示了中国在开放获取论文、开放共享数据、开放科学设施建设和开放出版国际合作等方面的积极进展，并就开放获取出版中的科研诚信建设进行了探讨。

卡洛琳萨顿在序言中指出，中国作为科研产出和论文发表大国，开放获取发展情况和发展趋势越来越受到各国出版界的高度重视。本次 STM 与中国科协联合发布报告，旨在让全球学术界和出版界能够深入了解中国开放获取现状和所做的工作，也为中国期刊出版机构推动开放获取提供有益借鉴。

张玉卓在序言中指出，随着新一轮科技革命的兴起和数字化、网络化、智能化技术的广泛应用，科学研究和学术交流迎来了范式创新，以开放获取为代表的开放科学运动蓬勃发展，其实践模式也不断丰富和完善。中国作为科研产出大国，也是全球开放科学的重要参与力量。2011—2021 年，中国作者每年发表的国际论文中开放获取论文的数量从 2.5 万余篇增长到 23.8 万余篇，占比从 15.8% 增至 37.8%，年均增长率为 25.2%。中国科技界、期刊出版界已经深度融入全球开放科学实践。

张玉卓表示，不同国家和地区的开放获取政策、实践各具特色，形成了丰富多彩的开放获取出版生态，也面临多种多样的现实问题。中国科协作为中国 200 多家科技社团的联合组织，愿与全球科技共同体携手并进，努力增进开放科学跨界协作和多元实践，也将持续团结中国科技界、期刊出版界力量，探索适合中国国情的开放获取出版解决方案，促进数据、成果和知识等更快、更广、更充分地传播利用，让科学研究惠及更多国家和人民，为推动构建人类命运共同体作出更大贡献。

【中国科协碳达峰碳中和系列丛书发布】 5 月 30 日，中国科协碳达峰碳中和系列丛书在 2022 年全国科技工作者日主场活动中正式发布。全国政协副主席、中国科协主席万钢为丛书作总序言。中国科协党组书记、分管日常工作副主席、书记处第一书记、丛书编委会主任张玉卓，首批出版的《新型电力系统导论》《清洁能源与智慧能源导论》《煤炭清洁低碳转型导论》等 3 本图书的主编中国电机工程学会理事长舒印彪院士、中国能源研究会刘吉臻院士、中国煤炭学会彭苏萍院士，以及中国科协清洁能源学会联合体副理事长史玉波共同见证发布。

为全面落实党中央、国务院关于“双碳”工作有关部署，中国科协充分发挥组织与人才优势，聘请权威院士专家领衔，组织一线研究人员参与，由清洁能源学会联合体会同有关全国学会具体负责编写工作。旨在把“双碳”理念、目标、措施，快速、精准、全面地普及到行业和社会，围绕基础研究、技术研发、成果转化、应用推广等环节，助力“双碳”科技与产业发展，加快“双碳”人才培养，为构建新发展格局夯实人才保障，为实施人才强国战略、实现“双碳”目标、全面建设社会主义现代化国家作出应有的贡献。

丛书按照“统一规划、服务急需、分批编写、统一发布”的原则，内容涵盖全球气候变化、能源、交通、钢铁与有色金属、石化与化工、建筑建材、碳汇与碳中和等多个重点领域，对实现“双碳”目标的技术创新和产业应用进行了系统介绍，分析各行业面临的重大任务和严峻挑战，设计实现“双碳”目标的战略路径和技术路线，展望关键技术的发展趋势和应用前景，并提出相应政策建议。丛书充分展示各领域关于“双碳”研究的最新成果和前沿进展，凝结院士专家和广大科技工作者的智慧，具有较高的战略性、前瞻性、权威性、系统性、学术性和科普性。丛书计划在2023年年底前完成。

【第4期中国科协全国学会理事长沙龙】 1月7日，以“深入推动能源革命，加快建设能源强国”为主题的第4期中国科协全国学会理事长沙龙在北京召开。中国科协党组书记、分管日常工作副主席、书记处第一书记，中国工程院院士张玉卓出席沙龙并致辞。中国科协党组成员、书记处书记吕昭平，中国电机工程学会理事长、中国工程院院士舒印彪，中国核学会副理事长、中国工程院院士赵宪庚，中国制冷学会理事长、中国工程院院士江亿，中国工程热物理学会理事长、中国科学院院士金红光，中国煤炭学会理事长刘峰，中国石油学会副理事长、中国石油天然气股份有限公司副总裁李鹭光等出席沙龙并开展交流研讨。沙龙由中国能源研究会理事长史玉波领衔组织并主持。

张玉卓在致辞中指出，习近平总书记代表中国在第七十五届联合国大会上作出了2030前碳达峰、2060前碳中和的郑重承诺，多次强调要走绿色低碳发展道路。能源领域是实现碳达峰碳中和目标的关键领域。当前我国能源行业正孕育着革命性变革，处于新旧动能转换和低碳化、绿色化转型的关键时期，如何把握能源行业发展趋势，加强能源发展战略谋划和系统布局，已经成为中国乃至全世界关注的热点问题。中国科协近期承担了有关科技能力第三方评估的重要任务，我国能源领域科技创新体系化能力、竞争力、潜力如何，在全球能源发展中处于怎样的战略位势，需要依靠全国学会的战略科学家作出科学研判。期待与会专家围绕能源革命和能源强国主题贡献真知灼见，广泛凝聚思想共识，提出有价值、可操作的意见建议。

史玉波在发言中指出，中国能源生产和消费总量均列居世界首位。党的十八大以来，中国能源改革发展取得了巨大成就，能源消费结构不断优化，利用效率显著提高，为建设能源强国打下了坚实的基础。但与发达国家相比，中国还存在煤炭消费总量占比高、单位GDP能耗高等问题，需要在优化能源消费结构、深化供给侧结构转型、推进绿色低碳技术攻关、推动体制机制创新等方面进一步深化改革创新，形成更加科学系统的长效运行机制。

与会学会理事长和院士专家围绕低碳、环保、节能、新能源等领域，解读能源行业发展态势，共同探讨新形势下推动能源革命的路径、政策与行动举措，共享发展智慧，为建设能源强国积极建言献策。

中国科协办公厅、科学技术创新部、战略发展部和中国能源研究会有关负责人参加沙龙。

【2022年中国科协全国学会秘书长会议】 2月17日，2022年中国科协全国学会秘书长会议在北京召开。中国科协党组书记、分管日常工作副主席、书记处第一书记张玉卓出席会议并讲话。民政部社会组织管理局副局长陈小勇、国家科学技术奖励工作办公室副主任翁非出席会议并作报告。211个全国学会的秘书长或副秘书长，以及中央纪委国家监委驻科技部纪检监察组有关负责人，中国科协机关部门、直属单位有关负责人，以线上线下结合方式参加会议。会议由中国科协党组成员、书记处书记吕昭平主持。

张玉卓要求，2022年全国学会要以迎接学习宣传党的二十大为主线，扎实履行桥梁纽带职责，围绕提升组织凝聚力、学术引领力、社会公信力、国际影响力，建品牌、强组织、育人才、促开放，不断提升“四服务”效能，加快构建联系广泛、布局科学、服务精准、充满活力的中国特色科技社团发展新格局，努力在五个方面展现新作为：一是坚持党的全面领导，在党建与业务深度融合上展现新作为；二是优化学会布局，在完善国家创新体系上展现新作为；三是锻造服务品牌，在支撑高质量发展上展现新作为；四是深化学会治理改革，在健全工作体系上展现新作为；五是拓展开放协同，在增进信任合作上展现新作为。

张玉卓指出，作为学会首席执行官，秘书长要旗帜鲜明讲政治，加强自身能力建设，坚持规范发展要求，发挥好承上启下、联系左右、协调各方的枢纽作用，以高度自觉、创新思维、过硬本领和严谨作风抓好学会各项工作落实。

陈小勇介绍了外籍科技人才加入我国科技类社团相关政策，指出全国学会要坚持循序渐进和吸收、服务、管理权责一致原则，建立专门吸收和联系服务制度，加强与外籍科技人才会员的沟通联系，增强外籍科技人才的认同感和融入感。翁非从历史沿革、发展现状和目标规划等方面介绍了我国社会科技奖的总体情况，指出社会科技奖要遵循依法办奖、公益为本、诚实守信的基本原则，走专业化、特色化、品牌化、

国际化发展道路。

张进华、刘文杰、于小虎、华炜、王健、莫广刚等全国学会秘书长、副秘书长分别围绕服务科技经济融合、学会治理、期刊建设、开放发展、学术交流、科技评价和成果凝练等作典型发言。会议期间，颁发了全国学会期刊出版工作优秀单位奖牌，启动了“建设一流期刊 献礼党的二十大”主题云展览。

【全国学会调研总结和治理工作研讨会】 4 月 14 日，中国科协召开全国学会调研总结和治理工作研讨会。中国科协党组书记、分管日常工作副主席、书记处第一书记张玉卓主持会议。

会议听取了有关全国学会在政治思想引领、一流期刊建设、专业人才引进、学术评奖评优和对外交流合作等方面发展情况和突出问题的调研介绍，充分肯定了全国学会近年来取得的阶段性成果，研究分析了学会工作面临的普遍问题，并对下一步工作任务作出部署。

张玉卓指出，全国学会要以推动学术交流作为核心职能，明确学会发展定位，摸清学科发展规律，扎实履行桥梁纽带职责，围绕提升组织凝聚力、学术引领力、社会公信力、战略支撑力、国际影响力，加强自身能力建设，坚持规范发展要求，力争打造世界一流科技社团，服务国家高水平科技自立自强。

张玉卓强调，中国科协要瞄准世界科技前沿和国家重大需求，以全球视野谋划科技创新，围绕生命科学、太空科学、能源科学、信息科学等重点学科，优化学会学科布局，关注学会重点需求，完善学会管理体制机制，提升学会自身治理能力，加强学会建设经验交流，继续加强一流学会评估工作，顺应时代科技发展潮流，抓住未来科技发展主动权。

会议要求，全国学会治理要深化了解学会发展现状，分类梳理问题，针对性解决相关难点痛点，扫清体制机制障碍，解决政策不配套、不匹配、“一刀切”等问题。加强与政府部门、科研机构和中央企业的全面战略合作，明确学会挂靠单位具体职责，增强学会支撑单位的支持力度。动员全国学会积极参与“智慧科协 2.0”平台建设，利用技术手段加强学会间的经验交流。大力开展青年人才托举工程，引进外籍科技人才，推进学会干部队伍建设，进一步增强学会民间科技外交的主体意识。

中国科协党组、书记处同志以及机关部门有关负责人参加会议。

【全国学会团体标准研讨会】 7 月 12 日，中国科协在北京召开全国学会团体标准研讨会，围绕团体标准工作提质升级建议举措开展研讨交流。国家市场监管总局标准创新管理司司长肖寒以及一级巡视员付文飙出席会议并讲话。中国科协相关部门单位、部分全国学会负责人出席会议。

肖寒在研讨中回应了学会负责人提出的问题。他提出，要形成工作合力，推动部门之间、“科创中国”平台与原创性高质量标准之间、同质和同链社会团体之间的衔接互动。要提升能力，推行团体标准组织能力评价试点，把规范运行要求注入提质升级内容。要坚持市场化、高质化、体系化、国际化的要求。

中国电子学会、中国电工技术学会、中国标准化协会、中国环境科学学会、中国食品科学技术学会、中国林学会、中华中医药学会、中国技术经济学会等 8 个学会负责人参加会议，介绍各学会的工作经验和模式案例，就全国学会开展团体标准工作的优势、方法、难点进行讨论，在宣传推广、人才培养、完善制度、拓展应用、强化激励等方面提出相关工作建议。

自 2015 年以来，全国学会团体标准研制工作快速推进，已有 92 个全国学会在国家团体标准信息平台注册，64 个全国学会在平台发布团体标准 2996 个，并与 30 余个国际和国别组织开展标准研制工作的交流合作。

全民科学素质工作与科普活动

【2022 年全国科普日活动】 9 月 19 日，2022 年全国科普日北京主场活动在中国科技馆举办。全国政协副主席、中国科协主席万钢出席活动。中国科协党组书记、分管日常工作副主席、书记处第一书记张玉卓一同参加活动。

万钢一行先后参观了“喜迎党的二十大、奋楫扬帆新征程”“科普托起强国梦、十年砥砺铸辉煌”“新时代科普实践、创新赋能书华章”“科普事业新发展、赓续奋斗向未来”4 大板块的展览展示，现场与东北虎豹生物多样性国家野外科学观测研究站的科研工作者进行视频连线，同参加活动的科技工作者、科技志愿者、青少年等进行交流。

万钢指出，习近平总书记高度重视科技创新和科学普及工作，强调“科技创新、科学普及是实现创新发展的两翼，要把科学普及放在与科技创新同等重要的位置”。在全国上下喜迎党的二十大之际，举办全国科普日活动具有十分重要的意义。要坚持以习近平新时代中国特色社会主义思想为指导，全面贯彻落实习近平总书记关于科普和科学素质建设的重要论述，推动全民科学素质全面提升，为高水平科技自立自强提供坚强支撑。要着力加强科普工作，弘扬科学精神，激发科学梦想和创新创造活力，在全社会营造热爱科学、崇尚创新的良好氛围。

万钢强调，随着科学技术的不断发展进步，人民群众对于优质科普的需求日益增长，科普工作要走入社区农村、深入基层百姓，打造精准化、优质化的科普资源，让科普更加贴近广大群众。要聚焦一老一小、乡村振兴等重点人群、重点领域，构建高质量科普服务体系，服务高质量发展。科普工作者要发挥科普服务的中介和催化剂作用，推动科普工作取得新进展、作出新成效。

全国科普日活动自2004年举办以来，已连续举办18届，累计举办重点科普活动约32.2万场次。2022年全国科普日北京主场活动以“喜迎二十大，科普向未来”为主题，由中国科协、中央宣传部、中央网信办、教育部、科技部、国家原子能机构、自然资源部、生态环境部、水利部、农业农村部、国家卫生健康委、应急管理部、国务院国有资产监督管理委员会、中国科学院、中国工程院、国家林草局、全国工商联、中国作协、北京市人民政府共同举办。

中国科协党组副书记徐延豪，中国科协专职副主席、书记处书记孟庆海，中国科协党组成员、书记处书记束为、殷皓、王进展，科技部党组成员、副部长李萌，水利部副部长朱程清，应急管理部党委委员、副部长宋元明，中国科学院党组成员、副院长周琪，中国工程院党组成员、副院长钟志华，国家林草局党组成员、副局长谭光明，中国作协书记处书记邱华栋，国家原子能机构秘书长邓戈，北京市委常委、市政府副市长靳伟，以及联合主办单位有关司局负责人参加北京主场活动。

【2022年科普中国智库论坛暨第二十九届全国科普理论研讨会】 9月29日，以“融合赋能·变革转型 构建大科普新格局”为主题的2022年科普中国智库论坛暨第二十九届全国科普理论研讨会（下称论坛）在北京举办。中国科学院院士、中国科协名誉主席韩启德，中国科协专职副主席、书记处书记孟庆海，中国工程院院士、北京协和医院妇产科名誉主任郎景和，中国科学院院士、中国科普作家协会理事长周忠和，中国工程院院士、华中科技大学原校长李培根出席论坛。

韩启德表示，科学普及是一项理论与实践紧密结合的工作，构建社会化协同、数字化传播、标准化建设和国际化合作的新时代科普生态已成为科普领域的共识。科普创作是科普工作的源头活水，是公众获取科技知识、涵养科学精神、丰富精神文化食粮的重要源泉，对于提升全民科学素质、夯实社会文明进步基础具有重要意义。他建议，科普创作要着力弘扬科学精神，在创作过程中将科学精神、科学思想和科学方法串联起来，并对科学抱有敬畏之心；保持多元性，提倡包容精神，鼓励各种观点、各种风格、各种形式同时存在，相互补充、相互促进，营造宽松的创新环境，形成百花齐放的生动局面。同时，还应通过加强科普评论工作、推动和规范市场机制、充分利用新技术、发挥科普作家协会的引领作用等途径进一步繁荣我国科普创作。

论坛邀请热心科普且拥有丰富科普理论研究及实践经验的院士专家，围绕推动科普全面融入经济、政治、文化、社会、生态文明建设等领域和构建大科普格局作主题报告。

郎景和作题为《科学普及是医生的职责》的报告，提出医学科普是医生的必行职责和必备能力，倡导把科普视为医生的责任和工作的一部分。他表示，医学科普从民生民意、疾病防治、健康管理、医学本源角度而言都影响深远，应通过言传身教、科学引导和融入人文情怀等途径增强医学科普能力。

李培根作题为《数字时代的变与化》的报告，围绕数字时代企业的兴与衰、数字技术给人类生活带来的变化等方面，介绍了数字技术发展过程中产业的逐步演化。他表示，无论技术如何发展，我们都不能丢失人存在的根本意义，面对数字化社会，我们既要“拥抱数字化”，也要实现人的存在与数字存在的融合，构建安全、有意义的安身之所。

中国科普研究所所长、中国科普作家协会常务副理事长王挺在报告中对日前印发的《关于新时代进一步加强科学技术普及工作的意见》进行解读。他表示，要把握发展大势，提高政治站位，深刻理解意见的深远重大意义。要把握科普赋能中国式现代化的时代内涵，全面落实科技创新与科学普及两翼同等重要的制度安排，加强科普能力建设，落实科技创新与科学普及协同发展，发挥科普在终身学习型社会建设中的作用，以高质量科普服务高质量发展，为支撑高水平科技自立自强、实现中华民族伟大复兴夯实科学根基。

中国地质博物馆二级研究员刘树臣、中国科普作家协会常务理事李成才、山西大学马克思主义学院教授任定成、国家减灾委专家委员会原副主任闪淳昌等专家学者结合自身研究领域及工作实践，围绕科普在生态文明建设、影视传播、应急管理领域发挥的重要作用等主题作报告并分享观点，深入探讨科普与经济社会各领域各环节的深度融合发展及新时代新要求下的科普形式手段创新举措。

论坛开幕式上发布了“第七届中国科普作家协会优秀科普作品奖”金奖及特别奖作品并为获奖者颁奖。本次评奖活动共评选出科普图书类特别奖、科普影视动画类特别奖和青年短篇科普佳作类奖项总计76种（篇）。

同时，论坛上还发布了《国家科普能力发展报告（2022）》《科学教育研究手册》和《融媒体科技传播实践研究》等科普中国智库2022年度重要智库成果及科普中国智库2022年6个专题活动的成果总结，形成了一批高质量科普理论与实践研究成果报告，为推动高端科普智库在科学决策、科普高质量发展、强化舆论引导等方面的核心引领和服务提供理论支撑。

论坛由中国科普研究所和中国科普作家协会主办。

【2022年全国科普工作联席会议】 3月30日，2022年全国科普工作联席会议在北京召开。科技部党组书记、部长、联席会议组长王志刚主持会议并讲话，中国科协党组书记、分管日常工作副主席、书记处第一书记张玉卓出席会议并讲话，科技部党组成员、副部长李萌作了近年来科普工作报告。中央宣传部副部长、联席会议副组长孙业礼和中国科协专职副主席、书记处书记、联席会议副组长孟庆海以及中央组织部、中央网信办、中央保密办、中国科协、军委科技委及国务院相关部门、相关人民团体等共41个单位的领导和有关负责同志参会。

会议认真学习贯彻习近平总书记关于科普工作的重要指示，贯彻落实党中央、国务院关于加强新时代科普工作的要求，审议《全国科普工作联席会议制度》《“十四五”国家科普发展规划》，通报全国人大常委会关于《中华人民共和国科学技术普及法》执法检查工作安排。中央网信办、中国科学院、国家体育总局、中国气象局等单位代表作交流发言。

张玉卓指出，党中央、国务院历来高度重视科普工作，为加快推动科普事业发展，科技部、中国科协建立起工作会商机制，会同各兄弟部委共同谋划，协同推进包括科普在内的工作落实和事业发展，有力推进了科普繁荣兴盛，促进了全民科学素质提升。2020年我国公民具备科学素质的比例达到10.56%，比2005年的1.6%提升了6.6倍。进入新时代，科普要在四个方面发力：一是推动构建高质量科普服务体系；二是持续提升科普服务能力，加强科普信息化建设；三是切实提高科普组织力、动员力，推动科技志愿服务与文明实践相结合；四是科普聚力协同，服务党和国家大局。

张玉卓强调，在奋进新征程中，科普应当在服务“国之大者”中有新作为。一是要强化科普工作部际协调合作，形成“大合唱”“大生态”；二是要加快科普法制化进程，中国科协愿意积极配合、全力以赴协助推进科普法修订；三是要持续加大科普投入，推动各级党委政府把科普工作作为重要的议事日程，积极争取将科普指标纳入国家统计和国家有关规划等，将科普工作由“软任务”变成“硬措施”。

王志刚指出，多年来，在联席会议成员单位的共同努力下，我国科普工作在培育弘扬科学家精神、培养科技创新人才队伍、营造社会创新氛围、提升公民科学素质等方面发挥了重要作用，为实施创新驱动发展战略、推进科技自立自强提供了有效支撑。进入新时代，建设世界科技强国、实现高水平科技自立自强都对科普工作提出了更高要求，需要科普工作联席会议相关部门共同参与、分工协作、齐抓共管，共同推动科普工作全面发展。

王志刚强调，要提高思想认识，从捍卫“两个确立”、践行“两个维护”的高度牢牢把握新时代科普工作方向，推动新时代科普工作做到“四个坚持”：坚持党的领导，坚持服务大局，坚持统筹协同，坚持改革创新。要认真分析研判，准确把握新时代科普工作面临的新形势新挑战，推动科学普及充分推进科技与人、科技与经济、科技与社会、科技与文化的相互融合，人的全面发展以及社会的文明进步；要强化统筹协作，共同推动落实新时代科普各项工作任务，凝心聚力、分工协作，推动政府部门、宣传部门、群团组织和社会各方协同发力、各展所长、各尽其责；要大力强化政府部门、社会组织、学校和科研机构、企业、媒体等各方的科普工作责任；要推动新时代科普工作有效服务国家重大发展战略；要着重提升科普工作应急服务能力；要为提升我国国际传播能力贡献科普力量；要更好满足人民群众对美好生活的向往，大力培育讲科学、爱科学、学科学、用科学的良好社会氛围。

全国科普工作联席会议成立于1996年，科技部为组长单位，中央宣传部、中国科协为副组长单位，旨在贯彻落实党中央、国务院关于科普工作的重大决策部署，统筹协调全国科普工作。

【2022年中国科协科普工作会议】 4月12日，2022年中国科协科普工作会议在北京召开。中国科协专职副主席、书记处书记孟庆海出席会议并讲话，中国科协党组成员、书记处书记、中国科技馆馆长殷皓主持会议。教育部基础教育司副司长朱东斌、中国科协科普口单位负责人参加会议。部分省科协党组书记，各省级科协分管科普工作的副主席、科普部部长和科普直属单位负责人，各全国学会科普工作负责人以视频形式参会。

孟庆海强调，要准确认识新时代科普工作的规律和特点，牢牢把握科普工作总体思路和方向。要紧紧围绕“四服务”定位，聚焦靶心、争创一流、赋能基层、开放协同，突出科普价值引领导向，抓牢《全民科学素质行动规划纲要》实施主线，深化科普供给侧改革，构建“四化”生态，打造高质量科普服务体系和基层科普组织动员体系，提升高质量科普服务能力和组织动员能力，服务全民科学素质提升。孟庆海对科普法执法检查和修订、科学素质测评、重点人群科学素质提升等重点工作作出部署。

会上，中国科协科普部部长顾斌作年度科普工作报告，中国科普研究所所长王挺作新公民科学素质测评体系专题报告，中国科协科普部副部长廖红作科普示范县和科普教育基地专题报告，教育部基础教育司副司长朱东斌作“双减”工作专题报告。北京、浙江、福建、河南、广东、重庆等地科协和中国抗癌协会、中国航空学会等单位代表作典型经验交流发言。会议期间还举办了科普信息化和社区科普专题线上“科普云论坛”。

【全国现代科技馆体系工作会议】 6月16日，全国现代科技馆体系工作会议在北京召开。中国科协党组书记、分管日常工作副主席、书记处第一书记张玉卓，中国科协党组成员、书记处书记束为，中国科协党组成员、书记处书记、中国科技馆馆长殷皓，中国科协党组成员罗晖等出席会议。会议由中国科协党组副书记徐延豪主持。

张玉卓指出，十年来，现代科技馆体系从无到有、从小到大，初步搭建起一套覆盖全国、世界独有的科普基础设施体系，是中国特色社会主义进入新时代后，党领导下的科普工作作出的制度性创新尝试，是整体拉动全民科学素质提升工作的有力抓手，是国家推动公共服务均等化的有益实践，是“以人民为中心”的发展思想在科普事业中的生动体现，为推动科普公共服务公平普惠、提升全民科学素质、助力经济社会发展作出了积极贡献。他要求，应对百年变局，科技馆体系要强化需求导向，更好服务“国之大者”，进一步适应高水平科技自立自强对创新人才的需求，进一步适应人民群众对科学文化日益增长的需求，进一步适应国家对外开放提升国际影响力的需求。他强调，新发展理念和新发展格局对科普事业提出新的要求，科技馆体系要做到“六个坚持”，即坚持党的领导、坚持价值引领、坚持服务中心、坚持以人为本、坚持开放协同、坚持交流互鉴，为实现科普服务公平普惠、提升全民科学素质、全面建设社会主义现代化国家、实现中华民族伟大复兴的中国梦作出新的更大贡献。

殷皓作全国现代科技馆体系建设发展工作报告，系统梳理现代科技馆体系十年发展历程，全面部署未来科技馆体系发展方向、发展目标和重点任务。他强调，现代科技馆体系要以弘扬科学精神和科学家精神为价值引领，以推动供给侧改革为重点，加快构建多元主体参与的开放体系，打造科学家精神教育基地、前沿科技体验基地、公共安全健康教育基地和科学教育资源汇集平台，更好地满足公众精神文化生活新期待，助力提高人民思想道德素质、科学文化素质和身心健康素质的全面发展。

会议集中宣讲《全民科学素质行动规划纲要（2021—2035年）》和《现代科技馆体系发展“十四五”规划（2021—2025年）》。同时，回顾展望流动科技馆十年成效，发布流动科普资源库，宣介现代科技馆体系信息化项目。来自地方科协和科技馆的14位代表围绕体系建设交流发言，介绍做法和经验。会议期间，还举办“浩瀚无涯　扬帆济海——喜迎二十大·共叙现代科技馆体系十载华章”线上专题展，展

现现代科技馆体系十年发展历程与成就。

中国石化集团公司党组成员、副总经理喻宝才，中国海洋石油集团有限公司党组成员、副总经理周立伟，中国老科学技术工作者协会常务副会长齐让、副会长王延祜，以及教育部、文化和旅游部、国家文物局、中国科协机关各部门和直属事业单位及部分全国学会、协会、研究会科普工作负责人，部分中国科技文化场馆联合体成员单位代表、中国企业公益科普联合倡议发起单位代表等参加会议。来自全国各省、自治区、直辖市和新疆生产建设兵团科协的党组书记或分管科技馆工作的副主席、科普部部长、科技馆馆长，承担流动科技馆、科普大篷车、农村中学科技馆、数字科技馆工作的单位负责同志，以及部分地市级科协、科技馆负责同志和中国科技馆干部职工视频参会。

现代科技馆体系已发展成为拥有 408 座达标实体科技馆、612 套流动科技馆、1251 辆科普大篷车、1112 所农村中学科技馆和面向 14 亿公民、永不闭馆的中国数字科技馆“五位一体”、具有中国特色的科普基础设施体系。十年来，实体科技馆累计服务公众近 5 亿人次；流动科技馆巡展 4944 站，覆盖全国 29 个省 1888 个县市，服务公众 1.53 亿人次；科普大篷车行驶里程超过 5000 万千米，服务公众 2 亿人次，有效发挥“科普轻骑兵”的独特作用；农村中学科技馆服务公众 1119 万人次，培训科学教师 4774 人次；中国数字科技馆总用户达 1500 余万，资源总量达 17.05TB，微信公众号和微博粉丝数超过 1000 万。据不完全统计，现代科技馆体系线下服务公众超过 8.5 亿人次。

【中国科技文化场馆联合体就场馆融合发展进行专题调研】 为进一步推动中国科技文化场馆联合体成员单位的互联互通、深入合作，中国科技文化场馆联合体于 3 月 16 日赴国家博物馆调研，联合体主席团在京委员参加调研。应中国科协名誉主席、中国科技文化场馆联合体主席团主席韩启德邀请，中国科协党组书记、分管日常工作副主席、书记处第一书记张玉卓参加调研，中国科协专职副主席、书记处书记、联合体主席团常务副主席孟庆海，以及中国科协办公厅负责人等一同调研。

调研组一行先后参观了国家博物馆馆藏资源活化技术重点实验室、“科技的力量”展览等，深入了解文物典藏和保护方面的科技应用、博物馆大数据和智能服务等关键技术研究的开展情况，并就科技引领未来数字化展览技术、中国科学技术与工业发展历程等方面与工作人员进行交流。

3 月 28 日，中国科技文化场馆联合体赴中国美术馆调研。韩启德，孟庆海，中国科协党组成员、书记处书记兼中国科技馆馆长、联合体主席团副主席殷皓，中国自然科学博物馆学会理事长、联合体主席团委员程东红以及联合体在京委员参加调研。第十三届全国政协常委、中国美术馆馆长、联合体主席团副主席吴为山一同调研。

调研组一行参观了“美在新时代——中国美术馆典藏精品特展（第二期）”“国风有形——中国美术馆虎年迎春民间美术精品展”等专题展览，通过美术的新颖形式、艺术的直抵心灵感受穿越时空的文化底蕴、领略展现时代精神的文化魅力，并就先进文化理念与科技创新的内在关联、文化艺术背后的科技内涵等方面进行讨论交流。

2022 年，中国科技文化场馆联合体在中国科协的指导和支持下，按照“立足发展之需，着手务实之行，探寻未来之向”的工作思路，突出“联合”与“引领”的功能定位，深入了解、充分挖掘联合体成员单位的资源禀赋和独特优势，全面推进科技类场馆与文化类场馆融合发展，努力培育科技文化创新发展的新动能。

【全国人大教科文卫委员会赴中国科技馆专题调研】 4 月 1 日，第十三届全国人大教科文卫委员会主任委员李学勇率调研组到中国科技馆，就《中华人民共和国科学技术普及法》（以下简称《科普法》）的落实情况开展专题调研。中国科协党组书记、分管日常工作副主席、书记处第一书记张玉卓一同调研。

中国科协党组成员、书记处书记兼中国科技馆馆长殷皓向调研组一行重点汇报了在《科普法》颁布实施 20 年来，中国科技馆落实习近平总书记指示要求，按照科技馆理念和职责，为公众提供高质量科普服务的工作情况和推动现代科技馆体系建设情况。

调研组一行观看了天宫课堂纪录片，参观了“天和”核心舱结构验证件实物、儿童科学乐园、科学家精神手模墙、冬梦飞扬——“科技冬奥”主题展览、“感触智能魅力”和“问鼎太空征途”等展厅。

调研组对中国科技馆的各项工作给予肯定，表示此次针对《科普法》落实工作的调研是为修订工作打好前站。通过对中国科技馆各项工作的深入了解，能更好地将本次调研成果转化成共同修订好《科普法》的具体行动。

张玉卓对全国人大教科文卫委员会长期以来给予中国科协和科普事业的关心和指导表示感谢，并表示中国科协将全力配合做好《科普法》的修订工作。

第十三届全国人大教科文卫委员会副主任委员冷溶、殷方龙、郑卫平、陈求发、吴英杰、吴恒、李静海，委员古小玉、李巍、何雷、张洪贺等，中国科协党组副书记徐延豪，中国科协专职副主席、书记处书记孟庆海以及全国人大教科文卫委员会、中国科协机关和事业单位等有关同志参加调研。

【“典赞·2021 科普中国”揭晓盛典】 2月14日，“典赞·2021 科普中国”揭晓盛典特别节目在 CCTV10 科教频道播出，现场揭晓 2021 年度十大科普人物、十大科普作品、十大科普事件和十大科学辟谣榜。特别节目由中国科协、科技部、中国科学院、中国工程院、人民日报社、新华通讯社、中央广播电视总台联合主办，由全民科学素质纲要实施工作办公室、中国公众科学素质促进联合体支持。

活动现场，中国工程院院士、北京协和医院妇产科名誉主任郎景和领衔的“协和名医”科普团队，中国科学院院士、中国科学院植物研究所研究员匡廷云等团队和个人入选“2021 年度十大科普人物”;《深海浅说》图书等作品入选“2021 年度十大科普作品”;“我国疫苗研发和接种工作全面顺利推进”等事件入选“2021 年度十大科普事件”;“‘0 蔗糖’就是无糖”等科学谣言入选“2021 年度十大科学辟谣榜”。神舟十三号飞行乘组航天员翟志刚、王亚平、叶光富获得“科普中国最高荣誉”。

中国科协党组书记、分管日常工作副主席、书记处第一书记张玉卓，中国科学院党组成员、副院长、中国科学院院士周琪，人民日报社副总编辑崔士鑫，新华通讯社党组成员、秘书长宫喜祥，中央广播电视总台党组成员、副台长阎晓明，匡廷云、郎景和、武向平、孙宝国、杨宏等 5 位院士，中国人民解放军航天员大队大队长、特级航天员景海鹏等出席活动。

特别节目以“赓续百年初心　践行科普使命”为主题，突出“建党百年”和“航天大年”，精心制作《百年科普　韶华为民》宣传片、神舟十三号飞行乘组航天员太空寄语科普中国。节目穿插《全民科学素质行动规划纲要（2021—2035 年）》讲述和现场百秒科普。

“典赞·科普中国”是由中国科协主办的一项评选年度科普典型的活动盛事，创始于 2015 年，已连续举办七届。“典赞·2021 科普中国”年度评选共有包括相关部委、央企、全国学会和省级科协等 144 家单位参与推荐，共计 1344 项参评项目。

【中国科技馆“互联 5G 时代”主题展览开幕专场活动】 9月23日，中国科技馆与中国移动联合共建的“互联 5G 时代”主题展览开幕专场活动在中国科技馆举办。中国科协党组书记、分管日常工作副主席、书记处第一书记张玉卓，中国移动通信集团有限公司党组书记、董事长杨杰，中国海洋石油集团有限公司党组书记、董事长汪东进，中国科协党组成员、书记处书记兼中国科技馆馆长殷皓，国务院国有资产监督管理委员会科创局局长荀坪，中国移动政企事业部总经理刘坚等出席活动并共同为展览揭幕。

开幕活动上，殷皓与杨杰代表展览共建双方分别致辞。殷皓表示，为贯彻落实习近平总书记关于加快发展网络强国、数字经济的系列重要论述，推动通信领域技术创新，在中国科协指导下，中国科技馆与中国移动联合共建“互联 5G 时代”主题展览。这是中国科技馆自新馆建成后首次采用馆企深度合作模式创建的常设展览。中国科技馆将按照中办、国办《关于新时代进一步加强科学技术普及工作的意见》工作部署，与更多心怀“国之大者”、怀揣科普社会责任的企业一起，持续追踪前沿科技成果，展示最新科技成就，不断推动科技资源科普化向纵深发展。

杨杰表示，党和国家始终高度重视科学普及工作。该展览是贯彻落实习近平总书记“科技创新、科学普及是实现创新发展的两翼，要把科学普及放在与科技创新同等重要的位置”重要论述的生动实践，作为全国第一个面向公众的 5G 科普体验展，不仅普及 5G 知识，也为公众描绘了中国新时代网络强国的宏伟蓝图。中国移动将继续发挥资源优势，秉持用科普的力量推动科学教育前行的初心和理念，与中国科技馆共同谱写高质量科普工作新篇章。

出席开幕活动的领导、嘉宾一同参观展览。展览以无限憧憬、追寻创新、智趣乐活、成长绽放、放飞梦想为总体思路，展现我国以 5G 技术为基础推动互联网、大数据、人工智能和实体经济深度融合，建设“数字中国”和“智慧社会”的前景。展览通过实

物展示、虚拟演示、参与互动、模拟体验等展示方式和高新技术手段，使公众多感官体验 5G 技术内涵与应用特性，沉浸式感受每一次技术迭代给人们生活带来的巨大变化，全方位展望 5G 赋能千行百业的发展趋势。

【“拥抱双碳　共赢未来”地热科普公益展】 7 月 4 日，由中国科协、中国石化集团共同主办的“拥抱双碳　共赢未来”地热科普公益展在中国科技馆开幕。国家能源局总工程师向海平，中国石化股份公司高级副总裁、国家地热能中心指导委员会主任刘宏斌，中国科协党组成员、书记处书记兼中国科技馆馆长殷皓分别致辞。开幕式由中国工程院院士、中国石化股份公司副总地质师、国家地热能中心技术委员会主任郭旭升主持。

刘宏斌在致辞中说，中国石化始终致力于为社会提供优质服务和清洁产品。中国石化将深入践行“四个革命、一个合作”能源安全新战略，主动拥抱绿色变革，积极推进化石能源洁净化、洁净能源规模化、生产过程低碳化，持续做强做优做大地热产业，持续做好地热知识普及，为我国地热产业高质量发展贡献中国石化力量。

向海平表示，2021 年国家能源局联合有关部门印发的文件中明确提出，到 2025 年地热能供暖面积相较 2020 年增长 50%，到 2035 年地热能供暖面积比 2025 年再翻一番。地热能开发利用正当其时、大有可为。希望能借科普展览等多种形式，向全社会广泛宣传地热能、新能源，营造全社会参与低碳发展的良好氛围，助力绿色低碳实现系统化、社会化、全民化，为生态文明建设、“双碳”目标实现作出积极努力。

殷皓代表中国科协和中国科技馆向地热科普公益展的开幕表示热烈祝贺。他指出，2021 年 10 月，中国科协与中国石化签署全面战略合作协议，重点围绕搭建科技人才创新创业交流平台、开展能源化工科学普及、建设世界一流学会和科技期刊、拓展国际科技交流等方面持续开展务实合作。本次展览，是落实战略合作协议的首个展览，更是为迎接 2023 年世界地热大会、助力我国实现“双碳”目标的专题展览。他希望以此次地热展为契机，让公众充分认识实现“双碳”目标的重要性，鼓励公众从自身做起、践行低碳生活方式，让绿色发展理念深入人心。

中国工程院院士、中国石化集团科协主席李阳，中国能源研究会理事长史玉波，中国地质调查局水环部副主任吴爱民，冰岛驻华使馆副馆长韩伟联(William Freyr Huntingdon-Williams)，李四光先生后人邹宗平等出席开幕式。国家能源局、中国石化集团、中国地质调查局、中国科技馆、行业协会代表及媒体记者近 100 人参加开幕。

“拥抱双碳　共赢未来”地热科普公益展于 7 月 4 日至 10 月 31 日在中国科技馆主展厅二层展出。展览以地热能的产生、开发、应用等为主线，通过搭建地球内部结构、地热能量来源以及发电、供暖、农业、养殖等场景，深入展示地热能领域科技创新成果以及为我国地热事业无私奉献的著名科学家，在普及地热能知识的同时大力弘扬科学家精神。

【2022 年度科协系统青少年科技教育活动工作研讨会】 5 月 12 日，2022 年度科协系统青少年科技教育活动工作研讨会以线上线下相结合方式召开。会议总结 2021 年工作，研究部署 2022 年重点任务，推动“一体两翼”青少年科技工作高质量发展。

中国科协青少年科技中心（中国科协科普活动中心）、中国青少年科技辅导员协会秘书处全体同志，部分省级、副省级科协分管领导，18 家全国学会、47 家省级、副省级科协青少年科技教育活动部门单位和中国公众科学素质促进联合体 17 家成员单位有关同志，共 456 人以线上线下相结合方式参会。中国宇航学会、新疆科协、宁波市科协和福建省青少年科技活动中心、江苏省青少年科技中心、浙江省青少年科技活动中心、辽宁省科学技术馆负责人作交流发言。北京青少年科技中心等 16 家单位获评青少年科技工作“五星集体”。

会议指出，青少年科技工作归根结底是“为党育人、为国育才”的工作，必须紧紧围绕贯彻落实习近平总书记重要指示批示精神和党中央决策部署，找准可为之处、实现有为之举，深耕青少年科学素质提升，为世界强国建设培养和输送源源不断的科技创新后备人才。科协系统青少年科技工作要以有靶心、有主线、有体系“三有”定向，以由“运动员”向“教练员”“裁判员”转型、由办活动向搭平台建生态转型、由传统活动组织向数字化孪生转型“三转”提能，以社会化协同、智慧化传播、规范化建设、国际化合作“四化”聚力，着力构建“品牌、平台、队伍、机制、改革、阵地”六位一体的青少年科技教育活动高质量发展工作体系。

会议强调，要着力做好八方面工作：一是积极与主流媒体合作发声，营造崇尚科学的风尚；二是主动融入“智慧科协 2.0”，提升价值引领、联系服务、品牌运营、数据治理四种能力；三是开展好“科创筑梦”助力“双减”五大行动；四是落实科技竞赛改革方案；五是在全国推广创新后备人才培养模式；六是打造“港澳台大学生暑期实习 2.0”和“一带一路”伙伴行动；七是广泛建立青少年科创体验基地体系；八是把社会化协同用好用足。

会议要求，要将讲政治、敢担当、强协同、守底线基本要求贯穿工作始终。一是要跟进学习习近平总书记重要讲话、重要指示批示精神，增强对标对表意识，提升战略思维能力，切实提高政治站位，结合青少年科技工作实际抓好党中央决策部署和中国科协工作部署的贯彻落实。二是要增强责任担当意识，提高创新思维能力，直面问题，研究问题，把握规律，破解难题，扎实完成好各项工作任务。三是要增强团结协作意识，提高系统思维能力，提升青少年科技工作体系整体效能。四是要坚持底线思维，科学预判政治、业务、疫情防控、安全生产、廉政等五大方面风险隐患，做好舆情监测处置预案，守住安全底线，以实际行动迎接党的二十大胜利召开。

【2022 年宋庆龄少年儿童未来科学日启动暨第十七届宋庆龄少年儿童发明奖颁奖仪式】 8 月 21 日，中国科协、中国宋庆龄基金会在北京启动“宋庆龄少年儿童未来科学日”，第十七届“宋庆龄少年儿童发明奖”颁奖活动同期举办。全国政协副主席、中国科协主席万钢，全国政协副主席、中国宋庆龄基金会主席李斌出席。

活动现场，万钢、李斌与中国工程院院士、中国工程院副院长钟志华，中国工程院院士、中国探月工程总设计师吴伟仁共同启动 2022 年“宋庆龄少年儿童未来科学日”。该活动旨在落实立德树人根本任务，引导青少年心怀科学梦想、树立创新志向，为实现高水平科技自立自强培育未来人才。

中国科协党组书记、分管日常工作副主席、书记处第一书记张玉卓，中国科协党组成员、书记处书记兼中国科技馆馆长殷皓，中国宋庆龄基金会党组成员、副主席井顿泉，中国宋庆龄基金会党组成员、副主席于群，中国发明协会党委书记、常务副理事长兼秘书长余华荣等出席活动。

张玉卓指出，建设科技强国，根本靠人才，希望在下一代。中国科协和中国宋庆龄基金会在提高青少年科学素养、创造性落实立德树人根本任务方面，有着共同的目标和广阔的合作空间，要切实推动双方《全面战略合作协议》各项任务落实，举办“宋庆龄少年儿童未来科学日”活动就是我们奠基科学未来、服务“国之大者”的生动实践。面向未来，要以战略合作育先机、拓新局，推动资源叠加、优势聚合，打造青少年科学教育新平台，拓展民间科技人文交流新渠道，助力社会文明程度新提升，精心培育担当民族复兴大任的时代新人，推进高水平科技自立自强，为全面建设社会主义现代化国家作出新贡献，以实际行动迎接党的二十大胜利召开。

井顿泉在致辞中表示，以习近平同志为核心的党中央高度重视科学普及和青少年工作，习近平总书记多次寄语广大少年儿童，从小学习创造，培育科学精神，努力成长为祖国的栋梁之才。中国宋庆龄基金会将深入贯彻落实习近平总书记重要贺信精神，积极践行宋庆龄“把最宝贵的东西给予儿童”的理念，与中国科协一道，积极开展青少年科普工作，努力提升青少年科学素养，为造就担当民族复兴大任的时代新人、实现中华民族伟大复兴的中国梦作出新的更大贡献。

第十七届“宋庆龄少年儿童发明奖”颁奖活动同期举办。万钢、李斌为获得金奖的青少年代表颁奖。活动还特别邀请中国工程院院士张来斌、中国科学院院士赵进东、中国科学院院士李陟等科学家现场为获奖青少年代表颁奖，让青少年近距离感受一线科学家的魅力。

“宋庆龄少年儿童发明奖”是经科技部批准、唯一以国家领导人名字命名的少年儿童科技活动奖项，列入教育部“面向中小学生的全国性竞赛活动名单”。活动举办 17 届以来，参与中小学生超过 100 万人次。第十七届“宋庆龄少年儿童发明奖”共收到来自内地（大陆）与港澳台以及马来西亚、菲律宾的 3800 余所学校 3 万余名青少年提交的 2 万余件参赛作品，共有 423 件作品获奖，其中发明作品 265 件、人工智能（编程）作品 99 件、创意作品 29 件、科技绘画作品 30 件。

结合“宋庆龄少年儿童未来科学日”启动，中国宋庆龄基金会还持续开展“给孩子们的大师讲堂”、全国青少年人工智能与编程计划、国际青少年机器人嘉年华等系列活动。

【第 54 届国际化学奥林匹克】7 月 10 日，第 54 届国际化学奥林匹克在天津市开幕。本届赛事由中国科协和天津市人民政府共同主办，南开大学、中国化学会、中国科协青少年科技中心、天津市科协承办。中国科协党组书记、分管日常工作副主席、书记处第一书记张玉卓，天津市委副书记、市长、第 54 届国际化学奥林匹克共同主席张工以视频方式出席开幕式并致辞。中国化学会理事长、中国科学院院士、第 54 届国际化学奥林匹克执行主席姚建年，南开大学党委书记杨庆山，国际化学奥林匹克竞赛指导委员会主席加伯・马扎法维（Gábor Magyarfalvi）及本届和往届优秀参赛学生代表等以线上、线下方式出席开幕式并讲话。

张玉卓指出，科技只有向上向善，才能成为时代的号角、文明的灯塔。止于至善，才能臻于至美。本届赛事旨在推动科技向善、促进开放融合，鼓励创新创造、激发科学兴趣，发现培养人才、促进基础学科教育交流合作，增进各国青少年的友谊，让更科学、更智慧、更团结的种子在全球青少年心中扎根、发芽、生长。中国科协长期致力于推动科教融合，促进公众理解科学，提升未来人才的创新能力。作为第 54 届国际化学奥林匹克的联合主办方，中国科协愿与各国同行携手合作，共促全球科技发展，增进国际科技界的信任交流，为推动构建人类命运共同体贡献智慧力量。

张工在致辞中表示，天津是中国近代工业的重要发祥地，也是现代化学化工研究和产业化的重要前沿阵地。天津将以深厚的产业基础、卓越的科研实力、开放包容的城市文化，为世界各地青年学子和化学人才创新创业搭建广阔舞台、营造良好环境。希望通过本次比赛，各国青年之间产生化学反应，建立起相互理解、心灵感通的桥梁，为共同建设一个更加美好的世界贡献一分力量。

姚建年在讲话中表示，2022 年是联合国确立的“基础科学促进可持续发展国际年”。化学作为一门实用性很强的基础学科，在过去的 200 年里为人类社会的进步和发展作出了无可比拟的贡献。相信在未来，化学将继续为社会的可持续发展、为人类更美好的生活作出更大的贡献。

7 月 10—18 日，第 54 届国际化学奥林匹克以线上线下相结合方式举办。这是该项国际赛事继 1995 年在北京举办后，时隔 27 年再次在中国大陆举办，共有 84 个国家和地区代表队参加本届比赛。

国际化学奥林匹克是世界上规模和影响最大的高中生化学学科竞赛活动，创始于 1968 年，每年举办一届。全球已有 31 个国家和地区举办过该项赛事。

【第 36 届全国青少年科技创新大赛线上展示交流活动】8 月 17 日，由中国科协、国家自然科学基金委、共青团中央、全国妇联和吉林省人民政府共同主办的第 36 届全国青少年科技创新大赛线上展示交流活动在北京启动。中国科协党组书记、分管日常工作副主席、书记处第一书记张玉卓，中国科协专职副主席、书记处书记孟庆海，国家自然科学基金委党组成员、副主任高瑞平，全国妇联副主席、书记处书记、党组成员蔡淑敏等主办单位领导和中国宋庆龄基金会副主席、党组成员井顿泉出席开幕活动。全国 31 个省、自治区、直辖市和新疆生产建设兵团的青少年和科技辅导员选手以线上线下相结合方式参加。开幕活动向青少年和全国公众同步直播，500 余万人次在线观看。

开幕活动上，吉林大学老中青三代师生表演的《百年青年说》以习近平总书记在中国共青团成立 100 周年纪念大会和中国科协“九大”“十大”上的重要讲话为蓝本，全面展示当代中国青少年自强不息、发奋图强、勇攀高峰的奋斗精神。国家话剧院一级演员张秋歌（电影《黄大年》主演）、吉林大学播音主持学院教师曲海红、吉林广播电视台新闻主播刘派、清华大学研究生傅宇杰分别演绎了黄大年、南仁东、邓稼先等前辈科学家的感人故事和崇高精神。北京大学原校长王恩哥院士、复旦大学原校长杨玉良院士、中国科学院大学副校长吴岳良院士和李四光外孙女邹宗平、钱学森之子钱永刚、邓稼先妻侄许进向青少年发出《弘扬科学家精神涵养优良学风》的倡议。

本次大赛线上展示交流活动邀请近百名来自北京大学、清华大学等重点高校和科研院所的科技工作者，包括中国青年科技奖、中国青年女科学家奖、全国创新争先奖、陈嘉庚科学奖等国家级奖项获得者和往届大赛获奖者代表，与参加活动的 624 名青少年学生和 271 名科技辅导员在线交流创新思路。同时，还组织策划了青少年线上破冰活动、“学长说——我与大赛的故事”分享会、弘扬科学家精神主题报告、涵养优良学风主题沙龙、大赛四十周年回顾展及在线答题活动等，并通过央视频、科普中国、科创筑梦等平台进行全程网络直播。

【中以青少年科技人文交流项目】 1月26日，由中国科协青少年科技中心、以色列驻华大使馆、山东省科协共同主办，科技部国际合作司提供指导的中以青少年科技人文交流项目在山东省济南市启动。中国科协专职副主席、书记处书记孟庆海，科技部副部长张广军，山东省人民政府副省长凌文，以色列驻华大使馆副大使尤瓦尔（Yuval Waks），以色列苹果籽学院首席执行官阿娜特·祖尔（Anat Tzur）以视频方式出席项目启动仪式并致辞。山东省科协等相关单位嘉宾和科技教师、学生代表现场参加活动。

孟庆海在致辞中表示，中以建交30年来，双边关系健康发展、务实合作稳步推进、人文交流日益密切。中国科协与以色列的交流合作始于2004年，基础牢固、工作务实、成效显著。站在新的历史起点，中国科协作为全球最大的科学共同体，愿意同以色列开展更大范围、更高水平、更加紧密的科学素质国际交流，加快构建以青少年交流、科技科普人才互训、工程能力互认、科教资源共享和先进技术交流为核心的合作体系，继续推动中以合作走深走实。

张广军在致辞中指出，在中以创新合作联委会机制下，创新合作日益成为两国多领域合作的桥梁和纽带。青少年交流合作是促进两国民相亲、心相通的基石，是加深中以友谊的希望。启动该项目为中以两国青少年开阔眼界、交流思想、建立友谊搭建了平台，也为增进中以科技文化互信共荣开拓了渠道。希望以此次合作为新起点，推进两国民心相通，让友好合作的薪火代代相传。

凌文在致辞中对中国科协、科技部长期支持山东省科技工作表示感谢，并指出中以青少年科技人文交流项目在山东启动，是对山东青少年科普工作、科技教育工作的肯定和支持。此次青少年科技人文交流活动的开展，不仅是中以两国之间友谊的见证，也对进一步推动中以科教合作、人文交流蓬勃发展具有重要作用。

尤瓦尔（Yuval Waks）在致辞中表示，教育合作已成为两国青少年交流不断深化的重要途径之一。此次双方合作项目与奥运会有异曲同工之妙，一方面为两国青少年提供更好的学习机会，另一方面也为双方青少年增进彼此间的友谊搭建了平台。

启动仪式后，北京大学地球与空间科学学院教授陈斌对项目的线上编程学习平台进行展示，并向中以两国青少年作《人工智能普及教育实践与探索》专题报告。

2022年是中以建交30周年，本次活动被列入中以创新合作联合委员会第五次会议配套活动，以编程教育为主题，2022年上半年组织两国青少年开展线上学习交流，共同了解人工智能领域前沿知识、体验先进科学技术，助力两国青少年科学素养提升。

【第六届“一带一路”青少年创客营与教师研讨活动】 11月15日，由中国科协、科技部、广西壮族自治区人民政府、重庆市人民政府共同主办，中国科协青少年科技中心、广西壮族自治区科协等单位承办的第六届“一带一路”青少年创客营与教师研讨活动在广西壮族自治区南宁市开幕。中国科协专职副主席、书记处书记孟庆海，广西壮族自治区政协副主席、自治区科协主席黄日波，国际科学院组织科学教育项目主席Skalli Wafa，经济合作组织科学基金会主席Seyed Komail Tayebi，非洲科学院执行理事Jackie Olang，阿拉伯联盟教科文组织科技交流中心主任Mohamed Jemni以线上、线下方式出席活动并致辞。越南、缅甸等国驻南宁总领事馆以及广西科技厅、广西教育厅、南宁市人民政府等相关负责人出席。

孟庆海表示，党的二十大描绘了中国式现代化的宏伟蓝图，开启了中国同各国发展友好合作的新篇章。为进一步拓展“一带一路”科技工程项目的科技人文交流功能，中国科协首次携手中交集团、中铁集团等20余家中国交通领域的科技工程企业，探索将海外建设工程项目作为服务当地公众的科学营地，并常态化开放。推动共建“一带一路”高质量发展，增进各国间民心相通，是“一带一路”青少年创客营与教师研讨活动的初心使命。下一步，将聚焦青少年交流、资源共建共享、伙伴基地建设、科学教师能力提升等四个主题，切实把创客营办成汇聚国际科技界力量、促进沟通交流的国际合作平台。

黄日波表示，希望通过开展“一带一路”创客营，搭建国际化交流平台，普及科学知识、传播科学思想、弘扬科学精神，提升科普公共服务能力，构建科学素质建设发展新格局，共同提高青少年的科学素质，培养科技创新发展的后备力量，促进更大范围、更深层次、更高水平的互利共赢。

Skalli Wafa、Seyed Komail Tayebi、Jackie Olang、Mohamed Jemni充分肯定创客营对“一带一路”沿线国家师生的积极影响，表示将为活动的持续举办提供支持。

开幕活动上，正式成立 4 支“一带一路”科技志愿服务团，分别是交通运输部科学研究院科技志愿服务团、中国海外建设工程科技志愿服务团、交通运输职业院校科技志愿服务团、在渝留学生科技志愿服务团。创客营期间，中国工程院院士林鸣等 500 余名国内交通领域科技工作者开展科普报告、在线答疑；中交、中铁、中国能建等 20 余家央企、国企分布在 56 个国家的 120 名海外工程科技工作者开展直播活动和线上辅导；来自交通职业院校的 64 名大学生担任“小助教”；来自俄罗斯、巴西、肯尼亚、西班牙等 16 个国家的 38 名在渝留学生担任“友好使者”，为 16 所国内外中学建立伙伴关系并指导青少年开展在线科学研讨。

开幕活动后，中国－东盟青少年科技运动会六国“云比拼”开展，来自马来西亚、印度尼西亚、菲律宾、泰国、柬埔寨等东盟国家的学生与广西学生实时连线，进行水火箭比高、纸桥承重等趣味科技竞技。

第六届“一带一路”青少年创客营与教师研讨活动以“交流互鉴·协同发展”为主题，于 9 月至 11 月以线上线下结合方式开展，通过“互动交流”“展示中国”“区域合作”“配套活动” 4 个板块，提供 300 余项学习资源，开展“与科学家对话”、科学研讨会、“少年与桥”等 33 场交流活动，开展云游中国、中国传统文化体验等近百项线上展示活动，吸引来自 74 个国家和地区的师生注册参与。首次举办中国－东盟青少年科技运动会，在东盟国家组织线下科技运动会、线上开展“同上一堂课”，有助于促进中国与东盟国家师生互学互鉴、建立友谊。

【“天宫课堂”第二课和第三课活动】 3 月 23 日，由中国载人航天工程办公室联合中国科协、教育部、科技部、中央广播电视总台共同开展的“天宫课堂”第二课地面主课堂在中国科技馆举办。神舟十三号航天员翟志刚、王亚平、叶光富在中国空间站再次为全国青少年进行太空授课。

本次活动继续采取天地互动方式进行，在中国科技馆（中国空间站科创体验基地）设置地面主课堂，在新疆乌鲁木齐市第 70 中学和西藏自然科学博物馆分别设置 2 个地面分课堂，共 344 名中小学生参加。活动通过中央电视台、中央人民广播电台、中国国际广播电台、央视新闻新媒体等平台向全球直播。截至 3 月 23 日 18 时，央视新闻新媒体端总观看量已超过 6434.5 万，相关微博话题阅读超 1 亿，登陆实时热搜第 8 位。共有来自人民日报、新华社等 28 家主流媒体参与报道。

三位太空教师在中国空间站演示了太空“冰雪”实验、液桥演示实验、水油分离实验、太空抛物实验，介绍与展示了空间科学设施，极大激发了广大青少年不断追寻“科学梦”、实现“航天梦”的热情。为充分发挥科技馆体系联动效应和科学家精神教育基地的平台优势，中国科技馆动员全国科技馆体系以“青少年学生走进科技馆”和“科技馆进校园下基层”的“双进”模式，开展“天宫课堂”全国科技馆体系联合行动。全国 150 座实体科技馆、512 个中国流动科技馆站点、408 辆科普大篷车站点和 362 所农村中学科技馆参加。在太空授课正式开始前和结束后，全国科技馆体系分别组织本地区的青少年开展航天特色科普活动，并与分会场的航天科普专家互动交流。在航天员授课过程中，所有连线场馆现场开启由中国科技馆配发的实验资源包，组织学生开展天地对比实验，同上一堂“天宫课堂”。

10 月 12 日，“天宫课堂”第三课正式开启，神舟十四号飞行乘组航天员陈冬、刘洋、蔡旭哲面向广大青少年进行太空授课，并同步进行全球现场直播。3 名航天员展示介绍了中国空间站问天实验舱工作生活场景，演示微重力环境下毛细效应实验、水球变“懒”实验、太空趣味饮水、会调头的扳手以及植物生长研究项目介绍，并与地面课堂进行互动交流。

活动中，杨利伟与中国载人航天航天员系统副总指挥、中国航天员科研训练中心正高级工程师尹锐，中国科技馆科普讲师团副团长、北京交通大学副教授陈征等专家学者带领青少年在地面同步开展相关实验，进行现场授课和互动答疑，引导青少年从天地差异中感知宇宙的奥秘、体验探索的乐趣。

为配合“天宫课堂”第三课，中国科技馆组织实施预热及延伸活动，邀请中国首飞航天员、中国载人航天工程副总设计师、国际宇航科学院院士、航天英雄杨利伟以及航天、物理、生物等领域专家，通过天地对比实验和展厅互动体验等方式，带领青少年感受天地大不同，领悟中国空间站作为国家级太空实验室的重要科研意义以及对经济发展和百姓生活所带来的影响。中国科协党组成员、书记处书记兼中国科技馆馆长殷皓出席活动并与专家学者进行交流。

该活动同步在中国科学技术馆百家号、中国数字科技馆微博、中国数字科技馆头条号、央视新闻客户端、央视新闻微博、腾讯新闻、抖音、快手、头条等主流媒体平台直播。截至10月12日，直播活动在各平台观看总量超过3000万人次。

外事活动

【中国科协与印尼海洋与投资统筹部签署合作意向书】 当地时间7月9日，中印尼高级别对话合作机制第二次会议期间，在国务委员兼外长王毅和印尼对华合作牵头人、海洋与投资统筹部部长卢胡特共同见证下，外交部部长助理吴江浩代表中国科协同印尼海洋与投资统筹部副部长乔迪在巴厘岛共同签署了《中国科学技术协会与印度尼西亚共和国海洋与投资统筹部关于海洋科技领域的合作意向书》(以下简称“合作意向书”)。

合作意向书积极落实中印尼高级别对话合作机制下双方达成的关于加强海上合作的共识，着力推动双方海洋科技领域合作。合作意向书主要内容包括：共同开展“印尼国家海洋人工智能平台”建设、推动中国与印尼海洋产业在数字化领域的全面合作等。

“印尼国家海洋人工智能平台”项目旨在提高数字化技术在印尼渔业捕捞和保护领域的应用能力，并为中印尼未来在其他智慧海洋领域开展合作提供基础平台。该项目已纳入中印尼高级别对话合作机制第二次会议成果清单，拟于2023年开始逐步实施，将丰富中印尼海上合作内涵，助力构建双边关系“四轮驱动”新格局。

【中国科协与新加坡工程师学会签署谅解备忘录及工程师互认协议】 6月30日，中国科协与新加坡工程师学会谅解备忘录及工程师互认协议签约仪式以视频连线方式举办。这是中国科协首次与工程师多边互认协议成员组织签署双边互认协议，表明中国工程师能力评价体系得到多边协议重要成员的认可，对中国科协申请加入有关多边协议将起到积极推动作用。

中国科协党组书记、分管日常工作副主席、书记处第一书记、中国工程师联合体理事长张玉卓，新加坡工程师学会主席钟德旋(Dalson Chung)分别在北京主会场和新加坡主会场出席仪式并致欢迎辞。新加坡贸易与工业部政务部部长刘燕玲(Low Yen Ling)，中国驻新加坡大使孙海燕，世界工程组织联合会前任主席龚克，中国工程师联合体副理事长兼联席秘书长何华武，新加坡工程师学会荣誉主席、外联委员会主任、特许工程师委员会主席陈成川(Tan Seng Chuan)出席仪式并致辞。中国工程教育专业认证协会理事长、西安交通大学校长王树国在西安分会场出席仪式。签约仪式由中国科协党组成员兼国际合作部部长、中国工程师联合体副理事长兼联席秘书长罗晖主持。

张玉卓在欢迎辞中指出，中国科协与新加坡工程师学会的合作见证了中国科技界与各国同行交融合作、共同创造科技奇迹的历程。他对双方深化工程能力建设领域务实合作提出三点建议：一是共同推动工程科技成果转化应用，探索工程科技成果惠及人民、服务可持续发展的有效机制和模式；二是合作培养卓越工程科技人才，探索激励人才成长的有效机制，塑造人才引领工程科技发展的新格局；三是深度参与工程领域全球交流合作，加强信息交流与分享，为世界工程科技创新合作注入新动能。

钟德旋在欢迎辞中表示，新加坡工程师学会与中国科协有相同的目标和理念，都希望通过促进科学、工程、技术的发展，更好地增进人民福祉、提高人才能力、服务经济发展。此次工程师互认协议的签署是推动中新两国工程师自由流动的积极举措，是双边合作新的出发点。希望双方以此为契机，逐步推动在更多领域的合作落地，更好地为人类社会进步作出贡献。

刘燕玲、孙海燕、龚克、何华武、陈成川等嘉宾分别向协议的签署表示祝贺。他们表示，中国科协与新加坡工程师学会两份协议的签署，迈出了双方合作具有创新意义的重要一步，标志着双方在工程能力建设领域的务实合作迈上新台阶，丰富了与时俱进伙伴关系的内涵。希望双方秉承开放、信任、合作的理念，深化科学、技术、工程领域合作，促进两国工程师交流，让“工程师红利”为两国人民带来更多的民生福祉，为实现联合国可持续发展目标、推动构建人类命运共同体作出更大贡献。

张玉卓、钟德旋代表双方签署《中国科协与新加坡工程师协会谅解备忘录》。按照谅解备忘录，双方将促进和扩大在科学、技术和工程等领域的合作。

中国工程师联合体常务副秘书长郑凯与新加坡工程师学会特许工程师委员会主席陈成川分别代表联合体和新加坡工程师学会特许工程师委员会签署了《中

国工程师联合体注册专业工程会员／注册资深工程会员与新加坡工程师学会注册特许工程师／注册资深特许工程师互认协议》。按照互认协议，双方对各自在工程能力评价标准、评估程序和质量保障体系的实质等效性达成共识。

教育部教育质量评估中心、工信部国际合作司、中国科协国际合作部、中国科协培训和人才服务中心、中国工程师联合体、中国工程教育专业认证协会、新加坡工程师学会有关负责人出席视频签约仪式。

【张玉卓与美国科促会执行主任苏迪普·帕里克举行视频会谈】 3月1日，中国科协党组书记、分管日常工作副主席、书记处第一书记张玉卓与美国科学促进会执行主任、*Science* 系列期刊执行出版人苏迪普·帕里克（Sudip Parikh）举行视频会谈。中国科协党组成员、书记处书记束为，中国科协党组成员、国际合作部部长罗晖，中国科协办公厅、国际部有关负责同志，美国科促会行政和对外事务、政府事务、项目事务、国际事务主要负责人参加会谈。

会谈中，双方回顾了中国科协与美国科促会过去四十多年的友谊与合作成果。张玉卓指出，长期以来，两会在科技期刊、科研诚信、科学教育、科技政策、学术交流等诸多领域的交流与合作取得积极进展，是两国科技界信任和友谊的标志。帕里克表示，中国科协与美国科促会建立了长期的伙伴关系，联系着两国科学和工程界最优秀的人才，期待双方未来合作解决世界面临的共同挑战。

双方就促进公众对科学技术的理解和参与，推动科研诚信、学术标准和科学道德建设，深化科技政策领域的交流与合作，支持女性参与科技与工程，加强科技期刊合作，促进学术交流及人员往来等交换了意见，同时表达了进一步加强沟通、增进两国科技界开放与信任、推动务实合作的意愿。

会谈结束后，张玉卓与帕里克共同续签了《中国科学技术协会与美国科学促进会合作谅解备忘录》。

美国科促会成立于1848年，是世界上最大的非营利性、综合性民间科学组织之一，也是《科学》系列科技期刊的出版机构。中国科协与美国科促会于1978年正式建立联系。2007年，两会签署合作谅解备忘录，并于2016年续签。

【罗晖会见韩国驻华使馆公参李镇守一行】 10月21日，中国科协党组成员兼国际合作部部长罗晖在北京会见了来访的新任韩国驻华使馆科学技术和信息通信公使衔参赞李镇守一行。双方就推动中韩民间科技人文交流工作深入交换意见。

罗晖对李镇守一行来访表示欢迎，并向其简要介绍了中国科协情况，并就组织开展中韩民间科技人文交流与韩方交流了意见。罗晖指出，习近平主席高度重视中韩关系发展，今年恰逢中韩建交30周年，中国科协愿同韩国的科技组织保持和发展密切合作，持续为两国科技界搭建对话交流的平台。希望今后继续围绕科学家、青年科技工作者、工程师、青少年等群体进一步深化交流合作，推动两国科技界携手合作，共同为科技造福人类、促进全球可持续发展贡献智慧。

李镇守感谢中国科协的邀请和接待。他表示，中国科协的各级组织联系着广大的科技工作者，在科技界有很强的动员力和号召力。韩中两国在科技创新、成果转化、青少年科技教育等方面有很多共通点。恰逢韩中建交30周年，科技交流与合作也处在重要节点，希望今后与中国科协及其所属的各类组织开展更多领域的交流与合作。

罗晖和李镇守还就两国科技创新体系、青少年STEM教育、现代科技馆体系建设等话题进行了探讨。双方愿积极推动两国科技界早日恢复线下互访交流。

韩中科学技术合作中心首席代表徐幸我，中国科协国际合作部、中国国际科技交流中心有关负责人一同会见。

港澳台

【第二届BEYOND国际科技创新博览会开幕式】 9月21日，由澳门科技总会主办，商务部外贸发展事务局、国务院国资委规划发展局、工信部国际经济技术合作中心、生态环境部对外合作与交流中心、中国国际科技交流中心、中华医学会、中国电子商会合办的第二届BEYOND国际科技创新博览会开幕，中国科协主席万钢以视频方式发表致辞。

万钢表示，新一代人工智能伴随着大数据、区块链、无线互联等新兴技术加速创新，在与实体经济和社会民生需求的紧密结合中不断催生出新的产业和应用场景。为更好地利用新技术和新模式服务高质量发展，一是要坚持创新引领，抓住新一轮科技革命和产业变革的机遇，加强基础性、原创性、引领性科学研究，持续加速科学、技术、产业的系统性变革，以科技创新增进人类福祉、实现高质量发展。二是要强化跨界融合，牢牢把握跨界融合发展态势，加速开源共享、相互借鉴、循序发展，构建线上与线下相协同、数字与实体相融合的体系，推动科研力量和创新要素优化配置，不断创造新的经济和社会价值。三是要促进开放合作，持续倡导无国界、无障碍、无歧视的开放科学精神与理念，促进科学思想和知识的交流，激发技术创新的活力，推动全球科技界共同应对人类社会发展的新机遇新挑战。

世界顶尖科学家协会主席、中以海德创始人 Roger Kornberg，中国建筑集团有限公司董事长郑学选，西湖大学校长、中国科学院院士施一公，宁德时代创始人、董事长兼 CEO 曾毓群，高瓴创始人张磊，默克中国总裁、默克电子科技执行副总裁安高博，滴灌通集团创始人、主席李小加等国内外科学家、企业家及重要科技组织负责人分别围绕生命科学、可持续发展、消费科技三个领域作主旨演讲。

本次博览会以“What's Next”为主题探讨与展望科技创新未来，围绕投融资、消费科技、可持续发展、生命科学、Web3 设立 5 个行业峰会，吸引全球超 20000 名科技创新追求者及 500+ 海内外科技企业参展。作为博览会重要内容，由中国国际科技交流中心、澳门科技总会主办的前沿科技展览和创新“新科技”展览组织展示了 60 家国内外一流科研院所、企业的最新项目和产品。

【万钢会见香港工程科学院院长潘乐陶】 9 月 9 日，全国政协副主席、中国科协主席万钢在北京会见香港工程科学院院长潘乐陶及其夫人、香港特别行政区前律政司司长郑若骅。双方就科技创新与成果转化、青年工程师教育培养、工程师国际化等内容进行深入交流。

万钢对潘乐陶携夫人来访表示欢迎，介绍了中国科协历史沿革与事业发展情况，高度评价了香港工程科学院对香港创科发展、工程业界创新及推动香港与内地科技交流合作等方面取得的工作成果。他指出，中国科协始终坚持开放、信任、合作的办会理念，大力推动“科普中国”“科创中国”“智汇中国”服务平台建设，努力打造有温度、可信赖的科技工作者之家，希望双方保持密切联系，形成思想共识、资源共享、优势互补，在学术交流、科学普及、工程师教育培养及工程师国际化等方面不断深化合作，在工程领域打造“一国两制”合作新示范，促进香港融入国家发展大局。

潘乐陶对中国科协长期以来对香港工程科学院工作的支持表示感谢。他表示，香港工程科学院作为推动香港工程科技发展、提升业界专业水平等方面的重要机构，希望与中国科协共同推动香港与内地工程界深化合作，打造大湾区工程业界交流平台，加强工程师教育培养和制度创新，推动大湾区工程师资格互认与执业流动，携手开展工程领域国际合作，促进香港国际创科中心建设、融入粤港澳大湾区全面发展。

中国科协党组成员兼港澳台办公室主任罗晖，中国科协科学技术创新部负责人参加会见。

【“时代精神耀濠江”系列活动】 12 月 28 日，“时代精神耀濠江”系列活动在澳门全面展开。

活动期间，面向澳门大学与澳门科技大学学生、澳门当地中小学生、澳门青年科技工作者、澳门科技企业代表等，通过主题展览、话剧演出、专家报告等形式，立体呈现百年来中国科技工作者投身科学救国、科技报国、兴国、强国伟大事业的感人故事，集中展示党的十八大以来，在以习近平同志为核心的党中央坚强领导下，内地和澳门科技工作者踔厉奋发、勇攀高峰的创新自信和非凡成就，激发广大澳门市民以及青少年的民族自豪感和自信心，深化澳门与内地科技交流合作，促进大湾区科技创新发展。

28 日上午，作为“时代精神耀濠江”系列活动的重要组成部分，百年中国科学家主题展开幕仪式在澳门中国与葡语国家商贸合作服务平台综合体举行。

开幕仪式上，澳门特别行政区政府教育及青年发展局副局长丁少雄，中央人民政府驻澳门特别行政区联络办公室经济部代表刘晖，澳门科学技术协进会会长崔世平，上海交通大学党委常委、宣传部部长胡昊，澳门科技大学校长李行伟，澳门大学校长办公室主任汪琪，澳门科技总会会长贺建东，澳门科学馆馆长邵汉彬共同为展览揭幕。中国科协分管日常工作副主席、书记处第一书记张玉卓作视频致辞。

张玉卓在致辞中指出，党的二十大报告对发展壮大爱国爱港爱澳力量、增强港澳同胞的爱国精神、形成更广泛的支持“一国两制”统一战线提出明确要求。祖国的繁荣昌盛，是澳门的底气所在，也是澳门的机遇所在。事实证明，澳门科技界始终具有科技报国、科技强国的高尚情怀，国家科技事业发展则为澳门科技界实现抱负、施展才华提供了最大舞台。澳门

具有中西文化交汇、国际化水平高、服务体系完备的优势，可在源头创新、集聚人才、国际合作、科技中介等方面发挥独特作用。中国科协也将尽己所能，进一步推动对澳门科技界的开放信任合作，助力澳门科技界更好融入国家发展大局，共享尊严荣耀、共担责任使命，为实现国家高水平科技自立自强增添新动能、注入新动力。希望以本次活动为契机，在澳门社会进一步弘扬科学家精神、普及科学知识、激发创新热情，汇聚起融入国家发展大局和大湾区科创高地建设的磅礴力量，努力将“爱国、创新”打造成新时代“一国两制”澳门实践的靓丽名片。

百年中国科学家主题展以科学家精神内涵为框架，设立以爱国、创新、求实、奉献、协同、育人为主题的六部分展区以及相关专区和专题，通过展示科学家使用过的物品、书信等实物，将“两弹一星”精神、西迁精神、载人航天精神、探月精神等融入其中，立体呈现百年来科技工作者投身科学救国、科技报国、兴国、强国伟大事业的感人故事。展览含图片 310 余张、近百件套实物，讲述了 160 余位科学家的故事。

除基础展览外，本次主题展有三个特点：一是全方位展示嫦娥五号探月成就，展览开辟专区展示嫦娥五号返回舱降落伞，以及嫦娥五号着陆器、返回器、上升器、轨道器“四器合一”模型等；二是体现澳门科技成就，展览设置澳门科技事业发展与成就专区，展出了澳门爱国科学家和澳门回归后的科学成就等图文资料；三是注重与青少年互动，展出了鹊桥中继卫星、港珠澳大桥建造、青蒿素提取、“复兴号”高铁对接装置、科学家手模等反映我国科技事业伟大成就的互动展品。展览于 2022 年 12 月 29 日至 2023 年 1 月 7 日向澳门公众开放。

28 日下午，中国工程院院士、中国交通建设股份有限公司总工程师、上海交通大学讲席教授林鸣在澳门科学馆天文馆，为澳门当地学生、澳门青年科技工作者以及科技企业代表等进行宣讲。作为港珠澳大桥岛隧工程项目总工程师，林鸣以“科教兴国推动中国建造”为主题，围绕科教兴国战略的提出和内涵、以科教兴国推动港珠澳大桥建设、坚持科教兴国迎接“后港珠澳大桥”时代新机遇等三个方面讲述了科教兴国战略带来的大发展。

林鸣对现场同学提出了殷切希望。他表示，面向未来，拥有更为精深的专业能力，能够带来独特优势；注重学习和研究管理，培养系统思维能力，有助于作出杰出的成就；培养学习能力，做好终身学习的准备，就能拥有未来。

28 日晚，“共和国的脊梁——科学大师名校宣传工程”首次在澳门巡演，上海交通大学原创话剧《钱学森》在澳门大学亮相。

从 2012 年初创到 2022 年改版，话剧《钱学森》已经走过整整十个年头。话剧以钱学森在交通大学求学时期将人生理想从“交通救国”转向“航空救国”、在美国留学期间坚持求真务实的治学精神、在新中国成立以后冲破美国政府的重重阻碍回国投身国防科技事业以及带领第一代“航天人”成功发射东风二号甲导弹等一系列历史事件为主线，以钱学森与夫人蒋英的爱情故事为副线，生动演绎了科学大师钱学森的人生经历，鲜活展现了钱学森的爱国之心、求真之志、奉献之情、创新之魂。

本次《钱学森》赴澳门巡演，也是该剧全新改版后首次公开亮相。作为校园话剧，为更真实全面地展现钱学森形象，新版话剧补充了许多钱学森生平的重要信息，让这位“人民科学家”更加贴近学生的生活。观众可以在新版话剧中看到诸如钱学森在交大求学期间著名的“96 分试卷”、参加文化社团、吹中音号、读科学社会主义著作产生思想变化等新内容。

2022 年是享誉海内外的杰出科学家、中国航天事业奠基人钱学森诞辰 111 周年纪念日，也是中国载人航天工程立项 30 周年。上海交通大学与主办方携手策划了“爱国知识分子的杰出典范——钱学森生平事迹展”，配合话剧演出在澳门大学展出。

“时代精神耀濠江”系列活动由澳门特别行政区政府、中央驻澳门特别行政区联络办公室、中国科学技术协会、国家航天局、中国航天科技集团联合主办，国家航天局新闻中心、中国科学技术馆、中国科学技术出版社有限公司、中国科协科学技术传播中心、上海交通大学、澳门科学技术协进会、澳门科技总会、澳门大学、澳门科技大学承办。

【徐延豪率中国科协代表团赴澳门出席当代杰出华人科学家公开讲座等活动并进行工作访问】 9 月 20—23 日，应澳门科学技术协进会邀请，中国科协党组副书记、全国人大常委会委员徐延豪率代表团赴澳门出席当代杰出华人科学家公开讲座、海峡两岸暨港澳协同创新论坛、全国科普教育基地和科学家精神教育基地授牌仪式等活动并进行工作访问。中国科普研究所、中国国际科技交流中心、宣传文化部、港澳台办公室负责人随团访问。

在当代杰出华人科学家公开讲座开幕式上，徐延豪指出，国家科技事业的蓬勃发展为澳门科技界特别是澳门青年实现抱负、施展才华提供了最大的舞台。他鼓励澳门科技人才心怀“国之大者”，弘扬爱国、奋斗精神，求真求实，勇攀科技高峰，展现新时代中国精神和中国力量，服务澳门所需、国家发展和民族振兴。希望澳门青年崇尚科学、学习科学，弘扬科学精神和科学家精神，积极投身科技事业，将人生理想融入服务国家发展大局。他表示，中国科协将继续推动内地与澳门科技人文交流，在学术、科普、科创、智库及青少年培养等多方面深化务实合作，共同促进澳门科学文化传播、公众科学素质提升，以科技创新助力澳门经济适度多元发展，服务高水平建设横琴粤澳深度合作区。

在海峡两岸暨港澳协同创新论坛开幕式上，徐延豪希望借助“协同创新”论坛平台，海峡两岸暨港澳协同创新联盟进一步凝聚开放、信任、合作的价值共识，加强组织建设，充分讨论、争鸣共享、增进友谊，促进海峡两岸暨港澳科技界合作共赢、融合发展。他表示，中国科协将充分发挥开放型、枢纽型、平台型组织优势，持续支持海峡两岸暨港澳协同创新联盟发挥作用，推动海峡两岸暨港澳科技组织密切联系，持续向港澳台地区开放“科创中国”服务平台优质资源，搭建多形式多渠道的产学研金深度融合共享平台，共同应对各种风险挑战，在开放合作中提升创新能力，共促发展、共享成果。

在澳门科学馆全国科普教育基地和科学家精神基地授牌仪式上，徐延豪表示，中国科协将持续支持澳门科学馆推动两个基地建设，深入开展科学普及，大力弘扬科学家精神，服务澳门创新发展。他希望，澳门科学馆加强与内地合作，充分发挥科普场馆特色优势，以爱国爱澳为价值引领，进一步延展服务内容、扩大服务范围，创新现代化传播方式方法，加强优质产品研发和应用推广，把科普工作融入服务澳门公众需求和澳门科技创新发展，让科学家精神激励引导科技工作者和青少年为澳门经济适度多元发展、澳门融入国家发展大局贡献力量。

在澳门大学（澳门中小学生科技实践基地）全国科普教育基地授牌仪式上，徐延豪表示，中国科协将持续加强与澳门大学的合作，支持澳门地区科学普及工作，共同促进澳门公众科学素质提高，服务澳门科技创新、经济适度多元发展。他希望澳门大学发挥自身特色和优势，涵养优良学风，强化澳门科技人才培育，加强科普能力建设，推动科技创新与成果转化，在服务澳门融入粤港澳大湾区建设和国家发展大局中作出新的贡献。

在澳门举办当代杰出华人科学家公开讲座、海峡两岸暨港澳协同创新论坛及创建全国科普教育基地和科学家精神教育基地等工作，是中国科协与澳门特区政府科技交流合作委员会2022年重点工作安排，由双方共同商定、推动，是中国科协推进与澳门科技交流合作、支持澳门科技创新和经济适度多元发展的重要措施。2022当代杰出华人科学家公开讲座由中国科协与澳门科学技术协进会共同主办，邀请“火山院士”刘嘉麒和“造纸院士”陈克复两位科学家作主旨报告；邀请韩喜球、贾卫华两位教授走进澳门社区，为科普工作者培训暨珠澳科技创新大讲堂作专题报告。同时，开展院士、专家走进澳门镜湖护理学院、培道中学、濠江英才学校、劳工子弟校、镜平中学、岭南中学等学校，宣传祖国科技事业的创新发展和科学家精神，引导澳门公众特别是青少年崇尚科学、学习科学、投身科技事业。

海峡两岸暨港澳协同创新联盟由中国产学研合作促进会、香港产学研合作促进会、澳门科学技术协进会、台湾玉山科技协会共同发起成立。2022年海峡两岸暨港澳协同创新论坛由联盟和澳门科学技术协进会共同主办，广东省科学技术协会联合主办，中国科协港澳台办公室、澳门中联办经济部和澳门特区政府经济及科技发展局、贸易投资促进局、金融管理局等单位共同支持。论坛以金融科技协同创新发展为主题，旨在探讨金融科技创新发展新机遇、促进澳门产业多元与升级、搭建海峡两岸暨港澳金融科技的交流及对接平台。

2022年上半年，中国科协认定800家单位为2021—2025年全国科普教育基地。2022年5月，中国科协会同教育部、科技部、中国科学院、国防科工局等7部委联合发布首批140家科学家精神教育基地。澳门科学馆入选全国科普教育基地和科学家教育基地，澳门大学（澳门中小学生科技实践基地）入选全国科普教育基地。

在澳门期间，徐延豪还与澳门特区政府经济财政司司长李伟农、社会文化司司长欧阳瑜进行了会谈；调研澳门大学、澳门科学馆等机构；与澳门中联办有关负责人，澳门科技社团、高校负责人，中国科协“十大”澳门特邀代表等围绕澳门科学普及、科技人才培养与引进、青少年教育及科技助力澳门经济适度多元发展等进行交流。

【中国科协与澳门特区政府科技交流合作委员会第三次会议】 5 月 11 日，中国科协与澳门特区政府科技交流合作委员会（以下简称“委员会”）第三次会议在北京和澳门以视频方式召开。会议由委员会共同主席、中国科协党组成员兼港澳台办公室主任罗晖，澳门特区政府经济及科技发展局局长戴建业主持。中央政府驻澳门联络办公室经济部副部长杨皓讲话。来自中国科协和澳门特区政府、高校和科技组织的 20 余位委员出席会议。

会议审议了委员会共同主席、委员、工作机制调整事项，总结了 2021 年委员会工作，研究讨论了 2022 年重点工作计划及 2023 年初步工作计划。

罗晖在会议总结中指出，2021 年，委员会推动《澳门特别行政区政府　中国科学技术协会合作框架协议》落实，推动澳门与内地的学术交流、科学普及、科技创新、人才发展及青少年科学教育等交流合作取得积极成效。特别是 2021 年 12 月中国科协分管日常工作副主席、书记处第一书记张玉卓率代表团访问澳门，与特区政府贺一诚行政长官会晤，达成一系列共识，有力地推动了双方深化合作。罗晖强调，2022 年委员会的重点工作是要认真贯彻落实中央的决策部署，坚持“国家所需、澳门所长”，支持澳门融入国家重大战略，支持粤澳共建横琴深度合作区，促进澳门经济适度多元发展；要进一步推进中国科协服务澳门重点工作与特区政府施政计划相衔接，推动“科普中国”“科创中国”“智汇中国”服务平台向澳门拓展；要共同团结澳门科技工作者服务澳门创新发展，推动内地与澳门工程师资格互认，开展澳门大学生暑期内地实习活动，搭建澳门科技人才成长和融入国家发展的平台；要大力弘扬中国科学家精神，鼓励澳门科技界特别是青少年投身国家科技事业；要发挥澳门多元文化优势，打造联通内地、面向国际的交流平台。

戴建业对中国科协在过去一年对澳门科技创新发展的重视和支持表示感谢。他表示，期待未来与中国科协共同努力推动合作事项的落实，双方合作领域日益拓展、合作机制更加完善、合作水平不断提升，在共同服务澳门创新发展、服务国家发展大局中取得更加丰硕的成果。

中国科协与澳门特区政府于 2018 年 11 月签署《澳门特别行政区政府　中国科学技术协会合作框架协议》，建立会商制度，成立中国科协与澳门特区政府科技交流合作委员会，由中国科协港澳台办公室和澳门特区政府经济及科技发展局牵头负责，由中国科协组织人事部、宣传文化部、科学技术创新部、科学技术普及部、港澳台办公室、创新战略研究院、中国科技馆、青少年科技中心、企业创新服务中心、中国国际科技交流中心、培训和人才服务中心，以及澳门特区政府经济及科技发展局、教育及青年发展局、贸易投资促进局、科学技术发展基金、澳门科学技术协进会、澳门大学、澳门科技大学、澳门科学馆等有关负责人担任委员。委员会建立工作协调机制，共同推动澳门与内地在学术、科普、人才、双创等方面的交流合作。

【2022 海峡两岸暨港澳青年未来发展论坛】 11 月 12 日，2022 世界青年科学家峰会海峡两岸暨港澳青年未来发展论坛在浙江省温州市举办。中国科协党组成员兼港澳台办公室主任罗晖视频致辞。浙江省温州市委常委、统战部部长汪驰，浙江省科协党组成员、副主席张笑钦出席活动并致辞。

罗晖表示，中国科协作为科技工作者的组织，一直高度重视对港澳台青年科技人才的联系服务，持续推动海峡两岸暨港澳科技人文交流合作，为港澳台青年科技人才到内地（大陆）学习、就业、创业等创造条件、提供便利。她希望与会代表深入交流研讨、互学互鉴；发扬科学家精神，把个人理想融入国家发展；勇于开拓创新，努力成为加快建设世界重要人才中心和创新高地的开路者和主力军，共同为香港、澳门长期繁荣稳定，为增进台湾同胞福祉、两岸融合发展，为实现中华民族伟大复兴贡献新生力量。

中国农业大学原校长柯炳生，香港理工大学校长、中国科学院院士滕锦光，澳门大学校长宋永华作主旨演讲；香港海外学人联合会荣誉会长阎洪、澳门科技大学计算机科学与工程学院助理院长李建庆、南宁师范大学环境与生命科学学院教授梁洲辅作主题发言；商汤科技联合创始人兼主任工程师徐持衡、香港科技协进会副会长李德豪、福建农林大学林学院副教授张玮尹等优秀青年代表围绕“共创共赢，青春这

YOUNG 行”主题开展对话。

海峡两岸暨港澳青年未来发展论坛作为世界青年科学家峰会的重要活动之一，由中国科协和浙江省人民政府共同主办，以“共汇发展 同话未来”为主题，旨在为内地（大陆）与港澳台青年搭建开放、包容、协同的交流平台，汇聚青年科技英才智慧，共谋高质量发展，同创美好未来。论坛设置主旨报告、主题演讲、青年对话、交流调研等环节，中国科协有关部门单位负责人、港澳台青年代表、部分全国学会、地方科协代表等共 50 余人参加论坛。

【第二十四届中国科协年会港澳台科技工作者圆桌对话】 6 月 26 日，第二十四届中国科协年会港澳台科技工作者圆桌对话在湖南省长沙市举办。圆桌对话围绕加强内地（大陆）与港澳台科技界交流合作，为港澳台科技工作者融入内地（大陆）发展创造条件、提供服务，探索支持建立服务港澳台科技工作者的组织体系等内容交流研讨。港澳台科技工作者代表、中国科协有关部门单位、部分全国学会、地方科协负责人共约 40 人以线上线下相结合方式参加圆桌对话。中国科协党组成员兼港澳台办公室主任罗晖主持会议并讲话。

中国科协第十届全国委员会常委、澳门大学校长宋永华，中国科协第十届全国委员会委员、澳门科学技术协进会会长崔世平，中国工程院院士、澳门科技大学荣誉校长刘良，香港致公协会理事长、江西师范大学地理与环境学院院长林珲，中国科协“十大”香港特邀代表、华众联创设计顾问（横琴）有限公司总经理闫澍，暨南大学环境与气候研究院教授、名誉院长刘绍臣，中国科协“十大”台湾特邀代表、南京伊诺光点创梦基地创始人钱振汉等作重点发言。专家们认为，海峡两岸暨港澳科技界要凝聚共识、同心协力，拓展学术、科普、智库、创科及青少年等交流合作内涵，探索推动科技融合、人才融合、产业融合等务实路径，在共同服务港澳台地区发展与融入国家大局中凝结更加丰硕的成果。

中国科协有关部门负责人介绍了科协平台建设、港澳台会员服务、代表建议落实和工程师互认等情况。中国化学会、中国机械工程学会、中国计算机学会、中国营养学会，以及广东、福建、江苏省科协有关负责人从各自业务领域介绍了联系服务港澳台科技工作者的情况。

罗晖表示，中国科协把加强与港澳台地区科技交流写入章程，作为重点工作部署。科协组织将认真总结港澳台科技工作者的意见建议，立足实际，聚焦重点关切问题开展务实合作；凝聚融入国家发展的思想共识，大力弘扬科学精神和科学家精神，鼓励港澳台科技界特别是青少年投身国家科技事业；打造服务港澳台科技工作者平台，强化工程师国际互认合作，促进港澳台科技工作者融入国家发展大局。

本次港澳台科技工作者圆桌对话由中国科协和湖南省人民政府共同主办，中国科协港澳台办公室、中国国际科技交流中心和湖南省科协承办。

【2022 年港澳台青年科技人才国情研修班】 8 月 27 日，2022 年港澳台青年科技人才国情研修班在浙江省嘉兴市开班。中国科协党组成员兼港澳台办公室主任罗晖，浙江省科协党组书记、副主席谢志远，嘉兴市委副书记、政法委书记帅燮琅出席开班式并讲话。

罗晖在讲话中介绍了中国科协的发展历程，系统介绍了 2022 年的重点工作。罗晖表示，中央政府支持港澳地区融入国家重大战略，推动“一国两制”新实践新示范，重视两岸高质量发展，一系列惠台政策让台湾同胞分享祖国发展机遇。中国科协高度重视港澳台科技界交流合作，把加强与港澳台地区科技交流写入章程，在共同开展学术交流、科技创新、科学普及、青少年科技活动、工程能力互认等方面开展了广泛交流。举办本次国情研修班，目的是进一步增强港澳台青年科技人才融入国家发展的共识，进一步了解国情，深化合作基础。

为使学员准确理解中央的港澳台工作方针政策，开班式上特别邀请国务院港澳办有关部门负责人作专项政策报告。开班式前，港澳台青年科技人才代表们参观了南湖革命纪念馆、参访清华长三角研究院，了解嘉兴市人才政策。

本次研修班由中国科协主办，中国科协港澳台办公室、中国国际科技交流中心和浙江省科协承办。港澳台青年科技工作者及部分全国学会、地方科协代表约 60 人参加，其中香港 11 人、澳门 9 人、台湾 12 人。港澳台学员大多来自高校、科研院所和有关科技组织，其余为科创企业的青年科技人才。本次研修班是中国科协首次针对港澳台青年科技人才举办的国情研修班，设置了专题讲座、政策解读、交流讨论和实地参访。培训期间，学员先后在嘉兴市和杭州市学习及参访。

党　建

【**中国科协党史学习教育总结会议**】1月6日，中国科协以“众心向党　自立自强——团结引领科技工作者赓续伟大建党精神，奋力开启全面建设社会主义现代化国家新征程”为主题，在北京召开党史学习教育总结会议，总结宣传科协系统开展党史学习教育的创新做法和生动实践，巩固拓展学习教育成果。中国科协党组书记、分管日常工作副主席、书记处第一书记、党史学习教育领导小组组长张玉卓作总结讲话。中央党史学习教育第二十五指导组组长段余应出席会议并讲话。中国科协党组副书记、党史学习教育领导小组副组长徐延豪主持会议。

会议认为，在全党开展党史学习教育，是党中央立足百年党史新起点、着眼开创事业发展新局面作出的一项重大战略决策。中国科协党组把党史学习教育作为践行“两个维护”的重大政治任务，坚决扛起政治责任，强化统筹部署，坚持“一体两翼”协同，突出分类指导，层层压实责任，做到机关直属单位、全国学会、地方科协同部署同推进，推动党史学习教育全覆盖、活起来、沉下去，确保党史学习教育取得预期成效，科协系统广大党员干部经受了一次全面深刻的政治教育、思想淬炼、精神洗礼。

会议指出，中国科协始终把夯实党在科技界的执政基础作为首要政治任务，注重用好红色资源，深化价值引领。科学家精神进入中国共产党人精神谱系，进一步激发科技界以身许党、忠于国家和人民的信念担当。科协系统大力弘扬科学家精神，润物无声强化思想政治引领，通过宣传阐释习近平新时代中国特色社会主义思想引导科技工作者明理增信，通过弘扬科学家精神引导科技工作者崇德力行，引导科技工作者传承伟大建党精神、赓续红色血脉，筑牢科技界共同思想基础。

会议强调，学史，为明理、为增信、为崇德、为力行，归根结底是为人民。中国科协坚守为民情怀，聚焦急难愁盼，按照“为科技工作者办实事”“组织科技工作者为基层群众办实事”“为身边干部职工办实事”三个维度开展“我为群众办实事”实践活动。科协系统聚焦“一老一小”等重点群体，聚焦破解“硬骨头”问题，聚焦服务高质量发展，为科技工作者服务基层搭建平台，两翼并举全面提升团结服务效能，为群众办实事 3900 余项，解决人民群众急难愁盼问题 1 万余项，创造性开展了一大批学党史悟思想的特色活动，形成很多办实事典型案例，切实推动学习教育成果转化成为民服务的生动实践。

会议要求，将党史学习教育作为党组织的永恒课题和党员的终身任务，深入学习领会习近平总书记重要讲话和批示指示精神，以永不懈怠的精神状态巩固拓展党史学习教育成果。要持之以恒立根铸魂，强化党的创新理论武装，不断增强在百年未有之大变局中推进群团发展理论创新、实践创新能力，团结引导科技工作者听党话、跟党走，夯实党的执政基础。要持之以恒凝心聚力，充分发挥科技人才第一资源作用，把实现科技人才价值作为科协组织最大的价值，把党的关怀送到科技工作者中去、送到人民群众中去，充分发挥科技工作者的主体作用，千方百计激发科技工作者的创新活力。要持之以恒服务中心，以科技自立自强支撑构建新发展格局，不断提升“科普中国”“科创中国”“智汇中国”平台服务能力，做实做强科普、学术、智库主业，发挥组织优势、人才优势，聚集战略、规划、政策资源，融入和服务新发展格局，打造高水平科技自立自强的战略支点。要持之以恒推进自我革命，奋力开创科协工作高质量发展新局面，坚持眼睛向下、大抓基层，坚持以信息化新理念建设智慧科协。切实把党的百年奋斗的智慧经验转化为解决实际问题的能力水平，以改革的精神研究问题、以创新的实招破解难题，推动科协系统组织治理、系统改革、党建工作迈上新的台阶，建设更有灵魂、更高质量、更加开放、更具未来感的科协事业，不断增强对高水平科技自立自强的支撑力、贡献度。

段余应在讲话中充分肯定中国科协开展党史学习教育的做法和成效，要求认真贯彻落实习近平总书记最新指示批示精神及党史学习教育总结大会要求，以学习贯彻党的十九届六中全会精神为重点，建立健全党史学习教育和为群众办实事的常态化、长效化制度机制，将巩固拓展党史学习教育成果与绘好众心向党同心圆、推动实现高水平科技自立自强结合起来，团结引领广大科技工作者从党史中汲取智慧和力量，坚定信心、砥砺前行、顽强拼搏，以优异成绩迎接党的二十大胜利召开。

中国科协科技创新部、中国科技馆、中国岩石力学与工程学会、中国康复医学会、浙江省科协、四川省科协、河南兰考有关负责人交流介绍党史学习教育亮点工作和典型案例。

中国科协党组、书记处全体同志，驻科技部纪检监察组负责同志，中央第二十五指导组成员，中国科协机关全体党员和部分直属单位副处级以上同志在主会场参会。各直属单位全体党员、各全国学会、省级科协相关负责同志共计3000余人通过视频在分会场参会。

【中国科协2022年警示教育大会】 4月15日，中国科协党组、中央纪委国家监委驻科技部纪检监察组联合召开中国科协2022年警示教育大会，深入学习贯彻党的十九届六中全会和十九届中央纪委六次全会精神，组织观看孙燕荣案件专题警示教育片，通报发生在科协的陆跃全贪污案等违纪违法典型案例，进一步强调纪律规矩，增强广大党员干部廉洁自律意识，压紧各级党组织全面从严治党主体责任。中国科协党组书记、分管日常工作副主席、书记处第一书记张玉卓，中央纪委国家监委驻科技部纪检监察组副组长玄洪云出席会议并讲话。中国科协党组成员、书记处书记束为主持会议并通报典型案例。中国科协党组、书记处孟庆海、吕昭平、殷皓、罗晖，中央纪委国家监委驻科技部纪检监察组有关同志出席会议。

玄洪云结合中央纪委国家监委驻科技部纪检监察组近年来查处的有关案件情况，深入分析了违法违纪问题产生的深层次原因，深刻剖析了案件特点、惨痛教训和当前党风廉政建设、反腐败斗争面临的新形势新任务，对进一步推动中国科协全面从严治党、党风廉政建设和反腐败工作提出要求。玄洪云强调，中国科协全体党员领导干部要深入学习贯彻警示教育大会精神，真正把自己摆进去、把思想摆进去、把职责摆进去，做到警钟长鸣，吸取教训，明确努力方向。一要坚定理想信念，行稳致远。要把坚定理想信念作为终身课题，真正信一辈子、守一辈子，无论走到多远，都不要忘记来时的路，不忘初心，方得始终。二要牢记权力是人民赋予的，决不能用来谋私利。要十分珍惜组织给我们的工作平台和机会，任何时候任何情况下都要以人民利益为重，坚决反对公权私用、权钱交易、特权思想，做到为民用权、秉公用权、依法用权、廉洁用权。三要慎重交友，时刻警惕被围猎被腐蚀的危险。要牢记只要手上掌握着公权力，就要守住交往关，不断净化朋友圈社交圈，做到择善而交、交往有度，同时注重家教家风，管好家人和身边工作人员。四要始终保持敬畏之心，严防死守底线。要树立起红线意识、底线意识，始终保持一颗敬畏之心，在履职用权时死守政治底线、纪法底线。五要牢记严管就是厚爱，共同营造良好的政治生态。全面从严治党是各级党组织的职责所在，领导班子成员和各级领导干部要履行“一岗双责”，加强年轻干部教育管理监督，加强对“一把手”和班子的监督，把严管厚爱要求落到实处，共同营造和维护中国科协良好政治生态。

张玉卓指出，近年来，在中央纪委国家监委驻科技部纪检监察组监督指导下，中国科协全面从严治党持续深化，作风建设巩固拓展，但党风廉政建设和反腐败斗争形势依然严峻复杂。各部门单位要认真反思警醒、深入查摆整改，强化不敢腐的震慑，扎牢不能腐的笼子，增强不想腐的自觉，把严的主基调长期坚持下去，一贯到底、一严到底。

张玉卓强调，习近平总书记在中央纪委六次全会发表的重要讲话，深刻总结新时代党的自我革命的成功实践，深刻阐述全面从严治党取得的历史性开创性成就、产生的全方位深层次影响，对坚定不移推进全面从严治党作出战略部署。中国科协各级党组织和广大党员干部要结合前期召开的全面从严治党工作会议要求，把学习贯彻习近平总书记重要讲话和全会精神作为当前和今后一个时期重大政治任务，坚决落实全面从严治党新要求，聚焦靶心、争创一流、赋能基层、开放协同，引领保障科协事业高质量发展。一要提高政治站位，持续强化政治机关意识，严守党的政治纪律政治规矩，深刻认识“两个确立”决定性意义，做到“两个维护”，始终做政治上的明白人、老实人。二要强化战略思维。要强化标本兼治、分类处置、协作联动思维，深化运用“四种形态”，着力构建大监督格局，筑牢拒腐防变思想防线，“三不”一体推进。三要突出重点工作，强化政治引领，持续推动科技界学习宣传贯彻习近平新时代中国特色社会主义思想，紧盯重大任务、重点工作加强监督检查，持续督促推进中央巡视整改，拓展改革成果，推动改革发展。四要完善落实机制。各级党组织要构建好责任落实体系和机制，强化政治担当，逐级延伸、层层压实责任链条。各部门单位“一把手”、党组织书记要牢记政治责任，以最坚决的态度正风肃纪反腐。要进一步扎紧制度的笼子，用完善的制度管权管事管人。要加大廉政风险排查力度，突出重点领域环节，防患于未然。要注重分析案件暴露出来的问题，以案促改、以案促治，更要以案促教。五要倡导务实作风，加强对年轻干部的教育管理监督，持续整治不作为乱作为等形式主义官僚主义，锲而不舍落实中央八项规定精神，主动监督，防微杜渐。要认真落实关于加强新时代廉洁文化建设的意见，历练培养提高干部创业干事的闯劲、钻劲、韧劲。六要淬炼纪检铁军，持续加强机关纪委建设和纪检工作，配齐配强纪检干部，强化能力建设，练就履职尽责过硬本领。各级纪检组织和纪检干部要聚焦监督执纪问责主责主业，协助党组强力推进全面从严治党高质量发展。

束为在总结时要求，各部门、各单位要迅速将会议精神传达到每一名干部职工，引导广大党员干部切实把思想和行动统一到全面从严治党各项要求上来；要进一步健全完善工作体制机制，不断增强监督实效。各级纪检组织要把开展警示教育、纪律教育作为落实全面从严治党、加强党风廉政建设的重要内容，纳入年度工作计划，警醒教育广大党员干部，进一步增强纪律意识、规矩意识和保密意识，以实际行动迎接党的二十大胜利召开。

中国科协机关各部门全体党员干部、直属单位中层副职以上领导干部及纪检、财务、采购人员，直属学会办事机构负责人等 860 余人参加会议。会议以视频会议形式召开，木樨地、魏公村、北辰、白家庄、陶然亭办公区均设分会场。

【中央纪委国家监委驻科技部纪检监察组与中国科协党组专题会商全面从严治党工作】 4 月 2 日，中央纪委国家监委驻科技部纪检监察组与中国科协党组召开 2022 年第一次全面从严治党专题会商会，主题是深入学习贯彻十九届中央纪委六次全会精神，研究部署 2022 年全面从严治党、党风廉政建设和反腐败工作。中国科协党组书记张玉卓出席并主持会议，驻科技部纪检监察组组长龚堂华出席会议并讲话。中国科协党组副书记徐延豪，中国科协专职副主席、书记处书记孟庆海，中国科协党组成员束为、吕昭平、殷皓、罗晖出席会议并作表态发言。驻科技部纪检监察组副组长玄洪云出席会议。

会议听取了中国科协党组落实 2021 年第二次专题会商会意见情况，2021 年落实全面从严治党主体责任、推进党风廉政建设和反腐败工作情况，以及 2022 年工作重点和落实举措的汇报。

龚堂华传达解读了十九届中央纪委六次全会精神，指出六次全会是我们党在踏上实现第二个百年奋斗目标新征程、迎接党的二十大形势下召开的一次重要会议。习近平总书记在六次全会上的重要讲话，是推进新时代党的建设新的伟大工程的基本遵循，是纪检监察工作高质量发展的行动指南。赵乐际同志工作报告与习近平总书记重要讲话有机衔接，通篇贯穿捍卫“两个确立”、做到“两个维护”的政治原则，是做好纪检监察工作的路线图和施工图。要深刻学习领会习近平总书记关于党的自我革命战略思想的丰富内涵，强化政治监督的鲜明导向，全面从严治党、党风廉政建设和反腐败斗争形式的科学判断，“三不”一体推进的整体谋划，筑牢中央八项规定堤坝的严格要求，加强年轻干部教育管理监督的战略考量，完善权力监督制度和执纪执法体系的深邃思考，坚持“严”的主基调，推动全面从严治党向纵深发展。

龚堂华表示，2021 年中国科协党组认真学习贯彻习近平新时代中国特色社会主义思想，进一步增强“四个意识”、坚定“四个自信”、做到“两个维护”，认真落实全面从严治党主体责任，管党治党工作力度明显提高；机关党委、机关纪委工作卓有成效。

龚堂华指出，要认真贯彻落实六次全会部署，把全面从严治党工作推向纵深。要围绕“国之大者”强化政治监督，推动党中央大政方针和工作部署在科协落实落地，更广泛地把广大科技工作者团结在党的周围；要保持反腐败高压态势，坚持“三不”一体推进，进一步加强对项目采购监管，强化对学会协会监督；要不断加固中央八项规定堤坝，驰而不息纠治“四风”，对享乐主义、奢靡之风问题紧盯不放，对隐形变异问题露头就打；要深化落实“两个责任”，进一步做深做实日常监督，加强对巡视整改、选人用人、民主生活会监督；要认真落实中央“两个 10 号文”要求，压紧压实主体责任，抓紧抓实“一把手”和领导班子监督。

张玉卓指出，驻科技部纪检监察组既高度肯定了中国科协全面从严治党工作成效，又实事求是地指出了存在的问题不足、分析了问题产生的原因，精准客观、中肯全面、直击痛点，政治站位高、切合实际、针对性强，我们诚恳接受、照单全收，并进一步认真研究贯彻落实。张玉卓强调，要深刻学习领悟习近平总书记重要讲话精神和中央纪委六次全会精神，增强新发展阶段全面从严治党的责任感、使命感。要落实全面从严治党新要求再出发，聚焦靶心、争创一流、赋能基层、开放协同，引领保障科协事业高质量发展、科技创新高水平自立自强。中国科协将更加紧密地团结在以习近平同志为核心的党中央周围，以永远在路上的清醒和坚定，不断自我净化、自我完善、自我革新、自我提高，坚定不移推动全面从严治党、党风廉政建设和反腐败斗争向纵深发展，以全面从严治党新成效推动中国科协发展改革事业取得新进步，以实际行动迎接党的二十大胜利召开。

中国科协党组、书记处同志围绕深入学习十九届中央纪委六次全会精神、落实会商意见分别发言，一致表示要认真贯彻落实十九届中央纪委六次全会精神，对照纪检监察组要求，认真履行全面从严治党责任，加强对分管部门和单位"一把手"和领导班子的监督，抓好分管领域全面从严治党各项工作，为科协事业高质量发展作出新的更大贡献。

驻科技部纪检监察组、中国科协有关部门负责同志列席会议。

11 月 25 日，中央纪委国家监委驻科技部纪检监察组与中国科协党组召开 2022 年第二次全面从严治党专题会商会，主题是深入学习贯彻党的二十大精神，深刻领悟"两个确立"的决定性意义，认真落实《关于加强巡视整改和成果运用的意见》，深化中央巡视后续整改工作，坚定不移把全面从严治党推向纵深。中国科协党组书记、分管日常工作副主席、书记处第一书记张玉卓主持会议并讲话，驻科技部纪检监察组组长高波出席会议并讲话。中央纪委国家监委第二监督检查室二级调研员范书之应邀到会指导。中国科协党组及班子成员束为、孟庆海、殷皓、王进展、罗晖，驻科技部纪检监察组副组长玄洪云出席会议。

会议听取了中国科协学习贯彻党的二十大精神情况、党组落实 2022 年第一次全面从严治党专题会商定事项情况和落实中央巡视后续整改工作进展情况的汇报。

高波围绕学习贯彻党的二十大精神谈了认识体会。他指出，学习贯彻党的二十大精神，一要准确把握思想精髓和核心要义，学出政治坚定；二要准确把握科技创新决策部署，学出使命担当；三要深刻把握自我革命重大意义，学出清醒自觉。

高波结合学习贯彻党的二十大精神和习近平总书记关于巡视整改工作的重要指示精神，充分肯定了中国科协党组推进十九届中央第四轮巡视整改的工作成效，指出了中国科协落实中央巡视整改工作中存在的薄弱环节，并提出了工作意见建议。

高波强调，要把学习宣传贯彻党的二十大精神、习近平总书记重要指示精神和党中央关于巡视工作重大决策部署结合起来，保持政治定力和工作韧劲，持之以恒抓好中央巡视后续整改工作。一要深化思想认识，进一步增强抓实巡视整改的政治自觉，继续深入做好巡视"后半篇文章"。二要强化巡视整改主体责任，始终保持"在整改"的良好状态，巩固拓展整改成果，防止问题反弹。三要用好巡视整改成果，健全完善体制机制制度，加强对制度贯彻落实情况的监督检查。四要把抓好巡视整改与深化全面从严治党结合起来，不断提升全面从严治党工作质量和水平。

张玉卓表示，驻科技部纪检监察组对中国科协持续推动中央巡视后续整改给予指导，指出的问题精准全面，给出的意见建议务实中肯，提出的要求明确具体，有强烈的指导意义。中国科协党组、书记处要进一步认真深入研究，持续开展后续整改工作。

张玉卓强调，学习宣传贯彻党的二十大精神是当前和今后一个时期全党全国的首要政治任务，要全面准确学习领会党的二十大精神，坚持不懈用习近平新时代中国特色社会主义思想凝心铸魂，深入贯彻落实习近平总书记关于巡视整改的重要论述，扎实做好巡视"后半篇文章"，持续深化中央巡视后续整改。要坚持和加强政治机关建设，持续增强党组织政治功能和组织功能，坚决打赢反腐败斗争攻坚战持久战，坚持以严的基调强化正风肃纪，坚持不懈贯彻中央八项规定精神，紧盯"四风"问题新表现新动向，不断完善自我革命制度规范体系，持续加强党务纪检干部自身建设，不断推动中国科协全面从严治党高质量发展，全力推进科协治理体系和治理能力现代化，推动科协事业改革发展走好新征程、展现新担当。中国科协将更加紧密地团结在以习近平同志为核心的党中央周围，深刻领悟"两个确立"决定性意义、忠诚践行"两个维护"，高质量推进中央巡视后续整改，坚定不移推动全面从严治党、党风廉政建设和反腐败斗争向纵深发展，以高昂的精神状态和创造性工作业绩，努力为全面建设社会主义现代化国家作出科协新的更大贡献。

中国科协党组及班子成员围绕学习贯彻党的二十

大精神、分管领域和牵头整改工作分别发言，一致表示要认真学习贯彻落实党的二十大精神，对照驻科技部纪检监察组要求，认真履行全面从严治党责任，高质量推进分管领域和牵头整改的中央巡视后续整改工作。

驻科技部纪检监察组、中国科协有关部门负责同志列席会议。

【中国科协 2022 年全面从严治党工作会议】 4 月 7 日，中国科协召开 2022 年全面从严治党工作会议，深入学习贯彻习近平新时代中国特色社会主义思想和党的十九届六中全会及十九届中央纪委六次全会精神，落实中央和国家机关党的工作暨纪检工作会议部署，落实中央纪委国家监委驻科技部纪检监察组与中国科协党组全面从严治党专题会商会要求，总结 2021 年工作，部署 2022 年重点任务。中国科协党组书记、分管日常工作副主席、书记处第一书记张玉卓，中央纪委国家监委驻科技部纪检监察组组长、科技部党组成员龚堂华出席会议并讲话。中国科协党组副书记徐延豪主持会议。中国科协党组、书记处孟庆海、束为、吕昭平、殷皓、罗晖，中央纪委国家监委驻科技部纪检监察组有关同志出席会议。

龚堂华首先传达了十九届中央纪委六次全会精神，指出六次全会是我们党在踏上实现第二个百年奋斗目标新征程、迎接党的二十大形势下召开的一次重要会议。会议精神集中体现在习近平总书记重要讲话、赵乐际同志工作报告中。龚堂华指出，习近平总书记的重要讲话立意高远、思想深邃、内涵丰富，通篇贯穿了“严”的主基调，展现了全面从严治党永远在路上的坚韧和执着，是推进新时代党的建设新的伟大工程的基本遵循，是纪检监察工作高质量发展的行动指南。赵乐际同志工作报告与习近平总书记重要讲话有机衔接，通篇贯穿捍卫“两个确立”、做到“两个维护”的政治原则，是做好纪检监察工作的路线图和施工图。

龚堂华强调，要认真贯彻落实中央纪委六次全会部署，把科协全面从严治党工作推向纵深。一要把围绕“国之大者”强化政治监督作为首要任务，强化对习近平总书记重要指示批示精神落实情况的监督，强化对党中央有关科技自立自强重大决策部署落实情况的监督，推动党中央大政方针和工作部署在科协落实落地。二要保持反腐败高压态势，坚持“三不”一体推进，有案必查、有腐必惩，深化运用“四种形态”，重视防范和治理新干部、年轻干部违纪违法问题。三要不断加固中央八项规定的堤坝，深入整治享乐主义、奢靡之风，坚决纠治形式主义、官僚主义，大力弘扬新风正气。四要充分发挥派驻监督“探头”作用，切实加强选人用人、民主生活会、巡视整改等日常监督，用好纪检监察建议，积极开展同志式谈心谈话。五要认真落实中央“两个 10 号文”要求，压紧压实主体责任，深化运用全面从严治党专题会商机制，完善并严格执行对“一把手”和领导班子监督的各项制度，深化精准问责、规范问责，加强对机关纪委工作的监督指导。六要坚持不懈加强纪检监察干部队伍规范化、法治化、正规化建设，注重提升能力，加强岗位练兵、实战练兵，锤炼过硬本领、锻造铁军队伍。

张玉卓从提高政治站位，切实把思想和行动统一到习近平总书记重要讲话和全会精神上来；认真总结 2021 年全面从严治党工作，坚定不移推进正风肃纪反腐；坚持严的主基调不动摇，推动全面从严治党高质量纵深发展，永远吹冲锋号等方面，对中国科协 2021 年全面从严治党、党风廉政建设和反腐败工作进行了总结回顾，对 2022 年工作作出全面部署。

张玉卓强调，2022 年全面从严治党工作要以习近平新时代中国特色社会主义思想为指导，以迎接党的二十大胜利召开为主线，认真贯彻党的十九届历次全会精神及中央纪委六次全会精神，深刻认识“两个确立”的决定性意义，增强“四个意识”、坚定“四个自信”、做到“两个维护”，聚焦靶心、争创一流、赋能基层、开放协同，坚持服务中心、紧盯质效、延伸学会、修饬作风，突出政治监督，加强日常监督，延伸学会监管，强化监督执纪，做好巡视审计，一体推进不敢腐不能腐不想腐，推动全面从严治党高质量发展，打造廉洁科协亮丽名片。一要聚焦学习贯彻习近平新时代中国特色社会主义思想，学深悟透总书记关于科技创新、群团改革重要论述，提高政治站位，坚定理想信念。二要聚焦“国之大者”推动政治监督具体化常态化，健全贯彻落实习近平总书记重要指示批示精神和党中央重大决策部署的工作制度监督机制，确保完整、准确、全面贯彻新发展理念。三要聚焦加强对“一把手”和领导班子的监督，牵住落实主体责任这个“牛鼻子”，延伸责任链条，不断压实全面从严治党政治责任。四要聚焦保持反腐败政治定力，坚持“严”的主基调不动摇，突出“关键少数”，“三不”

一体纵深推进反腐败工作。五要聚焦锲而不舍纠“四风”树新风，严守中央八项规定精神，定期开展作风问题专项整治，营造风清气正良好政治生态。六要聚焦加强对年轻干部的教育管理监督，引导年轻干部对党忠诚老实，坚定理想信念，严守纪法规矩，扣好廉洁从政“第一粒扣子”。七要聚焦完善监督执纪制度机制，不断修订完善各类制度，推动纪律、巡视、审计等监督融会贯通，着力构建大监督格局。八要聚焦贯彻落实党中央36号文，加强机关纪委建设和纪检工作，落实《党组加强机关纪委建设工作方案》，抓好“学抓改强”活动，常态化开展督促提醒、廉政教育、作风兴会等工作。

徐延豪在总结时要求，各部门单位会后要认真组织学习会议精神，将会议部署要求传达到每一名党员干部；坚持问题导向，抓好查摆整改；抓好具体责任落实，层层压实各级党员领导干部“一岗双责”，以全面从严治党、党风廉政建设和反腐败工作新成效推动各项工作再上新台阶，以实际行动迎接党的二十大胜利召开。

中国科协机关各部门全体党员干部、直属单位处级以上领导干部及纪检、组织人事、财务、采购等关键岗位干部600余人参加会议。会议以视频会议形式召开，木樨地、魏公村、北辰、白家庄、陶然亭办公区均设分会场。

【中国科协党组理论学习中心组开展全面从严治党专题学习研讨】 9月13日，中国科协党组理论学习中心组召开2022年度第九次集体学习扩大会议，围绕“强化政治意识和规矩意识，坚持不懈把全面从严治党向纵深推进”主题，专题学习习近平总书记关于全面从严治党重要论述。中国科协党组书记、分管日常工作副主席、书记处第一书记张玉卓同志主持会议并作总结讲话。中国科协党组、书记处束为、王进展结合学习近期中央有关文件精神作重点发言，徐延豪、孟庆海同志作交流发言。

会议指出，全面从严治党是党的十八大以来党中央作出的重大战略部署，是“四个全面”战略布局的重要组成部分。党的十九大以来，习近平总书记在中央纪委历次全会上的重要讲话，均对全面从严治党提出明确要求。党的十九届六中全会通过的《中共中央关于党的百年奋斗重大成就和历史经验的决议》，进一步将“全面从严治党方针”提升为“全面从严治党战略方针”，并作为习近平新时代中国特色社会主义思想“十个明确”的重要内容，更加凸显了全面从严治党的战略地位，体现了百年大党对管党治党的规律性认识不断深化。科协系统要认真学习、深入理解习近平总书记关于全面从严治党重要论述的科学内涵和战略意义，正确认识全面从严治党在党和国家各项事业中的统领和牵引作用。要从党史学习中汲取经验，深刻理解全面从严治党是中国共产党百年历史的科学总结，是党永葆生机活力、走好新的赶考之路的必由之路，是实现中华民族伟大复兴的政治保障。要时刻保持全面从严治党永远在路上的政治自觉，以“君子检身，常若有过”的态度来检视发现自身不足，永葆共产党人的政治本色。

会议要求，要正确把握新时代全面从严治党伟大实践的经验启示。一是要坚持领导带头，充分发挥领导干部“关键少数”作用。党组、书记处同志以及各部门单位领导班子，特别是“一把手”，都要在严于律己上坚持高标准，不仅要管好自己，还要管好家人亲戚，管好身边人身边事，带头营造风清气正的政治生态，形成清清爽爽的同志关系和规规矩矩的上下级关系、清清白白的亲清政商关系。二是要全方位扎紧制度笼子，增强规矩意识。科协党员干部都要做到心有敬畏、言有纪律、行有规矩。特别要突出抓好政治纪律和政治规矩，确保在重大原则问题和大是大非面前立场坚定、旗帜鲜明。三是要不断加强党风廉政建设，一体推进不敢腐、不能腐、不想腐。要始终保持对“腐蚀”“围猎”的警觉，坚持惩治震慑、制度约束、提高觉悟一体发力。要用好中国科协及“科字口”典型案例作用，切实发挥“查处一案、警示一片、治理一域”的综合效应。要锲而不舍落实中央八项规定及实施细则精神，把纪律挺在前面，强化抓早抓小，防止小毛病演变为腐败的大问题。要加强新时代廉洁文化建设，传承发扬优良作风，追求工作高标准，提倡工作大协作，培养提高干部干事创业的闯劲、钻劲、韧劲，推动形成风清气正的政治生态和干事创业的良好氛围。

会议强调，要把“严”的主基调长期坚持下去，坚定不移正风肃纪反腐，引领保障科协事业高质量发展。一是深刻认识反腐败斗争的艰巨性复杂性，保持反腐败的政治定力。从科协近年来处理的违纪问题看，全面从严治党必须纵深推进，决不能有丝毫松懈。二是健全系统集成、协同高效的监督体系，完善防治腐败滋生蔓延的体制机制。要坚持把完善权力运

行和监督制约机制作为实施科协各项事业发展规划的基础性建设，把监督融入科协治理体系之中，不断增强监督治理效能。要统筹发挥各级党组织、纪检机构及党员干部群众的监督作用。要建立健全贯通协作机制，推动巡视监督、审计监督、财务监督、干部监督、信访监督、督察督办和纪律监督统筹衔接，构建大监督格局。三是着力提高政治意识、规矩意识，做好中央有关文件的贯彻落实工作。要不断提高政治意识，重视“身边事”、管好“身边人”。要严明政治纪律和政治规矩。党员干部要严格执行请示报备、个人事项报告等制度，带头执行规范领导干部配偶、子女及其配偶经商办企业行为规定。要持续深化政治监督，加强对习近平总书记指示批示精神落实情况的监督检查，做到党中央重大决策部署到哪里、监督检查就跟进到哪里，保障党中央重大决策部署在中国科协不折不扣落实到位。

中国科协机关各部门、各直属单位主要负责同志列席会议。

【中国科协党组理论学习中心组深入学习全国两会精神】 3 月 14 日，中国科协党组理论学习中心组围绕“传达学习‘两会’精神，深刻把握‘两个确立’，自觉做到‘两个维护’”主题，开展 2022 年度第三次集体扩大学习。中国科协党组书记、分管日常工作副主席、书记处第一书记张玉卓主持会议并作总结讲话。中国科协党组、书记处徐延豪、孟庆海作重点发言，束为、吕昭平作交流发言。

会议指出，2022 年全国两会是在进入全面建设社会主义现代化国家、向第二个百年奋斗目标进军新征程的关键阶段召开的重要会议。习近平总书记在两会期间发表的一系列重要讲话，深刻阐述了新时代党和人民奋进历程“五个必由之路”的重要认识，深刻阐述了我国发展具有战略性的“五个有利条件”，为做好当前和今后一段时期各项工作指明了前进方向、提供了根本遵循。要认真学习贯彻习近平总书记重要讲话精神，深刻把握“五个必由之路”的规律性认识，深刻认识习近平总书记对我国发展的战略性有利条件的精辟概括，坚定历史自信，把握历史主动。要全面落实李克强总理、栗战书委员长、汪洋主席所作的工作报告和王沪宁同志讲话要求，从党和国家工作大局中找准科协组织战略定位，勇担时代赋予科协的历史重任，以习近平新时代中国特色社会主义思想为指引，坚持创新驱动发展战略，坚定不移把创新摆在国家现代化建设的核心地位，把科技自立自强作为国家发展的战略支撑，以科学家精神立根铸魂，更好发挥桥梁纽带作用，更广泛更紧密团结凝聚科技工作者奋进新征程、建功新时代。

会议强调，要将学习全国两会精神与贯彻落实党的十九大及十九届历次全会精神紧密结合，坚决拥护“两个确立”、坚决做到“两个维护”。要坚持以党的政治建设为统领，引导广大党员干部深刻领会“两个确立”决定性意义，不断增强“两个维护”的政治自觉、思想自觉、行动自觉，确保在政治立场、政治方向、政治原则、政治道路上始终同以习近平同志为核心的党中央保持高度一致。要提高把握方向的能力，始终牢记“中国共产党是什么、要干什么”这个根本问题，坚持党的全面领导不动摇，把牢政治方向，提高政治站位，扛起政治责任，永葆人民团体的鲜明本色。要提高守正创新的能力，聚焦高水平科技自立自强的目标，善于打破思想观念僵化、思路举措固化、方式手段套路化的“绊脚石”，创新理念思路和方式方法，鼓励基层创新，不断开创科协工作新局面。要提高解决问题的能力，既要抓早抓小，把问题解决在萌芽状态，也要敢啃“硬骨头”、打攻坚战，着力解决好历史遗留问题、老大难问题和深层次问题。要提高依规管党的能力，强化制度意识，提高制度质量和制度执行力，注重搞好制度的“供给侧结构性改革”，让制度成为管用、简便、精准的刚性约束，成为党员干部的行为习惯。要提高抓责任落实的能力，深入落实全面从严治党主体责任，突出抓好“一岗双责”，督促各级领导班子成员担责履责、守土有责，突出抓机关带系统，促进科协系统管党治党责任上下联动、一贯到底。

会议要求，要贯彻落实全国两会工作部署，以迎接学习宣传党的二十大为主线，扎实履行党和政府联系科技工作者的桥梁纽带职责。要保持和增强政治性、先进性、群众性，完整准确全面贯彻新发展理念、构建新发展格局、推动高质量发展，聚焦靶心、争创一流、赋能基层、开放协同，强化思想政治引领，提升“四服务”效能，着力构建联系广泛、服务科技工作者的科协工作体系，增进对国际科技界的开放信任合作，团结带领广大科技工作者为实现高水平科技自立自强作贡献。要把迎接学习宣传党的二十大贯穿到科协工作各环节、各方面，进一步加强对科技工作者的团结引领和联系服务，以科学家精神立根筑魂，建设创新文化，广泛开展喜迎二十大、建功新征程实践活动，为党的二十大胜利召开营造良好社会氛围。要凝心聚力推动高水平科技自立自强，以国家整体科技能力评估和相关战略研究为基础，准确把握科技发展总体态势和我国科技全球位势，深刻认识比较优势和发展劣势，以系统观念谋划战略策略，聚焦学术、科普、智库主业，着力培育战略科技力量、战略人才力量，助力补短板、锻长板、铸生态，提升科技创新体系化能力，抢占未来科技竞争和人才竞争战略制高点。要提振科技界奋进新时代新征程的精气神，深刻理解国内发展面临的需求收缩、供给冲击、预期转弱三重压力，牢固树立底线思维和风险意识，加强风险研判，发扬斗争精神，认真防范化解各类政治风险和社会风险。要准确把握总书记提出的五个战略性有利条件，坚定创新自信，增强科技自立自强的信心和决心，以科技创新催生新发展动能，促进创新链和产业链融合发展，有效破解各类“卡脖子”问题，把创新主动权、发展主动权牢牢掌握在自己手中，有效支撑高质量发展。

中国科协机关各部门、各直属单位主要负责同志列席会议。会议以电视电话会议形式召开，魏公村、北辰、白家庄、陶然亭办公区设分会场。

【中国科协党组传达学习中央经济工作会议精神】 12月19日，中国科协党组召开2022年第四十七次会议，专题传达学习中央经济工作会议精神。会议由中国科协党组书记张玉卓主持。

会议强调，这次中央经济工作会议，是党的二十大后党中央召开的一次十分重要的会议，是一次统一思想、凝心聚力、鼓舞振奋的大会。习近平总书记的重要讲话系统总结了今年经济工作、过去5年成绩和新时代10年伟大变革，科学研判了国内国际大局大势，明确提出了明年经济工作的总体要求、主要目标、政策取向和重点任务，站位高远、内涵丰富、统揽全局，具有极强的思想性、战略性、指导性，为做好当前和今后一个时期经济工作指明了前进方向、提供了根本遵循。我们要认真学习领会习近平总书记重要讲话精神，切实把思想和行动统一到党中央关于经济形势分析判断、经济工作总体要求和重点任务上来，以高度的政治自觉不折不扣抓好贯彻落实。

会议强调，各级科协组织要深刻把握大会精神实质，深刻领会大会关于财政政策、产业政策、科技政策等各项政策部署的战略考量，深刻领会稳中求进、高质量发展的本质要求，牢牢把握“两个确立”的决定性意义，衷心拥护“两个确立”、忠诚践行“两个维护”，自觉用习近平总书记重要讲话精神指导和推动科协工作。要在培育经济新动能中积极展现科协作为，找准自身定位，有效发挥桥梁纽带作用，团结凝聚科技工作者，争当新动能新优势的塑造者，积极投身经济建设新领域新赛道。用好“科创中国”平台，充分调动“一体两翼”资源，促进科技、产业、金融良性循环，强化企业主体地位，推动创新链产业链资金链人才链深度融合，形成共促高质量发展的合力。要主动服务科技政策落地见效，在发掘人才第一资源、提升人才托举水平上重点发力，强化中国青年科技奖、青年女科学家奖等激励导向，大力弘扬科学家精神、企业家精神，积极推动国际学术交流合作，加快引进高端国际人才，服务提高各类人才自主培养质量和能力，以强有力的人才支撑确保社会经济持续平稳健康发展。

会议指出，近期北京市新冠疫情仍在扩散蔓延，新增感染者处于快速增长期。党组、书记处各位同志要带头关心关爱已感染的干部职工，指导督促各分管部门单位积极帮助大家解决实际困难，在药品采购、防护品配发、隔离条件等方面提供更多便利，做好干部职工的思想疏导和心理解压，让大家切实感受到组织的关怀和温暖。要着力做好防疫科普工作，动员各级科协组织用好“科普中国”品牌，利用短视频、微信小程序等信息化手段及时推出一批科普产品，特别是在居家治疗、用药指南、心理干预、科学辟谣等方面多做指导宣传，引导社会公众科学防疫、高效防疫。

会议以视频形式举行。中国科协党组副书记束为，中国科协党组成员殷皓、王进展、罗晖出席会议。中国科协机关各部门和有关直属单位主要负责同志列席会议。

【中国科协基层党组织建设质量提升推进会】 9月22日，中国科协召开基层党组织建设质量提升推进会，中国科协党组成员、书记处书记束为主持会议并作总结讲话。中国科协机关党委有关负责同志，机关各部门、各直属单位党组织主要负责同志参加会议。

会上，束为传达学习习近平总书记重要指示精神和中央和国家机关基层党组织建设质量提升推进会会

议精神。中国科协机关党委常务副书记李志刚传达了《中央和国家机关工委关于命名中央和国家机关“四强”党支部的决定》，机关党委副书记杨绍丽传达了关于贯彻落实中央和国家机关基层党组织建设质量提升推进会精神的工作举措。作为中央和国家机关“四强”党支部代表，中国科协组织人事部党支部书记李坤平、科学技术普及部党支部书记顾斌、科学技术传播中心党支部书记郑浩峻逐一交流发言，介绍“四强”党支部创建成效经验。束为为“四强”党支部代表颁发荣誉称号牌匾。

束为在讲话中指出，习近平总书记发表“7·9”重要讲话以来，科协各级党组织以贯彻落实习近平总书记“7·9”讲话为主线，认真贯彻新时代党的建设总要求，以党的政治建设为统领，深入开展政治机关意识教育，强化管党治党责任，着力提升基层党组织组织力，强化党员教育管理，特别是按照中央和国家机关工委“狠抓落实年”“质量提升年”“巩固深化年”部署，扎实推进基层党组织质量提升三年行动计划，以机关党建促进基层党建、以机关党建带动系统党建，切实提高了“走好第一方阵”、贯彻落实党中央决策部署的“最初一公里”的思想自觉和行动自觉。同时，通过持之以恒地抓学会党建、党建信息化、党建量化考核、党风廉政建设，有力推动了党建和业务融合发展。

束为要求，科协各部门单位党组织要组织党员、党务干部认真学习中央和国家机关基层党组织建设质量提升推进会会议精神，全面对标对表抓好落实，以更科学的谋划、更有力的举措、更务实的作风推动基层党组织建设质量全面提升，切实把组织优势转化为推动科协事业高质量发展的强大动能。一是坚定不移把政治建设摆在首位。要强化政治机关意识教育，引导党员、干部切实把思想和行动统一到习近平总书记重要指示精神上来，统一到党中央决策部署上来，切实把提高政治判断力、政治领悟力、政治执行力体现到履职尽责的实际工作中。二是聚焦主责抓引领。要切实做好凝心聚力工作，从干部职工最关心最关注的事着手，扎扎实实为干部职工办实事解难事，不断营造科协良好文化氛围，团结引领广大党员、干部在科协事业发展中成长成才、建功立业。三是切实落实党建工作责任。各部门单位党组织要切实履行全面从严治党主体责任，党组织书记要带头落实责任、带头担当作为、带头增强本领、带头改进作风，领导班子成员要认真履行“一岗双责”，齐抓共管、用心用力种好基层党建“责任田”。四是牢固树立大抓基层、大抓支部的鲜明导向。要持续推动党支部标准化规范化建设，严肃党内组织生活，创新方式方法，以“科协党建”平台激发基层党建新动能，推进党建与业务工作深度融合，不断提升党员和党务干部获得感。

自身建设

【中国科协审议通过《“智慧科协 2.0”建设三年规划（2022—2024 年）》】 5 月 16 日，中国科协书记处会议审议通过了《“智慧科协 2.0”建设三年规划（2022—2024 年）》。会议听取了信息化工作领导小组办公室关于规划编制情况的汇报，审议通过“智慧科协 2.0”建设总体规划和四个专项架构规划，对规划的组织实施进行了动员部署。中国科协党组书记、分管日常工作副主席、书记处第一书记、信息化工作领导小组组长张玉卓主持会议。

会议强调，“智慧科协 2.0”是建设网上科技工作者之家的重要举措，是科协组织深化改革的重要任务。科协系统全体干部职工要从“国之大者”的战略高度去认识“智慧科协 2.0”建设的重要性和紧迫性，把增强科协的政治性、先进性、群众性融入规划，从更广泛团结引领和联系服务科技工作者的目标定位上去推动落实，这也是“智慧科协 2.0”建设作为一号工程的意义所在。

会议要求，要尽快制定各类业务数字化转型的实施方案，形成目标明确、定位清晰、功能互补、统一衔接的“1+4+7+N”规划体系；充分发挥规划的引领性、规范性和约束性作用，推动“统一规划”与“统一预算”“统一建设”等工作结合，确保“一张蓝图绘到底”；“一体两翼”同向发力、协同落实，加快建设一支讲政治、懂技术、会业务、能运营的综合性专业人才队伍，实现由“管理者”向“服务者”转变，将“智慧科协 2.0”打造成为依靠科技工作者、为了科技工作者、服务科技工作者的共建共治共享平台。

“智慧科协 2.0”建设三年规划主要包括指导思想、建设原则、主要目标、重点任务和保障措施等内容。规划明确通过共建共享机制建设“智慧科协 2.0”，由中国科协统一建设基础技术底座、数据标准和平台运营运维体系，支撑全国学会、地方科协和基层组织等“建家开店”，为基层工作进行数字化、平台化赋能，实现组织、业务、人才等数据互通共享，打造上下联动、纵横互通、共建共享共治的平台生态，带动全科协系统实现数字化转型发展。

中国科协党组、书记处同志参会，机关各部门、直属单位主要负责人、信息化工作领导小组办公室相关人员列席会议。

【中国科协信息化工作领导小组会议】 3月3日，中国科协信息化工作领导小组召开第二次会议。中国科协党组书记、分管日常工作副主席、书记处第一书记、领导小组组长张玉卓主持会议。

会议审议并通过了《2022年“智慧科协2.0”工作要点》，听取了建行咨询团队关于“智慧科协2.0”建设项目工作进展和重点项目推进情况，以及党建域、科普中国域、科创中国域、智汇中国域推动数字化转型的工作安排，充分肯定了近期取得的阶段性成果，并对下一步工作任务作出部署。

张玉卓强调，作为党和政府联系科技工作者的桥梁和纽带，实施“智慧科协2.0”建设，打造以科技工作者为中心的科技服务和内容生产综合运营平台符合中央对科协的战略定位。在继承和创新的基础上制定“智慧科协2.0”建设顶层规划，是信息化实施和业务实施一体化的重要保障。规划一经制定就不得随意更改。只有强化规划执行力、强化责任意识，才能真正确保一张蓝图绘到底。

张玉卓指出，要在科协系统形成“非平台不业务”的应用倒逼机制，以重大任务为牵引开展应用场景设计，通过业务数字化实现业务上平台，推动业务支撑系统迭代建设。要强化以联系、服务广大科技工作者为目标的人才资源库贡献度核心指标。要形成跨业务、跨系统、跨层级、跨地域的数字化工作体系和管理模式，实现“一次登录、全网通办，一次录入、大家共用”。

会议要求，信息化建设要做到从“被动干”到“主动干”、从“要我干”到“我要干”两个转变。要按照同谋划、同部署、同推进、同考核的原则，促进数据平台工作业务一体化深度融合。要建立信息化建设的考核制度，形成内部激励机制。各部门单位必须进一步加强和重视信息化培训，用信息化思维武装头脑，激发培训内动力，扩大培训成效。要加强宣传引导，立体式开展对内、对外宣传，持续扩大网上科协影响力，走在中央和国家机关信息化建设的前列。

中国科协党组、书记处全体同志参会。机关各部门、直属单位主要负责人，建行咨询团队有关人员列席会议。

4月22日，中国科协信息化工作领导小组召开第三次会议。张玉卓要求，进一步理解科协系统数字化转型的重大意义，集中力量抓好当前重点任务推进工作；以重大任务牵引各业务域并联推进，实质性推动“智慧科协2.0”规划实施；进一步落实好分管领导下的域长负责制，扎实做好第二期工作坊项目。

7月21日，中国科协信息化工作领导小组召开第四次会议。中国科协党组书记、分管日常工作副主席、书记处第一书记、信息化工作领导小组组长张玉卓主持会议。

会议听取了“智慧科协2.0”建设工作进展汇报、组织人才库建设阶段性成果汇报，审议组织系统域、党建域、办公自动化域、科创中国域、科普中国域、智汇中国域和数据资源域等七个业务域数字化转型实施方案。

张玉卓指出，科协系统“一体两翼”积极主动参与“智慧科协2.0”建设的氛围已经形成，统分结合的建设机制初步建立，七个业务域的三年实施方案目标明确、措施具体、亮点突出。组织人才库以建设国家科技人才库为目标，按照“权威、集成、场景、动态”的思路树立了建设样板，成果初步显现，为科协数字化转型提供了信息底座，要以更高标准、更大力度、更强举措推进建设。要以目标和问题导向，加快组织人才库和统一平台的融合，畅通组织人才库和业务场景间的共享渠道。要不断拓展平台的服务场景数量，不断迭代提升用户体验，不断吸收全国学会、地方科协、基层组织、柔性组织等共建共享，加快沉淀人才数据、使用人才信息、激活人才资源。

张玉卓强调，随着“1+4+7+N”规划体系基本完成，“智慧科协2.0”已全面转入基础平台建设、应用场景设计开发的新阶段，要突出场景创新，加快形成以用户为中心的场景创新和共建共享的文化氛围。信息办要制定鼓励场景创新和共建共享的机制。各部门单位要以总体规划和业务域实施方案为指引，“一把手”亲自牵头推动和加强应用场景创新，加强场景设计、运营人才的挖掘培养，制定业务场景绩效评价标

准，整合业务场景运营资源，推出一批共建共享应用场景范例样板。

张玉卓要求，各部门单位要围绕“智慧科协 2.0”建设年内尽早上线这一目标，统一指挥、协同作战，统分结合、并行建设，把“六统一”落到实处。进一步发挥总体规划和各域实施方案对建设、运维、运营和预算工作的统领性作用，下定决心做好统一预算工作，加快形成统一运维运营的能力。要进一步强化分管领导下的域长负责制，强化改革攻坚意识，调配资源、集中骨干力量，将实施方案落到实处，推动“智慧科协 2.0”尽快落地见效，用崭新的面貌和优异的成绩迎接党的二十大胜利召开。

中国科协信息化工作领导小组成员参会。机关各部门、直属单位主要负责人，建行咨询团队有关人员列席会议。

【第五届科协发展理论研讨会】 4 月 25 日，第五届科协发展理论研讨会召开。中国科协党组副书记徐延豪，天津市委常委、市委教育工委书记王庭凯分别出席北京和天津现场活动并讲话。会议揭牌成立中国科协创新战略研究院天津分院暨天津大学科技人力资源研究中心，天津大学副校长、中国科学院院士元英进代表天津大学致辞。

徐延豪在致辞中指出，各级科协组织要深入学习贯彻习近平总书记关于群团工作、科协工作和科技工作的重要指示精神，充分认识加强科协理论研究的重要意义，切实增强做好新时代科协理论研究的责任感、使命感；要牢牢把握加强科协理论研究的基本要求，始终坚持中国特色社会主义群团发展的正确方向；要全面系统推进科协理论体系研究，加强研究顶层设计，把握研究重点方向，丰富载体和队伍建设，努力开创科协理论研究新局面，为科协组织面向世界、深度参与国际科技治理提供理论基础，团结广大科技工作者奋力开展高水平科技自立自强的创新实践，以优异成绩迎接党的二十大胜利召开。

王庭凯表示，近年来，天津市委、市政府深入贯彻落实习近平总书记关于科协工作的重要指示精神，大力推动全域科普等重点工作，发挥科协在科学普及、服务科技工作者、助力科技创新和经济社会发展等方面的重要作用，科协的整体实力和贡献力、支撑力不断提升。天津将以此为契机，深入学习借鉴各方面的创新思路、先进做法、典型经验，推动天津科协工作迈上新台阶。天津也将全力支持分院和研究中心发展，为建设国内一流、国际知名智库创造良好环境和条件。

会上，由中国科协创新战略研究院、天津市科协、广东省科协、重庆市科协、陕西省科协、中国电机工程学会、中国公路学会和中国建筑学会倡议发起成立科协发展理论研究会。世界工程组织联合会前任主席、中国新一代人工智能发展战略研究院执行院长龚克，清华大学社会学系教授、清华大学社会科学学院学位分委员会主席李正风，中国科协科学技术创新部部长刘兴平，中国科协战略发展部部长杨文志作主旨报告。

与会专家学者围绕新时代新使命，聚焦加强思想政治引领、助力科技自立自强、促进科技经济融合、推进科普事业高质量发展、推动科协系统改革与发展、建设面向世界面向未来的科协组织等议题进行交流。天津市科协党组书记陆为民、广东省科协党组书记郑庆顺、陕西省科协党组书记李豫琦和中国电机工程学会副秘书长范建斌、中国公路学会副理事长兼秘书长刘文杰、中国建筑学会秘书长李存东，就科协改革与发展各自的实践做法进行分享并提出建议。会议征文经过专家初评和复评，共有 79 篇论文被评为优秀论文，5 位优秀论文作者在会上作交流发言。

本次会议由中国科协战略发展部指导，中国科协创新战略研究院、天津市科协主办，天津财经大学承办，天津科技工作者之家协办。6000 余人线上线下参加会议。

【2022 年中国科协组织建设联席会议】 3 月 17 日，中国科协组织建设联席会议 2022 年第一次全体会议在北京召开。中国科协党组成员、书记处书记束为出席会议。联席会议召集人、中国科协组织人事部部长李坤平主持会议，联席会议成员单位有关负责人和联络员参加会议。

会议审议通过《中国科协组织建设联席会议工作规则》《中国科协组织建设“十四五”规划（2021—2025 年）任务分工》《中国科协组织建设制度规范命名规则》《中国科协组织建设制度规范修订计划任务分工》，听取了国际科技组织建设、企业科协组织建设工作进展情况和下一步安排的汇报。与会人员围绕全面加强科协组织建设进行交流研讨。

束为强调，要从科协治理体系和治理能力现代化的高度来认识组织建设的重要意义，围绕组织建设的重点、难点和风险点，加强组织建设理论研究，构建“有形”的严密的组织体系和“无形”的科学的制度体系，提升组织建设的规范化、制度化水平。要坚持聚焦靶心和围绕中心，推进国际科技组织、企业科协、高校科协等各类组织建设。要坚持联系服务科技工作者的根本要求，强化“实”的举措，按照“组织+”和“+组织”的理念搭平台、建机制、筑生态，坚持组织建设和业务工作一体谋划推进，大力赋能各类基层组织，有效提升基层组织的凝聚力和科技工作者的获得感。

10月21日，中国科协组织建设联席会议2022年第二次全体会议在北京召开。中国科协党组成员、书记处书记束为出席会议并讲话。联席会议召集人、中国科协组织人事部部长李坤平主持会议，联席会议成员单位有关负责人和联络员参加会议。

会议通报了《中国科协组织建设“十四五”规划（2021—2025年）》和《中国科协组织建设制度规范修订计划任务分工》落实情况，听取了企业科协、学会组织、国际科技组织、高校科协、科技志愿服务组织和农技协组织建设工作进展情况的汇报，深入研究推进组织建设再上新台阶的思路举措。

会议认为，在党组、书记处领导下，联席会议各成员单位按照组织建设联席会议第一次全体会议部署的各项任务，扎实推进《中国科协组织建设“十四五”规划（2021—2025年）》实施，有效促进各类科协组织建设取得阶段性成果，为组织建设工作上台阶提供有力支撑。要进一步发挥联席会议机制作用，协同推进科协组织按照业务数字化、服务模块化、激励体系化、监管制度化等方向进一步深化改革。

束为强调，要提高政治站位，紧密结合学习贯彻党的二十大精神，对标对表中央对科协工作的要求，再总结、再推进、再谋划，真正将二十大精神落实到组织建设的具体工作中。要坚持问题导向，牢固树立“赋能组织、服务人才、锻炼队伍”的理念，以“组织+人才+业务”的模式谋划推动工作，找准问题短板，提出解决方案，切实激活科协系统的组织优势，推动科协事业高质量发展。要切实跟进组织库人才库建设，建好网上科技工作者之家，按照“非平台不业务”的要求，做大做强组织库人才库，持续深化科协事业数字化转型。

联席会议由中国科协组织人事部召集，办公厅、宣传文化部、科学技术创新部、科学技术普及部、战略发展部、国际合作部、学会服务中心、企业创新服务中心、农村专业技术服务中心、中国国际科技交流中心、培训和人才服务中心为成员单位。联席会议在中国科协常委会组织建设专委会的指导和中国科协党组、书记处的领导下，负责统筹协调推进科协组织建设工作。

【企业创新发展论坛暨企业科协组织建设推进会】

6月25日，第二十四届中国科协年会重点活动——企业创新发展论坛暨企业科协组织建设推进会在湖南省长沙市举办。中国科协党组书记、分管日常工作副主席、书记处第一书记、中国工程院院士张玉卓，湖南省人民政府副省长陈飞，中国科协副主席、中国航空发动机集团有限公司副总经理、中国工程院院士向巧，中国科协副主席、中国工程院院士陈学东，中国工程院院士孙龙德，太原理工大学学术委员会主任、中国工程院院士金智新以及中国石油化工集团有限公司、中国化学工程集团有限公司、中国中车集团有限公司、中国国际工程咨询有限公司、中国机械科学研究总院集团有限公司负责人，各省区市科协负责人，湖南省党政相关部门负责人，中国科协有关部门及直属单位负责人共计100人现场参会，31个省、自治区、直辖市科协和新疆生产建设兵团科协以及部分企业科协设立视频分会场。

中国有近四分之三的科技工作者分布在企业。企业科协作为中国科协的基层组织，既是科协系统全面加强组织建设、密切与广大科技工作者联系的重要一环，也是企业培养人才、提升技术创新能力的有力助手。截至2021年年底，全国已建立企业科协组织超过26000多个。本次论坛以“开新局　强引领　促发展　立新功——支撑高水平科技自立自强”为主题，包括开幕式、主旨报告、高峰对话3个环节。湖南省人民政府副省长陈飞、全国工商联专职副主席黄荣先后致辞。开幕式上发布了新版《企业科学技术协会组织通则》，并为中国煤炭科工集团有限公司、中国化学工程集团有限公司、中国煤炭地质总局、南光（集团）有限公司、三一集团有限公司、圣湘生物科技股份有限公司颁发企业科协牌匾。

张玉卓在讲话中指出，当今世界处于百年未有之大变局，新一轮科技革命和产业革命蓬勃兴起。企业强则国家强，企业兴则国家兴。我国经济要实现高质量发展，必须培育世界一流企业、强化企业创新主体

地位。科技界和企业界要共同贯彻落实习近平总书记重要指示精神，进一步强化国家战略科技力量、准确把握人才引领发展的重要战略地位、加快关键核心技术攻关和原创技术策源地建设，为高水平科技自立自强提供坚实有力支撑。中国科协要进一步履行桥梁纽带职责，更广泛地联系服务企业科技人才，充分激发企业科技人才的创新热情和创造活力，服务企业科技创新和世界一流企业建设。

在主旨报告环节，陈学东及三一重工股份有限公司董事长、三一集团有限公司党委书记向文波，华大集团首席执行官、执行董事、华大基因副董事长尹烨，湖南省科协党组成员、副主席陈松分别作了题为《提升企业自主创新能力、促进工业强基与质量品牌建设》《企业如何有效服务企业人才成长》《从生命经济到生命世纪》《奋发有为、务实创新、精准服务企业创新发展》的报告。

向巧主持高峰对话环节。孙龙德、金智新及中国交通建设集团有限公司总工程师汪双杰、北京旷视科技有限公司高级副总裁赵立威 5 位专家学者围绕助力世界一流企业建设主题进行交流。

本次论坛由中国科协、全国工商联、湖南省人民政府共同主办，中国科协组织人事部、中国科协科学技术创新部、中国科协企业创新服务中心、湖南省工商联、湖南省工信厅、湖南省国资委、湖南省科协承办。

【中国科协召开中央企业科协筹建工作专题会】 6 月 2 日，中国科协以线上线下相结合的方式召开中央企业科协筹建工作专题会，中国科协党组成员、书记处书记束为，国务院国资委科技创新局副局长靳力出席会议并讲话。

束为指出，中国科协深入学习贯彻习近平总书记在中国科协第十次全国代表大会上的重要讲话精神，聚焦桥梁纽带职责，坚持“哪里有科技工作者、科协工作就做到哪里，哪里科技工作者密集、科协组织就建到哪里，哪里有科协组织、建家交友活动就开展到哪里”，始终高度重视并持续推动企业科协组织建设，着力构建联系广泛、服务广大科技工作者的科协组织工作体系。国务院国资委与中国科协全面推进战略合作，支持鼓励中央企业建立科协组织，为进一步做好企业人才工作奠定坚实基础。束为强调，科协要充分发挥组织优势，为中央企业提供周到细致的服务和科学系统的指导，扎实推进央企科协筹建，为服务企业科技人才提供坚实组织保障。要坚持目标导向，抓住机遇、顺势而为，努力将中央企业科协建设成为科协组织体系的排头兵，加快实现高水平科技自立自强。

靳力指出，国务院国资委于 2022 年 2 月与中国科协签署了全面战略合作协议，其中明确鼓励有条件的中央企业在集团层面建立科协组织。为加快实现高水平科技自立自强目标，各中央企业要深度思考、积极担当，一是高度重视科协组织筹建工作，做好企业内部统筹安排，精心保障组织建设；二是抓好重点工作，加强与科协的联系和合作，打造具有凝聚力、吸引力的科技工作者之家，提升企业成果转化应用的能力；三是做好科技创新，把打造原创技术策源地、推动我国向科技创新型国家和世界科技强国迈进作为重要使命，用高水平的科协工作助力企业科技创新高质量发展。

中国科协企业创新服务中心汇报了企业科协组织建设情况，北京市科协作为地方科协代表介绍了在京央企关于筹建科协的相关流程，参会中央企业代表就企业科协筹建工作进行交流发言。

中国科协有关部门、直属单位负责人现场参加会议。中国工程院院士、中石油集团科协筹备组组长孙龙德，中核集团、中国电子科技集团、长江三峡集团、国家电网公司、南光集团、中信集团等 34 家中央企业代表和有关地方科协负责人线上参会。

【中国交通建设集团有限公司科协成立大会】 3 月 10 日，中国交通建设集团有限公司科学技术协会（以下简称“中交集团科协”）成立大会在北京召开。中国科协党组书记、分管日常工作副主席、书记处第一书记张玉卓出席会议并讲话。国务院国资委党委委员、副主任任洪斌，中国科协党组成员、书记处书记束为、吕昭平，中交集团党委书记、董事长王彤宙，中交集团党委常委、副总经理孙子宇，中国工程院院士、中交集团首席科学家张喜刚，北京市科协党组书记沈洁等出席会议，共同为中交集团科协成立揭牌。会议由中交集团党委副书记、总经理王海怀主持。

张玉卓在讲话中指出，中交集团科协要聚焦“国之大者”，提升“四服务”效能，在新时代迎接新挑战、展现新作为。要强化政治引领，引导科技工作者在实践中把握和运用好党的百年奋斗历史经验，坚定不移听党话、跟党走；服务发展大局，引导科技工作者坚持“四个面向”，勇于攻坚克难，以科技支撑绿色发展、高质量发展；提升组织活力，推进党的建设、科协组织建设与业务发展、人才工作相融互促，在建家交友中促进人才建功立业，培育国家战略科技力量、战略人才力量。

任洪斌表示，国务院国资委将与中国科协携起手来，支持央企建立更高标准、更高水平、更高质量的科协组织，持续为央企创新发展注入新动能，共同为打造国家战略科技力量、培育科技领军企业作出新的更大贡献。他希望中交集团以成立科协组织为新起点，进一步完善科技创新体系、提升自主创新能力、激发科技工作者活力，以科技创新推动企业高质量发展。

王彤宙表示，中交集团科协作为集团党委领导下面向全集团内外科技工作者的群众组织，将汇众智集众力、建机制激活力、聚英才善用才，努力成为服务企业高质量发展的“助推器”、开放融通创新生态的“孵化器”和科技工作者成长的“护航者”。

会前，中国科协与中交集团签署了全面战略合作协议。吕昭平、王海怀代表双方签约。按照协议，双方将发挥各自优势，围绕“大交通、大城市”等基础设施全产业链的科技创新和数智发展，在打造国家战略科技力量、服务全民科学素质提升、人才培养举荐宣传、促进国际科技开放信任合作等方面加强合作，助力产学研用深度融合，提升企业技术创新能力，推进高水平科技自立自强。

中国科协、国务院国资委、中交集团相关部门负责人参加活动。

【中国联通科协成立大会】 5月7日，中国联通科学技术协会（以下简称“中国联通科协”）成立大会在北京召开。中国科协党组书记、分管日常工作副主席、书记处第一书记张玉卓，中国联通党组书记、董事长刘烈宏出席会议并讲话。中国科协党组成员、书记处书记吕昭平，中国联通党组副书记、总经理陈忠岳，中国联通党组副书记王俊治，北京市科协党组书记沈洁等出席会议，共同为中国联通科协成立揭牌。会议由中国联通党组成员、副总经理买彦州主持。

张玉卓指出，中央企业是国家战略科技力量的重要组成部分，是原创技术“策源地”和现代产业链的“链长”，发挥着不可替代的重要作用。中国科协携手国资委，共同推动有条件的中央企业在集团层面成立科协组织，就是深入贯彻落实习近平总书记关于科技创新重要论述精神，更好团结凝聚企业科技人才，更好服务高质量发展，助力世界科技强国建设的重要举措。中国联通是我国数字信息基础设施运营服务的战略力量，期待中国联通科协在集团公司党组的领导下，紧扣时代主题，提升服务效能，在新征程上守正创新、开放发展，不断取得新成绩、展现新作为。要强化团结引领，加强政治引领、政治吸纳；服务“国之大者”，提升“四服务”效能，凝聚开放信任合作共识，服务全球数字治理和人类命运共同体建设；激发组织活力，夯实科技人才信息基础平台，推动科协组织建设与业务发展、企业科技人才培养相融互促，促进产学研融通，打造有温度、可信赖的科技工作者之家，共同以实际行动支撑科技强国、网络强国、数字中国、智慧社会建设，以优异成绩迎接党的二十大胜利召开。

刘烈宏向中国科协长期以来的支持和帮助表示感谢。他指出，在央企成立科协顺应当今科技创新发展规律，是发挥企业创新主体作用、加强创新链产业链深度融合的有力举措，也是中国科协组织力量在央企的延伸，更是科技创新向应用转化主战场的前进。中国联通要以与中国科协深化战略合作、成立中国联通科协为新起点，全面推动中国联通科技创新工作再上新台阶。希望在中国科协的指导下，把中国联通科协打造成为中国联通联系科技工作者的桥梁和纽带、整合创新资源和汇聚创新力量的平台、营造创新氛围和激发创新活力的抓手、促进科技人才成长和提升员工技能素质的载体，为推动信息通信领域的高水平科技自立自强贡献力量，共同开创科技创新的新篇章，为庆祝党的二十大胜利召开作出新贡献。

会上，中国科协与中国联通签署了全面战略合作协议。吕昭平、陈忠岳代表双方签约。

中国科协、中国联通、北京市科协相关部门负责人现场参会，中国联通31省分公司主要负责人视频参会。

【中国石油天然气集团有限公司科协成立大会】 8月17日，中国石油天然气集团有限公司科学技术协会（以下简称“中石油科协”）成立大会在北京召开。中石油集团董事长、党组书记戴厚良，中石油集团党组成员、副总经理焦方正，中国工程院院士、中石油科协筹备组组长孙龙德，北京市科协相关负责人等出席会议。会议由中石油集团党组副书记段良伟

主持。

戴厚良表示，中石油科协要深入贯彻落实中央要求，在深学笃行中不断增强推动科技创新的责任感使命感，走出一条具有中国特色、石油特点的群众组织发展之路；强化职责定位，在推动集团公司科技事业发展中扛起使命担当，服务好科技工作者、服务好创新驱动发展、服务好全员科学素质提升、服务好公司科学决策；紧跟时代步伐，在建设能源与化工创新高地实践中踔厉奋发，打造更多“中国石油创造”和“中国石油利器”。

中国科协、中石油集团相关部门和单位负责人参加活动。

人　物

2022 年新当选的全国学会、协会、研究会理事长

（按中国科协团体会员序列排序）

顾瑛，中国光学学会理事长，中国科学院院士。

1959 年 6 月出生，上海人。现任中国人民解放军总医院第一医学中心激光医学科名誉主任，海南医院激光医学中心主任，主任医师、教授，第十三届全国政协委员，中国科协第十届全国委员。

长期从事激光 / 光在临床医学中的应用研究。创立血管靶向光动力疗法，开创血管靶向光动力治疗新领域。研发出国家化学 1.1 类血管靶向光动力治疗新药——海姆泊芬，主持完成 20 多项激光 / 光诊断和治疗设备的研发和临床试验。主持制定中国首部激光医学临床技术操作规范和诊疗指南。曾获国际激光医学大会学术奖、国家发明奖、中国青年科技奖、中国科协求是杰出青年奖、军队科学技术进步奖等，并获得“全国巾帼建功标兵”和“全国三八红旗手”荣誉称号。

李风华，中国声学学会理事长。

1975 年 7 月出生，江苏南京人。中国科学院声学研究所所长。西太平洋声学委员会主席、国际声学委员会执行委员。

长期从事海洋声学基础理论及应用研究。发展与完善一种浅海声场快速计算理论——波束位移射线简正波理论，提出与发展基于海底水平接收阵的浅海声学层析方法，发展与完善具有自主知识产权的新型水声探测理论体系及其应用。曾获国家杰出青年科学基金资助，入选首批国家“万人计划”科技创新领军人才，获国防科学技术进步奖一等奖、二等奖，中国科学院杰出科技成就奖（集体），中国科学院青年科学家奖。

万立骏，中国化学会理事长，中国科学院院士。

1957 年 7 月出生，辽宁大连人。现任中华全国归国华侨联合会主席。曾任中国科学技术大学校长、中国科学院化学研究所所长。

主要从事扫描探针显微学、表面科学、电化学与能源化学、纳米材料科学的研究。发展化学环境下的扫描探针技术，在表面分子吸附和组装规律、纳米图案化、表面手性研究等方面取得系列成果。发表学术论文 400 余篇。出版专著《电化学扫描隧道显微术及其应用》和《固体表面分子组装》。曾获发展中国家科学院化学奖、国家自然科学奖二等奖、何梁何利基金科学与技术进步奖、北京市科学技术奖一等奖、中国科学院朱李月华优秀教师奖等多个奖项。曾获中央和国家机关五一劳动奖章、全国先进工作者、北京市华侨华人“京华奖”、中国侨界杰出人物等荣誉称号。

韩占文，中国天文学会理事长，中国科学院院士。

1965年10月出生，河北顺平人。中国科学院云南天文台研究员。1984年获河北大学学士学位，1987年获中国科学院云南天文台硕士学位，1995年获英国剑桥大学博士学位，1998年中国科学技术大学博士后出站。历任中国科学院云南天文台党委书记、台长。

主要从事恒星结构和演化研究，发展了双星星族合成，并应用于特殊恒星大样本观测结果的理论解释；建立热亚矮星、钡星、双白矮星等特殊恒星的形成模型，阐述了双星的重要地位；将双星星族合成用于星系研究，发现双星演化形成的热亚矮星等天体对年老星族的短波光谱有重要贡献，解释早型星系的紫外超现象。曾获国家自然科学奖二等奖、何梁何利基金科学与技术进步奖。

底青云，中国地球物理学会理事长，中国科学院院士。

1964年12月出生，河北石家庄人。中国科学院地质与地球物理研究所所长。主要从事电磁法探测、随钻测井与旋转导向等技术与方法研究。揭示了极低频电磁波全空间波导传播机制，带领团队攻克地面电磁探测装备关键核心技术，实现10千米级深度的地质体高精度电磁探测；作为中国科学院先导专项“智能导钻”总工程师，带领团队攻关油气开发水平井随钻旋转地质导向“卡脖子”技术。主持国家重大科研装备研制项目、中国科学院战略性先导科技专项、国家重点研发计划项目等多项重大深地装备技术研发项目。获第二十二届中国专利奖金奖、国家科学技术进步奖二等奖、中国科学院杰出科技成就奖等。

王凡，中国海洋湖沼学会理事长。

1967年1月出生，山东文登人。现任中国科学院海洋研究所所长、研究员，中国科学院大学海洋学院院长。兼任国际西北太平洋海洋环流与气候试验国际合作计划科学指导委员会主席，气候变异与预测计划太平洋区域工作组成员，北太平洋海洋科学组织物理海洋与气候委员会委员。

主要从事印太交汇区海洋环流与暖池动力学研究。主持国家重点研发计划项目，国家自然科学基金重点项目、重大项目及创新研究群体项目，中国科学院战略性先导科技专项等科研课题30余项；发表论文250余篇，出版专著3部。被授予全国优秀科技工作者称号，曾获中国科学院杰出科技成就奖、海洋工程科学技术奖一等奖、山东省科学技术奖自然科学奖一等奖等。

戈峰，中国昆虫学会理事长。

1963年11月出生，江西吉安人。二级研究员。现任山东省农业科学院植物保护研究所研究员。曾任中国科学院动物研究所研究员，农业虫害鼠害综合治理研究国家重点实验室主任。

长期致力于全球变化背景下害虫生态调控研究。构建基于生态服务功能的害虫生态调控理论体系，创建定量评价田间天敌控害作用的生态能学方法，提出气候变化与农田集约化背景下主要农业害虫发生预警技术。以第一作者或（共同）通讯作者发表论文370余篇，其中在SCI期刊发表论文150余篇。撰写专著《昆虫对大气CO_2浓度升高的响应》和《中国生物灾害评估》。授权专利8件。曾获中国科学院科学技术进步奖二等奖、山东省科学技术进步奖二等奖和湖南省科学技术奖二等奖各1项。

王金南，中国环境科学学会理事长，中国工程院院士。

1963 年 7 月出生，浙江金华人。现任第十四届全国政协常委、人口资源环境委员会副主任，生态环境部环境规划院院长，国家生态环境保护专家委员会副主任，国家气候变化专家委员会副主任。

长期致力于国家环境规划、管理和政策研究，主持和参与国家“十五”到“十四五”国家生态环境保护规划制定研究。发表论文 300 多篇，出版《环境规划学》等 11 部专著。享受国务院政府特殊津贴专家，中共中央直接联系专家。被评为第一批“百千万人才工程”国家级人选、全国优秀科技工作者、国家环境保护专业技术领军人才，获中国青年科技奖、绿色中国年度人物特别奖、2010 年可持续发展研究地球奖以及 22 项国家和省部级科技奖。

杨晓光，中国系统工程学会理事长。

1964 年 7 月出生，安徽凤台人，中国民主建国会会员。现任中国科学院数学与系统科学研究院研究员。

主要从事金融风险管理、应用经济学、博弈论等方面的研究。主持国家自然科学基金重大项目和重点项目、科技部重大项目、“973”计划项目、“863”计划项目等重大项目 30 余项，发表论文 330 余篇，研究成果获得省部级一等奖 2 项、二等奖 5 项、三等奖 1 项。曾获复旦管理学杰出贡献奖、中国青年科技奖、茅以升北京青年科技奖，被评为全国优秀科技工作者、国家杰出青年科学基金获得者、“百千万人才工程”国家级人选，入选中国科学院“百人计划”等。

刘小虎，中国农业机械学会理事长。

1965 年 9 月出生，北京人。一级注册结构师，一级注册建造师，国家注册安全师，教授级高级工程师，享受国务院政府特殊津贴专家。现任中国农业机械化科学研究院集团有限公司党委书记、董事长、总经理。兼任北京市朝阳区人大代表，中国农业机械化协会副会长，中国土木工程学会第十届理事会常务理事。曾任机械工业部设计研究院高级工程师、建筑工程一所副所长，兴华工程咨询公司副总经理，北京起重运输机械设计研究院党委书记、院长，中国中元国际工程有限公司董事、总经理、党委书记等职。曾获国务院国有资产监督管理委员会授予的“抗疫先进个人”、中国建筑设计行业管理卓越人物·最佳突出贡献奖等。

于欣丽，中国标准化协会理事长。

1959 年 5 月出生，籍贯山东文登。历任中国标准化研究院基础标准化研究所所长、中国标准化研究院副院长，国家标准化管理委员会总工程师、副主任、党组副书记，国家市场监督管理总局标准技术管理司司长、党支部书记。中共十七大代表。现为中国标准化专家委员会副主任委员兼秘书长,《全国共享经济标准化技术委员会》和《全国语言与术语标准化技术委员会》主任委员。

长期从事标准化科研和管理工作，主持制定数十项国家标准和国际标准，承担“十五”和“十一五”国家科技攻关项目多项，曾任国际术语信息中心副主席、国际标准化组织术语与语言内容资源标准化技术委员会秘书长。获国家科技进步奖二等奖和多项省部级奖项，在国内外发表论文、论著数十篇。

张云明，中国通信学会理事长。

1967年10月出生，工学学士、公共管理硕士，研究员级高级工程师。现任工业和信息化部党组成员、副部长。

林左鸣，中国航空学会理事长。

1957年5月出生，福建漳州人。南京航空学院（现南京航空航天大学）二系（发动机系）航空发动机设计专业本科毕业，长江商学院EMBA，北京航空航天大学管理学博士，研究员级高级工程师，享受国务院政府特殊津贴专家。中共十六届、十七届中央候补委员，十八届中央委员。曾获国家科学技术进步奖特等奖、巴基斯坦“卓越之星”国家荣誉奖章、首届人本中国奖领袖人物奖，被评为2012中国制造业十大创新人物、第十四届中国经济年度人物，2012—2015年连续被《财富》杂志评为“中国最具影响力的50位商界领袖”。

张晓刚，中国金属学会理事长。

1954年10月出生，辽宁辽阳人。教授级高级工程师。曾任鞍山钢铁集团有限公司党委书记、总经理，世界钢铁协会主席，国际标准化组织主席。中共十七大、十八大代表，第十七届中央候补委员，第十八届中央纪委委员，第十一届全国人大代表。

长期从事钢铁冶金领域产品研发、工艺设计、生产控制、质量管理、标准制定等工作，参与国家“七五”“八五”“九五”和“973”计划、“863”计划项目研究工作，获得国家科学技术进步奖一等奖1项、二等奖2项，冶金科学技术奖一等奖1项，发表论文数十篇，主持国际标准制修订近20项。任国家科技计划（专项、基金等）战略咨询与综合评审特邀委员会委员等多个国家专项工作组专家。

李波，中国稀土学会理事长。

1963年1月出生，辽宁阜新人。博士研究生，正高级工程师，享受国务院政府特殊津贴专家。现任中国钢研科技集团有限公司董事、总经理、党委副书记。

长期致力于稀土永磁材料研究工作，负责和主持多项国家金属磁性材料研究和开发项目，承担多项国家级和省部级科技攻关项目和重点工程，在新型磁性材料研制与应用方面取得多项研究成果。发表学术论文40余篇。被评为“百千万人才工程”国家级人选。获国家科学技术进步奖一等奖1项、二等奖2项，国家技术发明奖三等奖1项，省部级科学技术进步奖6项，世界青年发明家金奖1项。

李晓刚，中国腐蚀与防护学会理事长。

1963 年 10 月出生，湖北广水人。1994 年毕业于中国科学院金属腐蚀与防护研究所，获博士学位。现任国家材料腐蚀与防护科学数据中心主任，教育部腐蚀与防护重点实验室主任，国际腐蚀理事会理事，美国腐蚀工程师协会会士，欧洲腐蚀联合会会士。国际冶金类顶级期刊 *Corrosion Science*（《腐蚀科学》）顾问编委、*Nature* 系列刊物 *NJP: Material Degeneration* 主编。海洋腐蚀领域“973”计划项目首席科学家。发表 SCI 论文 790 篇、专著 18 部（主编 13 部）；获授权专利 145 件。获国家科学技术进步奖二等奖 2 项、省部级一等奖 7 项、行业科技奖一等奖 5 项，2022 年中华国际科学交流基金会杰出工程师奖，美国腐蚀工程师协会 2017 年度技术贡献奖和 2019 年杰出研究奖以及 W.R.Whitney 奖。

戴厚良，中国化工学会理事长，中国工程院院士。

1963 年 8 月出生，江苏扬州人。正高级工程师，第十四届全国政协委员。现任中国石油天然气集团有限公司董事长、党组书记，中国石油天然气股份有限公司董事长。曾任中国石油化工股份有限公司财务副总监，副总裁，董事、高级副总裁、财务总监，副董事长、总裁，董事长；中国石油化工集团有限公司党组成员，总经理、董事、党组副书记，董事长、党组书记等职务。

主持芳烃成套技术开发，并取得对二甲苯吸附分离技术关键突破与产业化，使中国成为世界上极少拥有芳烃成套技术的国家。主编专著《芳烃技术》。曾获国家科学技术进步奖特等奖 1 项（第一完成人）、二等奖 1 项，省部级科学技术进步奖特等奖 1 项、一等奖 6 项。

王寿君，中国核学会理事长。

1955 年 7 月出生，山东招远人。博士研究生，研究员级高级工程师，第十三届全国政协常委。先后担任中国核工业总公司建工局副局长，中国核工业建设集团有限公司副总经理，中国核工业集团有限公司副总经理，国家核电技术有限公司总经理，国务院派出国有重点大型企业监事会主席，中国核工业建设集团有限公司党组书记、董事长，中国核工业集团有限公司党组书记、董事长。曾获国家科学技术进步奖一等奖、国防科学技术进步奖一等奖等奖项。

谭天伟，中国可再生能源学会理事长，中国工程院院士。

1964 年 2 月出生，湖南湘潭人。现任北京化工大学党委副书记、校长，中国化工学会副理事长，北京化工大学教育基金会理事。

主要从事生物化工研究，致力于脂肪酶及酶催化合成化学品研究，实现有机合成用脂肪酶的生产和酶工业催化的应用；建立基于标志代谢物控制的发酵放大新方法，并用于酵母发酵产品的工业生产；开发发酵废菌丝体综合利用工业化应用新工艺。获国内外发明专利 40 余项，发表 SCI 论文 300 余篇。以第一完成人获国家技术发明奖二等奖 2 项、省部级科学技术进步奖一等奖 4 项、何梁何利基金科学与技术创新奖、谈家桢生命科学创新奖、亚洲青年生物技术杰出贡献奖等。编著出版《生物分离技术》。

李元元，中国材料研究学会理事长，中国工程院院士。

1958 年 10 月出生，广东梅县人。工学博士，教授，现任华中科技大学党委书记。

主要从事粉末冶金和有色合金材料的应用基础和工程化研究。先后主持国家自然科学基金、“973”计划、“863”计划、国家科技攻关和科技支撑计划、国防军工等项目 24 项，主持和参与完成省部级等其他项目 46 项。获国家科学技术进步奖二等奖 2 项，省部级科学技术奖一等奖 5 项、二等奖 3 项、三等奖 3 项。发表论文 220 余篇，出版专著 2 部、教材 1 部，参编著作 3 部，获授权发明专利 55 项。

魏炳波，中国材料研究学会理事长，中国科学院院士。

1964 年 4 月出生，山东惠民人。西北工业大学物理科学与技术学院教授。

主要从事金属材料凝固技术和空间材料科学研究。设计并研制了以电磁悬浮、超声悬浮、静电悬浮、熔体浸浮和自由落体为特征的金属材料超常凝固实验系统，开展空间环境的地面模拟实验研究。阐明深过冷合金熔体中枝晶和共晶快速生长的动力学机制，揭示微重力和深过冷条件对快速凝固过程的耦合作用，发展快速偏晶和包晶凝固的组织演变理论。获得首批国家杰出青年科学基金资助，入选教育部首批“长江学者奖励计划”特聘教授。获国家自然科学奖二等奖、国家技术发明奖二等奖和国家教学成果奖二等奖。曾获全国五一劳动奖章，并带领研究团队获全国五一劳动奖状。

卢景波，中国粮油学会理事长。

1963 年 10 月出生，河北行唐人。1986 年 8 月参加工作，现任国家粮食和物资储备局党组成员、副局长。历任商业部粮食综合司计划处副处长，国家粮食储备局综合计划司进出口处副处长、油脂处处长（其间挂职山东省聊城地区行政公署专员助理、粮食局副局长，东阿县委副书记、副县长），国家粮食储备局调运司计划处处长，国家粮食局调控司副司长、司长，国家粮食局党组成员、副局长。

朱庆山，中国颗粒学会理事长。

1969 年 5 月出生，江苏高邮人。1997 年 7 月获清华大学博士学位。曾在荷兰埃因霍温技术大学从事博士后研究。现任中国科学院过程工程研究所党委书记、副所长。担任《中国粉体技术》编委会主任，《过程工程学报》副主编，《华东理工大学学报》、《钢铁钒钛》、*Particuology*（《颗粒学报》）、*Int.Rev.Chem.Eng* 编委。

主要从事矿产资源高效利用、流化床反应器放大规律、流态化过程强化、流化床化学气相沉积等方面的理论研究与工程研发。曾获中国颗粒学会第五届青年颗粒学奖、中国石油和化学工业联合会科学技术奖一等奖、中国科学院教育教学成果奖二等奖、中国颗粒学会技术发明奖一等奖、国家技术发明奖二等奖。合著专著 2 本。

李如生，中国风景园林学会理事长。

1963 年 6 月出生，天津人。住房城乡建设部总工程师。1984 年 8 月至 1988 年 11 月，城乡建设环境保护部城市建设管理局科员、副主任科员；1988 年 11 月至 2005 年 3 月，住房城乡建设部城市建设司园林绿化处主任科员、副处长、处长，风景名胜处处长，助理巡视员；2005 年 3 月至 2008 年 10 月，吉林省吉林市副市长；2008 年 10 月至 2022 年 12 月，住房城乡建设部城市建设司副司长、住房城乡建设部工程质量安全监管司司长、总工程师。主要科技著作有《美国国家公园管理体制》。

费爱国，中国指挥与控制学会理事长，中国工程院院士。

1955 年 7 月出生，江苏涟水人。北京科技大学控制理论与控制工程博士学位。中国人民解放军 93216 部队研究员，专业技术少将军衔，享受国务院政府特殊津贴专家。

长期从事数据链和指挥信息系统技术研究和工程建设。先后主持研制中国人民解放军第一代航空数据链系统、中国首套出口型防空指挥信息系统和空军首套网络化区域指挥信息系统等多项国家、军队重大科研项目。获国家科学技术进步奖一等奖 1 项、二等奖 2 项，军队科学技术进步奖一等奖 6 项。获国防专利 11 项，编著出版著作 8 部。曾获何梁何利基金科学与技术进步奖、中国科协求是杰出青年奖实用工程奖和军队杰出专业技术人才奖，被评为全国优秀科技工作者。

欧阳明高，国际氢能燃料电池协会理事长，中国科学院院士。

1958 年 10 月出生，湖北天门人。1993 年毕业于丹麦技术大学能源工程系，获博士学位；1995 年博士后出站后在清华大学任教，先后担任副教授、教授、博士生导师；1998 年担任清华大学汽车工程系发动机教研室主任；1999 年担任清华大学汽车安全与节能国家重点实验室主任；2001 年担任清华大学汽车工程系主任；2004 年入选教育部“长江学者奖励计划”特聘教授；2017 年担任清华大学车辆与运载学院教授、校学术委员会副主任，国际交通电动化期刊 *eTransportation* 主编。

包振民，中国水产学会理事长，中国工程院院士。

1961 年 12 月出生，山东烟台人。现任中国海洋大学教授，中国动物学会副理事长、贝类学分会主任委员，山东省科协副主席，山东省青年科学家协会会长。

主要从事海洋生物遗传育种学理论和技术创新工作。建立扇贝分子育种技术体系；创建国际上首个基于最佳线性无偏预测的贝类遗传评估系统；发明成套低成本全基因组基因分型新技术，突破水产生物高通量基因组分析的技术瓶颈，发明扇贝分子标记辅助育种和全基因组选择技术。获国家技术发明奖二等奖 1 项、国家科学技术进步奖二等奖 3 项、全国创新争先奖 1 项、省部级科技奖一等奖 6 项。获全国五一劳动奖章、全国优秀科技工作者称号等。

韩成贵，中国植物病理学会理事长。

1966年11月出生，辽宁法库人。中国农业大学教授（二级），理学博士。兼任中国作物学会甜菜专业委员会副理事长，《中国糖料》《中国甜菜糖业》和 *Biology*（《生物学》）编委。曾担任亚洲植物病理协会第三届至第五届秘书长；担任国家自然科学基金各类项目，科技部、中国科协和部分省市有关项目，教育部、中共中央组织部设立的各类人才支持计划评审专家。

主要从事作物病毒病害研究和甜菜病害综合防控工作，主持和参加国家自然科学基金、公益性行业（农业）科研专项、转基因生物新品种培育重大专项等科研课题32项，在 *New Phytologist*（《新植物学家》）等国内外期刊发表学术论文196篇，获得授权国家发明专利8项、省部级科技奖励4项。

代方银，中国蚕学会理事长。

1969年5月出生，贵州印江人。教授。现任西南大学蚕桑纺织与生物质科学学院院长、家蚕基因组生物学国家重点实验室主任、国家蚕桑产业技术体系首席科学家。入选教育部“长江学者奖励计划”特聘教授、国家高层次人才特殊支持计划领军人才、“百千万人才工程”国家级人选和国家有突出贡献中青年专家。

长期从事家蚕遗传资源库构建发展、遗传学与育种技术、重要性状功能基因组等研究。建成世界最大家蚕基因库，主持完成“千蚕基因组”（家蚕泛基因组）计划等重大任务。主持国家自然科学基金、863计划及省部级重点科研项目20余项。发表论文150余篇，获授权专利10余项，获重庆市科学技术奖自然科学奖一等奖等省部级科研及教学成果奖6项次，并获重庆市青年科技创新杰出奖、重庆青年科技奖、中国产学研合作创新奖等奖项。

田学斌，中国水土保持学会理事长。

1963年12月出生，甘肃会宁人。中共十九大、二十大代表。1983年7月，甘肃工业大学本科毕业后到甘肃省农业水泵厂工作。1984年8月至1986年8月在甘肃省委组织部工作。1986年9月至1989年7月在中共中央党校培训部研究生班学习。1989年8月至1990年11月，先后在国家教育委员会人事司、中华全国妇女联合会办公厅工作。1990年12月至1992年11月任中共中央办公厅调研室干部、副处级调研员。1992年11月至2008年4月任中共中央办公厅、国务院办公厅秘书（其间在中国社会科学院研究生院在职研究生学习，获管理学博士学位）。2008年4月至2015年6月历任国务院研究室党组成员，国务院研究室副主任、党组成员。2015年7月任水利部副部长、党组成员。2016年9月至今任水利部副部长、党组成员、直属机关党委书记。

姜仁华，中国茶叶学会理事长。

1968年11月出生，浙江诸暨人。中央党校研究生学历，新加坡南洋理工大学管理经济学硕士。现任中国农业科学院研究员，茶叶研究所所长、党委副书记，茶业经济与文化创新团队首席科学家；浙江省农村发展研究中心特约研究员。

长期从事科研管理工作，研究领域主要为茶产业经济和管理经济学。以第一作者和通讯作者发表论文35篇，在各类报刊上发表新闻作品150余篇近20万字，获省级以上新闻作品奖3篇。主编或参与主编著作4部。主持或参与主持各类课题15项。获评中国农业科学院第五届十佳青年，入选浙江省“新世纪151人才工程”。

周卫，中国植物营养与肥料学会理事长，中国工程院院士。

1966年8月出生，江西湖口人。中国农业科学院农业资源与农业区划研究所研究员，享受国务院政府特殊津贴专家，农业农村部植物营养与肥料重点实验室主任，中国农业科学院耕地科技创新总首席科学家。曾任国务院学位委员会第六、第七届学科评议组成员，中共二十大代表。

长期从事植物营养与肥料学研究。先后担任“973”计划首席科学家、公益性行业科研专项首席专家；以第一完成人获国家科学技术进步奖二等奖3项；以第一或通讯作者发表论文112篇，出版著作3部，获发明专利24件；入选农业农村部有突出贡献的中青年专家，“百千万人才工程”国家级人选，全国农业科研杰出人才，科技部重点领域创新团队负责人，国家高层次人才特殊支持计划领军人才等。荣获全国五一劳动奖章。

孙咸泽，中国药学会理事长。

1957年6月出生，江苏赣榆人。第十三届全国政协教科卫体委员会副主任委员，两岸企业家峰会常务理事兼生物科技与健康照护产业合作推进小组副召集人。历任国家食品药品监督管理总局副局长、党组成员、药品安全总监。

参与编写2005—2007年《国家食品安全状况年度报告》。2005—2007年与世界卫生组织合作，作为编委会副主任完成《中华人民共和国食品安全监管和战略框架专家报告》。2005—2008年组织编译《国际食品法典（中文版）》（共5卷）。参与编制2009—2010年《国家药品不良反应监测年度报告》《国家药物滥用监测年度报告》。2011年组织编写《药品GMP指南》（共6卷）。

吴欣娟，中华护理学会理事长。

1958年10月出生，江苏徐州人。主任护师，教授。现任北京协和医院护理委员会主任委员、北京协和医学院护理学院副院长、国家卫生健康标准委员会护理标准专业委员会副主任委员、教育部护理学专业认证工作委员会副主任委员、教育部高等学校护理学类专业教学指导委员会副主任委员、国家护理专业质控中心专家委员会副主任委员等职务，担任《中华护理杂志》主编。获第43届南丁格尔奖、泰国王太后护理奖、首届全国创新争先奖奖状、十佳全国优秀科技工作者提名奖、全国优秀科技工作者等荣誉和奖项。主编专业书籍70余部，发表中文核心及SCI期刊论文200余篇，承担国家公益性行业科研专项等科研课题29项。

王韵，中国生理学会理事长。

1966年4月出生，江西信丰人。现任北京大学神经科学研究所教授，兼任教育部基础医学教学指导委员会副主任委员、亚大地区生理学会联合会执行委员。国家杰出青年科学基金获得者。曾在美国国立卫生研究院做访问学者。曾入选教育部“长江学者奖励计划”特聘教授。发表SCI期刊论文70余篇，获中国发明专利6项。牵头科技部“科技创新2030——脑科学与类脑研究”重大项目，承担国家自然科学基金重点和重大国际合作项目等20余项。曾获张香桐神经科学青年科学家奖、中国女医师协会五洲女子科技奖，以及教育部优秀青年教师、北京市教学名师、北京大学十佳教师等荣誉。牵头的创新思维训练课程教学团队获“北京高校优秀本科育人团队”。

李云庆，中国解剖学会理事长。

1961 年 8 月出生，河南新野人。中国人民解放军空军军医大学教授、梁銶琚脑研究中心主任，国际解剖学工作者学会联盟副主席，国际形态学大会执行委员，亚太地区解剖学会执行委员，《神经解剖学杂志》主编，*Frontiers in Neuroanatomy*（《神经解剖学前沿》）副主编。

从事感觉信息传递和调控的神经机制研究。在 SCI 期刊发表论文 238 篇。主编（译）专著、教材 20 部。获国家发明专利 6 项、实用新型专利 12 项。获国家科学技术进步奖一等奖 1 项、省部级科学技术进步奖一等奖 4 项，国家杰出青年科学基金资助和何梁何利基金科学与技术进步奖，被评为教育部“长江学者”特聘教授、全国优秀科技工作者、军队首批科技领军人才、军队优秀专业技术人才等。

杨月欣，中国营养学会理事长。

1955 年 12 月出生，河北衡水人。营养学教授，国际营养联合会会士，享受国务院政府特殊津贴专家。现任中国疾病预防控制中心食物营养室主任。1978 年毕业于南开大学化学系，在中国预防医学科学院流行病研究所从事生物化学研究。1988 年调入国家卫生研究所从事妇幼营养研究。1995—1997 年在荷兰瓦格宁根大学硕士班和法国达能营养中心学习。主持完成科技部和国家自然科学基金项目等 20 余项，以第一或通讯作者发表文章近 300 篇，主编营养学科学著作 30 余部，获得部级以上科技奖励和技术专利 20 余项。兼任国务院健康中国行动推进委员会委员、国家食物与营养咨询委员会委员、国务院食品安全委员会专家委员会委员、亚洲营养联合会候任主席、国际科联工作协调委员会委员等。

王刚，中国心理卫生协会理事长。

1968 年 6 月出生。主任医师，教授。现任首都医科大学附属北京安定医院院长、国家精神心理疾病临床医学研究中心主任、抑郁症治疗中心主任、临床试验机构主任。兼任国际双相障碍协会全球理事、中国分会主席，国家心血管病专家委员会健康生活方式医学专业委员会副主任委员。主要从事精神药物的治疗学、药物遗传学研究以及新药Ⅱ—Ⅳ期临床试验。两次获得美国斯坦利基金会研究资助，获得国家科技重大专项项目、国家自然科学基金面上项目、首都医学发展基金联合攻关项目资助。发表 SCI 论文 50 余篇，参与编写教材和专著 6 部，获国内专利授权 2 项。承担市局级以上科研项目 8 项，主持科技部重大专项 2 项，承担“973”计划项目子课题 2 项、在研市级课题 13 项，主持国际多中心和全国多中心临床试验近 30 项。

樊代明，中国抗癌协会理事长，中国工程院院士。

1953 年 11 月出生，重庆人。现任第十三届全国人大教科文卫委员会委员，亚太消化学会主席，世界消化学会会长，空军军医大学西京消化病医院院长、肿瘤生物学国家重点实验室主任，国家消化系统疾病临床医学研究中心主任，国家新药临床试验机构主任。美国医学科学院、法国医学科学院外籍院士。

长期从事消化系统疾病的临床与基础研究工作，并致力于医学发展的宏观战略研究，在国际上率先提出整体整合医学理论并付诸实践。先后承担国家“973”计划首席科学家项目、“863”计划项目等课题。获国家科学技术进步奖创新团队奖，国家科学技术进步奖一、二、三等奖各 1 项，国家技术发明奖 1 项，国家发明专利 39 项、实用新型专利 18 项等。获法国医学科学院塞维雅奖、世界消化病学大师奖、何梁何利基金科学与技术进步奖等奖项。

李颖川，中国体育科学学会理事长。

1960年1月出生，安徽阜阳人。教育学博士，教授。中国奥林匹克委员会副主席，中华全国体育总会副主席，世界反兴奋剂机构理事。1994年11月—2000年11月任北京体育师范学院（今首都体育学院）副院长；2000年11月—2010年3月历任首都体育学院副院长、院长；2010年4月—2015年4月任北京市体育局党组书记、局长；2015年5月—2017年5月任国家体育总局党组成员、局长助理；2017年5月至今任国家体育总局党组成员、副局长。

陈景元，中国毒理学会理事长。

1962年6月出生，辽宁丹东人。现任军事科学院军事医学研究院研究员。教育部"长江学者奖励计划"特聘教授，"973"计划首席科学家，军事预防医学、军事特殊环境医学和教育部"长江学者和创新团队发展计划"创新团队带头人，教育部特殊作业环境健康危害与防护重点实验室主任。享受国务院政府特殊津贴专家。美国毒理科学院院士。曾任中央军委后勤保障部卫生局局长等职。

长期从事环境毒理学的教学、科研及管理工作。先后主持国家重大、重点项目10余项，获国家科学技术进步奖二等奖2项，省部级科学技术进步奖一等奖3项、二等奖4项，获国家发明和实用新型专利11项。主编专著、教材12部，发表SCI收录论文90余篇。被授予全国优秀科技工作者、全军医学科技先进个人等称号。

陈立典，中国康复医学会会长。

1963年3月出生，福建政和人。主任医师，教授，享受国务院政府特殊津贴专家。现任福建中医药大学党委书记，福建省科协副主席，国际欧亚科学院院士，国际物理与康复医学学会执行委员。"百千万人才工程"国家级人选。承担科技部国际合作与交流专项、国家科技支撑计划项目、国家自然科学基金重点项目等国家级课题。获国家科学技术进步奖二等奖、国家级教学成果奖二等奖，被评为中国康复医学会"最美康复科技工作者"。

王拥军，中国卒中学会会长。

1962年9月出生，河北邯郸人。主任医师，教授。现任首都医科大学附属北京天坛医院院长、党委副书记，兼任中华医学会神经病学分会主任委员等职务。

长期致力于脑血管病的临床和科研工作。创立非致残性缺血性脑血管病短期联合抗血小板治疗的CHANCE方案，开创缺血性脑血管病联合抗血小板治疗的新时代，改写多个国际权威医学指南；提出"绕行基因"的替格瑞洛替代治疗方案，解决了因基因检测耗时长、替代方案无法临床验证的瓶颈问题。获国家科学技术进步奖二等奖、吴阶平－保罗·杨森医学药学奖、谈家桢临床医学奖、何梁何利基金科学与技术进步奖、世界卒中组织主席奖、首届全国创新争先奖、全国五一劳动奖章、全国优秀科技工作者等奖项和荣誉。

赵玉沛，中国胰腺病学会理事长，中国科学院院士。

1954 年 7 月出生，吉林长春人。主任医师，外科学教授。中共第十八、十九届中央候补委员。现任中华医学会会长，北京协和医院名誉院长、疑难重症及罕见病国家重点实验室主任、转化医学国家重大科技基础设施（北京协和）主任，《中华外科杂志》总编辑、*Journal of Pancreatology* 主编及十余种外科杂志的总编和名誉总编。曾任北京协和医院院长、中央保健委员会副主任（副部长级）、第九届中国科协副主席等。

倡导胰腺疾病多学科诊疗模式，牵头制定了中国胰腺癌诊治指南和中国胰岛素瘤诊治指南，带领团队在普外科尤其是胰腺疾病领域作出了系统性和开创性贡献。获国家科学技术进步奖二等奖 2 项。

熊远明，中国图书馆学会理事长。

1965 年 6 月出生，广西贵港人。文学硕士，毕业于中央民族大学少数民族语言文学专业。2006 年 3 月—2017 年 7 月历任文化部办公厅副主任，离退休干部局局长、党委书记，办公厅主任。2018 年 8 月任文化和旅游部办公厅主任。2021 年 7 月任国家图书馆馆长、党委副书记，国家古籍保护中心主任，国家典籍博物馆馆长。

杨焕明，中国城市科学研究会理事长，中国科学院院士。

1952 年 10 月出生，浙江温州人。中国生态城市研究院有限公司院长，中国医学科学院学部委员，享受国务院政府特殊津贴、中国科学院政府特殊津贴。发展中国家科学院院士，美国国家科学院、德国国家科学院、印度国家科学院、丹麦皇家科学院外籍院士，欧洲分子生物学组织外籍成员。博士毕业于丹麦哥本哈根大学，后在法国、美国从事博士后研究。作为联合创始人，创建华大基因和中国科学院北京基因组研究所。曾获国家科学技术进步奖二等奖、国家自然科学奖二等奖、中国科学院杰出科技成就奖、深圳市科技创新奖、第三世界科学院生物奖等奖项。被授予全国防治非典型肺炎优秀科技工作者称号、深圳经济特区 30 年 30 位杰出人物。

肖金成，中国国土经济学会理事长。

1955 年 9 月出生，河北魏县人。中国宏观经济研究院（国家发展改革委宏观经济研究院）二级研究员，中国社会科学院研究生院博士生导师，享受国务院政府特殊津贴专家，曾任国家发展改革委国土开发与地区经济研究所所长。

主持和参与主持西部发展战略研究、天津滨海新区发展战略、中国特色的城市化道路、中国十大城市群、协调空间开发秩序与调整空间结构、澜沧江 – 湄公河次区域合作、中国土地管理体制改革、优化国土空间格局等数十项重大研究课题，为国家宏观决策提供依据并多次获奖。发表学术论文百余篇，出版学术著作 8 部。在城市化、城市群、增长极、高效利用国土空间、优化国土空间格局、国土空间规划、区域发展等领域有较深入的研究。

李学勇，中国老科学技术工作者协会会长。

1950 年 9 月出生，河北石家庄人。第十三届全国人大常委会委员、教育科学文化卫生委员会主任委员。2007—2010 年任科技部党组书记、副部长；2010—2015 年历任江苏省委副书记、代省长，江苏省委副书记、省长；2015—2018 年担任第十二届全国人大财政经济委员会副主任委员。党的十六大、十七大、十八大代表，十七届、十八届中央委员，十一届、十二届、十三届全国人大代表。

长期在国家科技行政部门和地方重要岗位工作，组织领导和协调能力强，熟悉科技管理工作，参与和组织推动科技领域发展战略、规划计划、创新体系、重点工程、科技政策和法律法规的研究制定与实施。全程参与研究制定《国家中长期科学和技术发展规划纲要（2006—2020 年）》，组织“973”计划的启动实施，参与“863”计划的组织实施等。

杨保军，中国城市规划学会理事长。

1963 年 12 月出生，江西吉水人。住房城乡建设部总经济师，全国工程勘察设计大师，教授级高级城市规划师。先后主持、参与、指导完成数百个城市规划及其相关领域的规划设计、咨询、研究项目，代表性项目包括北京奥运选址研究、《城市规划编制办法》修订、珠三角城镇群协调发展研究、广州 2020 战略咨询、中新天津生态城总体规划、海南省城乡一体化规划、玉树灾后重建规划、“一带一路”空间战略研究、中国 2010 上海世博会规划设计方案征集、科技部课题“旧住宅区宜居更新技术研究”、雄安新区规划。获全国优秀城乡规划设计奖一等奖 6 项、二等奖 9 项，发表学术论文 50 多篇。入选 2013 年国家“百千万人才工程”专家。被授予全国优秀科技工作者、中国城市规划学会科技奖领军人才奖等。

包为民，中国高科技产业化研究会理事长，中国科学院院士。

1960 年 3 月出生，黑龙江哈尔滨人。研究员，享受国务院政府特殊津贴专家。现任中国航天科技集团有限公司科学技术委员会主任。中国科协第十届全国委员会副主席，北京市科协副主席，国际宇航科学院院士。第十一、十二届全国政协委员。历任航天部一院十二所副主任、副所长、控制系统主任副总设计师，一院十所第一任所长（一院十所的带头创始人之一）。

作为中国航天运载器总体及控制系统领域的学术带头人，为中国国防现代化建设解决一系列技术难题，是国防科技工业有突出贡献中青年专家。获得国家科学技术进步奖特等奖 1 项、一等奖 1 项，国防科学技术奖一等奖 2 项、二等奖 1 项，第二届国防科技工业杰出人才奖等奖项。

孙晓洲，中国基本建设优化研究会会长。

1971 年 8 月出生，山东潍坊人。研究员，国家财政项目评审专家，中国社会科学院蓝迪国际智库专家委员会委员。先后毕业于东北林业大学、对外经济贸易大学、英国伦敦政治经济学院。曾在中央党校及北京大学高级管理研修班学习。

长期在国家部委、中央直属企业及国家级社会组织工作，在区域经济发展和“三农”、金融、科技创新以及文化创意等领域的政策研究与优化设计方面具有丰富经验和深刻见解。在长期的工作实践中，总结出“企业 + 社会组织 + 政府”的 ENG 模式，并围绕新形势下社会经济刚性需求，提出“医养健”“教科文”以及“三农”“新三驾马车”的概念，通过融合创新与实践落地相结合，探索优化社会发展中的复杂问题，为中央决策及政府、企业的优化发展提供思路及样板。

杜玉波，中国高等教育学会会长。

1955 年 9 月出生，河北晋州人。研究员，享受国务院政府特殊津贴专家。第十三届全国人大常委会委员、教科文卫委员会副主任委员，国务院学位委员会委员、学科评议组成员、学科发展战略咨询委员会委员，全国高等学校设置评议委员会主任，国家“双一流”建设专家委员会副主任。曾任北京理工大学党委副书记、副校长、党委常务副书记，北京航空航天大学党委书记（副部长级），教育部党组副书记、副部长，总督学顾问。长期从事高等教育管理、高校党的建设和思想政治工作的实践研究，具有丰富的理论和实践经验，获得多项学术成果奖励。

2022年新当选的省、自治区、直辖市科协主席

李静海，北京市科协第十届委员会主席，中国科学院院士。

1956年10月出生，山西忻州人。工学博士，研究员，国家自然科学基金委员会主任，全国人大常委会委员、全国人大教育科学文化卫生委员会副主任委员。1999—2004年任中国科学院过程工程研究所所长，2004—2016年任中国科学院副院长、党组成员，2011年任中国科协副主席，2017年任国家自然科学基金委员会党组书记、主任，2018年任科技部党组成员。

主要从事颗粒流体两相反应系统量化设计和放大研究，建立能量最小多尺度模型，应用于复杂系统模拟和工业过程仿真，在该模型的扩展过程中发展多尺度计算模式并提出介尺度科学。曾获国家自然科学奖二等奖、中国科学院自然科学奖一等奖、中国科学院技术发明奖一等奖等。

周然，山西省科协第九届委员会主席。

1958年7月出生，山西忻州人。1994年9月加入农工民主党，医学博士，教授，主任医师。曾任全国政协委员，山西省人大常委会副主任，山西省政协副主席，山西省卫生厅副厅长，山西中医学院院长，农工民主党中央常委、山西省委主委，山西省中医药学会理事长等职务。

长期从事中医药科研工作，作为首席科学家主持完成国家科技支撑计划项目“华北地区道地药材规范化种植基地优化升级及系列产品综合开发研究”等多项国家级课题，作为第一发明人创制国家新药3项，获得国家发明专利授权14项，主编《北黄芪研究》《中医药酒学》等多部学术著作。

姒健敏，浙江省科协第十一届委员会主席。

1957年11月出生，浙江绍兴人。九三学社社员，教授，主任医师，浙江大学胃肠病研究所所长。现任全国人大常委会委员、浙江省人大常委会副主任、浙江省社会主义学院院长。曾任浙江大学副校长，九三学社中央常委、浙江省委主委。

长期从事消化病学临床医疗、教学、科研工作，浙江省重点学科内科学及医学重点学科消化病学科带头人，担任“863”计划项目首席专家。承担国家自然科学基金项目、“973”计划、省部级重大医学研究课题项目10余项，获得中华医学科技奖及省部级科学技术进步奖10余项，获中国、美国授权发明专利4项、实用新型专利5项，出版医学专著10余部，发表论文250余篇，其中SCI学术论文30余篇。

窦贤康，湖北省科协第十届委员会主席，中国科学院院士。

1966 年 1 月出生，安徽泗县人。第二十届中共中央候补委员。现任科技部党组成员，国家自然科学基金委员会党组书记。1987 年毕业于中国科学技术大学地球和空间科学系，1990 年、1993 年分别获巴黎第七大学硕士学位和博士学位。曾任中国科学技术大学副校长、武汉大学校长。

主要从事中高层大气理论、观测与实验综合研究，研制系列激光雷达观测系统，填补国内在该领域的空白，技术水平达到国际领先；研制成功单光子频率上转化量子测风激光雷达，开创一种激光雷达探测新体制，在观测设备上有很多开拓性工作；在中层顶区域大气动力学和光化学等领域的研究取得系统性和创新性成果。曾获军队科学技术进步奖一等奖、安徽省自然科学奖一等奖、日内瓦国际发明展特别金奖。

蒋庄德，陕西省科协第九届委员会主席，中国工程院院士。

1955 年 8 月出生，辽宁大连人。中国民主同盟盟员，西安交通大学机械工程学院教授，英国伯明翰大学名誉教授，澳大利亚新南威尔士大学客座教授。2011 年 12 月获英国伯明翰大学工学博士学位。曾任西安交通大学副校长等职务，现任教育部科学技术委员会顾问、中国工程院机械与运载学部常委、国务院学位委员会机械学科评议组召集人等。

在高端 MEMS 传感器芯片、纳米国家标准物质、大口径车磨复合加工机床、复杂型面精密超精密检测与仪器等技术领域作出突出贡献，获国家技术发明奖二等奖 2 项、国家科学技术进步奖二等奖 2 项、其他省部级奖励 11 项，并获第十三届光华工程科技奖、何梁何利基金科学与技术进步奖、首届全国创新争先奖等奖项。

陈红缨，宁夏回族自治区科协第九届委员会主席。

1965 年 9 月出生，辽宁沈阳人。主任记者。中国科协第十届全国委员会常委，中共宁夏第十三届委员会候补委员，宁夏政协十一届常委。历任宁夏日报社《小龙人报》总编辑，固原市副市长，自治区妇联党组成员、副主席，自治区计划生育委员会党组副书记（正厅级）、副主任，自治区民政厅党组副书记（正厅级）、副厅长、巡视员等职务。2019—2021 年连续三年考核为优秀等次，被中共宁夏区委组织部授予三等功。

主持自治区科协工作期间，推动宁夏回族自治区人民政府与中国科协签订全面战略合作协议，推进“科创中国”宁夏行动和“科创中国”枢纽城市建设，推进全域科普工作等。

邓铭江，新疆维吾尔自治区科协第九届委员会主席，中国工程院院士。

1960 年 6 月出生，湖南耒阳人。第十四届全国政协委员。2007 年获河海大学博士学位。现任新疆农业大学名誉校长、终身教授，西安理工大学省部共建西北旱区生态水利国家重点实验室名誉主任、旱区生态水利研究院院长，黄河勘测规划设计研究院有限公司首席专家。

建立干旱区水循环调控理论与工程技术体系，解决沙漠长距离调水工程中的重大技术难题，创建横坎儿井地下水库新技术。荣获开发建设新疆奖章、新疆五十年十大优秀科技人物。获国家科学技术进步奖二等奖 4 项，新疆科学技术进步奖特等奖，何梁何利基金科学与技术创新奖，大禹水利科学技术奖一等奖、二等奖，省部级科学技术进步奖一等奖 3 项，新疆维吾尔自治区优秀工程勘察设计奖一等奖 4 项。出版专著 7 部，发表论文百余篇。

童中华，新疆生产建设兵团科协第四届委员会主席。

1969 年 8 月出生，湖北武汉人。管理学博士。大学毕业后在新疆维吾尔自治区科委、科技厅工作 22 年，先后担任自治区科技兴新办公室副主任、科技厅综合协调处处长、办公室主任。2013 年 8 月任自治区残疾人联合会党组成员、副理事长，2016 年 1 月任克拉玛依市副市长，2016 年 7 月任克拉玛依市委常委，2016 年 9 月任克拉玛依市委常委、秘书长，2016 年 12 月兼任教育工委书记，2021 年 9 月任克拉玛依市委副书记，2021 年 11 月任自治区教育厅党组成员、副厅长、一级巡视员。2022 年 6 月任新疆生产建设兵团科技局党组书记、局长，新疆生产建设兵团科协主席人选。

表彰奖励

中共中央组织部　人力资源社会保障部　中国科协　共青团中央关于表彰第十七届中国青年科技奖获奖者的决定

科协发组字〔2022〕42 号

党的十八大以来，以习近平同志为核心的党中央统揽伟大斗争、伟大工程、伟大事业、伟大梦想，作出人才是实现民族振兴、赢得国际竞争主动的战略资源的重大判断，作出全方位培养、引进、使用人才的重大部署，推动新时代人才工作取得历史性成就、发生历史性变革。

以习近平新时代中国特色社会主义思想为指导，深入学习贯彻党的二十大精神，贯彻落实中央人才工作会议精神，培养造就规模宏大的青年科技人才队伍，打造大批一流科技领军人才，树立青年科技人才科技创新典范，激发广大青年科技工作者的创新创造创业热情，中共中央组织部、人力资源社会保障部、中国科协、共青团中央决定授予万蕊雪等 100 名同志第十七届中国青年科技奖，其中包括 10 名中国青年科技奖特别奖项。

中国青年科技奖获得者是在国家经济发展、社会进步和科技创新中作出突出贡献的优秀青年科技人才代表。希望受到表彰的获奖者珍惜荣誉、再接再厉，在建设世界科技强国的征程上作出新的更大贡献。广大科技工作者特别是青年科技工作者要以中国青年科技奖获奖者为榜样，坚定理想信念，始终心怀“国之大者”，自觉践行科技报国之志，坚持“四个面向”，从党和国家重大发展战略和部署出发，锚定科技创新目标和方向，坚定创新自信，树立敢为天下先的雄心壮志，直面问题，迎难而上，敢于探索科学“无人区”，勇于挑战最前沿的科学问题，全力打好关键核心技术攻坚战，增强自主创新能力，坚持传承弘扬科学家精神，推动形成有利于创新创造的良好风尚。

教育、科技、人才是全面建设社会主义现代化国家的基础性、战略性支撑。各地区各部门要坚持以习近平新时代中国特色社会主义思想为指导，深刻领悟“两个确立”的决定性意义，增强“四个意识”、坚定“四个自信”、做到“两个维护”，深入实施新时代人才强国战略，坚持人才引领发展的战略定位，坚持创新在我国现代化建设全局中的核心地位，深化人才发展体制机制改革，全面提高人才自主培养质量，着力造就拔尖创新人才，坚持尊重劳动、尊重知识、尊重人才、尊重创造，完善人才战略布局，促进更多优秀青年科技人才成长，使他们成为科技创新主力军，为加快建设世界重要人才中心和创新高地提供坚实的人才支撑，为全面建设社会主义现代化国家、全面推进中华民族伟大复兴而团结奋斗！

附件：

1. 第十七届中国青年科技奖特别奖获奖者名单
2. 第十七届中国青年科技奖获奖者名单

中共中央组织部　人力资源社会保障部

中国科协　共青团中央

2022 年 10 月 26 日

附件 1

第十七届中国青年科技奖特别奖获奖者名单
（按姓氏笔画排序）

序号	姓名	工作单位
1	王　磊	复旦大学
2	王志鹏	北京航空航天大学
3	朱美萍（女）	中国科学院上海光学精密机械研究所
4	刘洪涛	中国石油天然气股份有限公司塔里木油田分公司
5	杨　丽（女）	西安电子科技大学
6	杨　健	系统工程研究院
7	宋海军	中国地质大学（武汉）

续表

序号	姓名	工作单位
8	范大明	江南大学
9	周　颖（女）	同济大学
10	黄佳琦	北京理工大学

附件2

第十七届中国青年科技奖获奖者名单
（按姓氏笔画排序）

序号	姓名	工作单位
1	万蕊雪（女）	西湖大学
2	王　伟	南京大学
3	王　拓	天津大学
4	王　芳（女）	中国汽车技术研究中心有限公司
5	王　艳（女）	中国医学科学院肿瘤医院
6	王　博	中国科学院云南天文台
7	王　琦	中国矿业大学（北京）
8	王　磊	复旦大学
9	王双印	湖南大学
10	王志鹏	北京航空航天大学
11	王宏伟	山东农业大学
12	王祥喜	中国科学院生物物理研究所
13	尤延铖	厦门大学
14	毛相朝	中国海洋大学
15	方　璐（女）	清华大学
16	方博汉	北京大学
17	尹升华	北京科技大学
18	邓　方	北京理工大学
19	邓海啸	中国科学院上海高等研究院
20	龙　笛	清华大学
21	田　晖	北京大学
22	田怀玉	北京师范大学
23	田贵华（女）	北京中医药大学东直门医院
24	史浩飞	中国科学院重庆绿色智能技术研究院
25	付长庚	中国中医科学院西苑医院
26	冯　旭	北京大学
27	朱美萍（女）	中国科学院上海光学精密机械研究所
28	乔庆庆（女）	中国科学院新疆生态与地理研究所

续表

序号	姓名	工作单位
29	乔英云（女）	中国石油大学（华东）
30	任玉龙	中国农业科学院作物科学研究所
31	刘　明	北京农学院
32	刘　英（女）	西安电子科技大学
33	刘　斌	山东大学
34	刘　瑜	海军航空大学
35	刘奕群	清华大学
36	刘洪涛	中国石油天然气股份有限公司塔里木油田分公司
37	许　操	中国科学院遗传与发育生物学研究所
38	孙　涛	中国科学院沈阳应用生态研究所
39	孙庆丰	浙江农林大学
40	李　昂	中国科学院上海有机化学研究所
41	李　昺	中国科学院金属研究所
42	李　敏	武汉大学
43	李帝铨	中南大学
44	李隆球	哈尔滨工业大学
45	杨　丽（女）	西安电子科技大学
46	杨　健	系统工程研究院
47	杨元合	中国科学院植物研究所
48	肖振宇	北京航空航天大学
49	吴　云	空军工程大学
50	吴巨友	南京农业大学
51	吴志勇	61001 部队
52	吴富梅（女）	61540 部队
53	邱　雷	南京航空航天大学
54	何　耀	苏州大学
55	何蓉蓉（女）	暨南大学
56	余　倩（女）	浙江大学
57	余碧莹（女）	北京理工大学
58	汪　萌	合肥工业大学
59	沈少华	西安交通大学
60	宋勇峰	山东第一医科大学附属省立医院
61	宋海军	中国地质大学（武汉）
62	张丰收	同济大学
63	张东菊（女）	兰州大学
64	张冀聪	北京航空航天大学

续表

序号	姓名	工作单位
65	陈　娟（女）	重庆医科大学
66	陈　蓉（女）	华中科技大学
67	陈　韬	中国电子科技集团公司第五十五研究所
68	陈　蕾（女）	四川大学华西医院
69	陈浩森	北京理工大学
70	范大明	江南大学
71	郁　昱	上海交通大学
72	欧　欣	中国科学院上海微系统与信息技术研究所
73	欧阳斌	海军工程大学
74	周　颖（女）	同济大学
75	周欢萍（女）	北京大学
76	郑翠娥（女）	哈尔滨工程大学
77	赵远锦	南京大学医学院附属鼓楼医院
78	赵晓丽（女）	中国环境科学研究院
79	郝格非	贵州大学
80	胡殿印（女）	北京航空航天大学
81	钟武律	核工业西南物理研究院
82	胥蕊娜（女）	清华大学
83	袁　星	南京信息工程大学
84	袁　荃（女）	湖南大学
85	耿　华	清华大学
86	柴人杰	东南大学
87	徐　峰	山东大学齐鲁医院
88	徐通达	福建农林大学
89	高　波（女）	中国科学院理化技术研究所
90	郭兆将	中国农业科学院蔬菜花卉研究所
91	黄火清	中国农业科学院北京畜牧兽医研究所
92	黄佳琦	北京理工大学
93	崔宁博	四川大学
94	符利勇	中国林业科学研究院资源信息研究所
95	董　捷	北京空间飞行器总体设计部
96	董焕丽（女）	中国科学院化学研究所
97	程　鹏	浙江大学
98	程方益	南开大学
99	谭　韬	昆明理工大学
100	谭敏佳	中国科学院上海药物研究所

中国科协关于授予梁步阁等 10 位同志第二十四届中国科协求是杰出青年成果转化奖的决定

为深入学习贯彻习近平新时代中国特色社会主义思想，全面贯彻落实党的十九大和十九届历次全会精神，深入实施新时代人才强国战略，鼓励青年科技人才在成果转化、科技经济融合工作中建功立业，投身“科创中国”建设，经中国科协求是杰出青年奖评审委员会评审，决定授予梁步阁等 10 位同志第二十四届中国科协求是杰出青年成果转化奖。

未来属于青年，希望寄予青年。青年科技人才是推动国家科技创新、进军世界科技强国的生力军。荣获本届中国科协求是杰出青年成果转化奖的同志热爱祖国、胸怀理想、矢志奋斗、勇攀高峰，在科技成果转化领域取得突出业绩。希望获奖同志珍惜荣誉、强化使命，肩负起时代赋予的重任，为实现高水平科技自立自强作出新的贡献。

附件：第二十四届中国科协求是杰出青年成果转化奖获奖者名单

中国科协

2022 年 2 月 18 日

附件

第二十四届中国科协求是杰出青年成果转化奖获奖者名单

序号	姓名	工作单位及职务	提名单位（专家）
1	梁步阁	中南大学教授	湖南省科学技术协会
2	明　东	天津大学医学工程与转化医学研究院院长、教授	天津市科学技术协会
3	盖江涛	中国北方车辆研究所研究员	中国兵工学会
4	李茂登	北京控制工程研究所高级工程师	王大轶
5	冯　雪	清华大学教授	马小飞
6	覃小红（女）	东华大学教授	中国纺织工程学会
7	秦世耀	中国电力科学研究院有限公司正高级工程师	中国可再生能源学会
8	杜亚楠	清华大学医学院院长助理、教授	邱　勇
9	徐　迈	北京航空航天大学教授	“科创中国”联合体
10	叶　聪	中国船舶科学研究中心研究员	江苏省科学技术协会

中国科协 2022 年度事业发展统计公报

中国科协 2022 年度事业发展统计公报 *

2023 年 12 月

2022 年，中国科协坚持以习近平新时代中国特色社会主义思想为指导，以迎接学习贯彻党的二十大为主线，深刻领悟“两个确立”的决定性意义，进一步增强“四个意识”、坚定“四个自信”、做到“两个维护”，按照“聚焦靶心、争创一流、赋能基层、开放协同”的工作思路，广泛联合协作，夯实基层基础，履行为科技工作者服务、为创新驱动发展服务、为提高全民科学素质服务、为党和政府科学决策服务的工作职责，开展与国际及港澳台地区民间科技交流，团结引领广大科技工作者为经济社会发展做贡献。

一、组织建设

（一）科协组织建设

各级科协 3195 个，其中省级科协 32 个、市级科协 428 个、县级科协 2734 个。各级科协直属单位 1789 个。各级科协代表大会代表总人数 366888 人，其中委员会委员总人数 101458 人、常务委员会委员总人数 39946 人。

各级科协从业人员 47809 人，其中女性从业人员 21257 人。各级科协本年收入 ① 总额 172.9 亿元。

企业 / 科技园区科协 ②32033 个，个人会员 607.7 万人。高校 / 科研院所科协 ③1966 个，个人会员 94.4 万人。乡镇 / 街道科协 ④28907 个，个人会员 144.9 万人。农村 / 社区科协 ⑤42407 个，个人会员 57.2 万人。农技协 ⑥17561 个，个人会员 293.2 万人。

各级科协全媒体渠道 ⑦ 注册或被关注用户数 1.12 亿人，浏览量及播放量 88.1 亿次。

---

* 本公报中各项统计数据均未包括香港特别行政区、澳门特别行政区和台湾省。部分数据因四舍五入的原因，存在着与分项合计不等的情况。

公报中各种范围所表述的含义：

各级科协：指中国科协机关及直属单位、省级科协、市级科协、县级科协。

地方科协：指省级科协、市级科协、县级科协。

两级学会：指全国学会、省级学会。

基层组织：指经地方科协审批，在科技工作者集中的企业、科技园区、高等学校、科研院所、医院和乡镇、街道、村、社区等建立的科学技术协会（科学技术普及协会）。主要包括企业 / 科技园区科协、高校 / 科研院所科协、乡镇 / 街道科协、农村 / 社区科协、农技协等。

① 各级科协本年收入：指本年度各级科协部门经费总收入，包括科协经费总收入和直属单位经费总收入。考虑到统计调查数据的时效性，公报中的财务类数据均按调查单位确定的时点数据或预计数上报。

② 企业 / 科技园区科协：指各级科协批复由企业成立的科协基层组织，以及在民政部门登记、经各级科协正式审批接纳的在国家和各级地方政府批准成立的自主创新示范区、经济技术开发区和高新技术产业开发区等企业密集区域建立的科协基层组织。

③ 高校 / 科研院所科协：指各级科协批复由高等学校 / 科研院所成立的科协基层组织。

④ 乡镇 / 街道科协：指在乡镇、街道成立的科协基层组织。

⑤ 农村 / 社区科协：指在村、社区一级设立的科学技术协会（科学技术普及协会）等。

⑥ 农技协：指经各级科协正式审批接纳或登记备案的农村专业技术协会以及各类农村专业技术研究会（农研会）等。

⑦ 全媒体渠道：指纸媒（报纸杂志）、广播、电视、手机和网络媒体等多种媒介及渠道。其中，全媒体渠道注册或被关注用户数为各类媒介及渠道用户数的累加数据。

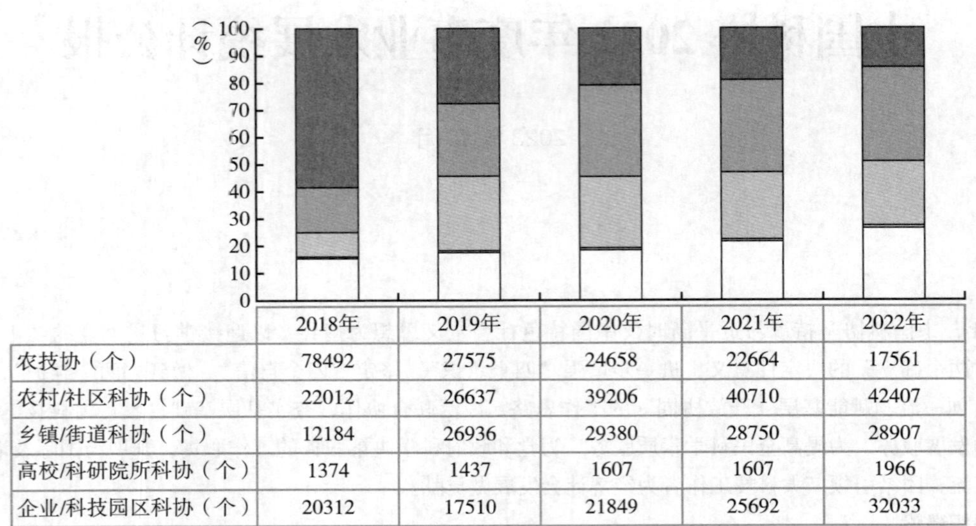

	2018年	2019年	2020年	2021年	2022年
农技协（个）	78492	27575	24658	22664	17561
农村/社区科协（个）	22012	26637	39206	40710	42407
乡镇/街道科协（个）	12184	26936	29380	28750	28907
高校/科研院所科协（个）	1374	1437	1607	1607	1966
企业/科技园区科协（个）	20312	17510	21849	25692	32033

图 1　科协基层组织基本情况

（二）学会组织建设

各级科协学会 22770 个，其中全国学会 214 个、省级科协学会 4031 个、市级科协学会 8879 个、县级科协学会 9646 个。全国学会理事会理事[①]3.1 万人，省级学会理事会理事 28.3 万人。

两级学会秘书处从业人员 47128 人，其中全国学会秘书处从业人员 4178 人、省级学会秘书处从业人员 42950 人。

两级学会本年收入总额 100.9 亿元，其中全国学会本年收入总额 42.7 亿元。

两级学会个人会员[②]1396.2 万人，团体（单位）会员 35.3 万个。其中全国学会个人会员 636.3 万人，团体（单位）会员 6.4 万个；省级学会个人会员 653.1 万人，团体（单位）会员 28.9 万个。

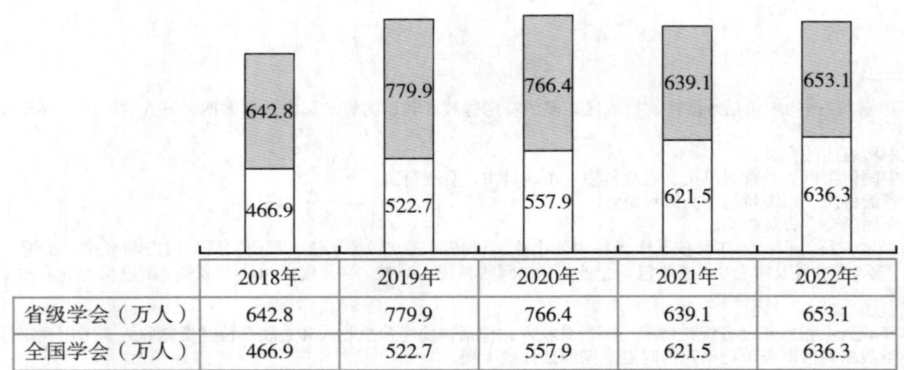

	2018年	2019年	2020年	2021年	2022年
省级学会（万人）	642.8	779.9	766.4	639.1	653.1
全国学会（万人）	466.9	522.7	557.9	621.5	636.3

图 2　全国学会和省级学会个人会员情况

两级学会全媒体渠道注册或被关注用户 4182.8 万人，浏览量及播放量 32.1 亿次。

① 理事会理事：指经会员代表大会选举产生的学会理事。

② 学会个人会员：指在学会注册登记，并取得会员资格的人员（包括外籍会员）。

二、服务科技工作者

（一）教育培训

各级科协和两级学会举办各类宣讲教育活动①18157 场次，共培训 2749.7 万人次。其中，举办科协党校科技人才国情研修班 4012 期，培训 214.8 万人；开展科学道德与学风建设宣讲活动②10232 场次，宣讲活动受众 2382.9 万人次。

各级科协和两级学会面向科技工作者举办继续教育培训班 21040 场，培训参训 1236.9 万人。举办干部教育培训班 8290 次（期），共培训 55.9 万人。

（二）弘扬科学家精神

各级科协和两级学会建立科学家精神宣讲团③1380 个，开展中国科学家精神宣讲团宣讲活动 5686 场次。建立科学家精神教育基地 1489 个，宣讲覆盖 7149.3 万人次。

通过媒体宣传科技工作者 159.0 万人次，其中中央 / 省级媒体宣传科技工作者 93.4 万人次。宣传媒介呈多样化，通过广播电视宣传 96.6 万人次，通过纸质媒体宣传 5.0 万人次，通过网络与新媒体宣传 137.6 万人次。

（三）表彰举荐

各级科协和两级学会向省部级（含）以上科技奖项、人才计划（工程）举荐人才 18530 人次，向省部级（含）以上科技奖项推荐项目数 5370 项。

设立科技奖项④2520 项，其中全国学会设立 338 项。表彰奖励科技工作者 17.9 万人次，其中女科技工作者 4.5 万人次，45 岁以下科技工作者 10.1 万人次。

（四）志愿服务

登记注册的科技志愿者⑤458.7 万人。举办科技志愿服务活动⑥27.9 万次。

三、服务创新驱动发展

（一）产学研融合

通过“科创中国”平台资源载体，开展推进创新创业活动⑦33812 场，其中举办竞赛、论坛、展览等类型的活动 8774 场，开展咨询、教育、培训等类型的活动 18951 场，开展投融资、成果转化等类型的活动 2982 场。

各级科协和两级学会牵头组建科技服务团⑧2271 个，积极开展各类特色服务，其中开展供需对接服务⑨7.4 万

---

① 各类宣讲教育活动：指各级科协和两级学会主办或牵头组织，以传播党的政治理论观点、路线方针政策、科学学风道德为主要内容，增强科技工作者对党的政治认同、思想认同、理论认同和情感认同的各类培训及活动。包括科协党校科技人才国情研修培训、科学道德与学风建设宣讲培训及活动等，不包括日常业务及活动等。

② 科学道德与学风建设宣讲活动：指各级科协和两级学会主办或牵头组织的宣讲科学家精神、科学道德、科技伦理和科学规范的会议、培训及活动。

③ 科学家精神宣讲团：指各级科协和两级学会建立或指导相关单位建立的科学家精神宣讲团。

④ 科技奖项：指各级科协和两级学会设立的奖项名称，涵盖了人物奖和成果奖、科技奖和科普类奖项等。不包括一般的表扬鼓励和专门针对本单位工作人员的表彰奖励。

⑤ 科技志愿者：指不以物质报酬为目的，利用自己的时间、科技技能、科技成果、社会影响力等，自愿为社会或他人提供公益性科技类服务的科技工作者、科技爱好者和热心科技传播的人士等。

⑥ 科技志愿服务活动：指各级科协和两级学会牵头组织科技志愿者、科技志愿服务组织为服务科技工作者、服务创新驱动发展、服务全民科学素质提高、服务党和政府科学决策，在科技攻关、成果转化、人才培养、智库咨询、为提高全民科学素质服务、脱贫攻坚等方面自愿、无偿向社会或者他人提供的公益性科技类服务活动。

⑦ 创新创业活动：指各级科协和两级学会为推进创新创业而开展的各项工作，举办的各项活动。活动期间在中国各地举办政策宣传、展览展示、经验交流、信息发布、文化传播、互动对接、投资交易、成果转化等活动，促进各类创业创新要素聚集交流对接，在全社会营造良好创业创新氛围。

⑧ 科技服务团：指各级科协和两级学会牵头组建，在“科创中国”平台上完成注册或延续程序、通过资格审查，并按照中国科协制定的“科创中国”科技服务团有关工作规范，团结引领科技工作者面向创新驱动示范市和“科创中国”试点城市（园区）提供产业发展规划、专业技术评估、企业技术诊断、团体标准研制、协同组织建设、科技成果转化、区域创新服务等服务的跨学科、跨领域、跨区域的科技服务组织。

⑨ 供需对接服务：指各级科协和两级学会通过调研创新驱动示范市和“科创中国”试点城市（园区）需求，结合科技服务团所能梳理科技资源供给、开展供需匹配的对接服务，建立企业与专家直接沟通的渠道，为明确问题、配套资源、精准服务、促进转化奠定基础。

次，举办产学融合活动[①]2482次，推动建设协同组织[②]2672个。组织动员院士专家24816人次，带动当地科技工作者参与123.8万人次。

各级科协和两级学会指导组建专家工作站[③]9838个，全年组织进站专家8.9万人次。组建专家服务团队[④]5799个，参加服务团队专家18.0万人次。

（二）学术会议

各级科协和两级学会共举办学术会议18499场次，参加人次3.6亿人次，其中线上参会3.5亿人次，交流论文77.1万篇。

举办国内学术会议[⑤]17638场，其中举办学术年会6294场。国内学术会议线上线下参加人次2.7亿人次，交流论文68.8万篇。

举办境内国际学术会议[⑥]760场。境内国际学术会议线上线下参加人次9765.1万人次，交流论文7.9万篇。

举办港澳台地区学术会议[⑦]101场。港澳台地区学术会议线上线下参加人次178.3万人次，交流论文4115篇。

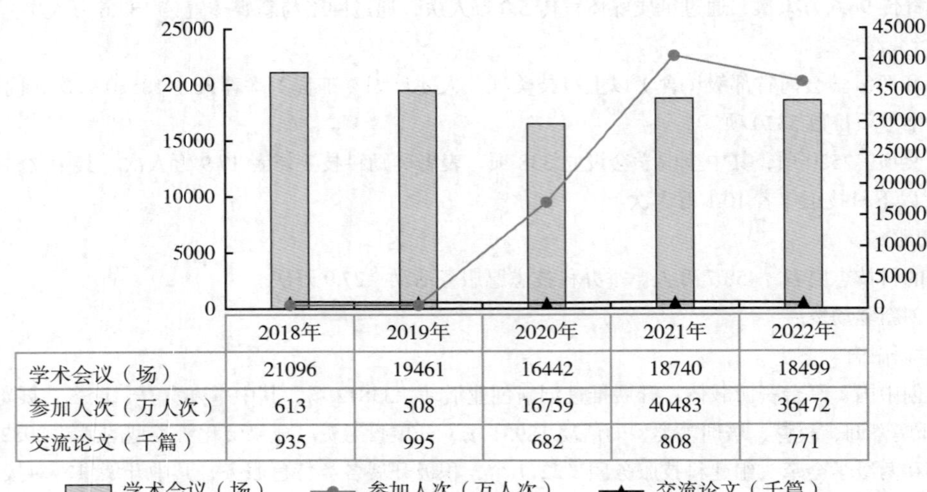

	2018年	2019年	2020年	2021年	2022年
学术会议（场）	21096	19461	16442	18740	18499
参加人次（万人次）	613	508	16759	40483	36472
交流论文（千篇）	935	995	682	808	771

图3　各级科协和两级学会举办学术交流活动情况

（三）学术期刊

各级科协和两级学会主办科技期刊[⑧]1711种。编委会成员11.7万人，编辑部总人数11183人。科技期刊总印

---

① 产学融合活动：指各级科协和两级学会主办或承办，在创新驱动示范市和“科创中国”试点城市（园区）落地的产业创新论坛、产学融合会议、技术交易大会、创新创业大赛等各类产学活动，以促进技术供需合作，助力优化区域创新创业生态。

② 协同组织：指各级科协和两级学会牵头或参与组建、运营，在创新驱动示范市和“科创中国”试点城市（园区）落地的技术转移中心、新型研发机构、产业技术研究院等协同创新实体组织。

③ 专家工作站：指各级科协和两级学会同有关单位为高层次专家直接参与经济建设和社会服务而组建的专家科技服务机构。

④ 专家服务团队：指各级科协和两级学会根据项目合作需要，按专业特点牵头组织的专家服务团队，打破单位界限，进行专家资源的整合，承担为提高全民科学素质服务、科技攻关、决策咨询、工程论证、技术指导、科技扶贫等相关合作。

⑤ 国内学术会议：指在我国境内，由各级科协和两级学会主办或牵头主办的综合交叉性、专业性高端前沿等系列学术研讨会、交流会、报告会和论坛等。

⑥ 境内国际学术会议：指在我国境内，由各级科协和两级学会主办或牵头主办以及受国际组织委托承办的以为创新驱动发展服务为目的的研讨会、交流会、报告会和论坛等。

⑦ 港澳台地区学术会议：指由各级科协和两级学会主办或与港澳台地区有关组织联合主办的以为创新驱动发展服务为目的的研讨会、交流会、报告会和论坛等。

⑧ 科技期刊：指由各级科协和两级学会主办，具有固定刊名、刊期、年卷或年月顺序编号、印刷成册、以报道科学技术为主要内容的连续出版物，包括学术期刊和非学术期刊。

数 4014.7 万册，发表论文、文章 58.8 万篇。

四、服务提高全民科学素质

（一）科普基础设施

截至 2022 年年底，各级科协拥有所有权或使用权的科技馆①1073 个。总建筑面积 594.5 万平方米，展教面积 319.4 万平方米。已实行免费开放的科技馆 1030 个。科技馆全年服务 5352.2 万人次。流动科技馆 714 个。科普（技）活动站（室、中心）38889 个，科普大篷车 1333 辆，全年活动 5.1 万场。科普大篷车全年下乡行驶里程 239.9 万公里，服务 2132.1 万人次。

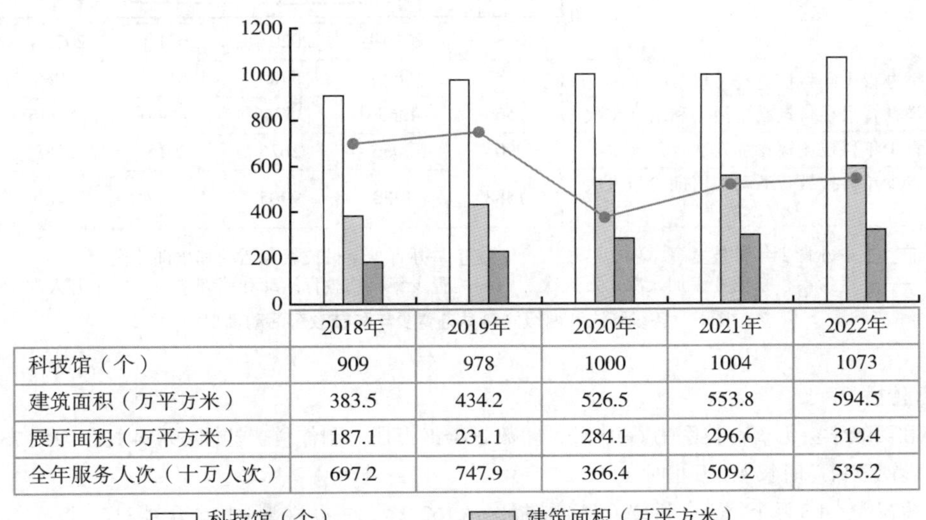

	2018年	2019年	2020年	2021年	2022年
科技馆（个）	909	978	1000	1004	1073
建筑面积（万平方米）	383.5	434.2	526.5	553.8	594.5
展厅面积（万平方米）	187.1	231.1	284.1	296.6	319.4
全年服务人次（十万人次）	697.2	747.9	366.4	509.2	535.2

图 4　各级科协科技馆建设基本情况

（二）科普活动

各级科协和两级学会举办科普宣讲活动②50.3 万次，其中专家科普报告会、讲座 8.2 万次，专题展览 2.4 万次，全国科普日活动 12.3 万次。科普宣讲活动受众 75.4 亿人。举办实用技术培训 9.3 万次，接受培训人次 1431.8 万人次。

（三）青少年科技教育

各级科协和两级学会举办青少年科技竞赛 7886 次，参加竞赛的青少年 3787.7 万人次。举办青少年高校科学营③881 次，参加营员人数 9.5 万人。举办青少年科技教育活动和培训④4.8 万次，参与人次 7460.0 万人次。举办港澳台地区青少年科技人文交流活动 674 场，参与人次 3.7 万人次。

---

① 科技馆：指各级科协拥有所有权或使用权，以展示教育、服务、研究为主要功能，以参与、互动、体验为主要形式，常年面向公众开放的公益性基础设施。

② 科普宣讲活动：指各级科协和两级学会单独或牵头组织的以报告会、广播、电视、报刊、网络或其他形式举办的科普讲座和报告，以陈列实物及展示图片等形式举办的各类科普展览，组织相关专业专家组成智力团体，以科学技术为依据，向社会和公众提供的智力服务。

③ 青少年高校科学营：指由中国科协、教育部共同主办的全国青少年高校科学营活动。

④ 青少年科技教育活动和培训：指各级科协和两级学会单独和牵头组织的面向青少年、科技辅导员和各级管理工作者普及科学技术、提供展示和交流平台的主题性科普活动，以及相关的实用技术和技能培训活动。

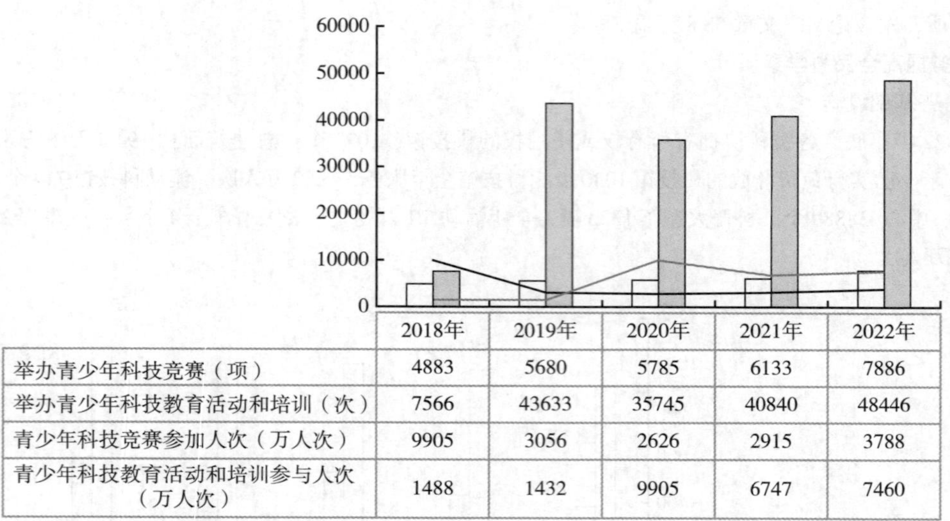

	2018年	2019年	2020年	2021年	2022年
举办青少年科技竞赛（项）	4883	5680	5785	6133	7886
举办青少年科技教育活动和培训（次）	7566	43633	35745	40840	48446
青少年科技竞赛参加人次（万人次）	9905	3056	2626	2915	3788
青少年科技教育活动和培训参与人次（万人次）	1488	1432	9905	6747	7460

举办青少年科技竞赛（项） 举办青少年科技教育活动和培训（次）
青少年科技竞赛参加人次（万人次） 青少年科技教育活动和培训参与人次（万人次）

图 5　各级科协和两级学会举办青少年科技教育活动情况

（四）科普传播

各级科协和两级学会编著科技图书 6605 种，印数 2046.8 万册。制作科普挂图 69074 种，印数 734.1 万张。播放科技广播、影视节目总时长 4.1 万小时。

制作科普短视频[①]4.8 万个，主办科技（普）传播网站 1622 个，主办科普微信公众号 3149 个，关注数 1.1 亿个。“科普中国”全媒体渠道注册用户数 4608.4 万人，浏览量及播放量 454 亿次。

（五）科普队伍

在基层直接为公众提供科技攻坚、成果转化、人才培养、科技咨询、科学普及等方面专职科普工作者 8.6 万人、兼职科普工作者 167.0 万人。

五、服务党和政府科学决策

（一）决策咨询队伍

各级科协和两级学会建立决策咨询类机构 642 个，建立合作关系或开展决策咨询研究的企业、高校、科研院所[②]6111 个，科技工作者状况调查点 7780 个，参与决策咨询的研究人员 17.7 万人。

（二）决策咨询活动

设立研究项目[③]1.6 万个，开展科技评估 1.1 万次。组织参与立法咨询 352 次。组织政协科协界委员协商或调研活动 1295 次。

（三）决策咨询成果

报送科技工作者站点信息 11697 篇。反映科技工作者建议 9941 篇。答复人大政协代表（委员）提案 1434 件。

六、国际及港澳台地区民间科技交流

（一）全球科技治理

各级科协和两级学会加入国际民间科技组织 875 个。在国际民间科技组织中任职专家 1892 人。在国际组织框

① 科普短视频：指各级科协和两级学会在制作的时长在 5 分钟以内的讲解科学原理、普及科学知识、弘扬科学精神，并适合在新媒体及各终端进行传播的视频内容。

② 建立合作关系或开展决策咨询研究的企业、高校、科研院所：指与各级科协和两级学会建立稳定长期的合作关系或者共同开展合作研究的企业、科研院所、高等院校以及其他机构组织等。

③ 研究项目：指各级科协和两级学会牵头或独立承担的各类级别、各类来源的研究项目。

架下参与和发起国际科学计划和工程[①]7 项。

（二）科技人文交流

组织开展双边科技人文交流活动 288 场，线上线下参与 34.1 万人次。举办“一带一路”相关国际会议和活动 225 次，线上线下参与 6.2 万人次。邀请、接待国外代表团来访 2725 人次，赴境外参加交流活动 2908 人次。

（三）国际科技传播

中国科协和全国学会建立外文网站 88 个，网站浏览量 2905.77 万人次。

① 参与和发起国际科学计划和工程：指各级科协和两级学会业务主管的国际科技组织参与、发起国际科学计划和工程的数量。

中国物理学会

11 月 18 日，中国物理学会成立 90 周年纪念大会在广东省深圳市召开

中国声学学会

11 月 27 日，中国声学学会第十次全国会员代表大会在北京召开，图为第九届理事长与第十届理事长合影

中国天文学会

11 月 16 日，中国天文学会成立一百周年纪念大会在江苏省南京市召开

中国气象学会

3 月 23 日，2022 年世界气象日纪念活动在北京正式启动

中国空间科学学会

8 月 25—28 日，第二届中国空间科学大会在山西省太原市举办。会上，举办中国空间科学领域 2022 年度“最美科技工作者”颁奖仪式

中国地质学会

11 月 29 日，中国地质学会成立 100 周年学术研讨会在北京召开

中国地理学会

11 月 26—27 日，首届世界地理大会在上海市召开

中国矿物岩石地球化学学会

2 月 17 日，第 19 届侯德封矿物岩石地球化学青年科学家奖终审评选会在北京召开

中国海洋湖沼学会

11 月 25 日，中国海洋湖沼学会第十二次会员代表大会暨学术报告会在山东省青岛市召开。会上，举办第七届“曾呈奎海洋科技奖”颁奖仪式

中国植物学会

7 月 19 日，第三届吴征镒植物学奖颁奖仪式在江苏省南京市举办

中国昆虫学会

11 月 21 日，中国昆虫学会第十一次会员代表大会在北京召开

中国细胞生物学学会

11 月 9 日，中国细胞生物学学会与杨森中国在上海市签署战略合作计划意向书

中国植物生理与植物分子生物学学会

9 月 27—30 日，中国植物生理与植物分子生物学学会 2022 年全国学术年会在福建省福州市召开。会上，举办 2022 年卫志明青年创新奖颁奖仪式

中国心理学会

12 月 20 日，第二届中国心理咨询师职业发展大会在山东省青岛市召开

中国环境科学学会

4 月 10 日，中国环境科学学会第九次全国会员代表大会在北京召开

中国自然资源学会

11月11—13日，中国自然资源学会2022年学术年会在山东省青岛市举办

中国感光学会

6月8日，绽放青春 国宝逢春——青年档案保护科学研究与大国工匠论坛线上举办

中国岩石力学与工程学会

7月8日，柳林能源与环境院士工作站合作建设协议签约仪式在山西省吕梁市柳林县举办

中国系统工程学会

11月26—27日，中国系统工程学会第十一次会员代表大会暨第二十二届学术年会在辽宁省大连市召开

中国汽车工程学会

8月1—3日，第九届国际智能网联汽车技术年会在北京召开

中国农业工程学会

6月16日，“科创中国”热带特色高效农业产业科技服务团启动会在海南省海口市召开，图为专家合影留念

中国电机工程学会

9月15—21日，2022年“电力之光”中国电力科普日活动在北京举办

中国水利学会

11月8日，2022中国水利学术大会（中国水利学会2022学术年会）在北京召开

中国真空学会

7月28—29日，“科创中国”真空科技与产业发展交流研讨会在浙江省台州市温岭市召开

中国自动化学会

8月11—13日，2021中国自动化大会暨中国自动化学会六十周年会庆在云南省昆明市召开

中国仪器仪表学会

11月29—30日，2022年中国仪器仪表学会学术年会在上海市召开

中国图学学会

11月13日，2022第十一届“龙图杯”全国BIM大赛颁奖典礼在北京举办

中国通信学会

12 月 11 日，中国通信学会第九届全国会员代表大会第二次会议暨九届二次理事会议在四川省成都市举办

中国造船工程学会

11 月 15 日，第五届水下无人系统技术高峰论坛在陕西省西安市召开

中国航海学会

7 月 11 日，2022 年中国航海日论坛主论坛暨全国航海日活动周启动仪式在辽宁省大连市举办

中国公路学会

6月28日，中国公路学会第六届专家委员会成立大会以线上线下结合方式召开

中国航空学会

1月25日，中国航空学会第十次全国会员代表大会在北京召开

中国宇航学会

11月21日，2022年中国航天大会主论坛/2022文昌国际航空航天论坛主论坛在海南省海口市召开

中国金属学会

9 月 21 日，中国金属学会第十一次全国会员代表大会在北京召开

中国腐蚀与防护学会

9 月 15 日，中国腐蚀与防护学会第十一次全国会员代表大会在北京召开

中国化工学会

4 月 23 日，中国化工学会成立 100 周年纪念大会在北京召开

中国核学会

9月13日，中国核学会第十次全国会员代表大会在北京召开

中国煤炭学会

7月23日，2022年厚煤层绿色智能开采国际会议暨纪念中国综合机械化放顶煤开采40周年学术会议在北京召开

中国可再生能源学会

3月18日，中国可再生能源学会第十次全国会员代表大会在北京召开。会上，举办中国可再生能源学会科学技术奖颁奖典礼

中国能源学会

1月7日，第4期全国学会理事长沙龙在北京举办

中国纺织工程学会

11月17日，“科创中国”院士专家论坛暨2022全国纺织科技成果转化与合作大会在浙江省绍兴市召开

中国印刷技术协会

11月24日，《2022中国柔性版印刷发展报告》蓝皮书发布会在上海市举办

中国材料研究学会

3 月 30 日，中国材料研究学会第八次会员代表大会以线上线下结合方式在北京召开

中国粮油学会

11 月 24—26 日，中国粮油学会第三届粮新青年论坛在江苏省无锡市召开

中国仿真学会

1 月 6—8 日，第三十四届中国仿真大会暨第二十一届亚洲仿真会议在湖南省长沙市召开

中国电影电视技术学会

11 月 8 日，中国电影电视技术学会 2022 年学术年会在湖南省长沙市召开

中国振动工程学会

7 月 15—17 日，第十八届全国模态分析与试验学术会议暨第一届全国动力学设计与反问题研讨会在黑龙江省哈尔滨市召开

中国照明学会

7 月 29 日，“科创中国”浙江宁波半导体照明产业科技服务团座谈会在浙江省宁波市宁海县召开

中国动力工程学会

12月9日，中国动力工程学会成立60周年大会暨"双碳"目标下能源与动力学术论坛在上海市召开

中国惯性技术学会

11月18日，第五届精密光机电国际学术研讨会线上召开

中国电源学会

11月4—7日，2022中国电力电子与能量转换大会暨中国电源学会第二十五届学术年会及展览会在福建省厦门市召开。会上，举办第八届中国电源学会科学技术奖颁奖仪式

中国复合材料学会

8月31日—9月2日，第三届全国复合材料结构力学青年科学家论坛在江苏省太仓市举办

中国消防协会

12月23日，中国消防协会2022科技年会暨七届一次理事会议在北京召开

中国图象图形学学会

8月19—21日，2022中国图象图形大会在四川省成都市召开，同期召开中国图象图形学学会八届三次理事会议

中国人工智能学会

11月26日，“智慧城市·科技中国”论坛在浙江省杭州市召开

中国遥感应用协会

11月18—20日，2022空间技术和平利用（健康）国际研讨会在北京召开

中国微米纳米技术学会

8月6日，微纳传感技术与检测创新论坛（2022）暨第七届中国微米纳米技术应用创新大会在浙江省杭州市召开

中国卫星导航定位协会

9 月 20—22 日，中国北斗应用大会暨中国卫星导航与位置服务第十一届年会在河南省郑州市召开。会上，为中国工程院院士刘经南颁发 2022 年度卫星导航定位终身成就奖

国际氢能燃料电池协会

6 月 30 日，国际氢能燃料电池协会第一届会员大会暨第一届理事会一次会议在北京召开

中国农学会

11 月 9 日，中国农学会组织党员干部赴全国农业展览馆参观“三农这十年——新时代农业农村发展成就展”

中国林学会

7月8日，中国科协长江经济带生态文明建设高层次专家研讨会在北京召开

中国土壤学会

8月4日，第22届世界土壤学大会在英国格拉斯哥市召开。闭幕式上，学会理事长张佳宝与英国土壤学会理事长Bruce Lascelles完成大会承办权交接仪式

中国水产学会

11月17日，中国水产学会第十一次会员代表大会以线上线下结合方式召开

中国畜牧兽医学会

8 月 30 日，第七届全国人兽共患病学术研讨会在山东省青岛市召开

中国植物病理学会

12 月 30 日，中国植物病理学会第十二次全国会员代表大会以线上线下结合方式在北京召开

中国植物保护学会

7 月 17—18 日，中国植物保护学会 2022 年工作会议暨十三届二次常务理事会议在湖南省长沙市召开

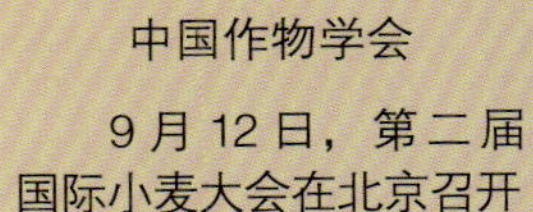

中国作物学会

9月12日，第二届国际小麦大会在北京召开

中国热带作物学会

5月24日，中国热带作物学会十届四次理事会暨2022年工作会议在云南省普洱市召开

中国植物营养与肥料学会

8月18日，中国植物营养与肥料学会第十次全国会员代表大会暨2022年学术年会在河南省郑州市召开

中国农业历史学会

6月19日，“中国古农书的搜集、整理与研究”开题会暨学术研讨会在北京召开

中华中医药学会

7月5日，首届中医药文化国际传播论坛在北京召开

中国中西医结合学会

12月21—25日，第十次世界中西医结合大会在四川省成都市召开。会上，举办院士对话中青年专家学者活动

中国药学会

1 月 16 日，中国药学会第二十五次全国会员代表大会在北京召开

中华护理学会

12 月 18 日，中华护理学会第二十九次会员代表大会在北京召开

中国生理学会

7 月 2—7 日，第四届中医脑科学大会暨脑病中医针灸影像多学科交叉研究高峰论坛在北京召开

中国解剖学会

8 月 6—8 日，2022 年“一带一路”国际解剖学联盟学术会议在海南省海口市召开

中国营养学会

5 月 29 日，中国营养学会第十届全国会员代表大会在北京召开。会上，为第十届理事会领导班子颁发任职证书

中国针灸学会

7 月 20 日，2022 中国针灸学会年会在山东省济南市召开。
会上，举办第八届中国针灸学会科学技术奖颁奖典礼

中国防痨协会

12月3日，在第二届海峡两岸暨港澳重大呼吸道传染病防控合作论坛上，中国防痨协会、香港防痨心脏及胸病协会、澳门胸肺病暨防痨协会签署《海峡两岸暨港澳重大呼吸道传染病防控合作备忘录》

中国抗癌协会

12月24日，中国抗癌协会第九次全国会员代表大会在天津市召开

中国体育科学学会

7月12日，中国体育科学学会第九次全国会员代表大会在北京召开

中国康复医学会

4 月 16 日，中国康复医学会第七次全国会员代表大会在北京召开

中国免疫学会

10 月 8 日，第二届全国免疫新技术交流会暨重庆市免疫学会 2022 年学术年会在重庆市召开

中华预防医学会

11 月 4—5 日，第二届中国妇幼健康学术大会在海南省海口市召开

中国医学救援协会

9月23—25日，2022中国·国际第 18 届现代救援医学论坛在湖北省武汉市召开

中国睡眠研究会

3 月 17 日，2022 世界睡眠日中国主题发布暨大型科普活动启动仪式在北京举办

中国卒中学会

8 月 5—7 日，中国卒中学会第八届学术年会暨天坛国际脑血管病会议 2022 在北京召开

中国科学技术情报学会

6 月 24 日，2022 武陵山情报高峰论坛在湖南省湘西土家族苗族自治州吉首市召开

中国图书馆学会

2 月 25 日，中国图书馆学会十届三次理事会议暨十届理事会党员大会在北京召开

中国科学学与科技政策研究会

10 月 26 日，中国科学学与科技政策研究会成立 40 周年座谈会在北京召开

中国工艺美术学会

11月18日，手工艺50人论坛在浙江省温州市召开。开幕式上，举行《推动中国工艺美术艺术品资产化信任多边共建机制》签字仪式

中国青少年科技教育工作者协会

7月19日，“助力乡村振兴　巡礼大国重器”中小学校长科技教育研修活动在贵州省平塘县举办

中国科教电影电视协会

12月14日，第七届深圳科技影视周第13届中国国际科教影视展评暨制作人年会在广东省深圳市举办

中国国土经济学会

9月25日，中国国土经济学会第六届全国会员代表大会在北京召开

中国老科学技术工作者协会

6月18日，中国老科学技术工作者协会第七次全国会员代表大会以线上线下结合方式在北京召开

中国城市规划学会

3月20日，中国城市规划学会第六次全国会员代表大会线上召开

中国产学研合作促进会

8 月 28 日，“低碳能源　零废未来”论坛暨微能源网协同创新平台与碳中和绿色发展创新平台 2022 年度峰会在北京召开

中国检验检测学会

6 月 25 日，第二十四届中国科协年会测试装备创新发展论坛在湖南省长沙市召开。论坛期间，举行中国检验检测学会测试装备分会成立仪式

中国高科技产业化研究会

7 月 27 日，中国高科技产业化研究会第五届会员代表大会第一次会议在北京召开

中国科技馆发展基金会

8月9日，第八届全国青年科普创新实验暨作品大赛总决赛颁奖典礼在河南省郑州市举办

中国高等教育学会

11月15日，中国高等教育学会与非洲大学协会以视频方式签署《关于建立合作伙伴关系的谅解备忘录》

詹天佑科学技术发展基金会

9月22日，第十六届詹天佑铁道科学技术奖颁奖大会暨首届詹天佑科学技术发展论坛在北京召开

全国学会、协会、研究会（含受委托管理的学会）简况

中国数学会

学会建设 截至2022年年底，学会共有个人会员19847人、团体会员102家。个人会员较2021年增加4500余人，个人会员中已缴费会员2800余人。

学会网站2022年度累计浏览量79万次，累计访问人数21.3万人。微信公众号关注人数达13.2万人，较2021年增加1.5万人，2022年总阅读量68.4万次，单篇文章最高阅读量达5.1万次。学会官方B站平台关注人数达4.7万余人，较2021年有较大幅度增加，视频累计播放量达12.4万次，单个视频最高播放量达5.8万次。

2022年度召开党委工作会议1次，正副理事长秘书长会议7次、常务理事会议2次。工作会议审定并批准学会组合数学与图论专业委员会、生物数学分会、概率统计分会的换届申请；审定通过《中国数学会人员薪酬管理办法（试行）》等制度文件；讨论并审议数学学科评价、国家科技能力评估专项的相关文件，以及关于全国统计与数学科学联合会议等重要事项。

召开秘书处指导委员会会议1次，会议主要围绕办事机构遇到的问题，对各项改进措施提供意见建议；召开组织工作委员会会议3次，会议对分支机构换届进行初步审议，讨论学会会员缴费相关事宜，包括会员福利、缴费渠道等，讨论并制定《中国数学会分支机构换届指南》，进一步规范分支机构换届管理，讨论并审议学科评价等相关文件，组织并开展12个分支机构的年度考核工作。

2021年12月，向中国科协申请中国特色一流学会建设项目（特色创新学会），2022年度继续聚焦中国特色一流学会建设的"四大能力"，围绕增强党组织凝聚力、提升品牌学术会议学术影响力、加强国际交流与合作、团结国内各省市数学会和各高等院校、发展个人会员、加强科学普及工作等方面开展工作，旨在加强全面建设，获得项目资助。

主办期刊 学会共主办期刊9种，其中学术类期刊8种、科普类期刊1种。6种中文学术期刊是国内的核心期刊，2种英文学术期刊都被SCI收录。

2022年度，学会主办期刊总印数约14万册，共发表论文1503篇，与往年数量基本持平。其中，*Acta Mathematica Sinica*［《数学学报（英文版）》］全年收稿769篇、录用150篇、发表129篇，入选"2022中国国际影响力优秀学术期刊"。*Acta Mathematicae Applicatae Sinica*［《应用数学学报（英文版）》］、《应用数学学报》《数学进展》一同入选中国科协2022年度全国学会期刊出版能力提升计划。

学科发展工程 学会承接并完成科技部数学学科评价项目，中国科协组织开展"学科学术评价规范研究试点"，并纳入科技监督与评估计划。学会作为试点单位之一，针对数学学科科研特点，最终形成相关文件，其中《学术评价规范建议》《科研活动行为规范建议》已于6月在学会官网正式发布。

学会承接并完成中国科协的科学技术研究整体水平和国际影响力评估项目，从重大科学问题研究水平、高水平研究成果产出等七个方面开展调研评估，并总结中国数学学科的发展经验、问题、挑战及评估建议。

国内主要学术会议 2022年，学会及其分支机构举办国内学术会议9场，线上线下参加会议总人数4万余人，学术报告累计600余场。

8月1—3日，由学会奇异摄动专业委员会和湖南第一师范学院联合主办、湖南第一师范学院数学与统计学院承办的中国数学会奇异摄动专业委员会第十七届学术年会在湖南省长沙市召开，来自全国53个单位的150余位奇异摄动领域的专家学者参加会议。会议共安排2个大会报告、22场学术报告。

8月1—4日，由学会数学史分会（中国科学技术史学会数学史专业委员会）和内蒙古师范大学主办、内蒙古师范大学科学技术史研究院承办的第九届数学史与数学教育学术研讨会暨数学史分会成立40周年（1981—2021）纪念会在内蒙古自治区呼和浩特市召开。来自全国各地高校和科研院所的百余名专家学者参加会议。会议共安排10个大会报告、30个分组报告。

8月16—19日，由学会生物数学专业委员会主办、河南师范大学和河南省科学院共同承办的中国数学会生物数学专业委员会第九届学术年会在河南省新乡市召开。来自国内外223个单位的800余名专家学者通过线上或线下方式参加会议。会议共安排10个大会报告、8个专题104个分组报告。

8月20—22日，由学会组合数学与图论专业委员会主办、哈尔滨工程大学数学科学学院承办的中国数学会组合数学与图论专业委员会全体委员会议暨第十届全国组合数学与图论大会在黑龙江省哈尔滨市召开。来自全国100多所高校的600余位教师和学生参加会议。会议共安排大会报告10个、邀请报告22个、小组报告112个。

8月21—22日，由学会数学竞赛委员会全国大学生数学竞赛工作组主办、北京数学会等承办的2022年全国大学生数学竞赛暑期研讨会在北京召开。会议共组织20场报告，24名专家线下参加会议，数千名师生参与活动，线上线下参加会议总人数达7820人次。

8月27—31日，由学会概率统计分会主办，山东大学数学与交叉科学研究中心、数学与统计学院承办的第七届全国概率论年会在山东省威海市召开。来自国内高校和科研机构的90多位专家学者线下参加会议，300多位专家学者和学生等线上参加会议。会议共安排3个大会报告、10个45分钟报告，还组织31个分组共124个分组邀请报告。

国际组织任职 7月1—4日，国际数学联盟第19次全体会员大会在芬兰赫尔辛基举办。学会副理事长、中国科学院院士李骏，学会副理事长、上海交通大学教授肖冬梅，学会副理事长兼秘书长、中国科学院数学与系统科学研究院研究员巩馥洲就国际数学联盟执委竞选等议题在大会上代表中国进行投票。学会理事长、中国科学院院士田刚参与竞选新一届的国际数学联盟执委会委员。

国际交往 国际数学联盟主办的国际数学家大会是全球数学界最高水平的学术会议。7月6—14日，2022国际数学家大会线上召开。大会邀请约200位数学领域专家作学术报告，其中14位来自中国的专家在大会上分享各自领域取得的成果与进展。

科普活动 在世界数学日、全国科技工作者日、全国科普日期间，学会联合中国工业与应用数学学会、中国运筹学会分别举办3场科普讲座。3月14日，中国科学院院士、北京大学副校长张平文作题为《计算与数学的共进》的网络科普报告，直播观看人数达7800余人次；5月30日，中国科学院院士、西安交通大学教授徐宗本作题为《数据科学：它的内涵、方法与意义》的网络科普报告，直播观看人数达5600余人次；9月18日，中国科学院院士、北京大学陈松蹊教授作题为《数据实验与统计分析——从大气污染到女士品茶》的科普报告，受众人数达5000余人次。

由学会数学教育分会主办，广西师范大学、中国数学会数学教育分会帮扶工作组承办的“助力乡村振兴 教育公益万里行（广西篇）”活动正式启动。系列活动的第一站于5月13日在广西壮族自治区河池市东兰县武篆镇拔群中学正式启动，第二站于9月7日在革命老区广西壮族自治区河池市凤山县开展。

4月10日，2023年世界数学日主题征集活动正式启动，学会在官方网站和官方微信公众号向广大数学爱好者发布征集通知，经过近一个月的征集，共收到21位参与者提供的27个主题，最终学会筛选出5个主题报送国际数学联盟。

7月，第63届国际数学奥林匹克（IMO）竞赛在挪威奥斯陆举办。中国队以全员满分、总分252分的绝对优势获得团体第一名。现有资料显示，国际数学奥林匹克竞赛进入21世纪之后，中国队是第一支全员均为满分金牌的队伍。

表彰举荐优秀科技工作者 2022年，学会推荐第十八届中国青年女科学家奖候选人2人、2021年度未来女科学家计划候选人1人、第十七届中国青年科技奖候选人2人、高等学校科学研究优秀成果奖青年科学奖候选人1人、2022年度中国政府友谊奖候选人1人，向中国科协推荐科技人才奖项评审专家12人，以及中国科协海智计划特聘专家。

经协商，华罗庚数学奖、陈省身数学奖、钟家庆数学奖自2022年起，由每两年评选一次改为每年评选一次，华罗庚数学奖每年评选1人，陈省身数学奖每年评选2人，钟家庆数学奖每年评选4人。10月30日，召开三个奖项的评审会，共评选出7位获奖人。颁奖典礼将在中国数学会2022年学术年会开幕式上举办。

此外，学会推荐并入选首批“科创中国”创新基地候选单位2个；推荐科学家精神基地候选单位2个，中国科学院数学与系统科学研究院入选。

党建强会 2022年，学会共召开党委工作会议1次，会上组织学习贯彻《中共中央关于党的百年奋斗重大成就和历史经验的决议》。

通过申请和实施中国科协“党建强会计划”，学会将党建工作和科普工作、学术性工作等各项业务相结合。借助科学家精神基地——中国科学院数学与系统科学研究院，开展形式多样的科学家精神宣传教育活动。

会员服务 学会继续加强学术交流平台建设，以学术会议形式为广大会员、数学工作者提供多个数学领域的学术交流平台。

提升学会智能化服务水平，对会员系统进行服务

升级，新会员系统和会员收费功能上线。同时，新会员系统设置严格的会员审批流程。学会被中国科协评为2022年度全国学会会员入库优秀单位。

【中国数学会数学教育分会首届学术年会】 4月27—30日，由学会数学教育分会主办、北京师范大学承办的中国数学会数学教育分会首届学术年会线上召开，并通过四个平台全程直播，截至会议结束，各直播平台观看人数累计34.5万人次。会议开幕式上，中国科学院院士、学会理事长田刚，北京师范大学珠海校区党委书记韦蔚，教育部课程教材研究所副所长陈云龙先后致辞，学会数学教育分会常务副理事长曹一鸣主持开幕式。

开幕式后，国际数学教育委员会主席、费莱登特尔奖得主梁贯成，田刚，中国科学院院士、北京师范大学－香港浸会大学联合国际学院校长汤涛，教育部义务教育数学课程标准修订组组长、东北师范大学原校长史宁中，西南大学原常务副校长宋乃庆，中学数学特级教师、中国人民大学附属中学常务副校长周建华，以及《数学教育学报》主编、天津师范大学教育学部部长王光明先后作大会报告，阐述相关领域最新研究成果。

来自全国各地学校、教研机构及科研单位的136位报告人围绕“中小学数学课堂”等8个领域作小组报告。分论坛的报告内容既有理论研究又有实践教学和活动经验，对参会者拓宽学术视野、提升教学技能具有推动作用。

会议还组织12个专题报告，聚焦数学教育的热点话题，包括面向核心素养的中学生数学合作问题解决等，探讨数学教育领域的发展前沿。

闭幕式上，宣布中国数学会数学教育分会第二届学术年会的承办单位为南京师范大学。

【第十一届全国数学文化论坛】 7月30日，由学会主办，河南大学数学与统计学院、河南应用数学中心（河南大学）、河南省科学院数学所承办的第十一届全国数学文化论坛在河南省开封市召开。中国科学院院士、学会理事长田刚，中国科学院院士、中国科协副主席袁亚湘，河南省科协党组书记王新会，河南省科学院副院长罗春祥，学会副理事长周爱辉，山东大学副校长刘建亚，河南大学党委书记卢克平，以及来自全国百余所高校、科研院所、中学的近300名专家学者参加开幕式。学会副理事长兼秘书长巩馥洲出席并主持开幕式。

论坛包括9个大会邀请报告和8个自由投稿报告，田刚、袁亚湘、浙江大学教授蔡天新、中国科学院大学教授曹则贤、北京大学教授宋春伟、北京大学教授王杰、南京大学教授孙智伟、南京信息工程大学教授王尧、洛阳师范学院教授张之正分别作大会邀请报告。

（撰稿人：孟雨晴）

中国物理学会

服务创新型国家和社会建设 学会提出《中国物理学会关于物理学术评价的建议》《中国物理学会关于科研活动行为规范的建议》，并于4月29日正式向社会发布。

8月19日，中国物理学会应用物理前沿推介委员会成立暨第一次工作会议在线召开。委员会以复旦大学教授吴义政为主任，由52位委员组成，聚焦应用物理十个研究方向，定期推介国际应用物理前沿最新重要成果。

学会开展重大科学问题、工程技术难题和产业技术问题的遴选，向中国科协推荐5个重大科学问题。学会获中国科协科学技术创新部、中国科协学会服务中心颁发的荣誉证书。

学会建设 2022年，学会召开理事会议1次、常务理事会议2次；制定《中国物理学会固定资产管理办法》。由于个人原因，1位理事辞职。3个学会专业委员会换届。新入会及续费个人会员合计590人。

学会启动第十二届理事会换届筹备工作，成立以学会理事长张杰为组长的换届工作领导小组。

青年人才托举工程 学会入选第七届（2021—2023年度）和第八届（2022—2024年度）中国科协青年人才托举工程项目立项单位。2022年，经学会组织遴选和专家评审，共支持3位被托举人。

向中国科协举办的第一届中国科技青年论坛推荐4位青年学者，均为中国科协青年人才托举工程项目被托举人，其中，北京计算科学研究中心肖磊获第一届中国科技青年论坛三等奖。

主办期刊 2022年，学会主办的11种科技期刊完成出版和发行任务，3个主办期刊编委会进行换届。

10月13日，主办期刊《物理学报》、*Chinese Physics Letters*（《中国物理快报》）、*Chinese Physics B*（《中国物理B》）、《物理》与中国科学院物理研究所在北京联合主办2022年诺贝尔物理学奖解读报告会，近2万名师生线上或线下参加会议。

主办期刊《大学物理》创刊40周年，10月22日，贺《大学物理》创刊四十周年暨科学普及与教学研讨会线上召开，1万余人次参加会议。

11月18日，第四届中国物理学期刊专场报告会在广东省深圳市举办。报告会邀请中国科学院院士杜江峰、陈仙辉等作学术报告，16家物理类期刊参与，约1.2万人次参加会议。

学科发展工程 学会开展物理学科研究整体水平和国际影响力评估工作，组织专家团队全面评估中国物理学发展趋势和研究水平，并与国际进行比较，形成评估报告与决策咨询专报，上报中国科协。

国际学术会议 2022年，学会及其所属分会、专业委员会参与组织纪念吴健雄先生诞辰110周年国际学术论坛、2022国际量子会议、量子计算青年国际论坛、大科学装置国际论坛、第六届亚太等离子体物理大会5个国际会议，参加会议人数共计1630人，交流论文670余篇。

10月22—23日，2022国际量子会议在线召开。来自世界各地的近500位量子学科相关领域专家参加会议。来自中国、英国、美国、法国、加拿大、奥地利等10个国家的28位专家学者应邀作学术报告。

国内主要学术会议 学会及其所属分会、专业委员会全年组织学术会议30余个。其中，中国物理学会2022秋季学术会议、第20届全国等离子体科学技术会议、中国物理学会引力与相对论天体物理分会2022年学术年会、中国物理学会高能物理分会学术年会、2022年全国电子显微学学术年会等会议的规模超过600人。

国际组织任职 8月21日，第11届亚太物理学会协会全体会员大会在线召开，学会组织代表团参加会议。大会选举产生新一届亚太物理学会协会理事会成员，学会推荐的中国科学院院士、中国科学院物理研究所研究员向涛当选亚太物理学会协会副主席，哈尔滨工业大学教授孙秀冬当选亚太物理学会协会理事。

国际交往 1月21日，中英物理学会座谈会线上召开。学会副理事长赵政国、英国物理学会主席Paul Hardaker出席会议。双方就包括期刊合作在内的共同感兴趣的话题进行交流。

学会参与组织国际纯粹与应用化学联合会成立一百周年相关庆祝活动。7月，学会代表团参加第31届国际纯粹与应用化学联合会全球代表大会，组织亚太地区庆祝活动，推荐中国专家作大会特邀报告。学会推荐21件作品参与国际纯粹与应用化学联合会百年摄影大赛，其中作品《怒放的生命（*Blooming Life*）》获大赛Beyond Our Eyes类二等奖。

7月28日，学会副理事长赵政国、副秘书长王进萍线上参加2022年国际物理学会高层领导圆桌会议。

当地时间9月24日，学会与美国物理学会在美国华盛顿联合举办纪念吴健雄先生诞辰110周年国际学术论坛，线下、线上超过12万人次参加会议。学会派出了以上海交通大学教授刘江来为团长的代表团赴美参加活动。论坛上，学会理事长张杰、美国物理学会候任会长金英姬作主题演讲。

科普活动 学会推广建设科普“蒲公英计划”基地学校，目前基地学校总数已达270家。面向“蒲公英计划”基地学校，学会策划组织“创新物理课堂”“科学在身边”“跨时空科技节”等活动。

学会组建“中国物理学会科普演讲团”。科普演讲团由13位院士和150多位来自全国各省、自治区、直辖市的专家组成，在全国各地举办科普活动。12月7—8日，学会主办的大手拉小手科普报告汇四川校园巡讲活动以线上线下结合方式开展。活动邀请科普演讲团成员——中国工程院院士许祖彦、中国科学院院士蔡荣根等6位专家在四川省的4所中学共作10场科普报告。

2022年，学会推出《科学1小时》系列科普活动，为青少年提供优质课后1小时科普科教资源。《科学1小时》目前已推出“大家说物理”“物理思想进课堂”“创新小课堂”三个系列活动，开展有针对性的分层科普。其中，“大家说物理”为7—12年级学生量身定制，组织国内顶尖高校和科研机构专家讲授中学生听得懂的科学前沿知识；“物理思想进课堂”邀请一线科研人员、教师及物理科普专业人士以深入浅出的语言和生动的演示视频传播物理方法、传递物理思想；“创新小课堂”由一线科技教师、全国十佳辅导员、科教领域专家为4—8年级学生讲授青少年如何开展科技实践活动、如何开展项目式学习，培养青少年的创新能力和实践技能。活动在抖音、新华网、央视频等十余家网络媒体直播，累计播放量达3500万次。系列活动制作相关短视频约260条，播放量总计达1.4亿次。

表彰举荐优秀科技工作者 学会评选颁发 2021—2022 年度物理奖。中国科学院物理研究所陈辉和中国科学院近代物理研究所杨建成获得胡刚复物理奖，华东师范大学吴健和北京大学许秀来获得饶毓泰物理奖，浙江大学袁辉球和清华大学姚宏获得叶企孙物理奖，中国科学院高能物理研究所魏龙和北京大学刘玉鑫获得吴有训物理奖，中国科学院高能物理研究所李海波获得王淦昌物理奖。

11 月 18 日，中国物理学会物理奖颁奖会在中国物理学会 2022 秋季学术会议开幕式上举办。学会副理事长赵政国主持颁奖会并宣读颁奖词。

经学会推荐，北京大学教授王剑威获得 2022 年度亚太物理学会协会 - 亚太理论物理中心杨振宁奖。

党建强会 学会党委学习贯彻党的十九届历次全会精神、党的二十大精神、习近平总书记系列重要讲话精神，举办专题学习活动 3 次，组织党委会议 2 次，审议学会规章、财务、换届等重要事项。

学会党委注重学风建设，通过组织老一辈物理学家纪念活动大力弘扬科学家精神。8 月 28 日，学会参与协办的纪念周培源先生诞辰 120 周年座谈会在北京召开，学会党委书记张杰致辞。周培源物理奖获奖者：中国科学院院士欧阳颀、方忠，北京大学教授叶沿林应邀在力学与物理前沿学术研讨会环节作学术报告。此外，张杰代表学会在中国科学技术大学举办的纪念赵忠尧先生诞辰 120 周年学术研讨会上致辞，缅怀赵忠尧先生追求真理的科学精神和忠于祖国的高尚品格。

会员服务 学会为向会员提供更加及时和便捷的信息服务，建设并上线英文站点，新建在线会议系统；开通抖音、哔哩哔哩、钉钉、新华号、央视频、科普中国、搜狐视频官方账号；会员系统启用在线缴费功能；通过电子邮件向全体会员推送学会电子刊 e-CPS 四期。

学会举办“格物致美”摄影大赛。摄影大赛共入围作品 254 幅，评选出 100 件最受公众喜爱作品和 40 件优秀作品。获奖作品在学会公众号上展示，并于 11 月在南方科技大学举办“格物致美”摄影展。

【中国物理学会成立九十周年纪念大会】 11 月 18 日，中国物理学会成立九十周年纪念大会在广东省深圳市举办。学会理事长、中国科学院院士张杰，民盟中央副主席、中国数学会理事长、中国科学院院士田刚，南方科技大学校长、学会副理事长、中国科学院院士薛其坤，学会副理事长、中国科学院院士赵政国，南方科技大学副校长、中国科学院院士杨学明、贾金锋，中国科学院院士祝世宁、林海青、唐本忠、夏克青，欧洲科学院院士李保文，北京大学深圳研究生院党委书记谭文长，南方科技大学党委副书记张凌，南方科技大学副校长方红卫，南方科技大学原副校长赵予生等专家出席会议，来自学会、兄弟学会、高等院校、科研院所、合作企业的专家学者近 400 人参加大会。

大会收到中国科协、教育部、科技部、中国科学院、国家自然科学基金委员会等部门，国际纯粹与应用物理联合会、亚太物理学会协会等国际组织，英国、美国、日本等国家物理学会，中国数学会、中国化学会、中国计算机学会等发来的贺信或祝福视频。

大会公布中国物理学会终身贡献奖获奖者，周光召、赵凯华、陈佳洱、王乃彦、甘子钊、杨国桢、杜祥琬、赵光达、郑志鹏、赵忠贤 10 位物理学前辈获得该荣誉。大会期间，学会还组织中国物理学会九十周年历程展。

【中国物理学会 2022 秋季学术会议】 11 月 18—20 日，中国物理学会 2022 秋季学术会议在广东省深圳市举办。会议采用线上线下结合方式进行，全程线上直播。北京高压科学研究中心主任、美国国家科学院院士毛河光，北京大学教授王楠林，中国科学院近代物理研究所党委书记、中国科学院院士赵红卫和中国科学院国家天文台研究员李菂先后应邀作大会报告。

会议共设置 21 个分会场，安排各类学术报告 1493 个，内容涵盖粒子物理、核物理、原子分子物理、光物理、等离子体物理、纳米与介观物理、表面与低维物理、半导体物理、强关联与超导物理、磁学、软凝聚态物理与生物物理、量子信息、计算物理等主要物理研究领域，3456 人注册参会，线上观看人数达 34 万人次。

学会坚持推进与主要国家物理学会的合作，与美国、英国、德国、日本等国物理学会联合举办大科学装置国际分会场。分会场召集人为学会副理事长、中国科学院院士赵政国，美国物理学会主编 Michael Thoennessen，东京大学教授 Shuji Hasegawa，英国物理学会教授 Tim Smith 和汉堡大学博士 Marc Wenskat。7000 多名物理学专家与学生以线上或线下方式聆听报告。

【全国中学生物理竞赛】 2022年，学会完成第39届全国中学生物理竞赛的组织工作。全国共有1049396名学生参加预赛，25025名学生参加复赛理论考试，4935名学生参加复赛实验考试。受新冠疫情影响，复赛理论考试分四批次进行，安排全国中学生物理竞赛命题组、湖北省物理学会、西藏自治区物理学会、新疆维吾尔自治区物理学会等单位完成四套复赛理论试题的命题工作，这在历届全国中学生物理竞赛组织中尚属首次。

10月29日—11月7日，竞赛决赛在湖北省武汉市开展，550名学生参加。决赛继续采用“分省设立考场，线下集中阅卷”的模式，在全国32个赛区共设置44个考场。决赛评出一等奖163名、二等奖229名、三等奖151名，以及总成绩最佳奖、理论成绩最佳奖、实验成绩最佳奖、女生成绩最佳奖4项单项奖。

（撰稿人：胡兴华）

中国力学学会

服务创新型国家和社会建设 2022年，学会面向地方产业转型创新的需求，通过“实验力学专委会试飞中心服务站”提供技术服务4项，组织技术交流和科技竞赛各1次，合作申报项目3项。

牵头组建团体标准应用协同工作组，申请中国科协“新兴领域团体标准推广及示范应用”项目并获批，针对新兴领域、交叉学科的技术团体标准，在应用推广机制、应用宣传推介和典型应用跟踪等方面开展工作，促进标准技术与行业应用深度融合。

完成“力智助学，协力同行”基础教育帮扶项目。2020—2022年，在甘肃省兰州市皋兰县总计资助贫困学生150人、县级优秀学生30人、县级优秀教师30人。

面向力学领域专家学者开展科技成果鉴定的需求调研，筹划开展力学及相关领域的科技成果鉴定工作。

学会建设 2022年，学会共有个人会员39233人，增幅5.3%；单位会员64个，增幅18.5%。

青年人才托举工程 学会获批第八届中国科协青年人才托举工程项目立项，丁彬等9位青年力学人才入选。

第一届被托举人、浙江大学教授李铁风团队的研究成果“自供电软机器人成功挑战马里亚纳海沟”入选2021年度中国科学十大进展。

主办期刊 2022年起，学会启动主办科技期刊评优工作。评优以“鼓励提升、激励优秀”为原则，采取定量与定性相结合的方式，综合考虑期刊的学术影响力、出版传播能力、服务成效等因素，对英文期刊和中文期刊实行分类评优，分别侧重考察英文期刊国际影响力的提升和中文期刊国内影响力的提升。*Acta Mechanica Sinica*［《力学学报（英文版）》］、*Applied Mathematics and Mechanics*［《应用数学和力学（英文版）》］和《力学进展》获得学会第一届优秀期刊奖，3种期刊的主编郑晓静、郭兴明、戴兰宏分别获得期刊发展贡献奖。

2022年度，*Acta Mechanica Sinica*影响因子为2.910，较2021年度增长47.6%，在《期刊引证报告》力学学科中位列Q2区，在138种力学学科期刊中排名第57。同时发表时滞缩短至39天，极大缩短优秀成果发布时间。

*Applied Mathematics and Mechanics*影响因子为3.918，在267种应用数学学科期刊中排名第12，处于Q1区；在138种力学学科期刊中排名第40，处于Q2区；进入中国科学院期刊分区一区，被认定为工程技术类TOP期刊。

《力学进展》在11月中国知网最新公布的数据中，综合影响因子为3.13，位居力学类期刊首位。

学科发展工程 学会联合国家自然科学基金委员会分别召开2022年流体力学学科发展战略研讨会和2022年爆炸与冲击动力学发展战略研讨会，共同交流学科的应用需求与前沿挑战、青年人才发展等热点问题，促进学科研究在“四个面向”的科技创新方向上发挥作用。

国际学术会议 2022年，学会共举办国际学术交流活动8次，线上线下参加交流人数12600余人次。

6月26—28日，由学会承办的国际理论与应用力学联合会“固体微结构的多尺度构筑——力学与制造”专题研讨会以线上线下结合方式在北京召开，50位专家学者现场参会，1万余人次线上参会。中国科学院力学研究所研究员魏宇杰、美国佐治亚理工学院教授Hang Jerry Qi、英国剑桥大学教授Norman Fleck、美国麻省理工学院教授Markus J. Buehler、新加坡南洋理工大学教授高华健、美国加州理工学院教授Julia R.Greer、瑞士洛桑联邦理工学院教授Pedro M. Reis、美国哈佛大学教授锁志刚以及中国科学院院士、浙江大学教授杨卫组成学术委员会，邀请来自美国、英国、德国、新加坡、中国的22位领域内专家学者作学术报告。研讨会就如何通过多尺度的架构设计和相应的制造策略来定制固体材料的力学行为，以实现具有预期性能和功能的先进结构等方面进行讨论。

学会举办北京国际力学中心大师系列讲座2次，分别邀请英国皇家学会会士、英国伦敦大学学院教授Frank Smith和美国国家科学院院士、美国加州理工大学教授William A. Goddard Ⅲ线上作学术讲座。

国内主要学术会议 2022年，学会举办国内学术交流活动40次，线上线下参加交流人数超过84700余人次，交流论文4367篇。

11月19日，由学会流体力学专业委员会主办的第十二届全国流体力学学术会议采用线上线下结合方式在陕西省西安市召开，学会副理事长、中国科学院院士郑晓静担任会议主席。李家春、陈十一、邓小刚、何国威、陆夕云、夏克青、于登云、周又和、Albert van den Berg、Charles Meneveau、Juan G. Santiago等12位国内外院士参加会议，其中7位院士作大会报告。此外，流体力学国际期刊*Journal of Fluid Mechanics*（《流体力学杂志》）主编、英国剑桥大学教授Colm Caulfield，计算流体力学国际期刊*Journal of Computational Physics*（《计算物理学杂志》）副主编、法国艾克斯－马赛大学教授Pierre Sagaut等专家学者作大会报告。报告共设置16个分会场和专题报告，会议线上直播点击量超过10万次。

国际组织任职 经学会推荐，学会常务理事、北京大学教授段慧玲担任国际理论与应用力学联合会专题研讨会固体力学评审组委员。

7月26日，在国际计算力学协会执委会会议上，学会监事、清华大学教授庄茁当选国际计算力学协会副主席（负责亚太地区），这是中国学者第二次在国际计算力学协会担任高级职务。

科普活动 7月30—31日，由学会和周培源基金会共同主办的第十三届全国周培源大学生力学竞赛“理论设计与操作”团体赛在江苏省南京市举办。共有30369名学生参加初赛，最终来自中国科学技术大学等37所高校的36支团队、156名参赛选手进入决赛。竞赛历时2天，分为4个竞赛项目，考验参赛选手的理论功底、动手操作能力、创新能力和团队协作精神。

9月，学会联合高校和科研院所线上举办全国科普日活动，邀请来自兰州大学、中国科学技术大学和中国科学院研究所的专家作科普报告，并带领公众在云端参观西部灾害与环境力学教育部重点实验室、中国科学技术大学先进推进实验室和中国科学院力学研究所引力波实验中心。

学会推出“力学+”线上科普系列报告，先后邀请5位力学专家学者在“力学科普”微信公众号面向大众直播力学课堂。

学会联合中央电视台科教频道《实验现场》栏目，针对社会热点分别走进北京理工大学和中国科学院力学研究所，录制《一起上冰雪——冬奥项目力学解读》和《星河万里　速度无极》专题科普节目。

表彰举荐优秀科技工作者 2022年，学会举荐第十七届中国青年科技奖候选人2人、第十八届中国青年女科学家奖候选人3人、2021年度未来女科学家计划候选人2人。其中，北京理工大学教授陈浩森获得第十七届中国青年科技奖。

开展2022年度“最美科技工作者”评选活动，评选出力学学科“最美科技工作者”3人，分别是中国科学院院士、浙江大学教授朱位秋，清华大学教授许春晓，哈尔滨工业大学教授庞宝君。

党建强会 学会印发《中国力学学会“喜迎二十大、奋进新征程”活动方案》，号召学会各级党组织以迎接党的二十大召开、学习贯彻党的二十大精神为主线，组织理论学习、知名科学家讲党课、专题活动等多种形式的学习活动。

10月22日，学会固体力学专业委员会、女科技工作者委员会、力学名词审定工作委员会线上联合举办“喜迎二十大、奋进新征程”主题活动。学会女科技工作者委员会党的工作小组组长、国家自然科学基金委员会数理科学部副主任孟庆国作题为《深入学习理解习近平总书记重要讲话精神，提升科研工作能力，促进力学学科发展》的报告；学会力学名词审定工作委员会党的工作小组组长、北京大学教授王建祥作题为《关于拔尖人才培养中力学教学的一点思考》的报告。与会专家结合主旨报告内容，从如何加强有组织的定向基础研究、如何做面向国家重大战略需求的科研、如何在交叉学科和问题导向的研究中迈出科研舒适区等方面进行研讨和交流。

学会依托《力学学报》编委会组织系列纪念活动，出版“郑哲敏先生逝世周年纪念专刊”，举办纪念郑哲敏先生逝世周年学术报告会，旨在继承和发扬郑哲敏先生的学术思想和科学精神，追忆其科学贡献。

2月25日，学会与中国科协战略发展部、中国颗粒学会、中国康复医学会以“走进人民科学家　深刻领悟‘两个确立’”为主题，在中国科学院力学研究所开展党支部主题党日联学活动，中国科协党组成员、书记处书记王进展等出席活动。活动安排参观“人民科学家·强国奠基石”党员主题教育基地展厅和钱学森、郭永怀办公室，邀请中国颗粒学会秘书长王体壮作《标定时代大方位，构建发展新格局——全球智库报告中“双碳”目标下学会发展的思考》专题报告。与会成员还就规划发展、深化改革、决策咨询和学会党建等进行交流与研讨。

会员服务　学会响应中国科协《“智慧科协2.0”三年建设规划（2022—2024年）》，围绕学术交流、科技期刊、会员服务等方面升级会员系统，实现信息实时更新、电子会员证下载、会费在线支付等基础功能，完成与科协系统的会员信息对接，同时以会员系统为核心搭建身份认证系统，实现与会议平台、期刊集群等信息系统的互联互通，提升数字化、平台化能力。

持续完善中国力学学会期刊集群平台，汇聚多元学术资源，实现“18本主办期刊+8本加盟期刊”的数据融合，为会员提供内容更加丰富的知识服务。

在北京举办第二期基础力学教学中的基本问题研修班，线上举办第六届全国低温等离子体数值模拟暑期培训班，培训540余人。

【中国力学大会—2021+1】11月5—10日，中国力学大会—2021+1线上召开。会议由学会主办，四川大学、成都大学、西南交通大学等联合承办，全国30余家高等院校和研究机构参与协办。大会设1个主会场、24个分会场、55个专题研讨会，共交流报告1600余篇，8万余人次参加会议。与会专家学者围绕力学学科的基础、前沿、热点问题，以及与国民经济建设密切相关的应用问题进行研讨和交流，涉及的力学相关领域众多，反映近年来中国力学界在面向国家重大需求和科学前沿研究及教育等方面取得的主要进展、成果和新的生长点，体现力学与物理、数学、材料、生命、能源、化学、信息等学科的交叉与融合，展现力学对航空、航天、机械、石化、环境、土木、水利、海洋工程等领域的推动作用。

【纪念周培源先生诞辰120周年座谈会】8月28日，纪念周培源先生诞辰120周年座谈会在北京举办。座谈会由北京大学、九三学社中央、中国科协主办，学会与中国物理学会、周培源基金会等承办。全国人大常委会副委员长、九三学社中央主席、中国科学院院士武维华，全国政协副主席、九三学社中央常务副主席邵鸿，全国人大常委会原副委员长、全国政协原副主席、九三学社中央原主席、中国科协名誉主席、中国科学院院士韩启德，中国科协党组书记、分管日常工作副主席、书记处第一书记张玉卓，北京大学党委书记郝平、校长龚旗煌，中央统战部、中国科协、九三学社中央等单位相关领导，周培源先生生前任职的各行业协会、个人相关组织及家乡负责同志，周培源先生亲友、学生，科技界学者等参加座谈会。

（撰稿人：刘　洋）

中国光学学会

服务创新型国家和社会建设　学会颜色光学专业委员会参与全国颜色标准化技术委员会关于《照明光源颜色的测量方法》《纺织品颜色表示方法》《城市色彩设计指南》等制定修订标准的审查和表决工作。同时，参与全国照明电器标准化技术委员会推荐性国家标准《色度学　第3部分：CIE三刺激值》《色度学　第4部分：CIE 1976 L* a* b*颜色空间》的编制和讨论工作。

4月，学会面向光学领域科学家征集重大科学问题、工程技术难题和产业技术问题，向中国科协共推荐工程技术难题3个。

举办41期光子学公开课。线上线下举办专业技术人才培训班和技术讲座50次，2万余人次参加培训。

学会建设　2022年，学会发展个人会员826人，其中60%以上为高级会员；成立学生分会2个。截至2022年年底，学会共有个人会员10936人、团体会员121个。

5月22日，学会第八届常务理事会第十一次会议线上召开，会议讨论会员服务、王大珩光学奖评选、国际光日系列活动及学会换届筹备等工作，审议通过《中国光学学会章程》《中国光学学会会费管理规定》《中国光学学会会员管理条例》《中国光学学会学生分会管理条例》修改草案。

10月9日，学会激光加工专业委员会第八次会员代表大会在广东省广州市举办。会议选举产生第八

届学会激光加工专业委员会主任委员张庆茂，副主任委员吴让大、陈焱、闵大勇、罗敬文、肖荣诗、姚建华、唐霞辉、邓家科，秘书长陈超，会议同意聘任王又良为学会第八届激光加工专业委员会名誉主任。

11 月 23 日，学会第八届常务理事会第十二次会议线上召开，学习党的二十大精神，传达中国科协《关于认真学习宣传贯彻党的二十大精神工作方案》，学习中国科协“党的二十大代表进学会”活动精神。会议审议 2022 年亚洲光电子会议总结及 2022 年会士遴选、换届筹备等工作，审议学会第九届理事会理事及常务理事、学会负责人、学会第二届监事会、学会第二届理事会党委候选人名单，审议通过《中国光学学会科技成果鉴定管理办法》《中国光学学会团体标准管理办法》。会议批准成立学会激光光谱学专业委员会。

12 月 17 日，学会第九次会员代表大会线上召开。

青年人才托举工程 1 月，遴选中国科学院上海光学精密机械研究所青年学者周楚亮和中国科学技术大学青年学者刘肖 2 人为第七届（2021—2023 年度）中国科协青年人才托举工程项目候选人，并获得项目资助。

9 月，学会获得第八届（2022—2024 年度）中国科协青年人才托举工程项目资助名额 2 个。11 月，学会组织开展项目评审，上海理工大学青年学者方心远和中国科学院上海光学精密机械研究所青年学者白亚锋作为学会推荐的第八届中国科协青年人才托举工程项目候选人上报至中国科协，并成功入选。

11 月 29 日，学会在 2022 年亚洲光电子会议上举办中国科协青年人才托举工程项目专场报告会。学会第二届被托举人张学迁，第七届被托举人周楚亮、刘肖，第八届被托举人方心远、白亚锋分别作报告。

主办期刊 学会共有 12 种学术期刊，包含中文期刊 8 种、英文期刊 4 种，其中 SCI 收录 3 种、EI 收录 9 种（有部分期刊被 SCI、EI 同时收录）；中国科协主管 3 种，中国科学院主管 8 种，教育部主管 1 种。

6 月 28 日，科睿唯安发布 2021 年度《期刊引证报告》，学会主办期刊 *Light：Science&Applications*［《光：科学与应用（英文版）》］2021 年度最新影响因子为 20.257，在 120 种光学期刊中排名前三，已连续八年位居世界光学期刊榜前三。与 2020 年度《期刊引证报告》相比，总发文量从 278 篇增长至 325 篇，增幅约达 17%，2021 年度总被引频次为 14650 次，相较于 2020 年度的 11273 次涨幅约达 30%。

High Power Laser Science and Engineering［《高功率激光科学与工程（英文版）》］最新影响因子为 5.943，位列光学类期刊 Q1 区。*Chinese Optics Letters*［《中国光学快报（英文版）》］最新影响因子为 2.560，位列光学类期刊 Q2 区。

《光：科学与应用（英文版）》入选中国科技期刊卓越行动计划（2019—2023 年）领军期刊项目；《高功率激光科学与工程（英文版）》入选中国科技期刊卓越行动计划（2019—2023 年）重点期刊项目；*Chinese Optics Letters*［《中国光学快报（英文版）》］、*Frontiers of Optoelectronics in China*［《光电子前沿（英文版）》］入选中国科技期刊卓越行动计划（2019—2023 年）梯队期刊项目；《中国激光》《光学学报》入选中国科技期刊卓越行动计划（2019—2023 年）中文梯队期刊项目。

《中国激光》《光学学报》《光谱学与光谱分析》入选“2022 中国国际影响力优秀学术期刊”“2021 年度中国百种杰出学术期刊”。《光：科学与应用（英文版）》《高功率激光科学与工程（英文版）》《中国光学快报（英文版）》入选“2022 中国最具国际影响力学术期刊”。《光电工程》《光子学报》入选 2022 年“西牛奖”十佳精品中文期刊。

学科发展工程 6 月，学会激光医学专业委员会组织专家撰写《“十四五”激光医疗发展现状和趋势咨询报告》，报告涵盖激光技术在医学领域的应用现状、发展趋势及未来的发展建议，指明激光技术及应用在“十四五”期间的重点发展方向及目标。

国际学术会议 2022 年，学会及学会专业委员会主办、协办、承办各类国际学术会议 7 次，参会人数 41025 人次，交流论文 1402 篇。

10 月 21—22 日，第六届国际先进光刻技术研讨会线上举办。会议由中国集成电路创新联盟、学会和中国电子学会主办，中国科学院微电子研究所和学会光刻技术专业委员会承办，共计 2 万余人次参加。会议共交流报告 67 个，涵盖光刻工艺、计算光刻、光刻设备、光刻材料、掩模、EUV、测量和检测、DTCO 等关键技术，就光刻领域相关的热点问题进行交流和探讨，为先进节点光刻工艺的研发提供技术思路、指导和答疑。

国内主要学术会议 2022 年，学会及学会专业委员会主办、协办、承办各类国内学术会议 30 次，参会人数 52225 人次，交流论文 1388 篇。

11 月 26 日，由学会生物医学光子学专业委员会协办的第四届智能医学影像与生物光子学学术论坛在陕西省西安市以线上线下结合方式召开，共 650 余位专家学者参加论坛。论坛分别从分子探针、成像方法、生物医学应用等领域进行学术分享。

国际组织任职 10 月，学会会士、南方科技大学教授沈平当选国际电气和电子工程师协会光电子协会 2023—2024 年度候任主席及 2024—2025 年度主席。

国际交往 9 月，学会与国际光学工程学会签署合作协议，决定合作举办 2022 年亚洲光电子会议并出版论文集，会议采用线上线下结合方式举办。

科普活动 学会获评中国科协 2022 年度全国学会科普工作优秀单位。

结合公众开放日、科普周、科普日等，学会举办形式多样的科普活动 19 次。联合北京大学、浙江大学、中国科学院光电技术研究所、中国科学院安徽光学精密机械研究所、中国科学院上海光学精密机械研究所、中国科学院微电子所等单位开展线上线下相结合的全国科普日活动，包括科普报告、实验室参观、科技课堂、科普夏令营、科普大赛、物理文化节、科普展览、科普进校园等，受众达 500 万余人。

学会每年组织开展“国际光日”主题科普活动，并将科普活动总结报告提交至联合国教科文组织国际基础科学项目委员会，展示中国的光学科普活动成果。2022 年“国际光日”期间，学会 9 个学生分会组织“瞬见万象、光创未来”“光载芳华、电启未来”“逐光而行、月异日新”等一系列主题科普活动，参与人数达 5000 余人次。

8 月 25—26 日，学会主办的第十届全国大学生光电设计竞赛决赛线上开展，共有来自 351 所高校的 2768 个项目、17364 名师生参加。经过选拔，最终有 37 所高校获得优秀组织奖、90 名教师获得优秀指导教师奖、54 支队伍获得一等奖、128 支队伍获得二等奖、155 支队伍获得三等奖。

2022 年，学会光刻技术专业委员会举办线上光刻技术系列主题科普报告 5 期，内容涵盖光刻技术六十年回顾和先进光刻工艺方法研发进展等内容，受众达 2500 余人次。

表彰举荐优秀科技工作者 学会评选出第十八、第十九届王大珩光学奖中青年科技人员奖获奖者 8 名、学生奖获奖者 60 名。

评选出 2021 年度中国光学学会光学科技奖一等奖 2 项、二等奖 2 项、三等奖 1 项；2022 年度中国光学学会光学科技奖一等奖 4 项、二等奖 5 项、三等奖 2 项。增选会士 7 名和外籍会士 3 名。

学会先后组织推选第十八届中国青年女科学家奖候选人和 2022 年“科创中国”系列榜单，推荐 2022 年中国科协科技人才奖项评审专家 67 人。

党建强会 5 月 22 日，学会召开党委扩大会，组织学习 2022 年全国两会精神、习近平总书记在中国人民大学考察调研时的重要讲话精神。10 月，学会组织学习党的二十大精神。学会网站设立“党的二十大”专栏进行宣传报道，报道中国科协贯彻学习党的二十大精神的相关文章，特别报道学会时任党委书记、中国科学院院士龚旗煌作为党的二十大代表在《人民日报》发表的《着力造就拔尖创新人才》、在《光明日报》发表的《“双一流”建设大有作为》、在《中国教育报》发表的《写好高水平科技自立自强的高校答卷》，学会常务理事、中国科学院院士黄维在《科技日报》发表的《答好高水平科技自立自强“时代考题”》，学会时任理事、中国科学院院士骆清铭作为党的二十大代表在《海南日报》发表的《推进国家生态文明试验区建设》等文章。

11 月 11 日，学会副理事长、党委副书记任晓敏参加中国科协面向全国学会开展的“党的二十大代表进学会”学习宣传贯彻党的二十大精神系列学习活动。

会员服务 根据学会发展需要，为增强对会员的服务能力，“中国光学学会”“光学界”2 个微信公众号分别发布学会近期开展活动、光学领域专家访谈、科技发展及相关资讯。2022 年，“中国光学学会”微信公众号发布推文 113 篇，单篇阅读量最多达到 7922 次；“光学界”微信公众号发布推文 53 篇。两个微信公众号关注量均突破 12000。

每两周给会员发送一份学会活动简报。新成立学生分会 2 个，新加入学生会员 100 余人。

【中国光学学会第九次会员代表大会】 12 月 17 日，中国光学学会第九次会员代表大会线上召开。中国仪器仪表学会副理事长兼秘书长张彤作为兄弟学会代表向大会的召开表示祝贺。来自学会各专业委员会、主办期刊杂志社、光学领域重点高校、科研院所、地方光学学会、光学企业及有关单位的会员代表共计 190 余人参加会议。会议由学会秘书长、浙江大

学教授刘旭主持。

学会第八届理事会理事长、中国科学院院士龚旗煌代表第八届理事会作工作报告，副秘书长、北京工业大学教授翟天瑞向大会报告第八届理事会财务工作情况，第一届监事会监事长、天津大学教授郁道银向大会报告监事会工作。会议审议并通过《中国光学学会第八届理事会工作报告》《中国光学学会第八届理事会财务报告》《中国光学学会第一届监事会工作报告》《中国光学学会章程》《中国光学学会会费管理办法》。大会选举产生学会第九届理事会和第二届监事会。

学会第二届监事会第一次会议选举产生第二届监事会监事长和副监事长，王森当选监事长，李焱当选副监事长。

学会第九届理事会第一次会议选举产生学会负责人和常务理事。顾瑛当选第九届理事会理事长，王文杰、任晓敏、刘文清、刘运全、刘泽金、邵建达、罗先刚、金宏、贾锁堂当选副理事长，聘任刘旭担任学会第九届理事会秘书长。理事会一致同意授予周炳琨、郭光灿、龚旗煌三位前任理事长为名誉理事长，授予马彩文等16人为荣誉常务理事，授予王占山等66人为荣誉理事。

选举产生学会新一届理事会党委，学会理事长顾瑛当选党委书记，学会科技奖励工作委员会和智库建设工作委员会成立。

【2022年亚洲光电子会议】 11月27—29日，2022年亚洲光电子会议线上召开。会议由学会与国际光学工程学会联合主办，北京大学长三角光电科学研究院等联合承办。大会共设立15个专题，涵盖光学及光学工程领域近100个研究方向。

学会副秘书长、北京大学教授李焱主持大会开幕式及特邀报告，学会时任理事长、中国科学院院士龚旗煌和国际光学工程学会主席 Anita Mahadevan-Jansen 分别致开幕词。开幕式上公布2022年学会新当选会士名单，南方科技大学教授沈平与国际光学工程学会高级总监 Andrew Brown 分别作为会士及外籍会士代表讲话。中国工程院院士、清华大学教授罗毅，亚利桑那大学教授 Jennifer K. Barton，北京大学教授何琼毅，澳大利亚昆士兰大学教授 Halina Rubensztein-Dunlop 分别作大会报告。15个专题共组织65场邀请报告直播，来自高校、科研院所、光学企业的教师、科研人员和青年学子参加会议，交流前沿光学技术，分享科研经验。

会议共收到837篇投稿，包含451个口头报告和380个张贴报告。线上直播累计观看人数超4万人次。

（撰稿人：贾瑞卿）

中国声学学会

服务创新型国家和社会建设 2月，学会联合中国科学院声学研究所申报注册“科创中国”音频时代新电声产业科技服务团。服务团由来自科研院所、高等院校、头部企业的多位声学领域技术专家组成，服务粤港澳大湾区建设、长江经济带发展、长三角一体化发展3个重大战略区域，重点服务于“科创中国”试点城市广东省东莞松山湖高新技术产业开发区。8月，在服务团专家的支持下，由学会牵头在广东省东莞市开展新音频时代电声产业领域专业技术转移转化能力提升高级研修班，74位学员参加培训，71人通过考核并获得人力资源社会保障部继续教育证书。9月，由中国科协主办、学会联合申报单位在东莞松山湖高新技术产业开发区共同承办“科创中国”音频时代新电产学融合会议。“科创中国”系列活动受益人群达7290人，有效促进电声产业技术转移转化，加快新一代电声技术人才队伍建设与培养。

4—10月，学会组织专家参与全国科学技术名词审定委员会“声学名词”项目的编撰工作，在已有声学名词基础上进一步扩充，完成4000余条声学名词词条的编撰工作，涉及声学一般术语、声学基础、电声学、声学仪器和设备、传声系统、振动和机械冲击、环境声学、建筑声学、线性声学、超声学与超声电子学、生理心理声学、语言声学、音乐声学、水声学14个专业领域。

学会建设 学会共设13个专业委员会、7个工作委员会；共有个人会员6500余人，会士、高级会员205人，团体会员59个。

11月，学会以线上线下结合方式举办第十次全国会员代表大会，完成第十届理事会选举工作及学会章程修订审议工作。

学会注重内部管理和人才队伍的建设。新一届学会理事会秘书处新增常务副秘书长1名、秘书处办公室主任1名，现有专职工作人员6名，比2021年度增加2名。

进一步完善相关管理制度，制定《中国声学学会会议费管理办法（试行）》，并通过常务理事会审议执行。

青年人才托举工程 5月，学会完成第四届中国科协青年人才托举工程项目结项工作。项目实施期间，学会结合被托举人的课题研究内容，为被托举人定制系统性培养方案，并对被托举人进行稳定的支持，协助被托举人完成预期研究任务。

6月，学会启动第八届中国科协青年人才托举工程项目申报工作。通过各单位推荐、全国选拔，经材料初评，共有19位青年人才参与线上答辩。经过专家评议，最终向中国科协推荐3位青年人才。12月，学会获得第八届中国科协青年人才托举工程项目立项资格，学会已连续五年获得该项目立项资格。

主办期刊 6月，学会联合中国科学院声学研究所、哈尔滨工程大学、华南理工大学、复旦大学、南京大学、同济大学、西北工业大学7家单位申报中国科协高质量科技期刊分级目录项目。7—11月，完成项目组织机构的建设、实施细则和评价标准的制定以及对第三方评审平台的调研。计划于2023年8月形成声学领域高质量科技期刊分级目录。

国际学术会议 2022年，学会及所属分支机构共参与举办国际会议6次。

10月23日，由学会建筑声学分会和武汉大学城市设计学院联合举办的第二届中英国际声景论坛线上召开。论坛邀请国内外20余名专家开展“声景与健康”“声景与感知”“声景与技术”“声景与设计”等主题报告和线上交流活动。500余人参加会议。

11月12—13日，由学会检测声学分会与会员单位联合主办的岩石物理与地下流体检测国际研讨会线上召开。会议围绕“环境资源地球物理勘查及地下流体检测理论、方法与技术应用”主题，邀请国内外学者展开讨论与交流。

11月16日，由学会与会员单位联合举办的第四届中巴海洋信息技术论坛在黑龙江省哈尔滨市和巴基斯坦伊斯兰堡以线上线下结合方式召开。专家学者共商海洋环境数据共享，促进双方在海洋信息相关方面的理论基础研究和前沿技术合作。来自浙江大学、厦门大学、巴基斯坦国家海洋研究所、巴基斯坦国立科学技术大学等的20余位专家学者进行报告分享与交流。

国内主要学术会议 2022年，学会及所属分会共举办国内学术交流活动15次，线上线下参与人数2万余人，交流论文、报告290余篇，360余位专家学者参加会议，探讨新的科研方向。

学会所属分会召开的学术会议包括：物理声学分会、医用超声分会、环境声学分会和建筑声学分会联合举办的2022年中国西部声学学术交流会，环境声学分会和建筑声学分会举办的第十七届全国噪声与振动控制工程学术会议，医用超声分会举办的2022年第二届东方超声医学大会，功率超声分会举办的2022全国智能超声青年学者论坛、2022年全国功率超声学术会议，水声学分会举办的中国声学学会水声学分会2021—2022年学术会议、2022年船舶与海洋工程学科高峰论坛，微声学分会举办的中国声学学会微声学分会换届大会暨产学研专题论坛，计算声学分会举办的第二届全国计算声学大会等。

国际组织任职 学会共有9名专家在12个国际组织任职，其中3名专家任执委以上重要职务。10月，学会副理事长李风华获得国际声学委员会理事连任资格，并在线参加10月举办的国际声学大会理事会，参与审议国际声学委员会各项提案和投票选举，讨论国际声学委员会活动安排。

国际交往 4—12月，学会组织相关领域的专家参与2022 AGM of Western Australia、国际电气和电子工程师协会国际超声波研讨会等国际会议，并作主旨报告及邀请演讲。

7月，学会向国际噪声控制工程委员会递交申办2026年国际噪声控制大会的非正式申请提案，并于8月20日通过非正式申请答辩。

11月，学会组织2名科技工作者参加国际噪声控制工程委员会举办的全球视角下机场附近的噪音问题研讨会，参加线上讨论。

学会于2019年获得国际超声大会申办权，因新冠疫情延期召开，相关筹备工作于2022年年初重新启动。

科普活动 2022年，学会及所属分支机构和会员单位开展线下、线上科普活动近30场，累计受益人数达140万人次。

学会北京科普小分队开展主题为“爱科学，向未来”的第十八届公众科学日线上活动，近80万人收看直播。11月，学会理事长张春华在北京大学作题为《海洋声学技术及其应用》的科普报告，超过4.7万人收看直播。学会上海科普小分队组织开展声学科普课程进校园系列活动，通过线上云课堂方式，将学会优

质科普课程资源送进16所中小学校和30余个社区，累计6300余名中小学生参与活动。学会常熟科普小分队开展“看展聆听历史，探索新‘声’”“走进声学世界·探索声音奥秘”等系列科普活动，带领青少年用眼、用耳、用心感受声学科技的魅力。

4月，学会开展声学科普作品评展活动，共征集作品25个。3—9月，学会主办第一届全国大学生声景设计竞赛，共收到近90所院校提交的100组参赛作品，最终评出一等奖10个、二等奖15个、三等奖25个。10月，学会主办第一届“声华杯”声学技术大赛，50所高等院校的85支队伍报名参赛。

6月，学会开展全国声学科普教育基地认定活动，最终认定12家单位为全国声学科普教育基地（2022—2026年）。

表彰举荐优秀科技工作者 9月，学会开展魏荣爵奖的评审工作，华南理工大学教授谢菠荪、南京大学教授卢晶获学会魏荣爵奖。

党建强会 2022年，学会持续开展党史学习教育，宣传贯彻党的二十大精神。4月，学会九届六次常务理事会议邀请全国人大代表、中国科学院信息工程研究所研究员潘锋传达2022年全国两会精神；11月，学会九届六次常务理事会议邀请党的二十大代表、中国工程院院士杨德森传达党的二十大精神。

学会网站开设党建专区；制定《中国声学学会意识形态工作管理办法》，加强对科研人员的意识形态教育。

会员服务 2022年，学会进一步梳理信息化工作流程，持续提升信息化水平，对学会官网、会员系统、会议系统和微信移动端进行改版与升级。进一步完善学会分支机构对各自分会的会员管理和会议管理，实现全方位信息化管理，提升学会会员使用体验。

【中国声学学会第十次全国会员代表大会】 11月27日，中国声学学会第十次全国会员代表大会以线上线下结合方式在北京召开。会议由学会第九届理事会理事长张春华主持，出席会议的会员代表包括学会第十届理事会理事候选人、分会秘书及各分会推荐的会员代表共计248人。学会第六届、第七届理事会理事长田静为开幕式致辞。张春华代表学会第九届理事会作工作报告。会议审议通过学会第九届理事会财务工作报告、第一届监事会工作报告、《中国声学学会章程（修订草案）》《中国声学学会个人会员及单位会员会费标准》，以及第十次全国会员代表大会选举办法和监票小组成员名单。大会选举产生150名第十届理事会理事和5名监事会监事。

随后召开学会第十届第一次理事会议。会议选举产生49位常务理事和7位学会负责人。中国科学院声学研究所所长李风华当选学会第十届理事会理事长，中国电子科技集团有限公司第二十六研究所首席专家马晋毅、西北工业大学航海学院教授孙超、哈尔滨工程大学水下智能研究院院长孙大军、复旦大学生物医学工程技术研究所副所长他得安、中国科学院声学研究所副所长杨军、南京大学物理学院副院长章东当选学会第十届理事会副理事长。聘任杨军为学会第十届理事会秘书长。会议还通过常务副秘书长、各工作委员会负责人及学会办事机构负责人名单。

（撰稿人：程九梅）

中国化学会

服务创新型国家和社会建设 2022年，学会继续参与2022重大科学问题、工程技术难题和产业技术问题征集工作，向中国科协提交7个前沿科学问题、4个工程技术难题和1个产业技术问题。最终，“如何实现自动、智能、精准的化学合成？”入选前沿科学问题，“如何采用非石油原料高效、安全地合成己二腈？”入选产业技术问题。学会被中国科协授予“重大科技问题难题征集发布2022年度优秀推荐单位”。

学会注重调研，充分协调各地产业优势和资源，协同各地产业政策优势，打造地方产业研发和综合利用、成果汇集平台。采取通报会制度，并形成现场交流、产业对话、专家报告、座谈对接等多种科技服务形式。与8个省（自治区）的11个试点城市和4个非试点城市的科协系统及中国科协5个挂点工作组建立沟通平台；与9个省（自治区）18个市（县）及其30余个政府职能部门、14个省（自治区）约280家企业（含园区）和机构开展协作、沟通，并派出专家百余人次展开调研对接等科技服务工作。召开交流会、报告会和论坛10余场，座谈会10余场，产业需求对接会2场，受众企业150余家。对“科创中国”平台技术问题和需求提出技术研发指南65项并匹配45个相应研发专家或团队对接，签署3项咨询、开发和投资合同，完成数百项新能源、食品、节能环保、医药、化工等领域可转移转化的科技成果收集，完成科技成果产业化方案 65 项、科技成果评价 65 项，对接签署成果落地合同 6 项。

针对纳入《国际危险废物名录（2021 年版）》、严重困扰广东铝合金产业的铝灰渣，学会联手生态环境部固体废物和危险废物专业管理机构，横向立项研发技术、完善处置与利用，开展粤港澳大湾区城市集群固体废物和危险废物治理。

学会建设　截至 2022 年年底，学会个人会员总数 10 万余人，单位会员总数 175 个，会士总数 202 人；晋升会士 42 人、高级会员 599 人，新发展个人会员 8000 余人、外籍会员 101 人，新增单位会员 7 个。

12 月 18 日，学会召开第十二次全国会员代表大会，选举产生第二届监事会和第三十一届理事会、常务理事会。

2022 年，学会学科 / 专业委员会共 43 个，新成立专业委员会 3 个，分别是学会分子医学专业委员会、高压化学专业委员会和高分子材料分析技术与表征方法专业委员会。年初，学会设计开发分支机构管理系统，该系统与学会会员数据库联动，解决分支机构管理中的历史资料难存档、操作管理断档、批复过程无法追踪等问题，会员在分支机构的任职情况可被记入其会员轨迹。

学会官网总浏览量约 350 万，发布各类信息 300 余篇。官网先后上线第 54 届国际化学奥林匹克官方网站、学会成立九十周年专题庆祝网站和学会第十二次全国会员代表大会网站等独立网站。学会微信公众号图文阅读总量约 117 万余次，总发文量 587 篇，新增关注人数 3.1 万余人；CCS Chemistry 微信公众号图文阅读总量约 25 万余次，总发文量 300 篇，新增关注人数 4600 人；微信视频号观看次数约 60 万次，全年共直播 84 场，新增关注人数 1.6 万余人。

青年人才托举工程　2022 年，学会相继实施第六、第七、第八届中国科协青年人才托举工程项目。其中第七届中国科协青年人才托举工程项目选拔出 4 位入选者，并采用“1+3+1”的托举模式为 4 位入选者匹配导师团队，组织召开学会青年人才托举工程交流会暨第七届青托项目启动会；第八届中国科协青年人才托举工程项目选拔出 5 位入选者；第四届中国科协青年人才托举工程项目通过验收，其中 2 人入选中央组织部“青年拔尖人才支持计划”、2 人入选国家自然科学基金优秀青年科学基金项目。自 2015 年该项目实施以来，学会共托举青年人才 43 人。

主办期刊　2022 年，学会主办的学术期刊中有 11 种期刊影响因子超过 2.0，8 种期刊影响因子超过 5.0，2 种期刊影响因子突破 10.0。多种期刊获中国科技期刊卓越行动计划项目资助:《纳米研究》入选领军期刊项目,《催化学报》入选重点期刊项目,《高分子科学（英文版）》《化学学报》《中国化学》《中国化学快报（英文版）》入选梯队期刊项目。此外，学会筹划创办新刊《可再生能源》（*Renewables*），获得中国科技期刊卓越行动计划高起点新刊项目资助，将于 2023 年发行创刊号。

2022 年，学会独立创办的 *CCS Chemistry*《中国化学会会刊（英文版）》共出版 12 期，刊登 235 篇文章，全文下载量超过 25.2 万次，网站年度访问量近 190 万次。作者来自中国、美国、新加坡、德国、韩国、日本等近 12 个国家和地区。读者来自中国、加拿大、法国、德国、美国等百余个国家和地区。*CCS Chemistry* 陆续被 ESCI、CSCD 数据库收录，刊发的 2 篇论文入选第七届中国科协优秀科技论文遴选计划（数理化与交叉学科集群）。

国内主要学术会议　2022 年，学会及学会分支机构采用线上线下结合方式召开 18 次会议，1.5 万余人次参加会议，交流论文 8200 余篇。其中，中国化学会第十一届全国环境化学大会等 8 项线下会议参加会议人数均超过 500 人。4 月 21 日，“化学大家谈”——庆祝中国化学会 90 华诞系列高端学术论坛线上首播，全年共直播 34 期，累计 36 万余人次在线观看。

中国化学会第七届全国生物物理化学大会、中国化学会第十四届全国生物医药色谱质谱及相关技术学术交流会、中国化学会第九届全国配位化学会议、中国化学会第十二届全国有机化学学术会议、中国化学会第十九届全国青年催化学术会议 5 个学术会议入选中国科协《重要学术会议指南（2022）》。

国际组织任职　2022 年，学会副理事长、香港中文大学（深圳）/ 清华大学教授帅志刚履职国际纯粹与应用化学联合会执委会委员。帅志刚参与领导国际纯粹与应用化学联合会审查委员会，牵头国际纯粹与应用化学联合会化学学科发展和组织机构改革，相关报告和建议形成国际纯粹与应用化学联合会理事会议提案，6 月，国际纯粹与应用化学联合会召开理事会特别会议讨论并通过该提案。

国际交往　10 名国际专家获得“中国化学会荣誉会士”称号（2021 年度）。截至 2022 年年底，已有

70 名国际科学家被授予“中国化学会荣誉会士”称号。

5 月 30 日，学会与英国皇家化学会在友好合作协议的基础上，联合主办中国化学会 – 英国皇家化学会青年化学奖学术论坛，邀请第八届中国化学会 – 英国皇家化学会青年化学奖获得者分享前沿学术成果，交流最新学术思想，围绕科技奖励讨论青年化学工作者的难处与诉求。论坛通过中国化学会视频号、英国皇家化学会视频号在线直播，多平台同步直播，吸引 8.9 万人次观看。

11 月 28 日，学会联合国际纯粹与应用化学联合会在第四届世界科技与发展论坛闭幕式上共同发布 2022 年度化学领域十大新兴技术，国际纯粹与应用化学联合会执委会委员、学会副理事长帅志刚宣布新兴技术名单。其中，中国科学院院士阎锡蕴团队领衔的“纳米酶”、中国科学院院士房喻团队领衔的“薄膜荧光传感器”、中国科学院院士李灿团队领衔的“液态太阳燃料”、复旦大学教授彭慧胜团队领衔的“纤维电池”和“织物显示器”入选。

科普活动 2022 年，全国约有 6 万人参加学会主办的第 36 届中国化学奥林匹克初赛，初赛颁发一等奖 1853 名、二等奖 3833 名、三等奖 6039 名。第 36 届中国化学奥林匹克初赛继续扩大“网上阅卷”试点省份，共计有 11 个省份初赛采用电脑阅卷模式。同时，2022 年优化初赛双人盲评、差异仲裁的评卷模式，保证竞赛公平公正性。学会主办的第 36 届中国化学奥林匹克决赛共 488 位学生参赛，决赛决出一等奖 161 名、二等奖 216 名、三等奖 103 名。

7 月 10—18 日，第 54 届国际化学奥林匹克在天津市举办。竞赛以“改变，创造，融合”为主题，来自全球 84 个国家和地区的 326 名参赛选手参加。竞赛由中国科协和天津市人民政府联合主办、学会与其他单位共同承办。中国代表队傅周、张旭瑞、贺文、李炆泽 4 名高中生全部获得金牌。比赛采取远程在线考试模式，通过计算机仿真、虚拟现实等技术实现线上实验。赛事组委会还专设金丝猴奖，以奖励在实验题目中表现出色的青年选手。经过 5 个小时的理论考试，共产生 36 枚金牌、71 枚银牌、103 枚铜牌。23 位选手获颁荣誉奖，41 名选手获颁金丝猴奖。

表彰举荐优秀科技工作者 2022 年，学会完成 2021 年度中国化学会青年化学奖、第八届中国化学会 – 英国皇家化学会青年化学奖、第六届中国化学会 – 赢创化学创新奖、第十一届中国化学会 – 巴斯夫公司青年知识创新奖的评选工作，共产生 24 位获奖者。

学会推荐第十七届中国青年科技奖、第十八届中国青年女科学家奖、2021 年度未来女科学家计划、2022 年度高等学校科学研究优秀成果奖青年科学奖、2022 年“最美科技工作者”、北京市科学技术奖候选人共 12 名。

党建强会 2022 年，学会以迎接、学习、贯彻党的二十大为主线开展系列党建活动。参加中国科学院“弘扬科学家精神　喜迎党的二十大”在线活动；在党的二十大期间，学会通过官方微信公众号集中转发宣传《一图速览二十大报告》《学习收藏：题库来了！党的二十大报告 100 题》《划重点：党的二十大报告解读》等文章。学会加强基层党组织建设，开展“学习研讨、查摆问题、改进提高”“基层组织建设见成效”系列活动。

会员服务 学会编撰年报，反映学会年度工作的综合信息，通过学会云图书馆转换为电子书供会员在线阅读，并通过会员邮件系统向会员发送阅读提醒；继续为会员推送全年 12 期会员内刊《化学通讯》；升级会员邮件群发系统，提升发信速度，由原来的日发 2 万 ~ 3 万封提升至日发 20 万 ~ 30 万封；进一步优化云图书馆浏览速度，目前已收录会议论文 4.3 万余篇、图书 33 本、音视频 136 个和图集 53 册等。

5 月 23—30 日，开展知识产权保护法律服务热线，依托中国科协学会服务中心法律服务处，聚焦科技工作者科研活动、科技创新、科技成果转化等过程中的知识产权法律问题，组织著作权保护、专利保护、商标保护等领域的法律专家开通 3 条电话咨询热线。5 月 30 日，学会继续举办新注册会员免费入会体验一年活动，吸收 3173 名科技工作者入会。

【中国化学会第十二次全国会员代表大会】 12 月 18 日，中国化学会第十二次全国会员代表大会在北京召开。学会第三十届理事会领导班子、第一届监事会监事和来自全国各地的会员代表等共计 320 余人参加会议。大会采用线上线下结合方式召开。

大会审议并通过《中国化学会第三十届理事会工作报告》《中国化学会第一届监事会工作报告》《中国化学会第三十届理事会财务报告》。大会以无记名投票方式审议通过修订后的《中国化学会章程》《中国化学会会费标准》《换届选举工作说明》和监票人名单，选举产生学会第三十一届理事会理事 197 名、第二届监事会监事 9 名。中国侨联主席万立骏当选学会第三十一届理事会理事长。

【中国化学会成立九十周年系列活动】2022 年是学会成立九十周年，学会以线上方式为主开展系列庆祝活动。设计“九秩之年 风华正茂”专属标语、九十周年徽标及主题网站。

2 月，举办国际纯粹与应用化学联合会全球女化学家早餐会——中国分会场线上直播活动，80 余位学会女化学工作者委员会委员和青年女化学工作者参加活动，2 万余人次观看。4 月，学会联合 *CCS Chemistry* 举办“化学大家谈”——庆祝中国化学会 90 华诞系列学术论坛直播，邀请国内外化学领域专家自 4 月 21 日起，每周四线上作学术报告和互动分享，共开播 34 期，累计 36 万余人次在线观看。开展学会成立九十周年纪念活动“我的学会故事”主题征文活动，邀请广大会员讲述与学会的故事，在学会官网精选发布 14 篇文章。学会开展“Chemist is Cool”课题组风采创意大赛，收到来自全国 78 所高校科研院所的百余个课题组集体照作品，遴选出炫 Cool 课题组金奖 10 个、炫 Cool 课题组银奖 90 个，大赛被联合国第 76 届大会列为 2022 年国际基础科学促进可持续发展年特色活动。此外，学会主题网站及视频号陆续发布学会分支机构、地方学会制作的会庆祝福视频，视频号发布动态视频 23 个，浏览量约 8.7 万人次。

（撰稿人：王以菲）

中国天文学会

学会建设 学会共有个人会员 3680 人、单位会员 33 家，个人会员中 566 人为国际天文学联合会会员。学会下设 8 个工作委员会、1 个工作组（基金）和 11 个专业委员会。与 16 个省、市天文学会和 2 个天文小组建立业务指导关系。

2022 年，先后召开中国天文学会十四届七次、八次常务理事会议；召开七次理事会议，落实完成会议各项决定；召开中国天文学会成立百年纪念大会和十五次全国会员代表大会，完成学会第十五届理事会、第二届监事会及工作、专业委员会换届工作。

召开学会十四届四次组织工作会议，完成审核发展学会新会员工作，2022 年发展新会员 155 名。

青年人才托举工程 2022 年，学会完成第四届中国科协青年人才托举工程项目验收工作；同时，开展第八届中国科协青年人才托举工程项目申报工作。

主办期刊 2022 年，学会完成“全国学会学术出版现状”问卷调查工作；完成《天文爱好者》期刊社会效益评价及期刊增刊备案申请工作。

国内主要学术会议 2022 年，学会共举办国内学术会议 5 次，参会人数达 2800 余人次，交流论文 170 多篇。会议包括中国天文学会光学天文战略研究交流会议、中国天文学会 X 射线天文学 60 周年及中国 X 射线天文研究研讨会、北京古观象台建台 580 周年暨中国天文学会成立 100 周年纪念活动、天文信息与虚拟天文台 2021 年学术年会。

国际交往 1 月，学会普及工作委员会所在单位北京天文馆与国际天文学联合会、天文教育办公室签订三方协议，正式成立国际天文学联合会天文教育办公室中国中心。

8 月，第三十一届国际天文学联合会大会在韩国釜山召开，37 位中国专家以线上或线下方式参加会议及相关活动。

11—12 月，学会向国际天文学联合会推荐个人会员 9 名和初级会员 5 名。

科普活动 1 月，第五届全国大学生天文创新作品竞赛启动，7 月 31 日—8 月 2 日，决赛在中国科学院国家天文台兴隆观测站举办。最终评选出特等奖 1 名、一等奖 9 名、二等奖 20 名、三等奖 29 名、最佳组织奖 3 名。

8 月，正式启动推动实施全民科学素质行动项目，由天文科普系列直播活动、专家座谈会、线下沙龙、天文科普讲座、天文科普短视频创意大赛等一系列天文活动组成。

8 月，学会组织各团体会员单位开展“典赞·2022 科普中国”推荐工作，共计推荐 5 项，包括 1 位基层科普人物、3 本科普图书、1 部科普短视频。

10 月 25—26 日，北京古观象台建台 580 周年暨中国天文学会成立 100 周年纪念活动在北京以线上线下结合方式举办，总计约 2000 人次参与线上活动。

11 月 15—17 日，第四届邵逸夫－国际天文学联合会天文教育研讨会线上召开。研讨会由国际天文学联合会天文教育办公室主办，全球 8 个中心和节点等分支机构共同实施，几十位来自世界各地的天文专家分享全球天文行业的教育、研究、培训、调研等内容。

12 月 3—6 日，在广东省梅州市蕉岭县举办“专业和业余天文学家的交流与合作”专题研讨会。

表彰举荐优秀科技工作者 2022年，学会组织开展第九届黄授书奖评选工作，中国科学院紫金山天文台袁强、中国科学技术大学蔡一夫获奖。

组织开展学会2022年度奖学金评选工作，北京大学杨子浩等15位同学分别获得一等、二等、三等奖学金。

组织学会专家参加第七届中国科协优秀科技论文遴选计划。

组织开展第十七届中国青年科技奖、第十八届中国青年女科学家奖、2021年度未来女科学家计划候选人推荐工作，中国科学院云南天文台王博、北京大学科维理天文与天体物理研究所邵立晶为中国青年科技奖候选人；北京大学科维理天文与天体物理研究所王然为中国青年女科学家奖候选人；中国科学院紫金山天文台ASO-S团队（封莉、李瑛、宿英娜等）为中国青年女科学家奖团队奖候选团队；北京大学科维理天文与天体物理研究所侯美存为2021年度未来女科学家计划候选人。王博获得第十七届中国青年科技奖。

组织各团体会员单位开展2022年“最美科技工作者”推荐工作，推荐候选人2名：中国科学院国家天文台李春来、长春人造卫星观测站康喆。

向中国科协推荐海智计划特聘专家候选人3名、科技人才奖项评审专家46名。

党建强会 2022年，学会召开党委会议3次，系统学习习近平总书记重要讲话、党的十九届六中全会、全国两会、党的二十大会议精神等。学会党委发挥政治引领作用，开展学会“三重一大”事项前置审议。

2月16日，学会与中国科学院紫金山天文台在江苏省南京市举办“星耀中华　风范千秋”弘扬科学家精神暨纪念张钰哲先生诞辰120周年活动。相关领导、专家学者近150余人线下或线上参与活动。

【中国天文学会第十五次全国会员代表大会】 11月17日，中国天文学会第十五次全国会员代表大会以线上线下结合方式在江苏省南京市召开，学会第十四届理事会副理事长白金明主持会议。大会审议并投票通过《中国天文学会章程》《中国天文学会第十四届理事会工作报告》《中国天文学会第一届监事会工作报告》《中国天文学会财务报告》《中国天文学会会费标准》，选举产生学会第十五届理事会49人、第二届监事会3人。

随后召开学会第十五届理事会一次会议、学会第二届监事会一次会议、学会第十五届理事会党员大会。选举产生学会第十五届理事会名誉理事长、常务理事会及学会分支机构组成，学会第二届监事会负责人，以及学会第十五届理事会党委。韩占文当选学会第十五届理事会理事长。

【中国天文学会成立百年纪念大会】 11月16日，由学会主办，中国科学院紫金山天文台、南京大学天文与空间科学学院等共同承办的中国天文学会成立百年纪念大会在江苏省南京市以线上线下结合方式召开，来自学会会员单位与相关单位、兄弟学会的代表，以及中国科学院、江苏省科协的领导近200人参加大会，畅叙中国天文学发展大计。

大会授予中国科学院院士叶叔华和曲钦岳学会最高荣誉奖，以表彰他们长期以来对中国天文事业的卓越贡献。大会还颁发学会其他奖项，授予赵永恒第十六届张钰哲奖，授予王挺贵、朱宗宏第五届黄润乾奖，授予白金明等51人2012—2021年突出贡献奖，授予姜鹏、甘为群、刘睿、刘念、王传军5人2022年度RAA（《天文学与天体物理学研究》，*Research in Astronomy and Astrophysics*）优秀论文奖。

大会组织主旨报告2场，分别为中国科学院院士方成的《中国天文学会百年历程》和中国科学院院士苏定强的《缅怀先哲，励志奋进》。同时组织大会特邀报告7篇、专题讲座1场、高级科普报告1场。

在学会迎来百年华诞之际，国际天文学联合会主席Debra Elmegreen致函学会理事长景益鹏以表祝贺，中国气象学会、中国土壤学会、中国化学会、中国数学会、中国地理学会、中国宇航学会、中国振动工程学会、中国古生物学会、江苏省天文学会、南京大学等兄弟学会和单位以及国内多家天文单位向学会发来贺信。

为庆贺学会成立百年，学会与中央新影集团合作拍摄纪录片《记录东方之逐梦苍穹》（上、中、下），并在发现之旅频道播出。此外，还专门设计制作百年纪念展，在大会期间展出。

（撰稿人：谢　洁　宁宗军）

中国气象学会

服务创新型国家和社会建设 学会承接并完成中国气象局局属图书报刊出版单位社会效益评估、中国气象局主管出版物审读、百佳账号推选专家评审等工作。组织完成“中国大陆副热带切变线研究”“湖南秋季积层混合云系飞机人工增雨作业关键技术及应用”“主要农业气象灾害精细监测预报与评估关键技术及应用”“重大工程抗风抗冰参数的三维精细网格化论证关键技术及应用”4项科技成果评价工作。完成中国科协决策咨询报告《高度重视气候变化，积极应对极端事件风险》。开展中国气象学会会员基本情况调研，配合中国科协开展港澳台合作交流调研等。

完成中国科协生态环境产学联合体“2021年度中国生态环境十大科技进展”遴选推荐工作，推荐项目“卫星遥感碳核算系统和中国碳卫星全球高精度碳产品”入选。向中国科协推荐气象行业科技人才奖项评审专家146名、海智计划特聘专家候选人5名。

学会建设 学会完成2021年度省级先进气象学会秘书处评选工作。完成年度审计、统计、年检、年报、年鉴、资产清查、决算预算等工作。获评中国科协系统财务数据汇总工作优秀单位、统计调查工作优秀单位。完善内部治理和风险管控工作，修订完善多项管理制度，加强疫情防控及网络安全工作。

青年人才托举工程 学会完成第四届中国科协青年人才托举工程项目验收和第六届中国科协青年人才托举工程项目中期考核。组织学会历届被托举人开展专题交流，举办气象青年科技交流会暨2022年青年科学家论坛，加强青年气象人才培养。

主办期刊 2022年,《气象学报》出版专刊1期，*Journal of Meteorological Research*［《气象学报（英文版）》］出版专刊4期。两刊在中央宣传部出版局科技期刊社会效益评价中等级均为优秀，被评为2021年全国学会期刊出版工作优秀单位。

Journal of Meteorological Research［《气象学报（英文版）》］SCI最新影响因子为2.569，入选“2021中国国际影响力优秀学术期刊”。与中国科协所属全国学会联名发布《中国科协全国学会学术出版道德公约》，支持发布《基础科学促进可持续发展倡议》，协助完成第七届中国科协优秀科技论文地学领域文章推荐评审等。

国际学术会议 11月24日，2022亚洲气象大会线上召开。会议由学会主办，韩国气象学会、日本气象学会协办，通过蔻享学术平台进行网络直播，3000余人次参加会议。会议围绕气候变化机理与预测、气象卫星发展及应用、极端天气与气候、东亚大气污染中的理化过程四个主题开展交流研讨，促进中国、日本、韩国三国青年气象学者的交流。

国内主要学术会议 2022年，学会举办百年风云讲坛8期，单期受众最高达7000人次；举办气象前沿高端论坛10场，总浏览量超过20万次。

联合相关单位和学会学科委员会，组织开展全国各类区域性和专题性学术交流活动30余场，涵盖天气预报、气候预测、农业气象、气象观测、气象服务业务等诸多领域。

承办第二十四届中国科协年会气候变化与极端天气高端论坛。主办和支持区域性学术交流，联合主办第八届全国农业与气象论坛、第一届长江流域气象服务学术交流会、第十六届雨雪冰冻灾害论坛、第二届武夷论坛；支持举办第十八届长三角气象科技论坛主论坛、北京气象学会专家论坛（共8期）、第十八届泛珠三角区域气象学术论坛等区域性学术交流。开展专题性学术交流，联合主办2022年全国重大天气过程总结和预报技术经验交流会、2022年气候预测与气候应用技术论坛、全国卫星数据同化研讨会等专题性学术交流。支持开展2022年全国重大暴雨天气过程征集及十大暴雨事件遴选活动等。

两岸交流 7月12日，由学会主办的第十四届海峡论坛·第十届海峡两岸民生气象论坛在福建省厦门市召开。海峡两岸近150位气象专家学者围绕“深化气象交流，惠泽两岸民生”主题，共享气象科技最新研究成果，共商气象服务民生大计，共促两岸气象融合发展。论坛同期举办海峡两岸民生气象论坛10周年主题展、气象防灾减灾技术交流会和两岸气象融合发展交流会。

11月30日—12月1日，由学会与福建省气象局联合主办的2022年海峡两岸气象青年科技交流汇在北京、福建省福州市、台湾地区设立3个会场，以线上线下结合方式召开。来自海峡两岸气象行业的青年专家学者围绕台风、暴雨、强对流等天气成因分析、过程机理及预报预警技术研究等内容展开交流研讨。12月3日，“海峡气象青年说”活动在福建省福州市举办，福州主会场和台北分会场活动通过视频连线和网络直播进行。两岸专家学者共同回顾和展望两岸气象合作成果及前景，展示近年来福州市、马祖岛海洋气象服务进展，并举办福州－马祖两地共放和平探空气球仪式、“茶话气象”圆桌访谈、气象主题脱口秀等现场活动。交流汇活动得到中国科协港澳台办公室2022

年海峡两岸暨港澳科技人文交流项目的资助。

科普活动 学会获评中国科协全国学会科普工作优秀单位、全国科普日活动优秀组织单位以及中国气象局气象科技活动周优秀组织单位。拓展大手拉小手气象科普报告团，组建飓风气候变化科学传播工作室，持续吸纳志愿者加入中国气象学会科技志愿者总队，深入基层开展第十四届“气象防灾减灾宣传志愿者中国行”等科技志愿服务。学会气象科学传播专家团队通过多种形式开展系列科普活动，其中进校园科普讲座近100场，受益人数2万余人；气象热点问题科学发声超百次，发布科普文章超过300篇。

世界气象日期间，组织第九届全国气象科普系列报告会60余场；举办“大手拉小手”气象科普进校园活动，全国近700所学校学生参加活动；开展第六届校园气象科学展评、线上气象知识竞赛；策划全国气象科普教育基地“在线参观丨云游科普馆”展示等，活动累计覆盖230余万人次。科技活动周期间，组织周末科普开放课；举办全国气象科普讲解大赛，受益公众30余万人次。全国科普日期间，举办气象科普开学第一课；联合全国气象科普教育基地开展线上线下活动；依托“小e气象”小程序线上开展专题知识竞赛，累计覆盖500余所学校、60万公众，共举办比赛8万余场。

搭建校园气象科普教育资源平台，整合优质资源，帮助广大中小学校高效开展校园气象科普教育。组织开展系列校园气象科普活动，覆盖学校千余所。加强学校自身气象能力建设，命名校园气象教育特色学校46所。

2022年世界气象日活动期间，学会围绕“早预警、早行动：气象水文气候信息，助力防灾减灾”主题，组织开展系列气象科普活动，其中包括在第九届全国气象科普系列报告会基础上开展的“大手拉小手”气象科普进校园活动。活动邀请冬奥气象服务保障团队、中国气象局气象服务首席专家周兵、中央气象台首席预报员张涛、中国气象局气象探测中心高级工程师刘达新、国家气候中心高级工程师邵鹏程分别以“冬奥项目与天气的那些事儿”“当前气候变化状态与气象灾害防御的思考”“聊聊强对流天气灾害的‘七十二变’”“告诉您关于气象探测的秘密”“北京冬奥会中的‘气象密码’”为主题开展线上线下气象科普讲座，吸引来自全国近700所学校、30000余名学生参与。

8月24—25日，由学会主办、浙江省气象学会承办的2022年全国校园气象科技辅导员培训班暨第十届浙江省校园气象辅导员培训班线上召开，共600余人参加培训。培训班以气象知识培训为主，围绕青少年科学思想与科学方法的培养、青少年科技探究活动的策划和开展、校园气象站的运行管理、教案设计与课件制作等开展专题交流研讨。邀请多位专家授课，为广大中小学科技教师开展校园气象科普教育活动打开新思路。开班仪式上，对热心校园气象科普工作、为校园气象科普教育作出贡献的校园气象科技辅导员进行表彰，99名校园气象科技老师被授予全国优秀校园气象科技辅导员。

完成第八批全国气象科普教育基地认定工作，加强对全国气象科普教育基地的管理考核。学会推荐的中国北极阁气象博物馆等10家基地入选全国科普教育基地。维护科普商城平台，汇聚700项科普资源，年度推广科普宣传品近10万件。开展第十二届全国气象科普优秀作品征集活动，征集作品近300件。

表彰举荐优秀科技工作者 学会完成中国科协各类人才奖、人才计划等推荐提名工作，其中1人获得第十七届中国青年科技奖。

党建强会 学会认真学习贯彻党的二十大精神及习近平总书记系列重要讲话精神。制订学习计划，抓实抓细各次集体学习。召开党员扩大会议、支委会议和办公会，多次专题学习党的二十大精神；集体收看辅导报告和宣讲会等；全员参加线上培训。

开展“人民至上、生命至上”主题实践活动、“学查改”专题活动，按照全面从严治党总要求，认真自查自纠，严格落实整改。认真落实“三会一课”等党内组织生活制度，全年共开展党支部活动33次，领导干部讲党课5次，组织青年理论学习小组活动18次。加强党建业务融合，开展联学联建活动。大力宣传科学家精神，在官网开设“党领导下的科学家”“百年风云讲坛”等专栏，推荐叶笃正气象科普馆成为首批国家科学家精神教育基地。

会员服务 学会依托中国知网气象科技创新知识服务平台，联合开展第二届“气象科技知识服务季”公益活动，用户使用量达11.6万次。利用微信小程序“小e气象”，面向全国各省学会开放端口、共享平台、共建资源。2022年，共有21个省级气象学会借助“小e气象”开展气象知识竞赛，受众近35万人次。

完成会员系统向智慧科协2.0系统迁移工作，编发会讯 3 期、会员工作手册 1 本。通过微信公众号、交流群密切联系会员，及时向会员通报学会工作动态和活动信息，发布各类宣传稿件百余篇。

【第二十四届中国科协年会气候变化与极端天气高端论坛】 6 月 26—27 日，由中国科协、湖南省人民政府主办，学会、国家气候中心、湖南省科协承办，湖南省气象学会、学会气候变化与低碳发展委员会协办的第二十四届中国科协年会气候变化与极端天气高端论坛在湖南省长沙市召开，论坛的主题为“气候变化风险与应对”。

论坛站在全球气候治理的高度，邀请气候变化自然科学与社会科学跨领域专家，围绕国际气候变化重大科学问题、气候治理最新动态及国内“双碳”目标，聚焦“气候变化与极端天气气候事件”“气候变化与灾害风险管理”“气候变化与碳达峰碳中和”等主题开展交流研讨。论坛邀请中国工程院院士杜祥琬、徐祥德、张建云，以及政府间气候变化专门委员会第一工作组联合主席、中国气象科学研究院研究员翟盘茂，清华大学教授罗勇，国家气候中心研究员巢清尘作特邀报告，共安排大会报告 29 个、墙报 45 篇，直播受众超万人次。

【“百年风云讲坛”系列活动】 4 月，学会启动“百年风云讲坛”系列活动。讲坛聚焦天气、气候、气候变化以及相关交叉学科领域重大科研和业务问题，回顾大气科学和技术发展百年路，深入交流研讨，引领把握前沿。讲坛将持续开展至《气象学报》创刊百年（2025 年），计划邀请 100 位国内外专家（“百年百人”）进行前沿学术报告和研讨互动，最终出版学会 / 学报百年纪念专刊。

讲坛自启动以来，每月举办 1 期，已举办 8 期。《气象学报》和 *Journal of Meteorological Research*［《气象学报（英文版）》］主编、中国工程院院士丁一汇，副主编、中国科学院院士吴国雄、张人禾，编委、中国科学院院士谈哲敏，以及中国工程院院士徐祥德、中国科学院院士陈发虎等专家参与主讲和主持。讲坛主题策划坚持问题导向，聚焦前沿领域，注重产学协同发展。通过线上会议平台开展，单期直接受众最高达 7000 人次。同时，讲坛还在学会官网、《气象学报》和 JMR 视频号、B 站等同步播出，所有报告视频向广大会员开放，供会后学习参考。

【2022 年全国重大天气过程总结和预报技术经验交流会】 11 月 29—30 日，由学会主办，国家气象中心、福建省气象局与学会天气学委员会、福建省气象学会联合承办的 2022 年全国重大天气过程总结和预报技术经验交流会以线上线下结合方式召开。

会议围绕 2021 年发生的典型天气过程进行系统总结，交流最新预报技术和经验，分析查找预报中存在的问题和薄弱环节，研讨提高预报水平的思路和举措。会议共设 1 个主会场、6 个分会场，围绕暴雨暴雪、强对流天气、水文气象、智能网格、天气预报技术、集合预报、数值预报解释、台风与海洋、环境气象、灾害天气、寒潮、气象服务等领域开展交流研讨。来自中国气象局各直属科研业务单位、各省（自治区、直辖市）气象局、相关高等院校、民航系统等单位的专家学者、科研人员、业务骨干及在校师生等 500 余人在线参加交流活动。

（撰稿人：刘文泉　王　媛）

中国空间科学学会

服务创新型国家和社会建设　2022 年，学会组织专家申报和承担“科创中国”科技服务团项目，牵头组建的“绿色建材产业科技服务团”项目入选并落地广西壮族自治区贵港市，针对地方经济和产业发展特别是绿色建材产业，推动科技与经济深度融合。组建产业科技专家服务团，完成 44 项技术需求收集、51 项技术需求解析及 31 项研发团队匹配工作，并签订技术开发合作合同 5 项，签约额 121 万元；发布 54 项科技成果和产业化方案并进行综合评价，转化落地成果 9 项，签约额 776.5 万元；完成技术路演 1 次，提供技术转移转化案例 1 份和人才培训服务 1 次。面向建材产业开展人才技术培训、产学研平台搭建、企业技术需求对接、科技成果转化等创新资源下沉落地服务，探索形成有效解决产业实际问题、具有示范带动效应的组织模式与运行机制，助力建材产业升级转型，实现产业链、技术链、人才链的协调，推动绿色建材产业发展。广西卫视、山西卫视、《广西日报》– 广西云、《光明日报》、中新网等媒体对项目实施进行报道。学会连续三年获得并完成“科创中国”项目，被中国科协授予科技公共服务优秀学会。

完成中国科协第十次全国代表大会代表调研课题“新形势下空间科学国际合作的挑战与机遇”。课题由学会理事长吴季担任负责人，探讨国际大环境下空间科学国际合作的挑战与机遇，并探索在国际组织框

架下由中国牵头、多国参与的空间科学国际合作新模式，为航天高水平自立自强提供政策支撑与建议。

参加中国科协重大科学问题、工程技术难题和产业技术问题征集活动，组织专家将“如何实现危险气体泄漏的多要素、远距离、实时监测和预警？”作为工程技术难题建议向中国科协进行推荐。该问题的研究和解决将为中国高端科学仪器形成国产化核心装备产品奠定基础。学会获得中国科协颁发的荣誉证书。

学会作为第三方机构，开展相关领域内的科技成果评估工作，组织专家为国家重点研发计划“兆瓦级超小型液态金属冷却空间核反应堆电源”课题、空间电源创新应用与任务适应性研究等提供评估意见。

学会建设 截至2022年年底，学会共有个人会员4412人、单位会员142个。全年召开1次理事会议、2次常务理事会议和2次监事会议。

学会第十届理事会通过选举增补中国科学院院士潘永信、李献华为学会理事和常务理事。推动设立青年工作委员会，增设专业委员会青年委员并通过青年工作委员会人员名单（共26人）；增补164位专业委员会青年委员，进一步完善学会组织机构。

青年人才托举工程 学会已连续八届获得中国科协青年人才托举工程项目支持，完成第五届中国科协青年人才托举工程项目总结和第六届中国科协青年人才托举工程项目中期评估工作。

第五届被托举人中国科学院国家空间科学中心副研究员李文亚和国防科技大学副教授吴楠共发表论文41篇；申请国家发明专利23项，已授权8项；出版专著1部；申请或参与国家自然科学基金面上项目、省级自然科学基金项目、装备预研共用技术项目等15项；参加国际学术会议11次并作邀请报告和口头报告；晋升为副高级职称，其中吴楠获得军队科技进步二等奖、首届“创新杯”国防科技创新大赛一等奖等。

开展第七届中国科协青年人才托举工程项目候选人遴选工作，4人入选；开展第八届中国科协青年人才托举工程项目的申请和候选人遴选工作，中国科学院国家空间科学中心吴兴等6人入选。

此外，学会获得北京市科协2023—2025年青年人才托举工程项目支持，中国科学院力学研究所朱凤等4人入选。

主办期刊 2022年，《空间科学学报》完成编委会换届工作，遴选领域内79名专家学者组成第九届编委会，召开第九届编委会工作会议。

《空间科学学报》按期出版6期正刊，刊发论文124篇（特约稿件36篇）；策划并在第4期出版 *Space Science Activities in China National Report 2020—2022* 专刊，全面反映中国2020—2022年度空间科学各分支领域的研究进展。

学报建设、运行一体化融合数字出版平台，打通全链条数字出版服务，实现学报采编、内容生产、发布传播的数字化转型升级。依靠第三方文献数据库、学术会议、学报网站/微信公众号进行宣传，开展当期论文精准推送，向国内外本领域科研工作者累计推送3.3万余人次。

学科发展工程 学会开展国家空间科学中长期规划研究制定工作，中国科学院院士王赤、赵玉芬、郭华东以及遥感科学国家重点实验室研究员施建成等学会专家在国家空间科学中长期发展规划中牵头承担重要工作，瞄准领域前沿科学问题、空间科学任务建议和总体发展路线图进行科学论证和前沿规划。王赤在《红旗文稿》2022年第19期发表封面文章《加速空间科学发展　建设世界科技强国》；赵玉芬作为召集人，与12位院士共同建议并成功申请中国科学院学部学科发展战略研究学术交流项目；中国工程院院士董绍明、国防科技大学教授王应德参与由中国工程院主导的“关键材料体系自立自强战略研究”项目，负责陶瓷基复合材料专题的调研与研究总结等。

国际学术会议 8月25日，由学会发起，学会与中国科学院国家空间科学中心、国际空间研究委员会联合主办的第二届中国空间科学大会空间科学国际高峰论坛在山西省太原市以线上线下结合方式召开。论坛以“后疫情时代的空间科学国际合作”为主题，由学会理事长吴季和国际空间研究委员会秘书长Worms共同主持。顾逸东、吕达仁、王赤、潘永信、丁赤飚和叶永烜6位院士出席会议，来自10余个主要国际组织机构和国家，包括中国国家航天局、欧洲空间局、国际空间研究委员会和美国、俄罗斯、法国、德国、西班牙、意大利、巴西等国的120余位专家学者参加论坛。与会专家共同探讨当前形势下空间科学国际合作的挑战与机遇，探索促进未来空间科学领域国际合作的方式与途径，并达成共识，形成“太原倡议”。该倡议将为在新国际形势下构建良好的国际合作环境、增加各国各机构和科学家之间的信任度建立良好基础。

9月17—19日，学会空间遥感专业委员会协办的“地球与太空：从红外到太赫兹”2022国际会议在江苏省南通市召开。会议以“红外毫米波与太赫兹及空间探测”为主题，交流遥感空间探测领域的新进展。会议收到投稿232篇，其中口头报告64个、海报168份，总计350人参加会议。会议期间，还召开《红外与毫米波学报》创刊40周年编委会议。

国内主要学术会议 2022年，学会举办的学术会议线下参会人数累计约1300人，线上达2.5万余人次。

12月11日，由学会微重力科学与应用研究专业委员会等共同主办的第十二届全国微重力科学学术会议线上召开。会议设置15场特邀报告，共收到摘要和海报121篇，137位专家学者参加会议，超25000人次通过直播平台观看会议。

国际组织任职 3月，学会空间地球科学专委会秘书、中国科学院遥感应用研究所研究员杨晓峰当选国际电子与电气工程师协会遥感与地球科学分会执行委员会委员兼专业学术会议主席。

中国科学院微生物研究所研究员魏鑫丽担任国际杂志BMC *Microbiology* 编委。

国际交往 在学会理事长吴季的推动下，学会正在发起设立国际空间科学小卫星星座计划。该计划是在国际空间研究委员会框架下，由中国科学家主持、多国（8～10个国际组织/国家）参与的空间科学计划，旨在通过国际多边合作增进人类对地球空间辐射带物理机制的科学认知，建立新的地球辐射带模型，增强空间天气的预报能力。吴季已经领导工作组开展对卫星计划科学目标和探测需求的论证，召开23次在线国际会议，完成卫星计划的初步方案、科学探测指标等。

10月24—28日，第13届亚洲微重力会议在韩国济州岛举办，学会微重力科学与应用研究专业委员会主任委员、中国科学院力学研究所研究员赵建福担任共同主席并作题为《走向中国空间站时代的中国微重力科学与应用研究》的大会特邀报告。来自中国、韩国、日本、印度、沙特阿拉伯、美国、瑞典、德国、意大利等国的百余位学者以线上或线下方式参加会议。中国学者采用线上形式共交流学术报告30余篇，占报告总数的近1/3。

此外，学会月球科学与比较行星学、空间生命、生命起源与进化、空间地球科学与空间智能等专业委员会以共同组织国际会议、建立联合实验室、举办学术报告等形式，与国际空间科学领域科研机构长期开展合作研究。

科普活动 2022年，学会持续开展“星辰大海等着你”公益科普品牌活动，加强空间科学科普工作体系建设。空间科学传播专家工作室常态化运行，制定发布学会科普教育基地认定与管理办法。在中国航天日、全国科技活动周、全国科普日、第二届中国空间科学大会期间，以科普论坛、科普书籍、科普短视频、科普舞台剧、科学课程和科普图文等形式开展80余场科普活动，线上线下受众总人数超过1080万人次。学会被中国科协评为2022年度全国学会科普工作优秀单位。

4—5月，学会联合广西科技馆等单位主办“全民的科学中心”全国科技馆联合行动，以第七个中国航天日主题“航天点亮梦想”为主题，组织空间科学传播专家工作室5位专家作系列科普讲座，通过新媒体平台进行在线直播，观众40余万人次。8—9月，学会开展“星辰大海等着你”山西行科普活动月活动，学会理事长、中国科学院国家空间科学中心研究员吴季，中国载人航天工程原副总设计师、国际宇航科学院院士沈力平分别在中北大学、山西省交城中学作科普报告。学会还组织中国科学院院士赵玉芬、童庆禧、薛永琪，北京大学教授焦维新，中国空间技术研究院研究员庞之浩，中国科学院国家空间科学中心研究员刘勇等专家，在清华大学、北京市第八十中学以及山东省泰州市、湖北省鄂州市等地多所学校、科技馆、航天馆等共开展80余场科普活动，协办“科普中国星空讲坛——太空，我来了”等活动，线上线下受众超过1080万人次。

9月12日，学会承办的以“空间科学科普未来”为主题的空间科学科普论坛在北京召开。论坛邀请空间科学领域专家开展研讨，探索空间科学科普与教育的未来发展方向。

表彰举荐优秀科技工作者 2022年，学会推荐第十七届中国青年科技奖候选人1人、2021年度未来女科学家计划候选人1人、北京市科学技术奖杰出青年中关村奖候选人1人、中国空间科学领域2022年度“最美科技工作者”8人；中国科协海智计划特聘专家6人、中国科协科技人才奖项评审专家124人、“科创中国”电子信息领域先导技术榜评审专家2人。

党建强会 学会党委制定学习党的二十大精神工

作方案，面向学会党委成员、理事会和广大科技工作者开展党的二十大精神学习活动。组织参加党的二十大代表、中国科学院高能物理研究所研究员卢方军交流学习体会报告会。以党的二十大精神为指导，学会理事会研究制定新一届理事会任期目标。

学会党委研究制定《中国空间科学学会党委工作规则（试行）》《中国空间科学学会党委意识形态工作与舆情风险防控管理办法（试行）》，设置党委办公室，规范党委工作机制。对“三重一大”事项进行前置审议，加强监督管理。

申请并组织实施“党建＋科普”的“党建强会计划”项目，组织开展广西航天科普系列主题活动、“星辰大海等着你”山西行科普系列活动以及空间科学科普论坛等。

会员服务 学会通过对网站进行升级改版、推送《空间科学学报》当期文章电子版、增设青年委员会和增补青年委员等举措，为会员及时提供领域前沿动态和最新进展与成果，提升服务会员能力。

【第二届中国空间科学大会】 8月25—28日，第二届中国空间科学大会在山西省太原市召开。大会由学会与山西省科协、山西省科技厅主办，中国科学院国家空间科学中心承办，是中国空间科学领域唯一将各分支学科组织到一起进行集中交流的全国性学术大会。大会以“建设空间科学强国，实现高水平自立自强”为主题，来自24个省（自治区、直辖市）和香港特别行政区的220余家科研院所、大学、企业，以及国家和省部级重点实验室等机构的近500名空间科学、空间技术、空间应用领域的院士、专家、学术带头人和青年科技骨干参加会议。中国科协党组书记、分管日常工作副主席、书记处第一书记张玉卓，中国科学院副院长、党组副书记阴和俊，山西省委副书记、省长蓝佛安，以及国家航天局、中国载人航天工程办公室有关领导在开幕式上致辞。

大会为期4天，举办空间科学国际高峰论坛、13场大会特邀报告和32场分会场学术交流、第二届中国空间科学学会科技奖和中国空间科学领域2022年度“最美科技工作者”颁奖仪式、青年学术沙龙、“科创中国”空间科技路演、航天新技术新成果展等活动。大会被中央电视台、山西省电视台、新华社、人民网、《光明日报》《科技日报》等30余家新闻媒体报道。

（撰稿人：孙丽琳　管清风）

中国地质学会

服务创新型国家和社会建设 2022年，学会以支撑地质调查转型升级、服务乡村振兴为导向，组织开展第二批地质文化村（镇）评选，遴选出三星级地质文化村（镇）8个，挂牌筹建地质文化村（镇）16个。

组织开展第二批天然富硒土地认定工作，向社会公示30个天然富硒土地认定成果，面积达50万余亩。持续优化天然富硒土地专题网站，不断扩大天然富硒土地工作影响力。

学会增设团体标准专业技术委员会4个，接收团体标准立项申请11项，均已通过立项进入标准研制阶段，内容涉及生态地质、工程地质、方法技术等领域。

组织编制《地质类工程教育认证专委会2023—2025年工作规划》，指导地质类工程教育专业认证工作。组织完成25个高校地质工程类专业的认证、申请、审阅，13个专业的自评报告审议，7个专业的进校考察，21个专业的中期持续改进、报告、审核工作，并组织召开地质类认证结论审议会、中期持续改进报告审议会，编制认证报告，推动工程教育专业认证工作持续深入发展。组织开展2021年度地质类工程专业优秀本科毕业设计评选工作，16名学生的作品入选2021年度地质类工程专业优秀本科毕业设计。

通过建立国际实质等效的评价体系，搭建国内外互认的地质类工程师人才任用机制。牵头制定并发布《地质工程类工程能力评价规范》，研制3门继续教育课程，推荐10名候任考官参加中国工程师联合体考官培训。制定地质工程类工程会员评价试点计划，推荐6名专家分别在中国工程师联合体的5个工作委员会任职，推荐3名专家成为英国工程技术学会国际注册工程师，为学会下一步签署双边、多边互认协议奠定基础。

浙江省地质学会与广东省地质学会分别举办地勘行业（单位）专业技术人员继续教育培训班。新疆维吾尔自治区地质学会承接自治区工程系列地质矿产专业高级专业技术职务任职资格评审工作，并组织开展技术方案与技术成果报告评审工作。江西省、上海市等省级地质学会组织开展地质科技成果第三方评价工作，推荐优秀地质科技成果。

推动科技成果和技术推广应用，全年签署科技成果转化项目合同总额达800余万元，助力行业转型发展。

遴选出“如何揭示近海深部碎屑岩储层成岩改造机制”“如何突破双深双高油气勘探的技术瓶颈”2项重大科学问题并报送中国科协。

由学会组织举荐的毛景文、朱立新、何庆成3位院士、专家分别领衔的矿产资源勘查与保障、勘查地球化学国际合作、碳封存与地质储能3个团队入选中国科协决策咨询专家团队。

制定并印发《中国地质学会创新基地评选和管理办法（试行）》，并在全行业开展首批创新基地的申报、认定和发布工作。遴选出19家优势明显、特色鲜明的创新基地并挂牌建设。

5月12—20日，学会主办第六届全国大学生地质技能竞赛。

11月24日，学会举办深地探测能力提升高级研修班，通过分享深地科学理论和探测技术重要成果、探讨前沿热点、交流基础研究和应用效果，提高学员对地球深部的认知水平。

学会建设　2022年，学会会员总数85000余人，较2019年会员服务管理改革前总人数增长30%。全年召开理事会议1次、常务理事会议8次、行业秘书长会议7次以及全国秘书长工作会议1次。

学会健全并严格执行财务规章制度，规范合同管理，严格费用报销，同时加强对国有资产的使用和日常管理。完成《2021年度学会财务报告》、财务决算、年度注册会计师审计工作。同时，根据中国地质调查局机关纪委到学会开展调研时提出的问题隐患及整改建议意见，学会秘书单位逐项对照整改，研究制定21项整改措施，深入开展问题隐患整改工作。

学会起草印发《中国地质学会会士工作条例（试行）》，组织开展首批会士遴选工作，共遴选出10位会士，并授予55位院士“荣誉会士”称号。

对学会官网进行改版升级，重新规划设计，增设百年专栏，并通过《中国矿业报》《北京科技报》等传统媒体和抖音、微信公众号等新媒体平台进行宣传。全年印发情况通报11期，学会网站登载信息300余条，总浏览量近110万人次；自主运营的4个微信公众号共推送文章220余篇，总浏览量近20万人次，在中国科协官网、《自然资源报》《中国矿业报》《北京科技报》等登载学会有关报道60余篇。同时，学会入选中国科协“中国特色一流学会建设”项目、多项省部级研究项目等，全面深化学会改革。

青年人才托举工程　学会申报第八届中国科协青年人才托举工程项目，获得3个托举名额。在中国科协与学会“3+3”培养模式下，学会自筹资金资助3名青年人才，共推荐6名青年人才托举工程候选人。

主办期刊　2022年，《地质学报》、*Acta Geologica Sinica*［《地质学报（英文版）》］、《地质论评》三刊共出版正刊24期，《地质学报（英文版）》的SCI影响因子升至3.282，为2000年被SCI收录以来的最好成绩。

牵头组织完成第七届中国科协优秀科技论文遴选计划（地球科学集群）论文的推荐、遴选工作，经中国科协终审认定，地球科学集群推荐的10篇优秀论文全部获评第七届中国科协优秀科技论文，其中《地质学报》有2篇论文入选。

在前期充分调研及多次对接基础上，《地质学报》和《地质论评》向Scopus数据库提交入库申请。

成功申请中国科技期刊卓越行动计划、全国学会期刊出版能力提升计划、分领域发布高质量科技期刊分级目录等项目。

学科发展工程　开展“2021年度十大地质科技进展与十大地质找矿成果”评选工作，评选结果被《自然资源报》《中国矿业报》等媒体宣传报道。

国内主要学术会议　11月29日，中国地质学会成立100周年学术研讨会在北京以线上线下结合方式召开。会议邀请中国科学院院士侯增谦、吴福元、金之钧，中国工程院院士毛景文、林君5位专家围绕中国地学领域前沿性、引领性、突破性成果与进展作特邀报告，共计500余万人次通过直播平台收看会议。

2022年，学会及各分支机构和省级地质学会举办20余场学术会议，包括学会主办、岩溶地质专业委员会等承办的2022年全国岩溶地质学术年会；学会与重庆市南川区人民政府主办、学会洞穴专业委员会等承办的第二十五届全国洞穴学术会议；学会主办、青年工作委员会等承办的第三届全国地学研究生论坛；学会主办、非常规油气地质专业委员会等承办的非常规油气勘查进展与成藏理论学术交流会等。

科普活动　学会统筹推进地学科普基地及研学工作发展，做好地学科普人才队伍建设和科普奖励工作。起草印发《中国地质学会地学科普研学基地（营地）评选授牌和监督管理办法（试行）》《中国地质学会精品地学研学路线、课程评选办法（试行）》《中国地质学会科普奖评选办法（试行）》等。举办2022年

地学科普研学理论与实践研修班，研讨地学科普取得的重要成果。遴选并授予首批精品地学研学课程5项、第二批精品地学研学路线10条、第三批地学科普研学基地（营地）20个。完成学会2022年第三届科普奖的评选工作，评选出科普人物奖5名、科普产品奖5项、科普基地（营地）奖5个。组织推荐李四光纪念馆等6家单位入选中国科协全国科普教育基地，4支地学科技服务团队入选2022年首批“科创中国”科技服务团，遴选推荐郭颖等3名科普人物和《听得见的地球故事》等6项科普作品参评中国科协“典赞・2022科普中国”。2022年，学会被中国科协授予全国科普工作优秀单位和全国科普日优秀组织单位。

组织开展2022年全国青少年线上地学夏令营，邀请地质行业专家围绕敦煌雅丹国家地质公园等4条路线开展科普讲座，并在《中国矿业报》、光明网、抖音等媒体平台上同步直播，观看人数近200万人次。

组织开展世界地球日系列主题宣传活动，线上开展院士与小学生互动问答科普活动，线下邀请专家围绕地球科学热点开展科普讲座，并在新华网、光明网、人民网等多家媒体平台上同步直播，观看人数达150万人次。

组织学会各分支机构、省级地质学会、科学传播专家团队及地学科普研学基地（营地），围绕全国科普日、全国科技活动周、全国防灾减灾日等，开展科普直播、科普高端论坛、科普讲解大赛、科普进校园、摄影比赛、公益绘画大赛等主题科普活动，并出版科普图书。

表彰举荐优秀科技工作者 学会组织开展第三届优秀女地质科技工作者奖、第五届野外青年地质贡献奖——金罗盘奖、第十一届黄汲清青年地质科学技术奖、第十八届青年地质科技奖——金银锤奖的评选工作，175名优秀青年地质工作者获得表彰，其中优秀女地质科技工作者奖获奖者10名、金罗盘奖获奖者100名、黄汲清青年地质科学技术奖获奖者15名、金银锤奖获奖者50名。

组织开展第五届杰出工程师奖、2022年“最美科技工作者”、第十七届中国青年科技奖推荐工作，推荐的1名青年工程师获得第五届杰出工程师奖。

联合5家学会共同组织发起设立自然资源科学技术奖，推荐4名院士、专家担任奖励委员会委员，并开展首届奖项申报工作。

党建强会 2022年，学会严格执行“三重一大”集体决策制度，全年召开党委会议5次。组织学习贯彻党的二十大精神和习近平总书记给山东省地矿局第六地质大队全体地质工作者回信精神，建立理论学习常态化、长效化机制，开展集中领学、专题培训、交流研讨、主题党日等活动。学会办事机构党支部分别被自然资源部、中国地质调查局、中国地质科学院三级党组织评为先进基层党组织。

会员服务 2022年，学会在全国31个省级地质学会成立会员服务中心的基础上，增设中国地质学会建材地质会员服务中心、河北地质大学会员服务中心。通过全流程信息化、“码”上催办、信息精准传送、存量会员信息清理、服务管理挂钩等一系列线上服务措施，不断提升会员管理服务的信息化水平。

【中国地质学会成立百年系列纪念活动】 中国地质学会成立百年系列纪念活动以“传承百年地质精神，开启新时代新征程”为主题，组织包括召开中国地质学会成立100周年学术研讨会、拍摄学会百年华诞纪录片、出版学会《百年大事记》《百年华诞纪念集》《省级地质学会、分支机构简介及所设奖项获奖名录》及期刊纪念专辑、举办“百年沧桑我们见证、百年精神我们传承”主题展览、举办百年历史回顾座谈会和创始人故居寻访调研、举办全国青少年线上地学夏令营和“百年地质大讲堂”、开展中国地质学会会士评选、设立办公场所文化纪念墙、制作百年庆典活动标识和会员纪念徽章、录制《同唱一首歌》音乐片等12项活动。学会理事单位、分支机构和省级地质学会多方参与、上下联动，同时举办庆祝学会成立百年相关纪念活动，共庆学会百年华诞。

（撰稿人：李彬飏）

中国地理学会

服务创新型国家和社会建设 6月25日，学会承办第二十四届中国科协年会中部地区协调发展论坛并完成专报1份，主要成果发表在《地理学报》上。9月下旬，学会组织召开中国国情与发展论坛专题学术会议。11月26日，在学会主办的首届世界地理大会上发布《全球科技创新中心发展指数（2022）》《首届世界地理大会宣言》，对促进地理学界开展国别地理研究和地缘战略研究具有引领作用。

围绕国家安全和区域发展战略需求以及地理学科发展战略，学会组织专家完成《关于保持我国中学教育“地理”课程名称的建议》《关于新时代中部地区协调发展的若干建议》等建议专报7份，4份得到采纳，被中国科协《科技工作者建议》和《科技界情况》印发。其中，关于网络信息安全方面的报告得到中央领导批示；关于中学“地理”课程名称的建议得到教育部的采纳和积极回应。

学会建设 截至2022年年底，学会共有个人会员16439人，其中新发展个人会员898人；单位会员33家。

开展第二批中国地理学会会士增选工作，新批准会士15人，其中包括中国科学院、中国工程院院士5人，外籍院士3人。同时，授予俄罗斯科学院院士Vladimir Mikhailovich Kotlyakov和美国宾夕法尼亚州立大学教授Ronald F. Abler“荣誉会士”称号。

完善单位会员制度，明确全国33家地理机构为学会单位会员，同时明确天津大学、宁波大学和西华师范大学为一般理事单位会员。

全年召开理事会议1次、常务理事会议2次。完成6个专业委员会的换届工作，新成立5个专业委员会和分会，包括信息地理专业委员会、陆地地表综合观测工作委员会、树轮研究分会和地理测年技术工作委员会、研究生联合分会和女地理工作者工作委员会。

在学会网站和信息化建设方面，学会中英文官网年访问量达20万人次；截至2022年年底，学会官方微信公众号关注人数8.4万人，发文近300篇，年阅读量200万余次；微博账号关注人数2万余人，年阅读量140万次。

青年人才托举工程 学会开展第八届中国科协青年人才托举工程项目申报和遴选工作，推荐中国科学院青藏高原研究所陈圣乾、中国科学院地理科学与资源研究所王恺文、中山大学高权、北京师范大学高培超4位青年地理学者为第八届中国科协青年人才托举工程项目候选人。

在青年教育与培养方面，举办主要面向国内青年地理学者的第二届国产地理分析模型培训班、第十八届全国高校青年教师GIS技术研讨班和第十届全国大学生GIS应用技能大赛，并与亚洲地理学会青年地理学家工作组、国际地理联合会青年科学家工作组联合举办第二届亚洲青年地理学家研讨会，为青年人才成长搭建平台。

主办期刊 学会承担中国科学院地图审读等工作，组织期刊编辑线上开展写作讲座培训。《地理科学》线上召开学术沙龙“佳文作者谈·学者面对面”。

学会主办科技期刊聚焦京津冀协同发展、黑土地保护与利用、七普人口地理、环境经济地理学的创新与发展、气候变化及其区域响应、实现可持续发展目标的城乡治理等，组织特约专栏（辑）。学会主办科普期刊围绕中国海岛、潮汕土楼、河西走廊等话题，夯实中国国家地理特色景观库与中国非物质文化遗产传统文化库。

2022年，学会主办的《地理学报（英文版）》《中国地理科学（英文版）》《地理学报》《经济地理》《人文地理》5种期刊入选2022中国最具国际影响力学术期刊（TOP 5%），《地理研究》《地理科学》《地理科学进展》《冰川冻土》《世界地理研究》入选2022中国国际影响力优秀学术期刊（TOP 10%）。《地理学报》连续21年入选中国百种杰出学术期刊。《地理学报》刊文《论土地整治与乡村振兴》入选第七届中国科协优秀科技论文遴选计划（地理科学集群）。

《地理学报》主编、中国科学院院士刘昌明，《地理学报（英文版）》主编、中国科学院院士郑度等被评为中国科技期刊卓越行动计划2022年度优秀主编。马军花、于信芳、张海燕、张春丽等编辑被评为中国科技期刊卓越行动计划2022年度优秀编辑。

学科发展工程 学会开展“中国地理科学十大研究进展”评选活动，遴选出2021年度十大进展并发布。开展中国地理学会史料采集及学会史编写研究工作，系统梳理并完善学会自身历史和工作。

学会自2015年承担并启动《中国大百科全书》（网络版）第三版地理学科编写任务。“地理学卷”和“中国地理卷”已启动7年，“世界地理卷”已启动3年。截至2022年年底，三卷的编撰审读工作接近尾声。“中国地理卷”总条目约8500条，除去学科内和学科间重条，已上线发布7334条；“世界地理卷”总条目6200多条，已上线发布5777条；“地理学卷”总条目约2800条，除去重条，已上线发布2400条。

国际学术会议 2022年，学会共组织举办国际会议2次，参会人数共计1900余人次。

12月17—18日，第二届亚洲青年地理学家研讨会线上召开。研讨会由亚洲地理学会青年地理学家工作组发起，并与国际地理联合会青年工作组、学会青年工作委员会联合主办。会议以“可持续发展与亚洲面临的挑战”为主题，邀请8位专家学者作大会主旨报告，围绕13个相关议题展开交流研讨，共有206位学者作口头报告。来自全球28个国家和地区的400余位专家学者线上参加会议。

国内主要学术会议 2022年，学会及学会分支机构线上或线下共举办各类学术会议46次，会议包括中国地理学会地理模型与地理信息分析专业委员会2022年学术年会、2022年中国水文地理学术年会、2022中国城市与区域管理学术年会、第八届文化地理学术研讨会、中国地理学会山地分会2022年学术年会、中国地理学会经济地理专业委员会2022年学术年会、2022年中国城市地理学术年会等。

学会创办“中国地理学会大讲堂”学术讲座活动，包括“致敬经典”“聚焦前沿”2个栏目。邀请10位地理学家分5期开展10场学术报告，并邀请20多位院士、专家进行点评。

国际组织任职 7月，在法国巴黎召开的国际地理联合会百年庆典特别大会上，学会提名的中国科学院院士傅伯杰连任国际地理联合会副主席。

6月，在第六届欧洲冻土大会上举办国际冻土学会执委换届选举，学会提名的中国科学院西北生态环境资源研究院研究员牛富俊参加国际冻土学会执委职位的竞选。

国际交往 作为亚洲地理学会的依托单位，学会推进亚洲地理学会组织建设工作，通过电子邮件等多种形式保持与亚洲地理学会的联系，积极参与亚洲地理学会举办的学术活动；推动中国、日本、韩国区域国际交流与合作，组织召开第十五届中日韩地理学国际研讨会国际组织委员会会议，共商大会举办相关事宜；与俄罗斯地理学会保持联系，并受邀参加中俄科技人文交流合作联合委员会第二次会议；与法国地理学会、美国地理学家协会、意大利地理学会、西班牙地理学会、沙特阿拉伯地理学会和白俄罗斯地理学会保持磋商，推进学术交流与友好合作。

9月5—9日，第五届亚洲地理大会以线上线下结合方式在越南召开。大会由亚洲地理学会主办。大会以“活力亚洲下的地理学”为主题，吸引来自全球26个国家和地区的360余位专家学者和学生参加。其中，来自中国10余所高校及科研院所的50余名学者线上参加会议。作为亚洲地理学会秘书处所在单位，学会帮助越南承办方协调各国关系，号召中国地理学者参加会议并设立分会场，资助欠发达国家代表参加会议，组织召开亚洲地理学会理事会议。

科普活动 2022年，学会共举办44场科普讲座及科普宣讲活动。面向公众，分别在北京、四川省成都市、吉林省磐石市、陕西省汉中市洋县及线上举办30场科普讲座，讲座主题涵盖防灾减灾、城市起源、乡村振兴、地理实践等内容。此外，学会还研发面向教师和青少年的科普课程资源1个，约681分钟。

6月，学会地图学和地理信息系统专业委员会等组织3场以“地图空间探索世界、地理信息智绘未来”为主题的科普讲座活动。

学会科普期刊《中国国家地理》除每年发行500万册纸媒期刊，还开展科普活动16场，参与人数46万余人。

举办科技竞赛7项。面向青少年群体，举办第十九届国际中学生地理奥林匹克竞赛中国地区选拔赛初赛及复赛，900多人线上参赛，最终产生由4人组成的中国代表队参加国际地理奥林匹克竞赛，取得1金2铜的成绩；第十五届“地球小博士”全国地理科普知识大赛线上举办，共有55万余人参加；面向高校及中小学师生群体，开展2021—2022年度全国地理研学方案设计大赛 & 地理研学社会调研大赛，共收到600多份作品；面向大学生群体，开展第十一届全国大学生GIS应用技能大赛，共有180多所高校的727人参加大赛，此外还举办第二十届SuperMap杯高校GIS大赛、“速度杯”首届全国地理分析模型开发与应用竞赛、首届（2022年）“行远杯”全国地理实践技能越野赛。

表彰举荐优秀科技工作者 7月，在法国巴黎举办的国际地理联合会百年庆典特别大会上，学会提名的中国科学院院士秦大河获得2022年国际地理联合会最高荣誉奖。

9月28日，在学会首届会员日上，高俊、王家耀、李炳元、刘君德、刘南威、周一星6位地理学家获得2020年度和2021年度中国地理学会科学技术奖终身成就奖；陈建徽、方克艳、冯炼、贾鹏、李琰、李裕瑞、刘晔、沈国峰、施坤研、杨宇10位学者获得2021年度中国地理学会科学技术奖青年科技奖；包安明、陈雯、陈宁生、程钰、付晶莹、宋开山、宋长青、王小萍、袁媛、赵翠薇10人被授予2022年“最美地理科技工作者”荣誉称号。

开展第十七届中国青年科技奖、第十八届中国青年女科学家奖和2021年度未来女科学家计划候选人遴选推荐工作。

党建强会 强化学会理事会党委组织建设，严格落实“三重一大”党委前置审议程序。

7月1日，为庆祝中国共产党成立101周年，学会理事会党委联合中国科学院地理科学与资源研究所党委以线上线下结合方式举办“传承科学家精神 喜迎党的二十大”报告会。学会党委在理事会层面、分支机构和地方学会层面，组织开展2次党的二十大精神学习宣传活动。

学会申请到“党建+”特色活动项目，组织开展科技志愿服务下基层活动。6月，学会“党建强会”科技志愿服务团到湖南财政经济学院和湖南师范大学进行以“区域规划与发展”为主题的学术交流和学科发展咨询。7月，学会专家服务团到陕西省榆林市开展以“文化建设助力乡村振兴”为主题的党建活动。

会员服务 学会构建会员管理与服务网络体系，为会员打造不同类型的交流和展示平台，并给予会员在学会组织体系内参加学术会议和在学会主办科技期刊发文的优先优惠待遇。

完善信息化服务手段，如学会官网、微信公众号、微博更新推送学会动态和业界信息，实现会员管理系统和会议系统的融合，让会员享受参会注册、交费及优惠等一站式服务。

加强学会文化建设，将9月28日确定为中国地理学会会员日，举办首届会员日活动。

【首届世界地理大会】 11月26—27日，首届世界地理大会以线上线下结合方式在上海市召开，来自全球12个国家的1500余名专家学者参加会议。大会由学会、国家创新与发展战略研究会、华东师范大学和中国科学院大学主办，华东师范大学世界地理与地缘战略研究中心承办。大会以“地理学与人类命运共同体建设”为主题，特邀12位中外地理学家作大会报告，并设立气候变化与全球可持续发展、全球生态危机与绿色经济、全球资源地理与能源安全、亚洲季风区变化与区域一体化、非洲资源环境与中非合作、拉美资源环境与区域发展、冰冻圈快速变化与冰上丝路建设、泛第三极变化与陆上丝路建设、世界海洋地理与海上丝路建设、时空大数据与世界地理研究方法创新等38个专题分会场，与会专家学者作500余场次学术报告。

在大会闭幕式上，华东师范大学全球创新与发展研究院院长、学会世界地理专业委员会主任杜德斌发布《全球科技创新中心发展指数2022》，中国科学院院士秦大河宣读《首届世界地理大会宣言》。

【中国地理学会首届会员日活动】 9月28日是学会成立113周年纪念日，也是学会首个会员日。首届会员日活动以线上线下结合方式开展，在北京设线下主会场，主题为“基础科学促进可持续发展”。

9月28日，活动正式启动。举办中国地理学会会士和中国地理学会荣誉会士授予仪式及中国地理学会科学技术奖、“最美地理科技工作者”表彰仪式，并发布2021年度中国地理科学十大研究进展。围绕学会历史和会员日主题，中国科学院院士傅伯杰和天津师范大学教授李兆江作主题报告。

除主场活动外，还举办中国国情与发展论坛、中国地理学会青托论坛及地研联论坛2个专题活动。中国国情与发展论坛以“地理学视角下的地缘政治研究”为主题，近100位国内该领域研究的专家学者及有关领导参加。学会青年工作委员会与学会研究生联合分会共同主办中国地理学会青托论坛及地研联论坛，论坛主题为“承百年风采·育青年希望·谱时代新篇”。

9月25—28日，共有38所高校、科研院所开展学会会员日活动，其中20所高校和科研院所线下开展活动。

（撰稿人：张萱子）

中国地球物理学会

服务创新型国家和社会建设 2022年，学会改革向纵深拓展、向基层延伸，以加强学会自主创新和加强产学研协同创新建设为主要任务，探索服务地方企业发展，组建科技推广试点单位2家；鉴定“等值反磁通瞬变电磁法与装备”等11个科学技术成果；受理团体标准申请1项。

10月24—28日，由学会主办、学会油气地球物理专业委员会和中国石油大学（华东）承办的复杂深地油气及非常规能源智能地球物理探测领域专业技术转移转化能力提升高级研修班在山东省青岛市开班。该研修班属于人力资源和社会保障部专业技术人才知识更新工程2022年高级研修项目。学员研修完规定的课程并经考核合格后，由人力资源和社会保障部颁发《国家专业技术人才知识更新工程培训证书》。

学会建设 2022年，学会新入会会员946人，其中女会员155人；截至12月31日，会员总数为24952

人，共有单位会员 241 家。按照单位会员管理条例，对单位会员进行调整。

全年共召开会员代表大会 1 次、常务理事会议 3 次、秘书长会议 3 次、学会工作会议 1 次。

主办期刊 2022 年，学会出版学术期刊 5 种，均按时完成全年出版计划。

Earth and Planetary Physics［《地球与行星物理（英文版）》］被 DOAJ 收录，在科睿唯安发布的 2022 年度《期刊引证报告》中位于 Q3 区上部。

Applied Geophysics［《应用地球物理（英文版）》］2021 年 SCI 影响因子为 0.665；连续五年举办应用地球物理学前沿专题会议。

《地球物理学报》2021 年 SCI 影响因子为 1.059；组建新一届编委会，在新编委会的工作模式下，采用主编 / 副主编 + 责任编委送审制，充分发挥编委会作用。《地球物理学进展》根据 2021 年版《中国科技期刊引证报告（核心版）》统计数据，位居地球物理学期刊第 3 名。

国内主要学术会议 2022 年，学会组织召开学术会议 44 次，累计 51590 人次参加学术交流。

12 月 6—9 日，2022/2021 中国地球科学联合学术年会线上举办，中国地球物理学会第 38 届学术年会同期召开。

科普活动 2022 年，学会加强科学传播专家团队建设、科普信息化工作。先后成立科学家精神教育基地 1 个、全国科普教育基地 2 个、中国地球物理学会科普教育基地 1 个。结合世界地球日、防灾减灾日、全国科技活动周、全国科技工作者日和全国科普日等主题活动日，以线上问答、线上直播、微信图文等形式开展形式多样的科普活动。

学会"地球科学探秘"科普公众号发布《近百年来地球生态环境的变迁》系列科普文章，"上天入地"科普公众号发布《新冠疫情——地球生物圈的灾害》系列科普文章。

世界地球日期间，学会联合中国自然资源航空物探遥感中心及《知识就是力量》杂志线上举办"地球物理写华章"线上科普活动。活动话题页总计阅读量达 1100 余万人次，并有多家媒体参与话题讨论。

全国科普日期间，学会联合学会教育科普基地中国地质调查局青岛海洋地质研究所等共同推出"生态新长城 探究海岸带"科普直播活动。近 10 万人次通过《北京科技报》App、今日头条、百度 App 等直播平台观看，活动点赞量超 20 万，留言 500 多条。

全国科技工作者日期间，学会联合科学家精神教育基地吉林大学黄大年纪念馆、吉林省地球物理学会等开展"走进黄大年数字纪念馆，重走战略科学家的报国之路"直播活动，共计 1362 人次线上收看直播。

表彰举荐优秀科技工作者 2022 年，学会组织开展中国地球物理科学技术奖、中国地球物理学会地球物理工程奖、顾功叙地球物理科技发展奖等奖项的评选工作。

15 个项目获得中国地球物理科学技术奖。其中，"多震相地震波正反演理论及其应用"等 3 个项目获得一等奖，"重磁电深地结构与资源精细探测关键技术及应用"等 10 个项目获得二等奖。中国科学技术大学姚华建、长江地球物理探测（武汉）有限公司张建清获得科技创新二等奖。

9 个项目获得中国地球物理学会地球物理工程奖，其中，"TBM 搭载的综合超前探测技术及吉林引松工程应用"等 2 个项目获得金奖，"海洋地震勘探小道距拖缆采集装备产业化研究与应用"等 7 个项目获得银奖。

中国科学院院士、南京大学教授陈颙，浙江大学教授夏江海获 2022 年度顾功叙地球物理科技发展奖。

南方科技大学叶玲玲、中国石油大学（华东）曹丹平、中国科学院地质与地球物理研究所王新、山东大学刘斌、合肥工业大学高永新、南方科技大学徐世庆、山东大学刘晶、武汉大学王慧、中国科学院南海海洋研究所徐敏、中国地震局地球物理研究所陈石 10 名会员获 2022 年度傅承义青年科技奖。

《青藏高原东南缘地震各向异性及其深部构造意义》（高原等）、《我国深地资源电磁探测新技术研究进展》（底青云等）、《金属矿地球物理勘探技术与设备：回顾与进展》（吕庆田等）、《探地雷达逆时偏移在隧道衬砌空洞成像中的应用》（吕玉增等）4 篇论文获 2022 年度陈宗器地球物理优秀论文奖。5 篇论文获 2022 年中国地球物理学会杰出博士学位论文奖，10 篇论文获 2022 年中国地球物理学会优秀博士学位论文奖。

党建强会 2022 年，学会理事会党委共召开专题工作会 2 次。3 月 1 日，学会秘书处临时党支部在北京召开 2021 年组织生活会。

会员服务 2022 年，学会完成会员职称评审工作，评定正高级 1 人、副高级 9 人、中级 8 人、初级 2 人。截至 12 月底，共为会员单位评审人才 251 人。全年出版印发《会讯》4 期。

【中国地球物理学会第十一次全国会员代表大会】 12月4—5日，中国地球物理学会第十一次全国会员代表大会线上召开。会上，对学会第十届理事会的工作进行总结，修订学会章程，审议学会工作报告、监事会工作报告、财务报告，选举产生新一届理事会及常务理事会。

选举产生由5人组成的学会第二届监事会，中国地质大学（北京）教授孟小红当选第二届监事会监事长。

中国科学院院士底青云当选学会第十一届理事会理事长，段建华、苟量、郭建、黄清华、李丽、柳建新、倪四道、徐学义、徐长贵、杨勤勇、杨占东、赵邦六12人为学会第十一届理事会副理事长。聘任郭建为学会第十一届理事会秘书长。

【2022/2021中国地球科学联合学术年会】 12月6—9日，由学会及中国地震学会等联合主办的2022/2021中国地球科学联合学术年会线上召开，中国地球物理学会第38届学术年会同期召开。年会学术交流包括特邀大会报告、大会报告以及16大板块120个分专题报告等，收到论文2328篇，交流论文2401篇。10万余人次通过线上参加会议。

2022/2021中国地球科学联合学术年会特邀大会报告由中国地球科学联合学术年会秘书长、中国科学院院士、中国科学院广州地球化学研究所研究员徐义刚主持，邀请7位地球科学领域专家作报告。中国地球物理学会第38届学术年会大会报告由学会副理事长、学术交流委员会主任、北京大学地球与空间科学学院教授黄清华主持，邀请5位地球物理学领域学者作地球物理学前沿进展方面的报告。

年会期间还举办多场线上特色报告及论坛。举办傅承义青年科技奖候选人线上报告会，10位候选人线上分享报告；举办由学会青年工作委员会主办的青年地球物理论坛，学会历届中国科协青年人才托举工程项目入选者和2022年学会优秀博士学位论文奖获奖者共21人作报告；举办中国地球物理学会注册地球物理工程师学术论坛。

（撰稿人：乔忠梅）

中国矿物岩石地球化学学会

学会建设 2022年，学会新增会员285人，会员总数达8691人，其中终身会员1999人，其余为年度会员和学生会员。学会通过“智慧科协2.0”会员管理系统对个人会员资料进行整理和完善，及时更新会员联系方式。

全年共召开学会负责人办公会议1次、常务理事会议2次、秘书长办公会议1次。

5月16日，学会第十届二次常务理事（扩大）会议以通讯会议形式召开，会议集中学习《中国科协关于加强和改进新时代科技人才工作的意见》；审议通过学会第十届理事会换届以来主要工作报告；增补中国科学院院士郑永飞为学会第十届理事会副理事长；同意增补南京大学教授王汝成为学会第十届理事会副理事长；同意延期召开学会第18届学术年会；同意将学会科普工作委员会主任委员变更为学会副秘书长刘强；同意聘任学会秘书处处长郭盛为常务副秘书长。

7月5日，学会2022年度负责人办公会以视频会议形式召开，会上确定4个学会工作委员会负责人及组成人员。

8月25日，学会秘书长工作会议以视频会议形式召开。学会秘书长介绍学会负责人的分工情况、各工作委员会的组成以及副秘书长的具体分工和工作职责。会议就学会2022年度全国科普日活动方案、新设立分支机构的申请、学会期刊工作及项目、相关制度的修订等事项进行讨论和部署。

主办期刊 学会主办7种学术期刊，分别是《岩石学报》《地球化学》《矿物学报》《矿物岩石地球化学通报》《古地理学报》《地球与环境》和 *Acta Geochimica*［《地球化学学报（英文版）》］。各期刊学术、编辑、出版质量较以往都有较大提高。

1月13日，学会岩相古地理专业委员会线上主办“期刊大家谈”系列沙龙活动，参加人数超3000人。

学科发展工程 学会邀请各学会专业委员会的专家学者分析、总结并撰写各分支学科的十年进展、理论创新和技术突破，以记录各学科领域的发展历程。10月，《2011—2020中国矿物岩石地球化学研究进展》正式出版。该研究进展不仅对学科发展进行十年回顾和总结，还将推动中国矿物学、岩石学、地球化学及沉积学科未来十年的持续健康发展。

国际学术会议 2022年，学会各分支机构主办或参与主办国际学术论坛、学术研讨会6次。

8月22—26日，由学会沉积学专业委员会等联合协办的第21届国际沉积学大会在北京以线上线下结合方式召开，来自47个国家的近1400名专家学者参

加会议。大会聚焦“沉积学新征程：从太平洋到喜马拉雅”主题，设置11个议题共66个分论坛，议题包括深时气候与环境、大地构造与火山沉积学、环境与灾害沉积学、沉积中的生物过程等。

10月19—21日，学会气体地球化学专业委员会联合防灾科技学院、伊朗霍尔木兹甘大学、意大利国家地球物理与火山研究所等线上举办地震流体地球化学观测技术国际培训班，共有130多名来自研究所、防灾科技学院、土耳其哈塞特佩大学的硕士研究生、年轻科研人员参加。

11月11日，由学会和矿床地球化学国家重点实验室共同主办的2022中－韩青年地球化学联合论坛线上召开。来自韩国首尔国立大学、韩国江原道立大学、南京大学、中国地质大学（北京）、中国科学院地球化学研究所的7位青年学者参加会议，并分别对计算地球化学、实验地球化学、矿床地球化学等方面的最新进展进行报告交流。

12月12—13日，学会矿物包裹体专业委员会参与主办第九届亚洲流体包裹体国际会议。来自中国、美国、加拿大、澳大利亚等9个国家的近200名学者和研究生参加会议，近千人观看会议直播。会议共收到国内外摘要59篇，34人作口头报告，其中大会邀请报告10个。

国内主要学术会议　2022年，学会各分支机构主办或参与主办国内学术论坛、学术研讨会25次。

11月28日—12月2日，在福建省福州市召开的2022/2021中国地球科学联合学术年会期间，学会矿物物理矿物结构专业委员会与学会矿物岩石材料专业委员会共同组织专题论坛“矿物科学与工程”，学会化学地球动力学专业委员会组织专题论坛“汇聚板块边缘结构、过程和产物”，学会岩浆岩专业委员会组织专题论坛“花岗岩成因与大陆地壳演化”，学会岩矿分析测试专业委员会组织专题论坛“测试新技术及其地质应用”，学会大数据与数学地球科学专业委员会组织专题论坛“地学大数据挖掘、机器学习与人工智能算法应用”。

3月19日，学会岩矿分析测试专业委员会线上召开分析地球化学战略研究项目第一次研讨会；9月5日，学会岩相古地理专业委员会以线上线下相结合形式在甘肃省兰州市主办首届白云岩高端学术会议；9月起，学会岩相古地理专业委员会联合国际古地理学会等连续每月线上举办一次古地理学术论坛；9月27日，学会成因矿物学找矿矿物学专业委员会作为发起单位之一，参与主办“潜心工程”地学前沿论坛；10月18—21日，学会实验矿物岩石地球化学专业委员会线上召开HEPS–LVP线站建设交流会；12月11—13日，学会矿物岩石材料专业委员会与其他单位在河南省驻马店市共同主办非金属矿产业技术发展与绿色矿山建设高峰论坛；学会矿床地球化学专业委员会联合学会青年工作委员会在贵州省贵阳市全年举办6期青年学术论坛。

国际组织任职　学会为国际矿物学协会的国家会员，2022年，学会环境矿物学专业委员会主任委员、北京大学教授鲁安怀担任国际矿物学协会主席；中国地质大学（武汉）教授沈锡田担任国际矿物学协会珠宝矿物学委员会主席；学会矿床地球化学专业委员会委员、南京大学教授陆现彩担任国际矿物学协会第二副主席，并计划申办第24届国际矿物学协会大会。

科普活动　学会推荐遴选全国科普教育基地和科学家精神教育基地，最终中国科学院地球化学研究所涂光炽先生纪念展室入选首批科学家精神教育基地名单，中国石油大学（北京）石油之光科技馆和中国科学院地球环境研究所入选中国科协全国科普教育基地。

5月21日，学会与中国科学院地球化学研究所、学会矿床地球化学专业委员会和环境地质地球化学专业委员会共同主办主题为“爱科学、向未来”的第十八届公众科学日线上活动，累计参与人数超过2000人次；11月6日，参与2022年中国科学院科学节活动，接待中小学教师参观实验室和涂光炽先生纪念展室。

9月15—21日，学会以“喜迎二十大，地学科普再出发”为主题举办2022年全国科普日活动，部分理事单位和学会所属分支机构参与，活动分别在北京市、广州市、福州市、成都市、武汉市、绵阳市、合肥市等地以线上线下结合方式同步开展。10余位地学专家和近100名志愿者参与活动，现场受众上千名，网络受众超过50万人次。

表彰举荐优秀科技工作者　学会开展第19届侯德封奖初选工作，终审评审会延期召开；开展中国科协青年人才托举工程项目申报答辩工作；开展第十七届中国青年科技奖、第十八届中国青年女科学家奖、2021年度未来女科学家计划候选人及2022年“最美科技工作者”推荐遴选工作。

党建强会 学会功能型党委和学会支部按计划分别开展党建活动。组织举办学会党委书记讲党课、“弘扬科学家精神 喜迎党的二十大”主题党日活动，深入学习党的二十大精神。

会员服务 学会建立官方微信公众号与视频号，通过微信公众号和学会网站发布学会最新信息。针对会员开展人才奖励推荐活动，增加会员的学术活跃度。

【第九届全国矿物科学与工程学术会议】 12月10—11日，由学会环境矿物学专业委员会、矿物物理矿物结构专业委员会、矿物岩石材料专业委员会、成因矿物学找矿矿物学专业委员会、非金属矿物资源高效利用专业委员会、新矿物及矿物命名专业委员会联合中国地质学会矿物学专业委员会和中国硅酸盐学会工艺岩石学分会共同主办的第九届全国矿物科学与工程学术会议线上召开。会议主题涵盖矿物资源绿色开发与固废资源化、环境矿物与能源矿物、成因矿物学、矿物表界面、矿物功能材料与矿物加工工程、新矿物与矿物结构6个方向。会议共包括2个特邀报告、19个大会报告、61个邀请报告和115个口头报告。

【第六届非金属矿科技和论坛暨中国矿物岩石地球化学学会第十届矿物物理矿物结构专业委员会会议】 11月7—9日，由学会矿物物理矿物结构专业委员会与其他单位共同主办的第六届非金属矿科技和论坛暨中国矿物岩石地球化学学会第十届矿物物理矿物结构专业委员会会议在安徽省池州市青阳县以线上线下结合方式召开。论坛以“非金属矿产业高质量发展中的科技初心和使命”为主题，200余位专家学者参加会议。

论坛上还推介由中国科学院广州地球化学研究所研究员何宏平，青阳非金属矿研究院院长、浙江工业大学教授周春晖，学会矿物物理矿物结构专业委员会等共同发起组织撰写的新书《非金属矿展望：前沿、需求和生命健康》。该书由非金属矿业界的36位专家学者执笔。

（撰稿人：程　平）

中国古生物学会

服务创新型国家和社会建设 7月8—12日，由学会参与主办的第十届中国（湖南）国际矿物宝石博览会在湖南省郴州市召开，主题为“神奇的矿晶，珍稀的钨”。大会以线上线下结合方式举办，线下展览面积约6万平方米，共设约1000个国际标准展位，设有矿物晶体、彩色宝石、化石陨石、工艺品以及科普探秘等展区。学会在配合郴州市举办博览会、促进地区产业发展的同时，开展“点亮科学梦”系列科普讲座。

学会建设 2022年，学会共召开1次理事会议和2次常务理事会议，讨论学会的日常工作与未来发展。

10月21日，学会十二届八次常务理事会议、一届八次监事会议、功能型党委扩大会议在江苏省南京市以线上线下结合方式召开。会议传达2022年中国科协全国性学会秘书长会议的会议精神，同时听取学会孢粉学分会2022年度学术年会暨会员代表大会召开情况及换届工作的汇报。会议还对申请入会、申请成为学会科普教育基地的个人与单位情况进行介绍，并进行投票表决。

12月16日，学会第十二届五次理事会议、十二届九次常务理事会议、一届九次监事会议在江苏省南京市以线上线下结合方式召开。会议听取学会2022年度工作报告，从人才举荐、奖项推荐、学术交流、项目申报、科学普及、国际交流、财务情况等方面作详细汇报。会议就学会第十三次会员代表大会筹备工作以及是否设立荣誉会士、会士、外籍会员等议题展开讨论。学会各分支机构以及学会刊物《古生物学报》负责人分别汇报2022年度工作情况及2023年度工作计划。

主办期刊 2022年，学会主办期刊《古生物学报》共出版4期。全年共收稿57篇，出版49篇，退稿12篇，退稿率21%。2022年影响因子为0.83，同比上涨39.26%。有41篇论文入选中国知网《学术精要数据库》发布的2011—2022年高影响力论文，其中1篇入选高被引论文、2篇入选高PCSI论文，高下载排名前10%的论文共14篇。

《古生物学报》编辑部采取措施提升编校质量。机检软件与人工结合，提升参考文献准确率；美籍华人担任英文编辑，修缮英文内容；完善投审稿制度，提升稿件学术质量；主编团体编写英文版的出版伦理。

承担中国科学院科学出版基金中文科技期刊择优支持项目，进度执行2/3年；已升级英文版官网，购买TrendMD服务，累计向国内外推送学报文章近60万次。

国内主要学术会议 9月16—22日，中国古生

物学会孢粉学分会十一届一次学术年会暨理事会议在湖北省宜昌市召开。会议以“迈向绿色中国之路”为主题，共收到全国55家单位192名会员的注册参会信息以及105篇论文摘要，包括59篇口头报告（含16篇线上报告）和11幅展板报告。中国科学院院士、中国地质大学（武汉）教授谢树成作题为《植物与微生物的相互作用：一个值得重视的领域》的特邀报告。会议收到的摘要和报告内容涵盖范围广泛，时间上从泥盆纪至第四纪都有涉及，空间上从中国西部干旱区到东部季风区乃至全球、赤道和两极都包含在内。论文内容除涉及传统孢粉学研究范畴，还包含有大量植硅体研究甚至古DNA、古环境研究等新兴交叉研究方向。

12月30—31日，中国古生物学会古无脊椎动物学分会第二届会员代表大会暨第三届学术年会在湖北省武汉市以线上线下结合方式召开。会议开幕式由中国地质大学（武汉）教授何卫红主持。中国地质大学（武汉）教授、副校长赖旭龙，学会理事长、中国科学院南京地质古生物研究所研究员詹仁斌致辞。会议以“重大地质事件中的古无脊椎动物”为主题，共设学术报告38个，其中大会特邀报告4个、主题报告6个、学生报告18个。学术报告内容涉及寒武纪生命大爆发、生物大辐射与大灭绝事件、中生代陆地生态系统演化、生物演化与环境的相互作用等，展示近年来中国古无脊椎动物学及相关领域的最新技术手段和研究成果。会议邀请中国科学院院士、南京大学教授沈树忠，中国科学院南京地质古生物研究所研究员袁训来，西北大学教授张志飞和中国科学院院士、中国地质大学（武汉）教授谢树成作大会特邀报告。会议期间还召开学会古无脊椎动物学分会会员代表大会，并选举产生第二届理事会。

国际组织任职 在泰国召开的第六届国际古生物学大会上，学会理事长詹仁斌连任国际古生物协会秘书长。

国际交往 11月7—12日，学会理事长詹仁斌带领17位中国古生物学者参加在泰国召开的第六届国际古生物学大会。在大会开幕式上，詹仁斌致辞并作题为《二十一世纪的古生物学：来自中国的贡献》的大会特邀报告。会议期间，詹仁斌等应邀到大会主办方泰国玛哈沙拉堪大学考察，并与该校校长Prayook Srivilai等进行座谈交流。

科普活动 在第十届中国（湖南）国际矿物宝石博览会期间，依托学会科普工作委员会和教育教学委员会、科学传播局标本馆科普工作协作组等的专家资源，学会组织27场以“点亮科学梦”为主题的现场科普讲座。讲座内容从生命起源到人工智能，从深海南极到湖南省郴州市，从恐龙化石到影视复原，从动物灭绝到黑土地保护，从古生物学科介绍到科学家精神传承……每一场均由相关学科领域的一线科研科普人员与听众面对面互动交流。郴州市教育部门组织相关学校学生参加，4天的科普讲座共吸引1万多名观众。此外，博览会现场设置800平方米以“探秘地球科普之旅”为主题的地学创新科普体验区，安排多场科普互动，其中包括“现场科普问答”“我的科学梦”快闪活动等。

学会科普工作委员会发布“2021年度全国地质古生物科普十大进展”，集中反映中国科研人员和科普工作者在地质古生物学科普方面的高水平创新成果。

11月，学会联合江苏省古生物学会开展科普进校园活动，走进江苏省徐州市邳州市当地中学进行科普教育宣传。

表彰举荐优秀科技工作者 2022年，学会开展第七届中国科协优秀科技论文推荐工作，由学会推荐的论文《华北克拉通破坏对地表地质与陆地生物的影响》入选第七届中国科协优秀科技论文遴选计划（地球科学集群）。

学会推荐第十八届中国青年女科学家奖、2021年度未来女科学家计划、第十七届中国青年科技奖等奖项候选人8名，中国科学院古脊椎动物与古人类研究所毛方园获得第十八届中国青年女科学家奖。

党建强会 2022年，学会党委深入学习党的二十大精神。12月，在学会工作会议上，学会党委书记詹仁斌作《党的二十大精神学习解读》报告。

学会党委联合湖南省郴州市政府、郴州市科协在位于郴州市苏仙区坳上古村的李星学院士故居举办科学家精神教育基地揭牌仪式。学会相关人员、中国科学院院士李星学家属和师生等参加活动。活动期间，中国科学院院士戎嘉余、李星学的学生代表以及沈阳师范大学教授孙革对李星学院士的事迹进行宣讲。

【中国古生物学会第30届学术年会】 5月25—27日，中国古生物学会第30届学术年会以线上线下结合方式召开，并在陕西省西安市和江苏省南京市设立线下主会场和分会场。大会以“远古生态系统及地球宜居性演化”为主题，从新技术、新方法、新理论及学科交叉等方面开展系列学术交流。

会议共设置学术专题30个，收录论文摘要489篇，安排学术报告25场，包括276个口头学术报告、44个展板报告等，展示近几年中国古生物学界在学术理论动态、科学传播与普及、人才培养、化石保护和刊物出版等方面所取得的最新成果，并展望新时期、新形势下中国古生物学的发展趋势。

（撰稿人：张玲芝）

中国海洋湖沼学会

服务创新型国家和社会建设 2022年，学会先后受中国科学院海洋研究所、中国科学院南海海洋研究所、自然资源部第一海洋研究所的委托开展6次科技成果鉴定工作。

学会根据湖泊领域存在的生态保护问题，参与编制并呈报的《我国湖泊综合治理存在的薄弱环节及对策建议》被国家相关部门采纳。

学会承接青岛市科协“加快建设全球海洋中心城市研究”调研课题，组织专家为青岛市加快建设全球海洋中心城市进行调研，并形成决策咨询建议。

学会建设 2022年，学会召开1次理事扩大会议、2次常务理事会议和2次分支机构秘书长会议。

11月25日，学会召开第十二次全国会员代表大会暨学术研讨会，进行理事会、监事会、常务理事、理事的改选。学会理事会党委完成换届工作，选举产生新的党委书记、党委委员。

新成立1个分支机构，9个分支机构完成换届工作。

主办期刊 学会主办 *Journal of Oceanology and Limnology*［《海洋湖沼学报（英文版）》］及《海洋与湖沼》《水生生物学报》《湖泊科学》4种科技期刊。*Journal of Oceanology and Limnology*［《海洋湖沼学报（英文版）》］入选中国科协2022年度全国学会期刊出版能力提升计划——高水平英文期刊培育项目，影响因子为1.554;《海洋与湖沼》入选2022年度全国学会期刊出版能力提升计划——中文期刊稿源质量提升项目;《水生生物学报》获中国水产学会第三届精品科技期刊奖;《湖泊科学》获中国科学院科学出版基金中文科技期刊择优支持。

国际学术会议 8月22—26日，由学会海洋观测分会与北太平洋科学组织东亚边缘海调查顾问组联合主办的“海洋湍流：从观测到研究”学术研讨会在山东省青岛市以线上线下结合方式召开。来自中国、美国、加拿大、韩国、日本、莫桑比克、泰国、印度和秘鲁9个国家的25名青年科研工作者和研究生参加会议。与会学者围绕不同条件下湍流的发生机制、湍流剪切谱等进行交流，共交流报告11个、交流论文28篇。

国内主要学术会议 2022年，学会及学会分支机构共举办4次国内学术会议，线上线下共有2160余人次参加会议，交流论文约400篇。

7月18—19日，由学会海洋生物技术分会主办、日照职业技术学院和山东美佳集团有限公司承办的第二届日照海洋生物产业高质量发展论坛在山东省日照市召开。来自全国各地的95名海洋生物和微藻产业领域的专家学者参加论坛，围绕“双碳”背景下的海洋和微藻产业高质量发展、海洋生物技术、水产养殖与新产品开发等议题进行交流。共交流报告26个，交流论文51篇。

8月9—10日，由学会藻类学分会主办、中国科学院水生生物研究所承办的中国海洋湖沼学会藻类学分会第二十一次学术讨论会在湖北省武汉市以线上线下结合方式召开。来自国内外科研院所、高校和企业等40余家单位的藻类研究专家、青年学者共计350余人线下参加会议，530余人线上参加会议。与会专家学者围绕藻类生物多样性与生态学、藻类育种与生物技术、藻类生理生化、藻类分子生物学等作报告。共交流报告133个，交流论文288篇。

9月19—20日，由学会主办、江苏海洋大学等单位共同承办的第三届全国水域生态牧场建设论坛在江苏省连云港市以线上线下结合方式召开。来自全国有关高校、科研院所、企业的110余位专家学者线下参加论坛，1000余人线上参加论坛。与会专家学者围绕数字化、体系化为特征的全域型水域生态牧场的发展理念和发展思路开展研讨。共交流6个主旨报告和24个特邀报告，交流论文32篇。

10月28日，由学会棘皮动物学分会和中国渔业协会海参产业分会联合主办的全国海参健康养殖高质量发展座谈会在辽宁省大连市召开。80余位来自全国高校、科研院所、行业协会、企业和养殖一线的专家学者、技术人员围绕海参产业南北协作、产业良种维护与创新、养殖技术实际问题展开交流。共交流报告15个，交流论文21篇。

科普活动 5月21日，科技活动周期间，学会与其他单位联合主办2022年青岛市中小学生创客大赛系列活动启动暨“我心目中的海洋”主题绘画活动。学生以“我心目中的海洋”为主题，通过科学、创新的想象表达对未来海洋的遐想。活动全程线上直播，网络直播观看量近7万人次。

5月21日，由学会与中国科学院海洋研究所共同主办的主题为“爱科学、向未来——探秘海洋科学世界”的公众科学日活动线上举办，共有60多万人次在线观看直播活动。活动通过云游场馆、科学实验、科普报告、主题绘画等多种形式集中展示海洋领域近年来的科技创新成果，弘扬科学家精神，普及科学知识和科学方法，让公众体验海洋科学魅力。活动期间，学会科普专家团队还走进青岛市水族馆和青岛市科技馆，面向公众开展科普讲座。

6月8日，世界海洋日暨全国海洋宣传日期间，学会联合青岛市科技馆、中国科学院海洋研究所走进青岛文登路小学，向全校1200余名师生开展科普讲座。学会首席科学传播专家、中国科学院海洋研究所研究员李新正结合学生的认知特点，从为什么有那么多海洋生物、我们身边有哪些海洋生物、为什么说保护海洋就是保护我们自己、十万个海洋生物为什么等四方面介绍海底世界。

5—9月，学会湖泊分会联合中国科学院南京地理与湖泊研究所等单位主办2022年全国“喜迎二十大 保护湖泊行”主题科普短文征集大赛。9月21日，大赛评审会在江苏省南京市举办。专家评委对来自全国高校、科研院所以及大中小学生投稿的爱湖护湖故事、湖泊生态环境保护问题的热点解读等作品进行现场评审，共评选出一等奖作品5名、二等奖作品10名以及若干优秀奖作品。

表彰举荐优秀科技工作者 2022年，学会完成第七届曾呈奎海洋科技奖及第二届张福绥贝类学奖评选工作。

党建强会 学会深入学习宣传贯彻党的二十大精神，组织开展系列活动。11月25日，在学会第十二届会员代表大会上邀请党的二十大代表、学会理事、山东科技大学党委书记罗公利作《学习贯彻党的二十大精神》专题报告。在学会网站和微信公众号开设“党的二十大精神”学习专栏，累计推送党建知识等信息50余条，总阅读量超过10万余次。

会员服务 学会每周向理事会员发送展示国外同行最新研究进展的情报资料《海洋科学快报》《海洋科学消息》，发送学会潮汐与海平面专业委员会内部刊物《气候变化与海平面上升研究动态》月刊，定期向理事会员提供《海洋湖沼学报（英文版）》《海洋与湖沼》《水生生物学报》《湖泊科学》4种科技期刊目录。2022年度为会员提供养殖、浮游生物监测、基准潮位核定、计量认证知识等方面的培训活动10余次。

【中国海洋湖沼学会第十二次会员代表大会暨学术交流会】 11月25—26日，中国海洋湖沼学会第十二次会员代表大会暨学术报告会在山东省青岛市以线上线下结合方式召开。中国科协党组成员、书记处书记王进展视频致辞。学会相关领导，学会理事单位、会员单位负责人和专家，以及来自全国海洋湖沼领域的380名会员代表参加大会。

会上审议通过学会工作报告、财务工作报告和监事会工作报告，审议修改《中国海洋湖沼学会章程》《中国海洋湖沼学会会费标准及管理办法》。经过民主投票，选举产生学会第十二届理事会及第二届监事会。

在学会第十二届理事会第一次会议上，王凡当选学会第十二届理事会理事长，麦康森、李铁刚、李家彪、李超伦、何青、谷孝鸿、沙忠利、金显仕、殷战和戴民汉当选副理事长；聘任沙忠利为秘书长。在学会第二届监事会第一次会议上，丁平兴当选学会第二届监事会监事长。完成学会新一届理事会党委换届，王凡当选党委书记。

会上揭晓第七届曾呈奎海洋科技奖及第二届张福绥贝类学奖获奖名单，并举办“2021年度中国海洋与湖沼十大科技进展”证书颁发仪式。

在大会学术报告会上，中国工程院院士、中国环境科学研究院研究员吴丰昌，中国工程院院士、中国海洋大学教授包振民分别作题为《面向生态文明建设的水生态安全战略研究》《栉风沐雨，扇贝研究七十年》的特邀学术报告。11位曾呈奎海洋科技奖获奖者和张福绥贝类学奖获奖者作学术报告。

【2022年度中国海洋与湖沼十大科技成果】 学会参与组织评选2022年度中国海洋与湖沼十大科技成果，评选范围为2022年度在国际或国内产生重大影响的海洋湖沼领域的科技成果。经过相关单位的专家学者推荐，以投票方式评选出2022年度中国海洋与湖沼十大科技成果：古气候演变低纬驱动的机制研究取得突破；全球海面油膜遥感监测取得新进展；相变迁

移驱动的海水无淡化原位直接电解制氢原理技术；全球尺度湖泊范围与藻华强度时空动态研究；人工智能技术在海洋学研究和气候模式发展方面取得突破性进展；海洋微生物独特的代谢过程与环境适应的分子机制；“南海立体观测网”的构建与信息保障应用取得重要突破；首次发现贝类分泌内源性红霉素构筑免疫屏障；海洋微生物来源抗肿瘤产物弗洛他汀生物合成机制；海洋真光层碳、氮耦合代谢的复合气候效应。

（撰稿人：潘文静）

中国海洋学会

服务创新型国家和社会建设 2022年，学会线上开展海洋科技成果评价工作，共对20项科技成果开展评价。《电导率温度深度剖面仪海上比测方法》《广东省海洋数据分类与编码标准》2项团体标准获批立项。《中国近海布氏鲸观鲸指南》《南黄海区域海上大风灾害风险区划技术导则》等11项团体标准完成意见征求及立项审查。学会专门对《中国海洋学会标准管理办法（试行）》进行修订并征求意见。

9月20—24日，由学会与海水淡化与水再利用分会承办的2022年度国家专业技术人才知识更新工程专项“水处理技术领域专业技术转移转化能力提升”高级研修班在湖南省长沙市举办。研修班以线上线下结合方式开展，40多家科研院所、高等院校及企事业单位的科研人员、技术骨干与企业管理者共计90余人参加。华东理工大学化学工程研究所所长许振良、天津大学化工学院化学工程研究所教授解利昕、自然资源部天津海水淡化与综合利用研究所研究员潘献辉、沃顿科技股份有限公司原副总经理徐平、南京工业大学膜应用技术研究所所长李卫星等9位国内水处理领域资深专家，从膜法海水淡化、工业废水处理、沙漠苦咸水及盐湖浓盐水综合开发利用等领域进行授课。同时，研修班还设置疑难解答、学员沙龙等互动环节，多位参研学员分享学习心得、发布技术需求。

学会建设 2022年，学会新增团体会员单位3家，截至年底，学会共有个人会员约1000人、理事会员单位191家。

6月，学会在北京以线上线下结合方式组织召开2022年度工作会议，共300人参加会议。2022年度共有12家学会分支机构完成换届工作，新批准成立人工智能海洋学专业委员会等3家分支机构。

6月，在北京以线上线下结合方式召开学会第二次常务理事会议，学习传达习近平总书记在党的十九届六中全会第二次全体会议上的讲话和全会精神。会上通过学会2021年工作总结及财务决算报告、2022年度重点工作部署及财务预算报告，审核关于退出和增补理事、聘任副秘书长、新增团体会员单位及全国海洋科普教育基地的提议，审议关于增补常务理事及分支机构等事项。

进一步完善内控制度建设。2022年，学会秘书处配合制定20项办法。接受自然资源部审计检查，完成学会3年来相关工作的审计。根据自然资源部通报的整改事项，组织力量逐项进行整改落实。

主办期刊 学会主办的学术期刊有《海洋学报》（中英文版）、《海洋工程》（中英文版），共同主办的学术期刊有《海洋技术学报》《海洋环境科学》《海洋学研究》《应用海洋学学报》《海洋科学进展》《海洋通报》《极地研究》以及 *Advances in Polar Science* [《极地科学进展》（英文版）]。

《海洋学报》（中文版）、《中国海洋工程》（英文版）2022年继续获得中国科技期刊卓越行动计划项目支持；《海洋学报》（英文版）获得中国科协2022年度全国学会期刊出版能力提升计划——高水平英文期刊培育项目资助。学会联合主办的10类学术期刊通过期刊效益评价考核及年检。

国内主要学术会议 8月，由学会和山东省人民政府等共同主办、学会海洋经济分会承办的东北亚海洋经济创新发展论坛暨2022中国海洋经济论坛在山东省烟台市召开。论坛主题为“海洋经济高质量发展与黄渤海新区建设”，共开设5个分论坛，8位院士、300多位专家学者和企业相关人员参加论坛。

结合分支机构换届工作，学会相关分支机构开展多项专业学术交流活动，如参与举办2022年中国航海日论坛并联合发布《弘扬新时代航海精神的倡议书》。

科普活动 截至2022年年底，学会已在全国19个省（直辖市）42个市成立145家全国海洋科普教育基地。引导海洋科学传播专家团队参与学会科普工作，增大传播专家团队后备力量，支持开展讲座和编制科普产品等。

学会海洋科普工作委员会先后参与2022年度全国科普日优秀活动和优秀组织单位的遴选工作以及海洋科普教育基地的推荐工作，学会被评为2022年度全国科普日活动优秀组织单位。同时学会联合国家海洋技

术中心等单位主办“喜迎二十大，科普向未来”——海洋技术发展与应用系列讲座等3项活动，被评为2022年度全国科普日优秀活动。

8月31日，组织召开2022年海洋科普线上研讨会。部分全国海洋科普教育基地、分支机构和涉海高校大学生海洋社团的代表，以及部分学会科普工作委员会委员共50余人参加会议。会议通报学会前8个月完成的重要海洋科普工作以及接下来4个月的主要科普任务。着重介绍2022年全国科普日活动期间，海洋科普活动的组织与安排，以及学会承担的中国科协“海洋科普品牌活动能力提升项目”实施工作。部分参会者围绕全国科普日活动和科普能力项目实施，对海洋科普工作提出意见和建议。

世界地球日期间，学会联合中国大洋样品馆等4家全国海洋科普教育基地以及中国地质大学（武汉）海洋学院等单位举办面向大中学生的线上线下相结合的海洋科普系列讲座活动。全国科技周、全国科技工作者日期间，组织开展海洋科普进校园——线上海洋科普讲座活动，共有1000余名学生参加。在世界海洋日和全国海洋宣传日期间，组织开展系列海洋科普进校园活动——线上海洋科普讲座和云游海洋生物博物馆。围绕“喜迎二十大，科普向未来”全国科普日活动主题，组织开展7场线上线下相结合的海洋进校园科普讲座。此外，组织3场“清洁沙滩　保护蔚蓝”主题清洁沙滩活动。围绕“双减背景下馆校合作海洋科普活动的开展与成效”“海洋科技资源科普化”等，举办8场海洋科普主题沙龙活动。

学会科普部门承办中国科协深海矿产资源开发利用高层次专家研讨会，承担2022年度中国科协全国学会科普能力提升项目。继续推出海洋生物主题科普图文系列作品，发表《海绵——最古老的多细胞动物》等海洋科普图文4篇，编印成《海洋科普读本（2021）》《海洋科普读本（2022）》，并制发捐赠3000册《海洋科普读本》。制作11张大洋科普展板，印制22套发给22家相关学校类海洋科普教育基地。

表彰举荐优秀科技工作者　4月13日，学会在北京召开2022度海洋科学技术奖奖励委员会二届五次会议。会上审核确认2022年度海洋科学技术奖获奖项目、海洋科技图书获优项目及其他事项。8月18日，在北京召开2022年海洋科学技术奖形式审查会，对申报推荐的项目资料进行形式审查。10月，组织举办2022年海洋科学技术奖初评会议和终评会议。11月23—24日，在湖南省长沙市召开海洋科学技术奖评审委员会会议及终评会议。

党建强会　2022年，学会共召开党委会议2次。学会秘书处党支部作用发挥明显，其挂靠单位党委对学会秘书处建设给予支持。国家卫星海洋应用中心党委召开专门会议，出台专门管理政策，促进学会秘书处各项工作发展。

9月28日，学会党委和中国极地研究中心（中国极地研究所）党委在上海市共同主办“学党史、强初心”——走近“雪龙家族”、弘扬我国“南极精神”专题教育主题党日活动。活动围绕“政治引领、思想引领、组织保障——中国极地科考风采40年”主题展开。

【2022年度海洋科学技术奖评审委员会会议及项目终评会议】　11月23—24日，2022年度海洋科学技术奖评审委员会会议及项目终评会议在湖南省长沙市召开，学会常务副理事长蒋兴伟、副理事长兼秘书长林明森、中国太平洋学会常务副会长丁磊出席评审委员会会议。奖励委员会主任、中国工程院院士潘德炉在会上提名评审委员会主任、副主任人选，评审委员会由奖励委员会部分成员组成。其中，中国工程院院士潘德炉、蒋兴伟、侯保荣、包振民、李家彪、周守为等在内的57名专家参加评审。经表决，潘德炉担任评审委员会主任，侯保荣、蒋兴伟、周守为、包振民、李家彪、林明森、丁磊等担任副主任，林明森主持大会预备会。

（撰稿人：王东亚）

中国地震学会

服务创新型国家和社会建设　学会服务川藏铁路、大型抽水蓄能电站、核电站等国家重大工程建设项目，为近百项工程提供地震风险与地震参数的技术支持。开展社会团体标准编制工作，完成1项团体标准的审查发布工作。完成4项科技成果评价工作，其中“工程抗震减灾设防地震动确定理论和方法及重大工程应用”“地震灾害信息快速获取及研判关键技术与应用”等项目的评价工作为科技成果申报奖项提供依据。

5—8月，学会工程勘察专业委员会与北京防灾科技有限公司、防灾科技学院地质工程学院联合组织地震安全性评价系列培训课程，由防灾科技学院原校长、教授薄景山授课。来自地震、地矿、地质、高校、企业、政府、设计院等相关行业的近 500 人参加培训。

8 月 18—26 日，学会地震观测技术专业委员会与北京港震科技股份有限公司在北京举办 2022 年暑期实训班，为防灾科技学院 2019 级测控技术与仪器专业的 33 名师生开展地震观测技术方面的技能培训。

9 月 22 日，学会地震灾害链专业委员会在北京举办地理信息技术软件 GeoScene Pro 应用培训，来自应急管理部国家自然灾害防治研究院、中国科学院大学、中国地质大学（北京）、北京林业大学等单位的 17 名科技工作者参加培训。

9 月 28—29 日，中国地震台网中心与学会空间对地观测专业委员会线上举办张衡一号电磁监测实验卫星观测数据地震应用培训。16 位专家进行授课，60 名科技工作者参加培训。

学会建设 2022 年，学会召开理事会议 1 次、常务理事会议 4 次。新增地震人工智能专业委员会，新增个人会员 370 名、单位会员 5 个。根据中国科协《关于加快推进全国学会会员入库的通知》，学会于 11 月将全部会员信息录入全国学会会员库。

学会开展分支机构的年度总结工作，对考核优秀的分支机构和先进个人予以表彰。

主办期刊 《地震学报》按时完成全年 6 期的出版任务，共发表文章 87 篇，较 2021 年多发表 24 篇稿件。组织两个专辑，分别是第一期天津大学教授梁建文组织的《强地震动模拟及工程应用专辑》和第五期庆祝胡聿贤教授百岁寿辰特辑《工程地震与抗震防灾研究》。

Earthquake Science［《地震学报（英文版）》］完成全年出版任务，出版 2 期专刊。与爱思唯尔全面合作，变更期刊的封面和版式。有序开展期刊的宣传推广，每期稿件不仅在网站上传中文稿或中文摘要，同时对优秀稿件进行新闻推广。

《地震科学进展》全年共出版 12 期，载文 87 篇，比 2021 年增加 9 篇。

国际学术会议 6 月 10 日、7 月 18 日，学会地震地质专业委员会联合浙江大学地球科学学院分别邀请国际活动构造与地震研究专家——美国俄勒冈大学地球科学系教授 Ray J. Weldon 和牛津大学地球科学系教授 Richard Walker 进行线上授课，参加课程的学者、学生超过 100 人。

7 月 15—17 日，学会岩土工程防震减灾专业委员会参与承办第四届地震岩土工程性态设计大会。会议组织 16 个大会报告和 210 个专题报告，来自 26 个国家的 400 余位专家学者线上参加会议。

11 月 8—9 日，由学会基础设施工程防震减灾专业委员会与北京工业大学国际引智基地联合主办的工程抗震与结构可靠度会议在北京召开。会议邀请 8 名境外专家学者线上参加会议，就“韧性城市建设背景下的工程抗震与结构可靠度”进行交流。

国内主要学术会议 学会及学会分支机构共举办国内学术交流活动 25 次，交流论文 700 余篇，参加会议人数 3 万余人次。

8 月 5—8 日，由学会青年科技工作委员会等联合主办的第三届人工智能地震学研讨会在山东省青岛市以线上线下结合方式召开。35 位专家学者作报告，报告内容涵盖人工智能在地震检测、预警、分类、成像、非天然地震识别、分布式光纤和地球物理勘探等多个领域的应用。来自中国地震局系统、高校、洛斯阿拉莫斯国家实验室、佐治亚理工学院等机构的专家学者参加会议，累计 7000 多人次在线参与交流。

8 月 19—22 日，学会强震动观测技术与应用专业委员会 2022 年度学术研讨会在内蒙古自治区乌兰浩特市召开。来自中国地震局地球物理研究所、清华大学、同济大学、中国地震局工程力学研究所、北京工业大学等科研院所、高校和企业的 80 余名学者参加会议，共交流 24 个学术报告。

11 月 12 日，中国地震学会工程勘察专业委员会 2022 年年会暨防灾减灾学术研讨会在河北省三河市以线上线下结合方式召开。会议设立性态设计和地震风险评估、强震地面运动和场地效应、地基处理与土－结构相互作用、地质灾害与防灾减灾策略、岩土工程灾变机理与防治技术、土动力学与动力本构关系、地震灾害与工程结构抗震减震控制、自然灾害防治体系建设、工程冻土与水利工程防灾 9 个议题，共交流 59 个学术报告，1000 余名专家学者参加会议。

11 月 12 日，学会地震灾害链专业委员会 2022 年学术年会在北京以线上线下结合方式召开。会议主题为“地震灾害链相关理论研究、技术应用和科普宣传”。来自中国地质科学院地质研究所、河北省地震局、中国地震台网中心、成都理工大学、大连理工大学等单位的 150 多名专家学者线上参加会议，共交流 44 个报告。

11月19日，由学会地震学专业委员会、*Earthquake Science* 期刊编委会等联合主办的“建立我国标准地球参考模型”研讨会线上召开。来自各高校、中国地震局系统、自然资源部系统和相关科研院所的5000余名专家学者参加会议。

科普活动 学会作为第一主办单位，举办“海亮杯”2021—2022学年全国中学生地球科学奥林匹克竞赛。4月23日，预赛以线上线下结合方式举办，全国近2万名学生参赛。5月21日，决赛于线上举办，共决出金奖75人、银奖72人、铜奖101人。经过国内预赛、决赛和集训队面试选拔，8位同学组成中国代表队参加第十五届国际地球科学奥林匹克竞赛，获得竞赛团体赛金奖。

7月23—24日，学会联合中国科学院地质与地球物理研究所为国际地球科学奥林匹克竞赛中国代表队举办月壤科学实践活动，通过科普讲座和实验室讲解的方式，让中国代表队队员了解“嫦娥工程”等中国深空探测的巨大成就，感受中国地球与行星科学的飞跃式发展。

学会依托中国科协青少年中心“地球科学创新后备人才选拔与培养实践研究”项目，制作《一粟唤沧海・中国少年》专题片，讲述5名国际地球科学奥林匹克竞赛国家队队员与地球科学和奥赛的故事。专题片计划于2023年上线。

5月11日，由学会科学普及工作委员会组织策划的科学家访谈活动《地震科学大家谈》进行线上直播，访谈活动邀请中国地震局地球物理研究所研究员高孟潭、中国地震局工程力学研究所研究员李山有和张令心、中国地震台网中心研究员侯建民等专家，就网友关心的地震速报、地震预警、地震灾害防御、地震灾害风险识别及地震黑科技等进行对话访谈。光明网、中国地震局官网、中国应急管理新媒体平台、防震减灾融媒体平台、中国地震学会官方新媒体等进行直播，播放量近100万。活动结束后，学会制作4期视频节目并通过多媒体平台宣传推广。

学会地震科普视频品牌“地问”全年持续助力全民科学素质提升，在哔哩哔哩发布62期视频，总播放量318.7万，粉丝量4.2万，点赞量12.3万；在抖音发布81期视频，总播放量4996万，粉丝量7.6万，点赞量69.5万。其中哔哩哔哩单期最大播放量12.2万。

表彰举荐优秀科技工作者 2022年，学会组织推荐第十七届中国青年科技奖候选人2名、第十八届中国青年女科学家奖候选人3名、2021年度未来女科学家计划候选人1名；遴选4人作为2022年优秀科技工作者典型进行宣传学习；向中国科协推荐2名“最美科技工作者”候选人，全国科技工作者日期间，组织“最美科技工作者”候选人深入基层开展宣讲，并在官网和官微平台进行宣传；聚焦关键核心技术领域，推荐80余名中国科协科技人才奖项评审专家。

由学会提名的“广西地震监测预测关键技术创新及应用示范”项目获得2021年度广西科学技术进步奖二等奖。

党建强会 1月20日，学会党委组织召开党委会议，落实学会“三重一大”事项决策制度，提前审议学会年度工作计划、重大财务计划等重大事项。学会党委书记张培震讲专题党课。学会党委参与科协系统“喜迎党的二十大”系列活动。

【第十二届结构减震控制学术会议】 7月29—30日，由学会工程隔震与减震控制专业委员会主办的第十二届结构减震控制学术会议在湖北省武汉市以线上线下结合方式召开。会议主题为“结构隔震与减震控制”，共设置14个大会特邀报告和88个分会场报告。来自中国地震局工程力学研究所、中南建筑设计院股份有限公司、华中科技大学、清华大学、同济大学、哈尔滨工业大学、北京工业大学、广州大学等单位的300余名专家学者参加会议，约1.5万人次通过线上方式观看并参与互动。

中国工程院院士、广州大学教授周福霖，中国工程院院士、哈尔滨工业大学教授欧进萍，中国工程院院士、湖南大学教授陈政清，中国工程院院士、同济大学教授吕西林等分别以《中国新时代隔减震（振）技术的新发展》《装配式及其模块化消能减振韧性建筑结构》《兼顾双碳目标的结构抗风减振技术》《重大工程减震隔震研究》为题作大会主题报告。会议还邀请14位专家作大会特邀报告；同时在6个分会场，88位参会学者作现场报告。会议共交流学术论文124篇、学术报告102个。

（撰稿人：李亚琦）

中国动物学会

服务创新型国家和社会建设 学会组织“濒危动物保护”生态保护热点和前沿问题以及“淡水动物养殖与资源保护”产学研调研2个专家智库工作，服务国家生物多样性保护、美丽中国和健康中国建设、淡水动物养殖与资源保护等，并提出建设性意见。

学会建设 3月22—28日，学会召开常务理事通讯会议，审议并通过学会发育生物学专业委员会第五届换届推举结果。7月6—11日，学会召开常务理事通讯会议，审议并通过学会灵长类学分会换届方案。11月7—13日，学会召开常务理事通讯会议，审议并通过学会比较内分泌学专业委员会换届方案。

2月16—17日，学会召开常务理事通讯会议，审议并通过学会征集2022年重大科学问题、工程技术难题和产业技术问题工作方案。4月11—13日，学会召开常务理事通讯会议，审议并通过3个问题和难题作为学会向中国科协推荐的2022年重大科学问题、工程技术难题和产业技术问题；审议并批准《寄生虫与医学昆虫学报》变更主办单位、《生物学通报》出版单位由生物学通报编辑部变更为北京师范大学出版集团的请示。

3月8—10日，学会召开常务理事通讯会议，审议并通过专家评审会评选出的中国动物学会第九届青年科技奖、第十七届中国青年科技奖、第十八届中国青年女科学家奖、2021年度未来女科学家计划候选人结果。9月28日，学会召开常务理事会议，审议并通过修订的《中国动物学会长隆奖奖励办法（试行）》。12月7—14日，学会召开理事通讯会议，审议并一致同意专家评审会评选出的20位会员为第三届中国动物学会长隆奖获奖者。

青年人才托举工程 7月25日，学会启动第八届中国科协青年人才托举工程项目候选人的推荐工作，经过专家评审和常务理事会的审批，推荐3名候选人到中国科协生命科学学会联合体，最终有2名入选。

主办期刊 学会主办8种科技期刊，包括英文期刊4种，其中3种英文期刊被SCI收录。

据2022年公布的2021年科学情报研究所《期刊引证报告》，*Current Zoology*［《动物学报（英文版）》］两年影响因子为2.734，在176种动物学学科SCI期刊中排名第27，位于Q1分区。

Zoological Research［《动物学研究（英文版）》］影响因子为6.975，比2020年增长2.415，在176种动物学学科SCI期刊中排名第2，位于Q1分区。入选西部科技期刊联盟“西牛奖”之“十佳精品英文期刊”，其中2篇论文入选“领跑者5000——中国精品科技期刊顶尖学术论文”（F5000）名单。

Avian Research［《鸟类学研究（英文版）》］影响因子为2.043，比2020年增加0.269，在29种鸟类学SCI期刊中排名第6，位于《期刊引证报告》鸟类学期刊Q1区。入选“2021中国国际影响力优秀学术期刊”及中国高校科技期刊研究会的“中国高校百佳科技期刊”。

《兽类学报》在生物学科技期刊中影响因子为1.291，在93种期刊中位居第21。

截至11月16日，*Zoological Systematics*［《动物分类学报（英文版）》］已被引893次（自2014年改刊起计算），他引率为92.2%，其中2022年被引频次为207次，较2021年有大幅上涨。

学科发展工程 学会组织专家修改《中国动物学学科发展史》稿件，为该书的出版奠定基础。

开展2022年度中国生命科学十大进展的征集、评选和推荐工作，向中国科协生命科学学会联合体推荐1项科学进展。向中国科协推荐3项2022年重大科学问题、工程技术难题和产业技术问题。

国内主要学术会议 2022年，学会共组织召开6次学术研讨会、1期翠鸟论坛、1期两爬青年论坛、8期斑马鱼论坛、11期学术讲座，共计14996人次参加会议，64人次作大会学术报告，424人次作专题学术报告。

1—10月，学会斑马鱼分会组织8期飞鱼论坛，分别邀请8位来自国内外斑马鱼研究领域的专家学者分享、介绍其最新研究成果。每期论坛邀请4～6位专家，共计43位专家参加讨论，共2680人次参加论坛。

1月9日，学会生物进化理论专业委员会学术研讨会在江苏省南京市召开。来自全国50多所高校和科研院所的近500位专家学者、学生参加会议。大会邀请10位青年学者作大会报告，报告内容涵盖昆虫、两栖、爬行、鸟类和哺乳动物等不同类群，分别从生态、行为、组学和发育学等多个层次揭示适应性及物种形成等演化机制。

7月21—24日，学会灵长类学分会第十七届学术年会在安徽省黄山市召开。会议的主题为“新时代中国的灵长类研究与保护”，共230多人参加会议。会议邀请6位专家分别通过线上、线下方式作大会报告。会议设置“灵长类演化与遗传”“灵长类行为、生理及生态”“灵长类保护生物学与实验灵长类学”3个专题，组织安排58个专题报告，还展出15份壁报。

会议共收到摘要 82 篇。年会期间，还进行学会灵长类学分会委员会换届。

8 月，学会寄生虫学专业委员会启动“线上系列专题讲座”学术活动，主要交流寄生虫学及与之相关多学科交叉领域的最新前沿研究进展。截至 11 月底，讲座共举办 11 期，共有 2445 人次参加。

9 月 23—24 日，中国青年鸟类学家研讨会暨第十八届翠鸟论坛线上召开。来自全国 40 余所高校和科研机构的 400 多名专家学者及学生参加论坛。

11 月 12—13 日，学会甲壳动物学分会第十六次学术研讨会以线上线下结合方式在河北省保定市举办，来自 40 余家高等院校和科研院所的甲壳动物研究领域专家学者参加会议，6500 多人（次）通过直播参加会议。100 多位专家学者及青年学子通过特邀报告、大会报告和专题报告等多种形式，分享各自在甲壳动物基础研究、分类研究、疾病防治、多样性保护和良种选育等领域的最新研究成果。

11 月 26 日，第二十次全国贝类学术研讨会以线上线下结合方式在山东省青岛市举办，来自 80 多家单位的 511 位专家学者参加会议。会上安排 50 多个口头报告。

12 月 23—25 日，由学会与兰州大学等主办的黄土高原生态环境与生物多样性保护学术研讨会在甘肃省庆阳市以线上线下结合方式召开。研讨会的主题为“生态环境・生物多样性・绿色发展”。国内生态环境及生物多样性保护领域的院士、专家及优秀青年科学家作 3 场共 30 个学术报告，59 名专家学者提交报告摘要，来自 35 家单位的 460 位专家学者参加研讨。

国际组织任职 8 月 15—19 日，第 28 届国际鸟类学大会在线召开，学会常务理事、中国科学院动物研究所研究员雷富民当选新一届国际鸟类学家联盟委员会主席；中国科学院院士、中国科学院古脊椎动物与古人类研究所研究员周忠和，华东师范大学教授斯幸峰，中山大学教授刘阳被推选为国际鸟类学家联盟委员会委员，任期为 2022—2025 年。

国际交往 1 月 11—12 日，在厄瓜多尔召开的国际灵长类学会大会上，世界自然保护联盟物种生存委员会召开评选全球最濒危 25 种灵长类会议。在学会的申请和推荐下，世界自然保护联盟国际物种生存委员会决定将黔金丝猴列入世界自然保护联盟 2023—2024 年全世界最濒危的 25 种灵长类名录，该名录代表需要关注和备受关注的保护物种。此项工作体现了中国灵长类学者和政府对物种保护的重视，也凸显国际灵长类学者对中国灵长类研究和保护工作的认可，有助于中国濒危灵长类动物的保护工作。

8 月 15—19 日，学会组织 58 位国内鸟类研究学者参加在线举办的第 28 届国际鸟类学大会。会议共设 10 个大会报告、44 个专题讨论会、39 个口头报告专题会和 16 个圆桌讨论会，共 400 人次作报告，内容主要涉及多样性、保护、生态、行为、迁徙、神经内分泌、鸟与自然、环境变化、鸟类疫病、公民科学等研究领域的最新研究进展。华东师范大学教授斯幸峰作大会报告，中国科学院动物研究所研究员屈延华组织 A Genomic Perspective on Asian Avian Biodiversity 专题讨论会，其他 26 位国内学者从鸟类的保护、多样性、进化、生态等多个角度作专题报告与口头报告。中国科学院动物研究所副研究员宋刚组织“亚洲鸟类发展未来”圆桌讨论，80 多位来自世界各地的专家学者参加研讨。中国科学院动物研究所研究员雷富民、北京师范大学教授张正旺作主旨发言。

科普活动 2022 年，学会共开展 7 项科普活动。学会推荐的 5 家科普教育基地入选中国科协全国科普教育基地。

4 月 18 日，学会安排全国中学生生物学竞赛委员会主任、中国科学院院士魏辅文，北京大学教授顾红雅等专家赴中国人民大学附属中学教育集团的北京学校进行考察，对学校的考试用教室、实验室、实验设备及环境等进行考察和交流。通过委员投票决定，第三十二届全国中学生生物学竞赛由该校承办。10 月 19 日，学会在北京召开全国中学生生物学竞赛委员会会议，讨论全国中学生生物学竞赛几项改革，总结 2022 年生物学科竞赛和 2022 年参加国际生物奥林匹克竞赛情况，对全国中学生生物学联赛、竞赛实施细则进行修改并表决通过，讨论和布置 2023 年生物学科工作等。建立生物学科国家集训队、国际生物学奥林匹克竞赛参赛者等学生信息人才库，共采集参赛人员信息 19191 条、获奖信息 23555 条，对历届参加国际生物学奥林匹克竞赛人才（目前还在从事生物学方面工作）的科研、教学成就和专利等信息进行收集和整理。学会开展与动物有关科普文章和科普短视频的征集活动，普及动物科学知识。

4 月 27 日—5 月 18 日，学会资助 4 名代表中国参加第 33 届国际生物学奥林匹克竞赛的学生进行为期 21 天的理论和实验培训、辅导，培训涉及 14 门专业。

9月2日，由学会、广州长隆集团有限公司共同主办的院士专家大讲堂“开学第一课”在长隆野生动物世界金猴王国开讲。学会副理事长兼秘书长、中国科学院院士魏辅文致辞，学会灵长类学分会名誉委员龙勇诚担任主讲专家。大讲堂以“猿猴与森林”为主题，聚焦全国滇金丝猴生存现状及保育情况，为到场游客带来一场灵长类多样性保护科普视听盛宴。此外，长隆野生动物世界的专家也现场分享灵长类保育情况及示范案例，共同为灵长类动物发声，呼吁社会各界关注灵长类栖息地生态及种群保育。

10月9日，由世界自然基金会、中国野生动物保护协会、中国科学院动物研究所主办，学会协办的“兽”护家园——濒危旗舰物种保护特展在北京启动，展览展出时间为3个月。展览聚焦与非法野生动物贸易相关、公众关注度较高的虎、象、犀和穿山甲四大类物种，并分为野性的律动、生命的捍卫和守护的力量三大展区。展览通过实景照片与实物标本结合的形式，共展出53件标本和165张图片。

学会常务理事、中国农业大学教授李赞东开展科技志愿服务18次，赴北京中小学以线上或线下形式开展科普教育，并接受《新京报》采访，受益人数共计4.84万人。

表彰举荐优秀科技工作者 2022年，学会组织各项奖项的推荐和专家评审工作。评选出中国动物学会第九届青年科技奖10名；第三届中国动物学会长隆奖20名，其中功勋奖1名、成就奖3名、新星奖5名、启航奖10名、国际学者奖1名；择优向中国科协推荐第十七届中国青年科技奖2名、第十八届中国青年女科学家奖3名、2021年度未来女科学家计划候选人1名。

党建强会 10月16日，学会理事会党委组织学会理事、会员、学会秘书处党员集中观看党的二十大开幕会并认真聆听习近平总书记所作的报告。组织党员理事撰写学习党的二十大报告体会和感悟，11位理事提交体会和感悟。

学会网站开设“党的二十大精神”专栏，学习和贯彻习近平总书记在党的二十大上所作的重要报告。

会员服务 学会建立微信公众号，为会员提供最新的国内、国际学科发展前沿性进展、科普信息等；学会重要活动信息等通过学会网站、微信群、微信公众号及时向会员发布。编辑1期学会会员通讯，介绍学会工作动态。

【第十六届中国鸟类学大会】 4月8—10日，由学会鸟类学分会主办的第十六届中国鸟类学大会线上召开，共1000余名鸟类学专业的专家学者和研究生参加会议。会议以“跨入中国鸟类学卓越时代”为主题，围绕鸟类生态学、行为学、保护生物学、保护遗传学、基因组学及方法学等领域进行讨论和交流。

大会邀请学会副理事长兼秘书长、中国科学院院士、中国科学院动物研究所魏辅文，武汉大学教授卢欣，长隆慈善基金会副理事长兼秘书长董贵信，中山大学教授刘阳，海南师范大学教授梁伟5位专家作特邀报告，以及6位青年学者作大会特邀青年报告。大会共组织20个专题报告会，涵盖鸟类群落结构、迁徙生态、保护遗传、生理生态、保护生物学、行为学、病原生物、适应演化、技术方法等，共有131位专家学者作专题报告。大会还组织“*Avian Research* 编辑面对面”“机场鸟类和生态环境调查方法”2场圆桌讨论会。大会汇编的论文摘要集共收录267篇会议报告摘要。

（撰稿人：张永文　王　潇）

中国植物学会

服务创新型国家和社会建设 2022年，学会中国科协第十次全国代表大会代表围绕“我国种业安全、生物种业发展”选题申报第十次全国代表大会代表调研课题项目，“牧草种业安全挑战与对策”调研课题获批。学会2名中国科协第十次全国代表大会代表聚焦牧草种业安全与耐盐碱饲草产业发展开展调研。7月，学会理事长、中国科学院院士种康前往内蒙古自治区呼伦贝尔草原调研；8月，学会副秘书长、办公室主任杨春晖联合相关领域专家到山东省东营市黄河三角洲进行实地调研和座谈研讨，就加强中国牧草育种及其相关基础科学源头创新，推动牧草分子选育技术、快速高效制种技术等新技术发展，鼓励企业依托优势资源牵头优化产业结构、打造优质产业链，大力培养草牧业高素质后备人才队伍四个方面提出建议。

学会建设 1月，学会召开全体理事团拜会，回顾2021年工作进展并规划2022年重点工作。7月和10月，学会分别在江苏省南京市和北京召开第十六届理事会第七次、第八次理事长联席会议，研究部署庆祝学会成立九十周年系列活动和学会2023年重点

工作。

学会启动组织撰写《中国植物学会九十年》，全面回顾学会成立九十年来的发展历程。

5月、7月、10月，学会兰花分会、女植物科学家分会和药用植物及植物药专业委员会分别在福建省福州市、江苏省南京市和浙江省杭州市召开工作会议，梳理和总结近年来各分支机构在学术交流、科学普及、科技服务等方面的进展，动员参加有关方面组织的各类活动，研究讨论2023年工作计划。

青年人才托举工程 学会开展第八届中国科协青年人才托举工程项目推荐工作，共推荐3名候选人，其中2人通过中国科协生命科学联合体评选获得资助。学会已累计托举17名青年人才。

主办期刊 2022年，学会承担中国科协分领域发布高质量科技期刊分级目录优化调整项目并获得资助。

学会共主办9种科技期刊，其中英文期刊4种，全部被SCI收录。

Journal of Integrative Plant Biology［《植物学报（英文版）》］、*Journal of Systematics and Evolution*［《植物分类学报（英文版）》］、*Journal of Plant Ecology*［《植物生态学报（英文版）》］、《植物生态学报》《生物多样性》5刊连续获得中国科技期刊卓越行动计划项目支持。

Journal of Integrative Plant Biology［《植物学报（英文版）》］、*Journal of Systematics and Evolution*［《植物分类学报（英文版）》］入选“2022中国最具国际影响力学术期刊”；*Journal of Plant Ecology*［《植物生态学报（英文版）》］、*Plant Diversity*［《植物多样性（英文版）》］入选“2022中国国际影响力优秀学术期刊”，《植物生态学报》入选“中国百种杰出学术期刊”。

2022年，*Journal of Integrative Plant Biology*［《植物学报（英文版）》］两年影响因子为9.106，位于国际植物学领域前4%，在植物科学排名第10，已连续10年位于Q1区；*Journal of Integrative Plant Biology*［《植物学报（英文版）》］主编巩志忠和《植物生态学报》主编方精云，*Journal of Systematics and Evolution*［《植物分类学报（英文版）》］编委高连明、《植物生态学报》编委白娥和《生物多样性》编委李晟，*Journal of Integrative Plant Biology*［《植物学报（英文版）》］编审贺萍和*Journal of Systematics and Evolution*［《植物分类学报（英文版）》］副编审梁燕，分别被评为中国科技期刊卓越行动计划2022年度优秀主编、优秀审稿人、优秀编辑。

学科发展工程 学会启动组织撰写《改善民生的中国植物科学》工作，选取中国植物科学90年来在食、衣、药、环境等方面，尤其是近30年来在解决国家重大科技问题和需求方面的十个案例，定位为科普图书。

国际学术会议 11月16—18日，由学会与东北林业大学东北盐碱植被恢复与重建教育部重点实验室联合主办的植物逆境适应机制国际前沿学术研讨会（2022）线上召开。22位国际专家受邀作报告，1000余名学者围绕大会主题“植物抗逆性的分子响应与生长发育调节”进行交流。

5月13—15日，由学会兰花分会与福建农林大学等共同主办的第二届兰科植物保育与利用国际研讨会在福建省福州市以线上线下结合方式召开。32位来自中国、日本、美国等国的专家学者围绕兰科植物就地保护与迁地保护、兰科植物保育与繁殖生态学、兰科植物及基因组学与分子调控等相关议题和研究方向作特邀报告。

国内主要学术会议 2022年，学会主办首届植物科学前沿学术大会，并入选《重要学术会议指南（2022）》。学会分支机构组织召开2次会议，征集交流论文、墙报305篇，超过270人参加会议。

8月11—13日，由学会女植物科学家分会与中国植物生理与植物分子生物学学会女科学家分会共同主办的第八届植物生物学女科学家学术交流会在黑龙江省哈尔滨市召开。大会以“植物生物技术与生物资源利用”为主题，邀请中国科学院院士杨维才、曹晓风等30余位专家分享近年来在植物生物学及相关领域取得的研究进展和重要成果，150多名女科学家和科技工作者参加会议。

10月28—31日，由学会药用植物及植物药专业委员会与杭州师范大学联合主办的第十七届全国药用植物及植物药学术研讨会在浙江省杭州市召开。与会专家学者展示药用植物种质资源、药用植物遗传育种与生态栽培、药用植物活性成分及作用机制、药用植物次生代谢途径及合成生物学新技术新方法等方面的最新研究成果。

科普活动 2022年，学会承担中国科协委托的科普教师培训项目。8月1—2日，中学生物教师科普培训报告会在北京举办，学会理事长种康、首都师范大学教授何奕騉等专家作报告。全国各地的中学生物学教师及省级植物学会组织在线收听，累计听众达 11.13 万人次。

学会作为支持单位参与制作央视《透视新科技》栏目“育种新说”第二季节目，学会理事长种康任科学顾问。

11 月 5 日，学会理事长种康应邀出席北京一零一中学生命科学社团活动，对学生开展的科研项目进行评议和指导。

中国科协开展 2022 年“科学也偶像”短视频征集活动，学会组织投稿，共推荐 5 部作品，其中 2 部作品获得三等奖、1 部作品获得优秀视频奖。学会获评最佳组织单位。

中国科协开展 2021—2025 年度第一批全国科普教育基地认定工作。学会推荐的北京市植物园管理处、上海辰山植物园、石家庄市植物园、云南省中医药民族医药博物馆、郑州植物园、中国科学院新疆生态与地理研究所吐鲁番沙漠植物园 6 家单位入选。同时启动学会科普教育基地认定工作，印发《中国植物学会科普教育基地认定与管理暂行办法》，每两年组织一次。

学会联合各省级植物学会继续开展“万人进校园”科普宣讲活动，在陕西、甘肃、安徽等省份的 17 所中学共开展线下科普讲座 18 场，受众达 4000 多人。

学会下属分支机构举办 2022 科普赋能“双减”嘉年华活动、点亮荒芜的植物“小矮人”研学活动、科技为民服务科普宣传各 1 次，累计受众 200 余人。

在全国 28 个省（市）开展 2022 年全国中学生生物学联赛，共有 38822 名学生参赛，评出各省一等奖 1664 名、二等奖 5278 名、三等奖 7968 名。

8 月 18—21 日，第 31 届全国中学生生物学竞赛在山西省太原市开展。来自全国 28 支代表队的领队、教练和 380 名选手参赛，共产生 100 枚金牌、140 枚银牌、140 枚铜牌。

表彰举荐优秀科技工作者 2022 年，学会完成第十五届谈家桢生命科学成就奖、第十七届中国青年科技奖、2022 年“最美科技工作者”等奖项候选人推荐工作。

党建强会 通过专题学习等多种形式，组织开展学习宣传贯彻党的二十大精神系列活动。组织党员在线收看中国科协党史学习教育总结会议、学习贯彻党的二十大精神辅导报告会，持续推动党史学习教育常态化、长效化。

学会党委发挥政治引领作用，前置审议人才举荐、大额经费支出及专业委员会主任兼任等事项。

【首届植物科学前沿学术大会】 7 月 19—21 日，由学会主办的首届植物科学前沿学术大会在江苏省南京市召开。来自中国科学院、中国农业科学院、中国林业科学研究院等相关研究所，以及北京大学、清华大学和南京大学等 149 家单位的 800 多位专家学者参加会议。

开幕式上，举办践行习近平总书记致第十九届国际植物学大会贺信精神 5 周年回顾活动。全国人大常委会副委员长、学会原理事长、中国科学院院士武维华视频致辞；学会理事长种康作《深入贯彻习近平主席贺信精神　奋力开启中国植物学会发展新征程》报告，梳理近 5 年来中国植物科学重大进展及植物科学发展趋势。

大会以“植物科学与生态农业”为主题，关注学科交叉与融合发展，聚焦乡村振兴和粮食安全等植物科学相关行业产业发展中涉及的重大基础科学问题。中国科学院院士许智宏、种康、曹晓风等 50 余位植物科学及物理、化学、生物成像等交叉领域的专家学者，围绕新技术、新方法与学科交叉，植物资源与生物多样性保护，分类学、系统发育和进化，生态学、环境与全球变化，发育和生理学，细胞、基因组和生物信息学 6 个专题，开展学术研讨与前沿探索交流，传播不同领域科学前沿动态和研究成果。

大会组织特邀报告、交叉报告、专题报告、第三届吴征镒植物学奖颁奖仪式、“漫谈科研路”青年 PI 培训、学科新秀论坛、期刊论坛及壁报展示等活动，收录论文摘要 131 篇。

【生物学教师科普报告会】 8 月 1—2 日，学会联合中国科协青少年科技中心和中国青少年科技教育工作者协会在北京以线上线下结合方式举办生物学教师科普报告会。报告会面向全国广大中学生物教师，以“融入式教学与实验设计”为主题，邀请生物学领域的专家和优秀一线教师担任主讲，旨在把植物科学前沿知识和研究思路通过生物学教师传播给学生，激发青少年对科学技术的兴趣，助力生物科学后备人才培养。

学会理事长种康、首都师范大学教授何奕騉、北京师范大学教授刘恩山、中国科学院遗传发育所研究员高彩霞、北京大学教授贺金生作农作物驯化与分子设计、基因编辑、科学思维教学、碳中和等领域的报告，向广大中学教师分享科学前沿热点及优秀实践案例。

报告会在山东省、河南省、江西省、安徽省等省级植物学会设立10多个分会场，组织广大中学生物教师收看，累计听众超过11万人次。

（撰稿人：姜　晔）

中国昆虫学会

服务创新型国家和社会建设　2022年，学会完成“中国特色一流学会建设”项目。项目主要围绕免套袋苹果生产中害虫危害、着色不均匀等“卡脖子”技术和在果农中技术推广“掉链条”难题，建立中国昆虫学会烟台工作站，从自动监测害虫发生、早期种植功能植物涵养天敌、中期释放寄生蜂，结合实时使用昆虫性信息素诱迷向、干扰害虫交配繁殖，到后期结果苹果表面着色调控，形成学会特有的免套袋苹果生产全生态创新链，并通过培训和推广构建可推广、可复制、可操作的模式，打造现代苹果省工省力、无污染的策源地和品牌。

开展“下田间”科技咨询、技术下乡活动，助力现代生态循环农业发展。学会科技咨询开发工作委员会主任、山东农业大学教授刘玉升组织专家团队前往多个农业合作社、家庭农场开展科技咨询，了解“三农”从业人员工作中的痛点、堵点、难点，为其解决土壤有机肥施用不足造成土壤质量下降问题、农产品品质不佳问题、农业有机废弃物处理难问题等，并提供“手把手”技术服务。围绕环泰安市区农业发展带，刘玉升提出打造“生物链农业”“生态体农业”“混合农业”模式，助力乡村振兴。学会组织兰陵县宏利种植专业合作社、泰安市岱岳区道朗镇润苗家庭农场、东阿县青源家庭农场有限公司、山东滨州科金西山生物农业科技有限公司、山东泰山源农业科技有限公司、泰安市岱岳区牧昆农场、山东森坤农业科技有限公司、济南叶子四季家庭农场有限公司等11个联盟单位开展科技咨询。

学会建设　11月21日，学会在北京召开第十一次会员代表大会，选举产生学会新一届理事会。

青年人才托举工程　7月，学会启动第八届中国科协青年人才托举工程项目的申报工作，收到10名候选人推荐材料，经专家评审，3名候选人进入中国科协生命科学学会联合体专家评审委员会评审，最终复旦大学钟正伟和海南大学林晓丹入选。

主办期刊　学会主办*Insect Science*［《昆虫科学（英文）》］、《昆虫学报》、*Zoological Systematics*［《动物分类学报（英文版）》］、《应用昆虫学报》、*Entomotaxonomia*［《昆虫分类学报（英文版）》］、《寄生虫与医学昆虫学报》和《环境昆虫学报》7种期刊。2022年共收稿1740篇，发表文章727篇，发行12010册，完成全年出版任务。

《昆虫科学（英文）》创建推特账号，开通“昆虫科学”微信视频号，以更生动直观的方式传播昆虫学科领域的新发现。《应用昆虫学报》关注学科前沿热点，以专刊和专栏的形式集中报道有重大经济意义的害虫防治研究，2022年共出版1个专刊和5个专栏。《环境昆虫学报》全年策划6个专栏和“红火蚁”专刊。

2022年，各刊影响因子均有提高。《昆虫科学（英文）》影响因子达到3.605，在国际昆虫学期刊中排名14/100；《昆虫学报》影响因子为0.7818，略有提升；《应用昆虫学报》影响因子为1.023，在生物学学科中排名19/93，在植物保护学学科中排名2/21。

国际学术会议　2022年，学会共组织国际交流3次，367位国内外昆虫学专家学者参加。其中中国学者228人，交流学术报告35个。

1月5日，由西南大学主办、学会蜱螨专业委员会协办的叶螨防治国际学术研讨会在重庆市召开。加拿大西安大略大学副教授Miodrag Grbic，日本东京农业技术大学副教授Takeshi Suzuki，比利时农业、渔业和食品研究所高级研究员Wannes Dermauw等专家线上作报告；西南大学教授牛金志和副教授魏朋线下作报告。150余名师生以线上或线下的方式参加会议，共同研讨叶螨防治应用的最新研究进展与成果。

7月16—17日，由学会国际交流工作委员会协办的第十届国际榕树论坛以线上线下结合方式在云南省西双版纳傣族自治州召开。来自15个国家的118名专家学者参加论坛，其中外籍53人。论坛共安排4个大会报告、16个专题报告及11个展板介绍。

11月17日，由华南农业大学主办、学会国际学术交流合作工作委员会协办的中国－巴基斯坦生物防治研讨会线上召开。15位中国学者、5位巴基斯坦学者参加会议，共作8个学术报告，78人在线参加会议。

国内主要学术会议　2022年，学会共组织4个学术会议，8463 人次参加，交流报告 85 个。会议包括中国昆虫学会昆虫生理生化与分子生物学专业委员会学术年会、2022 年入侵粉蚧绿色防控论坛、中国昆虫学会蛾类专业委员会第二届学术年会、2022 年虫媒病原传播与防控全国学术大会。

8 月 24—25 日，由深圳湾实验室传染病研究所主办、学会媒介昆虫与病原互作专业委员会参与承办的 2022 年虫媒病原传播与防控全国学术大会以线上线下结合方式在广东省深圳市召开。学会理事长、中国科学院院士康乐出席开幕式并致辞，学会媒介昆虫与病原互作专业委员会主任委员、清华大学教授程功介绍会议组织情况。大会共安排主旨报告 4 个、分场报告 25 个，线上最高观看人数达 6218 人。

科普活动　5 月 19 日，学会在西北农林科技大学昆虫馆蝴蝶园举办“感悟中华文化，享受美好旅程，放飞心中的梦想”第九届蝴蝶文化季活动。活动将中国诗词文化和旅游文化相结合，让游客在游玩中感悟传统文化。活动期间，还陆续开展蝴蝶放飞、蝴蝶微饲养、蝴蝶标本展翅、蝴蝶 DIY 制作等一系列主题活动。学会科普专业委员会副主任委员、西北农林科技大学副教授魏永平就活动的开展接受凤凰网专访。

学会科普专家团队举办伪装大师系列和昆虫歌手科普展。研发出两套移动科普展箱，伪装大师系列一套 10 个展箱，用微景观结合昆虫标本展出枯叶蝶、兰花螳螂、枯叶螳螂等 10 种昆虫的伪装本领；昆虫歌手系列一套 6 个展箱，使用模拟景观、昆虫标本和骨传导耳机逼真还原知了、蝈蝈、蟋蟀等 6 种昆虫的虫鸣。

依托科普大篷车先后走进杨凌恒大小学、杨凌西郊绿地康桥小学等 12 所中小学和陕西省宝鸡市凤县、渭南市合阳县、杨凌农业高新技术产业示范区等 6 地开展科普展览，受众超过 4000 人次。

5 月 22 日，在杨凌农业高新技术产业示范区举办“为所有生命构建共同的未来”国际生物多样性主题日活动。5 月 27 日、29 日，以“走进科技　你我同行”为主题，学会科普志愿者先后走进杨陵区张家岗小学和杨凌恒大小学，展示科普设备、昆虫机器人，举办科普讲座及“小小农学家”科普展板等活动。

党建强会　学会理事会党委组织学会党委委员、各分支机构人员、会员通过多种形式深入学习贯彻党的二十大精神。学会党委书记戈峰讲党课，学会 230 名理事和监事会成员参加党课学习。

【中国昆虫学会第十一次会员代表大会】　11 月 21 日，中国昆虫学会第十一次会员代表大会在北京以线上线下结合方式召开，230 位会员代表参加大会。大会审议并通过修订后的《中国昆虫学会章程》《中国昆虫学会第十届理事会工作报告》《中国昆虫学会第一届监事会工作报告》《中国昆虫学会第十届理事会财务报告》《中国昆虫学会第十一届理事会会费标准》《中国昆虫学会第十一次会员代表大会选举办法》。大会选举产生学会第十一届理事会理事、常务理事、理事长、副理事长及第二届监事会监事、监事长、副监事长，并聘任秘书长。戈峰当选学会第十一届理事会理事长，卜文俊、王四宝、王振营、王琛柱、王福祥、乔格侠、陆永跃、陈学新、陈祥盛、骆有庆、彩万志、戴武当选副理事长。张永安当选学会第二届监事会监事长，张雅林和张志勇当选副监事长。乔格侠被聘任为第十一届理事会秘书长。

学会十一届一次常务理事会议表决通过学会第十一届理事会副秘书长和分支机构主任人选。学会第十一届理事会常务理事党员扩大会议选举产生第十一届理事会学会党委书记、副书记、纪检委员。学会理事会党员 125 人，理事会党委委员 7 人，戈峰当选学会党委书记。

（撰稿人：孟晓星）

中国微生物学会

服务创新型国家和社会建设　2022 年 1 月，学会承担科技部《“生物大分子与微生物组”重点专项 2022 年度项目申报指南（征求意见稿）》的第三方评估工作。评估工作由学会理事长、中国工程院院士徐建国主持，由学会秘书长、中国科学院微生物研究所研究员向华主导，组织专家按时完成，最终形成科技部认可的评估报告。

7 月，学会常务理事、军事医学研究院微生物流行病研究所研究员杨瑞馥代表学会参与撰写《当前我国生物安全科技发展分析及对策建议》，经中国科协报送，被中央相关部门采用；12 月，学会推荐北京师范大学教授田怀玉参与撰写《当前全球新冠病毒变异毒株主要特点、演化变异趋势及对策建议》，经中国科协报送，被中央相关部门采用。

学会组建 4 支“科创中国”生物医药科技服务团，服务团专家走进田间地头、牧场、药企和种业集团，开展近 20 次面对面、点对点的科技服务。其中，服务

团在“科创中国”示范项目支持下，着力促进科技成果转化，提供技术研发指南55项、可转移转化的科技成果和产业化方案69项，转化落地科技成果5项，跟踪服务并解决技术问题6项，线上开展工业生物技术相关培训5次，约10万人次参加。服务团在全国进行合作应用和推广的企业有10家。此外，学会推荐2家单位被认定为首批“科创中国”创新基地。

学会组建成立病毒学、动物生物安全与健康管理、真菌学、发酵食品4个决策咨询专家团队，入选中国科协决策咨询专家团队。动物生物安全与健康管理决策咨询专家团队申报的“家养动物传染性生物安全风险因子预警与控制”项目获得中国科协资助，已提交牛结核病防控现状建议书。

学会建设 2022年，学会会员总数为21600余名。全年召开1次理事会议、2次常务理事会议。

学会共有23个专业委员会、6个工作委员会，新成立微生物组专业委员会。获得2022年度中国科协全国学会分支机构示范发展专项支持。

青年人才托举工程 2022年，学会推荐的2位青年学者入选第八届中国科协青年人才托举工程项目，分别是山东大学滕兆洁和武汉大学高帅。

主办期刊 学会主办的期刊有《病毒学报》《中国人兽共患病学报》《微生物学报》《生物工程学报》《微生物学通报》《微生物学杂志》和 *Virologica Sinica* [《中国病毒学（英文版）》] 7种，以及1种合作创办的期刊 *mLife*（《微生物》）。

Virologica Sinica 2022年转换为Open Access期刊，影响因子为6.947，在病毒学领域位居10/37，比2021年上升3位。

mLife 入选2021年度中国科技期刊卓越行动计划高起点新刊项目，2022年度出版4期，已被DOAJ、Google Scholar、Research Gate、Scopus等数据库收录。

《中国人兽共患病学报》获批中国科协2022年度全国学会期刊出版能力提升计划——期刊双语传播能力提升项目，建立双语在线发布系统，已加入国际全文数据库，促进中外学术交流与合作。

《病毒学报》《中国人兽共患病学报》《生物工程学报》入选科技期刊双语传播工程项目。《病毒学报》9篇论文、《中国人兽共患病学报》20篇论文和《生物工程学报》20篇论文入选2022年度科技期刊双语传播工程高质量论文。

学科发展工程 1月，中国科协开展国家整体科技能力评估工作，学会负责微生物学科的评估，主要由中国科学院微生物研究所研究员东秀珠作为专家组成员参加评估。评估聚焦基础研究发展水平、前沿科学技术和新兴学科发展情况、科研条件和大科学基础设施建设等重点内容，系统评价中国科学研究能力，最终形成决策咨询专报，为国家整体科技能力评估提供支撑。

国内主要学术会议 2022年，学会围绕“七十华诞 探微致远”主题开展一系列学术活动。学会及学会各专业委员会共举办20次学术活动，57.17万人次以线上或线下方式参加。

7月16日，由学会医学微生物学与免疫学专业委员会等主办的2022全国微生物与人体健康高端论坛在吉林省吉林市召开，300余人参加论坛。论坛报告内容既涉及医学微生物学、医学免疫学、临床感染病学，又涵盖药物研发、医学感染防控等研究，实现基础与临床相结合、理论与实践共发展。

7月29—31日，由学会地质微生物学专业委员会主办的中国微生物学会第十届地质微生物学学术研讨会在广西壮族自治区桂林市召开，全国147个单位的500余位来自地质学、微生物学、矿物学、环境科学与工程以及生态学等专业的专家学者参加会议。会议共设立9个专题，总计142个口头报告，包括14个大会报告、38个专题邀请报告、5个青年才俊论坛报告、25个研究生专场报告等，并展出墙报109份。

8月12—15日，由学会兽医微生物学专业委员会主办的中国微生物学会兽医微生物学专业委员会2022年学术论坛在吉林省长春市召开。论坛以“新时代，兽医微生物学与人类命运共同体”为主题，围绕兽医微生物学、微生物致病机制与免疫机理、兽用生物制品与诊断试剂、人畜共患病及防控等领域的新思想、新技术、新成果等进行学术交流和研讨。论坛共安排26个大会报告，征集论文127篇，其中论文全文46篇，学会主办期刊《微生物学通报》兽医微生物学主题刊进行征稿。

8月18—19日，由学会微生物资源专业委员会主办的第十三届全国微生物资源学术研讨会在湖北省武汉市以线上线下联动方式召开，5800人次在线学习交流。40位专家围绕微生物资源与种业产业、大健康、国家安全、“双碳”达标及分类培养策略与技术等议题作学术报告。

8月19—22日，由学会分子微生物学及生物工程专业委员会和广东省微生物学会联合主办的第四届合成微生物学与生物制造学术研讨会在广东省广州市召开，来自120余所高校、科研院所和企业的近400位专家学者参加会议。与会者围绕微生物、合成生物学、代谢工程、细胞工厂、天然产物生物合成、肠道微生物与人类健康等领域展开研讨与交流。会议专门设立青年论坛，为博士后、研究生提供学术交流平台。

8月23—26日，由学会环境微生物学专业委员会主办的第二十三次全国环境微生物学学术研讨会在天津市召开，约500位专家学者参加会议，18位专家作大会报告，106位专家学者在6个分会场进行报告交流。会议共收到论文及摘要243篇。

11月11—13日，由学会真菌学专业委员会主办的第五届真菌感染与宿主免疫学术研讨会以线上线下结合方式召开。52位专家就真菌感染与宿主免疫之间的关系、医学真菌感染的临床诊治、药物学研究等最新研究成果展开交流与讨论。大会共收到论文52篇，交流壁报38份。线下参加会议学者100余人，线上累计观看人数超过1.5万人次。

11月26—27日，由学会病毒学专业委员会主办的第五届全国病毒学青年学者学术研讨会线上召开，报告围绕“病毒遗传变异与分子流行病学”“病毒与宿主互作的分子机制”“病毒感染、免疫和致病机制”“病毒诊断、药物和疫苗研发”4个主题开展研讨，会议线上累计观看量超过7万人次。

科普活动　学会组建中国微生物学会科普演讲团，同时加入中国科协青少年科技中心主办的“大手拉小手科普报告会”。学会科普演讲团团员、真菌学专业委员会主任委员温海作题为《帮你了解青春痘》的报告。

8月，学会科学普及工作委员会主任、中国科学院微生物研究所研究员杨海花参加中国科学院传播局主办的《科学公开课》第二季，在“学习强国”、人民日报客户端等10余家主流媒体播放超过222万次。9月，学会理事长、中国工程院院士徐建国走进央视《科学家讲科学》栏目，作题为《微生物世界与传染病防控》的科普讲座，在中国科协、央视频等平台进行公益性推送，受众达163.2万人次。

3月，农业微生物学专业委员会在福建省南平市顺昌县郑坊镇举办“食用菌绿色循环栽培”暨“生态种养‘莓’好‘菇’事”科技开放日活动，近100位社会公众参加活动。8月，在福建省福州市闽侯县举办“蘑菇荣耀，绣球益生”科技开放日宣传活动，向市民展现科技助力特色产业提质增效的最新成果。

党建强会　2022年，学会健全学会党委、办事机构党组织、分支机构党小组三层组织体系和党建工作机制，在原有的党委、办事机构党组织的基础上，在专业委员会、工作委员会建立党的工作小组，全面推进党建和业务深度融合。

12月29日，学会在召开理事会议、常务理事会议期间召开党委会议，汇报2022年学会在党建强会方面的主要工作，学习党的二十大精神。

会员服务　学会编写《中国微生物学会通讯》（每年4期），反映学会年度工作的综合信息；在学会网站、微信公众号介绍学会工作动态、传播学会工作信息。

按照中国科协《“智慧科协2.0”建设三年规划（2022—2024年）》要求，学会开展会员入库工作，2022年年底已完成7006名会员信息采集入库，大约占会员总量的30%。

举办“七十华诞，探微致远”空中大讲堂系列讲座，讲座共6期，主题分别为“微生物与智能制造”“微生物与生态环境”“微生物与现代农业”“微生物与食品安全”“微生物组与资源挖掘”“微生物与生命健康”，并及时将讲座直播信息发送至会员，24位专家作为讲师，共吸引会员等近20万人次线上收看。

【中国微生物学会成立七十周年庆祝大会暨2022年学术年会】　12月18—19日，中国微生物学会成立七十周年庆祝大会暨2022年学术年会线上召开。学会理事长徐建国致大会开幕词。大会开幕式由学会秘书长、中国科学院微生物研究所研究员向华主持。

为弘扬科学家精神，学会在历届学术年会上都设置中国微生物学界前辈事迹报告。2022年，学会副理事长、广州国家实验室研究员郭德银以《汤飞凡教授对微生物学和我国防疫事业的贡献》为题，介绍学会创始人之一、学会第一届理事会理事长、中国科学院院士汤飞凡的生平事迹。中国疾病预防控制中心研究员阚飙以《高瞻远瞩，脚踏实地——杰出的微生物学家魏曦》为题，介绍学会第三届理事会副理事长、中国科学院院士魏曦为国为民无私奉献的一生。

学会邀请中国工程院院士徐建国，中国科学院院士邓子新、焦念志、张克勤、高福、邵峰，微生物技

术国家重点实验室教授李越中，中国科学院微生物研究所研究员吴边等作大会报告，累计6.8万余人次听取大会报告。

12月19日，围绕“微生物资源与微生物组学”“病原微生物与健康”“环境微生物与环境生物技术”“微生物代谢与合成生物学”4个主题和*mLife*青年学者论坛，共安排24个主旨报告和72个分会场报告，累计近36万人次在线听取报告。

（撰稿人：王　旭）

中国生物化学与分子生物学会

服务创新型国家和社会建设　学会支持各分支机构开展特色服务，建立专家科技服务团，提升决策咨询支撑能力。2022年，在山东省参与知识产权成果转移转化推介会——生物医药产业专场，对市场前景、经济和社会效益等方面进行介绍。组织委员前往山东舜丰生物科技有限公司、东隆科特酶制剂有限公司、东营兴盛特种设备科技有限公司、银丰生物工程集团有限公司进行调研及项目推介，对相关技术及行业发展现状进行探讨并提出建议。

学会建设　2022年，学会个人会员突破2万人。

全年共召开常务理事会议2次、理事会议1次，审议学会分支机构换届、增选、变更等方案；审议学术年会、国际会议筹备进展；推荐中国科协青年人才托举工程项目候选人、中国生命科学十大进展、中国青年女科学家奖人选，以及学会相关项目进展、奖项候选人、分支机构会议管理办法等事项。

召开监事会2022年工作会议，听取年度工作报告、财务报告、学会分支机构管理办法修订方案等，履行民主监督职能。

完成学会蛋白质专业分会、代谢专业分会、农业专业分会、工业专业分会的换届工作。成立中国生物化学与分子生物学会科技信息专业分会。

进一步规范内部管理。修订《监事会工作办法》《分支机构管理办法》《会员管理办法》，推动形成现代社团民主管理结构和治理机制。加强对分支机构会议、换届工作的管理。不定期召开理事长办公会议，就重大议题、重点工作进行部署。

编撰《中国生物化学与分子生物学会2022年工作年报》，同时发行纸质及电子版材料。

青年人才托举工程　学会开展第八届（2022—2024年度）中国科协青年人才托举工程项目候选人推荐工作，经评审，推荐北京大学生命科学学院于晓彧、军事科学院军事医学研究院生命组学研究所付业胜为候选人并成功入选。

学科发展工程　由学会组织各分支机构编写的《2020—2021生物化学与分子生物学学科发展报告》定稿，该报告总结学科发展最新进展及发展趋势，引领学科发展。

10月，中华医学会检验医学分会、中国医师协会检验医师分会与学会脂质与脂蛋白专业委员会等多个委员会共同发表临床检验相关指南——《中国临床血脂检测指南》。

国际学术会议　2022年，学会举办国际会议3次。共24000余人次参加会议，其中外宾约80人，均在线参加会议。

9月28—29日，2022脂质代谢与多器官损害学术研讨会在重庆市以线上线下结合方式召开，2.3万人次参加会议。大会主题为“脂代谢紊乱与疾病”，会上在线发布和解读《中国临床血脂检测指南》。

10月22—24日，2022年细胞研究国际前沿论坛以线上线下结合方式在浙江省台州市天台县召开。会议由中国科学院分子细胞科学卓越创新中心，*Cell Research*编辑部，上海市免疫治疗创新研究院（上海交大医学院附属仁济医院），中共天台县委、天台县人民政府，以及学会共同主办。约160人参加会议，13位海外专家线上作报告并参与讨论。

国内主要学术会议　2022年，学会线上线下共举办12次国内学术会议，超过23.6万人次参加会议。

1月19日，由学会临床医学专业分会主办的首届细胞外囊泡临床标志物及治疗研讨会在线召开。800余位科技工作者参加会议，会议线上浏览量达2000余次。

3月2日，由学会临床医学专业分会主办的首届质谱技术的临床转化应用及质量管理研讨会在线召开。2000余位专家学者参加会议。

3月3日，由学会工业专业分会主办的“医工融合”创新发展学术交流会在山东省济南市召开。会议主要围绕生物活性物质在医疗器械的临床应用展开研讨，40位专家参与讨论。

4月13日，由学会临床医学专业分会组织的器官移植实验室检测新技术新项目临床应用及质量管理研讨会在线召开。600余位专家学者参加会议。

5月26日，由学会蛋白质组学专业分会、国家蛋白质科学中心（北京）等联合举办的蛋白质组学技术及其在转化医学中的应用研讨会在线召开，520位专家学者参加会议。

6月10日，由学会临床医学专业分会承办的“质效兼得　只为确信”——2022年实验室生化检测系统发展高峰论坛（西南站）在重庆市、广西壮族自治区南宁市、云南省大理市、贵州省贵阳市等10余地联合开展。线上线下共5000余人次参加会议。7月29日，“质效兼得　只为确信”——2022年实验室生化检测系统发展高峰论坛（华北站）在北京举办，会议增设“大咖面对面”和“场外访谈”环节，共6万人次线上线下参加会议。

8月21—24日，由学会海洋专业分会与其他单位共同主办的2022年国际海洋生物医药高峰论坛暨上海海洋药物学术会议第十一届青年论文报告会在上海市以线上线下结合方式召开。会议主题为“创新海洋生物技术体系，推动海洋生物医药产业高质量发展”，约2000人次参加会议。

11月3—4日，由学会临床医学专业分会与其他单位共同主办的中国生物化学与分子生物学会临床分子诊断高峰论坛分别在江苏省南京市和北京市以线上线下结合方式同时召开，约3万人次参加会议。

12月10—11日，由学会脂质与脂蛋白专业分会与其他单位共同主办的第十六届全国脂质与脂蛋白学术会议暨山东省医学会第二十次内分泌学学术会议线上召开。会议具有跨基础、跨临床、跨学科、强调学术原创的特色，共9.2万人次参加会议。

12月22—23日，学会代谢专业分会2022年学术年会以线上线下结合方式在上海市召开。会议分为4个主题，由11位代谢研究专家汇报最新研究成果。线上最高参会人数达3637人，点击收看总量达2万余次。

国际交往　4月25日，亚洲及大洋洲生物化学家与分子生物学家联盟执委会扩大会议召开，中国科学技术大学教授、中国代表周丛照参加会议；6月14日，国际生物化学与分子生物学联盟非酶蛋白质命名委员会讨论会召开，周丛照参加会议；10月5日，亚洲及大洋洲生物化学家与分子生物学家联盟执委会会议召开，周丛照参加会议；11月30日，国际生物化学与分子生物学联盟非酶蛋白质命名委员会讨论会召开，周丛照参加会议。

科普活动　3月13日，学会教育专业分会主办第五届“金斯瑞杯”全国大学生生化歌曲大赛，来自59所高校的108支队伍参赛。

学会组织专家持续开展“打通学会科普工作‘最后一公里’，将科普知识送进西藏”系列科普宣讲活动。6月21—22日，2022年度雪域科普大讲堂活动在西藏自治区拉萨市举办。开展“证据会讲话”——公共安全技术科学解读科普讲座，拉萨市曲水县曲水中学近800名中学生、墨竹工卡县尼玛江热乡中心小学300多名小学生参加。此次活动由学会理事牵头，西藏民族大学西藏高原相关疾病分子遗传机制与干预研究省级重点实验室、高原环境与疾病相关机理研究高校重点实验室共同主办。

组织专家持续开展“中国生物化学与分子生物学会党委在行动——实验室开放月”科普系列活动。

表彰举荐优秀科技工作者　2022年，学会推荐国内外各级奖项及人才53人，其中包括谈家桢生命科学奖1人（周大旺，厦门大学）、2022年度中国生命科学十大进展3人（李伟，中国科学院动物研究所；池天，上海科技大学；林圣彩，厦门大学）。

学会奖励人才及单位近200人/项，其中包括2022年度郑集－张昌颖青年优秀论文奖励基金获奖者4人、2022年度罗氏大学研究基金获奖项目59项、第五届“金斯瑞杯”全国大学生生物化学歌曲大赛108支获奖队伍。

党建强会　2022年，学会党委、办事机构党支部深入贯彻落实党的二十大精神。全年共召开党委会议3次，前置审议学会重大事项。

会员服务　学会推进信息化工作，健全学会会员体系，拓宽会员发展途径。打通人才培育、服务和举荐通道，举办“谢师恩、迎中秋”“免费领取学会年历”“迎二十大、课题组风采征集”“院校推介”“企业会员推介”等活动，实现会员数量稳定增长。

【第29届亚洲及大洋洲生物化学家与分子生物学家联盟会议暨2022年中国生物化学与分子生物学会学术会议】　10月20—22日，第29届亚洲及大洋洲生物化学家与分子生物学家联盟会议暨2022年中国生物化学与分子生物学学会学术会议线上举办。会议由学会主办，深圳大学医学部、深圳市生物化学与分子生物学学会、上海市王应睐生物化学与分子生物学发展基金会、上海市生物化学与分子生物学学会和中国科学院分子细胞科学卓越创新中心协办。约1000人线

上参加会议。亚洲及大洋洲生物化学家与分子生物学家联盟主席 Akira Kikuchi，学会理事长、中国科学院院士李林分别致辞，亚洲及大洋洲生物化学家与分子生物学家联盟执委 Paul Gleeson 主持开幕式。

大会期间，在学会副理事长、中国科学院生物物理研究所研究员许瑞明等专家的主持下，中国科学院院士宋保亮、北京大学教授肖瑞平、亚洲及大洋洲生物化学家与分子生物学家联盟 2022 年卓越研究奖得主 Yong Tae Kwon、亚洲及大洋洲生物化学家与分子生物学家联盟 2022 年教育奖得主 Nirma Samarawickrema 等专家学者围绕大会主题“生物化学和分子生物学助力人类健康”作大会特邀报告。会议期间，6 个直播间的 90 余位专家学者围绕酶学与调控、蛋白质及其复合物和组装、DNA 复制与修复、基因表达与调控、编码及非编码核酸、脂质代谢与疾病、营养感知、代谢调控与疾病、细胞死亡机制、病毒生物化学、糖基化和脂质修饰、免疫生物化学与免疫治疗等主题，分别在直播间分享最新的研究进展。会议还设置教育专题圆桌论坛、《科研论文的结构及各部分写作要点》讲座，以及企业新技术新产品推介等。

闭幕式上，学会副理事长兼秘书长刘小龙代表学会作会议总结，并宣布郑集 - 张昌颖青年优秀论文奖励基金、罗氏大学研究基金和第四届普洛麦格生物化学奖等。

（撰稿人：孙晓丽）

中国细胞生物学学会

服务创新型国家和社会建设 4 月 14 日，学会联合中国科协生命科学学会联合体发布《关于提高老年人新冠疫苗接种和加强针比例的倡议书》，呼吁提高老年人的疫苗接种率，特别是加强针接种率。学会微信公众号倡议书的浏览量达 7 万次，先后被光明网、新华网等多家媒体转发，点击量突破 20 万余次，得到超过 600 名学者的响应支持。

组织开展 2022 重大科学问题、工程技术难题和产业技术问题征集工作，由上海交通大学医学院附属仁济医院刘颖斌推荐的问题“如何建立细胞和基因疗法的临床转化治疗体系？”入选中国科协 2022 重大产业技术问题，学会获 2022 年度优秀推荐单位奖。

7 月 12 日，学会入选中国科协 2022 年决策咨询专家团队建设试点单位，成立细胞生物学决策咨询专家团队，由学会副理事长、中国科学院院士李劲松和学会副理事长、南京大学教授李朝军担任首席科学家。8 月 10 日，学会召开 2022 年产业技术问题座谈会，12 位专家受邀出席，现场讨论针对入选问题的决策建议。经过凝练，学会共形成重大科技问题决策建议专报和前沿研究态势报告各 4 篇，邀请专家科普解读 2 篇，其中 1 篇建议专报已通过中国科协上报。学会获得 2022 年度学术成果凝练优秀学会。8 月 14 日，学会决策咨询研讨会线上召开，讨论工作计划并首次发布 4 项 2022 细胞生物学重大科学问题、工程技术难题和产业技术问题。

推荐 1 项选题获得中国科协第十次全国代表大会代表调研课题专项资助，围绕“实现我国精准高效生物种业的制约因素和发展建议”，提交决策建议专报 2 篇。

9 月 24 日，在第三届中国干细胞与再生医学协同创新平台大会暨标准发布会上，由学会参与起草的全球首项干细胞国际标准 ISO 24603《人和小鼠多能性干细胞通用要求》和 1 项国家标准《细胞无菌检测通则》正式发布。同时发布的还有学会 7 项团体标准：《人干细胞研究伦理审查技术规范》《人自然杀伤细胞》《人中脑多巴胺能神经前体细胞》《人神经干细胞》《人肠道类器官》《人肠癌类器官》《人干细胞来源细胞外囊泡制备通用要求》，对人干细胞研究伦理、干细胞及其衍生物的关键质量属性、质量控制等进行系统规定。学会牵头发起《干细胞行业从业者自律宣言》，得到包括学会理事、相关领域专家在内的近千名从业者和国内百余家单位联名签署响应。

11 月 9 日，学会与杨森中国签署战略合作计划意向书，计划加强基础科学领域与淋巴瘤疾病领域的沟通合作，促进科研成果的交流与探索。

学会标准工作委员会 27 位专家对国家药典委员会 12 月 1 日发布的《细胞类制品微生物检查指导原则草案（征集意见稿）》反馈 8 条修改建议，提供专业意见参考。

2022 年，学会共主办 3 次专业技术培训活动，共计 162 人次参加。

学会建设 学会在民政部 2022 年全国性社会组织评估中被再次评定为 4A 级；在最新发布的《2022 年全球科技社团发展指数报告》中，入选基础科学之生命科学 Top30 科技社团名单；连续 5 年参与中国科协重要学术会议推荐，被评为《重要学术会议指南》

2018—2022年度优秀组织单位。中国干细胞年会入选《重要学术会议指南》2018—2022年度品牌学术会议。学会青年工作委员会发起的“设立生命科学青年女性科学家职业发展基金”入选科协系统优秀工作案例。

2022年，学会共召开1次理事会议、4次常务理事会议、2次监事会议、3次理事会党委会议，部署推进学会各项工作落实。8月14日，学会第十二届理事会第四次全体理事会议线上召开，共有109位理事出席，9人列席。会议通报学会第十三届理事会换届方案，审议通过相关制度修订。

2022年，开展会员重新登记和发展新会员工作，清理失效会员。截至2022年年底，学会共有个人会员15299人、单位会员50家，其中新增注册个人会员4748人（含外籍会员5人）、新增单位会员13家。完成全国学会会员入库工作，共导入会员数据12785条，获评2022年度全国学会会员入库优秀单位。

10月16日，学会细胞治疗研究与应用分会第二届委员会完成重组改选。继续教育工作委员会更名为教育工作委员会，植物器官发生分会更名为植物细胞生物学分会。

8月13日，学会第五次分支机构评估会议线上召开，18个专业分会和4个功能工作委员会汇报2020—2021年度工作情况，共评选出4家优秀分会。

首次设立地方细胞生物学发展专项，支持当地开展学术交流和科普培训活动，2022年共资助4项。

制定《学会科学家精神教育基地建设与服务管理办法》，推动科学家精神教育基地的规范建设和服务工作，设立河北安国中学和“iFuture科学咖”科学家风采展示基地2家单位为首批学会科学家精神教育基地。

学会会议直播平台新增微信视频、抖音直播，已实现4个渠道同步直播学会活动，并制定《学会自媒体平台直播手册》，指导学会分支机构开展直播。

青年人才托举工程 学会开展第八届中国科协青年人才托举工程项目人才选拔推荐工作，推荐的王菊琼、李冬冬2位候选人入选。

2022年，受中国科协青年人才托举工程项目支持的青年人才共发表第一作者、通讯作者研究论文7篇，获得国家级项目资助计划6项，申请专利1项。

8月14日，学会线上召开2022年青年人才托举工程项目汇报会，对项目开展情况进行阶段性总结和进展交流。8位入选者汇报项目执行情况，学会专家评委给予指导建议。

主办期刊 *Cell Regeneration*（《细胞再生》）入选中国科协2022年度中国科技期刊卓越行动计划高起点新刊项目。65位编委中共有10人入选2021年中国高被引学者榜单，时玉舫和宋洪军2位编委入选2022年全球高被引科学家榜单。

6月28日，科睿唯安发布最新年度《期刊引证报告》，*Cell Research*（《细胞研究》）影响因子为46.297，*Cell Discovery*（《细胞发现》）影响因子上升至38.079，在细胞生物学的194种期刊（除综述类）中分别排名第3和第6。*Journal of Molecular Cell Biology*（《分子细胞生物学报》）影响因子为8.185，在细胞生物学领域的影响力排名位于世界前25%（Q1区）。*Cell Research*、*Journal of Molecular Cell Biology* 均入选“2022中国最具国际影响力学术期刊”。

Cell Research 入选2021年度中国卓越科技期刊十大最美封面，1篇文章入选第七届中国科协优秀科技论文遴选计划（生命科学与基础医学集群）。

11月6—7日，*Cell Discovery* 联合主办的第二期SSCB-CD Symposia线上召开，以“T细胞免疫疗法”为主题，17位专家作报告。会议通过多渠道同步直播，观看量达到474.84万人次。

学科发展工程 学会牵头负责中国生物学研究整体水平和国际影响力评估项目，组织邀请134位专家参与指导调研，构建指标体系，完成《中国生物学研究整体水平和国际影响力评估报告》及简报各1份，以《关于建立生物学基础前沿领域稳定支持机制的建议》为题提交建议专报1份，形成中国生物学整体研究水平评估的第一手资料。

国际学术会议 2022年，学会举办国际学术交流活动4次，包括3次学术云论坛和1次境内国际学术会议，交流论文、报告73篇，共计6305人次参加会议，其中境外学者参加30人次。

国内主要学术会议 学会及各专业分会共举办国内学术会议22次，其中16次会议采用线上或线下线上结合方式召开，并增加多平台同步直播，共计5252708人次参加会议，交流论文、报告792篇。

8月5—8日，由学会肿瘤细胞生物学分会主办的第三届全国肿瘤细胞生物学年会在吉林省长春市召开，88位专家作报告，收录论文摘要100篇，展示墙报60份，650人参加会议。

9月26—29日，由学会染色质生物学分会和中

国遗传学会表观遗传学分会联合主办的2022年度染色质生物学与表观遗传学大会在江苏省南京市召开，59位专家学者围绕7个专题作报告，500人参加会议，交流论文、报告100篇。

10月19—23日，由学会神经细胞生物学分会主办的第十一届神经细胞生物学前沿研讨会在四川省成都市召开，42位专家受邀出席并作报告，100人参加会议。

10月23—25日，2022年度中国细胞生物学学会免疫细胞生物学分会年会在浙江省杭州市以线上线下结合方式召开，20余位专家作报告，累计8184人次参加会议。

两岸交流 7月1—2日，由学会和台湾细胞及分子生物学学会共同主办的第十四届海峡两岸细胞生物学学术研讨会以线上线下结合方式召开。会议邀请来自海峡两岸及香港特别行政区的28位专家作分享报告并同步直播，约7万人次在线参加会议。

国际组织任职 12月3日，在亚洲－太平洋地区细胞生物学组织第九届执委会换届选举中，学会理事长、中国科学院院士陈晔光当选亚洲－太平洋地区细胞生物学组织理事长，学会对外交流工作委员会主任、中国科学技术大学教授姚雪彪当选亚洲－太平洋地区细胞生物学组织秘书长，任期均为2023—2026年。

12月6日，国际细胞生物学联盟会员大会召开，学会理事长、中国科学院院士陈晔光当选国际细胞生物学联盟副理事长，任期为2023—2026年。

国际交往 11月7—11日，学会理事长、中国科学院院士陈晔光出席2022年国际细胞生物学大会暨亚洲－太平洋地区细胞生物学组织学术大会并作大会特邀报告，近10位专家学者参加会议。学会获得2026年亚洲－太平洋地区细胞生物学组织学术大会承办权。

12月6日，学会支持国际干细胞研究协会2025年年会落地香港特别行政区。

科普活动 学会联合理事、专业分会、地区单位会员和学会科普基地，共举办线上或线下科普活动107次，受众169.76万人次，被中国科协评为2022年度全国学会科普工作优秀单位，学会1项科普日活动“生物节律与健康”入选2022年全国科普日优秀活动名单。

2022年，学会共出版4部科普作品：《昼夜节律的密码》、“细胞生物惊奇事件簿”系列图书之《你的生物钟是几点？》《基因狂想曲》《药物的体内奇幻漫游》。其中《基因狂想曲》入选2022年全国学前及中小学生暑期分年级阅读推荐书目——初中二年级主题书单，《你的生物钟是几点？》先后入选广东教育杂志社暑假优质书单、第二十三届深圳读书月“年度十大童书”30本入围图书、《中国教育报》2022年度教师推荐的十大童书和2022央视读书精选。4月24日，学会科普图书《生命的时钟》入选中国科普作家协会推荐原创科普图书（100种）。

5月，开展学会2022年全国联动“实验室开放日”活动，共有60家实验室参与，其中24家开展线下活动、36家开展线上开放活动，线上浏览量累计21.83万余人次。

7—10月，开展学会第十一届显微摄影美图秀征集活动，鼓励科技工作者用艺术思想和科学方法展现微观世界的美图，共评选出10幅优秀作品和5幅入围作品。

举办第五届细胞生物学“创意课堂”作品遴选活动，面向高校师生共征集112部作品，评选出13部入围作品和10部网络人气作品，并通过学会微信公众号、视频号、B站、微博发布，累计点击量达17.1万余次。

8月14日，学会2020—2021年度科普基地评估会议线上召开，14家科普基地参与评估，进一步规范学会对科普基地的管理建设。新设立北京师范大学珠海校区生物科技研究中心为学会科普基地。

10—12月，组织开展2022年诺贝尔生理学或医学奖／化学奖解读讲座26场，35位专家参与讲解，142.66万人次浏览。

表彰举荐优秀科技工作者 学会继续开展中国细胞生物学学会创新奖评选，2022年共表彰奖励科技工作者6人，中国科学院院士林圣彩、宋保亮获杰出成就奖；昆明理工大学教授谭韬和清华大学副教授葛亮获青年科学家奖，中国科学院分子细胞科学卓越创新中心研究员高栋和浙江大学教授周琦入围青年科学家奖。

推荐中国科协科技人才奖项评审专家37名。组织推荐2022年度中国生命科学十大进展8项，入选3项，同时举荐该项目评审专家45名。

党建强会 2022年，学会理事会党委组织召开党的二十大精神传达系列学习会议4次。在学会网站和微信号设立“党的二十大精神”专栏，总阅读量达1487次。

继续推进在学会分支机构建立党的工作小组，截至2022年年底，18个专业分会全部成立党的工作小组。

开展“树先锋，展风采”优秀党员宣传活动，宣传相关领域41位优秀党员的先进事迹，浏览量达8800余人次。

9月26—30日，中国科协党校“领航计划”青年科技领军人才国情研修活动（中国细胞生物学学会班）在上海市以线上线下结合方式召开，47位青年科技工作者参加，搭建青年科学家的党性学习锻炼平台。

11月29日，学会青年工作委员会主办的第十二期细胞黄浦研修班邀请南昌大学马克思主义学院院长胡伯项解读党的二十大报告。

会员服务 新建学会专业分会微信号“聊疗细胞”，运营微信公众号、微博、B站、头条、抖音5个媒体平台号，粉丝共计14万个。学会微信公众号全年共推送各类资讯1398条，包括为会员单位发布招聘广告132条、企业资讯17条，使其成为学会宣传和展示的窗口。

发布学会电子简讯12期，每月定期免费推送给会员，赠阅学会2022年度工作手册、台历共计2500份。支持会员参与学会活动，全年通过会员积分兑换礼品234份。

在全国科技工作者日期间开展系列主题活动，吸引638位会员参加，同时结合学会科普活动号召科技工作者开展科技志愿服务，被中国科协评选为2022年全国科技工作者日活动优秀组织单位。

推荐会员单位北京华龛生物科技有限公司的1项技术入选2022年“科创中国”先导技术榜单（生物医药领域）。

【中国干细胞第十二届年会】 11月21—24日，由学会干细胞生物学分会主办的中国干细胞第十二届年会以线上线下结合方式在安徽省合肥市召开，共650位专家学者参加会议，线上最高实时观看人数达2516人次，总点击量超1.2万人次。

大会邀请8位国内干细胞领域专家作大会特邀报告，设置6场学术分会场和2场青年论坛，67位报告人进行专题报告，分享新形势下对干细胞基础研究与临床转化的新思考，4位院士受邀参加会议。会议收录、展示投稿墙报40篇。

会议首次开设中国干细胞产业论坛，来自中盛溯源生物科技有限公司、浙江霍德生物工程有限公司等6家企业的创始人、CEO分享干细胞产品研发所面临的挑战，为干细胞基础研究与转化提供新的视角。

（撰稿人：林晓静）

中国植物生理与植物分子生物学学会

服务创新型国家和社会建设 9月26日，学会组织专家开展乡村振兴调研活动，在学会名誉理事长、中国科学院院士许智宏的带领下，专家团走进福建省福州市开展实践调研活动，许智宏、中国科学院院士陈晓亚、中国科学院分子植物科学卓越创新中心研究员何祖华等专家先后在福州市、福清市、福州市闽侯县等地开展服务基层活动，与企业负责人、合作社带头人进行沟通交流，帮助企业和合作社解决生产中的实际问题，发挥学会“思想库、智囊团”作用，为地方经济社会发展建言献策，调研结果将形成报告提交至有关部门。

学会建设 2022年，学会共召开理事会现场会议1次，常务理事会现场会议1次、视频会议1次。会议评选学会2022年度优秀科技人才、讨论学会2022年全国学术年会筹备事宜、汇报2022年学会工作，同时确定学会2023年全国学术年会的举办地等。

协助地方植物生理学会举办学术会议，促进地方学会的发展和地区性植物生物学交流。

青年人才托举工程 2022年，学会共推荐3名会员申报第八届中国科协青年人才托举工程项目，中国科学院分子植物科学卓越创新中心黄永财和北京大学吕默含获得资助。

主办期刊 据2022年6月公布的2021年度《期刊引证报告》，学会主办英文期刊*Molecular Plant*（《分子植物》）SCI影响因子为21.949，位居植物科学研究类期刊全球第1。《分子植物》的姊妹刊*Plant Communications*（《植物通讯》）于2020年1月正式创刊，2021年度首个SCI影响因子为8.625，位居植物科学研究类期刊全球第7。

学会主办的中文期刊《植物生理学报》入选《2021年版中国科技核心期刊目录》、2021《中国学术期刊影响因子年报》统计源期刊，收录在《中文核心期刊要目总览》（2020—2023年）、中国科学引文数据

库核心期刊（2021—2022年）。核心影响因子为1.329，位居中文植物学期刊前三；复合5年影响因子为2.15，在93种中外文生物学期刊中排名第8。

学科发展工程 学会承接中国科协生命科学联合体2022年度“中国生命科学领域十大进展”遴选工作，共推荐5项重大进展，其中“水稻抗高温基因挖掘及调控新机制”项目入选。

国际学术会议 1月9—10日，学会参与协办CEPAMS中英中药代谢会议，来自中国和英国的80余位专家学者和学生参加会议，围绕药用植物次生代谢和天然产物合成进行交流讨论。

举办Mplant植物结构生物学在线研讨会及在线讲座，邀请国内外专家学者线上开讲。2022年共举办20余场，促进植物生物学前沿科学进展交流。

国内主要学术会议 2022年，学会共召开国内学术会议4次、线上讲座/论坛12期，线下参加会议人数近1500人，线上参加会议人数超过5000人次，交流论文402篇。

8月11—13日，由学会女科学家分会与中国植物学会女科学家分会共同主办的第八届植物生物学女科学家学术交流会在黑龙江省哈尔滨市召开，来自全国各地的150余位女科学家参加会议。会议以“植物生物技术与生物资源利用”为主题，近30位中青年女科学家作大会报告。会议还颁发学会第三届优秀女青年奖。

科普活动 在全国科技活动周期间，学会组织国际植物日系列科普活动。联合全国7个省市的10所高校、科研院所、地方学会开展主题为“植物与碳汇”的大型科普活动。活动期间，线上线下共举办科普讲座8场、科普展览5个、科普直播活动4场、科普视频展播5场，累计参与人数超过5万人次。活动以国家“双碳”目标为出发点，向大众普及植物固碳知识，让大众了解“双碳”目标的意义以及植物在生物固碳方面所作出的贡献。

9月29日，在学会2022年全国学术年会上组织教育与科普论坛，向青年学生和大众普及植物科学知识。报告邀请武汉大学高等研究院院长、中国科学院院士朱玉贤，北京大学教授顾红雅和华中农业大学教授欧阳亦聃作《植物演化》《水稻的“可设计时代”》等科普报告，线上线下受众近2000人次。

8月，植物生物学女科学家科普校园行活动走进东北农业大学和黑龙江省“巾帼科普大讲堂”作科普报告。中国科学院院士曹晓风、中国科学院大学教授田世平、山东大学教授夏光敏、福建农林大学教授廖红等分别以《我的科研之路，选择、坚持与机遇》《科研工作的兴趣与责任》《小麦与人类生活》《乡村振兴中的中国女科学家》为题作报告，向青年学子分享她们的科研经历。

推动建立上海市“科学种子”辅导站并对中小学生进行植物课题研究辅导，辅导课题数目30余项，优秀课题还将推荐参评全国青少年科技创新大赛。

面向学会各科普活动单位设立科普优秀活动单位及科普活动优秀个人奖项，2022年共有7家单位被评选为科普优秀活动单位、7名科普工作者被评选为科普活动优秀个人。

表彰举荐优秀科技工作者 2022年，学会共推荐第十五届谈家桢生命科学创新奖、第十七届中国青年科技奖等奖项候选人10人，其中，中国科学院分子植物科学卓越创新中心研究员王佳伟和四川农业大学教授陈学伟获得第十五届谈家桢生命科学创新奖，福建农林大学教授徐通达获得第十七届中国青年科技奖。

开展学会卫志明青年创新奖、光生物学杰出贡献奖、优秀女青年奖、先正达齐尔顿研究生奖学金等奖项评选工作，举荐会员参评各类省部级奖项。共有40位会员获得学会奖励和省部级奖项。

党建强会 2022年，学会共召开党委前置审议会议2次，审议学会常务理事会议重大事项。

9月30日，在学会全国学术年会上，邀请党的十九大代表、福建农林大学教授廖红作思想报告和学术报告。

10月22日，联合中国科学院分子植物科学卓越创新中心举办许智宏院士八十华诞学术成就与科学精神座谈交流会。会上学习中国科学院院士许智宏为中国植物生理学所作出的杰出贡献及传播普及科学精神的卓越功绩。

会员服务 2022年，学会新增会员453人。面向会员开展卫志明青年创新奖等奖项评选工作。

【中国植物生理与植物分子生物学学会2022年全国学术年会】 9月27—30日，中国植物生理与植物分子生物学学会2022年全国学术年会在福建省福州市召开。来自28个省、自治区、直辖市的150余家单位的近800名专家学者和30余家企业代表线下参加会议，1100余人线上参加会议。

年会以国家“双碳”目标为出发点，以“‘双碳’

目标下的植物生物学”为主题，邀请9位大会特邀报告人和86位专家及青年学者作学术报告，共设置6个专题分会场和4个学科分论坛。会上还颁发卫志明青年创新奖等奖项。

（撰稿人：郑亚洁）

中国生物物理学会

服务创新型国家和社会建设 2022年，学会将“科创中国”工作重点聚焦于大健康产业的技术创新和市场转化，成立“科创中国”体医融合健康产业科技服务团。服务团由院士领衔，由体育训练、临床医学、营养膳食、运动康复、健康管理等领域专家组成，与高新技术企业在人工智能、大数据、物联网等重点产业开展合作，服务社区居民健康促进、慢病运动康复、健康产业技术创新。

与联想集团合作，完成联想健康管理数字平台搭建。数字平台收集医学诊断、体征指标、运动能力和营养习惯等数据，基于智能诊疗算法，为患者健康测评构建全方位用户健康画像，通过引导患者改善生活方式并配合治疗，达到预防与干预疾病的目的；通过温馨提醒与关怀，提升用户依从性，获得健康知识与运动指导，提高用户自我管理能力。

助力中国医药卫生事业发展基金会改变糖尿病专项基金，就运动评估流程、健康运动及科学控糖等技术问题，以患者为中心进行个体化评估及科学指导，为社区2型糖尿病患者提供科学运动方案，提升患者健康素养及主动健康能力，延缓或减少急慢性并发症，提高患者健康生存质量。

2022年，服务团以企业技术需求为出发点，以解决技术问题促进科技成果转化为核心，建立长效紧密的工作机制。共解决企业技术问题54项，为数字化平台36项技术问题匹配相应研发专家和团队，提交科技成果产业转化方案50项。

学会参与国务院“国家整体科技能力评估”项目，在生物大分子相分离与相变、分子生物物理、新技术新方法、光生物物理、纳米酶等学科领域，就国家重大科学问题研究水平、高水平研究成果产出、高层次人才队伍建设、体制机制和政策环境建设、基础设施条件建设、国际合作交流、国际比较、前沿发展态势等现状开展调研并形成评估报告。

参与科技部国家重点研发计划申报指南第三方评估“生物大分子与微生物组”重点专项，为国家研发计划的研究方向、重大科技战略、内容创新性、研究指标的精准度提供意见和建议。

学会建设 2022年，学会新增个人会员2103人，个人会员总数达27379人，会费缴纳人数从2021年的5992人增至9463人，增幅达58%。

经学会第十二届二次理事会议审议通过，新增人工智能生物学分会、细胞钙信号分会；名词审定工作委员会已完成社团授权任务和宗旨使命，同意其撤销。截至12月，学会共有34个专业分会及3个专业委员会，学术类分支机构达到37个。

制定学会首部《中国生物物理学会档案管理规范》，并按规范中列出的十二大类68项，以文书档案、音像档案、人物档案的形式梳理入档资料，规范档案收集、管理和使用。完善《贝时璋奖章程》《中国生物物理学会分支机构年度工作量化考评计分体系》，完成2022年度分支机构综合考评。

完善学会财务分类管理体系，有效区分学会下属各分支机构自有资金和学术活动收支的审批权限及规则，实现分支机构财务的分级、分类管理。同时开展学会收费行为和承担中国科协资助项目实施情况专项检查，对2019—2021年共计27个相关项目逐一进行财务审查，规范学会收费行为，促进学会承担中国科协资助项目提质增效。

以学会代谢生物学分会为试点，从高质量学术交流品牌培育、科普基地建设、青年人才培养全链条体系搭建、分支机构精准化管理等四个维度，打造分支机构发展示范模板，推动学会分支机构规范运行和高质量发展。

改版学会媒体平台，新增“党的二十大精神专栏”“科学家精神宣讲”“观点”等主题栏目。2022年，学会官方网站累计浏览量约489万次，微信公众号累计阅读量超过32万次。

青年人才托举工程 学会完成第四届中国科协青年人才托举工程项目总结，对第五届、第六届、第七届中国科协青年人才托举工程项目实施及项目成果进行汇总，开展第八届中国科协青年人才托举工程项目申报。中国科学院上海药物研究所段佳、中国科学院生物物理研究所曹磊获得第八届中国科协青年人才托举工程项目资助。

主办期刊 *Protein & Cell*（《蛋白质与细胞》）在2022年发布的《SCI期刊引证报告》中，影响因子提升至 15.328，位列全球 195 种细胞生物学学科 SCI 期刊的第 18 位，连续第 9 年获评中国最具国际影响力学术期刊。*Biophysics Reports*（《生物物理学报》）出版单分子技术、相分离等热点领域专刊，并被 PubMed Central、Scopus、BIOSIS Preview 等数据库收录。《生物化学与生物物理进展》完成“蛋白质、多肽的检测与疾病诊疗”“动物模型研究”“神经胶质细胞研究”等专刊的出版及刊物网站的升级，组织召开首届生物化学与生物物理进展学术论坛。

国际学术会议 2022 年，学会以线上会议的形式组织国际学术会议 4 次，参会人数 23.8 万人次，举办学术报告 79 场，30 位国外专家以视频方式参加会议。

学会膜生物学分会邀请到包括 2013 年诺贝尔生理学或医学奖获得者 Randy Schekman、美国细胞生物学会前主席 Pietro De Camilli 等在内的国内外专家，组织召开“琢膜成器”高端云论坛 11 期。参与 ZOOM 会议平台双向讨论的观众累计超过 4520 人次，通过寇享会议直播平台观看学术报告的观众达数千人次。

学会线粒体生物学分会承办线粒体通讯国际学术论坛 9 期，邀请国内外专家介绍线粒体生物学研究前沿热点，累计观众达 149508 人次。

学会代谢生物学分会主办“代谢鸿论”系列学术报告，以直播方式定期邀请代谢领域国内外专家在线讲座并讨论和答疑，2022 年共举办讲座 47 场，累计 81700 人次参加会议。

学会亚细胞结构与功能分会创办“诸子论道”云论坛，旨在跟踪国际亚细胞结构变化和动态调控研究领域的最新研究手段和重要技术，讨论新技术、新方法在亚细胞结构功能研究方面的应用案例，促进国内外亚细胞结构功能研究的交融。2022 年共举办 12 期，累计 2346 人次参加论坛。

国内主要学术会议 2022 年，学会及其所属分会共举办国内学术会议 17 次，线上线下累计参会人数近 64 万人次，交流学术论文 960 篇，1497 位专家学者作学术报告。

8 月 27—29 日，学会纳米生物学分会在云南省大理市召开中国生物物理学会纳米生物学分会第八届（2022）学术年会。会议围绕纳米递送与生物效应、分子影像与诊断、前沿生物技术与医学转化、探测与交叉科学 4 个主题，组织大会特邀报告 8 场、专题报告 181 场、快闪报告 10 场、墙报展示 40 份。中国科学院院士、中国科学院生物物理研究所研究员阎锡蕴，中国科学院院士、中国科学院长春应用化学研究所研究员陈学思，中国科学院院士、中国科学院过程工程研究所研究员马光辉，中国科学院院士、武汉大学教授宋保亮，日本国立物质材料研究所 / 筑波大学教授陈国平，美国俄亥俄州立大学教授郭培宣等 40 余位国内外专家作学术报告。370 余位来自全国各科研院所及高等院校的科技工作者参加会议，分享最新研究成果，拓展研究思路，促进生物学、物理学、生物医学工程、药学、临床医学、材料科学、化学等多学科的交叉融合。

国际交往 1 月 19 日，亚洲生物物理联合会执委会会议线上召开。学会副秘书长、亚洲生物物理联合会委员刘铁民代表学会出席会议。

8 月 27—30 日，学会生物磁共振分会副会长、四川大学华西医院教授龚启勇受邀出席在美国举办的第 15 届美国功能神经放射学会年会，并作精神影像学领域的主题报告。

11 月 6—20 日，学会低氧与健康科学分会副会长、首都体育学院教授吴昊应邀参加在埃及召开的第 27 届联合国气候变化大会，与联合国开发计划署、世界自然基金会等国际组织的专家学者就低氧与健康、高原水资源环境保护进行交流。

科普活动 学会正式上线科普信息化平台，并与学会会员系统链接，实现活动报名、专家筛选、结果发布、通知公告等功能。

在科普中国、快手等平台新增学会官方科普账号。截至 12 月 31 日，线上科普平台共计开展科普活动 24 场，投放科普类视频 202 个，累计播放 160.92 万次，科普平台用户 12.48 万人，较 2021 年增加 135%。

组建由青年科技工作者为主要成员的直播团队，自主完成选题、专家邀请、流程设计和直播拍摄。2022 年，学会在哔哩哔哩（B 站）学会官方账号共进行 21 场科普直播，累计收看人数达 54.89 万人次，并推出 68 期原创科普短视频。其中，配合中国科学院 2022 年公众科学开放日活动，以小鼠为主人公，用电影的表现手法进行 2 小时的直播，《北京青年报》、知乎、快手、科普中国、B 站等平台累计收看人数近 35 万人次，《科普时报》对其进行宣传及追踪报道。

表彰举荐优秀科技工作者 经学会推荐，中国科学院生物物理研究所研究员王祥喜获得第十七届中国青年科技奖；“新冠病毒突变株免疫逃逸机制”和“多细胞生物自噬起始的分子机制”两个项目入选 2022 年度中国生命科学十大进展。

党建强会 学会制定《中国生物物理学会意识形态工作责任制实施办法》。认真贯彻落实“三重一大”决策制度，党委对学会重大决策、重要干部任免、重大项目安排和大额资金使用等事项进行前置审议，监事会对“三重一大”事项进行全程监督。

12 月 3 日，学会召开第十二届二次理事会议，学会党委书记王宏伟向参会的全体理事、监事、党委成员作学习党的二十大精神讲座。

会员服务 在全国知识产权宣传周期间，学会以“全面开启知识产权强国建设新征程”为主题，面向会员发送《2022 知识产权周特刊》21824 份，普及产权法及著作权法，打造知识产权特色服务。

优化会员服务系统，推进会费发票电子化，新增发票提示、查询功能。

【2022 生物物理学术年会】 12 月 2 日，2022 生物物理学术年会线上召开。开幕式由学会副理事长兼秘书长、中国科学院生物物理研究所研究员张宏主持。学会理事长、中国科学院院士、广州生物岛实验室主任徐涛，中国科学院院士、河南大学校长张锁江出席开幕式并致辞。

会议以“生物物理前沿与人类健康”为主题，组织特邀报告 6 场、专题报告 201 场、专题讨论会 17 个、特色论坛 1 个，交流学术墙报 66 份，980 余名专家学者注册参加会议，线上累计观看人数超过 20 万人次。

中国科学院院士、首都医科大学教授王松灵，中国科学院院士、军事科学院教授刘国治，中国科学院遗传与发育研究所研究员田烨，中国科学院院士、中国科学院过程工程研究所马光辉，北京师范大学教授王晓群，中国科学院院士、中国科学院精密测量科学与技术创新研究院研究员刘买利分别作题为《从口腔走向全身的健康使者——硝酸盐》《太赫兹与生物物理》《线粒体稳态调控与机体衰老》《仿生合成疫苗：从人工颗粒到天然颗粒底盘》《脑发育与演化的分子细胞调控机制》《核磁共振：走进化学》的大会特邀报告。

会议期间，由学会女科学家分会主办的首届女科学家科研成果奖进入终评环节，入围的 28 位优秀女性科技工作者与 1762 位参加会议的学者进行交流，活动在 B 站、快手、知乎、视频号等媒体平台同步直播，线上观众达 17.89 万名。

【“科学家请回答”2022 系列活动】 3 月，学会中学生物学教学分会发起并启动“科学家请回答”2022 系列活动。面向全国高中生物学教师，着眼日常教学、高考实操、学生提问等共征集生物学问题近 50 条，涵盖细胞与分子、动植物生理、稳态、现代生物技术 4 个类别。学会组织近 20 位科学家参与问题的解答，并分批分期刊登在主要读者群为全国中学生物学教师的核心期刊《生物学通报》上，搭建科学家与中学教师的对话平台，为中学生物学教师提供科技知识、思想方法、教学素材和科研实践等方面的学术支持。

（撰稿人：王　悦）

中国遗传学会

服务创新型国家和社会建设 学会申报的“分子考古在中华文明探源中的效能分析及建议”获得中国科协第十次全国代表大会代表 2022 年调研课题专项资助。

“大规模新冠病毒核酸检测实验室工程技术与应用”及“胎儿染色体异常无创产前基因检测”2 项成果入选“科创中国”先导技术榜单。

学会科学道德与伦理委员会部分委员参与中央办公厅、国务院办公厅印发的《关于加强科技伦理治理的意见》的起草和征求意见工作。学会科学道德与伦理委员会副主任委员、中国医学科学院生命伦理学研究中心执行主任翟晓梅作为专家参与《关于加强科技伦理治理的意见》新闻发布会。

学会建设 2022 年，学会新增会员 415 人。贯彻落实中国科协《“智慧科协 2.0”建设三年规划（2022—2024 年）》目标任务，依托中国科协建立会员管理系统，建成中国遗传学会会员库，已导入会员信息 7684 人。

组织召开十届五次理事会议和十届七次、八次常务理事会议，会议原则上通过学会 2022 年工作总结、学会 2023 年换届方案修改意见、协会第十一届理事会名额分配方案（征求意见稿）等文件及第 23 届国际遗传学大会等相关工作。

新成立学会标准化技术委员会，学会共下设 25 个分支机构。

青年人才托举工程 学会推荐的中国科学院遗传与发育生物学研究所陈露、深圳华大生命科学研究院魏小雨入选第八届中国科协青年人才托举工程项目。

主办期刊 2022 年，学会主办期刊《激光生物学报》共出版发行 6 期，刊文 73 篇。在中央宣传部组织的社会效益考核及期刊质量检查中均为合格。结合当期发表内容进行封面设计，在 2022 年国际先进光电材料、技术与应用会议论文集中进行宣传。参加公益活动，刊发公益广告，捐赠中小学科普读物。

中国科学院遗传与发育生物学研究所与学会共同主办的期刊《遗传》在第 11 届编委会的指导下，以栏目建设和专刊建设为工作重点，持续加大组稿约稿力度。围绕“编委推荐”“热点追踪”“优博专栏”“特邀综述”等重点栏目组织稿件，并新增“遗传资源”“实验操作指南”“研究快报”等栏目。组约稿件比例达 48%；策划出版“代谢性疾病的遗传基础与分子诊治”专刊。中国科学技术信息研究所发布的《2021 年版中国科技期刊引证报告》显示,《遗传》核心影响力为 1.354（上升 17.4%），在 28 种生物学基础学科期刊中排名第 3（上升 1 位）。《遗传》入选“第五届中国精品科技期刊”。

中国科学院遗传与发育生物学研究所与学会共同主办的期刊 *Journal of Genetics and Genomics* [《遗传学报（英文版）》，JGG］共收稿 780 余篇，刊发 10 期稿件总计 117 篇。已策划出版 3 期专刊，分别是 Metabolism、Rice Biology 和 Plant Stress Biology。扩容编辑部队伍，优化稿件处理流程，缩短发表周期。加强优化封面质量，使其兼具学术内涵与艺术性。

8月起，开始举办JGG孟德尔论坛，已举办12期，单期最高观看量近 4000 人次。10 月底，在四川省成都市召开 2022 年度 JGG 编委会工作会议。“JGG 遗传学报”微信公众号推送文章 120 余篇，订阅用户年增长 70%，单篇文章最高阅读量近万人次。JGG 2021 年影响因子为 5.733，在基因学与遗传领域排名 31/175 位，位于 Q1 区。

中国科学院北京基因组研究所（国家生物信息中心）与学会共同主办的期刊 *Genomics*，*Proteomics & Bioinformatics* [《基因组、蛋白质组与生物信息学报（英文版）》] 2 年和 5 年影响因子分别为 6.409 和 10.196，保持 WoS 遗传学科 Q1 区。通过流程优化、组织专辑、开辟绿色通道、组织评选“中国生物信息学十大进展”、坚持国画特色封面设计等提高发文质量和数量。

国际学术会议 2022 年，学会持续推进与国际科技组织的合作交流，与国际遗传学会联合会联系并推动第 23 届国际遗传学大会相关事宜。

学会表观遗传学分会与中国细胞生物学会染色质分会共同举办染色质与表观遗传学系列线上讲座，邀请国际学术专家为领域内的学者作学术讲座。2022 年共举办 5 场，超过 500 人参加。

国内主要学术会议 2022 年，学会及学会分支机构开展第二十一届全国植物基因组学大会、2022 年度染色质生物学与表观遗传学大会、首届长三角单细胞组学技术应用论坛、第三届单细胞测序技术应用论坛、浦江分子诊断大讲堂系列活动、第九届全国微生物遗传学学术研讨会、长三角遗传咨询诊疗网络的组建与启动大会、进化之光云论坛系列讲座、生物交叉前沿论坛等学术交流活动。第九届全国微生物遗传学学术研讨会入选中国科协《重要学术会议指南（2022）》。

国际交往 7 月 19—21 日，学会基因组编辑分会主任委员、中国科学院遗传与发育生物学研究所研究员高彩霞参加由韩国基因组编辑协会承办的基因组编辑前沿国际研讨会。会议推动国际前沿热点交流和科学讨论，促进基因组编辑学科的健康发展。

科普活动 学会加强与学校合作，全面服务教育“双减”。推进“五个一”科普行动，针对新冠病毒热点话题进行科普撰文等。青欧生命科学高等研究院入选中国科协 2021—2025 年度第一批全国科普教育基地。

2022 年是现代遗传学奠基人格雷戈尔·约翰·孟德尔 200 周年诞辰，学会及各分支机构以纪念孟德尔为主题开展系列科普活动。

表彰举荐优秀科技工作者 学会推荐的复旦大学王磊获得第十七届中国青年科技奖特别奖。

党建强会 2022 年，学会开展党史学习教育活动。学会理事长薛勇彪带领理事、会员共同学习贯彻党的二十大精神。在学会官方微信公众号开设“二十大专题”栏目。

【第二十一届全国植物基因组学大会】 8 月 20—22 日，由学会植物与基因组专业委员会主办的第二十一届全国植物基因组学大会在广西壮族自治区南宁市以线上线下结合方式召开。会议邀请在国内外植物基因组学相关领域取得突出成果并具有重要学术影响的专家学者和青年科学家进行学术报告，展示植物基因组研究领域的最新成果和进展，推动中国植物基因组学研究的深入和农业生物技术产业的发展。

【第九届全国微生物遗传学学术研讨会】 8月20日，由学会微生物遗传专业委员会、安徽大学和微生物资源前期开发国家重点实验室共同主办的第九届全国微生物遗传学学术研讨会在安徽省合肥市以线上线下结合方式召开，2万余人次线上参加会议。学会微生物遗传专业委员会主任委员、中国科学院微生物研究所副所长向华致辞。

会议邀请12位专家学者作重点报告，分享各自的学术成果。报告聚焦微生物遗传学与生命健康的前沿科学问题，涵盖海洋微生物生命过程及其驱动的有机质循环、微生物药物合成、微生物代谢产物挖掘、定量合成生物学及病原微生物等多方面内容。会议集中展示中国微生物遗传与相关交叉领域的最新研究成果，进一步促进微生物各交叉学科的交流与融合。

（撰稿人：李文静）

中国心理学会

服务创新型国家和社会建设 2022年，学会围绕新冠疫情防控新形势下民众心理适应与调控问题部署智库研究，组织专家向党和政府建言献策。学会在已有工作的基础上，经学会分支机构推荐、学会执委会遴选，于5月组建学会决策咨询专家团队。6月17日，专家团队试点申请通过答辩，7月，经中国科协批准成为首批专家团队试点建设单位。学会决策咨询专家团队由来自社会心态监测、行为助推、应急管理、心理危机干预等领域的19位专家组成，首席专家分别是中国科学院心理研究所研究员傅小兰及华南师范大学教授李红。专家团队经讨论，提出研究“疫情防控常态化条件下民众心理适应和行为调控策略”，并针对某些突出问题部署调研。团队专家面向重点地区和重点人群开展一系列问卷调查，向相关部门提交2篇报告，为完善和优化新冠疫情防控政策提供建议。

学会委托相关机构及学会分支全年举办各类培训班12场次，累计培训超过3.6万人次。

学会建设 2022年，学会召开4次常务理事会议，讨论第二十四届全国心理学学术会议组织方案、国际交流与合作相关事宜、学会意识形态工作制度起草事宜、第30届国际应用心理学大会取消事宜、港澳台及外籍会员入会办法等议题；审议通过《中国心理学会意识形态工作制度（草案）》《中国心理学会网站与信息系统信息发布管理办法（草案）》《中国心理学会媒体平台账号管理办法（草案）》等制度草案，分支机构设立、转正、更名、负责人变更等申请，第二十五届全国心理学学术会议承办申请，第十三届理事会提名委员会名单，两刊主编及编委会成员、心理学家评定小组建议名单等重要决议。

新设立婚姻家庭心理与咨询专业委员会、正念心理学专业委员会、学习心理专业委员会、心理学行业立法推进工作委员会4个分支机构。学会分支机构数量达53个，包含专业委员会40个、工作委员会13个。

2022年，学会新发展普通会员1037名、学生会员700余名。将普通会员信息对接加入中国科协全国学会会员库。

青年人才托举工程 学会组织召开第四届中国科协青年人才托举工程项目结题会，并配合中国科协完成第四届项目的审计与结题。此外，申请到第八届中国科协青年人才托举工程项目名额2个，并组织全国范围内的遴选工作。经过由学会领导、各专业委员会专家组成的项目专家组的论证且批准，从第八届项目开始，学会将从基础心理学和应用心理学两个方向支持相应领域的青年被托举人，前者注重基础科研兼顾成果的社会价值，后者注重应用推广兼顾学术价值。经两轮遴选与评审，最终推选华东师范大学心理与认知科学学院研究员罗艺及陕西师范大学教授刘志远作为学会推荐的第八届中国科协青年人才托举工程项目被托举人。

主办期刊 学会主办《心理学报》和《心理科学》两种学术期刊。根据2022年《中国学术期刊国际引证年报》，两刊均入选“2022中国最具国际影响力学术期刊”。《心理学报》在人文社科类期刊中排名第6位，与2021年相比下降2位，在国内心理学学术期刊中排名第1位，在2022年中国人文社会科学期刊评价中被评为心理学科唯一权威刊;《心理科学》在人文社科类期刊中排名第12位，较2021年下降1位，在国内心理学学术期刊中排名第3位，较2021年下降1位。

《心理学报》全年发行纸质期刊约43200册，发表文章112篇;《心理科学》全年发行纸质期刊18000册，发表文章193篇。

国际学术会议 2022年，学会及学会所属分支机构主办境内国际学术会议3个，共计5186人次参加会议，包含42人次境外专家学者（来自德国、波兰、芬兰、韩国、日本等），交流论文及报告40篇。

12月3日，由学会主办的第九届中日韩三国心理学论坛线上召开。学会候任理事长、北京大学教授苏彦捷，学会国际学术交流工作委员会主任、中国科学院心理研究所研究员刘勋，学会国际学术交流工作委员会副主任、中国科学院心理研究所研究员严超赣参加会议。北京师范大学副教授汪寅、首都师范大学教授李琦作报告。论坛探讨新冠疫情给心理学事业带来的机遇和挑战，进一步深化和扩展未来中国、日本、韩国心理学的交流与合作。

3月19—20日，学会心理危机干预工作委员会和亚洲灾害心理创伤学会共同主办第十三届亚洲灾后心理援助国际学术研讨会。

7月22—23日，由 *Applied Psychology*: *Health and Well-Being*（《应用心理学：健康与幸福感》）期刊主办，国际应用心理学会第八分会健康心理分会和学会行为与健康心理学专业委员会共同承办的健康心理学国际学术论坛：心理学视角下的大健康召开。

国内主要学术会议 学会及所属分支机构主办、承办各类国内学术会议30个，累计参会253037人次，交流论文及报告3298篇。主要包括第二十四届全国心理学学术会议、各专业委员会学术年会、中国心理学会决策心理学专业委员会第一期青年学者论坛、首届竞技压力与心理健康论坛暨第四届运动认知神经科学学术论坛、首届循证心理学学术论坛暨第四届中国循证社会科学联盟学术年会等会议。

11月25—27日，第二十四届全国心理学学术会议线上召开，主题为“心理学服务国家经济社会建设”。会议注册人数1848人，交流学术论文1554篇。共组织1个特邀报告、6个重点报告、59场307个专题研讨报告、14场159个硕博研究生论坛报告、87场共436个口头报告，645个在线展贴报告，3个工作坊。会议期间，线上实际参加会议人数超过4.5万人次，大会网站展贴报告浏览量达17854次，网络访问量超过26万人。大会的论文报告关注服务经济社会建设的实践探索，有利于进一步完善社会心理服务体系构建、助力全方位服务经济社会建设。

国际组织任职 7月起，学会行为与健康心理学专业委员会主任、北京大学教授甘怡群任国际应用心理学协会健康心理学分会理事长；学会临床与咨询心理学专业委员会和临床心理学注册工作委员会委员、北京师范大学教授侯志瑾担任国际应用心理学协会咨询心理学分会理事长；学会常务理事、中国科学院心理研究所研究员韩布新任国际应用心理学协会老年学分会理事长。

科普活动 5月，学会举办“心上的中国”全国大学生心理知识大赛，近70所高校的2万余名大学生参与，普及心理科学核心知识200条、关键技术要点100个，新闻报道总浏览量超30万次。

5月30日，开通科技工作者心理服务热线。热线累计服务科技工作者2225人次，热线求助63人次，共计接听热线328次、自助减压957人次、心理评估1330人次。该活动入选中国科协2022年度科技志愿服务先进典型。

8月5日，学会心理学普及工作委员会联合48家单位启动“心上的中国”新时代职工心理关怀大型公益倡议行动，发布《“心上的中国”新时代职工心理关怀倡议书》。

在中国科协“科学辟谣”微信公众号发表原创心理学科普图文12篇。联合今日头条发起“抗疫心理疗愈站”活动，发布心理科普视频，总浏览量超过2000万次。联合百度百科发起“高考减压秘籍”公益活动，创作20条科普中短视频，开展5场公益直播课，总曝光量破亿次。

2022全国科普日期间，发起#头号解忧馆#活动，邀请9位国内心理学者、教师、自媒体分别就亲子关系、原生家庭、亲密关系、泛生活心理等展开讨论，视频传播总量破百万次。

表彰举荐优秀科技工作者 2022年，学会向中国科协推荐2022年“最美科技工作者”候选人2名（李晖、王利刚）、中国科协科技人才奖项评审专家16名；推荐2022年度科技志愿服务典型事迹1个（科技工作者心理服务热线）、科技志愿服务队1个（中国科协心理应急支援志愿服务队）。

党建强会 2022年，学会共召开5次党委工作会议、1次常务理事党员会议。

学会党委履行抓学会党建工作主体责任，指导办事机构党组织、领导分支机构党的工作小组开展工作，推动形成三层学会党建组织体系。以学会分支机构换届为契机，推动分支机构设立党的工作小组，实现学会分支机构党的工作小组全覆盖。学会53个分支机构和2个期刊编委会均已设立党的工作小组。

会员服务 学会发布《中国心理学会年报2021》。完成学会信息平台调研工作，进一步完善信息化建设。

增选学会会士5名。组织评定新一批中国心理学认定心理学家，陈爱国等 6 人入选。

【2022 年全国各省级心理学会负责人联席会】 11 月 14 日，由学会主办、学会秘书处承办的 2022 年全国各省级心理学会负责人联席会以线上线下结合方式在北京召开。会议主题为“凝心聚力，共建中国特色一流学会”。学会主要负责人、秘书处相关同志和来自全国 31 个省级心理学会的代表近 60 人参加会议，围绕学会建设与发展展开交流。

学会理事长赵国祥为会议致辞，学会副理事长张建新和周宗奎分别发言。重庆心理学学会、广东省心理学会、上海市心理学会、天津市心理学会 4 家省级心理学会的代表进行工作汇报。

学会副秘书长刘正奎介绍“中国特色一流学会建设”项目。项目试点邀请河南省心理学会、湖北省心理学会、江苏省心理学会、四川省心理学会 4 家省级心理学会重点共建。河南省心理学会秘书长李永鑫、湖北省心理学会理事长周宗奎、江苏省心理学会秘书长陈星星、四川省心理学会理事长卢雄分别就各学会已取得的工作成果经验以及如何开展一流学会建设进行汇报。赵国祥对会议进行总结发言。

（撰稿人：王　希）

中国生态学学会

服务创新型国家和社会建设　学会作为中国科协生态环境产学联合体学术交流工作委员会牵头单位，组织开展 2021 年度中国生态环境十大科技进展遴选工作，于 6 月 5 日世界环境日在北京召开发布会。学会推荐的“中国旱区生态系统结构与功能随环境梯度的变化规律及其调控机制”入选 2021 年度中国生态环境十大科技进展。

学会组织的区域生态保护修复与生态产品价值实现决策咨询专家团队、生态农业和乡村振兴决策咨询专家团队、生态系统碳汇提升决策咨询专家团队获评中国科协 2022 年决策咨询专家团队建设试点单位。其中，生态系统碳汇提升决策咨询专家团队同时获得中国科协决策咨询专家团队资助项目。

学会承担“科创中国”生态旅游专业科技服务团项目，由长期从事生态旅游领域研究和智库工作的专家学者组建成服务团，在内蒙古自治区呼伦贝尔市、湖南省长沙市、福建省福州市、青海省西宁市、宁夏回族自治区银川市等“科创中国”试点城市进行实地调研与技术需求对接，为地方政府或企业提供切实可行的技术解决方案。

学会承担“服务国家生态文明战略，‘五合同构’创建生态环境类复合型人才培养体系”教学成果鉴定项目，在通过项目成果进行教学改革的同时，学会编写出版多部大学教材，建成包括国家级精品课程、视频公开课、资源共享课等一系列优质教学资源及网络资源，联合共建系列野外实习基地，形成国家生态环境类优质教学资源的生产和共享基地。

学会建设　2022 年，学会共有个人会员 12150 人，较 2021 年增加 552 人；共有团体会员 13 个，新增 1 个。

召开学会十届五次理事会议、十届八次和九次常务理事会议，监事受邀参加会议。通过《中国生态学学会事业发展“十四五”规划》《中国生态学学会团体标准管理办法（试行）》《中国生态学学会外籍会员管理办法》。

学会十届九次常务理事会议上通过学会第十一届理事会换届方案，确定换届工作委员会组长、副组长、成员。

学会新成立生态模型专业委员会和生态系统服务专业委员会，筹备新成立种子生态专业委员会；18 个专业委员会完成换届工作。

青年人才托举工程　学会开展中国生态学学会（2022—2024 年度）青年人才托举工程项目申报、遴选等工作。经学会遴选，10 人获得托举资格。经学会推荐，4 人获得北京市科协（2023—2025 年度）青年人才托举工程项目。

8 月 27 日，学会在贵州省贵阳市举办第二届中国生态学学会青年托举人才论坛，12 名被托举人围绕各自研究的科学问题、工作方案制订、问题解决进展、后续科研计划等方面作学术报告，共计 100 余人次参加论坛。

主办期刊　学会共主办 9 种科技期刊，其中中文期刊《生态学报》《应用生态学报》《生态学杂志》的影响力指数学科排序和影响因子学科排序分别位居第 1 位、第 2 位、第 3 位和第 1 位、第 2 位、第 4 位。

学会主办的英文期刊影响因子和领域内排名有所提高。*Ecosystem Health and Sustainability*（《生态系统健康与可持续性（英文）》，EHS）2021 年 SCI 影响因子为 4.971，进入生态学领域期刊排名 Q1 区，CiteScore 为 5.2；5 月，加入 *Science* 伙伴期刊计划，2023 年开始将由美国科学促进会出版。*Ecological Processes*［《生态

过程（英文）》]，2021 年 SCI 影响因子升至 4.394，在 SCI 收录的 173 种生态学期刊中排名第 46 位，CiteScore 为 4.7。

学会主办期刊获中国科协 2022 年度全国学会期刊出版能力提升计划——出版管理改革试点项目、中国科技期刊卓越行动计划项目、2021 年度全国学会期刊出版能力提升计划——国际学术交流项目资助。完成中国科协主管期刊社会效益评价考核。

学科发展工程 2022 年，学会继续开展“农业生态学”“化学生态学”生态学透视丛书编撰工作，新开展“生态工程学”“生态健康学”生态学透视丛书编撰工作。

国际学术会议 2022 年，学会及其学会专业委员会共举办国际会议 8 次，共计线下参加会议人数 460 人次，线上参加会议人数 46200 人次，邀请国外专家学者 65 人参加会议，交流学术报告 130 个。

2 月 22—24 日，学会城市生态专业委员会组织召开第 14 届生态城市世界峰会“Healthy：Social-ecological inclusive urbanism”专题分会场，并组织会员在线参加会议。会议共安排 5 个专题报告，来自国内外的 50 名专家学者参加分会场交流。

9 月 7 日，学会生态遥感专业委员会组织召开 2022年可持续发展大数据国际论坛“Digital Technology for Agricultural Monitoring and Food Security”专题分会场，并组织会员参加会议。会议共安排 12 个专题报告，来自国内外的 30 名专家学者参加分会场交流。

11 月 1 日，学会生态遥感专业委员会承办在非洲加纳召开的地球观测组织 2022 年会议周边会“Agriculture & Food Security”专题研讨会。会议共安排 4 个主旨报告，来自国内外的 30 名专家学者参加研讨。

11 月 18—19 日，学会红树林专业委员会与浙江省温州市政府、浙江省亚热带作物研究所在温州市召开 2022 世界青年科学家峰会卫星会议——国际蓝碳暨第三届浙江省红树林保护和发展论坛。论坛共安排 10 个专题报告，来自国内外 37 家单位的 100 余位专家学者线下参加会议，2770 余位专家学者线上参加会议。论坛聚焦国际蓝碳、红树林保护修复等领域的热点问题，为蓝碳的研究交易、浙江省红树林保护修复与发展把脉问诊，为推进温州市国际湿地城市创建建言献策。

11 月 25—26 日，学会淡水生态专业委员会组织召开水域生态学高端论坛，邀请来自中国、荷兰、捷克、英国、爱尔兰、美国、泰国、菲律宾、印度的水域生态学领域专家学者作 30 场专题报告，线上观看会议直播人数超过 2.3 万人次。

11 月 26—27 日，学会可持续生态专业委员会组织召开首届世界地理大会全球海岸带开发的生态环境效应专题分会场。分会场围绕“全球海岸带开发的生态环境效应”主题共安排 11 个学术报告，30 位专家学者线上参加会议。

12 月 16—19 日，学会生物入侵生态专业委员会承办第五届全球变化与生物入侵国际研讨会。会议共安排 50 个专题报告，来自近百所国内外高校和科研院的 200 多位专家学者参加，在线观看人数达 2 万余人次。

国内主要学术会议 2022 年，学会及学会分支机构共举办年会、研讨会、报告会、论坛等学术活动 32 次，线下参会人数 11328 人次，线上参会人数 3937850 人次，交流论文 2093 篇。

2 月 11 日，学会长期生态专业委员会协办中国生态大讲堂 2022 年春季专题研讨会。会议主题为“碳源 / 碳汇监测技术、方法与仪器”，共安排 14 个专题报告，1200 人次线上参加会议，中国科学院院士于贵瑞参加会议并致辞。

5 月 22 日，在第 29 个国际生物多样性日，由学会农业生态专业委员会与江苏省农业科学院联合主办的第一届农业生物多样性培育与利用论坛在江苏省镇江市句容市以线上线下相结合形式召开，17 位学者和相关专业研究人员作专题报告。50 人线下参加论坛，2100 余人次线上参加论坛。

7 月 12 日，由学会高寒生态专业委员会等共同主办的第二届生物多样性与高原生态科学论坛暨中国生态学学会高寒生态专业委员会年会在青海省西宁市以线上线下相结合形式召开。100 余人线下参加会议，5000 余人次线上参加会议。中国科学院院士、中国科学院生态环境研究中心研究员傅伯杰，中国科学院院士、中国科学院青藏高原研究所研究员陈发虎，中国工程院院士、中国科学院西北生态环境资源研究院研究员冯起分别作题为《国土空间生态修复原理与方法》《中国地理研究与学科体系》《黄河流域生态水文与高质量发展》的主旨报告。

11 月 4—6 日，由学会区域生态专业委员会和南京大学共同主办的第三届全国区域生态学学术研讨会在江苏省南京市召开。会议以“区域生态学：融合与创新”为主题，来自全国90余所高校与科研院所的1200余名专家学者参加会议，累计超过5万人次观看会议线上直播。会议设置13个分会场，共有152位专家学者和研究生交流报告。

11月9—10日，由学会稳定同位素生态专业委员会与福建师范大学联合主办的第八届全国稳定同位素生态学学术研讨会暨中国生态学学会稳定同位素生态专业委员会2022年学术年会线上召开，来自180多个高校及科研院所的350位专家学者参加会议。会议包括16个主题报告、83个专题报告、16个学术墙报，在线观看人数累计17900余人次。

11月20日，由学会景观生态专业委员会承办的数字乡村建设与乡村振兴科技论坛线上召开。论坛共安排5个主旨报告和60个专题报告，来自国内外的300名专家学者参加交流。

12月2—3日，由学会海洋生态专业委员会等主办的中国生态学学会海洋生态专业委员会第六次代表大会暨第九届全国海洋生态研讨会在福建省厦门市召开。大会的主题为“海洋生态科学新使命——碳中和与海洋生态保护修复”，邀请海洋生态领域的专家作4个大会特邀报告。会议共设置4个分会场，安排82个口头报告，征集论文摘要111篇，共807人以线上或线下方式参加会议。

国际组织任职 2022年，经学会推荐，在国际生态学会执委会换届选举中，学会理事郑华、学会副理事长王艳芬担任新一届国际生态学会执委。

国际交往 学会作为东亚生态学会联盟的发起方之一，推动与东亚生态学会联盟之间的合作发展。东亚生态学会联盟第十届执委会召开线上会议，商议东亚生态学会联盟第九次国际学术大会的筹备事项。

科普活动 2022年，学会共举办主题科普活动263次，其中举办科普讲座185次、科普展览54次、其他科普宣传活动47次。参加活动的科技工作者达440人次，主题科普活动受众人数达476万人次。

“中国生态科普行”活动走进北京、安徽、黑龙江、广东、辽宁、重庆、吉林、江西等地的校园、乡村、社区，开展“在湿地，发现生物之美”“探秘自然 恢复生态”“打开新世界，保护兴凯湖”“碳达峰与碳中和”“保护生态环境，共建美好家园”“守护蓝天绿水，校园鸟类先行”等主题科普活动10余场。

由学会科普工作委员会发起和组织的第五届中国生态文明大讲坛在安徽省芜湖市举办以“生态文明——健康生活，绿色发展”为主题的主会场活动，特邀生态学科普专家开展“生态系统响应气候变化：微生物视角”“借助自然的智慧防控污染”“研发构建适合我国农村的水环境治理技术模式”等科普专题讲座。活动通过学会B站、科普中国、光明网等平台进行传播，线上播放总量达377.2万人次。大讲坛还在安徽省芜湖市、贵州省贵阳市、浙江省杭州市、重庆市等地开展20余场分会场活动。

学会主办第四届“关注绿色发展，建设生态文明”生态科普作品大赛，征集参赛作品401个，其中图文类作品271个、视频类作品98个、动画类作品32个，评选出一等奖3名、二等奖5名、三等奖70名、优秀组织单位7个。

学会联合杭州市科协科普助农平台、杭州市科协科普部等实施科技志愿相关科普项目——中国科协“智惠行动”生态科技普及助力三农绿色发展项目，组织开展农林生产等助农活动20场，制作农业生态科普专题视频，杭州电视台等媒体同步宣传，线上线下受众超过5万人次。各类活动先后被人民网、新华网等媒体报道，并被网易、搜狐等各大网站转载超过30次。

学会在全国范围开展生态科普教育基地的申报、评选工作，2022年批准授牌19家单位，学会现有生态科普教育基地41家；补充认定全国科普教育基地5个，学会现有全国科普教育基地13个。

党建强会 学会学习宣传贯彻党的二十大精神，加强对生态科技工作者的思想政治引领。承担中国科协“2022年‘党建+’特色活动”项目。全年开展2次理事长讲党课宣讲学习活动。

会员服务 学会坚持“会员线上线下同服务”，通过学会官网和官方微信公众号等渠道发布学会学术会议、科普活动、人才举荐、智库咨询等资讯，为会员提供了解学会近况的便捷途径。2022年，学会官网、官方微信公众号共发布各类资讯100余条，关注用户总数增幅达23%；学会“生态科普”微信公众号推送科普信息73条。学会会员服务产品电子通讯累计发布信息1561条，累计浏览量达6万人次；学会新媒体会员服务渠道B站账号全年发布视频76个，视频播放量达3.6万人次。

学会及其分支机构通过开展前沿理论和技术方法等专业培训，提升生态学科技工作者的专业技能和业务水平。开展草原鼠类生态、环境核算与管理、国土

空间综合整治与生态修复、道地药材生态种植基地建设、全国红树林保护地生态修复、气候生态预测模型技术等一系列继续教育培训。

受中国科协邀请，为中国科协系统网上党校平台录制题为《建设多层次学术交流体系》的学会工作案例视频课程，分享学会在加强国际学术交流、引领学科建设、搭建学术交流平台、学术会议全流程管理方面工作的经验和思考。在中国科协组织的2022年学会能力建设论坛（第二期）上，分享题为《建设规范化创新型一流科技社团——中国生态学学会参加民政部全国性学术类社团评估经验分享》的工作案例报告，围绕社会组织评估分享交流经验。

【第二十一届中国生态学大会】 8月26—29日，由学会主办，贵州省科协、贵州大学、贵州师范大学承办，贵州省生态学会、贵阳学院协办的第二十一届中国生态学大会在贵州省贵阳市召开。大会以"生态科学新使命：碳中和与生态建设"为主题，中国科学院院士、厦门大学教授焦念志，中国工程院院士、中国环境科学研究院研究员吴丰昌，中国工程院院士、中国农业大学教授张福锁，中国科学院亚热带农业生态研究所研究员王克林，贵州大学教授吴攀等10位专家作大会报告。大会从宏观到微观、从理论到应用、从基础研究到国家需求，围绕生态学学科发展、生态文明建设与可持续发展、生态系统功能与服务、生物多样性与生态系统保护、探索与创新等议题，以线上线下结合方式设置50个专题分会场和1个专题论坛——第二届中国生态学学会青年托举人才论坛。共安排665个口头报告，其中线下报告535个、线上报告130个；120个学术墙报，收录电子摘要1517篇。大会同时设立全国生态学研究生论坛，570余位生态学研究生作口头报告。会议期间还举办生态仪器与生态类书籍展。

（撰稿人：罗春燕）

中国环境科学学会

服务创新型国家和社会建设 2022年，完成43项生态环境科技成果评价，立项开展36项团体标准的研究和发布工作，做好45家国家环境工程中心的技术支撑工作。

融入"科创中国"，组织编印《生态环境技术发展报告（2022）》。开展"科创中国"美团青山环保科技创新示范项目，组织2021年度中国生态环境十大科技进展遴选发布和"科创中国"先导技术榜单评选等工作，推动科技创新和成果转化。

学会获评中国科协重大科技问题难题征集发布2022年度优秀推荐单位。

开展24所高校的环境类工程教育专业认证工作，支持做好"双碳"职业设立和职业标准制订工作。面向生态环境从业人员开展专业技术培训，"擦亮学会助力人才成长的金名片"入选科协系统优秀工作案例。

学会建设 4月9—10日，学会在北京召开第九次全国会员代表大会和第九届理事会第一次全体会议，选举产生新一届学会党委、理事会和监事会。

2022年，召开第九届理事会党委会议2次、理事长办公会议1次、常务理事会议3次，审议通过《中国环境科学学会会士管理工作细则（试行）》《中国环境科学学会会士提名委员会名单》，制定《中国环境科学学会外籍会员管理办法（试行）》，变更分支机构负责人，制定学会社会团体标准等。

召开2次分支机构专家论证会，整体统筹发展分支机构，经常务理事会批准，成立7个分支机构。组织开展分支机构2021年度考评工作，并组织召开分支机构2022年工作交流会，对优秀分支机构予以表扬。

青年人才托举工程 学会获得第八届中国科协青年人才托举工程项目立项名额，推荐的北京科技大学李瞳、中国科学院生态环境研究中心单玉龙、天津商业大学陶俊宇、北京工业大学张方斋、哈尔滨工业大学赵雨萌、中国环境科学研究院滕苗苗6人获得资助。组织召开青年人才托举工程项目工作会议。

主办期刊 2022年，学会全年发刊12期，全年发表优质论文650余篇。获评全国学会2021年度期刊出版工作优秀单位。

根据《2022年版中国科技期刊引证报告（核心版）》,《中国环境科学》核心影响因子为2.239，位居环境科学技术及资源科学技术类科技期刊前列。2022年被中国科学技术信息研究所评为第5届中国精品科技期刊及"领跑者5000——中国精品科技期刊顶尖学术论文"（F5000）项目来源期刊，有20篇论文入选F5000提名名单，提名论文均为2016—2022年在学科领域内被引率排名居前的论文。入选"2022中国国际影响力优秀学术期刊"。

Environmental Science & Technology［《环境科学与技术（英文）》］被SCI收录并进入世界期刊影

响力指数Q1区，即时影响因子为13.68；申办期刊*Sustainable Horizons*［《可持续视野（英文）》］；举办第二届生态环境科技期刊发展论坛暨我国科技期刊优质内容传播与推广策略研讨会。

国际学术会议 4月16日，由学会水处理与回用专业委员会等主办的第六届亚洲水回用学术研讨会线上召开，来自中国、日本、韩国、新加坡、沙特阿拉伯和马来西亚的专家学者、学生等1000余人参加会议，共同探讨水回用利用领域的前沿技术、发展及应用。

7月5日，由学会与其他单位联合承办的“双碳”目标下的中韩科学与技术合作研讨会在辽宁省大连市召开，以促进中国、韩国在“双碳”领域科技界和产业界的交流合作。

9月27—29日，由学会与其他单位共同主办的2022大循环：农业农村碳中和——沼气工程的贡献国际研讨会以线上线下结合方式在北京召开，来自8个国家的2600余位专家学者参加会议。

11月16日，在联合国气候变化大会第27次缔约方会议期间，学会气候投融资专业委员会等承办气候投融资边会，生态环境部副部长赵英民出席会议并致辞；学会碳捕集利用与封存专业委员会等承办中国碳捕集利用与封存新进展边会，中国科学院院士、中国环境科学学会碳捕集利用与封存专业委员会主任委员金红光致辞，并介绍《中国碳捕集利用与封存进展系列报告》主要发现。

11月23日，由学会和自然资源保护协会主办的2022绿色转型与高质量发展国际研讨会在北京以线上线下结合方式召开，会议主题为“绿色低碳转型推动高质量发展”，会议直播观看人数达5万人次。

12月10日，由学会气候投融资专业委员会主办的再议COP27：2022气候投融资创新发展国际研讨会暨第三届气候友好型银行国际研讨会线上召开。会议聚焦气候投融资创新发展与实践，探索落实差异化的投融资模式、组织形式、服务方式和管理制度，推动气候友好型金融机构行动倡议，促进完善相关金融支持机制。

国内主要学术会议 2022年，学会以线下线上结合方式组织召开第二届全国碳中和和绿色发展大会、2022年全国有机固废处置与资源化利用研讨大会、第二十六届大气污染防治技术研讨会。交流学术报告483个、学术论文1340余篇，展示科技成果17项，7000余人次参加会议。

9月15—16日，由学会主办的2022年新污染物与健康风险防控大会在北京召开。学会理事长王金南致开幕词。中国科学院院士、中国科学院生态环境研究中心研究员江桂斌，中国科学院院士、中国疾病预防控制中心研究员高福，中国工程院院士、中国环境科学研究院研究员吴丰昌，中国科学院院士、北京大学环境科学与工程学院院长朱彤等专家分别以《新污染治理——从基础研究到国家战略》《新冠流行防控与新污染物》《我国新污染物环境风险管控战略研究初步思考》《大气中黑炭与超细颗粒物的健康效应》等为题作特邀主旨报告。来自生态环境部环境规划院、中国环境科学研究院等单位的30余位专家作主旨报告。

学会还参与举办钢铁工业绿色低碳协同发展研讨会、碳中和愿景下BECCS高峰论坛、第九届环境类专业工程教育教学改革研讨会、自评报告撰写暨评价体系建设研讨会、美丽中国百人论坛2022年会、2022绿色转型与高质量发展国际研讨会、第十二届传统文化与生态文明学术研讨会。

学会青年科学家分会参与举办第十六届全国环境博士生学术会议首届环境工程科技发展与创新论坛、第一届全国环境博士后论坛、学会青年科学家分会2022产学研创新合作论坛、2022国际卓越青年学者环境论坛等。

科普活动 2022年，学会在全国科普日围绕“推动绿色低碳发展，共建美丽清洁世界”开展系列科普活动，参与人数超300万人次。开展“我是生态环境讲解员”活动，各地选送优秀讲解员114名、选题64个、剧本61个。组织开展“大学生在行动”活动，7000多名大学生志愿者走进农村、社区和企业，开展科普活动近3000场次，参加人数累计31万人次。开展全国环境科学学会联合行动——减污降碳公益大讲堂，共举办17场讲座，总传播量达到600多万人次。开展11期“生物多样性大放送”系列公益直播，观看人数达200万人次。举办“美丽中国云竞答”活动，累计3万人次参加活动。围绕“双碳”等开发科普图书、宣传画册、动画和短视频。联合湖南卫视制作海洋微塑料科普电视专题片等。

表彰举荐优秀科技工作者 学会完成2021年度环境保护科学技术奖评选工作，共56个项目获奖，其中一等奖10项、二等奖45项、科普类奖1项。

完成第五届中国环境科学学会青年科学家奖评选工作，共评选出30名获奖者，其中金奖10名、优秀奖20名。开展2022年生态环境领域“最美科技工作者”学习宣传活动，弘扬科学家精神。

提名北京师范大学教授余刚获评第十四届光华工程科技奖；提名中国环境科学研究院研究员赵晓丽获评第十七届中国青年科技奖；推荐中国科学院过程工程研究所研究员孙峙等44人入选中国科协科技人才奖项评审专家库；推荐《碳汇产品价值实现机制与路径》等7篇论文参与第一届中国科技青年论坛评选。

党建强会 换届选举成立学会第九届理事会党委，充分发挥理事会党委的领导和把关作用。加强制度建设和制度执行，制修订《中国环境科学学会秘书处干部廉政档案管理办法（试行）》等8项管理制度。加强秘书处干部队伍建设，落实《中国共产党党员教育管理工作条例》，强化对党忠诚教育，开展“两优一先”推选等活动。

2022年，共召开党总支（扩大）会议13次、全体党员大会4次，2个支部按时按要求组织召开支委会会议、支部党员大会、主题党日活动，高质量召开“学查改”专题组织生活会，班子成员和支部书记讲党课5次，报送党建活动信息20余篇，多次被《学会党建》等刊载。

会员服务 2022年，学会面向会员开展继续教育培训，全年开设管理类、技术类和政策宣贯类培训25种，共培训1.1万余人次。

创新联系和服务会员的机制与方法，利用学会信息化平台，增强网络化“一站式”会员服务功能，为会员提供最新环保政策与资讯，引导会员参与学会活动，增强会员凝聚力；学会、分支机构、地方学会三方联动联系会员、服务会员。

建立会员精细化管理方式，探索建立会员分类管理办法；加强会籍管理，准确掌握会员在册及活跃情况；完成3期《学会通讯》编制工作，开通会员交流与诉求联系渠道，及时解决会员问题。

整合学会资源，梳理会员服务项目，分类为会员提供定制化服务；调查了解会员科技需求，开展精准服务；丰富会员交流活动，利用中国环博会、中国环境技术大会帮助企业拓展市场，开展会员间互访交流，搭建产业供需方对接洽谈平台，助力会员协作发展与产业升级；以服务促发展，吸纳更多优质会员。

围绕国家重大战略、污染防治攻坚战、生态环境部发布的相关政策及法律法规，组织开展培训及高级研修活动，为会员“持续职业发展”赋能，提升会员专业技术水平。

【中国环境科学学会第九次全国会员代表大会】 4月9—10日，中国环境科学学会第九次全国会员代表大会在北京以线上线下结合方式召开。共有355名代表参加会议。

大会选举于云江等180人当选学会第九届理事会理事；汪诚文等7人当选学会第二届监事会监事，王灿发当选监事长。在学会第九届理事会第一次全体会议上进行学会第九届理事会领导机构选举，王金南当选学会第九届理事会理事长，王焰新、朱利中、任洪强、刘文清、李春红、吴丰昌、邹首民、贺泓、贺克斌、顾大钊、倪晋仁、高吉喜当选副理事长。聘任李春红为学会秘书长，并担任学会法定代表人。

大会审议并通过《关于聘请中国环境科学学会顾问的决议》《关于授予中国环境科学学会名誉理事的决议》；大会通过投票表决，通过《关于中国环境科学学会第八届理事会工作报告的决议》《关于中国环境科学学会第一届监事会工作报告的决议》《关于中国环境科学学会财务报告的决议》《关于〈中国环境科学学会章程〉修订草案的决议》《关于中国环境科学学会会费标准的决议》《关于聘任李春红同志为中国环境科学学会秘书长的决议》《关于委托李春红同志担任中国环境科学学会法定代表人的决议》。

王金南主持召开学会第九届理事会第一次常务理事会议，会议选举产生学会第九届理事会党委，邹首民当选党委书记，李春红当选党委副书记，王灿发当选纪检委员。会议讨论通过《中国环境科学学会第九届常务理事会议事规则》和学会工作委员会及主任委员人选。

【美丽中国百人论坛2022年会】 8月19日，由生态环境部指导、学会与生态环境部环境规划院共同主办的美丽中国百人论坛2022年会在江西省赣州市召开。论坛主席、生态环境部部长黄润秋出席年会并讲话。江西省委副书记、省长叶建春出席并致辞。论坛副主席，中国科协党组书记、分管日常工作副主席、书记处第一书记、中国工程院院士张玉卓视频致辞。会议开幕式由论坛副主席、学会理事长、生态环境部环境规划院院长、中国工程院院士王金南主持。

会议设置专题发言、论坛报告发布等4个主题单元，研讨交流面向2035年建设美丽中国，支撑绿色低碳发展的政策创新、技术与产业，分享各地区、各领域实践模式与经验，为推动美丽中国和地区建设建言献策。来自生态环境部、地方政府、科研院所、高校、国际机构、社会组织、企业等单位的160余人通过线上线下方式参加会议。《人民日报》、《中国日报》、新华社、人民网等国内主流媒体对会议进行报道。

【中国科协生态环境产学联合体第二届主席团成立】 9月19日，中国科协生态环境产学联合体主席团在北京召开第四次会议。会议审议通过联合体第一届主席团工作报告，通过联合体第二届主席团成员名单，选举产生联合体第二届主席团主席、副主席。学会理事长、生态环境部环境规划院院长、中国工程院院士王金南当选联合体第二届主席团主席，中国生态学学会理事长、美国国家科学院外籍院士欧阳志云等10位专家当选副主席，中国工程院院士、清华大学教授郝吉明担任第二届专家委员会主任，学会副理事长兼秘书长李春红担任联合体秘书长，中国工程院院士、北京大学教授张远航等10位专家担任工作委员会主任。

会议审议通过联合体新的工作规划等事项。与会专家围绕联合体未来发展进行探讨，就开展国家重大战略、推动联合体品牌建设、加强成果宣传推广、促进产学研融合服务经济高质量发展、参与全球生态环境治理体系、推动碳达峰碳中和、应对气候变化等工作提出建议。

【第二届全国碳中和与绿色发展大会】 5月14日，由学会主办的第二届全国碳中和与绿色发展大会线上召开，主题为“碳达峰碳中和技术”。中国气候变化事务特使解振华出席开幕式并致辞。上海交通大学碳中和发展研究院院长黄震、清华大学碳中和研究院院长贺克斌、国家应对气候变化战略研究和国际合作中心主任徐华清、科技部中国21世纪议程管理中心主任黄晶、中国环境监测总站站长兼党委副书记陈善荣作专题主旨报告。会议邀请30余位院士、专家学者和企业代表等进行报告交流，共作口头报告53个。大会收录论文及摘要37篇，同时开展科技成果展示活动。

（撰稿人：张宏亮）

中国自然资源学会

服务创新型国家和社会建设 学会发布智库报告《中国自然资源系统边界》。报告认为，准确认识人与自然关系是厘清自然资源系统的边界与底线的前提，人类既要保护好自然生态系统健康稳定，又不能突破自然资源的安全底线与边界。报告还提出四点建议。

1月，为响应全国人大常委会发布的关于对《中华人民共和国黑土地保护法（草案）》《中华人民共和国黄河保护法（草案）》征求意见的通知，学会组织召开2场专题征求意见研讨会（线上会议）。会后形成立法修改建议意见并报送有关单位，近50多项条款的修改建议得到采纳。

4月，学会接受江西农业大学的委托，开展“基于养分平衡维持的亚热带针叶人工林树下植被管理关键技术”成果评价工作。接受中国科学院地理科学与资源研究所的委托，开展“2000—2019年中国重大生态工程生态效益遥感评估”成果评价工作。

7月30日—8月6日，由学会与南京师范大学等共同主办的第二届国产地理分析模型培训班在线召开。共计2619人报名，涉及10多个国家和地区的436家单位，经过审核，录取2044名学员。培训班有助于推动国家级模型服务生态系统建设。

学会建设 2022年，学会新增会员460人，个人会员总数达9320人。全年共召开理事会议1次、常务理事会议2次。

学会决定从2023年起，中国自然资源学会学术年会更名为“中国自然资源科学大会”，2023年大学生自然资源科技作品大赛冠名为“国地杯”大学生自然资源科技作品大赛。

3月4日，中国科协党组成员、书记处书记束为一行到学会调研。学会执行秘书长沈镭汇报学会工作。

学会编辑工作委员会、政策研究专业委员会、资源持续利用与减灾专业委员会、资源制图专业委员会完成换届选举工作。

6月24日，陕西省自然资源学会在陕西省西安市成立。学会现有省级自然资源学会9个。

主办期刊 根据中国知网发布的《中国学术期刊影响因子年报（自然科学与工程技术 · 2022版）》，《自然资源学报》2022年度复合影响因子为7.920，较2021年度增长29.88%，较2020年度增长56.6%；影响力指数为1414.214，Web下载量达60.69万次，复合影响因子、期刊综合影响因子、技术研究类影响因子以及期刊影响力指数4项指标均位列学科第1位。

根据中国科学技术信息研究所2021年度中国科

技论文与引文数据库统计，《自然资源学报》影响因子为4.707，较2020年度增长18.21%，核心影响因子在环境科学技术及资源科学技术学科排名第1位。

《自然资源学报》策划推出4个特色专辑、3个专栏。入选2021年度中国百种杰出学术期刊、中国国际影响力优秀学术期刊，1篇文章入选中国百篇最具影响国内学术论文。在中国科协主管期刊2021年度社会效益评价中被评为“优秀”。

《自然资源学报》编辑部与学会专业委员会共同策划并召集组织“共同富裕目标下的乡村旅游资源创新开发”“‘双碳’目标与自然资源管理”“新时期文化遗产保护与传承的理论与实践创新”“新时代国土空间治理体系与治理能力现代化”“新时期自然资源资产产权制度改革与实践”“新时期青藏高原资源环境监测与生态文明建设”“自然资源领域生态产品价值实现理论与实践”7场专题学术论坛，探索办刊新模式。

《自然资源学报》推出“自然资源·视界”学术报告直播。2021年12月起，《自然资源学报》从每期刊文中精选出优秀成果，邀请作者对成果以视频报告的形式进行推广和分享。每周二通过《自然资源学报》微信公众号发布直播预告，每周五下午通过微信视频号进行直播。最高在线人数9332人。截至2022年年底，已经连续直播39期，总收看人数79098人次。根据观众反馈，对已经播出的直播视频进行加工制作，陆续推出直播回放视频。

国内主要学术会议　2022年，学会及分支机构共举办各类学术会议26场，共计65.3万人次参加线下线上会议。

4月9日，由学会资源工程专业委员会主办、中山大学旅游休闲与社会发展研究中心承办的共同富裕目标下乡村旅游资源的创造性传承与开发专题学术论坛线上召开，60人参加会议。

4月9—10日，由学会水资源专业委员会等单位主办、大连理工大学承办的第十九届中国水论坛线上召开。围绕“水科学与智慧水务”主题，论坛设置5个大会主旨报告、15个分论坛，近200名专家学者和研究生作报告，最高在线人数达50万人。

5月14—15日，第三届全国资源型城市学术研讨会暨中国自然资源学会资源型城市专业委员会2022年年会线上召开。会议围绕“资源型城市更新与可持续发展”主题，设置2场全体大会、4场分论坛，共有57人作报告，最高在线人数达960人。

5月21日，由学会资源地理专业委员会、教育工作委员会主办的“双碳”目标与自然资源管理专题研讨会以线上线下结合方式在河南省郑州市召开。研讨会设置5个分会场，60位专家学者作报告，500多人参加会议。

6月10—12日，由学会资源工程专业委员会主办、太原师范学院经济与管理学院等单位承办的新时期文化遗产保护传承的理论与实践创新学术论坛以线上线下结合方式召开，300多人参加会议。

6月19日，由学会资源法学专业委员会与中国石油大学（华东）文法学院联合主办的法学研究方法论和论文写作学术研讨会在山东省青岛市召开。40位专家学者及研究生参加会议。

6月26日，由学会资源经济研究专业委员会主办，中国自然资源经济研究院、浙江大学公共管理学院等承办的新时期自然资源资产产权制度改革与实践专题学术论坛在浙江省杭州市以线上线下结合方式召开，4170人参加会议。

7月30日，由学会旅游资源研究专业委员会、内蒙古财经大学等共同主办的生态旅游与生态文明建设学术研讨会在内蒙古自治区呼和浩特市召开。会议设置3场分论坛，150余人参加会议。

8月18—19日，由中国中药协会与学会联合主办的第四届中国中药资源大会以线上线下结合方式在宁夏回族自治区银川市召开。大会以“中药资源与产业高质量发展——东西部科技合作助力黄河流域中药资源产业高质量发展”为主题，设置4个分会场，线下参加会议人数近400人，最高在线人数达8.7万人次。

8月27日，由学会旅游资源研究专业委员会2022年学术年会以线下线上结合方式在河南省郑州市召开。年会以“新阶段新格局下旅游高质量发展论坛”为主题，设置3个分论坛，100余人参加会议。

9月24日，由学会资源经济研究专业委员会主办的自然资源领域生态产品价值实现专题论坛线上召开，最高在线人数达8000人。

10月15日，由学会国土空间规划专业委员会与南京大学建筑与城市规划学院等主办的国土空间规划新技术：传承·融合·创新研讨会以线上线下结合方式召开。研讨会设置6个分会场，56位专家学者作报告，最高在线人数达1.8万人。

11月9—10日，由学会国土空间规划专业委员会和江苏省地理学会共同主办的自然资源管理与智慧国土空间规划培训会暨江苏师范大学城乡规划专业建设25周年报告会在江苏省徐州市举办，11位专家作报告，近100位研究生参加培训。

11月19日，由学会国土空间规划专业委员会主办的中国自然资源学会国土空间规划2022年学术年会以线上线下结合方式在重庆市召开。围绕“面向科学治理的国土空间规划”主题，62位学者作报告，150人参加会议。

11月26—27日，由世界资源研究分会等单位承办的首届世界地理大会第34分会场中蒙俄经济走廊资源环境与绿色发展暨第三届“一带一路”国际科学家联盟智库论坛线上召开。论坛首次完成中蒙俄经济走廊生态经济区划和投资环境评价，提出绿色发展模式、碳中和与全生命周期碳减排思路以及冰雪资源两山转换技术方案。120多位专家学者参加会议。

12月1—2日，由中国自然资源学会、中国建筑科学研究院有限公司主办的第二届国土空间规划青年论坛以视频会议与线上直播相结合的方式召开。论坛以“跨界与融合——绘就新空间，支撑新格局”为主题，邀请中国工程院院士、国家百千万人才工程入选者等5位国家级人才参加会议。最高在线人数达2.7万人。

12月2日，由学会资源循环利用专业委员会与上海应用技术大学共同主办的首届长三角绿色低碳发展与生态文明青年学者论坛以线上线下结合方式在上海市召开，700余人参加会议。

12月8日，由学会资源经济研究专业委员会等单位主办的求是城市与低碳学术论坛第六期在浙江省杭州市以线上线下结合方式召开，55位学者参加会议。

12月10日，由学会与浙江大学城市学院联合主办的第四届中国自然资源法治论坛以线下线上结合方式召开。论坛主题为“新时代自然资源法治创新”，200人参加会议。

12月16—17日，由学会资源流动与管理专业委员会主办的第四届全国资源流动与管理研究学术论坛线上召开。专家学者围绕主题“资源流动管理与区域产业振兴”展开交流，最高在线人数达3000人。

科普活动 2022年，学会共举办科普活动48场次，参加活动的科技人员达180余人，科普受众9.4万余人次。学会获评中国科协2022年度全国学会科普工作优秀单位。

9—12月，学会与北京科学中心合作，联合开展“预见科学”系列专家讲座活动，围绕“生态文明，关乎民族永续发展”主题，从科学家的角度解读我国的山、水、林、田、土，以“探寻美丽的中国”“建设美丽中国”为题自主研发8个主题内容，举办10场科普讲座。同时根据专家讲座资源，设计制作40余条短视频，通过哔哩哔哩等线上平台进行传播。短视频投放半个月，传播量超过10万次。

学会与中国煤炭学会、中国矿业大学合作，在北京、江苏省南京市、福建省福州市和福清市等地的12所中小学举办“节能降耗，低碳环保”主题作品大赛，征集各类作品520项，评选出优秀作品153项，超过2000人参加大赛。

各专业委员会发挥自身特色优势，组织5场“资源科普进校园”活动、4场线上科普讲座。在四川省成都市，以青少年为对象开展6场“身边的资源知多少”科普综合实践活动，100名青少年参加。

农业资源利用专业委员会依托中国农业大学曲周实验站与科技小院开展18场面向农村、农民的病虫害防治与种植栽培指导培训活动，受益群众2100人。

学会科普教育基地——中国科学院千烟洲亚热带森林生态系统观测研究站，围绕森林近自然经营、森林碳汇、山水林田湖草系统治理等开展2场科普活动。依托学会长三角自然资源与国土科普基地，围绕生态、湿地、生物多样性、碳中和碳达峰等主题，面向上海市学校、单位等开展科普活动，累计受众473人次。

学会国土空间规划专业委员会创办“国土空间大讲堂”，邀请中国科学院院士、长安大学教授彭建兵作题为《宜居黄河科学愿景》的讲座；邀请日本工程院外籍院士、日本金泽大学教授沈振江作题为《日本地下空间规划的法规体系》的讲座。

学会推荐陕西省地质调查院入选中国科协2021—2025年度全国科普教育基地第一批补充认定名单。

表彰举荐优秀科技工作者 学会组织中国科协举办的首届中国科技青年论坛候选人推荐工作，推荐6名青年学者及参赛作品，其中2人进入决赛阶段，参加9月在山东省济南市举办的国家重大需求分论坛。湖南大学博士尹怡诚以《与时代同频共振——精准扶贫首倡地的规划设计与思考》为题，介绍十八洞村的精准扶贫经验；中国科学院地理科学与资源研究所博士肖池伟分享其过去多年在中南半岛自然资源考察、

边境资源地理研究领域的研究成果与考察故事。

学会推荐宁夏大学文琦、南京大学甄峰作为2022年“最美科技工作者”候选人。

4月25—27日，中国科学院院士、学会副理事长夏军在第9届国际水资源与环境大会上获2022年国际水资源与环境研究终身成就奖。

学会与中国土地学会、中国地质学会等6家学会/单位联合设立“自然资源科技奖”，分为自然资源科技进步奖和自然资源青年科技奖，奖励在自然资源领域取得重大理论、技术、方法创新，获得广泛应用且具有显著经济社会效益的成果和个人。该奖每年评审一次，承办机构为自然资源部信息中心，奖励评审委员会主任由自然资源部王宏副部长担任。2022年11月，正式启动首届推荐工作。

党建强会 学会把党建工作纳入整体工作布局，2022年召开理事会党委委员会会议3次。学会策划、制作《自然资源考察颂歌》诗朗诵短视频作品。在学会会员李文彦创作的诗歌基础上，项目团队二次创作，以中国自然资源科学考察为脉络，以中国科学院院士竺可桢、孙鸿烈等老一代科学家科考故事为主线，讲述不同历史时期科技工作者的动人故事，激励年轻一代科技工作者报效国家。视频在学会官网、微信公众号、抖音等平台发布。

【中国自然资源学会2022年学术年会】 11月12日，由学会和中国科学院海洋研究所主办，学会海洋资源专业委员会、中国科学院海洋生态与环境科学重点实验室、中国科学院海洋牧场工程实验室承办的中国自然资源学会2022年学术年会以线上线下结合方式在山东省青岛市召开。年会主题是“陆海统筹助推资源科技创新，数字赋能促进绿色低碳发展”，超过1.36万名来自国内外资源科学领域的专家学者、研究生等参加会议。

中国工程院院士、中国科学院海洋研究所研究员侯保荣，中国工程院院士、中国矿业大学教授彭苏萍，中国科学院院士、厦门大学教授焦念志分别作题为《海洋长效防腐与“双碳”目标》《黄河流域煤矿区生态环境修复关键技术与战略思考》《海洋负排放国际大科学计划》的主旨报告。中国科学院大学党委副书记、常务副校长王艳芬，北京师范大学教授江源，郑州大学教授左其亭，中国科学院海洋研究所研究员张立斌，SGS工业与环境亚洲和大洋洲区域负责人Guillaume Drillet，分别作题为《青藏高原高寒草地变化及其适应性管理》《树木年轮科学与森林资源研究和管理应用》《黄河流域生态保护和高质量发展若干重大科学问题与研究展望》《海参种质资源保护创制与产业健康发展》《微塑料监测在水产养殖中的应用》的主旨报告。此外，会议还就山水林田湖草沙生命共同体的认知与实践、国土空间开发与保护的资源科学技术方法、资源科学创新与振兴战略、数字赋能促进绿色低碳发展、陆海统筹助推资源科技创新、海洋牧场建设与融合发展等议题展开讨论。

（撰稿人：刘丽娜）

中国感光学会

服务创新型国家和社会建设 学会组织支持专业委员会及科技专家与企业开展科技联合攻关合作，促进专家、企业、地方政府、科研单位、社会组织等各方的沟通互动，使产学研用等方面形成联动。学会光催化专业委员会与山东京博环保材料有限公司线上联合举办交流对接会；学会数字成像技术专业委员会服务科技企业；学会影像保护专业委员会推进考古与文物科技保护工作，开展感光底片科技保护工程；学会辐射固化专业委员会开展产业经济统计调查；学会生物与医学成像专业委员会参与河北省医用影像材料及应用技术创新中心的筹建工作。

学会建设 学会个人会员总数为5403人，新增个人会员623人；单位会员76家，新增单位会员1家。

2022年，学会共召开理事会议1次、常务理事会议2次、监事会议2次、理事长办公会议3次。

主办期刊 2022年，学会主要刊物《影像科学与光化学》《影像技术》出版12期，刊登主要文章404篇。

国内主要学术会议 2022年，学会及各专业委员会举办第五届全国电致变色会议、2022第五届电子束固化技术高级研讨会、“绽放青春·国宝逢春”——青年档案保护科学研究与大国工匠论坛、首届光化学暑期学校、学会光刻材料与技术专业委员会成立大会暨首届光刻材料与技术讨论会等学术交流活动。500余位专家学者线下参加会议，2万余人次线上参加会议。

科普活动 2022年，学会科学传播专家团队及相关专家开展6次科普讲座。

8月26日，学会光化学与光生物专业委员会秘书长、中国科学院理化技术研究所研究员丛欢受邀在线直播，主讲中国科学院与教育部合作的暑期科学公开课《色香味背后的化学》。央视频、学习强国、人民网、科学网、微博、抖音、哔哩哔哩、小红书等全程转播，直播和复播收看量达数百万人次。

8月8日，学会光电技术科学传播专家团队首席科学传播专家、学会科普工作委员会主任委员刘晨应邀参加上海市中小学"科普校园行"活动，作《自然界中神奇的光》科普讲座；8月12日，应邀参加2022年全国小学科学教师专业素养线上公益培训活动，作《科学课程中的光学与实验演示》讲座；9月29日，在安徽省宿州市全国科普日系列活动中作《自然界中神奇的光现象》直播科普讲座；10月15日，在中国科技馆"中科馆大讲堂"系列讲座中作《生活中奇妙的光现象》科普讲座；11月13日，应邀在常州市博物馆作《趣谈古代光学》科普讲座。

表彰举荐优秀科技工作者 2022年，学会开展第十七届中国青年科技奖的推荐工作，推荐2名候选人；开展第十八届中国青年女科学家奖的推荐工作，推荐1名候选人；开展中国科协科技人才奖项评审专家推荐工作，向中国科协推荐15名专家。

党建强会 学会理事会功能型党委按期召开会议，前置审议学会"三重一大"事项，定期开展学习，宣传贯彻党的路线方针政策以及上级党组织的决议。

学会办事机构联合党支部按期开展"三会一课"，开展"弘扬科学家精神""围绕职责振精神"等主题党日活动。

会员服务 学会使用中国科协学会管理服务平台的会员系统，使会员管理信息化。通过学会网站、微信公众号、微信群等信息交流平台，增强学会信息的及时性以及会员参与活动的积极性和互动性。

【第五届全国电致变色会议】 8月26—28日，由学会电致变色专业委员会主办的第五届全国电致变色会议以线上线下结合方式在浙江省杭州市召开。300余人线下参加会议，1万余人次线上参加会议，高峰时4000余人同时在线参加会议。

大会围绕"电致变色材料及器件"主题，探讨电致变色研究领域的共性科学问题。会议共安排53个特邀、邀请、口头报告及62个墙报。包括国家特聘专家、"长江学者"、国家杰出青年科学基金获得者在内的专家学者展示新型电致变色材料与器件、可穿戴电致变色材料以及热致、气致、光致、力致等其他类型变色材料的最新研究进展。

大会特别邀请3位外国专家线上参会。*ACS Energy Letters*（《美国化学学会能源快报》）资深编辑、新加坡南洋理工大学教授Pooi See Lee作题为《基于纳米材料的电致变色器件》的大会报告，介绍喷墨打印制备电致变色薄膜、利用复合电致变色材料实现太阳光的宽光谱调制和电沉积制备双金属薄膜的最新进展；韩国汉阳大学教授Caroline Sunyong Lee作题为《干沉积系统制备的电致变色显示研究进展》的大会报告，介绍采用纳米颗粒沉积系统制备多种电致变色薄膜，进而制备智能变色镜、双波段电致变色器件和彩色电致变色器件的研究结果；*Solar Energy Materials and Solar Cells*（《太阳能物料与太阳能电池》）共同主编、法国波尔多大学和法国国家科学院教授Aline Rougier作题为《电致变色器件的膜层选择》的大会报告，介绍课题组在氧化物、聚合物及其复合电致变色材料方向的研究进展，以及应用生命周期分析和机器学习开展的研究工作。

【2022第五届电子束固化技术高级研讨会】 8月9日，学会辐射固化专业委员会在广东省中山市主办2022第五届电子束固化技术高级研讨会。200余名专家学者参加会议。

大会围绕"EB固化 未来可期"主题，就EB固化原材料、配方及设备等相关应用现状及发展趋势进行技术交流。

会上，学会辐射固化专业委员会主任杨建文作题为《EB辐照敏感材料与EB固化》的报告，中国科学院上海应用物理研究所研究员吴国忠作题为《低能加速器在材料辐照改性方面的应用》的报告，四川大学教授王跃川作题为《EB固化与功能集成膜》的报告，西南交通大学机械工程学院副院长段玉岗作题为《电子束固化连续纤维增强热固性复合材料3D打印及性能》的报告，中国宝武集团中央研究院冷轧产品研究所研究员马源作题为《卷钢涂层辐射固化技术现状及展望》的报告，南昌航空大学教授梁红波作题为《EB固化复合材料进展及其在航空、航天中的应用》的报告。

（撰稿人：周云霞）

中国优选法统筹法与经济数学研究会

服务创新型国家和社会建设 3月，由研究会牵头，依托应急管理专业委员会在中国科协"科创中

国”平台成立安全与应急管理专业科技服务团，以山东省潍坊市昌乐县为试点，开展危害辨识与风险评估培训能力（初级）测评工作，重点面向化工、矿山等企业，旨在提升企业安全管理能力。

承担中国科协全国学会开放合作示范专项（2021—2022 年）。

学会建设 2022 年，研究会共有个人会员 8720 人、单位会员 48 家；新发展个人会员 1163 人。

规范召开理事会议、常务理事会议、监事会议，经理事会议审议，通过新修订的《中国优选法统筹法与经济数学研究会分支机构管理办法》。

主办期刊 研究会主办学术期刊 1 种、科普期刊 2 种，承办英文学术期刊 2 种。

研究会主办的学术期刊《中国管理科学》复合影响因子为 5.529，比 2021 年提高 37.7%，位列管理学类第 6 位（共收录 27 本管理学期刊）。2022 年，向国家自然科学基金委员会管理科学部“十四五”规划项目组约稿 5 篇，集中发表在《中国管理科学》2022 年第 5 期，其中 1 篇文章被《新华文摘》全文转载。

研究会主办，研究会数学教育委员会编辑、发行的科普期刊《数理天地》（初中版、高中版）从 48 页增加到 96 页，开本改为大 16 开，并改为半月刊，刊登容量增加 3 倍。

研究会灰色系统专业委员会承办的 *Grey Systems：Theory and Application*［《灰色系统：理论与应用（英文）》］影响因子为 2.188，位于 JCRQ1 分区，在数学、跨学科应用类别 132 种期刊中排名第 33 位。被 Ei Compendex 数据库收录。

研究会灰色系统专业委员会承办的 *The Journal of Grey System*［《灰色系统学报》（英文）］影响因子为 1.3，位于 JCR Q3 分区，在数学、跨学科应用类别 132 种期刊中排名第 75 位。

学科发展工程 研究会牵头，与中国管理科学与工程学会、中国系统工程学会共同完成的《管理科学领域高质量科技期刊分级目录》在第二十四届中国管理科学年会上发布。共 1259 种期刊进入分级目录，其中 T1 级期刊 27 种、T2 级期刊 58 种，A 级期刊 109 种、B 级期刊 362 种、C 级期刊 483 种、D 级期刊 220 种。该项目得到中国科协资助。

11 月 29 日，由研究会、南京航空航天大学牵头，研究会灰色系统专业委员会举办灰色系统理论创立 40 周年纪念展，来自海内外的 300 余位专家学者参加活动。灰色系统理论专注于“贫信息”数据分析是一种信息提取和利用的有效工具，其方法和模型在自然科学、社会科学和工程技术等领域得到广泛应用。1982 年，华中科技大学教授邓聚龙发表首篇灰色系统理论论文，标志灰色系统理论问世。研究会灰色系统专业委员会自成立以来，推动中国原创灰色系统理论创新发展和国际传播。

国际学术会议 2022 年，研究会共举办国际学术会议 4 次，参加会议人数 1780 人，其中境外专家学者 160 人，交流论文 352 篇。

7 月 2—3 日，由研究会船海经济管理分会主办、哈尔滨工程大学等单位承办的“双碳”目标下 2022 大数据时代交通与物流国际会议暨第十届国际决策科学高峰论坛在黑龙江省哈尔滨市召开。南丹麦大学教授 Kannan Govindan、葡萄牙里斯本大学教授 Francisco Saldanha da Gama 等 12 位国外专家作大会主题报告。大会开设期刊论坛及 8 场分论坛报告，交流论文 52 篇，来自 13 个国家的 400 多位专家学者参加会议。

8 月 13—14 日，由研究会气候金融研究分会与中国能源金融联盟主办、南京航空航天大学承办的 2022 年气候与能源金融国际会议在江苏省南京市召开。会议以“能源转型中的能源与气候风险”为主题，来自 10 多个国家和地区的 800 余位专家学者参加会议。会议邀请美国佛罗里达大西洋大学、哥伦比亚大学等院校的教授作大会主题报告。在主编论坛上，6 位境外国际期刊的主编、专家与参会学者进行研讨。会议交流论文 172 篇。

8 月 17—19 日，由研究会应急管理专业委员会、中国科学院大学等主办，山东大学管理学院承办的第十七届国际应急管理论坛暨中国“双法”研究会应急管理专业委员会第十八届年会在山东省济南市召开。会议以“多学科交叉融合的应急管理”为主题，邀请 8 位国内外专家作大会报告，并设 5 个分论坛，交流论文 60 余篇。120 余位专家学者参加会议。

国内主要学术会议 2022 年，研究会共举办国内学术会议 21 次，其中高端前沿会议 11 次。参加会议人数达 13650 人次，交流论文 886 篇。

4 月 16 日，由研究会评价方法与应用分会主办、北京师范大学 - 香港浸会大学联合国际学院承办的第五届中国优选法统筹法与经济数学研究会评价方法与应用分会年会线上召开。会议以“双碳背景下的评价方法与应用”为主题，设大会邀请报告、分论坛报告等环节，邀请4位专家作大会报告。在分论坛研讨中，21位学者分别在3个分论坛报告各自研究成果，200多位学者参加会议。

7月1—3日，由研究会智能决策与博弈分会和中南大学共同主办、中南大学商学院等单位承办的中国优选法统筹法与经济数学研究会智能决策与博弈分会第三届学术年会暨“双碳”驱动下的智能决策与博弈论坛在湖南省长沙市召开。会议以“‘双碳’驱动下的智能决策与博弈”为主题，收到论文192篇，来自国内高校、研究院所等的500多位专家学者参加会议。

7月24—25日，由研究会大数据与数据质量研究分会举办的大数据情境下的国家级信用平台及金融信用创新应用研究学术研讨会在福建省厦门市召开，40余位专家参加会议。

7月24—26日，由研究会风险管理分会、南京信息工程大学主办的第三届中国优选法统筹法与经济数学研究会风险管理分会学术年会在江苏省南京市召开，160余位学者参加会议。会议以“常态化疫情防控背景下的风险管理创新”为主题，邀请中国工程院院士陈晓红、国家自然科学基金委员会管理科学部副主任刘作仪、南京大学教授盛昭瀚等6位专家作大会特邀报告。会议同期举办青年人才成长论坛和8个专题分论坛。

8月12—14日，由研究会青年工作委员会、合肥工业大学、复旦管理学奖励基金会主办，合肥工业大学管理学院承办的第十二届中国优选法统筹法与经济数学研究会青年论坛在安徽省合肥市召开。会议以“数智时代的管理创新”为主题，中国工程院院士杨善林、发展中国家科学院院士汪寿阳与20多位专家学者分别作大会主题报告和论坛报告。近400位专家学者参加会议，会议交流论文60余篇，其中12篇论文获大会推荐。

11月26—27日，由研究会工业工程分会主办、南京理工大学经济管理学院承办的2022年中国优选法统筹法与经济数学研究会工业工程分会学术交流暨学会年会在江苏省南京市召开。会议以“工业工程在数字化转型中所面临的机遇与挑战”为主题，邀请来自清华大学、香港城市大学等近60余所高校的300余名专家学者进行学术交流，近1000人线上收看。国家自然科学基金委员会管理科学部副主任刘作仪、香港城市大学教授谢旻等9位专家作大会特邀报告。会议分6个专题开展分论坛交流，36位青年学者进行研究成果报告和交流。

12月3日，由研究会经济数学与管理数学分会主办、山东财经大学统计与数学学院承办的中国优选法统筹法与经济数学研究会经济数学与管理数学分会2022年学术年会线上召开。来自全国高校、科研院所的120余位专家学者参加会议。年会以“以数字经济构建发展新格局”为主题进行大会报告和主旨报告，并展开分组报告交流。

12月3—4日，由研究会量化金融与保险分会主办、北京科技大学承办的第四届（2022）中国优选法统筹法与经济数学研究会量化金融与保险分会学术年会线上召开。会议主题为“数字金融与保险赋能中国经济社会高质量发展”，来自国内外60余所高校的800余位专家学者参加会议。会议安排4个大会报告、6个杰出学者报告和124个分组报告，围绕会议主题及金融市场、金融创新等领域的最新研究进行交流。

科普活动 2022年，研究会共举办大学生科普竞赛活动4个，14649支代表队、28000多位选手参加比赛。

9月，由研究会主办，研究会低碳发展管理专业委员会、郑州大学承办的第八届全国大学生能源经济学术创意大赛启动，并于9月14—15日进行总决赛。大赛分22个赛区，来自323所高校的5549支队伍报名参赛，其中大学生队伍3597支、研究生队伍1952支；参赛学生约11600人。参赛作品包括研究论文3565件、泛能源大数据类263件、创新创业设计类437件、调研报告类846件、政策建议类438件。经评审，三等奖以上作品412组，决赛晋级作品48组，其中本科组24组、研究生组24组。经答辩，最终5支本科生队伍与5支研究生队伍获特等奖，19支本科生队伍与19支研究生队伍获一等奖。中国工程院工程科技知识中心能源分中心及知领直播平台对决赛进行全程直播。

4月14—18日，由研究会主办的2022年第十二届MathorCup高校数学建模挑战赛开展。共有8970支队伍参加比赛，包括7355支本科生队伍、1394支研究生队伍、221支专科生队伍，来自722所高校的2.6万名学生报名参赛。参赛高校覆盖39所985高校、98所211高校、9所境外高校。经专家评审组对7783份参赛论文进行初评、复评、会评和最终审核，评出一等奖队伍403支、二等奖队伍1189支、三等奖队伍2378支、成功参赛奖队伍3565支，7支队伍入围赛后

研究答辩，最终选拔出 4 支队伍获 MathorCup 奖杯。

5 月 28 日，由项目管理研究委员会、国际项目管理协会主办，西北工业大学承办的 2022（第七届）高等院校项目管理大赛暨国际项目管理锦标赛中国区选拔赛线上开赛。来自全国 60 余所高校的 130 支参赛团队、近 700 名师生参加大赛。大赛由理论知识竞赛和软件模拟竞赛两个环节构成，重点考查选手项目管理知识的实践应用技巧和团队协作能力。

9 月 26—30 日，由研究会和国际生产运作管理学会联合发起主办、研究会高等教育管理分会等承办的 2022 年 POMS 中国暑期学校线上召开。暑期学校以“数字经济与数字治理：新业态与新范式”为主题，邀请国际运营管理、数字经济和社会治理等领域的专家学者为来自 10 多个国家和地区的 57 所高校共 300 余名经济管理类研究生、青年教师线上授课。该活动长期坚持公益性，免收报名费。

表彰举荐优秀科技工作者 2022 年，研究会向中国科协推荐中国科学院大学教授汤铃、苏州大学教授冯博为第十七届中国青年科技奖和第十八届中国青年女科学家奖候选人。

党建强会 2022 年，研究会先后 6 次组织收看学习党的系列会议精神；7 次召开党委扩大会议，审议研究会重点工作，学习贯彻党的二十大会议精神和习近平总书记重要讲话精神。

会员服务 2022 年，研究会通过网络直播、微信公众号推送等方式开展专题讲座 10 余次，推送专题前沿成果 58 期等。每月向理事、单位会员、资深会员推送《中国管理科学》电子版并寄送期刊。

【第二十四届中国管理科学学术年会暨中国优选法统筹法与经济数学研究会 2022 年年会】 12 月 10—11 日，第二十四届中国管理科学学术年会暨中国优选法统筹法与经济数学研究会 2022 年年会线上召开。会议由研究会、山西财经大学等共同主办，山西财经大学管理科学与工程学院等承办。研究会理事长池宏、山西财经大学校长田祥宇、中央财经大学校长王瑶琪等出席会议并致辞，研究会秘书长林则夫主持开幕式。管理科学领域的专家学者、企业科研人员等 1 万余人在线参加会议。

开幕式举办《管理科学领域高质量科技期刊分级目录》发布仪式，中国科学院科技战略咨询研究院研究员徐伟宣、创新研究员吴登生分别介绍《管理科学领域高质量科技期刊分级目录》的研究过程和统计数据。

年会以“数字经济与管理科学”为主题，邀请 6 位专家作大会主题报告。中国工程院院士杨善林在题为《人工智能与管理变革》的报告中提出“人工智能与领域科学互动发展”的新观点，指出人工智能技术与管理科学正处于相互促进的发展阶段；发展中国家科学院院士石勇在题为《数字经济的发展与未来》的报告中提出“研究必须与‘双碳’目标挂钩”的观点，提出关于发展数字经济的建议与思考。

大会共安排 2 个平行论坛和分专题论文报告。在《管理科学领域高质量科技期刊分级目录》交流论坛上，2 位专家分别作报告。在第七届数学建模在企业中的应用研讨会暨研究会数学建模与算法分会年会上举办 2022 年 MathorCup 高校数学建模挑战赛及大数据竞赛云颁奖典礼以及 2023 年第十三届 MathorCup 高校数学建模挑战赛启动仪式，4 位专家和企业家分别作交流报告。在大会分专题交流阶段，设 6 个专题 12 个分会场，168 篇论文参加报告交流并评选出 13 篇推荐论文。

大会同期召开研究会第十届理事会第五次理事会议暨第六次常务理事会议和研究会党委扩大会议，审议通过修订的《研究会分支机构管理办法》。同期召开研究会监事会第四次会议。

【2022 灰色系统与不确定性分析国际会议暨第 36 届全国灰色系统学术会议】 11 月 11—13 日，由研究会和南京航空航天大学主办，南京航空航天大学灰色系统研究所、经济与管理学院承办的 2022 灰色系统与不确定性分析国际会议暨第 36 届全国灰色系统学术会议以线上线下结合方式在江苏省南京市举办。大会包含主题报告、分会场专题研讨、教育教学论坛、灰色系统国际论坛、灰色系统理论创立 40 周年纪念展等内容，邀请 12 位国内外专家分别针对逆向灰色关联模型、数据驱动下的灰调度模型与应用、灰色系统理论在水利工程建设管理中的应用与创新等进行报告。在灰色系统国际论坛上，邀请英国德蒙福特大学教授 Yingjie Yang、Arjab Singh Khuman 和布加勒斯特大学副教授 Camelia Delcea 等 6 位专家分别针对“动态灰色关联分析”“以人为本的人工智能和灰色数据”等主题进行报告。来自 16 个国家的近 400 位专家学者参加会议。会议得到中国科协“全国学会开放合作示范专项（2021—2022 年）”的资助。

（撰稿人：张　玲）

中国岩石力学与工程学会

服务创新型国家和社会建设 2022年，学会智库专家总人数1191人，较2021年新增364人，同比增长30.6%。

7月29日，学会获批组建“科创中国”岩石力学与重大工程－国家重点实验室科技创新联合体。联合体由10余家国家重大工程承担单位和13家岩石力学与工程领域的国家重点实验室组成，面向川藏铁路、能源工程等国家重大工程，通过组织论坛、咨询项目等形式促进理论与工程对接，紧跟工程进度，实现科技支撑工程需求。

利用“科创中国”供需开放、技术服务和交易平台功能，组织煤炭地质专业、工程智能建造与智慧运维技术、地下工程灾害防控技术、大地感知与智慧控灾、岩体工程数智勘测5个科技服务团。其中，煤炭地质专业科技服务团服务吕梁相关领域重点产业，与吕梁市人民政府、地方科协、地方企业形成高效对接机制，推动科技成果转化落地，促进革命老区经济发展。工程智能建造与智慧运维技术科技服务团聚焦国家重大工程急需，重点突破地下工程智能建造和智慧运维“卡脖子”难题，为国家重大在建工程（川藏铁路、胶州湾第二海底隧道）和运维工程（济南地铁、朔黄铁路等）提供技术服务。

组织开展三峡金沙江云川水电开发有限公司“乌东德水电站巨型地下洞室群建设与运行关键技术”和青岛市地铁六号线有限公司“大跨隧道高预应力开挖补偿理论与关键技术”等科技成果评价及科技咨询服务38项。

召开团体标准技术工作委员会第一次主任委员工作会议，清查跟踪76项已立项的团标。组织开展评审、报批会23次，发布并实施《岩土流变试验规程》《岩石及结构面剪切试验规程》等11项团体标准。

9月26—30日，在湖北省武汉市举办“深地工程数字化领域专业技术转移转化能力提升”高级研修班，来自全国各地相关行业领域的高校教师、企事业单位高管、企业技术专家和学生等参加研修班，累计超3万人次线上观看研修班直播。课程包括室内试验、现场监测、理论模型、数值计算与技术转移转化（工程应用）5部分，其间还举办国产自主研发数字化仿真模拟软件CASRock、MatDEM以及SSS微震监测系统等软件和硬件培训。11月4—6日，在北京举办110/N00工法、有限元、离散元等12场技术培训，培训学员2180人次。

开展城市地下空间工程专业百名优秀毕业生评选工作，来自45所院校的100名同学被评为2022年中国岩石力学与工程学会城市地下空间工程专业百名优秀毕业生。

10月19日，在线举办主题为“大跨地下空间工程的设计与建造”的第六届高校城市地下空间工程专业大学生模型设计竞赛。来自全国48所高校的城市地下空间工程专业的学生代表队报名参加比赛，32所高校学生代表队胜出。

10月20日，在陕西省西安市举办第六届高校城市地下空间工程专业青年教师讲课大赛，来自全国33所高校的49位城市地下空间工程专业青年教师参加讲课比赛，29名青年教师获奖。

举办第七届“专岩杯”青年岩石力学与岩土工程创新创业大赛，共有10个项目入围决赛，决赛线上直播观看人数达14.37万人次。

举办CHINA ROCK 2022科技创新工业展览会，65家展商通过VR技术展出科技创新成果，受到相关领域43万余人关注。

学会建设 学会修订汇编62项规章制度，其中新增《主办期刊工作管理办法》《科学技术奖异议处理办法》等4项；发文208条，处理上级来文300条，梳理纸质档案10盒。

截至2022年年底，学会共有个人会员28954人，是2019年的2倍；团体单位会员76家，较2021年新增8家；理事179人。全年共召开理事会议1次、常务理事会议2次、党委会议4次、党工委会议16次、“3+1”领导班子工作会议2次、秘书处工作例会19次。汇编党委、党工委、理事会、秘书处系列会议纪要3册。

学会共有分支机构51家，新申请15个，批准成立6个，换届6个；学会走访调研6个。学会岩石动力学专业委员会获中国科协2022年度全国学会分支机构示范发展专项资助。

加强对学会官方微信公众号和官网的建设与管理，官网发布信息723条，官方微信公众号发布信息478条，是2021年的2倍。

获批中国特色一流学会、高起点新刊、科技奖励示范学会建设专项等18个项目资助。

青年人才托举工程 学会遴选第七届中国科协青年人才托举工程项目候选人9名；申报第八届中国科协青年人才托举工程项目，获14个名额，包括2个中国科协资助和12个自筹名额。组织9场岩石力学与工程“青岩”学术沙龙——青托专场。

主办期刊 学会完成中国科协分领域发布高质量科技期刊分级目录项目，发布《岩土力学与工程地质领域高质量科技期刊分级目录》。

Rock Mechanics Bulletin［《岩石力学通报（英文）》］和 *Geohazard Mechanics*［《岩土灾变力学（英文）》］成功创刊并入选中国科技期刊卓越行动计划高起点新刊。*Rock Mechanics Bulletin* 第一期专刊共发表9篇科研论文，作者包括6位中国、美国、英国、澳大利亚、日本的院士以及3位国际岩石力学与岩石工程学会罗哈奖获得者。

Journal of Rock Mechanics and Geotechnical Engineering［《岩石力学与岩土工程学报（英文）》］影响因子为5.915（Q1区），CiteScore为8.1（Q1区）；进入中国科学院工程技术类1区（Top期刊）。获中国科技期刊卓越行动计划优秀主编奖、优秀编辑奖、优秀审稿人奖，入选2022中国最具国际影响力学术期刊。

《岩石力学与工程学报》2022年发表论文283篇；入选湖北省科技期刊楚天卓越行动计划；核心总被引频次和核心影响因子为12181和3.025，核心他引率为0.93，是土木工程和力学学科第一本核心影响因子达到3.0的学术期刊；1篇论文入选中国百篇最具影响国内学术论文；再次入选中国百种杰出学术期刊和中国最具国际影响力学术期刊。4月16日，《岩石力学与工程学报》第九届编委会完成换届工作。

《地下空间与工程学报》收稿1067篇，正刊录用180篇，增刊录用103篇；发表论文230篇，增刊发表论文133篇，网络首发论文29篇；入选2022年度川渝一流科技期刊名单；影响因子为1.654，比2021年度提升11.38%；影响力指数为239.723，在174种土木建筑工程期刊中排名第14位，比2021年提升1位。

Underground Space［《地下空间（英文）》］收稿450篇，组建4个新专辑。入选《科技期刊世界影响力指数（WJCI）报告》，WJCI为3.102，位于土木工程Q1区；入选中国国际影响力优秀学术期刊（自然科学与工程技术）；获2022年度科爱出版社杰出贡献奖。

学科发展工程 学会正式出版《2020—2021岩石力学与岩石工程学科发展报告》，包括1个综合报告和20个专题报告。报告系统梳理2017—2020年岩石力学与工程领域发展现状与主要创新成果，从岩石力学基础理论、岩石工程技术、岩石力学仪器与装备、岩石力学软件、岩石力学在重大工程中的应用、岩石力学与岩石工程标准规范制度及一流期刊建设6个方面进行阐述，进一步展望学科未来发展动向与趋势。

国内主要学术会议 2022年，学会及分支机构举办56场高端论坛、专题会议，线上线下参会人数达21.3万人次。主要有第三届岩土工程国产软件发展论坛、第七届全国工程安全与防护学术会议、岩土工程施工新技术学术研讨会、智慧岩土工程学术进展交流研讨会、西南五省区市第五次岩石力学与工程学术大会等。

6月26日，由学会与湖南省科协等联合承办的第二十四届中国科协年会国家级战略性创新平台建设高层论坛在湖南省长沙市召开。论坛以“强化国家战略科技力量，引领创新平台发展格局”为主题，设置3项重要信息发布、4场主旨报告、7场专家报告和1场专题对话（闭门会议）。33位院士，10家国家重大工程建设承担单位、13家国家重点实验室、10家中国科协党建示范工作联合体代表，学会、论坛协办单位领导及专家学者共153人以线上线下结合方式参加会议。会议线上浏览量共计50925人次。

11月12—13日，由学会承办的“‘双碳’目标下岩石工程智能建造与绿色发展”青年科学家沙龙在山东省济南市召开。会议聚焦“双碳”目标下隧道及地下工程智能建造与智慧防灾、深部矿山工程绿色开采与智能防控以及探索机器人、人工智能、5G、物联网等新一代信息技术与装备在工程建造领域的应用，促进多学科多领域交叉融合发展，推动隧道工程智能建造和矿山绿色协同开采。

国际组织任职 8月16日，在国际地质灾害与减灾协会2022年度第二次理事代表大会上，学会理事长、中国科学院院士何满潮当选国际地质灾害与减灾协会副主席。

学会党委委员、清华大学教授杨强获国际岩土力学计算方法与进展协会卓越贡献奖章，向国际岩石力学与岩石工程学会推荐1名缪勒奖候选人、推荐3名罗哈奖候选人，其中东北大学博士赵骏获国际岩石力学与岩石工程学会2023

年度罗哈奖。

国际交往 学会依托国际岩石力学与岩石工程学会各专业委员会开展国际会议、国际培训，制定国际标准，持续加强与国际岩石力学与岩石工程学会、国际地质灾害与减灾协会等9个国际组织的联络。学会理事长、中国科学院院士何满潮在第12届亚洲岩石力学大会上作题为《材料创新到工程革命》的特邀报告。学会副理事长、中国地质环境监测院研究员殷跃平应邀出席第25届中日韩工程院圆桌会议并作题为《中国滑坡减灾战略研究》的特邀报告。

建立中美岩石力学学会主席热线，召开3次视频会议，促进合作与交流。设立国际地质灾害与减灾协会中国秘书处。组织发起“面向地震预测的跨断层测量”国际对比研究计划，专家组成员由中国、美国、日本、意大利、俄罗斯、韩国、印度、吉尔吉斯斯坦、印度尼西亚、尼泊尔10个国家的19位专家组成。

科普活动 2022年，学会成立科普工作委员会，新增1个学会科普教育基地，获批1个全国科普教育基地。

依托学会科普专家团队和教育基地，开展2场院士科普讲座；借助科普能力提升项目，在世界地球日、世界读书日、全国防灾减灾日等重要节点开展主题科普活动10余次。

组织第二届中国岩石力学与工程学会科普摄影赛，共收到18位参赛者的44组（106幅）作品，评选出最佳作品1个、优秀作品5个、入围作品10个，优秀组织单位1个。开展“科普沙龙”与“科幻沙龙”活动。推荐3本原创科普图书到2022年“科普中国”创作出版扶持计划。

表彰举荐优秀科技工作者 学会名誉理事长、中国工程院院士钱七虎获“八一勋章”。

学会向中国科协推荐第十七届中国青年科技奖候选人2名、第十八届中国青年女科学家奖候选人1名、科技人才奖项评审专家46名。

组织科技奖励评审，授予学会自然科学奖一等奖4项、二等奖3项；学会技术发明奖特等奖1项、二等奖1项；学会科学技术进步奖特等奖4项、一等奖12项、二等奖17项；另有1项异议项目保留特等奖资格，提交2023年度评奖委员会审定。授予钱七虎奖10名；优秀博士学位论文奖10篇，推荐吴奎、高路成为国际岩石力学与岩石工程学会罗哈奖候选人。

党建强会 开展“党的二十大代表进学会”宣讲5场和专题培训班2场。10月27日，学会党委书记、理事长何满潮参加中国科协首场“党的二十大代表进学会”活动，并以《学习二十大精神，落实学会工作》为题发言。

学会将党建与业务深度融合，在“京华号”国产大盾构工程现场、山西省吕梁市、西藏自治区林芝市（川藏铁路）、浙江省绍兴市、云南省红河哈尼族彝族自治州、河南省三门峡市等地开展10场“众心向党，自立自强”党史学习教育系列活动。组织学习习近平总书记重要讲话精神和党中央重要会议精神9场，受众1.3万余人。组织科学家讲授专题党课23场，其中院士讲党课7场，受众1.06万余人次；组织弘扬科学家精神宣讲会6次、展览1次；开展“我为群众办实事”活动38次。

学会继续担任中国科协党建示范工作联合体轮值主席单位。典型党建案例被中国科协党史学习教育简报刊登并选送党中央。获评全国学会党史学习教育十佳优秀组织单位；入选中国科协“我为群众办实事”和“喜迎二十大、永远跟党走、奋进新征程”典型案例；首次获批2项中国科协党建研究会调研课题。获批“党建强会”项目和中国科协党校“领航计划”科技人才团结引领专项。

会员服务 筹建会员工作委员会，召开2次筹备会议。

围绕全国科技工作者日和全国科技周、全国科普日开展会员活动和服务，入选2022年全国科技工作者日活动优秀组织单位（学会）。编纂发布动态4期、党建通讯5期、工作简报12期、Newsletter10期。

【China Rock 2022 第十九次中国岩石力学与工程学术年会】 11月3—6日，由学会主办的China Rock 2022第十九次中国岩石力学与工程学术年会在北京召开。国际地质灾害与减灾协会首次联合主办，美国岩石力学学会首次参与承办。会议以“能源强国与岩石力学”为主题，探索主会场与卫星会场相结合的模式，在北京设置主会场，特邀报告专家及部分专家学者参加会议。学会所属51个分支机构、20个地方学会、76个团体会员单位组织339个卫星会场，线下参会人数达7356人。大会设593场学术报告、12场技术培训和6万平方米365天“永不落幕”的线上VR工业展览。开幕式及特邀报告网络平台累计观看人数达685.76万人次。

【弘扬科学家精神系列活动】 学会编辑出版《礼

赞·科学家精神》系列读本第三辑。举办6场“弘扬科学家精神，加强作风和学风建设”系列主题宣讲会和1场主题展览。开展“最美科技工作者”遴选推荐与宣传活动。9月12日，组织举办科学家精神教育基地揭牌仪式暨纪念陈至达先生诞辰95周年系列活动。由学会推荐的深部岩土力学与地下工程国家重点实验室获批首批科学家精神教育基地。

9月15日，举办陈宗基先生诞辰100周年纪念座谈会。中国科协党组副书记徐延豪、中国科学院院士孙钧、中国工程院院士钱七虎、中国科学院院士陈祖煜等学会历届理事长及老专家出席会议。中国科学院院士何满潮，中国工程院院士冯夏庭、李术才等学会“3+1”领导班子成员60余人参加会议。

在CHINA ROCK 2022第十九次中国岩石力学与工程学术年会上举办“弘扬科学家精神、建功立业新时代”主题展，累计观看人数达42.36万人次。

【“众心向党，自立自强”党史学习教育（吕梁行）】 7月6—9日，学会在山西省吕梁市举办“众心向党，自立自强”党史学习教育。活动包括1次会议：柳林能源与环境院士工作站第二十一次工作会议暨“科创中国”煤炭地质产学融合会议；3个报告:《材料革命与工程革命》《煤矿开采的未来》《柳林能源与环境院士工作站工作回顾与展望》；3次对接：吕梁市委市政府、柳林县委县政府、华晋焦煤有限责任公司；2项协议：学会理事长、中国科学院院士何满潮代表学会与柳林县委、县政府签署《柳林能源与环境院士工作站合作建设协议》，柳林市科协与学会签署战略合作框架协议；1个基地：柳林能源与环境院士工作站科普教育基地；3项活动：企业技术考察、科普、党史学习教育。

（撰稿人：韩晓红）

中国野生动物保护协会

服务创新型国家和社会建设 1月5—15日，协会鹤类联合保护委员会组织全国73家单位的900余名志愿者对23个省（自治区、直辖市）的345处鹤类越冬地开展同步调查，并将结果上报国家野生动物保护主管部门，服务野生动物保护管理工作。

3月20日，协会和红树林基金会正式启动以“珍爱湿地，人与自然和谐共生”为主题的2022全国湿地自然笔记接力活动，并于11月9日在《湿地大会》第十四届缔约方大会的CEPA湿地教育与保护论坛上举办活动颁奖仪式。

5月28日—6月1日，由协会和大地之野自然学校联合主办的2022年全国林业和草原科技活动周宣传活动暨全国未成年人生态道德教育交流活动线上开展，来自全国各省（自治区、直辖市）野生动（植）物保护协会、保护地、学校等单位的300余名专家学者参加自然教育理论与实践、自然教育课程设计、自然教育活动实施等方面的讲座。

7—10月，协会与国际野生物贸易研究组织联合举办3期针对性引导社会行为的线上培训。培训简化理论基础介绍，邀请市场、推广、动员、调研、评估等领域的实操者讲述在真实项目中的方法经验。

跟踪“监测麋鹿、野马种群扩散与扩大放归”项目，据监测显示，2021年9月在内蒙古大青山国家级自然保护区放归自然的27头麋鹿、12匹普氏野马在放归地安全越冬，已初步适应高寒气候环境并成功繁衍子代麋鹿9头、子代野马1匹。2022年国际生物多样性日期间，该项目受到央视网特别报道，累计阅读量超3650万次、讨论量超3000次。联合北京林业大学及项目协作单位在中文核心期刊《动物学杂志》发表相关论文1篇，在英文核心期刊发表相关SCI论文2篇。

完成“云南勐海－澜沧亚洲象隔离种群转移安置”项目结题。在保障象群和周边群众安全的前提下，通过科学方法将肇事象群中的4头雄象引入临时管控区，再未发生该象群肇事致人死伤事件，有效减缓人象冲突。

完成“赛加羚羊栖息地恢复及重引入前期准备”项目，联合北京林业大学等科研机构就重引入途径、寄生虫疾病、饲养繁育技术、潜在栖息范围进行调查。

完成“人与自然关系失衡研究”项目，联合国家林业和草原局野猪综合防控工作组，下沉一线调查野猪致害原因、损失情况、活动范围，为中国开展野猪等致害野生动物种群调控工作发挥作用。

响应党中央和国家林业和草原局号召，参与乡村振兴和定点帮扶工作，向林业草原生态帮扶专项基金捐款100万元，被国家林业和草原局授予乡村振兴与定点帮扶工作突出贡献单位。

组织开展志愿者“护飞行动”。截至11月30日，协会组织全国128支志愿者队伍累计开展活动4100余次，直接参加护飞行动的志愿者超过2.7万人次，救助野生鸟类1.08万余只，协助执法部门拆除鸟网、鸟笼等捕鸟器具9400余件，开展科普、普法讲座及展览450余场，以线上或线下方式向执法部门提供举报线索850余条，发出宣传册、宣传单等护飞资料12.8万余份。新华网、央广网、《人民日报》等150余家媒体报道转发护飞行动相关消息600余条。

学会建设 2022年，协会官网累计发布各类信息610篇。6月，官网首页新增“野生世界”栏目，并向全社会征集野生动物摄影作品，截至12月底，收到投稿作品超千幅。

协会微信公众号每两天推送一次文章，特色栏目“中国野鸟日历”每日推送1篇，以日历形式科普各种野生鸟类的保护级别、种群特征和生活习性。截至12月底，全年共发布330期852篇，文章累计阅读次数超过142万次、累计阅读人数达90万人次，微信关注量达11.4万人。

全年向中国科协协同工作平台政务信息系统累计报送文章349篇。

6月23—27日，组织召开协会第五届第十四次常务理事会议。会上审议通过《中国野生动物保护协会会员管理办法》(修订版)、《中国野生动物保护协会分支机构管理办法》(修订版)。

国内主要学术会议 7月21—24日，由中国动物学会灵长类学分会与协会科技委员会共同主办的中国动物学会灵长类学分会第十七届学术年会在安徽省黄山市召开。会议设6个大会报告、3个专题、58个专题报告，展出15张壁报，收到论文摘要82篇。

11月9日，由协会与国家林业和草原局林草调查规划院等单位联合主办的全球迁飞区水鸟栖息地保护论坛线上召开。该论坛是《湿地公约》第十四届缔约方大会的分论坛之一，设13个主题报告和1场沙龙访谈，为全球环境变化和水鸟迁徙提供保护方案。

国际交往 11月22日，协会受邀线上参加世界自然保护联盟中国会员网络2022年会员大会和第四次世界自然保护联盟中日韩三方会员交流会。会议主要总结2022年中国会员网络工作情况、讨论2023年重点工作计划以及交流各专业工作组活动开展情况。协会副秘书长王晓婷报告物种工作组2022年工作完成情况及2023年工作安排。同日，协会线上参加第四次世界自然保护联盟中日韩三方会员交流会。世界自然保护联盟中日韩三方有关代表和理事对各国开展的世界自然保护联盟相关计划和实施情况进行汇报交流。

继续保持与协会加入的国际狩猎和野生动物保护理事会、野生动物保护联盟特别工作组进行交流合作，及时掌握国际相关信息，为主管部门提供相关建议。

科普活动 3月3日，协会组织开展以“关注旗舰物种保护　推进美丽中国建设”为主题的第9个世界野生动植物日主题宣传活动。通过发布主题海报、“国家重点保护野生动物名录”微信小程序、公益广告《让保护成为一种传统》，开展野生动物保护知识有奖问答活动和进社区系列活动，宣传野生动物科普知识。

3—5月，开展以“守护蓝天精灵，共享美好家园”为主题的爱鸟周系列科普活动。通过发布主题、爱鸟护鸟倡议书，开展鸟类保护知识竞答活动等系列活动，宣传鸟类保护知识。

组织开展以“科学认知野生动物疫病，携手共筑生物安全防线”为主题的2022年野生动物疫源疫病和生物安全科普活动。通过开展全民国家安全教育日专题活动、“生物安全科普进学校、进社区、进乡村”活动，宣传野生动物生物安全科普知识。

5月23日—6月1日，举办“守护大自然的精灵”中国民间工艺美术作品专题展，共展出120余件野生动物保护主题的工艺美术作品，涵盖石雕、彩塑、指画、剪纸、刺绣、沙画等多个品类，展现近年来中国生态文明建设取得的成就，诠释人与自然、人与生态的和谐之美。展览得到国家林业和草原局、中国文学艺术界联合会等的官方推介，以及学习强国、央广频道、网易、搜狐、新浪、《中国日报》等媒体的报道。同时，配合展览，以“保护珍稀野生动物”为主题策划组织2022年全国高校青年“保护大熊猫”志愿者宣传活动，共有北京外国语大学、山东大学、四川大学、广州大学等3000所大中专院校的689680名学生参加。

邀请冬奥会冠军拍摄制作保护虎、豹和雪豹的主题科普海报和视频。7月29日为全球老虎日，制作主题海报，利用热点明星和时间节点传播野生动物保护知识。8月12日为世界大象日，举办主题为“保护大象家园　坚持人象和谐”的公益宣传活动。10月23日为国际雪豹日，举办第十届国际雪豹日公益宣传活动，推出雪豹公益宣传片《雪山之王》和科普图书《雪豹梅朵》。活动被人民网、网易、腾讯、新浪微博

等媒体报道，累计浏览量超 185 万次。

联合央视网、《毛茸茸的星球》共同策划制作科普动画视频《水陆空“大熊猫”集结》，分别在微博、微信公众号、微信视频号、B 站等渠道发布，播放量、话题量累计超 210 万。

先后出版《中国野生动物》《中国湿地》《国门上的 43 种珍稀动物档案》《湿地因你而美——湿地教育的中国案例》图书，从多角度宣传野生动物保护成效和知识。

撰写《科学家论保护》系列科普文章，介绍中国的东北虎豹、丹顶鹤、绿尾虹雉等 10 种野生动物的保护情况，宣传中国野生动物科普成效。

先后开展“百鹤迎春”摄影展、“人与自然”摄影展、乐观鹊来——王振书法作品展、“兽护家园”——濒危旗舰物种保护特展、喜迎二十大——野生动物摄影展以及和谐共生、美丽中国——中国森林、湿地、海洋生态摄影展，分享生态故事，普及野生动物知识，传播生态文明思想。

党建强会 协会常态化开展党史学习教育。4 月，协会获中国科协全国学会党史学习教育十佳优秀组织单位。8 月，协会党支部被中央和国家机关工作委员会评为中央和国家机关“四强”党支部。

2022 年，召开“学查改”专题的理论中心组学习 1 次、集体学习 4 次、党小组学习 2 次，通过多种形式进行学习交流。严格落实“三会一课”制度，全年共召开理论中心组学习 8 次、党支部委员会会议 4 次、党员大会 4 次、党小组会议 8 次，组织主题党日活动 12 次、秘书长讲党课 4 次、集中学习研讨 8 次、纪检专题教育 3 次，会后党务干部填写党建工作台账。

1 月，党支部召开党史学习教育专题民主生活会；9 月，召开“学查改”专题组织生活会。

会员服务 10 月，会员线上发展程序正式开通，建立由各省（自治区、直辖市）协会及各分支机构相关人员组成的会员发展审核体系，并将有关数据按中国科协要求上报。

7 月 11—13 日，线上举办协会第七期志愿者骨干培训班，超 400 人次志愿者参加培训。培训就如何在新形势下开展线上护飞活动、如何救助受伤鸟类、志愿者如何依法依规开展活动、如何用影像记录护飞活动等内容展开。

【《你好，中国野生动物》系列科普短视频】 协会联合国家林业和草原局、中央电视台《动物世界》栏目组，制作推出系列科普短片《你好，中国野生动物》。节目每周更新 1 集，每集讲述一个科普知识点，共 49 集。通过几十种中国珍稀野生动物的野生环境实地拍摄画面，辅以红外摄像机捕捉到的独特行为影像，宣传中国野生动物科普知识及保护成果，讲述中国生态文明的故事。

该系列科普短片独家呈现中国珍稀而多样的野生动物，每周五在央视频《动物世界》账号和协会微信公众号首播，并被学习强国、自然资源部、国家林业和草原局、中国自然资源报等 80 余家新媒体转发，仅央视频、学习强国、微博、微信公众号几个主要平台的线上曝光量达 14.03 亿人次；节目被 200 余家国家级 / 省级自然保护区、30 余个省（自治区、直辖市）的 245 家未成年生态道德教育示范学校作为科普教育内容线下播放，线下曝光量达 1300 多万人次。

【中国－卡塔尔、中国－新加坡大熊猫保护研究合作项目】 2 月 5 日，国家主席习近平会见来华出席北京 2022 年冬奥会开幕式的卡塔尔元首。习近平强调，中方支持卡塔尔举办 2022 年卡塔尔世界杯和 2030 年亚运会，愿同卡塔尔启动中东地区首例大熊猫合作。为落实两国元首上述共识，在国家林业和草原局等部门的统一指导下，协会与卡塔尔密切合作，推动卡塔尔大熊猫场馆建设和大熊猫赴卡塔尔等进程。10 月 19 日，中国、卡塔尔联合主办大熊猫抵卡欢迎仪式。11 月 17 日，卡塔尔豪尔熊猫馆正式对外开放，两只大熊猫正式与公众见面。

9 月 2 日，经国家林业和草原局批准，协会与新加坡万态保育集团以视频方式签署为期五年的《大熊猫保护研究合作的延期协议》。

（撰稿人：李雅迪）

中国系统工程学会

服务创新型国家和社会建设 2022 年，学会申报中国科协决策咨询专家团队建设试点单位并获得资助。以现有的两个决策咨询专家团队为牵引，加强决策咨询人才队伍建设，提升学会高质量服务党和政府科学决策的能力。其中，汪寿阳和吴忠被聘为中国科协决策咨询首席专家，聘期为 2022—2025 年。

线上开展 9 期新时代系统工程大讲堂，以发展新时代的系统观为目标，邀请相关领域专家学者结合国家“十四五”规划和 2035 年远景目标从系统工程视角解读当前国家发展中的复杂问题。

学会建设 截至12月底，学会共有个人会员3229人、团体会员40个。5个分支机构完成换届工作。通过会员代表大会规范调整学会负责人、常务理事、理事。按期组织召开3次常务理事会议、2次理事长办公会议、5次秘书长工作会议、1次理事会议。

青年人才托举工程 6月14日，学会举办第五届中国科协青年人才托举工程项目结题汇报会和第六届中国科协青年人才托举工程项目中期汇报会。10月27日，召开第八届中国科协青年人才托举工程项目遴选答辩评审会，推荐的2名青年人才获得中国科协资助。

主办期刊 学会主办的5种学术期刊《系统工程理论与实践》《系统工程学报》《交通运输系统工程与信息》、*Journal of Systems Science and Systems Engineering* [《系统科学与系统工程学报（英文）》]、*Journal of Systems Science and Information* [《系统科学与信息学报（英文）》] 完成社会效益情况评价考核工作，通过期刊年检。

完成对年会投稿论文的遴选工作，在学会第22届学术年会上举办期刊推荐专场。其中《系统工程理论与实践》《交通运输系统工程与信息》通过中国科技期刊卓越行动计划重点期刊和梯队期刊项目总结验收和新一期项目任务书的签署。

学会获得2021年全国学会期刊出版工作优秀单位。李琳被评为优秀编辑。

国际学术会议 6月11—12日，学会国际学术交流工作委员会参与举办的第21届知识与系统科学国际会议线上召开。会议邀请4位专家学者作大会报告，分别是南方科技大学教授黄伟，日本北陆先端科学技术大学院大学教授Van-Nam Huynh，国际系统研究联合会主席、英国开放大学教授Ray Ison和瑞士洛桑联邦理工学院教授Dimitris Kyritsis。超过300人次线上参加会议。

国内主要学术会议 2022年，学会及分支机构共举办国内主要学术会议7次，参加会议人数约1.6万人次，交流学术论文、报告500余篇。

6月12日，由学会与中国图学学会等共同主办、学会科普工作站和中国图学学会数字化设计与制造专业委员会承办的首届基于模型的系统工程及数字工程技术研讨会以线上线下结合方式召开。会议邀请国内工业领域、高校和软件企业与研究机构的12位专家分享各自的研究成果。

6月25日，中国系统工程学会系统可靠性工程专业委员会2022年学术年会暨委员会换届选举会议线上举办，最高在线参加会议人数达525人。会议围绕可靠性、维修性、测试性、安全性、保障性、PHM与质量等领域开展学术交流讨论，并进行学会系统可靠性工程专业委员会第二届委员会选举。

8月27—28日，过程系统工程专业委员会30周年纪念暨PSE 2022年会以线上线下结合方式召开。主会场设在北京，8个分会场设在委员单位。会议主题为“深入贯彻新发展理念，过程系统工程助力‘十四五’过程工业高质量发展”。200余位专家学者参加会议，交流研讨107个学术成果。

9月18日，由学会物流系统工程专业委员会和中国管理科学与工程学会管理系统工程研究会主办，华中科技大学、浙江大学等联合承办的第十八届物流系统工程暨第六届管理系统工程学术研讨会线上召开。会议以“供应链韧性”为主题，探讨新形势下供应链韧性的理论、方法和实践。会议报名人数5805人，线上累计参会人数4500人次，同时在线人数达到2600余人。

11月26—27日，中国系统工程学会第22届学术年会以线上线下结合方式召开，主题为“新时代的系统观”。来自全国100多所院校的专家学者及业界人士线下参加年会，2600余人次线上参加会议。年会设置4个大会报告和15个分组报告，交流系统科学与系统工程领域相关的研究成果。

12月2—4日，中国系统工程学会信息系统工程专业委员会2022学术年会线上召开，主题为“数智化新跃迁时代的信息系统创新与管理”。来自350多所院校的近1700位专家学者和学生参加会议，收看大会直播总人数接近9000人次。会议设置4个主旨报告和42个平行分论坛，分享交流近300篇论文报告。

12月17日，中国系统工程学会应急管理系统工程专业委员会第六届学术年会线上召开，200多位专家学者参加。会议以“新时代公共安全应急框架和治理体系”为主题，设置4个主题报告和34个分论坛报告。

科普活动 在第六个全国科技工作者日期间，学会开展“漫谈系统”科普广播第三季活动，共推出7期广播节目阐释系统科学与系统工程概念，并上传到学会哔哩哔哩（B站）账号“漫谈系统”专栏。

党建强会 学会党委对学会的各项“三重一大”

事项进行前置审议。推进有条件的分支机构成立功能型党小组。联合办事机构党支部开展党的二十大精神系列学习活动。

会员服务 学会安排专人负责会员发展。2022 年，开通会员短信业务；通过学会官网和微信公众号每周发布学会工作信息及会员学术快讯。

由学会主办的学术会议，会员注册费给予优惠。

【中国系统工程学会第十一次全国会员代表大会】 11 月 26 日，中国系统工程学会第十一次全国会员代表大会以线上线下结合方式在北京召开。305 位会员代表出席会议。

大会审议并通过修订后的《中国系统工程学会章程》《中国系统工程学会第十届理事会工作报告》《中国系统工程学会第二届监事会工作报告》《中国系统工程学会第十届理事会财务报告》，以及《中国系统工程学会会员管理条例》《第十一次会员代表大会选举办法》和会费标准。

大会选举产生第十一届理事会理事、常务理事、理事长、副理事长及第三届监事会监事、监事长、副监事长，并聘任秘书长。杨晓光当选学会第十一届理事会理事长，丁晓东、冯耕中、刘心报、闫相斌、李仲飞、杨克巍、汪小帆、范英、胡祥培、寇纲当选副理事长。狄增如当选学会第三届监事会监事长，杨翠红当选副监事长。唐锡晋被聘任为学会秘书长。

【纪念钱学森诞辰 111 周年学术研讨会】 12 月 11 日，钱学森现代科学技术体系研究组同学会和学会科普工作站共同在线举办纪念钱学森诞辰 111 周年学术研讨会。钱学森生前身边工作人员、钱学森现代科学技术体系研究组成员、学会科普工作站成员，以及众多钱学森思想爱好者、系统工程和系统科学领域的专家学者共 212 人参加会议。钱学森现代科学技术体系研究组组长兼学会科普工作站常务副站长郑新华主持会议。

钱学森生前秘书顾吉环在开场致辞中指出，怀念钱学森的最好方式就是学习他的精神、传承他的思想，把他建立的现代科学技术体系思想发扬光大。学会秘书长唐锡晋在开场致辞中回顾了钱学森发展中国系统工程事业、创建中国系统工程学会的历程。

报告环节中，共有 9 位专家作不同领域的研究报告。钱学森现代科学技术体系研究组副组长贺兴华作题为《系统工程视角下组织数字化转型的理论与实践》的报告，学会科普工作站副站长温跃杰作题为《新时代的钱学森人才系统工程研究与实践》的报告，燕山大学教授刘新建作题为《生产性服务业发展与产业革命论》的报告，中国船舶系统工程研究院研究员黄百乔作题为《钱学森科学技术体系与数学科学》的报告，飞腾信息技术有限公司首席生态专家范金鹏作题为《大成智慧学通识教育探索与实践》的报告，上海交通大学钱学森图书馆馆员李红侠作题为《钱学森科普思想研究》的报告，广东益安人防工程科技有限公司技术总监王公韬作题为《钱学森建筑科学思想学习辨析》的报告，刘彦臣博士作题为《重温钱学森先生的言与行，增强中国人的志气、骨气、底气》的报告，上海交通大学钱学森图书馆征集保管部部长吕成冬作题为《钱学森战略科学家思维在十二年科学规划中的运用》的报告。报告结合当今的技术和业务情况，分析钱学森在系统科学、系统工程、产业革命、现代科学技术体系、大成智慧等领域的理论成果，以及在科普、规划等方面的工作创新。

（撰稿人：李星润）

中国实验动物学会

服务创新型国家和社会建设 5 月 12—13 日，由学会主办的实验动物管理师高级研修班线上开班。该培训项目是国际实验动物科学理事会亚洲区域培训项目的一部分。专家就实验动物设施运行管理、实验动物管理等四方面进行讲解。37 家机构的 80 余名学员参加培训。

5 月 31 日，由学会医药研发外包机构实验动物管理工作委员会主办的实验动物国家标准培训会线上召开，800 余名学员参加培训。4 位专家从 GB/T 39646—2020《实验动物　健康监测总则》等四方面进行讲解并组织讨论。

7 月 30 日，学会主办的动物实验基础操作技术培训暑期班在北京开班。专家对实验动物基础操作技术进行讲解并指导学员现场操作，20 余名学员参加培训。

9 月 17—18 日，学会主办的实验动物核心技术（第一期）网络培训班在北京开班。5 位专家从实验动物质量检测技术等五方面进行讲解，40 余名学员参加培训。

8 月 19 日、11 月 5 日，学会分别在吉林大学基础医学院实验动物继续教育基地、上海农林职业技术学院继续教育基地举办实验动物技术人员专业水平评价考试。对实验动物初级、中级、高级3个等级进行评价考试，140余名学员参加考试。

11月19—20日，学会主办的实验动物核心技术（第二期）网络培训班在北京开班。6位专家从实验动物福利伦理审查解读及审查要点等六个方面进行讲解，50余名学员参加培训。

11月26日，学会神经科学技术专业委员会主办的2022第六届动物实验技术技能培训班线上开班。培训聚焦动物实验仪器设备研发（光声技术专场），5位专家从医用、动物实验专用仪器设备的技术原理等方面进行讲解，300余名学员参加培训。

11月28—29日，由学会实验动物检测技术专业委员会主办的实验动物病原核酸检测技术培训与研讨会线上举办。7位专家从实验动物检测技术标准立项规范等方面作报告，130余位学者参加会议。

12月5日，由学会实验动物标准化专业委员会和全国实验动物标准化技术委员会宣传工作组共同主办的实验动物标准编写和宣传贯彻培训班线上开班。专家对实验动物标准编写的要点进行讲解，并讲解3项国家标准和11项团体标准（第六批）。

12月15—16日，学会主办的实验动物管理师高级研修班线上开班。

学会针对北京实验动物从业人员举办2期上岗证培训班，累计189人参加培训。

学会完成审查第七批团体标准13项，编辑出版《中国实验动物学会团体标准汇编及实施准则（第六卷）》。再次征集实验动物团体标准提案，收到提案31项，立项24个（第八批）；对2018年前发布的团体标准（共63项）进行复审，全部通过。废止4项已转化为国标的团体标准，对14项方法类标准进行修订。

学会建设 截至12月31日，学会共有个人会员3120人、团体会员29个。学会下设分支机构36个。

2月7日，学会实验动物机构认证工作委员会工作会议线上召开，30余位委员、代表参加会议。会议进行工作总结，并对即将开展的福利伦理评价工作进行部署。确定首批30位实验动物福利伦理评审专家，组织两期首批专家学习、完善、修订评价的体系文件。

3月24日，学会实验动物检测技术专业委员会工作会议以线上线下结合方式在北京召开，35位委员参加会议。会议总结2021年工作，并讨论2022年工作计划。

7月26日，学会模型鉴定与评价工作委员会工作会议在浙江省宁波市召开。会议汇报2021年工作情况及财务收支，介绍工作中的问题和工作计划，重点对如何开展中医药动物模型鉴定与评价进行讨论。

3月，学会召开第七届理事会第六次会议（通讯），审议2021年工作报告、2022年工作重点、党建工作、调整及增补理事等事项。

12月，学会组织召开2次常务理事会议（通讯），废止4项团体标准，发布新批次13项团体标准。学会召开第七届理事会第七次会议（通讯），审议2022年工作报告、2023年工作重点以及延期召开第八次全国会员代表大会等事项。

学会“科界”和“绿平台”均开设中国实验动物学会专栏，不定期发布学会动态；并开通抖音号和视频号，不定期发布学会活动及科普视频。

青年人才托举工程 学会推荐的5人获得第八届中国科协青年人才托举工程项目资助。

主办期刊 学会主办的*Animal Models and Experimental Medicine*［《动物模型与实验医学》（英文）］已相继被ESCI、MEDLINE、PMC、CSCD、DOAJ、中国知网、万方等多个国内外重要数据库收录。由季刊变更为双月刊，并设立热点专栏，封面全新改版，共出版6期，入选2022中国国际影响力优秀学术期刊。

《中国实验动物学报》继续被《中国科技核心期刊（中国科技论文统计源期刊）目录》、《中文核心期刊要目总览》、中国科学引文数据库来源期刊等收录。自9月起由双月刊变为月刊，共出版8期。

《中国比较医学杂志》继续被《中国科技核心期刊（中国科技论文统计源期刊）目录》《中文核心期刊要目总览》等收录，共出版12期。

国际学术会议 11月8—10日，由学会实验动物福利伦理专业委员会与英国政府共同主办的中英第七届实验动物福利伦理国际论坛线上召开。论坛共设6个主题，来自中国、英国、美国、丹麦、葡萄牙的13位专家从如何高效训练和使动物适应实验的专业技术，以及减轻和避免剧烈痛苦的技术、策略等方面进行讲解，500余名学者参加会议。会议根据前期调研，拟定20余个问题，受邀专家分享各自见解，并同参会学者展开讨论。

国内主要学术会议 3月24—25日，由学会实验动物标准化专业委员会和学会实验动物检测技术专业委员会联合主办的实验动物质量控制与检测技术标准化研讨会线上召开。实验动物是生命科学研究

中“活的试剂”，为保证科学研究数据的稳定性和科学性、实验研究过程的安全性以及符合实验动物伦理和福利的要求，实验动物需要标准化。多位专家作报告，300 余人参加会议。

6 月 10 日，学会主办的首期“猴痘病毒”学术沙龙线上举办。10 位专家作报告，分别针对有关猴痘病毒的基础研究、诊断策略和疫苗研发等内容进行讲解。2400 余位学者参加沙龙。

7 月 26—28 日，由学会实验动物模型鉴定与评价工作委员会主办的实验动物模型研讨会暨中国实验动物学会实验动物模型鉴定与评价工作委员会年会在浙江省宁波市召开。25 位专家从面向空间站应用的实验动物研究需求等方面作报告，130 余位学者参加会议。

8 月 26 日，学会主办的第二期“猴痘病毒”学术沙龙——One Health 与猴痘防治线上举办。5 位专家作报告，1500 余位学者参加沙龙。

9 月 23—25 日，由学会中医药实验动物专业委员会主办的第十二届中国中医药实验动物科技交流会暨 2022 年学术年会在广东省广州市召开。14 位专家从中医经典名方的现代研究、疾病模型辨证探讨、比较医学学科建设、基因工程动物应用等方面作报告。会议收集论文 92 篇。会议期间举办青年论坛，25 名青年学者分享科研成果。1000 余位学者线上参加会议。

国际交往 6 月 22—24 日，学会理事长受邀参加第九届年度 3Rs 研讨会线上会议，并作题为《中国实验动物福利和伦理介绍》的报告。会议由约翰斯·霍普金斯大学布隆博格公共卫生学院动物实验替代中心等单位主办，会议主题是“通过合作提高动物福利，获取更加精确的结果”。

科普活动 2022 年，学会通过抖音、官网、微信公众号、视频号发布科普文章、视频 74 篇，制作科普挂图 24 幅，悬挂于科普画廊供公众学习。

11 月 12 日，由学会、中国科普作家协会、科普中国发展服务中心联合主办的实验动物学前沿科技创新成果与科普的深度融合转化科普沙龙以线上线下结合方式在北京召开。5 位专家分别作《我国实验动物福利与伦理》《“两翼理论”指导下科技前沿与科普创作互促融合》等报告，向公众普及前沿科技与科普创作、实验动物对生命科学的重大贡献、实验动物与航天医学、新发传染病及动物福利等相关知识。300 余位学者参加会议。

学会成立比较医学院士专家科普创作工作室，普及科技成果，弘扬科学家精神，为科技工作者开展科普工作提供借鉴，为原创科普精品生产提供案例支撑。

学会组织专家撰写科普图书《我的替身生涯》，以医学实验动物自述的形式概述实验动物科学，把相对枯燥的国家重大科研成果向原创科普作品转化。学会组织专家完成《比较医学极简史》《不可把我当宠物养》《人类替身 惠及每人 科学人文 感谢感恩》3 篇与实验动物相关的科普漫画，浓缩知识点，以更形象的方式传递给受众。科普漫画在学会微信公众号等平台传播，阅读量达到 50 余万，《大众健康报》《中国科学报》等媒体对其进行报道。学会制作《科学家与人类替身的故事（上、下）》宣传视频，突出传承科学文化、弘扬科学家精神的主题。

学会组建科普传播专家团队，并有 54 名志愿者参与学会科普活动。学会推荐的中国医学科学院医学实验动物研究所入选中国科协 2021—2025 年度第一批全国科普教育基地。

表彰举荐优秀科技工作者 学会推荐第十七届中国青年科技奖候选人 2 人、第十八届中国青年女科学家奖候选人 1 人、2022 年“最美科技工作者”候选人 2 人。

党建强会 学会党委、党支部贯彻党的十九大以来历次全会以及党的二十大会议精神，组织开展党员学习 3 次，组织学习竞赛 1 次。学会党委、党支部利用党建专栏、党建公众微信号传达中央精神、中国科协党建活动，推动党员学习和交流。

会员服务 学会通过邮件和官网每 2 个月为会员推送一次电子通讯，涵盖学会近期活动、会议、通知等动态内容。

【实验动物资源与模型技术论坛】 9 月 3 日，由学会实验动物资源鉴定与评价工作委员会、实验动物模型鉴定与评价工作委员会、实验动物病理专业委员会等联合主办的实验动物资源与模型技术论坛在北京召开。

会议邀请 8 位专家从人类遗传资源管理要点、“十四五”时期中国实验动物资源创制工作基础和发展布局、实验动物产业发展趋势等方面进行讲解。论坛采用线上线下结合方式召开，共有 3500 余位专家学者线上参加论坛。

（撰稿人：陈 蕾）

中国青藏高原研究会

服务创新型国家和社会建设 青藏高原科学考察研究是研究会的核心任务。据不完全统计，73 位研究会理事、300 多位会员在第二次青藏高原科学考察研究中承担任务。

5 月 30 日，“巅峰使命”珠峰科考活动的主体任务完成，共有 5 个科考分队、16 支科考小组、270 多名科考队员参加。此次科考在西风 – 季风协同作用及影响、巅峰海拔的强烈升温、巅峰海拔的冰雪融化、高新技术平台观测的水汽和温室气体、珠峰地区的强大气氧化性过程、珠峰地区人体生理的特殊反应、珠峰地区变绿的生态过程等方面取得众多成果，创下多项科考新纪录，入选 2022 年中国十大科技进展。

研究会支撑科考取得多项标志性进展：科考成果服务青藏高原生态文明高地建设，阐明气候变化影响下亚洲水塔失衡特征，服务国家水资源与水安全战略；揭示气候暖湿化影响下青藏高原碳汇功能和变化特征，服务应对气候变化和实现碳中和的国家行动；评估川藏铁路沿线灾害风险，服务重大工程建设和运维安全；提出青藏高原国家公园群建设总体布局科学方案，服务生态屏障优化体系建设；开展青藏高原油气和矿产资源现状与远景评估，服务国家战略资源储备基地建设；构建地球系统多圈层综合观测与预警平台，服务山水林田湖草沙冰一体化保护与系统治理；提出实施青藏高原农牧区域联动耦合建议，服务区域绿色发展。“巅峰使命”珠峰科考创造多项世界纪录。

研究会理事长姚檀栋全程参与全国人大青藏高原生态保护立法工作，提出加强冰川变化监测、冰川灾害监测预警、推动山水林田湖草沙冰一体化的保护修复治理建议，在法案中都充分采纳。研究会组织专家对青藏高原生态保护国家立法提出许多具体建议并多被采纳。姚檀栋在山水林田湖草沙冰一体化保护、科学评估全球气候变化和人类活动对青藏高原的影响等方面建言献策，为全国政协“加强青藏高原生态环境保护与气候变化适应”区域协调发展战略调研提供科技支撑。

在研究会副理事长、中国科学院院士陈发虎主持下，完成《关于筑牢环喜马拉雅地区国土安全屏障的建议》咨询报告，提出加强环喜马拉雅地区的软硬实力投入、长远筑牢西部国土安全屏障的建议。研究会名誉理事长、中国科学院院士郑度等完成的《在帕米尔走廊建设南北通道的建议》被中央办公厅采用，中吉乌铁路建设已经启动。为青藏高原南亚通道建设和国土安全屏障建设提供科学依据。

学会建设 2022 年，研究会新发展个人会员 68 人，截至年底，研究会个人会员总数为 1800 人。夯实会员基础，服务会员专业学术需求，通过多种活动及渠道让更多从事青藏高原研究的青年学者了解研究会并加入研究会。

1 月 10 日，中国科协党组成员、书记处书记王进展率队赴研究会调研。研究会理事长、中国科学院院士姚檀栋主持调研座谈会并汇报研究会的工作。

主办期刊 《自然综述：地球与环境》影响因子为 37.2，出版青藏高原特刊，首次就特定主题组织专刊和线上研讨会，彰显中国科学家在国际青藏高原科学研究中的引领地位。

国际交往 研究会在联合国环境规划署平台面向全球发布《第三极环境科学评估报告》。报告发布会由联合国环境规划署主办，联合国环境规划署亚太区域办公室、联合国环境规划署国际生态系统管理伙伴计划、国际山地综合发展中心和中国科学院青藏高原研究所联合承办，并得到“国际山地可持续发展年”倡议的支持。

科普活动 截至 2022 年年底，由研究会和第二次青藏高原综合科学考察研究队共同主办的科普微信公众号“第三极大本营”总粉丝数达 14435 人，总发文量 51 篇，总阅读量 337884 次。系统策划和创作“亚洲水塔”“国家公园”“中国从哪里来”等系列主题类科普视频，所发文章聚焦生态、人类活动等。

研究会利用青藏高原研究的科研和观测平台，开展科普宣传活动。通过举办讲座、创作科普作品、组织科普活动等形式，不断向社会公众介绍青藏高原的自然环境特点，宣传中国青藏高原研究的巨大成就。

4 月 19 日，研究会副秘书长、中国地质大学（北京）教授戴紧根为清华大学附属中学上地学校初中生作题为《冈瓦纳陆块一路北漂撞出了世界屋脊》的科普报告，激发学生对地球科学的兴趣。

策划实施系列标志性科考与科普活动，推进科学成果和认识走向社会，其中“巅峰使命”珠峰科考视频累计观看人数达 6 亿人次；第二次青藏高原综合科学考察研究队队长、研究会理事长姚檀栋带领科考队员登上中央电视台《开学第一课》，讲述科考故事，

超过2亿人次关注。

党建强会 研究会党委坚决贯彻落实有关文件精神，组织理事和学会工作人员学习习近平总书记系列重要指示精神及党的二十大精神。理事会党委将党建与科考工作、科普宣传相结合，通过西藏卫视，研究会理事会党委成员和研究会成员开展“珠峰大讲堂”，让更多人了解青藏高原及中国科学家在青藏高原研究中取得的成果。

（撰稿人：吴 娟 戴玉凤）

中国环境诱变剂学会

服务创新型国家和社会建设 学会完成《遗传毒性 Ames 试剂盒标准》等8项团体标准的立项审查工作，其中7项标准申请符合立项要求，准予立项。对团体标准工作进行中期评估。

2022年，组织专业培训3次，共370人次参加培训。5月，学会膳食与疾病专业委员会线上举办第5届临床营养技能培训班和北京市基层老年营养服务能力提升培训班。8月，学会致癌专业委员会线上举办2022年职业病防治人才培训班。

参加国家和地方新冠肺炎疫情防控督导检查工作，编写新冠肺炎防疫指南，开展科技攻关援助和倡议建言，及时开展应急科普，申报“新冠肺炎科技防治”研发项目。

学会建设 学会共有个人会员6051人，下设15个专业委员会和4个工作委员会。

3月16日、6月23日、9月26日，学会分别线上召开学会第七届第十次常务理事会议、第七届第十一次常务理事会议、第七届第六次理事会议，对学会工作进行梳理和总结。会议研究学会第八次会员代表大会筹备事宜，确定换届工作小组、审议通过学会换届方案及新一届理事会拟任人选；研究第七届亚洲环境诱变剂学术大会暨第十九届中国环境诱变剂学术大会相关事宜；确定并通报学会新专业委员会成立、换届专业委员会改选及近两年专业委员会发展建设事宜；商榷学会团体标准项目评估工作。

3月1日、10月12日、11月24日、12月31日，学会暴露组学与暴露科学专业委员会、致突变专业委员会、致癌专业委员会、辐射与健康专业委员会分别召开常务委员会会议、组织工作会议，研究确定专业委员会的运行与发展模式。

主办期刊 2022年，学会主办期刊《癌变·畸变·突变》共发表论文87篇，总被引频次718次，影响因子为0.648，他引率为0.94，基金论文比为0.90。年内完成编委换届，组建第八届编委会。新一届编委会由120位环境毒理学、肿瘤学、公共卫生等领域的专家学者组成，人数较第七届编委会有所增加。完成期刊年度检验。

国际学术会议 2022年，学会线上举办境内国际学术会议3次，参会人数5万余人次，其中企业代表2人、境外专家学者45人次，交流论文21篇。

11月5—6日，学会与亚洲环境诱变剂学会在山东省青岛市举办第七届亚洲环境诱变剂学术大会；11月18—19日，学会环境应激与健康损害专业委员会和青年委员会线上联合举办第三届现代毒理学国际云端论坛；11月20日，学会致突变专业委员会在浙江省杭州市举办气候变化与人类健康国际研讨会。

国内主要学术会议 2022年，学会以线上或线下方式举办国内学术会议13次。参会人数6.2万余人次，其中企业代表43人次、外国专家学者62人次，交流论文425篇。

4月9—10日，学会在山西省长治市举办中国环境诱变剂学会2022年学术研讨会；4月9—10日，学会青年委员会线上举办中国环境诱变剂学会2022年学术研讨会青年委员会分会场；4月18日，学会致突变专业委员会线上举办优生优育新技术论坛；6月14日，学会致癌专业委员会线上举办健康论坛；7月24日，学会致突变专业委员会线上举办“新冠疫情下的新挑战”研讨会；7月30日，学会环境与神经退行性专业委员会在山西省太原市举办中国环境诱变剂学会环境与神经退行性疾病专业委员会2022年学术研讨会；7月31日，学会活性氧生物学效应专业委员会与空军军医大学口腔医院在陕西省西安市联合举办口腔种植联合学术报告；8月4—7日，学会环境应激与健康损害专业委员会在甘肃省兰州市举办2021—2022环境与健康学术会议；8月23日，学会毒性测试与替代方法专业委员会在广东省广州市举办2022年化妆品评价与科学监管学术研讨会；9月24日，学会环境与生育健康专业委员会线上举办生育力保护研究进展高峰论坛生殖流行病学专场论坛；12月18日，学会辐射与健康专业委员会线上举办“环境与健康”湖南省研究生创新论坛。

国际交往 学会是国际环境诱变及基因组学联合

会和亚洲环境诱变剂学会的团体会员。有 3 位专家在国际环境诱变及基因组学联合会担任执行委员，有 4 位专家在亚洲环境诱变剂学会担任主席、执行委员、秘书长，参与国际组织事宜咨商。

学会多位专家线上参加世界卫生组织等重要国际组织的相关学术会议，与多所国外大学开展相关领域学术合作。

科普活动 2022 年，学会共举办科普活动 15 次，其中专家科普报告会 4 次、全国科普日活动 1 次，设计科普挂图 15 张，发布科普视频 2 个，13 位专家参与科普活动。全国科普日活动覆盖 300 个社区，发放科普宣传册约 7 万本，受益人数约 40 万人次。

5 月，学会膳食与疾病专业委员会在北京多所校园举办 5 · 20 中国学生营养日系列科普讲座及科普宣传活动；在北京多个社区、高校、医院和多融媒体平台举办第八届全民营养周系列科普讲座及宣传活动，播放科普视频和广播；在北京多个社区和多融媒体平台举办全国老年健康宣传周系列讲座及科普活动。学会致突变专业委员会在浙江省杭州市举办《认识肿瘤》科普讲座。

6 月，学会抗诱变剂和抗癌剂专业委员会线上举办《环境污染与健康》科普讲座。

8 月，学会暴露组学与暴露科学专业委员会在河南省周口市沈丘县举办“农村饮水安全与危险化学品安全处置”科普宣传活动。学会青年委员会线上举办《新冠肺炎的发病与预防》科普讲座。学会致突变专业委员会在浙江省杭州市举办《空气污染健康危害及个体防护》科普讲座。

9 月，学会环境应激与健康损害专业委员会在四川省甘孜藏族自治州举办“关爱妇女——格桑花计划”公益活动、《女性营养与免疫》科普讲座。学会辐射与健康专业委员会线上举办“辐射与健康”2022 全国科普日活动及校园科普知识竞赛，发布 2 个科普视频。学会环境应激与健康损害专业委员会线上举办兰州市金城首席专家科普讲座《大气颗粒物那些事儿》。

11 月，学会暴露组学与暴露科学专业委员会在上海市举办“饮用水安全”科普宣传。

12 月，学会青年委员会线上举办《空气健康与女性健康》科普讲座。学会致癌专业委员会在河南省郑州市举办“职业病防治宣传”科普宣传活动。

党建强会 学会党委带领学会深入学习贯彻习近平新时代中国特色社会主义思想和党的二十大精神，持续开展党史学习教育。学会党委对学会发展的重大事项进行前置审议，对学会承办的各类学术会议、团体标准立项、人才推荐等进行审核把关。学会秘书处党支部规范开展“三会一课”和主题党日活动，探索党建与学会业务工作相融合的方式。学会秘书处与北京大学公共卫生学院毒理中心联合党支部举办毒理学科与卫生检验学科的学术交流会，促进学科交叉融合，开展学术诚信和学术规范的讨论。

【第七届亚洲环境诱变剂学术大会】 11 月 5—6 日，学会与亚洲诱变剂学会共同主办的第七届亚洲环境诱变剂学术大会线上召开，来自美国约翰斯 · 霍普金斯大学、日本防卫大学、希腊克里特大学、韩国首尔大学、国际癌症研究机构及中国医学科学院肿瘤医院等数十所海内外学术机构的近 100 位专家学者参加会议，围绕“全球变化与亚洲环境基因组健康”主题进行学术交流。

大会报告内容不仅涵盖 DNA 损伤修复，化学致癌、致畸、致突变等传统领域，也涉及暴露科学和暴露组学、基因组学和表观遗传学、计算机建模、生物信息学等新兴领域。

（撰稿人：高苏堤）

中国运筹学会

服务创新型国家和社会建设 2022 年，学会申请获批为中国科协决策咨询专家团队建设试点单位，并组建优化算法与软件决策咨询、运筹帷幄决策咨询 2 个专家团队。获批中国科协决策咨询专家团队资助项目“面向行业的优化算法与软件决策咨询”。该项目针对中国工业制造、能源、智能交通等重点行业，立足于行业生产中的具体需求场景，尤其聚焦包括疫情常态化、节能环保要求等新形势下的复杂决策问题，提供数学优化方面的建模、算法求解等技术支持和专家团队意见，帮助企业通过量化决策和精细化运营实现降本增效。

学会建设 截至 2022 年 12 月 31 日，学会共有个人会员 2722 人，新增 721 人；团体会员 9 个，新增 7 个。

学会下设分支机构 16 个、工作委员会 10 个。2022 年召开会员代表大会 1 次、理事会议 1 次、常务理事会议 2 次。按照章程，学会 1 个分会线上完成换届工作。

4 月 16 日，学会第十一届常务理事会第五次会议审议通过《中国运筹学会分会考核实施细则（试行）》；7 月 26 日，学会第十一届常务理事会第六次会议发布《中国运筹学会分支机构新媒体管理办法（试行）》，通过修订后的《中国运筹学会分支机构学术会议管理办法》《中国运筹学会青年科技奖奖励条例》《中国运筹学会团体会员条例》《中国运筹学会分会管理办法》；12 月 16 日，学会第十一届第二次会员代表大会表决通过修订后的学会章程、会费调整方案。

3 月 26 日，学会智能工业数据解析与优化分会第二届理事会换届大会线上召开，近 300 人参加会议。会议选举产生学会智能工业数据解析与优化分会第二届理事会成员，唐立新当选理事长，苏丽杰当选秘书长。

青年人才托举工程　10 月 2 日，学会开展第八届中国科协青年人才托举工程项目候选人遴选工作。学会共收到 18 位青年学者的申报材料，经评选，6 位候选人入围终评遴选答辩。11 月 3 日，学会召开遴选终评会议，会议遴选出高斌和雷辉为第八届中国科协青年人才托举工程项目学会拟推荐人选。

主办期刊　学会主办 1 种英文期刊 *Journal of the Operations Research Society of China* [《中国运筹学会会刊（英文）》] 和 2 种中文期刊《运筹与管理》《运筹学学报》。3 种刊物均被中国科学引文数据库核心库收录。

2022 年，《中国运筹学会会刊（英文）》共收稿 170 篇，出版 4 期，出版专辑 3 个，共发文 39 篇、发行 1600 册。入选 2022 年度中国高校科技期刊建设示范案例库优秀科技期刊；在中国科协主管期刊 2021 年度审读中被评为“优秀”；影响因子官方预测为 1.6，比 2021 年提升 0.5。

《运筹学学报》共收稿 161 篇，发稿 4 期，总计 44 篇，其中 2 期为特色专刊，发行 3200 册。入选 2022 年度中国高校科技期刊建设示范案例库百佳科技期刊。11 月 4 日，与《中国运筹学会会刊》等在上海市联合召开三刊助力学科建设研讨会。

《运筹与管理》共收稿 2584 篇（比 2021 年减少 230 篇），发稿 12 期，共 412 篇，发行 11400 册。召开区域主编会议 4 次、编委读者见面会 1 次；2022 年影响因子为 2.263，比 2021 年提升 0.34。

国际学术会议　2022 年，学会和学会分支机构共组织境内国际学术会议 3 次，交流论文 260 余篇，800 余位专家学者参加会议。

5 月 21—22 日，由学会排序分会、数学规划分会协办的第五届机器学习与优化会议线上召开，近 300 人参加会议。会议安排 10 个分组共 43 个报告，内容涉及人工智能、排序理论、次模优化、博弈论、区块链的理论与应用，芯片设计、聚类问题等。学会副理事长张国川，学会副理事长、排序分会理事长张玉忠，学会数学规划分会理事长徐大川出席会议开幕式并致辞。

8 月 19—22 日，由学会计算系统生物学分会等共同主办的第 14 届计算系统生物学国际会议线上召开，约 800 人参加会议，累计 2160 余人次观看会议直播。会议共安排 4 个大会特邀报告和 49 个分场邀请报告。主题涉及计算生物学，表观基因组学，精准医学，深度测序数据的产生、分析与应用，癌症基因组学以及系统生物学等。

9 月 17—18 日，由学会数学规划分会等共同承办的第 17 届计算模型和应用国际会议线上召开。会议安排分组报告 34 个，内容涉及近似算法、图论、博弈论、次模优化、博弈论等研究方向。来自全球 11 个国家的 80 余名计算模型和应用领域的学者参加会议。

国内主要学术会议　2022 年，学会及分支机构共举办国内学术会议 28 次，较 2021 年度增加 11 次；提交学术论文 811 篇；参会人数 20 万余人次。学会 7 个分会召开学术年会。

7 月 11—16 日，中国运筹学会图论组合分会 2022 学术年会暨第九届图论与组合算法国际研讨会在浙江省杭州市以线上线下结合方式召开。来自国内图论组合领域的 600 多名专家学者参加会议。会议围绕“图论及组合算法的前沿进展及热门课题”主题，通过大会报告、主题报告、青年论坛等形式开展交流。

7 月 23 日，中国运筹学会决策科学分会第十四届学术年会在安徽省马鞍山市召开，200 余位专家学者、国内高校师生参加会议。会议设 4 个分会场，分别进行大会报告 10 场、专题邀请报告 16 场、分组研讨 18 场。会议以“常态化疫情防控中的运筹优化与智能决策”为主题，围绕大数据智能决策、智慧金融决策、物流与供应链决策等关键领域，探讨新形势下管理决策中的前沿问题。

7 月 29 日，学会主办的第六届中国运筹青年论坛线上召开，来自 14 所高等院校、科研院所和企业的数十位青年学者参加论坛。报告内容涉及最优运输问题、顾客选择问题、图的平面 Turan 数问题、单调 DR 子模最大化问题、均值－方差资产管理问题、同步校正时间和位置偏差问题、DC 优化问题、马尔可夫链选择模型问题、整数规划问题等。

8 月 12—13 日，中国运筹学会企业运筹学分会第十五届学术年会在四川省成都市以线上线下结合方式召开。会议安排学术报告 8 个，以“数字经济与管理变革对企业管理的启示”为主题，线上同步直播，5267 人参加会议。

8 月 27—29 日，由学会不确定系统分会主办的第二十届中国运筹学会不确定理论年会线上召开。21 位专家学者作大会报告，27 位专家学者作分组报告。报告内容涉及不确定分析、不确定规划、不确定过程、不确定回归分析、不确定控制、不确定理论、不确定微分方程。

9 月 24—25 日，中国运筹学会智能计算分会第十六届年会线上召开，并通过微信公众号“交通与优化”同步直播。约 300 人线上参加会议，480 余人观看会议直播。会议安排大会报告 14 个、分组报告 30 个。

12 月 3—4 日，中国运筹学会可靠性分会 2022 年学术年会线上召开。2000 余名专家、高校师生参加会议。会议安排学术报告 67 个，其中包括 4 场研究生专场报告、6 场分论坛专题报告、28 场专题报告。报告内容涉及复杂系统可靠性与韧性管理研究、维修建模与策略优化、可靠性统计研究、智能系统可靠性与运维管理、基础设施建设的韧性研究、复杂系统和网络可靠性分析 6 个主题。

12 月 9—11 日，中国运筹学会金融工程与金融风险管理分会第十一届学术年会在河北省石家庄市召开，来自 50 多所院校的近 200 位学者线上参加会议。会议共组织 4 场大会报告、8 场专题邀请报告、69 场分组报告会。报告内容包括资产定价、资产配置、行为金融、供应链金融、家庭金融、互联网金融、保险精算、风险测度、投资组合选择、动态金融决策、固定收益证券风险管理、衍生资产风险管理、对冲与保值、信用风险管理、流动性风险管理、系统性风险管理、数字金融等。

国际组织任职　学会理事长戴彧虹担任亚太运筹学会联合会主席，任期为 2022—2024 年。

国际交往　4 月 26—27 日，由亚太运筹学会联合会发起并主办、学会协同组织的首届亚太运筹学会联合会青年论坛线上召开。海内外 1300 余位学者线上参加论坛。论坛共安排 4 场 30 分钟的青年邀请报告，来自亚太运筹学会联合会 12 个成员学会的 12 位青年学者围绕连续优化、离散优化以及优化应用等运筹学方向交流最新研究成果。学会副秘书长程郁琨参加论坛并作报告。

8 月 17 日，学会理事长戴彧虹在第 24 届国际数学规划大会上通过国际数学优化学会的会议平台作一小时报告。报告由大会程序委员会委员、中国科学院院士袁亚湘主持。戴彧虹是首位国内优化界被邀请作一小时报告的学者。

11 月 9—12 日，第 13 届亚太运筹学会联合会国际会议在菲律宾召开，学会理事长戴彧虹应邀线上致辞，并宣布第 14 届大会将于 2024 年在中国召开。

科普活动　2020 年，学会以线上或线下方式开展运筹科普讲座，多途径传播运筹科普知识。学会各分支机构开展科普报告、公益讲座、经验交流会等共计 59 场，受益人数 28 万余人。

学会科普工作委员会制作和发布 6 部运筹科普短视频，主题包括组合优化的“背包问题”、博弈论中的“囚徒困境”以及“运输问题”“证券投资中的多目标优化问题”“中国邮递员问题”“旅行商问题”，并在学会的 B 站和抖音账号宣传。

学会组织开展 9 期走近大学——应用数学系列网络科普讲座，邀请院士、专家助力科普发展。中国科学院院士袁亚湘在线作首个题为《黄金分割浅谈》的科普报告。

学会科普工作委员会开展运筹科普系列视频卡通形象征集活动，共收到 15 份卡通形象作品。12 月 17 日，学会组织召开征集作品终评会议，评选出最佳作品 1 份、优秀作品 3 份。

表彰举荐优秀科技工作者　2022 年，学会开展第八届中国运筹学会科学技术奖评选，共评选出终身成就奖 1 人、运筹研究奖 2 人、运筹应用奖 2 人及提名奖 2 人、青年科技奖 5 人及提名奖 4 人。

1 月初，学会启动第十八届中国青年女科学家奖和 2021 年度未来女科学家计划候选人提名工作。1 月 29 日，经学会常务理事会表决，3 人获得中国青年女科学家奖、1 人获得 2021 年度未来女科学家计划的被提名资格。

4 月 26 日—5 月 6 日，学会成立 2022 年“最美科技工作者”推选专家委员会，择优确定郭田德、徐

大川 2 名候选人并上报中国科协。

党建强会 学会党委组织开展“不忘初心 重新出发”等主题活动。7 月 26 日，学会党委在山西省大同市开展党课学习，学会党委副书记胡旭东以《以史为鉴 开创未来》为题讲党课。11 月 2 日，学会与挂靠单位以线上线下结合方式组织召开党的二十大精神传达学习会，党的二十大代表、中国科学院数学与系统科学研究院副院长、中国科学院院士张平作报告。

会员服务 2022 年，学会线上举办运筹千里纵横论坛 18 期，邀请 33 位报告人，其中 10 场为国际学者报告会，为会员提供学术交流合作机会。

出版《运筹动态》52 期，及时报道和介绍最新科研成果和学术活动通知。

建立会员互动机制，协助各分会发展个人会员，大力发展青年会员、女性会员。由学会主办的学术会议，会员注册费给予至少 20% 的优惠；由学会主办的期刊，会员免费下载。

【首届中国运筹学会会士认定评选工作】 为完善运筹人才库和会员体系，表彰在运筹学领域有卓越成就和为学会作出重大贡献的会员，经学会第十一次会员代表大会表决通过，学会修订章程并报民政部批准，设立会士制度。

2021 年，学会在两次常务理事会议上指定工作牵头人，起草并通过《中国运筹学会会士条例》。2022 年，学会奖励工作委员会开始推进首届会士自然认定和评选工作。截至 1 月 27 日，确认 37 名自然认定会士。5 月 1 日，评定会士的提名工作开始，共收到 9 位候选人的提名材料；7 月 25 日，首届会士评定委员会以无记名投票的方式评选出 6 位评定会士。学会第十六届年会（线上）上进行首届会士授予仪式，学会理事长揭晓首届会士名单。包刚、陈光亚、陈洛南、陈晓红、陈永川、陈志明、戴永久、戴彧虹、鄂维南、范更华、郭田德、郭旭、邓乃扬、高自友、管梅谷、郭雷、韩继业、胡旭东、黄卫、江松、李勇、陆夕云、吕金虎、马志明、王小云、穆穆、彭实戈、祁力群、汤超、汤涛、唐立新、汪寿阳、王自力、魏一鸣、徐光辉、徐宗本、杨晓光、杨新民、袁亚湘、越民义、张旭、章祥荪、郑志明 43 人当选首届学会会士。

【中国运筹学会第十六届年会】 12 月 14—17 日，中国运筹学会第十六届年会（线上）在腾讯会议平台召开，并通过 B 站和微信视频号“中国运筹学会”同步直播，来自国内外的 1000 余位专家学者参加会议。年会由学会主办、湖南第一师范学院承办。

14 日，国际运筹学会联合会主席、澳门大学教授 Janny M.Y. Leung（梁美儿），欧洲运筹学联合会主席、法国南布列塔尼大学教授 Marc Sevaux 分别作特邀报告。15 日，举办第八届学会科学技术奖两大子奖项——运筹学应用奖和青年科技奖的评审答辩会。

16 日，举办年会开幕式，学会理事长戴彧虹、国际运筹学会联合会主席 Janny M.Y. Leung、中国科协副主席袁亚湘等出席开幕式并讲话。学会秘书长陈旭瑾主持开幕式。大会举办首届学会会士授予仪式及第八届学会科学技术奖颁奖典礼。中国科学院数学与系统科学研究院研究员陈光亚获终身成就奖。北京交通大学教授修乃华和北京邮电大学教授艾文宝获运筹研究奖。中国科学院大学韩丛英团队项目“基于多种生物特征相结合的身份认证模组关键技术研究”和北京工业大学赵欣苑团队项目“视频防抖路径规划问题建模、算法及求解器开发”获运筹应用奖。华中科技大学李建斌团队完成的“物流优化智能决策合作项目”和清华大学李彦夫团队项目“大规模电力计量体系智能感知及运维关键技术和产业应用”获得运筹应用奖提名奖。南京师范大学姜波、复旦大学郦旭东、南开大学宁博、中国科学院数学与系统科学研究院王长军、鹏城实验室王晓获青年科技奖；华东师范大学王祥丰、天津大学王钟斌、上海大学余长君和上海交通大学张宇昊获得青年科技奖提名奖。

开幕式后，北京大学国际机器学习研究中心主任、中国科学院院士鄂维南，北京大学教授、中国科学院院士陈松蹊，上海财经大学教授何斯迈，华为理论计算机实验室主任、上海财经大学教授陆品燕，复旦大学教授吴肖乐分别作大会邀请报告。北京邮电大学教授艾文宝作获奖者报告。

17 日，学术交流会分 5 个会场并行，共安排 19 组专题特邀报告，57 位专题邀请报告人作学术报告。

（撰稿人：续莺莺 李顺琪）

中国菌物学会

服务创新型国家和社会建设 学会开展团体标准编制工作，先后发布并实施《茯苓菌种生产技术规范》《茯苓栽培技术规范》2 项团体标准。

组织专家对“灵芝全产业链品质提升关键技术创

新及产业化”“香菇优质高效设施化生产关键技术及其应用”“真姬菇新品种选育及其工厂化栽培关键技术集成应用”3项行业科技成果开展评价。

组织专家撰写《关于加大对中国黄酒功能性基础性研究的建议》，对中国黄酒基础研究的方向提出建议，提交至中国科协。

学会健康产业分会、灵芝产业分会与江苏安惠生物科技有限公司联合主办“青禾”科技志愿服务——青年博士助力乡村振兴活动。通过引进优良的食用菌品种，打造具有地方特色、可推广、产收比高的品类，帮助农户致富增收。

9月19—23日，2022组学驱动的进化生态高级培训班在北京举办。培训班由中国科学院微生物研究所真菌学国家重点实验室主办、学会协办，来自国内外400余家高校、科研院所、企事业单位的2900余名学员以线上、线下的形式参加培训。

学会建设 2022年，学会新发展个人会员95人、团体会员2个。学会常务理事、理事、监事规范召开常务理事会议、理事会议和监事会议。进一步加强学会分支机构管理，修订《中国菌物学会分支机构管理办法》。

主办期刊 学会主办学术期刊3种。*Mycology*（《真菌学》）已经被CABI、CSA、PubMed、Scopus、DOAJ、BIOSIS Previews等数据库收录。

《菌物学报》为中国自然科学核心期刊，被AM、CA、CABI、Ulrich IPD、CSA、CSCD、CNKI、IC、Scopus等国内外检索数据库收录。2022年在学习强国App发布9篇科普类文章。

《菌物研究》为中国科技核心期刊，被评为RCCSE中国核心学术期刊A类。复合影响因子为2.574，在国内93种生物学期刊中排名第5位。

国际学术会议 8月1—5日，由学会与其他单位联合主办的第十一届国际菌根大会和第五届国际分子菌根大会以线上线下结合方式在北京召开。会议共邀请来自14个国家的25位专家作大会报告，共设置16个分会场，安排口头报告119个，展示海报58篇。内容涵盖菌根分类学、生态学、全球变化、分子生物学、细胞生物学、多组学、生态恢复和先进研究应用技术等方面。共有来自34个国家和地区的700余位菌根领域的研究学者参加会议。学会理事长、中国科学院微生物研究所研究员郭良栋致开幕词，国际菌根学会现任主席、瑞士苏黎世大学教授Marcel van der Heijden主持国际菌根学会理事工作会议。会议期间，全球菌根研究学者们对当前研究领域的热点问题进行交流与讨论。会后，大会组委会还在会议官网开辟新栏目，对优秀报告进行为期一周的展示与回看。

国内主要学术会议 2022年，学会和学会各分支机构举办或参与举办国内学术会议5次，参与人数800余人。

6月29日，学会与中国科学院微生物研究所真菌学国家重点实验室共同主办2022西藏食用菌生产技术创新与高原特色农业研讨会暨第一期白肉灵芝产业健康发展论坛及食用菌规模化种植与风险防控培训会。来自中国科学院、西藏高原生物所、西藏自治区农牧科学院、广东省农业科学院、云南大学等企事业单位的近100位食药菌领域的科研人员和种植户线上参加会议。

8月18—21日，由学会大球盖菇产业分会与黑龙江省食用菌产业技术协同创新推广体系主办的2022全国大球盖菇产业技术交流暨现场观摩会在黑龙江省齐齐哈尔市讷河市召开。来自12个省（自治区、直辖市）的相关从业者参加会议。会议通过现场观摩、技术研讨、答疑互动等方式，就大球盖菇的基础研究、人工栽培、生产管理、产品开发、市场销售等专业技术问题进行交流讨论。

科普活动 学会组织全国各地科普教育基地，利用自身优势开展系列科普活动。在科普微信群“蘑菇圈”开展在线科普讲座19场。

7月30日，学会健康产业分会、灵芝产业分会主办2022“小蘑菇 大产业”健康中国行普洱站报告会。近300位来自云南省普洱市及普洱市宁洱哈尼族彝族自治县等地的食药用菌爱好者参加。

学会制作的纪录片《蘑菇的荣耀》拍摄完成，并在上海电视台及各线上平台播出。

党建强会 召开2次学会理事会党委会议，前置审议学会重大事项决策、重要项目安排、大额资金收支等事项。学会理事会党委分别以《学习贯彻二十大、踔厉奋进新征程》和《认真学习贯彻习近平总书记在庆祝中国共产党成立95周年大会上的重要讲话精神》为题，组织党课集中学习。

学会办事机构党支部参观党史博物馆；参加“一颗红心永向党·向党说句心里话”中国科学院微生物研究所党史学习宣教活动；组织参与学习“弘扬科学家精神 喜迎党的二十大”主题活动。

【中国科协食用菌产业链现代化水平青年科学家沙龙】 12 月 9 日，由中国科协主办、学会承办的中国科协食用菌产业链现代化水平青年科学家沙龙线上召开。11 位食用菌产业领域的杰出青年学者就食用菌产业链现代化水平中的新问题、新方向、新观点、新思想进行交流与讨论，60 余位青年学者参加论坛。

在学术交流环节，华中农业大学博士陈连福作《基于生物信息学的食用菌种质资源评价与创新》报告，从事大型真菌资源与利用研究的北京林业大学博士吴芳作《中国大型胶质类食用菌多样性研究进展》报告，福建农林大学博士陶永新作《金针菇群体结构与 MNP 分子标记品种鉴别研究》报告，广东省微生物研究所博士王刚正作《广东虫草褪黑激素合成途径和降脂护肝功效研究》报告，山西农业大学博士耿雪冉作《鳞杯伞多糖的分离纯化、消化酵解及肠道免疫调节功效的研究》报告，吉林农业大学博士鲁丽鑫作《黑木耳子实体类型性状形成分子机理的研究》报告。

多位青年学者围绕基础研究如何能够更好地促进食用菌产业发展、如何运用现代生物学新技术推动中国食用菌种业创新、对食用菌全产业链的理解和建议等方面进行发言讨论。

华中农业大学教授边银丙、吉林农业大学教授姚方杰、上海市农业科学院研究员鲍大鹏、中国科学院微生物研究所研究员董彩虹、中国科学院分子植物科学卓越创新中心研究员王四宝、北京林业大学教授崔宝凯、中国科学院微生物研究所研究员赵瑞琳、广东省微生物研究所研究员邓旺秋等专家对青年学者代表的报告进行分析与指导。

【2022 第三届中国桑黄产业发展大会暨中国（临清）桑黄全产业链发展大会】 8 月 12—14 日，由学会与国家食用菌工程技术研究中心、吉林农业大学食药用菌教育部工程研究中心、聊城市农业农村局、临清市人民政府共同主办的 2022 第三届中国桑黄产业发展大会暨中国（临清）桑黄全产业链发展大会在山东省聊城市临清市召开。来自 24 个省（自治区、直辖市）以及与桑黄全产业链有关的政府管理部门、科研院所、菌种生产单位、专业合作社、种植基地、加工企业、品牌贸易商从业者等参加大会。

在主旨报告环节，上海市农业科学院研究员杨焱、浙江省农业科学院研究员蔡为明、山东中医药大学副教授张国英、吉林农业大学教授王琦、东北林业大学教授邹莉作报告。主旨报告由国家食用菌产业技术体系岗位科学家、山东省农业科学院研究员宫志远主持。

在桑黄产销交流会与圆桌论坛上，杭州千岛湖桑之宝农业开发有限公司总经理王建功、湖北森源生态科技股份有限公司总经理周伟、山东古桑农副产品股份有限公司董事长李玲、夏津尚品园桑树产业合作社理事长李民、诸城市良工机械有限公司总经理马桂松、临清清源正本生物医药科技有限公司总经理王荣祥作分享。圆桌论坛环节由上海市农业科学院高级农艺师李正鹏主持。

会议期间，还举办桑黄博物馆奠基仪式，与会人员前往野生桑黄活体椴木棚、临清桑黄中医药科技产业园 1 期和 2 期、黄河古道桑黄树群参观。

（撰稿人：蒋　娜）

中国神经科学学会

服务创新型国家和社会建设　2022 年，学会联合上海脑智工程中心、上海市神经科学学会成立“科创中国”人工智能行业赋能服务团。6 月 24 日，举办人工智能与医疗健康系列论坛项目路演。论坛以“新一代人工智能在医疗健康领域的应用”为主题，聚焦人工智能技术在医疗领域的应用和推广，邀请 2 家医疗领域初创公司进行技术演示。服务团做好产学研服务，持续推动项目路演、学术交流和技术推广。8 月 28 日，举办新一代人工智能医疗健康探索产学融合会议。会议聚集科技和产业领域精英，邀请院士、专家、人工智能医疗健康领域的高科技企业和投资界机构代表，围绕人工智能医疗健康的产业发展现状、未来趋势及产业政策进行研讨，线下参加会议人数 100 人，线上参加会议人数 6000 余人次。组织专家调研，形成智库报告《关于促进我国新一代人工智能医疗健康应用发展的建议》，形成专家观点汇编《“科创中国”新一代人工智能医疗健康探索产学融合会议项目》。

学会建设　2022 年，学会共有个人会员 21840 人、单位会员 19 家；新发展普通会员 3307 人，新增单位会员 1 家。其中高级会员 40 人、外籍会员 207 人、港澳台会员 77 人、学生会员 8268 人。

学会完善会议制度、改革会议模式，规范召开理事会议、常务理事会议和监事会议。2022 年共召开监事会议 2 次、理事会议 1 次、常务理事会议 2 次，新增下属专业分会3个。学会获评民政部4A级全国性社会组织。

青年人才托举工程 2022年，学会推荐的2名青年人才获得第八届中国科协青年人才托举工程项目资助。从第一届到第八届，学会共有11位入选者。

主办期刊 中国科学院脑科学与智能技术卓越创新中心与学会共同主办的英文学术月刊*Neuroscience Bulletin*（《神经科学通报》）2022年出版38卷共12期，发表文章151篇，其中研究论文68篇、综述21篇、方法学3篇、其他59篇。根据科睿唯安6月28日公布的2021年度JCR，*Neuroscience Bulletin*影响因子为5.271，连续11年入选中国最具国际影响力学术期刊（TOP 5%）。

学科发展工程 2022年，出版《我国类脑智能产业与技术发展路线图研究》；承办中国科协“脑机接口产业技术路线图研究”项目，召开项目开题会议。

评选2022年度“中国神经科学重大进展”，共计10项进展入选，包括序列记忆的大脑表征性几何结构；基于单胺理论开发快速起效抗抑郁新一代药物靶点；大脑启动“恶心—呕吐”病理反应的神经机制；声音镇痛的神经机制；早期光感知促进小鼠幼年大脑突触发育并增强成年后学习能力的神经机制；小鼠前额叶单神经元投射图谱等。

国际学术会议 2022年，学会共举办境内国际会议4次。

5月15日，由学会认知神经生物学分会主办的认知神经科学与计算精神病学国际研讨会在北京召开。会议结合国际环境大背景下心理健康与精神问题，邀请包括英国皇家科学院院士Ray Dolan及中国科学院院士陆林在内的11名专家分享并探讨认知神经科学及计算精神病学的最新进展。

9月9日，学会承办的国际脑研究组织全球神经科学视野网络研讨会线上召开，邀请神经学、临床神经科学和营养科学方面的中外专家参加会议。

11月28日，中国神经科学学会–日本神经科学学会联合研讨会线上召开，来自中国和日本神经科学领域的6位专家学者分享报告。

12月17—19日，由学会儿童认知与脑功能障碍分会主办的第三届南京“脑–智”国际研讨会在江苏省南京市以线上线下结合方式召开。会议聚焦“脑发育与脑疾病”主题，涉及胶质细胞与阿尔茨海默病、自闭症等脑疾病以及睡眠、社交等行为活动，邀请国内外神经科学专家和神经、精神病学专家交流报告，线上参会人数近5万人次。

国内主要学术会议 2022年，学会及所属分支机构共举办国内学术会议41次，较2021年度增加5次；共计参会人数29750人次，较2021年度增加13606人次；交流论文约1061篇。会议主要包括中国神经科学学会第十五届全国学术会议、Brain Talk院士论坛等。

11月27—29日，中国神经科学学会第十五届全国学术会议线上召开。会议基于神经生物、神经临床医学、类脑智能等专题开设6个大会报告、50个专题研讨会，共349位专家学者作报告，收录627篇Poster摘要，线上平台展示近300篇。会议包括7个卫星会议，在10个会场同时召开，累计8万余人次参加会议。

9月2日，学会与其他单位联合主办“脑·机智能融合——让大脑连接未来”论坛。论坛是2022世界人工智能大会的组成部分，也是首次围绕脑机接口开展的主题论坛。

国际组织任职 2022年，学会理事长、中国科学院院士张旭在国际脑研究组织担任管理委员会成员，学会常务理事蒋田仔当选国际人脑图谱学会主席，学会理事雷鹏担任亚太神经化学会理事，学会理事王晓群担任SFN实验动物伦理委员会委员。

国际交往 学会与欧洲神经科学协会联盟合作，评选FENS Travel Awards，推荐3名青年科学家参加2023年欧洲神经科学论坛；与日本神经科学学会合作，开展JNS Travel Awards评选工作，推荐6名青年科学家参加2023年日本神经科学学会学术会议。

7月9—13日，2022年第13届欧洲神经科学协会联盟神经科学论坛以线上线下结合方式在法国举办，清华大学教授时松海作为FENS Forum大会报告人作报告。会议期间，欧洲神经科学协会联盟秘书处与学会秘书处续签FENS Travel Awards协议。

科普活动 2022年，学会共组织科普活动47次，其中包括“智惠行动·百会百县乡村行”系列科普活动7次、“未来科学之星：科学家进校园”系列活动10次、主题日科普活动8次、科普讲座20次；联合中国科协、“科普中国”在“科技工作者之家”开辟神经科学精品课程。

面向青少年举办科普讲座，包括“播脑科学种子，育祖国新苗”科普活动、“探索大脑，你我同行”科技活动周系列科普活动《脑洞打开——关于神经外

科的那些事》科普讲座。

关注社会特殊群体，举办科普讲座，包括“世界昏迷日——中国在行动”主题活动，呼吁全社会关注昏迷患者的生存状态，协助对昏迷患者的救治与照护；举办罕见病患者宣讲会，就肌萎缩侧索硬化（渐冻症）、肝豆状核变性、神经肌病、罕见病报销政策等进行科普，在线观看人数达1.6万人次；开展FANS义诊科普，带领团队赴湖北省咸宁市七彩梦康复中心开展义诊；作《从32+1个故事说说老年认知障碍》科普报告，呼吁关注老年群体。

举办第一届“聚精‘绘’神”科普作品大赛，共收到参赛作品104篇，按照科普文章、科普视频进行分组评选，评选出获奖者各3名；举办第二届神经科学艺术大赛，收到参赛作品23组，评选出获奖者6名。

学会科普微信公众号2022年根据每月主题，征集、发布原创神经科学科普文章23篇、原创科普视频10个、科普展板3幅。

表彰举荐优秀科技工作者　学会与Cell Signaling Technology（CST）设立CNS–CST杰出神经科学家奖，共1人获奖。与上海脑虎科技有限公司联合设立CNS–NeuroXess青年科学家奖，共2位青年科学家获奖；设立优秀墙报奖，15人获奖。

推荐学会感觉和运动分会常务委员、东南大学教授柴人杰获得中国青年科技奖特别奖。

学会常务理事、国际交流工作委员会委员胡海岚获得2022年欧莱雅－联合国教科文组织世界杰出女科学家奖。

党建强会　2022年，学会党委领导学会27个分会成立党工作小组，完成2个分会换届、成立3个分会，开展分会工作交流会3次。开展“学习科学家精神，喜迎二十大”主题党日系列活动；组织学习党的二十大精神；组织学习科学家精神交流会。

会员服务　学会每两个月向会员发布1次简报，2022年共发布5期简报，12月向全体会员发布2022年工作年报和2023年工作计划。

开设人工智能与脑科学暑期夏令营课程，发布暑期夏令营合集；为单位会员和会员搭建招聘平台；面向会员发布《2022中国神经科学学会科技奖励宣传手册》。

针对青年会员，学会开展系列青年科技人才培养工作，包括各类技术和前沿进展培训班、青年创新大赛等活动合计14次：“醒”之有效——意识障碍病例青年大赛；赛过阳光——心境障碍学术能力提升项目10场；舒欣中心抑郁焦虑诊疗系列巡讲项目；1月，在安徽省合肥市举办冷冻电镜原位成像研讨会与培训班；7月，在湖北省武汉市举办第六届离子通道青年学者学术论坛；8月，在广东省深圳市举办首届“脑未来（Brain Future）：脑科学与脑技术创新大赛”；11月，在广西壮族自治区南宁市举办第一届神经发育与再生前沿技术青年研习班。

【Brain Talk院士论坛】　Brain Talk院士论坛由学会神经外科学基础与临床分会与天桥脑科学研究院转化中心共同主办。8月9日，论坛第三期开讲，主题为“从分子机制到类脑器官，脑科学技术如何助力攻克大脑疾病”。论坛邀请中国科学院院士王以政、美国国家医学科学院院士明国莉分享相关领域的科学突破，并回答观众问题。

10月12日，论坛第四期开讲，主题为“如何打造世界一流国际学科”。邀请中国科学院院士、复旦大学校长、复旦大学上海医学院院长金力，美国国家医学院院士、加州大学旧金山分校校长Sam Hawgood，围绕布局脑科学研究以及推动成果转化展开演讲与对话交流。

（撰稿人：张意格　韩　雪）

中国认知科学学会

服务创新型国家和社会建设　2022年，学会开展重大科学问题、工程技术难题和产业技术问题以及中国生命科学十大进展遴选活动。学会推荐的“如何早期诊断无症状期阿尔茨海默病？”入选2022年十大前沿科学问题，获重大科技问题难题优秀推荐单位。

学会脑成像分会与北京科学与类脑研究中心联合开展儿童早期智力筛查及评估可行性研究专项工作。

4月、6月和8月，学会线上举办3期大范围首先高级研修班。研讨内容包括“大范围首先”原理和深度学习的瓶颈、研讨新一代人工智能核心基础科学问题：认知和计算的关系、From Nonlocal to Global–first。

5月19日，学会认知建模分会在北京组织举办认知域装备技术成果展览。中国科学院、中国电子科技集团有限公司、中国船舶集团有限公司、中国人民解放军军事科学院、中国人民解放军国防科技大学等21

家单位、31个项目参加展览。

学会建设 截至2022年年底，学会共有个人会员1560人、单位会员25家。设立5个分会、4个专业委员会、2个工作委员会，分别为学会社会认知科学分会、神经教育学分会、脑成像分会、分子影像分会、认知与脑调控分会、神经环路与信息处理专业委员会、神经与精神影像专业委员会、认知建模专业委员会、认知与类脑计算专业委员会，以及认知科学和脑疾病转化医学工作委员会、认知计算与人工智能工作委员会。其中脑成像分会、认知与类脑计算专业委员会、认知与脑调控分会为2022年新增。同时，在四川省、辽宁省、广东省、重庆市地方分会的组织成立过程中，探索与分支机构、地方分会共同发展和服务会员的联动机制。

学会推动探索吸纳港澳台及海外知华友华科学家在学会任职。

青年人才托举工程 学会开展第八届中国科协青年人才托举工程项目，推荐的3位学者入选。

学科发展工程 学会组织协调完成脑科学与类脑前瞻分析和技术预见研究报告1项。在充分调研基础上，梳理中国脑科学包括脑认知和类脑领域研究和技术的最新进展及主要问题，在学科发展、人才布局、技术突破等方面建言献策。

国际学术会议 11月26日，全球人工智能技术大会期间，学会神经环路与信息处理专业委员会主任、中国科学院自动化研究所研究员蒋田仔作为论坛主席，组织脑图谱启发的类脑智能专题论坛。为助力脑科学与人工智能的融合创新，强化类脑智能技术成果交流，论坛特邀来自机器智能、脑科学、基因组学、神经调控等研究方向的专家学者，围绕脑图谱的最新研究进展和应用方向进行探讨。

国内主要学术会议 2022年，学会邀请国内外脑科学专家和杰出青年学者分享心理学和认知科学领域前沿成果。共作45场脑科学前沿技术与研究系列线上报告直播，吸引全国各地将近13600名观众参与观看和互动，观看次数达27400余次，累计活动热度曝光量达32.3万次。

11月11—13日，由中国心理学会脑电相关技术专业委员会、广东省认知科学学会主办，学会社会认知分会参与协办的第九届全国脑电与脑成像学术年会在广东省东莞市召开。会议设置东莞主会场和深圳分会场，共有110人线下参加会议、300人线上参加会议。会议全程线上直播，直播观看量近1.5万人次。

学会社会认知科学分会、中国心理学会脑电相关技术专业委员会、广东省认知科学学会等联合主办“脑客中国”平台。该平台是分享脑科学、脑疾病、人工智能、脑机融合等前沿知识、技术、成果与应用的网络视频直播平台，旨在汇聚社会力量，助力“脑科学和类脑研究”国家重大科技项目实施，并推动诊断和治疗脑重大疾病的研究与技术转化。

科普活动 学会利用官方微信公众号持续进行认知科学的科普知识宣传。组织由院士、教授、博士生近100人组成的志愿者队伍和科普小组举办系列科普活动。

7月8—14日，学会神经与精神影像专业委员会牵头组织开展四川省科技开放周活动，活动包括学术讲座、公众开放参观、“脑力十足”主题绘画、精神影像学课程展示、精神影像引导神经调控定位技术展示、脑磁图技术展示、科技论文展示等。

学会认知建模分会出版科普书籍《学习力脑科学》，普及脑科学和认知原理在高效学习中的应用。

表彰举荐优秀科技工作者 2022年，学会协助组织第十五届谈家桢生命科学奖、第十八届中国青年女科学家奖等奖项的申报评选工作。

党建强会 成立学会理事会功能型党委，通过党建工作引领学会能力提升。2022年，除学会理事会党委层面的学习，重点加强学会办事机构工作人员各项学习。结合学术研讨、课题研究等多种形式，深入学习党的二十大精神。

会员服务 学会坚持以会员为本，强调理事的会员服务责任，调动理事参与会员发展、会员学术交流、人才培养等精准服务。通过组织学术交流会议、构建社交媒体平台等服务会员群体。

【第四届中国认知计算与混合智能学术大会暨混合机器学习与自主系统论坛】 8月11日，学会与中国自动化学会联合主办的第四届中国认知计算与混合智能学术大会暨混合机器学习与自主系统论坛在云南省昆明市召开。大会围绕人工智能的基本科学问题，聚焦脑认知科学、神经科学与人工智能的交叉融合，邀请中国工程院院士、阿里巴巴集团技术委员会主席王坚，北京通用人工智能研究院院长、北京大学人工智能研究院院长朱松纯，中国科学院生物物理研究所研究员、脑与认知科学国家重点实验室主任何生，加拿大工程院及加拿大皇家科学院院士、微众银行首席

人工智能官杨强，中国自动化学会荣誉理事、中国科学院自动化研究所研究员谭民，旷视研究院主任研究员张祥雨6位专家作大会报告，探讨国际前沿动态、共享领域研究成果，促进中国新一代人工智能发展。

（撰稿人：周　馨）

国际数字地球学会

服务创新型国家和社会建设　学会“数字地球治理和道德规范”第三工作组在《大数据与社会》杂志上发表题为《数字地球地理空间领域的人工智能伦理和数据治理》的文章。鼓励有关数字地球的研究者参与当前关于人工智能伦理和数据治理的争论，并指出为实施合乎伦理的人工智能和包容性的数据治理方法，数字地球倡议需要让利益相关者和地方社区参与进来，以应对不同的社会、法律、文化和制度背景下可能出现的冲突。

学会建设　2022年，学会组织召开1次线上理事会议、3次执行局会议。经学会理事会批准，2022年度启动国际数字地球学会青年科学家创新网络建设，制订青年科学家创新网络建设方案、年度工作计划以及相关规章制度和任务规划。该创新网络将致力于凝聚青年力量、赋能青年人才、助力青年创新，支持青年人才成长和发展。

学会以凝聚专家成员力量、发挥国际专家作用、提升学会国际地位为工作重点，不断加强学会工作组建设。

主办期刊　*International Journal of Digital Earth*［《国际数字地球学报（英文）》］2022年共收稿306篇，发表文章116篇。转型开放获取出版，并获得创刊以来最高影响因子4.606，在全球48种自然地理类期刊中排名第11位（Q1区），在全球34种遥感类期刊中排名第15位（Q2区）。期刊完成编委会换届，建立73人组成的国际编委队伍。

Big Earth Data［《地球大数据（英文）》］遵循季刊周期，每逢季末月出版，共发表4期共37篇论文，包括编者按4篇、综述2篇、数据论文15篇、研究论文15篇、技术摘记1篇。4期均为策划的热点专刊，主题分别为“地球大数据支撑‘一带一路’区域可持续发展目标实现”“遥感大数据在海洋和极地的应用”“全球参考格网与地球大数据”“高山与极地寒区观测和地球物理参数数据集”。利用网络技术实现期刊精准推送。面向国际科研圈，与科睿唯安合作，通过邮件精准推送的方式定期发送期刊工作进展和出版信息；利用领英平台发布推文，2022年共发布45条，单条最高阅读量达572次，已有684位学者关注学会账号。

国际学术会议　4月26—27日，由中国科学院发起，南非科学院、巴西科学院、俄罗斯科学院、印度国家科学院共同主办，可持续发展大数据国际研究中心、中国科学院空天信息创新研究院承办，学会参与协办的金砖国家可持续发展大数据论坛以线上线下结合方式在北京召开。论坛邀请2位专家作大会特邀报告，设置5个平行会议，组织46个分会报告。来自全球32个国家的科研机构、高校、国际组织的600余位专家学者参加论坛。论坛发布“金砖国家可持续发展数据产品”，签署《金砖国家科学院大数据支撑可持续发展北京联合声明》。

9月6—8日，由中国科学院主办，可持续发展大数据国际研究中心、中国科学院空天信息创新研究院承办，学会参与协办的2022年可持续发展大数据国际论坛在北京召开。论坛以“数字技术促进全球可持续发展”为主题，共设置8场大会报告、57场平行会议、300余个口头报告，来自65个国家和地区的约700人参加会议。论坛开幕式上举办“数字技术推进全球发展倡议”活动。

国内主要学术会议　9月2—3日，由学会中国国家委员会数字山地专业委员会和贵州师范大学共同主办的第七届全国数字山地学术研讨会线上召开。会议主题为“数字山地服务于区域高质量发展”，从不同的角度阐述数字山地理论与方法的最新进展和发展趋势，在倡导数字山地研究的同时拓展数字山地的内涵与意义。会议设立4个分会场，并专门设立研究生论坛，来自国内主要山地研究机构的32位研究生分享各自的研究成果。

学会设立“国际数字地球学会大讲堂”。该活动每2个月举办1次，通过邀请全球数字地球领域专家进行线上学术报告，交流学术思想，分享研究成果，传播最前沿、最权威的数字地球理念。11月18日，在学会出版的专著*Manual of Digital Earth*（《数字地球手册》）出版三周年并下载近百万次之际，国际数字地球学会大讲堂正式开讲。第一期大讲堂邀请《数字地球手册》的3位联合主编——学会名誉主席、中国科学院院士郭华东，美国国家科学院院士Michael

Goodchild 以及学会主席 Alessandro Annoni 讲授数字地球的过去、现在与未来。讲座共吸引 3700 余人次观看学习。

4—7 月，学会中国国家委员会激光雷达专业委员会举办激光雷达遥感前沿论坛系列讲座。共设置 10 个专题，邀请国内外 28 位专家作学术报告，吸引近 6 万人次参与论坛研讨。

7 月 25—27 日，由学会中国国家委员会虚拟地理环境专业委员会主办的第八届全国虚拟地理环境学术会议在江西省赣州市以线上线下结合方式召开。会议组织 12 场专题报告、123 个口头报告，现场注册人数超过 150 人，线上观看总人数超过 3 万人次。

国际交往 学会组织参加第二届联合国世界地理空间信息大会、第八届国际制图和地理信息系统会议、2022 年全球青年科技领袖圆桌会暨国际科技组织合作与发展论坛以及第二届亚洲青年地理学家研讨会等国际学术交流活动。派代表团出席在荷兰赞丹举办的 2022 年地理空间世界论坛，并在论坛期间组织召开数字地球专场会议及闭门会议。

与国际摄影测量和遥感学会签署合作备忘录，进一步加强两个组织的学术交流，共同打造资源共享和交流合作平台。

学会推荐“数字地球教育与能力建设”第五工作组联合主席陈旻及“数字地球治理和道德规范”第三工作组联合主席 Caroline Gevaert 担任《2023 年全球可持续发展报告（草案）》评审委员会委员，参与该报告的评审工作。报告评审委员会由来自全球多个学科领域的 150 名专家组成。

表彰举荐优秀科技工作者 12 月 5 日，国际科学理事会在南非开普敦召开的世界科学论坛上宣布新当选的国际科学理事会会士名单。由学会联合推荐的中国科学院院士郭华东当选国际科学理事会会士，这是继 6 月国际科学理事会聘任 66 名创始会士后，首次通过全球范围提名评选产生的国际科学理事会会士。国际科学理事会会士于 2022 年首次设立，是国际科学理事会的最高学术荣誉，旨在表彰促进科学成为全球公益事业中作出卓越贡献的科学家。

【第九届数字地球峰会】 9 月 6—8 日，由学会主办、印度金奈安娜大学承办的第九届数字地球峰会在印度金奈召开。峰会主题为“数字地球弥合数字鸿沟，实现可持续发展目标”，共有 200 余位来自不同领域的科学家、企业家和工程师参加会议。学会主席 Alessandro Annoni 等致开幕词，学会名誉主席、中国科学院院士郭华东以视频方式作大会报告。会议涉及数字地球和地球大数据研究和管理中的能力建设、空间数据基础设施、大数据、空间政策及计划和项目等领域，旨在介绍数字地球领域取得的最新成就，讨论数字地球研究领域面临的挑战和经验。内容包括特邀学者的主旨演讲，与数字地球理论、技术及应用相关的最新研究成果报告的专题会议，青年论坛，以及展示数字地球和地理空间信息技术最新产品和服务的工业展览等。

（撰稿人：刘婧娜）

国际动物学会

学会建设 截至 2022 年年底，学会共有个人会员 1735 人，分布在 79 个国家和地区；团体会员 125 个，覆盖各类科技人员 3 万余人，分布在 37 个国家。

12 月，南非的非洲爬行动物和蛇毒组织正式成为学会团体会员。该组织为制造抗蛇毒血清提供所需的蛇毒，并提供毒蛇识别、处理和咬伤急救等方面的培训。学会共有 12 个工作组，新成立的青年工作组旨在加快国内动物学青年科技工作者的成长，促进国内外动物学研究的交流与合作以及学科交叉与融合。

青年人才托举工程 学会开展第六届中国科协青年人才托举工程项目，共有 4 人获得资助，其中 2 人为中国科协资助、2 人为学会匹配经费资助。万辛如、王静和李军各发表 2 篇论文；徐乐天发表 4 篇论文，获得 2022 年湖北省杰出青年科学基金资助。

2 人获得第七届中国科协青年人才托举工程项目资助。宋浩发表论文 4 篇，申请专利 2 项，获得山东省海洋科技创新奖（青年海洋科技奖）；薄亭贝发表论文 2 篇。

学会推荐叶银子、张姗、王春获为第八届中国科协青年人才托举工程项目候选人并获得资助。

主办期刊 2022 年，双月刊 *Integrative Zoology*［《整合动物学（英文）》］期刊影响因子为 2.083，在全球 JCR 收录的 177 种动物学期刊中排名第 54 位，继续入选中国科学院 1 区期刊。2022 年共发表论文 90 篇，全文下载共计近 10 万篇次，较 2021 年增加约 52.9%。下载量前 5 名的国家分别为中国（23%）、美国（21%）、英国（8%）、加拿大（4%）、澳大利亚（4%）。11 月初，执行编辑熊文华获“中国科学院期

刊出版领域引进优秀人才计划”择优支持人员。

学科发展工程 在中国科协国际合作部的指导下，学会决定对与国际生物科学联合会共同建立的动物疫病计划进行大幅升级。由于目前野生动物疫病防控的国际协调机制尚处于空缺，学会决定将该计划提升为着手建立世界野生动物疫病研究网络，以引领世界野生动物疫病领域的研究与防控工作。该网络建成后，将收集并共享世界各国野生动物疫病及宿主、媒介发生现状及态势信息，协调各国制订野生动物疫病监测、防疫技术等标准、规范与政策，推动野生动物疫病及宿主、媒介监测与防控技术的创新及应用推广。该计划已得到“2022 年支持国际动物学会深度参与全球科技治理项目”的支持。

国际学术会议 7 月 5—8 日，由学会和坦桑尼亚索科因农业大学联合主办的第 7 届国际啮齿动物生物学和治理大会在坦桑尼亚阿鲁沙以线上线下结合方式召开。来自 44 个国家的 200 余位科研人员和学生参加会议。会议由 8 个大会报告和 7 个专题研讨会组成，研讨会议题包括“生物多样性与保护”“啮齿动物与疫病”“行为生理和生物传感”“非洲高原和山区啮齿动物”“小型哺乳动物的长时序研究”“基于生态学的啮齿动物管理”“啮齿类不育控制”，共设 100 个口头报告和 35 个电子学术海报。

国内主要学术会议 2022 年，学会共组织学术交流活动 3 次，约 2000 人次参加会议。

7 月 25—27 日，由学会主办，陕西省动物研究所、南京晓庄学院和陕西省动物学会承办的第四次全球变化下动物与植物互作关系专题研讨会线上召开。会议设置“鼠 - 植物种子传播”“鸟 - 植物种子传播”“动物 - 植物传粉”“动物 - 植物取食关系”“其他动物 - 植物关系”5 个专题，组织安排 7 个大会特邀报告、37 个专题报告。来自全国 30 多个单位的 200 余名科学家、科研人员和学者参加研讨会。

8 月 16 日，学会和世界青年科学家峰会秘书处在线举办国际动物学会青年学者学术交流会。会议设置 1 项主旨报告及 12 项学术报告。报告内容涵盖理论模型研究与实验研究、宏观研究与微观研究，研究对象全面囊括水生动物、节肢动物、两栖爬行动物、鸟类及哺乳动物等动物类群。来自各科研院所、高校等单位的 1639 位青年学者在线参加会议。

12 月 2 日，全球变化的生物学效应研讨会在云南省腾冲市举办。研讨会是 2022 腾冲科学家论坛的分论坛，由学会、国际生物科学联合会及中国科学院动物研究所承办。150 余位国内外专家学者线上参加研讨会。学会邀请到国内外 3 名院士和 4 位教授作报告。

党建强会 学会党委多次召开党小组会议，学习党的二十大精神。开展“重温红色记忆，赓续红色血脉”主题党日活动等。

会员服务 2022 年，学会编写 2 期通讯。定期给会员发送杂志出版和会议相关信息。

【“一带一路”中蒙俄走廊生态安全评估及对策研究项目】“一带一路”中蒙俄走廊生态安全评估及对策研究项目开展中蒙俄走廊生态监测与安全评估研究工作，旨在为促进“一带一路”沿线国家、地区的生态环境保护与合作提供科学依据。项目由学会、“一带一路”国际科学组织联盟牵头组织和资助，将建立中蒙俄走廊的生态基底信息库，分析“一带一路”重大工程等因素对其生态环境、疾病传播风险及珍稀濒危动物保护的潜在影响，提出生态保护和风险防范的对策与建议，建立生态监测和评估体系与规范，提升当地生态监测能力，护航“一带一路”绿色发展。

项目已经建立一个中蒙俄走廊生态安全合作网络，包括 10 个相关科研机构和 64 个自然保护地，采集和收集大量标本和野生动物相关信息，对该区域的气候、植被、环境、重要保护和有害动物分布及趋势做深入细致的评估。经多次研讨，编制《中蒙俄走廊带生态、社会、发展报告》。

（撰稿人：张　薇）

中国机械工程学会

服务创新型国家和社会建设 2022 年，学会组建高端装备制造产业科技服务团、智能制造装备产业科技服务团、先进制造专业科技服务团、绿色智能制造专业科技服务团 4 个科技服务团。举办 2022“科创中国”企业创新大家谈第二期——工业互联网与高质量发展高峰论坛、2022 中国绿色低碳创新大会子论坛——绿色低碳能源装备高端论坛；与浙江省科协签订《智汇浙江促共富战略合作协议》，与衢州市智能制造技术与装备研究院签订《中国机械工程学会衢州科技创新中心（中国机械工程学会衢州科技创新服务站）合作协议》，与永嘉县人民政府签订《中国机械工程学会与永嘉县人民政府战略合作协议书》；推荐天津金桥焊材集团股份有限公司、宁波启迪科技园发展有限公司入选首批“科创中国”创新基地。

学会参与2022重大科学问题、工程技术难题和产业技术问题征集，向中国科协推荐制造科技、先进材料领域3个前沿科学问题、5个工程技术难题、2个产业技术问题，其中西南交通大学陈磊提出的“能否实现材料表面原子尺度可控去除？”入选“十大前沿科学问题”。学会被中国科协评为重大科技问题难题征集发布2022年度优秀推荐单位、2022年度学术成果凝练优秀学会。学会组织专家对入选的科学问题进行论证并形成《科技工作者建议》通过中国科协上报国家决策部门，得到中央批示。

学会成为中国科协50家2022年决策咨询专家团队建设试点单位之一，下设技术路线图、装备制造业科技人才、高端制造装备3个决策咨询专家团队。承担“中国制造业领域基础科学研究水平评估”“机械工程绿色生态发展与关键技术研究”“高端工业母机共性技术梳理”等中国科协、工业和信息化部、科技部等有关部门咨询课题15项，“湖南加快打造先进制造业高地战略研究”“青岛制造业创新发展研究”等服务地方产业需求项目3项；开展智库成果宣传活动与项目5项。围绕装备制造业发展的热点、难点，组织专家研讨分析并撰写专报建议7份，其中，1份得到相关领导批示，2份以《中国科协信息》形式被中央相关部门采用。

承担人力资源和社会保障部数字技术工程师培育项目，获批成为全国唯一智能制造评价机构。发布《机械工程类工程能力评价规范》（T/CMES 00002—2022）团体标准。2022年度共完成3402项工程能力评价，累计评价54249人。

作为机械类专业工程教育认证秘书处，学会组织完成265个专业认证申请书审核、77个专业自评报告审核、65个专业入校考察、18个专业年度报备抽查、44个专业中期审核和《华盛顿协议》周期性检查的准备。制定完善《关于延长认证周期试点工作的实施方案（试行）》《机械类专业认证委员会延长认证周期试点工作流程》《工业工程专业在认证工作中对机械类专业补充标准的适用方案（试行）》《关于开展工业工程类专业认证的可行性报告》等文件。

承办1期中国科协“工业机器人领域专业技术转移转化能力提升”高级研修班、1期人力资源和社会保障部“智能制造工程技术人员能力提升”高级研修班，共计200多人参加。组织国家级专业技术人员继续教育基地各分中心开展培训活动，共计培训900多人次。

完成科技成果鉴定37项、教学成果鉴定1项。

新发布团体标准43项、立项64项，累计发布101项、立项227项。推荐《增材制造　金属粉末定向能量沉积设备加工模块性能测试方法》（T/CMES 35008—2021）团体标准入选工业和信息化部“百项团标应用示范项目”，《水液压系统通用技术条件》（T/CMES 24002—2018）团体标准获得中国科协中国标准创新贡献奖提名推荐。开展机床装备制造成熟度、游乐设施安全领域标准应用的评价认证工作。

学会建设　2022年，学会新增个人会员3512人、单位会员22家。截至12月底，共有个人会员87775人、单位会员1574家。

增补华中科技大学教授尤政、清华大学教授雒建斌为学会副理事长，常务理事辞任1人、增补1人。召开2次理事会议、2次常务理事会议、4次理事长办公会议。学会13个工作委员会和2个专业分会完成换届，1个专业分会撤销。修订13个工作委员会的工作条例。召开2022年中国机械工程学会总干事秘书长工作会议，传达中国科协、民政部有关精神，部署学会系统2022年工作。

学会继续推进“智慧学会”建设，完成官网改版、数字图书馆一期建设。

青年人才托举工程　2022年，学会推荐11名青年入选第八届中国科协青年人才托举工程项目，其中6人由学会自筹资金资助。从第一届至第八届，学会共推荐52位青年获得资助。

通过组织中国科协青年人才托举工程项目被托举人参加第二届青年前沿论坛、吸纳青年人才参与咨询课题研究、推荐青年人才成为期刊青年编委等方式，为青年人才搭建成长平台。

主办期刊　中国科技期刊卓越行动计划高起点新刊——《中国机械工程学报：增材制造前沿（英文）》（*Chinese Journal of Mechanical Engineering*：*Additive Manufacturing Frontiers*，AMF）正式出版，至此学会主办的期刊增加到37种。《中国机械工程学报（英文）》（*Chinese Journal of Mechanical Engineering*，CJME）和《机械工程学报》《压力容器》分别完成2022—2023年度中国科技期刊卓越行动计划重点期刊、梯队期刊项目任务。《中国机械工程》《塑性工程学报》《焊接学报》获中国科协2022年度全国学会期刊出版能力提

升计划——中文期刊稿源质量提升项目资助，《中国机械工程》《特种铸造及有色合金》获湖北省科技期刊“楚天卓越行动计划”项目资助。《中国表面工程》获机械工业科学技术奖二等奖，《塑性工程学报》《机床与液压》获机械工业科学技术奖三等奖。

中国科学技术信息研究所发布的《2021 年版中国科技期刊引证报告（核心版）》显示，在机械工程设计学科 25 种核心期刊中，《机械工程学报》核心影响因子为 1.584，综合评价得分 83.03 分，位列第 1；《中国机械工程》核心影响因子为 1.304，综合评价得分 62.27 分，位列第 3；CJME 核心影响因子为 0.826，综合评价得分 46.23 分，位列第 6。中国知网发布的《科技期刊世界影响力指数报告（2022）》显示，在国内外机械工程学科 208 种学术期刊中，《机械工程学报》世界学术影响力指数排名第 16。CJME 入选“2021 中国最具国际影响力学术期刊”，《机械工程学报》入选“中国国际影响力优秀学术期刊”。

学会牵头开展第七届中国科协优秀科技论文遴选计划（制造业与材料集群）论文征集活动，共有 650 篇论文参加评审，最终有 10 篇论文入选第七届中国科协优秀科技论文遴选计划（制造业与材料集群）。

学会探索“期刊 + 服务”模式，举办《中国机械工程学报：增材制造前沿》（AMF）创刊号发布仪式暨首届增材制造前沿论坛、中国机械工程学会科技期刊联盟学术论坛、中国表面工程云论坛、机械人学堂等学术活动，累计约 4.5 万人次参加。

2022 年，学会完成“智能制造丛书”28 个分册和“绿色制造丛书”32 个分册的出版工作。

学科发展工程 2022 年，学会完成《中国机械工程技术路线图（2021 版）》《中国物料搬运装备产业发展研究报告（2020—2021 年）》编写工作，启动《机械工程学科发展报告（成形制造）》研究工作。

国际学术会议 2022 年，学会及各专业分会举办第九届国际工程失效分析会议、2021 机械设计国际会议、IFWT 2022 焊接国际论坛、2022 年中日韩机械工程学会技术交流会、第 12 届中日物流技术交流会、第 17 届中国国际压铸会议、第 23 届中国机构与机器科学及应用国际会议等国际会议，共计线下参加会议人数 700 余人次、线上参加会议人数 8000 余人次。

国内主要学术会议 2022 年，学会及各专业分会举办中国机械工程大会暨 2022 年中国机械工程学会年会，第 21 届机械设计学术年会，第 18 届全国机械设计教学研讨会，中国 · 烟台第四届微纳传感技术与智能制造院士论坛，2022 年中国机械工程学会工业大数据与智能系统分会学术年会，2022 年全国设备监测诊断与维护学术会议，第三届机械史与机械遗产学术研讨会，中国机械工程学会焊接分会成立 60 周年、中国焊接专业建立 70 周年纪念大会暨第 26 次全国焊接学术会议，中国机械工程学会摩擦学分会 2022 年学术年会，第 35 届全国机械行业可靠性技术学术年会暨国际可靠性学术论坛，第九届材料与结构强度青年工作论坛暨中国机械工程学会材料分会青年工作年会，第六届全国水液压技术研讨会，流体机械技术高端论坛等各类学术活动 30 余场。

国际组织任职 2022 年，学会摩擦学分会主任委员、西南交通大学教授周仲荣新当选国际摩擦学理事会副主席，学会铸造分会主任委员、中国机械科学研究总院集团副总经理娄延春连任世界铸造组织副主席。

国际交往 7 月 17—22 日，作为国际焊接学会的中国代表机构，学会理事、焊接分会副主任委员、北京工业大学教授李晓延等 5 位专家线上参加在日本东京举办的国际焊接学会第 75 届年会。由学会焊接分会推荐的“港珠澳大桥钢结构工程”项目获国际焊接学会最高奖项 Ugo Guerrera Prize。

9 月 5—8 日，作为国际热处理及表面工程联合会的中国代表机构，学会热处理分会副主任委员、上海交通大学教授顾剑锋等 3 位专家线上参加在奥地利萨尔茨堡举办第 27 届国际热处理及表面工程联合会大会。顾剑锋作大会报告，展示中国在数字模拟领域的研究成就。

9 月 14 日，学会副理事长陆大明，学会常务理事兼副秘书长张喜军线上参加第 8 次世界物料搬运联盟工作会议。张喜军代表学会作工作报告，介绍中国近两年来物料搬运装备行业的整体情况。

10 月 16—21 日，作为世界铸造组织的中国代表机构，学会副理事长、南京航空航天大学教授单忠德，学会铸造分会主任委员、中国机械科学研究总院集团副总经理娄延春等 5 位专家线上参加在韩国釜山举办的第 74 届世界铸造会议。娄延春作学术交流报告，介绍大型异形件电渣重熔铸造技术。

12 月 20 日，由学会马来西亚分会等单位主办的首届中马机械与制造工程研讨会在线上召开，学会常务理事兼副秘书长张喜军代表学会致辞，共有 200 多位来自马来西亚及其他东盟国家、中国、非洲等国家或地区的工程技术人员参加会议。

12月21日，学会理事长、中国工程院院士林忠钦，学会副理事长陆大明，学会副理事长、中国科学院院士雒建斌线上参加2022中日韩机械工程技术交流会。林忠钦代表学会作工作报告，介绍学会年度工作成果和对中日韩学会合作的若干想法。大连理工大学教授张振宇代表中方作学术报告，介绍高效低损伤绿色化学机械抛光工艺与装备的研究进展与应用。

科普活动 2022年，学会组织研制青少年创新设计思维科普课程并举办科普讲座和科普活动5场，1500余名青少年参加活动。学会被中国科协评为2022年度科技志愿服务先进典型及2022年度全国学会科普工作优秀单位。

2022年，学会创办的中国大学生机械工程创新创意大赛继续纳入“全国普通高校大学生竞赛排行榜”，完成过程装备、工业工程、物流技术、热处理、智能制造、铸造工艺、微纳传感技术等10个专业赛项的举办，共计320多所高校、5200多项作品、26000多名学生参赛。

5月25日，学会联合中国科协科技社团党委在甘肃省张掖市以线上线下结合方式共同举办“众心向党，科技伴我成长”2022年甘肃机械科普知识进校园活动，超过2500名中小学生参加。

中国机械工程数字博物馆新增机械史、机械工程专家事迹、机械科普报告等内容290余项。完成“我是工程师”科普丛书4本分册的编写工作。发布首批“中国机械遗产”。组织开展2022年“云说新科技”科普新星秀活动，共收到269项科普视频作品，评出五星作品15项、四星作品25项、三星作品62项。

表彰举荐优秀科技工作者 2022年，学会向教育部推荐天津大学教授李建民为2022年度高等学校科学研究优秀成果奖青年科学奖候选人，向中国科协推荐浙江工业大学教授姚建华、合肥通用机械研究院有限公司研究员王冰为2022年“最美科技工作者”候选人。

学会与中国机械工业联合会共同设立的中国机械工业科学技术奖共受理申报项目1262项，有446项获奖，其中特等奖5项、一等奖41项、二等奖178项、三等奖222项。开展“好设计”奖评选，评选出10项金奖、20项银奖、10项提名奖和40项创意奖，举办2022中国创新设计活动周暨好设计颁奖大会。

党建强会 11月26日，在学会第十二届理事会第三次会议上，党的二十大代表、学会副理事长项昌乐作党的二十大精神宣讲报告，从党的二十大召开的重大历史意义、如何做到“五个牢牢把握”等方面报告参加党的二十大和学习报告的体会。

6月28日，学会联合中国科协科技社团党委在湖南省长沙市举办党建强会“对话大国工匠——走进中联重科”活动，高凤林、包起帆、喻乐康、龙卫国4位大国工匠与150名工程技术人员参加现场活动。

制作完成中国科学院院士潘际銮和中国工程院院士关桥的科学家精神纪录片，并在第二十六次全国焊接学术会议期间进行展播。

会员服务 2022年，学会向会员赠阅5期《机械工程导报》、推送《先进制造业信息参考》《制造业简报》《制造业技术动态》等电子刊共计83期。

5月，组织开展10场2022年会员服务月活动，被中国科协评为“2022年全国科技工作者日活动优秀组织单位”。

【中国机械工程大会暨2022年中国机械工程学会年会】 11月26日，中国机械工程大会暨2022年中国机械工程学会年会主旨报告会以线上线下结合方式举办。来自全国的4万余名会员和机械科技工作者参加会议。

大会开幕式上举办“中国机械工程学会2021—2022科学问题和工程难题”“绿色制造丛书”“智能制造丛书”“中国机械遗产”等成果发布仪式。

主旨报告会由学会理事长、中国工程院院士林忠钦和学会副理事长、中国工程院院士蒋庄德分别主持。学会荣誉理事长、中国工程院院士周济作题为《坚定不移发展实体经济　坚定不移建设制造强国》的报告，学会监事长、中国工程院院士郭东明作题为《高性能制造及高性能光学制造》的报告，中国科学院外籍院士、佐治亚理工学院教授王中林作题为《摩擦纳米发电机在机械能源与传感中的应用》的报告，学会常务理事、中国科学院院士丁汉作题为《机器人化智能制造》的报告，学会理事、清华大学教授孙伟作题为《生物制造/生物3D打印：进展及应用》的报告。

11—12月，中国机械工程大会暨2022年中国机械工程学会年会以系列活动形式开展，包括主旨报告会和10余场专题论坛。

（撰稿人：刘永华　花牡丹）

中国汽车工程学会

服务创新型国家和社会建设　2022年，学会累计开展重大科技创新成果评价41项，委托单位包括中国第一汽车集团有限公司、浙江吉利控股集团有限公司、上海蔚来汽车有限公司、清华大学等。承担中国科协2022年学会公共服务能力提升项目——第三方科技评价专项。

全年上传45项科技成果并提供产业化方案，解析25项技术需求并匹配专家团队。依托学会汽车科技与金融融合推进小组，持续吸收投资机构90余家。

全年组织26场技术审查会议，840名技术人员参与审查研讨，启动64项标准立项研制。累计制定发布团体标准228项，在研标准169项，涉及20多个技术方向。组织10项标准申报工业和信息化部2022年百项团体标准应用示范项目，其中8项标准通过初审，进入答辩环节。

受工业和信息化部委托，学会牵头开展《汽车产业绿色低碳发展路线图》深化研究工作，对中国汽车产业碳排放核算方法、核算边界、减碳途径、下一步碳管理政策体系等进行深入研究。承接中国工程院《中国制造业重点领域技术创新绿皮书——技术路线图》《汽车产业链布局情况及优化建议》等研究工作，支撑工业和信息化部、科技部完成25项人大、政协建议答复，为各部委撰写汽车产业相关研究材料30余份。

承接中国科协2022年重大科学问题、工程技术难题和产业技术问题征集，由学会推荐的“如何实现全固态锂金属电池的工程化应用?”入选中国科协2022年十大工程技术难题。学会组织行业专家召开全固态锂金属电池工程化应用研讨会，并针对固态电池的技术难题、研发现状、产业化现状进行分析，提出国家、行业、企业等对于固态电池技术的保障措施。

开发完成5个模块共计20个培训课程，共有478人学习见习工程师赋能课程。7月，学会获批第十一批国家级专业技术人员继续教育基地，成为中国科协系统第3个获批国家级专业技术人员继续教育基地的全国学会。全年采用线上线下同步进行的方式举办8场次培训活动，参加培训人数共计697人。

5月27日，学会联合国内外商用车整车、零部件及能源公司等相关产业的企业、高校、研究机构、行业组织等，共同发起组建贯通商用车产业链上下游及相关行业、政产学研协同的国际交流合作平台——商用车碳中和协同创新平台。平台已组织开展“商用车碳中和技术路线图1.0”“商用车碳管理政策体系”“氢氨融合一体化发展战略”“重型商用车污染物与碳排放规律分析及协同控制技术研究”四项课题研究任务。

发布《汽车智能座舱分级与综合评价白皮书》，该研究联合来自国内外重点整车企业、上下游生态企业、科研院所等方面的100多家单位的200余位专家，对汽车智能座舱的定义、技术分级、综合评价体系和方法进行系统全面的研究，并达成广泛共识。

发布《中国汽车出行行业电动化和共享化碳减排核算白皮书（2022）》，阐述中国汽车出行行业电动化和共享化的发展现状，并将学会汽车智能共享出行工作委员会发布的团体标准《电动汽车出行碳减排核算方法》（T/CSAE 235—2021）作为电动汽车替代燃油车出行的碳减排量核算方法的依据，根据行业有代表性的共享出行企业营运特征，总结出网约车通过互联网平台实现高效运力调配产生碳减排量的核算方法。

学会建设　截至2022年年底，学会共有个人会员7.5万人、单位会员2013家。学会共有分支机构56个，其中专业分会48个、工作委员会7个、办事处1个。全年共召开理事会议1次、常务理事会议3次。

青年人才托举工程　2022年，学会共推荐12名青年学者作为第八届中国科协青年人才托举工程项目候选人。

实现全部被托举人才都有托举支撑平台。托举期间，被托举人才获得国家自然科学基金及其他项目基金共计67项，取得论文、专利及软件著作权305项，获得荣誉19项。

主办期刊　学会主办2本科技期刊，中文刊《汽车工程》和英文刊 *Automotive Innovation*（《汽车创新工程（英文）》）。

《汽车工程》在交通与运输工程领域综合排名第2位，在汽车工程领域中影响力排名第1位，获得中国科协2022年度全国学会期刊出版能力提升计划——中文期刊稿源质量提升项目资助。成立由38人组成的青年编委会。

Automotive Innovation 的预估影响因子从1.8提升至4.9，CiteScore从2.8提升至5.0，收到投稿199篇，同比增长近30%。全年共计出版4期，召开国际学术研讨会及国际编委会4次。被纳入EI、ESCI检索。

学科发展工程 持续开展《中国汽车产业发展报告》年度研究，2022年度《中国汽车产业发展报告》聚焦汽车强国战略，从五个方面重点分析中国汽车产业领域当前亟须聚焦的关键问题，并提出相应的对策建议。

学会启动《电动汽车智能底盘技术路线图》研究工作，50余家单位的160余位专家参与编制，已于10月交付机械工业出版社。

持续组织开展《节能与新能源汽车技术路线图》年度评估工作。2022年，工作组邀请来自国内各大高校、科研机构的40余位行业专家参与评估工作，并以调研问卷的形式，调研15家以上的整车企业和超过100家的零部件企业。围绕节能汽车、纯电动和插电式混合动力汽车等9大领域的产业动向、国内外发展趋势、技术进展及战略措施等进行评估研究。评估结果于12月22—23日通过直播的形式进行发布。

6月，启动《商用车碳中和技术路线图》研究，按照“1+6”架构设置7个课题，涵盖15条技术路线，从国家形势与政策环境、社会需求、环境减碳效益、技术成熟度、技术经济性、能源供给6个维度，分别进行系统的技术路径可行性评估，预判商用车市场规模及产业技术发展趋势，提出关键时间点商用车发展目标，制定具有科学性、前瞻性、引领性的商用车碳中和技术路线图，提出未来各类车用能源和新型基础设施建设的需求趋势和结构，凝练近期关键核心技术创新需求及支持政策建议，引导商用车技术创新和产业转型升级方向。

承接科技部科技创新战略专项课题，围绕“科技支撑新能源汽车可持续引领和高质量发展”核心战略目标，通过研究预见未来10~15年的关键技术趋势以及预见更长期的可能发生的行业颠覆性技术，梳理中国技术进展并识别关键技术薄弱环节，结合未来技术发展趋势系统凝练重大科技创新需求，提出技术创新战略与实现路径，并客观评估中国新能源汽车创新能力的长处和不足，总结全球主要国家和地区在产学研联合创新、产业共性技术创新方面的经验与教训，系统提出支撑中国新能源汽车产业持续引领和高质量发展的组织模式创新与支撑政策建议。

12月29日，“2023年度中国汽车十大技术趋势”和“前沿技术趋势”发布会以直播的形式召开。研究采用地平线扫描与德尔菲调研相结合的方法，面向汽车及相关企业首席技术官、专家学者、技术骨干等开展多轮技术问卷调查，系统跟踪重点领域2022年度标志性技术进展，科学研判2023年度技术创新趋势，准确把握近中期前沿技术创新趋势，形成行业共识的年度十大技术趋势报告和前沿技术趋势报告，支撑国家和地方政府科技创新布局、引导金融资金支持方向、指导企业产品规划。

国际学术会议 2022年，学会共举办7场国际学术交流活动，包括第四届世界新能源汽车大会、第九届国际智能网联汽车技术年会、第十四届国际汽车变速器及驱动技术研讨会、2022国际电动汽车智能底盘大会等，累计参加交流人数近万人。

8月10—12日，学会等共同主办的第十五届国际汽车轻量化大会暨展览会在江苏省扬州市召开，共有833人参加会议、75家企业参展。主会场围绕“材料成形/型前沿技术、汽车企业轻量化技术路线”主题，邀请国内外76位业内专家分享其应用发展趋势及新技术、新工艺。

8月30—31日，由世界汽车工程师学会联合会与学会联合主办的世界汽车工程师学会联合会第四届世界汽车智能安全大会在北京以线上线下结合方式召开。会议围绕“人工智能”“预期功能安全 & 测试评价”“信息安全”“人因安全和智能防护”5大主题展开，邀请来自12个国家的50余位专家学者作报告，国际报告超过50%。会议直播观看量超过30万人次，300余人线下参加会议，线上观看人数累计40万余人次。

12月10—11日，学会与南阳市人民政府共同主办的国际电动汽车智能底盘大会在北京以线上线下结合方式召开，会议设置1场主论坛、6场分论坛，邀请70余位国内外行业专家展开研讨，并进行相关成果转化与协同创新交流。会议在线直播观看量超过20万人次。同时，会上发布《电动汽车智能底盘技术路线图》。

国内主要学术会议 2022年，学会及专业分会在专业领域举办12次学术会议，包括中国汽车工程学会汽车先进动力系统分会年会暨车用动力系统国际高峰论坛、2022汽车空气动力学分会青年精英学术沙龙、第八届机动车环境保护与监管技术国际研讨会、汽车低碳循环材料研讨会、2022中国汽车创新大会等。

依托“汽车科技评论”打造深度研讨与交流平台。定向组织跨行业、跨领域的高层次专家开展研讨，以“高端、前沿、引领”为特征，打造面向汽车

产业战略规划与技术研发的小、专、精深度研讨与交流平台。2022 年相继召开“碳中和燃料及零碳内燃机”“全固态电池”等专题闭门研讨会，形成系列研究产品，主动报送研究成果。

国际组织任职 7 月，国际氢能燃料电池协会正式注册成立，学会常务副理事长兼秘书长张进华担任国际氢能燃料电池协会常务副理事长，学会副秘书长王菊担任国际氢能燃料电池协会秘书长。10 月，王菊被委任为能源与运输工作组的领导者。

国际交往 学会与德国汽车工业协会签署《关于建立“中国－德国道路交通与能源转型对话合作机制”的备忘录》；在 2022 年世界新能源汽车大会期间，学会与德国汽车工业协会联合筹办中德新能源汽车产业发展合作论坛，与英国驻华大使馆和英国国际贸易部联合筹办中英交通领域碳中和协同发展论坛，与瑞典投资贸易委员会合办先锋瑞典零碳交流会；在第 13 届清洁能源部长级会议期间筹办动力电池产业链可持续发展论坛，并于 2022 年 EVI（国际电动汽车倡议）秋季会议期间赴国际能源署发表《全球动力电池产业链可持续发展倡议》。

科普活动 2022 年，学会举办 2022 中国大学生方程式系列赛事、第五届中国大学生方程式系列赛事电气系统安全员与无人系统安全员培训、第六届中国大学生方程式系列赛事全国队长交流会、2022 首届汽车产业专项人才对接会等系列活动，累计 3300 余人次参加。赛事网络直播覆盖 12 家平台，包括图片直播及视频直播，总点击量达 3100 万次以上。微信端覆盖人群 3 万人，微信公众号传播点击量超过 72.1 万次。

4—7 月，学会联合特斯拉中国、宜宾市人民政府举办 2022 首届动力电池集成及管理技术挑战赛，共计 38 所高校、科研院所的 41 支队伍参赛。北京航空航天大学参赛团队获得一等奖，清华大学和重庆大学参赛团队获得二等奖，电子科技大学参赛团队获得三等奖，北京电动车辆协同创新中心、同济大学、电动车辆国家工程研究中心、哈尔滨理工大学、吉林大学、湖南大学参赛团队获得优秀奖。

9 月 16—21 日，学会在安徽省合肥市举办 2022 中国大学生方程式系列赛事，全国 91 所汽车院校的 113 支车队和百余家企业一线工程师参与。线上线下直接参与人数共 3300 余人次，全年社会传播量 5500 万次。吉林大学参赛团队获得 2022 中国大学生方程式汽车大赛冠军，柳州工学院参赛团队获得中国大学生电动方程式大赛冠军，北京理工大学参赛团队获得中国大学生无人驾驶方程式大赛冠军。

学会举办 2022 青少年汽车无限创意征集活动，活动吸引来自英国、法国、德国等 10 多个国家和国内 30 余个省、自治区、直辖市的青少年的关注和参与，共收到参赛作品近 8000 幅，并编写出版科普读物《2022 青少年汽车无限创意征集活动作品集》。

表彰举荐优秀科技工作者 学会召开 2022 年度中国汽车工程学会科学技术奖终评会，经评审，授予中国汽车工程学会科学技术进步奖特等奖 2 项、技术发明奖特等奖 2 项，科技进步奖一等奖 7 项、技术发明奖一等奖 1 项，科技进步奖二等奖 13 项，科技进步奖三等奖 32 项，累计授奖项目 57 项；中国汽车工程学会优秀科技人才奖 5 人、优秀青年科技人才奖 4 人。

开展 2022 年度何梁何利基金科学与技术奖、2022 年“最美科技工作者”、2022 年中国科协海智计划特聘专家、第十七届中国青年科技奖、第十八届中国青年女科学家奖、2022 年度教育部高等学校科学研究优秀成果奖（科学技术）青年科学奖、2022 年度中国汽车工程学会会士、2022 年度中国汽车工程学会优秀博士学位论文等一系列奖项的举荐工作。由学会提名的王芳博士获得第十七届中国青年科技奖，比亚迪汽车工业有限公司执行副总裁廉玉波获得 2022 年度何梁何利基金科学与技术创新奖——产业创新奖。

党建强会 学会采用线上线下结合方式，全年组织开展各种辅导报告会、政治理论学习会、党课学习 22 次；开展以“永远跟党走　筑梦新征程”“弘扬革命精神、传承红色基因”等为主题的党日活动；按支部工作条例，完成学会党总支及所属 3 个支部的换届选举工作。

会员服务 学会为个人会员搭建 96 个细分领域会员技术交流微信群，通过“会员服务会员”的方式，鼓励会员参与技术分享与线上科普讲座，通过自媒体平台与信息平台为会员提供行业动态及前沿技术分享。

为单位会员搭建云展示、云直播等在线数字化平台，并通过多种媒体渠道传播。2022 年汽车科技创新知识服务月活动期间，为广大会员提供相关平台的使用权限，并开展线上培训讲座。

【第九届国际智能网联汽车技术年会】 8 月 1—3 日，由学会等共同主办的第九届国际智能网联汽车技术年会在北京召开。会议以“创新战略·跨界融合·协同发展”为主题，来自企业、科研院所的专家学者等参加会议。会上共作200余场报告，53家机构参与技术展览和企业分享，40余家企业开展面向量产的C-V2X应用测试示范，605名业内代表体验无人化自动驾驶出租车试乘活动，近3000名专业人士现场参与交流，中央电视台、北京卫视等16家媒体平台对大会进行同步直播。

【第十四届国际汽车变速器及驱动技术研讨会】 8月8—9日，由学会主办的第十四届国际汽车变速器及驱动技术研讨会在山东省青岛市召开。会议以低碳节能为主线，在继续深化混动技术研讨的同时，向电驱动系统纵深发展。会聚约50家商用车整车企业、传动及动力系统企业。会议涵盖83场行业领袖、企业高层及专家报告，3场热点问题的高层互动论坛，80家公司的前沿技术及产品展示。参会人数1269人，媒体报道85篇，大会线上直播观看人数超过20万人次，网络总曝光量超40万。

【国际汽车数字化与智能制造大会】 10月30日—11月1日，学会与沈阳市人民政府联合主办的国际汽车数字化与智能制造大会在辽宁省沈阳市以线上和线下相结合的方式召开。大会以“融合创新加快汽车产业数智变革”为主题，设置2个主论坛、4个分论坛、1场闭门会议、1场高端研讨，邀请国内外专家作40场报告。

会议同期举办展览，占地面积1300余平方米，共有400余人参加。40余家企业参展，来自100余家企业的代表观展。

（撰稿人：张　静）

中国农业机械学会

服务创新型国家和社会建设 2022年，学会成立“科创中国”国家农机装备产业科技服务团。服务团发挥学会人才、成果集聚的科技资源优势，借助中国科协组织优势，已与“科创中国”试点地区浙江省台州市、宁波市，山东省青岛市，重庆市永川区，内蒙古自治区巴彦淖尔市，广西壮族自治区柳州市，新疆维吾尔自治区巴音郭楞蒙古自治州等地的地方科协，以及中国科协挂点工作组对接交流。学会组织服务团专家，赴重点服务的“科创中国”试点地区——山东省青岛市、重庆市永川区等地，深入30余个农机装备制造和现代农业园区企业一线进行实地调研，挖掘企业技术需求。根据产业需求，服务团专家对54项技术需求进行解析，形成技术研发指南，为33项技术需求匹配研发专家团队并及时跟进服务，切实推动企业技术进步；汇聚56项科技成果并为其提供产业化方案和进行成果评价，推动成果转化落地。服务团还开展成果宣传转化路演、举办专题论坛、召开专题研讨会议、开展团体标准制定等多种形式的高质量科技服务工作，体现深入基层、联合服务、协同创新的工作特色。

学会围绕农业装备、拖拉机、排灌机械、植保机械和农业电子等方向，先后在北京、重庆、台州、柳州等地召开4次技术标准研讨及审查会；与中国农机工业协会继续联合开展农机装备团体标准制定工作，面向行业征集并联合发布团体标准计划4批共129项，批准发布农机装备团体标准67项，对46项团体标准组织征求意见等，编辑出版团体标准47项，另有118项团体标准在组织制定中。

5月13日，学会组织召开科技成果评价会，对西华大学、中国农业大学、江苏沃得农业机械股份有限公司、四川省农机化技术推广总站等单位完成的“川渝丘陵山地小麦、玉米机械化生产模式与推广应用”项目的相关科技成果进行评价。专家组由7位专家组成，中国工程院院士罗锡文担任组长，中国农机化协会会长刘宪担任副组长。

7月29日—8月3日，学会在重庆市承办智能农业装备技术转移转化能力提升高级研修班，来自全国农业机械和农业工程领域的科研院所、高等院校，省级及以下地方农机管理部门及企业的从事农业机械技术管理、开发与应用的专业技术人员和管理人员共90余人参加培训。研修班聚焦农机装备技术转移转化能力提升，邀请来自相关领域的13名专家为学员授课。

学会建设 截至12月31日，学会共有个人会员13106人、团体会员177个。全年共召开理事会议1次、常务理事会议2次、秘书长联席会议1次。

2022年，学会批准成立粮油机械分会和工业设计分会，学会标准化分会、排灌机械分会、收获加工分会、农副产品加工机械分会及农业航空分会完成换届工作。

主办期刊 2022年，学会主办的《农业机械学报》出版12期正刊、2期增刊。全年共刊出论文650篇，其中正刊572篇、增刊78篇，刊出的基金类论文达到100%，有国家级项目资助的占90%，其中，

国家自然科学基金、国家重点研发计划项目资助的达到 80%。根据中国科学技术信息研究所《2022 年版中国科技期刊引证报告（核心版）》发布的数据，《农业机械学报》总被引频次和影响因子分别为 10161 和 2.691，影响因子在学科内排名第 1。中国科学院文献情报中心发布的中国科学引文数据库数据，《农业机械学报》在 2021 年处于 Q1 区，《农业机械学报》总被引频次为 8256，影响因子为 2.3677，学科排名第 1。根据 2022《中国学术期刊影响因子年报》发布的数据，《农业机械学报》处于 Q1 区，复合总被引频次和复合影响因子分别为 25588 和 4.325，影响因子学科排名第 1。《农业机械学报》入选“2022 中国国际影响力优秀学术期刊”，获中国机械工业集团有限公司优秀科技期刊一等奖，同时获“中国精品科技期刊”称号，42 篇论文入选“领跑者 5000——中国精品科技期刊顶尖学术论文”（F5000）名单。

《国际农业与生物系统工程学会会刊》共出版 4 期，发表学术论文 90 篇。

学科发展工程 学会检验检测技术分会受工业和信息化部装备中心委托，参与编写《智能农机装备标准体系研究报告》，为智能农机的标准化体系的完善和智能农机标准的下一步制修订工作提供专业建议，让标准化工作更好地引领中国智能农机的发展。

学会农副产品加工分会组织完成《中国农产品加工业年鉴（2021）》的编辑工作，该书于 12 月由中国农业出版社出版。

国际学术会议 2022 年，学会及所属分支机构共举办国际会议 3 个，参会人数 3000 余人次，邀请国外专家、学者交流报告 7 篇。

6 月 28—29 日，学会、中国农机工业协会等 5 个行业社团主办，江苏大学和农业工程大学国际联盟承办的 2022 耒耜国际会议在江苏省镇江市召开。国内外农机行业专家、企业家等共计 200 余人参加会议。会议同期举办 2022 智能农机装备与技术发展报告会和 2022 国际收获机械技术与发展论坛，专家、学者聚焦现代农业装备，跟踪行业前沿技术动态，从不同视角作专题报告。

10 月 29 日，学会排灌机械分会承办的第七届金山流体机械工程国际学术研讨会在江苏省镇江市召开。中国工程院院士康绍忠、法国国立高等工程技术大学校教授 Gérard Bois 等 6 位国内外专家学者作学术报告。

11 月 23 日，由江苏省人民政府、工业和信息化部、中国工程院、中国科协共同主办，学会联合江苏大学、农业农村部南京农业机械化研究所、南京农业大学工学院共同承办的 2022 世界智能制造大会——智能制造助推农业现代化发展分论坛，在江苏省南京市以线上线下结合方式召开，来自高校、科研院所、企业的专家学者约 100 人线下参加论坛，近 3000 人线上参加论坛。论坛以“数智赋能农机装备　护航国家粮食安全”为主题，聚焦智能制造助推农业现代化技术发展方向，邀请国内外专家通过主题报告和圆桌对话的方式聚焦前沿、面向未来，探索智能制造在促进农业现代化发展中的技术路径和重点发展方向。

国内主要学术会议 2022 年，学会及所属各分支机构共举办国内各类学术活动 20 次，交流论文、报告 233 篇，参会人数 125583 人次。

6 月 10 日，学会主办的第四届中国乡村振兴战略推进大会以线上线下结合方式在北京召开，来自全国高等院校、科研院所、企事业单位的专家学者共 3000 余人次参加会议，山东农机学会、广东农机学会、重庆农机学会等单位组织 7 个线上分会场。大会以“乡村振兴　装备先行”为主题，邀请中国工程院院士赵春江，俄罗斯工程院外籍院士、江苏大学党委书记袁寿其，上海交通大学教授刘成良，中国农业机械化科学研究院集团有限公司副总经理方宪法及中国农业大学、西华大学、青岛农业大学、广东省现代农业装备研究所的专家学者作学术报告。20 多家行业媒体对大会进行宣传报道。

8 月 18—19 日，学会与沈阳农业大学等共同主办的第六届中国农机青年科学家论坛在辽宁省沈阳市以线上线下结合方式召开，来自全国 20 余家高等院校、科研院所与企业界的百余名青年学者参加论坛，分享交流农机科技创新、制造创新与应用创新等方面的学术前沿成果与未来发展趋势。论坛在网络平台同步直播，直播在线观看人数达 4891 人，浏览总量超 1 万次。论坛以“绿色智能农机装备　聚焦赋能乡村振兴”为主题，20 余位专家学者分享各自学术研究及科研成果，全方位解读农机发展最前沿、最重要的学术成果，探讨中国农机未来发展趋势。

科普活动 2022 年，学会普及工作委员会完成直播节目 17 场次，发布相关视频 300 余条，下半年学会新网站投入运营，更新内容近 900 条；同时提升第三方平台发布内容质量，微信公众号发布文章915篇，累计点击量达103万余次。

学会普及工作委员会和《农业机械》杂志社共同打造的直播节目“农机TV”走进企业，在多家企业开展新产品宣讲等活动，让农机使用者可以更快、更直观地了解企业最新产品和技术。直播对象涉及农机科研、生产单位，带领观众走进农机生产一线，通过科普让更多人了解农机。直播节目主要与各地农机管理、推广部门进行合作，也有与企业进行的合作。直播地农机主管部门、农机推广部门可以通过节目，向全国其他地方展现地方农机化发展状况。

党建强会 12月25日，学会召开第十二次全国会员代表大会，组建由刘小虎任书记，赵凤敏任副书记，方宪法任纪检委员，于海业、刘旭、杜太生及李红任党委委员的新一届学会党委。

9月，学会出台《中国农业机械学会分支机构党的工作小组管理办法》。截至2022年年底，学会排灌机械分会、粮油机械分会、农业航空分会、农副产品加工机械分会、收获机械分会及材料与制造技术分会6个分支机构建立党的工作小组。

2022年，学会党委会先后召开4次工作会议（包括1次线下会议、3次通讯会议），前置审议学会换届方案、新一届学会理事与常务理事推荐、学会负责人酝酿提名、学会党委委员酝酿及分工推荐，以及分支机构换届方案确定等事项。

8月3日，学会在重庆市以“党建＋人才　助力农机装备高质量发展”为主题，举办授课、沙龙、参观学习等多种形式的党建活动；8月11日，在浙江省台州市举办党建＋“科创中国”推动浙江台州农机装备高质量发展座谈会，邀请专家与企业人员共议科技融合经济发展。学会逐步形成“党建＋学术”“党建＋人才”“党建＋科技服务”等系列品牌活动。

【中国农业机械学会第十二次全国会员代表大会】 12月25日，中国农机学会第十二次全国会员代表大会在北京以线上线下结合方式召开。来自全国各地的高校、科研院所、企业及行业组织等的246位会员代表参加会议。学会名誉理事长罗锡文致开幕词，学会第十一届理事会理事长刘小虎作题为《全面推动学会改革，有力促进科技创新发展》的工作报告，学会监事长方宪法作学会第一届监事会工作报告。大会选举产生由于海业等149人组成的学会第十二届理事会，毛罕平等9人组成的学会第二届监事会。会议授予汪懋华、任露泉、罗锡文、陈学庚、闫楚良、康绍忠、赵春江、陈志、王博为学会名誉理事长。

经学会十二届一次理事会议选举，刘小虎当选理事长，于海业、刘旭、刘继国、杜太生、应义斌、李红、杨洲、姜文娟、郭京华当选副理事长，聘任赵凤敏为学会秘书长，于海业等49人为常务理事。经学会常务理事会党员会和监事会党员会选举产生新一届党委会。经学会二届一次监事会议选举，方宪法为监事长，袁寿其和韩鲁佳为副监事长。

【中国农业机械学会2022学术年会】 12月25日，学会主办的中国农业机械学会2022学术年会在线上举办。大会以“绿色智能　高质高效　护航国家粮食安全”为主题，来自全国农机领域高等院校、科研院所、企事业单位的专家学者近4000人次参加会议。学会监事长、中国农业机械化科学研究院集团有限公司副总经理方宪法，中国农业大学信息与电气工程学院院长张漫，国家农业信息化工程技术研究中心研究员孟志军，江苏大学研究员徐立章，中国农业机械化科学研究院机电技术应用研究所所长赵博，吉林大学生物与农业工程学院副院长付君，石河子大学教授张若宇，华南农业大学工程学院副院长、研究员齐龙分别以《智能化农业装备技术进展》《智能农业前沿与智能农机装备》《玉米播种智能化技术研发初探》《智能低损谷物联合收获关键技术与装备》《收获机械智能作业技术》《农机装备对吉林省重大涉农工程的科技支撑》《棉花生产智慧农场关键技术装备研究与实践》《智能除草技术与装备研究进展》为题作学术报告。各位专家结合有关科研成果，通过数据及分析阐述思路和建议。

作为中国农业机械学会2022学术年会的专题分会场，学会农副产品加工机械分会主办的2022年农产品绿色加工新技术发展论坛、学会收获加工机械分会主办的2022收获加工机械智能化技术与装备论坛、学会能源动力分会和河北省农业机械学会联合举办的“践行双碳目标，助力可再生能源技术发展”主题学术研讨会，以及学会基础技术分会、人工智能分会和青年工作委员会联合主办的基础技术创新赋能智慧农业高效发展论坛，分别在线上举办。4个专题分会场共邀请44位专家作学术报告，约660位科技工作者线上参加分会场的学术交流，1700多人观看基础技术创新赋能智慧农业高效发展论坛的直播。

（撰稿人：高　璇）

中国农业工程学会

服务创新型国家和社会建设 学会继续承接中国科协创新驱动助力工程示范项目，组建“科创中国”农业工程科技服务团，深入宁夏回族自治区、海南省等地，聚焦宁夏葡萄酒和海南热带特色高效农业产业需求，先后开展6次调研，举办1次技术与人才培训会及3场成果推介与技术交流对接会，达成11项成果转化对接，《人民日报》《农民日报》等多家媒体进行宣传报道。

完成“棉花长期膜下滴灌土壤生境要素变迁与调控机制”“丘陵山地果园运输装备创制与产业化”等7项成果评价工作。

6月4—5日，与国际农业和生物系统工程委员会、中国农业机械学会等在江苏省镇江市联合主办第七届国际大学生智能农业装备创新大赛。竞赛以“创新驱动　振兴乡村”为主题，来自49所高校的311件作品参加竞赛。

7月25日，与中国农业节水与农村供水技术协会、中国农业大学、东北农业大学等在黑龙江省哈尔滨市联合主办第三届“华维杯”全国大学生农业水利工程及相关专业创新设计大赛。竞赛以“绿色·高效·智慧水利支撑农业农村现代化”为主题，来自全国51所高校的184项作品、1010名师生参加竞赛。

7月25—30日，与农业农村部规划设计研究院等共同主办的首届“乡村规划师”培训班在重庆市举办。50名乡村规划管理及从业人员参加培训。

9月3日，与中国地质大学（北京）等在北京联合主办第二届全国大学生土地整治与生态修复工程创新设计大赛。竞赛以“土地整治·生态修复·美丽中国”为主题，来自26所高校、5家企业的69件作品进入决赛。

12月17日，与中国人工智能学会、中国农业机械学会、国家农业智能装备工程技术研究中心等在北京联合主办第二届中国农业机器人创新大赛。竞赛以“创新驱动发展　智能引领未来”为主题，29个项目入围终审，12个项目获奖。

承担中国科协地方党政领导与院士专家座谈会专题调研十大课题之一“科技创新推动湖南乡村产业振兴的对策研究”，由学会理事长张辉、中国工程院院士罗锡文、学会常务副理事长朱明领衔，分析湖南科技创新推动乡村产业发展形势、存在问题，形成调研报告和决策咨询建议，并在第二十四届中国科协年会现场完成汇报。

完成《设施园艺工程术语》国家标准复审。

学会建设 2022年，学会召开党委会议3次、常务理事会议2次、理事会议1次、监事会议2次、理事长办公会议6次、秘书长办公会议12次。

2022年新发展个人会员582人，其中党员143人，外籍会员2人；制定《中国农业工程学会关于吸收外籍科技人才入会的暂行管理办法》；完成3个分支机构的换届工作；修订《中国农业工程学会工作规则》及《中国农业工程学会分支机构管理办法（试行）》。

学会网站月均浏览量6000人次；微信公众号发布文章147篇，关注者4382人。

青年人才托举工程 学会组织申报第八届中国科协青年人才托举工程项目。

主办期刊 2022年，《农业工程学报》出刊24期，增刊1期，刊载文章883篇，线上同步发布传播。被EI（工程索引）收录，连续入选全国“百强报刊”、中国科技期刊卓越行动计划、“中国最具国际影响力学术期刊”（自然科学与工程技术），入选中国农林领域高质量科技期刊分级目录第一区（T1），在21种农业工程类期刊中，综合评价总分、核心总被引频次、学科影响、学科扩散指标多项排名第1位。

International Journal of Agricultural and Biological Engineering（《国际农业与生物工程学报》，IJABE）出刊6期，刊发论文182篇。影响因子为1.885，位居全球农业工程学科第6位，进Q2区，被SCI收录。IJABE微信公众号发布文章235篇，关注者3270人。

学科发展工程 学会持续多方位开展学科发展研究，继续申报2022年“中国科协学科发展引领工程”项目，同期启动《农业工程学科发展研究报告（2016—2021年）》编制工作。

国际学术会议 2022年，学会举办境内国际会议3个，共计4200余人次参加会议。

6月1日，学会与美国海外华人农业、生物与食品工程师协会联合主办的青年科研技能提升专题论坛通过中国知网在线教学平台和蔻享学术平台全程直播，观看人数超过3000人次。

6月28—29日，学会与中国农业机械学会等联合主办的2022耒耜国际会议在江苏省镇江市召开。来自国内外的200多位专家学者和企业负责人，围绕智能农机装备发展前沿问题展开研讨与交流，为进一步推动中国农业机械化、智能化高质量发展建言献策。

12月10日，中国卫星导航定位协会主办，学会和国际和平联盟（太空）协办的2022“一带一路”精准农业国际合作高端论坛在北京以线上线下结合方式召开。

国内主要学术会议 2022年，学会及学会分支机构举办国内学术会议10余次，交流论文200余篇，参加会议人数4万余人次。

4月23日，学会与中国农学会计算机农业应用分会等主办的2022空间信息技术赋能乡村振兴高端论坛在线上召开。18位专家围绕“数字乡村建设”“智慧农业技术”“助力乡村振兴”等主题作特邀报告。会议直播浏览量超2.2万次。

7月16日，学会农业信息与电气工程分会与中国电机工程学会农村电气化专业委员会联合主办的2022年全国农业信息与电气工程学术年会在黑龙江省大庆市召开。会议以“融合创新，共赴未来”为主题。来自20多所高校和科研机构的专家学者参加会议。会议线上观看人数达到5000余人次，交流论文31篇。

7月27—29日，学会与河南省科协、河南农业大学联合主办的中西部农产品加工高峰论坛暨河南省农产品加工与贮藏工程学会第八次学术年会以线上线下结合方式在河南省郑州市召开。会议围绕“中西部农产品加工贮藏发展战略与产业转移”“特色农产品高值化利用”“农产品精深加工及农产品贮藏新技术与装备”等9个议题展开研讨，国内外42名专家学者进行学术报告交流，共1万余人次参加会议。

7月27—29日，中国农业工程学会农业水土工程专业委员会第十二届学术研讨会在黑龙江省哈尔滨市以线上线下结合方式召开。会议以“新时代农业水土工程与可持续发展”为主题。1000余名专家学者参加会议，会议线上观看量上万次，交流论文133篇。

12月28日，中国农业工程学会土地利用工程专业委员会第三届学术年会暨生态文明与土地综合整治学术研讨会在线上召开。会议以“生态文明与土地综合整治”为主题。来自国内相关领域的43名专家学者围绕土地综合整治与修复、国土空间规划、高标准农田建设和土地整治工程专业发展等问题作学术报告，1000余人参加会议。

国际交往 学会作为国际农业与生物系统工程学会的国家会员，积极参加相关活动，完成国际农业与生物系统工程学会主席选举投票等工作。

科普活动 学会通过14个科普传播专家及团队、科普示范基地、科普杂志和网站科普专栏，以线上线下结合方式组织开展科普活动10余次，有效受众万余人。

学会科普杂志《农业工程技术》出刊36期，刊载文章1392篇。科普微信公众号“农业信息化”发布原创文章650篇。

以中国科协“科创中国”农业工程科技服务团为依托，新建1个学会服务站。

与中国青年报社、中国工程教育认证协会、教育部教育质量评估中心、华南农业大学，共同拍摄2022高招季《院士说专业》栏目系列宣传片《农业工程专业如何走出科技范》《农业工程为现代农业发展插上科技的翅膀》。宣传片邀请学会名誉理事长、中国工程院院士罗锡文对农业工程专业进行科普讲解，向大众传递农业工程专业是什么、学什么、学有所成能干什么等信息，得到学习强国、《中国青年报》全媒体、哔哩哔哩、“工程教育认证”微信公众号、阳光高考网等多家媒体平台的宣传播放，累计观看量170余万人次。

5月30日，学会农业信息与电气工程分会主办科技创造乡村未来高峰论坛暨“原质元位”“0唓”臻品云展演活动。活动以“走进乡村科技，共筑健康生活”为主题，围绕科技助推农业农村现代化、促进乡村振兴的核心，分别就农业碳中和高质量发展、数字产业园区等话题分享研究成果。线上线下共100余名农业科技工作者参加活动。

与全国科技活动周联动，学会组织开展以“爱国、创新、求实、奉献、协同、育人”为主题的弘扬科学家精神活动和科技工作者法律服务活动。

继续发放学会组织出版、学会专家主编的科普图书《农用无人机100问》，该图书获首届农业科技图书奖优秀奖。

表彰举荐优秀科技工作者 学会组织推荐第十七届中国青年科技奖，第十八届中国青年女科学家奖，2021年度未来女科学家计划，第五届杰出工程师奖，中国科协科技人才奖项评审专家，“零碳中国”评价标准专家委员会委员，2022年度中国科技期刊卓越行动计划优秀主编、优秀编辑、优秀审稿人，中国科协科技工作者之家“最美组织志愿者”等多种奖项候选人115人次。

党建强会 2022年，学会党委制定2022年工作计划，召开理事会党委工作会3次。制定《中国农业工程学会党委工作条例》，组织支部党员开展10余场主题教育。参加中国科协和支撑单位党建活动7次。

制定《中国农业工程学会关于认真学习宣传贯彻党的二十大精神工作方案》，发布《关于征集学习贯彻党的二十大精神学习感悟的通知》，组织党委委员、理事、监事等深入学习贯彻党的二十大精神并分享学习感悟。11月20日，组织举办“党的二十大代表进学会”专题报告会，邀请党的二十大代表、学会理事、农业农村部规划设计研究院能源与环保研究所所长沈玉君以《学习党的二十大精神应落实到具体行动》为题，结合参会经历和实际工作，作党的二十大精神宣讲。

学会理事长张辉分别以《深入学习贯彻习近平总书记关于“三农”工作重要论述》和《创新争先　自立自强　凝聚广大科技工作者为农业农村现代化贡献力量》为主题作党课报告。

开展“党建＋三农金句主题展”活动，组织广大党员学习习近平总书记关于“三农”工作的重要论述。

会员服务　学会推完善会员管理系统，完成学会会员入库工作。2022年，学会公开发布会讯4期，公布学会发展现状、内部建设、主要业务活动、会员发展服务及财务状况等。

【农业工程学科创新与发展研讨会暨汪懋华院士从事农业工程事业70年纪念学术活动】11月11日，由学会与中国农业大学、中国农业机械学会、国家农业信息化工程技术研究中心联合主办的农业工程学科创新与发展研讨会暨汪懋华院士从事农业工程事业70年纪念学术活动在北京以线上线下结合方式召开。学会名誉理事长、中国工程院院士康绍忠主持会议。国内外20余所农业工程相关高校及科研机构的专家学者参与研讨，近400名师生参加会议。

研讨会聚焦以绿色、智能、低碳为特征的农业工程科技创新，通过专家主题报告和开放讨论，探索以新材料、新方法、新技术建立面向未来的农业工程学科，全面促进科学研究与人才培养协同创新。

【中国科协农业人工智能高层次专家研讨会】12月17日，由中国科协主办、学会承办的中国科协农业人工智能高层次专家研讨会在北京以线上线下结合方式召开。8位院士、专家作主旨报告，13位专家作专题报告。30余位专家学者在线上线下参加会议。

学会名誉理事长、国家农业信息化工程技术研究中心主任、中国工程院院士赵春江主持会议。罗锡文、刘经南、李德毅、陈学东、陈学庚、戴琼海、乔红7位院士以及日本北海道大学教授Noboru Noguchi分别作题为《无人农场的探索与实践》《中国精准农业到智慧农业及其无人农场的几点思考》《具身交互智能》《无人农场建设促进我国棉花产业提质增效》《加快数字化网络化智能化，促进制造业高质量发展》《光电认知计算无人系统》《当农业遇到AI和智能机器人》《日本精准农业与田间作业机器人》的报告。

与会专家就加快发展农业人工智能进行讨论，明确农业人工智能发展的总体目标和阶段目标，梳理发展重点方向、重点工程和关键步骤，提出农业人工智能发展高质量政策建议。

（撰稿人：安梦迪　管小冬）

中国电机工程学会

服务创新型国家和社会建设　学会组织2022年度电力科学技术奖推荐与评审工作，评选出授奖项目139项，其中一等奖17项、二等奖39项、三等奖83项。

承担中国工程院、国家能源局等委托的重大咨询项目14项。完成中国工程院“2035全面绿色低碳转型标准化发展战略研究”项目课题研究；完成国家能源局《防止电力生产事故的二十五项重点要求》修订，组织编制《电力安全重大隐患判定标准（试行）》并发布实施；完成国家市场监督管理总局委托的开展推动锅炉行业高质量发展有关实施方案的完善论证工作；完成中国科协委托的《新型电力系统导论》《再电气化导论》图书编写工作；组建新型电力系统决策咨询专家团队，并入选中国科协首批决策咨询专家团队试点单位。

全年发布学会标准83项、立项125项；组织开展标准培训、标准宣贯和标准工作交流会，不断推进统一潮流控制器、柔性直流电网、海上风电直流送出等系列标准编制工作。

成立国际电工委员会国际标准促进中心（南京），举办2022国际标准化（麒麟）大会，启动国际电工委员会全球影响力ESG项目，发布《“零碳电力系统”标准战略白皮书》，完成多能智慧耦合系统、多源固废耦合发电等的白皮书编制工作，举办广东省国际标准化人才骨干培训班、南瑞集团国际标准培训班，培训人员 200 余名。

完成科技成果评价 315 项，专家参与评价活动 3063 人次（其中院士 206 人次）；服务行业科技成果转化，完成科技成果登记 470 项；完成 2022 年度电力科技查新机构资质年检与资质确认，发布《电力科技查新技术规范》CSEE 标准。

组建“科创中国”能源互联网产业科技服务团，以浙江省温州市、湖州市为重点，开展技术对接、科技成果转化服务，编写 51 项技术问题研发指南，形成 53 项科技成果产业化方案和评价意见，签署技术开发合同 3 份、成果转化合同 5 份。联合举办“科创中国”2022 年峰会；与江苏省科协签署服务创新驱动发展战略合作协议；与浙江省乐清市人民政府、国网浙江省电力有限公司温州供电公司签订产学研深度合作三方战略合作协议；与浙江省湖州市吴兴区人民政府签订中国电机工程学会湖州（吴兴）科技服务站共建协议。举办电力行业知识产权应用专题讲座。

承担能源动力类专业认证委员会秘书处工作，组织审核 85 个专业申请材料、24 个专业自评报告，开展 11 个专业现场考察，3 个专业持续改进情况报备，完成 11 个专业认证报告，获得能源动力类专业积极评价。

学会建设 学会加强会员发展与管理，利用会员系统推进会员规范登记。2022 年，学会个人会员累计数为 128287 人，晋升高级会员 421 人，增选会士 8 人、外籍会士 9 人。

学会按期召开理事会议、常务理事会议、监事会议、理事会党委会议等，审议和决策学会重大事项。完善工作委员会、专业委员会、省级学会管理体制和运行机制，根据能源电力发展需要对专业委员会布局进行调整，正式组建电力数字孪生应用等 6 个专业委员会，完成 6 个专业委员会换届改选和 14 个专业委员会的委员调整工作。

加强办事机构队伍建设，优化人员结构，完善薪酬和绩效考核制度。加强资金运营管理，深化业务与财务融合。持续完善信息化平台建设，编制《中国电机工程学会业务梳理及优化报告》，对综合业务管理平台、学会网站上云迁移、会员管理系统、会议管理系统、论文评审系统、专家库系统等进行优化升级。编印《中国电机工程学会 2022 年年报》。

青年人才托举工程 学会通过中国科协项目资助、学会资金支持、依托单位配套支撑、导师培养指导相结合的方式，开展第八届中国科协青年人才托举工程项目，共支持青年人才 30 人，其中中国科协资助 3 人、学会自筹资金资助 6 人、与依托单位联合培养资助 21 人。

主办期刊 学会及各专业委员会主办、联合主办 9 种学术期刊。《中国电机工程学报》连续 20 年获“中国百种杰出学术期刊”称号，为电气工程学科唯一入选期刊，同时连续 20 年保持学科综合排名第 1。*Chinese Society for Electrical Engineering Journal of Power and Energy Systems*［《中国电机工程学会电力与能源系统学报（英文）》］2022 年被 EI 数据库收录，SCI 影响因子为 6.014，较 2021 年度增长 52.7%，在 JCR 电气与电子工程学科中排名前 50，持续保持在 Q1 分区。《中国电机工程学报》《中国电机工程学会电力与能源系统学报（英文）》《高电压技术》三刊入选中国科技期刊卓越行动计划。《中国电机工程学报》《中国电机工程学会电力与能源系统学报（英文）》入选“2022 中国最具国际影响力学术期刊”，《高电压技术》入选 2022 中国国际影响力优秀学术期刊。《中国电力》《热力发电》《农村电气化》《农电管理》《电力安全技术》《大电机技术》等办刊质量持续提高，为会员搭建多层次的交流平台。

学科发展工程 完善学术报告编撰体系和学术研究成果发布制度，编制完成《中国电机工程学会专业发展报告（2021—2022）》《中国电机工程学会专题技术报告（2022）》，在 2022 年学术报告发布会上共发布 18 篇报告。开展“2022 年度电力领域重大科学问题、工程技术难题和产业技术问题”征集工作。向中国科协推荐 2 项重大科学问题、6 项工程技术难题和 3 项产业技术问题，其中产业技术问题“如何研制大型可变速抽水蓄能机组？”入选中国科协 2022 年度十大产业技术问题，学会获中国科协重大科技问题难题征集发布 2022 年度优秀推荐单位。

国际学术会议 学会围绕“碳达峰碳中和”“构建新型电力系统”等主题，在国内组织召开第十届中国国际供电会议、国际供电会议组织 2022 年技术会议、第十四届中美绿色能源高峰论坛、CSEE&IET 联合线上学术活动月、IEEE 第六届能源互联网与能源系统集成国际会议。参与组织境外召开的第十四届电力系统技术国际会议、第四届可持续电力与能源国际会议、第二十八届电机工程国际会议、第 5 届国际高压

直流会议，为国内外电力科技工作者提供交流和展示平台。

国内主要学术会议 2022 年，学会举办 2022 年电气工程学院院（校）长论坛、中国电机工程学会第十七届青年学术会议、CCUS（碳捕集利用与封存）助力碳减排机遇和挑战论坛等专题学术交流活动。举办 4 期 CSEE 网络学术报告厅——能源创新青年论坛。学会各专业委员会围绕行业热点难点技术问题，组织中国电机工程学会用电侧低压直流系统专业委员会成立大会暨首届用电侧低压直流系统论坛、中国电机工程学会直流输电与电力电子专业委员会 2022 年学术年会（第十一届）等学术交流活动 45 场。

两岸交流 以“建设新型电力系统　服务能源转型发展”为主题，学会与国网福建省电力有限公司、台湾科技产业协会、福建省电机工程学会等在福建省厦门市联合主办 2022 年海峡两岸能源电力融合发展论坛，促进两岸能源电力融合发展。

国际组织任职 2022 年，学会副秘书长范建斌任国际大电网委员会理事会成员和指导委员会委员、国际供电会议组织理事会成员。

学会推荐 31 名专家担任国际大电网委员会专业委员会委员及增选委员，推荐 42 名专家加入国际大电网委员会工作组，推荐 1 名专家加入国际供电会议组织工作组。

国际交往 学会与国际电工委员会、电气和电子工程师协会电力与能源分会、国际大电网委员会、国际供电会议组织、英国工程技术学会等国际组织加强交流合作，服务科技外交大局。

支撑学会理事长、国际电工委员会主席舒印彪赴美国旧金山主持召开第 86 届国际电工委员会年度大会、参加在印度尼西亚巴厘岛召开的 G20 国际标准峰会等活动，组织国内专家和学者通过线上方式参加国际大电网委员会指导委员会会议、国际供电会议组织理事会议、电气电子工程师学会电力与能源分会年会、国际大电网委员会 2022 大会、国际供电会议组织 2022 波尔图技术会议等。与英国工程技术学会开展国际注册工程师资质认证，2022 年组织 60 余人参加认证，完成认证培训和申请材料审核。继续推进与巴基斯坦、新加坡等国家的双边互认工作，9 位学会工程会员与新加坡工程师等效互认。

科普活动 学会联合 12 家理事长 / 副理事长单位共同开展 2022 年第五届“电力之光”中国电力科普日活动，打造的“1+N+ 云”的全国联动电力科普活动被中国科协评为 2022 年全国科普日优秀活动并入选《2022 年全国科普日活动案例精选》。以“科普扶智 + 产业振兴”模式，在北京、河南两地举办 2022 年“电力之光”科普下乡暨乡村振兴活动。组织开展 10 期“电力之光大讲堂”线上系列科普讲座。与中国科协科普部、北京广播电视台联合录制《科普中国 · 改变世界的 30 分钟》——“人造太阳　聚能未来”专题节目，节目总播放量达 150 余万次。

完成中国科协“青少年创新素养和科学挑战项目（结构设计类）”和中国科协“2022 年度推动实施全民科学素质行动项目——全国学会科普能力提升项目”，在北京市第八中学组织开展 2022 年“电力之光”青少年电力创新挑战北京八中邀请赛。

联合国家电网有限公司编撰出版《绿电与冬奥》科普丛书，对电力科普和冬奥人文知识进行全新呈现。开展 2022 年“电力之光”优秀电力科普短视频图文推荐工作，推选出科普图文 51 篇、短视频 92 个，英大传媒投资集团有限公司等三家单位被评为优秀组织单位。

新认定电力科普教育基地 40 家，累计认定 162 家，其中 20 家电力科普教育基地被中国科协认定为 2021—2025 年度第一批全国科普教育基地，启动开展《电力科普基地建设规范》团体标准制定工作。开展科技志愿服务工作，学会团队注册志愿者 110 人，其中推荐的“电力三下乡 · 青春光明行”活动入选中国科协科技志愿服务先进典型。开展科普专家团队建设，新聘任“电力之光”科学传播专家 134 名，累计聘任 691 名，其中包含中国科协首席科学传播专家 18 名。学会被中国科协评为 2022 年度全国学会科普工作优秀单位。

表彰举荐优秀科技工作者 学会完成 2022 年度电力科学技术人物奖推荐与评审工作，评选出获奖人 110 名，其中电力科学技术杰出贡献奖 10 名、电力优秀科技工作者奖 50 名、电力优秀青年科技人才奖 50 名。完成 2022 年顾毓琇电机工程奖评审工作，清华大学教授吴维韩获得 2022 年顾毓琇电机工程奖。

开展第十七届中国青年科技奖、第十八届中国青年女科学家奖和 2021 年度未来女科学家计划候选人提名推荐工作。

党建强会 学会深入学习贯彻党的二十大精神，通过组织专题学习研讨、开展专题培训等形式，学习贯彻党的二十大精神。

开展庆祝建党101周年、“旗帜领航当先锋　党建强会促发展”主题党日等活动。举办弘扬科学家精神专题讲座。开展以“科普暖童心，产业助振兴”为主题的“党建+科普”活动、“党建+科技服务”，助力地方经济发展活动，推进“党建+乡村振兴”，让“暖心电”助推绿色发展。

履行学会理事会党委委员调整程序，在4个新成立的专业委员会成立党建工作小组，进一步健全学会三级党组织建设。严格落实民主集中制和“三重一大”决策机制，严格落实意识形态工作责任制。

会员服务　学会开展电气类工程技术人员工程能力评价工作，受理340人工程会员申请，完成10门精品继续教育课件设计，承办中国－东盟工程师流动圆桌对话活动。

定期发送《动力与电气工程师》（会刊）、《电信息》以及各项活动信息，开展全国科技工作者日系列主题活动，宣传优秀科技工作者典型事迹，向科技工作者代表赠送主题图书，慰问老科技工作者等。优化完善数字化图书馆建设并推广应用，为会员提供包括论文、专著、技术报告、科技成果等23万余条数字信息资源，提升学会服务会员能力。

【2022年中国电机工程学会年会】　11月起，学会与国家电网有限公司、国家电力投资集团有限公司、中国长江三峡集团有限公司联合主办的2022年中国电机工程学会年会以线上线下结合形式开展各项活动。年会主题为“科技创新支撑新型能源体系构建”，分别组织召开年会开幕式、院士专家论坛、学术报告发布会、清洁高效发电技术协作网年会、女工程师论坛等主题活动及8场专题活动。年会邀请行业专家围绕新型电力系统、海上风电、高温气冷堆核电、新能源等领域的技术发展进行交流研讨，分析当前存在的问题、机遇和挑战，探索未来发展趋势和路径。电力企业、高校、省级学会、专业委员会、会员中心及全国电力领域相关单位的科技工作者到现场或线上参加会议。

【第14届中美绿色能源论坛】　12月2—4日，学会与美中绿色能源促进会共同主办的第14届中美绿色能源论坛以线上线下结合方式在中国上海市和美国旧金山市召开。论坛以“迈向碳中和之路的机遇和挑战”为主题，邀请诺贝尔物理学奖获得者朱棣文，学会理事长、中国工程院院士舒印彪，美国斯坦福大学Precourt能源研究院主任、美国国家科学院院士崔屹等专家作《向清洁能源和可持续未来转型中的挑战与机遇》《中国电力绿色低碳转型与创新发展》《面向碳中和转型的材料技术》的主旨报告。会议还组织“迈向碳中和之路”对话环节、储能技术论坛和清洁能源转型论坛。论坛被多家中外媒体报道宣传。

【第十届中国国际供电会议】　9月7—8日，学会与国际供电会议组织中国国家委员会、国家电网有限公司联合主办的以“新型配电系统助力碳中和”为主题的第十届中国国际供电会议以线上线下结合方式在湖南省长沙市召开。会议邀请中外专家作主旨报告，并围绕建设新型配电系统的技术发展方向组织研讨会及论文交流。学会理事长、国际电工委员会主席舒印彪致开幕词，国际供电会议组织主席Pierre Mallet等分别致辞。中国工程院院士郭剑波、美国国家工程院院士Mohammad Shahidehpour、雅典国家技术大学教授Nikos D. Hatziargyriou等专家作《新型电力系统面临的挑战与关键技术》《电动汽车普及推动实现智能电网的碳中和》《智能配电网在能源系统减碳中的作用》等主旨报告。会议共举办“助力碳中和的配电网规划技术”等7个专题技术研讨会、“配电网设备与资产管理”等12场专题论文宣讲，会上宣讲和交流论文300余篇。

（撰稿人：李洛安）

中国电工技术学会

服务创新型国家和社会建设　2022年，学会荣获2021年度“科创中国”优秀科技服务团。承担并完成河北省保定市“科创中国”保定电力智造产业科技服务团和“科创中国”保定新型电力系统装备技术科技创新服务中心2个项目，开展技术研讨、企业调研等科技服务活动30余项。参加2022年度“科创中国”试点城市（保定）建设工作推进会，承担保定市工业和信息化局、保定市科协《保定市电力及新能源高端装备智造集群实施方案》咨询建议，助力集群成功进入国家先进制造业集群（第三批）。组织举办第七届中国制造强国论坛电力及新能源高端装备制造分论坛。服务江西省赣州市永磁电机产业创新发展，召开赣州永磁电机产业交流对接会。承接《赣州永磁电机产业发展三年行动方案》，与江西省科协签署战略合作协议。组织西安高压电器研究院股份有限公司、中国电力科学研究院等机构的专家为江西省“科创中国”建设建言献策，助力“中国电瓷之都”江西省萍乡市芦溪县电瓷电气产业高质量发展。

7月8—9日，学会组织专家赴浙江省宁波市近10家企业考察调研。9月16日，学会联合宁波市科协等单位共同举办第四届中国（宁波）输配电产业创新与高质量发展论坛。承接中国科协第二十四届年会“入湘行动”，与特变电工衡阳变压器有限公司签署战略合作协议。承担中国兵器装备“十四五”重点科研课题评审，助力中国航天科技集团公司第四研究院四〇一所民品领域转型升级；组织召开氢能产业高质量发展研讨会，助力上海临港氢能产业高质量发展；研究中国首个质子医疗研发基地解决关键零部件“卡脖子”问题。

编制《中国电工技术学会标准制修订工作指南》。调整标准化工作会议制度，组织立项评审8次，召开报批稿评审会4次。2022年，立项标准90项，发布标准100项，增设标工组1个。开展标准化软科学研究1项，承担中国科协团体标准项目1项，组织编写出版《电力储能技术发展和标准体系框架》。《12kV智能配电柱上开关通用技术条件》（T/CES 033—2019）入选工业和信息化部2022年百项团体标准应用示范项目。被评为中国科协2021年度科技公共服务优秀学会。

全年举办培训班30余场次。组织完成334个工程教育认证申请专业，受理专业95个，完成92个专业入校考查。完善工程教育认证制度，开发测试中国工程教育认证信息系统。学会搭建工程能力评价网站，修订《中国电工技术学会工程能力评价考评办法》，制定《中国电工技术学会工程能力评价考官管理办法（试行）》，建设考官专家库并进行培训。

8月23日，学会第二届全国大学生等离子体科技创新竞赛决赛以线上答辩方式举办。经竞赛组委会评审，6件作品被评为特等奖、34件作品被评为一等奖、54件作品被评为二等奖、100件作品被评为三等奖，23个参赛单位获得优秀组织奖。

9月15—17日，由教育部高等学校电气类专业教学指导委员会指导、学会主办的第一届高校电气电子工程创新大赛决赛在北京举办。206所学校的768个团队报名，最终评选出特等奖2项（软件和硬件赛道）、一等奖8项（软件和硬件赛道）、二等奖30项（软件和硬件赛道），优秀指导教师奖63人，优秀组织奖22个。

学会建设 2022年，学会被民政部评为5A级全国性社会组织。召开学会理事会党委扩大会议、第九届常务理事会议、第一届监事会议各2次。召开第九届理事会第三次会议及2022年度工作会议。

学会新发展个人会员13000余人，高级会员3200余人，普通会员4000余人，学生会员6010余人，评选出学会会士10人。

全年审核12个专业委员会的换届方案，批复8个专业委员会委员调整，2个专业委员会更名。批复筹备成立4个专业委员会，撤销1个专业委员会。学会等离子体及应用专业委员会入选中国科协2022年度全国学会分支机构示范发展专项。

青年人才托举工程 根据中国科协青年托举工作安排，4月，学会向中国科协提交第四届青年人才托举工程项目验收报告；11月19日，组织开展青年人才托举工程成果汇报交流会。开展第八届（2022—2024年度）中国科协青年人才托举工程项目答辩评审会，学会推荐的3名青年人才获得中国科协资助、5人获得自筹资金资助。

主办期刊 学会主办期刊《电工技术学报》全年收稿2400篇，刊登585篇，出版25期。《中国电工技术学会电机与系统学报（英文）》（CES TEMS）收到投稿109篇，刊登54篇，出版4期。《电气技术》收稿531篇，刊登202篇，出版12期。

《电工技术学报》入选中国科协2021年度全国学会期刊出版能力提升计划——国际学术交流项目、2022年度全国学会出版能力提升计划——期刊双语传播能力提升项目、分领域发布高质量科技期刊分级目录项目。荣获2022年度机械工业科学技术奖科技进步奖二等奖。牵头组织第七届中国科协电工电子信息技术集群的论文遴选工作，有2篇论文入选。

CES TEMS被Scopus收录，《电气技术》入选“产业服务提升”项目。

国际学术会议 5月27—29日，由学会、电气和电子工程师协会北京分会和东南大学共同主办的2022IEEE第五届国际电气与能源大会在江苏省南京市召开。2212名学者注册参加会议，150人线下参加会议，12035人次参加线上直播交流。会议收到论文1163篇，录用891篇论文、51篇摘要。大会围绕电气工程和能源科技领域19个专业方向，设立70个分论坛。中国工程院院士李立涅，中国科学院院士陈维江，英国皇家工程院院士、英国谢菲尔德大学教授诸自强等专家作特邀报告。电气和电子工程师协会国际电气与能源大会已被纳入电气和电子工程师协会每年度的系列国际会议。

6月14日，由世界电动车协会、欧洲电动出行协会和学会共同主办的第35届世界电动车大会中国分会场在线召开。843名学者参加会议，线上会议直播浏览量达6870人次。

11月26—27日，由学会与中国科学院电工研究所等共同主办的第四届国际等离子体和能源转化前沿论坛在广东省深圳市召开。论坛设4个分会场，邀请98位等离子体科学和能源转化相关领域专家、学者作报告，论坛收录209篇论文摘要、33篇论文全文，500余名国内外专家学者参加会议。

12月2—4日，由学会主办的第二届国际无线电能传输技术会议在线上召开。100余所高校、科研院所的300余名专家学者参加会议。大会评选出10位优秀论文作者和优秀会议组织者进行表彰。

12月3—4日，由学会与北京理工大学主办的第五届储能和智能载运国际学术会议在线上召开。会议特邀学术报告31个，设置4个线上研讨分会场、1个专题研讨会，来自国内外的100余名专家学者参加会议。中国工程院院士孙逢春作报告。

12月16日，由学会、中英大学工程教育与研究联盟共同主办的2022中英大学工程教育与研究联盟－零碳工程中心论坛以线上线下结合方式在江苏省南京市、英国伯明翰召开，共吸引国内外2.3万人次线上参与交流。

12月17日，由学会、中英大学工程教育与研究联盟等共同主办的2022中英电气与能源装备技术论坛以线上线下结合方式在江苏省南京市、英国伯明翰召开，共有国内外的2.3万人次线上参与交流。

国内主要学术会议 5—6月，学会联合省部共建电工装备可靠性与智能化国家重点实验室在线开展学科方向发展系列空中研讨会，共举办4期。会议设置圆桌研讨环节，专家分享学术观点，展望行业未来。

9月16—17日，在国家自然科学基金委员会电气科学与工程学科的支持下，由学会主办、重庆大学承办的国家自然科学基金委员会电气科学与工程学科电磁场与电路领域及高电压与放电领域2022年度项目交流会在北京召开。300余名专家学者参加会议。电磁场与电路领域、高电压与放电领域的200多个项目分别通过电磁测量与传感等6个主题进行42场分组交流。

9月29日，第十四届中国电工装备创新与发展论坛在江苏省南京市召开。论坛主题为“双碳战略下的电气装备制造业绿色低碳转型升级”，200名专家学者出席会议，9000余人次参加线上交流。论坛同期举办环保高压电气装备论坛、电网灵活快速控制技术及装备论坛、中国电工技术学会标准《基于整体设计的12kV智能配电柱上开关技术要求》宣贯会3场平行会议和新产品展览展示活动。

11月19—21日，在国家自然科学基金委员会电气科学与工程学科支持下，第八届电气学科青年学者学科前沿研讨会在浙江省温州市召开。来自高校、科研院所的专家、青年学者共4000余人次线上参加会议。会议设立电机及其系统等7个学术分会场和3个平行分会场，共邀请40余位专家参与学术报告点评，170位青年学者介绍分享相关科研探索成果。会后编撰形成近10万字的《“双碳”背景下电气学科发展建议》。

12月6—7日，在国家自然科学基金委员会电气科学与工程学科的支持下，由学会主办、武汉大学承办的国家自然科学基金委员会电气科学与工程学科电力系统与综合能源领域及电力电子学领域2022年度项目交流会在线召开。来自高校、科研院所的500余名专家学者参加会议。大会设电力系统运行与控制、综合能源与多能互补等13个主题，来自89个依托单位的408个项目同步进行项目汇报。

12月7—8日，由学会主办的第十届电工技术前沿问题学术论坛在线上召开，8万余人次参加直播交流。大会邀请中国科学院院士王秋良、中国工程院院士王成山等作特邀报告。收到投稿758篇，录用606篇，60余位专家学者进行报告交流。大会设立数字化配电网、水风光多能互补运行与调度等12个方向，组织35场学术交流，近600名论文作者进行论文宣讲及海报分享。

2—9月，由学会与华中科技大学电气学院创新电机技术研究中心、电气和电子工程师协会工业应用协会武汉分会共同推出电机及驱动系统武汉论坛系列活动8场。

国际交往 1月18日，学会秘书长韩毅、俄罗斯乌拉尔电工技术中心强电设备检测专家委员会主席乌

杰波夫分别代表学会与俄罗斯乌拉尔电工技术中心以线上方式就电网电力系统装备诊断、高压发电设备诊断和技术服务等方面签订合作协议。

6月12日，学会秘书长韩毅等在线出席亚太电动车协会年度全体成员会议。

10月18日，学会与英国工程技术学会在北京签订合作备忘录，旨在深化双方在学术交流、工程教育认证、会员互认、期刊出版、科技奖励等方面的合作。

科普活动 学会认定河南省安阳市风光储一体化智能微电网科普教育基地等14家单位为学会科普教育基地。在全国科技周期间，举办水电站机电设备知识讲座等专题科普宣传讲座4场，每场在线观看人数近万人次。组织参观国家新能源汽车技术创新中心科普科技展厅、温州大学智能制造科普教育基地，并作科普报告2场。制作《电动汽车为什么会跑》系列视频12期,《科学也偶像》系列视频10期。举办“纪念中国电力工业发展140周年”科普展。

表彰举荐优秀科技工作者 学会推荐第十七届中国青年科技奖提名候选人、2022年“最美科技工作者”候选人及优秀科技志愿服务典型事迹候选人5名。

评出2022年度中国电工技术学会科学技术奖拟授奖项目60项，其中特等奖1项、一等奖15项、二等奖26项、三等奖18项；评出中国电工技术学会科学技术奖之科技人物奖“高景德科技成就奖”2位。

党建强会 6月，学会完成党支部换届工作，召开理事会党委会议1次。党支部组织召开工作总部秘书处全体党员学习及会议18次，组织党员参观交流活动4次。

会员服务 学会编写2021年年报，反映学会年度工作的综合信息；通过新媒体平台，介绍学会工作动态，传播学会工作信息；编辑6期学会会讯。

【第十七届中国电工技术学会学术年会】 9月17日，由学会和国家自然科学基金委员会电气科学与工程学科联合主办、重庆大学电气工程学院承办的第十七届中国电工技术学会学术年会以线上线下结合方式在北京市、重庆市召开。300余人现场出席会议，1.1万人次参加直播交流。会议主题为“聚焦技术创新 引领电气未来”，收到中英文投稿1350余篇，录用900余篇，1000余位作者参加线上论文口头报告和海报张贴交流。

在主旨报告环节，学会常务理事、中国科学院院士、中国科学院电工研究所研究员王秋良作题为《超导电性及其应用》的主旨报告；学会副理事长、清华大学副校长曾嵘作题为《直流系统关键装备创新实践》的主旨报告；学会副理事长贾利民作题为《交通能源融合的历史、形态与技术》的主旨报告；重庆大学教授廖瑞金作题为《面向“双碳”目标的综合能源系统》的主旨报告；国家自然科学基金委员会电气学科项目主任郑雁军作题为《2022年度电气科学与工程学科基金资助与学科工作情况汇报》的主旨报告。

大会同期进行2021年度中国电工技术学会科学技术奖颁奖、优秀博士学位论文表彰、第一届高校电气电子工程创新大赛决赛表彰。大会组织电磁场与电路专题会议、超导与电工材料专题会议、学会电工产品环境技术专业委员会学术交流会、2022学会防爆专业委员会年会暨高峰论坛等13场专题会议，60余位专家介绍当前电气工程学科各专业领域的发展态势及前沿研究动向。

【2022（首届）世界电气工程科技与发展论坛】 9月23—25日，由学会主办，电气和电子工程师协会和英国工程技术学会共同支持的2022（首届）世界电气工程科技与发展论坛在湖北省武汉市召开。开幕式由学会秘书长、论坛组委会主席韩毅主持。论坛以“智汇电气工程，共创低碳未来”为主题，吸引国内外5.3万人次在线观看直播。中国科学院院士程时杰，学会英国分会理事长、英国卡迪夫大学工程学院院长 Jianzhong Wu，雅典国家技术大学教授 Nikos Hatzigyriou，英国帝国理工学院教授 Goran Strbac，英国卡迪夫大学工程学院电力电子系主任 Jonathan Lees，丹麦奥尔堡大学教授 Frede Blaabjerg 和华中科技大学电气与电子工程学院副院长胡家兵等专家，围绕未来电力系统、输电直流工程管家技术、电机驱动技术、新型电力系统建设、微电网技术、电气化对实现碳中和的作用、电力电子技术等相关内容作特邀报告。主旨报告环节分别由华中科技大学电气与电子工程学院教授蒋凯、时晓洁主持。

大会同期举办2场高端访谈，分别由华中科技大学电气与电子工程学院教授陈新宇、蒋栋主持。访谈邀请学会副理事长、哈尔滨工业大学原副校长徐殿国，美国国家工程院院士 Yilu Liu，美国电力科学研究院 Haresh Kamath，欧洲科学院外籍院士、武汉大学智能电网研究院院长姚良忠，国网经济技术研究院有限公司总工程师李晖，美国田纳西大学电力电子学科首席卓越教授 Fred Wang，清华大学新概念汽车研究院副院长李永东，澳大利亚悉尼大学电气与信息工程学院院长 Jianguo Zhu，华中科技大学教授曲荣海分别就新型电力系统、高效电驱动与控制展开研讨与对话。

（撰稿人：马佳佳）

中国水力发电工程学会

服务创新型国家和社会建设 4月，学会成立抽水蓄能行业分会。受国家能源局委托，分会建立抽水蓄能行业重大项目建设用地需求和环评需求统计监测体系和工作机制，组织开展抽水蓄能项目业务开展情况和设计施工能力研究，组织编制抽水蓄能高质量发展指导意见，研究中小型分布式抽水蓄能功能定位等，并提出推进策略和方案，开展中小型抽水蓄能项目资源调查和项目初步论证并提出建议。开展产业链协调工作，组织有关企业召开抽水蓄能装备制造能力研讨会、抽水蓄能设计能力研讨会。

学会推荐入选中国科协海智计划特聘专家14人和海智合作机构2个，组织遴选国际互认水利水电工程师49人，申报的中阿清洁能源培训中心项目列入中国科协双边科技人文交流合作三年行动计划（2023—2025）。

《关于加快风光水互补研究与实践助力实现“双碳”目标的科技工作者建议》获高层批示。受中国科协委托，配合中央广播电视总台北京总站组织专家对《水力发电领域面临的困难问题与对策建议》开展调研咨询工作。组建基于智慧能源开发利用的新型电力系统、水电工程智能建设、抽水蓄能发展3个中国科协决策咨询专家团队。向中国科协提交《关于我国利用水风光互补实现“碳中和”体制机制的建议》等5篇研究建言报告。

受有关部门委托，学会工程造价专业委员会组织专家为抽蓄电站容量电价核定等提供决策咨询建议；小水电专业委员会参与水利部对小水电安全生产督察和风险隐患排查；大坝安全专业委员会参与国家能源局有关电站大坝安全监管和地震灾害风险隐患排查治理；水能规划及动能经济专业委员会参与几大流域水风光一体化规划研究和编制示范基地规划；水库专业委员会参与国家大中型水利水电工程建设征地补偿和移民安置条例修订；国际河流水电开发生态环境研究工作委员会开展澜沧江－湄公河流域开发社会环境影响及应对机制研究，与湄公河委员会就联合开展湄公河流域综合监测和干旱影响分析研究达成共识。

组建大型清洁能源基地智能管控专业、水风光多能互补专业、抽水蓄能产业、海上风电产业、水电绿色建造技术专业5个中国科协“科创中国”科技服务团。申报的中国电建华东院创新基地、抽水蓄能与新型储能创新基地入选首批“科创中国”创新基地。

受会员单位委托，学会组织开展“南水北调西线调水对四大水电基地影响研究”等10多个咨询课题。水电与新能源投资专业委员会开展“水电站受疫情影响增加投资”专题评估技术咨询，混凝土面板堆石坝专业委员会参与“高面板堆石坝变形控制与面板结构适应技术研究”，水工及水电站建筑物专业委员会参与“超长多级输水发电系统运行可靠性及关键技术研究”，工程检测与物理探测专业委员会参与贵州省重大科研项目“钻孔置入式地下空洞三维扫描技术和成套设备研制”等。

联合水电水利规划设计总院推动压缩空气储能技术团体标准体系建设，启动《压缩空气储能电站设计规范》等5项相关团体标准立项编制工作。全年新发布《水利水电工程师能力评价规范》《水生态区划分技术导则》等5项团体标准，立项和在编《小型水电站无人值守技术规范》等17项团体标准。高坝通航工程专业委员会、信息化专业委员会、水电与新能源工程造价专业委员会、水库专业委员会等参与《水力式升船机设计规范》《水电工程勘察设计费计算标准》《水电厂自动发电控制及自动电压控制技术规范》《水风光储可再生能源综合开发项目技术规范》等几十项行业标准的编制、修订或翻译工作。水电与新能源运行管理专业委员会、自动化专业委员会参与编制的首个国内牵头主导的国际电工委员会、电气和电子工程师协会双标国际标准《智能水电厂技术导则》草案获全票通过。

举办清洁能源协同开发与生态环保技术转移转化能力提升高级研修班（第二期）。学会及国际河流水电开发生态环境研究工作委员会、小水电专业委员会、水电与新能源运行管理专业委员会等协助有关部委组织举办中国－非盟能源伙伴关系框架下第一期能力建设培训、中国－东盟清洁能源能力建设计划2022交流项目——水电可持续培训、“一带一路”国家清洁能源应对气候变化研修班、“一带一路”小水电开发技

术及绿色生态发展研修班、多米尼加清洁能源开发与建设研修班、水库大坝与水电可持续发展及能力建设培训、在印度尼西亚和巴基斯坦推广水光互补发电技术培训等。继电保护与励磁专业委员会“云课堂”品牌技术讲座培训全年举办 18 期。

全年组织包括院士在内的专家完成来自各会员单位不同专业领域的技术成果鉴定和咨询 83 项。

学会建设 8 月 30 日，召开学会九届二次理事会议暨 2022 年年中工作会议，学会第九届理事会理事、会员单位、各分支机构和省级水电学会负责人、监事会监事等 210 余人参加会议。全年召开常务理事会议 4 次。

学会有单位会员 291 家、个人会员 38000 余人。有分支机构 38 家，其中，改组成立抽水蓄能行业分会，新成立堆石混凝土坝专业委员会；电力系统自动化专业委员会、水工及水电站建筑物专业委员会、抗震防灾专业委员会、国际河流水电开发生态环境研究工作委员会 4 个分支机构完成换届；水电控制设备专业委员会名称变更为水电与新能源控制技术专业委员会。修订《中国水力发电工程学会分支机构管理办法》。

4 月 12 日，2022 年学会分支机构和省级学会秘书长工作会议以线下线上结合方式召开，37 家分支机构和 21 家省级水电学会有关负责人、秘书长和管理人员共 130 余人参加会议。

制修订“三重一大”决策制度、会议制度、党委工作制度、意识形态管理、舆情监测以及科技管理、合同管理、财务管理、专家管理、评奖管理、育才管理等规章制度近 30 项。修订学会事业发展“十四五”规划，编制学术、科普、国际发展等专项规划，制定年度重点工作计划。监事会将监督职责覆盖学会管理会议、重大活动、内部治理和财务管理等各方面。

启动面向秘书处和分支机构的 OA 办公、财务费控报销、学术会议活动等管理系统和应用平台的建设工作，升级优化评奖管理系统。改版升级学会官方网站。编撰出版《中国水力发电年鉴》（第 26 卷）。

主办期刊 学会会刊《水力发电学报》全年出版 12 期，共收到论文稿件 765 篇，录用刊登 165 篇，印发 6000 册。连续七年有学报论文入选中国科协优秀科技论文遴选计划。《水力发电学报》2022 年度影响力指数 CI 值 609.347，学科排序 5/77；影响因子 2.447，学科排序 7/77。

联合主办《水电站机电技术》《水电能源科学》《大坝与安全》《岩土工程学报》《小水电》5 种学术期刊。

施工专业委员会《水利水电施工》、水电与新能源工程造价专业委员会《可再生能源发电工程造价信息》《水利水电工程造价》、水力机械专业委员会《水力机械技术》等内刊正常出版。

学科发展工程 学会抽水蓄能行业分会联合水电水利规划设计总院编写发布行业首份《抽水蓄能产业发展报告（2021）》。

学会组织编撰的《中国电力工业史：水力发电卷》（140 多万字）正式出版。学会牵头组织编撰、中国工程院院士唐洪武担任主编的中国科协“双碳”系列丛书之《水风光多能互补导论》有序编写。

国际学术会议 10 月 19—21 日，由南京水利科学研究院、国际航运协会共同主办的第 10 届内河航运国际学术会议以线上线下结合方式在江苏省南京市举办，这也是该会议首次在欧美以外地区举办。学会作为会议合作伙伴组织大会分会场，学会高坝通航工程专业委员会协办有关分论坛。

9 月 14 日，由学会协办的中欧水资源交流平台——可持续水电政策线上研讨会在江苏省南京市召开，线上线下共 220 多人参加会议。

学会与南京水利科学研究院共同举办国家外专引智项目系列学术交流活动之大坝安全与洪水风险管理线上交流会。小水电专业委员会协办全球水安全研讨会——小水电绿色发展国际研讨会。国际河流水电开发生态环境研究工作委员会与柬埔寨矿产能源部共同组织召开水电可持续发展与区域低碳转型研讨会。

国内主要学术会议 7 月 28 日，由学会联合中国电力建设集团有限公司主办的 2022 年中国水电发展论坛暨水力发电科学技术奖颁奖典礼在北京举办。会议以“新时代新水电新使命”为主题，中国工程院院士胡春宏、钮新强、张宗亮分别作主旨报告，设置抽水蓄能发展、水风光互补开发与“双碳”2 个分论坛，在线观看直播人数累计 150 万余人次。

7 月 31 日，由学会主办的水电流域开发成就与“双碳”目标下的科学发展论坛在云南省昆明市召开。中国工程院院士马洪琪作主旨报告，130 余名专家学者参加会议。

8 月 19 日，学会五届二次施工专业委员会、碾压混凝土筑坝专业委员会 2022 年年会暨国家水网建设、水生态治理及水利水电施工新技术学术交流会在广东省深圳市召开。中国工程院院士任南琪、陈湘生作主旨报告，130余名专家学者参加会议。

8月26日，由福建省科协、学会、福州市人民政府联合主办的新能源电力发展高峰论坛以线上线下结合方式在福建省福州市举办。会议围绕可再生能源开发、技术应用、产业发展进行研讨，1880余人次参加会议。

9月3日，由学会主办的2022中国水电青年科技论坛在云南省昆明市召开。中国工程院院士陈厚群作弘扬科学家精神专题报告，来自全国水电和新能源行业40余家单位的150多名专家学者和青年科技工作者参加会议，线上观看人数超过6000人次。

11月24—25日，由学会主办的第八届全国水工抗震防灾学术交流会暨水利水电基础设施抗震安全研讨会在北京召开。中国工程院院士陈厚群、孔宪京，中国科学院院士张楚汉分别作主旨报告。来自全国水利水电抗震防灾专业领域的60余家单位共300余名专家学者通过线下线上方式参加会议。

学会获评中国科协《重要学术会议指南》（2018—2022年）优秀组织单位。

国际组织任职 2022年，学会推荐6人在有关国际组织任职：学会常务副秘书长席浩担任国际水利与环境工程学会中国分会副主任委员；雅砻江流域水电开发有限公司副总经理、学会电力系统自动化专业委员会和智能与智慧化专业委员会副主任委员何胜明担任国际水电协会董事；清华大学水利水电工程系教授、学会堆石混凝土坝专业委员会主任委员金峰担任国际大坝委员会能力建设委员会委员；上海市离心机械研究所有限公司董事长、学会机械疏浚专业委员会委员屈年凯，长江武汉航道工程局教授级高工、学会机械疏浚专业委员会委员张群，天津普友机电设备股份有限公司董事长、学会机械疏浚专业委员会委员晏青担任世界疏浚协会世界水库清淤工作组专家。

国际交往 8月23日，由中国电力建设集团有限公司支撑设立的学会巴基斯坦代表处在中国驻巴基斯坦大使馆举行揭牌仪式。9月8日，巴基斯坦代表处协办在伊斯兰堡举办的中巴经济走廊电力成就和未来展望研讨会。

9月1日，由中国华电集团有限公司支撑设立的学会柬埔寨代表处揭牌仪式在北京和柬埔寨金边以视频连线方式同步举行。

学会小水电专业委员会为埃及锡瓦绿洲“光伏+抽水蓄能”可行性研究报告提供咨询服务。

学会海外分会代表学会参加联合国气候变化大会第27次缔约方会议、2022年世界水电展望——北美的趋势机遇和创新研讨会等，并作主题发言。

学会国际河流水电开发生态环境研究工作委员会受国家能源局委托，走访老挝能矿部、湄公河委员会、柬埔寨能矿部、泰国能源部、亚洲理工学院等单位，就东盟区域及澜湄流域水电可持续合作开展调研与交流；吸纳老挝能矿部能源工业安全司司长、亚洲理工学院副校长加入委员会。

学会机械疏浚专业委员会4名委员作为世界疏浚协会水库清淤专家工作组专家参与编写《水库清淤工作指南》。

堆石混凝土坝专业委员会代表学会参加国际大坝委员会第27届大会暨第90届年会并作主旨报告，参加美国土木工程师协会大中华分会杰出讲座并进行报告分享。

科普活动 6月1日，学会与水电水利规划设计总院联合举办以“保护生物多样性，共建清洁美丽世界”为主题的迎接2022年世界环境日——水电行业鱼类增殖放流联合行动，8家央企、81座水电站、2000多名科技工作者和中小学生参与，公众在线收看人数20余万人次，放流鱼类83种共2000余万尾。

6月10日，学会联合水电水利规划设计总院举办以“科学开发水电，守护江河安澜”为主题的全国科技工作者日活动——水电开发与防灾减灾科普论坛，会上成立由中国科学院院士陈祖煜、中国工程院院士张宗亮领衔的安全应急科普专家团队。

9月18日，学会联合河海大学举办全国科普日活动——“喜迎二十大，科普向未来”水电与碳中和科普论坛。中国工程院院士王浩、张宗亮，学会理事长张野等专家学者，以及河海大学师生共630多人参加会议。全国科普日期间，学会组织会员单位和分支机构开展探访抽水蓄能的奥秘、“核”您一起共享蓝天——核电厂发电原理科普讲座等系列科普活动，学会获评2022年度全国学会科普工作优秀单位。

5月25日，学会联合中国水利学会开展以“水利水电与碳中和”为主题的“科技志愿　服务基层”线上讲座，超1.34万人次通过线上平台观看。

学会在天津大学等高校开展“行业专家大讲堂·水电科普进校园”系列科普讲座，开展2022大学生暑期水电社会实践教育活动，在三峡大学等会员单位支持下成立科技志愿服务团队。

学会新认定水电科普教育基地22个，依托基地开展丰富多彩的科普活动。与新华网科普频道联合策划制作“《大国水工》科普中国——重大科技成果解读”系列视频，推荐4名专家参与制作水电与“双碳”方面的访谈宣传视频。

表彰举荐优秀科技工作者 2022年度水力发电科学技术奖共收到行业单位申报的科技成果179项，评出一等奖14项、二等奖19项、三等奖32项，获奖科技人员500多人。进一步升级完善评奖管理系统，修订奖励办法、专家库管理办法，设立科学技术专家委员会。

评定第七届潘家铮奖、第四届水电英才奖、第七届张光斗优秀青年科技奖。推荐朱家林获得第一届中国科技青年论坛三等奖。

截至2022年年底，潘家铮水电科技基金规模为5004万元，捐资单位67家、个人11名。召开基金四届三次理事会议，开展2022年度潘家铮水电奖学金评定工作，奖励来自20所高校和科研院所的优秀学生63名，在浙江大学举办第十三届潘家铮水电奖学金颁奖典礼。

党建强会 学会各级党组织深入学习贯彻党的二十大精神，制定印发学会系统学习宣贯党的二十大精神工作方案。承办中国科协“领航计划”科技人才团结引领项目——学习贯彻党的二十大精神线上培训班。组织开展“喜迎二十大，赞歌颂祖国”主题党日活动。在官网开辟“学习宣传贯彻党的二十大精神”专栏。组织党员干部参观“奋进新时代”主题成就展。

党委书记、党支部书记和党员领导干部带头讲党课7次。承担中国科协“党建强会计划”项目，筹备举办青年科技工作者学习沙龙。全年召开党委会议11次，组织中心组学习，前置审议把关“三重一大”事项90多项。秘书处党支部完成换届，落实好“三会一课”制度。

会员服务 修订学会《会员管理办法》，对会员管理系统进行改造升级。完成个人会员更新入库，获评中国科协2022年度全国学会会员入库优秀单位。

学会和38个分支机构构筑学术交流平台，打造“学术论坛－论文征集－期刊发表”协同联动机制，为科技工作者学术成长和技术进步搭建平台。

【潘家铮院士逝世十周年纪念活动暨潘家铮水电学术论坛】 7月21日，由学会、浙江大学等联合主办的潘家铮院士逝世十周年纪念活动暨潘家铮水电学术论坛在浙江省杭州市举办，论坛以“传承科学精神 谱写新时代水电华章”为主题。

中国科学院院士张楚汉，中国工程院院士马洪琪、陈厚群、胡春宏、王浩、张建云、孔宪京、王超、许唯临、胡亚安、唐洪武，以及来自40多家行业单位的130余名专家学者通过线上线下方式出席论坛，1.2万余人次在线观看论坛直播。张建云等9位专家作学术报告。会上播放《永远的潘家铮》视频，举办《潘家铮全集》电子书发布仪式，参观潘家铮院士生平展。

（撰稿人：雷定演）

中国水利学会

服务创新型国家和社会建设 围绕行业关注的热点、焦点问题，将研究成果与专家建议凝练总结，形成《大禹水利科学技术奖优秀获奖成果简介》《水利团体标准化工作实践与建议》《2022中国水利学术大会特邀专家学术观点摘编》等7篇参阅信息报送中国科协、水利部及相关单位参阅。

5月，组织专家起草《目前我国水资源浪费突出问题及对策建议》。7月，组织起草《南水北调工程沿线存在的风险隐患分析及对策建议》，中国科协将2份建议上报中央有关部门。9月，组织专家调研并撰写《鄱阳湖水利枢纽的主要环境影响与相关建议》咨询报告，通过中央广播电视总台上报中央。

5月，受水利部三峡工程管理司委托，组织开展《三峡工程在长江大保护中的战略作用》专题研究，提出如何更好发挥三峡工程“国之重器”作用，进一步促进长江大保护的对策措施。6月，成功申报并实施中国科协2022年决策咨询专家团队“南水北调西线工程建设必要性研究”项目。6—10月，开展全国唯一列入《“十四五”水安全保障规划》的河口建闸类项目前期工作——浙江省椒江河口水利枢纽工程总体布局与河口系统治理方案评选。

2—4月，开展水利领域前沿科学问题、工程技术难题和产业技术问题的征集、发布、研讨。经专家评审，共向中国科协推荐13个前沿科学问题、工程技术难题和产业技术问题。8月，获中国科协颁发的“2022重大科学问题、工程技术难题和产业技术问题征集评选系列活动”证书。

在支撑政府标准工作方面，按照水利部标准化工作管理要求，配合水利部国际合作与科技司修订印发《水利标准化工作管理办法》，编制《水利标准编制流程图》《2022年水利科技和标准化工作要点》和《2021年度水利标准化年报》；承担水利技术标准日常管理，共完成149项在编标准日常管理，复审36项标准，报批国家标准4项。配合完成3项第十批国家农业标准化示范区年度组织管理和第十一批组织申报。在团体标准工作方面，开展年度标准需求征集，批准立项40项，发布23项。12月30日，印发《中国水利学会团体标准复审细则》。学会2项团体标准获得2022年标准科技创新奖，1位推荐专家获得领军人才奖。

全年完成60余项涉水科技成果评价。开通学会网站科技成果评价专栏。协助水利部国际合作与科技司编写《2021年水利科技成果公报》。

4—9月，学会与河海大学等联合主办第三届水科学数值模拟创新大赛。大赛共吸引全国85家单位的274支队伍参赛，产生全日制在校学生组和青年科技工作者2组4等共100项奖项，以及42份优秀指导教师奖、10家优秀组织奖。

8月25日，学会与中国水利教育协会高等教育分会等共同主办的第三届大学生水利水运装配式技术设计大赛在云南省昆明市举办。本次大赛以“绿色低碳，装配建造”为主题，旨在深化“双碳”目标下的新发展理念，探索水利水运工程建设领域混凝土装配式技术创新和应用，引导培养大学生在工程设计标准化、装配化、低碳化、生态化等方面的创新能力。

学会建设　2022年，共召开5次常务理事会通讯会，审议分支机构变更、理事变更、学会工作要点、分支机构评估细则、新增单位会员等重大事项。

加强对分支机构的规范化管理。7月，撤销学术交流、水利标准化、科技咨询工作委员会和水利建设管理专业委员会4家分支机构。9月，发布《中国水利学会分支机构评估细则》，并对52家分支机构开展评估工作。

完善制度建设，全年制修订《中国水利学会项目管理办法》《中国水利学会档案管理办法》等12项内部管理制度。发展单位会员31家。开展学会年检工作，2021年度年检合格。

加强信息化建设，全年起草《智慧学会建设“十四五”专项规划》，编制《“十四五”期间水利智库信息化建设工作方案》，编制《档案数字化管理办法》。制定《学会会议系统建设工作方案》。建设水利智库专家库，于12月31日上线运行。

青年人才托举工程　1—2月，组织开展第七届中国科协青年人才托举工程候选人征集评审，从31名申请人中遴选2名；10月，学会获得第八届中国科协青年人才托举工程项目3个全额资助名额。3月，在学会微信公众号发布第四届中国科协青年人才托举工程被托举人成长故事。

主办期刊　学会主办《水利学报》《泥沙研究》《岩土工程学报》《中国防汛抗旱》《水科学进展》《灌溉排水学报》6种科技期刊。4月，完成《水利学报》《岩土工程学报》《泥沙研究》《中国防汛抗旱》4种学术期刊的2021年度社会效益评价考核。6月，《水利学报》《岩土工程学报》成功申报中国科协科技期刊能力提升项目。10月，《水科学进展》2篇论文、《水利学报》的1篇论文入选第七届中国科协优秀科技论文遴选计划（交通与基建集群）。

国际学术会议　11月22—23日，学会与水利部国际经济技术交流合作中心、中国水利水电科学研究院、国际水利与环境工程学会共同主办第二届全球水安全研讨会。水利部副部长田学斌出席并讲话，学会副理事长兼秘书长汤鑫华参加会议并作报告。会议还邀请世界水理事会主席、联合国驻华代表、联合国工业发展组织代表等国际组织代表发言，日本水文水资源协会、乌干达电力公司和美国低影响水电协会等机构的专家作报告。

国内主要学术会议　学会学术年会升级为中国水利学术大会，扩大了会议召开范围，增强了会议影响力。创办中国水利学会云论坛，把专业化、小型化、系列化、常态化和难以在线下举办的学术研讨活动搬到网上、存于云端，有的采取线上为主、线下为辅的方式进行。创办学会产学研系列学术沙龙，为分支机构和单位会员提供产学对接渠道，深入交流平台。全年采用线上线下结合方式举办国内学术会议70余场。

8月19日，学会生态水利工程学专业委员会作为支持单位协助举办的第六届河湖生态论坛在北京举办。会议围绕河湖长制成功经验及推广、绿色河湖构建模式、河湖健康评估技术应用等新成果展开交流，相关领域专家学者、从业人士进行交流与合作，共同推动中国水生态建设与发展。学会生态水利工程学专业委员会副秘书长付意成作专题报告。

11 月 2—4 日，由学会联合中国水利工程协会共同主办的 2022 中国水博览会暨第十七届中国（国际）水务高峰论坛在江西省南昌市举办。会议以“共建共享共创共赢，助力新阶段水利高质量发展”为主题，邀请南昌大学教授、江西省原副省长、江西省人大常委会原副主任胡振鹏，中国工程院院士胡亚安等 120 余位专家作学术报告，150 余家院所与龙头企业参会参展。同期举办的第十七届中国水务高峰论坛共设 1 个主论坛和 6 个专题分论坛，就智慧水利、河湖健康、城乡供水一体化与信息化建设等议题展开交流。

11 月 18 日，由学会泥沙专业委员会主办、四川大学水力学与山区河流开发保护国家重点实验室承办的山区河流保护与治理学术研讨会以线上为主、线上线下结合方式在四川省成都市举办。

两岸交流 学会海峡两岸水利科技交流工作委员会持续巩固两岸合作品牌活动，推动两岸科技与人文对话。11 月，邀请来自海峡两岸的水利主管部门、流域机构、地方水利厅（局）、科研单位、高校和企业，以及美华水利协会的专家学者线下 300 余人和线上 2200 余人次参加第 26 届海峡两岸水利科技交流研讨会。12 月，组织邀请中国水利水电科学研究院、台湾大学 16 名师生参加第 11 届海峡两岸水利青年工程交流营，通过学生报告、导师点评等活动，分享新知、建立友谊。

国际组织任职 12 月 11 日，在法国巴黎举办的世界水理事会第九次全体会员大会上，学会连任董事会“学术机构”类别董事。

国际交往 3 月 10 日，学会与丹麦驻华大使馆环境与水部门有关人员进行线上座谈，双方就加强在涉水领域的合作进行交流沟通。学会副秘书长吴剑、丹麦驻华大使馆环境和水部门负责人晏森参赞（Lars Eskild Jensen）出席会议。

3 月 26 日，作为世界水理事会董事会成员，以视频会议方式参加第九届世界水论坛。

4 月 27 日，与英国工程技术学会举办线上合作交流研讨会。学会副理事长兼秘书长汤鑫华，副秘书长吴剑、鲁胜力，英国工程技术学会中国区总监 Paulo Lopes、英国工程技术学会中国区业务发展经理 Jenny Li 出席会议。双方就进一步加强交流合作达成共识。12 月 29 日，与英国工程技术学会签署谅解备忘录。

8 月 23 日，与英国土木工程师学会签署谅解备忘录。

9 月 13 日，学会副理事长兼秘书长汤鑫华通过视频连线方式，受邀参加中欧水资源交流平台和国际水协会联合组织的“CWEP-PI（Partnership Instrument）项目经验教训”活动商务交流会并作报告。

11 月 3 日，学会副理事长兼秘书长汤鑫华以视频会议方式参加中欧水资源交流平台商务交流会。会议包含政策解读、平台成果展示和技术交流 3 个环节，100 余人参加会议。

科普活动 学会成功申报并开展科普能力提升专项、“智惠行动・百会百县乡村行”——以水为牵引，助力岚县乡村振兴 2 个项目的科普活动 20 余次（场）。举办线上科普系列讲座 5 次，累计观看人数达 20 万余人次。

提升公众水科学素养，强化科普特色品牌，提升节约用水、爱水护水和安全饮水意识。推广“护好大水、喝好小水”科普品牌，在全国 31 个省、自治区、直辖市全覆盖，受众累计达 500 万人次。7 月 1 日，“护好大水、喝好小水”志愿服务项目获得第六届中国青年志愿服务项目大赛节水护水志愿服务类一等奖。

3 月 25 日—7 月 31 日，联合多家单位组织开展第三届“节水在身边”全国短视频大赛活动，共征集作品 50 万余件，累计播放量超过 16 亿次。

在中国水周、世界水日、科技活动周、全国科普日、世界环境日、全国防灾减灾日、国际减灾日、全民安全教育日等重要时节开展“线下 + 线上”科普讲座，以及河湖科普研学考察等科普活动。

注册学会科技志愿服务总队和分队 19 支，凝聚发挥专家和志愿者的力量。

表彰举荐优秀科技工作者 2022 年度大禹奖评审共收到 130 项提名成果，其中，科技进步奖 116 项、技术发明奖 4 项、科学普及奖 5 项、创新团队奖 5 项，114 项成果和团队名单通过形审，公示后进入初评和会评。对《大禹奖评审细则》进行修订。

5 月，向中国科协推荐王远见和汤显强为第十七届中国青年科技奖候选人提名人选，推荐徐梦珍、林莉和刘慧 3 人为第十八届中国青年女科学家奖提名人选。联合清华大学组织申报张光斗优秀青年科技奖。

党建强会 落实《中国水利学会党支部关于落实〈党委（党组）意识形态工作责任制实施办法〉的责任分工》。开展“学查改”专项工作，落实党支部年度理论学习计划，开展“三会一课”和主题党日活动，成功申请中国科协党建强会项目。制定落实领导班子主体责任清单，修订落实廉政风险防控手册，切实将党风廉政建设责任措施落实到岗到人。深入贯彻中央八项规定及实施细则精神。持续开展警示教育。

会员服务 制订《中国水利学会会士评定办法》，探索落实会士制度。建立《会员诚信档案工作办法》《会员行为准则》，完善会员管理制度。与知网持续合作开展“科技创新知识进基层，水利知识服务季”活动，为广大会员争取免费下载检索文献的权限。响应中化商务有限公司等单位会员需求，及时传播工程建设、数字孪生、投资融资等热门知识信息。面向单位会员，线上开展水利科技论文写作培训。与中国电力建设集团有限公司等单位会员建立战略合作关系。

【2022 中国水利学术大会】 11 月 8 日，2022 中国水利学术大会（中国水利学会 2022 学术年会）在北京开幕。水利部部长李国英出席主会场会议并听取专家报告，副部长朱程清主持开幕式并致辞。大会主题为“科技助力新阶段水利高质量发展”，采用“线下会议＋线上直播”的形式举办。学会监事长、副理事长、秘书长以线上或线下的方式参加会议，水利部机关司局和有关直属单位负责人等 40 余人出席主会场会议。约 9000 人次通过视频连线参加会议或收看会议实况。

中国工程院院士何华武作题为《南水北调西线工程高质量发展关键问题的思考》的报告，应急管理部原副部长、中国气象局原局长郑国光作题为《适应气候变化，提高灾害综合防范能力》的报告，中国科学院院士王焰新作题为《地球健康与水安全》的报告，水利部总工程师仲志余作题为《长江水库群联合调度》的报告，中国工程院院士张建云作题为《郑州 7 · 20 极端暴雨洪涝留下的教训与思考》的报告，中国工程院院士康绍忠作题为《藏粮于水，藏水于技——发展高水效农业，保障国家食物安全》的报告，中国工程院院士郭仁忠作题为《地理环境数字孪生技术》的报告，中国工程院院士王浩作题为《加快智慧水利建设，推动水利高质量发展》的报告，中国电建集团总经理王斌作题为《我国抽水蓄能建设现状与未来展望》的报告，清华大学水利系副系主任徐梦珍作题为《青藏高原河流演变的生态响应》的报告。

开幕式上，学会副理事长、中国工程院院士胡春宏宣读 2021 年度刘光文水文教育科技基金获奖名单，刘光文科技成就奖获得者胡四一发表获奖感言。

本届学术大会同步举办水旱灾害、国家水网、智慧水利、国际等 20 个分会场，专题报告 220 余场。大会共征集论文 1000 余篇，视频总点击量达 3.4 万人次。大会期间还举办水利科技论文写作讲座。

（撰稿人：李志平）

中国内燃机学会

服务创新型国家和社会建设 以发动机润滑油标准开发联盟为基础筹备成立“科创中国”润滑油创新联合体，在国家层面开展润滑油标准体系协同创新，策划举办世界润滑油大会，打造润滑技术创新高地及国际化交流平台。

学会组织有关专家以“发动机碳中和”为主题探讨碳中和技术路线以及减碳、控碳措施的思考和对发动机润滑油标准开发联盟工作的建议。申报发动机碳中和技术开发、示范工程与产业基地工程国家项目，打造可持续发展的发动机碳中和产业链。成立发动机碳中和产业科技服务团，为行业提供碳中和项目科技服务。组织专家梳理编制发动机碳中和技术路径、关键技术和重点项目工作计划。

2022 年，根据《中国内燃机学会科学技术成果评价管理办法》，组织并完成对潍柴动力股份有限公司、昆明贵研催化剂有限责任公司、上海新动力汽车科技股份有限公司的科技成果评价，完成对“高性能重型柴油机变海拔适应性技术开发及应用”“基于智能网联的发动机数据平台关键技术开发及应用”等 13 项项目成果的评价。

申报中国科协“发动机碳中和技术路线图”项目。组织开展甲醇发动机、氢发动机和氨发动机等低碳零碳发动机调研，组织成立相应工作组，开展共性技术和标准的研究工作。

9 月 3—7 日，受人力资源社会保障部及中国科协委托，学会承办氢燃料电池及氢发动机领域专业技术转移转化能力提升高级研修班。研修班采取主题报告、专题研讨、现场教学相结合方式开展，邀请加拿大皇家科学院院士 / 加拿大国家工程院院士张久俊、加拿大工程院院士骆静利、北京理工大学教授孙柏刚、清华大学教授帅石金、上海交通大学教授章俊良、天津大学教授焦魁等授课。来自 60 余个单位的 86 名学员参加研修活动。

学会建设 1 月 14 日，学会 2022 年分支机构秘书长工作会议线上召开。会议讨论落实《中国科协办

公厅关于开展〈重要学术会议指南（2022）〉有关工作的通知》要求，安排2022年重点工作，研讨创办品牌学术会议等事宜。

3月13日，学会第九届理事会负责人工作研讨会暨2022党委委员（扩大）工作会议线上召开。会议汇报学会负责人分工建议方案，报告九届一次常务理事会有关事项安排，重点报告2022年品牌学术活动方案、理事变动、新分支机构设立情况，安排部署学会后续重点工作。

4月16日，学会第九届理事会第一次常务理事会工作会议线上召开。会议通报学会负责人研讨会有关精神，听取学会2021年度工作总结，审议通过理事变动、新机构设立、第九届理事会分支机构主要负责人推荐方案等事宜，讨论学会2022年工作计划、科技奖励及青年人才托举工作、英文期刊筹建、团体标准建设等事宜。

9月28日，学会第九届理事会第二次理事会工作会议以通讯方式召开。会议审议通过学会2022年度史绍熙人才奖、科学技术奖、优秀博士论文遴选及第一期青年人才托举计划评选结果。

12月10日，学会九届三次理事会议暨九届二次常务理事会议线上召开。会议就九届一次常务理事会议落实情况，第九届理事会副理事长、常务理事、理事及理事单位的变动议案，2022年度工作开展情况，《理事会条例（草案）》和《分支机构管理办法（修改草案）》等作汇报。审议成立专家咨询工作委员会、注销创新科技成果转化工作委员会、变更《内燃机》期刊主编和增补副秘书长等事项。

完成15个分会换届工作，成立青年工作委员会、女科技工作者委员会2个分支机构。学会秘书处增设标准管理部和国际事务部。

青年人才托举工程 2022年，经学会理事会党委和理事会决定，在本行业开展学会青年人才托举计划。经申报和评审，推荐哈尔滨工程大学王洋、上海交通大学张毅然、天津大学樊林浩、中国汽车技术研究中心有限公司于晗正男、重庆长安汽车股份有限公司闫博文为2022年度学会青年人才托举计划候选人。

主办期刊 学会主办《内燃机学报》《内燃机工程》和《内燃机》3本刊物。《内燃机学报》收稿170篇，录用56篇，出版6期，刊登70篇。完成2021年期刊出版单位社会效益评价工作，通过2021年度期刊核验，复合影响因子为1.407，期刊综合影响因子为0.979。

《内燃机工程》收稿264篇，录用71篇；平均审稿周期约18天，平均发表周期约9个月。被Scopus、CA、CSA等国际数据库收录，位于2021年CNKI能源与动力工程学科期刊Q1区，2022年CiteScore为0.7。编辑部全部全职编辑持责编证上岗，完成年检、社会效益考评、规范使用汉字检查等。青年编委会完成换届。

《内燃机》编辑部在编6人（采编3人+管理岗3人），呼应行业发展和技术进步趋势，绿色发展类文章占比30%，效能提升类文章占比25%。2022年，论文录用率为35%～38%；基金资助文献量占比大幅提升，前5期中有21篇论文是基金资助。10月，进入《舰船科学领域高质量科技期刊分级目录》T2类。

国内主要学术会议 7月10—12日，由学会主办的内燃动力碳中和与排放控制学术年会以线上线下结合方式在湖南省长沙市举办。会议设立1个主会场和5个专业分会场，分别是由学会后处理技术分会组织的气态污染物后处理技术，颗粒物捕集和再生技术，温室气体控制、转化利用及其他后处理技术3个分会场；大功率柴油机分会组织的绿色船舶动力系统分会场；以及混合动力技术分会及中小功率柴油机分会联合组织的混合动力与先进柴油机技术分会场。会议邀请6个大会报告，27个分会场邀请报告。200余位专家学者现场参加会议，近2万人次线上参加会议。

8月11—14日，由学会主办的内燃机“高效、低碳、清洁燃烧”国际学术研讨会以线上线下结合方式在云南省昆明市举办。会议以“高效、低碳、清洁燃烧”为主题，邀请14位国内外专家、学者作大会报告，其中国内报告7个、国外报告7个，并以论文宣读和墙报方式展示高校、企业和科研院所的最新研发成果。400余名专家学者现场参加会议，线上参与人数超过5万人次。会议征集论文152篇，分4个分会场特邀15个国内外高水平专题报告，交流论文82篇，墙报交流49篇。

11月25日，由学会主办的设计与智能制造2022学术年会分会场学术交流在上海市举办，主会场报告于12月17日以线上形式开展。征集论文217篇，设大会报告11个、分会场4个。

国际组织任职 2022年，学会推荐5位专家加入国际内燃机委员会。

国际交往 3月8日，学会理事长金东寒出席并主持国际内燃机委员会特别董事会；5月19—20日，出席2022年国际内燃机委员会春季董事会；11月30日，出席2022年国际内燃机委员会秋季董事会；12月1日，出席国际内燃机委员会理事会并讲话。国际内燃机委员会理事李树生、孙少军出席相关会议和活动。学会派员参加国际内燃机委员会各类学术活动，积极在国际交流平台发声，扩大影响力。

科普活动　6月25日，学会理事长金东寒应邀赴江苏省天一中学作科普报告。报告以《绿色动力助力实现“双碳”目标》为主题，系统介绍先进动力的作用、中国动力行业的现状和先进动力的发展及未来前景，600余名学生听取报告。

学会后处理技术分会和学会常务理事单位天津大学内燃机燃烧学国家重点实验室举办移动源排放控制技术讲坛和北洋动力论坛系列活动，邀请专家就行业热点、焦点内容进行线上科普报告。

学会通过微信公众号、学会网站等平台发布《内燃机百问》系列科普文章，面向非内燃机专业领域的科技工作者，介绍内燃机的基本原理、发展历程、结构性能及未来趋势。

表彰举荐优秀科技工作者　8月11日，学会在云南省昆明市召开2022年度史绍熙人才奖评审会议。经函评和会议评审，上海交通大学韩东、清华大学马骁、潍柴动力股份有限公司李志杰、中国汽车技术研究中心有限公司李振国、中船动力研究院有限公司刘博被评为2022年度史邵熙人才奖获奖者，提交理事会审定。

9月24日，学会召开2022年度中国内燃机学会科学技术奖评审会，共评出技术发明一等奖1项、自然科学一等奖1项、科技进步一等奖2项、科技进步二等奖3项、科技进步三等奖2项，累计授奖项目9项。

组织开展期刊优秀论文推荐和答辩工作。

党建强会　学会官网和微信公众号开设“党的二十大精神”专栏，传达宣传党中央相关会议精神。坚持党的组织生活，坚持理论学习。坚持“三会一课”制度，组织党员集中学习。学会理事会党委、秘书处党支部通过线上线下结合方式学习宣传贯彻党的二十大精神和党中央有关会议精神。定期召开理事会党委会议，前置审议“三重一大”事项。

会员服务　对学会官网进行升级，完善学术会议系统和论文评审系统，提高品牌会议的办会效率和质量。建设学会云图书馆，收录会议论文、会议报告及视频、期刊论文、会议图集等，增强电子信息化服务能力。建成学会OA办公系统，助力单位会员发展和16个分会换届工作，加强秘书处与各分支机构的业务联系。全面做好人才工作，开展人才智库建设。坚持搭建行业人才数据库，从研究方向、工作经历、学术科技成果等维度完善专家学术相关信息。学会秘书处编辑内部资料国际交流简报（电子版），加强与国际内燃机委员会中国理事、工作组成员、分会等在国际交流方面的信息沟通、共享，交流经验。

【交通能源与智能动力大会】12月18—22日，由学会主办，学会燃料与润滑油分会、内燃动力智能技术分会、混合动力技术分会、汽油机气体机分会和航空发动机分会承办的交通能源与智能动力大会线上举办。大会开幕式由本次大会主席、学会常务理事、清华大学教授帅石金主持，学会副理事长兼秘书长李树生以及相关单位负责人致辞。中国工程院院士、美国国家工程院外籍院士、中国石化集团公司科学技术委员会资深委员曹湘洪，中国工程院院士、中国汽车工程学会理事长、清华大学教授李骏，英国皇家工程院院士、中国工程院外籍院士、英国布鲁内尔大学副校长赵华，加拿大皇家科学院院士/加拿大国家工程院院士、上海大学可持续能源研究院院长张久俊等专家学者出席会议。大会累计观看人数超过1.4万人次。

曹洪湘以《我国未来车用动力和汽柴油标准的若干思考》为题作主旨报告，分析未来内燃动力对燃料的新需求，提出石化行业汽柴油炼制的努力方向，并倡议石化行业要与内燃动力行业紧密合作，共同打造中国内燃动力低碳化道路。李骏以《氨氢融合新能源与交通运输装备碳中和科技创新》为题作主旨报告，分析交通运输领域能源转型、燃料转型和动力转型的发展趋势，提出氨氢融合碳中和发动机新构想及其实施路线图。清华大学能源环境经济研究所所长张希良、壳牌润滑油技术中国及亚太区总经理文海、京博新能源燃能技术研究所所长徐林勋、北京航空航天大学中法航空学院研究员于振鸿、清华大学教授帅石金、英国伯明翰大学教授徐宏明、天津大学教授谢辉、英国布鲁内尔大学副校长赵华、美国西南研究院商用车辆系统研发部经理Chris Bitsis、长安英国研发中心总工程师乔军、比亚迪汽车工业有限公司DM平台技术总监陆国祥等分别以《特种燃料开发路径与生产工艺研究》《碳市场与能源低碳转型》《交通碳中和路径中的燃料与润滑油选择》《民航发动机排放对大气环境影响》《航空动力低碳化和电动化技术发展趋势》《人工智能赋能的高效汽车动力系统技术现状及展望》《内燃动力智能自趋优模型与算法》《清洁高效电动化柴油机技术进展》《商用车低碳发动机技术现状与趋势》《燃料电池汽车的机遇、挑战及技术创新》和《DM-i 超级混动专用高效发动机及其系统方案》为题作主题报告。

大会以“低碳化、智能化”为主题，征集论文近 200 篇，设能源、燃料与润滑油，智能动力，混合动力及先进汽油机，航空动力 4 个分会场，邀请 100 余位来自全球各地的科研人员作分会场报告。大会还设立内燃动力智能控制算法挑战赛，30 余支参赛队针对内燃动力控制中的典型问题和难点问题提出新颖的控制算法，促进产学研合作与跨学科跨领域合作。

（撰稿人：刘　芳）

中国工程热物理学会

服务创新型国家和社会建设　4 月，学会牵头成立“科创中国”双碳产业科技服务团，聚焦国家“双碳”目标和能源转型，面向清洁低碳、安全高效的可持续能源体系，以及航空航天动力机械等领域，推动科研成果向生产力转化，为国民经济、社会发展和国家安全提供服务。

4—11 月，先后与浙江省人民政府驻北京办事处、温州市科协、宁波市科协、海南省三亚市崖州湾科技城管理委员会、包头市科协等建立定期沟通机制，重点针对浙江省温州市、浙江省宁波市、海南省三亚市崖州湾 3 个试点城市（园区），对接中国东方电气集团有限公司、温州能源发展有限公司、宁波宝工电器有限公司、泰昌集团有限公司、温州高企氢能科技有限公司、浙江迦溢科技有限公司等 30 余家企业，共收集并解析 58 项技术需求，涉及新能源利用、低品位工业余热高效利用、石墨烯工业取暖装备、电机热管理技术等方面，并成功签约 3 项技术需求。组织各学科分会，联合中国科学院工程热物理研究所和中关村储能产业技术联盟，共征集并发布 63 项科技成果。

10 月 26 日，学会副秘书长刘启斌、陈琳及专家服务团共 8 人，与泰昌集团有限公司进行线上调研交流，为企业负责人、技术专家建立交流渠道，建立联络工作机制，为企业和专家搭建技术支持服务平台。

11 月 24 日，学会组织 10 位技术专家与宁波宝工电器有限公司进行线上交流研讨，就石墨烯工业取暖设备、电机风机、工业除湿器等方面的改进方法和实验手段进行交流探讨，并就技术升级、设备改造达成合作意向。

学会建设　2022 年，学会新发展个人会员 1376 人，会员总数达 5361 人；单位会员总数 13 个。加强分支机构建设，成立分支机构示范改革专项工作组，成为中国科协 2022 年度全国学会分支机构示范发展专项 35 家获批学会之一。

学会探索完善治理体系，严格执行理事会议事制度，全年召开常务理事会议（通讯方式）2 次、理事长会议（线上线下）1 次、秘书处处务会 6 次。

青年人才托举工程　2022 年，学会新增 2 名中国科协青年人才托举工程项目被托举人，分别来自天津大学和大连理工大学。

主办期刊　《工程热物理学报》全年出版 12 期，刊登 435 篇文章，继续被 EI、CA、CSCD、CNKI 等收录。出版 12 篇约稿综述，其中 3 篇为特约综述。在学会各分会推荐的基础上，选择 15 位优秀青年学者组成首届青年编委会。出版一期专刊《面向碳中和的先进燃烧和污染物控制技术研究与进展》，专刊在第 8 期出版，共 33 篇论文，其中综述 2 篇。在知网 2022 年中国期刊评价体系能源与动力工程领域 56 本期刊中，综合排名第 4 位；被中国科学技术信息研究所评为“中国百种杰出学术期刊”；年度审读结果为优秀，期刊社会效益评价为优秀。连续 3 年被《科技期刊世界影响力指数（WJCI）报告》收录。学报强调独创性、先进性，严格学术不端检测、三审三校和同行评议制度，及时传播工程热物理学科领域的重大科研成果和研究进展，反映工程热物理学科发展方向和学术水平。

学科发展工程　组织知名科研工作者就碳达峰、碳中和战略背景下的能源高效利用、推进动力等方面撰写综述，完成《面向碳中和的燃烧反应动力学研究进展与展望》《纳米材料固 – 固界面热输运机理研究进展与展望》《生物质定向热解制取高品质液体燃料、化学品和碳材料研究进展》《超声速内流激波串流场特性及控制方法研究进展》等综述。对碳中和背景下潜在的新型燃料，包括零碳燃料（氨气、氢气、金属等）、碳氢类合成燃料、生物燃料等的燃烧反应动力学研究现状和挑战进行回顾，并展望燃烧反应动力学亟须探索的研究方向，对碳中和能源体系的发展和高效清洁利用具有指导意义。

国际学术会议 学会全年主办或联合主办亚洲燃气轮机会议，首届世界能源多相传输、转化与利用国际会议，第28届国际低温工程大会暨国际低温工程材料会议，第一届储能与节能国际研讨会4个国际会议，全部入选中国科协《重要学术会议指南（2022）》。

10月21—22日，由学会、西安交通大学、国际传热传质中心、热能动力技术重点实验室、陕西省科协联合主办的第一届储能与节能国际研讨会以线上线下结合方式在陕西省西安市举办。中国科学院院士、西安交通大学教授陶文铨任大会荣誉主席，中国科学院院士、西安交通大学教授何雅玲任国际科学与咨询委员会主席，英国皇家工程院院士丁玉龙、韩国成均馆大学教授Ho Seok Park、西安交通大学教授王秋旺担任会议主席。会议进行100多个报告，其中包含7个大会特邀报告、12个分会场特邀报告，来自中国、美国、加拿大、英国、法国、德国、澳大利亚、韩国、印度等12个国家50余所高校及研究机构的100余位学者注册参加会议，7900余人次在线参加会议。

国内主要学术会议 学会及各分支机构全年共组织10次国内学术交流活动，参加会议人员52867人次，交流论文3128篇。

12月16—18日，由学会主办、华中科技大学承办的中国工程热物理学会传热传质学术会议暨国家自然科学基金项目进展交流会线上召开，来自全国各地的5500余位工程热物理专家学者参加会议。中国科学院院士、清华大学教授过增元，中国科学院院士、西安交通大学教授陶文铨，中国科学院院士、上海交通大学教授郑平，中国科学院院士、南京航空航天大学教授宣益民，中国科学院院士、西安交通大学教授何雅玲，中国科学院院士、香港科技大学教授赵天寿，中国科学院院士、清华大学副校长姜培学，华中科技大学副校长解孝林，学会副理事长、传热传质学分会主任张兴等出席开幕式。赵天寿、日本东京大学教授Junichiro Shiomi、大连理工大学教授马学虎等专家分别作大会主题报告。年会共收到论文625篇，围绕热传导、对流换热、辐射换热、相变换热、多孔介质传热传质、微纳尺度传热传质、工业应用与换热技术、数值计算以及节能和储能等11个专题，设置1个主会场和29个分会场，共有3个大会报告、7个专场交流报告、56个分会场特邀报告、21个青年评优论文口头报告，以及625个论文展报。国家自然科学基金项目进展交流会共安排41个基金口头汇报以及105个墙报展示，对基金项目进展进行交流。

12月23—25日，由学会主办、暨南大学承办的中国工程热物理学会工程热力学与能源利用学术会议暨国家自然科学基金项目进展交流会以线上形式在广东省珠海市举办，来自全国高校和科研机构的近600位专家学者和师生参加会议。会议期间视频直播访问量达3万余人次，其中近万人次观看开幕式并听取大会特邀报告。学会理事长、中国科学院院士金红光，学会副理事长、学会工程热力学与能源利用分会主任、华北电力大学校长杨勇平，暨南大学副校长张宏，中国工程院院士、新能源电力系统国家重点实验室主任刘吉臻等在线出席开幕式并致辞。年会围绕热力系统循环，基础热力学，可再生能源、脱碳、储能，热泵与制冷空调，热力系统动态特性、诊断与控制，材料热物性6个专题，设置14个分会场，宣读12个专题邀请报告，191篇论文进行口头报告，134篇论文进行展报交流。国家自然科学基金项目进展交流会期间，共计134项国家自然科学基金项目进行口头进展汇报及展报交流。

科普活动 持续组织开展2022年全国科技活动周暨陕西省青少年科技活动周、火灾消防主题科技活动周、轻型动力和无人飞行器科普讲座等青少年主题科普品牌活动。组织中国科学院院士郭烈锦，中国科学院工程热物理研究所研究员陈海生、杜强等科学家，走进央视等主流媒体，向公众传播前沿科学知识，助力提升全民科学素质。

借助“科普中国”科普融合创作与传播项目及科普融创培植计划，在中国科普博览、网易、人民号、今日头条等平台发布《垃圾不是你想烧、想烧就能烧》《汤水里的油滴一定是圆形的吗？答案来了》等科普作品，阅读及转载量3万余次。制作“科普中国”视频短片《空气“充电宝” 助力碳中和》《低碳水泥：为低碳生活添砖加瓦》，新华网、人民号、光明网、科技工作者之家等多家媒体同步推出，超过8万人次观看，视频点击量超过300万人次。

表彰举荐优秀科技工作者 2022年，学会共有6人获得国家杰出青年科学基金资助，10人获得优秀青年科学基金资助；吴云、沈少华、胡殿印、胥蕊娜、高波5位青年学者获得第十七届中国青年科技奖；5人获得吴仲华优秀青年学者奖，12人获得优秀研究生奖。向中国科协推荐的41位科技人才奖项评审专家进入中国科协专家库。推荐2位青年学者参加中国科协“领航计划”青年科技领军人才国情研修活动。

会员服务 学会编写2022年年报，反映学会年度工作的综合信息；编辑整理5册学术年会会议论文集，收录论文3128篇；收录于论文集的会员优秀稿件被优先推荐《工程热物理学报》发表。建立微信公众号，介绍学会工作动态，传播学会工作信息。策划5·30科技工作者日活动，搭建学会专属超算平台，免费为会员单位和会员提供百万机时计算资源，助力会员科研提速增效。

【中国工程热物理学会燃烧学学术年会暨国家自然科学基金燃烧项目交流会】 12月9—11日，由学会主办、上海交通大学承办的中国工程热物理学会燃烧学学术年会暨国家自然科学基金燃烧项目交流会在上海市线上举办。大会得到国家自然科学基金委员会工程与材料科学部工程科学一处的支持，来自全国100余所高校、研究机构的专家学者参加会议，在线观看总人数突破7万人次。

学会理事长、中国科学院院士金红光，中国工程院院士、大会组委会主席黄震，2022年度学会燃烧学分会杰出贡献奖得主、华中科技大学教授郑楚光，学会副理事长、燃烧学分会主任姚强，学会燃烧学分会副主任、中国科学技术大学教授刘乃安，上海交通大学机械与动力工程学院院长杜朝辉等出席大会开幕式。华中科技大学教授徐明厚、韩国世宗大学教授Chae Hoon Sohn、天津大学教授卫海桥、日本东京工业大学教授Mamoru Tanahashi、北京大学教授杨越5位专家作大会特邀报告。会议设置53个平行分会场，宣读13个专题报告和267篇口头交流论文，展示291篇墙报交流论文和35件科普作品。会议期间，燃烧学科的105项国家自然科学基金结题与中期项目进行口头报告与墙报交流。会议还举办工业论坛、青年学术沙龙、女性学者论坛、科普作品展示等一系列活动。

（撰稿人：陈　琳）

中国空气动力学会

服务创新型国家和社会建设 学会动员组织各专委会及会员单位面向社会和行业开展科技咨询和技术服务。聚焦空气动力学发展重大问题，坚持协同发展和学科交叉融合，参与产业联合体工作，助力构建开放共享的产学研融合平台，发挥学会技术评价职能和行业引领作用，开展技术咨询等服务。11月19日，由中国科协主办、国家超级计算天津中心和学会联合承办的“科创中国”天河超级算力产学融合会议在天津市召开。学会风工程与工业空气动力学专业委员会为国内外大跨桥梁、高铁发展提供多项技术服务和咨询，为北京冬季奥运会提供技术服务，中国航空工业空气动力研究院、中国航天空气动力技术研究院负责设计和参与建造国内首座体育综合训练风洞和跳台滑雪专用训练风洞。风能空气动力学专业委员会动员成员单位面向社会和行业开展风力机专用翼型族气动性能试验评估服务、风机叶片增功技术方案等技术服务和咨询。

6月8日，学会秘书长徐翔代表学会线上参加民政部、国家乡村振兴局联合召开的社会组织助力乡村振兴工作推进会，会后研究制定《中国空气动力学会参与乡村振兴的举措》，以实际行动参与乡村振兴。

学会建设 学会结合自身发展需求，逐步推进分支机构拓展，试点设立燃烧空气动力学专业组、智能空气动力学专业组，与华为技术有限公司、西北工业大学共同发起成立中国空气动力学会智能流体力学产业联合体，促进交流合作、供需对接和知识共享。定期召开理事长会议、常务理事会议、理事会议，及时研究和部署学会各项工作，通报学会发展建设情况。

主办期刊 《空气动力学学报》《实验流体力学》全年刊文200篇，基金论文占比74%，其中约稿文章占比47.5%，较2021年增长10%；刊载综述性文章约20篇，包括多位知名院士、专家的特约稿件。《空气动力学进展》（英文版）线上发表文章35篇。推动英文刊发展与国际化传播，开展业内知名数据库申请工作，2月被EI收录。瞄准行业前沿热点，加强专栏的组织策划，邀约高质量专业论文和研究综述。优化稿源结构，从依赖自由来稿转变为自由来稿与约稿并重。

学科发展工程 学会组织开展2022重大科学问题、工程技术难题和产业技术问题遴选和推荐工作，向中国科协推荐2个工程技术难题和2个前沿科学问题。6月27日，在第二十四届中国科协年会闭幕式上，学会推荐的“如何解决高温跨介质的热/力/化学耦合建模与表征难题”入选2022中国科协十大工程技术难题，学会荣获“重大科技问题难题征集发布2022年度优秀推荐单位”。该难题由学会理事、中国航天空气动力技术研究院研究员俞继军提出，该难题的解决有助于探索高温、高速等极端环境下建立具有学科前沿拓展属性基本物理化学作用模型，布局中国在基础学科领域的强基重点方向；牵引飞行器等背景研究从关注局部解耦设计向飞行器气动、材料、结构、操纵机构等系统性耦合设计思路转变，同时还可催生具备一定行业颠覆特征的新概念飞行器、先进设计技术与先进功能 / 结构防护技术，实现飞行器气动 / 防热 / 控制 / 隐身 / 突防一体化设计，引领快速响应低轨道卫星、深空探测与返回器、超高速飞行器与临近空间长期驻留飞行器等高技术领域发展。

组织撰写技术难题《态势分析报告》《工程技术难题科普解读》《政策建议报告》等，服务党和政府科学决策。启动《空气动力学发展蓝皮书（2022）》编写工作，并组织撰写初稿。

国内主要学术会议 2022 年，学会先后召开各类学术交流和研讨会议 17 次。

1 月 21 日，中国空气动力学会 2022 年度春节学术座谈会以线上线下结合方式在四川省绵阳市举办。来自航空、航天、航海等领域的 2100 余名专家学者参加会议。

12 月 10 日，学会组织召开第十四次钱学森学术讲座，邀请中国科学院院士、南方科技大学教授夏克青，中国科学院力学研究所研究员李新亮，清华大学教授孙超作学术报告，来自航空、航天、国防等领域的 500 余名专家在线参加讲座。

由学会主办的 2022 网格生成技术研讨会在湖南省长沙市举办，会议以“网格生成技术的未来发展”为主题，邀请业内专家就网格自动化、智能化生成作报告。

由学会联合中国空气动力研究与发展中心主办的 CFD 基础科学问题研讨会暨国家数值风洞工程年度交流会在江苏省南京市召开，来自全国 40 余所高校、科研单位的 160 余名专家学者参加会议。

科普活动 学会、各专业委员会以及会员单位开展公众科学日、公众开放日等科普专项活动，打造科普品牌。中国科学院大气物理研究所与北京师范大学教育集团共同举办中小学科普工作研讨会，就中小学生科普工作展开交流研讨，总结 2021 年科普项目合作进展，并就未来合作内容进行讨论和安排，共同推动中小学生科普教育事业发展。学会会员单位同济大学、上海交通大学等承办的第二届城市灾害与风险管理科普活动在线上开展，通过专家讲堂和科普绘画作品汇报等形式，向小学生科普智慧城市与风险管理的相关知识。同济大学教授、中国科协首席科普专家赵林以《漫谈桥梁“涡振”的控制与利用》为题向小朋友讲解桥梁面临“涡振”的情况下如何控制振幅及如何利用“涡振”。学会会员单位中南大学举办“众心向党，自立自强”第二届轨道交通科普讲解大赛，选手们详细讲解中国铁路发展历史、高铁科技知识、高铁科技成就及中南大学铁路科技创新作为。学会高超声速专业委员会委员、中国科学院力学研究所研究员崔凯录制的《科学公开课》专题科普视频在全网播出，主要阐述空气动力学和飞行器气动布局的基础知识，在线收看观众超过 170 万人次。

学会推荐的 2 个科普基地西北工业大学翼型、叶栅空气动力学国家级重点实验室，北京航空航天大学陆士嘉实验室被中国科协认定为全国科普教育基地。

表彰举荐优秀科技工作者 学会向中国科协推荐第十八届中国青年女科学家奖候选人 1 名，推荐第十七届中国青年科技奖候选人 2 名。组织开展第二届中国空气动力学会青年人才奖评选，奖励在空气动力学基础研究或工程应用方面作出突出贡献的青年科技人才，共有 5 人入选。

开展中国空气动力学会科学技术奖评选，奖励在空气动力学基础研究、技术创新、成果推广中作出重大贡献的研究成果，共评选出一等奖 2 项、二等奖 3 项。设立中国空气动力学会优秀博士学位论文奖和优秀硕士学位论文奖。共评出优秀博士学位论文奖 3 篇、提名奖 2 篇，优秀硕士学位论文奖 2 篇、提名奖 1 篇。

党建强会 学会学习宣传贯彻党的二十大精神。11 月 8 日，下发《关于认真学习宣传贯彻党的二十大精神的通知》，学会党委成员带头，学会理事主动参与，认真研读党的二十大报告和党章，跟进学习习近平总书记最新重要讲话精神。学会各专业委员会组织委员和广大科技工作者深入学习党的二十大精神，开展交流研讨。依托学会官网、微信公众号，宣传党的二十大精神。

会员服务 围绕提升会员服务质量，升级学会官网，及时发布学会工作动态，提升信息化服务水平。以线上线下结合方式开展学术研讨，提高会员信息传播的质量和实效。进一步规范会员管理，梳理现有会员情况，不断吸收新会员，大力发展个人会员，突出个人会员的主体地位，切实加强与个人会员的联系，

不断提升服务会员的能力。

【CFD 基础科学问题研讨会暨国家数值风洞工程年度交流会】 9 月 13—15 日，由学会与中国空气动力研究与发展中心主办的 CFD 基础科学问题研讨会暨国家数值风洞工程年度交流会在江苏省南京市召开。来自全国 40 余所高校、科研院所的 160 余名专家学者参加会议。中国科学院院士郑晓静、张平，中国空气动力研究与发展中心研究员陈坚强分别以《环境流体力学研究进展与展望》《三维各向异性 Navier-Stokes 方程的整体解析小解》《高超声速流动数值算法及应用》为题作大会报告。清华大学、北京航空航天大学、南京航空航天大学、北京理工大学、中国科学技术大学、苏州大学、中国空气动力研究与发展中心的 7 位专家作邀请报告。中国空气动力研究与发展中心总工程师刘刚主持"自主可控 CFD 算法和模型创新发展"专题研讨沙龙。会议还设置 2 个分组交流会场，34 位专家、学者分别就流动机理、数值方法、软件开发、人工智能、网格生成等领域的进展和成果进行交流。

（撰稿人：吴德松　吕静妍）

中国制冷学会

服务创新型国家和社会建设　学会承接"公共空间新型高效全工况空气处理关键技术与应用""国家速滑馆超大冰面二氧化碳跨临界制冷系统关键技术研究和示范应用"等 6 项科技成果评估项目。

形成《"双碳"目标背景下北方地区"煤改电"工作发展意见建议》，报送中国科协，并在《科技工作者建议》2022 年第 5 期发表。

组织专家配合学会常务理事、全国政协委员唐俊杰撰写全国政协提案《关于推动氨制冷剂在冷链行业安全应用的提案》，组织专家撰写科技工作者建议《关于推动氨制冷剂安全应用促进冷链行业节能降碳的建议》《关于大力发展热泵技术　实现 150℃以下热量零碳供给的建议》，报中国科协；组织专家撰写《关于大力推动闭路热泵干燥技术发展，促进干燥行业亿方废气减排的建议》。

组织行业专家回复司法部《国务院关于修改〈消耗臭氧层物质管理条例〉的决定（征求意见稿）意见》、生态环境部关于《中国含氯氟烃替代品推荐目录》征求意见、生态环境部就发展和改革委员会《制冷产品设备更新改造和回收利用实施指南》《家用电器更新升级和回收利用实施指南》征求意见。

完成第五届全国制冷标准化技术委员会换届工作，完善第五届全国制冷标准化技术委员会章程及秘书处工作细则；完成《血液冷藏箱》《食品速冻装置　平板式速冻装置》等 14 项国家标准复审；协助全国制冷标准化技术委员会冷藏柜分技术委员会、术语和定义分技术委员会完成换届工作及 8 项标准复审；全年审查团体标准 4 项，新立项团体标准 5 项，出版 10 项。

开展专业技术人员专业水平评价工作。18 个省、自治区、直辖市和 1 个专业委员会的 402 人申报。经考试和线上面试，见习工程师通过 33 人，助理工程师通过 45 人，工程师通过 109 人，高级工程师通过 110 人。学会组织举办首届工程师论坛和 5 次技术讲座，并作为首批发起单位和理事单位加入中国工程师联合体。

与中国设备管理协会合作组织第 33 批和第 34 批制冷空调设备维修安装企业能力等级认证首次申报评审会，共 202 家企业申报；审阅 4 批次复审和年审资料，累计 986 家企业。

与教育部高等学校能源动力类专业教学指导委员会联合主办"丹佛斯杯"第六届中国制冷学会创新大赛，共征集 228 个有效作品，最终决出特等奖 1 项、一等奖 11 项、二等奖 24 项、三等奖 31 项。学会组织 2022 年 CAR-ASHRAE 学生设计竞赛，来自 51 所院校的 51 支团队报名参赛，最终 46 支团队提交有效作品，2022 年已完成初审和复审。学会组织第四届全国建筑环境与能源应用工程专业青年教师讲课技能竞赛，来自 40 所院校的 57 名教师参加，最终决出专业课特等奖 1 人、一等奖 2 人、二等奖 2 人、三等奖 3 人；专业基础课特等奖 1 人、一等奖 3 人、二等奖 3 人、三等奖 4 人。

获批中国科协"科创中国"系列会议——"科创中国"先进制冷技术产学融合会议项目、全国学会产学融合能力培育项目、"科创中国"融合创新制冷产业科技服务团项目、面向碳中和及《基加利修正案》履约的我国自主制冷剂替代技术路线研究项目，获批能源基金会中国商用制冷领域制冷剂替代及标准化技术路线研究项目、生态环境部冷链行业 HCFC/HFC 制冷剂消费及维修现状调研项目。其中，"科创中国"融合创新制冷产业科技服务团被中国科协评为 2022 年度

“科创中国”优秀科技服务团。

申请中国科协2022年决策咨询专家团队建设试点单位项目，学会冷链决策咨询专家团队、节能降碳与制冷剂替代决策咨询专家团队、家居环境决策咨询专家团队获批为专家试点团队。

7月31日，在重庆市以线上线下结合方式举办轻商制冷设备的技术发展培训，共110人参加培训，87名学员通过考核获得结业证书。8月22—26日，学会在云南省昆明市石林县大漠谷烟草烘干基地举办农产品烘干领域专业技术转移转化能力提升班，培训技术人员97人。学会承接联合国环境规划署和生态环境部对外合作与交流中心项目，全年完成冷冻冷藏良好操作培训8期，累计培训学员269人次。学会面向冷冻冷藏领域的工程师、高级工程师开展线上培训2次，共199人参加并获得结业证书。

组织评审2021—2022年度《节能与生态环境产品和技术目录》，共征集84项节能与生态环境产品和25项节能与生态环境技术，最终19项产品和10项技术入选。学会数据中心冷却工作组征集评选数据中心冷却用末端及输配系统优秀产品，从18家企业提交的36项产品中评选出21项产品。

组织申报中国科协2022年度科技智库青年人才计划，其中，珠海格力电器股份有限公司中级工程师张永、杨壮壮分别以“粤港澳大湾区海洋氢能源战略及碳减排策略研究”“能源危机形势下第二、三代半导体逆变器在能源生成、应用中的作用及发展机制研究”课题获批。

学会建设 学会全年召开1次理事会议、2次常务理事会议、2次监事会议。全年新增单位会员40家、高级会员16人、普通会员126人、学生会员244人。10月，更新会员系统，与中国科协会员系统实现对接，个人会员共25222人。

5月16日，学会制冷节能降碳与制冷剂替代工作组成立大会在线举办。成立大会后，工作组召开一届一次会议，表决通过《中国制冷学会制冷节能降碳与制冷剂替代工作组工作条例》。

7月27日，学会以线上形式召开中国制冷学会氢液化、储运技术及应用工作组成立会议，工作组主任由学会副理事长罗二仓担任，26家单位的42位专家担任委员。

主办期刊 《制冷学报》全年出版6期，刊登论文119篇，全年发行量2万册，并被EBSCO和Scopus两个国际数据库收录，荣获中国科协全国学会期刊出版管理规范单位。组织“非氟制冷系统”和“太阳能与热泵耦合技术”专题研究，并召开“非氟制冷系统”专题研讨会，会议观看人数1888人次。根据中国知网数据库2022年统计数据，期刊5年影响因子比2021年增长18.5%。微信公众号全年发文52篇，比2021年增加18%，全年累计阅读35000次，订阅人数增长1200人，比2021年增长48%。通过网站和微信公众号发布《空气源热泵》和《CO_2制冷与热泵技术》虚拟专刊。

《中国制冷简报》全年出版正刊6期、《家居环境专刊》专刊1期，刊登文章207篇，发行量2.3万册。推出电子版杂志，开设“中国制冷简讯”微信公众号，发送文章66篇，累计阅读量2万次；开设“中国制冷简讯”视频号，发布视频8条，观看量6200次。

《制冷技术》由学会与上海制冷学会合办，全年发行6期，发行4.8万册。据CNKI数据库统计，2021年复合影响因子1.305，学科排序16/55；综合影响因子0.987，学科排序15/55。

学科发展工程 4月，学会出版《冷链产业与技术发展报告（2022）》，并于8月2日在重庆市举办发布会。该书分为市场篇、技术篇和应用篇3部分，共计53万余字。

学会获批中国科协学科发展引领工程项目，编写《2022—2023制冷及低温工程学科发展报告》，成立编写委员会，确定首席科学家，并召开工作会议，商讨确定编写大纲和任务分工。

学会与西安交通大学、国家商用制冷设备质量监督检测中心等单位合作编写《中国轻型商用制冷产业和技术发展蓝皮书（2022）》，已完成初稿。

由学会理事长江亿牵头，与清华大学、华中科技大学等单位的60余位行业专家合作编写《中国数据中心冷却技术年度发展研究报告》（2022版），已完成初稿。

学会与英国建筑服务研究与信息协会合作出版《中国制冷行业发展分析报告：压缩机专篇》，并于12月以《制冷技术》增刊形式线上发布精要版。

由学会副理事长罗二仓牵头，学会与中国科学院理化技术研究所、西安交通大学等单位合作编写《中国氢液化、储运技术及应用蓝皮书》，已完成初稿。

国际学术会议 4月9—10日，由学会主办的第十届亚洲制冷空调大会线上举办，共1000余人次在线参加会议，收录来自6个国家及地区的138篇论文。

8月1—2日，学会在线举办碳中和制冷技术发展论坛——供热空调的低碳方案国际论坛和冷链碳中和技术发展国际论坛。2个论坛邀请来自中国、美国、英国等8个国家的专家作报告。

国内主要学术会议 学会6个专业委员会、13个工作委员会共举办线下活动10场，参加会议人数3000余人次，收录论文500篇；线上超6万人次参与学习和交流。

1月7—9日，学会承办的“科创中国”先进制冷技术产学融合会议在山东省青岛市举办，100余人参加会议。会议期间举办主题论坛、2场技术对接分论坛、海报展示、签约仪式、技术参观、中国制冷学会－海尔联合创新中心专家委员会成立大会暨第一次工作会议。

3月8—11日，2021中国制冷学会学术年会在广东省佛山市召开，线下500余人、线上3000余人次参加会议，收录论文301篇。会议邀请5位院士和7位专家作主题报告，设44个分会场。会议期间，举行学会科学技术奖颁奖仪式、学会资深会员授牌仪式、“丹佛斯杯”第六届中国制冷学会创新大赛决赛答辩及颁奖仪式。

8月5—8日，由学会主办的第十二届全国高等院校制冷及暖通空调学科发展与教学研讨会暨第十二届全国制冷空调新技术研讨会在天津市召开，500余人参加会议。与会专家学者就工程认证解读、课程思政建设、专业建设、教学方法、专业课程建设、实习实践等作报告，为制冷及暖通空调、能源动力类专业发展与教学提出意见。

8月17—19日，由学会与国际建成环境学会主办的第三届文物保存环境监测与调控技术论坛在山西省太原市举办，12位专家作主题报告，70余人线下参加会议。

11月1日，第二届车用CO_2热泵空调及热管理系统技术研讨会线上召开。中国工程院院士、北京理工大学教授孙逢春等专家作报告，1万余人次在线观看论坛直播。

国际组织任职 学会推荐西安交通大学教授曹峰担任联合国环境规划署技术与经济评估委员组制冷技术选择委员会委员；推荐中国科学院理化技术研究所研究员罗二仓担任国际制冷学会固态制冷与制热工作组副主席，包头稀土研究院教授级高工黄焦宏、中国科学院物理研究所研究员胡凤霞、上海交通大学教授钱小石、西安交通大学副教授钱苏昕4位专家加入工作组；推荐北京理工大学教授李明佳、中山大学副教授游田、上海交通大学副教授徐震原、美国乔治城大学研究员林灵楠、美国马里兰大学博士万瀚隆5位中国籍青年学者加入国际制冷学会青年委员会。

国际交往 6月10日，学会参加线上召开的国际制冷学会执委会会议，审批、审议各项事宜，深入参与国际组织管理。

学会申办第三届国际制冷学会HFO制冷剂和低GWP混合制冷剂会议。

科普活动 学会在线上线下开展各类科普进社区、进校园活动83场次，线下活动参加人数1.2万人次，线上浏览量7万余次；制作制冷科普短视频31条，总播放量9.8万次；获评中国科协2022年全国科普日活动优秀组织单位。修订编印科普读物《制冷与健康》（2022版），免费发放科普材料1万余册。分别与河北卫视、北京市科协、《北京科技报》等7家媒体开展科普宣传活动。

7月9—11日，学会组织专家16人、志愿者20人开展“党建科普志愿者老区行”定点帮扶活动，深入湖北省“项英故里”走访当地企业，助力老区经济。捐赠科普图书100套，为百姓免费检修空调冰箱，受众230余人次。

党建强会 推动6个分支机构和24家地方制冷学会建立党小组或党支部。与部分地方制冷学会党组织携手打造京津冀党建创新协同发展平台，联合发布《深刻领会二十大精神　推进京津冀协同发展迈向新征程倡议书》。学会党支部组织全体党员大会、支委会议、组织生活会、党课、党日和学习日等各类活动30余次。学会通过中国科协党校党建“领航计划”科技人才团结引领专项项目，对学会的各类专家、会员、分支机构工作人员等开展学习贯彻党的二十大精神的相关培训6次，覆盖800余人次。

会员服务 学会为会员提供免费出版物、行业信息、活动费用减免等服务。

7月6—8日，2022中国制冷学会（单位）会员大会在湖北省武汉市召开，会议以“助力碳中和，迎接新机遇”为主题，500余名专家学者参加会议。会议邀请9位专家作主题报告，并设2个分论坛，开展3次能力提升培训活动，组织2场参观。

【第三十三届国际制冷、空调、供暖、通风及食品冷冻加工展览会】 8月1—3日，由学会与中国国际贸易促进委员会北京市分会、中国制冷空调工业协会共同主办，北京国际展览中心有限公司承办，重庆市制冷学会协办的第三十三届国际制冷、空调、供暖、通风及食品冷冻加工展览会在重庆市举办。展会以“专注创新品质、致力低碳健康”为主题，设置8个展馆，总展览面积74500平方米，净面积30445平方米，来自全球14个国家和地区的600余家企业和机构参展，来自全国各地的30357人次专业观众观展。组委会组织1场主题论坛、34场专题研讨会、14场技术交流会、创新产品评选等活动。

结合行业发展热点设立轻型商用制冷技术及解决方案示范展区、臭氧气候技术路演、热泵展区和中国制冷空调后市场规范服务展示区，集中展示相关领域最新应用成果。

【《碳中和制冷技术发展路线》蓝皮书】 在中国科协“科创中国”项目支持下，学会组织编写《碳中和制冷技术发展路线》蓝皮书。该书由学会理事长江亿及11位牵头专家组织，来自联合国开发计划署、生态环境部对外合作与交流中心、高校、研究院所、企业和专业组织的210位专家参与，61位专家撰稿。蓝皮书从节能、减排和发展绿色低碳能源体系适用制冷技术的角度出发，选取7个具有潜力的方向，分9个部分研讨，全书共14.8万字。该蓝皮书被列入中国科协“双碳”系列丛书出版。

在第三十三届国际制冷、空调、供暖、通风及食品冷冻加工展览会期间，该书正式发布。发布会期间，还组织系列研讨活动，包括1场主题论坛报告及9场专题研讨会。

【2022首届中国热泵大会】 10月25—27日，由学会与国际制冷学会主办的2022首届中国热泵大会在浙江省杭州市召开。大会以“专注热泵创新，实现双碳发展”为主题，现场参会专家600余人，线上参会2000余人次。会议开幕式由学会常务理事、副秘书长荆华乾主持。特邀学会副理事长孟庆国致大会开幕词。中国科协副主席、中国工程院院士陈学东，国际制冷学会总干事 Didier Coulomb 等分别致辞。

大会主题报告会上，中国工程院院士、学会理事长、清华大学教授江亿，美国马里兰大学教授 Reinhard Radermacher，上海交通大学教授王如竹，中国建筑科学研究院研究员徐伟，中广电器集团副总裁袁晓军，清华大学教授李先庭，生态环境部对外合作与交流中心履约一处副处长郭晓林等来自8个国家和地区的14位专家学者，分别以《低碳转型：热泵大发展的机遇》《对热泵技术未来发展的思考》《工业加热用水工质高温热泵》《大型复合式热泵供热供冷系统及应用》《极端气候下热泵空调发展趋势》《低品位末端与高效热泵相结合的低碳空调方案》《中国履行〈基加利修正案〉和制冷热泵行业绿色制冷剂替代趋势》等为题作报告。除主题报告外，大会围绕工业、商用、农业、交通业等热泵细分领域设置12个分论坛。

（撰稿人：范　薇）

中国真空学会

服务创新型国家和社会建设　为承接科技评估等政府转移职能，发挥学会在真空学科领域的组织和专家资源优势，更好地服务相关企业、高校院所等单位和个人，学会制定《中国真空学会科技成果鉴定管理办法》。

10月9—14日，学会真空冶金专业委员会联合真空工程专业委员会、咨询工作委员会和中国科学院沈阳科学仪器股份有限公司、北京中科科仪股份有限公司等单位在辽宁省沈阳市联合举办第十八期“真空技术”学术论坛，100余名学员参加继续教育和人才培训。

学会咨询工作委员会组织学会会员单位填写《国产真空产品现状》调研问卷，调研设备涵盖真空泵、氦质谱检漏仪、真空规计、真空阀门、真空应用系统等；组织真空行业专家访谈，了解目前国内与国外产品相比存在哪些不足或需要攻关的难点；成立调研小组，先后实地调研浙江飞越机电有限公司、大连齐维科技发展有限公司、金铠仪器（大连）股份有限公司等真空行业企业。综合访谈和调研情况，编写《我国真空产业核心技术及国产化产品现状》调研报告。

4—7月，学会显示技术专业委员会就“OLED技术基础和制程设备”“柔性显示之技术挑战与解决方案”“Micro/Mini-LED技术瓶颈与解决方案”在上海市开展培训。

学会质谱分析和检漏专业委员会委员单位中国航天科技集团有限公司第五研究院总装与环境工程部（航天五院511所）抓总研制的气体质谱仪、便携式

超声检漏仪顺利通过验收测试工作，各项技术指标均达到或超过设计要求；3 套整星检漏系统建成并投入应用。中国航天科技集团公司第五研究院第五一〇研究所（航天五院 510 所）、511 所等委员单位在质谱仪小型化、宇宙空间真空环境参数测量、空间粒子测量等技术研究方向取得成果，《真空技术　真空计　用于分压力测量的四极质谱计特性》等 2 项质谱和检漏国家标准形成报批稿报送审批，ISO 真空技术标准草案《真空技术　真空泵性能测量标准方法　第 6 部分：低温泵》通过 CD 阶段，于 9 月进入 DIS 阶段。

学会建设　截至 2022 年年底，发展个人会员 107 人、团体会员单位 14 家；个人会员达 3621 人，团体会员单位 283 家。全年召开 1 次理事会议、2 次监事会议、2 次常务理事会议、4 次理事长办公会议。

学会“十四五”规划编制工作从 2020 年 11 月开始至 2022 年 5 月结束，成立规划领导小组并明确相应职责分工，“十四五”相应专项规划由专人负责编制，并经常务理事会议表决通过。学会对历史智库成果进行全面采集、分类汇聚、数字化加工，形成标准化智库成果，统一纳入“智汇中国”成果库。

为加强分支机构管理，规范分支机构活动，制订《中国真空学会分支机构工作条例》。

学会表面与纳米科学专业委员会申请中国科协分支机构示范发展专项项目。10 月 11 日，专委会召开会议，讨论项目事宜，就组织机构完善、制度建立、发展规划、青年人才托举、服务企业、信息化和科普等工作进行讨论和部署，明确下一步的工作任务和时间节点。

学会质谱分析和检漏专业委员会线上召开关于第九届专业委员会委员增补工作会议，变更后，专业委员会委员共 107 人，其中，主任委员 1 名、副主任委员 9 名、资深委员 9 名、学术秘书 2 名。

主办期刊　《真空科学与技术学报》杂志社举办首届年度优秀期刊封面及年度高影响力论文评选活动，累计投票数达 31.4 万票，最终评选出 6 期“最美封面”。全年完成 12 期学报的编校任务，共计发稿 132 篇。复合影响因子为 0.606，综合影响因子为 0.504，复合总被引频次 1201 次。

学科发展工程　学会表面与纳米专业委员会推荐的前沿科学问题“如何实现原子尺度精准制备和结构调控构建未来信息功能器件”入选中国科协发布的 2022 重大科学问题、工程技术难题和产业技术问题，荣获 2022 年度优秀推荐单位。承接中国科协“2022 重大科学问题、工程技术难题和产业技术问题”高层次咨询服务项目，按要求完成态势分析，提交政策建议，并撰写科普文章。

学会围绕真空科学与技术的基础科学和重大工程，推荐本领域及交叉领域的问题、难题，成立专家推荐委员会，由专家组提出修改意见，请作者进行调整后，征集发布学会问题难题，其中前沿科学问题 4 篇、工程技术难题 4 篇、产业技术问题 4 篇。

国内主要学术会议　2 月，学会显示技术专业委员会举办的第七届国际显示技术大会审稿会在上海市召开，各位委员坚持“质量第一、学术为先”的审稿原则，严格把控稿件质量，并着重强调稿件在内容上要体现出新变化、新技术、新应用场景。

7 月 16—19 日，学会显示技术专业委员会参与举办的 2022 国际显示技术大会在福建省福州市召开。会议共有 56 场技术分论坛，约 450 个技术研讨会报告，涵盖显示 17 个技术领域。来自国内外高校、企业和研究机构的邀请报告专家 145 人，境外报告专家 61 人。另有 125 个口头报告，180 个海报报告。

9 月 17—18 日，学会电子材料与器件专业委员会承办第 11 届全国电子信息博士研究生学术论坛。论坛邀请国内外高校的专家学者介绍前沿学术进展，来自清华大学、荷兰代尔夫特理工大学、美国东北大学等国内外高校的 200 余位学生以线上线下结合方式参加会议。

国际组织任职　2022 年，学会理事长高鸿钧担任国际真空科学技术与应用联合会新一届（2022—2025）执行委员会委员，副理事长董振超担任候补委员。

学会在国际真空科学技术与应用联合会各专业委员会新一届（2022—2025）任职情况：张远波担任应用表面科学专业委员会委员，顾宁担任生物界面专业委员会委员，邓少芝担任电子材料专业委员会委员，张余洋担任纳米科学专业委员会委员，顾长志担任等离子科技专业委员会委员，王晓冬担任表面工程专业委员会委员，郭建东担任表面科学专业委员会委员，宋成担任薄膜科学专业委员会委员，张政军担任真空科学与技术专业委员会委员。

国际交往　9 月 14 日，国际真空科学技术与应用联合会全体会员国会议和执行委员会会议在日本札幌召开，学会组织正式代表董振超、顾长志、张余洋，观察员郭建东、王晓冬、时东霞线上参加会议。

科普活动 6月25日，学会表面与纳米专业委员会联合中国科学院物理研究所举办2022年公众科学日活动，近100万人次线上参与。10小时不间断的直播，包含大型实验秀、怀柔游园会、某科学的魔术学院、实验室巡礼、流言终结者、院士大讲堂、科学真下饭等9个环节。

9月27日，学会秘书长顾长志在中央纪委国家监委网站公开课上作题为《如何实现原子尺度精准制备和结构调控构建未来信息功能器件》的科普报告。

学会科普教育委员会开展线上线下活动40余场，受众10万人次；参加全国科技志愿服务能力提升活动、科技活动周和全国科普日主场活动、科普基地交流活动等；参加中国航天科技集团有限公司科普文案征集活动，提交7项文案；参加“科普中国”组织的搜狐直播、《读者》杂志社直播活动，以及科普讲座及科普实践活动等。

学会科普教育委员会组织科普团队就学习贯彻《关于新时代进一步加强科学技术普及工作的意见》开展交流研讨。全国首席科学传播专家、学会副理事长、中国工程院院士李得天，学会科普教育委员会副主任兼秘书长、金城首席科普专家雷占许分别撰写《科普的春天到了》《机遇和压力并存，为全民科学素质提升再立新功》的学习体会，分别发表在9月9日和16日的《甘肃科技报》上。

学会副理事长李得天牵头在兰州大学设立的《宇航概论和航天精神》选修课，荣获2021年教育部课程思政示范项目。编撰出版的科普图书《太空，我来了》荣获第十三届甘肃省优秀图书三等奖。策划编撰《奇奇的航天梦》一套5册科普绘本，已完成2册绘画。

11月3日，学会科普教育委员会副主任兼秘书长、金城首席科普专家雷占许出席第十五届海峡两岸科普论坛，并就航天科普实践和航天精神科普课堂进行分享。

表彰举荐优秀科技工作者 选聘学会13位高层次科技人才作为中国科协海智计划特聘专家候选人。建立学会特聘专家队伍，发挥特聘专家的专业优势，协助联系海外科技人才，为海外科技人才在中国创新创业提供咨询和指导。

推荐中国科协第十七届中国青年科技奖候选人2名、第十八届中国青年女科学家奖候选人2名、2021年度未来女科学家计划候选人1名。推荐2022年“最美科技工作者”候选人2名。开展2022年度中国科协科技人才奖项评审专家推荐工作，共推荐29名候选人。

党建强会 学会理事会党委深入学习贯彻党的二十大精神。学会副理事长李得天作为党的二十大代表，参加6场党的二十大精神宣讲活动。组织党委委员、常务理事党员、办公室党员、学报社党员等线下线上参加中国科协举办的学习贯彻党的二十大精神辅导报告会，组织学会机构党员参加中国科协党校全国学会分校弘扬共产党人精神专题培训班。组织申报中国科协学会党建项目。

会员服务 通过学会网站、微信平台，介绍学会工作动态，发布学会工作信息；组织编发2期《学会动态》，提供中国科协相关领域资讯、科技新进展、新动态等信息服务，提供会员线上免费参会链接，组织会员参观企业、开展交流活动等。

对学会官网进行改版，9月正式上线运行。以面向会员、服务会员，宣传并全面展示学会，提升学会网站数字化建设水平为目标，对网站框架和栏目设置重新进行搭建。

【“科创中国”真空科技产业发展交流研讨会】 7月28—29日，“科创中国”真空科技产业发展交流研讨会在浙江省台州市温岭市召开。学会理事长高鸿钧、学会常务理事，温岭市委、市政府相关负责人参加会议。来自科研院所、高校的专家、学者和20余家当地企业的相关技术人员共60余人参加会议。学会秘书长顾长志主持会议。学会副理事长蒋友荣、张永明分别作题为《借助科技力量　实现创新突破》《产学研融合助力真空科技发展》的主题报告。学会副秘书长张余洋以《真空科学研究与进展》为题作科普报告。

高鸿钧在总结发言中指出，中国科协打造“科创中国”品牌，旨在构建资源整合、供需对接的技术服务和产业化交流平台，通过探索产学研融合的组织机制和激励机制，实现人才聚合、技术集成、服务聚力。学会要将学会专家资源、智力资源和科技成果引向地方、引向基层、引向企业，推动科技创新供给与产业发展需求的精准有效对接，促进科技经济深度融合。

在交流环节，与会专家学者围绕真空产业高质量发展建言献策，从技术创新、产品研发、企业经营战略等方面提出发展建议。

（撰稿人：张黎云）

中国自动化学会

服务创新型国家和社会建设 学会发挥人才优势，组建智能产业、智能制造产业科技服务团和保定数据服务产业科技服务团，汇聚300余位专家，对接湖南省长沙市、河北省保定市、江苏省常州市、浙江省温州市、内蒙古自治区包头市等10余个“科创中国”试点城市200余项企业需求，制定100余项开发技术研发指南，推广宣传100余项科技成果，促成技术合作开发意向10余项。学会致力于湖南省长沙市产业发展，组织“科创中国”服务科技经济融合高峰论坛，搭建政产学研用跨界合作桥梁，促成3项战略合作框架协议签约，3个全国学会工作服务站落地，推进产学研融合。

学会入选中国科协决策咨询专家团队试点单位，组建工业控制安全、智慧教育、智能制造决策咨询专家团队，发布《工业安全系统典型案例成果库》；发挥学会智库优势，向中国科协上报《制造过程智能自动化系统前瞻分析和技术预见研究报告》和《工业机器人与柔性制造装备前瞻分析和技术预见研究报告》，提出未来竞争优势的重点布局；围绕地方产业发展开展基建过程可靠性控制、电厂智能化建设等30余次决策咨询与服务，形成《关于智能科技赋能未来产业发展的建议》《火力发电厂智能化建设现状与发展调研报告》等决策咨询报告。被授予“2022年度学术成果凝练优秀学会”称号。

开展人才培训和评价工作，探索工程师能力标准国际互认试点，承接人力资源社会保障部专业技术人才知识更新工程2022年高级研修项目，在江苏省南京市举办工业机器人离线编程与虚拟调试技术高级研修班，联合百度公司共同开展第28届全国人工智能师资培训。制定《中国自动化学会标准化工作管理办法》，促进团体标准规范优质化发展，开展《面向网联智能驾驶的测评系统构建规范》等7项团体标准研制，同时协助8项标准的申请与立项，其中1项IEC标准转为国家标准。完善科技成果评价机制，完成46项科技成果评价。

学会建设 2022年，学会共发展个人会员8817人，其中学生会员3000余人、普通会员5000余人、海外会员300余人，个人会员近9万人；团体会员300余家。

强化章程意识，进一步完善分工合作的决策机构和实体化建设的执行机构，推进治理结构、人事制度、运行机制和工作方式等方面的改革创新。2022年，线上线下召开7次理事长、监事长工作会议，7次秘书长工作会议，1次全体常务理事会议、理事会工作会议。共形成决议20余项。

加强分支机构规范管理，优化升级分支机构管理系统，严格分支机构创建审核流程。新成立分支机构1个，完成6个分支机构换届，入选中国科协2022年度全国学会分支机构示范发展专项项目。学会共有59个专业委员会、9个工作委员会、30个省级自动化学会。

推进办事机构实体化建设，探索建设数字化OA系统，修订《中国自动化学会采购管理办法》《中国自动化学会竞赛管理办法》《中国自动化学会团体标准管理办法》等制度，优化薪酬体系，加强办事机构人事体系改革。学会秘书处现有专职工作人员近30名，平均年龄32岁，其中硕士比例为28%、博士比例为24%。

强化数字化建设，完善以会员库为基础的会员服务管理系统、奖励系统、学术会议管理系统、分支机构管理系统、期刊采编系统、学科前沿动态监测系统，推进学会数字图书馆建设，加强官网、微信、微博等平台建设，入选中国科协“智慧科协2.0”首批试点建设单位。加大学会宣传力度，新设知乎、百家号账号，推出“一站式”研究生招生平台、CAA云学院，打造高效融媒体传播矩阵，2022年学会粉丝数量增加近4万人。

青年人才托举工程 学会连续八年获得中国科协青年人才托举工程项目支持，2022年度共遴选出15名优秀青年人才，累计支持53位被托举人。

主办期刊 学会培育以《自动化学报》中英文版为代表的9种精品学术期刊。《自动化学报》复合影响因子为6.627，影响因子和影响力指数在所属学科排名第1；《自动化学报》（英文版）入选中国科学院期刊分区一区Top期刊，最新SCI影响因子为7.847，是唯一的中国主办的自动化与控制系统领域Q1区SCI期刊；*The International Journal of Intelligent Control and Systems*入选2022年度中国科技期刊卓越行动计划高起点新刊项目。

学科发展工程 开展智能科学与技术领域基础科学研究评估工作，更新《中国自动化学会推荐科技期刊目录》，发布《中国自动化学会推荐学术会议目录》，编辑出版《智能控制导论》，推动自动化学科发展。

国际学术会议 2022年，学会承办境内3个国际学术会议，共计11739人次参加会议，交流论文636篇。

10月8—12日，由电气和电子工程师协会和IEEE智能交通系统学会主办，学会、澳门科技大学联合承办的第25届IEEE智能交通系统国际会议在澳门特别行政区召开。共收到论文1250余篇，收录636篇。来自30多个国家和地区的8739名专家学者参加会议。

10月26日—11月13日，由学会承办的第二届IEEE数字孪生和平行智能国际会议以“混合分布式会议”的形式在美国波士顿、浙江省宁波市召开。会议共安排3个大会报告、22个专题论坛，3000余人次以线上线下方式参加会议。

国内主要学术会议 学会主办的中国自动化大会、中国控制会议等10余个品牌学术活动连续5年被中国科协《重要学术会议指南》收录，学会荣获“优秀组织单位”称号。2022年，学会及所属分支机构以线上线下结合方式开展学术交流活动1000余场，线下覆盖人数达5000余人次，线上观看人数达2000万人次，交流论文5000余篇。

7月25—27日，由学会主办的第41届中国控制会议在安徽省合肥市召开。大会共安排7位国际知名学者作大会报告，组织“智能自主系统中的新兴课题”1场专题研讨会，“网络化控制前沿”“学习控制前沿”2场会前专题讲座，“随机系统的建模、辨识、分析与控制”“自动控制教育改革论坛”“AI时代的控制”“可持续发展、移动性和系统控制”4场发展论坛。1700余人参加会议，收到来自12个国家和地区的2129篇论文，录用1513篇并收入论文集，英文论文占95%，收录论文涉及45个研究领域。

7月29—31日，由学会主办的第33届中国过程控制会议在新疆维吾尔自治区乌鲁木齐市举办。会议共安排4场大会报告、6场主旨报告，设立多个专题研讨，共收到论文315篇，303篇被录用并收入论文集。340名专家学者线下参加会议，1000余人通过网络直播线上参加会议。

8月11日，由学会与国家自然科学基金委员会信息科学部、中国认知科学学会共同主办的第四届中国认知计算与混合智能学术大会暨混合机器学习与自主系统论坛在云南省昆明市举办。大会围绕人工智能的基本科学问题，聚焦脑认知科学、神经科学与人工智能的交叉融合，邀请6位专家学者作大会报告。

11月19—20日，由学会主办的第37届中国自动化学会青年学术年会在北京召开。大会共设自动化和人工智能领域密切相关的7个大会报告、100余个特邀报告以及401篇会议论文口头报告和张贴报告。邀请100余位专家学者分享和解读最前沿的学术成果，3000余人线上参加会议，直播观看量超5万人次。

11月22—25日，学会承办的2022世界智能制造大会——制造数据与网络安全论坛在江苏省南京市举办。9位包括院士在内的专家作主题报告，共同探讨推进工业数据治理。

11月25—27日，由学会主办的2022中国自动化大会在福建省厦门市举办。大会以“数智赋能　共创未来”为主题，安排7场大会报告、32场专题论坛。会议以线上论文交流方式，围绕工业机器人与服务机器人等30个方向，展示论文海报，浏览人数超万人次，收到论文1400余篇。融媒体平台实时直播，大会累计观看人数突破1300万人次。

国际组织任职 2022年，学会推荐10余位会员参与2026—2029年国际自动控制联合会等国际组织主席竞选及重要领导职务选任。其中，学会监事长王飞跃当选2023—2026年国际自动控制联合会CC9社会系统－协调委员会主席；学会副理事长陈俊龙当选2023—2026年国际自动控制联合会理事会成员；学会副秘书长高会军当选2023—2026年国际自动控制联合会出版专业委员会副主席。

国际交往 学会参与筹建智能科学与技术协会和智能产业促进协会；与国际自动控制联合会、电气和电子工程师协会，以及国际模式识别协会等建立互惠合作网络。学会邀请英国诺丁汉大学计算机科学学院院长Jon Garibaldi，欧洲科学院院士、伦敦帝国理工学院教授Alessandro Astolfi，加拿大女王大学教授Martin Guay，中国科学技术大学计算机学院教授Nikolaos Freris，沙特阿拉伯阿卜杜拉国王科技大学教授Charalambos Konstantinou等国外专家进行报告分享，加强国际交流。

科普活动 完成13家2021年科普教育基地评选工作；组建学会科普报告团，成为中国科协“大手拉小手科普报告汇”成员单位；建立学会科技志愿服务总队，组织学会在全国组建的科技志愿服务队伍，开展科技资源科普化实践活动。由学会推荐的龙芯自主创新生态基地和镇江智能制造创新研究院入选中国科协2021—2025年度第一批全国科普教育基地。

学会持续开展科普下基层活动，在云南省红河哈尼族彝族自治州弥勒市、浙江省丽水市、山西省吕梁市临县、山西省吕梁市岚县建立4所智航助学助教基地。创设学会科普大讲堂，利用全媒体矩阵，开展12期自动化领域科技知识普及活动；丰富科普宣传矩阵，开设知乎科普平台，与“科普中国”、知乎联手打造“向科学要答案”科普活动。参与中国青年报组织的“院士说专业”系列活动，发布近百条科普图文及视频。学会被中国科协评为2022年度全国学会科普工作优秀单位。

组织开展2022中国机器人大赛暨RoboCup机器人世界杯中国赛、第五届菲尼克斯智能技术创新与应用大赛、第十七届全国大学生智能汽车竞赛室外专项赛、2022年ABB杯智能技术创新大赛、2022年全国智能制造虚拟仿真大赛、第十五届“三菱电机杯”全国大学生电气与自动化大赛、第八届“台达杯”国际高校绿色智造大赛等赛事。继续实施“青少年人工智能核心素养模型及测评”项目。由学会推荐的全国青少年劳动技能与智能设计大赛入选教育部《2022—2025学年面向中小学生的全国性竞赛活动名单》。

由学会推荐的北京控制工程研究所空间智能控制暨航天精神教育基地和航空工业自控所西迁精神纪念馆入选首批科学家精神教育基地。

表彰举荐优秀科技工作者 学会持续完善人才培育、服务、举荐体系，优化奖励管理系统，发布《中国自动化学会奖励指南》，面向青年人才设立优秀硕士学位论文奖，完善“人物奖、成果奖、论文奖、团队奖”四位一体奖励体系。以线上线下结合方式完成学会科学技术奖、青年科学家奖、自动化与人工智能创新团队奖、优秀博士学位论文奖、优秀硕士论文奖等奖项申报评审工作，奖励申报总数量增长近40%。召开2021中国自动化大会颁奖大会，表彰104项成果、79人、20家企业、3个团队及10位青托人才。

由学会推荐的华中科技大学教授伍冬睿荣获教育部青年科学奖；学会副秘书长、北京理工大学教授邓方，浙江大学教授程鹏荣获第十七届中国青年科技奖；学会副秘书长、浙江大学教授、浙江工业大学副校长陈积明荣获第二十五届中国科协求是杰出青年成果转化奖。

党建强会 学会理事会党委严格执行“三重一大”前置审议程序，保障学会各项工作的正确政治方向。学会理事会党委多次开展党史学习教育、知名科学家讲党课、组织召开“党的二十大精神宣讲报告会”；学会秘书处党支部进行系列主题党日活动，依托学会学习平台开展常态化党史学习，深入学习贯彻党的二十大精神；完善分支机构党小组的工作模式，加强在空间维度上党组织全覆盖工作落实，截至2022年年底，60%的分支机构已建立党小组。持续推进“口述历史”系列访谈，颁发学会六十周年杰出贡献奖，传承弘扬老一辈科学家精神。

会员服务 学会不断拓宽会员发展途径，探索建立结构分布合理、层级体系完备、高端人才资源丰厚的会员体系。组织开展高级会员和会士评选工作，分类分级开展10余次会员特色活动，搭建线上品牌活动，全年共举办23期云讲座、12期科普大讲堂、10期会士面对面、8场青年菁英系列论坛、5期“我和优博有个约会”、1期线上圆桌派等，线上观看人数突破2000万余人次。

【2021中国自动化大会暨中国自动化学会六十周年会庆】 8月12日，由学会主办的2021中国自动化大会暨中国自动化学会六十周年会庆在云南省昆明市举办。大会以“传承弘扬老一辈科学家精神　奋力推进自动化高水平自立自强”为主题，学会理事长、中国工程院院士、西安交通大学教授郑南宁与中国科学院自动化研究所所长徐波担任大会总主席。

郑南宁，云南省科协党组成员、副主席鲁斌，江苏省科协副主席冯少东，中国电工技术学会理事长杨庆新等致辞。中国工程院院士、浙江大学教授潘云鹤，中国工程院院士、学会特聘顾问、东北大学教授柴天佑，中国工程院院士、学会副理事长、中南大学教授桂卫华，学会常务理事、百度首席技术官王海峰，中国空间技术研究院副院长、空间智能控制技术国家级重点实验室主任袁利，英国诺丁汉大学计算机科学学院院长Jon Garibaldi等以《AI走向数据和知识双轮驱动》《工业人工智能与工业互联网协同发展工业智能》《碳达峰碳中和与工业智能》《AI大生产平台》《航天器智能自主控制技术发展》、*The Potential of Fuzzy in Explainable AI*等为题作主旨报告。

大会设57场专题论坛、16场会前会，涵盖航天、类脑智能、军事智能、“双碳”、国产自主化等前沿热点领域。首次推出线上论文交流活动，浏览人数超万人次，论文接收数量2200余篇。推出“云端展台”，

30余家企业线上线下参加展览。5000余人参加大会。融媒体平台对活动实时直播，线上线下累计观看人数突破817.6万人次。

学会六十周年会庆活动由中国工程院院士、学会副理事长、同济大学校长陈杰主持。中国工程院院士、学会特聘顾问、浙江大学教授孙优贤作特别致辞。郑南宁作《中国自动化学会六十周年工作报告》，学会监事长、中国科学院自动化研究所研究员王飞跃作《60周年特别报告　智能控制：五十周年回顾与展望》。活动上发布学会60周年视频，展现学会60年历程。特别设立学会六十周年杰出贡献奖，表彰12位在自动化学科、产业繁荣、学会建设等方面作出突出成就的老一辈科学家。

（撰稿人：曹艺华）

中国仪器仪表学会

服务创新型国家和社会建设　2022年，学会组建“科创中国”制造业数字化转型产业科技服务团，针对“科创中国”示范城市福建省泉州市的纺织业、广东省佛山市的建筑陶瓷业提供数字化转型咨询服务，征集智能制造典型示范成果并出具产业化和综合评价报告58项；征集技术需求并完成技术解析和技术研发指南63项；与福建省泉州市企业签订5项技术服务协议，与广东省佛山市3家企业签订4项数字化转型技术服务协议。学会组织专家团队赴安徽省天长市、四川省德阳市等地进行产业调研并开展咨询服务。

学会推荐的“科创中国”超精密测量与仪器技术创新基地、“科创中国”人工智能触觉创新基地分别入选中国科协首批“科创中国”产学研协作类和国际创新合作类创新基地认定名单。学会成立的科学仪器决策咨询专家团队和智能传感器决策咨询专家团队，入选中国科协2022年决策咨询专家团队建设试点单位。

代表国家智能制造标准化专家咨询组，承担近20个单位、15个行业的智能制造标准专项的技术审查和验收工作；完成180项国家和行业智能制造标准立项审查；开展智能制造成熟度评估培训，120多家企业依托公共服务平台进行自评。

推动科研仪器案例库建设，收到来自26个省（自治区、直辖市）的作者投稿700篇，评选出优秀案例100余篇。

启动液相色谱仪、数字pcr、ICP-MS三类科学仪器设备的验证评价工作，组织专家多次走入国产仪器生产企业，为国产仪器创新发展服务。

推荐的2篇文章入选“制约智能制造发展的十大问题”；推荐2项典型优秀成果参与“2022中国智能制造十大科技进展”科技成果遴选。对“高灵敏光电离飞行时间质谱关键技术及应用”等63项科技成果和新产品开展鉴定。

承接科技部“高端仪器仪表及先进传感器技术评估”，中国工程院“仪器仪表领域技术创新绿皮书（2022）”和“中国工程科技2040技术预见（仪器仪表领域）”，中国科协“‘智能传感器’重点专项2022年度项目申报指南评估”等项目；完成“重点产业链区域布局与优化研究”“极限施压情况下我国高端科学仪器供应和使用安全风险分析和应用建议”“大国博弈背景下创新融合领域关键技术发展态势研究”“智能制造中知识图谱研究”“供应链协同平台赋能服装企业数字化转型”优秀典型案例成果；完成“船舶总装智能制造标准研究”项目中22项标准的文本、标准验证方案等的技术咨询和审查。

编制《计量员　国家职业技能标准》《无损检测员　国家职业技能标准》2项国家职业标准；在研关于人体健康、流程工业、医疗仪器等领域团体标准15项；发布《测量控制与仪器仪表工程技术人员工程能力评价规范》等团体标准2项；在研团体标准转化为国际标准化组织和美国材料与试验协会的国际标准项目3个；推进组建美国材料与试验协会实验室仪器与设备ASTM/E41国际标准的专项工作组；组织开展标准化知识培训。

作为仪器类专业认证委员会秘书处，学会收到35所高校测控技术与仪器专业的认证申请，受理其中14个专业，完成6个高校的线上考查；完成3202名认证有效期内的仪器类专业应届毕业生的见习工程师的认定与授权。

参与承办2022世界传感器大会科技成果展，华为技术有限公司、西门子股份公司等200多家企业参展。

主办2项行业赛事：2022年第6届中国（国际）传感器创新创业大赛评选出特等奖2个、一等奖10个、二等奖29个、三等奖47个；2022“丝路”物联网操作系统生态应用创新创业大赛超过100家团队、800余人参与，经过总决赛、路演，最终评选出一等奖2名、二等奖4名、三等奖8名。

学会建设 2022年，学会共有个人会员55258人、单位会员1551家；新发展高级会员379人、普通会员874人、学生会员988人、单位会员60家。学会分支机构换届4家。

学会加强信息化建设，上线新版会员管理系统、奖励申报系统和视频直播系统；开发专家库系统、分支机构管理系统、会议申报系统；建设行业工程技术人员职业发展状态数据平台。

学会规范召开理事会议1次、常务理事会议2次，监事全程列席会议；编制《中国仪器仪表学会网络媒体信息发布管理制度》《中国仪器仪表学会网络意识形态工作责任制工作细则》等规范化制度文件。

学会入选《中国科协全国学会先进典型案例》、中国科协"第三届社团改革发展理论研讨活动"案例。

青年人才托举工程 学会组织开展第八届（2022—2024年度）中国科协青年人才托举工程候选人推荐工作，推荐的6名青年人才获得中国科协资助、12人获得自筹资金资助。

主办期刊 学会主办8种仪器表及测量控制学术、技术类期刊,《仪器仪表学报》和《光学精密工程》影响因子分别为1.903和1.618，为国际高水平期刊。

4月7日，发布《仪器仪表领域高质量科技期刊分级目录（2022版）》。

学科发展工程 学会组织编撰的《中国大百科全书》（第三版网络版）"仪器科学与技术学科"收尾。该部分由中国工程院院士庄松林担任主编，中国工程院院士尤政、李天初等担任副主编，共收录词条6500余个。

国际学术会议 2022年，学会组织召开各类国际学术会议6场，参与会议活动的国家近20个、外籍专家学者40余位。

4月8—10日，学会主办的2021年光学仪器与技术学术会议在线召开。学会理事长、中国工程院院士、华中科技大学校长尤政致辞，学会副理事长兼秘书长张彤主持开幕式。学会名誉理事长、中国工程院院士金国藩和庄松林分别主持上、下半场大会报告。美国密歇根大学教授易亚沙、日本早稻田大学教授清水孝一、贝尔实验室前视频分析与编码首席研究员袁鑫等作大会报告。大会设光电仪器等8个专题、44个分会场报告，190余位专家作口头报告，参加会议人数500余人。

8月8—10日，学会联合其他单位承办的第二届国际高端测量仪器高层论坛暨第12届精密工程测量与仪器国际会议在广西壮族自治区桂林市召开。学会副理事长、中国工程院院士谭久彬担任主席并主持会议。国际测量师联合会主席、德国联邦物理技术研究院副院长 Frank Härtig，美国加州理工大学 Lihong Wang，伦敦大学城市学院 Tong Sun，兰州空间技术物理研究所科技委主任、中国工程院院士李得天，悉尼科技大学 Dayong Jin 等作大会报告。来自美国、英国、澳大利亚、德国等12个国家和地区的250余位专家学者参加会议，2600余人次观看会议直播。

8月21—23日，学会参与承办的2022世界传感器大会在河南省郑州市召开。大会以"感知世界·智创未来"为主题，学会理事长尤政等9位院士出席大会。大会设10个分场活动，60多个主题报告，3500余人次参加会议。

11月22日，学会参与承办的2022世界智能制造大会——面向未来工业供应链体系论坛在江苏省南京市召开。学会副理事长、中国工程院院士钱锋，英国埃克塞特大学教授 Stephen Disney 等作大会报告。加拿大工程院院士沈卫明等出席高端对话。80余名专家学者线下参加会议，2万余人次线上参加会议。

12月16日，由学会与英国工程技术学会共同主办的中国仪器仪表学会–英国工程技术学会中–英国际交流月活动线上开展。英国工程技术学会中国负责人 Paulo Lopes 致辞。活动分为2场，主题分别为"先进传感技术"和"量子重力探测技术发展与应用"。英国爱丁堡皇家学会院士、英国约克大学教授 Thomas Krauss，英国南安普顿大学教授 Jize Yan，英国伯明翰大学国家量子传感与计时技术中心 Yu-Hung Lien，法国航空航天实验室 Yannick Bidel 等10位专家作主题报告，2150余人次参加会议。

国内主要学术会议 2022年，学会主办、承办各类学术会议、学术论坛、研讨会等30余场，参会院士20余位，会议线上直播播放总量达到12万余人次。

1月23日，2022年中国仪器仪表学会第一期青年学者论坛以线上线下结合方式在四川省成都市举办。来自法国博物馆、西班牙奥维耶多大学、瑞士苏黎世联邦理工学院、天津大学等11家单位的青年学者分享报告，150余人参加会议。

4月28日，以"医工结合，青年创新"为主题的2022年中国仪器仪表学会第二期青年学者论坛线上召开。来自清华大学等12家单位的青年学者作主题报告，200余人参加会议。

5月28日，以“考古和文物保护中的分析技术”为主题的2022年中国仪器仪表学会第三期青年学者论坛线上召开。来自首都博物馆等51家单位的200余人参加会议。

5月29—30日，学会联合15个地方仪器仪表学会共同举办“仪器大家谈”——530全国科技工作者日主题报告会。大会设立精密测量、新型传感技术、质谱仪器及技术3个专题，13位专家作主题报告，线上直播播放总量达12万余人次。

6月28日，以“光纤与生物传感器”为主题的2022年中国仪器仪表学会第四期青年学者论坛线上召开。来自波士顿大学、大连理工大学等10家单位的13名青年学者作主题报告，1500余人参加会议。

8月8日，中国高科技产业化研究会饲料分会与学会近红外光谱分会共同主办的第二届近红外光谱检测及相关技术研究分论坛在北京召开。国家饲料工程技术研究中心主任、中国工程院院士李德发，中国农业科学院油料作物研究所研究院、中国工程院院士李培武等致辞，11位专家分享主题报告，200余人参加会议。

11月4—6日，学会嵌入式仪表及系统技术分会与上海市仪器仪表学会共同主办的2022全国嵌入式仪表及系统技术会议在广西壮族自治区桂林市召开。桂林理工大学副校长周国清致辞，俄罗斯工程院外籍院士岳东等7位专家作大会报告，来自上海交通大学等10余所高校、企业的200余人参加会议。

12月2—4日，由学会光机电技术与系统集成分会、中国仪器仪表学会图像科学与工程分会等共同主办的第十八届全国光电技术与系统学术会议线上召开。大会设6个分会场、30场报告会，100余位专家学者作报告，超过3100人次参加会议。

国际组织任职 9月26—28日，在线上召开的国际标准化组织第213技术委员会第16工作组年会上，学会常务理事、哈尔滨工业大学教授刘俭被聘为ISO 8785-1998标准修订的项目负责人。

国际交往 2022年，学会通过一系列学术会议、培训、宣传等活动夯实“一带一路”智能传感与物联网合作联盟业务基础，完善联盟组织建设。

7月26日，学会与英国工程技术学会签署战略合作谅解备忘录，双方在国际注册工程师互认、工程教育认证、国际学术交流、期刊等领域开展密切合作。

9月21日，学会与英国工程技术学会工程技术咨询（北京）有限公司签署“国际注册工程师项目”合作协议，双方共同建设中国仪器仪表领域工程技术人才国际化发展道路。

科普活动 2022年，学会增设科普教育基地8个；在“科普中国”、光明网等平台发布科普作品50多篇次；更新发布《仪器仪表抗疫汇编》；组织3项科普专项申报。

全国科技活动周期间，学会组织8场科普活动，包括科普讲座和培训、科普展览展示、科普创作、科普沙龙等，受众约500万人次。

全国科普日期间，学会组织开展10场科普活动，近200余名科技工作者获得中国科协和学会发出的“全国科普日感谢信”，受众约224万余人。

8—10月，学会围绕“智慧绿色乡村”等主题开展仪器仪表科技助力“双碳”行动系列科普讲座直播活动7场，总播放量为3618229人次；围绕“机械制造与仪器仪表科技传播”等主题，组织科技传播专家团队交流沙龙系列科普活动，149位科技工作者参加。

表彰举荐优秀科技工作者 组织开展中国仪器仪表学会科学技术奖评选，共收到申报材料182项，评出科技进步奖一等奖12项、技术发明奖一等奖9项，科技进步奖二等奖32项、技术发明奖二等奖4项，科技进步奖三等奖29项、技术发明奖三等奖4项，青年科技人才奖5人，国际科学技术合作奖1人。

评选出2022年仪器仪表奖学金获奖者57人，其中特等奖2人、一等奖17人、二等奖38人；评选出金国藩青年学子奖学金获得者11人。

党建强会 学会推动党的工作小组建设，累计建成党的工作小组15个，召开理事会党委委员会会议3次，召开秘书处全体党员大会、支部委员会会议、党小组会议10余次。

学会党委和办事机构党支部采取多种方式组织学习宣传贯彻党的二十大精神6次，集中观看党的二十大报告会、党的二十大精神辅导报告会，参加学习党的二十大精神网络培训会，组织参观“奋进新时代”主题成就展等。

学会党委在贵州省遵义市开展“党建强会”科技进乡村活动，举办科普讲座5场、现场座谈2次、实地考察3次，受众约200余人，捐赠科普图书250本。

会员服务 学会编写2022年年报，反映学会年度

工作的综合信息；在学会官网“科学家精神”专栏宣传、报道科学家事迹 19 次；开展“她的风采”女性科技工作者专访 8 次；开展获奖者风采宣传 8 次；组织“科学也偶像”视频征集、宣传活动，推荐 5 个视频参与中国科协评选，其中 2 个作品获优秀视频奖，学会获最佳组织单位奖；在全国科学技术工作者日、教师节、三八妇女节等节日开展会员主题活动。

举办第一届全国仪器类专业本科生毕业设计交流会，征集到来自 26 个省（自治区、直辖市）125 所高校的 524 篇毕业设计，由 157 名教师组成 52 个答辩组进行指导与答辩。

全年通过专业技术人员专业水平评价评审 475 人次，其中评审通过正高级工程师 18 人、高级工程师 196 人、工程师 246 人、助理工程师 15 人。

【2022 年中国仪器仪表学会学术年会】 11 月 27—30 日，由学会、国务院学位委员会仪器科学与技术学科评议组、教育部高等学校仪器类专业教学指导委员会共同主办的 2022 年中国仪器仪表学会学术年会以线上线下结合方式在上海市召开。年会设院长论坛、开幕式主论坛、闭幕式主论坛、专题分论坛、产学研技术交流会等 17 场活动，特邀 6 位院士、78 位中青年专家作报告，共收到论文 320 篇，收录至论文集 86 篇。824 人注册参加会议。

会议期间发布学会标准 8 项、国际标准 4 项，颁发 2022 年中国仪器仪表学会科学技术奖和教学成果奖，组织专家对接地方技术需求 10 项。

学会副理事长、中国工程院院士、哈尔滨工业大学教授谭久彬，俄罗斯工程院外籍院士、苏州大学机电工程学院院长孙立宁，学会副理事长、天津大学教授曾周末，学会副监事长、上海工业自动化仪表研究院有限公司总经理陈云麒等出席会议。

（撰稿人：韩媛媛）

中国计量测试学会

服务创新型国家和社会建设 学会推荐 4 家会员单位参加中国科协“科创中国”创新基地申报，其中，西安交通大学半导体芯片检测技术创新基地、北京东方计量测试研究所（航天 514 所）真空计量测试技术创新基地入选 2022 年“科创中国”创新基地。推荐 2 家会员单位 2 项技术参加“科创中国”系列榜单申报，其中，“调频激光干涉大尺寸高精度三维扫描测量关键技术”入围装备制造领域榜单。参与科技服务团走进咸宁——企业技术需求对接活动，组织专家揭榜 4 项技术需求。参与中国科协 NQI（国家质量基础设施）联合体发起相关工作，与其他 2 家单位发起学（协）会在广西壮族自治区南宁市共同举办“科创中国·广西”行动交流会暨首届 NQI 科技大会。

制定并发布学会团体标准。2022 年，共征集团体标准 13 项，组织开展 4 次立项评审会，批准立项 12 项；组织 12 次复审会，复审团体标准 12 项，其中 2 项出版中，4 项已批准发布。编写并完成《诚信计量体系通用要求》和《诚信计量体系认证规范》团体标准的终审工作，并出版发行。通过制定团体标准，有效整合社会技术资源，促进产品质量提升和企业转型发展。

开展计量测试科技成果鉴定。2022 年，为深邦智能科技（青岛）有限公司、中国计量科学研究院、新疆维吾尔自治区计量测试研究院、北京交通大学、上海理工大学、航天 514 所、武汉第二船舶设计研究所（中船 719 所）、中国计量大学、北京市计量检测科学研究院、湖南省计量检测研究院 10 家单位 16 项成果开展科技成果鉴定，共邀请专家 115 人次，其中院士 9 人次，评审专家均为正高级职称。2022 年科技成果鉴定项目比 2021 年增长 50%。

开展测量管理体系认证，服务企业高质量发展。4 月 1 日，管理平台正式上线，所有申报认证、监督材料均在网络管理平台进行申报，审核人员平台审核，材料审核通过后，企业可直接下载电子证书。全年共认证企业 866 家，监督企业 2301 家。

2022 年，学会共完成 109 种国家一级标准物质、1626 种二级标准物质的评审和批准工作，为完善国家量值传递溯源体系、保障企业发展发挥重要作用。加强注册计量师管理，开展注册计量师资格考试命题、阅卷等工作。做好注册计量师职业资格审查及注册等相关工作，完善注册计量师资格审查相关制度。2022 年注册一级注册计量师 1486 人次。

加强社会公用计量标准建标考核，服务国家量传溯源体系建设。2022 年共受理计量标准考核 1295 项，完成计量标准考核 1328 项，社会公用计量标准证书发放 488 项，完成计量标准更换审核工作 241 项，为保证全国计量测试量值的准确可靠提供技术保障。

学会建设 2022 年，学会持续推进“推动学会深化改革，提升学会服务能力，促进学会持续发展”的学会改革方案。按照学会深化改革的要求和思路，对学会秘书处进行调整，整合部门职能，加强各部门协作，促进学会发展。截至2022年年底，新发展个人会员292人、团体会员11家。

修订分支机构管理制度，提升分支机构服务各专业领域的能力。调整学会分支机构发展思路，以促进科技创新、科学普及、服务国家高质量发展作为分支机构学术交流重点方向。同时根据学科交叉特点，成立符合发展方向的分支机构和办事处，新批准成立核电运营分会、钨与稀土分会、河北办事处3个分支机构，扩大为企业、为社会服务的领域和范围。组织申报《2022年度全国学会分支机构示范发展专项》，共3个分支机构申请，经评审推荐学会生物计量专业委员会参加专项申报。组织开展《民政部关于全国性社会团体、国际性社会团体分支（代表）机构专项整治行动》《中国科协全国学会分支机构与企业合作活动自查自纠》工作，加强对分支机构的日常监督管理，推动分支机构（办事处）规范运行和高质量发展。

青年人才托举工程 2022年，学会开展第七、第八届青年人才托举工程项目选拔工作，经专家评审，共托举7位青年人才。为第七届3位青年人才制订托举方案、开展托举活动；对往届被托举人进行培养，支持他们开展科学研究，并聘请重量级专家指导，给予科研经费支持。

主办期刊 2022年,《计量学报》共发表文章256篇，在2022年中国知网发布的期刊指标中，影响因子为2.016，比2021年的1.890有进一步提升。据Scopus数据库网上发布，截至2022年年底,《计量学报》的CiteScore指标为1.7，2021年同期该项指标为1.5。

学科发展工程 开展中国科协2022年决策信息课题征集，共征集推荐18项课题，其中“国家测量体系建设及发展战略研究”入选重点课题。开展2022年智能制造科技进展征集、评审工作，推荐2家会员单位2项技术，其中1项入选十大科技进展；同时，组织专家参加该评选评审工作。

国际学术会议 学会联合承办第二届国际高端测量仪器高层论坛暨第12届精密工程测量与仪器国际会议，主办第19届国际流量测量会议，共有来自全球20多个国家和地区的专家学者3000余人次通过线上线下参加会议，会议共收录论文近300篇。会议得到国际测量师联合会支持，前主席和现任主席致辞，并作学术报告。

国内主要学术会议 “5·20”世界计量日之际，学会与河北大学、天津大学、北京老年科技大学开展线上计量测试学术报告会，2000余人次参加会议。学会各分支机构全年共组织召开13场计量测试各专业领域学术会议，参加会议人数上万人次。

国际组织任职 学会向国际测量师联合会各专业委员会推荐中国优秀专家，推荐中国计量科学研究院研究员马康、高级工程师高蔚进入国际测量师联合会TC23、TC8。国际测量师联合会25个专业委员会中共有21名中国专家履职并承担主要职务。

科普活动 组织开展科普基地评审工作，经申报、评审、公示等环节，授予陕西省计量科学研究院、国网福建省电力有限公司营销服务中心为学会科普教育基地。学会3家科普教育基地中国计量科学研究院、山东省计量科学研究院、河北省计量监督检测研究院入选中国科协2021—2025年度第一批全国科普教育基地。9月15—21日，学会各科普教育基地开展全国科普日系列活动。

学会科普部参加国家市场监督管理总局组织开展的全国计量文化和科普资源创新基地评审工作。通过梳理学会科普系列工作，完善相关管理制度，整理现有科普资料，完成编写申报报告、申报陈述和评审答辩等，经专家评审和社会公示，入选第一批全国计量文化和科普资源创新基地。

参加中国科协“典赞·2022科普中国”活动，向中国科协推荐《中华诗词中的时间计量》《中华诗词中的长度计量》科普作品。

组织开展2022年全国知识产权宣传活动，增强计量领域知识产权保护意识。4月20日，邀请知识产权专家线上讲解有关法律法规和基础知识，传播以“尊重知识、崇尚创新、诚信守法、公平竞争”为核心理念的知识产权文化，引导科技工作者严格保护和合理运用知识产权。

表彰举荐优秀科技工作者 完成2022年度中国计量测试学会科学技术进步奖推荐申报、形式审查、网络初评。

党建强会 组织全体党员、干部职工深入学习贯彻党的二十大精神，加强党史学习，全年共开展党课讲座9次。

会员服务 加强学会会员服务系统建设，为会员提供便利的入会服务。加强学会网站和微信公众号建设，让学会会员能够及时查阅学会动态和有关信息。4

月 20—26 日，通过会员系统向学会会员和计量科技工作者发放知识产权有关资料。结合学会资源，加强与会员的联系，为会员提供优质服务。

（撰稿人：张佳楠）

中国标准化协会

服务创新型国家和社会建设 2022 年，协会稳步推进企业标准化良好行为评价工作，截至 2022 年年底，标良平台注册企业 1000 余家，申请标良企业 900 余家，颁发标良证书 528 张，平台访问量达到 165120 人次。制定《企业标准化良好行为加分项评价指引》，为响应全国工商业联合会“2022 年民营经济标准创新周”活动，发布新材料、信息技术、智能制造、消费品、碳达峰碳中和、产业链、城镇化建设、养老家政、文旅服务等 10 个领域 70 家标准化良好行为 5A、4A 等级民营企业名单。截至 2022 年年底，全国共有 51 家正式评价机构，1394 名注册标良评价专家。

协会依托分支机构制定专业性团体标准，为行业发展提供支撑，凭借专业的团队和广泛的专家资源，指导企业提炼重点研究项目的成果，研制团体标准，为新技术新产品发展蓄力。全年立项团体标准 194 项，发布 212 项，累计达到 704 项，涉及工业、农业、服务业和社会管理等 10 多个领域。其中，《智能家用电器的适老化技术　第 1 部分：通用要求》系列标准入选 2022 年度工业和信息化部百项团体标准应用示范项目公示名单；《智能家用电器的适老化技术》系列标准参与第一届全国轻工适老创新产品及智能健康解决方案大赛，获得慧心智护——创新解决方案二等奖；《电器电子产品绿色供应链管理》系列标准入选 2022 年中国标准创新贡献奖提名名单。

继续开展“山西标准”（标识）培育及评价专项工作，协调各相关方推进试点实施。初步建立“政策文件 + 技术标准 + 认证规则”协同的“山西标准”（标识）区域品牌培育及创建工作机制。编制相关工作机制及支撑文件，完成 8 个山西省地方标准和 6 个双编号团体标准，1 个认证实施规则；征集活动广告语，制作宣传视觉图，完成山西省市场监督管理局委托的各项工作。

承担并完成中国科协培训和人才服务中心 2022 年工程师资格国际互认项目，推动工程能力评价相关工作。承担中国科协科学技术创新部“技术经理人评估认定工作研究”课题并通过验收。实施中国科协组织人事部“全国学会专职人员水平评价体系建设”课题，编制管理办法、实施细则、评价标准和考试题库，完成 3 家全国学会专职人员的试点评价。

协会承担中国工程师联合体标准与质量监督委员会秘书处工作，承接人力资源社会保障部专业技术人才知识更新工程 2022 年高级研修项目碳达峰、碳中和节能低碳路径科技领域专业技术转移转化能力提升高级研修班的培训工作。

建立标准化人员能力评价制度，面向全国开展标准化人员能力评价试点工作。来自企业、服务机构、社会团体、科研院所等单位标准化从业人员 373 人报名参与评价，219 人评价合格。

支撑国家标准化管理委员会发布《国家标准样品立项和批准发布工作程序》，完善标准样品管理制度；构建“一物一码 + 电子证书”的追溯体系，推进标准样品资源信息平台建立，维护、更新国家标准样品项目管理系统，实现标准样品信息化；完成全国标准样品技术委员会第六届换届，考核评估所属分委会，成立纺织标准样品专业工作组，加强标准样品组织架构建设；参与《农食产品真伪鉴定与质量分级控制国际标准研究与应用》等研究课题；批准下达 258 项新国家标准样品研复制计划，批准发布 238 项新标准样品。

学会建设 依据协会章程，召开协会第九次全国会员代表大会。加强分支机构建设，先后批复筹建优质服务等 5 个新领域分支机构，撤销电子商务等 5 个分支机构。整理规范分支机构工作流程。

主办期刊 协会主办《中国标准化》、*China Standardization*、《标准科学》、《标准生活》、《产品安全与召回》5 本期刊，以打造主流、专业、精品为目标，服务标准深化改革和实施标准化战略，提高期刊质量和传播力，发挥标准化宣传报道和知识科普的主流媒体作用。

国际学术会议 5 月 18—20 日，参加太平洋地区标准大会与国际标准组织、国际电工委员会、国际电信联盟联合研讨会和第 44 届太平洋地区标准大会。

5 月 24 日，作为轮值主席国主持联合国可持续标准论坛国家平台和倡议合作网络研讨会。

6 月 21—22 日，组织召开第二十届东北亚标准合作会议、中日韩标准化合作常务委员会会议、三国间标准化合作双边会议及三国协会专题会。

国内主要学术会议 11 月 4 日，协会全国雷电防护标准化技术委员会年会以线上形式举办。全国雷电防护标准化技术委员会秘书长王天羿汇报年度工作情况和下一步工作计划，委员对《雷电防护　雷暴预警系统》国家标准（送审稿）进行审查，对拟申报立项的三项雷电防护标准项目的必要性、可行性和可操作性进行讨论。

12月20日，全国洁净室及相关受控环境标准化技术委员会第三届三次年会以线上形式在北京召开。大会审议2022年度工作总结和2023年度工作计划，并对《洁净室及相关受控环境性能及合理性评价》《洁净室及相关受控环境中细胞培养操作技术规范》2项国家标准进行审查。

筹备中国标准化大会（2022），承办第二十四届中国科协年会团体标准化发展论坛。受中国科协学会服务中心委托，组织召开团体标准助力绿色低碳可持续发展和团体标准国际化人才建设2期科技与社会治理沙龙。协会汽车分会召开2022年中汽标协会员大会暨汽车行业标准法规信息交流会，优质服务专业委员会承办国家市场监督管理总局“质量月”优质服务论坛，服务贸易分会举办第六届中国服务贸易标准化论坛，城市家具分会举办2022年世界城市日全球主场活动暨第二届城市可持续发展全球大会专题论坛2022城市环境高质量建设论坛。

国际交往　由中国、日本、韩国三国主管标准化的政府机构及三国秘书处共同起草，中方秘书处中国标准化协会编辑完成《东北亚标准合作会议20周年：历程与展望》纪念册。协会参与国际标准组织性别平等相关专题研究、国际交流，成功申请承担ISO/PC 337（性别平等）国内对口单位职责，并组织国内专家参与ISO 53800的制定。

协会作为国家标准化管理委员会派出的两名代表之一，参与国际标准组织与国际电工委员会联合成立的性别响应标准联合战略咨询组和性别焦点人物网络，参与性别响应标准制定指南的编写和推广。

科普活动　协会围绕基础通用、重要技术、新型管理等标准宣贯、企业标准化工作体系建设、国际标准化技能、前沿标准化知识等举办77期培训，会员受众5038人次；丰富“远程教育服务平台”课程，截至2022年年底，平台浏览量达68077次，注册人数超5000人。

组织开展第三届全国青少年标准化奥林匹克竞赛暨第17届国际标准奥林匹克国内选拔活动。来自北京市、福建省、甘肃省、广东省、河北省、湖南省、吉林省、江苏省、内蒙古自治区、浙江省10个省（自治区、直辖市）的131支队伍、共393人参赛。7月25日，竞赛活动正式开幕。初、高中组各参赛队伍围绕校园生活低碳管理规范、校内社团服务与评价规范、自动核酸检测机器人性能规范等主题，提交标准文本进行答辩。初、高中组各决出一等奖2名、二等奖4名、三等奖6名，以及优秀单项奖，包括优秀文案、优秀表现、优秀创意和ZTE特别奖。8月23—25日，第17届国际标准奥林匹克竞赛线上举办，并通过网络平台直播。来自中国、俄罗斯、韩国、印度尼西亚、卢旺达、日本、新加坡7个国家的40支初、高中代表队的120名选手参加比赛。中国代表队共获得4个奖项，分别是：北京市十一学校代表队荣获竞赛最高奖项白金奖，杭州外国语学校、杭州绿城育华学校初中部、北京中学3支代表队分别获得ISO特别奖、金奖和铜奖。

协会与中国计量大学联合举办第二届全国大学生标准化奥林匹克竞赛，共有85所高校的2000余名大学生参赛。

协会安全健康消费工作委员会参与中央国家机关12个部委联合发起的“全国打击整治养老诈骗专项行动”宣传工作。开设项目管理国家标准大讲堂年度公益活动，在线举办讲座7期，10万余人次在线观看。

党建强会　协会党总支及领导班子认真学习宣传贯彻党的二十大精神，坚持党史学习教育常态化，推动党建工作高质量发展。认真落实全面从严治党政治责任，切实抓好党风廉政建设。夯实党建基础，建设学习型党组织。

会员服务　以专项技术资源和交流活动为抓手，协会提供多层面、定向化联络和标准化研讨、培训、咨询和标准制定等方面服务，让会员参与到标准化工作中。全年为会员代购标准3500余份，查询标准11200余条，邮寄各类期刊7000余册。为专业会员分别举办国际标准化趋势洞察分享会、生活电器的新技术方向研讨会、汽车行业标准法规信息交流会、项目管理标准化公益讲座、线缆专业委员会电线电缆技术论坛等。

【中国标准化协会第九次会员代表大会】　8月23日，中国标准化协会第九次会员代表大会暨九届一次理事会议、九届一次常务理事会议、一届一次监事会议以线上线下结合方式在北京召开。560余人参加会议。

会议表决通过协会八届理事会工作报告、财务报告、《中国标准化协会章程》、《中国标准化协会负责人产生办法》、《中国标准化协会会员代表大会会员代表产生办法》、《中国标准化协会分支机构管理办法》，表决通过协会增加注册资金、变更法定代表人的议案，以及拟成立协会绿色低碳专业委员会、会议酒店服务分会等分支机构的议案。

会议选举产生第九届理事会，于欣丽当选理事长，马德军、王中丹、王红钢、王晔、王晶、代威、李力、李素彩、邹洁、宋明顺、张海峰、陈冬东、陈璐、赵宏春、娄宇、袁继新、钱建林、蓝麒、冀晓东 19 人当选副理事长，张秀春当选秘书长并担任法定代表人。会议选举产生第一届监事会，高建忠当选监事长，丁日佳、吴江徽担任副监事长。

（撰稿人：田　欣）

中国图学学会

服务创新型国家和社会建设　6 月、12 月，学会分别举办全国 CAD（计算机辅助设计）技能等级考试 2 期、全国 BIM（建筑信息模型）技能等级（一、二级）考试 2 期，全年培养高技能 CAD/BIM 技能等级人才约 5.35 万人次。组织全国 BIM 技能等级考试（三级）答辩评审会，123 名考生参与终评答辩。年底，受新冠疫情影响，首次试行在线考试系统，近 8000 名考生参加线上考试。使用无纸化试卷，提高雷同试卷检测标准，杜绝作弊现象。

1 月 13 日、8 月 2 日，学会分 2 次发布《关于申报中国图学学会 2022 年度标准制修订立项的通知》。共有 10 项团体标准申请立项，经过形式初审、学会团体标准化技术专家委员会立项审核等程序，最终 9 项团体标准通过立项申请。

7 月 29 日，学会召开团体标准研制启动指导会。与会专家对《浮动装夹自适应加工工艺规范》等 5 项团体标准进行论证，提出完善意见及下一步工作要求。

10 月 25 日，学会在官网面向社会发布《中国图学学会关于组织开展图学领域科技成果鉴定工作的通知》，正式开展图学科技成果鉴定工作。

学会建设　2022 年，学会新发展个人会员 2883 人，累计达到 124748 人，同比增长 2.4%；新增团体会员 27 家，累计达到 132 家，同比增长 25.7%。

全年共召开常务理事会议 3 次、理事会议 1 次、监事会议 2 次，并根据工作需要随时召开理事长办公会议、秘书长工作会议。完成 1 个专业委员会的更名。审议通过《中国图学学会“十四五”事业发展规划》《中国图学学会项目管理办法》等文件，修订《中国图学学会分支机构管理办法》《中国图学学会专业委员会评估办法》，新增外籍会员 2 人，增补理事 2 人。

推进“互联网 +”，提升信息化建设水平。开通“中国图学学会”微信视频号；OA（办公自动化）系统进入试运行阶段。

青年人才托举工程　学会申报并获得第八届中国科协青年人才托举工程项目名额 4 个。同时，学会启动 2022 年度中国图学学会“青年托举计划”项目的征集和遴选工作。10 月 30 日，召开第八届中国科协青年人才托举工程候选人遴选评审会暨中国图学学会 2022 年度“青年托举计划”候选人遴选评审会。从 19 名报名者中评选出 5 位候选者，并将前 4 位推荐入选第八届中国科协青年人才托举工程项目。

通过举办第五届“奋发图强”青年科学家论坛、6 期“奋发图强”青年人才学术沙龙和 1 期“奋发图强”博士生 Workshop，学会为往届中国科协青年人才托举工程项目被托举人才和在读博士生群体创造展示成果、科研探讨、交流进步的平台。

主办期刊　学会主办 3 本期刊，《图学学报》全年收稿 725 篇，完成网络首发 129 篇，录用 138 篇，录用率 14%；出刊 6 期，刊发论文 132 篇。为纪念苏步青先生 120 周年诞辰，策划组织纪念专刊。继续被收录于北京大学图书馆《中文核心期刊要目总览》（2021 年版）、中国科学技术信息研究所“中国科技核心期刊”和中国科学院文献情报中心“中国科技引文数据库”三大国内数据库，并入选中国知网发布的《中国学术期刊影响因子年报》统计源期刊、万方《中国核心期刊（遴选）数据库》、《中国学术期刊文摘》源期刊、日本科学技术振兴机构中国文献数据库（JST China）。8 月，首次被 Scopus 数据库收录。被《科技期刊世界影响力指数（WJCI）报告（2021）》收录。还被中国知网工程与技术科学、自动化与计算机技术两个学科同时收录，前者的学科排序为 9/55，后者的排序为 45/142。

《工医艺的可视计算（英文）》（*Visual Computing for Industry*, *Biomedicine*, *and Art*, VCIBA）全年收稿 214 篇，发稿 30 篇，国际 / 境外稿件占比 66%。已

被ESCI、EI、DBLP、PMC、Scopus、DOAJ等20多个数据库收录，并首次入选中国计算机学会2022年发布的《计算领域高质量科技期刊分级目录》和《科技期刊世界影响力指数（WJCI）报告（2022）》。爱思唯尔统计的CiteScore为5.3，位列计算机科学多学科交叉、计算机图形学和计算机辅助设计等领域Q2区，进入全球前50%。

《土木建筑工程信息技术》全年共出版6期，刊登文章119篇，录用文章在中国知网《中国学术期刊（网络版）》出版传播平台上进行网络首发。《中国学术期刊影响因子年报（自然科学与工程技术·2022版）》统计数据显示，《土木建筑工程信息技术》学科类目归属土木建筑工程，研究层次属于技术开发，CI（影响力指数）为117.514，CI学科排序39/174，历年总被引频次为2127次，复合影响因子为1.653，他引影响因子为1.307，5年影响因子为1.457，他引5年影响因子为1.165，影响因子学科排序26/174，基金论文比为0.49，WEB下载量9.19万次。

学会承接中国科协2022年度分领域发布高质量科技期刊分级目录项目，按计划推进实施。

学科发展工程 12月26日，在第八届中国图学大会期间，学会主办图学学科发展研究论坛，邀请4位专家作学术报告，旨在促进图学学科的系统、深入研究。会议由学会图学学科发展工作委员会承办，9628人次线上参加会议。

国际学术会议 11月7—8日，学会土木工程图学分会主办的第九届BIM技术国际交流会以线上线下结合方式在广东省深圳市召开。论坛以“BIM助力新城建”为主题，200余位专家学者、教师及企业代表参加线下会议，共同探讨新城建、工程建设行业数字化应用及人才培养等热点问题，15万人次线上参加会议。会议邀请28位专家进行报告交流，分享国内外“新城建”建设最新发展，以及设计、施工、房地产企业及政府监管中具有代表性的标准、政策、科研成果、软件产品及工程案例，推进“新城建”建设的信息化、数字化、智能化进程。人民网、中国科技网、中国网、新浪网、中工网等媒体对大会进行报道。

国内主要学术会议 2022年，学会和分支机构组织多种形式的学术交流活动，其中9个学术会议被中国科协《重要学术会议指南（2022）》收录。

1月3日，学会物联网图形学专业委员会线上举办首届网络图形学与Web3D论坛，论坛以“网络图形学的演变与进化：Web3D三维互联网→数字孪生互联网→元宇宙互联网”为主题，6284人次参加会议。

4月25日，学会计算机辅助工业设计专业委员会与华南理工大学以“可持续和行为改变”为主题，联合主办行为设计研究工作坊。

6月12日，学会与中国系统工程学会等单位联合主办的首届基于模型的系统工程及数字工程技术研讨会以线上线下结合方式召开，设置1个主会场和7个分会场，6840人次参加会议，其中，线上参加会议人数4770人次，最高同时在线2612人。经统计，参加会议的工业企业727家，航空、航天、电子、船舶、兵器、轨道交通等装备研制企业和软件企业、高校的平均报名人数为14.4人，其中中国兵器工业集团有限公司以集团名义组织近千人参加会议。

7月23日，学会理论图学专业委员会主办的中国图学学会理论图学专业委员会年会暨第二届图学云际研讨会线上召开。共计150余人次参加会议。

7月27日，学会图学教育专业委员会主办的第二十三届全国图学教育研讨会线上召开。研讨会以“探索创新、引领发展”为主题，就工程图学教学实践、工程图学技术应用及工程图学虚拟教研室建设进行专题研讨。超过2500人次观看研讨会线上直播。

8月22日，学会可视化与认知计算专业委员会主办的第一届图学感知与认知计算论坛以线上线下结合方式在辽宁省大连市召开。5位专家围绕场景的多元感知方式进行报告与探讨，200余人次参加会议。

8月27日，中国图学学会建筑信息模型（BIM）专业委员会青年论坛线上举办，2100余人次参加会议。

10月27日，由学会主办、学会青年工作委员会和智能工厂专业委员会联合承办的中国图学学会“奋发图强”博士生Workshop2022年度第一期线上召开，主题为“智能加工”，1077人次参加会议。

10月29日，学会数字化设计与制造专业委员会主办的第八届数字化论坛暨中国图学学会数字化设计与制造专业委员会2022年会线上举办，6位数字化领域专家作大会主题报告。来自高等院校、科研院所和企事业单位的150余位专家学者参加会议。

11月29日，学会动漫图学工程专业委员会主办的“漫图”青研论坛线上召开。论坛以“智能图学与计算视觉”为主题，邀请包括国家自然科学基金优秀青年科学基金项目（海外）获得者等在内的青年专家交流报告。线上参加会议人数170余人次。

12 月 3 日，学会理论图学专业委员会联合陕西省图学学会主办第三期图学云际研讨会，200 余人次参加会议。会议以“以本为本，注重课堂教学效果，提高教学质量”为主题，分为专题报告和分组讨论交流 2 个环节。

国际组织任职 学会常务理事兼国际联络工作委员会主任委员、清华大学教授胡事民当选计算机图形图像特别兴趣小组新一届执委（任期为 2022 年 9 月 1 日—2025 年 8 月 31 日），是计算机图形图像特别兴趣小组执委历史上的首位中国人。

科普活动 2022 年，学会举办“图创未来”科普讲座 8 期，举办 BIM 大讲堂 1 期。承接并完成中国科协 2022 年度“推动实施全民科学素质行动项目——学会科普能力提升项目”1 项。在该项目的支持下，在“科普中国”平台注册中国图学学会“图创未来”科普号，注册 59 名科普信息员，开展图学科普视频征集活动，组建学会科普专家队伍，在学会官网开辟“图学科普”栏目等。

举办 2022 第十一届“龙图杯”全国 BIM（建筑信息模型）大赛。大赛分为设计、施工、综合、“一带一路”和院校 5 个组别，参赛单位 2059 家，参赛作品 2507 项，较 2021 年同期增长 22.2%；涵盖 BIM 应用的各个阶段。经过初审、复审、现场答辩及终审、评审结果公示等环节，从 BIM 技术应用功能、应用创新、应用水平和综合效益等方面严格评审，最终 5 个组别共评出一等奖 96 项、二等奖 154 项、三等奖 261 项、优秀奖 367 项。

表彰举荐优秀科技工作者 8 月，学会启动 2022 年度中国图学学会科学技术奖提名和推荐工作，包括图学教育奖、优秀博士学位论文奖和优秀科技工作者奖。

党建强会 2022 年，学会召开 4 次党委会通讯会议，前置审议年内理事会议和常务理事会议的所有内容。在学会官网开辟“党建强会”栏目，通过多种途径组织全体会员学习党的二十大会议精神。

会员服务 面向会员免费举办“龙图杯”全国 BIM（建筑信息模型）大赛等活动，全年覆盖 3.3 万余人次的会员群体；学会各分支机构组织召开的学术会议对会员注册费减免达到 20% 或以上；参加全国 BIM 技能等级考试的会员可在学会官网查询具体的单项分数；继续开展给会员送小礼物的年终答谢活动。

【第八届中国图学大会】 12 月 25—28 日，学会主办的第八届中国图学大会线上召开。会议以“数字赋能·图领未来”为主题，共设 8 个学术分论坛和 2 场专题论文和报告交流会，征集论文 155 篇，共计 5.27 万人次参加会议。学会理事长、清华大学党委副书记赵罡，中国工程院院士谭建荣、周志成，以及来自图学界的 3000 余位专家学者参加大会开幕式。学会副理事长、大连理工大学教授张强主持开幕式。

大会共安排 4 个特邀报告，特邀报告环节由学会副理事长、北京理工大学教授韩宝玲主持。大会特邀报告分别是《元宇宙：从概念到产业》（中国工程院院士、浙江大学教授谭建荣）、《人工智能结合图形和图像学在医学影像上的方法与应用研究》（北京航空航天大学教授田捷）、《制造业与工业软件的发展思考》（西南交通大学首席教授孙林夫）、《建筑行业图形技术的现在和未来》（广联达科技股份有限公司总裁袁正刚）。

会议同期举办第五届“奋发图强”青年科学家论坛，智能纺织与时尚设计论坛，自主研发 BIM 软件的研究与工程应用、装备数字样机与数字孪生技术论坛，图学学科发展研究论坛，首届中国网络图形学论坛——Web3D 引擎分论坛、WebXR 技术分论坛、Web3D 关键技术与创新应用分论坛，以及图学教育专题报告和论文交流会、应用图学专题报告和论文交流会。

【2022 年全国 BIM 高峰论坛暨第十二届“龙图杯”启动会及第十一届“龙图杯”颁奖典礼】 11 月 13 日，学会主办的 2022 年全国 BIM 高峰论坛暨第十二届“龙图杯”启动会及第十一届“龙图杯”颁奖典礼在北京召开。线下参加会议人数 100 人左右，会议直播累计观看人数达 2.3 万人次。

2022 年全国 BIM 高峰论坛邀请到中国工程院院士、清华大学教授聂建国等专家作学术报告。同时举办学术沙龙，6 位专家与参会学者交流探讨 BIM 的机遇和挑战。论坛入选中国科协《重要学术会议指南（2022）》。

“龙图杯”全国 BIM 大赛指导委员会主任、中国工程院院士、清华大学教授孙家广，学会理事长、清华大学党委副书记赵罡等出席会议并致辞。赵罡表示，学会将以举办“龙图杯”全国 BIM 大赛和高峰论坛为抓手，助力推动 BIM 技术的应用，提升建筑行业信息化创新能力，为国家实体经济高质量发展、全球数字经济发展作贡献。

大会现场对第十一届“龙图杯”全国BIM大赛部分优秀获奖作品进行轮播展示。

（撰稿人：杨　洁　王　玉）

中国电子学会

服务创新型国家和社会建设　学会开展“科创中国”产业科技服务团工作。组织编著全国工业和信息化职业教育教学指导委员会高职专科区块链教材。与地方政府对接，探索开展智库咨询服务工作。推进粤港澳大湾区数字化赋能中心建设。全年共起草上报27篇专报，承接11项部委研究课题，参与工业和信息化部中小企业数字化赋能专项行动。

开展科技成果鉴定工作，全年共鉴定科技成果110项。

根据中国科协办公厅发布的《关于征集2022重大科学问题、工程技术难题和产业技术问题的通知》，通过与中国科协信息科技学会联合体开展征集和评审工作，学会最终向中国科协报送4项科学问题、5项工程难题和3项产业问题。学会推荐的“如何实现高精密复杂硬曲面随形电路？”入选工程技术难题。学会被评为2022年度优秀推荐单位。

学会建设　2022年，学会个人会员数量增长21%，单位会员数量增长25%。

全年共组织召开2次理事会议、3次常务理事会议，审议学会重大事项。调整理事11人。召开2次监事会议，审议学会工作报告、财务报告、年检报告等。制订《中国电子学会组织管理工作标准化工作手册》，规范指导分会组织建设；实施分会能力提升工程，升级分会“四个服务”能力；通过科学的考核评价体系，鼓励分支机构创新发展。学会再次获评民政部5A级全国性社会组织。

优化调整组织机构，由15个部门调整为10个部门。学会职工中硕士及以上学历人员占57%，电子信息专业人员占55%。

继续在机器人、数字人等领域深耕，编著出版《机器人简史（第三版）》，推动出版《数字人：元宇宙的先锋》。

青年人才托举工程　学会组织开展第八届中国科协青年人才托举工程项目申报工作并获得托举资格。按照有关要求，经推荐及评审流程，共推荐34名青年科技工作者入选第八届中国科协青年人才托举工程项目。组织3场中国电子学会云讲堂专场，邀请被托举人分享学术成果，共同交流。

主办期刊　学会共主办中文学术期刊11种、技术期刊1种、英文学术期刊2种、在筹英文学术期刊1种。根据中国科学技术信息研究所发布的《2022年版中国科技期刊引证报告》，学会主办期刊《电子学报》《电子测量与仪器学报》《半导体学报》《信号处理》《数据采集与处理》《电波科学学报》《微波学报》等期刊在各自学科分组中综合评价总分均位居前列。

国际学术会议　学会参与承办2022世界机器人大会。大会得到24个国际机构支持，300多位政产学研界专家学者参加会议，500余款机器人产品集中展出，4000余名选手现场比拼，300多家国内外媒体报道大会相关情况。

在第六届世界智能大会期间，参与主办智能制造高峰论坛；在2022中国国际数字经济博览会期间，参与主办2022中国数字经济百人会数字化转型高峰论坛；在2022中国国际服务贸易博览会期间，承办数字贸易发展趋势和前沿高峰论坛；在第五届中国国际进口博览会期间，承办智能科技与产业国际合作论坛。

参与举办工程创新与减贫研讨会及人工智能伦理研讨会，发布《工程创新服务绿色低碳发展实践案例》，开展2022世界工程日黑客马拉松初赛评审工作。

参与举办2022年信息社会世界峰会分论坛、研讨会等配套活动，1个项目获2021年WSIS电子科学组冠军奖。参与举办、协办2022年联合国互联网治理论坛4场分论坛。

国内主要学术会议　学会全年共举办学术会议91场，包括第五届全国电子战大会、2022量子信息技术学术交流大会、首届全国电磁频谱空间人工智能学术交流大会、2022年中国云计算和大数据技术与应用大会、2022年全国通信理论与技术学术会议、2022年全国物联网技术与应用大会、第十七届全国电波传播年会等。

打造线上学术交流平台“CIE电子信息云讲堂”，围绕“雷达”“太赫兹”“超表面”“6G”“类脑计算与芯片”等主题举办16期云讲堂，累计点击量88万人次。举办3期全国电子信息青年科学家论坛。

学会15个学术会议入选中国科协《重要学术会议指南（2022）》。

国际交往　学会为国际信息处理联合会、国际无线电科学联盟成员单位。报送《2022年国际组织履职

和秘书处任职工作方案》。组织召开 2022 年国际无线电科学联盟中国委员会工作会议。开展世界工程组织联合会创新技术专业委员会秘书处工作。开展中国科协联合国咨商工作信息与通信技术专业委员会秘书处工作。

学会发起成立的“世界机器人合作组织”获批，召开第一次会员大会，选举出第一届理事会理事并召开第一届一次理事会议。

科普活动 学会发起开展的“烛光义教”公益科普活动入选《2022 年中国科协科普工作要点》，并承担中国科协中国公众科学素质促进联合体“科技支撑乡村振兴公益行动”支撑工作，全年在山西、黑龙江、宁夏等 6 省（自治区）开展公益科普活动 40 余场，新增注册科技志愿者近 300 人。

全国电子信息青少年等级测评项目全年累计测评约 40 万人次；全国青少年电子信息智能创新大赛报名参赛人数超 7 万人；第十七届中国研究生电子设计竞赛参赛队伍达 5824 支，近 2 万名研究生参加。世界机器人大会青少年信息素养大赛再次进入教育部《2022—2025 学年面向中小学生的全国性竞赛活动名单》。

“烛光义教”志愿服务项目获共青团中央、中央文明办等部门联合举办的第六届中国青年志愿服务项目大赛铜奖；“喜迎二十大，科普向未来”“科技支撑乡村振兴公益行”2 个活动被评为中国科协 2022 年全国科普日优秀活动；学会被评为中国科协 2022 年度科技志愿服务先进典型、2022 年度全国学会科普工作优秀单位。

表彰举荐优秀科技工作者 组织开展 2022 年度中国电子学会科学技术奖评审工作，申报项目数量比 2021 年度增长 14%，共有 10 位院士牵头或参与申报，企业申报数接近三分之一，项目覆盖领域更加广泛。

中国电子学会集成电路奖学金已开展 2 年，共惠及 109 名学生，设立“中国电子学会 – 智芯公司科研专项”，助力学科发展和人才成长。

党建强会 2022 年，学会持续加强理事会和办事机构党组织建设，修订理事会党委工作规则，完成学会党委、纪委换届选举，完成在职党支部换届改选，落实意识形态工作责任制，强化“三微一端”和期刊报刊等意识形态阵地建设。

聚焦“以高质量党建引领保障高质量发展”主题，邀请专家围绕推动党建业务深度融合、做好为科学家的服务等方面开展座谈交流，把政治引领有机融入学会事业发展全过程。

学会秘书处第九党支部获“中央和国家机关‘四强’党支部”荣誉称号。

会员服务 学会完善会员发展与服务体系，制定《中国电子学会会员工作实施方案》《中国电子学会会员手册》；将每年的 4 月 10 日定为中国电子学会会员日，开展会员日活动。举办中国科协党校“领航计划”青年科技领军人才国情研修活动。

【第五届全国电子战大会】 9 月 17—18 日，由安徽省人民政府、学会、国防科技大学等共同主办的第五届全国电子战大会在安徽省合肥市召开。大会主题为“电磁频谱智能 +”，包括开幕式、主论坛、专题论坛和技术成果展示 4 个板块。大会开幕式由学会副理事长兼秘书长陈英主持。安徽省委常委、副省长张红文，学会理事长张峰，大会主席、中国工程院院士王沙飞，国防科技大学副校长陈金宝等进行大会致辞。中国工程院院士邬江兴、杨小牛、姚富强、吴剑旗，中国科学院院士郝跃、王永良、崔铁军，以及来自政府、高校、科研院所和部分高新技术企业等相关单位的 800 余名专家学者参加大会。

大会主论坛分别由中国科学院院士王永良、西安交通大学常务副校长郑庆华、中国科学技术大学副校长吴枫主持。邬江兴、杨小牛、姚富强、吴剑旗分别作题为《论网络技术体制发展范式变革 – 多模态网络》《面向低零功率电磁频谱战的智能化协同态势感知》《电磁空间内生安全探讨》《高效反隐身与高效探测技术》的特邀报告。7 位专家围绕大会主题分别作学术报告。

【第十七届中国研究生电子设计竞赛全国总决赛颁奖典礼暨“研电之星”挑战赛】 11 月 11—13 日，学会与其他单位共同主办的“兆易创新杯”第十七届中国研究生电子设计竞赛全国总决赛颁奖典礼暨“研电之星”挑战赛在江苏省南通市如皋市召开。

12 日上午，2022 中国研究生电子设计竞赛中国电子信息青年创新论坛开幕。学会副秘书长洪京一出席开幕式。来自兆易创新科技集团股份有限公司、华为技术有限公司、飞腾信息技术有限公司等单位的负责人现场介绍产业发展情况与创新经验。工业和信息化部原副部长杨学山线上作主题报告。

12 日下午，“研电之星”挑战赛开赛。经过校赛、初赛、全国总决赛的层层选拔，来自湖南大学、东南大学、浙江大学、南京信息工程大学、中南大学、南京邮电大学、武汉大学、西安交通大学、华中科技大学、中国人民解放军战略支援部队信息工程大学、西安电子科技大学的 11 支参赛团队入围挑战赛。参赛团队根据抽签顺序，分别进行团队介绍、现场竞演、作品展示、专家问答等竞演环节，活动全程通过网络平台面向全国观众直播。最终，南京邮电大学团队、南京信息工程大学团队、中南大学团队获得第十七届中国研究生电子设计竞赛“研电之星”荣誉称号。

（撰稿人：段　续）

中国计算机学会

服务创新型国家和社会建设　2022 年，学会共举办 4 次 CSP 认证，CSP 认证参加人数 12943 人次，来自全国 300 余所高校。在全国 178 所高校建立认证点，清华大学等 80 所高校计算机专业以多种方式认同 CSP 认证成绩，例如将 CSP 认证成绩作为考研复试成绩、计入创新学分、列入评定奖学金标准、纳入教学计划等。学会累计举办 28 次 CSP 认证，有 182323 人次参与认证。CSP 认证已经成为衡量高校在校生算法设计和软件编程能力的重要标准。学会根据 2022 年各认证点全年参与情况，评选出 2022 年度 CCF CSP 组织优秀单位和成绩优秀单位。

2022 年，学科前沿讲习班完成前沿培训 10 期，以线上线下结合方式进行，主题涉及 AI+DB，高可信智能软件系统，理论计算机科学——图、网络与解空间的连通性理论，大规模预训练模型及其应用，因果学习与决策，安全系统软件，智能语音交互系统，AI+Science，数字前端设计综合 EDA 技术，联邦学习与隐私计算，789 人次参加培训。举办 5 期教师培训，900 多人参加培训。

7 月 10 日，由学会等联合主办的中国数字经济 50 人论坛苏州峰会在江苏省苏州市举办，持续服务中国数字经济建设。

产学合作基金持续发展，搭建产业界与学术界合作桥梁。包括腾讯、绿盟、华为、蚂蚁金服、百度、滴滴、深信服、阿里巴巴、联想、飞腾、智谱、之江实验室在内的多家合作单位参与，基金规模超过 7000 万元，2022 年度共计 288 个项目获得资助。

学会建设　2022 年，学会召开 2 次常务理事会议、1 次理事大会和若干次工作机构会议。

学会继续开展常务理事参加专业委员会学术年会活动，对专业委员会活动进行调研、数据采集和评价考核；组织专业委员会秘书长培训和主任研讨会。

经学会常务理事会决议批准设立计算经济专业组。通过“计算 + 行业分会”的形式设立智能交通分会。

建设并发布学会学术道德和行为规范，建立学术诚信档案，建设具备长期可持续健康发展的学术生态环境。

青年人才托举工程　2022 年，学会继续开展中国科协青年人才托举工程项目候选人推荐工作，并获得 3 个被托举名额。

主办期刊　*Data Science and Engineering*、*CCF Transactions on Pervasive Computing and Interaction*、*CCF Transactions on High Performance Computing* 等期刊进入 EI、SCIE 数据库。7 月，3 本期刊通过中国科协、教育部、中国科学院联合组织的首批“中国机构主办海外科技期刊回归”项目遴选，获批可以申请在国内创刊。

中国科协批准中国计算机学会设立北京计科杂志社有限公司，相关材料已报国家新闻出版署。

学会和机械工业出版社合资成立的出版公司进入正常运营轨道，持续提升《中国计算机学会通讯》的质量和水平。

学会出版工作委员会持续落实全国学会期刊出版能力提升计划，邀请 EI 数据库、Scopus 数据库、CSCD 数据库对学会会刊进行专项培训。鼓励学会各专业委员会举办线上或线下学术出版论坛、报告会等。在第 37 届中国计算机应用大会上举办从国际知名期刊视角看如何高效发表顶刊论文论坛，各平台累计浏览量超过 10 万次，现场超过 200 人参加会议。

学会出版工作委员会还组织或举办学会英文汇刊编委工作研讨会、学会会刊评估会、*Springer Nature* 交流会，组织成立学会丛书编委会，设立学会出版工作委员会出版基金，审查并出版一批中 / 英文图书及会议论文集等。经学会出版工作委员会批准，《计算机工程》《计算机应用研究》《数据与计算发展前沿》3 本学术期刊进入学会会刊序列，会刊增加至 24 本。

学科发展工程　学会组织撰写《2021—2022 中国计算机科学技术发展报告》并正式出版。

组织学会专业委员会开展学科研究和发布学科发展报告，2022 年度撰写 18 篇报告，分别是《约束求解技术与应用报告》《持续学习的研究进展与趋势报告》《图计算体系结构和系统软件关键技术研究进

展与趋势报告》《无人集群网络技术研究进展与趋势报告》《软件供应链安全研究进展与趋势报告》《深度认知神经网络的研究进展与趋势报告》《开源软件生态治理技术：现状、问题与展望报告》《从区块链到Web3.0：研究现状与未来展望报告》《组合优化问题的机器学习求解报告》《元宇宙中的人机交互技术研究进展与趋势报告》《存内计算研究进展与发展趋势报告》《编译器构造、验证与测试报告》《面向安全泛在计算的系统软件的研究进展与趋势报告》《数字孪生信息系统的研究进展与趋势报告》《音乐科技与计算机听觉的研究进展与趋势报告》《情感分析研究进展与趋势报告》《类脑计算技术发展情况报告》《智能社会协同治理：研究现状与发展趋势报告》。

国际学术会议 学会全年共举办国际会议4场，参加会议人数近700人次。

国内主要学术会议 学会下属专业委员会共举办学术年会、研讨会等70余场，2.2万人次线下参加会议。

学会青年计算机科技论坛总部和27个城市分论坛全年共举办170余次活动，参加人数8500余人次。4月17日，学会青年计算机科技论坛举办特别论坛——大型学术协作，如何致远不失行稳；6月25日，举办特别论坛——如何把健康宝关进防疫的笼子。

国际交往 学会与美国计算机协会、电气和电子工程师协会计算机分会、日本信息处理学会和韩国信息科学学会保持良好合作交往。在2022中国计算机大会开幕式上，上述4家国际学会通过视频致辞。

科普活动 12月18日，计算机博物馆在浙江省横店市奠基。全年开展“科普视频大赛”等科普活动，组织117场走进高校社会公益讲座。

组织IOI中国队选拔、CSP-J/S、NOIP、全国青少年信息学奥林匹克竞赛、APIO、NOI Online能力测试和NOI教师培训。NOI 2022共有29个省（自治区、直辖市）的师生参加，并在香港特别行政区和澳门特别行政区设分赛场。

第34届国际信息学奥林匹克竞赛在印度尼西亚主办，共有90支国家和地区代表队的349名选手参赛。经第34届国际信息学奥林匹克竞赛组委会同意，学会在北京设立第34届国际信息学奥林匹克竞赛中国队赛场。中国队4位选手全部获得金牌，并再次包揽前四名，获团体第一。4位选手在第一试中全部取得满分，并有2位选手最终以两试满分的成绩获得金牌。

学会举办第6届NOI与中小学计算机教育论坛，围绕“唯成绩论的困境与破除”和“OIer成长的烦恼与疏解”2个主题展开研讨。

表彰举荐优秀科技工作者 2月18日，2022学会颁奖典礼在北京举办。2022年度学会最高科学技术奖授予中国人民大学教授王珊、新疆大学教授吾守尔·斯拉木；海外科技人物奖授予威斯康星大学麦迪逊分校计算机科学系教授蔡进一、香港中文大学计算机科学与工程系教授吕自成；王选奖授予清华大学教授刘云浩、北京奥星贝斯科技有限公司首席科学家阳振坤；夏培肃奖授予中国科学院计算机网络信息中心研究员阎保平、北京邮电大学教授杜军平；杰出贡献奖授予清华大学教授杨士强、阿里巴巴集团；卓越服务奖授予北京师范大学教授黄华、浙江大学教授卜佳俊；杰出教育奖授予上海交通大学教授俞勇、济南大学教授杨波；青年科技奖授予电子科技大学教授申恒涛；由学会、电气和电子工程师协会计算机分会共同评选和颁发的2022年CCF-IEEE CS Young Computer Scientist Award授予南京大学教授卜磊、电子科技大学教授陈厅、上海交通大学副教授傅洛伊、清华大学副教授李振华、中国科学院计算技术研究所副研究员王颖。学会还为入选2022年优秀博士学位论文激励计划的10位青年人才颁发证书，并颁发2022年学会科技成果奖。

党建强会 学会理事会党委和秘书处党支部深入开展党史学习、红色精神教育等系列活动。通过专题学习、组织生活会、主题党日等形式，深入学习贯彻党的二十大精神。10月27日，中国科协“党的二十大代表进学会”系列学习活动首场座谈会在学会举办。

学会理事会党委共收到18个专业委员会（分会）提交的党的工作小组组建方案，并有14个专业委员会（分会）建立党的工作小组。学会继续实施老科学家访谈项目，创建“难以计算的贡献”品牌，制作计算机历史的访谈纪录片并在宣传渠道进行广泛传播，激励广大科技工作者，传承老科学家的精神伟力，大力弘扬科学家精神和科学精神。

会员服务 学会加快数字化转型速度，持续提升会员服务能力，定期推送电子版学会通讯及各类热门资料、优化会员系统和会议系统功能，确保会员充分享受各种专享优惠福利。数字图书馆上线文献导读自动筛选功能，增强对综合类资料的分类推荐能力。为进一步提升会员服务质量，制作31期“数图焦点”。

“数图焦点”是由学会数图编审委员会推出的专家精选资料专辑，内容涵盖大型学术会议、获奖作品、专业术语等关注度较高方向。数字图书馆持续收录学会各类重要会议及活动资料、《中国计算机学会通讯》、会刊、学科发展报告等。

在37个城市建立会员活动中心，在71所高校建立学生分会。2022年，新成立会员活动中心2个、学生分会9个。活动中心和学生分会组织各类学术活动300余场。2022年年底，付费会员总数达100082人，年度新增专业会员10122人，增长率10.11%。

【2022中国计算机大会】 12月8—10日，2022中国计算机大会线上举办。大会以“算力 数据 生态”为主题，共设14个特邀报告、3场大会论坛、118个技术论坛和特色活动。700余位国内外计算领域顶级专家作报告，1.3万余人注册参加会议。除大会官网直播外，爱奇艺、百度、知乎、B站、量子位、蔻享、码蹄集、视频号、新浪科技9个合作平台同步直播，全网直播收看人数570万余人次。

大会开幕式由学会秘书长唐卫清主持。特邀讲者包括ACM图灵奖获得者、美国田纳西大学教授Jack Dongarra，全国人大常委会委员、中国行政管理学会会长江小涓，中国科学院院士、北京航空航天大学教授钱德沛，中国工程院院士、北京邮电大学教授张平，中国科学院院士、西安交通大学教授管晓宏，中国工程院院士、学会原理事长高文，中国科学院院士、西安交通大学教授徐宗本，香港工程科学院院士、香港中文大学教授吕自成，浙江大学教授徐文渊等。3场大会论坛分别以“从网格到算力网络：经验、挑战与展望”“把握万物智能互联新机遇，构建全球化开源生态”“数字经济：数据基础制度与技术支撑体系”为主题。技术论坛和特色活动内容涉及计算+、人工智能、教育、云计算、安全、开源、芯片等领域共30个方向。

【2022中国计算机学会青年精英大会】 6月9—11日，2022中国计算机学会青年精英大会以线上线下结合方式召开，在北京市、江苏省苏州市、福建省福州市、湖南省长沙市、云南省昆明市、浙江省杭州市等城市举办的线下会场平均每场参加会议人数40人，41万人次线上参会。大会围绕“计算+行业”的蓝图，以“大计算、大融合”为主题，共安排9个特邀报告、2场大会论坛、6个思想秀报告、11个科技创业秀路演、39个优秀大学生学术秀、23个专题论坛以及各种促进交流的活动。

大会开幕式由学会理事、副秘书长谭晓生主持。特邀报告讲者包括学会原理事长、中国工程院院士、清华大学计算机系教授郑纬民，中国工程院院士、电气和电子工程师协会会士、北京交通大学教授张宏科，2021学会王选奖获得者窦强，清华大学计算机系教授、2021学会王选奖获得者杨广文，北京大学集成电路学院长聘教授杨玉超，厦门大学信息学院教授张一鸣，上海交通大学计算法学与AI伦理研究中心执行主任宫超等。

本届大会共有23场技术论坛及观点论坛，分别就东数西算、软件供应链安全、科技成果转化、元宇宙、量子计算、智能感知、服务机器人、隐私保护、碳中和、AI4Science、智慧城市等话题交流探讨。

【中国计算机学会创建60周年庆典】 8月6日，学会在江苏省苏州市举办中国计算机学会创建六十周年庆典，学会创建六十周年杰出贡献奖获奖者及单位领导，科研院所、苏州市政府相关领导，媒体记者等500余位嘉宾受邀现场参加活动。庆典全程在线直播，线上观众12万人次。

学会理事长、中国科学院院士、北京大学教授梅宏，中国电子学会理事长张峰，美国计算机协会主席Yannis Ioannidis，日本信息处理学会秘书长Taizo Kinoshita，韩国信息科学学会主席Kyuseok Shim现场或线上致辞。

（撰稿人：陈玉辉）

中国通信学会

服务创新型国家和社会建设 学会开展重大项目科技评估，承接科技部《“多模态网络与通信”重点专项2022年度项目申报指南》建议评估工作。支撑中国科协开展“国家整体科技能力评估”子专题“通信领域基础科学研究整体水平和国际影响力评估”，完成《中国信息通信领域基础科学研究整体水平和国际影响力评估报告》。

开展科技咨询服务，向中国科协、工业和信息化部报送19篇专报。公开发布数字孪生、通感算一体化、通信网络智能运维、3D MIMO蜂窝网络、5G数据安全等领域的行业技术、产业发展前沿报告、白皮书16部。入选中国科协2022年决策咨询专家团队建设试点单位，其中车联网、网络与数据法治、算网融合、量子信息 4 个决策咨询专家团队进入试点名单。

推进科技经济融合，组织科技服务团推动区域产业科技创新，采集试点城市产业科技服务需求 100 余项，发布创新成果 100 余项，获得“科创中国”2022 年优秀科技服务团称号。联合中国公路学会、中国汽车工程学会推进“车路协同自动驾驶一致行动”计划，发布《车路协同自动驾驶一致行动宣言》《车路协同自动驾驶一致行动方案》。

开展科技公共服务，开发中小企业公共服务线上平台，全年服务中小企业 1000 余家，开展各类活动 2000 余场，服务科技工作者 30 万余人次。开展 35 场、171 项专利评估，完成 22 项科技成果评价、134 篇优秀科技和学位论文评价。推进团体标准制定，全年累计立项 43 项，正式发布 34 项，涉及 5G 网络、算网融合、网络 5.0、区块链等领域。

组织科技创新引领活动，支撑中国科协开展“科创中国”系列榜单征集，推荐的 2 项成果入围 2021 年度“科创中国”先导技术榜单和开源创新榜单。推荐的 4 家企业入围工业和信息化部人工智能产业创新任务揭榜优胜单位名单。

开展“双创”系列活动，支撑 2022 年中国（长沙）海外人才创新创业项目大赛，举办 2022 第八届 3S 杯大学生物联网技术与应用“三创”大赛、2022 第六届“经世 IUV 杯”全国大学生现代通信网络部署与优化设计大赛等，来自全国 766 个单位、6534 个团队、1 万余名选手参加竞赛。

举办专业展览，在“2022 年世界电信和信息社会日”开展“科技适老”“5G 及数字化应用”“地方数字科技成果”特色展，全方位呈现信息与通信技术产业最新成果。举办 2022 中国国际工业互联网创新成果展，设置 7300 平方米的主题展区，重点展示中国工业互联网领域的创新成果和应用案例，涵盖工业互联网创新应用、5G 创新应用、物联网创新应用、光通信成果等。

开展高素质技术技能人才队伍建设，作为首批成员单位加入世界职业技术教育发展联盟，承担全国工业和信息化职业教育教学指导委员会通信职业教育教学指导分委员会工作。开展通信类职业教育专业目录增补工作，获批新增通信软件工程、卫星通信工程、数据中心运行与管理专业。开展新职业申报工作，牵头申请的数字化解决方案设计师新职业获人力资源社会保障部正式发布。举办 PYTHON 软件工程师等系列培训 28 场，培训全国各地学员 3500 余人。

打造卓越工程师培育基地，获批中国科协工程师资格国际互认信息通信行业试点单位，承担信息通信工程类能力评价工作牵头单位职责，举办 3 期工程能力评价工作水平提升研修活动。建成一支由企业、高校和科研单位 52 名专家组成的考官队伍，评审通过首批 30 名信息通信工程类资深工程会员、3 名专业工程会员。完成《人工智能助力企业数字化转型》等 10 余门继续教育在线课程资源的建设。

学会建设 召开中国通信学会第九届全国会员代表大会第二次会议。全年共召开理事会议 1 次、常务理事会议 4 次、监事会议 1 次，制修订《中国通信学会章程》等 20 余项制度。

优化内部治理体系，建立秘书长与分支机构联系机制，新设立量子通信、内生安全、信创技术等 8 个专业委员会和第一个海外分支机构——英国工作委员会，完成 4 个分支机构换届及 6 个分支机构的委员增补，新增专家 1081 人。新发展个人会员 8500 余人、单位会员 57 家。加强办事机构高效化、专业化，加强人才队伍建设，推进“智慧学会”建设。

青年人才托举工程 组织开展第七届、第八届中国科协青年人才托举工程项目候选人遴选推荐工作，新增 32 名托举对象，累计托举青年人才 67 名。推进学会青年英才培养计划与中国科协青年人才托举工程项目的衔接。修订经费管理、成效评估、托举对象遴选办法等文件。开展 3 期“青托沙龙”系列活动，超过 3500 人次线上参加。

主办期刊 学会获评 2021 年度全国学会期刊出版工作优秀单位。主办《中国通信（英文版）》《通信学报》《电信科学》《爱上机器人》《中国电信业》5 本科技期刊，共刊登文章 756 篇，发行量近 9 万册。《中国通信（英文版）》SCI 影响因子 3.17，晋级 JCR 的 Q2 区。《中国通信（英文版）》2 篇论文、《通信学报》刊出论文“区块链赋能的边缘异构计算系统中资源调度研究”入选第七届中国科协优秀科技论文遴选计划（电工、电子与信息技术集群）。

学科发展工程 学会开展 12 项前沿科学问题、工程技术难题及产业技术问题征集与推荐，获评中国科协重大科技问题难题征集发布 2022 年度优秀推荐单位。组织中国信息通信领域重大科技进展、未来网络领先创新成果、车联网领域创新成果等遴选工作，共征集 721 项成果，其中 243 项入选。

受工业和信息化部委托，完成《中国通信年鉴（2022年卷）》的编辑出版和发行工作。

国际学术会议 2022年，学会举办国际学术会议8场，线上线下参会人数100万余人次，收录论文479篇。

8月11—13日，学会与电气和电子工程师协会、电气和电子工程师协会通信协会共同主办的第十一届中国国际通信大会在广东省佛山市召开。大会主题为“智能互联，未来通信”，设置9场Technical symposiums、8场Tutorials和9场Workshops，400余位专家学者参加会议，6位专家为作大会主旨报告。大会共收到学术论文618篇，录用论文294篇，全部被EI检索。

11月28日，学会参与承办的世界数字经济论坛以线上线下结合方式在四川省成都市召开。

12月10日，学会与四川省经济和信息化厅联合主办的第三届中国国际车联网技术大会以线上线下结合方式在四川省成都市召开。大会以“智汇车联，信创未来”为主题，来自国内外车联网、智能交通、通信、汽车等领域的专家学者围绕大会主题，剖析车联网技术、产业最新进展和未来发展趋势，线上线下参会人数达20万余人次。

国内主要学术会议 学会全年共举办国内学术会议50场，参会人数1100万余人次，收录论文391篇。

7月15日，由学会与湖南省经济和信息化厅、湖南省科技厅等联合主办的中国卫星应用大会——5G+通导遥发展高峰论坛在湖南省长沙市召开。论坛期间，开展主旨报告、专题报告和高端对话等系列活动，来自全国各地通信企业、卫星导航企业和遥感工程领域的300余位专家学者参加交流研讨。

7月26日，由学会与河南省科技厅联合主办的嵩山论道·云网智联创新论坛暨第一届智联网络技术与产业创新大会在河南省郑州市召开。大会以“云网智联”为主题，设置开幕式和主题论坛，采用现场参会、线上多地远程互动、全程线上直播形式召开。会议邀请中国工程院院士吴曼青、邬江兴、余少华、张平、张宏科等专家学者共同探讨智联网络技术发展与产业创新之道。

8月28—29日，由学会与中国电子学会联合主办的2022年全国物联网技术与应用大会在江苏省南京市召开。会议期间，举办院士特邀报告会、大会特邀报告会等各类学术报告会，中国工程院院士邬贺铨、倪光南、沈昌祥、柴天佑、刘韵洁、尹浩分别作学术报告。会议同期举办第八届3S杯大学生物联网技术与应用“三创”大赛颁奖仪式，现场为获得一等奖的20个项目、二等奖的40个项目团队代表颁奖。

国际组织任职 学会委派学会英国工作委员会专家赴瑞士日内瓦参加国际电信联盟无线电通信部门5D工作组会议，推荐3名专家作为国际电信联盟电信发展局研究组课题主/副报告人，提名专家成为全球网络安全指数专家组成员。

国际交往 学会作为学术成员加入国际电信联盟，国际电信联盟秘书长赵厚麟特致贺信。

深化国际科技交流合作，与英国工程技术学会签署合作谅解备忘录，联合开展国际注册工程师项目。与印度尼西亚信息通信协会签订谅解备忘录，深化伙伴关系，携手促进信息通信领域产教协同育人国际合作。与马来西亚工程师学会建立定期交流合作机制。与IEEE CTSoc续签谅解备忘录，共同促进技术信息的交流和传播。推动与IEEE标准化协会合作，协同设立10项团体标准，其中5项标准已完成草案。

科普活动 学会获评中国科协2022年度全国学会科普工作优秀单位。

承办2022世界电信和信息社会日大会，联动各地开展系列纪念宣传及科学传播活动，覆盖22个省（直辖市），受众2000万余人次，为5G行业应用示范创造良好社会环境。举办第二十七届电信新技术新业务高级报告会，以“蝶变：做优做大数字经济”为主题，重点面向中央国家机关、大型国企等加强科普。

举办中国通信学会5G科普行（辽宁站）进社区、网络安全科普专场等活动。不断扩充科普传播队伍，吸纳21名专家加入。推动10家科普教育基地的建设，其中，中国电信未来信息馆等5家场馆成为中国科协全国科普教育基地。学会科普微信公众号及官网科普教育栏目等平台总浏览量超22万次。

表彰举荐优秀科技工作者 学会开展中国青年科技奖、求是杰出青年成果奖转化奖、中国政府友谊奖、中国青年女科学家奖、未来女科学家计划、北京市科学技术奖杰出青年中关村奖等奖项10余名候选人举荐工作。受工业和信息化部委托，承担并完成工程系列科技管理专业高级职称评审组织工作。

开展社会科技奖励评选，中国通信学会科学技术奖全年受理提名项目179项，包括自然科学类成果16项、技术发明类成果18项、科技进步类项目145项，同比增长18.5%，拟授特等奖1项、一等奖14项、二

等奖 19 项、三等奖 16 项，共计 50 项成果。

党建强会 学会全面学习贯彻党的二十大精神、习近平总书记重要指示批示精神和重要讲话精神，举办“深入学习党的二十大精神”专题培训班。利用学会官网、微信公众号等平台全方位宣传报道党的二十大精神，在学会官网开辟专栏持续宣传，在学会微信公众号开设“每日金句”栏目。

巩固拓展党史学习教育成果，组织新时代全民阅读、主题党日、青年学习汇、我为群众办实事等系列活动。举办智学大讲堂 12 期，开展“科学也偶像”短视频征集活动，宣传弘扬科学家精神。

2022 年，学会理事会党委召开 6 次会议，前置审议 27 项常务理事会决策事项，批准 8 个学会分支机构成立党的工作小组，7 个学会分支机构党的工作小组完成换届。

会员服务 组织会员参加学会举办的各类活动，优化会员管理系统，编制发布个人会员服务手册和单位会员服务手册，编辑《会员通讯》12 期，向会员寄送期刊 1 万余册。成立成都工业学院学生会员服务中心。

宣传科技工作者事迹，开展全国科技工作者日活动，开展“最美科技工作者”宣传，报道陈雷、王志勤、刘明、严长庆等科技工作者的先进事迹和科研成果，全平台总浏览量达 18 万余人次。

【中国通信学会第九届全国会员代表大会第二次会议】 12 月 11 日，中国通信学会第九届全国会员代表大会第二次会议以线上线下结合方式在四川省成都市召开。工业和信息化部党组成员、副部长张云明出席会议并讲话，来自国家相关部委、科研院所、高校、企事业单位的 200 余位理事、监事和会员代表参加会议。

会议选举工业和信息化部党组成员、副部长张云明任学会第九届理事会理事长，选举产生副理事长 11 人、理事 146 人、常务理事 46 人和监事 5 人，审议通过《中国通信学会章程》修订案、外籍会员会费标准、学会第九届理事会届中工作报告、学会 2021 年度财务报告等。

【中国通信学会英国工作委员会成立】 在中国科协、工业和信息化部的指导下，学会筹建第一个海外分支机构——英国工作委员会，并经 3 月举办的学会九届三次常务理事会议批准设立。学会英国工作委员会选举复旦大学教授高跃担任主任委员、英国皇家工程院院士王江舟担任副主任委员，共由来自英国伦敦大学、萨里大学、南安普顿大学、利物浦大学等 18 所大学和华为英国研究所、三星英国研究所等企业的 45 名专家组成。

学会英国工作委员会成立同期举办中英 6G 技术研讨会，邀请王江舟、中国工程院院士张平等 7 位院士、专家共同探讨下一代移动通信技术，来自国内外的 4601 人次在线观看会议直播，100 余人进行在线互动。

【2022 中国信息通信大会】 12 月 9—11 日，学会与四川省经济和信息化厅、四川省通信管理局、成都市人民政府、四川省科协联合主办的 2022 中国信息通信大会以线上线下结合方式在四川省成都市召开。会议以“科技引领创新、5G 赋能中国”为主题，探析信息通信技术、产业最新进展和未来发展趋势。

会议设置开幕式暨院士主旨报告会、前沿技术报告会、线上热点技术专题会议及会员代表大会等分项活动，同期举办工业互联网、5G、物联网、云计算、大数据、人工智能等领域创新应用展览。工业和信息化部党组成员、副部长张云明，四川省人民政府党组成员、副省长罗强出席开幕式并致辞。520 万余人次参加会议。

中国工程院院士余少华在报告中，重点就硅光芯片研究进行详细介绍，讲解国家信息光电子创新中心现阶段建设四大中试平台，突破四大共性关键技术，实现一系列光电子芯片的国产化突破和前沿技术验证，取得 100G、200G、400G、800G、1.6T 等系列成果。中国工程院院士张宏科在报告中介绍国家工程研究中心团队在算力网络技术方面的研究与探索，重点介绍以标识网络为代表的新网络技术成果在国家算力网络工程中的演进与应用前景。

（撰稿人：刘　爽）

中国中文信息学会

服务创新型国家和社会建设 9 月，学会组织“隐私计算理论、关键技术及应用”科技成果鉴定会（线上）。该项目由中国科学院信息工程研究所、西安电子科技大学等 4 家单位联合申报，围绕数字经济、数据共享、个人信息保护等国家重大战略需求，聚焦隐私计算的体系架构、泛在共享的延伸控制、场景适应的按需保护三个方面，研究成果开创和引领隐私计算的学术研究与应用，催生新的服务模式，服务国家数字经济战略。项目鉴定委员会由中国工程院院士方滨兴、中国科学院院士朱鲁华、北京理工大学教授黄河燕等9位专家、学者组成，专家对提交的技术报告（包括项目基本情况及完成情况、技术方案论证、技术特点、总体性能指标与国内外先进技术比较、技术成熟程度、主要创新性、成果应用情况、对社会经济发展和科技进步的意义等）、查新报告、第三方评测报告（描述测试方法、测试过程及测试结果等）、应用情况和用户报告等技术材料审阅后，对该项目的相关情况进行质询，并讨论与评议，最终形成鉴定意见，并对该项目提出建议。

10月，组织“面向自然人机交互的语言分析理解关键技术及应用”科技成果鉴定会。

全年共举办系列学术科普活动前沿技术讲习班5期，超过2.5万人次参与学习，内容包括预训练语言模型、知识图谱、信息检索等。

学会建设 截至2022年年底，学会有个人会员5400人、单位会员63个。现有分支机构20个，其中工作委员会8个、专业委员会12个。拟筹建3个新专业委员会：情感计算专业委员会、自然语言生成与智能写作专业委员会、开源情报技术专业委员会。5个分支机构完成换届，分别为民族语言文字信息专业委员会、青年工作委员会、社会媒体处理专业委员会、计算语言学专业委员会和信息检索专业委员会。

主办期刊 学会会刊《中文信息学报》（月刊）共发行12期。共收稿742篇（自由投稿633篇、会议投稿109篇），录用249篇，录用率约33.6%。《中文信息学报》为Q1区期刊，影响力指数连续5年增长，在142种同类期刊中排名第25，相比2021年前进3个位次。

国际学术会议 7月11—13日，由电气和电子工程师协会、中国工程院、学会主办，桂林电子科技大学承办的第七届国际网络空间数据科学大会以线上线下结合方式在广西壮族自治区桂林市举办。中国工程院院士杨善林、陆军作主旨报告，美国佛罗里达大西洋大学、日本筑波大学、香港科技大学、电子科技大学等高校和科研院所的数据科学和网络空间领域专家作主题报告和特邀报告。200多位专家学者参加会议，就多维数据关联与智能分析、大数据与商业分析、态势感知分析和网络空间安全、网络空间大数据挖掘、数字人文和计算机艺术、网络空间安全分析、网络空间安全态势感知分析、漏洞分析和对抗学习、关键基础设施系统网络安全、数据管理和隐私保护等话题进行分享和研讨。

国内主要学术会议 学会及分支机构共举办系列研讨会、学术讲座、论坛年会、评测竞赛等学术活动约30次，参加会议人数累计超过10万人次（含线上）。

5月28—29日，由学会青年工作委员会主办、山西大学承办的第十九届自然语言处理青年学者研讨会线上召开。哈尔滨工业大学（深圳）教授张民、山西大学教授李茹、清华大学副教授黄民烈作大会特邀报告，实名注册参加会议人数2200余人。会议以“聚焦科技前沿，促进学科交叉”为主题，设置4个特邀报告、8个主题研讨论坛及圆桌讨论论坛。

8月6—10日，由学会机器翻译专业委员会主办、西藏大学承办的第十八届全国机器翻译大会在西藏自治区拉萨市举办。会议邀请机器翻译领域的专家学者等作大会主题报告，同时还邀请工业界和学术界等领域的学者进行专题研讨。来自高校、科研院所和企业界的近100位专家学者线下参加会议，千余人次线上参加会议。会议研讨机器翻译领域的最新研究成果、机器翻译技术落地应用和机器翻译博士生培养等热点问题。

8月13—14日，由学会情感计算专业委员会（筹）主办、苏州大学承办的第二届中国情感计算大会暨中国中文信息学会情感计算专委会（筹）工作会议在江苏省苏州市举办。会议邀请美国卡内基梅隆大学教授Kathleen M. Carley、英国帝国理工学院教授Björn W. Schuller、中国科学院计算技术研究所研究员山世光、北京理工大学教授胡斌作特邀报告。来自全国50多所高校、科研机构和企业的近300位专家学者参加会议，共话情感计算领域的最新进展和发展方向。

8月19—21日，由学会社会媒体处理专业委员会主办，北京邮电大学、北京大学承办的第十届全国社会媒体处理大会线上举办。会议邀请包括图灵奖得主Jack Dongarra在内的教授、院士等作大会主题报告，来自十余个领域的学者进行专题论坛报告。大会包括4场前沿讲习班、8场特邀报告、4场青年科学家报告、15场主题论坛，主题涵盖数据挖掘、社交机器人、社会舆情分析、计算社会科学、计算历史学、AI for Science、大模型技术、智能金融、智慧司法、情感

分析、可信图神经网络、智慧教育、企业创新、录用论文和顶会论文等。大会还特别策划十周年回顾、十周年纪念论坛、青年科学家论坛3场活动。共邀请80余位学者进行交流分享。官方直播平台智源社区实名注册人数2300余人，大会官方微信交流社群人数超1110人，大会直播平台智源社区+微信视频号+B站等平台观看人数累计超2万人次。

8月24—27日，由学会语言与知识计算专业委员会主办、燕山大学承办的第十六届全国知识图谱与语义计算大会以线上线下结合方式在河北省秦皇岛市召开。会议主题是“知识图谱赋能数字经济”，旨在探讨数字产业化与产业数字化过程中的语言理解、知识获取、知识融合、知识推理等方面的关键技术，以知识驱动创新应用，加快数字社会建设步伐，营造良好数字生态，建设数字中国。清华大学教授孙茂松、韩国首尔国立大学首席信息官Hong-gee Kim、英国爱丁堡大学信息学院教授Mark Steedman作特邀报告。会议包括前沿技术讲习班、大会特邀报告、工业界论坛、评测与竞赛、知识图谱顶会回顾、海报与系统展示及学术论文报告等环节。现场参加会议人数超过300人，线上参加会议人数200余人。

9月16—18日，第二十八届全国信息检索学术会议在线召开。会议由学会信息检索专委会主办，重庆理工大学承办。会议涵盖特邀报告、优秀青年学者报告、前沿技术讲习班、顶会论文报告、大会论文报告、技术评测等学术活动。美国伊利诺伊大学香槟分校教授翟成祥、重庆邮电大学校长高新波、百度高级总监殷大伟、华为泊松实验室主任曹朝作特邀报告。

9月18日，由学会和中国计算机学会联合举办的第七届语言与智能高峰论坛在线召开。论坛设置3场特邀报告、3场青年科学家报告、1场语言与智能技术评测报告和1场圆桌论坛，800人次线上参加会议。拓尔思信息技术股份有限公司副总裁林松涛、联想控股股份有限公司副总裁于浩、中国人民大学教授文继荣分别作题为《NLP在数字虚拟人中的应用》《无边界感知“元·原·源”宇宙》《像孩子一样学习：多模态基础模型训练和应用》的特邀报告。清华大学教授贾珈、天津大学教授张鹏、北京大学副教授穆亚东作青年论坛报告。论坛还进行圆桌讨论，分别针对自然语言处理与元宇宙的关系、自然语言处理在元宇宙中的应用、自然语言处理与多模态信息处理、数据与知识融合、自然语言处理和元宇宙的挑战和未来发展等进行研讨。

10月28—30日，由学会计算语言学专业委员会主办、江西师范大学承办的第二十一届中国计算语言学大会以线上线下结合方式在江西省南昌市举办。中国科学院院士管晓宏、清华大学智能产业研究院首席科学家马维英、中国人民大学信息学院教授文继荣、阿里巴巴达摩院人工智能专家杨红霞、澳大利亚墨尔本大学教授Trevor Cohn作特邀报告，400余人次参加会议。

11月18—20日，由学会大数据安全与隐私计算专业委员会主办、厦门大学信息学院承办的第五届大数据安全与隐私计算学术会议以线上线下结合方式在福建省厦门市举办。会议组织多场特邀专家报告、竞赛报告、论文报告及企业报告。对接互联网+、数字经济、人工智能、数据安全、个人信息保护等国家发展战略，围绕“万物智慧互联、信息受控共享”的隐私计算与数据安全展开学术交流。来自高校、科研机构、企业的600余名专家学者和学生参加会议。中国科学院信息工程研究所研究员李凤华作题为《隐私计算研究进展与发展趋势》的主旨报告。华为技术有限公司可信计算首席科学家金意儿、厦门大学教授黄联芬、复旦大学教授杨珉、香港科技大学（广州）教授黄欣沂、武汉大学教授王骞、厦门大学教授肖亮、上海交通大学教授郁昱等作特邀报告，报告内容涵盖异构计算场景下可信执行环境构建、基于隐私保护的人行为检测、开放网络环境中的智能系统安全、后斯诺登时代密码攻击与防御、智能系统数据安全、物联网隐私保护、混淆电路的高效安全设计等。会议还安排2个竞赛一等奖获奖作品报告、12个录用论文报告，从不同视角介绍隐私计算和数据安全的最新理论与技术进展。

11月26—27日，由学会医疗健康与生物信息专业委员会主办、哈尔滨工业大学（深圳）承办的第八届中国健康信息处理大会在线召开。大会聚焦“数字与智能医疗健康”，邀请国内外顶尖医疗信息处理学者与医疗专家共同探讨智慧医疗发展的趋势与挑战、医学研究新方法和人工智能医疗应用落地新路径。大会包括特邀报告、青年科学家论坛、论文报告、工业论坛、评测论坛，7000多人次参加会议。

12月3日，第二届全国开源情报技术大会在线举办。中国工程院院士丁文华、中国科学院计算技术研究所研究员程学旗、清华大学教授唐杰、中国传媒大学教授沈浩等作特邀报告，围绕开源情报技术，从理论到方法、从机遇到挑战，开展学术报告与探讨。2000余人次参加会议。

12月10—11日，由学会民族语言文字信息专业委员会主办、西藏大学承办的第九届全国少数民族自然语言处理青年论坛在线召开。会议邀请哈尔滨工业大学教授刘挺、华为诺亚方舟实验室语音语义首席科学家刘群、西藏大学教授尼玛扎西、北京信息科技大学教授吕学强、东北大学教授肖桐作特邀报告。分享学术论文23篇，400余名专家学者和学生参加会议。

表彰举荐优秀科技工作者 4月，钱伟长中文信息处理科学技术奖申报通知发布，该奖项每两年评选一次；2022年度学会优秀博士学位论文评选工作同时正式启动，每年评选一次。经过材料申报、格式审查、专家初审、初审公示及专家终审会，评出钱伟长中文信息处理科学技术奖一等奖3项、子奖项青年创新奖一等奖5人；评出学会优秀博士学位论文7篇、优秀博士学位论文提名4篇。

会员服务 在向会员赠阅《中文信息学报》的基础上，学会继续改革会员资讯类服务手段，借助社交媒体平台加强对学会的宣传，各专业委员会继续建设微信公众号，及时发布相关学术领域新闻，宣传学会学术活动，加强与科技工作者互动。

【中国中文信息学会系列前沿技术讲习班】 7月28—31日，第十七届中国中文信息学会暑期学校暨前沿技术讲习班第三十期和第三十一期在线举办。讲习班以“可信自然语言处理与信息检索、预训练模型”为主题，邀请加拿大阿尔伯塔大学助理教授牟力立，四川大学计算机学院副研究员刘祥根，上海科技大学副教授屠可伟，微软亚洲研究院研究员吴方照，复旦大学教授张奇、副研究员桂韬、教授邱锡鹏、博士孙天祥，清华大学副教授刘知远、博士丁宁，哈尔滨工业大学教授车万翔，华为技术有限公司研究员侯璐针对讲习班主题讲述基础理论、方法及应用的前沿动态。讲习班增设线上答疑互动环节，听众针对授课内容和科研问题与讲者进行线上交流。

（撰稿人：肖千慧）

中国测绘学会

服务创新型国家和社会建设 学会组建“科创中国”空间地理信息专业科技服务团、空天地大数据产业科技服务团、摄影测量与智能遥感信息处理专业科技服务团、时空信息卫星导航产业科技服务团，其中，“科创中国”时空信息卫星导航产业科技服务团及“科创中国”时空信息卫星导航产学融合会议获得中国科协项目资助。

2022年，学会组织完成79项科技成果评价，完成2022年测绘地理信息自主创新产品认定工作。共收到测绘地理信息自主创新产品106项，经专家评审及公示，认定77项产品为2022年测绘地理信息自主创新产品，并发布《2022年测绘地理信息自主创新产品目录》。

开展测绘地理信息类工程教育专业认证工作。2022年共完成8个专业的自评报告审核、12个专业的中期审核、33个专业的申请书审核和4个专业的进校考察工作。推荐5位专家为中国工程师联合体第一届理事会委员。完成6位见习专家的认证考查见习培训。

开展甲级测绘资质技术审查工作。完成导航电子地图制作甲级测绘资质技术审查新申请单位9家、复审换证单位22家、基本信息变更单位7家、删除和修改数据单位9家。

强化与政府、产业园区、省级科协等单位服务合作。在与河南省鹤壁市人民政府前期合作基础上，挂牌打造“空间地理信息与5G融合应用试验区”，共同推进试验区建设；深化与浙江省湖州市人民政府合作，为“测绘地理信息科技与产业示范区”德清地理信息小镇搭建科技产业平台，助推测绘地理信息及相关产业发展；为北京市延庆区引企入区，组织会员单位对接延庆区人民政府，助力延庆区发展；与北京市科协签署合作备忘录，助力北京国际科技创新中心建设。

举办互联网地图安全审校人员线上培训班，进一步提高互联网地图服务单位的地图安全审校能力，增强其国家版图意识和地理信息安全保密意识。

开展2批次团体标准申报征集，共征集到团体标准申请49项。截至2022年年底，学会共征集到团体标准申请112项，发布团体标准8项（含2项待发布）。

学会建设 2022年，学会共召开理事会议1次、常务理事会议7次，坚持“三重一大”决策事项须经集体讨论研究决定。

完成对省级学会的年度考评工作，7个省级学会被评为优秀。与宁波市科协合作，依托宁波市测绘与地理信息学会建立中国测绘学会宁波服务站，发挥学

会国家平台资源优势，利用宁波市测绘与地理信息学会基层平台，推进宁波市“名城名都”和“大湾区”建设。

完成对学会分支机构2021年工作考评（3家综合优秀和8家单项优秀）。优化分支机构管理与服务机制，走访调研并组织完成28个分支机构换届组建工作，修订印发《中国测绘学会分支机构管理办法》，引导分支机构开展标准制定、人才推荐、培训、项目申报、专著编撰等工作，全年开展学术交流、技能竞赛、科学普及等各类活动30余项。强化分支机构规范管理，完成民政部、中国科协关于分支机构专项整治行动自查自纠工作，组织分支机构成功申报中国科协决策咨询专家团队、全国学会分支机构示范发展2个专项，获得经费支持。

主办期刊 学会主办期刊《中国测绘》月发行量12023份。策划“从4D产品到实景三维　新型基础测绘助推时空信息服务”“自动驾驶地图：盛宴与博弈”等系列主题文章，承担发布国家测绘地理信息局重大决策、工作部署、工作动态，交流测绘工作经验，反映地理信息新型服务业态等重要职能。

国内主要学术会议 举办8期测绘大讲堂和5期测绘科技论坛，共邀请院士在内的专家、企业技术骨干等60余人，跟踪时事热点、解读政策法规、推送前沿技术、展示最新成果、传播测绘文化、弘扬科学家精神，关注人数达到130万余人次。

国际组织任职 中国工程院院士陈军当选国际摄影测量与遥感学会荣誉会员，中国建筑大学教授蒋捷当选国际摄影测量与遥感学会秘书长，自然资源部国土卫星遥感应用中心研究员唐新明当选国际摄影测量与遥感学会第一技术委员会主席。

学会开展2022年国际组织竞选竞聘和任职履职（含秘书处）工作方案申报工作，并获得中国科协经费支持。推荐学会副理事长燕琴竞选国际测量师联合会副主席（2023—2026年）。

国际交往 学会组织中国专家、学者参加在法国尼斯举办的第24届国际摄影测量与遥感大会。学会委托国际摄影测量与遥感学会主席现场颁发王之卓奖。中国工程院院士陈军作主旨报告。

科普活动 2022年，学会命名39家全国测绘地理信息科普教育基地，其中9家入选中国科协全国科普教育基地。

分别与北京航天宏图信息技术股份有限公司、武汉中地数码集团有限公司、易智瑞信息技术有限公司、北京苍穹数码技术股份有限公司等会员单位联合举办技能大赛。

推荐科普微视频（自然资源部宣传教育中心联合人民网共同创作的“秒懂蓝碳，你get了吗？”）和科普人物（孙群）参加“典赞·2022科普中国”年度科普人物、科普作品征集推选活动。

开展2022年测绘地理信息科普摄影优秀作品征集活动，共征集105名作者的618张摄影作品。参加山西省科协主办的中国科普摄影大赛，学会获得优秀组织单位，推荐的3件摄影作品被选为2022年中国科普摄影优秀作品。筹备第19届全国大学生定向锦标赛和第16届全国测绘地理信息职工定向越野赛。

表彰举荐优秀科技工作者 中国科学院、中国工程院院士李德仁获得国际摄影测量与遥感学会颁发的布洛克金质奖章，厦门大学教授王程获得朱塞佩·英吉里奖，厦门大学副教授温程璐获得奥托·冯·格鲁贝尔奖，武汉大学李皓获得U. V. 赫拉瓦奖，中国地质大学（北京）教授康志忠获得主席荣誉提名奖，另外还有3位青年学者获得最佳青年作者奖。

学会开展各类科技奖励的推荐及评选工作，共收到项目申报材料972个：测绘科学技术奖229个、全国优秀测绘工程奖500个、优秀地图作品裴秀奖121个、测绘科技创新优秀单位24个、青年测绘科技创新人才98人；共有385个项目和个人获奖：测绘科学技术奖88个、全国优秀测绘工程奖193个、优秀地图作品裴秀奖44个、测绘科技创新优秀单位12个、青年测绘科技创新人才48人。

党建强会 学会持续学习宣传贯彻党的二十大精神，开展宣讲辅导和座谈，组织多种形式的学习教育活动；学会官网开设学习宣传党的二十大精神专栏，向行业会员提供学习资源。突出移动端、用好新媒体，宣传反映各单位工作动态，登载省级学会、团体会员学习贯彻党的二十大精神新闻稿件。

会员服务 学会团体会员单位达2000余家。会员入会、奖项申报、分支机构考评等均实现通过综合服务平台提交，辅以建立QQ和微信工作群，基本实现学会工作信息化管理。

为方便学会会员申报奖励，举办2022年中国测绘学会测绘科技奖奖励申报培训班。

【2022中国测绘地理信息科学技术年会】 12月5日，学会主办的2022中国测绘地理信息科学技术年会

线上召开。10余位院士和来自政府、学界、业界的专家学者从自然资源等领域治理体系和治理能力现代化的需求，测绘地理信息技术与物联网、大数据、云计算、人工智能等新技术的融合发展等视角作报告。大会设置21场分论坛，围绕实景三维建设、智慧城市新应用、智能互联、位置服务、测绘装备、人工智能、无人机、卫星遥感等技术进行交流研讨，展现测绘地理信息技术创新应用的新成就、新发展。

（撰稿人：曾　伟）

中国造船工程学会

服务创新型国家和社会建设　2022年，学会完成"'奋斗者'号全海深载人潜水器研制"等148项科技成果的评价工作。完成湖北省、广西壮族自治区、江苏省、上海市、广东省、辽宁省、安徽省等地457人的专业技术人员能力水平评价工作。

发布并实施《船体分段车间智能仓储物资分类与编码要求》等27项团体标准，其中2项团体标准在国际标准化组织船舶与海洋技术委员会舾装与甲板机械分技术委员会中提名并立项。

承担中国科协、工业和信息化部等有关部门研究课题5项。其中，承担工业和信息化部"翼型风帆助推系统工程化应用研究""面向2050世界海洋经济与装备创新发展战略研究""船舶工业碳达峰、碳中和技术路线图和实施方案研究"课题3项；承担中国科协"深潜装备产业技术路线图"课题1项；承担工业和信息化部产业发展促进中心"船用发动机技术现状分析与趋势研究"课题1项。

组织编写《关于中国造船工程学会科学技术奖评审结果分析》等2篇专报，提交给工业和信息化部参阅；开展中国科协十大代表调研课题，完成《俄乌战争对我国舰船装备发展的影响研究》等4份专题报告；组织完成中国科协创新融合学会联合体《船舶与海洋装备领域关键技术发展态势研究》，并提交国家有关部门；组织完成并发布《深海采矿行业发展现状及展望》《智能船舶行业发展现状及展望》2份行业报告。

组建"科创中国"高端装备产业科技服务团、船舶与海洋工程产业科技服务团，通过科技服务专家团队解决企业实际问题，促进科技成果转化，累计参加专家1309人次，征集技术问题106项并完成研发指南，其中已跟踪解决6项，完成科技成果转化落地10项。

探索搭建科技成果转移转化平台，建立船舶与海洋领域"科技项目银行"。2022年新增"入行"项目122项，已储备科技项目共计400余项。

8月18—19日，学会主办首届世界大学生水下机器人大赛，来自中国、俄罗斯、荷兰、埃及、巴基斯坦、喀麦隆等11个国家、39所院校与机构的127支队伍参赛。

9月26—30日，学会承办新一代信息技术与数字化造船技术应用领域专业技术转移转化能力提升高级研修班，来自47家单位的94名学员参加研修。

11月9—11日，学会与中国船舶工业行业协会等单位在辽宁省大连市共同主办第十五届中国大连国际海事展览会，展会面积1.7万平方米，参展企业300余家，专业观众3万余人次。

学会建设　2022年，学会新发展个人会员830人、单位会员6家；截至12月底，学会共有个人会员33100人、单位会员1041家。

学会秘书处增设党委办公室。学会新成立水面无人装备学术委员会、女科学家工作委员会。学会船舶管理学术委员会、舰船航空保障学术委员会完成换届。

学会与江苏省科协、泰州市科协，辽宁省大连市科协等签订合作协议，建立长期、全面、战略合作关系，为区域船舶海工及配套产业发展提供科技引领，推动船舶产业转型升级，支撑区域经济发展。

不断完善数字化平台内容，开发完成中国造船工程学会科技奖申报与评审系统，并投入使用。

学会出版和编译完成《国防科普概论》《美国航母设计简史》《机械故障排除解说55案例》《机械元件解析》《核动力破冰船技术》《极地航线船舶与特种装备研究》《极地工程与航运》及"海洋深水油气田开发工程技术丛书""深蓝装备理论与创新技术丛书"等书籍。

青年人才托举工程　学会推荐的11人入选第八届中国科协青年人才托举工程项目；按照青年人才托举工程项目实施计划，组织青年人才交流活动4场、沙龙活动3场及青年论坛1场；组织青年人才编译图书，完成第四届中国科协青年人才托举工程项目总结等相关工作。

主办期刊　学会及分支机构共主办科技期刊16种。《中国造船》被《工程索引》（EI）收录，收录率达100%。全年共发表论文136篇，同比增加37%；收到稿件446篇，同比增加62%，录用率为32%。

《船舶工程》全年发表文章317篇；增刊2期，发表文章150篇；专刊1期。其中，133篇论文入选中国知网《学术精要数据库》发布的2011—2022年度高影响力论文，高被引论文44篇，高下载论文60篇，高PCSI论文29篇；影响因子为0.722。

《水下无人系统学报》全年出版期刊6期，收录论文105篇；出版专刊2期。全年纸质期刊发行4800册，知网年下载量达5.74万次。

Journal of Marine Science and Application［《船舶与海洋工程学报》（英文版）］全年出版4期，共发表论文61篇。2022年度第4期由国际主编卡洛斯担任客座编辑，共发表稿件14篇，其中国际稿件10篇、国际院士稿件2篇、高水平综述稿件2篇。期刊获得“2022年度黑龙江省精品出版工程”项目资助。

受中国科协委托，学会组织开展《舰船科学领域高质量科技期刊分级目录》评级发布工作，入选期刊108种，其中国内期刊62种、国外期刊46种，T1级22种、T2级37种、T3级49种。

学科发展工程 学会承担中国科协“深潜装备产业技术路线图”课题，通过研究提出中国深潜装备产业发展的关键核心技术，制定发展路线图。主要研究人员包括中国工程院院士吴有生、徐芑南，“奋斗者”号总设计师叶聪，“深海勇士者”号总设计师胡震等专家。通过研究提出深潜装备关键核心技术问题的突破路径和解决机制，并提出切实可行的发展建议，为中国深潜装备领域发展规划制定、产业技术创新方向布局及重大科技项目方向论证等提供参考。

学会作为中国科协智能制造学会联合体成员单位之一，推荐“2022中国智能制造十大科技进展”科技成果并入选2项。

参与编写《中国船舶工业年鉴2022》，主要负责其中科技成果评价、科技奖项及学术交流等内容。

国际学术会议 11月16日，学会主办的第四届中巴海洋信息技术论坛在中国、巴基斯坦2个会场以线上线下结合方式同时召开，其中中国会场100余人参加会议、巴基斯坦会场300余人参加会议。论坛被纳入中巴联席会重要工作内容。

国内主要学术会议 学会与各分支机构以线上线下结合方式举办各类学术交流活动83场，参加人数31211人次，共征集论文（含交流报告）1229篇，出版论文集21部，申报中国科协重要学术会议13项。

9月30日，学会和大连海洋大学等单位共同承办的“科创中国”深远海养殖装备产学融合会议在辽宁省大连市召开，1000余位专家学者参加会议。会议围绕海洋战略和蓝色经济等发展需求，聚焦深远海养殖装备领域的新理论、新技术、新成果进行交流。

11月9日，学会等单位主办的中国船舶与海洋装备技术论坛在辽宁省大连市以线上线下结合方式召开，1200余人参加论坛。论坛以“智能引领、绿色驱动”为主题，围绕“双碳”背景，就如何推进中国船舶与海洋装备智能化、绿色化升级进行交流。该论坛是“科创中国”船舶与海洋工程产业科技服务团的重要活动，也是航海日系列论坛之一。

11月15日，学会与上海交通大学共同主办的“双碳”背景下船舶轮机技术发展论坛暨2022年轮机学术委员会年会在上海市以线上线下结合方式召开，300余位专家学者参加会议。会议旨在全面推动降低船舶能耗、减少环境污染，加快推进船舶工业科技创新、转型发展。会议入选中国科协《重要学术会议指南（2022）》。

两岸交流 12月1日，由学会、福建省船舶与海洋工程学会等单位共同主办的2022海峡科技专家论坛·海峡两岸航海技术与海洋工程研讨会在福建省厦门市召开。来自海峡两岸的140余名专家学者参加会议，其中台湾地区专家学者50余人。研讨会征集论文61篇，其中台湾地区专家学者提交论文16篇。

国际组织任职 2022年，学会船舶力学学术委员会委员吴文伟当选国际船舶与海洋工程结构大会主席；学会首席专家、教授级高级工程师陈映秋连任国际船模试验水池会议常委和技术委员会委员。

国际交往 学会共参加国际会议23次，与会专家300余人。参加的会议主要包括第13届ISO/TC8/SC4全会、第21届ISO/TC8/SC8（国际标准化组织船舶与海洋技术委员会船舶设计分技术委员会）全会、第41届ISO/TC8（国际标准化组织船舶与海洋技术委员会）全会、国际海事组织海洋环境保护委员会第78次会议、国际拖曳水池大会顾问委员会第一次会议、国际拖曳水池大会执行委员会第二次会议等。

11月17日，学会指导举办中英海事服务与人才发展合作论坛，超过8万人次线上参加会议。会上与英国皇家工程师学会进行沟通，探讨联合认证国际工程师事宜。

学会与俄罗斯马林内特海洋行业中心签订战略合作协议，双方已互设办事处，并拟联合举办第二届世界大学生水下机器人大赛（此项工作纳入中国科协中俄联席会重要工作内容），并在第九届中俄工程技术论坛上作典型发言。

科普活动 7月11—18日，中国科协科学技术普及部、学会和中国航海学会共同主办的2022年全国舰船及航海知识竞赛线上开赛，来自20多个省（自治区、直辖市）的3000余人参赛，共产生75名获奖者。

8月13—14日，学会、中国船舶集团有限公司等单位联合主办的第十一届全国海洋航行器设计与制作大赛在陕西省西安市举办。大赛采用线上线下结合方式，参加单位325家，申报作品2890项，参赛人数12115人。

在科普中国、今日头条的“遇舰小川——艇好”栏目中，开辟《中国“船”说》系列节目，讲述中国工程院院士黄旭华（共和国勋章获得者）、朱英富、彭士禄、杨士莪等船舶专家视频146期，向观众普及相关舰船知识、弘扬科学家精神，视频播放量超过900万次。

学会评选认定全国舰船科普教育基地共计14家，推荐哈尔滨工程大学海洋文化馆、哈尔滨极地馆2家单位入选全国科普教育基地。

学会与中国科普作家协会国防科普专业委员会联合成立“国防科普报告团”，并成为中国科协“大手拉小手科普报告汇”的一部分。面向广大青少年开展国防科普教育进课堂、进基地、进社区等活动，来自船舶、航空、航天、兵器等领域的16名专家开展线上、线下活动52场次，听众超过8万人次。学会与中国科普作家协会国防科普专业委员会联合在哈尔滨工程大学图书馆建立国防科普研习基地，面向大学生组织开展国防科普研习活动5次，线下参加人数超150人次。

参与中国科协青年人才托举工程项目推荐图书审校工作，完成《国外航母甲板飞行操作实务》《航母梦 大国重器 深蓝止戈》的编辑出版工作。学会与哈尔滨工程大学共同实施“船舶与海洋工程翻译出版扶持计划”，第一期共支持11本图书的翻译出版工作。该计划促进船舶与海洋工程领域学术交流及科学普及，满足行业内对国外版权图书引进的需求。

表彰举荐优秀科技工作者 学会开展国防科学技术奖提名工作并获得一等奖1项；向中国科协推荐中国青年科技奖候选人2名，推荐中国科协海智计划特聘专家候选人10名；推荐中华国际科学交流基金会杰出工程师奖候选人3名、杰出工程师青年奖候选人1名。

开展中国造船工程学会科学技术奖评审工作，共评出授奖项目136项，包括创新团队奖2项；技术发明奖9项，其中特等奖1项、一等奖4项、二等奖4项；科技进步奖126项，其中特等奖1项、一等奖20项、二等奖47项、三等奖55项。

党建强会 学会组织党员干部深入学习宣传贯彻党的二十大精神，建立党史学习教育常态化机制，学习习近平总书记系列重要指示批示精神，履行“三重一大”事项前置决策程序，落实“三会一课”党组织生活制度，全年召开党支部会议、开展党课学习20余次。开展党建培训及学习实践活动。

学会党委承办中国科协“新时代爱国强军谱新篇”党建强会科普行活动，组织来自国防工业、高校及科普专业机构的50余位专家、志愿者深入广西壮族自治区来宾市金秀瑶族自治县党政机关、中小学，举办国防形势报告会、民族团结进步知识宣传展示、国防科普知识讲座20余场次，开展模型制作教学近100课时，近1万名师生受益。

会员服务 受会员单位委托，学会针对企业需求开展市场占有率调研等咨询服务，为企业确定产品的市场竞争地位和下一步拓展市场提供参考。

通过学会官网、微信公众号宣传会员动态、会员活动等信息；持续为会员单位赠送学会主办会刊近3000册。

为会员提供培训服务，2022年累计服务会员1000余人。学会船舶材料学术委员会为会员开展“材料力学性能基础”等船舶材料技术技能培训13次，人才与教育学术委员会为青岛前进造船厂、青岛市海洋发展局、青岛海西重机有限责任公司等会员单位按需定制培训活动，船舶标准化学术委员会为会员举办以“国际标准编写要求解读”为主题的培训活动。

【世界大学生水下机器人大赛】 8月18—19日，由学会主办、哈尔滨工程大学承办的首届世界大学生水下机器人大赛在山东省青岛市举办。大赛分为自主式水下机器人、无人遥控水下机器人、创意概念类3个组别。来自清华大学、上海交通大学、哈尔滨工业大学、俄罗斯机器人发展中心、荷兰代尔夫特理工大学等11个国家、39所院校和机构的127支队伍开展水下竞技。

大赛期间，还举办水下无人智能技术高端学术论坛。论坛设置3个分论坛共14场讲座，邀请国内无人

系统及相关技术领域专家学者就前沿技术和研究热点进行交流。

【水下无人系统技术高峰论坛】 11 月 15 日，第五届水下无人系统技术高峰论坛在陕西省西安市召开。论坛由学会与西北工业大学、中国船舶集团有限公司第七〇五所联合主办。200 余人现场参加论坛，6000 余人次线上参加论坛。

论坛以“以深制海、智领发展”为主题，开展深海相关领域科学技术探讨，践行“海洋命运共同体”理念，推动水下无人装备设计与制造技术自主创新。中国工程院院士马远良、董春鹏、杨德森，学会常务副理事长李国安，西北工业大学副校长宋保维等专家出席论坛并致辞。大会邀请哈尔滨工程大学副校长殷敬伟，中国船舶集团有限公司第七〇二所研究员、中国船舶集团有限公司首席技术专家胡震等 11 位专家作大会主题报告，就该领域的科技前沿技术和研究热点进行交流，探讨其发展趋势、应用前景及影响。

（撰稿人：梁冠军）

中国航海学会

服务创新型国家和社会建设 学会组织学会专业委员会和会员单位围绕 2022 年航海领域重大科学问题、工程技术难题和产业技术问题开展选题征集，并组织院士、专家进行专题研讨和评审，确定“如何突破水域无人系统平台自主航行及船岸协同控制关键技术？”等一批选题。除向中国科协推荐外，还建立中国航海学会重大问题难题发布机制，并发布 7 项学会 2022 年重大科学问题、工程技术难题和产业技术问题。

学会获批成为中国科协 2022 年决策咨询专家团队建设试点单位，航海智能化、航海安全应急、航运绿色低碳 3 个决策咨询专家团队成为首批试点建设团队，并开展一系列研究工作，一批成果已报送中国科协，研究课题和成果纳入中国航海智库的工作重点。

学会组建的“科创中国”无人船跨域货物运输（深圳）产业科技服务团支持深圳无人船先行先试。学会推荐的智慧航海（青岛）科技有限公司入选 2021 年“科创中国”新锐企业榜单。

聚焦低碳发展、智能航行、安全应急等航海领域重大关切，组织政产研学金服用专家跨界研判，提出对策建议，完成关于建设智能航运船岸协同系统和科学实验设施等建议。学会船舶设计与检验技术专业委员会组织平陆运河“钦州湾航区划分研究”等项目研究，学会水路货物运输专业委员会承担渤海湾客滚运输安全管理体系研究，学会航海遥感专业委员会为四川省雅安市芦山县 6.1 级地震提供应急保障遥感技术支持等。

学会申报的“科技奖励体系及国际航海科技品牌建设”项目入选中国科协 2022 年学会公共服务能力提升项目计划。

结合 99 项科技成果评价，在注重发现高水平科技成果的同时，重视青年科技人才和创新团队的发现，使科技评价逐步实现从传统的成果鉴定向成果、人才、团队、机构综合评价拓展延伸。

2022 年，立项团体标准 40 项，较 2021 年增加 1 倍多。面向市场空白、新兴交叉学科领域和行业急需，协调产学研用相关主体研制团体标准，10 项团体标准进入征求意见环节。

承接人力资源社会保障部的专业技术人才知识更新工程 2022 年高级研修项目，学会对来自航海领域政产学研用各方的 180 多名中高层管理人员进行培训。学会秘书处和学会内河海事、船舶技术与检验、航标、航海心理学、水运工程等专业委员会围绕团体标准制定、船舶检验、船员心理健康、海上交通安全法宣贯、新国标宣贯等主题和内容开展多项培训。

学会建设 截至 12 月底，学会共有个人会员 10719 人，较 2021 年增长 118%；单位会员 549 家，较 2021 年增长 5.8%。

学会印发《中国航海学会创建中国特色一流学会三年行动方案（2022—2024）》；制定《办事机构工作人员月度绩效考核管理办法》，开展办事机构员工培训；完善档案管理等多项管理办法。获评民政部 4A 级全国性社会组织。

加强对分支机构的联系、指导、督促、评价和服务支撑，在中国科协首次组织实施的 2022 年度全国学会分支机构示范发展专项中，学会获评分支机构发展示范单位。学会新成立航道技术、水运工程、水运安全工程技术 3 个专业委员会，船闸专业委员会完成换届。新成立学会标准化委员会，制定委员会工作规则，启动标准技术中心筹建工作，完善团体标准组织体系和工作流程，严格团体标准的立项、审核、报批、发布、实施、培训、咨询等程序。

完成 OA（办公自动化）系统、会员系统、磁罗经服务系统的开发和试运行，升级学会官网和会议注册、科普基地申报、期刊编辑等系统，优化会展模块功能。开展官网安全等级保护测评，实现网络安全“零事故”。加强官网及新媒体平台应用，利用多平台发布信息1700余篇，访问量61万余人次，较2021年分别增长31%和85%。

青年人才托举工程 学会举荐的8名优秀航海青年科技工作者入选中国科协青年人才托举工程项目。设立中国航海学会青年人才托举工程项目，15名青年航海科技工作者入选。

主办期刊 学会承担中国科协航海领域高质量科技期刊分级评价工作，组建的由7名中国工程院院士和多名航海、出版领域专家参加的专家委员会对210种中英文期刊进行评审，评出航海领域高质量科技期刊42种（T1、T2、T3级分别为15种、14种和13种），列入中国科协《高质量科技期刊分级目录总汇》。

2022年，学会获评全国学会期刊出版管理规范单位。《中国航海》发行量较2021年增长13%，入选2021—2022年CSCD核心库，CSCD影响因子上升29.3%，被引频次提高20.5%。《航海技术》收稿量大幅增加，发行量较2021年增长10%。《中国航海》和《航海技术》分别获评T1、T2级高质量科技期刊。

在坚持三审三校、责任校对、专家盲审等制度的同时，提出期刊编辑分部量化考核指标，建立编辑例会制度，坚持编辑业务定期交流和经验分享。

推出“中国航海期刊”微信公众号，并与学会网站协同。通过设置重点栏目和专题，强化《中国航海》《航海技术》对学术新成果的展现。通过学术年会墙报，开辟展示优秀航海科技论文与成果的新阵地。

开展分支机构办刊情况调查摸底，确定既直管直办《中国航海》《航海技术》，又发挥分支机构及依托单位积极性和资源优势，协力打造导向正确、专业性突出、品质一流、核心竞争力强的航海科技期刊集群的基本思路。

学科发展工程 学会发布《2022年度船闸行业发展报告》。

完成中国科协《中国智能航运技术与产业化发展路线图》项目，在2022年中国航海日论坛上发布《中国智能航运技术与产业化发展预测》。

国际学术会议 11月5—6日，学会与韩国航海港湾学会、日本航海学会共同主办的亚洲航海学术年会2022线上召开。会议以“亚洲新一代航海与港口研究”为主题，学会理事长何建中出席开幕式并致辞，学会组织50余位专家学者参加会议，提交论文32篇，数量居中国、日本、韩国三国首位。

国内主要学术会议 7月11日，学会主办的以“航海科技高水平自立自强”为主题的中国航海学会2022年学术年会在辽宁省大连市召开。学会理事长何建中、大连市副市长李海洋、交通运输部科技司司长岑晏青出席会议并致辞。4位专家作主题演讲，并颁发中国航海学会科学技术奖、发布航海领域高质量科技期刊分级评价结果。

与福建省人民政府联合主办2022丝路海运国际合作论坛，与福建省科协、福州市人民政府共同主办航海与航运经济高峰论坛。主办或联合主办内河航运高质量发展交流研讨会、智能航海保障交流研讨会、高素质内河船员队伍建设交流研讨会、水路货物运输安全交流研讨会、船闸/升船机关键技术交流研讨会、通导与遥感技术交流研讨会、引航高质量发展交流研讨会等会议。

学会内河航运高质量发展专业委员会与国家水运安全工程技术研究中心联合举办“新一代航运系统”专题研讨会，学会海洋船舶驾驶专业委员会联合中国船级社上海地区委员会举办绿色智能航运与船舶安全研讨会，学会水运工程专业委员会联合水运规划与技术经济专业委员会共同举办“数智赋能融合创新”学术论坛。

两岸交流 11月15日，学会与台湾中华海洋事业协会、香港理工大学、澳门科技大学共同主办海峡两岸暨港澳航运业科技协同发展论坛。论坛拟促成地区间合作项目，建立由学会牵头，海峡两岸暨香港特别行政区、澳门特别行政区的航运企业和航海科技研发机构共同组成的常态化科技交流机制，并逐步打造成具有较高规格和影响力的航运业科技协同发展论坛品牌。

12月1日，学会与中国造船暨轮机工程师学会等单位共同主办2022海峡科技专家论坛·海峡两岸航海技术与海洋工程研讨会，围绕福建省海洋经济发展和海峡两岸互联互通等议题，推动两岸在航海技术与安全、海洋新能源开发与应用、两岸直航与市场开拓、绿色船舶与海洋工程装备研发等领域的交流与合作，为福建省海洋经济发展建言献策。

国际交往 学会完成国际港航科技联盟筹建工作，12月10日举办国际港航科技联盟成立大会。

科普活动 学会首次组织以“共筑航海梦，你我同行”为主题的全国航海科普周，包括“匠说航海”系列讲座、科普云展、科普知识竞赛等活动。7000余名航海爱好者线上参加2022年航海科普知识竞赛，85幅作品在中小学生航海书画比赛中获奖。

学会“航海科普教育基地”更名为“全国航海科普教育基地”。新增4家全国航海科普教育基地。大连海事大学“育鲲”轮、中国航海博物馆、天津海事局交管中心和福建泉州海外交通史博物馆入选中国科协2021—2025年度第一批全国科普教育基地。

学会开展“‘船’承科技、筑梦航海”参观体验等30余项科普活动，线上线下约100万人次参与。向“科普中国”平台报送科普活动20余项，推荐的4项科普活动和1个单位分获中国科协2022年全国科普日优秀活动和优秀组织单位。

学会航海历史与文化研究专业委员会开展“航海天文露营·独立夏令营”等文创活动；学会航海心理学专业委员会开展“春日唤醒”等心理健康系列活动，累计参与人数近2万人次。

表彰举荐优秀科技工作者 学会印发《中国航海学会关于加强新时代人才工作的意见》，从明确学会人才工作指导思想、基本工作思路和全面统筹学会各项业务的角度，首次系统性地提出学会人才工作的主要任务。成立航海技术与人才服务中心。

评定112个中国航海学会科学技术奖（技术进步奖/技术发明奖）获奖项目。

完成中国航海青年科技奖、中国航海科学技术突出贡献（团队）奖评审，马吉林等10人和大连海事大学智能化海工装备成套技术创新团队等10个团队分别获得中国航海青年科技奖和中国航海科学技术突出贡献（团队）奖。

向20所院校的275名学生发放中国航海学会–张荣发基金会助学金。

党建强会 学会各级党组织深入学习贯彻党的二十大精神，邀请党的二十大代表张连钢讲述自己建功新时代、奋进新征程的心路历程。

制定《中国航海学会2022年党建工作要点》。召开4次党委会议，对学会“三重一大”事项进行前置审议。持续推进党风廉政建设。制定实施《关于落实〈中国科协全国学会重点事项监管暂行办法〉的实施方案》，强化制度保障和过程监督。学会办事机构党支部获评中央和国家机关工委“四强”党支部。

会员服务 学会建立会员工作委员会，研究部署会员工作的总体思路、任务目标和具体举措；通过《会员管理办法》修正案，进一步完善规范制度体系；为准确把握会员诉求和改进会员服务，建立会员管理服务平台，推出的“会员服务八件实事”均落在实处；总结梳理航海科技工作者之家建设情况，在此基础上将“建家”工作扩至更多会员单位；建立科技工作者之家——船长轮机长沙龙机制，切实为航海一线工作者办实事、解难题。

联合相关单位共同发布《大力弘扬新时代航海精神倡议书》。开展“最美科技工作者”推荐和宣传活动,《航海技术》宣传“最美科技工作者”毛献群的事迹；发布“叩开‘地球门’”和“大坝的基石”公益广告，介绍黄大年、郑守仁等科学家爱国奋斗的感人事迹。组织专家下基层，到国能远海航运有限公司和江苏航运职业技术学院等单位作“航海精神与科学技术发展趋势”讲座。

【中国航海日活动周】 7月10—16日，学会开展中国航海日活动周系列活动，主要包括2022年中国航海日论坛、中国航海学会2022年学术年会、全国航海科普周活动、航海科技博览会4个板块内容，实现国家层面大型航海活动由“日”向“周”的扩展和集文化、科技、市场活动于一体的综合化。

2022年中国航海日论坛主论坛与全国航海日活动周启动仪式结合，多位专家学者作讲座。学会发布《中国智能航运技术与产业化发展预测》，联合多家机构共同发布《弘扬新时代航海精神的倡议》。分论坛除举办中国国际船舶技术与安全论坛、中国国际海员论坛、港航企业发展论坛、航海文化论坛等具有品牌特色的专题论坛外，增加大连东北亚国际航运中心高质量发展论坛、中国海洋生态绿色发展论坛、中国船舶与海洋装备技术论坛、疏浚论坛和国际海事妇女教育与发展论坛。活动期间，在线举办航海科技博览会，线上集中展示航海科技创新和产业发展成果。

活动直播多平台累计观看量725万人次。“7月11日是中国航海日”登上微博热搜，话题阅读量达4亿次。

【“丝路海运”国际合作论坛】 9月8日，2022“丝路海运”国际合作论坛在福建省厦门市召开。论坛由福建省人民政府、学会联合主办。主论坛由福建省省长赵龙主持。来自国内外港口航运物流企业、行业协会和金融机构的专家学者围绕“服务新格局，畅通双循环”主题，就服务国内统一大市场、国际物流与跨境电商融合发展、港航大数据建设及应用、港航金融创新服务等议题开展交流。

论坛期间发布《“丝路海运”建设蓝皮书（2021—2022）》和第十批“丝路海运”命名航线，并举办“丝路海运”联盟新成员授牌仪式。

除主论坛外，还设置4个分论坛，分别围绕“服务国内国际市场及供应链”“赋能中国品牌出海”“港航大数据建设及应用”“航运金融助力丝路海运”主题开展交流讨论。

“丝路海运”联盟成员近260家，命名航线达86条，联通29个国家、102个港口，累计开行超过8700艘次，完成集装箱吞吐量近1000万标箱。

【国际港航科技联盟成立会议暨绿色港航专题研讨会】 12月10日，国际港航科技联盟成立会议暨绿色港航专题研讨会线上召开，标志着由学会联合国内外港口、航运领域相关单位共同发起的国际港航科技联盟正式成立。该联盟旨在为促进国家和地区间港口、航运科技研发合作与交流共享，搭建国际科技交流合作平台。已有21家海内外机构加入联盟。

学会理事长何建中在致辞中表示，联盟要顺应绿色低碳智能发展新趋势，推动新技术与航运业的深度融合，加强绿色低碳技术的研发应用，推动航运业数字化转型和智能航运发展；要共创国际航海科技合作共赢新局面，促进形成产学研用深度融合的港航科技创新体系，提升创新链整体效能和协同创新效率；要不断丰富工作内容，创新活动形式，努力提升联盟平台的组织凝聚力、学术引领力和国际影响力。

联盟筹备召集人、学会常务副理事长张宝晨主持成立会议。阿拉伯航海学会理事长希沙姆·希拉勒、香港理工大学副校长赵汝恒出席会议并致辞。联盟成员单位代表30余人参加会议。会议审议通过《国际港航科技联盟章程》，选举产生临时执委会成员。交通运输部水运科学研究院院长费维军当选国际港航科技联盟首任主席，阿拉伯航海学会理事长希沙姆·希拉勒等8人当选国际港航科技联盟首任副主席，学会秘书长闫晓波当选首任秘书长。

费维军主持绿色港航专题研讨会，研讨会主题为“引领港航绿色发展”。有关单位代表分别围绕中国远洋海运集团有限公司绿色港航科技研发及国际合作进展、DNV绿色航运科技研发成果及合作情况、绿色港航科技发展趋势、越南绿色港口及数字化发展的最新进展等主题作交流报告。130余人参加研讨会。

（撰稿人：殷艳杰）

中国铁道学会

服务创新型国家和社会建设 学会有序推进标准研制工作，发布《市域铁路工程动态检测技术规范》等标准15项，在编《齿轨铁路设计暂行规定》等标准41项，完成报批待发布的《铁路工程地应力测试规程》等标准23项，使铁路国家标准和企业标准融合发展、互为补充。

完成“京张高铁复杂敏感环境地下站隧道智能化建造关键技术与应用”“铁路工程施工图审核创新及应用”“智能高铁体系架构及京张高铁示范应用”“高速铁路接触网智能建造系统与关键装备技术及应用”“高速铁路地基处理智能微变形控制技术与应用”“复杂海域公铁大桥建造关键技术”“高铁大直径泥水盾构穿越城市核心区施工关键技术”等8个项目科研成果的技术评审会，多个项目获年度省部级科技奖一等奖。

完成中国国家铁路集团有限公司（以下简称“国铁集团”）科技研发重点项目“我国铁路专业工程师能力评价与认证体系研究”的结题验收工作，研究成果被专家组评为优秀。

依据学会2021年度发布的《中国铁道学会科技成果评价管理办法（试行）》，研发学会科技成果评价在线评分系统。完成《铁路领域专业工程能力评价规范》《铁路领域专业工程能力评价实施细则》报批稿编制工作，深化专业工程师水平评价和国际互认工作的顶层设计。

协助中国科协人才中心完成中国工程师联合体第一届理事会议筹备工作，学会成为联合体常务理事单位。

启动学会标准《铁路领域专业工程能力评价规范》的研制工作，服务行业资讯评价。完成中国科协《2022年度工程师资格国际互认项目》验收总结和2023年度项目启动工作。

完成首批“科创中国”创新基地推荐申报工作，指导推荐的2家行业单位成功入选产学研协作类创新基地。组织开展2022年“科创中国”系列榜单征集遴

选工作，推荐中铁大桥局集团公司、卡斯柯信号有限公司2家单位申报“科创中国”先导技术榜单。

学会建设 筹备学会第八次会员代表大会，稳步推进学会换届工作。全年召开理事会议3次、常务理事会议2次，分别审议分支机构换届及人员调整、单位会员新增、理事变更等事项。2022年，学会新增单位会员22家，单位会员达到272家；个人会员69163人。

推动数字型智慧型学会建设，学会综合信息管理平台正式运营，完成中国铁道学会官网和微信公众号平台功能模块建设。

完成分支机构2022年度考评，学会通信信号分会等10个分支机构被授予“2022年度优秀分支机构”称号，陈勇等42人获“2022年度分支机构先进工作者”称号。

组织学会15家标准化专业委员会分别召开2021年度新开标准项目启动工作会议，加强与学会标准化工作团队沟通交流的同时为新开项目建言献策，提升学会标准化工作水平。

强化政治机关建设水平，制定并实施《中国铁道学会廉洁风险防控管理办法》等规章制度。

完成《中国铁道学会标准知识产权政策（试行）》的社会调研和初稿编制工作，在全国学会系统率先明确学会标准版权管理、标准涉及专利处置、软件著作权以及标志标识保护等方面的规定。

青年人才托举工程 组织开展铁道行业第八届青年人才托举工程项目遴选。2022年，获得19个中国科协支持名额，数量在全国学会排名第2。截至12月，四届中国科协青年人才托举工程项目共69人入选。从全国创新争先奖牌获得团队“复兴号动车组研发创新团队”中推选第八届中国科协青年人才托举工程项目候选人，学会推荐的2名候选人入选。完成第五届中国科协（第三届铁路）青年人才托举工程项目总结及验收工作。被托举人中有6人获得2021年度茅以升铁道工程师奖，1名被托举人获得2022年“最美铁道科技工作者”。组织被托举人参加中国科协青年前沿科技论坛、中国科技青年论坛、第三届中国铁路发展论坛，并作学术报告。

主办期刊 《铁道学报》全年完成12期编辑、出版、发行工作，刊发科技论文256篇。重点策划“隧道专刊”和“桥梁专刊”。

完成《铁道学报》稿件采编系统升级和迁移，实现网络首发，初步实现编辑部采编审无纸化办公，为期刊出版资源集约运营和向数字化、信息化、国际化办刊方向发展迈出新的一步。

邀请18位专业数字化及期刊专家，召开以“期刊集群运营模式、管理机制和实施路径”为主题的研讨会，推动铁路运输领域期刊集群化发展。

承担并完成中国科协2021年度全国学会期刊出版能力提升计划。分别以“铁路隧道”“复杂环境下高速列车安全问题”为主题，出版1期专刊和虚拟专辑；分别以“铁路隧道”“复杂环境下高速列车安全问题”为主题，组织2次学术交流。

承担中国科协2022年度全国学会期刊出版能力提升计划——期刊双语传播能力提升项目，促进中外学术交流与合作，强化中国期刊国际学术引领力。

《铁道学报》2019年第3期刊出的论文“高速铁路信号系统智能技术应用及发展”入选第七届中国科协优秀科技论文遴选计划（交通与基建集群）。

《铁道知识》作为学会主办出版的唯一全国发行的铁路科普期刊，全年刊发6期，设置专注、智能铁路、科普画廊、世界铁路、铁路文史、群英谱等栏目，宣传中国电气化铁路运营里程十万千米纪实、京沪高铁开通运营十周年、川藏铁路拉林段建成通车、中老铁路开工纪实等重点内容。

学科发展工程 完成中国科协2022年度重大科学问题、工程技术难题和产业技术问题推荐工作，共征集46项，经专家评审向中国科协报送10项，其中前沿科学问题2项、工程技术难题3项、产业技术问题5项。申报中国科协《重要学术会议指南（2022）》，中国铁路发展论坛等4项学术活动入选。

组织编辑出版《京沪高铁运营10周年学术论文集》《第三届中国铁路发展论坛学术论文集》等专业学术著作。

组织开展2022年学科发展引领工程系列项目申报工作，申报学科发展研究项目、学科史研究项目、产业技术路线图研究项目共7项。

国际学术会议 6月20日，由学会运输委员会、北京交通大学联合主办，爱思唯尔和经管之家论坛协办的2022年经济学“主编面对面”全体会议在北京召开。

9月7—28日，由学会运输委员会、北京交通大学共同举办的北京交通大学－英国利兹大学交通研究所2022年交通系列讲座在北京举办。

12月11日，由学会运输委员会、北京交通大学联合主办，爱思唯尔和经管之家论坛协办的第十届“运输与时空经济论坛”国际会议以线上线下结合方式在北京召开。会议主题为“低碳交通与高质量发展”，来自北京市交通委员会、交通运输部科学研究院等单位的专家学者3100余人线上线下参加会议。会议围绕运输经济理论与发展政策进行研讨，共同把脉交通难题、指路经济方略、建言运输政策、助力社会发展。通过ZOOM在线会议、爱思唯尔直播、经管之家直播、哔哩哔哩直播等形式邀请学者分享交通运输经济领域的前沿研究，并邀请国内外交通研究专家进行点评，开展线上面对面学术对话。

国内主要学术会议 学会及分支机构运用“两级学术交流平台”品牌，通过线上线下结合方式完成28项学术交流活动、近170场报告，参与人数7万余人次，交流论文近700篇。

10月9日、11月6日、12月4日，由学会电气化委员会、国铁集团工电部、中国铁道科学研究院集团有限公司共同举办的“电气化讲堂”在北京连续开展3期学术讲座活动。活动面向国内从事铁路电气化工程基础研究、系统设计、装备制造、工程安装、运营维护等技术人员，聘请设计、施工、运维、产品制造、试验检测与安全生产等方面的专家学者和经验丰富的工程技术人员，结合目前中国电力及牵引供电系统的现状与未来发展，从电气化铁路运营与维护的实际需求出发，围绕“弓网系统之基础”“高速铁路接触网无交叉线岔应用技术”“牵引变电所静态验收常见问题及处理”“电气化铁路继电保护设计及案例分析”“变电所典型案例分析”“联调联试中接触网检测技术及评价”“电气化铁路送电开通及过程管理”等课程开展专题授课。累计在线收看人数2万余人次。

11月10日，由学会材料工艺委员会、中国腐蚀与防护学会铁道设施委员会主办，中国铁道科学研究院集团有限公司金属及化学研究所承办的2022年铁道设施腐蚀与防护学术会议在北京召开。会议围绕铁道设施腐蚀防护技术进行研讨，征集论文78篇，交流报告13篇。来自行业内的专家学者共计190人以线上线下结合方式参加会议。

12月29日，由学会工务委员会和国铁集团工电部联合主办的高速铁路轨道技术创新与发展论坛以线上线下结合方式在北京举办。论坛面向高速铁路高质量发展需求，旨在推广高速铁路轨道前沿理论与先进技术，提高高速铁路轨道设备服役性能，助力中国交通强国建设。中国铁道科学研究院集团有限公司铁道建筑研究所、国铁集团铁路基础设施检测中心等相关企业、高校、科研院所的专家学者300余人线上参加会议。

科普活动 学会与各分支机构、各省级铁道学会及全国铁路科普教育基地协同联动，采取科普知识进博物馆、进站上车、进校园以及组织编创科普图书等多种形式开展科普活动，全年共举办科普讲座60余场，受众达2.5万余人次。

组织完成第二批全国铁路科普教育基地申报认定工作，共16家单位入选。组织推荐6家科普教育基地入选中国科协2021—2025年度第一批全国科普教育基地。

组织开展铁路领域科学家精神教育基地申报工作，中国铁道博物馆詹天佑纪念馆和中国铁道科学研究院院史馆2家单位入选。组织编写《全国铁路科普教育基地指南》。

表彰举荐优秀科技工作者 学会组织开展2022年度“最美铁道科技工作者”遴选表彰宣传活动。对获得表彰的10名科技工作者在《人民铁道》报、微信公众号、学会网站上进行报道宣传，并择优向中央宣传部、中国科协等6部门推荐“最美科技工作者”人选2名。

与北京茅以升科技教育基金会联合开展茅以升铁道工程师奖评审工作，并组织举办北京茅以升科技教育基金会第三十一届颁奖大会——纪念钱塘江大桥通车85周年暨第十一届桥梁与隧道工程技术论坛。

联合全国铁道团委开展第八届全国铁路青年科技创新奖评审工作，完成95个申报项目评审及表彰工作。

开展2022年度学会科学技术奖评审工作，拟定评审程序，增加形式审查后退回补正、形式审查小组集体复审、网络专业推选等相关流程，严格规范评审流程。

党建强会 深入学习宣传贯彻党的二十大精神，认真学习习近平总书记在重要场合、重要节点的重要讲话精神，不断强化党建工作和党风廉政建设。全年共召开党员大会集体研讨活动4次、支委会议17次、党小组学习33次、主题党日活动10次。

完成中国科协2022年度“党建强会计划”和“党建+”特色活动资助项目，以高质量党建引领推动学

会业务高质量发展。

会员服务 开展线上线下融合互动的建家活动，通过科技奖励、评先争优、舆论宣传等手段弘扬科学家精神，增强铁路科技工作者的认同感、归属感和获得感。学会期刊及各种论文集免费发放给理事单位、会员，全年免费提供视频、音像及文字材料共计 1.9 万余册。邀请单位会员和个人会员参加学会组织的学术研讨会，为会员单位提供成果评价、决策咨询等服务。

【第三届中国铁路发展论坛】 11 月 17—18 日，第三届中国铁路发展论坛在北京和四川省成都市以线上线下结合方式召开，来自国家铁路局、国铁集团相关部门的负责人以及有关专家、科技工作者等 3 万余人次参加会议。学会理事长、中国工程院院士卢春房，以及西南交通大学、中铁二院工程集团有限责任公司有关负责人出席并致辞。国铁集团副总经理、党组成员王同军作主题报告。

论坛设立主论坛和分论坛，共邀请 29 位院士、专家、青年科技工作者作报告。论坛就中国智能高铁发展以及中国铁路工程建造、装备制造、运营管理等领域的重要研究课题进行研讨，共商共谋共创中国铁路发展未来。为服务青年科技工作者成长，结合学会青年人才托举工程，打造青年科技分论坛，特邀卢春房为青年科技工作者寄语。

【2022 年全国铁路科普日主场活动暨全国铁路科普工作研讨会】 9 月 19 日，由学会与中国铁道科学研究院集团有限公司、中国铁道博物馆联合主办的 2022 年全国铁路科普日主场活动暨全国铁路科普工作研讨会以线上线下结合方式在北京举办。活动以“喜迎二十大 科普向未来”为主题，来自国铁集团科技和信息化部、国家铁路局科技与法制司、中国铁道科学研究院集团有限公司、中国铁道博物馆、学会各分支机构、各省级铁道学会以及全国铁路科普教育基地等相关单位的负责人 100 余人参加活动和研讨会。学会理事长、中国工程院院士卢春房以及相关单位领导出席并致辞，活动由学会副秘书长田京芬主持。

活动包含参观中国铁道科学研究院院史馆、举办“铁道大讲堂”报告会、开展铁路科普工作交流研讨等环节，集体观看主题科普节目《中国高铁 中国速度》，聆听讲座《新时代科普工作概览》。7 家全国铁路科普教育基地在会上交流科普工作成果和经验。

（撰稿人：贾建坤）

中国公路学会

服务创新型国家和社会建设 2022 年，学会累计召开科技项目评价会 300 余场、标准立项及过程审查会 140 多场、技术咨询会 50 余场。

全年新增团体标准立项 110 项，发布 33 项。7 月，学会《公路高模量沥青路面施工技术指南》《同向回转拉索技术指南》2 项团体标准入围中国标准创新贡献奖。本次中国标准创新贡献奖共有 43 项团体标准获得提名。

推荐 177 名行业专家入选中国科协科技人才奖项评审专家库。

承担中国工程院重大课题“智慧公路发展战略研究”，承担的中国工程院“交通强国二期战略研究”子课题“实现高质量综合交通一体化战略”结题；完成中国工程院“中国区块链发展战略研究”课题案例（交通运输）的征集及编制工作。

7 月，承担的《宁夏交通运输综合执法“十四五”实施方案》编制项目正式结题，与《江苏交通运输综合执法“十四五”方案》《安徽交通运输综合执法“十四五”方案》一起为东、中、西部交通运输执法树立标准。

9 月，与中国汽车工程学会、中国通信学会联合发布《车路协同自动驾驶一致行动宣言》《车路协同自动驾驶一致行动方案》，共同发布《车路协同自动驾驶系统（车路云一体化系统）协同发展框架》。

12 月，由学会牵头，联合清华大学等多所高校、研究机构和企业共同编制的《中国交通运输 2020》《中国交通运输 2021》正式发布。人民网、新华网等官方媒体互联网平台和头条号等主流互联网媒体平台，以及人民交通、中国交通在线等行业媒体和微信公众号进行报道。

对接交通运输部有关司局，在公路基础设施管养、高速公路收费政策制定、公路数字化发展、公路科普、对外国际交流、“司机之家”等级评定、启动《国家综合交通运输 2021》报告编制等方面开展合作。

与中交公路规划设计院有限公司共同主办“中交公规院杯”2022 世界大学生桥梁设计大赛。6 月 26 日，大赛举办总决赛暨颁奖典礼。大赛共收到参赛作品 196 部，国内外 54 所大学选送参赛作品。世界大学生桥梁设计大赛已举办 5 届，大赛累计收到参赛作品

1000余部，参赛学生5000余人次，参赛选手覆盖中国、美国、英国、意大利、德国等近20个国家和地区。

学会各机构采用线上方式开展多层次、多领域的培训工作，培训人数达到3万人次。

学会建设 2022年，学会完善办事机构制度建设。《中国公路学会秘书处员工手册》经过学会工会会员大会审议通过，并正式实施。

学会新成立道路救援分会、交通低碳化工作委员会。学会分支机构达22个。学会服务领域进一步拓宽，在认证业务、文博工程、技术咨询服务、新媒体、线上数字化产品等方面持续拓展。

6月28日，中国公路学会第六届专家委员会成立大会以线上线下结合方式召开。学会第六届专家委员会共有137位委员，包括14位中国工程院院士，专业领域涵盖公路、桥梁、隧道与地下工程、交通信息化、战略与规划，形成智库核心团队。

12月24日，中国公路学会第六届青年专家委员会成立大会以线上线下结合方式召开。学会第六届青年专家委员会共有委员200余位，学会副理事长、第五届青年专家委员会主任委员裴岷山连任第六届青年专家委员会主任委员。

12月4日，中国科协正式公布通过2022年全国学会专职工作人员水平评价的名单，学会共21人通过高级、中级、初级测试，综合通过率近68%；其中副高级7人、中级11人、初级3人。

2022年，"中国公路"微信公众号、视频号、微博、百家号、抖音号等新媒体平台围绕行业热点、难点、重点问题，在行业管理、运营服务、科技创新、产业发展、成果转化等方面，策划制作专题100多个，发布文章2200余条，制作视频120余个，直播70余场。重点话题包括"非凡十年""中国路""中国桥""中国隧""智慧交通""沙漠公路""最美公路人""中国路姐"等。截至2022年年底，新媒体平台全网粉丝量达到120万人，较上年粉丝增长量超过11万人。

学会负责运营的"中国交通"微博账号粉丝数量超过668万人。1—11月共发布博文4813条，总阅读量超1.5亿次；直播19场，累计观看量超2259.8万人次；阅读量过万的博文超4195条。位居政务类微博前15名。

建设完善学会数据资源平台"数据知识中心"，资源数量近40万条。8月，平台与维普网打通数据接口后，通过数据接口整合，平台的文献数目由8万余条增加至26万余条。

青年人才托举工程 2022年，学会完成第四届中国科协青年人才托举工程项目结题。申请并入选第八届中国科协青年人才托举工程项目，中国科协资助名额增加，并新增6名自筹资助名额；探索自筹资助评审方式及后续培养模式。

做好第五、第六、第七届中国科协青年人才托举工程项目工作跟踪，补齐青年人才托举工程人才培养跟踪服务平台资料，梳理被托举人才信息，筹备青年人才学术沙龙系列活动。

申请通过北京市科协青年人才托举工程项目，与北京公路学会联合培养青年人才，开展青托学术沙龙等活动。参与第二届青年前沿科技论坛的组织及筹备工作。

主办期刊 5月，学会召开公路运输领域高质量科技期刊分级目录终评会，确定包括46种中文期刊在内的77种期刊入选《公路运输领域高质量科技期刊分级目录》。

《中国公路》《中国交通信息化》2本期刊完成年检，并按北京市新闻出版局及中国科协的要求整改。

《中国公路》就重大工程项目、重点企业周年庆典、重要省份"十四五"工作规划，以及"十大最美农村路""中国公路学会科学技术奖""最美公路人""优秀党建品牌"等主题开展推选宣传活动，取得一定社会效益和经济效益。入选中国科协2022年度全国学会期刊出版能力提升计划——期刊双语传播能力提升项目。

《中国交通信息化》就智慧高速、智慧出行服务、大数据应用、ETC拓展应用、智慧隧道、区块链等热点、难点话题组织一系列专题。全年共刊发文章约400篇，出版S1增刊1本。

国际学术会议 9月，学会与全球道路联合会共同主办的智能网联自动驾驶道路发展论坛——"达成全球共识"专题论坛在美国洛杉矶召开。

学会与美国交通运输研究会共同主办中美绿色交通创新合作论坛、应对气候变化国际交通研讨会的第二期和第三期等学术活动。

国内主要学术会议 2022年，学会举办第二十四届中国高速公路信息化大会、第五届中国旅游交通大会、第三届未来交通创新大赛决赛、第九届全国高速

公路品牌年会、第五届全国交通基础设施建设投融资模式创新与公募 REITs 发展研讨会、首届全国交通与能源融合发展论坛、首届全国公路交通低碳发展论坛、青白江区新材料中试产业与智慧物流发展线上战略咨询会等学术交流活动。

11 月 29 日—12 月 3 日，学会与湖北省科协共同承办的 2022 世界交通运输大会线上举办。大会包含 1 场主旨报告会、13 场主题论坛和 170 场专题论坛。

国际交往 7 月 9 日，中国科协联合国咨商交通与可持续的基础设施专业委员会正式成立，秘书处设在学会。学会国际交流合作渠道进一步拓展。

科普活动 2022 年，学会认定的全国公路科普教育基地达 80 家，分布于 23 个省（自治区、直辖市）；组建第二批中国公路学会科学传播专家团队。

在 2022 年全国科普日、全国科技活动周期间，学会共组织开展科普活动 87 场次，受众超过 15 万人次。

11 月，学会主编的文献类科普图书《中国廊桥》实现版权输出，由斯普林格出版集团出版发行。

12 月 28 日，学会被中国科协评为 2022 年度全国学会科普工作优秀单位，这是学会连续第八年获此荣誉。

表彰举荐优秀科技工作者 结合全国科技工作者日活动，学会推选 15 名行业优秀科技工作者作为 2022 年“最美科技工作者”人选，并通过学会平台进行广泛宣传。

2021 年 11 月，学会启动“国际公路交通科技领军人才”遴选工作，于 2022 年 3 月完成评选，确定中国公路学会“国际公路交通科技领军人才”33 人。

1 月，学会正式发布 2021 年度中国公路学会科学技术奖获奖项目；2022 年度中国公路学会科学技术奖评选基本完成，进入公示环节。

2022 年，由学会推荐的“贵阳至瓮安高速公路”等 3 个项目获第 19 届中国土木工程詹天佑奖。4 月，学会推荐的 2 个桥梁项目——贵州花鱼洞大桥、拉林铁路藏木雅鲁藏布江大桥，分别获得国际桥梁大会古斯塔夫斯 · 林德撒尔奖、西奥多 · 库珀（铁路桥）奖。8 月，学会推荐的 3 个项目获 2022 年全球道路联合会全球道路成就奖。

党建强会 10 月 24 日，学会理事会党委理论学习中心组扩大会议召开，专题学习党的二十大精神，并对学会学习宣传贯彻党的二十大精神作出部署和要求。10 月 31 日，学会办事机构党总支召开全体委员会议，传达学习《中共中央关于认真学习宣传贯彻党的二十大精神的决定》，研究学会办事机构党总支（党支部）学习宣传贯彻党的二十大精神计划，部署学会办事机构党建工作，提出学会学习党的二十大精神的总体要求、学习内容、学习形式、时间安排和具体要求。学会办事机构党总支、各党支部组织全体党员通过多种形式深入学习宣传贯彻党的二十大精神。在学会网站、微信公众号设置“学习党的二十大精神”专栏，刊登有关文件、党员学习体会等。

12 月 21 日，学会以通讯方式召开九届二次理事会议。学会理事长翁孟勇以《用党的二十大精神 指引一流学会建设取得新发展》为题作工作报告。

会员服务 4 月 8 日，学会召开 2022 年全国公路学会工作会议，重点对会员工作、分支机构管理作部署。会后印发《中国公路学会会员发展和服务工作三年行动计划（2022—2024 年）》，提出会员工作的指导思想、任务目标和保障措施，成立中国公路学会会员发展和服务工作三年行动计划领导小组。

12 月底，学会建成信息化会员管理系统，会员数据库逐步完善，行业科技工作者和单位入会数量有所增加，会员结构得到改善，会员服务的内容和方式得以改进。

学会针对个人会员开展第五届中国公路学会优秀科技工作者评选，共评选出 50 名优秀科技工作者，并对其事迹进行宣传和报道。

【《车路协同自动驾驶一致行动宣言》《车路协同自动驾驶一致行动方案》】 9 月，学会与中国汽车工程学会、中国通信学会发布《车路协同自动驾驶一致行动宣言》《车路协同自动驾驶一致行动方案》。

《车路协同自动驾驶一致行动宣言》指出，车路协同自动驾驶（车路云一体化系统）是推动中国智能交通系统建设，引领交通、汽车、通信等行业科技创新的重点领域。三家学会将秉承“相互协作、共同发展”的理念，发挥智慧公路等不同行业科技优势，共同确定车路协同自动驾驶（车路云一体化系统）的发展目标与方向，制定统一技术发展路线图，构建参与成员间信息共享、成果共享的协作发展平台。

《车路协同自动驾驶一致行动方案》明确，三家学会将围绕智慧公路、智能网联汽车、C-V2X 车车 / 车路通信等重要方面开展协同协作、联合攻关，形成一致行动的具体工作方案和发展路径。

（撰稿人：徐德谦）

中国航空学会

服务创新型国家和社会建设 2022年，学会作为试点单位入围科技部等十部委联合开展的科技成果评价改革试点工作，可就涉密项目开展科技成果鉴定。组织专家对35家单位申请的62项科技成果进行鉴定与评价，得到20余位中国科学院院士、中国工程院院士的参与支持。

通过中国科协向中央上报3份科技工作者建议，在江西省南昌市组织院士、专家共话江西航空产业发展研讨会，学会名誉理事长刘高倬等10余位专家对江西航空产业发展建言献策。

组建“科创中国”航空高端装备制造产业科技服务团和南昌国家高新技术产业开发区航空制造产业服务团，搭建产学研新平台。

8月27—28日，由学会与商务部投资促进事务局等单位联合主办的第六届中国航空创新创业大赛全国总决赛暨第二届中国航空投资峰会在陕西省西安市举办。本届大赛共收到336个项目团队报名，最终有30个项目进入全国总决赛。总决赛采用线上线下结合方式进行，共有87万人次线上观看直播。

9—12月，组织开展第七届中国航空创新创业大赛初选和复赛。本届大赛共收到263个项目团队报名，最终有29个项目进入全国总决赛。

学会通用航空分会委员、总干事等多人作为主要完成人，参与制定并出台《四川省通用航空条例》。该条例是全国首次提出通用航空地方立法，适应改革发展需求，有助于依法推动通用航空业高质量发展。

创办“空天人才宣讲会”线上平台，先后举办5期，共邀请10家单位会员进行宣讲，参与高校毕业生超2万人次。举办航空武器发展研究培训、全国青少年无人机科学素质等级考试教师培训、航空应急救援/医疗救护培训等培训活动，参与人数近4000人次。

学会建设 1月25日，学会第十次全国会员代表大会在北京以线上线下结合方式举办。组织召开十届理事会第一次会议，十届常务理事会第一、第二、第三次会议，2022年工作会，十届理事会青年人才工作委员会第一次会议等工作性会议，优质完成2021年民政部年检等。

青年人才托举工程 推荐宋飞龙等22位优秀航空青年科技人才入选中国科协青年人才托举工程项目。承办中国科技青年论坛、中国科协巾帼科技创新沙龙等中国科协人才工作项目。

主办期刊 学会申报并承担中国科协分领域发布高质量科技期刊分级目录项目，在2020年已完成航空航天领域高质量科技期刊分级目录评审发布工作的基础上进行优化调整。2021年创办的《制导、导航与控制（英文版）》入选2022年度中国科技期刊卓越行动计划高起点新刊项目，成为学会主办期刊中第四本进入卓越行动计划的期刊。《航空材料学报》《航空动力学报》《航空工程进展》均获得中国科协全国学会期刊出版能力提升计划项目支持，并按计划完成专刊专栏的组织出版工作。

《中国航空学报（英文版）》SCI影响因子由2.769增至4.061（增幅46.7%），稳居Q1区，全球学科排名由第5位升至第4位。《航空工程进展》被中国科技核心期刊和国际开放获取数据库DOAJ收录，影响因子达到0.4242，进入《中国科技期刊引证指标》数据库Q3区。2022年《航空模型》更名《问天少年》，立足原创，以严谨科学视角、新潮图解诠释聚焦航空航天硬核科技，旨在提升青少年科学素养，单期发行量超过5万册，成为2022年度中国科普期刊领域的现象级刊物。

国际学术会议 9月5—9日，第33届国际航空科学大会在瑞典斯德哥尔摩举办，学会与国际航空科学大会秘书处和瑞典承办方密切沟通，大会专为中国参会人员开通线上会议通道，确保70余名专家学者以线上形式参加会议。

10月12—13日，2022亚太航空航天技术学术会议在日本召开。300余名专家学者参加会议。日本、韩国、澳大利亚的专家学者线下参加会议，中方学者线上参加。亚太航空航天技术学术会议已成为中国、韩国、日本、澳大利亚四国沟通和联系的固定渠道。本次会议中，学会倡导在国际形势错综复杂的情况下充分利用该平台深化合作，提议按照“共商、共建、共享”原则进行组委会机制改革、建立会议永久官网，获得各方肯定。12月，四主办方国际学术委员会委员召开线上会议就落实组委会机制改革、建立会议永久官网两项工作开展详细讨论，并达成共识。学会负责建设永久官网并维护，以四年为期限，四国航空航天学会轮流负责。

国内主要学术会议 8月24—27日，由学会主办的2022（第五届）中国航空科学技术大会在山东省

青岛市举办。会议以“新一代航空装备与技术”为主题，通过表彰奖励、主旨报告、专题交流等形式系统梳理近两年航空科技与产业进展，560余名科技工作者参加大会。学会理事长林左鸣，监事长李春宏，中国工程院院士刘大响、张彦仲、王向明，中国科学院院士李应红、冷劲松等70余位专家参加会议。

11月19日，由学会主办的2022（第十届）中国航空学会青年科技论坛暨南昌航空大学建校七十周年发展大会在江西省南昌市举办。论坛主题为“航空科技的创新与持续发展”，250余名科技工作者参加论坛。学会副理事长、中国工程院院士甘晓华，中国科学院院士闫楚良，中国工程院院士何友，中国科学院院士张卫红等参加会议并作报告。

11月25—26日，学会在江西省南昌市举办2022（第四届）中国航空产业大会暨南昌飞行大会，9位院士和400余名专家学者参加线下会议，20万余人次同步在线收看。

11月27日，由学会承办的下一代航空科技装备高峰论坛在中国科协第四届世界科技与发展论坛期间举办。中国工程院院士刘永坚致辞。中国商用飞机有限责任公司研究员陈迎春、中国航空工业集团公司第一飞机设计研究院研究员段卓毅、巴西国家工程院院士乔奥·路易斯F·阿泽维多、俄罗斯自然科学院院士舒振杰、电子科技大学研究员聂海涛等专家围绕《中国商用飞机发展》《基于模型的系统工程（MBSE）在航空型号研发中的工程实践》《高升力流动的CFD仿真》《强制性国家标准〈民用无人驾驶航空器安全要求〉》《大型商用无人机的发展及其应用探索》等主题作报告，260余名科技工作者参加会议。

国际组织任职 9月5—9日，第33届国际航空科学大会在瑞典斯德哥尔摩举办，学会副理事长兼秘书长姚俊臣代表中国航空界出席理事会，参与换届选举。学会国际合作工作委员会主任委员张新国连任国际航空科学大会执委，学会推荐的学术委员会、青年委员会任职委员也获得连任。

2022年9月，经航空航天协会国际协调理事会决议，同意学会代表中国航空制造业加入该组织的申请。自2023年1月1日起，学会成为该组织准会员。一年观察期满后，将转为正式会员，享有投票权。

国际交往 9月10日，在法国巴黎举办中国航空学会欧洲代表处成立仪式。来自14家单位的22名代表出席，中国驻法国大使馆公使陈力出席并致辞。聘任法国巴黎－萨克雷大学教授嵇宁为首席代表，于强、叶伟明和刘衍为副代表开展相关工作。成立仪式上，学会与北京航空航天大学法国校友会和中国旅法航空航天协会签署谅解备忘录。

科普活动 3—7月，在全国28个省、直辖市组织开展87场第六届青少年无人机大赛省级、市级和赛项选拔赛，近2万名选手参加旋翼类、固定翼类和创意类3个类别的17个赛项的比赛。8月10—15日和8月18—21日，分别在江西省赣州市南康区和广东省广州南沙区举办第六届全国青少年无人机大赛，共有来自全国28个省（自治区、直辖市）和香港特别行政区、澳门特别行政区的1965支队伍5245名选手参赛。9月底，全国青少年无人机大赛再次入选教育部2022—2025学年面向中小学生的全国竞赛活动“白名单”，学会将以此为契机继续做大做强青少年航空人才培养及科普体系化建设。

为培养大学生的航空科技实践创新能力，也为中国航空事业搭建发掘创新后备人才平台，学会举办2022中国飞行器设计创新大赛，共设置固定翼类、旋翼类、火箭类共3个大类6个项目，来自清华大学、北京航空航天大学、西北工业大学等88所高校的2100名师生参加比赛。

表彰举荐优秀科技工作者 由学会推荐的第十六届中国航空学会青年科技奖获得者、南京航空航天大学教授邱雷荣获第十七届中国青年科技奖，学会推荐的邓景辉、白晓东获2022年杰出工程师奖，学会推荐的刘小川获2022年杰出工程师青年奖。

完成第十七届中国青年科技奖、第十八届中国青年女科学家奖、第五届杰出工程师奖、第十八届（2022）光华龙腾奖·中国设计业十大杰出青年等候选人推荐工作。完成第二届中国航空学会李明英才奖评审工作，姜斌等2人获李明英才奖，左宗玉等5人获李明青年英才奖。

2022年度中国航空学会科学技术奖共收到49家单位会员、5家地方学会及2个专业分会推荐的144份材料，共评选出65个获奖项目。2022年度中国航空学会优秀研究生学位论文奖共收到15家单位会员、14个专业分会、9位院士提名的112份材料，评选出30篇优秀学位论文。

党建强会 完成理事会党委换届及有关党建工作制度修订，充分发挥理事会党委、办事机构党支部和分支机构党的工作小组对“三重一大”前置审议作用，持续加强党建对业务工作的引领。

学会联合中国科协科学技术创新部党支部、中国科协学会服务中心党委、中国科协科技社团党委在北京共同举办“推动中国特色一流学会、一流期刊建设，献礼党的二十大 奋力谱写新篇章”主题党日活动，80余名党员参加活动。

注重党建与业务的深度结合，联合广西壮族自治区党委宣传部及国防教育委员会办公室、中国科协科技社团党委、中国造船工程学会党委、中华医学会党委、中国科协创新融合学会联合体等有关成员学会党委于9月16—20日在广西壮族自治区来宾市举办以“新时代爱国强军谱新篇”为主题的党建强会国防科普“五进”（进校园、进机关、进社区、进企业、进军营）活动，50余名专家深入学校、机关、社区和企业开展活动，受众超万人次。

会员服务 学会提前半年完成信息化平台第六期开发工作，与之前版本相比，界面更加友好，功能组件更加明确，数据收集更加精准，会员肖像更加清晰。全年通过信息化平台新增注册用户4542人，发展个人会员1705名，收取个人会费8万余元，信息化平台管理优势正在不断体现。新发展单位会员49家，单位会员队伍进一步壮大，总规模达314家。

完善会员动态管理，对未履行单位会员义务的31家单位会员终止会员资格，予以清退。终止会员资格的单位，5年内不得再次入会。

【中国航空学会第十次全国会员代表大会】 1月25日，中国航空学会第十次全国会员代表大会在北京以线上线下结合方式举办。经学会各级组织民主选举或推荐产生377名正式代表，其中343名代表出席大会。大会听取并审议通过学会理事长林左鸣代表第九届理事会所作的工作报告，确定今后五年学会工作的总体目标、工作思路以及工作重点；表彰第九届理事会期间的先进单位及先进个人；审议通过学会第九届理事会财务工作报告及第十届理事会会费标准修改意见；对学会现行章程进行修改；大会经无记名投票方式差额选举出206人组成的第十届理事会和7人组成的监事会。在十届理事会监事会第一次会议上，李春宏当选监事会监事长，张凤鸣当选副监事长。

在第十届理事会第一次会议上，选举产生由65人组成的第十届常务理事会，林左鸣当选学会第十届理事会理事长。林左鸣主持召开学会第十届理事会党委第一次会议，会议选举产生十届理事会党委书记、副书记，林左鸣当选党委书记、姚俊臣为党委副书记。

（撰稿人：杨 亮）

中国宇航学会

服务创新型国家和社会建设 2022年，学会形成《大国竞争形势下的太空战略布局》等专报8篇。出版3期《航天政策研究》，其中《地月空间探索与开发的思考》等5篇文章上报中央办公厅。报送8条“中国青年五四奖章”获得者学习心得，获中央批示。向中国科协推荐200名科技人才奖项评审专家。

全年完成“中国网络信息领域基础科学研究整体水平和国际影响力评估”等3项课题研究和出版工作。支撑军方开展航天国防创新领域内相关研究合作1项，服务中国航天科技集团有限公司、中国航天科工集团有限公司等单位会员开展1项课题研究，服务地方政府开展1项科技经济融合课题研究。

组建“科创中国”航天技术应用产业科技服务团，向四川省成都市、福建省泉州市、海南省文昌市3个城市提供产业规划咨询并与之合作，为地方解决52项技术难题，其中3项技术实现签约、6项科技成果落地转化。

全年发布《微小卫星推进模块通用要求》等宇航团体标准11项，累计发布45项。

继续承担人力资源社会保障部项目，举办数字化转型关键技术高级研修班，培训人数超200人。7月21—24日，学会在海南省儋州市召开太空技术创新与教育研讨会暨2022航天高校暑期研修班，来自全国11所高校的50余名师生参加培训。

学会建设 截至2022年年底，学会共有个人会员55074人，新增10362人；单位会员179家。

全年共召开理事会议1次、常务理事会议4次、学会理事会党委会议2次、监事会议2次、会员专项工作小组会议1次，修订并印发《全国航天特色学校认定与管理服务办法》。

学会共有分支机构45个，新增航天女科技工作者工作委员会，8个分支机构完成换届，完成分支机构首次考核和表彰整改工作。

持续推出社会公共服务（产品）目录和会员服务

手册，发布新版学会简介，提升产品供给和公共服务能力。首次开通学会微信视频号，推动学会信息化数字化改革。

青年人才托举工程 学会推荐的16名航天青年入选第七届中国科协青年人才托举工程项目、21名航天青年入选第八届中国科协青年人才托举工程项目，累计入选76人。

继续发挥青年科学家俱乐部作用，举办“青聚海口”青年科学家论坛，全年共推出16期青年云课堂。

主办期刊 学会主办的《气体物理》等8种期刊均正常出版。继续推进中国航天期刊平台建设，新增1种期刊，全年发行160期，刊载2845篇文章；中国航天科学技术知识库新增收录航天领域图书20种。

《宇航学报》继续保持中文核心期刊、中国科技核心期刊、EI源期刊，2022年核心影响因子为1.374，较2021年（1.063）提高29.26%，综合评价总分继续保持航天科技期刊第一位，入选“2021年中国百种杰出学术期刊”。全年共出版12期，收稿736篇，载文168篇。

Advances in Astronautics Science and Technology《航天科技前沿（英文），AAST》继续承担国际宇航大会会刊职责，由半年刊转为季刊。全年共出版4期，收稿59篇，发表46篇，下载16796次。

学会科普期刊《太空探索》连续多年被中央办公厅列入期刊采编目录，全年共发行12万册，策划航天科普专题20个，编发稿件300多篇。

9月19—23日，学会举办2022年中国航天期刊编辑业务培训班，近40种期刊的150余位编辑参加培训。

学科发展工程 学会启动《航天科学技术学科发展研究（2022—2023）》编制工作，内容涵盖航天运载器、深空探测、导航与控制技术等专业。

11月，学会发布2022年宇航领域科学问题和技术难题，推动《2020—2022宇航领域科学问题和技术难题解读》出版工作。

国际学术会议 2022年，学会举办国际会议7次，参会人数共计80万余人次（含线上），国外专家参会人数约120人，交流论文155篇，收录论文436篇，出版论文集1部。

2月17日，学会与国际宇航联合会等联合主办的近地轨道载人航天发展展望与合作国际研讨会线上召开。来自欧洲航天局、加拿大航天局、俄罗斯航天局和中国载人航天工程办公室的8名专家，围绕载人航天进程、空间站及运载火箭等领域进行交流研讨与合作展望。

9月21日，由国家航天局探月与航天工程中心、学会、中国空间技术研究院等联合主办的中国月球与深空探测国际合作展望论坛在法国巴黎召开。论坛采用主旨报告和圆桌讨论的形式，分享以国际月球科研站为代表的中国月球与深空探测系列任务的目标、主要组成及研制计划，来自国内外的300余名专家学者参加会议。

11月11—12日，第五届巴黎和平论坛在法国巴黎召开，学会线上组织“航天高端系列对话——星座引领未来”“空间包容的价值——解决全球范围从外层空间获益的经济差距问题”2场研讨会，50余名中外学者参与讨论。

11月14日，学会以线上线下结合方式在北京举办2022年国际宇航科学院院士日活动。近100名中外国际宇航科学院院士和航天专家出席活动，并围绕卫星通信安全技术、中国深空探测展望和月球远端保护等话题作报告。会上，为13名新当选国际宇航科学院院士的中国专家颁发证书。

11月18—20日，学会等共同主办的2022空间技术和平利用（健康）国际研讨会以线上线下结合方式召开。会议设置10场分论坛，来自中国、美国、英国、法国、德国等国的空间领域专家，围绕空间技术和平应用与转化、科技创新发展和人才培养、可持续发展等议题进行研讨交流。会上发布《科学家关于空间技术和平利用的倡议书》。

11月24—26日，由学会与空间光学仪器国际联合研究中心共同主办的第七届空间光学仪器与应用国际会议在北京召开。会议主题为“聚焦先进空间光学技术发展，创新服务生态文明建设”，来自中国、荷兰、法国、委内瑞拉、埃塞俄比亚、乌克兰等国的近100名专家学者参加会议。

12月2日，学会承办的中法空间研讨会线上召开。会议围绕航天服务可持续发展、航天服务时域天文学探测、航天服务应对气候变化等重点合作领域展开研讨，来自中国和法国政府、高校、科研机构、企业的80余名专家学者参加会议。

国内主要学术会议 2022年，学会及分支机构共举办国内学术会议96场，27067人次线下参会，交流论文2588篇，交流报告1861篇，形成论文集28部。

11月15日，中国科协主办、学会承办的“科创中国”航天赋能助力深海产业创新论坛在海南省三亚市召开。论坛以“迈向星辰大海——航天赋能深海，协同创新发展”为主题，来自航天与海洋领域的200余名专家学者以及政府、企业代表参加会议，并围绕航天与海洋跨领域合作等议题开展交流研讨。

学会继续推进分支机构细分学科品牌会议建设，指导并支持举办第十届进入、减速、着陆与上升技术全国学术会议，第三届中国机器人学术年会，中国宇航学会空间太阳能电站专业委员会2021年学术交流会，中国宇航学会空间电子学专业委员会2022年卫星有效载荷技术年会等31场会议。

国际组织任职 学会推荐13名中国专家加入国际宇航科学院月球远端保护、空间太阳能、空间态势感知、空间交通管理4个学术委员会。

国际交往 9月，学会组织12名专家赴法国巴黎参加第73届国际宇航大会，其间举办“天问一号”任务亮点报告会和世界大学生立方星挑战赛新闻发布会。

学会发起成立的国际宇航联合会卫星商业应用委员会继续在航天领域科技与经济融合方向开展专题学术和研究活动。

协助学会常务理事包为民履职国际宇航科学院工程部主席，组织学会专家参加12场国际宇航科学院春季会议和13场秋季会议，推进40余位中方专家在国际宇航联合会技术委员会和国际宇航科学院专业委员会的任职工作。

科普活动 学会新认定16所全国航天特色学校，累计认定101所，开展5期全国航天特色学校巡礼活动；组建由2000多名航天科技工作者组成的科普专家团队和志愿者队伍，全年新增1200余人。

3月，学会参与发起首届国际空间科学与载荷大赛，大赛主题为“共享太空　共赢未来”。9月21日，学会启动第二届世界大学生立方星挑战赛筹备工作。

全年举办12项青少年科普活动。形成并发布“我的太空梦”品牌形象，启动“我的太空梦”首届航天科普短视频创作大赛，开展第十一届“我的太空梦”太空画创作征集活动，收到有效投稿6287件；开展9场“大手拉小手”科普报告汇暨航天科普大讲堂活动，直接参与师生5000余人；开展2场航天科普讲解团巡讲活动，线上线下参与人数约38万人次；7月，组织“少年问天”——问天实验舱发射直播活动，线上线下参与人数超36万人次。此外，还举办2022年世界空间周系列庆祝活动、青少年高校科学营航天分营活动等。

11月23—27日，学会在海南省海口市举办“航天放飞中国梦”科普巡展，展区包括航天科普展区、航天成就展区（含商业航天）及海南航天专题展区3个部分，新增航天科技助力冬奥会板块，超过8000人次参观。

学会与中国科协科学技术普及部、光明网联合出品11期《青春献给中国航天》微视频，曝光量达2000多万人次；开展青少年航天科普需求调查与对策研究等课题研究，对85所全国航天特色学校进行需求调研与问卷报告分析，提出有针对性的航天科普活动体系。

在澳门特别行政区开展“中国航天日专题活动2022”和“希望四号”系列科普交流活动，学会专家作专题演讲。10月28日，学会举办“与国同兴2022——内地港生考察团”航天主题活动，加强与香港特别行政区青少年的科普交流，近100人参加活动。

表彰举荐优秀科技工作者 学会推荐国防科技奖、2022年“最美科技工作者”、钟南山青年科技创新奖、第十七届中国青年科技奖、第十八届中国青年女科学家奖及2021年度未来女科学家计划、钱学森杰出贡献奖、求是奖等奖项候选人22名。

学会推荐的“天问一号”团队和中国科学院院士刘竹生分别获评2022年国际宇航联合会世界航天奖和名人堂奖。

党建强会 学会理事会党委以迎接学习宣传党的二十大为主线，成立党员先锋突击队，开展党的二十大精神学习宣贯活动5次，开展党委集体学习6次，覆盖人数超3000人次；开展百名科学家讲党课26次，覆盖人数超5000人次。全年召开学会理事会党委会议2次、党支部党员大会5次、支部委员会会议16次。

开展“党建+科普”党建强会系列活动，举办“航天精神高端论坛”“党领导下的科学家”主题展和2场航天主题实践活动，接待观众近8万人次，活动曝光量达900多万人次，推动党建工作和业务工作深度融合。

会员服务 学会面向全体会员发布涵盖75项内容的会员服务目录、18场学术活动的宇航领域重要会议指南，发布36期国际宇航动态周报、9期“会员风采”专栏，新增“单位会员风采”专栏。

5月，为庆祝第六个全国科技工作者日，学会组织开展航天科技工作者服务周暨全国科技工作者日系列活动。活动围绕“创新争先、自立自强”主题，开展《会员服务手册》线上首发、《中国宇航学会重要学术会议指南（2022）》发布、“最美科技工作者”事迹学习宣传、“科研诚信与学术规范”系列讲座、青年科学家云课堂、“中国航天大会”精彩回顾、好书“惠”众、法律服务宣传共8个方面20余项活动。学会制作推出一批短视频、朗读音频和宣传海报，弘扬科学家精神，宣扬科研诚信与学风道德。

联合《宇航学报》等近40家航天学术期刊，全年开展科学道德和学风建设系列宣讲活动7次，受众人数超2.3万人次。

继续开展科技创新知识服务、新春慰问老专家等特色会员活动，免费向高级会员和资深会员赠送期刊、论文集等，全年为学会会员和科技工作者办实事48件，开展服务基层活动28项。

继续创新数字化、网络化的会员服务方式，开发分级分类会员服务模块，向会员开放基于数字化流程和网格化管理的学术会议系统，进一步完善会员管理与服务系统建设。

【2022年中国航天大会】 11月21—24日，由学会和中国航天基金会共同主办的2022年中国航天大会在海南省海口市和文昌市召开。大会以“航天点亮梦想”为主题，设立开幕式及主论坛、国际论坛、学术论坛、产业论坛、文化论坛、青年论坛、科普论坛和科普活动、文化活动、展览展示等24个不同领域的论坛、活动与展览。来自全球25个航天机构，以及82个国家的科研机构、大学和企业的近1000名专家学者、学生参加。

工业和信息化部副部长、国家航天局局长张克俭，海南省委常委、常务副省长沈丹阳，中国航天科技集团有限公司总经理、党组副书记张忠阳出席大会开幕式并致辞，国际宇航联合会执行主任克里斯汀·费奇廷格视频致辞。开幕式上，向获得2021年度中国航天基金会钱学森最高成就奖、航天创新团队奖、钱学森杰出贡献奖、航天国际合作奖的单位和个人颁奖。

大会主论坛以中国空间站全面建成为契机，分享《我国载人航天工程30年发展历程与展望》《中国空间站探索极端宇宙》《探索和利用外太空作为人类活动领域的新时代的空间治理》《共享商业航天发展新机遇》《世界航天发展与展望》5场特邀报告。会上，中国科学院院士王巍发布2022年宇航领域十大科学问题与工程技术难题。举办“我的太空梦”航天主题绘画献礼仪式，由海南省文昌市龙楼镇航天小学赠送航天主题绘画作品给5位外宾。

大会共征文939篇。大会第四次入选中国科协《重要学术会议指南》。

（撰稿人：姜　军　曹亚君　陈文婷）

中国兵工学会

服务创新型国家和社会建设　2022年，学会开展科技成果评价6项，分别为陕西北方动力有限责任公司的“基于曲轴偏心加工技术与直缝焊接技术的新能源风电轴销产业化研究”、北京航天广通科技有限公司的“基于射频大功率技术的高功率射频功率源产品的推广及应用”、哈尔滨工程大学青岛分校的“智能化迷彩设计软件”、南京理工大学的“亚磺酸盐脱氧还原技术”、南京理工大学的“民用爆破器材储运安全标准化及应用”、中北大学的“‘五位一体、五维协同、五育耦合’——大学生综合国防素质课程群育人体系构建教学成果”。

新立项团体标准3项，分别为《射钉器安全检测标准》《射钉弹安全检测标准》《炮用森林防火弹制造验收规范》。通过审批，发布团体标准5项，分别为《军工安防与应急企业设计制造施工维护检测能力评价标准》《履带式挤压铸造铝合金负重轮》《弹用水性纳米防护漆》《智能灭火功能盒》《泄气保用车轮铝合金支撑体规范》。在研团体标准4项，分别为《标准射流源规范》《二氧化硅基（气凝胶）灭火剂》《数据粒子化安全保护方法》《碳纤维复合材料工作梯规范》。召开团体标准立项评审会3次，团体标准草案稿评审会8次。

累计提交企业能力评价申请（含复评）共12家（其中一级11家、二级1家），审核通过并发放企业能力证书一级7家、二级1家。完成人员水平评价工作，全年开展人员水平评价评审会2次，累计报名71人，评审通过45人。

围绕新基建，贯彻总体国家安全观，组织李魁武、李术才、陈志杰等8位院士和交通运输部科学研究院、中车唐山机车车辆有限公司等3家企事业单位承接中国工程院重点咨询项目1项。向中国科协申请成立中国兵工学会战略咨询团队，战略咨询团队由中国工程院院士邱志明领衔，杨树兴、王兴治、刘永才等9位院士和来自国防领域的11位专家组成，围绕俄乌冲突的时事热点，开展“俄乌冲突下，俄与美及西方博弈对我国科技创新的启示”研究。发挥服务党和国家科学决策的作用，组织中国科协十大代表于小虎、李春明申请中国科协十大代表调研2项，对“卡脖子”技术和供应链问题建言献策。完成国防领域创新改革方面信息2篇，提交中国科协，其中1篇被中央办公厅有关部门采纳。承接中国科协创新战略研究院“民营企业参与国防科技创新路径研究”课题，围绕俄乌冲突中凸显的先进技术和认知战形成分析快报5份。

开展兵器工程师进修大学继续教育，共18031人次报名学习。举办会计人员继续教育、人工智能、智能制造等培训45期，47566人参加培训。承担人力资源社会保障部专业技术人才知识更新工程2022年高级研修项目。开展中国兵工学会公益大讲堂系列直播，经平台统计，“智能化战争研究与科技解析”网络专题讲座共有43545人次在线观看。

学会建设 2022年，学会共有个人会员32598人，单位会员256家；新发展个人会员247人。分支机构换届3个，分支机构届内调整委员15个，新成立2个。变更学会常务理事2人、理事2人。

学会规范调整负责人、常务理事和理事人员构成，规范召开理事会议、常务理事会议和监事会议。学会秘书处进一步加强风险防控，完善学会法治工作体制机制，制定《中国兵工学会合规手册》；进一步加强制度建设，规范运行管理，修订和新增《“三重一大”决策事项清单》《比质比价采购管理办法》《审计发现问题整改工作管理办法》等16项制度。

青年人才托举工程 11月2日，由学会牵头成立的中国科协创新融合学会联合体在北京市举办第八届（2022—2024年度）中国科协青年人才托举工程项目终审会，学会推荐的4名青年人才获得中国科协资助、20人获得自筹资金资助。

主办期刊 2022年《中国科技期刊引证报告》统计结果显示，由学会主办的《兵工学报》扩展影响因子为1.204；核心影响因子为1.033（核心自引率为0.14），同比增长20%；综合评价得分73.36分，位列兵器学科20种核心期刊首位。根据中国知网发布的最新《中国学术期刊影响因子年报》,《兵工学报》综合影响力在武器工业与军事技术类30本期刊中排名第1，复合影响因子由1.2上升到1.4，上涨16%。

承接中国科协“兵器期刊集群化建设”项目，完成兵器期刊年度核验与审读、社会效益评价考核、国家版本馆书目送交等期刊管理工作。开展并完成中国科协“2021年度武器工业类高质量科技期刊分级目录”项目。

学会主办的 *Defence Technology* [《防务技术（英文）》] 影响因子为4.035，在《期刊引证报告》位于Q2区，并入选中国科技期刊卓越行动计划。*Defence Technology* 重点关注《科学引文索引》数据库中与DT（数据处理技术）相关学科的研究热点。

学会主办的14本科技期刊均正常出刊，全部通过年检。《兵工学报》入选中国科协兵器期刊集群化建设项目,《弹道学报》入选中国科协科技期刊双语传播工程项目。在最新的《2021年度武器工业类高质量科技期刊分级目录》中,《兵工学报》《防务技术（英文）》位列T1区。

学会开展期刊社会效益评价活动,《兵工学报》《弹道学报》《火炸药学报》《兵器知识》被中国科协评价为“社会效益优秀”,《弹箭与制导学报》《火炮发射与控制》《车辆与动力技术》《防务技术（英文）》《爆破器材》被评价为“良好”。

学科发展工程 学会发布《兵器科学技术学科发展报告（身管兵器技术）》，为身管兵器技术发展提供理论支撑。成功申请中国科协兵器科学技术“现代高效毁伤技术及效应评估”学科发展研究项目。

国际学术会议 2022年，学会举办境内国际会议3次，参加会议人数共计1051人次，交流论文和报告889篇。

7月4—6日，西北机电工程研究所和学会共同主办的2022特种装备国际研讨会暨火炮发展学术研讨会在陕西省西安市召开。大会就火炮等特种装备的最新发展展开交流与讨论，邀请来自中国、西班牙、捷克等国家的20位专家作大会报告。

8月10—12日，西安近代化学研究所和学会共同主办的第二届含能材料创制及应用研讨会暨2022碳纳米材料在含能材料中的发展与应用会议在云南省昆明市召开。会议聚焦含能材料创制及碳纳米材料在含能材料中的发展与应用相关议题，邀请来自中国、俄罗斯、法国、美国的18位专家作大会特邀报告，近

200 人参加会议。

国内主要学术会议 2022 年，学会共举办国内学术会议 54 个，共计 10644 人次参加会议，交流论文和报告 3162 篇。

7 月 29 日，学会和西安应用光学研究所联合主办的第四届军用光电技术发展论坛暨西安应用光学研究所建所 60 周年学术交流会在陕西省西安市召开。中国工程院院士杨绍卿等 9 位专家作特邀报告，来自光电领域 36 家单位的 180 余名专家学者参加论坛。论坛从多个维度对光电领域技术发展展开阐述和讨论。

8 月 17—18 日，学会参与协办的中国科学院学部“先进装备技术发展”科学与技术前沿论坛在山西省太原市召开。来自中国兵器工业集团有限公司、中国航天科技集团有限公司和中国航天科工集团有限公司、北京理工大学、南京理工大学等高校、科研院所的近 20 位专家学者应邀作学术报告。论坛还特邀中国兵器工业集团有限公司等相关单位的 100 余名专家就先进装备发展和作战运用分析等方面作专题报告和研讨。论坛形成“高初速发射与冲压推进交叉技术前沿动态”。

8 月 28—29 日，学会和中国兵器工业集团第二〇一研究所共同主办的中国工程院智能化高机动平台技术发展高端论坛在北京召开。论坛由中国工程院院士王兴治、杨树兴担任主席，邀请相关领域的 150 余名专家围绕新时代智能兵器科技发展前沿开展研讨，40 余名院士参加论坛。

11 月 26 日，学会主办的第六届中国兵工学会青年科学家论坛线上召开。会议主题为“颠覆性技术助力智能装备体系变革发展”，邀请来自中国兵器科学研究院、中国航空研究院、西北机电工程研究所、西安现代控制技术研究所、北京理工大学、华中科技大学、中国科学院、国防科技大学、哈尔滨工程大学、清华大学、军事科学院的 12 位专家作大会报告。大会为青年学者提供交流互动的平台，推动形成智能装备体系未来技术发展的新思路，会上形成系列化建议并报送国家有关部门。

国际组织任职 5 月 19 日，国际弹道学会公布 2022 年度国际弹道学会董事入选名单，学会作为国际弹道学会黄金会员，推选的学会理事、北京理工大学教授陈鹏万当选国际弹道学会董事。

科普活动 学会科普期刊《兵器知识》《兵器》加强微信公众号、微博号、头条号等新媒体平台建设,《兵器知识》全年各平台粉丝数合计 110.45 万，较 2021 年增长 11.7%;《兵器》各平台粉丝总数突破 1200 万。

组织参加 2022 全国科普日“科技强军”“科技强国”主题活动，开展 2022 年青少年高校科学营之兵器专题营；联合腾讯开展“精准科普”实验推广活动，全年共 1100 人次参加线下活动，活动曝光量 120 万余次；学会 6 位中国科协首席科学传播专家录制发布短视频 600 多集，接受媒体采访 100 多场。

持续完善“兵小白”系列出版物，完成“假如武器会说话”“新武器驾到”2 套军事科普丛书的编撰出版工作。

发布 2021—2024 年度中国兵工学会国防科普教育基地名单，共有 3 家单位入选；完成绥棱县烈士陵园、刘伯承同志纪念馆等 4 家单位的申报审核工作。

表彰举荐优秀科技工作者 2022 年，学会推荐“最美科技工作者”候选人 1 人。完成第十届中国兵工学会科学技术奖评奖工作，有 25 家学会分支机构及相关单位推荐的 35 名候选人申报，经评审委员会评审，共 23 人获奖，其中特等奖 1 名、一等奖 2 名、二等奖 8 名、三等奖 12 名。

党建强会 学会党委理论学习中心组全年共开展集体学习 19 次、集体研讨 8 次、列席旁听支部学习 4 次。

在党的二十大召开期间，组织学会全体党员干部收看开幕式。学会党委第一时间传达学习党的二十大和二十届一中全会精神，召开动员部署会、制定印发具体实施方案，对学习宣传贯彻党的二十大精神进行安排部署。

组织开展“党旗在基层一线高高飘扬”活动，设立“党员示范岗”8 个，开展“党员承诺践诺”43 人次，设立“党员创新工程”7 项，让党员带领身边的干部职工推动学会高质量发展。

会员服务 学会为会员单位提供区域和企业发展规划、政策法规、技术成果等研究和咨询服务，组织院士、专家开展《民营企业参与国防科技创新发展思路研究》咨询研究；为高级会员提供专业资料翻译服务，共翻译书籍 18 本；为普通会员发放科普类资料，全年共邮寄《兵器知识》280 本。

【2022 国际防务技术大会】 8 月 23—26 日，由学会与中国兵器科学研究院联合主办、中国兵工学会

国际交流中心（*Defence Technology* 编辑部）承办的2022国际防务技术大会以线上线下结合方式在湖南省长沙市召开。中国兵器工业集团有限公司总经理刘大山出席并致辞，副总经理李春建主持大会开幕式，中国工程院院士苏哲子、丁荣军、宋君强、邱志明、田红旗、黄庆学、杨树兴、胡晓棉特邀出席大会。大会主席、*Defence Technology* 主编冯长根，*Defence Technology* 执行主编 Clive Woodley 分别致辞。

大会设有大会特邀报告、24个平行分论坛和海报展示3个板块。来自中国、俄罗斯、英国、新加坡、德国等国的16位专家应邀作大会报告，186位学者作口头报告。来自中国、法国、意大利、英国、德国、俄罗斯、美国等26个国家和地区的671位专家学者参加会议。大会论文集共收录来自中国、英国、俄罗斯等19个国家的641篇论文。

（撰稿人：陈雪蕾）

中国金属学会

服务创新型国家和社会建设 2022年，学会组建“科创中国”先进材料制造产业科技服务团，对接湖南省衡阳市、宁夏回族自治区银川市、山东省济南市、河北省保定市等试点城市及相关园区（企业）先进钢铁制造产业需求，组织专家对53项技术问题进行专业性解析，并形成技术研发指南；对37项技术问题匹配相应研发专家或团队；跟踪解决企业技术难题3项；汇聚66项可转移转化的科技成果，并提供产业化方案。

参与承办“科创中国”穗港澳新材料产学融合会议。推荐上海吴淞口创业园有限公司“宝地创新基地（创新创业孵化类）”和北京建龙重工集团有限公司“绿色钢铁智能冶金技术创新基地（产学研协作类）”入选“科创中国”创新基地。

开展“科创中国”先导技术榜单先进材料领域项目的征集、推荐工作，遴选出40个项目作为初评结果上报中国科协。

构建冶金与新材料产学研协同创新服务平台，2022年发布50余项科技成果与研发动态，以及《铁矿采选企业生态环境管理指南》等7项团体标准；对“新能源汽车用高端硅钢产品创新与应用技术开发”等46项行业科技成果项目开展评价。

举办专业技术人才培训班10次，培训人数500余人次。9月，承办人力资源社会保障部专业技术人才知识更新工程2022年高级研修项目计划——钢铁工业智能制造领域专业技术转移转化能力提升高级研修班。

作为材料类专业认证委员会秘书处，承接材料类专业认证工作。组织完成192个专业认证申请评审，对82个专业开展自评审核，对50个专业进行中期审核，完成44个专业的在线入校考察；组织100余名专家参加认证培训和研讨。

向中国科协提交“关于加快推进能源和环境材料产业发展的建议”，针对资源、能源、环境对材料生产、应用、失效的承载能力，战略性元素的绿色化高效获取、利用、回收再利用及替代等战略性问题，建议培育一批具有较强创新能力和国际影响力的龙头企业，提升信息化和智能化制造程度，搭建核心技术研发创新平台，加强人才培养与创新团队、基地建设。联合湖南省科协、工业和信息化厅、科技厅，就湖南省发展先进钢铁材料、先进合金材料、锂离子储能与动力电池材料、碳材料等重点新材料产业，与当地园区、企业、院校进行关键技术研讨和对接咨询服务；与湖南省专精特新科技创新联盟签署战略合作协议，建立与中国科协学会联合体、省级科协联盟在产学研用方面的全面合作。

学会建设 9月，召开中国金属学会第十一次全国会员代表大会。全年召开理事会议1次、常务理事会议6次、监事会议2次；个人会员总数93251人，单位会员总数221家；新发展高级会员4人、外籍会员1人。

进一步加强分支机构管理。开展分会考核评价工作，在分会自评的基础上，从组织建设、规范运作、业务活动、特色加分4个方面对分会开展考核评价，能源与热工、炼铁、冶金自动化等10个分会被评为优秀分会。

青年人才托举工程 11月7日，学会牵头中国科协先进材料学会联合体在北京举办第八届中国科协青年人才托举工程项目答辩评审会，学会推荐的4位青年人才获中国科协资助、10位青年人才获自筹资金资助。

与人民邮电出版社有限公司联合开展先进材料青年科学家出版工程项目，遴选出10位材料学科的优秀青年学者（其中5位为青年人才托举工程项目入选者），资助其出版学术专著。

举办冶金青年云端沙龙系列学术活动，共举办26期，78位青年人才作报告，特邀11位行业专家主持沙龙。

主办期刊 《材料科学技术》《金属学报（英文版）》《金属学报》3种期刊SCI影响因子分别为10.320、3.024和1.797，其中,《材料科学技术》影响因子突破10，位居全球冶金类和材料综合类期刊Q1区。根据《期刊引证报告》,《钢铁》核心影响因子为1.955，较2021年有较大提高。

《材料科学技术》《金属学报》《钢铁》获中国科技期刊卓越行动计划支持。《金属学报（英文版）》获中国科协2022年度全国学会期刊出版能力提升计划——高水平英文期刊培育项目支持。学会获中国科协2022年度全国学会期刊出版能力提升计划——出版管理改革试点项目支持。

组织开展2022年期刊社会效益评价工作，学会主办的5种期刊被评价为优秀，2种期刊被评价为良好。

学科发展工程 组织专业分会撰写采矿、选矿、炼铁、炼钢、环保、特殊钢、高温材料、功能材料等24个专业方向的科技发展报告。

国际学术会议 5月28—30日，由中国科协先进材料学会联合体和国际材料研究学会联盟共同发起、中国科协先进材料学会联合体和上海大学联合承办的2022国际前沿材料大会线上召开。干勇、刘昌胜、王中林、吕坚、江雷、张锦、潘复生、朱美芳、李敬锋、孙立贤等院士、专家，国际材料研究学会联盟主席Rodrigo Martins和第一副主席Osvaldo N.Oliveira，以及来自国内外的9万余人次参加会议。中国、美国、日本、德国、加拿大、葡萄牙等国的8位材料科学家作主旨报告，近900位专家在25个材料领域作学术报告。

6月26日，中国科协先进材料学会联合体主办的亚洲能源与环境材料高峰论坛线上召开。围绕“材料与社会可持续发展”的主题，7位韩国专家、4位中国专家、4位日本专家、1位泰国专家、1位德国专家作报告，1800余人参加会议。

6月27—30日，由学会主办，日本金属学会、澳大利亚材料学会、韩国金属学会等协办的第八届固态相变国际会议线上召开。会议研讨内容包括扩散型相变、非扩散型相变、相变实验表征、相变计算模拟、工业应用、新兴领域等，来自20个国家和地区的134位报告人作学术报告。

8月18—21日，由学会与东北大学联合主办的2022年高品质特殊钢冶金国际会议暨第六届特种冶金技术学术会议在辽宁省沈阳市召开。会议收到国内外论文69篇，与会者围绕特殊钢冶金、多种特种熔炼工艺关键技术及现阶段创新性研究成果进行交流和探讨。

9月6—8日，学会与沈阳市人民政府、东北大学共同主办的第六届国际热机械加工国际会议以线上线下结合方式在辽宁省沈阳市召开。会议收到中国、英国、德国、意大利、西班牙、瑞士、加拿大、澳大利亚、俄罗斯、日本、韩国、印度、伊朗等19个国家和地区的专家学者的论文摘要337篇、全文130余篇。会议设置扁平材及工艺、长型材及工艺、钢的组织和性能、金属材料的服役性能等7个分会场，124位专家学者作分会场报告。

11月9—11日，学会主办的第八届国际低合金高强度钢会议以线上线下结合方式在江苏省南京市召开。大会设置物理冶金、铌微合金化钢助力民用建筑用材减量化、建筑用钢、低温钢、船舶海工及压力容器用钢、管线钢及焊接、汽车用钢及特钢等技术分会场。

国内主要学术会议 学会和各分支机构全年共组织各类学术交流活动46次，参与人数近60万人次（含线上交流），交流论文2200余篇。

6月25—26日，中国科协先进材料学会联合体和湖南省科协联合承办的第二十四届中国科协年会国际新材料产业创新发展论坛在湖南省长沙市举办。中国工程院院士干勇、黄伯云、丁文江、柴立元、傅正义，中国科学院院士陈军，湖南省有关领导，中国科协先进材料学会联合体副主席田志凌、伏广伟和秘书长王新江等出席论坛，300余人线下参加论坛，近20万人次线上参加论坛。论坛通过研判世界新材料科技创新与产业创新发展方向，为中国先进材料产业发展提供参考。

7月20—23日，学会与学会炼铁分会共同主办的2022年全国炼铁生产技术会暨炼铁学术年会在广东省湛江市召开。会议主题为“绿色低碳，智能高效”。来自150余家单位的400余名专家学者参加会议，交流探讨近年来中国炼铁领域技术研究、生产及应用等方面的技术进步与发展趋势。会议收到论文136篇，72人次交流报告。

8月16—19日，学会主办的2022年钢铁工业绿色低碳发展论坛暨全国冶金能源环保生产技术研讨会在湖北省武汉市召开。会议主题为“科学协同降污节能减碳，助力钢铁工业绿色高质量发展”。380余名专家学者及科技人员围绕中国绿色低碳、节能环保与固废处理技术领域的技术进步及成果、存在的问题及解决方案等进行交流和研讨。会议收到论文近120篇，96人次交流报告。

8月22—24日，学会与中国力学学会、中国腐蚀与防护学会、中国机械工程学会、中国材料研究学会、中国航空学会联合主办的第二十一届全国疲劳与断裂学术会议在山东省青岛市召开。中国工程院院士郭万林、孙军等作大会报告。会议设有疲劳与断裂力学、工程材料疲劳与结构破坏理论、装备全寿命周期损伤失效与寿命预测等7个分会场。620余人线下参加会议，6.6万余人次线上参加会议。

8月23—25日，学会主办的2022年全国轧钢生产技术会议在湖南省长沙市召开。会议围绕“绿色化、智能化，促进钢铁工业高质量发展”的主题，交流讨论近年来中国轧钢领域绿色、高质量生产与控制技术所取得的新进展、技术难题及解决方案。80余家单位的300余名科技人员参加会议。

9月5—8日，学会与中国水利学会脱盐分会共同主办的2022年全国冶金用水节水与废水综合利用技术研讨会在山东省青岛市召开，会议主题为“加强废水循环利用，提高节水水平，努力实现废水近零排放”。会议交流分享19篇技术报告，内容包括“双碳”形势下钢铁企业废水近零排放实践、高盐废水处理及资源化、脱硫脱硝废水综合治理、钢铁企业全厂水回用及运营管理等。

11月24—25日，学会与学会青年工作委员会共同主办的第十一届中国金属学会青年学术年会线上召开，围绕“青心荟聚材料、绿动冶金未来”主题，邀请中国工程院院士潘复生、王运敏等作大会报告。会议设有炼铁与铁前、绿色低碳、炼钢与连铸、轧制与材料4个分会场，近100名青年学者作报告，在线观看人数累计超过2万人次。

国际交往 3月24日，学会常务副理事长田志凌与美国矿物、金属和材料学会理事长Jud Ready及秘书长Jim Robinson，就中美材料研究领域的未来发展、国际学术交流及双边合作备忘录等内容进行线上交流。

11月9日，学会线上参加国际冶金学会秘书长联席会议，向国外同行宣讲中国钢铁工业技术进步和发展现状，介绍学会组织的相关国际学术交流活动情况。

科普活动 2022年，学会举办科普品牌活动20余场、科普展览2次、科普沙龙活动10场，受众30万人次；组织青少年科普活动5次，100余人次参加科普志愿者活动。

举办先进材料周末科普开放课10次，通过实际案例讲述航空航天、纳米材料、生物材料、能源材料等领域前沿材料发展动态和水平，在线观看人数25万人次。

与冶金工业出版社有限公司等联合举办绿色制造节能减排降碳系列讲座。讲座共开展15期，每期包括5～7个技术报告，介绍钢铁生产节能减排技术及发展趋势，分享新技术应用典型案例，为行业绿色低碳发展提供借鉴和指导。

全国科普日期间，举办先进材料科普大讲堂。中国科学院院士王中林、上海大学原校长罗宏杰、中国工程院院士潘复生3位专家作报告，介绍纳米能源材料、文物材料、新一代储能材料等前沿领域科技成果及最新进展。

开展第五届冶金青年创新创意大赛、第八届全国模拟炼钢－轧钢大赛、“钢研杯”2022全国钢铁材料金相图像竞赛等科普竞赛活动。

配合人民网“迎接党的二十大”重大成果科普宣传工作，制作科普图解材料《可以“撕”的钢铁！从百炼钢到绕指柔》；牵头中国科协先进材料学会联合体编写“先进材料科普丛书”之《探索先进材料的奥秘》。

表彰举荐优秀科技工作者 学会与中国钢铁工业协会共同开展冶金科学技术奖评选工作，111个项目获奖，其中特等奖1项、一等奖23项、二等奖29项、三等奖58项。

开展第十二届中国金属学会冶金青年科技奖评选，20人获奖。

党建强会 学会理事会党委完成换届，成立学会第十一届理事会党委。学会以党建为引领，组织党员参加各类学习6次，制定《中国金属学会学习宣传贯彻党的二十大精神工作方案》，集中学习党的二十大精神5次，结合学会工作计划，提出《中国金属学会贯彻二十大精神及对学会未来发展的谋划》方案。学会理事会党委在分支机构中持续推进“两个全覆盖”，截至2022年年底，已有43个专业分会组建党的工作小组，覆盖率超90%。

会员服务 学会编写2022年年报，反映学会年度工作的综合信息；通过微信平台，介绍学会工作动态，传播学会工作信息。组织专家服务团赴山东泰山钢铁集团有限公司、山东泰嘉新材料科技有限公司开展咨询服务工作。围绕冶炼工序、连铸、轧钢和酸洗工序的具体问题，开展现场咨询服务。推动北京科技大学与北京建龙重工集团有限公司建立“绿色钢铁智能冶金创新中心”，学会参与中心运行，推动5项科技成果转化落地。

面向企业和会员提供公共服务，建有炼铁生产技术服务平台、电炉炼钢生产技术服务平台，指导企业解决生产技术难题，提出可行方案。

【中国金属学会第十一次全国会员代表大会】 9月21日，中国金属学会第十一次全国会员代表大会以线上线下结合方式在北京召开。346名会员代表参加会议。中国科协党组书记、分管日常工作副主席、书记处第一书记张玉卓视频致辞，并对学会的工作提出4点期望。中国钢铁工业协会党委副书记姜维出席大会并致辞，对学会未来发展提出建议。学会常务副理事长田志凌、副理事长兼秘书长王新江、监事长韩国瑞分别主持会议。

会议选举产生学会第十一届理事会、党委委员和书记，以及第二届监事会。聘请中国工程院院士干勇为学会第十一届理事会名誉理事长。张晓刚当选学会第十一届理事会理事长。

【第十三届中国钢铁年会】 11月23—24日，学会主办的以“建设绿色、低碳、智能、可持续发展的钢铁工业”为主题的第十三届中国钢铁年会线上召开。来自行业组织、企业、高校和科研院所的院士、专家学者和科技工作者就冶金和材料的理论、工艺、产品、应用、智能化、绿色化、低碳发展等内容展开交流研讨。

学会理事长张晓刚，中国钢铁工业协会党委书记何文波，中冶赛迪集团有限公司党委书记、董事长肖学文分别致辞，学会名誉理事长、中国工程院院士干勇，世界钢铁协会总干事巴松，中国工程院院士、东北大学教授王国栋等专家学者作大会报告。大会设26个专题、共58个单元，作500余篇分会场报告，超过10万人次线上参加会议。

（撰稿人：曹莉霞）

中国有色金属学会

服务创新型国家和社会建设 学会提供创新咨询、标准研制、人才培训等科技服务，形成产学协同常态化服务机制，助力地方有色金属领域科技经济融合。

2022年，学会承接3个“科创中国”项目，共组织服务团专家服务试点城市100余次，以线上或线下方式开展技术对接40余次，解析企业技术难题100余项，汇聚科技成果100余项，推动成果落地10项，为“科创中国”试点城市撰写行业发展报告2篇，举办高级研修班3次，组织多次技术转移转化座谈会，并通过光明网等媒体进行宣传报道。由学会推荐的“科创中国”有色创新基地、“科创中国”稀有金属材料创新基地入选中国科协首批“科创中国”创新基地。中国有色金属学会/广西科协专家工作站、中国有色金属学会泰安“科创中国”创新基地工作站先后在广西壮族自治区南宁市和山东省泰安市揭牌。

全年共申报23个研究咨询项目，已获批12项。开展科技成果评价项目46项、教学成果鉴定项目24项。

学会建设 2022年，学会召开4次常务理事会通讯会议和1次理事会议，对学会工作进行审议，对学会发展及重大事项进行决策；推进学会会务系统、会员系统、评审系统开发和优化，其中学会会务系统和会员系统已进入试用阶段；新成立学会分支机构4个，分别是深地矿建与资源开发专业委员会、矿冶过程界面化学专业委员会、医用有色金属材料专业委员会、矿冶过程计算与模拟仿真专业委员会。

学会获评2021年度科技公共服务优秀学会、科技工作者之家“最具影响力组织”称号；在中国科协发布的2022年前三季度网络平台宣传评价结果中，学会连续三季度位居总榜前十。

2022年，学会新增个人会员3855人，新增单位会员31家。

青年人才托举工程 作为中国科协先进材料学会联合体牵头单位之一，学会开展第七届中国科协青年人才托举工程项目相关工作，整理52位被托举人的材料；遴选并推荐21位青年人才参与中国科协先进材料学会联合体举办的第八届中国科协青年人才托举工程项目会评，最终全部通过评审，其中5人获得中国科协资助、16 人获得单位自筹经费资助。

主办期刊 学会共主办 18 种行业期刊和内部刊物。2022 年，学会新增 2 个交叉学科英文学术期刊，分别是聚焦元宇宙、人工智能、数字孪生、虚拟现实、计算模拟、过程仿真与资源环境等交叉领域开创性研究成果的《元资源》和聚焦大交通、信息技术、材料科学、先进制造等交叉技术领域的 *Catena*（《链（英文）》）。

《中国有色金属学报》入选中国科技期刊卓越行动计划，入选中国科协“有色金属”“金属材料”等领域高质量科技期刊分级目录 T1 级别。2022《中国学术期刊影响因子年报》显示，《中国有色金属学报》综合影响因子较 2021 年提高 29.25%，被引频次较 2021 年提高 31.25%。《中国有色金属学报（英文版）》总被引频次和影响因子分别较 2021 年提高 11.5% 和 28.6%，成为冶金工程技术学科唯一进入世界前 5% 的中国期刊。

《稀有金属（英文版）》最新影响因子为 6.318，2012 年至今，IF 增长 13 倍，发文量增长 3 倍，学科排名提升 27 名，位居国际冶金工程领域 Q1 区（Top6），该刊还入选中国科技期刊国际影响力提升计划、中国科技期刊卓越行动计划，连续十年入选“中国最具国际影响力学术期刊”，位居中国科技期刊卓越行动计划中期评估榜首，以 101.00 分的成绩在 99 种抽评梯队英文期刊（平均分为 81.84）中排名第 1。

《分析试验室》连续 4 年获得“中国百种杰出学术期刊”称号，综合评价总分在冶金工程学科排名第 1。

国内主要学术会议 2022 年，学会和学会各分支机构共组织各类学术交流活动 13 次，参加会议人数共计 5755 人，交流论文 334 篇。

7 月 29—31 日，学会与全国有色金属智能制造联盟、山东省科协联合主办的“科创中国”2022 年智能矿冶加工技术和装备高端论坛在山东省泰安市召开。学会理事长贾明星，山东省科协副主席张波等领导出席论坛并致辞。贾明星和泰安市委书记、市人大常委会主任杨洪涛为中国有色金属学会泰安“科创中国”创新基地工作站揭牌。中国工程院院士王运敏、沈政昌等 200 余位专家学者现场参加会议，2 万余人次线上收看会议直播。

8 月 5—7 日，学会与南京理工大学共同主办的第八届全国有色金属结构材料制备 / 加工及应用技术交流会暨 2022 中国结构材料大会在江苏省南京市召开。中国科学院院士、北京航空材料研究院研究员曹春晓，中国科学院院士、北京科技大学教授葛昌纯，法国国家技术科学院院士、香港城市大学讲座教授吕坚，河南省科学院党委副书记、执行院长宋克兴等专家应邀出席会议并作大会报告。会议共设 19 个专题分会场，近 400 场学术报告，共有来自全国 300 余家企事业单位的 700 余人参加会议。会议期间还举办材料仪器设备展示活动，有 30 余家材料仪器厂家携产品展示交流。

8 月 29—31 日，学会与武汉科技大学等单位联合主办的 2022 全国战略金属资源绿色利用与新材料大会暨高峰论坛在湖北省武汉市召开。湖北省政协副主席张柏青，大会主席、中南大学原校长黄伯云，学会理事长贾明星等出席开幕式并致辞。孙传尧等 21 位院士出席会议。会议全程进行直播，2 万余人次收看。

11 月 18—20 日，学会主办的固体废物循环利用与污染控制第二届学术研讨会暨循环经济创新发展高峰论坛在湖南省长沙市召开。学会理事长贾明星出席会议并讲话。中国工程院院士段宁、柴立元、姜涛出席会议并作大会报告，中国工程院院士陈勇、王琪出席会议。中国 21 世纪议程管理中心副主任陈其针作专题报告。论坛结合国家重点研发专项项目部署，开展技术进展交流，探讨和共享固体废物循环利用与污染控制研究的最新成果，促进循环经济产业发展再上新台阶。来自全国循环经济领域的专家学者和相关科技人员 800 余人参加会议，近 2 万人次线上收看大会直播。

11 月 29 日，中国科协主办，学会与安徽省科协、铜陵市人民政府承办的“科创中国”系列会议——第三届中国（铜陵）先进结构材料产业高质量发展与城市创新资源配置高峰论坛以线上线下结合方式召开，在北京和安徽省铜陵市设主会场，在湖南省长沙市、辽宁省大连市、上海市设分会场。论坛直播观看人数约 5000 人次，线上参会人数 200 人左右。

12 月 2—4 日，学会与江西省科协等共同主办的 2022 中国铜产业科技创新大会以线上线下结合方式召开，在北京和江西省鹰潭市分别设置 1 个主会场和 5 个分会场，同时对 60 余位青年科技工作者和 50 余项科研成果进行线上展示宣传。沈政昌等 50 位院士、专家作大会和分会场报告，线上收看人数超过 5 万人次。

12 月 25—27 日，学会与河南省科技厅等单位共同主办的 2022 关键金属高层学术论坛在河南省三门峡

市召开。中国工程院院士李仲平等19位院士出席会议。论坛共设置大会开幕式、特邀专题报告、国家重点研发项目启动及论证3个环节。开幕式上，学会与三门峡市人民政府签署战略合作协议，双方将在加快金属科技和人才建设等方面开展合作。

科普活动 学会组织开展“中国有色金属学会系列科普读物”撰写工作，开展11种常用有色金属和特色稀有金属、贵金属品种的撰写，完成《钛》《铜》《钨》初稿。

学会继续举办“有色金属－云课堂”，全年举办28期“云课堂”讲座，邀请行业院士、专家学者在线分享前沿学术热点、最新研究成果等，共60余万人次收看讲座直播并参与讨论。

学会有色冶金资源综合利用专业委员会顾问委员、中国工程院院士柴立元被评为青少年高校科学营活动十周年优秀科技工作者，并为中小学生开展4场国家重金属污染防治工程技术研究中心开放日科普活动；4月，中南大学教授徐靖创作的主题纪录片《与中南同行》被中国科协宣传文化部评为“风启学林”2021年度优秀传播作品。

学会地质学术委员会发表科普文章2篇，分别为《论沉积盆地构造变形史研究方法及应用》和《深成古岩溶不整合面构造系统构造岩相学与金属成矿》。

表彰举荐优秀科技工作者 学会征集并提名第十八届中国青年女科学家奖和2021年度未来女科学家计划候选人5名、2022年“最美科技工作者”候选人2名、第十七届中国青年科技奖候选人2名、中国科协科技人才奖项评审专家121名。

11月9—10日，由中国有色金属工业协会和学会共同组织的中国有色金属工业科学技术奖评审会在福建省厦门市召开，参评项目共432项，通过评审的项目204项，通过率为47.2%，通过率首次降到50%以下。

党建强会 2022年，学会党支部完成换届工作，发展党员1名，召开组织生活会2次，召开党员大会16次，开展党日活动3次，组织集中学习8次，讲党课4次，开展培训4次。在学会微信公众号开设“党的二十大精神”专栏。

组织申报中国科协党建项目，获批2022年“党建+”特色活动、中国科协党校“领航计划”科技人才团结引领专项2个项目，通过党建强会项目的开展，学会党建与业务工作进一步融合，服务能力和行业影响力得到增强。

会员服务 学会积极做好会员服务工作，提供学会活动、行业发展等各方面信息，定期发送学会会刊，以及反映学会月度工作的综合信息。会员可优先参与学会活动、在学会期刊上发表论文，优先受聘参加学会组织的鉴定和技术咨询等各项活动，并以优惠待遇参与学会会议。

面向会员单位提供公共服务、搭建服务平台，指导会员单位解决生产中的技术难题，提出可行性方案。

【2022国际有色金属新材料大会】 7月15—17日，学会主办的2022国际有色金属新材料大会在广西壮族自治区南宁市召开。广西壮族自治区人民政府副主席许显辉，中国工程院院士、北京工业大学校长聂祚仁，学会理事长贾明星等出席大会并致辞。广西壮族自治区政协副主席、自治区科协主席黄日波主持开幕式。中国工程院院士、东北大学教授王国栋等6位院士出席大会。开幕式上，举办中国有色金属学会专家工作站授牌仪式。

开幕式后，南宁市服务科技经济融合发展行动试点城市工作小组和学会共同举办2022“科创中国”试点城市南宁工业高质量发展院士专家座谈会。大会共设立26个分会场，安排639个会议报告，编辑印刷论文摘要集和专家报告集，1500余人参加会议。

（撰稿人：尹　普）

中国稀土学会

服务创新型国家和社会建设 6月，学会承接中国科协科学技术创新部“科创中国”稀土产业科技服务团项目，重点围绕“科创中国”试点城市（内蒙古自治区包头市）稀土产业，组织专家解析50项技术需求；评价50项可转移转化科技成果，提供产业化方案；提供5项转化落地科技成果，提供标准研究服务等。11月，项目通过验收。

2022年，学会先后走访调研北京安泰科技股份有限公司、包头稀土研究院、中国科学院包头稀土研发中心、包头市稀土高新技术产业开发区科技和信息化局、包头瑞鑫稀土金属材料股份有限公司、中国科学院宁波材料技术与工程研究所、中国科学院海西研究院厦门稀土材料研究中心等11家稀土科研院所、高校、企业及社团组织，开展多种形式的座谈交流，了解国内外稀土行业发展状况、搭建学术交流平台、服务稀土企业、推动科技产业健康发展。

学会环境保护专业委员会参与国家生态环境标准《建设项目环境影响评价技术导则　稀土采矿选矿》的编制工作。按照生态环境部的工作安排，开展编制工作，已完成征求意见稿。

学会建设　3月25日，学会召开第七次全国会员代表大会，完成学会换届工作。截至2022年年底，学会共有个人会员8200人、单位会员90家。

学会新成立3个专业委员会和1个工作委员会，分别为抛光材料与表面加工专业委员会、稀土材料化学与生物技术交叉专业委员会、稀土矿产地质与勘查专业委员会，以及青年工作委员会。完成22个专业委员会的换届工作。5—7月，学会组织各专业委员会召开工作会议。开展筹备成立中国稀土学会战略咨询委员会工作，起草工作章程，提出委员会人选名单及拟开展研究的课题。

学会开展《中国稀土学会年鉴》（2021版）编撰工作。

青年人才托举工程　11月7日，学会参与中国科协先进材料学会联合体开展的第八届中国科协青年人才托举工程项目候选人推荐工作，学会推荐的中山大学孙天瀛等15名青年学者入选，并获得项目资助。

主办期刊　5月，《中国稀土学报》（中文版、英文版）编辑部完成中国科技期刊卓越行动计划梯队期刊项目第三年度任务。《中国稀土学报》（英文版）影响因子为4.632，较2021年提高24.8%，在SCI收录的72种应用化学类学术期刊中排名第18，位于Q1区（排名前25%）。

《中国稀土学报》（中文版、英文版）编辑部召开《中国稀土学报》第一届青年编委会暨期刊学术交流研讨会。《中国稀土学报》入选中国科协2022年度全国学会期刊出版能力提升计划——中文期刊稿源质量提升项目和2022年度科技期刊双语传播工程项目。

4月，《稀土》期刊成立由来自高校、科研院所及企业的70名青年专家、学者组成的第一届青年编委会。《稀土》入选中国科学引文数据库核心库及中国科技论文与引文数据库，并被Scopus数据库收录。

国内主要学术会议　8月17—20日，由内蒙古自治区人民政府、中国工程院、学会、中国稀土行业协会共同主办的第十四届中国包头·稀土产业论坛暨中国稀土学会2022学术年会在内蒙古自治区包头市召开。大会以“提升稀土产业技术创新能力、保障产业链供应链稳定安全”为主题，同期举办第五届白云鄂博资源战略研讨会、“科创中国”稀土永磁与风电协同创新技术研讨会等会议。大会邀请14位院士出席会议，其中4位院士作大会主旨报告，共1300多位专家学者参加会议。会议共设置19个分会场，交流专题报告518个、墙报77个；收录摘要583篇；参展展商12家。会上，举办项目集中签约仪式，共签约项目50个，并为获得2021年度稀土科学技术奖的项目和个人颁奖。

11月25—27日，学会主办，学会青年工作委员会、稀土生物医学专业委员会、环境经济与政策专业委员会承办的中国稀土学会第三届青年学术会议暨中国稀土学会稀土生物医学专业委员会2022年会在福建省厦门市召开。70余人参加会议。会议交流专题报告28个，收录论文摘要57篇。

12月27日，学会发光专业委员会和上海应用技术大学联合主办的发光材料学术前沿论坛（2022）线上召开。会议邀请国内外专家学者就发光材料设计、物理机制及应用的最新进展和挑战展开交流。论坛共安排主旨报告11场。

国际交往　7月19日，学会理事长李波召开筹备小组工作会议，研究讨论邀请国际稀土学会起始会员和单位会员事宜，并签发关于成立国际稀土学会的倡议书。截至2022年年底，共邀请25位外国专家学者和9家单位会员参与筹建国际稀土学会。

科普活动　学会组织开展科普图书《走进稀土世界》《发光和激光中稀土离子的光谱学与能量传递》的出版工作。

表彰举荐优秀科技工作者　学会设立稀土科学技术奖、中国稀土学会杰出工程师奖，并在国家科学技术奖励工作办公室备案。完成2022年度稀土科学技术奖网络申报工作。

4月21日，学会发布《关于申报2022年中国稀土学会杰出工程师奖的通知》，共收到有研稀土新材料股份有限公司等单位的12名候选人的申报材料。

党建强会　学会党支部共有16名党员，其中在职党员8名、退休党员8名。5月16日，经中国钢铁工业协会党委批准，学会党支部负责人进行变更，由学会副理事长兼秘书长杨占峰同志任党支部书记、副秘书长石杰同志任党支部副书记，另有组织委员、宣传委员、纪检委员各1名。学会党支部按照中国钢铁

工业协会党委要求，参加党建工作会议，组织党员同志传达学习落实会议精神。

学会党支部以集体学习和自学相结合的形式组织党员开展学习教育。组织党员集体收看党的二十大开幕会，组织参加国务院国资委召开的学习贯彻党的二十大精神中央宣讲团报告会、中国科协召开的学习贯彻党的二十大精神辅导报告会，组织党的二十大代表进学会活动。学会理事长李波以《结合学会工作谈二十大精神学习体会》为主题，为学会党员讲党课。组织学会党员参加国资委行业协会举办的学习贯彻党的十九届六中全会精神网络培训班和国资委行业协会举办的学习贯彻党的二十大精神网络培训班。学会通过科协系统网上党校平台举办学习宣传贯彻中国共产党第二十次全国代表大会精神网络培训班，围绕党的二十大报告的战略部署和主题内容邀请专家作视频讲座，100余名学会会员党员参加培训。

【中国稀土学会第七次全国会员代表大会】 3月25日，中国稀土学会第七次全国会员代表大会以线上线下结合方式在北京召开。大会设立11个分会场，共289名会员代表参加会议。学会第六届理事会理事长李春龙主持会议。中国科协党组书记、分管日常工作副主席、书记处第一书记张玉卓，中国工程院原副院长、国家新材料产业发展专家咨询委员会主任、中国工程院院士干勇等分别致辞。会上宣读《关于对20个先进集体和44名优秀学会工作者的表彰决定》，并为先进集体和优秀学会工作者代表颁发证书和奖杯。

大会审议通过《中国稀土学会第六届理事会工作报告》《中国稀土学会章程》等文件，选举产生137名理事组成学会第七届理事会，选举5名监事组成学会第七届理事会监事会。

学会第七届理事会召开第一次会议，93名理事参加会议，选举产生46名常务理事，组成学会第七届理事会常务理事会。李波（中国钢研科技集团有限公司）任理事长，严纯华、黄小卫、杨占峰、瞿业栋、钟可祥、李波（包头稀土研究院）、张新波任副理事长。学会理事长李波提名聘任杨占峰任秘书长并担任法定代表人。

学会第七届常务理事会召开第一次会议，党员常务理事选举产生第七届理事会党委委员和负责人。学会第七届理事会监事会召开第一次会议，选举产生监事会负责人。

（撰稿人：王　勇）

中国腐蚀与防护学会

服务创新型国家和社会建设　2022年，学会组织17次科技成果鉴定会，对17项科技成果进行评价。

开展防腐蚀工程师技术资格培训、认证工作。先后举办2期培训班，培训人数76人。组织防腐蚀工程师系列水平评价工作2批次，其中4人通过研究员级高级工程师评审、14人通过高级工程师评审、66人通过工程师评审、5人通过助理工程师评审。

全年共开展5期美国腐蚀工程师国际协会阴极保护课程，共计100人参加学习。

学会建设　全年学会新发展个人会员658人，共有个人会员7054人；新增团体会员15家，共有团体会员287家。学会设有6个工作委员会、25个专业委员会、1个标准化技术委员会。在北京、上海、辽宁等15个省（直辖市）成立地方学会。

9月15日，中国腐蚀与防护学会第十一次全国会员代表大会在北京召开，已在民政部网站上完成备案。

青年人才托举工程　学会参加中国科协先进材料学会联合体组织的活动，开展中国科协青年人才托举工程候选人推荐工作，共托举10名青年人才。

主办期刊　2022年,《中国腐蚀与防护学报》来稿400余篇，发表论文144篇。《材料保护》全年刊出稿件361篇，与2021年度出刊量持平。

国际学术会议　11月18—27日，学会与北京科技大学国家材料腐蚀与防护科学数据中心、北京材料基因工程高精尖创新中心联合主办的2022中国国际材料腐蚀与防护大会线上召开。会议由主论坛——国际材料腐蚀降解学术论坛和11个专题分论坛构成。其中，主论坛邀请来自中国、法国、德国、荷兰、英国、加拿大、澳大利亚、新西兰等22个国家的32位材料腐蚀防护领域专家学者进行主题交流。超过5400人次注册参加会议。

3月8日，学会联合国际材料性能与防护协会线上举办以“智能腐蚀控制”为主题的亚太区研讨会，探讨智能耐蚀材料与防护技术、腐蚀监检测传感器设备、腐蚀建模预测方法等智能腐蚀控制相关议题。国际材料性能与防护协会亚太区主席、北京科技大学教授张达威和国际材料性能与防护协会董事会成员Aaron Williams为会议联合主席，来自中国、新西兰、澳大利亚、泰国、印度的7位专家分别从不同视角分享各自研究领域中的智能腐蚀防护技术。来自不同国家和地区的500余位专家学者参加会议。

国内主要学术会议 11月18日，中国科协主办、学会承办的重大基础设施服役耐久性与安全性数字化、智能化体系建设高层次专家研讨会以线上线下结合方式在北京召开。学会副理事长兼秘书长、北京科技大学教授杜翠薇主持会议并致开幕词。会上组织高等院校、科研机构和行业企业的高层次专家进行研讨，提出前瞻性建议和解决问题的措施办法，共同谋划建设数字化、智能化的监测与评估体系，从而全面保障国家重大基础设施安全。

2022年，学会分支机构共组织学术活动11次，参加会议人数2590人次。

国际交往 学会参加的国际组织有国际腐蚀理事会、亚太地区材料和腐蚀协会和世界腐蚀组织。

2022年，学会联合欧洲腐蚀联合会等国内外组织机构发起成立国际材料腐蚀降解学会。国际材料腐蚀降解学会的成立旨在促进科技经济融合发展、可持续发展、工程能力建设，引导科技企业“走出去”，助力粤港澳大湾区建设，解决材料腐蚀降解这一制约“一带一路”倡议实施的重要技术瓶颈问题。为推动国际材料腐蚀降解学会成立，学会牵头并与相关国际组织进行沟通。6—11月，学会组织材料腐蚀降解领域的中国学者与来自美国、法国、巴西、荷兰、澳大利亚等15个国家的30余位外国学者就成立材料腐蚀降解领域新国际组织的设想多次开展专题研讨，对该组织的定位、主营业务及与其他国际组织的合作模式进行初步的沟通，在设立国际材料腐蚀降解学会的目的、宗旨、业务范围、秘书处所在地、组织负责人、理事会理事及组织章程等方面达成初步共识。

国际材料腐蚀降解学会创始理事会由来自“一带一路”沿线26个国家的77名材料腐蚀降解领域的国内外专家学者组成，代表近30年来引领国际材料腐蚀降解学科发展的权威力量。学会发起者分布于全球43所高校、12个研究所和2个国际企业，其中中国占48%、欧洲占25%、美洲占10%、亚洲（除中国外）占9%、大洋洲和非洲分别占5%和2%，包括9名院士、16名各国材料腐蚀降解领域学会的主席/理事长等，12人次获得本领域最高科学技术奖项等。国际材料腐蚀降解学会拥有充足的专家保障力量，可满足国际科技组织对学术交流能力、会议组织能力、人才培养等方面的要求。

科普活动 4月24日，结合北京冬奥会，学会官网及中国腐蚀与防护网上线“钢铁制造与冬奥的‘冰雪奇缘’”专题。专题展现了中国众多钢铁企业为助力冬奥会所研发生产的绿色钢材和高新科技，介绍国家材料腐蚀与防护科学数据中心研发的耐蚀钢。“中国腐蚀与防护网”微信公众号也对专题进行宣传，相关文章关注及转发量1500余人次。

9月15日，全国科普日期间，学会在官网及中国腐蚀与防护网上线“复合材料有多强？”专题，介绍复合材料的定义、性能和常见工艺，强调复合材料发展纳入“十四五”规划的重要意义。“复合材料之面面观”板块详细介绍复合材料在高铁、汽车、新能源、海洋、航空发动机、航天等材料领域的应用；“高端访谈”板块展示中国多位院士、专家关于复合材料发展的报告和看法，以及复合材料未来的发展趋势。“中国腐蚀与防护”微信公众号对专题进行宣传，相关文章阅读及转发量1800余人次。

在科技周活动期间，以“走进科技 你我同行”为主题，分别开展“观世界材料发展前沿 促腐蚀科技成果创新”线上专题活动、中国腐蚀与防护学会科技奖获奖项目科普宣传活动以及2022年“腐蚀与防护最美科技工作者”学习宣传活动。

表彰举荐优秀科技工作者 学会评选中国腐蚀与防护学会科学技术奖55项。

经学会各专业委员会、单位会员推荐以及专家审议，授予8人2022年“腐蚀与防护最美科技工作者”称号，并设立线上专题对荣誉获得者的工作领域和成果进行介绍。

党建强会 10月16日，学会党委组织学会秘书处及学会各分支机构以线上线下结合方式收看党的二十大开幕会。

9月15日，中国腐蚀与防护学会第十一届理事会党员大会在北京以线上线下结合方式召开，98名党员参加会议。会议选举产生学会第十一届理事会党委。

【中国腐蚀与防护学会第十一次全国会员代表大会】 9月15日，中国腐蚀与防护学会第十一次全国会员代表大会以线上线下结合方式在北京召开。386位会员代表参加会议。

大会审议并通过修订后的《中国腐蚀与防护学会章程》《中国腐蚀与防护学会第十届理事会工作报告》《中国腐蚀与防护学会第十届监事会工作报告》《中国

腐蚀与防护学会财务报告》以及会费标准（企业单位会费 3000 元 / 年，事业单位会费 1000 元 / 年，个人会员会费 50 元 / 年）。

大会选举产生学会第十一届理事会理事、常务理事、理事长、副理事长及第十一届监事会监事、监事长，并聘任秘书长。李晓刚当选学会第十一届理事会理事长，方志刚、杜翠薇、吴勇、汪的华、陆峰、武裕民、胡文彬、赵景茂、桂泰江、董俊华、韩冰、谭立武、宋光铃当选学会第十一届理事会副理事长，刘建华当选学会第十一届监事会监事长，杜翠薇被聘为学会秘书长。

（撰稿人：张小红）

中国化工学会

服务创新型国家和社会建设 2022 年，学会实施“科创中国”绿色化工产业科技服务项目，围绕“科创中国”试点城市（园区）湖南省长沙市、衡阳市，甘肃省兰州市兰州新区，新疆维吾尔自治区巴音郭楞蒙古自治州，山东省菏泽市，河南省濮阳市的重点产业，开展需求对接、成果转移转化等相关科技服务。组织 2022 中国化工新材料（岳阳）论坛、“智汇产业链 · 振兴大别山”中国化工学会院士专家黄冈老区行活动、“智荟庐山 · 创新引领”庐山院士创新论坛等，促进创新链与产业链的双向融入，助力地区产业经济高质量发展。

配合中国科协年会重点活动，组织中国科学院院士谢在库领衔的专家团队完成“湖南石化产业转型升级对策研究”专题调研，提出对湖南石化化工产业转型升级具有指导意义的决策咨询建议。承担工业和信息化部“化工新材料产业链供应链风险及应对举措研究”项目，研究中国化工新材料产业链供应链风险，并提出措施建议。

开展团体标准相关工作，批准发布 24 项，批准立项 10 项，填补化工相关领域标准空白。

完成“以天然硅铝矿物为原料的分子筛绿色合成技术”等 10 余项科技成果的评价工作，为开展工业化应用提供指导，促进化工领域科技成果转化。

参与本科教育认证工作，全年共参加全国高等院校化工类、材料类专业认证 5 次。

作为中国工程师联合体常务理事单位，牵头组建文化与伦理委员会，研制完成《中国工程师伦理准则》，制定发布《化学化工类工程能力评价规范》。开展化工工程师能力水平评价工作，与英国皇家化学会签署工程师互认合作谅解备忘录，达成开展实质等效互认试点工作的共识。

学会建设 2022 年，学会共有个人会员 51522 人、单位会员 406 家，新发展个人会员 11522 人、单位会员 106 家。

规范召开 3 次党委会议、1 次理事会议、8 次常务理事会议；学会分支机构换届 10 个，新成立 4 个。

4 月 23 日，中国化工学会成立 100 周年纪念大会在北京召开，会上推出中国化工学会成立 100 周年纪念册《化工强国梦》、专题片《淬炼》，发布“中国化工　百年百人”榜单。

11 月 28 日，中国化工学会第四十一次会员代表大会在北京召开，选举产生学会新一届理事会和监事会。修订《中国化工学会章程》等 8 项规章制度文件，进一步加强学会规范化建设，提升学会治理能力现代化水平。

12 月 27 日，学会分支机构工作会议线上召开，136 名代表参加会议。会议总结学会系统工作和成果，公布优秀分支机构名单，交流工作经验，对下阶段工作提出要求。

青年人才托举工程 学会开展第八届中国科协青年人才托举工程项目候选人推荐工作，推荐的 13 人全部入选，其中 3 人为中国科协资助、10 人为自筹资金资助。

主办期刊 《化工学报》《化工进展》《中国化学工程学报（英文版）》入选 2022 年度“领跑者 5000——中国精品科技期刊顶尖学术论文”（F5000）名单。

《化工进展》《化工学报》在期刊影响力指数学科排序中分别排名第 1、第 2。《化工学报》入选“2022 中国国际影响力优秀学术期刊”。《化工进展》入选“中国百种杰出学术期刊”。《中国化学工程学报（英文版）》影响因子为 3.898，较 2021 年提高 22.8%；总被引频次为 8269 次，较 2021 年提高 27.8%；根据《科技期刊世界影响力指数（WJCI）报告》，在全球期刊排名中位居中国化工综合类期刊第 1；入选“2022 中国最具国际影响力学术期刊”。《储能科学与技术》变更为月刊。

学会加强对分支机构主办 30 种科技期刊的指导和服务，出版《化学工程国家重点实验室专刊》《化工碳中和技术专刊》《国际优秀储能青年科学家专刊》

《化工与储能专刊》等，集中展现化工各领域的前沿发展方向。

学科发展工程 学会继续开展《化工名词》审定工作，出版《高分子化工》分册。

研判化工领域科技发展趋势，组织征集化工领域重大科学与产业技术问题难题，推荐的“如何从低品位含氦天然气中提取氦气？”入选2022年度中国科协十大工程技术难题。学会获得中国科协重大科技问题难题征集发布2022年度优秀推荐单位。

围绕国家“四个面向”战略要求，组织编撰“先进化工材料关键技术丛书”，助力提升先进化工材料对重点应用领域保障水平，第一批15个分册正式出版。

国际学术会议 学会全年举办境内国际会议3次，参加会议人数1130余人次。

8月17—18日，学会与浙江省宁波市科协等单位联合主办的2022年（第六届）国际烯烃及聚烯烃大会在浙江省宁波市召开。会议以“‘双碳双控’目标下烯烃及聚烯烃产业的高质量发展”为主题，230余位专家学者参加会议，交流报告近30篇。

8月31日—9月1日，由学会、中国石油和化学工业联合会、中国（浙江）自由贸易试验区舟山管理委员会联合主办的第十届亚洲炼油和石化科技大会在浙江省舟山市召开。会议以“转型升级与新能源发展”为主题，300余位专家学者参加会议。

11月6—10日，学会与湖南理工学院、湘潭大学、韩国湖西大学共同主办的精细化工国际学术研讨会在湖南省岳阳市召开。会议以“科技赋能·绿色发展”为主题，中国科学院院士彭孝军、徐春明，中国工程院院士任其龙、柴立元等院士，以及来自韩国庆熙大学、比利时鲁汶大学、韩国济州大学等高校的专家、教授作大会报告。大会设化工新材料、绿色催化、有机合成、分离分析等5个主题分会场，130余位专家学者作报告，国内400余名专家学者和韩国、比利时、美国等国家的200余位专家学者以线上或线下形式参加会议，交流最新研究进展和成果，探讨行业面临的机遇、挑战及未来发展方向。

国内主要学术会议 2022年，学会和学会各分支机构共组织各类学术交流活动80余次，包括全国离子液体与绿色过程学术会议、中国工业水大会、生物化工青年学者论坛、无机酸碱盐学术年会等品牌会议，参加会议人数共计超过10万人次。11个优秀学术会议入选中国科协《重要学术会议指南（2022）》。

6月23—24日，由中国科协、湖南省人民政府主办，学会与湖南省科协、岳阳市人民政府等单位承办的第二十四届中国科协年会中国化工新材料论坛在湖南省岳阳市召开。论坛以“石化传统产业未来转型与高质量发展”为主题，中国工程院院士王玉忠、张立群等分别围绕高分子材料、热塑性弹性体、中国橡胶产业的低碳与高质量发展等作主旨报告，120位专家学者参加会议，1万余人次收看会议直播。

7月16日，学会医药化工专业委员会主办的第一届中国医药化工大会在浙江省杭州市召开，大会以“医药化工的创新与发展”为主题。中国工程院院士沈寅初、高从堦、陈芬儿、陈坚、郑裕国、任其龙、蒋建东、应汉杰，中国科学院院士彭孝军、马光辉共10位院士出席大会，13位院士、专家围绕医药生物化工、医药有机化工、医药材料化工、医药过程装备与控制、医药分析与检验检测等主题作特邀报告，600多位专家学者参加会议。

8月1—3日，学会生物化工专业委员会主办的第五届生物化工青年学者论坛暨第十届生物化工技术创新及产业发展研讨会在陕西省西安市召开。会议围绕合成生物学和代谢工程、生物过程工程、生物燃料炼制技术、工业微生物育种、生物催化与生物转化、天然产物生物合成等领域展开交流，中国工程院院士谭天伟、郑裕国，中国科学院院士元英进、马光辉4位院士作大会报告，500多位专家学者参加会议。

8月8—10日，学会微化工技术专业委员会主办的中国化工学会第一届微化工技术年会在山东省东营市召开。会议以“微型驱动创新、连续促进绿色”为主题，分享微化工技术领域的国内外科研成果、学术前沿动态及工程技术创新思路，300余位专家学者参加会议。

8月19—21日，学会橡胶专业委员会、沈阳化工大学、学会橡塑绿色制造专业委员会主办的第十八届中国橡胶基础研究研讨会在辽宁省沈阳市召开。会议以“基础支撑，面向应用，低碳循环，绿色发展”为主题，近500名专家学者参加会议，1万余人次观看会议直播。

国际交往 学会紧密联系世界化学工程联合会、亚太化工联盟等国际组织，发布《中国化工学会2021年报》（英文版）；作为牵头单位组建完成中国科协联合国咨商清洁能源和“双碳”战略专业委员会；组织

专家参加《联合国气候变化框架公约》第二十七次缔约方大会。

科普活动 2022年，学会共举办科普宣传活动95次，受众63万余人次。获中国科协2022年度全国学会科普工作优秀单位。

8月21—22日，学会与中国化工教育协会联合主办的第十六届全国大学生化工设计竞赛全国总决赛在上海市开展。全国415所高校的2939支队伍、近1.5万名学生报名参加比赛。

9月17日，学会主办2022年"化工第一课"活动，加拿大工程院院士朱世平担任主讲，100余所院校的1.8万名师生在线收看。

12月17日，学会与中国石油和化学工业联合会等共同主办的2022 SCIP+ 绿色化学化工创新创业大赛决赛在上海市开展。大赛聚焦"绿色低碳"主题，吸引中国、法国、荷兰、德国、新加坡和卢森堡等国家的325支队伍参加比赛，比2021年增加133支队伍。

学会各分支机构开展多项科普活动：学会分子辨识分离工程专业委员会围绕变压吸附技术制作科普视频，学会涂料涂装专业委员会推出科普活动"粉末学堂"，学会环境保护专业委员会举办《保护环境，创造美好未来》主题科普讲座，学会烃资源评价加工与利用专业委员会举办在线微课堂活动。

表彰举荐优秀科技工作者 学会完成第十四届侯德榜化工科学技术奖评选工作，5人获成就奖、15人获创新奖、30人获青年奖；完成中国化工学会科学技术奖评选工作，72项科技成果获奖。

完成"最美科技工作者"、第十七届中国青年科技奖、第十八届中国青年女科学家奖等奖项的推选工作，推荐候选人27名。

经学会推荐，中国科学院过程工程研究所生化工程国家重点实验室研究员魏炜获日本化学工学会颁发的2022年度亚洲杰出科研工作者和工程师奖。

党建强会 2022年，学会以"党建强会"计划等为抓手，开展"党建＋科普""党建＋科技服务"等10余项特色活动。承担中国科协学会党建示范工作联合体项目，"党建＋人才"项目列入中国科协学会党建示范工作联合体示范项目，编撰的《党建引领谱新篇，融合发展绽新颜》等3篇案例入选"喜迎二十大　奋进新征程"中国科协十年优秀工作案例。多次召开党的二十大精神学习会议，学会理事长、中国工程院院士戴厚良作党的二十大精神宣讲报告。

会员服务 学会发布《中国化工学会2021年年报》，反映学会年度工作的综合信息；通过网站、学会公众号发布学会工作动态，传播学会工作信息；组织编发12期会员通讯，为会员提供科技新进展、新动态的信息服务；开展10期"侯德榜公益大讲堂"活动；举办青年学者论坛、女科技工作者论坛，为青年和女性会员搭建能力提升平台；举办学生竞赛6次，学生会员参与人数近2万人次；举办《工程伦理》课程师资培训班，培训教师50余名。

2022年，评选出16名中国化工学会会士和1名外籍会士。按中国工程师联合体要求，培养考官8名、评价工程师67名。

【中国化工学会成立100周年庆祝大会】 4月23日，中国化工学会成立100周年纪念大会在北京召开。会议以"筑牢初心·勇担使命·赓续发展"为主题，回顾学会百年发展历程，缅怀化工先辈的丰功伟绩。

第十届全国人大常务委员会副委员长顾秀莲，学会理事长戴厚良，中国科协党组成员、书记处书记吕昭平，以及白春礼、李静海、张平文、徐南平、曹湘洪等25位院士出席会议，近300人现场参加大会，近70万人次线上观看大会直播。

大会开幕式由中国工程院院士谭天伟主持。戴厚良作《中国化工学会百年纪念大会报告》，回顾中国化学工业和中国化工学会百年发展历程。顾秀莲、吕昭平以及国内外各界代表分别致辞，祝贺学会成立百年。

会上，授予潘连生、王心芳、阎三忠、曹湘洪、李勇武5位学会前理事长"中国化工学会杰出贡献人物"荣誉证书，表彰其为学会发展作出的杰出贡献。发布"中国化工　百年百人"榜单，纪念不同时期为中国化学工业作出过巨大贡献的百余位化工先辈、杰出人物。推出中国化工学会成立100周年纪念册《化工强国梦》、专题片《淬炼》。

大会主旨报告阶段由学会副理事长、中国科学院院士张锁江主持。中国科学院院士白春礼作题为《碳中和背景下的能源科学》的报告，中国科学院院士姚建年作题为《新化学　新化工　新产业》的报告。

【中国化工学会第四十一次会员代表大会】 11月28日，中国化工学会第四十一次会员代表大会在北京召开。中国科协专职副主席、书记处书记孟庆海，中国石油和化学工业联合会副会长赵俊贵出席会议并讲话。李静海、李灿、姚建年、段雪、钱旭红等16位院士出席会议，来自全国240余名代表参加会议。

学会理事长戴厚良作工作报告，全面回顾学会第四十届理事会的工作，总结五年来的实践经验，对新一届理事会工作思路和主要任务提出建议。

会议审议通过《中国化工学会章程》《中国化工学会会费标准》《中国化工学会理事会条例》《中国化工学会会员条例》《中国化工学会会士条例》《中国化工学会科学技术奖管理办法》《中国化工学会分支机构管理办法》等8项规章制度文件；选举产生学会第四十一届理事会理事166名、监事会监事5名、理事会党委委员13名，戴厚良当选学会第四十一届理事会理事长，华炜当选监事长，方向晨当选党委书记并聘为秘书长；授予李静海、谭天伟、欧阳平凯、李洪钟、谢在库5位院士为学会荣誉理事。新一届理事会中，青年理事比例达26%，女性理事比例达14%，副理事长中1人来自香港特别行政区、1人来自海外，理事会人员组成结构进一步优化。

会上，宣读2022年度中国化工学会会士授予决定、侯德榜化工科学技术奖授奖决定和中国化工学会科学技术奖授奖决定，300多名获奖者收看大会直播。

（撰稿人：王　燕）

中国核学会

服务创新型国家和社会建设　完成重庆大学核工程与核技术专业、南华大学核化工与核燃料专业2个专业点的认证工作。截至2022年年底，学会已对10所高校的15个专业点进行认证。组织专家完成《核工程类专业2023—2025年工程教育认证工作规划》编制。

学会是团体标准化发展联盟副主席单位，也是国际工作委员会的牵头单位。2022年，学会发布团体标准57项，累计发布团体标准126项，其中中文标准92项、标准英文版34项。推荐核工业标准化研究所获中国标准创新贡献奖组织奖，《电子束处理印染和造纸工业废水技术规范》获中国标准创新贡献奖标准项目奖，向工业和信息化部推荐《电子束处理印染和造纸工业废水技术规范》为团体标准示范项目。

学会推荐的济南中科核技术研究院、中核第四研究设计工程有限公司入选“科创中国”创新基地（产学研协作类）。

学会受中国核工业集团有限公司（以下简称“中核集团”）委托并遵循国务院国资委考核要求，完成国务院国资委“1025专项工程”50余个攻关任务评估工作。

8月18日，学会组织召开“钱家店超大型难采砂岩铀矿原位开发关键技术突破”科技成果鉴定会，邀请中国工程院院士康红普为专家组组长，中国工程院院士孙传尧、叶奇蓁，中国科学院院士徐春明等9名院士和专家组成评审委员会。

11月9日，学会与北京绿色交易所和中核碳资产经营有限公司联合举办首期“碳管理员”培训班。12月5—9日，由中核集团人力资源部和学会联合主办的2022年青年科技人才培训班线上召开，来自中核集团各成员单位的130余名青年英才参加培训。12月21—23日，学会2022年全国核科普讲师培训班线上举办，来自全国涉核企事业单位的500余名学员参加培训。

《中国核燃料价格指数》全年发布13期，成功试运行满1年。

学会建设　2022年，学会第九届理事会召开理事会议1次、常务理事会议2次。召开第十次全国会员代表大会；第十届理事会召开理事会议2次，第十届理事长办公会1次。

成立核质量保证分会、核电运行及应用技术分会、核心理研究与培训分会、标记与检验医学分会4家分会，专业分会增至47家；同位素分会、核电子学与核探测技术分会完成换届。5月，以通讯形式召开学会专业分会2022年管理工作会。

截至2022年年底，学会共有个人会员17000余人，较2021年度增加3000余人；共有团体会员230余家，各分会团体会员数量近1100家。

青年人才托举工程　学会完成第七届、第八届中国科协青年人才托举工程候选人推荐工作，第七届托举青年人才9人，第八届托举青年人才4人。完成评审系统搭建。

主办期刊　学会获中国科协2021年全国学会期刊出版管理规范单位。《核技术》被DOAJ数据库收录，主编、中国科学院院士马余刚，副编审霍宏分别被评为2022年度中国科技期刊卓越行动计划优秀主编和优秀编辑。《核科学与工程》《计算物理》《核动力工程》参与2022年度科技期刊双语传播工程项目，《核科学与工程》连续入选《中国科技核心期刊目录》（自然科学卷）。*Nuclear Science and Techniques* 编委王

宏伟被评为2022年度中国科技期刊卓越行动计划优秀审稿人。学会推荐的论文*Commissioning of a high-resolution collinear laser spectroscopy apparatus with a laser ablation source*入选第七届中国科协优秀科技论文遴选计划（能源、化工与环境集群）。

学科发展工程 9月，向中国科协推荐“引领世界科学的前沿科学问题、建设世界科技强国的工程技术难题”，学会共征集科学问题与工程难题18项，最终“制约海水提铀的关键问题是什么？”入选。学会推荐的“海水提铀关键科学问题及发展建议”得到中央领导批示。

学会推荐8个学术会议入选中国科协《重要学术会议指南（2022）》，分别是第29届国际核工程大会、太平洋地区核能大会、中国核学会第十五届“核科技、核应用、核经济”三核论坛、第六届中国（国际）核电仪控技术大会、第五届极端条件下的物质与辐射国际会议、第五届全国辐射物理学术交流会、全国核物理大会、全国核化工学术交流会议。

学会荣获中国科协科学技术创新部重大科技问题难题征集发布2022年度优秀推荐单位和2022年度学术成果凝练优秀学会。

国际学术会议 学会及分支机构全年举办第二十三届太平洋地区核能大会等国际学术会议4次，参加会议人数2000余人次，交流论文2200多篇。

8月8—12日，由学会、美国机械工程师学会、日本机械工程师学会联合主办，中广核研究院有限公司承办的第二十九届国际核工程大会在北京和广东省深圳市同时线上线下举办，大会以“核能创新助力碳中和未来”为主题。中核集团董事长余剑锋和中国广核集团有限公司董事长杨长利担任大会总主席。国际原子能机构副总干事楚达科夫等国际组织领导致贺词。大会围绕核电运行与维护、核燃料与材料、小型模块化反应堆、第四代反应堆与聚变技术等展开研讨。大会邀请11位中外专家作报告，设16个技术专题、12个论坛、4个研讨会，提交论文1700余篇，来自29个国家和地区的1200余名专家学者参加会议。

国内主要学术会议 学会及分支机构全年共举办国内学术会议60多场次，参加人数12万余人次，交流论文近2200篇。会议主要包括第二届近远海重大工程与海洋岩土灾害防护研讨会暨第六届中国国际核电厂建构筑物可靠性与抗震性能评价技术交流论坛、知识产权分会核行业知识产权高端论坛暨《核行业知识产权发展报告（2022）》发布会、核反应堆热工流体力学分会第二届学术年会暨中核核反应堆热工水力技术重点实验室2022年学术年会暨国家能源压水反应堆技术研发（实验）中心学术交流会、核医学分会2022年学术年会、中国－东盟和平利用核技术论坛医学分论坛暨中国核学会近距离治疗与智慧放疗分会学术年会、核工程力学分会第三届学术交流会议、第二届核电数字化博士生论坛等。

7月8日，由中国科协、湖南省人民政府主办，学会承办的中国（中部）核技术应用产业发展高峰论坛在湖南省衡阳市举办。

国际交往 5月，学会妇女工作委员会新任执行委员邱睿参加世界核妇女大会并发言，学会妇女工作委员会副主任委员荣芳作为世界核妇女大会理事向大会致贺词。

2022年，学会理事长王寿君应邀参加法国核学会主办的GLOBAL 2022国际大会，并发表题为《中国与世界携手，推进核电创新发展》的视频报告。学会应邀作为世界核反应堆热工水力国际会议的协办单位。

科普活动 9月21日，2022年全国科普日福建省核科普专题活动暨中国核工业第八届“核你在一起”科普开放周（福清站）活动在中核集团福清核电现场举办。活动通过微博、抖音、视频号等平台直播，累计观看量超过150万人次。

由中国科技馆、学会联合主办，中核集团、中国工程物理研究院等单位共同支持的“我愿以身许国——喜迎二十大·王淦昌生平事迹展”在北京展出。同时，拍摄制作王淦昌先生大型人物纪录片《以身许国 后人楷模》。

学会组织开展第四批核科普优秀作品征集工作。共评选出中核核电运行管理有限公司等中国核学会科普奖先进单位10家、张素贞等中国核学会科普奖先进工作者10名、《走入“核与辐射”的世界》等中国核学会科普奖优秀作品27件。发布《为什么要发展核电——“双碳”目标下的中国核电（第三版）》科普读物。

学会组织开展2022—2026年度全国核科普教育基地评选工作。评选出阳江核电有限公司、王淦昌故居、中国核动力科技馆、放射医学与辐射防护国家重点实验室、天津青少年核科学教育基地、黑龙江省原子能研究院6家全国核科普教育基地。全国核科普教育基地4批共32家，其中入选全国科普教育基地10

家、科学家精神教育基地 1 家。

表彰举荐优秀科技工作者 2022 年，学会推荐的中国原子能科学研究院“X、γ 射线空气比释动能国防最高计量标准研建及量值传递方法研究”获得国防科学技术进步奖二等奖，核工业西南物理研究院钟武律获得第十七届中国青年科技奖，中国科学院高能物理研究所魏微获得 2022 年度陈嘉庚青年科学奖。向中国科协推荐科技人才奖项评审专家 151 名。

党建强会 2022 年，学会理事会党委共召开 2 次党委会议，研究学会重点工作，部署学会系统的全年重点活动。

学会 47 家分会党组织按照学会理事会党委制定的《中国核学会分会党组织工作职责和活动规范》，均建立党的工作小组并开展相关工作，实现党组织在学会系统的全覆盖。

11 月 1—2 日，学会党委在中国第一代核潜艇研发试验基地（九〇九基地馆）举办以“弘扬科学家精神，推动科技自立自强”为主题的揭牌仪式暨座谈会。

会员服务 学会继续使用中国科协会员管理系统，开展会员数据入库工作。持续向会员、单位会员及理事会成员寄送书籍、报告，推送学会重要活动资讯等。为外籍会员提供学会及分支机构任职、交流平台，多位来自美国、英国、日本等国家的外籍会员，以及香港特别行政区、澳门特别行政区、台湾地区的科技人才在总会及各分会任职。

【中国核学会第十次全国会员代表大会】 9 月 13 日，中国核学会第十次全国会员代表大会以线上线下结合方式在北京召开。中国科协、国家国防科技工业局、生态环境部、国家能源局、中核集团等相关单位领导出席会议并致辞。学会领导、会员代表线上线下共计 200 余人参加会议。

大会审议通过《中国核学会第九届理事会工作报告》《中国核学会第九届理事会财务工作报告》《中国核学会章程》《中国核学会团体会费缴纳标准与管理办法》《中国核学会第一届监事会工作报告》等文件，选举产生学会第十届理事会理事 150 名、第二届监事会监事 5 名。在第十届理事会第一次会议上，选举于俊崇等 50 人为第十届理事会常务理事，王寿君为学会第十届理事会理事长，王凤学等 12 人为副理事长，聘任刘建桥为秘书长。在第二届监事会第一次会议上，寻寰中当选第二届监事会监事长。

【2022 年第十届“魅力之光”杯全国核科普活动】 学会与中国核能电力股份有限公司联合举办 2022 年第十届“魅力之光”杯全国核科普活动，包括全国核科普知识竞赛、第二届全国核科普讲解大赛及全国核科普夏令营。4 月 20 日—6 月 20 日，全国核科普知识竞赛共有 50 余万人参赛，“魅力之光”历年答题人数累计超过 350 万人次。5 月 15 日—8 月 11 日，第二届全国核科普讲解大赛举办，来自全国 15 支代表队的 23 名选手经过初赛、半决赛和决赛，产生一、二、三等奖，优秀奖，最具人气奖和优秀组织奖等。夏令营活动中，中国工程院院士叶奇蓁、杜祥琬，中国科学院院士柴之芳，国际宇航科学院通讯院士周光明为全国核科普爱好者授课。活动通过“科普中国”、凤凰网、微博，以及中核集团、中国核能电力股份有限公司、连云港的相关媒体平台进行全程直播，累计观看人数达 180 万人次。9 月 19 日，全国科普日主场活动期间，“魅力之光”核科普十周年总结暨首届核工业核科普创意大赛启动仪式在北京举办，总结十年核科普品牌建设成就。活动全程直播，线上观看人数累计超过 70 万人次。

【第二十三届太平洋地区核能大会】 11 月 1—4 日，由学会主办的第二十三届太平洋地区核能大会在北京和四川省成都市同时线上线下举办，会议以“核能创新 零碳未来”为主题，国务院总理李克强为大会致贺信。中国科协党组书记、分管日常工作副主席、书记处第一书记、中国工程院院士张玉卓，工业和信息化部副部长、国家原子能机构主任张克俭，生态环境部副部长、国家核安全局局长董保同，大会主席、中核集团董事长、学会荣誉理事长余剑锋，大会主席、全国政协常委、学会理事长王寿君，以及国际原子能机构总干事 Rafael Grossi，经济合作与发展组织核能署总干事 William D.Magwood，加拿大原子能公司总裁兼首席执行官 Fred Dermarker，西屋电气公司亚洲区总裁 Gavin Liu（刘信刚），法国原子能委员会能源项目总监 Stéphane Sarrade，日本原子能机构执行理事 Hiroyuki Oigawa 等参加会议。大会围绕创新核反应堆和概念设计、耐事故燃料的发展和应用场景、人工智能在核反应堆设计与分析中的应用、超临界流体冷却反应堆等 13 个技术专题和 8 个论坛进行交流和研讨。来自多个国家的政府机构、高校和企业的 300 余名专家学者参加会议，提交论文 400 余篇。

（撰稿人：陶 芸）

中国石油学会

服务创新型国家和社会建设 2022年，学会发布团体标准《油气井用高抗挤套管》，被中国石油天然气股份有限公司西南油气田分公司等单位列入钻井设计参考，在研标准项目22项，涵盖材料与装备、炼油与化工、新能源、低碳环保、计量与储运、勘探开发6大领域和26个门类，获得中国标准化协会“企业标准化良好行为正式评价机构”资质。

完善学会智库建设，新增石油环保、石油标准化2个专业，全年邀请入库院士、专家57人，智库专家人数达219人，转载发布智库专家观点文章9篇，申报中国科协科技群团智库成果采集项目并审批通过。

举办第十二届中国石油工程设计大赛、第七届全国大学生油气储运工程设计技能大赛，开展全国石油管材螺纹检测人员资格鉴定与认证、油气管道完整性管理技术、科研论文写作技巧在线讲座等专业培训5场，培训人数1326人次。

学会建设 2022年，学会发展个人会员137人。组织召开理事会议1次、常务理事会议2次、监事会议1次、理事长办公会议1次、年度工作会议1次、秘书处办公会议3次、月度工作会议6次。

制定《中国石油学会会士条例》《中国石油学会会士评选工作实施办法》《中国石油学会宣传工作管理办法》《中国石油学会落实意识形态责任制舆情监测风险应急预案》《中国石油学会火灾处置疏散应急预案》《中国石油学会突发新冠肺炎疫情事件应急处置预案》《中国石油学会员工休假管理办法（试行）》《中国石油学会员工子女医药费报销有关规定（试行）》，执行《中国石油学会“严肃财经纪律、依法合规经营”综合治理专项行动实施方案》和年度收支预算，完成学会石油物探专业委员会、石油科技装备专业委员会2个分支机构换届和学会定编、定岗、定员工作，组织实施中国科协中国特色一流学会（特色创新学会）建设项目。被评为中国科协年度财务数据汇总工作优秀单位、综合统计调查工作优秀单位。评选中国石油巾帼建功先进个人、优秀工会工作者、“十三五”财务工作先进个人各1名。

2月18日，中国科协专职副主席、书记处书记孟庆海到学会调研并召开座谈会，希望学会聚焦国家战略需求，在人才工作、国际化发展、数字化转型、科学普及等方面取得突破，加快推进中国特色一流学会建设。

10月14日，与中国石油国家双创示范基地座谈交流，就推动学会数智化建设、对外宣传、成果转化、科技服务等工作交换意见并达成共识。

9月15日、10月26日，学会副理事长兼秘书长于明祥、学会副理事长刘中云分别提出辞职申请。12月22日，中国科协同意徐凤银为学会副理事长人选。

青年人才托举工程 学会制定执行《中国石油学会青年人才托举工程项目管理办法》，对入选中国科协青年人才托举工程项目的3名被托举人——中国石油大学（华东）讲师宋文辉、中国石油大学（北京）副教授杨睿月、中国石油化工股份有限公司石油化工科学研究院高级工程师王辉进行托举培养，跟踪研究进展，推荐到学术会议作专题报告和国际组织任职。

主办期刊 《石油学报》核心影响因子为3.806，核心总被引频次为5908次，在石油天然气工程类科学技术期刊中总被引频次名列第一，入选2022中国精品期刊展。组织出版“页岩油气勘探开发技术论文专辑”，完成中国科技期刊卓越行动计划梯队期刊项目，制定执行学术不端行为认定与处理办法，严肃处理学术不端案例，获中国科协全国学会期刊出版管理规范单位。刊发的《渤海湾盆地渤中凹陷大气田形成条件与勘探方向》入选第七届中国科协优秀科技论文遴选计划（能源、化工与环境集群）。

《石油学报（石油加工）》作为石油化工领域唯一Ei核心期刊，出版《烃资源评价加工与利用》专刊文章28篇，被下载2696次，被引19次。组织41家单位50名学者成立首届青年编委会，并举办青年学术研讨会，会议累计线上收看1.17万人次。

Petroleum Research［《石油研究（英文）》］在Scopus数据库中CiteScore为3.3，比2021年提高0.1；居全球地质期刊分类第86位（共273种），比2021年提升33位。

学会科普期刊《石油知识》刊登《防喷器为什么能防井喷?》《碳排放的计算与新能源汽车》等院士、专家文章，新增碳中和、数字化等热点问题交流专栏。

国际学术会议 10月18日，学会与日本石油能源技术中心、韩国石油管理院联合举办的第十五届中日韩炼油技术研讨会线上召开，192人参加会议（外国学者132人）。会议围绕“炼厂的‘碳中和’：战略与技术”主题交流3篇主旨报告和9篇技术报告，内容涉及炼油工业面临的问题与对策、能源政策与节能减排形势、炼油技术、油品质量、二氧化碳捕集与利用等。

国内主要学术会议 2022年，学会及学会分支机构全年组织召开各类重点学术会议63次，参加人数179107人次，交流论文和报告9890篇，出版论文集3部。中国石油物探学术年会、复杂油气工程科技创新论坛、全国有机地球化学学术会议、中国石油石化企业信息技术交流大会、全国石油经济学术年会等8个学术会议入选中国科协《重要学术会议指南（2022）》。

7月26—27日，学会非常规油气专业委员会主办的中国非常规油气开采关键技术与装备视频交流会召开。中国工程院院士赵文智、孙金声等29位专家学者围绕非常规油气成藏地质理论进展、开发机理（原理）、储层描述（测井、物探等）技术与解释、开发新工艺新技术攻关实践与进展、全生命周期立体开发新模式、水平井地质导向工具研发与应用、储层改造（体积压裂、原位改质等）装备研发、开采配套地面井筒智能化技术、开发评价内容与评价方法以及勘探开发实例等作专题报告，1万余人次观看会议直播。

11月12日，中国科协主办、学会承办的沉积盆地深层油气资源勘探领域与富集理论高层次专家研讨会线上召开。中国科学院院士贾承造，中国工程院院士李阳、郭旭升等23位油气勘探行业专家，聚焦石油天然气领域关键核心技术、深地深海前沿领域交流主题报告7篇，研究形成《中国沉积盆地深层勘探前景、领域与对策建议》并上报中国科协。

11月26—27日，学会石油工程专业委员会等联合主办的主题为“创新稠油理论技术，引领稠油高效开发”的稠油高效开发技术国际学术论坛线上召开。论坛交流技术报告42篇、线上展播论文42篇，展示最新稠油开发理论、技术与矿场应用案例，指明“双碳”背景下稠油油田持续稳产和绿色高效开发发展方向。中国工程院院士周守为、李阳、刘合、孙焕泉等200余位专家学者参加论坛，3万余人次观看论坛直播。

12月8—9日，学会石油测井专业委员会主办的第二十二届测井年会线上召开，高峰时1.7万余人次在线观看会议直播。中国工程院院士李宁，长江大学副校长郭海敏等专家就测井行业发展、技术进展、人才培养作专题报告。会议交流论文115篇，内容涉及岩石物理、三维成像、元素测井、远探测井、远程测控、随钻测控、取芯测试、直推式测井、储气库测井、高温高压测井、地热测井、光纤传感、大数据和人工智能、解释评价等。

国际交往 7月12日，学会标准化工作委员会与IHS Global Inc.（IHS）在北京签署谅解备忘录，双方建立战略合作关系，推动中国能源行业团体标准“走出去”。

9月8日，学会标准化工作委员会与美国石油学会线上举办谅解备忘录签约仪式，双方在团体标准领域深入合作，共同推动标准在未来全球油气产业和低碳能源发展中发挥支撑引领作用。

科普活动 2022年，学会围绕全国科技活动周、全国科技工作者日、全国科普日，组织2个分支机构、3个科普教育基地和7个地方学会开展探秘石油天然气之云游实验室、油气田开发创新技术论坛等科普活动32项，受众超过500万人次。其中，科普访谈“探秘沉积之旅——大地之树”直播等2项活动被评为全国科普日优秀活动。学会获评中国科协全国学会科普工作优秀单位、全国科技工作者日活动优秀组织单位、全国科普日活动优秀组织单位。

推荐大庆油田勘探开发研究院“三超”文化展厅、中石化洛阳工程有限公司“榜样的力量——时代楷模陈俊武陈列室”入选2022年度科学家精神教育基地，胜利油田科技展览中心、大庆石油科技馆、克拉玛依黑油山景区被认定为全国科普教育基地。在“科普中国”微信公众号、中国石油门户网站、“石油知识”微信公众号累计发布509篇科普文章。

9月23日，学会联合石油工业出版社有限公司举办《油气简史》科普领读活动，邀请《油气简史》作者、西南石油大学校长张烈辉解读，中国科学院院士邹才能等专家领读，分享阅读体会。多家网络媒体平台同步直播，吸引31万余人次参与学习交流。

表彰举荐优秀科技工作者 学会组织遴选推荐2022年“最美科技工作者”候选人2人、第十七届中国青年科技奖候选人2人、第十八届中国青年女科学家奖候选人3人；中国科协科技人才奖项评审专家29人、中国科协海智计划特聘专家候选人7人；推荐第一届中国科技青年论坛候选论文9篇，其中中国石化石油化工科学研究院高级工程师李愿来的论文《不畏

艰辛、迎难而上——专有控制系统“黑匣子”从无到有、从有到优的实践之路》获二等奖。中国科学院院士、第三世界科学院院士李德生当选2022年全国“最美科技工作者”。

党建强会 组织召开党委会议2次，支委会议11次，党员大会6次，专题党课、党员学习讨论会3次。

学会理事会党委以视频形式召开党的二十大精神、中央经济工作会议精神专题研讨会，研究部署宣传贯彻举措。编制《中国石油学会学习宣传贯彻党的二十大精神实施方案》《中国石油学会关于贯彻落实中央八项规定精神的实施细则（2022年修订）》《中国石油学会落实意识形态责任制实施办法》，印发领导干部禁业范围、前置研究讨论重大经营管理事项清单，履行全面从严治党主体责任。秘书处党支部贯彻落实党的基层组织工作条例，制订年度学习计划，召开专题组织生活会，逐级签订党风廉政建设责任书，定期开展警示教育宣传，配合完成常规巡视；针对巡视反馈8类22个问题，制定37项整改措施，建立32项长效机制。

【第八届油气成藏机理与油气资源评价国际学术研讨会】 10月21—23日，学会石油地质专业委员会联合北京大学、中国石油大学（北京）、油气资源与探测国家重点实验室以线上线下结合方式在北京召开第八届油气成藏机理与油气资源评价国际学术研讨会。会议围绕“‘碳中和’与油气资源”主题，交流特邀报告39篇（含海外专家12篇）、6个分会场技术论文152篇、展板论文47篇，展示全油气系统控藏规律研究、非常规油气成藏与地质评价、深层–超深层烃源岩和储层分布规律、“双碳”目标与油气成藏发展方向等领域研究成果。中国科学院院士贾承造、金之钧，以及来自国内18所高校、10余个国家部委和油田公司的300余位专家学者线下参加会议，来自加拿大、美国、俄罗斯、英国、德国、澳大利亚、丹麦和伊朗等国家的15所大学和科研单位的专家学者线上参加会议，会议直播浏览量超过4万人次。

（撰稿人：邹　刚）

中国煤炭学会

服务创新型国家和社会建设 学会以煤矿智能化技术创新联盟、黄河流域煤炭产业生态治理技术研究院和煤炭清洁高效利用产业协同创新共同体3大平台为抓手，举办煤矿智能清洁高效洗选技术装备与工程实践交流研讨会等学术活动；出版发布《中国煤矿智能化发展报告（2022年）》《煤炭清洁低碳转型导论》《黄河流域煤矿区生态治理与产业发展研究报告》《煤炭转型影响、挑战、寄语和行动综合报告》等研究报告，为相关领域技术创新提供理论支撑。

建设煤炭科技人才智库。基本形成覆盖煤炭领域25个主要专业，拥有200名中国科协煤炭领域专家、1300余名学会专家的金字塔形专家库模式，构建由院士、专家和科技领军人才、中年专家、45岁以下优秀青年人才、35岁以下青年托举人才组成的梯级专家队伍和培养体系。

接受地方政府和法院委托，全年完成开采损害技术鉴定9项。向中国科协有关部门提交煤制清洁油、煤基炭材料等煤炭清洁高效利用前沿技术跟踪和产业趋势预判报告4次。

推荐中国标准创新贡献奖1项；立项89项煤矿智能化团体标准，已初步搭建起煤矿智能化标准体系框架，提出煤矿智能化标准的总体布局和发展规划，指明工作重点和未来发展方向，对关键技术、装备、行为及派生属性等进行统一规范。

举办第十三届全国煤炭工业生产一线青年技术创新交流暨研修活动，与技术经理人研修培训相结合。依托“科创中国”平台，以线上线下结合方式开展2期专业技术培训。举办煤矿智能化建设转移转化能力提升研修班，为煤矿科技人员提升专业技术能力及管理能力服务。

学会建设 2022年，学会发展个人会员1721人，个人会员总数达25637人；发展单位会员23家，单位会员总数达172家；新成立分支机构2个，共有31个专业委员会、5个工作委员会、18个省市级煤炭学会。

召开年度理事会议、常务理事会议、监事会议、理事长办公会议等。加强分支机构管理，指导学会科普工作委员会、煤矿系统工程专业委员会等5个分支机构会完成换届，新组建学会碳中和科学与工程专业委员会、碳减排工程管理专业委员会。

开展并完成分支机构自查自纠，按照民政部要求，加强监督考核，进一步规范学会分支机构的工作内容和程序。

通过中国科协中国特色一流学会建设项目年度考核，获得2022年度全国学会科普工作优秀单位、2022年度全国学会会员入库优秀单位、2022年度学术成果凝练优秀单位、“科创中国”优秀科技服务团（2022年度）等荣誉。

青年人才托举工程 开展第八届中国科协青年人才托举工程项目候选人遴选推荐工作，评选出14名来自高校、科研院所的青年被托举人才候选人，研究方向涵盖煤炭行业相关的生产、安全、环境等技术前沿学科。

以直播方式组织入选第七届中国科协青年人才托举工程项目的10名被托举人召开10期青年科技工作者专题讲座交流。撰写宣传7位历届青年被托举人才的成长故事，并通过学会微信公众号发布。

主办期刊 根据中国知网发布的《中国学术期刊影响因子年报》,《煤炭学报》影响因子、被引频次等均列矿山工程技术学科第1位。编辑部策划“中国煤炭学会成立六十周年”等5个专题、“光纤传感技术与矿山应用”等10个专栏，组织发表160余篇学术成果论文。“煤炭学报”微信公众号、视频号持续推送科技成果信息，在中文学术期刊“微信传播力榜”中位列第10。《煤炭学报》刊载的22篇论文入选“领跑者5000——中国精品科技期刊顶尖学术论文”（F5000）名单，1篇论文入选第七届中国科协优秀科技论文遴选计划（能源、化工与环境集群），3757篇论文入选中国知网《学术精要数据库》高影响力论文。

International Journal of Coal Science & Technology［《国际煤炭科学技术学报（英文）》，IJCST］收录论文量有所增加，保持被Ei收录。根据Scopus发布的学术期刊质量评价指标数据，IJCST在能源工程与电力技术学科和岩土工程与工程地质学科均处于Q1区。

学会筹备国际化高起点英文科技刊物，邀请组建编审专家团队，召开交流研讨会，在办刊内容方向、编审专家团队组成等方面进行多方交流；申报并承担分领域发布高质量科技期刊分级目录项目，形成《煤炭领域高质量科技期刊分级目录》。

学科发展工程 学会组织新成立的2个分支机构围绕当前的热点、难点编写学科十年发展规划，并作为一段时期内的长期目标与主要任务。

面向资源能源、生态环境等科技领域征集具有引领作用的基础研究、关键共性技术、前沿引领科技问题、工程技术难题，并向中国科协推荐5项。

国际学术会议 2022年，学会共召开6场国际会议，为“一带一路”沿线国家的能源开发利用提供借鉴。

2月22日，由世界经济论坛主办、学会特别支持的煤炭转化可再生能源专题研讨会线上召开。来自意大利、葡萄牙、印度等国的企业和机构的专家就煤炭转型、燃煤电厂转型等作主旨发言。与会专家学者围绕“促进绿色低碳转型”等议题分享科学助力绿色发展的思想、成果和经验，探讨以全球合作促进可持续发展的对策方案，以期推动绿色发展成果共享。世界经济论坛组委会人员、学会秘书处主要人员、相关国际组织或机构管理人员，以及国内外专家学者、企业管理者等共计50余人参加会议。

3月29日，学会主办的煤炭转型高层次国际交流会在北京召开，学会理事长刘峰和英国驻华大使馆公使衔参赞Danae Dholakia（戴丹霓）出席会议并致辞。中国工程院院士彭苏萍、康红普、武强、王国法，英国驻华大使馆中国区气候变化、能源和环境参赞Shannan Murphy（孟姗兰），以及英国和德国驻华大使馆部分工作人员、学会主要负责人、煤炭行业专家等出席会议。

国内主要学术会议 2022年，学会组织召开系列学术活动交流会议20余场。

6月30日，学会主办的绿能开发——构建清洁低碳安全高效的能源体系专题论坛以线下线上结合方式在宁夏回族自治区石嘴山市召开。石嘴山市副市长王宇翔、中国工程院院士彭苏萍、西安热工研究院有限公司高级工程师张喜来、华东理工大学副教授丁路、美国劳伦斯伯克利国家实验室首席研究员沈波分别就光伏、氢能、火电及能源转型国际经验等作报告分享。

8月16—17日，学会主办的煤矿智能清洁高效洗选技术装备与工程实践交流研讨会在云南省昆明市召开。会议由学会秘书长王蕾主持。中国工程院院士、学会常务理事王双明，学会党委书记、理事长、中国煤炭工业协会副会长刘峰分别作题为《“双碳”目标与主体能源变化》和《“双碳”目标下煤炭行业绿色低碳转型与高质量发展思考》的特邀报告。26位专家学者作大会报告。来自煤炭行业高校、科研院所、洗选单位、智能设备制造单位的专家学者分别从煤炭智能开采技术进展、选煤厂技术现状及展望、智能化选煤厂建设等方面作大会主旨报告。

国际交往 学会与欧亚太平洋学术协会、世界经济论坛探讨合作机制，召开4次会议，就合作方式及合作内容开展交流研讨。

联合中国矿业大学、奥地利莱奥本矿业大学申报科技部2022年度“政府间国际科技创新合作”重点专项，对资源枯竭城市的空间特征与低碳发展路径进行研究。

与能源基金会开展中美能源转型系列对话活动3场次，对话交流为中美两国煤炭地区之间建立一个持久的双边联系桥梁，以期相互了解借鉴转型经验，在技术推广、政策制定、项目合作等方面开展更多的合作。

4月14日，学会与能源基金会、杰克逊事务所联合主办的中美煤炭地区能源转型二轨对话第二次对话线上召开。美国西弗吉尼亚州众议院议员 Evan Hansen、落基山研究所零碳电力主任 Uday Varadarajan、美国怀俄明州公共服务委员会专员 Mary Throne、中国煤炭工业协会副秘书长张宏、煤炭工业规划设计研究院有限公司总经理助理吴立新、中国矿业大学教授董锋等对中国、美国煤炭生产地区的经济多样化战略开展交叉比较分析，并进行交流与探讨。

9月29日，学会与能源基金会、杰克逊事务所联合主办的中美煤炭地区能源转型二轨对话第三次对话线上召开。会上重点交流美国和中国关于能源转型的政策及相应政策下传统煤炭企业所采取的能源转型策略与举措，针对能源转型策略开展交叉比较分析，展现多元化能源企业低碳转型路径，包括从联邦到地区的政策、投资选择和案例研究。

科普活动 学会把培育煤炭科普教育基地作为提升全行业科普工作的重点，认定16家煤炭行业科普教育基地和10家高校科普社团。向中国科协推荐的8家煤炭行业科普教育基地入选中国科协2021—2025年度第一批全国科普教育基地补充认定名单。修订《煤炭行业科普教育基地认定与管理办法》，启动新一轮科普教育基地评选和认定工作，逐步形成全行业办科普的良好趋势。

由院士领衔，组织编撰“太阳石”系列科普丛书；出版“神奇的煤炭”系列图书，向大众传播煤炭领域知识。拓展宣传教育渠道，发挥学会专业委员会、科学传播专家团队和科普教育基地作用，通过会议、网站、微信公众号等积极开展科学传播活动。

以学会科普期刊《当代矿工》为阵地，开辟专栏，宣传弘扬科学家精神，普及安全生产、职业健康、应急减灾知识，定期推送科普活动信息和各类科学知识。

以科技活动周、全国科普日为契机，开展科普进社区、进校园等活动。

11月29日，主办“燃点沙龙”煤炭科普能力提升研讨会。共同探讨煤炭行业科普工作的新形势、新问题、新举措，进一步加强资源整合、推动优势互补、提升科普效能。

表彰举荐优秀科技工作者 学会修改完善人才评价制度，评选出2022年度煤炭青年科技奖60人（45岁以下）、2022最美煤炭科技工作者30人。

推荐第五届杰出工程师奖候选人12人、杰出工程师青年奖候选人6人；第十七届中国青年科技奖候选人2人；第十八届中国青年女科学家和2021年度未来女科学家计划候选人各1人，其中1人获得第十七届中国青年科技奖。

党建强会 巩固“第一议题”学习制度，动员学会各级党组织进行前置学习，梳理习近平总书记关于“双碳”、能源和煤炭等问题的重要讲话和重要指示批示精神，全年共完成“第一议题”学习内容6次。利用中国科协党校、国资e学、“党建云”等学习平台，开展书记讲党课活动，学会理事会党委书记刘峰、党委副书记王虹、党委委员昌孝存等讲党课4次；支持学会各级党组织负责人通过学术报告会、网络平台、专业科普文章等形式，以“专家请进来、委员上讲台”的方式宣讲党的创新理论和国家的重大战略。

继续开展百年矿山革命历史宣传教育，编辑出版《百年煤矿话百年》，在《当代矿工》杂志刊发煤矿百年红色历史文章11篇。

学会36个分支机构共设立党组织31个，基本实现分支机构党的工作小组全覆盖。与兄弟学会、地方科协之间开展党建工作交流和互动。召开学会分支机构党组织在内的党课学习和党建经验交流会。

会员服务 学会补充完善会员管理系统，修订《中国煤炭学会会员管理办法》，对会员进行分类，设置普通会员、学生会员、高级会员、资深会员等。学会学术期刊工作委员会推出中国煤炭行业知识服务平台服务会员，平台月点击量突破10万人次；开启学会数字化转型服务工作，编写并发送学会周报，便捷会员服务。

【“科创中国”（七台河）现代煤化工产业发展技术培训】 6月2日，学会联合煤炭科学技术研究院有限公司煤化工分院、七台河市科协、七台河市科技局等在黑龙江省七台河市以线上线下结合方式举办“科创中国”（七台河）现代煤化工产业发展技术培训。宝泰隆新材料股份有限公司技术部长、副总工程师鄂佳欣，煤炭科学技术研究院有限公司煤化工分院总工程师李文博等作报告。宝泰隆石墨烯新材料股份有限公司等七台河市高新技术企业的有关人员线下参加培训，学会会员、七台河市相关企业科技人员、企业科协相关人员等共 2.5 万余人线上参加培训。

【2022 年厚煤层绿色智能开采国际会议暨纪念中国综合机械化放顶煤开采 40 周年学术会议】 7 月 23 日，2022 年厚煤层绿色智能开采国际会议暨纪念中国综合机械化放顶煤开采 40 周年学术会议以线上线下结合方式在北京召开。会议由学会、中国矿业大学（北京）和中煤科工开采研究院有限公司主办，国内外多家矿业类高等学校共同协办，被中国科协《重要学术会议指南（2022）》收录。

会上，来自中国、美国、俄罗斯、德国、澳大利亚、加拿大、巴西等国家的 60 位院士与学者作大会报告。美国国家工程院院士、美国西弗吉尼亚大学教授 S.S.Peng，澳大利亚新南威尔士大学矿物与能源资源工程学院院长 Ismet，加拿大英属哥伦比亚大学采矿系主任 Scott.Dunbar、原系主任 Bern Klein，美国肯塔基大学教授 Zacharias Agioutantis，巴西南里奥格兰德联邦大学教授 Andr é Cezar Zingano，以及来自国内的院士、专家等共计 2000 余人参加会议。

会议设有 1 个主旨报告单元、3 个特邀报告单元和 1 个研究生论坛单元。各国专家学者分别就煤炭碳中和战略与技术路径、煤矿动力灾害、深井厚煤层开采技术、厚煤层绿色智能化开采技术与装备、中国煤矿智能化发展、采矿方法中的前沿科学问题、美国长壁采煤法自动化进展等主题作大会主旨报告。

（撰稿人：张　景）

中国可再生能源学会

服务创新型国家和社会建设　2022 年，学会承接中国科协“科创中国”科技服务团示范项目，牵头组建“科创中国”低碳能源技术产业科技服务团，围绕宁夏回族自治区银川市、内蒙古自治区包头市、云南省曲靖市、山东省菏泽市等地的低碳能源产业发展诉求，组织 117 名专家和 25 家企业入驻“科创中国”平台开展对接，并先后与地方科协、中国科协挂点组、地方政府及相关部门开展座谈交流、实地调研等活动 16 次；与内蒙古自治区包头市、云南省曲靖市等政府部门签订合作协议 4 项；在内蒙古明阳北方智慧能源研究院、包头中车电机有限公司设立学会服务站；与包头市政府共建科技成果转移转化教育实践基地。

承担人力资源社会保障部专业技术人才知识更新工程 2022 年高级研修项目。8 月，同期举办“双碳”目标下能源转型与风能、太阳能专业技术领域技术转移转化能力提升高级研修班和制氢技术领域专业技术转移转化能力提升高级研修班。来自 21 个省（自治区、直辖市）的近 200 名学员通过线下或线上方式参加培训。

受国家能源局和国家海洋局委托，开展风电设备制造产业数据统计工作。配合国家发展改革委能源研究所开展《可再生能源法》修订评估论证工作。参与国家能源局科技司能源科技创新行业协同监测双月（后改为季度）会商。完成《首台套重大装备推广应用指导目录》《关于光伏发电补贴发放的相关建议》《关于风电项目装机容量和并网时间节点的说明与建议》《地方政府对首台套技术装备支持政策汇总》《“双碳”领域团体标准组织报告》等 19 项意见报告的报送工作。

持续推动学会团体标准工作标准化、规范化、制度化建设。10 月，学会标准化技术委员会完成换届，新一届标准化技术委员会共有专家委员 16 名。截至年底，学会共收到团体标准立项申请 31 项，批准立项团体标准 13 项，组织团体标准审查会 3 期，批准发布 5 项。累计在全国团体标准信息平台发布团体标准 13 项。

完成北京化工大学“电解海水制氢关键技术与首台 10 千瓦装备”、中国华能集团清洁能源技术研究院有限公司“大面积钙钛矿太阳能电池制备技术与组件示范项目”、上海电气风电集团股份有限公司“新一代风电场场级控制技术与平台”、中国科学院上海高等研究院“氢能燃料电池实用催化剂可控合成、宏量制备及应用”等 26 项科技成果的评价工作。

承接中国科协十大代表 2022 年调研课题“突破风电领域轴承‘卡脖子’技术路径及对策建议”。该课题围绕中国风电产业中轴承应用场景、轴承技术现状与趋势，以及国内外风电领域轴承企业技术路径等方面展开梳理和分析，研判提出中国风电领域轴承国产化技术路径及相关建议，并形成《突破风电高端轴承“卡脖子”技术路径与对策建议》《突破风电轴承

试验技术的路径与对策建议》2 份专报。

联合昆明理工大学、南方电网能源发展研究院有限责任公司共同承担中国工程院院地合作项目“云南可再生能源发展战略及路线图研究”。该项目由学会理事长、中国工程院院士、北京化工大学校长谭天伟牵头负责，杨德仁、蒋剑春、陈勇、郭烈锦等院士共同参与。

联合中国建筑设计研究院有限公司、建科环能科技有限公司共同承担中国分布式可再生能源应用推广项目“分布式可再生能源与建筑相结合模式潜力研究”课题。

学会主办第五届全国大学生可再生能源优秀科技作品大赛。本届竞赛增设社会实践调查报告类项目；依托学会官网建设竞赛线上系统，在线完成报名、作品提交，以及后续的审查、评审等工作；首次启用竞赛标识。共 2000 多支队伍报名参加竞赛，1499 件有效作品进入形式审查，有效作品数是第四届竞赛的 3 倍。经过资格审查，有 1264 项作品进入初赛，其中科技类作品 1097 项、社会实践调研类作品 167 项。

学会建设 截至 2022 年年底，学会共有个人会员 5856 人，较 2021 年增加 13.72%；单位会员 252 家，较 2021 年增加 6.78%。

召开学会第十次全国会员代表大会。全年共召开各级工作会议 14 次，包括学会党委会议 4 次、常务理事会议 1 次、理事长工作会扩大会议 3 次、秘书长工作会议 4 次。全年形成、传达、落实有关重要决议近 30 项。

青年人才托举工程 学会推荐的上海交通大学王言博、清华大学赵辰孜、河北大学张宁和重庆大学闫渤文入选第七届中国科协青年人才托举工程项目，并获得项目资助。

学会主办菁享沙龙、第五届青年科学家论坛等活动，重点组织第六届、第七届中国科协青年人才托举工程项目被托举人参加会议并作报告，同时借助交流机会组织导师团队进行专题指导。

组织开展第八届中国科协青年人才托举工程项目申报工作并获得 4 个资助名额，其中 3 个为中国科协资助名额、1 个为自筹资金资助名额。38 名青年学者参与申报，遴选出西安交通大学李乃鹏、北京化工大学周道金、华北电力大学崔鹏、广东工业大学舒日洋 4 名青年人才为被托举候选人。

主办期刊 《太阳能学报》收稿 2000 篇，发表论文 840 篇。根据中国知网发布的《中国学术期刊影响因子年报（自然科学与工程技术・2022 版）》,《太阳能学报》位于“能源与动力工程”学科类目、“技术研究”层次，影响力指数（CI）学科排序为 2/56；复合影响因子为 1.616，较 2021 年提高 51%。

《太阳能》收稿 296 篇，发表论文 169 篇。位于“能源与动力工程”学科类目、“技术研究”层次，影响力指数学科排序为 29/56；复合影响因子为 0.709，较 2021 年提高 43%。与中国知网、万方数据、重庆维普、国家科学技术期刊开放平台（OA 出版）等合作；数字化发行总数 5833 册。

学科发展工程 学会持续开展《可再生能源技术报告集》试点编制工作。2022 年度，共有光伏、热利用、风能、氢能、海洋能、天然气水合物、地热能、综合系统 8 个专业委员会参与试点编制工作。

学会光伏专业委员会编制《2022 中国光伏技术发展报告》，分别从硅料、硅片、晶硅电池及组件、薄膜电池、新型电池、系统及集成应用、功率变换器及平衡部件、系统运行及维护、标准到效率等方向全面阐述 2022 年度光伏技术的进展。该报告自 2015 年以来已连续发布 8 期。

学会风能专业委员会编制《中国风电产业地图 2021》，详细分析 2021 年中国风电发展情况，包括市场格局以及风电装机情况。该报告自 2008 年以来每年定期发布。

学会发电并网专业委员会编制《中国新能源发电并网分析报告（2022）》，梳理中国风光发电并网发展现状、相关政策及其影响、“十四五”展望及并网专题研究。

学会太阳能热发电专业委员会编制《中国太阳能热发电行业蓝皮书 2021》，共分为 9 个章节，包括太阳能热发电发展机遇和定位、太阳能热发电市场发展、示范项目运行、产业链、研发项目情况等。6 月，该报告的英文版由国际能源署太阳能热发电和热化学组织向国际社会发布。

国际学术会议 2022 年，学会举办境内国际会议 2 次，参加会议人数共计 1200 余人次，交流论文 206 篇。

4 月 8 日，学会生物质能专业委员会等共同主办的第七届生物质能源国际会议暨第十五届全国研究生生物质能研讨会线上召开。会议以“生物质能源助推碳中和目标实现”为主题，围绕生物质能源技术的进展及产业发展的主题进行讨论交流，展示生物质能的技术现状和科研成果。

11 月 11—12 日，学会风能专业委员会等共同主办的第七届全球海上风电大会在海南省海口市召开。大会以“夯实基础，聚力创新——推动海上风电平稳有序发展”为主题，研判全球海上风电发展前景，解读行业发展政策，探讨技术前沿趋势，探寻创新突破方向。

国内主要学术会议 学会及各分支机构全年共举办国内学术会议 20 余次，参加会议人数 10 万余人次，交流论文 1000 余篇。

4 月 20—22 日，学会主办的第十九届中国光伏学术大会线上召开。会议以“争创新·促光伏·碳中和·承大任”为主题，增设“光电制氢”“光电还原 CO_2”等专题。100 余位专家学者参加交流。

5 月 7—8 日，学会光化学专业委员会主办的第九届新型太阳能电池材料科学与技术学术研讨会线上召开。8 月 5 日，学会发电并网专业委员会主办的电力安全保供形势下的新能源并网发展论坛在陕西省西安市召开，200 余名专家学者参加论坛。

受新冠疫情影响，中国可再生能源学术大会延期至 2023 年举办，其中 7 个专题分会于 2022 年举办。9 月 17—18 日，学会青年工作委员会线上召开第五届青年科学家论坛，论坛以“聚焦可再生能源应用，强化交叉学科和国际交流”为主题。11 月 24 日，学会热利用专业委员会线上召开可再生能源清洁低碳供热制冷学术会议，300 余位专家学者参加会议。11 月 25 日，学会发电并网专业委员会线上召开第六届可再生能源并网技术与政策论坛，论坛以“‘十四五’新能源并网的创新发展”为主题，53 位专家学者参加论坛。11 月 28 日，学会氢能专业委员会线上召开中国可再生能源学术大会氢能与燃料电池分会，7500 余人次线上参加会议。11 月 29 日，学会太阳能建筑专业委员会线上召开第四届“迈向产能建筑”技术发展论坛，论坛以“可再生能源与建筑全电气化”为主题，对先进、成熟的太阳能建筑技术展开研讨交流，4600 余人次线上参加论坛。12 月 3—4 日，学会综合系统专业委员会线上召开中国可再生能源学术大会综合系统分会暨第一届中国可再生能源综合系统学术大会，交流 16 篇专家报告，围绕 8 篇论文进行交流讨论，1.3 万余人次线上参加会议。

国际组织任职 学会副理事长、南京航空航天大学教授王同光担任国际能源署风能实施协议执委会委员。

国际交往 学会理事、风能专业委员会委员、国际能源署风能实施协议中国工作组副组长杜广平分别于 5 月 16—19 日、11 月 7—10 日线上参加国际能源署风能实施协议第 89 次、第 90 次执委会会议，并在第 89 次执委会会议上作中国风能现状的报告。学会副理事长、南京航空航天大学教授王同光参加第 90 次执委会议。

9 月 29 日，学会热利用专业委员会秘书长何涛作为国际能源署太阳能供热制冷实施协议执委会副主席，线上参加国际能源署太阳能供热制冷委员会研究任务“面向 2030 的太阳能热水系统”启动会。

6 月 21 日，由国际能源署太阳能供热制冷实施协议执行委员会、国际太阳能协会主办，学会热利用专业委员会协办的全球太阳能供热制冷市场及行业发展主题研讨会线上召开。学会热利用专业委员会顾问委员郑瑞澄作题为 *China-Developments in the World's Largest Market* 的主旨报告，分享全球最大太阳能热利用市场——中国的发展历程，剖析太阳能区域供热、工业利用及光热光伏一体化等领域的最新技术。

9 月 27—29 日，学会氢能专业委员会线上参加国际能源署氢能实施协议第 89 次和第 90 次执委会会议，会议就氢能领域政策、技术现状及市场情况等方面进行讨论。

科普活动 2022 年，学会及各分支机构、会员单位、科普基地共组织开展线上线下科普宣讲、培训、展览、研学等活动 30 余场，累计参与受众 5 万余人次；推荐专家参与全国科普日、全国科技周活动 2 次；开发、制作、编辑科普课件、图书、视频（短视频）37 部。

连续 3 年举办“我为可再生能源代言”活动，2022 年举办 1 期，观看人数达 1.46 万余人次。连续 12 年举办中国风能摄影大赛，2022 年大赛收到参赛作品超过 1000 幅，遴选 50 余幅在北京国际风能大会暨展览会期间公开展览。

开发制作太阳能热发电科普动画《新型电力系统的支撑电源——太阳能热发电》。动画主要对 3 种主要的光热发电技术原理、光热电站的优势，以及中国光热电站建设情况、技术水平、发展潜力等进行介绍。学会风能专业委员会与新疆金风科技股份有限公司合作编写并出版系列科普图书《种风机的爸爸》

《我们的风能》《探索风能的奥秘》。

表彰举荐优秀科技工作者 学会推荐的风能专业委员会委员、中国电力科学研究院新能源研究中心副主任秦世耀获得第二十四届中国科协求是杰出青年成果转化奖。

由学会设立的中国可再生能源学会科学技术奖共受理申报项目 99 项，获奖 40 项，其中一等奖 9 项、二等奖 11 项、三等奖 20 项；受理人物奖申报材料 39 项，获奖 18 项，其中优秀科技工作者奖 7 名、优秀青年科技人才奖 10 名、杰出贡献奖 1 名。

党建强会 全年组织召开党建工作专题会议 2 次；开展弘扬科学家精神宣讲活动 3 次，发布宣传文章 2 篇；以调研、会议形式开展党员专家科技志愿服务 6 次，参与活动的党员专家 10 余名，服务“科创中国”试点城市 2 个，形成科学决策报告 2 份；完成中国科协 2022 年度党建强会试点项目等。

开展“重走觉醒之路”红色教育活动 1 次；组织学会党员干部前往香山革命纪念馆参观学习 1 次。累计参与活动的党员 17 名。

会员服务 学会通过网站、微信公众号向会员发布各类通知、新闻等 270 余条。

设立专职人员负责会员发展和日常管理；建设并开通会员网上管理系统，实现会员网上注册、审批和管理，并与中国科协会员系统互联。

向国际太阳能学会推荐 40 名中国专家、学者，以团体会员身份加入国际太阳能学会。

学会光伏专业委员会连续第 8 年举办光伏重阳敬老活动，共计 30 余位光伏领域前辈及行业专家参加活动，发扬科学传承精神。

【中国可再生能源学会第十次全国会员代表大会】 3 月 18 日，中国可再生能源学会第十次全国会员代表大会以线上线下结合方式在北京召开。来自全国的 300 余名会员代表参加会议。中国科协党组书记、分管日常工作副主席、书记处第一书记张玉卓，科技部高新技术司司长陈家昌，国家能源局新能源与可再生能源司司长李创军，中国科学院院士徐建中等出席大会并讲话。

大会审议通过《中国可再生能源学会第九届理事会工作报告及财务报告》《中国可再生能源学会第九届监事会工作报告》《中国可再生能源学会章程（修订草案）》等。大会选举产生学会第十届理事会理事 124 名，学会第十届理事会一线科技工作者占比超过 80%，45 岁以下青年科技工作者占比超过 25%，女性科技工作者占比超过 10%；整体人员调整比例超过 50%，在人选的专业覆盖、年龄构成、地域分布等多方面进一步优化。选举产生常务理事 41 名、副理事长 9 名，中国工程院院士、北京化工大学校长谭天伟当选学会第十届理事会理事长。

会议期间，还宣布首批学会会士名单，分别为王伟胜、王如竹、王斯成、孔力、李灿、杨德仁、陈军、陈勇、姚兴佳、骆仲泱、袁振宏、郭烈锦、蒋利军、蒋剑春、谭天伟。

（撰稿人：邢　迎）

中国能源研究会

服务创新型国家和社会建设 组建氢能与储能产业、能源市场与碳市场、智慧能源与清洁能源 3 个决策咨询专家团队，分别由中国工程院院士彭苏萍、舒印彪、刘吉臻担任首席专家，聚焦清洁能源、综合能源、智慧能源、氢能、储能、能源市场与碳市场等行业和京津冀、长三角、粤港澳大湾区、长江经济带等区域发展重大问题与难点问题建言献策。分别与江苏省科协、浙江省湖州市长兴县人民政府、浙江省温州市苍南县人民政府签订相关合作协议，搭建产学研融合创新平台，服务地方经济社会转型发展。

推荐的“碳中和背景下如何实现火电行业的低碳发展？”入选中国科协 2022 年度十大产业技术问题，获评重大科技问题难题征集发布 2022 年度优秀推荐单位。推荐的国检集团重点原材料行业双碳创新基地、“科创中国”新能源创新基地，分别获得“科创中国”产学研协作类创新基地和“科创中国”创新创业孵化类创新基地。推荐的国网能源研究院有限公司的“全场景电力规划运行决策平台”入选 2022 年“科创中国”先导技术榜单（产业基础领域）。

研究会承担中国科协十大代表调研课题“支撑我国核工业强国的战略性矿产资源保障体制机制研究”，形成《支撑我国核工业强国的战略性矿产资源保障体制机制研究》和《国外涉核战略性矿产资源保障机制的实践分析》2 份调研专报。

承担 51 项课题，包括国家部委委托的“中国能源领域基础科学研究整体水平和国际影响力评估”等课题 15 项、地方政府委托的“碳达峰碳中和对和田地区产业影响与支撑课题研究”等课题 4 项、企业委托的“沈抚改革创新示范区增量配电项目论证”等课题32项。完成“综合能源系统安全高效运行及服务关键技术研究与应用示范”等16项科技成果评价。

在全国标准化信息工作平台上发布《工业用改性甲醇燃料》《民用改性甲醇燃料》《点燃式发动机用改性甲醇燃料》《压燃式发动机用改性甲醇燃料》4项标准；接受新申报团体标准制定项目32项，立项《电力装备金属失效分析第1部分：总则》等30项。

承办人力资源社会保障部专业技术人才知识更新工程——科技创新型园区产业培育及园区运营培训班，来自地方政府有关管理部门、科研院所的50位学员参加培训。完成北京电力交易中心委托的线上培训7场，分别为：市场主体培训3次，2000人次参加培训；优质服务培训班2次，300人次参加培训；电力交易机构联盟培训1次，200人次参加培训；管理委员会培训1次，100人次参加培训。完成国家开发投资集团有限公司委托的电力市场培训1次，50人参加培训。研究会作为牵头单位承办第4期中国科协全国学会理事长沙龙。

学会建设 2022年，研究会新发展个人会员39889人、单位会员110家；个人会员总数45937人，单位会员总数607家。获评中国科协2022年度全国学会会员入库优秀单位。

研究会进一步完善内部管理制度，加强分支机构管理，新制定《中国能源研究会财务决策议事规则》《中国能源研究会项目间接费用管理办法》，修订《中国能源研究会标准管理办法》《中国能源研究会分支机构和代表机构管理办法》等。分支机构换届2个，新成立9个，变更副理事长2人、常务理事4人、理事4人，增聘副秘书长11人。

青年人才托举工程 开展青年人才托举工程资助活动，通过遴选推荐，有4人入选北京市青年人才托举工程。设立研究会青年人才托举计划，第一批4名青年科技工作者获得支持。

主办期刊 编辑、出版、公开发行《中外能源》杂志12期。邀请能源领域知名专家撰写内参稿件11期，主要寄送部委和省级主管能源工作的领导和部门。

学科发展工程 发布《中国能源年鉴2021》，系统梳理党的十八大以来中国能源发展改革重大成就、能源政策脉络、能源科技进步、能源国际合作进展、能源重点企业和能源主要数据。全书共7篇34章198万字，是能源领域系统性资料性工具书。

新开办“能源大讲堂”，共举办19期，内容涉及新型电力系统、煤炭、油气、海上风电、核电、光热发电、储能、燃料电池、综合能源系统、碳达峰碳中和、大数据、区块链、人工智能、供应链、数字孪生、数字化转型等领域，邀请业内著名专家学者进行专题讲座，探讨能源行业发展路径，推介能源新技术新产品。

发布或者联合发布《储能产业研究白皮书2022》《中国碳中和产业合作发展报告2022》《海外园区低碳发展指南》等各类专业报告。组织院士、专家编写中国科协“碳达峰碳中和”系列丛书之《清洁能源与智慧能源导论》和《氢能与储能导论》，展示相关领域关于“双碳”研究的最新成果和前沿进展。

国际学术会议 11月5日，由研究会燃料电池专业委员会、宁波大学、中国航海学会共同主办的第五届宁波新能源技术国际研讨会以线上线下相结合的方式召开，通过线上平台同时对外直播。来自清华大学、南方科技大学、中国石油大学、武汉理工大学、华北电力大学、西南交通大学、华中科技大学、香港理工大学等高校，以及芬兰、丹麦、韩国、瑞典等国家的院士、专家，对标能源转型、碳中和和碳达峰能源战略的需求，结合新能源转换、储存、消纳的技术发展和最新研发成果，聚焦燃料电池和新型二次电池的功能材料、新能源系统集成和安全运行、智能管理等议题，重点交流新能源研发和应用中的“卡脖子”问题、应对举措及技术路线。研究会燃料电池专业委员会常务副主任兼秘书长韩敏芳为大会作《SOC从技术到产业的挑战和思考》的报告。会议直播平台受众数千人次。

国内主要学术会议 2022年，研究会主办第四届未来能源大会、2022（首届）农村能源发展大会暨清洁能源装备展、2022中国核能高质量发展大会暨深圳国际核能产业创新博览会、“中国电力圆桌”会议、2022能源产业创新发展与品牌建设年会暨首届能源产业创新博览会、2022中国能源高端论坛——储能安全与风险防控等。联合主办中国能源研究会能源数字技术与产业专业委员会启航仪式暨2022思极生态大会、2022能源产业创新发展与品牌建设年会暨首届能源产业创新博览会、2022绿色发展国际科技创新大会第四分论坛“绿氢生产为能源绿色发展提供重要支撑”、2022中国绿色低碳创新大会主题论坛科技引领能源绿

色低碳转型发展论坛、中国电力低碳转型高峰论坛。承办第二十四届中国科协年会能源转型与能源安全高峰论坛、中国科协全国学会智库建设高端沙龙、2022全球数字经济大会数字能源与碳达峰碳中和论坛。

第四届未来能源大会、2022中国核能高质量发展大会暨深圳国际核能产业创新博览会等入选中国科协《重要学术会议指南（2022）》。

国际交往 研究会继续承办科技部委托的中国意大利能源环境可持续发展能力建设培训班，与意大利都灵理工大学等合作完成培训任务，来自中国有关科技管理部门、科研院所的120余位学员参加培训并获得结业证书。

科普活动 2022年全国科普日，研究会与国网冀北电力有限公司联合主办“党建强会　走进张家口可再生能源示范区”活动。由研究会推荐的中广核阳江核电基地、中广核磨豆山新能源基地入选中国科协2021—2025年度第一批全国科普教育基地。

与西安交通大学签订“腾飞杯”创新创业大赛暨“双碳”创新大赛合作协议，开启“腾飞杯”双碳赛道。

表彰举荐优秀科技工作者 中国能源研究会能源创新奖评选出能源学术创新奖、管理创新奖和技术创新奖142项，其中一等奖21项、二等奖48项、三等奖73项。评选出优秀青年能源科技工作者60名。开展第十八届中国青年女科学家奖和2021年度未来女科学家计划提名工作。

党建强会 中国科协“党的二十大代表进学会”系列学习活动走进研究会，学习宣传贯彻党的二十大精神，2位党的二十大代表宣讲党的二十大精神。中国光学学会、中国自然辩证法研究会、中国技术经济学会、中国未来研究会、中国科教电影电视协会、中国科学技术期刊编辑学会、中国科技新闻学会7家单位参加活动并交流学习体会。

9月14日，中国科协科学技术创新部党支部、中国科协学会服务中心党委、研究会党委与国网数字科技控股有限公司（国网雄安金融科技集团有限公司）共同举办“献礼党的二十大，推进服务数字化转型，深度参与‘智慧科协2.0’建设”主题党日活动，深入学习贯彻党中央关于数字政府建设的重要精神，全面落实中国科协党组、书记处关于推进“智慧科协2.0”建设工作部署，切实提高年轻干部的数字化思维、数字化素养和数据治理能力。

会员服务 编发《中国能源研究会成立四十周年纪念册》《中国能源研究会成立四十周年大事记》。编印会刊《能源研究通讯》，编写2021年年报、2021年大事记，反映研究会年度工作的综合信息。在全国科技工作者日举办“党建＋科技工作者”线上论坛。

研究会官方网站增设“服务”板块，会员登录后可浏览“能源大讲堂”直播回放、专家PPT等内容。引进中国知网10项能源数据库服务，对个人会员免费开放。分别与山东省电力协会、福建省电力协会合作共建会员中心。主办电力安全生产与应急管理知识网络竞赛，吸引大量基层科技工作者参与大赛，注册会员接近21万人。

【2022（首届）农村能源发展大会暨清洁能源装备展】 8月11日，由研究会与国家电网有限公司共同主办的2022（首届）农村能源发展大会暨清洁能源装备展在北京举办，主题为“落实双碳战略　服务乡村振兴　能源绿色发展”。大会以线下线上方式同步举办，来自全国农村能源工作者、相关机构负责人共12万余人次同时在线参加，累计播放量突破100万人次。

中国工程院院士杜祥琬以《大力推动农村能源革命》为题作主题演讲，提出当前中国农村能源革命要解决好的相关问题和建议，并对农村能源革命的现状进行分析，分享当前农村能源革命成功试点的做法。

中国科学院院士韩布兴以《生物质转化利用》为题作主题演讲，介绍农村生物质能在中国碳达峰碳中和任务以及农村能源清洁发展中的重要意义，并提出推动生物质经济的发展需要科学技术的重大进步、需要政产学研用共同合作。

大会期间，安排国家电网主题展、南方电网主题展、农村清洁能源示范项目主题展和设备装备展，发出“奉献清洁能源服务乡村振兴”倡议，发布《中国农村能源发展报告2021》，同期还举办县域新能源发展论坛、智慧农业清洁用能创新论坛、“双碳”目标下清洁取暖暨建筑节能专题论坛、农村新型能源系统智能技术应用论坛等专题会议。

（撰稿人：刘淑琴）

中国硅酸盐学会

服务创新型国家和社会建设 2022年，学会推荐的高能量锂离子电池氧化亚硅/碳负极材料的研发与产业化、高品质制备技术入选2021年“科创中国”先导技术榜单（先进材料领域），同时推荐无铅全钢化真空玻璃及其高效制备技术等3个项目参评2022年“科创中国”系列榜单。

学会建设 学会召开第九届理事会第七次常务理事会议，经会议表决，批准第六届学会优秀博士学位论文奖评选结果，批准绝热材料分会换届结果，批准防水材料专业委员会变更挂靠单位，批准王肇嘉辞去第九届理事会常务理事职务。

截至2022年年底，学会新发展个人会员1013人，个人会员总数达22185人；单位会员总数达50家。

依法依章程开展活动，接受民政部社团年度检查，年检结论为“合格”。

主办的水泥与混凝土国际会议、全国功能玻璃学术研讨会暨新型光电子材料国际论坛等6个会议被中国科协《重要学术会议指南（2022）》收录，学会被评为《重要学术会议指南》2018—2022年度优秀组织单位。

青年人才托举工程 学会开展第八届（2022—2024年度）中国科协青年人才托举工程项目候选人推荐工作，共收到35位候选人申报材料。所有候选人均参加学会遴选答辩会（线上），5人被遴选进入中国科协先进材料学会联合体科协资助答辩，8人进入自筹资金答辩。最终12人入选第八届中国科协青年人才托举工程项目，其中中国科协资助4人、自筹经费8人。完成第六届中国科协青年人才托举工程第二、第三年以及第七届中国科协青年人才托举工程项目第一、第二年的合同签订和项目经费拨付。完成第四届中国科协青年人才托举工程项目验收。

主办期刊 学会主办期刊有《硅酸盐学报》和*Journal of Materiomics*（JMAT）。根据中国科学技术信息研究所2022年发布的数据，《硅酸盐学报》影响因子为0.974，总被引频次为2558次，基金论文占比保持在95%以上。入选2016—2021中国科协精品科技期刊工程，2022年有5篇论文入选“领跑者5000——中国精品科技期刊顶尖学术论文”。入选中国国际影响力优秀学术期刊，被《无机非金属材料领域高质量科技期刊分级目录》认定为T1级期刊。全年收到稿件1052篇，退稿率为69%，编辑出版12期，刊发稿件345篇。其中，综述文章96篇，英文文章8篇，专题7个；特刊1期，发表文章100篇；各类基金资助论文比约为97%。收稿量保持稳定（2021年为1054篇），但发文量和专题文章出版数量均大幅增加，分别较2021年增加约16%和33%。

JMAT全年收到稿件354篇，国内作者投稿213篇，占比60%。编辑出版6期，刊发论文142篇，通信作者之一为国外的稿件45篇，占比32%。2021年JMAT CiteScore为9.6，较2020年有所上升，在金属与合金，表面、涂层和薄膜，电子、光学和磁性材料学科位于Q1区，排名在3个学科基本不变。2021年JMAT的影响因子为8.589，在化学、物理，材料综合3个分类学科的排名均有大幅度提升，入选《无机非金属材料领域高质量科技期刊分级目录》T1级期刊。

JMAT和《硅酸盐学报》在中国科技期刊卓越行动计划项目支持下，均完成中国科技期刊卓越行动计划2021年年度总结报告，签订2022—2023年项目任务书。

国际学术会议 学会全年举办国际学术会议2场，1000余人次专家学者、工程技术人员及研究生参加，50余人次国外专家进行视频报告，线上累计观看人数达1.2万人次；会议共收到全文与摘要350多篇，进行172个学术报告、102个主旨报告、350余个邀请报告、200多个口头报告。

11月13—15日，由学会和中国建筑材料科学研究总院有限公司联合主办，华南理工大学和学会水泥分会承办的第十届水泥与混凝土国际会议线上举办。会议主题为“低碳和绿色发展”，重点研讨胶凝材料、混凝土、新材料与新工艺、生产和应用过程中的环境保护等问题。会议共收到全文与摘要224篇，进行172个学术报告，包括13个大会主题报告、35个邀请报告、56个口头报告和68个学生报告。来自中国、日本、澳大利亚、德国等高校、科研院所、企业的400余名专家学者在线参加会议，会议开闭幕式及大会报告直播累计观看人数达10822人次。会议特设学生专场，促进青年学生的学术交流。

国内主要学术会议 2022年，学会举办国内学术会议22场，累计427131人次参加，交流论文1171篇。

4月26日，学会房屋建筑材料分会采用线上直播方式开展疫情常态化防控形势下墙材行业的发展与出路交流活动。会议重点围绕固废综合利用大数据平台助推墙材行业新发展、疫情常态化防控形势下墙材行业发展的新思路，就15个学术报告开展研讨与交流，线上参加会议人数1800余人次。

6月29日，学会科普工作委员会组织召开2022

首届中国绿建高新技术论坛线上会议。会议以“创新技术、绿色低碳、智能高效”为主题，就积极响应国家节能减排政策，落实“双碳”目标，加快绿建高新技术推广和成果转化，促进行业转型升级和可持续发展，进行交流探讨。来自全国相关行业的专家学者等通过直播平台参加会议，在线观看人数高达31余万人次。

8月3—5日，中国硅酸盐学会特陶分会2022年度理事会学术会议在山西省太原市召开。来自清华大学、中国科学院上海硅酸盐研究所、哈尔滨工业大学、西安交通大学等30余所高校、科研机构和企业的40余位专家参加会议。与会专家学者以“‘双碳’战略对材料产业的挑战与机遇”为主题展开学术研讨。

8月18—20日，由学会科普工作委员会、建筑材料工业技术情报研究所等单位共同主办的2022第十四届国内外水泥粉磨新技术交流大会暨固废超细粉磨技术论坛和展览会在山东省淄博市召开，338人参加会议。会议以“创新技术、绿色低碳、固废利用、超细粉磨”为主题，就促进行业技术进步、实现水泥粉磨行业与固废综合利用、辅助性胶凝材料融合、地聚物水泥等特种水泥开发等进行交流探讨。会议论文集收录论文34篇。

8月23—26日，由学会房屋建筑材料分会等单位联合主办的第二十四届国际墙体屋面材料技术交流大会暨生产装备博览会在江苏省南通市召开。大会主题为“聚焦绿色节能环保固废利用创新技术，引领墙材行业高质量发展”，800人参加会议，从国家及产业政策、固体废弃物资源化、工业互联网与智能制造及污染物治理等多个方面作专题报告。

表彰举荐优秀科技工作者　学会组织开展第六届优秀博士论文评选工作，共收到候选论文30篇，最终10人获得优秀博士学位论文奖、5人获得优秀博士学位论文提名奖。

开展第十八届中国青年女科学家奖和2021年度未来女科学家计划候选人、第十七届中国青年科技奖候选人、2022年“最美科技工作者”候选人及国际玻璃协会Gottardi奖候选人推荐工作。开展2022年度中国建筑材料联合会·中国硅酸盐学会建筑材料科学技术奖评选工作。

推荐近80位专家作为中国科协科技人才奖项评审专家候选人，3位专家作为中国科协海智计划特聘专家候选人。

党建强会　学习党的二十大精神和习近平总书记关于科技创新、人才、群团工作的重要指示精神。

会员服务　发挥学会会议系统和“中国硅酸盐学会会员之家”微信小程序的作用，为会员服务和会议工作提供支持。第十二届先进陶瓷国际会议和第十届水泥与混凝土国际会议采用会议系统和小程序的多项功能，提高了办会效率，为参加会议人员的注册、缴费、报到等提供了便利。

学会微信公众号关注人数6501人。全年共发布53篇文章，全年阅读量为13万余人次，总阅读人数达9.4万人；学会官网2022年共发布40篇文章，访问量共计265万余人次。

【第十二届先进陶瓷国际会议】 8月14—17日，由学会主办，学会特种陶瓷分会、微纳技术分会和清华大学新型陶瓷与精细工艺国家重点实验室联合承办的第十二届先进陶瓷国际会议在江苏省苏州市举办。学会特种陶瓷分会常务副理事长兼秘书长潘伟担任本届大会共同主席，分会副理事长周延春担任学术委员会主任，分会理事李敬锋担任大会秘书长。来自全国各高校、科研院所、企业的700余名专家学者、工程技术人员及研究生参加会议。

会议安排102个主旨报告、350余个邀请报告、200多个口头报告和近150篇墙报进行交流，其中50余名国外专家进行视频报告，600多名国内专家学者在现场就先进陶瓷科学和技术的最新进展进行研讨。25家企业展示最新技术、产品、服务等，并同与会人员交流。

【第12届无机非金属材料专题研讨会暨无机非金属材料学科优秀学者论坛】7月24—26日，由学会主办、湖南大学承办的第12届无机非金属材料专题研讨会暨无机非金属材料学科优秀学者论坛在湖南省长沙市举办，600余人参加会议。会议邀请70余位国家杰出青年科学基金获得者作主题报告或邀请报告。同期举办无机非金属材料学科优秀学者论坛，15位优秀学者作口头报告，报告聚焦无机非金属材料学科在中国“双碳”战略中的作用和机遇，并为学科的发展趋势提出建议。

【第十二届中国功能玻璃学术研讨会暨新型光电子材料国际论坛】 8月19—20日，由学会特种玻璃分会和中国科学院上海光学精密机械研究所主办、齐鲁工业大学（山东省科学院）承办的第十二届中国功能玻璃学术研讨会暨新型光电子材料国际论坛线上举办。来自国内高校、科研院所和企事业单位以及丹麦、德国、美国、法国、巴西和日本的16位专家学者作大会报告。另有来自国内高校和科研院所的45名玻璃材料专家在功能玻璃与应用、玻璃基础研究、光功能玻璃与微晶玻璃、光波导与光纤4个分会场作报告。会议同时在网络平台进行直播，共计4000多人次在线观看。

（撰稿人：孙睿哲）

中国建筑学会

服务创新型国家和社会建设 完成建筑设计理论及技术、建筑结构、建筑施工、绿色建筑技术、建筑教育等领域6项科技成果鉴定。完成中国科协工程师资格国际互认项目中3门课程4个课时的专业课程。

2022年度发布学会团体标准13项，其中联合发布1项。

受重庆市涪陵区人民政府、重庆市规划和自然资源局委托，组织完成中国水文博物馆（暂定名）概念性建筑设计方案国际征集。受开封市城乡一体化示范区管理委员会、开封经济技术开发区管理委员会、中国（河南）自由贸易试验区开封片区管理委员会、开封市综合保税区管理委员会委托，组织完成开封·自贸试验区国际文化艺术品交易中心建筑设计方案国际征集工作。受苏州市人民政府委托，组织完成第三期苏州古城复兴建筑设计工作营工作。受绍兴黄酒小镇（东浦）开发建设管理委员会委托，协助组织完成“醉艺江南”中国·绍兴黄酒小镇雕塑作品全国征集工作。受衢州市人民政府委托，组织完成衢江区姑蔑古国考古遗址公园博物馆和展示馆概念性建筑设计方案国际征集工作。

8—12月，联合江苏省委宣传部、江苏省住房城乡建设厅、中国勘察设计协会、中国风景园林学会共同举办第九届紫金奖·建筑及环境设计大赛，主题为“千年运河　活力家园”。

录制工程能力提升7门专业授课视频，为中国科协培训和人才服务中心进行全国学会国际化经验分享提供授课。

学会建设 2022年，学会完善会议制度、改革会议方式，规范召开理事会议、常务理事会议、监事会议、分支机构会议。进一步加强分支机构管理，修订《中国建筑学会分支机构工作条例》。

学会共有分支机构61家，2022年度新成立3家；共有个人会员74874人，团体会员2671家。

建立包括网站、微信公众号、微博、今日头条等多样化的信息宣传平台，并整合上级单位、分支机构、合作媒体等60多家资源，形成中国建筑学会宣传媒体矩阵。学会网站全年发文382篇，最高阅读量22万余人次，总阅读量突破1100万人次。全年举办106场共200多小时的直播，观看人数400万余人次。2022年学会全媒体访问突破3600万人次。

主办期刊 2022年，学会及分支机构公开出版和内部发行的刊物16种，全年累计发行38万册。

《建筑学报》全年正刊12期、增刊2期，共刊发271篇论文，组织9个重点主题。《建筑结构学报》全年正刊12期、增刊1期。《建筑实践》全年发表建筑评论52篇、案例介绍172篇、文章68篇。《建筑学报》和《建筑结构学报》共同完成中国科协2021年度全国学会期刊出版能力提升计划项目；《建筑结构学报》被收录于《科技期刊世界影响力指数（WJCI）报告（2022）》，并入选2022中国国际影响力优秀学术期刊，其刊发的优秀论文入选“领跑者5000——中国精品科技期刊顶尖学术论文”。

学科发展工程 作为中国科协中国工程师联合体常务理事单位，学会协助中国工程师联合体修订《工程能力评价通用规范》、编制《建筑工程类工程会员能力评价标准》，加强工程能力评价考官队伍建设、录制工程技术人员在线学习课程等工作；印发《关于开展2022年度建筑工程类工程会员能力评价工作的通知》，部署本年度建筑工程类工程能力评价工作安排，开展2022年度建筑工程类室内设计专业资深工程会员能力评价工作。

2022年，学会协助住房和城乡建设部人事司承担《堪培拉建筑教育互认协议》中方联络处工作，参与建筑学专业教育学历的互认，协助完成2021—2022年度自评报告、2022—2023年度申请报告的审阅工作，协助全国建筑学专业学位研究生教育指导委员会编写《建筑学硕士专业学位论文基本要求》。

承担全国注册建筑师管理委员会办公室工作，编写印发《注册建筑师继续教育标准》，协助研究编写《继续教育教材库框架体系研究报告》，共同发布《注册建筑师职业道德与行为准则》。

国际学术会议 12月1—2日，由学会主办的第十三届亚洲建筑国际交流会以线上线下结合方式召

开，分别在湖北省武汉市和北京设置线下主会场和分会场。在开幕式上，学会理事长修龙、日本建筑学会会长田边新一、韩国建筑学会会长崔彰植、中南建筑设计院股份有限公司董事长李霆分别致开幕词。

大会主题报告会由中国工程院院士、清华大学建筑设计研究院院长庄惟敏主持，并邀请中国工程院院士、深圳市建筑设计研究总院有限公司首席总建筑师孟建民，日本建筑学会会长、早稻田大学教授田边新一，韩国 Space 集团首席执行官李祥林，中南建筑设计院股份有限公司副总建筑师张颂民作主题报告。

“健康建筑”“健康城市”专题报告会分别由全国建筑勘察设计大师、中南建筑设计院股份有限公司首席总建筑师桂学文，武汉华中科大建筑规划设计研究院有限公司董事长、新建筑杂志社社长李保峰主持，邀请来自中国、日本、韩国建筑学会的 12 位专家学者作学术报告。来自中国、日本、韩国建筑学会的近 200 名专家学者和学生线上参加会议，约 8000 人次通过线上直播观看会议情况。

国内主要学术会议 2022 年学会及分支机构共举办系列学术活动 300 多场，线上、线下参加会议总人数 800 万余人次。

6 月 23 日，由住房和城乡建设部、英国驻华使馆国际贸易部主办，学会支持的“中英携手创新，共拓低碳建筑未来研讨会”线上举办。住房和城乡建设部标准定额司副司长王玮出席开幕式并致辞。来自中国、英国建筑领域的专家学者分享各自在低碳建筑、建筑节能及绿色建筑设计与研发创新领域的实践与思考，探讨中英两国在“双碳”背景下如何携手创新，共同开拓低碳建筑的未来。

10 月 14 日，由学会科技培训中心主办、北京华清安地建筑设计有限公司和北京中间美术馆协办的以“坚守・传承”为主题的首届 ASC 青年建筑师讲堂以线上线下结合方式在北京举办。青年建筑师奖获得者回顾自己获奖的情形和感想，直播在线近 6 万人次观看。

11 月 19 日，学会联合北京建筑大学、中国建筑文化中心、北京市建筑设计研究院共同举办的第六届北京国际城市设计大会在北京召开，主题为“城市更新与高质量发展”。来自国内外 100 余位院士、专家围绕当代城市更新理论和实践的重点领域开展交流。会上揭晓“中国建筑学会建筑设计奖・城市设计专项奖”名单。

国际组织任职 9 月 7 日，在亚洲建筑师协会第 42 届理事会议上，清华大学建筑设计研究院副总建筑师、建筑策划与设计分院院长张维当选亚洲建筑师协会职业实践委员会副主席；韩昀松任亚洲建筑师协会青年建筑师委员会委员，范悦任亚洲建筑师协会社会责任委员会委员，孔宇航任亚洲建筑师协会建筑教育委员会委员，贺静任亚洲建筑师协会绿色与可持续建筑委员会委员。

国际交往 学会邀请国际建筑师协会主席和秘书长出席 2022（第十一届）梁思成建筑奖的评选工作评审会并致辞，协调国际建筑师协会推荐国际评委和观察员，联络墨西哥候选人 Sordo Madaleno 提交候选资料。

3—4 月，学会参加《堪培拉协议》实施工作组系列工作会议，参与调查《堪培拉协议》在各成员国的实施情况，并对 2022 年的调查结果、趋势和进展进行分析和研究。《堪培拉协议》实施工作组成员分头完成实施工作组报告的撰写，并形成 2022 年调查问卷汇总表。

3—5 月，组织中国建筑师参与 2022 年亚洲建筑师协会建筑奖评选活动，中方向亚洲建筑师协会提交的参赛作品达 100 余份。9 月 6 日，2022 年亚洲建筑师协会建筑奖颁奖典礼在蒙古乌兰巴托举办。

4 月 23 日，中方代表团参加亚洲建筑师协会 C 区线上会议。亚洲建筑师协会区域会议由主管各区的副主席召集，旨在促进区域各成员间的交流和对话、推动本区域的跨国跨地区合作。

5 月 16—17 日，以学会理事长修龙为团长的学会代表团线上出席在西班牙马德里举办的国际建筑师协会特别代表大会。

5 月 26—27 日，中国工程院院士、全国高等学校建筑学专业教育评估委员会主任庄惟敏，学会副监事长赵琦组成中方代表团，参加《堪培拉协议》中期视频会议。

8 月 15—17 日，华中科技大学教授、武汉华中科大建筑规划设计研究院有限公司董事长、新建筑杂志社社长李保峰作为《堪培拉协议》视察组中方专家，对南非建筑学专业评估体系南非建筑行业理事会进行周期性视察。此次视察通过线上形式进行，视察小组参加南非建筑行业理事会对南非茨瓦尼科技大学的建筑学专业评估。

9 月 5—9 日，以学会常务理事伍江为团长的代表团赴蒙古乌兰巴托出席亚洲建筑师协会第21届论坛暨第42届理事会议。伍江代表学会汇报第19届亚洲建筑师大会总体办会情况，并作为亚洲建筑师协会英文官方杂志《亚洲建筑》（*Architecture Asia*）的主编向理事会汇报杂志的办刊进展；同时，受邀在亚洲建筑师协会第21届论坛上发表题为《转型语境下的中国当代建筑实践》的主旨演讲。

协助和支持北京申办2029世界建筑师大会和世界建筑之都，9月9日正式向国际建筑师协会发送申报文件并得到确认。

11月16日，根据住房和城乡建设部的工作部署，学会作为中俄总理定期会晤委员会建设和城市发展分委会成员单位，在住房和城乡建设部副部长姜万荣的见证下，由学会副理事长王翠坤代表学会与俄罗斯建筑师联盟签署中俄合作协议。

借助学会在相关国际组织中的平台作用，与有关国家（地区）的社团组织开展工程能力国际合作交流。

科普活动 截至2022年年底，学会累计认定科普教育基地105家，并于2022年集中开展科普教育基地五年考核工作，其中5家未通过考核，取消其科普教育基地称号；7月，在辽宁省锦州市举办科普教育基地授牌仪式。全年共扶持11项科普公益项目，举办的中国建筑大家科普讲堂、中国建筑学会科普专项等品牌科普活动覆盖全国，涉及文化、乡村振兴、审美、科技等领域，惠及行业内外20万余人次。

首次组织推荐建筑领域科学家精神教育基地，推荐的中国建筑设计研究院有限公司院史陈列馆入选2022年度全国科学家精神教育基地认定名单；推荐的东南大学建筑学院入选首批江苏省科学家精神教育基地；继续组织开展“典赞·2022科普中国”建筑领域科普项目征集推选工作，其中学会与机械工业出版社联合策划的中国建筑学会科普书系《古建奇谈》获“典赞·2022科普中国”年度十大科普作品大奖，学会与东南大学等单位联合主办的“杨廷宝：一位建筑师和他的世纪”展览获“典赞·2022科普中国”年度十大科普作品提名奖。

表彰举荐优秀科技工作者 2022年度完成第十届和第十一届梁思成建筑奖的评选，最终评选出4位获奖者：矶崎新（日本）、李兴钢和张利、胡越。

承担2022年亚洲建筑师协会建筑奖评审组织工作以及2022年度亚洲建筑师协会学生建筑设计竞赛和亚洲建筑师协会年度论文（毕业设计）竞赛内地项目的评审工作，其中2022年亚洲建筑师协会建筑奖共设7大类13个奖项，学会会员共获得6项金奖和9项提名奖；由学会选送的东南大学包彦琨参赛作品“Rooftop Express Life”获2022年亚洲建筑师协会年度论文（毕业设计）竞赛提名奖。

向中国科协推荐科技人才奖项评审专家100人，向第七届中国科协优秀科技论文遴选计划推荐专家14人；向住房和城乡建设部城市更新专业委员会推荐候选委员5人；向中国科协、国家文物局文化遗产研究院推荐文物遗产保护专家4人。

党建强会 学会承担中国科协全国学会“百名科学家讲党课”项目，全年完成“大视野”云课堂暨全国学会“百名科学家讲党课”课程12期；收集、统计、整理全国学会举办“百名科学家讲党课”活动的资料，截至12月10日，共有43家学会提交各项活动217场，参与报告专家203人。

学会组织分支机构和理事单位开展“百名科学家讲党课”系列活动，全年共开展13期党课，线上参与人数近160万人次。

组织学会秘书处和所属期刊、分支机构的全体干部职工学习党的二十大精神。10月24日，召开理事会党委扩大会议；10月25日，召开中国建筑学会全体会议。学会所属61家分支机构中，58家已成立理事会（委员会）党支部、3家正在筹备成立。学会理事会党委前置审议学会“三重一大”事项。

会员服务 学会逐步建立健全会员管理的组织体系，通过对部分分支机构、核心团体会员单位关于会员服务与发展的前期调研，草拟《中国建筑学会会员管理与服务草案》，并不断研讨完善；成立ASC会员发展与服务工作组；逐步建立健全会员发展的成长体系，2022年重点推动学生会员的发展、服务与管理工作，逐步打通“学生会员—专业会员—资深会员”成长渠道；协助中国科协完成学会会员入库建设，并被中国科协授予2022年度全国学会会员入库优秀单位称号。

【2020（第十届）和2022（第十一届）梁思成建筑奖评选会】 9月23日，2020（第十届）和2022（第十一届）梁思成建筑奖评选会在上海市合并举办。两届评选共有15位建筑领域的专家学者入围，经过多轮评选，日本建筑师矶崎新、中国建筑师李兴钢获2020（第十届）梁思成建筑奖，中国建筑师张利和胡越获

2022（第十一届）梁思成建筑奖。

会议由学会理事长修龙主持。国际建筑师协会主席何塞·路易斯·卡尔特斯，中国科协党组成员、书记处书记王进展，住房和城乡建设部工程质量安全监管司副司长陈波分别代表国际建筑师协会和行业主管单位致辞，并分别派出此次评选会的观察员。国际建筑师协会秘书长陈佩英出席活动。

评选委员会由11位专家组成，其中境外专家3位、境内专家8位，原建设部副部长、学会原理事长宋春华担任评选委员会主席。

（撰稿人：冷　亮）

中国土木工程学会

服务创新型国家和社会建设　学会组织开展2021年土木工程前沿科技研究课题申报工作，有35项领域内的热点项目申报，经专家评议共有7项研究课题立项，涉及建筑、隧道、港口、燃气、住宅等行业发展前沿热点研究。2022年，学会组织召开结题评审会议，7项研究课题均已按照既定目标完成，并提交课题研究成果报告。

截至2022年，累计立项团体标准150余项，其中2022年立项31项；累计批准发布41项学会标准，其中2022年发布9项，累计出版30余本。学会学术与标准工作委员会会同学会有关分会编制《中国土木工程学会标准体系》（以下简称《体系》）。《体系》包括总则、燃气子标准体系、混凝土及预应力混凝土子标准体系三个部分，8月底在学会内部正式发布。组织对2019版《中国土木工程学会标准管理办法》进行修订，进一步明确对实施各专业领域的学会标准征集、立项评估以及标准编制全过程跟踪管理等方面的要求。

开展2项科技成果鉴定：委托学会桥梁及结构工程分会组织开展中国工程院院士吕西林牵头完成的“可恢复功能防震建筑关键技术与工程应用”成果评价工作；委托学会学术工作委员会组织开展住房和城乡建设部科技发展促进中心牵头完成的“装配式建筑发展机制和关键技术研究应用”成果评价工作。组织对2017年制定的《中国土木工程学会科技成果鉴定管理办法（试行）》进行修订。

组织开展中国科协2022重大科学问题、工程技术难题和产业技术问题征集活动，共征集到19个科技问题，组织专家遴选出9个问题推荐至中国科协，其中《如何通过标准化设计，自动化生产，机器人施工和装配式建造系统性解决建筑易建性问题?》入选产业技术问题。学会被评为重大科技问题难题征集发布2022年度优秀推荐单位。

组建决策咨询专家团队，并入选中国科协2022年决策咨询专家团队建设试点单位。由学会推荐的“城市轨道交通高质量发展”“隧道及地下工程科技创新”“城市基础设施更新及智慧运营管理”“中国建造”4支决策咨询专家团队获得中国科协批准。

学会建设　学会完成中国科协“中国特色一流学会建设项目（特色创新学会）”第一期任务（2021年12月—2022年6月）并验收合格；正在实施第二期项目任务（2022年8月—2023年2月）。

2022年，学会新增个人会员1495人，新增单位会员700家。召开理事会议1次、常务理事会议2次、监事会议2次。组织召开分支机构2021年度工作总结会。2家分支机构完成换届工作。

组织修订《中国土木工程学会分支机构管理办法》，完善分支机构设立条件和审批流程，减少非必要限制，明确分支机构开展业务活动的范围。该办法已颁布实行。制定《中国土木工程学会分支机构印章使用规定》。组织学术与标准工作委员会起草《中国土木工程学会研究课题管理办法（初稿）》，经学会秘书处办公会议讨论通过并正式印发。

主办期刊　学会联合清华大学共同创办英文期刊*Civil Engineering Science*（《土木工程科学》），获得中国科协2022年度中国科技期刊卓越行动计划高起点新刊项目支持。

学科发展工程　2022年学会编制完成《中国土木工程建设发展报告2021》。学会在总结2021年编写经验的基础上，结合发展需要，新增“工程机械企业发展状况分析”“重要学术期刊”2部分内容，在“前沿与热点问题研究”章节中，增加学会设置的课题研究成果。

国际学术会议　12月8—9日，由学会市政工程分会、上海市土木工程学会、同济大学和深圳大学共同主办的第九届国际地下空间开发大会采用线上线下结合方式在上海市召开。会议以“韧性、安全、绿色、低碳”为主题，聚焦顶层规划、数字智能、技术创新、装备制造、城市更新等领域。百余名专家学者进行交流对话，线上直播观看人数超过5万人次。

国内主要学术会议 2022 年，学会及所属分支机构共召开 2022 年土木工程院士知名专家系列讲座暨第十三届全国研究生暑期学校、第三届全国基础设施智慧建造与运维学术论坛、第 25 届全国桥梁学术会议、2022 国际桥梁与隧道技术大会、第十七届全国地基处理学术讨论会等学术会议 32 场。多个会议采取“线上 + 线下”方式召开，线下参加会议人数约 5000 人次，线上参加会议人数及浏览量约 31.16 万人次；交流学术报告 1240 个，出版论文集 3 本，收录论文 1115 篇。

6 月 17—19 日，由学会，中国工程院土木、水利与建筑工程学部，国家自然科学基金委员会工程与材料科学部等单位共同主办的第七届全国土木工程安全与防灾学术论坛在江苏省南京市召开。邀请 26 位院士到场参加开幕式，16 位院士线上参加。来自全国土木工程及相关领域的 300 余名专家学者到现场参加论坛。大会报告采用同步直播方式，1.83 万余人次观看。

7 月 1—6 日，由学会、东南大学等单位共同主办的 2022 年土木工程院士知名专家系列讲座暨第十三届全国研究生暑期学校在江苏省南京市召开。共举办专家报告场次 89 次、研究生论坛报告 95 次。

两岸交流 11 月 2—3 日，由学会隧道及地下工程分会、中国岩石力学与工程学会地下工程分会、台湾隧道协会共同主办的第二十届海峡两岸隧道与地下工程学术及技术研讨会在台湾省台北市召开，会议采用“线上 + 线下”的方式举办。此次研讨会以“节能减碳，永续隧道”为主题，安排 35 个学术报告，内容涉及地下工程与地下空间的设计、施工、装备制造、灾害防控、案例总结分析等。来自海峡两岸的专家学者 170 余人参加，共收到投稿论文 44 篇。

科普活动 学会通过中国科协“中国特色一流学会建设项目（特色创新学会）”组织开展形式多样的科普活动，打造学会科普品牌。

为调动行业及社会各方参与、支持科普工作的积极性，学会起草《中国土木工程学会科普教育基地管理办法（试行）》初稿。

表彰举荐优秀科技工作者 2022 年，学会向中国科协推荐第十七届中国青年科技奖候选人 2 名、2022 年“最美科技工作者”候选人 1 名、2022 年度教育部青年科学奖候选人 1 名。组织推荐中国科协海智特聘专家候选人 6 名。

党建强会 深入学习贯彻党的二十大精神，召开学习党的二十大精神会议，组织秘书处和学会 21 家分支机构有关人员参加学习；参加中国科协举办的学习贯彻党的二十大辅导报告会，住房和城乡建设部组织的党的二十大代表、部领导学习贯彻党的二十大精神大调研、大宣讲活动等。学会党支部组织开展“学查改”专项工作，开展纪律与警示教育等。

会员服务 通过加强学会网站建设、微信公众号管理等信息化手段，及时为会员提供信息服务，方便会员了解学会动态、参加学会活动，加强学会与会员之间的联系。

全年为单位会员赠阅 12 期《土木工程学报》，对会员参加学会组织的学术活动给予优惠政策，对会员参加学会开展的评选表彰、标准编制、科技成果鉴定等工作不收取任何费用。

加强对会员管理系统升级改造，实现会员分类管理、系统自助缴费、会员证书自动生成和下载等功能；按照中国科协统一要求，将学会会员全部录入中国科协会员数据库中。

【首届中俄岩土与地下工程青年学者论坛】 9 月 14—15 日，由学会与俄罗斯隧道协会共同主办的首届中俄岩土与地下工程青年学者论坛线上举办。论坛围绕隧道与地下工程、深基坑与基础工程、盾构工程、大数据与人工智能在地下工程的应用、城市地下空间开发的新工法与新技术等主题共进行 18 个中方报告和 19 个俄方报告。来自中国和俄罗斯 30 多家单位和高校共 160 余位岩土与地下工程领域专家学者参加论坛，线上直播累计观看人数 5221 人次。

（撰稿人：张　君　刘　渊）

中国生物工程学会

服务创新型国家和社会建设 2022 年学会承担“科创中国”济南医疗康养产学融合会议项目。根据项目要求，与山东省济南市建立对接工作机制，组织科技服务团赴济南开展技术对接和成果转化服务工作；通过前期与企业的沟通以及对其的调研，组织专家开展与企业的技术推广、成果对接活动，关注济南医疗康养企业发展过程中的重点、难点；形成专班专责工作机制，保障“科创中国”工作创新、务实和可持续发展。

济南医疗康养产业科技服务团完成 53 条技术研发指南，匹配专家团队 37 项，技术需求签约 4 项，转

化落地 9 项，创新咨询 2 项，产业化方案 50 项，科技成果评价 50 项。项目依托济南服务站，凝心聚力，服务中小企业高质量发展，围绕产业共性需求开展科技经济深度融合。济南医疗康养产业科技服务团项目被中国科协授予优秀“科创中国”科技服务团称号。

承担第七届中国科协优秀科技论文遴选计划（生命科学与基础医学集群），遴选 9 篇优秀论文报送中国科协。

学会建设 截至 2022 年，学会理事会共有 143 人，其中常务理事 46 人。新增个人会员 800 人，新增团体会员 3 家，截至 2022 年年底，个人会员总数 4448 人，团体会员 147 家，共有分支机构 34 个。

在第七届理事会日常工作中实行秘书长负责制，每月召开 1 次秘书长办公会议，讨论和解决工作中遇到的问题并提出解决方案。重大事项通过常务理事会或理事会进行表决。按期召开 1 次理事会议和 2 次常务理事会议。

青年人才托举工程 完成第八届（2022—2024 年度）中国科协青年人才托举工程项目候选人推荐工作，中国科学院北京生命科学研究院助理研究员徐坤和武汉大学药学院教授陶慧入选该项目。截至 2022 年，学会共推荐 16 人入选青年人才托举工程项目。

主办期刊 2022 年，学会会刊《中国生物工程杂志》载文 158 篇。面向国家重大战略策划出版“工业微生物的设计、改造与应用”专题、“新冠肺炎疫苗的研究策略”专题和“十四五”生物经济发展规划解读专题以及生物资源专刊。现有编辑人员 3 名，其中正高级职称 1 名、副高级职称 2 名。该刊被《中文核心期刊要目总览》、中国科技论文统计源期刊（中国科技核心期刊）、中文社会科学引文索引以及美国《化学文摘》、英国《国际农业与生物科学研究中心》等国内外著名检索系统和相关领域文摘类期刊收录。

2022 年，《合成生物学》出版 6 期纸刊，在线出版近 100 篇具有高影响力的优秀科技论文，还策划“合成生物学前沿进展”“纳米合成生物学”“蛋白质设计与进化”“先进生物材料”“碳中和与合成生物学” 5 个专辑。2022 年，继续被中国科学引文数据库收录，并在 10 月获得首个期刊引证指标。2022 年入选第二届“方正电子”杯中国期刊设计艺术周活动推荐期刊以及科技期刊双语传播工程。

国际学术会议 11 月 24—25 日，由学会与澳大利亚格里菲斯大学联合主办，北京市科学技术研究院国际与区域合作中心承办，澳大利亚昆士兰州政府、昆士兰大学、昆士兰科技大学、南昆士兰大学及北京科技国际交流中心协办的大数据、信息管理及数字技术与健康研究暨北京国际前沿科学对话会在澳大利亚昆士兰州召开。大会邀请澳大利亚格里菲斯大学、昆士兰卫生大学、昆士兰科技大学和南昆士兰大学以及中国的专家和学者共 20 余人作报告，其中线上有多个平台同步直播，在线观众近 1 万人次。

国内主要学术会议 6 月 10—12 日，由学会等 18 家全国学会、协会、商会，联合广东省人民政府共同主办，广州市人民政府承办的第十四届中国生物产业大会在广东省广州市举办。大会以“创新、开放、融合，共迎生物经济新时代”为主题，采取“线上＋线下”双线并行办会模式，举办开幕式、高层论坛、专业论坛、巡馆、揭牌、签约、项目路演、产融对接、成果展示、专场发布、专题科普等 30 场活动。超 100 万人次在线观看，13 个签约项目总投资达 211 亿元。21 位国内外院士、全球百位顶尖专家参加大会，共商生物技术创新、人类生命健康、产业高质量发展大事。大会期间面向全球发布成果文件《中国生物医药产业发展指数 CBIB 2.0》。

7 月 27 日，中国生物工程学会药用生物资源高峰论坛在湖南省吉首市召开。论坛由学会主办、学会生物资源专业委员会和吉首大学承办。学会生物资源专业委员会召开助力生物产业发展与地方企业创新座谈会，并分别与湖南边城生物科技有限公司、湘西松桂坊农业开发有限公司、湘西老爹生物有限公司签订战略合作框架协议。

11 月 2 日，“科创中国”济南医疗康养产学融合会议在山东省济南市以线上线下结合方式召开，以“产学融合、智慧医疗、智慧康养”为主题，由中国科协主办、学会和济南市科协承办。中国科学院院士陈润生、杨焕明，俄罗斯自然科学院外籍院士杜昱光，山东大学齐鲁医院原机构办主任李朝武分别作《新冠病毒、疫苗和药物》《两场革命和三项技术》《糖工程与大健康》《药品注册核查要点与判定原则（药物临床试验）（试行）》的专题报告。

表彰举荐优秀科技工作者 2022 年，学会推荐美国加州大学戴维斯分校讲席教授 Harris Alan Lewin（哈里斯·莱温）获北京市国际合作中关村奖；推荐 3 人获得中国科协十大代表 2022 年调研课题专项资助；推荐清华大学教授陈国强入围“科创中国”系列榜单之创业就业先锋榜；推荐华大生命科学研究院主导完成的“高精度生命全景时空基因表达地图绘制”入选“2022 中国生命科学十大进展”；学会生物技术专业委员会常务副主任、研究员杨新泉牵头申报的《种子学学科发展研究》入选中国科协学科发展引领工程项目并获得经费资助。

党建强会 深入学习贯彻党的二十大精神，参加中国科学院“弘扬科学家精神，喜迎党的二十大”活动，完成党的二十大报告学习成果测试，参加“学习贯彻二十大，踔厉奋进新征程”党建主题知识竞赛等活动。

会员服务 会员管理逐步实现信息化，可以网上提交材料、线上审批、合格后制作电子会员证书，方便和简化入会流程，提高工作效率。建立精准推送会员服务的信息系统，实现会员在线注册、网上缴费、自主生成电子会员卡等功能。同时，强化群发功能，通过短信提醒、发送电子邮件等形式加强与会员的联系与沟通。

【2022 世界流感日科普宣传与学术会议】 11 月 1 日，2022 世界流感日科普宣传与学术会议线上举办。会议以“控制与应对，包容与韧性”为主题，由学会与中国疾病预防控制中心、中国科学院微生物研究所、中华医学会和中华预防医学会共同主办，并设立河南省、山东省、四川省、广东省、湖南省和湖北省 6 个分会场及 1 个圆桌会议。

中国疾病预防控制中心主任沈洪兵，世界卫生组织驻华代表高力，学会理事长、中国科学院院士高福，中国科学院院士董晨，中国工程院院士袁国勇，来自世界卫生组织、俄罗斯国家流感中心、美国疾病控制与预防中心等机构的专家学者，以及来自主办、协办单位和各级疾病预防控制机构、高校和科研院所的专家参加会议。高福、董晨、世界卫生组织全球流感计划负责人张文庆、世界卫生组织驻华代表处医学官员 Chin Kei Lee、澳大利亚格里菲斯大学糖组学研究所所长 Mark von Itzstein、俄罗斯卫生部伊万诺夫斯基病毒学研究所 Elena Burtseva，世界流感中心 Nicola Lewis 等 21 位国内外专家学者就流感及新冠肺炎防控策略、药物及疫苗研发进行研讨。

【第三届全国食品生物技术大会】 11 月 19—21 日，由学会与广州市生物技术学会主办的第三届全国食品生物技术大会线上召开。大会主题为“生物智造，开启食品未来”。开幕式由学会食品生物技术专业委员会常务副主任杨新泉主持，学会秘书长张宏翔等出席开幕式并致辞。

中国工程院院士郑裕国以《功能性糖和糖醇的生物制造》为题作报告。他从功能糖的重要性、功能糖的制造与生产、功能糖绿色制造的发展与创新三个方面，总结了新型糖产品在食品、健康等领域的应用，绿色高效的糖生产技术，以及新型糖产品开发与生产关键共性技术的突破对推动我国糖产业的高水平发展、保障国民生命健康的重要意义。

中国工程院院士陈坚在题为《食品生物制造：任务与挑战》的报告中，详细介绍了生物制造的任务与发展，并提出我国生物制造产业存在的主要问题，明确了未来的研究任务和发展愿景。

中国工程院院士吴清平在题为《中国食品微生物安全科学大数据库构建及其创新应用》的报告中，介绍了食源性致病菌风险识别数据库的构建、重要食源性致病菌危害形成研究、食源性病毒风险数据库构建和进化分析、食源性致病微生物检测与控制新技术等方面的创新工作，阐明了我国食品微生物安全存在的问题并提出了解决方案和未来的研究方向。

中国工程院院士谢明勇以《食源性多糖结构表征和生物活性研究》为题作报告，介绍了食源多糖结构表征的新方法，食源性多糖在免疫调节、胃肠道功能调节、血糖调节等功能活性方面的研究以及多糖健康产品的开发工作，并分享了食源性多糖未来的创新研究展望。

会议还就“食品微生物、发酵与酿造”“食品营养与安全生物技术”“合成生物学与食品智能制造”3 个主题开展 3 个分论坛的专题报告。来自全国各地高校、科研院所、科技企业等单位的近 100 名食品生物领域专家学者线上作专题报告，分享最新的研究进展和对未来食品智能制造的设想，其中符合广州市高层次杰出专家的有 50 余名。

大会得到广州市科学技术协会的支持，是广州市“国际学术会议之都”建设项目。参与人数超过 7.5 万人次。

（撰稿人：蒋玉清）

中国纺织工程学会

服务创新型国家和社会建设 2022 年，学会参与完成的“纳米复合生物活性多功能纤维产业化关键技

术开发与应用”项目获2022年度中国纺织工业联合会科技进步奖一等奖；开展重点地区咨询服务，撰写《虎门服装产业中长期发展规划》，编制《高阳县纺织产业集聚区发展规划（2022—2035）》《高阳县印染园区企业入园技术指导意见》《高阳县循环经济示范区印染工业园工业用地分配方案》3个咨询报告。

向中国科协推荐纺织领域2022年前沿科学问题1项、工程技术难题3项、产业技术问题2项；获评中国科协重大科技问题难题征集发布2022年度优秀推荐单位。

2022年，共立项团体标准9项、发布5项，推荐的1项标准《防静电袜》（T/CTES 1046—2021）入选工业和信息化部“2022年百项团体标准应用示范项目”，6项标准通过检验检测机构资质认定。

举办第六期全国纺织复合人才培养工程高级培训班、纺织服装智能制造技术经理人专业技术转移转化能力提升研修班、2022全国纺织染整技术培训，培训人数8900余人次。作为中国工程教育专业认证协会纺织类专业认证委员会秘书处，学会共完成17个专业点的认证申请、9个专业自评报告审核、4个专业中期报告审核、2个专业线上进校考察。完成2022年度纺织领域工程系列技术人员专业技术能力工程师和助理工程师两个级别的申报评审工作，共30人通过评审。

学会下属的2家产业研究院共申请11项专利，参与制定团体标准1项、企业标准4项；服务企业300余家，开展技术对接和咨询服务100余次，与企业签订合作项目8项。与江苏华佳控股集团有限公司联合开展蜂胶功能性丝绸面料及服装的研发项目，完成6万多米真丝新面料生产，产值近1800万元。学会下属的石狮市中纺学服装及配饰产业研究院成功申请商务部纺织服装产业提质增效项目1项、泉州市科技计划项目2项、泉州市科技成果补助2项。

学会以“高技术纤维与现代纺织产业科技”“绿色纺织产业科技”“时尚纺织产业科技”3个科技服务团为抓手，对接服务福建省福州市、泉州市，新疆维吾尔自治区巴音郭楞蒙古自治州，浙江省宁波市、嘉兴市，广东省佛山市、东莞市，山东省青岛市、泰安市，江苏省无锡市、常州市，河北省保定市，辽宁省沈阳市等10余个“科创中国”试点城市，针对试点城市相关企业的105项技术问题进行专业性技术解析并形成技术研发指南；为73项技术需求匹配研发专家，促成8项联合攻关签约；在“科创中国”平台上传101项纺织产业科技成果并提交产业化落地方案；与新疆维吾尔自治区巴音郭楞蒙古自治州、福建省福州市分别签署2份战略合作协议；完成《嘉兴市纺织服装市场调研报告》《嘉兴市纺织服装产业发展建议报告》2份调研报告。

7月16—21日，由学会与佛山市南海区西樵镇人民政府共同主办的“时装艺术国际展·中国西樵”在广东省佛山市召开，主题为“虚实之间——生命、自然、科技”。来自13个国家和地区的135位艺术家展出近200件作品。在开幕式上，中国纺织工程学会广东·西樵工作站正式揭牌，同期还举办大湾区纺织服装创意设计产教融合论坛。

学会建设 2022年，中国纺织工程学会第二十六届理事会召开常务理事会议3次、理事会议1次。召开中国纺织工程学会第二十六届理事会第六次、第七次、第八次常务理事会议以及第三次理事扩大会议。学会新增个人会员892人，其中学生会员101人、普通会员720人、高级会员71人；新成立1个分支机构，为纺织工业人工智能专业委员会；变更常务理事1人、理事4人，增补理事7人。

青年人才托举工程 2022年，学会启动纺织行业第八届（2022—2024年度）中国科协青年人才托举工程项目，推荐2名青年人才获得中国科协资助、3人获得自筹资金资助。从第一届至第八届共成功推荐20名入选者。

主办期刊 《纺织学报》全年出版12期，共发表358篇文章；面向世界科技前沿和国家重大需求，组织“碳达峰碳中和目标下的纺织科技创新”等5期专栏；入选《科技期刊世界影响力指数（WJCI）报告（2022）》Q1区；核心总被引频次、核心影响因子、综合评价总分均居纺织科学学科期刊第1名，并再次入选“中国百种杰出学术期刊”。

《毛纺科技》全年出版12期，共发表239篇文章，联合国家重点研发计划“科技冬奥”课题组，策划“科技冬奥”冬季运动与训练比赛高性能服装特约专栏；继续入选中国科技核心期刊目录。

学会开展《纺织领域高质量科技期刊分级目录（2022版）》认定与发布工作，最终选定国内外43种期刊，其中T1级别8种、T2级别15种、T3级别20种。

学科发展工程 2022年，学会组织撰写《我国芳纶产业创新及发展政策建议报告》《“如何突破满足高端应用领域需求的高品质对位芳纶国产化卡脖子技术”态势分析报告》。

国际学术会议 8月17日，由学会、巴基斯坦国立纺织大学共同主办，中国科协“一带一路”国际科技组织合作平台建设项目、“一带一路”国际纺织科技联盟培训中心建设项目支持的2022中巴棉纺织技术论坛线上召开。来自中国、巴基斯坦两国棉纺织行业相关高校、企业、科研院所的700余名专家学者参加会议。

国内主要学术会议 2022年，学会及所属分支机构共举办国内学术会议17次、展览1次，参会人数30万余人次，出版论文集1本，交流论文63篇。会议主要包括2022中国绿色低碳创新大会“科创中国”技术路演、“科创中国”长三角现代纺织产学融合会议暨第三届长三角现代纺织产业创新发展高峰论坛、“科创中国”第六届全国纺织机器人应用高峰论坛、2022纺织生物医用材料研讨会、2022针织科技创新发展大会、中国化纤科技大会（泰和新材2022）暨《化纤工业高质量发展的指导意见》宣贯会等。

6月10日，由学会与新疆维吾尔自治区巴音郭楞蒙古自治州科协联合主办的“科创中国”绿色纺织产业科技服务团与新疆巴州罗布麻产业成果转化对接交流会在新疆维吾尔自治区巴音郭楞蒙古自治州召开。会议听取尉犁县罗布麻全产业链发展情况汇报，与会专家学者就“罗布麻研究与应用”“罗布麻相关技术开发与存在问题”“罗布麻前处理及染整工艺研究”等课题进行研讨。

8月21—22日，由学会主办的2022年高品质芳纶生产关键技术高峰论坛暨第19期纺织科技新见解学术沙龙在山东省东营市召开，主题为“高品质芳纶生产关键技术及其产品应用”。本期沙龙由中国工程院院士、东华大学校长俞建勇，中国工程院院士、武汉纺织大学校长徐卫林担任领衔科学家，来自相关纺织企业、高校、科研院所的70余名专家学者参加会议。

11月17—19日，由学会主办的2022全国纺织服装标准创新大会暨中国纺织工程学会标准化技术委员会年会在浙江省绍兴市召开。来自学会标准化技术委员会的委员、学会标准化技术委员会各专家组成员、学会团体标准参编单位代表，以及相关纺织企业、高等院校、科研院所、检测机构的150余名专家学者参加会议。会后组织与会专家学者参观浙江省现代纺织技术创新中心。会议同期召开标准化技术委员会2022年工作会议，举办入选工业和信息化部“百项团体标准应用示范项目”参编单位证书颁发仪式、中国纺织工程学会第二十六届理事会标准化技术委员会新增委员聘任仪式。

国际交往 1月3日，经国际丝绸联盟常务理事会审议通过，中国纺织工程学会加入国际丝绸联盟。

科普活动 2022年，学会举办科普大讲堂8场、科普展览10次、科普论坛10场，共展出科普展板11个，科普活动受众4万余人次；科普微信公众号共编辑发布科普类原创作品60个；制定《中国纺织工程学会科普教育基地管理办法》；新组建科普教育基地5个，完成第一批和第二批共16个科普教育基地的复审工作。学会推荐的4家科普教育基地入选中国科协2021—2025年度第一批全国科普教育基地；学会获中国科协全国学会科普工作优秀单位。

组织推荐5名专家参与“科学也偶像”短视频征集活动，被评为中国科协2022年“科学也偶像”短视频征集活动最佳组织单位。

表彰举荐优秀科技工作者 2022年，学会共推荐2022年全国“最美科技工作者”、第十八届中国青年女科学家奖和2021年度未来女科学家计划、第十七届中国青年科技奖、2022年第五届杰出工程师奖、中国纺织工程学会学术奖等的候选人30余名。

东华大学教授覃小红等2人获2022中国纺织工程学会学术奖纺织学术大奖，西安工程大学教授景军锋等5人获2022中国纺织工程学会学术奖纺织学术带头人奖，成都海蓉特种纺织品有限公司研究员级高级工程师李峰等2人获2022中国纺织工程学会学术奖纺织技术带头人奖，东华大学副研究员吉鹏等3人获2022中国纺织工程学会学术奖“中复神鹰”纺织青年科技奖，西安工程大学教授樊威等6人获“百草纤维”2022纺织科技成果转化贡献奖。共评出第23届陈维稷优秀论文14篇、入围论文16篇，纺织优秀博士学位论文8篇、纺织优秀硕士学位论文14篇。

学会推荐江南大学教授付少海等6人入选2022年中国纺织工程学会会士。

党建强会 2022年，学会推动党建工作与业务工作深度融合，理事会党委共召开5次会议，研究学会重点工作，部署学会系统的主题教育。组织开展“缅怀革命先烈”“重走抗联路”等学习实践活动。

9月16日，学会理事会党委副书记、理事长伏广伟带队前往吉林省敦化市黄泥河镇第一小学开展捐赠助学进校园活动，为学校捐赠校服380套、教工制服

70 套；学会为吉林省敦化市黄泥河镇第一小学、山西省吕梁市岚县民觉小学、山西省吕梁市岚县实验中学等 10 余所学校捐赠科普图书 950 余册。

会员服务 学会编写 2022 年年报，反映学会年度工作的综合信息。响应企业诉求，举办 2022 年中国纺织工程学会专家走进会员企业——福建行活动，组织专家团队深入泉州海天材料科技股份有限公司、石狮市祥华集团有限公司、石狮市华宝集团有限公司、361°（中国）有限公司等企业开展实地调研、生产指导与对接咨询，对技术难题提出可行性方案；建立会员工作站（中国纺织工程学会河南会员工作站）1 个；举办“会员月”系列活动，宣传优秀会员，将活动海报在学会官方微信、《中国纺织报》《纺织服装周刊》等平台、媒体宣传与推广，点击阅读量突破 1 万人次；学会每月向理事、会员等发送《纺织动态信息》，定期传递学会通知和纺织学科信息。

【“科创中国”院士专家论坛暨 2022 全国纺织科技成果转化与合作大会】 11 月 17 日，由学会、浙江省绍兴市柯桥区人民政府联合主办的“科创中国”院士专家论坛暨 2022 全国纺织科技成果转化与合作大会在浙江省绍兴市召开。会议以“科技赋能　跨越升级”为主题，学会理事长伏广伟、中国工程院院士王玉忠、日本工程院院士倪庆清、俄罗斯自然科学院外籍院士孟家光、国际纺织学会会士陶肖明，以及来自全国 70 余家纺织企业、高校、科研院所的 300 余名专家学者参加会议。

在大会开幕式上，举办百草纤维 2022 纺织科技成果转化贡献奖颁奖仪式。国际丝绸联盟秘书处和中国纺织工程学会秘书处签署合作备忘录，学会授予国际丝绸联盟、巴基斯坦国立纺织大学“一带一路”国际纺织科技联盟培训中心称号并授牌。

会议特邀 20 个主题报告，日本工程院院士、浙江理工大学教授倪庆清，中国工程院院士、四川大学教授王玉忠，俄罗斯自然科学院中国籍院士、西安工程大学教授孟家光，香港理工大学教授陶肖明等专家分别以《多维立体纺织复合材料及其产业应用》《如何更高地将废纺织品进行回收循环与高值化利用》《功能与智能性针织面料市场发展与生产技术》《绿色健康智能科技的研发及应用》为题作主旨报告。

会议还设置绿色印染加工技术、数字化与智能纺织品、功能性纺织材料 3 个分会场，来自广东溢达纺织有限公司、华纺股份有限公司、东华大学、百度集团、中国纺织科学研究院等企业、高校、科研院所的 16 名专家作主题报告。

会议同期举办“科创中国”纺织科技成果展，包括纺织科技成果转化贡献奖、纺织高校成果、纺织研究院成果和军民两用纺织成果 4 个主题展区，共遴选来自全国 26 个单位的 164 项先进技术成果进行展览，吸引 1000 余家企业观展。

（撰稿人：刘凤坤）

中国造纸学会

服务创新型国家和社会建设 5—12 月，学会组建成立“科创中国”特种纸基材料专业科技服务团，与河北省保定市、广东省广州市、四川省成都市、山东省潍坊市、浙江省嘉兴市等试点城市的特种纸企业建立对接机制，挖掘中国特种纸企业技术需求，提出初步和后续完善的解决方案，汇集科技研发成果，促进成果转化落地，帮助中国特种纸企业解决一些痛点问题，促进特种纸产业高质量发展。

发布实施《绿色纸质外卖包装制品通用要求》（T/CTAPI 001—2022）、《匠心产品　生活用纸》（T/CTAPI 002—2022）、《匠心产品　卫生用品》（T/CTAPI 003—2022）、《质量分级及“领跑者”评价要求　卫生巾》（T/CTAPI 004—2022）《质量分级及“领跑者”评价要求　婴儿纸尿裤》（T/CTAPI 005—2022）5 项团体标准。

学会按照中国轻工业联合会轻工业职业能力评价工作要求开展相关工作，获批为中国轻工业联合会轻工业职业能力评价总站，开始逐步建立轻工（造纸）行业职业能力评价基地、组织制定相关职业评价规范、建立考评员队伍。

学会建设 学会继续健全规范运行模式。全年召开理事会议 1 次、常务理事会议 2 次，按章程审议通过学会 2022 年度重大决策。根据行业发展需求的变化，新成立中国造纸学会卫生用品专业委员会。

《2022 中国造纸年鉴》按计划完成编纂工作，于 12 月出版发行。

青年人才托举工程 开展第八届（2022—2024 年度）中国科协青年人才托举工程项目遴选推荐工作，经中国科协先进材料学会联合体评审上报，5 名制浆造纸领域青年人才入选。

主办期刊 《中国造纸学报》《纸和造纸》《中国

造纸》《造纸信息》《造纸与生物质材料（英文）》严格把控出版物学术水平和质量，打造精品学术期刊。

学科发展工程 为了掌握和分析国内特种纸产业、纸浆模塑产业发展情况，科学研判形势，为特种纸企业、纸浆模塑提供指导性服务，学会特种纸专业委员会、纸基绿色包装材料及制品专业委员会开展2021年国内特种纸产业、纸浆模塑产业情况调查工作，并形成行业发展报告。

国内主要学术会议 11月23日，由学会、大连工业大学主办的中国造纸学会第二十届学术年会线上召开。

科普活动 11月，学会手工纸与造纸史专业委员会组织造纸史专家参与“尊重历史 尊重科学 实事求是——纸史专家谈蔡伦发明造纸术”系列视频制作。相关视频于12月1日播出，专家访谈文字内容刊登在2022年第12期《造纸信息》上。

9—11月，学会推荐造纸史专家、高级工程师李玉华等多位专家受邀参与央视《解码科技史——纸上的印记》纪录片剧本的审查和修改工作。该片于11月27日在CCTV-10科教频道播出。

表彰举荐优秀科技工作者 根据中国轻工业联合会《关于2022年度中国轻工业联合会科学技术奖励申报工作的通知》，经专家评审，学会向中国轻工业联合会推荐申报项目3项。

党建强会 学会理事会党委、学会党支部做好迎接学习宣传贯彻党的二十大各项工作。学会党支部于7月开展迎接党的二十大主题党日活动，前往中国共产党历史展览馆参观“不忘初心、牢记使命”中国共产党历史展览。举办学习贯彻党的二十大精神专题党课、主题党日活动。学会第八届理事会第四次会议及第八届常务理事会党员大会第三次会议上，围绕《学习宣传贯彻党的二十大精神的提纲》开展专题学习。学会理事会党委副书记曹春昱以《以科技创新支撑造纸行业高质量发展》为题进行专题党课宣讲，并通过辅导视频《向着伟大复兴阔步前进——党的二十大精神解读》《做好碳达峰碳中和工作，推进企业高质量发展》开展学习。在学会第二十届学术年会期间，党的二十大代表、山东华泰纸业股份有限公司研发部副部长刘燕韶和牡丹江恒丰纸业股份有限公司技术中心工艺研究一室主任陈玉香线上宣讲党的二十大精神。

学会党组织前置审议学会“三重一大”事项，对学会年度工作计划、学会分支机构调整计划、重要人才工作、重要业务活动、大额经费开支等事项提出意见。组织制定和完善有关工作制度。

会员服务 坚持为单位会员提供技术服务。3月，学会理事长曹振雷带队赴广东省江门市造纸企业，围绕技术装备创新推动行业进步、可降解包装材料应用、“双碳”目标下节能减排的生产措施等进行技术交流。11月，赴浙江省杭州市造纸企业，对助力养老福祉产业发展、卫生用品制造基地建设、优质材料选择等问题进行交流；赴广东省东莞市造纸企业，围绕工厂包装用纸的清洁、低碳、安全、高效的生产方式及管理方式等内容进行技术交流；赴广西壮族自治区南宁市横县造纸企业，围绕工厂践行“双碳”目标，绿色环保、循环经济，南宁园区高端化、智能化、绿色化建设共商发展规划。

发挥学会学术资源优势，指导企业解决生产中的技术难题。推荐造纸企业技术成果及产品参加中国轻工业联合会科技成果鉴定。学会为单位会员定期寄赠《中国造纸年鉴》和主办的其他刊物，为会员提供最新的科技信息，传播科学家精神。

【中国造纸学会第二十届学术年会】 11月23日，由学会与大连工业大学主办，辽宁省造纸学会、中国制浆造纸研究院有限公司《中国造纸》杂志社协办的中国造纸学会第二十届学术年会线上召开。会议当日网站浏览量超过1.1万人次，其中注册参会人数370人。围绕绿色制浆技术、纸基功能材料、纳米纤维素的制备及应用、造纸工程设计优化、生物质精炼技术等领域发展方向与前沿动态，设置网上学术报告厅和7场专题沙龙会议，共进行学术报告60场。

学会理事长曹振雷、大连工业大学校长李长吾共同为会议致辞。20名受邀行业技术专家围绕绿色制浆技术、纸基功能材料、纳米纤维素的制备及应用、造纸工程设计优化、生物质精炼技术等领域发展前沿动态举办20场学术报告。

中国工程院院士陈克复、学会副理事长兼秘书长曹春昱、大连工业大学教授孙润仓等行业内高等院校、科研院所、行业组织、企事业单位的专家学者出席各专题沙龙会议并作报告。沙龙会议采取“行业知名专家双召集人＋主持人”的方式展开主题演讲与研讨交流，每场专题学术沙龙参会人数在40～80人。

专题沙龙1:“造纸绿色低碳可持续发展”沙龙在中国工程院院士陈克复、中国中轻国际工程有限公司总工程师靳福明、北京市科学技术研究院资源环境研

究所研究员程言君的领衔下，围绕造纸工业践行国家“双碳”战略，坚持绿色低碳可持续发展道路主题展开交流。

专题沙龙 2:“基于制浆造纸流程平台的生物质材料与产品”沙龙以大连工业大学教授孙润仓、美国缅因大学教授倪永浩作为召集人，围绕生物质精炼技术和传统造纸工业的融合发展，探讨传统造纸行业产品多样性转变的可行性。

专题沙龙 3:“高性能纸基功能材料新技术与新产品”沙龙以陕西科技大学教授张美云、中国制浆造纸研究院有限公司总工程师刘文作为召集人，聚焦高性能纤维纸基功能材料研究、技术开发与产业化应用领域，探讨行业突破关键重点高性能功能材料与产品技术突破的可行性进展和新发现、新产品、新应用。

专题沙龙 4:“纳米纤维素技术发展与产品应用”沙龙以华南理工大学教授付时雨、西南大学教授黄进作为召集人，围绕近期新的研究成果，探讨纳米纤维素制备技术发展及其在生物医学和组织工程、纳米复合与增强材料、气体传感与分离、空气过滤与水净化等领域的应用和前景。

专题沙龙 5:“造纸工业数字化智能化发展与技术应用”沙龙以华南理工大学研究员李继庚、陕西科技大学教授汤伟作为召集人，围绕造纸企业与以 5G 网络、大数据、云计算、人工智能等为核心的新一代信息技术融合，建设数字工厂、云工厂，实现造纸工业智能化转型升级展开交流和研讨。

专题沙龙 6:“科创中国－科技成果与需求征集及对接”沙龙以学会特种纸专业委员会秘书长刘文和副秘书长曾慧均作为召集人，聚焦特种纸基材料产业创新需求，提出跨学科、跨领域、跨区域关键性问题。参会者对精准挖掘服务需求、技术成果征集、成果转化对接服务、推动建设协同组织、打造产学融合品牌活动、服务科技人才创新创业话题各抒己见。

本届年会特别组织召开“新时期造纸专业人才需求与培养”专题沙龙。会议由大连工业大学策划实施，邀请华南理工大学等拥有全国造纸学科高校的教学负责人，以及华泰纸业股份有限公司、玖龙纸业（控股）有限公司等特大型造纸企业的领导和人力资源部门负责人，针对专业与学科建设、人才能力需求与培养目标等话题进行交流和讨论。

（撰稿人：王　斌）

中国文物保护技术协会

服务创新型国家和社会建设　2022 年，协会承接并完成国家文物局“2022 年可移动文物保护修复项目和组织管理服务项目”。组织数十名专家完成 105 项一级文物保护修复（含复制）计划立项评估和 2 项国家文物局单独委托的文物本体保护修复、数字化保护等重点方案的评审及复审工作。依托此项工作，协会成功申报中国科协科学技术创新部“学会公共服务能力提升项目”第三方科技评价专项。通过项目实施，于 12 月制定《中国文物保护技术协会可移动文物保护修复项目评审流程规范（试行）》，进一步规范评审工作流程，提升协会公共服务能力。

实施国家文物局委托的“《历史文化遗产领域科技成果指南（2000—2020）》汇编项目”。实施安溪县博物馆委托的“国内外矿业遗址保护展示的现状及对策研究项目”。

协会近现代建筑保护专业委员会开展浦东新区文物保护管理所线上培训活动，通过对上海古桥的病害勘察及保护修缮的系统研究，从预防性保护方向出发，对未来上海古桥的保护管理提出指导性建议。

协会近现代建筑保护专业委员会线上举办“应对气候变化的文化遗产风险评估”暑期学校，邀请德国专家围绕历史文化建筑的防潮保护，WUFI 软件在历史建筑保护中的运用，历史文化建筑的风险评估、检测和预警技术等主题进行授课。

协会文物保护教育专业委员会联合西北大学、延安革命纪念地管理局共同承办 2022 年陕西省革命文物融入高校思政教育培训班。来自陕西省各高校中青年思政课教师、各地市革命纪念馆及革命旧址宣教工作负责人等 60 余人参加培训。

学会建设　2022 年，协会个人会员总数 1679 人，较 2021 年增加 39 人。新成立中国文物保护技术协会建筑遗产预防性保护专业委员会。各专业委员会召开工作会议，规范工作程序，加强组织建设。

完善会议制度，规范召开常务理事会议。2022 年，协会第七届理事会召开常务理事会议 2 次，对重大事项、重要人员变更、重要工作安排等进行审议决策。

国际学术会议　6 月 11 日，中国文物保护技术协会建筑遗产预防性保护专业委员会成立大会暨第四届建筑遗产保护技术国际学术研讨会在江苏省南京市举办。会议由东南大学、江苏省文物局主办，东南大学建筑学院、东南大学建筑国际化示范学院等单位承办。围绕“保护科学”主题开展33场学术报告，来自中国、比利时、意大利、日本等国家的100余名专家学者参加线上线下会议研讨，同时在线观看中文和英文直播的观众超过3000人次。

10月27—28日，由协会文物分析检测技术专业委员会与上海博物馆联合主办的文物X射线成像技术应用国际研讨会在上海市召开。会议采用线下和线上相结合的方式举办，来自海内外近30家文物研究机构的专家学者350余人参加会议。会议围绕X射线成像技术在文物研究、保护修复、真伪鉴别等方面的应用进行交流，集中展示国内外文物X射线成像技术应用研究所取得的最新成果。会议精选17篇学术研究报告在《文物保护与考古科学》期刊专刊发表。

12月8日，由教育部学校规划建设发展中心主办，西北大学、协会文物保护教育专业委员会承办的2022丝绸之路传统文化保护开发利用国际产学研用合作研讨会以线上线下结合方式在陕西省西安市举办，来自12个国家的有关高校和科研机构200余名专家学者参加会议。

国内主要学术会议 2022年，协会和各专业委员会共举办各类学术交流活动4次，240余人次参加，交流论文50余篇。

5月13日，由协会文物保护教育专业委员会、西北大学文化遗产学院主办的第二届博望青年论坛在陕西省西安市召开。来自北京大学、吉林大学和西北大学等15所高校的28位博士、硕士研究生参加学术汇报，内容涵盖文物保护技术与材料研究、科技考古研究、文化遗产保护和规划、博物馆展陈设计、聚落考古研究以及石窟寺研究等多个方向。论坛还设立专家讲座和实践参观环节。

10月29日，中国文物保护技术协会工业遗产保护专业委员会2022年度学术交流会以线上线下结合方式在湖北省黄石市召开，主题为“工业遗产保护技术与工程”。20余名专委会委员及100余位专家学者参加会议。会议报告涵盖工业遗产保护工程实践、工业遗产保护技术应用、工业遗产保护利用探索、工业遗产保护利用实践等主题。

11月5日，协会石窟和土遗址保护专业委员会线上举办石窟寺和土遗址保护研究新进展研讨会，重点围绕石窟寺和土遗址风化机理、结构稳定性评估、保护材料和加固技术研发、预防性保护研究等方面的最新进展进行汇报。

科普活动 6月16日—8月16日，协会联合浙江省文物局在浙江省杭州市举办“析微察异：文物保护与考古科学显微图片展”，并在官方网站推出线上展览，开展“最受欢迎”作品网络评选活动。

拟由协会主办的全国青少年文化遗产知识大赛入选教育部《2022—2025学年面向中小学生的全国性竞赛活动名单》。

党建强会 2022年，协会召开理事会党委会议2次，学习贯彻党的二十大精神和习近平总书记重要指示批示精神，落实党建强会工作。

会员服务 2022年，协会编写2021年工作纪要，主要反映协会2021年度工作的综合信息，并向会员发布。拓展协会官方网站功能，开展党建学习、线上云展览等专题栏目，提升会员服务质量。协会官方微信公众号2022年发布信息12条，阅读量达19952人次。

【厦门建筑遗产保护与利用研讨会】 10月14—16日，由协会近现代建筑保护专业委员会主办，中国文物保护基金会、厦门市鼓浪屿—万石山风景名胜区管理委员会等共同协办的厦门建筑遗产保护与利用研讨会在福建省厦门市举办。研讨会内容包括建筑遗产保护与利用主题报告、沙龙交流、鼓浪屿及周边城市历史建筑考察等。与会专家学者听取以“建筑遗产保护与利用”为主题的8场学术报告，实地走访鼓浪屿近代建筑群，考察美国领事馆旧址、日本领事馆旧址、汇丰银行公馆旧址、鼓浪屿天主堂、三一堂、安献楼等。

（撰稿人：张　瑜）

中国印刷技术协会

服务创新型国家和社会建设 2022年，协会根据党中央关于实施文化数字化战略的决策部署，在中央宣传部印刷发行局领导下开展印刷业数字化改革试点方案编撰工作。方案围绕按需印刷出版、印刷智能制造、智慧监管服务三个领域，稳妥推进印刷业数字化改革，协会征求行业协会、骨干企业和研究机构代表的意见，形成送审稿。

承担全国印刷标准化技术委员会秘书处工作，进一步加强标准的编制、修订、复审工作。全年共颁布5项国家标准、11项行业标准，获批7项国家标准、6

项行业标准，立项 4 项团体标准，在研 9 项国家标准、14 项行业标准。

10 月，发布《绿色原辅材料产品目录（2022）》。根据《儿童青少年学习用品近视防控卫生要求》（GB 40070—2021），对申报的教科书（教材）用纸类产品、增加亮度及纸张定量方面的要求，并依据环保和印刷行业相关标准进行严格审核。这是本目录的第九次发布。

承办由国家新闻出版署、人力资源社会保障部共同主办的第八届全国印刷行业职业技能大赛，组织开展筹备工作，制定印刷行业国家职业技能竞赛裁判员管理办法、竞赛工种的命题要求、考试测试及决赛物料准备要求，以线上培训方式举办印刷行业国家职业技能竞赛裁判员培训班、平版制版员工种实际操作模块专题培训班和装订工工种理论知识培训班。

推进 2022 年度工程系列印刷工程专业初级、中级技术职称评定的材料组织、申报、审核工作，承担印刷工程专业高级职称的组织申报工作，共有 172 人通过初级职称评审、39 人通过中级职称评审、17 名申报人员通过国家新闻出版署印刷工程高级职称评委会的评审。

协会常务理事、中国科学院化学研究所绿色印刷重点实验室研究员宋延林与副研究员吴磊带领团队，利用氢键辅助的胶体颗粒墨水，基于连续数字光处理 3D 打印技术，制备出具有明亮结构色的三维光子晶体结构，这对于创新结构色的制备方法及扩展 3D 打印的应用具有重要意义。相关研究成果发表在《自然 - 通讯》。此项研究工作得到科技部、国家自然科学基金委员会、中国科学院、北京分子科学国家研究中心的支持。

推荐苏州维业达科技有限公司、华南理工大学和广州市人民印刷厂股份有限公司（联合申报）、佛山市定中机械有限公司报送的专利参加第二十四届中国专利奖评选。

落实中国科协全国学会会员入库建设动员部署会议精神，面向全行业公开征集行业专家，新增入库专家 140 名。

学会建设　截至 12 月底，协会发展个人会员 705 人，单位会员 2305 家，理事 420 名，常务理事 138 名，下设 10 个分支机构、5 个工作部门。

全年召开理事会议 1 次、常委理事会议 2 次，完成 1 个分会的换届工作，1 个分会的撤销工作和 1 个工作委员会的成立工作。审议通过《印刷行业国家职业技能竞赛裁判员管理办法（试行）》《工程系列印刷工程专业中级、初级职称评审管理办法》。7 月 18 日，协会科技创新与服务工作委员会成立。

制定《关于中国印刷技术协会分支机构专项整治工作实施方案》，开展专项整治行动，确保分支机构规范运行、有序发展。

学科发展工程　11 月 24 日,《2022 中国柔性版印刷发展报告》蓝皮书在上海市发布。

国内主要学术会议　7 月 29 日，由中国印刷博物馆主办，协会印刷文化研究委员会、北京印刷学院、北京大学现代出版研究所等单位共同协办的第 14 届印刷文化学术研讨会线上召开。来自有关高校、文博机构、出版社等单位的 10 余名学者和研究人员，围绕印刷文化的传承传播分享各自的学术研究成果。

国际交往　协会承担国际标准化组织 / 印刷技术委员会（ISO/TC 130）主席和秘书处工作。2022 年，协会以网络会议形式组织 ISO/TC 130 第 36 届春季工作组会议和秋季工作组会议。完成 ISO/TC 130 已到投票截止日期的各类投票 38 项，投票率达 100%。完成印后加工工作组秘书支持工作，重点参与印前数据交换工作组、过程控制和相关度量衡工作组、色彩管理工作组、印刷产品对环境的影响和工作流程和规划任务组等工作组国际标准的研讨，切实履行中国作为 ISO/TC 130 秘书处所在国的职责与义务。

11 月 25 日，国际标准化组织 / 印刷技术委员会（ISO/TC 130）第 36 届全体会议以网络会议形式召开，来自 13 个国家代表团的 37 位专家参加会议。现任协会常务理事、中国印刷科学技术研究院院长赵鹏飞以 ISO/TC 130 主席的身份参加并主持会议，ISO/TC 130 经理李美芳配合主席推进会议各项议程。协会常务副秘书长、全国印刷标准化技术委员会副主任委员兼秘书长李永林以中国代表团团长身份参加会议，代表中国对涉及国际标准制修订等 17 项决议进行表决，行使中国作为 ISO/TC 130 积极成员（P 成员）的权利与义务。

12 月 6 日，世界印刷与传播论坛 2022 年度理事会议采用线上会议的形式召开。协会采取邮件参会的形式与各国同行交流，以图表形式展示中国印刷业的发展态势。

科普活动　2022 年，协会通过官网、微信公众号、视频号及直播间等新媒体定期推出科普内容，全年网站累计点击量5万人次，微信公众号阅读量22.6万人次，视频号发布10多个相关视频，点击量25.5万人次，直播间实时在线人数近万人次。

在全国科技工作者日和全国科普日期间，组织会员单位、各分支机构开展科普活动。协会常务理事、中国科学院化学研究所绿色印刷重点实验室主任宋延林带领研发团队做客北京广播电视台《春妮的周末时光》，为观众讲解纳米绿色印刷的发展历程。

承接2022“我的书屋·我的梦”农村少年儿童阅读实践活动，围绕迎接宣传贯彻党的二十大精神这条主线，激励引导农村少年儿童爱党爱国、树立远大志向，通过阅读、实践、写作、书画等方式开展作品征集评选活动。

联合会员单位推出“印出东方——印刷术的根在中国”主题直播、“3D漫游看千年印刷文化”线上展览、“印刷技术科普展示——平版印刷机的使用及排障”线上多媒体展示等活动。

2022年，协会和北京市科协联合推荐的北京大学王选纪念陈列室入选首批科学家精神教育基地名单；协会推荐的上海出版印刷高等专科学校和北京盛通印刷股份有限公司入选首批“科创中国”创新基地名单；协会推荐的河南省新闻出版学校印刷历史文化展厅、中国印刷博物馆、安徽新华印刷文化综合体验馆入选2021—2025年第一批全国科普教育基地（含补充认定）。协会被中国科协评为2022年度全国学会科普工作优秀单位。

表彰举荐优秀科技工作者 协会组织开展印刷业2022年“最美科技工作者”评选活动。经申报推荐等环节，共有9人当选。其中，汤帜、宋延林被推荐上报中国科协作为全国“最美科技工作者”候选人，并同时上报中央宣传部印刷发行局列入“中国印刷业创新大会年度人物”候选人。

协会开展第十六届毕昇印刷技术奖评选活动，共评选出马行宇、王东东等12名毕昇印刷技术优秀新人奖、单/双色书刊喷墨印刷设备关键技术研发与产业化等7项科技进步奖。

党建强会 协会通过开展主题党日活动、书记讲党课，参加中国科协在线举办的学习二十大精神辅导报告会，开展分享交流学习等，学习宣传贯彻党的二十大精神。

开展“学查改”专项工作，针对查摆出的7个方面问题，建立“学查改”专项工作台账，推动整改落实。同时，以“学查改”专项工作为抓手。

6月，协会党支部委员会完成换届改选工作。用好“三会一课”、主题党日等组织化制度化载体，组织党员干部参加各类线上线下培训活动。

会员服务 2022年，协会继续开展助企纾困行动，会费继续调减20%。

6月，组织召开九届四次理事会议、九届六次常务理事会（视频）会议，以“共克时艰　全力以‘复’促发展”为主题，分享各地区印刷行业贯彻落实党中央关于“疫情要防住、经济要稳住、发展要安全”的要求，交流开展工作的经验与心得。

线上举办2023年中国专利奖规划交流会，邀请专业知识产权机构帮助广大会员单位做好专利申报规划工作。

【展江苏印艺成果　促企业合作共赢】 8月14—16日，协会与江苏印刷行业协会党支部联合开展江苏印刷主题展、印刷业融合创新分享会、重点项目推荐与精准对接等活动。活动获中国科协科技社团党委“党建强会计划”立项支持。

江苏印刷主题展以“印艺传思想　奋进新时代”为主题，分为“不忘初心　红色印记”“除旧布新　探索前行”“深化改革　助力发展”“高举旗帜　服务大局”4部分。

印刷业融合创新分享会在江苏省苏州市举办。来自江苏省出版单位、各地印刷协会、印刷企业和媒体代表等的100余人参加会议。会议从出版、教育、文化、科技等方面探讨融合发展新路径。

此次活动加强创新引领，通过评估遴选出一批智能制造、绿色印刷、数字印刷、3D打印等方面的高科技印刷技术，推动江苏凤凰文化贸易集团有限公司和山东华泰纸业股份有限公司、江苏凤凰新华印务有限公司和深圳精密达智能机器有限公司、苏州工业园区美柯乐制版印务有限责任公司和中国移动通信集团江苏有限公司苏州分公司等签署全面战略合作协议和智能化、数字化项目合作协议，带动一批合作项目签约落地。

此次活动通过网络直播、视频播报、现场图片、“云端”逛展等多种新媒体形式进行宣传报道，受众总计35.2万人次。

【《中国主要城市书刊印刷业竞争力报告（2022）》发布】 12月13日，协会首次发布《中国主要城市书刊印刷业竞争力报告（2022）》。报告涵盖直辖市、省

会城市、计划单列市，通过总量指数、发展效益指数、人均效率指数、研发投入指数4个类别，对中国主要城市书刊印刷业的相对发展水平进行客观分析与评价。

12月13日，发布《中国主要城市书刊印刷业竞争力报告（2022）》。报告显示，纳入评价的直辖市、省会城市、计划单列市共32个城市实现书刊印刷产值863.46亿元，前十名分别是北京、上海市、湖南省长沙市、江西省南昌市、福建省厦门市、山东省济南市、广东省广州市、广东省深圳市、安徽省合肥市、天津市。北京、上海市作为全国中心城市，文化资源丰富，出版单位集中，书刊印刷业实力较强，综合竞争力指数分别达到2.5318、2.2885，位居第一、第二。湖南省长沙市作为中部城市，综合竞争力指数达到0.6747，位居第三。

报告提出，中国书刊印刷业存在缺少大型龙头印刷企业、产品附加值不高、研发投入不足等问题。加快书刊印刷业发展，需要进一步提升产业集中度、建设先进产业集群、加大研发投入、提升创新发展能力。

（撰稿人：沈　翔）

中国材料研究学会

服务创新型国家和社会建设　2022年，学会承接“科创中国”新材料产业科技服务团工作。3—11月，“科创中国”新材料产业科技服务团分别前往宁夏回族自治区，湖南省长沙市、浏阳市，浙江省绍兴市诸暨市、杭州市、宁波市，上海市，陕西省西安市，山东省德州市、青岛市，四川省成都市、德阳市，黑龙江省鸡西市、七台河市，安徽省马鞍山市，河南省郑州市等多个地方，开展31次对接交流活动，对接120多家企业，包括三一重工股份有限公司、海尔智家股份有限公司、歌尔声学股份有限公司、联想集团、小米科技有限责任公司、日本东丽等世界500强企业，专家参与超过100人次，包括中国工程院院士丁文江、吴明红，美国化学杂志旗舰期刊主编ACS Nano、南洋理工大学教授陈晓东等国内外专家。50项技术问题被解析，10项以上技术问题被给予匹配相应研发团队；3项以上技术问题被跟踪服务并解决；30项以上可转移转化的科技成果得以汇聚；100多位专家（含20位国外石墨烯新材料专家）已进驻服务团。

与中国工程院化工、冶金与材料工程学部共同出版4本品牌战略研究报告，分别为《中国新材料研究前沿报告（2021）》《中国新材料产业发展报告（2021）》《中国新材料技术应用报告（2021）》《走近前沿新材料3》，并面向社会发布。

完成中国科协相关咨询专报或建议7份，分别是《硅基材料的挑战与发展机遇》《新材料高质量发展与中国式现代化》《我国新材料领域先导性技术调查研究》《我国新材料领域技术先导性的发展战略布局和政策建议》《关键战略资源高端材料发展概况及趋势研究》各1份，以及《材料领域科技创新发展前瞻分析和技术预见分析研究》2份，共5万字。完成中国工程院相关咨询报告6份，分别是《新材料研发与制造应用智能化》研究报告4份及《新材料研发与产业强国战略研究》《面向2040中国工程科技材料领域发展战略咨询报告》各1份，累计字数60万字。围绕新材料研发与制造应用智能化项目，学会承担完成4部专著:《新材料研发智能化关键技术》《高端新材料智能制造技术》《大数据和人工智能驱动先进钢铁材料制造技术》《大数据和人工智能驱动化工新材料制造技术》。完成“碳达峰碳中和系列丛书”之《钢铁与有色金属行业清洁低碳转型导论》，完成《化工、冶金与先进材料工程科技未来20年发展战略研究》等。

向中国科协举荐9名海智特聘专家及1个海智合作机构。

学会秘书长张增志考察松山湖材料实验室，并签署战略合作协议。

学会建设　3月30日，召开学会第八次会员代表大会，完成理事会换届工作。2022年，个人会员新增19147人，个人会员总数为79205人；单位会员新增21家，单位会员总数为272家。学会获评中国科协2022年度全国学会会员入库优秀单位。

2022年，学会正式获得国家标准化管理委员会批准的团体会员标准立项、制定、发布、推广资格。

青年人才托举工程　学会托举10位青年人才入选第八届中国科协青年人才托举工程项目。托举4位青年人才入选北京市科协2023—2025年度青年人才托举工程项目。

主办期刊　学会共运营10本期刊，其中主办编辑运营3本。

Progress in Natural Science：*Materials International*（《自然科学进展·国际材料》）影响因子为4.269，在

全球材料科学综合类期刊分类中排名 140/345，位于 Q2 区。

2022 年，《新材料产业》主办单位由北京新材料发展中心变更为学会，并在学会内部设立编辑部。

《智能材料与系统》入选中国科协 2022 年度中国科技期刊卓越行动计划高起点新刊项目。主编为中国科学院外籍院士、中国科学院北京纳米能源与系统研究所所长王中林，中国工程院院士、华南理工大学校长张立群。该刊聚焦智能材料与系统研究方面，专注于先进材料、人工智能、机器人、半导体、柔性电子、生物与仿生、智能传感等多领域的交叉融合。

国内主要学术会议 12 月 16 日，由学会主办的“一带一路”高端产业链安全（系列）会议第一场：硅基材料的挑战与发展机遇以线上线下结合方式在北京召开。亚太经合组织中国工商理事会执行秘书长蒋利、学会秘书长张增志、中国科学院半导体研究所研究员陈弘达、北京超弦存储器研究院执行副院长赵超、浙江大学教授余学功、中国科学院微电子研究所研究员李泠、清华大学教授任天令、北京大学教授张兴、北京工业大学教授徐晨等参加会议。会议邀请高校、科研院所、企业、地方政府的相关院士、专家、企业战略决策人员等 17 人发言并作特邀报告。会议基于宁夏回族自治区银川市硅基材料产业现状，围绕硅基材料上游高纯原料“卡脖子”问题提出解决方案，提出中国硅基材料产业链安全与发展战略建议，并对硅基材料可替代性技术的可行性进行展望。

9 月 7 日，中国（诸暨）石墨烯新材料产业发展高峰论坛暨“科创中国”新材料产业科技服务团诸暨对接会在浙江省绍兴市诸暨市举办。论坛由诸暨市人民政府和中国石墨烯产业技术创新战略联盟联合主办，得到学会以及“科创中国”新材料产业科技服务团的支持。来自全国石墨烯、纺织领域的专家以及 200 家诸暨袜业企业负责人参加会议，合力谋划纺织行业高质量发展蓝图。中国工程院院士、中国石墨烯产业技术创新战略联盟名誉理事长薛群基，中国生产力促进中心协会理事长刘玉兰，国家新材料产业发展专家咨询委员会委员、中国石墨烯产业技术创新战略联盟理事长李义春，西安工程大学纺织科学与工程学院教授王进美等专家出席论坛。

表彰举荐优秀科技工作者 11 月，学会完成中国材料研究学会科学技术奖评审工作，评选出获奖项目 24 项，其中一等奖 16 项、二等奖 8 项，奖励人数合计 221 人。

党建强会 党的二十大代表，学会党委书记、理事长李元元带领学会干部群众学习领会党的二十大会议精神，提出要以更高的视野、更高的服务水平主动承担国家责任，尤其在思想上、行动上把“强化国家战略科技力量”放在首位。

组织开展《万里归途》观影主题党日活动。举办“喜迎二十大，廉洁守初心”主题党日暨国庆节前廉政警示教育大会。

【中国材料研究学会第八次会员代表大会】 3 月 30 日，中国材料研究学会第八次会员代表大会以线上线下结合方式召开，设立北京主会场、西安分会场、武汉分会场及成都分会场。中国科协党组成员、书记处书记吕昭平参加会议并讲话。学会第七届理事会常务副理事长兼法人代表谢建新出席会议。会议由学会第七届理事会秘书长张增志主持。

学会第七届理事会理事长魏炳波代表第七届理事会在西安分会场作题为《总结经验，改革创新，开拓进取，再创辉煌》的工作报告，学会第七届理事会理事长李元元在武汉分会场作《中国材料研究学会事业发展“十四五”规划纲要（2021—2025）》的报告，第一届监事会监事长李光宪作《中国材料研究学会第一届监事会工作报告》，张增志作《中国材料研究学会第七届理事会财务报告》，宣读《中国材料研究学会章程（草案）》修订说明、《中国材料研究学会第八次全国会员代表大会选举办法（审议稿）》。

大会选举产生第八届理事会理事 180 人、第二届监事会监事 9 人。随后召开第八届理事会第一次会议和第二届监事会第一次会议，选举产生第八届理事会理事长 2 人、副理事长 12 人、理事会党委委员 9 人，并增设特邀常务理事；第二届监事会监事长 1 人、副监事长 2 人。李元元、魏炳波当选学会第八届理事会理事长。

（撰稿人：李　佳）

中国食品科学技术学会

服务创新型国家和社会建设 2022 年，学会连续第九年承接国家市场监督管理总局系列项目，邀请 200 余位专家撰写 50 余篇食品安全风险解析和消费提示，创作 5 部食品安全消费提示科普动漫，为政府部门开展风险交流工作积累典型案例。尤其是《科学认识食品添加剂》在学会官微发布后一周内阅读量达6.5万人次。

对接地方产业发展需求，助力“科创中国”落地实施。围绕“科创中国”试点城市（园区）山西省吕梁市、运城市，湖南省长沙市，山东省菏泽市等重点功能性食品产业需求，建立3个专家工作站，发布70项科技成果，完成51项技术需求解析及研发方案、52项科技成果产业化方案、8项科技成果评价，实现2项技术需求对接签约和1项成果转化。由学会青年工作委员会成员组成的科技服务团与湖南省地方食品企业进行线上对接，通过一对一交流解决问题。

5—11月，首次承接中国科协“全国学会智库建设实践研究项目”，通过打造高端智库人才队伍和智库工作团队，探索建设中国食品科技智库实施路径。

6月，获批为中国科协2022年决策咨询专家团队建设试点单位。成立学会食品保障战略、食品科技创新、食品营养与安全决策咨询专家团队，由中国工程院院士孙宝国、陈坚、谢明勇分别担任团队首席专家，为党和政府科学决策提供服务。

组织相关领域专家开展科技成果评价与项目论证工作，助推创新成果有效转化。

承担食品安全国家标准制修订1项；立项制定13项团体标准，发布4项团体标准，并针对单位会员提出的多项标准法规咨询予以回复。承接国家市场监督管理总局调研项目，研究构建可用于保健食品的益生菌菌株数据库，并为国家卫生健康委开展的菌种名单更新工作提供科技支撑及行业意见。

持续开展食品专业技术人员专业水平评价工作，共有126人参与申报，最终117人取得相应技术级别。推进食品类专业工程教育认证工作，2022年共完成28个专业的自评报告审核、153个专业的认证申请审核、18个专业进校考察、12个专业中期审核工作，并完成《食品类专业2023—2025年工程教育专业认证工作规划》。

举办7项学生创新活动，共有来自全国145所食品院校的1.3万名师生参加。系列创新活动在实现科技与企业、教学与实践有效对接的同时，亦为食品行业培育人才。

聚焦行业热点，以线上线下结合方式召开多场专业研讨会，包括中国乳业科技与高质量发展研讨会、乳铁蛋白与免疫力专家研讨会、益生菌科技与产业创新论坛等。全网累计观看量达1000万人次。

学会建设 2022年，学会召开理事长办公会议2次、理事会议1次、常务理事会议2次、监事会议2次。完成2个分支机构的换届工作，新成立2个委员会。

6月，学会七届二次常务理事会议审议通过并施行《中国食品科学技术学会意识形态工作制度》，推动学会功能型党委发挥政治引领，推进学会意识形态工作落地落实。

青年人才托举工程 1月，学会组织召开第七届（2021—2023年度）中国科协青年人才托举工程项目遴选评议会，对通过资格审查和函评的拟推荐候选人进行答辩评审，最终确认5名青年人才为被托举人推荐人选。

主办期刊 《中国食品学报》最新影响因子为2.219，为中国科技核心期刊、中文核心期刊、第五届中国精品科技期刊及“领跑者5000——中国精品科技期刊顶尖学术论文”项目来源期刊，被中国科协评价为“社会效益优秀”，同时被中国科学引文数据库、美国《工程索引》、美国《化学文摘》、《食品科学与技术文摘》、荷兰《文摘与引文数据库》、《日本科学技术振兴机构（中国）数据库》等收录。

承接中国科协2022年度分领域发布高质量科技期刊分级目录工作，负责牵头组织实施食品科学与工程领域分级目录认定及发布工作。遴选入库专家222位，共征集候选期刊311种（中文刊56种、英文刊255种），涉及35个国家。

学会成立《中国食品学报》第四届编委会，并首次设立青年委员，通过组约前沿与热点专栏文章抢占学术制高点。

学科发展工程 学会连续第九年作为牵头单位编写并出版《食品工业发展报告（2021年度）》，新增“案例篇”，为行业发展提供参考。

针对益生菌、植物基食品、乳品、休闲食品行业发展现状和未来趋势，学会发布益生菌“量效关系”、后生元科学综述两大学术成果；发布《乳品与儿童营养共识》（详细版）专著；发布“乳脂肪球膜及其配料的科学共识”“植物基食品的科学共识”“母乳科学与婴幼儿配方食品制造技术六大研究热点”“赤藓糖醇的科学共识”4个科学共识；发布《食品营养与健康白皮书（冬奥篇）》《食品工业食品安全知识需求调研报告》《食品安全最佳实践白皮书（2021—2022年）》《中国谷物早餐白皮书（2021年）》4本科技白皮书；发布“2021—2022年中国方便食品行业科技进展与创新趋势”。

国际学术会议 2022年，学会及其分支机构召开境内国际会议1次，即2022年国际食品安全与健康大会。

国内主要学术会议 2022年，学会主办中国食品科学技术学会第十九届年会等国内主要学术会议5场，线下参加会议人数800余人，线上全媒体累计观看量达1027万人次。

8月10—12日，由学会主办，学会益生菌分会、浙江省食品学会、浙江工商大学等单位承办的第十七届益生菌与健康国际研讨会在浙江省杭州市召开，主题为“以科技创新开启益生菌行业高质量发展新征程”。来自国内外150余家科研院所、高校及企业的600余位专家学者参加会议，通过近50个报告及企业交流强化科技与产业对接。

10月27日，由学会、大连市人民政府主办的首届中国预制菜产业科技创新大会在辽宁省大连市召开。大会以“创新引领新‘食’代，科技预制大‘味’来”为主题，通过“特邀报告+主题报告+参观调研”等环节，助推中国预制菜产业的科技创新，夯实产业发展根基。

11月28日，学会以线上会议形式主办第二届植物基食品创新发展论坛。与会专家学者围绕当前中国植物基食品产业发展中的科学问题与产业瓶颈进行研讨。全网累计观看量达331万人次。

11月30日—12月1日，学会以线上会议形式主办第二十二届中国方便食品大会，主题为“压力、定力与活力”。大会设置大会报告、行业领袖论坛、研发总监对话、青年论坛等5个技术专题等内容，从科技与产业的角度探寻中国方便食品行业如何纾解压力。全网累计观看量达266.47万人次。

科普活动 1月6日，学会举办食品安全与健康热点科学解读媒体沟通会，中国工程院院士陈君石、孙宝国、吴清平、陈坚、任发政以及10余位专家，针对2021年食品安全与健康九大热点进行科学解读，相关信息首次在中国工程院《院士通讯》上刊登。全网累计观看量达66万人次。同时，学会与中国科协科普辟谣平台联合发布“食品安全与健康流言榜”。

1—8月，学会邀请业界33位专家对《食品安全科普宣传大纲》进行修订，并于2022年全国食品安全科普宣传周主场活动开幕式上正式发布。

3月，学会完成的《益生菌及真菌类保健食品》系列科普视频入选国家市场监督管理总局“保健食品大家谈”优秀科普宣传作品。

9月15日，由中国科协主办、学会承办的2022年全国食品安全宣传周——中国科协主题日活动在北京召开。会上启动“食品安全进万家”科普品牌活动，现场解读《食品安全科普宣传大纲（修订版）》，为未来科普工作的开展提供方法和思路。

9月19日，学会参与2022年全国科普日北京主场活动，在中国科学技术馆开设以“让食品安全‘晒’在阳光下”为主题的科普展区，其间，学会理事长、中国工程院院士孙宝国向全国政协副主席、中国科协主席万钢介绍学会展区。

9月，在2022年全国科普日期间开展“食品安全进万家－进餐饮”品牌活动。此次活动以肯德基门店的“餐盘纸”为载体，以“保障食品安全、享受舌尖美味”为主题，累计发放1673万份餐盘纸，有效传播食品安全相关知识。

9—12月，学会与中华少年儿童慈善救助基金会、中诚公益创投发展促进中心三方联手打造“‘益童陪伴’下一代关爱计划”项目。面向全国100余所小学录制科普课程，将食品科学知识传递给3—5年级的小学生。此项活动已在江西省南昌市、九江市、宜春市的20所学校开展线下体验活动，共计38550名学生参与互动。

表彰举荐优秀科技工作者 2022年，学会授予陈君石院士等专家为中国食品科学技术学会会士，并在中国食品科学技术学会第十九届年会开幕式上举办授予仪式。

经学会推荐，江南大学教授范大明获第十七届中国青年科技奖特别奖。

党建强会 2022年，学会党委将学习宣传贯彻党的二十大精神作为首要政治任务，在学会党委、理事会、学会办事机构三个层面组织学习。全年召开学会党委会议4次，邀请党的二十大代表、学会党委委员、副理事长、中国工程院院士谢明勇进学会宣讲。开展党的二十大精神、习近平总书记系列重要讲话精神等集中理论学习13次，学会党委书记、委员开展理论宣讲5次，开展百名科学家讲党课4次。

会员服务 5月，学会会员服务系统正式上线，学会理事长孙宝国，副理事长朱蓓薇、吴清平、陈坚、任发政、谢明勇，常务理事陈卫、单杨8位中国

工程院院士为全国食品科技工作者发送寄语，开启学会利用数字化模式联系会员、服务会员的新阶段。

【中国食品科学技术学会第十九届年会】 12月14—15日，由学会主办，合肥工业大学、安徽省食品科学技术学会等9家单位共同承办的中国食品科学技术学会第十九届年会线上举办。中国工程院院士孙宝国、吴清平、陈坚、任其龙、谢明勇、单杨等6位院士，以及来自科技界、企业界的专家学者出席大会。本届年会首次举办学会会士授予仪式并发布“2022中国食品科技进展”。

针对未来食品产业发展，学会理事长、中国工程院院士、北京工商大学校长孙宝国建议，一是通过科技创新实现战略升级；二是将满足人民对美好生活的向往，作为食品科技工作者的奋斗目标；三是强化科企对接，打通科研“最后一公里”；四是持续推进公众科普；五是做一个有家国情怀的人，让科技更有“温度”。

学会副理事长、中国工程院院士、南昌大学食品科学与技术国家重点实验室主任谢明勇，中国工程院院士、浙江大学工业技术转化研究院院长任其龙，合肥工业大学食品与生物工程学院院长徐宝才分别作大会报告。

大会期间，19场分专题同时线上召开，来自高校、科研院所、企业的专家、学科带头人、青年科技工作者等近150位报告人共同交流探讨食品技术的创新成果。全网累计观看量超430万人次。

【2022年国际食品安全与健康大会】 6月22日，学会携手国际食品科学技术联盟，围绕“以‘大食物观’把握食品安全与健康新机遇”主题，在线召开2022年国际食品安全与健康大会。中国工程院院士陈君石、孙宝国、陈坚、任发政、谢明勇、单杨，中国科学院院士苏国辉、江桂斌线上出席大会，共话“大食物观”。

本次是学会第13次携手国际食品科学技术联盟共同主办该项会议。大会设置10大权威报告、8大专题会议、1场企业家高峰对话及1场培训班。大会首次采用“线上＋中英双语”直播方式，全网累计观看量达415万人次。

学会名誉理事长孟素荷在致辞中表示，2021—2022年中国食品工业的深刻变化以“大食物观”目标的确立、全新行业的迅速生长、市场向价值型回归三个主要变化为特征。国家市场监督管理总局有关人员表示，2021年全国市场监管部门开展食品安全监督抽检695万余批次，检出不合格样品18万余批次，监督抽检总体不合格率为2.69%。国家市场监督管理总局持续推进食品安全社会共治、搭建预警交流立体矩阵，组织编写食品安全消费提示和风险解析讯息200余篇、科普文章1800余篇。

在大会报告环节，陈君石、陈坚、孙宝国、谢明勇等院士、专家从全球视角分享国际食品安全的前沿进展，以提升食品安全与健康内涵。此外，大会主办方设置“新原料、新技术助力食品安全与健康新发展”“新型食品管理前瞻”“乳品科技与儿童营养健康论坛”等分论坛。

（撰稿人：陶金亚）

中国粮油学会

服务创新型国家和社会建设 学会入选中国科协2022年决策咨询专家团队建设试点单位，建立粮油加工与营养健康、仓储物流与质量安全2个决策咨询专家团队，结合粮食行业发展实际，针对粮油加工、储藏与质量安全领域开展调研，提供决策咨询报告。

2022年，学会聚焦粮食行业发展前沿科技，组织专家研判粮食行业未来科技发展趋势和创新突破口，向中国科协推荐重大科学问题1项、工程技术难题4项。推荐的“新型植物基肉制品加工精准调控技术与颠覆性产品创制”入选2022年“科创中国”先导技术榜单（现代农林领域）。

学会构建以“科技评价・科技奖励・成果推广”为核心的科技评估工作链，持续提升科技服务质量。2022年度组织业内专家为30家科研单位完成13项粮油科技成果评价。

会同国家粮食和物资储备局规划建设司聚焦安徽省阜阳市阜南县粮食产业发展需要，指导并协助安徽省阜南县人民政府成立“安徽阜南小麦科技小院”（该项目被列入国家粮食和物资储备局2022年定点帮扶工作计划）。作为科创中国・乡村振兴联合体主席团成员，学会参与联合体相关活动，共同推进“百县千村”活动建设。

受国家粮食和物资储备局委托，承接首批全国粮食和物资储备领军人才、全国粮食和物资储备青年拔尖人才评选工作，1人入选全国粮食和物资储备领军人才、6人入选全国粮食和物资储备青年拔尖人才名单。

7月29日—8月2日，由学会承办的粮食产业数字化转型发展领域专业技术转移转化能力提升高级研修班在河南省新乡市举办，来自粮食行业及相关行业领域80余人参加研修，并获得人力资源社会保障部颁发的国家专业技术人才知识更新工程培训证书。北京大学中国战略研究中心主任王宏广等11位业内外专家学者分别围绕“中国粮食安全与粮食产业数字化转型的战略思考”“技术经理人职业知识与能力体系”“农业科技成果转化的特点与路径”等内容授课。组织线下学员赴山东鲁花（延津）面粉食品有限公司、山东鲁花（延津）谷物食品有限公司、新乡鲁花浓香花生油有限公司进行现场参观和教学。

征集2022年团体标准项目55项，正式立项29项。根据国家粮食和物资储备局推进粮食节约和反食品浪费工作的相关要求，加快节粮减损团体标准制修订工作，在学会团体标准信息平台开辟“节粮减损”专栏，结合学术活动开展标准宣贯和应用推广。作为第三方评估机构，开展菜籽油、葵花籽油、芝麻油、亚麻籽油、油菜籽油、米糠油六类食用植物油企业标准“领跑者”的评估工作，学会评估的7家企业13项标准入选2022年粮油产品企业标准“领跑者”名单。

学会建设　截至12月31日，学会个人会员24872人、单位会员2203家。学会官网、微信公众号影响力持续提升，其中微信公众号关注人数达3524人，相比2021年增长51%。新开通“中国粮油学会”微信视频号，粉丝人数500余人。

12月30日，学会召开第八届七次理事会议，届中变更卢景波为学会第八届理事会功能型党委书记、理事长，张成志为学会秘书长。

按期组织召开理事会议、常务理事会议、理事会党委党员大会，审议变更学会负责人、理事、常务理事、分支机构负责人、理事会党委书记等事项。

参与撰写《中国科学技术协会年鉴》《中国粮食年鉴》《中国粮食发展报告》等年鉴类材料。

从专家任职、举办国际会议、深化科技合作等工作中总结经验，形成“多措并举　积极参与全球粮食科技治理”情况报告。该报告入围中国科协“喜迎二十大　奋进新征程”十年优秀工作案例首轮遴选。

青年人才托举工程　学会连续承担六届中国科协青年人才托举工程项目，顺利通过第四届中国科协青年人才托举工程项目验收。成功申请第八届（2022—2024年度）中国科协青年人才托举工程项目，获得5个资助名额，其中中国科协资助3名、自筹资助2名。

逐步建立青年人才接续培养机制，有效衔接青年人才托举工程与全国粮食和物资储备青年拔尖人才，促进青年人才成长成才。

主办期刊　《中国粮油学报》持续提升学术影响力，被国内外众多知名数据库收录，刊登论文数量比2021年同期增长8%。组织开展2022年《中国粮油学报》优秀论文遴选，共遴选出优秀论文10篇。《基于区块链技术的食品质量安全管理系统及在大米溯源中的应用研究》一文入选第七届中国科协优秀科技论文遴选计划（制造业与材料集群）。

学科发展工程　10月14—15日，学会饲料分会联合教育部高校动物生产类专业教学指导委员会召开第二届全国高校《饲料分析与质量检测技术》类课程教学（视频）研讨会，邀请国内有关高校、院所、企业的专家围绕“创新饲料质量检测教学，培养新农科人才”主题，对本科生、研究生的课程教学研究成果及教学理念、目标、内容、方法改革进行交流探讨，为学科发展出谋划策。

国际学术会议　1月11—13日，由学会及饲料分会、河南工业大学联合主办的第一届国际饲料加工厂在线监测与智能控制技术（视频）研讨会召开，300余名国内外专家学者参加会议。来自中国、美国、瑞典、丹麦、瑞士等国家的11位专家展开分析和讨论，提出饲料智能控制领域的发展方向，分享在线检测自动化应用案例。

国内主要学术会议　5月26日，浪潮集团通用软件有限公司联合学会储藏分会、中储粮成都储藏研究院有限公司、河南工业大学、山东省粮食行业协会、上海良友（集团）有限公司举办以“科技赋能　牢守粮食安全底线”为主题的浪潮云ERP行业云端学术会之智慧粮食专题。会议聚焦粮食行业数字化和智能化新模式，探讨新形势下智慧储粮发展趋势，进一步推动粮油储藏学科高质量发展，795人观看直播。

9月24日，学会与山东省滨州市人民政府共同主办的粮食全产业链节粮减损科技创新峰会在山东省滨州市召开。26位相关领域的专家学者围绕“全产业链协同创新　推动节粮减损　保障粮食安全”主题，交流节粮减损前沿理念和研究成果，分享典型做法和宝贵经验。线上线下共有3.2万人次参加。会议入选中国科协《重要学术会议指南（2022）》。

10月25—27日，中国粮油学会油脂分会第

三十一届学术年会暨产品展示会在四川省成都市召开，来自全国粮油食品领域的高校、科研院所、工程技术和装备公司、大型油脂生产企业等的200余人参加会议。与会专家学者就油脂制取、精炼、储藏等的新工艺、新设备、新技术，专用油脂和功能性油脂的开发和油脂精细化工产品的研究，特种油料新油源的开发利用及油脂副产品的综合利用，油厂节能减排及安全生产，油脂标准的制修订及油料、油脂检测技术，油脂企业的现代管理与油脂科技信息等进行学术交流。

11月25—26日，学会主办的中国粮油学会第三届粮新青年论坛以线上线下结合方式召开。论坛聚焦“粮油青年担当作为，助力科技自立自强”主题进行交流研讨。

国际组织任职 学会花生食品分会会长王强当选国际食品科学院院士。

科普活动 学会7家科普教育基地入选中国科协2021—2025年度第一批全国科普教育基地。联合科普教育基地入驻“科普中国”，发布各类科普系列活动信息30余条，总浏览量超过4.5万人次。

充分发挥学会技术普及工作委员会、9个科学传播专家团队、11家科普教育基地作用，开展15场“爱粮节粮　从我做起”系列特色科普讲座和10场科普沙龙，线上线下受众达29.24万人次。“爱粮节粮　从我做起”品牌科普活动被中国科协评为“2022年全国科普日优秀活动”。在全国粮食和物资储备科技活动周、全国科技工作者日、全国科普日期间，依托学会科普教育基地、科学传播专家团队、各分会走进学校和社区，通过线上线下结合方式向公众普及粮油食品安全和营养健康知识，开展节粮减损科普宣传，提供职业技能培训。学会储藏分会在四川省成都市蒲江县开展“爱粮节粮　科学储粮走进农户”科普宣传，支持引导农户科学储粮，赠送科普知识手册。

参与国家粮食和物资储备局2022年全国粮食和物资储备科技活动周组织工作，完成科技“三对接”活动。活动周期间，学会通过网站和虚拟展厅，以图文、视频等表现形式向社会展示中国粮油领域的创新成果，累计点击播放4万余人次。

表彰举荐优秀科技工作者 学会开展2022年度中国粮油学会科学技术奖评选工作，评选出获奖项目40项，其中特等奖1项、一等奖6项、二等奖22项、三等奖11项。

完成中国粮油学会第三届青年科技奖评选工作，授予10名青年科技工作者“中国粮油学会第三届青年科技奖”。

向中国科协推荐第十七届中国青年科技奖候选人2名、第十八届中国青年女科学家奖候选人3名、2021年度未来女科学家计划候选人1名、2022年“最美科技工作者”候选人2名。

在全国科技活动周、全国科技工作者日期间，发布2022年度5名“最美粮油科技工作者”的先进事迹、青年人才风采展示等内容，弘扬科学家精神，展现新时代粮油科技工作者的良好风貌。

党建强会 学会发挥三级党组织联动作用，组织学会、各分会和会员学习宣传贯彻党的二十大精神。学会理事会党委委员、副理事长涂长明参加中国科协科技社团党委“大视野”云课堂暨百名科学家讲党课活动，作《但愿苍生俱饱暖——中国粮食安全情况》专题党课，全网观看人数达12.6万人次。

立项实施2022年度“党建强会计划”——青年科技工作者学习沙龙项目，完成中国科协学会党建研究会2022年度调研课题“党组织共建活动在促进学会事业发展中的作用研究”。

会员服务 学会推进“我为群众办实事”实践活动，结合“智慧科协2.0”平台建设，梳理完善会员库信息。利用网络平台，拓宽会员服务渠道，畅通与会员的沟通渠道，为会员及时提供行业信息以及更加便捷、更加高效的服务内容。

【粮食全产业链节粮减损科技创新峰会】 9月24日，由学会、滨州市人民政府共同主办的粮食全产业链节粮减损科技创新峰会在山东省滨州市召开。会议围绕“全产业链协同创新　推动节粮减损　保障粮食安全”主题，通过线上线下结合方式进行，共有3.2万人次参加会议。

会议设置特邀报告与主题报告、节粮减损交流研讨、标准展示、科普展示四个板块。邀请中国工程院院士、中国农业科学院油料作物研究所研究员李培武，学会首席专家、教授级高工王瑞元，原国家粮食局副局长、研究员吴子丹，江南大学教授姚惠源4位专家作特邀报告，分享节粮减损前沿理念和技术成果。特邀国家市场监督管理总局标准创新管理司团体和企业标准化处处长袁晓鹏、中国气象局研究员毛留喜、国家粮食和物资储备局标准质量中心高级工程师杨利飞、中国灌溉排水发展中心总工程师韩振中等9位专家从节粮减损团体标准化建设、技术成果转化、气象及水利领域创新技术及团体标准宣贯等方面进行交流分享，为助力全产业链节粮减损团体标准建设提供思路和建议。

【中国粮油学会第三届粮新青年论坛】 11月25—26日，中国粮油学会第三届粮新青年论坛以“线下+线上”形式召开。本届论坛设置大会报告及粮油食品组分与营养、粮油食品加工与制造、粮油贮藏与减损、未来食品、粮油食品质量与安全、研究生报告专场6个专题会场。学会理事长张桂凤，中国工程院院士陈坚，江南大学副校长顾正彪，学会副理事长兼秘书长王莉蓉，学会监事长胡承淼等出席开幕式。

受邀专家作学术报告58场，报告内容涉及粮油加工、粮食贮藏、质量安全、营养健康等研究领域。论坛通过会议直播专题平台、学会视频号、科创中国·乡村振兴联合体等平台直播，线上线下共有专家学者1.31万人次参与交流互动，线上直播累计观看人数3.22万余人次。

（撰稿人：魏　然　左　巍）

中国职业安全健康协会

服务创新型国家和社会建设　2022年，协会完成《紫金“奇迹”由来之综合研究报告》，相关研究成果向国务院国资委等部门进行报送。联合中国安全生产科学研究院、常州大学等完成《城市事故灾难应急能力评估指南》标准研制项目，正在相关城市和地区进行试点。与江苏省泰州市应急管理局签订战略合作协议，为泰州市化工安全等工作提供技术支撑。受内蒙古自治区鄂尔多斯市达拉特旗人民政府的委托，组织专家赴现场对化工、建筑、交通等行业领域开展安全生产会诊。承接江苏省南通市经济开发区化工过程安全咨询服务项目。

与华润（集团）有限公司签署战略合作协议，为其下属企业安全诊断评估、健康企业创建、宣传教育培训提供技术支撑。与广东宏川智慧物流股份有限公司签署战略合作协议。以HSE体系推广为核心，策划启动西藏华泰龙矿业开发有限公司等“HSE”体系推广、广东宏川智慧物流股份有限公司安全管理一体化咨询服务等项目。签订19家企业的健康企业创建咨询项目，完成9家企业的咨询工作。完成黑龙江龙煤矿业控股集团有限责任公司职业病防治示范矿井建设，承接承德工贸行业企业隐患排查项目、非煤矿山隐患排查项目，山西芮城县应急管理局化工医药企业隐患排查整治暨安全生产现状评估项目。开展化工过程安全管理水平提升和地方应急部门监管技术支撑服务、化工园区安全现状评估服务，煤矿深度安全体检和矿井安全管理体系建设，非煤矿山安全风险评估和隐患排查治理、双重预防机制建设。

印发《加强协会团体标准编制工作的指导意见》等，规范团体标准编制流程，细化关键节点要求。已立项13项，待立项2项，完成审查发布9项，近期待审查发布标准6项。推进团体标准项目化服务，为立项申请单位提供技术审查意见、标准编制指导服务等。《城市事故灾难应急能力评估指南》标准研制项目获得中国科协2022年学会公共服务能力提升项目团体标准示范与应用专项资助。强化团体标准工作协同，邀请应急管理部、教育部相关司局参与标准立项审查、终审工作，推进团体标准工作和政府部门的对接。

编制各专业的团体标准。协会户外教育安全分会编制《研学旅行安全工作规范》，化工职业安全健康专业委员会编制《危险化学品企业安全风险智能化管控平台建设规范》和《化工园区安全风险智能化管控平台建设规范》。海洋石油检测检验专业委员会的《钻修井设备井架高空坠落物隐患检查规则》团体标准已立项。

出版《化工过程安全管理与实践》、《实用职业卫生学》（第二版）和《职业心理健康管理学》3本教材。采取线上线下、现场实训等方式推进培训工作，举办5期职业卫生师培训班、5期注册安全工程师继续教育培训班、心理健康培训班、江西烟草公司安全培训班、江西省抚州市应急部门管理人员和重点企业高级管理人员研修班。全年共培训5000余人次，其中职业卫生师培训、注册安全工程师继续教育培训和心理健康培训3000余人次，与政府以及企业合作定制化培训2000人次。

开展科技成果（鉴定）评价，做好科技奖励评审表彰工作，协会科技奖励申报数量达300多项。联合中国铁路工程集团有限公司、中国恩菲工程技术有限公司等单位召开盾构挖掘技术在金属矿山应用研讨会。

协会呼吸防护专业技术分会组织专业人员完成《医务人员接触冠状病毒的职业防护指南》；城市安全风险防控专业委员会为社会募捐消杀设备，并提供专

业培训。

开展安全工程（本科）教育国际实质等效认证相关工作。完成25家高校安全工程专业认证申请、8个专业点自评报告审核，通过线上方式完成5家高校安全工程专业进校考察。

作为主办单位，协会参与2022“一带一路”暨金砖国家技能发展与技术创新大赛应急救援技术赛项赛事组织工作。

学会建设 2022年，协会新增注册会员8267家（人），其中单位会员1777家、个人会员6490人，协会会员总数达19377家（人）。协会分支机构总数达54家，2022年度申请成为协会分支机构的企业（单位）10家，正式批准成立分支机构6家。制定《中国职业安全健康协会会员管理办法》《中国职业安全健康协会会费标准及使用管理办法》《关于设立分支机构的工作流程及有关要求》。印发《关于会员发展“三个全覆盖”》《关于会员发展工作的意见》，强化和提升会员发展工作。

2022年，协会实行中层干部竞聘上岗，开展“三定”执行情况考核评估工作，研究提出协会（秘书处）内设机构调整方案，成立新闻媒体中心，并对部门（单位）“三定”方案进行修订。建立健全人事制度，完善人事管理制度及实施细则，健全人才培养选拔机制。制定《中国职业安全健康协会人事管理办法》《中国职业安全健康协会非领导职务聘任办法》等，提高协会员工管理和考核工作规范化、标准化、制度化水平。招聘引进专业技术人才12人，提升员工队伍服务能力。

制定完善各项规章制度，印发《中国职业安全健康协会公文处理管理办法》等制度24项。强化品牌建设和规范专家管理，印发实施《中国职业安全健康协会品牌管理办法》《中国职业安全健康协会关于进一步加强专家智库工作的意见》等文件。开展协会档案室的建档工作，推进协会档案管理科学化、规范化、标准化。研究制定协会智慧化建设的总体方案，推进数字协会和智慧协会建设。

主办期刊 《中国安全科学学报》是由协会主办的安全科学与工程一级学科领域的国家级学术性刊物。2022年，首次成立《中国安全科学学报》理事会，完成《中国安全科学学报》理事会专家院士顾问团（人数达到35人）以及理事会成员的组建工作。在中国科学文献计量评价中心和中国知网发布的《中国学术期刊影响因子年报》中,《中国安全科学学报》的影响力指数和影响因子位居安全类学术期刊第1，入选《科技期刊世界影响力指数（WJCI）报告》Q2区、《中国科技期刊引证指标》数据库Q2区，被国际数据库Scopus收录。《中国安全科学学报》全年网刊发行量（论文下载量）达到37.48万次，相比2021年增长23.37%。英文网站内容持续完善，论文全文和中英文摘要点击率逐月提升。

国际学术会议 6月23—24日，第30届中日韩职业健康研讨会以线上线下结合方式在日本福冈召开，来自中国、日本、韩国职业安全健康领域的100余位专家学者参加会议。会议以“工作方式的多样性与职业健康的角色”为主题，设置“在新型冠状病毒疫情阶段对职业健康的挑战”专题研讨环节。协会副理事长兼秘书长马骏、中国疾病预防控制中心职业卫生与中毒控制所研究员李朝林、北京大学教授何丽华分别主持主题会、研讨会和专题交流会，李朝林、何丽华、华北科技学院教授祁慧等8位中国专家分别作学术报告，中国、日本、韩国的职业健康领域专家学者在会上交流相关工作及研究成果。

国内主要学术会议 12月8—9日，2022年度中国职业安全健康协会科技大会在浙江省嘉兴市召开。协会党委书记、理事长王德学作《坚持“四个面向”展现更大作为　助力职业安全健康和应急管理事业高质量发展》报告，协会党委副书记、总工程师王浩水主持会议，协会党委副书记、副理事长兼秘书长马骏宣读优秀科技工作者获奖名单。来自安全生产、职业健康和应急管理领域的专家学者、企业家、科技创新主体和科技工作者在主会场、石油石化及燃气安全专场、职业健康及智慧矿山专场进行科技成果公布和学术交流。大会向2021协会科技奖获得者，近年来为中国安全生产、职业健康和应急管理科技工作作出贡献的先进集体和优秀个人进行颁奖。共7万余人次以线上线下结合方式参加会议。

科普活动 协会职业安全健康事故医疗救援专业委员会完成并出版“事故医疗救援专业科普丛书”；户外教育安全分会的“中小学安全教育读本”系列教材由高等教育出版社正式出版发行，并被教育部列为中小学生安全教育选修教材；职业安全健康教育专业委员会建立防震减灾科普教育基地，普及防震健康科普知识，秘书长许曙青主编的《安全与健康教育》入选江苏省职业规划教材。

表彰举荐优秀科技工作者 完成2022年度协会科学技术奖评审工作，共评审出133项获奖成果，其中特等奖2项、一等奖34项、二等奖52项、三等奖45项。

推荐创新程度高应用转化效果好的发明专利参与第二十四届中国专利奖评选活动，3项专利成果获优秀奖。

党建强会 2022年，协会召开党委会议15次，审议研究协会党建重点工作、重要人事任免、协会改革发展等一系列重大事项。制定《协会党委下设党支部设置方案》，设置7个党支部、18个党小组，构建以“支部＋党小组＋业务”的组织模式，出台《中国职业安全健康协会“一流党支部”考核评价办法（试行）》。

结合协会实际，制定《学习贯彻党的二十大精神工作方案》，编发《党的二十大材料汇编》，订购《党的二十大报告辅导读本》等学习用书，以“迎庆二十大 奋进新征程”为主题举办首届书画、摄影、诗歌作品展暨“书香协会”读书活动。

制定《关于推动党史学习教育常态化长效化的意见》，开展深学党史和党建工作质量攻坚三年行动，开展“深学党史 聚力攻坚 强弱补短 提质增效 争创一流 建功时代”专项活动和“深学党史、践行‘标准’、促进‘九增’”主题活动。

制定《协会廉政警示教育活动方案》，成立专项工作机构，召开廉政警示教育动员部署会，各党支部书记与协会党委签订《党风廉政建设责任书》，中层干部签订《党风廉政建设承诺书》。

制定《中国职业安全健康协会党委意识形态工作责任制实施细则》，认真做好意识形态工作。全年共推出《党建工作简报》57期，有关内容被中央和国家机关行业协会商会《党建工作简报》、中国科协《学会》杂志刊登。

会员服务 印发《关于改进和提升会员服务工作的意见》《关于进一步改进和加强会员服务工作的意见》，为进一步做好会员服务工作提供依据。加大对会员单位重大活动和重要工作的宣传报道力度，在“职业病防治法宣传周”和“安全月活动”期间，协会围绕“一切为了劳动者安全健康”主题开展一系列活动。协会党委书记、理事长王德学应邀出席北京市《职业病防治法》宣传周启动仪式和紫金矿业健康企业建设动员会并作《关于健康企业建设的有关问题》的主旨演讲。在“安全月活动”中，协会举办安全生产管理和技术专题咨询解答活动。协会会员免费或优先参加协会组织的安全生产、职业健康和应急管理相关研讨会、论坛会展和学术年会等活动。

【第五届中国职业安全健康高峰论坛暨第四届东北亚（吉林）安全与应急产业博览会】 11月2—4日，由协会、中国安全产业协会、中国紧急医学救援协会、长春市人民政府等单位联合主办的第五届中国职业安全健康高峰论坛暨第四届东北亚（吉林）安全与应急产业博览会在吉林省长春市举办。论坛以“关爱生命健康、科技创新引领、助力高质量发展”为主题。协会党委书记、理事长王德学主持开幕式。

会议设置主论坛及“学习贯彻二十大精神、筑牢发展要安全理念”主题论坛、安全应急产业高质量发展分论坛、中国交通运输安全发展峰会、中国（吉林）紧急医学救援论坛、通导遥空天地一体化精准应急服务体系构建高峰论坛、中国（吉林）自然灾害风险与综合减灾防灾高峰论坛暨2022中国地理学会自然灾害风险与综合减灾专业委员会第三届学术年会、工业防毒专业委员会2022学术年会7个分论坛。近100位专家学者分别进行主旨演讲和主题分享，5000余人现场听取报告。来自全国各地的300多家企业、单位参加博览会，展示职业健康和安全应急产业的先进装备与科技产品。

【《中国安全科学学报》创刊30周年大会、安全学科建设学术交流暨安全管理高峰论坛】 11月24日，由协会主办、南华大学承办的《中国安全科学学报》创刊30周年大会、安全学科建设学术交流暨安全管理高峰论坛以线上线下结合方式举办。会议由线下北京会场、衡阳会场和线上会场组成，来自安全相关领域的10位院士，以及科研机构、高等院校的40多位专家学者参加会议。协会党委书记、理事长王德学，南华大学校党委委员、副校长陈国民分别致辞。开幕式由协会副理事长、秘书长马骏主持。线下2个会场及《中国安全科学学报》理事单位参加会议人员共达2000余人，在线观看人数达到3.23万人次。

（撰稿人：朱梅婷）

中国烟草学会

学会建设 2022年，学会新注册会员4715人，截至2022年年底，个人会员总计17084人。全年召开

理事会议 1 次、常务理事会议 2 次、党委会议 2 次。

4 月，召开第八届常务理事会第六次会议，遴选“最美科技工作者”。

5 月，组织分支机构开展自查自纠专项整治工作，梳理分支机构管理和工作情况，保障分支机构规范高效运转。

6 月 30 日，召开第八届理事会第三次会议，审议通过增补理事 1 名，调整理事 15 名、常务理事 2 名，调整专业委员会主任委员 2 名的决议；总结 2021 年工作情况，安排部署下一阶段重点工作。学会第八届理事会理事、监事共计 93 人参加会议。

主办期刊 2022 年，《中国烟草学报》共收到稿件 545 篇，比 2021 年增加 75 篇，刊出论文 92 篇，稿件录用率 16.88%，图片报道 12 个版面。影响因子为 1.84，较 2021 年提升 13.7%，继续在轻工业类（除纺织、食品外）30 家学术期刊中保持前列；影响力指数 916.04，位列第三。

持续推进微信公众号平台运营建设，有效提升期刊影响力。“烟草学术期刊”微信公众号用户数达 10170 人，共发文 157 条，阅读量达 36064 人次，分享 792 人次。同国家烟草专卖局科技司合作，在“烟草学术期刊”微信公众号宣传行业科技重点工作及国外科技创新成果，发布 10 条推文，阅读量达 3300 人次。开展弘扬科学家精神专题宣传活动。完成 5 次微信答题赠阅活动。

2022 年，学会对学术论文管理系统进行优化，实现全流程痕迹化操作。7 月 6 日，以网络直播教学形式举办学术论文管理系统暨论文写作规范培训班，针对学术论文管理系统应用、学术论文写作等方面进行培训交流。来自学会各专业委员会秘书、省级烟草学会秘书长及学术论文系统管理员、部分论文作者等共计 222 人参加培训。组织开展学术微论坛活动，为行业广大科技工作者提供高质量学术交流平台和学术资源共享平台。截至 2022 年年底，已征集论文 1034 篇，涉及 12 个专业方向、49 个微论坛主题。

国内主要学术会议 9 月 23 日，学会工业专业委员会在河南省郑州市举办题为“烟草之绿色低碳循环发展”的学术讲坛。活动邀请河南中烟工业有限责任公司高级工程师张振华从“承担国际责任”和“内在发展要求”两个维度讲解“双碳”相关基础知识，通过阐述烟草绿色低碳转型的路径和太阳能、地热能、空气能等清洁能源技术及应用实例，启迪参加会议的 130 多名科技工作者推进“双碳”工作思路。

12 月 6—7 日，由学会农业专业委员会和中国农业科学院烟草研究所（中国烟草总公司青州烟草研究所）共同主办的中国烟草学会农业专业委员会 2022 年度学术论坛线上召开。邀请中国科学院院士、水稻分子遗传学家钱前等 21 位行业内外专家作学术报告，160 余位相关领域专业技术人员参加论坛，围绕作物种质资源创新与利用、作物遗传育种理论与技术、烟草重要基因功能研究、烟草新品种选育、产区推广及工业应用等领域进行学术交流。

国际组织任职 中国烟草总公司首席科学家谢剑平继续担任国际烟草科研合作中心理事会理事代表。郑州烟草研究院胡斌继续担任国际烟草科研合作中心科学委员会委员及产品技术学组副主席。云南省烟草公司玉溪市公司博士张立猛继续担任国际烟草科研合作中心科学委员会委员及农学与烟叶整体性学组委员。

国际交往 2022 年，根据年度工作计划及国际烟草科研合作中心在线会议相关要求，学会动员行业科技人员撰写论文，组织学会工业专业委员会和农业专业委员会开展国际烟草科研合作中心国内推荐论文遴选，共收到论文 105 篇，经行业内外专家评审，共有 20 篇论文入选国际烟草科研合作中心会议。10 月 10—28 日，线上参加国际烟草科研合作中心 2022 年大会。此次会议在全球范围内共征集到 169 篇论文，其中学会有 20 篇论文以多媒体形式在大会上进行展示。

完成 2022 年国际烟草科研合作中心理事会议、科学委员会及行业科技工作者的线上参会组织工作。

科普活动 6 月 26 日，学会与中国烟草总公司青州烟草研究所联合在青州烟草研究所青岛试验基地和宣城实验基地举办以“解密农业科技、畅享绿色发展，体验农科场景、助力乡村振兴”为主题的科普开放日活动，120 余名社会公众参与。通过田间展示、科普讲座、展馆参观、科学实验、科普视频等形式，带领群众体验农科场景，传播农业技术知识。

9 月，开展全国科普日活动，以“喜迎二十大，科普向未来”为主题，线上线下累计开展科普活动 315 次。由学会推荐的 2 项科普活动被中国科协评为 2022 年全国科普日优秀活动。

10 月，与国家烟草专卖局科技司联合筹备起草《国家烟草专卖局关于进一步加强新时代烟草行业科学技术普及工作的实施意见》，助力科学普及与科技创新协同发展。

表彰举荐优秀科技工作者 2022年，学会组织开展2022年“最美科技工作者”候选人推荐、遴选和宣传工作，选出15名烟草行业2022年“最美科技工作者”。结合全国科技工作者日活动，与中国烟草总公司职工进修学院、《中国烟草》杂志社有限公司、《东方烟草报》社有限公司等联合宣传行业“最美科技工作者”。

党建强会 2022年，学会制定学习宣传贯彻党的二十大精神工作方案，以集中学习、专题培训、研讨交流等方式组织学习宣传贯彻党的二十大精神。制作党的二十大精神主题宣传板。推进“学查改”专项工作，制定学会专项工作实施方案，组织全体党员对标对表，做好“六对照六看六查”。规范落实“三会一课”制度，学会秘书处党支部召开党员大会14次、开展主题党日活动14次、支委会会议13次、支部书记讲党课4次。组织青年理论学习小组开展“我为抗疫做贡献”活动。

会员服务 2022年，学会积极参与中国科协会员库建设，提升服务会员能力。搭建会员交流培训平台，做好会员重新登记整理和新会员发展工作。

【中国烟草学会“点对点、面对面”科普微课堂活动】 2022年，学会组织各省级烟草学会开展“点对点、面对面”科普微课堂活动，以“一体两翼，振兴乡村，数字转型，共襄盛会”为主题，开展“小规模”“网格化”的科普活动。2022年上半年增补142名青年专家至科学传播专家团队，进一步强化人才队伍。以小、鲜、活的“间隙式科普”为切入点，按照“基层出题，专家答题，学会搭台”的科普工作模式，依托科学传播专家团队，从科普知识进企业、进队所、进农户、进终端和进社区5个层面累计举办活动1400余次，线上线下41万余人次参与。制作直播课堂、科普短视频、图文专栏等一系列“指尖微课堂”，产出优秀科普作品107部。学会专卖管理专业委员会开展电子烟危害和法治宣传教育，面向中学生开展网上电子烟问卷调查，共回收问卷201万份。

（撰稿人：王文静）

中国仿真学会

服务创新型国家和社会建设 学会积极参加中国科协组织的征集评选重大科学问题、工程技术难题和产业技术问题活动。向中国科协推荐3个技术问题。

2022年，学会在中国科协信息科技学会联合体开展的“2022年信息科技学会联合体的重大科学问题、工程技术难题和产业技术问题，信息科技领域十大前沿热点问题”征集活动中，共入选并发布3个问题难题。同时，还负责该项目的征集工作，面向各分支机构、理事单位、会员单位发布征集通知，共收到17个问题，其中13个问题通过学会提交、4个问题通过中国科协信息科技学会联合体提交。

为加快学科建设，推动仿真领域高质量科技期刊与国外高水平期刊的等效使用，学会申报并承接中国科协“仿真领域发布高质量科技期刊分级目录项目”。4月29日，通过学会微信公众号发布《仿真科学与技术领域高质量科技期刊分级目录（2022版）》。2022版期刊分级目录入选的49本期刊分为T1、T2和T3三个等级，其中T1级12本、T2级15本、T3级22本。《仿真科学与技术领域高质量科技期刊分级目录》每3年形成一次分级目录期刊评估结果，报中国科协组织综合评估后由学会公示。

学会建设 截至12月31日，学会个人会员总数27699人，其中中青年会员占比为71.6%；单位会员总数为118家，新增21家，企业单位会员占比95%。学会增补6位理事和1位常务理事，先后成立2个专业委员会。

青年人才托举工程 学会通过微信公众号、各类工作群等平台发布信息，对青年人才托举人员进行宣传，扩大青年人才托举工程的影响力和认知度。在官网设立“青年人才托举”专栏，宣传青年托举人才的研究成果及个人事迹等。

主办期刊 《系统仿真学报》作为中国科学引文数据库核心库收录期刊，影响因子持续提升，2021年影响因子为0.4775，相比2020年提升40%。2022年，《系统仿真学报》入选2022版《仿真科学与技术领域高质量科技期刊分级目录》T1级国内出版期刊、《计算领域高质量科技期刊分级目录》计算机领域T2类。

由清华大学出版社出版发行的《复杂系统建模与仿真（英文）》（*Complex System Modeling and Simulation*）于2021年5月正式创刊。本刊由教育部主管、清华大学主办，入选中国科技期刊卓越行动计划高起点新刊项目。期刊主要发表复杂系统建模、仿真、优化与控制领域的高水平原创性研究和综述类文

章，为国内外研究者提供高端学术交流平台。论文以开放获取方式发布于 IEEE Xplore 数字平台。2022 年 6 月，该期刊被国际开放获取期刊目录 *Directory of Open Access Journals* 收录。

国内主要学术会议 1 月 7—8 日，由学会主办的第三十四届中国仿真大会暨第二十一届亚洲仿真大会以线上线下结合方式在湖南省长沙市召开，会议以“发展仿真科学工程 促进科技自立自强”为主题。中国工程院院士李伯虎和曹建国担任大会总主席。大会通过学会微信公众号、光明网、新浪微博等网络平台全程进行直播，首日线上线下累计观看人数突破 520.3 万人次。同期举办 2022 年中国仿真产业展会，共有 39 家单位参展。

国际组织任职 2022 年，学会理事、学会电力系统仿真专业委员会主任、中国电力科学研究院副总工程师盛万兴凭借在智能配电系统安全运行与协调控制领域的杰出贡献当选电气和电子工程师协会会士。

国际交往 跨学科建模竞赛是全球数学界最高水平的学术会议。学会不确定性系统分析与仿真专业委员会委员、四川大学数学学院教授吕琦应邀在 2022 年国际数学家大会——跨学科建模竞赛 2022 的控制理论和最优化分会上作线上报告。

为了促进建模与仿真领域的国际科技交流和合作，推动建模与仿真的技术进步和推广，中国仿真学会、日本仿真学会、韩国仿真学会、新加坡仿真学会和马来西亚仿真学会每年进行亚洲仿真领域会士评选。学会于 8 月 22 日向亚洲仿真联盟推荐中国工程院院士李伯虎为荣誉会士候选人，推荐哈尔滨工业大学教授杨明为会士候选人。

美国斯坦福大学与爱思唯尔联合发布最新的“全球前 2% 顶尖科学家榜单 2021”，该榜单基于爱思唯尔提供的 Scopus 数据，使用六种关键指标进行打分，遴选出全球排名前 2% 的科学家。榜单分为“终身科学影响力榜”和“年度科学影响力榜”，学会多位常务理事、学报编委入选。

科普活动 9 月，教育部高等学校自动化类专业教学指导委员会、西门子（中国）有限公司和学会联合主办第十六届“西门子杯”中国智能制造挑战赛。大赛采取线上线下结合方式举办，参赛队伍 6067 支，报名参赛学校 695 家、师生 2.2 万余人。线上线下共设置 39 个分赛区 179 个赛点，覆盖 31 个省（自治区、直辖市）。总决赛共评选出特等奖 40 项、一等奖 106 项、二等奖 176 项。

学会举办 2022 中国仿真学会复杂系统仿真建模大赛。大赛于 3 月启动，7 月 31 日完成参赛作品提交工作，来自不同领域的各高校及企业的仿真爱好者报名参赛。共计 83 支队伍符合参赛要求，其中高校组 75 支队伍入围初赛、企业组 8 支队伍直接晋级决赛。

在 2022 年全国科技活动周期间开展相关活动，共举办 8 期“仿真大讲堂”和 2 期“智慧物联大讲堂”。

5—6 月，学会分三个阶段开展以“创新争先、自立自强”为主题的第六个全国科技工作者日活动。

表彰举荐优秀科技工作者 根据《中国仿真学会科学技术奖评选办法》，2022 年度学会启动中国仿真学会科学技术奖评审工作，共收到 49 家单位推荐的 62 个项目，共 18 个项目获奖，其中一等奖 9 项、二等奖 9 项。

党建强会 学会组织党员深入学习贯彻党的二十大精神。学会理事长、中国工程院院士曹建国作为中国共产党第二十次全国代表大会主席团成员参加大会。学会组织开展“党的二十大代表进学会”活动，曹建国结合参会经历和实际工作在八届四次理事会议上进行党的二十大精神宣讲。

在学会官网和学会微信公众号上设置“党建强会”专栏，发布学会材料，并同步到学会功能型党委群、理事群、常务理事群、分支机构群及会员单位群，供学会全体人员学习。

会员服务 2022 年，学会微信公众号发文 321 篇，累计阅读人数 15 万余人次，关注用户增加 5689 人。通过新媒体平台和学会官网发布学会动态新闻，推出 4 期《中国仿真学会通讯》。

升级会员数据库，利用海量邮箱推送学会活动通知和学会会刊《系统仿真学报》目录等信息 44 万条。

【2022 世界元宇宙大会】 8 月 26 日，由学会、中国指挥与控制学会、北京理工大学和北京大兴经济开发区联合主办的以“洞见元宇宙，数字新空间”为主题的 2022 世界元宇宙大会以线上线下结合方式在北京举办。学会理事长、中国工程院院士、中国航空发动机集团有限公司董事长曹建国，中国工程院院士、北京理工大学校长、中国指挥与控制学会副理事长龙腾等出席开幕式并致辞。

中国工程院院士李伯虎、日本工程院院士任福继、中国科学院院士王立军、中国科学院北京纳米能源与系统研究所研究员李舟、美国元宇宙专家马修·鲍尔等专家学者，以及来自中央广播电视总台、中国电信、中国联通等元宇宙头部企业的领导出席大会并进行主题发言。会议围绕算力网络、3D引擎、传感技术、空间交互、虚拟现实与人机交互等关键技术开展技术探索、创新应用和学术交流共作50多场报告。中央广播电视总台、北京电视台、新华社等百余家主流媒体进行报道；科普中国、光明网等20多家媒体对大会进行直播，线上观看人数几百万人次。

【第二十二届中国虚拟现实大会】 11月18—20日，第二十二届中国虚拟现实大会在云南省昆明市召开。大会由学会、中国图象图形学学会及中国计算机学会联合主办，北京航空航天大学云南创新研究院、云南大学、云南艺术学院、昆明理工大学及济南大学联合承办。大会同期举办2022国际虚拟现实与可视化会议和2022中国虚拟现实大赛。来自全国虚拟现实领域研究和产业界的专家学者通过线下线上方式参加大会。大会主席王涌天、云南大学副校长吴涧、昆明理工大学副校长潘波出席开幕式并致辞。

大会邀请院士、"长江学者"、"杰青"等专家学者作9场特邀报告。大会设置4场会前课程、4场主题论坛、1场年度进展报告、4场学术论文交流报告，以及VR之夜与研究生论坛、墙报与展示等学术活动。来自高等院校、科研院所和企业的专家学者200余人参加现场会议，2000余人次在线观看。

【中国科协先进制造领域高层次专家研讨会】 12月16日，由中国科协主办、学会承办的中国科协先进制造领域高层次专家研讨会以线上线下结合方式召开。此次研讨会组织高等院校、科研机构和行业领军企业的多名院士和专家参与研讨交流，围绕制约智能制造与仿真技术的发展瓶颈提出前瞻性建议和解决问题的措施办法，为推进中国智能制造与智能装备高质量发展建言献策。

（撰稿人：赵　罡）

中国电影电视技术学会

服务创新型国家和社会建设　2022年，学会在全国团体标准信息平台上发布《AVS3 8K超高清编码器技术要求和测量方法》《AVS3 8K超高清解码器技术要求和测量方法》《广播级4K超高清摄像机的技术要求和测量方法》等5个团体标准；完成《数字电影LED屏还音效果主观评价方法》《数字电影沉浸式音频渲染效果主观评价方法》《4K超高清/高清视频兼容制作指南》等15项标准立项，截至2022年年底，共完成9项标准的审查。学会组织对2016年发布的《高清晰度电视节目录制规范》《演播室用LED显示屏技术要求和测量方法》2项学会团体标准进行复评审，评审专家结合标准技术内容、行业发展方向以及相关业务需求，认为《高清晰度电视节目录制规范》继续有效、《演播室用LED显示屏技术要求和测量方法》应根据高清与超高清演播室特殊需求进行修订。

成功申报2022年中国科协十大代表调研课题"数字虚拟人、机器人产业发展的突出问题及对策建议"，并获得项目资金支持。该项目于11月顺利完成，并按时向中国科协提交《中国数字虚拟人产业链发展分析及建议》《以数字虚拟人为入口撬动元宇宙产业发展的相关建议》2个专项报告。

4月28日，采用网络直播形式举办2022年节目技术质量培训班。培训注册账号达1000余个，1万余人次收看。

4月，举办《大咖讲坛》在线讲演活动，邀请专家就广电与音视频技术的发展前景和应用场景，广电传媒业在音视频技术发展中所取得的经验和模式，新技术发展态势、新应用，以及媒体技术发展趋势等方向进行探讨。

9—11月，举办2022年"声音制作优秀作品交流"活动。评审活动分为电影组和电视组两部分，共收到电影作品59部、电视作品78部。评审工作分别于9月、11月在北京市和湖南省长沙市完成。评选出特别推荐作品2部、最佳作品12部、优秀作品22部、入围作品38部。

学会建设　2022年，学会个人会员总数3442人、会员单位144个。召开理事会议1次、常务理事会议3次，完成1个分支机构的换届工作。

学会秘书处定期召开工作会议，制定工作目标、明确部门职责、设定绩效指标、紧抓执行落实，并定期向学会主要负责人汇报工作进度和事项，建立工作事项通报制度。根据学会工作要求，新增学会管理月报、会员通讯、工作事项通报、专委会信息专报4种信息材料，按照不同管理要求和工作对象进行报送。

学科发展工程　学会在深入调研广播影视科技及新一代信息技术发展现状的基础上，组织编写《中国电影电视技术学会成立40周年——影视科技创新发展白皮书》，盘点分析"十四五"时期广播影视科技发

展趋势，集中展望广播影视科技创新的重点方向，并就今后几年如何更好发挥广播影视科技创新作用提出发展建议。

学会台网协作发展专业委员会组织撰写完成《中国广电 5G+ 智慧城市发展研究报告》，该报告对中国智慧城市的发展、广电行业及广电 5G 的现状进行介绍，对广电 5G 如何助力国家智慧城市的建设与运营进行研究，并提出相关建议。推进“数字短波广播研究”“Ka 高通量卫星应用研究”2 项课题研究，形成阶段性研究成果。

国际学术会议 11 月 21 日，2022“世界电视日”中国电视大会在北京举办。本届大会由学会和中国电视艺术家协会共同主办，学会台网协作发展专业委员会和中国电视艺术家协会媒体融合推进委员会共同承办。大会以“连接新视界，融合向未来”为主题，按照世界电视日设立的初衷和宗旨，全面展现中国电视行业改革发展成果、媒体融合最新进展以及国际电视传媒行业发展新趋势，推动电视行业高质量创新性发展，呈现电视行业的未来与价值。大会向全行业发出《关于共同促进面向未来的电视行业合作发展倡议》。

12 月 17 日，由学会、北京电影学院主办，学会先进影像专业委员会、北京电影学院影视技术系、中国电影高新技术研究院承办的 2021 国际先进影像大会线上举办。此次大会以“影像科技筑梦新时代”为主题，共邀请 10 位国内外先进影像研究和应用领域的专家学者、知名创作者、领军企业代表参加会议进行交流。大会在央视频 App、北京电影学院影视技术系微信视频号、B 站直播间全程同步直播，累计观看人数 12000 余人次。

国内主要学术会议 8 月，学会召开 2022 年 AR 技术应用研讨会，主题是“聚焦视觉创新与科技进步 / 寻找艺术与技术共融共通之路”，以“2022 年北京冬季奥运会”“2022 年中央广播电视总台春晚”两个大型项目的 AR 制作为话题，围绕大型演播现场 AR 技术应用、AR 创作实现和 AR 运行流程等方面多角度地进行剖析、沟通和交流。

8 月 16 日，学会图像专业委员会承办的 8K 技术测试与应用研讨会在北京召开。会议围绕 8K 拍摄、后期制作、大屏幕呈现等方面进行研讨互动，旨在探索实现“思想 + 艺术 + 技术”融合新途径。

科普活动 学会被中国科协评为 2022 年全国科普日活动优秀组织单位。

1 月，经学会推荐申报的上海传媒港科技乐园、中国传媒大学传媒博物馆、索尼探梦科技馆入选 2021—2025 年全国科普教育基地名单，并于 9 月为索尼探梦科技馆举行授牌仪式。

9 月 17 日，学会联合科普教育基地——索尼探梦科技馆开展超高清科普剧场、探梦实验室科普表演等内容的科普活动。

学会信息化媒体技术专业委员会利用微信长图的形式进行科普宣传教育，制作发布“网络科普之西游钓鱼篇”“全流程 QA 盖房记”“遭到黑客攻击我该怎么办？”“保护好电脑”“解读《网络安全法》”“数据安全法正式实行”6 篇科普长图。

学会摄影摄像专业委员会长期持续开展大众科普培训，为不同行业设计有针对性的影像技术培训内容。2022 年度开展各种影像科普培训 8 场，包括网易科普短视频青创营、2022 年全国精神心理健康公益科普大赛、北京消防救援总队新闻宣传处《面对镜头的技术与艺术：手机短视频拍摄技术与技巧》培训班等，线下培训 300 余人，线上参与人数 6000 余人。其中，与网易公司共同举办的网易科普短视频青创营已经确定成为网易公司每年暑期的固定训练营公益项目。

9 月，学会标准与测试专业委员会为广电老科协组织的 37 位老科学技术工作者介绍 8K 超高清电视发展情况及相关工作，带领参观 8K 超高清标准研究与测试实验室。10 月，开展以“广电高新技术发展”为主题的科普活动，卫星直播中心的年轻人通过对 HDR、三维声技术的沉浸式体验，近距离感受广播电视技术带来的视觉、听觉的新变化。

学会传输与覆盖专业委员会组织参加 2022 年全国科普微视频大赛和无线局科普短视频评选工作。

表彰举荐优秀科技工作者 2022 年，学会举办中国电影电视技术学会科技进步奖和中国广播电影电视青年科技奖的评选活动。学会组织专家对 2022 年度申报的 202 个项目进行评审，评选出一等奖 20 项、二等奖 30 项、三等奖 50 项。学会组织专家对 75 位“中国广播电影电视青年科技奖”候选人的申报材料进行审核及评审，最终评出获奖者 30 名。

党建强会 学会深入学习贯彻党的二十大精神，参与中国科协宣传文化部组织的“喜迎二十大 奋进新征程”中国科协十年优秀工作案例征集活动，提交申报 2 个活动案例，组织参加中国科协召开的学习贯彻党的二十大精神辅导报告会。参与中国科协科技社团党委开展的百名科学家讲党史党课活动，邀请学会监事长录制以《传承广播电视红色基因　服务视听媒体技术进步》为题的党课视频。

每月开展2次基层党组织会议并形成会议纪要，全年组织召开2次党委会议。修订《中国电影电视技术学会党委工作制度》，落实学会党委前置审议"三重一大"事项决策制度。开展主题党日活动，参观"'不忘初心、牢记使命'中国共产党历史展览"。

会员服务　加强学会信息化建设，为会员提供更便捷的服务。学会对原有网站进行改版和升级。通过使用互动直播产品，为线下活动提供云直播、云连线等功能；为学会主办的活动、论坛、沙龙等提供"线上＋线下"相互联动融合的服务，促进交流互动模式多元化，提升活动传播影响力。完善会员系统，实现基于会员系统的全平台服务体系，简化流程、步骤，使会员有更好的操作体验。在官网开放影视技术成果库，及时更新行业标准、发展动态，方便会员浏览。维护专家和杰出影视科技工作者信息库。利用学会微信公众号向会员发布会议通知，介绍影视科技发展动态，传播学会工作信息。通过学会科学奖励管理系统，为申报奖项的广大会员提供公平专业的服务。

【中国电影电视技术学会2022年学术年会】　11月8日，中国电影电视技术学会2022年学术年会以线上线下结合方式在湖南省长沙市召开，此次年会是在学会成立40周年之际召开的会议。来自全国各级广电媒体、技术企业、科研院校的行业专家和技术骨干共400余人线下参加年会。

开幕式上，举办中国电影电视技术学会2022年科学技术奖颁奖典礼，为获得第十五届中国电影电视技术学会科技进步奖一等奖获奖者以及2022年度中国广播电影电视青年科技奖获奖者颁发奖杯和证书。

在年会主题论坛上，来自北京中科大洋科技发展股份有限公司、华为技术有限公司等7家企业的专家，结合当前广电行业的最新发展、技术创新、应用趋势、前沿探索等主题进行演讲。

年会期间，举办"媒体新融合形势下的影像创新""聆听永恒·博采众长""元宇宙与数字媒体""新时代电影高新技术与先进影像发展演进""科技推动进步转播见证辉煌"5个分论坛，内容涉及图像与摄影摄像、转播技术、声音制作、电影与先进影像、信息化媒体等技术领域。在线观看量近5000人次。

（撰稿人：蒋　芳）

中国振动工程学会

服务创新型国家和社会建设　2022年，学会完成振动工程领域高质量科技期刊分级目录发布工作，经振动工程领域200余位专家2轮评审，共有87本期刊进入《振动工程领域高质量科技期刊分级目录》。目录分为T1、T2和T3三个等级，其中T1级15本期刊、T2级35本期刊、T3级37本期刊。

参与中国科协2022重大科学问题、工程技术难题和产业技术问题征集活动。经学会各专业委员会推荐、专家组评审，共遴选出"如何实现极大口径星载天线在轨展开、组装及建造？""如何解决航天飞行器减阻杆气动弹性关键技术问题？"2个工程技术难题及"如何实现海洋天然气水合物开采中多相混输诱发立管和储层动力破坏监测与地质灾害智能预警？"1个前沿科学问题。其中，"如何实现极大口径星载天线在轨展开、组装及建造？"入选中国科协发布的2022十大工程技术难题，学会获2022年度优秀推荐单位称号。

推进决策咨询专家团队建设。依托学会在振动工程领域的专家资源和技术优势，面向国家重大需求，与相关高校和院所合作，共同组建3支决策咨询专家团队，分别是以中国工程院院士、深圳大学教授陈湘生和中国铁道科学研究院主任研究员王卫东为首席专家的中国振动工程学会城市轨道交通减振降噪决策咨询专家团队，以中国科学院院士、同济大学教授李杰为首席专家的中国振动工程学会结构可靠性决策咨询专家团队，以清华大学教授于溯源和南京航空航天大学教授周瑾为首席专家的中国振动工程学会旋转机械电磁轴承振动控制决策咨询专家团队。

学会建设　2022年，学会线上召开常务理事（扩大）会议2次、监事会议2次、理事会议1次。新成立磁悬浮技术与振动控制专业委员会和人因振动工程专业委员会，截至12月31日，学会共有专业委员会18个。

6月5日，磁悬浮技术与振动控制专业委员会成立大会暨第一届委员会第一次会议在江苏省南京市召开，南京航空航天大学教授周瑾当选为第一届主任委员。

11月4日，人因振动工程专业委员会成立大会暨第一届委员会第一次会议在浙江省杭州市召开，浙江大学教授邱毅当选为第一届主任委员。

学会微信公众号关注人数9554人；个人会员5962人，新发展高级会员83人、外籍会员3人；单位会员33家，新增单位会员2家。

青年人才托举工程 学会开展第八届中国科协青年人才托举工程项目申报工作，同时开展青年人才库推荐与遴选工作。学会获得2个中国科协资助名额和2个自筹资助名额。

主办期刊 1月，学会入选2021年全国学会期刊出版管理规范单位。

2022年，《振动工程学报》收稿761篇，出版6期，共发表论文162篇。入选《科技期刊世界影响力指数（WJCI）报告（2022）》来源期刊。根据2022《中国学术期刊影响因子年报》，《振动工程学报》2021年复合影响因子为1.641，在工程与技术科学基础学科类55种期刊中排名第10位，在机械工程91种期刊中排名第10位，基金论文比为0.96。学报推荐的1篇论文入选首届江苏省科技期刊优秀论文。

2022年，《振动与冲击》收稿3049篇，出版24期，发表论文915篇。根据2022《中国学术期刊影响因子年报》，《振动与冲击》总被引频次为8179次，影响因子为0.903，影响力指数在工程与技术科学基础学科类55种期刊中位居第1位，在土木建筑工程174种期刊中排名第11位。

国际学术会议 9月13—17日，由国际安全性与可靠性协会主办、同济大学承办、学会随机振动专业委员会协办的第十三届国际结构安全性与可靠性会议以线上线下结合方式在上海市召开。同济大学设为线下主会场。来自中国、美国、日本、德国、英国、意大利、韩国、加拿大等30个国家的440位高校教师、研究生和工程师注册参加会议，其中外国学者240余位。包括美国国家工程院院士Bruce Ellingwood、挪威技术科学院院士Arvid Naess、欧洲科学院外籍院士Dan Frangopol等在内的国内外专家学者参加大会。会议设4个大会主题报告、3个青年学者大会报告、4个面向工程师的专题讲座，以及80个平行分会场的481个分组报告。

国内主要学术会议 2022年，学会打造学会学术会议品牌，第13届全国随机振动理论与应用学术会议、第15届全国转子动力学学术大会、第30届全国振动与噪声高技术应用学术会议被中国科协《重要学术会议指南（2022）》收录。全年主办各类国内学术会议9次，参加会议人数15万余人次。

4月28日，由学会主办的中国振动工程学会青年学者论坛（2022-1）线上召开。会议主题为“振动力学与机器人”，1500余位专家学者参加会议。浙江大学教授李铁风、上海大学研究员蒲华燕、南京航空航天大学副研究员王亮分别作题为《软体智能结构力学建模与极端环境机器人系统设计》《复杂扰动的宽域近零抑制技术》和《振动利用与压电驱动技术》的学术报告。

5月28日，由学会与中国机械工程学会联合主办的第一届可展开空间结构青年学术论坛在陕西省西安市召开。论坛主题为“可展开空间天线结构与机构创新设计”，设置“可展开空间结构动力学及控制技术”“可展开空间结构设计方法和新技术”2个子专题。共有27位青年专家学者作特邀学术报告，内容涉及结构动力学、振动抑制技术、新型结构与机构、新型材料、热控技术和在轨装配等多个方面，涵盖当前可展开空间结构的研究热点和发展方向。20余人现场参会，线上1500多人次参加。

7月29日—8月1日，由学会磁悬浮技术与振动控制专业委员会主办的第十届全国磁悬浮技术与振动控制学术会议在辽宁省沈阳市召开。来自清华大学、中国科学院大学等52所高校及16个研究院所的576位专家学者参加会议。会议设立磁悬浮轴承、磁悬浮交通、磁力驱动、交叉领域等15个分会场，开展103场报告，录用论文195篇，并展出41个学术展板。

8月12—14日，学会故障诊断专业委员会协办的2022年全国设备监测诊断与维护学术会议在山西省太原市召开。1000余名专家学者和企业家参加会议。

8月19—21日，2022非线性振动论坛在宁夏回族自治区银川市召开。会议由上海交通大学、学会非线性振动专业委员会、机械系统与振动国家重点实验室联合主办，宁夏大学承办。论坛主席为学会非线性振动专业委员会主任委员、北京工业大学教授张伟。论坛邀请教育部“长江学者”特聘教授、上海大学教授陈立群，国家杰出青年科学基金获得者、陆军工程大学教授王在华，上海交通大学教授张文明等12位学者作大会报告，内容涵盖非线性振动与控制主要研究领域。宁夏大学机械工程学院院长张波应邀作题为《多孔介质及超材料中的非线性声传播与衰减特性分析》的大会报告。来自全国的140余名专家学者参加论坛。

9月24日，由学会主办的中国振动工程学会青年学者论坛（2022–2）线上召开。会议主题为“结构健康监测与诊断”，共有5000余位学者参加交流。美国伊利诺斯大学教授B.F. Spencer、西安交通大学教授王诗彬和北京航空航天大学教授杜博文分别作题为《基于计算机视觉的土木基础设施检测和监测研究进展》《航空发动机快变信号分析》和《时空大数据认知与数字孪生系统构建》的学术报告，多位青年学者针对结构健康监测与诊断领域的相关前沿科学与技术问题进行交流和讨论。

12月17日，由学会主办的中国振动工程学会青年学者论坛（2022–3）线上召开。会议围绕“大飞机结构动力学及噪声控制”主题开展线上报告和交流，1600余位学者参加会议。浙江大学教授邱毅、南京航空航天大学教授姜金辉、中国商飞上海飞机设计研究院高级工程师于锋礼分别作题为《人因振动工程研究及在飞机乘客舒适性中的应用》《结构动载荷识别关键技术研究及展望》《民机机载设备力学环境条件的编制技术》的学术报告。

科普活动　2022年，学会以提高公众对振动工程学科领域关注度为目标，开展不同形式科普宣传活动，活动覆盖人群约20万人次。完成科普工作室建设工作，为视频录制、网络直播等科普活动提供保障。

开展“网上学术课堂”科普活动6次，点击量累计8万多人次。

新设立品牌科普讲座“振动工程技术大讲堂”，邀请行业前沿领域权威科技专家以线上直播、线下交流讨论的形式进行振动工程技术交流。全年共举办8次，线上累计观看人数近10.4万人次。

7月2日，协同南京航空航天大学科协组织南京航空航天大学教职工子女参加“空天科普”主题夏令营活动，100多名中小学生参加。

9月18日，协同南京航空航天大学科协在江苏省溧阳中学、重庆大学溧阳研究院等为2000余名中学生及一线科研人员开展“喜迎二十大、科普向未来”全国科普日主题活动。

表彰举荐优秀科技工作者　2022年，学会提名航天五院西安分院研究员马小飞和南京航空航天大学教授徐惊雷为第十四届光华工程科技奖候选人，提名北京工业大学教授崔玲丽、南京航空航天大学教授季宏丽和北京理工大学副教授周春燕为第十八届中国青年女科学家奖候选人，提名南京航空航天大学博士后王单和天津工业大学博士后牛燕为2021年度未来女科学家计划候选人，提名西南交通大学研究员陈再刚和南京航空航天大学教授黄锐为第十七届中国青年科技奖候选人。

5月，开展中国振动工程学会2022年“最美科技工作者”学习宣传活动。评选上海交通大学教授华宏星和西南交通大学教授李永乐为中国振动工程学会2022年“最美科技工作者”，并向中国科协推荐他们为2022年全国“最美科技工作者”候选人。

完成科技奖励示范学会建设专项1项，首次设立中国振动工程学会国际学术贡献奖并报国家科学技术奖励工作办公室备案。6月，学会开展2022年度中国振动工程学会科学技术奖、2022年度中国振动工程学会青年科技奖和首届中国振动工程学会国际学术贡献奖的推荐与评选工作。共收到科学技术奖参评项目35项，青年科技奖参评候选人21名，国际学术贡献奖参评候选人1名。经评审，评出2022年度中国振动工程学会科学技术奖获奖项目7项，其中一等奖2项、二等奖5项；中国振动工程学会青年科技奖5人；中国振动工程学会国际学术贡献奖1人。

党建强会　2022年，学会非线性振动专业委员会、振动利用工程专业委员会、土动力学专业委员会、磁悬浮技术与振动控制专业委员会、动态信号分析专业委员会和人因振动工程专业委员会分别成立党的工作小组，学会18个专业委员会全部成立党的工作小组，完成分支机构党的组织全覆盖。

探索学会办事机构基层党组织与支撑单位共建机制，与支撑单位共同成立中共南京航空航天大学机关校科协 / 中国振动工程学会 / 江苏省暨南京市航空航天学会支部委员会。学会理事会党委学习贯彻党的二十大精神。以“助力国家大型飞机事业、提升学会服务科创能力”为主题，举办“党建 +”特色活动，召开大型飞机中振动工程创新研究及服务产业发展、航空发动机中振动工程创新研究及服务产业发展2场交流咨询会。

会员服务　2022年，学会利用中国科协会员管理系统加强会员服务信息化建设，为6场学术会议搭建会议平台，方便会员注册缴费。

通过官网、微信公众号和服务平台的邮件系统向会员推送学会动态、通知公告、学术交流、科普活动等信息，同时宣传相关内容，吸引更多个人与团体加入学会。2022年，官网发布学术工作预报16条、工作动态31条、通知公告15条；微信公众号推文59篇。

【第十八届全国模态分析与试验学术会议暨第一届全国动力学设计与反问题研讨会】 7月15—17日，第十八届全国模态分析与试验学术会议暨第一届全国动力学设计与反问题研讨会在黑龙江省哈尔滨市召开。会议由学会主办，学会模态分析与试验专业委员会、哈尔滨工业大学承办。

会议共邀请8位学者作大会特邀报告。中国科学院院士胡海岩作题为《动力学反问题的若干思考》的报告，中国科学院院士冷劲松作题为《智能材料和结构及其应用》的报告，深圳大学教授任伟新作题为《非线性模态及时变模态参数识别》的报告，西北工业大学教授徐超作题为《螺栓连接界面的摩擦磨损行为与非线性力学建模》的报告，南京航空航天大学教授王立峰作题为《纳尺度结构的振动模态》的报告，武汉第二船舶设计研究所副研究员何涛作题为《舰船推进轴系低噪声设计技术》的报告，南京航空航天大学教授臧朝平作题为《模态分析在动力学设计中的应用》的报告，哈尔滨工业大学教授曹登庆作题为《含空间桁架天线与铰链连接太阳翼的大型柔性航天器全局模态研究》的报告。

会议设立参数识别及应用、动力学设计与反问题、模态分析与振动控制3个分会场，来自清华大学、北京大学等30多所高校以及中国运载火箭技术研究院、中国飞航技术研究院等工业领域的200余位专家学者参加研讨。

【第五届可展开空间结构学术会议】 12月18—19日，由学会、西安市科技局和西安市科协主办的第五届可展开空间结构学术会议在陕西省西安市召开。大会主席为学会理事长、中国科学院院士胡海岩。会议主题为“可展开空间结构设计创新及振动控制新实践”，设置主会场和4个专题论坛分会场，围绕可展开空间结构与机构新技术、航天器动力学分析及振动控制技术、超大尺度空间系统及其在轨构建技术、大型空间薄膜结构技术等热点问题展开学术交流与研讨。中国工程院院士段宝岩等10位专家学者分别作特邀报告，报告主题涵盖空间太阳能电站、遥感天线技术极大型空间天线结构、多模态变体结构、多环过约束柔性机构与结构、空间结构接触/碰撞动力学、缠绕肋可展开小天线、空间薄膜结构、空间线性展开结构、空间结构动力学和深空探测器展开机构等基础理论和工程应用问题。

开幕式由学会航天器振动与控制专业委员会主任委员、中国空间技术研究院西安分院科技委主任宋燕平主持，中国科学院院士胡海岩等专家学者以线上或线下方式参加会议。会议进行全程直播，共计14万余人次线上观看大会特邀报告。收到45家重点高校、科研院所的科技论文共183篇，会议录用148篇。

（撰稿人：刘　红　孙笑晴）

中国颗粒学会

服务创新型国家和社会建设 7月13—15日，学会与宁夏回族自治区科学技术协会一起组织2022“科创中国”院士专家宁夏行活动。面向宁夏回族自治区企事业单位征集人才合作、技术交流、项目合作需求共200余项，组织线上对接20余场，就供需双方的合作方式与内容进行意向性磋商，精准有效对接。组织中国科学院院士徐春明、张锦和11名高层次专家深入30余家企事业单位进行考察，就企业实际需求建言献策，为宁夏回族自治区经济社会发展提供技术支撑和智力支持。7月15日，举办2022“科创中国”院士专家宁夏行活动专场产业论坛，共同商讨“双碳”目标下化工及碳材料上下游相关产业的创新低碳发展机遇与挑战。经实地考察、深入交流，学会与宁夏回族自治区相关企事业单位达成合作意向7项。

针对当地需求开展活动，筹划储能学科产教融合大会，架设产学研融合桥梁，推进医药健康产学对接活动，促进核心技术和产品的提质增效，增进学会与中国科协、地方政府、产业界、产业园和企业等的合作。

学会建设 11月25日，中国颗粒学会第八次全国会员代表大会在北京以线上方式召开，完成第八届理事会换届，选举产生新一届监事会成员。

加强对秘书处工作人员的培训，组织工作人员参加中国科协组织的全国学会秘书长沙龙、财务培训及党务干部培训等。

主办期刊 *Particuology*（《颗粒学报》英文版）2022年度影响因子为3.5，CiteScore 6.0，是颗粒学领域三大期刊之一。多年来一直坚持60%国际稿源、70%国际审稿的原则，作者来自中国、美国、德国、英国、澳大利亚等20多个国家或地区，读者遍布全球100多个国家和地区，并连续十年入选中国最具国际影响力学术期刊。主要刊登国内外颗粒学领域研究、工程和应用方面的优秀原创论文，内容涉及颗粒测试与表征、颗粒制备与处理、颗粒系统与固体散料技术、流态化与颗粒流系统、模拟与仿真技术、气溶胶科学与技术、材料科学与工程、纳米颗粒、能源颗粒、生物颗粒与仿生技术等领域。

《中国粉体技术》由学会和济南大学主办，2021年综合影响因子为0.200，被北大核心期刊、统计源期刊收录。主要刊登国内外粉体工程领域在研究、开发和工程应用的原创论文。

国际学术会议 8月22—23日，由学会主办、学会微纳气泡专业委员会承办的微纳气泡–等离子体国际研讨会线上举办，参加会议总人数近200人，主要来自中国、泰国、日本、美国等6个国家。与会专家学者围绕微纳气泡/等离子体技术中存在的关键科学问题，微纳米气泡/等离子体的产生、检测和应用，微纳米气泡/等离子体及交叉技术研究在水处理、水产养殖和医疗健康等领域的重要应用展开交流与探讨。

自5月31日开始，由学会等主办的国际多相流技术论坛系列线上主题报告有序开展，2022年共开展6场线上主题报告，邀请主题报告人11人进行线上报告及学术交流，累计观看人数达21.9万人次。

国内主要学术会议 5月17—19日，由学会主办的第三届颗粒研究应用与检测分析主题网络会议召开。会议邀请业内著名颗粒学学者、检测分析专家及企业代表针对颗粒学研究应用及检测分析的前沿热点难点进行探讨，为颗粒学的研发应用端与检测分析端搭建交流平台，超过5000人注册观看。

7月9—10日，由学会药物制剂与粒子设计专业委员会主办的第五届全国药物制剂与粒子设计研讨会暨工业药剂产学研高峰论坛在湖南省长沙市召开。500余位来自全国的工业药剂从业者就粉体加工技术、仪器设备、药用辅料以及粉体表征仪器（晶形、粒子形状、流动性、压缩成形性等）方面话题展开研讨。论坛开通网络同步直播，超过10万人次线上参加会议。

7月15—18日，由学会能源颗粒材料专业委员会主办的第八届全国碳催化学术会议在宁夏回族自治区银川市召开。会议以“碳催化和碳材料产业绿色发展”为主题，由中国科学院院士徐春明、浙江工业大学教授李小年和上海交通大学教授罗正鸿共同担任大会主席。共设置大会报告6个、分会主题报告40个、分会邀请报告51个、口头报告29个、青年论坛报告18个、博士生论坛报告13个及墙报52个。与会专家学者围绕碳催化领域的关键科学问题、碳基材料产业绿色发展趋势和人才成长途径展开交流。

科普活动 2022年，学会初步推进科普专家服务团的建设，组织不同领域的专家或团队参与科普，开展线上、线下及科普作品征集等活动，基于学会已有科普品牌“小颗粒，大健康”进一步扩大品牌知名度和影响力。

面向各类群体，围绕“颗粒学科最新科研进展”“颗粒学科学家故事”“颗粒学与生活”等开展活动，包括“关爱银发老人”科普讲座进社区、“开学季”科普报告进中小学等，现场参与人数累计超过2000人次。

通过网络征稿、定向邀约专家供稿审稿等方式征集并制作30余套科普图文与短视频，在学会官网、微信公众号、微信视频号、微博、百家号、今日头条、科普中国、哔哩哔哩、《人民日报》客户端等各大平台发布，累计超过400万人次的点击量。

表彰举荐优秀科技工作者 遴选侯曙光为2022年度“最美科技工作者”候选人，并在学会内部进行宣传。

党建强会 学会建立分支机构党的工作小组，落实完成学会三级党组织体系的建立，并完善相关工作制度。组织“领航计划”青年科技领军人才国情研修活动，面向战略科学家、一流科技领军人才和创新团队、青年科技人才、卓越工程师等科技人才开展联系服务活动。

【中国颗粒学会第八次全国会员代表大会】 11月25日，中国颗粒学会第八次全国会员代表大会线上召开，完成第八届理事会换届，选举产生新一届监事会成员。第八届理事会选举产生理事150人、常务理事50人。朱庆山当选学会第八届理事会理事长，费广涛、葛宝臻、顾兆林、胡钧、卢春喜、李春忠、毛世瑞、唐星、魏飞当选副理事长。王体壮被聘任为秘书长。监事会共有监事3人，王亭杰当选监事长。

（撰稿人：韩秀芝）

中国照明学会

服务创新型国家和社会建设 学会申报的浙江宁波半导体照明产业科技服务团入选中国科协“科创中国”科技服务团示范项目。7月29日，中国照明学会

宁波（宁海）服务站揭牌成立。

学会入选中国科协2022年度分领域发布高质量科技期刊分级目录项目，开展照明领域高质量科技期刊分级目录发布工作，推动同等级中外期刊在科技评价中等效使用。

经人力资源社会保障部批准，中国轻工业联合会、中国照明学会、中国就业培训技术指导中心共同举办2022年全国行业职业技能竞赛——全国照明设计职业技能竞赛。竞赛分为预赛和决赛两个阶段，设立北京市、重庆市、广东省、山东省、江苏省、河南省、湖南省、吉林省8个预赛赛区。7月8日，学会参加中国轻工业联合会在重庆市举办的2022年全国行业职业技能竞赛轻工大赛动员大会，委派10人参加国家级裁判员培训并获得证书。

2022年，推荐中国科协科技智库青年人才3人（其中1人入选）、中国科协科技人才奖项评审专家9人、中国科协2022重大科学问题和产业技术问题各1项。推荐中国轻工业联合会科学技术奖评审专家10余人、科学技术奖项目2项。

2022年，学会举办照明设计师培训11次，参加培训人数507人，其中初级照明设计师225人、中级照明设计师163人、高级照明设计师119人。截至8月底，累计为行业培养照明设计师11480人。

2022年，首次线上举办2022年注册照明设计师继续教育学习班，297名注册照明设计师参加学习。

9月16—19日，第19届中国－东盟博览会在广西壮族自治区南宁市举办。学会主办的2022中国（南宁）国际照明展览会首次亮相，来自全国各地的60多家照明企业参展，集中展示教室照明、智慧照明、健康照明、家居照明和文旅照明等领域的科技创新成果与创新应用。

学会建设 2022年，学会农业照明专业委员会、照明设计师工作委员会、科普工作委员会、计量测试专业委员会、图像技术专业委员会、专家工作委员会、光生物和光化学专业委员会、新能源照明专业委员会分别召开换届会议，完成换届。

8月，推出官方抖音号、微信视频号，通过官网、微信、抖音、纸媒等平台构建中国照明学会自有媒体宣传矩阵。学会已采用线上报名系统进行会议报名和培训报名，并对重要论坛开设直播。

9月16日，中国照明学会第八届三次理事会议以线上线下结合方式在广西壮族自治区南宁市召开。学会理事长刘正雷主持会议并作理事会工作报告。第八届理事会理事和代表118人参加会议。会议审议通过八届三次理事会工作报告，增补南京市城市照明建设运营集团有限公司党委书记、董事长臧锋，广东虹雨照明工程建设有限公司董事长陈泽云，浙江瑞林光环境集团有限公司董事长陈连飞，南京理控物联技术有限公司董事长、教授级高工黎晓明4人为第八届理事会理事，第八届理事会部分理事和常务理事被取消资格或调整。会议还审议通过其他事项。

大会同期召开第八届七次常务理事会议、八届三次理事会党员大会。学会党委书记刘正雷作党委工作报告。

截至2022年年底，收到入会申请257份，其中单位会员147份、个人会员110份。学会现有单位会员1380家，个人会员4400多人，其中高级会员750人。

学会被中国科协评为2020年度科协系统统计调查工作优秀单位。

主办期刊 2022年，学会主办的学术期刊《照明工程学报》共出版6期，发行1.2万册，内容涵盖半导体照明、智能照明、健康照明和照明工程设计等主题，主要反映照明领域新成果新动向。复合影响因子为0.977，综合影响因子为0.67。被中国知网、万方数据库、日本科学技术振兴机构数据库、《俄罗斯文摘》杂志等收录，曾连续七年入选中国科技核心期刊目录。

2022年《照明工程学报》创刊30周年，学会强化办刊力度，聚焦前沿热点，出版专刊专栏，学术影响进一步增强。

学科发展工程 学会承担翻译国际照明委员会发布的技术报告 *CIE 234：2019 A Guide to Urban Lighting Masterplanning*（《城市照明总体规划指南》）的任务。组织专家完成翻译、审稿等工作，这是学会翻译的第三本国际照明委员会出版物，以供中国照明科技工作者参考使用。

国际学术会议 8月18—19日，由学会、日本照明学会及韩国照明电气设备学会共同组织，学会与清华大学联合主办的第十三届亚洲照明大会线上召开。大会共设有1个主旨报告、3个特邀报告、23篇口头报告、15篇短口头报告、6篇设计类口头报告和125篇张贴报告，并设置2场主题workshop环节。会议围绕健康照明、智能照明、照明设计与应用、光源与灯具、照明质量与颜色、城市照明与光污染等热点问题展开研讨。来自中国、日本、韩国、泰国、新加坡、文莱、伊朗、俄罗斯等国照明领域的专家学者及企业代表共400余人参加大会。

国内主要学术会议 2022年，学会及其所属分支机构共举办中国照明学会2022年学术年会暨中国照明论坛等国内学术交流活动13次，参会人数共计1300余人次，交流论文120余篇。

10月12—14日，由学会智能交通照明专业委员会主办的第十届中国国际汽车照明论坛在上海市召开。中国科学院院士、复旦大学校长金力，学会理事长刘正雷等领导为论坛致辞。本届中国国际汽车照明论坛以“人车交互智能照明与传感”为主题，共设有7个专题37个报告。来自200多家企业的400余人现场参加论坛，国内外有关领域专家学者线上参加论坛。

两岸交流 12月2日，学会与台湾区照明灯具输出业同业公会共同主办的海峡两岸第二十九届照明科技与营销研讨会以线上线下结合的方式举办。研讨会以“智慧照明”为主题，来自海峡两岸的100余名专家学者和企业代表参加会议。开幕式上，学会驻会副理事长高飞和台湾区照明灯具输出业同业公会理事长康文杰先后致辞。昕诺飞（中国）投资有限公司亚太标准和法规部首席专家黄峰作题为《DALI在高端智能家居中的应用》的报告，台湾“中央大学”教授陈奇夆作题为《一种准直型LED灯具的设计与验证并导入智慧学习辨识技术智慧辨识灯具的角度偏差》的报告。此外，还有6位专家学者围绕会议主题作报告。

国际交往 10月10—11日，国际照明委员会光和辐射测量分部关于暂态光调制测量专家培训和专题研讨会在希腊雅典市举办。会议以线下为主、辅以线上报告的方式召开。国际照明委员会主席、候任主席、国际照明委员会光和辐射测量分部部长等各国代表参加会议。学会副理事长、国际照明委员会光和辐射测量分部中国代表潘建根携团队成员出席线上会议。

表彰举荐优秀科技工作者 学会开展第十七届中照照明奖评选工作，评选出工程设计奖140项，其中特等奖1项、一等奖26项、二等奖42项、三等奖71项。

党建强会 学会申报并承担“党建+”特色活动项目。联动“科创中国”浙江宁波半导体照明产业科技服务团，学会党委、党支部组织专家、科技工作者和企业代表等围绕中国照明学会宁波（宁海）服务站重点工作开展座谈交流、学术研讨、科技评价、人才培训等活动。

承接中国科协科技社团党委“党建强会计划”项目，学会党支部协助中国科协网开展“科技冬奥的背后故事”系列报道活动，对参与2022年北京冬奥会照明建设的数十家会员企业进行专题报道。

通过组织培训、开展主题党日活动、召开党员大会、实地实践等方式学习贯彻党的十九届六中全会、党的二十大精神，庆祝中国共产党成立101周年。

会员服务 2022年，学会为会员免费寄送《照明工程学报》8000余份。会员可以优先参与学会活动、在学会官方网站上展示会员单位风采、在《照明工程学报》上发表论文。会员通过学会微信公众号和官网等了解学会信息。学会会员部建立微信群，定期联系会员，优化会员服务。

9月，为会员免费提供技术报告*CIE 234：2019*中文版，满足会员单位对国际技术报告获取的需求。

【中国照明学会2022年学术年会暨中国照明论坛】 9月17日，中国照明学会2022年学术年会暨中国照明论坛在广西壮族自治区南宁市召开。学会理事长刘正雷出席开幕式并致辞。国际照明委员会主席Peter Blattner视频致辞。论坛以“创新赋能，共享未来”为主题，进行主题报告14个。学会第七届理事会副理事长郝洛西，第八届理事会副理事长杨春宇、苏耀康、刘刚主持学术报告环节。清华大学首批文科资深教授柳冠中作题为《工业设计是产业创新的思维逻辑》的报告，学会半导体照明技术与应用专业委员会主任委员唐国庆作题为《新时代　新照明　新使命》的报告，南京市城市照明建设运营集团有限公司董事长臧锋作题为《从照明走向新基建——新基建逻辑下的城域级智慧灯杆创新实践》的报告，昕诺飞（中国）投资有限公司设计和应用部总经理姚梦明作题为《体育照明——从北京2008到北京2022》的报告。其他专家学者围绕工业设计、“双碳”战略、健康照明、智慧照明、体育照明、文旅照明等热点话题进行主题报告。来自照明领域的有关领导、专家学者、设计师和企业代表共300余人参加论坛。“科普中国”、光明网对论坛进行全程直播，总播放量超过500万次。

论坛同期还举办中国（南宁）国际照明展览会，第十七届中照照明奖颁奖典礼，中国照明学会照明设计师工作委员会、智能交通照明专业委员会、文旅照

明专业委员会等分支机构的专题学术研讨会，以及第19届中国－东盟博览会照明科技供需对接会、照明行业专家和企业家座谈会等活动。

（撰稿人：徐欣欣　王成瑞　毕小曼）

中国动力工程学会

服务创新型国家和社会建设　学会通过组织考察和调研、科技成果评审、行业技术展览和行业成果总结等方式，为企业和行业提供服务。

2022年，受上海交通大学、西安交通大学、中国联合重型燃气轮机技术有限公司等相关单位委托，组织专家开展“燃气轮机云边协同性能监测与诊断关键技术及应用”“燃煤机组瞬态过程高效灵活清洁协同运行关键技术及应用”“400MW级G/H级重型燃机燃烧室用新一代变形高温合金UGTC39板材研制”等近20个项目技术成果鉴定会和技术评审会。

学会各专业委员会以“科研和技术交流”为主题开展调研和信息解析等工作。采用“信息简讯”方式向国内各大辅机生产集团预报业界的各种最新技术动向，并提供相应的最新信息，旨在为各委员单位提供信息支持、搭建平台，推动辅机技术的创新建设。

学会建设　2022年是学会成立60周年，为重温建会初心、回顾发展历史，学会发动18个专业委员会和工作委员会，组织行业专家编撰《中国动力工程学会成立六十周年纪念文集》，并举办中国动力工程学会成立60周年大会暨“双碳”目标下能源与动力学术论坛。

2022年，学会根据《中国动力工程学会章程》和有关条例规定，结合实际情况，以线下线上结合或通讯会议方式召开监事会议2次、理事会议1次、常务理事会议2次、党委工作会议1次。学会理事会成员共128名，其中常务理事40名。学会设立6个工作委员会、12个专业委员会，现有工作人员7人，其中挂靠单位在职职工6人、退休返聘1人。

学会对个人会员和团体会员资料重新进行梳理、统计，2022年接纳4家团体会员单位，现有团体会员单位92个、个人会员1502人。

主办期刊　2022年，学会主办期刊《动力工程学报》针对能源行业新的热点方向及时对栏目进行调整，增设行业发展热点栏目。首次推出“能源领域碳达峰、碳中和”和“清洁高效灵活协同发电技术”专刊，分别邀请清华大学和西安交通大学教授担任特约主编。

《动力工程学报》完成“领跑者5000——中国精品科技期刊顶尖学术论文”（F5000）入选论文的上传工作，在更大范围内向世界科技同行展示和推广重要的科研成果，提升期刊国际影响力。利用中国知网的网络首发出版平台对优秀学术成果进行网络首发，加速学术成果的传播，提高学术文章的时效性和文章下载率。

《动力工程学报》是中文工程类核心期刊，截至12月底，编辑部全年共收到作者投稿805篇，发表论文163篇，录用率为20.24%。在已发表的论文中，由国家自然科学基金及国家重点项目基金等资助的论文56篇，占发表论文总数的34.36%；由国家其他基金项目和省市级重要基金项目资助的论文总数为31篇，占发表论文总数的19.02%。

国际学术会议　9月24日，学会环保专业委员会在上海市组织召开第七届能源与环境研究进展国际学术会议。会议采用“线上＋线下”模式，来自“一带一路”沿线国家以及国内70余所高校和科研院所的150余名专家学者及师生参加会议。

国内主要学术会议　8月17—18日，由全国锅炉压力容器标准化技术委员会主办、哈尔滨锅炉厂有限责任公司承办的承压设备材料标准化研究工作组系列标准讨论会在黑龙江省哈尔滨市召开，学会材料专业委员会多位委员参加研讨。与会人员就《承压设备用钢板和钢带》7项国家标准征求意见稿的内容进行交流与讨论。

12月26日，学会新能源专业委员会线上举办新能源技术交流暨专题培训，同期召开专委会工作会议。会上组织学习党的二十大会议精神，讨论2023年专委会换届工作安排，30余人参会。

科普活动　6月5日，学会挂牌科普基地深圳市能源环保有限公司以“共建清洁美丽世界”为主题，协办世界环境日主题宣传活动。活动采取“线上＋线下”结合模式，向市民介绍垃圾焚烧发电工艺流程、科普垃圾分类知识。

11月12日，学会挂牌科普基地上海核工程研究设计院有限公司承办“为你点亮微心愿”系列志愿服务核电科普专场活动。志愿服务队对核电知识进行讲解，同时还介绍世界核电以及中国核电发展的基本情况。

表彰举荐优秀科技工作者 2月，学会根据《关于开展第十七届中国青年科技奖候选人推荐与评选工作的通知》要求，召开专家评审推荐会，确定向中国科协推荐第十七届中国青年科技奖候选人1名。

2022年，学会通过微信公众号对获得中国动力工程学会第三届青年科技奖7人的优秀事迹进行宣传。

党建强会 2022年，学会在学会党委的领导下，深入学习贯彻习近平新时代中国特色社会主义思想、党的十九届历次全会精神和党的二十大精神。通过微信公众号宣传党的二十大精神。

组织参加中国科协党校全国学会分校举办的弘扬共产党人精神专题培训班、中国科协宣传思想工作会议暨宣传干部培训班和新媒体工作人员培训班，筑牢学会意识形态阵地，进一步提高宣传队伍新媒体工作人员的政治素养和业务能力。

会员服务 2022年，学会继续通过微信平台向会员发布会议通知、介绍学会工作动态、宣传科学防疫和党建强会。

定期向会员、会员单位赠送主办期刊《动力工程学报》，并向专业委员会委员、团体会员单位和理事会成员赠送《中国动力工程学会成立六十周年纪念文集》。

【中国动力工程学会第九届青年学术年会】 8月20日，中国动力工程学会第九届青年学术年会在湖南省长沙市召开。会议以"'双碳'战略与先进能源动力"为主题，共收到来自高校、科研院所和企业的200余篇论文。200余名行业专家和青年学者现场参加会议，4300余人通过网络观看会议直播。会上，举办第三届中国动力工程学会青年科技奖颁奖仪式。

年会名誉主席、中国工程院院士、浙江大学能源工程学院院长高翔，长沙理工大学能源与动力工程学院院长陈荐，天津大学机械工程学院教授刘海峰，东方电气集团东方汽轮机有限公司电站服务事业部副总经理刘雄，上海电气国轩新能源科技有限公司副总工程师李胥分别作题为《能源科技创新与绿色发展》《动力机械结构疲劳断裂机理与延寿技术》《内燃机在发电领域的应用进展及展望》《"三改联动"背景下汽轮机改造技术探讨》《规模化储能电站集成与管控探讨》的报告。

会议还通过腾讯会议开设9个分会场进行论文交流，内容涉及能源清洁利用、储能技术与应用、多能互补和智慧控制、能源与动力节能技术等，为动力工程领域高校与企业的合作搭建桥梁。

【中国动力工程学会成立60周年大会暨"双碳"目标下能源与动力学术论坛】 12月9日，中国动力工程学会成立60周年大会暨"双碳"目标下能源与动力学术论坛通过现场会议和直播结合的方式在上海市召开。学会领导、特邀代表、学会理事上海成员、业内专家和科技工作者等100余人出席现场大会，学会理事单位和团体会员单位在各地设立60多个分会场，组织科技工作者参加线上会议。大会直播观看人数达7800余人次。会上，学会理事长邹磊、学会第八届名誉理事长陆燕荪、上海电气集团股份有限公司董事长冷伟青、上海发电设备成套设计研究院有限责任公司董事长顾皑等致辞。

"双碳"目标下能源与动力学术论坛特邀中国工程院院士黄震、上海电气电站环保工程有限公司常务副总裁吴焕琪、清华大学气候变化与可持续发展研究院院长李政、哈尔滨电气集团有限公司首席专家覃大清分别作题为《碳中和愿景下能源转型基本逻辑的思考》《全面贯彻落实"双碳"战略助力低碳转型展现国企担当》《气候变化与碳达峰碳中和》《抽水蓄能及常规水电在能源结构调整中的作用及变革》的大会报告。

大会分论坛通过腾讯会议方式举办，5个分论坛主题分别为"能源与动力的前沿技术和发展""电站先进材料技术和发展""核能技术和发展""能源环保技术和发展""信息化与智能控制技术和发展"，线上参会人数达1800余人次。

学会学术工作委员会承办"能源与动力的前沿技术和发展"分论坛，安排4个学术报告，分别围绕燃气轮机、循环流化床锅炉、生物质制氢及储能展开交流分享，线上500余人参加会议。

学会材料专业委员会承办"电站先进材料技术和发展"分论坛，邀请4位专家作学术报告，线上220余人参加会议。

学会核电专业委员会承办"核能技术和发展"分论坛，邀请5位专家作学术报告，交流国内核电行业发展趋势和最新技术研发情况，线上210余人参加会议。

学会环保专业委员会承办"能源环保技术和发展"分论坛，同期举办清洁低碳燃煤发电技术会议暨环保技术与装备专业委员会年会。会议邀请6位专家作学术报告，线上400余人参加会议。

学会自控专业委员会承办“信息化与智能控制技术发展”分论坛，邀请7个学术报告并对征集的论文进行交流，线上320余人参加会议。

（撰稿人：施亦龙）

中国惯性技术学会

服务创新型国家和社会建设 2022年，学会以前沿创新课题研究、专家学术高端论坛等形式开展惯性技术发展战略研究、发展趋势研究工作，科学分析惯性技术发展现状，紧密跟踪惯性技术行业发展动态，为惯性技术发展战略和重大决策提供咨询建议。

学会建设 2022年，学会召开常务理事会议、理事会议、监事会议等共5次，传达落实中国科协部署的相关工作，对分支机构、工作机构进行评估；召开秘书长工作会议、联络员工作会议，落实学会常务理事会要求，从学会发展、学术会议、青年人才举荐、会员服务等方面不断提升学会精准服务会员的能力。

5月23日，召开七届八次常务理事会议，传达学习相关会议和文件精神，研究讨论学会2022年度工作计划。

12月21日，召开七届九次常务理事会议，对学会2022年度工作总结、吸纳团体会员单位、青年人才托举工作、优秀博士/硕士学位论文评选等事项进行审议。

截至11月，学会科普公众号“海陆空天惯性世界”订阅用户1.1万余人，发布文章1500余篇，原创文章110余篇。《中国惯性技术学报》编辑部组建编委群、青年编委群、作者群，发布学报最新动态。微信公众号全年发布特邀报告、亮点文章、学报资讯等32篇，订阅人数从400人增加至915人。

青年人才托举工程 1月，学会组织第七届（2021—2023年度）中国科协青年人才托举工程项目申报及选拔工作，3名惯性技术领域青年科技工作者成功入选并获得项目资助。

11月，组织第八届（2022—2024年度）中国科协青年人才托举工程项目申报和评审工作，向中国科协推荐5名青年人才。

主办期刊 2022年，《中国惯性技术学报》按照计划出版发行6期，共刊登学术论文116篇。同时，学报编辑部完成科技工作者研讨会论文集编纂，共收录论文62篇。组织召开第七届编委会第二次工作会议，明确期刊发展方向。组建107人的青年编委团队，优化审稿流程等。获批自2023年1月由双月刊变更为月刊。

2022年，学会科普杂志《海陆空天惯性世界》已出版发行12期，共刊登各类文章122篇。

7月，学会杂志社向河北省承德市丰宁满族自治县和保定市唐县、甘肃省武威市古浪县、湖北省天门市及北京的部分中小学捐赠期刊及生活、学习用品。

11月，与军事科学院军事科学信息研究中心合作，参与“科普军营”军用手机App内容建设。

2022年，由学会副理事长、中国科学院院士王巍牵头主编的英文国际期刊《先进仪器与器件》收到并处理来自多国的高水平学术论文共11篇，发表5篇。4月，该期刊入选由中国仪器仪表学会发布的《仪器仪表领域高质量科技期刊分级目录（2022版）》；6月，被中国知网收录；9月，被DOAJ数据库收录。成功上线第一个专刊《超材料器件》，共收录5篇学术文章。该期刊编委会人数扩增至63人。11月，召开期刊编委会，来自英国剑桥大学、美国科学促进会等的30余位国内外编委、*Science*合作期刊项目相关人员等参加会议。

学科发展工程 学会测试专业委员会提供测试设备与实验环境，提升惯性技术及器件的水平。10月，进行加表与惯组的测试与实验交流，实现加速度计与惯性器件的加速度模拟功能验证与校准功能测试。

国内主要学术会议 11月4日，由学会主办的2022年科技工作者研讨会在浙江省湖州市召开，主题为“惯性基导航、制导与控制技术发展新趋势”。来自国内航空、航天、航海、兵器等领域70余家单位的200余名惯性技术科技工作者参加会议。学会理事长、中国科学院院士包为民，中国科学院院士陈十一、王巍、于登云，以及来自中国航天科技集团有限公司、中国航天科工集团有限公司、中国船舶集团有限公司、中国航空工业集团有限公司所属部分院所等副理事长单位的多位领导出席会议。会议共收录62篇论文。

9月25—26日，学会系统与测量专业委员会与西安惯性技术学会联合举办2021暨2022年学术交流会。来自17家单位的110名专家学者参加会议。会议共征集论文61篇，委托西北工业大学专业教师编辑、校对并出版会议论文集，其中遴选出2021—2022年度二等奖以上10篇论文进行会议交流。

12 月 24 日，学会材料与工艺专业委员会线上召开学术交流会，会上共交流论文 34 篇。

国际交往 1 月 9—13 日，第 35 届电气和电子工程师协会微电子机械系统国际会议在日本东京市举办。会议围绕微机电 / 纳机电发展领域及其应用领域展开讨论。学会组织相关科技工作者以线上方式参加会议。

3 月 8—11 日，第九届电气和电子工程师协会国际惯性传感器和系统研讨会在法国阿维尼翁市召开。会议围绕传感器现象与建模、传感器系统和电子装置、原子 / 量子传感器等主题进行研讨。学会组织有关专业的科技工作者以线上方式参会。

5 月 30 日—6 月 1 日，第 29 届圣彼得堡组合导航国际学术会议在俄罗斯圣彼得堡市召开，学会组织科技工作者进行投稿，所投 26 篇均被录用。此次会议从惯性传感器、导航和定位系统、组合导航及运动控制系统等方面展开学术研讨，来自德国、俄罗斯、美国等国家的惯性技术领域的专家学者共同进行交流。

9 月 13—14 日，德国惯性传感器与系统会议在德国布伦瑞克市召开。会议集中探讨惯性传感器、惯性导航系统以及陀螺技术的最新进展。学会组织相关科技工作者线上参加会议，同时组织投稿并被大会收录。

学会继续同俄罗斯导航与运动控制学会保持联系，双方就共同举办国际学术交流会议、联合培养人才、开展国际科技合作项目等方面多次进行线上会议、邮件沟通，并就联合举办第 30 届圣彼得堡组合导航国际学术会议一事进行商讨。

科普活动 5 月 25 日，学会开展“党建 +”科普系列活动。学会科普专家团队首席专家、中国工程院院士付梦印在南京理工大学面向广大青年学生作《谈科技创新的金字塔——从科学家精神到科技创新能力》报告，围绕“科技创新的金字塔是什么”“基于金字塔的科技创新能力分析”“运用科技创新改变世界”三个主题与广大青年学生进行交流。6 月 16 日，付梦印赴江苏省常州高级中学走访调研，并为中学生作科普讲座《自主导航技术》。

在第二十二届北京市中小学生金鹏科技论坛中，学会科普志愿者提交的“基于停车场监控摄像感知的自主泊车演示系统”“车载视觉通行提醒系统”“基于视觉的智能自动门控制器”3 个项目获得一等奖。学会依托北京市青少年科技后备人才培养基地、陆海空天惯性技术科普展厅，结合科研平台搭建青少年科技创新实践平台；结合大手拉小手——青少年科技实践活动等一系列活动开展青少年科技创新活动。

表彰举荐优秀科技工作者 1 月，学会组织开展中国惯性技术学会第三届优秀博士 / 硕士学位论文评审工作，评选出优秀博士论文 4 篇、优秀硕士论文 3 篇。

4 月，组织开展中国惯性技术学会 2022 年度科技创新奖的申报工作，在全体会员单位、各地方学会、各分支机构范围内进行项目征集，并成立专业评审委员会，对通过初评的 14 个项目进行终评，遴选出技术发明奖 1 项、科学技术进步奖 4 项。

党建强会 2022 年，学会组织学习贯彻习近平新时代中国特色社会主义思想和党的十九届六中全会精神、党的二十大精神。申报并获准开展中国科协“党建 + 科普”活动，坚持党建与业务相结合，落实学会科普计划，传播科学家精神。

在 12 月 21 日召开的学会七届九次常务理事会议上，中国航天科技集团公司第五研究院研究员、中国工程院院士、党的二十大代表杨宏为学会理事会党委传达党的二十大精神、介绍中国载人航天工程空间站有关情况。

全年共召开 8 次党委会会议，对学会年度工作总结、工作计划、财务预算和决算、举荐优秀人才、项目等重大事项进行前置研究讨论。

会员服务 2022 年，学会组织开展会员单位走访调研及发展会员单位工作。完善学会会员信息库，完成与中国科协系统对接。

2 月 22 日，学会前往中国航天科技集团公司第十一研究院进行调研。就学会发展史、学术交流、技术咨询、科学普及、一刊一报、成果和人才等 9 个方面进行介绍。秘书长就学术交流、人才举荐、会员单位权利与义务、发展前景等与中国航天科技集团公司第十一研究院进行交流，并邀请中国航天科技集团公司第十一研究院加入学会。

9 月 9 日，组织有关人员赴学会会员单位钱学森空间技术实验室开展调研。

【第五届精密光机电国际学术研讨会】 11 月 18 日，由学会主办、北京航天控制仪器研究所承办的第五届精密光机电国际学术研讨会线上召开。学会副理事长、中国科学院院士王巍担任大会主席，英国剑桥大学先进光子和电子学中心主任教授初大平、北京航

天控制仪器研究所所长焦泽德担任大会共同主席。会议邀请来自英国剑桥大学、意大利米兰理工大学，以及中国清华大学、北京大学、香港理工大学、哈尔滨工业大学、华中科技大学等高校的多位专家学者围绕光电子技术、量子信息技术、惯性技术、石英 MEMS 技术、重力测量等方面作报告。

会议采用线上会议形式，利用 zoom 平台实现与多国专家的实时连线，通过网络直播的方式与全世界相关领域的科技工作者们进行分享与交流。海内外在线直播观看人数累计超 860 人次。此次大会被收入中国科协《重要学术会议指南（2022）》目录。

（撰稿人：张楷奕）

中国风景园林学会

服务创新型国家和社会建设 学会成功申报中国科协服务国家社会治理品牌建设项目及 2022 年学会公共服务能力提升项目。

推进标准化工作。立项《城市绿地碳汇计量监测技术标准》等 7 个团体标准，新发布《海绵城市绿地建设管理技术标准》《儿童户外游憩场地设计导则》等 7 个团体标准。申请中国科协课题“中国风景园林学会团体标准创新管理体系构建”，研究建立完善的标准实施反馈机制，推动团体标准制修订工作良性循环。

组织开展“生态与形态融合的数字景观规划设计创新与实践”“公园城市标准体系研究与实践应用”“基于全过程管控和绿色低碳的公园城市规划关键技术及建设应用”“乡村生态景观营造模式研究”4 个项目的成果鉴定评审会。

成立公园城市建设、城市科学绿化、风景名胜区保护、风景园林行业发展 4 个决策咨询专家团队，为相关领域创新发展提供技术支撑。

征集发布风景园林领域相关重大科学问题、工程技术难题和产业技术问题，征集风景园林领域决策咨询重点选题，开展风景园林领域科技成果和瓶颈问题梳理。学会推荐的北京市园林绿化科学研究院、上海市园林科学规划研究院入选中国科协 2022 年“科创中国”创新基地名单。

与咸宁风景园林学会合作共建咸宁科技协作站，为当地风景园林科技水平提升和城乡高质量发展提供技术支撑。支持湖北省咸宁市举办“科创中国”院士专家咸宁行——自然生态公园城市建设研讨会，发挥专家智库作用，为咸宁打造武汉都市圈自然生态公园城市建设提供思路和方法。

2022 年，开展风景园林师人才评价工作，编制完成《风景园林师人才评价标准》，对规划设计方向风景园林师人才的评价、职业发展及管理要求进行明确。经中国工程师联合体授权，学会承担风景园林工程能力评价工作，编制完成《风景园林工程能力评价规范》，明确开展风景园林工程能力评价所涉及的申请条件、考核与注册管理、行为规范、持续职业发展、再注册管理和监督管理的要求。

参与《中华人民共和国职业分类大典》修订工作，完善园林绿化工职业定义，增设造园工等工种，推动设立“森林园林康养师”新职业和“园林康养师”新工种，组织编制《园林康养师职业技能标准》。

9 月 20—22 日，2022 年“福菊杯”全国首届花卉园艺工职业技能竞赛在湖北省麻城市举办。来自北京、浙江省、河南省、江苏省等 16 个省、直辖市的 86 名选手同台竞技。

推进“送设计下乡”工作，助力乡村地区发展。召开“送设计下乡”科技志愿服务工作座谈会，会议总结 2021 年度工作情况、交流工作体会并提出进一步提升工作成效的建议，同时对 2022 年工作进行讨论和统筹安排。应新疆维吾尔自治区阿克苏地区人大和组织部等部门邀请，学会“送设计下乡”科技志愿服务队对 2020 年服务对象阿克苏地区温宿县思源村和乌什县托万克库曲麦村进行回访，了解规划方案落实情况，进一步听取村民对村庄建设的意见和建议，并对规划实施进展和后续计划提出优化建议。启动并推进新疆维吾尔自治区库车市伊西哈拉镇艾日阿斯村和贵州省黔东南苗族侗族自治州三穗县八弓镇亚岭村、滚马乡白崇村“送设计下乡”工作。

成立中国风景园林学会菊花产业科技志愿服务队。走进菊花产业村镇，开展技术服务和产业帮扶，搭建产学研平台，促进当地传统农业转型和菊花产业发展。

学会建设 截至 12 月 31 日，学会完成登记注册的个人会员数量达 12890 人，较 2021 年新增 790 人；单位会员数量达 1720 家，较 2021 年新增 179 家。

12 月 30 日，中国风景园林学会第七次会员代表大会在北京召开。

修订完成《中国风景园林学会分支机构管理办

法》。指导和监督分支机构按年度计划开展工作。开展并完成国土景观专业委员会、青年工作委员会筹备。

截至12月31日，微信公众号共推送286篇文章，点击量超92万人次，同比增长97%；阅读量近132万人次，分享8.7万多次，收藏达1.2万余人次。

主办期刊 2022年,《中国园林》共编发论文370余篇，发行正刊12期，增刊2期。继续入选中文核心期刊、中国科技核心期刊和RCCSE中国核心学术期刊等。

《园林》全年出版发行正刊12期，共编发文章220余篇；增刊1期，编发文章30余篇。根据2022年中国知网数据,《园林》复合影响因子提升至0.861，其装帧设计入选第二届“方正电子”杯中国期刊设计艺术周活动推荐期刊名单。

学科发展工程 完成中国科协立项的《中国风景园林学学科史》《2020—2021风景园林学学科发展报告》图书出版。继续筹备“学科发展路线图课题研究”，展望学科未来发展方向，规划发展思路。继续推进风景园林学科发展七十年系列图书编撰。承担住房和城乡建设部“园林文化的应用推广路径研究”课题，指导园林文化应用推广的管理和实践，促进园林文化的保护、传承和发展。

继续推进学科基础性图书编写。基本完成全国科学技术名词审定委员会委托的风景园林学名词审定工作。持续推进《风景园林设计资料集（第二版）》《中国风景园林史》等图书的编写工作。

有序推进学会申报世界非物质文化遗产工作。完成《中国风景园林申报非物质文化遗产研究报告》总论初稿，着手开展地方风景园林非遗研究和国家级非遗申报工作。

国内主要学术会议 2022年，学会筹备第十三届中国风景园林学会年会，主题为“美美与共的风景园林：人与天调　和谐共生”。完成年会论文和大学生设计竞赛征集工作。

9月6日，学会主办的园林文化传承应用论坛在江苏省苏州市召开。论坛以保护园林文化、传承中华优秀传统文化为目标，从园林文化的政策、机制、应用、途径、典型做法和成功经验等方面探讨园林文化应用推广思路、路径和方法等。共有300余名专家学者线上线下参加论坛。

10月15日，学会联合《中国风景园林史》编委会共同主办的风景园林历史与文化讲堂暨《中国风景园林史》学术研讨会在广东省深圳市召开，主题为“以史为鉴、守正创新”。

11月14日，学会与中国园林博物馆联合举办哲匠营造——纪念计成诞辰440年学术研讨会。会议以“哲匠营造　传承创新”为主题。北京市公园管理中心原总工程师李炜民、苏州园林设计院股份有限公司董事长贺风春等8位专家分别作题为《守正创新　知行合一——追忆孟兆祯先生》《园冶·园衍·园融——纪念计成诞辰440周年》等报告。

11月18日，学会与中国公园协会共同主办的2022年口袋公园与城市微更新论坛以“线上＋线下”的方式在广东省深圳市召开，主题为“我们的公园，共同的家园”。来自学会、中国公园协会、深圳市城市管理和综合执法局、深圳市城市规划设计研究院等相关单位及行业协会的专家出席论坛，共同交流各地在以口袋公园为代表的小微绿地规划布局、设计建造以及管理运营方面的经验和做法，为持续做好口袋公园建设和管理提供支撑。

支持分支机构召开学术年会、专题研讨会和论坛等。3月3日，学会规划设计分会在北京举办城市更新背景下的风景园林学术交流会。6月12日，由学会城市绿化专业委员会等主办的2022中国风景园林学会城市绿化专委会青年专家论坛暨中国“风景园林月”学术论坛线上举办；9月24日，由学会城市绿化专业委员会等主办的第二届“风景园林与前沿交叉领域”青年论坛暨天津大学博士生学术论坛在天津市以线上线下结合方式举办。10月21—22日，由学会女风景园林师分会和《中国园林》杂志社主办的中国风景园林学会女风景园林师分会2022年会在上海市以线上线下结合方式举办，主题为“和谐美丽的风景园林——万物共生”。11月10日，中国风景园林学会园林生态保护专业委员会2022学术年会线上召开，主题为“生态园林与高质量发展”。11月4—5日，中国风景园林学会理论与历史专业委员会2022年会线上召开。

支持举办城乡历史文化保护传承高峰论坛暨国家历史文化名城保护制度建立40周年学术会议。指导支持“金陵瑰宝　国之巨匠：吴良镛学术成就展”“昭昭文心——孟兆祯院士学术成就展”。

国际组织任职 学会推荐华中农业大学教授邵继中当选国际风景园林师联合会亚太区气候行动工作组成员，同济大学教授韩锋当选国际古迹遗址理事会成员。

国际交往 学会继续加强与国际风景园林师联合会的交流与合作。选派代表线上参加国际风景园林师联合会世界理事会议及亚太区理事会议。继续获批中国科协对学会在国际风景园林师联合会国际组织会费的全额资助。参与中国科协工程师能力评价工作，完成《风景园林工程能力评价规范》编写。

科普活动 2022年，学会制作并发布“风景园林月”活动标识，强化活动品牌，扩大活动影响力。举办“风景园林月”系列学术科普活动，主题为“风景园林推动绿色低碳发展”。4—5月，举办2022青年风景园林师论坛暨中国“风景园林月”说园沙龙，聚焦“碳中和与设计应对策略”，研讨交流风景园林师如何运用新科技、新理论、新方法。邀请4位科学传播专家分别以《身边的“自然”：建造一个生境花园》《城市植物多样性与公众生态审美感知》《“双碳”目标与风景园林应对思考》《城市绿色空间的低碳实施策略》为题开展4场线上科普主题报告会。10月20日，举办2022“在校大学生走进企业”线上沙龙，来自北京林业大学、西安建筑科技大学等全国近30所高校的170余名学生代表线上参加。

响应全国科普日活动安排，组织各科普教育基地、专业委员会、分会等单位，结合各单位工作特色举办植物、绿色科技、园林文化、城市更新等风景园林相关方向10余场科普活动，活动受众累计达1万人次。中国风景园林学会科普日活动获得“2022年中国科协全国科普日优秀活动”。

修订《中国风景园林学会科普教育基地认定与管理办法》《全国风景园林学科科学传播专家评审与管理办法》，先后认定中国园林博物馆等36个学会科普教育基地和刘秀晨等81名风景园林科学传播专家。

开展风景园林领域科学家精神教育基地征集，并支持北京林业大学园林学院和安宁楠园参评首批中国科学家精神教育基地。

继续加强官方微信公众号科普板块的建设，设公园城市建设、城市生物多样、城市微更新等专题板块，累计推送科普文章90余篇，访问量累计14万余人次。

表彰举荐优秀科技工作者 学会完成2022年度中国风景园林学会科学技术奖评选工作。完善评奖组织，优化评奖细则，并优化完善网上申报和评审平台。2022年度收到有效申报材料922份，评出获奖项目445项，其中科技进步奖78项、规划设计奖161项、园林工程奖206项。

在学会科学技术奖评选基础上，择优推荐10个项目参评2022年华夏建设科学技术奖，其中3项获三等奖。

推荐行业人才参评第十七届中国青年科技奖、第十八届中国青年女科学家奖、2021年度未来女科学家计划、第十八届（2022）光华龙腾奖、2022年“最美科技工作者”“典赞·2022科普中国”等奖项。

学会推荐的科技志愿者胡勇获中国科协2022年度科技志愿服务先进典型。

党建强会 强化党组织对学会工作的领导和监督作用。学会加强理事会、秘书处两层党组织建设，探索分支机构党建途径，促进党建和业务工作深度融合。落实住房和城乡建设部社团党委的各项工作要求，定期召开党员民主生活会，组织党员学习上级党委有关文件及指示精神。

会员服务 学会继续加强会员发展、管理和服务工作。突出发展个人会员，完善分级分类的会员管理体系，强化对青年科技工作者、高校学生等群体的吸纳与联系。

【中国风景园林学会第七次会员代表大会】 12月30日，中国风景园林学会第七次全国会员代表大会在北京召开，来自全国各省（自治区、直辖市）的200余名会员代表以及有关部门领导参加会议。住房和城乡建设部部长倪虹发表讲话，中国科协致信祝贺。大会审议通过《第六届理事会工作报告》《第一届监事会工作报告》《第六届理事会财务工作报告》《关于修改学会章程的报告》《中国风景园林学会会费管理办法》《中国风景园林学会分支机构管理办法》，选举产生学会第七届理事会、常务理事会及第二届监事会。李如生当选第七届理事会理事长，贾建中、李雄、张勇、夏颖彪、王翔、王磐岩、杨锐、廉国钊、朱祥明、张大玉、金荷仙当选副理事长，高翅当选第二届监事会监事长。聘任左小平为秘书长。

（撰稿人：付彦荣　刘艳梅）

中国电源学会

服务创新型国家和社会建设 2022年，学会入选中国科协决策咨询首批试点单位，组建中国电源学会电力电子与能量转换决策咨询专家团队。首批共有50家全国学会入选。

继续推进学会团体标准工作，第五批8项团体标准于8月正式发布，并于9月1日起实施。截至2022年，已发布实施团体标准49项。年内完成第六批共计16项团体标准立项工作，同时启动2023年立项的第七批团体标准提案征集工作。

学会继续打造线上交流品牌——电源云讲坛，全年举办10期，近4800人次参与。涉及主题包括低碳交通、直流配电、无线电能传输、谐振变换、信息系统供电、装置可靠性、前沿技术、电磁兼容技术等。为进一步促进青年人才成长，增设子活动品牌“电源云讲坛——青年创新沙龙”，由青年工作委员会组织，每两个月举办一期。

在学会科普工作委员会的精心组织和相关专业委员会的配合下，共组织线下培训4场、线上培训1场，共计参训人员500余人次。培训主题包括光伏、储能电源设计与应用，功率变换器磁技术分析、测试与应用，新能源汽车开关电源设计及电磁兼容检测、应用，高效率高功率密度电源技术与设计，第三代半导体器件、驱动、数字控制及测试技术。

学会建设 2022年，学会各分支机构有序开展换届工作，本年度23个应换届分支机构中已完成22个，另外1个分支机构暂未完成。

召开学会九届二次、三次常务理事会议，九届二、三、四、五、六、七次理事长会议，讨论审议学会各重大事项和规划。

根据中国科协总体部署，先后开展全国学会收费行为和承担中国科协资助项目实施情况专项检查、分支（代表）机构专项整治行动、学会与企业开展合作活动自查自纠等工作，均按照要求完成并提交自查报告，对发现的问题及时进行整改。

主办期刊 《电源学报》全年共出版6期，发表论文142篇，纸刊发行12000册，电子刊发行超过14万份。共收到投稿919篇，录用论文253篇。

完成《电源学报》编委会换届工作，由徐德鸿担任名誉主任委员，阮新波担任主任委员，韩家新、杜雄担任副主任委员，11月5日召开新一届编委会会议。

正式启动论文主编负责制工作模式，初步完成新系统建设并上线。

《电力电子技术与应用英文学报》全年共出版4期，发表论文41篇，收到投稿111篇。截至2022年，期刊论文在IEEE Xplore数据库总下载次数近24万次，其中2022年下载次数超过6.5万次。

学科发展工程 2022年年底，学会承担的《电源产业与技术发展路线图》正式出版。

8月11—15日，学会组织召开2022年中国电力电子发展战略圆桌会议，来自电力电子领域高校、企业、科研单位的30余位专家学者参加，就中国电力电子技术的发展方向与中长期规划、产业政策建议与产学研合作、教育发展战略、科技项目与基础研究投入的咨询建言以及学术组织的发展与协作等主题进行研讨，对如何促进中国电力电子领域高质量创新发展提出指导性的意见建议。

国际学术会议 11月4—7日，由学会与电气和电子工程师协会电力电子学会共同主办的第三届国际电力电子技术与应用会议线上举办。会议邀请德国亚琛工业大学教授、德国工程院院士Rik De Donker，瑞士苏黎世联邦理工学院教授、美国国家工程院外籍院士Johann Kolar，美国麻省理工学院教授、美国国家工程院院士David Perreault，哈尔滨理工大学教授、教育部汽车电子驱动控制与系统集成工程技术研究中心首席科学家蔡蔚，纳微半导体副总裁兼中国区总经理Charles（Yingjie）Zha，三菱电机半导体大中国区技术总监宋高升作大会报告。共有3000余人次线上参加会议。

国内主要学术会议 2022年，学会在学术年会、国际电力电子技术与应用会议国际会议等品牌活动基础上进行整合升级，推出中国电力电子与能量转换大会、全球电力电子高峰论坛等品牌活动，并将举办周期由两年一届调整为一年一届，全力打造本领域全球顶尖会议平台。

学会各分支机构积极组织专题交流活动。截至2022年年底，共举办9场，共计3000余人次参加，内容涉及电能质量、交通电气化、元器件、电磁兼容、照明、信息系统供电等，同时面向青年科技工作者、女科技工作者举办专门交流活动。

科普活动 11月3—6日，由学会、学会科普工作委员会主办，合肥工业大学电气与自动化工程学院承办的GaN Systems杯第八届高校电力电子应用设计大赛决赛在福建省厦门市举办。大赛以“高效高功率密度单级光伏逆变器设计”为主题，来自全国46所高校共计64支队伍报名参赛。经过预审和初赛，16支队伍进入决赛。经测试、专家评审等环节，评出特等奖1名（华中科技大学代表队）、一等奖2名、二等奖3名、三等奖2名。

表彰举荐优秀科技工作者 第八届中国电源学会

科学技术奖评选共收到各类推荐 72 项，经过函审初评和会评，最终评选出 20 个获奖项目和 5 位获奖个人，其中特等奖 2 项、一等奖 3 项、二等奖 7 项、优秀产品创新奖 8 项、杰出贡献奖 1 人（中国工程院院士、湖南大学教授罗安）、青年奖 4 人。颁奖仪式于 11 月 5 日在福建省厦门市以线上线下结合方式举办，近 500 人现场参加。

党建强会　组织开展“喜迎党的二十大”系列活动。以线上活动“电源云讲坛”为载体，组织开展 10 场线上活动，共计近 5000 人参与；以专业技术培训为载体，组织开展 4 场线下活动，总计 500 余人参与。

学会制订工作计划，组织开展学习活动。制定学习宣传贯彻党的二十大精神工作要点和工作方案；在学会九届五次党委会议、九届三次常务理事会议和九届二次全体理事会议上集中传达学习党的二十大精神。

为进一步完善学会党的工作系统，结合学会实际制定《中国电源学会分支机构党的工作小组工作指南》；结合分支机构换届工作，在学会各分支机构建立党的工作小组，已完成换届的分支机构均已成立党的工作小组。

起草制定《中国电源学会意识形态工作管理制度》并实施。

2022 年，学会召开 4 次党委会议，就学会年度工作报告、财务报告、工作计划、财务预算进行审核并提出意见，就学会年度重点项目和相关重大事项进行前置审议。

会员服务　学会制定《中国电源学会 2022 年全国科技工作者日活动实施方案》，围绕“创新争先　自立自强”主题组织开展系列活动，包括 2022 年电源领域“最美科技工作者”学习宣传活动、电源云讲坛系列活动、2022 年全国科技工作者日主场活动宣传、中国电源学会科学技术奖申报宣讲会、科技工作者法律服务活动；开通使用“中国科协科技工作者心理服务热线”等，满足广大科技工作者心理健康需求。

为进一步完善学会会员体系，表彰在电源及相关领域中成绩卓著或者对学会作出重大贡献的学会会员，2022 年建立会士遴选制度。完成学会会士遴选工作条例制定并通过常务理事会审批；启动并完成第一批会士遴选工作，共评选出 14 位会士。

【2022 中国电力电子与能量转换大会暨中国电源学会第二十五届学术年会】11 月 4—7 日，2022 中国电力电子与能量转换大会暨中国电源学会第二十五届学术年会以线上线下结合方式在福建省厦门市举办。同期举办第三届国际电力电子技术与应用会议。近 500 人现场参加会议，近万人次线上参与。

在专题讲座环节，学会理事长刘进军、荣誉理事长徐德鸿、副理事长阮新波，国外电力电子权威专家 Thomas M.Jahns、Brad Lehman、Hirofumi Akagi 等国内外知名专家开设 15 场线上专题讲座，累计 3800 余人次观看。讲座内容涉及永磁电机驱动和集成式电机驱动、数据中心的新型电力电子变换技术、电力电子变换器共模传导干扰的建模与抑制方法、海上风电交直流并网、中压大功率变流器、多端 MMC-HVDC 系统、采用 SiC 器件的高升压型隔离式 DC-DC 转换器、DER 逆变器、电力电子拓扑思维创新、银烧结工艺与其可靠性、新型可调电抗器技术等。

学会副理事长章进法主持开幕式。大会主席、学会理事长刘进军致开幕词，会议技术程序委员会主席、浙江大学教授马皓介绍会议主要情况。来自中国、美国、加拿大、德国、丹麦、瑞士、巴西、日本、韩国等国家的专家学者作特邀报告。在大会报告环节，共设置 11 场大会报告，美国国家工程院院士、中国工程院外籍院士、美国弗吉尼亚理工大学教授李泽元，中国工程院院士、中国南方电网有限责任公司专家委员会名誉主任委员李立涅，中国工程院院士、湖南大学教授罗安，华为数字能源技术有限公司副总裁、研发管理部总裁何建军，株洲中车时代半导体有限公司总经理罗海辉作大会报告。

“全球电力电子高峰论坛”品牌活动同期开幕。8 位专家以国际视角，紧扣电力电子领域的不同热点及发展趋势展开交流和讨论，线上线下无障碍点评互动，受到与会者欢迎。

分会场交流包括 40 个中文主题技术报告分会场、36 个英文主题报告分会场，共计 439 场口头报告；10 个工业报告分会场共 38 场报告，5 场专题活动以及 2 个墙报交流时段。与会论文作者和产业界资深工程师就电力电子全领域的最新成果进行交流和探讨。会议特设优秀分会场报告人评选活动，最终 106 位报告人获选。大会还评选出 2022 中国电力电子与能量转换大会暨中国电源学会第二十五届学术年会优秀论文 19 篇、第三届国际电力电子技术与应用会议优秀论文 15 篇，并评出 2 个专题共 10 名优秀专题主席。

会议期间，举办第八届中国电源学会科学技术奖颁奖仪式和获奖成果展示、GaN Systems 杯第八届高校电力电子应用设计大赛决赛、中国电源产业与技术发展路线图发布会暨产业技术发展研讨会、电力电子化电力系统专题论坛、联合青年人才论坛、电源科研成果交流会、中国电源学会团体标准宣贯会等活动。

同期展览共有 87 家企业参展，展位数量超过 180 个。大会共录用中文论文 415 篇，英文论文 310 篇。

【《电源产业与技术发展路线图》出版】 11 月，学会编著的《电源产业与技术发展路线图》由中国科学技术出版社正式出版发行。

在中国科协的指导和支持下，学会于 2020—2022 年组织开展有关中国电源产业与技术发展路线图研究及编写工作，邀请各领域专家学者和企业代表组建 7 个专题编写组，召开研讨、论证、评审会议 20 余场，共计 200 余位专家、企业人士参与编写。路线图包含电源行业综合报告和功率元器件及模块、电力系统中的电力电子变换、变频电源及其应用、信息系统、特种电源、前沿技术 6 个主要重点领域分报告，总计近 30 万字。该书以 2021—2035 年为时间范围，全面梳理国内外电源产业、技术发展现状和发展特点，剖析中国电源产业、技术发展面临的机遇与挑战，识别未来电源技术的重点发展方向、关键技术及其优先程度，从产业进展、人才建设、产业应用等方面对未来新技术、新产业和新模式进行预测研判，提出并制定政产学研协同各方力量推进电源产业技术创新的行动指南，搭建电源总体和重点细分领域 1+N 的发展路线图体系。同时，形成一份电源产业与技术发展智库报告，为党和国家科学决策提出建议。

11 月 7 日，中国电源产业与技术发展路线图发布会暨产业技术发展研讨会以线上线下结合方式在福建省厦门市举办。编写组负责人就路线图主要内容进行专题介绍，会议特邀路线图首席科学家、浙江大学教授徐德鸿和各编写组主要负责人、执笔人作报告，来自电源及相关领域的产学研代表近 400 人参加会议。

（撰稿人：杨乃芬）

中国复合材料学会

服务创新型国家和社会建设 2022 年，作为中国科协“科创中国”36 家试点学会之一，学会提出服务地方经济发展新模式，助力复合材料行业科技经济融合发展。筹建“科创中国”新材料、碳材料、复合材料 3 个科技专家服务团，组织专家调研走访国内十大经济区，对接地方产业需求 300 余项；为粤港澳大湾区、长三角地区、西北地区的复合材料产业发展集群提供科技咨询服务与对接 20 余次，形成《2022 中国碳纤维产业情况报告》《2022 玄武岩纤维发展报告》复合材料行业发展报告 2 份。

4 月，与中国建筑材料科学研究总院有限公司非金属材料创新中心开展对接合作，围绕创新中心针对纤维增强复合材料成立的创新基金和深入建材领域的发展方向提出建议。

7 月，与河北立中有色金属集团有限公司就硅铝弥散复合新材料产品研究成果及应用领域达成合作意向。

8 月 15—19 日，由中国科协科学技术创新部主办、学会承办的 2022 碳纤维复合材料领域专业技术转移转化能力提升班在辽宁省沈阳市举办。培训邀请北京化工大学教授徐樑华、西北工业大学教授郑锡涛、中北大学副教授张彦飞、合肥工业大学教授祖磊、清华大学教授姚学锋、中国飞机强度研究所研究员杨胜春 6 位专家授课。本届研修班紧扣“碳纤维原丝材料制备技术及其产业化工程化技术研究”“碳纤维及其复合材料产业现状和发展趋势”“碳纤维复合材料结构设计、模拟与仿真”“碳纤维复合材料成型制备工艺、制造技术与装备研究”“碳纤维复合材料界面性能与检测评价”“碳纤维复合材料应用剖析、技术创新研究与经验分享”6 个主题展开培训。培训期间还遴选当地具有代表性的碳纤维行业企业进行参观实践，为学员提供理论与实践一体化的系统培训服务。

举办复合材料仿真分析与软件应用线上培训、碳纤维复合材料领域专业技术转移转化能力提升班，共培训复合材料学员 750 余名。

2022 年度受理团体标准申请 7 项，立项 6 项，发布 1 项，在研 9 项。举办“团标小课堂”活动，对团体标准的定位、工作原则等进行培训讲解。

完成 1 批次职称评定工作，共评审出复合材料正高级工程师 1 人、高级工程师 11 人、工程师 2 人、助理工程师 6 人。

完成工程教育认证年度工作，审核 2022 年材料类专业申请材料 47 份，通过 22 份；累计安排 15 个专业进校考察；拟定 2023 年度材料类申请专业审核，累计审核 192 份专业材料，为复合材料学科的教育质量提供保障。

学会建设 2022年，学会召开七届七次理事会议，就学会换届筹备情况进行汇报，对新一届理事会候选人进行现场投票推荐。

截至2022年年底，学会个人会员总数达15814人，高端人才数量较2021年增长3.7%。

学会入选中国科协中国特色一流学会建设项目名单。

青年人才托举工程 截至2022年年底，学会推荐入选中国科协青年人才托举工程项目的青年人才数量达54人。围绕青年人才搭建产学研交流平台、研讨最新学术进展，举办6期高端青年学术沙龙，累计参与人数200余人次。

主办期刊 《复合材料学报》是由北京航空航天大学、学会主办的中文版月刊。根据中国科学信息技术研究所发布的2022年版《中国科技期刊引证报告（核心版）自然科学卷》的期刊引证报告数据显示，《复合材料学报》2022年核心影响因子为1.192；核心总被引频次为3000次，位列材料学科期刊第4位。

国内主要学术会议 2022年，学会举办学术交流活动20余场，线上线下举办高端青年人才沙龙活动8场，累计参加会议人数8200余人次。会议主要包括第三届全国复合材料结构力学青年科学家论坛、2022中国运载领域复合材料科技会议等。

8月18—21日，中国复合材料学会空天动力复合材料及应用专业委员会2022年度学术会议在辽宁省大连市召开。学会副理事长、空天动力复合材料及应用专业委员会主任委员、中国工程院院士侯晓致辞。中国工程院院士蹇锡高、中国科学院院士张锦、北京跟踪与通信技术研究所总师杨灿、西安电子科技大学教授周益春、西安航天复合材料研究所研究员张承双等专家作大会报告。会议除设置主会场外，还举办特邀报告分会场5场，涉及空天复合材料结构设计与仿真、复合材料基础原材料、复合材料加工与装配、复合材料性能表征与测试、先进复合材料成型工艺与装备。来自国内高校、科研院所以及企业的近200名专家学者参加会议，从不同层面和角度展示最新技术研究及应用成果，共同探讨如何推动复合材料的发展和实现更高水平更高成熟度的空天动力领域复合材料应用。

国际组织任职 学会第七届常务理事、国际合作委员会主任委员、浙江大学教授彭华新担任亚澳复合材料学会副理事长，并任第十二届亚澳复合材料大会大会主席。

国际交往 学会组织会员参加美国普渡大学复合材料设计与制造中心主办的全球“复合材料过去、现在与未来”世界著名专家高端网络讲坛，累计已开展23期。

科普活动 5—6月，学会开展6期2022“复材大讲堂”系列活动，围绕“轻质高强复合材料低成本化技术进展”“非连续增强聚合物基复合材料的强度与模量”“轻质复合结构电磁波调控与承载一体化设计与表征”“复合材料积木式验证方法及要点”“力学及仿真在复合材料领域的应用”“碳化硅纤维发展历程及未来展望”等主题，邀请复合材料行业高校、科研院所、龙头企业等机构的相关专家进行线上交流，累计观看人数超过1.6万人次。

表彰举荐优秀科技工作者 2022年，组织开展中国复合材料学会科学技术奖评选工作，经评审最终评选出一等奖1项、二等奖3项；组织开展科技评价工作，梳理行业5A项目1项、4A项目3项；组织并推荐复合材料行业专家24人入选中国科协科技人才奖项评审专家。完成年度优秀博士学位论文评选，评出优秀博士学位论文5篇、优秀博士学位论文提名奖5篇。

党建强会 学会理事会党委前置审议学会换届工作方案。开设“党史连连看”专栏，发布学习内容40余篇；集中学习习近平总书记重要讲话精神等10余次。

会员服务 学会聚焦会员人才培养需求，制定复合材料教育培训方案，邀请行业专家授课，探索出多层次追踪式的线上线下结合培训模式，累计服务会员1750余人次。

进一步优化包括会员管理、分支机构管理、会议管理、展会管理、赛事管理、承能工作管理功能在内的一体化信息服务平台，实现会员需求即时处理、会议注册简洁高效、项目申报方便省时等。

在办公地点设立实体化会员之家，为会员提供会议交流场地与相关服务。会员可凭借通过参与学会活动获得的积分，免费享受会员之家的服务。

【2022中国运载领域复合材料科技会议】 9月2—4日，2022中国运载领域复合材料科技会议在浙江省嘉兴市桐乡市召开。中国工程院院士杜善义、俞建勇、侯晓、张联盟等专家、学者出席大会开幕式并致辞。张联盟、航空工业直升机设计研究所总设计师邓景辉、北京卫星制造厂有限公司研究员杨海涛、中国

航天科工磁悬浮与电磁推进技术总体部磁浮动力室主任张志华，中国兵器工业集团第五三研究所总工程师魏化震分别作大会报告。

大会围绕航空、航天、空间飞行器、轨道交通、汽车、海洋船舶等应用领域举办主题研讨会6场，设置企业展区，供与会人员参观交流。来自全国各地的500余名复合材料领域专家学者参加会议。会议通过学术交流、展览展示、合作签约、产业参观等形式，使与会专家与地方产业、企业建立紧密联系，以探索建立高端智力资源面对面服务模式，共同推动先进复合材料成果转化落地，助力产业链间的合作与升级。

【第三届全国复合材料结构力学青年科学家论坛】 8月31日—9月2日，由学会、中国力学学会、西北工业大学、北京理工大学联合主办的第三届全国复合材料结构力学青年科学家论坛在江苏省苏州市太仓市举办。论坛由西北工业大学教授张超、北京理工大学教授雷红帅共同发起并担任执行主席。学会常务副秘书长叶金蕊、西北工业大学民航学院院长李玉龙等出席论坛。中山大学教授王彪、北京大学教授王建祥、同济大学教授李岩、大连理工大学教授王博、湖南大学教授侯淑娟、北京航空航天大学教授李典森、南京工业大学教授赵启林、清华大学教授柳占立、北京大学研究员韦小丁、中国科学技术大学教授宣守虎、西安交通大学教授田小永、哈尔滨工业大学教授熊健、西北工业大学教授许英杰、南京航空航天大学教授吴奇等专家围绕复合材料结构力学作专题报告。会期还遴选出优秀摘要并作邀请报告。论坛期间设置展示展览活动，多家复合材料相关企业参展。

（撰稿人：叶金蕊　潘雨薇　靳鹏程　张志皓）

中国消防协会

服务创新型国家和社会建设　2022年协会收到申请立项团体标准20项，召开立项审查会议5次，同意立项团体标准20项；17项团体标准公开向社会面征求意见；9项团体标准通过技术审查；9项团体标准获批准发布，并在全国团体标准信息平台备案。截至2022年年底，共收到申请立项团体标准68项，同意立项54项，已批准发布15项，并在官网上公开标准参阅文本。

参与修改制定各类标准31项，参与消防技术性工作78次，帮助消防行业进行职业化培训万余人次。

结合消防行业实际，健全信用评价制度，修订《中国消防行业信用等级评价管理办法》，进一步扩大评价对象范围，行业划分覆盖生产流通、专业化服务、设施设备应用、科技研发等领域，以适应市场主体对信用评价的需求。2022年，协会部署开展第12批消防行业信用评价和前两批复评工作，并报全国行业信用公共服务平台备案，179家企业获得A级以上信用等级，与往年相比，参评企业数量有所增加。

征集4篇学术论文参加第一届中国科技青年论坛；推荐的中国中元国际工程有限公司、河南省猎鹰消防科技有限公司入选首批“科创中国”创新基地名单；推荐国安达股份有限公司、河南省猎鹰消防科技有限公司、清华大学可燃气体探测激光芯片及传感器研发团队申报“科创中国”先导技术榜单评选。

学会建设　1月28日，中国科协党组成员、书记处书记王进展等一行5人到协会调研，并召开调研座谈会。会议就如何加强中国科协与所属学会联系沟通、充分发挥科协作用、推动全国学会改革发展等问题进行交流探讨。

9月，协会成立专家委员会，由4名首席专家、37名委员和259名专家库专家组成，并实时动态调整专家库，还增设消防职业安全健康专业。截至2022年专家库已经达到覆盖12个专业方向、成员共计410人的规模。

修订《中国消防协会会员管理办法》《中国消防协会分支机构管理办法》，严格依照章程开展工作。对下设的16家分支机构组织开展专项整治行动，紧盯重点问题，确保依法依规运行。

新成立中国消防协会消防安全教育培训分会；指导4个分支机构完成换届；批复指导各分支机构组织召开工作会议和学术研讨会50余场次，编辑出版书籍论文集6部。

结合脱钩改革新形势和面临的新挑战，修订《中国消防协会机构设置、工作职责和人员编制》，整理印发《中国消防协会文件规定汇编》，健全制度，规范自身建设，完善公文传递办理制度，全年累计向中国科协报送要闻信息40余篇；接收各级文件285份，全部按时办结。

改版协会官方网站，协调与中国科协会员数据库的对接，强化信息更新管理。

青年人才托举工程　2022年，协会完成第八届中

国科协青年人才托举工程项目申报工作。5月27日，由协会科普教育工作委员会等承办的2022年中国消防协会青年人才托举学术沙龙线上举办。来自高等院校、科研机构的60余名专家、青年科研工作者参加活动。

学科发展工程 协会基于自身兼有基础研究、应用科学、工程技术、综合交叉类型，以应用科学为主的特点，针对国家消防救援局挂牌、消防救援局与森林消防局整合的现实重大业务需求，组织开展基于“家火野火一起防、一起打”理念的火灾科学发展研究、国产高端消防主战装备研发、社会单位智慧消防建设与应用研究、全灾种消防员职业安全健康技术研究以及消防员个人防护装备的研制等，面向社会公开征集专家，增设相关专业学科，扩充智力资源队伍，引导骨干企业开发新型高效、智能操控、绿色节能的消防科研成果，并组织开展示范应用，编制相应的团体标准，推动全灾种消防救援学科体系建设。

国内主要学术会议 2022年，协会组织召开中国消防协会2022科技年会等多场学术会议及论坛，促进会企合作，加强消防技术交流。

8月6日，由协会主办的消防泵工程应用技术交流大会在河南省郑州市召开，450人线下参加会议，2.4万人次在线观看直播。

9月17日，由协会与中国石油和石油化工设备工业协会联合主办的中国工矿消防水系统技术高峰论坛在上海市召开，400余名专家学者和业界人士参加观摩交流活动。

9月17—18日，由协会石油化工防火专业委员会等主办的第四届中国石油化工消防科技创新和发展论坛在四川省成都市召开。国家有关部委领导、全国消防与应急救援等领域专家及各企业代表参加论坛，探讨应急救援前沿技术，共享应急管理科技创新成果。

9月26—29日，由协会建筑防火专业委员会、中国建筑学会建筑防火综合技术分会等联合中国建筑科学研究院建筑防火研究所共同举办的第一届全国建筑防火大会暨第七届中国消防协会建筑防火专业委员会第一次工作会议在云南省昆明市召开。会上举办建筑设计防火、新能源防火等14个论坛活动，近千名专家学者参加，观看直播人数超10万人次。

11月10日，协会联合中国科学技术大学火灾科学国家重点实验室线上举办全国消防科学传播专家论坛第一期火灾调查，科普中国、光明网、抖音等多家媒体平台在线直播。

11月17日，由协会电气防火专业委员会主办的第二十五次电气防火学术研讨会以线上线下结合方式在辽宁省沈阳市召开。会上作《锂离子电池火灾安全研究进展及挑战》等6项专题报告。

此外，协会火灾原因调查专业委员会联合有关单位举办火灾调查论坛，邀请有关专家学者开展讲座交流；协会消防电子分会组织召开危险化学品作业场所火灾自动报警系统五项国家标准技术研讨会；协会城市轨道交通消防安全专业委员会召开国际研讨会，专题研究城市轨道交通消防应急救援及疏散体系建设的技术发展方向。

科普活动 2022年，协会组织开展各类科普宣传活动，受众1500万余人次，受到各界好评。以科技活动周、安全生产月、119消防宣传月为重大时间节点，组织协会科普教育工作委员会委员、全国消防科学传播专家团成员开展100余场消防科普宣传活动，受众超过350万人次。

联合中国青年报社等机构共同发起“青春宇宙 蓝色星球”校园消防安全教育元宇宙体验活动；推荐6名年度科普人物、8部科普作品参加“典赞·2022科普中国”活动；推荐的4家单位入选中国科协2021—2025年度第一批全国科普教育基地名单。

举办2022年全国优秀消防科普宣传教育作品评选大赛、全国消防安全知识网络大赛、“消防科普云讲堂”系列宣讲等活动；获批中国科协科学技术普及部2022年度科普标准化和推动实施全民科学素质行动2个项目；完成打造全国学会科普品牌专项活动和科学家传播工作建设试点2个项目验收，以及年度重点科普宣传工作。

表彰举荐优秀科技工作者 协会推荐1名候选人申报第十七届中国青年科技奖；按照国家知识产权局的部署要求，提名3项专利参加第二十四届中国专利奖评选；征集并推荐18名专家申报科技人才奖项评审专家候选人；完成第十二届中国消防协会科学技术创新奖评审工作。

党建强会 7月，协会经中国科协学会党建办公室批准，成立由协会会长陈伟明任党委书记的中国消防协会理事会党委。2022年，新一届理事会党委共召开党委会议3次，审议重大事项20件。

协会党支部认真落实“三会一课”等制度，年内共组织党员集中学习11次，支部书记和支部委员带头上党课。起草制定《学习宣贯党的二十大精神工作方案》，开展党的二十大精神学习活动。

会员服务 协会通过电话、座谈会、网站等形式与会员沟通，了解会员需求，开设面向会员的企业微信群，多方位为会员提供线上服务支撑。2022年，"会员之家"网站刊发会员来稿60余篇、单位及个人会员简介506份，受理解答会员线上咨询70余条、电话咨询上千次。年内新发展单位会员117家、个人会员389人。

组织会员单位申报中国科协等单位的项目，为会员单位的科学技术项目提供支撑，"科学传播专家工作建设""消防安全管理员职业等级认定制度研究"等4个项目获中国科协立项批复。

【中国消防协会2022科技年会暨七届一次理事会议】 12月23日，协会线上召开中国消防协会2022科技年会暨七届一次理事会议。应急管理部消防救援局总工程师周天，协会会长陈伟明，协会副会长李引擎、牛跃光、马维光，协会副会长兼秘书长曹忙根等出席会议，其他人员线上参加会议。会上，牛跃光作2022年科技工作报告，李引擎在会上宣读推优评奖活动的奖励决定，周天代表应急管理部消防救援局讲话。

同期召开七届一次理事会议，92名常务理事和理事出席会议。会上，陈伟明和马维光分别将第七届理事会成立以来的工作开展情况和财务工作情况向理事会进行报告，各位理事审议并通过两个报告。

【中国消防协会专家委员会成立大会】 9月21日，中国消防协会专家委员会成立大会以线上线下结合方式在北京召开。协会会长陈伟明，应急管理部消防救援局总工程师周天，协会副会长李引擎、牛跃光、马维光，协会副会长兼秘书长曹忙根，以及协会专家委员会部分专家代表、协会各部门负责人在主会场出席会议。中国工程院院士、清华大学公共安全研究院院长范维澄线上出席会议并讲话。300余名专家学者以视频形式参加会议。会上，宣读《关于成立中国消防协会专家委员会的决定》《关于聘任中国消防协会专家委员会首席专家的决定》，解读《中国消防协会专家委员会管理办法》，并对下一步专家委员会的主要任务进行部署。会上，为协会专家委员会首席专家及委员、专家库成员代表颁发证书。

（撰稿人：刘春利　曲　毅）

中国图象图形学学会

服务创新型国家和社会建设 学会牵头成立"科创中国"机器视觉与智能产业科技服务团，汇聚90余名领域专家深入湖南省长沙市等地，举办高端学术论坛、技术交流会、培训等活动，服务76家先进制造业企业和机器视觉领域高科技企业，精准匹配问题解析52项，成果评价51项，签订战略合作协议5项，撰写地方发展建议报告1份，搭建成果转化平台，推动形成高等院校、科研院所与企业之间的创新合力和创新体系，服务科技经济融合发展。

持续完善科技成果评价工作流程，2022年完成科技成果评价13项，推动图像图形领域科技成果转化应用。

发挥人才荟萃、智力密集等优势，拓展咨询服务空间，成立"机器视觉""虚拟现实"决策咨询专家团队，围绕图像图形重大技术问题，汇聚跨界创新资源，组织专家开展咨询服务。

举办第三届CSIG图像图形技术挑战赛，来自国内外高校、科研机构、企业的700余支队伍参赛。

举办专业技术人才培训班2次，参加培训人数500余人次。

学会建设 截至2022年年底，学会个人会员总数24743人、单位会员43家。

召开理事会议1次、监事会议2次、常务理事会议3次、理事长会议4次，完成1个工作委员会更名工作，新成立1个工作委员会。现有29个专业委员会、14个工作委员会。

优化升级会员系统和会议系统，开通微信视频号，打造学会官网、微信公众号、微博等新媒体传播矩阵。

青年人才托举工程 按照多渠道推荐、同行专家评议的方式开展青年人才遴选工作。2022年，学会推荐3人入选第八届中国科协青年人才托举工程项目；推荐4人入选北京市科学技术协会2023—2025年青年人才托举工程项目。

主办期刊 2022年，《中国图象图形学报》共有978篇论文入选中国知网《学术精要数据库》（2011—2022年）高影响力论文。

英文期刊*Visual Intelligence*［《视觉智能》（英文）］入选中国科技期刊卓越行动计划高起点新刊项目，约

稿19篇（3篇来自境外，包括英国、美国和瑞士等国家）。

承担中国科协2022年度分领域发布高质量科技期刊分级目录项目，已完成初评，共评定172种国外期刊、77种国内期刊。

学科发展工程 学会聚焦图像图形重点领域，开展学科发展研究，汇聚百余名专家梳理学科发展脉络，发布“图像图形学发展年度报告”综述专刊，包含15篇学科重要方向综述论文，展示学科研究现状及热点趋势。

国际学术会议 2022年，学会组织国际会议25次，1万余人次参加，交流论文23篇。

11月17—20日，由学会和中国仿真学会、中国计算机学会联合主办的第二十二届中国虚拟现实大会在云南省昆明市召开，同期举办2022国际虚拟现实与可视化会议和2022中国虚拟现实大赛。会议采用线上线下结合方式进行，交流论文和报告23篇。

国内主要学术会议 学会及分支机构共举办2022中国图象图形大会等国内学术会议150余次，交流论文459篇。

7月16—17日，由学会主办、学会三维视觉专业委员会和深蓝学院承办的第三届全国SLAM技术论坛线上召开，来自高等院校、科研院所和企业的4000余名专家学者参加论坛。会议设置22个报告、2个圆桌论坛，探讨SLAM在机器人与自动驾驶中的应用和从业、XR关键技术、SLAM从业职业规划，促进国内SLAM技术的发展以及产学研用融合。

7月20—22日，由学会、中国计算机学会联合主办，学会多媒体专业委员会、中国计算机学会多媒体技术专业委员会承办的2022中国多媒体大会在贵州省贵阳市召开。会议设置2场大会主旨报告、2场企业特邀报告、4场讲习班、16场学术技术论坛。

7月22—25日，由学会主办，学会可视化与可视分析专业委员会、青海师范大学、青海大学、青海民族大学承办的第九届中国可视化与可视分析大会在青海省西宁市召开。来自高等院校、科研机构、企事业单位的625名专家学者参加会议。会议设置2个大会特邀报告、2个专题圆桌论坛、8场论文报告和13场专题论坛。会议就可视化相关领域研究与应用介绍最新进展、发展动态，开阔研究思路。

11月18—20日，由学会和中国仿真学会、中国计算机学会联合主办的第二十二届中国虚拟现实大会在云南省昆明市采用线上线下结合方式召开。

12月17—18日，由学会主办、学会数字媒体取证与安全专业委员会等承办的第三届CSIG中国媒体取证与安全大会在福建省福州市召开。会议采用线上线下结合方式举办，来自高等院校、科研院所和企业的专家学者1000余人次参加会议。会议以“数字媒体智能篡改攻击与安全防御”为主题，探讨信息安全行业的研究方向和发展所面临的关键性挑战问题，以期推动该领域理论、技术的发展和应用。

12月18日，由学会主办、学会文档图像分析与识别专业委员会和华为技术有限公司承办的第六届CSIG文档图像分析与识别前沿理论与应用研讨会线上召开，2000余人次在线观看。会议从文档图像分析与识别、文字识别的基础问题、前沿方向、热点课题和重大应用进行探讨。

12月23—26日，由学会和中国人工智能学会、中国计算机学会、中国自动化学会联合主办的第五届中国模式识别与计算机视觉大会在广东省深圳市召开。会议采用线上线下结合方式举办，来自国内外高校、科研院所和企业代表的300余人参加现场会议，19万人次在线观看。会议以“汇聚大湾区，共创新视界”为主题，设置8个主旨报告、8个特邀报告、14场论坛、4场讲习班、11场企业讲坛、8场口头报告和2场学术海报展示；收录论文233篇，其中口头报告论文40篇、墙报论文193篇。

国际组织任职 学会推举学会理事、脑图谱专业委员会主任蒋田仔当选国际人脑图谱学会主席。

国际交往 学会与亚洲图形学会、哥伦比亚计算机学会等组织达成战略合作，推动双方联合举办学术会议和国际会议的宣传等。

科普活动 学会参与全国科技活动周和全国科普日活动，以科普讲座、展览展示、科学实验展演、互动体验等多种形式开展科普活动40场，受众60万余人次。学会获评2022年全国科技工作者日活动优秀组织单位，组织的北京冬奥会信息可视化设计、走进中小学科普图像处理知识、“点亮好奇心”科普短视频优秀作品展演3项活动被评为2022年全国科普日优秀活动。

组织开展“典赞·2022科普中国”推荐工作，推荐5人、4个作品；结合当前热点问题，组织2期科普专家交流沙龙；推进科技资源科普化，创建科普教育基地2家。

表彰举荐优秀科技工作者 学会组织开展2022年“最美科技工作者”、第十八届中国青年女科学家奖、第十七届中国青年科技奖、教育部高等学校科学研究优秀成果奖等候选人推荐工作。

党建强会 2022年，召开理事会党委会议4次，开展党委书记、党委委员带头讲党课5次。

学习宣传贯彻党的二十大精神，开展“二十大代表进学会”等系列活动5次。党的二十大代表、湖南大学党委书记邓卫以《学习党的二十大精神 担当科教先行者重任》为主题宣讲党的二十大精神；调动分支机构党的工作小组的积极性，通过专题学习、主题党日等形式带动委员学习宣传贯彻党的二十大精神。

实施“党建强会计划”项目，以学会云讲堂、企业行、珠峰论坛等品牌活动为载体，开展“党建+学术”“党建+科普”“党建+科创”等特色活动14次，促进党建与业务融合。

会员服务 细化会员精准服务，进一步拓宽会员联系服务空间，开展会员满意度调查，增强与会员的沟通和联系。出版《中国图象图形学学会通讯》，免费向全体会员发送。学生会员免费参加学会学术年会。

组织全国科技工作者日、CSIG会员日、与导师同行、学生会员分享论坛等活动，提升会员参与学会活动的获得感。

进一步健全会员体系，开展高级会员和杰出会员评选工作，授予高级会员35名、杰出会员22名。

【2022中国图象图形大会】 8月19—21日，由学会主办，四川大学承办，电子科技大学协办，成都市博览局、成都市科学技术协会、成都市科技局支持的2022中国图象图形大会在四川省成都市召开。会议以“图象视界，形智未来”为主题，来自高等院校、科研院所和企业的1500余名专家学者参加会议。

会议设置26个学术论坛、6个特色论坛、3个企业论坛，涵盖机器视觉、感知系统、虚拟现实、多媒体计算、医学影像、安防与取证、文档图像分析识别等方向，来自各领域的专家和行业领军者从不同角度介绍图像图形领域发展的现状、存在的问题和未来的方向，旨在引领图像图形技术的发展。

中国工程院院士潘云鹤、中国工程院院士郑南宁、中国工程院院士高文、中国工程院院士戴琼海、中国科学院院士乔红、中国工程院院士王耀南分别作题为《视觉知识和视觉智能》《机器行为与人工智能系统的信任》《超高清视频前沿技术现状与展望》《人工智能与脑科学》《受人神经机制与结构机理启发的机器人系统》《高光谱机器视觉感知技术应用与发展趋势》的大会特邀报告。

（撰稿人：骆岩峰　黄英英　洪　淼）

中国人工智能学会

服务创新型国家和社会建设 学会发挥人才智力优势和组织优势，吸纳有关人工智能科技工作者，构建多元化、多层次的科技志愿者队伍，以线上线下结合方式开展专业培训、科技咨询、技术指导、科学普及、需求对接等科创服务。7月27日，学会科技志愿服务队——萧山分队成立，萧山区政协、萧山区科协领导见证成立仪式，为6位科技志愿专家颁发聘书。同期举办人工智能与数字经济论坛及科技志愿服务座谈会，推动人工智能产业转型升级、科技创新、技术创新。11月26日，学会智慧城市科技志愿服务队成立，在成立仪式上中国科协宣传文化部发布“科技志愿与你同行”倡议。2022年组织科技志愿服务活动3场，聘任科技志愿专家28位，吸纳科技志愿者60位。

对“知识与深度学习融合的智能对话技术与应用”“多语种复杂场景图文理解关键技术及产业化”等21项行业科技成果开展鉴定评价工作。

承接“科创中国”人工智能专业科技服务团项目，提供产业化落地方案71项，提出43项技术问题解决方案。

举办专业技术人才培训班6次，培训人数806人次。

7月22—26日，承接并完成人力资源社会保障部高级研修项目——人工智能领域专业技术转移转化能力提升班，13名专家作报告，80名学员参加研修学习。

承接学会服务青年科技工作者成长成才机制项目，发挥学会资源优势，形成研究报告、建议报告各1篇。

6月，学会推荐的“如何实现可信可靠可解释人工智能技术路线和方案?”入选中国科协2022重大前沿科学问题。通过组织主题研讨、凝练学术成果，向中国科协提交建议报告，学会被中国科协科学技术创新部评为2022年度学术成果凝练优秀学会。

学会建设 2022年，学会新发展会士13人、高

级会员 33 人、普通会员 10593 人，个人会员总数达 63863 人；单位会员总数 547 个。完成 10 个分支机构换届，新成立 6 个分支机构。召开党委会议 5 次、理事会议 1 次、常务理事会议 3 次、监事会议 4 次。

经学会组织工作委员会考核评估，9 个专业委员会被评定为 2022 年度中国人工智能学会优秀专业委员会。

青年人才托举工程 9 月 17 日，学会在福建省厦门市举办第八届（2022—2024 年度）中国科协青年人才托举工程答辩评审会，推荐的 2 名青年人才获得中国科协资助、6 人获得自筹资金资助。

10 月 29—30 日，在四川省成都市举办中国科协“人工智能前沿交叉”青年科学家沙龙。

主办期刊 *CAAI Transactions on Intelligence Technology*（《智能技术学报》）被 SCIE、EI、Scopus、DOAJ、Inspec 数据库收录。《智能系统学报》入选《科技期刊世界影响力指数（WJCI）报告（2022）》。8 月，*CAAI Artificial Intelligence Research*（《CAAI 人工智能研究》）正式发布。

学科发展工程 9 月 18 日，校长论坛：AI 如何赋能高校学科建设在福建省厦门市举办。5 位教育者和高校管理者共同交流，分享教育见解和管理经验，为国家科技创新、高校学科建设、高等人才培养提供实践性建议。

国际学术会议 2022 年，学会主办 2022 全球人工智能技术大会等国际会议 12 次，线下参加会议人数 5026 人次，交流论文和报告 820 篇，对会议主题报告进行网络直播，线上观看人数累计 22494338 人次。

8 月 27—28 日，由学会主办的第二届国际人工智能会议在北京召开。会议收录论文 145 篇，与会专家学者围绕人工智能交叉应用进行交流，线上观看人数累计 174 万人次。

11 月 26—28 日，学会联合 IEEE 主办的第八届 IEEE 云计算与智能系统国际会议以线上线下结合方式在四川省成都市召开，会议交流论文和报告 124 篇。

国内主要学术会议 2022 年，学会主办 2022 中国人工智能大会等学术交流活动 122 次，线下参加人数 30400 人次，交流论文和报告 1510 篇，对会议报告进行网络直播，线上观看人数累计 2338 万人次。

7 月 27 日，学会主办的人工智能与数字经济论坛在浙江省杭州市召开，10 名高校专家、企业管理者分享智能科技赋能数字经济的创新实践成果。

8 月 18 日，学会主办的中国人工智能学院院长与名师论坛线上召开。人工智能领域专家学者聚集人工智能创新人才培养、基础理论突破和学科专业建设，对人工智能教与学的知识点进行分析阐述。

8 月 22—24 日，学会主办的 2022 年度视觉与学习青年学者研讨会在天津市召开。来自计算机视觉领域的专家、高校青年学者、人工智能企业代表的 3000 余人共同探讨视觉与学习的行业现状及未来趋势。

9 月 17—18 日，学会主办的 2022 中国智能产业高峰论坛在福建省厦门市召开，180 名人工智能领域的专家学者分享研究成果。

科普活动 2022 年，学会主办科普论坛、科普讲座、科普竞赛 44 场，制作科普视频 88 个，受众约 242 万人次。

全国科技工作者日期间，组织 9 场主题活动；全国科普日期间，组织 12 场主题活动，为科技工作者提供学术交流的平台。学会被评为 2022 年全国科技工作者日活动优秀组织单位。

1—11 月，学会主办的 2022 全球人工智能技术创新大赛决赛在浙江省杭州市举办，来自中国 373 所高校和海外 30 所高校的 3456 名选手报名参赛。经初审，2932 支参赛队伍进行比赛，最终评选出一等奖 6 名、二等奖 14 名、三等奖 20 名。

7 月 20—24 日，学会联合城乡统筹发展研究中心共同主办 2022 全国中小学信息技术创新与实践大赛。经地方赛评选推荐，9315 支参赛队伍的 13000 名选手入围全国比赛，最终评选出一等奖 1715 名。

2022 年学会官方微信推出“AI 科普微视频”59 集，在科普中国云、微博、抖音、视频号、今日头条号等媒体平台传播。同时，对 CAAI 云课堂、CAAI 云论坛等科普活动在以上平台进行宣传。

表彰举荐优秀科技工作者 2022 年学会推荐 2 名“最美科技工作者”候选人、3 名第十七届中国青年科技奖提名候选人，以及推荐 3 名候选人参与中国科协 2022 年“科学也偶像”短视频征集活动并获最佳组织奖。

开展吴文俊人工智能科学技术奖评选活动，2022 年度共评选出最高成就奖 1 项；杰出贡献奖 3 项；自然科学奖 4 项；技术发明奖特等奖 4 项；科技进步奖特等奖 12 项；专项奖（芯片项目）2 项；科技进步奖（科普项目）2 项；科技进步奖（企业技术创新工程项目）3 项；优秀青年奖 15 项；优秀博士学位论文获奖论文9篇、提名论文5篇。

党建强会 2022年，学会组织会员及员工通过收听收看、交流研讨等多种形式学习宣传贯彻党的二十大精神。学会党委召开工作会议1次，参加中国科协科技社团党委工作会议4次。

4月28—29日，学会党委召开第八届第四次会议，审议通过并成立12个分支机构功能型党建工作小组。截至4月底，学会共成立分支机构功能型党建工作小组44个。8月21日，学会智能服务专业委员会党建小组举办特色党日活动；9月7日，学会社会计算与社会智能专业委员会党建小组举办踔厉奋发迎接二十大主题党日活动。

7月23日，由学会党委主办、学会机器学习专业委员会党建小组承办的CAAI智慧党建论坛在江苏省南京市以“线下+线上”形式举办，22万人次在线观看。

会员服务 2022年，学会会员服务工作委员会为会员定期邮寄纸质会刊、电子贺卡、定制笔记本；通过品牌活动及线上多媒体渠道进行宣传推广，建立92个微信交流群，进一步吸纳会员；为品牌活动的举办提供保障，优先对接分支机构开通报名通道，为会员提供免费或优先参与学术交流的机会；加强相关学术资源管理，为会员开通免费回看功能，提升信息化水平。

【2022全球人工智能技术大会】 11月25—27日，由学会、杭州市人民政府主办的2022全球人工智能技术大会在浙江省杭州市召开。大会以“交叉、融合、相生、共赢”为主题，中国科学院院士房建成、管晓宏，中国工程院院士戴琼海、柴天佑、何友、陈纯、谭建荣等专家出席会议并致辞。共组织8场主旨报告、1场院士尖峰对话、25场专题论坛、3场同期活动。包括30位中外院士在内的380名专家学者分享最新成果和趋势观点，展开探讨交流，2075万人次线上参加会议。

戴琼海、柴天佑、何友分别作题为《元成像—远观　宏观　微观》《工业人工智能与工业互联网协同发展工业智能》《人工智能安全问题研究》的大会报告，另外，还邀请英国皇家工程院院士郭毅可、瑞典皇家工程院院士Karl H. Johansson作大会报告。5位院士围绕“如何推进人工智能与元宇宙的协同发展”主题，共答元宇宙关键之问，探讨元宇宙的技术路线、元宇宙和人工智能的关系、元宇宙的未来形态。

【2022中国人工智能大会】 10月30—31日，由学会、长沙市人民政府主办的2022中国人工智能大会在湖南省长沙市召开。会议主题为“湘聚智造·凝创未来”，150名人工智能领域的专家学者分享研究成果。大会共设立7场主题报告、1场院士尖峰对话、12场专题论坛、4个同期活动，1238万人次在线观看。

中国工程院院士戴琼海、中国工程院院士廖湘科、中国工程院院士王耀南、英国皇家工程院院士Stephen Muggleton、英国皇家工程院院士Philip Torr、国际欧亚科学院院士田奇、欧洲人工智能联盟主席Carles Sierra分别作题为《关于认知智能的一些思考》《智能制造时代的基础软件》《智能机器人关键技术应用及发展趋势》、*Learning with few examples and many background concepts*、*Recent work at the TVG in Oxford*、《2022年的计算机视觉—挑战问题和潜在方向》、*On the engineering of social values* 的报告。

与会专家学者围绕“人工智能发展新形势：机遇与挑战”主题，从人工智能面对什么样的“新形势”、脑科学这条道路到底是否可行、前景如何、算力驱动的人工智能有多大发展前景和机会、人工智能可解释性定义、从哪个渠道开展研究以及网友关注的人工智能产业趋势等角度观察思考，并分享自身实践经验。

（撰稿人：邹亚茹）

中国体视学学会

服务创新型国家和社会建设 由学会推荐，清华大学、同方威视技术股份有限公司、新鸿电子有限公司共同完成的“基于碳纳米管冷阴极分布式X射线源的静态CT智能查验系统项目”入围2022年“科创中国”先导技术榜单（装备制造领域）。

由学会副理事长陈志强、常务理事张丽带队领衔的同方威视技术团队研发的多项智能安检系统，在2022年北京冬奥会、残奥会期间承担海关检疫、现场安保等多项科技服务工作。

学会图像分析分会分别与北方天途航空技术发展（北京）有限公司、中国建筑设计院有限公司开展科技合作，将人工智能技术用于无人机视觉导航、灾情研判、建筑环境适老化改造等领域。学会材料科学分会与厦门钨业有限公司在硬质合金研发方面开展合作。

推动团体标准研制工作，重点是CT领域的标准研制工作。多次召开CT领域团体标准制定研讨会，

听取在研项目情况汇报，指导和推动项目进展。

学会建设 3月，经学会党委会、常务理事会审议通过，学会学术委员会、奖励委员会、会员工作委员会、标准化技术委员会完成换届。

3月9日，学会召开八届一次党委会议、理事长办公会议，讨论并确定学会负责人，对其进行分工调整。

4月8日，学会青年工作委员会成立大会以视频会议形式召开，约140名会员在线参加。

8月7日，学会分会工作研讨会在山西省长治市召开。学会党委委员、副理事长姜志国，副理事长牟轩沁，党委委员、秘书长李亮，学会各分会秘书长、副秘书长、党小组骨干、总会秘书处等16人参加会议。会议就分会党建工作、会员发展和管理以及工作中遇到的实际问题等进行交流和探讨，并对学会印章管理规定、报销规定、专业分会管理办法等进行讨论和修订。

11月，学会CT理论与应用分会换届会议线上召开，完成分会委员换届工作。新一届分会主任委员为张健；副主任委员为王远、叶青、杨民、张丽、张慧滔、陈平、潘晋孝、魏存峰；秘书长为李兴东。

青年人才托举工程 2022年，学会开展第八届（2022—2024年度）中国科协青年人才托举工程项目申报工作。10月，经学会遴选、专家评审会评审，最终遴选出北京科技大学张先坤、北京航空航天大学王硕、北京大学口腔医院金婵媛、中国科学院深圳先进技术研究院程静4人入选第八届中国科协青年人才托举工程项目。

主办期刊 《中国体视学与图像分析》全年收录论文47篇，其中获得国家自然科学基金、国家重点研发计划项目、国家重大科学仪器设备开发专项项目、后勤科研重大项目、省市自然科学基金等各级各类基金项目资助的论文39篇，占全年刊登论文的83%。

期刊编辑部邀请中国CT领域50多位专家对中国CT领域发展进行回顾与综述；出版纪念专刊，以缅怀邱佩璋先生为中国CT理论与应用事业的奠基和发展作出的贡献。

国内主要学术会议 2022年学会和各专业分会共组织第十七届中国体视学与图像分析学术会议等各类线上线下学术、技术交流活动33次，参加人员近7000人次，交流论文、报告800余篇。

国际交往 7月25日，学会收到国际体视学与图像分析学会通知：经ISSIA执委会表决，同意学会举办第十六届国际体视学与图像分析学术会议的申请。

参与国际体视学与图像分析学会事务，按时缴纳会费；学会副理事长宋晓艳继续担任国际体视学与图像分析学会执委。

科普活动 2022年学会及各专业分会举办线上线下科普讲座、专题展览、青少年科普活动等73场次，受众人数约2500人次；通过科普中国等科普公众号传播科普知识，阅读量累计达9.8万人次。

表彰举荐优秀科技工作者 开展2022年度中国体视学学会科学技术奖推荐工作。经过推荐、函评和会评，最终评选出2022年中国体视学学会科学技术奖一等奖2项、二等奖3项、青年科学技术奖5人。

组织开展第十七届中国青年科技奖候选人提名工作、第二届钟南山青年科技创新奖候选人推荐工作、中国科协科技人才奖项评审专家推荐工作。

党建强会 学会党委定期召开党委会议，党委和理事会、监事会主要领导对学会重大事项进行沟通协调。2022年度，学会党委研究审定学会党建年度计划要点；制定通过《中国体视学学会分支机构党的工作小组管理办法（试行）》；审议批准各专业分会党的工作小组组建和党小组负责人人选；前置审议学会申报中国科协青年人才托举工程项目自筹资金、学会青年工作委员会成立及负责人人选、学会科学技术奖评选、学会年会召开等重要事项。

8月9日，学会党委组织开展党史主题教育，学会党委委员、副理事长姜志国，党委委员、秘书长李亮，各分会负责人、党小组骨干等16人参加。

【中国体视学学会青年工作委员会成立大会暨第一届青年学术论坛】 4月8日，中国体视学学会青年工作委员会成立大会暨第一届青年学术论坛以视频会议形式召开，约140名会员在线参加。学会副理事长姜志国代表学会宣读《关于成立中国体视学学会青年工作委员会的决定》；学会理事长、中国科学院院士张跃致辞，学会秘书长、青年工作委员会主任委员李亮宣读《中国体视学学会青年工作委员会职责》，并介绍青年工作委员会2022年工作计划。

同期召开第一届青年学术论坛，邀请中北大学教授陈平、中国科学院自动化研究所研究员董迪、中国科学院深圳先进技术研究院研究员胡战利、上海交通大学研究员王乐耘、北京科技大学教授张铮5位青年学者从CT、图像、医学、材料、人工智能等不同角度围绕体视学及相关学科领域的发展和应用作学术报告，并与参会会员进行在线交流。

【第十七届中国体视学与图像分析学术会议】 11月11—12日，由学会主办的第十七届中国体视学与图像分析学术会议线上召开。来自全国高校、科研院所、企业等单位从事体视学及相关学科的专家学者700多人参加会议，交流论文160篇。学会理事长、中国科学院院士张跃致大会开幕词，学会副理事长秦高梧主持开幕式和大会报告。

中国科学院院士、长征七号运载火箭总设计师范瑞祥，人工智能专家、清华大学计算机系教授孙茂松，新冠疫苗专家、军事科学院军事医学研究院研究员侯利华，CT成像领域专家、中国科学院高能物理研究所研究员魏存峰分别作大会报告。

会议设5个分会场和1个青年论坛，共有86个分会场口头报告，学科领域涉及医学多媒体信息处理、生物医学体视学、新材料、CT新技术、智能成像等。交流内容涵盖生物医学多媒体信息的处理与仿真理论、技术与应用，生物医学体视学理论及技术创新与发展，材料体视学研究与人才培养，射线数字成像与CT技术理论研究与应用，智能成像技术理论研究与应用等。

大会期间，举办中国体视学学会科学技术奖和中国体视学学会青年科学技术奖颁奖仪式，学会副理事长田捷宣读学会奖励委员会的颁奖决定。

（撰稿人：胡　蓓　王　锂　刘克音）

中国工程机械学会

服务创新型国家和社会建设　学会及各分支机构为企业出谋划策。在三一重机有限公司组织技术交流会议1场，组织技术专家为三一重机有限公司近三年生产的挖掘机根云网设备健康管理平台提供技术难题解决方案，为三一重机有限公司的小型挖掘机产品的故障预测与诊断提供技术支持；在上海华谊信息技术有限公司组织技术交流专题会议2场，开展数字孪生赋能化工生产线虚拟交付的技术支持；在菲尼克斯（南京）有限公司组织技术交流专题会议1场；在上海飞机制造有限公司组织技术交流专题会议2场；在上海自动化仪表有限公司组织技术交流专题会议1场。

推动港口装卸机械产品及零部件认证服务，协助国家市场监督管理总局和认证机构做好宣贯和推广工作。走访徐州徐工基础工程机械有限公司、北京三一智造有限公司、恒天九五重工有限公司、山河智能装备股份有限公司、中国铁建重工集团股份有限公司、宇通重型装备有限公司等会员企业，了解企业生产经营状况，为企业排忧解难；支持国内外制造企业开展智能制造和工业化建造方面的技术攻关，采用线上会议和线下走访的方式深入企业开展技术交流；组织中国矿业大学、安徽理工大学、山东科技大学、中国煤炭科工集团有限公司、山东能源集团有限公司、盘江煤电（集团）有限责任公司等理事单位定期召开线下/线上会议，推进共同承担的国家重点研发计划项目“复杂地质条件煤矿辅助运输机器人”“面向冲击地压矿井防冲钻孔机器人”的研发工作；组织行业专家参加山河智能新产品发布会及技术交流会、安徽芜湖永安机械生产基地组织的12台大型液压振动锤联动调试现场会及超大直径钢圆筒振沉技术交流会、徐州徐工基础工程机械有限公司全球最大旋挖钻机XR1600发布会及基础施工技术交流会等；对于港航企业、能源电厂、乘用车企业等测试与控制领域的相关技术难题，组织技术专家提供持续性技术咨询服务，涉及的大型港航企业包括上海港、天津港、青岛港、厦门港、宁波港、北部湾港、连云港等，涉及的能源电厂包括上海电力股份有限公司罗泾燃机发电厂、上海外高桥发电有限责任公司、江阴苏龙热电有限公司等，乘用车企业包括上海汽车集团股份有限公司、上海蔚来汽车有限公司等。

组织推荐中国科协海智特聘专家5人，4人入选2022中国科协海智计划特聘专家名单。学会特大型工程运输车辆分会理事长赵静一获得2021年中国产学研合作创新与促进奖产学研合作创新奖。

在党的二十大召开期间，由中央宣传部、国家发改委、中央军委政治工作部，以及北京市委、市政府共同主办的“奋进新时代”主题成就展在北京展览馆举办。参与主办长沙国际工程机械展，该展会成为展示中国工程机械综合装备技术实力的重要平台。举办1场次科技志愿服务活动，开展2场次线上推进创新创业活动。

学会建设　2022年，学会组织召开理事会议1次、常务理事会议2次、秘书处办公会议12次、秘书长月度工作会议2次。12月，成立标准化工作部，完善团体标准工作。完成建设并对外运行学会官网与官方微信，完善并丰富学会及所属分支机构的宣传渠道

和展示窗口。建设会员系统，推进会员服务的数字化转型。

青年人才托举工程　2022 年，遴选同济大学研究员萧遥为第八届中国科协青年人才托举工程项目被托举人。

主办期刊　2022 年，学会主办期刊《中国工程机械学报》复合影响因子为 1.304，综合影响因子为 0.873，总被引频次为 16770 次。入选《科技期刊世界影响力指数（WJCI）报告（2021）》来源期刊以及《中文核心期刊要目总览》来源期刊。

学会港口机械分会主办的《港口装卸》出刊 6 期，收文 430 篇，发文 138 篇。

学科发展工程　学会组织编写第二期《工程机械手册》，《维修与再制造》《桥梁工程机械》《工业车辆》《城市运行机械及游乐设施》等分卷已出版或完成首轮审稿；完成《工程机械系列双向词典》之《阿（拉伯）汉・汉阿双向词典》《意（大利）汉・汉意双向词典》《韩汉・汉韩双向词典》编辑。学会铲土运输机械分会编写并出版《机械信息化技术及应用》。学会港口机械分会牵头成立《港口机械设备管理与维修大全》（暂用名）编委会，向全国专家及设备制造厂家征集编辑意见并对书籍编辑工作进行分工。

国际学术会议　7 月 22—24 日，由中国力学学会流体控制工程专业委员会、学会特大型工程运输车辆分会联合主办的第 23 届流体动力与机电控制工程国际学术会议在云南省昆明市召开。会议以“绿色智能，创新发展”为主题，来自领域内的专家学者、学术界、产业界 200 余人通过线上或线下方式参加会议。

国内主要学术会议　5 月 20 日，学会工程机械测试技术分会等联合举办港机装备齿轮箱智能监控与健康管理系统线上技术交流会。

5 月 22 日，由西安科技大学主办，西安科技大学机械工程学院、陕西省矿山机电装备智能监测重点实验室承办，学会矿山机械分会等协办的第二届西部煤矿智能化学术论坛在陕西省西安市召开。在主论坛报告环节，中国工程院院士王国法、陕西煤业化工集团有限责任公司副总经理王世斌等专家分别作题为《6S 煤矿智能化特征与建设要求》《强化巷道系统“三优两提高”建设推进煤矿实现安全高效绿色开采——陕煤集团煤矿巷道系统智能化建设的探索与实践》的报告。

10 月 21—22 日，学会重大工程施工技术与装备分会支持举办第五届全国建筑与工程结构工业化建造技术交流会暨第四届工业化建造技术国际研讨会。

11 月 11 日，学会与徐州市工程机械产业促进会等共同主办的 2022 中国国际工程机械技术发展（徐州）论坛在江苏省徐州市召开。论坛围绕工程机械行业向智能化、国际化及绿色发展方向转型升级的背景，以“科技驱动・创新引领”为核心主题，以聚焦工程机械行业技术创新，攻克关键、核心技术问题为探讨方向，旨在确保产业链供应链安全。

12 月 3—4 日，学会铲土运输机械分会主办的中国工程机械学会铲土运输机械分会第六届年会暨特种运载装备先进设计制造与智能化学术会议以线上形式在河北省秦皇岛市召开。会议围绕“铲土运输机械、特种运载装备、载运工具、机器人”的先进设计制造与信息化、自动化、智能化等热点和前沿研究领域，展开交流研讨。

（撰稿人：陈建丽）

中国遥感应用协会

服务创新型国家和社会建设　协会围绕航天强国战略实施，发挥智库作用，积极参与航天顶层设计、规划计划、法规建设等工作；围绕国家高分辨率对地观测系统重大专项验收，推进成果总结并参与形成效益评估报告，为国家高分辨率对地观测系统重大专项总结报告编制提供支撑。

在中国科协“女科技工作者组织创新试点建设暨为女科技工作者办实事项目”支持下，支撑国家国防科技工业局遥感卫星应用总工程师、高分专项副总工程师赵文波组织编撰《高分辨率对地观测系统——空间信息产业链理论与实践》等“中国高分卫星应用丛书”（共 7 本）。

在中国科协指导和中国科普研究所支持下，协会利用科普资源助力“双减”，并通过实践探索和研究，形成《充分应用遥感和空间科技科普资源助力“双减”政策更好实施》报告。

参与并形成《以空间信息产业做强做优安徽省数字经济核心产业》报告，论证形成《关于商请支持组建深圳市级空间信息产业研究院、加紧发展空间信息产业的若干建议》；会同河北省政府参事室等形成《关于深化空间信息应用促进河北省数字经济核心产业和京津冀协同高质量发展的若干建议》，为当地政府科学决策提供有力支撑。

与邵阳市科协深化合作，成立协会第一个地市级学会服务站，并支持邵阳市创建中国第一个地市级遥感应用学会；支持浏阳市科协与长沙市科协、湖南省科协和中国科协加强衔接，推进浏阳市艺术科技馆二期建设。

支持并参加中国卫星应用大会——5G+ 通导遥发展高峰论坛，2022“一带一路”精准农业国际合作高端论坛，第三届 IEEE 地质、测绘与遥感国际学术会议，第八届中国（国际）商业航天高峰论坛（尤其是空间信息应用分论坛）等；会同广东省韶关市举办走向大航天时代的数字韶关——空间信息助力数字韶关创新建设论坛，服务粤港澳大湾区建设和韶关市落实广东省“1+1+9”工作部署；会同山西省相关厅局和运城市于 12 月 11 日在线举办运城市第三届卫星遥感技术应用研讨会，服务山西“两个转型”和数字经济创新发展，并支持运城市卫星遥感大数据应用中心、运城碳中和产业研究院等的建设。

推荐 86 名专家为中国科协科技人才奖项评审专家，推荐 94 名专家为中国农业再保险股份有限公司专家库成员等。

截至 11 月，支持协会标准化分会形成并发布《遥感产品算法测评　第 1 部分：测评方法与流程导则》等 17 项团体标准的立项公告。

学会建设　2022 年，协会个人会员新增 1283 人，总数达 5031 人；单位会员新增 27 家，总数达 597 家；分支机构新增 6 个（热红外遥感专业委员会、女科技工作者工作委员会、真实性检验分会、金融工作委员会、热带与极地环境遥感分会、定标专业委员会），总数达 34 个。

加强历史材料整理，结合协会创建三十周年，对 1992 年以来的大事记、遥感应用各主要领域发展历程和相关老领导老专家事迹等进行梳理。

加强分支机构建设，形成《中国遥感应用协会分支机构管理暂行办法（修订版）》《中国遥感应用协会 2021 年分支机构工作报告》《中国遥感应用协会监事会 2021 年调研分支机构情况的工作报告》等文件。

根据协会六届二次理事会议暨会员代表大会要求，8 月 12 日成立京遥空间科技（北京）有限公司。

学科发展工程　在协会和武汉大学等高校的共同推动下，经多方协调，“遥感科学与技术”被国务院学位委员会和教育部列为一级交叉学科，并正式纳入 9 月 13 日发布的《研究生教育学科专业目录（2022 年）》。在此基础上，支持全国 50 多所高校和科研院所于 10 月 7 日在山东省海阳市举办“遥感科学与技术”一级学科建设研讨会，就加强学科建设考核、二级学科设置、协会高教工作委员会筹建等工作进行研讨；支持安徽师范大学、北华航天工业学院等高校推进遥感学院建设。

国际学术会议　11 月 18—20 日，由协会和中国宇航学会、中国高科技产业化研究会等单位共同主办的 2022 空间技术和平利用（健康）国际研讨会在北京召开。研讨会围绕空间技术和平应用与转化、科技创新与发展、人才交流与培养等议题，在非政府层面开展系列对话交流、沟通协调、成果转化、产业促进等活动。大会期间，协会理事长罗格接受央视专访，CCTV-13 新闻频道以“我国初步形成遥感卫星产业应用体系”进行专题报道。

国内主要学术会议　4 月 23 日，由协会、中国高科技产业化研究会等单位联合主办的第二届空间信息智慧应用助力新时代高质量发展峰会线上召开。本届峰会主题为“开创海洋强国新时代　开启乡村振兴新征程”，累计参与人数超过 5000 人次。

11 月 8 日，协会会同国家航天局对地观测与数据中心在广东省珠海市举办遥感技术与应用研讨会，宣介“国家遥感数据与应用服务平台”、中国交通星座等民商成果，并推动遥感赋能绿色生态产业，近 200 名领导、院士专家和各界人士出席。

7 月 15—18 日，协会生态环境遥感分会在内蒙古自治区呼和浩特市举办第二十四届生态环境遥感论坛；8 月 8—11 日，协会热红外遥感专业委员会、农业农村遥感分会等在云南省昆明市举办第四届热红外定量遥感学术研讨会；9 月 1 日，协会标准化分会年会在线举办；12 月 14—15 日，协会建设工程遥感分会在线举办第四届工程监测技术大会等。

两岸交流　协会会同全国台联、中国电视艺术家协会、中华文化发展促进会联合举办第五届海峡两岸暨港澳无人机航拍创作大赛，12 月 27—29 日在广东省深圳市举办颁奖典礼。大赛以“绽放”为主题，近 200 支队伍投稿参赛。通过初赛专家评审，最终 35 支团队晋级进入决赛。

科普活动　2022 年协会结合“科创中国”“科普中国”重大部署，支持湖南地理信息产业园（长沙天心经济开发区）创新发展。推荐湖南东方至远科技有

限公司和长沙创客加速企业管理有限公司入选中国科协首批2022—2024年度“科创中国”创新基地名单（湖南省共有5家企业入选）。

受国家航天局机关委托，由中国航天基金会立项资助，协会承担编撰《走向世界的中国航天》纪实性图书和制作纪实性音像宣传片。

表彰举荐优秀科技工作者 开展第十八届中国青年女科学家奖和2021年度未来女科学家计划候选人、第十七届中国青年科技奖候选人、2022年度国防科学技术奖、2022年“最美科技工作者”候选人推荐工作。其中，推荐参评2022年度国防科学技术奖的2个项目获得一等奖。同时，协会在国家相关政策指导和框架下，稳步推进社会力量设奖工作。

党建强会 协会通过专题学习、交流研讨等形式深入学习贯彻党的二十大精神。7月29日，举办党建工作会。按照上级党委要求，形成《中国遥感应用协会党委意识形态工作责任制实施办法》等规章制度。

会员服务 2022年，协会对北京内外相关分支机构和会员单位进行走访调研，推进“我为群众办实事”工作。

【遥感技术与应用研讨会】 11月8日，在第十四届中国国际航空航天博览会框架下，协会会同国家航天局对地观测与数据中心在广东省珠海市共同举办遥感技术与应用研讨会，主题为“遥感赋能生态产业航天创造美好生活”。研讨会由国家航天局和广东省人民政府指导。

协会理事长、国际宇航科学院院士罗格，国防科学技术工作委员会原副主任、国家航天局原局长、国有重点大型企业监事会原主席孙来燕，十三届全国政协教科卫体委员会副主任、科技部原副部长曹健林，国家航天局对地观测与数据中心主任、国家高分辨率对地观测系统重大专项副总指挥兼总设计师赵坚，分别在线下或以视频致辞。中国工程院院士王桥、蒋兴伟、陈军分别作《国产环境卫星助力新时代生态环境监管》《海洋卫星组网观测与应用》《感知城市脉搏守护人民安全》主旨报告。

（撰稿人：张圆圆　阴慧洁　卫　征）

中国指挥与控制学会

服务创新型国家和社会建设 承接“科创中国”大数据与新一代信息技术产业科技服务团项目，并通过中国科协验收。作为“科创中国”大数据与新一代信息技术产业科技服务团的牵头单位，挖掘企业及政府需求，协调学会资源与其适配，提出服务计划，形成技术问题研发指南50项，匹配专家的技术问题51项，签订技术问题开发合同3项，形成科技成果及产业化方案50项、科技成果评价50项、科技成果转化落地5项。

推荐申报的网络信息体系工程专家咨询团队、城市大脑与社会综合治理专家咨询团队、防务安全全球治理与国别区域研究专家咨询团队3个专家咨询团队入选中国科协专家咨询智库；承担并完成中国科协“关于加强科技反恐能力建设的建议”“关于大国竞争环境下的无人作战技术发展的研究报告”，为军方及国防企业提供基于网络信息体系联合全域作战C2方面的20余份研究报告。

发布《城市大脑术语》《城市大脑顶层规划和总体架构》《城市大脑数字神经元基本规定》3项团体标准。

举办高端专业技术培训班2个，分别为联合海上作战概念研究暨智能算法设计研修班、元宇宙军事应用高级研修班。来自各科研院所、国防科工企业以及军队院校等60家单位的主管领导、业务骨干近100人接受现场授课、实践操作、研讨交流、实战考核等多种方式的培训。

学会建设 2022年，学会召开全体理事会议1次、常务理事会议2次。12月18日，召开中国指挥与控制学会第三次全国会员代表大会，选举产生第三届理事会、第二届监事会、第三届理事会党委。截至2022年，学会批准成立39个专业委员会、8个工作委员会，发展单位会员146家，个人会员近万人。

在中国科协对全国学会和地方科协2021年度财务数据汇总工作综合考核中，学会被评为2021年度科协系统财务数据汇总工作优秀单位。

学会参与2022年度学术成果凝练，上报加强科技赋能反恐能力建设的建议，被中国科协授予2022年度学术成果凝练优秀学会。

在中国科协办公厅公布的2022年“科学也偶像”短视频征集活动获奖作品名单中，学会推荐选送的视频“平凡的冒险家”获三等奖。

学会微信公众号在中国科协公布的10次中国科协网络平台宣传评价官方微信排行榜（包含210家全国学会）中均位列前三，其中3次位列第一。

加强分支机构管理，完成对分支机构2022年度工作评价。根据学会章程和分支机构管理办法，成立分支机构换届工作组，统筹安排组织换届工作，实行分支机构主任委员公开竞聘制，在全国范围内公开招聘主任委员。

青年人才托举工程　学会组织开展2022年度“青年人才托举工程”申报及选拔工作，获批第七届中国科协青年人才托举工程入选者1名，获批第八届中国科协青年人才托举工程项目被托举人遴选5个名额。

主办期刊　《指挥与控制学报》被中国科学引文数据库核心库、中国科技核心期刊、RCCSE中国权威学术期刊（A+）等数据库收录，入选《科技期刊世界影响力指数（WJCI）报告（2022）》，多次获得“国家哲学社会科学文献中心学术期刊数据库军事学学科最受欢迎期刊”等称号。2022年，根据中国知网《学术精要数据库》发布2011—2022年学术精要“高影响力论文”,《指挥与控制学报》共有147篇论文入选（占《指挥与控制学报》从2015年3月创刊号开始至2022年6月第2期刊发论文总数的34.3%），52篇论文位列前1%。《指挥与控制学报》在中国科学技术信息研究所发布的2022年版《中国科技期刊引证报告（核心版）》“兵器科学与技术”学科21本核心期刊中，核心影响因子排名第1位，综合评价总分排名第12位。

国际学术会议　10月29—30日，由学会、电气和电子工程师协会广州分会主办，中山大学系统科学与工程学院以及学会无人系统专业委员会、学会集群智能与协同控制专业委员会等单位承办的2022第五届电气和电子工程师协会国际无人系统大会在广东省广州市和北京市两地以线上线下结合方式召开。

国内主要学术会议　2022年，学会举办国内学术会议25次，组织学术报告220场；线上参加会议人数311万人次，线下参加会议人数2100人次；交流论文973篇。

7月8日，中国指挥与控制学会空中交通管制专业委员会二届一次委员会暨第四届空中交通管理系统技术学术年会以线上线下结合形式召开，线下设北京、南京2个会场。年会以“无人机运行与监管、智慧空管/机场”为主题进行交流，共同探讨无人机运行与综合监管，研究空管新技术对低空领域新产品、新模式、新业态和新产业的影响。共有8篇学术论文获奖，常务副主任委员陈平宣读优秀论文名单。

8月30—31日，由学会主办、学会反恐特种技术专业委员会和紫金山智能集群创新中心（筹）共同承办的2022第一届全国反恐技术与装备发展论坛在江苏省南京市举办。来自公安系统、科研院所和有关企业的100余名专家学者出席会议。

9月2—3日，由中国科协主办、学会承办的中国科协集群智能青年科学家沙龙活动以线上线下结合方式在北京召开。此次沙龙活动通过多平台同步直播，近1万人次在线收看。

9月17日，由学会主办，学会数据链技术专业委员会、中国电子科技集团公司第二十八研究所承办的2022年度全国数据链技术学术会议召开，会议设南京、北京、西安、成都、石家庄5个会场，来自军地的领导、专家，以及高校、科研院所、企事业单位的代表共220余人参加。

10月29—30日，学会指挥控制网络专业委员会在北京举办第四期新技术新应用专题研讨会，主题为“专用通信网络新技术应用建设研究”。中国科学院院士、中国人民解放军军事科学院系统工程研究院教授尹浩作题为《应急救援指挥通信系统》的专题报告；民航数据通信有限责任公司首席科学家、研究员朱衍波作题为《LDACS技术的发展与思考》的报告；天津七一二通信广播股份有限公司副总工程师张健作题为《卫星通信愿景及相关工作》的报告。

11月1日，由学会主办的2022第三届全国空中智能博弈论坛在四川省成都市举办。会议采用论文征集、线上和线下学术报告、现场交流研讨等方式召开，各企事业单位和科研院校的专家学者近200人参加论坛，4700余人次在线观看，收录论文50余篇。

11月5日，由学会主办，学会青年工作委员会承办，北京航空航天大学、东南大学、大连理工大学和中国科学技术大学协办的第十届中国指挥与控制学会青年科学家论坛采用线上线下结合方式在北京召开。以“网络群体智能理论与技术”为主题，共有5300余人次在线观看。

11月12日，由学会与中国电子信息产业集团有限公司、中国遥感应用协会、中国计算机行业协会共同主办的2022全国市域治理与城市大脑峰会在北京举办。此次峰会由学会秘书长刘玉超主持，邀请13位来自政、学、产界的专家作分享。“科普中国”和光明网对峰会进行直播，总浏览量超过300万人次。

11月18—20日，由学会主办，北京师范大学珠海校区、学会网络科学与工程专业委员会承办的第

十八届全国复杂网络学术会议在广东省珠海市召开。组织大会报告和大会青年报告 10 场，围绕复杂网络及其相关领域的国际学术前沿展开交流和讨论。

12 月 17 日，由学会主办、学会空中交通管制专业委员会等联合承办的第五届空中交通管理系统技术学术年会采用线上线下结合方式召开，会议设置天津、南京两个分会场，来自科研院所、高校、企业等的近 200 名专家学者参加。学会微信公众号同步直播，观看人数累计超 3000 人次。

国际组织任职 学会副理事长、北京航空航天大学自动化科学与电气工程学院院长吕金虎担任电气和电子工程师协会工业电子学会北京分会主席。

学会第三届理事会理事、中国信息通信研究院工业互联网与物联网研究所技术研究部副主任池程担任电气和电子工程师协会联盟链工作组主席，国际标准化组织和国际电工委员会第一联合技术委员会第六分技术委员会、ISO/TC154（行政、商业和行业中的过程、数据元和文档国际标准化技术委员会）专家。

科普活动 学会举办“墨子杯”2022 第六届全国兵棋推演大赛等国防科普活动。大赛自 4 月启动，在北京市、天津市、重庆市、黑龙江省、吉林省、山东省、山西省、河南省、陕西省、江苏省、湖北省、湖南省、四川省、安徽省、云南省、广东省等 21 个省（直辖市）设立省赛区和分赛点，近 1 万名选手报名参加。11 月 23 日举办决赛，共评出竞赛奖 129 个、优秀组织单位 34 个、优秀裁判 50 名。

党建强会 学习宣传贯彻党的二十大精神，宣传以党的二十大代表、学会副理事长陈杰、名誉理事长曾毅为代表的科技工作者风采。

会员服务 学会建立会员服务部，建设信息化工作平台，配备会员工作专职队伍。通过学术会议、继续教育、人才表彰和推荐、科技奖励等形式为会员提供服务。编制《中国指挥与控制学会通讯》，免费向会员发送。

【中国指挥与控制学会第三次全国会员代表大会】 12 月 18 日，中国指挥与控制学会第三次全国会员代表大会召开。会议审议通过《中国指挥与控制学会第二届理事会工作报告》《中国指挥与控制学会第一届监事会工作报告》《中国指挥与控制学会第二届财务报告》《〈中国指挥与控制学会章程〉修订的说明报告》《中国指挥与控制学会会费标准修订的说明》。

经过 239 名会员代表无记名投票，刁青、于全、于元隆等 134 名候选人当选学会第三届理事会理事，何友、陈志杰、赵国宏、王飞跃、黄迎馨、程子兵 6 名候选人当选学会第二届监事会监事。费爱国当选第三届理事会理事长，于全、王积鹏等 10 人当选副理事长，刁青、王继平、朱坤等 34 人当选常务理事。何友当选第二届监事会监事长，陈志杰、赵国宏、王飞跃当选副监事长。

学会实行双秘书长制，聘任常务副理事长秦继荣担任执行秘书长，负责主持学会秘书处日常工作；聘任刘玉超担任候任秘书长，负责秘书处相关工作。

（撰稿人：杜　颖　闫　妍）

中国微米纳米技术学会

服务创新型国家和社会建设 学会参与中国科协 2022 重大科学问题、工程技术难题和产业技术问题征集工作，推荐前沿科学问题 2 项、工程技术难题 1 项，被中国科协评为优秀推荐单位。参与“科创中国”先导技术推荐工作，推荐先进材料领域技术 2 项、生物医药领域技术 1 项。参加 2022 中国智能制造十大科技进展推荐工作，推荐的微纳机器人关键技术与应用、基于数字化三维光刻的微纳智能制造与应用 2 项成果入选。参与中国科协智能制造学会联合体“制约智能制造发展的重大问题研究”课题征集，向联合体推荐 1 项课题。

参与中国科协国际青年科学家沙龙活动项目，组织包括 2 名院士在内的 10 余位仿生材料领域专家撰写《关于我国加快发展仿生材料科学的建议》建议报告，对中国仿生材料科学发展提出建议。

组建微纳机器人技术与装备、微流控芯片技术、微纳传感器技术 3 支决策咨询专家团队。其中，微流控芯片技术决策咨询专家团队牵头的“微流控芯片关键共性技术及产业化路径”项目获立项支持。随后开展走访调研，2022 年组织业内专家撰写《关于我国加快发展微流控科学、突破关键共性技术的建议》报告。

承接“科创中国”科技服务团工作，牵头“科创中国”微纳助力智能制造及先进材料产业科技服务团项目，围绕西部、中部、东北、黄河流域、粤港澳大湾区等国家重大战略发展区域开展科技服务，服务团入驻“科创中国”平台专家 19 人；以贵州省贵阳市为中心辐射全国开展企业走访调研，收集 50 项技术需求重点开展技术对接、匹配指导专家，促成技术交易7项；收集企业、高校、科研院所等有转化意向科技成果51项，并引导双向匹配，促成对接。

参与中国科协决策咨询重点选题建议征集工作，向中国科协报送微纳机器人领域选题1项。

学会建设 截至12月底，学会个人会员3246人、团体会员112家，较2021年新增个人会员676人、团体会员3家。经征集、提名、初审、评定、公示等程序，评选4名学会会士。全年召开理事会议2次、常务理事会议4次。

青年人才托举工程 学会开展第六届（2020—2022年度）中国科协青年人才托举工程项目1位被托举人才、第七届（2021—2023年度）2位被托举人才培养工作。

主办期刊 学会联合主办期刊《传感技术学报》全年总印数9000册，发表论文265篇；*Nanotechnology and Precision Engineering*（《纳米技术与精密工程》）全年总印数432册，发表论文24篇。

学科发展工程 学会"微纳机器人科学与技术学科发展综合研究"项目获中国科协学科发展研究项目立项支持，项目分为2020年、2021年两期。2022年对前期项目成果进行完善及修订，形成《2020—2021微纳机器人科学与技术学科发展报告》并正式发布。

组织学会理事、会员等参与"纳米科学与工程"一级学科建设申请工作，促进学科建设、技术发展。

国内主要学术会议 2022年学会举办国内学术会议4个，线上线下共有1.1万余人次参加会议，交流论文868篇。

7月27—29日，由学会主办、华南师范大学及广东省微纳光子功能材料与器件重点实验室承办、江西中医药大学协办的中国微米纳米技术学会第五届微流控技术应用创新论坛在广东省广州市举办。论坛以"分享新技术、展示新产品、探讨新思路"为主题，探讨微流控领域的前沿热点问题。邀请14位领域专家作大会报告；设8个专题分会场，234位专家作分会场报告；安排50篇墙报现场交流，30家企业赞助展览，520人参加会议。

8月6—8日，由学会主办、浙江大学承办的微纳传感技术与检测创新论坛（2022）暨第七届中国微米纳米技术应用创新大会在浙江省杭州市举办。论坛以"探索新概念、助力新发展"为主题，搭建微系统领域学科交叉融合的交流平台。邀请12位领域专家作大会报告；设6个专题分会场，207位专家作分会场报告；安排22篇墙报现场交流，15家企业赞助参展，480人参加会议。

12月10—14日，中国微米纳米技术学会第二十四届学术年会暨第十三届国际会议线上举办，参加会议人数累计9800人次；征集论文385篇，交流论文223篇；邀请专家报告126篇。

两岸交流 11月5—7日，由学会、深圳市微米纳米技术学会联合主办，清华大学柔性电子技术实验室、浙江清华柔性电子技术研究院联合承办的2022海峡两岸暨港澳青年科学家智能可穿戴技术创新论坛在浙江省杭州市举办。论坛以"智能可穿戴技术"为主题，围绕智能可穿戴技术的发展趋势、机遇与挑战等问题展开研讨。论坛邀请9位领域专家作主旨报告，举办圆桌论坛进行对话交流，设9个专题分论坛，250位专家作分论坛报告交流。论坛同期举办新技术、新成果展览会，530人参加会议。

科普活动 2022年，学会线上举办科普讲座10期，受众5.4万人次。在科普中国、学会自媒体平台等发布原创科普文章1篇，浏览量4.52万人次；通过学会自媒体平台发布科普资讯35篇，浏览量2.4万人次。组织开展"典赞·2022科普中国"活动，在学会官方平台推广宣传活动。

表彰举荐优秀科技工作者 学会开展第十八届中国青年女科学家奖、2021年度未来女科学家计划候选人，第十七届中国青年科技奖、2022年"最美科技工作者"、第二十五届中国科协求是杰出青年成果转化奖等提名工作，共推荐候选人4名、候选团队1个，其中1名候选人获第十七届中国青年科技奖。

党建强会 2022年，学会将党建强化理念纳入全年工作整体布局，开展各类党建活动11次。

4月，开展"重温习近平总书记4·19重要讲话，全面从严治党"理论学习。5月，学习习近平总书记系列重要讲话精神，打好促产抗疫攻坚战。6月，开展"实现伟大复兴，从我做起、从现在做起"主题党日活动。8月，开展《中国共产党章程》《中国共产党普通高等学校基层组织工作条例》学习活动。9月，开展"喜迎二十大"主题系列活动。10月，开展党的二十大精神系列学习活动。11月，召开党员大会，发展1名预备党员，并同步开展党的二十大学习分享活动；开展"党的二十大代表进学会"学习活动，邀请中国科协党组成员、书记处书记王进展作辅导报告。

12月，召开党员大会，1名党员转正。

会员服务 2022年，学会编纂《新科技快讯》12期、《中国微米纳米技术学会会讯》2期，每期发送电子版达15万人次。

中国科协学会会员服务系统投入使用，会员入会、服务更加便捷、高效。学会通过会员服务系统、QQ群、微信群、微信公众号、网站、微博、视频号等推送学会信息、展示会员风采，形成全方位会员服务信息网络。

【中国科协仿生新概念材料国际青年科学家沙龙】 11月18—19日，由中国科协主办、学会承办、固体表面物理化学国家重点实验室（厦门大学）和国际仿生工程学会青年委员会协办的中国科协仿生新概念材料国际青年科学家沙龙以线上线下结合方式在福建省厦门市召开。学会理事长、中国科学院院士段文晖，厦门大学副校长江云宝分别致开幕词。论坛以“仿生新概念材料”为主题，就仿生新概念材料的关键技术、未来趋势、机遇挑战展开研讨，累计3.52万人次在线交流。

此次沙龙邀请2位仿生材料领域的院士作发言，并对该领域青年人才提出意见和建议。中国科学院院士江雷探讨仿生超浸润界面体系在能量转化、化学反应、信息传输方面的应用。中国科学院院士俞书宏阐述仿生材料设计与制备的机遇与挑战。

专题研讨环节，35位国内外专家学者就3个议题展开讨论。在仿生结构材料的机遇与挑战方面，青年专家认为仿生结构材料现阶段还是停留在实验室的制备和应用层面，未来发展应围绕解析天然材料的设计原理与机制，以产业需求为导向，合理设计生产制备工艺，优化制备方法，实现大规模精确的仿生结构材料制造与加工成型。

在仿生界面材料的意义与展望方面，青年专家认为界面的物理与化学分析有助于理解仿生性能的本质、指导仿生新概念材料的设计与制备。未来仿生界面材料应该进一步向复合化、智能化、微观化发展，以更高的效率、更微观的角度认识天然生物材料的结构与性能，并在微米甚至纳米尺度上制备新型材料。

在仿生功能材料的发展与应用方面，青年专家认为要将仿生科学与微生物学、工程学、细胞学、理化科学等学科结合起来，构建多尺度宏观/微观结构，实现材料的结构功能一体化。同时利用人工智能与机器学习辅助开发满足未来智能化、无人化发展的新型仿生功能材料。

此次沙龙形成《中国科协仿生新概念材料国际青年科学家沙龙前期调研报告》、沙龙速录稿等学术成果，以及《关于我国加快发展仿生材料科学的建议》的智库成果。对沙龙议题、观点进行科普化解读，形成科普文章、科普视频等科普成果；对沙龙情况进行自评总结，对参加会议专家进行问卷调查，对活动信息进行统计，并形成会议成果。

（撰稿人：刘 颖 李 娟）

中国密码学会

服务创新型国家和社会建设 推动密码职业标准工作。根据人力资源社会保障部专业技术人员管理司《关于征集机器人工程技术人员等4个职业标准、标准开发单位和编审专家的通告》要求，10月16日学会申报《密码工程技术人员职业标准》开发单位并获得批准。11月10日，在人力资源社会保障部和中国就业培训技术指导中心指导下，召开《密码工程技术人员职业标准》编制工作启动会，部署标准开发任务，明确工作要求。

探索开展科技（学术）成果评价工作，制定《中国密码学会科技（学术）成果评价工作指南（试行）》《中国密码学会科技成果评价申请表（试行）》《中国密码学会科学技术成果技术报告（试行）》等系列规范性文件。组建成立以中国科学院院士冯登国为组长、中国科学院院士王小云为副组长的评价专家委员会。7月17日，学会完成首个科技（学术）成果评价工作。

3月24日，中国科协党组成员、书记处书记束为到学会调研。学会理事长王小云、副理事长兼秘书长安晓龙等有关负责人出席调研座谈会。与会人员围绕党建强会、人才培养、科技创新、信息化建设、职业能力培养等内容开展交流座谈。

8月，修订发布《商用密码应用安全性评估FAQ》（第二版），用以推进密码应用，帮助密码产业人员开展商用密码应用安全性评估工作。

8月22—24日，举办“密码学高端系列培训之十”，主题为“机器学习和密码学”，100多位密码从业人员和在校学生参加培训。

申报中国科协十大代表2022年调研课题专项资助项目，6月，有关“区块链创新应用面临的问题及对策建议”课题入选；申报2022年度全国学会分支机构示范发展专项，9月，学会密码数学理论专业委员会入选。

开展2022年密码领域重大科学问题和工程技术难题征集工作。

学会建设 2022年，学会新发展个人会员223人，新增会员单位14家；截至12月底，共有个人会员4623人、单位会员291家。组织召开理事会议1次、常务理事会议5次。

根据学科发展需要，2022年新设立2个分支机构。11月22日，经中国密码学会四届十一次常务理事会议审议，同意成立大数据与人工智能专业委员会和物联网密码专业委员会。中国科学院院士王小云和上海交通大学教授谷大武分别担任物联网密码专业委员会和大数据与人工智能专业委员会主任委员。

开展分支机构换届工作。学术工作委员会、组织工作委员会、密码应用工作委员会，以及密码数学理论专业委员会、密码芯片专业委员会、安全协议专业委员会、密码算法专业委员会、密码测评专业委员会完成换届。戚文峰任学术工作委员会主任委员，吴文玲任组织工作委员会主任委员，徐茂智任密码应用工作委员会主任委员，林东岱任密码数学理论专业委员会主任委员，王志华任密码芯片专业委员会主任委员，范淑琴任安全协议专业委员会主任委员，张振峰任密码算法专业委员会主任委员，罗鹏任密码测评专业委员会主任委员。

加强聘用人员规范化管理，研究制定《中国密码学会聘用人员管理办法（试行）》。

青年人才托举工程 学会组织开展中国科协青年人才托举工程项目立项、遴选和培养工作。通过严格把关、层层选拔，上海交通大学汪哲东、福建师范大学林超、中国科学院大学闫海伦3位青年学者入选第八届中国科协青年人才托举工程项目。完成第四届中国科协青年人才托举工程项目总结验收第一阶段工作。

主办期刊 2022年，出版《密码学报》6期，共刊发稿件75篇；出版《密码学报》十周年特刊1期。评选出年度优秀审稿专家15名、最佳优秀论文3篇。2月，进入中国计算机学会发布的《计算领域高质量科技期刊分级目录》，被列为T2“非常优秀”期刊。向Inspec、DOAJ、ProQuest等国际检索数据库提交申请，扩大学报国际影响力。

学科发展工程 学会组织编撰出版《中国密码学发展报告2021》。

国内主要学术会议 学会及各分支机构全年主办国内学术会议13次，交流论文150篇，线上线下参加会议的专家学者约2.8万人次。主要会议有2022第十五届中国密码学会年会、密码芯片学术会议、混沌保密通信学术会议、密码应用高峰论坛、密码算法学术会议、密码测评理论与关键技术前沿论坛、量子密码学术年会、第十三届全国密码学与信息安全教学研讨会、安全协议进展国际会议、全国电子认证技术交流大会等。

3月26—27日，中国密码学会密码应用高峰论坛暨密码应用工作委员会年会在湖北省武汉市召开。学会副理事长、学会密码应用工作委员会主任委员、北京大学教授徐茂智出席论坛并致辞。武汉大学教授张焕国、上海交通大学教授刘胜利、西安电子科技大学教授李兴华、湖北大学教授曾祥勇等8位与会专家学者聚焦可信计算、应用密码学、区块链安全、人工智能安全、大数据安全等领域作特邀报告。来自国内高等院校、科研院所及企业的专家学者150余人在线下线上参加会议。

12月25日，中国密码学会2022年密码芯片学术会议线上举办。学会理事长、中国科学院院士王小云，西安交通大学电子与信息学部主任、中国科学院院士管晓宏，大会主席、学会密码芯片专业委员会副主任委员、清华大学教授刘雷波出席会议并致辞。密码科技国家工程研究中心总工程师秦小龙、荷兰莱顿大学和比利时鲁汶大学教授Nele Mentens等4位专家作主旨报告。浙江大学教授张帆、SGS Brightsight高级安全评估师吴立超等9位专家作特邀报告。来自国内外高等院校、科研院所和企业的专家学者、科研技术人员及在校学生等1.7万人次在线观看直播。

科普活动 以组织全国性竞赛活动为抓手，推动密码普及应用与创新。举办第七届（2022年）全国高校密码数学挑战赛总决赛。来自全国90所高校的212支队伍的600余名选手报名参赛。经竞赛专家委员会审议和线上线下公开答辩、专家集中审议等，评选出特等奖战队1支、一等奖战队2支、二等奖战队12支、三等奖战队26支、最佳现场表现奖战队1支。

举办2022第二届全国密码科普竞赛，来自全国66所高校等单位的245支代表队参赛，共提交作品266个。最终评出57个获奖作品，其中一等奖1个、

二等奖9个、三等奖47个。

4月，根据中国科协科普工作相关指示精神，组织开展“科普中国”密码专家库建设，向“科普中国”平台推荐25名科普专家。

在第六个全国科技工作者日期间，线上举办“密码科学家和青托学者对话”活动。学会名誉理事长裴定一等3位密码科学家与刘哲等4位密码领域青托人才围绕传承和弘扬科学家精神展开对话交流，900余人次线上参加活动。

表彰举荐优秀科技工作者 开展中国密码学会2022年密码创新奖评选活动，特等奖空缺，评出一等奖1名（黄欣沂）、二等奖4名（史丹萍、孙玲、杨糠、刘哲理）。组织2022年中国密码学会优秀博士学位论文遴选工作，王毅、叶晨东、李康荃、杨如鹏、胡凯5位博士论文入选。向中国科协培训和人才服务中心推荐33名密码评审专家；向中国科协第一届青年论坛推荐优秀论文，将其中的《后量子密码研究报告》推荐给国家密码管理局参阅。

党建强会 学会召开学会党委工作会议3次，审议年会筹备方案、主要学术活动计划方案、全国高校密码数学挑战赛和全国密码科普竞赛等重大活动经费预算等“三重一大”重大事项。

指导分支机构党小组开展主题党日活动，申报中国科协科技社团党委2022年度学会“党建强会”项目。

学会办公室党支部落实“三会一课”制度，开展党风廉政教育月活动。组织政治理论学习、党员大会、组织生活会、主题党日及讲党课等活动40多次。9月7日，学会办公室党支部与卫士通信息产业股份有限公司联合党支部共同开展主题党日活动。学会党委书记安晓龙受邀作《以史为鉴，开创未来，为推动高水平密码科技自立自强贡献力量》专题报告。

会员服务 学会面向社会公众开设“密码大讲堂”公益讲座，分别于4月15日全民国家安全教育日和2022年国家网络安全宣传周推出中国科学院院士王小云的《浅谈密码》和陈克非教授的《公钥密码问题与发展》学术公益报告，5000余人次在线观看。

向会员赠送《密码学报》《中国密码学发展报告2021》等7000余份，为会员参加学术会议提供免费或优惠服务，还提供《中国密码学发展报告》电子版免费下载服务。

【2022第十五届中国密码学会年会】 12月10—11日，2022第十五届中国密码学会年会线上召开。山东大学校长、中国工程院院士李术才致欢迎词。开幕式由本届年会程序委员会主席、山东大学网络空间学院（研究院）常务副院长王美琴主持。学会副理事长兼秘书长安晓龙宣布2022年度密码创新奖、2022年度中国密码学会优秀博士学位论文及2019年度《密码学报》最佳论文获奖名单。

年会设有特邀报告和密码学前沿交叉、密码应用、优秀青年学者、论文报告等分论坛。国际著名密码学家、图灵奖得主Adi Shamir，国际密码协会前主席、欧洲科学院院士Bart Preneel和中国科学院院士郑建华、鄂维南等作特邀报告。分论坛邀请来自清华大学、中国科学技术大学、山东大学、浙江大学、西安电子科技大学、卫士通信息产业股份有限公司等多所高校和企业的34位专家学者作学术报告。《新一代量子密码协议和系统》《Snowball：Another View on Side-Channel Key Recovery Tools》获会议征稿最佳论文奖。本届年会共有1.67万人次在线观看。

（撰稿人：王　瑶　史卫东）

中国大坝工程学会

服务创新型国家和社会建设 2022年，学会围绕“‘双碳’目标下水风光储一体化能源发展”主题，组织开展由学会理事长矫勇牵头、3位院士和相关领域专家参加的专题调研，形成科技工作者建议1份，作为A类调研项目由中国科协报送至中央办公厅、国务院办公厅和相关部委。

落实国家实施的北斗产业化重大工程，继续推进首个部级北斗水利水电综合应用示范项目，完成示范项目初步设计报告并获得水利部批复。开发示范项目平台及北斗水利水电小型巡检终端设备，已在河南省、贵州省、四川省、江西省、广东省等省份试点工程有效应用；推广北斗三号短报文通信技术，已在江西省、云南省和贵州省近190座水库进行试点安装调试应用；研究开发基于北斗三号高精度定位的空天地一体化变形监测系统，提高水库大坝、特高坝及高边坡位移形变安全监测预警能力，已在板桥水库、山西西龙池抽水蓄能电站、纳子峡水电站等大中小型水库大坝开展试点应用；研究开发基于北斗三号的大坝碾压施工质量智能管控系统，保障碾压施工质量，已在山西省、四川省、贵州省、陕西省等省份的水库和围堰工程进行应用，并取得良好效果。

学会联系国际大坝委员会并促成其为中国科协世界青年科学家联合会联合发起单位之一。11 月 12 日，国际大坝委员会荣誉主席、学会秘书长贾金生代表国际大坝委员会线上参加世界青年科学家联合会筹委会第一次会议。

按照水利部党组的要求，学会参与编写水利部水利行业标准《水库防洪抢险技术导则》，参与编写《水库堤防水闸失事典型案例》并正式出版。在水利部国际合作与科技司的指导和支持下，学会建设的“工程医院”技术服务云平台继续被纳入“一带一路”建设水利合作 2022—2024 年重点实施计划。参与水利部运行管理司会同有关单位开展的“水库工程防洪能力提升专项研究”，并提交专项研究报告。受水利部水利工程建设司委托，承担水利建设市场主体信用评价机构的第三方评估工作，提交评估报告，并提出进一步完善水利建设市场信用评价工作的建议，为相关工作提供支撑。

发布《水利水电工程师能力评价规范》(T/CHINCOLD 006—2022)、《堆石混凝土坝坝型比选设计导则》(T/CHINCOLD 007—2022）和《堆石混凝土坝典型结构图设计导则》(T/CHINCOLD 008—2022) 3 项标准，组织会员单位新立项 2 项标准，完成 2 项标准的意见征集，并重点宣传已发布的 8 项标准。

面向会员征集学科重大问题，并择优向中国科协报送 3 个水库大坝领域重大科学问题与工程技术难题，包括“如何利用数字孪生技术提升流域水库群系统风险防控能力”“‘双碳’目标下，如何保障多能互补集成中的能源安全，实现不同能源形式的协同优化”和“如何加快高寒、高海拔、高地震烈度环境下筑坝技术研究，助力西南水能开发”。

围绕水利部《长江流域控制性水工程联合调度管理办法（征求意见稿）》《第六届中国—阿拉伯国家博览会水资源论坛初步建议方案》和《中国科学技术协会团体会员管理办法（征求意见稿）》等制度规范、方案和文件，分别组织专家征集意见并报送相关部门。

学会作为第一批试点单位，联合开展国际工程师认证工作，探索工程师能力标准国际互认，宣传、推广水利水电工程师国际互认。推荐 5 名专家作为工程能力评价候任考官，配合组织开展候任考官培训，共同组建水利水电工程能力评价考官队伍。

9 月 21—23 日，在重庆市联合举办基层水利人员专业技术培训班，邀请 5 位专家围绕“北斗技术在数字孪生流域和工程建设中的应用”等 5 个专题从政策解读和实际操作等角度入手进行培训授课、解答学员疑惑。

学会建设 截至 12 月底，年度个人会员新增 1685 人，共计 26603 人；单位会员新增 37 家，总数达到 376 家。通过 2021 年中国科协“中国特色一流学会建设”项目验收。

3 月 10 日，中国科协党组成员兼国际合作部部长罗晖一行到学会调研学会对外交流工作。

6 月 25 日，学会秘书长贾金生应邀参加第五届世界科技社团发展与治理论坛，并在科技社团 CEO 专场对话环节就“科技社团的国际化协同发展趋势”从三个方面分享相关经验。学会副秘书长郑璀莹受中国科协邀请录制《发挥优势 广搭平台，积极推进水库大坝领域国际科技交流合作》的案例精品视频课程。学会综合部主任周虹在 2022 年水利部外事管理培训班上，作为国际组织代表作《发挥国际平台优势 提升坝工国际影响力》的专题发言。

全年召开全体理事会议 3 次、常务理事会议 2 次，审议并发布、修订学会会议管理办法、学会青年人才托举工程管理办法和科技进步奖、技术发明奖奖励办法。起草汪闻韶院士青年科技人才奖奖励办法，加强对青年科技人才的激励。

主办期刊 学会与清华大学联合推进 *Journal of Intelligent Construction*（《智能建造学报》英文）的主办工作，组建期刊国际编委会。该期刊由教育部主管，于 11 月申请国际标准刊号，12 月组织召开第一次编委会（筹）暨创刊研讨会。

学会联合主办的期刊《水利学报》入选 2021 年中国百种杰出学术期刊、中国国际影响力优秀学术期刊（2022），并被《世界期刊影响力指数（WJCI）报告（2022 科技版）》收录。

国际学术会议 7 月 16 日，学会成立国际大坝委员会第 28 届大会筹备工作委员会，并以线上线下结合方式召开第一次工作会议。会议由学会理事长矫勇主持，水利部国际合作与科技司副司长李戈宣读筹备工作委员会名单，学会秘书长贾金生汇报大会筹备初步方案。会后，起草《国际大坝委员会第 28 届大会筹备工作指南（第一版）》，向会员单位广泛征集意见和建议，明确会议筹备具体工作任务和分工。同时，对会议期间举办的国际研讨会和专题研讨会的主题与议题，向学会会员单位和个人会员广泛征集意见和建议。

9月26—30日，学会与韩国、日本大坝委员会联合在韩国大田主办第十一届中日韩坝工学术交流会。100多名专家学者围绕中国、日本、韩国三国在水库大坝领域面临的共同挑战和技术创新开展交流探讨。学会秘书长贾金生在大会开幕式上致辞。副秘书长郑璀莹作题为《大坝安全与胶结坝研究进展》主旨报告，并主持减轻气候变化影响的碳中和技术大会。

国内主要学术会议 4月11—17日，学会首次以线上线下结合方式举办学术年会周。水利部副部长刘伟平和学会理事长矫勇出席会议并讲话，学会秘书长贾金生主持会议开幕式及颁奖环节。会议共设置8个专题研讨会，邀请到学术报告86个，共征集论文174篇，正式出版论文集收录108篇。1480名参加会议的专家学者围绕行业普遍关注的议题与报告人线上交流研讨。

11月1—2日，学会协办中国水利水电科学研究院第十五届青年学术交流会。会议以“青春水科人，奋进新征程”为主题，设立6个专业分会场、3个特色分会场。共收集论文416篇、特约报告15份、交流报告150份。经过专家评审，评选出专业分会场一等奖5名、二等奖7名、三等奖18名、优秀报告奖30名，特色分会场一等奖3名、二等奖6名、三等奖9名、优秀报告奖17名。

国际组织任职 学会成功推荐中国水利水电科学研究院正高级工程师徐泽平担任国际大坝委员会大坝安全专业委员会主席，推荐长江勘测规划设计研究院副总工黄艳担任洪水评估与大坝安全专业委员会主席，推荐学会副秘书长、中国电建集团国际工程有限公司党委副书记兼总经理陈观福担任21世纪水库与大坝挑战和展望专业委员会副主席。

国际交往 学会联合美国大坝学会组织评选并颁发第三届高混凝土坝国际里程碑工程奖，中国锦屏一级拱坝、美国格伦峡拱坝、中国向家坝重力坝、日本奥只见重力坝4座工程获此奖项。学会组织第五届堆石坝国际里程碑工程奖评选，共有来自9个国家的13座工程参加评选。

组织专家参与*Cemented material Dams*：*Design and Practice Cemented Soil Dams*（《胶结土坝设计与实践》）、*Tailings Dam Safety*（《尾矿坝安全》）、*Levees Around the world*：*Characteristics*，*Risks and Governance*（《堤坝的特点、风险与治理》）3项国际大坝委员会专委会技术公报的编写与发布工作。

5月27日—6月3日，国际大坝委员会第27届大会暨第90届年会在法国马赛召开，来自70多个国家的1300多名专家学者参加会议。水利部党组书记、部长李国英以视频方式出席闭幕式并致辞。国际大坝委员会荣誉主席、胶结坝专业委员会主席、学会秘书长、中国水利水电科学研究院国家重点实验室副主任贾金生线上出席胶结坝专题研讨会和专委会会议并作专题报告。学会派副秘书长、中国电建集团国际工程有限公司党委副书记兼总经理陈观福作为团长带领中国代表团参加线下会议。会议期间，中国长江电力股份有限公司总经理、正高级工程师陈辉，中国水利水电科学研究院正高级工程师徐泽平分别线上主持水电站与水库联合运行专委会、大坝安全专委会会议。中国代表团多位专家围绕水资源共享中的水库大坝安全和创新、水库大坝在应对气候变化和未来发展中面临的挑战等议题作交流报告。

科普活动 学会被评为中国科协2022年度全国学会科普工作优秀单位。

2022年，推荐广东省水文局韶关水文分局、雅砻江流域水电开发有限公司、南水北调中线干线穿黄管理处和广西大藤峡水利枢纽开发有限责任公司4家单位入选中国科协2021—2025年度第一批全国科普教育基地名单。新认定2家单位为学会科普基地。同时，起草学会科学普及奖奖励办法和水库大坝科普基地认定与管理办法。

开设“水库大坝之声”科普号，入驻中国科协“科普中国”平台。截至2022年12月底，累计阅读量超41万人次，单篇阅读量超11万人次。此外，在学会水库大坝云平台新增水库大坝科普文章、绘画、短视频等作品展示专栏，并向会员单位征集相关作品。

承担完成“十四五”国家重点图书出版规划项目——“中国水利水电科普视听读丛书”之《大坝工程》知识读本编写工作，并完成专题科普课程和科普动画的制作，12月正式出版。

用好行业媒体开展示范项目和专题科普宣传。学会秘书长、北斗水利水电综合应用示范项目负责人贾金生接受《中国能源报》记者采访。学会联合水利部防洪抗旱减灾中心在《中国水利报》和“中国水事”微信公众号先后发表2篇文章，集中宣传北斗技术在水利水电行业四大领域应用进展和成效。此外，在《中国水利报》对中国首创的胶结坝筑坝技术进行报道，“中国水事”微信公众号对报道进行编发。

承办由生态环境部宣传教育中心和水利部宣传教育中心主办的第二十届全国中学生水科技发明比赛、承办中国水利水电科学研究院主办的“水滴与少年”亲子科普行活动，增强孩子们对水资源和水工程的认识。

9月，学会综合部主任周虹参加科技部主办的2021年全国科普讲解大赛决赛并获得优秀奖。她还获得北京科学传播科普讲解大赛一等奖以及“北京市金牌科普讲解员”称号，并录制《我在这里做科普》视频。

学会联合主办“中国大坝行”采访报道活动，选取在工程科技上取得突破性创新成果的6座大坝工程进行走访报道。学会联络会员单位中国长江三峡集团有限公司专家接受《人民日报》“科技创新看大坝”综合报道采访，重点讲述白鹤滩水电站和溪洛渡拱坝建设技术创新故事。

征集4个水库大坝领域改革发展历程相关的重要见证物，经中国科协择优报送国家文物局，其中“丰满新大坝坝体取芯”被列入《见证新时代》重要见证物。

表彰举荐优秀科技工作者 学会推荐的中国工程院院士、中国长江三峡集团有限公司原总工程师、学会常务理事张超然获国际大坝委员会终身成就奖，中国水利水电第八工程局有限公司完成的成果获国际大坝委员会科技创新奖银奖，学会副秘书长、中国电力建设集团有限公司总工程师周建平被授予国际大坝委员会荣誉副主席。

组织颁发2022年度科学技术系列奖项，共评出33个获奖项目，其中科技进步奖获奖项目27项、技术发明奖获奖项目6项；完成2022年第四届大坝杰出工程师奖的评选，共有5位专家获奖；推进评选2022年中国大坝工程学会科学技术奖，共有来自138家单位的127个项目参与评选。

学会秘书长、中国水利水电科学研究院国家重点实验室副主任贾金生和学会理事、中国电建集团中南勘测设计研究院有限公司党委书记、董事长冯树荣获2022年第五届中华国际科学交流基金会“杰出工程师奖”。学会推荐3个单位、5位个人和8项科技成果参加中国产学研合作创新与促进系列奖项评选；推荐2项工程入围第二十届中国土木工程詹天佑奖终评。

推荐中国水利水电科学研究院水电可持续发展研究中心主任、正高级工程师刘毅和中国三峡建工（集团）有限公司乌东德工程建设部主任、党委副书记、正高级工程师杨宗立2名坝工领域基层科技工作者作为2022年全国“最美科技工作者”候选人报送中国科协。

党建强会 学会理事会功能型党委组织各会员单位党组织深入学习贯彻党的二十大精神，研究贯彻落实措施，制定学习宣传贯彻工作方案，全力抓好党的二十大精神落实落地。

9月15日，学会以线上线下结合方式举办“科学家讲党课”活动，邀请中国工程院院士、2020年全国“最美科技工作者”、学会常务理事陈厚群以《我的初心使命》为题讲述专题党课，近2.4万名全国坝工科技工作者通过线下、线上直播等方式收听观看。

学会推荐中国水利水电科学研究院和南京水利科学研究院作为首批科学家精神教育基地候选单位，报送中国科协。

学会秘书处党支部先后开展10次“学习习近平经济思想”系列专题学习，结合学会业务进行研讨。与中国科协国际合作部党支部和中国国际交流中心第二党支部等先后开展主题为“联学联建，携手一起向未来”“走好第一方阵·我为二十大作贡献”的主题党日活动，就推动党建与业务工作深度融合、促进交流与合作工作进行座谈交流，达到以党建促业务的效果。

【第十五届水库大坝与水电可持续发展圆桌论坛暨中国科协大坝安全国际青年科学家沙龙】 12月15日，学会线上主办第十五届水库大坝与水电可持续发展圆桌论坛暨中国科协大坝安全国际青年科学家沙龙，会议主题为“碳中和时代的水利水电发展”。

国际大坝委员会主席Michel Lino致辞。受学会理事长矫勇委托，学会秘书长、国际大坝委员会荣誉主席贾金生致辞。国际大坝委员会荣誉主席、能力建设专业委员会主席Adama Nombre，国际大坝委员会副主席Devendra Kumar Sharma、Quentin Shaw等出席会议。会议由学会副秘书长、中国电建集团国际工程有限公司党委副书记兼总经理陈观福主持。论坛邀请10位专家围绕“碳中和时代的水利水电发展”的主题，分别从融资战略、开发商视角及技术创新等方面作报告。来自30多个国家的113名专家学者参加线上研讨，

363 名行业从业人员线上参加论坛。论坛被列入国际大坝委员会能力建设的范畴，获得国际专家的高度评价和广泛认可。

（撰稿人：周 虹 陈丹妮）

中国卫星导航定位协会

服务创新型国家和社会建设 2022 年，协会共完成 23 项科学技术成果评价，10 项团体标准发布实施。

参与自然资源部组织的《中华人民共和国卫星导航条例（征求意见稿）》《产业结构调整指导目录》《建立相对独立的平面坐标系统管理办法（征求意见稿）》《新时代的中国北斗卫星导航系统（征求意见稿）》意见修订。

8 月，由协会和南通市人民政府共同主办的北斗 +5G 融合创新发展高峰论坛暨第五届全国“北斗之星”（BDStars）创新创业大赛在江苏省南通市举办。大赛分为“BDStars 双创城市巡回赛”“BDStars 丝路国际挑战赛”2 个赛道。9 月，“BDStars 双创城市巡回赛”赛道全国总决赛在河南省郑州市举办。各城市赛区推荐 16 个来自全国的北斗创新应用项目进行决赛，最终评选出特等奖 1 名、一等奖 2 名、二等奖 3 名。“BDStars 丝路国际挑战赛”赛道，评出特等奖作品 2 个、一等奖作品 4 个、二等奖作品 6 个、三等奖作品 16 个，并授予前 12 个获奖作品的第一指导教师“北斗名师”称号。

5 月 22—24 日，在新疆维吾尔自治区石河子市召开“一带一路”北斗导航棉花增产增收关键技术培训班，线下参会人数 100 余人，线上参会人数 1000 余人次。

承接中国科协“科创中国”系列会议——“科创中国”北斗应用产学融合会议项目。向中国科协科技人才奖项评审专家库推荐本学科领域专家 16 名。

学会建设 学会获中国科协中国特色一流学会建设项目（“特色创新学会”）和 2022 年度全国学会分支机构示范发展专项支持。2022 年协会被民政部授予 4A 级全国性社会组织。

全年召开理事会议 1 次、常务理事会议 2 次、会长办公会议 2 次、科学技术委员会工作会议 2 次。对原有 34 个专业委员会开展梳理、整治工作，保留 23 个，新增 6 个，现有分支机构 29 个。

截至 2022 年年底，新发展单位会员 119 家，单位会员总数 829 家。

1 月 13 日，协会在北京召开科学技术委员会成立大会和第一次工作会议，讨论通过《中国卫星导航定位协会科学技术委员会工作职责及活动规则》。委员会主任由中国工程院院士刘经南担任，中国科学院院士杨元喜担任副主任，委员由来自全国卫星导航领域的院士、专家、企事业单位学者、北斗导航领域领军企业专家共计 26 人组成。

修订《中国卫星导航定位协会卫星导航定位科学技术奖奖励条例》《中国卫星导航定位协会卫星导航定位科学技术奖实施细则》《中国卫星导航定位协会青年人才托举工程实施管理办法》《中国卫星导航定位协会会员管理办法》《中国卫星导航定位协会分支机构管理办法》并经协会第七届理事会讨论通过。

组织办事机构人员参加民政部、中国科协、党工委组织的全国性社会组织内部治理培训班、社会组织新闻发言人暨宣传工作培训班、社会组织评估工作培训班、全国学会税务专题培训、全国学会会员库建设交流研讨活动等。

青年人才托举工程 2022 年，协会推荐 1 人获得第七届（2021—2023 年度）中国科协青年人才托举工程项目资助；1 人获得第八届（2022—2024 年度）中国科协青年人才托举工程项目资助，3 人获协会自筹资金资助。

主办期刊 2022 年，《导航定位学报》发表期刊论文 153 篇。根据《中国学术期刊影响因子年报（自然科学与工程技术 · 2022 版）》，该刊影响力指数学科排序 13/30，复合影响因子学科排名 7/30，期刊综合影响因子排名 10/30。

学科发展工程 5 月 18 日，协会在北京发布《2022 中国卫星导航与位置服务产业发展白皮书》。发布会采用线上直播模式，CCTV-1 综合、CCTV-4 中文国际、CCTV-7 国防军事、CCTV-13 新闻等进行报道。

科普活动 9 月 21 日，在中国北斗应用大会暨中国卫星导航与位置服务第十一届年会上发布《礼赞北斗诗集》。该诗集由协会指导，协会北斗科技文化研究推广专业委员会主办，乾鹏印象国际文化传媒（北京）有限公司出品，中国书籍出版社出版。

《今日云龙》报社、《中国测绘》期刊、《时事报告》杂志社分别专访协会会长于贤成，标题分别为《“北斗”照潇湘 发展正当时》《向着北斗规模化应用与产业高质量发展阔步迈进》《北斗：世界一流的卫星导航系统》。

协会副会长兼秘书长刘大可与会员企业受邀参加CCTV-2《对话》栏目。协会与中央广播电视总台农业农村节目中心《中国乡村之声》栏目合作，制作以北斗应用农业为主题的“乡聚向未来·北斗带您看麦讯”的央视频融媒体网络直播节目。

协会联合郑州高新技术产业开发区管理委员会主办2022“北斗乐跑·科普中国”大赛。大赛以“北斗闪耀世界　科普引领梦想”为主题，在全国范围内以线上线下结合方式开展，通过“进机关、进企业、进社区、进乡村、进学校”的模式，覆盖31个省份111座城市，累计参赛人数超10万人次。大赛全国总决赛评选出优秀组织奖5名、一等奖1名、二等奖2名、三等奖7名。

表彰举荐优秀科技工作者　1—8月，协会开展卫星导航定位科学技术奖评选工作。经项目申报、形式审查、评审委员会专家评审、奖励委员会会议审定批准及社会公示等程序，产生2022年卫星导航定位科技进步奖共28项，其中特等奖2项、一等奖10项、二等奖16项；产生2022年度卫星导航定位创新应用奖共35项，其中白金奖3项、金奖12项、银奖20项；2022年授予中国工程院院士刘经南卫星导航定位终身成就奖。

党建强会　协会党支部多次组织学习党的二十大精神，协会官网开设“党的二十大精神”专栏。协会在中国科协“党建+”特色活动项目支持下开展系列活动。

1月19日，协会党支部召开党史学习教育专题民主生活会。3月22日，召开协会党支部2021年度组织生活会，于贤成主持会议并代表支部作工作报告。9月20日，协会召开理事会党委会议1次。

会员服务　2022年，受新冠疫情影响，协会积极了解企业经营状况，为企业提供咨询服务。组织专家顾问走访调研企业，向会员传达、宣传和贯彻国家卫星导航政策，倾听企业诉求，搭建企业与政府的桥梁。为企业减负，对所有参加中国卫星导航与位置服务展览会的单位减半收取展位费，对部分经营困难的企业免收展位费。了解企业创新状况，主动为“专精特新”企业提供服务，推举3家单位会员入选“专精特新”企业名录。为会员提供行业信息，免费发送《2022中国卫星导航与位置服务产业发展白皮书》。

通过协会网站为会员单位发布产品资讯、企业风采、前沿科技、典型案例等内容。为会员搭建媒体宣传渠道，尤其是在中央媒体的宣传，以提升会员单位的知名度和影响力。对于协会举办的重大活动，会员参加享有优先权，并且在活动中可参与央视媒体宣传、专访等环节。

向会员免费提供技术咨询、知识产权保护、行业维权等咨询服务内容。组织技术培训、学术交流、产业落地会、项目对接会，为会员提供学习平台。免费为会员单位申报卫星导航定位科学技术奖、开展卫星导航定位科技成果评价服务等。

做好清理拖欠测绘地理信息费用企业账款统计工作并上报自然资源部办公厅。

编印《2022年卫星导航定位科学技术奖奖励公报》并发送给会员。

【中国北斗应用大会暨中国卫星导航与位置服务第十一届年会】9月20—22日，由协会和河南省科协、郑州市人民政府共同主办的中国北斗应用大会暨中国卫星导航与位置服务第十一届年会在河南省郑州市召开。大会以“智能时空　创新引领”为主题，邀请来自全国卫星导航与位置服务领域的院士、专家及企事业单位代表参加会议。大会共分8个板块，包括企业家签约座谈会、大会开幕式、高端论坛、分论坛、“郑州北斗夜”晚会、第五届“北斗之星”创新创业大赛总决赛、2022年“北斗乐跑·科普中国”大赛全国总决赛、中国卫星导航与位置服务展览会等。

开幕式上，表彰2022年度卫星导航定位科技进步奖、卫星导航定位创新应用奖获奖单位以及卫星导航定位终身成就奖获奖者。郑州高新技术产业开发区管理委员会与20家企业举办合作签约仪式。1000余名企事业代表参加会议，其中包括6位院士和近100位行业企业家。

在高端论坛上，大会邀请中国工程院院士刘经南、杨长风，中国科学院院士、中国工程院院士李德仁，中国科学院院士杨元喜，中国工程院院士王家耀，自然资源部总规划师武文忠，北京北斗星通导航技术股份有限公司董事长兼总经理周儒欣作报告，探讨北斗智能时空体系建设及应用服务方面的最新研究成果。

大会还设立12个分论坛，100余位专家学者作报告，专题研讨北斗技术创新与融合应用，助力产业高质量发展。

同期举办展览会，展览面积1.2万平方米，参展企业共计179家，展示2022年卫星导航定位科学技术奖获奖单位成果53个，有9个参展单位发布新产品新技术。大会综合参会及参观展览总人数1.5万余人次。中央新闻媒体及50多家地方媒体到现场对大会采访报道。

【2022“一带一路”精准农业国际合作高端论坛】 12月10日，由协会主办、中国农业工程学会和国际和平联盟（太空）有限公司协办的2022“一带一路”精准农业国际合作高端论坛以线上线下结合方式举办，在北京设立主会场，在山东省潍坊市等地设立分会场。来自中国、俄罗斯、蒙古、巴基斯坦、哈萨克斯坦等“一带一路”沿线国家的院士、专家、国际机构负责人、相关代表出席论坛，共同探讨“一带一路”精准农业国际合作联盟的建设及国际精准农业技术与产业发展。100余名专家学者作专题报告，1000余人线上参加会议。

协会副秘书长武晓淦和中国农业工程学会执行秘书长王应宽共同发布中英文版《“一带一路”精准农业国际合作联盟倡议书（2022）》。该倡议书指出，“一带一路”沿线国家开展精准农业科技合作，推广应用现代农业生物技术、智慧精准农牧渔业、卫星遥感与导航定位技术、农业信息化数字化管理等，有利于促进区域内农业要素有序流动、农产品贸易以及农业发展经验交流互鉴，发挥各国农业的比较优势，挖掘农业发展潜力，推动相关各国通过农业合作实现互利共赢。为此，倡议联合发起成立“一带一路”精准农业国际合作联盟。联盟是在“一带一路”倡议框架下建立的区域性专业化国际组织。后续，联盟设理事会作为领导机构、秘书处为联盟办事机构、联盟可设立分支机构、区域机构、国家代表处等，分工负责相关事务。

该倡议书从开展现代农业产业合作、推动精准农业应用合作、提升先进农业技术合作、促进现代农业政策法规研究合作、拓展卫星应用+智慧农业合作、加强国际化交流合作、培养国际化人才队伍合作等方面发出号召，推动“一带一路”沿线国家和地区间精准农业技术与产业的合作交流，促进“一带一路”沿线国家和地区精准农业的高质量发展。

大会报告联盟筹建工作进展。截至2022年，已经联系33个国家，并与俄罗斯、巴基斯坦、哈萨克斯坦、蒙古、新加坡、马来西亚、越南、苏丹、韩国、柬埔寨、埃及、乌干达12个国家，以及联合国生态农业论坛、国际田间试验机械化协会、国际精准农业航空学会、国家精准农业航空施药技术国际联合研究中心4个国际组织、32个机构签署34份意向函、支持函或谅解备忘录。

（撰稿人：马　钰　梁聪伟）

中国生物材料学会

服务创新型国家和社会建设　2022年，学会批准团体标准立项19项，团体标准征集意见17项，团体标准技术审评12项，发布团体标准11项。

协助国家药品监督管理局医疗器械技术审评中心组织生物材料领域专家和医学临床专家召开创新医疗器械特别审查专家会100次。承接创新医疗器械特别审查项目111个，协助国家药品监督管理局医疗器械技术审评中心会同审查专家总结创新医疗器械审查要点30余项。组织创新医疗器械审查相关法规培训，近300位专家接受培训。

承接“中国科协十大代表调研课题”项目，组织专家完成《突破高端医用原材料“卡脖子”困境建议》《关于突破我国心血管植介入器械原材料“卡脖子”困境的发展建议》2篇专报。该成果被评为优秀研究课题并呈递相关部门。组织成立“生物材料”决策咨询专家团队，入选2022年决策咨询专家团队建设试点单位，围绕“生物材料学术前沿”“产业技术及原材料卡脖子问题”“促进行业发展的政策及法规”“集采政策相关专项调研”4个研究方向完成决策咨询建议专报及研究报告的撰写工作。

依托“科创中国”医疗器械产业科技服务团，推动科技人才、科技成果、科技智库、科技信息、科技类公共服务产品等资源向浙江省宁波市、温州市及天津市等“科创中国”试点城市集聚，组织专家对50余项产业需求进行解析、对50余项科技成果进行评价，促成签约8项。“科创中国”医疗器械产业科技服务团获评2022年“科创中国”优秀科技服务团。

学会建设　2022年，学会共召开常务理事会议2次、理事会议1次、监事会议2次。根据学会分支机构管理办法，海洋生物材料分会、智能仿生生物材料分会、材料生物力学分会、影像材料与技术分会、生物医用高分子材料分会、生物复合材料分会6个分会完成换届，学会新成立生物材料体外诊断分会。截至

12 月 31 日，学会新增个人会员 200 人、企业会员 18 家，现有个人会员 4820 人、企业会员 61 家。

2022 年，学会获得 2022 年中国科协重大科学问题、工程技术难题、产业技术问题征集荣誉证书。

制定《中国生物材料学会会员管理条例》《中国生物材料学会会士条例》《中国生物材料学会首届会士遴选方案》《中国生物材料学会会员编码规则》等办法。加强分支机构信息安全和网络意识形态工作责任制，修订《中国生物材料学会新闻发布和新闻发言人制度实施办法》，并定期开展对学会所属机构、各类网站、新媒体平台账号的排查工作，规范学会网络平台的运行管理。

青年人才托举工程　7 月，学会开展第八届中国科协青年人才托举工程项目候选人推荐遴选工作，于罗丹、邱家军、张宇琪、雍媛 4 位青年科技工作者入选。自 2017 年起，学会每年有 2 ~ 4 人获得中国科协青年人才托举工程项目资助，截至 2022 年共 18 人获得资助。

主办期刊　学会英文会刊 *Regenerative Biomaterials*（《再生生物材料》）2021 年影响因子为 5.763，五年影响因子为 6.38。2022 年在中国科学院期刊分区中位于工程技术 1 区。入选 2022 中国最具国际影响力学术期刊（自然科学与工程技术）名单。

国内主要学术会议　7 月 1—2 日，由学会生物材料临床试验研究分会、大连大学附属中山医院骨科、大连大学骨科医学研究中心等联合主办的骨科疾病与创新材料临床转化高峰论坛暨第十九届全国股骨头坏死学习班在辽宁省大连市以“线下授课 + 线上直播讲座”的形式召开。线下学习人数达 343 人，累计在线人数达 363521 人次。

8 月 13—14 日，由学会烧创伤创面修复材料分会、中国老年医学学会烧创伤分会共同主办，兰州大学第二医院承办，南方科技大学医学院协办的中国生物材料学会烧创伤创面修复材料分会第四届学术年会暨中国老年医学学会烧创伤分会第八届学术年会、老年烧伤与创面修复新进展培训线上召开，累计观看人数达 9544 人次。会上特邀烧创伤、生物材料研究领域专家、学者作报告，围绕创面修复材料研发与应用以及老年烧创伤救治领域的关键与热点问题进行交流与研讨。

8 月 28 日，由学会神经修复材料分会以及清华大学、南通大学、中山大学、武汉理工大学联合举办的神经修复医工交叉青年学者沙龙第一期活动以线上线下结合方式在北京举办。邀请王秀梅、饶子龙等 8 名学者作线上报告。来自科研院所、临床医院等 57 家单位的 150 多名学者参加，并提前征集到 50 余份交流问题。

12 月 11 日，由学会神经修复材料分会主办、中山大学材料科学与工程学院承办的第二期医工交叉青年学者沙龙线上举办。邀请国内神经修复材料与神经再生医学领域的专家以及科研和临床一线的青年学者作报告，来自相关领域的临床医生、科研人员以及科技工作者共 140 余人在线参与。

国际交往　2022 年，学会参与国际生物材料科学与工程学会联合会委员会会议 5 次，就联合会发展、2024 年世界生物材料大会筹备事宜发言。协助韩国生物材料学会宣传 2024 世界生物材料大会专题号召信息，与欧洲生物材料学会共同筹备第八届中欧生物材料大会。

2022 年，学会副理事长张胜民任职国际组织工程与再生医学学会亚太主席和全球理事会执委。任职期间，推荐中国青年后备人才在国际组织工程与再生医学学会青年委员会任职，制定国际组织工程与再生医学学会亚太发展战略，推荐中国科学家参与国际组织工程与再生医学学会亚太地区杰出贡献奖和青年科学家奖评奖等。

科普活动　2022 年，举办日常科普活动 21 场，通过项目申报完成精品科普项目立项 9 项；加强对生物材料 / 医疗器械领域科普原创作品的支持，创作完成 4 期系列科普短文、10 幅创新医疗器械科普挂图和 18 部原创科普短视频；申报全国学会科普能力提升项目并成功立项、实施、结题。获评 2022 年度全国学会科普工作优秀单位。组织的创新医疗器械系列科普展以及参与的 2022 年成都市温江区全国科普日线上主场活动获评 2022 年全国科普日优秀活动。

表彰举荐优秀科技工作者　学会组织开展第十七届中国青年科技奖、2022 年“最美科技工作者”、第十八届中国青年女科学家奖及 2021 年度未来女科学家计划候选人推荐工作，共推荐优秀科技工作者 8 人次。学会推荐的赵远锦获得第十七届中国青年科技奖。

党建强会　学会深入学习宣传贯彻党的二十大精神。通过学会官网、微信公众号等媒体平台发布迎接学习宣传贯彻党的二十大精神推文 3 期。

发挥学会党委政治引领作用。坚持每 2 个月编辑

1期《中国生物材料学会理事会党员学习资料》并发送给理事会党员，将中央相关会议及文件精神、中国科协科技社团党委相关要求以及学会党委贯彻落实要求进行汇总传达。

成功申报中国科协科技社团党委2022年度“党建强会计划”“‘党建+’特色活动”资助类项目，打造以“生材专家企业行”“生材科普教育行”“与先进典型云对话”三大主题活动为主、“党建+”系列活动为辅的党建活动体系，将党建工作融入学会智库咨询、科普宣传、人才培养等工作，探寻学会党建工作的新领域、新方法和新形式。

会员服务 拓展会员服务内容，在学术会议、团体标准评审、论文发表、科技成果评价、技术问题对接等方面为会员提供优惠。

为解决新冠疫情期间毕业生就业难、企业单位人才招聘难的问题，学会助力会员单位招聘人才，共征集30余家单位的600余个岗位，通过学会官网发布招聘信息。为解决国内医疗器械企业技术难题、促进科技与产业融合，学会开展成果转化、技术对接和项目论证等咨询服务。

【第四届世界科技与发展论坛生物材料科学与工程前沿分论坛】 11月26日，由中国科协主办、学会承办的第四届世界科技与发展论坛生物材料科学与工程前沿分论坛在四川省成都市举办。论坛以“生物材料：开放合作　共谋发展　造福人类健康”为主题，邀请多名中外院士、专家聚焦人类健康生活及高技术新材料研发等进行研讨，对生物材料发展和企业关注的问题建言献策，推动产学研医用融合。

论坛现场，邀请学会名誉理事长、中国工程院院士、美国国家工程院外籍院士、四川大学教授张兴栋致辞。美国国家工程院院士、美国国家医学院院士、中国工程院外籍院士、美国莱斯大学教授Antonios Mikos，学会副理事长、国家生物医学材料工程技术研究中心主任、四川大学生物医学工程学院院长王云兵，欧洲科学院院士、意大利国家研究委员会教授Luigi Ambrosio，中国科学院生物物理研究所研究员朱赟，美国国家工程院院士、美国国家医学院院士、美国哥伦比亚大学教授Kam W.Leong，美国德雷塞尔大学机械工程与力学系讲席教授Albert Soffa，清华大学机械系生物制造中心主任、教授孙伟，韩国科学技术研究院院士、韩国亚洲大学教授Ki Dong Park等专家作主题报告，分别围绕用于组织工程的可注射3D打印生物材料、微创介入心血管材料及器械创新研究、可注射再生生物材料的设计、重组人源化胶原蛋白新材料的结构功能研究进展、阳离子载体用作抗炎生物材料的研究、生物3D打印进展及应用、基于水凝胶的组织再生和药物递送策略、复杂生物医学过程的内生网络理论等主题进行交流研讨。论坛现场共有110余位来自四川省内科研院所及从事医疗器械行业的科技工作者参加。学会还邀请到美国布朗大学教授、诺贝尔物理学奖获得者Michael Kosterlitz在主论坛闭幕式作题为《全新科学知识的创造》的报告。

（撰稿人：许秀娟　刘　静）

国际粉体检测与控制联合会

服务创新型国家和社会建设 2022年，联合会工业防爆技术创新委员会在全国范围内开展多次粉尘爆炸与安全防护技术线上培训。培训对象包括应急管理部门、粮食局、畜牧局、协会/学会、工业园区、评价咨询机构、科研单位，以及涉及可燃粉尘、粉尘工艺系统与设备供应商的相关负责人、企业安全管理负责人及安全管理人员等。培训内容包括粉尘爆炸防护及相关事故案例分析、有限空间作业相关法律法规及相关事故案例分析。

推动地方标准、团体标准更新立项，2022年度联合会推进《可燃粉尘工艺火花探测与消除系统技术规范》立项。联合会标准化委员会为企业提供团体标准制定服务，2022年与洛阳市冠奇工贸有限责任公司联合制定《锂离子二次电池负极使用的球形石墨》团体标准；与河南长兴实业有限公司联合制定《氧化铝用集装袋》团体标准。

联合会工业应用委员会与瑞道金属网合办中国（湛江）钛、锆国际论坛。工业应用委员会围绕粉体热点话题及粉体应用，编辑发布电子刊物，每季度发行1期，每期刊物电子版发布到分会网站。2022年共发行2期，内容涉及橡胶填料、钛白粉的加工及应用。

学会建设 截至2022年年底，联合会个人会员1433人，外籍会员52人，分布在中国、美国、日本、韩国、澳大利亚、德国、英国、意大利、荷兰等国家。联合会理事会共有理事30人、常务理事会成员7人。

2022年，举办4次常务理事会议，决定联合会的重要事项。

3月20日，第一次常务理事会议以线上方式在辽宁省沈阳市举办，常务理事会成员共7人参加会议。会议通报2022年上半年秘书处的工作计划，协商联合会第五届会员代表大会筹备事宜。会议由联合会常务副秘书长金智贤主持。

7月20日，第二次常务理事会议以线上方式在辽宁省沈阳市举办，常务理事会成员共7人参加会议。会议通报联合会在中国国内会员队伍发展情况和学术活动、展览展示情况；协商确定联合会第五届理事会候选人名单；讨论在澳大利亚和德国筹备成立分支机构的计划。

10月15日，第三次常务理事会议以线上方式在辽宁省沈阳市举办，常务理事会成员共7人参加会议。因受新冠肺炎疫情影响，会议决定联合会第五届会员代表大会暨第十四届国际学术会议延期举办。

12月15日，第四次常务理事会议以线上方式在辽宁省沈阳市举办。会议商议确定联合会换届方案，并确定联合会第五届会员代表大会将在2023年年初举办。

国内主要学术会议　5—8月，联合会工业应用委员会联合多领域行业协会共同组织线上知识讲座，讲座内容包括：粉体系列标准的制定，国际粉体术语与图形、符号，粉体标样申报与生产，常温干燥和超微技术在药食和饲料中的应用，常温干燥和超微技术在特色食品和食品添加剂中的应用，常温干燥和超微技术在中药制剂和保健品开发中的应用，微纳米复合与形貌调控在新材料中的应用，改善3D打印用粉的流动性和堆积密度，粉尘防爆等系列主题。线上听众累计千余人次。

9月14—16日，由中国石墨产业发展联盟等主办、联合会工业应用委员会等共同协办的2022中国（威海）石墨新材料产业发展论坛在山东省威海市召开，主题为“携手并进　共赢未来”。论坛参与企业共计300余家。会议就石墨行业面临的机遇与挑战、石墨新材料应用研究成果发布、国际石墨资源开发利用现状调查分析等热点话题展开。

国际交往　7月29日，联合会国内理事与国外理事针对学科发展进行学术交流。联合会美籍理事许人良向国内理事推介其新书《颗粒表征的光学技术及应用》，该书对联合会学科发展具有重要意义。

8月，联合会秘书处与韩国汉阳大学教授Jong-Kil Kim进行学术交流。经Jong-Kil Kim推荐，韩国昌原大学教授Hee-Kyu Choi加入联合会。

10月，经联合会副理事长、日本京都大学教授Shuji Matsusaka推荐，日本粉体工学会理事、广岛大学教授Kunihiro Fukui正式加入联合会，这有利于加强联合会和日本粉体工学会之间的学术及人员交流。

党建强会　联合会功能型党支部组织学习贯彻党的二十大精神，发挥党员在联合会发展中的带头作用，做好联合会各项工作。

（撰稿人：金智贤）

中国矿山安全学会

服务创新型国家和社会建设　2022年，学会参与国家矿山安全监察局的煤矿安全监管监察工作，在政策研究、技术咨询、安全检查、煤炭保供、标准修订、破解难题等事前预防中发挥技术支撑作用。

受国家矿山安全监察局委托，学会领导带队赴内蒙古自治区、新疆维吾尔自治区、黑龙江省等地，对8处保供露天煤矿开展生产能力核增现场考核，在确保安全的前提下共核增产能4460万吨/年，为冬季煤炭保供作贡献。

为有效防范产能释放带来的采掘接续失调风险，学会领导组织专家对华阳新材料科技集团有限公司、晋能控股集团有限公司、潞安化工集团有限公司等企业11余处煤矿开展采掘接续“双专双查”，发现问题隐患132条、采掘接续紧张煤矿3处、采掘接续紧张潜在风险煤矿5处，从国家、省和企业3个层面提出意见建议。

深入研究煤与瓦斯突出防治对策，针对河南省煤矿瓦斯赋存特点和安全需求，组织专家对《河南省煤矿瓦斯防治管理办法》进行会审，以点带面，为全国煤矿瓦斯治理提出可操作性政策建议。

针对当前煤矿冲击地压防治存在的问题，结合当前和长远需求，在山东省济南市举办2期冲击地压防治培训班、组织1期冲击地压灾害防治研讨会，将研讨内容以学术纪要的形式出版发行。

为评估国务院“放、管、服”政策在煤炭行业的落实效果，受国家矿山安全监察局委托，开展煤矿行政许可事项改革研究工作，组织有关专家就“煤矿企业安全生产许可证颁发管理”“煤矿安全设施设计审查和验收”两项行政许可下放移交情况，对重点省份、重点企业开展现场调研，对煤矿安全监察机构是否“放得下、交得清”、基层煤矿安全监管部门是否“接得住、管得好”、煤炭生产企业是否“跑得少、办得顺”等改革效果进行评估，并向国家矿山安全监察局提交咨询报告，为下一步煤炭行政许可相关法律法规修订和政策制定提供参考。

组织陕西煤业化工集团有限责任公司、国能神东煤炭集团有限责任公司等煤炭企业宣贯《煤矿安全规程》（应急管理部令第 8 号），并组织开展《煤矿安全规程执行说明（2022）》的编制工作，对新增或修改、容易误解多解、带有红线意义的重要条款，从理论及操作层面进行解释和说明，确保《煤矿安全规程》全面准确执行。

组织开展督导检查，带领专家赴鄂尔多斯矿区开展明察暗访，在蒙泰满来梁煤矿检查中发现 35 条问题隐患，从 6 个方面对企业提出整改要求，从 3 个方面对地方政府提出意见建议。

结合新修订的《中华人民共和国安全生产法》的颁布实施，为使企业坚持“两个至上”、牢固树立发展决不能以牺牲安全为代价的红线意识，在安全生产月期间，学会领导带队到中国中煤能源集团有限公司作《坚持重大灾害超前治理，坚决杜绝煤矿重特大事故》宣讲授课，并前往相关企业开展《中华人民共和国安全生产法》解读，进行“企业应急管理和应急能力建设”授课。

联合会员单位应急管理部信息研究院和研究中心，组织专家团队赴新疆天池能源有限责任公司将军戈壁二号露天煤矿，陕西榆阳中能袁大滩煤矿、沙梁煤矿、延安市禾草沟煤业有限公司等煤矿，对煤矿安全管理、设施设备、风险防控、隐患排查等进行指导。

组织学会技术人员到国家能源投资集团有限责任公司所属 20 余处露天煤矿企业和国家电力投资集团有限公司所属 5 处露天煤矿企业进行边坡和防排水管理安全评估咨询服务。

学会建设 3 月 2 日，经民政部批复同意，将中国煤炭工业安全科学技术学会更名为中国矿山安全学会。6 月 17 日，经中国科协十届常委会第五次会议审议，学会正式成为中国科协团体会员。

组织相关部门，加强制度体系建设、劳动人事管理、资产财务管理、会费管理、业务活动管理、经济合同管理、主办期刊管理、公文管理、会议管理、印章管理、档案管理、工作人员和会员基础信息管理、请销假（公出）管理、办公区管理、工作督办、纪律检查等一系列基础管理工作，完善自身建设。

以《中国矿山安全学会章程》为核心，重新修订《党政工作规则》《财务管理制度》《项目管理办法》等十几项制度性文件。

加强和规范分支机构管理，对学会专业委员会按照挂靠布局均衡进行优化调整，将原来专业相近的 7 个专业委员会合并成 3 个，取消 1 个，新增 3 个，组建 2 个非煤矿山综合性专业委员会。

推进学会网站建设工作，对全体学会会员建立入库档案，将会员的相关信息报送中国科协。

主办期刊 《采矿与安全工程学报》是由中国矿业大学和学会联合主办的一级学术期刊，原名《矿山压力与顶板管理》，创办于 1984 年。该刊是中文核心期刊、《中国科技论文在线》优秀期刊、美国《工程索引》收录期刊、中国科技论文统计源期刊（中国科技核心期刊），被国内外多家数据库或文摘收录。根据《科技期刊世界影响力指数（WJCI）报告（2022）》预发布，《采矿与安全工程学报》2022 世界学术期刊影响力指数在“矿山工程及技术”学科进入 Q1 区，位列中国第 6 位、全球第 14 位。

党建强会 学会党组织把学习贯彻习近平新时代中国特色社会主义思想和党的二十大精神作为首要任务，通过线上线下多种形式，把理论学习与业务工作紧密结合，推动学会课题研究、督导检查、专家咨询等工作开展。严格落实支部工作条例及“三会一课”、信息报送等相关制度，严格落实党支部组织生活制度，坚持每月 1 次主题党日活动、每周 1 次支部理论学习和工作例会，开展部门以上负责人讲党课等活动。

会员服务 学会充分发挥各专业委员会的桥梁纽带作用，围绕矿山安全生产面临的新形势和新任务，通过“会员之家”举办各类学术活动，开展线上线下交流。

学会顶板防治专业委员会组织中美采矿岩层控制技术交流会，中国工程院院士蔡美峰、王国法，中国科学院院士宋振骐等 12 位专家围绕采矿岩层控制、冲击地压、采空区治理等作特邀报告。来自国内外高等院校、研究院所和煤炭生产一线的专家学者就采矿岩层控制领域的新理论、新工艺和新技术进行交流。

学会矿井通风专业委员会主任王德明多次到山西省、新疆维吾尔自治区、山东省等地的重点煤矿开展矿井火灾防治讲座和防灭火技术指导；副主任委员周福宝出席 2021 年浦江创新论坛科技创新青年峰会，作

《受限空间火灾与爆炸CO产物的主动同步处置》专题报告。

组织相关专家到国家能源投资集团有限责任公司进行“煤矿防治水专业知识及技术专题培训班”授课，对矿井防治水、物探、钻探新装备与新技术、水害事故案例等进行讲解，结合煤矿现场案例与学员进行互动。

组织相关专家分别到山西省、河南省、内蒙古自治区、山东省、四川省、重庆市、贵州省、新疆维吾尔自治区、陕西省、云南省、宁夏回族自治区、安徽省等地开展粉尘危害及其防治技术的宣讲，使各煤矿企业主、接尘人员对粉尘危害及其防治技术有更深入的了解、对防治粉尘危害的重要性和迫切性有更深的认识，推动煤矿尘肺病防治工作的开展。

（撰稿人：张东梅）

国际氢能燃料电池协会

服务创新型国家和社会建设　2022年协会与中国汽车工程学会开展团体标准联合制定工作，共同完成《燃料电池电动汽车　热平衡能力　试验方法》《燃料电池发动机高原性能测试模拟试验方法》《燃料电池电动汽车用燃料电池系统　氢气消耗量　氧平衡试验方法》等18项团体标准的制修订工作。

协会向国际标准化组织提交氢能领域TC197 A类联络组织的申请，经国际标准化组织氢能技术委员会（ISO/TC197）审议通过，成为ISO/TC197 A类联络组织。

协会联合奥雅纳和普华永道承接香港机电工程署咨询项目，提出适用于香港的燃料电池汽车和加氢站建设的安全指南；承接全球环境基金综合示范应用项目，同工业和信息化部、财政部、联合国工业发展组织在可再生能源资源丰富的宁夏回族自治区银川市宁东镇及辽宁省大连市、沈阳市开展绿色氢能规模化综合示范应用项目。与联合国工业发展组织、国际氢能中心共同开展北京冬奥会举办地张家口市的氢能燃料电池汽车示范运行经验总结研究，向全球传播和展示中国氢能燃料电池汽车运行经验和先进技术。

开展科研项目评估工作。受全球环境基金委托，组织业内专家开展“中国新能源汽车和可再生能源综合应用商业化推广”项目结题验收工作。受中国工程院委托，对“氢能动力运输装备创新应用发展战略（2035）”开展课题研究与成果验收工作，并向国务院报送院士建议《加快氢能储运装备核心技术攻关，确保氢能产业链安全自主可控》，提出氢动力运输装备创新应用发展的技术路线图。围绕科技部委托的国家重点研发计划“2019年政府间国际科技创新合作重点专项”“中国汽车燃料电池发展战略研究”开展结题验收和绩效评价工作，项目通过对国外氢能燃料电池和燃料电池汽车技术发展现状和趋势的深入对比和经验借鉴，形成带有国际视野的研究战略和科学合理的发展建议，为燃料电池及燃料电池汽车未来发展指明方向。

学会建设　6月30日，协会第一届会员大会暨第一届理事会一次会议在北京召开。

截至2022年年底，协会会员由第一届会员大会暨理事会前的56家发展至81家，其中包括500强企业13家、顶尖院校与研究机构10家，国际会员占比接近40%，覆盖亚洲、美洲、欧洲、非洲。会员具备产业代表性，分布于产业链各个环节。会员发展主要为定向邀请与成员推荐，并通过与各国使馆联合举办活动扩大国际影响力，吸引国际会员。

协会网站以国际化为目标进行升级改版，采用全英文搭建网站框架，具备信息展示与信息检索功能。办公平台与国际接轨，采用微软Teams，为与国际会员进行沟通提供良好渠道，降低沟通成本，提高内部协同办公能力。同时搭建国际网络专线，提高协会收集国际产业信息与资料的效率。

协会颁布执行行政管理制度20余项，保证日常工作正常有序推进。协会秘书处全职工作人员共10人，其中1人为外籍A类人才、本科及以上学历人员共计9人。

学科发展工程　6月，《汽车安全与节能学报》发表《中国氢燃料电池汽车技术路线选择与实践进展》。此篇文章由清华大学教授王贺武、李建秋、杨福源和协会理事长欧阳明高共同撰写，从产业价值链、燃料电池汽车路线图2.0和张家口示范三个方面回顾中国燃料电池汽车的发展状况和代表性的研究进展，为国际会员提供燃料电池汽车示范项目成果经验。

国际学术会议　8月26日，协会承办的第四届世界新能源汽车大会主论坛——氢能与燃料电池汽车商业化在北京召开。会议邀请国内外有关政府部门领导、国际组织负责人、院士专家及企业高层展开研讨，共同分享全球氢能发展战略、示范应用进展和商业化应用案例，并就氢能与燃料电池汽车产业发展面

临的挑战进行研讨，共同谋划产业未来发展。全国政协副主席、中国科协主席、世界新能源汽车大会主席万钢出席会议。中国科协党组书记、分管日常工作副主席、书记处第一书记张玉卓，欧洲清洁氢合作组织执行董事 Bart Biebuyck 等为大会致辞。协会理事长欧阳明高，中国工程院院士、中国机械工业集团有限公司副总经理、总工程师陈学东作主题报告。

9 月 14 日，由协会和中国汽车工程学会共同主办的 2022 中非氢能论坛线上举办。会议由主旨演讲与圆桌论坛 2 部分组成，展示在氢能与燃料电池领域中国的能力和非洲的潜力，8000 余人次线上观看。科技部国家重点研发计划氢能技术专项专家组成员、清华大学教授史翊翔，南非科学与创新部交通燃料和可再生能源司博士 Rebecca MASERUMULE 发表演讲。各方专家在圆桌论坛上对氢能与燃料电池产业进行探讨与交流。

11 月 30 日，由协会承办的中加氢能与燃料电池产业协同发展交流会线上召开，累计观看人数超 10 万人次。来自产学研政各领域的共 11 位专家学者发表演讲，议题覆盖氢能燃料电池产业链上下游，并凝聚产业须进一步加快标准制定的共识。

12 月 14 日，中国新能源汽车综合应用成功案例与经验分享网络研讨会召开。会议由协会和中国汽车工程学会联合主办，在全球环境基金、工业和信息化部、联合国工业发展组织的指导下，中国汽车工程学会实施“中国新能源汽车综合应用”项目。

国际组织任职 能源转型工程师委员会是一个由联合国秘书处发起，由高级工程师和能源系统专家组成，以世界净零排放为目的的高级别机构。10 月，协会秘书长王菊当选为能源与运输工作组组长，负责探究能源与运输领域融合的机遇与挑战。工作组设置两周一次的例会，持续讨论交通领域的节能转型升级方案，并编制 *The Detailed Catalog of all Transportation Sectors*（《交通运输各领域的详细目录》）。

国际交往 6 月 9 日，协会秘书长王菊与协会单位会员佛吉亚集团的首席技术官 Christophe Aufrere 就双方合作展开讨论。佛吉亚集团中国技术战略副总裁 JIN Chad、佛吉亚集团零排放中国区总经理 Alban Brisset、佛吉亚集团安全和监管专家 TROTT Richard、佛吉亚集团未来座舱团队中国区销售负责人 Gannan Liu 一同出席会议。

8 月 11 日，协会有关人员走访现代汽车集团总部，试乘试驾现代 Nexo 氢燃料电池汽车，并就双方深度合作和技术问题等进行讨论。

9 月 19 日，日本三井住友银行一行到协会参观拜访。双方就金融机构对氢能产业链的推动作用进行讨论。

9 月 23 日，英国商务部一行到协会参观拜访。双方就未来可以共同开展的业务方向进行讨论，增强了协会与英国的合作交流。

9 月 27 日，协会赴丰田汽车集团总部参观拜访，丰田汽车（中国）投资有限公司技术总监汤田修事等接待协会一行。双方就深度合作和技术问题等进行讨论。

9 月 29 日，协会组织加拿大使馆一行赴大兴国际氢能示范区参观拜访。双方就即将举办的中加氢能与燃料电池产业协同发展交流会方案进行讨论。

10 月 25 日，协会有关人员与 CEGA 美国总部执行主任张瑞英等就公益和科技发展进行讨论，初步定下合作开展项目的计划。

11 月 14 日，协会与非洲氢能合作组织秘书长 Siggi Huegemann 通过线上讨论签署合作备忘录的详细事宜，助力 2023 年 2 月正式签署合作伙伴关系。

科普活动 协会协办 2022 青少年汽车无限创意征集活动。来自全国 30 余个省（自治区、直辖市）和英国、法国、意大利、日本、柬埔寨等近 10 个国家的青少年参与活动，征集作品超 8000 幅，同比增加 167%。此次活动除了迈向国际化之外，还开展公益捐赠活动，向山区青少年捐赠画笔、画板等物资。获得中国科协 2022 年度科技志愿服务先进典型和 2022 年度全国学会科普工作优秀单位。

党建强会 2022 年 7 月，与协会发起单位、副理事长单位中国汽车工程学会党组织协同开展党建工作，根据协会工作安排统一开展党建工作。

会员服务 协会与会员日常沟通主要分为三类：协会通知、会员服务、产业咨询，其中协会通知与会员服务主要通过电子邮件传达，依据实际情况点对点二次通知；产业咨询为会员定制化服务，主要通过微信、Teams、电话会议进行沟通交流。

2022 年度，协会共计为会员提供中英双语《氢能及燃料电池全球资讯》6 期，内容包括政策标准、技术创新、企业动态、区域发展、专家观点与深度解读。为会员提供《英文氢能与燃料电池季度》简报 2 期。

【国际氢能燃料电池协会第一届会员大会暨第一届理事会一次会议】 6月30日，国际氢能燃料电池协会第一届会员大会暨第一届理事会一次会议在北京举办。全国政协副主席、中国科协主席万钢应邀出席会议并讲话，协会理事长欧阳明高主持会议。

万钢指出，中国高度重视氢能领域科技创新与产业发展，已形成新能源汽车“三纵三横”研发布局，构建以企业为主体、产学研深度结合、大中小融通发展的创新体系，已成为全球最大的燃料电池商用车市场建设方向。北京2022年冬奥会和冬残奥会期间，“科技冬奥”以光伏、风电制氢支撑1200辆燃料电池汽车在寒冬季节严苛环境下的安全可靠运行，展现了国际形象。

会议审议通过《国际氢能燃料电池协会章程》，选举产生协会第一届理事会理事长、常务副理事长、副理事长、秘书长，提名并通过名誉理事长。欧阳明高当选协会第一届理事会理事长。协会理事会每届任期5年，秘书处设在北京。

与会代表围绕协会发展目标和使命，在促进国际合作与交流、完善国际标准和规则、发挥高端智库引领、增强公众认知等方面进行交流与探讨。

（撰稿人：朱亚菲）

中国农学会

服务创新型国家和社会建设 学会实施创新驱动助力工程，组建80支共3400余位专家组成的“科创中国”科技服务团，共对接技术需求52项、匹配专家团队完成需求解析52项、签约落地3项。与内蒙古自治区兴安盟、山东省烟台市签订战略合作协议，服务地方主导农业产业高质量发展。组织遴选2022年粮油生产主导品种主推技术219项，组织专家力量在关键农时开展技术指导和培训服务。学会牵头组建的“科创中国”国家乡村特色产业高质量发展产业科技服务团入选2022年“科创中国”优秀科技服务团，推荐的“阻燃防腐型秸秆墙体材料绿色低碳制造关键技术”入选2022年“科创中国”先导技术榜单（绿色低碳领域）。

助力巩固拓展脱贫攻坚成果，接续推动脱贫地区发展和乡村全面振兴。组织实施中国科协“创新服务吕梁行”活动，服务当地农业企业、合作社、家庭农场等，助力当地农业企业提档升级；深化河北省承德市承德县定点帮扶工作，多种渠道推介承德当地特色农产品，搭建产销平台，带动当地农业产业发展。

牵头组织实施“科技支撑乡村振兴公益行动”，围绕宁夏回族自治区中卫市海原县畜牧产业，河南省濮阳市范县粮食种植业，陕西省榆林市子洲县林果、中药材等产业，陕西省西安市周至县猕猴桃产业，陕西省安康市旬阳市拐枣产业等当地农业主导产业和特色产业，组织专家开展技术咨询活动80余场、培训活动5次，服务群众上万人次。

学会紧扣粮食生产、大豆油料、种子耕地、乡村特色产业等10个党和政府关注的重点领域，组织动员广大农业科技工作者建言献策，全年优选30项选题并报送17篇《农业科学家建议》，其中4篇被中央办公厅采用、6篇得到农业农村部领导批示。承担中国科协年会院士、专家服务湖南的课题调研，向湖南省人民政府提交《世界种业发展趋势和湖南种业发展对策研究》，为当地政府制定相关政策提供参考。学会获评中国科协2022年决策咨询专家团队建设试点单位，获批中国科协十大代表调研课题24项，相关工作机制入选“科协系统十年优秀工作案例”。

开展科技成果评价工作，全年组织院士、专家900余人次对100项农业科技成果进行咨询评议。征集“火花技术”——处于萌芽状态或成长阶段、尚未大面积推广，但未来有可能对农业生产和产业发展产生积极影响的农业科技成果495项，直接支持培育5项、纳入项目库15项。组织遴选中国农业农村科技发展最新成果，在2022中国农业农村科技发展高峰论坛暨中国现代农业发展论坛上发布年度新技术10项、新产品13项和新装备12项。

围绕农业专业技术人员能力提升和继续教育需求，举办新闻出版人员、农技推广等业务能力提升培训班。承办农业生态环境保护培训班，聚焦农业废弃物资源化利用、农业面源污染综合治理、农业农村减排固碳、外来物种入侵防控、农膜回收利用等重点工作解决技术瓶颈问题，累计培训2000余人次。

学会建设 学会组织召开十一届九次常务理事会议，审议通过分支机构考核优秀等次名单、分支机构负责人调整等事项，推进学会换届事宜，总结交流年度工作。学会秘书处围绕贯彻落实中央关于科技、人才和社会组织工作的新部署新要求，开展内部课题研究，形成《高水平农业科技人才服务机制与路径探索》等10篇研究报告，推动解决新形势下业务工作的

理论和实践问题。学会再次被民政部授予“全国先进社会组织”。

强化对分支机构的指导管理。指导杂粮分会、科技评价分会、棉花分会、农业资源与环境分会完成换届工作。印发分支机构年度活动计划、2022年考核工作方案，组织开展分支机构年度工作交流与考核评估，评定棉花分会等10个分支机构为“优秀”等次。6月16日，组织召开中国农学会分支机构工作座谈会暨省级农学会负责人线上座谈会，学习贯彻民政部和中国科协关于加强社会组织管理有关文件精神，交流发展经验，增进资源整合和优势互补，安徽省、湖南省、新疆维吾尔自治区等地农学会代表以及学会农业文化遗产分会、图书情报分会、耕作制度分会等分支机构代表作典型发言。

加强信息化建设，做好学会中英文网站等媒体平台信息更新，在主页开设“弘扬科学家精神　涵养优良学风”专栏，打造农业农村科技工作者网上精神家园。作为试点单位，首批入驻中国科协网上科技工作者之家组织样板间。推动运行内部控制管理系统，加强预算执行和支出监管。

青年人才托举工程　11月5日，学会组织召开第八届中国科协青年人才托举工程项目候选人推荐答辩评审会，学会推荐的5名青年人才获得中国科协资助。推荐7名被托举青年人才参加第一届中国科技青年论坛论文征集，其中1人获三等奖。

10月31日—11月6日，由中央组织部、农业农村部主办，学会承办的2022年农业领域高层次专家国情研修班在辽宁省大连市开展，50名农业研究各领域的青年专家学者参加学习。

主办期刊　学会主办的9种期刊影响力均有所提升，其中 *Journal of Integrative Agriculture*［《农业科学学报（英文版）》］SCI影响因子为4.384，位居农业综合学科Q1区，总被引频次为8608次，入选“中国最具国际影响力学术期刊”；根据中国知网发布的《中国学术期刊影响因子年报（自然科学与工程技术·2022版）》，《中国农学通报》在影响力学科排名中继续保持第2位，综合影响因子为1.071。

学科发展工程　学会组织2022农业农村科技重大科学问题、工程技术难题和产业技术问题征集遴选和发布工作，凝练产生农业农村发展重大科学问题26条。

组织新版农学名词审定释义工作，组建院士领衔的高水平审定委员会，收录6000余词条并释义。

国际学术会议　学会全年举办境内国际会议4次，参加会议人数50万余人次。

7月15日，由学会承办，联合国粮食及农业组织驻华代表处、联合国可持续农业机械化中心、德国农业协会等协办的中国科协数字农业与智慧农机国际青年科学家沙龙在北京以线上线下结合方式召开。38位国内外青年学者探讨数字农业、智能农机装备的关键技术与产业发展方向等。会议线上直播观看总量近50万人次，40余家国内外主流媒体和网站对会议进行报道。

国内主要学术会议　学会共举办国内学术会议47场，参会人数达130万余人次，主要聚焦种子和耕地2个领域，围绕大食物观、粮食安全、智慧农业、绿色防控等重点方向，聚焦杂粮、食用菌、葡萄等产业发展主题。中国现代农业发展论坛、中国农学会棉花分会年会等会议入选中国科协《重要学术会议指南》2018—2022年度品牌学术会议榜单。

6月13日，学会主办、西北农林科技大学协办的“十四五”杂粮产业发展论坛线上召开。院士、专家就中国大田作物栽培学前沿与创新方向、中国高粱生产与产业发展前景、杂粮健康功效机制、小米精深加工、品牌建设及产品开发思路等进行探讨交流。

6月24日，学会与湖南省科协、湘西土家族苗族自治州人民政府共同承办的中国科协年会“科技赋能首倡地·创新引领新湘西”高峰论坛在湖南省湘西土家族苗族自治州召开。中国工程院院士宋宝安、刘仲华等专家在农业产业化龙头企业、农业园区、生产基地考察调研，就当地茶叶、油茶、猕猴桃等特色产业在品种培优、加工增值、品牌拓展等方面开展咨询服务。

7月11日，学会主办的“践行大食物观　探讨食用菌产业发展途径”主题学术报告会线上召开。中国工程院院士李玉等4位专家围绕会议主题作学术报告，超2600人次收看会议直播，点赞量近2万次。

9月9日，中国科协主办、学会承办的中国科协农作物种子高层次专家研讨会在北京召开。会议以“科技进步支撑大豆油料高质量发展”为主题，10多位大豆及油料领域的院士、专家从育种、产业发展、国际形势等维度针对中国大豆和油料发展存在的问题展开研讨。

国际组织任职　学会推荐的谢建民任国际马铃薯

中心亚太中心主任，崔野韩任国际植物新品种保护联盟理事会主席。

国际交往 学会着力推进100余家“一带一路”国际农业科技创新院建设，构建多边农业科技合作机制，凝练形成100项“一带一路”沿线国家农业产业高质量发展重大科技需求，推动编制形成30份“一带一路”国家农业相关产业和学科发展规划。

11月21—25日，学会联合德国农业协会组织142名乡村产业振兴带头人开展线上培训班。11月23—30日，学会联合荷兰瓦赫宁根培训学院举办未来食品与可持续食品线上培训班，来自全国56个单位的150名从事食品加工的一线科研人员参加培训。

科普活动 学会贯彻落实《关于新时代进一步加强科学技术普及工作的意见》，开展农民科学素质提升行动。加大科普资源供给，联合光明网共同承担科普中国“智惠农民”项目，聚焦农业生产经营、强农惠农政策、医疗卫生健康、生态环保宜居等与农民密切相关的热点主题，制作800篇图文、500个视频2500分钟的科普作品。编制并发放“农业有机废弃物能源化利用科普挂图”12万张，编创的“沼气安全生产”系列动画浏览量超480万人次，汇编《身边的农产品质量安全》《了不起的农田护卫队》科普图书。承办第十二届全国农民科学素质网络知识竞赛，6241万余人次参加竞赛。加强“三农科学传播”新媒体建设，推送优质科普文章270篇，粉丝数达11.2万。

开展“乡村振兴　志愿有我”中国农学会科技志愿服务活动。组建科技志愿服务队伍151支，发展志愿者3000余人，构建“大专家带小专家、小专家带农户”模式，完善全国农业农村科普体系。学会指导各服务队伍围绕粮食安全、农产品供给等方面，深入全国广大农村开展“中国农学会科技志愿服务基层行”系列活动400余场，直接惠及群众4.2万余人，线上活动浏览量突破千万人次。协助遴选和推荐中关村科普农庄等39家单位入选全国科普教育基地。9月13日，在全国科普日期间，学会动员地方农学会、农业科研教学单位、科技志愿服务分队等围绕地方农业主导产业和特色产业发展开展多种形式科普活动100余场，直接服务群众5000余人。

开展转基因科普巡讲进机关活动，组织学会专家为贵州省农业农村系统干部2000余人解读转基因相关政策和知识。在全国知识产权宣传周、全国科技活动周、全国科普日、中国农民丰收节等活动期间，组织开展系列科普活动。

2月14日，学会参与2022年全国文化科技卫生“三下乡”山东省集中示范活动，发放《农民科学素质读本》《农村妇女脱贫攻坚知识丛书》《有机农业110》等10余种科普图书和资料并现场答疑。

表彰举荐优秀科技工作者 学会会长张桃林被国际土壤学联合会授予杰出贡献勋章。学会推荐的外国专家赫尔南·塞巴略斯获中国政府友谊奖，推荐的吉林省农业科学院研究员王立春获第十四届光华工程科技奖。

组织开展第十七届中国青年科技奖、第十八届中国青年女科学家奖、“最美科技工作者”候选人以及高层次留学人才回国资助人选的遴选推荐工作，共举荐149名科技工作者。

学会围绕生物育种、智慧农业等事关粮食安全、生物安全、生态安全等关键核心技术领域，面向国家科研机构、高等院校、科技领军企业、新型研发机构等开展“神农英才”计划，评选产生首批神农领军英才和神农青年英才，并给予政策、经费等支持。8月25日，全国农业科技创新工作会议在江苏省南京市召开，国务院副总理胡春华为“神农英才”计划入选者颁发证书。

牵头举办第七届中国科协优秀科技论文遴选计划（农林集群）论文征集活动，遴选产生100篇优秀论文。

党建强会 学会认真学习贯彻党的二十大精神，深入学习《习近平谈治国理政》第四卷、习近平《论“三农”工作》等重要读本。巩固拓展党史学习教育成果，落实党建“1+N”工作体系，印发《中国农学会2022年党建工作责任清单》，落实全面从严治党“两个责任”。开展3次理论中心组学习，组织系列主题党日、讲党课等活动，按要求召开领导班子民主生活会和支部组织生活会。

强化干部教育培训，组织干部职工参观“三农”这十年——新时代农业农村发展成就展，全年共选派211人次参加中国科协和农业农村部组织主办的宣讲会、辅导会和培训班。承办中国科协巾帼科技创新沙龙等活动，加强对“三农”科技工作者的政治引领。

会员服务 起草修订《中国农学会会员管理办法》，探索打通与地方农学会会员互认机制，推进会员信息入库，规范普通单位会员发展，壮大单位会员队伍，提升单位会员质量，完成新注册单位会员审批手续 10 余家。

做好个人会员审批和系统管理，全年共办理个人会员申请近 1 万人次。

【乡村产业振兴带头人培育“头雁”项目】 学会推动各省（自治区、直辖市）对接全国高校，采取累计一个月集中授课、一学期线上学习、一系列考察互访、一名导师帮扶指导的“4 个一”培育模式，对乡村产业带头人开展为期 1 年的定制化、体验式、孵化型培育。全年共培育 1.6 万余名“头雁”，每个县培育约 10 名。该项目力争用 5 年时间培育一支 10 万人规模的乡村产业振兴带头人“头雁”队伍，带动全国 500 万户新型农业经营主体形成“雁阵”，夯实乡村振兴人才基础。

【2022 中国农业农村科技发展高峰论坛暨中国现代农业发展论坛】 12 月 16 日，学会主办的 2022 中国农业农村科技发展高峰论坛暨中国现代农业发展论坛以线上线下结合方式在北京召开。学会副会长、农业农村部党组成员、中国农业科学院院长吴孔明出席论坛并讲话。论坛上，发布《2022 中国农业农村重大新技术新产品新装备》《2022 中国农业科学重大进展》《2022 中国农业农村重大科学命题》等 6 个报告。新华社、央视、光明网等 20 余家媒体对论坛进行报道。

（撰稿人：毕　坤　田瑞丰）

中国林学会

服务创新型国家和社会建设　中国林业智库建设工作案例入选中国科协十年优秀工作案例，获得第三届科技社团改革发展理论研讨活动优秀案例奖。入选 2022 年中国科协决策咨询专家团队建设试点单位，牵头组建“特色林业产业与乡村振兴”“生态系统碳汇”“资源培育与利用”3 个决策咨询专家团队。刊发 6 篇《林业专家建议》，其中 2 篇被上级部门采用、4 篇入选《国家林草局信息》《科技工作者建议》、2 篇得到国家林业和草原局领导批示。编辑出版《专家建议汇编（三）》。召开年度重大调研选题专家咨询会，开展调研活动 5 项。与国家林业和草原局生态保护修复司联合开展《中华人民共和国古树名木保护条例》编制工作。

开展科技成果评价和团体标准制定工作，评价一批有影响力的林草科技成果，新发布 10 项团体标准。分别与济宁市人民政府、天津泰达绿化科技集团股份有限公司等签订战略合作协议，在科技攻关、成果转化、人才培养等方面开展合作。围绕碳达峰碳中和拓展业务，组织制定碳汇联合体方案、相关团体标准等，开展“山东省济宁市尼山区域碳汇造林项目”开发工作，编制《济宁市碳汇试点市建设实施方案》。

学会建设　截至 2022 年年底，学会共有个人会员 8.6 万余人，其中包含院士在内的高级会员有 300 余人。学会设 9 个工作委员会、49 个二级分会（专业委员会），涵盖林业各个学科。组织完成木材科学分会、森林生态分会换届工作；森林昆虫分会更名为森林和草原昆虫分会；林草智能技术和机器人分会、热带雨林分会召开成立大会。

学会落实国家林业和草原局与中国科协全面战略合作协议，推动学会治理体系和治理能力现代化。以线上线下结合方式召开理事会议、常务理事会议、全国林学会秘书长会议，研究部署 2022 年工作任务。受中国科协委托，组织举办 2 期 2022 年学会能力建设论坛，围绕社会组织评估、分支机构管理等开展研讨交流。

青年人才托举工程　学会完成第四届至第七届中国科协青年人才托举工程项目有关工作，遴选出 3 名青年学者并入选第八届中国科协青年人才托举工程项目，持续跟踪服务被托举对象。

主办期刊　学会主办期刊《林业科学》收稿 918 篇，发稿 206 篇，在国家林业和草原局组织的林草科技期刊评估中被评为“林草科技领军期刊”并居首位。首次入选《科技期刊世界影响力指数（WJCI）报告（2021）》Q1 区，总被引频次为 6408 次，影响因子为 1.234，WJCI 指数为 2.039，居中文林业期刊首位。

创新办刊举措，新设“前沿与重点”栏目，增设重点专栏、专刊、封面文章等 9 个展示、推介子栏目。举办 2022 全国林草科技期刊发展研讨会暨林草科技期刊培训会议，组织 4 次出版能力提升专题研讨交流活动。配合国家林业和草原局科技司完成林草科技领军和重点期刊遴选。向中国绿化基金会捐赠第 8 笔善款，支持“幸福家园（网络植树）”公益项目。

学科发展工程　学会组织开展“十三五”林草科技十大进展遴选等工作，发布“十三五”期间林草科技十大进展和 2021 年林草科技十件大事。启动 2022 重大林草科学问题和工程技术难题征集活动。编辑出版《中国林业优秀学术报告 2021》。

国际学术会议　11 月 27 日，学会等主办的第二届中巴热带干旱经济林科技交流会议暨高效水土保持植物学术交流会以线上线下结合方式在湖南省长沙市与巴基斯坦瓜达尔自由区同时召开。会议以“干旱经济林种质资源研究与利用/水土保持植物开发与利用”为主题。来自巴基斯坦卡拉奇大学、印度河大学、费萨拉巴德农业大学、巴哈瓦尔普尔伊斯兰大学及国内有关高校、科研院所的600余名专家学者及企业家参加会议。

国内主要学术会议 1月16日，学会主办的“双碳形势下遥感助力森林保险高质量发展”研讨会以线上线下结合方式在北京举办。中国工程院院士陈军等参加会议。会后，与会专家观摩航天信德全域应用高分辨率遥感卫星监测威海松材线虫产品线。

4月26日，学会主办的木质定制家居制品智能制造技术创新与发展研讨会以线上线下结合方式在北京召开。中国工程院院士、中南林业科技大学党委副书记吴义强等30余人参加会议。

6月20日，学会主办的2022中科羊草现场观摩研讨会以线上线下结合方式在北京和内蒙古自治区通辽市开鲁县召开。100余名专家学者线下参加会议，6000余人次线上参加会议。

6月26—27日，学会承办的第二十四届中国科协年会森林生态价值实现与绿色发展高层论坛在湖南省长沙市召开。学会理事长赵树丛，中国工程院院士、湖南省科协副主席、中南林业科技大学党委副书记吴义强等100余名专家学者参加会议。中国工程院院士尹伟伦、吴义强等作大会主旨报告。

6月27—28日，学会承办的第二十四届中国科协年会森林生态价值实现与绿色发展高层论坛暨中国（耒阳）油茶科技创新产学融合发展大会在湖南省耒阳市召开。学会理事长赵树丛、中国工程院院士吴义强等专家、企业家参加大会开幕式。大会旨在以“跨界联合”助推耒阳油茶产业高质量发展。

7月8日，学会承办的中国科协长江经济带生态文明建设高层次专家研讨会以线上线下结合方式在北京召开，会议以“林业、草原、国家公园助力长江经济带生态文明建设”为主题。中国科学院院士刘嘉麒，中国工程院院士尹伟伦、侯立安、王浩出席会议并作特邀报告。会议直播观看人数达82万人次。

7月28—31日，学会主办的第八届中国森林保护学术大会以线上线下结合方式在山东省泰安市召开。大会以“森林保护科技创新与生物灾害防控能力提升”为主题，设1个主会场、4个专题分会场和4个青年学术沙龙，168位专家学者作报告，1000余人次参加会议。

8月10日，学会主办的第三届中国林草计算机应用大会在湖南省长沙市召开，主题为“数字林草 智创未来”。中国工程院院士郑纬民、赵春江，挪威奥斯陆大学教授、欧洲科学院院士张彦，中南大学教授、国际导航与运动控制科学院院士蔡自兴等作大会主旨报告。大会设1个主会场、8个分会场，交流报告88篇，300余名专家学者线下参加大会。

8月17—18日，学会承办的中国科协企业自主创新研讨系列活动暨绿色发展理念下生态保护与产业发展高端研讨会在黑龙江省大兴安岭地区召开。100余人线下参加会议，11万余人次线上参加会议。

8月23日，学会主办的“加强林业科研，推动林业高质量发展”学术研讨会在北京召开，会上深入学习贯彻2021年8月23日习近平总书记考察塞罕坝机械林场时的重要指示精神。中国工程院院士赵春江等11位专家学者作报告，300余名科研人员听取报告。

9月9日，学会主办的第二届中国林下生态黄精产业发展研讨会暨第三届九九黄精节文化活动以线上线下结合方式在湖南省娄底市新化县召开。中国工程院院士蒋剑春等出席活动，10万余人次在线观看开幕式。开幕式上，举办国家林业和草原局黄精国家行业标准启动仪式。

9月17—19日，学会主办的林学前沿大讲堂（第一期）暨第二十届全国森林培育学术研讨会以线上线下结合方式在北京召开，主题为“林学学术前沿与‘四库’建设”。中国工程院院士沈国舫、尹伟伦、曹福亮等作主旨报告。80余名专家学者、高校师生参加会议，7万余人次观看会议直播。

9月28日，“科创中国”林草及绿色家居产学融合会议在广西壮族自治区贵港市召开。中国工程院院士、中南林业科技大学党委副书记吴义强出席会议并作特邀报告，170余名专家学者现场参加会议。会前，学会针对贵港市企业技术需求收集30项最新技术，并制作技术成果展板和《贵港市企业技术需求成果对接宣传手册》。

11月22—23日，学会主办的第十七届中国竹业学术大会暨竹类病虫防控与资源开发四川省重点实验室学术年会在四川省成都市召开。学会理事长赵树丛出席开幕式并讲话，150余人参加会议。

11月25—26日，学会主办的2022年梁希科学技术奖颁奖大会暨首届梁希大讲堂以线上线下结合方式在浙江省湖州市召开。学会理事长赵树丛，中国工程院院士蒋剑春、吴义强等作为首届大讲堂讲师开讲。大会设湖州主会场和中国林业科学研究院等10个分会场，30.5万余人次观看直播。

国际交往 学会线上参加第132届日本林学会年会、世界自然保护联盟中国会员网络2022年会员大会和第四次世界自然保护联盟中日韩三方会员交流会，推动林草领域多边和双边交流。

科普活动 学会推荐的东北虎豹生物多样性国家野外科学观测研究站等5家单位入选中国科协2021—2025年度第一批全国科普教育基地。承办2022年全国林业和草原科普讲解大赛，吸引27个省（自治区、直辖市）123家单位的173名选手参赛，直播观看人数突破10万人次，获得国家林业和草原局颁发的全国林业和草原科普讲解大赛优秀组织奖。与中国科技馆合作策划“虎年话虎”主题展览，数十万人次参观展览，媒体总传播量639.6万次。利用“科普中国”高效传播优质科普资源，上传科普短视频177部。协助举办2022年全国林业和草原科技活动周，开展“智爱妈妈”美丽乡村智能绿色生活科普行动，开展青少年进实验室专项科普工作。

在广东省广州市等地开展17期自然教育师线下培训，共计520人获得“自然教育师”证书。与中国林业教育学会共同主办2022年科普日活动——“我是播绿使者”自然教育讲堂，近20所中小学的1000余名小学生观看讲座。

表彰举荐优秀科技工作者 学会组织开展第十三届梁希林业科学技术奖、第十一届梁希优秀学子奖等奖项评选表彰工作。举办2022年梁希科学技术奖颁奖大会暨首届梁希大讲堂，弘扬梁希科学精神，提升梁希奖社会影响力。争取梁希基金资助，扩大资金来源。

组织开展第十六届林草青年科技奖评选及第十七届中国青年科技奖候选人推荐相关工作，评选出第十六届林草青年科技奖获奖者30人、第十七届中国青年科技奖候选人4人。推荐2名2022年全国“最美科技工作者”候选人。

党建强会 学会深入学习贯彻党的二十大精神。全年开展13次集中学习，组织开展各类理论和实践学习活动20余次。

组织召开全面从严治党专题会议，制定《2022年全面从严治党工作要点》，组织“学习与实践”等系列学习，联合国家林业局管理干部学院、中国林业科学研究院等单位党组织开展联学联建活动。承接中国科协“党建强会计划”项目，推动全国学会党校试点建设。

会员服务 学会举办会员生态修复专业技术能力提升研修班、青年科技工作者学习沙龙，承办人力社会资源保障部2022年专业技术人才知识更新工程高级研修项目——生态修复领域专业技术转移转化能力提升高级研修班，提升服务会员的能力和水平。

【2022中国自然教育发展大会】 9月4—6日，2022中国自然教育大会在北京召开，主题为“融合·共享 新时代自然教育新启航”。大会由国家林业和草原局、北京市人民政府指导，学会与自然资源部宣传教育中心、阿里巴巴公益基金会和北京市园林绿化局共同主办。

大会设置1个北京主会场和6个地方分会场，通过12个云论坛、40余个云基地、100余个云导赏、120余个云推介、15位青年说的“四云一说”形式展示自然教育新风貌，邀请近100名国内外专家学者交流研讨，宣传覆盖面超1000万人次。

大会发布《自然教育北京宣言》，倡议将每年7月的第2个星期六设立为“全国自然日”；发布《2020年度和2021年度中国自然教育发展报告内容简报》；提出《全国自然教育中长期发展规划》编制设想；推荐49本自然教育优质课程和44本优质书籍读本，公布3项自然教育相关团体标准。

【首届全国林草碳汇高峰论坛】 7月1日，首届全国林草碳汇高峰论坛在福建省三明市召开，主题为“发挥林草碳汇优势，助力实现双碳目标”。大会由学会与中国林业科学研究院等共同主办。国家林业和草原局副局长刘东生、福建省副省长康涛、三明市委书记余红胜出席论坛开幕式并致辞。

中国科学院院士方精云、于贵瑞，国家应对气候变化战略研究和国际合作中心主任徐华清，中国林业科学研究院研究员刘世荣等专家，国家林业和草原局、国家发改委、生态环境部等有关部门负责人以线上或线下方式发表主旨演讲。中国绿色碳汇基金会、中国林业科学研究院、中国林业集团有限公司等单位和机构的专家学者作经验交流。

开幕式上还举办碳中和签约仪式，由福建金森碳汇科技有限公司向大会捐赠“50 吨二氧化碳当量”三明林业碳票，抵销论坛活动碳排放，以实现碳中和。

（撰稿人：林昆仑）

中国土壤学会

服务创新型国家和社会建设 学会组织专家对《中华人民共和国黑土地保护法（草案）》提出部分修改意见，修改内容更加突出黑土地保护的重要性，对黑土地的范围、保护技术措施等提出相关修改意见及建议。

组织专家对“低山丘陵区水土流失与农业面源污染协同控制的关键技术及实践”“镉污染耕地土壤减污降活安全利用关键技术及应用”“基于多元化场景的有毒有机物污染土壤风险控制与修复技术”“含砷多金属（砷镉铅）污染稻田修复剂创制、生产与应用”4 项科技成果进行评价。

7 月 15—17 日，由生态环境部土壤与农业农村生态环境监督技术中心、学会、中国科学院南京土壤研究所共同主办的第十届污染地块土壤与地下水风险管控与修复技术论坛在江苏省南京市召开。来自国家与地方政府机构、生态环境部门、环境工程公司、检测机构、科研院所和高校等 150 余个单位的 550 余人参加论坛。论坛的举办旨在推动污染地块土壤和地下水风险管控与修复技术领域交流与合作，提升中国土壤环境风险管控与修复的理论创新与应用能力，加强土壤污染防治专业人才队伍的建设，推进土壤修复产业可持续发展。

学会建设 学会定期召开党委会议、常务理事会议、理事会议等工作会议，谋划学会工作，确定学会发展方向。

8 月，学会成立碳中和与全球变化工作组，并召开成立大会，组建工作组队伍，包括主任 1 人、副主任 4 人、委员 30 人。

学会增选中国土壤学会会士 10 名，其中 2 名中国工程院院士、3 名外籍会士。为表彰为中国土壤科学发展作出重要贡献的非中国籍土壤学家，学会增选德国基尔大学教授 Rainer Horn、美国密歇根州立大学教授 James M.Tiedje 和墨西哥国立自治大学教授 Laura Bertha Reyes-Sanchez 3 位国外专家为学会外籍会士。

对学会英文网页进行再改版，对页面重新设计，内容板块更丰富。

青年人才托举工程 学会获得第八届中国科协青年人才托举工程项目 3 名资助名额。通过推荐、形式审查和评审，遴选出浙江大学马庆旭、南京农业大学陈川和中国科学院南京土壤研究所栾璐 3 人为第八届中国科协青年人才托举工程项目候选人，并获得中国科协批准。完成第四届中国科协青年人才托举工程项目总结验收工作。

组织召开中国土壤学会 2022 年优秀青年学术报告会，邀请第五、第六、第七届被托举人和第八届中国土壤学会优秀青年学者奖获奖者分享他们的研究进展。

主办期刊 学会主办或合办《土壤通报》《土壤学报》《土壤圈（英文版）》《水土保持学报》《干旱区研究》5 种期刊。

根据 2021 年度 SCI 期刊引证报告,《土壤圈（英文版）》2021 年度影响因子为 5.514，进入 Top 9（9/38），位于 Q1 区；5 年影响因子升至 6.039。

根据 2021 年《中国科技期刊引证指标》,《土壤学报》影响因子为 3.187。

国内主要学术会议 2022 年，学会开展学术交流活动 12 次，线上线下参加会议人数达 17500 人次。

9 月 23—25 日，由学会土壤化学专业委员会主办、华中农业大学资源与环境学院承办的 2022 年中国土壤学会土壤化学专业委员会学术研讨会在湖北省武汉市召开。会议主题为“土壤化学与绿色可持续发展”，来自 76 所高校、研究院所和企事业单位的 380 余名专家学者参加会议。

国际组织任职 7 月 31 日—8 月 5 日，在英国格拉斯哥召开的第 22 届世界土壤学大会上，国际土壤科学联合会进行理事会换届。经国际土壤科学联合会理事会及选举委员会投票，学会理事长、中国工程院院士张佳宝担任国际土壤科学联合会副主席，中国工程院院士张福锁、中国科学院院士朱永官，以及沈仁芳、张甘霖、徐建明、颜晓元、张颖、宋昕研究员 / 教授分别担任国际土壤科学联合会 4 个学部的副主席；中国农业大学教授黄元仿担任国际土壤科学联合会土壤工程和技术专业委员会主席，中国科学院南京土壤研究所研究员王芳和张甘霖分别担任国际土壤科学联合会财政预算委员会和选举程序工作组成员。

国际交往 学会与国际土壤科学联合会始终保持紧密联系。7 月 31 日—8 月 5 日，学会理事长张佳宝，副理事长朱永官、严卫东和副秘书长宋昕前往英国格

拉斯哥参加第 22 届世界土壤学大会。作为第 23 届世界土壤学大会的主办方，学会完成展棚宣传及大会交接的任务，同时，代表团成员与英国土壤学会一同探讨大会筹备事宜和可能遇到的问题。

8 月 22—26 日，中国科学院南京土壤研究所研究员车景代表学会参加在马来西亚吉隆坡召开的第 15 届东亚及东南亚土壤科学联合会国际会议。会议期间，车景主持土壤肥力与植物营养分会场报告，在工作会议上就近 3 年学会工作及活动开展情况进行汇报。

科普活动 学会科普工作委员会举办 20 多场科普活动，受众近万人，范围涉及中小学生、高校学生、农户等；形式有科普专题讲座、参观科普场馆和有关实验室、科普小实验及实践体验、实践指导、宣传资料发放等；内容广泛，涉及土壤健康、粮食安全、土壤奥秘、黑土保护、土壤与邮文化、土壤与人类健康等方面。

9 月 13 日，学会以“环境微塑料与健康风险”为主题举办科普日专家讲座，使公众了解微塑料这类环境新污染物的相关知识，提高公众的健康环保意识，倡导公众减少对塑料产品的需求量、减少或弃用塑料产品。

12 月 5 日是第九个世界土壤日，当天，学会邀请专家围绕“土壤，食物之源”主题作土壤健康与食物安全方面的科普讲座，让公众认识到健康土壤带来健康生活，倡导公众善待土壤。

表彰举荐优秀科技工作者 学会推荐第十七届中国青年科技奖候选人、第十八届中国青年女科学家奖候选人、2021 年度未来女科学家计划候选人及中国科协科技人才奖项评审专家共计 42 人次，其中清华大学博士高群入选 2021 年度未来女科学家计划；推荐“典赞 · 2022 科普中国”年度科普作品 1 项。

学会组织评选第十七届中国土壤学会科学技术奖，共评出一等奖 2 项、二等奖 3 项，表彰奖励 47 人次、单位 18 家；组织开展第八届中国土壤学会优秀青年学者奖评选，共评出 10 名优秀青年学者。

农业农村部副部长张桃林被国际土壤科学联合会授予 2021 年杰出贡献勋章；学会副理事长、中国科学院院士朱永官获 2022 年国际土壤科学联合会李比希奖；浙江大学杭州国际科创中心研究员陈颂超和新西兰土地保护研究所博士马渝欣获得第二届国际土壤科学联合会亚龙青年科学家奖章。

党建强会 2022 年，学会召开理事会党委会议 3 次，组织召开党建强会活动 1 次。学会联合党支部召开秘书处党员大会、支部组会等近 20 次。

7 月 22—24 日，学会理事会党委组织 400 余名土壤青年学者深入红色教育基地——陕西省延安市开展“助力乡村振兴，建设美丽中国”主题学术研讨会，并安排《中国革命的延安之路与延安精神》专题报告，让与会者了解延安革命之路、领会延安精神。

会员服务 学会通过微信公众号、官网、期刊、会讯等为会员提供学术交流、科学普及、讲座培训等活动信息。

学会微信公众号全年共发布文章约 110 篇，阅读量约 22 万次，关注人数增至 9000 人。

发布 2 期《中国土壤学会会讯》，内容包括学会动态、通知公告、学术交流、规章制度等，于每年 5 月、12 月定期发送给会员。发布 6 期 *Newsletter of the Soil Science Society of China*（《中国土壤学会会讯》英文版），定期更新土壤学领域最新研究进展、科研成果等。

【第二十届中国青年土壤科学工作者暨第十五届中国青年植物营养与肥料科学工作者学术会议】 7 月 21 日，由学会理事会党委、学会青年工作委员会、中国植物营养与肥料学会青年工作委员会、陕西省土壤学会联合主办的第二十届中国青年土壤科学工作者暨第十五届中国青年植物营养与肥料科学工作者学术会议在陕西省延安市召开。来自高校、科研院所及企业的专家学者和研究生等 400 余人参加会议。会议以“助力乡村振兴，建设美丽中国”为主题，共设置 19 个主题分会场和 5 个研究生专题会场，展示近年来中国青年土壤与肥料科技工作者在土壤资源、土壤环境、土壤肥力、植物营养与绿色农业等方面的取得的新成果、新进展。

学会青年工作委员会主任吴永红主持会议开幕式，学会名誉理事长、中国科学院南京土壤研究所所长沈仁芳为大会致辞。会议期间，还开展“中国革命的延安之路与延安精神”国情教育活动，邀请延安南泥湾干部培训学院院长王东方作专题报告。

（撰稿人：蒋宇霞）

中国水产学会

服务创新型国家和社会建设 学会组织专家遴选 2022 年度渔业科学技术难题并向中国科协推荐，其中

“如何突破我国深远海养殖设施的关键技术？”入选2022年度十大工程技术难题，学会被中国科协授予重大科技问题难题征集发布2022年度优秀推荐单位。学会组建水产养殖病害防治、渔业资源环境评估与可持续利用2个决策咨询专家团队。

组织开展“科创中国”水产养殖产业科技服务团系列工作。围绕解决制约以广西壮族自治区贵港市为代表的水产养殖业发展中的瓶颈问题，成立以中国工程院院士刘少军为首席专家、41名专家组成的服务团专家组，通过问题征集、需求解析、技术对接、联合攻关、成果转化、示范培训等服务方式，围绕渔业主导品种开展全产业链科技服务，完成55项技术问题需求的征集并进行解析，形成技术研发指南50份；针对征集的51项可转移转化的科技成果提供配套产业化方案，组织相关专家进行综合评价，形成报告51份。

围绕海洋牧场、盐碱水养殖技术、水产养殖投入品、稻渔综合种养等领域开展团体标准研究，制订团体标准工作计划。2022年，学会新增立项盐碱水养殖技术系列团体标准14项，正式发布《海洋牧场牡蛎礁建设技术规范》《人工鱼礁建设地质勘察技术规范》《人工鱼礁声学勘测评估技术规范》《海洋牧场建后管理与维护指南》《人工鱼礁建设布局技术指南》5项团体标准。

组织智库专家撰写《长江经济带水产养殖业绿色发展情况与对策》《宜渔稻田与盐碱水土渔业综合利用状况与建议》《关于推进稻渔综合种养高质量发展、保障水产品有效供给的建议》《关于推进盐碱水土渔业综合利用、保障水产品有效供给的建议》等7篇专题报告，组织编写《中国休闲渔业发展监测报告（2022）》《中国小龙虾产业发展报告（2022）》等2篇行业报告，向中国科协、农业农村部等有关部门呈送。

针对会员单位需求，对“池塘内循环流水数字化高效生态养殖模式关键技术研究与应用”等20项渔业科技成果进行评价，内容涵盖技术创新、品种培育、种质保护、疫苗创制、渔船安全、资源开发等。

配合农业农村部开展2022年渔业发展重大科技需求征集，共遴选出重大产业技术需求15项、重大科学命题3项。

学会建设 2022年，学会个人会员新增1316人，总数为22545人；单位会员新增223家，总数为666家。

学会共有理事176人、常务理事57人。全年召开理事会议1次、常务理事会议4次。

4月22日，学会线上召开十届十一次常务理事会议，审议通过《中国水产学会换届方案》《中国水产学会第十一届理事会负责人候选人建议》。

6月29日，学会线上召开十届十二次常务理事会议，审议同意中国水产科学研究院副院长韩刚为学会第十一届理事会渔业信息化专业委员会主任委员人选。

9月20日，学会线上召开十届十三次常务理事会议，审议并原则通过学会第十一次全国会员代表大会议程、《中国水产学会章程》（修改草案）及修改说明、《中国水产学会第十届理事会工作报告》（审议稿）、《中国水产学会第一届监事会工作报告》（审议稿）、《中国水产学会财务报告》（审议稿），以及学会第十一届理事会理事和常务理事建议名单、第二届监事会和第十一届理事会党委组成人员建议人选。

10月12日，学会线上召开十届十四次常务理事会议，审定第六届中国水产学会范蠡科学技术奖评审结果、《2022年度中国水产学会科普教育基地名单》等。

青年人才托举工程 学会根据第七届中国科协青年人才托举工程项目3名被托举人的专业特点和研究方向，指定责任导师，成立专家团队，实行一对一个性化指导和多对一综合培养。申报第八届中国科协青年人才托举工程项目并获得3名资助名额。

主办期刊 学会主办《水产学报》《海洋渔业》《科学养鱼》《渔业学报（英文）》（*Aquaculture and Fisheries*），联合主办《中国水产科学》《中国渔业经济》《渔业科学进展》。

经对学会期刊分会34家成员单位主办期刊刊发的论文进行评价，从中遴选出10篇优秀科技论文（其中研究型论文9篇、综述型论文1篇）并向中国科协推荐，其中1篇论文入选第七届中国科协优秀科技论文遴选计划（农林集群）。《水产学报》《海洋渔业》《科学养鱼》《渔业学报（英文）》在中国科协主管期刊2021年度社会效益评价中均被评为优秀。

在2022年中国水产学会青年学术年会等学术会议期间，组织举办水产期刊展，开展赠阅、作者与读者交流、现场约稿和组稿等活动。

聚焦关键科学问题，组织实施全国学会期刊出版能力提升计划项目，包括产业发展服务项目、国际学

术交流项目、期刊双语传播能力提升项目。

学科发展工程　学会推进渔业统计工作，开展渔民家庭收支调查，加强对渔业经济形势、水产品贸易与流通运行态势的分析，编辑出版《2022 中国渔业统计年鉴》《2022 年水产养殖重点品种监测工作指南》等图书资料。

国际学术会议　12 月 10 日，学会主办的水产动物免疫多样性国际学术交流会线上召开，来自中国、美国、意大利、荷兰等国家的 10 名专家学者参与交流，对水产养殖业的健康、安全发展提出建议，为水产科技进步和水产养殖业高质量发展提供思路和方案。累计 13.9 万人次线上参加会议。

国内主要学术会议　2022 年，学会及学会分支机构共举办学术活动 6 次，包括 2022 中国水产学会范蠡学术大会、2022 年中国水产学会青年学术年会，以及由学会渔药专业委员会、渔业装备专业委员会等分支机构举办的专题学术活动，累计 2300 余人次参加会议。

9 月 21—22 日，学会主办的 2022 渔药科技创新与产业发展大会在湖北省武汉市召开。大会以“绿色发展、质量安全、科技创新、产业升级”为主题，聚焦渔药的科研、生产、应用、检测和监管等各环节，开展交流研讨并进行新成果新技术展示。来自水产科研教学单位、技术推广机构、渔药生产企业和水产养殖企业等单位的专家学者，以及大专院校在读研究生等 300 余人参加大会。大会设置“新型渔药的创制与实践”“渔药等水产养殖投入品的风险评估与控制”2 个专题分会场。同期举办“水产新兽药创制和水产养殖投入品规范管理”主题沙龙和启明星论坛，与会人员就规范管理水产养殖用投入品、开展新渔药研究和申报、促进渔药行业整体水平提升进行讨论交流。与会企业代表发出共同推进水产养殖投入品产业高质量发展的倡议。

11 月 2 日，学会承办的中国科协保障水产品有效供给青年科学家沙龙活动在江苏省连云港市召开。学会副理事长兼秘书长崔利锋等 4 人作主旨报告，4 位专家作特邀报告，30 余名青年水产科技工作者围绕“盐碱地水产养殖技术和模式创新”“稻渔综合养殖模式创新与探索”2 个主题进行讨论和交流。沙龙形成《关于推进稻渔综合种养高质量发展、保障水产品有效供给的建议》《关于推进盐碱水土渔业综合利用、保障水产品有效供给的建议》2 篇青年智库报告并上报中国科协。

11 月 2—3 日，由学会主办、学会青年工作委员会和江苏海洋大学联合承办的 2022 年中国水产学会青年学术年会在江苏省连云港市召开。年会以“渔业创新、青年担当”为主题，来自科研院所、水产高校、渔业企业的 12 位专家作特邀报告，12 位青年学者、18 位博士硕士研究生分别作报告，共发布专题电子墙报 71 篇、视频报告 18 个。共有 200 余位青年专家学者参加年会。

国际交往　4 月 25 日，学会与美国水产学会签订交流合作协议。

科普活动　2022 年，学会组织学会分支机构、省级水产学会、学生会员工作站、科学传播专家团队、科普教育基地等开展各类活动 30 余场，累计动员科技工作者 300 余人次。组织完成《水产养殖用药明白纸 2022 年 1 号》《水产养殖用药明白纸 2022 年 2 号》修编工作，印发 15 万余份，助力各地开展水产养殖用药技术科普宣传。学会科学传播专家团队与“科普中国”联合出品“大国渔业系列科普”视频，各平台累计播放量 600 万余次。入驻“科普中国”平台，开设科普号，发布科普视频 2 部、科普图文 1 篇，累计阅读量 5000 余人次。

学会全年新认定 35 个科普教育基地，共有 79 个科普教育基地；新组建 18 支科学传播专家团队，共有 35 支科学传播专家队伍、487 位专家。在福建省等地新建 4 家服务工作站，累计建设 26 个服务工作站，助推地方渔业绿色高质量发展。

6 月 16 日，学会线上举办 2022 年全国水产科技活动周启动仪式，为 5 家 2021—2025 年度第一批全国科普教育基地颁发证书和牌匾，为 5 名“全国技术能手”颁发证书，并发布首批 100 家全国星级基层水产技术推广机构和首批 11 家全国水产技术推广人员培训基地名单。200 余人参加活动。科技活动周期间，学会系统围绕“水产业环保可持续，水产品安全高质量”主题开展形式多样的科技成果宣传。

9 月 23 日，学会线上举办 2022 年全国水产科普日主会场活动，中国水产科学研究院长江水产研究所研究员危起伟作《科学放流，我们共同努力》科普讲座。200 余人参加活动。除主会场活动外，学会各分支机构、科学传播专家团队、科普教育基地、地方水产学会和水产技术推广部门围绕“科学放流”组织开展多种形式的科普宣传活动。

11月4日，学会线上举办科普中国“科普助力长江水生生物保护”专家沙龙。18名专家出席会议。与会专家围绕“如何用科普方式对长江水生生物的保护”，结合自身工作，从科普方式、科普形式、科普对象、科普手段、科普内容等方面进行主题发言并展开讨论。会议同期举办中国水产学会长江流域水生生物保护科学传播专家团队成立揭牌仪式。

组织开展《长江珍稀水生动物手绘图鉴》编撰工作。实施中国科协“科技民生系列丛书（2022）编撰——长江珍稀水生动物手绘图鉴”项目，以“认识长江、了解长江、保护长江”为创作主线，通过原创绘图和科普语言的表现形式向公众呈现91个水生物种的形态特征、生活习性、地理分布、资源现状与保护等级等内容，并通过线上线下结合方式举办5场“长江精灵”图片展，受众达22万人次。

表彰举荐优秀科技工作者 学会推荐第十七届中国青年科技奖候选人2人、第十八届中国青年女科学家奖候选人1人、第二十五届中国科协求是杰出青年成果转化候选人1人。

组织开展第六届中国水产学会范蠡科学技术奖评奖工作，共评出26项获奖成果，其中科技进步类14项（特等奖1项、一等奖3项、二等奖10项）、科技推广类9项（一等奖3项、二等奖6项）、科普作品类3项。成果在全国渔业科技创新大会暨2022中国水产学会范蠡学术大会上进行发布。

组织遴选出17项渔业新技术新产品新装备2022年度优秀科技成果。

党建强会 学会理事会党委召开3次党委会议，传达学习党的二十大精神，研究制定《中国水产学会2022年党建工作要点》，前置审议学会换届大会方案、负责人人选等“三重一大”有关事项。

6—8月，学会以“促进盐碱水土渔业综合利用，增加后备耕地资源，保障国家粮食安全”为主题，通过线上线下方式组织开展3次“党建强会”特色活动。6月28日，线上举办华北多类型盐碱水综合养殖模式构建与示范应用培训班；7月21日、8月10日分别在天津市和河北省唐山市举办2期盐碱水综合养殖技术培训班。开展专题调研，撰写《推进盐碱水土渔业综合开发利用调研报告》。

【中国水产学会第十一次会员代表大会】 11月17日，中国水产学会第十一次会员代表大会以线上线下结合方式在重庆市召开。农业农村部副部长马有祥出席开幕式并讲话，中国科协党组副书记、专职副主席、书记处书记束为视频讲话。280多名大会代表参加会议。会议审议并通过《中国水产学会第十届理事会工作报告》《中国水产学会财务报告》《中国水产学会章程》（修订草案）《中国水产学会会费标准调整方案》等文件议案。会议选举产生由176位理事组成的学会第十一届理事会。

在学会十一届理事会第一次会议上，选举产生57名常务理事，包振民当选学会第十一届理事会理事长，崔利锋等11人当选副理事长，崔利锋被聘任为秘书长。会议选举产生由7位监事组成的学会监事会，王淑欣当选第二届监事会监事长。会议还选举产生学会第十一届理事会党委委员推荐人选。会议审定学会第十一届理事会27个分支机构主任委员人选及《中国水产学会理事会及常务理事会工作规则》。

【2022中国水产学会范蠡学术大会】 12月29—30日，学会主办的2022中国水产学会范蠡学术大会以线上线下结合方式在重庆市召开。大会以“科技创新促进渔业高质量发展”为主题，邀请12位院士、专家围绕当前水产领域科技创新和产业发展所面临的重点、热点、难点及前沿科学问题作大会主题报告。大会围绕水产绿色健康养殖新技术新模式等10个领域，安排50余位专家作专题报告、500余人作论文摘要报告或电子墙报。来自全国渔业领域的行政、科研、推广、教学及生产经营等单位的1000余位专家学者和科技工作者参加大会。

（撰稿人：李利冬　郁　娇　张　苇　刘一琪）

中国园艺学会

服务创新型国家和社会建设 学会牵头组建由14位专家组成的2022年“科创中国”甜辣椒产业服务团，重点对接“科创中国”试点城市（山东省潍坊市、内蒙古自治区巴彦淖尔市）及其他城市（内蒙古自治区赤峰市、湖北省荆州市、湖北省恩施土家族苗族自治州、贵州省遵义市、宁夏回族自治区石嘴山市、西藏自治区林芝市）的甜辣椒产业需求。7月19日，服务团考察西藏林芝市朗县辣椒产业，明确朗县辣椒产业需求，制订出切实可行的帮扶方案，助力朗县辣椒产业全面提升。7月22日，与贵州省遵义市绥阳县政府签订科技合作协议，促进绥阳县辣椒产业在种植、加工、品牌创建、科研等方面的全面发展，培

育打造绥阳辣椒（特别是黄羊小米辣）地方特色优势品牌。8月1日，挂牌成立“科创中国”甜辣椒产业服务团创新研究院，启动建设巴彦淖尔市辣椒产业服务站。

针对湖北园艺产业生产规模迅速扩大，但轻简化、智能化生产模式和绿色发展理念推广不够等系列产业问题，8月21—23日，学会联合国家大宗蔬菜产业技术体系、湖北省农业科学院等单位在湖北省宜昌市长阳土家族自治县组织开展2022年湖北园艺产业“院士专家荆楚行”活动。学会理事长、中国工程院院士邓秀新，学会荣誉理事长、中国工程院院士方智远（线上），学会副理事长、中国工程院院士李天来，学会荣誉理事长、中国工程院院士邹学校，学会常务理事、中国工程院院士喻景权，学会副理事长兼秘书长、国家大宗蔬菜产业技术体系首席科学家张友军等专家出席活动。活动期间，开展全国高山蔬菜技术交流与湖北园艺产业绿色发展战略咨询会。

7月23—24日，学会豆类蔬菜分会组织专家赴浙江省丽水市莲都区海拔1000米的峰源乡考察豇豆新品种“之豇618”的种植现场，示范展示栽培新模式。7月30—31日，学会西瓜甜瓜专业委员会在新疆维吾尔自治区昌吉回族自治州参与主办第三届老龙河西瓜丰收节，开展科技援疆与乡村振兴活动。学会草莓分会在河北省保定市涞源县乌龙沟乡小庄村开展科技服务，推广草莓新品种、育苗和栽培新技术，为当地培养技术骨干2名。8月6—7日，学会桃分会相关专家在山东省临沂市蒙阴县协办全国早中熟桃鉴评暨桃产业技术交流大会。学会干果分会赴河北省保定市顺平县、涞水县、曲阳县，石家庄市赞皇县，邯郸市武安市等地开展技术培训和服务，进行现场指导10余次，共计指导农民、农业科技人员100余人次；赴涞水县、顺平县、赞皇县等地开展科技扶贫，帮助贫困地区农民解决生产中遇到的实际问题。

学会球宿根花卉分会培育和国际登录百合新品种近20个，在江苏省推广百合无土基质高效栽培新技术，亩均新增净效益1.2万元左右。学会水生蔬菜分会开展高温干旱灾害天气应急科技服务，以降低水生蔬菜产区藕农损失；有针对性地编写《水生蔬菜抗旱救灾技术手册》，深入莲藕主产区指导救灾；在高山茭白主产区推行“基于弥雾技术的茭白节水促早提质栽培新技术”，指导广西壮族自治区桂林市和贺州市等地荸荠主产区抗旱救灾。学会豆类蔬菜分会开发菜用大豆荚型智能化采集系统、株型智能采集系统、叶形智能化采集系统、理化指标快速无损检测系统、品质分级专家系统等表型精准鉴定技术，利用该技术体系系统开展600多份豆类蔬菜种质精准鉴定评价工作，4个新品种通过省级审定。学会李杏分会收集李、杏种质资源32份，评价李、杏种质15份，直接或间接创新种质5份，完成基本农艺性状技术规程制定1个，利用分子标记鉴定李、杏种质资源。学会干果分会理事长、河北农业大学教授刘孟军带领的河北农业大学枣科技团队将研究成果“太行山区鲜食枣日光温室安全高效生产技术”在河北省农业创新驿站（鲜食枣）示范推广；在山西省吕梁市临县、柳林县等地推广“临黄1号”枣树新品种，通过高接换优途径建立300亩示范基地，将35个新育成枣优良品种在枣主产区进行区试，筛选最适栽培区；在北京燕山地区板栗主产乡镇引进“燕龙”“燕丽”“燕紫”“燕秋”“燕宝”5个板栗新品种以及“燕凤”“燕囍”“抚宁12号”3个板栗优良品系，建设板栗优良品种采穗圃，为生产提供优良品种接穗。学会干果分会在河北省、湖北省、北京等地推广板栗高效栽培管理新技术，审定通过2项河北省地方标准《板栗大树改接技术规范》《板栗内腐病综合防控技术规程》。学会魔芋分会成功申报《魔芋凝胶食品质量通则》（GB/T 41157—2022），并于11月1日正式实施。

学会球宿根花卉分会开展中国花境公益大讲堂、花境师职业技能研修班、中国花境大赛，以及百合、郁金香、石蒜等专题培训，累计服务和培训人员达千余人次。学会李杏分会开放共享与服务，其中实物资源服务300份次、信息服务500份次、技术与成果推广服务20次、培训服务1000人次、展示服务5次，建立示范园3个。学会葡萄与葡萄酒分会通过腾讯会议、“中国农科新闻网农技云课堂”和“农科大讲坛”栏目培训及服务岗位人员29人、农技人员127人、农民206982人次，“中国农科新闻网农技云课堂”葡萄园春季管理关键技术培训视频点击量达到76429人次。

主办期刊 根据Web of Science数据库最新JCR报告，学会主办期刊*Horticultural Plant Journa*l［《园艺学报（英文版）》］影响因子为4.24，位于Q1区，较2021年提高30%。入选“2022中国国际影响力优秀学术期刊”；其中1篇论文入选第七届中国科协优秀科技论文遴选计划（农林集群）。

国内主要学术会议 5月23日，学会樱桃分会指导举办的2022中国樱桃品牌大会线上召开，5700多人次参加大会，大会同期举办第三届中国樱桃展云展。6月15日，学会樱桃分会指导举办的2022中国大樱桃产销研专家论坛在辽宁省大连市召开。

7月18—20日，学会观赏园艺分会等主办的2021—2022年中国观赏园艺学术研讨会在浙江省杭州市召开。来自全国111家教学、科研、行政和企事业单位的500余名专家学者参加会议。

8月19—23日，学会球宿根花卉分会等主办的第十六届中国球宿根花卉学术年会在北京召开，来自16个省市43家单位的120多位专家学者参加会议。会议收到论文及摘要39篇，编入《中国球宿根花卉研究进展2022》。

9月22—24日，学会石榴分会等主办的第四届中国石榴博览会暨第十届全国石榴生产与科研研讨会在云南省红河哈尼彝族自治州蒙自市召开，与会专家学者就中国石榴产业现状、存在问题、新品种选育等方面进行交流讨论，并编辑出版《中国石榴研究进展（四）》论文集。

11月10日，学会黄瓜分会参与协办“名家大讲堂”学术交流活动，邀请北京市农林科学院蔬菜研究所所长温常龙作题为《黄瓜高通量品种鉴定研究进展》的报告，150余人参加交流。举办2022年第十一届黄瓜学术研讨会暨新品种展示会，各参展单位线上展示交流黄瓜品种相关数据及影像资料。

3月10—11日，学会草莓分会等主办的2022中国草莓品牌大会线上召开，30位国内外行业专家共同探讨草莓行业发展新趋势。7月21—23日，学会草莓分会等主办的2022首届中国草莓种业大会暨第三届中国优质草莓苗展示会在山东省济南市召开。大会以“种业创新，草莓引领”为主题，既有论坛技术交流、又有种业产品展示，还有实地现场观摩，来自全国各地的近200位草莓行业从业人员参加大会。

3月26—27日，中国园艺学会分子育种分会第三届学术年会线上召开。年会以“园艺作物分子育种理论与技术”为主题，来自国内外多家科研院所和高校的1500余人次参加。

国际交往 4月11日，应农业农村部国际交流服务中心邀请，学会葡萄与葡萄酒分会会员、新疆农业科学院园艺所研究员潘明启作为培训专家参加非洲“一带一路”国家农业种植研修班，通过线上培训方式为埃塞俄比亚、津巴布韦、赞比亚、马拉维和斯里兰卡5个国家的45名学员作葡萄栽培技术培训。

9月6日，学会牡丹芍药分会理事长、中国农业科学院蔬菜花卉研究所研究员张秀新，学会牡丹芍药分会秘书长、中国农业科学院蔬菜花卉研究所副研究员王顺利应伊朗观赏园艺协会主席Pejman Azadi邀请，参加第五届花卉和观赏植物国际年会，并从花卉产业发展和牡丹芍药产业发展和综合利用等方面作主旨报告。王顺利还与伊朗科技部官员进行沟通，就牡丹芍药产业发展等提出合作建议。

科普活动 2022年，学会5家科普基地获2021—2025年度第一批全国科普教育基地补充认定，分别为中国农业科学院蔬菜花卉研究所、华中农业大学园艺与林学学院、湖南农业大学园艺学院、北京林业大学国家花卉工程技术研究中心、中国农业大学园艺学院。

6月26日，学会和中国农业科学院蔬菜花卉研究所联合主办第四届农科开放日活动。活动主题为“一碟小菜　一朵小花　一席科普盛宴”。学会副秘书长、中国农业科学院蔬菜花卉研究所研究员张扬勇围绕“蔬菜花卉的智慧”主题作科普演讲，学会副理事长兼秘书长张友军和北京交通大学附属中学校长戴文胜出席活动并参加“北京交通大学附属中学校外实践教育基地”揭牌仪式。400余人参加线下活动，1万余人次线上参加活动，新华网和光明网对活动进行报道。

学会观赏园艺分会为北京林业大学附属小学学生开展春季花卉科普和秋季秋色叶科普实践活动，首次开设小学生课后辅导服务——大自然课程“奇花异草知多少”；组织“倡导绿色低碳，共创美好未来”梅花科普活动。

5月8日，学会牡丹芍药分会专家结合《园林花卉学》线上实践教学开展“云”赏芍药科普活动，1000多人参加活动；11月12日，学会牡丹芍药分会专家、中国农业科学院蔬菜花卉研究所副研究员田彩环在*The Innovation*“科学之夜”网络研讨会上作题为《花中“王”与“相”》的科普报告，32166人次收看直播。

6月28日，学会干果分会常务副理事长王文江、常务理事王广鹏和毛永民受邀参加第21期国家林草科技大讲堂，线上讲授柿、板栗和枣栽培生产实用技术，线上参与人数73万人次。学会干果分会常务理事、国家枣种质资源圃负责人李登科率其团队开展枣种质资源科普开放日活动，组织举办国家枣种质资源

圃/库科普开放日，接待各级领导、专家、农民和学生等460人次，展示优良品种30个，宣传优质高效栽培新技术3项。

学会球宿根花卉分会先后发布《2022“盐城好秋色”文化旅游季》视频，《爱之胜境·荷兰花海》《盐城地标》等旅游系列丛书，展示盐城旅游资源。

学会压花分会举办以“清廉”“红色文化”“喜迎二十大”“庆祝建团100周年”为主题的压花科普活动、作品展和比赛。学会李杏分会全年开展科普服务10次。

党建强会 学会理事会党委及各分支机构党组织开展学习党的二十大精神知识竞赛等系列活动，深入贯彻落实党的二十大精神。8月16—17日，学会理事会党委书记、名誉理事长杜永臣，学会辣椒分会党支部书记、主任委员张宝玺，中国农业大学教授高丽红和陈清到安徽省安庆市岳西县、六安市舒城县等地调研指导当地蔬菜产业发展和学会党建工作。

【第八届全国猕猴桃研讨会暨第三届“醉美凤凰”电商助农节】 9月17—20日，学会猕猴桃分会等共同主办的第八届全国猕猴桃研讨会暨第三届“醉美凤凰”电商助农节以线上线下结合方式在湖南省湘西土家族苗族自治州凤凰古城召开。100余名猕猴桃产业领域的专家学者共商产业发展大计，共话产业未来，来自中国、新西兰、意大利、土耳其、伊朗的24位专家作学术报告。40余家参展企业集中展示展销凤凰名优农产品，促进凤凰县域经济高质量发展。

（撰稿人：付秋实　朱路芳　张　祎　王文晓）

中国畜牧兽医学会

服务创新型国家和社会建设 学会及学会中兽医学分会支持协助全国人大代表、安徽省畜牧技术推广总站站长张莉在第十三届全国人民代表大会第五次会议上提出《关于促进中兽医药文化挖掘和发展的建议》，获农业农村部批复，推动中国传统文化技术研究的发掘工作。

3—10月，学会马学分会与内蒙古自治区通辽市农牧局合作，多次开展实地调研，了解当地马产业发展政策、现状及当地主管部门和农牧民、企业等主体的主要诉求、发展优势、制约因素等，协助当地政府启动“通辽市现代马产业发展规划”项目。

5月10日，学会受全国畜牧总站等单位委托，对“全国生猪联合育种体系构建与推广应用”项目开展科技成果评价，中国工程院院士侯水生、印遇龙等7位专家出席评价会。8月21日，学会受江西农业大学等单位委托，召开“山下长黑猪新品种培育及推广”科技成果评价会，中国工程院院士李德发、印遇龙、张涌、姚斌、谯仕彦等12位专家出席评价会。

6—11月，学会开展“科创中国”现代高效畜牧产业科技服务团项目，重点服务内蒙古自治区巴彦淖尔市、呼伦贝尔市和山西省运城市马属动物相关产业发展。挖掘一线技术需求42项并上传至“科创中国”平台；完成技术研发指南52项，为其中51项技术需求匹配专家；完成5项技术需求服务签约。征集、搜索马产业技术成果100项，筛选、评定其中65项可转移转化的科技成果并上传至“科创中国”平台，6项科技成果落地转化。

学会继续承担农业农村部畜牧兽医局不同类型屠宰企业经营模式和发展趋势分析、生鲜乳质量安全舆情监测、生猪和家禽产品价格日报信息处理分析、进口大宗饲料原料供需情况及主要饲料原料市场价格跟踪监测、设施畜牧业发展情况调查、养殖用地现状及问题调查、畜牧产业形势调研分析（重点龙头企业监测）等项目；承担河南省畜牧局畜牧业生产形势信息咨询服务研究、山东省饲料行业协会生产形势分析等工作。

8月29日，学会在山东省青岛市举办新时代兽医的新定位——兽医行业专家咨询座谈会。会议围绕新时代中国兽医机构队伍建设、重大动物疫病与人兽共患病防控、兽医在保障国家公共卫生安全的作用、行业发展短板弱项及能力建设等方面开展咨询建议。农业农村部原副部长于康震，中国工程院院士夏咸柱、金宁一等20余位专家参加会议。

为促进中兽医文化的挖掘和发扬，学会中兽医学分会协调安徽省六安市元亨中兽医博物馆建设相关事宜，鼓励会员捐赠馆藏文物数十件。

学会信息与市场研究部通过持续跟踪调查，研判疫情、产能变化对畜产品生产和消费的影响，推出系列报告20余篇，并开通15场线上直播及线下行业交流宣讲，第一时间向行业内外传递生猪、家禽、饲料原料的市场变化，分享对后期市场变化的预判，累计观看人数5万余人次。先后为北京大北农科技集团股份有限公司、中粮集团有限公司、安迪苏生命科学制品（上海）有限公司等提供专业化的咨询服务。

学会犬学、马学、养猪学、养羊学、养牛学、养兔学、口蹄疫学、中兽医学、小动物医学、兽医产科学、家畜生态学、动物药品学、生物技术学、动物微生态学、兽医食品卫生学、动物福利与健康养殖等分会紧密结合学科、产业发展特点，多次举办技术培训、科技下乡、科技服务等活动。

学会建设 8月28—30日，中国畜牧兽医学会十五届二次理事会议暨2022年全国秘书长会议在山东省青岛市召开，160余人参加会议。会议传达学习中国科协有关会议精神，研究部署学会工作，审批学会（分会）年度活动计划，交流省级学会、学科分会改革和创新发展经验等。同期，召开学会监事会议。

学会调整部分学科分会的领导班子，信息技术、期刊编辑学、中兽医学、兽医寄生虫学、兽医食品卫生学、兽医公共卫生学、动物检疫学、动物生理生化学、动物解剖及组织胚胎学等9个学科分会完成理事会换届改选工作。

学会微信公众号“中国畜牧兽医学会”关注人数5.6万人。

青年人才托举工程 学会遴选、推荐的河南农业大学青年学者李文婷获第七届中国科协青年人才托举工程项目资助；开展第八届中国科协青年人才托举工程项目人选遴选推荐工作。

3月17—19日，中国畜牧兽医学会第六届“青年拔尖人才”学术论坛线上召开。

主办期刊 学会主办6本科技期刊，其中4本中文期刊、2本英文SCI收录期刊。共印刷32959册，发表文章2491篇。

学会主办的3本期刊入选中国科技期刊卓越行动计划，作为领军期刊的*Journal of Animal Science and Biotechnology*（《畜牧与生物技术杂志》）、作为梯队期刊的*Animal Nutrition*（《动物营养》）和《动物营养学报》，中期评估得分分别为93.20分、97.95分、98.30分。*Journal of Animal Science and Biotechnology*（《畜牧与生物技术杂志》）在22种领军期刊中排名第6，*Animal Nutrition*（《动物营养》）在99种梯队英文期刊中排名第7，《动物营养学报》在100种梯队中文期刊中排名第2。

《畜牧兽医学报》影响因子由2021年的1.329提高到1.460，获得中国科协2022年度全国学会期刊出版能力提升计划——中文期刊稿源质量提升项目支持。

Journal of Animal Science and Biotechnology（《畜牧与生物技术杂志》）从季刊变更为双月刊，2021年SCI影响因子为6.175，在62种同学科类别期刊中排名第3，保持在Q1区，总被引频次为4446次。

Animal Nutrition（《动物营养》）SCI影响因子为5.285，在全球62个农业、奶业与动物科学类期刊中位居第4，保持在Q1区。

3月30日，学会在北京召开期刊创新发展及信息化建设工作会议，20余人参加会议。

学科发展工程 6月27日，学会推荐的“如何整合多组学对生物的复杂性状进行研究？”入选中国科协发布的2022十大前沿科学问题。学会获评中国科协重大科技问题难题征集发布2022年度优秀推荐单位。

11月17日，“动物疫病防控融媒体出版工程”项目启动会在北京召开。项目在农业农村部畜牧兽医局等单位支持下，由学会与中国农业出版社有限公司牵头组织实施。项目以打造中国兽医领域基础性、品牌性知识工程为目标，聚焦中国重大动物疫病和人兽共患病科学防治，系统提升兽医专业技术能力，构建权威、科学、实用的兽医知识体系。

国际学术会议 11月14—19日，学会联合扬州大学、中国农业大学以及中国疾病预防控制中心线上共同举办第21届弯曲菌、螺杆菌及相关微生物国际研讨会。该会议首次由中国主办，来自中国、英国、美国等16个国家的近800位专家学者参加会议，会议直播观看人数累计近7000人次。会议围绕弯曲菌、螺杆菌及相关微生物各领域最新研究进展，聚焦13个主题内容，涉及微生物的发病机制、基因组学/蛋白质组学/糖组学、感染免疫学、病理生理学、临床管理、公共卫生、食品安全、人类和动物生态学等。邀请来自12个国家的21位专家分享最新的研究成果。此外，从收录的93篇文献摘要中筛选出47篇优秀摘要在大会上进行分享，另有19位投稿作者通过壁报方式呈现最新研究进展。在讨论交流环节，累计100余位专家与参会人员进行互动讨论。会后设延期展示阶段，在11月19日—12月20日对本届注册参会人员提供会议所有演讲视频及壁报视频服务，供继续研读观看。

国内主要学术会议 5月9—13日，由学会主办、学会养猪学分会和北京博亚和讯农牧技术有限公司承办的第四届中国猪业科技大会线上召开，观看人数达125万人次。

9月1—3日，学会与中华预防医学会、中国工

作犬管理协会共同主办的 2022 年（第十一届）中国狂犬病年会在江苏省苏州市召开。年会以“推进依法养犬　共筑健康中国”为主题，来自卫生、畜牧兽医、公安以及高等院校的专家学者参加会议。

9 月 26 日，学会同中国动物卫生与流行病学中心、山东省动物疫病预防与控制中心（山东省人畜共患病流调监测中心）共同主办的山东省狂犬病无疫区建设研讨会在山东省济南市召开。

此外，学会还举办第十四届中国氨基酸与饲料原料应用研讨会、2022 年重大动物疫病防控策略研讨会、2022 年中兽药产品研发与应用研讨会等技术交流活动。

国际交往　8 月 16 日，由美国普渡大学、美国密西西比州立大学、澳大利亚科廷大学、意大利卡梅里诺大学联合主办的 2022 年国际畜牧兽医论坛线上召开。学会动物毒物学分会常务理事、东北农业大学教授张志刚受邀作学术报告。

9 月 18—21 日，由国际毒理学联合会和欧洲毒理学会联合主办的第十六届国际毒理学大会在荷兰马斯特里赫特召开，大会主题为“毒理学团聚”。学会动物毒物学分会副秘书长、东北农业大学教授李金龙及其团队以视频方式参加会议，东北农业大学副教授赵一和李雪楠分别作学术报告。

10 月 20—21 日，由教育部主办、西北农林科技大学和比利时根特大学联合承办的奶牛群体医学国际研讨会在陕西省咸阳市召开。会议采用线上线下结合方式，来自国内外的 380 余人参加会议。学会动物毒物学分会副理事长、西北农林科技大学副教授董强在大会上作主题报告。

在学会家禽学、禽病学分会等的参与下，学会开展第十二届亚太家禽大会筹备工作。

科普活动　1 月，学会面向社会公开征集“狂犬病科普宣传中国行”倡议短视频，学会视频号收到 1.4 万人次点赞转发。

学会养猪学分会继续开展“养猪科技大讲堂”系列在线直播课堂活动，每月 1 期，邀请 12 位专家、企业家担任主讲，全年收看量突破 40 万人次。

9 月 23 日，在第 16 个世界狂犬病日来临之际，学会联合中华预防医学会、中国工作犬管理协会在北京举办狂犬病科普宣传中国行·社区科普启动仪式。

学会科普部和学会兽医食品卫生学、马学、动物药品学、小动物医学、信息技术等分会通过微信公众号、微博、抖音、知乎等平台发布科普文章和视频，传播科普知识。学会被中国科协评为 2022 年度全国学会科普工作优秀单位。

表彰举荐优秀科技工作者　在第六届“青年拔尖人才”学术论坛期间，对在第四、第五届“青年拔尖人才”学术论坛推动下入选 2020、2021 年国家级人才的 19 位“井冈新秀”进行表彰奖励。

开展第十七届中国青年科技奖、第十八届中国青年女科学家奖和 2021 年度未来女科学家等奖项候选人推荐工作。

党建强会　召开理事会党委会议，审议通过 2022 年学会主要工作和活动计划；党的二十大闭幕后，在线召开党委会议，研究部署深入学习贯彻党的二十大精神。制定印发《中国畜牧兽医学会关于认真学习宣传贯彻党的二十大精神工作方案》。学会及学会犬学、信息技术、兽医寄生虫学、兽医内科与临床诊疗学、动物福利与健康养殖、动物毒物学等学科分会积极组织党的二十大代表、党校教授、行业专家通过专题讲座、宣讲报告、宣讲比赛等形式开展活动，深入学习宣传贯彻党的二十大精神，推进学会工作创新发展。

会员服务　《中国畜牧兽医学会会讯》全年编辑印刷 5000 余册，免费发放给学会高级会员和相关单位，做到及时贯彻业务主管部门指示精神、通报学会（分会）工作动态、分享学界业界热点、宣传会员和科技工作者。特设“学习贯彻党的二十大精神”专栏，宣传贯彻党的二十大精神。

2022 年，学会召开高级会员评审会，评审通过 186 名新的高级会员。继续在学会网站上为会员、高级会员提供不同权限的会议论文集电子版、《中国畜牧兽医学会会讯》电子版等资料的下载推送服务。

【兽医公共卫生与健康养殖学术研讨会】　8 月 28—30 日，由学会主办，学会兽医公共卫生学、动物福利与健康养殖、兽医食品卫生学等分会共同协办的兽医公共卫生与健康养殖学术研讨会以线上线下结合方式在山东省青岛市召开。研讨会围绕兽医公共卫生、动物福利、健康养殖，以及食品安全等科研和生产实践的新见解和新成果开展研讨和交流，400 多名专家学者参加会议，3000 多人在线观看。农业农村部原副部长于康震，中国科学院院士黄路生，中国工程院院士夏咸柱、沈建忠等专家出席会议。

研讨会以“动物·环境·人和谐发展”为主题，设有全体大会以及动物福利与健康养殖、兽医食品卫生、人兽共患病3个专题论坛，共41位专家学者作分享报告。

会议录用论文192篇，其中人兽共患病防控专题46篇、动物福利专题17篇、健康养殖专题51篇、兽医食品卫生专题78篇。同时，大会还设置现场壁报交流区，25位科技工作者和与会学者作壁报交流。

【第七届全国人兽共患病学术研讨会】 8月29—31日，学会与中华预防医学会、中国微生物学会在山东省青岛市共同主办第七届全国人兽共患病学术研讨会。来自全国农业、卫生系统及相关领域的高等院校、科研机构、行政事业等单位的近400名专家学者参加会议。

会议以“同一健康，生物安全”为主题，以“主论坛+3大专题分论坛（病毒专题、细菌专题、寄生虫专题）”并结合壁报交流的方式，围绕人兽共患病流行病学、病原生物学、防控技术与控制策略等热点与难点、研究动态与新进展进行学术交流，77位人兽共患病研究领域的院士、专家、青年学者作学术报告。192篇人兽共患病防控专题论文被收录，其中55篇为口头报告，还有部分论文通过壁报的方式进行展示。

（撰稿人：申　凌）

中国植物病理学会

服务创新型国家和社会建设 6月27日，学会推荐的“小麦茎基腐病近年为什么会在我国小麦主产区暴发成灾，如何进行科学有效地防控？”入选中国科协2022年度十大产业技术问题。8月13日，学会针对该问题组织召开政策建议报告专家指导组视频会议，政策建议报告专家指导组组长、中国工程院院士康振生主持会议，项目起草牵头专家、河南农业大学教授李洪连汇报政策建议报告。

8月3—5日，学会理事、江西省植物病理学会副理事长、江西农业大学教授蒋军喜带领其团队成员赴江西省赣州市兴国县开展油茶高产栽培与病虫害防治技术培训，并现场指导油茶、茶叶、脐橙、棕榈病虫害防治，助推兴国县农业生产发展。油茶遍布兴国县25个乡镇，种植总面积约65万亩，是兴国县重点发展的特色产业之一。然而，该县油茶栽培管理水平偏低、病虫害防治不力，导致油茶产量不高、种植效益不好。为此，学会在该县2个油茶主要种植乡镇枫边乡和江背镇举办油茶高产栽培和病虫害防治技术专题培训，共培训100余名油茶种植人员。

学会青年委员会作为学术性指导单位，协助贵州大学申报学风涵养工作室建设项目“贵州大学农业信息工程训练学风涵养工作室”，获中国科协2022年度学风传承行动项目正式立项。

学会建设 2022年，学会第十二次全国会员代表大会召开，选举产生学会第十二届理事会和监事会。

青年人才托举工程 学会推荐的4名青年学者入选第八届中国科协青年人才托举工程项目。

主办期刊 学会与中国农业大学联合主办的*Phytopathology Research*[《植物病理学报（英文）》]，共发表文章46篇，先后被ESCI、Scopus和科睿唯安旗下的科学引文索引SCIE数据库等收录。6月28日，科睿唯安发布2021年度《期刊引证报告》，*Phytopathology Research*获得首个SCI影响因子3.955，在植物科学期刊中位列Q1区（54/238），与美国的*Plant Disease*和*Phytopathology*影响因子接近。2022年入选中国科学院科技期刊2区。11月22日，中国高校科技期刊研究会公布“2022年度中国高校科技期刊建设示范案例库·杰出/百佳/优秀科技期刊拟入库案例名单”，*Phytopathology Research*获评中国高校百佳科技期刊，入选2022年度中国高校科技期刊建设示范案例库。在中国科协主管期刊2021年度社会效益评价中获评优秀等级。

国内主要学术会议 3月26—27日，学会植物线虫专业委员会主办的第十五届全国植物线虫学学术研讨会线上召开，共计450人次参加会议，55位专家学者和研究生就线虫与寄主的互作、生物防治、先天免疫、可视化侵染等作报告并展开讨论，就新型杀线虫剂的创制、宏基因组技术在线虫分类中的应用及线虫综合防控技术等方面进行研讨。

7月2日，学会植物病害流行专业委员会与河南农业大学植物保护学院共同主办的全国首届小麦茎基腐病学术研讨会以线上线下结合方式在河南省郑州市召开。学会副理事长、中国工程院院士康振生，河南农业大学副校长尹新明，学会植物病害流行专业委员会主任、中国农业大学教授马占鸿等专家，以及来自国内外数十家高校、研究机构、技术推广部门和相关企业的500多名专家学者、技术人员和研究生参加会议。

8月27日，学会植物病害流行专业委员会联合中国植物保护学会植物抗病虫专业委员会、植保系统工

程委员会主办的第六次全国植物抗病虫和病害流行与控制学术研讨会线上召开。会议以“重大生物灾害发生流行与绿色防控”为主题，邀请中国农业大学教授马占鸿、吴波明，西北农林科技大学教授胡小平，中国农业科学院植物保护研究所刘伟博士分别围绕小麦条锈病流行的微宏对应研究进展、稻瘟病的流行与预测——老问题与新挑战、作物病虫害监测预警的机遇与挑战、遥感等新技术在小麦白粉病监测预警中的应用研究作主旨学术报告。来自中国农业大学、西北农林科技大学、中国农业科学院植物保护研究所、青海省农林科学院等农业院校和科研院所的200余名专家学者参加研讨会，就有关重大生物灾害发生流行与绿色防控最新研究成果和研究中存在的共性问题进行交流探讨。

11月4—7日，2022年中国植物病理学会产后病理学专业委员会学术年会在四川省雅安市以线上线下结合方式召开。来自60余家单位的600余名专家学者、企业家参加会议（150余人线下参加会议），共同探讨植物病理学产后病理学发展所面临的问题、机遇和挑战，分享研究成果、畅想行业未来。学会产后病理学专业委员会主任、中国科学院植物研究所研究员田世平担任大会主席，四川农业大学食品学院教授秦文担任大会执行主席。会议围绕果蔬采后病原菌致病机制及控制技术、果蔬衰老与抗性应答机制及调控技术、新型高效安全贮藏保鲜及果蔬采后品质劣变及调控技术研究等多个主题，设置特邀报告、专题报告、研究生论坛、墙报展示、会议摘要集、优秀企业科技创新产品展等环节，共收录104篇摘要和38篇墙报，现场进行5场特邀报告和16个专题报告。

【中国植物病理学会第十二次全国会员代表大会】 12月30日，中国植物病理学会第十二次全国会员代表大会以线上线下结合方式在北京召开，来自30个省（自治区、直辖市）的242位会员代表和特邀嘉宾参加会议。大会审议通过《中国植物病理学会第十一届理事会工作报告》《中国植物病理学会第十一届理事会财务报告》《中国植物病理学会第一届监事会履职工作报告》《中国植物病理学会章程（草案）》《中国植物病理学会第十二次全国会员代表大会选举办法》。

大会选举产生由118位理事组成的学会第十二届理事会和由9位监事组成的学会第二届监事会。学会第十二届理事会第一次会议选举产生39位常务理事、8位副理事长和理事长。韩成贵当选学会第十二届理事会理事长，马忠华、王文明、王源超、孙文献、周雪平、钱韦、黄丽丽、燕继晔当选副理事长。彭友良被聘为学会第十二届理事会名誉理事长。理事会聘任孙文献兼任秘书长，同意聘任9位副秘书长，对不再担任理事的专家颁发荣誉证书。学会第二届监事会第一次全体会议选举产生4位监事会负责人，刘杏忠当选学会监事长，王琦、彭德良和谢丙炎当选副监事长。

（撰稿人：赵　梅）

中国植物保护学会

服务创新型国家和社会建设　6月27日，学会推荐的“如何利用多源数据实现农作物病虫害精准预报？”入选中国科协2022年十大产业技术问题，学会获评重大科技问题难题征集发布2022年度优秀推荐单位。9月3日，针对该问题，学会组织召开研讨会，项目起草牵头专家、学会植保信息技术专业委员会主任委员封洪强作题为《如何利用多源数据实现农作物病虫害精准预报》的报告。以中国工程院院士吴孔明为组长的专家组，针对中国农作物病虫害精准预报工作中存在的技术难点问题和组织保障问题提出建设性意见和建议。在中国科协指导下，完成“问题难题”相关建议等系列工作，获评中国科协2022年度学术成果凝练优秀学会。

针对中国植物生物安全研究与管理中的主要问题，学会申请并入选中国科协2022年决策咨询专家团队建设试点单位，优化以学会理事长、中国工程院院士陈剑平为首席科学家的植物生物安全决策咨询专家团队，陈剑平被聘为中国科协决策咨询首席专家。学会得到2022年中国科协决策咨询专家团队资助项目的支持，对中国植物生物安全研究与管理现状进行调研和讨论，提出植物生物安全治理体系建设咨询报告。

与余姚市葡萄专业技术协会联合建立中国植物保护学会葡萄病虫害防治专业委员会葡萄健康余姚服务站，促进产学研结合，开展先进科学技术的普及宣传，提升地方葡萄产业水平，增强产业引领和产业服务水平。与仙居县喜农乐民杨梅研究所联合申请台州市国家（省）级学会服务站（中国植物保护学会浙东南仙居服务站），开展杨梅、桃等果蔬植物保护技术咨询服务与技术培训，以及各种形式的杨梅栽培技术、病虫害绿色防控技术科普工作，服务农业龙头企业，帮助建设绿色杨梅生产基地。

学会入选中国科协2022年度“科技智库青年人才计划”，针对重大植物疫情与外来入侵物种的防控，研究如何进行“关口前移、源头治理”的早期风险防控，预期形成重大植物疫情和外来入侵物种“关口前移、源头治理”的早期风险防控的对策建议。

学会建设 截至2022年年底，学会共有个人会员22500人（其中女性会员4735人、党员会员9971人）和团体会员162个。

2022年，学会筹建女科技工作者工作委员会，按学会分支机构管理。学会派员参加全国学会税务专题培训、中国科协外事能力提升专题培训班、第三届科技社团改革发展理论研讨活动等。

7月17—18日，中国植物保护学会2022年工作会议暨十三届二次常务理事会议（线下会场）在湖南省长沙市以线上线下结合方式召开。会议传达学习中国科协十届三次全委会会议、全国学会秘书长会议等会议精神，学习贯彻《关于进一步推动中国科协学会创新发展的意见》《关于进一步加强社会组织管理严格规范社会组织行为的通知》文件精神，听取学会十三届二次常务理事会工作报告、女科技工作者工作委员会申请报告、学会工作经验交流等。学会理事长、中国工程院院士陈剑平作总结讲话。会议期间，召开中国植物保护学会党委（扩大）会议和中国植物保护学会第二届监事会全体会议。

2022年是学会成立60周年，学会获得中国科协2022年度学会创新发展研究与支撑项目资助。7月17日，学会组织召开“中国植物保护学会史编写及史料采集”项目推进会，项目负责人/编写组组长、中国工程院院士陈剑平主持会议。学会秘书长、项目秘书组组长郑传临汇报中国科协关于学会创新发展研究与支撑项目的意义、作用和重要性，转达中国科协关于该项目的具体要求。在各省级植物保护学会、学会各分支机构、主办期刊编辑部及各位编写专家的共同编纂下，通过史料采编工作回顾学会发展历程，探索学会发展的规律与特点，完成学会简史的编写任务并通过验收。

青年人才托举工程 学会开展的第四届中国科协青年人才托举工程项目通过验收；组织开展第七届中国科协青年人才托举工程项目开题、中期推进工作；组织开展第八届中国科协青年人才托举工程项目候选人推荐工作，学会推荐的3人入选；组织开展2023—2025年度北京市科协青年人才托举工程项目候选人推荐工作，学会推荐的4人入选。

主办期刊 学会获评中国科协2021年全国学会期刊出版管理规范单位，学会主办的《植物保护学报》《植物保护》在中国科协主管期刊2021年度社会效益评价中均获评优秀等级。

2022年，《植物保护学报》《植物保护》完成编辑委员会换届工作，严格按照各刊宗旨及业务范围，完成刊物的编辑、出版、发行任务。推选的中国农业大学教授梁沛入选2022年度中国科技期刊卓越行动计划选育高水平办刊人才子项目——优秀审稿人案例遴选汇编项目。根据《中国学术期刊影响因子年报（自然科学与工程技术·2022版）》统计数据，《植物保护学报》《植物保护》2021年复合影响因子分别为3.246和1.822，在21种植物保护类期刊中名列前茅。《植物保护学报》组织出版“庆祝创刊60周年专辑”“玉米体系生物入侵专辑”，《植物保护》设置“李光博院士纪念专栏”（2期）和“植物生物安全专栏”“外来生物入侵专栏”，展现国家相关科研领域的最新研究进展和技术，推动相关科研领域研究进程，为相关植保工作人员提供高效精准的知识服务。

学科发展工程 学会申请并获得中国科协2022—2023年植物保护学学科发展研究项目，并按计划召开项目开题会暨编写组第一次工作会议，落实编写计划。

国际学术会议 6月28—29日，学会等联合主办的重大新发入侵物种番茄潜叶蛾绿色防控国际研讨会以线上线下结合方式在北京召开。来自中国、法国、西班牙、意大利、希腊、突尼斯、尼日利亚、伊朗、巴基斯坦、印度等17个国家的60余名专家参加研讨会。18名中外专家围绕“番茄潜叶蛾的基础生物学和基因组学”“生物防治”“化学和农业防治”“综合治理”4个主题分别作学术报告。

国内主要学术会议 12月16日，中国科协主办、学会承办的中国科协绿色植保与粮食安全青年科学家沙龙线上召开。西南大学副校长王进军、学会秘书长郑传临、学会副秘书长刘文德、重庆市植物保护学会理事长刘怀出席活动并致辞。沙龙设有5个议题，每个议题分别邀请2位青年专家作报告，并设置公开讨论环节。来自科研机构、高校和企事业单位的青年科技工作者针对目前绿色植保的发展现状、政策制度、

实施方案、推进策略、市场前景等问题进行交流和讨论，形成1篇建议报告。

国际交往 学会为国际植物保护科学协会成员单位，学会科学家在国际植物保护科学协会等国际学术组织任职和国际期刊担任编委等职务。

科普活动 在农业农村部支持下，学会组织学会入侵植物、农作物入侵病虫害和入侵水生动物领域的专家20余名，收集整理新版国家重点管理外来入侵物种名录中141种物种的分类、生物学特性、分布范围、发生趋势等基本信息及典型图片2000余张，提出每种重点管理入侵物种的防控策略，初步完成新版国家重点管理外来入侵物种防控手册的编纂工作，将继续组织同行专家对手册进行评议、修改和完善。

表彰举荐优秀科技工作者 开展2022年中国植物保护学会科学技术奖评审相关工作。经推荐审查，9月26日，在北京（线下主会场）召开2022年中国植物保护学会科学技术奖评审会，会议评审通过学会科学技术奖科学研究类成果和技术推广类成果一等奖4项、二等奖9项、三等奖14项和科学普及类奖3项，涉及141个单位次、287人次。

党建强会 学会组织完成学会所属全部20个分支机构党的工作小组的换届工作，以及学会办公室党支部换届工作。

7月17日，学会理事会党委书记、中国工程院院士陈剑平以《勿忘昨天　无愧今天　不负明天》为主题，就党的十九届六中全会精神的学习体会讲授专题党课。学会青年工作委员会党的工作小组、学会办公室党支部与重庆市植物保护学会党建工作组、西南大学昆虫分子生态学创新团队党支部联合组织开展以“红色绿色协同发展，党建业务深度融合”为主题的系列活动，深入学习贯彻党的二十大精神，让“红色基因”与“绿色植保”理念协同发展。学会派员参加中国科协学习贯彻党的二十大精神辅导报告会、中国科协“众心向党、自立自强”党史学习教育主题党日活动、中国科协弘扬共产党人精神专题培训班、2022年中国科协宣传思想工作会议暨宣传干部培训班等。

【2022年全国鼠害青年科技创新研讨会】 4月14日，学会青年工作委员会主办的以“组学技术在鼠害防治中的研究进展与应用展望”为主题的2022年全国鼠害青年科技创新研讨会以线上线下结合方式在河南省郑州市召开。会议探讨分子生物学与生物信息学新方法、新技术、新思路在鼠害基础研究与综合防治中的应用，来自全国鼠害研究领域的专家学者、师生300余人参加会议。

开幕式由中国农业科学院植物保护研究所副研究员王大伟主持，学会青年工作委员会主任、中国农业科学院植物保护研究所研究员刘文德致辞。会议包括青年学者学术报告、老中青专家座谈会、学会青年工作委员会鼠害委员工作会议3个环节。郑州大学教授程涵、中国科学院动物研究所副研究员葛德燕、中国农业科学院植物保护研究所研究员宋英、兰州大学教授李克欣等专家学者作学术报告。

（撰稿人：郑传临　冯凌云）

中国作物学会

服务创新型国家和社会建设 2022年，学会组建的“科创中国”沁农作物产业科技服务团继续服务四川省成都市、山西省吕梁市、海南省三亚市，新增河北省武安市、云南省西双版纳傣族自治州和天津市宝坻区，为区域农业高质量发展服务，助力打造邛崃西南种业新高地、山西吕梁现代农业发展样板间、云南西双版纳再生稻种业基地、武安小米产业发展、天津小站稻品牌等，助力种业振兴，实现乡村振兴，确保粮食安全。落地合作项目11项，组织专家协同当地科协、人民政府等开展“科创中国”试点城市企业需求调研和科技服务150余人次，组织9场国内外学术交流活动，在促进科技交流、提升科技服务能力和水平方面发挥作用。学会获评中国科协2021年度科技公共服务优秀学会，“科创中国”沁农作物产业科技服务团被评为2021年度“科创中国”优秀科技服务团。

学会组织专家开展决策咨询，提交《关于四川省水稻、小麦、玉米三大作物高质量发展的建议专报》《关于优化邛崃杂交水稻制种生产基地布局加快全程机械化制种技术推广的建议》等建议、报告、规划49项。

开展团体标准制定工作，立项《玉米种子耐贮藏测定技术规程》等11项团体标准，发布并实施学会首个团体标准《优质谷子（小米）》。

对“优质谷子全产业链融合发展模式构建与应用”等4项科技成果开展评价工作。

举办2022年度作物分子育种领域专业技术转移转化能力提升班、PPT制作技能提升培训直播活动、作物智慧绿色生产关键技术培训会等线上线下培训活动35场，惠及22.6万人次。

学会建设　截至12月31日，学会共有个人会员11007人、团体会员169个，较2021年分别增长27%和10%。

学会进一步加强对分支机构的管理与考评，对2021年度取得突出成就的分支机构进行表彰。1月16日，学会第23个专业委员会——智慧农业专业委员会正式成立。

制定并印发《中国作物学会科技成果评价管理办法》，完善《中国作物学会科学技术成就奖奖励条例》《中国作物学会青年人才托举工程实施与管理细则》《中国作物学会团体标准管理办法》。

继续承担中国科协"中国特色一流学会"建设项目。8月，项目第一期已通过中国科协验收。继续实施项目第二期建设任务。

青年人才托举工程　学会完成第七届中国科协青年人才托举工程项目候选人遴选，学会推荐的2名青年人才获得资助。学会获得第八届中国科协青年人才托举工程项目立项资格并完成项目候选人遴选。

主办期刊　《作物学报》出版12期，刊出文章271篇。复合总被引频次由2021年的10824次提高到14174，复合影响因子由2021年的3.190提高到3.505。第21次被中国科技信息研究所授予"中国百种杰出学术期刊"称号，入选"2022中国国际影响力优秀学术期刊"，1篇论文入选第七届中国科协优秀科技论文遴选计划（农林集群）。继续得到中国科技期刊卓越行动计划梯队期刊项目资助。

The Crop Journal（《作物学报》英文版）全年出版6期，刊登文章178篇，完成150余篇文章的在线预出版；出版专辑1期、专题1个。SCI影响因子达到4.647（农学排名为14/90），期刊总被引频次从2021年的2168次提高到3060次。第7次入选"2022中国最具国际影响力学术期刊"。继续得到中国科技期刊卓越行动计划重点期刊项目资助。

《作物杂志》刊出论文210篇，录用率20%。综合影响因子为1.657，复合影响因子为2.516，较2021年分别提高15.3%和13.4%。

《麦类作物学报》刊出稿件215篇，期刊复合影响因子为2.570，较2021年提高29.86%，获得2022年度中国高校科技期刊建设示范案例库·百佳科技期刊奖。

国际学术会议　学会及分支机构全年共举办国际学术会议12次，现场参会人数1365人次，线上交流人数67.5万人次，交流论文（摘要）606篇。

3月15日，学会线上举办第三期作物科学云沙龙，5位国内外专家学者作报告。会议以"干旱胁迫：遗传学、基因组学与育种"为主题展开交流与研讨，共有1.4万人次观看线上直播。

6月26日，学会承办的第二十四届中国科协年会世界种业创新论坛在湖南省长沙市召开。论坛以"科技推动种业创新"为主题，聚焦产业发展热点，探讨育种最新研究现状，7位国内外专家受邀作报告，100人线下参加会议，近3万人次观看线上直播。

9月19—22日，学会甘薯专业委员会主办的第九届国际甘薯学术研讨会暨中国徐州第五届世界甘薯大会在江苏省徐州市召开。大会以"更优质　更营养　更健康"为主题，来自中国、日本、韩国、美国等国的专家学者作51场学术报告，300余位专家学者线上或线下讨论交流，4500余人次收看会议直播。

11月1日，学会承办的2022年中俄数字经济高峰论坛暨佳木斯市平行论坛在黑龙江省佳木斯市召开。论坛以"数字农业，中华粮仓"为主题，7位专家受邀作稻米品质的遗传改良、种稻与盐碱地利用和黑土地保护等主旨报告，2000余人次观看线上直播。

11月10—11日，学会栽培专业委员会、粟类专业委员会、燕麦荞麦委员会联合主办的中国科协丝绸之路联盟杂粮国际青年科学家沙龙线上召开。会议邀请来自白俄罗斯、俄罗斯、孟加拉国和中国的5位专家作主旨报告，160多位国内外青年科学家围绕谷子、糜子等杂粮科研进行交流对话。

11月26日，学会承办的中国科协第四届世界科技与发展论坛种质创新与粮食安全分论坛线上召开。论坛进行"宏观展望""种质创新与科企合作"2场直播，12位国内外科学家、企业家受邀作主旨报告，8100余人次观看线上直播。

12月27日，学会粟类作物专业委员会主办的第九届世界小米起源与发展会议在内蒙古自治区赤峰市敖汉旗召开。会议以"保护农业遗产，农耕续力前行"为主题，260余位国内外专家学者、企业家等以线上或线下方式参加会议。

国内主要学术会议　学会及分支机构全年共举办国内学术会议27次，现场参会人数2313人次，线上交流人数165.6万人次，交流论文（摘要）306篇。

7月9—10日，学会主办的旱区作物绿色高效生

产暨新农科建设学术研讨会在甘肃省庆阳市召开。会议以“粮食安全·新农科建设·乡村振兴”为主题展开交流研讨，4000余人次观看线上直播。

8月2—3日，学会栽培专业委员会主办的第十七次中国作物生理学术研讨会在新疆维吾尔自治区石河子市召开。会议聚焦作物生理生态领域前沿研究，围绕作物生育调控、产量品质协调形成、资源高效利用等方面开展学术交流和成果展示。220人线下参加会议，450人线上参加会议。

8月11—12日，学会栽培专业委员会、水稻专业委员会联合主办的全国第十九届水稻优质高产理论与技术研讨会在吉林省长春市召开。会议就加快中国特色水稻栽培科学发展的问题与对策、丰产优质高效协同的机理与调控等方面展开交流。153人线下参加会议，108人线上参加会议。

8月13—16日，学会栽培专业委员会、玉米专业委员会，中国农业科学院作物科学研究所联合主办的第十七届全国玉米栽培学术研讨会在黑龙江省大庆市召开。会议围绕国内外玉米生产形势与栽培研究进展、产量潜力挖掘与高产栽培理论和技术等10个方面开展学术交流。280余人线下参加会议，1.78万人次观看线上直播。

8月28—30日，学会主办的第五届中国藜麦产业高峰论坛在内蒙古自治区呼和浩特市召开。国内藜麦研究领域的专家、企业家及媒体人员等约120人参加会议，围绕中国藜麦主产区产业发展现状、藜麦加工技术研究等内容进行交流。

11月9日，学会承办的中国科协智慧农作与粮食安全青年科学家沙龙在江苏省南京市召开。12位青年科学家围绕农业传感器研发、农业遥感与作物表型监测、农业系统模拟与智能决策等智慧农业前沿领域作主旨报告，近5000人次观看线上直播。

国际交往 学会搭建国际学术交流平台、开展国际交流与合作，与多个国际组织建立长期友好合作关系。2022年，学会邀请国际水稻研究所、国际玉米小麦改良中心、荷兰瓦赫宁根大学、美国加利福尼亚大学、澳大利亚默多克大学、英国洛桑研究所、德国亥姆霍兹慕尼黑中心、沙特阿拉伯阿卜杜拉国王科技大学、意大利博洛尼亚大学等多个国外高校、研究所和国际组织的专家学者作视频报告。

学会继续推动国际种业科学家联盟等跨国界组织学术交流合作，发起或参与创新议题、联合项目和科学计划，为全球粮食安全问题的解决提供专业方案。

学会栽培专业委员会参与完成“澜湄国家稻渔种养技术合作及水产养殖减贫”项目网上培训项目授课任务。

学会甘蔗专业委员会保持与国际甘蔗技师协会、国外主要甘蔗科研单位的学术交流与合作。学会马铃薯专业委员会专家推动亚太区域马铃薯产业发展。甜菜专业委员会组织会员参加国际学术活动，委员会专家与意大利帕多瓦大学、美国佛罗里达大学的专家建立长期的国际合作交流机制。学会大麦专业委员会专家参与国际大科学研究计划。学会藜麦专业委员会参与有关藜麦国际合作沟通事宜。

科普活动 学会全年举办科普活动140余次，创作科普图文、科普视频等科普原创作品24个，在“科普中国”、光明网等科普平台传播。经学会推荐，3家单位入选中国科协2021—2025年度全国科普教育基地。新建水稻科学公众传播团队、智慧农业科学传播专家团队等12个学会科学传播专家团队（123位专家）。向中国科协推荐“典赞·2022科普中国”候选科普人物1人、团队5个。学会主办的作物科普基地“云上科普日”活动、“普及优质稻米知识　提升人民美好生活”科普讲座被评为2022年全国科普日优秀活动，学会被评为2022年度全国学会科普工作优秀单位。

举办“喜迎二十大　科普向未来之科普种质创新　推进种业振兴”主题科普日直播活动、“新形势下杂粮作物的发展与机遇”科普报告会、“粟说一粒小米的故事”科普活动、“品鉴农科优品，感受作物科技，畅享健康生活”科普活动、“科普优质稻米知识　提升人民美好生活”科普讲座、“北京先农坛：丰收时节话五谷”科普直播活动等10余次，惠及人数652万人次。

表彰举荐优秀科技工作者 学会设立“中国作物学会科学技术成就奖——国际贡献奖”并于2022年开展第一届评奖工作，以奖励对推动中国作物科学发展作出重要贡献的外籍专家。

开展2022年度中国作物学会科学技术成就奖的评奖工作，河北农业大学教授马峙英和袁隆平农业高科技股份有限公司副总裁杨远获得中国作物学会科学技术成就奖——杰出成就奖，日本京都大学教授Hiroshi Ikehashi和澳大利亚墨尔本大学教授Rudi Appels获得中国作物学会科学技术成就奖——国际贡献奖。

开展2022年度中国作物学会优秀博士论文奖的评

奖工作,"基于群体解析棉花高温雄性不育机理"(作者:马益赞)等6篇博士论文获得中国作物学会优秀博士论文奖。

党建强会 2022年,学会召开2次党委会议,党委直接参与学会重大工作事项的讨论与决策,确保学会各项重大决策的正确性和科学性。

学会三级党组注重将党建与业务工作融合,开展服务乡村振兴、助力区域经济发展等活动36次,开展"党建+科普"进校园活动25次,开展"喜迎二十大"系列科普活动41次。

10月24日,学会党委与中国科协科技社团党委联合主办"大视野"云课堂暨百名科学家讲党课活动,邀请学会甘薯专业委员会会长、党建工作小组组长马代夫同志结合自己多年工作经验和感悟授课,13.7万人次观看线上直播。

11月4日,学会党委举办党的二十大代表进学会报告会,邀请党的二十大代表、四川农业大学教授杨文钰同志作报告并与大家交流。

会员服务 学会为会员提供信息服务,通过5个微信公众号实时推送信息970余条,在网站发布新闻动态、通知公告、学术交流、科技奖励、科普活动等信息530条,在全国学会组织管理信息平台发布《中国作物学会2021年年报》。

举办丰富的科技工作者日活动及青年科学家沙龙,如作物科学青年云沙龙、土豆云学堂、"传承隆平精神 走好时代稻路"主题科技工作者日活动等,以实际行动为广大科技工作者献上节日祝福。

学会人才培养与教育专业委员会持续开展全国农科学子联合实践行动,来自43所涉农院校的200余支实践队伍、321名指导教师带领2654名学生奔赴全国27个省(自治区、直辖市)的375个乡镇开展实践,助力青年人才成长。

【第二届国际小麦大会】 9月12—15日,由中国农业科学院、国际农业研究磋商组织联合主办,中国作物学会、中国农业科学院作物科学研究所、国际玉米小麦改良中心共同承办的第二届国际小麦大会在北京以线上线下结合方式召开。来自67个国家的952名小麦科研和产业相关人士参加会议,并开展交流研讨。

大会以"未来小麦:韧性和可持续性"为主题,就多样性、进化和种质资源,小麦族基因组结构与功能基因组学,育种与新技术,气候变化下的作物管理,生物和非生物逆境抗性与生理学,加工品质、营养与人类健康6个专题领域进行交流,共安排16场大会及特邀报告、18场专题报告、16场青年科学家平行论坛专题报告及254幅墙报的展示及交流,交流论文摘要474篇,分享国际小麦最新研究进展,并为未来小麦的研究、技术和应用等方面提出发展建议。

大会组委会中国委员会主席、中国工程院原副院长、中国工程院院士刘旭,国际玉米小麦改良中心总干事Bram Govaerts,德国亥姆霍兹慕尼黑中心教授Manuel Spannagl,国际玉米小麦改良中心全球小麦项目负责人Alison Bentley,中国农业大学教授樊胜根,中国科学院遗传与发育生物学研究所研究员高彩霞,沙特阿拉伯阿卜杜拉国王科技大学教授Brande B.H. Wulff,英国洛桑研究所副所长Peter Shewry,中国西北农林科技大学教授宋卫宁,德国慕尼黑工业大学教授Senthold Asseng等作大会报告及特邀报告,就小麦改良的进展与挑战、基因编辑和转基因技术在小麦改良中的应用、小麦与全球气候变化、小麦与可持续发展和人类健康等进行分享和交流,并为未来小麦研究的重点、小麦关键问题的对策、小麦技术和制度改革等建言献策。

第二届国际小麦大会同步进行7场网络直播,累计观看人数达61万余人次。新华社、《人民日报》、中央电视台等多家媒体和平台对大会进行报道。

【2022年度作物分子育种领域专业技术转移转化能力提升班】 8月8—11日,2022年度作物分子育种领域专业技术转移转化能力提升班在线举办。该研修班是人力资源社会保障部"专业技术人才知识更新工程2022年高级研修班项目"系列之一,由学会与中国农业科学院作物科学研究所、四川农业大学、学会分子育种专业委员会联合承办。

研修班邀请2位院士、12位专家授课,授课内容涵盖基因挖掘方法和技术转移转化、作物育种理论和技术能力提升、技术需求挖掘与知识产权保护、技术转移转化与企业高质量发展、大数据技术育种与转移转化典型案例、技术伦理等多个方面。

95位来自全国各地分子育种领域的学员进行线上学习。为惠及更多作物科技工作者,研修班(7个专题、8场、14个报告)在中国知网、科创中国、科普中国、科技工作者之家平台进行同步直播,累计在线观看人数近13万人次。

(撰稿人:徐 莉)

中国热带作物学会

服务创新型国家和社会建设 学会组织专家在云南省金沙江河谷中的楚雄彝族自治州元谋县、玉溪市元江哈尼族彝族傣族自治县，澜沧江河谷中的普洱市景谷傣族彝族自治县，怒江河谷中的保山市潞江坝等干热河谷地区开展椰枣引种试种工作专题调研，撰写《关于在云南省干热河谷地区开展椰枣引种试种的建议》报告，获云南省有关部门领导批示。报告分析开展椰枣引种试种的重要意义、椰枣生长需要的气候条件以及云南干热河谷地区的气候类型、前期引种试种的工作基础，并提出下一步工作建议，对在云南省干热河谷地区科学、规范开展椰枣引种试种研究具有一定的指导意义。

组建“科创中国”热带农业产业科技服务团和“科创中国”草畜一体化产业科技服务团，组织专家赴广西壮族自治区、云南省等地进行产业调研16次，了解香蕉、菠萝、咖啡、澳洲坚果、木薯、热带牧草、剑麻、热带香料等的分布、种植规模、生产加工及贸易等现状，深入分析产业技术需求，服务边境地区经济发展、乡村振兴、农民增收，巩固脱贫攻坚成果。通过组织动员广大热带科技工作者围绕国家产业链、供应链自主可控重大战略部署，构建产学研融合创新新模式，增进各类创新资源协同互动，推进学会团体标准出台。推荐的案例“滇桂黔石漠化地区特色作物产业发展模式集成推广”入选中国科协“服务创新驱动发展战略”主题的优秀工作案例。学会获全国热带农业科学家精神教育培育基地项目、热带农业与科技发展战略智库成果采集项目资助。

邀请国内行业专家组成科技成果评价专家组，对涉及澳洲坚果、橡胶树、咖啡和槟榔相关的4项科技成果进行评价。

学会建设 2022年，学会新发展个人会员285人，共有注册会员4183人。全年组织召开理事会议1次、常务理事会议2次、党委会议1次、监事会议1次、理事长办公会议2次、工作会议1次，每月召开1次秘书长会议。

增设3个专业委员会，10个分支机构完成换届。加强秘书处干部队伍建设，增加3名专职人员，聘用1名专职工作人员，秘书处现有专职人员7人，推进秘书处干部队伍职业化、专业化和规范化发展。

建立健全管理制度，制定多个制度文件，加强账务管理，确保资金使用规范、运行安全。学会获评2021年度科协系统财务数据汇总工作优秀单位。按时完成中国科协、民政部组织的年鉴、年检和年报工作。

组织编写《中国热带作物学会发展史》，这是一部全面系统记述中国热带作物学会建立60年来发展历程的专著，对学会的成立背景、筹备情况、发展过程、组织建设、学术交流、分支机构等方面进行专门介绍，还特别收录记述学会重大活动情况的大事记、历届理事长情况以及学会一些极有史料价值的历史照片，反映学会在不同时期的活动概况及在中国热带作物学界中发挥的学术引领、桥梁与纽带作用。

主办期刊 《热带作物学报》共出版12期，收稿1100篇，发稿287篇，发行量2184册，策划出版“天然橡胶”专题。再次入选《科技期刊世界影响力指数（WJCI）报告（2022）》，持续被《中文核心期刊要目总览》和中国科学引文数据库核心库收录，入选日本科学技术振兴机构数据库、国际农业与生物科学研究中心数据库等国际数据库，被评为中国农业期刊精品期刊。2022年最新复合影响因子为1.798，比2021年（1.480）提高21.49%，最新影响力指数在全国同类期刊中排名第4。89篇论文入选中国知网发布的近12年（2011—2022年）高影响力论文，并被《海南日报》刊载宣传。

国际学术会议 学会召开国际瓜类蔬菜产业发展研讨会和咖啡、可可专题国际学术交流研讨会2次国际学术会议。

国内主要学术会议 学会全年共举办国内学术活动及相关研讨会6次，分别为热带园艺作物种业高质量发展2022年学术研讨会、首届全国热带作物种质资源学术年会、澳洲坚果产业高质量发展学术年会、2022年全国香料饮料作物学术年会、热区特色农业产业发展论坛等。

联合支撑单位举办13期学术沙龙，以耕地保护、生物育种、害虫监测预警与组学、食品加工与营养等为主题开展学术交流。

国际交往 10月10日，基里巴斯外岛椰子产业发展线上交流活动开展，学会理事长刘国道出席活动并致辞。

10月10—14日，中国-FAO-斯里兰卡南南合作项目热带水果生产技术与产业发展能力提升活动开展。学会理事长刘国道以及农业农村部有关负责人出席活动并致辞。

11月28—30日，联合国粮农组织“一国一品”热带特色农产品绿色发展全球行动培训会线上召开。来自各国政府农业机构有关负责人、科研单位专家及私营部门代表的200余人参加培训会。学会理事长刘国道出席培训会并致辞。

12月13日，世界粮食计划署农村发展卓越中心、世界粮食计划署西非反饥饿和营养不良中心举办木薯价值链发展研讨会，分享发展中国家在木薯价值链发展方面的经验和良好实践，并为今后木薯价值链国际合作搭建平台。学会理事长刘国道出席研讨会并致辞。

科普活动 学会开展全国科技工作者日、全国科技活动周和全国科普日活动。组织开展4期国际国内大型科技与合作论坛共22场报告会，参会人数5500余人次；开展60余场研学活动，4万余人次参加；开展技术培训和咨询等活动100余次，5000余名农户参加；捐赠和发放资料4000余份（套），赠送农具、种苗等。

免费对群众开放全国热带作物科普基地、各支撑单位平台、种质资源圃等20多个，接待群众10万余人次，发放科普小册子1万余册。在学会官网、微信公众号，中国科协官网、“科普中国”网及各分支机构支撑单位官网等平台发布新闻，浏览量30余万人次。10家全国热带作物科普基地被中国科协命名为全国科普教育基地，获评2022年全国科普日优秀组织单位、2022年度全国学会科普工作优秀单位。

学会科技志愿者总队人数达到191人，服务时长共计19624小时。成立农产品专业委员会科技志愿服务队、高原特色农业科技志愿者服务队、香料饮料专业委员会科技志愿服务队、棕榈作物专业委员会科技志愿服务队。推荐6人参与万名专家讲科普助力“双减”系列活动，推荐4人参加“典赞·2022科普中国”活动，推荐5人参与全国学会科技志愿品牌活动。

党建强会 组织开展“歌唱祖国·喜迎国庆”“弘扬科学家精神·向党的二十大献礼”活动，深入学习贯彻党的二十大精神，举办“喜迎二十大·科普向未来”万名专家讲科普活动等。

【全国热带农业科学家精神教育培育基地建设】 学会依托支撑单位中国热带农业科学院、执行责任主体单位中国热带农业科学院科技信息研究所及海口热带农业科技博览园，联合各会员单位、专业委员会和工作委员会，创建弘扬科学家精神、党性教育与科学教育相融合的科学家精神教育培育基地。

采集中国热带农业领域科学家事迹。印发《中共中国热带作物学会委员会关于采集热带农业优秀科学家事迹的通知》，收集和挖掘热带农业领域专家的学术人生和主要科研成果。共收到来自学会理事单位报送的44位专家材料，集成热带农业科学精神、科学家精神和科技发展“活档案”。

打造学会党建活动室、“小科学家”工作室。依托中国热带农业科学院办公用房，设计党建宣传墙，打造学会党建活动室、科技工作者之家，使之成为学会及分支机构党建活动和科学家精神宣传、科技工作者活动的重要阵地。

举办热带农业科学家事迹展。将热带农业领域17位杰出科学家纳入培育基地进行宣传，举办热带农业科学家事迹展。事迹展以“创新争先，自立自强——党领导下的热带农业科学家”为主题，分为“序言”“科学家精神”“习近平总书记关于科学家精神的重要论述”“党中央高度重视热带农业发展”“矢志科技自立自强　创新引领产业发展　坚持问题导向和需求导向”“笔鉴丹心　永远跟党走”“结束语”7个篇章展出，大力传承和弘扬以爱国、创新、求实、奉献、协同、育人为主要内核的新时代科学家精神。

组织开展科学家精神事迹宣讲活动。举办“弘扬科学家精神　建功立业新时代”专题报告会。中国热带农业科学院展览馆对科技人员和中小学生全年免费开放，到展览馆参观人数共60多批次近1000人次。面向中小学生组织开展“讲科学家故事”活动2场。

（撰稿人：刘　倩）

中国蚕学会

服务创新型国家和社会建设 开展行业咨询和产业服务工作。4月12日，学会理事长代方银，副理事长李木旺、李喜升等带队组织有关专家到柞蚕重要生产基地辽宁省凤城市调研指导柞蚕产业生产活动，有针对性地对产业发展规划、产业定位、技术措施提出建设性意见，推动当地柞蚕产业高质量发展，以柞蚕产业推进乡村振兴。针对蚕业生产中的各类技术问题，学会各专业委员会和各地会员积极开展技术咨询

与科技服务工作，在主产区广西壮族自治区、四川省、云南省、重庆市、辽宁省、广东省、山东省、安徽省、江苏省、浙江省等地开展相关服务60余次，参加活动的专家达300人次，受众人数超过1万人次。

5月28—29日，第四届全国大学生蚕桑生物技术创新大赛在广东省广州市举办。大赛首次采用线上线下结合方式，浙江大学、西南大学、江苏科技大学等11所高校选送的110多个作品参赛。中国工程院院士向仲怀在致辞中表示，中国蚕桑产业和蚕桑科技正处于转型发展时期，蚕桑生物技术与众多产业和学科深度融合，希望大赛能推进生物技术在蚕桑领域取得突破。60余项作品获得优秀作品奖。

组织开展蚕桑专业领域成果评价工作。12月18日，学会以视频会议形式对辽宁省蚕业科学研究所的2项科研成果进行评价。12月20—25日，以通讯方式对广东省农业科学院蚕业与农产品加工研究所的1项科研成果进行评价。

学会建设 学会召开会员代表大会1次、理事会议1次、常务理事会议2次、理事长办公会1次、监事会议1次。

1月18日，通过视频会议方式召开理事长办公会议。会议研究学会第十一届理事会负责人、监事会人选以及学会有关机构人选。通报《中国蚕学会第十一届理事会党委委员拟推荐建议人选名单及分工》。

1月18日，通过视频会议方式召开第十届八次常务理事会议，讨论确定学会第十一届理事会负责人候选人和第一届监事会监事候选人，推荐蚕种分会新一届负责人人选。

主办期刊 学会主办的学术期刊《蚕业科学》全年共出版6期，刊登研究论文70余篇。发表获国家、省部级重点科研计划项目资助并代表学科前沿的论文达到期刊载文总数的75%以上。期刊继续被收录为中国科技核心期刊、中文核心期刊。

国内主要学术会议 全年共举办1次综合性学术交流活动，参加会议人数135人；编印论文集1部，共收录论文61篇。

10月12日，由学会野蚕学专业委员会主办、辽宁省蚕业科学研究所承办的第二届全国野蚕学学术研讨会暨首届“四省一区”柞蚕产业发展学术论坛在辽宁省凤城市召开。会议以线上线下结合方式进行，辽宁省农业科学院副院长孙占祥，学会理事长代方银，学会副理事长李木旺、李喜升出席会议。学会野蚕学专业委员会各成员单位，辽宁省、吉林省、黑龙江省、河南省、内蒙古自治区柞蚕产业相关单位负责人等130余人参加会议。12名科技人员分别以线上或线下方式作交流报告，会议编印论文集1部，收录61篇论文。

党建强会 1月18日，学会通过视频会议方式召开学会理事会党委第十次会议。审议《中国蚕学会第十一届理事会党委委员拟推荐建议人选名单及分工》，报中国科协学会党建办公室审批。会议还研究学会第十一届理事会负责人、监事会人选等。

8月1日，学会以视频会议形式召开常务理事、监事党员大会。会议以无记名投票方式选举产生学会第十一届理事会党委委员人选，报中国科协学会党建办公室审批。

【中国蚕学会第十一次全国会员代表大会】 6月24日，中国蚕学会第十一次全国会员代表大会以视频会议方式召开。学会第十届理事会理事长廖森泰作工作报告，秘书长沈兴家作财务报告，常务副秘书长刘挺作《中国蚕学会章程（草案）》修订说明。学会副理事长李龙主持会议和换届选举，163名会员代表参加会议。

大会审议通过《中国蚕学会第十届理事会工作报告》《中国蚕学会第十届理事会财务报告》《中国蚕学会章程（草案）》修正案；审议通过第十一届理事会理事候选人及第一届监事会监事候选人名单，并以无记名投票的方式选举产生第十一届理事会理事135人、第一届监事会监事7人。

第十一届理事会第一次会议选举产生第十一届理事会常务理事44人，代方银当选第十一届理事会理事长，李木旺、李标、李喜升、杨彪、肖更生、吴海平、周谦、钱永华、董占鹏当选副理事长。经代方银提名，理事会表决通过聘任刘利为第十一届理事会秘书长。会议还通过各分支机构负责人、《蚕业科学》编委会和聘任12名副秘书长人选。第一届监事会第一次会议选举廖森泰为监事长、汤庆坤为副监事长。

（撰稿人：刘　挺）

中国水土保持学会

服务创新型国家和社会建设 2022年，学会组建的由中国工程院院士胡春宏、中国科学院院士崔鹏领衔的中国水土保持学会水土保持决策咨询专家团队入选中国科协决策咨询专家团队。依托专家团队申报的“黄河流域生态保护与修复决策咨询”项目获得中国科协立项及经费资助。

完成西北农林科技大学委托项目“黄土高原植被恢复的土壤有机碳固持机制”等科技成果的评价工作。

举办第一届“山水林田湖草沙”生态保护与修复创新设计大赛。其中大学生组，从全国47所高校大学生的297份参赛作品中优选出51份学生设计作品参加决赛，最终决出研究生组和本科生组的金银铜奖和优秀奖；社会组，从全国67家参赛企业中遴选出27支队伍进入决赛，最终决出创新类和创业类的金银铜奖和优秀奖。

举办“生产建设项目水土保持方案编制技术人员”“生产建设项目水土保持监测技术人员”“水土保持规划设计”等4期培训班，培训学员3820余人次。

发布修订后的《生产建设项目水土保持方案编制及监测单位水平评价管理办法》，规范和优化生产建设项目水土保持技术服务单位水平评价程序，加强事中事后监督管理。完成684家生产建设项目水土保持方案编制单位水平评价工作、535家生产建设项目水土保持监测单位水平评价工作、163家生产建设项目水土保持方案编制单位和监测单位水平评价证书变更工作。

学会建设 截至2022年年底，学会共有个人会员13508人、单位会员1140家；新发展个人会员1209人、单位会员348家。

12月17日，学会召开第六次全国会员代表大会，完成学会第六届理事会换届工作。全年共召开1次理事会议、3次常务理事会议、3次理事长办公会议、12次秘书长办公会议，审议决策学会重要事宜。召开全国水土保持学会2022年秘书长会议，传达有关文件精神、交流部署相关工作，加强对分支机构和省级水土保持学会的业务指导。

学会学科建设和人才培养专业委员会完成主任委员变更。制定并发布《中国水土保持学会分支机构考核评估办法》，并根据该办法对分支机构2022年度工作进行考核评估。落实各工作委员会工作职责，分别召开学会学术交流、期刊与科技奖励工作委员会，组织宣传工作委员会，科普工作委员会，咨询与评价工作委员会，继续教育工作委员会会议，研讨各专项工作思路，审议相关工作事项。

印发《中国水土保持学会杰出贡献奖实施细则(试行)》等。

学会网站和微信公众号及时公开相关信息，公开发布学会2021年年报。建设水平评价、科技奖励和继续教育培训系统。通过社会公开招聘方式，扩大专职工作人员聘任比例，秘书处现有专职工作人员15人，其中10人由支撑单位配置、5人为外聘人员。

主办期刊 学会会刊《中国水土保持科学》首次被英国CAB文摘数据库收录。CAB文摘数据库是世界上最大的农业文摘索引数据库之一，由英国国际应用生物科学中心建置，涵盖农业、林业、环境科学等应用生命科学学科领域。

《中国水土保持科学》实现网站、网刊和微信公众号同步更新。2022年共发表文章109篇，微信公众号关注人数4662人，网站发布文章点击量近258万人次，全文下载量270万余次。

国内主要学术会议 7月18—19日，学会学科建设与人才培养专业委员会在云南省昆明市举办2022年全国水土保持与荒漠化防治一流学科/专业建设研讨会。100余名专家学者参加会议，5名专家作大会特邀报告，9名专家学者作重点发言。与会学者围绕水土保持与荒漠化防治学科、专业发展进行讨论。

8月7—9日，学会工程绿化专业委员会组织20余位委员单位专家赴辽宁省开展工程绿化助力矿山生态修复学术交流活动，4位专家作重点发言。与会学者围绕矿山生态修复共性问题及关键技术进行探讨。

12月18—19日，学会主办的第三届中国水土保持学术大会以线上线下结合方式在北京召开，会议主题为“绿水青山　美丽中国”。大会开设1个主会场和10个分会场，4名院士和9名专家在主会场作特邀主旨报告，学会10个专业委员会的197名专家学者在分会场进行研讨和交流。1200余名专家学者参加大会，1.2万人次观看大会直播。大会从征集的近200篇论文中择优选取103篇汇编成《第三届中国水土保持学术大会论文集》。

两岸交流 10月30日，学会科技产业工作委员会与台湾水土保持技术协会、台中市水土保持技师公会和高雄市水土保持技师公会以线上线下结合方式举办合作协议签订仪式。签约方将以此为契机，在更高层次、更宽领域深化海峡两岸水土保持科技与产业的合作交流。

科普活动 学会依托现有国家水土保持科技示

范园，建立旺苍木门水土保持科技示范园、纳溪太山水土保持科技示范园、东辽县杏木水土保持科技示范园、太白县翠矶山国家水土保持科技示范园、辛店沟水土保持科技示范园、滨州市邹平市鹤伴水土保持科技示范园、南京市江宁区汤山水土保持科技示范园、北京林业大学盐池荒漠生态系统定位研究站8家学会第六批全国水土保持科普教育基地。学会共建成26家全国水土保持科普教育基地，分布于全国12个省级行政区，发挥示范、科普、宣传、教育、观光等多重功能。

5月30日是第六个全国科技工作者日。学会在官方网站和微信公众号上以《大国科学家|"泥石流院士"崔鹏：40年逆行守护生命》为题，专题宣传学会副理事长、中国科学院院士崔鹏的科学家精神。

学会指导科普教育基地及科学传播专家团队开展多样化的科普活动。水利部牧区水土保持科普教育基地举办野外科学观测研究站云研学活动，青年科技工作者、一线科研人员和在校研究生等参加活动，受众100余人。

宁化县水土保持科普教育基地与宁化县淮土中心学校等多所学校联合组织中小学生到基地参观学习、体验实践活动，受众800余人；通过进厂矿、进工地、进社区、进农村等形式开展水土保持法律法规宣传活动8次，发放宣传手册2000余份、宣传袋1000余个、宣传画册500余份。

江苏龙寺水土保持科普教育基地在全国水土保持宣传周期间，联合当地中小学在基地内开展科普教育，编印发放各类彩色宣传册1万余本。

福州金山水土保持科普教育基地以中小学生为对象开展主题为"保持水土、爱我家园"科普讲座4次，累计500余人参加活动；在世界水日、中国水周期间举办世界水日线上科普"三个一"系列活动，受众2000余人。

广西木棉麓水土保持科普教育基地联合广西大学林学院、南宁师范大学地理科学与规划学院、广西水利电力职业技术学院水利工程系师生开展水土保持科普教育活动，受众300余人。

江西水土保持科普教育基地组织中南林业科技大学、南昌大学、江西农业大学、南昌工程学院师生及南昌、九江等地中小学生到基地进行科普教育和教学实践活动，受众1900余人。

保定市水土保持科普教育基地组织开展河北水土保持系列直播活动，主题为"山青、水净、村美、民富"，河北新闻网各平台浏览量总计180万余次；开展进社区水土保持科普宣传活动，发布宣传材料1000余份；参加2022年度保定市科技活动周活动，活动主题为"生态安全、生态文明，科学谨慎引种"，受众1000余人次。

南小河沟水土保持科普教育基地在世界水日、中国水周活动中组织开展水土保持、防洪法进社区、进公园、进学校、进企业等现场宣传活动，发送水土保持科普宣传资料7000多份；走进甘肃省庆阳市西峰东湖公园为社会公众发放《水土保持法》、水土保持科普宣传手册500余份，受众500余人次。

表彰举荐优秀科技工作者　2022年，学会评选出第十四届中国水土保持学会科学技术奖16项，其中一等奖3项、二等奖5项、三等奖8项；第十三届中国水土保持学会青年科技奖9项；第一届中国水土保持学会杰出贡献奖4项。

开展中国科协2022年"最美科技工作者"候选人遴选及宣传工作。

党建强会　学会对学会刊物、网站、微信公众号以及会议、论坛等意识形态阵地进行风险排查，并制定《中国水土保持学会理事会党委意识形态工作制度》。利用主办的学术期刊、官网和微信公众号等宣传阵地充分发挥科学家精神的价值引领作用，落实全国科学道德和学风建设宣传月等活动。

会员服务　学会为会员提供培训名额福利、免费订阅《中国水土保持》杂志、开展业务交流活动等服务。

【中国水土保持学会第六次会员代表大会】　12月17日，中国水土保持学会第六次会员代表大会以线上线下结合方式在北京召开。学会第五届理事会副理事长蒲朝勇主持开幕式。开幕式上，分别颁发中国水土保持学会科学技术奖、中国水土保持学会优秀设计奖、中国水土保持学会杰出贡献奖及中国水土保持学会青年科技奖，同时授予15家全国水土保持科技示范园为全国水土保持科普教育基地。

学会第五届理事会副理事长黄正秋主持大会。蒲朝勇作学会第五届理事会工作报告，学会第五届理事会副理事长兼秘书长王玉杰作财务报告，副理事长刘国彬作《中国水土保持学会章程》修订说明。

学会第六届理事会第一次会议选举产生47名常务理事、1名理事长和8名副理事长。水利部副部长田学斌当选学会第六届理事会理事长，蒲朝勇、黄正秋、王玉杰、崔鹏、胡春宏、邵明安、张志强（兼法人）、冯浩当选学会第六届理事会副理事长。经理事长提名、理事会表决，聘任张志强为秘书长。吴斌当选学会第一届监事会监事长，刘国彬和郭索彦当选学会第一届监事会副监事长。

（撰稿人：宋如华）

中国茶叶学会

服务创新型国家和社会建设 学会“科创中国”茶产业科技服务团、茶科技助力共同富裕产业科技服务团入选中国科协2022年度“科创中国”科技服务团示范项目，分别服务湖北省咸宁市、恩施土家族苗族自治州，浙江省台州市、丽水市。先后组织23人次专家分赴当地开展茶园旱害情况调研、抗旱减灾指导及技术培训等，举办咨询会3场、培训4期，赠送挂图及书籍200余份，近600余人次参与，提交调研报告1份。组织专家解析51项茶产业技术问题并形成技术研发指南，52项匹配专家，跟踪服务并解决技术问题3项；汇聚可转移转化的科技成果52项，提供产业化方案51项，转化落地5项。茶产业科技服务团被评为“科创中国”优秀科技服务团。

开展科技助力乡村振兴，学会30余位专家分赴湖北省咸宁市、广西壮族自治区百色市、云南省西双版纳傣族自治州勐海县等地开展科技下乡386次，通过走访调研了解当地茶叶生产状况，举办产业咨询会3场、培训153期，近15000人次参与，参与企业1518个，发放材料31405份，推广新品种37个10561.1万亩、新技术44个，取得经济效益3.15亿元。提供决策咨询报告9份，其中被采纳6份，获领导批示6份。

学会完成茶叶科技成果评价10项、茶叶品质评价茶样390个、茶叶冲泡参数研究茶样9款，发布团体标准20项。

举办专业人才知识更新研修与技能人才培训班，全年开展培训项目36个，培训4799人次。其中，线上培训3253人次，线下培训1546人次。

7月16—20日，学会与中国就业培训技术指导中心、农业农村部人力资源开发中心在江西省吉安市遂川县联合举办第五届全国茶业职业技能竞赛茶艺竞赛总决赛。来自全国26个分赛区的47名选手参加，经理论考核与技能比拼，安徽的朱砚文等3位选手获金奖、广东的吴小钦等9位选手获银奖、广东的刘望等12位选手获铜奖，另有23名选手获优秀选手奖；授予6位裁判优秀裁判、1位裁判优秀统检裁判，20个赛区获优秀组织奖。本次比赛前3名选手经人力资源社会保障部核准后被授予“全国技术能手”称号。

学会建设 学会全年共召开理事长办公会5次、常务理事会议3次、理事会议1次。11月10日，在浙江省台州市召开第十一次会员代表大会，完成学会理事会、监事会换届工作。新增茶饮料与茶食品专业委员会。截至2022年，学会共有理事116人、常务理事38人、分支机构16个。

2022年，学会新发展个人会员3495人、单位会员467家；共有个人会员9875人，单位会员1090家。

全年学会微信平台发布微文308篇，点击量143万余人次，粉丝13.3万人；抖音号粉丝2.4万余人，获赞4.6万余个。平台总点击量达800余万人次。

主办期刊 学会主办的《茶叶科学》编辑出版6期，刊文73篇。2022年，据中国知网数据，《茶叶科学》复合影响因子为2.891，与2021年相比提高34%，影响力指数为577.672；据中国科学技术信息研究所发布的《中国科技期刊引证报告》，核心影响因子为1.538，与2021年相比提高近30%，综合评价总分53.32，学科排名第3。Scopus中CiteScore Tracker 2022年12月为0.8，与2021年相比提高100%；期刊被FSTA收录；再次入选《科技期刊世界影响力指数（WJCI）报告（2021）》，影响因子为1.487，期刊国际影响力逐步扩大。

学会和中国农业科学院茶叶研究所联合主办的英文期刊*Beverage Plant Research*（《饮料植物研究》）全年发表文章22篇，其中茶叶相关19篇、咖啡2篇、陈皮1篇。开展8期线上分享会，累计观看人数7万余人次，录制的视频浏览量超2.1万次。期刊官网总浏览量3.6万人次，访客7700人，文件下载2435次，访问人员主要来自中国、美国、印度。

学科发展工程 学会开展2022茶学重大科学问题和工程技术难题征集，结合2018—2021年遴选结果，共征集各类问题、难题24项，12项通过初审。经专家评审，遴选出3个重大科学问题、3个工程技术难题和2个产业技术问题提交中国科协，并入选中国科协“农业科技”领域投票范围。

国际学术会议 2022年，学会举办境内国际会议1个，线上线下300余人参加会议，累计50万余人次

通过直播观看。

11 月 23—24 日，学会与中国农业科学院茶叶研究所联合主办的第四届国际茶学院所长会议以线上线下结合方式在浙江省杭州市举办。中国农业科学院副院长孙坦、联合国粮农组织政府间茶叶工作组负责人 EI Mamoun Amrouk 及 8 个茶叶主产国科研机构负责人出席会议。会议设线下主会场，30 个国内涉茶研究机构与高校设分会场，线上通过学会 App 等多个平台直播。国内外涉茶高校、科研院所相关负责人、专家、留学生和研究生等 300 余人线上参加会议，累计 50 万余人次通过直播观看会议。

7 个产茶国代表在会上分享本国最新的茶叶科技进展及茶产业发展情况。会议特邀 15 位国内外专家围绕茶叶功能成分及营养健康进行专题研讨，分享儿茶素、茶氨酸、香气物质等茶叶成分代谢及营养功能的最新研究进展，探讨茶叶与人类健康关系，以促进茶饮料、功能食品等多元化利用开发。

国内主要学术会议 8 月 12 日，由学会主办的第八届茶叶感官审评研究学术沙龙在湖南省益阳市举办。来自湖南省、湖北省、广东省、福建省等 13 个省市的高校、科研院所及企业的 90 余位茶叶审评和相关食品感官分析领域的专家、从业者参加。沙龙以黑茶感官审评为主题，邀请 4 位专家作主题报告。在审评实践交流环节，参加会议的专家学者分组对从全国各地筛选出的 40 余只典型的黑茶进行审评，产品涵盖湘、鄂、川、陕、滇、桂、浙、皖等省份。

11 月 11 日，由学会主办的 2022 全国茶业创新学术研讨会在浙江省台州市举办。来自全国 23 个省（自治区、直辖市）的 160 余名专家学者参加会议。会议通过学会 App、“科创中国”等平台进行线上直播和回放，包括 4 个特邀报告和 9 个专题报告，分别从茶产业科技创新、茶业高质量发展、中国县域茶产业竞争力等方面进行阐述。编制论文长摘要集 1 部，收录长摘要 63 篇，遴选 35 份海报现场展示。

国际交往 学会分别与韩国茶叶学会、印度尼西亚茶叶与金鸡纳研究所、朝鲜茶文化协会建立战略合作并签订合作备忘录。新成立俄罗斯、德国、美国、土耳其、印度尼西亚、马来西亚、坦桑尼亚、泰国等 10 个海外会员联络点。

依托国际茶文化研究与培训中心举办 4 期线上茶文化讲座，来自印度尼西亚、马来西亚、澳大利亚等 31 个国家的 1300 余人次茶文化爱好者听取讲座。

学会联合加拿大茶叶学会，为加拿大的茶文化爱好者举办 4 场茶文化线上培训，近 100 人次参与。讲座内容涵盖茶叶基础知识、茶叶加工、茶叶感官审评、茶艺、茶俗等。

科普活动 学会被中国科协评为 2022 年度全国学会科普工作优秀单位。

学会围绕绿茶的数字化冲泡、宋韵文化之宋代点茶等举办 17 期“科普云课堂”。通过“科普中国”“科创中国”、学会 App、微信视频号及合作媒体平台进行直播，线上观看人数约 20 万人次。

学会组织编写中英文科普书籍《茶知识 100 问》，即将出版《中国茶艺入门》和英文书籍 *Know Tea, Know Life*。

3—10 月，学会举办 2022 年国际茶日暨第十四届全民饮茶活动，近 100 个城市参与，受众近 600 万人次，赠送科普小册子《茶知识 108 问》4 万本。

5 月 21—25 日，在学会公众号举办“挑战 100 问”茶知识有奖竞答，近 30 万人次参与答题，累计赠送品鉴茶、科普书籍 2500 余份。

5 月 21 日，学会与中国茶产业联盟共同主办的第三届“美美与共”云茶会以线上线下结合方式在浙江省杭州市举办。会议设杭州市 1 个主会场，以及辽宁省、湖北省等 50 个国内分会场，德国、俄罗斯、加拿大、印度尼西亚、澳大利亚等 15 个国外分会场。茶会以“茶和世界、共品共享”为主题，分共庆共情、共品共饮、共创共享 3 个板块，以茶的萌发、茶的采摘、茶的制作、茶的传播、院士说茶、茶的未来为主线，将千年茶俗“闽北喊山仪式”、非遗戏剧“赣南采茶戏”、非遗制作技艺“泾阳茯茶”、泡饮技艺“内蒙古奶茶”融入其中，将茶文化以可视化、具象化、感性化的形式呈现给全球茶友，以此弘扬茶文化，提振产业信心，倡导全世界共饮一杯美好的茶。会上还发布学会新成立的俄罗斯、德国、美国等 10 个海外会员联络点。学会副理事长兼秘书长阮建云与韩国茶叶学会副会长柳良锡线上签署战略合作备忘录。本次茶会通过央视新闻移动网、新华社现场云等 12 个平台同步直播，全球 20 多个国家 300 万人次茶友在线观看。

学会吸纳社会资源，举办全国科普日活动，参与讲座专家 30 多人，线上线下受众 10 万余人次。

表彰举荐优秀科技工作者 学会开展第六届学会优秀茶叶科技工作者、第四届学会优秀女茶叶科技工作者评选。经各省市级茶叶学会等单位推荐，遴选出来自高校、科研院所、农业技术推广部门及企业的优秀茶叶科技工作者候选人47名，女茶叶科技工作者候选人45名，覆盖15个省（自治区、直辖市）。经专家评审，陕西省现代农业园区服务中心孙越赟等10人获第六届学会优秀茶叶科技工作者，宜昌市农业科学研究院仇方方等10人获第四届学会优秀女茶叶科技工作者。

经资格审核、专家评审，学会提名中国科学院华南植物园研究员杨子银、安徽农业大学教授宋传奎作为第十七届中国青年科技奖候选人报送中国科协。

党建强会 2022年，学会召开常务理事党员大会3次、秘书处党支部委员会会议24次、支部党员大会4次、组织生活会1次、主题党日活动12次、支部书记讲党课3次，支部成员参加上级党组织的专题学习12人次。10月，秘书处党支部完成换届。11月10日，学会召开第十一届常务理事会第一次党员大会，完成学会理事会党委换届，选举产生党委委员4人。

会员服务 学会为个人会员和单位会员提供全年6期《茶叶科学》，通过电子贺卡为茶叶科技工作者送上节日祝福，学会信息化平台提供最新茶叶资讯、茶叶科技与研究进展、茶叶科普知识等。

在全国科技工作者日期间，开展“创新争先，自立自强”全国科技工作者日活动，邀请3位专家作报告，线上线下观看人数1万余人次。看望慰问87位老一辈茶叶科技工作者，通过学会官网、App及微信平台宣传优秀茶叶科技工作者13人次。

【中国茶叶学会第十一次会员代表大会】 11月10日，学会第十一次会员代表大会在浙江省台州市举办。来自25个省（自治区、直辖市）及澳门特别行政区的171名代表线上线下参加会议。中国科协党组成员、书记处书记束为作开幕式视频讲话。

会议表决通过《中国茶叶学会第十届理事会工作报告》《中国茶叶学会第十届监事会工作报告》《中国茶叶学会第十届理事会财务报告》《中国茶叶学会章程（草案）》《中国茶叶学会会员会费管理办法》，选举产生第十一届理事会、监事会、理事会党委委员推荐人选。姜仁华当选第十一届理事会理事长，蔡军、何青元、冷杨、李大祥、阮建云、孙威江、王岳飞、肖力争当选副理事长，王云当选第十一届理事会监事会监事长，聘请陈宗懋、刘仲华、杨亚军、江用文为名誉理事长，聘任阮建云为秘书长。

【第三十届中国茶业科技年会】 7月6—8日，由学会与湖北省农业农村厅、湖北省科协等联合主办的第三十届中国茶业科技年会以线上线下结合方式在湖北省恩施土家族苗族自治州举办。会议以“三茶统筹发展·助力乡村振兴”为主题，来自20个省（自治区、直辖市）的34个县市茶叶管理部门、49个高校科研院所、248家企业的共计800余人线下参加会议。人民日报、新华社等15家媒体现场报道，通过“科普中国”“科创中国”、光明网等15个渠道同步直播，线上总计680万人次观看。

会议分主会场特邀报告和3个分会场报告，聚焦2022年茶叶行业发展遇到的热点、难点问题，针对性地邀请29位专家（包括2位院士）作专题报告，分析国内外产业、技术发展动态，分享茶园病虫害安全防控新技术、茶园杂草危害评价分类、茶叶精深加工与拓展利用新技术、白茶加工新技术、区域特产如何借助视频直播打造认知度、数字化背景下的茶叶消费与购买行为影响研究等。开幕式上，为学会陆羽奖、第七届学会科技创新奖、“蒂芙特杯”第七届学会青年科技奖颁奖。科技成果交流板块展示推介12家高校、科研院所及企业的48项具有应用前景的茶树新品种、新产品、新技术等创新科技成果。

（撰稿人：马秀芬）

中国草学会

服务创新型国家和社会建设 学会秘书处承接草原科研机构人才队伍调查项目，总结归纳草业研究领域现状及人才分布情况，完成2份调研报告并报送国家林业和草原局草原管理司。

5月，学会承接“科创中国”草地资源与生态产业科技服务团工作，围绕草地生态恢复、草产品加工、草畜结合、牧草栽培等方面开展服务，完成50余项技术问题研发指南、50余项可转移转化的科技成果及对应产业化方案及成果综合评价，5项转化落地科技成果签署技术转让、技术许可、技术作价投资等合同。

8月，学会承接农业农村部畜牧兽医局下达的草原生态保护补助奖励政策实施效益评价工作，组织人员前往青海省开展农牧民补助奖励政策效益评价。通过调查政策落实、生态效益、经济效益和社会效益等进行草原政策实施效益评价。形成1份报告并报送农业农村部畜牧兽医局。

学会理事会党委委员师尚礼结合国家乡村振兴重点帮扶县科技特派团工作，组织召开甘肃乡村振兴重点帮扶县科技特派团专家研讨会。指导甘肃杨柳青牧草饲料开发有限公司申请甘肃省“揭榜挂帅”项目，完成中国工程院战略研究与咨询项目“甘肃旱区寒区重要草类种质资源评价筛选和功能鉴定利用”总报告。研发的“活体成熟型玉米”“粮＋草＋畜”“种养一体化技术”入选农业农村部科技发展中心农业展示会征集新技术，在江苏省徐州市召开的2022年农业植物新品种展示示范暨信息发布会上发布。

学会草地管理专业委员会理事王正文提出的《辽西北地区沙化治理存在的问题及对策建议》获得辽宁省政府主要领导批示，为辽宁省的沙地治理与修复建言献策。

学会常务理事周青平及其团队向四川省人民政府提交《加快建立若尔盖国家公园生态补偿机制的建议》1份，得到省长、副省长批示；参加水利部水土保持监测中心关于研制三峡库区典型植被林下盖度季节标准曲线成果咨询会，提交咨询意见1份；参加国家野外科学观测研究站长期观测技术规范评审会，提交《国家湿地野外科学观测研究站湿地生态系统长期观测技术规范征询意见》1份；参加四川省林业和草原局编制的《四川省主要草种目录（2022年）》（征求意见稿）的补充和完善工作，提出书面建议报告1份；制定四川若尔盖高寒湿地生态系统国家野外科学观测研究站相关管理办法14份。

7月25—30日，由学会主办，国家林业和草原局生物灾害防控中心、新疆维吾尔自治区蝗虫鼠害预测预报防治中心站、中国农业科学院植物保护研究所共同承办的草地植保领域专业技术转移转化能力提升班（第二期）在新疆维吾尔自治区伊犁哈萨克自治州举办。

学会理事郇恒福配合海南省农业农村厅，基于引草入田、提升热作农田草地生态的理念，开展利用优质饲草作为绿肥培肥土壤、减少化肥施用技术培训；参加由海南省农业农村厅土壤肥料总站主办的2022年全省化肥减量增效项目技术培训会，开展绿肥种植换填技术培训，并对与会的海南省各市县的农技管理与推广人员提供绿肥栽培与利用技术咨询服务，推动农田草地生态保护。

7月19—22日，学会饲料专业委员会秘书长何峰赴内蒙古自治区乌兰察布市卓资县举办乡村振兴项目（农技人员培训）培训班，对70余名牧草种植大户、养殖大户及相关技术和管理人员进行退化草地修复、饲草高效生产、优质草产品加工、智慧生态牧场设计与放牧管理、肉羊高效养殖与疾病防控、牛羊肉产品开发等草牧业技术的系统性培训，提高当地种植、养殖大户和基层技术人员的草牧业生产技术水平。

学会建设　8月13日，学会邀请分管学会建设的副理事长杨智、部分在北京的学会二级分支机构负责人及副秘书长共同研讨学会二级分支机构当前所存在的问题与困难，各分支机构负责人发表意见与建议，为学会发展建言献策。

主办期刊　3月，学会与兰州大学共同主办的国内第一本草业科学英文国际学术期刊 *Grassland Research*（《草地研究》英文版）出版首期文章。期刊编辑部在做好期刊投审稿平台和出版平台运营工作的基础上开拓国内外宣传途径，开通微信公众号Grassland Research和Twitter账号GrasslandRes，及时发布期刊相关信息。

据《2021年版中国科技期刊引证报告》，《草业学报》影响因子为1.823，核心总被引频次4617次，综合评价总分99.1分，在全国2151种科技期刊中位列第1，在全国草原学类期刊中位列第1（中国科学技术信息研究所）。入选林草科技领军期刊（国家林业和草原局）、“西牛计划”之精品中文科技期刊（西部科技期刊联盟）、第十届中国畜牧兽医科技期刊之精品期刊（畜牧兽医期刊编辑学会）。

《草业科学》核心影响因子为1.208，总被引频次为3559，在草学类期刊综合评价总分排名中位列第2。入选林草科技领军期刊（国家林业和草原局）。

据2022《中国学术期刊影响因子年报》，《草地学报》综合影响因子为2.528，较2021年提高38.29%；期刊复合影响因子为3.616，较2021年提高1.57%，在畜牧、兽医科学期刊中排名第2（2/71）。

学科发展工程　学会受全国科学技术名词审定委员会委托，在广泛征求学会会员及相关高校、科研院所专家、学者意见的基础上，历经7年时间，经过反复修改和审定，完成草学研究领域名词词条编审工作，出版《草学名词（2022）》。

国内主要学术会议　学会及各分支机构全年共组织各类学术交流活动3次，参加会议人数1800余人次。

6月26日，学会线上召开中国草学会青年科学家前沿暨期刊论坛，来自15个单位的17名专家学者作学术报告，约500人参加论坛。

8月26日，学会饲料生产专业委员会召开“我国饲草产业面临的问题、挑战和机遇”学术研讨会，研究探讨中国不同区域饲草生产中的关键问题以及“卡脖子”技术。来自20个单位的21名专家学者作学术报告，500余位草业科技工作者参与研讨。

9月23日，由学会指导、学会草业机械专业委员会主办的“聚焦装备科技　助力草业发展”专家报告会线上召开。来自高校及企业的5名专家分别作报告。会议由学会草业机械专业委员会主任委员王光辉主持，近200位来自企业、科研机构、高校的专家学者参加会议。

国际组织任职　2022年，学会常务理事刘国道被联合国粮食及农业组织聘为特聘专家和联合国粮食系统协调中心科学咨询委员会委员。

科普活动　6月18日，学会开展“6·18”草原保护日直播宣传活动，近1500人次参加活动。

学会草地管理专业委员会与吉林松嫩草地生态系统国家野外科学观测研究站共同主办2022年“6·18”草原保护日活动。学会草地管理专业委员会主任委员王德利作题为《呵护草原、造福人类》的科普报告，共有来自全国各地72所高校和中小学的4000多名师生及草业科学工作者参加活动。

学会开展科普系列讲座，全年共邀请9位草学或相关学科的专家学者作报告，受众1000余人次。

表彰举荐优秀科技工作者　9月，学会奖励工作办公室根据程序开展中国草学会草业科学技术奖评审工作，最终确定一、二、三等奖。

党建强会　3月22日，学会理事会党委开展专题党课学习，中国科协科技社团党委副书记刘桂荣线上作题为《做好新时代科技社团党建工作》的报告。开设西南民族大学青藏高原研究院分会场和云南省草地学会党建知识学习活动分会场，学会常务副秘书长邵新庆主持学习。

8月4日，学会理事会党委组织秘书处同志与青海省草原学会开展联合实践学习。9月6日，学会理事会党委组织秘书处同志与中国农业大学草业学院第一党支部同志联动进行党课学习，中国农业大学草业学院党委书记李鹏讲述矛盾论和实践论的知识，共同学习中国共产党百年奋斗的历史经验。

【“6·18”草原保护日直播活动】　6月18日，学会协同内蒙古自治区草原学会、蒙草生态环境（集团）股份有限公司，面向全国涉草高等院校和科研单位开展“草原兴　生态兴”科普宣传直播活动。直播活动由学会常务副秘书长邵新庆主持。

在直播活动中，中国工程院院士任继周、国家林业和草原局草原管理司司长唐芳林、学会副理事长兼秘书长张英俊等分别致辞，强调草原保护的重要性。直播活动结束后，进行内蒙古自治区草原保护活动展播，向与会人员介绍内蒙古自治区草原学会、蒙草生态环境（集团）股份有限公司和草原草业博物馆的历史发展进程和详细情况。

在6月18日前，学会征集到来自各大高校、科研机构等单位的45件作品，包括摄影作品、诗歌、画作等，呼吁大众保护草原。这些作品均在直播活动中进行展览。

（撰稿人：靳小莲）

中国植物营养与肥料学会

服务创新型国家和社会建设　2022年，依据《科技成果鉴定暂行管理办法》，学会对中国农业大学科技成果“玉米氮素高效利用的生理机制与应用”、山西农业大学科技成果“矿区复垦耕地肥力演变与提升关键技术”等进行评价。

学会成功申请“科创中国”肥料减施增效发展产学融合会议项目，促进科研力量对接农业生产，解决制约新疆巴州农业绿色发展难题，助力推进“双碳”目标和乡村振兴。

学会建设　截至2022年12月，学会会员总数达6000余人，团体会员共150余个。企业团体会员新增1个。

学会积极推进制度建设，促进学会改革发展。完善会议制度、改革会议方式，规范召开理事会议、常务理事会议和监事会议，全年召开全体理事会议2次、常务理事会议2次、理事长办公会2次，集中商讨学会换届改选、理事会党委及学会重点工作。组织召开第十次全国会员代表大会。

青年人才托举工程　学会按照多渠道推荐、同行专家评议、“三对一”指导的模式，开展中国科协青年人才托举工程候选人遴选和培养工作。1月，根据《中国植物营养与肥料学会青年人才托举工程项目实

施与管理细则》《关于推荐中国植物营养与肥料学会2021—2023年青年人才托举工程项目的通知》等文件的要求和部署，经推荐、初审和终审答辩会评议，遴选山东农业大学副教授张淑刚为中国科协第七届青年人才托举工程候选人并获得项目资助。自青年人才托举工程开展以来，学会共有11人获得经费资助。

学会邀请同行专家定期对被托举人才进行考核指导，为国家高层次领军人才和高水平创新团队培养后备力量。

主办期刊 学会主办《植物营养与肥料学报》和《中国土壤与肥料》2种期刊。据中国科学文献计量评价研究中心等编制的《中国学术期刊影响因子年报（自然科学与工程技术·2022版）》统计结果，《植物营养与肥料学报》2021年度复合影响因子为4.446，复合总被引频次15598次，5年影响因子为5.372，比2020年度分别提高23.2%、31.9%、20.4%。影响力指数学科在农业基础科学期刊（共22种）和农艺类期刊（50种）中分别排名第2和第1，均处于Q1区。据中国科学技术信息研究所统计结果，《植物营养与肥料学报》2021年度核心影响因子2.632，核心总被引频次6718次，分别比2020年度提高5.8%和4.8%。中国科学文献计量评价中心发布的《世界学术期刊学术影响力指数（WAJCI）年报》，《植物营养与肥料学报》在世界139种农艺学期刊中排名第28位，为世界学术影响力Q1期刊。2022年，学报发稿204篇，完成2022年度中国科技期刊卓越行动计划项目总结，并撰写2023年项目任务书。与中国科协科学技术创新部签订《中国科协科技期刊双语传播工程协议》，并在平台上传20篇文章。

《中国土壤与肥料》编辑出版和发行12期，刊出论文364篇，纸质刊发行6208份，数字版在中国知网、万方数据、维普资讯、超星、博看、中邮阅读网以及自办网站、微信公众号上发布。出版的论文注册DOI。在中国知网网络首发论文40篇、接收和处理稿件814篇。《中国土壤与肥料》是中文核心期刊、中国科技核心期刊、中国农业核心期刊，入选《科技期刊世界影响力指数（WJCI）报告》。根据《中国学术期刊影响因子年报》统计数据，《中国土壤与肥料》复合影响因子为3.359，在农业基础科学22种期刊中排名第8；总被引频次为6428次。根据《中国科技期刊引证报告（核心版）》统计数据，《中国土壤与肥料》影响因子为1.947，在土壤学类8种期刊中排名第4；总被引频次为2906次。根据《中国科技期刊引证指标》统计数据，《中国土壤与肥料》影响因子为1.4557，总被引频次为1870次，H指数为7。

国内主要学术会议 3月28日，由中国科协主办，学会、新疆科协、巴音郭楞蒙古自治州科协承办的“科创中国”技术路演——微生物益生菌（巴州）专场在新疆维吾尔自治区巴音郭楞蒙古自治州库尔勒市哈拉玉宫乡中多尕村科普馆举办。各县市科协在乡村科普馆设立分会场，组织本地种植、养殖户在分会场参加技术路演活动，“科创中国”平台同步直播。学会理事长、中国农业科学院农业资源与农业区划研究所研究员白由路，农业农村部微生物肥料和食用菌菌种质量监督检验测试中心主任、中国农业科学院农业资源与农业区划所研究员李俊，新疆农业大学动物医学学院党委书记赛福丁·阿布拉作连线发言。路演内容主要讲解微生物益生菌，为提升土壤肥力、推进农牧业、养殖业高质量发展发挥作用。

7月21日，由中国土壤学会理事会党委、中国土壤学会青年工作委员会、学会青年工作委员会、陕西省土壤学会联合主办的第二十届中国青年土壤科学工作者暨第十五届中国青年植物营养与肥料科学工作者学术会议在陕西省延安市召开。来自全国各高校、科研院所及企业界的专家学者和研究生等400余人参加会议。

8月18日，由学会主办，河南农业大学、河南省农业农村厅、河南省农业科学院承办的中国植物营养与肥料学会2022年学术年会在河南省郑州市召开。来自全国各地的行业专家学者、企业家300余人出席会议。大会的主题为“肥料与粮食安全”，7位专家作大会主题报告。中国工程院院士周卫作题为《耕地科技创新的战略思考》的报告，河南农业大学教授郭天财作题为《新发展阶段中国小麦产业发展的新问题与新对策》的报告，中国科学院南京土壤研究所研究员施卫明作题为《中国植物营养生物学研究重要进展和展望》的报告，中国农业大学教授崔振岭作题为《农业绿色低碳与碳中和》的报告，中国农业科学院农业资源与农业区划研究所研究员赵秉强作题为《化肥产业创新与产业绿色转型升级》的报告，中国农业科学院郑州果树研究所副研究员司鹏作题为《未来果园科学施肥策略》的报告，中国科学院南京土壤研究所研究员王火焰作题为《科学施肥的理想目标与实现途径》的报告。大会共收到会议论文及摘要188篇。

表彰举荐优秀科技工作者 7月，学会开展第六届优秀博士、硕士学位论文的评选工作，授予5名博士、7名硕士学会优秀论文奖。

9月，根据《关于开展首届植物营养与肥料科学技术奖申报推荐工作的通知》要求，经省级学会和团体会员单位推荐、形式审查、网评和评审委员会会评等程序，确定首届植物营养与肥料科学技术奖获奖项目3项，其中特等奖1项、一等奖1项、二等奖1项。

党建强会 11月26日，学会在理事会、监事会层面开展"党的二十大代表进学会"学习活动。活动邀请党的二十大代表、中国工程院院士、学会理事长周卫宣讲党的二十大精神。周卫围绕学习党的二十大精神体会和自身科研工作经历从9个方面进行解读。

会员服务 学会编纂《中国植物营养与肥料学会会讯》，每2个月出刊1期，便于会员及时了解学会工作的综合信息。此外，学会编纂工作年报，反映学会年度工作的综合信息，利用学会网站、微信公众号及网络电子刊等渠道向学会会员公开发布学会的发展现状、内部建设、主要业务活动、会员发展服务及财务状况等。学会采取会员信息网络化、会费支付多元化、票据管理电子化的措施，建立高效有序的会员沟通机制。

【中国植物营养与肥料学会第十次全国会员代表大会】 8月18日，学会第十次全国会员代表大会在河南省郑州市举办，300余人参加会议。大会开幕式由学会第九届理事会副理事长孙波主持，中国农业科学院农业资源与农业区划研究所所长吴文斌、河南农业大学校长介晓磊等分别致辞。学会第九届理事会理事长白由路作第九届理事会工作报告，学会副理事长赵秉强、第一届监事会监事长刘宝存和副理事长杨少海分别作《中国植物营养与肥料学会第九届理事会财务工作报告》《中国植物营养与肥料学会第一届监事会工作报告》《〈中国植物营养与肥料学会章程〉修改报告》。

大会选举产生由150名理事组成的学会第十届理事会和15名监事组成的第二届监事会。在学会第十届理事会第一次全体会议上，选举产生45名常务理事组成的学会第十届常务理事会和第十届理事会理事长、副理事长。会议选举周卫为学会第十届理事会理事长，介晓磊、杜昌文、李荣、张强、赵秉强、顾文杰、崔振岭（按姓氏笔画为序）为副理事长，聘任张景丽为专职秘书长。会议决定白由路担任学会荣誉理事长。在学会第二届监事会第一次全体会议上，选举刘宝存为第二届监事会监事长，王立春、王敬国、刘强、孙波、杨少海、陈明昌为监事。大会为首届学会科技奖获得者、第五届优秀博士/硕士学位论文作者和指导教师、《植物营养与肥料学报》优秀论文作者颁奖。

（撰稿人：宋震震）

中国农业历史学会

服务创新型国家和社会建设 组织学会专家继续做好农业农村部重点项目《中国农业通史》《中国农业百科全书·农业历史卷》编辑工作，开展"农业文化遗产保护与乡村可持续发展研究""宋元以来珠江三角洲海岸带环境史料的收集、整理与研究""明清以来长三角地区生态环境变迁与特色农业发展研究""明清闽粤海洋动植物史料的收集、整理与研究""近代黄河流域水土流失的应对研究""中华农业文明通史"等国家级、省部级课题项目研究工作。

协助会员单位中国农业博物馆推进国家社科基金重大项目"中国古农书的搜集、整理与研究"的实施。项目预期成果之一《中国古农书集成》被全国古籍整理出版规划领导小组《2021—2035年国家古籍工作规划》列入第一批国家古籍整理重点项目。

学会作为支持单位，协助中国农业博物馆策划举办"三农"这十年——新时代农业农村发展成就展，展览全面展示党的十八大以来"三农"工作取得的历史性成就、发生的历史性变革，为党和国家战胜艰难险阻、稳定经济社会发展大局发挥的"压舱石"作用。展览被国家文物局列为2022年度"弘扬中华优秀传统文化、培育社会主义核心价值观"主题展览之一，成为农业农村部系统贯彻党的二十大精神、感受十年来农业农村发展成就的重要阵地。

组织业内农业文化遗产专家协助农业农村部做好中国重要农业文化遗产的申报、评选、评估等工作，赴广东省潮州市、清远市等地调研当地的农业文化遗产，开展南沙沙田复合生态系统、广东肉桂种植历史、广东海珠高畦深沟农业系统等农业文化遗产调查研究。

学会当代农史专业委员会开展"中国共产党农史纲要""中国共产党百年三农政策史纲""中国共产党三农理论与传承创新研究"等研究工作；推进丘陵山

区机械化发展路径和政策建议的研究、农机报废更新补贴政策研究、农业历史档案抢救性整理和数字化加工等工作。

学会畜牧兽医史专业委员会与中国兽医协会兽医文化分会联合启动中国兽医通识课程教材《兽医学史》编写工作；组织专家学者智力帮扶四川省凉山彝族自治州，指导特色畜禽有机产业发展；协助安徽省六安元亨中兽医博物馆开展明代医著《元亨疗马集》征集工作。

学会农学思想与《齐民要术》专业委员会开展《中国农业发展简史》《齐民要术诗译》的编撰工作；协助中央电视台制作《典籍中的中国》之《齐民要术》，推动企业利用《齐民要术》及农圣文化资源实现发展；研究答复山东省潍坊市寿光市政协关于三圣文化的相关提案，参与提案落实规划。

学会建设 截至2022年年底，学会共有个人会员1088人、单位会员14个。全年召开理事会议1次、常务理事会议2次，完成1个专业委员会换届工作。日常决策中，充分发挥党委前置审议“三重一大”事项的重要作用，重点围绕会议筹办、备案事项报批及年度总结等工作，加强对各专业委员会的管理和指导。

主办期刊 由学会、南京农业大学、中国农业博物馆联合主办的《中国农史》期刊是社科类双月刊，中文社会科学引文索引来源期刊、全国中文核心期刊、中国人文社会科学核心期刊和美国《史学文摘》杂志摘录期刊，常设“农业科技史”“农业经济史”“农村社会史”“农业文化遗产保护”等栏目。

国内主要学术会议 6月19日，学会作为支持单位，协助中国农业博物馆组织召开国家社科基金重大项目“中国古农书的搜集、整理与研究”开题会暨学术研讨会。主会场设在中国农业博物馆，南京农业大学、华南农业大学、西北农林科技大学和南京信息工程大学设4个分会场，100余人参加会议。农业农村部副部长张桃林出席会议并致辞。来自中国农业博物馆、北京大学、华南农业大学、南京信息工程学院等高校的专家学者围绕古农书研究的相关领域作主题报告，为重大项目的实施推进打下坚实基础，对古农书及农学思想研究产生推动作用。

科普活动 学会配合中国农业博物馆围绕节气文化和传统节庆开展线上线下相结合的科普教育体验活动，引导青少年理解体验中华优秀传统文化；在国际博物馆日，围绕“植物”“服饰”“建筑”“农具”四大主题制作20期短视频，宣传推广农耕文化；围绕“喜迎二十大，科普向未来”主题，在全国科普日期间组织开展“农博嘉年华”系列活动，带领观众了解农作物从田间地头到餐桌的基本过程，学习农业生产的基本知识和关键技术，感受现代农业的蓬勃发展。支持西北农林科技大学、中国农业历史博物馆开展弘扬农业历史、宣传农耕文化的科普教育活动，服务大中小学生及社会公众数万人次。

学会当代农史专业委员会编辑出版《中国三农故事之乡村记忆》，以漫画形式描绘不同历史时期的“三农”故事，生动呈现三农发展的历程与成就。

参加中国科协“典赞·2022科普中国”推荐活动，推荐的科普图书《典籍里的中国工匠》入选2022年度十大科普作品。

党建强会 成立中国农业历史学会学习宣传贯彻党的二十大精神领导小组，研究提出宣传贯彻党的二十大精神及党建工作思路举措，组织理事会、常务理事会认真学习党的方针政策，加强对党员干部的教育管理监督。学会秘书处党支部坚持个人自学、集中学习、支部书记导读和线上学习相结合，充分利用“支部工作”和“学习强国”等新媒体软件提升学习效果；及时通报违纪违法案例，在重要时间节点及时进行廉政提醒。

（撰稿人：付　娟）

中华医学会

服务创新型国家和社会建设 2023年国家级继续医学教育项目申报18432项，涉及24个医学学科89个亚学科；发布2022年国家级继续医学教育项目22264项、国家级继续医学教育基地项目526项。组织会级Ⅰ类学分继续医学教育项目，发布会级项目308项。

实施继续医学教育项目258项，覆盖学员10.23万人次，其中面向西部开展活动6期次，覆盖学员2500余人次。开展免收注册费/培训费的公益项目33期次，惠及医务人员5.73万人次。实施中华医学会医师培训工程，建设“专科医师培训”平台，上线急诊、检验、运动康复、医学人文等17个专科医师培训模块。

开展基层医院学科重点人才培训计划，组织急诊医学、病理学、老年病学、放射学、全科医学领域，来自甘肃省、海南省、河北省等地50名基层医生到省内三甲医院进行为期6个月的培训。举办中华医学会儿科学分会青年医师西部行、基层卫生人才培养放射学送教下基层（山西省临汾市）活动，对基层医生进行从理论到实践全方位的指导和培训，为所在基层医院改善临床诊疗服务质量提供人才支撑。定点帮扶山西省吕梁市临县和岚县，通过“乡村振兴县域卫生人才培养项目”及“乡村振兴卫生健康保障能力培训项目”在县域开展医疗健康培训，实行“一县一策”按需定制的精准帮扶措施，以现场培训、驻点帮扶、线上学习多种形式开展医疗健康培训，构建县域医学教育模式。持续推进继续医学教育精品项目实施，举办中华医学会重症医学专科资质培训（5C）项目活动8期次，上线感染科医师培训项目“猴痘”课程，观看学员达3000余人次。完善远程继续教育平台，优选25种期刊开辟“继续教育园地”栏目，开展继续医学教育培训，调整并优化课程设置和内容，提升基层医疗卫生服务水平。

组织专家开展血液、神经、免疫系统疾病等鉴定案例研究，并对43例疑难复杂案件组织专家进行技术指导。完成第五届医疗鉴定专家库的组建，涵盖105个专业，共计3000余名专家，为全国鉴定工作提供组织保障。开展培训讲座16期、调研9次、专题及青年干部培训3次，引导地方医学会开展医疗安全主题活动，为近万名基层医务人员、医院管理者开展培训，对案件有效处理提供技术支撑。制订鉴定质量控制工作方案，首次在全国范围内对省级、市级医学会进行鉴定工作量化评估，促进鉴定工作规范化、同质化。

承接全国妇联“女性健康素养提升”项目，完成包含传染病预防、“两癌”防治、妇女保健等30部彝汉双语短视频制作，以及健康邮包的设计、制作和物资配备。

受科技部委托，研究制定《医学学术评价规范建议》《医学科研活动行为规范建议》。完成人口健康领域基础科学研究整体水平和国际影响力评估、职称评审标准研究、国家基本公共卫生服务项目储备库等工作，举荐优秀科技人才共计130人次。

为中国科协推荐253名健康领域的专家学者和科普创作者，引导21名专家入驻“科普中国”平台；完成《医疗健康领域科普信息资源分类索引、创作规范与传播策略》《医疗健康领域科普信息资源市场和创作者两端需求调查报告》等研究报告。

学会建设　根据《中华医学会章程》和工作需要，学会第二十六届理事会设立组织工作等6个专家委员会，全年共研究审议工作文件21项，促进理事会专项工作开展。

启动专科分会组织管理相关制度文件的修订工作，制修订《中华医学会专科分会组织管理规定》等4项制度文件。起草《中华医学会专科分会考核管理办法》并初步建立指标体系，推动专科分会考核工作实施。加强专科分会人才队伍建设，逐步解决专科分会发展不平衡的情况，稳步推进专科分会组织建设工作。

全年完成高原医学等3个专科分会换届，完成放射学分会等8个专科分会青年学组换届、心电生理和起搏分会等7个专科共44个专业学组的组建工作。

强化网络信息基础设施安全和网络媒体平台内容安全监管，组织开展应急演练1次、安全风险评估10次，及时发现安全隐患并组织加固整改。强化学会网络阵地建设和管理，起草《中华医学会网络媒体平台阵地管理办法（试行）》。加强网站内容建设，学会官网累计发布文章962篇，年访问量达510万人次。

主办期刊　学会成立期刊高质量发展专家咨询委员会，推进学会系列期刊高质量创新发展。加强期刊质控建设，开展系列杂志审读工作，实施中国科技期刊卓越行动计划，建设具有竞争力的高水平刊群。编辑出版193种纸质、电子系列医学期刊，英文刊数量达到24种。19种期刊入选中国百种杰出学术期刊；21种期刊继续保持本专业领域综合排名第1位；6篇刊发论文入选中国百篇最具影响国际学术论文和中国百篇最具影响国内学术论文；*Chinese Medical Journal*（《中华医学杂志》英文版）2021年影响因子为6.133，位列SCI期刊的Q1区。6种系列杂志被《中国科技核心期刊目录（2022年版）》收录；8种期刊入选2022年度中国科协全国学会出版能力提升计划项目；5种期刊获得委管期刊主题宣传优秀作品推荐项目；68种期刊进入Scopus数据库；15种英文期刊进入DOAJ数据库，《脑网络疾病》入选2022年度中国科技期刊卓越行动计划高起点新刊项目。系列杂志分批实现由分散向集约化出版经营转型，逐步推进期刊集约化发展。完成中国科协分领域发布高质量科技期刊分级目录项目。面向全国医药卫生领域期刊开展第七届中国科协优秀科技论文遴选计划活动，学会系列杂志有7

篇被评为优秀科技论文，另有2篇被评为预防与中医药集群优秀科技论文。

打造新时代数字出版精品，全年出版文献2665篇、多媒体视频133余部；中华医学电子期刊资源库新增视频300余部、文献4500余篇、学术图表1.1万余个、指南共识20余个；策划图书选题40余种，出版新书29种，总发行量约14万册。推进医学视频资源库建设，审核电子音像制品视频总时长约3700分钟，已出版700多分钟。中华医学教育在线平台新增手术操作视频、精品课件、教育培训等资源960种，时长约2.8万分钟，现平台资源总量约8000种，可供学习视频时长超19万分钟，个人用户注册41.2万人，微信公众号关注人数达14.4万人。

加快数字化出版转型，上线英文期刊出版传播平台，22种系列英文期刊、4万余篇论文通过在线开放获取方式展示。持续推进医学期刊知识挖掘与服务重点实验室工作，适应数字业务的快速发展和知识服务多样化的需求。加强中国临床案例成果数据库建设，案例库收录病例报告已达10万余篇，阅读量超过1300万人次。搭建新型冠状病毒肺炎科研成果学术交流平台（中英文），已优先出版文章50余篇，为国内外抗疫发挥学术支撑作用。探索中文医学期刊论文"免费共享"新模式，自2021年1月1日起，首先以《中华医学杂志》作为改革先锋，全面启动"开放阅读"，读者可在杂志官网免费阅读和下载自1915年创刊以来的所有文献。

完善全文数据库与知识库，完成由离散文献资源到整合型知识服务产品的转型，由内容合作转为渠道合作，由单一推广渠道转为多渠道共同推广。截至2022年，全文数据库包括中华系列期刊163种近126万篇文献，合规用户1557家。知识库中视频与文献内容总量8000余条，机构用户146家，总注册个人用户99450人。响应中国科协关于发起成立"开放科学促进联合体"的倡议，搭建"优秀科研成果优先出版平台""医学英文期刊出版传播平台"以及探索中文医学期刊论文"免费共享"新模式。

国际学术会议 9月9—12日，由学会主办、亚太眼科学会协办的第38届世界眼科大会线上会议召开。来自135个国家和地区的1000多名眼科专家在线分享各自在加强高质量眼病防治方面的研究成果。中国眼科专家共投稿605篇。会上，特别组织主题为"中国眼科新进展"的专场会议，中国工程院院士谢立信和范先群，学会眼科学分会主委姚克、亚太眼科学会主席王宁利、复旦大学附属眼耳鼻喉科医院眼科教授孙兴怀分别作线上报告。

国内主要学术会议 6月24—26日，中华医学会急诊医学分会第二十四次全国急诊医学学术年会以线上线下结合方式在湖南省长沙市举办。大会主题为"大急诊，大急救，大平台"，设有1个主会场、20个分会场、4个病例讨论专场和12个卫星会，专题发言406人次。共收录稿件3578篇，筛选出高质量论文84篇作口头发言，110篇进行壁报交流。学术讲座线上总点击量达259591次。

8月19—22日，中华医学会2022年全国结核病学术大会线上召开，以"和而求同，融'核'发展"为主题。500余名讲者通过2场全体大会报告、2场护理专场、1场青年专场、1场结核病规范化培训、33个学术专场、495个学术报告，围绕结核病预防、临床、基础研究及有关领域的热点、难点和前沿问题进行交流与研讨。

11月21—27日，中华医学会第十六届全国肠外肠内营养学学术会议线上召开。大会设有1个主会场及25个分会场，共有专题发言195个，包括主会场主旨演讲和高质量论文报告各20个。内容涵盖基础研究、临床研究、最新指南共识、治疗策略、疾病管理等多个视角，来自国内外不同专业及学科领域的数万名专家学者围绕"医学营养、规范创新"主题展开学术交流。大会总注册人数2万余人，观看人数达20余万人次。

12月8—11日，中华医学会呼吸病学年会—2022（第二十三次全国呼吸病学学术会议）线上召开。会议主题为"构建平疫结合诊疗体系，提升呼吸重症救治能力"，注册参会人数7000余人。在大会报告环节，72万余人次参与主会场和19个分会场线上学术会议的学习和交流。大会学术报告总数846个，壁报交流1724篇。共收到3000多篇论文，有307篇论文在会上进行汇报。

国际交往 2022年，学会组织专家参加世界医学会第220届理事会议，参与第73届全体大会暨第221—222届理事会议活动和规则制定。由学会专家担任组长牵头负责的《世界医学会关于数字医疗的声明》通过全体大会批准并发布执行；20个学会专科分会专家成为赫尔辛基宣言工作组咨询专家，向世界医学会提出的专业性建议多数被会议采纳并认可。

发挥中俄友好、和平与发展委员会中方医学理事会主席单位的作用，协调组织各理事单位开展对俄学术交流与技术合作。由学会眼科学分会和亚太眼科学会联合主办的第38届世界眼科大会线上召开，世界卫生组织总干事谭德塞致开幕词，127位中国专家参与大会的主持和学术演讲。举办中韩医学交流会议、第三届中巴医学大会等活动，与巴基斯坦、德国和泰国医学会以线上会议形式进行双边会谈，就发起成立国际组织等展开探讨。遴选并派出7名医生参加日本武田科学振兴财团奖学金项目，协调山东第一医科大学附属千佛山医院与坦桑尼亚的Benjamin Mkapa医院开展合作，推进医疗技术交流；组织相关国家医学伦理及期刊专家召开医学期刊网络研讨会，就期刊医学伦理相关问题进行探讨。

科普活动　学会推进“科普中国医疗健康”项目。完成原创图文1000篇，原创视频537部，总时长1801分钟，资源总量超1126G，形成12个专题系列；同时在中国科协官方平台开通科普号，累计阅读量达400万余人次。开展科技支撑乡村振兴公益行动，面向陕西省等11个省份的农业、医疗领域，聚焦生殖与遗传、心血管、内分泌等重点学科内容，开展线上直播培训和连线互动活动，传播量近50万。开展《解答你最关心的新冠问题》等健康科普系列直播公益活动、健康科普讲座及咨询，邀请全国健康领域专家就公众关心的问题进行解读，受众150万余人次。启动实施“中国基层医护健康关爱及服务万里行”项目，惠及相关县级、乡镇医院的基层医护及母婴家庭。开展“健康中国医者先行”和科学素质促进联合体工作，提供专家资源和智力支持，助力健康中国建设。中华医学健康科普知识库于5月正式上线，包含健康科普短视频近400部、图书40种、图文词条2000余条，内容涵盖健康知识普及、合理膳食、全民健身等16个专项。

表彰举荐优秀科技工作者　组建中华医学科技奖第五届评审委员会领导小组。2022年中华医学科技奖医学科学技术奖获奖项目80项，其中一等奖8项、二等奖24项、三等奖48项。评选2022年中华医学科技奖卫生管理奖1项、医学科学技术普及奖2项、青年科技奖7项、国际科学技术合作奖1人，卫生政策奖1人。加强获奖项目的宣传推广，在官网开辟“中华医学科技奖获奖项目专栏”。在科技奖的改革创新与发展调研基础上，通过调整推荐书体例充分体现临床医学类项目特点、压减申报材料对论文数量的要求等7个方面，鼓励基础科学研究工作。大力支持临床研究与基础研究发展，制定《中华医学会临床研究项目管理办法》，推进肾脏病、干细胞基础研究等临床医学科研资金项目。

党建强会　学会将学习贯彻党的二十大精神作为首要政治任务。设立学习贯彻党的二十大精神专题板块，编写出版党的二十大相关宣传材料，宣传医学科技工作者关于党的二十大精神的实践感悟，组织青年科学家学习贯彻党的二十大精神。

推进专科分会党的组织建设，2022年完成4个专科分会党的工作小组的调整。通过专科分会党的组织和党的工作全覆盖，推动党建工作与学会业务融合。参与党建联合体系列活动，与中国航空学会等9个学会共同赴广西壮族自治区开展“下基层、树党旗、医疗服务为群众”党建强会活动。

开展意识形态、保密工作的全员培训。组织夯实意识形态工作责任制专项检查及调研工作2次、学会意识形态工作领导小组会议等5次，实施全面及重点环节自查2次。推进学会意识形态管理制度建设，制修订期刊、网络新媒体平台等阵地管理制度31项。

会员服务　开展会员发展模式、合作机制、激励措施的调研，起草《中华医学会会员管理细则》，为会员发展工作提供支持。开展普通会员入库工作，已完成46.5万普通会员的入库、137.5万人才入库。

【第二十届中国介入心脏病学大会】6月16—19日，第二十届中国介入心脏病学大会线上召开。会议由学会主办，国家心血管病中心、中国介入心脏病学大会理事会、中华医学会心血管病学分会和美国心血管研究基金会联合协办，中国医学科学院阜外医院承办。大会以“合作、创新、转化”为主题，共设置140场次会议，安排15个中心的手术录播演示、638个报告、14场深度访谈、19场次实习中心活动。在传统的冠脉介入领域，CIT更注重精准治疗，包括手术适应证的选择、风险分层、术中策略选择和技术应用、功能学和影像学指导，以及介入术后患者康复和长期管理；CIT最新临床研究及其进展专场集中展示一年来中国心血管介入领域的重要研究。

【海峡两岸暨港澳医学会创新合作论坛】12月3—4日，学会联合香港医学会、香港中华医学会有限公司、澳门中华医学会、中华华夏医师协会线上主办海峡两岸暨港澳医学会创新合作论坛。论坛的主题为

"科学防疫，守护健康"，设主论坛和检验医学、呼吸病学及公共卫生 3 个分论坛，直播观看人数约 3000 人次，直播点击量约 4100 人次。学会与联合主办单位签署合作备忘录，约定成为合作共赢伙伴关系，对学会与港澳台地区学术机构间工作交流与合作提供机制保障。

（撰稿人：办公室）

中华中医药学会

服务创新型国家和社会建设 学会承接"科创中国"中医药产业科技服务团、"科创中国"中医药文化产业科技服务团以及"科创中国"中医药文化产学融合会议项目，为 4 家企业完成 8 个产品的学术－产业创新驱动研讨，为 15 家企业集中解答 25 个技术问题，与 10 家企业签订新合作协议，推动 10 项科技成果转化落地。在甘肃省天水市、山东省菏泽市等地开展"科创中国"中医药产业科技服务团项目。

筹资设立中华中医药学会求实项目，2022 年共计资助 46 个项目。启动中华中医药学会联合攻关项目中药专项，开展 1 项专项研究，推动创新链和产业链深度融合。

受上级单位委托承担"中成药临床综合评价策略与方法体系研究"等 2 项课题，征集中医药标志性科技成果（2012—2022 年）。开展中国中风病中医药注册登记研究项目，为预期实现中医药防治中风病的全周期管理提供数据支撑。

2022 年，继续做好国家级中医药继续教育项目 1310 项，参训学员 20 万名；做好广西壮族自治区全科住院医师规范化培训、吉林省第三批青年优秀中医临床人才培养项目；策划启动综合医院中医科人才培养项目，邀请国医大师、全国名中医作为学术传承导师。

逐步完善中医药标准体系，审查立项团体标准 152 项，发布团体标准 86 项；推进《中医临床名词术语》《中医临床诊疗术语》11 项系列国家标准审查、报批工作；审查立项中成药临床应用专家共识 20 项，发布 11 项；推进 42 项中西医结合诊疗方案和 31 项治未病干预方案制订工作，组织 20 项标准宣传贯彻会，对 16 项国家标准和 23 项团体标准进行重点解读。截至 2022 年，已累计在全国团体标准信息平台公开发布经标准化专家编审的团体标准 859 项。

学会建设 2022 年学会新发展个人会员 7883 人，个人会员总数达 30608 人；新发展单位会员 17 家，单位会员总数达 95 家。

提升学会数字管理能力，开展网络安全等级保护定级评审工作；智慧杏林、学术会议管理平台系统功能及业务逻辑进一步优化迭代；利用学会网站、微信、抖音等互联网平台做好政策宣传、科学普及等工作；与《中国中医药报》合作，形成《中华中医药学会舆情专报》《中华中医药学会舆情月报》，制定实施《中华中医药学会舆情防控方案》，不断提升中医药舆情快速反应能力。

学会方药量效研究分会等 10 个分会以及青年委员会完成换届选举工作。

青年人才托举工程 2022 年，学会获得第八届（2022—2024 年度）中国科协青年人才托举工程项目立项并推荐候选人 5 名；发展分支机构青年委员 700 人，组织专门学术会议，为青年人才提供交流平台。

主办期刊 持续推动期刊集群化建设，学会系列期刊数量达到 90 种；进一步优化学会集群网站，实现中英文双语版本网页切换；发布中医药期刊综合课程 15 期，受众 1000 余人；调整中医药科技期刊评价体系，优化分级期刊目录，对《中医药科技期刊评价体系与释义 1.0 版》进行升级，完善中医药期刊分级目录评审标准及工作细则；参与第七届中国科协优秀科技论文遴选计划（预防医学与中医药集群）。

受行业主管部门委托，完成 1 家报社、2 家出版社、30 家期刊出版单位的社会效益考核；完成 29 种期刊 2021 年编校质量专项审读；完成 10 家期刊出版单位期刊滥发论文专项检查；完成国家中医药管理局主管报社报纸及其所办新媒体 4 个季度专项检查；完成国家中医药管理局主管报社报纸及其所办新媒体宣传党的二十大精神专项检查；完成 2022 年局主管 2 家出版社图书"质量管理 2022"专项检查；完成 2022 年局主管 2 家出版社 10 种图书、195 期报纸、29 种期刊年度审读工作；完成 12 期图书阅评及《国医有方》等 2 部纪录片、1 部电视剧、1 部电视剧剧本的审看工作。

学科发展工程 学会发布 2021 年度中医药十大学术进展、开展中医药学科学术影响力评价研究、推进中医疫病学学科发展研究项目、举荐 11 个学术年会入选中国科协 2022 年度重要学术会议，打造学术品牌矩阵。

遴选、推荐4项中医药前沿科学问题、2项产业技术问题、2项工程技术难题，编制《关于强化科技创新引领，促进中医药传承发展的意见》，发表《“中医药重大科学问题和工程技术难题（2019—2021）”在国家科技布局中的应用》论文等，引领学术发展。

国际学术会议 7月5日，学会与中国对外书刊出版发行中心（国际传播发展中心）联合在北京举办首届中医药文化国际传播论坛。国家中医药管理局局长、学会会长于文明，中国外文出版发行事业局局长、中国翻译协会会长杜占元等出席开幕式并致辞。中国工程院院士、天津中医药大学名誉校长张伯礼，中国工程院院士、国医大师王琦等以线上线下相结合方式出席论坛。与会专家学者围绕中医药文化走向世界、发挥中医药在构建人类卫生健康共同体中的作用、中医药文化国际传播话语体系建设、新形势下中医药企业国际品牌建设等议题进行交流。论坛期间发布《中医药文化国际传播抗疫相关术语英译参考》，并启动首届中医药文化国际传播案例征集活动。

8月20日，由学会、中国中西医结合学会、中国老年医学学会、世界中医药学会联合会、中国农村卫生协会联合主办的第十八届国际络病学大会在广东省广州市召开。黄璐琦、钟南山、姚新生、吴以岭、高天明、张运、于金明、贾伟平等院士以及来自海内外的10万余名医学专家学者通过线上线下的方式参加大会。大会在国内20余个省、直辖市设立3000多个视频分会场，同时在泰国、马来西亚、菲律宾等20余个国家和地区设立视频分会场。与会专家学者共享中医络病理论科技创新转化成果、共谋中医药高质量发展、共同探讨中医药守正创新对推动中西融合的重要意义。大会被中国科协《重要学术会议指南（2022）》收录。

9月26—27日，由学会、韩国大韩韩医学会共同主办的中华中医药学会国际针法与经典名方论坛专家委员会年会暨二十四届中韩中医药学术研讨会在河南省南阳市召开。大会邀请中国工程院院士、国医大师石学敏，国医大师唐祖宣等中医药专家进行专题讲座，韩国韩医学研究院教授李相勳、韩国尚志大学教授金珉政线上演讲，吸引海内外近13万人次在线参加会议。

12月1日，由中国科协、云南省人民政府主办，学会、中国科协新技术开发中心承办的澜湄区域科技人文交流论坛在云南省腾冲市召开。论坛以“医药同源，共创澜湄健康未来”为主题，围绕澜湄国家传统医药可持续发展与合作开展交流研讨。会上，中国工程院院士朱兆云、世界针灸学会联合会主席刘保延、学会副会长郑进等专家围绕生态文明与天然药物，芳香药物以及传统医药文化发展，澜湄区域传统医药人才培养、发展概况、交流机制等内容进行交流。

国内主要学术会议 2022年学会组织学术会议91次，参会人数12449171人次（其中线下参会3000人次、线上参会12446171人次），交流学术论文5783篇、学术报告2467个。

5月4日，由学会、成都中医药大学主办，北京刘敏如中医女科研究所、深圳刘敏如女科医系研究院、首都医科大学中医药学院承办的刘敏如国医大师从医70年女科传承学术交流会线上召开。会议围绕刘敏如从医70年的学术思想传承，探讨国医大师学术思想的传承模式。杜惠兰、胡翔、谭万信等专家就刘敏如国医大师中医思维、跟师临证体悟和学术传承心得进行交流。

7月25—27日，中华中医药学会内经学分会第二十二次全国内经学术研讨会线上召开。学会副秘书长陆静、世界中医药学会联合会副秘书长徐春波、北京中医药大学副校长翟双庆、山东中医药大学副校长王振国和学会内经学分会主任委员贺娟参加开幕式并分别致辞。会议围绕“传承精华，守正创新”主题，邀请32位专家作报告与交流，《医师报》同步直播，总观看量近300万人次。

9月25日，由中国科协主办、学会承办的中国科协中西医交叉创新青年科学家沙龙在北京召开。沙龙以“发挥青年优势，促进交叉创新”为主题，邀请临床、科研、人才培养领域的40多位青年科学家，围绕中西医交叉创新在临床诊疗、科研创新及人才培养等议题，采用特邀报告、主旨报告、观点交流、经验分享等多种形式开展。活动通过多平台同步直播，2000多人次在线收看。

11月12—13日，由学会主办，学会脾胃病分会、中国中医科学院西苑医院、广西中医药大学第一附属医院共同承办的中华中医药学会脾胃病分会第三十四次全国脾胃病学术交流大会线上召开。中国工程院院士、中国中医科学院院长黄璐琦，学会副会长兼秘书长王国辰，学会脾胃病分会主任委员、中国中医科学院副院长唐旭东分别致辞。线上观看人数累计70.5万人次。

两岸交流 9月28—29日，第四届海峡两岸青年中医药传承创新论坛暨道地药材临床应用论坛以线上线下结合方式在福建省福州市召开。本届论坛作为国务院台湾事务办公室重点交流项目和中国科协2022年海峡两岸暨港澳科技人文交流资助项目，由学会、台湾“中华海峡两岸中医药合作发展交流协会”共同主办。邀请10余位海峡两岸从事中医药研究的专家学者，围绕海峡两岸中医药传承创新、道地中药材研究等主题展开交流与研讨，组织海峡两岸专家参观考察当地特色道地药材产业并形成专家报告。来自海峡两岸的中医药专家和中医药行业从业人员共250人参加线下会议，6600多人次线上参加会议。论坛促成海峡两岸相关单位签订3份合作框架协议。

国际交往 学会与澳大利亚、荷兰、德国、泰国、韩国等国家和地区的12家传统医药学术团体分别签订框架合作协议，合作设立中华中医药学会对外联络站，加强中医药双边合作，促进境内外中医药工作者学术交流，推进中医药高质量融入共建“一带一路”。

科普活动 2022年全国科普日期间，学会开展线上线下活动69场，受众逾千万人次。在人民健康、抖音等多媒体平台点播量1.1亿次。创建中医药文化动漫化创新传播平台，推出中医药动漫形象“灸童”和中医药动画片《手指的魔法》等动画系列片、短视频，开发“灸童”形象及系列文创产品，制作并推出系列“灸童说”动漫短视频，打造具有引领价值的中医药动漫品牌，弘扬中医药文化。“灸童”亮相2022年北京冬奥会主媒体中心的中医药文化展示空间，搭建中医药非遗传承推广平台。

2022年，学会被评为2022年度全国学会科普工作优秀单位、2022年度全国科普日活动优秀组织单位。开展的中国中医药科普标准知识库建设项目获中国科协系统2012—2022十年优秀工作案例。主办的2022中国中医药健康科普文化传播大会获2022年度金旗奖案例奖。《灸童说：中医药献给世界的礼物》获2022金熊猫天府创意设计奖金奖。

表彰举荐优秀科技工作者 开展2022年度中华中医药学会科学技术奖、李时珍医药创新奖评选工作，共评选出中华中医药学会科学技术奖（含子奖项）139项、李时珍医药创新奖获奖者4名。遴选推荐优秀中医药科技人才，推荐的暨南大学教授何蓉蓉获第十七届中国青年科技奖；推荐的学会中药鉴定分会主任委员、中国中医科学院中药资源中心研究员袁媛领衔的分子生药学研究团队获第十七届中国青年女科学家奖团队奖；遴选推荐第十八届中国青年女科学家奖候选人3名、候选团队1个；推荐2021年度未来女科学家计划候选人2名。协助完成第四届国医大师和第二届全国名中医表彰相关工作。

党建强会 学会理事会党委、秘书处党支部集中学习党的二十大精神；动员分支机构在党的工作小组会议和学术年会上专题学习宣传党的二十大精神，23个分会3000多名委员通过线上参加学习；在学术会议上邀请专家就如何深入学习贯彻落实党的二十大精神作专题报告，1万余名中医药科技工作者线上或线下聆听报告。

完成100余份材料的学习，向全体中医药科技工作者发出“弘扬科学家精神、走奋进新征程中医路，做建功新时代中医人”倡议；由学会推荐的屠呦呦研究员工作室入选首批科学家精神教育基地名单，通过“呦呦初鸣”“向医而行”“矢志寻蒿”“中国神药”等5个主题诠释青蒿素精神；以“弘扬精诚德业，讲好中医故事”为主题，组织开展中医师培养计划——我的中医路分享展演活动，20多位国医大师、全国名中医为活动录制视频。

学会党委前置审议理事会议、常务理事会议议题，秘书处党支部被评为中央和国家机关“四强”党支部。向分支机构和独家主办期刊党的工作小组印发2022年党建工作指导意见，突出学术特色，开展理论学习、义诊扶贫等活动。

会员服务 学会首次将5月24日（学会成立纪念日）至5月30日（全国科技工作者日）作为“会员周”。通过会长亲笔寄语、发布倡议书和“党领导下的科学家”主题展等，发挥学会引领作用，弘扬科学家精神，致敬科技工作者。通过开展学会业务职能解析专题讲座、新会员免费注册体验活动、中国科协法律服务包推送等系列活动，吸引6000余名会员直接参与，受众达44万余人次。

【2022中国中医药健康科普文化传播大会】 6月18日，由学会主办的2022中国中医药健康科普文化传播大会线上召开。大会以“赋能健康科普、弘扬中华文化”为主题，打造健康科普文化传播交流平台，众多国医大师、院士，中医药医疗、教育、科研、产业、文化等领域的工作者参加会议。

会上，主办方发布《中国中医药科普标准知识库

（1.0版）》和《中国中医药科普报告（2021）》。《中国中医药科普标准知识库（1.0版）》已完成热搜Top100话题解答录入和《妇科——多囊卵巢综合征》科普知识入库。在主旨报告环节，中国工程院院士张伯礼作题为《新时代中医药高质量发展的思考》的报告，中国工程院院士、国医大师王琦作题为《大健康的概念及其宏观应对》的报告。

大会同期举办2020年度、2021年度中医药科普人物和科普作品颁发证书仪式，2020年共产生5名中医药年度科普人物和4部中医药年度科普作品；2021年共产生8名中医药年度科普人物和6部中医药年度科普作品。

（撰稿人：余珍珍）

中国中西医结合学会

服务创新型国家和社会建设 学会50个专业委员会开展乡村振兴活动，其中开展义诊1368次，带教12044人次，培养基层医生57940人次，参与健康宣教专家11305人次，健康宣教312.62万人次，受益人群达2312.07万人次。

召开16次标准化工作会议，完成约50项中西医结合诊疗方案的编制工作。

全年共举办国家级继续教育项目16项、学会级11项；参加培训人数53462人次，线上观看人数254144人次。

1月13日，中国科协党组副书记徐延豪赴学会调研，并与学会、中国解剖学会、中国病理生理学会、中国毒理学会主要负责人及工作人员座谈交流，重点围绕青年人才培养托举、设奖培训、期刊建设、决策咨询等方面面临的重点难点问题进行研讨。

7月6日，国家中医药管理局党组成员、副局长秦怀金来学会走访调研。

学会建设 2022年，学会以线上线下结合方式共召开6次会长办公会扩大会议。

以通讯形式征求全体常务理事意见，专业委员会委员增加至120人，青年委员增加至60人。同意宋春生、许建秦、杨关林3人因管理规定辞去常务理事职务。

组织任期届满的虚证与老年医学、活血化瘀、心血管疾病、急救医学、诊断、肝病、风湿类疾病、血液学、消化系统疾病、普通外科等37个专业委员会及科研院所工作委员会分别以线上线下结合方式完成改选换届工作。新成立超声医学、智慧医疗2个专业委员会，专业委员会共计67个。

8月17日，以通讯形式召开第八届五次常务理事会议，审议通过2022年上半年工作总结及下半年工作计划；第一届创伤医学、口腔医学、干细胞再生医学、针药结合4个专业委员会主任委员、副主任委员、秘书长候选人名单；关于成立围产专业委员会的报告以及第十次世界中西医结合大会工作进展。

经学会常务理事会议审批，拟成立口腔医学、干细胞与再生医学、针药结合、创伤医学、围产5个专业委员会，均已成立筹备委员会。

完成2021年度优秀专业委员会的评议工作。在各专业委员会自评汇总的基础上，对其2021年组织、学术、财务及社会公益等工作进行审核。经评议，确认肾脏疾病、消化内镜、检验医学、妇产科、消化系统疾病、医学影像、骨伤科、皮肤性病、围手术期、医学美容、活血化瘀、麻醉、内分泌13个专业委员会为“中国中西医结合学会2021年度优秀专业委员会”。

12月22日，在四川省成都市召开八届六次常务理事会议，传达学习中国共产党第二十次全国代表大会会议精神，审议并通过《中国中西医结合学会2022年工作总结及2023年工作计划》、2022年中国中西医结合学会科学技术奖获奖项目名单、2023年学术会议计划及继续教育项目。

依托中国科协全国性学会个人会员管理系统进行会员登记管理，同时根据中国科协《关于加快推进全国学会会员入库的通知》要求，动员省级学会协助完成会员入库工作。目前学会登记在册的会员122600余人，会员系统上传19025人，其中学会专业委员会会员上传8557人、各省级中西医结合学会会员上传10468人。

主办期刊 2022年度学会主办的9种学术期刊，共出版94期，刊发文章共计1430篇。《中国中西医结合影像学杂志》入选中国科技论文统计源期刊（中国科技核心期刊）。《中国中西医结合杂志》入选中国科协“2022年度全国学会期刊出版能力提升计划”项目并获得审批，发布行业多项标准及指南共识，其中《三七总皂苷制剂临床应用中国专家共识》获得“共识制订”透明奖。《中国结合医学杂志（英文版）》引领开展中医药英文期刊编校团体标准。

国内主要学术会议 2022年，学会共召开学术会

议 64 个，其中线上会议 43 个、线上线下会议 21 个；参会人数 706945 人次，其中线上参会 262112 人次、线上线下结合形式参会 444833 人次；会议交流论文 7541 篇，线上点击量 2413743 人次。

4 月 23—27 日，由学会主办、学会皮肤性病专业委员会承办的 2022 全国中西医结合皮肤性病学术年会线上召开。大会共设立 28 个分会场 147 个讲题，其中包含 136 个学术视频、11 个卫星会视频。注册参会人数 9372 人、符合学分证 1220 人，年会专区首页浏览量高达 212052 人次，人均学习时长约 298 分钟。大会由上海交通大学医学院附属仁济医院教授鞠强主持，上海市第十人民医院教授顾军致开幕词。大会设置特邀演讲专场，海军军医大学第二附属医院（上海长征医院）教授温海应邀主持。同时邀请复旦大学附属华山医院教授项蕾红、上海市皮肤病医院 / 同济大学附属皮肤病医院教授史玉玲等专家共同探讨中西医结合领域皮肤性病学的最新进展。

5 月 27—29 日，由学会主办、学会儿科专业委员会承办的第二十六次全国中西医结合儿科学术会议在上海市召开。大会收稿近 100 篇，选出 5 篇青年优秀论文进行交流。会议特邀学术报告 33 个，其中包括青年委员报告 2 个。学术报告内容涉及中西医结合儿科临床与研究的多个方面，具体包括呼吸、肾病、消化、内分泌、儿童合理用药、儿科情志病以及外治法等。其中，国医大师丁樱、学会副会长吕文良等专家分别作学术报告。注册参会人数 2348 人（其中 2286 人实名注册），总观众人数 2602 人次，总观看量 14603 人次。

9 月 30 日，由学会传染病专业委员会主办、深圳市第三人民医院（南方科技大学附属第二医院）承办的中国中西医结合学会传染病专业委员会 2022 年学术年会在广东省深圳市以线上线下结合形式召开。大会设立 1 个学术报告主会场和 5 个分会场，包括肝病 / 艾滋病等血液传染病专场、新冠 / 结核等呼吸传染病专场、青年学者论坛专场、细菌感染与耐药防治专场以及感染性疾病临床研究及成果转化分会场。全国百余位专家学者为中西医防治传染病交叉融合、创新发展建言献策。学术会议通过大会报告、圆桌讨论、病例分享等形式进行，网络直播点击人数 26 万人次。

11 月 10—12 日，由学会主办、学会肾脏疾病专业委员会等承办的中国中西医结合学会肾脏疾病专业委员会 2022 年学术年会在上海市召开，主题为“新时代西医学习中医，高质量提升中西医结合肾病诊疗水平”。大会特邀中西医结合相关领域的中国工程院院士、中国科学院院士及肾脏病专家作主旨报告和专题报告。会议共收到稿件 1709 篇，选出 30 篇优秀壁报。大会开设主会场和 6 个分会场进行学术交流，讲者 130 余人次、主席 80 余人次；大会主题报告 7 场，分会场专题讲座、论坛报告 137 个。线上线下参加会议人数 2700 余人，线上点击观看达 8 万余人次。

科普活动　学会各专业委员会开展举办健康知识讲座、发放健康宣教手册等科普宣教活动，并通过报纸、杂志、网站、微信公众号等途径进行宣传。学会所属儿科、活血化瘀、肾脏疾病、脑心同治、妇产科、眼科、微循环等 53 个专业委员会开展活动 3098 次，专家参与人数达 11305 人次，健康宣教 312.62 万人次，受益人群达 2312.07 万人次。经中国科协科学技术普及部考核，学会被评为 2022 年度全国学会科普工作优秀单位。

学会各专业委员会在世界肾脏病日、世界精神卫生日、全国爱眼日、世界男性健康日、全国护发日、中国痤疮周等特定日期开展健康科普讲座和义诊咨询活动，为广大群众提供咨询、诊疗和指导。同时各专业委员会结合自己的专业，组织开展一系列科普活动，如“提升全民健康素养，人人享有肾脏健康”“急救白金十分钟　全国自救互救日”“精准防治，专业战痘，控油保湿——防痤疮并皮肤敏感”“名医健康大讲堂”等集讲座、健康咨询、义诊于一体的一系列健康教育活动。其中，学会脑心同治专业委员会、妇产科专业委员会联合开展妇女健康科普宣传教育；学会眼科专业委员会牵头举办第 27 个全国爱眼日主题活动“关注普遍眼健康，共筑‘睛’彩大健康”；学会活血化瘀专业委员会牵头成立 6 个科学传播专家团队，发挥辐射带动作用，多形式推动科普工作；学会微循环专业委员会举办中医药十大学术进展前沿科技沙龙等。

表彰举荐优秀科技工作者　2022 年度中国中西医结合学会科学技术奖经过全国各有关单位的推荐和申报，共收到申报项目 123 项，其中形式审查不合格 9 项、进入初审候评项目 114 项。根据评审结果，最终确定基础类 15 项、临床类 27 项、药学类 9 项，共计 51 个候选项目进入终评。其中，二等奖基础类、临床类、药学类候选项目各 1 项，以及三等奖基础类候选项目 1 项共 4 项申请退出评审，合计 47 项进入终评。

11月20日，组织28名专家开展终评工作，共评选出一等奖6项、二等奖16项、三等奖22项、科普奖3项，合计47项获奖项目。公示期间，1项二等奖获奖项目、3项三等奖获奖项目申请退出。最终评出一等奖6项、二等奖15项、三等奖19项、科普奖3项，合计43项最终获奖。

党建强会 学会围绕“喜迎二十大、永远跟党走、奋进新征程”主题开展“喜迎二十大 百名科学家讲党课”活动。学会党委书记郭姣于8月18日为第八届理事会全体党员、专业委员会党员及秘书处等相关人员线上讲授《弘扬科学家精神，勇担新时代使命，为健康中国贡献中西医结合科研力量》专题党课。全年共有34个专业委员会和7位副会长开展66次党课活动，共有57名专家参与讲授党课，党课覆盖学会会员、各专业委员会委员、青年委员及广大科技工作者等人群达155380人次。

组织学会全体员工学习贯彻党的二十大精神。10月16日，组织各专业委员会、理事及广大会员收看党的二十大开幕式，采用线上线下、集中分散及个人学习等形式。会后，学会党委书记、会长及副会长等13人，34位青年科技工作者，38个专业委员会/工作委员会和33位理事等提交党的二十大学习体会。学会结合党建工作实际，向中国科协提交学会党组织未来发展思路和谋划。

12月22日，学会在四川省成都市召开第八届理事会党员大会，学习中国共产党第二十次全国代表大会会议精神。

【第十次世界中西医结合大会】 12月21—25日，由学会主办，四川省中西医结合学会、成都中医药大学等单位共同承办的第十次世界中西医结合大会在四川省成都市召开。大会主题为“交叉融合，推动中西医结合创新发展”。学会会长、中国工程院院士陈香美，以及国家中医药管理局、四川省人民政府等部门有关领导出席开幕式并致辞。四川省委、省政府、省卫生健康委、省科学技术协会、省中医药管理局等部门负责人，全国中西医结合领域的17名院士、专家，部分中西医高等院校、科研院所和大型医疗机构负责人，以及来自美国、俄罗斯、日本、澳大利亚等国家的专家学者，通过线上线下结合方式参加会议，聚焦世界结合医学前沿发展动态与科研成果，就中西医结合理论、实践进行专题交流。线下参加会议人数共413人，线上参加会议人数共5227人，网络浏览总量达340393人次。

会上，颁发2022年度“步长杯”中国中西医结合学会科学技术奖，共评出获奖项目43项，其中一等奖6项、二等奖15项、三等奖19项、科普奖3项。

在大会主旨报告环节，中国工程院院士张伯礼、汤钊猷，中国科学院院士魏于全、葛均波、杨正林，俄罗斯Markin Sergey Petrovich分别就新时代中医药高质量发展、中西医结合、生物治疗研究进展、泛血管疾病发生机理与干预思考、视网膜血管异常增生与致盲眼病、冠状病毒感染背景下前庭神经炎患者康复等内容作特邀主旨报告。

大会设立主会场、临床医学专场、药学与交叉学科专场、青年专场、线上专场及医院管理、肾脏疾病6个分会场，共有250个专题报告，分别从疾病的流行病学、研究进展、综合诊治与学科发展等方面进行探讨。大会共收到投稿论文4541篇、展示壁报247个，同时在成都现场举办中西医结合展览，从多个专业领域开展学术活动。

（撰稿人：史冬云　吕文良）

中国药学会

服务创新型国家和社会建设 受国家药品监督管理局委托，学会推进医药代表备案平台建设运维工作，承担药品监管科技管理平台及数据库建设工作。

承担药品监管能力建设情况跟踪调研项目，研究建立药品监管能力评估指标，调查相关指标的基线数据。

参加国家药品监督管理局仿制药质量和疗效一致性评价办公室工作；承担限制网络销售药品清单研究；举办药物警戒质量管理规范及ICH E2相关指导原则研讨会，助力监管创新和产业高质量发展。

承担新冠医疗对策研究进展报告、“科技助力经济2020”等部委委托项目，为政府、院校和科研机构等单位提供重要数据标准化支撑。

组织征求对《中华人民共和国药品管理法实施条例（修订草案征求意见稿）》《涉及人的生命科学和医学研究伦理审查办法》的意见建议，征集科技伦理高风险科技活动清单意见建议。征集全国人大第十三届五次会议第7541号提案《关于推动独立第三方卫生技术评估制度化促进医疗卫生高质量发展的建议》的意见建议。征集2022年“声音·责任”医药行业全国人大代表、政协委员提案。协助提供《中华人民共和国第十三届全国人民代表大会第五次会议代表建议、批评和意见》（第 3804 号，第 6386 号）的相关资料。

面向中国科协“科创中国”试点城市山东省菏泽市、江苏省徐州市、福建省福州市、黑龙江省哈尔滨新区、浙江省台州市开展专业科技服务，举办泰山科技论坛——生物医药产业发展高峰论坛、开展天津市高新区“科创中国”行动、举办中国·黑龙江煤炭资源型城市（七台河）科技经济融合发展高峰论坛等活动，将药学科技资源引向基层和企业，助力地方科技经济融合发展。申报 2022 年度“科创中国”药学创新专业科技服务团，开展项目调研，并与“科创中国”试点城市沟通，寻找技术成果，开展医药技术成果对接。

全年组织召开继续教育项目 50 个（其中国家级项目 18 个、会级项目 32 个），线上参加人数合计 165.56 万人次。

征集并遴选产生 4 个 2022 年重大科学问题、工程技术难题和产业技术问题。

响应中国科协号召，作为世界青年科学家联合会初创会员单位，完成中国科协双语论文推荐工作，扩大研究成果在国际上的推广。

落实乡村振兴有关工作，引进帮扶资金，培训技术人员 367 人，帮助脱贫地区销售农产品。开展免费线上培训讲座，来自西藏自治区、新疆维吾尔自治区的 400 名药学工作者参加。

学会建设　截至 2022 年年底，学会有普通会员 97680 人、高级会员 5238 人、单位会员 109 家。

召开理事会议 2 次、监事会议 3 次、常务理事会议 5 次、理事长办公会议 7 次、秘书长办公会议 10 次、秘书处办公会议 10 次。

开展分支机构专项整治，组织 37 个专业委员会、15 个工作委员会开展自查自纠工作并完成整改工作；修订《中国药学会专业委员会工作评价办法》。组织完成生物药品与质量研究、药物警戒、临床中药学 3 个专业委员会换届工作；完成药用辅料、儿童药物、智能药物 3 个专业委员会组建。

开展学会所属实体机构中国药学会科技开发中心公司制改制有关工作。

健全权力制约与监督体系建设，修订学会章程、制定完善《中国药学会实体机构管理办法》等 20 项规章管理制度以及《中国药学会科技开发中心财务报销支出标准规定》等 26 项实体机构管理制度。

青年人才托举工程　继续做好第五届至第七届中国科协青年人才托举工程项目实施工作，申请获得第八届中国科协青年人才托举工程项目，托举名额增加至 6 名。

开展科学家精神教育基地推荐工作，推荐 10 名专业技术人员参加 2022 年“领航计划”青年科技领军人才国情研修活动，加强对药学领域青年科技人才思想引领与学术引领，促进青年科技人才健康成长。

主办期刊　学会组织 12 种第一主办期刊完成 2021 年度有关社会效益评估自评以及中国科协主管期刊 2021 年度核验工作、期刊审读工作。

组织主办期刊和中国知网进行版权使用合作沟通，完成主办期刊、中国科协主管期刊百度搜索结果官方网站认证工作。

《中国药学杂志》刊出论文实现 1/3 网络首发，获得中国科协全国学会期刊出版能力提升计划项目。

《中国海洋药物》连续两年入选《科技期刊世界影响力指数（WJCI）报告》。

《药学学报》获 2022 年度中国科协全国学会期刊出版能力提升计划——中文期刊稿源质量提升项目资助。2021 年期刊综合影响因子为 1.916，较 2020 年提高 23%，位列药学中文期刊第 1。《药学学报》英文刊 2021 年 SCI 影响因子为 14.903，在药理、药学类国际期刊中排名第 8 位，较 2020 年提升一位，跃入国际药学类期刊前 5%，持续位于 Q1 区。

《中国天然药物》2021 年影响因子为 3.887，比 2020 年增长 30%；总被引频次为 3284 次，比 2020 年增长 16.6%；在结合和补充医学、药理学与药学两个学科均位列 Q2 区。

学科发展工程　9 月，出版《中国药物经济学评价指南导读（2022）》，提升中国药物经济学研究的科学性、严谨性和规范性。

组织实施“2022 年中国药学会 – 施维雅青年医院药学创新研究资助项目”“2021—2023 年度中国药学会医院药学专业委员会医院药学科研专项资助项目及人才专项资助项目”等自筹资金项目。

国际学术会议　8 月 18 日，由学会、烟台市人民政府、山东省药品监督管理局等主办的 2022 医药创新与发展国际会议在山东省烟台市举办。来自国内外的院士专家、企业家等 290 人参加会议。会议期间开展 11 场专业分会，聚焦医用同位素药物及应用技术、供应链发展、医药创新与国际化、人才、资本、知识产权、中医药等方向，由院士专家、行业部门专家、企业家、投资人分析前沿技术趋势、进行政策法规解读、分享产业发展机遇。

10月22—23日，由学会药物经济学专业委员会与医院药学专业委员会在安徽省合肥市联合主办的第六届黄山国际药物经济学论坛线上召开。论坛邀请来自中国、美国、加拿大、英国、日本、澳大利亚等国家和地区的专家学者进行授课，线上参会人员达2.2万余人次。

国内主要学术会议 2022年，学会共组织43次学术活动，现场参加会议人数15252人次，线上参加会议人数174万余人次；会议专家报告1582人，交流论文1165篇。

国际组织任职 截至2022年12月底，学会共有13名专家在国际学术组织任职，其中副理事长1人、副主席1人、理事会成员1人、中心主任1人、分会副主席2人、理事6名、委员1人。

国际交往 学会推动与国际药学联合会等国际药学组织合作。填写国际药学联合会"新冠疫情1000天"调查问卷，总结流行病防控的药学专业经验并提交世界卫生组织。

科普活动 组织国家药品监督管理局2022年药品科技活动周、全国安全用药月等科普活动，覆盖人群109.9万人次。

"药葫芦娃"平台共发布图文、音频、视频类作品1767条，阅读量/播放量1055万余人次。《打造"药葫芦娃"科普融媒体传播矩阵 助力全民科学健康素质提升》入选全国人大科普执法检查组第一次全体会议科普工作案例材料。

完成《探秘薏苡仁》《探秘山茱萸》《探秘川贝母》等科普图书资源开发。开展中国医药信息网科普研究项目，组织慢病、糖尿病及高血压领域专家参与中国科协科学辟谣系列科普短视频项目。

表彰举荐优秀科技工作者 2022年，学会完成推荐第十七届中国药学会科学技术奖候选项目工作，推荐获奖项目12项。推荐第十八届中国青年女科学家奖和2021年度未来女科学家计划候选人。协助组织召开第二十三届吴阶平–保罗·杨森医学药学奖药学组初评会议。

党建强会 学会召开理事会党委会议7次、党支部委员会会议26次、党员大会4次、党员干部讲党课6次、党小组会议30次。

学会党委书记、理事长孙咸泽讲专题党课，传达学习全国两会精神和党的二十大精神。

开展学习贯彻党的二十大精神系列活动。组织召开党支部专题理论学习会议、党支部委员会会议、秘书处办公会议，学习交流党的二十大学习心得体会。学会秘书处青年理论学习小组召开"学习贯彻党的二十大会议精神"主题活动，并开展"争做有理想、敢担当、能吃苦、肯奋斗的新时代好青年"主题学习交流。

组织开展"新时代共产党人的良好家风""守护国家记忆 传承民族文脉"等主题党日活动。与中国生物技术集团北京生物制品研究所、中国食品药品检定研究院药用辅料和包装材料检定所及悦康药业集团股份有限公司开展党建和业务交流；开展"走好第一方阵 我为二十大作贡献"主题党日活动暨2022年"光荣在党50年"纪念章颁发仪式。

3月，学会团支部完成换届工作。在2022年国家药品监督管理局"五四"青年节表彰中，学会青年理论学习小组被国家药品监督管理局评为青年理论学习示范小组，1名青年获国家市场监督管理总局青年学习标兵，1名团员获国家药品监督管理局优秀共青团员。在国家药品监督管理局青年干部公文写作技能大赛中，1人获三等奖，2人获优胜奖。

会员服务 在学会网站和微信公众号向广大会员和社会公众发布《中国药学会2021年年报》，接受广大会员和药学工作者监督。编发会讯4期、专刊3期。学会会讯增加手机界面阅读功能，实现阅读人数动态监控。编辑出版《药学科技前沿》（内刊），为药品监管及科技人员提供参考。

参与全国科技工作者状况调查站点工作，组织学会37个专业委员会填报调查问卷，了解药学科技工作者状况。

组织完成12场网络培训课程，共计49人次专家学者为广大药学工作者授课，助力提升广大专业人员的专业知识与服务技能。

【中国药学会第二十五次全国会员代表大会】 1月16日，中国药学会第二十五次全国会员代表大会以线上线下结合方式在北京召开。学会理事长、全国政协教科卫体委员会副主任孙咸泽致开幕词。全国政协副主席、农工党中央常务副主席何维视频讲话。国家药品监督管理总局党组书记李利、中国科协党组副

书记徐延豪出席大会并讲话。学会副理事长、中国工程院院士李松，“人民英雄”国家荣誉称号获得者、中国工程院院士陈薇，中国工程院院士王锐、蒋建东，学会副理事长李波等专家，以及国家药品监督管理总局有关领导出席现场会议。大会由学会秘书长王爱国主持。

会议审议通过学会第二十四届理事会工作报告、财务报告、《中国药学会章程》（修订稿）、第一届监事会工作报告。与会代表以无记名投票方式，选举产生第二十五届理事会理事199名和第二届监事会监事6名。

在第二十五届理事会第一次全体会议上，经无记名投票选举，孙咸泽等65人当选常务理事。孙咸泽当选第二十五届理事会理事长，王锐、王爱国、曲凤宏、孙飘扬、李松、李波、李燕、来茂德、陈薇、陈红专、赵宇亮、蒋建东、程卯生等14人当选副理事长。聘任中国工程院院士桑国卫和中国科学院院士陈凯先为学会第二十五届理事会名誉理事长，聘任有关专家为学会第二十五届理事会名誉理事。聘任王爱国为学会第二十五届理事会秘书长，大会同时审议通过王爱国为学会法定代表人。聘任车明凤、何莉为学会第二十五届理事会副秘书长。审议通过《中国药学会第二十五届理事会各工作委员会工作职责》和《中国药学会第二十五届理事会工作要点》。

在第二届监事会第一次全体会议上，经无记名投票选举，陈志南当选第二届监事会监事长。会议审议通过《中国药学会第二届监事会工作要点》。

在第二十五届常务理事会和第二届监事会全体党员大会上，孙咸泽当选学会第二十五届理事会党委书记，王爱国当选党委副书记。会议审议通过《中国药学会第二十五届理事会党委工作要点》。

【2022年中国药学大会】 11月28—29日，由学会主办的2022年中国药学大会在北京以线上线下结合方式召开，主题为“药物创新与高质量发展”。学会理事长孙咸泽，学会副理事长、全国政协副秘书长、农工党中央专职副主席曲凤宏，国家药品监督管理总局有关领导，中国科协党组成员、书记处书记王进展出席大会开幕式并致辞。大会开幕式由学会副理事长兼秘书长王爱国主持。

在大会报告环节，中国科学院院士陈凯先回顾和展望中国生物医药迈向创新强国之路，中国科学院院士赵宇亮作《药物递送纳米技术与纳米药物》主题报告。中国科学院院士邓子新、中国工程院院士蒋建东、中国工程院院士肖伟分别围绕合成生物学对生命科学研究和产业发展的影响、抗感染药物研究、中药创新药研发等主题进行报告。此外，中国医药集团有限公司总工程师、首席科学家杨晓明分享病毒性疫苗技术体系的发展和展望。

大会设置中药精准用药与高质量发展研讨会、创新临床研究与生命伦理高峰论坛等13个分会场，130余位专家以线上直播形式在分会场进行专题报告交流。

大会开幕式上还宣读了第十七届中国药学会科学技术奖获奖名单。其中“国家1类新药安罗替尼研发技术创新和临床突破性应用”等3个项目获一等奖；公布“2022年中国药学会－施维雅青年医院药学创新研究资助项目”6项。

【中国药学会第二十二届中国药师周】 12月10—11日，中国药学会第二十二届中国药师周以线上直播方式召开，主题为“凝心聚力药学发展　砥砺奋进强国征程”。来自学会的领导及医疗机构、科研院所、高等院校、医药企业等的专家学者参加大会。学会副理事长兼秘书长王爱国主持开幕式。

在大会报告环节，学会监事长、中国工程院院士、中国人民解放军空军军医大学细胞生物学国家重点学科主任陈志南，学会副理事长来茂德、陈红专分别围绕《癌症研究新视角》《医学问题的跨尺度、多模态、多组学信息融合与决策》《生物标志物在新药临床研究和科学监管的应用及其进展》主题作报告。大会还举办第五届医药信息研究与利用研讨会、药物创新与药学发展论坛、论剑——药学服务经典案例分享论坛、药学科学传播论坛4个分论坛，与会专家学者围绕相关主题进行交流研讨。

（撰稿人：张　梦　程颖轩）

中华护理学会

服务创新型国家和社会建设　2022年，学会与江苏省科协签订服务“健康中国”战略合作协议。

承担护理学领域科技期刊分级目录的评价分级与发布工作，形成《护理学领域高质量科技期刊分级目录（2022版）》，收录国内外护理学科技期刊88种，其中T1类22种、T2类23种、T3类43种。

新增消化科护理和产科护理2个专科护士培训领

域。举办专科护士培训29个班次，培训8121人次。举办各类专项培训、专题培训11个班次，培训8057人次。

组织开展“互联网＋护理服务”实施情况现状调研，发布《全国“互联网＋护理服务”实施情况调研报告》，就“互联网＋护理服务”实施过程中存在的边界责任问题、诊疗体系建设问题、风险防范问题和费用支付问题等提出政策建议。

学会建设 12月18日，学会召开中华护理学会第二十九次全国会员代表大会，选举产生新一届理事会和监事会。召开理事会议1次、常务理事会议3次。截至年底，个人会员总数为278983人，较2021年增加23.35%。

审议通过新修订的《中华护理学会会费管理办法》。

完成办事机构主要业务部门的数字化集成管理平台建设，实现业务活动线下线上同步开展以及各业务部门平台数据的互联互通。

主办期刊 学会主办4种期刊，包括《中华护理杂志》《中华护理教育》《中华急危重症护理杂志》和*International Journal of Nursing Sciences*[《国际护理科学（英文）》]。1月起，受2022年度中国科技期刊卓越行动计划项目资助的《中华护理杂志》改版为半月刊，每期128面，刊文量比2021年增加60%。

2022年，4种期刊共完成重要专题策划43个。在2022年度中华医学科技论文Top100评选活动中，学会主办的期刊共有4篇入选。在“领跑者5000——中国精品科技期刊顶尖学术论文”（F5000）评选活动中，《中华护理杂志》入选16篇。《中华护理杂志》优秀案例内容入编《中国科技期刊产业发展报告》。《中华护理杂志》《中华护理教育》《中华急危重症护理杂志》被CINAHL（护理学）数据库收录，《中华护理教育》被Scopus数据库收录。《中华护理杂志》成为中国知网“中文精品学术期刊外文版数字出版工程”的合作期刊。《中华护理杂志》《中华护理教育》《中华急危重症护理杂志》入选由中国科协主导的“科技期刊双语传播工程”。

邀请境外专家加入编委队伍，增加境外编委比例。《中华护理教育》《中华急危重症护理杂志》《国际护理科学（英文）》新增来自美国、芬兰、泰国等国家的编委17名。

注重建设期刊人才队伍。中华护理杂志社社长、副社长参加由全国宣传干部学院举办的第六十八期全国期刊负责人岗位培训班，获岗位培训证书；召开编委队伍建设研讨会，聚焦学科创新发展和出版研究热点，进一步提升编委和审稿专家的审稿能力；选派编辑参加由中国期刊协会、国际护理学编辑学会等组织的业务培训。

完善出版伦理、出版声明、利益冲突等制度或要求，规范期刊的出版工作。运用新兴数字技术将学术内容转化为视频、音频等表现形态，实现技术操作创新类和护理工具革新类研究成果的融媒体出版。

学科发展工程 学会组织编写《中国护理发展史（1909—1949）》并于4月出版，学会理事长吴欣娟担任主编。

国际学术会议 2022年，学会主办国际会议4个，参会人数共计7594人次；作为主办方之一举办国际会议1个，参会人数共计764人次，交流论文342篇。

4月2—16日、11月3日、11月25日和12月10日，学会线上举办“一带一路”系列国际护理研讨会。来自中国、“一带一路”沿线国家和国际组织的专家学者围绕护士权益、护理实践标准、安宁疗护、护理管理与领导力等问题开展研讨和交流。

11月2日，学会与日本护理学会、韩国护士协会联合主办的第六届中日韩护理大会在韩国首尔召开，大会主题为“确保公民护理服务可得性，实现全民健康覆盖”。来自中国、日本、韩国的专家学者围绕大会主题及相关议题发表主题演讲，并展开研讨交流。

国内主要学术会议 2022年，学会及所属分支机构共举办各类国内学术会议39次，较2021年增加3次；参会人数61397人次，较2021年增加18%；交流论文、报告60940篇，较2021年增加15%。

7月29日—8月5日，由学会护理教育专业委员会主办的全国护理教育研讨会暨护理学院（校）长论坛线上召开，900余人次参加会议。论坛主题为“提质创新　交叉融合　开放共享”，27位专家学者围绕医教协同背景下教育教学改革、跨领域交流与合作、人才培养模式革新等热点问题作报告。

9月1—5日，由学会主办的全国护理管理改革创新高层论坛线上召开，5000余人次参加。论坛主题为“高质量发展　高品质管理”，包括全体会议和4个平行分论坛以及1个卫星会，26位专家学者应邀作报告。大会收到交流论文、报告2492篇，遴选出19篇进行会议交流。

12 月 15 日，由学会主办的中华护理学会第 18 届全国消毒供应中心发展论坛线上召开，1600 余人次参加会议。论坛主题为“指南强专业　传承启征程”。35 位专家学者应邀作报告，聚焦中心消毒供应室常态化疫情防控与管理、信息化管理与建设、精密器械管理与质量控制等 8 大模块的热点话题。大会还发布 2022 版《消毒供应中心管理与操作技术指南》。

12 月 24—25 日，由学会主办的中华护理学会第 26 届全国手术室护理学术交流会议线上召开。大会主题为“踔厉奋发　勇毅前行”，包括全体会议和 11 个平行分会场，6800 余人次参加会议。116 位专家学者应邀作报告。大会收到交流论文 6756 篇，遴选出 75 篇进行分会场学术汇报，708 篇进行电子壁报交流。

国际交往　2022 年，学会继续推动落实与国际护士会合作的“国际护士会领导力变革”培训项目，在山东省、山西省、浙江省、江苏省和湖南省 5 个试点省完成 200 名护理领军人才的第二阶段培养。

科普活动　学会组织各分支机构、全国护理科普教育基地、护理学科科学传播专家团队以及省级护理学会开展主题科普活动，受众近 4000 万人次。举办 2 期护理科普能力提升培训班，培训全国护理科普骨干 1140 人。被中国科协评为 2022 年度全国学会科普工作优秀单位。

5·12 国际护士节期间，启动“科普促健康　携手向未来”主题科普周活动，受众人群超过 1000 万人次。

全国科普日期间，启动“喜迎二十大，科普向未来——关爱生命，共促健康”主题科普活动，参与医护人员近 4 万人次，受众近 3000 万人次。

表彰举荐优秀科技工作者　学会设立的中华护理学会“杰出护理工作者”奖项共受理申报人选 160 名，评出获奖人员 60 名。学会设立的中华护理学会科技奖子奖项——中华护理学会创新发明奖，共受理申报项目 194 项，评出获奖项目 45 项，其中一等奖 4 项、二等奖 15 项、三等奖 26 项。

党建强会　2022 年，学会理事会党委制定党委工作要点，召开党委委员会会议 11 次；开展系列活动，推动党建工作与业务工作融合；完成中国科协 2022 年“党建强会计划”项目。办事机构党支部全年召开会议 36 次，各分支机构党支部召开会议 150 次。理事会党委、办事机构党支部和分支机构党支部开展学习宣传贯彻党的二十大精神活动。

2 月，理事会党委以线上线下结合方式召开分支机构党支部“党建促学术，党建融合专业”研究交流会。学会理事会党委书记吴欣娟，中国医学科学院阜外医院党委副书记、纪委书记李天庆，以及部分分支机构党支部书记、委员等围绕会议主题发言讨论。

6 月，理事会党委以线上线下结合方式举办“弘扬伟大长征精神，引领护理高质量发展”党建活动，组织相关领域专家通过教学查房、学术指导等方式提升基层护士的专业水平和业务素质。

11 月，理事会党委线上开展“党建强会计划”项目——“党建引领，科普在行动”主题党日活动，在调研分析的基础上设置活动内容与方案，聚焦心血管疾病早期预防、风险识别、症状管理和自救等方面的科普知识，组织专家作专题报告，提升基层护士健康科普能力。

11 月，配合中国科协开展“党的二十大代表进学会”活动。湖南省人民医院重症监护病房护士长徐芙蓉和山西医科大学第二医院护理部副主任张颖惠等党的二十大代表受邀宣讲，学会分支机构党支部委员及党员线上参加会议。

会员服务　优化学会会员服务信息化平台，依托平台向个人会员推送主办期刊摘要和学术活动信息。

【中华护理学会第二十九次全国会员代表大会】
12 月 18 日，中华护理学会第二十九次全国会员代表大会以线上线下结合方式在北京召开。来自各省、自治区、直辖市、香港特别行政区、澳门特别行政区及军队系统的会员代表 493 人参加大会。开幕式上，国家卫生健康委主任、党组书记马晓伟致贺信。中国科协党组书记、分管日常工作副主席、书记处第一书记张玉卓，全国妇联党组书记、副主席、书记处第一书记黄晓薇视频致辞。

大会选举产生中华护理学会第二十八届理事会理事 199 名、第二届监事会监事 7 名，审议通过修订后的《中华护理学会章程》以及《中华护理学会第二十七届理事会工作报告》《中华护理学会第一届监事会工作报告》《中华护理学会第二十七届理事会财务报告》《中华护理学会会费管理办法》。

在第二届监事会第一次会议上，皮红英当选第二届监事会监事长，郝云霞当选副监事长。

在第二十八届理事会第一次会议上，选举产生由 66 人组成的第二十八届理事会常务理事会，吴欣娟当选学会第二十八届理事会理事长，丁炎明、么莉、马慧、王爱平、孙红、李峥、李庆印、李春燕、吴瑛、吴蓓雯、张素秋、赵生秀、胡雪慧当选副理事长。吴晓英被聘任为秘书长。

会议同期召开中华护理学会第二十八届理事会常务理事会党员扩大会议，吴欣娟当选理事会党委书记，李庆印当选理事会党委副书记，么莉当选纪检委员，丁炎明、王爱平、孙红、李峥、李春燕、张素秋、郑一宁、曹作华为理事会党委委员。

大会闭幕式上，授予19位为学会工作作出贡献的会员“中华护理学会荣誉会员”称号。

（撰稿人：余　馨）

中国生理学会

服务创新型国家和社会建设　学会参与川藏铁路建设高原施工的卫生保障方案制订及相关科技部项目评估等工作，如高原列车供氧标准制订、中国空间站生命科学项目规划与评估、空间脑计划规划与评估、“十四五”医疗设备研发计划中应急装备研发规划、第39次南极科考队员高原适应性训练和卫生保障、大深度饱和及巡航潜水试验卫生保障、国家自然科学基金委员会生命科学部高原低氧适应表型组科学中心评估以及锦屏深地科学实验室规划中有关深地医学的咨询等。

为响应2022年教育部重点工作中所提到的实施“慕课西部行计划”2.0版本，学会组织发起“东西部高校云端联动，三地同上一堂实验课”活动。

学会积极投身北京冬季奥运会的科技服务和科普工作，承担多项前期的科研训练备战任务，完成速度滑冰、雪车、自由式滑雪等项目运动员机能评定和训练监控工作。多名学会会员作为国际级裁判，在雪车、钢架雪车比赛现场中执裁。

学会建设　搭建组织框架和健全分支机构管理。学会各工作委员会负责推动学会系统规划的制定和实施，学会常务理事会负责指导和监督规划实施工作的落实。学会对组织、学术等各个工作委员会的主要领导和工作任务进行调整，保障学会各项工作落实到位。吸纳有先进教育教学理念及学科交叉和前沿领域的优秀科技工作者，经学会常务理事投票表决，成立细胞和分子生理学专业委员会、脑节律专业委员会和虚拟仿真实验专业委员会，进一步扩大学会工作覆盖面。

11月5日，召开中国生理学会第二十六次全国会员代表大会。

青年人才托举工程　学会组织开展第八届中国科协青年人才托举工程候选人遴选工作，收到多所高校的17位候选人的申报材料。经学会常务理事投票表决、中国科协生命科学学会联合体评审，推荐中国人民解放军军事医学研究院潘瑞远、中国科学院动物研究所李妍昕作为候选人报中国科协并获得项目资助。

主办期刊　2022年，为推进生理教学的发展，《生理学报》组织和出版“肾脏生理与疾病机制”专辑和“血管钙化”专栏，关注后疫情时代生理在线教学，刊登生理学教育教学文章。

学科发展工程　围绕生理学教育特点，学会组织并开发新形态数字化教材《精解生理学》，由人民卫生电子音像出版社出版。此套数字化教材采用动画、虚拟仿真、生理数据驱动等技术，属于教材革新的一次创新，在国内外都有一定的领先性，已被国内超过50所高校使用。

国内主要学术会议　5月23日，中国生理学会疼痛转化研究专业委员会在陕西省西安市举办脑科学高峰学术论坛暨感觉异常与情感障碍研讨会，邀请研究领域的专家学者共同研讨感觉异常与情感障碍神经调控的最新机制。研讨会同时开启线上直播，共吸引300余名听众共同参与。

7月2—6日，学会中医药与脑稳态调控专业委员会主办的第四届中医脑科学大会暨脑病中医针灸影像多学科交叉研究高峰论坛在北京举办。大会邀请中国中医科学院广安门医院主任医师薛伯寿等来自国内外35家高等院校、科研院所的152位专家学者围绕“从中医脑科学到中医脑健康”大会主题展开交流研讨，展示从脑科学基础、影像到临床脑病防治最新研究发现和成果。

9月22—24日，学会呼吸生理专业委员会在上海市线上召开第十届全国呼吸系统重大疾病转化医学学术论坛。会议旨在将基础研究的最新成果转化为临床医学实践，并推动相关研究单位之间的交流合作，逐步建立呼吸系统转化医学平台，培养呼吸系统重大疾病转化医学人才。注册代表75人，实际在线参加论坛549人。

11月3—5日，由学会基质生物专业委员会主办的第六届全国基质生物学学术会议在福建省厦门市举办，100余人线下参加会议，60余人线上参加会议。

会议从多个角度讨论基质微环境与发育、干细胞分化、组织工程、跨膜信号传导、生物力学特点及与肿瘤、骨关节、心血管等多种疾病的关系。

11 月 27 日，学会衰老与健康专业委员会与中国细胞生物学学会共同举办的首届中国衰老标志物大会线上召开。会议邀请国内外衰老领域的知名专家围绕器官衰老标志物、系统衰老标志物、衰老标志物研究新技术等重要议题呈现 17 个主题，共作 50 场学术报告。

12 月 2—5 日，由学会体适能研究专业委员会主办的中国生理学会体适能研究专业委员会工作会议在河南省焦作市召开。此次会议主题为“太极拳与健康”，共收到 140 余篇稿件，录用专题报告 52 篇，口头交流 64 篇，分为 4 个专题报告和 4 个口头交流会场，并邀请该领域专家学者作主题报告。

12 月 22—24 日，中国生理学会血栓与止血专业委员会 2022 年学术年会在江苏省苏州市举办。会议聚焦血栓与止血研究前沿，研讨多学科领域血栓与止血基础理论和临床应用的创新性成果，并邀请该领域专家学者作学术报告，促进不同学科血栓与止血基础、转化、诊疗的协同发展。

科普活动 学会通过网站、微信公众号宣传新型冠状病毒防御知识，学会有关专业委员会委员通过线上讲座、网络媒体刊物等方式开展科学防疫科普活动。同时，利用全国科技活动周、全国科普日、会员日等重要活动，组织学会科普工作委员会和各个专业委员会开展不同层次、不同领域、不同区域的科普工作。

学会网站、科普平台公众号定期发布生理学科前辈的事迹文章，宣传老一辈科学家的奉献精神，如《生理学家——汪敬熙先生传略》《中国神经科学研究的先驱者——陶烈先生》《回忆沈霁春教授》等。同时，在学术年会上安排介绍中国生理学界前辈事迹环节，激励年轻一代继承和发扬老一辈科学家的优秀品质。

推荐中国科学院心理研究所研究员胡理、中国人民解放军海军军医大学教授蒋春雷申报中国科协“典赞·2022 科普中国”活动。

表彰举荐优秀科技工作者 学会推荐杭州师范大学教授曹蔚的《自闭症社交障碍的机制解析与药物干预研究》、上海市肿瘤研究所副研究员张雪莉的《CTHRC1 通过调控巨噬细胞促进结直肠癌肝转移》两篇论文申报第一届中国科技青年论坛。

推荐中国科学技术大学教授薛天的“光感受促进脑突触发育和学习能力的神经机制项目”申报 2022 年度“中国生命科学十大进展”。

党建强会 4 月 9 日，中国生理学会第二十五届常务理事会第八次会议线上召开，学会副理事长、功能型党委宣传委员徐天乐组织全体到会常务理事和监事学习贯彻 2022 年全国两会精神。

11 月 5 日，中国生理学会第二十六届理事会功能型党委第一次会议线上召开，会上投票选出党委书记、副书记、纪委委员、组织委员和宣传委员。

12 月 18 日，中国生理学会第二十六届理事会第二次会议暨常务理事会第二次会议线上召开，第三届功能型党委宣传委员徐天乐带领全体理事学习宣传贯彻党的二十大精神。

会员服务 学会进行新一届（2023—2026 年）会员登记工作，截至 2022 年年底，个人会员总数 7438 人。2022 年，编纂印刷会员刊物《生理通讯》（双月刊）6 期，学会官网同步更新，并为部分会员免费邮寄。为会员发放学会工作手册，让会员了解学会一年的工作重点及下一年的重点工作计划；同时，将学会的重点工作及下一年工作计划通过邮件发送给全体会员。

【中国生理学会第二十六次全国会员代表大会暨中国生理学科战略发展研讨会】 11 月 5—6 日，中国生理学会第二十六次全国会员代表大会暨中国生理学科战略发展研讨会以线上线下结合方式在北京召开。来自全国各省、自治区、直辖市及香港特别行政区的 324 名会员代表参加会员代表大会。会上，由学会第二十五届理事长王韵、第二十五届秘书长李俊发、第一届监事长王晓民分别作工作报告。会议审议通过《中国生理学会章程（修订草案）》及章程修改说明等文件。大会选举出学会第二十六届理事会、常务理事会及第二届监事会成员。中国生理学会第二十六届理事会由 125 名理事组成，并选举出 44 名常务理事，同时选举产生理事长 1 名、副理事长 8 名；经理事长提名，会议通过聘任秘书长 1 名及副秘书长 3 名提名；第二届监事会由 8 名监事成员组成；第二十六届理事会功能型党委委员由 5 名理事会党员担任。王韵当选学会第二十六届理事会理事长。

中国生理学科战略发展研讨会邀请学会负责人及生理学界专家学者共 200 余人参加，包括 21 个分支机构战略发展报告及《生理学报》《生理科学进展》杂志发展报告共23场报告活动。研讨会内容涵盖细胞生理学、神经生理学、感觉生理学、血液和循环生理学、呼吸生理学、代谢和体温、稳态和泌尿、内分泌和生殖生理学、比较生理学、应用生理学、运动生理学、中医生理学、肾脏生理学、应激生理学、消化与营养生理学、疼痛转化生理学、教育信息化研究等生理学大部分领域热点，涉及生理学科各个分支的重大关键问题及“卡脖子”难题，为各领域交叉学科的融合发展提供思想源泉。

【第39届国际生理科学联合会大会】 5月7—11日，由国际生理科学联合会和中国生理学会共同主办的第39届国际生理科学联合会大会线上召开，主题为“生命的奇迹——整合与转化”。中国科协党组成员兼国际合作部部长罗晖，国际生理科学联合会主席Julie Chan，大会荣誉主席，学会名誉会员等专家学者出席会议。学会监事长、国际生理科学联合会执委王晓民和学会理事长王韵任大会联合主席。线上会议共设立35个直播间，来自全球71个国家和地区的有关专家学者参加会议，注册参会人数4219人。会议邀请7个大会学术报告、21个主旨报告，组织48个专题论坛（包括214名报告人）、4个青年生理学者论坛、677份线上电子壁报展示、会前/会后卫星会、教学工作坊等学术活动。会议期间，直播间累计点击率48101人次。第39届国际生理科学联合会大会会前教学论坛与工作坊以“生理学教学方法与实验技术”为主题于3月26日线上举办，来自25个国家和地区的184名全球生理学教育家及教学工作者参加会议。第39届国际生理科学联合会大会会后教学论坛与工作坊以“后新冠肺炎时代成功教学策略”为主题于5月12—13日召开。

（撰稿人：任希婧）

中国解剖学会

服务创新型国家和社会建设 学会举办3次继续教育学习班，共培训58人。6月2—15日，新时代第1届全国系统解剖学高级师资进修班在云南省大理白族自治州开班。共有20名学员参加培训，其间，组织学员练习解剖结构绘图、参加授课试讲等实际操练。6月16—30日，全国《局部解剖学》高级师资进修班在云南省大理白族自治州开班。共有16名学员参加培训，其间组织学员进行实地解剖操作。11月11—13日，学会断层影像解剖学分会主办的第28届全国断层影像解剖学及其临床应用学习班线上举办，来自全国各地和加拿大的22位解剖学、影像学、外科学和信息科学的专家参与授课。

7月8日，由学会科普工作委员会主办的“日升恒隆杯”全国医学生解剖绘图大赛评选出一等奖20幅、二等奖30幅、三等奖30幅。

7月22—25日，由学会职业教育解剖分会主办的中国解剖学会职业教育解剖分会第一届学术年会暨“中博杯”系列大奖赛评选出解剖标本现场制作大赛一等奖1名、二等奖2名、三等奖2名；教学能力大赛一等奖1名、二等奖2名、三等奖3名；绘图大赛一等奖14名、二等奖28名、三等奖42名。

8月5—8日，由学会教育与继续教育工作委员会分会主办的中国解剖学会2022年教学工作年会暨解剖学微课竞赛评选出一等奖2名、二等奖4名、三等奖8名。

学会建设 2022年，学会共有个人会员5500人、单位会员11家。

学会第十六届理事会召开党委会议2次、常务理事会议4次、监事会议1次。12月25日，召开中国解剖学会第十五次全国会员代表大会，选举产生第十七届理事会、第二届监事会成员；同期，学会第十七届理事会召开理事会议1次、常务理事会议1次、监事会议1次、常务理事会党员大会1次。

4月30日，中国解剖学会神经外科解剖学分会成立大会在北京线上召开。首都医科大学宣武医院教授肖新如担任首届主任委员，赵继宗、周良辅、凌锋担任顾问。李茗初担任秘书长，高艳等12人担任副主任委员，陈刚等44人担任常务委员，白杰等48人担任委员。

7月1—3日，中国解剖学会整形美容解剖学分会成立大会暨第一次学术研讨会以线上线下结合方式在广东省广州市召开。北京京美医疗美容诊所主任医师刘成胜受邀出席，并被聘为学会整形美容解剖学分会副主任委员。会议由眼整形论坛、鼻整形论坛、乳房整形论坛、光电整形论坛、私密整形论坛、面部年轻化论坛、颅颌面创伤救治论坛7大板块组成。

7月8日，由学会科普工作委员会主办、江西医学高等专科学校承办的2022年中国解剖学会科普工作委员会工作会议在江西省上饶市举办。来自大连医科

大学、河北医科大学、南京医科大学等 8 所医学院校的专家评委以及江西医学高等专科学校的部分教师共计 50 余人参加会议。

青年人才托举工程 2022 年，学会开展第八届（2022—2024 年度）中国科协青年人才托举工程项目候选人遴选工作，推荐学会会员赵广超、范春梅入选该项目。

主办期刊 《解剖学报》2021 年影响因子为 0.3529，在基础医学解剖类期刊中名列第一。中国知网 2022 年评价信息显示，《解剖学杂志》复合影响因子为 0.89，综合影响因子为 0.755。《解剖科学进展》影响因子为 0.643，综合评价总分为 27.96，排名第 25 位。《中国临床解剖学杂志》2022 年影响因子为 0.831。上述 4 种期刊均被中国科协评价为社会效益良好。

《中国组织化学与细胞化学杂志》2021 年复合影响因子为 0.752，综合影响因子为 0.664，在基础医学中位列 36/66。《神经解剖学杂志》2022 年核心影响因子为 0.817，在 63 种学科核心期刊中排名第 44 位，在基础医学类 50 种期刊中排名第 39 位。《解剖学研究》2021 年核心影响因子为 0.711，在 63 种基础医学类学科期刊中排名第 53 位。

学科发展工程 “一带一路”国际解剖学联盟是在中国科协的指导下，由学会发起、筹备和组建的国际性学术组织。“一带一路”国际解剖学联盟将围绕构建“解剖学发展命运共同体”的总体目标，推进与“一带一路”沿线国家的科技共识与协作，致力于促进成员单位间共享发展机遇、拓展合作领域，将为促进不同国家和地区之间人民的理解与互信、交流与合作、科学的发展与进步发挥建设性作用。

国际学术会议 8 月 6—8 日，由学会主办的 2022 年“一带一路”国际解剖学联盟学术会议通过线上线下相结合的方式在海南省海口市召开，来自中国、美国、加拿大、瑞士、德国、法国、新加坡的专家学者围绕前沿进展和创新教学方法开展探讨与交流。

国内主要学术会议 2022 年，学会及其分支机构组织召开国内学术会议 9 次，参加人数约 2.6 万人次（含线上），交流论文约 60 篇。

7 月 22—25 日，由学会主办、洛阳职业技术学院和河南省解剖学会承办、河南科技大学协办的中国解剖学会职业教育解剖分会第一届（2022 年）学术年会在河南省洛阳市召开。来自全国职业院校的解剖学教师以及相关企业代表 120 余人参加会议。年会内容包括专家主题报告、论文报告交流、教学能力比赛、现场标本制作比赛、学生绘图比赛等项目。

7 月 23—24 日，由学会主导、学会人体解剖学与数字解剖学分会主办的 2022 全国人体解剖学课程思政建设研讨会暨全国人体解剖学主任与老师论坛在河南省南阳市召开。来自全国高等院校的近百名人体解剖学专家学者参加会议。

8 月 5—8 日，中国解剖学会 2022 年教学工作年会暨解剖学微课竞赛在江西省吉安市召开，主题为“课程思政建设”。来自全国 40 余所高校的解剖学与组织胚胎学专家学者参加会议。大会分为开幕式、大会报告、微课竞赛、经验交流、闭幕式等部分，并进行线上全程直播。

8 月 20—21 日，由学会主办的第四届中国人脑组织库建设研讨会在北京召开。来自中国医学科学院北京协和医学院、浙江大学、中南大学、复旦大学等 20 余所国内外高校、科研和医疗机构的 150 余名专家学者以线上线下结合方式参加会议。大会邀请 19 位国内外脑科学相关领域专家作专题报告。

11 月 11—13 日，由学会断层影像解剖学分会主办、山东大学与山东解剖学会承办的中国解剖学会断层影像解剖学分会 2022 年学术年会暨第 28 届全国断层影像解剖学及其临床应用学习班线上召开。来自 20 个省、自治区、直辖市的 100 余位解剖学与医学影像学工作者参加会议。学会副理事长兼断层影像解剖学分会主任委员、山东大学齐鲁医学院教授刘树伟主讲学习班，来自全国各地和加拿大的 22 位解剖学、影像学、外科学和信息科学的专家参与授课。

12 月 18 日，由学会运动解剖学分会主办，山东大学、山东体育学院和聊城大学共同承办的第四届全国运动解剖学学术会议以网络会议形式召开，会议主题为“推进知识更新，服务健康科学和竞技运动”。

国际组织任职 2022 年，学会 5 名专家在国际学术组织担任执委以上职务，其中担任主席 1 人、副主席 1 人、执委（理事）5 人。学会名誉理事长张绍祥担任 2020—2024 年国际数字医学学会主席，学会理事长李云庆担任 2020—2022 年国际解剖学工作者协会副主席。学会名誉理事长张绍祥担任 2020—2024 年国际数字医学学会主席和亚太地区解剖学会执委，学会理事长李云庆担任 2020—2022 年国际解剖学工作者协会副主席和亚太地区解剖学会执委，学会副理事长李和担任2020—2022年国际组织化学与细胞化学学会联合会理事，学会常务理事刘树伟担任2020—2022年亚洲临床解剖学会执委，学会监事周长满担任2020—2024年国际解剖学工作者学会联盟执委和亚太地区解剖学会执委。

国际交往 5月，国际形态学大会和国际解剖学工作者学会联合会的理事会议和执委会会议以及两会联席会议线上举办，学会理事长、国际交流委员会主任委员李云庆和学会监事周长满参加会议。

科普活动 在全国科普日期间，学会科普工作委员会协助中南大学人体形态学科技馆，联合湖南省红十字会、湖南省解剖科学会和中南大学基础医学院等多家单位，围绕"探究人体奥秘，关注生命健康"与"遗体捐献缅怀纪念"主题，通过陈列展览、科普小站、在线直播和微信公众号推送等形式举办一系列的科普活动。活动参观量和关注量超4367万人次。

学会组织国内的医科院校于10月15日前后在全国各地围绕解剖相关学科组织近100场活动，以纪念第四个世界解剖学日。

12月22日，学会运动解剖学分会党小组举办《如何应对上呼吸道感染》视频科普讲座。

党建强会 3月25日，在学会官网和官方微信上发布学会党委书记刘学政的专题党课《汲取百年党史智慧力量　书写时代发展教育篇章》，带领学会全体职工学习贯彻落实党的十九届六中全会精神。

6月18日，中国解剖学会第十六届理事会党委第四次扩大会议以线上线下结合方式在湖北省十堰市召开，学会党委委员对中国解剖学会第十五次全国会员代表大会需要审议的材料以及第十七届拟推荐领导班子人员名单进行前置审议。

7月8日，2022年中国解剖学会科普工作委员会工作会议期间，学会科普工作委员会党支部组织开展"永远跟党走"主题教育活动。

8月6日，在井冈山大学的支持下，举办中国解剖学会井冈山革命传统教育基地揭牌仪式。8月3—5日，学会赴江西省井冈山市组织开展以"弘扬革命精神、践行初心使命"为主题的党建活动。9月19日，学会党委组织开展"永远跟党走"主题教育活动。

开展学习贯彻党的二十大精神活动。学会理事会党委书记刘学政作题为《学习贯彻党的二十大精神》的专题讲座。

12月25日，召开中国解剖学会第十七届常务理事会第一次党员大会，选举产生学会新一届党委。选举刘学政为党委书记、周德山为副书记、丁文龙为纪检委员、崔慧先为组织委员、易西南为学习委员。

会员服务 学会通过官网、微信公众号、会员群向会员推送最新动态信息。编撰学会2022年工作年报、《会讯》发放给会员；学会党委录制2次专题党课并发布在官网和官方微信上，供会员浏览观看；组织各种微课比赛、标本制作大赛、绘图大赛等活动，激励会员参加。

【中国解剖学会第十五次全国会员代表大会】 12月25日，中国解剖学会第十五次全国会员代表大会暨换届大会在北京以线上形式召开，187位会员代表出席会议。

大会审议并通过修订后的《中国解剖学会章程》《中国解剖学会第十六届理事会工作报告》《中国解剖学会第一届监事会工作报告》《中国解剖学会财务报告》。

大会选举产生中国解剖学会第十七届理事会理事、常务理事、理事长、副理事长及第二届监事会监事、监事长，并聘任秘书长。李云庆当选学会第十七届理事会理事长，马超、刘学政、张宏权、崔慧先、周德山、李和、隋鸿锦、肖岚、易西南、许家军、欧阳钧当选副理事长。丁文龙当选第二届监事会监事长。马超被聘任为学会秘书长。

同期组织召开中国解剖学会第十七届常务理事会第一次党员大会。

（撰稿人：祁　栋）

中国生物医学工程学会

服务创新型国家和社会建设 学会受国家药品监督管理局委托，承接《医疗器械科技前沿》杂志4期主要内容的编写，为国家药品监督管理局监管层提供学术信息支撑。

全年完成国家药品监督管理局创新医疗器械特别审批审评专家审查会184次，审评创新产品194项，同比增加17%。

作为医学人工智能名词术语规范化工作组成员单位之一，初步完成"医学人工智能技术学名词"编审工作，基本完成整体目录章节划分、词条审定及增补等工作，完成年度中国医学人工智能代表性算法评选工作。

组织各类团体标准化活动24场次，举办知识产权安全宣传周系列活动1场，发布团体标准22项，比2021年度均有所提升。团体标准项目类型涵盖医学影像、医用原材料、医学人工智能等领域相关标准项目以及医疗器械产品类标准项目与评价类标准项目，填补相关国家行业标准空白，补充现行标准体系。

围绕天津市、广东省深圳市、江苏省苏州市等地区高端智能医疗器械产业发展问题，组织院士专家开展实地调研、技术对接、成果转化等服务活动，初步搭建起高端智能医疗器械助力区域经济社会高质量发展的协同平台；强化跟踪落实、建立长效服务机制，建立学会产学研协同创新平台，与江苏省科协等签订战略合作协议，使智力引进、项目落地和技术服务有载体、有渠道、有平台，搭建服务地方的长效机制。

学会建设 截至2022年，学会拥有35个分支机构；个人会员26066人，同比2021年新增815人；拥有单位会员69家。全年召开理事会议1次、常务理事会议2次。

加大财务信息化建设投入。应用现代化手段，使报销手续简单化、无纸化；加强预算管理、合同管理，提升财务监督管理能力、信息交互共享能力。

青年人才托举工程 学会成立导师小组制订托举方案，指导青年托举人才学术研究及成果鉴定。7月，启动第八届中国科协青年人才托举工程项目候选人推荐工作。9月，东南大学杨晨熙和曾易获得第八届中国科协青年人才托举工程项目资助，安贞医院王粮山、王晓朦以及中国人民解放军总医院第六医学中心李双磊获得学会青年人才托举自筹经费项目资助。

主办期刊 《中国生物医学工程学报》根据2020年和2021年科学网、谷歌和中国知网被引量统计，发布2019年度论著类和综述类刊文最佳引文。继续入选中国科学引文数据库、北京大学图书馆《中文核心期刊要目总览》和“中国科技论文统计源期刊”（CJCR，中国科技核心期刊）。CJCR影响因子为0.872，较2021年（0.654）有所提高，继续在同类期刊中处于领先地位。入选Scopus数据库、中国知网《世界期刊影响力指数（WJCI）报告（2020科技版）》。

学科发展工程 中国科协项目成果《2020—2021生物医学工程学科发展报告》在2021—2022中国生物医学工程大会暨创新医疗峰会开幕式上发布。

国际学术会议 8月3—7日，由学会生物力学专业委员会、中国力学学会主办，北京航空航天大学承办的第八届中美生物医学工程暨海内外生物力学学术研讨会在北京举办。大会邀请报告31场，征集并录用墙报交流论文345篇，会议所有论文摘要由《医用生物力学》杂志2022年第37卷增刊汇编发表。

国内主要学术会议 2022年，学会推荐的6个会议入选中国科协《重要学术会议指南（2022）》，举办包括大型综合、前沿高端、新学说新观点学术沙龙等各种类型学术会议22次。

1月14—15日，由学会组织工程与再生医学分会主办、浙江大学承办的第十届全国组织工程与再生医学大会线上召开。大会设置8个分会场、22个分论坛，邀请83名国内外专家学者就组织工程与再生医学领域最新成果、临床应用及未来形势作特邀报告。收录论文200余篇，10万余人次线上参加会议。

6月18日，由学会精确放疗技术分会、陕西生物医学工程学会放疗工程专业委员会共同主办，空军军医大学唐都医院承办的2022年放疗工程物理技术“长安论坛”暨陕西省放疗工程专委会年会在陕西省西安市召开，线上线下4200余人参加会议。

8月13—14日，中国生物医学工程学会体外循环分会2022全国体外循环学术年会线上举办。会议设立分会场12场、医学专题会5场，其中大会主题发言3场、学术报告80个，授课专家73名。大会直播累计点击量54183次，累计观看人数11503人次。

10月31日—11月13日，由学会和学会心律分会主办的第二十二届中国心律学大会线上举办。会议内容涵盖专家讲座、手术演示、病例报告、基础培训和新技术专题会，开设近32个论坛、350个讲题、134场手术直播演示。654位专家参与，多平台线上观看人数达20万人次，注册人数约7000人。

11月28日，第四届中国生物医学工程学会肿瘤多模态微创诊疗技术创新转化联合体年会在上海市召开。会议邀请业界医学影像学专家、免疫生物技术专家、生物热物理专家、医疗器械创新监管专家及多家三甲医院的介入、免疫、影像科专家参加，共谋学科交叉发展、技术融合创新，多项多模态微创诊疗技术重要进展在会上发布。线上参与人数近3万人次。

12月10日，2022中国医学人工智能大会线上举办。大会以“人工智能赋能数字健康产业创新发展”为主题，设置院士论坛和3个分论坛。其中，邀请国内院士6位、讲课专家33位，观看人数达2万人次。

12月25日，由学会移植透析分会、海南医学院第二附属医院主办的第三届博鳌移植论坛暨中国生物医学工程学会移植透析分会2022学术年会在海南省海口市召开。会议邀请多位国内外移植学专家作主题演讲。

12月29—31日，重症心脏病大会暨中国生物医学工程学会机械循环支持分会第三届年会以线上线下结合方式召开。大会设置5个分论坛和2场卫星会，大会直播与回看观看人数累计22305人次。

国际组织任职 学会秘书长、研究员池慧当选国际科学理事会中国委员会委员（2019—2025年）；学会理事林康平当选国际医学与生物工程联合会候任主席（2022—2025年）；学会副理事长、研究员郑海荣作为亚太区代表当选国际医学与生物工程联合会执委（2022—2025年）；学会理事李斌当选国际医学与生物工程联合会临床工程委员会委员（2022—2025年）；学会理事刘澄玉当选国际医学与生物工程联合会出版委员会委员（2015—2025年）；温州医科大学教授金献测当选亚太医学物理联盟教育培训委员会主席（2018—2025年）。

国际交往 学会持续加强与国际组织的联系，扩大与国际医学物理与工程联合会和国际医学与生物工程联合会的合作范围。国际医学物理与工程联合会世界医学物理和生物医学工程大会期间，举办国际医学与生物工程联合会会员代表大会，还组织相关专家参加国际医学与生物工程联合会团体理事会议、国际医学与生物工程联合会新一届执委会会议、亚太地区工作组会议，向全球代表介绍学会近期工作情况。

成功申办2023年7月24日在澳大利亚悉尼市召开的第44届电气和电子工程师协会医学与生物工程学会国际年会之“健康监测：新兴技术如何提供帮助？”论坛。

科普活动 “健康科普云讲堂”是学会举办的线上品牌科普活动，累计开展15期讲座。全国科普日期间举办2次线上科普知识竞答活动，受众人数达2万余人次。

积极参与全国科技工作者日活动，开展线上专题研讨会、系列讲座，被中国科协评为2022年全国科技工作者日活动优秀组织单位。

发挥高校科教资源作用，开发一系列科普产品。2022年度共创作5部科普短视频：《医学影像学简史》《青少年膝痛罪魁祸首OSD》《鉴别膝痛和护膝》《关爱足部健康、预防运动损伤（上、下）》；设计制作8期科普图文：《ICU里你必须要知道的两个绝招——CRRRT》《ICU里你必须要知道的两个绝招——ECOM》《核酸检测管里的液体为何物？》《核酸检测的“棉签”为何物？》《胶囊胃镜》《指夹式血氧仪》《3D打印技术是什么？》《3D打印技术——术前模型》。

表彰举荐优秀科技工作者 2022年，学会推荐第十七届中国青年科技奖、第十八届中国青年女科学家奖、第十五届谈家桢生命科学奖、第二届钟南山青年科技创新奖、2022年“最美科技工作者”等候选人10名。

学会开展2022—2023年度黄家驷生物医学工程奖的征选工作。

学会会员、中国科学技术大学教授徐榭获国际医学物理与工程科学联盟医学物理优秀奖，是获得该奖项的第一位中国学者。

党建强会 学会党委组织广大会员学习宣传贯彻党的二十大精神。官网开通“党的二十大精神”专栏，面向学会党委委员、理事、青年科技工作者征集党的二十大精神学习心得体会。组织开展“党的二十大代表进学会”活动。

组织业内专家及生物医学工程科技工作者参与“专家服务团”工作。7月，开展党史学习教育，走进贵州省遵义市余庆县开展“科技进乡村”活动。

会员服务 学会建立完善会员分类管理与服务工作机制，以会员服务带动会员发展。建立专家库，为各个分支机构开设端口，广泛吸纳科技人才，为会员提供交流平台。学会的各类学术大会对会员给予注册费优惠，对单位会员给予一定的免注册费名额。

进一步完善会员信息库及会员通讯工作。全年出版《中国生物医学工程学会通讯》3期；利用微信公众号，定期发布学会主办的各类活动信息，收集发布重要业内信息。学会官网累计发布信息102条，总访问量超过210万人次。微信公众号发布信息123条，阅读次数290004次，阅读人数为205866人；分享次数为12830次，分享人数为10573人；微信公众号关注粉丝为19480人，同比2021年增加3460余人。

【2021—2022中国生物医学工程大会暨创新医疗峰会】 4月10—12日，由学会主办的2021—2022中国生物医学工程大会暨创新医疗峰会线上召开，主题为“医工融合发展　创新引领未来”。大会设有6个专题报告、11个分论坛和20个分会场，内容涵盖医学人工智能、神经工程、智慧医疗、医学影像、生物力学、

康复工程、生物医学光子学、纳米医学、组织工程和再生医学、医疗器械创新、生物医学工程教育、产业转化等方面，聚焦基础前沿、关键核心技术、产业发展等领域。会议直播观看点击量达 36 万人次，总观看时长达到 5.6 万小时。大会交流论文 1200 余篇。

【2022 中国生物医学工程学会青年论坛】 7 月 23—24 日，由学会及学会青年工作委员会主办的 2022 中国生物医学工程学会青年论坛以线上线下同步方式在江苏省苏州市召开。中国工程院院士顾晓松，中国科学院外籍院士王中林，北京航空航天大学医学科学与工程学院副院长、教育部“长江学者奖励计划”特聘教授田捷分别作题为《组织工程创新与转化平台建设》《纳米摩擦发电机——基础科学及其在医学工程中的应用》《基于人工智能和医疗大数据的肿瘤术中导航和量化评估》的报告。

论坛以“医工融合发展　创新引领未来”为主题，共设立 13 个学术分论坛。来自全国近 80 所高校和科研机构的专家学者围绕青年学者成长、生物医学工程前沿技术、人才培养以及项目申报等方面的最新研究进展进行交流汇报，专题发言 223 人次。来自全国各地从事生物医学工程的产学研医企管等各类研究人员、研究生 3000 余人注册并参加论坛。其间，召开中国生物医学工程学会第十届理事会青年工作委员会工作会议，讨论规划未来工作。

【国际医学物理与工程联合会世界医学物理和生物医学工程大会】 6 月 12—17 日，国际医学物理与工程联合会世界医学物理和生物医学工程大会在新加坡金沙会展中心召开。由学会牵头召开的多功能生物医学超声技术前沿专题研讨会于 6 月 14 日以线上线下结合方式召开。大会邀请多位国内外知名专家围绕最新的生物医学超声技术及其在临床诊断和治疗中的应用作报告，并与新加坡线下听众进行互动。研讨会主席、学会副理事长郑海荣作题为《超声功能与分子成像、药物递送及神经调控》的主旨报告。

6 月 15 日，学会中医药分会组织召开传统中医工程的创新与发展专题研讨会。研讨会以“中医药工程创新体系建设”为主题，邀请国内知名高校、科研院所的中医药工程领域专家通过线上形式作报告，并与新加坡现场听众进行互动。本次研讨会主席、东南大学教授刘澄玉作题为《数据和 AI 助力中医现代化诊疗》的主旨报告。

（撰稿人：范俊芳　康亚文）

中国病理生理学会

服务创新型国家和社会建设　6 月 11—19 日，举办全国医药高校青年教师信息化实验教学培训班，采取线上讲座的方式，从信息化教学理念和方法、实验教学资源和技术以及实验教学管理等方面开展培训，共进行 17 场培训讲座，授课专家来自清华大学、北京大学、上海交通大学等国内知名高校和企业。培训学员 576 人，课程直播和回放访问量近 5300 次。

9 月 24—25 日，2022 重症技术规范中国行（贵港站）会议以线上线下结合方式在广西壮族自治区贵港市举办，通过专题讲座、病例讨论等形式向基层的重症医护人员进行呼吸治疗临床诊疗规范及操作技能的指导和推广。培训学员 113 人。

12 月 17 日，举办肾脏疾病的病理生理发病机制与临床诊疗新进展培训班，培训学员 35 人次。

学会建设　学会共有专业委员会 24 个，动脉粥样硬化专业委员会、生物活性小分子专业委员会、受体专业委员会、炎症发热感染低温专业委员会完成换届；教学研究专业委员会正式成立，筹建耳鼻咽喉头颈疾病专业委员会。

聘任 1 名专职秘书处工作人员。制定《中国病理生理学会分支机构党的工作小组管理办法》，修订《中国病理生理学会党委工作制度》《志愿者记录及证明出具办法》《党风廉政建设制度》《网络及安全管理办法》。定期召开分支机构秘书培训会、学会财务培训会等，进一步加强学会工作中党的领导，规范学会内部管理。学会信息及时通过学会官网及微信公众号向社会公布，做到信息公开。

青年人才托举工程　2022 年，学会申请第八届中国科协青年人才托举工程项目，学会推荐的 1 名青年人才获得中国科协资助、1 名青年人才获得自筹资金资助。

主办期刊　2022 年，《中国病理生理杂志》第 13 次入选“中国百种杰出学术期刊”、第 12 次在中国科技核心期刊基础医学类综合排名第一。2022 年入选首届广东出版政府奖（期刊奖）获奖名单。审稿人中山大学教授郭宇获中国科技期刊卓越行动计划优秀审稿人。

《中国实验血液学杂志》被 MEDLINE/PubMed、EBSCO、《化学文摘》、荷兰爱思唯尔、《中文核心期刊要目总览》（北京大学核心期刊）、中国科学引文数据库、中国科技核心期刊等文献数据库或期刊收录；入选 RCCSE 中国核心学术期刊、中国知网统计源期刊等。在 2022《中国学术期刊影响因子年报》中，影响力指数为 208.263，学科排序 41/117。

《中国动脉硬化杂志》被 RCCSE 中国核心学术期刊、中国科技论文统计源期刊（中国科技核心期刊）、中国科学引文数据库、中国学术期刊光盘版、中国数字化期刊群、中国学术期刊综合评价数据库核心期刊收录。2022 年最新影响力指数为 300.380，学科排序 20/117。

国际学术会议 6 月 24—26 日，学会实验血液学专业委员会主办的第七届上海国际淋巴肿瘤高峰论坛暨第三届血液转化和创新论坛以线上线下结合方式在上海市召开。线下有 100 名专家学者及学生参加，线上有 2400 名专家学者及学生参加。微站浏览量 1.6 万人次，直播间浏览量近 2 万人次。

12 月 2—4 日，由学会动脉粥样硬化专业委员会、国际动脉粥样硬化学会中国分会主办的第十六次全国动脉硬化性疾病学术会议，以及与加拿大 ATVB 学会联合主办的第七次中加动脉粥样硬化性心血管疾病学术会议线上召开。来自加拿大、美国、日本以及国内知名高等学校、科研机构和医疗卫生单位的近 800 名专家学者围绕“动脉粥样硬化性心脑血管疾病”主题进行学术交流。

国内主要学术会议 学会全年共举办多学科、多层次、多领域的线上线下国内学术交流活动 14 场，参加会议人数近 12000 人，交流论文 240 余篇。

5 月 27 日，第十六届东方心脏病学会议 – 中国病理生理学会生物活性小分子专业委员会联合论坛线上召开。5 月 28 日，学会生物活性小分子专业委员会主办的第四届全国气体信号分子会议线上召开。6 月 10 日，学会危重病医学专业委员会组织的重症技术规范中国行（新疆站）在新疆维吾尔自治区召开。7月 2 日，学会青年工作委员会主办的青年人才成长总结交流会线上召开。7 月 26 日，学会大中专教育工作委员会第九届第一次全国代表大会暨学术研讨会线上召开。8 月 5—8 日，中国病理生理学会中医和炎症发热感染低温专业委员会联合学术研讨会在河北省张家口市召开。8 月 6 日，中国病理生理学会第十五届受体与信号转导专业委员会学术会议以线上线下结合方式在江苏省南通市召开。8 月 6—10 日，由学会机能实验教学工作委员会主办、安徽医科大学承办的中国病理生理学会机能实验教学工作委员会第八届全国机能实验教学研讨会暨第五期机能学科骨干教师高级研修班在安徽省合肥市召开，围绕推进落实全国高校思想政治教育工作会议精神和《高等学校课程思政建设指导纲要》要求、贯彻立德树人根本任务、充分发挥实验教学的主渠道作用、深入挖掘思政教育元素、合理设计思政教育内容、提高教师开展实验课程思政的认识和能力等方面，从不同角度分享各方面改革探索的成果和进展，分析现存问题并对实验教学的发展趋势进行展望。同期，进行机能学科骨干教师高级研修、实践技能培训，经考核，参加培训的学员中有 55 人获得红十字救护员证。8 月 23—25 日，学会免疫专业委员会和中国细胞生物学会生物节律分会联合主办的免疫与节律学术交流会暨 2022 年生物钟高峰论坛暨棒棰岛论坛暑期沙龙在辽宁省大连市召开，论坛由学会免疫专业委员会主任委员刘强和中国细胞生物学会生物节律分会主任委员徐璎担任主席，邀请国内知名免疫与节律领域的 9 位专家作主题报告，并针对免疫与节律领域“0 到 1”的问题进行交流。10 月 17 日，中国病理生理学会系统生物医学专业委员会卓越论坛第九期线上召开。12 月 3 日，中国病理生理学会心血管专业委员会科技创新主题宣讲会线上召开。12 月 17 日，中国病理生理学会肾脏病专业委员会 2022 年学术年会线上召开，来自全国各地数十位生命科学和医学领域的专家受邀作报告，共同围绕“肾脏损伤与修复”主题，就近年来困扰人民群众健康福祉的重大肾脏疾病及其并发症的发病原因和治疗进展进行讨论和交流，线上观看人数近 6700 人次。

科普活动 学会将科普纳入工作考核并出台 2022 年科普规划。注册志愿者人数近 100 人，科学传播专家团队 8 个；利用微信公众号及官网等媒体平台建立科普专栏，进行疾病防治宣传。学会推荐的温州医科大学眼健康科普馆、安徽医科大学人体结构与功能医学科普教育基地（实验教学中心）入选 2021—2025 年度第一批全国科普教育基地。

3 月 10 日，学会肾脏病专业委员会开展“第 17 个世界肾脏日”健康教育活动。5 月 21—28 日，学会协同安徽省科学技术厅及安徽医科大学在安徽医科大学人体结构与功能医学科普教育基地（实验教学中心）主办“科技活动周启动仪式”及科普教育系列活动。科普基地对外实行预约开放，开展人体科学馆参

观、心肺复苏急救实操及人体（运动）机能生理体验等活动，并通过安徽电视台《大亮聊健康》栏目、“安医大青年之声”电台进行线上直播，共计接待来自各专业本科生、国际教育学院留学生、教职工及安徽省小学师生近2000人次。线上直播及科普视频浏览近3万人次。11月2日，学会副理事长兼秘书长、中医专业委员会主任委员李萍在北京为大学生进行《中医药文化的生命观》主题讲座，近500名师生线上线下参加讲座。11月14日，学会内分泌与代谢专业委员会开展“第16个糖尿病日”健康教育活动。

党建强会 学会党委以微信公众号、官网“党的建设”专栏和微信群等方式开展“不忘初心、牢记使命”“两学一做”“学习党的二十大精神”等主题教育，学会常务理事会党委及23个专业委员会党小组全部组织召开党的二十大精神学习交流会；学会党委注重党委制度建设，建立健全党的工作机制；申报并获批中国科协党校“领航计划”科技人才团结引领专项。

会员服务 学会获得2022年度全国学会会员入库优秀单位。截至2022年年底，共有会员12787人。23个专业委员会每年开展学术交流年会以及各种形式的线上线下专题学术论坛，为会员量身定制差异化服务，提供免费参加学术会议及继续教育项目等服务，为会员提供多种交流渠道。

【第七届上海国际淋巴肿瘤高峰论坛暨第三届血液转化和创新论坛】 6月24—26日，由学会实验血液专业委员会主办的第七届上海国际淋巴肿瘤高峰论坛暨第三届血液转化和创新论坛以线上线下结合方式在上海市召开。

会议主要设CSCO淋巴瘤/白血病巡讲——上海站、CAR-T高峰论坛、优秀论文汇报、CD30靶向治疗淋巴瘤论坛、BTK抑制剂治疗进展论坛、2022年EBMT中国科学论坛、血液病患者侵袭性真菌感染规范诊疗论坛、血液质控论坛等16个分论坛。中国工程院院士陈赛娟、于金明、徐兵河，中国病理生理学会实验血液学专业委员会主任委员黄晓军，中华医学会血液学分会主任委员吴德沛，瑞士伯尔尼医学院肿瘤学教授Franco Cavalli，瑞士南部肿瘤研究所淋巴瘤科主任、国际结外淋巴瘤研究工作组联合创始人Emanuele Zucca，国际恶性淋巴瘤大会专家委员会成员、瑞士南部肿瘤研究所实验性血液学研究项目负责人Davide Rossi，法国马赛保利·卡尔梅特研究所教授Christian Chabannon，德国柏林夏里特医学院教授Olaf Penack等国内外数十名淋巴瘤血液病学、转化医学领域的顶尖专家参与论坛并进行学术交流，以全球视野谋划和推动学科创新，全方位加强国际科技合作，深度参与国际科技治理。大会紧密结合科学发展前沿，围绕中国癌症流行趋势和防控、精准治疗挑战和新策略、医院科技创新工作，聚焦国际血液学热点领域，由国内外专家着重介绍免疫治疗、靶向治疗、造血干细胞移植、细胞治疗等最新进展。

【第五届中国危重病医学研究论坛暨第五届中国重症治疗技术大会】 7月28—31日，第五届中国危重病医学研究论坛暨第五届中国重症治疗技术大会在辽宁省大连市以线上线下结合方式召开。会议由学会危重病医学专业委员会主办，中国医师协会重症医学医师分会、大连市医师协会、大连市医师协会重症医学医师分会协办，大连医科大学附属第一医院承办。学会理事长张幼怡线上出席开幕式，大连市卫生健康委副主任邢军、大连市医师协会会长乔善春、大连医科大学附属第一医院书记刘晶出席开幕式并致辞。

会议设置主会场1个、分会场7个、workshop7场、会议板块67个、大会报告8个、学术报告338个，讲者和主持共510人次，现场参加会议1563人。会议直播累计点击量146536人次，同时在线人数近2.9万人次。会议就重症医学领域的新进展、新技术、新方法和临床实用性相关内容进行学术交流与探讨。会议期间开展workshop、病例讨论、优秀论文交流等学术活动。

（撰稿人：张幼怡　许　红　张　爽）

中国营养学会

服务创新型国家和社会建设 学会承接国家卫生健康委食品司“预包装食品正面营养标识指导规范”的制定。10月20日，通过专家评审会验收，形成《预包装食品正面营养标识指导规范》编制说明以及关键问答材料各1份。

受国家体育总局运动医学研究所委托，承担“冬季项目运动员科学膳食营养关键技术的研究与应用”项目。研究制定针对中国冬季项目运动员营养推荐标准，形成体育行业标准草案1份，内容涵盖运动员11种微量营养素适宜摄入量，并针对冰上和雪上项目特点分别制定7种微量营养素的适宜摄入量。

承担科技部“十三五”重点研发计划“膳食营养评估与干预技术研究”中的“不同膳食模式下适宜个体健康维持的膳食营养指南研究”任务。

受国家市场监督管理总局特殊食品司委托，承接“婴幼儿配方乳粉科学选购专家建议与科普”项目，11月结题，形成《婴幼儿配方乳粉科学选购专家建议与科普》工作报告1份（含新国标发布后部分典型产品喂哺表调查报告）、《婴幼儿配方乳粉科学选购专家建议》科普手册1份，在学会官方网站发布相关科普文章、召开专家解读会1次；承担“番茄红素等保健食品原料纳入保健食品备案目录工作”，11月结题，形成《番茄红素等保健食品原料纳入保健食品备案目录工作报告》1份；承担菊粉等膳食纤维原料纳入保健食品备案目录技术评价工作，形成《菊粉等保健食品原料纳入保健食品备案目录工作报告》1份。

承担国家卫生健康委食品司委托的“应急状态下大众和临床营养保障机制和食物供给指南”的制定，形成“新型冠状病毒肺炎患者临床营养膳食指导”“一线工作者的营养膳食指导”“一般人群防控用营养膳食指导”3个草案。承担国家卫生健康委食品司委托的“国民营养计划和健康中国合理膳食行动年度白皮书”项目，完成报告并提交。

全年新立项团体标准《健康体重管理基本技能》《儿童零食消费营养指导要求》等9项；新发布团体标准《产褥期妇女膳食指导》1项；另外有3项团体标准公开对外征求意见，其中1项《孕期体重增长异常妇女膳食指导》完成意见征集后转化为行业标准。

继续组建科技服务团队伍，8月公布营养科技服务团“双百”专家名单，充实到“科创中国”生命全周期营养与健康产业科技服务团，为助力地方科技经济融合提供人才支撑。重点服务试点城市湖北省襄阳市和其他需求城市，搭建专家企业一对一咨询平台，为企业提供产业化方案，促成科技成果转化落地。

在与百事公司长期合作的基础上，联合成立的中国营养学会－百事营养创新中心入选中国科协首批“科创中国”创新基地名单。

受人力资源社会保障部委托，完成“公共营养师音像电子数字网络作品”的录制工作；受国家卫生健康委委托，启动营养指导能力提升师资培训视频课程录制。

参与人力资源社会保障部《中华人民共和国职业分类大典》中关于营养相关职业内容的修订，引导营养相关职业发展方向；组织2022年度注册营养师/注册营养技师水平评价工作，共有9000名考生报名；组织2次公共营养师全国技能等级考试工作，全国8528名考生参加。

开展临床营养、老年营养、运动营养、公共营养等专业方向的国家级继续教育培训班20场，培训营养专业人员4498人；针对不同岗位营养技能提升的需求，培养体重管理、母婴健康管理等从业人员2.5万人。

2022年，由学会主办的“合理膳食　营养惠万家”项目被纳入“国家慢性病综合防控示范区第二轮支持推广平台项目”。该项目在湖北省武汉市、宁夏回族自治区石嘴山市、安徽省宣城市3个国家级示范区和山东省德州市、湖北省黄石市2个省级示范区试点开展。面向居民、学生、教师、厨师等人群，通过线上线下科普讲座、营养实操、营养义诊和咨询等方式开展活动40余场，覆盖10万人次。

10月30日，全球专业志愿服务周暨北京主题活动启动会上，学会联合有关单位以“科技向善　志愿创变”为主题，通过知识普及、主旨演讲、成果展示、专家对话、联合倡议等方式线上线下展示专业志愿服务。

学会建设　5月29日，召开中国营养学会第十届全国会员代表大会，成立第十届理事会、党委会和第二届监事会以及9个工作委员会。全年共召开理事会议1次、常务理事会议2次、理事长办公会议4次、监事会议2次、党委会议2次。完成新一届理事会文件的修订和补充。

批准成立特殊膳食用食品技术与应用分会、药食同源产业发展分会。完成临床营养分会、老年营养分会等7个分会换届工作。继续开发分支机构信息管理系统，设计20个线上功能方案。筹备2023年第十四届亚洲营养大会。

继续推进学会秘书处规范化、职业化建设，对秘书处制度进行修订和完善。秘书处全年召开全体会议、中层会议、秘书长会议15次。截至2022年年底，设有职能部门6个，工作人员20人，包含1名专职秘书长和3名专职副秘书长。

全年会员总数从2021年年底的45473人增至60116人；单位会员从97家增至108家。

青年人才托举工程　学会组织第八届中国科协青年人才托举工程项目申报工作，最终确定中国科

协资助2名、自筹经费资助2名，并跟踪和评估青年人才成长情况，为被托举人实践提供更多信息和平台。

主办期刊 学会主办的《亚太临床营养杂志》全年出版4期，收到投稿251篇，接收论文58篇，稿件采用率为23.1%，SCI影响因子为1.66。

学科发展工程 8月18—19日，以“中国居民营养素摄入量和慢性病防控”为主题的香山科学会议第718次学术讨论会在北京召开。来自营养科研、经济、政策、产业等相关领域34家单位的50名专家学者和记者等参加会议。大会提出在慢性病防控下营养健康当前面临和亟待解决的科学研究问题、政策建议和产业方向。

组织完成中国居民膳食营养素参考摄入量修订工作。召开3次专家委员会全体会议，完成8个横向工作组的组内修稿、组间互审，4个纵向工作组的数值审核与稿件审查以及第一次集中审稿工作；完成34个营养素以及24个食物非营养素成分的膳食营养素参考摄入量数值的确定。

开展专项科研基金招标及评审工作。全年共招标6项科研专项基金，完成5项基金的评审，收到标书391份，总计资助39个项目。

国内主要学术会议 学会全年召开学术会议30次，交流学术报告、论文1000篇。

3月4日，由学会肥胖防控分会等单位共同组织的“世界肥胖日”中国高峰论坛线上召开，2万人次观看直播。论坛上发布2022年“世界肥胖日”中国宣传主题片及《中国肥胖防治行动建议15条》。

7月30—31日，由学会与中国疾病预防控制中心营养与健康所等联合主办的第十五届全国营养科学大会以线上线下结合方式在北京召开，大会主题为“食物健康与营养”。大会设有主旨报告和18个分论坛，200名专家学者进行学术报告，征集投稿1825篇，线上10万人次观看。

8月5—7日，由学会与中国疾病预防控制中心营养与健康所主办的第二届中国母乳科学大会在北京召开，主题为“数据共享、方法共享、科学共享”。大会设有主旨报告和10个分会场，参会人数达2800人。

8月5—7日，由学会临床营养分会主办的中国营养学会第18届全国临床营养学术会议在浙江省杭州市召开。会议邀请146名专家进行121人次报告，投稿118篇，2.3万名专家学者以线上线下方式参加会议，在线观看人数达5.1万余人次。会上正式发布《中国糖尿病医学营养治疗指南（2022）》《乳铁蛋白临床应用中国专家共识》。

12月22—24日，学会主办的2022妇幼营养学术年会在江苏省南京市以线上线下结合方式召开。会议包含5个学术会议单元、91个学术报告。大会期间发布新版《中国婴幼儿喂养状况白皮书》并进行解读。

两岸交流 11月26—27日，由学会、中国学生营养与健康促进会主办的第七届海峡两岸暨港澳营养科学大会在山东省青岛市以线上线下结合方式召开。大会以“膳食营养与健康”为主题，邀请来自海峡两岸暨香港特别行政区、澳门特别行政区高校、研究机构和企业的110名专家学者进行学术报告，注册代表4000人，直播观看人数超过2万人次。大会设立主会场和5个专题论坛，围绕食物营养与可持续发展、营养教育和人才培养、营养人才队伍建设、营养科学技术创新与发展、未来营养与人类健康发展趋势以及海峡两岸暨港澳营养科学技术交流及合作进行学术交流。闭幕式上，发布第七届海峡两岸暨港澳营养交流与创新发展青岛宣言。

国际交往 12月6—12日，学会组织参加由国际营养科学联合会在日本东京市主办的第22届国际营养大会。本届会议主题是“以营养赋能全球居民”，中国代表参加各种学术报告会以及亚洲营养联合会执委会议和委员会会议，介绍2023年亚洲营养大会的准备情况以及2023—2027年亚洲营养联合会的重要工作。同时为宣传2023亚洲营养大会布置具有中国特色的展台。

受联合国儿童基金会委托，探索和建立适合中国的营养素度量法模型，以规范针对儿童销售的不健康预包装食品公益科研项目。邀请来自英国、法国、加拿大等10余个国家的专家学者加入该项目，2022年开展国内外专家线上讨论会20场，累计300位国内外专家学者参与交流。项目发表论文1篇、简报4篇、调研报告6篇。

实施联合国儿童基金会“婴幼儿喂养咨询公益培训项目”——婴幼儿喂养咨询培训省级师资培训。该项目旨在提高营养工作者在婴幼儿喂养咨询方面的能力，全年开展6场省级培训，建立3个省级培训示范基地，组建师资队伍培训省级以及市级从事婴幼儿喂养领域的营养工作者200名。

科普活动 5月13日，2022年全民营养周暨5·20

中国学生营养日主场启动会启动。2022 年全民营养周的宣传主题是"会烹会选　会看标签"，中国学生营养日的宣传主题是"知营养　会运动　防肥胖　促健康"。学会理事长杨月欣解读 2022 全民营养周和中国学生营养日核心传播信息。同期举办第四届全国营养科普大会，在新华网《新华大健康》全程直播，人民网、《人民日报》健康客户端、光明网等平台同步直播，首日观看量达 301 万人次，号召全国 14 万科技工作者参与，累计受众 7.5 亿人次。

4 月 26 日，《中国居民膳食指南（2022）》发布会在北京举办。此次发布会以线上线下结合方式由新华网、人民网等 5 大平台同步直播，800 万人次在线观看，20 家媒体及平台进行报道。同期发布中国居民平衡膳食宝塔（2022）、中国居民平衡膳食餐盘（2022）和儿童平衡膳食餐盘（2022）等可视化图形，指导大众在日常生活中进行具体实践。以《中国居民膳食指南（2022）》为基础，全年开展图文 / 短视频发布、线上直播、线下沙龙等一系列科普宣教活动，陆续发布《中国学龄儿童膳食指南（2022）》《中国婴幼儿膳食指南（2022）》等内容。

8 月 2 日，在第 31 个世界母乳喂养周期间举办"母乳喂养促进，健康教育先行"主题活动。与联合国儿童基金会驻华办事处共同主办专题研讨会，光明网等平台同步直播，在线观看人数约 100 万人次。

9 月 14—20 日，组织营养专家、营养师，依托现有科普人才队伍，以"正确认识乳制品　科学摄入好营养"为主题开展线上科普直播 3 场；围绕《中国居民膳食指南（2022）》为公众提供营养知识，总点赞量突破 30 万；在"中国好营养"微信公众号上发布 2022 全国科普日营养专题系列科普 21 篇，累计阅读量超过 15 万人次，分享次数 1.5 万余次。

9 月 23 日，2022 全民健康方式宣传月暨全国科普日主题活动"合理膳食，营养惠万家"正式启动。活动设置"科学饮水""慧吃全谷"2 个主题圆桌论坛，特设"全谷物营养厨房"现场讲解和示范，约 100 万人次在线观看。

11 月 21 日，受全国老龄工作委员会办公室委托，举办老年营养改善行动（2022—2025 年）启动暨老年人膳食指南发布会。学会负责完成老年营养改善行动工作方案并设计标识，根据全国老龄工作委员会办公室要求，指导各地开展老年营养改善行动、设计老年营养科普宣传材料、组织老年营养健康核心技能培训、开展老年营养改善相关公益活动等。会上，发布《中国老年人膳食指南（2022）》。

表彰举荐优秀科技工作者　学会开展第八届中国营养学会科学技术奖评选，评选出科技项目 9 项、科普项目 5 项；组织完成第十八届中国青年女科学家奖、第十七届中国青年科技奖、2022 年"最美科技工作者"、"科创中国"技术经理人先锋榜等候选人提名或推荐工作。

党建强会　5 月 29 日，召开第十届理事会党委会议，选举新一届党委会组成人员。

组织全体党员观看党的二十大开幕式并提交学习体会 12 篇；组织党委学习贯彻党的二十大报告精神 1 次，组织秘书处党员学习 2 次和参观 1 次，组织职工集中学习和交流 1 次。在学会官网增设"学习贯彻党的二十大精神"专栏，持续向会员宣传和组织学习党的二十大精神。

会员服务　完善会员结构体系，完成首届会士推选并举办授予仪式，不断优化会员晋级通道；新增战略咨询专家委员会和首席专家聘任制度。

调整会费标准，同时强化连续会龄，设置终身会员免缴会费原则。根据最新章程，完善会员条例、单位会员管理办法以及会士条例等相关制度性文件。

将会员发展与提供会员服务作为学会发展重要指标，并将其逐步纳入对分支机构、会员之家和理事的工作考核中；在学会各项活动中充分体现会员优先优惠原则，吸引更多营养科技工作者加入。

完成会员信息管理平台升级，优化入会流程，完善会员信息登记模块，加强会员个人信息安全保护，不断提升会员入会及参与学会活动的便捷性；结合中国科协推进全国学会会员入库工作部署，组织各省学会协助完成本地推荐会员个人信息补充工作。

11 月 30 日，面向会员举办第三届中国营养青年科学家论坛。论坛以"创新融合，促进营养科学发展"为主题，邀请专家学者共同交流和探讨营养学的进展和创新技术，为广大青年学者搭建合作交流平台。

12 月 16 日，组织线上单位会员交流会，围绕学会重点工作和计划、产业发展、未来合作等方面进行交流并提出意见和建议，来自 30 家单位的 50 人会员代表参加。

【中国营养学会第十届全国会员代表大会】　5 月 29 日，中国营养学会第十届全国会员代表大会以线上

线下结合方式在北京召开，来自全国各地的会员代表共 292 人出席会议。会议审议通过第九届理事会工作报告、财务报告、第一届监事会工作报告、学会章程修订草案、会员会费标准修订草案等内容，选举产生新一届理事会、监事会和新一届党委。

会上，学会理事长杨月欣作题为《坚持特色创新 在健康中国建设中展现新作为》的第九届理事会工作报告和财务报告。学会监事长李晓斌代表第一届监事会作工作报告。会议选举产生 150 名第十届理事会理事。会议选举通过第十届理事会领导班子由 13 人组成，杨月欣当选第十届理事会理事长，马爱国为常务副理事长兼法定代表人，韩军花被聘为秘书长。第二届监事会组成人员 7 名，孙长颢任监事长，李晓斌任副监长。党委委员推荐人选共 7 名。

【第十五届全国营养科学大会】 7 月 30—31 日，第十五届全国营养科学大会以线上线下结合方式在北京召开。大会由学会联合中国疾病预防控制中心营养与健康所、农业农村部食物与营养发展研究所、中国科学院上海营养与健康研究所和华中科技大学公共卫生学院共同主办，主题为“食物健康与营养”。开幕式由学会常务副理事长马爱国主持。来自世界卫生组织、联合国粮食及农业组织、国际营养科学联合会等国际组织和联盟的代表分别致辞。

大会公布中国营养学会第八届科学技术奖获奖名单、首届中国营养学会会士名单以及营养科技服务团“双百”专家名单等。

大会主会场进行 6 项主旨报告、18 个分论坛，200 名专家学者围绕食物成分、人群营养、膳食模式、营养与疾病、食物营养法规、营养科技产业等方向进行学术报告。来自全国各地的 2000 名科技工作者注册参会，线上总观看量达 10 万人次，征集大会学术投稿 1825 篇。

（撰稿人：李耕华）

中国药理学会

服务创新型国家和社会建设 1 月，中国科协委托中国科协生命科学学会联合体开展科技评估报告编制工作，承担生物学领域科学研究水平评估。学会参与药理学研究水平评估报告编制。

4 月，学会应中国科协生命科学学会联合体要求，组织 5 位专家对《涉及人的生命科学和医学研究伦理审查办法（送审稿）》提出 33 条修改意见和建议，汇总后提交上级部门。

4 月，由中国科协生命科学学会联合体牵头，中国细胞生物学学会起草《关于提高老年人新冠疫苗接种和加强针比例的倡议书》，学会作为发起单位之一，参与发起和公开发布倡议书。

12 月，应北京大学中国战略研究中心、中国国土经济学会联合致函邀请，学会作为共同发起单位，联合 11 家国内机构，与国际相关机构共同发起成立国际生物经济联盟。

与国际基础与临床药理学联合会开展项目合作，组建贵州药理学联合实验室，持续开展科技帮扶活动。

2022 年，申报中国科协全国学会项目，多个项目获得立项。“中医药治未病相关药理学研究及新药研发”入选高层次专家研讨会，针对《中医药发展战略规划纲要（2016—2030 年）》提出的中医药在治未病中的主导作用是未来中医药发展的战略定位之一，对相关重大科学和技术问题进行研讨。“科创中国”医药产业链产业科技服务团入选“科创中国”科技服务团示范项目名单。

全年举办各类专业培训 5 场次，参加人数总计 9469 人次。

学会建设 2022 年，学会新发展个人会员 909 人，个人会员总数达 12450 人。

全年召开理事会议 1 次、常务理事会议 2 次、监事会议 2 次，完成 6 个专业委员会换届工作。

青年人才托举工程 学会依托中国科协生命科学学会联合体组织中国科协青年人才托举工程项目申报和推荐工作。1 月，空军军医大学博士高源获第七届（2021—2023 年度）中国科协青年人才托举工程项目资助；11 月，浙江中医药大学博士吴迪、军事科学院军事医学研究院博士韩露获第八届（2022—2024 年度）中国科协青年人才托举工程项目资助。

主办期刊 学会主办期刊 8 种，其中学术期刊 7 种、内部通讯 1 种。2022 年发行量总计 5.67 万余册。

根据科睿唯安发布的 2022 版《期刊引证报告》，《中国药理学报》影响因子为 7.17，在国际药理学与药学领域 279 个期刊中名列第 28 位。

《中国药理学通报》被《科技期刊世界影响力指数（WJCI）报告（2022）》收录，影响因子为 1.032，位于 Q3 区。入选 2022 年度中国高校科技期刊建设示范案例库杰出科技期刊，获得中国科协全国学会期刊出版能力提升计划中文期刊稿源质量提升项目资助。

《中国临床药理学与治疗学》获2022年度中国高校科技期刊建设示范案例库“优秀科技期刊案例”称号。

《医药导报》被《科技期刊世界影响力指数（WJCI）报告（2022）》收录，在入选的102种药学综合类期刊中排名第67位，影响因子为0.661，位于Q3区。

国际学术会议 2022年，学会共举办国际学术会议5场，参加会议人数累计9469人次，交流论文91篇。

2022年，由国际基础与临床药理学联合会和学会共同主办的天然产物与传统药物药理学国际青年论坛连续举办3次，来自8个国家的15位专家学者作学术报告，参加会议人数累计700余人次。

8月5—7日，由中国工程院、中俄医科大学联盟、学会、哈尔滨医科大学共同主办的中俄生物医药国际工程科技战略高端论坛暨第十三届中俄国际药理学大会以线上形式在黑龙江省哈尔滨市召开。来自中国、俄国、美国、英国、加拿大、澳大利亚等国的150余位国内外生物医药领域的专家参加会议。会议聚焦生物医药研究领域前沿及热点话题，回顾临床研究和生物医药领域的发展历程、发展成就，着眼生物医药领域的现在及未来，共同探讨最新研究成果，推动基因重组药物、化学制药、植物药物、中医成药等生物医药高新技术产业的创新发展。

12月2日，第四届中国－葡语系国家天然药物和生物多样性资源研讨会暨中医药研究与产业发展国际论坛（澳门）在澳门特别行政区举办。学会理事长张永祥、澳门药理协会会长李铭源担任大会联合主席。会议主题是“天然药物和生物多样性”以及“中医药研究与产业发展”，200余位来自中国、美国、葡语系国家等国家和地区的专家学者以线上线下结合方式参加会议，就中药药理学研究的新进展、澳门中医药产品在内地的发展和走向国际市场等话题展开研讨。

国内主要学术会议 2022年，学会及所属分支机构举办各类学术年会、研讨会、论坛等共计42场次，线下线上参加会议人数累计771409人次，交流论文1204篇。

5月27—29日，由学会药源性疾病学专业委员会等联合主办的第十四届药源性疾病与安全用药中国论坛以线上线下结合方式举办。论坛邀请来自全国各地的120余名专家学者分享交流最新学术成果与临床经验，累计点击量44万余人次。

9月24—26日，由学会治疗药物监测研究专业委员会、西安交通大学第一附属医院、苏州大学附属第一医院共同主办的第十二届全国治疗药物监测学术年会线上召开。会议设立20个分会场，安排182场报告，3.5万余人次线上参加会议。

11月19—20日，由学会中药与天然药物药理专业委员会与陕西中医药大学联合主办的第十三届全国中药与天然药物药理学术会议线上召开，累计点击量2.7万余人次。大会邀请2位中国科学院院士、2位外籍专家和23位国内专家作大会报告和专题研讨会主题报告，从不同角度和视野展示中药和天然药物药理领域的新方法、新思维、新进展。

12月16—18日，中国药理学会第十六次全国学术大会暨第五届东方药理论坛线上举办。会议学术内容包括大会报告、专题论坛报告、研究生学术论坛报告，累计点击量57797人次。

国际组织任职 2022年，国际基础与临床药理学联合会执行委员会进行委员重组和换届选举，学会参与候选人推荐和竞选工作。中国医学科学院药物研究所教授杜冠华获得连任，成为国际基础与临床药理学联合会机构重组后首届执行委员会委员；北京大学第一医院博士庞晓丛入选青年委员会委员。

国际交往 9月14日，2022年国际基础与临床药理学联合会年度执行委员会会议在英国利物浦市召开，国际基础与临床药理学联合会执行委员会委员杜冠华线上参加会议。会议签署《中国药理学会与国际基础与临床药理学联合会合作协议》，目的是促进天然产物及传统药物国际学术交流合作与发展。双方将共同组织开展国际天然产物与传统药物药理学交流活动，共同组织开展天然产物与传统药物科普教育活动，共建天然产物与传统药物化学成分数据库（英文版）。

科普活动 受国际基础与临床药理学联合会委托，学会组织第二届世界智慧用药日宣传和海报征集活动。活动主题为“疫情时代的临床药理学”，共征集作品125份，从中遴选出6份提交国际基础与临床药理学联合会，其中2份入选全球最佳海报。学会受到国际基础与临床药理学联合会表扬，并被列入联合组织方名单。

11月，学会化疗药理专业委员会主办2022年度

合理用药宣传系列活动，活动重点关注新冠病毒治疗药物不良反应的鉴别及处理。参与专家共计 10 人，累计受众 500 余人次。作为活动的延续，其中 2 位专家应邀深入社区开展合理用药讲座，与社区居民面对面互动。

2019 年成立中国药理学会合理用药科普吉林示范基地，经过 3 年建设，完成工作计划，在传播科学用药知识、提高群众用药能力、提升居民健康管理水平等方面取得成效。2022 年 1 月，完成基地工作总结，并继续建设和完善学会科普服务体系。

表彰举荐优秀科技工作者 5 月，学会推荐第十五届谈家桢生命科学创新奖、生命科学产业化奖候选人各 1 人。

党建强会 2022 年，学会召开 2 次党委（扩大）会议，2 个专业委员会成立党的工作小组。

4 月，学会、北京药理学会和首都医科大学宣武医院药学部，联合组织 7 人专家团队赴北京市西城区新街口社区卫生服务中心，开展“我为群众办实事，提升技能增服务”主题党日活动，带去信息化处方的审核技术和理念，解决基层人员不足、能力不足等问题。

学会理事会党委委员、办公室全体党员通过各种形式学习贯彻党的二十大精神。征集学会领导、理事、监事等“关键少数”的学习感悟 10 份，青年科技工作者学习感悟 11 份，科技工作者建言献策 5 份，科技工作者献礼视频 1 部，提交中国科协科技社团党委。

会员服务 春节前，学会安排走访看望老科学家和学会老领导，了解他们的身体健康及生活情况，同时汇报学会近期工作，听取老专家对学会建设的意见和建议。

2022 年，学会门户网站全面升级改版，对原有栏目体系进行规范梳理和系统整合，突出服务功能。

6 月起，学会开始筹备线上学术论坛“线上药理学”，目的是通过新媒体、网络会议等方式为广大会员服务，提高药理学科技创新能力和研究水平。“线上药理学”的内容主要包括药理学基础理论讲座、药理学及新药研究进展报告、药理学研究新技术新方法介绍以及新药研发、新药注册法规讲解等专题。2022 年共举办 2 期，分别由中国工程院院士、哈尔滨医科大学教授杨宝峰，学会副理事长、广州医科大学教授余细勇作学术报告。

7—12 月，开展“坚守科研诚信与弘扬科学家精神”专题系列活动。活动分坚守科研诚信、弘扬科学家精神、交流研讨 3 个阶段进行。

【中国药理学会第十六次全国学术大会暨第五届东方药理论坛】 12 月 16—18 日，由学会和上海市药理学会共同主办的中国药理学会第十六次全国学术大会暨第五届东方药理论坛线上举办。学会理事长张永祥、党委书记兼副理事长杜冠华、副理事长兼上海市药理学会理事长缪朝玉担任大会共同主席。来自全国高校、医院、科研院所和企业等单位从事药理学科研、教学、新药研发等工作的 29124 名人员通过直播观看大会，累计点击量 57797 人次。

大会包括大会报告、专题论坛、研究生学术论坛，共有 144 位院士、专家和青年药理学研究者作学术报告。应邀作大会报告的专家包括中国科学院院士、国家自然科学基金委员会医学科学部主任张学敏，中国工程院院士、中国科学院上海药物研究所研究员丁健，原国家食品药品监督管理总局药品审评中心副主任周思源，英矽智能科技（上海）有限公司联合首席执行官任峰，学会名誉理事长、北京大学医学部教授林志彬，学会副理事长、南京中医药大学校长胡刚，学会副理事长、海军军医大学药理系主任缪朝玉，中国药科大学校长郝海平，山东大学副校长易凡。

大会期间还组织召开中国药理学会十二届二次理事会议、三次常务理事会议、三次党委委员会会议，传达重要文件精神，讨论学会及党委工作。

【“坚守科研诚信与弘扬科学家精神”专题系列活动】 为进一步加强科研诚信教育与学风建设，弘扬科学家精神，营造诚实守信的良好科研环境，学会于 2022 年下半年开展“坚守科研诚信与弘扬科学家精神”专题系列活动。

活动第一阶段以“坚守科研诚信”为主题。7 月 29 日，科技部科技监督与诚信建设司科研诚信建设处副处长王中阳以《加强科研诚信和科研作风学风建设》为题作报告。9 月 6 日，国家科技评估中心战略研究部部长施筱勇以《我国科研诚信建设进展》为题作报告。9 月 29 日，北京大学第一医院中心实验室主任戚豫以《坚守科研诚信　规范科学研究》为题作报告。

活动第二阶段以“弘扬科学家精神”为主题。10 月 21 日，学会名誉理事长、北京大学医学部教授林志彬以《在科学实践中学习与践行科学家精神》为题作报告。10月28日，中国科学院院士、清华大学教授饶子和以《坚守病原体基础研究前沿三十年》为题作报告。

【天然产物与传统药物药理学国际青年论坛】学会与国际基础与临床药理学联合会天然产物分会自2022年起共同主办天然产物与传统药物药理学国际青年论坛。论坛形式为1位资深科学家报告+4位青年科学家报告+综合讨论。

2月19日，首届天然产物与传统药物药理学国际青年论坛举办。论坛主题为“天然产物靶点发现”，来自亚洲、欧洲、非洲、大洋洲等地区的200余位专家学者参加论坛。分会主席、法国斯特拉斯堡大学教授瓦拉里·西尼－克斯作为资深科学家作主旨报告，4位来自中国、法国、土耳其的青年科学家围绕各自在天然产物靶点发现领域的研究进展作报告。会议纪要作为“热点新闻”登载于国际基础与临床药理学联合会网站。

6月18日，第二届天然产物与传统药物药理学国际青年论坛举办，主题为“天然产物与传统药物在心血管与代谢疾病中的研究”。南非医学研究理事会生物医学研究与创新平台教授拉比亚·约翰逊（Rabia Johnson）作主旨报告。4位来自南非、泰国、中国的青年科学家作青年报告。

10月22日，第三届天然产物与传统药物药理学国际青年论坛举办，主题为“天然产物与传统药物抗肿瘤研究”，邀请澳门大学教授李铭源作主旨报告。4位来自中国、德国、韩国、葡萄牙的青年科学家围绕各自在天然产物和传统药物抗肿瘤研究领域的研究进展作报告。

（撰稿人：赵　颖）

中国针灸学会

服务创新型国家和社会建设　2022年，学会审核通过并报送《针灸临床研究不良事件记录规范》等2项团体标准报批材料；组织审查通过并报送《冬病夏治穴位贴敷疗法治未病干预方案》《针刺动物实验研究报告规范》《真实世界针灸临床研究质量评估规范》等5项团体标准报批材料；协助开展《针灸技术操作规范　第6部分　穴位注射》等13项国际标准复审自评工作，通过14项世界针灸学会联合会标准技术预审会。

组织申报2022年度国家中医药管理局继续教育项目7项；开展国家级继续教育线上培训，累计培训1008人次；组织开展第九期皮内针线上培训班——皮内针在临床中的应用，培训学员752人次。

助推浙江省衢州市申报“科创中国”创新基地，与浙江省针灸学会及衢州职业技术学院共建中国针灸学会衢州科技创新服务站。

组织申报中国科协耳穴电刺激治疗脑病新技术领域专业技术转移转化能力提升高级研修班项目。

与世界针灸学会联合会共同举办的“名老中医百家讲坛”系列视频讲座已播出86期。

学会建设　2022年学会新发展个人会员4759人。召开理事会议1次、常务理事会议2次、学会全国工作会议1次、学会换届筹备会议4次。

完成学科与学术工作委员会、针灸文献专业委员会、科普工作委员会、实验针灸分会、针灸治未病专业委员会、针灸装备设施工作委员会、砭石与刮痧专业委员会、经筋诊治专业委员会8个分支机构的换届工作。

设立中国针灸学会佛山专家工作站、中国针灸学会龙岩专家工作站、中国针灸学会病例注册登记研究协作单位——针灸辅助生殖工作室，完成泰安专家工作站等11家工作站（服务站）的续签工作。

2022年，学会正式启动“中国特色一流学会建设项目”实施计划，制定《项目实施管理办法》和《项目工作手册》，成立项目领导小组，下设项目办公室，召开项目内部申报评审会，有序组织开展实施。

青年人才托举工程　学会组织完成第七届中国科协青年人才托举工程项目候选人的遴选工作，学会推荐的2名青年学者获得项目资助；组织专家对第五届、第七届青年人才托举工程资助的学会被托举人的项目开展情况进行督导检查。

主办期刊　根据《中国学术期刊影响因子年报（自然科学与工程技术·2022版）》,《中国针灸》复合影响因子为3.185,《针刺研究》复合影响因子为3.944,《世界针灸杂志》复合影响因子为0.575。

《中国针灸》创办“全国名中医”“针灸转化医学研究”“针灸与慢性炎性疾病”专栏；承办“说明白·讲清楚”针灸论坛6期，每期收看人数均超过4万人次。

学科发展工程　学会牵头申报的“针灸学硕士”列入国务院学位委员会和教育部发布的《研究生教育

学科专业目录（2022 年）》。

2021 年 10 月出版《中国针灸学学科史》，2022 年 4 月出版《针灸学学科发展报告（2013—2020）》。

国内主要学术会议 12 月 30 日，由学会与世界针灸学会联合会、山东中医药大学主办，泰安市科协、山东针灸学会、泰安市中医医院承办的第二届泰山中医药文化节暨第五届“泰山论灸”高端论坛、“泰好药”区域中医药品牌建设活动线上举办。在“泰山论灸”高端论坛上，上海中医药大学首席教授、上海市针灸经络研究所所长吴焕淦作题为《灸法标准研究的现状与思考——附隔药饼灸技术操作规范制定》的讲座；湖南中医药大学二级教授常小荣作题为《负众志成城、抗击疫情——艾烟消杀为预防新冠保驾护航》的讲座；上海中医药大学讲席教授、上海市针灸经络研究所副所长刘慧荣作题为《灸法治疗胃肠病的应用与研究》的讲座；泰安市中医医院针灸中心主任李兴国作题为《针刀整体松解治疗肩周炎》的讲座；泰安市中医医院经典科主任郗洪滨作题为《回归中华道统，传承创新中国针灸自信之道》的讲座。

国际组织任职 11 月 18 日，世界针灸学会联合会第十届会员大会以线上线下结合方式在新加坡召开。会议选举产生世界针灸学会联合会第十届执行委员会，由来自 40 个国家和地区的 110 人组成。学会会长刘保延当选世界针灸学会联合会第十届（2022—2027 年）执委会主席，学会名誉副会长梁繁荣和中国中医科学院党委副书记杨龙会当选执委会副主席，学会副会长杨金生当选执委会秘书长，学会副会长喻晓春、王华、方剑乔和常务理事赵百孝当选执委会委员。

科普活动 学会组织开展“典赞·2022 科普中国”中国针灸学会科普作品遴选及推荐活动；组织编写出版《全国首届针灸故事大赛》；组织编写中医健康养生科普文章及中医科普短视频，在网络平台发布；在安徽省明光市开展 2 期科普活动，累计受众 1500 余人次。

表彰举荐优秀科技工作者 2022 年，学会组织开展第六批国家级非物质文化遗产代表性传承人推荐申报工作，学会推荐的周德安入选第六批国家级非物质文化遗产中医针灸代表性传承人。推荐杨金生和高树中为中医药人类非物质文化遗产研究小组专家。

党建强会 2022 年度，在学会理事会党委的领导下，学会所属 8 个分支机构正式成立党的工作小组。

开展中国科协 2022 年度“党建强会计划”项目，分别在福建省龙岩市、北京房山区开展党史学习教育、“我为群众办实事”系列主题党日活动。

开展“百名科学家讲党课”线上系列讲座 34 期，累计观看人数达 13 万余人次，编辑制作《中国针灸学会党委“党史学习教育”党史党课系列讲座》系列视频集，在学会官网开设“党建强会”专栏，细化“党建强会”专栏中的内容，增设“党史学习教育”及“百名科学家讲党课”专栏，建立全方位党建宣传阵地。

会员服务 学会加强对入会会员的材料审核管理，收集整理并完善会员档案，将会员信息录入会员管理服务平台，提供各类会员查询服务。丰富学会网站信息，及时发布通知公告、新闻动态、继续教育、学术交流等信息，并利用微信公众号和订阅号定期推送行业动态信息。

【2022 中国针灸学会年会】 7 月 20 日，由学会主办，山东针灸学会、山东中医药大学承办，济南针灸学会、济南市中医医院协办的 2022 中国针灸学会年会在山东省济南市召开。大会以“新时代针灸高质量发展”为主题，来自高校、医院、科研院所的海内外专家学者以及全国各地的中医针灸工作者 800 余人参加大会。学会会长、国际欧亚科学院院士、世界针灸学会联合会主席刘保延出席并致辞。学会副会长、山东中医药大学校长高树中出席会议并主持开幕式。

开幕式上，举行《针灸学学科发展报告（2013—2020）》《中国针灸学学科史》发布揭幕仪式和第八届中国针灸学会科学技术奖颁奖仪式，表彰一等奖 7 项、二等奖 11 项、三等奖 4 项。

在主题报告环节，中国中医科学院首席研究员、中国中医科学院针灸研究所所长景向红，哈佛医学院神经生物学系和丹娜－法伯癌症研究所教授马秋富，刘保延分别作题为《针灸临床研究质量：进展、现状、共识和方向》《电针驱动抗炎的神经解剖学通路》和《推动针灸学科高质量发展的思考与行动》的大会特邀报告。报告由学会副会长、徐州医科大学党委书记夏有兵主持。

大会设置针灸基础研究、针灸临床研究、灸法临床科研与产业发展 3 个分会场和 8 个分论坛，涉及针灸治疗痛症与神经系统疾病、睡眠障碍相关病症的针灸研究前沿、微创针刀临床学术经验交流、针灸治未病、针灸治疗生殖内分泌疾病和盆底功能障碍疾病、脑病与针灸、中医针灸产业发展、针灸文献研讨等专题，邀请多名国内外专家学者从多个专业领域作专题报告。会议期间，还召开中国针灸学会针灸治未病专业委员会、实验针灸分会、针灸装备设施工作委员会、砭石与刮痧专业委员会换届会议，以及中国针灸学会专家工作站/服务站续签暨座谈交流会。

大会共收到学术论文180余篇，内容涉及针灸基础研究、临床观察、产业发展、针灸文献、标准化等方面。会议同期还进行壁报展示，并有来自国内的22家中医针灸相关企业参加大会展览，展示近年来针灸产品及器械的新进展。

【2022世界针灸学术大会】 11月19日，2022世界针灸学术大会在新加坡举办。新加坡卫生部长王乙康，中国驻新加坡特命全权大使孙海燕，世界针灸学会联合会主席、学会会长刘保延，新加坡中医师公会会长赵英杰等出席开幕式并致辞。中国工程院院士、国家中医药管理局副局长黄璐琦视频致辞。新加坡中医管理委员会主席符喜泉，世界针灸学会联合会终身名誉主席洪伯荣，以及来自新加坡、印度尼西亚、菲律宾、越南、马来西亚、韩国、日本、美国、加拿大等14个国家的世界针灸学会联合会副主席应邀出席开幕式。

大会以“弘扬中医针灸，护佑全民健康”为主题，通过线上线下结合方式举办，围绕“中医针灸”作为人类非物质文化遗产的传承创新以及世界卫生组织传统医学战略展开学术探讨。来自26个国家和地区的620余名专家学者参加会议。

大会邀请张伯礼、石学敏、仝小林、韩济生、吴以岭、刘保延等院士、专家分别作主旨报告。大会设2个线下分会场、1个线上分会场，共安排近100位专家围绕中医针灸等传统医学的基础理论、科学研究、临床经验、专科应用、产品研发、成果转化、服务贸易以及文化传播等专题开展学术交流与研讨。

会议同期举办人类非物质文化遗产中医针灸申遗12周年主题展。

（撰稿人：吴　远　贾晓健）

中国防痨协会

服务创新型国家和社会建设 2022年，协会入选“科创中国”科技服务团示范项目，牵头组建“科创中国”生命健康产业科技服务团。

6月30日，由协会主办，河北省疾病预防控制中心、保定市疾病预防控制中心协办，保定市科协承办的2022“科创中国”生命健康产业科技服务团项目启动会暨河北保定市生命健康产业研讨会在北京召开。科技服务团专家就西咸新区予果微码生物科技有限公司等7家企业在技术研发和推广中的问题、难题和需求深入研讨交流。

7月28日，协会“科创中国”生命健康产业科技服务团与河北省保定市科协、保定市知识产权协会共同主办“科创中国”技术路演——生命健康（保定）专场。河北工业大学、天津大学、贵州大学、北京弹弓科技有限公司的科研人员，以及科技成果发布专家、投资人，科技型中小企业、高新技术企业、高新培育企业单位、高校、科研院所主要负责人及相关项目/技术负责人员等共计60余人参加活动。

协会先后发布并实施12项团体标准，包括《定点医疗机构结核病健康教育指南》（T/CHATA 017—2022）、《基层医疗卫生机构结核感染预防与控制指南》（T/CHATA 018—2022）、《肺结核患者管理移动应用程序的功能及应用规范》（T/CHATA 019—2022）、《结核分枝杆菌重组蛋白皮肤试验操作规范》（T/CHATA 020—2022）、《抗结核药物导致不同级别肝损伤的药物治疗指南》（T/CHATA 021—2022）、《抗结核药物所致药物性肝损伤诊断及处理原则》（T/CHATA 022—2022）、《结核病定点医疗机构结核感染预防与控制规范》（T/CHATA 023—2022）、《儿童中枢神经系统结核的诊断》（T/CHATA 024—2022）、《结核病有创机械通气患者气道管理规范》（T/CHATA 025—2022）、《肺结核合并尘肺病筛查指南》（T/CHATA 026—2022）、《抗结核药物固定剂量复合剂使用规范》（T/CHATA 027—2022）和《结核分枝杆菌潜伏感染人群预防性治疗规范》（T/CHATA 028—2022），这些团体标准为结核病防治提供方便快捷的技术指导和服务。

7月14日，中国科协支持中国防痨协会2022年学会公共服务能力提升——结核病领域团体标准研究制定项目工作会议线上召开，与会专家对推广中国防痨协会团体标准及制定国际标准的思路进行交流。

协会以线上线下结合等多种形式召开8次国家继续教育培训班，分别为结核与肺部疾病防治论坛、儿童与学校结核病防控策略和学术研讨会、现代结核病控制理论与实践骨干研讨班、非结核分枝杆菌病的诊断与治疗新进展、基层结核病防治新技术应用与患者

管理培训班、结核病影像诊断及放射介入高峰论坛、人兽共患结核病防控策略与技术培训和全国结核病中西医结合治疗的基础与临床新进展研讨会，覆盖全国结核病防治科技工作者4761余人。

5月13日，以线上线下结合方式举办“星辰计划”全国结核病防治青年领军人才培训启动会。入选2021年全国结核病防治青年领军人才培训项目的10名学员参加会议。

6月25—27日，协会主办2022年全国结核病防治培训师资研讨会暨现代结核病控制理论与实践骨干研讨班。其间，举办中国防痨公益基金全国结核病防控促进计划——人才培训项目（简称“星辰计划”）全国结核病防治师资研讨启动会。会议为“星辰计划”全国结核病防治师资代表颁发师资证书。来自31个省、自治区、直辖市的9185名学员线上参加研讨学习，累计收看人数近11.9万人次。培训邀请到30余名结核病防治领域知名专家及“星辰计划”全国结核病防治培训师资，围绕中国结核病流行现状和防治策略、结核潜伏感染防控策略和措施、学校结核病防治与聚集性疫情应急处置、肺结核患者发现和规范化诊疗、结核病诊断与鉴别诊断、耐药结核病诊疗新技术和新方案、结核病影像学和实验室检查等内容进行讲授。

12月17日，线上举办药物临床高峰论坛培训班，10余位专家学者就临床研究中应当遵守的原则、临床试验数据的规范化记录及常见问题分析、研究者发起的临床研究管理办法解读、临床试验的科研设计、临床试验的注册登记等方面进行讲授。

学会建设 2022年，协会发展个人会员524人，个人会员总数达22688人。规范召开理事会议、常务理事会议和监事会议。

4月8日，协会发布经第十二届常务理事会通讯会议审议通过的《中国防痨协会分支机构管理办法》和《中国防痨协会分支机构学术活动管理办法》。

5月30日，协会和协会青年分会联合主办“弘扬科学家精神，促进协会创新发展”主题活动。副理事长钟球等6位专家围绕主题作报告分享。

成立结核潜伏感染防治专业分会和结核病与糖尿病防治专业分会。协会影像专业分会、临床试验专业分会、骨结核专业分会、结核病与肝病专业分会、青年分会和人兽共患结核病专业分会完成换届。

青年人才托举工程 协会从全国遴选并确定2022年“结核医声”全国结核病防治临床青年科研骨干培训项目10名培养人才；6月29日，召开项目启动会；8月7日，在湖南省长沙市举办项目科研方案设计研讨会，指导10名科研骨干设计科研课题方案、提升科研能力。

主办期刊 2022年,《中国防痨杂志》《结核与肺部疾病杂志》共出版18期，其中12期是知名专家组织撰写的高水平专题学术重点号以及专家共识、指南和标准解读文章。

《中国防痨杂志》按时出版12期，载文量218篇。中国科学技术信息研究所《2021年版中国科技期刊引证报告（核心版）》显示,《中国防痨杂志》核心影响因子为1.419，总被引频次为1830。

《结核与肺部疾病杂志》按时出版6期，载文量100篇。该刊自2022年起变更为双月刊。

国内主要学术会议 协会及所属分支机构全年开展学术会议3次、论坛5次和沙龙1次，线下参加会议人数610人次，线上参加会议人数4.3万余人次，收到论文1658篇。

4月23日，协会主办2022年四季论坛之春季论坛暨规范化诊疗项目启动会，与会专家学者介绍耐药结核病规范化诊疗核心课程、巡讲方案，研讨临床中常见问题。

7月15—17日，中国防痨协会结核潜伏感染防治专业分会成立大会暨首届“潜伏感染防治，助力终结结核”学术论坛以线上线下结合方式在江苏省南京市召开。18位专家围绕论坛主题报告交流，近万人次线上参加会议。

9月3日，中国防痨协会青年理事会第六届青年沙龙在浙江省杭州市召开。150余人线下参加会议，共同就结核病主动筛查、结核潜伏感染预防治疗、耐药结核病防治、结核病实验室新诊断技术、数字健康管理等结核病防治最新热点难点问题展开交流与探讨。在线观看直播人数近6000人次。

12月18日，协会线上举办首届结核病与糖尿病共病多学科诊疗论坛，近10名专家分别介绍糖尿病治疗进展和指南、结核病与糖尿病共病相关分子标识物研究、结核病与糖尿病共病患者的营养治疗和预防性治疗等内容。

12月26日，协会线上召开新冠疫情形势下综合医疗机构肺结核患者发现报告转诊论坛。10余位临床、实验室和公共卫生领域的专家参加交流，并通过中国科协“科技工作者之家”直播，在线观看人数达 1.6 万余人次。

国际交往 4 月 14 日，协会组织召开 2022 年“一带一路”国际科技组织合作平台建设项目——“一带一路”结核病防治联合培训中心管理委员会第一次工作会议，协会与巴基斯坦国家公共管理部（结核病、艾滋病与疟疾）、哈萨克斯坦共和国结核病防治中心和乌兹别克斯坦卫生部结核病临床中心的专家学者参加会议，讨论部署 2022 年工作安排。

5 月 31 日，协会联合“一带一路”结核病防治联合培训中心佛山培训基地，主办“一带一路”结核病防治联合培训中心培训基地启动暨结核病创新技术医学转化与应用高峰论坛。会议在北京市、新疆维吾尔自治区乌鲁木齐市、广东省佛山市和深圳市分别设立会场，来自中国、哈萨克斯坦、巴基斯坦、塔吉克斯坦和乌兹别克斯坦等国家的专家学者，以及“一带一路”结核病防治联合培训中心首批建设的三个培训基地——新疆医科大学第八附属医院、中国科学院生物物理研究所佛山分所［体必康生物科技（广东）股份有限公司］和深圳市慢性病防治中心的领导和专家 200 余人线上参加会议。会议举办首批 3 个培训基地揭牌仪式，5 位结核病专家分别进行学术报告交流。

5—10 月，协会和哈萨克斯坦结核病防治中心联合举办 4 次双边会议，包括广泛耐药结核病患者外科治疗术式研讨会、肺外结核诊断与治疗研讨会、结核病患者药物不良反应监测与管理研讨会以及耐药结核病诊疗新方案培训班。

8 月 5 日，第三届胸腔镜微创手术中亚培训班以线上线下结合方式在新疆维吾尔自治区乌鲁木齐市召开。培训班由协会及“一带一路”结核病防治联合培训中心培训基地新疆医科大学第八附属医院主办，哈萨克斯坦共和国结核病防治中心、吉尔吉斯斯坦共和国卫生部结核病防治中心以及复旦大学附属肿瘤医院和新疆医学会结核病学专业委员会、胸心血管外科专业委员会协办。

8 月 8 日，协会与巴基斯坦国家公共管理部（结核病、艾滋病与疟疾）联合举办研究方法培训班。

12 月 14 日，协会组织召开结核病潜伏感染高危人群预防性治疗国际研讨会。协会推广团体标准《结核分枝杆菌潜伏感染人群预防性治疗规范（T/CHATA 028—2022）》，来自中国、哈萨克斯坦、巴基斯坦、乌兹别克斯坦、塔吉克斯坦等国家的结核病防治机构的专家学者 30 余人参加会议。

科普活动 3 月 7—31 日，协会和中国疾病预防控制中心联合举办的第四届全国结核病防治知识网络竞赛在协会官网和微信公众号“结核那些事儿”“胸科之窗”等平台开展，全国总参赛答题次数 798103 次，参赛人数达 385413 人。经评选，四川省防痨协会等 10 家单位获优秀组织奖，中国疾病预防控制中心等 10 家单位获优秀团体奖，赵瑶等 600 人获优秀个人奖。

3 月 19—31 日，协会组织邀请 12 位结核病防治专家在新华网“健康解码”和百度健康“结核病防治健康直播间”等平台开展结核病防治专题宣传，并在多家媒体平台进行直播转播，累计观看量达 555 万余人次。

3 月 24 日是第 27 个世界防治结核病日。由国家卫生健康委员会国家疾病预防控制局指导、中国疾病预防控制中心和协会联合主办的“生命至上　全民行动　共享健康　终结结核”主题宣传活动暨学术论坛在北京召开。活动发布结核病患者关爱、无结核社区和全社会动员三大行动、“终结结核　必须控制结核潜伏感染”宣传片。同时发布《现代结核病学》（第 2 版）、《2021 年中国结核病报告》、《2021 年中国结核病纪实》，以及“结核医声”2022 年全国结核病防治青年领军人才科研培训项目和“合创同行”——地（市）级医院规范化诊疗巡讲项目；启动结核病患者关爱行动公益基金和大学生志愿者结核病防控倡导及助力患者发现项目。全国防痨科技工作者通过科技工作者之家、腾讯视频健康频道、百姓健康频道和丁香园观看直播达 126.5 万余人次。

表彰举荐优秀科技工作者 6 月，协会主办 2022 年“合创同行”耐药结核病规范化诊疗病例评比活动，11 位选手入围总决赛，最终评选出一等奖 1 名、二等奖 2 名、三等奖 3 名、精品案例 5 名。

党建强会 11 月 9 日，中国科协面向全国学会开展的“党的二十大代表进学会”系列学习活动走进协会，党的二十大代表齐欣、徐芙蓉和张颖惠宣讲党的二十大精神，来自 7 家全国学会的负责人、党委书记等座谈交流党的二十大精神学习体会。

4 月 8 日，协会组织党员防痨科技工作者走进白乙化烈士纪念馆，追忆红色足迹，缅怀革命先烈。同时入户看望慰问贫困结核病患者和老党员，开展科普宣教等科技志愿服务活动。

会员服务 协会为单位会员免费提供《中国防痨

杂志》和《结核与肺部疾病杂志》纸质版和电子版。定期通过官方网站、官方微信、会员管理系统推送等方式，向会员发送会议通知、科普知识、学术动态信息等，传播协会工作信息，提高会员服务体验。向单位会员分发中国防痨协会特制年历，反映协会年度工作的综合信息。为企业会员提供技术咨询、评估和论证会、创新成果推广等服务内容。

7 月 28 日，协会主办抗结核固定剂量复合剂在结核病定点医院应用试点项目总结会暨推广使用研讨会，通过线上线下相结合方式召开。来自中国疾病预防控制中心结核病预防控制中心，江苏省、山东省、江西省、四川省和贵州省项目试点单位，协会及其企业常务理事单位会员沈阳红旗制药有限公司、企业理事单位会员浙江苏可安药业有限公司的相关领导、专家参加线下会议，11604 名专家学者线上参加会议。大会发布项目总结报告，并围绕抗结核固定剂量复合剂临床使用及案例等进行交流研讨。

8 月 18 日，中国防痨公益基金赴贵州省黔东南苗族侗族自治州台江县开展以"关爱生命，关注健康"为主题的结核病关爱活动。与会专家向现场群众科普结核病防治知识，发放结核病防治书籍 100 余份，同时向 10 名优秀村医代表每人发放 1000 元慰问金，向 20 名贫困结核病患者每人发放 2000 元慰问金，向患者家庭发放 2000 元慰问金和慰问物资。

9 月 19 日，协会组织召开中国防痨公益基金——结核病数字化智慧管理云平台与患者关怀项目启动会暨经验交流会。来自全国各省、自治区、直辖市防痨协会的专家学者，省、市、县（区）疾控中心结核病防治所的领导、防治科和信息科负责人近 200 人参加会议。会议启动由协会企业单位会员北京福乐云数据科技有限公司倡导发起的"中国防痨公益基金——结核病数字化智慧管理云平台与患者关怀项目"，与会专家学者围绕结核病患者数字健康管理现况进行探讨交流。

【第二届海峡两岸暨港澳重大呼吸道传染病防控合作论坛】 12 月 3 日，中国科协 2022 年海峡两岸暨港澳科技人文交流资助项目——第二届海峡两岸暨港澳重大呼吸道传染病防控合作论坛以线上线下结合方式召开。论坛由协会与中国疾病预防控制中心、香港防痨心脏及胸病协会、澳门胸肺病暨防痨协会、福州市台胞投资企业协会等共同主办，在北京、上海市、广东省广州市、福建省福州市、广东省珠海市和香港特别行政区、澳门特别行政区等城市设立 8 个线下主会场。论坛设开幕式、主旨报告、青年科技工作者论坛、圆桌论坛和技术路演，12 位专家主持，21 位专家作报告，同时在线展示 5 家创新企业新技术、30 篇大会论文壁报及 10 余项科普作品云展览等。线下参加会议人数 150 余人，直播观看量累计 71 万人次。

在主旨报告环节，邀请中国疾病预防控制中心结核病预防控制中心主任赵雁林，香港卫生署卫生防护中心原胸肺科主任、顾问陈志权，澳门胸肺病暨防痨协会理事冼年银等 10 名专家分别作题为《终结结核病流行目标背景下——我国结核病防治技术对策》《香港特别行政区 TB-HIV 患者流行病学和临床表现的变化》《在 COVID-19 疫情下澳门的中枢神经系统结核病的情况》的报告。

在青年科技工作者论坛中，暨南大学基础医学与公共卫生学院林嘉洋、郭品濬分享大学生对新型冠状病毒的认识和防护经验；上海市疾病预防控制中心副主任技师张阳奕分享《全基因组技术在结核病检测中的应用》报告；香港防痨心脏及胸病协会医生关凯怡分享《肺结核的崭新诊断方法》报告；澳门胸肺病暨防痨协会分享《澳门 COVID-19 临床救治及分享》报告；广东省结核病控制中心助理研究员巫株华分享《表观遗传调节抗结核药物耐药的分子机制》报告。

在圆桌论坛和技术路演环节，深圳市第三人民医院主任医师卢水华、厦门大学生命科学学院李庆阁教授等 5 位专家分别分享结核病感染检测新技术、结核病分子诊断全程解决方案等内容。与会专家围绕相关新技术展开讨论交流。

协会副秘书长樊海英主持签署合作备忘录环节。协会副理事长兼秘书长成诗明、香港防痨心脏及胸病协会主席蓝义方、澳门胸肺病暨防痨协会理事长曹国希代表各主办单位签署《海峡两岸暨港澳重大呼吸道传染病防控合作备忘录》，各方将按照备忘录内容持续深化合作。

（撰稿人：成诗明　樊海英）

中国麻风防治协会

服务创新型国家和社会建设 组织协会皮肤性病检验与诊断分会专家主持修改中华人民共和国卫生行业标准《梅毒非特异性抗体检测操作指南》（WS/T491—2016）第二版；协调皮肤检验专家在全国范

围内实施核酸分子水平的"淋球菌对三代头孢菌素和阿奇霉素耐药基因HRM检测方法"的临床性能评估项目。

9月23—27日，在山东省泰安市以线上线下结合方式举办新发突发慢性感染性皮肤病防治技术转移转化培训班。邀请2名院士和6名专家授课。线下84人参加培训，线上观看人数达2000余人次。

举办国家级继续医学教育培训班3次，591人领取国家级继续医学教育证书。

学会建设 2022年，协会登记个人会员10213人。共召开2次理事会议、3次常务理事会议，更换2名副会长、5名常务理事、16名理事。

7月21日，协会皮肤性病检验与诊断分会以线上线下结合方式召开第二届换届大会，新当选委员89人。

国内主要学术会议 7月21—24日，协会在山东省烟台市举办2022年全国皮肤病防治学术年会暨第三届全国皮肤性病检验与诊断学术大会，同时举办药物治疗学分会、皮肤外科与美容分会、皮肤病中西医结合诊断和治疗分会、麻风皮肤病防治分会及皮肤性病检验与诊断分会及皮肤病专科医院规范化建设与发展专业委员会分会场会议。175位国内外专家作专题报告或担任会议主持，线下426人参加会议，线上观众达35208人次。

11月11—13日，由协会皮肤病药物治疗学分会等联合承办的第五届全国局部用药研发关键技术暨临床研究创新论坛以线上线下结合方式在上海市召开。约200人参加线下会议，近2万人次在线观看。大会分为主题报告和专题报告2部分，中国科学院院士林国强、河南中医药大学副校长苗明三、海军军医大学教授张卫东分别以《探索中医药创新之路》《毒性中药与外用》《基于中药传统功效的创新药物发现》为题作主题报告。专题报告围绕皮肤药理基础研究最新研究成果、皮肤局部用药临床试验、临床试验数据核查以及新时期伦理审查、皮肤病中西医药物治疗等方面展开。

12月17—18日，举办第二届大连皮肤健康论坛暨第14届大连银屑病诊疗高峰论坛。会议设立皮肤健康新进展论坛、AD诊疗高峰论坛、慢性自发性荨麻疹诊疗高峰论坛、中青年精英论坛及银屑病精准治疗高峰论坛5个主题论坛，共同探讨皮肤病诊疗经验和技术进展。全国60余名专家作报告，线上参会人数达12886人次，线下75人参加会议。

国际组织任职 协会会长张福仁当选国际麻风协会副主席，负责亚洲工作。

国际交往 11月8—11日，第21届国际麻风大会在印度海得拉巴市举办。协会党委书记、会长张福仁率团参加线上及线下会议。协会向大会推荐全国各省、自治区、直辖市麻风协会及省级团体会员单位报送的论文102篇，国际麻风大会组委会接收97篇，其中口头发言43篇、E-poster54篇。

科普活动 协会推荐的大连市皮肤病医院、上海市皮肤病医院和常州市武进区疾病预防控制中心入选中国科协2021—2025年度第一批全国科普教育基地。协会被中国科协评为2022年度全国学会科普工作优秀单位。

1月12日，北京热带医学研究所组织开展"世界防治麻风病日"慰问宣传活动，协会副会长潘春枝率协会工作人员参加活动。

1月21日，协会会长张福仁赴河北省皮肤病防治院开展麻风节慰问活动。

1月15日—2月15日，麻风心理康复学科学传播专家团队邀请专业眼科医生在广东省湛江市、茂名市开展以"清晰世界、明亮眼睛"为主题的麻风康复者眼睛健康义诊活动。赴广东省茂名市电白区雷打石医院、高州市藤桥麻风村、化州市茶根村为65名麻风病残老人开展眼科检查，为9位老人做白内障手术与胬肉手术。

1月30日是第69届"世界防治麻风病日"暨第35届"中国麻风节"，主题为"关爱麻风患者，共创美好生活"。协会所属会员单位在全国范围组织开展各项活动总计百余次，服务慰问麻风病受累者1万余人次。

5月，入驻"科普中国"平台，开设科普号"中国麻风防治协会"，发布图文19篇，累计阅读量达16448人次。通过微信公众号和网站发布全国各地开展的麻风节宣传慰问活动。

6月18日，协会皮肤性病检验与诊断分会联合福建省细胞生物学与转化医学学会线上举办"性传播疾病与健康"科普讲座。3607位科技工作者参加。

6月18日，协会皮肤病中西医结合诊治分会举办"大有可为，可创新生"和"基层医院皮肤科发展建设"讲座，线下60余人、线上4300人参加。

在全国科技活动周期间，麻风心理康复学科学传播专家团队建设麻风知识主题线上展厅，在广东省高校开展为期2个月的线上展览活动。展厅包含科学麻风知识、康复者生命故事、志愿服务回顾等板块，约2000人次观看。

麻风心理康复学科学传播专家团队与志愿者进驻广东省广州市中心的丽柏广场，建立公益科普宣传及义卖摊位，开展为期3天的公益义卖和宣传活动，向城市居民倡导公益理念，开展麻风科学和历史知识科普，现场发放麻风知识宣传手册200册，咨询约2000人次。

协会科技志愿服务队与陕西省卫生健康委、省工业和信息化厅、省地方病防治研究所及西安市周至县等相关单位在陕西省西安市周至县楼观镇举办第29个“防治碘缺乏病日”现场宣传活动。发放宣传资料和合格碘盐，讲解碘盐储存和食用的正确方法，制作展板15块。

9月17日，协会皮肤性病检验与诊断分会举办“关爱女性健康”科普讲座，并针对听众提出的问题当场解答。线上累计受众2984人次。

9月29日，协会联合北京热带医学研究所在北京友谊医院门诊大厅举办主题为“喜迎二十大，科普向未来”的2022年科普日现场健康咨询和义诊活动，约300名群众参加。

在全国科普日期间，麻风心理康复学科学传播专家团队联合志愿者走进化州市茶根村、茂名市电白区新开田村、江门市开平市玲珑医院、阳江市儒洞镇开展系列康乐活动，为100位麻风病受累老人举办集体生日会。

表彰举荐优秀科技工作者 协会向中国科协推荐李桂科和邢少云为2022年“最美科技工作者”候选人。李桂科、邢少云、冯敏、张虹、陈欢、顾伟鸣当选中国麻风防治协会2022年“最美科技工作者”。

举荐山东第一医科大学附属皮肤病医院副院长刘红为第十八届中国青年女科学家奖候选人及第十七届中国青年科技奖候选人。

党建强会 11月15日，协会线上举办“党的二十大代表进学会”学习活动，特邀党的二十大代表李桂科宣讲党的二十大会议精神。会议由协会党委书记、会长张福仁主持。协会党委会、理事会成员，各分会主任委员、委员，各省、自治区、直辖市麻风防治协会的负责人及会员代表326人参加会议。

协会党委共召开6次党委会议，与协会党支部共同开展党建强会活动。通过协会微信公众号、微信群和网站发布党的政策方针、习近平总书记重要讲话精神，报道党建活动、抗疫动态，宣传“最美科技工作者”李桂科、邢少云和“时代楷模”李桓英的先进事迹，号召全国麻风、皮肤病医务工作者向他们学习。

【全国消除麻风危害示范区挂牌仪式暨麻风皮肤病防治示范区建设论坛】 8月12日，全国消除麻风危害示范区挂牌仪式暨麻风皮肤病防治示范区建设论坛在云南省文山壮族苗族自治州举办。协会党委书记、会长、山东第一医科大学副校长张福仁向文山壮族苗族自治州及红河哈尼族彝族自治州授予“全国消除麻风危害示范区”牌匾。同期举办麻风皮肤病防治示范区建设论坛，张福仁、副会长杨军、上海交通大学医学院附属瑞金医院皮肤科主任郑捷等专家授课。

（撰稿人：潘春枝）

中国心理卫生协会

服务创新型国家和社会建设 协会组织分支机构进行2023年度继续教育项目申报等新项目申报工作和老项目备案工作，共计完成14项申报工作，并对2022年的项目进行管理和审核。

为加强协会继续教育工作的规范化管理，2022年度着重加强法制建设。对现有的社会面培训项目进行整顿，以规范、科学、公益为核心，形成新的培训规范与工作路径。协会严格管理、有序发展分支机构的继续教育工作，2022年度各分支机构共计开展500余次继续教育活动，培训数万人次。培训内容包括各类心理咨询与治疗技术、婚姻与家庭指导、教育与心理咨询整合等。

学会建设 3月24日，召开中国心理卫生协会第八次全国会员代表大会，完成协会换届工作。全年召开1次理事会议、2次常务理事会议、2次理事长和秘书长工作会议。全年新增个人会员3500余人。

基于第八届理事会章程和协会发展任务，完成包括《中国心理卫生协会关于重大决策事项的监督管理办法》《工作委员会工作职责》《中国心理卫生协会分支机构管理办法》《理事会议事规则》《分支机构财务管理制度》等制度文件的增补和修订。

根据民政部《关于开展全国性社会团体、国际性社会团体分支（代表）机构专项整治行动的通知》，完成对分支机构的专项整治。指导和监督各分支机构进行组织建设工作，有序开展学术交流等各项工作。

主办期刊 协会主办期刊《中国心理卫生杂志》《中国临床心理学杂志》《中国健康心理学杂志》《心理与健康》，严格按照国家新闻出版署有关规定落实三审三校、重大选题备案等制度，发文逾千篇。

国内主要学术会议 11月18—20日，中国心理卫生协会第十五次全国心理卫生学术大会线上召开。协会23家分支机构和4个期刊社参加会议，国内外讲者共300余名，安排5个大会报告、49个主题论坛、16个工作坊，逾1000人次参加，累计观看人数14.7万人次。

2022年，协会各分支机构共举办学术年会近10场。

科普活动 2022年，新冠疫情防控期间，协会为方舱人员上线"心晴方舟"微信小程序，提供减压公益服务。在第十五次全国心理卫生学术大会期间开设场外科普直播间，访问量达2万人次。与微博、抖音、小红书等新媒体开展公益合作，构建协会媒体矩阵，单场直播最高收看量近10万人次。各分支机构开展科普活动共计1200余次，惠及人数近千万人次。

党建强会 协会要求各分支机构、地方心理卫生协会学习贯彻落实党的二十大精神。制定《中国心理卫生协会功能型党委工作制度》并经协会党委会议通过。

开展党建自查行动。根据摸排了解到的实际情况，制定《中国心理卫生协会党建攻坚行动三年实施方案》，并经协会党委会议审议通过后落实执行。

协会党委邀请协会理事长王刚讲党课《学习十九届六中全会精神，推动心协高质量发展》，组织协会党组织成员进一步领会和学习党的十九届六中全会和党的二十大精神。协会党委邀请中国共产党北京市第十三次代表大会代表为协会秘书处人员作《学习市十三次党代会精神，推进心理卫生健康发展》专题报告。

协会领导均以党员身份参加各工作单位所在党组织的专题组织生活会。

【中国心理卫生协会第八次全国会员代表大会】 3月24日，中国心理卫生协会第八次全国会员代表大会以线上线下结合方式召开。大会审议第七届理事会工作报告，修订协会章程，通过会费标准，选举产生新一届理事会及监事会，学习传达中国科协第十次全国代表大会精神等。第七届理事会副理事长兼秘书长王刚致开幕词。

第七届理事会理事长马辛代表第七届理事会作题为《凝心聚力谋发展，踔厉奋发再远行》的工作报告，总结第七届以来协会包括各分支机构、地方协会及期刊在践行协会宗旨、推动行业发展过程中作出的工作和取得的成绩。

王刚作章程修改说明。2020年12月，协会与业务主管单位、挂靠单位脱钩，从科技社团转型成为行业协会，业务范围和管理职能有所调整，因此按照相关规定对《中国心理卫生协会章程》进行必要的修改，以适应中国经济和社会发展新时期的心理卫生工作需求。马辛作换届工作报告，代表换届筹备工作领导小组就本次换届改选筹备工作情况向大会进行汇报。

协会副理事长王力作调整会费说明的报告。协会脱钩之后职能和业务范围均有所调整，为更好为广大会员提供服务、推动事业发展，对协会个人会员和单位会员会费标准进行适当调整。代表们一致同意通过新的会费标准，并于第八届理事会开始执行。

与会代表选举产生第八届理事会137名理事、第一届监事会3名监事。第八届第一次理事会议选举产生新一届常务理事会和协会领导。王刚当选第八届理事会理事长，刘靖、赵旭东、王力、钱明、王振、王志仁当选副理事长，邵桂忠被聘为秘书长。推举马辛为第八届理事会名誉理事长。

（撰稿人：程思睿）

中国抗癌协会

服务创新型国家和社会建设 2022年，协会妇科肿瘤决策咨询专家团队、肿瘤标志物检测技术及整合应用决策咨询专家团队、肿瘤营养决策咨询专家团队3个咨询专家团队入选中国科协决策咨询专家团队建设试点单位。其中肿瘤标志物检测技术及整合应用决策咨询专家团队申报的项目入选中国科协决策咨询专家团队资助项目并获得经费支持。

根据《中国医学科学院学术咨询委员会学部委员选聘办法》，中国医学科学院完成2022年学部委员增聘工作，共计70名杰出专家获聘。协会共有17位专家受聘，覆盖临床医学、药学、卫生健康与环境、生物医学工程与信息等多个学部。受聘专家将针对国家医学卫生健康事业发展中的重大问题，特别是国家医学科技创新体系与核心基地建设中的重点、难点问题，研究提出咨询建议。

2022 年，协会各机构申报获批国家级继续医学教育项目 103 项，授予学分 302 分，培训学员 12412 人。组织申报 2023 年国家级继续教育项目 153 项。

学会建设 协会现有分支机构 86 个，单位会员 105 家，地方抗癌协会 31 个，个人会员 310255 人。针对新兴学科和交叉学科，完成 10 家专业委员会（分会）筹建工作，并在 2022 年中国肿瘤学大会上举办成立大会。完成 20 个专业委员会换届工作。

6 月 19 日，举办中国抗癌协会专业委员会（分会）主任委员工作会议，对主任委员进行业务培训，部署协会重要工作。

12 月 24 日，中国抗癌协会第九次全国会员代表大会在天津市召开。

11 场品牌会议入选中国科协《重要学术会议指南（2022）》。

青年人才托举工程 2022 年，协会继续通过中国科协生命科学学会联合体参与中国科协青年人才托举工程项目。共收到 34 份申请材料，最终 2 名优秀青年人才获得资助。

主办期刊 协会举办系列期刊编辑培训云课堂、科研设计与论文写作培训班，在线观看人数达 13.5 万人次。系列期刊规模扩大至 35 种，5 本被 SCI 收录，英文期刊国际影响力不断扩大。其中，*Cancer Biology & Medicine*（《癌症生物学与医学》）影响因子为 5.347；*Cancer Communications*（《癌症通讯》）影响因子为 15.283；*Chinese Journal of Cancer Research*（《中国癌症研究》）影响因子为 4.026；*Endoscopic Ultrasound*（《内镜超声杂志》）影响因子为 5.275；*Journal of Translational Internal Medicine*（《转化内科学杂志》）影响因子为 3.772。*Cancer Biology& Medicine*（《癌症生物学与医学》）和 *Cancer Research*（《癌症研究》）在中国科技期刊卓越行动计划项目支持下不断提升。2022 年年初，协会获中国科协 2021 年全国学会期刊出版工作优秀单位。

由协会与国际出版集团 Springer Nature 联合创办的 *Holistic Integrative Oncology*（《整合肿瘤学》）入选 2022 年度中国科技期刊卓越行动计划高起点新刊项目。期刊编委会阵容强大，主编为协会理事长樊代明，编委有诺贝尔生理学或医学奖得主、国内外院士及知名肿瘤学专家 100 余名，国际编委占比达 60% 以上，遍布全球 25 个国家和地区。《整合肿瘤学·基础卷》入选“十四五”时期国家重点图书出版规划项目，获第十届中国出版集团出版奖。

学科发展工程 协会继续组织编写和发布肿瘤医学各领域的学科发展报告。组织 103 家分支机构共同参与，不断增加学科的覆盖性，尤其注重预防筛查、康复支持等全程管理领域，关注交叉学科、新兴学科等前沿动态，梳理、归纳中国恶性肿瘤各领域的研究现状与进展、发展瓶颈及未来趋势，为学科建设、行业发展、政府政策制定建言献策，助力肿瘤科技创新。出版发布《中国恶性肿瘤学科发展报告（2021）》。

启动《中国肿瘤整合诊治指南》医师认证工作，建立试题库，首批《中国肿瘤整合诊治指南》认证专家名单在协会网站上线。开展《中国肿瘤整合诊治指南》进校园活动，包括进教材、进课堂、进临床、进图书馆、进题库等，已有 15 所医科大学参与。启动《中国肿瘤整合诊治指南》技术篇编写工作。

国际学术会议 5 月 6 日，协会与国际抗癌联盟和国际老年肿瘤学会联合主办全球老年肿瘤学术研讨会，来自中国、瑞士、法国等 9 个国家的共 3.2 万人次观看直播。会议以老年肿瘤的政策解读、临床和支持性治疗为主要议题，邀请世界卫生组织教授 Anshu Banerjee、毕马威健康管理部教授 Chris Hardesty、重庆医科大学教授石丘玲、国际老年肿瘤学会候任主席 Nicolo Matteo Luca Battisti 等专家学者围绕主题进行研讨。

11 月 18 日，协会与国际抗癌联盟联合举办 2022 中国肿瘤学大会主题会场“一带一路”国家癌症防控高峰论坛。论坛以“加强‘一带一路’国家癌症防控合作，应对全球健康挑战”为主题，采取线上线下结合方式举办。协会客户端直播观看人数达 12.57 万人次，直播覆盖中国、美国、瑞士、韩国、斯里兰卡等国家。

12 月 16 日，协会与美中抗癌协会共同主办 2022 中美抗癌峰会，来自中国、美国、加拿大、澳大利亚等国家的 400 万余人次在线观看。峰会特邀诺贝尔生理学或医学奖得主 Gregg L. Semenza、协会理事长樊代明、美国癌症研究协会现任主席 Lisa M. Coussens、美国临床肿瘤学会现任主席 Eric P. Winer 及美中抗癌协会现任主席参加共话当今癌症领域最新研究成果，探讨肿瘤防治对策。

国内主要学术会议 11月17—20日，由协会主办，浙江省肿瘤医院、浙江省抗癌协会、浙江省癌症基金会、中国整合医学发展战略研究院承办的2022中国肿瘤学大会在浙江省杭州市召开。近50位院士、2000余名肿瘤学专家学者、数十万医务工作者、上千万公众及患者以线上线下结合方式参加大会。大会设有1个主会场、15个主题会场和132个学术分会场。征文总数达17312篇，评出优秀论文100篇，壁报交流4956篇。中国抗癌协会客户端、中央电视台、新华网客户端、央视频、《人民日报》等多家媒体参与宣传，直播观看总量达1.14亿人次，各类活动报道7638篇次，媒体报道阅读、话题阅读总量达4.25亿人次。

科普活动 4月15—21日，协会响应健康中国战略，在全国范围内举办第28届全国肿瘤防治宣传周暨中国抗癌日品牌科普活动。新华网客户端等72家媒体同步直播，累计观看人数4562.8万人次。宣传周期间，参与组织单位4509家，直接参与活动组织人员58.3万人，举办各类科普活动10606场，直接受益公众及患者超过1.03亿人次，媒体报道总数160510篇，媒体阅读总量达9.4亿人次。

4月30日，协会与澳中抗癌协会联合举办中澳常见恶性肿瘤防治科普讲座。此次讲座聚焦消化道和甲状腺肿瘤，中国和澳大利亚两国的肿瘤专家学者对胃肠和甲状腺肿瘤防治的核心知识进行宣传普及，并线上集中解答两国公众对于疾病的疑虑。中国和澳大利亚华人社区多媒体平台同步直播，累计观看人数超6万人次。

10月9日，协会与澳中抗癌协会联合举办中澳肺癌科普知识讲座。此次讲座邀请中国和澳大利亚两国的肿瘤专家学者对肺癌防治知识进行宣传普及，并线上解答公众提问。中国和澳大利亚华人社区多媒体平台同步直播，累计观看人数超5万人次。

编写出版《癌症早筛必读》图书，编写发布《中国肿瘤早筛科普指南（2022）》，为科普工作提供核心知识支撑；组织早筛训练营，针对常见癌症防治的核心知识开展科普讲座及义诊咨询10场；搭建早筛媒体平台5个，助力科普知识广泛传播。

打造世界无烟日、乳腺癌关注月等科普品牌活动，与专业媒体共建早筛科普平台、用药科普平台等品牌专题。启动由中国科协科学技术普及部指导的“中国肿瘤科学普及工作发展报告”项目，发布“公众最关注的癌症领域十大进展”。

表彰举荐优秀科技工作者 开展2022年度中国抗癌协会科技奖评选工作。为鼓励科普创作，自2021年度开始中国抗癌协会科技奖增设科普奖。2022年度共收到推荐项目102项，评审出获奖项目18项（其中一等奖6项、二等奖10项、科普奖2项），在2022年中国肿瘤学大会开幕式上举办颁奖仪式并举办主题会场。中国抗癌协会科技奖获奖项目中已有12个项目获得国家奖。

开展2022年度中国抗癌协会青年科学家奖评选工作。经形式审查，2022年度共有87名候选人符合条件进入评审程序。经过初评产生20名候选人入围终评。经过现场答辩、评委投票，产生10名获奖者。

党建强会 2022年，协会受中国科协学会党建研究会委托，承担“破解学会党建工作与业务工作‘两张皮’理论探索与实践操作研究”课题，通过对调研材料的整理、汇总和分析，以及对10余家全国学会提供的典型案例经验归纳，梳理新形势下全国学会党组织中存在的“两张皮”问题的历史、现状及原因，进行专题调研，并就如何破解“两张皮”问题提出建设性意见和建议。

1月11日，协会党委被中国科协科技社团党委授予2021年度智慧党建建设优秀学会党组织。

开展“党建+”新模式，组织开展“我为群众办实事实践活动·健康中国肿瘤防治权威科普工程（2022—2023）”，继续组织开展“党建强会特色公益活动”和中国科协党建调研课题项目，组织开展学习贯彻党的二十大精神系列活动。11月21日，协会党委组织参观中国共产党第一次全国代表大会会址、南湖革命纪念馆，协会秘书处及地方党员干部20余人进行参观学习。

会员服务 协会全年编发《会员管理和服务信息专刊》12期，及时报道会员管理和服务的动态和经验。

协会及各专业委员会网站和微信公众号共50个，月发布信息近1000篇，月访问量60万余次，微信公众号关注达36万余人。协会App发布信息4032条，22个专业委员会开设云课堂，召开直播会议147场，参与授课专家4779人，发布课程4779次，直播观看量累计1.5亿人次。连续5个月居科协系统科学传播榜全国学会榜首。

11月10日，第三十七期中国科协全国学会秘书长沙龙在北京召开。开幕式上对2022年度全国学会会员入库优秀单位进行授牌，协会入库会员总数排名第

一，获 2022 年度全国学会会员入库优秀单位。

【中国抗癌协会第九次全国会员代表大会】 12 月 24 日，中国抗癌协会第九次全国会员代表大会在天津市召开。中国科协党组成员兼国际合作部部长罗晖，天津市科协党组书记、常务副主席陆为民参加会议并致辞，392 位代表参加会议。

大会通过《中国抗癌协会第八届理事会工作报告》《中国抗癌协会第八届理事会财务工作报告》《关于修改中国抗癌协会章程的报告》《关于修订中国抗癌协会会费标准的议案》等文件。

全体代表选举产生第九届理事会理事和第二届监事会成员。在第九届理事会第一次会议上，选举产生第九届理事会常务理事及领导成员。中国工程院院士樊代明当选第九届理事会理事长，赫捷、郭小毛、徐瑞华、朴浩哲、吴永忠、陆伟、王瑛、张建功、程向东、李子禹、石汉平当选副理事长，赵勇当选秘书长。

会议同期选举产生第二届监事会成员，中国工程院院士詹启敏当选监事长，李强当选副监事长。组织召开第九届常务理事会中共党员大会及第九届理事会党委第一次会议，选举产生第九届理事会党委，陆伟当选党委书记，詹启敏当选党委副书记。

陆伟宣读《关于中国抗癌协会第九次全国会员代表大会表彰决定》，对名誉理事长、名誉副理事长以及 30 名荣誉理事予以表彰。对第八届期间工作表现突出的 13 个专业委员会、11 个地方抗癌协会授予中国抗癌协会第八届理事会先进单位并颁发奖牌。

【《中国肿瘤整合诊治指南》中英文版发布】 由协会理事长樊代明等 10 位院士牵头制订，3131 名全国权威专家参编、246 名（次）院士审评的首部《中国肿瘤整合诊治指南》面向全国发布。《中国肿瘤整合诊治指南》秉持整合医学理念，覆盖 53 个癌种，其英文版同步面向国外发行。《中国肿瘤整合诊治指南》关注“防－筛－诊－治－康”全程管理，基于国内医疗大数据，聚焦流行病学特征及国人遗传背景的本土性原创研究成果，与美国《NCCN 指南》、欧洲《ESMO 指南》形成优势互补的发展态势。在全国 13 个省会城市完成 38 场不同瘤种指南精读巡讲，由 2103 家中央及地方媒体向全国直播（报道），全国医务人员及公众 3.3 亿人次通过线上线下方式观看。

协会将以“一带一路”国际合作项目等工作为抓手，通过一系列学术交流、技术培训等合作方式大力推广《中国肿瘤整合诊治指南》，开展相关活动，如为国外的肿瘤医生组织培训项目或线上研讨会，交流肿瘤诊治经验，在海外举办《中国肿瘤整合诊治指南》讲解活动。

（撰稿人：刘　齐）

中国体育科学学会

服务创新型国家和社会建设 学会协助国家体育总局主管部门开展国家队营养食品集中采购工作，共为 48 支国家队订购营养食品。在采购过程中，严格把控订购产品的反兴奋剂管理，在采购运送工作中落实各项防控措施，构筑营养食品安全堡垒。

学会运动医学分会为北京冬奥会和冬残奥会完善疫情防控制度、监测制度和风险评估体系，提出免疫规划方案，帮助中国代表团实现“新冠零感染”。分会主任委员李国平受国际奥林匹克委员会医学委员会邀请，加入运动员急性呼吸性疾病专家共识组新冠肺炎小组，参与国际化讨论，对中国运动员新冠肺炎的流行病学、治疗、重返赛场进行系统研究，完成中国科协“国家奥委会 COVID-19 系列研究”项目。分会副主任委员王健全携团队进驻冬奥村进行赛事保障。

学会体育信息分会实时跟踪北京冬奥会重点项目和主要对手参赛动态，为中国代表团提供信息情报服务。其间，编发内部刊物 25 万字，收录比赛视频约 1000 小时，做到网络安全“零事故”。

为备战巴黎奥运会编制工作方案、跟踪并编译备战信息。学会运动生理与生物化学分会为国家队提供体能训练、机能监控、疲劳消除以及心理调节的科技保障服务。学会运动营养分会负责北京冬奥会国家队运动营养师进驻国家队及国家队基地工作、编制营养指导文件、提供系统营养指导、制定全过程个性化精准营养补充方案等科技服务工作。学会体育社会科学分会开展冬奥社会服务，参加国家冰雪进校园教学大纲撰写工作、冬奥组委宣讲工作、中央电视台《艺术里的奥林匹克运动》节目的访谈和录制工作。学会学术工作委员会参与国家体育总局备战巴黎奥运会心理专家组和督导组科技保障工作。

学会体育信息分会正式发布《体育场馆智慧化标准体系建设指南》，开展《体育赛事信息化标准体育建设指南》的编制工作，推进 5 项行业标准的编制工作。学会标准化工作委员会承担多项标准的编制，包括《滑雪场地滑雪道安全防护规范》《滑雪场所的安全运行和管理规范》2项国家标准;《体育场所开放条件与技术要求　第15部分：击剑场所》强制性国家标准;《科学健身指导机构基本要求》《科学健身指导机构服务规范》2项行业标准。学会运动营养分会参与起草《运动营养师国家职业技能标准》，运动营养师获批进入人力资源社会保障部发布的《中华人民共和国职业分类大典》。

学会体育管理分会委员担任2022年度国家社科基金课题负责人，包括国家社科基金体育学重大项目“健康中国视域下基本公共体育服务标准化研究”、国家社科基金重点项目“新发展阶段国家体育产业基地高质量发展的路径优化研究”、国家社科基金一般项目“数字时代全民健身公共服务的效能评价与高质量体系构建研究”。学会运动营养分会副秘书长、研究员王启荣承担国家重点研发计划科技冬奥重点专项“冬季项目运动员科学营养智能系统与伤病防控体系的研究与应用”2个子课题的研究工作，获科技部科技冬奥先进个人。学会学术工作委员会参与科技部国家重点研发计划“科技冬奥”重点专项（2018年度）“冬季项目运动员技能优化关键技术研究”项目以及“冬季技巧类运动项目专项国际化训练平台关键技术研究与应用”课题。

学会完成4期运动处方师培训和3期体能训练师培训，参训人数分别为329人、236人；开展儿童青少年体能训练师（体能训练指导员）培训，报名人数总计1152人，其中考试通过200人；学会运动生理与生物化学分会参与主办运动管理师培训班和预防跌倒国际培训班，参训人数各100人；学会运动医学分会协助组织全国队医培训班2次、全国运动医学基础培训巡讲活动19站，每场会议线上参训人数平均达5000余人。

学会建设　7月12日，学会采用线上线下结合方式召开中国体育科学学会第九次全国会员代表大会。

按期组织召开2次理事会议和10次常务理事会议，对调整学会负责人、聘任秘书长、授权法定代表人、聘任分支机构负责人、建议新一届理事和会员代表等重大事项进行民主决策。组织召开2022年分支机构秘书长工作会议，部署2022—2023年重点工作等。组织召开2次监事会工作会议，修订《中国体育科学学会监事会工作办法》，推进监事会工作规范化、常态化、制度化。

规范分支机构委员会换届工作程序，如期完成换届，民主产生新一届委员会。规范日常管理，强化安全风险预防机制。安排专人负责，梳理制定秘书处及分支机构的用印、合同、网络信息发布报批流程，建立用印和合同管理台账，加强用印及合同管理培训，规范用印及合同日常管理。

主办期刊　《体育科学》被收录于《中文核心期刊要目总览》(体育类)、中国人文社会科学期刊、中国人文社会科学期刊AMI综合评价权威期刊、中文社会科学引文索引来源期刊，入选“世界学术影响力指数WAJCI-Q1社科期刊(中国)”。11月，获国家哲学社会科学文献中心2021年度体育学最受欢迎期刊。根据中国知网2022年发布的报告,《体育科学》2021年影响力指数为1414.214，复合影响因子为7.228（比2020年增长11.8%），2021年web下载量达54.74万次（比2020年增长15.4%），历年总被引频次为10221次，刊发省部级以上基金论文92篇（比2020年增长26.0%）。2022年，刊发社科基金资助文章占比48.4%（比2021年增加0.5%），其中社科基金重大、重点项目文章共16篇，国家社科基金、国家自然科学基金、国家重点研发计划资助文章总占比为69.9%。《体育科学》网站浏览量达27382次，网站访客数7022人；微信公众号订阅者达53831人，较2021年增长约30%，总阅读量近25万人次，头条平均阅读量约为4000次/篇。

《中国运动医学杂志》被中国科学技术信息研究所遴选为中国科技核心期刊，组稿1345篇，发表124篇。纸刊每期发行1600册，web即年下载率84%。根据中国知网发布的《中国学术期刊影响因子年报（自然科学与工程技术·2022版）》，影响力指数为911.874，总被引频次为3645，影响因子为1.713（比2021年增加21.5%），在国内临床医学/特种医学类学术期刊中排名第2位。

《运动医学与健康科学（英文）》共出版4期，发表39篇国际质量英文论文；2022年度论文被下载约20万次，被引超过250次；被655所高校图书馆收藏（比2021年增加近55%）。6月，获得第一个引用分，数据为3.5，位于Q2区；7月，被美国国家医学图书馆PubMed Central数据库收录和检索；11月，入选四川省科协2022年“天府期刊卓越行动计划一流期刊项目”；12月，根据中国科学技术信息研究所发布的《科技期刊世界影响力指数（WJCI）报告（2022)》，

该刊位居全球 97 种“运动科学”类刊物第 33 位，位于 Q2 区；10 月，在发布的全球前 2% 顶尖科学家榜单中，共有 24 位编委入选，比 2021 年增加 4 位。已被 DOAJ、Embase、Scopus、PubMed Central 等国际重要数据库收录。该期刊拥有完备的多媒体信息平台（微信、微博、抖音、Twitter、Facebook），有利于科学传播和扩大影响力，《运动医学与健康科学（英文）》微信公众号订阅者超过 3.5 万人。

国际学术会议　8 月 20—21 日，由学会运动生理与生物化学分会、学会运动医学分会和广州体育学院共同主办的第七届广州运动与健康国际学术研讨会在广东省广州市召开，主题是“科学运动　健康第一”。来自 4 个国家及中国 26 个省、自治区、直辖市共 134 家单位的 439 名专家学者参与交流。

8 月 25—26 日，由中国反兴奋剂中心主办、学会反兴奋剂分会协办的第二届国际反兴奋剂工作专业研讨会在北京举办，主题是“科技助力反兴奋剂”。共有来自全球 46 个国际组织、国家和地区反兴奋剂组织的超过 170 位国内外专家学者以线上或线下方式参加会议。会议分享科技手段在反兴奋剂工作中取得的成果及发展前景，为科技助力国际反兴奋剂工作相关议题提供交流平台。

11 月 23 日，由学会体育管理分会协办的第三届欧亚体育产业国际论坛线上开幕，交流论文和报告各 8 篇。

11 月 24 日，由学会体育管理分会与北京体育大学管理学院、早稻田大学体育学院联合主办的首届北京体育大学－早稻田大学体育管理研究生学术论坛线上开幕，交流论文 15 篇，交流报告 11 篇。

11 月 26—27 日，由学会体质与健康分会和三明学院联合主办的首届国际运动与休闲康养学术研讨会在福建省三明市举办。研讨会主题是“推进体育消费城市建设，引领运动与休闲康养产业发展”。来自中国、美国、澳大利亚、韩国等国家的 2000 余名专家学者和师生参加会议。研讨会围绕体育消费城市建设、体育休闲与旅游、体育休闲与健康产业发展、体育康养学科建设与人才培养等内容展开研讨，共收到论文 300 余篇。

国内主要学术会议　2022 年，学会及分支机构以线上线下结合方式举办学术会议、论坛和研讨会 40 余场。

7 月 20—23 日，由学会、青海省体育局等联合承办的第七届中国多巴高原训练与健康国际研讨会暨第四届高原科学与可持续发展分论坛在青海省西宁市举办。会议主题为“健康中国背景下的主动健康与体卫体教融合发展”，来自国内外有关领域的 200 余位专家学者出席会议。

9 月 22 日，由学会运动生理与生物化学分会和北京体育科学学会联合主办的青年科技工作者跨界交流沙龙在北京召开。沙龙主题是“运动促进健康老龄、跨界提升主动健康”，与会专家学者围绕主题就老年健康与运动的关系、老年健康的促进方式等话题进行报告交流。沙龙全程直播，线上参加会议人数达 129 万人次。

11 月 11—13 日，由学会主办、学会青年工作委员会和南京体育学院承办的第八届中国体育博士高层论坛在江苏省南京市举办。论坛主题是“体育发展新阶段：科学引领·科技赋能”。共收到投稿 457 篇，录取 295 篇论文。会议全程直播，主报告会场观看人数达 16853 人次，14 个专题报告会场观看人数达 37415 次。

11 月 17—20 日，由学会体育产业分会主办、华侨大学承办的第十二届全国体育产业学术会议在福建省厦门市举办，主题是“新起点·新征程——中国体育产业发展的新使命”。来自 50 余所高校和研究机构的 180 余位专家学者以线上线下结合方式参加会议。共收到论文 350 余篇，共录取 215 篇专题报告、50 篇书面交流论文。

11 月 19—20 日，由学会体育史分会、国家体育总局体育文化发展中心主办的 2022 中国体育史年会暨第二届“一带一路”体育文化学术论坛线上举办，主题为“体育事业高质量发展路径”，300 余位专家学者参加。

11 月 20 日，由学会反兴奋剂分会与中国政法大学体育法治研究基地联合主办的“《体育法》修订背景下的反兴奋剂实务”主题学术论坛线上举办。论坛以《体育法》修订为背景，聚焦反兴奋剂工作实务，来自相关领域的教研人员、实务工作者、研究生近 100 人参加。

国际组织任职　学会运动医学分会主任委员谢敏豪、秘书长周敬滨竞选亚洲运动医学联合会主席和执行委员，经现场无记名投票表决，谢敏豪当选新一届主席，周敬滨当选执行委员。

9 月，学会体育信息分会常委、浙江大学教育学院体育学系教授张辉在国际体育计算机科学协会换届大会中当选第四轮主席。

科普活动 学会开展2022年全国优秀体育科普微视频作品和“典赞·2022科普中国”活动年度科普作品评审工作；在2022年全国科技活动周开展体育科普活动；在全民健身日开展以“强身健体·体育走进千万家”为主题的线下系列活动、科普大讲堂系列活动；在全国科普日开展体育科普进校园活动；成功申请体育科普徽标的著作权。

学会武术与民族传统体育分会依托“武术博物馆”微信公众号开展“同心战‘疫’，居家锻炼，武术谚语学起来”系列活动，向公众传播武术健身防身修身理念；依托中国武术博物馆举办“武动申城，习武健身”主题活动，邀请3位国家级武术教练在抖音、微信视频号等平台教授大众传统武术防卫技能、木兰拳等，科普武术居家健身方法，累计观看人数达1.6万人次、点赞超过50万次；依托中国武术博物馆开展武术“云”科普系列活动，邀请多位世界冠军、全国冠军在线指导五禽戏、易筋经、八段锦、太极拳等传统体育活动，累计观看人数超万人次。

学会运动营养分会以新版《中国居民膳食指南（2022）》为指导，以短视频形式开展全民营养周主题科普活动；邀请国家队运动营养师针对运动人群关注的问题进行解答；北京冬奥会期间，制作15条运动营养科普视频，涵盖花滑等15个冬季大项，向公众介绍项目特征和营养补充要点等知识。

学会体质与健康分会推出针对居家运动健身的科普内容以及针对慢病人群的运动干预等科普讲座、视频等；与中国营养学会饮水与健康分会、中华预防医学会健康传播分会等单位联合发布《电解质平衡与健康联合提示》，并同步进行专家解读。

党建强会 学会在官方网站和微信订阅号开设“党的二十大精神”专栏，传播党的二十大精神及广大会员学习大会精神的重要内容。组织学会工作人员参加中国科协党校全国学会分校弘扬共产党人精神专题培训班和学习贯彻党的二十大精神辅导报告会。向分支机构和会员征集党的二十大学习体会，报送中国科协科技社团党委。安排分支机构围绕“如何实现体育科技自立自强”召开专题研讨。

召开第九届常务理事会中共党员大会，选举产生第九届理事会党委委员。组织召开2次党委会议。

承担中国科协科技社团党委“党建强会”项目，“以党建为引领推进体育科普事业高质量发展”为主题开展系列党建活动。

会员服务 学会通过举办学术会议、论坛的形式向会员提供服务，积极发展会员，增进学会与会员之间的成果交流。

完成学会会员库向科协系统整体迁移工作，规范会员入库、数据管理、开票等实际业务，启动相关会员管理办法的修订工作。

【中国体育科学学会第九次全国会员代表大会】 7月12日，中国体育科学学会第九次全国会员代表大会以线上线下结合方式在北京召开。大会以无记名投票方式审议通过《中国体育科学学会第八届理事会工作报告》《中国体育科学学会第一届监事会监事工作报告》《中国体育科学学会第八届理事会财务报告》《中国体育科学学会章程》（修订草案）修改说明和《中国体育科学学会会费标准说明》。表彰推动体育科技进步与体育科技创新的集体和个人。

大会选举产生第九届理事会理事134名、常务理事35名、第二届监事会监事3名。李颖川当选学会第九届理事会理事长，曹景伟、李志全、谢敏豪、张剑、李业武、陈佩杰、刘青、王健全当选学会副理事长，王清当选第二届监事会监事长。聘任曹景伟为学会秘书长。常务理事通过投票选举张剑等138人担任学会分支机构负责人和林帅天等2人担任学会副秘书长职务。审议通过《中国体育科学学会第九届理事会工作规划》。

【第十二届全国体育科学大会】 3月25—27日，由学会主办，山东省体育局、山东省日照市人民政府等共同承办的第十二届全国体育科学大会在山东省日照市召开。大会以“科技赋能体育·创新驱动融合”为主题，采取“小线下、大线上”方式，设有日照主会场和北京分会场。大会共收到论文16776篇，录用论文7727篇，其中专题口头报告3238篇、墙报交流4489篇。大会学术交流形式有大会主报告、专题报告交流、墙报交流、热点沙龙、中外体育学术交流会。大会设立专题报告170场、墙报交流57场、热点沙龙12场、中外体育学术交流3场。

【2022国际奥林匹克教育发展论坛】 12月12日，由学会国际交往工作委员会及首都体育学院（北京国际奥林匹克学院）、国际奥林匹克学院（希腊）联合主办的2022国际奥林匹克教育发展论坛线上举办，论坛以“国际奥林匹克教育的未来发展”为主题。国际

奥委会执委、国际奥林匹克学院主席、中国奥委会、北京奥运城市发展促进会的相关领导在开幕式上致辞。来自太平洋运动会理事会、新加坡奥林匹克学院等奥林匹克教育机构的专家学者参加论坛，累计观看直播人数超 9 万人次。

（撰稿人：郭　千）

中国毒理学会

服务创新型国家和社会建设　学会作为生态环境部征求意见单位，积极承接科学决策咨询和技术标准研制等政府转移职能。学会于 2022 年按照《中国毒理学会团体标准管理办法（试行）》《中国毒理学会团体标准工作细则》，共立项 1 个团体标准。

学会围绕“科创中国”试点城市（园区）浙江省温州市及相关城市重点产业需求，组建“科创中国”生命健康产业科技服务团专家团队，开展企业技术需求与专家对接精准服务。对征集的企业技术需求进行统筹整理，通过线上线下相结合、企业需求和专家特长相结合、专家和企业多频互动相结合，为企业提供精准咨询服务，解决 50 余项企业技术难题，签订 5 项成果转化协议。

学会举办继续教育培训班 3 次，共计 800 余人次参加培训。

学会建设　截至 2022 年 12 月底，学会新发展会员 2219 人，会员总数达 20854 人，同比增加 11%；新增单位会员 16 个，单位会员总数 216 个。学会下设分支机构 31 个，2022 年新成立特种医学毒理专业委员会。学会生物毒素毒理学专业委员会、免疫毒理专业委员会、分析毒理学专业委员会、毒理学史专业委员会、管理毒理与风险评估专业委员会 5 个专业委员会进行换届。

全年召开常务理事会议 2 次、理事长办公会议 2 次、秘书长办公会议 2 次。

青年人才托举工程　2022 年，学会获得第八届（2022—2024 年度）中国科协青年人才托举工程项目 3 个资助名额。

主办期刊　6 月，学会与爱思唯尔签署合作协议，爱思唯尔旗下的 *Food and Chemical Toxicology*（《食品与化学品毒理学》）正式成为学会的官方期刊。学会与牛津大学出版社合作创办的 *Toxicology Research*（《毒理研究》英文版）全年出版 6 期，共刊登来自中国学者的 38 篇论文。

国际学术会议　6 月 24—27 日，2022 紫禁城国际药师大会在北京召开。学会临床毒理专业委员会线上主办分论坛“基于大数据的上市后药品监测与药物警戒”。学会临床毒理专业委员会主任委员宋海波担任论坛主席，委员唐少文担任论坛秘书长。论坛邀请 9 名国内外专家围绕基于大数据的上市药品安全性研究、新冠肺炎疫苗的药物警戒、基于大数据药物警戒的质量控制等主题作报告，在线观看人数 8755 人次。

国内主要学术会议　2022 年，学会及分支机构共举办年会、研讨会、报告会、论坛等学术活动 17 次，参加现场学术交流的人员达 1100 余位，通过线上参与交流的人员达 25 万余人次。提交学术交流论文 600 多篇。

6 月 5 日，由学会毒理学教育专业委员会主办、东南大学公共卫生学院承办的中国毒理学会毒理学教育专业委员会第二届“夏之声”毒理学研究生论坛线上召开，分为博士论坛和硕士论坛共 8 个分会场。来自全国 36 所院校的 44 名博士研究生和 96 名硕士研究生参加会议并作学术汇报。来自全国 30 多所高校的 40 名毒理学教育一线的专家学者作为评委对研究生的汇报进行点评。

6 月 28 日，第七届中国毒理学会免疫毒理专业委员会学术会议线上召开。192 名专家学者及学生参加会议。会议共收录论文 58 篇，安排大会发言 12 个。

6 月 30 日—7 月 4 日，由学会工业毒理专业委员会、生化与分子毒理专业委员会等联合主办，兰州大学公共卫生学院承办的 2021—2022 年环境与健康学术会议在甘肃省兰州市举办。会议以“新时代、新环境、新健康、新发展”为主题，设立 5 个分会场，共有 139 名专家学者围绕“大气环境与健康”等专题进行报告交流。大会还举办青年学者论坛。会议以线上线下结合方式进行，线上观看人数近 20 万人次。

7 月 13—16 日，由学会分析毒理学专业委员会主办、中国科学院生态环境研究中心环境化学与生态毒理学国家重点实验室等共同承办的第十二次全国分析毒理学大会在山东省泰安市召开。大会总结近几年分析毒理学研究方面所取得的成绩，探索未来分析毒理学发展方向。共收到论文摘要 78 篇。

7 月 23 日—8 月 12 日，由学会临床毒理专业委员会主办的第四届药品风险评价及风险管理会议线上召开，主题为“药品安全 · 从早期临床到上市后研究的安全管理”。会议共举办大会报告、学术论坛、专题培训等学术活动9场，组织学术报告 / 授课74场。邀请临床毒理专业委员会主任委员宋海波等100余名专家学者参加会议并作大会报告。共有临床医生及药师、药品管理人员、科研及教学人员、企业代表1300余人参加会议。

8月15—17日，由学会生物毒素毒理学专业委员会主办、东北林业大学承办的第十五届（2022）生物毒素毒理学术大会在黑龙江省哈尔滨市举办。来自国内生物多样性资源、毒素结构与功能、毒素与生理及病理机制、毒素与生物医药、毒素与生物农业等领域的高校、科研机构、医院和企业等约50个单位的近140名专家学者参加会议。

8月23日，由学会毒理学替代法与转化毒理学专业委员会、国家药品监督管理局化妆品安全评价重点实验室、南方医科大学等单位联合举办的2022年化妆品评价与科学监管学术研讨会在广东省广州市召开。会议同步进行线上直播，线下人数近300人，在线观看人数超过3万人次。大会邀请国内外化妆品领域的知名专家学者作专题报告，报告内容覆盖化妆品行业发展、政策法规及标准规范解读、安全与功效评价方法技术与策略、皮肤科学与化妆品、皮肤科学与健康、检验检测技术、中药化妆品创新发展等。

8月27日，学会毒理学史专业委员会主办的第九届毒理学史研讨会以线上线下结合方式在陕西省西安市召开。学会毒理学史专业委员会名誉主任委员史志诚等6位专家就毒理学领域知识和进展作报告，近100名会员参加研讨。

国际交往 学会常务理事付立杰作为国际毒理学联合会执行委员，线上参加3月26—29日在美国圣地亚哥召开的美国毒理学大会。同时，通过视频方式参加国际毒理学会理事会议、美国毒理学会理事会议等。

科普活动 自筹专项基金设立科普活动专项基金，2022年度资助2个项目。继续依托学会科普园地，举办全国科技工作者日主题活动，发布毒理学相关科普知识。

3月，学会组织开展以“毒理学”为主题的中国毒理学会校园科普大赛。截至6月底，收到作品120个。经学会科普工作委员会评审，评选出一等奖2名、二等奖5名、三等奖8名、优秀奖15名、优秀组织单位5个。获奖作品和优秀组织单位在中国毒理学会第十次全国毒理学大会开幕式上进行表彰，优秀作品通过官网和微信公众号发布传播。

5月29日，在中国宋庆龄青少年科技文化交流中心主办的系列公益“院士大讲堂”上，学会纳米毒理学专业委员会名誉主任委员、中国科学院院士赵宇亮应邀作为第三讲主讲人，以《纳米科技与智慧医疗》为题，带领中学生走进纳米世界、解析纳米科技。线上直播点击总量突破400万。

神经毒理专业委员会持续推进高危环境致病因素暴露人群科普宣传工作。针对青少年、老年人等高危人群举办健康科普活动10次，受众达5000余人次。针对国内重点区域疫情防控工作，出版《新型冠状病毒家庭和社区消毒指南》等书籍。开展重金属、有机物和新型污染物神经毒理学相关危害的预防宣教工作。

10月25日，学会计算毒理专业委员会主任委员、大连理工大学教授陈景文为学校师生作题为《环境计算毒理学应用于新污染物治理》的科普报告；9月23日，为吉林师范大学工程学院的师生作题为《环境计算毒理学应用于新污染物治理》的科普报告；6月8日，在《中国科学报》上发表题为《计算毒理学不应成为“卡脖子”学科》的科普文章。11月18日，学会计算毒理专业委员会副主任委员、浙江大学教授庄树林前往杭州市文一街小学师苑校区进行环保科普交流，并科普计算毒理学在环境保护中的重要作用。

在学会资助下，工业毒理专业委员会委员黄丽华带领项目组在内蒙古自治区包头市开展“三手烟：隐匿的危害”校园社区科普活动，共收到有效调查问卷647份，同时在包头医学院通过展板展示、散发传单、海报和宣传手册的方式进行线下宣传，共计发出宣传单500份、宣传手册100份、宣传海报100张，制作展示牌3个，向校园师生科普“三手烟”的危害，并组织学生分批次观看“三手烟”危害的科普视频若干次。项目组同时利用校园官网等平台，发布有关“三手烟”危害及预防办法的科普文章。

2022年，毒理学教育专业委员会在微信公众号“生活中的毒物”上发表34篇科普短文，如《反式脂肪酸的那些事》《你的化妆品有毒吗——早C晚A知多少》等，获得上万次点击阅读。10月15日，毒理学教育专业委员会委员卢国栋带领医务人员在广西壮族自治区南宁市兴宁区嘉和城社区卫生服务中心举办“医心为党、筑梦健康”大型义诊志愿服务活动。在3

个小时内为 88 名居民提供义诊咨询服务。

毒性病理学专业委员会主任委员彭瑞云带领团队赴某部队进行电磁辐射与健康相关内容科普知识授课，普及辐射毒性病理学相关知识。5 月 12 日和 12 月 2 日，副主任委员黄振烈面向本科生开展 2 次题为《大创项目训练在本科生科技创新能力培养中的作用》的讲座，解读大学生创新训练及创业的政策和实施。

临床毒理专业委员会围绕药品合理使用及药品安全，先后组织各类科普活动 19 场。副主任委员王伽伯团队基于微信端“安全药问”药物安全信息查询服务，新开发上线药物相互作用等查询功能，持续为公众提供药物安全性与合理用药的知识及科普服务。副秘书长靳洪涛主办 2022 年环境与健康科普论坛，开展线上科普讲座。常务委员华潞主办“2022 世界肺动脉高压日”患者科普教育活动。

由特种医学毒理专业委员会副主任委员兼秘书长、中南大学湘雅公共卫生学院教授黄瑞雪带队，召集 15 名中南大学在读博士生、硕士生和本科生组成科普团队。5 月，线上为乡村幼儿园教师培训相关公共卫生防控知识，线下作题为《你知道如何才是好好吃饭和锻炼吗》的讲座，发放预防儿童铅中毒宣传手册 300 份，参加的村民和留守儿童约 100 名。

截至 2022 年年底，新招募 10 余名科普工作志愿者。

表彰举荐优秀科技工作者 依据《中国毒理学会科技奖励章程》的规定，学会开展 2022 年中国毒理学优秀青年科技奖评选工作，共评选出 7 名获奖者，分别是蔡绒、皮会丰、王晓辉、吴炜、徐丹、张舒羽、张晓东；2022 年中国毒理学替代法发展奖共评选出 3 名获奖者，分别是黄瑞雪、王旗、张效伟。

党建强会 2022 年，经学会理事会党委批准，31 个分支机构全部建立功能型党小组，实现党的组织和党的工作两个全覆盖。学会理事会党委、学会秘书处党支部、31 个分支机构党小组及进步青年通过集中学习、参观、撰写心得体会以及召开民主生活会等形式学习党的二十大精神。

会员服务 学会积极参与网上科协建设工作。2022 年，围绕中国科协以“智慧学术”精准服务学会和科技工作者，全面加强实体化规范化职业化建设，实现学术资源共享、科技工作者网上社交、学会管理服务的线上知识分享的社交新生态。

【中国毒理学会第八次全国会员代表大会】 12 月 10 日，中国毒理学会第八次全国会员代表大会以线上线下结合方式在北京举办。来自全国各地的 295 名会员代表和理事通过视频参加会议。学会第七届理事会理事长周平坤作《中国毒理学会第七届理事会工作报告》（包括财务工作报告），学会监事长郑玉新作《中国毒理学会第一届监事会报告》，学会秘书长刘超作《中国毒理学会章程（草案）》修订说明报告。

大会选举产生 148 名理事会理事、44 名常务理事、11 名领导成员以及第二届监事会成员。陈景元当选第八届理事会理事长，岑小波、陈春英、陈雯、韩玲、骆文静、马璟、浦跃朴、沈建忠、吴永宁当选副理事长，胡向军当选秘书长。胡向军提名并经会议表决通过卞倩、关华、郭家彬、黄瑞雪、王全军、王治东、杨威为副秘书长。第二届监事会第一次会议选举郑玉新为监事长，张天宝、孙祖越为副监事长。

组织召开第八届常务理事会党员扩大会议，选举产生第八届理事会党委。陈景元当选党委书记，郑玉新当选纪检委员，陈景元、郑玉新、岑小波、陈雯、韩玲、骆文静、浦跃朴、沈建忠 8 人当选第八届理事会党委委员。

陈景元宣读《关于中国毒理学会第八次全国会员代表大会表彰决定》，授予周平坤为第八届理事会名誉理事长。

（撰稿人：铁 铁 关 华）

中国康复医学会

服务创新型国家和社会建设 学会制定《中国康复医学会团体标准管理办法》，举办团体标准编制培训班，组织开展年度团体标准立项申报和评审等工作，在全国团体标准信息平台发布《养老机构康复医疗服务基本规范（试行）》。学会发布的团体标准《国际功能、残疾和健康分类康复组合（ICF-RS）评定标准》被正式纳入国家标准，这也是国内康复医学领域第一个国家级团体标准。

推进康复培训基地建设，基地数量由 300 个增加到 387 个，覆盖 30 个省、自治区、直辖市。

先后与江西省吉安市科协、山东省菏泽市科协、河南省南阳市科协、福建省平潭综合实验区以及宁德市人民政府签订战略合作协议，通过沟通、精准对接、输送资源助力健康城市建设。

联合中日友好医院、首都医科大学附属北京儿童医院等医疗机构的专家，立项开展康复医学临床与应用研究，促进康复医学科研成果生成与转化。推进康复医学重大科学问题和关键技术难题研究，从康复医学创新理论、康复医疗关键技术、康复医疗新型设备等方面，面向社会征集康复医学科技攻关重大项目，共收到70余项建议案；向中国科协推荐2022重大科学问题、工程技术难题和产业技术问题20余项。

学会建设 截至2022年12月31日，学会个人会员达9.5万人，较2021年度增长45%，其中专科会员在个人会员中占比为20%；单位会员达564家。

4月16日，召开中国康复医学会第七次全国会员代表大会，完成学会理事会换届工作。全年召开理事会议2次、常务理事会议2次、监事会议2次。组织37个分支机构完成成立或换届选举工作。

新成立学会专家委员会，聘请邓开叔、侯树勋、王茂斌、胡大一、于长隆5位康复界专家为学会顾问；聘请王辰等4位院士担任名誉主任委员，方国恩担任主任委员、李建军担任副主任委员，21位知名专家担任委员。

修订《中国康复医学会章程》，6月获得民政部正式核准。先后修订《中国康复医学会学术活动管理办法》《中国康复医学会继续医学教育项目管理办法》《中国康复医学会分支机构管理办法》《中国康复医学会分支机构财务管理办法》等一系列制度。

将原机构管理部、会员部合并成立组织部，新增科普部。面向社会招聘引进5名优秀人才，驻会机构现有工作人员26人。

主动融入“智慧科协2.0”建设，以会员管理系统等平台建设为抓手，深化信息工作与各项业务融合。创新运营各类新媒体平台，形成学会官网、微信公众号、微博、视频号、今日头条、抖音、澎湃号等媒体矩阵。学会各网络平台用户达20万人，其中微信公众号用户超过8万人，全年阅读量91.3万人次。在2022年中国科协按季度发布的网络平台宣传评价排行榜中，学会在211个全国学会（协会、研究会）中位列前十。

青年人才托举工程 学会开展第八届中国科协青年人才托举工程项目候选人遴选工作，推荐许恒、曹武警为第八届中国科协青年人才托举工程项目被托举人。推荐梁胜祥、沈雪彦为中国康复医学会2023年青年人才托举对象。

主办期刊 根据《中国康复医学会主办期刊管理暂行办法》指导期刊工作，开展期刊社会效益评价和年审。《中国神经再生研究（英文版）》在2022年期刊引证报告中影响因子为6.058，进入神经科学Q1区，位列274种国际收录期刊第60位。《中国组织工程研究》入选康复医学Q2期刊。

12月29日，中国科学技术信息研究所线上公布《2022年中国科技论文统计报告》，学会主办的《中国康复医学杂志》《中国组织工程研究》再次入选中国百种杰出学术期刊和中国科技核心期刊。

学科发展工程 学会组织2022中国康复医学会综合学术年会论文征集活动，共有120篇论文被评为优秀论文，其中一等奖20篇、二等奖40篇、三等奖60篇。

持续推进“康复医学指南”系列丛书编著，继2021年度出版4部指南后，2022年相继出版《创伤康复指南》《产后康复指南》《帕金森病康复指南》。

国际学术会议 9月17日，由学会主办的第三届上海国际老年康复论坛在福建省福州市开幕。论坛以“与世界话老年”为主题，设立1个主论坛、11个分论坛、3个国际专场，开设7个工作坊；举办“99温度——老年康复科普微视频大赛”“纸上论老年——优秀论文征集活动”“老年康复大家说——说说照护者”以及手功能康复创新大赛4项活动。

国内主要学术会议 2022年，学会共举办全国性学术交流活动63次，线上线下参会人员达47万余人次，总观看量2000万余人次，交流论文、报告2438篇。

7月16日，由学会主办，宁夏康复医学会、宁夏回族自治区人民医院承办的第四届“一带一路”西部康复医学高峰论坛暨宁夏康复医学会第五届康复医学年会在宁夏回族自治区银川市召开。会议采用线下为主、线上为辅的形式举办，围绕“多学科融合、全病程管理、共筑康复未来”主题，邀请多名国内康复专业专家进行演讲，展示康复医学前沿动态，传播专业新理念、新技术、新方法。会议共设主旨报告1场、分论坛3个，分论坛专题学术报告46个，43名讲者参与授课，33名专家参与主持。线下参会人员达500人次，线上参会达8000余人次。

8月12—14日，2022中国康复医学会重症康复专业委员会年会暨重症康复评估及治疗新进展培训班在浙江省杭州市萧山区举办。会议设1个主论坛、5个分论坛。累计授课48场次，全国各地重症康复专业相关医护人员注册参会人数共319人，同时开通线上直播通道，线上参会人数达5000余人次。

8月19—21日，中国康复医学会首届粤港澳大湾区康复医学论坛暨2022年广东省康复医学会学术年会在广东省广州市举办。论坛设21个分论坛，围绕康复医疗创新技术应用、智能化系统赋能康复医疗等主题开展学术交流研讨，涉及临床康复、康复亚专业、康复服务等领域。现场500多人及线上5万余人参会。

2022年12月31日—2023年1月1日，第五届“一带一路”中部康复高峰论坛暨第七届国际康复设备博览会在河南省安阳市举办。大会设立11个专题论坛，以促进康复技术推广和产业发展、提升康复医学影响力为目的，为与会者搭建学术研讨、交流合作、创新发展的高层次学术共享平台。来自康复医学相关行业的1500余人参加会议。

国际组织任职 学会会长、福建中医药大学党委书记陈立典继续担任国际物理与康复医学学会执行委员会委员。学会儿童康复专业委员会名誉主任委员、佳木斯大学康复医学院名誉院长李晓捷继续担任国际残疾儿童学术联盟执行委员会理事。

科普活动 学会加强科普工作委员会建设，开展科普技能培训，驻会机构设置科普部，分支机构全面设置科普工作组。评选命名46个科普教育基地，科普教育基地总数已达101个，遍布29个省、自治区、直辖市。通报表扬91名学会科普先进个人，促进科普队伍建设。开设“对话康复”科普栏目，在学会视频号、“科普中国”等平台同步推送播放18期，观看量超300万人次。举办《0 ~ 100岁家庭康复百科》科普新书发布仪式，组织第四届中国康复科普创新作品大赛。完成中国科协“肌骨疼痛与运动损伤康复科普工作室”等科普类资助项目，带动学会科普提质增效。推进康复科技志愿者总队建设，开展科技志愿服务，入库志愿者已达2167人，累计发布志愿活动316次。结合“我为群众办实事”，开展“康复科普列车基层行”系列活动，在上海市等40余个城市设立科普列车站点，组织广大科技志愿者深入社区和基层开展112场服务活动，直接受益民众5万余人次。学会被中国科协评为2022年全国科普日活动优秀组织单位，5项活动被评为2022年全国科普日优秀活动。获中国科协2022年全国学会科普工作先进单位。

5月23日—6月15日，举办2022年中国康复医学会全国科技工作者日康复科普活动。活动以“创新争先康复同行，科技惠民康复助力”为主题，主要包括康复科普主题日活动、线上科普云讲堂、对话康复专家网上面对面谈康复以及全国各地线下科普志愿服务等。中国工程院院士王辰、张英泽等16位专家视频寄语广大康复科技工作者，325名康复专家通过线上宣讲康复科普知识，1870万余人次线上收看。同期，56场线下科普志愿服务活动在福建省等21个省（自治区、直辖市）开展，多支康复科普志愿服务团队深入基层和社区，通过线下义诊、健康宣教等途径普及健康管理和康复知识。

9月16日，由学会、广西壮族自治区科协主办，学会科学普及工作委员会、广西壮族自治区江滨医院承办的中国康复医学会全国科普日联合行动暨康复科普年会与科技创新高峰论坛在广西壮族自治区南宁市召开。会议围绕“喜迎二十大，康复科普向未来”主题，组织各分支机构汇聚康复科普资源，动员广大康复科技工作者，于9月举办全国科普日康复联合行动。25位全国知名康复专家参加主会场活动，192位专家作分会场讲座，结合41场云上科普大讲堂，线上观看量累计达700万人次。42家媒体对活动进行集中报道。

表彰举荐优秀科技工作者 经学会组织专家评审，共评出年度中国康复医学会科学技术奖45项，其中一等奖12项、二等奖15项、三等奖18项。

经专家评审，共评选出优秀康复医师、优秀康复治疗师、优秀康复护士130名，优秀青年康复医师、优秀青年康复治疗师、优秀青年康复护士170名。

评选表彰2022年度“最美康复科技工作者”20名。

授予王子才、邓景贵、刘小芳、任永平、庄炳瑾、李晓捷、励建安、张晓玉、张琳瑛、胡大一、钟震宇、徐林、聂萍萍、梅元武、黄德清、戴红等16位康复医学科技工作者“中国康复医学会终身成就奖”。

党建强会 学会修订完善意识形态工作责任书和廉政承诺书，严防意识形态问题发生。学会理事会党委换届，彭明强任党委书记，陈立典、牛恩喜任党委副书记，岳寿伟、黄晓琳、燕铁斌、何成奇、席家宁、唐强、李云波、钟铁军8位同志任委员。修订完善党委工作规则，细化党委议事范围和决策流程。组织37个分支机构完成党支部成立或换届，学会“两个全覆盖”达100%。围绕“喜迎二十大、奋进新征程”主题，组织驻会党员开展参观党史展览、录制《歌唱祖国》视频等系列活动。“喜迎二十大，寻根杨家岭”主题党日暨康复服务行“走进延安”活动计划被列入中国科协“党建强会计划”项目。40多个分支机构深入革命老区和边远山区开展康复服务行活动70余次，服务线下线上群众万余人次。

会员服务 拓展服务功能，发出会员问卷调查，广泛征求会员意见，提高服务质量。改版升级会员信息管理系统，简化注册流程，提供智能化服务平台。落实双“十五条”会员服务承诺，真正体现会员优先、会员优惠。组织专家帮扶基层、边远地区会员，提高其业务能力。

编发《康复快讯》，强化官网“会员之家”栏目建设，定期宣传单位会员先进事迹和个人会员风采，提升学会影响力和凝聚力。

【中国康复医学会第七次全国会员代表大会】 4月15—16日，中国康复医学会第七次全国会员代表大会以线上线下结合方式在北京召开，在上海市、黑龙江省哈尔滨市、江苏省南京市、福建省福州市及广东省广州市、深圳市等地设分会场。原国家卫生部部长张文康向大会致贺信。中国科协专职副主席、书记处书记孟庆海等出席大会开幕式并致辞。中华医学会、中国中西医结合学会、中国针灸学会等75家全国学会向大会的召开表示祝贺。全国会员代表315人参加会议。

大会由学会第六届理事会党委书记兼常务副会长牛恩喜主持。学会会长方国恩代表第六届理事会作工作报告。牛恩喜对修订学会章程、调整会费标准等重要事项作了说明，并组织大会表决和选举。全体会员代表表决通过第六届理事会工作报告、学会章程修订草案、会费标准调整方案等重要事项，选举产生第七届理事会和第一届监事会。

其间，召开第七届理事会和第一届监事会第一次会议，以及理事会党员大会。会议选举产生第七届理事会常务理事、学会负责人、第一届监事会负责人，表决通过新一届党委委员推荐人选和分工、驻会机构副秘书长名单等重要事项。陈立典当选为学会第七届理事会会长。

【2022中国康复医学会综合学术年会暨国际康复医疗产业博览会】 2023年1月6日，2022中国康复医学会综合学术年会暨国际康复医疗产业博览会在福建省福州市举办。学会会长陈立典担任大会主席。

大会以“传承创新，砥砺奋进，开启康复新征程”为主题，设立综合国际康复主论坛及作业治疗、慢病康复、康复治疗师职业发展等40个平行分论坛，现场参会人员近3000人，线上参会人数万余人次。来自康复医疗、康复护理、康复工程、康养结合等相关领域的国内外专家学者共同分享交流。

开幕式上向20名获2022年度“最美康复科技工作者”的代表颁发荣誉证书，向获2022年度中国康复医学会科学技术奖一等奖（共22项）的获奖者代表颁发证书，向16位老专家代表授予中国康复医学会终身成就奖证书，评选出大会优秀论文一、二、三等奖120篇。

在综合国际康复主论坛上，邀请中国工程院院士王辰、张伯礼、樊代明，中国科学院院士苏国辉，国际物理与康复医学学会主席 Francesca Gimigliano、前任主席李常威，以及胡大一、励建安、于长隆、李建军、岳寿伟、何成奇、徐林、吴毅等国内外康复医学领域的专家学者作主旨演讲。

年会同期举办国际康复医疗产业博览会，展览面积1.2万平方米，设有278个标准展位，展示分享新时代康复医学最新技术和产品。

“科创中国”、科技工作者之家、康复医学网、康复社等网络媒体对大会全程直播，总观看量达350万人次；新华社、中国新闻社、《福建日报》等媒体进行宣传报道。

（撰稿人：王　菲　孟庆岩）

中国免疫学会

服务创新型国家和社会建设 学会各专业分会利用自身优势，促进基础科研向临床转化。

1—6月，学会临床免疫分会主办10场“风湿病诊疗进展菁英论坛”线上会议，4—6月，组织8期“黄河免疫系列讲坛”线上会议。会议聚焦免疫性疾病的临床研究和诊疗实践的最新进展，内容涉及自身免疫性疾病诊疗指南、最新临床研究进展、疑难杂症讨论等。

6月24—26日，由学会中医药免疫分会主任委员、中国工程院院士刘良牵头，湖南正清制药集团股份有限公司参与的湖南省内第一个中药材ISO国际标准《中医药——青风藤》国际标准研究成果发布会在湖南省长沙市举办。11月19日，学会中医药免疫分会在广东省深圳市举办“医疗卫生三名工程”中药传统制剂培训基地揭牌仪式。

完成中国科协生命科学学会联合体工作：4月，组织提交《涉及人的生命科学和医学研究伦理审查办法（送审稿）》专家修改意见和建议；4月20日，发出《提高老年人新冠疫苗接种和加强针比例的倡议书》；5月，组织报送生命科学领域决策信息选题2项；参与“中国生物学研究整体水平和国际影响力评估”项目并结项。

学会建设 2022年，学会个人会员总数8960人，新发展个人会员561人；新发展单位会员1家；分支机构换届3个（其中更名1个），新成立1个。

青年人才托举工程 2022年，学会推荐的3名青年人才入选第八届（2022—2024年度）中国科协青年人才托举工程项目，获得资助。从第一届至第八届，共有21名青年免疫学工作者获得中国科协资助。

主办期刊 根据美国科睿唯安公布的2021年度《期刊引证报告》,《中国免疫学杂志》（英文版）2021年度SCI影响因子为22.096，在全球161种免疫学SCI期刊中排名第12位。获得中国科技期刊卓越行动计划领军期刊项目支持，入选中国科协2022年度全国学会期刊出版能力提升计划——中文期刊稿源质量提升项目。

《中国肿瘤生物治疗杂志》2021年度影响因子为1.475，在肿瘤学类别中排名第15位。

国内主要学术会议 2022年，学会、期刊编辑部及各分支机构以线上线下结合方式举办国内学术会议14次，参加人数29.1万人次。

4月23日，由学会、医学免疫学国家重点实验室、《中国肿瘤生物治疗杂志》联合主办的肿瘤生物治疗前沿热点研讨会线上召开，参加人数1.9万人次。

5月15日，由学会与医学免疫学国家重点实验室联合主办的免疫代谢前沿论坛线上召开，参加人数2.5万人次。

6月24—26日，由世界中医药学会联合会中医药免疫专业委员会主办、学会中医药免疫分会协办的《中医药——青风藤》国际标准研究成果发布会暨第五届国际风湿与疼痛三联序贯疗法高峰论坛在湖南省长沙市召开，来自全国的100余名专家学者参加会议，共吸引10万余人次线上参与。

8月5—7日，中国免疫学会第三届肿瘤免疫治疗高级讲习班在云南省昆明市召开，共有200余人参加培训。

8月20日，由学会血液免疫分会、北京癌症防治学会主办的中国免疫学会血液免疫分会第五届北京血栓与止血会议暨第三届北京血液肿瘤与免疫高峰论坛线上召开，参加会议人数260人。

8月26—28日，由学会主办，中国医学科学院皮肤病医院、北京协和医学院皮肤病研究所和中南大学湘雅二医院共同协办的中国免疫学会皮肤免疫分会成立大会暨第一届学术年会线上召开，共有3000余人次参加会议。

9月3—4日，“细胞治疗监管和临床研究”香山科学会议在北京召开。中国科学院院士王福生、中国工程院院士王广基、中国科学院院士张学敏、中国工程院院士王军志、中国工程院院士田志刚共同担任大会执行主席。会议由学会与中国人民解放军总医院第五医学中心、国家感染性疾病临床医学研究中心联合组织承办，国内50余位专家学者应邀参加会议。

10月8日，由学会与重庆市免疫学会和重庆国际免疫研究院联合举办的第二届全国免疫新技术交流会暨重庆市免疫学会2022年学术年会以线上线下相结合方式召开，共有约6000人次参加会议。

10月28—29日，中国免疫学会血液免疫专业分会2022年学术年会以线上线下结合方式在贵州省遵义市召开，8000多人次参加会议。

11月27日，中国免疫学会神经免疫分会主办的神经免疫学校首次课程线上举办，邀请包括来自美国、德国、意大利的共8位授课专家讨论神经免疫疾病临床难点问题及其对策，共有1700人次参加会议。

11月28—29日，中国免疫学兽医免疫分会第十五次学术研讨会线上召开。会议主题是“创新生物安全防控技术，强化乡村振兴科技支撑”，共有约4万人次参加会议。

12月24日，2022中国免疫学会临床免疫分会学术年会线上召开。会议聚焦于临床免疫的发展与展望以及临床和基础免疫学领域交叉研究的前沿进展，共有8.8万余人次参加会议。

国际组织任职 2022年，学会5名专家在国际免疫学联合会担任执委及分会委员职务，其中执委（理事）1人。2名专家在亚洲－大洋洲免疫学会联盟任职，其中秘书长1人、执委（理事）1人。

国际交往 作为亚洲－大洋洲免疫学会联盟秘书处执行机构，学会组织召开4次亚洲－大洋洲免疫学会联盟线上理事会议。3月23日，首次亚洲－大洋洲免疫学会联盟执委会会议召开，由亚洲－大洋洲免疫学会联盟主席Sunil、学会秘书长黄波共同主持。新一届亚洲－大洋洲免疫学会联盟执委参加会议，研讨2022年度及未来几年的重点工作，并对亚洲－大洋洲免疫学会联盟如何进一步发展提出建议和展望。

6 月 20 日，第二次亚洲 – 大洋洲免疫学会联盟执委会会议召开。主要议题是伊朗免疫学会两年一次的官方大会将于 2023 年召开，亚洲 – 大洋洲免疫学会联盟将以何种形式对伊朗免疫学会进行支持及协助。会议研讨此类资助的可行性及相关问题。

8 月 31 日，第三次亚洲 – 大洋洲免疫学会联盟执委会会议召开。为了推动区域的青年人才培养工作，会议建议成立亚洲 – 大洋洲免疫学会联盟教育委员会，由前主席 Mackay 担任委员会主任。

11 月 1 日，第四次亚洲 – 大洋洲免疫学会联盟执委会会议召开，主要讨论如何资助青年学者参加第十八届国际免疫学大会。会议决议将在往届基础上加大资助力度。

11 月 20 日，学会选派 4 位正式代表参加线上召开的第十八届国际免疫学联合会会员代表大会，讨论并参与国际组织领导工作。

学会兽医免疫分会继续承办“一带一路”动物疫病防治联合研究中心项目，2022 年进一步加强与“一带一路”沿线合作组织的线上联系，开展各类培训及学术交流活动，其中包括中哈联合实验室研究生学术论坛、中埃动物疫病防控交流会、动物流感监测与防控形势交流与培训会等。

科普活动 2022 年，学会科学普及教育工作委员会与重庆国际免疫研究院联合发起每月两次的线上科普活动，围绕人类免疫力、新冠诊防治等老百姓关心的热门话题，邀请专家授课。每次活动参与公众在 5 万 ~10 万人次。

2—4 月，中国免疫学会临床免疫分会通过线上组织 10 场“关爱 SLE 健康中国”活动。活动围绕风湿免疫性疾病，向患者科普相关知识和治疗手段，加强患者对于系统性红斑狼疮等免疫性疾病发病诱因、并发症以及诊治手段的认知。

表彰举荐优秀科技工作者 在第十一届中国免疫学会学术奖评选中，王德炳、杨晓明等 11 人入选，其中终身成就奖 1 人、杰出学者奖 2 人、青年学者奖 8 人。

党建强会 学会党委组织学习贯彻落实党的二十大会议精神，秘书处党支部参加中国科协科技社团党委主办的各项活动。学会多渠道开展学习感悟征集工作，整理成稿后按照要求上报有关部门。

会员服务 为贯彻落实中国科协《“智慧科协 2.0”建设三年规划（2022—2024 年）》目标任务要求，学会自建的会员管理系统通过“接口对接”方式实现会员入库，被中国科协授予全国学会会员入库优秀单位。

编写 2022 年通讯，反映学会年度工作综合信息；编撰“中国免疫学 2022 年度学术动态集锦”，汇总年度国内免疫领域重大学术进展。

【中国免疫学会第三届肿瘤免疫治疗高级讲习班】 8 月 5—7 日，中国免疫学会第三届肿瘤免疫治疗高级讲习班在云南省昆明市召开。学会理事长、陆军军医大学全军免疫学研究所教授吴玉章致开幕词。会议特邀由中国工程院院士、中国医学科学院教授曹雪涛和美国医学与生物工程院院士、欧洲人文和自然科学院院士、中国科学院深圳先进技术研究院癌症免疫研究中心主任陈有海领衔的 15 位专家为学员授课，并与 200 多名学员现场交流。

（撰稿人：姚　婕）

中华预防医学会

服务创新型国家和社会建设 2022 年，学会作为中国科协决策咨询专家团队试点单位，成立中华预防医学会新发传染病与公共卫生安全决策咨询专家团队，主要聚焦优化新冠疫情防控策略、如何走出新冠大流行应急状态等热点、难点开展研究。承接中国科协十大代表 2022 年调研课题项目，围绕疫苗全程追溯管理区块链创新应用面临的问题及对策建议开展调研。制定《新生儿保健专科建设专家共识》《集中隔离医学观察场所内感染防控专家共识》等共识。组织开展防控策略调整数学模型研究，参与优化防控措施方案制订、疫苗研发专班决策咨询等。参与起草推动中国疾控体系高质量发展、强化传染病监测预警体系建设等指导性文件。

实施中国科协青年人才托举工程项目和学会疫苗与免疫人才青年托举项目。启动 2022—2025 年公共卫生高层次人才培养项目，探索以理论和实践相结合、以提升问题解决能力为核心的复合型领军人才和青年精英人才培养模式，培养一批用得上的疾控人才。开展慢病健康管理——癌症筛查与早诊培训项目，探索癌症早诊人才的培训模式。承担国家卫生健康委西部地区基层传染病防控能力提升项目，最大限度消除地区间防治技术供给不充分、能力不平衡的矛

盾，提升重点地区传染病防控能力。

发布团体标准《疫苗追溯区块链技术应用要求》，启动《中华预防医学会团体标准制定程序手册》相关标准专著编撰工作。

学会班子成员全程参与上海市、海南省、新疆维吾尔自治区、天津市、北京等地新冠规模性疫情防控指导工作以及在广东省深圳市参加中央援港抗疫专班工作。

学会建设 制定《中华预防医学会内设机构改革调整方案》，优化秘书处内设机构职能，增设4个内设机构，重点强化会员服务与管理、高端智库建设、团体标准引领等职能。制（修）定并实施《中华预防医学会内部审计工作管理规定》。

完成学会会员、会议、协同办公、学术资源共享等系统的升级改造，全面启动网络信息系统安全专项工作，完成7个网络信息系统安全防护升级。优化学会财务管理流程，加强资金的管理运行，积极参加中国科协全国学会财务管理系统建设。

学会现有批复成立的分支机构84个。2022年，成立叙事医学分会，撤销化工系统分会、石化系统分会、石油系统分会、转化医学专业委员会、自由基预防医学专业委员会、卫生保健分会、生物资源管理与利用研究分会等7个分支机构。更名生物安全与防护装备分会更名为生物安全分会、预防医学信息专业委员会更名为公共卫生信息化专业委员会、职业病专业委员会更名为中毒控制分会。完成18个分支机构的换届。

主办期刊 学会现有学术类期刊70种。2022年，完成中国科协《2021年度分领域高质量科技期刊分级目录》预防医学与卫生学学科的试点工作，面向全球预防医学与卫生学科技期刊，形成一套标准科学、分类合理、规则公平、共识广泛的预防医学与卫生学领域科技期刊评价指标体系。作为牵头单位完成第七届中国科协优秀科技论文遴选计划（预防医学与中医药集群论文）项目，引导更多优秀成果在中国科技期刊发表。承担中国科协2022年度全国学会期刊出版能力提升计划项目，推动学会系列期刊科技文献传播力和国际影响力。

国际学术会议 2022年，学会共举办“做好下一次大流行应对准备”研讨会、第24届世界艾滋病大会中国专场卫星会、2022世界流感大会3场国际会议。

4月8日，由世界公共卫生联盟亚太区联络办公室主办、学会和暨南大学疾病预防控制研究院协办的“做好下一次大流行应对准备”研讨会线上召开。世界公共卫生联盟、中华预防医学会、新加坡国立大学、澳大利亚公共卫生学会等机构的专家从全球和各国视角研讨如何做好下一次大流行应对准备工作，研究新冠大流行带来的经验和教训。

7月29日—8月2日，由国际艾滋病协会主办的第24届世界艾滋病大会在加拿大召开。会议期间，学会举办以“中国艾滋病终结之旅，社区合作及赋能”为主题的中国专场卫星会。邀请世界卫生组织总干事任明辉及联合国艾滋病规划署亚太区区域办代理主任Taoufik Bakkali参加会议。会上，介绍了中国在艾滋病防控、控制梅毒和乙肝母婴传播方面的策略和经验，以及中国社会组织以基金为平台参与防治艾滋病工作的模式。

国内主要学术会议 2022年，学会举办2022全国疫苗与健康大会、2022年中国狂犬病年会等学术会议，线上线下参会人数超600万人次。

11月4—5日，由学会主办、学会妇幼健康相关分支机构承办、海南省预防医学会等协办的第二届中国妇幼健康学术大会以线下线上相结合的形式分别在海南省海口市和北京召开。大会以“关注全生命周期健康，推动妇幼健康事业高质量发展”为主题。国家卫生健康委妇幼健康司司长宋莉，学会副会长、中国工程院院士乔杰，学会副会长梁晓峰分别作题为《中国妇幼健康事业发展与展望》《肿瘤患者的生育力保存》和《加速消除病毒性肝炎——妇幼系统担当重任》的报告。联合国儿童基金会儿童健康发展处卫生官员杨宇宁作题为《联合国儿童基金会2021—2022健康领域国别行动计划》的报告。立足于不同专业领域，学会妇幼健康相关分支机构的主任委员和多位专家先后分享各自的学术报告。大会设有妇女保健、儿童保健、数字技术与妇幼健康、出生缺陷防控、儿少卫生、生育力保护、盆底功能障碍防治、更年期保健、慢性病防控与妇幼保健9个分会场。

两岸交流 9月4日，学会邀请全球华人公共卫生协会、澳门妇产科学会、台湾妇幼卫生协会的专家围绕“关注宫颈癌防治，守护妇女健康”主题进行线上交流、分享经验，共同助力海峡两岸暨香港特别行政区、澳门特别行政区妇幼健康事业发展。除专家报告外，青年卫生科技工作者在会上进行交流讨论，增进文化认同。

国际组织任职 学会及分支机构加入对口国际组织172个，共有5位专家担任国际院士、31名专家担任国际组织主席职位、55位专家担任国际组织执委以上职务。

国际交往 学会与比尔及梅琳达·盖茨基金会联合开展新时期重大传染病防控政策倡导项目，组建核心专家委员会，搭建政策倡导平台，组织循证研究，在完善结核病患者医疗保障、推动结核病防治法治化管理、优化结核病防治服务体系、促进新技术应用和预防性治疗等方面向政府和有关部门提供基于证据的政策建议。

科普活动 2022年，学会持续开展健康科普云讲堂系列直播，观看人数超428万人次。5—7月，举办第二届社会组织防艾短视频创作大赛，共评选出24部优秀作品，并在光明网、优酷、新浪微博、抖音、腾讯等平台持续推出。6月13日—12月30日，举办2022年全国大学生健康科普大赛，为大学生搭建科学传播社会实践活动平台。

表彰举荐优秀科技工作者 学会参与第十七届中国青年科技奖、第十八届中国青年女科学家奖、第十五届谈家桢生命科学奖、2022年“最美科技工作者”等奖项候选人推选工作。

党建强会 学会制定《2022年党的建设工作要点》《2022年统战工作要点》《2022年全面从严治党、党风廉政建设和反腐败工作分工意见表》《党委会“三重一大”议事制度》《党员干部廉政档案管理办法》。5—12月，组织新冠疫情防控与预防接种云讲堂等活动。5月，组织参加“幸福工程——救助困境母亲”捐款活动。持续对定点帮扶地区山西省临汾市永和县进行帮扶。10月26日，向学会全体党员干部及亲属发出“同心助廉　奋进新征程”倡议。

会员服务 2022年，学会会员总数达11万余人，已做好8000余名分支机构专科会员登记，并启动中国科协全国学会会员（人才）库信息对接录入工作。组织开展线上线下继续教育培训活动26场，服务会员8276人。

【社会组织参与艾滋病防治基金工作】 2022年，社会组织防艾基金通过中央财政和社会捐赠资金共资助883个项目，为艾滋病病毒感染者和患者提供26万余人次的人文关怀和随访服务；动员36万余名易感染艾滋病病毒的重点人群进行HIV抗体检测，新发现近7000名感染者并转介至医疗卫生机构启动抗病毒治疗；为4万余名育龄妇女提供预防艾滋病母婴传播健康教育、HIV抗体检测，协助妇幼机构为200多名阳性孕妇提供孕期指导和随访服务。

探索多元化筹资模式，开展“爱你爱我艾检测”公益项目，与公募基金会合作开展互联网众筹。在“99公益日”期间，动员4万多人次捐款近70万元。

为加强项目过程管理，提高项目实施单位及管理机构工作效率和数据安全，基金优化基金项目信息管理系统功能，并进行三级等级保护登记。

同学会主办的《中国预防医学杂志》联合出版“社会组织防艾工作”专刊，举办短视频创作大赛，召开经验交流会，为参与基金的个人、社会组织和社会企业颁发感谢信或感谢状。

社会组织防艾基金管理委员会办公室设在中华预防医学会，负责社会组织防艾基金的具体管理工作。

【2022全国疫苗与健康大会】 8月20—28日，由学会、中国疾病预防控制中心共同主办的2022全国疫苗与健康大会在北京召开。大会以“高质量推动全人群疫苗免疫服务”为主题，邀请100多位国内外专家学者通过线下线上形式参加学术交流。国家卫生健康委副主任、中华预防医学会会长李斌，世界卫生组织驻华代表高力博士致辞。

国家疾病预防控制局副局长沈洪兵在题为《新时期疾控体系改革的思考》的报告中谈到，疾控体系改革的重点在于加强监测预警能力、流调和风险评估能力、检验检测能力、应急响应和处置能力、信息化和大数据应用能力、科学研究能力建设。芬兰国家卫生福利研究所博士汉娜·诺希内克、世界卫生组织西太平洋区域办事处博士阿南达·阿默拉辛、中国疾病预防控制中心免疫规划中心主任尹遵栋、北京大学人口研究所教授宋新明分别围绕全球新冠疫苗快速研发和应用进展、全球免疫规划进展与挑战、中国免疫规划工作进展、中国人口变动趋势与全人群疫苗免疫服务等作学术报告。

本届大会设8个分会场和9个专题交流会，分别围绕新冠疫苗和创新疫苗研究进展、疾病防控与免疫预防、预防接种服务管理与实践、成人免疫预防、特殊健康状态儿童免疫预防、预防接种后不良事件监测处置和非免疫规划疫苗防控等内容开展学术交流。

【2022年中国狂犬病年会】 9月2—3日，由学会、中国畜牧兽医学会、中国工作犬管理协会共同举办的2022年中国狂犬病年会以线上线下结合方式在江

苏省苏州市召开。年会以“推进依法养犬　共筑健康中国”为主题，邀请卫生、畜牧兽医、公安以及高等院校的专家学者围绕狂犬病研究进展、政策法规和防控实践作学术报告和科普讲座。

开幕式上，中国畜牧兽医学会副理事长兼秘书长杨汉春在讲话中指出，中国的狂犬病防控工作取得积极进展，死亡人数逐年下降。当前犬只仍然是中国狂犬病的主要传染源，加强犬只的管理以及对犬只实施狂犬病疫苗免疫是消除中国犬传狂犬病的最主要的解决手段。2022 年颁布实施的《中华人民共和国动物防疫法》明确规定养犬人的职责，为中国消除犬传狂犬病带来新的契机。学会副秘书长张伶俐主持大会开幕式。

大会邀请华中农业大学教授傅振芳讲解《狂犬病全球消除的进展、挑战和解决方法》；中国疾病预防控制中心主任医师、学会狂犬病预防控制工作委员会主任委员殷文武分享《我国狂犬病消除进展与对策展望》；中国动物疫病预防控制中心动物卫生监督指导处副处长蔺东介绍《动物防疫法及相关配套规章解读》；北京师范大学教授田怀玉以中国农村地区狂犬病防控为例，讲解《传染病数学模型服务疫情防控的新应用》；中国食品药品检定研究院研究员董关木梳理《狂犬病疫苗的过去、现在和未来》；北京大学人民医院主任医师王传林分享《从狂犬病预防到动物致伤防治体系建设》。

会上，40 多位专家学者和科技工作者在狂犬病基础研究、监测与防控实践、暴露后处置分会场以及二倍体细胞狂犬病疫苗专题交流会上进行学术交流和讨论。其间，举办狂犬病健康科普直播和新技术新产品展览以及展示活动。

【2022 世界流感大会】 9 月 17—18 日，由学会、亚太流感控制联盟、中国疾病预防控制中心、中国医学科学院共同主办的 2022 世界流感大会线上举办，主题为“新冠未去，流感重来：准备好了吗？”。

世界卫生组织荣誉总干事陈冯富珍参加会议并致辞。大会邀请世界卫生组织免疫、疫苗和生物制品司司长 Katherine L.O’Brien，世界卫生组织新冠肺炎应对组技术主管 Maria Van Kerkhove，中国工程院院士、中国医学科学院院长、北京协和医学院院校长王辰，中国科学院院士高福等 60 余名国内外专家学者作大会报告。来自美国、英国、加拿大、日本、马来西亚、法国、澳大利亚、新加坡、印度、越南、阿曼等国家的 3000 余人次观看直播。

大会介绍全球流感及新冠防控工作进展和中国新冠防控经验、流感疾病监测和病原检测、新冠大流行下流感与新冠疫苗新技术与新证据、流感防治策略与药物开发、流感控制研究与创新等内容，还分别以“流感和新冠疫苗研发及应用”“流感和新冠感染的实验室诊断”“流感和新冠感染的临床表现和药物治疗”“确保各国具备适当的大流行防范计划”和“流感知识普及与沟通”为主题开设 5 个平行分会场，进行学术交流与探讨。

大会通过网络平台全程直播，国内累计实时播放总量 9 万人次，最高在线人数达 2.5 万人次。

（撰稿人：牛霏霏　夏建国）

中国法医学会

学会建设　制定《中国法医学会薪酬管理制度（试行）》《中国法医学会第十七届中国青年科技奖候选人、第十八届中国青年女科学家奖和 2021 年度未来女科学家计划候选人提名工作守则》和《人才举荐实施细则（2022 年）》等规章制度。根据公安部五局对学会、协会总体布局和要求，中国法医学会第六届第四次常务理事会议通过《关于取消中国法医学会分支机构的建议》。学会根据公安部审计意见进行整改，且全部整改到位。

截至 2022 年年底，学会个人会员达 7248 名、单位会员 1 个。

学会全资控股企业《中国法医学杂志》社改制工作持续推进。

主办期刊　2022 年，学会继续加强《中国法医学杂志》编辑队伍建设，扩大兼职编审队伍，按照相关要求做好“三审三校”工作，确保杂志高质量出版发行。

2022 年，《中国法医学杂志》收到稿件 559 篇，全年编辑出版正刊 6 期，共刊发稿件 163 篇。持续更新主编专栏，学会会长闵建雄为每期杂志撰写“法医从业心得”系列文章。

国内主要学术会议　5 月 19—22 日，由学会法医临床学专业委员会主办的全国第二十二届法医临床学学术研讨会线上召开。邀请公、检、法、司多系统 20 余名专家学者作题为《新冠肺炎临床表现与病理学特点》《法医学现场勘查》《颅脑损伤成伤机制》《法医临床相关技术与产品介绍》《法医人类学鉴定及相关研究现状》等的专题报告。来自全国的1000余名法庭科技工作者参加研讨会。

12月11日，由学会主办、中国人民公安大学侦查学院承办的“学习二十大精神，听公安英模讲生物物证”会议线上召开。在学习贯彻党的二十大精神的同时，宣扬公安楷模、英模精神，促进新形势下生物物证检验技术水平提升，把握生物物证技术领域的发展趋势，提升法医学专业学生的职业认同感。来自全国各个系统的721名法庭科技工作者和院校师生参加会议。

科普活动 1月1日，为配合2022北京冬奥会科普宣传，针对冬季运动损伤防护和治疗，学会科普部主任侯安山撰写科普作品《冰雪赛场上会“走”的急诊室来了》，发表在中国科协主办的《知识就是力量》2022年第1期。5月，该作品被改编为《赛场受伤怎么办?“车轮上的医院”上岗啦！》在《知识就是力量》藏文版发表。

组织学会理事和各专业委员会向全体会员征集科普活动事迹和人物，并对中国科协开展的“典赞·2022科普中国”进行宣传。申报年度科普人物数量4人（侯安山、王飞翔、王洁、陈航）、年度科普作品1件（《小细菌　大世界》丛书），全部提请推荐。

表彰举荐优秀科技工作者 2022年，学会开展第十七届中国青年科技奖候选人推荐工作，共收到5人的推荐材料，最终确定推荐王乐（公安部物证鉴定中心）、赵建（广州市公安局）为第十七届中国青年科技奖候选人。

学会开展第十八届中国青年女科学家奖和2021年度未来女科学家计划候选人推荐工作，共收到第十八届中国青年女科学家奖候选人推荐材料7人份、2021年度未来女科学家计划候选人材料2人份。经推荐小组专家审核，最终确定推荐李褒曼（中国医科大学）、宋丽娟（山东省公安厅物证鉴定研究中心）、张云峰（公安部物证鉴定中心）为第十八届中国青年女科学家奖候选人，林瑶（四川大学）、刘一文（天津市刑事科学技术研究所）为2021年度未来女科学家计划候选人。

根据中华医学会《关于商请推荐中华医学会第五届医疗鉴定专家库专家的函》（医会鉴定函〔2022〕76号），学会秘书处组织相关专业委员会就医疗鉴定专家库建设推荐法医临床学和法医病理学专家。经学会法医临床学专业委员会、法医病理学专业委员会、法医损伤学专业委员会、医疗损害鉴定专业委员会推荐，推荐40名法医临床学和法医病理学专业的专家。

开展2022年“科创中国”系列榜单征集遴选工作，向“新锐企业榜”推荐瑞莱谱（杭州）医疗科技有限公司。

根据《关于商请推荐中国科协科技人才奖项评审专家的函》（科协人才函奖字〔2022〕15号），向中国科协培训和人才服务中心推荐2位专家。

党建强会 学会坚持把学习贯彻党的二十大精神转化为履职尽责的强大动力，促进法医学的繁荣和发展。10月24日，学会秘书长于忠山组织召开学习党的二十大精神会议。10月26日，于忠山为秘书处全体工作人员讲党课，题目为《踔厉奋发新时代，勇毅前行向未来》。邀请公安部物证鉴定中心副主任胡兰进学会，给秘书处工作人员传达党的二十大精神。组织员工观看和学习全国公安机关学习宣传贯彻党的二十大精神电视电话会议。

（撰稿人：赵丽娜）

中华口腔医学会

服务创新型国家和社会建设 由中央财政重大公共卫生专项资金持续支持开展的“全国儿童口腔疾病综合干预项目”在学会设立国家项目办，由学会负责项目的管理工作。项目覆盖面达到1197个县（市、区），累计培训口腔卫生服务人员29875人次，参与医疗机构4749家，健康教育累计覆盖1280万余人次。

6月，承接并立项民政部中央财政资助项目——中华口腔医学会“边疆微笑行”试点项目。7月17—24日，学会组织6家单位14名口腔颌面外科、麻醉科专家及护理人员组成的医疗志愿团队赴西藏军区总医院启动项目，为西藏自治区67名唇腭裂患者完成公益手术治疗和语音训练，并赠送围手术期护理包；7月27日，在新疆维吾尔自治区人民医院开展手术，两地累计完成92例唇腭裂患者的公益手术治疗。

参与推荐2个专家库，入库专家155名；遴选问题难题及重大科学问题8项；向中国科协推荐优秀人才14名；推荐2022“科创中国”系列榜单15家，入选3家，其中入选先导技术榜（生物医药领域）2家、新锐企业榜1家；参与第七届中国科协优秀科技论文遴选计划，评审科技论文3篇，推荐1篇。

受国家卫生健康委委托，学会就《关于征求二级和三级综合医院医疗服务能力指南意见的函》《关于口腔“牙齿缺失治疗类”医疗服务项目规范立项指南（征求意见稿）》《关于开展口腔种植医疗服务和耗材价格专项整治的通知》提供决策建议，编写制定《牙体缺损、牙列缺损与缺失修复诊疗指南》。

受国家药品监督管理局委托，就国内口腔医疗技术和医疗器械监管现状，完成《关于口腔医疗器械监管的建议》报告。

受国家医学考试中心委托，向9个口腔医学专业委员会专家征求关于“口腔类别执业医师基本要求”修订意见。

受全国科学技术名词审定委员会委托，开展口腔医学名词编写与审定工作。2022年完成15个口腔分支学科词条的除重和释义工作。

受中国医师协会委托，对住院医师口腔7个专业《住院医师规范化培训内容与标准（2022修订）》与《住院医师规范化培训基地认定标准（2022修订）》14个细则再修订。

根据国家卫生健康委科教司工作部署，在内蒙古自治区赤峰市举办师资培训班，加强住院医师规范化培训基地建设。

持续开展学会团体标准制定工作，先后发布并实施15项团体标准。其中与中国整形美容协会联合制定发布《口腔医疗美容服务规范》团体标准，促进口腔医疗美容工作健康发展。部分团体标准解读在5·30中华口腔医学会会员日暨全国科技工作者日期间直播，由团体标准首席专家或主要执笔人结合临床病例及经验进行讲解、与会员互动，浏览量达2万余人次。《中华口腔医学会2017—2022团体标准》汇编了2017—2022年制定和发布的48项口腔医学团体标准。

2022年，学会举办各类继续教育培训班29次，培训人数2.6万余人次。继续开展线上继续教育，免费向广大会员提供规范化的口腔临床理论和技能课程，共举办“云课堂”62场线上继续教育论坛和培训课程，共计91万人次在线观看学习。

学会建设 截至12月31日，学会个人会员总数为140066人，比2021年新增10502人；专科会员136279人；学生会员8765人；团体会员447家。

依照章程制定不同层级的会议议事规则，2022年召开理事会议1次、常务理事会议6次、会长办公会议10次，累计审议学会相关工作71项、通报重要事项19项。召开监事会议2次，审议相关工作3项，完成监事报告7份。

3月，线上召开第十四次专委会（分会）工作会议，38个专委会（分会）的79位主委以及49位秘书出席。会议“以会代培”，学习国家卫生健康委、中国科协相关文件精神；总结专委会（分会）工作；强调规范开展学术活动、继续教育活动，加强学会期刊建设，解析问题，宣讲新举措。

7月，召开第十次省、自治区、直辖市口腔医学会会长、秘书长联席工作会议，就会员日及会员发展、继续医学教育、科学普及、2022年学术会议相关工作进行交流。

11月25日，中华口腔医学会第六届理事会第二次理事会议线上召开，共168名理事参加会议。学会会长郭传瑸主持会议并向理事会报告学会第六届理事会五年规划要点及2021—2022年度重点工作。审议通过重大事项6项。5名监事列席会议。

学会强化电子“周报”的影响力，及时使用新媒体传播业内资讯和行业动态。2022年发布45期，发布消息共431条。

重新设计学会会徽，经秘书长办公会议、党委会议、会长办公会议及常务理事会议审议后全面使用。

青年人才托举工程 学会申报第八届中国科协青年人才托举工程项目，学会推荐的6名候选人入选。同时第四届中国科协青年人才托举工程项目通过验收。

2022年持续拓展加强针对临床青年医师的学会“小青托”各类科研项目，2022年度学会青年临床科研基金全瓷材料研究项目、牙科粘接技术、树脂材料研究项目分别有10项、10项、9项结题；口腔麻醉研究10个项目获得立项。

主办期刊 学会主办中文学术期刊3本，2022年刊出论文250篇；英文学术期刊1本，刊出论文30篇。

2022年，精诚口腔医学期刊传媒有限责任公司负责《中国口腔医学继续教育杂志》《中国口腔颌面外科杂志》《中国口腔种植学杂志》3本期刊的编辑、出版、印刷、发行和宣传，并完成期刊官网、投审稿系统和微信平台系统开发。三本期刊年检全部通过，国家统计局每年两次数据统计，期刊社会效益评价均分为83分，全部达到良好。开通精诚口腔医学期刊传媒有限责任公司微信公众号，推送近200条原创视频，以加强对口腔医学科研工作和3本期刊的宣传；与万方数据库、中国知网数据库签订非独家协议，为两本期刊申请DOI号；签订广告、期刊购销协议、印刷、排版等合同22份。

Chinese Journal of Dental Research（《中国牙科研究杂志（英文）》）获得中国科协2022年度全国学会期刊出版能力提升计划——高水平英文期刊培育项目支持。

学科发展工程 2022年学会组织全国口腔医学专家参与的国家自然科学基金委员会重大项目“牙周稳态维持与重塑机制”按期开展相关研究内容。

2月，学会与《中华口腔医学杂志》编委会一同完成《口腔医学领域基础科学研究整体水平和国际影响力评估报告》，经中华医学会报送中国科协。

国内主要学术会议 2022年学会以线下、线上方式举办专委会学术年会、专题研讨会等各类学术活动43个，参会人数10万余人次，学术报告近千场，交流学术论文、病例、壁报等5000余篇，线上累计观看量90万余人次。

7月29—31日，由学会口腔颌面外科专业委员会主办、福建医科大学附属第一医院承办的第十五次全国口腔颌面外科学术会议在福建省福州市召开。会议设1个主会场、7个分会场。中国工程院院士邱蔚六、张志愿、赵铱民以及相关领域专家学者就口腔颌面外科及相关交叉学科的前沿问题展开学术交流。线下会议1181人参加，线上374人观看，论文投稿1845篇，336人次发言，壁报展示408个，口头交流69个。

12月7—9日，由学会口腔种植专业委员会主办的第十三次全国口腔种植学术大会线上召开。1.5万人注册参会，直播观看人数近10万人次。中国工程院院士赵铱民作《自主式种植牙机器人的研发与临床应用》开幕演讲。大会安排软硬组织增量、无牙颌种植修复、数字化种植修复、种植并发症与治疗对策4个专场学术讲座，聚焦口腔种植临床诊疗设计、新技术新疗法、风险并发症防控等热点、难点问题进行交流讨论。

国际组织任职 9月19—24日，世界牙科联盟在瑞士日内瓦召开会员代表大会，学会国际交流部主任刘怡连任世界牙科联盟会员联络支持委员会委员。

国际交往 4月6—8日，世界牙科联盟在瑞士日内瓦召开2022年中期工作会议。世界牙科联盟会员联络支持委员会委员刘怡线上参加会议，就世界牙科联盟2022年的相关工作及会员大会相关议题等展开讨论。

5月27—29日，首尔国际口腔展暨学术会议在韩国首尔召开，学会会长郭传瑸为会议录制祝贺视频，表达对韩国口腔医学同仁的祝福。

6月20—25日，国际牙科研究协会第100届全球年会暨亚太区第五次会议线上召开。学会会长郭传瑸在国际牙科研究协会和四川大学华西口腔医院联合举办的国际牙科研究协会Academy开幕式上致辞。

6月22—26日，第43届亚太齿科大会在巴基斯坦以线上形式召开。会议主题为“口腔医学中的现代概念”。武汉大学口腔医院教授孟柳燕作为学会推荐的世界牙科联盟继教讲师，就显微根尖手术的临床应用进行授课。

8月4—7日，马来西亚口腔医学会线上举办马来西亚国际口腔展暨学术会议。学会会长郭传瑸为会议录制祝贺视频，向马来西亚口腔医学界同仁表示问候。

科普活动 2022年，学会举办主题科普活动32项，2000多名科技工作者参加，受众达1780万余人次；举办青少年科普宣讲活动4次，受众64万余人次。

3月，学会组织开展以“为健康口腔而自豪——关注口腔健康，幸福快乐一生”为主题的世界口腔健康日系列宣传活动，在学会官网设立“世界口腔健康日”专栏，先后翻译制作FDI宣传资料26份并通过学会官方渠道宣传推广，浏览总量约9万人次。联合百度健康医典、做客“人民好医生”客户端直播，累计浏览量达100万人次。倡议并号召全国各省级口腔医学会、口腔医疗机构开展宣传活动，在社区、学校、幼儿园等地方通过口腔健康课程、免费口腔健康检查、播放口腔保健视频、发放口腔健康宣传材料开展活动，覆盖约336万人次。

9月20日是第34个全国爱牙日，主题为“口腔健康　全身健康”。学会结合主题组织开展科普宣传活动，先后与中央媒体、大众媒体合作，开启线上活动，总浏览量达911万人次。同时利用自媒体多渠道宣传，浏览量达105万余人次。此外，还号召全国口腔界开展活动，活动覆盖1800万余人次。

与阿里健康合作，组织专家审核涵盖口腔黏膜、口腔正畸、牙周、牙体方面的科普词条共计21篇，并在夸克词条同步上线。每月定期在人民好医生平台开展科普直播活动，先后邀请11位专家就槟榔、口腔癌、智齿、口臭、牙周、牙外伤等科普知识在人民网

直播间直播，并同步在学会云课堂播放，每场次浏览量约 20 万人次。

开展 2022 年大学生口腔科普作品创作与传播活动，收到 83 家院校的 1125 件投稿作品。最终选出优秀个人作品 320 件、优秀组织团队 4 个。

开展 2022 年度“健康口腔行，科普好声音”——全国口腔科普演讲交流活动，先后有 300 余名口腔医务工作者报名参加。

学会连续 7 年被评为中国科协全国学会科普工作优秀单位。

表彰举荐优秀科技工作者 2022 年，学会累计表彰奖励科技工作者百余人次。

2022 年开展中华口腔医学会科技奖第五次评选。共收到推荐项目 26 项，评出一等奖 1 项、二等奖 3 项、三等奖 5 项。

党建强会 学会组织领导班子成员、专业委员会（分会）党的工作小组成员、秘书处各部门党员和工作人员通过多种形式学习领会党的二十大精神并交流心得体会。11 月 25 日，特邀中央党校（国家行政学院）研究室研究员徐珂作党的二十大报告解读。

2022 年学会召开党委会议 10 次，审议学会重要工作 51 项，通报重要事项 3 项。持续开展“党建强会”品牌活动，党建工作与学会的各项工作深度融合。各个专委会（分会）充分发挥党的工作小组作用，参与组织“会员朗诵活动”，活动吸引 27 万余人次参与。

会员服务 2022 年，学会已成立的 40 个专委会（分会）中，31 个专委会（分会）发展专科会员，22 个专委会（分会）实行大委员会制。坚持多渠道发展会员，实行与省级口腔医学会协同发展会员，通过引导口腔医学院校学生参加学会活动等方式，带动和促进学会会员的发展。按照中国科协“智慧科协 2.0”工作要求，2022 年年底启动学会会员入库事项。

学会重置会员数据库及会员管理系统，实时更新入会信息，升级会员服务网，建设集入会办理、信息查询、打印电子会员证书以及会员中心于一体的多功能网上“会员办事大厅”。

2022 年在中华口腔医学会第 24 次全国口腔医学学术会议期间设立线上会员服务区，线上开展“午间有约”“伴我成长　医路同行”等一系列活动，观看直播人数达 12 万人次。

【中华口腔医学会第 24 次全国口腔医学学术会议（2022 年会）】 12 月 9—11 日，中华口腔医学会第 24 次全国口腔医学学术会议（2022 年会）线上举办。会议设立焦点问题讨论和疑难病例讨论 2 个学术板块，传播、深化“健康口腔　守护天然牙”理念。共 6 万余人次在线参与。

【中华口腔医学会会员日暨全国科技工作者日系列活动】 5—6 月，学会线上举办以“筑梦口腔医学，携手共向未来”为主题的中华口腔医学会会员日暨全国科技工作者日系列活动。学会被评为 2022 年全国科技工作者日活动优秀组织单位。

此次活动组织开展 6 大板块 19 场活动。首次创新举办人文讲座“口腔医学中你不知道的那些事儿”、倾听会员声音，携手共向未来——中华口腔医学会会员热点话题沙龙和“筑梦口腔医学，携手共向未来”朗诵活动等系列活动，其中朗诵活动吸引 27 万余人次参加；首次推出会员专享的团体标准解读系列讲座。各项活动累计浏览量达 150 万余人次。各省级口腔医学会、单位会员、专委会（分会）积极响应，同期组织口腔健康科普咨询等线上、线下活动，将会员日活动与服务人民群众口腔健康相结合。

（撰稿人：王　靓）

中国医学救援协会

主办期刊 2022 年，协会主办的《中国急救复苏与灾害医学杂志》刊发稿件 410 篇，其中论著 365 篇、国家 / 省部级基金项目 269 篇。被《2022 年版中国科技期刊引证报告（核心版）自然科学卷》收录，影响因子为 0.763。

国际学术会议 9 月 23—25 日，由协会主办的 2022 年第 18 届中国 · 国际现代救援医学论坛暨卫生应急救援产业展览会在湖北省武汉市召开，主题为“面对常态急危症、应对突发灾疫情”。中国科协、国家卫生健康委、湖北省卫生健康委、世界灾害和急诊医学协会、国际 SOS、全球复苏联盟有关机构的领导、专家，以及来自全国各地救援医学领域的 2300 余名专家学者通过线下及线上形式参加论坛。

国内主要学术会议 2 月 22 日，由协会、中国灾害防御协会、中华护理学会共同发起的“2022 中国心肺复苏心脏除颤年”会议暨 22 人论坛以线上线下结合方式在北京召开，来自全国心肺复苏领域的 22 名专家参加会议。协会会长李宗浩担任会议主席，中国灾害防御协会秘书长唐豹主持会议。会上发布《中国心肺复苏心脏除颤（2022—2024）行动方案》（简称“CPR·D 三年行动”），“2022 心肺复苏年宣言书”，旨在促进 CPR·D 科学研究与普及、CPR·D 专业与公众培训、CPR·D 新技术应用与产品推广、标准的制修订工作、CPR·D 相关产品及制造企业的信用评价等，以创建发展中国 CPR·D 系统工程，尽快提升心脏骤停抢救成功率。

科普活动 紧扣“关爱生命、科普同行”主题，协会多部门携手先后完成对西藏自治区第二人民医院、中邮恒泰药业有限公司、盾禾牌安全设备科技河北有限公司、中山大学、中山大学附属第七医院 5 家心肺复苏科普培训基地的评审验收工作。

举办中国心肺复苏周 2022、医学救援科技志愿服务活动河北柏乡行、“大学生应急救护知识技能大演练”项目、“少年急救官”项目、全国高校大学生急救知识科普志愿活动等科普活动。

5 月 12 日，由协会联合中国灾害防御协会、新的社会阶层人士服务团共同主办的“人人参与自救互救，共建共享文明社会”社会服务主题活动启动仪式在北京市和四川省阿坝藏族羌族自治州会场举办。同时，“少年急救官”项目在全国范围正式启动实施。活动得到教育部、应急管理部、国家卫生健康委、共青团中央、全国妇联和各地统战部门的支持，以及新的社会阶层人士联谊组织、全国广大新的社会阶层人士的积极响应。

7 月 14 日，在河北省邢台市柏乡县职教中心科教馆开展“智惠行动·医学救援科普志愿服务河北柏乡行”科技志愿服务活动，共培训医学救援科技志愿者 110 余人。在随后的科普活动中，开展急救知识进社区、进农村、进机关、进企业、进学校“五进”活动，科普心肺复苏、海姆立克等急救知识及技能，培训 300 余人。

党建强会 2022 年，协会坚持以习近平新时代中国特色社会主义思想为指导，学习贯彻党的十九大、十九届历次全会、二十大精神。协会党委及联合党支部制定党的二十大精神学习方案，并将时间节点、步骤要求细化为具体措施，共组织专题学习 3 次。协会党委及联合党支部组织党员参加中国科协科技社团党委举办的弘扬共产党人精神专题培训班。

在协会党委及联合党支部的推动下，协会不断完善内控制度及党建工作制度。2022 年度线上召开 2 次党委会议，前置审议协会“三重一大”事项，全年共审议“三重一大”事项 6 项，涉及重大会议召开、分会换届人选、大额财务支出等。

组织 2 次“党建 + 科普”活动。6 月，协会党委、联合党支部组织全体党员及协会二级机构的急救专家到北京市昌平区华佑医养中心，为近 50 名养老护理员、保安等进行自救互救知识培训；8 月，在湖北省恩施土家族苗族自治州利川市汪营镇开展“党建助力乡村振兴——中国医学救援协会心肺复苏科普走进湖北恩施”活动，向基层医疗和社区单位捐赠专业书籍、教材、AED 自动除颤仪、血压计、冰箱、药盒等物品。

（撰稿人：吴　慧）

中国女医师协会

服务创新型国家和社会建设 2022 年，协会共承担国家与省部级科研项目 31 项，发表国内期刊论文 42 篇，荣获国家级奖项 12 项、省部级奖项 9 项。组织女医务工作者参加各项学术交流活动人数共计 8395 人次，大会发言人数 1363 人次，撰写会议交流论文 491 篇。组织举办继续教育培训班 342 期，参加人数 261173 人次。

组织各学科领域专家多次深入西部偏远地区，开展“送医下乡村”活动，为 3 万余人次村镇居民进行义诊，对当地的罕见病诊治进行临床指导。协会组织专家收集罕见病病例并建立档案，对已知的病症进行分析，整理出相关罕见病的预防与治疗方案，供临床诊治使用。

9 月 19—23 日，协会心脏与血管专业委员会线上举办国家级专家服务团项目继发性高血压诊治新进展高级研修班，为 1000 余名心血管专业人员分享 25 堂全国心血管领域专家授课和线上答疑交流。共 2500 余人次专家学者参加研修班。

9 月 11—13 日，协会老年专业委员会举办老年慢病及长期照护技术管理学习班，32 位专家作学术报告，8000 余人次线上参加学习。

协会糖尿病专业委员会运用“春苗计划”项目，在天津市以及甘肃省兰州市、河北省廊坊市、陕西省西安市、湖南省长沙市、河南省郑州市、河北省唐山市、吉林省长春市、安徽省合肥市组织培训 9 场次。开展各类学术讲座 63 场次，带教 200 余人次。组织开

展“育霖行动”，在14个省份培训基层医生700余名。

2022年，协会公共卫生专业委员会主任委员武桂珍带领团队持续推进科技部“公共安全风险防控与应急技术装备”专项的应急项目“新型冠状病毒变异监测及功能影响分析”的实施，接收全国各地转运的样本和毒株，针对已经上市的疫苗的免疫效果开展评估，开展新冠病毒的变异监测和功能影响研究。同时持续推进北京市“医药创新品种研发培育及产业支撑平台能力建设”项目“变异毒株监测及疫苗评价技术体系的建立”课题的研究，针对北京市转运的样本进行新冠病毒全基因组序列分析和病毒分离，监测病毒突变并针对现有疫苗使用病毒突变株或病毒来评价疫苗的保护效果。

5月，协会肛肠专业委员会主任委员、上海市中医药大学附属曙光医院肛肠科主任杨巍，四川省第二中医医院肛肠科主任毛红，重庆市中医院肛肠科主任徐月，湖北省中医院肛肠科主任林爱珍成为第七批全国老中医药专家学术经验继承工作指导教师。其中，杨巍、叶玲获批2022年全国名老中医药专家传承工作室建设项目。

协会皮肤专业委员会编撰皮肤病、皮肤激光美容与注射行业专家共识/指南25篇，包括《中国银屑病诊疗指南》（2022版）、《皮秒激光临床应用专家共识》、《医用射频皮肤美容与治疗专家共识》等；参与编撰《全国高级卫生专业技术资格考试指导皮肤病与性病学》教材1部。

10月，在协会医院感染管理专业委员会主任委员彭飞的牵头下，课题“中央导管相关血流感染预防与控制护理操作规程方案的研制”结题，根据循证护理制定中央导管相关血流感染预防和控制的操作规程核查表及每日评估监测表。

学会建设 2022年，协会新成立神经外科专业委员会、风湿免疫专业委员会，主任委员分别由孙青芳、苏茵担任。乳腺专业委员会、检验医学专业委员会、病理专业委员会进行换届选举，主任委员分别由李惠平、石玉玲、刘从容担任。

截至2022年年底，协会发展个人会员312人。召开协会第八届女医师大会，五届五次、六次常务理事会议。

国际学术会议 8月11日，协会病理专业委员会在天津市举办第四届天津国际乳腺癌精准诊治病理与临床专题研讨会，邀请国内外专家就乳腺癌的前沿问题、科研课题进行探讨。

国内主要学术会议 2022年，协会共举办学术交流196场次，参加会议人数近250万人次。

7月23日，协会生殖医学专业委员会首次举办《辅助生殖领域拮抗剂方案标准化应用专家共识》巡讲：拮抗剂方案不同人群的预处理，邀请来自广东省、湖南省、河南省、山东省、安徽省等省市的著名生殖领域专家共同出席系列巡讲会议。

7月29日，协会输血专业委员会召开《自体富血小板纤维蛋白（PRF）治疗宫腔粘连专家共识》研讨会，探讨血液产品与临床应用的规范化、标准化，为今后血液产品的制备和应用提供参考依据。

8月26—28日，由协会健康管理专业委员会主办的2022年中国女性健康管理大会以线上线下结合方式在山东省济南市举办。大会以“新生育政策下的女性健康管理”为主题，线下300余人参加会议，线上1500余人次参加会议，直播在线浏览量10万人次。大会邀请院士、专家以及来自卫生行政部门、产学研用相关单位负责人围绕中国新生育政策下女性健康管理所关注的重点、热点和难点展开探讨和学术交流。中国科学院院士、山东大学附属生殖医院首席专家陈子江，中国科学院院士、北京大学第六医院院长陆林，中国疾病预防控制中心慢性病首席专家王临虹，中国疾病预防控制中心营养学首席专家赵文华，北京大学第三医院教授常翠青分别作题为《基于ART队列的母婴健康研究》《睡眠与女性健康》《女性全生命周期健康与管理策略进展》《营养与女性健康和发展》《运动与女性健康》的主旨报告。

9月3—4日，由协会检验专业委员会主办的“智检助力健康”专题会以线上线下结合方式在浙江省杭州市举办。会议邀请国内检验行业知名专家参加会议，以全程直播的方式开展学术交流，3000余人次线上参加会议。

9月18日，协会心脏康复专业委员会在北京举办2022年CHC中国心脏大会心脏康复论坛。大会旨在促进优势医疗资源的合理分布，解决心血管疾病预防与康复学科面临的瓶颈问题，130多人参加会议。

11月22—27日，由协会烧创伤专业委员会、海军军医大学第一附属医院、全军烧伤研究所等单位联合主办的第五届长海烧创伤学术周以线上线下结合方式举办。近300名海战烧创伤相关临床专家围绕常见海战伤及其救治技术、护理技术、康复技术、笑气镇静镇痛技术等前沿问题展开学术交流。同期举办2场国家继续教育学习培训班、6部海战烧创伤图书推介会、8场海域环境烧创伤救护专家研讨会，来自全国沿海20余家军地单位的200多名学员线下参加会议，同时吸引3万余人次线上交流学习，高峰时同时在线学习交流人数达6987人次。

国际交往 3月22日，协会重症医学专业委员会副主任委员沈宁应邀参加由联合国驻华系统与英国驻华大使馆共同举办的“性别平等与女性健康赋权”高级别对话活动，并代表中方进行发言。

7月，通过协会加入国际女医师协会的会员共1035人。

9月17—18日，第17届亚洲儿科研究学会学术大会线上举办。学会儿科专业委员会主任委员丁洁担任肾脏专场主要负责人并致辞，学会儿科专业委员会委员钟旭辉主持专场会议，与亚洲相关领域专家学者就儿童慢性肾脏病、肾病综合征、遗传性肾病、IgA肾病等展开讨论交流。学会儿科专业委员会副主任委员毛萌担任儿童保健与发育行为专场负责人并作会议报告。

9月27日，协会临床肿瘤专业委员会主任委员沈琳受邀出席由全国妇女联合会和巴哈马总理夫人办公室共同主办的中国－巴哈马促进妇女全面发展视频对话会并发表讲话。

科普活动 3—4月，协会临床肿瘤专业委员会联合中国肿瘤MDT联盟在宁夏回族自治区、青海省、新疆维吾尔自治区等西部地区推进肿瘤MDT规范化诊治系列活动，组织和参与一系列肿瘤防治科普宣传工作；与“木棉花计划”共同推出女医生第二季“我是女医生：聊聊肿瘤免疫那些事儿”科普公益活动，协会临床肿瘤专业委员会30余位女医生积极参与，历时2个月，1万余人点赞，7万余人阅读，帮助患者及家属了解肿瘤治疗中的科学常识。

4月2日，协会医院建设与管理专业委员会开展“健康中国关爱母亲”行动第一站——河北省保定市易县及首届全生命周期健康科普万里行论坛暨《永远守护大地的星辰》科普新书首发赠书仪式。

4—6月，协会肛肠专业委员会副主任委员林爱珍前往湖北省广水市中医院、湖北省英山县中医院、湖北省监利市中医院、湖北省襄阳市襄州区人民医院等地进行科普活动、义诊共计20余次。

6月1日，由协会烧创伤专业委员会主任委员、中国工程院院士、上海市长海医院烧伤科主任夏照帆发起，协会烧创伤专业委员会主办的首届儿童意外伤害防治科普及义诊云上公益活动在北京举办。近20名医生针对儿童意外伤害、救治等进行宣讲指导和咨询服务，针对不同环境和行为的风险点，提示儿童和家属做好防护措施和自救行动。

9月，协会临床呼吸专业委员会为向公众普及慢病管理知识，依托“呼吸界”平台，与腾讯新闻联合推出系列科普讲座，邀请专家向公众普及慢阻肺防控知识，在线观看量达1万人次。

经协会推荐，北京大学第三医院、华中科技大学同济医学院附属协和医院、河北医科大学第三医院、宁波市第一医院、中国人民解放军海军军医大学第一附属医院、杭州口腔医院6家单位被认定为中国科协2021—2025年度第一批全国科普教育基地。

表彰举荐优秀科技工作者 经协会推荐，湖南省人民医院（湖南师范大学附属第一医院）儿童医学中心儿童呼吸与免疫科、上海市精神卫生中心检验科、新疆维吾尔自治区人民医院风湿免疫科3家单位荣获“全国巾帼文明岗”称号，中国疾病预防控制中心病毒所BSL-3实验室、首都儿科研究所马立霜新生儿外科知名专家团队、中国女医师协会糖尿病专业委员会、河北女医师协会4家单位获“全国巾帼建功先进集体”称号，林爱珍、林萍、杨艺、汪晓洲、孙秀丽、曾珊获“全国巾帼建功标兵”称号。

党建强会 6月30日，协会党支部联合学会风湿免疫专业委员会党小组、中华中医药学会秘书处党支部和风湿病分会党小组全体党员举办“纵观国内外、一起向未来”主题党日活动，特邀北京大学博雅特聘教授王逸舟作题为《中国外交的新机遇新挑战》的专题讲座，200余人参加讲座。

协会急诊专业委员会定期组织常委及全委召开党建工作会议，在委员单位开展党员献爱心、“不忘初心，急诊志愿者在行动”等活动。

会员服务 9月3日，由协会乳腺专业委员会主办的中国女医师协会乳腺专业委员会年会暨第十届复发转移乳腺癌综合治疗进展学习班举办，共培训学员800余名。

9月11日，协会妇产专业委员会开展国家继续教育项目学习班——妇产科医师的规范化与新进展培训。200余人参加培训，邀请国内多位学科带头人和专家授课。

【中国女医师协会第八届女医师大会暨第五届五次理事会议】 9月2—4日，中国女医师协会第八届女医师大会暨第五届五次理事会议在浙江省杭州市举办，主题为“心之所向，医心向前”，400余人参加会议。大会设立院士讲堂、主旨报告、专题讲座、临床热点讨论以及病例讨论等内容。协会会长、中国工程院院士、北京大学常务副校长乔杰以《从妇幼健康视角看公共卫生与临床医学》为题作报告，中国工程院院士李兰娟作题为《科技创新，打造医学高峰》的报告，中国工程院院士贾伟平作题为《数字医学与大健康管理》的报告。北京大学第一医院教授丁洁、北京大学肿瘤医院教授沈琳和浙江大学医学院附属第一医院教授方向明分别作题为《儿童罕见病临床研究的机遇和挑战》《中国新药创新特色发展之路》和《脓毒症研究新进展》的主旨报告。

协会第五届五次理事会议按照章程增选5名理事，中央和国家机关行业协会商会第五联合党委副书记夏岑灿进行党建专题授课。

（撰稿人：韩宇书）

中国研究型医院学会

服务创新型国家和社会建设 学会联合上海交通大学中国医院发展研究院等单位共同开展中国研究型医院评价遴选项目。制定发布《中国研究型医院建设指南》《研究型医院评价指标体系》《研究型学科评价指标体系》《研究型人才（医师）评价指标体系》，为中国研究型医院建设提供可遵循可参考的规范指导。活动共选出31家研究型医院、71个研究型学科、108名研究型人才。开展“专科、专病、专项、专技”团体标准制定工作，召开团体标准立项评审会3次，审议立项涉及肝胆胰、骨科、冲击波等专业委员会79项多领域团体标准，已有4项进入公示征求意见环节。组织学会护理教育专业委员会专家团队协助中国就业培训技术指导中心编写的健康照护师－国家职业技能等级认定培训教程出版发行。与河南省人力资源社会保障厅签约，共建“康养照护”人才高地。

学会建设 截至2022年年底，学会拥有单位会员375家、个人会员2.4万余人，下设分支机构139个。截至11月底，指导32个专业委员会完成换届，新批准成立专业委员会2个，撤销、更名和调整整合6个，约谈或限期整改2个；新增医院、科研院所和企业类单位会员52家，新增专家会员2073人。

全年召开理事会议1次、工作会议1次。完善有关管理制度，拟订《中国研究型医院学会“中国科协青年托举工程”项目管理办法（试行）》《中国研究型医院学会投资业务财务管理办法（试行）》，增补调整第二届理事会部分任职名单，调整学会分支机构，修改个人会员入会条件，调整收取会费标准，修改中国研究型医院学会医学科技奖奖项名称等。对分支机构成立以来学术活动开展情况和财务账目进行全面自查。指定专人做好提报候选副主委所属单位入会以及会员单位会费收取工作。大力发展会员，加强新成立分支机构申报审批，专题听取分支机构换届工作汇报。

青年人才托举工程 制定《中国研究型医院学会“中国科协青年人才托举工程”项目管理办法（试行）》，开展第八届中国科协青年人才托举工程项目候选人遴选评比工作，共30名青年专家会员申报，遴选出5名候选人上报中国科协。

主办期刊 2022年出版《中国研究型医院》6期，刊登论文85篇。1—5期发表论文下载量22912次，基金项目文章27篇，其中国家级12篇、省部级15篇。发表共识8个。影响因子从2021年的0.483增加到2022年的0.738，增幅38.8%；影响因子排名由112/212上升为70/215。

国内主要学术会议 学会各分支机构围绕本学科的团队建设、学术交流、发展方向、学会特点、人才培养、科研创新、成果转化等方面开展学术活动450场次，其中线上会议167场次、线下会议145场次、线上＋线下会议138场次。35场精品学术会议被中国科协《重要学术会议指南（2022）》收录。

3月18—19日，由学会冲击波医学专业委员会主办的第九届中国冲击波医学大会线上举办。会议围绕体外冲击波疗法的临床研究和诊疗实践的最新进展进行探讨，来自全国各地的60余位专家学者进行授课与学术交流，32位主持人参与线上研讨。专家围绕肩部、股骨头坏死、骨不连、肌筋膜与软伤、膝关节、颈腰背痛、踝关节、疼痛控制、肌痉挛、泌尿男科、创面等10余个专题进行研讨交流。全程参加会议人数达9500人次，累计收看量近15万人次。

3月19—20日，由学会甲状腺疾病专业委员会、河南省健康科技学会甲状腺乳腺腔镜专业委员会主办的第七届中国研究型医院学会甲状腺疾病高峰论坛暨河南省健康科技学会商都医学论坛第三届腔镜甲状腺研讨会线上举办。来自全国各地甲状腺专业的100多位专家学者进行线上交流。

4月22—23日，由学会血管医学专业委员会、中国医疗器械行业协会血管器械分会、北京博瑞血管健康公益基金会主办的第七届血管创新论坛线上举办，2万人次参加会议。会议共设7大会场进行同步直播，405名各领域专家在66个专场围绕457个讲题进行讨论。论坛设置创新示范、国家政策与绿色通道评审规程、专利与知识产权保护、动物实验设计与实施、血管疾病治疗、医工结合、大数据医疗、新技术与新材料、数据管理与统计分析、医疗企业临床试验等专题内容。论坛累计直播时间达150小时，联合五大媒体直播总体浏览量突破200万人次，累计观看超过8万小时，观看人数超过9万人次。

4月26日，结合庆祝第22个世界知识产权日，学会与北京知识产权运营管理有限公司在北京举办主题为“智汇医疗　智创未来”的知识产权运营与医疗感知成果转化论坛。论坛探讨破解科技成果转化难题的新模式、新方法，发布《全球医疗感知领域专利布局研究成果报告》，揭晓中国医院知识产权“十佳”名单，启动中国研究型医院－北京知识产权运营管理有限公司科技成果转化项目征集活动。

5月28日，由学会移动医疗专业委员会主办的“互联网＋医疗健康”暨疫情防控专题研讨会以线上形式举办，在线人数达1.5万人次。会议对两年来疫情防控的经验、成效、问题挑战及展望等进行分析，同时针对后疫情时期全面推进健康中国，推广三明医改经验，持续推动从“以治病为中心”转变为“以人民健康为中心”以及“互联网＋医疗健康”发展新思路进行探讨。

6月24—26日，由学会病毒肿瘤学专业委员会、病毒学国家重点实验室主办，湖北省生物工程学会承办的中国研究型医院学会病毒肿瘤学专业委员会年会暨第三届病毒肿瘤学学术大会线上举办，来自32个省份的3000多名科技工作者参加会议。中国科学院院士魏于全、中国工程院院士马丁分别作《肿瘤微环境与生物治疗研究进展》和《中国宫颈癌防控策略思考》报告。武汉大学教授蓝柯，南方医科大学教授李欣，中山大学教授曾木圣、马骏、胡争，四川大学教授黄灿华，中南大学教授肖志强，海军军医大学教授周伟平等30位专家学者和青年学者作报告，交流分享致瘤病毒感染与发病机理、肿瘤生物治疗、病毒性肿瘤防控新技术和新策略等方面的最新研究成果。

7月22—24日，由学会介入神经病学专业委员会、中华医学会神经病学分会神经血管介入协作组、江苏省卒中学会、安徽省卒中学会等单位联合主办的中国介入神经病学大会2022暨第18届脑血管病高峰论坛以线上线下结合方式在江苏省南京市举办，1000余人参加会议，大会总浏览量超过39万人次。大会设4个线下会场、15个线上论坛，议题涉及急性卒中诊疗热点、脑血管病多模式管理、神经重症护理、卒中免疫、脑静脉系统疾病等方面，以专家授课、神经介入手术现场演示、经典病例回顾以及辩论赛的形式进行。

9月2—4日，由学会肝病（中西医结合）专业委员会、中国肝炎防治基金会共同主办的第七届中国研究型医院学会肝病专业委员会学术年会暨第五届中国青年肝病医师论坛以线上线下结合方式在江苏省南京市举办，线下共计近400人参加会议，线上注册参加会议人数达1500余人。中国工程院院士庄辉、中国科学院院士滕皋军分别就《戊型肝炎防治共识解读》和《肝癌介入治疗的几个值得关注的问题》在线分享最新进展和观点。诺贝尔生理学或医学奖获得者、中国工程院外籍院士巴里马歇尔在澳大利亚以《幽门螺杆菌的精准诊疗》为题作报告。在线下会场，温州医科大学附属第一医院教授陈永平以《粪菌移植与慢性肝病》为题作报告，郑州大学第一附属医院教授余祖江以《恶性肿瘤与感染的竞合关系：机制与对策》为题作报告，杭州师范大学附属医院教授施军平以《NAFLD相关肝癌》为题作报告，中国人民解放军总医院第五医学中心教授胡瑾华以《重症肝病合并侵袭性真菌感染诊治专家共识》为题作报告，上海交通大学医学院附属仁济医院教授马雄以《原发性胆汁性胆管炎诊治进展》为题作报告，大会主席杨永平以《肝病领域民族高端智能化微创治疗器械水平与挑战》为题作报告。

科普活动　6—12月，学会冲击波医学专业委员会在北京市、上海市、广东省广州市、广东省深圳市等地开展“冲击波疗法义诊进社区　温暖入人心”系列活动。

10月27—30日，学会危重医学专业委员会在河南省信阳市开展学会“百名医学专家精准健康服务行”暨危重医学专业委员会“基层巡讲与健康服务

行”。在基层医院进行学术讲座、查房及技术培训，通过线上线下结合方式，与当地医院医护人员交流危重症患者的诊断、鉴别诊断和治疗技术。同时，针对当地重症患者开展义诊活动。本次活动由学会推荐，入选中国科协 2022 年度科技志愿服务先进典型（先进科技志愿服务项目）名单。

表彰举荐优秀科技工作者 学会向中国科协推荐第十四届光华工程科技奖候选人 3 名，其中刘中民获得第十四届光华工程科技奖；推荐第十八届中国青年女科学家奖候选人 1 名；推荐第十七届中国青年科技奖候选人 2 名；推荐 2022 年“最美科技工作者”候选人 2 名。开展 2022 年度中国研究型医院学会医学科技奖评选工作，共评出医学科学家奖 3 人（刘中民、刘章锁、董念国）；医学研究创新奖一等奖 3 项、二等奖 3 项。

党建强会 深入学习宣传党的二十大精神，参加民政部、中国科协组织的党的二十大精神宣讲报告会，制作党的二十大精神宣传展板，在学会网站开辟“学习党的二十大”专栏。落实学会党委“三重一大”事项前置审议制度。

会员服务 组织开展 2022 年度分支机构“考核评先”，共评出先进分支机构 29 个、优秀主委 24 名、优秀分支机构秘书长 19 名、先进专家会员 20 名、“百名医学专家健康服务行”示范项目（个人）4 个。

【2022 中国研究型医院高峰论坛】 12 月 30 日，由学会主办的 2022 中国研究型医院高峰论坛以线上线下结合形式在北京举办，约 300 人者参加会议。会议围绕“研究型医院建设新模式、新动能、新实践”这一主题，全面探讨研究型医院、研究型学科、研究型人才建设以及医研融合、创新转化的新进展、新经验。论坛举办前后，学会超声医学、心力衰竭、头痛与感觉障碍、医学动物实验、甲状腺疾病、危重医学、移动医疗、心力与精神病学、介入神经病学、结核病学、呼吸病学等专业委员会分别在线上举办分论坛。论坛发布 2022 年中国研究型医院评价遴选结果和 2022—2023 年“人民好医生”专科服务计划。学会会长何振喜作题为《公立医院高质量发展与研究型医院建设》的主旨报告。

【全国首届健康照护行业职业技能竞赛】 8 月 6—7 日，学会与中国就业培训技术指导中心在河南省洛阳市联合举办全国首届健康照护行业职业技能竞赛（国家二类大赛），全国共有 28 个省、自治区、直辖市报名，其中 20 个省、自治区、直辖市的 72 名选手参加总决赛，共有 15 名职工和相关职业院校的 15 名学生分别获职工和学生组冠、亚、季军及优胜奖；河南省、四川省、江西省代表队获得团体冠、亚、季军，职工组前 3 名申报“全国技术能手”称号。央视网、新华社、《人民日报》等 51 家主流媒体对竞赛进行新闻报道。

（撰稿人：刘思雨）

中国睡眠研究会

服务创新型国家和社会建设 2022 年，研究会承担中国科协“科创中国”智能健康产业科技服务团工作，围绕生命健康产业需求，赴浙江省温州市、杭州市进行调研。同时走访 11 个城市近 100 家企业，筛选出 50 项行业共性问题，举办 30 场一对一线上对接会，与华为技术有限公司、海尔集团公司、浙江强脑科技有限公司、麒盛科技股份有限公司等企业达成技术服务或战略合作协议；与杭州朗润科技有限公司、上海珍奥生物科技有限公司、杭州明豪科技有限公司等企业签订技术许可协议；与浙江省温州市、嘉兴市，广东省广州市、佛山市，江苏省南通市等睡眠产业基础较好城市的科协、产业园区建立合作，推动“中国睡谷”——智能健康科创园建设。汇聚可转移转化成果 50 项。编制《睡眠系统工效学测评实验室通用要求》《智能床技术要求》《智慧床垫技术要求》团体标准并在行业内应用，为睡眠健康产业高质量发展提供高水平科技服务。

携手中国人类工效学学会、中国标准化研究院制定团体标准《睡眠工效学实验室通用要求》，并在 2022 世界睡眠日 · 第四届中国睡眠产业峰会上向社会发布。

8 月 26 日，由研究会睡眠医学教育专业委员会主办的第一期睡眠技师技术认证培训以线上线下结合方式在广东省清远市举办，培训 70 人；12 月 10 日，第二期睡眠技师技术认证培训在吉林省长春市以线上形式举办，培训 110 人。

9 月 3 日，由研究会中医睡眠医学专业委员会主办的睡眠与认知障碍的临床与实验研究学习班线上举办，300 余人参加学习。

研究会社区与基层工作委员会分别于 10 月 15 日在北京市、11 月 19 日在福建省三明市，以“线上 +

线下”举办中西医结合睡眠科（心理科）联动建设高峰论坛暨社区与基层睡眠障碍诊疗适宜技术培训班，共培训234人。

11月5—9日，由研究会中医睡眠医学专业委员会主办的中医神志病临床与实验研究新进展学习班线上举办。500多位学员在线参加培训，线上观看人数达1.1万余人次。

由研究会主办，青年学者、海外优青、青托人才组成学术委员会的中国睡眠科学大讲堂系列活动，自4月线上开讲，至11月已连续举办6期，共计8000多名青年学者在线听课。

学会建设 2022年度，研究会线上召开常务理事会议3次、理事会议1次。完成第一期中国睡眠研究会睡眠专家智库团队建设工作。3月21日，召开第四届中国睡眠产业峰会暨中国睡眠研究会第二届企业会员大会，在线发布《2022睡眠全景白皮书》。9月2—4日，研究会睡眠呼吸障碍专业委员会、睡眠医学教育专业委员会、青年工作委员会、睡眠与心理卫生专业委员会、儿童睡眠医学专业委员会、睡眠生理和药理专业委员会、极端环境与睡眠专业委员会7个委员会完成换届改选工作。成立中国睡眠研究会睡眠与神经调控专业委员会。

2022年，新增企业会员单位27家，新增个人会员937人。

学科发展工程 9月3日，《睡眠医学名词（2022）》一书出版发行，内容包括总论、睡眠生理与心理基础、睡眠疾病分类、睡眠疾病诊断学及睡眠疾病治疗学5个部分共1063条。

9月3日，发布中国睡眠研究会睡眠中心建设标准、中国科协睡眠技师认证体系建设项目。同日，研究会副理事长赵忠新主编的《睡眠医学》（第2版）教材正式出版发行。

国内主要学术会议 1月21日，由研究会睡眠医学教育专业委员会主办的第一期失眠认知行为治疗工作坊在广东省广州市举办，100人参会；8月26日，第二期失眠认知行为治疗工作坊在广东省清远市举办，70人参会。

3月21日，由研究会、中国家博会联合主办，“科创中国”支持的2022世界睡眠日·第四届中国睡眠产业峰会线上举办，会议以“贯通睡眠生态畅通产业循环”为主题。腾讯视频、新浪健康、融策传媒等支持大会直播，累计24.57万人次参与网上活动。

6月11—12日，由研究会睡眠与心理卫生专业委员会主办的第九届中国睡眠与心身医学论坛线上举办，累计观看人数达20万人次。

7月17—20日，由研究会、中国家博会（广州）主办的中国睡眠产业广州峰会暨睡眠生态展在广东省广州市举办。线下参与人数350人，线上参与人数1.6万余人次。

8月26—27日，中国睡眠研究会极端环境与睡眠工作委员会学术年会以线上线下结合方式举办，40余人在现场参加，线上人数达3000余人次。

9月2—4日，由研究会儿童睡眠医学专业委员会主办的儿童生长发育全周期的睡眠呼吸管理会议以线上线下结合方式举办，共有1200余人参加。

9月3日，中国睡眠研究会睡眠呼吸障碍专委会年会线上举办，参加会议人数达314人次。

9月3日，由研究会中医睡眠医学专业委员会主办的中医论坛线上举办，参加论坛人数达900余人次。

9月4日，中国睡眠产业创新论坛线上举办。会议从睡眠科研与产业创新转化、睡眠产品舒适性、医智融合、医工结合、脑机接口等多维度进行研讨。会议通过腾讯会议直播，观看人数达1.2万余人次。

9月6日，由研究会睡眠产业与转化工作委员会承办的2022中国睡眠生态发展上海论坛在上海市举办。论坛以“睡眠生态、合作共赢”为主题，研究会理事长黄志力作《科普与科创，睡眠产业生态高质量发展的双翼》主题发言；研究会秘书长左和鸣代表中国睡眠研究会与浙江强脑科技有限公司签订《科学睡眠生态战略合作》。论坛由“科创中国”平台直播，观看人数达1.7万余人次。

11月25日，由研究会睡眠与生物节律专业委员会主办的全国睡眠生物节律与认知功能高峰论坛在河北省唐山市以“线上+线下”的方式举办，257人参加。

12月3日，由研究会睡眠与心理卫生专业委员会主办的2022年国际精神疾病新进展学术会议线上举办，累计观看人数达12万人次。

12月22日，由研究会睡眠生理和药理专业委员会主办、复旦大学基础医学院承办的2022东方睡眠国际高峰论坛以线上线下结合方式在上海市召开。会议邀请国内睡眠和时间生物学领域专家，以及来自日本、法国、英国、瑞士的学者，针对睡眠和时间生物学基础研究的最新进展及趋势进行大会专题报告。200

多人参加会议。

科普活动 3月17日，由研究会、慕思集团联合主办的3·21世界睡眠日中国主题发布会暨大型科普活动启动仪式在北京举办。会上发布《2022中国国民健康睡眠白皮书》。人民网、新华网、新华社、中国新闻报社、中央电视台、北京电视台、《参考消息》、《人民日报》、《北京日报》等主流媒体参加新闻发布会。发布会通过多家新媒体平台同步直播，其中微博热搜当日排名第2，阅读量突破3.3亿人次，在线观看直播总人数超200万人次。

3月21日，研究会社区与基层工作委员会在北京以义诊的形式开展世界睡眠日专家宣讲活动，同时线上举办催眠与睡眠高峰论坛，线下咨询人数126人，线上参与人数497人次。

研究会将全国科技活动周与全国科技工作者日主题活动联动进行。5月30日，线上举办2022中国健康睡眠产业集群发展论坛，以“创新争先　自立自强　走进科技　你我同行”为主题，围绕“中国健康睡眠产业集群发展”进行主题演讲和圆桌对话，以科技助力睡眠经济发展。6月4日，举办创新争先、自立自强系列活动之“睡眠——健康的基石”线上科普讲座，近5000人次在线观看。科普讲座通过中国睡眠研究会微信公众号、腾讯视频、“科界”平台同步转播。

9月26日，作为全国科普日系列活动的“睡眠专场”，研究会联合中国老年保健协会中央国家机关离退休干部医养结合工作委员会，围绕为党和国家作出巨大贡献的老干部们的睡眠健康问题，在北京举办主题为“喜迎二十大　科普向未来”的2022中央国家机关老干部健康睡眠论坛。50多人参加论坛。论坛由主题发言、圆桌研讨2部分组成。邀请研究会睡眠专家郭兮恒作《睡眠对老年人的重要性》主题发言；湖南省晚安家居实业有限公司执行总裁陈泽岑讲述《花开有样　晚有所安》；研究会睡眠与生物节律专业委员会秘书长高宇红作《怎么提高老年人睡眠质量》主题发言。圆桌研讨重点讨论老干部健康睡眠现存问题与对策。该论坛由“科创中国”“研究会睡眠产业与转化工作委员会”视频号进行直播，参加人数达8900多人次。该活动被评为2022年全国科普日优秀活动。

承担中国科协科普能力提升项目。11—12月，研究会举办10多场睡眠细分板块沙龙或科普论坛、科普睡眠知识普及等活动，探索总结从“品牌、平台、机制、队伍、改革、阵地”六位一体做好研究会科普工作。其中，开展研究会品牌科普活动9场，受众约50万人次；开展科学传播专家团队线上线下交流沙龙活动8场，总参与人数约400人；中国睡眠研究会主体注册入驻“科普中国”科普号并运营；推荐研究会个人/团体会员、优秀科普创作者入驻“科普中国”平台并运营科普号23个；引导注册“科普中国”信息员52人；提交研究会科普工作研究报告1份。

党建强会 8月6日，研究会功能型党委书记、理事长黄志力率领部分党员及专家与广西壮族自治区东兰县科协共同组织开展“走进广西东兰红色革命老区”党史学习教育主题党日活动。

会员服务 研究会连续3次派科普专家参加顾家集团有限公司科普活动；派科普专家参加海尔集团公司科普活动；携手慕思集团、喜临门等企业开展疫情后人们睡眠状况调查。组织企业会员主办、协办、参与科普宣传活动。

7—8月，研究会秘书长左和鸣、研究会睡眠产业与转化工作委员会秘书长潘继红、总干事蔡畅等人在浙江省杭州市、温州市走访调研，与柳桥集团有限公司、杭州金弘三鸟羽绒制品有限公司、金梦尚品科技有限公司等15家企业进行座谈，了解企业发展创新情况，开展调研咨询服务，共同探讨产学研融合新模式。

编写内部通讯，反映研究会年度工作的综合信息，介绍和传播工作动态、工作信息，为会员提供科技新进展、新动态信息服务。

【第十四届中国睡眠研究会全国学术年会】 9月2—4日，由研究会主办的第十四届中国睡眠研究会全国学术年会以线上线下结合方式举办。本届年会设置35个学术专题，共进行283个专题报告和10个大会学术报告，其中包括10位外籍学者。收到411篇学术论文，选出73篇进行口头交流、175篇进行网上展示。线上注册人数4545人，观看直播人数达18.9万人次。

（撰稿人：潘继红）

中国卒中学会

服务创新型国家和社会建设 2022年度，学会新立项49个学术交流与培训项目，比2021年增加14个。全年共计开展各种学术交流、培训会议3664场，其中线上会议1210场、线下会议1167场，参会医生达4.5万余人次，授课专家达3700余人次；组织召开院内患者教育会1287场，覆盖患者2.6万余人次。

中国卒中学会中国卒中中心联盟项目已在全国范围内发展2935家联盟项目医院（2022年度新增51家），其中综合卒中中心医院449家、卒中中心医院2486家。5月，召开中国卒中中心联盟第七届高峰论坛，表彰2021—2022年度优秀数据管理卒中中心114家、卓越数据管理卒中中心27家。2022年，组织修订项目指南、准入流程、项目医院管理规定、项目组工作职责等管理文件，编制各省卒中中心医院地图。

学会基层血管健康管理中心组织修订《基层血管健康管理中心项目管理纲要》和《基层项目中心评分表》，其中《基层项目中心评分表》修订32项、新增26项评分内容，现共计105项评分内容，更加客观、全面地指导基层医院开展心脑血管病高危风险人群的教育、筛查和治疗工作。

学会建设 学会秘书处共有34名工作人员，其中30名专职人员、4名兼职人员，以上人员均属于社会招聘性质。秘书长为专职。秘书处共设立行政与财务部、学术发展部、科普宣传部、组织与会员部、国际与期刊部、临床研究部6个职能部门。

2022年度，学会修订《中国卒中学会分支机构管理办法》《中国卒中学会学术发展部学术活动管理办法》《秘书处职能部门和全日制工作人员年度工作评议方案》3项工作制度。

4月2日，中国卒中学会第二届常务理事会第四次会议在北京召开，审议通过《第二届理事会2021—2022年度工作情况报告》《〈中国脑血管病临床管理指南〉的修订工作计划》等报告。

9月15日，中国卒中学会第二届常务理事会第五次会议以视频会议形式召开，会议同意筹备成立中国卒中学会检验医学分会。

11月16日，中国卒中学会第二届理事会第四次会议以视频会议形式召开，会议同意副会长王拥军担任第二届理事会会长。同日，中国卒中学会第二届理事会党员常务理事大会以视频会议形式召开，会议同意副会长王彩云担任学会党委书记，同意增补常务理事曾进胜为学会党委委员。

学会第二届理事会现有理事158名、常务理事50名。2022年度召开理事会议1次、常务理事会议2次。第一届监事会现有监事3名，2022年度召开监事会议3次。

截至2022年年底，个人会员共计58033人，2022年度新增1178人，缴费会员2416人。

学会理事会领导下的专业分会共27个。8月，中国卒中学会神经调控分会成立，深圳市人民医院教授郭毅任主任委员。8月，中国卒中学会血管性认知障碍分会召开换届会议，安徽医科大学第一附属医院教授汪凯任主任委员。2022年，中国卒中学会重症脑血管病分会、中国卒中学会脑静脉病变分会分别增补25名、8名委员。

青年人才托举工程 10月，学会推荐2名青年人才入选第八届中国科协青年人才托举工程项目，连续资助3年。

由学会发起并主办的“中国脑血管病血脂管理新瑞计划——第二届卒中血脂新瑞基金项目”“急性缺血性卒中管理专项基金——启航基金项目”以培养青年人才、推动中国科研能力提升为宗旨和目标，2022年度新增遴选资助51名青年学者，累计资助人员已达231人。

主办期刊 2022年，学会主办的英文期刊*Stroke and Vascular Neurology*由季刊调整为双月刊，在线出版6期。全年共计来稿758篇，比2021年增长29.13%。稿件来源多达46个国家，其中中国、美国、韩国投稿数量列居前三。6月，该刊获中国科协2022年度全国学会期刊出版能力提升计划——高水平英文期刊培育项目资助。该刊2022年影响因子为9.893，在全球临床神经病学学科中排名第15位（共212种期刊），位列Q1区。12月，入选2022中国最具国际影响力学术期刊（自然科学与工程技术）、《2022年中国科学院文献情报中心期刊分区表》医学类1区、临床神经病学类1区（全球前5%期刊）、《科技期刊世界影响力指数（WJCI）报告（2022）》。12月，召开国内全体编审委工作会议，总结年度工作并对未来工作进行展望和规划。

学科发展工程 截至2022年年底，由学会主办管理的临床研究项目有25项，其中2022年度新立项目9项、结题项目2项，各执行中的项目按计划有序开展。

学会组织国内相关领域专家针对“是否应在一般人群中开展颈动脉筛查”的问题展开讨论，编写形成《中国卒中学会关于无症状性颈动脉狭窄筛查的科学声明》，1月发表于《中华医学杂志》。《中国卒中学会关于无症状性颈动脉狭窄筛查的科学声明》旨在提高临床医生及相关人员开展无症状颈动脉狭窄人群评估及管理的理论及操作技能水平，同时也提出尚未明确、需要深入开展研究的临床和公共卫生问题。

学会、学会重症脑血管病分会联合邀请全国神经重症领域专家学者，共同探讨神经重症学科发展和临床研究的局限性及面临的挑战，展望未来需要优先发展的研究方向，总结出神经重症医学的6个优先发展方向，编写形成《中国神经重症临床研究优先发展方向科学声明》，2月发表于《中华医学杂志》。

11月，学会完成中国科协创新战略研究院“前瞻分析和技术预见分析研究”项目，提交2.1万余字的《心脑血管疾病前沿研究》及5000余字的概述，系统梳理国际主要国家和地区（如美国、日本、俄罗斯及欧盟等）在心脑血管疾病领域科技创新发展概况、中国科技创新发展概况、中国与国际主要国家和地区对比情况及下一步科技创新发展的趋势、重点。

国际学术会议 6—9月，由学会发起主办的“亚太卒中联盟计划”项目召开4次线上沙龙会议，邀请来自中国、日本、韩国、美国、澳大利亚的24位专家学者参加会议并作前沿研究报告，线上参会人数达1520人次。

10月16日，由学会联合官方英文期刊*Stroke & Vascular Neurology*以及瀚晖制药有限公司共同举办的中韩血脂管理学术研讨会线上召开，中韩两国专家就卒中患者血脂管理问题展开交流讨论。

国际交往 10月25—29日，由世界卒中组织主办的世界卒中大会在新加坡召开，学会组织专家参加会议，同时支持所有学会会员免费注册、在线收看直播和回看大会报告。学会与世界卒中组织在大会期间联合举办卒中再灌注治疗策略论坛，邀请来自中国、澳大利亚、美国的专家作演讲，与会人员进行交流讨论，线上参会的专家、医生等达3700余人次。

科普活动 由中国科协“中国特色一流学会建设项目（特色创新学会）”资助的“中国卒中基层红手环星火工程”于2022年继续遴选30个欠发达地区，向当地医院赠送科普资料和志愿服务活动物料，指导组建当地红手环志愿者服务团并开展卒中科普和志愿服务活动。4月，《中国卒中学会2021“中国特色一流学会建设项目（特色创新学会）”典型案例》被编入《中国科协中国特色一流学会典型案例汇编集》。

截至2022年年底，学会红手环志愿者服务团已发展1901家志愿单位、45041名志愿者，比2021年新增志愿单位198家、志愿者3609名。2022年10月29日是第17个世界卒中日，学会发布中文宣传主题和口号，发起举办2022年世界卒中日全国健康科普志愿活动。活动通过“科普中国”平台、光明网等平台直播，累计370万余人次在线听取专家科普讲座。10月29日，学会理事、学会急救医学分会副主任委员、首都医科大学附属北京天坛医院教授郭伟率领的中国第29批援几内亚医疗队的部分队员应邀到科纳克里大学孔子学院，举办卒中的早期识别和预防科普讲座，来自当地的30多名学生、教师和校方代表参加活动。

3月30日，2022年度红手环工作动员大会线上召开，会议内容包括年度科普工作总结、红手环志愿单位和省级卒中学会科普志愿工作经验分享、“星火工程”项目启动和红手环之歌《最美的遇见》线上发布。

10月起，学会与中国科协“科普中国”平台合作，组织青年专家录制涵盖42个话题的“科学辟谣”短视频，在“科普中国”平台和全国范围内多家上星频道进行播放宣传。

表彰举荐优秀科技工作者 10月27日，时任学会副会长、首都医科大学附属北京天坛医院院长王拥军获得世界卒中组织颁发的最高成就奖“主席奖”，成为亚洲国家获得这个奖项的第一人。学会重症脑血管病分会主任委员、首都医科大学附属北京天坛医院教授刘丽萍获得世界卒中组织颁发的2020—2021年度世界卒中服务贡献奖。

党建强会 8月11日，召开学会秘书处党支部换届党员大会，选举学会秘书长王枫担任第二届党支部书记、高欣担任副书记兼纪检委员。

4月，组织全体职工参加中国科协2022年全国学会干部能力提升网上专题培训班；6月，组织全体党员参加中国科协弘扬共产党人精神专题培训班；7月，与北京天坛医院国家神经系统疾病临床研究中心党支部开展党建共建活动，参观北京延安文化展示中心延安精神展览馆；先后组织开展学习贯彻党的二十大精神学习感悟活动、“喜迎二十大、永远跟党走、奋进新征程”典型案例征集活动。

7月，学会办事机构党支部被评为中国科协系统“四强党支部”。

【中国卒中学会第八届学术年会】 8月5—7日，由学会、国家神经系统疾病临床医学研究中心等单位主办的中国卒中学会第八届学术年会暨天坛国际脑血管病会议2022以线上线下结合方式在北京召开。线上注册参会人员2.2万余人，线下注册参会人员600余人。大会邀请8名国际专家和320名国内专家作学术报告。会议征文1109篇，共设10个分会场、37个论坛，线上总浏览量达61.1万余人次。大会被中国科协《重要学术会议指南（2022）》收录。

（撰稿人：王　枫）

中国胰腺病学会

学会建设　1月23日，学会以线上线下结合方式召开中国胰腺病学会筹备成立会员大会以及全体理事会议，共向99位全国会员代表发出参会邀请，实际线上出席99位、线下出席35位。会议组织全体会员、理事对学会成立相关的重要事项进行民主投票，选举产生中国胰腺病学会第一届理事会，新成立的理事会选举产生新一届常务理事会以及监事会。赵玉沛当选学会第一届理事会理事长，陈杰当选监事长。

国际交往　为了加强中美胰腺病学会的交流，推动中国胰腺病研究向国际化方向发展，在中国科协国际合作部的指导下，学会制订与美国胰腺病学会加强交流的三年计划，向中国科协国际合作部汇报交流计划并听取意见，计划与美国胰腺病学会签署合作协议，建立长期学术交流机制，明确双边会员注册享受优惠待遇。

（撰稿人：贺　慧）

中国自然辩证法研究会

服务创新型国家和社会建设　3月，中央办公厅、国务院办公厅印发《关于加强科技伦理治理的意见》。研究会各级组织开展相关活动，自3月以来，相继举办首场新时代科技伦理教育研讨系列论坛、第二场新时代科技伦理治理与教育系列论坛、科技伦理治理课程建设与教学研讨会、当前科技重大风险的伦理治理研讨会、科技社团与科技伦理治理沙龙、科技伦理基础理论青年学术论坛等活动。

研究会理事李正风、段伟文、翟晓梅等参与高校科技伦理教育专项工作，担任高校科技伦理教育专家组专家，为科技伦理治理提供咨询工作。

研究会科技风险治理与人类安全专业委员会成员多次应邀就科技风险治理与人类安全的主题作报告，承担与科技风险治理相关的科研课题研究，如科技部科技评估中心的“颠覆性技术创新伦理风险评估研究”项目，参与《中华人民共和国科学技术普及法》修订的探讨。

研究会科学技术与工程伦理专业委员会组织本专业委员会成员参与教育部科技伦理教育专项工作组组织的科技伦理统编教材编写，以及新工科人才工程伦理意识和职业道德规范的研究（教育部新工科理论与实践研究项目）工作，通过专家访谈、征求意见方式修订完成“新工科人才职业道德规范”。

学会建设　做好会员信息资料的收集整理工作，实现会员信息管理数字化。2022年，研究会个人会员总数2183人，新增个人会员141人。

落实《中国自然辩证法研究会分支机构管理办法》，促进和规范分支机构的建设和业务活动。

主办期刊　研究会主办的期刊有《自然辩证法研究》《医学与哲学》。2022年,《自然辩证法研究》纸质版每期印刷1800份，复合影响因子为0.976，综合影响因子为0.572，入选中文社会科学引文索引核心期刊、《中文核心期刊要目总览》、《中国人文社会科学期刊AMI综合评价报告》核心期刊、《中国学术期刊影响因子年报》统计源期刊、中国人民大学书报资料中心《复印报刊资料重要转载来源期刊》。《自然辩证法研究》实行主编负责制和阳光办刊机制，健全完善内部管理和流程，重大问题由主编召集会议研究决定。在内容策划方面，及时追踪当前学术热点，精心组织、创新出版，提高杂志的影响力和社会效益。第4期开设“自然辩证法历史回顾与探讨”专栏，第9期开设“人工智能中的技术哲学问题研究”专题，推进本领域热点问题的探讨。

学科发展工程　研究会组织启动自然辩证法学科发展报告编写工作，全年召开多次会议，确定学科发展报告的编写框架和基本要求，内容包括总论、分支报告、专题报告、附录4个部分。

为引介自然辩证法学科前沿、促进学术交流，自4月开始，由研究会学术工作委员会依托各专业委员会每周日定期举办学术前沿讲座，全年共开展40场，受众约1.5万人次。

研究会技术哲学专业委员会历经10年，完成五卷《陈昌曙文集》的出版工作，该文集由中国科学技术出版社出版。纪念文集《灵魂击掌高歌——纪念孙慕天先生》由学苑出版社出版，该文集助推俄（苏）科技哲学的进一步研究。

研究会科技方法论专业委员会负责收集整理科技

方法论史料，在《自然辩证法研究》期刊上刊载《韩增禄与自然辩证法》《傅世侠与自然辩证法》《张巨青与自然辩证法》等文章。

研究会工程哲学专业委员会配合中国工程院工程管理学部开展《工程哲学》（第四版）理论部分的研究和撰写工作，该书已于6月由高等教育出版社出版。邀请中国工程院院士殷瑞钰和中国科学院大学教授李伯聪指导编写教材《工程哲学教程》。

研究会承担全国科学技术名词审定委员会的自然辩证法名词审定工作，经过学界各位专家学者多年的协作和努力，2022年召开4次名词审定会议，并且完成名词释义的修改，已提交全国科学技术名词审定委员会。

国际学术会议 8月28日，由研究会企业发展专业委员会与中美后现代发展研究院、全球生态教育联盟、北京怀特海教育科技研究院联合主办的第16届怀特海儿童教育国际研讨会线上召开。会议以“过程哲学下的幼儿共情教育”为主题，来自中国、美国各领域的过程学者和教育专家参加会议。

12月17—18日，北京印刷学院联合研究会科学与艺术专业委员会主办的科学、技术与艺术的多元共生国际论坛线上召开。论坛分为主论坛和6个分论坛，分别邀请来自国内外的高校专家学者、艺术家分享最新的研究与创作成果。

国内主要学术会议 2022年，研究会和各分支机构共组织各类学术交流活动58次，参加人员1.8万人次，交流论文916篇。

2月26—27日，由研究会生态学哲学专业委员会、华南师范大学科学技术与社会研究院联合举办的第四届全国生态学哲学研讨会采用线上线下结合方式召开，100多人参加会议。会议接收论文或摘要42篇，线上报告27人，在场报告14人。

5月14—15日，由研究会、浙江大学马克思主义学院等单位联合举办的第二届人工智能与新工业革命论坛暨第四届人类增强与当代哲学会议线上召开。会议以“劳动增强、工业革命与共同富裕”为主题，150余位专家学者参加。

5月29日，研究会博物学文化专业委员会举办“博物学文化”专题讲座，就现代博物学的知识、博物学文化等内容进行研讨，线上200余人次参加交流。

6月5日，由研究会环境哲学专业委员会、中国伦理学会环境伦理学专业委员会、中智科学技术评价研究中心编辑部共同举办的后疫情时代的环境哲学环境伦理学暨纪念联合国人类环境会议召开50周年论坛以线上线下结合方式在北京举办。来自全国各高校以及科研单位的230多位专家学者参加会议。

7月9—10日，由研究会科学基础与信息网络专业委员会、电子科技大学主办的“马克思主义科技观与智能社会”成都信息文化论坛以线上线下结合方式召开，共设7个分论坛进行专题研讨。110余名师生参加会议，26位专家作特邀报告。

7月16日，由研究会科技文化专业委员会主办的第十八届全国科技文化与社会现代化学术研讨会线上召开，来自全国20多所高校和中国科学院等单位的约200名专家学者参加研讨会。

10月16日，研究会农业哲学专业委员会支持举办的“农业的哲学反思”专题讲座围绕中国农业发展现状、乡村振兴、现代农业、数字农业的哲学反思以及农业伦理等问题展开研讨，线上参会人数近1000人次。

10月30日，由研究会科技创新专业委员会、南开大学－中国社会科学院大学21世纪马克思主义研究院生态文明研究中心等联合主办的“中国式现代化与生态文明建设”学术论坛在北京召开。国务院发展研究中心研究员、社会发展研究部原副部长周宏春，中央党校（国家行政学院）教授、国家行政学院经济学部原副主任张孝德，21世纪马克思主义研究院生态文明研究中心主任、中央党校（国家行政学院）教授赵建军，北京师范大学教授、研究会副理事长刘孝廷等专家出席线下会议并作报告。来自全国各地政府部门、高校、企业界等的90余人线上参加论坛。

11月12日，由浙江大学哲学学院与《自然辩证法研究》编辑部联合主办的“科学与价值”专题研讨会线上召开。会议邀请来自国内10余所高校的13位学者进行专题报告，国内学界的近200位师生参加研讨会。

11月13日，研究会科学传播与科学教育专业委员会举办“科学传播与科学教育”主题讲座，就科学传播和科学教育的理论和实践进行研讨，线上200余人次参加交流。

11月17日，由研究会青年工作委员会和北京科技社团服务中心主办、北京自然辩证法研究会等联合举办的科技社团与科技伦理治理沙龙线上召开。来自各领域的专家学者共50余人参与线上交流。

12月3日，由研究会科学技术学专业委员会主办、中国科学技术大学人文与社会科学学院承办的“科学技术学与中国式现代化”2022年学术年会线上召开，来自国内外的近200名专家学者参加会议。

科普活动 研究会化学化工专业委员会举办“科普中国”专家沙龙系列活动，录制《走近科学元典》系列讲座共22集，致力于科学思想和方法的传播。通过微信公众号解读科学元典、传播科学思想、科学方法与科学精神。

研究会科技方法论专业委员会推进科学方法和科学精神普及，该专业委员会主任张增一就青少年崇尚科学，增强识别邪教、抵制邪教、远离邪教的意识和能力，接受中国教育电视台专访，在《育见》栏目中播出《深化安全法制教育　对邪教说“不”》专辑。9月，张增一还接受《中国科学报》约稿，解读中央办公厅、国务院办公厅发布的《关于新时代进一步加强科学技术普及工作的意见》。

党建强会 研究会围绕贯彻落实党的二十大精神，发挥自然辩证法文理学科交叉的优势和“为国服务”的优良传统，开展党建强会特色活动。

10月23日，研究会在北京大学举办科学道德宣讲报告会。由研究会副秘书长、北京化工大学教授崔伟奇作题为《科技伦理治理的价值基础》的报告。报告会由北京大学马克思主义学院教授李少军主持，来自北京大学的400余名学生参加。

11月26日，为进一步促进党的二十大精神融入“自然辩证法概论”课程，持续开展“自然辩证法概论”课程教学交流，研究会联合北京自然辩证法研究会、北京市高等教育学会研究生思想政治理论课研究会、北京工业大学马克思主义学院共同举办第七届北京高校自然辩证法教学研讨会。会议线上进行，来自北京及其他省份高校的100多名师生参加会议。

12月10日，为学习贯彻党的二十大精神，推进党的二十大精神融入高校思政课，持续开展博士生思政课教学研讨。研究会和北京市高等教育学会研究生思想政治理论课研究会等联合举办党的二十大精神融入高校思政课暨第五届北京高校博士生思政课教学研讨会。会议线上举办，200余人参加。

会员服务 研究会大力发展个人会员特别是青年会员，对个人会员管理实行统一会员编号档案管理和会员证书管理，建立相关档案。对个人会员管理系统进行升级、完善，不断提升服务会员的信息化水平和会员管理制度化水平。同时，持续推动学会信息化建设，通过官方网站、微信公众号、会员管理系统、期刊投稿系统等方式提升管理和服务水平。每月定期向会员寄发学会内部通讯、杂志，全年共向会员发放《自然辩证法研究》6000余册。

【中国自然辩证法研究会2022年学术年会】 11月27日，中国自然辩证法研究会2022年学术年会线上召开。年会由研究会、中国科学院大学联合主办，中国科学院大学人文学院、中国科学院哲学研究所承办，来自全国各高校和科研院所的专家学者、研究生以及广大会员等500余人参加会议。大会分为开幕式、特邀报告、分会场报告3个环节。

开幕式由研究会副理事长刘孝廷主持。中国科协有关领导出席会议。研究会理事长何鸣鸿、中国科学院大学副校长牛晓莉、中国科学院大学人文学院院长孙小淳、中国科学院哲学研究所负责人郝刘祥在开幕式上分别致辞。

在特邀报告环节，中国科学院院士、北京大学讲席教授鄂维南，中国科学院大学教授袁江洋，北京协和医学院特聘教授翟晓梅先后作题为《人工智能时代的科学研究》《汇聚与整合——科学思想的跨文明旅程》《新型科技伦理治理视域》的报告。

大会围绕面向新时代的中国自然辩证法研究、当代科技前沿的哲学问题研究、科学认识论与科学方法论研究、人与自然和谐发展的哲学问题研究、当代工程技术实践中的哲学问题研究、当代科学技术实践中的风险与伦理问题研究、科技决策与科研评价中的哲学问题研究、科学思想史研究、当代科技发展与社会－文化现代化问题研究分7个分会场进行，提交论文142篇，共有96位学者和研究生作学术报告。

（撰稿人：丁予聆）

中国管理现代化研究会

服务创新型国家和社会建设 研究会城市与区域管理专业委员会向中央办公厅、国务院办公厅、国家发展改革委、自然资源部等部门和地方政府递交咨询报告并获采纳，参与有关部委规划编制工作；搭建“碳中和声明平台”，为企业提供碳中和领跑行动服务。

研究会创业与中小企业管理专业委员会参与完成吉林省发展改革委员会“十四五”双创工作省级的

方案策划；参与完成吉林省科技厅及中国工程院吉林分院关于“双创升级”“科技企业孵化器高质量发展”的咨询工作。

研究会电子商务与网络空间管理专业委员会承担中国工程院重点咨询项目，向中国工程院提交项目报告《面向数字经济的国家一体化公共数据服务体系发展战略研究报告》以及《数字经济发展及其与公共数据服务的关系》《面向数字经济的全国一体化公共数据服务体系发展战略目标》《全国一体化公共数据资源管理体系》《面向数字经济的全国一体化公共数据服务体系的组成框架》《面向数字经济的全国一体化公共数据服务体系发展战略实施路径及方案》5份课题研究报告。

由研究会风险管理专业委员会主任委员洪流牵头的研究团队通过仿真建模，完成《多元检测策略对于防控效率和质量提升的研究报告》；副主任胡建强牵头的研究团队完成《疫情中的邻里情——封控中的社区互助行为分析》调研报告；秘书长吴肖乐完成《上海疫情对经济的影响分析报告》，并作为上海市杨浦区人大代表提出多份关于疫情防控和限制风险传播的建议。

7月，研究会公司治理专业委员会主任委员李维安出席《公司法》修订草案专家内部研讨座谈会，为《公司法》修订草案中相关公司治理制度革新基本框架提供决策参考。

研究会商务智能专业委员会与中国金融期货交易所股份有限公司进行合作，服务国家金融风险防控，将大数据和超算技术应用于金融期货高频数据的分析。研究会理事长、商务智能专业委员会主任委员石勇作为国务院参事，多篇政策建议受到国家领导人批示。商务智能专业委员会副主任委员朱扬勇为上海数据交易所提供数据交易咨询，参与《上海市数据交易场所管理实施办法（征求意见稿）》的有关工作；为佛山市数字化转型、佛山数据经纪人试点工作提供咨询。

研究会知识产权管理专业委员会承担国家知识产权局2022年专项课题“我国企业海外知识产权维权支持政策研究”“面向世界科技前沿知识产权创新的决策信息支持研究”。

4—5月，由研究会决策模拟专业委员会主办的2022全国企业竞争模拟大赛线上召开。来自29个省、自治区、直辖市的300多所高校共计2478支队伍报名参赛，还邀请巴基斯坦乌尔都联邦艺术、科学与技术大学、尼泊尔特里布文大学中央管理部和管理学院参加。推选9支队伍参加中国赛区的线上总决赛。

6月18日，由研究会决策模拟专业委员会主办、西南政法大学承办的第五届（2022）全国人力资源决策模拟大赛决赛以线上线下结合方式在重庆市举办。大赛共有24个省、自治区、直辖市97所学校的479支队伍报名参赛。

学会建设 8月19日，在2022年理事会议上审议《中国管理现代化研究会会士评定工作办法》。经会议讨论决定，学会建立会士制度，会后进行调研，广泛征求意见。

主办期刊 研究会商务智能专业委员会继续办好其主导的两个国际期刊，包括SCI期刊*International Journal of Information Technology and Decision Making*（《国际信息技术与决策杂志》）和国际知名期刊*Annals of Data Science*（《数据科学年鉴》），其中*International Journal of Information Technology and Decision Making*影响因子为3.508。

研究会生产与运作管理专业委员会持续做好*Journal of Systems Science and Systems Engineering*（《系统科学与系统工程学报》）期刊建设。该期刊面向国内外发行，截至2022年已发行3期。

研究会政府战略与公共政策研究专业委员会主办的《政府管理评论》（第5辑）由经济管理出版社出版发行。本刊以当代中国政府管理的重大理论和实践问题为研究和讨论核心，以公共管理学科为基础，学术性与思想性并重，旨在为政府战略与公共政策的制定和实施提供理论依据和实践案例。

学科发展工程 研究会公共管理专业委员会在前期参与公共管理二级学科设置调整研讨工作和二级学科简介编制工作的基础上，组织成员规范二级学科方向，加强主流二级学科方向建设，促进公共管理学科发展。继续推进《中国大百科全书第三卷：公共管理分卷》组织工作。

研究会平行管理专业委员会主任委员王飞跃针对平行智能与平行管理领域，在IEEE智能交通系统国际会议、智能交通工程国际会议等学术会议，以及昆山杜克大学、北京大学、同济大学、中国人民大学哲学院、中国国家博物馆等高校、企业产业交流中，进行10余次学科发展研究报告和相关师资培训。

研究会理事长、商务智能专业委员会主任委员石勇，副主任委员田英杰等作为核心成员，在大数据分析领域探讨专业 1+X 培训方案（包括教材、国家标准等），推动学科发展和培训的标准化；副主任委员朱扬勇推进数据科学与大数据技术学科发展以及大数据试验场建设，为第四范式科学研究提供技术平台服务。

研究会政府战略与公共政策研究专业委员会组织编写完成《中国政府管理年鉴（2016）》，于 10 月由中国社会科学出版社出版。该系列年鉴以年度中国政府管理的改革与发展为主线，涉及政府战略管理、绩效评估、公共政策、公共财政和社会管理等政府管理领域的重要主题，展示中国政府管理重大实践创新成果和理论进展。

研究会知识产权管理专业委员会成员以《提高知识产权综合服务水平，助力科技强国建设》为主题，录制面向在校大学生、从事知识产权服务业和知识产权公共服务的企事业管理人员与专业人员等的公益课程。

国际学术会议 12 月 9—10 日，由国际信息技术与量化管理学会主办，中国科学院虚拟经济与数据科学研究中心、研究会商务智能专业委员会等支持的第九届国际信息技术和量化管理会议线上召开。共包含 6 个主题演讲和 21 个分会报告，来自中国、美国、俄罗斯、英国、西班牙、巴西、智利、罗马尼亚等 23 个国家和地区的 750 余名专家学者及科研人员通过线上参加会议。邀请 6 名海内外学者进行主题演讲。

国内主要学术会议 4 月 28—29 日，由研究会风险管理专业委员会主任委员洪流牵头，协同该专业委员会部分成员共同申请并组织的国家自然科学基金委员会第 306 期双清论坛——“供应链韧性与供应链安全”在北京以线上线下结合方式召开。与会专家学者围绕“复杂供应链网络建模与风险传播机理”“全球供应链竞争、合作与协调机制”“供应链安全策略、韧性提升与动态风险管理”3 个议题，探讨供应链韧性与供应链领域的模型构建、风险管理、竞争与合作等重大科学问题，重新审视供应链韧性与风险管理的相关理论与方法体系，凝练并提出该领域亟须关注和解决的重要科学问题。

6 月 2 日，由研究会国际商务谈判专业委员会主办、北京外国语大学国际商学院和中央财经大学国际经济与贸易学院共同承办的国际商务谈判学科发展研讨会线上召开，主题为“面向‘新文科’时代的国际商务谈判学科发展”。研讨会围绕国际商务谈判学科发展、人才培养和社会服务等问题进行专题研讨和交流。

7 月 5—6 日，由研究会管理案例研究专业委员会、全国工商管理专业学位研究生教育指导委员会、中国管理案例共享中心主办的第十三届中国管理案例学术年会暨中国管理案例共享中心成立十五周年庆祝活动线上举办。本届学术年会最终收到教学案例 172 篇、案例研究论文 30 篇、案例教学与研究方法论论文 1 篇，投稿院校及单位 120 余所。共评选出 3 篇优秀论文。

7 月 23 日，由研究会管理与决策科学专业委员会、中国运筹学会决策科学分会和深圳大学联合主办，安徽工业大学管理科学与工程学院承办的第十四届中国决策科学学术年会在安徽省马鞍山市召开。大会以“常态化疫情防控中的运筹优化与智能决策”为主题，通过线上线下结合方式进行，会议共设 4 个分会场，分别进行大会报告 10 场、专题邀请报告 16 场、会议分组研讨 18 场。

11 月 3—4 日，由南京大学商学院、研究会组织行为与人力资源管理专业委员会、华中科技大学管理学院、华侨大学工商管理学院主办的第 10 届中国人力资源管理论坛暨 10 周年庆典在福建省泉州市召开。论坛以“新格局·新经验·新路径：人才强国战略下中国人力资源管理的启新与赓续”为主题，来自全国 50 多所高校的 600 多名相关领域的专家学者、业界代表参加论坛。

12 月 5—6 日，由研究会技术与创新管理专业委员会和创业与中小企业管理专业委员会主办的 2022 中国技术创新与创业学术年会在陕西省西安市召开，来自全国高校和研究机构的近 500 名专家学者通过线上线下的方式参加会议。年会设立 6 个分论坛，分别围绕 VUCA 时代的数字经济、数字变革与创新、组织变革与创业模式、创新网络、创业生态系统与创业管理等主题进行讨论。

12 月 17—18 日，由研究会公共管理专业委员会、青年工作委员会主办，南京大学政府管理学院承办，清华大学公共管理学院支持的中国公共管理学术年会（2022）暨第八届公共管理青年学者论坛在江苏省南京市召开。论坛主题为“面向发展与安全的公共管理变革”，旨在通过学术交流，聚焦全球治理风险加剧的背景下“发展与安全”两个维度，探讨国家治理及全球治理变革之道。论坛设立6个分会场、24个平行论坛。共收到论文投稿417篇，会议直播观看人数高峰期超过600人次。

科普活动 6月19日，由安徽省教育厅主办、研究会电子商务与网络空间管理专业委员会承办的第十二届全国大学生电子商务“创新、创意及创业”挑战赛安徽赛区省级选拔赛在安徽省合肥市举办。安徽省共有50所高校的6180支团队参加比赛。比赛采用线上答辩、赛场实时直播和评委线上评审的方式进行。经各高校校园赛的选拔与推荐，共遴选推荐360支团队及其作品晋级省级选拔赛。最终8支晋级团队经路演和专家评分完成比赛。

7—11月，研究会国际商务谈判专业委员会主办2022全国大学生商务谈判精英赛，来自国内17所高校的26支代表队参加比赛，通过谈判案例文案策划比赛、网络晋级比赛和总决赛，决出各个奖项。

7月11—15日，研究会数字经济与商业模式专业委员会组织的第三届“应用经济学”暑期学校线上举办。本届暑期学校通过“报名+筛选”机制，面向全国招收应用经济学研究领域的青年学者、博士后和博士生、高年级硕士生。邀请中国工程院院士陈晓红、北京大学国家发展研究院教授黄益平、香港大学教授林晨、中国科学院大学教授石勇等9名专家学者，针对目前应用经济学领域的现实问题，结合数字经济高质量发展相关的监测、评价与机理问题，进行报告与学术交流。

8—12月，由研究会政府战略与公共政策研究专业委员会、中央财经大学政府管理学院主办，中央财经大学“未来公务员之家”德育示范基地、中央财经大学公共管理研究会承办的第十二届全国高校“模拟市长”大赛开赛。来自全国近50所高校的360余支队伍参赛，最终10所高校11支队伍入围全国总决赛。

11月10日—12月9日，由研究会廉政建设专业委员会主办的“12·9全国大学生廉洁教育月”活动举办。据不完全统计，活动覆盖17个省、自治区、直辖市的35所高校，5.6万余人次参与。

【第十七届（2022）中国管理学年会】 8月19—21日，由研究会与复旦管理学奖励基金会联合主办、南京财经大学和合肥工业大学承办的第十七届（2022）中国管理学年会以线上线下结合方式在江苏省南京市召开。年会以“数字经济与管理变革”为主题，来自国内外管理学界的专家学者、企业家参加。研究会联职理事长、发展中国家科学院院士石勇，研究会副理事长、中国工程院院士杨善林，复旦管理学奖励基金会副秘书长黄丽华讲话。研究会党委书记、副理事长兼秘书长赵景华主持开幕式。

在主旨报告环节，中国工程院院士、华中科技大学教授丁烈云，中国工程院院士、中国航天科技集团有限公司总设计师杨宏，中国工程院院士、东北大学教授唐立新，中国工程院院士、北京航空航天大学教授王自力，以及华为技术有限公司董事徐文伟，分别就相关领域作报告。

会议还举办学科建设与人才培养论坛、优秀学者论坛、女管理学家论坛、企业家论坛，以及期刊专委会闭门会议、期刊论坛5个平行论坛。围绕大会主题，共设立31场平行专题论文报告论坛，涵盖组织与战略管理、商务智能、技术创新与管理、政府战略与公共管理等28个学会的专业研究方向。会议交流322篇论文，共有29篇论文获得年会优秀论文奖。

（撰稿人：黄晓蕾）

中国技术经济学会

服务创新型国家和社会建设 组织申报中国科协“科创中国”科技服务团示范项目，“科创中国”中国技术经济学会天府大道科创走廊产业科技服务团入选该示范项目，服务团组织专家对52项技术问题进行专业性解析，形成技术研发指南；为42项技术需求匹配相应研发专家或团队；跟踪服务并解决技术问题3项；汇聚52项可转移转化的科技成果，提供产业化方案；对52项科技成果进行综合评价，提供评价结果；完成7项科技成果转化落地；发布1项团体标准；提交1个推动技术转移转化的典型案例。“科创中国”海洋服役材料产业科技服务团、“科创中国”文化科技融合发展专业科技服务团获得立项。

受中国科协科技创新部委托，承接“科创中国”技术经理人活跃服务机制研究项目，跟踪调研“科创中国”平台现有数千名技术经理人情况，分析技术经理人依托平台开展活跃服务与互动的激励机制与举措，提出技术经理人培育、配置、评价、使用的政策建议。承办“科创中国”技术经理人培训班，来自中国科协直属单位的57位专业技术人员参加培训。

承担“科创中国”创业就业先锋榜的初评工作，负责编制榜单初评工作实施方案，制定创业就业先锋榜评价标准，组建评审专家委员会，对全国学会、地方科协和各有关单位推荐的申报材料进行形式审查。通过通讯评审和会议评审的方式综合讨论评议，遴选出 60 名创业就业榜单候选人进入“科创中国”创业就业先锋榜单终评候选。

学会推荐的单位会员北京八月瓜科技有限公司和四川大学国家大学科技园分别入选中国科协“科创中国”产学研协作类和创新创业孵化类创新基地名单。

9 月 24—28 日，“技术转移与技术经理人专业技术转移转化能力提升”培训班在四川省成都市举办。此次培训班由中国科协科学技术创新部主办、学会承办、四川大学国家大学科技园协办。来自全国高新技术企业、科技成果转化管理机构、技术转移服务机构的 100 余人通过线上、线下方式参加培训。此次培训班是人力资源社会保障部“专业技术人才知识更新工程 2022 年高级研修项目计划”的一部分。

连续 3 年承担中国科协企业创新服务中心“中国创新创业发展研究”项目。2022 年，该项目除继续对全国创新创业的发展状况进行全面分析外，还对 24 个省级行政区的创新创业情况进行解剖和个案分析，为全国及各级地方政府优化创新创业生态、科技工作者开展创新创业提供参考意见。

11 月 16 日，由学会主办的“科创　变革世界的力量”——创智未来中国行（深圳）中澳科创交流大会在广东省深圳市举办。大会由中国科协“海智计划”资助。来自中国及澳大利亚、英国、加拿大、马来西亚等国家和地区的有关企业、金融机构、政府部门代表通过线上、线下方式参与活动，累计在线观看人数达 6.96 万余人次。

2022 年，学会专家库入库专家 121 人，启动学会成果库建设工作。

在 2022 年中国科协决策咨询专家团队试点单位建设中，学会有 7 个专家团队入选，分别是由学会理事长李平和副秘书长王宏伟领衔的科技创新战略与政策决策咨询专家团队、由学会决策智能分会主任委员吴德胜和副理事长牛东晓领衔的“双碳”智能决策咨询专家团队、由学会常务理事林晓言和北京交通大学教授李红昌领衔的高铁网络经济效益研究专家团队、由学会副理事长王宗军领衔的国家创新能力研究专家团队、由学会常务理事苏敬勤领衔的平台创新与战略决策咨询专家团队、由学会体育经济与价值管理分会主任委员肖淑红领衔的体育产业决策咨询专家团队和由中国工程院院士张金哲和学会金融科技专业委员会常务副主任委员杨兆廷领衔的医药卫生决策咨询专家团队。

受中国科协战略发展部委托，承接第二十四届中国科协年会调研课题“湖南打造内陆地区改革开放高地的对策研究”，组建以学会理事长李平领衔的专家团队。

2022 年，发布团体标准 291 项，其中普通团体标准 51 项、领跑者团体标准 240 项。截至 2022 年年底，学会累计发布团体标准 509 项。

学会建设　学会全年共召开 4 次理事长办公会议、2 次常务理事会议、1 次理事会议。新设立 3 个分支机构，分别是低碳智慧城市专业委员会、材料及数字制造专业委员会和未来产业专业委员会。至此，学会共有 34 个分支机构，其中专业委员会 17 个、分会 17 个；个人会员 8239 人；单位会员 228 家。

经中国技术经济学会第六届理事会第十八次理事长办公会议（暨学会党委 2022 年第一次会议）和第六届常务理事会第十五次会议同意，设立中国技术经济学会数字中国研究院，联合数字技术、数字经济、数字社会领域的院士专家和学者开展包括核心数字技术发展、数字技术与能源安全、数字技术与人民健康等领域在内的学术和对策研究。

中国技术经济学会第六届常务理事会第十五次会议审议通过《中国技术经济学会“青年人才托举工程”实施办法》和《中国技术经济学会低值易耗品管理办法》。

青年人才托举工程　学会开展第八届中国科协青年人才托举工程项目申报工作，申报的 2 名中国科协资助和 1 名自筹经费资助青年人才托举名额均获批准。

主办期刊　4 月，《技术经济》《科学技术与工程》和《科技和产业》3 个期刊均入选美国 EBSCO 数据库。

根据《科技期刊世界影响力指数（WJCI）报告（2022）》，《科学技术与工程》在“工程通用技术”学科期刊中（全球入选期刊共 47 种）排名第 15 位，位列 Q2 区；在“工程综合”学科期刊中（全球入选期刊共 163 种）排名第 62 位，位列 Q2 区。根据中国知网《中国学术期刊影响因子年报（自然科学与工程技术 · 2022 版）》，《科学技术与工程》影响力指数学科排序为 6/149。

《科技和产业》从 2023 年 1 月起由月刊变更为半月刊，每年出版 24 期，变更手续获得相关部门批准。

学科发展工程 受中国科协创新战略研究院委托，组织开展“李京文学术成长资料采集”项目。

12月31日，学会发出《关于征集“十四五”国家重点出版物出版规划项目的通知》。经中国科学技术出版社遴选，《产学研协同创新与区域创新绩效研究》《多边平台视角下的技术转移与技术交易》《颠覆性技术创新生态路径研究》《市场导向的绿色技术创新体系研究》4本图书最终入选“十四五”时期国家重点出版物出版专项规划项目，并以“技术经济与创新丛书”首批书目的名义于10月正式出版。

国内主要学术会议 2022年，学会举办1次学术年会，各分支机构及专家团队举办31次学术会议（含学会学术年会分论坛），会议普遍采取线上线下结合方式举办，参加会议的人数达200万余人次。

3月30日，学会标准化研究分会联合中国标准化研究院以线上线下结合方式举办2022高质量发展交流会暨企标“领跑者”发布会。会议以“探索行业发展新标准 领跑质量建设新未来”为主题，共有200万人次参加。

4月22日，学会环境技术经济分会联合中国社会科学院环境与发展研究中心举办以“投资家园·绿色发展”为主题的2022世界地球日论坛。论坛以线上线下结合方式举办，共有30人参加。

7月23日，学会数字体育专业委员会在福建省福州市举办主题为“赋能数字体育，共筑数字中国”的研讨会。会议以线上线下结合的方式举办，共有200人次参加。

8月12日，学会环境技术经济分会联合中国社会科学院数量经济与技术经济研究所、湖北大学商学院在湖北省武汉市举办第六届环境技术经济前沿论坛，主题为“碳中和与绿色发展”。共有120人参加。

8月25日，学会复杂科学管理分会联合武汉大学复杂科学管理研究中心和浙江大学管理学院线上举办主题为“复杂科学管理与数字创新”的研讨会，共有2000人次参加。

10月21日，学会农业技术经济分会线上举办主题为“如何撰写高质量学术论文及如何申请国家基金”的研讨会，特邀国内知名专家作学术报告，500人次参加会议。

11月19日，学会技术管理专业委员会联合武汉科技大学管理学院主办第十九届中国技术管理学术年会。年会主题为“面向经济可持续增长的科技创新”，邀请17位专家学者作大会主旨报告，采用线上线下结合方式举办，共有1万人次参加。

11月19日，学会技术创新与创业分会联合中国管理科学学会创新管理专业委员会、清华大学中国企业成长与经济安全研究中心、吉林大学创业研究中心、南开大学创业研究中心在湖南省湘潭市举办主题为“数字时代的创新与企业成长”的研讨会。会议采用线上线下结合方式召开，共有2000人次参加。

11月20日，学会神经经济管理专业委员会、管理科学与工程学会神经管理与神经工程分会联合燕山大学经济管理学院线上举办第四届中国技术经济学会神经经济管理专业委员会暨第六届管理科学与工程学会神经管理与神经工程分会学术年会。会议主题为“神经管理学的过去、现在与未来”，共有2200人次参加。

11月26日，学会体育经济与价值管理分会联合北京体育大学线上举办第六届全国体育经济与价值管理学术会议，主题为“数字时代体育产业转型发展”，共有120人次参加。

12月11日，由学会技术孵化与创新生态分会主办的第五届中国技术孵化与创新生态学术年会线上举办。年会以“数智时代的技术创业与创新生态系统管理”为主题，共有300人次参加。

科普活动 学会推荐的单位会员武汉理工大学艺术馆入选中国科协2021—2025年度第一批全国科普教育基地。

4月23日，学会理事、知识产权分会副主任委员肖延高做客学会“全国知识产权周活动”云讲座，并作题为《面向高质量创新的知识产权管理策略》的报告。

5月28日，在全国科技活动周期间，学会邀请中国科协创新战略研究院原院长、研究员任福君举办关于科技伦理的直播讲座，主题为《新时代我国科技伦理治理体系建设的原则、体系及现状》，介绍新时代中国科技伦理治理体系建设的原则、体系及现状。

党建强会 11月27日，学会就深入贯彻党的二十大报告提出的“深入实施科教兴国战略、人才强国战略、创新驱动发展战略”，联合主办“现代化建设科技人才体系研究”座谈会。

12月16日，学会党委2022年第四次会议讨论通过《中国技术经济学会学习宣传贯彻党的二十大精神工作方案》。

12月17日，在中国技术经济学会第二十九届学术年会中举办“党的二十大代表进学会”学习活动，邀请党的二十大代表、中国科协党组成员、书记处书记王进展宣讲党的二十大精神，分享出席党的二十大体会，同时将年会主题定为“创新与中国式现代化”。

会员服务 学会秘书处加强会员入会工作，各分支机构均配备专人负责新发展会员的登记和资格预审工作；通过微信公众号、网站等渠道介绍学会工作动态、传播学会工作信息，为会员提供科技新进展、新动态信息服务。

经由学会推荐，单位会员四川大学国家大学科技园入选2021“科创中国”产学研融通组织榜。

【中国技术经济学会第二十九届学术年会】 12月17—18日，中国技术经济学会第二十九届学术年会通过线上线下结合方式在北京举办。年会以“党的二十大代表进学会”学习活动暨“创新与中国式现代化”为主题，分两天进行，第一天为全体会议，第二天为平行论坛。学会会员、理事及来自全国各地高等院校的师生，以及研究机构、企业和政府部门的专家学者、有关领导、企业管理人员共2万余人次参加会议。学会理事长李平主持开幕式并致辞。会议邀请10位专家作主题报告。

年会设立20场平行论坛，其中5场为此次年会的征文交流平行论坛。15场平行论坛主题分别是“数字赋能高质量装备创新与发展”“完善科技创新体系，加快实施创新驱动发展战略”“‘保供应、促转型’下能源电力行业的技术经济发展”“科技文化，公益共创”“数字经济背景下的企业数智化管理”“边疆地区生态资源保护与高质量发展的技术经济问题”“中国式现代化与创新创业”“产业链创新与产业高质量发展”“复杂社会信息网络下的风险感知与智能决策”“未来产业创新发展”“打赢关键核心技术攻坚战的体制机制探索”“科技创新助力绿色低碳发展”“社会责任框架下的创新创业管理：《管理科学》创新创业管理专栏稿件研讨会”“铁路高质量发展”“人与自然和谐共生的现代化”。

（撰稿人：何　冰　关　晓）

中国现场统计研究会

服务创新型国家和社会建设 研究会计算统计分会受北京市市场监督管理局委托，开展北京食品安全抽检合格率统计方法研究，从多角度分析北京2020年度、2021年度北京食品安全情况，构建食品安全评价理论模型，对北京各区各食品种类的食品安全进行有效评估。此外，还以准确评估食品安全评价指数为目标，设计北京2022年食品安全评价性抽检方案。

研究会计算统计分会助力海关总署开展技术贸易措施综合指数研究，受海关总署国际检验检疫标准与技术法规研究中心委托，运用统计学前沿方法和人工智能技术，将海量非结构化、非标准化的技术贸易措施通报转化为结构化、标准化的数据库，进而构建并测算“技术贸易措施开放指数”“技术贸易措施全球动态图谱”“全球技术贸易措施综合指数”“技术贸易措施损害指数”等指数体系，从不同角度和维度分析并呈现全球技术贸易措施当前现状、发展动态和演化趋势，为政府决策提供技术支撑。

学会建设 2022年研究会个人会员总数为7968人，其中高级会员119人。现有分支机构22个，新成立分会1个；完成3个分会的换届工作。全年规范召开理事会议、常务理事会议和监事会议；根据民政部和中国科协有关全国学会分支机构管理的文件，重新修订《中国现场统计研究会分支机构管理办法》。

青年人才托举工程 2022年，研究会承担第八届中国科协青年人才托举工程项目候选人遴选工作，遴选出杨青、任好洁、梁德才、王亚平、唐梦皎、冯项楠6人为第八届中国科协青年人才托举工程项目被托举人推荐人选。通过中国科协最终审定，6位青年人才均入选。

主办期刊 《数理统计与管理》（*Journal of Applied Statistics and Manage*）是中国科协主管、研究会主办的学术期刊，2022年出版6期，发行约10800册，共发表文章82篇。

国际学术会议 11月26—27日，由研究会经济与金融统计分会主办的2022年统计与数据科学的理论方法及应用国际学术研讨会暨博士生学术交流会通过线上线下结合方式召开，主会场设在湖北省武汉市。会议围绕统计与数据科学中的前沿问题和最新研究成果展开研讨，来自海内外近60所高校的专家、青年师生共同参加会议。美国普林斯顿大学教授范剑青、美国宾州州立大学教授李润泽、香港理工大学教授黄坚等12名来自海内外知名院校的专家学者应邀作主题报告。

国内主要学术会议 4月22—24日，由研究会

试验设计分会主办、嘉兴学院数据科学学院承办的中国现场统计研究会试验设计分会2022常务理事会议暨嘉兴学院统计学科建设研讨会在浙江省嘉兴市举办。会议围绕试验设计及其理论在工业、农业、医疗、信息科学等相关领域的应用、试验设计分会的发展以及嘉兴学院的统计学科建设等问题展开讨论和交流。

8月27—28日，中国生物统计2022年学术年会线上举办。会议由研究会医药与生物统计分会、中华预防医学会生物统计分会、中国卫生信息与健康医疗大数据学会统计理论与方法专业委员会等共同主办。会议分为4个分会，共邀请包括中国科学院院士顾东风在内的业内统计学家、数学家、药品监督管理专家等15人作报告，探讨生物统计领域的新进展。来自各高校、科研院所、制药企业、医院的专业人士累计超过1000人次注册会议，超过2万人次观看会议直播。

10月15日，由中国人民大学统计与大数据研究院、交叉科学研究院和研究会生存分析分会联合主办的首届“数据科学与生命健康”交叉学科研讨会线上举办。香港理工大学应用数学系讲席教授黄坚，首都医科大学附属北京佑安医院副院长、主任医师蔡超，美国卡罗来纳大学教堂山分校公共卫生学院教授朱宏图和中国中医科学院中医临床基础医学研究所主任医师王忠等作报告。在邀请报告环节，北京大学公共卫生学院与数学科学学院教授邓明华、南京医科大学公共卫生学院教授赵杨、华中科技大学公共卫生学院教授王超龙、复旦大学公共卫生学院教授秦国友作报告。会议还邀请中国人民大学统计与大数据研究院助理教授杨光宇等7位青年学者进行学术报告。

11月2日，研究会大数据统计分会与上海对外经贸大学和辽宁大学共同举办首届经济统计学青年教师科研讨论会。会议主题为“以学科建设为核心　提升科研创新能力”，多名经济统计学青年学者作学术分享，并接受专家点评和指导。上海对外经贸大学校长汪荣明出席并致辞。上海对外经贸大学学科建设办公室主任刘永辉、上海对外经贸大学统计与信息学院院长张日权、辽宁大学数学与统计学院院长王德辉以及来自两校的200余名师生参加研讨会。

11月5—6日，由研究会试验设计分会主办、兰州财经大学统计学院承办、甘肃农业大学理学院协办的2022全国试验设计与统计科学研讨会线上召开。会议围绕试验设计与统计科学领域的相关理论和应用展开讨论和交流。

11月12—13日，由研究会主办，广州大学经济与统计学院承办，广东省现场统计学会、研究会资源与环境统计分会等联合协办的第六届全国统计学博士研究生学术论坛线上召开，500余人参加。论坛共收到投稿论文120余篇，106篇进入专家评奖环节。

11月19日，由研究会旅游大数据分会、资源与环境统计分会和全国工业统计教学研究会数字经济与区块链技术协会共同主办的2022年旅游、资源与环境、数字经济与区块链统计学联合会议线上召开。会议共有18个分组报告、2个大会报告，报告内容涉及旅游产业、社交网络、机器学习等方面。来自全国各高校和科研院所的近300名专家学者参加线上会议。

11月26—27日，由西南财经大学金融学院、研究会风险管理与精算分会联合主办的第十三届中国风险管理与精算论坛线上召开。论坛邀请到国内外百余位风险管理与精算领域的专家学者、高校师生及业界代表参加。与会专家学者围绕新时代背景下风险管理与精算的前沿理论、方法与应用以及精算教育展开交流。

党建强会　研究会党委组织学习贯彻全国两会精神，集中学习党的二十大精神，研究会党委书记郭建华进行理论宣讲。

召开5次研究会理事会党委会议，审议申报中国科协决策咨询专家团队组成人员名单；审议研究会网站重新建设情况；审议研究会副理事长张忠占所作的关于修改《中国现场统计研究会分支机构管理办法》的报告，以及研究会理事长郭建华所作的关于教育统计与管理专业委员会、统计调查分会、多元分析应用专业委员会换届和成立因果推断分会的工作方案；审议中国现场统计研究会青年人才托举工程管理办法和实施方案等；审议并指导研究会开展会员登记入库工作；审议与中国数学会概率统计分会、全国工业统计学教学研究会、中国商业统计学会联合举办首届全国统计与数据科学联合会议等事宜。

加强对研究会所属报刊、网站、微信公众号以及研讨会、论坛等意识形态阵地的管理，确保意识形态工作正确方向。

会员服务　加强研究会信息化建设，启用新的会员管理系统，实现会员线上注册登记；利用研究会官网和官方微信公众号发布中国科协会议精神及研究会工作动态，提升研究会服务能力。

（撰稿人：陈巍璐）

中国未来研究会

服务创新型国家和社会建设 研究会参与中国科协2022重大科学问题、工程技术难题和产业技术问题征集活动，共提交前沿科学问题和工程技术难题9个（其中前沿科学问题5个、工程技术难题4个）。其中工程技术难题“如何利用区块链技术实现可信任的高效分布式存储？”进入复选。

5月25—26日，在湖南省平江县科协调研，讨论行业技术改造和解决产业难题等相关议题，在平江高新技术产业园区管理委员会调研云母产业行业瓶颈课题。

9月23日，研究会副理事长刘益东应邀参加关于一流人才甄选评价标准为主题的研讨会，并作题为《如何发掘大材小用的一流人才，迅速提升我国的原始创新能力与智库竞争力》的报告。

11月，阿里巴巴达摩院召开2023十大科技趋势研讨会，研究会推荐5名专家为计算与应用、大数据、网络、元宇宙等方面提供咨询服务。

2022年研究会参与多项课题研究，立项关于社会稳定风险评估行业标准课题研究、2022年度“大数据赋能”系列重点课题研究；开展天津市和国家社科项目研究、上海市公共卫生体系建设三年行动项目；参与中国教育科学研究院“中国STEM教育2029行动计划”课题。

与内蒙古自治区科尔沁左翼中旗四强职业培训学校联合开展畜牧兽医师职业技能培训。9月，在浙江省宁波市开展系统医学技术专业培训。开办卓越工程师班培训。

学会建设 2022年，研究会召开理事会议1次、常务理事会议2次、理事长办公会议2次、秘书长办公会议4次、换届筹备会议2次。

成立研究会换届筹备工作领导小组并召开筹备会议，制定《中国未来研究会换届方案》。

新增设中国未来研究会家庭教育促进分会、生态环境与经济发展研究分会、元宇宙与未来产业分会、院士智谷专家委员会、金融衍生品专业委员会、教育创新与评价研究分会6个分支机构。

继续加强对分支机构管理，完善分支机构管理办法、入会流程、实地考察、成立审核、公章管理，对所属分支机构进行年检，使分支机构管理逐步规范化。同时秘书处拟定“分支机构年度工作会议”工作机制，通过对分支机构主要成员集中进行业务培训，了解和掌握分支机构的人员情况和业务活动情况，促进分支机构间的相互交流，形成分支机构与总会间的良性互动。

截至2022年年底，通过理事推荐、学术会议吸引、分支机构拓展，全年新增个人会员826人。

编写《会员手册》和《分支机构手册》（电子版）并发放给会员。

编撰《中国2050》系列特刊，2022年主题是“纪念中国梦思想十周年（2012—2022）”。编撰《中国新时代的见证者》特辑，12月下旬出版发行，预估发行量2万册。

主办期刊 2022年，研究会会刊《未来与发展》出版12期，发表学术论文239篇，其中基金项目占发表文章的78%。《未来与发展》入选中国科学评价研究中心准核心期刊、《中国人文社会科学期刊AMI综合评价报告》（A刊）扩展期刊、《中国学术期刊影响因子年报》统计源期刊。

研究会与北京国际交流协会联合主办的《发现》杂志全年出版24期，发行量10万册。

国内主要学术会议 1月2日，研究会在河南省郑州市举办学习民法典座谈会。会上就法律维权委员会发展形势和前景进行分析和展望，20位专家学者参加会议。

4月29日，研究会高质量发展工作委员会与其他单位联合主办的以“畅想茶美学，创新茶科技，点亮茶产业”为主题的“茶之道”系列专题访谈采取线上线下结合方式在北京举办。

6月12—13日，研究会在海南省海口市举办以“中国梦我的梦传承文化建设”为主题的线下学术活动，15人参加会议。

6月24—26日，由研究会指导、研究会中医药一体化发展分会主办的2022首届未来中医药发展大会在湖南省长沙市召开。大会以“聚力中医药产学研合作 打造中医药未来风向标”为主题，引领中医药未来创新发展新格局，150人参加。

6月26日，研究会2021年度学术年会以视频会议方式召开。年会主题为“走向第二个百年的中国与世界”，共有10位专家作学术报告、2个分会作工作经验交流。线上参会人数达1000余人次，互动提问440余条。

7月12—19日，研究会组织线下优秀传统文化与决策学术沙龙3场，主题为“不确定形势下的决策先机”，120余人参加。

7月14日，由中国抗衰老促进会化妆品产业分会、研究会一带一路专业委员会联合主办的“一带一路”化妆品产业国际合作论坛在北京召开，50名专家学者参加论坛。

7月，研究会召开2022半年度学术报告会，了解当下老龄化发展趋势，针对实践中发现的问题提出改进意见和发展规划，为养老事业和养老产业的发展提供决策依据。40多人参加报告会。

7月29日，研究会在广东省广州市举办教育信息化创新研讨会和智慧影视频拓展教育信息化新视野论坛。70余名专家学者参加讨论。

7月30日，由研究会主办，《未来与发展》杂志、中国管理科学研究院学术委员会支持，研究会产学研分会、北京科创智享管理咨询中心、北京科管创新咨询中心承办的2022中国未来与发展大会采用线上线下结合方式在北京召开。大会主题为“百年未有之大变局下，中国、科技、经济、社会发展前景”，通过多个平台进行直播，1万余人次观看。

9月24—25日，由研究会产学研分会、研究会教育分会和中国管理科学研究院学术委员会联合主办的第十一届中国科学家教育家企业家论坛在北京召开。论坛主题为“深入实施新时代人才强国战略，为高质量发展提供有力支撑”，约600人参加。

10月20日，研究会在湖北省宜昌市召开“风险评估与应急安全”专家座谈会，助推分会工作融入地方经济社会高质量发展，50人参加。

11月，研究会线上召开大数据项目和教学研讨会。来自清华大学、南开大学、天津大学、武汉大学、天津工业大学、中国电信等单位的24位专家共同研讨交流。

12月10日，研究会旅游分会在江西省南昌市滕王阁景区召开六届七次理事会议暨2022年学术年会，主题为“中国式现代化背景下的旅游业高质量发展”。会议以线上线下结合方式进行，通过江西广播电视台今视频等新媒体平台进行全程直播，观看人数达178万余人次。

国际交往 10月13日，研究会理事长金灿荣参加主题为“在新世界秩序中寻找共同性”的“为了明天全球研究所”会议并作主题发言，介绍中国在全球治理中作出的贡献以及中国的民间外交。

科普活动 7月9日，研究会“未来大讲堂”首讲《未来研究的传承和未来学》正式启动。研究会理事长金灿荣为开讲仪式致辞。特邀研究会首席顾问、资深未来学家秦麟征作为首讲开讲人。线上参会人数达1000余人次。

3月28日，研究会进行《中华人民共和国民法典》等法律知识宣讲。

7月1日，研究会理事陈秋玲作以《“双碳”背景下的新担当新举措》为题的直播讲座。

9月23—29日，研究会联合其他单位开展以“喜迎二十大　科创向未来”为主题的“科创中国”·乡村振兴日暨“一带一路”乡村振兴助农活动。10月5日，举办大数据、机器人相关科普活动。10月15—23日，面向全国高校师生通过网络直播平台进行公益讲座。11月6日，线上开展“一带一路”公益大讲堂系列讲座。11月17日，举办“汤用彤的学术思想”主题活动。11月12日，以“碳纤维的过去与未来”为主题举办讲座，共计100人参加；组织青少年认识濒临消失的木作物件；开展以“元宇宙：时代级更新的桥梁”为主题的线上直播活动。

2022年，研究会创办的“中国产学研智库大讲堂”开展22期科普宣讲活动。

党建强会 2022年，研究会党委动员各分支机构和广大会员开展党的二十大精神学习；研究会党支部召开全体党员大会，学习党的二十大精神，并组织多次学习交流活动；组织“走好第一方阵，我为二十大作贡献”主题活动、“实施创新驱动发展战略　建设科技强国”主题活动、“深入学习领会二十大精神，大力推进中国科技期刊高质量发展”主题党日活动。

研究会党委对研究会重大问题决策、干部任免、重要项目安排、大额资金使用进行前置审议。

【第二十届中国科学家论坛】 8月13日，由研究会企业家分会、发现杂志社等联合主办的第二十届中国科学家论坛以线上线下结合方式在北京召开，主题为“科技创新赋能新时代高质量发展”。周守为、刘德培、尹伟伦、倪维斗、李永舫、侯立安、陈杰、吴以岭8位院士分别作题为《“深海一号”大气田海洋工程建设的创新实践》《健康建筑科技创新和实践》《关于森林碳汇、碳贸易及我国双碳战略的思考》《创新驱动发展中国先进煤电技术》《聚合物太阳电池光伏材料》

《新膜保障健康饮水的研究进展》《智能无人系统的发展》《络病研究与创新中药》的专题报告，50多位科技型企业家分别通过线上线下形式作专题报告和科技创新经验分享，5万余人次通过线上参与活动。在大会主席·院士对话环节，多名院士和企业家交流互动。

（撰稿人：白兆钦）

中国科学技术史学会

服务创新型国家和社会建设 2022年，学会继续承担“老科学家学术成长资料采集工程”的学术组织和学术支撑工作，并继续作为采集工程的项目管理方。学会副理事长张藜担任工程首席专家，带领团队指导“老科学家学术成长资料采集工程”项目办公室的学术性工作，联系采集工程项目管理方、采集工程馆藏基地。多位学会理事、监事参与采集工程的业务培训、专家评审、学术与技术指导以及承担具体的采集项目。承担采集工程数十个在研采集小组的学术指导，推动中国现当代科技史研究的资料收集、整理和数据库等基础建设；组织出版科学家传记丛书多册，组织科学家资料长编的创作和出版；为央视频“国家记忆”栏目制作“科学巨匠”钱伟长、吴文俊等视频提供学术指导；组织在《中国科学报》发表科学家人物报道24个专版。学术团队还承担入藏资料的整理与研究、特藏室资料的整理等工作，并基于采集工程的成果进行科学家精神宣传。

与中国科学技术出版社开展国别科学史研究，并就“科学文化经典译丛”丛书展开合作，计划翻译出版国别科学史30卷。年内已审译完成并正式出版《美苏科技交流史》《意大利科学史》《美国技术简史》等10余部著作。

学会秘书长罗兴波参与制作第九套中国现代科学家邮票。该邮票由国家邮政局和中国科协联合发布，学会负责联系科学家家属与邮票设计和发行工作团队，并承担素材选取、史料收集和学术把关等各项相关工作。

借助和发挥中国科学院大学现代科学家研究中心精神家精神教育基地作用，组织学会会员筹划并举办科学家精神宣传展览。8月28日，由学会秘书长罗兴波、学会科技人物研究专业委员会秘书长张佳静撰写脚本的“科学泰斗　国士无双——纪念周培源诞辰120周年主题展”在北京开幕。

学会医学史专业委员会和北京大学人文学院举办程之范教授百年诞辰纪念活动，4月6日，于北京大学举办“医史为鉴向未来：纪念程之范教授百年诞辰展”，中国科协名誉主席、中国科学院院士韩启德出席开幕式，1500余人次线上观看直播活动。学会成员甄橙等编著《纪念程之范教授诞辰100周年》画册。

学会建设 2022年，完成注册并缴费成为学会正式会员的数量增加100人，至此，学会正式会员数量已达1396人。学会下属分支机构数量共30个。

2022年，学会新成立数字人文专业委员会，计时仪器史专业委员会更名为科学仪器史专业委员会，筹建科技与外交专业委员会。

主办期刊 2022年，学会继续担任中国综合性科学史学术期刊《中国科技史杂志》第一主办单位、《自然科学史研究》第二主办单位。《中国科技史杂志》共收稿321篇，第2期和第4期分别以专题约稿形式刊载“《方志物产》的数字人文研究”和“科技考古与古代科技史研究的结合”。

学科发展工程 2022年，由学会科技史教学工作委员会主任吴国盛牵头组织的科学通史课程联盟读书会继续进行，调整为每月1次，共主办3次。此外，吴国盛与高山书院合作举办“高山科学经典”导读，甄选100部科学著作，邀请相关领域的科学大家作为领读，从4月开始启动，每周1期。

2022年，学会工程史专业委员会组织编写的“中国近现代工程史研究”丛书由浙江教育出版社出版三卷，分别为李伯聪等著作的《中国近现代工程史纲》、王斌著作的《詹天佑与中国工程科学》、王佩琼等著作的《大同煤矿近现代工程简史》。

国际学术会议 7月5—6日，学会农学史专业委员会在广东省广州市召开中国－拉丁美洲农业历史国际研讨会，来自秘鲁驻广州总领事馆、墨西哥驻广州总领事馆以及中国－拉丁美洲农业教育科技创新联盟成员单位的100余位专家参加研讨会。

9月23—25日，学会农学史专业委员会在江苏省南京市召开“联通的力量：运河与文化脉络”国际学术研讨会，来自中国、美国、日本、韩国等国家的高校、科研院所的专家学者以及媒体记者以线上线下结合方式参与研讨。

9月24—25日，第三届中国古代四大发明暨文化遗产保护国际学术讨论会在江苏省南京市举办。会议由学会造纸史与纸质文物专业委员会、南京信息工

程大学文化遗产科学认知与保护研究基地主办，来自中国、英国、美国、日本和德国等7个国家的120多名专家学者参加会议。

10月22—23日，由学会金属史专业委员会与北京科技大学科技史与文化遗产研究院主办的第七届古代材料研究国际研讨会以线上线下结合方式召开，来自北京大学、中国科学技术大学、中国科学院大学、北京科技大学、安徽大学以及英国雷丁大学、大英博物馆、法国国家科学研究中心、德国科特·恩格尔霍恩考古中心和泰国艺术大学等高校、科研机构、文博单位和企业的60余名学者参加。

国内主要学术会议 6月18日，由学会精密科学史专业委员会（筹）主办的精密科学史论坛在陕西省西安市举办，来自美国密歇根大学、中国科学院自然科学史研究所和西北民族大学等单位的80余位专家学者线上参加会议，陕西师范大学、西安财经大学和西北大学等院校的近百名专家学者参加线下会议。

7月28—31日，由学会少数民族科技史专业委员会和技术史专业委员会、农学史专业委员会和金属史专业委员会等10个专业委员会，以及中国机械工程学会机械史分会、中国造船工程学会船史研究学术委员会和内蒙古师范大学等单位联合主办的第九届中国技术史与技术遗产论坛在内蒙古自治区呼和浩特市召开。100名专家学者参加会议。

8月1—4日，由学会数学史专业委员会和内蒙古师范大学主办、内蒙古师范大学科学技术史研究院承办的第九届数学史与数学教育学术研讨会在内蒙古自治区呼和浩特市举办。研讨会共组织10场大会报告和30场小组报告，100余人参会。

8月29日，由学会力学史专业委员会、北京大学力学与工程科学系主办，《力学与实践》期刊协办的纪念周培源先生诞辰120周年系列活动——周培源与中国力学专题研讨会在北京召开。来自北京大学、大连理工大学、北京航空航天大学等高校的40余名力学领域的专家和力学专业学生通过线上线下结合方式参加会议。

11月5日，由学会医学史专业委员会、南京医科大学马克思主义学院、南京医科大学康达学院等单位共同主办的第三届医学史（南京）学术论坛暨重大传染病防治史研讨会在江苏省南京市召开。线上参会人数达300余人。

11月12—13日，由学会语言、文学与科学研究专业委员会主办的2022年语言、文学与科学前沿论坛线上召开。会议主题为“科学话语研究”，16位科学家和语言研究专家作主旨与主题发言，从科学、人文等角度对科学话语研究最新进展进行阐释，4500余名专家学者、教师、学生线上参与讨论。

国际交往 2022年，学会天文学史专业委员会促成国际天文学史期刊 *Journal of Astronomical History and Heritage*（《天文学历史与遗产》）落户中国科学技术大学，为国内天文学史研究提供一个新的国际传播平台。学会副理事长石云里担任共同主编。

2022年，经国际科学技术史与科学哲学联盟/科学技术史分会理事会提议并讨论决定，学会秘书长罗兴波将代表国际科学技术史与科学哲学联盟/科学技术史分会理事会出席在日本东京举办的国际哲学和人文科学理事会全体会议。

2022年，学会副理事长张藜带领团队受国际科学技术史与科学哲学联盟/科学技术史分会科技与外交委员会的委托，于3月举办20世纪中国科技外交史国际研讨会暨科学哲学联盟科技外交委员会第二届年会，近50位国内外专家学者和青年研究生参加会议。

11月12日，学会组织多位成员参加意大利都灵理工大学Biennale Technologia科技、人文与社会国际会议，学会理事长孙小淳作为特邀嘉宾进行线上演讲和讨论。

科普活动 2022年，学会和下属专业委员会组织面向公众的科普活动。学会医学史专业委员会主任张大庆带领团队举办“中国疾病预防控制70年成就——乙型病毒性肝炎防控史”等北大医学人文讲堂系列讲座；学会医学史专业委员会副主任高晞举办海外中国医学史研究系列讲座；学会常务理事王扬宗为中国科学技术大学马克思主义学院作题为《科学家精神的典范——严济慈：一生致力于使科学在中国生根》的专题报告。

学会积极参与中国科学院大学“春分工程”，组织中国科学院大学人文学院科学技术史专业博士生为双榆树小学和宏庙小学学生举办多场科普讲座。

学会气象科技史专业委员会在北京策划第二届气象科技史与科普研修班，在线培训40多位学员。此外，气象科技史专业委员会多位成员参与策划和接受访谈的5集《央视－国家记忆：新中国气象纪事》于5月在中央电视台黄金时段播出，受众4000万余人次。

党建强会 学会理事会党委依托学会挂靠单位中

国科学院大学人文学院，面向中国科学院大学师生及学会成员开展红色主题讲座活动，先后邀请多名学者作《马克思主义科技思想：中国化的百年历史演进及理论体系》《从解读华罗庚的后半生谈中国现代科学家研究》《科学技术发展的中国道路——新中国70年科学技术发展的历程、经验和成就》《“两弹一星”的故事与精神》等学术讲座。

2022年，学会组织弘扬党员科学家精神活动。4月，学会常务理事王扬宗参与编写的《百位著名科学家入党志愿书》入选2021年度中国好书榜单。该书收入100位著名科学家亲笔书写的入党志愿书等手记资料，讲述百位科学家入党前后在科研创新一线的奋斗故事。

【中国科学技术史学会数字人文专业委员会成立大会】 3月19日，中国科学技术史学会数字人文专业委员会成立大会在陕西省西安市举办。会议由学会主办、西北大学科学史高等研究院承办，来自清华大学、北京大学、中国人民大学、上海交通大学、中山大学、香港城市大学等35家高等院校、科研院所的50余名专家学者和师生代表参加会议。会议选举产生中国科学技术史学会数字人文专业委员会组织机构，并召开第一届专委会会员大会。学会副理事长、西北大学科学史高等研究院院长曲安京当选主任委员。

会议期间，与会专家学者共同研讨科技史研究中的“数字叙述”、数字人文不同门类史学研究、信息化（数据库）建设等数字人文与人文多学科交叉融合的热点问题。

【第九届数学史与数学教育学术研讨会暨数学史分会成立40周年（1981—2021）纪念会】 8月1—4日，第九届数学史与数学教育学术研讨会暨数学史分会成立40周年（1981—2021）纪念会在内蒙古自治区呼和浩特市举办。会议由中国数学会数学史分会（中国科学技术史学会数学史专业委员会）和内蒙古师范大学主办、内蒙古师范大学科学技术史研究院承办。中国科学院院士、中国科学院数学与系统科学研究院研究员周向宇和内蒙古师范大学党委书记阿拉坦仓分别致辞。学会数学史专业委员会主任委员、东华大学教授徐泽林致欢迎词。学会传统工艺研究分会主任委员冯立昇主持开幕式。

会议邀请10位专家作大会报告，中国科学院院士周向宇作题为《中国古代数学的贡献》的报告、上海交通大学教授纪志刚作题为《数学编史学的中国道路：1981—2021》的报告、内蒙古师范大学教授代钦作题为《达·芬奇数学手稿及其教育价值》的报告、内蒙古师范大学教授罗见今作题为《研究中算史的三位苏联专家》的报告、西北大学副教授陈克胜作题为《微分方程论的中国学术传统与思考》的报告、中国科学院自然科学史研究所研究员邹大海作题为《从出土文献看上古时代的盈不足术》的报告、北京师范大学教授曹一鸣作题为《中华优秀数学传统文化进中小学数学课程研究》的报告、东华大学教授徐泽林作题为《和算书插图的多文化解释》的报告、中国科学院自然科学史研究所副研究员王涛作题为《廖山涛从芝加哥到普林斯顿的学术历程》的报告、内蒙古师范大学教授董杰作题为《中国数学古籍数字化整理研究》的报告。

会议组织30个分组报告，报告议题主要包括中国古代数学史、数学家的数学教育教学问题研究、大学数学院系的建制与发展、外国数学史、中国清代数学史、数学史与数学文化、HPM研究、数学教育史等。

（撰稿人：郑锌煌）

中国科学技术情报学会

服务创新型国家和社会建设 2022年，学会继续开展团体标准建设工作。《未来技术监测信息的技术分类与代码　第1部分：生物技术》《未来技术监测信息的技术分类与代码　第2部分：智能制造》《未来技术监测信息的技术分类与代码　第3部分：人工智能》3项团体标准完成资料收集和调研、标准框架编制、标准内容起草、征求意见等工作。2022年新立项《特色数据目录建设技术与管理规范》《产业数据适配性评价指标》《产业数据数字化采购　流程与管理规范》3项团体标准。

学会企业信息管理及情报工作专业委员会联合万方数据线上开展2022年科研项目申报专题讲座。讲座从政策、实践等多维度出发，进行项目申报案例总结及经验分享，为项目申报提供实践指导意义，参加人数达1.3万人次。

学会企业信息管理及情报工作专业委员会组织开展2022年信息检索竞赛，结合2021年信息检索竞赛的经验，组织设置情报产品使用、信息检索培训以及

竞赛答题等环节。2022 年竞赛在北京启动，在山东省、江苏省、安徽省、浙江省、福建省、四川省分别举办，参加人数近 7000 人次。

2022 年，学会结合查新领域专业技术人员的职业发展特点，依托中国科学技术信息研究所国家级专业技术人员继续教育基地，联合开展各类查新人员培训与服务项目 5 场，参与人数近 600 人次，场数、参与规模较 2021 年均有所增加。

学会积极参与中国科协培训和人才服务中心开展的评审专家征集工作，向各分支机构、各理事单位征集科技情报领域专家，经遴选共向中国科协推荐 69 名专家。

青年人才托举工程 2022 年，学会通过第四届中国科协青年人才托举工程项目验收，获得第八届中国科协青年人才托举工程项目立项名额 3 个。

主办期刊 学会主办期刊有《情报学报》和《情报工程》。

根据 2022 年版《中国科技期刊引证报告》统计结果，由学会主办的《情报学报》核心影响因子为 2.697，在 401 种社会科学核心期刊中排名第 16 位；综合评价得分 70.91 分，排名第 37 位，提升 6 位，位列情报学科 13 种核心期刊首位。中国知网发布的《中国学术期刊影响因子年报（人文社会科学・2022 版）》显示，《情报学报》影响力指数在本学科 49 本期刊中排名第 5 位。《情报学报》全年共收到稿件 1400 多篇，正刊出版 12 期，发表论文 120 篇。2022 年入选《FMS 管理科学高质量期刊推荐列表》（中文 T1 级别），持续入围中国国际影响力优秀学术期刊，入选中国科学院科技战略咨询研究院与中国知网共同评选的《智库期刊群（1.0 版）》。

2022 年《中国科技期刊引证报告》统计结果显示，由学会主办的《情报工程》影响因子为 0.586（他引率 0.9）；期刊总被引频次 192 次；综合评价得分 36.15 分，学科排名第 11 位，比 2021 年提升 2 位。《情报工程》全年共收到稿件 200 余篇，正刊出版 6 期，发表论文 60 篇。本年度期刊新增情报工作、文本信息处理、知识图谱、科技情报、舆情安全等主题专栏，全年下载量为 24930 次。《情报工程》获得国家哲学社会科学文献中心学术期刊数据库 2021 年度图书馆、情报与档案学“最受欢迎期刊”。

国内主要学术会议 4 月 22 日，以“智慧引领情报洞察——国家战略实施背景下的情报需求及服务”为主题的 2022“春之声”竞争情报沙龙线上举办。此次沙龙由学会竞争情报分会主办，在线观看会议人数近 330 人。

5 月 27 日，由学会健康信息学专业委员会和南京大学信息管理学院联合主办的健康信息学青年学者论坛专场线上举办。论坛主题聚焦于健康信息学的新领域和新方向，由学会健康信息学专业委员会主任委员主持。邀请来自境内外的 5 位青年学者作主题演讲，200 余人线上参加论坛，共同对健康信息学的相关研究内容进行交流探讨。

6 月 24 日，由学会合作交流工作委员会主办的 2022 武陵山情报高峰论坛在湖南省湘西土家族苗族自治州吉首市召开。会议主题为“科技情报与科技自立自强”，来自全国情报学界的 200 余位专家学者进行学术研讨。

6 月 28 日，学会与中国科学技术信息研究所、中国图书馆学会专业图书馆分会联合召开 2022 年开放科学框架下科技期刊深度融合出版学术研讨会。会议邀请 9 位专家采用线上线下结合方式作主题报告，在线人数最高达 3300 余人次。

8 月 27 日，学会情报理论方法与教育培训专业委员会、中国人民大学信息资源管理学院和中国人民大学信息分析研究中心在线上联合举办 2022 中国信息分析论坛，150 余名注册代表参加。论坛主题为“新时期信息分析理论与方法创新”。

9 月 18 日，学会健康信息学专业委员会协助中国人民大学公共健康与疾病预防控制文理交叉重大创新平台组织健康信息学学术沙龙。此次沙龙由学会健康信息学专业委员会主任委员主持，副主任委员作主题演讲，共同探讨健康信息学理论方法和教育问题，分析国外健康信息学教育认证体系，推进中国健康信息学学科建设与发展。600 人线上参加。

9 月 23 日，由学会竞争情报分会和北方科技信息研究所联合主办的第二十八届中国竞争情报年会线上召开，主题为“新时代　新征程——中国竞争情报的使命和担当”。邀请中国科学技术信息研究所研究员陈峰等 6 位专家作专题报告。来自中国化工信息中心有限公司的专家作竞争情报工具演示。在线观看人数累计 2000 余人次。

9 月 27 日，由学会知识组织专业委员会主办的第一期知识组织学术交流论坛线上召开。论坛邀请北京大学博士化柏林和武汉科技大学博士高峰围绕文本处理技术方法及其在相关行业应用等方面作报告并展开探讨，参会人数超过100人。

9月28日，学会和中国科学技术信息研究所联合召开2022年数据基础制度体系构建学术研讨会，邀请6位专家线上作主题报告，在线人数最高达1000余人次。

11月10日，由学会知识组织专业委员会主办的第二期知识组织学术交流论坛线上召开。邀请专家围绕知识图谱构建技术方法及其在相关行业应用作报告，参会人员达到100余人。

11月12—13日，学会健康信息学专业委员会与复旦大学图书馆、复旦大学医科馆联合举办2022年健康医学图书馆论坛。论坛聚焦医学图书馆参与高水平智库建设、数字化战略背景下的医学图书馆建设和多元环境下的健康信息行为研究等重要热点主题，采用线上线下结合方式展开研讨交流。

11月26日，学会科技查新专业委员会工作交流会在北京举办，主题是“融合科技查新的科技情报事业协同创新发展新业态”。来自全国科技查新机构（科技查新站）等32家单位的近百位负责人、业务骨干线上参加会议。

12月16日，由学会主办，中国科学技术信息研究所、南京农业大学、《情报工程》编辑部联合承办的首届科技情报新青年学术论坛线上召开，主题为“科技情报·守正创新”。论坛由专家讲坛、青年学者论坛、新青年对话等环节组成。

12月22日，由学会和中国科学技术信息研究所、国家图书馆、国家科技图书文献中心主办，《数字图书馆论坛》编辑部协办的第十三届全国知识组织与知识服务学术研讨会线上召开，主题为“开放视角下的知识系统重构与服务”。

12月31日，由学会信息行为研究专业委员会主办，武汉大学信息管理学院、武汉大学大数据研究院、武汉大学人机交互与用户行为研究中心、*Data and Information Management*（《数据与信息管理》）期刊联合承办的信息行为研究专业委员会2022年年会线上举办。年会由专家主旨报告、青年学者报告、专委会委员会议等环节组成。来自中国、美国、澳大利亚、德国等国家和地区的588位专家学者和研究人员围绕“迈向智能社会的信息行为研究”主题进行交流。

表彰举荐优秀科技工作者　学会组织开展第十七届中国青年科技奖候选人、第十八届中国青年女科学家奖和2021年度未来女科学家计划候选人提名工作。推荐第十七届中国青年科技奖提名人选1人、第十八届中国青年女科学家奖提名人选2人。

【2022年中国情报学年会暨情报学与情报工作发展论坛、第十二届全国情报学博士生学术论坛】 8月26—28日，2022年中国情报学年会暨情报学与情报工作发展论坛、第十二届全国情报学博士生学术论坛在北京举办，主题为“剧变中的守正与创新——情报学的智慧与方案”。论坛由学会、中国国防科学技术信息学会、全国图书情报硕士专业学位研究生教育指导委员会、中国人民大学主办，中国人民大学信息资源管理学院承办。学会理事长戴国强等在开幕式上致辞。大会邀请18位专家作主旨报告。会议同期举办《中国大百科全书·情报学》（第三版）和《新时代情报学与情报工作论丛》新书发布仪式。

大会共设置21个年会分论坛、11个博士生分论坛。来自全国情报学与情报工作等领域的专家学者、青年学子等839人注册会议，150余人线下参加会议，线上参会16481人次，参会机构近200个。

（撰稿人：李　静）

中国图书馆学会

服务创新型国家和社会建设　学会积极关注和参与国家立法决策咨询，就国家发展改革委办公厅《关于启动〈产业结构调整指导目录〉修订及近期有关工作安排的通知》征求意见并致复函。

2022年，承接文化和旅游部第七次全国公共图书馆评估定级系列工作。针对省级、市级、县级公共图书馆及少年儿童图书馆先后制定评估标准4套、评分细则4套，由文化和旅游部发布。组织联合有关技术单位完成信息化平台功能设计和开发建设，联络协调全国各地主管部门推进评估工作，指导支持全国3000余家图书馆完成评估数据填报。先后组织面向各省级文化和旅游厅（局）和省级图书馆、副省级及以下公共图书馆的评估定级工作培训班，线上培训7300余人次，推动以评促建、以评促管、以评促效能提升、以评促改革创新。同时，开展公共图书馆常态化评估方案和指标课题研究有关工作，探索公共图书馆动态化评估模式。

承接文化和旅游部公共服务司2022年全国基层

文化和旅游公共服务队伍培训——全国县级图书馆馆长培训班。8月1—5日，来自全国的30余名县级图书馆馆长在黑龙江省哈尔滨市参加培训。

5月9—31日，联合国家图书馆开展2022“全国图书馆未成年人服务提升计划”线上专题培训班。来自全国各图书馆的千余名未成年人服务工作者参加培训，视频点击量达1.6万余次。

9月6—9日，举办“革命文献与民国时期文献保护计划”专题培训班郑州站活动，来自河南省各级各类图书馆的120余人参加培训。

11月1—3日，联合国家图书馆以线上直播方式举办2022年全国智慧图书馆建设与管理基层图书馆员培训班，来自全国各地的千余名县级图书馆工作者参加培训。

开展中国科协2022年度重要学术会议推荐工作。报送中国图书馆年会等6个重要会议，全部入选中国科协《重要学术会议指南（2022）》。积极参与中国科协2022重大科学问题、工程技术难题和产业技术问题征集发布活动。

开展2022年中国图书馆学会科研项目组织申报及研议工作，共有23个项目获资助，其中重点项目3项、一般项目10项、青年项目10项。增设非资助类科研项目19项，其中重点项目1项、一般项目15项、青年项目3项。

开展2022年韦棣华助学金申报和研议工作，发布韦棣华助学金受助者名单，共有27名学生获得助学金。开展2021—2022年度“李炳穆交流合作资助项目”申报和研议工作，1名图书馆员获得资助。

学会建设　2月25日，中国图书馆学会十届三次理事会议暨十届理事会党员大会以线上线下结合方式召开，学会负责人和理事等148人出席会议，学会监事会成员列席会议。会议审议通过《中国图书馆学会2021年工作总结和2022年工作要点》《中国图书馆学会2021年财务报告》等制度性文件，听取部分分支机构的工作报告。会议还审议通过《第十届理事会理事长和党委书记选举监票人、计票人推荐名单》，并通过无记名投票的方式，由出席理事选举产生理事长，由理事中的党员选举产生党委书记。国家图书馆馆长熊远明当选学会第十届理事会理事长、党委书记，并担任学会法定代表人。

全年以通讯方式召开2次学会负责人工作会议、2次常务理事会议和2次监事会议，审议通过有关变更理事、常务理事及分支机构委员等事项；同意修订《中国图书馆学会理事会职权及工作规则》等制度文件。

截至12月底，学会共有单位会员1142家、个人会员34305人。

通过中国科协中国特色一流学会建设项目第一阶段审核，并继续开展第二阶段项目工作。完成学会年检及各项专项检查工作。

参与第三届“科技社团改革发展理论研讨活动”论文和学会建设案例征集，投稿论文《中国图书馆学会引领行业继续教育和人才培养工作回顾与展望》，学会秘书长王雁行出席研讨活动，并结合学会工作和论文内容进行专题报告。

设立微信公众号“凝聚精华　助力推广”图书馆优秀业务案例宣传推广专栏，宣传中国图书馆先进经验。截至12月底，已推出12期内容，涵盖33家图书馆。

主办期刊　2022年,《中国图书馆学报》出版发行6期。继续编辑2021年英文年刊，推进2022年英文年刊的组稿、翻译工作。《中国图书馆学报》综合影响因子为8.019，复合影响因子为9.291。

学科发展工程　学会组织开展2022年中国图书馆学会学术论文和业务案例征集活动，围绕领域热点、重点问题设立分主题33项，面向全国各系统、各地区图书馆开展征集，积极推动图书馆学理论研究和图书馆管理实践探索，加强学术成果交流。部分作品入选《中国图书馆学会年会论文集（2022年卷）》结集出版。

国内主要学术会议　2022年，学会创新举办图书馆人才培育发展高峰会议、第一届阅读推广标准与评价学术研讨会、全国智慧图书馆建设联席会议第二次会议等。举办第十四届全民阅读论坛、2022年全国“书香城市（区县级）”线上论坛、《中华传统文化百部经典》专题研讨会、“国家文化数字化战略：图书馆的专业阐释与使命践行”主题论坛、第34届全国十五城市公共图书馆工作研讨会、2022年高校图书馆发展论坛、中国图书馆学会专业图书馆分会2022年学术年会暨专业图书馆发展论坛、2022年高职图书馆发展论坛、2022年全国公私藏书与经典阅读（沧州）会议等学术会议。

国际交往　学会组织参加2022年国际图联全体会员大会，大会期间审议国际图书馆协会联合会的工作文件并就诸多事项进行表决。

联合国家图书馆、英国国家图书馆线上举办中英图书馆论坛，来自中国、英国的300余位图书馆专家、馆员参加会议，围绕中英图书馆古籍保护和修复进行交流研讨。同期举办2022中英图书馆论坛线上培训，中国、英国图书馆专家围绕中西文古籍保护与修复等主题制作发布6集培训视频，学会组织国内17家成员图书馆相关人员观看学习。

启动分批翻译出版国际图书馆协会联合会重要文献工作，收录国际图书馆协会联合会近年来发布的行业指南、宣言等，为中国图书馆研究者和从业人员提供参考。

科普活动 发布2022年全民阅读工作通知，围绕"奋进新征程　阅读再出发"主题策划5大类48项活动，号召协调全国各级各类图书馆立足新发展阶段，发挥图书馆作为阅读推广、社会教育、科普文化传播主力军的作用，推动科普阅读。学会被中国科协评为2022年度全国学会科普工作优秀单位。

联合国家图书馆开展2022年"畅读经典　欢度新年"春节主题活动，通过展览、公开课等方式推广新年主题文化，全国1300余家图书馆及有关单位承办活动，受众超过1000万人次。

世界读书日期间，联合国家图书馆及全国各级各类图书馆开展"书籍，春风，还有你——给读者的一封邀请信"主题活动，全国各地千余家图书馆联合开展活动。

开展文津图书奖获奖图书宣传推广活动，依托第十七届文津图书奖获奖图书，通过展览、讲座等形式向公众推介优质图书资源，全国340余家图书馆参与活动。

开展2022年《中华传统文化百部经典》阅读推广活动，以"典籍里的中国智慧"为主题，通过线上线下结合方式面向全国各级各类图书馆，并重点面向中央和国家机关图书馆、医学图书馆等系统图书馆，开展图文展览、解读人专题讲座、线上共读、阅读打卡等活动；并依托全国县级图书馆馆长培训，面向基层图书馆管理者开展《中华传统文化百部经典》专题指导。各系统近400家图书馆参与活动，受众百万余人次。

开展"读百部经典　品千年文化"——《中华传统文化百部经典》校园行活动。面向大学生群体，搭建专门平台，举办阅读打卡、原著诵读、微书评、知识竞赛等系列活动，来自全国1000余所高校的近27.18万人次参与活动。

举办第三期全民信息素养教育公益大讲堂活动，邀请图书馆从事信息素养教育的专家学者围绕"提升信息素养，助力全民阅读，建设'书香中国'"主题开展线上讲座19期，19万余人次参加活动。

开展2022年图书馆员信息素养业务能力提升行动。活动包括馆员信息素养业务能力提升专题讲座、信息素养能力评测、信息素养教学案例风采展示三部分内容。来自各级各类图书馆的万余人次参与活动。

8月1—21日，"阅读推广人"培育行动（第十九期）以线上形式举办，主题为"中小学生阅读推广"，来自全国各地的800余名"阅读推广人"参加培训。

开展第五届"中国阅读"图书推荐书目系列活动，依托全国各级公共图书馆各类图书借阅基础数据共产生8个子书目，围绕书目开展阅读推广活动。

开展"百名摄影师聚焦冰雪冬奥""百名摄影师聚焦新时代"等主题巡展，丰富图书馆的社会教育资源。

积极参与2021—2025年度第一批全国科普教育基地认定推荐工作。开展2022年"书香社区（区县级）"发现活动和全民阅读基地及2021年阅读推广项目推荐工作。

党建强会 学习宣传贯彻党的二十大精神和习近平新时代中国特色社会主义思想，持续巩固、拓展党史学习教育成果。通过"三会一课"、主题党日、青年理论学习小组学习等形式学习领会党的二十大精神。

全年召开2次党委会议，对学会重要文件和人员更换等"三重一大"事项前置审议，通过关于修订《中国图书馆学会理事会职权及工作规则》等5个制度文件的议案。

申报并获批开展中国科协科技社团党委2022年"党建强会计划"项目，以"立足弘扬传统文化，面向大众推广阅读"为主题举办"党建＋阅读"特色活动，结合志愿服务工作，通过线上共读、专家讲读、图文巡展、书目推荐等系列项目服务广大读者群众。

学会党支部开展"重温入党誓词　表彰支部先进"主题党日活动。组织党员干部参加支部书记七一专题党课，开展参观中央国家机关廉政教育基地、主题文化展览等活动。学会党支部被国家图书馆评为"党史学习教育先进集体"。

会员服务　完成学会网站、会员管理与服务平台等信息化系统优化升级工作，为会员提供更优质服务。

1月25日—3月25日，线上举办图书馆效能提升研修班暨《公共图书馆业务规范》《公共图书馆总分馆业务规范》宣贯班，来自全国各级各类图书馆的近2000名工作者参加培训。

2月21日—3月11日，举办“中华传统文化经典”系列研修班——中西文古籍的装帧与修复专题，来自全国各地的1000余人报名参加。

6月8日—7月31日，举办2022年图书馆员在职专业线上培训，来自全国各级各类图书馆的2700余名工作者参加培训。

继续开展助力图书馆工作者线上学习行动。2022年度会员学习中心继续为广大会员免费提供线上学习课程资源。截至12月底，用户数量已达7000余人。

【图书馆人才培育发展高峰会议】8月17—20日，由学会主办的图书馆人才培育发展高峰会议在贵州省贵阳市召开，主题为“培养行业顶尖人才　服务人才强国战略”，来自全国各地的70余人参加现场会议，线上参会人数达1.3万余人次。中国科协党组副书记徐延豪出席会议并讲话。学会理事长、国家图书馆馆长熊远明致辞。会议启动中国图书馆学会智库建设，学会副理事长，国家图书馆党委书记、副馆长陈樱介绍学会智库建设思路。会议组织专题报告、一席谈沙龙、人才培养合作签约仪式等内容，开展志愿服务行动，召开“人才培养助力乡村阅读”圆桌会议，向当地捐赠《中华传统文化百部经典》图书和展览。

【智慧图书馆主题系列学术活动】为进一步引领行业发展，加强智慧图书馆建设理论研究和人才培养，组织开展智慧图书馆主题系列学术活动。在2022年学会科研项目立项中，将智慧图书馆建设与智慧服务研究作为重点课题之一，引导图书馆界加大研究力度。在学会期刊《中国图书馆学报》上策划并完成数字化转型与智慧图书馆专题。先后以“数智赋能，智慧服务”为主题召开智慧图书馆与全民阅读推广创新发展研讨会，以“智慧图书馆建设与服务效能评价”为主题线上举办第34届全国十五城市公共图书馆工作研讨会，以“智慧图书馆建设实践与思考”为主题举办全国智慧图书馆建设联席会议第二次会议等主题学术会议。以线上直播方式举办2022年全国智慧图书馆建设与管理基层图书馆员培训班，来自全国各地的1000余名基层图书馆员参加培训。系列活动搭建了智慧图书馆建设高端研讨、理论普及及人才培养的多层次学研体系，为推动智慧图书馆理论研究、实践探索、人才培养提供优质平台。

（撰稿人：岳倩瑜　张　婧）

中国城市科学研究会

服务创新型国家和社会建设　2022年，研究会组织专家参与决策咨询活动百余人次，举办决策咨询活动数十场。研究会理事长仇保兴针对城市、能源、重大灾害防治等重大问题建言献策，形成高质量决策咨询调研报告11篇。

完成《绿色生态城区评价标准》《绿色校园评价标准》《健康建筑评价标准》3项国家行业标准编制工作；主编发布《智慧城市轨道交通信息技术架构及网络安全系统工程质量验收规范》《城市新区涉水空间规划设计技术规程》《健康建筑可持续运行评价技术规范》等12项团体标准；与国际智慧城市基础设施计量分技术委员会合作编制发布关于智慧城市方面的国际标准3项。其中，研究会作为主要起草单位编制的国家标准《绿色建筑评价标准》在2022年获得中国标准创新贡献奖一等奖。

承担50多项科技研究课题，承担包括国家社会科学基金、国家自然科学基金、国家科技重大专项、国家科技支撑计划、国家高分辨率卫星对地观测重大科技专项等在内的多个国家级重大研究项目，承担包括北京、上海市、天津市、南京市、杭州市、郑州市等30多个城市的委托项目课题研究。

探索为京津冀、长三角、粤港澳等城市绿色低碳发展服务的新型智库模式。通过专家深度参与、创新“总师”负责制工作方式、共建咨询机构等创新举措，为北京城市副中心、中新天津生态城、河北雄安新区和张家口市、江苏省苏州市和无锡市、浙江省杭州市和嘉兴市、广东省珠海市和深圳市等持续提供决策咨询服务。

服务北京城市副中心国家绿色发展示范区建设。结合北京城市副中心实际，2022年，研究会系统进行指标、标准、政策、管控设计，构建横向到边、纵向到底的全方位保障体系，支撑国家绿色发展示范区建设。构建一套目标明确、国际一流的绿色发展指标体系，制定系统综合、重点突出的多层次政策体系，优化提升专项规划与标准体系，建立政府、企业、社会联动，全面系统的管控体系。形成贯穿规划、建设、运营全过程的管理体系，建立面向结果绩效的考评管理机制、绿色发展激励机制，推行居民绿色积分方案，引导市民向绿色生活消费方式转变。

推动河北雄安新区绿色低碳发展。发挥研究会技术优势，建立绿色城市建设全过程技术服务体系。开展雄安新区绿色城市全过程管控技术服务和专项咨询技术服务，量身定制专业智库，形成权威专家领衔、资深专家深度参与、组织运作协同高效的技术服务团。

推动“科创中国”工作。参加“科创中国”科技服务团示范项目，分别组建“科创中国”嘉兴低碳生态城市科技服务团、福建低碳生态城市服务团，围绕浙江省嘉兴市和福建省绿色生态转型高质量发展中存在的现实问题和发展需求，在低碳生态城市建设的建筑、交通、环境、产业、水资源等重点领域开展科技服务，并开展规划建设总师服务模式试点探索，推动解决绿色低碳生态先进技术缺乏与应用示范不足等问题。

学会建设 研究会新成立智慧城市基础设施与智能网联汽车协同发展专业委员会、数治城乡专业委员会、城市群绿色发展专业委员会3个专业委员会。截至2022年年底，已拥有30个专业委员会。

青年人才托举工程 开展第八届中国科协青年人才托举工程项目候选人推荐工作，成功立项并获得2个资助名额。截至2022年年底，研究会已获得五届青年人才托举工程项目的实施资格，共托举9位优秀青年人才。

加强青年会员的发展，扩大研究会青年人才储备库。组织历届被托举青年座谈会，加强前沿学术信息互享，帮扶带动更多优秀青年人才，助力中国城市工作的建设与发展。

主办期刊 研究会主办期刊《城市发展研究》出刊12期，刊发学术论文近300篇，发行纸质期刊4.8万册。2022年度针对“双碳”与城市科学发展、城市更新、城市治理、国土空间规划、遗产保护、城市产业经济等主题设立栏目，刊发有理论深度和实践价值的学术成果。《城市发展研究》入选2022中国最具国际影响力学术期刊（连续9年获得该荣誉），继续入选南京大学CSSCI来源期刊目录、中文核心期刊、中国科协精品科技期刊、中国人文社会科学期刊AMI综合评价核心期刊、RCCSE中国核心学术期刊A刊、《复印报刊资料重要转载来源期刊》，影响因子逐年上升。

研究会主办期刊《未来城市设计与运营》出刊12期，刊发论文277篇，发行纸质期刊10200本。

学科发展工程 2022年，研究会编写出版12本权威学术年度报告，覆盖城乡规划、低碳城市、智慧城市、城市更新、绿色建筑以及交通等重点领域，已经成为城市科学领域重要的文献。

国际学术会议 2022年，研究会举办5场国际性学术会议，分别为2022（第十八届）国际绿色建筑与建筑节能大会、第十六届中国城镇水务发展国际研讨会、第十六届城市发展与规划大会、2022（第四届）中国城市水环境与水生态发展大会和中英城市绿色低碳发展论坛，参加会议人数5000多人次，收到国内外论文近200篇。

国内主要学术会议 研究会及分支结构共举办年会、研讨会、论坛等学术活动13次，参加会议人数近5000人次。与往年相比，参会人数、学术水平和社会影响力均有提高。

11月29日，由研究会绿色建筑与节能专业委员会主办的第十二届夏热冬冷地区绿色建筑联盟大会在湖南省长沙市召开。会议以“聚焦双碳目标，推进城乡建设绿色发展”为主题，采用线上直播的方式进行，设有3个会场，超1万人次观看。与会专家学者共同交流在“双碳”目标下夏热冬冷地区绿色建筑发展的新技术、新方法、新路径，为推进城乡建设绿色发展、聚力行业智慧提供新思路。

国际交往 研究会和欧盟驻华代表团、德国能源署、法国建筑科学技术中心、日本都市再生机构合作开展中欧、中德、中法和中日低碳生态城项目，已在全国十几个城市完成低碳生态城区设计和建设工作。

强化与世界绿色建筑委员会、国际水协会之间的交流。派遣专家线上和线下参与研究会的学术研究和论坛20多场，2022年度协助完成世界绿色建筑委员会亚太联盟绿色建筑先锋奖的中国区组织工作，包括宣传、项目征集多轮评选和项目最终资料提交，2个项目入围前三，1个项目成为中国首个获得第一项目。

同世界自然基金会开展合作，2022年研究会承担世界自然基金会课题“城市相关‘昆明目标’履约工作机制研究——系统化全域推进海绵城市建设与城市生物多样性协同治理（以无锡为例）”，已在江苏省无锡市举办2场活动。

与国际智慧城市基础设施计量分技术委员会进行

交流，研究会为该委员会在中国的对口单位，2022 年度合作编制关于智慧城市方面的国际标准 3 项。

推进与德国可持续建筑协会、德国能源署、世界绿色建筑委员会、英国建筑研究院等机构组织的国际交流与双认证业务合作。2022 年已和英国建筑研究院签署《关于继续推进双认证的谅解备忘录》。

科普活动 2022 年，研究会开展与城市规划和绿色建筑、绿色校园有关的科普公益活动 4 次，受众近 5000 人次，包括第四届全国高等院校绿色建筑设计技能大赛、第四届全国大学生绿色校园概念设计大赛、第四届城市水环境与水生态领域 2022 年科普创意大赛、2022 年度优秀青年设计师评选等科普教育活动。

研究会和各分支机构共建立 11 个网站和 11 个微信公众号，定期推送相关科普知识、学术动态、学术观点等。微信公众平台关注总人数近 2 万人，年度总阅读量近 20 万人次。专职、兼职科普志愿者总数近千人次。

党建强会 研究会党建工作获“优秀星级学会党组织（三星级）”、第一届中国科协学会党建研究会理论研究工作优秀组织奖。

会员服务 研究会为会员参加国际学术会议提供优惠渠道；为会员提供发表论文通道，为会员免费寄送研究会期刊等学术资料；为会员提供优先参与申报人才推荐项目的机会。

【中国城市科学研究会第七次会员代表大会】 12 月 20 日，中国城市科学研究会第七次会员代表大会以线上线下结合方式在北京召开，大会选举产生新一届研究会理事会和监事会。中国科协党组成员、书记处书记王进展出席并讲话。研究会第六届理事长仇保兴，以及来自城市科学领域的 10 余位院士和 200 多名科技工作者会员代表通过线上或线下的方式参加会议。大会由研究会秘书长余刚主持。

大会审议第六届理事会工作报告、财务工作报告、第一届监事会工作报告，通过学会章程修订草案、选举办法（草案）及监票人名单等多项决议。会议选举产生研究会第七届理事会，中国科学院院士、中国生态城市研究院院长杨焕明当选研究会第七届理事会理事长，王建国、曲久辉、江亿、郭仁忠、王俊、俞孔坚、吴志强、张爱林和余刚当选第七届理事会副理事长。

【2022（第十八届）国际绿色建筑与建筑节能大会】 7 月 12—14 日，研究会主办的 2022（第十八届）国际绿色建筑与建筑节能大会以线上线下结合方式在辽宁省沈阳市、北京、广东省深圳市同步召开。

大会以“拓展绿色建筑，落实‘双碳战略’”为主题，设有开幕式和 6 场专题研讨分论坛。开幕式上，研究会理事长、国际欧亚科学院院士、住房城乡建设部原副部长仇保兴以《城市“双碳战略”与绿色建筑》为题作报告，中国工程院院士江亿、吴志强等 9 位专家和绿色建筑领域先进企业负责人致辞、演讲。分论坛主题分别为“智能建造”“光储直柔”“健康建筑理论与实践”“规模化推广近零能耗建筑助力双碳目标”“可再生能源在建筑中应用的最新发展和绿色低碳运营与管理创新”。来自全国部分省、区（市）住建厅、自然资源厅、发展改革委等负责绿色建筑与建筑节能工作的有关负责人和全国各地的绿色建筑领域的专家学者、企业代表等就行业发展趋势、政策标准进行探讨，累计超过 6 万人次观看。

（撰稿人：叶蒙宇　姬朕宇）

中国科学学与科技政策研究会

服务创新型国家和社会建设 2022 年，研究会围绕科学学与科技政策研究领域的热点问题，承接国务院研究室、科技部、国家自然科学基金委员会、中国科协、北京市科学技术委员会等机构和部门 30 余项研究课题。出版《国外科技社团名录（上卷）》《国外知名科技社团要览》等智库成果，与咸阳市人民政府签署战略合作备忘录。

全年共报送专报 21 篇，多次得到有关部门采用，获中国科协 2022 年度学术成果凝练优秀学会。研究会理事长穆荣平领衔的研究团队入选中国科协 2022 年决策咨询专家团队建设试点单位。

研究会提出的“如何发展自主可控的工业设计软件”入选中国科协发布的 2022 年度 10 个产业技术问题，研究会被评为重大科技问题难题征集发布优秀推荐单位。

研究会立项并制定《科技传播能力评估通则》和《科技成果评价准则（政策咨询类）》团体标准 2 项。

学会建设 2022 年，研究会组织召开理事会议 1 次、常务理事会议 2 次、监事会议 2 次。研究会理事会、常务理事会对重大事项进行研究审议，深入推进一流学会建设。监事会履行职责，对研究会总会及各分支机构业务开展情况、财务状况进行监督，确保研究会健康发展。

截至 2022 年，研究会个人会员总数 6640 人，团体会员总数 62 家；新发展个人会员 640 人；新成立分支机构 3 个，完成换届 1 个。

2022 年，研究会组织成立四十周年系列纪念活动，从历史回顾、决策咨询、学术引领与交流、人才队伍建设、未来展望等方面，全面回顾研究会发展历程及在推动科学学与科技政策学科建设方面做出的卓越成就。同时，通过研究会官网、微信公众号、微博及视频号等多种方式开展宣传，受到广大会员及兄弟学会的关注与好评。

主办期刊 2022 年,《科学学研究》共收稿 4282 篇，发表 228 篇文章。根据《中国学术期刊影响因子年报（人文社会科学·2022 版）》，复合影响因子为 4.960，2021 年度为 4.752；总被引频次 16747 次，2021 年度为 14475；影响力指数学科排序 2/37。

《科研管理》收稿 4765 篇，发表 279 篇。根据中国科学技术信息研究所主办的 2022 年中国科技论文统计结果发布会公布的数据,《科研管理》总被引频次为 4155 次，在管理学类期刊中排名第 5；核心影响因子为 1.882，排名第 6 位。

《科学学与科学技术管理》共收稿 2900 篇，发表 119 篇文章。根据《中国学术期刊影响因子年报（人文社会科学·2022 版）》，复合影响因子为 4.938，2021 年度为 4.114；总被引频次为 12541 次，2021 年度为 11780；影响力指数学科排序 4/37。研究会科学学理论与学科建设专委会主任陈悦和张碧晖共同发起的“科学学理论”专栏在《科学学与科学技术管理》2022 年 10 月刊出，研究会理事张碧晖、李正风、樊春良、潜伟和陈悦等围绕新时期的科学学理论和方法等问题展开回顾并进行探讨。

Innovation and Development Policy（《创新与发展政策》）在中国科技期刊国际科技影响力提升计划的资助下，已发行 4 卷 7 期，2022 年度新增 *Innovation Development and Digital Transformation* 和 *Global Innovation Cooperation and Governance* 两期特刊，聚焦重要研究选题，获得国内外创新管理和创新政策领域相关专家学者的广泛关注。

国际学术会议 2022 年，研究会联合荷兰爱思唯尔出版集团、芬兰坦佩雷大学、卢森堡大学组织学术交流活动共 3 次，参会人员 200 余人次。

6 月 7 日，研究会与芬兰坦佩雷大学、卢森堡大学联合共建中欧科技创新与发展研究中心，发起中欧创新对话，通过线上会议形式举办，来自国内外的近 80 位专家学者参加会议。马克斯·普朗克科学促进学会“全球科学系统中的中国”负责人 Anna L. Ahlers 和浙江大学管理学院教授黄灿分别围绕《欧洲与中国研究合作的趋势》和《网络空间的知识产权治理》作主旨发言，与会专家学者展开研讨。

9 月 8 日，由研究会和荷兰爱思唯尔出版集团联合主办的“科研之信”项目中国地区圆桌会议在北京举办，近 40 位来自国内高等院校和科研院所的专家学者参加会议。

10 月 18 日，研究会、芬兰坦佩雷大学、卢森堡大学联合共建中欧科技创新与发展研究中心，发起中欧创新对话（第二期），通过线上会议形式举办，来自国内外的近 100 位专家学者参加会议。芬兰坦佩雷大学管理与商业学院教授蔡瑜琢围绕《迈向中欧创新合作新模式：弥合国际大学合作与国际产业合作之间缺失的联系》作主旨发言。

国内主要学术会议 2022 年，研究会共组织各类学术交流活动 48 次，参会人数达 20 余万人次，交流论文 718 篇。

7 月 15—17 日，由研究会区域创新专业委员会、山东软科学研究会共同主办的第六届全国区域创新学术研讨会在山东省济南市举办。会议主题为“国家科技自立自强与区域创新有位有为”，来自全国 16 个省、自治区和直辖市 26 家机构的 60 多位专家学者参加线下会议，1400 余人参加线上会议。会议围绕新时代区域创新发展形势要求，聚焦“十四五”区域协调发展、黄河流域高质量发展等国家战略，重点围绕区域创新战略规划落实落地、地方科技智库建设、山东省科技创新驱动发展等议题开展学术交流研讨及专家咨询。

8 月 20 日，由研究会主办、研究会青年工作委员会和中国科学院大学公共政策与管理学院联合承办的第十四届中国青年创新论坛以线上线下结合方式在北京举办。此次论坛以“新时期创新发展挑战与战略”为主题，来自清华大学、中国科学院大学、中国科学院科技战略咨询研究院、上海交通大学、浙江大学、武汉大学、同济大学、北京师范大学等高校、科研机构的 700 余位专家学者参加论坛。

9 月 23—25 日，由研究会科学计量学和信息计量学专业委员会、杭州电子科技大学中国科教评价研究

院、杭州电子科技大学数据科学与信息计量研究院、武汉大学中国科学评价研究中心等单位联合主办，郑州大学信息管理学院承办的第十三届全国科学计量学与科教评价研讨会在河南省郑州市召开。会议主题为“数据科学与信息计量学的交叉融合与发展研究”，采取线上线下结合方式进行，线下共有150余位专家学者参加会议，线上共有1000余人次参加会议。

11月15日，由研究会、咸阳市委市政府主办的第二届“人才兴咸”大会系列活动——中国西部人才发展战略高端智库论坛线上召开。邀请有关专家学者在北京、黑龙江省哈尔滨市和陕西省咸阳市三个会场以线上线下结合方式交流思想、共话发展。论坛以“慧聚秦创原　赋能先行区”为主题，聚焦科技人才发展、科技创新、区域高质量发展、西部开发等议题进行研讨与交流，线上观看人数达16.6万人次。

11月26日，由研究会、研究会科技管理与评价专业委员会和《科研管理》编辑部主办的第二十二届全国科技评价学术研讨会在广东省广州市召开。会议主题为“科技自立自强背景下的科技评价”，来自科技管理与评价相关领域的科研院所和高校的600余名专家学者通过线上和线下的形式参加会议。

12月24—25日，由研究会主办、浙江大学管理学院承办、《科学学研究》《科研管理》《科学学与科学技术管理》编辑部和浙江大学创新管理与持续竞争力研究中心协办的第十八届中国科技政策与管理学术年会暨研究会理事会线上召开。年会以“科技体制改革与国家创新治理体系建设”为主题，探讨新时期面向科技高水平自立自强和创新转型的科技体制改革与国家创新治理体系建设的挑战、路径和对策，从战略、政策、管理三个层次交流前沿学术成果和国内实践经验，分享应对新要求的新思路、新方法和新举措。来自全国高校、科研院所、产业界的论文投稿共580篇、论文汇报370篇，大会向社会免费开放直播，近4万人次观看。

两岸交流　4月22—23日，第十届海峡两岸区域发展论坛暨海峡两岸应急产业发展高端论坛采取线上线下结合方式举办。本届论坛由研究会、福州大学、台湾竞争力论坛、台湾孙文南院、中华企业评价学会（台湾）等单位主办，主题为“融合两岸智慧，共促应急产业发展”，来自海峡两岸70余所高校、科研院所的200多名专家学者参加论坛。

科普活动　2022年，研究会共组织开展科普活动22次，受众281.5万余人次，发放科普宣传材料4742.5万余份。

2022年，研究会入驻“科普中国”平台，推荐23名（家）学会个人/团体会员入驻科普号，引导注册“科普中国”信息员65人，并通过科普号发布9场学会品牌科普活动、6篇图文视频内容，其中“什么是科学学”系列、“科普书籍推荐”系列受到社会各界广泛好评，科普活动及图文视频传播浏览总量达9万余次。

5月30日，研究会科技传播与产业融合专业委员会协办“青春元宇宙·科学家精神”大型可视化直播、展映活动。展映活动包含科学家纪录片、全国学会及地方科协宣传片等内容，展现科技工作者创新报国为民风采。活动邀请中国工程院院士杜祥琬、张伯礼、倪光南、赵文智，中国科学院院士郭华东、傅伯杰等20位院士专家共同祝福青年科学家，并在《中国青年报》等23个平台传播，同时联动央视频、中国网、中国搜索等10余家媒体以及中国细胞生物学学会、北京市科学技术协会等10余家全国学会及地方科协进行直播，总观看量约251.2万人次，话题阅读次数4742.5万。

党建强会　围绕贯彻落实习近平新时代中国特色社会主义思想，研究会召开理事会党委会议2次、理事会党委扩大会议（常务理事）1次、理事会党委全体会议1次。

10月26日，在北京举办学习贯彻党的二十大精神暨纪念研究会成立40周年座谈会。研究会理事长、党委书记穆荣平结合学习党的二十大报告，从应运而生助力改革开放、顺势而为建创新型国家、乘势而上圆梦科技强国三个方面作主题报告。

经研究会理事会党委研究决定，在研究会秘书处成立党小组，待满足成立党支部条件时成立党支部。研究会区域创新专业委员会、企业创新与产业政策专业委员会、科学传播及普及专业委员会、科技传播与产业融合专业委员会成立功能型党组织。

研究会理事会党委加强对各类意识形态阵地的管理，修订《中国科学学与科技政策研究会意识形态工作管理制度》，加强各分支机构管理和引导，加强对各类报告会、研讨会、讲座、论坛的管理。

会员服务　编写2022年年报，反映年度工作的综合信息；通过微信平台介绍研究会工作动态、传播研究会工作信息，全年发布原创文章近60篇，阅读总次数达 21 万次。

【学习贯彻党的二十大精神暨纪念研究会成立 40 周年座谈会】 10 月 26 日，学习贯彻党的二十大精神暨纪念研究会成立 40 周年座谈会在北京召开。研究会理事长穆荣平主持会议并作主题报告。

大会特邀研究会名誉理事长方新，中国国家博物馆馆长、研究会原副理事长王春法，国家自然科学基金委员会秘书长韩宇，研究会原副理事长李惠国和原常务理事李秀果结合自身与研究会的紧密联系发表演讲。

在研讨会阶段，30 余位与会专家结合自身工作实践，回顾自身与科学学、研究会共同发展的经历，并就今后研究会的发展提出建议。

（撰稿人：迟　浩）

中国农村专业技术协会

服务创新型国家和社会建设　2022 年，协会组建“科创中国”畜牧、果蔬、薯业等产业科技服务团，组织产业专家深入基层调研、指导产业发展；举办“科创中国”山东潍坊蔬菜产业发展论坛，邀请中国工程院院士宋宝安等 4 位院士、专家作专题报告，针对潍坊蔬菜产业发展前景、技术革新、提质增效等方面内容进行研讨交流；举办“科创中国”呼伦贝尔草食家畜健康养殖产学融合会议，3 万余人次线上收看；承办第二十四届中国科协年会科技助力乡村振兴（潇湘）论坛、院士专家乡村行走进湖南等活动，为科技工作者参与“三农”工作搭建服务和交流平台，为他们投身基层农技协组织建设，服务农业技术推广、农村科普等工作提供支持；组建中国农技协市场信息决策咨询专家团，起草完成《坚持创新发展，助力乡村振兴高质量发展》决策咨询报告；承担中国科协“临县、岚县食用菌产业扶持项目”“临县蜂业提质工程项目”，助力中国科协定点帮扶的山西省吕梁市临县、岚县特色主导农业产业高质量发展。

坚持“科协领导、高校实施、老师指导、学生长住、各方支持”模式，推进中国农技协科技小院建设，为基层导入科技和人才资源。截至 12 月底，已建立中国农技协科技小院 468 个。2 月，教育部办公厅、农业农村部办公厅、中国科协办公厅联合发布《关于推广科技小院研究生培养模式　助力乡村人才振兴的通知》，在全国推广科技小院模式。新华社、央视网、光明网等主流媒体对科技小院进行关注报道，《焦点访谈》栏目专题播出“科技小院助力乡村振兴”节目。

协会以农民需求为牵引，创办协会“乡村振兴大讲堂”“躬耕学堂”，分别开展 27 期、11 期，受众 160 万余人次，为基层培养和锻炼技术和管理人才。“科技小院大讲堂”举办 14 期，收看人数达 14 万人次。与中国银行联合举办金融服务乡村振兴高素质农民培训班，共有 2.5 万人次线上线下参加。承办中国科协科技小院助力乡村振兴青年科学家沙龙，8.5 万余人次在线收看。

支持协会柑橘专业委员会举办云南新平橙高质量绿色发展论坛、水果专业委员会举办中国好苹果大赛、蔬菜专业委员会举办全国蔬菜集约化育苗技术培训等。指导生猪专业委员会全年举办 20 场培训、食用菌专业委员会举办 80 次技术培训，内陆养殖专业委员会创办 25 个培训班。糖料专业委员会累计解答和诊断甘蔗生产各种问题 300 次以上，获得制糖企业的好评。茶叶专业委员会“一年交园子工程”技术入选湖北省恩施土家族苗族自治州茶叶主推技术。羊业专业委员会推进“科创中国”呼伦贝尔试点城市建设，助力短尾羊产业高质量发展。

学会建设　协会坚持创新发展导向，完善规章制度，审议通过 10 余项管理制度。完善以会员为中心的联系服务机制，2022 年增设老科技工作者、女科技工作者、青年科技工作者、科技小院人才培养 4 个工作委员会。根据事业发展需要，协会秘书处设立综合部（党建办公室）、组织部、会员服务部、学术交流部、科学普及部、信息宣传部、国际合作部 7 个部门，拓展业务领域。全年共发展会员 14825 人，获评中国科协 2022 年度全国学会会员入库优秀单位。变更副理事长 1 人，聘任常务副秘书长 1 人，增补常务理事 1 人、理事 1 人。

建设“智慧农技协”，通过征集各级农技协、科技工作者和乡土人才信息化服务需求，设计“智慧农技协”建设应用场景，绘制流程图，明确功能需求、适用角色和用户权限，实时推动新增数据纳入中国科协组织人才库，完善科技服务产品清单。

开展全国农技协摸底调查，形成《农技协组织建设发展状况调研报告》。经调查，全国共有 29 个省级农技协、108 个地市级农技协联合会、372 个县级农技协联合会、11151 个基层农技协，各级农技协会员共有 164 万人。

按照民政部社团管理相关规定开展协会年检、信息备案等组织工作。

科普活动 组织开展“3·5”学雷锋全国农技协助春耕科技志愿服务联合行动。组织动员全国26个省、113个地市、246个县的1.9万名科技工作者开展492场科技服务和科普活动，受益人数达95.4万人次。活动在中国科协官网报道，新华网等20多家媒体转发宣传。

组织开展2022年全国科技工作者日农技协联合行动。各级农技协、各科技小院共组织线上线下主题活动50余场。通过抖音平台征集农业科技工作者“我为祖国说科技”主题短视频30余条，话题播放量达到2.9万次。

全国科普日期间，开展“喜迎二十大，科普向未来——全国农技协联合行动”，组织动员30个省、自治区、直辖市的2430个农技协开展3699场线上线下主题活动，受众高达1455万人次。协会被评为2022年全国科普日活动优秀组织单位，“科技小院助力乡村振兴”被评为2022年全国科普日优秀活动。

开展中国农技协2021—2025年度科普教育基地认定工作，拓展农村科普阵地。经过初评、终评和公示等程序，命名中国农业大学中国饲料博物馆等107个单位为2021—2025年第一批中国农技协科普教育基地。

2022年，依托科技小院组建科技志愿专家服务团，专家志愿者通过科技小院平台开展科技推广和科学普及。全年组织开展田间试验和农民培训4000余场，发布科普文章（视频）700余篇（部），技术辐射面积近714万亩，受益农民32万人次。

参与支持2022年全国农民科学素质网络知识竞赛活动达204万人，参赛人数多达6193万人次。

通过各类会议活动宣讲科技志愿精神和中国农技协科技小院科技志愿服务工作品牌，动员各级农技协组建队伍开展科技志愿服务，年累计发动9645个农技协、动员30462名科技工作者、开展13835场科技服务活动，受益人数达3430万人次。中国农技协科技志愿服务总队入选2022年度科技志愿服务组织先进典型。

表彰举荐优秀科技工作者 协会组织开展2022年中国农技协“最美科技工作者”选树活动。经评审，王仁才等16人被评为中国农技协“最美科技工作者”，推荐王仁才、朱朝枝为2022年全国“最美科技工作者”候选人。

通过动员3400余个农技协参与“百强乡土人才”选树活动，最终赵丽梅等100人被评为“中国农技协百强乡土人才”，《农民日报》等纸媒刊登中国农技协乡土人才优秀典型，传播量达60万人次；在中国农网、三农号、头条号等新媒体开展宣传推广，浏览量达1430万人次。

党建强会 协会以学习宣传贯彻党的二十大精神作为全年工作主线，组织开展党史党课、主题宣讲、交流观摩等主题实践活动。协会理事长柯炳生发挥领学促学作用，带头作宣讲报告。协会党委研究形成《中国农技协关于认真学习宣传贯彻党的二十大精神工作方案》，切实把党的二十大精神贯彻落实到协会工作的全过程。协会网站开设“学习贯彻党的二十大精神”专栏。各级农技协组织开展3000余场学习交流活动，60万余会员和农民参加。

组织开展科学素质+马铃薯（食用菌、桃等）知识竞赛党建活动，组建5支志愿服务队赴山西省吕梁市临县、岚县，北京平谷区及湖南省韶山市开展科技志愿服务活动80余场，活动组织各级专家近2000人次；组织“党建共建+图书漂流”活动3场；录制完成科普培训大讲堂视频课件50个，以智慧农技协、科技小院大讲堂和科技报体系为载体，搭建线上线下乡村振兴科技传播服务平台进行宣传。协会办事机构党组织分专题、分对象组织开展学习研讨，召开基层科普工作者座谈会和科技志愿者座谈会，倾听基层意见建议，分享学习成果。

召开5次党委会议，对工作计划、制度、重要业务活动、人才奖项设立等重大事项进行前置审议，促进党建和业务工作融合发展。制定《中国农村专业技术协会分支机构党的工作小组工作规则（试行）》，开展试点工作。制定《中国农村专业技术协会党委意识形态工作管理制度（试行）》，进一步健全完善工作机制，维护意识形态领域安全。以中国农技协科技小院服务乡村振兴的具体实践促进“我为群众办实事”活动走深走实。

会员服务 编写《中国农技协》简报，反映协会年度工作信息；依托微信公众号、抖音等平台，介绍协会工作动态，传播协会工作信息及先进典型；发布“乡村振兴大讲堂”“躬耕学堂”等视频资源，传播先进生产种植技术，为会员提供科技新进展、新动态信息服务。

开展第十七届中国青年科技奖、第十八届中国青年女科学家奖和2021年度未来女科学家计划等人才举荐工作，开展“最美科技工作者”选树和学习宣传活动，选树“中国农技协百强农技协”“中国农技协百强乡土人才”等，增加会员与农技协组织的黏度，提升会员服务效能。

【中国农村专业技术协会第五届理事会第五次会议】 12月26日，中国农村专业技术协会第五届理事会第五次会议线上召开。协会理事长、中国农业大学原校长柯炳生出席会议。来自30个省、自治区、直辖市的中国农技协理事，各省科协、各级农技协代表，农业院校、科研院所等有关部门负责人，以及中国农技协科技小院代表等共计240余人参加会议。会议专题学习党的二十大精神有关文件，并对协会学习贯彻落实党的二十大精神和中央农村工作会议精神作出工作部署。会议审议通过协会2022年度工作报告、财务报告、协会换届方案、关于增补理事、常务理事的报告、关于聘任常务副秘书长的报告等相关报告及有关事项。

会议期间，召开农技协组织振兴论坛，邀请农业农村部、江苏省农村专业技术协会等部门的有关专家作专题报告，与会人员围绕科技助农、促进农业产业发展、提高农民组织化程度和科学素质等方面共同探讨推动农技协组织振兴。

【第二十四届中国科协年会科技助力乡村振兴（潇湘）论坛】 6月25日，协会承办的第二十四届中国科协年会科技助力乡村振兴（潇湘）论坛在湖南省长沙市召开。协会理事长柯炳生，协会副理事长、中国工程院院士张福锁，中国工程院院士印遇龙、刘仲华等作专题报告，湖南省科协副主席段美娟致辞，6.4万余人次在线收看。同期举办院士专家乡村行走进湖南活动，柯炳生，印遇龙，中国工程院院士刘少军、吴义强，段美娟等院士、专家18人走进湖南省长沙市长沙县、湘西土家族苗族自治州凤凰县，指导科技小院建设工作，为促进乡村产业振兴提出意见建议并举办现场培训。

【中国农村专业技术协会乡土人才推介活动】 7—10月，开展中国农村专业技术协会乡土人才推介活动，动员全国各省、自治区、直辖市农技协联合会及中国农技协专委会等挖掘乡土人才推广农业技术、普及科学知识、服务乡村振兴的感人事迹，推荐政治过硬、扎根乡村、业绩突出的优秀乡土人才，共选树100名中国农技协乡土人才。活动期间，共动员31个省、自治区、直辖市和新疆生产建设兵团农技协、84个市级农技协、405个县级农技协、3099个基层农技协、9个协会专委会、21名理事参与推荐，活动受众近12万人次。

（撰稿人：李玉磊）

中国工业设计协会

服务创新型国家和社会建设 协会完成工业和信息化部委托的“工业设计赋能制造业高质量发展路径与策略研究”“工业设计赋能地方经济社会发展研究”“制造业设计能力提升专项行动计划政策评估”等国家级专项课题。

作为中国优秀工业设计奖评委会成员单位之一，协会继续承担中国优秀工业设计奖评审、展示及颁奖工作。2022年度中国优秀工业设计奖评奖工作于7月启动，经过线上初评、现场实物复评、现场实物终评和答辩，最终评选出10个金奖、19个银奖、30个铜奖，并在2022年世界工业设计大会开幕式上举办颁奖仪式。11月11—13日，协会组织59件获奖作品以及进入复评的500余件优秀设计成果在2022年世界工业设计大会期间进行专题展览。

组织山东省工业设计研究院有限公司、海尔集团等10余家会员单位共同参与研发设计，协会会长刘宁担任设计组组长，完成中国首台自主设计、研发、制造并拥有完整自主知识产权的雪蜡车，实现雪蜡车“中国首创、世界领先、完全国产”的目标。

启动创新设计研究院申报认定工作，在2022年世界工业设计大会期间发布首批中国工业设计协会创新设计研究院认定名单，此次共有81家单位获得认定，涵盖航天装备、汽车、交通运输、军工保障装备、人工智能、电子信息、家电家居、物联网、医疗健康、设计服务等众多领域。

2022年，共举办4次线上公开课、1次线下研修班，来自全国20多个省、直辖市的工业设计领军企业家和专业设计机构、园区、平台、行业组织的设计人员参加活动。协会联合北京字节跳动科技有限公司、杭州市工业设计协会、智加设计创新集团、上海木马工业产品设计有限公司、杭州热浪设计合伙企业（有限合伙）等机构，邀请联想控股股份有限公司、上海联影医疗科技股份有限公司、飞亚达（集团）股份有

限公司、好孩子集团有限公司、波司登股份有限公司、上海汽车集团股份有限公司、一汽红旗等多家重量级企业以及广州美术学院、中央美术学院等高校院所，从互联网商业设计到设计赋能企业发展、从设计的整合力与创新的驱动力到设计驱动下的产业升级进行指导，培养顶层创新能力，共同探讨企业与品牌创新发展新通路，培养一批具有战略眼光、开拓精神、创新能力、社会责任感的优秀企业家和高水平企业经营管理人才队伍。

积极贯彻落实人才强国战略，指导创建工业设计行业人才公共服务平台“咖簿网”，搭建以人才和创意成果为核心的创意资本区块链平台。咖簿网充分链接协会平台资源和专业智库，建立起全国性的设计师能力水平智能化等级认定体系，提供设计师创意资本区块链确权一键式服务。咖簿网集设计师行业认证、储备展示、知识产权保护、求职招聘、商业孵化、统计分析、互动交流等功能于一体，为设计师搭建创新能力提升与职业终身养成平台，为企业搭建人力资本效能提升与定制化协同创新平台，为行业搭建人才队伍数据体系与创意资本确权和产业化发展平台。咖簿网首批人才大使聘任仪式在2022年世界工业设计大会期间举办。

与重庆市经济和信息化委员会于2021年10月开始面向全国工业设计专业技术人员，联合开展工程技术工业设计专业职称申报评审工作，共有30余人获得首批认定。2022年11月，再次开展相关申报评审工作，致力于实现产业链、人才链、创新链融合发展。

学会建设 协会有序推进分支机构组织建设和规范管理，修订《中国工业设计协会分支机构管理办法》，撤销部分长期停滞工作的分支机构。

主办期刊 《设计》是由中国科协主管、协会主办的（首批）学术期刊，在RCCSE《中国学术期刊评价研究报告（第六版）》中获得中国学术期刊评价分学科“核心期刊”称号。拥有一批忠实的读者和长期支持的市场客户，并与700多所开设设计学科的高等院校建立长期联系。入选中国知网《中国学术期刊影响因子年报（人文社会科学·2020版）》Q 1区、中国学术期刊网络出版总库、中国知网CNKI系列数据库、科学引文数据库源期刊、中国学术期刊综合评价数据库、《中文科技期刊数据库》、《中国核心期刊（遴选）数据库》、国家科技期刊开放平台，被万方数据电子出版社、龙源期刊网、维普网、博看网等全文收录。

科普活动 7月19日，由海南省工业和信息化厅、协会主办的2022首届海南国际设计师大赛在海南省海口市启动，活动征集到全球340名设计师的926件作品，参赛作品涵盖旅游商品、数码电子、珠宝首饰、小家电、大健康等多个行业领域。11月18日，举办2022首届海南国际设计师大赛颁奖典礼，共有46位设计师和19个企业获奖。

7—8月，由海尔设计中心主办、协会等支持的Haier Design DOMUS“2022暑期菁英班”开营。

支持举办第七届中国设计智造大奖作品征集、山东省第四届“省长杯”工业设计大赛、广东省第十一届“省长杯”工业设计大赛、烟台市第四届“市长杯”工业设计大赛、2022年“市长杯”中国（温州）工业设计大赛、2022年中国自行车电动自行车设计大赛、2022首届中国时尚产业工业设计大会；与重庆市经济和信息化委员会、世界设计产业组织、重庆悦来投资集团有限公司签署战略合作协议，助力重庆市创建“设计之都”；与天津设计之都城市发展有限公司签署战略合作协议，推动天津“设计之都”建设。协会还将进一步凝聚资源合力，赋能地方产业全面升级，链动多领域产业创新发展。

党建强会 协会将学习贯彻党的二十大精神作为首要政治任务，通过支部党员同志学习交流群、学习强国、党建园地、支部工作等平台，分主题、分层次推进党的二十大精神学习。

经中国工业经济联合会党委批准，10月14日，协会党支部按期进行换届选举，选举产生以刘宁同志为书记的新一届支部委员会。

会员服务 协会不断加强会员服务创新与管理创新，优化会员线上线下相融共生新模式，提升会员参与体验感，促进会员服务提质增效。根据行业发展与市场需求，优化会员服务内容，增加定制化服务。整合优化协会媒介资源，在强化建立官网、期刊等传统媒体基础上，结合微信、微博、视频号、抖音等新媒体平台，为会员打造联动宣传矩阵；丰富形式，克服外部环境不确定因素的影响，通过线上渠道举办论坛、公开课、会议等活动按需推荐，为会员提供个性化信息交流及资源共享平台；做好会员发展工作，拓宽会员发展通道，挖掘更广泛领域成员加入协会；发挥好会员与行业、政府之间的纽带作用，积极推荐会员单位及个人申报中国专利奖、光华龙腾奖等行业重量级奖项，认定国家级工业设计中心、国家中小企业公共服务示范平台等政府项目，参与行业认证，建立团体标准。

【2022 年世界工业设计大会】 11 月 11—13 日，由工业和信息化部与山东省人民政府共同主办的 2022 年世界工业设计大会在山东省烟台市召开。大会以“设计·链动未来”为主题，设置开幕式、主旨论坛、系列专题论坛、研讨会、发布会、国际设计师之夜等主要内容。来自全球 50 多个国家和地区的科学家、企业家、设计师、学者等通过线上线下参加会议。大会期间举办烟台创建设计之都城市合伙人聘任仪式、人工智能设计开放创新联合实验室发布等活动，以及山东省第四届“省长杯”工业设计大赛颁奖典礼暨山东省工业设计周、山东省制造业设计能力提升专项培训、烟台市第四届“市长杯”工业设计大赛颁奖典礼暨工业设计大讲堂等 10 余场行业活动。

（撰稿人：王艳峰）

中国工艺美术学会

服务创新型国家和社会建设 学会和中国轻工业联合会共同主办 2022 年全国轻工行业职业技能竞赛——全国工艺品制作职业技能竞赛，2021 年 12 月至 2023 年 1 月先后组织华北、华南预赛和全国总决赛（福州）。竞赛分为漆器彩绘雕填工、漆器镶嵌装饰工两个职业（工种）的职工组和学生组，来自全国的 100 名职工、74 名学生参加竞赛。

4 月 3 日，由学会雕塑专业委员会主任、中央美术学院教授孙伟，学会雕塑专业委员会副主任、中国工艺美术大师刘红立共同参与主创的“新郑黄帝故里黄帝像”在河南省郑州市举办落成揭幕仪式。

5—7 月，举办首届全国大学生“毕业季”工艺美术类优秀毕业作品大赛。大赛从全国 30 所院校 3000 多名毕业生中发现和推介优秀作品及人才，围绕“创意工美”和“科技工美”两个主题进行遴选和推荐优秀作品。共评选出 100 件优秀作品，其中创意工美铜奖 15 名，包含玻璃艺术、首饰艺术、文创设计、陶瓷艺术、漆艺术、金属艺术、纤维艺术 7 个门类；科技工美铜奖 5 名，包含首饰艺术、玻璃艺术、陶瓷艺术、金属艺术 4 个门类。

11 月 12 日，学会非物质文化遗产工作委员会主办的大国巨匠·京彩十年——第十届北京工艺美术学术论坛线上举办，同期举办以“青春拾年”为主题的手工艺研究生学术论坛。学会为学术指导单位，邀请北京市经济和信息化局产业发展促进中心、北京工美集团有限责任公司、北京工艺美术行业协会、北京工艺美术学会等工艺美术行业的领导、专家以及来自全国各地艺术类院校教师代表、企业代表、工艺美术大师、手工艺爱好者、在校师生等 300 余人参加论坛。来自清华大学美术学院、中国传媒大学、北京印刷学院、福州大学及北京联合大学的 12 位博士、硕士研究生代表参加论坛，围绕北京及大运河沿线地区工艺美术领域的热点问题、行业前沿问题进行汇报发言。

11 月 1—3 日，在第 15 届中国义乌国际森林产品博览会期间举办木（竹）雕艺术“中工杯”创新设计大赛。参赛作品包括木雕、竹雕、根雕、竹编四个品类。经专家评审，最终评出金奖 10 件、银奖 37 件、铜奖 55 件、传承贡献奖 1 件、杰出技艺奖 1 件、特殊成就奖 1 件、评委特别奖 6 件。

11 月 3—6 日，在 2022 中国（大连）国际文化旅游产业交易博览会期间举办“中艺杯”工艺美术创新作品大赛以及“经典工美”工艺美术优秀作品大赛。

11 月 3—6 日，在江西省南昌市举办的 2022 中国工艺美术产业发展大会期间举办“中鼎杯”创意设计作品大赛。

11 月 18—21 日，在中国（温州）工艺美术精品博览会期间举办“中誉杯”创新设计大赛。

11 月 24—27 日，在第十六届中国（莆田）海峡工艺品博览会期间举办“中匠杯”创新设计作品大赛。

11 月 24—27 日，在 2022 第二届中国（莆田）香文化产业大会期间举办“中香杯”香器、香具设计大赛。

学会建设 截至 2022 年年底，学会有个人会员 8734 人、单位会员 124 个。学会下设 26 个分支机构，包括 21 个专业委员会、5 个工作委员会，以及 1 个直属机构《雕塑》杂志社。

2022 年，学会召开理事会议 1 次、常务理事会议 2 次、监事会议 1 次。通过《中国工艺美术学会产业基地认证与管理办法》《关于推荐中国工艺美术学会名誉会长人选的议案》《关于推荐中国工艺美术学会荣誉会员人选的议案》《关于变更中国工艺美术学会织锦专业委员会主任的议案》，通报《中国工艺美术学会专家委员会名单》《有关增补中国工艺美术学会

紫砂艺术专业委员会副秘书长名单》。

加强机构设置合理化建设，梳理分支机构设置，重组、新建5个分支机构，任命主要负责人，按照新的管理办法开展工作。完善会员管理与服务机制，规范会员登记注册系统，电子化管理、数据共享、精准服务会员进一步升级。加大学会信息管理力度，微信公众号管理升级，公众号关注人数已超过3.3万人，学会网站和微信公众号信息同步，进一步推动信息公开化。

主办期刊 学会主办的双月刊《雕塑》全年总共出刊7期，包含正刊6本、增刊1本，发表各类文章200余篇。栏目包括特别报道、封面艺术家、艺海掇英、公共艺术、国之大匠、泛雕塑、非遗英粹、雕塑教育、理论纵横。其中，第六期刊登2022中国工艺美术产业发展大会的基本概况及主论坛综述。

学科发展工程 “中国工艺美术学会2022年度课题”是由学会组织征集并开展研究的项目，负责组织专家对项目论证。经公示后确定立项课题39项，其中重点项目5项、一般项目21项、青年专项5项、实践技艺专项8项，并为其中2个课题找到资金支持。项目将于2023年3月评审后结题。

学会砚文化艺术专业委员会参与编撰和出版《中华砚文化汇典》。《中华砚文化汇典》分为8个分卷，计划出版50余册，现已出版13册。

11月，由学会彩塑艺术专业委员会名誉主任、清华大学美术学院教授胥建国出版的《中国彩塑艺术》被评为第十五届“中国民间文艺山花奖”入围作品。

国际学术会议 11月5日，由学会及中国硅酸盐学会、清华大学美术学院、广州美术学院主办，学会玻璃艺术专业委员会承办的2022“璃语东西”国际当代玻璃艺术论坛暨展览在北京举办。中国科协党组书记、分管日常工作副主席、书记处第一书记张玉卓为《2022“璃语东西”——国际当代玻璃艺术展作品集》作序。展览征集到150余件国内艺术家作品、20件国外艺术家作品，展出100件。

论坛邀请5位国内外专家学者作主题报告，分别是中国科学院上海光学精密机械研究所科技考古中心副研究员刘松作题为《中国古代玻璃：丝绸之路上技术交流、传播与融合》的报告，美国罗德岛设计学院教授Rachel Berwick作题为《罗德岛设计学院的玻璃艺术历程》的报告，波兰弗罗茨瓦夫艺术与设计学院教授Kazimierz Pawlak作题为《波兰玻璃艺术》的报告，清华大学美术学院工艺美术系副教授李静作题为《现代性的张力——20世纪玻璃艺术的“生产制作”与“审美表达”》的报告，美国罗切斯特理工学院助理教授David Schnuckel作题为《“得”与“失”——疫情时代的工作室教育》的报告。论坛内容涵盖古今中外，从不同角度展现玻璃在时代变迁中的内涵变化，也从玻璃艺术中折射出人类文明的发展。

国内主要学术会议 2022年，学会和各分支机构共组织学术会议和论坛13场，发表论文103篇，参加会议和论坛人数2.6万余人次。

5月28—29日，学会青年工作委员会主办的第六届传统工艺青年论坛以线上形式召开，论坛以“介入·创新·美好生活”为主题，腾讯视频号全程同步直播。

8月，学会在第二届中国工艺美术博览会上组织实施融合·创新 中国工艺美术传承与发展论坛（承办）、工艺美术学术与实践分享会（主办）、第二届中国工艺美术博览会——“元宇宙雕塑大讲堂”（《雕塑》杂志社主办）3场学术论坛。

8月，学会非物质文化遗产工作委员会主办“娄风京韵”非遗线上走亲会——“南北对话”话非遗系列活动。

11月，学会香文化艺术专业委员会组织召开第六次全国香行业会长代表联席会议，来自全国各地区的35位沉香协会会长及专家参加。

11月，学会教育工作委员会和香文化艺术专业委员会联合主办首届中国香文化高校教育论坛。论坛围绕香文化与传统美术的探索、香文化与传统工艺的探索、香文化与非遗技艺的探索等议题，紧扣国家大政方针和传统文化复兴前沿实践，聚焦传统工艺振兴事业，关注与现代审美需求的结合、科技创新的利用。线上线下共2万余人次参加活动。

科普活动 全国科技工作者日期间，组织“手艺·守艺——创新争先、自立自强”科普教育活动周。学会各分支机构及部分省市学会20多家单位组织线上线下互动，传播传统工艺美术知识。

学会纤维艺术与设计专业委员会开展“植物染色的传承与创新”活动，来自全国各地纤维艺术领域的高校师生及工艺美术艺术大师近500人参加。学会民间工艺美术专业委员会开展“守望开拓——浅谈民间艺术”活动，参加人数达3000余人。学会鼻烟壶艺术专业委员会开展“喙笔润透显精雅、方寸之间映乾坤”内画艺术进校园活动，2000余名小学生参加。学会织锦专业委员会开展150多场次的文化讲坛、亲子活动、研学活动等专题活动，全年累计10万余人次参加。学会刺绣艺术专业委员会会员在“汉语桥”线上直播授课，带领来自布隆迪、卢旺达、老挝等国家的近200名学生感受中国非遗之美。学会理论专业委员会、漆文化艺术专业委员会、藤铁艺术专业委员会以及教育工作委员会、会展工作委员会以线上线下形式开展多场学术科普讲座。

学会主办“工美云端会客厅”系列公益直播，第二场以“国潮当道 手艺先锋”为主题，邀请“徽字号”品牌主理人朱伟、“姚绣”品牌创立者姚兰、朱炳仁·铜文创事业部副总裁廖润丹3位现代手工艺品牌主理人给来自全国23个省、自治区、直辖市的近400位非遗传承人群进行培训。

党建强会 学会召开专门会议，专项布置党史学习，推动党史学习教育常态化长效化，把党史学习教育成效转化为干事创业的动力、举措和成效。

学会党校围绕党性建设、业务培训、人才培养等开展工作，学习贯彻党的二十大精神，在教与学的过程中找到设计与创作的共同点和思维路径，加快传统手工艺振兴步伐。

会员服务 学会建立完善会员管理系统，会员从入会注册缴费到日常维护管理均实现电子化。秘书处和各分支机构针对会员系统内各项数据实现共管共享，会员管理与服务更加科学化、规范化、制度化。通过学会网站、微信公众号向会员宣传党和国家政策，宣传推广行业发展信息。

2022年，学会秘书处领导及工作人员先后分16批次共30多人次赴浙江省温州市、福建省莆田市、广东省珠海市等城市以及湘绣博物馆、北京金漆镶嵌艺术博物馆等博物馆调研、服务。

【2022中国工艺美术产业发展大会】 11月3—6日，由学会、江西省科协、南昌市人民政府联合主办的2022中国工艺美术产业发展大会在江西省南昌市召开，主题是“引领行业发展，满足时代需求”。参加开幕式的领导、专家、产区政府领导、省市工艺美术学（协）会代表、中国工艺美术学会各分支机构代表，江西省行业、教育、产业等各界代表共计300余人。

大会设主论坛及校长论坛、乡村论坛、大师论坛、产业论坛等。45位来自不同领域的政府官员、企业家、专家学者共同分享在工艺美术产业及相关领域的见解。

大会期间，举办全国工艺美术作品展览展示活动，来自25个省、自治区、直辖市的18个展团参展，参展的地方产区20个、分类作品区7个、院校展区6个，参展商近900家，展出面积2万余平方米，参展作品5万余件，涵盖陶瓷工艺、雕刻工艺、刺绣工艺、金属工艺、漆工艺、竹工艺、民间工艺、珠宝等门类。

学会与7个地方政府签署战略合作协议，为8个产业基地授牌。

【手工艺50人论坛】 11月18日，由学会与温州市人民政府联合主办的手工艺50人论坛在浙江省温州市举办，主题是“艺术当随时代，手工当领时尚”。来自全球手工艺术和文化产业相关领域的政府部门、研究机构、行业组织和商业机构的专家学者160余人参加。

大会分为开幕式、主旨论坛、圆桌论坛、多边共建机制发起签字仪式4个部分。中国科协党组成员、书记处书记王进展在开幕式上致辞。主旨论坛邀请蒋琼耳、谷利行、朱小杰、杭间4位艺术领域专家围绕论坛主题，分享他们把手工艺产业打造成为时尚产业的经验与见解。圆桌论坛由清华大学美术学院副院长方晓风主持。邀请黄晓明、叶萌春、林霞、冯宇平4位中国工艺美术大师分别从不同领域、不同跨度，通过手工造物探讨传统手工艺与现代科技融合发展的有效路径。

学会青年工作委员会副主任、中国工艺美术大师徐伟军宣读《推动中国工艺美术艺术品市场化信任多边共建机制》。学会理事长才大颖、中国拍卖行业协会会长黄小坚、中国收藏家协会副会长（候任会长）刘铭威、中国工艺艺术品交易所有限公司董事长戎志宏四方签署《推动中国工艺美术艺术品市场化信任多边共建机制》。

（撰稿人：任建新）

中国科普作家协会

服务创新型国家和社会建设 协会承接中国科协科学传播专家示范团队创建及提质增效路径研究项目。制定科普特色学会评价指标和全国学会科普工作优秀单位评价指标，形成关于全国科普特色学会评价工作有关情况的汇报报告；协助中国科协科学技

术普及部开展2022年度推动实施全民科学素质行动项目——学会科普能力提升项目申报评审工作；举办2022年度学会科普人员专题培训班，开展理论与实践层面的交流探讨，来自北京各学会的专家和工作人员约60人参加现场活动，线上通过网络平台同步直播。

承接中国科协“科普中国”创作出版扶持计划，共征集到符合条件的出版类项目502项、选题类项目409项，360家单位参与申报，39家全国学会及20家省、自治区、直辖市科协联合申报或推荐，53名院士参与项目推荐工作。经专家评审，共确认入选出版类项目第一档20项、第二档19项，选题类项目50项，60%的项目已正式出版。

学会建设 2022年，协会开展内部审计、协会负责人经济责任审计，接受中国科协机关纪委对直属学会专项审计。根据审计意见，完成《中国科普作家协会管理制度》修订并完成审计问题整改。

组织开展专业委员会活动情况摸底调研工作，根据民政部社会组织管理局《关于进一步加强全国性社会团体分支机构、代表机构规范管理的通知》《中国科普作家协会章程》要求，经协会组织工作委员会前期调研，结合协会分支机构现状，形成《中国科普作家协会分支机构调整建议（讨论稿）》。2022年，协会各专业委员会广泛搭建交流平台，开展线上线下交流活动，助力会员创作和科普创作事业发展。

2022年，协会发展以中青年科技人员为主的会员105人，个人会员达4900余人。

加强协会“一网、二微、三刊”全媒体互动宣传平台建设，畅通合作交流渠道。2022年，新媒体平台每月入围科协系统科学传播榜（全国学会）前十。协会微信公众号发文355篇，总阅读量33.6万人次；新华号累计发文171篇，总阅读量1806.85万人次；“科普中国”累计发文202篇，总阅读量67.5万人次；协会网站发表文章422篇，访问量291288；新浪微博发文525篇，总访问量79万。

主办期刊 协会主办期刊《科学故事会》出刊12期。为助力乡村振兴，利用科普资源服务乡村中小学生，自5月开始《科学故事会》走进50多所中小学校，赠送期刊2000多本。《科普创作评论》完成4期出刊工作，推出科普短视频与直播、新技术与科普创作、科普翻译、科普图书行业观察、晚清科幻小说等专题。

科普活动 协会积极响应国家繁荣科普科幻创作的号召，促进科技资源科普化，开展精品青少年活动、举办科普科幻在线阅读活动，覆盖人数超过500万人次。以《科学故事会》为依托，全年开展14场青少年科普活动，将科技工作者、科普工作者、教育工作者、科普科幻创作者汇聚在一起，通过活动搭建桥梁，促进青少年与科技工作者交流。

4—8月，开展第八届全国中学生科普科幻作文大赛。大赛以线上方式举办，共计638589人报名，覆盖29个省、自治区、直辖市，参赛中学数量达2000余所，获奖（省级奖、全国奖）学生共计64097人。全国中学生科普科幻作文大赛继续入选教育部公布的2022—2025学年面向中小学生的全国性竞赛活动名单。

开展第七届中国科普作家协会优秀科普作品奖评奖活动，共收到符合要求的参评科普图书作品623种、影视动画类作品155种、青年短篇佳作206篇。经过前期筹备、作品申报、初评、终评等多个环节及评审委员会评审，共评选出科普图书类特别奖作品2种、金奖作品10种、银奖作品19种；科普影视动画类特别奖作品1种、金奖作品5种、银奖作品10种；青年短篇科普佳作类金奖作品9篇、银奖作品20篇，并于9月29日举办颁奖仪式。4月，基于评奖工作，协会还组织开展书香致远原创优秀科普图书推荐活动。

8月，在贵州省地质博物馆召开第四届全国青少年科普科幻教育大会，会议主题为“以科学之眼、观天地未来”，探讨中国青少年科普科幻教育的现状以及相关学科发展的新动向、新问题和新启示。

组织开展科普中国青年之星创作大赛活动。面向全社会征集优秀科普文章、短视频、图片等作品，共收到2500余部。结合大赛开展创作培训5期。首期活动落地国家药品监督管理局药用辅料质量研究与评价重点实验室，面向科研人员量身打造专题培训，在课程设计、师资配备等方面进行个性化设计，激励更多科研人员加入科普创作队伍。

举办“繁荣科普创作　助力创新发展”系列沙龙活动。2022年协助科普中国举办科普沙龙36期，参与人员1000余人次。沙龙主题涵盖科普科幻创作、科学教育、编辑出版、科普机构运营、科学文化与文创产业等领域。

邀请知名科学家、科幻作家、科幻教育工作者、科幻影视工作者等以线上线下结合方式推介优秀科幻图书与电影，促进创作群体与阅读者、观众之间的互动与交流，共开展11期，线上观看直播人数达400万人次。

以线上线下结合方式开展“科幻咖啡馆”系列活动5期，组织优秀青年科幻创作者（包括“科普科幻青年之星”获得者）、科幻领域从业者、高校科幻社团骨干等围绕科幻阅读、科幻写作、科幻教育、科幻社团发展等话题参加活动，近百位优秀青年科幻爱好者参与线下交流。

邀请知名科幻研究学者、科幻产业专家、科幻教育专家围绕科影融合、区域科幻产业发展、科幻创作、科幻教育、科幻翻译等主题进行圆桌会议交流，共举办10期，促进科幻创作与科技创新、科幻研究与科幻产业实践等领域融合发展。

党建强会 协会深入学习宣传贯彻党的二十大精神，团结引领广大科普工作者听党话跟党走。协会理事会党委认真履行党委主体责任，全面加强党的建设。协会办事机构党组织开展“走好第一方阵，喜迎二十大作贡献”专题党课、中国科协科技社团党委党建强会计划、科普科幻作家进基层校园、党组织结对共建、科普图书捐赠等系列活动，推进优质科普资源向基层，实现党建与协会业务工作深度融合。

会员服务 2022年协会推荐13名会员申请中国作家协会会员，其中10人获批，现有中国作家协会会籍人员55人；组织推荐会员及其作品参与科技部全国优秀科普作品、茅盾新人奖、全国优秀儿童文学奖、中国科协“典赞·2022科普中国”活动、鲁迅文学院培训班、中国作协2022年度定点深入生活项目及重点作品扶持征集等申报工作。

根据《“智慧科协2.0”建设三年规划（2022—2024年）》要求，启动并完善协会会员数据库迁移工作。

免费为会员发放《中国科普作家协会会员通讯（内刊）》，及时为会员提供协会工作动态。

【科普中国创作大会暨2022中国科普作家协会年会】 8月18日，科普中国创作大会暨2022中国科普作家协会年会在陕西省西安市举办，主题为“深化供给侧改革，繁荣原创科普精品”。会议由协会、科普中国发展服务中心主办，陕西省科协承办，陕西省科普作家协会、《科学故事会》《科普创作评论》等协办。陕西省科协党组书记李豫琦和中国科普研究所所长、协会党委书记、常务副理事长王挺分别致辞。开幕式由陕西省科协常务副主席李肇娥主持。在大会主旨报告环节，中国科学院高能物理研究所粒子天体物理中心主任、国家天文台空间科学部首席科学家张双南，西安交通大学教授、国家特聘专家程海等专家分别作报告。

年会围绕“优化科普内容资源　主力科学教育改革”“生命科普创作座谈”“繁荣科普文化，提升创新能力——文化与科普创作论坛”“应急科普　融合创新”“激发环保科普创新能力，共建清洁美丽世界”“繁荣生态科普原创精品，记录与自然同行的故事”主题，同步开展6个特色分论坛进行分享交流。

（撰稿人：谢丹杨）

中国自然科学博物馆学会

学会建设 2022年，学会组织召开9次理事长办公（扩大）会议、常务理事会议2次。截至2022年年底，学会共有单位会员594家、个人会员1976人，其中2022年度新入会单位会员49家、个人会员1249人。

根据中国科协“智慧科协2.0”建设要求，全国学会会员入库工作于10月中旬完成，入库单位会员332家、个人会员1943人；完成学会年检工作；完成税费缴纳、汇算清缴、财税审计等财务工作。

统计学会会员参与国际组织活动及任职情况，帮助会员在国际舞台贡献中国智慧。截至2022年，学会共有9人在相关国际科技组织任职。

发布《中国自然科学博物馆学会关于开展2022年度优秀分支机构和先进工作者推荐评选的通知》，完成2022年分支机构和先进工作者的申报评选工作。在年会期间，恢复颁发年会青年学者优秀论文奖。

主办期刊 2022年，《自然科学博物馆研究》按期完成6期的编辑出版发行，刊登论文63篇，每篇论文至少经过9人次的审校修改，全年至少完成567编校人次。6月，《自然科学博物馆研究》入选中国科协科学技术创新部2022年度全国学会期刊出版能力提升计划——期刊双语传播能力提升项目，并获得专项资金支持。

国内主要学术会议 组织召开中国自然科学博物馆学会2022年年会；承办2022年中关村平行论坛——科技创新与自然博物馆可持续发展论坛，完成工作方案，邀请国内外有影响力和代表性的自然博物馆馆长及专家探讨新时代自然博物馆可持续发展问题。

国际交往 落实与联合国教科文组织签订合作框架协议，2022年，学会组织会员及“一带一路”科

普场馆参加“争取和平与发展世界科学日”网络研讨会。

推动国际天文学联合会天文教育办公室中国中心落户会员单位北京天文馆，支持国际天文学联合会天文教育办公室中国中心申报中国科协相关项目，开展国际交流工作。

支持第三届北京中外科技馆馆长对话会筹备工作，推动科学传播领域的国内和国际交流。

对“一带一路”科普场馆发展国际研讨会网站进行改版升级，创新展示形式，丰富内容资源，加大“一带一路”相关信息资源的推送力度，梳理“一带一路”科普场馆发展国际研讨会会议成果，形成合作案例样板，打造“一带一路”科普场馆发展国际研讨会平台下的国际合作模式。继续实施“一带一路”科普资源互惠共享计划，将优质科普资源进行内容整理和语言编译后在“一带一路”科普场馆发展国际研讨会官网进行推介分享，促进科普资源互惠共享。

科普活动 学会被中国科协科学技术普及部评为2022年度全国学会科普工作优秀单位。

2022年，围绕《全民科学素质行动规划纲要（2021—2035年）》，搭建科普服务平台，动员全国科普场馆利用场馆科普资源开展“双碳”、新冠应急科普，服务“双减”等工作。以参与筹备组织、研讨专题设置、推荐专家等形式，支持长三角科普场馆联盟举办“双减”之下全国科普场馆教育创新与发展论坛，提高主动服务“双减”能力和水平；支持内蒙古自然科学博物馆学会举办第一届学术年会，推动内蒙古科普场馆科普能力建设。

在第六个全国科技工作者日来临之际，发布《关于开展2022年“全国科技工作者日”专题活动的通知》，组织会员单位开展系列服务活动、科普活动和宣传活动，大力弘扬科学家精神，并对典型活动案例进行集中宣传推介。支持学会天文馆专业委员会开展国际天文馆日活动，全国多个场馆积极响应，线上线下组织开展一系列活动。

2022年组织会员单位申报全国科普教育基地及2022年度科学家精神教育基地，共有8家会员单位入选。

党建强会 2022年，学会制定完成《中国自然科学博物馆学会学习宣传贯彻党的二十大精神初步安排》，策划学习宣传贯彻党的二十大精神主题党日活动。

承办中国科协“党的二十大代表进学会”学习活动。由党的二十大代表、学会科技馆专业委员会秘书长齐欣分享参与大会的心得体会并宣讲党的二十大精神。来自中国科协6家直属学会的主要负责人及党员干部共30多人参加活动。

10月17日，在学会官网和微信公众号开通“党的二十大学习宣传”专题板块，及时转载发布党的二十大相关学习资料、学会会员宣传学习贯彻党的二十大的相关信息。收集整理学会各层面学习心得体会和典型案例，营造学习宣传贯彻党的二十大精神的氛围。

筹划以“踔厉奋发担使命　勇毅前行谱新篇——科普场馆‘价值引领’的探索与实践”为主题的研讨会，广泛征集科普场馆优秀科普工作案例，梳理、总结、推广相关经验成果，形成典型示范带动效应，激励更多科普场馆强化科普价值引领，利用资源优势促进科学思想、科学精神、科学方法和科学知识的传播和普及。

在党的二十大召开之际，学会报送的“一带一路”科普场馆合作项目入选中国科协十年（2012—2022年）优秀工作案例。

学会党委认真贯彻“三重一大”决策制度，发挥理事长办公会议事功能和监事会依法依规的监督职能。制定《中国自然科学博物馆学会党委落实意识形态责任制工作规则》《中国自然科学博物馆学会风险处置预案》2项规章制度。

会员服务 2022年，学会制定并发布《中国自然科学博物馆学会会员发展工作方案》《中国自然科学博物馆学会高级会员发展工作方案》《中国自然科学博物馆学会学生会员发展工作方案》，进一步明确目标任务、责任主体、具体措施和工作要求；发挥分支机构力量发展会员，实现本领域单位会员广覆盖；加强对青年、高校学生等群体的吸纳和联合；发展高级个人会员和学生会员，不断优化会员结构。

简化会员入会工作流程，提升服务会员能力；确定多元化入会申请提交方式；进一步优化审批形式，加快审批进度；开辟单位会员入会绿色通道，在严格遵守相关规定的情况下，允许通过初审的单位会员先参加学会活动；制定完成《学会会员联络服务工作方案》，建立会员联络机制，形成会员服务良性互动；启动高级会员发展工作，10月28日印发《关于2022年度中国自然科学博物馆学会高级个人会员发展工作的通知》。

探索实施会员奖励活动，经学会理事长办公会、理事会研究讨论形成《中国自然科学博物馆学会奖励活动报告》。

通过支持会员单位参与组织科技青年论坛，推动青年学术人才成长；支持会员单位申报中国科协、国家市场监督管理总局等部门的研究课题，共有8项课题成功申请立项。

【中国自然科学博物馆学会2022年年会】 8月17—18日，中国自然科学博物馆学会2022年年会在广西壮族自治区柳州市召开。学会理事长程东红，中国科协党组成员、书记处书记兼中国科技馆馆长殷皓参加会议并致开幕词。会上，举办中国自然科学博物馆学会2022年年会青年学者优秀论文奖颁奖仪式，为13位入围口头报告的青年学者颁奖。

年会围绕"全民科学素质建设新征程——科普场馆在行动"主题设置2场主旨报告、6场学术沙龙、4场平行会议，来自全国自然科学博物馆领域的馆长、专家学者、企业代表等300余人参加会议，累计观看直播人数达328.25万人次。

开幕式后，北京师范大学科学教育研究院院长郑永和以《科技馆助力科学教育高质量发展》为题，中国科学院计算技术研究所研究员、博士生导师王元卓以《计算机类科技展馆与科学教育的思考与实践》为题分别作主旨报告。

（撰稿人：陈　春）

中国可持续发展研究会

服务创新型国家和社会建设　2022年，研究会围绕乡村可持续发展实现路径的机理研究，组织召开多次专题研讨会，形成多篇内部研究报告；围绕联合国发布的《2022年可持续发展目标报告》，组织多次专题研讨会；围绕区域可持续发展需求，持续推进与山东省枣庄市、湖南省郴州市等示范区的课题研究合作。

加入南水北调后续工程高质量发展咨询专家组，完成中国工程院委托的相关咨询工作。参加完成"南水北调后续工程高质量发展重点流域区域合理生态需水量研究""雨洪资源利用潜力和关键技术研究"等专题研究，受南水北调工程专家委员会委托，组织开展南水北调西线工程可调水量评估研究工作。

组织举办枣庄市"双碳"能力建设宣讲培训会，提升枣庄市政府部门、企业管理者推动"双碳"的工作能力；承担山东省科技厅重点研发计划（软科学项目）"山东海洋科技成果转化创新政策与发展路径研究"；在四川省、宁夏回族自治区、吉林省、陕西省渭南市等多个地方开展农业规划咨询服务，为地方乡村振兴战略献计献策。

安排研究会理事和专家持续支持主管部门和委托管理单位组织的创新示范区年度报告、评估报告以及《碳中和技术发展路线图》等研究工作；持续支持地方政府编制可持续发展规划和建设方案，参与山西省太原市、广西壮族自治区桂林市、广东省深圳市、湖南省郴州市、河北省承德市、云南省临沧市等创新示范区的建设工作，为各地依靠科技创新破解生态破坏、水体和大气污染等可持续发展问题和培育生态旅游、文化康养等绿色产业提供咨询服务和智力支持。秘书处和分支机构参与多项课题研究，支持地方可持续发展案例研究和范式总结，编撰专著和专题报告，传播可持续发展理念。

学会建设　2022年，研究会新增时空信息专业委员会和环境与生命健康专业委员会。

主办期刊　根据中国知网统计，研究会会刊《中国人口·资源与环境》（中文版）影响因子从2020年的7.085上升到2021年的7.598，在环境科学技术、经济计划与管理两个学科中继续排名第1位；*Chinese Journal of Population，Resources and Environment*（《中国人口·资源与环境》英文版）海外数据库收录有新突破，除了被Scopus、ESCI收录，还正式被DOAJ收录，为进入SCI/SSCI奠定基础。

学科发展工程　出版《中国落实2030年可持续发展议程目标11评估报告：中国城市人居蓝皮书（2022）》，梳理地方经验，凝练中国故事，为联合国最佳实践案例提供素材。

国内主要学术会议　研究会聚焦"碳达峰碳中和"主题，创办"双碳"讲坛品牌活动；聚焦海洋可持续发展，举办深海资源开发战略研讨会；聚焦地理空间信息应用，在法国组织地理空间信息支撑可持续发展目标SDGs监测论坛；聚焦减灾与公共安全，召开"地震可以预测"线上会议。

国际组织任职　研究会常务理事兼生态环境专业委员会主任委员吕永龙当选2022年国际科学理事会会士。

党建强会 2022年，研究会坚持党建引领，先后组织召开2次党建工作会，对研究会2022年党建工作进行安排部署。召开学习宣传贯彻党的二十大精神专题会议，结合学会工作畅谈如何在工作中贯彻落实党的二十大精神。

（撰稿人：张　阳）

中国青少年科技教育工作者协会

服务创新型国家和社会建设 开展科技辅导员专业水平认证工作，全年共113人报名参加高级科技辅导员认证，经过资格审查等环节，69人通过高级认证。新增河北省、江西省、河南省、湖北省、陕西省、甘肃省、重庆市7个省（市）级协会认证机构，全国共24个省（市）级认证机构开展初级、中级科技辅导员认证工作，全年共2681人报名参加初级、中级科技辅导员认证，369人通过中级认证、871人通过初级认证。首次与中国计算机学会联合开展编程培训师资联合认证，1300余人报名参加，599人获得联合认证资格。

组织策划科技教育课程资源开发，总课时超过4180分钟；“科技辅导员在线学习中心”新开设9门慕课共163课时、12门微课共48课时，全年共计5.9万人次报名参加线上学习。

联合中国植物学会开展全国生物教师培训，共计11.13万人次参加；面向5县67所中小学校，以线上线下结合方式组织开展送科技教育项目培训活动，共计1.57万名师生参加；依托陕西师范大学生物学综合实习基地、清华大学－北京大学生命科学联合中心，为5个项目县培训40名生物学科教师；在河北省、内蒙古自治区、辽宁省、吉林省等13个省（自治区）策划组织“送培到基层”科技辅导员交流活动，线上线下累计覆盖5300人次。

学会建设 7月，中国青少年科技辅导员协会正式更名为中国青少年科技教育工作者协会。

2022年，协会召开理事会党委会议3次、理事会议1次、常务理事会议2次。经常务理事会审议通过，新成立生物普及与教育专业委员会，截至2022年，已成立分支机构11个，其中工作委员会4个、专业委员会7个；新增个人会员2965人、单位会员34家，截至12月31日，协会个人会员总数13352人、单位会员总数658家。澳门青少年科普教育协会成为协会的理事单位会员。

协会获得全国学会党史学习教育十佳优秀组织单位、2022年全国科技工作者日优秀组织单位、2022年度全国学会科普工作优秀单位、2022年度全国学会会员入库优秀单位等。

主办期刊 由协会主办的《中国科技教育》围绕英才计划、青少年科技创新大赛、科技创新项目式学习等青少年科技教育重点项目、活动、赛事策划专题、专栏，组织稿件，完成12期杂志出刊。全年共印刷81203册，较2021年增加26102册，同比增长47.37%。通过微信公众号、微博、官网、“科普中国”等多个平台进行宣传报道。《中国科技教育》微信公众号共发布图文434篇，单篇阅读量最高为13.12万次，累计阅读量614372次；视频号发布视频22个，累计浏览次数12378次；微博累计发布消息1012篇。

国内主要学术会议 协会举办2022中国青少年科技教育工作者协会年会等主要学术会议。

6月25—27日，由协会等机构指导，协会科学传播工作委员会、长沙市科学技术协会等单位主办的第二十四届中国科协年会分论坛科学、艺术与文化遗产高峰论坛在湖南省长沙市召开。论坛围绕“科学、艺术与文化的融合发展”“科技文化场馆的合作共赢”“文化遗产的保护与传承”及“科技文化融合与青少年科普教育”等议题线上线下进行研讨交流。

11月24—25日，由协会主办、协会科学教师专业委员会和上饶幼儿师范高等专科学校共同承办的2022年新时代未来乡村小学科学教师培养高峰论坛在江西省上饶市举办。来自全国科学教育领域的160多位专家学者线上出席会议，近3000人次在线观看开幕式。论坛围绕“科学·科学教育·科学教育学”“新时代小学科学教师培养：大学的责任和使命”“聚焦科学课标、助力教师培养”“小学科学教师的核心能力”等内容作专题报告。

科普活动 2022年，协会组织开发科普资源，联合中国科学院国家天文台、贵州射电天文台、陕西师范大学共同研发适合中小学科学教育的可视、可组装、可互动FAST全真动态模型以及《生物多样性保护与实践》科普资源包，编写《科技类校外培训机构开展科技教育活动指南》，为中国科协和教育部联合开展的利用科普资源助推“双减”工作提供研究性指导，为有关管理部门加强科学素质类校外培训机构规范管理提供专业支持。

联合中国科协青少年科技中心，发动全国各地青少年中心、科教工作者协会、科普教育基地开展“科创筑梦”助力“双减”科普行动，共评选出103个试点城市、1198个试点单位，征集活动案例80余个；配发“科创筑梦”活动体验包、青少年科学调查体验资源包等活动资源1万余套；组织科学调查体验、青少年科学节等10余项全国性重点科技教育活动；在“科创筑梦”云平台上线“助力‘双减’”专栏，推送“科创筑梦”科教资源、品牌活动和科学教师培训信息，受益人数达上亿人次。

7月18—22日，协会在贵州省中国天眼科普基地举办“助力乡村振兴　巡礼大国重器”中小学校长科技教育研修活动，来自河北省、山西省、山东省、陕西省、宁夏回族自治区50多所乡村中小学校的校长参加。

8月17—19日，完成第36届全国青少年科技创新大赛科技辅导员板块专家在线指导交流活动，共有285个科技辅导员科技教育创新成果项目申报入围、267个项目参加线上展示交流。

8—11月，与陈嘉庚科学奖基金会共同主办第13届全国青少年科学影像节活动，得到中国电影家协会、中国科普作家协会、中国国际教育电视台、《中国科技教育》杂志社等单位支持。来自全国近千所中小学校的近万名青少年共申报6300余件作品，134件作品入围终评。

9—11月，组织开展第10届全国科学教育专业师范生教学技能创新大赛，主题为“寻找未来科学教育家”，全国88所高校的884名选手提交作品，469名选手入围决赛并获得等次奖。经过多轮评审，共评选出一等奖140个、二等奖156个、三等奖173个、创新奖5个。

党建强会　协会党委书记、常务副理事长辛兵带领协会党员、干部学习党的二十大精神，并围绕《旗帜鲜明讲政治，履职尽责显担当，推动青少年科技工作高质量发展》讲专题党课。在协会微信公众号设立“学习宣传二十大”专栏，推送党的二十大精神解读和协会理事、广大会员学习党的二十大的体会。协会理事长武向平、副理事长徐雁龙在《中国科技教育》杂志上发表专题文章。协会党委委员、秘书长林利琴参加中国科协机关党委组织召开的“党的二十大代表进学会”座谈会。组织动员各理事单位、分支机构和协会理事参加党的二十大精神培训。推动各工作委员会、专业委员会建立党小组，建立健全协会基层党组织。

协会党委被评为全国学会党史学习教育十佳优秀组织单位；协会监事长李晓亮被评为中国科协党史学习教育优秀工作者。

会员服务　“科技学堂”面向会员开设“领悟科学”“科学的印记”等主题培训，推送的“青少年科技教育学术沙龙”“认识我们的宇宙”“院士来了”等直播和科普讲座活动得到会员好评。全年为会员赠阅各类优秀科教书籍2646册、《中国科技教育》杂志3568册。

作为“智慧科协2.0”首批试点示范单位，协会在底层数据库互通、系统迁移对接、场景应用融合、科技服务模式共建共享等方面推进“一体两翼”协同建设，完成11984条个人会员数据、582条单位会员数据迁移纳入中国科协组织人才库。

【2022中国青少年科技教育工作者协会年会】 11月25—26日，由协会主办，《中国科技教育》杂志社、江苏省青少年科技教育协会等承办的2022中国青少年科技教育工作者协会年会线上举办。协会理事长、中国科学院院士武向平在开幕式上致辞，并为2022年度高级科技辅导员颁发证书。

年会主题为“科教新征程　筑梦新时代”，设置开幕式及主旨报告和专题论坛等10余场专家报告会，开幕式浏览量达429万人次。6个专题论坛分别为开设新时代的生物学教育与青少年科技人才培养论坛、基于核心素养的科技教师专业发展论坛、基于新课标的中小学工程技术教育实践路径与人才培养策略论坛、多元视角下的物理教育与公众科学素养提升论坛、乡村科技教育发展论坛、高级科技辅导员论坛，其中乡村科技教育发展论坛直播观看人数达50.9万人次，近2500名科技辅导员线上参加交流讨论。

【科技支撑乡村振兴公益行动——送科技教育服务】 开展科技支撑乡村振兴公益行动——送科技教育服务专项活动。结合宁夏回族自治区海原县，河南省范县，陕西省子洲县、周至县、旬阳市5个项目县中小学校的实际需求，围绕机器人、创客、航空航天科技教育实践活动等主题，为陕西省、宁夏回族自治区、山西省、河南省4省（区）6县建设完成9个“科创筑梦”乡村科教服务站，指导和服务学校开展常态化科技实践及主题科普活动，先后有2万余名科技教师与学生参与活动。以线上线下结合方式走进子洲

县、周至县、旬阳市3个项目县的乡村中小学校，开展培训交流、科普报告、青少年科技实践活动等科技教育活动，捐赠上千套活动器材，近万名师生参加。

5月17日，协会组织“智惠行动·百会百县乡村行”项目县——宁夏回族自治区海原县与河南省范县参加“科技支撑乡村振兴公益行动”启动仪式及培训活动。此次培训活动在北京设立主会场、各县各校设立分会场，利用光明网、“科创筑梦”平台等进行直播。在宁夏分会场，海原县200多名乡村干部、致富带头人、社区居民、乡村医务工作者参加科普报告会，海原县第四中学、第五小学等20所中小学5920名师生观看现场直播。河南范县组织基层干部、科技工作者和13所中小学校的1600余名师生在线观看科普报告。

（撰稿人：于　波）

中国科教电影电视协会

服务创新型国家和社会建设　2022年，协会向中国科协科学技术普及部、中国科协战略研究院申请“全国学会科普能力提升”“融合国外优秀科普影视节目，推动我国科普影视节目发展”“提高农民科技文化综合素养的对策”“乡土人才调查”等研究项目。项目包含“茅庐书院”“科技强国大讲堂”品牌科普活动、科普影视传播沙龙、学会科普工作研究报告等内容。

2022年全国两会期间，全国人大代表郭建华、张全收、马豹子，全国政协委员王伟光、朱定真等，分别就《科教影视赋能乡村振兴》《搞好乡镇振兴，文化振兴是重中之重》《强化文化融合，赋能乡村全面振兴》等提出议案、提案。对此，协会积极提供相关资料与数据，为参政议政发挥积极作用。

协会与星际之城影业有限公司签署院线级科幻电影《星际之城·驻月》联合出品协议；与中国农业电影电视中心签署大型科普系列片《中国芯——芯片那些事儿》联合出品协议。

学会建设　截至2022年年底，协会个人会员共1376人。2022年度新发展个人会员177人、新发展团体会员22家。

全年召开理事会议1次、常务理事会议2次，新增6个分支机构。成立新媒体委员会、文创时尚产业委员会、数字人委员会、科幻委员会、元宇宙产业委员会、创新融合生态发展专委会等。为加强对分支机构的规范管理，制定《中国科教电影电视协会分支机构管理办法》。

在数字化建设方面，协会通过建立会员数据库，在官网开通会员线上入会通道；配合中国科协会员库搭建工作，整理汇总协会三十余年的历史会员资料，为协会会员发展工作奠定基础。

升级协会官网、中国国际科教影视制作人年会中英文网站和优秀科普影视作品共享平台。协会官网年度点击率突破187.36万次，累计发布各类报道229篇。同时，完成优秀科教影视作品共享平台的影视作品上传发布，累计更新发布科教影视作品751部。微信公众号累计推送内容333篇，总阅读量28030次。

科普活动　在全国科技工作者日期间，协会依托官网平台开展“科技赋能赢未来　电影礼赞新时代”主题展映活动，设计制作“2022新时代科技放映厅”展映专题网站，根据协会统一部署发布《数学之城》《星河一叶》等科教电影以及《动能》《浮力》等科学实验作品，活动期间在线观看人数超过13万人次。

与中国农业电影电视中心等单位联合举办2022中国农民丰收节第五届中国农民电影节；与河南影视集团联合拍摄大型纪录片《大国粮仓》。

开展“中国龙奖”评选活动，共征集到来自中国、德国、法国、俄罗斯、美国、英国、印度、伊朗、日本、韩国、新加坡等70个国家和地区的777部作品。经评审，共评选出获奖作品38部。

联合中央宣传部电影数字节目管理中心等单位共同组织实施国际科教影视作品公益展映活动，从国内公映电影、“中国龙奖”“科蕾杯”获奖作品中遴选出优秀作品，并组织线上线下的科教、科普、科幻影视的公益展映。

与新疆维吾尔自治区喀什地区联合举办“崇尚科学，以文润疆——向党的二十大献礼”青少年科学文艺作品大赛活动，共收到作品近万件。

与上海市高等教育学会联合主办“文明美育、科普中国”专业论坛，对科学普及继续教育工作进行有益探索。

党建强会　协会通过组织专题学习交流，党委扩大会议、常务理事会议集中学习，参加中国科协组织的“党的二十大代表进学会”专题活动，在协会官网开设“中国科教电影电视协会学习贯彻党的二十大精神”专栏等多种形式，深入学习贯彻党的二十大精神。

【第 13 届中国国际科教影视展评暨制作人年会】12 月 14 日，作为第七届深圳科技影视周重要板块之一的第 13 届中国国际科教影视展评暨制作人年会在广东省深圳市开幕。年会由中国科协与深圳市人民政府主办，协会联合中共深圳市委宣传部、深圳市科学技术协会、宝安区人民政府等单位承办。来自全国政协、中央宣传部、国家广播电视总局、中国科协、中国文学艺术界联合会、中国科学院、文化影视单位及高新科技企业等的代表参加会议；以及来自联合国教科文组织、世界华商工商促进会总会、国际科教影视制作单位等 70 多个机构在线参与。

本届科技影视周以“未来已来”为主题，包括中国国际科教影视展评暨制作人年会、中国（深圳）国际气候影视大会和中国能源科技影视大会三大板块。其中，年会内容包括“科学普及新征程　科教影视向未来”主旨论坛、“文化与科技深度融合发展趋势探析”分论坛、《茅庐书院》专家讲座、“中国龙奖”揭晓暨颁奖盛典等。

有 5 名全国人大代表、4 名政协委员、5 名院士、20 多名知名学者、40 多名业内专家参与主旨论坛。专题论坛有“数字人技术在影视、直播、文旅产业领域的应用前景”“硬核科幻影视的未来发展”“时尚之美、美在文创”“守正创新、惟道是从”。“茅庐书院”专家讲座邀请南开大学新闻与传播学院院长刘亚东主讲《高水平对外开放是中国走向未来的必由之路》。参加论坛的嘉宾有国家“十三五”重点规划项目课题主持人、课题组组长耿秀彦，中国科学院自动化研究所“紫东太初”大规模中心常务副主任王金桥及科教影视一线的出品人、制作人、获奖者等。

科技影视周揭晓了“中国龙奖”和“科蕾杯”获奖作品。本届共评选出获奖作品 38 部，科普长片《遇见最极致的中国》获得特等奖，并摘得最佳策划（选题）、最佳摄影两个单项奖；由加拿大汉德福电影公司制作的《碳的身世》等 6 部作品获得金奖；年会还增设了终生成就奖、奉献奖、组织奖、最佳协作奖。

会议采取线上线下结合方式举办，在光明网、光明网视频号、光明网微博号、科普知乎号、科普百家号、“科创中国”、科技工作者之家、协会官网等平台进行视频直播，还同步进行图片直播，总播放量达 323.6 万。新华网、学习强国、人民网等 70 余家媒体对活动进行报道，总传播量万余次。

（撰稿人：刘　畅）

中国科学技术期刊编辑学会

服务创新型国家和社会建设　2022 年，学会举办全国科技期刊编辑业务培训班和全国科技期刊数字出版业务培训班，每期培训 7 天，2 期培训学员共计 628 人，参加培训的人员经考试及考勤合格后，颁发继续教育证书，计入出版专业技术人员继续教育 56 学时。

学会建设　截至 12 月底，学会拥有团体会员 1437 家、个人会员 10164 人。

5 月 27 日，学会七届四次常务理事会议线上召开，36 位常务理事及监事长郝梓国在线参加会议。会议由学会党委书记、理事长田伟主持，传达中国科协十届全委会第三次会议精神及 2022 年中国科协全国学会秘书长会议精神。学会分支机构进行变更，网络工作委员会变更为数字出版与传播工作委员会；民族期刊专业委员会并入地方工作委员会；新成立规范与标准工作委员会，工作 / 专业委员会总数仍为 12 个。表决通过《中国科学技术期刊编辑学会内控风险管理办法》。会议同时公布各位副理事长对分支机构的分管工作安排。

11 月 9 日，学会七届五次常务理事（扩大）会议线上召开，39 位常务理事、学会监事长郝梓国、12 位委员会主任在线参加会议。会议由田伟主持。会议组织学习党的二十大精神，通报 2022 年中国科协对学会的巡视情况，各工作委员会及专业委员会汇报新一届委员会组织建设情况以及五年工作计划。

12 月 15 日，学会七届六次常务理事会议线上召开，37 位常务理事、学会监事长郝梓国在线参加会议。会议由田伟主持。会议审议学会 2022 年工作报告及 2023 年工作计划并听取学会相关管理制度修订情况汇报。

12 月 15 日，学会七届二次理事大会线上召开，学会理事及监事共 117 人参加会议。会议由学会副理事长杨亚政主持。会上，魏均民汇报学会 2022 年工作报告及 2023 年工作计划，李宏伟汇报学会相关管理制度修订情况，田伟作会议总结。

12 月，集中完成 9 个分支机构的换届工作及规范与标准工作委员会的组建工作，完成各委员会的新老员工交替，制定各委员会未来五年的目标任务和发展计划。

主办期刊　2022 年,《编辑学报》根据发文重点，

组织约稿并发表《我国科技期刊发展中的问题剖析及对策建议——钱寿初先生〈编边草〉编辑思想给我们的启示》《中国科技期刊“造船出海”已迫在眉睫》《坚持期刊出版审批制度，建设世界一流科技期刊》《正确认识期刊评价，回归办刊初心》等多篇文章。

《编辑学报》全年在投审稿系统收到投稿1100余篇，录用160余篇。出版正刊6期，共发表文章200余篇（含补白）约150万字。纸刊年发行量1.4万余册，在线阅读量超10万次。入选北京大学《中文核心期刊要目总览》（第9版）、CSSCI来源期刊、《中国人文社会科学期刊AMI综合评价报告（2022年）》核心期刊、《中国学术期刊影响因子年报（人文社会科学·2021版）》、《2022年版中国科技期刊引证报告（核心版）：社会科学卷》以及国内高校权威期刊认定参考目录等。

国内主要学术会议 2022年，学会开展中国科学技术期刊编辑学会成立35周年纪念大会暨2022年学术年会等2次学术交流活动，在线参加学术研讨人数5500人次。

9月23日，由学会、有科期刊出版（北京）有限公司、意得辑共同举办的“2022年同行评议周论坛：建立及支持科研信任”中国论坛线上召开。来自全球各地的学术出版商、协会、机构的有关人员及科研人员、科技期刊编辑、图书情报人员线上参加论坛，宣传同行评议的价值，围绕主题“科研诚信：建立及支持科研信任”举办各种活动。学会理事长田伟、2022同行评审周委员会联席主席Jayashree Rajagopalan为论坛致辞。学会副理事长任延刚主持论坛。

主题报告部分邀请来自英国医学杂志、威科医疗、中国科学院分子细胞科学卓越创新中心、上海交通大学、意得辑的5位专家学者作报告。随后的研讨环节围绕评审的不同模式（公开/私下、匿名/署名评议，双盲评议，发表后公开讨论等）、科学家在保持同行评议诚信中的作用、文章发表后评价的价值等主题展开讨论。

科普活动 学会科普工作委员会结合各会员科普期刊自身行业定位，先后从多个角度策划“喜迎二十大”“科技创新”“健康中国”“低碳技能”等相关主题专栏。

学会科普工作委员会积极参与“典赞·2022科普中国”活动，推荐《航空知识》主编王亚楠参评“典赞·2022科普中国”科普人物，推荐《无线电》杂志出版的《看懂芯片原来这么简单（漫画版）》《给少年的科学书》2本科普图书参评“典赞·2022科普中国”科普作品。

党建强会 8月2日，学会理事会党委、中华医学会杂志社党总支第三党支部与安徽讯飞医疗股份有限公司综合党支部党建共建活动在北京举办。

11月9日，学会理事会党委召开党委会议，学会党委书记、理事长田伟组织学习党的二十大精神。

在举办全国科技期刊编辑业务培训班、全国科技期刊数字出版业务培训班期间，学会邀请中央党校（国家行政学院）党建部讲师陶元浩、中国科协组织人事部原部长李森和中央宣传部“学习强国”学习平台编委杜大力分别以《深入学习贯彻党的二十大精神》《关于中国特色社会主义新时代》和《认真学习贯彻党的二十大精神，在文化强国建设中铸就社会主义文化新辉煌》为题为学员讲授党课。

会员服务 学会通过业务咨询、学术会议交流、编辑业务培训、项目研究、期刊赠送等途径服务会员、发展会员。

2022年，对官网进行全新改版升级，将“会员专区”作为独立栏目放在官网首行一级栏目；增大会员期刊的滚动展示图片，强化展示效果；开发会员管理系统，加强对会员的管理，提升为会员服务的能力和水平。

2022年，为会员赠送期刊《编辑学报》，每期赠送551册，全年赠送3306册。

【中国科学技术期刊编辑学会成立35周年纪念大会暨2022年学术年会】 12月15日，由协会主办、北京北大方正电子有限公司协办的中国科学技术期刊编辑学会成立35周年纪念大会暨2022年学术年会线上召开。大会以“科技强国与期刊高质量发展”为主题，探讨科技期刊高质量发展的诸多重大理论与现实问题。学会理事长田伟致欢迎词。中国出版协会理事长邬书林、中国版权协会理事长阎晓宏、中国期刊协会副会长李军等致辞。4200余位专家学者、期刊编辑界有关人员等在线参加。

邬书林作题为《认真学习党的二十大精神，大力推进期刊强国建设》的报告。中国工程院院士、同济大学荣誉讲席教授朱合华以其创办的国际学术期刊*Underground Space*（《地下空间》）为例，作题为《瞄准学科前沿，走期刊高质量发展之路》的报告。中国科学技术大学公共事务学院、网络空间安全学院教授左晓栋作题为《数据安全审查制度与科技期刊出版》的报告。北京北大方正电子有限公司董事长、总裁邵行作题为《科技驱动学术期刊全产业高质量发展》的报告。学会副理事长兼秘书长魏均民作大会总结。

（撰稿人：张　霞）

中国流行色协会

服务创新型国家和社会建设　协会泛家居产业服务团以色彩理论研究与色彩管理实践为专业切入点，以解决泛家居产业设计创新为目标导向，通过开展产学研合作，推动时尚设计与科技、文化、商业等创新要素的深度融合，推动泛家居企业在趋势预测、产品设计、品牌建设、市场营销、色彩管理等方面的创新发展，挖掘色彩竞争力对泛家居产业实现高质量发展的强大支撑作用，着力打造“科创中国”在色彩时尚领域内的发展样板。

开展中国色彩提案研究。组织专家通过线上调研、讨论等形式与16个成员国共同确定2023/2024秋冬和2024春夏国际色彩流行趋势定案。

开展中国流行色协会色彩搭配师能力培训及考评工作。2022年累计开展47期（含线上和线下）色彩搭配师能力四级、三级、二级和一级培训与考评，来自服装、纺织、泛家居、形象设计、文化传播、环境艺术、化妆品制造、互联网、工业设计、食品等领域的相关人员参加培训与考评。其中，举办色彩搭配师四级培训23期，共培训203人次，累计106人次通过色彩搭配师四级考评；举办色彩搭配师三级培训16期，共培训人数203人次，累计90人次通过色彩搭配师三级考评；举办色彩搭配师二级培训5期，共培训人数72人次，累计40人次通过色彩搭配二级考评；举办色彩搭配师一级培训3期，共培训人数120人次，累计32人通过色彩搭配师一级考评。

开展色彩领域专业培训工作。全年举办培训班22期，共培训630人次。其中，家居色彩与设计高级研修班举办4期，培训人数58人次；服装色彩与设计高级研修班举办4期，培训人数60人次；陈列色彩与视觉营销高级研修班举办5期，培训人数59人次；新时代色彩与文化融合创新设计领军人才高级研修班举办5期，培训人数63人次；“空间色彩搭配”主题培训举办4期，培训人数390人次。

9月，宁波服装产业服务站在浙江省宁波市落成，为地方企业开展专业培训、咨询、创新发展服务。

8月11日，在山东省威海市成立中国传统色彩（布艺）推广中心，旨在将协会优势资源、布艺专业资源和威海川水数字科技有限公司优势资源整合，形成创意、设计、生产、布艺制作、展览、展示、销售、旅游、布艺产品、国际交流与合作的文化创意产业，促进拼布业及山东省荣成市文化旅游产业的发展，成为新的经济增长点。

在企业建立色彩研发基地，为企业提供色彩趋势研究和发布、品牌色以及国际流行趋势、色彩设计、色彩搭配、色彩营销等相关色彩培训，指导企业正确使用色彩，提升企业设计人员对色彩的应用能力及企业生产效率。

9月，启动2022“虎门杯”中国国际高校色彩设计大赛，共收到国内外308所院校学生的2475件作品，最终评选出金奖1项、银奖4项、铜奖8项、单项奖16项、优秀奖85项及入围奖300项。

继续为青岛海尔集团开展全面色彩战略合作的咨询服务，为企业进行色彩规划和色彩管理，为企业新产品开发提供技术支持与指导，帮助企业进行产品规划和市场调研及产品色彩应用，提高企业产品线管理的时效性，帮助企业进行产品分类、细化和销售。

继续为爱慕股份有限公司提供色彩咨询服务，开展爱慕内衣及竞品色彩分析，参与爱慕内衣品牌企划与研发等，帮助企业制定内衣新季色彩流行方向，并通过沙龙与爱慕设计师进行沟通，共同引领中国内衣行业色彩发展。

4月，与央拓国际融合传播集团有限公司达成色彩趋势推广合作，共同开发主题颜色、打造主题文化展览，同时将相关科普知识融入展览主题，将亲子家庭、学生、文艺青年等作为主要受众群体，打造沉浸式科普艺术展。

学会建设　2022年，协会新发展团体会员12家，团体会员总数达到899家；新发展个人会员249人，个人会员总数达到10592人。全年累计新加入色彩教育专业委员会委员45人，新加入建筑与环境色彩研究专业委员会委员23人，新加入空间色彩专业委员会委员9人，新加入拼布色彩与艺术研究专业委员会委员15人。

12月23日，线上召开十届四次理事会议暨十届七次常务理事会议，审议并通过2022年度工作报告。

修订《中国流行色协会会员服务条例》，优化会

员服务流程，扩大会员服务的内容和形式，搭建《流行色》、专业报告、色彩研究、学术交流、色彩培训等多元化的会员服务体系。结合协会各项业务工作的开展和专业委员会的活动，做好会员宣传和发展工作。

主办期刊 全年出版《流行色》12 期，发表科普文章 650 余篇。

学科发展工程 协会组织编写“十四五”教材《色彩设计基础》和《色彩设计应用》。出版《色彩研究：全国色彩教育研讨会论文与作品集》，该书收录以“色彩教学”为主题的论文 20 篇和具有代表性的优秀作品 142 件。作为反映国内高校最新色彩教学动态和成果的图书，一方面以年鉴形式集中展示国内艺术设计院校在色彩教学研究和实践方面取得的新成果；另一方面为新时代背景下的高校色彩设计教育的迭代升级提供参照和指明方向。编写《中国城市与环境色彩白皮书》，依托协会自身的学术、行业人才优势，汇聚来自高校、研究机构、企事业单位的一流专家和行业领导者分主题、分章节进行编写。

国内主要学术会议 11 月 29 日，由中国科协主办，协会、泉州市科学技术协会承办的以“融合·创新”为主题的“科创中国”纺织鞋服产学融合会议线上举办，约 13 万人次观看直播。色彩是创新设计最重要的构成要素，国际流行色委员会、中国流行色协会在此次论坛上发布以“希望之旅”为主题的 2023 春夏色彩流行趋势，并推出 2023 春夏五大关键色，即晨光紫、苹果绿、荧光玫瑰红、天河蓝、古都橙。会议被中国科协《重要学术会议指南（2022）》收录。

国际交往 国际流行色委员会董事会经商议于 5 月、11 月召开线上色彩定案会，实际材料以快递形式发往各国。协会组织专家通过线上调研、讨论等形式制定 2024 年春夏及 2024/2025 年秋冬中国色彩提案，并于 5 月、11 月国际流行色委员会线上会议期间发布，得到各国专家认可。同期参加国际流行色委员会线上会议的还有日本、韩国、泰国、英国、法国、美国、意大利、德国、瑞士、芬兰、西班牙、匈牙利、土耳其、葡萄牙、丹麦等 17 个成员国的代表，通过一周的时间最终确定最新两季国际色彩定案，并于 6 月、12 月分别出版《国际色彩趋势报告》，将最新的色彩信息传达给协会会员。

科普活动 2022 年，协会依托线上平台，为广大色彩爱好者、色彩工作者及会员提供 18 节“色彩空中课堂”，受众达 15 万人次。

表彰举荐优秀科技工作者 协会推荐中国美术学院副教授高嵬、湖南大学副教授黄茜为“典赞·2022 科普中国”基层和科普人物提名。推荐无锡大学教授梁惠娥、广州大学教授郭红雨、中国美术学院教授宋建明为 2022 年中国科协科技人才奖项评审专家。

党建强会 2022 年，继续加强协会治理结构和治理方式改革，以习近平新时代中国特色社会主义思想为指导，协会组织全体员工多次学习党的十九大、十九届历次全会精神以及党的二十大精神，坚持以党建引领协会事业发展。

会员服务 2022 年，协会为会员企业提供 12 期《流行色》以及《2023 春夏国际色彩趋势报告》《2023/24 秋冬国际色彩趋势报告》《纺织服装流行趋势展望》等专业研究报告，传递业内最新资讯。

【2022 年国际环境色彩设计学术论坛】 11 月 25—26 日，由协会与中国美术学院、国际色彩协会环境色彩设计专业委员会联合主办，中国美术学院设计艺术学院、中国美术学院色彩研究所承办的 2022 年国际环境色彩设计学术论坛在浙江省杭州市举办。来自中国、英国、德国、西班牙、澳大利亚、瑞士、挪威、阿根廷等国内外色彩研究领域的 20 多位专家学者参加会议。主旨演讲议题涉及城市色彩规划与设计、建筑色彩设计、环境艺术、景观色彩设计等方面。论坛期间还举办圆桌会议，来自中央美术学院、清华大学、复旦大学、同济大学、南京林业大学、中国美术学院的相关专家学者就传统建筑色彩、城市风貌色彩、环境景观色彩、城市照明色彩等主题开展讨论。共有 1.2 万人次参加论坛。会议被中国科协《重要学术会议指南（2022）》收录。

（撰稿人：蔡 飞）

中国档案学会

服务创新型国家和社会建设 学会配合国家档案局政策法规司做好档案法实施条例起草修订工作，组织专家召开线上线下会议展开研讨、起草文本、提出修改意见。按照要求汇总有关情况，为实施条例的有关条文提供佐证支撑材料。

按照国家档案局关于巩固脱贫攻坚和乡村振兴有效衔接定点帮扶的统一部署，合理安排经费使用，利用自有资金支持四川省凉山彝族自治州喜德县巩固脱贫攻坚成果，加大智力帮扶。

学会建设 2022年，学会个人会员总数9648人，单位会员总数368个。

先后召开理事会议1次、常务理事会议2次、监事会议1次。召开九届四次、五次常务理事会议，讨论副理事长人选事宜，审议成立科技档案与科学数据管理学术委员会等事项。召开九届三次理事会议，学习贯彻习近平总书记对档案工作重要批示。

12月15日，学会新成立科技档案与科学数据管理学术委员会，挂靠单位为中国科学院档案馆。

按照中国科协全国学会会员入库建设动员部署会的要求和统一部署，整理会员数据，实现会员数据自动入库。

5月17日，在原微信服务号的基础上，新开通订阅号，提高信息更新效率，及时转载中国科协和国家档案局重要信息，发布学术动态和会议活动情况。开通以来，用户数已达9600名，发布信息92条。

3月15日，中国科协党组成员、书记处书记束为到学会开展调研，就党建强会、人才工作与学会进行座谈交流。

主办期刊 《档案学研究》为中文社会科学引文索引来源期刊、全国中文核心期刊（档案学），双月刊。全年刊登121篇文章，重点刊发红色档案资源开发、新《中华人民共和国档案法》研究、现代档案学建设、智慧档案、电子档案单套管理、数字人文视域下的档案资源开发等相关文章。

国内主要学术会议 6月17日，学会线上举办“档案应急抢救”学术研讨会，围绕档案应急抢救工作的发展与实践、绿色防灾抗疫耐久低成本档案馆库构建、受损档案的抢救与修复技术、应对重大自然灾害的档案应急抢救策略、灾害档案应急抢救方法与技术等内容进行研讨。

9月15日，由学会主办的“档案赋能数字政府”学术研讨会以视频会议形式召开。会议邀请国家档案局有关部门和各地档案部门、高校有关专家学者围绕数字政府建设中的电子文件归档与电子档案管理、档案资源数字转型、数字政府建设中的档案支撑与档案思维、电子政务数据归档的难点及对策等内容进行研讨。

学会各专业委员会积极开展线上学术活动。档案文化专业委员会举办“档案文创服务与开发实践”系列讲座，档案保护技术委员会等联合举办“绽放青春 国宝逢春”——青年档案保护科学研究与大国工匠论坛，档案信息化技术委员会召开“档案数字化转型实践研究”和“区块链技术在电子档案管理中的应用”学术交流会，档案文献编纂学术委员会召开“创新与服务——新时期档案编研工作”学术沙龙，企业档案学术委员会召开“高质量企业档案助推世界一流企业建设”学术交流会。

两岸交流 11月19日，由学会、中国文献影像技术协会和台湾中华档案暨资讯微缩管理学会主办的2022年海峡两岸档案暨缩微学术交流会线上召开。此次视频交流会在台湾地区设主会场，来自全国各省、自治区、直辖市和副省级城市档案学会的会员，中国文献影像技术协会会员、台湾中华档案暨资讯微缩管理学会会员等近200人线上参加会议。学会副理事长邓小军、中国文献影像技术协会理事长杨成斌及台湾中华档案暨资讯微缩管理学会理事长许芳铭、名誉理事长曹尔忠出席会议并致辞。通过学术交流研讨，共享两岸档案工作经验，增进两岸同行的友情，促进档案事业发展。

科普活动 学会配合国家档案局做好国际档案日宣传工作，邀请中央党校（国家行政学院）马克思主义学院院长张占斌围绕迎接党的二十大召开，结合档案工作作题为《加快构建新发展格局》的专题讲座，全国各级档案部门8万余人线上收看。

表彰举荐优秀科技工作者 按照国家档案局关于三支人才队伍推荐工作要求，完成35名国家级档案专家、38名全国青年档案业务骨干、50名全国档案工匠型人才的推荐工作。

党建强会 10月27日，参加中国科协面向全国学会开展的“党的二十大代表进学会”学习宣传贯彻党的二十大精神系列学习活动座谈会。邀请中央党校（国家行政学院）中国式现代化研究中心副主任、教授黄锟作《学习贯彻党的二十大精神——以中国式现代化全面推进中华民族伟大复兴》专题讲座。学会将学习宣传党的二十大精神作为2022年全国档案工作者年会的内容，邀请学会理事长杨冬权和中国人民大学原校长刘伟作主旨报告。

学会全年召开理事会党委委员会会议2次，办事机构党支部组织召开党员大会、支部委员会议、集体学习42次；党支部书记带头讲党课4次。

加强学会功能型党委建设，坚持党对学会工作的全面领导，统筹抓好党建和各项业务工作。发挥党委决策作用，前置审议学会落实国家档案局中央档案馆

有关服务党的二十大工作，讨论补选副理事长、常务理事候选人，研究部署学会学习贯彻党的二十大精神工作。加强学会办事机构党支部建设，履行“一岗双责”责任，落实“三会一课”制度。

会员服务 学会向缴纳会费的会员全年提供《档案学研究》杂志。在学会官网、微信公众号上刊登和转载国家档案局、中国科协以及学会和各地档案学会相关政策、行业标准、学术活动等信息，供会员浏览。

【2022 年全国档案工作者年会】 12 月 14 日，2022 年全国档案工作者年会以线上线下结合方式召开。年会以“档案工作和国家治理体系与治理能力现代化”为主题，研讨中国式现代化档案事业创新发展。中国人民大学原校长刘伟，学会理事长杨冬权，学会副理事长、中国人民大学教授张斌，中国科学院国家空间科学中心副主任、国家空间科学数据中心主任邹自明分别作题为《以高质量发展实现中国式现代化目标》《始终牢记初心，以档案力量服务中国式现代化》《新冠肺炎疫情防控档案工作模式研究》《科学数据的前沿和热点》的主旨报告。

在档案科技论坛上，7 位专家分别以《感光影像档案濒危病害治理关键技术》《绿色档案馆建设》《自主可控的数字档案馆建设解析》《A.I. 新进展 2022 及数智档案新成果》《档案馆光和影的艺术》《档案馆空调系统建设中的问题与应对》《档案智能划控技术实现》为题研讨档案科技新成果，向广大档案工作者普及新技术应用。

学会 9 个专业委员会分别以“国家治理体系和治理能力现代化视域下的档案行政监管”“深化档案资源建设，服务国家治理体系和治理能力现代化”“档案文化开发与国家综合治理”“科学保护国家记忆　助力传承中华精神”“档案治理视域下的档案信息治理理念与技术创新”“影像技术赋能新时代档案工作”“提升企业档案工作能力，助力国家治理体系和治理能力现代化”为主题举办分论坛，进行学术交流研讨。

（撰稿人：李　威）

中国国土经济学会

服务创新型国家和社会建设 学会组织开展“科创中国 · 乡村振兴百县千村工程”，以科技赋能地方社会经济发展。具体任务包括实施五大行动（即“双碳”引领乡村振兴绿色行动、百县千村抖音行动、百县百乡特色产业行动、数字乡村应用提升行动和百县千村科学康养行动）、搭建五大保障平台（顶层设计保障平台、部委政策保障平台、基层融合保障平台、宣传推广保障平台和组织保障平台）。与黑龙江省、河北省、河南省、宁夏回族自治区、四川省、湖北省、山西省、江苏省等 8 省（自治区）30 个县市进行项目对接，各省级科协组织当地主管领导和农业农村局、乡村振兴局等相关政府部门的负责人参加线上对接会。组织团队分别考察和拜会河南省濮阳市科学技术协会，北京平谷区金海湖镇、镇罗营镇，北京丰台区王佐镇，北京密云区溪翁庄镇金叵罗村，山西省大同市云州区、灵丘县，河北省保定市涞源县，河南省鹤壁市淇县等地，就“科创中国 · 乡村振兴百县千村工程”等相关事宜进行沟通交流。

4 月，学会发布《美丽中国 · 深呼吸小城 2022 年度绿色发展报告》科研成果。

9 月 22 日，由中国科协学会服务中心主办、学会承办的第三届科技社团改革发展理论研讨活动在北京开幕。活动主题为“建设中国特色一流学会，推进高水平科技自立自强”。共有来自学术界、政府部门、各级科协、学会的研究者、管理者和一线工作者 3 万余人次通过线上线下参加活动。

11 月，发布《幸福城市民意调查指标》团体标准，从群众角度评价社会治理水平，为政府提供舆情监测和决策参考。

学会专家、河南省农业科学院园艺研究所研究员梁慎的“盐碱、线虫病生物有机肥在解决兰考甜瓜连作障碍中的技术集成及其示范”重大专项试验成功。

学会建设 学会建立健全党委会议、监事会议、理事长办公会议及秘书处周例会等会议制度。召开 2 次党委扩大会议暨理事长办公会议、3 次监事会议和 40 次秘书处工作例会，落实民主办会、集体决策的原则。监事会指导制定、修订学会的各类规章制度，提出秘书处专职化的管理办法以及《学会廉政建设若干规定》《一刊一网一中心宣传工作管理办法》等 15 项。

9 月 25 日，采取线上线下结合形式召开第六届全国会员代表大会，选举产生新一届理事会和新一届监事会。

11 月 24 日，学会理事长肖金成接受中央电视台《东方时空》特别报道采访，提出“雄安新区正在将高标准、高质量的规划蓝图变为现实”。

学会的耕地保护“田长制”智慧监督管理平台获得国家版权局颁发的著作权登记证书。

学会新媒体中心已拥有抖音3000万粉丝，加上与其他官方媒体合作共有约1亿的粉丝量。

青年人才托举工程 学会开展第八届（2022—2024年度）中国科协青年人才托举工程项目遴选工作，推荐的宋昌耀被选为项目托举人，时间为三年。

主办期刊 《今日国土》继续开办权威访谈栏目，邀请10位专家发布权威观点，在经济发展、生态文明、乡村振兴、文化旅游和法治建设等方面做宣传报道。2022年已经刊发30多篇相关文章，为中国乡村振兴之路寻找到新理念、新共识。

4月,《今日国土》杂志社为北京平谷区金海湖镇颁发“生态文学创作基地”牌匾。6月，举办纪念《今日国土》创刊20周年座谈会并编发专刊。7月，成立今日国土·生态文学委员会，由梁衡担任总顾问，并聘请李朝俊等第一批50名生态文学作家，开通“生态文学时间”微信公众号。

学科发展工程 5月起，学会联合数智工场产业加加研究院发布《中国国土经济产业投资月报》，利用大数据对区域经济、产业进行摸底，找方向定策略，为区域产业发展和招商引资工作提供系统化设计和解决方案。

9月，组织编写出版《中国国土经济高质量发展报告》。该报告由江泽慧担任学术指导委员会主任、范恒山为总编辑、柳忠勤和梁留科为执行总编辑，收录全国14个典型案例，是一部反映中国国土经济高质量发展理论研究与实践相结合的专著。

国内主要学术会议 8月20日，“新时期区域协调发展与创新转化”论坛暨中国国土经济学会区域战略专业委员会2022学术年会线上召开。该论坛由学会、山东大学（青岛）主办，山东大学国际创新转化学院、学会区域战略专业委员会承办。会议聚焦区域发展与创新转化，探索迈向创新型国家前列路途中的区域创新发展等重要议题。来自相关领域的专家学者通过各渠道参与论坛，其中“今日国土”抖音直播观看人数达1万余人次。

12月3日，中国国土经济学会青年工作委员会年会暨第二届国土经济“青年30人”论坛线上举办。年会分别以“现代化建设，高质量发展与绿色低碳转型”和“耕地保护、综合治理与国土多功能利用转型”为主题开展2场论坛，学会主席团主席柳忠勤，学会理事长肖金成以及来自全国多所高校和科研院所的众多青年学者出席年会和论坛。线上观看人数达4.7万余人次。

科普活动 学会获得中国科协2022年度全国学会科普工作优秀单位。举办“中国国土大讲堂”2次、会员日科普系列讲座11场（次），平均每场受众人群2万人次。5月30日，邀请学会专家委员会副主任、中国生物技术发展中心原主任王宏广作讲座《关于生物科技与生物经济》，直播2个多小时，多达100万余人次观看。

2—11月，开展“科创中国”乡村振兴百县千村科技服务团讲座，邀请10位学会兼职副秘书长分别围绕碳中和、旅游发展、国土整治、乡村振兴、水资源等主题开展5期讲座，在线人数达10万余人次。

推荐河北省涞源白石山景区入选2021—2025年全国第一批科普教育基地名单。

8月17—19日，组织专家赴河南省鹤壁市淇县开展“智惠行动·百会百县乡村淇县行”科普服务活动，助力淇县的乡村振兴活动。

8月20日，举办2022年首届全国大学生乡村振兴知识科普暨青年乡村振兴短视频大赛启动仪式。

党建强会 学会通过多种方式学习党的二十大精神，上报经验材料5篇、学习心得体会8篇，其中1篇被中国科协采纳进《科学有为、时代有我》宣传片。

9月25日，完成第六届理事会功能型党委的换届工作，并召开2次党委会议，确定新一届党委分工。

学会秘书处党支部继续承办中国科协科技社团交办的党建课题研究及党建强会项目，已与全国18家基层党支部开展党支部共建工程。7月1日，学会党支部联合北京市农村经济研究中心资源区划处党支部共同在北京房山区史家营乡金鸡台革命老村举办“走好第一方阵，我为二十大作贡献”活动。

会员服务 加强学会办事机构建设，完成会员的数字化平台建设。2022年，在学会第六届理事会第二次常务理事会议上专门研究会员发展事宜。继续办好中国国土大讲堂、会员日沙龙等活动，做好会员的联络和服务工作。

【中国国土经济学会第六届全国会员代表大会】
9月25日，中国国土经济学会第六届全国会员代表大会以线上线下结合方式在北京召开。中国科协科学技

术创新部、民政部社会组织管理局、中国林学会有关负责人，以及学会第六届理事会理事、常务理事候选人和学会会员等约 180 人参加会议。

学会第五届理事会理事长、党委书记柳忠勤作《中国国土经济学会第五届理事会工作报告》。全国政协人口资源环境委员会原巡视员、学会第五届理事会监事会副主席卫宏作《中国国土经济学会第五届理事会监事会工作报告》。学会副理事长李国平、邹统钎、吴文良、严金明分别作《中国国土经济学会章程修订说明》《中国国土经济学会第五届理事会财务工作报告》《中国国土经济学会会费标准及管理办法说明》《中国国土经济学会第六届全国会员代表大会选举办法》。

会议选举出第二届监事会监事 3 人、第六届理事会理事 100 人、常务理事 22 人。肖金成当选第六届理事会理事长，刘军萍、周毅仁、董祚继、王宏广、严金明、李国平、吴文良、邹统钎、安树伟、倪鹏飞、沈泽江当选副理事长，王京涛为专职秘书长。

【“一城四区、百县千村”建设与发展座谈会】 10 月 29 日，由学会、中国科协“科创中国”乡村振兴联合体主办的“一城四区、百县千村”建设与发展座谈会在北京举办。中国科协党组成员兼国际合作部部长罗晖，学会首席专家江泽慧、陈洲其、刘燕华、范恒山，学会名誉理事长、主席团主席柳忠勤，学会理事长、党委书记肖金成，以及学会特邀专家、主席团、理事会、监事会、中国科协“科创中国”乡村振兴联合体等代表 60 余人参加会议。会议由学会首席专家、“科创中国”乡村振兴联合体主席团副主席、美丽中国·深呼吸小城专家委员会主任周建主持。

柳忠勤向大会作工作报告。与会专家为学会“一城四区、百县千村”建设与发展建言献策。

（撰稿人：杨巧英）

中国土地学会

服务创新型国家和社会建设 服务自然资源立法工作。学会在安徽省合肥市、云南省昆明市等地组织召开自然资源立法重点问题研讨会、自然资源法治建设研讨会，为自然资源部正在起草的《中华人民共和国耕地保护法》《中华人民共和国不动产登记法》《国土空间开发保护法》《密云水库保护条例》等立法工作提供智力支撑。

服务自然资源重点工作决策。先后组织召开“田长制”工作视频座谈会、土地征收工作重点问题研讨会，邀请业内专家和相关省份行政管理工作人员共同探讨“田长制”、土地征收工作的做法、经验、问题与推进建议，为强化耕地动态监管、完善土地征收工作提供决策参考。

服务国土空间规划行业管理。及时回应、反映土地规划行业诉求，对自然资源部制定的《城乡规划编制单位资质管理规定》（征求意见稿）提出修改意见。

学会建设 学会个人会员总数 9949 人，单位会员总数 559 家；拥有 17 个分支机构，已加入 2 个国际组织。

利用学会官网和微信公众号等平台，宣传分支机构、地方学会组织的各类活动；调整优化学会土地信息与遥感分会、城市土地分会委员会人员结构；参与、指导地方学会按期换届等事务。

对学会 1980—2020 年纸质档案（共计 102 盒 13437 页）和历年各类成果（共计 55 册 22620 页）进行整理、扫描、图像处理、存储、著录、目录建库和数据挂接，并开发完成档案资料信息管理系统一套，实现学会档案资料的信息管理及检索。

青年人才托举工程 制定中国土地学会《青年人才托举工程管理办法》《青年人才托举工程遴选办法》等 4 个管理办法。经申报推荐、资格审查、线上初评、会议评审、人选公示等程序，从 56 名申报人中遴选出中国地质大学白羽萍、浙江大学吴佳雨 2 名青年学者为青年人才托举工程候选人，上报中国科协并获得第七届中国科协青年人才托举工程项目资助。

主办期刊 学会期刊《中国土地科学》全年共出版 12 期，发布 153 篇学术论文、7 篇专论文章。根据 2022《中国学术期刊影响因子年报》，影响力指数为 636.034；复合影响因子为 6.141，比 2021 年提高 6.61%；综合影响因子为 4.505，比 2021 年提高 6.75%。入选中国科协全国学会期刊出版能力提升计划项目、中国最具国际影响力学术期刊、科技期刊世界影响力指数 Q1 区。《中国土地科学》1158 篇论文入选中国知网高影响力论文榜单。

学术内刊《土地科学动态》按期完成 6 期编辑出版工作，围绕耕地保护转型理论创新与制度建设、耕地保护与非粮化治理、耕地保护法制建设重大问题、耕地用途管制与粮食安全、东北黑土地保护与可持续利用等主题推出 80 余篇观点性文章。

学科发展工程 6月25日，学会学术工作委员会、《中国土地科学》编辑部共同主办中国土地科学学科发展研讨会。研讨会以“记录伟大时代脉动，推动土地学科发展”为主题，邀请10位土地科学领域专家分别从地籍学、土地经济学、土地管理学、土地资源学、土地信息学、土地生态学、土地法学等10个方面介绍土地学科研究进展状况，800余位专家学者线上参与研讨。

依托“土地学科进展和土地科学前沿问题研究”项目，集成《百年土地制度变迁与经验——土地科学前沿问题研究（2021）》研究成果，发布后受到学界广泛关注；组织编撰《土地科学学科发展蓝皮书》，系统展示土地学科及各分支学科的年度进展和研究热点；稳步推进国家社会科学基金资助项目“善治理念下农村建设用地市场化改革研究”，已发布部分阶段性成果；联合相关高校编撰出版《土地经济研究》（CSSCI来源集刊），发表土地经济及相关交叉学科领域的高水平学术研究成果，全力支撑土地学科和自然资源管理事业发展。

国际学术会议 10月16日，《中国土地科学》编辑部联合浙江大学等单位线上举办城乡住房与土地利用政策——第六届土地政策SSCI期刊联合国际学术会议；1月，参与组织首届全球滨海论坛中“基于自然的解决方案实践”专题论坛，为借鉴国际经验推动中国生态文明建设提供有效途径。

国内主要学术会议 2月8日，学会线上举办新春学术报告会，8位专家就业内普遍关注的土地科学前沿问题和“土地科学与自然资源管理类”基金项目申报作报告，2500余人次在线观看。

3月5日，由学会国土整治与生态修复分会、中国煤炭学会、中国矿业大学（北京）联合举办的纪念《土地复垦条例》颁布实施11周年座谈会在北京召开，来自自然资源部、高等院校、科研院所的30多位专家学者参加。

5月21日，由南京农业大学中国资源环境与发展研究院主办、《中国土地科学》编辑部协办的我国耕地保护法制化建设研讨会在江苏省南京市召开。

6月5日，《中国土地科学》编辑部联合中国农业大学农业与农村法制研究中心举办耕地保护法制建设相关重大问题学术研讨会，40余人参加。

6月18日，《中国土地科学》编辑部联合中国地质大学（武汉）、自然资源部法治研究重点实验室、湖北省土地学会举办以“乡村振兴与共同富裕目标下的土地政策创新”为主题的学术研讨会，邀请10余位土地领域的专家学者围绕耕地保护、乡村振兴、共同富裕等议题作主旨报告和点评，500余位同行线上线下参与学术交流。

9月16日，学会土地生态分会联合江苏省土地学会等举办的低碳国土开发利用与保护青年学者论坛在江苏省南京市召开。6名青年学者围绕低碳国土开发利用与保护主题分享最新研究成果。

9月24日，由《中国土地科学》编辑部联合中国国土勘测规划院、中国地质大学（北京）联合主办的耕地用途管制与粮食安全学术研讨会线上召开。会议邀请12位专家学者作专题报告，1200余人次线上收看。

10月29日，《中国土地科学》编辑部联合全国高校土地资源管理专业院长系主任联席会等主办的全国第八届土地资源管理博士生论坛线上召开，近3000人次线上观看。

11月6日，《中国土地科学》编辑部联合东北大学、辽宁省土地学会和自然资源部土地利用重点实验室共同主办的黑土地保护与可持续利用学术研讨会线上召开。来自中国农业大学、吉林大学等全国5所高校和中国科学院地理科学与资源研究所等相关科研院所，自然资源部土地利用重点实验室、黑龙江省自然资源厅等单位的专家学者，以及全国多所高校的师生、部分土地管理相关企业的专业技术人员共计500余人参加研讨会。

11月19—20日，由《中国土地科学》编辑部联合浙江大学城市学院主办的“统筹发展与安全：国土空间规划的挑战与应对”专题学术论坛以线上线下结合方式举办。来自全国21所高等院校、科研院所、行业规划院设计院的多位专家学者参加论坛，在线观看人数突破4万人次。

科普活动 学会联合相关部门开展第五届全国大学生国土空间规划技能大赛（92所高校的197支队伍参赛）、第四届全国大学生土地国情调查大赛（102所高校的204支队伍参赛）、第二届全国大学生土地整治与生态修复工程创新设计大赛（26所高校、5家企业的69件作品进入决赛）。

举办全国科技工作者日系列科普活动。以“创新争先、自立自强，在实践中发展壮大中国土地科学，把论文写在大地上”为主题，邀请10位土地首席科学

传播专家和来自16家科研单位、高等院校的土地科技工作者在线开展青年科技工作者说、土地科普大咖圆桌会议、“最美科技工作者”座谈等系列活动。

举办第32个6·25全国土地日系列科普活动。围绕“节约集约用地、严守耕地红线”主题，组织15名青年科技工作者和10名在读研究生、本科生在线开展土地日网上青年论坛、耕地红线科普课程建设研讨会等系列学术活动。

举办全国科普日线上系列学术活动。根据“喜迎二十大，科普向未来”全国科普日活动主题，拟定“土地资源要素支撑高质量发展”为副主题，邀请郧文聚等7位土地首席科学传播专家和3位耕地红线科学传播专家工作室学者线上开展土地科普大家谈、坚守耕地红线支撑高质量发展等学术活动。

联合举办第53个世界地球日科普进校园活动。组织科普团队走进北京师范大学附属实验中学，为广大师生作题为《保护用好国土资源，支撑可持续发展》的科普报告，并联合发布第53个世界地球日倡议书，传递共同保护生态环境的理念。

推进耕地红线科学传播专家工作室建设。该工作室是学会依托中国科协创建的第一个科学传播专家工作室，聚集中国耕地保护科学领域的领军人物和杰出青年人才。按照建设方案，该工作室以“耕地非粮化治理与乡村振兴路径”“18亿亩耕地保护的内涵”“坚守耕地红线不动摇”“18亿亩耕地怎样保”“解析中国耕地现状，落实耕地保护目标”等为主题，采取研讨会、专家讲座、大学生辩论赛等形式举办系列科普活动；接受中央广播电视总台《中国之声》采访，以《严守耕地保护红线　筑牢国家粮食安全》为主题进行耕地保护红线科普宣传；线上召开《耕地保护法（草案）》征求意见研讨会，广泛征求各方意见，切实为坚守耕地红线、维护国家粮食安全发挥应有作用。

实施全国学会科普能力提升项目。2022年，学会被中国科协确定为全国学会科普能力提升项目承担单位。按照相关要求，学会从品牌、平台、机制、队伍、改革、阵地“六位一体”的角度发挥自身专业优势，采取征集本领域科普短视频、举办科普沙龙、注册科普信息员等形式，组织动员科技工作者深入基层开展科普活动，做强优质科普阵地和平台，打造科普品牌。

围绕自然资源中心工作和热点难点问题，发掘科普创作人才和资源，推进土地领域科普作品创作。6月，土地首席科学传播专家郧文聚的科普著作《坚守耕地红线》出版，书中主要收录其近年来公开发表的评论和科普类文章；结合土地科学专业本科生和研究生课程，完成《耕地红线》科普培训课程设计开发，录制10个科普小视频；以“耕地病了”为主题开发9个科普课程，并录制9个科普小视频；针对“土壤健康”“土壤健康与农产品健康的关系”“什么是地理标志农产品”“2035年以前中国耕地资源安全面临哪‘五大’挑战”等专题，制作6个科普小视频；以“为什么要坚守耕地红线？”为主题制作科普宣传册，广泛传播“珍爱地球，人与自然和谐共生”的绿色发展理念。

表彰举荐优秀科技工作者　学会联合中国地质学会、中国地质矿产经济学会、中国海洋学会、中国太平洋学会、中国自然资源学会设立自然资源科学技术奖，以奖励在自然资源领域科技创新中做出重要贡献的集体和个人。依照相关规定完成向国家科学技术奖励工作办公室、国家表彰奖励办公室备案工作，研讨制定《自然资源科学技术奖章程（暂行）》，并于11月28日联合印发《关于开展2022年度自然资源科学技术奖推荐工作的通知》，启动首届自然资源科学技术奖推荐工作。

按照中国科协等有关部门部署要求，推荐李效顺、黄亮2位青年学者为第十七届中国青年科技奖候选人提名人选，推荐高延利等53位业内专家为中国科协科技人才奖项评审专家。

党建强会　学会始终把党的政治建设摆在首位，加强对学会所属期刊、网站、微信公众号、研讨会、论坛等意识形态阵地的管理。开展《习近平谈治国理政》第四卷、党的二十大精神等专题学习宣传活动；严格执行“三会一课”制度，开展主题党日活动。

持续推进实施学会党委职责任务清单和“负面”清单工作；建立健全学会官网党建栏目，及时传达贯彻上级党组织部署要求；适时召开党委会议对学会“三重一大”事项进行前置审议。

会员服务　打造会员继续教育品牌栏目。先后举办4期“土地大讲堂”系列学术讲座，立足讲授土地科学前沿动态、解读土地管理制度政策、分享行业实践经验，为全国土地科技工作者提供学习平台，学会会员约6000人（次）免费参与。

处理团体会员在参与国土空间规划编制工作中遇到的资质问题。学会核发《通知》明确：在国土空间规划编制资质管理规定出台之前，相关单位取得的《土地规划机构等级证书》不再换发新证、可延续使用，待新的规划资质管理规定出台后从其规定。

（撰稿人：肖浩亮）

中国科技新闻学会

服务创新型国家和社会建设 受中国科协委托，学会参与中国科协重大活动宣传策划与报道，共组织召开新闻发布会6场、中国科协重大活动宣传报道33场、宣传策划会10场、“最美科技工作者”主题采访活动2次；参与媒体记者达651人，发稿1431篇。据统计，中国科协重大活动宣传报道的稿件总浏览量超2.3亿人次，中央广播电视总台宣传报道28条（次），《人民日报》、新华社等中央主要媒体新闻报道超200篇（条）。

根据《中国科技新闻学会团体标准管理办法》的规定，经学会标准管理办公室组织有关专家审定，4月20日发布《科技传播标准体系建设通则》团体标准。该标准由中国科协科学技术传播中心、中国标准化研究院起草，学会理事于春、李占军、卜勇等参与制定。12月26日，发布《舆情监测平台评价规范》团体标准。

受中国科协创新战略研究院委托，学会依托自身优势，通过开展问卷调查、调研访谈、案例分析完成课题相关研究工作，形成《我国科技类媒体弘扬科学家精神的现状调研》报告；分别面向国家层面和中国科协层面形成《科技类媒体从业者弘扬科学家精神的建议——基于科技类媒体从业者问卷调查的研究》《科技类媒体弘扬科学家精神的现状、问题与建议》2份专题报告。

11月12日，“唱响科学家精神”主题沙龙活动在北京举办。活动由学会主办，中国音乐文学学会、工业和信息化部工业文化发展中心支持，学会科学文化传播专业委员会、中央音乐学院音乐教育学院等单位承办。全国政协十届教科文卫体委员会副主任徐善衍，全国政协十三届经济委员会副主任刘利华，中国工程院院士周立伟出席，来自科学界、文化界、产业界、媒体界的30余位专家学者参加活动。会上播放交流《曾经的选择》《稻子熟了的时候》等8首颂扬王选、袁隆平等科学家的歌曲。《科学家》杂志名誉总编辑许向阳主持沙龙。

学会建设 2022年，学会个人会员总数1203人，单位会员总数111家；新增个人会员35人，新增单位会员3家。新增科学文化传播专业委员会、元宇宙传播专业委员会，下属分支机构由24个增至26个。

主办期刊 1月20日，学会在北京召开主办期刊研讨会。会议由学会副理事长兼秘书长许英主持，学会理事长宋南平、顾问徐九武，有关专家、杂志社社长、主编、期刊编辑部代表共20余人出席会议，交流分享办刊经验和现阶段问题。为加强学会主办期刊管理，建议成立学会主办期刊工作委员会，并将其作为学会的内设机构进行管理，邀请有关专家组建专家委员会。

国际学术会议 7月8—10日，2022国际媒介与传播研究会前会暨苏州科学传播论坛线上举办。会议聚焦“传播科学，共创美好疫后生活”主题，进一步推动科学传播研究的国际化。会议由苏州大学传媒学院、学会科技传播理论研究专业委员会、西交利物浦大学、国际媒介与传播研究会环境科学风险传播专业委员会、苏州市科协等单位共同主办。来自美国康奈尔大学、美国威斯康星大学、新加坡国立大学、北京大学、清华大学、中国科技大学等机构的300余名学者、研究生参加论坛，在主会场和20个分会上汇报120多项研究。*Public Understanding of Science*（《公共科学理解》）、*Science Communication*（《科学传播》）、*Journal of Science Communication*（《科学传播杂志》）等期刊主编参加圆桌讨论会，闭幕式上评选出7篇最佳会议论文并颁奖。

国内主要学术会议 1月16日，学会品牌传播专业委员会联合大数据与科技传播专业委员会线上召开以“产业数字化、品牌数字化”为主题的2022中国产业数字化研讨会。中国工程院院士柴天佑作题为《大数据推动工业领域向工业智能化转型升级》的报告。来自中国科学院、中国人民解放军总医院、华为科技有限公司等科研院所和企业的150余名专家学者、企业家就大数据驱动“产业数字化”和“品牌数字化”进行讨论，并就大数据技术赋能产业转型升级达成共识。

科普活动 学会电子竞技传播专业委员会策划“电竞第一课”系列科普活动，通过多种形式、不同角度开展科普活动。6月15日，第一期活动通过腾讯会议举办，主题为“大学电竞生活，不止在宿舍”。据统计，2022年该系列活动共举办5期，共有20余

位嘉宾参与，上百名高校学生及从业者参与线上互动，总观看量达1万人次。

7月28日，由学会大数据与科技传播专业委员会主办的2022中国青少年视力保护工程数字科技传播交流会线上召开，同时启动“2022中国青少年视力保护工程”项目。中国工程院院士赵连城，四川大学遗传医学研究所所长丁显平作主题发言。与会人员就青少年视力健康课题进行探讨，力图通过科技传播活动，凝聚政府、学校、医疗卫生机构、家庭、社会等多方力量，共同推进儿童青少年近视防控工作。此次交流会共吸引1000余人次线上参与。

10月28日，在北京举办“中国科技新闻学会科普能力提升”沙龙活动。来自学会科普工作委员会、国际交流工作委员会、青年科技工作委员会、科技传播理论研究专业委员会等24个分支机构的负责人参加会议并作交流发言。会议由学会副理事长兼秘书长许英主持，学会理事长宋南平出席会议并作总结发言。

学会新媒体专业委员会线上举办3期科技新媒体沙龙系列活动，通过主题演讲和嘉宾对话的形式，普及新媒体动态和成果，加强业务交流。3期沙龙的主题分别为“媒体元宇宙：从科学传播视角出发”“媒体深度融合：科学传播的新驱动”“拥抱科普——Z世代的不同方式”。共计20余位专家参与，相关领域用户访问量共计5万余人次。

学会太空文化传播青少年工作委员会围绕航天科普教育、青少年科普基地建设和航天文化传播开展工作。2022年，与中国航天科工集团第三研究院第三一零研究所共建“星航学舍”科普基地，共接待1200余人次参观。其中，客户接待或举办会议共70次，开展课程6场、活动10场，面向政府单位4场，总访问人数已超500人次；举办线上活动4场，最高峰值时约有8000人同时在线。中国航天科工集团有限公司原新闻中心主任、研究员吕晓戈等8名专家参与活动。

2022年，在学会指导下，《科学中国人》杂志社制作的“我是科学人”人物专题纪录片共上线11期，播放总量超702万。据统计，自2019年上线以来，“我是科学人”人物专题纪录片共推出78期节目，整体浏览量超1868万。

表彰举荐优秀科技工作者 2022年，学会开展科技传播奖评选工作，共评选出新华网股份有限公司首席信息官、总裁助理姚予疆等6名优秀个人，以及江苏省科学传播中心（江苏省科协信息中心）等4个优秀团体。

学会成为中国新闻奖的初评报送单位之一，2022年从符合条件的科技传播奖获奖作品中上报来自《中国科学报》、《上海科技报》、山西科技新闻出版传媒集团有限责任公司的3件作品。最终，《中国科学报》记者陈欢欢的通讯作品《啃下多少硬骨头　才能成为“奋斗者”》获得中国新闻奖三等奖。

党建强会 学会党委坚持把党的建设摆在首位，强化党的思想政治引领作用，制定“两会”精神学习方案，组织学会秘书处、主办期刊人员学习贯彻党的二十大精神，参加中国科协组织的党史学习教育总结大会等。

会员服务 4月21日，学会农业科技传播专业委员会举办农业科普与媒体传播策略线上培训班，农业科技传播专业委员会各单位会员和中国农业科学院科普工作者代表120多人参加培训。北京大学哲学系副教授、北京大学科学传播研究中心主任朱效民，北京联合大学副教授、电子商务行业与教育研究所常务副所长陈道志就做好基层科普创作以及利用新媒体提升科技传播质量等内容进行分享。培训由学会农业科技传播专业委员会主任、人民日报社高级记者蒋建科主持。

【第二十四届中国科协年会互联网时代科技传播论坛】 6月27日，由学会与湖南省科学技术协会承办，湖南科技报刊有限责任公司、湖南省科技新闻学会协办的第二十四届中国科协年会互联网时代科技传播论坛在湖南省长沙市举办。论坛以“互联网时代的科技传播”为主题，来自全国各地的科学家、媒体专家和科技传播专家，中央、地方媒体工作者，全国科技报相关人员等100余人参加，线上直播浏览量达65.5万人次。

中国科协党组成员兼国际合作部（港澳台办公室）部长（主任）罗晖，湖南省科协党组成员傅爱军出席论坛并致辞。中国记协原党组书记翟惠生，中国工程院院士、湖南省科协副主席、中南林业科技大学党委副书记吴义强，中国健康教育中心副主任吴敬分别作题为《互联网时代的科技新闻报道》《竹科技与竹文化传播》《公共卫生事件与互联网传播》的报告。

在高端对话环节，人民日报社经济社会部高级记者蒋建科，光明日报社科技部原常务副主任、高级记者金振蓉作视频发言。湖南卫视《新闻大求真》制片人戴飞，湖南科技报刊有限责任公司董事长、总经理蔡建文，杭州阿优文化科技有限公司创始人马舒建，杨凌农科传媒集团有限公司董事长梁孝宏在活动现场进行互动交流。

同期举办全国科技报融媒体建设研讨会，来自全国20余家科技报（刊）社的社长、总编辑、融媒体机构负责人70余人就地方科技报（刊）的媒介融合与报网联动，融媒体建设的方法、路径、举措等进行交流与研讨。

《中国青年报》、《中国科学报》、《科普时报》、《湖南日报》及中国新闻网、《人民日报》数字传播、科学网、中国新闻出版广电网、中国农科新闻网等30余家媒体对论坛进行报道。

（撰稿人：杜　梦）

中国老科学技术工作者协会

服务创新型国家和社会建设　2022年，协会共开展11项课题研究，上报2篇决策咨询专报、1篇工作报告，2篇报告获得党和国家领导人批示。承担长三角先进材料领域创新体系建设研究课题，上报关于国家实验室建设的专报，推动苏州实验室建立。

新聘请齐让、陈小娅、吕薇、王春法、朱星5位科技和政策研究前沿领域院士、专家担任协会智库特聘专家。协会被评为中国科协2022年决策咨询专家团队建设试点单位，“学会创新发展水平评估研究——以中国老科学技术工作者协会为例”获批2022年决策咨询专家团队项目。

开展青年人才托举工程扩面增量调研，中国科协采纳方案建议，促进青年人才托举工程增量升级。3月31日，召开智库圆桌会，邀请周守为、方新、刘燕华、矫勇、朱星5位院士、专家就中国科协青年人才托举工程“扩面增量”专项调研交流座谈，来自中国科协科学技术创新部、创新战略研究院、培训和人才服务中心等部门和单位的有关人员参加会议。

7月6日，召开“科学健康圆桌会”专题座谈会，全国人大常委会委员、教科文卫委员会主任委员、协会会长李学勇出席并主持会议。协会常务副会长齐让、“科学健康圆桌会”创办人吴甘美、《科学健康》主编王捍峰等出席会议并交流讨论。会后，协会与中国科协、国家卫生健康委联合再版“科学健康”丛书。

8月6日，启动“喜迎党的二十大，践行积极老龄观、健康老龄化理念，更好发挥老科技工作者作用”建言献策征集活动，共收到26个省、自治区、直辖市老科学技术工作者协会以及5个分会的336篇建言献策报告。

学会建设　2022年，协会共召开理事会议2次、常务理事会议8次；个人会员总数78958人，单位会员总数55家；完成1个分会的换届工作，撤销2个分会。

6月18日，中国老科学技术工作者协会第七次全国会员代表大会以线上线下结合方式召开，选举产生学会第七届理事会。设立决策咨询、科普与教育、人才与宣传工作、助力乡村振兴、企业技术创新、组织建设与服务6个专门委员会。聘任中国科协有关部门和事业单位8位处级干部担任兼职副秘书长。

7月11日，召开决策咨询专门委员会工作研讨会。全国人大常委会委员、教科文卫委员会主任委员，协会会长李学勇出席会议并讲话。汪光焘、张志军等智库特聘专家出席会议，对下半年和今后决策咨询工作提出意见建议。协会各专门委员会、监事会有关人员共70人参加会议。

12月20日，协会研究制定并印发两套分别适用于分会和地方老科学技术工作者协会的《中国老科协创新发展评估指标体系（试行）》，设立4个一级指标、13个二级指标、44个三级指标，请理事会和会员共同做自评估。

完善会长办公会议制度，参会人员范围由会长、副会长扩大到各专业委员会主任、副主任。2022年共召开10次会长办公会议，中国科协党组副书记徐延豪，党组成员、书记处书记王进展先后分别出席会议。

2022年，开展全国老科协组织建设情况摸底统计。顺利通过2021年度全国学会年检。指导甘肃省、江西省、陕西省等老科学技术工作者协会完成换届。

2022年，协会网站共发布400条新闻，浏览量近330万次；微信公众号平均每周推送7次，共发布推文492篇，文章阅读量近23万次。10月25日，中国科协发布网络平台宣传评价2022年度排行榜，协会微信公众号跻身前10名。

主办期刊　2022年，《今日科苑》共出版12期，出版“老科协奖”增刊1期；落实栏目负责制，完成组稿16篇，扩增审稿人11人，更新发行范围630处；优化栏目设置，自2022年第6期起开辟全新栏目“群科济世”，自2022年9期起开设栏目“奋进新征程 建功新时代”；扩充期刊稿源，与“2022中国科技智库论坛”“2022中国创新50人论坛”等会议资源衔接，向专家约稿。

国际学术会议 2022年，协会加强国际交流，共举办国际学术会议2次。

8月15日，协会与浙江省科协、中国国际科技交流中心、湖州市人民政府在浙江省湖州市长兴县共同主办以“数字赋能绿色转型，共创低碳富美新路”为主题的中国绿色低碳创新大会数字化促进绿色转型国际研讨会。大会进行全球同步直播，全球用户浏览总量达376.71万人次。

11月9日，协会与中国国际科技交流中心在江苏省无锡市联合举办以“智能科技应对老龄化社会”为主题的2022中日科学家高层对话，共同探索新形势下智能科技助力养老的新途径，推动中日民间科技交流迈向更高水平。

国内主要学术会议 2022年，协会着力打造“学术沙龙”工作品牌，共举办国内学术会议11次。

4月22日，协会与中国科学院老科协动物所分会联合举办“管控外来物种，保护生物多样性”学术沙龙，30余位专家学者参加。6月10日，协会与中国科学院老科协力学所分会联合举办“器官构建与免疫治疗中的力学”学术沙龙，22位专家学者参加。6月17日，协会与中国科学院老科协高能所分会联合举办“核技术在国民经济中的应用实践与思考”学术沙龙，16位老科技工作者参加。6月28日，协会与中国科学院老科协空间中心分会联合举办“大气和电离层中的临震前兆信号”学术沙龙，30余位老中青专家学者参加。7月7日，协会与中国科学院老科协声学所分会联合举办“深海载人潜水器声学系统”学术沙龙，中国科学院老科协声学所的多名年轻科研工作者参加。7月15日，协会与中国科学院老科协电工所分会联合举办“无线充电技术和电动汽车动力管理”学术沙龙，电工所科技处、人教处、相关课题研究员及分会老专家19人参加。7月26日，协会与中国科学院老科协生物物理所分会联合举办“一氧化氮与心脑血管健康”学术沙龙，20余位老中青专家学者参加。7月27日，协会与中国科学院老科协国科大分会联合举办“新一代人工智能的跨媒体前沿研究”学术沙龙，来自中国科学院大学的退休教授及中国科学院有关研究所的专家、研究生参加。10月18日，协会与上海市老科学技术工作者协会共同举办“不忘初心，发扬‘两弹一星’精神”学术沙龙，邀请上海市老科学技术工作者协会讲师团团长、高级工程师蒋贻权作报告。10月22日，协会与上海市老科学技术工作者协会共同举办“人工智能的前世今生”学术沙龙，邀请深兰科技（上海）有限公司唐皓颖作主旨报告。11月29日，协会与上海市老科学技术工作者协会共同举办“社区微治理　数字新家园”学术沙龙，线上线下共112人参加。

科普活动 2022年，协会着力开展线上科普工作。中国老科协科学报告团共邀请100余位院士、专家在全国近20个省、自治区、直辖市开展科普报告200余场，受众超90万人次。

开展“智慧助老”行动，面向老年人开展“阳性居家老人需高度关注哪些问题”“老有所学对新时代老年生活的影响和意义”等公益性科普报告。建立“全国老科协老年科技大学”微信联络群。推动各地老年科技大学落地建设，陕西省、新疆维吾尔自治区、黑龙江省、北京市、江苏省、重庆市、海南省、江西省、四川省、广西壮族自治区、内蒙古自治区、河北省、湖北省13个省、自治区、直辖市的40余所老年科技大学已开班授课，广东省、宁夏回族自治区、安徽省、甘肃省、河南省等地已启动筹建工作。

9月28日，协会以线上线下结合方式开展以“新征程”为主题的第七届全国老科技工作者日北京主场活动，共同庆祝老科技工作者的节日。全国人大常委会委员、教科文卫委员会主任委员、协会会长李学勇宣布活动启动。中国科协党组书记、分管日常工作副主席、书记处第一书记张玉卓，北京市科协党组书记沈洁出席活动并致辞。活动邀请5位老科技工作者作互动发言。光明网、《人民日报》数字传播“有数青年”、央视频、科技工作者之家等平台对活动全程进行同步直播，观看人数超过200万人次。

12月7日，协会与中国科学技术馆联合举办2022年老科大学堂首期班，培训科普师资。来自各地老年科技大学的教师、各级老科协科普报告团的讲师、科普志愿者等共270余人线上参加会议，2100余人次观看网络直播。协会常务副会长齐让出席并致辞，协会党委书记、副会长王延祜主持活动。中国科学院院士、中国老科协科学报告团成员欧阳自远，清华大学教授沈阳分别作科普报告。党的二十大代表、中国科学技术馆展览教育中心主任齐欣宣讲党的二十大精神。

协会与中国科技馆发展基金会签署《关于农村中学科技馆的共建协议》。推动6所农村中学科技馆落户湖南省和辽宁省，截至2022年已建82所。12月5—9日，与中国科技馆发展基金会共同主办2022年度农村中学科技馆项目工作研讨及培训交流会，来自全国28个省、自治区、直辖市和新疆生产建设兵团的农村中学科技馆教师和各地区科协、科技馆项目负责人以及协会有关人员共850余人参加会议。

表彰举荐优秀科技工作者 协会开展2022年度中国老科协奖评选表彰活动，评选出获奖者185人。

党建强会 2022年，协会党委共召开7次党委会议，传达学习中央精神，研究部署具体工作。在新一届理事会的基础上，协会党委产生新任党委书记和委员，明确责任分工。研究形成《中国老科学技术工作者协会党委对口联系分会工作方案》，加强党委对组织建设工作的指导和保障。

2022年，协会组织学习宣传贯彻党的二十大精神。举办"我们这十年"征文活动，共收到各级老科学技术工作者协会和广大老科技工作者的投稿近1000篇；动员老科技工作者收听收看党的二十大开幕式；协会微信公众号和官网设置"二十大专栏"。研究制定《中国老科学技术工作者协会关于认真学习宣传贯彻党的二十大精神工作方案》。

12月12—13日，协会党校举办党的二十大精神专题学习班，全国老科学技术工作者协会的主要负责人、党员干部共294名学员参加学习。党的二十大代表、全国优秀共产党员、陕西佳县老科学技术工作者协会会员路生梅宣讲党的二十大精神。中央党校教授、国家行政学院原副院长周文彰，中央党校（国家行政学院）党的建设教研部教授曹鹏飞，中国人事科学研究院原院长吴江分别授课。学习班邀请6位学员代表交流学习体会；开展3次"党的二十大代表进学会"系列活动，分别邀请王进展、赵亚夫、路生梅、齐欣等党的二十大代表宣讲党的二十大精神。

会员服务 2022年，协会加强对会员的联系与服务，为会员订阅报刊。系统梳理个人会员数据，完成中国科协全国学会个人会员信息入库工作。

【中国老科学技术工作者协会第七次全国会员代表大会】 6月18日，中国老科学技术工作者协会第七次全国会员代表大会以线上线下结合方式召开。全国政协副主席、中国科协主席万钢出席大会并讲话。原国务委员、十一届全国人大常委会副委员长陈至立主持大会。全国人大常委会委员、教科文卫委员会主任委员李学勇，中国科协党组书记、分管日常工作副主席、书记处第一书记张玉卓，中国科学院副院长、党组副书记阴和俊，中华医学会会长、北京协和医院名誉院长赵玉沛，中国科协党组成员、书记处书记王进展，中央组织部、中国科协、民政部、人力资源社会保障部等部门领导出席大会。约400人参加会议。

大会表决通过《中国老科学技术工作者协会第六届理事会工作报告》等文件；选举产生第七届理事会理事139名，其中41名为常务理事，李学勇当选为会长；选举产生第一届监事会监事3名，王江宏为监事长；授予陈至立荣誉会长；授予申立国、冯长根、朱正昌、朱张才、杨继平、张国梁、陈小娅、岳明生、曾清华、蔡力峰荣誉理事。

【2022年度中国老科学技术工作者协会表彰大会】 5月30日，2022年度中国老科学技术工作者协会表彰大会线上召开。原国务委员、十一届全国人大常委会副委员长、协会会长陈至立出席大会并讲话。协会常务副会长齐让主持大会。获奖代表、老科技工作者代表、青年科技工作者代表参加会议。央视频、"科创中国"等平台对大会同步直播，直播观看人数88258人次。

大会表彰王国栋等10名突出贡献奖获得者，丁以钿等175名中国老科协奖获得者，河北承德市老科学技术工作者协会等26个先进集体奖获奖单位。中国工程院院士张锡祥等5位获奖代表作报告。中国农业科学院农业基因组研究所副所长钱万强代表青年科技工作者发言。

（撰稿人：刘 艳）

中国科学探险协会

服务创新型国家和社会建设 协会青少年科学考察工作委员会组织开展急救技能公益培训，为户外运动及日常生活中可能发生的心脏骤停、户外急症等情况提供理论与技能储备。

协会青少年科学考察工作委员会与山西省运城市圣天湖黄河营地、中隆青少年体育训练营在北京及河北省保定市涞源县两个基地进行沟通，拟发挥各自资源优势，建立合作关系。

学会建设 5月，经协会严格审查筛选，正式组建中国科学探险协会专家科普报告团，来自不同领域的30位专家成为首批专家科普报告团成员。

根据《民政部关于开展社会团体分支（代表）机构专项整治行动的通知》精神，协会成立以常务副主席兼秘书长李杰为组长的专项整治行动督导工作组，动员部署专项整治行动工作，按时完成内部自查自纠。

根据中国科学院新疆生态与地理研究所伊犁河流域生态系统研究站申请，2022年第二次秘书长办公会议审议同意立项。经过实地考察勘验，伊犁河流域生态系统研究站及其野外台站整体基础设施比较完备，科研人员及相关管理人员队伍素质高，并具有比较显著的成果。特别是对天山积雪资源、雪崩灾害、生物多样性和生态系统的综合研究在国内具有独特性和唯一性。其步入式高低温交变湿热实验舱进行模拟降雪和积雪实验装置，以及将冰雪赋予具有生命感知能力的科普形式尤为突出；其科研、科普价值和地理位置符合协会基地设立条件。经协会六届五次常务理事会议审议，批准设立中国科学探险协会伊犁基地。

11月，协会设立新媒体部，将从重点拍摄协会的重大事件和具有影响力的科学探险人物开始，通过制作短视频、利用新媒体广泛宣传，扩大协会知名度和影响力。

青年人才托举工程 2022年，协会开展第八届中国科协青年人才托举工程项目，推荐2人获得中国科协资助。

主办期刊 协会主办的《中国科学探险》在期刊醒目版面安排“新冠疫情常态化防控”“接种新冠疫苗、利己利家利国”等公益广告。继续宣传国际爱护动物基金会、世界自然保护联盟、“绿色和平在中国”等公益组织或项目，全年公益广告宣传累计达20版以上，利用媒体平台宣传社会正能量。

协会陨石科学考察专业委员会联合信心实业（香港）集团股份有限公司出版《世界陨石》杂志，并在中国香港特别行政区、德国、法国获得刊物发行书号。2022年发行第十一期。

国际学术会议 6月14—16日，由协会海洋科学考察专业委员会、协会团体会员中山大学海洋科学学院承办的第五届亚太海洋雷达会议以线上线下结合方式在广东省珠海市召开。100余人参加会议，直播观看人数4500余人次。会议围绕海洋雷达观测前沿与进展、大湾区海洋雷达观测建设、雷达基本算法、雷达装备以及雷达应用等主题进行交流。

国际交往 协会极地科学探险专业委员会主任委员温旭随生态环境部中国代表团出席11月6—18日在埃及沙姆沙伊赫举办的第27届联合国气候变化大会，并参加公众参与和青年主题中国角活动。

科普活动 协会开办“科学探险学术论坛 & 科普讲座”。第1期以线上会议方式举办，邀请第七届青年托举工程被托举人张志华作题为《山洪灾害监测预警与防范》的报告。报告内容从山洪灾害基础知识、山洪灾害防治思路与措施、山洪灾害监测技术研发、典型流域山洪灾害监测示范及山洪灾害防范科普五个方面对山洪灾害的形成、监测及预防及进行介绍。来自国内科研机构、大专院校相关领域的科研工作者、山洪地质灾害管理者及山地旅行爱好者等40余人线上参加讲座。

1月，协会沙漠科学考察专业委员会举办第二届地理研学夏令营，来自甘肃省兰州市第三十三中学和兰州市第三中学的100余名教师和学生参加开营仪式及科普报告，其中17名教师和学生参加以“巴丹吉林沙漠”为主题的野外科学考察。

4—7月，协会沙漠科学考察专业委员会主任委员王乃昂带队先后开展祁连山生态环境、山东蒙山历史泥石流遗迹、河西走廊古城遗址和巴丹吉林岩画的专题科学考察，取得大量第一手科学资料和数据。

5月12日是第14个全国防灾减灾日，协会结合年度主题“减轻灾害风险，守护美好家园”创作科普小长图。同时围绕时下热点海洋生态保护及“世界海洋日”“世界地球日”等主题日，创作《海洋生态系统》《图说赤潮》《图解海洋生态灾害之浒苔绿潮》等系列原创动画条漫及科普视频作品10余件。

5月15日，协会在福建省陨石博物馆举办集陨石展示、科普、研究于一体的全公益性科普活动，共展出2000多块陨石藏品，主要有石陨石、铁陨石、石铁陨石、玻璃陨石、橄辉无球粒陨石、无球粒陨石、碳质球粒陨石、橄榄石铁陨石等20多个品种。此次活动深受游客、陨石收藏爱好者、中小学生的青睐，并组织专家进行交流座谈，共同探讨陨石科学文化知识。

6月20日，由协会海洋科学考察专业委员会主任、中山大学海洋科学学院院长、深海远洋创新团队首席科学家王东晓担任首席科学家的“中山大学”号首航暨“南海西边界流综合调查航次”从广东省珠海市高栏港码头启航，执行为期19天的综合调查任务。航次由南方海洋实验室深海远洋多尺度动力过程创新团队年度经费资助，中山大学实施。

7月6日—8月2日，协会副秘书长、奇异珍稀动物探险考察专业委员会主任梁红斌带领开展云南省怒江、西藏自治区察隅县和墨脱县的探险考察。此次考察是在2021年独龙江自然环境、植物、动物全面考察基础上，2022年重点落实独龙江科学考察活动的一次任务。

7月19日—8月10日，协会科普部委员刘晔和陈占胜带领来自全国各地的18组家庭在协会四面山基地开展为期两周的以“四面山生物多样性本底调查”为主题的科学探索活动。活动期间，小科考队员们在四面山体验了当地的非物质文化遗产——草编，近距离领略了“江津玉”这一四面山特色矿产的奇特与美妙。

8月10—12日，协会奇异珍稀动物探险考察专业委员会受邀到浙江丽水九龙国家湿地公园，为湿地公园科普建设提供咨询服务。考察期间，协会副秘书长、奇异珍稀动物探险考察专业委员会主任梁红斌，委员李熙慧、朱笑愚同湿地公园的主要领导见面座谈，调查湿地动植物种类和外来入侵物种发生情况。双方达成初步协议，进行持续的动植物本底调查，并计划申请科普教育基地。

协会海洋科学考察专业委员会与海启星科普教育基地举办“喜迎二十大，科普向未来”2022年广州市全国科普日一区一品牌活动暨番禺区全国科普日活动，来自当地小学的50多名师生参与，学习有关海洋生态保护和防灾减灾方面的科普知识。

10月5日，协会组织参加石探记科学家团队在北京昌平区红栌银山国际汽车宿营地举办的第二届“科学大爆炸”主题嘉年华活动，主讲《我的课外考察和采集》科普课。

11月7日，在协会奇异珍稀动物探险考察专业委员会的协助和推动下，西双版纳天源林文创发展有限公司和国家动物博物馆签署珍稀昆虫布展协议，拟于2023年5月举办为期1个月的西双版纳珍稀昆虫摄影展，协会奇异珍稀动物探险考察专业委员会将全程参加，并计划将该地打造为协会科普教育基地。

表彰举荐优秀科技工作者　7月16日，“世界因你而美丽——2021—2022影响世界华人盛典”揭幕。协会名誉主席、中国科学院院士秦大河获2021—2022影响世界华人大奖终身成就奖，以表彰其在冰冻圈科学、气候变化和可持续发展等领域的杰出贡献。

党建强会　在协会功能型党委的领导下，协会始终坚持党建强会，严格按照上级部门要求组织开展党建工作。在党的二十大召开期间，组织学习贯彻党的二十大会议精神，并以会议精神为指导开展工作。

会员服务　根据全国学会会员入库建设动员部署会会议精神，完成协会会员入库工作。

（撰稿人：霍翠萍）

中国城市规划学会

服务创新型国家和社会建设　学会受中国科协委托，组织开展中国新型城镇化领域基础科学研究整体水平和国际影响力评估；完成中国科协“城乡规划团体标准应用与国际化引导”研究项目。

2022年，完成《社区生活圈防疫应急规划指南》《街道设计指南》《城镇更新区划定技术导则》《历史建筑数字化建档工作指南》《中国境外产业园区规划编制指南》《特色村镇空间基因传承与规划设计方法指南》等14项团体标准的审查工作，对《度假社区配套设施规划导则》《传统聚落火灾防控标准》《特色村镇空间基因传承与规划设计系列导则》《旧居住区更新规划设计手册》《城市小微绿地更新建设指南》《铁路车站地区城市设计指南》等7项标准进行立项。

积极参与落实定点帮扶工作，助力定点帮扶县巩固脱贫攻坚成果，全面推进乡村振兴。会同东南大学完成住房城乡建设部帮扶青海省西宁市湟中区编制《西宁湟中区建筑产业园区发展规划》。

组织无锡洗砚湖生态科技城战略规划与概念性城市设计、无锡长安创新未来城战略规划与城市设计、广州南沙空间等国际咨询，泉州海丝新城东海中央活力区城市设计、苏州科技城核心区TOD（以公共交通为导向的开发模式）综合开发城市设计、培源科学城战略规划与概念性城市设计等国际方案征集。

继续《中国大百科全书》（第三版）“城乡规划重要文献与机构”部分的编撰和审校。响应中国科协全国科普日活动号召，借助绿色出行平台，撰写发布《2022年绿色出行城市工具书》。

学会建设　学会2022年新增个人会员945人、新增单位会员26个，个人会员总数达11713人，单位会员总共150个。

完成第六届理事会换届工作，召开理事会议 2 次、常务理事会议 2 次，完成学会总体规划专业委员会换届工作；进一步加强分支机构管理，组织修订《中国城市规划学会分支机构管理办法》，分支机构名称更加规范化；通过搭建全新的组织构架，鼓励交叉研究和交流，支持新兴领域和青年科学家成长。

强化安全管控，建设智慧学会。升级会员管理系统，建设规划科技工作者之家，拓展联系服务渠道；运维中英文官网、微信公众号、抖音号、微信视频号、澎湃政务号等各类新媒体平台；监管学会分支机构微信公众号，严格落实意识形态安全管控要求，营造风清气正的网络环境。在 2022 年中国科协网络平台宣传评价排行榜中，学会“总榜第一、网站第一、微信第二、微博第一”。

学会获得民政部“全国先进社会组织”称号。

青年人才托举工程 学会成为第八届（2022—2024 年度）中国科协青年人才托举工程项目立项单位。经过公开推荐和遴选，杨天人、刘于琪、李晓君、郑屹 4 人确定为被托举人。

开展“规划青年说”学术沙龙、2022 年度中国城市规划学会青年规划师年会、2022 年城乡规划专业本科“六校联合毕业设计”、2022 第六届京津冀城乡规划“X+1”联合毕业设计、中国城市规划学会第十届青年规划师演讲比赛、第十七届全国青年城市规划论文竞赛、2022 年全国高等院校大学生乡村规划方案竞赛等活动，为青年学者提供学习交流和展示平台。

主办期刊 学会全年共发行期刊 151400 册，其中学会会刊《城市规划》发行 12 期 90000 册，*China City Planning Review*（《城市规划》英文版）发行 4 期 1000 册，《人类居住》发行 4 期 12000 册，《城市交通》发行 6 期 18000 册，《小城镇建设》发行 12 期 30400 册。

《城市规划》连续 10 年入选中国最具国际影响力学术期刊，根据《中国学术期刊影响因子年报》，影响力指数学科排名 3/174（土木建筑工程），科技期刊世界影响力指数学科排名 16/63（区域规划、城乡规划），继续入选中国科技核心期刊、中文社会科学引文索引来源期刊等。

加强科普类期刊建设。《人类居住》面向社会公众推广可持续人居环境理念，普及世界范围的人居环境知识；推出科普兼职科技工作者以及国际科普作家作品。

加强论文网络首发，提高论文传播时效；对特定用户群进行大数据分析，增强科技工作者黏性；会刊公众号设立“论文背后的故事”专栏，定向邀请老科学家讲学风建设，邀请青年规划师分享论文写作经验；以人才更新推动期刊能力建设，引进吸收一批较高国际学术影响力的专家进入编委和审稿队伍。

学科发展工程 学会完成《中国城乡规划学学科史》《城乡规划学名词》《城乡规划学科技术路线图》学科基础研究，并将进一步推动学科基础研究写入新一届理事会工作愿景，构建规划学科全领域和跨学科的高质量学术交流新格局。

出版《城市规划历史与理论 05》等 10 本学术出版物，共发行 19000 册。

国际学术会议 2022 年，学会共举办境内国际会议 6 个，参会人数 53053 人次，交流报告 75 篇。

7 月 16 日，由学会国外城市规划分会主办、武汉大学城市设计学院承办的 2022 年中国城市规划学会国外城市规划学术委员会年会线上举办，主题为“全球视角下的国土空间高质量发展与城市更新”。会议旨在交流与分享国内外城市高质量发展与城市更新领域的热点与新思潮，讨论和分析“尊重历史、以人为本，推动有机城市更新”“提升总体空间品质，聚焦顶层制度设计”“突破、创新及技术赋能，带动智慧成长”“放眼世界经验，促进城市更新国际先进性”等一系列话题，为高质量发展时期的城市更新之路提供视野和路径。

9 月 25 日，由中国科协指导、学会主办的粤港澳大湾区发展与规划高端论坛暨广州南沙空间方案国际咨询专家交流会以线上线下结合方式召开，线下会场设在广东省广州市南沙区。会议深入贯彻落实《广州南沙深化面向世界的粤港澳全面合作总体方案》要求，研讨交流广州南沙空间方案国际咨询的项目成果，探索“建立高质量城市发展标杆和打造规则衔接机制对接高地”的实施路径。

11 月 12—13 日，由学会和苏州科技大学主办、苏州科技大学建筑与城市规划学院承办、苏州规划设计研究院股份有限公司协办的第三届水网地区城乡发展与规划国际会议（2022）线上举办。会议主题聚焦“低碳水乡，智慧规划”，设立主旨报告、平行论坛、青年规划师论坛等环节，累计吸引数万人次在线参加会议。

国内主要学术会议 2022 年，学会共举办国内学术会议 38 次，参会人数 1038814 人次，交流论文

2489篇。

3月31日，由学会城市规划新技术应用专业委员会主办的2022城市规划新技术专题会线上召开。会议以“数据赋能 · 技术添慧——数据支撑规划资源分析决策”为主题，邀请中国工程院院士吴志强等14位专家参加会议，交流探讨规划新技术的当前热点、实践经验及发展方向。在线观看人数累计超过3万人次。

5月21日，由学会主办，杭州市规划设计研究院与浙江工业大学设计与建筑学院、东南大学建筑学院、学会城市规划历史与理论分会等共同承办的第四届开发区转型与城市创新发展研讨会线上召开。研讨会旨在追踪国内外园区与城市规划的热点和难点、探讨开发区与城市创新发展的历史规律及经验、交流相关理论成果与实践案例、促进政产学研用跨界合作和推动相关领域学术与技术进步。会议包括全体大会、5个主题论坛、1个青年特别论坛和1个研究生论坛，超过600人通过腾讯会议或学会直播平台观看。

5月21日，由学会与南京大学建筑与城市规划学院联合主办的崔功豪教授回忆录《情系规划忆岁月》发布暨崔功豪教授南京大学学习工作70年座谈会在江苏省南京市举办。会议恰逢南京大学创建120周年之际，来自规划界的专家学者、政府部门相关负责人、南京大学相关领导等以线下线上结合方式参加座谈，围绕规划学科、规划事业发展等话题进行交流。

8月13—14日，以“历史城市、活力再生”为主题的第九届中国规划实施学术研讨会暨2022年中国城市规划学会规划实施学术委员会年会在陕西省西安市召开。会议由学会主办、学会规划实施分会承办，包括全体大会、3个平行分论坛、1个青年论坛和1个博士生论坛。会议同步进行线上直播，当天累计吸引约9万人次在线观看。

11月17—18日，2021/2022年中国城市交通规划年会在上海市举办。会议由学会城市交通规划专业委员会主办、中国城市规划设计研究院承办、上海市城乡建设和交通发展研究院协办。会议包含1场大会和7个分论坛，55位行业专家分享最新成果。会议设置低碳发展、数字孪生、美好生活需要，以及人才培养、技术迭代、机制创新的融合需求等议题，呼应年会“绿色 · 智慧 · 融合”主题。

11月29日，2022年中国城市规划学会编辑出版年会线上召开。会议由学会编辑出版工作委员会主办，《上海城市规划》编辑部、上海市城市规划学会承办，共有39家委员会期刊参加会议。会议主题为“增强知识产权保护，推动期刊出版繁荣”。

12月10—11日，2021/2022年城市规划 · 长安论坛以网络直播的形式举办。论坛由学会主办，西安建筑科技大学建筑学院、西安市城市规划设计研究院、中国城乡建设与文化传承研究院以及陕西省历史文化遗产保护传承与空间规划重点实验室联合承办。论坛聚焦“西部城镇历史文化保护传承”主题，以服务国家战略为导向，共商规划策略、共享先进经验、共谋教育发展和人才培养路径，为推进历史文化保护传承事业建言献策。

12月16—17日，由学会青年工作委员会主办、学会学术工作委员会协办、哈尔滨工业大学建筑学院承办的2022年度中国城市规划学会青年规划师年会以“线上会议 + 视频直播”的方式举办。年会以“青年友好的活力城市”为主题，共邀请6位专家作学术报告。年会期间，举办中国城市规划学会第十届青年规划师演讲比赛，来自全国各地的19位选手从不同角度畅谈体会与感悟，展现青年规划师的活力与风采。

12月24—25日，第13届城市规划历史与理论高级学术研讨会暨2022年中国城市规划学会城市规划历史与理论学术委员会年会线上举办。会议由学会、东南大学建筑学院主办，学会城市规划历史与理论分会、西安建筑科技大学建筑学院、西安建筑科技大学中国城乡建设与文化传承研究院联合承办。会议主题为“都城规划历史与城市空间转型”，与会人员围绕古代都城规划、“一带一路”城市发展与保护、聚落空间结构与发展、规划思想与传承等议题，探讨都城规划历史及城市空间演变的规律。会议共完成学术报告47篇、学术讲座6场。百余名专家学者通过参加会议，2.5万人次观看线上直播。

国际组织任职　学会常务副理事长兼秘书长石楠担任国际城市与区域规划师学会副主席。学会学术工作委员会委员杨俊宴担任国际城市与区域规划师学会科学委员会委员。

国际交往　2022年，学会常务副理事长兼秘书长石楠参加国际城市与区域规划师学会主席团会议2次、参加国际学术会议4次。

学会积极推动与联合国人居署合作，协助广东省深圳市和江苏省无锡市申报联合国人居奖。学会常务副理事长兼秘书长石楠参加联合国人居署副执行主任竞选。

受中国科协委托，为牵头成立联合国咨商“可持续城市、社区与历史遗产保护专业委员会”做准备。

科普活动 持续举办922绿色出行、“城影相间”系列影像展、5·12全国防灾减灾日、科普学堂|磨基地沙龙等系列品牌科普活动；加强线上科普，实施科普信息化提升工程，开通“方圆阁荐书”“规划名城”“规划词典”等科普专栏，推荐新书好书，讲好规划故事，普及规划学科基础知识；举办崔功豪教授南京大学学习工作70年座谈会、“金陵瑰宝 国之巨匠：吴良镛学术成就展”，回顾规划历史发展，加强学风建设，倡导科学家精神。

学会获评中国科协2022年度全国学会科普工作优秀单位。

表彰举荐优秀科技工作者 学会完成中国城市规划学会科技奖领军人才奖、青年人才奖评选工作，授予王凯、尹稚、赵民、樊杰4人领军人才奖，仝德、刘佳燕、张纯3人青年人才奖。启动第二届中国城市规划学会科技进步奖评选工作。

党建强会 学会党委于4月16日召开常务理事会党员大会，完成党委换届工作；年内学会党委召开4次会议，秘书处党支部按要求召开4次党员大会、12次支部委员会会议和听取4次党课，并组织“喜迎二十大，重温香山革命精神”主题党建活动；不断加强学会党组织信息化建设，在学习强国微信公众号、澎湃号政务版块发布党和国家大政方针和重要事件，年累计阅读量超过2000万；公开征集规划志愿服务典型案例，深化“我为群众办实事”实践活动，学会推荐的2人2团队1项目被中国科协选树为先进典型。

会员服务 学会坚持以优质服务广纳会员，升级会员管理系统，进一步理顺会员体系，推动会员分级分类管理，在优先优惠保障会员基本权利的同时，提供差异化、定制化的会员服务。发挥学会资源优势，运维官网、微信、微博、手机客户端、在线视频系统等线上服务平台，便于会员及时了解学会动态、参加学会活动。开展全国科技工作者日会员优惠活动，学会各项活动和奖励优先、优惠向会员开放。

【中国城市规划学会第六次全国会员代表大会】 3月20日，中国城市规划学会第六次全国会员代表大会线上举办。来自全国各地的263名会员代表参加会议。住房城乡建设部党组成员、副部长倪虹，中国科协党组成员罗晖出席北京的会场并分别致辞。会议由学会第五届理事会理事长孙安军主持。

会议表决通过《中国城市规划学会第五届理事会工作报告》《中国城市规划学会第五届理事会财务状况报告》《关于修改学会章程的报告》《中国城市规划学会监事会工作办法》。宣布学会荣誉称号“终身成就奖”“资深会员”获得者名单。选举产生中国城市规划学会第六届理事会理事237名和中国城市规划学会第一届监事会监事5名。

中国城市规划学会六届一次理事会由第五届理事会常务副理事长兼秘书长石楠主持。会议选举产生55名常务理事。住房城乡建设部总经济师杨保军当选第六届理事会理事长，石楠当选常务副理事长兼秘书长，王凯、王建国、王树声、伍江、孙一民、何兴华、张杰、张文忠、赵燕菁、周岚、段进11名理事当选副理事长。

会议审批通过组织工作委员会名单，马林、马向明、石楠、曲长虹、武廷海、袁奇峰、耿宏兵当选组织工作委员会委员，石楠担任主任委员，曲长虹担任秘书长。

会议审议听取学会2022年工作计划以及第六届理事会发展愿景。

【纪念国家历史文化名城保护制度建立40周年系列学术活动】 2022年是国家历史文化名城保护制度建立40周年。截至2022年，中国共有140座城市被公布为国家历史文化名城、799个镇村被公布为中国历史文化名镇名村、6819个村落被列入中国传统村落保护名录，形成了世界上规模最大的农耕文明遗产保护群，在快速城镇化进程中抢救和保护了一大批历史文化遗产。

学会举办中国城市规划学会历史文化名城规划学术委员会2022年年会、中国城市规划学会历史文化名城规划学术委员会2022西安论坛、2021/2022年城市规划·长安论坛、城乡历史文化保护传承高峰论坛暨国家历史文化名城保护制度建立40周年学术会议、世界遗产与城乡可持续发展——基于人文的韧性与创新国际会议等一系列学术会议，回溯名城40年工作历程与成就，交流最新的名城研究成果，分享保护利用实践探索、保护管理工作经验，研讨应对未来挑战的思路。学会开辟“规划名城”专栏，由学会历史文化名城规划分会委员讲述守住变化中“不变”的文化根脉的名城故事。

（撰稿人：刘静静 曲长虹）

中国产学研合作促进会

服务创新型国家和社会建设 2022年，促进会领导深入基层调研，先后到北京易二零环境股份有限公司、中国中车股份有限公司等企业单位及园区开展座谈交流；到黑龙江省哈尔滨市、大庆市、伊春市，湖南省长沙市、株洲市、湘潭市，重庆市，澳门特别行政区等地调研产学研融合过程中出现的新情况、新问题、新模式，了解企业各方面的技术需求，为企业创新和区域发展出谋划策。

在第二十四届中国科协年会湖南省党政领导与院士专家座谈会上，院士、专家交流汇报各自主持的服务湖南课题的调研成果。中国科学院院士王怀民代表促进会课题组作“湖南加快打造具有核心竞争力的科技创新高地的对策研究”的课题报告，从优化科技体制机制、加大政策支持力度等方面提出建议。

围绕“科创中国”行动计划，促进会认定内蒙古自治区呼和浩特市、江苏省无锡市锡山区、山东省泰安市泰安高新技术产业开发区、上海应用技术大学等16家产学研合作创新示范基地，以及安徽中益新材料科技股份有限公司、北京量子之歌科技有限公司、北京易二零环境股份有限公司、国网数字科技控股有限公司、中国机械总院集团北京机电研究所有限公司等70家产学研合作创新示范企业，并做好区域和企业科技创新的试点工作，助力区域创新发展。

发布《场馆生物气溶胶监控处置系统技术要求》《肺结节CT影像标注和质量控制技术规范》《液体食品无菌包装用可微波纸基复合材料》《轨道车辆加氢站设计、安装及运行管理规范》《碱性水电解制氢系统“领跑者行动”性能评价导则》《全睡眠周期室内环境舒适性技术规范》等106项团体标准。

与新疆文旅集团有限公司、欣正实业发展总公司、甘肃省新能源协会等企业和组织召开产学研融合发展对接会，与黑龙江省产学研合作促进会共同举办协同创新座谈会。

促进会加强产学研协同创新平台建设，支持建立中央企业智能制造、轨道交通智造与运维、微能源网、碳中和绿色发展、粤港澳大湾区水安全保障等推进产学研用一体化的协同创新平台，推进重点项目协同和研发活动一体化，加快构建由龙头企业牵头、高校院所支撑、各创新主体相互协同的创新联合体，提高科技成果转移转化成效。

学会建设 做好换届筹备工作。发挥会刊《中国科技产业》及其官网、微信公众号以及促进会官网和微信公众号的作用，对产学研合作示范基地、示范企业的产学研合作新做法、新经验、新成果进行宣传。改进提升网站、办公系统信息化水平，在官网开通“创新成果库”板块，促进产学研技术成果精准对接。通过改进奖项申报系统，进一步提高工作效率和水平。

主办期刊 加强促进会会刊《中国科技产业》编辑部队伍和信息联络员队伍建设;《中国科技产业》作为全国性重点期刊，在科技部组织刊物审读中再次获得优良评价。

国际学术会议 11月25—28日，在促进会支持下，由华南师范大学东南亚研究中心、广东省人民对外友好协会、海峡两岸暨港澳协同创新联盟等联合主办的“东南亚论坛”2022国际会议暨粤港澳产教融合协同创新论坛在广东省广州市举办。与会专家学者以“携手复苏、协同创新”为指引，就如何依托区位优势与发展优势、深化粤港澳大湾区与东南亚国家的协同创新发展、推动中国－东盟构建更紧密的命运共同体进行学术讨论与交流。论坛还以“全球变局下的粤港澳大湾区与东南亚：经贸复苏与协同发展”“多边主义视域下的粤港澳大湾区与东南亚：科技创新与成果共享”“为可持续的未来重塑‘中文＋职业’人才培养体系：知识生成与实践路线”为主题设立3个分论坛，从经贸、科技及国际中文人才培养等方面进行讨论交流。

国内主要学术会议 7月23日，在促进会支持下，中央企业智能制造协同创新平台成立仪式在第五届数字中国建设峰会国有企业数字化转型论坛期间举办。国务院国资委党委委员、副主任翁杰明为平台揭牌。中央企业智能制造协同创新平台由中国机械工业集团有限公司联合21家中央企业及相关单位共同发起建立，旨在以智能制造为主攻方向，通过组织共性技术联合攻关、技术成果推广、标准体系建设、创新人才培养、政府决策支撑、跨领域合作交流，打造央企协同创新发展机制，推动智能制造赋能企业数字化转型深入实施。

7月26日，在国务院国资委科技创新局指导和促进会支持下，由中央企业电子商务协同创新平台主办的中央企业电子商务协同创新平台五周年大会暨2022

数字化转型专项行动启动会在北京举办。会上发布中央企业电子商务协同创新平台 2022 年国有企业数字化创新优秀案例、典型案例成果，并以云展厅方式展示电 e 金服、国网分布式光伏云网等在内的 78 个数字化创新案例成果。

7 月 30 日，在促进会支持和指导下，由广州南方测绘科技股份有限公司、全图通位置网络有限公司、北京经济技术开发区企业协会主办的轨道交通智造与运维协同创新平台成立大会暨非暴露空间 PNT 国际学术（东盟）论坛在广东省广州市举办。来自国际宇航科学院、南方测绘集团、促进会等相关行业和领域的专家学者近 200 人参加会议。

8 月 17—19 日，在促进会、合肥市科学技术局指导下，由中国电子材料与元器件产学研协同创新平台主办的长三角先进陶瓷材料与器件产学研高峰论坛在安徽省合肥市举办。此次论坛在解决材料理论研究、制备方法、检测方法等涉及先进陶瓷材料与器件的关键技术上取得一定进展。

8 月 28 日，在促进会支持和指导下，由微能源网协同创新平台与碳中和绿色发展创新平台联合举办的 2022 年度峰会暨“低碳能源　零废未来”论坛在北京举办。会议期间，微能源网协同创新平台与碳中和绿色发展创新平台分别举办揭牌仪式。

9 月 2 日，在促进会支持下，以“国企电商，数领未来”为主题的 2022 年服贸会国企电商论坛在北京举办。会议期间发布《国企电子商务创新发展行动计划（2021—2023）》阶段性成果，进一步加快国企电子商务创新发展，引领数字经济转型升级，构建产业互联网电子商务新业态。与会专家学者探讨产业互联网的创新、融合、变革，以及数字经济赋能传统产业转型升级、产业互联网高质量发展，推动构建产业互联网生态，助力中国数字经济新发展。

9 月 4 日，在促进会支持下，第十届内蒙古“草原英才”高层次人才合作交流会暨呼包鄂乌人才创新创业周呼和浩特分会场活动——2022 呼和浩特产学研协同创新发展峰会在内蒙古自治区呼和浩特市举办。来自内蒙古自治区产学研界的高校、企业代表 200 余人参加活动。会上，呼和浩特市人民政府与促进会签订《产学研合作框架协议》，呼和浩特市委组织部与北京中关村智酷双创人才服务股份有限公司签订《干部交流合作协议》；呼和浩特数智双碳产业研究院、碳中和智能计算研究院、国际氢能研究院、智能驾驶研究院 4 家科研院所项目落地签约；蒙牛集团与内蒙古大学、内蒙古农业大学签署校企合作框架协议。

9 月 21—22 日，在促进会、宁波市人民政府支持和指导下，由中国现代产业学院协同创新平台主办的第二届现代产业学院高峰论坛暨中国现代产业学院协同创新平台年会在浙江省宁波市举办。来自全国百余所高校、企业的代表参加会议，20 余家会员单位出席现场会。会议现场举办 2022 年度现代产业学院建设优秀案例表彰仪式，以及机器人产业学院专家委员会、数字化智能制造产业学院专家委员会成立及授牌仪式。

11 月 1 日，在促进会支持和指导下，由无锡市锡山区委、区政府主办的 2022 无锡锡山大院大所创新发展大会在江苏省无锡市举办。上百名院士、专家参加会议。国家火炬特色产业基地、中国产学研合作创新示范区在会上揭牌，34 个校地、校企项目在会上集中签约。

两岸交流　7 月 24 日，在促进会支持和指导下，海峡两岸及深港澳科技成果转移转化论坛在福建省福州市举办。论坛上举办深港澳科技成果（长乐）三创基地揭牌仪式、专家主题演讲等活动。

9 月 25 日，在中国科协国际合作部（港澳台办公室）的支持下，由促进会、海峡两岸暨港澳协同创新联盟及中国高等师范院校科教融合创新平台联合主办的 2022 中国高师融合创新发展论坛海峡两岸暨港澳创新学科与人才培养大会在广东省珠海市举办。与会专家学者围绕“创新学科与人才培养”主题进行交流和探讨。中国高等师范院校科教融合创新平台在会上揭牌，该平台理事长单位北京师范大学科技集团与广东广信通信服务有限公司在产学研领域达成合作意向。

表彰举荐优秀科技工作者　组织开展中国产学研合作创新与促进奖申报评审工作，共评出产学研创新与促进奖 842 项（人），其中产学研合作突出贡献奖 10 人、产学研工匠精神奖 37 人、产学研合作创新奖 267 项、产学研合作促进奖 119 项、产学研合作创新成果奖 409 项。潘云鹤、林忠钦、凌文、丁汉、赵宇亮、李俊杰、贺徙、宋德雄、何文波、尹烨 10 人获得中国产学研合作突出贡献奖。

作为承接政府职能转移的创新企业及创新人才推进计划推荐试点单位和中国科协“科创中国”推荐试点单位，促进会推荐第五届杰出工程师奖、第三届工程科技人才贡献奖、第 18 届（2022）光华龙腾奖、第十九届中国青年女科学家奖、2022年全国“最美科技工作者”、中国专利奖、2022年“科创中国”系列榜单、2022年全国智慧企业建设创新实践案例征集活动，以及第八届中国科协青年人才托举工程项目、第一届中国科技青年论坛项目、中国科协国际合作部海智合作机构项目等候选人。其中，推荐的中国科学院过程工程研究所研究员周蕾、广州白云山光华制药股份有限公司药物研究院副院长刘宏获得第五届杰出工程师青年奖，推荐的宁波中科毕普拉斯新材料科技有限公司入选2022年“科创中国”新锐企业榜，推荐的重庆中科摇橹船信息科技有限公司创始人兼董事长郑道勤入选2022年“科创中国”创业就业先锋榜。

党建强会 深入学习宣传贯彻党的二十大精神，制定学习计划。组织全体员工参加国务院国资委、中国科协组织的学习党的二十大精神活动；组织编写《创新 使命 担当——产学研百佳创新示范团队》。

会员服务 为整合集聚各种创新要素，促进会积极推进产业链创新链融合和产学研有效对接，先后支持各创新平台举办地热温泉企业创新发展论坛、2022年中国高师融合创新发展论坛、2022中国电子商务大会国企电商论坛、中国新材料产业技术创新平台年会、第三届中国医学影像AI大会等活动。

【协同创新平台工作会议】 11月22日，促进会在北京召开协同创新平台工作会议。促进会执行副会长、秘书长王建华，促进会副秘书长，以及140多个协同创新平台负责人、相关院士、企业高校代表、促进会秘书处成员等260余人通过线上参加会议。中央企业电子商务协同创新平台、虚拟现实技术与产业创新平台、矿产资源与材料应用产业创新平台等平台负责人分别介绍各自平台建设和产学研协同创新工作的开展情况。

（撰稿人：蒋向利）

中国知识产权研究会

服务创新型国家和社会建设 2022年，研究会作为国家知识产权专业职称考试评审办事机构，继续承担经济专业技术资格考试知识产权专业科目相关工作，组织专家完成知识产权师职称（初级、中级、高级）考试大纲、教材的修订工作，完成2000道试题的初审和终审以及近2000份高级职称考试试卷的阅卷工作。对全国知识产权师高级职称评审系统进行优化升级，确保年度知识产权师高级职称评审工作顺利开展。通过线上和线下形式开展政策宣讲、辅导培训，3000余人次参加。

受国家知识产权局、中国科协等单位委托，围绕《知识产权强国建设纲要（2021—2035年）》和《“十四五”国家知识产权保护和运用规划》落实、《中华人民共和国商标法》和《集成电路布图设计保护条例》修改、数据知识产权保护、开放许可制度落实、严格知识产权保护等工作组织课题研究20余项。组织完成《〈知识产权强国建设纲要（2021—2035年）〉辅导读本》《“十四五”知识产权规划专家谈》等书籍的编辑出版工作。

承接中国科协2022年“科创中国”科技服务团示范项目，完成52项技术需求解析和项目研发指南，累计解决专利、技术问题11项；汇聚112项可转移转化科技成果，完成110项成果产业化落地项目方案；转化落地成果10项。为广东省佛山市家电产业智能化转型提供专利信息情报分析服务，惠及百余家家电企业。围绕西藏自治区专利、商标、地理标志等知识产权数据进行大数据分析，为西藏自治区制定“十四五”知识产权保护运用规划提供分析研究支持。

2022年，完成专利、商标、商业秘密等委托鉴定80件；参与起草《关于加强知识产权鉴定工作的指导意见》《关于加强知识产权鉴定工作衔接的意见》等；开展知识产权鉴定机构遴选推荐工作，推进建立全国统一的知识产权鉴定机构名录库；组织开展全国第二批知识产权鉴定机构及鉴定人入库登记工作，加强鉴定知识产权专业委员会名录库管理；参与并完成知识产权鉴定国家标准立项工作，编制发布《知识产权鉴定管理规范》《专利鉴定规范》《商标鉴定规范》等知识产权鉴定系列团体标准；开展知识产权鉴定团体标准认证工作，第一批7家鉴定机构取得知识产权鉴定管理体系认证证书；举办知识产权鉴定团体标准培训班，来自全国各地10余家知识产权鉴定机构的40余人参加培训。

研究会高校知识产权专业委员会编制“每万人口高价值发明专利拥有量”指标的政策内涵与统计实践、2021年度美国专利授权榜单分析等《高校专委会信息快报》10期；举办第十一届（2022）中国高校知识产权人才培养研讨会，围绕高校知识产权学科建设、高校知识产权专业课程体系建设、知识产权实务型与国际化人才培养等议题交流研讨，来自20所高校

的 40 余位专家参加会议。

继续承担国家海外知识产权纠纷应对指导中心相关工作，建设完成中国企业海外知识产权纠纷实时监测平台，进一步提升纠纷应对指导响应能力；建设完成海外知识产权纠纷应对指导工作管理系统，开展地方分中心能力提升培训，探索产业分中心建设试点，强化应对指导中心网络协同。面向 223 起海外知识产权纠纷提供应对指导服务，组织编写各类指南手册 24 本，开展 320 期专题公益培训，受众达 22 万余人次。

面向社会公众开设“知识产权强国建设”公益大讲堂，以直播、录播形式播出《知识产权强国建设纲要（2021—2035 年）》重点任务解读、2021 年度 10 大知识产权案件解析两个系列 15 期视频，累计浏览量 28 万余人次，引起社会广泛关注。

学会建设 2022 年，研究会按章程规定召开理事会议和常务理事会议，规范调整负责人、常务理事、理事。完成 19 项规章制度的制修订工作，审议并通过 2021 年以来会员吸收情况和分支机构部分委员调整名单，成立北京国严资产评估有限责任公司。截至 2022 年年底，共有单位会员 331 家、个人会员 393 人。筹备成立商标品牌专业委员会。

7 月 15 日，中国知识产权研究会第七届十次常务理事会议在北京召开。国家知识产权局党组成员、副局长卢鹏起出席会议并致辞。研究会理事长田力普主持会议并作总结讲话。研究会秘书长谢小勇向大会作秘书处工作报告。会议审议并通过研究会规章制度修订草案、2021 年以来会员吸收情况和分支机构部分委员调整名单；听取第八届理事会换届大会、成立商标品牌专业委员会筹备情况的报告，以及会员层级、会费调整、成立北京国严资产评估有限责任公司有关情况的说明。研究会 1 名理事长、22 名副理事长、56 名常务理事共计 79 名理事会成员参加会议。

青年人才托举工程 研究会开展中国科协青年人才托举工程项目候选人遴选工作并注重人才的长期培养，2022 年遴选 2 名知识产权大数据技术领域青年学者入选第八届中国科协青年人才托举工程，并获得项目资助。

主办期刊 2022 年，《知识产权》出刊 12 期，发表论文 77 篇。推出学习宣传贯彻党的二十大精神专刊 2 期共 12 篇文章，《知识产权强国建设纲要（2021—2035 年）》专项研究 6 组共 18 篇文章，大数据知识产权保护研究、地理标志保护制度研究等专题 12 组共 33 篇文章，围绕完善知识产权法规制度、统筹知识产权国际合作和竞争等刊发文章 28 篇。围绕习近平总书记有关知识产权重要指示精神以及《知识产权强国建设纲要（2021—2035 年）》《“十四五”国家知识产权保护和运用规划》等重要文件，精选 20 篇理论文章汇编成册，形成文集。

3 月 21 日，国家知识产权局党组批准同意《知识产权》编委会调整方案，国家知识产权局局长申长雨继任编委会主任，副局长卢鹏起增补为编委会副主任。

制定施行《〈知识产权〉杂志编辑委员会工作章程》，强化杂志政治意识形态工作，明确编委会成员职责，规范杂志选题、审稿、编辑、印刷等程序；制定实施年度出版计划，科学谋划全年出版工作；完善并严格执行审稿制度，组织 12 次初审盲审审稿会，严把期刊内容质量；杂志全新改版，新设“论点摘编”“知识产权数据”栏目；深化媒体融合发展，加大杂志公众号运营力度，全年推文 110 余篇，浏览量达 20 万人次。

国际学术会议 12 月 28 日，由研究会、日本知财学会和韩国知识产权学会共同主办的 2022 年度中日韩知识产权国际学术研讨会以线上线下结合方式举办，国家知识产权局副局长卢鹏起出席开幕式并讲话。会上，中日韩专家学者以“数字经济时代下的知识产权使命与担当”为主题，围绕数据知识产权的保护规则、元宇宙中的知识产权争论点和作用、医疗领域的知识产权问题和专利许可链接制度、后新冠疫情时代为恢复经济发展知识产权发挥的作用等议题发表演讲，并展开研讨交流。线上线下参会人数达 6 万余人次。

国内主要学术会议 2022 年，研究会围绕不同类型知识产权权利冲突问题及行政执法对策、知识产权保护法律体系建设、元宇宙中的商标法律问题等主题举办 5 场专题学术研讨会，围绕专利与技术标准协同融合的问题及对策、恶意申请商标注册行为的认定及表现形式、集成电路布图设计保护等主题举办 4 场学术沙龙活动，为研究解决相关领域知识产权问题提供理论参考。

科普活动 研究会完成中国科协“全国学会科普能力提升”项目，以线上线下结合形式开展知识产权保护特色品牌科普活动、专题科普活动以及知识产权全领域科普宣传教育活动共 26 场，受众（浏览量）达

28万余人次；围绕不同领域中的知识产权热点问题，举办主题研讨沙龙活动11次，参加人数200余人；组织引导注册科普信息员50人、科普号20个，扩大知识产权科普宣传效果。

表彰举荐优秀科技工作者 研究会开展中国专利奖、“海智计划”特聘专家、第十七届中国青年科技奖、2022年“最美科技工作者”等奖项推荐和人才举荐工作。其中，推荐的专利项目获第二十三届中国专利优秀奖2项、中国外观设计优秀奖1项。

党建强会 2022年，研究会党支部坚持以习近平新时代中国特色社会主义思想为指导，深入学习贯彻党的二十大精神和习近平总书记关于知识产权工作的重要论述，不断加强党对研究会的全面领导。围绕学习贯彻党的二十大精神开展专题学习2次、讲授专题党课2次，在网站增设“深入学习贯彻党的二十大精神”专栏。研究会党支部被中央和国家机关工作委员会、国家市场监督管理总局和国家知识产权局联合授予“四强”党支部称号。夯实基层党的组织建设，成立中共中国知识产权研究会总支部委员会，下设2个党支部。全年共召开党员大会21次、支委会议17次、党小组会议24次、班子成员讲党课5次，组织主题党日活动12次。

研究会党支部接受国家知识产权局党组巡视，认真落实巡视要求，对于巡视反馈意见构建“三单”整改机制，细化问题清单，明确责任清单，落实任务清单，逐项限期销号，问题整改完成率达100%。

开展“学查改”专项工作，研究会党支部组织召开“学查改”专题组织生活会，围绕“六对照六看六查”要求认真查摆问题；召开支委会扩大会议，研究整改落实工作，完成全部整改任务；在党支部、党小组、青年理论学习小组3个层面组织学习，深刻理解习近平经济思想，提高按经济规律办事的能力。

线上举办学习习近平总书记关于知识产权工作重要指示精神专题培训班，研究会党支部书记、秘书长谢小勇为全体会员作专题辅导。来自不同行业、不同领域的知识产权管理人员、技术研发人员、法律主管、知识产权服务人员等200余人参加培训。

会员服务 2022年，研究会线上举办知识产权谈判战略战术、高价值专利培训与运营、企业海外知识产权布局与纠纷等实务培训，《商标一般违法标准》解读、汽车领域专利导航分析与高价值专利培育、新《著作权法》理解与适用等专题培训，知识产权专业职称考试知识培训等共21期培训班，参加培训人数达3000余人次。向会员提供知识产权信息服务，赠阅《知识产权》12期,《知识产权竞争动态》《知识产权通讯》23期。

组织会员参加知识产权研讨交流活动，包括2022年度中日韩知识产权国际学术研讨会等。提升会员服务信息化水平，完善会员线上管理系统；借助“会员风采”专栏和会员微信群，搭建会员宣传展示平台。

【中国企业海外知识产权纠纷实时监测平台正式上线】 12月12日，历经11个月的建设，中国企业海外知识产权纠纷实时监测平台正式上线。该平台共收集6万余条海外知识产权诉讼及1万余条“337调查”案件数据，数据范围涵盖近10年中国企业在美国的知识产权纠纷，以及近年北美洲、欧洲、大洋洲、南美洲以及“一带一路”沿线主要国家涉及中国企业知识产权纠纷案件的信息。该平台实现对中国企业在海外全球范围内的全类别的知识产权纠纷案件的及时动态监测，当中国企业海外知识产权合法权益受到损害时，能够第一时间获取信息，提高海外知识产权纠纷应对指导工作的前置性和主动性。

（撰稿人：杨　丹）

中国发明协会

服务创新型国家和社会建设 4月17日，河北省张家口市人民政府与协会签署战略合作框架协议，中国发明协会智慧交通分会和张家口市智慧交通研究院同日揭牌。河北省委常委、张家口市委书记武卫东，协会党委书记余华荣等出席签约仪式。双方将以冬奥场馆赛后利用为契机，放大冬奥效应，积极发挥双方基础优势，共同探索发明成果转移转化、科技创新创业孵化、科技企业加速发展的新模式新途径，打造国内国际展会、高端论坛等永久会址，助力张家口地方经济创新绿色高质量发展。

3月7日，协会与世界知识产权组织中国办事处在北京举办新时代巾帼发明家科学家企业家座谈会，8位来自科技部中国科学技术信息研究所、中国科学院植物研究所、北京生命科学研究所、清华大学、中华女子学院、中国建设科技集团股份有限公司、国家能源投资集团有限责任公司等不同专业领域，曾获得全国三八红旗手、全国“巾帼建功”标兵先进个人、国家“973计划”首席科学家、国家“百千万人才工

程”标兵、联合国教科文组织“媒介与女性”教席兼职研究员等称号的科学家、发明家、企业家参加座谈会，分享建功新时代的发明创新创业创造故事。

4月7日，协会联合北京经济技术开发区、北京隐形独角兽信息科技院（有限合伙）在北京举办独角兽企业发明创新发展座谈会，分享全球独角兽企业500强创新发展经验，共同研究合作成立中国发明协会独角兽创新分会，商讨联合举办2022中国独角兽峰会、共同打造第二十六届全国发明展览会“独角兽专区”和独角兽创新论坛等有关事项。

4月15日，协会在北京召开首届院士专家工作座谈会。来自中国科学院、清华大学、北京航空航天大学、中国科学院大学、中国农业大学、国家能源投资集团有限责任公司、智慧互通科技股份有限公司等产学研各界的院士专家代表，深入学习习近平总书记人才工作思想，共同探讨如何更好培养人才、引进人才、用好人才，为实施新时代人才强国战略服务。

11月9日，由协会联合创新方法研究会共同主办的区域化学前创新教育高质量发展高层论坛暨中国发明协会学前创新教育分会第四届年会在北京、浙江省温州市两地通过线上、线下同步召开。温州大学国际教育学院、温州大学学前教育研究中心为承办单位。大会通过小鹅通、腾讯会议客户端等多平台进行直播，共计1000余人次在线观看。在年会系列活动中，由协会、中国儿童中心和创新方法研究会共同主办的“献礼二十大中国娃娃好创意”作品展在北京举办，第十届全国人大常委会副委员长、中国关心下一代工作委员会主任顾秀莲和协会领导出席现场活动。

12月22日，第十七届全国高职院校“发明杯”大学生专利创新大赛总决赛在山东省济宁市举办。大赛由协会、山东省教育厅、山东省人力资源社会保障厅、山东省科技厅、山东省市场监督管理局（知识产权局）、山东省科协共同主办。共有来自全国137所高职院校的15006项参赛作品，最终评出专利创新类一等奖72项、二等奖128项、三等奖200项；发明制作类一等奖65项、二等奖110项、三等奖175项。

8月2日，国家知识产权局委托协会主办的企业发明创新与知识产权管理及非职务发明培训班在北京举办。协会党委书记余华荣，房山区人民政府副区长、中关村房山园管委会主任、区工商联主席高武军等出席开班式并讲话。中国工程院院士、中国科学院生态环境研究中心副主任、区域大气环境研究卓越创新中心首席科学家贺泓，协会常务理事、中国环境科学研究院副院长、国家环境保护地下水污染模拟与控制重点实验室主任席北斗，国家知识产权局知识产权发展研究中心原主任、国务院政府特殊津贴专家韩秀成，中国科学院大学知识产权学院副院长闫文军4名专家为来自全国发明创新领域的70多位学员进行授课，围绕大气污染治理前沿技术与发明成果转化、水污染与固废资源化处理工程技术研发与应用、企业知识产权战略与专利保护等主题进行研讨。

11月9日，人力资源社会保障部委托协会举办的新产品研发高级专业人才能力提升高级研修班在北京举办，100余名学员参加。培训班内容包括党的二十大代表讲党课、院士主旨报告、专家授课等。授课专家包括中国工程院院士詹启敏，美国华盛顿大学材料科学与工程系教授曹国忠，国家知识产权局知识产权发展研究中心主任、研究员韩秀成等。

学会建设 2022年，协会新入会会员418人，新入单位会员21家。新入会会员中，博士硕士研究生146人，占比约35%。

8月23—24日，协会召开第八届二次党委会、第八届三次常务理事会和第八届二次理事和会员大会，研究审议2021年党委工作报告、协会工作报告，2022年会士人选、第十二届发明创业奖人物奖表彰决定等重大事项。提名张明春、刘志明为副秘书长，增补理事16人。新设科技创新与高质量发展工作委员会、智慧交通分会、独角兽企业创新分会、高端装备与智造融合创新分会、企业数字化创新分会、工业互联网技术创新分会6个分支机构。电子材料分会更名为新材料创新分会。

8月24日，协会举办分支机构会长、秘书长工作汇报会和新会员代表座谈会，加强分支机构和会员之间的交流与合作。协会理事长吴朝晖、党委书记余华荣和副理事长唐大立、贺振福、高凤林、王承文、胡智荣等出席会议。15位分会负责人作工作报告，7位新会员代表作分享发言。

协会入选中国科协“中国特色一流学会建设（创新特色）”项目，为协会“四力”建设提供新动力。在2021年度科协系统财务数据汇总工作中，协会被评为优秀单位。

青年人才托举工程 2022年，协会首次获得中国科协青年人才托举工程项目托举资格，并获得4个托举名额，分别是首都医科大学附属北京同仁医院王梦琳、北京航空航天大学李大伟、湖南工程学院关汗青、陕西省林业科学院秦岭大熊猫研究中心王晓宇。

国际交往 协会向中国科协成功申请资助交纳2022年度国际组织会费项目、“一带一路”国际科技组织合作平台建设项目、2022年深度参与全球科技治理项目、国际组织（含秘书处）竞选竞聘及履职项目4个国际合作课题。

3月1日，由协会发起、牵头筹建的世界发明创新联合会被列入中国科协培育发起的第一批国际组织名单。8月15日，世界发明创新联合会通过由中国科协组织的专家论证会。

2022年，协会共组织参加18个境外国际发明展览会，其中9个活动参加线下展、9个活动仅以线上形式参展。共组织336个发明项目参展，获得142个金奖、107个银奖、74个铜奖、11个专项大奖。

继续加强与世界知识产权组织的合作沟通，协会党委书记余华荣等年初专程拜访世界知识产权组织中国办事处主任刘华，并出席世界知识产权组织举办的年度工作座谈会、博鳌亚洲论坛2022年年会——亚洲知识产权论坛、“解读2022全球创新指数”（2022 GII）圆桌会议等重要活动。世界知识产权组织同意在全国发明展览会上继续设立世界知识产权组织最佳发明、最佳女性发明、最佳青少年发明3个国际奖项。

表彰举荐优秀科技工作者 2022年推荐3个项目参评中国专利奖，分别来自同济大学、交通运输部科学研究院和北京大学、中科星图股份有限公司。

提名碳中和智慧化管理创新研究团队为第十八届中国青年女科学家奖团队奖候选团队，提名宋汶秦、张金玉、黄蓉为第十八届中国青年女科学家奖个人奖候选人，提名周荣、包艳艳为2021年度未来女科学家计划候选人，提名张列宇、罗远锋为第十七届中国青年科技奖候选人。从参选的16份材料中，推选单光存、余平、陈科儒3人参评2022年全国“最美科技工作者”。

组织开展第十二届发明创业奖人物奖评选活动，中国科学院声学研究所王文、上海交通大学陆建钢等102人获发明创业奖·人物奖；18人获得发明创业奖·特等奖并授予“当代发明家”称号。

开展第三届发明创业奖成果奖评选活动，共有815个项目参评，经专家评审，授予117个项目一等奖、134个项目二等奖。

党建强会 协会及分支机构通过召开工作座谈会等形式，深入传达学习党的二十大精神。开展“党的二十大代表进协会”活动，党的二十大代表、协会副理事长陈小前就学习贯彻党的二十大精神进行座谈交流。持续开展“不忘初心、牢记使命”主题教育，先后组织全体党员、入党积极分子和全体员工前往中国共产党历史展览馆、北大红楼和西柏坡开展党支部主题党日活动。

【第十六届中国发明家论坛暨第十二届发明创业奖·人物奖颁奖典礼】 8月24日，第十六届中国发明家论坛暨第十二届发明创业奖·人物奖颁奖典礼以线上线下形式在北京、河北省石家庄市和张家口市三地同步举办。协会党委书记余华荣主持大会。第十二届全国政协副主席齐续春，协会理事长、中国科学院院士吴朝晖，科技部党组成员、科技日报社社长张碧涌等领导致辞、讲话。中国工程院院士、北京大学博雅讲席教授詹启敏以《健康中国背景下生物医药创新发展》为题作主旨报告，中国农业大学国家农业科技战略研究院院长高旺盛以《农业科技创新与乡村振兴若干战略问题讨论》为题作专题报告。

王文等102人获第十二届发明创业奖·人物奖，其中陈小前等18人获“当代发明家”称号。姚斌、马玉山、钱为强、胡海岚、周少奇、冯仲科、张建胜、杨立军、官大威、贾凌云10位专家获评第五批中国发明协会会士。

【第二十届中国·海峡创新项目成果交易会】 6月18—20日，第二十届中国·海峡创新项目成果交易会在福建省福州市举办。中国·海峡创新项目成果交易会由福建省招标采购集团有限公司联合中国核工业集团有限公司、中国发明协会、中国产学研合作促进会、中国退役军人就业创业服务促进会共同主办，设置数字经济馆等4个展馆，分设创新成果展、国企创新展、金融服务展、陆海协作展等7个展区，展示面积约5.5万平方米。

会议同期举办金融服务展、中国（福建）乡村振兴博览会、2022中国（东南）数智医疗产业峰会暨首届中国（福建）数智医疗博览会等，共有1100多家企业参展。据不完全统计，现场共签约项目361项，签约金额达711.9亿元。

【2022金砖国家职业技能大赛决赛和2022金砖国家技能发展与技术创新大赛厦门国际赛】 11月4—6日，2022金砖国家职业技能大赛决赛和2022金砖国家技能发展与技术创新大赛厦门国际赛同期在福建省

厦门市举办。协会领导作为联合主办方代表，通过视频方式出席开幕式并在闭幕式视频致辞。

2022 金砖国家职业技能大赛共收到来自巴西、俄罗斯、印度、南非、加纳等国家的 3500 多支国际参赛队以及 6200 多支国内参赛队报名，最终 1600 多支参赛队进入决赛。大赛共设 26 个赛项，中国参赛队获得 79 枚奖牌，位列奖牌榜第一；俄罗斯、印度代表队分别以 38 枚、12 枚奖牌数分列第二、三位。

2022 金砖国家技能发展与技术创新大赛厦门国际赛共收到国内外 201 支队伍报名参赛，包括来自国内 145 所院校和事业单位的 457 名选手以及来自俄罗斯和南非等国的 26 名国际选手。赛事采用远程分布式竞赛模式，即国内参赛队在厦门线下赛场集中参赛，巴西、俄罗斯、印度、南非在当地设置远程赛场，通过大赛数字化信息平台与厦门赛场同步竞赛。最终，12 支参赛队和 8 名个人选手获奖，其中俄罗斯和南非各有 1 名参赛选手获一等奖。

（撰稿人：朱汉夫　王清梅）

中国工程教育专业认证协会

服务创新型国家和社会建设　1 月，协会发布《关于受理 2022 年工程教育认证申请的通知》，公布 2022 年度工程教育认证申请受理的 669 个专业名单，并对各专业自评提出相关要求。

5 月，举办 2022 年工程教育认证培训会，对 2022 年受理认证专业和 2022 年认证有效期中期到期专业进行专题说明、培训，2022 年受理专业及有效期中期到期专业所在学校相关人员通过近 2 万个视频端口收看会议。

6 月，公布西南石油大学机械工程等 422 个通过 2021 年工程教育认证的专业名单和北京工业大学机械工程等 460 个通过 2021 年工程教育认证中期审核的专业名单。

6 月，与教育部教育质量评估中心联合印发《关于发布已通过工程教育认证专业名单的通告》，集中发布历年来通过工程教育认证的 1977 个工科专业名单。

推进专业认证工作。全年共有 1997 个专业申请认证，接受其中 450 个专业安排认证考查计划，合计派出专家（秘书）1214（356）人次、见习专家（秘书）531（38）人次。

开展 460 个中期到期专业的持续改进报告审阅、23 个“需要进校核实”专业的中期审核现场考查核实，并完成中期审核报告撰写、结论审议及结论发布工作。对 2021 年有效期内的 1528 个专业开展年度持续改进报备材料抽查，督促专业及时改进，指导专业逐步建立面向产出的评价机制。

7—11 月，组织制定《工程教育认证各环节工作规程汇编（试行）》、修订《工程教育认证自评报告指导书》，引导参与认证专业的专家依据联合国可持续发展目标和国际工程联盟发布的 2021 版《毕业生要求与职业能力框架》，聚焦面向产出评价机制核心问题，完善标准内涵解释，组织修订《工程教育认证通用标准解读及使用指南（2022 版）》。

8 月，组织召开面向产出的课程大纲制定与课程目标评价专题培训，共有 2.9 万名教师在线参加培训。邀请专家对如何制定面向产出的课程大纲、如何按照面向产出实施教学、如何基于产出开展课程目标评价等内容进行专题培训。

9 月，为保证 2023 年工程教育认证申请审核工作质量，明确最新要求和审核重点，引导专家进一步聚焦证明产出达成的核心、基础性证据，强化工作纪律要求，开展工程教育认证申请审核专家培训。近 1000 名即将参加 2023 年认证申请审核工作的专家参加培训。培训对《工程教育认证申请书（2023 版）》正文和附件材料的最新要求做了说明，就主线底线相关的申请审核要点、证据判定、常见问题以及认证申请审核工作参考作详细讲解，对申请审核专家工作纪律作了说明和要求。

承担中国科协委托的“《华盛顿协议》周期性检查专项工作”“工程教育专业认证质量及影响力提升”2 个项目，以及教育部教育质量评估中心委托的“认证体系优化与国际互认交流”项目。

7 月，参加中国科协十年优秀工作案例推荐工作，推荐的《以加入〈华盛顿协议〉为契机　积极参与工程教育国际治理》《发布高教评估领域首个团体标准》入选。

10 月，参加中国科协海智特聘专家候选人推荐工作，协会推荐的 18 位专家入选，聘期为 2023 年 1 月—2025 年 12 月。

全年持续助力脱贫攻坚，为“三区三州”贫困地区所在地市高等学校开放专业认证在线培训课程资源，并在 2022 年工程教育专业认证申请受理过程中，在保证质量的前提下向高等教育欠发达地区高校或条件相对较弱的院校倾斜。根据申请受理工作程序，经审核，2022年共受理669个专业认证，其中西部省份的高校专业约158个、条件相对较弱的院校专业约56个，两类合计214个，约占认证总数量的32%。

学会建设 5月，协会参加中国工程师联合体第一届理事会第一次会议以及2022年第一次秘书长办公会议，作为联合体的发起单位，协会理事长王树国当选联合体第一届理事会副理事长，协会当选联合体常务理事单位，同时牵头工程教育委员会参与联合体相关工作，推动工程教育认证与工程能力评价衔接等工作。

5月，印发《中国工程教育专业认证协会2022年工程教育认证工作要点》。

6月，为进一步规范认证专家的遴选、培训、选用、评价和管理工作，健全“有进有出”的专家管理机制，印发《工程教育认证专家管理办法》。

7月，印发《中国工程教育专业认证协会秘书处信息发布管理办法（试行）》。

8月，按照与评估中心签署的合作框架协议，申请通过以“专业机构联合教育部教育质量评估中心组织实施”模式，将与教育部教育质量评估中心联合开展的工程教育认证正式列入教育部统筹管理评估序列，健全协同工作模式。

10月，与教育部教育质量评估中心签订《秘书处支撑协议》，完善双方合作的工作内容及分别承担的责任、义务，理顺双方在认证组织实施中的关系，进一步保障工程教育认证工作持续健康发展。

学科发展工程 6月，协会全面推进2023—2025年工程教育专业认证工作，组织协会各专业委员会开展2023—2025年工程教育认证规划编制工作。

6月，为贯彻中央人才工作会议精神，落实新时代人才强国战略，培养大批卓越工程师，加快建设世界重要人才中心和创新高地，协会推动中国工程院设立重大战略咨询项目“大变局下工程教育治理体系研究”并举办项目启动会。项目分为1个综合性课题和“四纵四横”8个课题。每个课题均由院士领衔，汇聚56位院士、近200名行业专家。课题聚焦中国工程教育治理体系政策模型研究，大机械类专业、大电类专业、大土建类专业、大化工类专业的工程教育治理体系研究，学生工程实践、工科教师培养与评价、工程教育质量评价，以及与工程教育相衔接的工程师治理体系研究等内容。

国际学术会议 12月，协会与中国工程师联合体、俄罗斯科学工程协会联合会、俄罗斯工程教育协会线上联合主办中俄工程能力建设圆桌对话活动。来自中国有关全国学会、高校的60余名专家学者参加活动。

国内主要学术会议 3月，协会线上组织召开2021年工程教育专业认证结论审议会。结论审议委员会全体委员对2021年认证的20个专业领域的423个专业认证结论进行审议，并对各专业类认证委员会的结论审议工作进行综合评议。

5月，协会召开结论审议委员会2021年中期审核结论审议会议。结论审议委员会全体委员对2021年460个专业的中期审核报告和结论进行审议，并对中期审核结论审议工作的程序、重点和要求等达成共识。

9月，协会组织召开专业类认证委员会秘书长工作会议，就专家管理与评价工作、2023年申请审核、《华盛顿协议》周期性检查等有关工作进行研讨。各专业类认证委员会主任委员、副主任委员及秘书长参加会议，学术委员会、结论审议委员会代表列席会议。

11月，线上召开2022年上半年工程教育专业认证结论审议会议，对上半年认证的14个专业领域的154个专业认证结论建议进行审议。为推动结论审议委员会和各专业类认证委员会共同提升认识水平，提高审议工作质量，在正式审议前，13名特邀专家与结论审议委员会委员以互动研讨的形式进行案例分析与研讨，20个专业类认证委员会的近220名委员和专家列席会议，参加审议研讨。

12月，协会应香港工程师学会邀请，选派土木类专业认证委员会主任委员、同济大学教授陈以一线上观摩香港学术评审政策委员会会议，了解香港认证体系及评审政策的特点，为进一步合作打下基础。

国际交往 中国科协为《华盛顿协议》的正式成员，协会对内负责开展中国工程教育认证工作的组织实施，按照相关要求，高质量开展《华盛顿协议》日常事务工作并提交2021年度报告，报告内容包括背景信息、义务履行、认证标准和程序变更、认证状态、持续改进和经验分享等内容。

3月，应《华盛顿协议》正式成员秘鲁认证协会邀请，选派汕头大学教授喻莹代表协会线上参加秘鲁认证专家培训线上研讨会。会上，国际工程联盟主

席、爱尔兰工程师学会专家 Damien Owen 和喻莹分别介绍爱尔兰和中国的工程教育认证情况，与参加会议的专家就认证体制机制建设及如何应对联合国可持续发展目标要求进行研讨和交流，为提升中国工程教育全球影响力作出积极贡献。

3 月，应《华盛顿协议》预备成员泰国工程教育认证协会邀请，选派天津理工大学教授罗训线上观摩泰国工程教育认证协会的入校检查情况。

7 月，中国工程院院士涂善东代表协会参加世界工程组织联合会工程教育委员会与缅甸工程理事会联合组织的 2022 工程教育认证国际会议，并作题为《绿色发展理念下的绿色工程教育》的报告，从理念、具体课程体现、国际合作案例等方面展现中国工程教育的发展成果。

7 月，协会以《华盛顿协议》正式成员身份参加 2022 年国际工程联盟大会线上会议，参与各项会议议题的讨论，并对预备成员转正、周期性检查等议题进行投票表决。根据国际工程联盟大会有关决议，中国将在 2022 年年底接受周期性检查，2023 年国际工程联盟大会进行投票表决。协会坚持"以我为主"原则，以接受检查为契机，进一步完善工程认证体系，建立持续改进工作机制，推动工程教育改革，提升中国工程教育的全球影响力。

10 月，受邀赴爱尔兰基拉尼参加 2022 年国际工程联盟研讨会。协会代表了解国际工程联盟治理规则及协议规则的变化，明确《华盛顿协议》周期性检查的有关要求，宣传中国的认证工作，提高中国在《华盛顿协议》组织中的地位。

科普活动　3—7 月，协会会同教育部教育质量评估中心、《中国青年报》在 2022 年高招季制作"院士说专业"系列视频节目，邀请 11 位不同专业领域的院士通过 5 分钟演讲和 20 分钟访谈进行专业讲解，配合文字报道，引导考生家长对专业的认识，同时大力宣传 STEM，引导全社会关心关注和参与工程教育。视频通过《中国青年报》各平台、学习强国、教育部阳光招生平台、B 站等进行传播，业内反响强烈，成为"现象级"公共传播产品。

8 月，联合中国兵工学会、中国造船学会、中国航空学会等单位会员向陕西省安康市紫阳县和岚皋县中小学以及职业学校捐赠科普读物近千册。

党建强会　结合工作实际，通过集体学习研讨、专题辅导讲座、个人学习、主题党日活动等学习贯彻党的二十大精神。

5 月，为增强协会秘书处党建力量，商请秘书处支撑单位正式选派一名处级党员领导干部，专职指导并参与协会秘书处党建工作，独立设置党小组，纳入教育部教育质量评估中心党总支第二党支部管理，衔接教育部教育质量评估中心与协会行政管理日常运行，筑牢党的基层组织建设。

会员服务　11 月，协会官网上线 GA 修订专栏，通过专栏宣传联合国可持续发展目标、国际工程联盟 2021 版《毕业生要求与职业能力框架》有关内容，推送 GA 修订交流调研初步成果，同时向国际工程联盟国际同行展示中方落实联合国可持续发展目标和新版《毕业生要求与职业能力框架》的积极行动，推进中国 GA 修订工作。

【《工程教育认证标准》《工程教育认证工作规范》发布】 7 月 15 日,《工程教育认证标准》《工程教育认证工作规范》2 项团体标准正式发布，这 2 项标准由协会与教育部教育质量评估中心、中国标准化协会等 58 家单位共同起草，是中国高等教育人才培养质量评估领域第一个纳入国家标准体系框架内的团体标准，标志着中国工程教育认证协会第三方属性的正式确立，对于落实《深化新时代教育评价改革总体方案》，构建政府、学校和社会多元参与的高等教育治理体系，具有标志性意义。

【《华盛顿协议》周期性检查工作】 根据国际工程联盟秘书处工作安排，2022 年，中国工程教育认证体系正式迎来 6 年一次的《华盛顿协议》周期性检查。为做好迎接周期性检查相关工作，协会组织开展专业指导、自评报告撰写、工作机构完善、工作体系优化、国际合作交流等各项工作，从内部治理、工作协同和条件保障等多方面做好迎检准备工作。

12 月 7 日，周期性检查外方专家组与协会召开线上见面会；12 月 13—21 日，线上观摩 2 所高校 4 个专业的专家组现场考查工作。通过观摩认证相关工作，外方专家组了解了中国工程教育认证体系及现场考查过程，肯定了中国的工程教育认证工作。

（撰稿人：李　涛）

中国检验检测学会

服务创新型国家和社会建设　学会推荐申报的项目"科创中国"NQI 先进碳材料产业科技服务团入选

中国科协2022年“科创中国”科技服务团示范项目，组织项目开展并完成结题；完成中国科协2022年度学会学术服务工作类项目之“学术会议分级目录试点”项目；组织开展中国科协“2022年学会公共服务能力提升”项目之“第三方科技评价专项”和“团体标准国际化合作与应用”2个项目。

支持“科创中国”试点城市开展检验检测科技服务，协助山东省泰安市检验检测机构成功申报2022年泰安市“科创中国”试点城市项目，协助湖南省相关单位申报2022年长沙市全国（省级）学会服务站，均获得批准立项并组织开展完成。

2022年，筹建市场监管职业教育教学指导委员会检验检测专业委员会。开展“市场监管专业特色教法研究”“产教融合促进检验检测专业人才培养机制研究”。搭建检验检测高端人才发展平台，推荐“中国科协科技人才奖项评审专家”22人。组织完成2022年中国标准创新贡献奖标准项目奖，学会申报项目获得三等奖。

承接人力资源社会保障部2022年检验检测成果转移转化高级研修班项目；组织系统内专家成立检验检测行风建设课题小组，开展检验检测能力提升和行风整顿规范等内容研究。完成国家市场监督管理总局“区块链技术在市场监管领域的应用研究”项目。

通过调研会员单位，学会发挥科技服务站智库建设、学术发展、科技创新、科学普及、公共服务的平台作用，梳理汇总检验检测机构在技术发展中的问题清单，组织专家匹配解决方案，共同打造检验检测科技服务站的品牌。开展“科创中国”碳纤维检验检测学院的人才培养工作，服务地方人才发展；组织完成“科创中国”先进碳纤维应用论坛成果转化会和“科创中国”先进碳纤维技术发布会后续工作。

吸纳各行业专家学者，完善标准化专家智库，发挥行业智库的力量，提高学会团体标准质量，促进行业发展，并探索将团体标准转化为国家标准和行业标准的途径和方法。

2022年，共受理立项团体标准16项，发布《电子电器检测工程师分级评价指南》《电子电器检测碳足迹评价指南　房间空调器检测》《人工智能（AI）家用中央空调技术规范》等17项，含2021年立项的《检验检测企业安全生产标准化达标评审规范》《疫苗冷链便携式无源疫苗冷藏箱技术要求及检测方法》《油气实验室仪器设备开放共享平台建设规范》等12项。

开展中国检验检测学会2022年度团体标准征集工作，做好年度团体标准制（修）订工作。组织对《油气物联网智慧实验室运行管理系统建设指南》《家用洗碗机智能化、消杀功能、存储功能技术要求和评价方法》《家用电器用户体验实验室评价指南》等团体标准进行立项函审、征求意见、举办审查会、出版校对、发布归档等工作，最终在“全国团体标准信息平台”进行备案登记。

推动创新技术行业团体标准制定，促进多领域协同发展，建立并推进试点城市“科创中国”科技服务站。

2022年编制发布《中国检验检测学会实物标准管理办法（试行）》，立项13项实物标准。

学会建设　2022年，学会召开理事会议1次、常务理事会议2次。

截至12月20日，学会拥有单位会员444家、个人会员458人。中国检验检测学会第二届理事会第三次会议召开后，新申请加入学会的单位会员168家、个人会员167人，同比增长59%。

根据《中国检验检测学会分支机构管理办法》，中国检验检测学会科普工作委员会、中国检验检测学会测试装备分会、中国检验检测学会测智能制造与重大装备检测分会3个分支机构召开成立大会。增设中国检验检测学会科研试剂分会和中国检验检测学会电线电缆分会2个分支机构，有关筹备成立工作按照《中国检验检测学会分支机构管理办法》执行。

起草整理学会科技计划项目通知，并修改学会科技项目管理办法，开展中国检验检测学会科研项目征集工作。起草、征求意见、发布《中国检验检测学会科技创新服务站管理办法》。

青年人才托举工程　学会向第八届中国科协青年人才托举工程项目推荐检验检测领域人才，2人获得中国科协资助，2人获得自筹资金资助。

主办期刊　学会期刊变更刊名为《实验室检测》，进一步发挥好学术交流作用和促进学科建设，建立编辑部机制，成立筹备小组，组织筹备会讨论编辑部工作人员安排、运行机制和期刊规划。

学科发展工程　中国科协第十届全国委员会委员、学会秘书长夏扬组织调研撰写《研究分析测试仪器产业技术路线图的建议》《关于战略新兴产业集群规划配置第三方测试服务的建议》《我国重大科研基

础设施和大型科研仪器管理使用中存在的相关问题和建议》《我国特种设备检验检测行业面临的突出问题、风险分析及对策建议》等智库报告和建议。

学会主编的“中国科协新一代信息技术系列丛书”之《智能传感器导论》和《检验检测产业与技术发展路线图》于11月出版发行。

国内主要学术会议 6月25日，由学会承办的第二十四届中国科协年会测试装备创新发展论坛在湖南省长沙市举办。来自全国大专院校、科研院所、国家级重点实验室、检验检测机构、科学仪器制造厂家的代表约100人参加论坛。其间，中国检验检测学会测试装备分会正式揭牌成立。在主题报告环节，多名业内专家学者围绕科学仪器发展现状、前景、途径及标准化等内容进行交流。学会会长李怀林以《检验检测科技与仪器设备发展》为题作报告。

7月22日，中国检验检测学会第二届学术年会暨中国电子电器检测科技高峰论坛在浙江省宁波市召开。会议由学会主办、学会电子电器分会和中国家用电器研究院共同承办。会员单位及企事业单位的80余名专家学者参加会议。学会会长李怀林线上参会并致辞。学会副会长、中国家用电器研究院院长刘挺出席会议并致辞。学会副会长兼秘书长夏扬参加会议并为电子电器检测工程师培训基地授牌。论坛特邀6位电子电器行业专家围绕政策法规、检测标准和检测技术等主题作报告。

12月13日，由学会、中国计量测试学会、中国标准化学会、广西壮族自治区科协等共同主办的“科创中国·广西”行动交流会暨首届NQI科技大会在广西壮族自治区南宁市召开。大会以“创新协同　融合发展”为主题。来自广西工业和信息化厅、广西农业科学院、广西产品质量检验研究院等相关部门的负责人，广西壮族自治区各市科协、自治区级学会以及相关企业、“科创中国”联络员代表等200多人线上线下参加大会。

科普活动 学会与江苏省、湖南省、山东省、四川省、广西壮族自治区等省（自治区）科协联合发起“检验检测科普万里行”活动，规划行动路线图。8月10日，邀请院士、专家在江苏省常州市召开首站启动仪式，通过线上线下开展系列科普活动。承接中国科协及中国科普研究所科普项目，年内在北京、江苏省、山东省、陕西省等地学校、社区、企业开展食品安全检测、环境安全检测及生命安全科普讲座近50场，听课人数达22万余人次。

编制健康手册1本，制作短视频10集、原创科普文章30篇并发布在“科普中国”App及中国网等媒体，观看和阅读量达58019人次。

举办食品安全健康科普进校园活动，同时开展问卷调查89072份并完成数据分析。其中，线上课程受众人数达6459人次；线下开展5场课程，受众225人。

组织动员专家和科技工作者深入乡村、学校、社区等开展食品安全快速检测科普活动，普及食品安全检测科学常识。开展8次线上线下科普活动，参与人数达20万人次；开展线上线下沙龙活动8场，参与人数达200人。

学会分别在青岛啤酒集团有限公司、农夫山泉股份有限公司、浙江九安检测科技有限公司、常州纺织服装职业技术学院完成科普基地授牌。在全国科普日期间，各科普基地通过线上线下开展科普讲座、参观、交流等活动达20余场，参与人数达2万余人次。截至2022年年底，已有科普基地9家，拟建设科普基地2家，其中推荐农夫山泉寻源水文化科普基地（万绿湖）、青岛啤酒博物馆、青岛海尔世界家电博物馆3家科普基地入选2021—2025年度第一批全国科普教育基地。

学会推荐的“科创中国”新一代半导体创新基地和“科创中国”海洋组学与再生医学创新基地入选中国科协首批“科创中国”创新基地。

表彰举荐优秀科技工作者 学会分别推荐第十八届中国青年女科学家奖候选人1人、第十七届中国青年科技奖候选人1人。

推荐食天下（海南）供应链管理有限公司董事长卢元国入选2022年“科创中国”创新就业先锋榜系列榜单。

党建强会 组织党员干部、职工学习宣传贯彻党的二十大精神。

学会召开2022年党风廉政建设工作专题会议，制定《中国检验检测学会党风廉政建设工作方案》并贯彻落实。加强对“一把手”的监督，征求各部门意见，结合学会实际制定部门“两单一图”，修订全面从严治党监督责任清单。认真学习落实《关于加强巡视整改和成果运用的意见》，结合“抓学习、抓调研、抓落实”活动，开展节前警示教育，严格落实办公管理制度，开展廉政风险意识风险专题教育月活动，制定《中国检验检测学会2022年廉政教育月实施方案》。

组织召开2022年意识形态工作专题会议，贯彻落实《中国检验检测学会落实意识形态工作主体责任实施办法》，严格“三审三校”制度，坚持正确政治方向。

制定《中国检验检测学会党支部标准化规范化建设实施方案》，严格落实党内规定，按时召开各项会议，加强支委会对“三重一大”决策事项内容的研究。

会员服务 按照会员需求重新整合会员平台交流工作群，发布学会关于科技服务、学术交流、科普活动、培训学习等相关新闻资讯及活动通知，同时解答会员提出的与检验检测行业相关问题。制作《中国检验检测学会服务手册》。发挥各分支机构作用，依托学术交流、团体标准、实验室评价等内容举办各种活动，通过线上和线下多渠道为会员提供技术支持和培训交流。

【中国科协科学试验用仪器设备高层次专家研讨会】 11月4日，由中国科协主办、学会承办的中国科协科学试验用仪器设备高层次专家研讨会在北京召开。研讨会由学会会长、研究员李怀林主持。中国工程院院士、中国检验检疫科学研究院首席科学家庞国芳，中国工程院院士、中实国金国际实验室能力验证研究中心主任王海舟，中国科学院院士、清华大学化学系学术委员会主任、清华大学分析中心主任李景虹，中国检验检疫科学研究院副院长兼总工程师陈颖分别作主题报告。来自中国计量科学研究院、清华大学、中机试验装备股份有限公司等科研院所、高校和企业的专家学者以及第三方检测机构代表等22位专家参加研讨会。

在研讨阶段，与会专家学者共同探讨科学试验用仪器设备的新技术、新标准、新方法和发展方向，从科学试验用仪器设备基础科研、成果转化、仪器应用、标准化研究等方面进行讨论，为促进中国科学试验用仪器设备发展建言献策。

（撰稿人：李怀林　夏　扬　赵南南）

中国女科技工作者协会

服务创新型国家和社会建设 2022年，协会推动成立省级女科技工作者组织和全国学会女科技工作者组织工作，协会会长王红阳带领协会领导分别出席北京、天津市、内蒙古自治区、广东省、广西壮族自治区、吉林省、黑龙江省、云南省、海南省等省份的女科技工作者组织成立大会并录制致辞视频。截至2022年年底，30个省、自治区、直辖市已建立女科技工作者组织。

2022年，联合相关科研院所及高校的专家学者多次召开专题调研会，完成多项重点课题，主要采用实地走访、访谈交流（面谈和电话访谈）、座谈会、典型案例调查、问卷调研、培训活动等形式展开，了解项目情况，挖掘存在问题并提出意见建议，最终形成项目研究报告。

3月，完成“女科技工作者组织建设状况调查与推动”调研工作，协会通过向中国科协所属的210家全国学会和31个省、自治区、直辖市科协在线发放机构调查问卷，了解各级女科技工作者组织建设情况，共回收132份全国学会问卷、15份地方科协问卷。同时通过在线座谈交流、网络信息采集等方法对问卷调查数据进行分析，形成问卷数据分析报告。对调研访谈座谈速记进行整理，并从中发现典型案例。在此基础上，调研组形成研究总报告，并经过专家研讨和论证。

6月，完成“青年科技人才组织化交流机制”研究工作，通过协会平台向青年科技奖专家库、青托支持计划人选以及科研院所、高校、企业的青年科研人员发放调查问卷，共回收373份；抽取12位青年女科学家进行访谈；组织经验交流会，最终形成2份专报和包含“四位一体”组织化交流机制设想的研究总报告。

11月，组织完成“科技工作者之家”组织建设总体标准研究，梳理中国科协及省、市、县等地方科协开展“科技工作者之家”的认定、监督、指导等机制，从中发现规律，形成《“科技工作者之家”组织建设总体标准研究项目总结报告》和《“科技工作者之家”组织建设总体标准研究报告》，引导和规范各级科协把握“科技工作者之家”的发展方向，为各级科协开展“科技工作者之家”建设工作提供政策依据和制度保障。

12月，完成“科协系统女秘书长工作现状调查研究暨领导力提升”课题研究，组织2次女秘书长领导力提升活动，一次是提升社团党建能力的国情研修培训活动，另一次是科技领域性别平等、女性科技人员赋能的研讨交流活动。通过活动发现女秘书长领导力提升的重点是开展社团党建和性别平等意识、女性赋能等培训。同时，提出要推进秘书长职业化、秘书处工作专业化，就要考虑秘书长队伍的梯队建设、做好秘书长后备人才培养的建议。

学会建设 2022年，协会召开理事会议1次、常务理事会议2次。拥有个人会员2.3万人、单位会员49家。

2月25日，协会副会长、全国妇女代表大会代表秦川，协会常务理事辛兵按《关于印发〈全国妇女代表大会代表联系所在区域妇女群众制度（试行）〉的通知》的相关要求，及时反映上报联系所在区域妇女群众记录表并向全国妇联组织部提出关于女性科技工作者发展的意见建议。

3月28日，完成2021年度年检材料线上填报工作，并将2021年度工作报告提交中国社会组织政务服务平台数据库。4月，开展自查自纠专项工作。

10月，为《中国科学技术协会团体会员管理办法》提出10条具体意见建议，重点对有关企业科协作为团体会员的资格条件、加入程序、权利和义务、服务和管理以及退出等方面提出6条建议。

青年人才托举工程 10月，协会被确定为第八届（2022—2024年度）中国科协青年人才托举工程项目立项单位。11月3日，组织举办项目答辩评审会，学会推荐的2名女性青年人才获得中国科协资助。

国际学术会议 3月13—25日，在联合国妇女地位委员会第66届会议举办期间，协会协办该会议的平行会议，主题为"提升发展中国家女性参与科技活动占比"。会议面向全球线上召开并进行同步直播，150余人参加会议。协会秘书长解欣参加会议并致开幕词。会议邀请发达国家和发展中国家有影响力的科技工作者分享她们对活动主题的观点和认知，讲述个人成长经历，交流不同国家之间的女性科技工作者的发展现状。

11月28日，由中国科协、中国科学院、中国工程院、四川省人民政府共同主办，协会承办，四川省女科技工作者协会协办的第四届世界科技与发展论坛：女科学家论坛线上召开，200余位国内外女科学家代表参加。论坛主题为"中国西部——科技创新 科技女性 包容未来"，包括开幕式、4个主题报告以及交流对话专场。

12月14日，由中国科协主办、协会和兰州大学承办、甘肃省女科技工作者协会协办的2022年国际青年女科学家沙龙线上召开。沙龙以"气候变化的影响及应对策略""生态环境保护的困难及挑战"和"从女性视角谈可持续发展"为主题，设置开幕式、主题报告与交流对话等环节。共有来自国内外的15位专家学者作主题汇报，7位特邀嘉宾参与交流对话的访谈环节。与会专家展开研讨并形成相关咨询报告、科普视频等成果，为区域及国家的生态环境保护与建设建言献策，为联合国气候变化和可持续发展、中国"双碳"目标和生态文明建设等重大战略实施提供科学支撑。

国内主要学术会议 3月8日，协会、中国科学院微生物研究所、中国科学院青年创新促进会在北京举办女科技工作者发展与创新·长缨论坛，主题为"科技创新担重任，巾帼建功绽芳华"。协会会长王红阳致开幕词。协会第三届理事会会长王志珍以《关注、支持和尊重女性科技人才》为题作主旨报告，协会常务副会长、国家自然科学基金委员会副主任高瑞平以《为科技自立自强贡献巾帼力量》为题作特邀报告，协会副会长郑晓静、曹晓风、朱美芳等为论坛视频致辞。会议开通直播平台，观看人数约21万人次。

两岸交流 2022年，协会与港澳台科技组织（如中国台湾工程师学会、香港工程师学会、澳门工程师学会等）取得联系，争取团结联系一批港澳台女科技工作者，邀请她们参加协会2023年科学交流、科普传播等活动，增进海峡两岸暨港澳友谊互信，为协会开展港澳台科技交流合作打下基础。

国际组织任职 据初步统计，协会共有30名女科技工作者代表在国际民间科技组织任职，并均为高级别任职专家。

8月，协会根据联合国妇女署中国办公室合作伙伴关系专员杨睿侃的建议，向妇女地位委员会第67次会议世界专家工作组推荐3位专家，她们将经联合国妇女署总部筛选通过后进入工作组工作，就会议议题开展讨论，最后的讨论结果将为联合国秘书长的报告提供支持。

国际交往 3月28日—4月1日，联合国科学和技术促进发展委员会第25届会议在瑞士日内瓦举办。协会组织女科学家线上参加会议，中国科协联合国咨商专项女科学家与性别平等团结专委会主任乔杰、协会会长王红阳、协会副会长韩喜球等专家参加会议。会议围绕"工业4.0为包容发展服务"和"科学技术创新为后疫情世界的城市可持续发展服务"2个主题展开研讨，分享国家和国际经验和做法，听取科技创新政策评估报告；审议信息社会世界首脑会议在国际和地区层面的实施成果和后续行动；听取科学和技术促进发展委员会工作审查报告，选举第26届科学和技术促进发展委员会副主席，通过第26届会议临时议程和文件以及第25届科学和技术促进发展委员会会议报告。

7月20日，协会会长王红阳受邀参加澜沧江－湄公河国家妇女机构和组织领导人"妇女创新与发展"视频对话会。全国人大常委会副委员长、全国妇联主席沈跃跃与柬埔寨、老挝、缅甸、泰国、越南妇女机构和妇女组织领导人出席并作主旨讲话。会议通过《澜沧江—湄公河国家妇女创新与发展倡议》。

9月22日，由联合国开发计划署和联合国妇女署共同主办的科研中的"她"力量高层政策对话在北京举办，来自各国的政策制定者、专家学者、科研工作者、联合国各机构代表参加活动，就如何赋能女性参与科研工作并提升女性领导层占比展开讨论。协会会长王红阳为对话开幕式致辞，协会常务副会长高瑞平作主旨演讲报告，协会副会长吕植参与最终的科学家炉边对谈环节。与会嘉宾此次分享的主要观点将作为后续政策研究的基础。约20万人次通过线上、线下方式参与活动。

科普活动 在2022年"三八"国际妇女节来临之际，协会主办#Her Story#倡议活动，协会副会长朱美芳以视频形式分享自己的成长故事与感悟，为女孩和男孩写下寄语，激发公众尤其是激发女孩对科学的好奇心。活动曝光率达40万。

表彰举荐优秀科技工作者 3月，协会提名推荐的北京大学化学与分子工程学院教授李彦被授予2021年度"全国三八红旗手"称号；开展"最美科技工作者"学习宣传活动，并推荐郭青云、周秀芳两位基层一线科技工作者为2022年全国"最美科技工作者"候选人。

9月，通过分类推荐模式，评出候选年度科研科普人物3人、基层科普人物1人、基层科普团队1个；为中国科协推荐近40名女性评审专家。

党建强会 9月13—16日，由协会等承办的中国科协党校"领航计划"青年女科技领军人才国情研修活动暨中国女科技工作者协会党校第二期研修班在江苏省南京市举办。中国科协党组成员、书记处书记束为，协会会长、中国科学院院士王红阳，江苏省科协党组书记、副主席孙春雷，协会副会长、中国医学科学院医学实验动物研究所首席科学家秦川，协会秘书长解欣出席开班仪式。王红阳以《讲好女性故事，激发巾帼科技创新活力》为主题作主旨报告，中国工程院院士、华东理工大学教授涂善东以《让我们一起点亮创新》为主题作主旨报告，中国工程院院士、南京理工大学教授、国家最高科学技术奖获得者王泽山以《牢记使命　忠诚奉献》为主题作主旨报告。与会人员还参观走访东南大学国家大学科技园，并与在园企业开展座谈，就科技成果转化和女性科技工作者的培养展开探讨。随后，与会人员前往周恩来故居、周恩来纪念馆等教学点进行实地学习。

11月5日，中国科协常委会女科技工作者专委会和协会联合召开座谈会，学习贯彻党的二十大精神。

（撰稿人：孙明杉）

中国创造学会

服务创新型国家和社会建设 2月11日，学会联合同济大学科协面向广大科技工作者征集"2022重大科学问题、工程技术难题和产业技术问题"，组织由院士组成的专家委员会对所征集的难题进行遴选推荐，最终向中国科协推荐上报"如何解决农牧业生产发展中生态绿色一体化难题？""裸露岩石区生态修复如何实现乔木林相免灌种植？""如何分析经皮全脊柱内镜与显微镜辅助下经椎板间隙入路手术对老年腰椎管狭窄症的疗效及安全性？""如何平衡好企业（单位）高质量发展与企业（单位）特种设备（电梯）安全工作关系？"问题、难题4个。

6月6日，第五届全国大学生创新体验竞赛颁奖典礼在江苏省南京市举办。竞赛由学会主办，东南大学和安徽工业大学联合承办，东南大学国家大学科技园、安徽工业大学创新教育学院、东南大学机械工程学院组织实施。学会常务副理事长张亚雷、东南大学副校长黄大卫、南京江宁开发区管委会副主任刘群出席并致辞。本次竞赛共有来自119所高校的1377组选手报名参赛，经过网络初审和为期15天的网络投票，894组选手进入决赛；经过7天复赛，356组选手入围全国总决赛。最终50人获得"日新月异－每日一设想"一等奖，38组获得"创新价值－没有无用的东西"一等奖，14组获得"创业无界－我的未来之路"一等奖；特邀青少年组中，7人获得"日新月异"一等奖，5人获得"创意作品"一等奖。

11 月 25 日，完成第十三届中国创造学会创造成果奖评审工作，评出一等奖（3 名）：东南大学 / 江苏南高智能装备创新中心有限公司《基于多通道数据和深度学习的数控机床性能提升技术》；西安交通大学、西安空间无线电技术研究所、西安航天动力研究所《航天器放电等离子体技术军民融合》；陈霞、冷护基、黄志甲等《思维训练·人格培育·评价引导：地方本科院校创新创业创造人才培养体系研究与实践》。二等奖（5 名）：熊洁《新型高效电解水制绿氢催化剂的创构》；戴永辉《创业成长与心智模型》；刘学欣、孔亚平、刘细军等《交通水环境综合整治关键技术及工程应用》；张军瑾《劳动创造幸福—创造性劳动项目设计与实施》；西安思源学院《“一核三维”创新思维方法教学实践》。三等奖（10 名）：赵中华《基于厕所革命的自持续厕所系统关键技术》；张晓《光计算技术及其在超高速光学相干层析成像中的应用》；靳文瑞、周炳海、吕孝孝《不确定混装流水线中的复杂产品智能调度方法》；戴国宝《大学生就业创业与创新素质》；程春林、陈运星、何银山等《新型商用车大尺寸异形液晶仪表关键技术及产业化》；徐德锋《基于立德树人探索并实践“红创”教学新理念》；罗纯、曹加文、邓彦敏等《高校创新创造创业教育 CCCP 快速高效育才模式的创新与实践研究》；陈少华《轨道交通列车无线监测系统关键技术与应用》；胡承波《辽宁省大中小学思政课同课异构一体化教学设计样例库》；微尺度材料的结构调控及变形行为研究团队《电 / 力 / 热多场耦合下层状纳米材料的变形机理及其尺寸效应》。优秀组织奖（1 名）：陕西省创造学会。

学会建设 1 月 13 日，学会被评为 2020 年度中国科协综合统计调查工作优秀单位。

为加强创造学与学会工作的传播，学会青年工作委员会联合创造理论与应用研究专业委员会、企业创新专业委员会共同创立《中国创造学会创造理论与应用简报》，截至 12 月底已发表 12 期，成为学会服务会员、创造理论探索、专委会活动展示、创造成果宣传、观点与信息分享等内容的重要载体。

经中国创造学会第六届第四次常务理事会议讨论通过，拟成立中国创造学会创新工程学分会。分会成员以教育部创新方法教学指导分委员会和中国高校创新创业学院联盟所在单位和个人为主。2022 年已经完成候选委员征集工作。

学会创造理论与应用研究专业委员会、青年工作委员会及上海市创造学会青少年创新创造力开发委员会、少年工程院栏目组联合承办中国青少年创造论坛。

国内主要学术会议 11 月 13 日，由学会创新创业创造专业委员会主办、安徽省马鞍山市第七中学承办的全国第三届中小学创新创业创造教育论坛在安徽省马鞍山市举办，主题为“创造人才早期培养：创新与未来”。学会理事长、同济大学教授徐建平，学会副理事长、东南大学教授张志胜，学会副理事长、创新创业创造专业委员会主任委员冷护基等专家，以及来自上海市、安徽省、辽宁省、江苏省、山东省、重庆市等省市的专家学者 1600 余人通过线上和线下参加论坛。论坛邀请东北大学教授罗玲玲、学会创造教育专业委员会副秘书长项志康等 17 位专家学者作主旨报告。同期举办全国中小学创新创业创造教育学校结对子授牌仪式，上海市闸北区和田路小学、马鞍山市七中教育集团秀山校区小学部、上海市周浦实验学校、马鞍山市第七中学校领导参加授牌仪式。

11 月 18 日，由上海市公共厕所协会承办、学会人居环境专业委员会等协办的 2022 世界厕所日高峰论坛在上海市举办。论坛是 2022 年世界厕所日的核心活动之一。论坛的主题是“城市温度·品质服务”，主要探讨推广绿色、生态厕所建设和提升适老、便民如厕服务质量，从技术、标准、装备研发等方面全方位支撑上海市公共厕所行业发展。

12 月 18 日，由学会主办、各分支机构协办的中国创造学会 2022 学术年会线上召开，主题为“创造创新与产学研融合发展”。学会理事、学会会员、创造成果奖获奖者以及创造学相关领域的专家学者和管理技术人员等 120 余人参加会议。会议由主论坛和“创新创造理论及其应用的探索与实践”“创造教育与现代化”“中国式现代化与创造教育新发展”“智能制造与高质量发展”“协同创新和产教融合”5 个分论坛组成。主论坛线上最高参会人数达 126 人。

科普活动 全国创新创业创造教育“精彩一课”大赛由学会主办，学会创新创业创造专业委员会承办，东南大学南京校友会、教育部创新创业课程群虚拟教研室（同济大学）、江苏南高智能装备创新中心支持。大赛共收到 20 所高校、中小学和企业的报名材料，7 月 30 日决赛线上举办，最终评选出一等奖 3 名、二等奖 5 名、三等奖 7 名。

学会主办2022年全国大学生商科综合能力大赛，来自上海交通大学、同济大学、哈尔滨工业大学等全国145所高校的998支队伍报名参加比赛。7月16—17日举办全国总决赛，上海立信会计金融学院雷铠翔、李晓雨、吴冰如组成的“气象预控”队获得本届大赛的全国冠军。

中国机械工程学会主办、学会智能制造与服务分会协办2022年中国大学生机械工程创新创意大赛——第五届智能制造赛。大赛设置研究生组、本科组、高职组三个组别，参赛院校达192所。来自上海大学、同济大学、武汉理工大学、西安交通大学、合肥工业大学等50余院校的96支队伍入围全国总决赛。11月26日，线上举办总决赛。

表彰举荐优秀科技工作者 学会推荐华东师范大学余安敏、东南大学张志胜、华北科技学院程根银、南京信息工程大学刘敏、江苏长三角智慧水务研究院王荣合5位教授作为2022中国科协科技人才奖项评审专家。

11月，学会推荐的同济大学长聘教授李辉参加由中国科协和湖南省人民政府主办的2022年中国（长沙）海外人才创新创业项目大赛，并获得“装备及新材料赛道优胜奖”。

党建强会 学会深入学习贯彻党的二十大精神，并积极建言献策。学会创造理论与应用研究专业委员会于11月20日举办以“为建设世界科技强国而奋斗”为主题的学习交流会。

6月24日，由学会创造理论与应用研究专业委员会和青年工作委员会联合学会党支部、上海市工商联信息技术商会党支部、万里街道商会党支部、中智上海外企第三党总支联合主办的“喜庆建党百年、爱尚美好万里”党建共建签约仪式和座谈交流活动在上海市举办。

会员服务 根据中国科协《关于加快推进全国学会会员入库的通知》要求，10月12日学会正式上线电子会员管理系统。

【第五届中国（上海）国际发明创新展览会】 6月20日，由上海发明协会主办、学会联合协办的第五届中国（上海）国际发明创新展览会线上召开。来自中国、罗马尼亚、印度尼西亚、伊朗、泰国、越南、波兰、菲律宾、马来西亚等国的672项创新技术与成果参展。创新成果涉及先进制造、人工智能、生物医药、新材料、新能源、节能环保等领域，涵盖贴近日常生活的各种发明创新，分别在创新发明企业成人区、境外创新发明区、创新发明青少年学生区3个板块展出。学会创造理论与应用研究专业委员会在展会中组织创新发明技术推介会。同时，学会创造理论与应用研究专业委员会指导的学生在展会上获得2银4铜。

（撰稿人：李　芹）

中国高科技产业化研究会

服务创新型国家和社会建设 为深化与航天系统的智力合作，研究会分别与中国航天科技集团公司第十二研究院、航天科工集团科技保障中心有限公司签署战略合作协议，聚焦航天育种、航天精神、航天文化、航天科普的研究、推广和应用等方面，在智库建设、技术、产业合作等方面开展深度合作。

推进新领域产业化平台建设。参与中国科协“科创中国”工作，研究会作为“科创中国”投资联合体发起单位，开拓新工作领域，推动科技创新与资本市场融合，促进创新链、产业链、资金链、人才链深度融合。

与湖南省林业科学院签署战略合作协议，共建岳麓山林木航天育种联合实验室，开展特色林木航天育种研发与产业化项目合作，合作项目已落地实施。

在与中国航天科技集团公司第十二研究院战略合作的框架下，拟合作共建原有航天科技集团航天育种研究中心，推进中国航天育种研究和应用，助力国家现代农业发展、服务民生。

在大连市科技局支持下，研究会与当地企业达成合作共建高新技术成果转化孵化基地协议。

全年共完成71项科技成果评价；在中国载人航天工程办公室的组织安排和支持下，完成空间站6组发射任务的搭载实验项目的征集、评审等一系列工作；与内蒙古自治区呼和浩特市人民政府相关部门对接，跟踪推进幽门螺杆菌第三方实验室合作建设以及移动智能抓拍执法系统等项目落地。

2022年，研究会及分支机构主办和联合主办申报科研项目、“专精特新”政策解读类培训班（含线上、线下）约57场，集中开展专业技术继续教育培训；举办智能信息处理专项培训17期，受众约2万人次。

学会建设 7月27日，研究会以线上线下结合方式在北京召开中国高科技产业化研究会第五届会员代

表大会第一次会议。

11 月 9 日，以通讯方式召开第五届常务理事会第一次会议，审议通过设立战略咨询委员会，聘任其组成人员 29 人名单；同意聘任专家委员会委员及其专家库专家 144 人名单；同意聘任凌芸、康哲秀、王英来、崔占军为副秘书长；同意新设乡村产业技术工作委员会、医工融合产业工作委员会、专精特新企业工作委员会、新能源与碳中和专业委员会 4 个分支机构；同意航天精神研究分会换届议案，选举陶钢为航天精神研究分会第二届会长。

学科发展工程 研究会完成“新时代航天精神传承弘扬现状”课题，并在 2022 年中国航天大会上发布课题成果。

响应国家战略要求，开展“航天育种与现代农业发展、乡村振兴”“航天育种对农业发展和农村社会形态变革的作用”等专题研究，与中国航天科技集团公司第十二研究院合作开展“航天强农”——航天科技助力国家农业现代化课题研究，就航天技术全面助力农业现代化的路径和方法进行研究，年内完成课题开题、前期调研、国内外现代农业发展现状分析等工作。

国际学术会议 11 月 18—20 日，研究会与中国宇航学会、中国遥感应用协会、中国航空学会、中国电子商会、国际和平联盟（太空）有限公司共同主办的 2022 空间技术和平利用（健康）国际研讨会以线上和线下形式在北京召开。研究会主办“航天育种与生态文明、高质量发展”分论坛，线上观看和参加研讨的人数超过 38 万人次。

国内主要学术会议 2022 年，研究会组织和参与主办中国生物产业大会、中国科学家论坛、太空技术和平利用（健康）国际研讨会、2022（第二届）国防装备制造业数字化转型产业发展大会、第二届空间信息智慧应用助力新时代高质量发展峰会、FIIF 2022 饲料行业创新论坛、北京畅融工程——信息产业企业融资需求对接专场活动等大型会议及其分论坛等专场活动。其中，FIIF 2022 饲料行业创新论坛设 1 个主论坛和 5 个主题分论坛，共有 60 多家展商参展、1000 余人参加论坛、15 万人次观看直播。在中国科协等单位主办的中国创新创业成果交易会中，研究会参与协办高端装备先进技术展区和高端装备数字化创新发展论坛，组织 50 家单位参与线上展出，线上论坛获得 10 万以上的观看量。

国际交往 打通国际民间科技交流通道，对接国内外高新技术资源，积极促进技术转化项目落地。研究会联合浙江大有集团有限公司与新西兰奥克兰理工大学的海藻研发与产业化项目的战略合作取得进展，促成大有数字资源与奥克兰理工大学在共同开发推广生物医药等项目上达成合作框架协议，相关工作正在有序推进。

研究会国际交流合作中心协助国企、央企在俄罗斯筹建技术合作交流平台，推动中俄科技交流。

科普活动 2022 年，研究会组织和参加多场面向社会公众的科普活动。与北京科学中心、广州青少年科技馆等展开合作，配合馆方举办“摘星少年逐梦九天”中国航天科普展、“光年深处”深空探索主题展、科普大篷车“走进空间站”主题展等 4 场由当地科协作为主办方的科普展览；参与建设 3 处科普场馆。还应用新技术开发一系列互动科普展项，首次启用裸眼 3D、体感互动投影、空间站环境氛围造景等多种展示手段。在全国科普日期间，组织 1 场院士讲座、3 场专家讲座、3 场航天科普课。自主编制《走进中国空间站》《月宫探秘》2 套课程教案，各类项目总计服务观众约 600 万人次，为地方科技、科普场馆注入优质的科普内容。

9 月，在北京科学中心举办的“光年深处”深空探索主题展是 2022 年全国科普日北京主场活动、第 12 届北京科学嘉年华的重点项目。科普大篷车“走进空间站”主题展是研究会“科普大篷车”项目的首次展出，由 3 辆 8 米大篷车组成临时展厅，车内展示面积约 200 平方米，车体外形模拟中国空间站 3 舱形态，车内模拟核心舱、问天实验舱和天宫课堂内饰，并设计 10 余项互动展项。

表彰举荐优秀科技工作者 研究会推荐中国运载火箭技术研究院宋征宇、中国航天科工集团有限公司第二研究院齐润东为 2022 年全国“最美科技工作者”候选人。推荐北京宇航系统工程研究所魏海鹏、中国航天科工集团有限公司第三研究院第三十三研究所秦杰为第十七届中国青年科技奖候选人。推荐中国航天科技集团有限公司第九研究院七〇四所赵一鸣、中国航天科工集团有限公司第四研究院十七所颜安为第十八届中国青年女科学家奖个人奖候选人、中国运载火箭技术研究院高速飞行器攻防对抗技术研究团队为第十八届中国青年女科学家奖团队奖候选团队。推荐中国航天科工集团有限公司第二研究院在读博士詹紫怡为2021年度未来女科学家计划候选人。

党建强会 2022年，研究会党委完成换届和领导班子工作交接。制定研究会学习宣传贯彻党的二十大精神工作方案，开展一系列学习活动。参加中国科协科技社团党委组织的“党的二十大代表进学会”活动。组织召开专题党课，邀请中央党校（国家行政学院）政治和法律教研部教授侯少文作题为《二十大报告理论自信的价值基石与境界格局》的党的二十大精神专题辅导报告。在官网和微信公众号开设“党的二十大精神”专栏，转载发布党的二十大精神学习最新文章等。

研究会党委承接中国科协科技社团党委以“弘扬科学家精神”为主题的展演活动。在党委指导下，该项目实施委托研究会国际交流合作中心具体执行，工作团队历时8个月完成展演节目录制及影片制作。

会员服务 积极服务会员单位，研究会组织院士专家实地考察，为科研院所及地方经济发展建言献策，促进科技发展。先后分批组织中国工程院院士何华武、中国科学院院士翟婉明、中国工程院院士杜彦良等院士专家赴西南交通大学牵引动力国家重点实验室及会员单位常州路航轨道交通科技有限公司，就高速列车走行安全、主动保障监测系统与轨道交通车—线—网综合检测系统及智能运维技术应用方面的研究项目进行调研考察。同期联络西南交通大学相关部门召开“协同创新、加速转化，推动轨道交通产业高质量发展”专题座谈会。

研究会联合中国青年网在北京举办“献给共和国的科学家们”新春京剧名家名段欣赏活动，将演出录制成视频，通过线上短视频和线下视频文件的形式进行传播。

【中国高科技产业化研究会第五届会员代表大会】 7月27日，中国高科技产业化研究会第五届会员代表大会在北京召开。会议审议通过《中国高科技产业化研究会第四届理事会工作报告》《中国高科技产业化研究会第一届监事会工作报告》《中国高科技产业化研究会第四届理事会财务报告》，审议通过修订的《中国高科技产业化研究会章程》《中国高科技产业化研究会会费标准》。

大会选举产生研究会第五届理事会130人、第二届监事会5人。第五届理事会第一次会议选举产生常务理事43人；选举包为民为第五届理事会理事长，梁小虹为常务副理事长，冯记春、王秋良、王涛、李锋、李雪梅、陈宇、周志权为副理事长，聘任刘霞为秘书长；第二届监事会第一次会议选举刘延宁为监事长、李小兵为副监事长。第五届理事会常务理事党员大会表决通过第五届理事会党委成员及分工建议，选举梁小虹为党委书记、包为民为副书记，选举李小兵、冯记春、刘霞为党委委员。

（撰稿人：凌　芸）

中国基本建设优化研究会

服务创新型国家和社会建设 建强国家智库平台，为各级政府出谋划策，为区域经济发展提供咨询、规划、设计、产业调整服务。发挥桥梁和纽带作用，促进政商学研对接，打造全领域、全产业链式的政商学研综合服务平台。搭建金融运作服务平台，为企业提供信贷、基金、证券、保险等多方位现代金融创新服务。做实科技文创服务平台，整合科技文化智力资源，促进科技文化创意产业发展。

1月25日，研究会组织《建筑工程零渗漏技术应用导则》宣贯会。“建筑渗漏”一直是困扰房地产开发企业和物业管理单位的难题，渗漏问题严重影响建筑物的寿命和人民群众的工作与生活质量。为了从根本上解决这一难题，经研究会批准，由会员单位中博精典（北京）建筑科学研究院牵头，组织国内房地产行业及防水行业企业众多专家历时4年编写完成《建筑工程零渗漏技术应用导则》。《建筑工程零渗漏技术应用导则》是全国第一本从建筑房地产行业使用者的角度出发，建造工业与民用建筑工程的地下、外墙外窗、屋面、厨卫等使用空间的建设指导守则。

为进一步加强设计单位和开发企业设计部各专业学习“绿建设计＋评价”在绿色地产项目中的综合应用，结合《绿色建筑评价标准》（GB/T 50378—2019）中相关条文分专业实施思路，研究会房地产与物业分会、珠海市绿色建筑协会联合绿建之窗（北京）科技有限公司于3月31日起，每周四14点线上举办绿色地产系列专题——绿色建筑（设计＋评价）深度讲解培训会。按照建筑、结构、暖通、给排水、电气、景观6大专业进行系列培训。组织广大地产投资开发、建设、承建、设计、绿色建筑技术配套企业共同交流，探讨绿色建筑新政策下的绿色地产产业链技术及创新发展与实践。全年授课时长超过50小时，点击量达5万余次。

5月，受中国科协科学技术创新部委托，面向相关领域科技工作者以线上线下结合方式举办绿色地产项目应用技术全过程管理领域专业技术转移转化能力提升高级研修班。

学会建设 1月16日，中国基本建设优化研究会第八次全国会员代表大会以线上线下结合方式在北京召开。

研究会党委围绕分支机构基本情况、政治建设、业务工作、财务状况、特色优势、存在问题、改进办法7个方面，对分支机构进行集中巡察，指出分支机构建设方面存在的问题并制定整改措施。

国内主要学术会议 9月26日，研究会与远东资信评估有限公司和贵州远东绿色经济研究院有限公司联合主办的信用评级助力绿色低碳发展研讨会在北京召开。研讨会以“创新发展绿色信用，助力绿色低碳发展”为主题，来自中国产业发展促进会、中国工业节能与清洁生产协会、上海环境能源交易所、清华大学、复旦大学、北京绿色金融与可持续发展研究院等单位的30多名专家学者围绕绿色债券、碳管理、碳资信、ESG评价、GEP核算、碳汇开发与交易等方面进行研讨。

会员服务 建立包括特聘研究员、研究员、普通会员、学生会员的4级个人会员体系。特聘研究员是研究会个人会员的最高级别，也是各领域科技人员或智库同行认可的最高荣誉，对促进研究会的建设和发展起到积极作用。

在秘书处设立会员管理部，建立个人会员、团体会员定期追踪服务制度、信息反馈制度，保证日常沟通不间断、研究会重要信息推送不间断。确保个人会员、团体会员来电、邮件咨询信息能够及时处理完成。加强与会员单位的联系，增进研究会与会员之间的感情，会长、秘书长等走访多家会员单位，了解会员单位近期发展状况，倾听会员心声，同时就研究会建设和发展听取会员意见。

对接中国科协学会管理服务平台，全面升级研究会网站和会员系统，实现个人会员、团体会员的网上注册，并开通支付宝、微信、网银等多种缴费通道，提高会员网上注册的便利性。将会员数量列入分支机构设立的基本指标，对于已经成立的分支机构，将年度发展新会员数量和会费缴费率作为分支机构考核指标之一，以此督促分支机构重视会员工作。

【中国基本建设优化研究会第八次全国会员代表大会】 1月16日，中国基本建设优化研究会第八次全国会员代表大会以线上线下结合方式在北京召开。会员代表以及社会各界嘉宾200余人参加会议。会议审议通过第七届理事会的工作报告、财务报告、修订后的《中国基本建设优化研究会章程》等，选举产生新一届理事会、监事会和领导班子。孙晓洲当选第八届理事会会长，傅泽田、石俊志、董晓庄、陈光宇、郭衍敬、欧阳惠斌、张己芹当选副会长，聘任宫然为秘书长，刘志刚当选监事长。

（撰稿人：张己芹）

中国科技馆发展基金会

服务创新型国家和社会建设 2022年，基金会建立公众开放机制，推进展览资源开发，加强基层科技教师培训，促进科技馆体系发展，农村中学科技馆项目累计直接为1265万人次基层公众提供科普服务。

基金会为第八届全国青年科普创新实验暨作品大赛提供公益合作支持，5.6万人次参与赛事活动。

8月，由河南济源钢铁（集团）有限公司捐赠400万元建设的“育田数理探索馆”正式在河南省洛阳市第一高级中学落成。该馆建设面积约1000平方米，整个场馆采取主题式设计，根据学科划分为数学探索区和物理探索区。其中，数学探索区设计展品167件，整体设计以杨辉三角为核心，形成一个完整的知识体系；物理探索区设计展品123件，包含高中阶段物理课程主要涉及的力学、电磁学、光学、声学以及机械等知识内容。

9月23日，中国海洋石油集团有限公司助力乡村振兴暨中小科技馆共建行动启动仪式在北京举办。中国海洋石油集团有限公司响应“中国企业公益科普联合倡议”，向基金会捐赠900万元，共建海南省五指山市和甘肃省合作市两座中小科技馆。

基金会联合全国学会、协会、研究会共同助力创新型国家建设。与中国老科学技术工作者协会签订农村中学科技馆共建协议，切实发挥农村中学科技馆科普基地示范作用，提升农村地区青少年和老年人科学素质。通过公众科学素质促进专项基金开展“科技支撑乡村振兴公益行动”活动，由中国科协青少年科技中心、中国农学会、中华医学会、中国青少年科技教育工作者协会、中国电子学会以线上线下结合方式牵头组织实施。

学会建设 2022年获得社会组织等级提升，晋级4A。基金会提前谋划成立评估工作小组，按照“以评促改、重在建设、争创佳绩”的工作方针，对基金会的基础条件、内部治理、工作绩效、社会评价4方面共120项评估指标进行逐条细化分解、落实责任。梳理基金会各类制度39项，其中新制定7项、修订4项。模拟开展两轮内部评审，去粗取精，进一步提高材料的精准度和标准化。7月15日，民政部组织开展现场评估。11月8日，民政部中国社会组织平台公示2022年全国性社会组织评估结果，基金会被评为4A级全国性社会组织。

3月18日，召开第六届理事会第四次会议。会议重点研究基金会2022年工作，要求基金会在2022年继续加强组织建设，理顺项目清单，加强项目效果检查和验收，以A级评估工作促进能力提升、增强组织活力。与各家企业进一步沟通，开拓资金募集新渠道。

10月24日，基金会以通讯方式召开第六届理事会第五次会议，就基金会更名事宜、《中国科技馆发展基金会章程（草案）》及修订说明事宜征求理事意见并以投票方式进行表决。

11月17日，召开第六届理事会第六次会议，对2022年基金会晋级4A等级的成果等重点工作进行研究。

科普活动 基金会以农村中学科技馆、全国青年科普创新实验暨作品大赛、中小科技馆共建行动、中国科协求是杰出青年奖、公众科学素质促进专项基金等项目作为核心科普工作，继续面向科技馆行业和全国青少年开展公益科普活动。通过评选表彰、捐赠资助、赛事活动、培训教育等手段，发挥示范引领作用，弘扬科学家精神，推动科普事业创新发展。全年取得公益收入3402.54万元，公益支出2365.02万元。

扩充优质科普展教资源，夯实农村中学科技馆发展基石。为实现展览资源常展常新，提出科普资源模块化、模块资源流动化的运作模式，以基础科学和聚焦国家发展战略、关注公众生产生活的当下科学技术为模块主线，创新12个小型主题展览和配套教育资源，将最初的15件展品扩充形成274件展品、255个课程的模块化资源库。

完善科技教师培训体系，赋能农村中学科技馆科普主体。基层科技教师作为农村中学科技馆的主力军，基金会为其提供知识更新、技能提升的学习交流平台，有效发挥农村中学科技馆的科普示范效能。联合各类培训资源，实施全国和分片区的多层次、常态化培训机制，在规范农村中学科技馆运行管理的基础上拓宽基层科技教师教育思维理念。12月5—9日，举办2022年度农村中学科技馆项目工作研讨及培训交流会，来自全国28个省、自治区、直辖市和新疆生产建设兵团的农村中学科技馆教师和各地区科学技术协会、科技馆项目负责人以及老科协代表共计850余人参加会议。已累计培训教师7234人次，为农村地区培育出一支基层科普队伍。

通过顶层设计，优化升级运行管理模式，创新公众开放机制，扩大农村中学科技馆受益服务范围。新建主题式科普场馆试点，通过主题科普活动黏合周边公众，同时吸引对专题科普资源感兴趣的特定公众多次、反复深度参与。以共同开放和主题试点的模式提升农村中学科技馆辐射效能，扩大覆盖学校共355所，受益学生人数从8.32万人增加至26.58万人，项目社会开放程度显著提升。

利用全国科技馆联动共享机制的资源优势和科教品牌活动开展科普讲座、全国性科普活动。通过“天宫课堂”“科技馆里的科学课”“全国青年科普创新实验暨作品大赛”等科教品牌，辐射带动农村中学师生参与，共享优质科普资源。组织全国农村中学科技馆参与“天宫课堂”中国太空科普活动。来自28个省、自治区、直辖市的677所农村中学科技馆的10387个班级58.9万余名师生观看直播并参与交流。

5月17日，由中国公众科学素质促进联合体主办，中国科协青少年科技中心（科普活动中心）、中国农学会、中华医学会、中国青少年科技教育工作者协会、中国电子学会承办，基金会公众科学素质促进专项基金公益支持的“科技支撑乡村振兴公益行动”启动仪式及培训活动以线上线下结合形式举办，在北京设立主会场，在宁夏回族自治区、陕西省、河南省、黑龙江省、山西省、海南省、新疆维吾尔自治区、山东省、贵州省、四川省、江苏省11个省区设置分会场。启动仪式和培训活动通过“科普中国”、中国公众科学素质促进联合体官网、科创筑梦等平台同步直播。

截至2022年年底，基金会科技志愿者总队人数达441人，其中农村中学科技馆科技教师和学生志愿者400人。基金会科技志愿者总队结合全国科技工作者日与全国科技活动周的联动，广泛宣传、积极展现

科技志愿者风采；志愿者利用农村中学科技馆开放日，开展辐射周边学校和公众的科普服务。面向农村中学科技馆开展现代科技馆体系科技志愿服务需求调查，了解志愿服务招募与激励现状。开展优秀志愿者评选，13 位农村中学科技馆教师（含 1 个团队）获“年度服务之星”称号。

表彰举荐优秀科技工作者　基金会奖励科技馆行业和青年科技工作者，评选优秀国内外科普作品。2022 年，首次采用网络申报模式，共有 10 位专家委员会委员和 44 家地方科技馆馆长参与推荐，148 家单位（学校）参与申报，共收到 214 份申报推荐材料，涉及 29 个省、自治区、直辖市，比历届申报推荐数量翻了近一番。

推荐 1 名 2022 年全国“最美科技工作者”候选人。推荐 5 个“喜迎二十大　奋进新征程”中国科协十年优秀工作案例。推荐 5 名基层科技教师和 2 项科普展览参与“典赞 · 2022 科普中国”评选，其中西藏自治区那曲市聂荣县农村中学科技馆校长才吉获得“典赞 · 2022 科普中国”年度十大科普人物称号。

6 月，国维财富投资集团有限公司捐赠 300 万元，专项用于中国科协求是杰出青年奖的评审表彰奖励，共评选出 10 位青年成果转化奖、15 位青年实用工程奖。

党建强会　2022 年，基金会党委召开 2 次党委会（扩大）会议，理事会、监事会全体成员出席会议并共同学习党的十九届七中、二十大、二十届一中全会精神。

基层党组织组织全体党员学习党的二十大精神，开展 12 次主题党日活动、24 次党小组活动；基层党组织书记带头讲党课。参加“党的二十大代表进学会”系列学习活动；召开专题会，邀请党的二十大代表齐欣向理事单位宣讲党的二十大报告中的科普章节，并为农村中学科技馆的基层科技教师解读党的二十大报告。

基金会联合中国科学技术馆展教党总支、第一党支部、第三党支部和第五党支部赴北京三快在线科技有限公司（美团）调研；美团及合作公益组织带领新就业群体家庭一行 70 人来访中国科技馆，开展“同心童行　筑梦科技”——袋鼠宝贝亲子日科技馆研学活动。

【农村中学科技馆项目】　科普教育服务“双减”。3 月 23 日，基金会组织全国农村中学科技馆 58.9 万余名师生收看“天宫课堂”第二课，覆盖 28 个省、自治区、直辖市的 677 所学校。

弘扬科学家精神。通过全国农村中学科技馆培训带动片区培训 4 场，邀请中国科学院院士刘嘉麒等进行科学家精神宣讲，覆盖 29 个省、自治区、直辖市的 1112 所学校，参训教师超 2000 人。

加强科普资源建设。12 套主题资源用于新馆建设，覆盖 4 省、自治区、直辖市的 12 所学校，涉及 2.5 万人。100 所存量馆用于资源更新改造，扩大覆盖到 14 省的 355 所学校，涉及 26.58 万人。

助力乡村振兴。2022 年 100 所存量馆资源更新分配含乡村振兴地区 160 个县的分布情况：涉及 9 个省、自治区、直辖市的 47 个县 57 所学校，其中内蒙古自治区 2 所、广西壮族自治区 4 所、重庆市 2 所、四川省 7 所、贵州省 13 所、云南省 12 所、甘肃省 6 所、青海省 2 所、宁夏回族自治区 9 所。

截至 2022 年 12 月底，已在全国 29 个省、自治区、直辖市和新疆生产建设兵团建设 1124 所农村中学科技馆，直接服务公众 1265 万人次，累计培训科技教师 7234 人次。

【第八届全国青年科普创新实验暨作品大赛】　第八届全国青年科普创新实验暨作品大赛由中国科协主办、中国科学技术馆和中国科协青少年科技中心承办、三星（中国）投资有限公司独家公益支持，基金会为公益合作组织。全国共设 28 个赛区，组织实施初、复赛。8 月 8 日，全国总决赛在河南省郑州市举办，来自全国 2345 所中学和 522 所大学的 5.7 万名学生报名参赛，征集参赛作品 2.4 万余项。大赛作品体现学生关注老人独居安全和身心健康，新冠疫情下快递、核酸检测、消杀等防疫痛点，社区里电梯、垃圾分类、电动车管理等社区问题。各个赛区通过线上形式举办活动近 62 次，受众达 21.4 万人次；线下举办活动 322 场，受众达 5.6 万人次。新华社报道大赛闭幕新闻单篇浏览量达 111.5 万人次。各赛区通过网络媒体发文 850 余篇，通过省级及以上广播电视媒体报道近 50 次，通过省级及以上平面媒体传播 50 多次。

（撰稿人：范家旭）

中国生物多样性保护与绿色发展基金会

服务创新型国家和社会建设　2022 年，基金会向全国人大、相关部委提交立法及政策建议 76 份，共计

101 条建议获采纳。向政府部门发送建议函 6 份。其中，国家林业和草原局对《关于〈国家公园管理暂行办法（征求意见稿）〉的建议》专门复函感谢；国家卫生健康委就基金会提出生态环境部作为《世界卫生组织烟草控制框架公约》履约工作部际协调领导小组组成单位的建议给予积极回应；《中华人民共和国黄河保护法》采纳基金会提出的多条立法建议；海关总署采纳关于鳄雀鳝等外来物种入侵的建议并回函致谢。

基金会“全国两会”议 / 提案建议工作组通过“全国两会”议 / 提案建议平台收集建议 61 份。其中，经由全国人大代表提交的“关于加快开发利用沙棘资源推动生态文明建设”议案得到生态环境部回复。

2022 年，基金会标准工作委员会开展生态环境领域相关标准的研究、开发、制修订工作。承担 1 项地方标准、9 项国家职业标准的编制任务，发布 7 项团体标准。其中,《绿色会议标准》被第三届植被病虫害遥感大会（2022）主办方采纳，为打造杭州亚运会淳安赛区绿色亚运标志性成果提供助力。

聚焦黄河流域及生态系统生产总值核算，组织召开 2 场黄河流域保护与高质量发展讨论会，科学分析当前黄河流域生态保护和高质量发展形势。

基金会分别为四川省西昌市、云南省普洱市、浙江省杭州市仓前街道，以及国家电网有限公司下属 8 个省市级电网企业等提供科学调研和规划报告，涉及鸟类调查、绿色经济和生态系统生产总值综合考评技术规范、生物多样性保护策略及线鸟共护技术研究。

开展生物多样性保护与绿色发展领域专业技术人才评价工作，共有 6 人通过资格评审，获得基金会颁发的人才评价证书。

面向国内外生物多样性、生态环境、绿色可持续发展、环境法治建设等方面的科研工作者进行科研课题资助。2022 年，基金会共资助专项课题 11 项，涉及 11 家机构或单位。

承接“环境保护促进中国控烟立法”项目，举办 2 场控烟讨论会，制作完成 1 部控烟宣传片和 1 部控烟公益片。8 月 31 日，在北京举办环境保护协同控烟工作讨论会。邀请国家卫生健康委和生态环境部相关领导、科研院所等机构的专家和高校研究学者共同就烟草对环境的影响以及中国控烟立法、司法制度完善等议题展开探讨。

4 月，基金会生物与科学伦理工作委员会推出“科技创新中伦理问题前瞻研究”系列。截至 2022 年年底，累计发布 80 个案例，话题阅读量达 1.1 亿人次。

6 月，发起拍摄公益纪录片《沿黄河看山西》，宣传保护黄河流域生态环境，展示生态文明建设和环境治理、文化旅游、乡村振兴等成果。11 月，《沿黄河看山西》偏关篇在中央广播电视总台中央新影发现之旅频道《大国品牌故事》栏目播出。

7 月，组织开展第三次罗布泊及其周边地区科学考察。科考队在地表水、地下水、土壤与野生动植物的协同演化方面进行调查研究，探求罗布泊及周边区域的生态变化规律，编写完成《2021—2022 年罗布泊科学考察报告》，在国内外学术刊物发表 2 篇科学论文。

学会建设 2022 年，基金会召开 2 次理事会议。新设立 5 家二级机构和 2 个专项基金。审议通过基金会内部管理办法、撤销部分二级机构等事项。2022 年，基金会新增专家学者、工作委员会、专项基金及各项目参与人员（会员）10027 人。

新增生态文明驿站 49 个、中国生物多样性保护与绿色发展基金会绿色少儿基地 3 个，开展生态科普系列活动 164 场；新增保护地 6 个，开展保护活动 960 余次。

基金会“绿会融媒”宣传矩阵 45 个平台新增粉丝超 10 万人，发布文章 3500 余篇，阅读量超 3 亿人次；发布短视频 2632 条，累计播放量超 5 亿，开展 200 余场直播活动，观看超 100 万人次。

2022 年，基金会获第十二届公益节 2022 年度公益推动力大奖、公益案例奖等奖项。

主办期刊 2022 年,《生物多样性保护与绿色发展》（*Biodiversity Conservation and Green Development*）全年收稿 267 篇，编撰 8 卷 26 期，发表论文 255 篇。

学科发展工程 2022 年，基金会组织或支持编撰《2023 年中国绿色经济发展分析》《一个伟大预言的现实见证：对话刘恕，探寻钱学森沙产业理念》等学科类书籍。

编写《西昌市高海拔地区鸟类及绿尾虹雉种群资源调查报告》《“国网绿色工程·护线爱鸟行动——候鸟生命线项目”第二期执行报告》，为高海拔地区鸟类种群资源调查和部分地区电网沿线野生鸟类栖息生境及输电线路间的关联关系的调查研究提供科学依据和支撑。

作为全球生物多样性信息平台官方认可的数据发布机构，2022 年度完成 12 期沙漠蝗虫动态监测数据

和48组动植物物种数据上传，供科研人员开放下载，为开展研究提供数据支撑。

国际学术会议 2022年，基金会主办、承办或参加联合国重要公约及组织的国际学术性会议48场，涵盖人群超100万，交流论文30余篇。关注议题包括生物多样性保护、气候变化、环境保护、可持续发展等。

1月5—6日，由基金会主办的《2020年后全球生物多样性框架》意见与干旱区对话暨国际生物多样性保护峰会2022/1线上召开。来自国内外的20多位专家参加会议，从多个方面剖析干旱区面临的生物多样性丧失、气候变化等危机，共同寻求机遇与解决方案，推动全球干旱区的保护工作。会议分3大主题7个部分，累计89371人次在线参加会议。

8月12日，基金会主办的2022世界大象日交流会线上召开，参会人数超20万人次。17位国内外专家通过多方对话、共同呼吁，推动全球大象的保护工作。

9月5日，由基金会等单位联合主办的2022中国国际服务贸易交易会第二届碳中和国际法治论坛在北京召开。与会专家学者分别就碳中和相关立法基础、司法保障、学术研究、实务应用以及国际经验等进行演讲。直播观看人数超100万人次。

9月16—17日，基金会作为联合主办方，在湖北省武汉市召开第四届“通识教育与当代发展”国际学术会议。会议是2022年全国重要学术会议之重大科技专项研讨会之一，约30篇优秀论文被推荐到由美国计算机学会出版的国际会议论文集。来自中国、英国、澳大利亚、日本等14个国家的30位专家学者围绕通识教育教学与课程改革创新、通识教育与专业教育融合发展等议题进行探讨，交流最新研究成果。

国内主要学术会议 2022年，由基金会主办或联合主办的讨论会、论坛等学术活动14场，会议主题涉及落实“双碳”目标、生物多样性保护、环境协同控烟、绿色转型与可持续发展等。

1月26日，基金会线上召开水利工程建设与生态安全讨论会，邀请政府部门、科研院所、社会组织等机构的专家就黄河流域经济可持续发展、水资源合理配置、水沙关系以及生态建设、防汛抗旱等方面进行分析论证。

6月2日，基金会大气治理与低碳发展工作委员会组织召开生活垃圾焚烧污染深层问题与治理讨论会，邀请环境保护领域专家学者及行业协会代表就生活垃圾焚烧污染物治理的深层问题进行探讨交流，并提出相应的政策与技术建议。

10月30日，由基金会绿色企业工作委员会主办的“站在人与自然和谐共生的高度谋划社会经济发展”主题沙龙讨论会在北京举办，来自30多家企业的代表围绕绿色发展与经济发展相结合、企业在绿色发展中亟须解决的难题等内容展开交流讨论。

11月7—9日，基金会联合浙江省科协主办第四届中国自然教育科普高峰论坛，与会专家学者共同探讨自然教育推动生态社区建设的方案。论坛线上直播观看人数超2.3万人次。

12月2日，基金会大气治理与低碳发展工作委员会召开烟气深度治理团体标准第一次讨论会，来自大气和环境科学研究领域的专家学者探索以标准化工作规范开展烟气深度治理的实践路径和相关举措。

国际组织任职 2022年，基金会副理事长兼秘书长周晋峰连任罗马俱乐部新一届执行委员会委员（2021年10月—2024年10月），当选国际工程技术协会会士，担任安第斯路科学技术组织绿色科学顾问。基金会副秘书长王豁担任国际保护与生物多样性协会秘书长、地球生物基因组学计划临时提名委员会成员。

国际交往 2022年，基金会作为合作伙伴、成员或观察员已加入40个国际组织、16个国际大科学计划，25名专家在国际组织中担任高级别职位，参加百余场国际科技会议和活动。

1月，入驻国家国际发展合作署对外援助统计数据直报平台。开展的马达加斯加大危机国际气候援助等4个项目被对外援助数据库收录。

2月24日，安第斯路科学技术组织主席马尔科·安东尼奥·卡韦罗（Marco A.Cabero）到访基金会，就双方在环境保护领域的合作达成共识。3月24日，周晋峰与安第斯路科学技术组织主席马尔科签署合作谅解备忘录。

6月10日，基金会以“2050，展望零塑星球”为主题，在瑞士日内瓦举办化学品三公约（《斯德哥尔摩公约》《巴塞尔公约》和《鹿特丹公约》）缔约方大会边会，邀请6位专家就塑料污染治理推动化学品三大公约实施进行阐述和分享。

6月30日，基金会在2022年联合国海洋大会期间举办海洋生物多样性保护与可持续发展——促进可持续发展目标 4，7，13，14 和 15 之间的协同增效线上边会。来自全球动物保护、可持续发展、基因工程等多领域的专家共同探讨如何促进从全球至地方的海洋生物多样性保护与可持续发展。

7 月 3—9 日，基金会组建代表团参加在德国波恩举办的生物多样性和生态系统服务政府间科学政策平台全体会议第九届会议。

11 月 5—13 日，基金会于《湿地公约》第十四届缔约方大会期间举办 2 场边会，通过案例讲述中国湿地保护的故事。

11 月 22 日，基金会在《濒危野生动植物种国际贸易公约》第十九届缔约方大会召开期间举办“野生生物贸易中的可持续性”主题边会。

12 月 8 日，基金会作为共同主办机构，举办《生物多样性公约》第十五次缔约方大会的 2 场边会。会议汇集各国政府和相关组织的高层代表，共同探讨建立和实施“2020 年后全球生物多样性框架”，并实现《生物多样性公约》的目标。

10 月 20 日，基金会作为观察员加入联合国政府间气候变化专门委员会。

2022 年，基金会携手联合国难民署帮助巴基斯坦难民减轻能源负担、改善基本生活状况，计划累计支持 3.5 万户阿富汗难民家庭以及巴基斯坦居民，推动当地清洁能源的使用。截至 2022 年年底，已募集资金超 19 万元。同时，将气候变化议题和青少年宣传教育结合，联合巴基斯坦驻华大使馆联合开展“驰援巴基斯坦，共筑中巴友谊”（筹）援助活动。

科普活动　2022 年，基金会主办或参与、支持举办的科普项目、科普活动 229 场次，受众达 45 万人次，包括科普宣讲、科普培训、现场活动、建设科普教育基地等。

推出 55 期“周道生态文明”线上专题讲座，截至 12 月 31 日，已累计录制 192 期，触达人群 220 万余人次。编写完成《学生生态文明读本》《宇宙护卫队：守护蓝色星球》（5 册）可持续发展儿童系列故事绘本等科普读物。开展 4 次鸟类与电网安全科普知识线上培训，内容涉及基础护鸟知识、鸟矛盾冲突情况、鸟类救助实操培训、鸟类保护的相关政策法规等，定向培训达 300 余人次。

2022 年，基金会组织首届大学生低碳循环创新大赛，共收到来自全国 20 多个省、自治区、直辖市的 140 多所高校的 904 个项目参赛。主办 2022 年第六届大学生环保知识竞赛公益科普活动，共有 110 万名大学生参加初赛答题，934 个高校协办。

2 月 7—15 日，指导举办黄河流域生物多样性昆虫科普文化展，活动展示昆虫标本 2 万余份，受众超 2 万人次。4 月 22 日，结合世界地球日，开展“投资地球一起来”科普活动。微博话题阅读量超过 1558.3 万人次，话题讨论达到 17290 人次，# 行动点亮地球 # 西藏星空公益直播观看达 6.7 万人次。4 月 11—22 日，联合“科普中国”等主办“2022 世界地球日——同一课堂”气候活动，覆盖 15 个省、2 个自治州、3 个直辖市共 41 个地级市 472 所学校及教学单位的约 15 万名学生。6 月 5 日，联合杭州市生态环境局余杭分局等单位举办世界环境日主题活动暨“天下无废”环保科普展，对生态文明和“无废生活”开展宣传，参与人数达 200 余人次。

推荐丽江师范高等专科学校、武汉商学院、海南南海热带海洋研究所 3 家单位入选 2021—2025 年全国科普教育基地认定名单。

表彰举荐优秀科技工作者　2022 年，基金会优化海智工作机制，向中国科协推荐 6 名海智特聘专家候选人。

2022 年，基金会推荐 2 位专家担任地球生物基因组学计划永久提名委员会成员；提名 1 位专家担任联合国《保护野生动物迁徙物种公约》水生哺乳动物主题领域的缔约方大会任命委员候选人。

党建强会　2022 年，基金会党支部学习贯彻落实党的十九大、十九届历次全会和党的二十大精神，全年共召开学习、决策、部署会议 16 次，开展主题活动 8 次。

为学习贯彻党的二十大精神，基金会党支部在官网和“绿会党建”微信公众号开设“党的二十大精神”学习专栏，累计发布 15 篇文章。

在基金会党支部的领导下，2022 年度基金会旧衣可循环回收项目向偏远山区捐赠衣物 12 万件。

（撰稿人：王晓琼）

中国高等教育学会

服务创新型国家和社会建设　2022 年，学会推进“中国高等教育改革发展重大理论与实践问题研究”专项研究工作。发布 2022 年度高等教育科学研究规划课题 1055 项。完成中央教育工作领导小组秘书组秘

书局、中国科协、中央宣传部全国哲学社会科学基金规划办公室、教育部有关司局重点研究任务。推进新型高端智库建设，报送的《研究专报》获得有关领导批示。

组织公益宣讲大会，专题解读新版《中华人民共和国职业教育法》精神，来自全国31个省、自治区、直辖市的1.6万余个教育行政部门、职业学校等单位的800余万人次参加线上学习。推进高校数字思政精品项目，完成首批13所高校的项目开题咨询。

推进内蒙古自治区赤峰市巴林左旗和呼伦贝尔市鄂伦春自治旗乡村振兴帮扶工作，学会秘书处主要负责人带队赴两地进行实地调研，多次召开工作协商会议，结合当地需求，分批捐赠图书及虚拟仿真实验教学设备，免费开展线上专题培训。

学会与中国科协“科创中国”联合举办的科创中国·高等学校技术交易大会在山东省淄博市召开。在线累计观看人数120余万人次。承办西咸新区新能源及智能网联汽车产学融合会议。举办2022产教融合系列活动，包括民航服务技能大赛、就业供需对接会、产教融合发展大会、现代产业学院建设论坛、航空旅游融合发展论坛等。

8月5日，第一届中国高校就业育人大会在陕西省西安市召开，同时启动就业育人“共创行动”仪式。

11月11日，学会组织召开75所教育部直属高校2022年教师职称评审工作总结报告修订会和地方高校教师职称评审及监管工作研讨会。受教育部教师工作司委托，组织专家分别对厦门大学、东北林业大学、北京大学、北京语言大学、中国政法大学开展教师职称评审现场监管工作。

12月5日，在国家智慧教育公共服务平台打造“黄大年团队建设引领教师发展”精品课程。

12月23日，学会发布2022版全国普通高校教师教学发展指数。包括全国本科院校教师教学发展指数和全国高职院校教师教学发展指数兄弟榜，含本科院校教师教学发展指数13个、高职院校教师教学发展指数10个。

学会建设　7月24日，中国高等教育学会第八次会员代表大会在北京召开，选举产生学会第八届理事会。

8月5日，学会科技服务专家指导委员会成立，来自全国79所高校、科研院所和企事业单位的288名专家学者入选。中国工程院院士周玉当选主任委员。

9月29日，学会学术发展咨询委员会成立大会在北京召开。59位专家学者受聘学术发展咨询委员会委员，刘伟担任主任。

截至2022年年底，学会有单位会员1667家、个人会员3006人、分支机构68个。召开理事会议5次，完善分支机构考核评价机制。完成医学教育专业委员会、辅导员工作研究分会、思想政治教育分会等14家分支机构换届工作。

主办期刊　根据《中国学术期刊影响因子年报（人文社会科学·2022版）》统计，学会会刊《中国高教研究》复合影响因子为5.526，综合影响因子为4.387，影响力指数在289种教育类期刊中连续3年排名第2；入编《中文核心期刊要目总览》2020年版（第9版）教育类核心期刊，入选中国人民大学书报资料中心《复印报刊资料重要转载来源期刊（2020年版）》，入选CSSCI来源期刊目录（2021—2022）。

学会主办的《中国现代教育装备》是全面反映中国高教、职教、基教、学前教育教学及装备研究工作的教育科技类期刊。

学科发展工程　学会成立学会学术发展咨询委员会。5月启动“中国高等教育学会学术创新计划——高等教育学博士学位论文文库”入库工作。10篇博士学位论文入库。

国际学术会议　2022年，学会和各分支机构组织指导国际学术会议7次，线下参会人数1000余人次，线上参会人数达千万人次。由学会主办或联合主办的2022高等教育国际论坛年会、“中巴经济走廊大学联盟”交流机制第五次会议和大学联合会全球论坛3场学术会议入选中国科协《重要学术会议指南（2022）》。

6月15—17日、12月1—5日、12月16—18日，学会教育数学专业委员会分别在葡萄牙、韩国、日本组织第9届矩阵分析及其应用国际会议，2022年矩阵论及其在组合、优化、大数据中的应用国际会议，2022年中日矩阵论及其应用国际会议，共有近300位专家学者参加会议。

10月21—22日，学会科技管理研究分会联合西安交通大学举办的第一届储能与节能国际研讨会在陕西省西安市召开。来自中国、美国、加拿大、英国、法国、德国、澳大利亚、韩国、印度等12个国家的50余所高校及科研机构的100余位专家学者注册参会，

7900余人次通过直播平台观看会议。

国内主要学术会议 2022年，学会和各分支机构通过线上、线下组织各类学术交流活动300余次，参加人数达800余万人次。

5月8日，由学会新闻学与传播学专业委员会共同主办、华东师范大学传播学院等国内13所新闻院校协办的“历史传承与当代发展：马克思主义中国化新闻舆论思想”学术论坛线上召开。论坛设有院长论坛、主编论坛等9场平行分论坛，围绕新文科与中国特色新闻传播学科建设、全媒体时代新闻传播教育改革、智能时代国际传播人才培养和马克思主义新闻观与学术期刊建设等议题展开讨论。

7月8—10日，由学会院校研究分会和江苏理工学院联合主办、华中科技大学院校发展研究中心协办的“面向未来的学科建设与评价”国际论坛暨中国高等教育学会院校研究分会2022年学术年会在江苏省常州市召开。会议采取线上线下结合方式举办，来自130多所高校的300余名领导和专家学者参加线下会议，线上1.5万余人次观看。

7月9—10日，学会主办的“信息化助推教育高质量发展”研讨会在浙江省杭州市举办。来自全国300余所高校的近700位专家学者现场参加会议，230余万人次线上参加会议。

8月25—26日，由学会医学教育专业委员会、全国医学教育发展中心联合主办的中国高等教育学会医学教育专业委员会2022年学术年会在山东省青岛市召开，主题为“继承·开拓：共创医学教育发展新篇章”。年会分主论坛及2个分论坛，来自全国160余所医学院校的医学教育领域专家260余人现场参加会议，3万余人次线上参加会议。

11月25—26日，中国高等教育学会教育数学专业委员会2022年学术年会线上召开，大会主题为“面向新时代的教育数学”。400余位专家学者参加会议，线上累计观看人数5000余人次。

12月17日，由学会医学教育专业委员会与全国医学教育发展中心和人民卫生出版社共同主办的全国高等医药教材建设与医学教育创新发展暨人民卫生出版社专家咨询2022年年会在北京召开，3000多位专家学者在线参加6个分论坛会议。

两岸交流 4月2日，由学会与中华中山文化交流协会等主办的第七届“两岸新锐设计竞赛·华灿奖”颁奖仪式以线上线下结合方式举办。本届“华灿奖”以“融·和”为主题，共收到海峡两岸暨香港特别行政区、澳门特别行政区参赛作品33153件，较2021年增长185%，参赛类别有视觉传达设计、数字多媒体设计、产品设计、工艺美术、空间设计等。共评出获奖作品911件（套），其中全场大奖作品2件（套）、大陆和台湾各1件（套）；此外，还评出28家优秀组织单位和206位优秀指导教师。颁奖仪式上还举办第七届“华灿奖”成果落地签约仪式。

国际交往 学会与欧洲大学协会、美国教育委员会等8个国际组织联合发起大学联合会全球论坛。在首届中国－阿拉伯国家峰会上，学会承担的“中阿高校10+10合作计划”被列入中阿务实合作“八大共同行动”；中非高等教育合作相关工作被列入教育部工作要点。

1月5日，学会副会长、秘书长姜恩来与马来西亚驻华大使馆教育参赞侯春兴在学会举行会谈。

1月6日，学会会长杜玉波与英国大学联盟首席执行官阿利斯泰尔·贾维斯举行视频会晤。双方在建立常态化交流机制、开展联合研究和推动校际交流等方面达成共识。

3月10日，学会与美国教育委员会、欧洲大学协会、加拿大大学协会、印度大学协会、东盟大学网络、阿拉伯大学协会、非洲大学协会、拉丁美洲及加勒比高等教育中心等9个教育组织共同主办的“大学联合会全球论坛”第二次筹备会线上召开，各方就第一届全球论坛安排、未来两届论坛和论坛职责权限等议题交换意见。

5月17日，第一届大学联合会全球论坛在西班牙巴塞罗那召开。杜玉波以《坚持教育对外开放，促进高校平等合作》为题作视频发言，学会副会长张大良提交书面发言。学会学术委员会委员别敦荣现场参加会议并作大会发言。论坛一致同意发布《大学联合会全球论坛新闻声明》，并确定学会担任2024年轮值主席，主办第三届大学联合会全球论坛。

6月17日，杜玉波应邀与马来西亚驻华大使拉惹·拿督·努西尔万·再纳阿比丁在马来西亚驻华大使馆举行会晤。双方就相关工作交换意见。

7月25日，杜玉波会见联合国教科文组织驻华代表处代表夏泽翰一行。双方一致同意加快落实合作共识，推动交流合作取得成效，适时签署合作协议。

9月20日，杜玉波与阿拉伯大学协会秘书长阿姆尔·埃扎特·萨拉马举行视频会晤。双方一致同意尽快合作搭建中阿大学联盟交流机制，以机制为引领，集聚中阿高等教育领域的优势资源，服务双方教育政策的制定和实施。

11月15日，杜玉波与非洲大学协会会长巴克里·赛义德举行视频会晤。双方签署《关于建立合作伙伴关系的谅解备忘录》，标志着学会与非洲大学协会正式建立友好合作伙伴关系。

11月26日，由学会、联合国教科文组织驻华代表处和华中科技大学联合主办的联合国教科文组织专题会以线上线下结合方式在湖北省武汉市召开。学会会长杜玉波、联合国教科文组织驻华代表处主任夏泽翰、中国联合国教科文组织全国委员会秘书长秦昌威出席会议并致辞。

11月26日，由学会和华中科技大学联合主办的中美高校对话会在湖北省武汉市举办。会议主题为“后疫情时代流动性、教学与科研合作”。学会副会长施一公、美国驻武汉总领事馆总领事蓝如瑾出席论坛并致辞。

12月14日，大学联合会全球论坛第二次工作会议线上举办。学会副会长张大良出席会议。与会专家学者汇报近期工作进展，并围绕报告展开讨论，明确2023年工作计划。

科普活动 学会招生考试研究分会与人民网、新华网等媒体平台合作，开展“招办主任来了”“高考情报局”等视频访谈、直播、专题采访等活动，解读高考招生政策，帮助考生、家长了解高考招生制度改革的情况。

学会保健医学分会开展健康知识宣传15次，受众达8500余人次，发放健康宣传资料1000余份。

党建强会 深入学习贯彻习近平新时代中国特色社会主义思想和党的二十大精神。组织专题座谈会，学习领会习近平总书记在中国人民大学考察调研时的重要讲话精神。向学会系统印发《关于深入学习宣传贯彻党的二十大精神的通知》，9月30日，学会组织召开学习贯彻党的二十大精神座谈会。学会会刊《中国高教研究》开设“学习贯彻党的二十大精神”专栏，约请教育领域的专家学者刊发学习体会文章。学会官网、微信公众号专栏编发系列学习文章30余篇。

学会理事会将党建工作新要求写入学会章程，从制度层面落实党建工作对学会工作的引领。10家分支机构探索成立功能型党组织，负责人由党员理事长担任。学会秘书处党支部被评为教育部直属机关标杆党支部、中央和国家机关“四强”党支部。

会员服务 2022年，学会编写3期《工作简讯》，向会员传达教育部要闻讯息，反映学会年度工作的综合信息，介绍学会和分支机构动态，传播学会工作资讯和重点新闻集锦，报道围绕中心服务大局开展的各项活动等。

【中国高等教育学会第八次会员代表大会】 7月24日，中国高等教育学会第八次会员代表大会在北京召开。教育部党组成员、副部长钟登华，中国科协党组成员、书记处书记束为出席会议并讲话。杜玉波当选第八届理事会会长，林蕙青、管培俊、李家俊、张大良、姜恩来等26人当选副会长。孙维杰、迟刚毅当选第二届监事会监事长和副监事长，陈志坚等6人当选监事。姜恩来、郝清杰分别当选第八届理事会秘书长和副秘书长。丁力等554人当选第八届理事会理事，王晓燕等184人当选常务理事。来自包括香港特别行政区、澳门特别行政区在内的全国各地会员代表共计600余人以线上线下结合方式参加会议。

【2021高等教育国际论坛年会】 6月26日，由学会、中山大学联合主办的2021高等教育国际论坛年会以线上线下结合方式在广东省广州市举办，主题为“建设高质量高等教育体系”。学会会长杜玉波出席论坛并以《构建更加多元的高质量高等教育体系》为题作主旨报告。来自中国、美国、英国、法国、日本等22个国家和地区的100余位专家学者参加论坛。论坛年会报告总数为47场，其中20位国际组织、教育组织、国外大学校长和专家学者通过线上方式作报告。论坛全程中英文直播，近500万人次在线观看。

【2022高等教育国际论坛年会】 11月25—27日，由学会、华中科技大学联合主办的2022高等教育国际论坛年会在湖北省武汉市召开，来自美国、英国、澳大利亚等20多个国家和地区的200余位专家学者线上参加会议，近100位国际组织、教育组织、国外大学校长和专家作报告。年会期间举办联合国教科文组织专题会、中美高校对话会等配套活动，通过央视频等中英文平台全球公益直播，累计观看人数达1580万人次。论坛年会获批国家社科基金社科学术社团主题活动资助，并被列入中国科协《重要学术会议指南（2022）》。

【第二届全国高校教师教学创新大赛】 7月28—31日，由教育部高等教育司指导、学会主办的第二届全国高校教师教学创新大赛全国赛现场赛在陕西省西安市举办。大赛闭幕式暨总结会于31日以线上线下结合方式召开，全国近1000所高校组织数十万名教师观摩大赛全国赛闭幕式暨总结会，9万余名教师线上参加。大赛主题为“推动教学创新　培养一流人才”，自2021年9月启动。来自全国31个赛区的1195所高校的60879名教师参加校赛、18407名教师参加省赛，覆盖13个学科门类。相比首届规模，校赛增长20.8%，省赛增长45.8%。全国赛有267所高校的406个教师（团队）参加、205个教师（团队）参加现场赛。最终，63个教师（团队）获一等奖、142个教师（团队）获二等奖、201个教师（团队）获三等奖。

【第57届中国高等教育博览会】 8月4—6日，第57届中国高等教育博览会在陕西省西安市召开。学会会长杜玉波，以及陕西省人民政府、重庆市人民政府、教育部有关司局、合肥市人民政府、陕西省教育厅等有关部门负责人出席开幕式。马来西亚驻西安总领事馆总领事林云亮率团参加博览会。

展览设6个展区，展示面积8万平方米，参展企业6000余家、高校1000余所。展览期间，举办会议论坛40余场、学术报告300余场，到场观众12万人次，线上参会人数1500万人次。成立学会科技服务专家委员会。开展“2022年度校企合作双百计划”活动，授予260项典型案例。推动创新数字平台，打造云端展会，开展“高等教育这十年”云端系列活动，汇聚3326家企业、2744所高校、34460位专家、27200项科研成果，累计注册用户33万人，日均流量1.5万人次。

（撰稿人：李　燕）

詹天佑科学技术发展基金会

服务创新型国家和社会建设　基金会参与中国科协2022重大科学问题、工程技术难题和产业技术问题征集活动。“如何突破高原极复杂地质超长深埋隧道安全建造与性能保持技术难题”入选中国科协2022十大工程技术难题，获优秀推荐单位。基金会向优秀组织单位和专家发放证书和编印的《2022轨道交通领域重大科技问题难题》一书；向中国科学报社提交该工程技术难题的政策建议报告、态势分析报告和科普文章等材料。

4月26日，在“中国铁路之父”詹天佑先生诞辰161年之际，詹天佑先生之孙詹同保先生将先祖父手抄家谱捐赠给基金会。基金会理事长钱铭会见詹同保一行。

6月29日，基金会应邀参加京张铁路遗址公园研讨会，就如何将铁路文化与詹天佑精神融入京张铁路遗址公园一期工程建设进行研讨。

9月，工业和信息化部发布《工业和信息化部关于公布第四批专精特新“小巨人”企业培育和通过复核的第一批专精特新“小巨人”企业名单通告》，基金会助力申报的四川西南交大铁路发展股份有限公司通过认定。

9月，基金会作为第二完成单位，与华东交通大学共同完成的“‘文化铸魂、协同育人、数字赋能’三位一体的铁路类专业人才培养改革与实践”项目成功申报2022年高等教育（本科）国家级教学成果奖。

《中华英才》2022年第一期刊登基金会理事长，国铁集团董事、党组副书记钱铭的署名文章《坚持铁路科技自立自强　巩固扩大技术领跑优势——写在詹天佑先生诞辰160周年之际》。

历时7年的《詹天佑史料文献汇编》编纂工作完成。《詹天佑史料文献汇编》分《詹天佑研究资料目录》《詹天佑文集》《詹天佑文物集》《詹天佑照片集》4册，力求完整再现詹天佑先生的人生轨迹，为后人研究詹天佑提供文物资料。基金会向武汉詹天佑博物馆、婺源詹天佑祖居纪念馆、广州故居纪念馆、广州中山图书馆、中国铁道博物馆、中国土木工程学会以及北京交通大学、西南交通大学、大连交通大学、华东交通大学、石家庄铁道大学、兰州交通大学及中南大学捐赠图书。

学会建设　1月20日，基金会召开第三届理事会第九次会议，审议《詹天佑科学技术发展基金会2021年工作总结和2022年重点工作（审议稿）》《詹天佑科学技术发展基金会“十四五”重点工作规划（2021—2025年）（审议稿）》《詹天佑科学技术发展基金会章程修改议案（审议稿）》《詹天佑科学技术发展基金会第三届理事会人选变更议案》《关于修改詹天佑铁道科学技术奖奖励办法和实施细则的议案》《詹天佑科学技术发展基金会第三届理事会第九次会议纪要》。

3月1日，基金会印发《关于公布〈詹天佑铁道科学技术奖奖励办法〉的通知》《关于公布〈詹天佑铁道科学技术奖奖励办法实施细则〉的通知》。

9月26日，印发《民政部关于准予詹天佑科学技术发展基金会章程核准的通知书》。基金会第三届理

事会第九次会议审议通过的《詹天佑科学技术发展基金会章程》自核准之日起生效。

10月31日，印发《民政部关于准予詹天佑科学技术发展基金会理事、监事备案的通知书》。经审查，基金会2021年9月8日第三届理事会第七次会议表决通过的理事、监事变更事项符合国家法规政策的规定。根据《詹天佑科学技术发展基金会管理条例》等规定，新增副理事长兼秘书长马福海，备案资料齐全，符合相关规定，予以备案；卸任秘书长陈建东、理事李军符合相关规定，予以备案。

国内主要学术会议 9月22日，第十六届詹天佑铁道科学技术奖颁奖大会暨首届詹天佑科学技术发展论坛在北京举办。论坛以“科技助力中国铁路走向世界”为主题，展示中国铁路科技创新发展成果，研讨中国铁路现代化等重大课题，促进铁路科技创新与经济发展深度融合。邀请国铁集团总工程师叶阳升、中国中车股份有限公司副总裁王军、中国铁路经济规划研究院有限公司总经理吴克非、华为技术有限公司副总裁李俊风、中国铁路北京局集团有限公司货运部主任金伟5位专家分别以《中国铁路科技创新成就与展望》《科技创新支撑轨道交通装备“走出去”》《规划引领，设计创新，塑造中国铁路新风范》《技术创新，助力中国铁路高质量发展》《强化市场化思维，用好数字化技术，打造专业化团队》为题作主题报告。

科普活动 基金会推荐申报的婺源詹天佑祖居纪念馆成功入选全国铁路科普教育基地名单。基金会与中国铁道学会联合推荐的中国铁道博物馆詹天佑纪念馆入选2022年科学家精神教育基地名单。

7月15日，根据《中国科协办公厅关于开展“典赞·2022科普中国”活动的通知》，基金会完成年度科普人物和年度科普图书的推荐工作，分别推荐科普人物蔡庆华、科普图书《解码沪苏通长江公铁大桥》。

9月16日，由基金会主办、中国铁道博物馆承办的2022年全国科普日启动仪式暨主题讲座活动在北京举办。2022年基金会全国科普日主题是“走近铁路、了解铁路”，基金会与相关文博单位和高校一起通过线上线下结合方式举办全国科普日活动。同时，在哈尔滨铁路博物馆、海南铁路博物馆、詹天佑故居纪念馆、各高校“詹天佑班”、国铁集团、京沪高速铁路股份有限公司共设立24个分会场，线上线下共700余人参加活动。

表彰举荐优秀科技工作者 4月，基金会印发《关于第十六届詹天佑铁道科学技术奖提名工作的通知》。截至5月31日，55家提名单位提名詹天佑人物奖人选372名，通过形式审查329名；詹天佑团队奖提名48个，通过形式审查45个。7—8月，基金会组织专家对提名人选进行初评、复审和终审，评选出获奖者96名，其中最高奖3名、成就奖33名、青年奖60名、创新团队奖5个。

根据基金会《詹天佑班管理办法》，经各高校推荐、基金会秘书处审定，确定2022年度詹天佑优秀班集体奖7个、詹天佑奖学金获得者35人，基金会颁发证书和奖金，并于11月9日印发《关于公布2022年度詹天佑优秀班集体和詹天佑奖学金获得者评审结果的通知》。

党建强会 召开基金会全体党员干部会，深入学习宣传贯彻党的二十大精神；制定基金会党支部《认真学习宣传贯彻党的二十大精神工作方案》；参加国铁集团组织的学习贯彻党的二十大精神国铁集团宣讲团报告会、中国科协组织的学习贯彻党的二十大精神辅助报告会和民政部举办的深入学习贯彻党的二十大精神暨社会组织新闻宣传工作培训班。

基金会党支部书记马福海在《人民铁道》报“深入学习贯彻党的十九届六中全会精神”专栏发表题为《努力开创詹天佑科学技术发展基金会工作新局面》的署名文章。

根据功能型党支部的特点，推进党支部标准化、规范化建设，秘书处要求党员在参加所在党支部活动的同时，通过理论微课365 | 2022精品课每周自学，并利用月度工作例会集中学习。

【第十六届詹天佑铁道科学技术奖颁奖大会暨首届詹天佑科学技术发展论坛】 9月22日，第十六届詹天佑铁道科学技术奖颁奖大会暨首届詹天佑科学技术发展论坛在北京举办。全国政协副主席、中国科协主席万钢，中国科协党组书记、分管日常工作副主席、书记处第一书记张玉卓，国铁集团董事长、党组书记刘振芳等出席会议并讲话，向获奖者代表颁发证书。基金会理事长，国铁集团董事、党组副书记钱铭主持大会，线上线下1600人出席会议。

本届詹天佑奖共评选出最高奖3个、创新团队奖5个、成就奖33个、青年奖60个。其中，中国工程院院士杜彦良，全国工程勘察设计大师、中国铁路经济规划研究院有限公司总经理吴克非，全国工程勘察设计大师、中铁第四勘察设计院集团有限公司总工程师肖明清获最高奖。“高速铁路大跨度桥梁创新团队”“复兴号高原双源动力集中动车组创新团队”“高速列车系统集成关键技术及产业化团队”“川藏勘察设计技术标准创新团队”“国铁集团‘攻防演习’网络安全防护团队”5个团队获得创新团队奖。

以“科技助力中国铁路走向世界”为主题的首届詹天佑科学技术发展论坛同步举办，就中国铁路科技创新、规划设计、装备制造、运输组织等领域展开研讨。

（撰稿人：张茂霞）

北京市科协

7 月 13—14 日，北京市科学技术协会第十次代表大会在北京召开

天津市科协

7 月 21—22 日，直辖市科协党组书记联席会暨京津冀科协全面战略合作工作例会在天津市召开

河北省科协

5 月 28 日，2022 年全国科技工作者日河北主场活动在河北省石家庄市举办。活动现场，为河北省科技界“三八红旗手”颁发证书、奖章

山西省科协

11 月 15 日，山西省科学技术协会第九次代表大会在山西省太原市召开

内蒙古自治区科协

9 月 15 日，2022 年全国大众创业万众创新活动周内蒙古分会场启动仪式在内蒙古自治区乌兰察布市举办

辽宁省科协

11 月 7—8 日，2022 全球工业互联网大会在辽宁省沈阳市召开

吉林省科协

11月2日，吉林省科协学习宣传贯彻党的二十大精神宣讲报告会在吉林省长春市召开

黑龙江省科协

11月3日，2022中俄数字经济高峰论坛在黑龙江省哈尔滨市、北京市、俄罗斯莫斯科市三地以线上方式举办

上海市科协

9月17日，2022年全国科普日上海市主场活动在上海市启动

江苏省科协

9 月 15 日，2022 年全国科普日江苏省主场活动在江苏省南京市启动，图为学生在科教资源推介展区参与互动

浙江省科协

2 月 15—16 日，浙江省科学技术协会第十一次代表大会在浙江省杭州市召开

安徽省科协

7月 6—8 日，第十九届长三角科技论坛暨 2022 长三角一体化院士论坛在安徽省芜湖市召开

福建省科协

9月14日，2022年全国科普日福建省主场活动在福建省福州市启动

江西省科协

1月22日，江西省科技馆开馆仪式在江西省南昌市举办

山东省科协

6月15日，山东省2022年全国科技工作者日座谈会在山东省济南市召开。会上举办第十二届山东省青年科技奖颁奖仪式

河南省科协

5月30日，最亮的星——2021河南“最美科技工作者”发布仪式在河南广播电视台新闻频道播出

湖北省科协

8月31日，湖北省科学技术协会第十次代表大会在湖北省武汉市召开

湖南省科协

5月26日，2022年全国科技工作者日湖南系列活动暨“小荷”人才专项启动仪式在湖南省长沙市举办

广东省科协

5月30日，广东"最美科技工作者"发布仪式暨建设高水平科技创新强省座谈会在广东省广州市召开

广西壮族自治区科协

5月30日，2022年全国科技工作者日广西活动启动仪式
暨第二届广西青少年科技创新自治区主席奖表彰活动在广西壮族自治区南宁市举办

海南省科协

11月3日，第十五届海峡两岸科普论坛在海南省海口市召开

重庆市科协

6月19日，第十三届重庆市青少年科技创新市长奖表彰会在重庆市举办

四川省科协

7月14日，第36届四川省青少年科技创新大赛优秀成果展示交流暨颁奖典礼活动在四川省成都市举办

贵州省科协

5月30日，贵州省2022年全国科技工作者日科技工作者代表座谈会在贵州省贵阳市召开

云南省科协

2 月 28 日，云南省科学技术协会高层次人才座谈会在云南省昆明市召开

西藏自治区科协

1 月 14 日，西藏自治区科学技术协会七届二次全委会在西藏自治区拉萨市召开

陕西省科协

6 月 29—30 日，陕西省科学技术协会第九次代表大会在陕西省西安市召开

甘肃省科协

9 月 30 日，甘肃省科协领导在兰州大学走访慰问院士

青海省科协

8 月 4 日，传承“两弹一星”精神中国青年英才论坛暨“科学与中国”20 周年院士青海报告会在青海省西宁市召开。会上，向青海省入选 2022 年科学家精神教育基地的机构授牌

宁夏回族自治区科协

11 月 18 日，宁夏回族自治区科学技术协会第九次代表大会在宁夏回族自治区银川市召开

新疆维吾尔自治区科协

9 月 15 日，新疆维吾尔自治区科学技术协会第九次代表大会
在新疆维吾尔自治区乌鲁木齐市召开

新疆生产建设兵团科协

3 月 11 日，新疆生产建设兵团科协第四届委员会第七次全体会议
在新疆维吾尔自治区乌鲁木齐市召开

省、自治区、直辖市科协，新疆生产建设兵团科协简况

北京市科学技术协会

服务经济社会发展 “千人进千企”链接科创资源服务区域和产业发展。落实北京市实施“三大工程”若干措施，9月8日，启动“千人进千企”专项行动，遴选2100名科研人员作为产业特派员，深入企业帮助解决技术难题。深度对接“科创中国”，建设科协特色创新联合体、科技服务团、创新基地等50余家，促成成果签约100余项，覆盖上下游企业400余家。与丰台区等8个区签署战略合作协议，“一区一策”服务区域主导产业，推动10家院士专家服务中心、6个乡村振兴工作站等开展成果发布、决策咨询等服务。

“汇智工程”服务党和政府科学决策。举办以“国际科技创新中心：科学·技术·文化·经济·社会”为主题的第二十届北京自然科学界和社会科学界联席会议高峰论坛，中国工程院院士彭寿等6位专家为国际科技创新中心政策、文化环境建设建言献策。开展“智库基地通州行”活动，组织市科协专业智库基地与通州区科协深度合作，达成30余个合作项目。完成五年一次的北京科技工作者状况调查，形成决策咨询成果300余篇，提交人大建议、政协提案12件，整理报送科技工作者建议170余篇（次），被市主要领导以及相关委办局批示、采纳、回复47篇。

“创新链接”加强民间对外科技交流合作。围绕2022中意文化年、中德建交五十周年等主题开展“云交流”。支持北京电子学会举办2022国际自主智能机器人大赛等10余场国际科技交流活动，推荐北京建筑大学教授蒋捷等优秀科技人才在国际组织任职。联合中国科学院科技创新发展研究中心和怀柔科学城发起成立国际科学中心合作联盟，推动国际氢能燃料电池协会在北京成立，诺贝尔奖获得者科学联盟在北京建立代表机构。

服务科技工作者 建设北京科技工作者之家。市科协机关驻地挂牌成立“北京科技工作者之家”，联系服务首都地区百万科技工作者。把握不同类型科技工作者成长需求，制定市科协《关于加强和改进新时代科技人才工作的意见》《海外智力为首都建设服务行动实施方案》等指导文件，围绕4类国家战略科技人才和4类科协特色科技人才分类服务，逐步形成引领、吸纳、凝聚、激励人才的工作体系。开展青年人才托举工程，组织专家导师指导青年人才走稳最初的学术道路，2022—2024年度培育青年人才234名，纳入全市“高创计划”。开展优秀工程师人才职业生涯全周期服务，帮助工程技术人才更新知识、提升技能。加强专门人才培养，2022年科学传播职称参评724人。实施青少年科技后备人才培养项目，600余名中学生进入160余家实验室，超过2万名学生参加各项活动。

多层次多渠道举荐表彰科技人才。进一步畅通国家、北京市奖项推荐渠道，推荐北京大学副教授方博汉等171人为中国青年科技奖、青年北京学者及北京市科学技术奖候选人，中国农业科学院研究员高利等15人获得茅以升北京青年科技奖。启动“北京市先进科技工作者”评选表彰工作，多渠道多领域吸引和选拔优秀人才。加强人才发现与储备，做好历年推荐人选的跟踪服务，充实科协人才库建设。支持北京科技人才研究会、光华设计发展基金会、北京大北农科技集团股份有限公司科协等19家科技社团开展“麒麟科技奖”“龙腾设计创新奖”“大北农科技奖”等奖项的表彰奖励。完善科技人才评价奖励机制，试点改革社团奖项等奖励提名制和评审机制，以代表性成果评价等推动建立以创新价值、能力、贡献为导向的科技人才评价体系。

《科学素质纲要》实施和科普工作 建立健全全民科学素质纲要实施机制。推动将全民科学素质建设纳入北京推进科创中心建设办公室工作机制，与市全民科学素质纲要实施工作办公室45家成员单位和16个区联动开展五大重点人群科学素质提升行动，实施六项重点工程，推动实现北京市全民科学素质提升目标。关注“一小一老”，开展科普资源助推“双减”、“银龄e享”科技惠老行动，培育科学思想和科学思维，提升市民整体科学素质。

建设“科技馆之城”。会同11家市级部门，吸纳980家科技、文化、旅游体验场所，推动科技科普与文化旅游融合发展。推进科普资源共建共享，与85个市级科普基地合作，实现科技馆与博物馆、文化馆、图书馆联动。建设“科技馆之城云平台”，联动整合165家社会机构和科文旅场所研发线上课程、虚拟场馆、数字科技馆、3D全景科技馆等数字资源250余项。

建设科学传播融媒体平台。整合首都地区科技科普和媒体资源，联动政府部门、学校、科研院所、企业、学（协）会以及新闻媒体，升级“蝌蚪五线谱”

网站，打造立体化、融合式的科学传播体系。与新京报、抖音、新华社北京分社等7家媒体平台签署合作协议，拓宽科学传播渠道，开发制作精品传播内容，《科技创新小达人》首周上星收视率全国第四，“大先生”节目策划和内容得到市领导肯定。

品牌科普活动社会化发展。第十二届北京科学嘉年华全市联动、全域行动，1100家单位举办活动3200多场，线上线下参与公众7700万余人次，媒体报道1.8万条，全网阅读量达7.13亿人次。参与2022中国科幻大会，打造青少年科幻教育空间，编制科幻教育指南，服务首都科幻产业发展。升级打造2022科学跨年之夜主题晚会，开展“典赞时刻·2022首都科普”、2022年京津冀公民科学素质大赛、2022年北京科学传播大赛、第41届北京青少年科技创新大赛等活动。

学术交流 注重发挥学术在策源科技创新中的作用，以打造“首都学术”为切入口，积极提升市科协的学术组织力、人才凝聚力、创新引领力以及国际影响力，强化创新资源集成整合与对接转化的基础和能力，推动资源要素在服务区域、产业创新发展中释放强大动能。组织北京软件与信息服务业协会、北京电子城高科技集团股份有限公司科协等18家学会、基层组织参与中关村论坛、2022年中国国际服务贸易交易会、全球数字经济大会等国际科技交流活动，主办或承办2022中关村论坛平行分论坛10项，支持学会开展2022中关村论坛常态化活动、2022年中国国际服务贸易交易会主会期活动等17项。开展50余场国际科技交流活动。2022年首都前沿学术成果报告会聚焦生物医药、能源与环境等前沿和交叉领域，遴选高质量学术成果走进怀柔区、密云区、昌平区等6个区和北京经济技术开发区，举办22场活动，300多万人次线上收看，推动创新成果与区域产业发展紧密结合。第25届北京科技交流学术月首次以“会地合作”方式在昌平区启动，推动市学会与全国学会、国际同行深化合作，开展第十五届中国智慧城市大会、2022可持续能源发展国际会议等各类学术活动千余项，进一步完善关键核心技术的学术研讨机制，形成协同攻关、开放融合的良好创新生态。

自身建设 健全联系广泛的科协组织体系。新吸纳25家社会组织成为团体会员，新成立14家园区（楼宇）科协、73家企业科协、27所高校科协。北京碳中和学会、北京集成电路学会、北京元宇科幻未来技术研究院、北京国际技术交易联盟等一批新型组织的加入，丰富了科协组织形态。加大与高校院所、重点实验室、央企国企、产业联盟、孵化器、新型研发机构等各类科技力量的对接联系，密切与各区委、区政府及市级部门的战略合作。

改革组织机构和管理机制。对标服务国际科技创新中心建设，调整市科协机关内设机构设置及职责，建设优化、协同、高效机关。在部门及其职责设置上，总体参照中国科协机关，结合市科协实际，调整部门名称，完善工作职责，向国际科技创新中心建设重点工作聚焦，理顺与中国科协机关内设机构的关系。计划财务部并入办公室，调整人事部工作职责，调研宣传部分设宣传文化部和规划发展部，学会部更名为科学技术创新部，科普部（基层部）更名为科学技术普及部，调整机关党委工作职责，调整机关纪委工作职责。此次调整中，市科协机关编制数量、内设机构数量、处级领导职数保持不变，根据各部门担负的职责任务，适当调整部门处级领导职数和人员数量，确保各部门编制配置合理、工作力量充实。

建立2023年重点工作机制，持续推动各项重点工作任务落地见效。每周召开党组会，传达学习中央、市委、中国科协的重要会议精神，研究部署工作。每月召开党组理论学习中心组学习会，坚持每月一学、坚持问题导向、坚持以学促用、坚持制度保障。召开党建工作月度专题会和季度述职会，在重点任务推进中发挥党建引领作用，加强党建与业务融合。召开月度学习和工作交流会，每月底召开市科协系统月度学习和工作交流会，开展工作交流和专家讲座学习。加强学习年、制度年、作风年建设，深入学习宣传贯彻党的二十大精神，健全完善工作制度，营造风清气正的干事氛围。坚持每月调研机制，领导班子成员每月调研不少于3次，定期下沉联系基层。坚持联系科学家、常委会委员代表机制，各副主席联系所负责专委会的主任、院士委员，各部门各单位建立日常联系机制，节假日开展走访慰问活动。

分级分类研究制定关于做好区科协换届工作的指导意见、市科协团体会员管理办法、业务主管社会组织管理办法、企业和园区科协工作指南等规范性文件，不断健全高效有序的组织运行和治理机制。强化学会能力提升，印发北京特色一流学会创建方案。

建设“数字科协”促进组织变革。有序开展业务流程、数据交换、社群互动等方面的标准化建设，推进需求分析与应用场景设计，已经建成以数字组织人才、科学传播融媒体、科创公共服务和协同管理服务四个平台为核心，一体化数据底座为支撑的系统架构，实现“领导驾驶舱”动态数据可视化。

市级学会 现有239家团体会员，主要为自然科学类社会团体，专业领域覆盖理工农医交叉等学科领域，科协业务主管学会142家、基金会26家。团体会员中，学会212家，其中，理科类26家、工科类62家、农科类19家、医科类37家、交叉学科类68家；基金会26家。拥有个人会员43万余人，兼职理事上万人，近百名院士在市学会任职。与在北京的全国学会建立工作合作，与100余家市级科技类社会组织建立联系。

强化学会的主体地位，推进首都特色一流学会建设，以产学研交叉融合为导向成立北京集成电路学会、北京碳中和学会等一批新型学会组织。探索新型社会组织建设管理方法，吸收北京元宇科幻未来技术研究院等一批组织加入科协。7月24日，由北京科技人才研究会主办的2022麒麟科技创新论坛举办，来自不同领域的专家学者160余人围绕高精尖产业前沿研究开展线上交流。8月16日，北京科技政策与管理研究会召开第九届会员代表大会第一次会议暨换届大会，选举产生新一届理事会和监事会成员。11月16日，北京通信学会在北京以“线上＋现场”形式举办2022年北京青年通信科技论坛。

区县科协 全市有区科协16个。

昌平区、顺义区、平谷区等8个区科协实现科学家担任主席或名誉主席，广泛吸纳新“三长”（大中专院校校长、医疗科研院所所长、高新技术企业董事长）进入科协常委领导班子。区科协、基层组织联动服务基层文明实践，海淀区、昌平区、怀柔区积极创建2021—2025年度第二批全国科普示范区。3—5月，海淀区科协结合创建全国科普示范区工作，动员各街镇科协、全民科学素质纲要实施工作办公室成员单位、科普基地开展主题为“提升科学素质　助力乡村振兴”的科普之春活动。

8月4日，走进数字生活——2022年西城区“科普之夏”主场活动在德胜普天孵化器数字经济产业园区启动。8月16日，顺义区科协第三次代表大会在顺义区委党校召开。11月13日，2022年北京朝阳科学家会客厅首场主题活动“朝阳科学荟”科学演讲以线上形式举办。

科协基层组织 企业科协1264个，园区科协40个，高校科协55个，事业单位科协24个；乡镇科协（街道科协）332个，村（社区）科协259个，农技协23个。

【北京市科协第十次代表大会】 7月12—14日，北京市科协第十次代表大会在北京会议中心召开。中共中央政治局委员、北京市委书记蔡奇，中国科协党组书记、分管日常工作副主席、书记处第一书记张玉卓出席会议并讲话。北京市委副书记、市长陈吉宁，北京市人大常委会主任李伟，北京市政协主席魏小东，北京市委副书记殷勇出席会议。北京市科协党组书记沈洁主持开幕式。

开幕式前，中国科协与北京市人民政府签署全面战略合作协议。中国科协党组成员兼国际合作部部长罗晖与北京市委常委、副市长靳伟代表双方签约。按照协议，双方将着力提升公民科学文化素质，深入实施《北京市全民科学素质行动规划纲要（2021—2035年）》，共同举办全国科普日北京主场活动，深化中国科技馆与北京中小学的馆校合作；扎实推进“科创中国·北京”高质量发展，共同主办中国科幻大会，推动“科幻十条”政策在京落实，实施科幻产业发展扶持计划；培育聚集科技领军人才，开展科学道德和学风建设宣讲活动，推动科学家精神教育基地建设和服务管理工作，共建、共享、共用科学家精神教育基地资源；推动建设国际科技创新中心，共同举办中关村论坛、世界机器人大会等高端科技品牌活动，吸引国际高端科技成果在北京落地。

开幕式上，北京市科协第九届委员会主席、中国工程院院士刘德培作工作报告，北京市科协常务副主席司马红致开幕词，共青团北京市委负责人代表人民团体致贺词。

开幕式后，陈吉宁为出席北京市科协第十次代表大会的代表作经济社会发展形势报告。

中国科协党组成员、书记处书记束为，北京市委常委、秘书长赵磊，北京市人大常委会秘书长刘云广，北京市政府秘书长戴彬彬参加开幕式与签约仪式。16个区、28个委办局主要负责人参加会议。大会选举产生北京市科协第十届委员会委员170名。第十届委员会第一次会议选举产生1位全委会主席、16位副主席和57位常务委员，中国科学院院士李静海当选北京市科协第十届委员会主席。

【预见未来·把握未来——“未来产业展望”活动】 12月29日，市科协、新华社北京分社、中国经济信息社共同举办预见未来·把握未来——“未来产业展望”活动。相关领域院士专家、投资人和企业家，以及市科协所属百家学会、基金会、基层组织参与活动。活动围绕“未来产业——新时代首都高质量发展重要引擎”这一中心议题，设置“科学家说”“战略家说”“企业家说”三个主要板块。聚焦新一代信息技术、新能源、生物医药等北京未来产业发展的重点领域，展望未来前沿技术发展的新趋势、新动能，研判未来产业发展方向和未来产业格局，畅谈科教兴国、人才强国、创新驱动发展战略。作为首都科学跨年重点内容，活动更加注重启迪未来思维、塑造未来产业的思想力量，更加注重广大学（协）会组织、高新技术企业及科技工作者的参与，更加注重全媒体科学传播和全社会科技创新氛围的营造。

（撰稿人：张红波）

天津市科学技术协会

服务经济社会发展 推进“科创中国”试点城市建设，天津先进技术研究院、南开区博士创业园等6个创新创业平台被中国科协认定为“科创中国”创新基地。建设“科创中国”天津分中心，指导各区开通“科创中国”平台主页，组织本地专家、成果、服务等资源上线，推动企业应用平台发布需求、寻求合作，开展对接服务。

服务科技经济融合发展，实施《天津市实施中国科协服务科技经济融合行动方案》，构建形成中国科协、市、区三级联动常态化功能型科技服务网络。与市工商联联合召开校企合作座谈会，针对商会、行业协会科技赋能工作进行探讨，引导商会、行业协会与科技团体、高校开展科技成果对接，解决企业创新发展难题。

服务第六届世界智能大会，承办大会28个平行论坛中的8个，邀请61位院士、知名专家、企业家到天津市献智、献计、献策。组织14个智能科技项目路演，通过世界智能大会官网向全球推介发布。人工智能伦理高峰论坛、京津冀数字经济联盟成立大会暨京津冀数字产业高峰论坛现场签约达5.1亿元。

经市科协认定，由天津农垦小站稻产业发展有限公司牵头成立天津市小站稻分子设计育种院士专家协同创新中心，为天津小站稻产业振兴提供科技支撑和人才保障，助力小站稻产业振兴。

服务科技工作者 大力推动全市科技工作者之家服务体系建设，推动建成7个实体科技工作者之家示范点，累计达到102个。

开展第六个全国科技工作者日活动，围绕“创新争先、自立自强”主题，推出“慰问一批科技工作者、选树一批先进典型、讲好一批科学家故事、服务一批科技人才成长”主题活动，线上线下开展推送《致天津市广大科技工作者的慰问信》、寄语“5·30”等一系列活动。市科协被中国科协评为全国科技工作者日活动优秀组织单位。

组织开展天津市优秀科技工作者（标兵）评选表彰。联合市委组织部、市人力资源社会保障局、市科技局在全市开展优秀科技工作者（标兵）评选，评选出10名优秀科技工作者标兵、100名优秀科技工作者，在科技周主场活动表彰，利用各类主流媒体和新媒体广泛宣传优秀科技工作者事迹。

组织开展民营企业职称评审和科创企业职称评审专项服务，为783名民营企业科技工作者评定职称，其中501人获得高级职称。

《科学素质纲要》实施和科普工作 研究起草《天津市关于进一步深化新时代科学普及工作的实施意见》，印发《2022年天津市全域科普工作要点》，推动全市16区、36个市全民科学素质纲要实施工作办公室成员单位全部制定实施方案和工作台账。

加强科普阵地建设，完成2021—2025年度第一批全国科普教育基地补充申报工作，天津大学化工学院等10家单位通过认定，天津市全国科普教育基地总量达到37家。开展天津市科普基地认定工作，市级科普教育基地达202个，反邪教警示教育基地达13个。

举办全国科普日天津主场活动，由“云上科普市集”“天津科普之夜”“点亮天塔科普灯光秀”3个部分组成，呈现11个亮点，全市开展活动31643场，757万人次参加。获中国科协表扬的优秀组织单位、优秀科普活动数量分居全国第三、第二名。举办第36届科技周主场活动，带动全市开展活动38842项，1289万人次参与。

全年开展常态化科普活动8万余场，200余万市民受益。其中，联合南开区政府、市食品安全委员会办公室举办食品安全科普专项活动，开展食品安全进农村、进校园、进企业、进社区活动7915场。联合市农业农村委员会开展2022年全国农民科学素质网络知识竞赛。开展千名专家进基层活动1800场。联合市教委、市关心下一代工作委员会、天津电视台开展“奇思妙想看未来”全域科普教育成果展示活动，377个学校、5万余名中小学生参与。

壮大科普传播全媒体矩阵。全年在人民网刊发科普文章62篇；《天津日报》刊发专版4个；《今晚报》刊发科普文章42篇；天津电视台播出《科技大讲堂》4期；天津新闻广播《我们爱科学》播出308期，总时长达770小时；在抖音、B站、小红书平台开设《我们爱科学》短视频号，2个月粉丝超过2万人；与喜马拉雅共同开展有声科普作品创作。

学术交流 2022年，发布市级学会681项重要学术活动、48项京津冀学术活动，支持院士开展24场高端学术交流。举办“秒聚青科”“领航计划”“智惠行动”等学术品牌活动，向中国科协争取7个学术活动项目，获得经费资助。支持9家星级学会实施学术引领项目，资助16家学会开展学术年会重点交流活动。承办第六届世界智能大会人工智能伦理高峰论坛、第九届中俄工程技术论坛等。

自身建设 推进市委巡视反馈问题整改落实，围绕巡视反馈的23个具体问题，查找整改事项47个，深度整改事项15个，制定整改措施235条。

推进科协系统深化改革，承办第五届科协发展理论研讨会，推动科协改革建设理论创新。实施市科协机关内设机构改革，按照“职责清晰、协同高效、方便衔接”的原则，撤销市反邪教协会办公室，成立战略发展部，调研宣传部、企业事业部分别更名为宣传文化部、科学技术创新部，优化提升科协机关工作效能。

举办年轻干部培训班，结合年轻干部成长规律、工作实际安排培训课程，先后组织辅导报告2场、现场教学1场、警示教育1场。

加强学会治理体系建设，印发《天津市科协所属市级学会分支机构管理办法（试行）》，整治各学会分支机构，对9个学会的42个分支机构进行清理。组织102个学会开展综合能力评估工作，评选推出15家星级学会、25家A级学会。完善科技社团考核评价指标，指导30多家学会换届工作，指导10余家学会完成延期换届备案，服务12家学会完成变更调整。开展“休眠”学会清理行动，注销2家。强化学会“造血”功能，指导市机械工程学会、市药理学会等8个学会办理20项经营服务性收费备案工作。推动市储能学会、市围术期医学研究会等7家市级学会建成市科协双碳科技创新学会联合体。

规范市级学会党组织班子建设。新成立2个学会党总支，对66名学会党组织班子换届人选进行审核把关，推动学会党组织书记与理事会主要负责人“一肩挑”、纪检委员与监事长“一人干”。开展学会党建特色活动，组织开展“讲好科学家故事　弘扬科学家精神”系列活动和“党的二十大代表进学会”系列活动，超过2万名科技工作者参与。实施“党建强会”计划，编制《学会党建工作手册》，推进学会党建工作制度化、规范化。

制定印发《天津市基层科协组织建设三年行动计划（2022—2024年）》，分级分类推进科协组织建设，持续扩大规模以上民营企业、公立医院、科研院所科协组织的有效覆盖，增强联系服务科技工作者能力，提升基层科协工作质量。

举办2022年天津市街道（乡镇）科协秘书长培训班，邀请浙江省、江苏省优秀基层科协负责人和市科协机关相关部门负责人现场授课，引导全市街道（乡镇）科协组织拓展街道（乡镇）科协工作方法路径，推动基层科协组织科学化、规范化、制度化运行。

推进高校科协组织建设，修订《天津市高等学校科协组织建设工作指南》。

市级学会 截至2022年年底，全市共有市级学会156个。新成立市科学与艺术学会、市虚拟仿真学会、市睡眠研究会、市系统科学与工业控制学会、市女科技工作者协会5个市级学会。

5月20日，市反邪教协会警示教育基地在津南区辛庄镇三鑫社区反邪教警示教育馆挂牌成立。

区县科协 滨海新区入选全国“‘科创筑梦’助力‘双减’科普行动”试点城市，17所中小学、5个校外机构入选试点单位。北辰区科协举办科普嘉年华和“走进科技　慧育梦想”科技嘉年华系列体验活动。东丽区科协构建“1+11+N”科普阵地建设布局，通过沉浸式交互体验技术创建“东丽区元宇宙科普·初空间”，发布首批工业科技游线下精品路线和线上展厅，持续为区内14家科技企业提供元宇宙线上展示；东丽区科技馆坚持馆企、馆社、馆校共建，打造“小小科学家”等常态化品牌活动100余项。和平区科协加强信息员和科技志愿者队伍建设，成立和平区“助梦”科技志愿服务团队。河东区科协举办“科创中国”助力河东区中小企业科技创新活动暨2022年度科技微创新大赛。河西区科协启动“弘扬科学家精神，致敬天津科学家”主题巡展活动，推动科学家精神进社区、进校园。蓟州区科协打造“科普大篷车万里行”服务品牌，联合农业、林业、畜牧等相关部门开展科普大篷车“赶大集”活动。

科协基层组织 截至2022年年底，全市共有街道（乡镇）科协246家、市科协直接联系的企事业科协39家、区科协直接联系的企事业科协163家、园区科协41家、高校科协22家。5266个社区（村）实现科协、科普组织全覆盖。

10家规模以上科技型民营企业、公立医院、科研院所等建立科协组织。天津农学院、天津城市职业学院召开科协成立大会。

【中国农技协科技小院联盟（天津）座谈会】 8月31日，中国农技协科技小院联盟（天津）座谈会线上召开，会议设置中国科协、天津农学院和天津市科协3个分会场。中国农技协理事长柯炳生、秘书长王诚，天津农学院主持工作副校长金危危出席并讲话。会议由市科协党组成员、副主席罗进飞主持。中国农技协、天津农学院、市科协、市农技协等单位的相关领域专家约20人参加会议。

会议通过播放宣传片和培训推介等方式，回顾全国科技小院建设历程，介绍其他省市典型经验。中国农技协副秘书长、中国农技协科技小院联盟秘书长、中国农业大学教授李晓林对在天津市创建科技小院进行专业指导，并就创建科技小院工作进行交流。

【天津市女科技工作者协会成立大会】 3月4日，由市妇女联合会等单位牵头筹建的市女科技工作者协会在天津科技大学成立。市人大常委会副主任李虹出席并为协会成立揭牌。140多名单位会员及个人会员代表线上线下参加活动。

成立大会前，召开了天津市女科技工作者协会第一次会员代表大会。会议审议通过协会章程，选举产生第一届理事会、监事会。在协会一届一次理事会议上，唐娜当选会长，赵然任监事长。天津科技大学作为协会支撑单位和常设机构所在地，协会业务主管单位为市妇女联合会。协会首批发展南开大学、天津大学、天津科技大学等36家单位会员、536名个人会员，分布于新能源、大数据、生态环境、生物医药、电子、农业、建筑工程等领域。

（撰稿人：刘崇英）

河北省科学技术协会

服务经济社会发展 落实京津冀协同发展战略。持续开展首都科技工作者助力河北创新发展活动，通过对接京津助力发展。与北京市科协对接，组织北京食品学会等10家科技社团为河北省平泉市、玉田县、文安县、河间市、磁县5个县市提供线上技术服务，服务企业36家，解决问题39个。举办科创服务深泽行暨新材料招商引资洽谈会，7名专家到深泽县与农业机械制造、塑料包装、医药制造和化工等领域相关企业开展精准技术对接，为企业技术创新和产品升级提供服务。

指导推动“科创中国”试点城市（保定）工作。帮助保定市科协成功申报中国科协“科创中国”河北区域科技服务团项目和第一届中国科技青年论坛面向人民生命健康专题分论坛。组织省级学会赴保定市开展学术交流、技术服务、项目推介等活动累计百余场次，搭建专家企业服务平台10个，服务企业200余家。

扎实推进“科创河北”试点建设。组织开展“科创河北”试点城市遴选，确定唐山市、邢台市为试点城市。指导唐山市、邢台市政府制定出台试点城市建设实施方案。多次到唐山市、邢台市督导调研试点工作。组织召开邢台市“科创河北”试点城市建设推进会，并对唐山市、邢台市技术需要进行摸底，征求企业需求280条。

多措并举助力创新发展。联合主办第五届创新驱动发展大会暨2022中国白石山生命科学大会、2022白石山第三代半导体峰会；在“双创”活动周期间举办创新创业成功人士分享会、智慧城市创新发展高峰论坛、企业创新能力提升培育活动3场重点活动；在全国知识产权宣传周期间，举办企业专利快速预审及无形价值的应用培训；在央广网围绕知识产权保护、科技企业孵化载体、科技创新助推高质量发展举办线上论坛；开展2022年度河北省创新方法大赛、最受关注的企业科技创新团队培养帮扶活动；新设立科技专家企业工作站121个。

科技助力乡村振兴。联合省乡村振兴局等6家单位召开合力推进巩固拓展脱贫攻坚成果同乡村振兴有效衔接工作电视电话会议，推进科协系统和乡村振兴系统在组建产业顾问工作组、支持脱贫县产业发展、完善帮扶项目联农带农机制等方面开展深度合作。组织实施“设施蔬菜新品种新技术示范推广科普平台建设”等5个科技助力乡村振兴项目。支持省科协帮扶村怀安县南刘家窑村巩固脱贫成果。

服务科技工作者 大力弘扬科学家精神。牵头组建省科学家精神宣讲团，吸收宣讲团成员44名。组织开展科学家精神教育基地推荐工作，北华航天工业学院航天博物馆、李保国先进事迹教育基地和中国电子科技集团公司第五十四研究所卫星导航系统与装备技术国家重点实验室入选全国首批科学家精神教育基地。组织指导省内高校申报中国科协等部门联合开展的2022年“共和国的脊梁——科学大师名校宣传工程”项目，4所高校的5个项目入选。开展河北省“最美科技工作者”选树宣传活动。

开展全国科技工作者日河北主场活动。以省委、省政府主要领导联名方式发出《致全省广大科技工作者慰问信》。省科协领导深入企业、学校、科研院所看望慰问一线科技工作者，传递党和政府的关怀。组织全国科技工作者日河北主场活动暨“众心向党 自立自强——党领导下的科学家”主题展。组织各市科协、所属学会举办主题活动，支持唐山市、邢台市举办党领导下的科学家主题展巡展。

开展人才表彰举荐工作。推荐第十七届中国青年科技奖、第十八届中国青年女科学家奖候选人16名。选调4名青年科技工作者参加中国科协青年杰出工程师国情研修班和青年科技领军人才国情研修班。参与中国科协科技人才分类评价改革，推荐科技人才奖项评审专家95名。

实现海智计划新突破。推动省科协海智工作列入“十四五”全省人才发展规划，加大对中国科协“海智计划”河北（保定）工作基地指导力度，组织动员海智工作基地和海归创业联盟开展系列活动。以河北迈拓港湾数字信息股份有限公司为依托单位建立的“科创中国”海智创新基地成功入选首批“科创中国”创新基地。向中国科协申报保定大学科技园、燕山大学为中国科协海智计划工作基地，推荐8名海智专家和1家海智合作机构。

加强建家工作和调查站点建设。评选命名资助“科技工作者之家”建设示范单位42家、“科技工作者之家”联盟14个，联系服务科技工作者5600人次。科技工作者状况调查站点收到科技工作者意见建议52条。完成全省区域内第五次全国科技工作者状况调查，1660名科技工作者参与调查。

实行省科协领导与科技工作者恳谈制度。先后在保定市、邢台市、张家口市、唐山市、承德市召开科技工作者座谈会8场次，共有85名科技工作者与省科协领导面对面畅叙交流。完善科协干部直接联系科技工作者制度。联系责任人扩大到机关科级干部和直属事业单位班子成员，直接联系服务各层级科技工作者人数增至326人。

《科学素质纲要》实施和科普工作 推进全民科学素质工作。认真履行省全民科学素质工作领导小组办公室职责，印发《2022年河北省全民科学素质行动工作要点》，组织起草《河北省全民科学素质行动规划纲要实施方案（2021—2025年）》。联合省教育厅出台助推“双减”文件，并举办启动仪式。举办科普资源助力“双减”京津冀联合行动、“我和科学家面对面”直播课堂，京津冀三地中小学生和科技辅导员参与直播，浏览量超过50万人次。实施“科普进校园”项目24个。开展“智慧助老”行动，支持成立河北老年科技大学。利用网络平台，联合有关部门组织举办2022年河北省农民科学素质网络知识竞赛、2022年京津冀公民科学素质大赛。

提升科普资源开发与集散水平。继续实施科普创作出版资金扶持项目，22个项目得到资助。进一步加强与主流媒体的合作，100余万人通过河北广电集团平台参与科普活动。支持河北广播电视台入选2022年度科普中国融媒发展省级试点单位；支持长城新媒体集团有限公司入选全国科普示范县和全国科普教育基地典型宣传试点项目。

推动“科普中国”落地应用。在河北IPTV开设九大科普栏目，24小时点播和轮播“科普中国”科普视频，全年上传视频500部，覆盖全省超300万用户。在石家庄地铁开设视频终端5010个，全年累计播出时长3600分钟，受众达2829.7万人次。“科普河北”抖音号尝试用情景短剧的形式进行科普宣传，制作《梁祝聊科普》系列，总播放量超过190万次。

开展重点科普活动。全国科普日期间，全省开展重点科普活动1133项。开展科技下乡系列活动，承担省政协科技下基层活动，开展为民族地区送科技活动，省农技协组织开展线下活动24场、线上讲座30次，覆盖人数达6万余人次，关注度超过200万人次。“科普大讲堂”深入学校、社区、乡村、机关，开展20场科普活动。联合省气象局等单位举办“冀望风云·燕赵科普行活动”30场、线上科普活动10场，受众5万人次；制作专题科普视频20期，观看人数30万余人次。举办科学防疫“心”知识——心理健康疏导走近河北中小学生线上科普活动，河北医科大学第一医院心理科团队通过视频连线对学生进行心理健康疏导，开展心理咨询。全省11个市近100所中小学校的7.3万余名中小学生参加活动。

巩固科普阵地。全省免费开放的科技馆由9家增至11家，省科技馆常设展览开放243天，接待观众约16.9万人次，举办主题展览4期。40所农村中学科技馆举办科普活动649次。全省12套流动科技馆年巡展30站，接待观众40万人次，观众总体满意度96%。全省30辆科普大篷车开展活动290次，接待观众13万人次。联合省教育厅、省文化和旅游厅、省文物局筹备成立河北省科技文化场馆联合体。遴选4所省内涉农高校，资助建设科技小院20个。邢台市宁晋县玉米科技小院获评2022年中国农技协“最美科技小院”。

提升基层科普服务能力。推进实施全国科普示范县（市、区）创建工作，确定20个创建单位。设立20个面向学会的科普项目，支持学会发挥优势开展科普活动。推动基层科普行动计划下沉基层，14个农技协、38个科普基地、15个农村科普带头人、10个科普社区、4个家庭农场得到奖补，辐射受益人群达8.6万人次。

发展青少年科技教育。举办第36届河北省青少年科技创新大赛。组织开展“太空种子”进校园航天科普实践活动，将27800粒太空种子送进全省278所中小学校。开展青少年科学调查体验活动，被中国科协评为全国优秀组织单位。开展青少年FAST观测方案征集活动，24件作品获得全国优秀观测方案。

开展科技志愿服务活动。组织科技志愿者开展线下技术培训10场、线上技术培训10场。全年共注册科技志愿者5.2万余人、科技志愿服务队伍1039个，开展科技志愿服务活动1663场。组织省内高校和科技场馆申报中国科协大学生科技志愿服务项目，4所高校获得资助。1名科技志愿者、1个科技志愿服务组织（队伍）、1个科技志愿服务项目获得中国科协2022年度科技志愿服务先进典型。

学术交流 2022年，省科协系统举办学术会议活动638场，参与人数278.58万人次（其中外国学者60人次、院士62人次），交流论文、报告4000余篇；组织科技人员赴国内外进行培训考察2577人次；编辑出版图书、画册、论文集68种，印发15.78万册。

自身建设 省科协加强建章立制，健全智库组织体系和运行机制。改革课题管理，在立项环节，评委全部为省外资深专家，同时对项目组织形式、研究队伍、过程标准、关键节点、经费使用提出具体要求。支持全省各行业科技工作者开展课题研究89个。制定《河北省科协智库研究基地建设管理暂行办法》《河北省科协智库项目管理实施细则（试行）》。建立科技工作者优秀建议有偿征集制度，调动科技工作者积极性。创办《院士专家建议》，全年编辑出版12期，就发展半导体产业、升级装备制造业等提出建议，为政府科学决策提供参考。

省级学会 截至2022年年底，全省共有省级学会164家。完成3个省级学会、1个团体会员吸纳工作。

由省蔬菜学会、中国园艺学会十字花科蔬菜分会、省种子协会、北京市海淀种子商会联合主办的第四届邢台国际十字花科蔬菜产业大会在邢台市举办，121.35万人次参会。大会设置开幕式、产业主题报告、品种展示等活动板块，就种业振兴、产业融合等议题进行交流。

省健康教育与康复学会举办第九届国际心脑健康论坛暨第五届京津冀精准医学学术会议。论坛汇集京津冀及美国、日本等国外学术资源，采用线上直播形式召开，共设置19个分论坛，线上参加人数5.35万人次。

地市县科协 截至2022年年底，全省共有市级科协14个、市级学会311个。

张家口市科协创新服务主动对接北京市科协，开展科技冬奥宣传月张家口行动，邀请冬奥专家开展“科技冬奥”线上讲座8期，覆盖人数超2586.8万人次。唐山市科协推广普及“科普中国”App，科普宣传员注册数量增至3.2万余人，分享文章总量116万余次。保定市科协在全国科技工作者日期间启动“科创中国”保定云数字平台，平台入驻1863家企业、117名专家、135个机构，推广企业需求494项、科技成果556项；平台对接科技服务团23次，促成技术供需合作项目4项。

科协基层组织 截至2022年年底，全省共有企业科协616家、高校科协55家、乡镇（街道、社区）科协1866家、园区科协135家、农技协488家。

【第五届创新驱动发展大会暨 2022 中国白石山生命科学大会】 7 月 15—17 日，由保定市人民政府、中国科协科学技术创新部、中国科协科学技术传播中心、河北大学、省科协、中国科协生命科学学会联合体共同主办的第五届创新驱动发展大会暨 2022 中国白石山生命科学大会在保定市涞源县举办。大会以“生命科学助力新发展格局”为主题，14 名院士、300 多位生命健康领域专家参加会议。各县（市、区）、开发区和科技型企业设 120 个分会场，总计 6500 人参加或收听、收看大会。11 家主流媒体参与活动报道，开幕式流量达 230 万人次。大会设置党政领导与院士专家座谈会、开幕式、主旨报告、北京医疗合作项目对接洽谈会、主题论坛、产业技术路演、展览展示 7 个板块。在党政领导与院士专家座谈会上，9 名院士、40 名专家围绕生命科学前沿技术、成果转化、国家区域医疗中心、国际医疗基地建设等方面建言献策。大会签署合作协议 25 个，总投资 105.8 亿元。发布《生命科学白石山宣言》。

【2022 白石山第三代半导体峰会】 8 月 5—7 日，由保定市人民政府、省科协、省发展改革委、省工业和信息化厅、省科技厅和第三代半导体产业技术创新战略联盟共同主办的 2022 白石山第三代半导体峰会在保定市涞源县召开。会议主题为“同芯共赢”，设置党政领导与院士专家座谈会、开幕式、主旨报告、专题报告、高峰对话、“一对一”招商引资对接会、2022 年科学家活动月系列活动 7 个板块，3 名院士、第三代半导体领域有关专家等 200 余人参加会议。会议通过唐尧网等 4 家直播平台现场直播。会议签署战略合作协议 19 个，总投资达 60 亿元。发布《第三代半导体白石山倡议》。

（撰稿人：董无疾）

山西省科学技术协会

服务经济社会发展 在“科创中国”试点城市（园区）开展技术需求摸底工作，征集重点产业、培育方向需求 120 余条。围绕各试点单位重点产业，组织中国工程院院士金智新、中国科学院院士何满潮等多位院士、专家到 20 余家企业调研，开展技术精准对接、精准服务。组织 70 余名国家级、省级学会专家通过线上和线下方式，与试点单位 90 余家高新技术企业开展技术交流、专家座谈、建立协同创新站点等活动。组织省金属学会、省化工学会、省作物学会等 20 余家省级学会的专家、学者 52 人次，深入吕梁市、忻州市等开展科技服务 32 次，助力试点城市（园区）破解技术难题。

省科协联合中国空间科学学会、山西欧美同学会举办主题为“绿色金融 · 双碳未来”和“科创赋能 · 协同共赢”的“科创中国”科技路演活动。组织召开“科创中国”山西行动推进会，6 家市科协分享开展“科创中国”工作的经验做法，上海大学“微系统传感器设计与工艺研发平台”等 7 个项目作技术路演。加强与大湾区、珠港澳人才工作站的联系，引进 1 名科技专家走进晋中医院开展学术交流，引进珠港澳人才工作站推介的 3 个项目参加“科创中国”技术路演。组织成立山西绿色低碳发展行动联合体、省品牌科技创新联合体和省科协智慧农机服务联盟。

开展科技创新智库课题研究 32 项。编印《院士专家调研建议》9 期，其中《关于科学推广有机旱作农业的建议》《关于山西省科技人力资源状况调查的报告》等多篇专报获省领导批示；编辑《科学决策参考》4 期，2 篇获省领导批示。

省科协承办 2022 年双创活动周山西分会场活动，完成项目展示、论坛交流、群众性竞赛、培训、宣传推广等工作。围绕“创新增动能 · 创业促就业”主题，分为展、论、赛、宣、训 5 个部分，展示 100 余项优秀双创成果，以 35 场论坛赛事、交流峰会、宣传推介、创业培训等活动为支撑，在全省推进创新创业零距离活动，形成“1+N”活动总格局。

省科协与省委台湾工作办公室等单位共同线上举办 2022 年晋台数字经济融合发展论坛，聚焦山西省和台湾地区大数据智能化产业集群，围绕典型应用场景、产业链创新发展等方面开展交流，21 万余人次观看论坛线上直播。举办以“秒聚青科 · 汇智三晋”为主题的山西煤化工科技人才助力实现碳达峰碳中和系列活动，主场活动分为青年说、大家谈、自由论、权威言 4 个环节，现场参加会议人数 80 余人，线上浏览人数 20 万余人次。

新建院士工作站 5 家，进站院士专家 20 名；新建省级海智基地 3 个，资助举办和开展国际、“一带一路”及港澳台科技交流活动和合作项目 10 项；成立山西碳谷科技创新智库，为 11 位山西碳谷科技创新智库首批专家颁发聘书，发布“双碳”领域智库研究课题。

组织 2022 年度省科协精品学术活动择优资助项

目，支持国际学术活动3项、国家级学术活动1项、区域性学术活动2项、省级学术活动11项，支持省级科技期刊能力提升项目7项。

引深科普惠农双向服务，举办第九届山西科普惠农3·19行动、第十届山西省科普惠农特色优质农产品展销会、“农行杯”第六届“三晋新农人”创业创新竞赛、“农行杯”省第六届农村创业创新项目创意大赛、科技助力乡村振兴论坛；承接中国科协“打造乡村振兴示范村”项目、“岚县马铃薯产业提质增效”定点帮扶项目，开展“土豆花开”旅游文化月主题特色活动。开展线上线下信息科普及培训服务，开展线上培训105期，涉及农资、农技、种植、健康等领域，辐射受众30万余人次；全年组织农业科技工作者专家团、乡土专家开展14场农业技术现场指导，助力乡村振兴。

服务科技工作者　省科协举办全国科技工作者日山西省系列活动，表彰省“最美科技工作者”“百名党员科技工作者”以及省科技工作者双创大赛获奖者等；开展“牢记嘱托·砥砺奋进——山西省科技工作者重走习近平总书记视察山西之路”系列活动，以及2022年度省“最美科技工作者”学习宣传活动；举办“众心向党·自立自强——党领导下的科学家”主题展和科学家精神宣讲报告会。

省科协设立省科技工作者法律服务中心，组建法律服务团；成立省创新科技发展基金会，为科技工作者创新创业提供服务；举办省科技工作者知识产权保护与科技创新专题报告会，普及知识产权相关知识，130余位科技工作者参加会议。

省科协新设4个全国科技工作者状况调查站点，开展全省第二次科技工作者状况调查，围绕科技工作者总量、流动态势、行业分布等开展调研，提出增强省科技人力资源战略支撑的对策建议。针对省级学会开展实地调研，形成《2022年学会调研报告》。

《科学素质纲要》实施和科普工作　省科协组织开展2022年省公众科学素质网络知识竞赛，56万人参加竞赛，700万余人次答题。组织省公民科学素质特色活动，11个成员单位开展30余项科学素质活动。

省科协创建24个全国科普示范县、13个全国科普教育基地，建设9个省科普惠农中心服务站。组织开展“百站百项”科普示范实用创新技术征集工作，延长科普惠农服务链，促进新时代农业农村创新人才成长。与省农业农村厅联合出台《科普服务高素质农民培育实施方案》，推动科学素质建设内容融入高素质农民培训。深入基层举办食用菌、马铃薯等蔬菜栽培技术培训，组织开展6场技术培训和4场现场技术指导，惠众360余人次。

开展2022年省全国科普日系列活动，全省举办展览展示、科普讲座、科普宣传、现场咨询等活动；围绕“献礼二十大、弘扬科学精神、记录科学活动、揭示科学原理、赞扬志愿服务”主题，举办2022年中国科普摄影大赛，收到稿件7168件，精选100幅优秀作品在2022第22届平遥国际摄影大展展出。

省科技馆对外开放258天，接待观众25.26万余人次。开展科学表演169场、科学课程252节。“科技馆进校园”活动走进16所学校，受众8000余人次。流动科技馆巡展19站，培训科普辅导员152名，受众22.2万人次。举办“山西科学讲坛”31场，科普讲座受众37.2万人次。研发实施421场“科学有+”精品教育活动。举办第36届山西省青少年科技创新大赛、第十七届宋庆龄少年儿童发明奖评选活动、2022年省青少年科学调查体验活动、2022年青少年高校科学营（山西分营）活动。

编创开发图书、动漫、挂图、H5海报、视频等科普资源500套件以上，新增资源量300G；开发制作乡村振兴系列科普挂图3000余套，普及人数8.9万余人；开发疫情防控和指导复工复产的科普资源200余套，普及71个县9.8万人次；编印防疫手册2万余册，普及92个县15.3万人次；开展“科普宣讲进基层”活动15场，向社区赠送党史融媒体科普资源包30余套。

省科协首次以“科普活动+互联网+自媒体”的方式，面向全省同步直播2022年度省科技活动周启动仪式，直播关注量达63万人次。“科普中国”落地应用项目更新维护100期，与科普大篷车节目一并在全省61家电视台播出。山西科技新闻网、科学导报、山西科技报、智慧生活报等网站、微信、抖音平台粉丝数达800万人以上，总阅读量5000万余次；K视频高级创作者计划签约百位专家，共创作606条高质量原创精品，平台推荐量6878万次、播放量659万次。

学术交流　8月25—28日，由省科协与中国空间科学学会、省科技厅联合主办的第二届中国空间科学大会在太原市举办。与会专家学者围绕空间天文、空间物理、月球与行星科学、空间地球科学、微重力科学与空间生命科学、空间探测、空间遥感、空间智能等领域开展交流研讨。

支持省级学会、市级科协举办标志性年会、高端前沿学术论坛17项，其中全国及国际性学术活动3项、区域性学术活动4项、省级学术活动16项。

自身建设　11月15日，山西省科协第九次代表大会在太原市召开，选举产生省科协新一届领导机构。

初步建成海智专家库，建成海智人才库、项目库，海智专家入库60余人，海智项目入库60余项。

加强对省级学会的日常管理和工作指引，省级学会的党组织和党建工作实现全覆盖。开展“双强六好”党组织建设能力提升项目，15家省级学会获得项目支持。举办“新时期如何做好科技社团党建工作”理事长论坛，召开主题为“走进新时代·构建学会新格局”和“助力科创·共谋发展”的省级学会秘书长沙龙，30家省级学会的理事长、秘书长分享经验和做法。落实“支持一批、规范一批、淘汰一批”的指导思想，引导省级学会完成成立登记、按时换届、变更注销等事务，逐步规范学会各项工作。

省级学会　截至2022年年底，共有省级学会134个。新成立省食品营养与健康学会、省战略性新兴产业研究会、省仪器仪表学会和省计量测试学会4个省级学会。

省级学会承接政府转移职能。省化工学会承接省人力资源社会保障厅膜法创新技术助力节能减排降碳高级研修班；省茶叶学会承接省人力资源社会保障厅山西省第三届茶艺师职业技能大赛和山西省首届评茶员职业技能大赛；省公路学会承接省交通运输厅监理资质和试验检测等级评定服务；省改革创新研究会承接民政部山西省社区社会组织人员培训示范项目。

省护理学会受省卫生健康委员会委托，举办重症监护专业护士服务能力提升培训班，培训学员1.7万余名，实现全省二级以上医疗机构综合ICU专业护士培训全覆盖、医疗机构临床科室重症监护护士接受培训全覆盖；开展护理管理人员岗位培训和9个专科领域的专科护士培训，培训护理管理人员3517人，康复、儿科等专科护士738人。省测绘学会联合省人力资源市场，举办测绘类专业视频招聘专场直播带岗活动，6500余名学子进场参与。省工业与应用数学学会受省教育厅委托，组织2022年全国大学生数学建模竞赛山西赛区竞赛活动，50所院校的1796支代表队报名参赛。

地市县科协　截至2022年年底，全省共有市级科协11个；县（市、区）科协117个，除娄烦县科协、右玉县科协外，均为独立建制。

太原市科协新建院士工作站1家、国家重大人才工程专家工作站2家，柔性引进院士专家3名、团队专家12名，签订合作项目8项。

大同市科协联合山西大同大学等共同举办大同市第三届产学研合作创新大会暨2022年全国科普日活动启动仪式，40多家企业参加会议，多家企业与山西大同大学达成合作意向，1家企业与山西大同大学签订产学研合作协议；开展科普下乡惠民服务活动，组织农技专家深入乡村开展技术培训指导，610余名科技人员参加培训，受众4000余人次。

晋城市科协与市委组织部、宣传部等共同承办全国乡村振兴高峰论坛“党建引领·科技赋能”晋城乡村振兴分论坛；开展以科技助力乡村振兴为主题的第三十一届科技之春宣传月活动。

晋中市科协参与承办以“科创赋能·‘碳’索未来”为主题的科创中国·山西碳谷高峰论坛，邀请国内“双碳”领域7位院士专家就推动低碳领域科技发展的议题进行研讨交流。

临汾市科协规范联系科技工作者制度，走访慰问优秀科技工作者，召开座谈会30余次，参加会议的科技工作者500余人次，收集各类意见建议等32项；邀请山西大学等院校的10余名专家前往“科创中国”山西试点城市（园区）侯马经济开发区、临汾市曲沃县开展入企服务对接活动。

吕梁市科协推动“科创中国”平台广泛应用，挖掘凝练行业发展需求清单，初步完成吕梁网上智库建设，业务对接量320个，需求审核量240个，科技成果发布量66个，组织引导287家企业、390名专家入驻平台。

科协基层组织　截至2022年年底，全省共有企业科协248个、高校科协33个、园区科协8个。新成立中国电信山西分公司科协1个企业科协，晋中信息学院科协、山西华澳商贸职业学院科协、山西机电职业技术学院科协3个高校科协。

省科协与省教育厅联合印发《关于进一步加强高校科协组织建设的实施意见》，构建高校科协组织网络体系。

【山西省科协第九次代表大会】11月15日，山西省科协第九次代表大会在太原市召开。中国科协党组书记、分管日常工作副主席、书记处第一书记张玉卓视频讲话。省委副书记商黎光，省委常委、统战部部长徐广国出席大会并讲话。省人大常委会副主任卫小春、副省长于英杰、省人大常委会副主任谢红出席。来自全省企业、高校、科研院所、医疗单位、省属学会、市县科协、科协基层组织的396名科技工作者代表出席会议。

大会审议并通过《山西省科学技术协会第八届委员会工作报告》《山西省科学技术协会实施〈中国科学技术协会章程〉细则（修改草案）》，选举产生山西省科协新一届领导机构。周然连任山西省科协第九届委员会主席。

【2022年山西省科协年会】 11月22日，2022年山西省科协年会在太原市举办。全国政协常委、省科协主席周然，中国工程院院士、省科协副主席金智新出席会议。会议以“科创赋能·智汇太忻”为主题，分为智汇太忻、科创中国、学术创新、科普助力、党建强会5个板块，开展年会主场活动、院士专家太忻行、院士专家特邀报告会、“科创中国”项目推进会、产业需求对接会、理事长论坛和秘书长沙龙等活动。年会围绕太忻经济一体化高质量发展等主题举办6场分会场活动，4名院士、40名专家作报告。

（撰稿人：李　敏）

内蒙古自治区科学技术协会

服务经济社会发展 投身高水平科技自立自强实践。在学会、高校和企业科协深入开展科技创新主题活动，引导广大科技工作者扎实开展科学研究、技术研发活动，全年区直学会获省部级以上奖项47项、创新成果24项、发明专利70项。广泛推广创新方法，举办创新能力、创新方法等培训班5期，3000多名企业员工参加培训。举办2022年内蒙古创新方法大赛，征集项目197个。实施服务科技经济融合发展行动，组织20家区直学会为40多家科技型企业提供服务。开展企业创新能力提升行动，举办创新创业、科技成果转化对接等活动180多场次，创新成果路演等31场次，参与企业800多家。

做好科学决策咨询工作。加强科技智库建设，围绕国家和自治区重大科技战略需求，进一步完善科技智库选题库、成果库，选题达到100个，录入成果70项。加大建言献策力度，组织开展“院士专家内蒙古行”“海智专家内蒙古行”活动8次，邀请20多位院士深入园区、企业献计献策。畅通建言献策渠道，扎实做好《科技工作者建议》编报工作。

推进“科创中国”试点城市建设。自治区科协投入150万元支持试点工作开展，指导巴彦淖尔市、包头市、呼伦贝尔市3个试点城市组建科技服务站、产业服务团、学会服务站22个，引导92家企业、487位专家入驻“科创中国”平台，发布科技需求211项、科技成果137项，成功对接121项。

科技助力乡村振兴。组织开展“科技助力乡村振兴旗县行”活动，自治区、盟市、旗县三级科协联动，投入资金90万余元开展实用技术培训、现场技术指导等400多场次，10万多名农牧民受益。拨付资金310万元支持科技小院建设，全年新建科技小院25家，共计49家，全自治区科技小院开展实用技术培训300多场次，推广新技术30多项。开展农技协联合行动，自治区农技协被中国农技协评为优秀组织单位。

服务科技工作者 5月27日，自治区科协联合自治区党委宣传部、军民融合发展委员会办公室、科技厅共同在内蒙古科技馆举办2022年全国科技工作者日内蒙古主场活动。“众心向党　自立自强——党领导下的科学家”主题展内蒙古巡展活动同日在内蒙古科技馆正式启动。巡展活动在包头市、鄂尔多斯市、乌兰察布市、赤峰市、通辽市、呼伦贝尔市等12个盟市同步开展。

切实加大人才引育和举荐力度。制定人才培养引进工作方案，分层次培养引进人才。在高层次人才引进方面，新建院士专家工作站、海智专家工作站8家，柔性引进中国科学院院士、中国工程院院士、长江学者等13人，团队3个。在青年人才引进培养方面，全自治区科技小院累计引进院士、专家25人，培养博士、硕士研究生138人；实施“英才计划”，选育科技创新后备人才50人。在举荐培养本土人才方面，推荐第十七届中国青年科技奖、第十八届中国青年女科学家奖等候选人24人、候选团队2个。遴选自治区“最美科技工作者”20人，表彰自治区优秀科技工作者80人。在基层实用人才培养方面，扎实开展实用技术培训、现场技术指导等活动，培养高素质农牧民和产业工人队伍。

《科学素质纲要》实施和科普工作 加强科普服务社会化建设。着力构建全民科学素质行动规划纲要工作领导小组成员单位协同配合机制，联合19个部门出台5个工作方案，指导12个盟市和满洲里市、二

连浩特市出台纲要实施方案，推动将科学素质建设纳入盟市年度绩效考核指标和文明城市创建内容，联合自治区政府督查室开展专项督查。发挥社会各方面作用，命名自治区级科普教育基地96个，推荐全国科普示范县候选单位16个。

加强科普设施建设。2022年，自治区科协累计投入资金3811万元支持46个科技馆建设，自治区旗县级以上科技馆数量达到82个，累计配备流动科技馆展品49套，其中区域常态化巡展试点展品19套，累计配备科普大篷车120辆。推进“科普＋文化”“科普＋旅游”试点工作，筹措资金614万元，在科技馆建设图书馆、旅游景区建设科普馆49个。2022年，各级科技馆、流动科普设施接待参观体验者400万余人次，举办各类活动7600多场次。其中，内蒙古科技馆举办展教、展映、展览等活动2000多场次，被中国科技馆评为联合行动优秀组织单位。

加强科普工作队伍建设。全自治区科普专家团人数达到3207人；科技志愿者16.1万人，开展各类科技志愿服务活动2325场次；科普信息员62.6万人。

开展科普传播活动。深入基层举办科普讲座、实用技术培训、义诊等2400多场次，受益群众220万余人次，“百名专家走进盟市旗县科普传播行”被中共中央宣传部评为“三下乡”示范项目。举办青少年科技创新大赛、高校科学营、青少年科学影像节、五项学科竞赛等，自治区30万余青少年参加活动；组织300余名专家深入1000余所中小学校开展科普讲座等，受益青少年100万余人次。激发科普作品创作活力，举办科普视频创作大赛，征集原创科普视频167部；实施科普图书资助项目，资助出版科普图书16部。

增强信息化平台传播力。加大“科普中国”资讯转载推送力度，全自治区科普信息员转载推送科普资讯3000万余篇次。乡村、社区、校园科普e站数量达到3876个，点击量超过5000万次。依托央视频、新华网、微信公众号、手机客户端等搭建科普服务平台，推送科普信息200万余条，点击量6600万余次。4k数字电视科普频道覆盖自治区310万用户，发布科普图文信息、视频1000多条，点击量200万余次；依托平台举办科普知识答题活动5次，62万人次在线答题。自治区科协投入120万元资金建成的“云上科普”正式上线运行，开展“零时差”“零门槛”“零距离”线上科普服务，依托平台举办科普讲座、科普大讲堂等380多场次，160万余人受益。

学术交流 2022年，举办第十七届自治区自然科学学术年会、第八届内蒙古创新与发展高峰论坛、第十四届中国包头·稀土产业论坛等学术交流活动220多场次，参加会议的科技工作者共计3万余人次，投入150多万元支持开展学术交流活动。面向香港特别行政区、澳门特别行政区、台湾地区举办第十五届海峡两岸科普论坛，推荐论文获一等奖2篇、二等奖5篇、三等奖10篇。面向国内外举办第三届家畜生物育种与胚胎工程技术国际学术研讨会、2022中俄科技创新高峰论坛、第十七届全国热管会议——国际热超导应用与海外人才交流论坛、2022年中俄蒙生命健康国际学术研讨会等，2800多位中外院士、专家、企业家参加会议。

自身建设 3月18日，内蒙古科协召开第八届委员会第三次全体会议，深入学习贯彻党的十九届六中全会精神，学习贯彻习近平总书记关于科技创新、科学普及、科协工作的重要论述和对内蒙古重要讲话重要指示批示精神，全面总结2021年工作，研究部署2022年主要任务。2200多人参加会议。

接纳内蒙古乳腺疾病防治学会、内蒙古无损检测学会、内蒙古有害生物防治学会3家学会为自治区科协团体会员，推动37家学会、高校、科研院所组建生命健康学会联合体，支持组建内蒙古女科技工作者协会。全年审核完成4家学会法定代表人变更事宜，指导7家学会完成换届工作。深入实施学会创新和服务能力提升工程，评选科普工作示范学会5个、创新学会8个、提能学会20个，资助学术项目42个。

自治区级学会 截至2022年年底，自治区级学会、协会、研究会共127家。

8月14日，由自治区科协、内蒙古免疫学会共同主办的内蒙古免疫学会第三次会员代表大会暨2022年医学免疫与生命健康高峰论坛以线上线下结合方式在呼和浩特市召开。中国工程院院士、中国免疫学会监事长田志刚，中国免疫学会理事长、陆军军医大学教授吴玉章等专家线上参加会议。自治区科协主席赵吉、中国免疫学会副理事长兼秘书长黄波出席会议并讲话。大会特邀田志刚等7位专家围绕“炎症、肿瘤与免疫治疗”主题作主旨报告。

4月22日是第53个“世界地球日”，自治区地质学会联合自治区地质调查研究院等单位举办主题为“珍爱地球　人与自然和谐共生”的科普宣传活动。活动现场通过展板、展台、发放宣传手册、专人讲解等多种宣传手段，引导公众树立“低碳环保、热爱自然”的生态文明理念。煤炭地质专家、教授级工程师郭万良作题为《煤的演化及形成》的科普讲座。

5月30日，由自治区测绘学会党支部牵头，联合自治区农学会党支部、自治区水利学会党支部、自治区通信学会党支部、自治区电机工程学会党支部、内蒙古工业大学水利与土木建筑工程学院党支部、内蒙古师范大学地理科学学院第二教工党支部、内蒙古建筑职业技术学院工程测量党支部成立生态文明建设学会党建联合体并举办授牌仪式，8个党支部共计25人参加仪式。

地市县科协 12个盟市、101个旗县科协完成换届工作，全自治区科协专兼职干部1.2万余人。

巴彦淖尔市科协推进“科创中国”试点工作，争取中国农技协支持，新命名4家科技小院（五原胡羊科技小院、临河黄瓜科技小院、乌中草业科技小院和五原麒麟西瓜科技小院），全市科技小院达到15家。新培育和认定市级科技小院13家，总数达到30家。2022年央视《焦点访谈》栏目对临河羊业科技小院和杭锦后旗全域绿色发展科技小院开展的科技成果示范推广案例进行专题报道。杭锦后旗奶牛科技小院等3家科技小院获得教育部、农业农村部、中国科协的支持。

9月15日，乌兰察布市科协举办2022年乌兰察布市全国科普日暨全市首届科普节启动仪式，200余人参加启动仪式。科普节设置“科学普及　精神华章——弘扬伟大建党精神、喜迎党的二十大”主题展览、旗县市区科普助力乡村振兴主题展和市直《纲要》成员单位科普成果展等7类活动，吸引3万多人参与。科普节期间，组织开展全市公民科学素质竞赛线上答题活动，累计6.1万人次参加活动。

兴安盟科协梳理形成《科技工作者关于促进乡村振兴的建议的报告》《2022年全盟水稻产业发展情况调研的报告》《关于上报中国农学会、“科创中国”服务团赴兴安盟考察调研情况的报告》，上报盟委、行署，为盟委、行署科学决策提供参考，受到盟委主要领导及相关领导高度重视，并批转相关部门落实。

科协基层组织 全自治区共有科协基层组织3930个。其中，苏木乡镇（街道）科协1124个，实现全覆盖；企业科协457个；高校科协36个；中小学科协2313个，实现全覆盖。

“三长”配备取得突破。全自治区2657名医院院长、学校校长、农技站站长进入各级科协兼职。“三长”建立医疗、教育、农技推广等领域社会组织1086个、科技志愿服务队2408个，全自治区科技志愿服务组织全部进驻“两中心”。

【第八届内蒙古创新与发展高峰论坛】 6月13日，由自治区科协、自治区工商业联合会共同主办的第八届内蒙古创新与发展高峰论坛以线上线下结合方式在呼和浩特市召开。自治区党委统战部副部长、自治区工商业联合会党组书记梁淑琴，自治区科协主席赵吉，自治区工商业联合会党组成员、副主席姜爱军出席论坛。自治区科技型企业、高校、科研院所、学会和科技创新服务联合体成员单位有关人员2万余人线上同步收看会议网络直播。

论坛邀请中国工程院院士、中国矿业大学教授武强，中国工程院院士、清华大学化学工程系博士生导师金涌以《我国能源战略形式分析与低碳对策》《碳中和与煤化工》为题作线上专题报告。论坛期间，召开以“鼎力创新，探索‘双碳’目标下的星辰大海”为主题的圆桌会议，与会专家围绕“双碳”目标下内蒙古经济如何进一步深化绿色低碳转型之路径、能源结构调整优化的挑战与实践、“双碳”目标对内蒙古能源经济转型的影响等能源转型问题和创新发展路径展开研讨。

【2022年全国大众创业万众创新活动周内蒙古分会场启动仪式】 9月15日，由自治区发展改革委员会、教育厅、科技厅、科协等单位共同主办的2022年全国大众创业万众创新活动周内蒙古分会场启动仪式在乌兰察布市启动。自治区党委副书记、自治区主席王莉霞出席活动并致辞。活动周以“创新增动能，创业促就业”为主题，采用线上线下相结合的方式开展。其间，自治区同步举办创业创新大赛、企业创新能力提升等活动。

【第十七届内蒙古自治区自然科学学术年会】 12月20日，由自治区科协、教育厅、科技厅、人力资源社会保障厅共同主办的第十七届内蒙古自治区自然科学学术年会在呼和浩特市召开。年会以“绿色低碳发展、科技自立自强”为主题，共设1个主会场、20个分会场。本届年会向各盟市科协、自治区学会、高等院校、科研院所、企业单位征集科技论文1300多篇，经年会组委会办公室初审、专家评审、论文查重审核、年会组织委员会审定，最终确定优秀论文259篇，其中一等奖52篇、二等奖77篇、三等奖130篇。

（撰稿人：伊丽娜）

辽宁省科学技术协会

服务经济社会发展 聚焦海洋、航空装备、船舶装备、菱镁精深加工、生物医药等产业开展7项产业研究，发布2022年学科（产业科技）发展报告白皮书。开展科技创新智库专题研究44个。面向新材料、精细化工、高端装备制造等领域研判辽宁省未来科技发展趋势，围绕重大科学问题、重要工程技术难题和学科发展开展战略咨询研究，提出工程技术难题、产业技术需求问题清单20个。形成《科技工作者建议》20期，其中7篇建议获得省领导批示。针对中国工程院高性能制造科学国际高端论坛暨2022辽宁院士行、智能制造工程研讨班、2022中小企业数字经济全球论坛等高端学术会议进行成果提炼，形成智库建议23条，报省委、省政府决策参考。承办2022全球工业互联网大会和2022中小企业数字经济全球论坛，成立辽宁中小企业数字经济联合体和辽宁海归创业联合体。

学会组织高校提报《科技工作者建议》8篇，其中大连理工大学提报的《“分类有序”推进辽宁“老字号”数字化转型的对策建议》获省长批示。

以大连市、沈阳市“科创中国”创新枢纽城市为样板带动全省，开展创新方法培训活动10次，服务校企295家，培训2781人次。举办前沿技术大讲堂，完成线上宣讲2期，参加培训400余人。举办省技术经纪人培训班6期，参加培训2200余人。开展创新方法人才培训，发挥学会研究及推广优势，遴选省内企业技术骨干、创新方法专家，丰富创新方法推广培训讲师至50人，完成凌源钢铁集团有限责任公司等4家创新方法示范基地建设。

制定实施《辽宁省科协系统服务乡村振兴三年行动计划（2022—2024年）》，促进科协系统优势资源与“三农”工作有效衔接。“科创辽宁”服务乡村振兴，建设“四站”78个，新建科技助力示范县2家，引进和服务科技专家人才1392人，开展科技服务420余次，转化科技成果142项，培养培训科技人才12461人次，受众6.7万人次。“智汇辽宁”服务党委政府科学决策，建设农业科技智库基地5个，开展“三农”发展高质量科技工作者建议立项，打通科技决策服务乡村振兴的“最后一公里”。“科普辽宁”以品牌活动为引领，大力开展基层科普能力提升行动，推动40个重点农技协转型升级，建设农业科普示范基地30家、科技小院36个，培育新型职业农民2.4万人，培训农村科技经纪人2200人，发展科普信息员5万人，基本实现乡村科普服务网络全覆盖。

推进“科创中国”试点城市（园区）工作。截至2022年年底，大连市累计入驻企业75家，入驻专家2199人，征集企业技术需求596项，技术路演38场，引进院士专家190人次，签署合作协议86份，启动合作项目104个，实际解决技术难题186个，获得专利授权141项，取得科技成果128项，培养企业技术人员488人次，产生直接经济效益32.58亿元。沈阳经济技术开发区累计入驻企业182家，入驻专家1187人，征集企业技术需求250项，技术路演27场，跟进成果数量679项，签约成果6项；科技服务团服务企业11次、技术路演20次，建立国家级、省级学会服务站1个，对接国家级、省级学会8个。省科协组织推荐首批“科创中国”创新基地，沈阳国际软件园产业服务集团有限公司、特瑞拓软件（辽宁）有限公司和特地世界（大连）科技股份有限公司三家单位入选首批中国科协“科创中国”创新基地。

修改制定《辽宁省科协海智专家工作站建设实施管理办法（试行）》，新建5个省科协海智专家工作站，共建海智专家工作站31个，组织申报中国科协海智计划工作基地1个，参加中国科协海智计划工作基地、离岸基地评估。

围绕现代农业发展目标，共建科技小院36家，开展科研攻关、科技咨询、科学普及，构建科协服务乡村现代产业体系、绿色生产体系与高效经营体系，推动农业产业生态化和生态产业化联动发展。

服务科技工作者 组织第十三届辽宁省优秀科技工作者评选工作，向基层一线倾斜，评选出140名省优秀科技工作者。向中国科协举荐优秀科技工作者，中国科学院沈阳应用生态研究所孙涛和中国科学院金属研究所李昺2人荣获第十七届中国青年科技奖，中国科学院金属研究所于彤入选2021年度未来女科学家计划。资助21名科技工作者出版优秀自然科学著作21部，累计资助出版270部。开展学术头雁扶持工作，对16名学术头雁牵头开展的学术交流、科技服务、专题调研等学术交流活动给予资助。

在第六个全国科技工作者日期间，采用线上直播方式，联合中国科学院人才交流开发中心举办新时代科研诚信建设暨科研项目申报与科研经费管理网络高级研修班，全省266家单位的27767名科技工作者参加直播培训。举办“党领导下的科学家”主题展，开展全国科技工作者日系列宣传活动，开展2022年辽宁省“最美科技工作者”选树和宣传活动。

完成2022年度科技工作者状况调查站点轮替工作，调整全国站点2个，目前共有全国站点17个、省级站点16个，站点所在地覆盖14个市，完成调查问卷2629份，及时上报反映科技工作者思想动向、关切需求、政策反响等情况的信息。组织申报首批全国科学家精神教育基地，吴大观陈列馆、罗阳纪念馆、顾诵芬图书馆等7个单位入选全国首批科学家精神教育基地。

《科学素质纲要》实施和科普工作 出台《辽宁省全民科学素质行动规划纲要（2021—2035年）》。9月27日，辽宁省全民科学素质工作领导小组召开会议，推进落实《辽宁省全民科学素质行动规划纲要（2021—2035年）》，总结回顾2021年以来全省全民科学素质工作，研究部署下一阶段重点任务。省全民科学素质工作领导小组组长、副省长卢柯主持会议并讲话。省全民科学素质工作领导小组成员单位负责人参加会议。会议审议通过《辽宁省全民科学素质工作领导小组工作规则》和《辽宁省全民科学素质工作领导小组办公室工作细则》。32家领导小组成员单位进行工作研讨交流。

开展2022年全国科普日暨辽宁省第十一届科普日活动，平台发布活动1030项，受众830万人次。联合成员单位开展科技活动周等活动20余项。开展疫情常态下的科普宣传活动，建立科普e站主控频道7个，投放抗疫视频23部，发布科普图集80套。

建设科普基地联盟，成员单位105家。创建全国科普教育基地36个，培育基地20个。第二批创建全国科普示范县19家。评聘省首席科学传播专家40人，科技志愿服务队827支，志愿者7.3万人，科普信息员20.3万人。全省实体科技馆16家，其中科协系统所属13家，全年接待服务公众150万人次；新建农村中学科技馆2家；流动科技馆、科普大篷车行程10万公里，全年受众超20万人次。打造“奇妙科技馆”“声音科技馆”“晓科抖”等科普资源创作传播品牌。建设科普e站1704个、基层科普活动室1358个、科普宣传栏1713个、科普类网站16个，开设科普微信公众号29个、科普微博1个、电视栏目9个、期刊1种，辐射基层群众达500万人次。

分别举办第37届省青少年科技创新大赛，参赛作品1186项，入选第37届全国青少年科技创新大赛项目26项；第19届省青少年机器人竞赛，参赛队伍2000支；第八届全国青年科普创新实验暨作品大赛（辽宁分赛区），参赛高校47所、中学91所，选手5000余名；中学生五项学科竞赛，参赛高中生10万余名，入围全国联赛5000余名。开展“英才计划”，开展22场培养课程，培养优秀高中生43名。

学术交流 制定《关于加强省级学会学术会议规范管理的实施办法》。举办学术年会、现代农业发展论坛、青年科学家论坛3个省科协品牌活动，线上线下共计40余万人次参加会议。重点支持3个全国学会高端学术会议，资助35个省级学会开展学术交流活动。

省科协联合省委组织部共同举办省第十六届学术年会项目——“智能制造工程教育”系列培训研讨活动。省科协联合省发展改革委员会、省财政厅、省农业农村厅、省科技厅、省农业科学院、沈阳农业大学共同举办第十三届辽宁现代农业发展论坛。论坛以“农业科技　自立自强”为主题，来自全省相关部门、高校、科研院所、企业等的3000余人次线上线下参加会议。省科协联合中国环境科学学会固体废物分会共同举办中国环境科学学会固体废物分会2022年学术年会暨第六届辽宁青年科学家论坛。论坛邀请清华大学、北京化工大学、北京科技大学等高校的专家作主旨报告，并围绕有机固废利用处置科技发展趋势、新经验、新挑战进行对话交流。

8月19—20日，由中国工程院主办，大连理工大学、省委组织部、中国航空发动机集团、省科协共同承办的中国工程院2022年高性能制造科学国际高端论坛暨辽宁院士行活动在沈阳市举办。针对航空航天等重大装备高性能设计与制造关键工程技术瓶颈，25位中国工程院院士和50余位国内顶尖专家共同围绕高端装备的高质量、高性能制造开展讨论与交流，在专业技术、产业发展等方面提供可行的解决方案。

自身建设 开展迎接党的二十大和深入学习宣传贯彻落实党的二十大精神活动，在机关和基层开展宣讲活动，邀请中国科协党的二十大代表宣讲；做深做实“党建+营商环境建设”，促进党建和业务深层融合；推动党支部建设标准化、规范化，提质增效；

开展在职党员干部进社区活动，解决群众急难愁盼问题。

召开省科协九届五次全委会议和九届四次常委会议。变更增补省科协第九届委员会委员、常委、副主席。会议以通讯会议形式召开。同时制定会议范本，供各市科协参考。

落实省委关于群团改革的“两个找到”要求，深入开展“两个找到”专项行动，确定“六个需求”“十项实事”作为科协改革重点供给项目，改革联系服务工作机制、深化学会结构治理、创新服务产品供给。

省级学会　截至 2022 年年底，省科协共有省级学会 134 个，业务主管学会 91 个。其中，新成立省级学会 6 个，分别为省技术转移促进会、省城乡规划学会、省技术经理人协会、省工程热化学学会、省医养结合研究会、省解剖学会。

省化工学会联合大连理工大学彭孝军院士团队对宁夏信广和新材料科技有限公司开展新工艺安全可靠性论证，企业预计实现年销售收入 3.3 亿元；推动大连理工大学化工学院与抚顺高新技术产业开发区在人才培养、联合技术攻关等方面达成合作意向。

省园艺学会在锦州市义县构建“科技服务团 + 新型农业经营主体 + 产研基地 + 农户”的新型科技服务模式，引进新品种 7 个，引进技术 5 项，扶持新型农业经营主体 3 个。

省土木建筑学会为辽宁超强防火保温科技有限公司提供新型节能保温墙体一体化材料关键技术等 3 项服务，解决生产技术难题 5 个，联合开展合作研究 1 项，帮助企业增加销售额 2000 万余元。

地市县科协　全省共有省辖市（地）科协 14 个，县（市、区）科协 100 个。

沈阳市科协完善“赛事联办、基地共建、平台互享”机制，构建“海创赛 + 海智工作站 + 海外人才离岸创新创业基地 + 海外离岸创新中心 + 海外工作站”一体化海创服务工作格局。大连市科协联合中国科学院大连化学物理研究所共同承办“双碳”目标下的中韩科学与技术合作研讨会。本溪市科协参与市委、市政府“六个年”活动，作为“人才兴市推进年”活动的牵头单位，出台《本溪市示范专家工作站评选办法（试行）》和《本溪市学会服务站评选办法（试行）》。营口市科协联合市精神文明建设指导委员会办公室、市心理卫生协会共同组建抗击疫情心理援助公益行动团队，免费提供心理辅导 500 余次。辽阳市科协联合市广播电视台开办《科技 110》节目。盘锦市科协下发《盘锦市全民科学素质行动规划纲要（2021—2035 年）》，获批建设 6 个“科技小院”。

科协基层组织　截至 2022 年年底，全省共有企业科协 243 个、高校科协 62 个、园区科协 10 个。

6 月 22 日，鞍钢集团有限公司科协召开第一次代表大会，标志着辽宁省首家央企科协正式成立。

【辽宁省第十六届学术年会项目——“智能制造工程教育”系列培训研讨活动】11 月 4—6 日，省委组织部和省科协联合举办辽宁省第十六届学术年会项目——“智能制造工程教育”系列培训研讨活动。活动以“智聚辽沈，赋能东北”为主题，中国工程院院士周济、柴天佑、冯夏庭，中国科学院院士闻邦椿等 200 余位国内智能制造领域专家、企业家通过主题报告、圆桌论坛、企业对接等形式，围绕智能制造工程教育、储备智能制造人力资源、发展企业智能制造关键技术等问题，共同探讨智能制造的理论、教学、技术与工程实践，旨在提高智能制造工程专业与机械类专业的建设水平，培养智能制造专业人才，带动相关行业企业数字化转型升级。10 万余人次线上参加会议。

【鞍钢集团有限公司科协成立】6 月 22 日，鞍钢集团有限公司科协第一次代表大会召开，标志着鞍钢集团有限公司科协正式成立。中国科协党组书记、分管日常工作副主席、书记处第一书记张玉卓，国务院国资委委员、副主任谭作钧视频讲话。中国工程院院士、大连理工大学校长、省科协主席郭东明出席会议并讲话。

鞍钢集团董事长、党委书记谭成旭受鞍钢集团科协筹备领导小组委托作筹备工作报告，全面回顾鞍钢集团科协成立背景和筹备情况，并对鞍钢集团科协未来五年工作提出建议。会议通过《鞍钢集团有限公司科学技术协会章程》，选举谭成旭为鞍钢集团科协第一届委员会主席，戴志浩、栗宝卿、王义栋、谢峰、李镇为鞍钢集团科协第一届委员会副主席。

（撰稿人：梁　丹）

吉林省科学技术协会

服务经济社会发展　依托省科协科技创新智库基地和省级学会智力资源，聚焦科技创新、人才、成果转化等方面，年内开展科技创新智库专项课题研究32项。

举办2022年中国创新方法大赛吉林分赛区决赛，决赛队伍累计发表论文19篇、申请专利63项、制定行业标准48项，在2022年中国创新方法大赛总决赛上，吉林代表队获得一等奖2项、二等奖2项、三等奖3项，获得省委书记景俊海批示。发挥省科协产学研协同创新服务平台载体作用，聚焦省内支柱产业、战略新兴产业开展精准供需对接活动2场，帮助企业破解发展难题。推动相关企业与高校、科研院所签订合作协议6项，推进科技成果市场化产业化进程。开展企业“创新达人”评选及宣讲活动，评选出100名“创新达人”，组建企业“创新达人”宣讲团，开展系列宣讲活动。举办创新创业大讲堂、创新方法培训和技术培训等。

以科技助力乡村振兴专家服务行动为抓手，构建“1+3+N”工作格局，“1”即举办科技助力乡村振兴专家服务行动成果展暨科普大集活动，围绕汇农、慧农、惠农、绘农4个方面，通过展板、模型、实物、视频等方式集中展示专家服务行动实施两年来取得的成果；“3”即围绕“千亿斤粮食”“千万头肉牛”“千亿级（人参）产业”，开展重点“调研＋服务”行动；“N”即组织各类专家200余人次深入基层开展服务活动81场次，服务群众近8000人。组织开展文化科技卫生“三下乡”、科技之冬等活动，持续将科技元素引向乡村、引向农民。落实定点帮扶包保任务，开展“庆丰收、迎盛会、惠农民”主题科技服务活动。

与“科创中国”挂点工作组、珲春市建立三方联动工作机制，组织“科创中国”试点城市（珲春）建设工作研讨对接会和工作推进会。举办2022年度助力吉林省“科创中国”试点城市建设项目——作物材料再利用产业服务精准实施路径研究研讨会、珲春发展讲坛服务企业专场活动等，聚焦作物材料、人参、食品、电子及智能制造、海产品加工等领域，为珲春市引入资源、技术、人才和项目。推荐2家单位获批中国科协首批“科创中国”创新基地。协办全省“人才助企”专项行动，承办2022年西安交通大学院士专家吉林行活动，开展“院士专家基层行”活动59场次，为企业提供技术咨询、成果转化、项目和人才对接等服务，推动促成43个重点项目签约落地。

新建科技小院16家，跨省共建科技小院2家，省委书记景俊海到长春市公主岭稻渔科技小院调研考察，强调要结合打造“一村一业”“一村一品”，大力推广新技术新模式。推动长白山干部学院、吉林大学长白山资源与健康研究院、白山市裕达特产科技有限公司新建专家工作站3家。

省科协举办再创吉林老工业基地新辉煌座谈会，中国科学院院士杨秀荣等38名高层次人才参加会议，提出决策咨询意见和建议17篇，助力地方经济社会发展。

服务科技工作者 实施“吉林省青年科技领英计划”，举荐优秀青年团队2个、人才23人次参评国家级人才奖励计划，推荐第十七届省青年科技奖候选人，遴选30人获得第六批省青年科技人才托举工程专项扶持，资助出版优秀科技专著4部，搭建青年科学家论坛、研究生论坛、研究生科技论文演讲比赛等交流平台40项。组织全省12个全国科技工作者状况调查站点上报站点信息32条，协助中国科协完成第五次全国科技工作者状况调查任务。集中开展全国科技工作者日系列活动。省科协主席、中国科学院院士于吉红发表署名文章《踔厉奋发　笃行科技报国之志》；发出《传承科学家精神　砥砺科技报国使命——致全省科技工作者的倡议书》；举办“党领导下的科学家”主题展全国巡展吉林站活动，线下参观人数近1万人次，线上点击量达331.5万次；联合省委宣传部、省科技厅、中国科学院长春分院、省国防科技工业办公室评选10位省“最美科技工作者”；联合中央党校出版社、国家行政学院出版社出版《把论文写在大地上——吉林省科技工作者风采录》；在人民网、《吉林日报》等主流媒体集中宣传一批优秀科技工作者典型事迹。

举办院士专家学术休假活动，38名高层次人才参加活动。申请成立中国科学院吉林院士联络处，筹备成立吉林省院士专家联合会。

《科学素质纲要》实施和科普工作 制定《吉林省贯彻全民科学素质行动规划纲要实施方案（2021—2025年）》，完善科学素质纲要实施工作机制，全民科学素质纲要实施工作办公室成员单位由29家扩展到38家。全省12个县（市、区）入选2021—2025年度全国科普示范县（市、区），30家单位获评2021—2025年全国科普教育基地。

举办2022年全国科普日暨吉林省第二十届科普周活动，开展省全民科学素质网络知识竞赛、系列科普大讲堂、“云游”科普教育基地、视频科普资源媒

体展播、省青少年科学节“科普日”实践活动等6项示范活动和“主办单位和省全民科学素质纲要成员单位联合行动”“省级学会科普联合行动”“科普示范县联合行动”“科普阵地联合行动”“农技协联合行动”“企业科协联合行动”等6项联合行动，指导协调全省基层科协组织开展500多项主题活动，线上线下累计受众超千万人次。举办第二十一届中国长春国际农业·食品博览（交易）会科普大集、2022年文化科技卫生“三下乡”吉林省主场活动，活动以科技助力乡村振兴专家服务行动成果展、农民科学素质知识竞赛现场竞答活动、文化科技卫生专家线上线下交流服务活动等为主要内容，直接服务受众6万余人次。

协调有关单位、媒体线上线下开展抗疫应急科普宣传，受众达千万人次。关注校园疫情防控，举办线上讲座4期，观看量580万人次。向全省各地科协发放应急科普资源包200件。

联合省教育厅印发《关于利用科普资源助推“双减”工作的通知》，推荐7个市（州）、38家单位入选全国“科创筑梦”助力“双减”科普行动试点城市和单位。承办第36届全国青少年科技创新大赛。举办第30届省青少年科技艺术大赛，3000余名青少年获奖；举办第10届省青少年科学影像节，138项作品获省级奖励，其中3项获国家级表彰；举办2022年省青少年创意编程与智能设计大赛，899项作品获等级奖。

省科技馆常设展厅全年接待观众28万人次，举办“穿越恐龙时代”“拆解·艺术·逻辑”“寻力探险”3场主题展览，累计受众近10万人次。开展科普大讲堂、影迷沙龙会、科学下午茶等教育活动50次，在抖音等平台发布科普资源200条，浏览量达657万次，流动科技馆接待公众53万人次，VR线上巡展服务公众105万人次。与教育行政部门开展“馆校共建”合作，升级《科技馆里的科学世界》2.0版本教材，编撰配套《教师指导用书》和《学生活动手册》，为近5000名学生提供千余课时服务，原创科普剧《免疫联盟大作战》获得2022国际科学表演大赛中国区金奖。

推进省科协科普传播新媒体矩阵建设，“科普中国”电视频道播放原创节目75期，快手、抖音、微信、头条、新浪微博等新媒体平台持续推送科普文章、科普视频等。

学术交流 组织学术交流、科技经济融合类项目申报遴选工作，支持省级学会、高校科协、有关科研单位承办青年科学家论坛、研究生论坛等学术交流活动63项。

8月19日，第十二届吉林省科协年会在长春市举办，会议以“加快创新型省份建设 助推吉林高质量发展”为主题，邀请中国科学院院士、省科协副主席、东北师范大学校长刘益春，中国科学院院士、欧洲科学院外籍院士、苏州大学教授迟力峰分别以《氧化物半导体载流子调控与应用》《表面碳氢化学——正构烷烃的选择性脱氢、偶联及转化》为题作报告，近100万人次通过网络直播参加活动。年会支持省级学会和高校科协承办29个分会场活动，聚焦人工智能、增材制造前沿技术、农产品加工、中药材产业、健康医疗大数据等领域开展学术交流。

自身建设 深入学习宣传贯彻党的二十大精神，制定《吉林省科协关于认真学习宣传贯彻党的二十大精神工作方案》，作出统筹部署，着力抓好落实。省委书记景俊海到省科协调研并宣讲党的二十大精神。举办省科协学习宣传贯彻党的二十大精神宣讲报告会，党的二十大代表、省科协主席、中国科学院院士于吉红面向科技界和科协系统作报告。

持续深化科协系统改革，制定《“十四五”时期推进吉林省科协系统深化改革重点任务工作方案》，7月19日经省委全面深化改革委员会会议审议通过后印发。方案聚焦科协主责主业，坚持问题导向，谋划6方面改革举措，分解为28项重点目标任务、93项具体工作，持续组织推进实施。

省级学会 截至2022年年底，全省共有省级学会、协会、研究会147个。其中，新成立省天文学会、省植物病理学会、省视觉健康与近视防控研究会3个省级学会，注销省继续工程教育协会、省民营经济实业家协会。

3月，省中医药学会线上召开中医药防治新冠病毒学术研讨会，各类“云专栏”浏览量达12万次；省健康管理学会发布科普资源66期；省催眠学会、省性学学会、省中医药学会、省中西医结合学会等通过心理咨询热线、“云课堂”等方式对一线防疫人员、企业员工、居家老年人、在校大学生开展心理疏导工作。

地市县科协 截至2022年年底，全省共有市（州）科协9个、长白山开发区科协1个、县（市、区）科协60个。

长春市科协承办“双碳技术传播中心”东北中心揭牌暨“创建双碳示范城”高峰论坛；吉林市科协

成立全市首家新时代文明实践分中心；四平市科协完善全民科学素质工作体制机制，市政府印发《四平市全民科学素质行动规划纲要实施方案（2021—2025年）》；辽源市科协开展青少年科普研学实践活动，推动“双减”政策精准落地；白山市科协组织开展院士专家白山行“人才助企”活动，助力全市重点企业发展；延边朝鲜族自治州科协组建乡村振兴专家服务团，入库专家6类134人；梅河口市科协组织开展各类农业技术线上线下培训100余次，助力乡村全面振兴。

科协基层组织 截至2022年年底，全省共有企业科协320个（新成立8个）、园区科协17个、企业科协联合会2个、企业科协联盟1个、高校科协30个、乡镇（街道、社区）科协433个、农技协332个。

【2022年中国科学院化学部学术年会暨“科学与中国”20周年院士进吉林活动】 8月15—20日，由中国科学院学部、省人民政府主办，中国科学院学部工作局、省科协、省科技厅、省教育厅承办的2022年中国科学院化学部学术年会暨“科学与中国”20周年院士进吉林活动在长春市举办。活动邀请近80位院士走进吉林，在开展学术交流的基础上，结合实际深入开展服务地方活动20余项。

活动期间，部分院士专家走进中国第一汽车集团有限公司和长春新区，为吉林省企业发展建言献策，结合实际需求为企业提供精准服务。部分院士专家走进吉林大学、东北师范大学、中国科学院东北地理与农业生态研究所、中国科学院长春应用化学研究所，围绕相关议题进行座谈交流、咨询研讨，前瞻探讨学科领域发展新方向，展现重大学术咨询研究成果。中国科学院院士李永舫、丁奎岭到东北师范大学附属中学为青少年作科普报告，现场约200名师生参加报告会，全省中小学师生约196万人线上观看。活动期间，还举办“科学人生百年”展览，弘扬老一辈科学家精神。

【吉林省委书记景俊海到省科协调研并宣讲党的二十大精神】 11月8日，省委书记景俊海到省科协调研，了解省科协发展历程，察看科普宣传情况，与院士专家、科技工作者座谈交流，并宣讲党的二十大精神，副省长安立佳参加调研。省科协主席、中国科学院院士于吉红，中国工程院院士姜会林，中国科学院院士、东北师范大学校长刘益春，省农业科学院主要粮食作物国家工程研究中心主任王立春等10人发言，畅谈学习党的二十大精神心得体会，对科技创新、引育人才等工作提出建议。

（撰稿人：苏大伟）

黑龙江省科学技术协会

服务经济社会发展 推进“科创中国”试点城市（园区）建设。继续打造七台河“样板间”，创造性建立的“四煤城”一体化协同机制被纳入中国科协十年优秀工作案例。打造哈尔滨新区“样板间”，整合“科创中国”哈尔滨新区区域科技服务团和黑龙江产业振兴区域科技服务团资源，成功申报中国科协“科创中国”区域科技服务团资助项目，组织举办对接活动71场。推荐省工业技术研究院、哈尔滨创新谷入选首批“科创中国”创新基地。建设“科创中国”平台黑龙江中心，平台汇入需求1041个、成果1225个、专家1184人，发布科技创新服务活动动态815项，通过平台进行业务对接1709次，初步形成线上线下协同开展科技服务模式。

实施“百会进百企”科技赋能行动。动员省、市、县三级科协联动，国家、省、市三级学会协同，整合高校、科研院所等科技创新资源，开展科技服务活动171次，组织对接三级学会、高校科研院所和服务机构229家次、专家590人次，直接服务企业239个。

3月11日，中国科协与省人民政府在北京举办座谈会并签署全面战略合作协议。双方约定，在实施“科创中国”黑龙江行动，助力科技经济融合发展；推动产学研协同创新，促进战略性新兴产业发展；建设高水平科技智库，服务国家重大战略实施；打造“科普中国”黑龙江品牌，提升公民科学素质；加强对俄罗斯科技交流合作，打造向北开放合作新前沿五个方面开展合作。

组织协调“科创中国”乡村振兴联合体助力乡村振兴发展。中国粮油学会等16个全国学会进驻省5个农业县开展科技帮扶，分别就延寿县冰雪特色旅游、海伦市富硒产业开发、桦南县数字乡村建设、依安县农业产业园区升级、林甸县畜牧业发展等进行精准对接。

采取“线上普及+线下培育”的方式推广普及创新方法，线上培训企业211家、科技工作者1.01万人次；线下开展6次培训，41家企业的400余名企业科技

工作者参加培训，培育创新团队60余个。9月29日，举办2022年中国创新方法大赛企业创新方法专项赛黑龙江赛区竞赛，来自全省13个市（地）49家企业的247个项目团队参赛，决赛项目共解决企业生产技术难题71项，实现直接经济产值超2亿元。12支团队代表黑龙江省参加全国总决赛，获得一等奖1个、二等奖4个、三等奖3个、优胜奖4个，省科协获优秀组织奖。

制定实施《黑龙江省科协“十四五”科技创新智库建设方案》，开展命题式课题研究，潘国君等专家撰写的《智库专报》获副省长李玉刚批示。组织开展3场院士助力黑龙江创新发展调研咨询座谈会，47名院士、专家为黑龙江数字经济发展建言献策。

服务科技工作者 制定出台《黑龙江省科协服务科技工作者18条》，从强化思想政治引领、发现培养科技人才、举荐表彰科技人才、服务凝聚科技人才、用好用活科技人才、宣传激励科技人才等方面建立服务科技工作者系列举措。

实施优秀青年科技人才提升计划。建设优秀青年科技人才信息库，入库2000余人。搭建优秀青年科技人才举荐表彰平台，评选第十五届省青年科技奖，产生获奖人选30名；推荐第十七届中国青年科技奖候选人15名，2名青年学者获奖；评选第八届省优秀科技工作者，产生获奖人选50名；推荐第十八届中国青年女科学家奖候选人5名、2021年度未来女科学家计划候选人3名；开展第二十五届中国科协求是杰出青年成果转化奖候选人推荐工作。实施青年科技人才托举工程，遴选扶持优秀青年科技工作者20名。

联合省委宣传部等单位组织开展2022年省“最美科技工作者”学习宣传活动，遴选候选人10名。

组织开展全国科技工作者日黑龙江省系列活动。5月27日，在活动启动仪式上启动中国工程院院士、哈尔滨工业大学土木工程学院教授谢礼立，中国工程院院士、哈尔滨工程大学教授廖振鹏老科学家学术成长资料采集工程，举办科学家讲龙江故事报告会。上线“黑龙江省智慧科协”网上科技工作者之家，同时开展八个方面系列主题活动。

协助中国科协开展第五次全国科技工作者状况调查，组织14个全国科技工作者状况调查站点填写调查问卷1700余份，齐齐哈尔市科协等3个国家级调查站点被评为优秀调查站点。

《科学素质纲要》实施和科普工作 调整省全民科学素质纲要实施工作联席会议组成人员，召开纲要工作会议，省政府印发《黑龙江省全民科学素质行动规划纲要实施方案（2021—2025年）》，将全民科学素质提升纳入对市（地）的重点任务目标考核。

开展科普传播进网格试点工作。将科普传播融入基层社会治理结构，借助现有基层社会治理网格化管理平台，探索构建五级联动的网格化科普传播体系。选取3个市、15个县（市）开展试点工作，初步构建省域统筹政策和机制、市域负责资源集散和推进指导、县域组织落实，以新时代文明实践中心、党群服务中心、社区服务中心等为阵地，以“龙江大科普”为平台，以志愿服务为重要手段，横向到边、纵向到底的基层科普服务体系。

组织开展“科普之冬”活动百余场，开展助农惠民“科普大集”活动数十场，在齐齐哈尔市等5个城市举办移风易俗科普宣传大集等活动。组织开展全省小小科普传播员展演活动，开展科普教育基地科普研学活动16期。9月19日，线上举办2022年全国科普日（龙江金秋科普月）主场活动暨科学家精神主题展启幕仪式，提交至全国科普日平台审核通过活动590项。开展青少年科技辅导员培训，培训全省科技辅导员500余人次。开展农民科学素质网络知识竞赛，75万余人次参赛。组织开展农村实用技术培训。

开展全国科普示范县（市、区）全省17个县（市、区）创建工作；组织开展全国科普教育基地推荐工作，28家单位被认定为2021—2025年全国科普教育基地。实现全省24个新时代文明实践中心试点县科普体验馆建设全覆盖；选取100个村建设助农惠民科普基地；建设10家科技小院，获中国农技协批复。

持续开展“科普进地铁”和“科普直通车”活动。推动科技志愿组织建设，全省共有5.3万名科技志愿者和663支科技志愿服务队。省科协推荐的4家单位入选2022年度全国科学家精神教育基地。

学术交流 围绕省委、省政府中心工作及省经济社会发展重点领域，举办太阳岛科技论坛、小型高端学术研讨活动和新发展新理念学术沙龙3类项目，20个省级学会、7个高校科协、3个市（地）科协参与申报，最终确定支持15个项目。项目涵盖省“十四五”规划的重点领域和数字经济、生物经济、冰雪经济、创意设计等产业。

7月9日，由省科协、省科学院主办，省微生物学会承办的黑龙江·2022年生物经济科技创新发展论坛以线上线下结合方式在哈尔滨市举办。中国科学院院士陈化兰、中国工程院院士马军作特邀报告。论坛还邀请省内生物经济6个研究领域的12位专家作主题报告，同期发布省生物经济领域108项科技成果。

8月6—9日，省科协承办的中国科学院信息技术科学部学术年会暨"科学与中国"20周年活动在哈尔滨市举办。同期，举办"科学人生·百年——院士风采展"走进黑龙江、"科学与中国"20周年院士黑龙江科普报告会、"科学与中国"20周年院士黑龙江报告会暨龙江发展讲坛、院士助力黑龙江创新发展调研咨询座谈会等7场活动，7位院士对省数字经济发展提出建议，11位院士与省高校、企业达成合作意向，10位院士接受专访。

自身建设 加强学会制度建设，制发《黑龙江省科学技术协会省级学会会员管理办法（试行）》等4个规范性制度文件，印发《黑龙江省科协所属学会、协会、研究会制度文件汇编》。

推进业务主管学会开展集中换届，受理非业务主管学会加入省科协成为团体会员重新登记申请，审批省植物保护学会等15个学会换届材料，审核省农机学会等6个学会团体会员重新登记材料。

强化党建引领学会发展。出台《关于加强黑龙江省科协业务主管学会党建工作的意见》，完成学会党总支调整56个。加强"党建强会计划"项目设计，指导获得项目支持的10个省级学会有序开展党组织规范化建设，组织开展特色主题实践活动。

开展"五优"基层党组织和"五强"党员队伍创建行动，评选出5个党组织和16名党员在直属机关党的建设和能力作风建设质量"双提升"推进会上作典型经验交流。

省级学会 截至2022年年底，全省有业务主管学会119个、业务指导学会96个。成立省女科技工作者协会、省近视防控学会、省杂粮学会3个省级学会。

省蛋白质组学学会与有关单位共同承办第八届植物生物学女科学家学术交流会。

省作物学会组织农业领域专家深入省内50余家企业，帮助解决生产过程中遇到的问题，特别是针对玉米非转基因检测、玉米毒素检测技术达成"会企合作"意向，探索企业精准服务模式，细化需求、定制服务，助力企业创新发展。

省植物保护学会与省植检植保站每周举办1期黑龙江植保技术网络大讲堂，通过"快手"平台进行网络直播，开展植保技术宣传培训。结合生产实际和时令，邀请专家面向全省植保技术人员、监测点植保员、农药经销商、种植户等开展植保技术培训。全年举办46期培训，22万人次参加培训。与省植检植保站共同打造"掌上植保"App，全省4000个病虫疫情监测点均通过"掌上植保"实时在线上报信息，平台吸纳植保专家284人、防治组织3200余家、会员2008人、农药经营门店5800余家、种植大户1万余户。

地市县科协 截至2022年年底，全省共有市（地）科协13个、独立建制县级科协72个。

各市（地）科协围绕"喜迎二十大，科普向未来"主题开展全国科普日暨金秋科普月活动。齐齐哈尔市科协举办启动仪式，现场播放科普微视频和科普教育基地宣传片，进行无人机和机器人表演，市中西医结合学会和市卒中学会开展现场健康义诊活动。鹤岗市科协组织市全民科学素质纲要成员单位在启动仪式现场设立展台、宣传栏，向群众发放科普资料、展示科技成果、解答科普问题。大兴安岭地区科协展出各县（市、区）林业科技产品。

七台河市、大兴安岭地区、绥化市分别召开全民科学素质工作推进会议，并印发《全民科学素质行动规划纲要实施方案（2021—2025年）》；伊春市召开全民科学素质工作推进会，通过《伊春市全民科学素质工作推进小组工作细则》。

1个市级科协、72个县级科协完成换届，其中大庆市、鸡西市、伊春市、黑河市、绥化市的县级科协全部完成换届，佳木斯市独立建制的6个县（市、区）科协完成换届，原未独立建制的1县3区科协实现独立建制。

5月24日，齐齐哈尔市科协召开"贯彻省党代会精神 庆祝全国科技工作者日"优秀科技工作者座谈会，为齐齐哈尔市全面振兴建言献策。5月30日，大庆市科协组织召开庆祝5·30全国科技工作者日座谈会，10位科技人员代表围绕学习贯彻省第十三次党代会精神、做好各自领域科研工作、促进大庆市资源型城市转型创新发展进行交流发言。

3月18日，大兴安岭地区科协召开2022年防灾减灾学术研讨会暨学术成果发布会。与会专家对大兴安岭地区2022年气象灾害、森林火灾、农牧业年景、森林生物灾害、传染性疾病流行趋势及防治、汛情旱情等进行综合分析与预测，提出防灾减灾对策建议。

双鸭山市科协动员县级科协力量，发挥市级学会主体作用，协同开展“双百行动”。市煤炭学会组织专家团队深入企业对接需求，开展咨询服务，联合黑龙江能源职业学院举办科技赋能暨先进装备交流会，促成3家煤矿企业与生产厂家现场签约。

市地科协参与中国科协企业创新服务中心主办的“企业创新达人”评选活动，评选省级“企业创新达人”100人，择优向中国科协推荐10人参加“全国企业创新达人”评选。

科协基层组织 截至2022年年底，全省有企业科协93个、高校科协24个、农技协701个。

黑龙江伊春森工集团有限责任公司、哈尔滨朗昇电气股份有限公司等10家企业（园区）建立企业（园区）科协。黑河学院、哈尔滨商业大学建立高校科协。

尚志市中药材协会等4家单位被认定为中国农技协科普教育基地。

【“科技之星·闪耀龙江”——黑龙江科学家精神主题展】 省科协以黑龙江省52位院士（含已故）在创新中国、创新黑龙江建设中的卓越贡献为主要内容，历时10个月，在省科技馆打造“科技之星·闪耀龙江”——黑龙江科学家精神主题展。主题展设立航天航空、海防、重工、农林、建筑建设、信息通信、医疗卫生7个部分，讲述黑龙江省科学家精彩的科学人生、卓越的学术成就、巨大的发展贡献。主题展旨在弘扬科学家精神、讲好黑龙江科学家故事、展示黑龙江科技发展成就。展览工作被中国科协纳入全国科协系统十年优秀工作案例推广宣传。

（撰稿人：谢　婷）

上海市科学技术协会

服务经济社会发展 深入推进“科创中国”上海行动，以杨浦区、长宁区“科创中国”创新枢纽城市建设为契机，探索“全流程技术交易服务”“全周期创新孵化培育”科技经济融合模式。组织11家上海市单位成功申报“科创中国”创新基地，成立2家“科创中国”区域服务团、15家专业科技服务团，对接区域产业需求，引导创新要素集聚。

联合市发展改革委员会组织实施2022年全国“双创”活动周工作，与市经济和信息化委员会、上海临港经济发展集团有限公司联合发布《2022上海硬核科技企业TOP100榜单》。联合松江区举办“科创中国”青年榜单——长三角G60科创走廊U30暨星耀G60创业人才榜单发布、项目签约、2022榜单启动仪式，为长三角高质量一体化发展注入新动能。联合金山区举办主题为“聚力创新，共赢未来”的“创新集市”，开展科创项目推介会、科创服务驿站、引智创新成果展等政产学研金服用融合创新服务活动，激发创新活力。

创办“科创服务直通车”系列活动，聚焦知识产权保护、科技政策、金融纾困等主题，在线举办100多场专题活动，助力推动企业增强创新动能和核心竞争力。搭建“在线支援团”“云讲座”“云服务”等平台载体，邀请所在行业领域的权威专家为企业、科技工作者及广大市民提供专家辅导、技术援助、政策解读等服务。

推进院士专家工作站建设，全年新建院士（专家）工作站（服务中心）80家。截至2022年年底，市院士（专家）工作站建站总数593家；进站工作的院士、专家3208名，其中进站院士72名、首席专家563名、团队专家2573名。

围绕上海经济社会发展和重大项目战略，形成《助力上海国际金融中心和科创中心建设》《营造人才引育“大生态”，构筑具有全球竞争力的“强磁场”》等决策咨询专报，获得市领导批示肯定。

服务科技工作者 市科协研究制定《上海市科协加强科技人才工作实施方案》，谋划6个方面22项创新举措。全国政协副主席、中国科协主席万钢，中国科协党组书记、分管日常工作副主席、书记处第一书记张玉卓分别作出批示。

开展第十七届市科技精英评选表彰、第十一届上海青年科技英才选树、第十四届市大众科学传播人物选树活动。开展首届上海杰出工程师选树活动，实施卓越工程师培育“五个一”工程等，弘扬工程师精神和工程师文化，提升工程师社会影响力。完成第十七届中国青年科技奖、第十八届中国青年女科学家奖、第二十五届求是杰出青年成果转化奖等推荐工作，市科协推荐的朱美萍、谭敏佳、李昂获第十七届中国青年科技奖特别奖项。

联合中国科学院上海分院举办2022年度“海聚英才”学科交叉高峰论坛菁英思想汇暨上海青年科技英才联谊会人工智能主题沙龙。举办“5·30”全国科技工作者日系列活动，组织开展科技信息服务、职称申报受理、继续教育培训、法律咨询服务，发动园区、企业参与线上路演对接交流活动。建好“上海科协·网上家园”，开发“会员云申请”小程序，受理线上入会申请事项，为科技工作者提供一站式网上咨询和服务。

与市委宣传部联合开展2022上海“最美科技工作者”学习宣传活动，中国科学院上海光学精密机械研究所王文涛等10位科技工作者入选。举办2022年长三角科学道德和学风建设论坛，引导科技工作者坚守学术道德与科研诚信。

与浦东新区联合举办2022年海外人才浦东“引领区”创业汇，吸引28个国家的315个项目报名参与，遴选32个优质项目实施对接，助力海外人才延揽和科技创新。联合举办2022年沪港科技合作与发展研讨会、第30届海峡两岸都市交通学术研讨会、2022年港澳台大学生暑期实习（上海）活动，促进海峡两岸暨香港特别行政区、澳门特别行政区的人文交流和科技合作。

《科学素质纲要》实施和科普工作 开展应急防疫科普工作，联合推出《疫情防控期间的科学居家指南》，举办“科普抗疫在行动”系列在线传播活动，制作《新冠疫情防控期间家庭预防性消毒指引》系列微视频及配套宣传海报，在央视新闻、新华网客户端等主流媒体发布，阅读量超500万人次。发挥科普宣传新媒体矩阵作用，通过“上海科协”微信公众号、新浪微博等平台开展防疫科普宣传，发布原创推文、视频500多条。在街镇社区开展抗疫科普宣传，通过“智慧科普盒子”向基层群众提供优质科普资源，播放量超千万次。

联合市委组织部实施《关于加强党建引领基层科协建设的意见》，制定《关于推进上海市“社区书院”工作实施办法》，建立科普经理人机制，打造项目库、专家库两库合一的“科普中央厨房”，并为资源项目落地提供指导和服务。截至2022年年底，全市已建设“我嘉书房”“慧居科普书院”“水乡课堂”等社区书院134家。举办上海市党建引领基层科协建设暨“社区书院”工作交流会，总结宣传可复制、可推广的做法和经验。“社区书院”建设工作被纳入国务院印发的《全民科学素质行动规划纲要（2021—2035年）》。

组织举办“喜迎二十大 科普向未来”2022年上海市全国科普日活动，市区两级举办活动2000余项。举办“星辰大海 未来可期”科技会客厅、大家风范——科学家故事·影像展、“春日时光”科艺活动、2021年上海科技时尚先锋实验室揭牌签约仪式暨科技时尚策源会、2022“美丽城市”科普行动等科普主题活动。

指导静安区、徐汇区、长宁区成功创建第二批2021—2025年度全国科普示范县（市、区）。开展第一批全国科普教育基地创建工作，推荐上海科技馆、上海世博会博物馆等24家单位入选。联合市科技委建立市级学会专题科普活动项目申报机制，资助支持15家学会开展一批贴近公众需求、社会热点的学会科普项目。

成立上海科技志愿服务总队，组建科技志愿者服务团队460个，注册科技志愿者1.3万余人。制定并印发《关于进一步做好科技志愿服务有关工作的通知》《关于开展高校大学生科技志愿服务工作的通知》，动员市级学会、基层科协组织等开展科技志愿服务，助力新时代文明实践。

举办第37届市青少年科技创新大赛，联合复旦大学、上海交通大学等开展“英才计划”培训、青少年高校科学营，培育科技创新生力军。组织上海学生参加第73届国际科学与工程大奖赛，共获得7个奖项，包括大陆地区唯一的一等奖。

学术交流 参与第五届世界顶尖科学家论坛相关活动。与市经济和信息化委员会联合举办2022世界人工智能大会，其间首次创办青年科学家论坛；开展世界人工智能大会青年优秀论文奖评选。

依托市科协集成电路、人工智能、生物医药、新材料等重点产业专委会，举办“上海科坛”系列活动、2022中国（上海）发育与重大疾病院士圆桌会议、科创中国·ECF国际页岩气论坛2022第十二届亚太页岩油气暨非常规能源峰会等活动，邀请科学家、企业家、金融家等交流研讨。

市科协联合李政道研究所以“基础研究引领 技术创新无限”为主题，以科学与艺术融合的形式，主办2022市科协学术（创新）年会，邀请12位中国科学院院士、中国工程院院士作专题学术报告，与艺术家交流对话，同步举办李政道图书馆馆藏科艺作品展。

自身建设 深化科协改革，统筹优化整合市科协事业单位功能，强化公益性服务性职能，凸显主责主业，为市科协事业高质量发展提供支撑。

持续推进科技社团党建工作，健全完善科技社团党的工作小组、办事机构党支部、党建工作联络员“三位一体”党建工作体系。

组织实施学会改革与发展项目，围绕社会力量科技奖励、技术标准（规范）制定、科技产业会展等方面，推动学会提供优质科技公共服务。组织所属学会开展科技评价工作，68 家科技评价机构完成第三方科技评价近 800 项。开展市科协星级学会评选，遴选五星级学会 16 家、四星级学会 15 家。

加强企业（园区）科协组织建设，编制《上海市企业科协成立程序及相关示范文本（2022 版）》《企业科协建设指引》《建设有温度、可信赖的“企业科技工作者”之家——一图读懂企业科协》等文本和指南，指导企业科协规范化高质量建设。

市级学会 截至 2022 年年底，市科协共有市级学会 206 家，个人会员 31.5 万余人、团体会员 2.2 万余个。新成立上海地坪技术协会。

市医学会持续打造“东方会议”品牌，形成 34 个东方系列医学专科学术会议；市土木工程学会联合主办第十届国际桥梁与隧道技术大会、2022 第九届国际地下空间开发大会等国际化品牌学术活动；市建筑学会主办中国建筑学会学术（上海）论坛暨上海国际建筑文化周；市航空学会主办 2022（第六届）商用航空发动机上海国际论坛；市交通工程学会举办第 30 届海峡两岸都市交通学术研讨会。

市宇航学会开展上海市青少年“育太空种子，做有责任人”科普活动；市口腔医学会举办 2022 年市口腔健康科普演讲大赛；市中西医结合学会打造“一带一路健康行”科技志愿服务品牌项目；市中医药学会开展面向乡村中医全科医师的“健康乡村中医行”公益项目。

市化学化工学会开展第十五届庄长恭、吴蕴初化学化工科技进步奖评选；市医师协会开展第四届仁心医者·上海市杰出专科医师奖和第四届“上海市区域名医”评选；市抗癌协会开展 2022 年第八届上海市抗癌科技奖评选；市科学技术情报学会举办 2022 年度华东地区科技情报成果奖评选活动；市水利学会组织 2022 年度上海市水务海洋科学技术奖评选。

区县科协 截至 2022 年年底，全市共有区科协 16 个。

浦东新区科协举办 2022（第六届）浦东科普诗词大会；黄浦区科协举办第十一届黄浦科技论坛；徐汇区科协组织实施徐汇区第二届“汇健康”科普大赛；长宁区科协召开第八次代表大会；静安区科协举办“青创梦”海外留学生创业大赛；普陀区科协举办“服务新功能　喜迎二十大”科普嘉年华活动；虹口区科协开展“城市社区中的《山海经》”科普教育活动；杨浦区科协举办“科创中国”技术路演——空间信息（上海杨浦）专场活动；闵行区科协举办“漆行前湾、中国生漆科学探索”主题科普活动；宝山区举办“滨江科学论坛”系列活动；嘉定区科协举办“走进科技　你我同行”青少年科技节活动；金山区科协举办 2022 年上海湾区科技节“后疫情时代企业数字化转型与创新发展”创新论坛；松江区科协主办松江区青少年科学表演大赛；青浦区科协召开企业（园区）科协联盟工作座谈会；奉贤区科协召开第五次代表大会；崇明区科协开展文化科技卫生“三下乡”惠民活动。

科协基层组织 2022 年，全市新成立上海正向数字化技术研究院、上海东方美谷皮肤健康管理研究院、上海万博科技创新促进中心、上海赢鑫心理研究院 4 家民办非企业单位。

指导上海理工大学、上海电子信息技术学院 2 家高校成立高校科协。指导中国联通有限公司上海分公司、上海圆通速递有限公司、奥盛集团有限公司 3 家企业建立企业科协。

【第五届世界顶尖科学家论坛工程科技创新与发展论坛】 11 月 3 日，由上海市科协、市经信委和市总工会共同主办的第五届世界顶尖科学家论坛工程科技创新与发展论坛在上海市举办。论坛邀请诺贝尔奖获得者巴里·巴里什、亚当·里斯，图灵奖获得者约瑟夫·斯发基斯、约翰·霍普克罗夫特、曼纽尔·布鲁姆，中国科学院院士丁奎岭，中国工程院院士孙晋良、朱美芳等专家，围绕工程组织管理、工程人才培养、企业科技发展、专业技能培育等开展主题演讲和圆桌讨论。论坛上举办 2022 年度“上海杰出工程师”选树入选者颁证仪式。

（撰稿人：刘彦岑）

江苏省科学技术协会

服务经济社会发展 印发贯彻落实省第十四次党代会重点任务《五年总体实施方案》和《年度任务落实计划表》。主动服务数字经济强省建设，举办以“数字引领时代、智汇创赢未来”为主题的第九届江苏省青年科学家年会，省委常委、宣传部部长张爱军出席会议并致辞，同步举办3个专场活动和16场分论坛。制定《省科协助力数字经济发展工作方案》，共建数字经济科创中心等载体平台，多措并举助力数字经济发展。

聚力推进区域协调发展，认真落实省委、省政府《关于支持宿迁“四化”同步集成改革推进现代化建设的意见》，提出4大项19条支持措施，在宿迁建立“绿色农业产业”院士协同创新中心，举办2022海峡两岸集成电路产业（宿迁）对接会。实施全省科协系统南北共建示范项目2项、优秀项目6项。

投身乡村振兴战略实施，与省供销合作总社签署协议，创新开展跨界合作，累计培育新型农业社会化服务组织100家，共建农业区域性综合服务站点50个。推进科技助力精准帮扶，举办青海省海南藏族自治州农技协领班人培训班和新疆维吾尔自治区伊犁哈萨克自治州公民科学素质大赛，针对性开展伊犁河谷稻虾共作、羊肚菌种植等培训。帮扶山西省临县前青塘村、岚县店上村创建乡村振兴示范村，开展培训与技术指导26次。

深化省会合作，服务省政府与中国科协签订新一轮全面战略合作协议；与中国计算机学会等4个国家级学会新签订合作协议，与中国通信学会等11个国家级学会续签第二轮合作协议，与省科协合作的国家级学会已达42家。联合国家级学会支持龙头企业组建新型创新联合体，新建3家院士协同创新中心。41位院士领衔打造22个协同创新中心，帮助解决55项企业“卡脖子”技术难题，实现76项成果转移转化，培训科技工作者超2万人次。

扬州市举办第十五届国际汽车轻量化大会，推动中国汽车工程学会在扬州市注册成立全国汽车轻量化领域唯一协同创新平台。苏州市新建7个国家级学会工作站，推动中国计算机学会业务总部落地苏州市。

推进“科创江苏”，举办“科创江苏”创新创业大赛，评出1000多个创业项目参加决赛，与全省20多个产业园区建立推介渠道，助力21个项目落地。开展中小企业专精特新培育专项服务，实施企会合作项目86个，召开企会合作专项对接会，为企业提供“清单式”服务，推动达成86项合作意向。省材料学会提供的新型功能材料应用到南京港技改项目中。

联合省委统战部、省工商业联合会，组织省预防医学会等多家学会深入企业一线开展专题科技服务。举办企业创新方法大赛，超6万人次线上参与，培训认证国际一级创新工程师42人。开展专利应用工程师培训50余场，惠及企业科技人员2000余人次，助力企业高质量发展。引领资源下沉，组建20个专业科技服务团和3个区域科技服务团，开展服务基层活动369场次。创建15个“科创江苏”试点县（市、区），立项实施148个项目。

服务科技工作者 服务“人才强省”战略实施，印发《关于加强和改进新时代科技人才工作的意见》。举荐表彰科技英才，遴选15人参评第十七届中国青年科技奖，9人获奖。由省科协举荐的中国船舶科学研究中心研究员叶聪获第二十四届中国科协求是杰出青年成果转化奖。提名2022年度江苏省科学技术奖项目18项，省科协的《大国重器：图说当代中国重大科技成果》获三等奖。联合省委人才工作领导小组办公室、人力资源社会保障厅表彰“江苏省十大青年科技之星”10名、省青年科技奖10名。开展“青年科技人才托举”工程，助力100名优秀青年科技工作者成长成才。联合省妇女联合会共同设立江苏青年女科学家表彰项目，提名第十八届中国青年女科学家奖候选人5名、候选团队2个，推荐2021年度未来女科学家计划候选人3名。参与12345“尚贤”人才服务热线建设，做好科技工作者法律维权工作。发挥好“院士之家”作用，定期组织学术交流、展示展览、休闲沙龙等活动，完善联系服务院士专家、高层次人才常态化运行机制。连云港市科协在全省率先建成市级科技工作者之家实体阵地，为科技工作者交流研讨、咨询洽谈提供一站式服务。

《科学素质纲要》实施和科普工作 召开省全民科学素质工作领导小组会议。推动《江苏省全民科学素质行动规划（2021—2035年）》贯彻落实，13个设区市、89个县（市、区）相继出台本地区全民科学素质行动中长期规划。组织开展专题宣传，制播公益宣传片在江苏省广播电视总台、人民网、南京地铁4号线“科学号”专列滚动播出，在《江苏科技报》推出各地提高全民科学素质系列报道190篇。

完善科普场馆体系建设，推进江苏自然科学技术馆规划预研工作，推动流动科技馆换展项目落地见效，举办科普大篷车环省行活动，开展科普场馆绩效考评，支持引导15家专业科普场馆有序推进免费开放。南京市建立南京科技场馆联盟，整合资源、协同发力，发展成员单位53家。

举办全国科普日暨省科普宣传周活动，全省联动开展1.3万余项系列科普活动，吸引127所科研院所和高校参与；全国科普日省主场活动推出“青年科学脱口秀”等系列活动，被《学习强国》、中央人民广播电台《新闻和报纸摘要》等宣传报道；举办省全民科学素质大赛，372.6万人次参与网络赛；举办第33届省青少年科技创新大赛，吸引35万人次参赛；举办第33届省中小学生金钥匙科技竞赛，参赛学生超200万人，114支代表队、342名选手参加团体赛；联合省工业和信息化厅等单位开展“智享银龄”系列主题科普活动，超97万老年人线上参加第二届老年人智能手机运用大赛；开展全国农民科学素质网络知识竞赛江苏赛区活动，全省21.9万人、207.9万人次参赛。

5月21日，以“走进科技　你我同行”为主题，由省科协、省委宣传部、省科技厅、中国科学院南京分院联合主办的2022年全国科技活动周暨江苏省第34届科普宣传周主场活动在省科技工作者活动中心开幕。副省长胡广杰，中国科学院院士、省科协主席陈骏出席活动。

全省16个县（市、区）被命名为2021—2025年度第二批全国科普示范县（市、区），同步启动省级科普示范县（市、区）创建工作。会同省社会科学界联合会等单位修订《江苏省科普教育基地创建与认定管理办法》，评审认定141家单位为2022—2026年省科普教育基地；63家单位入选2021—2025年第一批全国科普教育基地。实施江苏科普创作出版扶持计划，出版资助24个科普（科幻）创作选题。持续推进科技资源科普化工作，出版科普图书5套，摄制音像制品2部。组织第十三届江苏省优秀科普作品评选活动、第八届江苏省科普公益作品大赛和第二届江苏科普摄影大赛，分别评出优秀作品287件、833件和133件。

强化队伍建设，开展科普人才评价体系建设调研，推进科学传播职称评定标准编制工作。组建第六批省科技传播专家服务团队，聘任首席专家278人、服务团队116个。实施文明实践科技志愿服务“智慧行动”，召开2022年长三角科技志愿服务联盟年会，做好科技志愿服务“两注册一发布”工作，各项排名居全国前三。

加强“科普云”资源落地应用，“今日科学”播出48期，“科普动视”制播192个节目。拓展抖音、B站等新传播渠道，搭建全媒体科普传播矩阵。开展科普基层行进社区35场、进农村38场、进企业45场，组织科普志愿分团“三下乡”集中服务活动2场。举办2022年省安全应急科普环省行活动，启动安全应急科普有奖知识竞赛，超160万人次参赛。

学术交流　持续办好2022国际科学家苏州峰会、2022中日科学家高层对话等高层次国际学术交流活动，引导支持省级学会举办国际学术会议47场、全国性学术会议243场、港澳台学术会议7场、省内学术会议529场、科学沙龙15期，激荡科技创新的源头活水。

自身建设　召开全面从严治党专题工作会议，印发《江苏省科协2022年党的建设工作要点》并认真推动落实。做好党史学习教育总结工作，召开党史学习教育党组专题民主生活会和党支部组织生活会，建立健全党史学习教育和“我为群众办实事”常态长效机制。签订党风廉政建设责任书，印发《江苏省科协机关、直属单位廉洁风险防控工作手册》《廉洁风险防控白皮书》，层层压实党风廉政建设责任。全面总结省委巡视整改落实情况，接受省纪委巡视整改质效评估。制定《党组落实意识形态工作责任制清单》，充分利用媒体资源优势，对省科协重大活动、重点工作进行舆情监测，全面提升意识形态风险防控和处置能力。

举办省科协系统领导干部和办公室主任培训班，提升科协系统干部整体能力水平。常态化开展干部“平时考核”。落实中央八项规定精神，深化作风建设专项整治。

按照“资金跟着项目走”原则，项目化推进重点工作。用信息化手段赋能规范化管理，固定资产实现线上透明管理；整合省科协专家库，完善项目评审工作机制；打造省科协数字化档案管理平台，用好档案资源；完成IPV6适配改造任务，强化网络安全。联合省委网络安全和信息化委员会办公室、省公安厅举办2022省信息安全科技讲坛暨科技成果科普展，开展省科协“网安2022”网络安全保障专项行动，有关工作情况获评省级机关模范机关建设优秀案例。

出台《江苏省科协专项资金管理暂行办法》，对财政资金执行情况开展绩效评价和跟踪问效。务实推进节能减排，被国家四部委评为“节约型机关”，获评省级机关唯一公共机构节能低碳示范单位。

实施提升学会服务能力计划，按照“抓两头、带中间、重特色”的工作思路，完善《学会高质量发展考核办法》，制定《学会年度工作指南》，通过项目牵引激励学会发展。

省级学会 培育新兴领域学会组织，指导成立省数字经济学会、省集成电路学会等一批新学会。推动学科优势互补、交叉融合、协同发力，新建5个省级学会联合体。强化学会秘书处建设，规范和完善学会决策、监督、运行机制，开展省级学会分支机构专项整治行动，约谈工作滞后学会，督促其限期整改，全面提升学会规范化建设水平。

地市县科协 南京市科协在全省率先成立科技工作者服务协会，会员单位有3家独角兽企业、17家瞪羚企业、8家央企及大学科技园区、37家科技中介服务机构、21家高新技术企业、6家金融机构。无锡市科协布局构建“1+2+N”体系化服务模式，推动创建光电装备技术创新产业联盟等各类协同创新组织14个。徐州市科协从政府层面积极推进，将“科创中国”试点城市建设纳入徐州国家可持续发展议程创新示范区建设总体方案，推动建成“科创中国”安全应急产业创新基地等7个国家级创新平台。常州市科协将“科创中国”试点城市建设工作列入深化改革项目和“532”发展战略年度重点项目，推动建成溧阳市智能无人装备产业创新中心等5个区域创新平台。

印发《江苏省科协“四长”助力乡村振兴实施意见》，“四长”工作纳入省委组织部《抓党建促乡村振兴方案》。淮安市科协深化“党建引领科建 助力乡村振兴”工作，为基层有创业科技需求的群体提供个性化“科技+”服务。镇江市科协实施“党旗‘正’红、慧安建功”行动，成立“慧安行动”党建联盟，推动党建服务安全生产，以党旗红引领科技蓝。

科协基层组织 实施提升高校科协服务能力计划，立项资助66个项目。与省国资委签署战略合作协议，推动在省属国有企业中建立科协，进一步扩大企业科协覆盖面，全年新建企业科协449家。发挥农技协作用，建立市级农技协联合会10家、县级联合会41家。

【江苏省科协第十届委员会第二次全体（扩大）会议】 1月13日，省科协第十届委员会第二次全体（扩大）会议在南京市召开。会议深入学习贯彻习近平总书记关于科技创新的重要论述，总结回顾全省科协系统2021年工作情况，研究部署2022年工作任务。省委常委、宣传部部长张爱军出席会议并讲话。中国科学院院士、省科协主席陈骏代表第十届常委会作题为《聚科协系统合力 集创新人才智慧 为“强富美高”新江苏现代化建设贡献力量》的工作报告。会议由省科协党组书记、副主席孙春雷主持。

【江苏省全民科学素质工作领导小组会议】 3月8日，江苏省全民科学素质工作领导小组会议在南京市召开，推进落实《江苏省全民科学素质行动规划（2021—2035年）》，总结回顾2021年全省全民科学素质工作，研究部署2022年重点任务。副省长、领导小组组长胡广杰出席会议并讲话。领导小组副组长、省政府副秘书长张文浩主持会议。领导小组副组长，省科协党组书记、副主席孙春雷汇报省2021年全民科学素质工作进展情况和2022年重点工作安排建议。省全民科学素质工作领导小组成员单位负责人、联络员参加会议。省科协有关部门和直属单位负责人列席会议。

【2022年江苏省全国科技工作者日科技工作者代表座谈会】 5月30日，省科协在南京市召开科技工作者代表座谈会，省委常委、省委统战部部长惠建林出席会议并讲话。中国科学院院士、省科协主席陈骏，中国科学院院士、中国科学院国家天文台南京天文光学技术研究所研究员崔向群，中国科学院院士、南京大学教授马余强，中国科学院院士、南京理工大学教授陈光出席会议。省科协党组书记、副主席孙春雷主持会议。省“最美科技工作者”代表、省级学会高层次人才代表、海智专家代表、基层“四长”代表等30余人参加会议。与会专家结合各自岗位实际，分别从弘扬科学家精神，加强基础研究、学科建设、人才培养、产学研合作等方面提出意见建议。

（撰稿人：李 达）

浙江省科学技术协会

服务经济社会发展 推进“科创中国”浙江省全域深化，推动湖州市成为国家级试点城市，培育建设省级创新基地4个、试点县（市、区）8个。围绕省数字科技、新材料、生命健康三大科创高地建设，联合杭州市、宁波市、绍兴市举办主题大会，集中搭建展现省人才引领、创新策源的融合平台。组建数字科技、生命健康、智能制造、新材料新能源、现代农业与节能环保5个科技服务团，入库科技专家697人。

开展全国学会智汇浙江促共富活动，新签约全国学会17家，建立学会服务站11个，累计签约146家、建站 124 个。省科协联合省委人才工作领导小组办公室、省科技厅、省教育厅组建 29 个山区海岛县“希望之光”组合式人才帮扶团，全年开展服务 379 场次，推动成果转化 13 项，促成签约合作 25 项。

全省各地开展系列科创活动，杭州市举办第十九届京沪杭高科技论坛，宁波市举办中国（宁波）–中东欧国家科技成果洽谈会，温州市承办“科创中国”2022 峰会，台州市举办 2022 科创中国 · 科学家企业家创投家峰会，嘉兴市与新疆维吾尔自治区巴音郭楞蒙古自治州结对签约“科创中国”共享共建。

新增浙江院士之家 3 家、院士工作站 15 家、专家工作站 145 家、博士创新站 1012 家。成立千博助千企促共富科创联盟，促成博士与企业达成项目合作金额 14.8 亿元。目前，全省“一家三站”创新服务体系共布局浙江院士之家 11 家、院士工作站 136 家、专家工作站 585 家、博士创新站 1135 家，134 位院士、541 位高层次专家与省企业单位建立长期稳定合作关系。

之江科技智库年内开展重点课题研究 3 项、软科学研究课题 26 项，上报省委、省政府《科技工作者建议》26 期，获得省领导批示 38 人次。协助完成中国科协《探索创新驱动绿色低碳发展的有效路径》科技工作者建议，并向党中央、国务院报送。

省科协牵头组织开展“万名专家帮万企”纾困专项行动，全年组织专家 2.3 万人次服务企业 1.5 万余家，解决企业难题 8000 余个，实现科技成果转化 25 项，产生经济效益超 14.8 亿元。

推进“一县一业一学会”项目落地，组织省中医药学会、省电力学会、省预防医学会、省营养学会等 26 家省级学会服务山区海岛县提升跨越发展，开展学术交流活动 30 余次，专家技术咨询服务 532 人次，解决技术难题 29 个，培训人才 1621 人次，学会科普公益服务 14290 人次。

服务科技工作者 召开省科协第十一次代表大会，并在开幕式上举办首届省青年科技英才奖颁奖仪式，省委书记袁家军为 20 位获奖者颁奖。推荐第十七届中国青年科技奖候选人 20 人、第十八届中国青年女科学家奖候选人 5 人、第二十五届中国科协求是杰出青年成果转化奖候选人 5 人，完成省科学技术奖提名等工作。

组织开展全国科技工作者日省主场系列活动，举办“党领导下的科学家”主题展等 30 余场活动。推荐钱学森故居等 6 家单位入选首批全国科学家精神教育基地，组织评选 23 家省级科学家精神教育基地，联动开展科学家精神宣讲“三进”活动 530 余场。

全年服务院士浙江省研学 566 人次，组织开展高端学术交流活动 112 次，全省各地开展院士行活动 257 次。实施“青年人才泉涌工程”，组建“科创中国”之江青年百人会，指导省青年高层次人才协会开展“智荟德清”“青年科技人才仙居行”等地方行活动。联合西湖大学举办首届浙江青年科学家节，邀请中国工程院院士岑可法、中国科学院院士施一公等院士与青年科学家传承对话。全年举办 11 期青年英才“领航计划”科协党校研修活动，累计参与人数 550 余人次。

推进海智引才工作，新增宁波高端装备海外工程师协同创新中心、中意（嘉兴）国际合作示范区、温州青科孵化器 3 家国际合作型研发社区。全省 17 家海智基地年内服务海归人才 894 场次，组织引智对接活动 122 场次，洽谈项目 2501 项，签署意向性合作协议 186 项，面向海外科技人才开展讲座、培训 136 场次。

《科学素质纲要》实施和科普工作 组织召开全省全民科学素质工作电视电话会议，推动《浙江省科学技术普及条例》通过省人大常委会初审。开展第二批全国科普示范县（市、区）申报创建工作，推动温州医科大学眼健康科普馆等 51 家单位入选新一批全国科普教育基地，联合省委宣传部、省教育厅、省科技厅新认定省科普教育基地 98 家。

2022 年，省科协系统举办科普活动 3165 场次，受众 2834 万人次；举办青少年科技竞赛 184 项，参与人数 68 万人次；全省共注册科技志愿服务组织 5613 个、志愿者 52526 名，服务 23712 场次。

群团助力“双减”数字平台持续整合优质资源，入库教育专家 2445 名、校外教育基地 4625 家、教育资源 5631 项，全年服务师生 900 万余人次。优化“银龄跨越数字鸿沟”服务平台，全省布局教学网点 5290 个，注册科技志愿者 1.5 万名，培训老年人超过 300 万人次。

联合省卫生健康委员会、省地震局、省红十字会等部门开展“一厅一主题”行动，举办首届健康教育职业技能竞赛、省首届肿瘤防治科普大赛、2022 年省防震减灾科普讲解大赛暨第六届全国防震减灾科普讲解大赛浙江选拔赛等系列活动。组织开展省高新企业助力“双减”科普公益行动，海康威视数字技术股份有限公司等 100 家企业单位累计服务 160 万余人次。

湖州市、杭州市萧山区在全国率先开展公共场馆科普化改革试点。

成立省科普教育研究院，全省建立院士科普教育基地18个。邀请中国科学院院士陈旭、杨树峰等走进校园为中小学生开展主题科普30余场，参加学生近50万人次。联合省委宣传部、省委党校举办6期之江院士讲坛，邀请中国科学院院士吴朝晖、陈晔光，中国工程院院士陈纯等面向省委党校主体班和省直机关处以上公务员授课开讲，推动讲坛资源纳入浙江干部网络学院。

深化科普助力乡村振兴，开展科普进乡村文化礼堂6000余次，完成流动科技馆巡展22站、科普大篷车巡展450场次，农函大全年培训70万余人次。

持续推出科学“战疫”第二季、第三季专题科普活动，累计发布防疫抗疫稿件9.1万篇次。全年举办科技成果科普发布活动12期，“加油！科学+”科普情景剧线下巡演24场次，华数互动电视科普视频栏目“最强科学+”更新科普类视频519部，“科学+”微信公众号全年推文2158条。

学术交流 2022年，全省科协系统举办学术会议活动294场次（其中境内国际学术会议8场次），参加会议人数累计18.3万人次（其中国外学者624人次），交流论文、报告3626篇；主办科技期刊44种，发表文章1.5万篇。

承办2022世界青年科学家峰会，颁发第十七届中国青年科技奖，首设世界青年科学家峰会奖。大会落地石墨谷烯碳新材料工程研究中心等高能级创新平台16个、国家级（省级）学会会地合作平台15个，引进人才创新创业项目和技术合作项目233个、行业领军人才等高层次人才451人。

承办2022中国绿色低碳创新大会，组织召开“绿水青山就是金山银山”专题研讨会。大会围绕生态文明建设、能源革命、减污降碳、CCUS技术等领域开展24场学术研讨和服务地方赋能行动，形成《浙江省碳达峰碳中和科技发展十大优秀案例》等成果报告。推动国家级学会服务站落地合作项目28项，国科绿氢研究院、相变传热实验室、国网碳中和云技术研究院等7个高能级平台落地浙江省。

持续导入全国学会资源，营造多方联动的学术生态圈，中国遥感应用协会在舟山市举办第三届IEEE地质、测绘与遥感国际学术会议；省城市科学研究会、省地理学会、省国土空间规划学会联合承办国土空间规划与城市高质量发展国际学术会议。

自身建设 截至2022年年底，省科协共有个人会员24.2万余人、团体会员1.4万余个。

承办全省年度群团工作会议暨数智群团建设推进会，建立全省科协系统重大数字应用晾晒机制，发布8期晾晒表，推动基层形成比学赶超、争优创先的赛马氛围。省科协、温州市科协入选中国科协“智慧科协2.0”平台首批试点示范单位。

实施“党建强会”工程，举办省科协所属学会、企业科协秘书长培训班，累计培训3000余人次。

深化学会组织改革，修订《省级学会组织通则》，开展“僵尸型”学会整治行动，终止学会分支（代表）机构27个，列入限期整改39个。指导省级学会参与星级评定，累计评选5A级学会27家、4A级学会13家，推荐省预防医学会、省通信学会、省自动化学会3家省级学会入选2022年度省品牌社会组织名单。

深化基层科协组织改革试点，出台《关于提升县级科协创新发展能力的实施意见》，发挥“三长”作用，深化生产类、生活类、生态类科技志愿者队伍建设。

省级学会 截至2022年年底，省科协共有省级学会（协会、研究会、促进会）175家，较2021年减少1家，省标准化协会因注销退出省科协团体会员。

省生命健康学会联合体（省医学会、省医院协会、省医师协会、省护理学会、省预防医学会、省中医药学会）举办首届浙江生命健康大会暨第三届中国（绍兴）生命健康产业峰会，中国工程院院士张伯礼、中国科学院院士陈凯先等14位院士参加会议。大会现场签约10个生命健康领域地方重点项目，总投资达170亿元。

省心理卫生协会联合绍兴市开展“心理医生进校园”行动，组织5批心理健康专家团队分组入驻147所中小学校，为师生提供心理评估、案例督导、工作指导等服务，访谈并完成学生评估报告和干预方案402份。

省人工智能学会举办2022中国首席技术官大会暨中国AIoT未来论坛，中国工程院院士谭建荣、阿里巴巴集团副总裁李飞飞、小米科技高级副总裁崔宝秋、科大讯飞副总裁谭昶、华为云CTO蒋国文等6位专家作主旨报告。

省数字经济学会举办2022数字新浙商年度峰会、

第六届世界浙商大会民营企业数字变革论坛，编印出版《解码数字新浙商Ⅲ》，系列书籍入选“崇学书院·书香政协”省政协委员推荐书单。

省预防医学会联合福建省预防医学会共同举办2022年浙闽妇幼医院高质量发展论坛；省食品学会联合浙江工商大学共同承办第十七届益生菌与健康国际研讨会；省植物学会、省林学会、省生态学会共同举办亚热带森林生物多样性与碳中和——2022千岛湖国际论坛；省测绘学会联合浙江测绘地理信息科技博物馆走进中小学开展“国家版图知识展览进校园”活动；省造船工程学会联合浙江海洋大学共同举办2022年海洋高端智能装备国际学术会议；省计算机协会承办人工智能与数字经济论坛；省自动化协会参与制定《太阳能光热发电用双导程涡轮蜗杆式回转减速机技术要求及试验方法》《轻载自动导引运输车用回转式涡轮蜗杆传动装置技术要求及试验方法》2项团体标准。

地市县科协　截至2022年年底，省科协共有市、县（市、区）科协101个。

杭州市科协举办“两个先行城市实践”院士座谈会，邀请17位院士与市领导面对面交流，为杭州市高质量发展把脉问诊、出谋划策。宁波市科协打造院士领衔的“钱湖论坛”“甬江论坛”等高端学术品牌，薛群基、陈十一等10余位院士出席之江新材料科创大会和甬江论坛2022并作主题报告。嘉兴市科协深化科教融合试点建设，首创青少年科技创新市长奖，聘请15位专家学者担任青少年英才计划导师。金华市科协开展“学会党建提升年”行动，举办学会秘书长党建强会暨数字赋能学会管理培训班；新建市人工智能学会、市药膳学会2家市级学会。丽水市科协举办“百名博士助百企·百名专家连百乡”活动，推动省生物工程学会等9家省级学会分别同全市9县（市、区）签订全面战略合作协议。

科协基层组织　截至2022年年底，全省共有企业（园区）科协2864家、高校科协76家、乡镇（街道）科协1340家、社区（农村）科协4194家、农技协390家。

新建高校科协7家，全省累计建立76家，浙江大学等22家高校共同发起成立省高校科协联合体。各高校科协依托学科特色，导入科协资源助力区域经济发展，促进学科建设。

省科协联合西湖大学、之江实验室等高校、科研院所共同开展世界青年科学家峰会暑期学院项目；与浙江大学、宁波大学联合推广科技小院研究生培养模式。

【浙江省科协第十一次代表大会】　2月15—16日，浙江省科协第十一次代表大会在杭州市举办。省委书记、省人大常委会主任袁家军出席开幕式并讲话，中国科协党组书记、分管日常工作副主席、书记处第一书记张玉卓视频讲话。中国工程院院士、省科协第十届委员会副主席李家彪致开幕词，共青团省委书记何黎斌致贺词。省委副书记、省长王浩，省政协主席黄莉新等出席开幕式。在浙江省工作的院士代表、海外科技人才代表、省有关部门领导、各市分管科协工作领导、各人民团体代表和第十一次代表大会全体代表近700人参加开幕式。省委副书记黄建发主持开幕式，并在16日下午的闭幕式上讲话。会上表彰省20位青年科技英才奖获得者。

省科协第十届委员会主席姚克在大会上作《以“科技梦”助推“共富梦”，团结引领广大科技工作者为高质量发展建设共同富裕示范区而努力奋斗》的工作报告。大会选举产生省科协第十一届委员会，姒健敏当选省科协第十一届委员会主席。大会授予姚克省科协名誉主席职务，陈剑平、杨小牛、周国模等省科协荣誉委员职务。

（撰稿人：耿　介）

安徽省科学技术协会

服务经济社会发展　推进铜陵市、芜湖市“科创中国”试点城市建设，组织726家企业入驻“科创中国”平台，2家企业入选“科创中国”新锐企业榜，征集技术需求295条。23家全国学会、省级学会助力铜陵市、芜湖市新兴产业发展，举办第三届中国（铜陵）先进结构材料产业高质量发展与城市创新资源配置高峰论坛，“科创中国·铜陵分平台”建成运行；国际汽车新材料大会永久落户芜湖，中国电工技术学会与芜湖市弋江区政府签署新能源经济创新发展战略协议。

承办“双创”活动周“科创中国”新时代创业者说活动等部委重点活动，获批5个“科创中国”创新基地，入选4个示范项目。推进7个“科创安徽”试点城市（园区）建设，3家全国学会参与实施滁州市科技计划项目、共建研究机构，举办无为市绿色食品产业发展高峰论坛，成立产业研究院，开展产学研合作项目 19 项，合肥市科协与合肥市蜀山区政府联合举办“科创安徽”中国环境谷科技经济融合发展论坛。

组建节能环保、人工智能、新材料等 10 个科技服务团，征集需求 368 项，开展科技服务 104 次，服务企业 161 家。建设 23 家省级学会服务站。举办首届安徽省创新方法大赛，选树企业“创新达人”100 名，遴选 10 人深入企业宣讲。成立省科协新一代信息技术协同创新联合体，举办新一代信息技术创新发展高峰论坛。

建设省科协决策咨询专家库、10 家科技创新智库研究基地。报送《安徽省科技工作者建议》专刊 22 期，其中 12 篇获省领导批示。安徽省科技群团智库成果采集项目获中国科协资助。开展决策咨询项目研究 25 项，择优资助 15 项。

联合省乡村振兴局实施“科技助力乡村振兴行动”，组建产业顾问组支持脱贫县产业发展。获批建设 31 家科技小院。整合“基层科普行动计划”项目资金 1205 万元，重点支持大别山革命老区等 32 个乡村振兴重点县。成立省科协乡村振兴协同创新联合体。开展农村实用技术培训 3000 余场次，培训实用人才 35 万人次。

服务科技工作者 承办中国科协院士专家安徽行暨国情考察活动，建立安徽籍院士、在安徽省工作院士及其团队信息库，支持 9 位院士创办学术团体。举荐 1 人入选第十七届中国青年科技奖。联合省人力资源社会保障厅等表扬 17 名安徽省优秀青年科技人才。联合省委宣传部等发布 10 名 2022 年“安徽省最美科技工作者”，全省宣传“最美科技工作者”先进典型 818 人次，覆盖科技工作者 215 万人次。青年科技人才托举计划培养 10 名青年人才。

举办全国科技工作者日安徽省主场活动暨“党领导下的科学家”主题展全省巡展，获 2022 年全国科技工作者日活动优秀组织单位奖。发布首批 10 家安徽省科学家精神教育基地，4 家被认定为全国基地。实施科学大师名校宣传工程，入选中国科协 2022 年度学风传承精品资助项目 3 项、学风涵养工作室 10 个，获中国科协 2022 年“科学也偶像”短视频征集活动最佳组织奖。

实施“海智计划”，举荐 5 人入选中国科协海智计划特聘专家，赴阜阳市、滁州市、六安市等地的园区企业开展海智对接服务，促成项目签约 17 项。联合省委组织部举办“海智计划·海聚英才”铜陵市专场活动。合肥国家海外人才离岸创新创业基地获评优秀基地，建设 5 个空间载体、9 个海外服务站（离岸孵化器），举办“天使之约”沙龙、合肥海外人才资本项目对接会。

《科学素质纲要》实施和科普工作 2022 年，安徽各地共举办全国科普日活动 41046 项，82 家单位、82 项活动分别被中国科协评为优秀组织单位、优秀活动，开展“科普为民惠民乡村行”2047 场次、“智爱妈妈行动”725 场次、“农村少儿爱科学”1254 场次，辐射线上线下公众 1000 万余人次。

牵头实施《全民科学素质行动规划纲要（2021—2035 年）》及《安徽省全民科学素质行动规划纲要实施方案（2021—2025 年）》，开展科学素质调查和监测评估，修订省政府对设区市政府全民科学素质考核细则，优化考核工作。推进重点人群科学素质提升，联合省教育厅推动科普资源赋能“双减”，7 市入选“‘科创筑梦’助力‘双减’科普行动”试点城市，108 家单位入选试点单位，会同省农业农村厅开展科普服务高素质农民培育行动。

贯彻落实中央办公厅、国务院办公厅《关于新时代进一步加强科学技术普及工作的意见》，出台“科普安徽”提质行动（科普为民惠民行动）实施方案。开展“科学抗疫”社会科普活动和“皖美碳巡”、量子科技等专题科普活动。省人力资源社会保障厅批准设立科学传播专业职称，省科协组建自然科研系列科学传播专业高级职称评审委员会，首次评出 3 名副高级、63 名中级、198 名初级科学传播专业技术人员。全省培养打造 76 名“科普网红”。

出台《安徽省现代科技馆体系发展实施方案（2022—2025 年）》，建设安徽省科学技术馆新馆。全省 18 家科技馆免费开放，服务公众 400 万余人次。10 套流动科技馆在 26 个县（区）巡展，受众 21.8 万人次。38 辆科普大篷车累计行驶 1.8 万千米，开展活动 388 场次，受众 89.3 万人次。29 座农村中学科技馆服务学生 4 万余人次。

集成 1118 个科普中国 e 站资源，获评中国科协 2022 年表现突出的科普中国信息员组织单位，入选 2022 年科普中国信息员典型代表 30 人。全省科普信息员 141 万余人，传播科普资源 5 亿余次。新建“科普安徽”抖音、快手、微博等新媒体平台。

49 家单位被命名为 2021—2025 年第一批全国科普教育基地，19 个县（市、区）被命名为 2021—

2025 年度第二批全国科普示范县（市、区）。省科协命名 2021—2025 年首批 8 个省级科普示范县（市、区），认定 500 家省级科普示范单位。

全省科技志愿者 27 万余人、科技志愿服务组织 1.7 万余个，开展科技志愿服务活动 38 万余场、科技志愿服务项目 2.5 万个。省科技志愿服务专家团校园巡讲 106 场次，覆盖全省 16 个市、55 个县。入选 2022 年度全国科技志愿服务先进典型 4 个、2022 年度长三角科技志愿服务先进典型 97 个。

完成省青少年科技创新大赛、机器人竞赛赛制改革。举办第 37 届安徽省青少年科技创新大赛，评选科技创新成果竞赛一等奖 38 项、二等奖 87 项、三等奖 123 项。联合省教育厅、团省委举办第十三届安徽省百所高校百万大学生科普创意创新大赛，评选特等奖 1 件、一等奖 13 件、二等奖 29 件、三等奖 80 件。

学术交流 2022 年，省科协系统举办学术会议活动 107 场，参与专家学者 20 万余人次，交流学术论文 1.1 万篇。主办科技期刊 6 种，刊登文章 2244 篇。

8 月 25—27 日，由中国科协、国家新闻出版署主办，中国科协学会服务中心、安徽省科协、安徽省新闻出版局、中国科学技术大学承办的以“新阶段 新格局 新使命——向科技强国进军的中国科技期刊”为主题的第十七届中国科技期刊发展论坛在安徽省合肥市举办。开幕式上，举办中国科协与安徽省人民政府全面战略合作协议签约仪式。主办“地方刊潮”——一流科技期刊建设研讨会。

牵头主办第十九届长三角科技论坛暨 2022 长三角一体化院士论坛。支持 23 家省级学会举办 2022 年长三角区域一体化暨中部六省光电论坛、第十八届长三角地区船舶工业发展论坛等学术交流活动。

联合省委台湾工作办公室、省教育厅、台湾人工智能产业协会、台湾淡江大学举办第十一届皖台科技论坛暨 2022 皖台高校“云交流”活动，来自海峡两岸的 210 余名专家学者、企业家参加论坛，8 个项目签约，总投资额 10.1 亿元。举办第二届国际新材料产业大会新材料产业协会圆桌会议。

自身建设 开展“喜迎二十大、科普向未来”、喜迎党的二十大·长三角青年科学家红色行活动等系列主题活动。制定《安徽省科协学习宣传贯彻党的二十大精神工作方案和任务清单》，结合实际明确 32 条具体举措。举办学习贯彻党的二十大精神宣讲报告会。

建立推动党史学习教育常态化长效化机制。与纪检监察组定期会商，制定《关于加强新时代廉洁文化建设的实施方案》。形成党建“一支部一品牌”，建立“党建 + 信访”机制。联合省工商业联合会试点“学会 + 商会”模式，建立为民企办实事八项机制，开展“为民惠企争模范”行动。党组抓基层党建综合评价获“好”等次，获评全省平安建设考核优秀单位、2020—2022 年度省直机关文明单位。

落实《“十四五”时期推进省科协系统深化改革重点任务工作方案》，完成机关“三定”方案调整。实施学会能力提升计划，拓展省级学会审批事项网上办理功能。落实《省级学会功能型党委工作指引（试行）》。加强基层组织建设，开展“三长”带“三会”工作试点。

省级学会 截至 2022 年年底，省科协共有省级学会 160 个，新成立省女科技工作者协会、省数字经济学会、省餐饮技术与管理研究会、省土壤学会、省碳中和研究会、省中医药健康协同创新学会 6 个学会。

开展决策咨询。省科普作家协会承办科普中国智库 2022 年专题活动。省科学家企业家协会成立合肥市长三角院士科技创新研究院。省地球物理学会等 7 家省级学会建设科技创新智库基地。省老科技工作者协会《加快发展我省工业互联网、赋能制造强省的几点思考》、省循环经济研究会《关于加强微碳材料研究与应用的建议》、省院士专家联谊会《安徽省开发区体制机制改革路径研究》等 12 篇决策咨询报告受到省领导批示批办。

服务科技经济融合发展。省机械工程学会等对接铜陵市主导产业，服务 128 家企业。省中医药学会等与地方共同实施科技计划项目，签署合作协议，共建研究机构。省食品科学技术学会等服务无为市绿色食品、电缆产业发展，开展产学研合作项目 19 项。省园艺学会举办安徽省蔬菜产业高质量发展论坛。省自动化学会与企业合作共建微特电机实验室。

开展学术交流。省地质学会、省蚕学会、省护理学会、省植物学会、省作物学会、省计算机学会等举办第六届长三角青年地球科学论坛等跨区域学术交流活动。省海智专家科技创新协会协办第四届中比科技交流研讨会暨海智专家创新论坛。省科学家企业家协会线上参加 2022 年金砖国家民间社会组织论坛。省光学学会等签署《国际民间社会共同落实全球发展倡议联合宣言》。

开展科普活动。省科学家企业家协会举办“江淮科普大讲堂”，省地震学会开展学校防震减灾科普宣传活动，省全科医学会开展“医康平安”科普大讲堂下基层活动，省园艺学会组织蔬菜产业现场指导科技志愿服务活动，省气象学会举办气象科普知识网络竞赛，省地质学会组织世界地球日主题宣传活动，省地球物理学会开展暑期地质科普行。

加强自身建设。63 家省级学会制定科研活动自律公约和职业道德准则。示范、特色省级学会秘书长专职化分别达 70%、38%，工作人员专职化分别达 100%、69%。17 家省级学会获评 3A 级以上社会组织。省林学会获评中国林学会 2022 年度综合优秀单位。省气象学会制定团体标准 6 项，立项团体标准 3 项。

省级学会党的组织和党的工作全覆盖。10 家省级学会党委获评省科技社团党委“双比双争”先进基层党组织。省医学会党委等举办学习贯彻党的二十大精神宣讲报告会，省畜牧兽医学会党委开展“庆七一、迎二十大”主题党日活动，省园艺学会党委开展“党建业务融合　服务园艺产业”主题党日活动。省院士专家联谊会设立省科协党校（科技人才学院）现场教学基地。

地市县科协　截至 2022 年年底，全省 16 个地市科协党组已全部独立建制，104 个县（市、区）成立科协。

黄山市科协组建学习宣传贯彻党的二十大精神科技英才宣讲团。合肥市科协举办学习宣传贯彻党的二十大精神培训班，开展“党建引领·科创筑基”系列活动。淮北市科协举办开放式党校讲党课活动。全省 16 个设区市成立科技社团党委或专门机构领导科协所属学会党建工作。

池州市科协建设全民双创示范基地。马鞍山市科协开展创新工程师培训。蚌埠市科协举办中国儿童青少年视力健康研究峰会暨 2022 年度蚌埠市科协年会。合肥市科协与中国科学技术大学地球和空间科学学院联合举办九章论坛。亳州市科协举办 2022“华佗杯”全国（亳州）药膳大赛暨 2022 年安徽省药膳制作职业技能大赛。宿州市科协举办大数据主题展。

六安市市级“科技工作者之家”挂牌成立。蚌埠市科协建立科技人才库。淮北市科协、亳州市科协、宿州市科协、淮南市科协等举荐获评第九届淮海科学技术奖人才奖 1 项、项目奖 9 项。安庆市科协、桐城市科协获评全国科技工作者状况调查优秀站点。蚌埠市科协组织开展科技工作者沙龙系列活动。

16 个设区市政府出台《科学素质纲要行动规划实施方案》。合肥市科协联合市科技局、市财政局出台《合肥市科技资源科普化改革方案》，牵头开展《合肥市科学技术普及条例》立法。宣城市科协联合市精神文明建设指导委员会办公室评选表彰市级优秀科技志愿者、优秀组织。芜湖科技馆等获评中国流动科技馆“筑梦·流动十年”宣传活动优秀单位。黄山市科技馆等场馆建成开放。

科协基层组织　截至 2022 年年底，全省共有企业科协 1429 个、高校科协 62 个、园区科协 126 个，建立 1126 个乡镇（街道）科协组织、1114 个村（社区）科普组织、3680 个农技协。

119 家省级以上园区科协全覆盖，新建专精特新“小巨人”企业科协 56 家、高新企业科协 133 家、国有企业科协 2 家。淮南等市专精特新企业科协全覆盖。科大讯飞集团科协承办“科创中国”企业创新大家谈暨人工智能产业发展高峰论坛活动。中国科学院合肥技术创新工程院科协打造园区科协工作新模式。云智动企业科协开展科普资源共建公益活动。

43 家部属省属高校科协全覆盖，淮北师范大学、安徽林业职业技术学院、安徽水利水电职业技术学院等高校科协成立。中国科学技术大学科协承办“秒聚青科·强国有我”创新论坛。蚌埠学院科协开展“靓淮河”大学生科技志愿服务培训。滁州学院科协承办第九届皖台物联网研讨会。

安庆市桐城市文昌街道西苑社区居委会入选中国科协 2022 年度推动实施全民科学素质行动第一批城镇社区科普场景创新试点项目。“三长”进入乡镇科协领导机构全覆盖，带“三会”2648 人、领“三队”3302 人，开展科技志愿服务 33954 次，进驻“两中心”开展活动 25845 次，滁州市明光市三界镇科协开展“三长”带“三会”促“三生”工作试点。

【第十九届长三角科技论坛暨 2022 长三角一体化院士论坛】　7 月 6—8 日，由中国科协指导，上海市科协、江苏省科协、浙江省科协、安徽省科协、芜湖市人民政府共同主办的第十九届长三角科技论坛暨 2022 长三角一体化院士论坛在芜湖市举办。论坛以“创新资源共建共享　科技经济融通融合”为主题，围绕长三角和安徽省的新兴产业、主导产业开展“1+1+6+6”系列活动：1 场开幕式，1 场院士主旨报告会，长三角“科创中国”服务科技经济融合发展、

机器人及智能制造产业发展、新能源汽车和智能网联汽车创新发展、航空技术与装备发展、大健康和绿色食品产业发展、新一代信息技术创新发展6个专题论坛，院士专家芜湖市情考察、院士专家校园行、院士专家企业行、院士专家国情考察、长三角青年科学家红色行、芜湖市与院士专家恳谈会6项涉会活动。25位院士和长三角地区高校、科研院所的专家学者共1200余人参加论坛及相关活动，线上收看观众5000万余人次。

论坛期间，围绕科技攻关、学科建设、人才培养、成果转化、共建研发机构、开展“会地协作”“会企合作”等，现场解决问题28个，签署合作协议、提出决策建议等121项。省科协支持省气象学会、省地质学会、省地震学会等省级学会举办22场第十九届长三角科技论坛分论坛。

（撰稿人：丁　昊）

福建省科学技术协会

服务经济社会发展　围绕福州数字经济产业、厦门生物医药、莆田临海能源产业等开展“院士专家八闽行”重点活动9场，福建省省长赵龙，省委常委、统战部部长王永礼，副省长康涛等出席院士专家恳谈会。联合全欧华人专业协会联合会共同举办海智专家科技服务团福建行活动，11个国家的23位海智专家参加项目路演、项目推介和技术指导，活动获省委常委、统战部部长王永礼的批示肯定。联合省委组织部、省财政厅、省科技厅开展院士专家工作站建设，认定省级院士工作站19家，遴选省级示范院士工作站10家。加强科技经济融合服务平台建设，首批8个平台服务企业128家，为企业进行技术指导278次，科技成果转化和产业化56项。

多方协同合作助力企业发展。与省工商业联合会签署战略合作协议，围绕科学家与企业家对话交流、创新型民营企业百强榜单发布、科学家进民营企业等9个方面开展合作。与福建省汽车工业集团有限公司、福建福清核电有限公司、中建海峡建设发展有限公司、福建省高速公路集团有限公司、福建省船舶工业集团有限公司、中国联合网络通信有限公司福建省分公司6个省属国有企业达成战略合作，推动院士和科技社团资源向企业聚集，助力提升企业创新能力。依托挂靠在省科协的中国工程科技发展战略福建研究院，累计与省内175家重点龙头骨干、专精特新民营企业签订战略合作协议，征集技术需求147项，开展院士与民营企业精准对接活动。

强化科技帮扶助力乡村振兴。出台《关于进一步加强科协科技小院建设管理有关事项的通知》，制定发布科技小院团体标准《“科技小院”建设与管理指南》。新建科技小院11家，累计建设33家，入驻专家120余人，常驻研究生150余人，2家科技小院获评2022年中国农技协“最美科技小院”。扎实推进“千会帮千村”行动，充分发挥学会专家优势，引导省市县三级学会深入乡村，为当地量身定制科技帮扶项目，累计结对共建273对。省科协获评2021年度全国科协系统助力乡村振兴工作优秀单位。

开展课题研究服务科学决策。充分发挥中国工程科技发展战略福建研究院作用，邀请60位院士组建团队，围绕现代种业发展战略等8个产业发展战略问题开展咨询研究。与省科技厅共同开展创新战略研究计划联合项目研究40个，开展省科协科技创新智库项目研究40个。相关课题研究形成一批决策建议，向省委、省政府报送院士建议5份，以集体形式向省政协提交政协提案5份，向省新型智库建设工作领导小组办公室报送对策建议5份。其中，3份院士建议得到省领导批示肯定，1份提案获评政协第十二届福建省委员会优秀提案。

服务科技工作者　举办全国科技工作者日系列活动，省委书记尹力、省长赵龙看望慰问科技工作者，邀请中国科学家精神宣讲团进行宣讲，举办“众心向党　自立自强——党领导下的科学家主题展”全省巡展，遴选发布首批5家福建省科学家精神教育基地，并全部推荐入选全国科学家精神教育基地。开展“最美科技工作者”“最美女科技工作者”集中学习宣传活动，集中展播科技工作者先进事迹短视频10期，激发广大科技工作者建功新时代的使命担当。

服务青年科技人才。举办2022年全国科学道德和学风建设宣讲教育活动暨福建省优秀青年科学家二十大精神宣讲报告会，以“贯彻二十大、建功新时代”为主题，邀请中国青年科技奖获得者等为科技工作者代表作报告。举办首届福建青年科学家高峰论坛，150余名青年科技工作者展开对话交流。举办2022年省青年科技人员创新能力提升培训班，依托科协系统网上党校，组织近200名青年科技人员参加培训。联合团省委开展青年企业家和青年科技人才面对面活动，全省数字经济领域的青年企业家、青年科技工作者代表等近100人参加活动，助力福建数字经济发展。

举荐优秀科技工作者。推荐1人获第二十四届中国科协求是杰出青年成果转化奖提名奖，1人获第十七届中国青年科技奖，4人获第一届中国青年科技论坛奖项。省科协被中国科协评为第一届中国青年科技论坛优秀组织单位。

《科学素质纲要》实施和科普工作 推动省政府办公厅印发《福建省“十四五”全民科学素质行动规划纲要实施方案》，提出到2025年福建省公民具备科学素质的比例超过16%，各地区、各人群科学素质发展不均衡状况得到改善。

做优做响科普品牌。联合省委宣传部等19个部门共同举办2022年全国科普日福建省主场活动，全省各地同步开展科普活动2000多项，27个单位、25个项目受到中国科协表彰。召开科普教育基地建设工作推进会，印发《关于加强分类指导协同推进科普教育基地建设的通知》，遴选2022年优秀科普教育基地建设项目33个，下达资金1000万元。开展科普示范县创建工作，15个县（市、区）被认定为2021—2025年度第二批全国科普示范县（市、区）。举办省科技创新、人工智能、航天创新等11项青少年科技竞赛，参赛人数近5万人，获中学生五项学科竞赛全国决赛金牌10枚、银牌51枚、铜牌15枚，4人入选国家集训队。

加强科技馆体系建设。全省共有科技馆32个，年接待公众近600万人次；新增免费开放科技馆3个，全省免费开放科技馆达17个。首次承办全国科技馆联合行动，科普大篷车开展活动340场次，行驶里程1.8万千米，受益人数近33万人次；流动科技馆巡展16个站点，受益人数近26万人次。深化科技馆总分馆制实施，制定实施《福建省科技馆分馆认定与管理办法》，新增省科技馆分馆9家，累计认定分馆28家。开展《科技馆展品展项通用要求》省级地方标准研究编制，科技馆总分馆制的经验做法在全国现代科技馆体系工作会议上作典型发言，并入选中国科协十年优秀工作案例。

推动科普传播信息化。科普信息员注册人数累计达11.8万余名，科普信息传播量超1443.2万次。“福建科普”微信公众号关注人数6.4万人，年度阅读量超100万次，推出“大V说科普”专栏，联动省内科普专家发布科普推文64篇，阅读量超10万次。制作播出科普惠农电视栏目《乡约科普》120期，提升农村科技传播时效。深化《海峡少年科学苑》融媒体科普品牌，通过海博TV等融媒体矩阵线上直播，在线关注人数近500万人。推出《科学大探秘》节目20集、短视频35个，引发微博话题讨论量120万条，全网流量约860万次。推出70期福建科普“微讲坛”，受众36万人次。

学术交流 联合福州市人民政府举办第二十二届福建省科协年会，开展“1+6+N”项活动，同步启动省级科技社团“学术活动月”，开展学术活动102场。联合全国学会共同举办4期2022年东南科技论坛，推动学术资源向创新资源转化，形成一批院士专家建议和决策咨询报告。联合俄罗斯国家原子能集团共同举办2022年中俄核电协同创新交流活动，以“助力核电产业协同创新高质量发展”为主题，探讨核能产业发展规划。

7月12日，2022海峡科技专家论坛在福建省厦门市开幕。论坛由中国科协主办，福建省科协承办，海峡两岸60多家单位和社团共同协办。海峡两岸关系协会会长张志军、福建省副省长康涛出席活动，全国政协常委、中国科学院院士、省科协主席郑兰荪主持开幕式。中国科学院院士、厦门大学讲席教授戴民汉，台湾大学前教授张堂贤分别作题为《漫谈海洋健康、海洋科技及海洋产业》和《智慧交通现状与未来构想》的主旨报告。福建农林大学副教授张玮尹以《彧蔚韵香，闽台融合的绿色力量》为题作分享。论坛以“两岸新时代科技新融合”为主题，设1个主会场和10个分会场，以“线上+线下”“集中+分散”相结合方式举办。1900余位科技工作者参加会议，其中台湾地区科技工作者490余位，促成两岸签订科技合作项目10项。

联合海南省科协、台湾地区《科学月刊》杂志社等举办第15届海峡两岸科普论坛，两岸科技、科普界200余位专家参加会议。

自身建设 召开党建暨全面从严治党工作会议，开展“忠诚在心·岗位奉献”对党忠诚教育，持续开展“干部论坛”、青年理论学习小组等活动。扎实推进模范机关创建，组建5支“党员突击队”“党员服务队”投身疫情防控，促进党员干部加强学习、练好内功。对标对表省委“快、优、实”工作要求，迅速制定“三提三效”行动方案、修订绩效管理考评办法，召开部署推进会，建立“周碰头”、重点工作“专题

研究”、季度通报、半年推进会、约谈督办等制度，营造真抓实干的良好氛围。省科协在2021年省直党群部门绩效考评中获评优秀等次。

举办“委员之家”活动，组织中国科协十大代表、省科协委员参加科普日、科协年会等重大活动，进一步提升代表、委员的履职意识和组织归属感。

省级学会　新成立福建省岩石力学工程学会、福建省睡眠医学会、福建省碳中和学会3个省级学会。截至2022年年底，省科协业务主管的省级学会共有155个。

全面加强学会规范化建设，出台《关于进一步加强和规范科技社团组织建设有关事项的通知》。开展省级学会综合能力评价，评选出五星学会10个、四星学会18个、三星学会49个，促进学会高质量发展。建设“福建一流学会”和“福建特色专项学会”，打造一批先进学会样板，服务科技创新。开展科技社团分支机构专项整治行动，整改一批不规范的分支机构，着力防范化解分支机构风险隐患。

省医改研究会发挥智库优势，承接晋江市长期护理保险工作领导小组“晋江市疾病谱分析研究”等课题，推动医疗体制改革进一步深化。省电机工程学会指导国网南安市供电公司建设投运福建省首个配电网台区共享型储能示范工程。省医学会举办福建省第五届“中国医师节”活动大会，表彰慰问99名2022年福建省“最美医师”，颁发2021年福建医学科技奖。省食品科学技术学会举办2022东方红曲国际学术研讨会，以“红曲科技创新与产业发展”为主题，组织开展青年论坛、大会报告、参访企业、企业家高峰对话等系列活动，海内外近30家企业共180余人参加线下会议，5000余人次参加线上会议。

地市县科协　截至2022年年底，全省共有设区市科协9个、平潭综合实验区科协1个、县级科协84个。

福州市科协推进“科创中国”试点城市建设，推动福州市政府印发《福州市“科创中国”试点城市建设方案》，举办线上线下对接活动近10场，福州市政府与4个全国学会签订战略合作框架协议。

厦门市科协举办首届“科学少年鹭岛行”厦门科普教育资源全国推介会，10家科普研学机构现场签约，实现跨区域文旅科教资源共建共享。

泉州市科协采用PPP模式建设科技馆展教工程，市科技馆新馆于2022年正式运营，共接待观众40.6万人次。

南平市科协开展走进一线科技工作者身边的“春天行动”，为期两个半月，走访412位一线科技工作者，办理科技工作者意见建议76条。

莆田市科协举办莆田市首届“中国移动5G+”科普短视频大赛，创作优秀科普短视频作品55个，并利用线上媒体大力宣传、普及科学知识。

福安市科协重视“基层科普行动计划”的组织实施，投入基层科普行动计划专项资金100万余元，重新认定25个科普工作室等面向基层的科普项目，逐步形成科普阵地网格化。

惠安县科协狠抓高端科创平台建设，新建专家工作站3家、学会服务站1家，推动产学研用无缝对接，实现资源优势互补，增强建站单位的自主创新能力和关键技术突破能力。

科协基层组织　截至2022年年底，全省共有企业科协1871个、高校科协59个、乡镇（街道）科协组织1089个。

新成立福建省汽车工业集团有限公司科协、福建福清核电有限公司科协、中建海峡建设发展有限公司科协、福建省高速公路集团有限公司科协、福建省船舶工业集团有限公司科协、中国联合网络通信有限公司福建省分公司科协。

【2022年全国科普日福建省主场活动】　9月14日，2022年全国科普日福建省主场活动在福建省广播影视集团新闻发布厅举办。活动以“喜迎二十大，科普向未来”为主题，由省科协联合省委宣传部、省委网络安全和信息化委员会办公室、省教育厅等19个部门共同主办。省委常委、统战部部长王永礼，省人大常委会副主任吴洪芹，省政府副省长康涛，省政协副主席薛卫民，全国政协常委、中国科学院院士、省科协主席郑兰荪，中国科学院院士、省农业科学院研究员谢华安等出席活动。

活动现场，谢华安领衔科技工作者和青少年代表共同朗诵诗歌《科普火炬　点亮未来》，为第四批省科协科技小院、第四批省科技馆分馆、第五批闽江科学传播学者授牌。举办“典赞·2022福建科普”发布仪式，发布年度十佳科普教育基地、十佳科技辅导员、十佳科学传播人物。同期举办科普摄影展、科普创作大赛作品展、科学知识竞赛等。

【第二十二届福建省科协年会】　8月25日，第二十二届福建省科协年会开幕式暨主旨报告会在福州市举办。年会以“科技赋能　创新引领——助力打造福州高质量发展新引擎”为主题，省委常委、统战部部长王永礼出席并讲话，全国政协常委、中国科学院院士、省科协主席郑兰荪致开幕辞，福州市委副书记、市长吴贤德致欢迎辞。院士专家、省直有关单位负责人、省级科技社团和设区市科协代表等350余人参加开幕式。

开幕式上，为5个院士工作站、4个全国学会服务站、4个中国科协“科创中国”创新基地、6个企业科协、5个首批全国科学家精神教育基地授牌，为2022年福建省“最美科技工作者”颁发荣誉证书。中国工程院院士、宁波大学教授陈剑平，中国工程院院士、中国电子科技集团有限公司首席科学家陆军分别以《关于乡村振兴共同富裕的研究与思考》《信息系统科技产业体系建设》为题作主旨报告。

年会期间，立足“为举办地服务”的办会宗旨，结合福州市经济社会发展实际，开展“1+6+N”项活动，13位院士、36位知名专家、100余名青年科技英才和23位海智专家参加活动，举办“科创中国”科技服务团入驻福建省签约仪式，促成8个院士团队与民营企业签订8项技术攻关协议，向企业推介26项海智专家科技成果、达成8项合作意向。同步启动省级科技社团“学术活动月”，开展学术活动102场，助力打造福州市高质量发展新引擎。

【第二十一届海峡两岸大学生辩论赛】 7月28—30日，省科协联合台湾中华青年交流协会等共同举办第二十一届海峡两岸大学生辩论赛。中国科协党组成员兼港澳台办公室主任罗晖出席颁奖仪式并致辞，省委常委、统战部部长王永礼出席颁奖仪式，台湾中华青年交流协会理事长黄荣护线上致辞。

清华大学、台湾大学等两岸各8所高校共16支代表队的80多位辩手分别集中在福州赛场和台北赛场，采用“云辩论”方式展开22场辩论赛。东吴大学代表队获团体冠军，华南理工大学代表队获团体亚军，世新大学和海南大学代表队分获团体第三、第四名。海南大学郃昊洋和东吴大学赖姿璇获最佳辩手。

（撰稿人：陈　婷）

江西省科学技术协会

服务经济社会发展　围绕省“2+6+N”产业高质量跨越式发展行动计划，打造跨界融合、开放合作的人才与科技赋能平台，牵头主办或承办2022中国航空产业大会、2022中国数字经济产业大会、2022中国（赣州）永磁电机产业创新发展大会、2022中国（吉安）电子信息产业创新发展大会、2022中国铜产业科技创新大会、2022中国工艺美术产业发展大会、首届中国（南昌）国际大健康产业院长高峰论坛、2022虚拟现实产业创新大赛等产业大会、创新大赛、智库论坛24场，省领导出席14人次，邀请中国科学院院士、中国工程院院士116人次，海外院士27人次，推动项目签约140个，签约金额1454.24亿元，引进高端人才282名，创新成果270项，促进稀土产业和超高温金属新材料产业2个科技创新联合体成立，推动6个国家级学会与地方签订合作协议8个。形成一批决策咨询报告，其中10期获9位省领导批示19次。

截至2022年年底，全省共建院士工作站65家（省级44家、市级21家），新建省级院士工作站13家；全省共建专家工作站151家（省级29家、市级122家），新建省级专家工作站29家、市级专家工作站73家。柔性引进院士68人、院士团队专家340余人，入站院士累计驻站指导761天，领衔专家累计驻站指导6373天，共实现技术突破438项，获专利授权811项，转化科研成果382项，实现经济效益85亿余元，引进培养高层次人才920人。全省共建“海智计划”工作站75家，新建“海智计划”工作站8家，柔性引进海外高层次科技专家128人次，开展技术交流合作项目86项。

组织30多个省级学会开展科技服务40余场。举办企业创新方法培训5期，帮助101个项目解决技术难题43个，获得专利31个，产生经济效益5333万元，节约经费6645.6万元。全省注册海外专利信息资源库企业3685家，新增79家，助力企业产生直接经济效益1.25亿元，节约研发投入1715万元。

举办2022中国（江西）未来乡村发展大会、2022中国（江西）茶产业高质量发展大会、2022年中国（资溪）竹产业高质量发展大会，院士专家共绘乡村产业绿色发展蓝图。截至2022年年底，全省建立科技小院30家，新建11家，省乡村振兴科技联盟农业服务团专家达182名。开展农村党员创业致富带头人培训，2500余人参加。与省乡村振兴局联合开播“乡村振兴科技云讲堂”12期，线上观看120万余人次。在省科协挂点帮扶村——赣州市石城县高田镇新坪村建设“童心港湾”，捐建新坪村科技馆。

服务科技工作者 创新实施“人才回家计划”，针对51名江西籍省外院士，采取上门走访或寄送方式全部送上省委书记易炼红、省长叶建春联名所写“家书”，传递省委、省政府对高层次人才求贤若渴之心和家乡牵挂之情。通过走访慰问，增进院士们对家乡的感情和对家乡现状的了解，收集到受访院士围绕促进江西省重点产业高质量发展提出的意见建议42条，邀请30余人次回江西省参加各项活动。根据中国工程院院士王耀南建议，省科协推动成立省通讯终端产业技术创新战略联盟，整合各方资源力量，共同开展决策咨询、成果转化、项目孵化等，取得良好成效。

完善省高层次人才库，入库4000余人。实施优秀青年科技人才提升计划，根据科技工作者需求梳理服务人才事项清单50条。开展“主席接待日”活动400余场。评选发布首届江西青年科技奖获奖者20人，学习宣传2022“最美科技工作者”20人，跟踪服务“远航工程”入选人员679人次。举荐省优秀科技工作者参选第十七届中国青年科技奖、第十八届中国青年女科学家奖。

《科学素质纲要》实施和科普工作 举办省全民科学素质工作培训班。2022全国科普日开展科普活动4998场次。“赣鄱科普大讲堂”开展600余场，76万余人参与活动。全民科学素质网络大赛累计76.56万人次参赛。“科普江西”微信公众号用户153万人，抖音号粉丝量达24.8万人，548个科普e站转载“科普中国”优质内容2.5万条。开展“智慧助老·联通美好”专项活动，助力老年人跨越数字鸿沟。

2022年，全省纳入免费开放的9个科技馆累计接待观众134.5万余人次，其中省科技馆接待观众70万余人次。深入市（县）中小学校开展科技馆进校园等活动17场次，受益学生1.2万余人次。科普大篷车行驶2.78万千米，受益公众23.5万余人次，流动科技馆接待参观55万余人次。开展“科技一日游”“我和妈妈学科学”活动和各类青少年科技竞赛。

创建全国科普示范县19个、全国科普教育基地27个、省级科普教育基地358个、科普小镇24个。

组织“百千万”科技志愿服务基层行动，51597名科技志愿者深入县市区开展活动4667场，受益群众568.5万人次。与省委党校联合举办赣江院士论坛，参加活动1000余人。组织省生态学会、省农业工程学会等多个省级学会深入农村开展科技志愿活动。各级科协“三长”开展科普、农技活动2400余场。各级农技协动员5489名科技工作者开展科普、科技活动668场，受益群众11.8万余人次。

学术交流 11月25—27日，由省科协牵头承办的2022中国航空产业大会暨南昌飞行大会在南昌市举办。大会设置共话江西航空产业高质量发展专题研讨会，组织4个平行论坛以及科技成果政策推介活动，共签约20个项目。

牵头主办或承办2022江西智库峰会——庐山院士创新论坛、中国创新50人论坛、“双碳”背景下江西新能源汽车创新发展论坛、建设全国统一大市场与江西机遇论坛、第30届海峡两岸都市交通学术研讨会等智库、学术论坛。围绕创新型江西建设和社会热点、难点问题，指导有关省级学会开展重大、有影响的学术交流活动。省水利学会开展“世界水日”“中国水周”宣传活动，省介入心脏病学会举办赣湘黔渝——OCT云端沙龙会议，省畜牧兽医学会和广东省畜牧兽医学会联合主办2022第二届赣粤畜牧业高峰论坛，省机械工程学会、“科创中国”江西智能制造区域科技服务团、省建筑机械行业协会联合主办“高质量发展制造业　加快建设制造强国”智造论坛，省视光学学会举办江西省视觉健康与眼底病高峰论坛暨读片大师会，省通信学会联合南昌大学信息工程学院举办交叉学科系列论坛等活动。

自身建设 围绕学习宣传贯彻党的二十大精神，举办省科技界座谈会、专题宣讲报告、主题党日活动、演讲比赛，各级党组织书记讲党课，省科协领导赴园区、省级学会宣讲，成立首批江西省科学家精神宣讲团，开展学习贯彻党的二十大精神和弘扬科学家精神主题宣讲10场。规范机关党建各项工作，召开狠抓工作落实专题组织生活会，举办《习近平谈治国理政》第四卷专题读书班、读书分享会等。

指导九江市科协、南昌市科协完成第二批中国科协改革试点项目，指导南昌国家高新技术产业开发区开展“科创中国”试点建设。江西铜业集团有限公司、北京航空航天大学江西研究院、江西理工大学入选首批“科创中国”创新基地。推广新余市“工博士”服务团改革经验，该项工作入选中国科协十年优秀工作案例。指导省级学会推进“三化”改革，逐步推行秘书处实体化、秘书长专职化、学会工作市场化。印发《江西省科协打造让党放心、人民满意的模范机关工作方案》，召开4次工作调度会推动39项任务落实落地。评选“学习之星”“温暖之星”“担当之星”，发布“红黑榜”，开展新年动员会、“七一”表彰大会、“永远跟党走　建功新时代”知识竞赛等活动，积极打造“忠诚、温暖、担当、创新、争先”的省科协机关文化。

省级学会　截至2022年年底，省科协所属省级学会（协会、研究会）142个，新成立2个。推动63个省级学会承接政府转移职能225项。省科协主管的31个省级学会进入《江西省科技成果第三方评价机构目录》，在全省48家评价机构中占比64.58%，其中2022年新进入6个。完成11个省级学会换届工作，支持省级学会申报实施科技服务项目5个、承接政府转移职能项目5个、科技助力乡村振兴活动项目5个。

地市县科协　省科协系统现有11个设区市科协，100个县（市、区）科协，2300余个农村、企业、院校、街道社区科协。

南昌市科协推动南昌国家高新技术产业开发区开展“科创中国”试点城市（园区）建设，推进“科普V视”进地铁，每天播放4次。九江市科协推动成立院士产业研究院，汇聚12位外国院士等一批高端人才，依托具有自主知识产权的重大突破性科研成果，围绕卫星互联网移动通信技术、先进制造业、新能源新材料、数字经济等高新技术产业创新发展，打造政产学研用融合创新团队，助力九江市产业转型升级和创新发展。景德镇市科协启动实施“科创瓷都”示范基地建设，首次评出21个“科创瓷都”示范基地，助力景德镇试验区建设。萍乡市科协承办中国科协巾帼科技领军人才国情考察暨服务地方行活动。新余市科协持续做好“工博士”服务团驻企帮扶工作，通过“科协帮、自己找、单位推”等形式，促成博士和企业精准对接、有效服务，努力把“工博士”的科研成果从实验室搬进工厂车间。赣州市科协举办中国稀金谷（赣州高新区）永磁电机产业云上推介对接会，150余名专家、企业家参加会议，就科技赋能“中国稀金谷”永磁电机行业发展进行政产学研交流对接，318.91万人次在线观看。

宜春市科协组织动员各县（市、区）科协、各科技小院开展以“志愿践行雷锋精神　科技助力农业稳产增产”为主题的科技志愿服务活动20余场，受益群众2000余人。4家科技小院被中国农技协评为优秀组织单位，4家科技小院被命名为2021—2025年第一批中国农村专业技术协会科普教育基地（全省共5家，宜春市占4家）。上饶市科协利用与中国茶叶学会共建国家级学会服务站的优势，每年向中国茶叶学会推荐10余名一线茶叶青年，知名茶叶专家以“师带徒”形式对青茶学员单独指导，为上饶市培养综合性、应用型、留得住的青年茶业乡土人才。与中国茶叶学会、市委组织部联合开展上饶市“青茶计划”暨农村党员致富带头人培训。吉安市科协在争取将“科普和科学素质建设”工作纳入各县市区高质量发展考核的基础上，又争取到首次将其纳入市直单位综合考评体系。抚州市科协开展全民科学素质提升年“六个一”活动，即开展一系列科普宣传、开播一组科普广播网、开办一系列科普赛事及培训、上好一系列科普讲座、开展一系列品牌科普活动、赠阅一批科普图书。鹰潭市科协将党建工作纳入学会章程，学会年检前须先进行党建年检。

科协基层组织　截至2022年年底，全省建立企业科协2055家，新建1575家；园区科协1024家，新建4家；院校科协76家；三甲医院科协45家。

【江西省科技馆新馆开馆】　1月22日，江西省科技馆新馆开馆仪式举办，省委副书记、省长叶建春宣布开馆，副省长罗小云致辞。省科技馆新馆总投资约8.8亿元，占地面积4万平方米，建筑面积6.59万平方米，展示面积约2.7万平方米，内设探索与发现、科技与生活、科技与创新、宇宙与未来和儿童科学乐园5个常设展厅，固定展品展项589件，设有8K球幕影院、3D巨幕影院、4D影院3个特效影院，规模体量在国内同类科技馆中排名第6位，是集科普展示、影视教育、科技竞赛、科技培训、科普报告、科普巡展为一体的综合性科普教育基地和科学传播中心。

【2022中国数字经济产业大会】　8月20—21日，由中国电子商会、省科协、省发展改革委员会、省工业和信息化厅、上饶市人民政府共同主办的2022中国数字经济产业大会在上饶市举办。省委常委、副省长任珠峰出席开幕式并讲话，中国科协党组副书记徐延豪、上饶市委书记陈云出席并致辞，上饶市委副书记、市长邱向军主持开幕式。开幕式上，工业和信息化部授予上饶市“国家新型工业化产业示范基地（大数据）”称号，上饶市政府与中国电子商会签订战略合作协议。大会共签约项目40个，总金额316.94亿元。中国工程院院士、北京交通大学下一代互联网互联设备国家工程实验室主任张宏科等院士专家作主旨演讲。会议期间，福布斯中国和中国电子商会共同发

布“2022中国数字经济100强”。

【2022江西智库峰会——庐山院士创新论坛】 9月14—17日，由省科协、九江市人民政府联合主办的2022江西智库峰会——庐山院士创新论坛在庐山市举办，主题为“智荟庐山·创新引领”。省委常委、副省长任珠峰出席论坛并讲话。中国工程院院士曹湘洪、陈芬儿，中国科学院院士郭烈锦、朱美芳及有关专家出席。论坛由1个主论坛、6个并行分论坛（圆桌会议）和院士、专家企业行等系列活动组成，来自国内的7位院士、14位外国院士及72位专家参加会议，举办招商引资项目、“揭榜挂帅”“九江市院士产业研究院”合作项目集中签约和专家工作站、“海智计划”工作站集中授牌仪式，促成签约招商引资项目48个，签约金额637亿元，引进282名高端人才、270项创新成果。

（撰稿人：刘　平　钟海峰）

山东省科学技术协会

服务经济社会发展　山东省政府将“支持枣庄市创建科创中国试点城市”“支持黄河三角洲国家农业高新技术产业示范区创建科创中国试点园区”分别纳入《山东省人民政府办公厅印发关于支持枣庄市建设国家可持续发展议程创新示范区的若干政策》和《山东省人民政府关于支持黄河三角洲国家农业高新技术产业示范区高质量发展的意见》。

加大“科创中国”试点城市支持指导力度，《人民日报》刊登试点工作经验。山东第一医科大学附属省立医院等13个单位入选首批“科创中国”创新基地。山东科技咨询协会“企业科协组织有效融入‘科创中国’建设的机制研究”等3项课题入选“科创中国”研究课题项目。1399个企业科协和45个园区科协在中国科协平台注册。

组织开展“金桥行动”6次，30多位专家对接服务菏泽市、济宁市、聊城市、临沂市等地企业。加大海外专利信息资源应用推广力度，开展宣传推广活动76场次，培训专利应用工程师4700余人次，年内新注册企业2544个，被国家知识产权局评选备案为2022年度国家知识产权信息公共服务网点。

举办院士专家山东行活动，邀请20位院士专家参加，组织21场对接活动，促成10余项合作意向。

实施省级学会创新发展工程，推动25项科技成果转化，发布15项团体标准，累计形成技术解决方案68份，解决技术难题16项，助力20个协同创新基地，助推1个基地企业入选山东省专精特新中小企业。

举办山东省第十四届大学生科技节，参与大学生28.3万人次，参与企业292个，覆盖全省130余所、省外270余所院校。举办山东省创新方法大赛，选拔9个项目参加全国创新方法大赛总决赛，获一等奖1项，山东赛区荣获优秀组织奖。

实施乡村振兴科普行动，推动成立滨州棉麻专业委员会和鱼台县、惠民县新型农技协联合会；邀请农业专家开展科技志愿服务，惠及群众2万余人；开展“山东省科协乡村振兴科普行动——流动科普巡展活动”，行程5000余千米，惠及群众1万余人。

加强山东省智库高端人才队伍建设，智库专家规模扩大至400人。发挥智库在服务黄河重大国家战略中的作用，加强黄河国家战略研究院建设，开展“黄河三角洲湿地保护”等9个课题研究，举办黄河发展论坛暨中国区域经济50人论坛，发布《黄河流域生态保护和高质量发展年度报告》（2021），提出的“支持德州建设黄河流域（山东）现代农业科学城”纳入《山东省黄河流域生态保护和高质量发展规划》。畅通智库专家资政建言渠道，扩大《院士专家建议直通车》影响力，报送决策咨询建议20期，省领导批示11期。

服务科技工作者　举办2022年全国科技工作者日座谈会，省委常委、组织部部长王宇燕出席并讲话，为第十二届山东省青年科技奖获得者颁奖，为科学家精神教育基地代表授牌。举办全国科技工作者日系列活动，全省开展线上线下各类活动5726场次，参与人数300万余人次。

省科协与省委组织部、省科技厅共同牵头实施“战略科学家引育行动”，推荐6人入选山东省战略科学家。参与科技领军人才及创新团队培育专项行动，推荐33人入选山东省科技领军人才。提出的14项顶尖人才培育措施被省委采纳。开展卓越工程师培育专项行动，评选卓越工程师19人、杰出工程师37人、青年优秀工程师41人、杰出工程师团队21个。

开展科技人才举荐表彰，7人入选中国青年科技奖，3人入选中国青年女科学家奖。推荐102人进入中国科协评审专家库，22人成为中国科协海智特聘专家，7人纳入中国科协国际组织任职支撑服务系统。联合省委组织部开展第十二届山东青年科技奖评选表彰，60人入选。

省科协联合省委宣传部、省科技厅开展2022“齐鲁最美科技工作者”选树宣传活动，评选出10名。与大众网、闪电新闻等媒体联合开设“强国复兴有我——新时代科技筑梦人”“齐鲁科研潮头的后浪”等专题专栏，宣传科技工作者400余人次，视频点击量566万人次。

大力弘扬科学家精神，郭永怀事迹陈列馆等6个单位入选科学家精神教育基地。开展“党领导下的科学家”主题展巡展，举办线上线下科学家精神宣讲报告，开设“春风化雨”科学家学术成长成就微展播，累计参与人数50余万人次。省科协联合青海省“两弹一星”理想信念教育学院、北京大学马克思主义学院举办山东省青年科技领军人才国情研修班，邀请钱七虎、高德利、孙蚌珠等专家围绕学习贯彻党的二十大精神、弘扬科学家精神等主题作报告，250余名青年科技领军人才参加。

联合省科技厅承办第一届中国科技青年论坛国家重大需求专题分论坛，1500余名优秀青年科技人才参加，被中国科协评为优秀组织单位。举办12期青年科学家沙龙活动，79位优秀青年专家作专题报告，1万余名青年科技人才参与。实施青年科技人才托举工程，托举32岁以下青年科技人才成长。

广泛联系凝聚海外科技人才，推荐申报1个国家级海智基地，新设立9个海外驿站，引进海外人才企业19个、海外人才110余名。

《科学素质纲要》实施和科普工作　配合做好全国人大常委会《中华人民共和国科学技术普及法》执法检查工作。发挥山东省全民科学素质工作牵头单位作用，组织召开省全民科学素质工作领导小组会议，省全民科学素质工作领导小组组长、副省长凌文主持会议并讲话。

开展全国科普示范县（市、区）推荐工作，25个县（市、区）获评2021—2025年度第二批全国科普示范县（市、区），全国科普示范县（市、区）数量增至28个。

加强科普设施体系建设，新增4个科技馆列入免费开放补助范围，全省列入免费开放补助范围的科技馆达到34个。面积达8万平方米的省科技馆新馆顺利建成并具备开馆条件。

实施基层科普行动计划和科普示范工程，支持培育科普社区、农村专业技术协会、科普教育基地等225个，整合科普团队、科普阵地和科普资源项目类别，支持科普专家工作室、户外科普设施、科普宣传资源等155个项目建设。

加强科普活动品牌化建设，全国科普日期间，全省科协系统联合开展各类活动4.4万余项，是2021年的5倍多。在全国科普日山东省主场发布优秀科普人物、优秀科普作品，首次与山东广播电视台合作进行网络直播，集中宣传全省科普日活动。

联合省应急管理厅、省市场监督管理局、省地震局等省直部门，组织实施乡村振兴科普行动、主题科普联合行动、沼气煤气安全使用科普专项行动，举办“5G赋能创新密码护航发展”“全民数字素养与技能提升”“食品安全”“双碳”等科普展览活动。

搭建“每日科普”等科普公共信息服务平台，阅读量超过260万人次；联合山东交通广播策划科普节目“你知道吗”，连续播出360余天；联合山东广播电视台少儿频道制作播出50期“科普总动员”，受众1200万人次；联合山东电视台推出“科学云讲堂”系列直播节目，持续扩大常态化科普宣传覆盖面。

学术交流　5月26日，省科协与中国国际科技交流中心、烟台市人民政府联合主办的2022年中日韩工程技术大会系列活动在烟台市启动。本次大会以“科创助力　协同发展”为主题，共组织7场系列活动，有4位外籍院士、30余位中日韩高层次专家参加会议交流，1.5万余人线上观看。

9月28日，省科协联合菏泽市人民政府共同主办的第十四届山东省科协年会开幕式暨主论坛在菏泽市举办。年会以“科技引领　协同创新”为主题，设置开幕式暨大会主论坛、3个专业分论坛、5个系列专题活动、2个专项会议以及山东省创新方法推广等活动。年会签订7个战略合作协议、20个项目合作协议，建立12个国家级和省级学会服务站、4个国家级和省级学会科技成果转化中心。

省科协共举办泰山科技论坛102期，其中A类45期、B类57期，累计邀请79名中外院士、575名专家学者作论坛报告，100万余名科技工作者线上线下参与论坛交流。

自身建设　开展改革品牌遴选工作，采用“揭榜制”方式遴选34个改革品牌项目，以点代面形成示范带动作用，推动改革向基层延伸。

发挥党建统领作用，制定党建与业务工作深度融合意见。强化党建带群建，深化党支部标准化规范化

建设提升工程，加强模范机关建设。夯实省级学会党建，扎实推进党建强会，“党建入章”任务全部完成，21个省级学会在理事会层面新成立党建工作小组，总数达到58个。

深化网上科技工作者之家建设，及时优化栏目设置，确保工作上网、服务上网、活动上网。

推进基层科协换届工作。深化提升科协基层组织组织力“3+1”工作，积极吸纳“三长”、科技型企业家等进入科协基层组织领导机构。“科协组织分级分类改革”入选2022年度省科协系统深化改革试点示范与研究项目。

省级学会 截至2022年年底，省科协所属省级学会共155个，会员40余万人。

分类推进学会“两化”建设，具备条件的124个省级学会中，秘书长专职化完成56个，秘书处实体化增至69个。

省科协支持省级学会参与社会组织评估，新增10个学会获评5A等级，7个学会入选首批省社会组织标杆名单。引导省级学会拓展公共服务职能，山东农学会等3个省级学会列入省科技厅科技成果评价首批试点单位，山东土木建筑学会等23个学会完成社会力量设奖备案，省医学会列入山东省社会科技奖励改革试点。

山东省医学会坚持以“引领学术”为目标，出版《山东医学学科发展报告》，举办各类学术会议124场次，邀请院士62人次、外籍专家12人次。山东标准化协会发布团体标准536项，被全国工商联认定为2021—2022年度全国“四好”商会。省农学会邀请专家200余人赴基层开展技术服务活动30余次，辐射带动群众上万人。省环境科学学会开展居民生态环境与健康素养提升和监测项目，为出台相关政策提供数据支撑。省自动化学会开展“协同创新　赋能智造”企业行行动，服务地方产业发展。省护理学会举办首届血管通路MDT学术大会，塑造多学科融合发展学术品牌。

地市县科协 截至2022年年底，全省共有16个市科协、136个县（市、区）科协。

济南市、青岛市、泰安市、潍坊市、菏泽市科协推进“科创中国”试点城市建设工作，在65个全国试点城市（园区）评估中，济南市位居第3位，泰安市位居第4位。淄博市科协实施“蒲公英”青少年科技教育行动，入选全国“‘科创筑梦’助力‘双减’科普行动”试点城市。枣庄市科协举办墨子科技论坛。东营市科协开展“科技红娘”“智库专家企业行”活动，帮助企业解决发展难题。烟台市科协锚定创建“科创中国”试点城市目标，对承担创建项目的17个单位进行全覆盖对接。济宁市科协开展“第一书记”乡村振兴科普行动。泰安市科协联合驻地高校、科研院所共建科普联盟，探索科普助力乡村振兴新模式。威海市科协组织开展青少年科普报告百校行、希望行活动，活动覆盖1万多名师生。日照市科协发挥地域优势，打造弘扬科学家精神特色阵地。临沂市科协推进“3+1”工作，探索“三长”履职机制。德州市科协主动融入制造业强市建设，服务全市特色金属材料产业链发展。聊城市科协以服务老年人为切入点，开展“银铃跨越数字鸿沟”专项科普行动。滨州市科协打造“科协沙龙”线上线下综合服务平台，推动科技工作者之家实体化、实效化、实用化。

科协基层组织 截至2022年年底，全省高校科协138个；16个市和70%的县（市、区）建有农技协联合会。

省科协加强对企事业科协工作指导，制定《山东省示范企业科协试点创建实施方案》，开展企业科协试点建设，首批创建27个。组织召开试点企业科协负责人能力提升活动和企业科协试点建设工作推进会，提升企事业科协服务能力。加大对高校科协调研指导，召开全省高校科协工作座谈会，推动高校科协组织和创新资源协同联动。

指导山东科学技术出版社有限公司、山东高速集团有限公司、中铁十局集团有限公司、山东种业集团有限公司、中国联通山东省分公司等单位成立科协组织。国网技术学院科协创新开展SGTC-TED技术交流，支持职工发表论文52篇，其中在核心期刊及以上发文20篇。山东高速集团科协组织科技活动17场，举办泰山科技论坛——“双碳”战略下的交通数智化发展高端论坛，参加规模达到18万人次。

山东大学科协以校科学技术馆为窗口，积极推动校地、校企合作交流，推动更多科研成果应用到经济社会主战场。山东交通学院科协依托“成长论坛”，开展学术交流和科普活动。临沂大学科协出台多项制度，搭建科技工作者与企业沟通交流平台。

【《山东省科学技术协会条例》施行】 6月9日，山东省十三届人大常委会第三十五次会议审议通过《山东省科学技术协会条例》，于2022年7月1日起施行。

全国人大常委会副委员长艾力更·依明巴海就《山东省科学技术协会条例》修订作出批示，指出"山东省认真贯彻落实习近平总书记关于科技工作的重要指示精神，立足本省实际，充分发挥人大立法主导作用，及时修改山东省科学技术协会条例，以高质量立法筑牢科协工作和科普工作法治根基，必将有力推动山东科普工作取得新成效。条例中好的内容，可在我们修法中充分借鉴"。

【山东省科技馆新馆建设完成】 完成4万平方米展厅布展施工及6个特效影院和智慧科技馆建设任务，具备开馆条件。其间，优化设计方案，召开技术会议40余次，形成布展效果图700余张。做好省科技馆老馆运行，开展各类主题科学教育活动200余场次，全年累计接待观众49万人次。

（撰稿人：郝美想　鲍　鹏）

河南省科学技术协会

服务经济社会发展　搭建科技创新平台，助力创新驱动战略实施。促成省政府与中国科协签署全面战略合作协议，在团结凝聚高端人才、科技创新服务高质量发展、提升公民科学素质和科协组织建设等方面深化合作。8月28日，省政府与中国工程院签署战略合作框架协议。省科协作为"省院合作"委员会办公室河南方面所在单位，积极加强与中国工程院的对接沟通，协商确定"省院合作"系列活动。中国工程院协调相关院士指导帮助河南省建设国家重点实验室，助力重塑重构省实验室体系。

"科创中国"河南联合区域科技服务团等3个项目入选"科创中国"系列资助项目，省科学院化学研究所等6家单位入选第一批中国科协"科创中国"创新基地。联合郑州市、鹤壁市、漯河市、南阳市、洛阳市、驻马店市等市政府承办、举办2022世界传感器大会、2022中国北斗应用大会暨中国卫星导航与位置服务第十一届年会、2022中国（鹤壁）汽车电子电器产业技术发展大会等8场"一市一品"产业技术发展大会，为地方打造产业技术对接平台和协同创新枢纽，诺贝尔奖获得者以及李德仁、尤政等17位院士出席，签约项目76个，签约金额400亿元；举办第四届海峡两岸暨港澳物流业协同创新论坛，集中发布省物流类招商项目40个，签约金额近750亿元。指导濮阳市、鹤壁市"科创中国"试点城市建设，出台《支持鹤壁市建设新时代高质量发展示范城市的意见》，与新乡市政府签订全面战略合作协议。组织省制冷学会、省生物工程学会、省安全生产和职业健康协会、省煤炭学会、省机械工程学会、省气象学会等学会对接服务上千家科技企业，成立50余个学会专家服务团，开展近200场"百会链千企"科技助企活动。举办2022年中国创新方法大赛河南赛区比赛，吸引120多个企业项目报名参赛。联合开展2022年河南省企业"创新达人"选树及宣讲活动，来自100家单位的100名"创新达人"参与活动。

打造科技创新智库，服务党和政府科学决策。依托中国工程科技发展战略河南研究院，聚焦省委重大战略，遴选确定14项战略咨询项目，38位院士领衔主持和参与。组织省仪器仪表学会、省生态学学会等建言产业转型升级，提出"大食物观下"省农业供给侧结构性调整对策、省智能仪器仪表产业发展政策建议，助力农业强省建设及产业能级跃升。建设特色柔性智库网络，整合全省专家资源和智库团队力量，已入库政研专家33名，核心成员10名。对重点课题、智库基地、学术会议等成果进行提炼，21项智库成果获省级以上领导批示肯定或被厅级以上党委、政府采纳。科技工作者状况调查工作第十次获中国科协表彰。

服务科技工作者　筹划开展2022年全国科技工作者日河南省系列活动。组织开展"最美科技工作者"学习宣传活动，遴选推荐2022年河南省"最美科技工作者"，举办2021年河南省"最美科技工作者"发布仪式、2022年中国科协"领航计划"青年科技领军人才国情研修活动暨河南省第三期青年科技人才国情研修班。加大遴选支持中原青年拔尖人才力度，扩大河南省青年科技奖、河南省"青年人才托举工程"影响力和覆盖面。联合举办首届河南省青年科学家论坛。推荐支持河南省160多名专家在全国学会任职，助力引进省外院士到河南省任职，积极联系服务凝聚高端创新人才。

《科学素质纲要》实施和科普工作　配合做好全国人大常委会科普法执法检查。履行全民科学素质领导小组办公室职责，报请省科技创新委员会审议出台《河南省支持加强科学普及提升全民科学素质的若干政策措施》。协调省委组织部、省委宣传部等9部门将科学素质相关内容纳入部门"十四五"规划，督促

全省 18 个地市出台全民科学素质规划纲要“十四五”实施方案，推动郑州市、洛阳市、平顶山市、安阳市、漯河市、三门峡市、南阳市、商丘市、信阳市、周口市、驻马店市、济源市 13 市将科学素质提升工作纳入市委、市政府目标管理考核。

提升科普供给能力，建设“科普中原”新媒体矩阵，“科普中原”快手号和抖音号粉丝量超 65 万人，“科普中国”信息员队伍发展到 104 万余人；科普进影院在全省 18 个地市全部落地，科普进地铁年覆盖群众超 1 亿人次；探索形成科普助力乡村振兴“兰考模式”；联合举办全国科普日、“天地共播一粒种”、神舟十四号“天宫课堂”河南分课堂、全民科学素质网络竞赛、全省反邪教宣传月等品牌科普活动；创建 32 个全国科普示范县（市、区）。举办青少年科技创新大赛、中学生学科奥林匹克竞赛、科学素质大赛和高校科学营等活动，打造覆盖广泛的科技后备人才培育平台。

加强科普阵地建设。推进省科技馆新馆建设，以“国际一流、国内领先”为建馆标准，推进建筑工程整改和验收交接，争创“鲁班奖”；动物家园、童梦乐园、创享空间、探索发现 4 个常设展厅，球幕影院、巨幕影院 2 个特效影院和学术交流区、天文观测台已建成并进行试压，接待公众 10 万余人次，设施设备和服务能力逐步提升。推进全省现代科技馆体系建设，督促各省辖市建设达标科技馆，25 家科技馆免费开放。全省在运行科普大篷车 70 辆，2022 年开展科普活动 970 次，覆盖群众 62 万人次，全省 101 个农村中学科技馆持续服务校内外学生，流动科技馆巡展基本实现全省巡展第二轮覆盖。发挥科学家精神教育基地作用，时代楷模陈俊武陈列室、孙健初故居纪念馆等 5 家单位入选中国科协全国首批科学家精神教育基地。创建全国科普教育基地，全省总数达 45 个。

学术交流 联合主办、承办海智专家中原行活动、2022 生物物理大会、2022 第八届中国超硬材料产业发展大会等学术交流活动。

创设“科创中原”论坛，举办 2022 中国纺织科技创新高质量发展论坛等 29 期“科创中原”论坛，发布河南省汽车电子电器产业发展研究等 8 期“科创中原”学术报告，30 位院士、10 余位国际知名学者及 228 位国内专家参加会议并作报告，300 万人次科技工作者参与。

各省辖市科协、全省学会和相关高校科协举办、承办 2022 年第十届仲景论坛暨第五届中国艾产业发展大会、2022 国际人居科技与城乡绿色发展论坛、第十一届全国数学文化论坛、河南省煤矿绿色智能开采高峰论坛暨省煤炭学会第七届常务理事会第二次会议、2022 中部（郑州）智能装备制造业博览会等学术交流活动 100 多场。

自身建设 健全制度体系。配合省人大完成《河南省科学技术协会条例》修订颁布；制定出台《河南省科协实施〈中国科学技术协会章程〉细则》《河南省科学技术协会全委会委员守则》《河南省科学技术协会所属全省学会换届工作管理办法》《“科创中原”创新基地建设与管理办法》《河南省科协全省学会专家工作站管理办法》等，提升科协工作科学化规范化制度化水平。

根据省科协事业发展需要，推进事业单位重塑性改革，将省科协 8 个事业单位整合为“一馆三中心”，实现力量集中、资源整合，更好地服务保障科协主责主业。

推进学会党的建设，研究通过 12 家学会建立学会党委或调整委员人选，推动所属学会党组织覆盖率达到 80%。成立省科协党校，打造凝聚全省广大科技工作者的价值引领新阵地。

创建省级文明单位和国家级节约型机关，以“零上访零事故零案件”为目标，创建平安科协、平安学会。

省级学会 截至 2022 年年底，全省共有省级学会 141 个。

省仪器仪表学会联合成立智能感知（郑州）物联网产业技术研究院有限公司，牵头成立河南汇企链网络科技有限公司，成为全省第一个仪器仪表交易、交流的商业公共平台。省机械工程学会遴选推荐的由中铁工程装备集团有限公司设计制造的高原高寒大直径双结构硬岩掘进机和隧道联络通道掘进机分别获得 2022 年中国优秀工业设计奖金奖和中国好设计金奖。省煤炭学会成立“百会链千企”专家服务团，走进中国平煤神马能源化工集团有限责任公司、焦作煤业（集团）有限责任公司、郑州煤矿机械集团股份有限公司、光力科技股份有限公司等企业，开展 20 余次科技助力活动。省制冷学会线上举办新疆果蔬冷藏保鲜技术培训班、线下制冷科普知识进校园等，创新省对口援疆形式。

地市县科协 截至2022年年底，全省共有省辖市科协17个、济源示范区科协1个、县（市、区）科协158个。

济源市科协抓好全域科普工作，在全市230个村（社区）融合党群服务中心、新时代文明实践中心配套建设科普活动室、科普宣传栏等，引导优质科普资源向基层下沉。信阳市科协开展“柠檬博士”助推“双减”试点，建设创客实践教室、博士科普站等24个，成立校园科创社团123个，专兼职科学教师112人，开展活动1390余次，惠及13万名中小学生。开封市科协组织各县区成立农技协31个，联系农业科技专家160余人，组织线上线下科普和科技服务145场次，直接受益10260人次。许昌市科协组织开展“科普专家进百村”活动200余项，动员50余名科普专家以科普讲座、微视频等形式开展疫情防控科普服务。南阳市科协参与制定《南阳市人才分类目录》，补充完善涵盖全国创新争先奖、中国青年科技奖等7类科技人才，扩大南阳人才认定范围和领域。濮阳市科协推进“科创中国”试点市建设，入驻各类人才专家1242人，推荐3家企业入选中国科协“科创中国”新锐企业榜单。漯河市科协邀请中国工程院院士朱蓓薇带领团队深入漯河食品产业公共研发平台、卫龙美味全球控股有限公司等开展“食品院士专家漯河行”活动，现场解决企业科技难题16项，提出可行性建议36项，达成合作意向17项。洛阳市科协建强全省首个中国科协海智计划工作基地，举办先进制造海智创新创业路演活动，加强与国际优质创新资源交流联动。商丘市科协创新科学启智方式，建设农村中小学校“星火”科创工作室5所，面向社会征集500套、总价值8万余元的科学启智套装捐赠给中小学校。鹤壁市科协指导鹤壁技师学院成立市内首家高校科协，年内新增科普信息员5500余人。平顶山市科协在省内率先推出科普成果奖和优秀科普品牌评选活动，通过电视台开展原创应急科普文艺传播。驻马店市科协评选首批驻马店市首席科普专家30人和首届驻马店市优秀科普作品21部。新乡市科协促成新乡市政府与省科协签署《加快推进国家创新型城市建设战略合作协议》。郑州市科协办理各类技术合同认定登记281项，实现技术合同成交总额14.47亿元，推动科技成果向现实生产力转化。周口市科协举办首期大学生暑期知周研学活动，以本土学子力量助力新时代周口发展。三门峡市科协召开第四次代表大会。

科协基层组织 截至2022年年底，全省共有企业科协617个、高校科协45个、医疗卫生机构科协14个、科研院所科协2个、园区科协22个。

中国平煤神马能源化工集团有限责任公司科协引导科技工作者建功立业，半导体硅材料、对位芳纶等一批重点战略科技课题研发相继取得突破，全年荣获省部级及以上科技进步奖17项。龙佰集团股份有限公司科协联合组建河南省钛基新材料产业研究院，重点围绕国家鼓励的钛基材料战略性新兴产业研发出具有自主知识产权的战略性、前瞻性、关键性技术和产品，成功突破六大技术难关。省人民医院科协取得健康中国行动知行大赛医疗卫生机构专场河南赛区健康科普大赛金奖，牵头组建中国第24批援埃塞俄比亚医疗队。郑州大学科协成立郑州大学物理学院科普教育基地，入选中国科协2021—2025年第一批全国科普教育基地。河南工业大学科协推荐新闻与传播学院“豫说心语”志愿服务队入选全国大学生科技志愿服务示范项目。河南大学科协拍摄8集“河大科学家故事”系列短视频，弘扬科学家精神。

【《河南省科学技术协会条例（修订）》颁布】《河南省科学技术协会条例（修订）》（以下简称《条例》）于9月30日经省十三届人大常委会第三十五次会议表决通过，于11月1日起施行。《河南省科学技术协会条例（修订）》条款由原来的23条增加到36条，由原来的不分章节调整为总则、组织机构、工作职责、保障措施、法律责任和附则六个章节，明确科协组织新的职能定位，明晰科协组织建设与管理，赋予科协组织新的职责使命，加大科协工作保障力度，整体上体现守正创新、与时俱进原则，增强规范性、功能性和可操作性，保障科协组织依法开展工作，在新时期更好发挥作用，全面融入创新发展大局。

【《河南省支持加强科学普及提升全民科学素质的若干政策措施》印发】 经省科技创新委员会第六次会议审议并多次修改完善，省委书记楼阳生、省长王凯、省委副书记周霁和副省长宋争辉审签，于9月18日正式印发《河南省支持加强科学普及提升全民科学素质的若干政策措施》，从十个方面共26条明确支持举措，进一步优化河南省科普工作高质量发展的政策环境。

（撰稿人：王红松　王　磊）

湖北省科学技术协会

服务经济社会发展 实施年度智库课题项目18个，上报简报35篇，7篇获得省级领导批示。以《院士智库》专刊形式提交决策咨询建议27篇，“湖北科技创新体系建设研究”项目提交的5篇院士建议全部获得省委、省政府主要领导批示。“武汉北斗产业发展格局与政策的战略研究”等3个项目被评为中国工程院亮点项目。

指导4个“科创中国”试点城市（园区）做好评估工作。发挥“科创中国”湖北中心站服务平台信息枢纽作用。收集410条企业技术问题、各类科技成果180386项，人才库专家28619位。组织开展“科创中国”省激光学会荆门市、孝感市技术需求对接活动，“科创湖北”襄阳服务基地揭牌仪式等活动。认定196名2022年度“科创湖北”联络员，省级联络员队伍达391名。征集企业需求、科技成果117项，借助“科创中国”湖北中心站完成成果匹配76项，涉及专家250余人次。

8月5日，“科创中国”工作调研座谈会在中国工程科技发展战略湖北研究院召开，省科协党组书记、副主席叶贤林以《积极探索　勇于实践　奋力打造“科创中国”建设先行区》为题介绍湖北省“科创中国”全域试点经验。武汉市东湖新技术开发区、咸宁市等试点城市（园区）、省激光学会等作交流发言，针对各自领域开展的深化自主创新、助推提质增效的优秀经验进行分享，并推介、演示“科创湖北”数字网络服务平台建设及运用情况。

发布海外人才项目需求248项，开展各类海智活动58场，推介项目165个，签署协议64项，引进团队32个，引进高层次海外人才33人，新增国家海外人才离岸创新创业基地（武汉）襄阳工作站、省海智（离岸创新）黄石科创园工作站、十堰工作站及武汉轻工大学工作站，接待海外专家团体132人次。召开第22届华创会海智专场会议。举办“2022海智专家荆楚行”系列活动。

新建院士工作站2家、专家工作站138家，其中规模以上企业新建工作站94家，占比68%。注销院士（专家）工作站21家，现有院士（专家）工作站686家。组织申报26家科技小院并全部获得中国科协批准，湖北仙桃再生稻科技小院被评为2022中国农技协“最美科技小院”。实施“红色赋能党建强会”项目，开展“党建＋科技创新”“党建＋乡村振兴”等活动2400余次，惠及科技工作者及社会公众513万余人次。

搭建湖北省和香港特别行政区交流平台，与香港特别行政区政府驻武汉办事处达成初步合作意向。组织香港特别行政区、澳门特别行政区、台湾地区在湖北省科技青年人才参加中国科协举办的国情研修班。

服务科技工作者 组织全省科学道德和学风建设宣讲报告会。5月30日，在省科技馆开展以“创新争先　自立自强”为主题的湖北省全国科技工作者日活动。省委常委、省委统战部部长尔肯江·吐拉洪出席活动并讲话。副省长肖菊华出席活动并主持座谈会。省科协主席郭生练，省科协党组书记、副主席叶贤林，省科协党组成员、副主席陈兴荣，中国科学院院士桂建芳等2022年全国“最美科技工作者”湖北候选人及青年科技工作者参加活动。

授予武汉科学技术馆等20个单位“全省科协系统先进集体”，授予马华等100人“全省科协系统先进工作者”。组织开展第十七届中国青年科技奖候选人提名工作，遴选推荐15人参与全国评选，宋海军荣获中国青年科技奖特别奖。组织开展第十八届中国青年女科学家奖和2021年度未来女科学家计划候选人提名工作，遴选推荐8人参与全国评选。推荐2名青年科技工作者参加青年杰出工程师国情研修班，推荐10名优秀青年科技人才参加第一届中国科技青年论坛。举荐14名高校、院所科技人才为中国科协特聘海智专家候选人，推荐9家优秀海归人才创办企业加入中国海归创业联盟。联合省委宣传部等4个部门推荐桂建芳等10名科技工作者为2022年全国“最美科技工作者”湖北候选人，在湖北日报、湖北电视台等媒体上宣传他们的先进事迹；联合湖北广播电视台融媒体新闻中心对10位2021年湖北省“最美科技工作者”进行报道；在《长江新闻号》栏目播出视频6集、《湖北新闻》栏目播出视频1集，在“长江云”制作推出《科技在鄂　创新有我——最美科技工作者风采》专栏。

协助中国科协开展第五次全国科技工作者状况调查，25个全国站点、6个省级站点以及武汉市科协、省肝胆学会等单位参与调查，完成问卷3099份。报送站点信息120余篇，编印信息要报11篇。

《科学素质纲要》实施和科普工作 开展院士名家报告会、趣味科普季名家讲座等活动百余场，在湖北卫视制作播放7期春节科普报告大礼包和5期科普报告视频，举办院士科普新书发布会。52家单位创建国家级科普教育基地，命名374家省级科普教育基地，成立省科普教育基地联盟。建设省级科普惠民社区（村）50个、科普教育学校40个。资助33家省级科技志愿服务队，注册科普志愿者174539人。

科普信息化平台累计更新内容1600余篇，科普湖北·云网站浏览量超过百万人次。省融媒体联盟开展预防外来物种入侵、长江大保护等网络直播12场，累计观看量超1200万人次。举办2022年湖北省科普知识网络大赛、2022年湖北省科普电视大赛。开展2022年农民科学素质网络知识竞赛活动，16861人次参赛答题。

推进省科技馆建设和开放进度，开放天数增至每周4天，预约名额扩大到每日3000人，开放面积3万多平方米。成立省科技馆联盟，支持和鼓励市、县建设科技馆，为19家场馆免费开放发放中央补助资金，为18家场馆免费开放发放省级补助资金。流动科技馆巡展25个站点，惠及公众20.5万人次。

开展青少年科技创新大赛、高校科学营、大手拉小手科普报告等活动，组织专家1000余人次开展特色活动3000余场，惠及百万青少年，百余名青少年在全国比赛中脱颖而出，3名学生在国际学科奥赛中荣获佳绩。

省农函大举办培训班40期，培训农民2628人次，赠送农村实用技术科普书籍1600册；带动全省农函大分校和教学点举办培训班148期，培训农民17882人次。组织开展荆楚农业科技助力乡村振兴在线直播活动12次，培训农民16738人次。

学术交流 实施《湖北省科技期刊楚天卓越行动计划（2021—2025年）》，培育支持楚天领军期刊、楚天重点期刊、楚天梯队期刊、楚天科技期刊论文在线开放平台4类项目，资助《地球空间信息科学学报（英文版）》等21种高水平科技期刊和1个科技期刊论文在线开放平台。资助第八届国际智能制造（武汉）论坛等40场学术活动。承办2022世界交通运输大会（线上）。

6月25—26日，由华中农业大学主办、省畜牧兽医学会承办的第二十一届全国规模化猪场主要疫病监控与净化专题研讨会在武汉市召开。中国工程院院士、省畜牧兽医学会名誉理事长陈焕春，中国动物卫生与流行病学中心研究员吴晓东，华中农业大学动物科学技术学院、动物医学院党委书记刘兴斌等出席会议。全国规模化猪场、大专院校、科研院所、企事业单位及相关行业专家学者500余人参加会议。

8月18—19日，由中国微生物学会微生物资源专业委员会主办，省微生物学会、武汉微生物学会等承办的第十三届全国微生物资源学术研讨会在武汉市举办。中国微生物学会理事长、中国工程院院士徐建国作题为《未知微生物和功能探索》的特邀报告，中国科学院院士邓子新作题为《新时期我国微生物学前沿发展方向漫谈》的报告。

11月5—13日，《湿地公约》第十四届缔约方大会在武汉市举办。由省植物学会承办的湿地保护论坛以“湿地植物多样性保护与永续发展”为主题，国际国内学术组织近300名专家学者参加论坛。论坛举办13场专题报告，为湿地保护与修复贡献智慧、建言献策。

自身建设 实施2022年优秀“三长”支撑行动计划项目。实施《联系服务科技工作者“六个一”实施方案》，每位科协领导常态化联系走访一批院士，一批专家，一家（批）省级学会，一家（批）高校科协，一家（批）科研院所、企业科协，一家（批）县级科协。

1月10日，省科协召开九届十一次常委会会议，传达学习党的十九届六中全会精神。省委常委、统战部部长尔肯江·吐拉洪出席会议并讲话，省科协主席郭生练主持会议并作报告，系统总结2021年工作，研究谋划2022年工作。8月31日，省科协召开第十次代表大会，选举产生新一届领导机构。

实施科技创新源泉工程，立项资助10个“能力提升学会”和10个“服务创新学会”。验收2021年“党建强会”工程项目，启动2022年“党建强会”项目申报，资助省公路学会等15家省级学会。资助“湖北省地震安全性评价报告技术审查”等9个学会项目，承接政府转移职能工作。每季度印发学会党建工作提示单、《党建工作简报》，召开省科协党建指导（联络）员工作会议，组织省党建指导（联络）员和学会党组织负责人参观“没有共产党就没有新中国”百年报刊馆。

省级学会 截至2022年年底，省科协所属学会共163个。指导9家理事会任期届满的省级学会做好换届筹备工作，指导6家省级学会做好成立筹备工作，新成立省制造业工程师协会、省合成生物学学会、省有机农业研究会、省乡村规划研究会、省神经修复学会、省细胞外囊泡学会。约谈整改 4 家学会。撤销登记省太阳能研究会。

地市县科协 全省共有市、州、直管市、林区科协 17 个，县级科协 103 个。

武汉市组建科技志愿服务队 900 余支，科技志愿者 6 万余人，认定命名科普教育基地（2021—2025 年）180 余家。6 家院士科普工作室持续开展科普活动 47 场，惠及民众超过 9200 万人次。

宜昌市推进“清洁能源之都”建设。3 月 11 日，市委书记王立、市长马泽江拜访全国政协副主席、中国科协主席万钢，汇报宜昌清洁能源产业发展情况。成功申报中德新能源新材料产业发展交流推介活动和港澳人才助力湖北长江大保护暨清洁能源发展项目。组织三峡大学联合中国工程院院士王浩成功申报“清江战略水源研究”项目。

襄阳市汇聚 3 万余条科普图文、视频，建立科普大数据地理屏，搭建科普活动发布平台，建立科普舆情分析系统，“智慧科协”总访问量突破 300 万次，被中国科协确定为全国“智慧科协 2.0”平台首批试点示范单位。开展 61 场农业技术培训，参与农民达 8 万人次。

黄石市打造“科普黄石”平台，定期发布应急科普、气象科普、食品安全、环保“双碳”、疫情防控等内容的科普知识，累计发稿 1400 余条，阅读量累计 1608 万次，“科普中国”App 科普信息员 1100 余人。

咸宁市实现 1091 家规模以上企业全部入驻“科创中国”，发布专家信息 3538 条、科技成果 3416 项、创新需求 356 项，实现需求签约 78 项。

科协基层组织 全省有省级企业科协 26 家，会员 90458 人；市县级企业科协 1125 家，会员 28696 人；高校科协 58 家。

仙桃市郑场镇开展“科普小镇”试点建设。以“科普 + 产业 + 旅游”为手段，深挖地方特色，整合农业、卫生、教育、文旅等科普资源，打造全域科普“仙桃样板”。建立村级科普小组，成立“三长”科技志愿服务队和以郑场皮影为特色的科普文艺宣传队，围绕农业科技、医疗保健、防灾减灾等内容开展群众性日常科普宣传，实现科普宣传常态化。全镇注册科技志愿者 1000 人以上，注册“科普中国”科普信息员 1000 人以上。建设大友省级科普社区、普庆村省级反邪教基地、渔泛峰省级科普教育基地等。

【湖北省科学技术协会第十次代表大会】 8 月 31 日，省科协第十次代表大会在武汉市召开。省委书记王蒙徽出席会议并讲话。湖北省委副书记、省长王忠林，省政协党组书记、主席孙伟，省人大常委会党组书记、常务副主任王玲，中国科协党组成员、书记处书记束为出席开幕式。湖北省委副书记李荣灿主持开幕式。束为代表中国科协到会祝贺并讲话。

会议听取和审议《湖北省科协第九届委员会工作报告》，审议通过《湖北省科协实施〈中国科协章程〉细则（修改草案）》，表彰全省科协系统先进集体和先进工作者，选举窦贤康为省科协第十届委员会主席。

省领导张文兵、董卫民、陈新武，省科协九届委员会主席郭生练出席会议。全省各领域的科技工作者代表，全省学会、市州科协、特邀代表等近 800 人参加会议。

【“荆楚院士行”活动】 8 月 18—19 日，中国工程院院长李晓红率队，周济、邓秀新、李仲平等 20 位院士齐聚武汉市，参加“荆楚院士行”调研、院士恳谈会、成果转化中心揭牌、院省合作委员会 2022 年度工作会议等系列活动。院士们先后到武汉华工激光工程有限责任公司、湖北光谷实验室等地调研，听汇报、看产品、询问核心关键技术，实地了解湖北省光电信息产业的特点、优势和短板，并与省委、省政府领导深入恳谈，为湖北省光电信息产业集群发展和科技创新平台建设把脉问诊、建言献策。举办“海智专家荆楚行”活动，40 余位来自 9 个国家的海内外院士专家、企业家以及省有关企业、单位专家参加活动，68 个海内外高科技成果项目与襄阳市、宜昌市、荆门市、十堰市企业对接，部分项目解决相关产业中“卡脖子”技术难题，一批科技成果落户襄阳市。

中国工程院院士专家成果湖北展示与转化中心揭牌仪式在省科技馆举办。活动由副省长赵海山主持，省科协主席郭生练介绍有关情况，中国科协副主席、中国工程院副院长邓秀新致辞，中国工程院党组书记、院长李晓红，省委副书记、省长王忠林共同揭牌。中国工程院院士专家成果湖北展示与转化中心位于省科技馆一层，展示面积 2800 平方米。展示 100 余位中国工程院院士的科学人生及 200 余项科研成果。展厅分为前言、院士风采、院士成果、科学家精神、科技强省、结束语 6 个部分。截至 2022 年年底，参观人数达 7.8 万人次。

院省合作委员会2022年度工作会议听取中国工程科技发展战略湖北研究院工作报告。院省合作委员会办公室设在省科协。

【2022年湖北省科普知识网络大赛和2022年湖北省科普电视大赛】 8月10—24日，举办2022年湖北省科普知识网络大赛，全省累计超过144万人次参赛答题。11月27日，由省科协主办的2022年湖北省科普电视大赛在湖北广播电视台2000平方米演播厅录制完成。省科协党组书记、副主席周德文，党组成员、副主席朱志斌出席活动并为获奖队伍颁奖。中国科学院院士、中国地质大学（武汉）校长王焰新，中国科学院院士、中国科学院水生生物研究所研究员桂建芳，中国工程院院士、中国农业科学院油料作物研究所研究员李培武担任现场评委。武汉大学代表队等10支队伍共30位选手参赛。比赛中，院士专家评委现场点评、答疑解惑，对科技创新的领域做科普展示。武汉纺织大学代表队获得冠军。

（撰稿人：方茁壮　唐　华）

湖南省科学技术协会

服务经济社会发展 推进“科创中国·湖南中心”及试点城市建设。全年发布科技成果1813项，发布技术、服务、人才各类需求576项，新增专家库专家13236人；新发展9个市（县、区）科协、9个学会、1137个企业、22个地方政府部门入驻平台。长沙市已建专家工作站16家、院士工作站24家、技术联合体12个，全年对接科技服务团17个，组织技术路演活动83场次，发布科技成果702项、需求233项，入驻企业173家，入驻专家10862人。衡阳市已建专家工作站1家、院士工作站5家、技术联合体14个，全年对接科技服务团11个，组织技术路演活动32场次，发布科技成果1490项、需求42项，入驻企业733家，入驻专家2672人。

新认定省级院士专家工作站46家，其中院士工作站3家、专家工作站43家，新引进院士、专家团队46个，引进院士、专家等高层次人才53人，推广新技术、新产品100余项，获得授权专利220余项，吸引及培养中、高级以上人才126人，帮助企业解决技术难题60余项，开展科技活动500余场。

举办2022年中国（长沙）海外人才创新创业项目大赛，推动优质项目对接，来自5大洲36个国家和地区的1039个项目参赛，11个获奖项目与湖南湘江新区进行项目签约。举办中小企业技术创新“破零倍增”行动训练营12场，培训企业科技工作者1000余人。组织9名院士开展院士专家行活动3场。组建26个全国科技服务团，与全省企业达成28项合作意向。

组织开展全省科技工作者状况调查和全省青少年科学素质调查2项决策咨询课题研究。组织8位院士、2位知名专家领衔200多位全国学会和省级学会专家组成调研团队，围绕湖南省打造“三个高地”等10个重大课题开展调研，形成20余万字的调研报告和40多项政策建议。

实施省科技助力乡村振兴工程科普小镇建设项目，组织全省19个县级科协打造科普小镇。推动乡村振兴驻村点古丈县红石林镇铁马洲茶叶产业发展，邀请省茶叶专家为村民提供指导，提升茶农科学培管能力。

服务科技工作者 实施和推进“小荷”人才专项。实施科技人才托举工程，全年新增立项支持院士后备人才10名、中青年学者20名、年轻优秀科技工作者20名，45岁以下青年科技工作者占支持总数的80%。完成中国科协求是杰出青年成果转化奖、中国青年科技奖推荐工作，中南大学梁步阁获第二十四届中国科协求是杰出青年成果转化奖，李帝铨、王双印、袁荃获第十七届中国青年科技奖。提名推荐100名2022年中国科协科技人才奖项评审专家入库候选人。组织省内科技工作者参加中国科协党校科技人才“领航计划”青年科技领军人才国情研修班。启动省卓越工程师评选活动。

开展2022年全国科技工作者日湖南系列活动，组织开设“众心向党　自立自强——党领导下的科学家主题展”，参观人数超过8万人次，该主题展成为省委党校现场教学点。组织科学家精神宣讲团“三进”活动，开展14场科学家精神宣讲报告会。开展“最美科技工作者”评选宣传，在《湖南日报》开设“科创湖南之星”专栏，宣传10名湖南省“最美科技工作者”。《弘扬科学家精神　服务“三高四新”》纳入地铁公益广告，超100万人次观看。

组织科学家精神教育基地推选活动，隆平稻作公园和陈能宽故居获评2022年度全国科学家精神教育基地。组织参加中国科协“科学也偶像”短视频征集活动，获最佳组织单位奖。2022年实施海智计划5个，其中新建海智基地2个、海智计划示范项目3个。

《科学素质纲要》实施和科普工作 全省科协系统举办科普活动 1981 次，受众超 1000 万人次；举办线下青少年科技竞赛 7 项，参与人数 8260 人次；注册科技志愿者 24 万余人、科技志愿服务组织 3721 个。

推动省政府召开省科学素质行动规划纲要推进工作电视电话会议，副省长陈飞出席会议并讲话。印发《2022 年湖南省全民科学素质行动工作要点》，对 5 类重点人群科学素质行动和 4 项重点工程作部署。

科普资源助推“双减”工作。联合省教育厅印发《关于印发〈湖南省利用科普资源助推“双减”工作实施方案〉的通知》，启动“院士来了”“名家来了”等科普系列活动，开展“赋能基层·辅助未来”进校园人工智能培训活动，受众超 3000 万人次；支持各级各类科普教育基地开展研学及科普实践活动，帮助张家界市推出 7 条科普研学路线，张家界市被中国科协授予科普研学试点城市。

完成首届科普职称评审。省科协先后完成 5 场《湖南省科学传播专业职称评价体系建设》专家论证，联合省人力资源社会保障厅印发《湖南省科学传播专业职称申报评价办法（试行）》，首次在自然科学研究系列职称下设科学传播专业。2022 年度首次评审工作于 11 月在长沙市举办，7 人获评正高级科普师职称，21 人获评副高级科普师职称。

推进科普信息化。加强省科技传播信息化平台建设，提升“科普湖南”品牌质量，继续支持科普信息员为公众提供高效精准的科普服务，全省 230 多万科普信息员分享科普中国信息近 3 亿次。

推进科普基础设施建设。2022 年，全省各级免费开放科技馆 11 所、农村中学科技馆 44 所，其中省科技馆接待观众 36 余万人次，接待团队参观 37095 人次，医务工作者参观 2202 人次。5 套流动科技馆完成巡展 36 站。40 台科普大篷车以“喜迎二十大——科普新征程”“双减”等为主题共开展活动 483 次，进校园 435 所，行程 98477 千米，受众 714105 人次。新认定 2022—2027 年度省科普教育基地 89 个，省级以上科普教育基地超过 200 个。组织实施 2022 年度“基层科普行动计划”项目。

举办 2022 年省全国科普日活动，开展省植物多样性之美科普主题展览、食品安全与医疗急救科普活动、“节水湖南　你我同行”科普主题宣传等 9 项重点科普活动，线上线下超过 200 万人次参与。

开展 2022 年“英才计划”，对 10 所高中的 65 名学生实施五大学科培养；举办第 43 届湖南省青少年科技创新大赛、开展圆梦工程——2022 年湖南省青少年科普志愿服务专项行动、科普 3:30——神奇的地球、科技教育乡村行、青少年科学调查体验活动、青少年高校科学营湖南营等青少年科技活动，其中科普 3:30——神奇的地球获教育部重点推介，入驻人民日报客户端、芒果 TV 等平台。

学术交流 2022 年全省科协系统举办学术会议活动 900 余场，其中境内国际学术会议活动 6 场，线上线下参加人数 80 万余人次，院士 246 人次，交流论文、报告 1000 余篇，出版论文集 38 本。

承办第二十四届中国科协年会。年会设 5 个板块，打造 35 项专题活动，举办 300 余场高水平学术报告、68 场主旨（特邀）报告。26 个全国学会对接湖南省 122 项技术需求，组织 60 余名院士专家开展“入湘行动”。

成立“科创中国”潇湘青年百人会，成为首个省级青年百人会组织，为湖南省优秀青年科学家、企业家和创投家搭建协同联动的合作平台。

联合省工业和信息化厅、省科技厅等部门举办首届湖南省先进制造业科技创新大赛。主办 2022 湖南科技论坛暨学科交叉学术交流会议。组织参加湖南省第一届职业技能大赛，获行业代表团优秀团体奖。

参与全省重大学术活动的协办。负责 8 名出席 2022 世界计算大会在湘院士的邀请和接待。

自身建设 截至 2022 年年底，全省共建立各级各类科协组织 3.77 万个，同比增长 2.1%。持续推进深化改革，56 项改革总任务已完成 55 项，完成率 98.21%。调整省科协机关“三定”方案，对标中国科协机关“三定”规定，机构设置、职能调整更加优化合理。

实施“学会服务能力提升计划”项目 51 个，支持 36 个学会开展党建、两化建设、承接政府转移职能、科技服务等，支持科协工作联盟 1 个（长株潭科协联合体）、科创联盟 4 个（先进制造、检验检测、石油化工、专精特新）；组织学会实施“乡村振兴试点项目”5 个；促成学会承接政府转移职能 3 项；新建学会服务站 3 个。

组织开展 5 次省科协主席联席会议，组织兼职主席调研企业、科研院所。实施协会领导和机关部室联系学会制度，对 163 个省级学会、民办非企业单位全部进行联系服务，首次实现一个年度内联系服务学会全覆盖。

省级学会 全省共有省级学会158个（全年新增省级学会5个：省工程热物理学会、省绿色建筑学会、省早教托育学会、省量子科技学会、省图学学会）、民办非企业单位4个、基金会1个；接纳省医学科技教育学会为省科协业务主管学会；指导省城乡规划学会并入省国土空间规划学会后注销；参加全国学会、省级学会举办的学术年会、论坛、竞赛等活动60余场；指导学会参加社会组织评估工作，3个学会获评5A级社会组织；组织学会参加全省“十百千”示范社会组织创建工作，3个学会获评第三批湖南省示范社会组织。

省科普作家协会、省预防医学会开展应急科普宣传，制作科普海报展板108幅、科普视频50个，开展科普直播22期，推送专题科普文章35篇，受众近2600万人次；省园艺学会组织专家开展科技下乡服务171次，派出专家483人次，服务新型经营主体152个，开展技术培训56场，培训人数22132人次。

省自动化学会举办首届湖南省先进制造业科技创新大赛，省针灸学会组织参加2022中华医药产业发展澳门论坛、世界针灸学会联合会第十届会员大会等国际学术交流会议。

地市县科协 截至2022年年底，全省共有市州科协14个、县市区科协122个，12个市州科协成立社会组织行业党委。

长沙市科协联合《长沙晚报》在“科普长沙”推出“科学大求真”专题；永州市科协建成永州409科普园；张家界市科协发展“科普+旅游+产业”“7+2”科普研学模式。株洲市、衡阳市、岳阳市、怀化市科协利用科普资源助力“双减”工作，推动开展中小学“科教课堂”“会校合作”“科学夏令营”“科普漂流”等活动。

郴州市、娄底市科协大力宣传优秀科技工作者。郴州市科协在“郴州发布”推出《你真正该追的星——郴州2022年“最美科技天团”》；娄底市科协开展“才聚娄底·智绘未来”宣传。

常德市、湘潭市、邵阳市、益阳市科协围绕市委、市政府重点工作提供决策咨询。常德市科协完成《关于做优做强特色蔬菜产业的建议》等4个建言课题，湘潭市科协筹建产业强市咨询智库，邵阳市科协聚焦市委人才工作“五大行动”开展工作，益阳市科协搭建院士专家服务平台。湘西土家族苗族自治州科协聚焦乡村振兴，举办“科技赋能首倡地　创新引领新湘西”高峰论坛。

科协基层组织 全省共有企业科协5548个、园区科协118个，全省116所普通高校已建立科协组织98个（新增2个）、乡镇（街道）科协1963个、村（社区）科协29995个。

湖南大学科协开展“心怀梦想，走进物理”“传承红色基因，同担历史使命”“感受科普魅力，领略名校风采”等科普活动20余场；中南大学科协组织开展2022年科技活动周、科技工作者日、全国科普日系列活动，入选科普类活动、基地、专家、表彰共162个/项，获评中国科协2022年全国科技工作者日活动优秀组织单位。

全省企业科协开展创新方法推广应用与成果转化服务系列行动，全年组织创新方法与创新能力提升训练营22场，累计培育2000余名科技工作者，其中国家级创新工程师38名、创新培训师34名、创新咨询师17名，省级创新工程师405名，中、初级技术经理人300余人。

【2022年全国科技工作者日湖南系列活动暨“小荷”人才专项启动仪式】 5月26日，2022年全国科技工作者日湖南系列活动暨“小荷”人才专项启动仪式在长沙市举办。省政协副主席张大方，中国工程院院士印遇龙、柴立元出席启动仪式。省科协党组书记、常务副主席王瑰曙在启动式上讲话。来自社会各界的人士及“小荷”人才共200余人参加启动仪式。

启动仪式上，举办“小荷”人才专项支持对象颁证仪式。“小荷”人才专项按照破除“四唯”、降低门槛、帮早扶初原则，遴选50名30岁以下、省“三高四新”战略亟须的各类青年科技人才，以项目资助方式予以支持。湖南财信金融控股集团有限公司设立“小荷”财信科学奖。全省14个市州科协结合当地实际启动本级“小荷”人才专项工作，立项支持200余名“小荷”人才，形成全省各级科协组织齐心协力支持培养青年科技人才良好态势。

【2022湖南科技论坛暨学科交叉学术交流会议】 12月16日，由省科协主办，湘西土家族苗族自治州科协、省公路学会、省中医药和中西医结合学会、省富硒生物产业协会联合承办的2022湖南科技论坛暨学科交叉学术交流会议在长沙市举办，论坛主题为“科技赋能产业高质量发展”。省科协党组书记、常务副主席王瑰曙出席并致辞，来自省公路学会、湖

南中医药大学等单位的专家学者出席会议。省级学会、高校科协、企业的科技工作者等100余人参加现场会，24.3万人次线上参加会议。

朱镇华、程水源、周栋梁3名专家分别以《千方百“剂”——中医药抗击新冠肺炎》《中国硒产业发展态势与湘西应答》《发挥科技引领作用　振兴湖南高速事业》为题作主旨报告。

（撰稿人：彭晓菡）

广东省科学技术协会

服务经济社会发展　持续推进49家院士工作站、293家科技专家工作站、158家学会科技服务站升级赋能，推动科研攻关、协同创新。加快广州市、深圳市、佛山市、东莞市松山湖高新技术产业开发区4个“科创中国”试点城市（园区）建设。广州市科协举办第8届中国（广州）创新创业成果交易会，展出全球科创成果9000余项，成交额达8.67亿元。深圳市科协探索“创投大会+服务平台+资源共享平台+投资联合体+大湾区联合体+示范试点单位”创新服务体系，促成32个创业团队落地深圳市。佛山市设立专项资金用于“科创中国”等项目，连续5年举办全国发明展览会。全省有11家单位成功注册2022年度“科创中国”科技服务团，2家单位入选2022年“科创中国”试点城市（园区）系列品牌活动项目，3家单位获批中国科协首批“科创中国”创新基地。

开展广东青年科学家地市行活动。建有26个科技小院，获得教育部、农业农村部、中国科协支持。省科协被评为2021年度全国科协系统助力乡村振兴工作优秀单位。

中国工程科技发展战略广东研究院撤销理事会，成立院省合作委员会，院省合作向纵深发展。向中国工程院推荐4个咨询研究亮点项目。探索关键核心技术，攻关新型举国体制“广东路径”，征集2023年度咨询研究项目选题204份。

支持广州市、佛山市及省科协海智工作站海外公司申报中国科协海智计划基地，推动高质量建设深圳市、广州市南沙区、广州市黄埔区、珠海市横琴新区国家海外人才离岸创新创业基地。新增省科协海智工作站17家，全省现有海智工作站109家，开展引智对接活动276次，引进项目213项，引进人才345人。

服务科技工作者　在2022年全国科技工作者日前夕，省委书记李希对全省科技工作者作出批示。5月30日，省科协举办广东省“最美科技工作者”发布仪式暨建设高水平科技创新强省座谈会，传达学习李希同志的批示精神，宣读致全省科技工作者的慰问信，科技工作者代表围绕学习贯彻批示精神谈感想、说体会，积极建言献策。省科协领导先后走访慰问陈克复、彭平安、徐义刚、高松等10余名院士和一批一线科技工作者，全省各级科协走访慰问院士专家、基层科技工作者等共计1000余人，传达党和政府的关怀和温暖。6—7月，省科协党组成员牵头到基层科协、科技创新一线开展专题调研，提出对策措施，推动将批示精神落到实处。组织科学家精神进校园，科技工作者进园区、企业、农村，港澳科技工作者进广东，科协委员进科普基地“四进”活动。

探索青年科技人才选拔培养机制，制订《青年科技人才培育计划管理办法》，遴选30名优秀青年科技工作者为首批培育人选。举荐国家级科技奖项候选人32名、省政协委员人选5名，1人获得第十七届中国青年科技奖。联合省委宣传部、省科技厅等6部门，开展广东省“最美科技工作者”学习宣传活动，省、市共选树240名“最美科技工作者”。

提名的11个项目荣获2021年度广东省科学技术奖。其中，自然科学奖一等奖1项、技术发明奖一等奖2项、科技进步奖一等奖2项。推荐的2名科技工作者被评为“第十二届南粤巾帼十杰”。

《科学素质纲要》实施和科普工作　联合省科技厅完成《广东省关于新时代进一步加强科学技术普及工作的实施方案》，以省委办公厅、省政府办公厅名义印发。新修订的《广东省科学技术奖励办法》在科技进步奖中增加科普奖。21个地级以上市政府印发“十四五”期间本级科学素质行动规划纲要实施方案。推进广东科普集团筹建和“粤科普”公共服务平台规划建设工作。

组织2021—2025年全国科普示范县（市、区）创建工作的实地检查验收，23个创建单位通过省级验收。推动全省现代科技馆体系建设，广州市、深圳市等4个地级以上市已立项并启动建设。继续做好科技馆免费开放工作，2022年广东省17家科技馆共获得中央财政补助2288万元。

科普大篷车开展活动408次，全省53万余人次受益，“科普轻骑兵”作用凸显。做好2021—2025年度全国科普教育基地评选认定工作，共有71家基地入选。组织开展2022—2026年度广东省科普教育基地评选认定工作，建有省级科普教育基地604家。

深入开展全省科技进步活动月和文化科技卫生“三下乡”、全国科普日活动、第三届广东省全民科学素质大赛、第37届广东省青少年科技创新大赛等主题科普活动，“广东科普”全媒体平台总粉丝数达172.3万、总阅读量4159.2万次，社会影响力不断扩大。

学术交流 举办第二十届广东省科协学术活动月，开展论坛、竞赛、展览等1000多场。围绕低碳技术、人工智能、量子科技等主题，举办岭南科学论坛11场。参与筹办大湾区科学论坛，协同打造全球科学发展合作平台。

支持举办博鳌亚洲论坛国际科技与创新论坛第二届大会，支持仲恺农业工程学院申办2025年亚洲菌物学大会，促进与国际科技界开放合作。

与香港机电工程署联合举办第三届绿色创科日、机电创科开放日2022等活动，与海峡两岸暨港澳协同创新联盟、澳门科学技术协进会联合主办2022海峡两岸暨港澳协同创新论坛。

开展港澳台大学生暑期实习活动、2022年粤港澳青少年科技创新合作交流活动。主办第17、第18届泛珠三角区域科协和科技团体合作联席会议，推动泛珠三角区域9省（自治区）与香港特别行政区、澳门特别行政区交流合作。筹备2022大湾区工程师论坛。

自身建设 2022年，健全科技社团理事长选任、秘书长聘任机制，推动科技社团办事机构实体化、服务会员精准化、学术活动常态化、日常管理信息化、党建工作规范化。制订《关于进一步加强新时代学会工作的指导意见》，修订《广东省科协主管科技类社会组织管理办法》，持续开展科技社团综合能力评估，推动一流科技社团建设。

省级学会 截至2022年年底，全省共有省级学会206个。新成立8家科技社团和1家社会服务机构，新吸纳4家团体会员。

省环境科学学会打造“十百千”党建特色品牌，树立学会党建标杆。省干细胞与再生医学学会举办2022国际（广州）干细胞与精准医疗产业化大会。省电机工程学会设立的广东电力科学技术奖、省真空学会设立的广东省真空科技创新奖影响力不断扩大。省标准化协会发布全国首个《高端定制女装》团体标准。省精准医学应用学会建立全国首个临床生物信息创新合作平台。省计算机学会经人力资源社会保障部批准，获得“网络安全管理安全员”认定资格。

地市县科协 2022年，新设置县级科协党组织4个，全省已有85个县级科协独立设置党组织，惠州市、潮州市、揭阳市、茂名市、河源市实现县级科协党组织全覆盖。

广州市、江门市科协持续开展青年科技人才托举，深圳市、珠海市科协启动青年科技人才托举工作。汕头市、潮州市、揭阳市科协推荐的7人荣获首届潮汕星河黄旭华科技创新奖。

东莞市科协举办2022年发展战略院士咨询委员会年会，承办2022中国（东莞）智能终端产业高峰论坛。惠州市科协举办惠州西湖科学讲坛4期。中山市科协与广东省科协联合主办中山市科协院士论坛——科技社团助力中山人才与产业融合发展研讨会暨企业科技人才创新方法交流研讨活动。

广州市科协在全国首创资源覆盖全市、时间跨度全年的“科普开放日”活动。深圳市科协创办《科技前沿信息》，及时推送最新科技信息。

科协基层组织 2022年，推动省内央企科协全覆盖，共成立企业科协992家；新成立乡镇科协35个，全省已有83个县（市、区）实现乡镇科协组织全覆盖；在中山大学等3所高校成立科协组织，已成立高校科协89家。

广州市黄埔区科协探索建设黄埔少年科学院，形成科普进校园黄埔联动协作模式。清远市清城区科协组建清城区科普讲师团，打造科普百课进基层、电台“科普有约”栏目等特色品牌。

【粤港澳大湾区工程师资格互认工作】 2022年，省科协与香港贸易发展局、香港工程师学会、香港海外学人联合会等机构和社团建立沟通协作机制，增进工程师资格工作互信与认同。赴省住房城乡建设厅、省人力资源社会保障厅等职能部门及珠海市横琴新区、深圳市前海合作区、广州市南沙区、广州市黄埔区等地调研香港特别行政区、澳门特别行政区人才互认政策及落地情况，加强对广东省、香港特别行政区、澳门特别行政区工程领域规则衔接、专业标准、法规政策等的探讨交流，推动工程师资格互认走深走实。完成中国科协工程师资格区域互认试点任务，协同推动新增18家香港特别行政区、澳门特别行政区建筑工程企业和151名建筑工程专业人士在大湾区进行开业执业备案；新增5个非准入类试点专业，实现专业技术人员互认236人、会员互认28人，开展工程能力水平评价 286 人。

【广东青年科学家地市行活动】 2022 年，省科协选择 7 个省级学会、高校科协，采用小分队、多批次的形式开展广东青年科学家地市行活动。由地市提出人才和技术需求，省科协组织青年科学家开展精准对接，围绕地方产业发展需求开展科技服务。突出发挥省级学会的人才优势，促进省级学会科技人才与产业融合，帮助粤东西北地区解决人才、技术短缺问题，探索建立粤东西北地区柔性引才机制。全年共组织省甘蔗学会等单位的约 140 名专家赴粤东西北地区开展实地技术指导、技术培训、技术攻关和人才对接等，解决专业技术问题近 130 项。

（撰稿人：刘泽周）

广西壮族自治区科学技术协会

服务经济社会发展 以“科创中国”品牌为引领，实施“科创中国·广西”行动。推动广西南南铝加工有限公司、柳州五菱汽车科技有限公司、贵港市高新技术应用研究所获得首批“科创中国”创新基地认定。积极引入中国有色金属学会、中国检验检测学会、中国汽车工程学会、中国通信学会、中国空间科学学会、中国林学会等科技服务团专家服务试点城市。促成“科创中国”C-V2X 车联网产业科技服务团柳州示范项目、中国林学会贵港服务站、广西科技大学丘陵山地农业机械化与智能化装备创新研究中心等落地，并促成国家级科技服务团与试点城市达成多项合作协议。

开展“科技搭桥行动”，助力产业振兴。邀请 30 多位院士、100 余名专家，引入 15 个全国学会深入地方开展调研。推动 15 家企业 20 个项目与院士达成“定向研发合作”协议，推动 15 个项目申报“科技搭桥行动”项目。

开展院士广西行和院士专家冬令营活动。自治区科协策划“3+N”广西院士行活动，即有色金属产业发展院士行，交通高质量发展院士行，中国工程院土木、水利与建筑工程学部院士广西行 3 个主题，以及“科技搭桥行动”院士行活动，获得中国工程院立项支持。

承办 2022 年全国大众创业万众创新活动周广西分会场活动，联合 11 家单位展出项目 70 余项。组织参加 2022 年中国创新方法大赛，获一等奖 3 个、二等奖 6 个、三等奖 2 个，其中 1 个项目进入电视擂台赛（全国共 11 支代表队进入擂台赛）。

推进智库改革。将广西科技创新智库更名为广西科技界智库。开展广西科技界智库重点课题研究，立项 5 项揭榜类课题、80 项培育类课题、43 项青年人才托举课题。围绕科协中心工作，立项“广西青年科技人才培养与发展状况调查研究”课题。上报自治区党委、政府《科技工作者建议》12 期。智库成果《广西高层次人才学术水平评价报告》《关于优化我区青年农业科技人才成长环境的建议》《关于加强科技支撑推动广西生物医药产业创新发展的建议》获自治区党委书记刘宁等自治区领导批示。智库成果《第三次广西科技工作者状况调查报告》获广西第十七次社会科学优秀成果奖三等奖。向自治区政协十二届五次会议报送政协提案 4 篇、大会发言 2 篇。《关于补齐海洋科技创新短板弱项，加快推动广西海洋经济高质量发展的提案》被列入 2022 年自治区领导督办重点提案，《关于规范广西城镇污水处理厂运行监督管理的建议》提案荣获 2021 年度自治区政协优秀提案。

科技助力乡村振兴。自治区科协被中国科协评为 2021 年度全国科协系统助力乡村振兴工作优秀单位。各级科协组织累计举办实用技术培训 1811 次，接受培训人数 14.57 万人次；推广新技术新品种 334 项。开展 2022 年广西“科普惠农兴村计划”成果交流活动、广西科技创业富民工程等系列活动。新建广西科技小院 5 家。创新成立广西农技协水稻高工效种管技术专业委员会。广西扶绥坚果科技小院、广西兴宁富凤鸡科技小院被中国农技协评为“最美科技小院”。自治区科协助力定点帮扶村百色市平果市马头镇古念村在平果市率先实现村产业产值达亿元目标。

服务科技工作者 围绕“创新争先，自立自强”主题，举办 2022 年全国科技工作者日广西主场活动，走访慰问科技工作者，表彰第三届广西创新争先奖（含广西卓越工程师奖）获得者，举办第九届广西青年学术年会、科学家精神主题展、科技工作者座谈会等系列活动，自治区主席蓝天立、自治区科协主席黄日波等领导和来自自治区各领域的科技工作者代表 100 多人参加主场活动。自治区科协党组书记、副主席纳翔在出席第九届广西青年学术年会自然科学类分会场活动时，与中国科协主席万钢连线并介绍广西 5·30 特色活动开展情况。自治区科协获中国科协颁发的省级科协“十佳组织单位”，在 2022 年全国科技工作者日活动活跃榜单地方科协组中位居第五位。

向自治区党委、自治区政府申请将“广西杰出工程师奖”更名为“广西卓越工程师奖”。与自治区科技厅等单位联合评选出第三届广西创新争先奖集体10个、广西创新争先奖个人30名、广西卓越工程师奖30名。完成向中国科协推荐第十七届中国青年科技奖、第十八届中国青年女科学家奖、2021年度未来女科学家计划、第二十五届中国科协求是杰出青年成果转化奖广西候选人等工作。

牵头会同自治区党委宣传部等单位评选出10位2022年广西“最美科技工作者”，在广西广播电视台举办发布仪式并播出。钦州市、梧州市、桂林市、玉林市、防城港市、贵港市、百色市、来宾市、崇左市9个市同步开展本区域“最美科技工作者”选树宣传活动。开展科学道德和学风建设宣传活动，广西贵港市黄大年科学家精神教育基地（贵港市港北区高级中学、广西第六地质队黄大年同志事迹展馆）被中国科协等七部委命名为2022年度科学家精神教育基地。联合评选并命名9家首批广西科学家精神教育基地。组建由47名广西科学家组成的科学家精神宣讲团，推动自治区各级科协组织开展科学家精神宣讲团“三进”活动。动员各地举办科学道德和学风建设宣讲报告会110余场次。

全省有省级科技工作者状况调查站点60个、全国科技工作者状况调查站点16个。依托调查站点，协助完成中国科协第五次全国科技工作者状况调查工作。

《科学素质纲要》实施和科普工作 自治区各级科协组织开展全国科普日广西活动暨八桂科普大行动、2022年广西公民科学素质网络竞赛活动、“科普知多少”线上科普答题活动、首届广西网络科普作品创作大赛、“礼赞科普 智启八桂”2022年广西科普“五优”选树宣传活动等主题科普活动1260余场，受众超过2000万人次。

打造科普阵地。29家单位被中国科协认定为2021—2025年全国科普教育基地；11个县（市、区）被中国科协认定为2021—2025年第二批全国科普示范县（市、区）。修订完善《广西科普教育基地管理办法》，认定47个“十四五”期间第一批广西科普教育基地。

推进科普信息化建设。搭建“广西科学传播云平台”，单位总使用量超过529.9万次。“广西云”入选中国科协2022年度“科普中国”融媒体发展省级试点单位；发布在“科普中国”的优质科普资源总传播量达到711.3万次。创建自治区科协视频号，同时运用抖音号加大科普短视频传播平台建设力度。

推进新型科普人才队伍和科技志愿者队伍建设。组建广西科学传播专家库，首批入库专家933人。在中国科协科技志愿服务信息平台注册科技志愿者6.5万人、服务组织1430个，开展服务活动1139个。注册“科普中国”信息员14.59万人，科学传播量近603.7万次。广西科普传播中心志愿队被中国科协评为2022年度科技志愿服务先进典型。

开展青少年科技教育。联合承办第六届“一带一路”青少年创客营与教师研讨活动，来自五大洲74个国家和地区的师生参与活动。广西青少年科技创新自治区主席奖进一步扩大评选对象，增加研究生群体；推进八桂青少年英才培养计划，成为国家“英才计划”扩容首个省份，培养30名英才学子。

2022年，广西科技馆参观人数约68.2万人次；中国流动科技馆广西巡展共巡展31个站点，累计受众88万人次；自治区38辆科普大篷车开展科普活动443场次，受众人数约43.3万人次。

学术交流 2022年，以“八桂科技讲坛”为引领，自治区科协及所属自治区级学会开展322场学术交流活动，通过线上线下结合方式参加活动总人数近百万人次。其中，全国性学术交流活动272场，对外（国际）学术交流活动50场，线上或线下邀请近40名院士、近百名外方专家出席活动。牵头举办第九届广西青年学术年会。支持举办“健康丝绸之路”建设暨第四届中国－东盟卫生合作论坛系列学术活动之主动健康院士交流大会、2022国际有色金属新材料大会、“科创中国·广西”行动交流会暨首届NQI科技大会等会议，深化中外高端学术交流。

现有自治区科协主管、主办科技期刊5种，自治区级学会主办、协办（承办）的科技期刊16种。

自身建设 出台《广西科协处级以上领导干部联系服务科技工作者制度》《自治区科协领导干部联系服务自治区级学会（协会、研究会）工作方案》《自治区科协党组同志联系地方工作方案》等制度、方案，推动科协领导干部服务、联系科协组织和科技工作者。参与中国科协“智慧科协2.0”建设，融入中国科协数字化转型建设；推进“广西科技工作者之家”信息服务平台建设，提升服务科技工作者的能力。

自治区级学会 截至2022年年底，共有自治区级学

会（协会、研究会）118 个，团体会员单位 4 个；自治区级学会（协会、研究会）理事 8625 人，学会团体会员 5117 个，个人会员 13.2 万人。推动学会党建，自治区科协所属的 118 个学会和 4 个团体会员单位建有党支部 94 个（其中联合党支部 4 个），党组织覆盖 96 个学会。建立健全学会管理机制，印发《广西科协学会组织通则（2022 年版）》《自治区科协所属学会（协会、研究会）年度综合能力评价办法（试行）》等，推动学会依法依章规范办会。围绕产业振兴、乡村振兴和“科创中国·广西”行动，持续开展“党旗领航——千名学会专家走基层”活动，组织学会专家深入基层农村、社区、企业、高校、医院等开展技术帮扶、农技推广、项目对接、人才培训、专题讲座、健康咨询等科技志愿服务。共开展学会专家走基层活动 450 余场次，参与学会 40 多个、专家 2000 余人次。

地市县科协 截至 2022 年年底，自治区共有地级市科协 14 个，县（市、区）科协 107 个。南宁市、柳州市、贵港市科协扎实推进“科创中国”试点城市建设，积极导入国家级、省级学会资源，引入高层次人才、院士专家服务地方经济社会发展。桂林市积极举荐服务科技工作者，1 人获广西“最美科技工作者”，5 名科技工作者获第三届广西创新争先奖个人奖，4 名科技工作者获第三届广西卓越工程师奖。梧州市、来宾市、防城港市科协着力推动基层科协组织建设，梧州市科协实现市级国有企业科协组织全覆盖，并成立自治区首个县级工业园区科协——蒙山县工业集中区管理委员会科协；来宾市科协在武宣县试点成立村级科协，实现 150 个行政村（社区）科协组织全覆盖；防城港市科技馆增核科级领导职数 1 名，上思县、东兴市科协增加事业编制各 2 名，防城区科协增加事业编制 1 名，防城港市科技馆年内接待观众 10 万人次。北海市、钦州市、百色市科协服务全民科学素质提升有新突破，北海市科协充实流动科技馆资源，拓展流动科技馆科普项目内容，打造青少年校外科技实践平台；钦州市科协首次创建并认定 26 家市级科普教育基地；百色市科协获市委机构编制委员会办公室批复成立百色市科学技术馆。玉林市科协推动农技协和科技小院建设，成立玉林市首个县级农技协联合会，把各类农技协、合作社、民营企业联合组织起来。贺州市科协借助当地国家级非物质文化遗产——蝴蝶歌传唱科普宣传知识，将科普与非物质文化遗产深度融合。河池市科协通过成果对接实现科技成果转化 52 项。崇左市科协加强建设 3 个国家级科技小院，推动广西石埠乳业集团有限公司申报建立科技小院。

科协基层组织 截至 2022 年年底，共有高校科协 43 个、企业（园区）科协（含工作站）2229 个、乡镇（街道）科协 1121 个、村 / 社区科协 903 个，个人会员 5379 人；农技协 858 个，个人会员 10 万余人。市、县、乡三级科协“三长”覆盖率均达到 100%。广西 14 个市级、107 个县级、1121 个乡镇（街道）科协领导机构（含委员）合计 11542 人，兼职挂职总人数 7317 人，“三长兼职挂职”合计 3889 人，占兼挂职人数的 53.2%。高校科协积极组织科技工作者参加自治区科协各类人才举荐评选、优秀科技工作者宣讲科学道德和学风建设活动、智库建设等工作。各市、县、乡镇科协积极开展科学普及、乡村振兴、科普志愿服务、新时代文明实践、促进民族团结等工作。

【2022 年“八桂之约·院士专家冬令营”暨中国工程院“广西交通高质量发展院士行”活动】 11 月 17—21 日，由自治区党委组织部、自治区科协牵头，联合自治区交通运输厅、自治区科技厅举办 2022 年“八桂之约·院士专家冬令营”暨中国工程院“广西交通高质量发展院士行”活动。11 月 17 日，作为活动重要内容的平陆运河建设暨广西交通高质量发展恳谈会在南宁市举办，自治区主席蓝天立出席会议并讲话，自治区党委副书记刘小明主持恳谈会。恳谈会上，中国工程院原副院长何华武，中国工程院土木、水利与建筑工程学部主任聂建国，广西大学教授郑皆连等 12 位院士、专家开展建言交流。自治区科协党组书记、副主席纳翔参加活动。活动期间，促成院士与 3 家企业签署 5 项合作协议、达成 2 个平台建设合作。

【第九届广西青年学术年会】 5 月 30 日，由自治区科协、自治区社会科学界联合会、共青团广西壮族自治区委员会共同主办的第九届广西青年学术年会在南宁市召开。全国政协副主席、中国科协主席万钢在 2022 年全国科技工作者日座谈会主会场与第九届广西青年学术年会自然科学类分会场连线，听取自治区在第六个全国科技工作者日期间开展的各项特色活动情况汇报，并与年会论文获奖作者交流对话。自治区科协党组书记、副主席纳翔等主办单位领导出席主会场现场活动，来自自治区科研机构、高校的青年学者、论文作者等近 200 人参加会议。年会评选出获奖论文 99 篇，约 2000 余人参加年会。

（撰稿人：陈　磊）

海南省科学技术协会

服务经济社会发展 推动“科创中国”试点城市（园区）建设，推荐海南复兴城产业园投资管理有限公司等3家单位申报并获批首批“科创中国”创新基地。推动省知识产权协会、省质量协会入选三亚崖州湾试点园区科技服务团项目。举办“科创中国”海南优新特农业发展论坛、“科创中国”航天赋能助力深海产业创新论坛，聚焦“科创＋产业＋金融”，服务海南热带特色农业、航天、深海等产业发展。联合举办首届“崖州湾杯”科技创新大赛，142个项目参赛，79个项目晋级决赛。主办2022年中国创新方法大赛海南省赛，12家高新技术企业参赛。

搭建柔性引才引智平台。制定《海南省科协海智工作规划（2022—2025年）》，加强全省海智工作顶层设计。制定印发《海南省海外高层次人才联络站绩效考核实施细则（试行）》，推动平台发挥资源集聚和辐射带动作用。修订《海南省海智计划工作站管理办法》，规范海智平台管理。设立海南省海外高层次人才泰国联络站，拓展全省人才联络站在“一带一路”国家的布局。柔性引进18名北京医学专家，分别与海南医学院第一附属医院等单位签署合作协议。向中国科协推荐6家海智合作机构，联系服务海外人才落地海南。

推动科技创新智库建设工作。动员全省广大科技工作者围绕海南自由贸易港有关产业发展建言献策，汇编上报科技工作者建议6篇，其中《涉农地方高校积极参与国家南繁硅谷建设的建议》等4篇获省领导批示。与中国工程科技发展战略海南研究院开展“国际自贸港背景下海南省国民科学素质发展战略研究”，形成《国际自贸港建设背景下提高海南国民科学素质战略研究背景、意义与现状》等4个专题研究报告，为省委、省政府提供决策咨询。采编《关于搭建我省青年科技人才引育路径的思考》等120篇调查站点信息。配合中国科协完成2次专项调查和第五次全国科技工作者状况调查。

科技助力乡村振兴。推动“科技小院”建设工作，获批设立东方市、琼海市等10个国家级科技小院。在全国率先推广成立10个博士科技农庄。组织93名种植、养殖专家开展科技助农——海南省科协专家服务团行动，助力农业企业和农民疫情后恢复生产生活。做好定点帮扶村（琼中黎族苗族自治县握岱村）乡村振兴工作，在握岱村推广虎奶菇食用菌培植技术并制定《乡村振兴帮扶点虎奶菇种植方案》，举办15期农民实用技术培训等。

服务科技工作者 开展“最美科技工作者”学习宣传活动，评选出2022年海南省“最美科技工作者”20人，向中国科协推荐“全国最美科技工作者”候选人10人，制作播出“最美科技人”电视节目12期，该节目入选中国科协十年优秀工作案例。向中国科协推荐第十七届中国青年科技奖候选人15人、第十八届中国青年女科学家奖候选人5人、第十七届中国青年女科学家奖候选团队1个、2021年度未来女科学家计划候选人3人。重新启动海南省青年科技奖评选表彰活动，全省134名45岁以下青年科技人员申报该奖项。实施青年科技英才创新计划，资助“基于生物复合材料的人工软骨研发与应用”等15个项目。完成2022年省自然科学研究系列职称评定工作，135人通过评审和认定。

大力弘扬科学家精神，推荐海南大学校史馆申报并成功入选首批全国科学家精神教育基地。联合举办“逐梦九天　成就未来”2022年科学家精神宣讲团“三进”活动首场直播活动。组织开展全国科技工作者日系列活动，首次举办“最美科技工作者”发布仪式暨媒体见面会，召开2022年省全国科技工作者日座谈会等活动。举办“众心向党　自立自强——党领导下的科学家主题展”全国巡展（海南站）启动仪式暨首展活动，线上线下观展人数累计超过17.3万人次，组织儋州市、三亚市、五指山市等科协同步开展“党领导下的科学家主题展”活动。联合举办第一届海南省科学道德和学风建设杯辩论赛。

《科学素质纲要》实施和科普工作 印发《海南省全民科学素质行动计划纲要实施方案（2021—2025年）》。召开2022年海南省全民科学素质工作会议，传达省委书记沈晓明、省长冯飞对全省全民科学素质工作的重要批示指示精神。联合省委宣传部等15个省全民科学素质纲要成员单位开展2022年全国科普日海南省主场活动。省科协系统全年举办各类科普服务活动896场次，受众90.45万余人次。成立科技志愿服务组织107个，全省注册科技志愿者3949人，开展科普志愿活动889场次，服务人数15.17万人。动员全省科技、科普工作者投身全民科学素质建设，6个集体受到中国科协表彰。

推荐乐东黎族自治县等5个市县申报并成功入选第二批全国科普示范县（市、区），获批认定全国科普教育基地11个。重新修订印发《海南省基层科普行动计划专项资金管理办法》《海南省基层科普行动计划专项资金实施细则》，实施基层科普行动计划，认定省科普教育基地35个，并择优资助14个省级科普示范基地。深入农村开展“科技三下乡”活动，利用科普大篷车进乡村，为村民开展义诊等科普志愿服务活动。

11月20日，由省科协、省委宣传部等15个省全民科学素质纲要实施工作办公室成员单位主办的2022年全国科普日海南省主场活动启动仪式暨科普主题展在海口市举办，同时举办8家全国科普教育基地授牌仪式。活动以“奋进新征程，科普向未来”为主题，组织91家参展单位、800余种展教资源，在主会场设有海洋科技互动体验等比缩小型海洋机器人实操体验和航空航天主题展互动体验环节。此外，还设有火箭模型、北斗组网模型、无人机等，并配备科普讲解员与现场观众进行互动。活动采取线上线下“5+N”活动架构，涵盖党建引领科技、航空航天、种业研发保护（南繁育种）等5个科普主题展示区，还有生命与健康科普、乡村振兴科普、疫情防控科普、碳达峰碳中和科普等12个特色科普板块。同时开展“云上科普日”活动。

6—8月，省科协联合省科技厅等单位开展万名大学生乡村科普行活动，活动在东方市、澄迈县等8个市县陆续开展，海南大学、海南师范大学、海南医学院、海南热带海洋学院、琼台师范学院、海南经贸职业技术学院等13所高校的大学生科技志愿者深入全省各市县1080个乡村开展科普知识宣讲、支教下乡、惠民义诊等9种乡村科普活动，线上线下受益人数超7万人次。组织百名博士科技志愿服务队深入海口市琼山府城中学等30所学校开展40场科普活动，携手“双百”助力“双减”，受益学生超过4000人次。

加强现代科技馆体系建设，推动完成海南科技馆建设3.9亿元投资。无字教育白沙门公园科普基地科普大篷车社会化运营，开展进乡村、进社区、进学校、进企业等活动150场，累计参加人数逾43万人次。开展中国流动科技馆常规化巡展和区域常态化换展，在儋州市、三亚市等市县累计观展人数达202429人次。在五指山市、澄迈县等地开展流动科技馆巡展讲解员培训，累计线下培训122人次。

青少年科技教育竞赛蓬勃发展，举办第34届海南省青少年科技创新大赛、第十五届海南省青少年科普小先生演讲比赛、第八届奥秘万千·海南省青少年科普知识大赛总决赛、第十二届海南省青少年机器人竞赛等活动。

推动科普信息化。制作播出《科普一分钟》电视栏目365期。建设微信视频号“科普海南”，实时上传《科普一分钟》节目，同时创建“科普海南”直播平台，截至2022年年底，该公众号的粉丝数已有17.1万人。“科普海南”抖音号全年共制作71条防疫科普短视频，总点击量90302次，粉丝数5189人。

学术交流 实施创新驱动助力工程，支持省级学会科普项目5项。全省科协系统开展学术交流活动99场次。承办2022世界新能源汽车大会，举办2022中国种子大会暨南繁硅谷论坛、第十一届海南省科技论坛暨海南生态文明大讲堂、种业创新与国际合作研讨会、第十五届海峡两岸科普论坛等系列高端学术交流活动。

自身建设 自觉提高政治站位、强化政治责任，全力配合省委第四巡视组开展巡视工作。

强化理论武装。召开党组理论学习中心组学习会议13次，集中学习党的二十大报告、习近平总书记考察海南时重要讲话、省第八次党代会报告等。印发关于深入学习宣传贯彻党的二十大精神和省第八次党代会精神等工作方案，深化党史学习教育，开展能力提升建设年暨深化拓展“查堵点、破难题、促发展”活动，举办2期能力提升建设年党性教育专题培训班，邀请3位专家分别就学习贯彻习近平总书记考察海南重要讲话、省第八次党代会精神以及学习宣传贯彻党的二十大精神进行专题培训和辅导，领导班子成员深入基层宣讲党的二十大精神。

王胜增补为省科协第六届委员会副主席，调整省科协第六届委员会委员7人、常务委员会委员2人。

加强学会党组织建设。召开2022年海南省科协省级学会工作暨党建工作会议，引领省级学会发展，提升学会发展能力。指导省化学化工学会召开党员大会，进行换届选举。成立3家学会功能型党组织。省科协所属的76个学会中，已有70个学会成立党支部。编辑印发《学会党建》73期。

推进科协组织规范化建设。印发《海南省科学技术协会关于做好换届工作的通知》，明确责任要求和完成时限，统筹推进市县科协换届，推进乡镇（街道）、村建立科协组织。组建换届调研指导小组，累计开展换届调研指导8场次，完成12个市县科协换届工作。持续开展基层科协组织“3+1”试点工作，278名“三长”任基层科协组织兼职副主席。优化学会治理结构，新增省科协团体会员1家。印发《海南省科协学会联合体工作规范（试行）》，批复成立省科协医养健康管理联合体，指导省产学研合作促进会等2家学会召开第一次会员代表大会，指导省护理学会、省电子学会等5家学会完成换届。

开展能力提升培训。研究制定“1+1+3”方案和《海南省科协“能力提升建设年”活动督导工作方案》，健全工作督导机制。开展新闻写作和拍摄技巧、党性教育等培训41次，累计培训4405人次。举办“科协开讲啦”活动9期，能力提升建设年知识竞赛、机关公文写作技能比赛等，收到科普志愿服务工作等调研报告41篇。

开展疫情防控工作。下发《海南省科协疫情防控倡议书》，动员科协系统干部职工和广大科技工作者下沉一线，开展应急科普、科学防治和科技志愿服务，先后派出4批17人支援三亚市、万宁市抗疫。

省级学会 截至2022年年底，全省共有省级学会107个，注册会员27673人。

省计算机学会举办2022泛珠三角大学生计算机作品赛海南省赛暨“久其杯”海南省大学生计算机作品赛、2022年中国高校计算机大赛团体程序设计天梯赛海南省赛等竞赛。省蜂业学会承接海南省蜂遗传资源调查任务，开展海南中蜂、无刺蜂的形态和生产性能测定工作。省地质地理学会举办海洋地质调查与海岸带环境保护研修班，来自亚非拉等9个国家的24名技术人员参加线上培训。省解剖学会承办“一带一路”国际解剖学联盟学术会议，邀请国内2名院士及国内外53名专家作大会报告及分会场报告。省人工智能学会申报中国科协“智惠行动·百会百县乡村行”科技志愿服务项目（澄迈县中小学人工智能科技志愿服务）并获批。省气象学会开展世界气象日、科技活动周、千乡万村气象科普行、气象防灾减灾志愿者中国行海南活动和全国科普日系列科普活动。

地市县科协 截至2022年年底，全省共有市县（区）科协22个。

海口市科协开展农村专业技术培训6场次，内容涉及荔枝等种养殖技术，参与培训农民237人。三亚市科协充分发挥科普信息化作用，“科普三亚”公众号全年累计推送科普推文1302条，阅读量4万余人次。儋州市科协大力弘扬科学家精神，举办“众心向党　自立自强——党领导下的科学家主题展”海南儋州站活动，线上与线下近万人次观展。琼海市科协举办油茶栽培技术培训班8期，参训400多人。昌江黎族自治县政府办印发《昌江黎族自治县全民科学素质行动规划纲要实施方案（2021—2025年）》。东方市科协成立“新东方人”科技人才联络站，组织70名候鸟专家指导种植及病虫防治技术，助力芒果、哈密瓜等种植产业发展。白沙黎族自治县科协与中国热带农业科学院橡胶研究所签订《所会科普战略合作协议》，为乡村振兴提供科技支撑。琼中黎族苗族自治县科协召开第一次代表大会，吸纳优秀“三长”进入科协领导机构兼职，加强科协组织建设。

科协基层组织 截至2022年年底，全省共有企业科协13家，新成立中科国业投资集团（海南）有限公司科协和海南葫芦娃药业集团股份有限公司科协；高校科协7个；园区科协1个；乡镇（社区）科协116个，1518个社区（村）实现科普组织全覆盖；基层农技协106个，会员登记9328人。

三亚崖州湾科技城科协举办“科创中国”航天赋能助力深海产业创新论坛、“众心向党　自力自强——党领导下的科学家主题展”、南繁育种科技主题展等活动。三亚莲雾协会邢军等2人获评中国农技协百强乡土人才。

【《海南省全民科学素质行动规划纲要实施方案（2021—2025年）》印发】 3月26日，省人民政府办公厅印发《海南省全民科学素质行动规划纲要实施方案（2021—2025年）》，对省“十四五”时期及未来15年海南省推进全省科普向纵深发展，提升全民科学素质总体要求、重点任务、重要举措、保障措施作出全面规划和部署，这是海南省关于全民科学素质的第一个中长期规划，同时也是推动省科普工作守正创新、高质量发展的重要依据和遵循。

【第十一届海南省科技论坛暨海南生态文明大讲堂】 11月29日，第十一届海南省科技论坛暨海南生态文明大讲堂在海口市举办。论坛围绕“推动绿色发展　建设美丽新海南”主题，分设热带岛屿应对气候变化与碳中和、热带生态系统保育与可持续利用、热带环境污染治理与修复、热带生态经济与规划管理4个分论坛。论坛邀请中国工程院院士侯立安、尹伟伦，加拿大皇家科学院院士陈镜明，日本工程院外籍

院士董勤喜，发展中国家科学院院士刘彦随作主旨报告。论坛采用“线上＋线下”“主会场＋分会场”形式开展，来自国内外相关领域的专家学者150余人参加会议。中国科学院院士、省科协主席、海南大学校长骆清铭出席并致辞，省科协党组成员、副主席王胜出席会议，省科协党组成员、副主席徐伟主持会议。

【第十五届海峡两岸科普论坛】 11月3日，由中国科协港澳台办公室指导，省科协、福建省科协等单位共同主办的第十五届海峡两岸科普论坛在海口市举办，主题为“共享科普创新　深化融合发展”。论坛设置主旨报告、圆桌对话、平行分论坛、参观调研科普教育基地等活动，同步配套科普产品展览，通过视频、图文、实物陈列等形式集中展示海南省、台湾地区科技、科普创新成果。两岸专家学者和嘉宾近200人参加论坛，征集论文200余篇。

（撰稿人：林　文）

重庆市科学技术协会

服务经济社会发展　做强“科创中国”品牌。全面落实《重庆市“科创中国”三年行动计划（2021—2023年）》，成功申报2022年“科创中国”项目5个，重庆明月湖协同创新研究院有限公司、重庆长安汽车股份有限公司、重庆菁英科技经济融合发展服务中心3个单位获批中国科协“科创中国”创新基地。举办科创中国@重庆双月论坛3期、创新方法培训班5期。开展5场专家区县行活动，13支专家服务队帮助区县、企业解决科技难题60余个。发起成立市科协高新技术企业创新发展促进联合体，推动成立三峡药材科技创新联盟、重庆国际生物医药知识产权运营中心暨中国科学院（重庆）生物医药专利池。

搭建创新创业平台。新建院士工作站3家，院士工作站总数达31家，牵头开展百名顶尖人才智汇重庆专项。承办“科学与中国”20周年科普工作座谈会暨院士重庆行活动、第一届中国科技青年论坛人民生命健康专题分论坛。新建海智工作站12家，总数达64家，成立海智工作联盟，开展海智专家区县行等活动。两江新区国家海外人才离岸创新创业基地设立5个合作中心和1个海外站点，举办2022智汇两江·国际孵化合作创新论坛，西部科学城重庆高新区离岸基地举办海外高层次人才专场路演活动。组织发动一线科技工作者开展以小发明、小技改、小设计为主要内容的岗位创新争先活动。

实施科技助力乡村振兴行动。动员35家市级学会、24家区县科协结对共建70个乡村振兴示范镇村，开展各类服务活动355场次。已建或获批建设21家科技小院。市科协对口定点帮扶万州区恒合土家族乡，组织技术咨询、科技志愿服务活动12场次，帮扶资金、捐物折资200万余元，建成一批科普阵地。

开展决策咨询。联合有关单位共建科技伦理治理研究中心、重庆农业农村科技人才发展研究中心、西部职教基地发展研究中心，科协共建智库达到10家。组织开展“成渝地区战略科技力量分布及协同研究”“第三次重庆市科技工作者状况调查”等课题研究30项。通过《院士专家建议》报送决策咨询专报39篇，其中27篇获得省部级领导批示。举办第七届科协改革研讨会。8项智库成果获得第八届重庆市发展研究奖。

服务科技工作者　组织第六个全国科技工作者日系列活动，举办“党领导下的科学家”主题展。西南大学侯光炯纪念馆获评首批全国科学家精神教育基地，组建科学家精神宣讲团。联合西南政法大学出版《科技工作者法治知识精要》。承办中国科协“领航计划”国情研修活动。

制度性推进“为科技工作者办实事、助科技工作者作贡献”行动。认真履行联席会议办公室职责，对行动实施情况进行全面评估，牵头制定并印发行动长效机制，协同其他成员单位持续推动20条工作清单全面落地。全年提供住房保障服务102人次、医疗保健服务8493人次，落实子女入学服务154人次，提供配偶子女就业服务40人次。累计出台《重庆市推进高水平科技创新平台人才队伍高质量发展的措施》等21项政策。

召开市科协系统人才工作会议，出台《关于加强和改进新时代科技人才工作的若干举措》，制定《重庆市科协“十四五”时期人才工作规划》。落实“科技专员＋联络员”服务模式，为院士专家提供个性化服务600余人次。积极举荐优秀科技人才，市青少年科技创新市长奖扩面增容，第十三届重庆市青少年科技创新市长奖表彰58人；推荐2人获评第十七届中国青年科技奖。开展市“最美科技工作者”“最美科技志愿者”“最美工程师”选树宣传活动，推出先进典型50人。

《科学素质纲要》实施和科普工作　全面落实纲

要实施牵头单位责任。联合开展全国科普日、“我的智能生活”2022年智博会全民生活秀等品牌活动。举办第五届重庆市公民科学素质大赛，500万余人次参与。创建老年科技大学，实施智慧助老行动。成立市残疾人科技创新教育基地和市科协关心下一代工作委员会。与市教委联合印发十条举措推动科普助力“双减”工作，命名52家中小学校外科普基地。举办第37届市青少年科技创新大赛、2022年市青少年机器人竞赛等赛事活动，86万人次参赛。联合承办第六届“一带一路”青少年创客营与教师研讨活动。开展院士专家科普进校园活动80余场次。举办6场领导干部科技讲堂。

市科协与中国科学院科技战略咨询研究院联合承办“科学与中国”20周年科普工作座谈会暨院士重庆行活动。近10位院士与10余位专家学者和一线科普工作者围绕“新时代科普人才队伍及体制机制建设”展开讨论，走进科普教育基地开展实地调研，中国科学院院士武向平、杨正林、周忠和分别在重庆科技馆、九龙坡区和云阳县作科普报告。

组建科学传播专家团和院士专家科普讲师团，吸纳科普专家800余名。新增注册科技志愿者3万名、科技志愿服务组织400个。持续推出《碳达峰碳中和知多少（城镇篇）》《银龄智慧生活知多少》等系列科普丛书。“科普重庆”中央厨房发布科普资讯22000余条，容量超过15T。做优科普重庆“两微一网”，新增浏览量280万余次。持续开展“防疫科普365”主题宣传，加强防疫科普资源建设。

重庆科技馆打造新时代文明实践科普教育基地，举办活动200余场次，接待观众127万人次。实施基层科普行动计划，创建农村科普示范基地、基层科普场馆、科普示范街镇（社区）40余个。落实区县科技馆建设奖补资金，争取中央财政科技馆免费开放补助资金，建成区县科技馆9个。9个区县获批全国科普示范县（市、区），35个单位成功创建2021—2025年度全国科普教育基地。科普大篷车、流动科技馆走进5个区县。600余个社区科普大学教学点授课，15万余人次受益。

学术交流 承办中国工程院第336场工程科技论坛等全国性、高层次学术交流活动。深化川渝科技交流，与四川省科协等共同举办2022川渝科技学术大会、2022科创中国@双月论坛暨第二届重庆四川技术转移转化大会。支持举办2022国际腐蚀防护与应用大会、金砖国家农村可持续发展民间交流论坛等国际学术会议。推动与港澳台科技交流，联合市台湾事务办公室举办第二届青少年专利孵化展，开展“科普大篷车进台企”活动。

支持市级学会举办学术会议200余场。市人工智能学会牵头承办2021大数据智能化发展暨川渝人工智能联合发展论坛；市科技期刊编辑学会举办科技期刊深度融合发展论坛；市电子学会联合相关高校举办第五届计算机信息科学与应用技术国际学术会议；市中医药学会举办首届中西医整合精准医学大会；市医学会举办2022重庆市医学会眼科学学术年会暨第二十届全军眼科学术大会；市风景园林学会举办首届西部绿色人居与风景园林高峰论坛；市城市规划学会举办“城市更新：以渝中区七星岗街区为研究对象”学术沙龙；市推拿按摩学会举办2022中医外治法学术高峰论坛。

自身建设 开展“喜迎二十大、奋进新征程、建功新时代”主题宣传活动，印发《关于认真学习宣传贯彻党的二十大精神的实施意见》，围绕学习贯彻党的二十大精神开展新时代文明实践“讲科技”宣讲。开展“为加快建设具有全国影响力的科创中心和人才强市而奋斗”大宣讲，线上线下宣讲890余场次，受众30万余人次。

召开市科协五届十二次、十三次、十四次全委会，启动市科协第六次代表大会筹备工作。加强机关党建工作，规范机关及直属单位党支部设置，新增8个党支部。对123个科技社团党支部实行A、B、C类分类管理，新选派48名党建联络员。

召开全市科技社团建设与发展工作会议，出台《关于进一步加强科技社团建设和管理的意见》，联合相关部门出台《关于支持重庆市工程师协会在培养卓越工程师工作中发挥作用的若干举措》《关于支持重庆市青年科技领军人才协会在培育战略科技人才力量中发挥作用的若干举措》《进一步支持老科协高质量发展的通知》，支持打造高水平科技社团32家、高品质科技期刊20个。

打造全国地方科协综合改革示范区。遴选11个区县、12个市级科技社团和9个企事业科协开展改革试点。完成《重庆市科学技术协会条例》修订工作立项论证。制定《重庆市区县（自治县）科学技术协会组织工作规程》。联合市委直属机关工委在全国率先启动机关科协组织建设，市地矿局成立首个机关科

协。11个试点区县增加兼挂职副主席职数，3个区县增设直属事业单位或增加事业编制。探索综合改革评价办法，总结推广改革经验18条。

市级学会 截至2022年年底，市科协主管或联系的市级学会共有166个，其中市科协业务主管学会136个（理科28个、工科47个、农林学会14个、医药卫生15个、综合交叉学科32个）；市科协团体会员学会30个。

2022年，初审同意新成立5个市级学会、2个民办非企单位和2个基金会。开展"僵尸型"社会组织专项清理整顿工作，提请登记管理机关对市劳动保护科学技术学会予以撤销登记。指导市工程师协会等18个学会完成换届工作。推进学会、民非组织档案管理电子化。

市工程师协会发起成立重庆工程师联合体，与澳门工程师学会签订战略合作协议。重庆数学学会、重庆物理学会、重庆市化学化工学会、重庆动物学会、重庆市植物学会、重庆计算机学会等承接五项学科竞赛工作，重庆市中学生在2022年全国高中学生数学、物理学、化学、生物学、信息学等五大学科奥林匹克竞赛决赛中获得金牌49枚、银牌44枚、铜牌3枚。市青少年科技辅导员协会举办川渝地区青少年科技辅导员创新培训等活动，推行科技辅导员专业资格认证。市科技青年联合会开展第八届市十佳科技青年奖评选。市女科技工作者协会举办重庆市"女性与创新"论坛暨2022年国际妇女节女科技工作者代表座谈会。市农学会、市农业机械学会、市水产学会、市蜂业学会、市蚕丝学会等累计选派2000余名专家参与全市农业生产指导与技术服务。重庆天文学会开展"仰望星空，一起向未来"天文科技教育乡村行主题活动。重庆工业设计协会开展"情系乡村心向党"乡村振兴专家行活动。重庆微生物学会举办"助力'双减'、快乐不减"医学科普进社区活动。市预防医学会、市妇幼卫生学会、市心理卫生协会等积极参与疫情防控工作。

区县（自治县）科协 截至2022年年底，全市38个区县（自治县）和万盛经济技术开发区、高新技术产业开发区、两江新区均成立科协。

九龙坡区、江津区、黔江区、大足区、荣昌区、垫江县、云阳县、秀山县、酉阳县、万盛经济技术开发区10个区县召开代表大会，完成换届。巴南区新成立女科技工作者联合会。铜梁区、巫溪县、丰都县、潼南区、江北区、綦江区等由区县科协牵头成立老年科技大学。永川区科协推动"科创中国"科技区域服务团基层协作站落户。沙坪坝区科协命名7家科技经济融合发展示范基地。北碚区开展"缙云狮峰论坛"科技创新平台，常态化开展产业技术峰会、创新创业大赛及沙龙主题活动。璧山区举办"重庆大学老专家科技服务团璧山行"系列活动。渝北区与四川省广安市科协签订战略合作协议，助力川渝高竹新区发展。万州区组织开展"科创筑梦　助力'双减'"活动。石柱县、奉节县、巫山县等科协开展科技助力乡村振兴科技志愿服务活动。城口县科协在"掌上城口"App开辟"科普城口"专栏。

科协基层组织 截至2022年年底，市企业（园区）、高校、科研院所科协组织共计830家。重庆科普文化产业（集团）有限公司、重庆交通大学绿色航空技术研究院等新成立科协。

重庆大学科协承接中国科协"英才计划"、全国青少年高校科学营、市"雏鹰计划"等青少年创新人才培养任务。西南大学科协举办"含弘讲坛"等专题学术活动62场。重庆邮电大学、重庆交通大学、重庆理工大学、重庆科技学院等高校科协开展科技资源与企业精准对接活动，推动科技成果转化。

各企业科协组织参加"双创"活动、岗位创新争先行动、科技信息应用推广等，推动科技赋能产业创新。重庆长安汽车股份有限公司科协举办2022年研发管理创新增效活动，金山科技公司科协举办科技工作者技能大赛，重庆高速公路集团有限公司科协推出科技创新管理系统，中机中联工程有限公司科协实施青年科技人才培育工程。

全市1031个乡镇（街道）均成立科协。各乡镇（街道）科协依托党群服务中心、社区科普大学、科普活动室、老年科技大学等平台，利用全国科技工作者日、全国科普日、防灾减灾日、食品安全宣传周、法制宣传周、公民科学素质大赛、科技助力乡村振兴、新冠疫情防控等活动和工作，全方位服务基层社会治理创新。

全市在各级民政部门登记的各类农技协组织有876个，其中市级农技协联合会1个、县级农技协联合会27个、镇级农技协联合会1个、产业农技协联合会20个、基层农技协827个。市农村专业技术协会联合会被中国科协宣传文化部表彰为2022年度科技志愿服务先进典型。万州区柠檬协会、黔江区生态水果协会、北碚区静观镇盆景专业技术协会、江津区种子农药协会、云阳县堰坪镇芸山菊花种植协会获2022年中国农技协“百强农技协”荣誉称号；北碚区丽庭花卉种植专业合作社技师邓纪会、江津区花椒产业协会会长陈秀强、丰都县红心柚协会会长李世成获中国农技协“百强乡土人才”荣誉称号；西南大学资源环境学院院长、中国农技协重庆铜梁蔬菜科技小院首席专家陈新平获2022年中国农技协“最美科技工作者”荣誉称号；重庆铜梁蔬菜科技小院、重庆奉节脐橙科技小院获2022年中国农技协“最美科技小院”荣誉称号；重庆铜梁蔬菜科技小院获2022年度中国农技协科技小院联盟“优秀研究生”荣誉称号。

【第十三届重庆市青少年科技创新市长奖颁奖活动】 6月19日，第十三届市青少年科技创新市长奖颁奖活动在重庆科技馆举办。市委副书记、市长胡衡华出席活动并为市长奖获奖者颁奖。副市长、西部科学城重庆高新技术产业开发区党工委书记熊雪宣读市政府表彰决定，并为市长奖提名奖获奖者颁奖。从本届起，市青少年科技创新市长奖评选范围调整为全市职业青年、大学生和中小学生，每个组别设市长奖10名、提名奖10名，共60名。本届市长奖表彰活动是该奖项扩面增容后的首次表彰，共表彰58人，其中周新雨等30人获得市长奖、杨朝龙等28人获得市长奖提名奖。

【重庆科技融媒体中心揭牌成立】 6月28日，重庆科技融媒体中心揭牌仪式在市科协大厦举办。市委宣传部常务副部长曹清尧为重庆科技融媒体中心揭牌。

重庆科技融媒体中心由市委宣传部主导、市科协主管、重庆科普文化产业集团主营，以市科协机关报《重庆科技报》社有限公司为班底进行组建，打造一个集报刊、广播、电视、网站、客户端、公众号、移动屏等于一体的全媒体矩阵，全方位、立体化、多形式开展科技宣传报道，致力建设成为在全国科技传播领域具有一定影响力，重庆市科技宣传报道最权威、最快捷、最专业、最系统的新型主流媒体。

【重庆工程师联合体正式成立】 11月7日，重庆工程师联合体成立大会在市科协大厦举办。市人大常委会副主任沈金强，中国工程院院士、市科协主席、重庆工程师联合体理事会主席潘复生出席会议并讲话，共同为重庆工程师联合体揭牌。

作为全国率先成立的省级工程师联合体，重庆工程师联合体旨在有效发挥桥梁纽带作用，推进卓越工程师队伍建设，完善工程师职业成长服务体系，加强工程师继续教育培训和人才举荐表彰，推动全方位培养、引进、用好工程师，促进科技经济融合发展，凝聚工程科技界、产业界、教育界等创新主体，开展工程科技成果转化，推动产学研深度融合，加强学术交流，创建具有行业影响力的学术品牌。

（撰稿人：贺　鹏　刘　露）

四川省科学技术协会

服务经济社会发展 “天府科技云”精准联系服务企事业单位突破20万家，累计发布科技成果转化项目10221个、委托科研项目3142个，提供各类科技服务信息逾500万项次。组织开展“保姆式”服务“百日攻坚”行动，平台“专职保姆”共685人，服务科技需求信息发布49063项。

推动各类“科创活动”，联合省发展改革委员会、省科技厅组织申报并推荐50个优质项目参加2022年全国“双创”活动周主题展示，参与举办2022中国国际智能产业博览会、2022年“创青春”川渝青年人才创新创业大赛、第二届省中华职业教育创新创业大赛等活动。

举办全省院士（专家）工作站高质量发展推进会，系统总结四川院士（专家）工作站11年建设经验。在“天府科技云”开设院士（专家）工作站“旗舰店”，推动“一站一企”模式向云上共享转变，为全省更多企业提供精准科技服务。全省累计建设院士（专家）工作站737个，柔性引进院士212人、高层次专家2767人，帮助企业解决关键技术难题2708项，获省部级及以上科技奖励1404项，带动建站单位新增产值2650亿元。

依托“天府科技云”的科技资源和人才信息，为党和政府制定科技、人才、产业政策等提供数据支撑和决策依据。2022年共立项15个课题，向省委、省政府报送决策咨询专报3篇，其中《关于提升我省高新区科技创新能力的几点建议》《关于构建我省先进材料产业成果转移转化协同创新机制的对策建议》获得省领导批示，向中国科协报送的《扎实推进科技小院建设、努力培育乡村振兴时代新人》被《科情调查》采用。

服务科技工作者 引导科技工作者（团队）主动依托“天府科技云”平台发布科技所能、科技成果，

开展学会“保姆式”服务，举办省级学会“保姆式”服务专题培训，共有107家省级学会的449名工作人员参与“保姆式”服务。截至12月31日，平台注册科技工作者达146万人，开设科创工作室16.9万家，实现平台科技成果供给达11369项、完成科技成果转化2010笔、提供精准科技服务25.2万项，帮助科技工作者（团队）精准承接科研项目3821项，为广大科技工作者（团队）提供“保姆式”服务250178项、提供科技信息服务超过500万人次。

做好天府杰出科学家、青年科技奖、学术带头人等举荐评选。与省委组织部修订并印发《“天府青城计划”天府杰出科学家项目实施方案》，从36名候选人中推荐15人进入终评；向中国科协提名第十七届中国青年科技奖候选人15名，第十八届中国青年女科学家奖候选人5名、候选团队2个，2021年度未来女科学家计划候选人3名。组织开展第十四批省学术技术带头人初评，从979名申报人选中推荐444名进入终评。

4月24日，2021年省“最美科技工作者”发布仪式在成都市举办，向社会发布2021年省“最美科技工作者”名单及其先进事迹。省人大常委会副主任何延政，省政协副主席林书成，省科协主席、四川大学校长、中国工程院院士李言荣出席并致辞。

《科学素质纲要》实施和科普工作 “天府科技云”平台入驻科普共享基地1000家，为城乡群众提供精准科普服务4.65亿次。

四川科技馆开展各类日常科教活动6000余场次，共接待观众101.5万人次。组织实施“一村（社区）一名科普员（智慧科普传播员）”计划，健全基层科普服务体系。依托“天府科技云”建立全省“智慧科普传播员”工作绩效等精准考评机制。

推动全民科学素质行动，省政府印发《四川省全民科学素质行动实施方案》，推动将全民科学素质建设工作写入《四川省“十四五”科学技术普及发展规划（2021—2025年）》，纳入科普工作联席会议制度议事范围，推动形成做好公民科学素质建设工作合力。

7月14日，省科协、省教育厅、省科技厅、省生态环境厅、省体育局、共青团省委、省妇女联合会、中国科学院成都分院在成都市举办第36届四川省青少年科技创新大赛优秀成果展示交流暨颁奖典礼活动，颁发四川省科协主席奖、“十佳”科技辅导员、创新新苗奖、创意之星奖等奖项。

学术交流 打造学术示范品牌，实施学术引领科技创新。举办第十七届泛珠三角区域科协和科技团体合作联席会，广东省科协、海南省科协、广西壮族自治区科协、四川省科协、云南省科协、贵州省科协、湖南省科协、福建省科协、江西省科协以及京港学术交流中心、澳门工程师学会11个成员单位参与，共同推动泛珠三角区域科协和科技团体之间的合作。配合成都市举办第四届世界科技与发展论坛，承办“碳”寻未来——“双碳”驱动新型能源创新与发展分论坛，发起《“碳”寻未来——新能源装备技术实践暨行动倡议》，旨在以减污降碳协同增效为总抓手，以科技创新驱动装备技术升级、以科研实践引领低碳发展路径、以“双碳”项目孵化促进高层次人才培育。

联合重庆市科协举办第三届川渝科技学术大会暨四川科技学术大会，实施年度“天府期刊卓越行动计划”，共评选出优秀论文92篇，评选出年度最具影响力学术活动10个，评选出年度一流学会10个、优秀学会20个，评选出年度卓越期刊10个、一流期刊10个。

自身建设 “天府科技云”服务工作被纳入中共四川省委十二届二次全会审议通过的《中共四川省委关于深入学习贯彻党的二十大精神在全面建设社会主义现代化国家新征程上奋力谱写四川发展新篇章的决定》，提出要优化院士（专家）工作站建设，加强科学普及，弘扬科学家精神。

推动建成省市县三级天府科技云服务中心暨科协科创服务中心223个，实现全省云服务中心全覆盖。

推进精准绩效和资金管理。配套完善以云平台大数据为基础的精准绩效管理机制，以“天府科技云”平台为科技工作者服务、为企事业单位服务、为城乡群众服务的实时数据为依据，以“保姆式”服务的实际成效为标准，促使绩效管理更加精准、分配资金更加科学合理、财政资金使用效益明显提升。

推动实施一流学会建设行动。制定《四川省科学技术协会省级学会评价标准》，召开全省一流学会建设推进会暨推动天府科技云高质量发展省级学会专场推进会。依据《四川省科学技术协会省级学会评价标准》开展首次省级学会评价工作，持续深化学会治理体系与治理结构改革。

促进学会服务能力提升。以“提升学会业务水平、增强创新发展能力”为主题，精心设置内部行政管理问题解答、新媒体建设运营、依托学术期刊推进学会创新发展以及5A级学会建设经验分享等培训内容，进一步提升学会内部运转和业务水平。

开展学会调研工作。分批次深入省微生物学会、省光学学会、省声学学会、省汽车工程学会、省电源学会等15家省级学会调研，了解学会困难需求，帮助学会解决实际问题，推动学会健康有序发展。

省级学会 截至2022年年底，省科协所属省级学会有203个。

地市县科协 截至2022年年底，全省21个地市科协党组已全部独立建制，183个县（市、区）成立科协。

德阳市科协推进“科创中国”试点城市建设系列活动，组织500家单位、机构以及相关科技工作者入驻“科创中国”数字平台。启动“科创中国”巡讲活动，邀请讲师走进旌阳区干部夜校开展专题宣讲。对接中国机械工程学会、中国卫星导航定位协会、中国航空学会等5家全国学会，合作开展产业创新论坛、产学融合会议、创业科技服务团等项目申报6个。

成都市科协组织成都市科技青年联合会、成都市对外科技交流协会、成都市青少年科技教育协会等9个市级学会成立科普研学联盟，联盟以“共建共享、互学互鉴、互利共赢”为宗旨，以聚集科学家、科普和科幻作家等科普资源进校园，组织开发科普研学、游学线路和课程，协助学校组织中小学生进科普基地开展科普研学、游学等为主要任务。

雅安市雨城区第四小学、天全县城区第一完全小学、雅安市名山区蒙顶山实验小学、芦山科技馆、雅安科技馆入选“科创筑梦”助力“双减”科普行动试点单位。

成都市、巴中市、内江市、泸州市、甘孜藏族自治州、遂宁市、阿坝藏族羌族自治州、雅安市、资阳市、德阳市科协组织开展学习贯彻习近平总书记四川视察重要指示精神系列活动。

科协基层组织 截至2022年年底，全省共有企业科协1144个、高校科协34个，建立2061个乡镇（街道）科协组织。

4月26日，蓉漂人才日·院士（专家）创新工作站分享交流沙龙活动在成都市青白江区召开。青白江区先进材料、智能制造、现代农业等领域13家企业的科技工作者参加。活动通报院士（专家）创新工作站建设情况，分享交流院士（专家）创新工作站建设经验做法，并对2022年新建的7家院士（专家）创新工作站进行授牌。

【第三届川渝科技学术大会暨四川科技学术大会】 11月23日，由省科协、重庆市科协主办的第三届川渝科技学术大会暨四川科技学术大会在成都市举办。中国科协党组书记、分管日常工作副主席、书记处第一书记张玉卓，重庆市人大常委会副主任沈金强视频致辞。省人大常委会副主任王菲出席大会并讲话。省政协副主席林书成，省科协主席、四川大学校长、中国工程院院士李言荣等领导出席大会。大会发布大会优秀论文184篇、年度川渝一流科技期刊20家、年度川渝最具影响力学术活动20项、年度川渝一流学会20个。

大会以“潜心学术钻研、引领科技创新”为主题。在主题报告环节，西南大学博士谌昊、中国人民解放军陆军特色医学中心内分泌科研究员高鹏、中国农业科学院2022级博士研究生周卓、四川大学华西口腔医（学）院医学博士李佳杰4名优秀论文特等奖获奖者通过视频或现场作主旨报告。大会还举办理科、医科、交叉学科3场专题报告会，优秀论文获奖代表作专题报告。线上线下共有超60万人次科技工作者参加会议。

（撰稿人：昝　翅）

贵州省科学技术协会

服务经济社会发展 推动中国科协与省人民政府签署《全面战略合作协议》，共同发力“科技入黔”，支持贵州省承接国家级高端学术活动，推动重大活动、重大项目、重大课题落地贵州省，鼓励和支持高层次科技人才以项目合作的方式到贵州省开展创新创业创造活动。省科协分别同贵州大学、贵州医科大学、贵州科学院、贵州省农业科学院等11家单位签订战略合作协议，共建资源共享平台和协同创新机制。

11月26日，由省科协创新打造的“山海智”高端对话品牌工作启动仪式在贵州广播电视台举办。同日举办“山海智”高端对话品牌工作第一季活动“汇聚山海智　赋能强省会”主题《论道》节目。

6月9日，在中澳创新孵化基地举办省科协首家省级海智基地授牌仪式，基地旨在搭建海外高层次人才引进、项目合作、学术交流、决策咨询平台，引导海外人才更好地为贵州创新驱动和经济社会发展服务。

搭建省科协特色智库——科技创新智库，建立智库评审专家团和学术委员会，首批38位科技工作者正式受聘。修订完善《贵州省科协科技创新智库项目管理办法》。《关于加快推进我省精细磷化工高质量发展的建议》《推进贵州刺梨产业高质量发展调研报告》等关于贵州省重点特色产业发展的决策咨询专报得到省领导批示。开展跨地域、跨领域课题项目研究8个，“贵州算力基础设施建设研究”课题被省委全面深化改革领导小组办公室评为2022年度省委全面深化改革重大调研课题。

开展“科创中国·贵州”行动。围绕“科创中国”试点城市贵阳样板间建设，开展省域内“科创中国”试点城市（园区）培育。围绕贵阳市“1+7+1”建设方案，组建“科创中国”大数据区域服务团和乡村振兴区域服务团，争取中国科协项目支持，为省计算机学会争取到2022年度中国科协“科创中国”区域科技服务团项目。

实施“科技助力乡村振兴行动”，组织动员各级学会围绕省乡村振兴战略，深入地方开展产业规划、技术培训、人才培养、专业技术服务等活动。联合中国仪器仪表学会、中国生物医学工程学会、湖南省农业科学院等在遵义市余庆县开展服务乡村振兴活动。省农业机械学会联合贵阳市农业农村局在贵阳市开阳县南江乡双塘村举办贵阳市2022年春耕生产机械化现场演示推介培训会。指导助力乡村振兴联合体围绕乡村振兴五大行动积极开展“2库3平台”建设。成立联合调研组赴全省23个县开展冷链物流及食用菌产业调研，为助力“黔货出山”和食用菌产业发展提供决策参考。组织动员省级学会开展助力乡村振兴科技服务21次，服务乡村35个，实施技术推广56项，开展项目合作8项。推动省菌物学会、省标准化协会、省品牌促进会等6家社会组织及省轻工职业技术学院、农业职业学院2家中职院校联合成立西南地区首个乡村振兴联合体——省科协助力乡村振兴联合体。联合体开展省冷链物流与食用菌产业专项调研，调研报告报省委、省政府有关部门作决策咨询参考。联合体助力毕节市打造首个国家乡村振兴示范村，与威宁县新发乡开展项目合作，为威宁县新发乡阿嘎村创建国家乡村振兴示范区提供科技服务。

实施2022年基层科普行动计划。以19个全国科普示范县为重点，围绕支持服务乡村振兴、科普示范社区建设、科普信息化建设、科技志愿服务等，投入资金1555万元，实施“清镇红枫山韵生态茶产业科普基地”“贵阳市科协系统科普志愿者服务信息系统建设工程”等124个项目。

实施学会科技公共服务能力提升行动。引导支持学会围绕第三方科技评价、工程技术类职业资格认定、团体标准制定及推广、科技奖励、促进科技与经济融合发展的社会化科技公共服务等内容，参与或承接政府购买服务或委托工作，“雷电防护装置检测能力评价公共服务系统建设”等12个项目获立项资助。创办“学会大讲堂”，大力开展业务知识讲座、科普讲座、政策解读、内部治理研讨、优秀案例推广等交流活动。

支持企事业科协开展12项创新重点活动及课题研究，组织推荐“金之键高科功能性配位技术国际创新合作平台”入选国际合作创新基地（全国共16个），组织中电科大数据研究院有限公司科协成功申报“科创中国”政府治理大数据创新基地——产学研协作创新基地（全国共132个）。

服务科技工作者 在全国科技工作者日期间，以“创新争先、自立自强、奉献贵州”为主题，重点开展“一封信、一走访、一座谈、一选聘、一宣传”“五个一”系列活动。省委常委、宣传部部长卢雍政，省人大常委会副主任、省科协主席何力分别带队走访慰问马克俭、宋宝安、胡瑞忠、刘尚义等优秀科技工作者。选聘科普专家100名。会同省委宣传部、省科技厅、贵州日报社、贵州广播电视台开设“科技在线、创新有我”宣传专栏，广泛宣传省优秀科技工作者先进事迹。

推荐优秀科技工作者和团队参与国家级奖项评选。开展2022年省“人才日”活动。组织50余名中青年专家开展以“弘扬爱国奉献精神　矢志科技创新事业　建功立业高质量发展新征程”为主题的“天眼行”活动。6月20—24日，组织高校、科研院所、企事业单位的30名专家赴黔东南苗族侗族自治州开展专家休假疗养活动，并围绕黔东南苗族侗族自治州乡村振兴和旅游产业发展积极建言献策。组织企事业科技工作者开展“贵州省青年科技工作者创新重点活动”项目。

《科学素质纲要》实施和科普工作 起草制定《贵州省全民科学素质行动规划纲要实施方案（2021—2025年）》。选取北京师范大学贵阳附属小学、贵阳市清华中学、华润国际小学、贵阳市观山湖区世纪城明珠助老社、贵州吉利新能源汽车有限公司、贵阳市观山湖区金华镇翁井村和贵阳市公安局作为五大人群科学素质提升示范基地进行样板打造。12月4日，省重点人群“科学素质提升示范基地”授牌仪式在贵阳市举办。北京师范大学贵阳附属小学、贵阳市观山湖区金华镇翁井村、贵州吉利新能源汽车有限公司、贵阳市观山湖区世纪城明珠助老社和贵阳市公安局被省科协授予省五大重点人群“科学素质提升示范基地”。

加强科普阵地建设。完成2021—2025年度第二批全国科普示范县（市、区）创建验收工作，全省16个县成功创建。截至2022年年底，贵州科技馆接待观众27.2万余人次。开展科普大篷车科普助力“双减”巡展活动18站。全省102所农村中学科技馆开展各类科普活动787次。流动科技馆完成巡展11站。修订《贵州省科普教育基地管理办法》，向中国科协推荐12个科普教育基地参加评审。探索推进科技资源科普化。以黔南布依族苗族自治州平塘县500米口径球面射电望远镜全国科普教育基地为研究对象开展调查研究，形成《依托国之重器FAST科技资源做好天文科普工作》的报告。

提升科普服务能力。开展科技致富“二传手”培训项目申报工作，征集项目53个，投入资金100万元，资助实施32个。启动优秀科普志愿者评选聘任，首批聘任省科普志愿者100名。全省科技志愿者注册总数达到64952人。开展“中国飞天梦”志愿活动、“王伟英雄班”创建工作。资助编撰科普丛书11部。与省委网络安全和信息化委员会办公室、省教育厅、省卫生健康委员会共同举办贵州省首届科普短视频创作大赛，征集作品1629个。“科普中国”科普信息员累计注册登记52.38万人，“科普中国”优质资源分享量累计达2605万次。开展县、乡领导干部及公务员科学素质培训，共培训党员领导干部4400余人次。

举办2022年贵州省青少年科技创新大赛、2022年贵州省青少年机器人竞赛、贵州省第二届“宋庆龄少年儿童发明奖”评选活动等，覆盖全省9个市（州）1000余所学校，征集各类作品3300余件，近3万名师生参与。

学术交流　实施科技助力高质量发展引领工程，组织动员省级学会、学会联合体聚焦省委、省政府主战略主定位及科技创新大会提出的“六大重大科技战略行动”“十件大事”等组织开展高端学术交流、科技服务、决策咨询、产业调研、人才培训等活动37项，参与人数4500人次。支持、鼓励省级学会联合全国学会举办高端学术交流活动和科技服务活动。省科协与有关单位联合承办第二十一届中国生态学大会。

自身建设　推动《关于加强新时代贵州科协工作的措施》（简称“科九条”）纳入省委督办事项，推进相关政策落地落实。《“科九条”推动新时代科协事业高质量发展》被遴选为“喜迎二十大　奋进新征程”中国科协十年优秀工作案例。10月14日，省第十三届人大常委会第三十五次会议表决通过《贵州省科学技术协会条例》，2023年1月1日起正式施行，1996年8月2日省第八届人大常委会第二十三次会议通过的《贵州省保障科学技术协会活动条例》同时废止。

围绕学会内部治理和影响力提升，推进学会改革发展。成立中国共产党贵州省科技社团委员会，设立学会党建办公室，实现学会党建工作在机制上的重大突破。省委常委、宣传部部长卢雍政作出批示并给予肯定。规范学会换届程序和日常管理服务，指导省有机农业学会、省公路学会、省康复医学会、省标准化协会4家社会组织完成换届工作。指导学会加强新媒体宣传阵地建设，61家学会开设网站、微信公众号、抖音号、视频号等新媒体平台，开展信息发布、学术交流、科学普及等宣传推广活动。

10月14日，省科协召开“喜迎二十大　贯彻二十大　作风大整顿”动员部署会，对省科协机关、事业单位干部职工作风大整顿进行安排部署。

省级学会　截至2022年年底，全省共有省级学会135家。新成立省重症医学学会、省药理学会、省青少年人工智能教育协会、省物流学会4个学会。

省化学化工学会联合有关单位主办2022年中国·贵阳新能源电池及材料产业高质量发展论坛暨2022年磷、氟、锰、锂电池材料产业链与技术研讨会，开展《贵阳市磷矿资源保护开发利用规划》的编制工作。省计算机学会围绕区块链开展“公共资源交易企业信用监测高质量发展研究及技术推广”项目，省通信学会联合省电信有限公司等单位开展智慧农业示范园建设、4A级景区5G信号全覆盖等大数据赋能实体经济科技服务行动，省农业经济学会举办2022贵州省家庭农场高质量发展论坛，省老科技工作者协会举办第五届贵州生态黑茶论坛，省质量协会举办第六届贵州省创新成果大赛。

地市县科协　全省共有市（州）科协9个、县级

科协 88 个。

贵阳市科协推进“科创中国”试点城市建设，在全国 65 个试点城市（园区）“科创中国”样板间建设中，综合排名第 18 位。举办第二届贵阳市学术季，以“繁荣学术促发展　汇智聚力强省会”为主题，聚焦数字产业、健康医药、科普人才培养，开展各类学术活动 90 余项。成立由 10 个企业组成的全省首家企业联盟科协组织、19 家企业科协、3 所示范性高中科协；吸纳 20 家非科协业务主管科技类社会组织成为市科协团体会员。

遵义市科协指导正安县通过全国科普示范县（市、区）创建验收，湄潭县浙江大学西迁历史陈列馆入选 2022 年全国科学家精神教育基地。联合遵义市科技与大数据局开展 2022 年遵义市科普教育基地创建工作。遵义市科技馆 2022 年接待观众 97521 人次，开展活动 52 次、科学表演约 80 次。科普大篷车进校园 11 次，受众 12100 人次。多形式开展“明眸皓齿”特色品牌、遵义市 2022 年世界口腔健康日等主题科普宣传活动。

六盘水市科协在全省率先建设线上科技馆，建成中国流动科技馆线上展厅、贵州三线建设博物馆线上展厅等 5 个。整合全市各单位特色科普资源，共建共享六盘水科技馆生命科学主题馆等 3 个主题馆。打造“凉都科普大讲堂”科普品牌，开展活动 3600 场次。成立乡（镇、街道）科协 40 余家。

安顺市科协结合教育“双减”政策实施，联合市教育局、市关心下一代工作委员会开展以“激发科学兴趣，提升综合素质”为主题的科技竞赛活动。

毕节市科协依托市科技馆打造科学家精神教育基地，举办科学家精神宣讲 10 场。打造“科普毕节”科普传播矩阵，开展科普宣传 230 期，“科普毕节”微信公众号推送信息 1050 条，“科普中国”信息员进行科普传播分享 25 万次。举办科普作品创作大赛，征集作品 206 件。

铜仁市科协围绕铜仁市特色优势产业，先后在石阡县、印江县、德江县开展中药材、肉牛、稻蛙综合种养等实用技术培训，惠及科技带头人 300 余人次。在铜仁市中伟新材料股份有限公司成立企业科协和科技工作者之家，促进企业与科研院所、高校等的交流与合作，实现技术资源高效利用。

黔东南苗族侗族自治州科协把现代科技馆建设与推进科普研学旅行工作有机结合，把公益性科普基础设施建设与助推旅游大提升有机结合，推动实施“黔东南州现代科技馆暨科普与非遗研学旅行基地项目”建设。

黔南布依族苗族自治州科协加强科普阵地建设，都匀三线建设博物馆、“时代楷模”南仁东先进事迹馆以及平塘县中国科学院国家天文台 FAST 观测基地被认定为全国首批科学家精神教育基地。

黔西南布依族苗族自治州科协加强科技智库建设。与州委人才工作办公室、州科技局联合开展“黔归人才服务云”人才信息库建设，完成州重点人才分类统计，5000 余名农业专家、工业产业重点人才、“土专家”、“田秀才”等列入人才库。

科协基层组织　截至 2022 年年底，全省共有企业科协 98 家、园区科协 9 家、高校科协 36 家、科研院所科协 2 家、示范性高中科协 3 家。全年新增企事业科协 35 家。在中电科大数据研究院有限公司、中伟新材料股份有限公司、中国电信股份有限公司贵州分公司、贵州省通信产业服务有限公司、北京环境有限公司贵州分公司、贵州师范学院等企事业单位成立科协，组织成立科技工作者之家 17 家。为规范企事业科协工作流程和发挥企事业科协作用，制定《贵州省科技工作者之家管理办法》《贵州省企事业科学技术协会管理考核办法》。

【“中国飞天梦——王伟英雄班”落地贵阳市】 7 月 6 日，由省科协、贵阳市科协、贵阳市教育局、共青团贵阳市委、北京飞行者航空航天科普促进中心联合主办的贵州省青少年科学素质提升行动暨中国飞天梦 · 科普贵州行启动仪式在贵阳市举办。同时，由北京飞行者航空航天科普促进中心联合中国教育发展基金会共同发起建设的“中国飞天梦——王伟英雄班”落地贵阳市。截至 2022 年年底，已在贵阳市的 5 所小学、3 所初中和 2 所高中成立全国首批“中国飞天梦——王伟英雄班”示范班 10 个，报名 3000 余人，录取 310 人。

【2022 年中国创新方法大赛贵州赛区决赛暨首届贵州省大学生创新方法大赛（线上赛）】 11 月 3 日，由省科协主办的 2022 年中国创新方法大赛贵州赛区决赛暨首届贵州省大学生创新方法大赛（线上赛）落幕。来自省内的 201 支企业队和 474 支大学生队参赛，企业组共评选出一等奖 8 名、二等奖 16 名、三等奖 40 名，大学生组共评选出一等奖 10 名、二等奖 20 名、三等奖 50 名。优秀获奖项目、代表队代表贵州省参加

全国决赛，并在2022年中国创新方法大赛中荣获一等奖1个、二等奖3个、三等奖1个和优胜奖4个；在第十届中国TRIZ杯大学生创新方法大赛中荣获一等奖2个、二等奖2个、三等奖19个。

（撰稿人：徐　赤）

云南省科学技术协会

服务经济社会发展　深化百名院士“力聚”云南行动，牵头组建“科创中国”昆明高端装备制造、云南高原特色农业2个区域科技服务团，促进昆明市产业转型升级和科技成果转移转化。围绕省科技创新和产业发展重点，推进院士专家工作站建设，新建院士专家工作站8个。开展“创响中国”等群众性技术创新活动，省农业科学院等3家单位被认定为中国科协首批全国“科创中国”创新基地。依托相关高校、科研院所、园区、企业推进“海智计划”云南行动，建成8个省科协“海智计划”工作站。

推进科技助力乡村振兴行动。全年建设科普小镇47个、科技小院5个，组织150名科技专家下基层参加科技助力乡村振兴产业培训，举办讲学活动150场，受众2.5万人次。

以省科协《专家建议》形式，向省委、省政府上报《高原湖泊湿地保护和国家公园建设对策建议》等3个决策咨询报告，均得到省政府主要领导批示并被相关部门采纳。围绕省委、省政府中心工作，聚焦科技前沿、云南省优势特色产业，向中国科协上报11条决策咨询重点选题。动员所属学会撰写各类咨询报告11篇，其中7篇获得相关厅局领导批示、1篇被民盟云南省委采用。

服务科技工作者　参与承办第六届云南国际人才交流会，并牵头组织平行论坛警用无人系统创新发展论坛；牵头举办全省高层次人才座谈会和院士专家座谈会，对云南省院士等高层次人才工作进行总结，并提出“高、精、尖、缺”人才培养对策和建议；承办中国·腾冲科学家论坛，配合中国科协举办国际前沿科学论坛等6场专项活动。

开展第十届省青年科技奖评选活动，10名优秀青年科技人才获得表彰奖励。启动第三轮青年人才托举工程，对8名青年科技人才给予项目支持。推荐省优秀科技人才参加国家级科技、人才奖励评选活动，3人分别获得第十七届中国青年科技奖、第十八届中国青年女科学家奖等奖项。开展2022年省“最美科技工作者”评选活动，马洪琪等10人荣获省“最美科技工作者”。

《科学素质纲要》实施和科普工作　履行省公民科学素质工作联席会议办公室职责，牵头编制并报请省政府审定印发《云南省全民科学素质行动计划纲要实施方案（2021—2025年）》，为省“十四五”期间公民科学素质建设提供政策支撑。

全省22个单位被命名为全国科普教育基地，昆明市安宁市、曲靖市麒麟区等被命名为2021—2025年度第一批全国科普示范县（市、区）。

加快推进省科技馆新馆建设、老馆腾退和过渡场馆运转工作。新馆基建工程重新启动，按期完成老馆腾退，如期建成过渡场馆。

组织科普日、科技周、“三下乡”、青少年科技创新大赛、“百名专家科技下乡”等科普活动。组织全省农民参加2022年全国农民科学素质网络知识竞赛活动。建成实体科技馆21个、农村中学科技馆97所、流动科技馆巡展站点47个，组织114辆科普大篷车开展科普联合行动。

学术交流　全年组织各类学术活动369场次，同比2021年增加24.4%。聚焦学科发展、科技前沿、自主创新、产业建设中的基础性、关键性、普遍性问题，举办多层次、多学科、宽领域的学术交流活动，先后邀请21名院士开展学术交流，培育中国南北医药论坛、全国性认证认可检验检测创新发展学术论坛等一批新的学术交流品牌。以“聚智珠江源　赋能新产业——创新驱动助力曲靖高质量跨越式发展”为主题，在曲靖市举办省科协第十届学术年会。加强与国家级学会的沟通联系，首次邀请中国可再生能源学会参与第十届学术年会的承办工作。

自身建设　深入推进《“十四五”时期推进省科协系统深化改革重点任务实施方案》，全面完成省委确定的科协系统改革四大类29项改革任务。加大干部教育培训、实践锻炼力度，在中山大学举办2期云南科协系统干部能力提升培训，在昆明市举办3期提升基层科协组织力培训。

推进全省科技社团制度化、规范化、标准化建设，研究制定印发《云南省科协所属学会年度目标管理考核评选办法（试行）》，启动《云南省科协所属学会工作问答》手册的编撰。加强学会党的建设，启动两批63家学会党建试点工作。推进学会改革创新发

展，重点加强对学会会员结构调整、内部治理、换届选举、项目执行、举办活动等的管理工作。

省级学会　全省共有省级学会 139 个。省岩土力学承办第十九次中国岩石力学与工程学术年会，省自动化学会承办 2021 中国自动化大会，省植物学会承办 2022 腾冲科学家论坛——生物多样性与绿色发展分论坛。

地市县科协　全省 16 个州（市）、129 个县（市、区）均为独立建制科协组织。

玉溪市科协专家服务团发展至 90 人，征集发布 38 个“专家服务团基层行”课题、91 个“科普大讲堂”课题。楚雄彝族自治州科协推广“协会 + 公司 + 合作社 + 示范基地 + 互联网 + 专家站”六位一体楚雄模式，科技助力乡村振兴。普洱市科协组织 104 名专家组建 5 个专家服务队，开展普洱百名科技专家助力乡村振兴行动。迪庆藏族自治州农函大累计完成招生培训 661 人，组建教学班 7 个，举办各类短期实用技术培训 19 期，培训 2186 人次。

曲靖市、保山市、德宏傣族景颇族自治州、玉溪市、红河哈尼族彝族自治州、楚雄彝族自治州 6 个州（市）科协在换届过程中，充分吸纳“三长”等关键人物进入科协兼任领导职务，形成“传播者（三长）+ 组织者（村长）+ 指导者（科协）”的模式，推动农村科普工作和科技助力乡村振兴工作。丽江市科协充分发挥“三长”作用，将科协基层组织建设与科普工作有机融合，2022 年 3 月 5 日央视《两会你我他》播出“乡村振兴、星空助阵”节目，介绍提升基层科协组织力“3+1”工作在丽江市玉龙纳西族自治县太安乡高美古村取得成果。昆明市科协安排专项经费促进农技协转型升级，支持 5 个农技协、5 个农村科普示范基地和 6 个农村科普带头人实施省级农村科普惠农兴村计划项目。大理白族自治州通过中国科协审核入驻智慧农技协 37 个。文山壮族苗族自治州科协在马关县、麻栗坡县、富宁县 3 个边境县的 23 个沿边村寨开展科普示范村建设。

昆明市科协举办中小学科技教师培训，1400 多名中小学科技教师参加培训。昭通市科协在中小学校开展第 36 届昭通市青少年科技创新大赛暨 2022 年首届青少年机器人无人机竞赛，全市各中小学参赛人数突破 1500 人。红河哈尼族彝族自治州科协组织师生参与“天宫课堂”第二课，视频连线央视主会场，共设 4 个分会场，近万名师生参加。

怒江傈僳族自治州科协先后投入资金 300 万余元，在乡（镇）、学校创建微型科技馆 10 个，进一步加强农村中小学科技教育力度。临沧市科协组织 3 所学校参加省科技馆 2022 年农村中学科技馆科普示范活动。

保山市科协与云南广电网络集团有限公司保山分公司合作，开设“科普保山”专栏，全方位进行保山科普宣传，实现“科普中国”精准推送。西双版纳傣族自治州科协开展“送健康义诊”活动，为景洪市勐养镇昆格山 60 岁以上老人开展专家诊疗服务，受益群众达 80 余人。大理白族自治州科协开展大理州科协·大理日报小记者科普行——大理州人民医院疫情防控知识讲座暨“写作小课堂”等活动 4 次。德宏傣族景颇族自治州科协在全国科技工作者日期间，组织 11 家州级学会开展健康义诊、青春期心理健康培训等各类特色活动 33 场，受益人数 1.4 万余人。

科协基层组织　截至 2022 年年底，全省共有企业科协 289 个、企业科协联合会 1 家、高校科协 20 个，园区科协 7 个，建立 1243 个乡镇（街道）科协组织、776 个社区科普组织、2510 个农技协组织等。

【2022 年全国科普日云南省主场活动】　9 月 16 日，省科协与省委宣传部等 15 个部门围绕“喜迎二十大，科普向未来”主题，在昆明市组织开展 2022 年全国科普日云南主场活动。邀请中国工程院院士朱有勇、张宗亮，中国科学院院士韩占文等作《我的科普人生》访谈，设置科普（科技）类企业网上展示厅、食品安全网上学习厅、科普小影院、线上有奖知识问答、青少年自制科普短视频展评 5 个网上展示窗口，并同步链接至省科协官方微信平台“美丽云南微科普”，并在微博、微赞、抖音、快手、乐直播 5 个直播平台同步直播。全省有 188 个学会、协会、研究会、企业及科普教育基地参与主场网上展示厅的宣传活动，展出展板 188 块、视频 59 个。截至 9 月 26 日，观看人数达 210 万人次，微博话题阅读量 1101.2 万次；线上有奖知识问答参与人数 50439 人次，中奖 13281 人次；网上展示厅浏览量 710 次，食品安全浏览量 171 次，科普小影院浏览量 260 次，青少年自制科普短视频展评访问量 1911282 次；人民网、新华网、云南日报、昆明日报等媒体参与活动报道。

【第 36 届云南省青少年科技创新大赛】　3 月 27 日，由省科协、省教育厅、省科技厅等共同主办的第 36 届省青少年科技创新大赛首次通过线上方式在昆明市举办。大赛以“创新·体验·成长”为主题，开展青少年科技创新成果和科技辅导员科技创新成果2个竞赛项目，共有16个州（市）中小学生、科技教师的1282项作品参赛。评出青少年科技创新成果竞赛项目一等奖26项、二等奖62项、三等奖267项，科技辅导员科技创新成果竞赛项目一等奖14项、二等奖75项、三等奖90项，优秀科技教师22名、优秀组织工作者19名、优秀组织单位23家。从中择优推荐17项青少年科技创新成果、7项科技辅导员科技创新成果竞赛项目参加第36届全国青少年科技创新大赛。

（撰稿人：高正洪）

西藏自治区科学技术协会

服务经济社会发展 助力创建高原经济高质量发展先行区。2022年，组织科技工作者培训57场次，培训科技工作者1783人次；培训农牧民7361人次。开展脱贫县产业顾问组申报，安排启动学会创新和服务能力提升项目29个。在7个地市实施科普示范推广项目14个，助力区域经济社会发展。

助力创建国家生态文明高地。组织相关专家召开阿里噶尔－普兰沿线清洁能源地热资源前景研讨会等活动，前往拉萨市南北山，围绕高原河谷山地绿化模式、树种选择与种植技术、效益评估与生态监测等方面开展调研工作，形成《西藏特色生态文明高地指标体系构建》《西藏典型流域植被建设模式研究》《加强雅江流域生态环境保护　奋力推进西藏生态文明高地建设》等科技工作者建议，为生态文明建设建言献策。

助力创建国家固边兴边富民行动示范区。与自治区乡村振兴局联合印发《西藏自治区组建产业顾问组支持脱贫地区产业发展实施方案》，统筹考虑自治区产业实际，采取县区申报、地市统筹、自治区汇总审核的办法，共申报区域主导特色产业牦牛养殖及深加工、青稞种植及深加工、藏香猪养殖及深加工、苹果种植及深加工、藏系绵羊养殖及深加工、奶牛养殖、林下资源种植及深加工项目7个，涉及拉萨市、日喀则市、山南市、林芝市4个市21个县区，推荐科技工作者81人（自治区级27人、地市级16人、对口援藏3人、县区级35人）。组织动员各学会围绕自治区“四件大事”发挥科技优势，有效支撑边境县特色产业技能培训、科技夏令营等活动，助力乡村振兴。

全力对接援藏工作。完成第九批、第十批援藏干部轮换。对接2022年援藏项目落实，统筹推进7个地市科协与对口省市的工作交流、项目沟通，强化自治区科协系统特别是基层科协组织自身能力建设。

服务科技工作者 5月30日，自治区科协联合自治区党委宣传部、自治区科技厅在西藏自然科学博物馆举办全国科技工作者日西藏主场活动，启动2022年自治区“最美科技工作者”发布仪式暨科技工作者代表座谈会，评选自治区“最美科技工作者”10名。自治区副主席孟晓林出席活动，为自治区“最美科技工作者”颁发荣誉奖杯，并向自治区广大科技工作者致以节日问候，自治区各学会、高校科协的80余名科技工作者参加活动。开展自治区“最美科技工作者”先进事迹宣传活动。

开展人才举荐工作，向中国科协推荐第十七届中国青年科技奖候选人9人、第十八届中国青年女科学家奖候选人4人。向自治区人民政府第五届发展咨询委员会推荐10名专家候选人。自治区科协荣誉主席、中国工程院院士多吉荣获2021年度西藏自治区科学技术奖杰出贡献奖，多家科研单位和科技工作者参与的科技项目获得表彰。开展人才工作中“唯帽子”问题治理工作。印发《送给科技工作者的法律小贴士》，普及维护科技工作者权益相关知识。

7月8日，“传承红色基因　弘扬科学家精神”西藏科技工作者培训班在青海省“两弹一星”理想信念教育学院开班。培训采取专题讲座、现场教学、影视教学、宣讲报告等形式，30名科技工作者参加为期3天的培训。

举办“众心向党　自立自强——党领导下的科学家主题展”全国巡展暨自治区优秀科技工作者风采展，宣传自治区90名荣获各类奖项的优秀科技工作者先进事迹。

《科学素质纲要》实施和科普工作 制定《西藏自治区全民科学素质行动计划纲要实施方案（2021—2025年）》，起草《关于新时代全区进一步加强科普工作的实施意见（代拟稿）》。制定《“十四五”强边固边科普专项行动实施方案》，明确今后5年服务边境地区高质量发展和科普工作目标任务，并制定推进筑牢边境地区群众“五个认同”工作方案，为“十四五”加强边境地区科普工作提供遵循。举办“喜迎二十大·科普边疆行”活动，先后深入林芝市、山南市和阿里地区的朗县、米林县、错那县、普兰县、札达县、噶尔县6个边境县的36个乡（镇）农牧

区和 29 所学校开展科普巡展示范活动。

认定自治区级科普教育基地 5 家，推荐林芝市朗县参加 2021—2025 年全国第二批科普示范县（市、区）认定抽查工作。动员藏域星球天文体验馆、西藏自然科学博物馆、中国科学院青藏高原研究所 3 家国家级科普教育基地承办促“双减”活动，服务学校 42 所、学生 1512 人次。自治区各级科协组织落实流动科技馆巡展 23 站、科普大篷车巡展 260 场，参与学生约 1.27 万人次，受益群众 7.5 万人次。开展各类科普宣传活动 237 场次，参与群众 8 万余人次，发放各类科普宣传资料 12.4 万份。组织相关领域专家，召开《西藏高效节水灌溉技术》科普读物专家咨询会。制作科普宣传品 8 种共计 10.52 万份。组织青少年参加全国初中、高中应用物理竞赛和全国中学生物理竞赛、“天宫课堂”、“科普中国飞天梦大课堂”等活动。组织 45 名边境中小学生开展科技夏令营活动，培训中小学科技辅导员 95 名。

编印《西藏科技报》藏文版 71 期 107.21 万份、汉文版 71 期 36.21 万份，向自治区基层组织和广大农牧民免费发送；《西藏科技报》电子报刊 66 期，网站访问量约 13.7 万人次。“科普中国·西藏”门户网站共编译并发布藏文、汉文科普图文 280 篇。“科普西藏”微信公众号发布科普图文、音视频共 344 篇，微信用户阅读量约 3.6 万人次。“西藏科协”微信订阅号发布图文信息 774 篇，微信用户阅读量 2 万余人次；“西藏科协”抖音号发布视频 128 个，视频播放量 260 万余次；“西藏科协”快手号发布视频 96 个，播放量近 4 万次。向社区和建制村分发藏汉双语科普盒子，2022 年科普音视频播放近 40 万次。

学术交流　2022 年自治区科协所属学会召开学术交流会议 60 场次。

7 月 16 日，由中国地球物理学会流体地球科学专业委员会、自治区科协联合主办的第八届流体地球科学与矿产资源及环境灾害学术研讨会在拉萨市举办。来自全国地球物理相关领域的 160 多位院士和专家，围绕流体地球科学前沿及理论技术、流体地球科学与矿产资源、流体地球科学与环境灾害等主题开展交流研讨，为推动地球科学和学术进步建言献策，也为西藏地质学科等相关领域的发展提供意见和建议。

自身建设　成立自治区科协行业党委，搭建党建强会工作平台。以学习宣传贯彻党的二十大精神作为首要政治任务，举办宣讲报告会 2 场，专题学习研讨 4 次，并将党的二十大精神纳入常态化学习重点内容。各党支部将党的二十大精神学习列入“三会一课”。依托科协行业党委，开展党的二十大精神、自治区党委十届三次全会精神宣传宣讲。2022 年共召开党组会议 12 次、党组理论学习中心组学习会 15 次、3 个党支部学习活动 21 次、青年理论学习小组学习活动 10 次。

自治区级学会　自治区植保学会参与的中央引导地方科技发展资金项目“西藏入侵害虫风险评估与重要资源昆虫保护利用研究”在青藏高原资源昆虫评价与保护方面取得阶段性成果，研究团队撰写的专著《青藏高原资源昆虫评价与保护》在科学出版社出版，为青藏高原资源昆虫保护和生态环境建设提供科学依据。自治区高原生物学会组织由中国科学院院士郑度担任评审组组长、中国科学院青藏高原研究所研究员斯确多吉担任副组长的专家评价委员会，对中国科学院地理科学与资源研究所副研究员付刚牵头的“青藏高原高寒草地对降水变化、UV-B 辐射增强、氮输入和放牧的响应”科技成果进行评价。自治区畜牧兽医学会在阿里地区普兰县实施的 2021 年牦牛经济杂交品种——“雅江雪牛”首胎在科迦村岗孜组成功落地。自治区高原生物学会承担的二次科考“拉萨河流域高原植物基因资源调查”项目初步完成物种鉴定 60 余种，同时对 2021 年度调查发现的西藏杓兰（国家 I 级保护）、紫点杓兰等国家重点保护植物种群进行回访，确保该固定观测样点的生境未受干扰。

【西藏自治区科协七届二次全委会议】 1 月 14 日，西藏自治区科协七届二次全委会议在拉萨市召开。自治区科协七届常委、委员，各地市科协负责人，自治区级学会（协会）负责人，部分获奖科技工作者参加会议。自治区科协党组副书记、主席杨开勇代表第七届委员会向大会作工作报告，自治区科协党组成员、副主席方江平作《西藏自治区科学技术协会事业发展“十四五”规划（2021—2025 年）》的起草说明，自治区科协党组成员、副主席俞宏文主持会议。

大会传达学习党的十九届六中全会精神和自治区党委第十次党代会精神，审议《西藏自治区科学技术协会第七届委员会工作报告》和《西藏自治区科学技术协会事业发展“十四五”规划（2021—2025 年）》，并对中国科协全民科学素质工作先进集体和先进个人、2021 年基层科普行动计划先进集体和先进个人进行表彰。

【中共西藏自治区科学技术协会行业委员会成立大会】 1月17日，中共西藏自治区科学技术协会行业委员会成立大会在拉萨市召开，大会表决通过委员会职责，选举产生第一届委员会组成人员。会议明确自治区科协行业党委要把促进学会事业全面融入自治区发展大局、推动实现科技自立自强作为指导提升党建工作水平的努力方向。36家学会党支部党员参加会议。

（撰稿人：李月桂）

陕西省科学技术协会

服务经济社会发展 印发《陕西省科协决策咨询课题管理办法》，编印2021年省科协决策咨询课题结题报告成果册，与省社会科学院联合编纂陕西科技发展蓝皮书。组织开展决策咨询课题164项，支持重点智库课题研究25项，《关于建设含能材料废弃物销毁基地的建议》《关于推动我省高端装备制造业发展的建议》《汇聚苏陕科技创新资源　助力秦创原平台建设》等5条建议获省委、省政府领导批示。

联合省发展改革委员会等单位举办2022年省科技工作者创新创业大赛，吸引全省5000多名科技工作者、625个项目参赛，大赛评出一等奖25项、二等奖50项、三等奖169项，20多个项目得到投资机构青睐。组织开展“秦创原·泾河杯”2022年省创新方法大赛，164家企业的499个项目参赛，大赛评出一等奖20项、二等奖40项、三等奖60项。从中择优推荐参加国家赛，获全国一等奖2项、二等奖1项、三等奖6项，省科协被国赛组委会授予优秀组织奖。

开展“百会百校助千企行动”，建设科技成果转化系统，支持20个会企、校企协作项目。实施省科协青年人才托举计划“双百工程”，支持199位32岁以下青年科技工作者独立主持开展科研工作。实施卓越工程师培养项目，培训企业一线工程师、技术经理人1300余人。与省工商业联合会签署全面战略合作协议，提出8个方面举措为民营企业引智赋能。举办企业家与科学家对接会，为32家企业的35项技术难题和人才需求匹配专家团队。

举办“科创中国”苏陕协作推进会暨“秦创原”推介活动（秦创原是指秦创原创新驱动平台），汇聚两省科技创新资源服务秦创原建设。柔性引进263位专家入驻“科创中国”平台，对接平台业务1085项。组建秦创原专家区域服务团，聚焦西咸新区高端装备制造、新材料、新能源汽车、软件、信息服务等产业开展企业家沙龙、先进制造业示范带建设推进会等系列活动。推荐5家单位入选全国首批“科创中国”创新基地。

联合省委组织部等10个部门统筹推进院士专家工作站建设，评审认定第二批省级工作站45家，全省累计建立各级各类工作站345家。建立科技小院199个。

聚焦科技助力乡村振兴，印发实施《科技赋能乡村振兴工程实施方案》，建设产业顾问专家库，组织科技赋能乡村振兴大讲堂、农村实用技术培训，开展科技服务3583场，服务群众133万人次，“乡村振兴·科技赋能”青少年系列科普活动惠及师生1万余名。深化科技小院和基层农技协建设，推荐20家科技小院获教育部、中国科协、农业农村部命名。持续做好省科协“两联一包”驻村帮扶工作。

服务科技工作者 围绕“创新争先、自立自强”主题，举办全国科技工作者日系列活动。联合省科技厅、省工商业联合会、西咸新区管理委员会举办2022年陕西省全国科技工作者日主场活动。开展省“最美科技工作者”和“西迁精神传承人”学习宣传活动、“科普云游·博士探馆”等13项重点活动500余场次。

推荐4人获第十七届中国青年科技奖，其中1人获特别奖；1人入选2021年度未来女科学家计划。开展2022年“最美科技工作者”人选推荐工作，评选出省“最美科技工作者”52人。开展“西迁精神传承人”学习宣传和“最美志愿者”点赞活动。

建立机关干部联系服务科技工作者制度，为每位在陕西省工作的院士配备法律顾问；实行每位机关领导至少直接联系10位基层一线科技工作者，推动解决科技工作者关心关注的问题。配合中国科协完成第五次全国科技工作者状况调查和陕西省科技工作者状况调研问卷7483份，组织34个调查站点完成中国科协专项调研问卷485份，反映意见建议69条。

《科学素质纲要》实施和科普工作 印发省《公民科学素质行动规划纲要（2021—2035年）》实施方案，并召开新闻发布会和协调机制会议。举办重点人群科学素质提升推进会，对实施方案重点任务进行部署安排。组织召开2022年度全省科普工作会。配合省人大常委会完成省“一法一条例”执法检查。召开全省现代科技馆体系工作会议，部署推进实体科技馆、流动科技馆、科普大篷车、农村中学科技馆和数字科

技馆“五位一体”的现代科技馆体系建设。推动省科技馆新馆建设立项工作。

举办2022年省全国科普日活动1417项。举办“科技之春”群众性科普示范活动800余项。完成两批次全国19个、陕西省31个科普示范县创建工作。承办“科普中国”创作大会暨2022中国科普作家协会年会。“典赞·科普三秦”推选活动征集科普人物和科普作品近200项。省4个集体、4名个人获2021年度全民科学素质工作全国表彰，42家单位被认定全国科普教育基地。

实施省“中学生英才计划”，开展天文科普实践活动，在5所高校5个基础学科培养中学生70名。举办第36届省青少年科技创新大赛，推荐16项科技成果参加全国大赛。进一步规范优化省中学生五项学科竞赛工作流程，2022年获全国金奖27项。开展青少年高校科学营陕西分营活动，21个省（自治区、直辖市）的1140名营员参加线下线上活动。开展青少年科学调查体验、青少年科学影像节等活动。

助力打赢疫情防控阻击战，制作推送科普文章1695篇，发布《每日一科普 抗疫小贴士》主题短视频11期，录制《对话科学》防疫抗疫专题节目40期，阅读量1900万人次。开展“关爱身心，关注健康”等线上直播60余场，450万人次在线观看。向全省基层科协组织配送疫情主题科普挂图3.3万套21万余张。省科协机关先后选派2批次48名年轻干部下沉社区，参与疫情防控工作。

学术交流 举办首届陕西省科协年会，采取“1+10+N+成果发布”的框架，通过会、展、赛、服、金等形式，搭建学术引领支撑创新驱动高质量发展的新平台。组织2022年省青年双链融合论坛、2022陕西青年科学家大会、数字乡村建设与乡村振兴科技论坛、省现代科技馆体系建设研讨会、欧亚科学家论坛暨2022“智造创新”技术转移合作对接会等10个专项活动和26个特色活动，31位院士、近600位专家分享创新成果，开展科技交流合作。年会得到省委、省政府的重视和支持，省委常委、副省长王琳作出批示。

开展“学术金秋”活动，聚焦重点产业链科技需求，组织71位院士、6800余位专家开展学术交流449场次。联合西北农林科技大学等单位举办首届上合组织国家农业大学校长论坛暨科技创新发展论坛。举办2022年黄河流域生态保护和高质量发展学术论坛、第八届全国农业与气象论坛、秦创原·第六届国际丝路新能源与智能网联汽车大会、2022年陕西省科技期刊创新发展大会等高端学术交流活动。

实施卓越科技期刊培育计划，遴选培育领军期刊3种、重点期刊5种、梯队期刊15种。开展陕西省第十五届自然科学优秀学术论文评选工作，评选出高水平论文160篇，以省政府文件形式通报表彰。

自身建设 通过召开省科协第九次代表大会、全省科协系统工作会议、陕西科协讲堂、学会和企事业科协秘书长工作会议等，开展迎接学习宣传贯彻党的二十大精神主题活动。开展“陕耀光芒”在陕院士主题宣传等活动，加强科学道德和学风建设，弘扬科学家精神。落实意识形态工作责任制工作，建立完善规章制度，加强省科协官网、“陕西科协”微信公众号等平台的规范管理。

推进学会治理方式和运行机制改革，修订省级学会组织通则，制定省级学会动态调整和更新办法，开展一流社团组织评估工作。成立省科协社会组织党建指导委员会和省科协社会组织党委，指导137家省级学会建立党组织，选派党建指导员6名，确保党的工作覆盖率达到100%。支持有条件的学会开展办事机构实体化改革，遴选7家学会进行试点，推动学会加强办事机构能力建设。

研究出台《陕西省科协组织建设“扎根扩面”行动方案》，推进科协组织向国有大型企业、民办高校和非公科技组织延伸。

加强省科协机关改革，优化机关职能配置和内设机构，组建成立宣传文化部、发展规划与研究部。成立省科协党校，加强干部的教育培养。实行法律顾问制度，加强依法行政。推进陕西科技馆法人治理结构改革，推进陕西科技报社转企改制。

召开省科协第四次党员大会，完成机关党委、机关纪委换届选举，开展2022年度省科协廉政风险点排查及防控、纪律教育学习宣传月活动等。

省级学会 截至2022年年底，全省共有省级学会146个，新增省区块链技术与产业发展研究会、省技术经理人协会、省医学传播学会、省研究型医院学会4个学会。137个学会成立党组织。

省消防协会、省动物学会等40多个学会参加“科技之春”宣传月、全国科技工作者日、全国科普日等重点活动，举办科普活动100余项。省医学会、省预防医学会、省药学会等医科学会围绕疫病防护、合理用药、膳食营养、心理健康、科学运动，创作科普文章、科普音视频。省林学会组织专家深入16个县（区）开展核桃、花椒等经济林实用技术培训1650人次，带动各地开展培训603场次28998人次。省石油学会举办测井科技高端论坛，来自45家单位的150名专家学者聚焦中国测井科技高水平自立自强研讨交流。省通信学会开展世界电信日宣传活动，发放宣传彩页5000余份，参与群众2000余人。省金属学会组织召开新产品新技术鉴定验收会。

地市县科协　截至2022年年底，全省有市级科协11个、县级科协107个。

西安市科协承办“科创中国”创新创业投资大会（2022）西北分会场活动。宝鸡市科协科技志愿服务体系进一步健全完善，全市科技志愿者组织和人数分别新增617个和30314人，累计达到949个和39176人，位列全省第一。咸阳市科协推动建立20个市级学会科技服务站，组建由239名专家组成的20个科技服务团服务社会。铜川市科协开展“一企一策一专班”调研服务，以精细化服务为企业发展纾难解困。渭南市科协促成将全民科学素质纲要工作纳入市委、市政府对县区和市级单位部门年度目标责任考核内容。延安市科协组织播出《科技之窗》栏目25期，传播科学知识信息901条，阅读量达1480.8万人次。榆林市科协落实“双减”政策和科学素质纲要精神，举办小小科技辅导员大赛和青少年魔方比赛。汉中市科协召开第六届汉中青年科技奖表彰大会。商洛市科协开展千名创新创业团队调研活动。安康市科协召开科学素质纲要联席会，推进全民科学素质纲要工作。杨凌示范区科协组织举办第八届杨凌苗木嫁接技能比武大赛，提升“杨凌农科”品牌辐射力和影响力。韩城市科协与西安交通大学专家团队开展技术对接活动，为秦创原建设“创新飞地”献智献力。

科协基层组织　截至2022年年底，全省共有企业科协241个，高校科协46个（新增6个：西安科技大学科协、西安思源学院科协、西安培华学院科协、西安财经大学科协、陕西财经职业技术学院科协、西安翻译学院科协），乡镇科协（科普协会）1071个，农技协组织726个。

组织企业参加“三新三小”（新技术、新工艺、新材料，小发明、小创新、小改造）创新竞赛活动，参赛项目1238个，比2021年增长40.68%，评出优质项目500个。

组织西北大学、西北农林科技大学、陕西师范大学、陕西中医药大学等高校的专家、教授深入安康市岚皋县、渭南市韩城市等地开展科普讲座、培训、调研活动36次，累计服务群众5000人次。

组织西安工程大学与眉县常兴纺织工业园区企业陕西帛宇纺织有限公司签订纺织设备自动化技术研发试验基地合作协议，共建的现代纺织未来产业创新研究院获省教育厅认定。

推进科协基层组织“三长”（医院院长、学校校长、农技站站长）改革，吸纳4569名基层“三长”到科协组织兼职挂职。

【陕西省科协第九次代表大会】6月29—30日，陕西省科协第九次代表大会在西安市召开。省委书记、省人大常委会主任刘国中出席并讲话，中国科协党组书记、分管日常工作副主席、书记处第一书记张玉卓视频讲话，省委副书记、省长赵一德主持开幕式，省委常委、常务副省长王晓出席闭幕式并讲话。副省长方光华在大会上作经济形势报告。省政协主席徐新荣、省委副书记赵刚等领导和省级有关部门负责人以及来自全省的科技工作者代表450余人出席会议。蒋庄德代表省科协第八届委员会向大会作工作报告。

大会审议《陕西省科学技术协会第八届委员会工作报告》《陕西省科学技术协会实施〈中国科学技术协会章程〉细则》和《陕西省科学技术协会事业发展“十四五”规划（2021—2025年）》，选举产生省科协新一届领导机构。蒋庄德当选省科协第九届委员会主席。

【“科创中国”苏陕协作推进会暨“秦创原”推介活动】5月10日，由江苏省科协和省科协主办的“科创中国”苏陕协作推进会暨“秦创原”推介活动在江苏省、陕西省同步召开。活动采取线上线下相结合方式，两省多地分设线下会场。陕西省和江苏省的科协、学会、园区、企业负责人以及“科创中国”科技服务团成员等200余人参加会议。

活动中，西咸新区开发建设管理委员会与常州市“科创中国”试点建设领导小组办公室、西安市科协与苏州市科协、南京江宁经济技术开发区管理委员会与咸阳高新技术产业开发区管理委员会分别签订结对共建合作协议，通过建立科协系统苏陕双向交流合作机制，将江苏省优质技术资源和企业、产业发展模式引入陕西省，将陕西省优质的科教资源导入江苏省，实现优势互补。

在交流环节中，常州市、苏州市、西安经济技术开发区、咸阳高新技术产业开发区、西咸新区西部云谷等城市、园区以及企业，围绕“科创中国”与“秦创原”双平台互促共建、助力苏陕高质量发展等主题，分别就“科创中国”试点城市建设、“海智基地”建设、科技与经济深度融合等内容进行经验分享和推介。

（撰稿人：田西平）

甘肃省科学技术协会

服务经济社会发展 落实“科创中国”试点城市（园区）建设。推动兰州新区和天水市组建3个科技服务团入驻“科创中国”平台，组织3个院士专家工作站和协同创新基地、244家高新技术企业、3735名科技工作者入驻试点样板间，征集发布科技成果631项、创新需求226项。

新建院士专家工作站1个、协同创新基地10个，柔性引进院士4名、专家7名，引导院士专家团队与进驻单位开展深度合作，签约合作项目14项。兰州新区石化产业投资集团有限公司院士专家工作站建成投产全球首套规模化液态太阳燃料合成示范工程，取得3项完全知识产权的国际领先技术；兰州大学第二医院院士专家工作站获批国家神经系统疾病临床医学研究中心分中心，脑卒中防治在国内达到领先水平；甘肃省敦煌种业集团股份有限公司院士专家工作站组建国家级和省级创新平台14个，承担重点科研项目34项；甘肃西部凹凸棒石应用研究院协同创新基地建成投运年产5000吨凹凸棒石纳米材料中试生产线。

巩固拓展脱贫攻坚成果和全面推进乡村振兴。投入1585万元奖补97个农技协等基层组织，投入120万元实施农技协转型升级和品牌建设项目，新建1个智慧农技协和10个科普小院，打造农技协品牌9个，联合高校共建科技小院28个，推广农业新技术新品种10项，研发推出“甘农百萃”新产品8个。省科协向庆阳市合水县3个联系村拨付资金37万元实施特色产业帮扶，依托农技协品牌建设项目，补助资金20万元支持产业发展，帮助3个帮扶村销售各种农产品达9.28万元。

服务科技工作者 实施青年科技人才托举工程项目，对20名青年科技人才主持的项目给予立项资助；推荐18名优秀科技工作者参评中国青年女科学家奖等国家级奖项；推选提名15人为第十七届中国青年科技奖甘肃候选人，其中兰州大学教授张东菊荣获中国青年科技奖。完成第十八届中国青年女科学家奖和2021年度未来女科学家计划候选人提名工作；开展第十届甘肃青年科技奖评选，30名青年科技工作者获奖。

举办“众心向党 自立自强——党领导下的科学家主题展”全国巡展（甘肃站）；开展“最美科技工作者”学习宣传、科学道德与学风建设宣讲等活动。组织全省11个调查站点参加“科技工作者知识产权保护情况调查问卷”活动、“中国科技创新能力评价调查问卷”活动、“科学技术普及法实施情况问卷调查”活动、“地方科协和学会干部职工队伍状况与诉求调查”专项问卷调查工作。

组织新增选院士、甘肃省科学技术奖获奖者、未来女科学家计划候选人等优秀科技工作者参与制作全国科技工作者日宣传片，传播科技工作者先进事迹，浏览量达10万余次；在《甘肃日报》专版刊发《建一流平台 助科技腾飞——甘肃省科协服务科技人才工作综述》《勇攀高峰 星耀陇原——第十届甘肃青年科技奖优秀群体扫描》《陇原科技界的铿锵玫瑰》等宣传报道。

12月24日，甘肃省科学技术（专利）奖励大会暨强科技行动工作推进电视电话会议在兰州市召开。会上表彰2021年度为甘肃省科技事业发展作出突出贡献的先进集体和个人，任继周、潘吉祥获甘肃省科技功臣奖。

《科学素质纲要》实施和科普工作 编制印发《甘肃省全民科学素质行动规划纲要实施方案（2022—2025年）》，推动各市州出台本级全民科学素质建设方案，实施五大人群科学素质提升行动和五项科普重点工程。

2022年，全省科协系统开展各类线上线下科普宣传活动1.2万余场次，受益人数近1000万人次。建立科技志愿者服务组织213个，发展科技志愿者1.5万余名，开展各类活动362场次。

举办2022年全国科普日甘肃主场活动，组织65名专家作科普报告80余场次，参与人数约300万人次；举办4期公民科学素质建设网络答题活动，参与人数46万人次；举办科普短视频大赛，征集作品627部，99部作品获奖；组织1600余所学校观看“天宫课堂”授课活动，参与中小学生约105万人，发放“天宫课堂”科普资源包335个；开展中国流动科技馆巡展35站，参与人数61.3万人次；向平凉市、酒泉市配置中国流动科技馆展品11套，参观人数40.3万人次。

落实中央财政专项补助2119万元，支持甘肃科技馆和14个市县科技馆免费开放，推动6个市县启动建设科技馆；完成10个县区的全国科普示范县创建，5个城市和77个科普场馆入选全国“科创筑梦”助力“双减”科普行动试点城市和单位，命名32家全国科普教育基地，认定省级科普教育基地85家。

甘肃科技馆全年累计接待公众约8万人次，接待团队33个，特效影院共计放映91场次。举办第36届甘肃省青少年科技创新大赛、第八届全国青年科普创新实验暨作品大赛（甘肃赛区）、第三届甘肃省青少年创意编程与智能设计大赛。

投入175万元在13个市县实施科普信息化项目，新建“智慧科普”样板间3个，加强甘肃大众科普网科普资源库建设，新增6个科普专题，发布科普文章1.1万余篇、视频2000余个；持续加强“科普中国”推广应用，推进科普宣传向网络新媒体转移。

学术交流 推进全省“强科技行动”。举办第二十八届中国兰州投资贸易洽谈会强科技支撑高质量发展论坛、甘肃省碳达峰碳中和助推绿色高质量发展论坛、生命科学前沿进展论坛、固体废物循环利用与污染控制学术研讨会、中医药文化产学融合会议暨中医药大健康高质量发展创新论坛等学术活动。

7月8日，由甘肃省人民政府主办，省科技厅、省科协承办的第二十八届中国兰州投资贸易洽谈会强科技支撑高质量发展论坛在兰州市举办。中国工程院院士卢春房、中国科学院院士刘维民、中国工程院院士康绍忠、中国工程院院士郭剑波分别以《丝绸之路经济带甘肃段公铁航多式联运联接发展战略》《高性能润滑材料技术助力现代化强国建设》《藏粮于水 藏水于技——发展高水效农业，保障国家食物安全》《碳达峰碳中和背景下甘肃新能源产业协同发展思考与建议》为题作主旨演讲。论坛聚焦落实甘肃省第十四次党代会关于强科技行动的安排部署，汇聚科技创新资源要素，增强基础研究能力、科学发现能力、技术创新能力，让科技创新成为产业升级、经济发展的主要驱动力。论坛发布中国科学院上海药物研究所、兰州大学、上海中医药大学等5家单位的科技创新成果。

12月16日，由省科协与甘肃省中医院主办的第十二届兰州生命科学论坛线上举办。中国工程院院士徐建国、王锐、仝小林，中国科学院院士苏国辉，国际欧亚科学院院士段金廒分别以《依靠科学，应对新冠》《靶向核药驱动肿瘤放疗新范式——趋势与展望》《态靶辨治——中医药战略机遇与传承创新》《宁夏枸杞糖肽研究与应用》《充分发挥甘肃资源禀赋，做大做强做优中药产业》为题作学术报告，为甘肃省中医药产业发展指明方向。省内高校和医疗卫生行业的14名专家学者作分论坛讲座。

11月3日，由甘肃省科协与福建省科协、海南省科协、台湾科学月刊杂志社等两岸13家单位共同主办的第十五届海峡两岸科普论坛在海南省海口市举办。兰州空间技术物理研究所科技委秘书长雷占许在航空航天发展与技术应用及产业化分论坛作《讲好航天故事 打造精品课堂》主题航天科普报告。省科协推荐科普论文21篇，入选优秀论文14篇，其中一等奖1篇、二等奖3篇、三等奖5篇。

自身建设 12月27日，召开省科协第八届委员会第五次会议，总结2022年科协工作成效，提出2023年工作的总体思路和重点任务，审议通过《甘肃省科学技术协会关于贯彻党的二十大和省第十四次党代会精神在推进强科技行动建设创新型省份中奋发作为的决议》。包俊宗当选甘肃省科协第一副主席。

制定《关于加强党的建设落实全面从严治党要求的工作措施》和《省科协机关党组织落实党风廉政建设主体责任工作措施》，出台《甘肃省科协业务主管学会主要负责人经济责任审计实施细则》和《甘肃省科协所属省级学会财务管理指引大纲》，印发《关于进一步加强学术交流活动的通知》，修订完善《甘肃省科协机关部门及直属事业单位工作人员考勤办法》和《甘肃省科协探望慰问干部职工工作制度》。

对标党的二十大和省第十四次党代会作出的新部署新要求，在听取部门单位专题汇报、走访院士专家、赴相关单位调研的基础上，兼顾当前和长远、重点和一般、现实和可能，谋划提出今后一个时期省科协工作的总体思路和49项具体任务。

在所属网站、报刊和新媒体平台开设专栏专题，刊登科协系统学习宣传贯彻党的二十大和省第十四次党代会精神信息300余条、科协干部和科技工作者学习文章40余篇，向国家和省内主流媒体推荐刊登信息31条、学习文章6篇，全方位、多角度、深层次开展宣传报道。

选树省级标准化建设示范党支部1个，推荐表彰省直机关先进党务工作者、优秀党员各1名，1人

获甘肃省“最美家庭”称号，1 人获“2022 年甘肃省三八红旗手”称号，1 人获“甘肃省优秀工会工作者”称号。举办先进基层党组织和年度优秀共产党员表彰大会，对机关事业单位 3 个先进党支部和 27 名优秀党员进行表彰，为 1 名光荣在党 50 年党员颁发纪念章。组织 20 名年轻党员干部、入党积极分子自愿配合属地社区参加抗击新冠疫情工作。积极落实省直机关工委三级联动集中攻关破解难题活动要求，建立台账抓落实，机关党委年度推动解决 2 个难题，各党支部集中解决 10 项工作中存在的难点、卡点。省科协普及部被推荐为全省实施妇女儿童发展规划先进集体。

省级学会　截至 2022 年年底，省科协所属省级学会共计 106 家。其中，业务主管学会 55 家、团体会员学会 51 家。

省细胞生物学学会聚焦现代农业与粮食安全、单细胞测序技术、细胞分裂与命运决定等生命科学重点热点领域，开展 2022 年度生命科学前沿进展论坛；省科技教育促进会举办乡村振兴与基层治理专业化视野下社工站建设学术研讨会；省环境科学学会开展“生态环境科技讲堂”——黄河流域（甘肃段）绿色低碳发展学术研讨会；省营养学会举办第一届老年营养学术论坛；甘肃中科生命科学研究院围绕“中医药与慢性疾病防治”主题，举办国家 2022 年专业技术人才知识更新工程高级研修班。

地市县科协　截至 2022 年年底，全省 14 个市州科协党组已全部独立建制，86 个县成立科协。

兰州市新建市级科普基地 165 家，建成科普活动室、图书室和科普文化广场 118 个，设置数字科普视窗 455 个、科普画廊 2600 米、科普宣传专栏 716 个。

定西市科协助力巩固拓展脱贫攻坚成果同乡村振兴有效衔接，实施各类项目 12 个，投入经费 167 万元，开展农业实用技术、健康教育等培训 59 场，培训 6400 余人次，推广新品种 3 项，带动 990 户农户人均增收 3485 元。在“科普中国”注册量、传播量、月活量均居全省第一。通过改革新增内设机构 2 个、编制 2 个，4 个县区新增编制 5 个。

平凉市科协整合全市农技协（联合会）137 个，以静宁县农村果蔬专业技术服务联合会为龙头，组建成立平凉市农技联合会，走出一条“以会带户、带基地、带合作社、带企业、带产业”的农技协发展新路子，创新探索出“科普在线、创新在会、生产在户、服务在社”模式，打造出农技协发展的“平凉模式”。

甘南藏族自治州科协组织“科普进寺院”主题活动，拓宽科普“七进”活动覆盖面。完成 7 个藏传佛教寺院和 1 个清真寺的主题活动，并向旺藏寺院、迪岗寺院、拉桑寺院僧人发放慰问品，受众达 2500 人。

9 月，酒泉市（肃州区）科技馆布展完成投入运行，总建筑面积 5003 平方米，总投资 3330 万元。整馆设计以“体验科学、感悟创新、促进发展”为主题，设有 3D 影院、临展厅、基础科学展厅、生命科学展厅、人工智能展厅与航天科技展厅 6 大主题展区。

科协基层组织　截至 2022 年年底，全省共有企业科协 46 个、园区科协 4 个、高校科协 15 个，省级科普教育基地 85 个。

新成立兰州新区科协、中国电信甘肃公司科协、中国石油兰州石化公司科协和兰州手足外科医院科协 4 个基层科协组织；组建 26 个高校反邪教协会，并成立甘肃省高校反邪教联盟。

兰州市所有乡镇（街道）、园区和企业成立科协组织，实现科协组织和科协工作双覆盖。定西市所有乡镇（街道）建立科协组织。

【甘肃省科协召开院士专家学习贯彻党的二十大精神座谈会】 11 月 9 日，省科协以线上线下形式召开院士专家学习贯彻党的二十大精神座谈会。党的二十大代表、中国工程院院士、中国航天科技集团有限公司第五研究院第五一〇研究所科技委主任李得天宣讲党的二十大精神。中国科学院院士、兰州大学校长严纯华，中国工程院院士、中国科学院兰州分院院长冯起，中国科学院院士、兰州大学教授黄建平，中国科学院化学物理研究所党委副书记、所长周峰，甘肃省中医院党委副书记、院长张志明等结合各自专业领域和自身工作实际进行交流发言，畅谈学习党的二十大精神的感悟、认识和体会。

【2022 年全国科普日甘肃省主场活动】 9 月 16 日，省科协联合省委宣传部等 15 家单位启动 2022 年全国科普日甘肃省主场活动，活动主题为“喜迎二十大，科普向未来”。全省各市州全国科普日活动同步启动。

在主场活动上，中国航天科技集团有限公司第五研究院第五一〇研究所高级工程师雷占许作题为《中国航天的星途探索》的主题报告，拉开“科普大讲堂”百场报告会的序幕。全省 14 个市州开展形式多样的线下线上活动。甘肃科技馆线上举办 2022 年全国科普日“科普大讲堂”张掖行活动，中国科协青少年科技中心、甘肃省科协举办的“科技教育乡村行，喜迎党的二十大”主题线上活动同步启动，13名科普专家开展线上科普讲座。兰州市科协举办“金城科普云讲堂”网上直播，累计观看量达300万余人次。武威市科技馆开展科普展品线上直播、青少年科技创新大赛作品线上展示、科普知识线上竞答等活动，参与人数近12万人次。省农技协在平凉市崇信县、武威市凉州区、白银市白银区、定西市安定区分别搭建分会场，通过线上线下农特产品展销、农业技术推广、科技志愿服务、实地参观的方式，开展甘肃农技协助力全国科普日暨中国农民丰收节联合行动。

（撰稿人：李晓伟　龚　明）

青海省科学技术协会

服务经济社会发展　举办第三届“智汇三江源·助力新青海”人才项目洽谈会“院士专家在青海”座谈会，14名院士围绕“打造青藏高原生态文明高地，推动青海经济社会高质量发展”主题提出决策建议47条，72名省内外专家学者、企业家参加会议。

围绕省委、省政府重大战略部署，指导“科创中国·青海”建设，引入中国科协、全国学会人才智力和创新资源，服务省科技创新与经济社会高质量发展。截至2022年年底，入驻企业、高校、学会等单位185家、专家197人，发布各类需求195条、科技成果1011条。指导成立三江源生态保护与可持续发展区域科技服务团和青海生物医药与动植物资源精深加工区域科技服务团，汇智聚力为打造生态文明高地服务。

建立青藏高原生态发展、盐湖产业、清洁能源、国际生态旅游目的地4个科技创新智库战略研究基地，为高质量决策咨询提供平台支撑。实施“青海省科技工作者建言”决策咨询项目，围绕省委、省政府中心工作，动员专家学者针对性开展调查研究，向省委、省政府编报《青海省科技工作者建言》15期，5条建言得到省领导批示和相关部门采纳。

加强院士专家工作站建设，年内调研11个院士专家工作站，指导青海盐湖工业集团股份有限公司等3家企业单位筹建院士专家工作站，为引进高端人才搭建平台。经中国科学院同意，在省科协建立中国科学院青海院士联络处。

举办数字生态高原鹰会客厅学术交流活动，为企业、专家牵线搭桥，服务企业创新，促成青海数字经济发展集团有限公司与青海高原鹰智能科技有限公司签署战略合作协议。

联系对接北京经济技术开发区企业协会生物医药相关的22家企业，赴金诃藏药股份有限公司、藏医药文化博物馆等企业和机构开展技术交流活动，助力企业资源对接、协同发展。

申报一线工程师创新能力提升省级群团协同化项目，线上举办一线工程师创新能力提升培训活动，共有159家企事业单位的3067人（次）专业技术人员参加培训。

制定实施《青海省科协助力乡村振兴实施意见》。依托基层科普行动计划项目，在全省8个市州开展“科普惠农兴村计划”项目43个、社区科普益民项目26个。成立4支由全国、省级、市州学会和科技工作者共同参与的乡村振兴产业顾问组，为循化撒拉族自治县、同德县、贵德县、刚察县4个县的产业发展提供咨询服务。

打造青海召荣农业科技有限责任公司食用菌优良菌种培育及科技生产示范推广基地、大通回族土族自治县东峡林场生态科普教育基地、黄南藏族自治州设施蔬菜种植技术科普宣传示范基地3个特色科普示范基地，带动周边群众增收致富。深入农村示范推广新品种新技术，先后为大通翔源种植专业合作社、祁连县扎麻什乡河东村、大通回族土族自治县桦林乡阿家沟村引进青稞、马铃薯良种，推广示范种植870亩，开展种养殖实用技术培训2期。投入专项资金助推定点帮扶村特色产业发展。

服务科技工作者　青海原子城国家级爱国主义教育示范基地纪念馆、“两弹一星”理想信念教育学院、青海师范大学“两弹一星”精神展览馆入选全国首批科学家精神教育基地。开展科学道德和学风建设宣讲报告会6场，3000余人次科技工作者以线上线下形式观看。联合省教育厅、团省委开展“共和国的脊梁——科学大师名校宣传工程”活动。

组织实施第十七届中国青年科技奖、第十八届中国青年女科学家奖、2021年度未来女科学家计划候选人推荐工作和第二届青海省科学成果奖评选工作。组织实施“昆仑英才·科技领军人才”项目青海省中青年科技人才托举工程，遴选50名中青年科技工作者作为托举对象，为每名托举对象提供为期2年的10万元经

费支持。

与省委宣传部等部门联合评选10名2022年省“最美科技工作者”。编印《星耀高原——青海科技工作者风采录》。举办第六个全国科技工作者日青海省系列活动。线上开展“向全省科技工作者致敬”主题宣传活动，总浏览量达101万次；走访慰问10名优秀科技工作者。

《科学素质纲要》实施和科普工作 制定实施《青海省全民科学素质行动规划纲要实施方案（2021—2025年）分工方案》《2022年青海省全民科学素质工作要点》。提出2025年各市州公民具备科学素质比例目标建议区间值，指导各市州出台全民科学素质工作实施方案。完善《2022年度青海省全民科学素质考核指标评分细则》，进一步推动全民科学素质考核工作标准化、规范化。联合省政府督查室开展省全民科学素质工作调研督查。

与省委宣传部、省科技厅等13个部门联合开展2022年全国科普日青海活动。设计“云游中国数字科技馆”“青海科普场馆线上游”“科普实验秀”等系列云活动，参与公众达68.6万人次。

实施“民族团结+科普”行动，联合省委统战部，会同相关厅局、省级学会，省市县三级联动，在全省开展“科普进寺庙”活动19次，助力民族团结进步示范省建设，活动入选中国科协十年优秀工作案例。

开展生态科普“六进”主题宣传活动，累计行程7680千米。实施“五个一”生态科普行动，即建设大通回族土族自治县东峡林场1个生态科普教育基地、举办1期青海省首届全民科学素质竞赛、开展1期“生态科普”主题临展、举办1期院士开讲生态科普大讲堂、编印1期生态科普宣教读本。

联合省教育厅制定《利用科普资源助推“双减”工作的若干措施》，开展“双进促双减 科普惠万千”主题科普进校园活动11次、实践活动110场次，开展科学课教学186节，结合小学课本制作《奇趣大世界》系列课程视频42部，累计服务师生2万人次。

制定实施《青海省现代科技馆体系建设“十四五”实施方案》，着力完善以实体科技馆为龙头和基础，以流动科技馆、科普大篷车、数字科技馆为拓展和延伸的现代科技馆体系。流动科技馆巡展累计接待公众3.17万人次，行程4110千米。结合冬奥会、生态保护等主题开展科普大篷车宣传活动65次，发放科普宣传资料3.4万份，受益群众1.37万人次。举办卫生及心理健康、生态环保等3场“科普大讲堂”活动。

创建14个2021—2025年度全国科普教育基地，全省已有22个全国科普教育基地、12个省级科普教育基地。创建9个2021—2025年度全国科普示范县（市、区），全省已有10个全国科普示范县（市、区）。

组织实施2022年基层科普行动计划项目67项，其中省级重点项目3项，农村（牧区）专业技术协会推广服务项目15项，建设农村科普示范基地22个、科普示范社区20个，学校和企业科普项目7项，提升基层科普服务能力和水平。

联合省生态环境厅等单位开发生态、健康、应急科普类宣传资料，制作完成6部应急科普视频。组织编译藏语版科学素质工作手册2300册和科普微视频500部，并配发给各市州。

编印发行《青海科技报》50期、《青海藏文科技报》24期。编发推送《青海科技报》数字报50期、“藏地科普”微信公众号120期、“极地科普”藏文微信公众号112期;《科学生活》手机报50期、微博100期。向全省6个藏族自治州27个县的2634个行政村、451个学校、190个社区赠阅《青海藏文科技报》5186份；向全省6个藏族自治州27个县的1229个行政村、512个学校赠阅《青海科技报》4790份，基本实现行政村、学校、社区和寺院全覆盖。

学术交流 举办传承“两弹一星”精神中国青年英才论坛分论坛——开放合作创新打造高原医学高地论坛。论坛分设高原医学和高原藏医药学2场平行子论坛，中国科学院院士朱彤等7位院士专家为论坛作主旨报告，12位专家在子论坛作专题报告，260余名专家学者以线上线下方式参加会议。

组织开展“党建+N”学术交流月系列活动，支持26个省级学会开展80余项专项活动。

自身建设 截至2022年年底，省科协专家数据库已收录专家1200人，收录专家信息1200条。

2月24日，省科协第十届委员会第六次全体（扩大）会议在西宁市召开，省委常委、省政协副主席、省总工会主席马吉孝出席会议并讲话，省科协党组书记尤伟利主持会议并代表党组提出工作要求，省科协主席王彤作常委会工作报告。

加强政治机关建设，对标对表6个方面18项指标，推进模范机关创建活动。2022年，省科协机关被评为2019—2021年度省级文明单位标兵、省直模范机关、节约型机关。围绕习近平总书记重要讲话精神和指示批示精神、党的二十大精神和省十四次党代会精神等重点内容，开展集中学习220次、交流研讨32次，党组书记带头讲专题党课2次，支部书记上党课25次。组织申报中国科协“领航计划”科技人才团结引领项目，举办省科技工作者学习贯彻党的二十大精神专题培训班，400余人参加培训。制定实施《青海省科协关于巩固提升“组织体系建设三年行动”成果的工作措施》，促进基层党组织建设标准化、规范化、制度化。

扎实开展巡视整改工作，研究制定巡视整改工作方案，推动整改落实到位。截至2022年年底，制定的168条措施已整改完成151条，完成率达90%。

协调相关单位筹建省新能源学会、盐湖产业发展研究会、生物工程学会、化学与材料学会。针对省学会发展现状和薄弱环节，研究提出进一步加强科技社团建设的意见，并上报省委全面深化改革委员会办公室。编印《学会换届指南》《学会内部治理》《科技社团规范化建设等级评估》等工作手册，指导学会规范开展工作。按照《青海省科协省级学会工作评价指标》，以量化考评促进学会管理科学化、标准化。实施学会能力提升计划项目10个。

省级学会 截至2022年年底，全省共有省级学会66个，从业人员240人，团体会员1732个，个人会员6.6万人。

推进学会党组织和党的工作“两个覆盖”，年内指导120个所属学会成立功能型党组织，已有53个省级学会建有功能型党组织，覆盖率达80%。

省农学会举办高原生态农业论坛、高原农牧业学术报告会，组织开展科普进校园、科普基地观摩系列活动；省气象学会组织开展青海省气象学术研讨会、气象知识学术报告会、气象科技人员理论知识培训、“乡村气象科普行”等系列活动，制作气象防灾减灾类音像制品；省质量管理学会开展第五届青海省质量奖评审、青海省第44次质量管理小组活动成果交流活动等工作；省体育科学学会举办高原训练与健康研讨会、体质监测科学健身进社区科普活动等；省动物学会开展科普进校园、进社区、进农牧区活动，编印三江源野生动物科普图书；省通信学会开展信息通信新技术学术论坛，编印信息通信技术科普图书。

地市县科协 截至2022年年底，全省共有8个市（州）科协，其中5个独立建制、3个合署办公；44个县（市、区）和1个县级行委中，6个独立建制科协。

推动“3+1”工作提质扩面，16个市（州）、县（市、区）科协完成换届，县级层面共吸纳“三长”49人，乡镇层面共吸纳“三长”533人。

西宁市科协被中国科协评为2022年全国科普日活动优秀组织单位，被中国科协创新战略研究院评为2022年度中国科协全国科技工作者状况调查优秀站点。推荐圣源地毯集团有限公司入选中国科协首批“科创中国”创新基地。建设西宁市“科创中国”试点城市样板间，开展科技成果转移转化等服务。线上开展西宁市碳达峰与碳中和实现路径论坛，服务党和政府科学决策。

海东市科协利用广播、电视、报纸、网络等媒体弘扬科学家精神，开展以“马背院士”吴天一、“农业专家”王发忠等为代表的“最美科技工作者”学习宣传活动。印发《海东市关于加强全市科协基层组织建设工作实施方案》，截至2022年年底，海东市所有乡镇（街道）、村（社区）、工（农）业园区均成立科协组织。

海南藏族自治州科协依托科普项目引进推广新技术、新品种、新成果51项，开展惠农政策、科技知识宣传讲解6场次以及种养殖产业项目技术指导5次。截至2022年年底，全州已注册科技志愿者1588人、科普信息员1975人、科技志愿服务组织39个，开展科技志愿活动21次。

海西蒙古族藏族自治州科协联合州科技局、德令哈天文科普馆和融媒体中心线上开展“云游”德令哈天文科普馆活动。

海北藏族自治州科协传承弘扬“两弹一星”精神，申报第一个核武器研制基地旧址（原国营二二一厂）创建国家科普示范基地，助推基地旧址革命文物数字化保护利用。

黄南藏族自治州科协与山东省林业科学研究院、天津农学院签订人才引进项目5个，共同推广黄南州特色农产品关键技术研究与示范等，助推技术到位率达96%。确立以农业技术推广学校为基础的新型职业农民培育体系，全年培训各类人员1250人。建立科技特派员工作站12个，聘请9名专家担任绿色农产品输出地建设首席科技顾问。建设农作物良种繁育、示范、展示基地4200亩，优质春小麦生产基地2万亩，优质青稞生产基地1万亩。

果洛藏族自治州科协推进果洛三江源综合科学考

察基地建设，保障第二次青藏科考工作顺利开展，共服务科技团队19批120余人次。完成农牧民职业技能培训任务5398人次。联合实施“有机牦牛肉冷鲜加工和绿色制造技术转化与示范”科技项目，研究成果获得省科技成果证书。

玉树藏族自治州科协联合州气象局、州气象学会线上线下开展虫草采挖季防雷电科普知识宣传；联合州委宣传部等单位开展以“科普、应急、安全”为主题的校园科普宣传活动。7月，玉树州科技馆投入运营。

科协基层组织 截至2022年年底，全省共有企业（园区）科协19个、高校科协3个。

实施企业科协负责人创新提能行动，举办“抗疫助企，政策速递”线上科技政策解读培训、“政策助力，科技攻坚”培训、“碳达峰碳中和”知识政策培训、中小企业数字化转型赋能品牌建设等培训会，200多家中小企业的300多名企业主要负责人及科技工作者参加培训。

【2022年中国科学院地学部学术年会暨“科学与中国”20周年院士青海行活动】 8月2—5日，2022年中国科学院地学部学术年会暨“科学与中国”20周年院士青海行活动在西宁市举办。省委书记、省人大常委会主任信长星，省委副书记、省长吴晓军出席开幕式。51名院士围绕各自研究领域的科研进展和成果进行学术交流，中国工程院院士戚发轫，中国科学院院士姚檀栋、邹才能分别作主题报告，省党政领导干部200余人现场聆听。活动期间，组织35位院士围绕青海省打造生态文明高地和建设产业“四地”，与省政府相关厅局、科研院所、高校和地勘单位开展5场对接咨询活动，为青海省发展把脉建言，提出咨询建议19条、达成合作意向9项。

（撰稿人：李　想）

宁夏回族自治区科学技术协会

服务经济社会发展 推进“科创中国”宁夏行动。持续推动“科创中国·宁夏中心”平台建设，汇集企业需求340项、科技成果资源1437项，专家入库544人、机构入库396家，发布资讯3000余条。组建16支科技服务团，组织300多名科技专家深入90余家企业开展常态化科技服务，完成125项需求的解析并提交技术研发指南；为181项成果提供产业化落地方案，对127项成果提供综合评价报告，促成需求签约8项、成果签约12项，促进自治区“六新六特六优”产业发展。1家科技企业和1位科技企业负责人入围2022年度“科创中国”系列榜单。有关工作案例入选自治区“大学习、大讨论、大宣传、大实践”活动成果展。

协调推进银川市“科创中国”创新枢纽城市建设，全面开展科技创新赋能、产业集群培育、科技产业技术创新、引才引智“四大行动”。在银川市经济技术开发区、石嘴山市高新技术产业开发区开展“科创中国”试点园区建设工作。

支持建设8个学会服务企业工作站、14个青年博士创新服务站，推动科技成果转化6项，开展联合技术攻关4项，助推科技经济融合发展。联合福建省科协和2家全国学会开展“院士专家宁夏行”活动3批次，共邀请7名院士、34名专家开展技术咨询服务94场次。举办一线创新工程师培训班5期，培养创新工程师132人、创新培训师21人，解决企业技术难题33项。开展“科创中国”企业创新达人宣讲活动。

发挥科协网站、微信公众号、《宁夏科协》内刊、宁夏科技馆、科普大篷车、三农呼叫中心等宣传平台作用，结合开展科普大讲堂、科普大篷车联合行动、服务企业创新活动和科技志愿服务活动，推动党的二十大精神进企业、进园区、进学校、进社区、进农村。

遴选18个课题进行立项支持，引导科技工作者围绕自治区“六新六特六优”产业发展建言献策。编辑出版《宁夏科协》6期、《科技决策咨询》6期，《宁夏黄河生态保护和高质量发展先行区的对策与建议》获得自治区领导批示。《关于枸杞深加工产品开发的提案》被列为自治区政协重点提案，上报社情民意13篇，采用7篇。

持续开展科技助力乡村振兴行动。海原县被中国科协列为“科技支撑乡村振兴公益行动”全国5个试点县之一，汇聚中国农学会等6家单位资源，帮助解决农业技术服务和卫生健康等方面的短板弱项和技术难题。持续开展科技专家助力乡村振兴服务行动和抓党建促乡村振兴大宣讲活动，充分发挥“三农呼叫平台”作用，通过“线上直播坐诊＋线下基层巡诊”的方式，对22个县（区）农村群众开展实用技术培训55场次，开展种养殖互观互学培训活动4期，已建成科技小院11家。做好海原县盐池村定点帮扶工作，选优配强驻村帮扶工作队员，助力乡村振兴。

服务科技工作者 以“创新争先 自立自强”为主题，组织开展全国科技工作者日系列活动，被中国科协评为全国科技工作者日优秀组织单位。向中国科协举荐第十七届中国青年科技奖候选人15名、第十八届中国青年女科学家奖候选人5名、“最美科技工作者”候选人10名。开展第三届宁夏离退休专业技术人才突出贡献奖评选工作，并对10名获奖人进行表彰奖励。组织实施2022年宁夏“青年科技人才托举”工程，对150名优秀青年科技人才进行托举培养。设立科学技术传播专业技术职称，解决科普人员职称评定和晋升问题。

发布2022年宁夏“最美科技工作者”名单，编辑出版《创新争先——宁夏优秀科技工作者纪实录》，培育推荐宁夏沙漠绿化与沙产业发展基金会等2家单位为全国科学家精神教育基地。举办“众心向党 自立自强——党领导下的科学家主题展”宁夏巡展、“我和我的祖国——中国科学家精神”主题展。组织优秀科技工作者深入高校开展科学家精神宣讲，指导宁夏大学等高校开展科学道德和学风建设宣讲并纳入思政课教学。

《科学素质纲要》实施和科普工作 积极争取将“提升公民科学素质”写入自治区第十三次党代会报告。组织开展全国科普日、“典赞·2021科普宁夏”、青少年科技创新大赛、科普助力“双减”、“智慧助老”、“双碳”科普教育等主题活动。组织开展全国科普示范县（市、区）创建工作，贺兰县、平罗县、盐池县、西吉县、青铜峡市被命名为2021—2025年度第二批全国科普示范县（市、区）。建成社区科普馆10个，获批全国科普教育基地29个。争取中央免费开放资金，资助支持自治区10个科技馆升级改造和免费开放。开展疫情防控、心理健康等应急科普宣传，招募科技志愿服务心理咨询师170余人，开通咨询热线19部，提供24小时电话心理疏导咨询服务，提供“一对一”心理疏导服务2800余人次。

印发《〈宁夏回族自治区全民科学素质行动规划纲要实施方案（2021—2025年）〉〈关于推进全域科普工作的实施意见〉工作任务台账》，进一步压实工作责任。推动自治区所有市、县（区）印发本地区《全域科普实施意见》，为开展全域科普工作提供政策制度保障。加大“科普中国”推广应用力度，科普员注册量达到30.5万人。科普大篷车共开展科普活动1261场次，受益公众85万余人次。自治区89所农村中学科技馆开展科普活动3231场次，参观人数达16万人次。

学术交流 组织实施2022年学术交流项目，立项支持5项品牌学术活动、17项高端学术活动、8项助力先行区建设产学融合论坛。自治区级学会线上线下举办各类学术交流活动30余场次，120余人次专家和4万余人次科技工作者参加学术交流活动。加强学术期刊建设，支持5家学会创新科技期刊出版，提高办刊质量。组织筹办第一届宁夏科技青年论坛。

7月6日，由中国科协、生态环境部、住房城乡建设部、自治区人民政府主办的2022绿色发展国际科技创新大会在银川市举办。国际货币基金组织副总裁李波和8位院士及24名国内外专家作主旨报告，结合自治区5个地级市、宁东能源化工基地产业特点举办5场专题论坛，国内外线上收看人数达2530万人次，发布10项自治区绿能开发、绿氢生产、绿色发展技术需求及公园城市指数，达成7项合作意向。自治区主席张雨浦、自治区党委副书记陈雍在大会专报上作出批示。

自身建设 推进提升科协基层组织组织力“3+1”工作。编印《宁夏提升科协基层组织组织力“3+1”工作典型案例选编》，召开自治区“三长建三会”试点工作动员部署会。推动7个县区建立基层学会组织，引导“三长建三会带三队”在移民致富、居民健康、教育创新、文明素养等方面发挥作用。以“三长”为主体的科技工作者组建各类科技志愿服务队伍1123支，招募科技志愿者2.5万余名，开展各类科技志愿服务活动2800多场次。向中国科协推荐科技志愿服务典型案例8个。

持续推进学会治理改革。印发《宁夏科协全区学会组织通则（试行）》，规范自治区学会组织工作。深化学会治理改革，督促指导6家学会开展换届工作，接纳3家学会加入科协团体会员，开展自治区学会分支（代表）机构自查，及时进行调整和清理，进一步增强学会活力。开展科技评估、工程技术领域职称评定、技术标准制定65项。

发挥自治区党校科协分校（科技人才学院）作用，通过举办培训班、理论研讨、专题研修等形式，引导广大科技工作者深入学习宣传贯彻党的二十大精神。认真落实全面从严治党主体责任，积极创建“五型”模范机关，持续实施自治区科协系统党的建设培

根铸魂、强基固本、廉洁清风、文化浸润“四大工程”，不断提升党建工作质量。自治区科协社会组织党委推进“五强五促”行动和党支部规范化建设，组织开展“一支部一品牌”创建活动。

自治区级学会 截至2022年年底，共有自治区级学会69个。

宁夏机械工程学会承担全自治区机械、电气、环境等相关专业职称评审，共受理评审3356人，入选自治区工业和信息化厅2022年度星级服务机构（技术创新服务类）。宁夏护理学会开展自治区专科护士执业资格培训及认证考核工作，共举办危重症、手术室、急诊急救、康复护理专科护士培训班29期，为1315人颁发专科护士执业资格证书。宁夏公路学会促成交通运输类工程项目纳入《宁夏回族自治区“西夏杯”优质工程认定办法》范围，起草《宁夏回族自治区“西夏杯”交通运输类优质工程认定实施细则（试行）》，解决多年来交通运输类工程不能参评自治区最高工程质量奖的问题。宁夏化学学会、宁夏物理学会围绕自治区重点产业发展需求，分别承办第八届全国碳催化学术会议和第十七届全国地基处理学术讨论会。宁夏化学分析测试协会建立NQI一站式服务平台，做好智能化数据处理系统在环境和能源领域标准制订中的应用与推广。宁夏材料研究学会承担并完成自治区重点研发（材料类）项目442项绩效评价工作，并编写《宁夏回族自治区2022年度地方标准》的宁夏“六新”产业高质量发展标准体系“新型材料”部分。

地市县科协 银川市科协积极开展“科创中国”创新枢纽城市建设，在“科创中国”平台发布384项技术需求、700余项科技成果，开展解析和对接服务。完成126项需求的解析，并提交技术研发指南；为126项科技成果提供产业化落地方案，对170余项科技成果进行综合评价，促成需求签约5个、成果签约19个。银川产业技术研究院和银川中关村信息谷科技服务有限责任公司获批“科创中国”创新基地。

石嘴山市科协推动开展“三长建三会”工作，平罗县在自治区率先成立青少年科技教育学会、卫生健康学会和农业技术学会。吴忠市科协召开第三次代表大会；组织开展“坚持马克思主义唯物论和无神论 弘扬科学精神 践行强国有我”主题科普展系列活动。中卫市科协出台《市级学会（协会）组织通则（试行）》；组织举办枸杞创新研究及产业发展高峰论坛、中卫市气象高质量发展科技论坛。固原市科协开展科技专家助力乡村振兴集中服务行动；推动固原市科技馆建设，已完成项目招标工作。

科协基层组织 截至2022年年底，共有企业（园区）科协222家，其中企业科协203家、产业园区科协8家、省级工业园科协11家；高校科协7家；农技协198家；乡镇（街道）科协241个。

企业科协围绕企业转型升级实现创新驱动发展，组织开展系列学术研讨和技术交流活动。自治区各级农技协围绕“六特”产业开展农业科技服务，提升农民群众的科技致富能力和基层农技人员的专业水平，助力乡村振兴。

【宁夏回族自治区科协第九次代表大会】 11月18—19日，宁夏回族自治区科协第九次代表大会在银川市召开。中国科协党组书记、分管日常工作副主席、书记处第一书记张玉卓代表中国科协发表视频讲话。自治区党委书记、人大常委会主任梁言顺出席会议并讲话。党委副书记、主席张雨浦，政协主席崔波，党委副书记陈雍出席会议。自治区党委常委、人大常委会、政府、政协有关领导参加。来自全区各行各业的311名科技工作者代表出席大会。自治区科协党组书记、主席陈红缨主持开幕式。

大会审议通过《宁夏科协第八届委员会工作报告》《宁夏科协事业发展“十四五”规划（2021—2025年）》《宁夏科协实施〈中国科协章程〉细则》，选举产生自治区科协新一届领导机构。陈红缨当选自治区科协第九届委员会主席。

（撰稿人：杜　涓）

新疆维吾尔自治区科学技术协会

服务经济社会发展 促进科技经济融合发展。推进巴音郭楞蒙古自治州、疏勒县、温宿县、托克逊县、昭苏县、乌鲁木齐县、尉犁县、民丰县安迪尔乡“科创中国”试点城市建设。建成“科创中国·新疆中心”科技创新融通平台，入驻企业、高校、学会、科研院所、产业园区等机构496家、专家19797人，发布人才、技术、服务需求和科技成果信息3415条、技术路演104场。组建9个“科创中国”技术专家服务团，集中开展技术攻关。召开“科创中国”绿色纺织产业科技服务团与巴音郭楞蒙古自治州罗布麻产业成果转化对接交流会，促进企业和院校建立产学研合作机制。推进“天山科技云”信息服务平台建设，已注册用户38万余人，认证科技工作者23万余人，注册单位超过500家。举办2022年新疆创新方法大赛。举办2022年全国大众创业万众创新活动周新疆分会场活动，为2021年自治区优秀创新创业者颁奖，自治区科协设“双碳”专题展、企业科技创新风采展、新疆青少年科技创新教育成果展。自治区科协推荐的中亚生态与环境研究中心（阿拉木图）、中亚生态与环境研究中心（比什凯克）2家国际合作组织入选中国科协海智合作机构。

实施科技助力乡村振兴行动。资助学会重点项目115个、“百会万人下乡村”助力乡村振兴项目36个，动员组织106个自治区学会开展科技助力乡村振兴专项行动。组织30余个专家服务团开展“南疆行”“百会万人下基层”科技培训活动70余场次，受益群众6000余人次。

开展“访惠聚”驻村工作。选派23名科协干部参加“访惠聚”驻村和南疆乡村第一书记工作，投入540万余元支持驻村点和田地区民丰县安迪尔乡实施甜瓜种植、科创基地建设等6个项目，2022年安迪尔乡农牧民人均收入达到1.8万元。

推进决策咨询课题研究。全自治区建有院士工作站14家、专家工作站3家，进站院士、专家17名。组织专家围绕新疆现代农业发展、卫星资源应用、棉花产业、新材料、新能源、数字经济、水资源高效利用等开展战略性研究，形成19份政协提案，其中《关于新疆硅基新材料先进制造业产业集群协同创新能力发展建议》被评为自治区政协优秀提案。9月，自治区科协被自治区政协评为提案先进承办单位。

全国科协系统对口援疆工作座谈会以视频形式召开。自治区人民政府与中国科协签署全面战略合作协议。

服务科技工作者 评选第六届新疆科普奖集体10个、个人20名，评选新疆“最美科技工作者”20名，托举优秀青年科技人才10名。完成30名战略科学家后备人才推荐工作。推荐优秀科技工作者参与中国青年科技奖评选，中国石油塔里木油田油气工程研究院院长刘洪涛获得第十七届中国青年科技奖特别奖，中国科学院新疆生态与地理研究所研究员乔庆庆获得第十七届中国青年科技奖。联合《新疆日报》、人民网等主流媒体持续宣传报道获奖科技工作者事迹。

持续开展“科学家精神耀天山”主题实践活动。举办“众心向党　自立自强——党领导下的科学家主题展”。推荐马兰红山军博园成功入选全国首批科学家精神教育基地。在《今日新疆》杂志开辟“领军者”专栏，报道12位作出突出贡献的优秀科技工作者。支持2位外国科学院中国籍院士申报自治区重大科技项目。在新疆电视台、官方网站等平台播出《天山论道》精品科学栏目80余期，播放量超过100万人次。

《科学素质纲要》实施和科普工作 研究制定《新疆维吾尔自治区全民科学素质行动规划纲要实施方案（2021—2025年）》，指导推动全民科学素质工作。

2022年，自治区科协系统举办科普活动9100余场，受众257万余人次；举办青少年科技竞赛5项，参与人数6万余人次；新疆科技馆全年接待观众13.9万余人次；流动科技馆巡展16站，累计参观人数15.8万人次；科普大篷车全年行驶里程7.4万千米；出版发行少数民族语言科普杂志《知识—力量》12期、《科学与生活》6期；全自治区注册科技志愿者累计69507人、科技志愿服务组织2380个。

发布疫情防控科普知识4000余条、短视频40余部，播放量超过1000万次。在《知识—力量》《科学与生活》两本少数民族语言科普杂志开设“科学防疫”“食品安全”等专栏，刊载相关文章60余篇。

联合自治区教育厅、科技厅等17家单位开展全国科普日新疆系列活动，自治区科协系统组织各类活动1284项，参与人数13.7万人次。新疆22个活动、17家单位被中国科协评为全国科普日优秀活动、优秀组织单位。联合自治区团委组织6名农牧科技专家赴和田地区开展“助力乡村振兴科技播火”活动；联合自治区妇女联合会、北京科技报社开展“我和妈妈学科学”新疆系列活动。联合新疆消防救援总队举办应急消防科普基地揭牌暨“中小学生安全教育日”活动。联合自治区党委宣传部先后在《新疆日报》、新疆电视台、新疆人民广播电台、天山网、石榴云平台开设“学科学　讲科学”专栏。争取北京市科协援疆项目支持，在和田地区开展“京和科技月”活动，举办主题科普活动20场，为182所农村学校各捐赠《中国科技教育》杂志12期。

编创完成《公民科学素质自测》科普手册。编译完成《科普大篷车》电视栏目（维吾尔语、哈萨克语）104期。与新疆生产建设兵团科协联合开展2022年新疆全民科学素质网络知识竞赛，参与答题人数

34.8万余人。成立40个专家服务团下乡开展“科技之冬”活动，培训农牧民百万余人次。创建全国科普示范县21个，推荐入选全国科普教育基地18个。推荐的塔城地区阿地里·阿不都热合曼入选“典赞·2022科普中国”活动年度十大科普人物。认定2021—2025年度自治区科普教育基地174个，奖补2个全国科普示范县和14个科普教育基地。创建20家科技小院。

联合教育厅出台科普资源助力“双减”20项举措，打造“一图一库一日历”科普教育新模式，汇集全自治区科普资源绘制“科普地图”，遴选181名青少年科普教育专家组成专家库，编制70项青少年科普教育重点活动日历。举办第三十六届新疆青少年科技创新大赛、第四届新疆青少年创意编程与智能设计大赛、2022年自治区青少年科学影像节等竞赛活动，自治区6万余名青少年参加各级各类比赛活动，3789名青少年在自治区级比赛中获奖。举办农村科技辅导员专项培训班3期。评选新疆青少年科技活动特色学校37所、青少年科技活动示范学校25所。克拉玛依市被中国科协评为2022年“‘科创筑梦’助力‘双减’科普行动”试点城市，入选全国第四批学校落实“双减”典型案例。

学术交流 2022年，自治区学会举办专题报告会2365场，受众人数104.8万人次；学会主办期刊24种。

建成新疆科协会堂、数字科技展厅，服务学会学术交流。结合“世界气象日”全国气象科普系列活动等，打造79个学会主题活动日，在新疆科协会堂举办相关学术交流和科普活动70余场。支持新疆通信学会、药学会、农学会等开展学术论坛、表彰奖励、科普报告、主题调研等活动83场次。

面向学会、高校科协征集国际合作交流项目55个，并与11个项目专家负责人共同参加中国科协国际交流项目线上会议。与中国科学院新疆生态与地理研究所、毛里塔尼亚“非洲绿色长城”国家署联合举办第二届塔克拉玛干沙漠论坛，100余位专家学者参加会议。

由自治区科协推荐的“中国－塔吉克斯坦生物资源保育利用联合实验室”“伊朗防风固沙技术合作”“中国－阿拉伯联盟荒漠化防治技术合作”“哈萨克斯坦儿童神经系统肿瘤微外科及精准诊疗平台建设”4项国际科技人文交流合作项目入选《中国科协国际合作部双边科技人文交流合作三年行动计划（2023—2025年）重点合作项目清单》。

自身建设 截至2022年年底，自治区科协共有团体会员9427个、个人会员12.5万人。

推进落实《新疆维吾尔自治区科学技术协会事业发展“十四五”规划（2021—2025年）》，深化科协系统改革，推动科协系统改革向基层延伸。9月，召开自治区科协第九次代表大会，选举产生新一届领导机构。指导昌吉回族自治州、阿克苏地区、阿勒泰地区、巴音郭楞蒙古自治州、伊犁哈萨克自治州、塔城地区、和田地区7个地州市科协完成换届。推动新疆畜牧兽医学会、口腔医学会、农学会、石油学会、机械工程学会、自然博物馆协会等13个学会完成换届。出台《关于全面推进园区和企业科协机构建立的指导意见》，下发《关于全面推进高校科协机构建立工作的通知》，指导园区、企业、高校积极成立科协组织。扶持壮大民营科技实业家协会，吸纳193家民营企业加入新疆民营科技实业家协会。开展学会征文、绘画活动，其中征文741篇、绘画作品1000余幅。完成106个自治区科协所属学会（协会、研究会）绩效评估工作。开展第十六届自治区自然科学优秀学术论文评选，共评选出优秀学术论文235篇。

自治区级学会 截至2022年年底，共有自治区级学会106家。吸纳新疆电线电缆协会、汽车维修装潢协会、农业质量协会、马业协会、医院协会、卒中学会、口腔医学学会、针灸医学学会、校园安全管理协会9家学会成为新疆科协团体会员。推进成立新疆新材料产业协会、女科技工作者协会、农科学会联合体、科技文化场馆联合体、院士联合会等一批新型学会和学会联合体。由新疆植物学会牵头，国内外科研机构和国际组织共同组建成立干旱区生物多样性保护联合体。

新疆心理学会组织30余人的心理援助志愿者，为群众提供疫情心理疏导服务。新疆医学会开展“大专家　进万家”科普视频专项行动，在微信公众号等新媒体发布40余部疫情防控科普视频，播放量超过1000万人次。新疆营养学会组织专家撰写并发布疫情防控科普文章，阅读量超过1万人次。

新疆老科技工作者协会组织中国老科技工作者协会科学报告团和新疆“科学大讲堂”讲师团专家114人深入农村、社区、企业开展“科学大讲堂”活动。自治区数学学会与新疆财经大学等单位承办第八届新疆数学青年博士学术论坛在线研讨会。自治区护理学会联合自治区卫生健康委员会举办老年护理专业发展与安宁疗护培训班。自治区林学会以和田地区为试点，开展2022年度林业科技推广人员培训，推广林业生产技术。自治区消防协会组织法律、金融、财税以及消防技术专家服务团队深入企业一线宣讲惠企、利企政策。自治区青少年科技辅导员协会联合自治区航空运动协会举办新疆航空模型科技辅导员培训班。自治区营养学会开展主题为“肥胖控制 你我共行动”的世界肥胖日大型义诊活动。

地市县科协 截至2022年年底，自治区共有地州市科协14个、县市区科协96个。

巴音郭楞蒙古自治州科协创新建设117个乡村科普馆。乌鲁木齐市科协探索将科普融入社区新时代文明实践中心。克拉玛依市科协在克拉玛依区新时代文明实践中心、红山社区打造石油科普教育阵地，组建石油科普志愿者队伍，开展“石油科普进校园”项目。阿勒泰地区科协推进科技文化场馆联合体建设，联合阿勒泰科技馆、天文馆、博物馆等开展“童心向党 科技逐梦”主题科技夏令营活动。塔城地区科协依托现有4家县域科技馆、7所农村中学科技馆、35个科普教育基地，常态化开展主题科普实践活动。和田地区科协以流动科技馆巡展、科学小实验、科普宣讲等形式开展“一月一主题”科学小实验科普活动。

科协基层组织 截至2022年年底，全自治区共有企业科协139家（其中园区科协12家）、高校科协27家、农技协312个。乌鲁木齐市新建企业科协15家，伊犁哈萨克自治州新建企业科协13家，塔城地区新成立企业科协7家。伊犁哈萨克自治州、阿克苏地区、喀什地区、巴音郭楞蒙古自治州等地推进基层组织建设和提升基层科协组织力为“3+1”试点工作，阿克苏地区、喀什地区等地州的13个县市已成立科协党组，伊犁哈萨克自治州11个县市科协组织中兼任副主席、常委的“三长”人员达130余人。

【新疆维吾尔自治区科协第九次代表大会】 9月15日，自治区科协第九次代表大会在乌鲁木齐市召开。中国科协党组书记、分管日常工作副主席、书记处第一书记张玉卓视频致辞，自治区党委书记马兴瑞出席开幕会并讲话。自治区政协主席努尔兰·阿不都满金，自治区党委副书记、新疆生产建设兵团政委李邑飞，自治区党委副书记、宣传部部长张春林，中国工程院院士王小东、邓铭江和中国科学院院士肖文交等出席开幕会。会上，自治区总工会有关负责人代表人民团体致贺词。肖文交代表新疆院士联合会向全自治区科技工作者发出倡议书。

会议审议通过自治区科协第八届委员会工作报告，修改《新疆维吾尔自治区科学技术协会实施〈中国科学技术协会章程〉细则》，选举产生自治区科协第九届委员会。邓铭江当选自治区科协第九届委员会主席。大会还授予王永明自治区科协第九届委员会名誉主席。

【“院士新疆行”活动】 7月11—23日，中国工程院、自治区政府联合科技部、中国科学院共同组织开展“院士新疆行”活动。活动由自治区科协承办。活动包括院士专家分组调研、签订区院合作协议、成立区院合作委员会、成立新疆院士联合会、举办“丝绸之路经济带核心区——产业振兴 创新发展”院士论坛、召开院士恳谈会等。

80位院士、专家组成数字经济、水资源利用、医学、现代农业、能源化工5个大组7个调研组，分赴喀什、阿克苏、库尔勒、伊犁、乌鲁木齐、阿勒泰、克拉玛依、昌吉及兵团等地，重点围绕新疆水资源高效利用、现代农业发展体系、数字经济、生命健康、石油石化、煤炭煤化工等重点领域，深入科研院所、企业、产业园区等地开展调研，形成调研成果，助力新疆经济社会高质量发展。

7月18日，“丝绸之路经济带核心区——产业振兴 创新发展”院士论坛和院士恳谈会在乌鲁木齐市举办。论坛上，举办新疆院士联合会成立仪式。新疆院士联合会以新疆9名院士为发起人，组织在疆的7名中国籍外国科学院院士、15个院士工作站院士加入，建立高端专家咨询库，助力新疆经济高质量发展。举办自治区人民政府与中国工程院战略合作协议签约仪式，组建区院合作委员会，委员会秘书处设在自治区科协。

在院士恳谈会上，孙龙德、高文、邓铭江、张英泽、邓秀新5位院士分别以《新疆能源化工高质量发展》《以信息技术促进新疆经济社会高质量发展，打造“一带一路”枢纽地带》《节蓄调管统筹治理，促进水资源高效利用》《集中优势医疗资源，助力新疆高质量发展》《提高农业用水效率，发展绿色高效农业》为题作报告。同时，签署5项自治区有关部门与院士团队的合作协议。

【新疆“最美科技工作者”发布仪式】 5月30日，2022年新疆“最美科技工作者”发布仪式在乌鲁

木齐市举办。自治区党委组织部、宣传部，自治区科协、科技厅、文学艺术界联合会、社会科学界联合会等有关部门负责人参加发布仪式，共表彰20位2022年新疆“最美科技工作者”。“最美科技工作者”代表陆晨、评审专家组代表王娜分别作会议发言。

活动主要包括2022年新疆“最美科技工作者”发布仪式、“众心向党　自立自强——党领导下的科学家精神展”、“喜迎二十大、奋进新征程”科学与艺术作品展、科学家精神主题报告会等。与会人员参观展览并听取报告。

（撰稿人：杨兴平）

新疆生产建设兵团科学技术协会

服务经济社会发展　兵团科协持续推动“科创中国”试点工作，依托石河子大学陈学庚院士团队，注册“科创中国”新疆兵团数字棉花区域科技服务团，成功申报“科创中国”科技服务团项目，利用物联网、大数据等信息化技术搭建一体化棉花生产大数据平台。3家单位入选首批“科创中国”创新基地：依托石河子大学建设的“科创中国”绿洲作物高效生产与农业环境保护国际创新合作基地入选“科创中国”创新基地（国际创新合作类），依托新疆冠农检测科技有限公司建设的冠农农产品创新服务平台和依托新疆碳智干细胞库集团有限公司建设的“科创中国”新疆干细胞资源库产学研协作创新基地入选“科创中国”创新基地（产学研协作类）。兵团科协利用中国科协“科技援疆工程”项目资金，在南疆6团、51团、224团和托万克阿勒迪尔村等地开展科技服务，在一师、三师、十四师建设“去极端化”科普馆5个。兵团2所高校的28个“科技小院”（石河子大学15个、塔里木大学13个）获教育部、农业农村部、中国科协支持建设，助力巩固脱贫攻坚成果与乡村振兴有效衔接。

7月，兵团科协联合自治区科协开展“院士新疆行”活动，邀请中国工程院80位院士、专家组成数字经济、水资源利用、医学、现代农业、能源化工5个大组7个调研小组，分赴自治区地州及兵团一师、二师、四师、六师等地，重点围绕自治区水资源高效利用、现代农业发展体系、数字经济、生命健康、石油石化、煤炭煤化工等方面开展调研，提供高端决策咨询。支持一师阿拉尔市和塔里木大学联合成立尹飞虎院士工作站，为院士团队技术成果推广转化创造条件。兵团科协在新疆农垦科学院举办以“保障粮食安全，助力乡村振兴”为主题的第七届兵团青年科技论坛，为兵团粮食安全提供决策建议。

服务科技工作者　5月30日，兵团科协、科技局举办第六个全国科技工作者日兵团系列活动，走访慰问百名科技工作者，举办科技工作者代表座谈会20余场次。在石河子大学举办主场活动启动式暨“众心向党　自立自强——党领导下的科学家主题展”。5月，兵团科协、科技局联合党委宣传部开展2022年“最美科技工作者”遴选推荐工作，向中国科协推荐中国工程院院士尹飞虎等10名兵团“最美科技工作者”，推荐石河子大学吕新、张立新获评2022年自治区“最美科技工作者”，在兵团日报专版宣传展示“最美科技工作者”先进事迹。

兵团科协联合兵团党委组织部、人力资源社会保障局、团委开展第七届兵团青年科技奖评选表彰工作，评选出新疆农垦科学院王国栋等10名获奖者，并在兵团媒体宣传获奖者科技成就。

《科学素质纲要》实施和科普工作　迎接《科学技术普及法》执法检查，6月6—11日，由全国人大常委会副委员长蔡达峰带队的全国人大常委会科学技术普及法执法检查组在自治区及兵团开展为期6天的检查。检查组召开座谈会，听取自治区政府、兵团及其相关部门工作情况汇报，并就科普法实施和修改完善进行座谈交流。检查组先后赴第十二师、第八师石河子市进行实地检查。

5月21—28日，兵团科协、科技局、党委宣传部联合举办全国科技活动周兵团系列活动，以“走进科技、你我同行”为主题，在一师阿拉尔市、二师铁门关市举办主场活动启动仪式、南疆灌排盐碱水稻作改良技术创新中心筹备启动仪式等活动，开展科技科普政策法规宣讲、科技下乡、科普进校园等活动163场次，参与职工群众达13万人次。

9月15—21日，兵团科协联合兵团党委宣传部等13个部门共同举办以“喜迎二十大、科普向未来”为主题的全国科普日兵团主场活动，组织线上科普报告会，云游兵团科普教育基地十二师天润好牛奶科普馆，在线收看直播人数达2万余人次。

兵团科协、科技局、教育局、团委联合举办第20届兵团青少年科技创新大赛，评选出获奖作品740项，推选优秀作品参加第36届全国青少年科技创新大赛。

兵团科协组织兵团高中生参加全国青少年高校科学营等活动，兵团34个分营的375名营员及38名带队教师线上参加“云上科学营”活动。兵团科协与自治区科协、体育局等联合举办“我爱祖国海疆”新疆青少年科技模型教育竞赛、第八届全国青年科普创新实验暨作品大赛新疆选拔赛、2022年新疆全民科学素质网络知识竞赛活动等。

兵团科普发展专项支持建设城市小型科技馆4个、社区科普活动室17个、青少年科学工作室5个、地震灾害科普馆1个，获得中国科协认定2021—2025年全国科普教育基地7个，新疆农垦科学院入选全国首批科学家精神教育基地。

实施“基层科普行动计划”，奖补科普示范基地12个、科普示范社区13个，表扬基层科普带头人21名。统筹使用国家科技馆免费开放补助资金，支持五师双河市、八师石河子市科技馆免费向公众开放，争取二师科技馆纳入新增免费开放科技馆范围。开展科普示范市创建工作，三师图木舒克市被认定为2021—2025年第二批全国科普示范县（市、区），一师阿拉尔市代表兵团接受全国科普示范县创建认定抽查。

自身建设 兵团科协组织科技工作者开展迎接学习宣传党的二十大系列活动，兵团科协主席带头，以上率下动员科协委员、科技骨干进校园、进院所、进企业，线上线下相结合开展宣讲。

3月11日，兵团科协第四届委员会第七次全体会议在乌鲁木齐市召开。

9月6日，兵团科协配合自治区科协以视频形式参加全国科协系统对口援疆工作座谈会。在中国科协与自治区人民政府全面战略合作协议中提出“中国科协支持自治区的各项措施适用兵团，将兵团纳入会商机制，共同推进兵地融合发展、兵团向南发展”，争取进一步加大对兵团的支持力度。兵团科协选派代表参加自治区科协第九次代表大会，吕学强当选自治区科协副主席。

兵团学会 截至2022年年底，共有兵团级学会14个。

地市县科协 截至2022年年底，共有师市（县级）科协14个。

科协基层组织 截至2022年年底，共有高校、科研院所科协3家，企业、园区科协15家。

【新疆生产建设兵团科协第四届委员会第七次全体会议】 3月11日，兵团科协第四届委员会第七次全体会议在乌鲁木齐市召开。兵团科协专职副主席吕学强主持会议，并传达学习中央书记处对科协工作的重要指示精神和兵团党委常委会对科协工作的明确要求。会议作题为《贯彻新发展理念　融入新发展格局　为兵团高质量发展再立新功》的工作报告。会议以电视电话会议形式召开，主会场设在兵团机关，各师市、院校设分会场。兵团科协第四届委员会委员、兵团科协、各师市科协、院校科协、兵团科协所属学会工作人员100余人参加会议。

（撰稿人：石晓萌）

大事记

1月

1月6日　中国科协在北京召开党史学习教育总结会议。张玉卓作总结讲话。中央党史学习教育第二十五指导组组长段余应出席会议并讲话。徐延豪主持会议。

1月7日　中国科协十届常委会国际合作与对外联络专门委员会第一次会议在北京召开。中国科协副主席、专委会主任施一公主持会议，常务副主任王进展等参加会议。

1月16日　中国基本建设优化研究会第八次全国会员代表大会以线上线下结合方式在北京召开。孙晓洲当选学会第八届理事会会长。

中国药学会第二十五次全国会员代表大会以线上线下结合方式在北京召开。孙咸泽当选学会第二十五届理事会理事长。

1月17日　中国科协召开2021年工作总结和2022年工作动员部署会。张玉卓以《开拓创新竞突破　提质增效谱新章》为主题作工作总结和动员部署。徐延豪主持会议。

1月19日　中国科协与中国日报社在北京签署战略合作协议。张玉卓、中国日报社总编辑周树春出席并为“国际科技传播研究院”揭牌。徐延豪与中国日报社副总编辑曲莹璞代表双方签约。王进展主持签约仪式。

中国科协清华大学科技发展与治理研究中心联席会议在北京召开。张玉卓、清华大学校长邱勇出席并讲话。束为、王进展出席会议。

1月20日　中国科协十届常委会组织建设专门委员会第一次会议在北京召开。专委会主任张玉卓主持会议，常务副主任束为等参加会议。

中国科协十届常委会科学技术普及专门委员会第一次会议在北京召开。专委会联席主任孟庆海主持会议，联席主任潘建伟、常务副主任殷皓等参加会议。

1月23日　中国胰腺病学会第一次全国会员代表大会以线上线下结合方式召开。赵玉沛当选学会第一届理事会理事长。

1月23日、29日　中国科协海智计划2022年新春云端交流活动以线上线下结合方式在欧洲、北美洲和亚洲大洋洲3个专场举办。罗晖出席并作总结讲话。

1月24日　中国科协党组召开党史学习教育专题民主生活会。张玉卓主持会议。徐延豪、束为、吕昭平、殷皓、王进展、罗晖出席会议，孟庆海列席会议。

1月25日　中国航空学会第十次全国会员代表大会以线上线下结合方式在北京召开。林左鸣当选学会第十届理事会理事长。

1月26日　中以青少年科技人文交流项目在山东省济南市启动。孟庆海、科技部副部长张广军、山东省副省长凌文、以色列驻华大使馆副大使尤瓦尔（Yuval Waks）等以视频方式出席启动仪式并致辞。

1月27日　中国科协十届常委会科技经济融合专门委员会第一次会议在北京召开。中国科协副主席、专委会联席主任陈学东主持会议，中国科协副主席、专委会联席主任尤政，常务副主任吕昭平等参加会议。

1月28日　中国科协十届常委会学风道德建设专门委员会第一次会议在北京召开。中国科协副主席、专委会主任高松主持会议，常务副主任徐延豪等参加会议。

中国科协十届常委会学术交流与期刊出版专门委员会第一次会议在北京召开。中国科协副主席、专委会联席主任高鸿钧主持会议，中国科协副主席、专委会联席主任包为民，常务副主任吕昭平等参加会议。

2月

2月10日　中国科协十届常委会人才工作专门委员会第一次会议在北京召开。中国科协副主席、专委会联席主任袁亚湘主持会议，中国科协副主席、专委会联席主任杨伟，常务副主任束为等参加会议。

中国科协十届常委会青年科技工作者专门委员会第一次会议在北京召开。中国科协副主席、专委会联席主任陈薇主持会议，中国科协副主席、专委会联席主任莫则尧，常务副主任束为等参加会议。

中国科协十届常委会决策咨询专门委员会第一次工作会议在北京召开。专委会联席主任邓秀新主持会议，常务副主任徐延豪、副主任王进展等参加会议。

2月14日　“典赞·2021科普中国”揭晓盛典特别节目在CCTV10科教频道播出，现场揭晓2021年度十大科普人物、十大科普作品、十大科普事件和十大科学辟谣榜。

2月15日　中国科协第十届全国委员会第三次会议在北京召开。会议传达学习中央书记处关于中国科协工作的重要指示精神，审议通过中国科协常委会工作报告。万钢作常委会工作报告。张玉卓主持会议。

中国科协第十届全国委员会常务委员会第四次会议以电视电话形式召开。万钢主持会议。49位常委出席会议，徐延豪、罗晖等列席会议。

2月15—16日　浙江省科协第十一次代表大会在浙江省杭州市召开。如健敏当选浙江省科协第十一届委员会主席。

2月17日　2022年中国科协全国学会秘书长会议在北京召开。张玉卓出席并讲话。吕昭平主持会议。

2月18日　2022年世界一流科技期刊建设部际协调会议在北京召开。张玉卓主持会议。中国科学院副院长高鸿钧、中国工程院副院长王辰、吕昭平等出席会议。

2月21日　中国科协召开2022“科创中国”年度会议。万钢，张玉卓，“科创中国”咨询委员会联席主席、中国工程院院士王小谟，“科创中国”联合体理事长、中国工程院院士周济，“科创中国”咨询委员会联席主席江小涓，以及中国科协党组、书记处全体同志出席会议。

张玉卓主持召开中国科协人才工作领导小组第一次会议。领导小组副组长徐延豪、孟庆海、束为、吕昭平、殷皓、王进展、罗晖和全体成员出席会议。

2月23日　万钢赴中国国家铁路集团有限公司调研。张玉卓一同调研。

2月24日　中国科协召开2022年度离退休干部工作领导小组会议，传达学习习近平总书记对全国老干部工作的重要指示等精神。徐延豪主持会议并讲话。

2月25日　中国科协人才工作会议在北京召开。万钢视频致辞。张玉卓主持会议并作总结讲话。中国科协副主席、中国工程院副院长、中国工程院院士邓秀新出席并致辞。中国科协副主席、中国科学院数学与系统科学研究院研究员、中国科学院院士袁亚湘，中国科协党组、书记处全体同志出席会议。

中国科协与中国宋庆龄基金会举行座谈会并签署全面战略合作协议。张玉卓，中国宋庆龄基金会党组书记、常务副主席杭元祥出席签约仪式并讲话。殷皓与中国宋庆龄基金会副秘书长李安晋代表双方签约。

中国科协十届常委会女科技工作者专门委员会第一次会议在北京召开。中国科协副主席、专委会联席主任向巧主持会议。中国科协副主席、专委会联席主任乔杰，常务副主任束为，专委会委员罗晖等参加会议。

2月28日　中国科协乡村振兴工作领导小组2022年第一次全体会议在北京召开。领导小组组长张玉卓主持会议。领导小组副组长孟庆海、吕昭平出席会议。

3月

3月1日　张玉卓与美国科学促进会执行主任、*Science* 系列期刊执行出版人苏迪普·帕里克（Sudip Parikh）举行视频会谈。束为、罗晖等参加会谈。

3月4日　2022年世界工程日首次以24小时线上直播形式举办全球庆祝活动。中国科协主办中国庆祝活动。万钢，世界工程组织联合会主席龚克，亚太工程组织联合会主席、中国科学院院士黄维等在线出席活动并致辞。

3月10日　中国交通建设集团有限公司科协成立大会在北京召开。张玉卓出席并讲话。国务院国资委党委委员、副主任任洪斌，束为，吕昭平等出席会议。

3月11日　中国科协与黑龙江省人民政府在北京举办座谈会并签署全面战略合作协议。万钢，黑龙江省委书记、省人大常委会主任许勤，张玉卓出席签约仪式并讲话。黑龙江省委副书记、省长胡昌升，徐延豪出席签约仪式。张玉卓与胡昌升代表双方签约。

3月14日　中国科协党组理论学习中心组开展集体（扩大）学习，传达学习全国两会精神。张玉卓主持会议并作总结讲话。徐延豪、孟庆海作重点发言，束为、吕昭平作交流发言。

3月17日　中国科协组织建设联席会议2022年第一次全体会议在北京召开。束为出席会议。

3月18日　中国科协与中国作协在北京举办座谈会并签署战略合作协议。张玉卓，中国作协党组书记、副主席、书记处书记张宏森出席签约仪式并讲话。孟庆海与中国作协书记处书记邱华栋代表双方签约。

中国可再生能源学会第十次全国会员代表大会以线上线下结合方式在北京召开。谭天伟当选学会第十届理事会理事长。

3月20日　中国科协十届常委会老科技工作者专门委员会第一次工作会议在北京召开。中国科协副主席、专委会主任黄璐琦主持会议，专委会常务副主任徐延豪、副主任王进展等参加会议。

中国城市规划学会第六次全国会员代表大会以线上线下结合方式在北京召开。杨保军当选学会第六届理事会理事长。

3月23日　中国工程师联合体第一届理事会第一次会议在北京召开。万钢、张玉卓出席并讲话。罗晖，中国工程院党组成员、副院长何华武主持会议。

“天宫课堂”第二课地面主课堂在北京举办。神舟十三号航天员翟志刚、王亚平、叶光富在中国空间站再次为全国青少年进行太空授课。

3月24日　中国心理卫生协会第八次全国会员代表大会线上召开。王刚当选协会第八届理事会理事长。

3月25日　中国稀土学会第七次全国会员代表大会以线上线下结合方式在北京召开。李波当选学会第七届理事会理事长。

3月28日　中国科协组织召开科技期刊集群发展和学术交流平台建设研讨会。张玉卓主持会议。

3月30日　2022年全国科普工作联席会议在北京召开。科技部党组书记、部长、联席会议组长王志刚主持会议并讲话。张玉卓出席并讲话。

中国材料研究学会第八次全国会员代表大会以线上线下结合方式召开，设立北京主会场、西安分会场、武汉分会场及成都分会场。魏炳波、李元元当选研究会第八届理事会理事长。

4月

4月1日　第十三届全国人大教科文卫委员会主任委员李学勇率调研组到中国科技馆，就《中华人民共和国科学技术普及法》落实情况开展专题调研。张玉卓一同调研。

4月2日　中央纪委国家监委驻科技部纪检监察组与中国科协党组召开2022年第一次全面从严治党专题会商会。张玉卓主持会议，中央纪委国家监委驻科技部纪检监察组组长龚堂华出席并讲话。徐延豪、孟庆海、束为、吕昭平、殷皓、罗晖出席并作表态发言。

4月7日　中国科协召开2022年全面从严治党工作会议，深入学习贯彻习近平新时代中国特色社会主义思想和党的十九届六中全会及十九届中央纪委六次全会精神。张玉卓、中央纪委国家监委驻科技部纪检监察组组长龚堂华出席并讲话。徐延豪主持会议。孟庆海、束为、吕昭平、殷皓、罗晖，中央纪委国家监委驻科技部纪检监察组有关同志出席会议。

4月10日　中国环境科学学会第九次全国会员代表大会在北京召开。王金南当选学会第九届理事会理事长。

4月11日　中国科协深化改革领导小组2022年第一次会议召开。领导小组组长张玉卓主持会议。

4月12日　2022年中国科协科普工作会议在北京召开。孟庆海出席并讲话。殷皓主持会议。

4月14日　中国科协召开全国学会调研总结和治理工作研讨会。张玉卓主持会议。

4月15日　中国科协党组与中央纪委国家监委驻科技部纪检监察组联合召开中国科协2022年警示教育大会，深入学习贯彻党的十九届六中全会和十九届中央纪委六次全会精神，组织观看专题警示教育片。张玉卓、中央纪委国家监委驻科技部纪检监察组副组长玄洪云出席并讲话。束为主持会议并通报典型案例。孟庆海、吕昭平、殷皓、罗晖，中央纪委国家监委驻科技部纪检监察组有关同志出席会议。

4月16日　中国康复医学会第七次全国会员代表大会在北京召开。陈立典当选学会第七届理事会会长。

4月20—22日　2022年中国科协外事能力提升专题培训班在北京举办。罗晖出席并讲话。

4月21日　2022年中国科协宣传思想工作会议暨宣传干部培训班在北京举办。徐延豪出席并讲话。

4月22日　中国科协信息化工作领导小组第三次会议召开。张玉卓主持会议。

4月25日　第五届科协发展理论研讨会召开。徐延豪，天津市委常委、市委教育工委书记王庭凯分别出席北京和天津现场活动并讲话。

5月

5月7日　中国联通科协成立大会在北京召开。张玉卓，中国联通党组书记、董事长刘烈宏出席并讲话。吕昭平出席会议。

第39届国际生理科学联合会大会开幕。罗晖出席开幕式并致辞。

5月8—12日　第23届世界科技工作者联合会全体大会在摩洛哥马拉喀什举办。由中国科协推荐的中国科协荣誉委员、中国科学院院士赵忠贤当选该组织副主席。

5月11日　中国科协与澳门特别行政区政府科技交流合作委员会第三次会议在北京和澳门以视频方式召开。罗晖、澳门特别行政区政府经济及科技发展局局长戴建业主持会议。

5月12日　中国科协机关党委召开九届十三次会议，传达学习习近平总书记在庆祝中国共产主义青年团成立100周年大会上的重要讲话精神，研究“学查改”专项工作。张玉卓主持会议。束为、罗晖参加会议。

5月16日　中国科协书记处会议审议通过《“智慧科协2.0”建设三年规划（2022—2024年）》。

5月29日　中国营养学会第十届全国会员代表大会以线上线下结合方式在北京召开。杨月欣当选学会第十届理事会理事长。

5月30日　以“创新争先　自立自强”为主题的2022年全国科技工作者日主场活动在北京举办。万钢出席并讲话。张玉卓等院士专家出席活动。

中国科协召开2022年全国科技工作者日座谈会，深入学习习近平总书记在中国科协“十大”开幕式上的重要讲话精神。万钢出席并讲话。张玉卓主持座谈会。

中国科协碳达峰碳中和系列丛书在2022年全国科技工作者日主场活动中正式发布。万钢为丛书作总序言。

6月

6月2日　中国科协以线上线下结合方式召开中央企业科协筹建工作专题会。束为出席并讲话。

6月6日　中共中央宣传部召开“中国这十年”系列主题新闻发布会，张玉卓、科技部部长王志刚、中国科学院院长侯建国、中国工程院院长李晓红、国家自然科学基金委主任李静海出席发布会，介绍“实施创新驱动发展战略　建设科技强国”有关情况，并答记者问。

6月14日　中国科协召开2022重大科学问题、工程技术难题和产业技术问题终选会。韩启德主持会议。张玉卓出席并讲话。

6月16日　全国现代科技馆体系工作会议在北京召开。张玉卓、束为、殷皓、罗晖等出席会议。徐延豪主持会议。

国际科学理事会中国委员会工作会议在北京以线上线下结合方式召开。罗晖出席会议。

6月17日　中国科协第十届全国委员会常务委员会第五次会议以线上线下结合方式召开。万钢主持会议。会议审议通过了中国科协第十届常务委员会委员建议名单。

6月18日　中国老科学技术工作者协会第七次全国会员代表大会以线上线下结合方式在北京召开。万钢出席并讲话。李学勇当选协会第七届理事会会长。

6月21日　中国科协与河南省人民政府签署全面战略合作协议。张玉卓，河南省委副书记、省长王凯出席签约仪式并讲话。

6月23日　第六届世界智能大会“科创中国”智能科技助力“双碳”论坛在天津市举办。天津市人大常委会副主任马延和、罗晖出席并致辞。

6月24日　第五届世界科技期刊论坛在湖南省长沙市开幕。张玉卓视频致辞。

第六届世界智能大会人工智能伦理高峰论坛在天津市举办。张玉卓，天津市委副书记、代市长张工出席并致辞。罗晖主持开幕式。

第六届世界智能大会京津冀数字经济联盟成立大会暨京津冀数字产业高峰论坛在天津市举办。张玉卓，天津市委副书记、代市长张工致辞。

中国蚕学会第十一次全国会员代表大会线上召开。代方银当选学会第十一届理事会理事长。

6月25日　中国科协主席与湖南大学生见面会在湖南省长沙市举办。万钢与来自中南大学、湖南大学、国防科技大学等11所高校的170余名学生代表进行面对面交流。

第五届世界科技社团发展与治理论坛在湖南省长沙市举办。张玉卓视频致辞，湖南省政协副主席、南华大学校长张灼华出席并致辞。

企业创新发展论坛暨企业科协组织建设推进会在湖南省长沙市举办。张玉卓，湖南省副省长陈飞，中国科协副主席、中国航空发动机集团有限公司副总经理、中国工程院院士向巧，中国科协副主席、中国工程院院士陈学东等参加会议。新版《企业科学技术协会组织通则》在会上正式发布。

2022 中国科技智库论坛在湖南省长沙市举办。徐延豪，湖南省政协党组副书记、副主席黄兰香出席并致辞。

“科创中国”科技创新企业家高峰论坛在湖南省长沙市举办。湖南省政协副主席、工商联主席张健出席论坛并致辞。

中国海归创业联盟第三次会员代表大会线上召开。罗晖视频致辞。

6 月 26 日　以“创新引领　自立自强——打造中部崛起新引擎”为主题的第二十四届中国科协年会在湖南省长沙市开幕。万钢致开幕词，湖南省委书记、省人大常委会主任张庆伟致欢迎词。湖南省委副书记、省长毛伟明，省政协主席李微微出席开幕式。张玉卓主持开幕式。徐延豪、罗晖、湖南省委副书记朱国贤等出席开幕式。

湖南省党政领导与科技领域的院士专家进行座谈交流。万钢，湖南省委副书记、省长毛伟明出席并讲话。张玉卓、徐延豪出席。湖南省委副书记朱国贤主持会议。

第二十四届中国科协年会港澳台科技工作者圆桌对话在湖南省长沙市举办。罗晖主持会议并讲话。

6 月 27 日　第二十四届中国科协年会闭幕式在湖南省长沙市举办。张玉卓出席并致辞。湖南省委副书记朱国贤、湖南省副省长陈飞等出席闭幕式。徐延豪主持闭幕式。闭幕式上，中国科协发布 10 个对科学发展具有导向作用的前沿科学问题、10 个对工程技术创新具有关键作用的工程技术难题和 10 个对产业发展具有引领作用的产业技术问题。

6 月 29—30 日　陕西省科协第九次代表大会在陕西省西安市召开。蒋庄德当选陕西省科协第九届委员会主席。

6 月 30 日　中国科协与新加坡工程师学会谅解备忘录及工程师互认协议签约仪式以视频方式举办。张玉卓、新加坡工程师学会主席钟德旋（Dalson Chung）分别在北京主会场和新加坡主会场出席仪式并致欢迎辞。罗晖主持签约仪式。

国际氢能燃料电池协会第一届会员大会暨第一届理事会一次会议在北京召开，万钢出席并讲话。欧阳明高当选协会第一届理事会理事长。

7 月

7 月 5 日　“双碳”目标下的中韩科学与技术合作研讨会在辽宁省大连市举办。罗晖出席并致辞。

7 月 6 日　2022 绿色发展国际科技创新大会在宁夏回族自治区银川市举办。宁夏回族自治区党委副书记、自治区人民政府主席张雨浦致欢迎词。张玉卓、生态环境部副部长赵英民、住房和城乡建设部总经济师杨保军致开幕词。宁夏回族自治区人民政府副主席吴秀章、束为、罗晖等出席开幕式。

7 月 9 日　外交部部长助理吴江浩代表中国科协同印度尼西亚海洋与投资统筹部副部长乔迪在巴厘岛签署《中国科学技术协会与印度尼西亚共和国海洋与投资统筹部关于海洋科技领域的合作意向书》。

7 月 12 日　中国科协召开全国学会团体标准研讨会。

中国体育科学学会第九次全国会员代表大会以线上线下结合方式在北京召开。李颖川当选学会第九届理事会理事长。

7 月 13—14 日　北京市科协第十次代表大会在北京召开。李静海当选北京市科协第十届委员会主席。

7 月 15 日　第十七届中国青年女科学家奖颁奖典礼在北京举办。全国人大常委会副委员长、全国妇联主席沈跃跃，全国妇联党组书记、副主席、书记处第一书记黄晓薇，张玉卓，中央网信办副主任、全国妇联兼职副主席曹淑敏，中国科协副主席、中国工程院院士陈薇等出席颁奖礼并为获奖者颁奖。

7月16日　　2022年中国科协国际组织任职及后备人员培训班在北京开班。

7月24日　　中国高等教育学会第八次会员代表大会在北京召开。杜玉波当选学会第八届理事会会长。

7月25日　　2022年中国（长沙）海外人才创新创业项目大赛暨海外创业者中国行首站长沙专场举办。罗晖出席并致辞。

7月27日　　“科学家精神教育基地”揭牌活动在北京举办。

中国高科技产业化研究会第五届会员代表大会以线上线下结合方式在北京召开。包为民当选研究会第五届理事会理事长。

8月

8月1—6日　　中国科协党校在青海省举办青年科技领军人才国情研修活动。

8月4—6日　　传承“两弹一星”精神中国青年英才论坛在青海省西宁市、海北藏族自治州举办。张玉卓视频致辞。

8月15—16日　　2022中国绿色低碳创新大会在浙江省湖州市召开。万钢在开幕式上视频致辞。浙江省委书记、省人大常委会主任袁家军，张玉卓出席并致辞。

8月17日　　第36届全国青少年科技创新大赛线上展示交流活动在北京启动。张玉卓、孟庆海出席开幕活动。

中国石油天然气集团有限公司科协成立大会在北京召开。

8月18日　　中国植物营养与肥料学会第十次全国会员代表大会在河南省郑州市召开。周卫当选学会第十届理事会理事长。

8月20日　　2022世界机器人大会开幕式在北京举办。中共中央政治局委员、北京市委书记蔡奇，万钢出席开幕式。

8月22—26日　　中国科协党校“领航计划”青年科技领军人才国情研修活动（江苏班）在江苏省无锡市举办。王进展参加研修班学员论坛并与学员交流。

8月23日　　中国标准化协会第九次会员代表大会以线上线下结合方式在北京召开。于欣丽当选协会第九届理事会理事长。

8月25日　　第十七届中国科技期刊发展论坛在安徽省合肥市开幕。张玉卓、中共中央宣传部副部长张建春视频致辞。开幕式上，举办中国科协与安徽省人民政府全面战略合作协议签约仪式。

张玉卓深入山西省临县、岚县调研中国科协定点帮扶工作。孟庆海参加调研。

8月26日　　全国科学道德和学风建设宣讲教育领导小组2022年工作会议在北京召开。徐延豪主持会议。

8月27日　　2022年世界新能源汽车大会在北京开幕。中共中央政治局常委、国务院总理李克强向大会致贺信。中共中央政治局委员、北京市委书记蔡奇宣布大会开幕。万钢作主旨报告。张玉卓主持开幕式。

8月28日　　“科学泰斗　国士无双”——纪念周培源诞辰120周年主题展在北京开幕。韩启德、张玉卓出席开幕式。殷皓主持开幕式。

8月31日　　湖北省科协第十次代表大会在湖北省武汉市召开。窦贤康当选湖北省科协第十届委员会主席。

9月

9月2日　　2022年中日韩女科学家论坛在北京举办。张玉卓视频致辞。罗晖主持对话交流环节。

2022中国创新创业成果交易会在广东省广州市线上启动。张玉卓、广州市市长郭永航视频致辞。

9月6日　　中国科协召开全国科协系统对口援疆工作座谈会。张玉卓，新疆维吾尔自治区党委书记、兵团党委第一书记、第一政委马兴瑞出席并讲话。孟庆海主持会议。

9月7日　　“弘扬科学家精神，勇做科技自立自强排头兵”新当选院士研修班学员论坛在北京举办。100余名2021年新当选院士参加论坛。

《中国现代科学家（九）》纪念邮票首发式在北京举办。

9月9日　　万钢在北京会见香港工程科学院院长潘乐陶及其夫人香港特别行政区前律政司司长郑若骅。罗晖参加会见。

9月13日　　中国核学会第十次全国会员代表大会以线上线下结合方式在北京召开。王寿君当选学会第十届理事会理事长。

9月15日　　新疆维吾尔自治区科协第九次代表大会在新疆维吾尔自治区乌鲁木齐市举办。邓铭江当选新疆维吾尔自治区科协第九届委员会主席。

中国腐蚀与防护学会第十一次全国会员代表大会在北京召开。李晓刚当选学会第十一届理事会理事长。

9月15—21日　　2022年全国科普日北京主场活动在中国科技馆和北京科学中心举办。万钢、张玉卓出席有关活动。

9月16日　　首届新兴技术产业高端圆桌论坛在北京召开。张玉卓出席并致辞。王进展主持会议。

9月20日　　张玉卓赴北京市平谷区调研农技协工作。孟庆海参加调研。

9月20—23日　　应澳门科学技术协进会邀请，徐延豪率代表团赴澳门特别行政区出席当代杰出华人科学家公开讲座、海峡两岸暨港澳协同创新论坛、全国科普教育基地和科学家精神教育基地授牌仪式等活动并进行工作访问。

9月21日　　第二届BEYOND国际科技创新博览会线上开幕。万钢视频致辞。

中国金属学会第十一次全国会员代表大会以线上线下结合方式在北京召开。张晓刚当选学会第十一届理事会理事长。

9月22日　　中国科协召开基层党组织建设质量提升推进会。束为主持会议并作总结讲话。

9月23日　　中国科协与求是杂志社在北京签署战略合作协议。张玉卓、殷皓，求是杂志社社长夏伟东、总编辑陈扬勇出席并见证签约。王进展与求是杂志社副总编辑张宇代表双方签约。

9月25日　　中国国土经济学会第六届全国会员代表大会以线上线下结合方式在北京召开。肖金成当选学会第六届理事会理事长。

9月28日　　第十五届中德应用型高等教育研讨会以线上线下结合方式在安徽省合肥市与德国奥斯纳布吕克市共同开幕。万钢视频致辞。

第七届全国老科技工作者日暨北京第十八届老科技工作者日主场活动在北京启动。张玉卓，全国人大常委会委员、教科文卫委员会主任委员、中国老科协会长李学勇致辞并宣布活动启动。王进展等出席活动。

9月29日　　2022年科普中国智库论坛暨第二十九届全国科普理论研讨会在北京举办。韩启德，孟庆海，中国工程院院士、北京协和医院妇产科名誉主任郎景和等出席论坛。

10月

10月9—12日　第三十期中国科协新进人员初任培训班在北京举办。徐延豪、孟庆海、束为、殷皓、王进展、罗晖为学员授课。

10月21日　罗晖在北京会见来访的新任韩国驻华使馆科学技术和信息通信公使衔参赞李镇守一行。

中国科协组织建设联席会议第二次全体会议在北京召开。束为出席并讲话。

10月25日　中国科协召开科技工作者代表学习贯彻党的二十大精神座谈会。张玉卓出席，束为主持座谈会。

10月27日　中国科协面向全国学会开展的"党的二十大代表进学会"学习宣传贯彻党的二十大精神系列学习活动首场座谈会在北京举办。

10月28日　万钢主持召开中国科协第十届全国委员会常务委员会委员座谈会，深入学习贯彻党的二十大精神。32位常委线下线上参加会议。

第二届新兴技术产业高端圆桌论坛在北京召开。张玉卓、王进展参加会议。

11月

11月1日　第23届太平洋地区核能大会在北京、成都两地同时开幕。国务院总理李克强为大会致贺信。张玉卓宣读李克强总理贺信并致辞。

11月3日　2022年中俄数字经济高峰论坛在北京市、黑龙江省哈尔滨市、俄罗斯莫斯科市等多地会场同步开幕。张玉卓，黑龙江省委书记、省人大常委会主任许勤视频致辞。俄罗斯科工联第一书记德鲁卡连科在线参会并致辞。

11月5日　中国科协与上海市人民政府在上海市签署全面战略合作协议。万钢，上海市委副书记、市长龚正，张玉卓出席并见证签约。罗晖与上海市副市长刘多代表双方签约。

中国生理学会第二十六次全国会员代表大会以线上线下结合方式在北京召开。王韵当选学会第二十六届理事会理事长。

11月6日　第五届世界顶尖科学家论坛开幕式在上海市举办。中央政治局委员、上海市委书记陈吉宁，万钢出席开幕式并致辞。张玉卓主持开幕式。开幕式上，发布了《关于国际合作的科研行为的倡议》。

11月7日　2022全球工业互联网大会在辽宁省沈阳市开幕。辽宁省委书记、省人大常委会主任张国清出席开幕式。张玉卓致辞。孟庆海出席会议。

11月8日　2022中小企业数字经济全球论坛在辽宁省沈阳市举办。罗晖致辞。

11月10日　中国茶叶学会第十一次全国会员代表大会在浙江省台州市仙居县召开。姜仁华当选学会第十一届理事会理事长。

11月10—11日　第十七届中国青年科技奖获奖者国情研修活动在浙江省温州市举办。束为与学员座谈并作总结讲话。

11月11日　中国科协在浙江省温州市召开青年科技工作者代表学习贯彻党的二十大精神座谈会。束为出席并作总结讲话。

11月12日　2022世界青年科学家峰会在浙江省温州市召开。万钢出席开幕式并讲话。张玉卓、浙江省委副书记黄建发出席开幕式并致辞。束为出席开幕式。

"科创中国"2022峰会在浙江省温州市举办。张玉卓，浙江省委常委、温州市委书记刘小涛出席并致辞。束为主持会议。

2022世界青年科学家峰会海峡两岸暨港澳青年未来发展论坛在浙江省温州市举办。罗晖视频致辞。

11月15日　第六届"一带一路"青少年创客营与教师研讨活动在广西壮族自治区南宁市开幕。

孟庆海，广西壮族自治区政协副主席、自治区科协主席黄日波出席并致辞。

山西省科协第九次会员代表大会在山西省太原市召开。周然当选山西省科协第九届委员会主席。

11月16日　中国科协召开学习贯彻党的二十大精神辅导报告会。中央宣讲团成员、中央财经委员会办公室副主任尹艳林作专题辅导报告。张玉卓主持报告会。

11月17日　中国天文学会第十五次全国会员代表大会以线上线下结合方式在江苏省南京市召开。韩占文当选学会第十五届理事会理事长。

中国水产学会第十一次全国会员代表大会以线上线下结合方式在北京召开。包振民当选学会第十一届理事会理事长。

11月18—19日　宁夏回族自治区科协第九次代表大会在宁夏回族自治区银川市召开。陈红缨当选宁夏回族自治区科协第九届委员会主席。

11月21日　发展中国家科学院第16届学术大会暨第30届院士大会在浙江省杭州市开幕。万钢出席开幕式并宣读习近平主席贺信。中国科学院院长、发展中国家科学院候任副院长侯建国，发展中国家科学院院长穆罕默德·哈桑，联合国教科文组织总干事奥德蕾·阿祖莱，教育部部长怀进鹏，张玉卓等在开幕式上致辞。

中国昆虫学会第十一次全国会员代表大会以线上线下结合方式在北京召开。戈峰当选学会第十一届理事会理事长。

11月22日　中国科协与中国能源建设集团有限公司在北京签署战略合作协议。张玉卓，中国能建党委书记、董事长宋海良出席签约仪式并讲话。王进展，罗晖，中国能建党委副书记马明伟，党委常委、副总经理吴云出席签约仪式。王进展、吴云代表双方签约。

11月23—25日　2022世界智能制造大会在江苏省南京市举办。江苏省省长许昆林、工业和信息化部副部长辛国斌出席开幕式。

11月25日　中央纪委国家监委驻科技部纪检监察组与中国科协党组召开2022年第二次全面从严治党专题会商会。张玉卓主持会议并讲话，中央纪委国家监委驻科技部纪检监察组组长高波出席并讲话。束为、孟庆海、殷皓、王进展、罗晖、驻科技部纪检监察组副组长玄洪云出席会议。

2022年中国（长沙）海外人才创新创业项目大赛颁奖仪式在北京、湖南两地以线上线下结合方式举办。罗晖线上出席并致辞。

中国海洋湖沼学会第十二次全国会员代表大会以线上线下结合方式在山东省青岛市召开。王凡当选学会第十二届理事会理事长。

中国颗粒学会第八次全国会员代表大会线上召开。朱庆山当选学会第八届理事会理事长。

11月26日　中国系统工程学会第十一次全国会员代表大会以线上线下结合方式在北京召开。杨晓光当选学会第十一届理事会理事长。

11月27日　第四届世界科技与发展论坛在四川省成都市开幕。万钢，中国科学院党组书记、院长侯建国，中国工程院党组成员、副院长王辰，四川省委常委、常务副省长李云泽等出席开幕式并致辞。

第二届青年前沿科技论坛在四川省成都市举办。

中国声学学会第十次全国会员代表大会以线上线下结合方式在北京召开。李风华当选学会第十届理事会理事长。

11月28日　世界数字经济论坛在四川省成都市开幕。张玉卓视频致辞。

第四届世界科技与发展论坛开放科学与开源创新发展论坛在四川省成都市以线上线

下结合方式举办。张玉卓致辞。

第四届世界科技与发展论坛在四川省成都市闭幕。张玉卓在闭幕式上视频讲话。

中国化工学会第四十一次全国会员代表大会在北京召开。戴厚良当选学会第四十一届理事会理事长。

12 月

12 月 1—3 日 2022 腾冲科学家论坛在云南省腾冲市举办。罗晖在澜湄区域科技人文交流论坛、国际前沿科学论坛、全球变化的生物学效应研讨会等活动上致辞或视频致辞。

12 月 2 日 中国－东盟工程师流动圆桌对话活动线上举办。罗晖、东盟工程组织联合会秘书长穆赫德·基尔、马来西亚工程师学会主席诺丽达·布尼雅敏出席开幕式并致辞。

12 月 4—5 日 中国地球物理学会第十一次全国会员代表大会线上召开。底青云当选学会第十一届理事会理事长。

12 月 6 日 第九届中俄工程技术论坛在北京市、天津市和俄罗斯莫斯科市三地连线举办。张玉卓，天津市委副书记、市长张工视频致辞。俄罗斯科学工程协会联合会第一书记德鲁卡连科·谢尔盖·彼得罗维奇线上致辞。罗晖主持论坛。

《中国科技期刊发展蓝皮书（2022）》定稿会线上召开。

12 月 8 日 中国科协与贵州省人民政府签署全面战略合作协议。

12 月 10 日 中国毒理学会第八次会员代表大会以线上线下结合方式在北京召开。陈景元当选学会第八届理事会理事长。

12 月 11 日 中国通信学会第九届全国会员代表大会第二次会议暨九届二次理事会议在四川省成都市召开。张云明当选学会第九届理事会理事长。

12 月 14 日 中俄工程能力建设圆桌对话活动在线举办。罗晖、俄罗斯工程教育协会主席尤里·彼得罗维奇·波霍尔科夫出席活动并致辞。

12 月 17 日 中国光学学会第九次会员代表大会线上召开。顾瑛当选学会第九届理事会理事长。

中国水土保持学会第六次会员代表大会以线上线下结合方式在北京召开。田学斌当选学会第六届理事会理事长。

12 月 18 日 中国指挥与控制学会第三次全国会员代表大会线上召开。费爱国当选学会第三届理事会理事长。

中华护理学会第二十九次会员代表大会在北京召开。吴欣娟当选学会第二十八届理事会理事长。

中国化学会第十二次全国会员代表大会以线上线下结合方式在北京召开。万立骏当选学会第三十一届理事会理事长。

12 月 19 日 中国科协党组召开会议，专题传达学习中央经济工作会议精神。张玉卓主持会议。束为、殷皓、王进展、罗晖出席会议。

12 月 20 日 中国城市科学研究会第七次会员代表大会以线上线下结合方式在北京召开。杨焕明当选学会第七届理事会理事长。

12 月 23 日 第十届中国科技政策论坛在北京举办。中国科协副主席、决策咨询专门委员会联席主任邓秀新致辞。

12 月 24 日 中国抗癌协会第九次全国会员代表大会在天津市召开。樊代明当选学会第九届理事会理事长。

12 月 25 日 中国农业机械学会第十二次全国会员代表大会以线上线下结合方式在北京召开。刘小虎当选学会第十二届理事会理事长。

中国解剖学会第十五次全国会员代表大会线上召开。李云庆当选学会第十七届理事会理事长。

12月28日　“时代精神耀濠江”系列活动在澳门特别行政区举办。张玉卓在“百年中国科学家”主题展开幕式上视频致辞。

中国科协党组召开贯彻落实党的二十大精神、扎实谋划2023年重点工作研讨会。束为主持会议。殷皓、王进展、罗晖出席会议。孟庆海，中国科协机关各部门、各直属单位主要负责同志列席会议。

12月30日　中国植物病理学会第十二次全国会员代表大会以线上线下结合方式在北京召开。韩成当选学会第十二届理事会理事长。

中国风景园林学会第七次全国会员代表大会在北京召开。李如生当选学会第七届理事会理事长。

附　录

中国科学技术协会组织体系框图

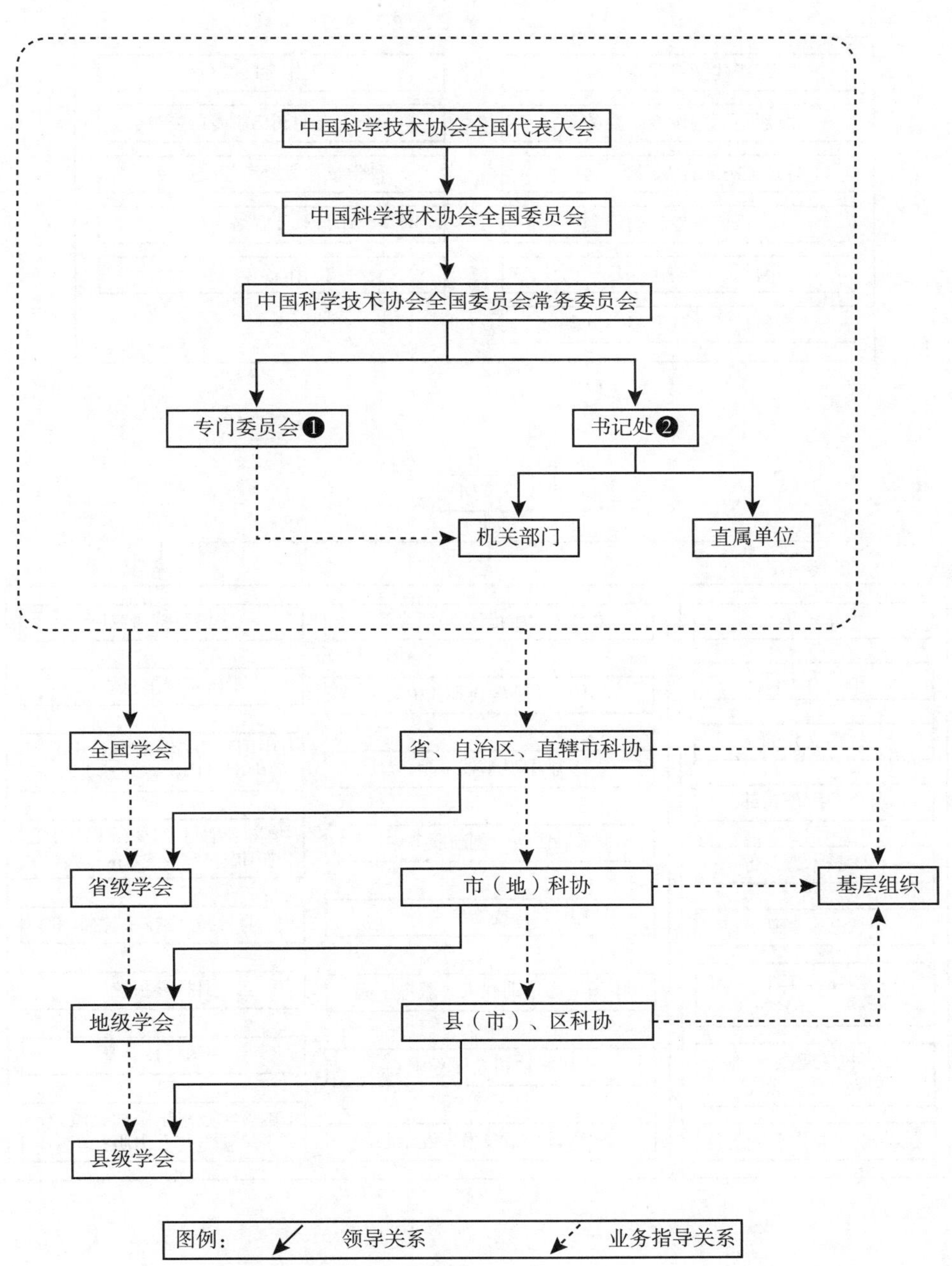

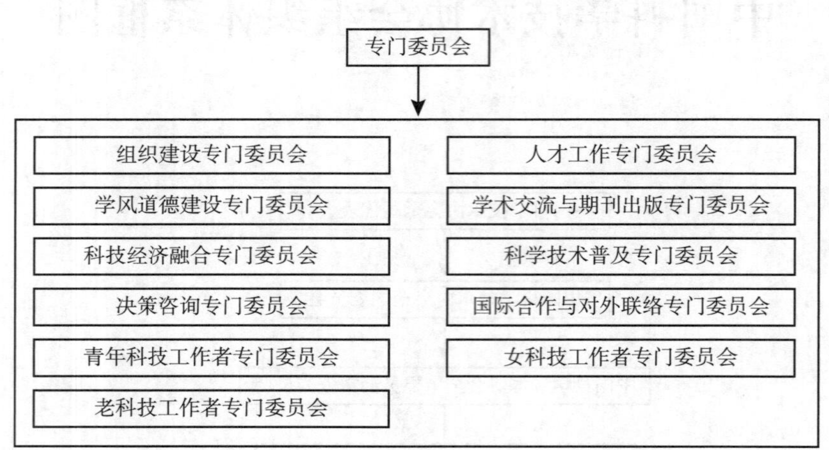
专门委员会
组织建设专门委员会
人才工作专门委员会
学风道德建设专门委员会
学术交流与期刊出版专门委员会
科技经济融合专门委员会
科学技术普及专门委员会
决策咨询专门委员会
国际合作与对外联络专门委员会
青年科技工作者专门委员会
女科技工作者专门委员会
老科技工作者专门委员会

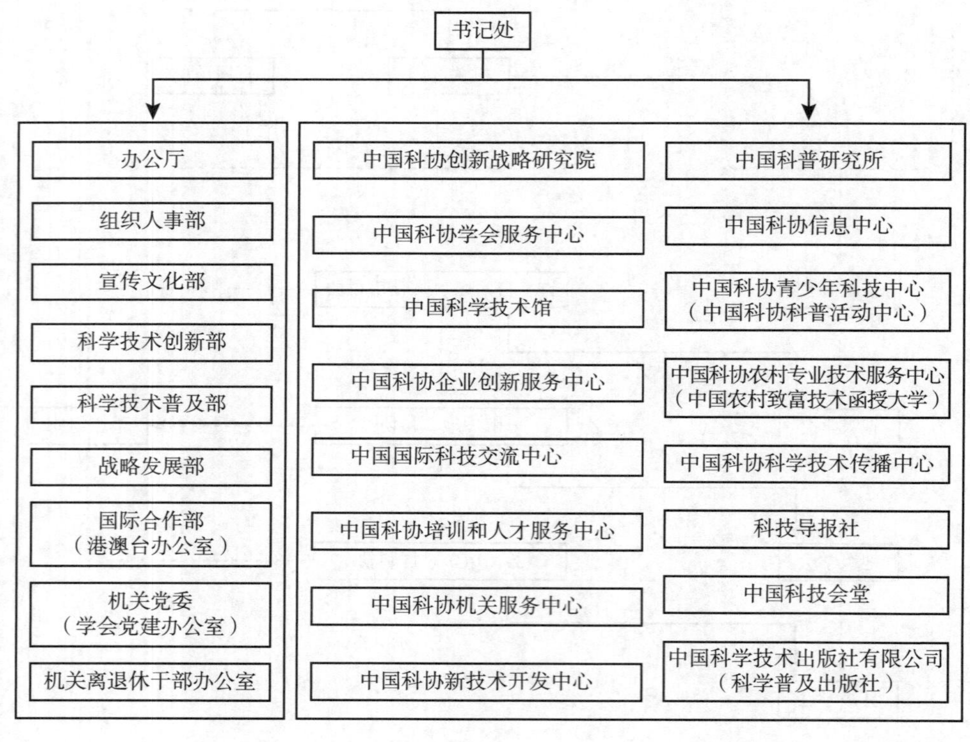
书记处
办公厅
组织人事部
宣传文化部
科学技术创新部
科学技术普及部
战略发展部
国际合作部
（港澳台办公室）
机关党委
（学会党建办公室）
机关离退休干部办公室
中国科协创新战略研究院
中国科普研究所
中国科协学会服务中心
中国科协信息中心
中国科学技术馆
中国科协青少年科技中心
（中国科协科普活动中心）
中国科协企业创新服务中心
中国科协农村专业技术服务中心
（中国农村致富技术函授大学）
中国国际科技交流中心
中国科协科学技术传播中心
中国科协培训和人才服务中心
科技导报社
中国科协机关服务中心
中国科技会堂
中国科协新技术开发中心
中国科学技术出版社有限公司
（科学普及出版社）

中国科学技术协会名誉主席、荣誉委员

1986年6月27日中国科学技术协会第三届全国委员会第一次会议通过

名誉主席 周培源　严济慈　茅以升

荣誉委员 （以姓氏笔画为序）

王顺桐　王淦昌　许　杰　苏步青　汪德昭　沈　鸿　陈世骧　杨显东　金善宝
高士其　谈家桢　黄汲清　董纯才　裴丽生

1987年3月中国科学技术协会第三届全国委员会第二次会议通过

荣誉委员 袁翰青　沈其益

1991年5月27日中国科学技术协会第四届全国委员会第一次会议通过

名誉主席 钱学森　钱三强

荣誉委员 （以姓氏笔画为序）

王大珩　卢嘉锡　刘东生　李国豪　吴仲华　沈　元　张　维　陆　达　唐敖庆
曹天钦　裘维蕃

1996年5月31日中国科学技术协会第五届全国委员会第一次会议通过

名誉主席 朱光亚　卢嘉锡　吴阶平

荣誉委员 何　康　林兰英（女）　强巴赤列（藏族）　胡亚美（女）　高景德

2001年6月24日中国科学技术协会第六届全国委员会第一次会议通过

荣誉委员 干福熹　王连铮　石元春　叶叔华（女）　母国光　朱高峰　庄逢甘　孙大涌
李振声　杨　乐　闵桂荣　张存浩　陈可冀　陈佳洱　施莫邦　聂　力（女）
顾方舟　高　潮　龚育之

2006年5月25日中国科学技术协会第七届全国委员会第一次会议通过

名誉主席 周光召

荣誉委员 左铁镛　旭日干（蒙古族）　刘　恕（女）　江泽慧（女）　苏纪兰　李依依（女）
张玉台　国　林　胡启恒（女）　钱　易（女）　徐善衍　郭孔辉　曾庆存

2011年5月29日中国科学技术协会第八届全国委员会第一次会议通过

荣誉委员 马国馨 王永炎 王震西 韦 钰（女，壮族） 邓 楠（女） 艾国祥 白春礼（满族） 齐 让 杜祥琬 杨福家 张开逊 张启发 陆延昌 陈运泰 赵忠贤 栾恩杰（满族） 高润霖 郭桂蓉 符淙斌 管华诗

2016年6月2日中国科学技术协会第九届全国委员会第一次会议通过

名誉主席 韩启德

荣誉委员 干 勇 王 兴 王 韧 王小兰（女） 王诗宬 王恩哥 方 新（女） 邓中翰 卢锡城 冯长根 吕 植（女） 刘 玠 许振超 孙家广 杨 卫 杨 劼（女，蒙古族） 杨玉良 吴 跃 吴明江 沈爱民 张 勤 张桃林 陈惠娟（女） 陈赛娟（女） 周建平 郑南宁 赵沁平 饶子和 秦大河 袁家军 夏 强 唐启升 黄伯云 龚 克 屠海令 程东红（女） 谢克昌 樊明武

2021年5月30日中国科学技术协会第十届全国委员会第一次会议通过

荣誉委员 马 林 王 曦 王永志 王启民 王春法 李 华 李 洪 李静海 杨金成 吴伟仁 吴海鹰（女，回族） 何华武 沈 岩 宋 军 陈左宁（女） 欧阳竹 周守为 郑哲敏 郑晓静（女） 项昌乐 赵玉沛 钟南山 姚建年 钱七虎 徐晓兰（女） 高 福 曹淑敏（女） 曾益新 谢和平 雷增光

已去世的名誉主席（8名）

卢嘉锡 朱光亚 吴阶平 周培源 严济慈 茅以升 钱三强 钱学森

已去世的荣誉委员（41名，以姓氏笔画为序）

王大珩 王连铮 王顺桐 王淦昌 卢嘉锡 母国光 旭日干 庄逢甘 刘东生 许 杰 李国豪 杨显东 苏步青 吴仲华 何 康 闵桂荣 汪德昭 沈 元 沈 鸿 沈其益 张 维 陆 达 陈世骧 林兰英 金善宝 胡亚美 施蕴邦 袁翰青 顾方舟 高 潮 高士其 高景德 唐敖庆 谈家桢 黄汲清 曹天钦 龚育之 董纯才 强巴赤列 裘维蕃 裴丽生

中国科学技术协会机关各部门及主要负责人

办公厅　**主　任**　周文标　**副主任**　周大亚　阮　草　王　蓓

内设7个处：秘书处、预算管理处、督查协办处、机要处（值班室）、信息处（档案处）、财务资产处、综合处（信访办公室）

组织人事部　**部　长**　李坤平　**副部长**　邓　芳　谭华霖

内设6个处：干部处、直属单位人事处、人才工作处、组织处、教育培训处、综合处（干部监督处）

宣传文化部　**部　长**　郭　哲　**副部长**　于小晗　宋玉荣

内设4个处：理论宣传处、文化建设处、科学文化处、综合处（学风建设处）

科学技术创新部　**部　长**　刘兴平　**副部长**　杨书宣　许光洪（挂职）

内设6个处：学会发展处、科技期刊处、学术交流处、创新融合处、科创平台处、综合处

科学技术普及部　**部　长**　顾　斌　**副部长**　庞晓东

内设5个处：纲要处、基层工作处、科普信息化处、基础设施处、综合处（乡村振兴工作办公室）

战略发展部　**一级巡视员**　申金升　**副部长**　朱文辉　赵立新

内设4个处：战略咨询处、规划发展处（改革协调处）、调查研究处、综合处（统计处）

国际合作部（港澳台办公室）　**部长（主任）**　罗　晖（兼）　**副部长（副主任）**　何　巍

内设5个处：国际组织处、双边处、港澳台处、海智处、综合处

机关党委（学会党建办公室）　**常务副书记（主任）**　郑　凯　**副书记**　杨绍丽

机关党委副书记、机关纪委书记　张　清

内设4个处：办公室、学会党建处、巡视监督室（审计室）、纪律检查室（纪委办公室）

机关离退办　**副主任**　杨利军

内设2个处：综合处（党委办公室）、服务处

中国科学技术协会直属单位及主要负责人

中国科协创新战略研究院	院　长　申金升（兼）　党委书记　吴善超
	副院长　李　芳　毕海滨　纪委书记　汪宏林
中国科普研究所	所　长　王　挺　副所长　王京春　张利洁　郑　念
中国科协学会服务中心	主　任　刘亚东　党委书记　王　婷
	副主任　楼　伟　刘桂荣　纪委书记　杨彩虹
中国科协信息中心	主　任　林润华　副主任　魏时刚　曲大成
中国科学技术馆	馆　长　殷　皓（兼）　党委书记、副馆长　钱　岩
	副馆长　廖　红　纪委书记　姬　刚
	副馆长、办公室（党办）主任　任海宏
中国科协青少年科技中心（中国科协科普活动中心）	主　任　辛　兵　副主任　张振威　王松光　朱立达
中国科协企业创新服务中心	主　任　陈　剑　副主任　高春波　邓　帆
中国科协农村专业技术服务中心（中国农村致富技术函授大学）	主　任　徐　强　副主任　王　诚　郑明杰
中国国际科技交流中心	主　任　苏小军　副主任　贾子文　顾雁峰
中国科协科学技术传播中心	主　任　郑浩峻　副主任　白元平　陈　锐
中国科协培训和人才服务中心	副主任　王书瑞　张　斌
科技导报社	社长、副主编　王康友　副社长　史永超
中国科协机关服务中心	主　任　佘建坤　副主任　尚高峰　刘会强　周庆云
中国科技会堂	总经理、党委书记　佘建坤（兼）
	党委副书记、副总经理　杨绍丽（兼）
	副总经理　梁　华　纪委书记　胡富梅
中国科协新技术开发中心有限公司	董事长、总经理　秦久怡
中国科学技术出版社有限公司（科学普及出版社）	党委书记、董事长、总编辑　秦德继
	党委副书记、董事、总经理　宁方刚
	党委副书记、董事　林　立
	纪委书记、监事会主席　张建国
	董事　郭　晶　副总经理　周少敏

中国科协主管学术期刊

序号	地区	期刊名称	国内统一连续出版物号	出版单位	主办单位
1	上海	光学学报（网络版）	31-6001/O4	《中国激光》杂志社有限公司	中国科学院上海光学精密机械研究所、中国光学学会
2	上海	中国工程机械学报	31-1926/TH	《中国工程机械学报》编辑部	中国工程机械学会
3	上海	中华航海医学与高气压医学杂志	31-1847/R	《中华医学杂志》社有限责任公司	中华医学会
4	上海	植物生理学报	31-2055/Q	中国科技出版传媒股份有限公司	中国植物生理与植物分子生物学学会、中国科学院分子植物科学卓越创新中心
5	上海	振动与冲击	31-1316/TU	《振动与冲击》编辑部	中国振动工程学会、上海交通大学、上海振动工程学会
6	上海	解剖学杂志	31-1285/R	《解剖学杂志》编辑部	中国解剖学会
7	上海	水产学报	31-1283/S	《水产学报》编辑部	中国水产学会、上海海洋大学
8	上海	中华内分泌代谢杂志	31-1282/R	《中华医学杂志》社有限责任公司	中华医学会
9	上海	物理教学	31-1033/G4	《物理教学》编辑部	中国物理学会
10	上海	光学学报	31-1252/O4	《中国激光》杂志社有限公司	中国科学院上海光学精密机械研究所、中国光学学会
11	上海	内燃机工程	31-1255/TK	《内燃机工程》编辑部	中国内燃机学会
12	上海	应用概率统计	31-1256/O1	《应用概率统计》编辑部	中国数学会概率统计学会
13	上海	中华手外科杂志	31-1653/R	《中华医学杂志》社有限责任公司	中华医学会
14	上海	生命的化学	31-1384/Q	《生命的化学》编辑部	中国生物化学与分子生物学会
15	上海	中国化学（英文）	31-1547/O6	《中国化学》编辑部	中国化学会、中国科学院上海有机化学研究所
16	上海	自动化仪表	31-1501/TH	《自动化仪表》编辑部	中国仪器仪表学会、上海工业自动化仪表研究院有限公司
17	上海	光学仪器	31-1504/TH	《光学仪器》编辑部	中国仪器仪表学会、上海光学仪器研究所、中国光学学会工程光学专业委员会
18	上海	中华消化杂志	31-1367/R	《中华医学杂志》社有限责任公司	中华医学会
19	上海	中华传染病杂志	31-1365/R	《中华医学杂志》社有限责任公司	中华医学会
20	上海	中国药理学报	31-1347/R	《中国药理学报》编辑部	中国药理学会、中国科学院上海药物研究所
21	上海	噪声与振动控制	31-1346/TB	《噪声与振动控制》编辑部	中国声学学会
22	上海	海洋渔业	31-1341/S	北京中科期刊出版有限公司	中国水产学会、中国水产科学研究院东海水产研究所、中国科技出版传媒股份有限公司

续表

序号	地区	期刊名称	国内统一连续出版物号	出版单位	主办单位
23	上海	无损检测	31-1335/TG	《无损检测》编辑部	中国机械工程学会、上海材料研究所
24	上海	中国新药与临床杂志	31-1746/R	《中国新药与临床杂志》编辑部	中国药学会、上海食品药品监督管理局科技情报研究所
25	上海	运筹学学报	31-1732/O1	《运筹学学报》编辑部	中国运筹学会
26	上海	中国临床药学杂志	31-1726/R	《中国临床药学杂志》编辑部	中国药学会
27	上海	中国肿瘤生物治疗杂志	31-1725/R	《中国肿瘤生物治疗杂志》编辑部	中国免疫学会、中国抗癌协会
28	上海	世界地理研究	31-1626/P	《世界地理研究》编辑部	中国地理学会
29	上海	心理科学	31-1582/B	《心理科学》编辑部	中国心理学会
30	中央	临床小儿外科杂志	10-1785/R	《中华医学杂志》社有限责任公司	中华医学会
31	中央	草地研究（英文）	10-1777/S	《草地研究（英文）》编辑部	中国草学会、兰州大学
32	中央	前瞻科技	10-1786/N	科技导报社	科技导报社
33	中央	科普创作评论	10-1739/I	中国科学技术出版社有限公司	中国科普作家协会、中国科普研究所、中国科学技术出版社有限公司
34	中央	中国航海	10-1741/U	《中国航海》编辑部	中国航海学会
35	中央	心血管病探索（英文）	10-1724/R2	《中华医学杂志》社有限责任公司	中华医学会
36	中央	感染性疾病与免疫（英文）	10-1723/R2	《中华医学杂志》社有限责任公司	中华医学会
37	中央	智慧医学（英文）	10-1714/R2	《中华医学杂志》社有限责任公司	中华医学会
38	中央	母胎医学杂志（英文）	10-1632/R71	《中华医学杂志》社有限责任公司	中华医学会
39	中央	生物安全与健康（英文）	10-1630/Q	《中华医学杂志》社有限责任公司	中华医学会
40	中央	环境科学与生态技术（英文）	10-1631/X	《环境科学与生态技术（英文）》编辑部	中国环境科学学会、哈尔滨工业大学、中国环境科学研究院
41	中央	环境生态学	10-1620/S	《环境生态学》杂志社有限责任公司	中国环境科学学会
42	中央	地震科学进展	10-1665/P	《地震科学进展》编辑部	中国地震学会、中国地震局地球物理研究所
43	中央	中华疼痛学杂志	10-1658/R	《中华医学杂志》社有限责任公司	中华医学会、河北医科大学第四医院
44	中央	中华急危重症护理杂志	10-1655/R	《中华护理杂志》社有限责任公司	中华护理学会
45	中央	科学故事会	10-1591/N4	中国科普作家协会	中国科普作家协会、中国科普研究所
46	中央	儿科学研究（英文）	10-1593/R72	《中华医学杂志》社有限责任公司	中华医学会
47	中央	新一代信息技术	10-1581/TP	《新一代信息技术》编辑部	中国电子学会、中电新一代（北京）信息技术研究院
48	中央	放射医学与防护（英文）	10-1773/R	《中华医学杂志》社有限责任公司	中华医学会
49	中央	未来城市设计与运营	10-1769/TU	《未来城市设计与运营》编辑部（为中国城市科学研究会内设机构）	中国城市科学研究会
50	中央	重症医学（英文）	10-1765/R	《中华医学杂志》社有限责任公司	中华医学会

续表

序号	地区	期刊名称	国内统一连续出版物号	出版单位	主办单位
51	中央	中国机械工程学报：增材制造前沿（英文）	10-1752/TH	《中国机械工程学报：增材制造前沿（英文）》编辑部	中国机械工程学会
52	中央	航海技术	10-1744/U	《航海技术》编辑部	中国航海学会
53	中央	结核与肺部疾病杂志	10-1695/R	《中国防痨杂志》期刊社	中国防痨协会
54	中央	园艺学报（英文）（*Horticultural Plant Journal*）	10-1305/S	中国农业科学技术出版社有限公司	中国园艺学会、中国农业科学院蔬菜花卉研究所、中国农业科学技术出版社有限公司
55	中央	生物物理学报（英文）（*Biophysics Reports*）	10-1302/Q	《生物物理学报（英文）》编辑部	中国生物物理学会、中国科学院生物物理研究所
56	中央	电子学报（英文）（*Chinese Journal of Electronics*）	10-1284/TN	《电子学报（英文）》编辑部	中国电子学会、电子工业出版社
57	中央	中华神经外科杂志（英文）（*Chinese Neurosurgical Journal*）	10-1275/R	《中华医学杂志》社有限责任公司	中华医学会
58	中央	*Instrumentation*［《仪器仪表学报》（英文版）］	10-1206/TH	科学普及出版社	中国仪器仪表学会、科学普及出版社
59	中央	中华解剖与临床杂志	10-1202/R	《中华医学杂志》社有限责任公司	中华医学会
60	中央	密码学报	10-1195/TN	中国科学技术出版社有限公司	中国密码学会、北京信息科学技术研究院、科学普及出版社
61	中央	*Chinese Journal of Dental Research*［《中国牙科研究杂志》（英文）］	10-1194/R	科学普及出版社	中华口腔医学会、科学普及出版社
62	中央	*Journal of Automatica Sinica*［《自动化学报》（英文版）］	10-1193/TP	中国科技出版传媒股份有限公司	中国自动化学会、中国科学院自动化研究所、中国科技出版传媒股份有限公司
63	中央	*Journal of Systems Science and Information*［《系统科学与信息学报》（英文）］	10-1192/N	中国科技出版传媒股份有限公司	中国系统工程学会、中国科技出版传媒股份有限公司
64	中央	*Journal of Operations Research Society of China*［《中国运筹学会会刊》（英文）］	10-1191/O1	中国科技出版传媒股份有限公司	中国运筹学会、中国科技出版传媒股份有限公司
65	中央	*Rare Metal Materials and Engineering*［《稀有金属材料与工程》（英文版）］	10-1190/TG	中国科技出版传媒股份有限公司	中国有色金属学会、西北有色金属研究院、中国科技出版传媒股份有限公司
66	中央	中华实用儿科临床杂志	10-1070/R	《中华医学杂志》社有限责任公司	中华医学会
67	中央	风湿病与关节炎	10-1073/R	《风湿病与关节炎》编辑部	中华中医药学会

续表

序号	地区	期刊名称	国内统一连续出版物号	出版单位	主办单位
68	中央	电子技术与软件工程	10–1108/TP	《电子技术与软件工程》编辑部	中国电子学会、中电新一代（北京）信息技术研究院
69	中央	作物学报（英文版）（*The Crop Journal*）	10–1112/S	中国科技出版传媒股份有限公司	中国作物学会、中国农业科学院作物科学研究所、中国科技出版传媒股份有限公司
70	中央	图学学报	10–1034/T	《图学学报》编辑部	中国图学学会
71	中央	*Defence Technology*［《防务技术》（英文）］	10–1165/TJ	《防务技术》（英文）编辑部	中国兵工学会
72	中央	*Acta Pharmaceutica Sinica B*［《药学学报》（英文）］	10–1171/R	《中国药学杂志》社有限公司	中国药学会、中国医学科学院药物研究所
73	中央	*Journal of Plant Ecology*［《植物生态学报（英文版）》］	10–1172/Q	中国科技出版传媒股份有限公司	中国植物学会、中国科学院植物研究所、中国科技出版传媒股份有限公司
74	中央	自然科学进展：国际材料（英文）（*Progress in Natural Science: Materials International*）	10–1147/N	中国科技出版传媒股份有限公司	中国材料研究学会、中国科技出版传媒股份有限公司
75	中央	科学家	10–1135/N	《科学家》杂志社	中国科技新闻学会
76	中央	世界耳鼻咽喉头颈外科杂志（英文）（*World Journal of Otorhinolaryngology-Head and Neck Surgery*）	10–1248/R	《中华医学杂志》社有限责任公司	中华医学会
77	中央	慢性疾病与转化医学（英文）（*Chronic Diseases and Translational Medicine*）	10–1249/R	《中华医学杂志》社有限责任公司	中华医学会
78	中央	国际煤炭科学技术学报（英文）（*International Journal of Coal Science & Technology*）	10–1252/TD	《国际煤炭科学技术学报（英文）》编辑部	中国煤炭学会
79	中央	情报工程	10–1263/G3	科学技术文献出版社有限公司	中国科学技术情报学会、中国科学技术信息研究所
80	中央	生物组学研究杂志（英文）	10–1558/R	《中华医学杂志》社有限责任公司	中华医学会
81	中央	胰腺病学杂志（英文）	10–1560/R	《中华医学杂志》社有限责任公司	中华医学会
82	中央	爱上机器人	10–1564/TP	北京信通传媒有限责任公司	中国通信学会、人民邮电出版社有限公司
83	中央	中国化学会会刊（英文）	10–1566/O6	《中国化学会会刊（英文）》编辑部	中国化学会
84	中央	知识就是力量（汉藏文）	10–1569/N	《知识就是力量》杂志社有限公司	中国科学技术出版社有限公司

续表

序号	地区	期刊名称	国内统一连续出版物号	出版单位	主办单位
85	中央	测绘学报（英文）	10-1544/P	测绘出版社有限公司	中国测绘学会、中国地图出版社有限公司
86	中央	研究（英文）	10-1541/N	科技导报社	科技导报社
87	中央	植物病理学报（英文）	10-1545/Q	中国农业大学出版社有限公司	中国植物病理学会、中国农业大学
88	中央	动物模型与实验医学（英文）	10-1546/R	《动物模型与实验医学（英文）》编辑部	中国实验动物学会、中国医学科学院医学实验动物研究所
89	中央	中华转移性肿瘤杂志	10-1548/R	《中华医学杂志》社有限责任公司	中华医学会
90	中央	中华炎性肠病杂志（中英文）	10-1480/R	《中华医学杂志》社有限责任公司	中华医学会
91	中央	中国电工技术学会电机与系统学报（英文）	10-1483/TM	《电气技术》杂志社有限公司	中国电工技术学会、中国科学院电工研究所
92	中央	地球大数据（英文）（*Big Earth Data*）	10-1455/P	中国科技出版传媒股份有限公司	国际数字地球协会、中国科学院空天信息创新研究院、中国科技出版传媒股份有限公司
93	中央	无机材料学学报（英文）	10-1466/TQ	《无机材料学学报（英文）》编辑部	中国硅酸盐学会
94	中央	中华心力衰竭和心肌病杂志（中英文）	10-1460/R	《中华医学杂志》社有限责任公司	中华医学会
95	中央	流行色	10-1458/J	《流行色》编辑部	中国流行色协会
96	中央	自然科学博物馆研究	10-1368/G2	《自然科学博物馆研究》杂志社	中国自然科学博物馆学会、中国科学技术出版社有限公司、中国科学技术馆
97	中央	动物营养（英文）（*Animal Nutrition*）	10-1360/S	《中国畜牧兽医杂志》有限公司	中国畜牧兽医学会
98	中央	世界中西医结合杂志（英文）（*World Journal of Integrated Traditional and Western Medicine*）	10-1354/R	《世界中西医结合》杂志社	中华中医药学会
99	中央	中华血管外科杂志	10-1411/R	《中华医学杂志》社有限责任公司	中华医学会
100	中央	分析检测(英文)(*Journal of Analysis and Testing*)	10-1412/O6	有科期刊出版（北京）有限公司	中国有色金属学会、有研科技集团有限公司
101	中央	贫困所致传染病（英文）（*Infectious Diseases of Poverty*）	10-1399/R	《中华医学杂志》社有限责任公司	中华医学会、中国疾病预防控制中心寄生虫病预防控制所（国家热带病研究中心）
102	中央	渔业学报（英文）（*Aquaculture and Fisheries*）	10-1397/S	中国科技出版传媒股份有限公司	中国水产学会、上海海洋大学、中国科技出版传媒股份有限公司
103	中央	新媒体研究	10-1330/G2	《新媒体研究》杂志社	中国科技新闻学会
104	中央	中国电机工程学会电力与能源系统学报（英文）（*CSEE Journal of Power and Energy Systems*）	10-1328/TM	《中国电机工程学会电力与能源系统学报（英文）》编辑部	中国电机工程学会

续表

序号	地区	期刊名称	国内统一连续出版物号	出版单位	主办单位
105	中央	工医艺的可视计算（英文）	10–1521/TP	《工医艺的可视计算（英文）》编辑部	中国图学学会
106	中央	科学文化（英文）	10–1524/G	《科学文化（英文）》编辑部	中国科协创新战略研究院
107	中央	卒中与血管神经病学（英文）	10–1528/R	《卒中与血管神经病学（英文）》编辑部	中国卒中学会
108	中央	生态系统健康与可持续性（英文）（*Ecosystem Health and Sustainability*）	10–1499/X	中国科技出版传媒股份有限公司	中国生态学学会、中国科学院生态环境研究中心、中国科技出版传媒股份有限公司
109	中央	汽车创新工程（英文）（*Automotive Innovation*）	10–1501/U	《汽车之友》杂志社有限公司	中国汽车工程学会
110	中央	地球与行星物理（英文）（*Earth and Planetary Physics*）	10–1502/P	中国科技出版传媒股份有限公司	中国地球物理学会、中国科学院地质与地球物理研究所、中国科技出版传媒股份有限公司
111	中央	化学教育（中英文）	10–1515/O6	《化学教育（中英文）》编辑部	中国化学会、北京师范大学
112	中央	中华新生儿科杂志（中英文）（*Chinese Journal of Neonatology*）	10–1451/R	《中华医学杂志》社有限责任公司	中华医学会
113	中央	中国水土保持科学（中英文）（*Science of Soil and Water Conservation*）	10–1449/S	《中国水土保持科学》编辑部	中国水土保持学会
114	中央	国际护理科学（英文）（*International Journal of Nursing Sciences*）	10–1444/R	《中华护理杂志》社有限责任公司	中华护理学会
115	中央	《生殖与发育医学（英文）》（*Reproductive and Developmental Medicine*）	10–1442/R	《中华医学杂志》社有限责任公司	中华医学会、复旦大学附属妇产科医院、上海市生物医药技术研究院
116	中央	中华生殖与避孕杂志	10–1441/R	《中华医学杂志》社有限责任公司	中华医学会、上海市生物医药技术研究院、复旦大学附属妇产科医院
117	中央	石油研究（英文）（*Petroleum Research*）	10–1439/TE	石油工业出版社有限公司	中国石油学会、石油工业出版社有限公司
118	中央	中华心血管病杂志（网络版）	11–6031/R	《中华医学杂志》社有限责任公司	中华医学会
119	中央	昆虫科学（英文版）	11–6019/Q	《昆虫科学（英文版）》编辑部	中国昆虫学会、中国科学院动物研究所
120	中央	农学学报	11–6016/S	农学学报编辑部	中国农学会
121	中央	中华医学教育探索杂志	11–6021/R	《中华医学杂志》社有限责任公司	中华医学会
122	中央	中华眼外伤职业眼病杂志	11–6022/R	《中华医学杂志》社有限责任公司	中华医学会
123	中央	中华实验眼科杂志	11–5989/R	《中华医学杂志》社有限责任公司	中华医学会
124	中央	畜牧与生物技术杂志（英文版）	11–5967/S	《中国畜牧兽医杂志》有限公司	中国畜牧兽医学会

续表

序号	地区	期刊名称	国内统一连续出版物号	出版单位	主办单位
125	中央	中国交通信息化	11-5951/U	《中国交通信息化》编辑部	中国公路学会
126	中央	中医临床研究	11-5895/R	《中医临床研究》编辑部	中华中医药学会
127	中央	数码影像时代	11-5714/TN	《数码影像时代》编辑部（非法人）	中国科学技术投资有限公司
128	中央	中华糖尿病杂志	11-5791/R	《中华医学杂志》社有限责任公司	中华医学会
129	中央	中华口腔正畸学杂志	11-5797/R	《中华医学杂志》社有限责任公司	中华医学会
130	中央	中华内分泌外科杂志	11-5807/R	《中华医学杂志》社有限责任公司	中华医学会
131	中央	地震学报（英文版）（*Earthquake Science*）	11-5695/P	《地震学报（英文版）》编辑部	中国地震学会、中国地震局地球物理研究所
132	中央	中华现代护理杂志	11-5682/R	《中华医学杂志》社有限责任公司	中华医学会
133	中央	中华临床感染病杂志	11-5673/R	《中华医学杂志》社有限责任公司	中华医学会
134	中央	颗粒学报（*PARTICUOLOGY*）	11-5671/O3	科学出版社	中国颗粒学会、中国科学院过程工程研究所
135	中央	中华生物医学工程杂志	11-5668/R	《中华医学杂志》社有限责任公司	中华医学会、广州医科大学
136	中央	中华胰腺病杂志	11-5667/R	《中华医学杂志》社有限责任公司	中华医学会
137	中央	中华眼视光学与视觉科学杂志	11-5909/R	《中华眼视光学与视觉科学杂志》编辑部	中华医学会
138	中央	土木建筑工程信息技术	11-5823/TU	《土木建筑工程信息技术》杂志社	中国图学学会
139	中央	中华临床营养杂志	11-5822/R	《中华医学杂志》社有限责任公司	中华医学会、中国医学科学院
140	中央	科技传播	11-5820/N	《新媒体研究》杂志社	中国科技新闻学会
141	中央	中国科技史杂志	11-5254/N	《中国科技史杂志》编辑部	中国科学技术史学会、中国科学院自然科学史研究所
142	中央	实验流体力学	11-5266/V	《实验流体力学》编辑部	中国空气动力学会
143	中央	中华医学教育杂志	11-5259/R	《中华医学杂志》社有限责任公司	中华医学会
144	中央	中国健康心理学杂志	11-5257/R	《中国健康心理学杂志》社	中国心理卫生协会
145	中央	电气技术	11-5255/TM	《电气技术》杂志社有限公司	中国电工技术学会
146	中央	纺织学报	11-5167/TS	《纺织学报》杂志社	中国纺织工程学会
147	中央	设计	11-5127/TB	《设计》杂志社	中国工业设计协会
148	中央	中国中西医结合影像学杂志	11-4894/R	中国中西医结合影像学杂志社	中国中西医结合学会、山东中医药大学附属医院
149	中央	科幻画报	11-4854/N	《科幻画报》杂志社	中国科技新闻学会
150	中央	中国免疫学杂志（英文版）	11-4987/R	*Cellular Molecular Immunology* 编辑部	中国免疫学会、中国科学技术大学
151	中央	中华全科医师杂志	11-4798/R	《中华医学杂志》社有限责任公司	中华医学会
152	中央	中国比较医学杂志	11-4822/R	《中国比较医学杂志》编辑部	中国实验动物学会、中国医学科学院医学实验动物研究所

续表

序号	地区	期刊名称	国内统一连续出版物号	出版单位	主办单位
153	中央	今日国土	11-4757/N	《今日国土》杂志社	中国国土经济学会
154	中央	今日科苑	11-4764/N	中国科协创新战略研究院	中国科协创新战略研究院、中国老科学技术工作者协会
155	中央	中国科技教育	11-4765/N	《中国科技教育》杂志社	中国青少年科技教育工作者协会
156	中央	应用地球物理（英文版）	11-5212/O	《应用地球物理》编辑部	中国地球物理学会
157	中央	糖尿病天地	11-5210/R	《糖尿病天地》杂志社	中华中医药学会
158	中央	中华医学信息导报	11-5178/R	《中华医学杂志》社有限责任公司	中华医学会
159	中央	真空科学与技术学报	11-5177/TB	《真空科学与技术学报》杂志社	中国真空学会
160	中央	中国总会计师	11-5056/F	《中国总会计师》杂志社	中国总会计师协会
161	中央	中国科学探险	11-5048/N	《中国科学探险》杂志社	中国科学探险协会、北京《电脑爱好者》杂志社
162	中央	小康	11-5053/Z	《小康》杂志社有限公司	中国生物多样性保护与绿色发展基金会
163	中央	中华健康管理学杂志	11-5624/R	《中华医学杂志》社有限责任公司	中华医学会
164	中央	中华消化外科杂志	11-5610/R	《中华医学杂志》社有限责任公司	中华医学会
165	中央	中国实用医药	11-5547/R	《中国实用医药》杂志社	中国康复医学会
166	中央	中华创伤骨科杂志	11-5530/R	《中华医学杂志》社有限责任公司	中华医学会
167	中央	世界中西医结合杂志	11-5511/R	世界中西医结合杂志社	中华中医药学会
168	中央	中华神经医学杂志	11-5354/R	《中华医学杂志》社有限责任公司	中华医学会
169	中央	中外能源	11-5438/TK	《中外能源》杂志社	中国能源研究会
170	中央	科普研究	11-5410/N	《科普研究》编辑部	中国科普研究所
171	中央	中华耳鼻咽喉头颈外科杂志	11-5330/R	《中华医学杂志》社有限责任公司	中华医学会
172	中央	中华中医药杂志	11-5334/R	《中华中医药杂志》社	中华中医药学会
173	中央	电子竞技	11-5293/TP	《科学家》杂志社	中国科技新闻学会、《科学家》杂志社
174	中央	中华护理教育	11-5289/R	《中华护理杂志》社有限责任公司	中华护理学会
175	中央	科技尚品	11-5573/Z	《科技尚品》编辑部	中国科教电影电视协会、摄影与摄像杂志社
176	中央	中国现代药物应用	11-5581/R	《中国实用医药》杂志社	中国康复医学会
177	中央	环境与生活	11-5582/X	《环境与生活》杂志社有限公司	中国环境科学学会
178	中央	中国防汛抗旱	11-5587/TV	《中国防汛抗旱》杂志社	中国水利学会
179	中央	科技创新与品牌	11-5588/G3	《科技创新与品牌》杂志社	中国科技新闻学会
180	中央	中国葡萄酒	11-5567/TS	《中国葡萄酒》杂志社有限公司	中国园艺学会、中国农业大学
181	中央	动物营养学报	11-5461/S	《中国畜牧兽医杂志》有限公司	中国畜牧兽医学会
182	中央	中国通信	11-5439/TN	《中国通信》杂志社有限公司	中国通信学会

续表

序号	地区	期刊名称	国内统一连续出版物号	出版单位	主办单位
183	中央	硅酸盐通报	11-5440/TQ	《硅酸盐通报》编辑部	中国硅酸盐学会、中材人工晶体研究院有限公司
184	中央	石油知识	11-4725/TE	石油知识杂志社	中国石油学会、石油工业出版社有限公司
185	中央	汽车知识	11-4722/TH	汽车知识杂志社	中国机械工程学会、中国汽车工业经济技术信息研究所
186	中央	城市公共交通	11-4416/U	《城市公共交通》杂志社	中国土木工程学会、北京公共交通控股（集团）有限公司
187	中央	海陆空天惯性世界	11-4491/O3	《海陆空天惯性世界》杂志社	中国惯性技术学会
188	中央	太空探索	11-4492/V	《太空探索》杂志社	中国宇航学会
189	中央	车辆与动力技术	11-4493/TH	《车辆与动力技术》编辑部	中国兵工学会
190	中央	中国实验血液学杂志	11-4423/R	《中国实验血液学杂志》社	中国病理生理学会
191	中央	中华检验医学杂志	11-4452/R	《中华医学杂志》社有限责任公司	中华医学会
192	中央	中华整形外科杂志	11-4453/R	《中华医学杂志》社有限责任公司	中华医学会
193	中央	科学技术与工程	11-4688/T	《科学技术与工程》编辑部	中国技术经济学会
194	中央	科技和产业	11-4671/T	《科技和产业》编辑部	中国技术经济学会
195	中央	中华医学美学美容杂志	11-4657/R	《中华医学杂志》社有限责任公司	中华医学会
196	中央	中华急诊医学杂志	11-4656/R	《中华医学杂志》社有限责任公司	中华医学会
197	中央	地理学报（英文版）	11-4546/P	《地理学报》编辑部	中国地理学会、中国科学院地理科学与资源研究所
198	中央	材料热处理学报	11-4545/TG	《材料热处理学报》编辑部	中国机械工程学会
199	中央	中国食品学报	11-4528/TS	《中国食品学报》杂志社	中国食品科学技术学会
200	中央	中国电信业	11-4524/TN	《中国电信业》编辑部	人民邮电报社、中国通信学会
201	中央	交通运输系统工程与信息	11-4520/U	科学出版社	中国系统工程学会
202	中央	摄影与摄像	11-3625/TB	《摄影与摄像》杂志社	中国科教电影电视协会
203	中央	中国公路	11-3597/F	《中国公路》杂志社	中国公路学会
204	中央	铁道工程学报	11-3567/U	中国中铁股份有限公司《铁道工程学报》编辑部	中国铁道学会、中国铁路工程集团有限公司、中国中铁股份有限公司
205	中央	中华医学科研管理杂志	11-3565/R	《中华医学杂志》社有限责任公司	中华医学会
206	中央	制造技术与机床	11-3398/TH	《制造技术与机床》编辑部	中国机械工程学会、北京机床研究所有限公司
207	中央	连铸	11-3385/TG	北京钢研柏苑出版有限责任公司	中国金属学会、北京钢研柏苑出版有限责任公司
208	中央	心理与健康	11-3387/R	《心理与健康》杂志社	中国心理卫生协会
209	中央	航空材料学报	11-3159/V	《航空材料学报》编辑部	中国航空学会、中国航发北京航空材料研究院

续表

序号	地区	期刊名称	国内统一连续出版物号	出版单位	主办单位
210	中央	数理天地（初中版）	11-3091/O1	《数理天地》杂志社	中国优选法统筹法与经济数学研究会
211	中央	数理天地（高中版）	11-3095/O1	《数理天地》杂志社	中国优选法统筹法与经济数学研究会
212	中央	中国化学工程学报（英文版）	11-3270/TQ	化学工业出版社有限公司	中国化工学会、化学工业出版社有限公司
213	中央	健康世界	11-3251/R	《中华医学杂志》社有限责任公司	中华医学会
214	中央	应用基础与工程科学学报	11-3242/TB	《应用基础与工程科学学报》编辑部	中国自然资源学会
215	中央	中国脊柱脊髓杂志	11-3027/R	《中国脊柱脊髓杂志》编辑部	中国康复医学会、中日友好医院
216	中央	照明工程学报	11-3029/TM	《照明工程学报》杂志社有限公司	中国照明学会
217	中央	中华放射肿瘤学杂志	11-3030/R	《中华医学杂志》社有限责任公司	中华医学会
218	中央	城市发展研究	11-3504/TU	《城市发展研究》编辑部	中国城市科学研究会
219	中央	塑性工程学报	11-3449/TG	《塑性工程学报》编辑部	中国机械工程学会
220	中央	草地学报	11-3362/S	《草地学报》编辑部	中国草学会
221	中央	科学中国人	11-3292/G3	《科学中国人》杂志社	中国科技新闻学会
222	中央	中国心理卫生杂志	11-1873/R	《中国心理卫生杂志》社	中国心理卫生协会
223	中央	病毒学报	11-1865/R	《病毒学报》编辑部	中国微生物学会
224	中央	核科学与工程	11-1861/TL	《核科学与工程》编辑部	中国核学会
225	中央	中国航空学报（英文版）	11-1732/V	航空知识杂志社	中国航空学会、北京航空航天大学
226	中央	中学生数学	11-1531/O1	首都师范大学数学科学学院	中国数学会、北京数学会、首都师范大学
227	中央	航空知识	11-1526/V	《航空知识》杂志社	中国航空学会
228	中央	发现	11-1585/N	《发现》杂志社	中国未来研究会、北京国际交流协会
229	中央	技术经济	11-1444/F	《技术经济》编辑部	中国技术经济学会
230	中央	兵器知识	11-1470/TJ	《兵器知识》杂志社	中国兵工学会
231	中央	科技导报	11-1421/N	科技导报社	中国科学技术协会
232	中央	金属世界	11-1417/TG	中国科技出版传媒股份有限公司	中国金属学会、中国有色金属学会、北京科技大学
233	中央	管理现代化	11-1403/C	《管理现代化》杂志社	中国管理现代化研究会
234	中央	作物学报	11-1809/S	中国科技出版传媒股份有限公司	中国作物学会、中国农业科学院作物科学研究所、中国科技出版传媒股份有限公司
235	中央	作物杂志	11-1808/S	《作物杂志》编辑部	中国作物学会、中国农业科学院作物科学研究所
236	中央	知识就是力量	11-1647/N	《知识就是力量》杂志社有限公司	中国科学技术出版社有限公司
237	中央	自然辩证法研究	11-1649/B	《自然辩证法研究》编辑部	中国自然辩证法研究会
238	中央	太阳能	11-1660/TK	《太阳能》杂志社有限公司	中国可再生能源学会

续表

序号	地区	期刊名称	国内统一连续出版物号	出版单位	主办单位
239	中央	未来与发展	11–1627/G3	《未来与发展》编辑部	中国未来研究会
240	中央	科学大观园	11–1607/N	《科学大观园》编辑部	中国科学技术出版社有限公司
241	中央	中国稀土学报	11–2365/TG	《中国稀土学报》编辑部	中国稀土学会、有研科技集团有限公司
242	中央	中华流行病学杂志	11–2338/R	《中华医学杂志》社有限责任公司	中华医学会
243	中央	中华泌尿外科杂志	11–2330/R	《中华医学杂志》社有限责任公司	中华医学会
244	中央	中文信息学报	11–2325/N	《中文信息学报》编辑部	中国中文信息学会、中国科学院软件研究所
245	中央	数学进展	11–2312/O1	北京大学数学科学学院《数学进展》编辑部	中国数学会
246	中央	硅酸盐学报	11–2310/TQ	中国硅酸盐学会编辑部	中国硅酸盐学会
247	中央	中华微生物学和免疫学杂志	11–2309/R	《中华医学杂志》社有限责任公司	中华医学会
248	中央	电子显微学报	11–2295/TN	《电子显微学报》编辑部	中国物理学会
249	中央	气象学报（英文版）（*Journal of Meteorological Research*）	11–2277/P	《气象学报》编辑部	中国气象学会
250	中央	中国中药杂志	11–2272/R	《中国中药杂志》编辑部	中国药学会
251	中央	中华放射医学与防护杂志	11–2271/R	中国疾病预防控制中心辐射防护与核安全医学所	中华医学会
252	中央	生理科学进展	11–2270/R	《生理科学进展》编辑部	中国生理学会、北京大学
253	中央	系统工程理论与实践	11–2267/N	《系统工程理论与实践》编辑部	中国系统工程学会
254	中央	中华医史杂志	11–2155/R	《中华医学杂志》社有限责任公司	中华医学会
255	中央	中华口腔医学杂志	11–2144/R	《中华医学杂志》社有限责任公司	中华医学会
256	中央	中华结核和呼吸杂志	11–2147/R	《中华医学杂志》社有限责任公司	中华医学会
257	中央	中华心血管病杂志	11–2148/R	《中华医学杂志》社有限责任公司	中华医学会
258	中央	中华放射学杂志	11–2149/R	《中华医学杂志》社有限责任公司	中华医学会
259	中央	中华预防医学杂志	11–2150/R	《中华医学杂志》社有限责任公司	中华医学会
260	中央	中华病理学杂志	11–2151/R	《中华医学杂志》社有限责任公司	中华医学会
261	中央	中华肿瘤杂志	11–2152/R	《中华医学杂志》社有限责任公司	中华医学会
262	中央	中华医学杂志（英文版）	11–2154/R	《中华医学杂志》社有限责任公司	中华医学会
263	中央	中华眼科杂志	11–2142/R	《中华医学杂志》社有限责任公司	中华医学会
264	中央	中国药学杂志	11–2162/R	《中国药学杂志》社有限公司	中国药学会
265	中央	药学学报	11–2163/R	《中国药学杂志》社有限公司	中国药学会、中国医学科学院药物研究所
266	中央	中国园林	11–2165/TU	《中国园林》杂志社有限公司	中国风景园林学会

续表

序号	地区	期刊名称	国内统一连续出版物号	出版单位	主办单位
267	中央	中华妇产科杂志	11-2141/R	《中华医学杂志》社有限责任公司	中华医学会
268	中央	中华儿科杂志	11-2140/R	《中华医学杂志》社有限责任公司	中华医学会
269	中央	中华外科杂志	11-2139/R	《中华医学杂志》社有限责任公司	中华医学会
270	中央	中华内科杂志	11-2138/R	中华医学会	中华医学会
271	中央	中华医学杂志	11-2137/R	《中华医学杂志》社有限责任公司	中华医学会
272	中央	岩矿测试	11-2131/TD	科学出版社	中国地质学会岩矿测试技术专业委员会、国家地质实验测试中心
273	中央	石油学报（石油加工）	11-2129/TE	《石油学报（石油加工）》编辑部	中国石油学会
274	中央	石油学报	11-2128/TE	中国石油学会《石油学报》编辑部	中国石油学会
275	中央	地质学报（英文版）	11-2001/P	中国地质学会	中国地质学会
276	中央	畜牧兽医学报	11-1985/S	《中国畜牧兽医杂志》有限公司	中国畜牧兽医学会
277	中央	中国农学通报	11-1984/S	《中国农学通报》期刊社	中国农学会
278	中央	植物保护学报	11-1983/S	《植物保护学报》编辑部	中国植物保护学会、中国农业大学
279	中央	植物保护	11-1982/S	《植物保护》编辑部	中国植物保护学会、中国农业科学院植物保护研究所
280	中央	粉末冶金技术	11-1974/TF	《粉末冶金技术》编辑部	中国机械工程学会、中国金属学会、中国有色金属学会、北京科技大学
281	中央	岩石矿物学杂志	11-1966/P	科学出版社	中国地质学会、中国地质科学院地质研究所
282	中央	矿床地质	11-1965/P	科学出版社	中国地质学会矿床地质专业委员会、中国地质科学院矿产资源研究所
283	中央	农业机械学报	11-1964/S	《农业机械学报》编辑部	中国农业机械学会、中国农业机械化科学研究院
284	中央	化工进展	11-1954/TQ	化学工业出版社有限公司	中国化工学会、化学工业出版社有限公司
285	中央	地质论评	11-1952/P	中国地质学会	中国地质学会
286	中央	地质学报	11-1951/P	科学出版社	中国地质学会
287	中央	农业工程学报	11-2047/S	《农业工程学报》编辑部	中国农业工程学会
288	中央	数学学报（英文版）	11-2039/O1	《数学学报》编辑部	中国数学会
289	中央	生物学通报	11-2042/Q	北京师范大学出版社（集团）有限公司	中国动物学会、中国植物学会、北京师范大学
290	中央	中华神经外科杂志	11-2050/R	《中华医学杂志》社有限责任公司	中华医学会
291	中央	高分子通报	11-2051/O6	《高分子通报》编辑部	中国化学会、中国科学院化学研究所
292	中央	宇航学报	11-2053/V	《宇航学报》编辑部	中国宇航学会
293	中央	海洋学报	11-2055/P	海洋出版社有限公司	中国海洋学会
294	中央	海洋学报（英文版）	11-2056/P	海洋出版社有限公司	中国海洋学会

续表

序号	地区	期刊名称	国内统一连续出版物号	出版单位	主办单位
295	中央	中国生物医学工程学报	11–2057/R	中国医学科学院	中国生物医学工程学会
296	中央	生态学报	11–2031/Q	《生态学报》编辑部	中国生态学学会、中国科学院生态环境研究中心
297	中央	中国针灸	11–2024/R	《中国针灸》编辑部	中国针灸学会、中国中医科学院针灸研究所
298	中央	地震学报	11–2021/P	《地震学报》期刊社	中国地震学会、中国地震局地球物理研究所
299	中央	分析试验室	11–2017/TF	有科期刊出版（北京）有限公司	中国有色金属学会、有研科技集团有限公司
300	中央	高分子科学（英文版）	11–2015/O6	《高分子科学（英文版）》编辑部	中国化学会、中国科学院化学研究所
301	中央	计算物理	11–2011/O4	《计算物理》编辑部	中国核学会
302	中央	自然资源学报	11–1912/N	《自然资源学报》编辑部	中国自然资源学会、中国科学院地理科学与资源研究所
303	中央	化工学报	11–1946/TQ	化学工业出版社有限公司	中国化工学会、化学工业出版社有限公司
304	中央	建筑结构学报	11–1931/TU	《建筑结构学报》杂志社有限公司	中国建筑学会
305	中央	建筑学报	11–1930/TU	《建筑学报》杂志社有限公司	中国建筑学会
306	中央	航空学报	11–1929/V	航空学报杂志社	中国航空学会、北京航空航天大学
307	中央	园艺学报	11–1924/S	《园艺学报》编辑部	中国园艺学会、中国农业科学院蔬菜花卉研究所
308	中央	大学物理	11–1910/O4	《大学物理》编辑部	中国物理学会
309	中央	林业科学	11–1908/S	《林业科学》编辑部	中国林学会
310	中央	物理化学学报	11–1892/O6	北京大学化学学院《物理化学学报》编辑部	中国化学会、北京大学
311	中央	水利学报	11–1882/TV	《水利学报》编辑部	中国水利学会、中国水利水电科学研究院、中国大坝工程学会
312	中央	情报学报	11–2257/G3	《情报学报》编辑部	中国科学技术情报学会、中国科学技术信息研究所
313	中央	数学通报	11–2254/O1	《数学通报》编辑部	中国数学会、北京师范大学
314	中央	数理统计与管理	11–2242/O1	《数理统计与管理》编辑部	中国现场统计研究会
315	中央	水力发电学报	11–2241/TV	《水力发电学报》编辑部	中国水力发电工程学会
316	中央	中华护理杂志	11–2234/R	《中华护理杂志》社有限责任公司	中华护理学会
317	中央	解剖学报	11–2228/R	《解剖学报》编辑出版委员会	中国解剖学会
318	中央	中华老年医学杂志	11–2225/R	《中华医学杂志》社有限责任公司	中华医学会
319	中央	药物分析杂志	11–2224/R	《药物分析杂志》编辑部	中国药学会
320	中央	汽车工程	11–2221/U	《汽车之友》杂志社有限公司	中国汽车工程学会

续表

序号	地区	期刊名称	国内统一连续出版物号	出版单位	主办单位
321	中央	中国临床药理学杂志	11–2220/R	《中国临床药理学杂志》编辑部	中国药学会
322	中央	中国环境科学	11–2201/X	《中国环境科学》编辑部	中国环境科学学会
323	中央	光谱学与光谱分析	11–2200/O4	《光谱学与光谱分析》期刊社	中国光学学会
324	中央	煤炭学报	11–2190/TD	《煤炭学报》编辑部	中国煤炭学会
325	中央	电工技术学报	11–2188/TM	《电气技术》杂志社有限公司	中国电工技术学会
326	中央	机械工程学报	11–2187/TH	《机械工程学报》编辑部	中国机械工程学会
327	中央	植物病理学报	11–2184/Q	《植物病理学报》编辑部	中国植物病理学会、中国农业大学
328	中央	制冷学报	11–2182/TB	《制冷学报》杂志社有限公司	中国制冷学会
329	中央	农村电气化	11–2181/TM	北京国宇出版有限公司	中国电机工程学会
330	中央	仪器仪表学报	11–2179/TH	《仪器仪表学报》杂志社	中国仪器仪表学会
331	中央	兵工学报	11–2176/TJ	《兵工学报》编辑部	中国兵工学会
332	中央	通信学报	11–2102/TN	《通信学报》编辑部	中国通信学会
333	中央	电信科学	11–2103/TN	北京信通传媒有限责任公司	中国通信学会、人民邮电出版社有限公司
334	中央	铁道学报	11–2104/U	《铁道学报》编辑部	中国铁道学会
335	中央	中国电机工程学报	11–2107/TM	《中国电机工程学报》编辑部	中国电机工程学会
336	中央	稀有金属	11–2111/TF	有科期刊出版（北京）有限公司	中国有色金属学会、有研科技集团有限公司
337	中央	稀有金属（英文版）	11–2112/TF	有科期刊出版（北京）有限公司	中国有色金属学会、有研科技集团有限公司
338	中央	钢铁	11–2118/TF	北京钢研柏苑出版有限责任公司	中国金属学会、钢铁研究总院有限公司、北京钢研柏苑出版有限责任公司
339	中央	力学学报（英文版）	11–2063/O3	《力学学报》编辑部	中国力学学会、中国科学院力学研究所
340	中央	中国造纸学报	11–2075/TS	《中国造纸学报》编辑部	中国造纸学会
341	中央	太阳能学报	11–2082/TK	《太阳能》杂志社有限公司	中国可再生能源学会
342	中央	中国畜牧杂志	11–2083/S	《中国畜牧兽医杂志》有限公司	中国畜牧兽医学会
343	中央	电子世界	11–2086/TN	《电子世界》编辑部	中国电子学会、中电新一代（北京）信息技术研究院
344	中央	电子学报	11–2087/TN	《电子学报》编辑部	中国电子学会
345	中央	测绘学报	11–2089/P	测绘出版社有限公司	中国测绘学会
346	中央	铁道知识	11–1372/U	铁道知识杂志社	中国铁道学会
347	中央	大自然	11–1385/N	《大自然》编辑部	中国自然科学博物馆协会、北京自然博物馆、中国野生动物保护协会
348	中央	天文爱好者	11–1390/P	《天文爱好者》编辑部	中国天文学会、北京天文馆
349	中央	中华医院管理杂志	11–1325/R	《中华医学杂志》社有限责任公司	中华医学会

续表

序号	地区	期刊名称	国内统一连续出版物号	出版单位	主办单位
350	中央	海洋世界	11–1261/P	《海洋世界》编辑部	中国海洋学会
351	中央	档案学研究	11–1226/G2	《档案学研究》编辑部	中国档案学会
352	中央	风湿病与自身免疫（英文）	10–1881/R	《中华医学杂志》社有限责任公司	中华医学会
353	中央	癌症发生与治疗（英文）	10–1882/R	《中华医学杂志》社有限责任公司	中华医学会
354	中央	血液科学（英文）	10–1880/R	《中华医学杂志》社有限责任公司	中华医学会、中国医学科学院血液病医院（中国医学科学院血液研究所）
355	中央	问天少年	10–1818/V	《问天少年》编辑部	中国航空学会
356	中央	呼吸与危重症医学（英文）	10–1838/R	《中华医学杂志》社有限责任公司	中华医学会
357	中央	CAAI 人工智能研究（英文）	10–1840/TP	清华大学出版社	中国人工智能学会、清华大学
358	中央	药物不良反应杂志	11–4015/R	《中华医学杂志》社有限责任公司	中华医学会
359	中央	中国动物保健	11–3994/Q	中国动物保健杂志社	中国乡镇企业协会、北京中美欧畜牧科学研究院有限公司、中国动物保健品协会
360	中央	农电管理	11–3778/D	北京国宇出版有限公司	中国电机工程学会
361	中央	办公自动化	11–3749/TP	北京办公自动化杂志社	中国仪器仪表学会
362	中央	中国体视学与图像分析	11–3739/R	《中国体视学与图像分析》杂志编辑部	中国体视学学会
363	中央	中国冶金	11–3729/TF	北京钢研柏苑出版有限责任公司	中国金属学会、北京钢研柏苑出版有限责任公司
364	中央	中华航空航天医学杂志	11–3854/R	《中华医学杂志》社有限责任公司	中华医学会
365	中央	中华普通外科杂志	11–3855/R	中华医学杂志社有限责任公司	中华医学会
366	中央	中华心律失常学杂志	11–3859/R	《中华医学杂志》社有限责任公司	中华医学会
367	中央	农业科研经济管理	11–3801/S	《农业科研经济管理》编辑部	中国农学会
368	中央	中华神经科杂志	11–3694/R	《中华医学杂志》社有限责任公司	中华医学会
369	中央	中华精神科杂志	11–3661/R	《中华医学杂志》社有限责任公司	中华医学会
370	中央	中国生物化学与分子生物学报	11–3870/Q	《中国生物化学与分子生物学报》编辑部	中国生物化学与分子生物学会、北京大学
371	中央	中国表面工程	11–3905/TG	《中国表面工程》编辑部	中国机械工程学会
372	中央	英国医学杂志（中文版）	11–3904/R	《中华医学杂志》社有限责任公司	中华医学会
373	中央	中华围产医学杂志	11–3903/R	《中华医学杂志》社有限责任公司	中华医学会
374	中央	中华肝胆外科杂志	11–3884/R	《中华医学杂志》社有限责任公司	中华医学会
375	中央	癌症康复	11–3882/R	《癌症康复》编辑部	中国抗癌协会、北京市肿瘤防治研究办公室、北京大学临床肿瘤学院

续表

序号	地区	期刊名称	国内统一连续出版物号	出版单位	主办单位
376	中央	系统科学与系统工程学报（英文版）	11–2983/N	《系统科学与系统工程学报（英文版）》编辑部	中国系统工程学会
377	中央	中国烟草学报	11–2985/TS	《中国烟草学报》编辑部	中国烟草学会
378	中央	中国实验动物学报	11–2986/Q	《中国实验动物学报》编辑部	中国实验动物学会、中国医学科学院医学实验动物研究所
379	中央	计算机辅助设计与图形学学报	11–2925/TP	北京中科期刊出版有限公司	中国计算机学会、北京中科期刊出版有限公司
380	中央	中国生物医学工程学报（英文版）	11–2953/R	《中国生物医学工程学报（英文版）》杂志编辑部	中国生物医学工程学会
381	中央	中国激光医学杂志	11–2926/R	《中国激光医学杂志》社编辑部	中国光学学会
382	中央	中国中西医结合杂志	11–2787/R	中国中西医结合杂志社	中国中西医结合学会、中国中医科学院
383	中央	稀土学报（英文版）	11–2788/TF	《稀土学报（英文版）》编辑部	中国稀土学会、有研科技集团有限公司
384	中央	中国康复医学杂志	11–2540/R	《中国康复医学杂志》编辑部	中国康复医学会
385	中央	设备管理与维修	11–2503/F	北京卓众出版有限公司	中国机械工程学会、北京卓众出版有限公司
386	中央	电子测量与仪器学报	11–2488/TN	《电子测量与仪器学报》编辑部	中国电子学会、中电新一代（北京）信息技术研究院
387	中央	编辑学报	11–2493/G2	《编辑学报》编辑部	中国科学技术期刊编辑学会
388	中央	自动化博览	11–2516/TP	《自动化博览》杂志社	中国自动化学会、北京中煤电气有限公司
389	中央	泥沙研究	11–2532/TV	《泥沙研究》编辑部	中国水利学会
390	中央	中国土地科学	11–2640/F	《中国土地科学》编辑部	中国土地学会、中国国土勘测规划院
391	中央	工程力学	11–2595/O3	《工程力学》杂志社	中国力学学会
392	中央	中国癌症研究（英文版）	11–2591/R	《中国癌症研究》杂志社有限公司	中国抗癌协会
393	中央	中国兽医杂志	11–2471/S	《中国畜牧兽医杂志》有限公司	中国畜牧兽医学会
394	中央	信号处理	11–2406/TN	《信号处理》编辑部	中国电子学会、中电新一代（北京）信息技术研究院
395	中央	中华胸心血管外科杂志	11–2434/R	《中华医学杂志》社有限责任公司	中华医学会
396	中央	中华实验和临床病毒学杂志	11–2866/R	《中华医学杂志》社有限责任公司	中华医学会
397	中央	中国安全科学学报	11–2865/X	《中国安全科学学报》编辑部	中国职业安全健康协会
398	中央	中国粮油学报	11–2864/TS	《中国粮油学报》编辑部	中国粮油学会
399	中央	中国药学（英文版）	11–2863/R	《中国药学（英文版）》编辑部	中国药学会
400	中央	中国机械工程学报（英文版）（*Chinese Journal of Mechanical Engineering*）	11–2737/TH	《中国机械工程学报》编辑部	中国机械工程学会

续表

序号	地区	期刊名称	国内统一连续出版物号	出版单位	主办单位
401	中央	中国科技信息	11–2739/N	《中国科技信息》杂志社	中国科技新闻学会
402	中央	中国防痨杂志	11–2761/R	《中国防痨杂志》期刊社	中国防痨协会
403	中央	当代矿工	11–2762/C	《当代矿工》杂志编辑部	中国煤炭学会、煤炭信息研究院
404	中央	纸和造纸	11–2709/TS	《纸和造纸》编辑部	中国造纸学会
405	中央	中国化学快报（英文版）	11–2710/O6	《中国化学快报》编辑部	中国化学会、中国医学科学院药物研究所
406	吉林	气象水文海洋仪器	22–1135/TH	《气象水文海洋仪器》编辑部	中国仪器仪表学会气象水文海洋仪器分会、长春气象仪器研究所
407	吉林	中国免疫学杂志	22–1126/R	《中国免疫学杂志》编辑部	中国免疫学会、吉林省医学期刊社
408	吉林	分子科学学报（英文）（*Journal of Molecular Science*）	22–1262/O4	《分子科学学报》编辑部	中国化学会
409	四川	中华眼底病杂志	51–1434/R	《中华医学杂志》社有限责任公司	中华医学会
410	四川	中文信息	51–1269/TP	《中文信息》杂志社	电脑商情报社
411	四川	中华医学遗传学杂志	51–1374/R	《中华医学杂志》社有限责任公司	中华医学会
412	四川	再生生物材料（英文）	51–1798/R	《再生生物材料（英文）》编辑部	中国生物材料学会
413	天津	癌症生物学与医学（英文）	12–1431/R	《癌症生物学与医学（英文）》编辑部	中国抗癌协会、天津医科大学肿瘤医院
414	天津	中国中西医结合急救杂志	12–1312/R	《中国中西医结合急救杂志》杂志社	中国中西医结合学会、中国中医科学院、天津市第一中心医院、天津中医药大学
415	天津	软件	12–1151/TP	《软件》编辑部	中国电子学会、天津市电子学会
416	天津	系统工程学报	12–1141/O1	《系统工程学报》编辑部	中国系统工程学会（主办）、天津大学（承办）
417	天津	机械设计	12–1120/TH	《机械设计》杂志社	中国机械工程学会、天津市机械工程学会、天津市机电工业科技信息研究所
418	天津	中华骨科杂志	12–1113/R	《中华医学杂志》社有限责任公司	中华医学会
419	天津	中国肿瘤临床	12–1099/R	《中国肿瘤临床》编辑部	中国抗癌协会、天津医科大学肿瘤医院
420	天津	中国惯性技术学报	12–1222/O3	《中国惯性技术学报》编辑部	中国惯性技术学会、天津航海仪器研究所
421	天津	中华劳动卫生职业病杂志	12–1094/R	《中华医学杂志》社有限责任公司	中华医学会
422	天津	中华血液学杂志	12–1090/R	《中华医学杂志》社有限责任公司	中华医学会
423	天津	内燃机学报	12–1086/TK	《内燃机学报》编辑部	中国内燃机学会（主办）、天津大学（承办）

续表

序号	地区	期刊名称	国内统一连续出版物号	出版单位	主办单位
424	天津	电源学报	12-1420/TM	《电源学报》编辑部	中国电源学会、国家海洋技术中心
425	天津	中国中西医结合皮肤性病学杂志	12-1380/R	《中国中西医结合皮肤性病学杂志》编辑部	中国中西医结合学会、天津市中西医结合皮肤性病研究所
426	天津	中国肺癌杂志	12-1395/R	《中国肺癌杂志》编辑部	中国抗癌协会、中国防痨协会、天津医科大学总医院
427	天津	中国中西医结合外科杂志	12-1249/R	《中国中西医结合外科杂志》杂志社	中国中西医结合学会、天津市中西医结合急腹症研究所
428	安徽	中国中西医结合耳鼻咽喉科杂志	34-1159/R	《中国中西医结合耳鼻咽喉科杂志》编辑部	中国中西医结合学会
429	安徽	流体机械	34-1144/TH	《流体机械》编辑部	中国机械工程学会
430	安徽	运筹与管理	34-1133/G3	《运筹与管理》编辑部	中国运筹学会
431	安徽	中国临床药理学与治疗学	34-1206/R	《中国临床药理学与治疗学》编辑部	中国药理学会
432	安徽	模式识别与人工智能	34-1089/TP	《模式识别与人工智能》编辑部	中国自动化学会、国家智能计算机研究开发中心、中国科学院合肥智能机械研究所
433	安徽	中国药理学通报	34-1086/R	《中国药理学通报》编辑部	中国药理学会
434	安徽	压力容器	34-1058/TH	《压力容器》编辑部	中国机械工程学会压力容器分会
435	安徽	实验力学	34-1057/O3	《实验力学》编辑部	中国力学学会、中国科技大学
436	安徽	化学物理学报（英文版）	34-1295/O6	《化学物理学报（英文版）》编辑部	中国物理学会
437	山东	中国海洋药物	37-1155/R	《中国海洋药物》编辑部	中国药学会
438	山东	海洋与湖沼	37-1149/P	《海洋与湖沼》编辑部	中国海洋湖沼学会
439	山东	海洋湖沼学报（英文）	37-1518/P	中国科技出版传媒股份有限公司	中国海洋湖沼学会
440	山东	中国铸造装备与技术	37-1269/TG	《中国铸造装备与技术》编辑部	中国机械工程学会、济南铸锻所检验检测科技有限公司
441	山东	中国麻风皮肤病杂志	37-1348/R	《中国麻风皮肤病杂志》编辑部	中国麻风防治协会、山东省皮肤病防治研究所
442	山西	中国中西医结合肾病杂志	14-1277/R	《中国中西医结合肾病杂志》编辑部	中国中西医结合学会、中国中西医结合学会肾病专业委员会
443	山西	中华风湿病学杂志	14-1217/R	《中华医学杂志》社有限责任公司	中华医学会
444	广东	中华胃肠外科杂志	44-1530/R	《中华医学杂志》社有限责任公司	中华医学会、中山大学
445	广东	中国临床解剖学杂志	44-1153/R	《中国临床解剖学杂志》编辑部	中国解剖学会
446	广东	中华肾脏病杂志	44-1217/R	《中华医学杂志》社有限责任公司	中华医学会
447	广东	中华显微外科杂志	44-1206/R	《中华医学杂志》社有限责任公司	中华医学会
448	广东	中国病理生理杂志	44-1187/R	《中国病理生理杂志》编辑部	中国病理生理学会
449	广东	癌变·畸变·突变	44-1063/R	《癌变·畸变·突变》编辑部	中国环境诱变剂学会

续表

序号	地区	期刊名称	国内统一连续出版物号	出版单位	主办单位
450	广东	润滑与密封	44-1260/TH	《润滑与密封》编辑部	中国机械工程学会、广州机械科学研究院有限公司
451	广东	机床与液压	44-1259/TH	《机床与液压》编辑部	中国机械工程学会、广州机械科学研究院有限公司
452	江苏	中国海洋工程（英文版）	32-1441/P	《中国海洋工程（英文版）》编辑部	中国海洋学会
453	江苏	海洋工程	32-1423/P	《海洋工程》编辑部	中国海洋学会、南京水利科学研究院
454	江苏	化学传感器	32-1406/TP	《化学传感器》编辑部	中国仪器仪表学会
455	江苏	无机化学学报	32-1185/O6	《无机化学学报》编辑部	中国化学会
456	江苏	爆破器材	32-1163/TJ	《爆破器材》编辑部	中国兵工学会
457	江苏	中华皮肤科杂志	32-1138/R	《中华皮肤科杂志》编辑部	中华医学会
458	江苏	科学养鱼	32-1131/S	《科学养鱼》杂志社	中国水产学会、中国水产科学院淡水渔业研究中心、全国水产技术推广总站
459	江苏	蚕业科学	32-1115/S	《蚕业科学》编辑部	中国蚕学会、中国农业科学院蚕业研究所
460	江苏	岩土工程学报	32-1124/TU	《岩土工程学报》编辑部	中国水利学会、中国土木工程学会、中国力学学会、中国建筑学会、中国水力发电工程学会、中国振动工程学会
461	江苏	物理学进展	32-1127/O4	《物理学进展》编辑部	中国物理学会
462	江苏	微波学报	32-1493/TN	《微波学报》编辑部	中国电子学会
463	江苏	中华消化内镜杂志	32-1463/R	《中华医学杂志》社有限责任公司	中华医学会
464	江苏	振动工程学报	32-1349/TB	《振动工程学报》编辑部	中国振动工程学会
465	江苏	数据采集与处理	32-1367/TN	《数据采集与处理》编辑部	中国电子学会、南京航空航天大学
466	江苏	弹道学报	32-1343/TJ	《弹道学报》编辑部	中国兵工学会
467	江苏	中国血液流变学杂志	32-1625/R	《中国血液流变学杂志》编辑部	中国生物医学工程学会、苏州大学
468	江苏	中华核医学与分子影像杂志	32-1828/R	《中华医学杂志》社有限责任公司	中华医学会
469	河北	中华麻醉学杂志	13-1073/R	《中华医学杂志》社有限责任公司	中华医学会
470	河北	中华超声影像学杂志	13-1148/R	《中华医学杂志》社有限责任公司	中华医学会
471	河南	电波科学学报	41-1185/TN	《电波科学学报》编辑部	中国电子学会
472	河南	棉花学报	41-1163/S	《棉花学报》编辑部	中国农学会
473	浙江	兵器材料科学与工程	33-1331/TJ	《兵器材料科学与工程》编辑部	中国兵工学会、中国兵器工业集团第五二研究所
474	浙江	茶叶科学	33-1115/S	《茶叶科学》编辑部	中国茶叶学会、中国农业科学院茶叶研究所

续表

序号	地区	期刊名称	国内统一连续出版物号	出版单位	主办单位
475	浙江	中国现代应用药学	33–1210/R	《中国现代应用药学》杂志社	中国药学会
476	海南	热带作物学报	46–1019/S	《热带作物学报》编辑部	中国热带作物学会、中国热带农业科学院、中国科技出版传媒股份有限公司
477	湖北	中华实验外科杂志	42–1213/R	《中华医学杂志》社有限责任公司	中华医学会
478	湖北	中华器官移植杂志	42–1203/R	《中华医学杂志》社有限责任公司	中华医学会
479	湖北	中国医院药学杂志	42–1204/R	《中国医院药学杂志》编辑部	中国药学会
480	湖北	中华小儿外科杂志	42–1158/R	《中华医学杂志》社有限责任公司	中华医学会
481	湖北	固体力学学报（英文版）	42–1121/O3	《固体力学学报（英文版）》编辑部	中国力学学会
482	湖北	特种铸造及有色合金	42–1148/TG	《特种铸造及有色合金》杂志社	中国机械工程学会铸造分会、武汉机械工艺研究所
483	湖北	岩石力学与工程学报	42–1397/O3	科学出版社	中国岩石力学与工程学会
484	湖北	中国中医骨伤科杂志	42–1340/R	《中国中医骨伤科杂志》编辑部	中华中医药学会、湖北省中医药研究院
485	湖北	建筑热能通风空调	42–1439/TV	《建筑热能通风空调》编辑部	中国建筑学会
486	湖北	中国心脏起搏与心电生理杂志	42–1421/R	《中国心脏起搏与心电生理杂志》编辑部	中国生物医学工程学会、武汉大学人民医院
487	湖北	中国机械工程	42–1294/TH	中国机械工程杂志社	中国机械工程学会
488	湖北	中国组织化学与细胞化学杂志	42–1300/Q	《中国组织化学与细胞化学杂志》编辑部	中国解剖学会、华中科技大学同济医学院
489	湖北	固体力学学报	42–1250/O3	《固体力学学报》编辑部	中国力学学会
490	湖北	中华物理医学与康复杂志	42–1666/R	《中华医学杂志》社有限责任公司	中华医学会、华中科技大学同济医学院
491	湖南	经济地理	43–1126/K	《经济地理》编辑部	湖南省经济地理研究所、中国地理学会
492	湖南	中国有色金属学报	43–1238/TG	中国科技出版传媒股份有限公司	中国有色金属学会
493	湖南	激光生物学报	43–1264/Q	激光生物学报杂志社	中国遗传学会
494	湖南	中国动脉硬化杂志	43–1262/R	南华大学《中国动脉硬化杂志》编辑部	中国病理生理学会、南华大学
495	湖南	中国有色金属学报（英文版）	43–1239/TG	中国科技出版传媒股份有限公司	中国有色金属学会
496	甘肃	草业学报	62–1105/S	《草业学报》编辑部	中国草学会、兰州大学
497	甘肃	草业科学	62–1069/S	《草业科学》编辑部	中国草学会、兰州大学草地农业科技学院
498	福建	电化学	35–1172/O6	《电化学》编辑部	中国化学会、厦门大学
499	福建	中国人兽共患病学报	35–1284/R	《中国人兽共患病学报》编辑部	中国微生物学会
500	贵州	矿物岩石地球化学通报	52–1102/P	《矿物岩石地球化学通报》编辑部	中国矿物岩石地球化学学会、中国科学院地球化学研究所

续表

序号	地区	期刊名称	国内统一连续出版物号	出版单位	主办单位
501	辽宁	中国腐蚀与防护学报	21–1474/TG	《中国腐蚀与防护学报》编辑部	中国腐蚀与防护学会、中国科学院金属研究所
502	辽宁	色谱	21–1185/O6	《色谱》编辑部	中国化学会、中国科学院大连化学物理研究所
503	辽宁	生态学杂志	21–1148/Q	《生态学杂志》编辑部	中国生态学会
504	辽宁	土壤通报	21–1172/S	《土壤通报》编辑部	中国土壤学会
505	辽宁	材料科学技术（英文版）	21–1315/TG	《材料科学技术（英文版）》编辑部	中国金属学会、中国材料研究学会、中国科学院国际材料物理中心
506	辽宁	组合机床与自动化加工技术	21–1132/TG	组合机床与自动化加工技术杂志社	大连组合机床研究所、中国机械工程学会生产工程分会
507	辽宁	金属学报	21–1139/TG	《金属学报》编辑部	中国金属学会
508	辽宁	医学与哲学	21–1093/R	《医学与哲学》编辑部	中国自然辩证法研究会
509	辽宁	解剖科学进展	21–1347/Q	《解剖科学进展》编辑部	中国解剖学会
510	辽宁	金属学报（英文版）	21–1361/TG	《金属学报（英文版）》编辑部	中国金属学会
511	重庆	中华创伤杂志（英文版）	50–1115/R	《中华医学杂志》社有限责任公司	中华医学会
512	重庆	中华肝脏病杂志	50–1113/R	《中华医学杂志》社有限责任公司	中华医学会
513	重庆	中华创伤杂志	50–1098/R	《中华医学杂志》社有限责任公司	中华医学会
514	重庆	中华烧伤与创面修复杂志	50–1225/R	《中华医学杂志》社有限责任公司	中华医学会
515	陕西	火炸药学报	61–1310/TJ	《火炸药学报》编辑部	中国兵工学会、中国兵器工业第 204 研究所
516	陕西	中国公路学报	61–1313/U	《中国公路学报》编辑部	中国公路学会
517	陕西	火炮发射与控制学报	61–1280/TJ	《火炮发射与控制学报》编辑部	中国兵工学会
518	陕西	弹箭与制导学报	61–1234/TJ	《弹箭与制导学报》编辑部	中国兵工学会
519	陕西	稀有金属材料与工程	61–1154/TG	《稀有金属材料与工程》编辑部	西北有色金属研究院、中国有色金属学会、中国材料研究学会
520	青海	兽类学报	63–1014/Q	《兽类学报》编辑部	中国科学院西北高原生物研究所、中国动物学会兽类学分会
521	黑龙江	焊接学报	23–1178/TG	焊接杂志社《焊接学报》编辑部	中国机械工程学会、中国机械工程学会焊接分会、机械科学研究院哈尔滨焊接研究所

全国学会、协会、研究会简介

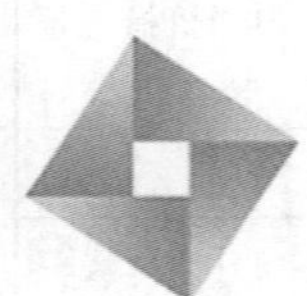

中国数学会
Chinese Mathematical Society（CMS）

地　　址：北京市海淀区中关村东路 55 号
邮政编码：100190
电子信箱：cms@math.ac.cn
主页网址：http://www.cms.org.cn
电　　话：010-82541448/82541197
理 事 长：田　刚
党委书记：巩馥洲
副理事长：王小云　史宇光　巩馥洲　李万同
　　　　　李　骏　肖冬梅　张伟平　张纪峰
　　　　　周爱辉　席南华　黄云清　彭联刚
秘 书 长：巩馥洲（兼）
监 事 长：袁亚湘

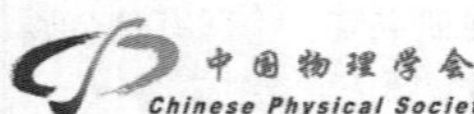

中国物理学会
Chinese Physical Society（CPS）

地　　址：北京市海淀区中关村南三街 8 号
邮政编码：100190
电子信箱：cps@iphy.ac.cn
主页网址：http://www.cps-net.org.cn
电　　话：010-82649019
传　　真：010-82649019
理 事 长：张　杰
党委书记：张　杰
副理事长：方　忠　龚旗煌　李建刚　孙昌璞
　　　　　薛其坤　赵政国
秘 书 长：方　忠（兼）
监 事 长：詹文龙

中国力学学会
The Chinese Society of Theoretical and Applied Mechanics（CSTAM）

地　　址：北京市海淀区北四环西路 15 号
邮政编码：100190
电子信箱：office@cstam.org.cn
主页网址：https://www.cstam.org.cn
电　　话：010-62559588/62559209
传　　真：010-62559588
副理事长：陈十一　戴兰宏　冯西桥　郭　旭
　　　　　何国威　曲绍兴　魏悦广　杨绍普
　　　　　郑晓静
秘 书 长：杨亚政
监 事 长：胡海岩

中国光学学会
The Chinese Optical Society（COS）

地　　址：北京市海淀区学院南路 86 号中国科协综合楼东 201 室
邮政编码：100081
电子信箱：cos@cast.org.cn
主页网址：http://www.cncos.org.cn
电　　话：010-62103292
传　　真：010-62103235
理 事 长：顾　瑛

党委书记：顾 瑛
副理事长：王文杰 任晓敏 刘文清 刘运全
刘泽金 邵建达 罗先刚 金 宏
贾锁堂
秘 书 长：刘 旭
监 事 长：王 森

中国声学学会
The Acoustical Society of China（ASC）

地　　址：北京市海淀区北四环西路 21 号
邮政编码：100190
电子信箱：asc@mail.ioa.ac.cn
主页网址：http://www.aschina.org.cn
电　　话：010–82547904/82547909
传　　真：010–82547909
理 事 长：李风华
党委书记：李风华
副理事长：杨 军 马晋毅 孙 超 他得安
孙大军 章 东
秘 书 长：杨 军（兼）
监 事 长：籍顺心

中国化学会
Chinese Chemical Society（CCS）

地　　址：北京市海淀区中关村北一街 2 号
邮政编码：100190
主页网址：http://www.chemsoc.org.cn
电　　话：010–82449177
传　　真：010–62568157
理 事 长：万立骏
党委书记：丁奎岭
副理事长：范青华 冯小明 付贤智 帅志刚
谭蔚泓 唐 勇 田 禾 谢在库
杨学明 于吉红 赵宇亮
秘 书 长：范青华（兼）
监 事 长：孙世刚

中国天文学会
Chinese Astronomical Society（CAS）

地　　址：江苏省南京市栖霞区元化路 10 号
邮政编码：210023
电子信箱：cas.nj@pmo.ac.cn
主页网址：http://astronomy.pmo.cas.cn
电　　话：025–83332036
传　　真：025–83332036
理 事 长：韩占文
党委书记：韩占文
副理事长：王 娜 刘继峰 吴学兵 周济林
袁业飞
秘 书 长：毛瑞青
监 事 长：刘富坤

中国气象学会
Chinese Meteorological Society（CMS）

地　　址：北京市海淀区中关村南大街 46 号
邮政编码：100081
电子信箱：cms@cms1924.org
主页网址：http://www.cms1924.org
电　　话：010–68406821
传　　真：010–68406821
理 事 长：王会军
副理事长：宇如聪 费建芳 端义宏 杨修群
胡永云 李廉水
秘 书 长：王金星

中国空间科学学会
Chinese Society of Space Research（CSSR）

地　　址：北京市海淀区中关村南二条一号
邮政编码：100190
电子信箱：cssr@nssc.ac.cn
主页网址：http://cssr.org.cn
电　　话：010–62559882
传　　真：010–62582691
理 事 长：吴 季

党委书记：吴　季
副理事长：曹喜滨　常　进　高　铭　黄江川
陆　卫　李莹辉　曹晋滨　林杨挺
秘 书 长：孙丽琳
监 事 长：黄康平

中国地质学会
Geological Society of China（GSC）

地　　址：北京市西城区百万庄大街 26 号
邮政编码：100037
电子信箱：zgdzxh@geosociety.org.cn
主页网址：http://www.geosociety.org.cn
电　　话：010–68999018
传　　真：010–68995305
副理事长：李金发　朱立新　王香增　邓　军
任　辉　杜运斌　郝　芳　侯启军
徐锡伟　郭正堂
秘 书 长：李金发（兼）
监 事 长：王真奉

中国地理学会
The Geographical Society of China（GSC）

地　　址：北京市朝阳区大屯路甲 11 号
邮政编码：100101
电子信箱：gsc@igsnrr.ac.cn
主页网址：http://www.gsc.org.cn
电　　话：010–64870663
传　　真：010–64889598
理 事 长：陈发虎
党委书记：陈发虎
副理事长：董治宝　葛全胜　何大明　贺灿飞
李小娟　刘　敏　鹿化煜　宋长青
吴正方　夏　军　薛德升　张国友
秘 书 长：张国友（兼）
监 事 长：傅伯杰

中国地球物理学会
Chinese Geophysical Society（CGS）

地　　址：北京市海淀区民族学院南路 5 号
邮政编码：100081
电子信箱：cgs@cgs.org.cn
主页网址：http://www.cgs.org.cn
电　　话：010–68729347/82998257
传　　真：010–82998257
理 事 长：底青云
副理事长：段建华　苟　量　郭　建　黄清华
李　丽　柳建新　倪四道　徐学义
徐长贵　杨勤勇　杨占东　赵邦六
秘 书 长：郭　建（兼）

中国矿物岩石地球化学学会
Chinese Society for Mineralogy, Petrology and Geochemistry（CSMPG）

地　　址：贵州省贵阳市观山湖区林城西路 99 号
邮政编码：550081
电子信箱：csmpg@vip.skleg.cn
主页网址：http://www.csmpg.gyig.cas.cn
http://www.csmpg.org.cn
电　　话：0851–84790971
传　　真：0851–85895599
理 事 长：冯新斌
党委书记：冯新斌
副理事长：何宏平　金章东　李献华　刘福来
毛景文　魏国齐　赵志丹　郑建平
郑永飞
秘 书 长：陈敬安
监 事 长：徐义刚

中国古生物学会
Palaeontological Society of China（PSC）

地　　址：江苏省南京市玄武区北京东路 39 号
邮政编码：210008
电子信箱：psc@nigpas.ac.cn
主页网址：http://www.chinapsc.cn

电　　话：025-83282138
传　　真：025-83357026
理 事 长：詹仁斌
党委书记：詹仁斌
副理事长：邓　涛　王永栋　姚建新　白志强
　　　　　华　洪
秘 书 长：张元动
监 事 长：杨　群

中国海洋湖沼学会
Chinese Society for Oceanology and Limnology（CSOL）

地　　址：山东省青岛市市南区南海路 7 号
邮政编码：266071
电子信箱：csol@qdio.ac.cn
主页网址：http://www.csol.qdio.ac.cn
电　　话：0532-82898636
传　　真：0532-82893932
理 事 长：王　凡
党委书记：王　凡
副理事长：麦康森　李铁刚　李家彪　李超伦
　　　　　何　青　谷孝鸿　沙忠利　金显仕
　　　　　殷　战　戴民汉
秘 书 长：沙忠利
监 事 长：丁平兴

中国海洋学会
Chinese Society for Oceanography（CSO）

地　　址：北京市丰台区马官营家园 3 号楼
邮政编码：100161
电子信箱：377939902@qq.com
主页网址：http://www.cso.org.cn
电　　话：010-68047614
传　　真：010-68567980
理 事 长：陈连增
党委书记：陈连增
党委副书记：蒋兴伟
副理事长：蒋兴伟（常务）　于志刚　王　凡
　　　　　邓运华　许　淼　李家彪　张　偲
　　　　　苏振东　林明森　窦希萍　戴民汉
秘 书 长：林明森
监 事 长：孙　松

中国地震学会
Seismological Society of China（SSOC）

地　　址：北京市海淀区民族大学南路 5 号
邮政编码：100081
电子信箱：zgdzxh@sina.com
主页网址：http://www.ssoc.org.cn
电　　话：010-68729352
传　　真：010-68417858
理 事 长：张培震
党委书记：张培震
副理事长：陈云敏　吴忠良　孙柏涛　李小军
　　　　　马胜利　黄清华　丁志峰　姚华建
秘 书 长：李亚琦
监 事 长：王海涛

中国动物学会
China Zoological Society（CZS）

地　　址：北京市朝阳区北辰西路 1 号院 5 号
邮政编码：100101
电子信箱：czs@ioz.ac.cn
主页网址：http://www.czs.ioz.cas.cn
电　　话：010-64807051
传　　真：010-64807051
理 事 长：孟安明
党委书记：张知彬
副理事长：包振民　冯　江　李保国　张正旺
　　　　　张知彬　陈广文　杨　光　桂建芳
　　　　　董贵信　魏辅文
秘 书 长：魏辅文（兼）
监 事 长：张希武

中国植物学会
Botanical Society of China（BSC）

地　　址：北京市海淀区香山南辛村 20 号
邮政编码：100093

电子信箱：bsc@ibcas.ac.cn
主页网址：http://www.botany.org.cn
电　　话：010-62836505/62836718
传　　真：010-82599636
理 事 长：种　康
党委书记：种　康
副理事长：巩志忠　顾红雅　黄宏文　康振生
　　　　　刘　宝　孙　航　谭仁祥　汪小全
秘 书 长：汪小全（兼）
监 事 长：葛　颂

中国昆虫学会
The Entomological Society of China（ESC）

地　　址：北京市朝阳区北辰西路 1 号院 5 号中国科学院动物研究所内
邮政编码：100101
电子信箱：entsoc@ioz.ac.cn
主页网址：http://www.entsoc.ioz.ac.cn
电　　话：010-64807135
传　　真：010-64807098
理 事 长：戈　峰
党委书记：戈　峰
副理事长：王琛柱　乔格侠　王福祥　彩万志
　　　　　王振营　骆有庆　卜文俊　陆永跃
　　　　　陈学新　王四宝　戴　武　陈祥盛
秘 书 长：乔格侠（兼）
监 事 长：张永安

中国微生物学会
Chinese Society for Microbiology（CSM）

地　　址：北京市朝阳区北辰西路 1 号院 3 号
邮政编码：100101
电子信箱：csm@im.ac.cn
主页网址：http://www.csm1952.org.cn
电　　话：010-64807200
理 事 长：徐建国
党委书记：徐建国
副理事长：焦念志　张克勤　王　磊　钱　韦
　　　　　覃重军　李越中　肖亚中　郭德银
秘 书 长：向　华
监 事 长：李　俊

中国生物化学与分子生物学会
The Chinese Society of Biochemistry and Molecular Biology（CSBMB）

地　　址：上海市徐汇区岳阳路 320 号
邮政编码：200031
电子信箱：office@csbmb.org.cn
主页网址：http://www.csbmb.org.cn
电　　话：021-54921088/54922818/54921090
传　　真：021-54922818
理 事 长：李　林
党委书记：隋森芳
副理事长：陈国强　林圣彩　刘小龙　邵　峰
　　　　　汤其群　许瑞明
秘 书 长：刘小龙
监 事 长：昌增益

中国细胞生物学学会
Chinese Society for Cell Biology（CSCB）

地　　址：上海市徐汇区肇嘉浜路 789 号 11 楼 F3 室
邮政编码：200031
电子信箱：cell@cscb.org.cn
主页网址：http://www.cscb.org.cn
电　　话：021-64221728
传　　真：021-64221828
理 事 长：陈晔光
党委书记：张　旭
副理事长：李朝军　李劲松　罗凌飞　任海云
　　　　　宋保亮　张　旭　周　琪
秘 书 长：杨　瑾
监 事 长：高　翔

中国植物生理与植物分子生物学学会
Chinese Society for Plant Biology（CSPB）

地　　址：上海市徐汇区枫林路 300 号
邮政编码：200032
电子信箱：cspb@cemps.ac.cn
主页网址：http://www.cspb.org.cn
电　　话：021-54922859/54920737/54922857
传　　真：021-54922859

理 事 长：陈晓亚
党委书记：陈晓亚
副理事长：曹晓风　黄三文　黄英金　夏光敏
　　　　　赵德刚　朱玉贤
秘 书 长：唐威华
监 事 长：何祖华

中国生物物理学会
The Biophysical Society of China（BSC）

地　　址：北京市朝阳区大屯路 15 号
邮政编码：100101
电子信箱：wangyue@ibp.ac.cn
主页网址：http://www.bsc.org.cn
电　　话：010–64889894/64887226/64888542
传　　真：010–64889892
理 事 长：徐　涛
党委书记：王宏伟
副理事长：李　蓬　刘志杰　王宏伟　张　宏
秘 书 长：张　宏（兼）
监 事 长：丁建平

中国遗传学会
Genetics Society of China（GSC）

地　　址：北京市朝阳区北辰西路 1 号院 1 号楼西楼 275 室
邮政编码：100101
电子信箱：gsc@genetics.ac.cn
主页网址：http://www.gsc.ac.cn
电　　话：010–64806635
传　　真：010–64806635
理 事 长：薛勇彪
党委书记：薛勇彪
副理事长：曹晓风　韩　斌　黄路生　金　力
　　　　　孟安明　乔　杰　沈　岩　谭华荣
　　　　　杨焕明　杨维才
秘 书 长：杨维才（兼）
监 事 长：杨　晓

中国心理学会
Chinese Psychological Society（CPS）

地　　址：北京市朝阳区林萃路 16 号院中国科学院心理研究所内
邮政编码：100101
电子信箱：cps@psych.ac.cn
主页网址：http://www.cpsbeijing.org
电　　话：010–64888946
传　　真：010–64855830
理 事 长：赵国祥
党委书记：赵国祥
副理事长：方　平　方晓义　张建新　周宗奎
秘 书 长：孙向红
监 事 长：孙时进

中国生态学学会
Ecological Society of China（ESC）

地　　址：北京市海淀区双清路 18 号
邮政编码：100085
电子信箱：esc@rcees.ac.cn
主页网址：http://www.esc.org.cn
电　　话：010–62849101
传　　真：010–62849113
理 事 长：欧阳志云
副理事长：安黎哲　陈利顶　吕永龙　闵庆文
　　　　　任　海　王克林　王艳芬　魏辅文
　　　　　吴文良　朱教君
秘 书 长：钟林生
监 事 长：刘世荣

中国环境科学学会
Chinese Society for Environmental Sciences（CSES）

地　　址：北京市海淀区红联南村 54 号
邮政编码：100082
电子信箱：hybcses@163.com
主页网址：http://www.chinacses.org
电　　话：010–62210708

传　　真：010-62210728
理 事 长：王金南
党委书记：邹首民
副理事长：王焰新　朱利中　任洪强　刘文清
　　　　　李春红　吴丰昌　邹首民　贺　泓
　　　　　贺克斌　顾大钊　倪晋仁　高吉喜
秘 书 长：李春红
监 事 长：王灿发

中国自然资源学会
China Society of Natural Resources（CSNR）

地　　址：北京市朝阳区大屯路甲 11 号
邮政编码：100101
电子信箱：csnr@igsnrr.ac.cn
主页网址：http://www.csnr.org.cn
电　　话：010-64861455/64889806
传　　真：010-64861455
理 事 长：成升魁
党委书记：成升魁
副理事长：王仰麟　王艳芬　江　源　吴文良
　　　　　封志明　夏　军　高　峻　濮励杰
　　　　　邓　伟　谷树忠　杨红生　吴太平
秘 书 长：濮励杰（兼）
监 事 长：陈　曦

中国感光学会
Chinese Society for Imaging Science and Technology（CSIST）

地　　址：北京市海淀区中关村东路 29 号
邮政编码：100190
电子信箱：xh@csist.org.cn
主页网址：http://www.csist.org.cn
电　　话：010-82543686/82543687
传　　真：010-82543687
理 事 长：张丽萍
党委书记：张丽萍
副理事长：魏　杰　周秉锋　杨建文　张希堂
　　　　　王　剑　程灏波　陈广学　邹应全
　　　　　朱永法
秘 书 长：汪鹏飞

监 事 长：黄　勇

中国优选法统筹法与经济数学研究会
Chinese Society of Optimization, Overall Planning and Economic Mathematics（CSOOPEM）

地　　址：北京市海淀区中关村东路 55 号中国科学院思源楼 1206 室
邮政编码：100190
电子信箱：shuangfa@casipm.ac.cn
主页网址：http://www.scope.org.cn
电　　话：010-62542628
传　　真：010-62542628
理 事 长：池　宏
党委书记：池　宏
副理事长：华中生　李建平　李仲飞　梁昌勇
　　　　　刘维奇　马超群　徐泽水　周　勇
　　　　　余玉刚
秘 书 长：林则夫
监 事 长：刘祥官

中国岩石力学与工程学会
Chinese Society for Rock Mechanics and Engineering（CSRME）

地　　址：北京市朝阳区北土城西路 19 号 / 北京市海淀区清华东路 16 号
邮政编码：100029/100083
电子信箱：csrme@126.com
主页网址：http://www.csrme.com
电　　话：010-82998163/62660985
理 事 长：何满潮
党委书记：何满潮
副理事长：杜时贵　何　川　康红普　李文伟
　　　　　李　晓　邬爱清　徐锡伟　杨春和
　　　　　殷跃平　赵　勇　周创兵
秘 书 长：杨晓杰
监 事 长：赵阳升

中国野生动物保护协会
China Wildlife Conservation Association（CWCA）

地　　址：北京市东城区和平里东街 18 号

邮政编码：100714
电子信箱：cwcaoffice@163.com
主页网址：http://www.cwca.org.cn
电　　话：010–84238313
传　　真：010–84239555
会　　长：陈凤学
副 会 长：王洪杰　李青文　张希武　陈万成
　　　　　郝燕湘　葛剑平　蒋志刚　焦德发
　　　　　赵　勇
秘 书 长：武明录

中国系统工程学会

Systems Engineering Society of China
（SESC）

地　　址：北京市海淀区中关村东路 55 号
邮政编码：100190
电子信箱：sesc@iss.ac.cn
主页网址：http://www.sesc.org.cn
电　　话：010–82541431
理 事 长：杨晓光
党委书记：冯耕中
副理事长：丁晓东　冯耕中　刘心报　闫相斌
　　　　　李仲飞　杨克巍　汪小帆　范　英
　　　　　胡祥培　寇　纲
秘 书 长：唐锡晋
监 事 长：狄增如

中国实验动物学会

Chinese Association for Laboratory Animal Sciences（CALAS）

地　　址：北京市朝阳区潘家园南里 5 号
邮政编码：100021
电子信箱：calas@calas.org.cn
主页网址：http://www.calas.org.cn
电　　话：010–67781534
传　　真：010–67781534
理 事 长：秦　川
副理事长：林东昕　卢金星　陈学进　孙岩松
　　　　　黄　韧　赵德明
秘 书 长：赵宏旭
监 事 长：刘福英

中国青藏高原研究会

The China Society on Tibetan Plateau
（CSTP）

地　　址：北京市朝阳区林萃路 16 号院 3 号楼
邮政编码：100101
电子信箱：cstp@itpcas.ac.cn
主页网址：http://www.cstp.org.cn
电　　话：010–84097041
传　　真：010–64889769
理 事 长：姚檀栋
党委书记：姚檀栋
副理事长：陈发虎　赤来旺杰　崔　鹏　潘保田
　　　　　史培军　张宪洲　曾令森
秘 书 长：张镱锂
监 事 长：侯增谦

中国环境诱变剂学会

Chinese Environmental Mutagen Society
（CEMS）

地　　址：北京市海淀区学院路 38 号北京大学医学部公共卫生学院 236 室
邮政编码：100191
电子信箱：iaems_cn@163.com
主页网址：http://www.cnems.org.cn
电　　话：010–82335754
传　　真：010–82335754
理 事 长：曹　佳
党委书记：郝卫东
副理事长：浦跃朴　林东昕　郝卫东　陈　雯
秘 书 长：郝卫东（兼）
监 事 长：胡永华

中国运筹学会

The Operations Research Society of China
（ORSC）

地　　址：北京市海淀区中关村东路 55 号
邮政编码：100190
电子信箱：office@orsc.org.cn
主页网址：http://www.orsc.org.cn
电　　话：010–82541190
理 事 长：戴彧虹

党委书记：赵晓波
副理事长：郭田德　鲁习文　唐立新　童小娇
　　　　　张国川　张玉忠　赵晓波
秘 书 长：陈旭瑾
监 事 长：杨新民

中国菌物学会
Mycological Society of China（MSC）

地　　址：北京市朝阳区北辰西路1号院3号中国科学院微生物研究所B410
邮政编码：100101
电子信箱：msc93@im.ac.cn
主页网址：http://www.mscfungi.org.cn
电　　话：010-64807455
理 事 长：郭良栋
党委书记：郭良栋
副理事长：冉玉平　白逢彦　边银丙　朱　平
　　　　　张正光　张克勤　张劲松　陈　惠
　　　　　图力古尔　姜子德　康冀川　戴玉成
秘书长：白逢彦
监事长：赵遵田

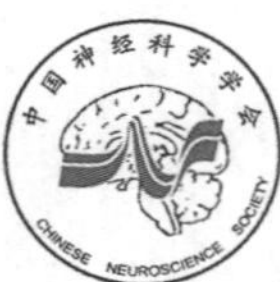

中国神经科学学会
Chinese Neuroscience Society（CNS）

地　　址：上海市徐汇区岳阳路320号
邮政编码：200031
电子信箱：office@cns.org.cn
主页网址：http://www.cns.org.cn
电　　话：021-64081027
理 事 长：张　旭
党委书记：张　旭
副理事长：高天明　何　成　何士刚　罗敏敏
　　　　　王以政　吴志英　谢俊霞　徐广银
　　　　　张玉秋
秘 书 长：韩　雪
监 事 长：段树民

中国认知科学学会
Chinese Society for Cognitive Science（CSCS）

地　　址：北京市朝阳区大屯路15号中国科学院生物物理研究所7300房间
邮政编码：100101
电子信箱：sec@cogsci.org.cn
主页网址：http://www.cogsci.org.cn
电　　话：010-64861049
传　　真：010-64861049
理 事 长：陈　霖
党委书记：陈　霖
副理事长：段树民　陆　林　马原野　谭力海
　　　　　田　梅　辛景民　赵继宗
秘 书 长：周　馨
监 事 长：卓　彦

国际数字地球学会
International Society for Digital Earth（ISDE）

地　　址：北京市海淀区邓庄南路9号
邮政编码：100094
电子信箱：isde@radi.ac.cn
主页网址：http://www.digitalearth-isde.org
电　　话：010-82178912
传　　真：010-82178916
主　　席：Alessandro Annoni
副 主 席：Zaffar Sadiq Mohamed-Ghouse Mario Hernandez
秘 书 长：王长林

国际动物学会
International Society of Zoological Sciences（ISZS）

地　　址：北京市朝阳区北辰西路1号院5号中国科学院动物研究所C506室
邮政编码：100101
电子信箱：iszs@ioz.ac.cn
主页网址：http://www.globalzoology.org.cn
电　　话：010-64807295
传　　真：010-64807295
理 事 长：Nils Chr. Stenseth（挪威）

副理事长：Sarita Maree（南非）
秘 书 长：韩春绪

中国机械工程学会
Chinese Mechanical Engineering Society
（CMES）

地　　址：北京市海淀区首体南路 9 号主语国际 4 号楼 11 层
邮政编码：100048
电子信箱：headquarters@cmes.org
主页网址：https://www.cmes.org
电　　话：010-68799008
传　　真：010-68799050
理 事 长：林忠钦
党委书记：林忠钦
副理事长：王德成　毛　明　尤　政　邓宗全　杨华勇　陆大明　陈学东　项昌乐　贾振元　黄庆学　蒋庄德　雒建斌　谭旭光
秘 书 长：毛　明（兼）
监 事 长：郭东明

中国汽车工程学会
China Society of Automotive Engineers
（China SAE）

地　　址：北京市大兴区亦庄经济开发区融兴北三街 39 号行知楼 / 北京市西城区莲花池东路 102 号天莲大厦 4 层
邮政编码：100176/100055
电子信箱：office@sae-china.org
主页网址：https://www.sae-china.org
电　　话：010-50911000
传　　真：010-50911011
理 事 长：李　骏
副理事长：张进华（常务）　欧阳明高　项昌乐　赵　韩　陈　龙　余卓平　管　欣　瞿国春　付炳锋　丁宏祥　李开国　吴志新　王国强　尤　峥　李　伟　祖似杰　巩月琼　廉玉波　吴　坚
：张进华（兼）

中国农业机械学会
Chinese Society for Agricultural Machinery
（CSAM）

地　　址：北京市朝阳区德胜门外北沙滩 1 号
邮政编码：100083
电子信箱：csam@caams.org.cn
主页网址：http://www.agro-csam.org
电　　话：010-64882291/64880302
传　　真：010-64882291
理 事 长：刘小虎
副理事长：于海业　刘　旭　刘继国　杜太生　应义斌　李　红　杨　洲　姜文娟　郭京华
秘 书 长：赵凤敏
监 事 长：方宪法

中国农业工程学会
Chinese Society of Agricultural Engineering
（CSAE）

地　　址：北京市朝阳区麦子店街 41 号
邮政编码：100125
电子信箱：hqcsae@agri.gov.cn
主页网址：http://www.csae.org.cn
电　　话：010-59197098
传　　真：010-59197100
理 事 长：张　辉
副理事长：朱　明（常务）　方宪法　付　强　杜太生　李天来　李培武　杨　洲　吴普特　应义斌　易维明　赵立欣　韩鲁佳
秘 书 长：韩鲁佳（兼）
监 事 长：崔　明

中国电机工程学会
Chinese Society for Electrical Engineering
（CSEE）

地　　址：北京市西城区白广路二条 1 号
邮政编码：100761
电子信箱：csee@csee.org.cn
主页网址：http://www.csee.org.cn
电　　话：010-63414320
传　　真：010-63414319

理 事 长：舒印彪
党委书记：林铭山
副理事长：张智刚　贺锡强　金耀华　王宏志
　　　　　刘明胜　王良友　米树华　姚　强
　　　　　吴　云　高立刚　刘吉臻　郭剑波
　　　　　林铭山
秘 书 长：王　刚
监 事 长：欧阳昌裕

中国电工技术学会
China Electrotechnical Society（CES）

地　　址：北京市西城区莲花池东路 102 号天莲大厦 10 层
邮政编码：100055
电子信箱：cespublic@ces.org.cn
主页网址：http://www.ces.org.cn
电　　话：010-63256857
传　　真：010-63256808
理 事 长：杨庆新
党委书记：杨庆新
副理事长：尹天文　孙逢春　李　秦　李耀华
　　　　　宋永华　张文亮　荣命哲　贾利民
　　　　　徐殿国　曾　嵘　管瑞良
秘 书 长：韩　毅
监 事 长：郝玉成

中国水力发电工程学会
China Society for Hydropower Engineering（CSHE）

地　　址：北京市海淀区车公庄西路 22 号院 A 座 11 层
邮政编码：100048
电子信箱：b07@cast.org.cn
　　　　　leidy5378@126.com
主页网址：http://www.hydropower.org.cn
电　　话：010-58382592/58382515
传　　真：010-63547632
理 事 长：张　野
党委书记：张　野
副理事长：郑声安（常务）　王永祥　王良友
　　　　　向海平　刘金焕　张　宁　李庆江
　　　　　李程·丹增尼玛　周小能　侯学众
　　　　　赵登峰　郝耀辉　晏志勇　黄　辉
秘 书 长：郑声安（兼）
监 事 长：袁柏松

中国水利学会
Chinese Hydraulic Engineering Society（CHES）

地　　址：北京市西城区白广路二条 16 号
邮政编码：100053
电子信箱：ches1931@163.com
主页网址：http://www.ches.org.cn
电　　话：010-63204863
传　　真：010-63202154
理 事 长：魏山忠
党委书记：魏山忠
副理事长：汪安南　胡春宏　陈生水　金兴平
　　　　　周海燕　唐洪武　张建民　于合群
　　　　　范夏夏　王　斌　潘海涛　汤鑫华
秘 书 长：汤鑫华（兼）
监 事 长：匡尚富

中国内燃机学会
Chinese Society for Internal Combustion Engines（CSICE）

地　　址：上海市闵行区华宁路 3111 号
邮政编码：201108
电子信箱：liufang@csice.org.cn
主页网址：http://www.csice.org.cn
电　　话：021-31310973
传　　真：021-31310973
理 事 长：金东寒
党委书记：金东寒
副理事长：毛　明　舒歌群　董建福　谭旭光
　　　　　李树生　刘志刚　邵　煜　钟玉伟
　　　　　汤仲平　李继凯　王瑞平
秘 书 长：李树生（兼）
监 事 长：张树勇

中国工程热物理学会

The Chinese Society of Engineering Thermophysics（CSET）

地　　址：北京市海淀区中关村路乙 12 号
邮政编码：100190
电子信箱：cset@iet.cn
主页网址：http://www.cset.org.cn
电　　话：010-82543040
理 事 长：金红光
党委书记：何雅玲
副理事长：李应红　宣益民　郭烈锦　杨勇平
　　　　　姚　强　张　兴　陈海生
秘 书 长：陈海生（兼）
监 事 长：韩　巍

中国空气动力学会

Chinese Aerodynamics Research Society（CARS）

地　　址：北京市朝阳区黄寺大街甲 3 号院
邮政编码：100191
电子信箱：cars@cast.org.cn
主页网址：http://www.cars.org.cn
电　　话：010-82317341
传　　真：010-82317341
理 事 长：唐志共
党委书记：唐志共
副理事长：黄育群　崔晓春　李存标　许春晓
　　　　　王晋军　吕宏强　张伟伟　赵　伟
　　　　　陈坚强　吴文华
秘 书 长：徐　翔
监 事 长：任玉新

中国制冷学会

Chinese Association of Refrigeration（CAR）

地　　址：北京市海淀区阜成路 67 号银都大厦 10 层
邮政编码：100142
电子信箱：car@car.org.cn
主页网址：http://www.car.org.cn
电　　话：010-68715723
传　　真：010-68434679
理 事 长：江　亿
党委书记：江　亿
副理事长：李晓虎　何雅玲　丁　杰　王　强
　　　　　罗二仓　田旭东　刘长永　温克学
　　　　　徐　伟　徐　鸿　谭建明
秘 书 长：李晓虎（兼）
监 事 长：金嘉玮

中国真空学会

Chinese Vacuum Society（CVS）

地　　址：北京市海淀区中关村南三街 8 号 A 楼二段 304 室
邮政编码：100190
电子信箱：cvs@cvs.org.cn
主页网址：http://www.cvs.org.cn
电　　话：010-62607885/62607991
传　　真：010-62605869
理 事 长：高鸿钧
党委书记：邓少芝
副理事长：彭练矛　刘　明　赵红卫　李得天
　　　　　邓少芝　董振超　张永明　蒋友荣
秘 书 长：顾长志
监 事 长：雷震霖

中国自动化学会

China Association of Automatio（CAA）

地　　址：北京市海淀区中关村东路 95 号自动化大厦 509
邮政编码：100190
电子信箱：caa@ia.ac.cn
主页网址：http://www.caa.org.cn
电　　话：010-62522248
传　　真：010-62522248
理 事 长：郑南宁
党委书记：郑南宁
副理事长：陈　杰　陈俊龙　戴琼海　桂卫华
　　　　　侯增广　李少远　王成红　杨孟飞
　　　　　于海斌　张纪峰　张剑武　周东华
秘 书 长：张　楠
监 事 长：王飞跃

中国仪器仪表学会
China Instrument and Control Society（CIS）

地　　址：北京市海淀区知春路6号锦秋国际大厦A座23层
邮政编码：100088
电子信箱：info@cis.org.cn
主页网址：http://www.cis.org.cn
电　　话：010–82800755
传　　真：010–82800879
理 事 长：尤　政
党委书记：尤　政
副理事长：谭久彬　王　巍　刘文清　黄　如
　　　　　钱　锋　曾周末　徐洪海　吴　朋
　　　　　许大庆　马玉山　张　彤
秘 书 长：张　彤（兼）
监 事 长：李明远

中国计量测试学会
Chinese Society for Measurement（CSM）

地　　址：北京市朝阳区农展馆北路麦子店街22号楼
邮政编码：100125
电子信箱：zhangjianan_1994@163.com
主页网址：http://www.china–csm.org
电　　话：010–59196603
传　　真：010–59196612
理 事 长：蒲长城
副理事长：王　巍　谭久彬　孙和平　李献华
　　　　　张宏建　方　向　贾　平　欧阳证
　　　　　郗继贵　宋明顺　李得天　马爱文
秘 书 长：马爱文（兼）

中国标准化协会
China Association for Standardization（CAS）

地　　址：北京市海淀区增光路33号院中国标协写字楼
邮政编码：100048
电子信箱：cas@china–cas.org
主页网址：http://www.china–cas.org
电　　话：010–68482899
传　　真：010–68486228
理 事 长：于欣丽
副理事长：马德军　王中丹　王红钢　王　晔
　　　　　王　晶　代　威　李　力　李素彩
　　　　　邹　洁　宋明顺　陈冬东　陈　璐
　　　　　赵宏春　娄　宇　袁继新　钱建林
　　　　　蓝　麒　冀晓东
秘 书 长：张秀春
监 事 长：高建忠

中国图学学会
China Graphics Society（CGS）

地　　址：北京市海淀区知春路1号学院国际大厦1006室
邮政编码：100191
电子信箱：cgsmsc@cgn.net.cn
主页网址：http://www.cgn.net.cn
电　　话：010–62165986
传　　真：010–62165987
理 事 长：赵　罡
党委书记：赵　罡
副理事长：田　捷　许杰峰　孙林夫　张　强
　　　　　汪国平　周志成　袁正刚　韩宝玲
　　　　　强　毅
秘 书 长：田　捷（兼）
监 事 长：魏小鹏

中国电子学会
Chinese Institute of Electronics（CIE）

地　　址：北京市海淀区玉渊潭南路普惠南里13号楼
邮政编码：100036
电子信箱：dzxh@cie.org.cn
主页网址：http://www.cie.org.cn
电　　话：010–68600650
传　　真：010–68233917
理 事 长：张　峰
副理事长：王海峰　许宁生　芮晓武　李言荣
　　　　　吴一戎　张　军　张建锋　陆建华
　　　　　陈　英　周子学　房建成　郝　跃
　　　　　徐晓兰　黄　维　龚　克　蒋亚非

潘建伟
秘 书 长：陈 英（兼）

中国计算机学会

China Computer Federation（CCF）

地　　址：北京市海淀区中关村科学院南路 6 号
邮政编码：100190
电子信箱：ccf@ccf.org.cn
主页网址：http://www.ccf.org.cn
电　　话：010-62562503
传　　真：010-62527485
理 事 长：梅 宏
副理事长：胡事民 金 海 周 明
秘 书 长：唐卫清

中国通信学会

China Institute of Communications（CIC）

地　　址：北京市海淀区万寿路 27 号院 8 号楼
邮政编码：100846
电子信箱：chinacic@china-cic.cn
主页网址：http://www.china-cic.cn
电　　话：010-68209079
传　　真：010-68209074
理 事 长：张云明
党委书记：张延川
副理事长：郑志明 余少华 张延川 乔建永
刘桂清 高同庆 张 权 宋起柱
宋灵恩 徐文伟 龚 斌
秘 书 长：张延川（兼）
监 事 长：季仲华

中国中文信息学会

Chinese Information Processing Society of China（CIPSC）

地　　址：北京市海淀区中关村南四街 4 号中国科学院软件园 7 号楼 201 房间
邮政编码：100190
电子信箱：cips@iscas.ac.cn
主页网址：http://www.cipsc.org.cn
电　　话：010-62661047
传　　真：010-62562916
理 事 长：方滨兴
党委书记：方滨兴
副理事长：操云甫 程学旗 贾 焰 刘 群
刘 挺 马少平 那顺乌日图
王海峰 宗成庆
秘 书 长：孙 乐
监 事 长：黄河燕

中国测绘学会

Chinese Society for Geodesy Photogrammetry and Cartography（CSGPC）

地　　址：北京市海淀区莲花池西路 28 号院西裙楼四层
邮政编码：100830
电子信箱：9238589@qq.com
主页网址：http://www.csgpc.org
电　　话：010-63881449
传　　真：010-63881320
理 事 长：宋超智
党委书记：宋超智
副理事长：彭震中 付 勇 杨元喜 李清泉
燕 琴 赖百炼 陈 平 宋关福
颜 军 张建平 李建成 陈 军
孙和平 张继贤 孟立秋
秘 书 长：彭震中（兼）
监 事 长：张文晖

中国造船工程学会

The Chinese Society of Naval Architects and Marine Engineers（CSNAME）

地　　址：北京市西城区月坛北街 5 号
邮政编码：100861
电子信箱：msc@csname.org.cn
主页网址：http://www.csname.org.cn
电　　话：010-59517926
传　　真：010-59517928
理 事 长：李长印
党委书记：李国安
副理事长：李国安 孙 伟 王宇航 石 林

黄　震　刘志刚　宋保维　姜朋明
刘祖源　张宏军　周希辰

秘 书 长：王俊利
监 事 长：罗季燕

中国航海学会

China Institute of Navigation（CIN）

地　　址：北京市东城区和平里东街 10 号院
邮政编码：100013
电子信箱：cinnet@163.com
主页网址：http://www.cinnet.cn
电　　话：010–65299797
传　　真：010–65299796
理 事 长：何建中
党委书记：何建中
副理事长：张宝晨　黄小文　王　宏　周静波
莫鉴辉　孙玉清　陆　靖　费维军
朱卫国　郑和平　潘　伟
秘 书 长：闫晓波
监 事 长：曹　迪

中国铁道学会

China Railway Society（CRS）

地　　址：北京市海淀区复兴路 10 号
邮政编码：100844
电子信箱：tdxhjjk@163.com
主页网址：http://www.crs.org.cn
电　　话：010–51841691
传　　真：010–51876602
理 事 长：卢春房
党委书记：曾鸣凯
副理事长：王稼琼　叶阳升　庄尚标　孙永才
余邦利　张宗言　周志亮　周　黎
郑　健　赵国堂　耿志修　康高亮
程先东　傅选义　曾鸣凯
秘 书 长：曾鸣凯（兼）

中国公路学会

China Highway & Transportation Society（CHTS）

地　　址：北京市朝阳区安华路 17 号院 1 号楼
邮政编码：100011
电子信箱：bgs@chts.cn
主页网址：http://www.chts.cn
电　　话：010–64951487
传　　真：010–64951487
理 事 长：翁孟勇
党委书记：翁孟勇
副理事长：周海涛　郑健龙　张喜刚　陈　云
游庆仲　杨育生　刘文杰　张劲泉
石宝林　沙爱民　唐伯明　邓仁杰
裴岷山　龙传华
秘 书 长：刘文杰（兼）
监 事 长：巨荣云

中国航空学会

Chinese Society of Aeronautics and Astronautics（CSAA）

地　　址：北京市朝阳区安外北苑 2 号院
邮政编码：100012
电子信箱：office@csaa.org.cn
主页网址：http://www.csaa.org.cn
电　　话：010–84924382
传　　真：010–84923942
理 事 长：林左鸣
党委书记：林左鸣
副理事长：王小平　甘晓华　向　巧　吴　跃
冷劲松　汪劲松　单祥双　郝照平
姚俊臣　聂　宏　徐惠彬　殷时军
秘 书 长：姚俊臣（兼）
监 事 长：李春宏

中国宇航学会

Chinese Society of Astronautics（CSA）

地　　址：北京市海淀区阜成路 8 号
邮政编码：100048
电子信箱：office_csa@163.com

主页网址：http://www.csaspace.org.cn
电　　话：010-68372113
传　　真：010-68768617
党委书记：王一然
副理事长：王一然　王兆耀　李　洪　杨长风
　　　　　杨保华　张忠阳　陈国瑛　胡海岩
　　　　　袁　洁　徐惠彬　潘旭东
秘 书 长：王一然（兼）
监 事 长：许世龙

中国兵工学会
China Ordnance Society（COS）

地　　址：北京市海淀区车道沟 10 号院
邮政编码：100089
电子信箱：suggest@cos.org.cn
主页网址：http://bgxh.norincogroup.com.cn
电　　话：010-68963154
传　　真：010-68962005
党委书记：赵　刚
副理事长：李春建　董春波　赵长禄　付梦印
　　　　　沈兴全　周　劼　芮筱亭　邱志明
　　　　　于小虎　庞思平　赵　刚
秘 书 长：赵　刚
监 事 长：张　华

中国金属学会
The Chinese Society for Metals（CSM）

地　　址：北京市海淀区气象路 9 号
邮政编码：100081
电子信箱：csmoffice@csm.org.cn
主页网址：http://www.csm.org.cn
电　　话：010-65270210
传　　真：010-65124122
理 事 长：张晓刚
党委书记：田志凌
副理事长：田志凌（常务）　陈德荣　戴志浩
　　　　　赵民革　张少明　左　良　杨仁树
　　　　　唐立新　于　勇　沈　彬　曲　阳
　　　　　张志祥　侯　军　王新江
秘 书 长：王新江（兼）
监 事 长：韩国瑞

中国有色金属学会
The Nonferrous Metals Society of China
（NFsoc）

地　　址：北京市海淀区复兴路乙 12 号
邮政编码：100038
电子信箱：nfsoc@163.com
主页网址：http://www.nfsoc.org.cn
电　　话：010-63971451
传　　真：010-63965399
理 事 长：贾明星
党委书记：贾明星
副理事长：聂祚仁　张平祥　柴立元　冯贵权
　　　　　谢康德　刘国平　张英杰　杨　斌
　　　　　赵晓晨　韩　龙　陆志方　高焕芝
秘 书 长：高焕芝（兼）
监 事 长：张洪国

中国稀土学会
The Chinese Society of Rare Earths
（CSRE）

地　　址：北京市海淀区高梁桥斜街 13 号院乙 27 号楼
邮政编码：100081
电子信箱：csre@cs-re.org.cn
主页网址：http://www.cs-re.org.cn
电　　话：010-62173497/62182748
传　　真：010-62173501
理 事 长：李　波
党委书记：李　波
副理事长：严纯华　黄小卫　杨占峰　瞿业栋
　　　　　钟可祥　李　波　张新波
秘 书 长：杨占峰（兼）
监 事 长：牛京考

中国腐蚀与防护学会
Chinese Society for Corrosion and Protection
（CSCP）

地　　址：北京市海淀区学院路 30 号
邮政编码：100083
电子信箱：13611354516@163.com

主页网址：http://www.cscp.org.cn
电　　话：010–62320080
传　　真：010–82372305
理 事 长：李晓刚
党委书记：李晓刚
副理事长：方志刚　杜翠薇　吴　勇　汪的华
　　　　　陆　峰　武裕民　胡文彬　赵景茂
　　　　　桂泰江　董俊华　韩　冰　谭立武
　　　　　宋光玲
秘 书 长：杜翠薇（兼）
监 事 长：刘建华

中国化工学会

The Chemical Industry and Engineering Society of China（CIESC）

地　　址：北京市朝阳区安定路 33 号化信大厦 B 座 7 层
邮政编码：100029
电子信箱：wangyan@ciesc.cn
主页网址：http://www.ciesc.cn
电　　话：010–64449479
传　　真：010–64411194
理 事 长：戴厚良
党委书记：方向晨
副理事长：方向晨　张锁江　任其龙　徐春明
　　　　　张立群　乔　旭　轩福贞　喻宝才
　　　　　张　方　周立伟　闫国春　李良君
　　　　　潘正安　陈国华　朱世平
秘 书 长：方向晨（兼）
监 事 长：华　炜

中国核学会

Chinese Nuclear Society（CNS）

地　　址：北京市西城区三里河南四巷 1 号
邮政编码：100045
电子信箱：cns_zonghebu@163.com
主页网址：http://www.ns.org.cn
电　　话：010–68555559
传　　真：010–68576150
理 事 长：王寿君
党委书记：王寿君
副理事长：王凤学　王文宗　欧阳晓平　邓　戈
　　　　　庞松涛　赵红卫　赵宪庚　姜胜耀
　　　　　殷敬伟　巢哲雄　赖新春　刘建桥
秘 书 长：刘建桥（兼）
监 事 长：寻寰中

中国石油学会

Chinese Petroleum Society（CPS）

地　　址：北京市西城区六铺炕街 6 号
邮政编码：100724
电子信箱：syxhqn@126.com
主页网址：http://www.cps.org.cn
电　　话：010–62067135
传　　真：010–62067135
理 事 长：焦方正
党委书记：焦方正
副理事长：李鹭光　郭旭升　孙福街　刘中云
　　　　　高振东　于　晟　张君峰　徐凤银
秘 书 长：徐凤银（兼）
监 事 长：祝传林

中国煤炭学会

China Coal Society（CCS）

地　　址：北京市朝阳区青年沟路 5 号
邮政编码：100013
电子信箱：mtxh@chinacs.org.cn
主页网址：http://www.chinacs.org.cn
电　　话：010–84262778
传　　真：010–84264526
理 事 长：刘　峰
党委书记：刘　峰
副理事长：于　斌　马世志　宋学锋　张建国
　　　　　尚建选　孟祥军　顾大钊　唐永志
　　　　　彭苏萍　昌孝存　张彦禄
秘 书 长：王　蕾
监 事 长：田　会

中国可再生能源学会

China Renewable Energy Society（CRES）

地　　址：北京市海淀区中关村北二条 6 号

邮政编码：100190
电子信箱：cres@mail.iee.ac.cn
主页网址：http://www.cres.org.cn
电　　话：010-82547225
传　　真：010-82547225
理 事 长：谭天伟
党委书记：谭天伟
副理事长：蒋利军　陈志敏　郭烈锦　王同光
褚景春　徐　伟　杨德仁　李耀华
祁和生
秘 书 长：梁　媛
监 事 长：孔　力

中国能源研究会
China Energy Research Society（CERS）

地　　址：北京市西城区三里河路 54 号
邮政编码：100045
电子信箱：cers@cers.org.cn
主页网址：http://www.cers.org.cn
电　　话：010-56034652/56034653
传　　真：010-68513097
理 事 长：史玉波
党委书记：史玉波
副理事长：王禹民　辛保安　申彦锋　黄永章
刘宏斌　胡广杰　陈允鹏　樊启祥
彭　勇　徐树彪　王树民　庞松涛
孙正运
秘 书 长：孙正运（兼）
监 事 长：韩　水

中国硅酸盐学会
The Chinese Ceramic Society（CCS）

地　　址：北京市海淀区三里河路 11 号
邮政编码：100831
电子信箱：guisuanyanxuehui@ceramsoc.com
主页网址：http://www.ceramsoc.com
电　　话：010-57811248
传　　真：010-57811249
理 事 长：高瑞平
党委书记：高瑞平
副理事长：周　玉　南策文　缪昌文　李新华
彭　寿　晋占平　宋力昕　陈　文
程　新　刘建华
秘 书 长：谭　抚
监 事 长：徐永模

中国建筑学会
The Architectural Society of China（ASC）

地　　址：北京市海淀区三里河路 9 号
邮政编码：100835
电子信箱：zhb@chinaasc.org.cn
主页网址：http://www.chinaasc.org.cn
电　　话：010-88082223
传　　真：010-88082224
理 事 长：修　龙
党委书记：修　龙
副理事长：王建国　王翠坤　龙卫国　庄惟敏
刘加平　许杰峰　宋　源　孟建民
梅洪元　常　青　崔　愷
秘 书 长：李存东
监 事 长：丁　建

中国土木工程学会
China Civil Engineering Society（CCES）

地　　址：北京市海淀区三里河路 9 号
邮政编码：100835
电子信箱：cceszhb@163.com
主页网址：http://www.cces.net.cn
电　　话：010-58933958
传　　真：010-58933953
理 事 长：易　军
党委书记：尚春明
副理事长：戴东昌　王同军　尚春明　马泽平
张宗言　刘起涛　王　俊　李　宁
顾祥林　聂建国　徐　征
秘 书 长：李明安
监 事 长：袁　驷

中国生物工程学会
Chinese Society of Biotechnology（CSBT）

地　　址：北京市朝阳区北辰西路 1 号院 3 号中国科学院微生物研究所 B 座 411 室
邮政编码：100101
电子信箱：xh@im.ac.cn
主页网址：http://www.biotechchina.org.cn
电　　话：010–64807678
传　　真：010–64807678
理 事 长：高　福
党委书记：高　福
副理事长：陈　坚　陈惠鹏　李校堃　杨晓明　岳国君　张福锁　张先恩　张新民
秘 书 长：张宏翔
监 事 长：朱　祯

中国纺织工程学会
China Textile Engineering Society（CTES）

地　　址：北京市朝阳区延静里中街 3 号主楼 6 楼
邮政编码：100025
电子信箱：liufengkun@ctic.org.cn
主页网址：http://www.ctes.com.cn
电　　话：010–65017755
传　　真：010–65016538
理 事 长：伏广伟
党委书记：李陵申
副理事长：王玉忠　尹耐冬　朱美芳　李利军　李鹏飞　张传雄　陈文兴　陈　莉　姜俊华　高卫东　龚进礼
秘 书 长：高惠芳
监 事 长：朱　超

中国造纸学会
China Technical Association of Paper Industry（CTAPI）

地　　址：北京市朝阳区望京启阳路 4 号中轻大厦 B 座 10 层
邮政编码：100102
电子信箱：123123@ctapi.org.cn
主页网址：http://www.ctapi.org.cn
电　　话：010–64778760/64778766/64778768
传　　真：010–64778769
理 事 长：曹振雷
党委书记：曹振雷
副理事长：曹春昱　王晓昕　陈嘉川　何北海　胡开堂　李　耀　刘　忠　孙　波　张　辉　张美云　赵　伟
秘 书 长：曹春昱（兼）
监 事 长：卢宝荣

中国文物保护技术协会
China Association for Conservation Technology of Cultural Heritage（CACTCH）

地　　址：北京市东城区景山前街 4 号故宫博物院内
邮政编码：100009
电子信箱：secretary@cactch.org.cn
主页网址：http://www.cactch.org.cn
电　　话：010–85007294
传　　真：010–85007412
理 事 长：王时伟
党委书记：王时伟
副理事长：杜晓帆　郭　宏　黄　滋　黄继忠　苏伯民　谭玉峰　铁付德　赵西晨
秘 书 长：曲　亮
监 事 长：李化元

中国印刷技术协会

中国印刷技术协会
The Printing Technology Association of China（PTAC）

地　　址：北京市西城区太平街 6 号富力摩根中心 E818
邮政编码：100050
电子信箱：ptac_shenxiang@163.com
主页网址：http://www.chinaprint.org
电　　话：010–59361480/59361487
传　　真：010–59361489
理 事 长：刘晓凯
副理事长：王关义　兰本立　朱　敏　乔鲁予　刘　杰　汤　帜　孙宝林　李　莉　吴雪勇　何曼玲　沈剑毅　张　亦

张 涛　张巍远　陈宁俊　陈邦设
陈迎新　陈 斌　赵 伟　袁亚平
栗延秋　殷卫国　郭志强　常晓霞
彭 勇　蒲嘉陵　褚庭亮

秘 书 长：陈迎新（兼）

中国材料研究学会

Chinese Materials Research Society（CMRS）

地　　址：北京市海淀区学院路 30 号科大天工大厦 A 座 20 层 07–09 室
邮政编码：100083
电子信箱：chinese_mrs@163.com
主页网址：http://www.c-mrs.org.cn
电　　话：010–68725680
理 事 长：李元元　魏炳波
党委书记：李元元
副理事长：谢建新（常务）　丁文江　马振珠
聂祚仁　王玉忠　潘复生　张平祥
周科朝　朱美芳　左 良　朱 敏
段文晖
秘 书 长：张增志
监 事 长：李光宪

中国食品科学技术学会

Chinese Institute of Food Science and Technology（CIFST）

地　　址：北京市海淀区阜成路北三街 8 号 9 层
邮政编码：100048
电子信箱：cifst@126.com
主页网址：http://www.cifst.org.cn
电　　话：010–65265375/65265376
传　　真：010–65264731
理 事 长：孙宝国
党委书记：邵 薇
副理事长：邵 薇　朱蓓薇　吴清平　陈 坚
任发政　丁钢强　李 宁　金征宇
石维忱　谢明勇　路福平
秘 书 长：陈 铮
监 事 长：贾志忍

中国粮油学会

Chinese Cereals and Oils Association（CCOA）

地　　址：北京市西城区百万庄大街 13–6 号二层
邮政编码：100037
电子信箱：zuowei@ccoaonline.com
主页网址：http://www.ccoaonline.com
电　　话：010–68357522
传　　真：010–68357522
理 事 长：卢景波
副理事长：马 俊　王耀鹏　丹志国　卞 科
邱伟芬　佟 毅　侯永清　俞学锋
宫旭洲　顾正彪　涂长明　翟江临
陈 伟
秘 书 长：张成志
监 事 长：胡承淼

中国职业安全健康协会

China Occupational Safety and Health Association（COSHA）

地　　址：北京市朝阳区惠新西街 17 号科研大厦
邮政编码：100029
电子信箱：107639000@qq.com
主页网址：http://www.cosha.org.cn
电　　话：010–64463210
传　　真：010–64463210
理 事 长：王德学
党委书记：王德学
副理事长：王浩水　马 骏　张凤山　王铃丁
杨玉洲　李德清　魏山峰
秘 书 长：马 骏
监 事 长：赵永起

中国烟草学会

China Tobacco Society（CTS）

地　　址：北京市西城区月坛南街 55 号
邮政编码：100045
电子信箱：xh–bgs@tobacco.gov.cn
主页网址：http://www.tobacco.gov.cn

电　　话：010–63605829
传　　真：010–63606404
理 事 长：韩占武
党委书记：韩占武
副理事长：刘　融　谢剑平　陈江华　唐　煦
　　　　　张思荣　王德平　缪明明
秘 书 长：刘　融（兼）
监 事 长：陈俊奎

中国仿真学会
China Simulation Federation（CSF）

地　　址：北京市海淀区学院路 37 号
邮政编码：100191
电子信箱：cassimul@vip.sina.com
主页网址：http://www.csf–sim.org.cn
电　　话：010–82310612
传　　真：010–82317098
理 事 长：曹建国
党委书记：范文慧
副理事长：查亚兵　范文慧　黄海军　纪志成
　　　　　姜　兵　马　萍　马世伟　熊新平
　　　　　张　柯　张　克　张志利
秘 书 长：李　妮
监 事 长：吴云洁

中国电影电视技术学会
China Society of Motion Picture and Television Engineers（CSMPTE）

地　　址：北京市西城区真武庙二条真武家园 4 号楼一层西段
邮政编码：100045
电子信箱：mishuchu@csmpte.com
主页网址：http://www.csmpte.com
电　　话：010–63983646
传　　真：010–63983646
理 事 长：徐　进
党委书记：徐　进
副理事长：钱岳林　邓向冬　刘　刚　闫　鹏
　　　　　李　江　李熠星　张文军　范宏军
　　　　　范创奇　徐晓林　栾国志
秘 书 长：韩　强
监 事 长：丁汶平

中国振动工程学会
Chinese Society for Vibration Engineering（CSVE）

地　　址：江苏省南京市秦淮区御道街 29 号
邮政编码：210016
电子信箱：csve@nuaa.edu.cn
主页网址：http://www.csve.org.cn
电　　话：025–84892135
传　　真：025–84892135
理 事 长：胡海岩
党委书记：华宏星
副理事长：陈　璞　褚福磊　华宏星　李　惠
　　　　　李　杰　许希武　翟婉明　张　方
　　　　　张建民
秘 书 长：张　方（兼）
监 事 长：陈国平

中国颗粒学会
Chinese Society of Particuology（CSP）

地　　址：北京市海淀区中关村北二街 1 号过程大厦 1003
邮政编码：100190
电子信箱：klxh@ipe.ac.cn
主页网址：http://www.csp.org.cn
电　　话：010–62647657/62647647
传　　真：010–82544962
理 事 长：朱庆山
党委书记：朱庆山
副理事长：费广涛　葛宝臻　顾兆林　胡　钧
　　　　　卢春喜　李春忠　毛世瑞　唐　星
　　　　　魏　飞
秘 书 长：王体壮
监 事 长：王亭杰

中国照明学会
China Illuminating Engineering Society（CIES）

地　　址：北京市东城区交道口南大街 16 号五层

邮政编码：100007
电子信箱：cies19870601@163.com
主页网址：http://www.cies.ac.cn
电　　话：010-65836525/65815905/65830997
传　　真：010-65812194
名誉理事长：江风益
理 事 长：刘正雷
党委书记：刘正雷
副理事长：高　飞（驻会）　杨春宇　潘建根
　　　　　苏耀康　魏　彬　刘　刚
秘 书 长：华树明
监 事 长：张保洲

中国动力工程学会

Chinese Society of Power Engineering
（CSPE）

地　　址：上海市闵行区剑川路 1115 号
邮政编码：200240
电子信箱：cspe@speri.com.cn
主页网址：http://cspe.cpeweb.com.cn
电　　话：021-54705106
传　　真：021-54705106
理 事 长：邹　磊
党委书记：邹　磊
副理事长：吕智强　严建华　何雅玲　张树林
　　　　　吴焕琪　徐　鹏　魏昭峰
秘 书 长：张树林（兼）
监 事 长：严宏强

中国惯性技术学会

Chinese Society of Inertial Technology
（CSIT）

地　　址：北京市海淀区永定路 52 号
邮政编码：100854
电子信箱：zggxjsxh@126.com
主页网址：https://www.csit.org.cn
电　　话：010-88527791
传　　真：010-68388652
理 事 长：包为民
党委书记：包为民
副理事长：马卫华　王　巍　王振华　刘付成
　　　　　李立新　杨　雨　尚俊云　姜福灏
　　　　　赵　坤　袁　利　雷宏杰
秘 书 长：王　岩
监 事 长：董景新

中国风景园林学会

Chinese Society of Landscape Architecture
（CHSLA）

地　　址：北京市海淀区三里河路 9 号
邮政编码：100037
电子信箱：chsla_ywb@163.com
主页网址：http://www.chsla.org.cn
电　　话：010-88084198
传　　真：010-88082100
理 事 长：李如生
副理事长：贾建中　李　雄　张　勇　王　翔
　　　　　夏颖彪　王磐岩　杨　锐　廉国钊
　　　　　朱祥明　张大玉　金荷仙
秘 书 长：左小平
监 事 长：高　翅

中国电源学会

China Power Supply Society（CPSS）

地　　址：天津市南开区黄河道 467 号大通大厦 16 层
邮政编码：300110
电子信箱：cpss@cpss.org.cn
主页网址：http://www.cpss.org.cn
电　　话：022-27680796
传　　真：022-27687886
理 事 长：刘进军
党委书记：刘进军
副理事长：罗　安　章进法　阮新波　邓建军
　　　　　马　皓　袁小明　周桃园　杜　雄
秘 书 长：张　磊
监 事 长：徐德鸿

中国复合材料学会

Chinese Society for Composite Materials
（CSCM）

地　　址：北京市海淀区花园东路 15 号旷怡大厦 3 层

邮政编码：100083
电子信箱：huiyuanbu@csfcm.org.cn
主页网址：http://www.csfcm.org.cn
电　　话：010-82026320/82026120
传　　真：010-82026120
理 事 长：陈祥宝
党委书记：陈祥宝
副理事长：成来飞　冯志海　韩克岑　侯　晓
　　　　　冷劲松　邢丽英　徐　坚　薛忠民
　　　　　俞建勇
秘 书 长：张博明
监事会主席：孙晋良

中国消防协会

China Fire Protection Association（CFPA）

地　　址：北京市朝阳区华威西里甲 19 号
邮政编码：100021
电子信箱：bgs@cfpa.cn
主页网址：http://www.cfpa.cn
电　　话：010-87789619
传　　真：010-87789252
会　　长：陈伟明
党委书记：陈伟明
副 会 长：李引擎　牛跃光　马维光　曹忙根
秘 书 长：曹忙根（兼）

中国图象图形学学会

China Society of Image and Graphics（CSIG）

地　　址：北京市海淀区中关村东路 95 号东楼 307、308、310
邮政编码：100190
电子信箱：info@csig.org.cn
主页网址：http://www.csig.org.cn
电　　话：010-82544676/82544661
传　　真：010-82544676
理 事 长：王耀南
党委书记：王耀南
副理事长：邓中翰　赖剑煌　马惠敏　汪国平
　　　　　王亮　王涌天　俞能海　张艳宁
秘 书 长：马惠敏（兼）
监 事 长：查红彬

中国人工智能学会

Chinese Association for Artificial Intelligence（CAAI）

地　　址：北京市海淀区西土城路 10 号北京邮电大学明光楼 606 室
邮政编码：100876
电子信箱：msc@caai.cn
主页网址：http://www.caai.cn
电　　话：010-82686683
传　　真：010-82686683
理 事 长：戴琼海
党委书记：赵春江
副理事长：陈　杰　赵春江　王恩东　刘成林
　　　　　刘　宏　孙富春　周志华　王国胤
　　　　　王文博
秘 书 长：王卫宁
监 事 长：蒋昌俊

中国体视学学会

Chinese Society for Stereology（CSS）

地　　址：北京市海淀区清华大学刘卿楼 211 室
邮政编码：100084
电子信箱：tscss@mail.tsinghua.edu.cn
主页网址：http://www.tscss.org
电　　话：010-62776336
传　　真：010-62784659
理 事 长：张　跃
党委书记：张　跃
副理事长：陈志强　彭瑞云　张艳宁　田　捷
　　　　　姜志国　秦高梧　宋晓艳　牟轩沁
秘 书 长：李　亮
监 事 长：赵忠明

中国工程机械学会

China Construction Machinery Society（CCMS）

地　　址：上海市杨浦区四平路 1239 号

邮政编码：200092
电子信箱：ccms@tongji.edu.cn
主页网址：http://www.ccms-cn.org.cn
电　　话：021-65985015
传　　真：021-65985015
理 事 长：卞永明
党委书记：石来德
副理事长：杨华勇　赵丁选　付　玲　李锁云
　　　　　宓为建　肖汉斌　叶　敏　俞宏福
　　　　　朱建新　朱真才　卓普周
秘 书 长：周贤彪
监 事 长：吴玉厚

中国遥感应用协会

China Association of Remote Sensing Application（CARSA）

地　　址：北京市海淀区永丰产业基地丰贤东路 5 号中国资源卫星应用中心 A 座 3 层
邮政编码：100094
电子信箱：ygxh@carsa.org.cn
主页网址：http://www.carsa.org.cn
电　　话：010-57503347
传　　真：010-57503347
理 事 长：罗　格
党委书记：罗　格
副理事长：白志刚　李传荣　杨　军　杨运斌
　　　　　吴一戎　岳　涛　顾行发　龚健雅
　　　　　蒋兴伟　童旭东　赖征田　吴　双
　　　　　潘旭东　王　权　郑　敏　张长江
　　　　　王宇翔　张洪太
秘 书 长：卫　征
监 事 长：赵启发

中国指挥与控制学会

Chinese Institute of Command and Control（CICC）

地　　址：北京市海淀区车道沟十号院科技 1 号楼 10 层
邮政编码：100089
电子信箱：cicc@c2.org.cn
主页网址：http://www.c2.org.cn
电　　话：010-68964721
传　　真：010-68964756
理 事 长：费爱国
副理事长：秦继荣（常务）　于　全　王　珩
　　　　　王积鹏　龙　腾　付　琨　吕金虎
　　　　　朱荣刚　庄　剑　刘　忠　陈　杰
　　　　　赵爱军
秘 书 长：刘玉超

中国微米纳米技术学会

Chinese Society of Micro-Nano Technology（CSMNT）

地　　址：北京市海淀区清华大学精密仪器系 450 室
邮政编码：100084
电子信箱：csmnt@mail.tsinghua.edu.cn
主页网址：http://www.csmnt.org.cn
电　　话：010-62772108
传　　真：010-62796707
理 事 长：段文晖
党委书记：王晓浩
副理事长：蒋庄德　黄庆安　刘　冲　柳　强
　　　　　王晓浩　王　颖　王跃林　魏志祥
　　　　　张大成
秘 书 长：柳　强（兼）
监 事 长：夏善红

中国密码学会

Chinese Association for Cryptologic Research（CACR）

地　　址：北京市丰台区靛厂路 7 号
邮政编码：100036
电子信箱：cacr@cacrnet.org.cn
主页网址：http://www.cacrnet.org.cn
电　　话：010-59703621
传　　真：010-59703621
理 事 长：王小云
党委书记：安晓龙
副理事长：陈克非　吴文玲　安晓龙　徐茂智
　　　　　戚文峰　谷大武
秘 书 长：安晓龙（兼）
监 事 长：王　杰

中国大坝工程学会

China National Committee on Large Dams
（CHINCOLD）

地　　址：北京市海淀区玉渊潭南路 1 号
邮政编码：100038
电子信箱：chincold@vip.126.com
主页网址：http://www.chincold.org.cn
电　　话：010-68781709
传　　真：010-68712208
理 事 长：矫　勇
党委书记：矫　勇
副理事长：刘伟平　贾金生　曲　波　刘金焕
李文学　李　昇　苟　伟　汪小刚
汪际峰　沈凤生　张建云　张曙光
陈云华　陈生水　张　宁　周厚贵
胡甲均　胡春宏　钮新强　侯学众
晏志勇　景来红　樊启祥
秘 书 长：贾金生（兼）
监 事 长：吕炯涛

中国卫星导航定位协会

GNSS and LBS Association of China
（GLAC）

地　　址：北京市丰台区万丰路金家村 288 号华信大厦 4 层
邮政编码：100036
电子信箱：glac@glac.org.cn
主页网址：http://www.glac.org.cn
电　　话：010-68185060
传　　真：010-88621089
会　　长：于贤成
党委书记：于贤成
副 会 长：赵继成　刘大可　吴　岚　赵　勇
高培刚　吴　林　姜德荣　刘忠华
姜卫平　李　澍　蔺陆洲　贾必明
李稚松　张颖芝　孙仲亮　蔚保国
严　刚　韩绍伟　付　诚　杨玉坤
赵　军
秘 书 长：刘大可（兼）
监 事 长：王久辉

中国生物材料学会

Chinese Society for Biomaterials（CSBM）

地　　址：四川省成都市武侯区望江路 29 号四川大学生物材料楼
邮政编码：610064
电子信箱：csbm@csbm.org.cn
主页网址：http://www.csbm.org.cn
电　　话：028-85417078
传　　真：028-85410246
理 事 长：刘昌胜
党委书记：王迎军
副理事长：陈晓峰　高长有　王云兵　张胜民
赵毅武
秘 书 长：艾　华
监 事 长：沈　健

国际粉体检测与控制联合会

International Federation of Measurement and Control of Granular Materials（IFMCGM）

地　　址：辽宁省沈阳市和平区文化路 3 号巷 11 号
邮政编码：110004
电子信箱：mcgm2012@126.com
主页网址：http://www.ifmcgm.com（调试中）
电　　话：024-83689395
传　　真：024-23891977
理 事 长：谢　植
副理事长：Mark G. Jones（澳大利亚）
Shuji Matsusaka（日本）
Siegfried Radandt（德国）
InShup Ahn（韩国）
盖国胜
秘 书 长：李新光

中国矿山安全学会

China Mine Safety Society（CMSS）

地　　址：北京市东城区和平里北街 21 号
邮政编码：100713
电子信箱：zgksaqxh@126.com
主页网址：http://www.minesafetysociety.com

电　　话：010-64463238
传　　真：010-64463226
理 事 长：桂来保
副理事长：贺佑国　武　强　康红普　葛世荣
　　　　　张建国　刘　勇　王世斌　牛多龙
　　　　　张彦禄　侯水云　于会军　郭　泰
　　　　　吴向前　庞军林
秘 书 长：杨国栋
监 事 长：李芳玮

国际氢能燃料电池协会

International Hydrogen Fuel Cell Association（IHFCA）

地　　址：北京市大兴区融兴北三街 37 号院行知楼
邮政编码：100076
电子信箱：ihfca@ihfca.net
主页网址：http://www.ihfca.net
电　　话：010-50911004
传　　真：010-50911011
理 事 长：欧阳明高
副理事长：张进华（常务）　弗朗索瓦·唐德福（法国）
秘 书 长：王　菊

中国农学会

China Association of Agricultural Science Societies（CAASS）

地　　址：北京市朝阳区麦子店街 22 号楼
邮政编码：100125
电子信箱：59194203@163.com
主页网址：http://www.caass.org.cn
电　　话：010-59194204
传　　真：010-59194204
会　　长：张桃林
副 会 长：万建民　刘　旭　孙其信　吴孔明
　　　　　沈仁芳　陈晓亚　周光宏　胡义萍
　　　　　喻树迅　廖西元
秘 书 长：胡义萍

中国林学会

Chinese Society of Forestry（CSF）

地　　址：北京市海淀区东小府 2 号
邮政编码：100091
电子信箱：zglxhbgs@126.com
主页网址：http://www.csf.org.cn
电　　话：010-62889815
传　　真：010-62889815
理 事 长：赵树丛
党委书记：陈幸良
副理事长：曹福亮　蒋剑春　马广仁　宋权礼
　　　　　郝育军　刘世荣　安黎哲　李　斌
　　　　　王　浩　陈幸良　费本华
秘 书 长：陈幸良（兼）
监 事 长：吴　斌

中国土壤学会

Soil Science Society of China（SSSC）

地　　址：江苏省南京市玄武区北京东路 71 号
邮政编码：210008
电子信箱：sssc@issas.ac.cn
主页网址：http://www.csss.org.cn
电　　话：025-86881532
传　　真：025-86881000
理 事 长：张佳宝
党委书记：张佳宝
副理事长：颜晓元　冯　浩　朱永官　李芳柏
　　　　　邹建文　易可可　赵小敏　黄元仿
秘 书 长：颜晓元（兼）
监 事 长：邓良基

中国水产学会

China Society of Fisheries（CSF）

地　　址：北京市朝阳区麦子店街 18 号楼 810 室
邮政编码：100125
电子信箱：csfish@vip.163.com
主页网址：http://www.csfish.org.cn
电　　话：010-59194025/59195494/59195156
传　　真：010-59195028
理 事 长：包振民
党委书记：包振民
副理事长：崔利锋　王小虎　桂建芳　刘少军

陈松林　万　荣　宋林生　谢潮添
丁雪燕　张　璐　李　忠
秘 书 长：崔利锋（兼）
监 事 长：王淑欣

中国园艺学会
Chinese Society for Horticultural Science（CSHS）

地　　址：北京市海淀区中关村南大街 12 号中国农业科学院蔬菜花卉研究所
邮政编码：100081
电子信箱：cshs@caas.cn
主页网址：http://www.cshs.org.cn
电　　话：010–82109528
传　　真：010–82109528
理 事 长：邓秀新
党委书记：张友军
副理事长：张友军　李天来　陈发棣　申书兴
易干军　王力荣　李天红　马锋旺
许　勇　王晓武　栾非时　潘会堂
秘 书 长：张友军（兼）
监 事 长：孙日飞

中国畜牧兽医学会
Chinese Association of Animal Science and Veterinary Medicine（CAAV）

地　　址：北京市朝阳区农展馆南路 9 号博雅园 1–106
邮政编码：100125
电子信箱：c06@cast.org.cn
caav123@163.com
主页网址：http://www.caav.org.cn
电　　话：010–85959009/85959006
传　　真：010–85959010
理 事 长：黄路生
党委书记：黄路生
副理事长：乔玉锋　李　明　杨汉春　步志高
吴　德　呙于明　张许科　邵根伙
秦玉昌　焦新安　廖　明　薛廷伍
秘 书 长：杨汉春（兼）
监 事 长：王金洛

中国植物病理学会
Chinese Society for Plant Pathology（CSPP）

地　　址：北京市海淀区圆明园西路二号
邮政编码：100193
电子信箱：office@cspp.org.cn
主页网址：http://www.cspp.org.cn
电　　话：010–62731025
传　　真：010–62813785
理 事 长：韩成贵
党委书记：王慧敏
副理事长：马忠华　王文明　王源超　孙文献
周雪平　钱　韦　黄丽丽　燕继晔
秘 书 长：孙文献（兼）
监 事 长：刘杏忠

中国植物保护学会
China Society of Plant Protection（CSPP）

地　　址：北京市海淀区圆明园西路 2 号中国农业科学院植物保护研究所行政楼
邮政编码：100193
电子信箱：cspp62@163.com
主页网址：http://www.ipmchina.net
电　　话：010–62815913
传　　真：010–62815913
理 事 长：陈剑平
党委书记：陈剑平
副理事长：戈　峰　刘　学　何霞红　沈　杰
宋宝安　张友军　周雪平　柏连阳
康振生　魏启文
秘 书 长：郑传临
监 事 长：陈万权

中国作物学会
The Crop Science Society of China（CSSC）

地　　址：北京市海淀区中关村南大街 12 号中国农业科学院育种南楼
邮政编码：100081
电子信箱：zwxh@caas.cn

主页网址：http://www.chinacrops.org
电　　话：010–82108616/82105939
传　　真：010–82108785
理 事 长：万建民
党委书记：刘春明
副理事长：钱　前　刘春明　杨维才　金危危
　　　　　赵久然　毛长青　丁艳锋　吉万全
秘 书 长：刘春明（兼）
监 事 长：李石虎

中国热带作物学会
Chinese Society for Tropical Crops（CSTC）

地　　址：海南省海口市龙华区学院路 4 号
邮政编码：571101
电子信箱：cstcorg@126.com
主页网址：http://www.cstcs.org.cn
电　　话：0898–66962982
传　　真：0898–66962982
理 事 长：刘国道
党委书记：杨礼富
副理事长：邹学校　韩沛新　戴陆园　杨礼富
　　　　　陈东奎　曾继吾　赵松林
秘 书 长：赵松林（兼）
监 事 长：刘　波

中国蚕学会
Chinese Society of Sericulture Science（CSSS）

地　　址：江苏省镇江市丹徒区长晖路 666 号江苏科技大学长山校区 17 号楼
邮政编码：212100
电子信箱：csss_china@126.com
主页网址：http://www.sss.scimall.org.cn
电　　话：0511–85616661
传　　真：0511–85622507
理 事 长：代方银
党委书记：代方银
副理事长：李木旺（常务）　李　标　李喜升
　　　　　杨　彪　肖更生　吴海平　周　谦
　　　　　钱永华　董占鹏
秘 书 长：刘　利
监 事 长：廖森泰

中国水土保持学会
Chinese Society of Soil and Water Conservation（CSSWC）

地　　址：北京市海淀区清华东路 35 号北京林业大学主楼东配楼 2 层
邮政编码：100083
电子信箱：zgstbcxhb@163.com
主页网址：http://www.sbxh.org
电　　话：010–62336252
理 事 长：田学斌
党委书记：田学斌
副理事长：蒲朝勇　黄正秋　王玉杰　崔　鹏
　　　　　胡春宏　邵明安　张志强　冯　浩
秘 书 长：张志强（兼）
监 事 长：吴　斌

中国茶叶学会
China Tea Science Society（CTSS）

地　　址：浙江省杭州市西湖区梅灵南路 9 号
邮政编码：310008
电子信箱：chinatss@tricaas.com
主页网址：http://www.chinatss.cn
电　　话：0571–87310353/86653176
传　　真：0571–87310353
理 事 长：姜仁华
党委书记：姜仁华
副理事长：王岳飞　阮建云　孙威江　李大祥
　　　　　肖力争　何青元　冷　杨　蔡　军
秘 书 长：阮建云（兼）
监 事 长：王　云

中国草学会
Chinese Grassland Society（CGS）

地　　址：北京市海淀区圆明园西路 2 号中国农业大学西校区土化楼 101
邮政编码：100193
电子信箱：cgsoffice@163.com
主页网址：http://www.chinagrass.org.cn

电　　话：010–62732799/62731666
传　　真：010–62732799
理 事 长：南志标
党委书记：南志标
副理事长：白史且　白小明　董世魁　郭振飞
　　　　　韩国栋　贺金生　金　轲　孙　伟
　　　　　王　堃　杨青川　张　博　张英俊
秘 书 长：张英俊（兼）
监 事 长：周　禾

中国植物营养与肥料学会
Chinese Society of Plant Nutrition and Fertilizer Science（CSPNFS）

地　　址：北京市海淀区中关村南大街 12 号中国农业科学院资源楼
邮政编码：100081
电子信箱：zwyyxh@caas.cn
主页网址：http://www.cspnf.org.cn
电　　话：010–82109093
传　　真：010–82109093
理 事 长：周　卫
党委书记：周　卫
副理事长：介晓磊　李　荣　张　强　赵秉强
　　　　　杜昌文　崔振岭　顾文杰
秘 书 长：张景丽
监 事 长：刘宝存

中国农业历史学会
China Agricultural History Association（CAHA）

地　　址：北京市朝阳区东三环北路 16 号
邮政编码：100026
电子信箱：nsxhmsc@126.com
电　　话：010–59199703
传　　真：010–65021727
理 事 长：隋　斌
党委书记：隋　斌
副理事长：陈　军　徐剑波　陈　洁　李昌武
　　　　　朱宏斌　曾雄生　王福昌　李　军
秘 书 长：陈　军（兼）
监 事 长：王一民

中华医学会
Chinese Medical Association（CMA）

地　　址：北京市东城区东四西大街 42 号
邮政编码：100710
电子信箱：bgs@cma.org.cn
主页网址：http://www.cma.org.cn
传　　真：010–21720464
会　　长：赵玉沛
党委书记：李国勤
副 会 长：王　伟　王　辰　王　健　乔　杰
　　　　　李五四　李为民　李国勤　李清杰
　　　　　余艳红　陈赛娟　尚　红　郑树森
　　　　　封国生　高　福　赫　捷
秘 书 长：王　健（兼）
监 事 长：张伯礼

中华中医药学会
China Association of Chinese Medicine（CACM）

地　　址：北京市朝阳区樱花园东街甲 4 号
邮政编码：100029
电子信箱：xinxibu102@126.com
主页网址：http://www.cacm.org.cn
电　　话：010–84257895
传　　真：010–84257895
会　　长：于文明
副 会 长：王国辰　仝小林　闫树江　李灿东
　　　　　杨关林　杨明会　杨殿兴　肖　伟
　　　　　陈达灿　郑　进　胡鸿毅　徐安龙
秘 书 长：王国辰（兼）

中国中西医结合学会
Chinese Association of Integrative Medicine（CAIM）

地　　址：北京市东城区东直门内南小街 16 号
邮政编码：100700
电子信箱：caim@caim.org.cn
主页网址：http://www.caim.org.cn
电　　话：010–64010688/64025672

传　　真：010-64010688/84035154
会　　长：陈香美
党委书记：郭 姣
副 会 长：王 伟　王笑频　丛 斌　吕文良
　　　　　刘继红　刘清泉　杨宝峰　施建蓉
　　　　　姚树坤　高秀梅　郭 姣　唐旭东
秘 书 长：吕文良（兼）
监 事 长：朱广丽

中国药学会

Chinese Pharmaceutical Association（CPA）

地　　址：北京市东城区天坛西里 2 号
邮政编码：100050
电子信箱：cpa@cpa.org.cn
主页网址：http://www.cpa.org.cn
电　　话：010-67095470
传　　真：010-67095470
理 事 长：孙咸泽
党委书记：孙咸泽
副理事长：王 锐　王爱国　曲凤宏　孙飘扬
　　　　　李 松　李 波　李 燕　来茂德
　　　　　陈 薇　陈红专　赵宇亮　蒋华良
　　　　　蒋建东　程卯生
秘 书 长：王爱国
监 事 长：陈志南

中华护理学会

Chinese Nursing Association（CNA）

地　　址：北京市西城区西直门南大街 2 号成铭大厦 C 座 28 层
邮政编码：100035
电子信箱：zhhlxhcna@163.com
主页网址：http://www.cna-cast.org.cn
电　　话：010-53779547
传　　真：010-53779547
理 事 长：吴欣娟
党委书记：吴欣娟
副理事长：丁炎明　么 莉　马 慧　王爱平
　　　　　孙 红　李 峥　李庆印　李春燕
　　　　　吴 瑛　吴蓓雯　张素秋　赵生秀
　　　　　胡雪慧
秘 书 长：吴晓英
监 事 长：皮红英

中国生理学会

Chinese Association for Physiological Sciences（CAPS）

地　　址：北京市东城区东四西大街 42 号
邮政编码：100710
电子信箱：office@caps-china.org.cn
主页网址：https://www.caps-china.org.cn
电　　话：010-65278802
理 事 长：王 韵
党委书记：王 韵
副理事长：孔 炜　陈思锋　林默君　周嘉伟
　　　　　徐天乐　黄 聿　程 涛　薛 天
秘 书 长：李俊发
监 事 长：李葆明

中国解剖学会

Chinese Society for Anatomical Sciences（CSAS）

地　　址：北京市东城区东单三条东配楼 8 楼（临时）
邮政编码：100005
电　　话：010-85002976/85002977
电子信箱：d07@cast.org
主页网址：http://www.csas.org.cn
理 事 长：李云庆
党委书记：刘学政
副理事长：马 超　刘学政　张宏权　崔慧先
　　　　　周德山　李 和　隋鸿锦　肖 岚
　　　　　易西南　许家军　欧阳钧
秘 书 长：马 超（兼）
监 事 长：丁文龙

中国生物医学工程学会

Chinese Society of Biomedical Engineering（CSBME）

地　　址：北京市东城区东单三条 5 号
邮政编码：100005
电子信箱：swyxgch@126.com

主页网址：http://www.csbme.org
电　　话：010–65136537/69156448
传　　真：010–65286769
名誉理事长：刘德培
理　事　长：曹雪涛
前任理事长：樊瑜波
候任理事长：胡盛寿
党委书记：曹雪涛
副理事长：程　京　顾晓松　王广志　万遂人
　　　　　李德玉　尧德中　池　慧　赵毅武
　　　　　王国胜　韩金祥　郑海荣
秘 书 长：池　慧（兼）
监 事 长：姜宗来

中国病理生理学会
Chinese Association of Pathophysiology
（CAP）

地　　址：北京市海淀区学院路 38 号北京大学医学部中心实验楼 812 室
邮政编码：100191
电子信箱：zgblslxh@163.com
主页网址：http://www.caop.ac.cn
电　　话：010–82801719
传　　真：010–82801719
理 事 长：张幼怡
党委书记：张幼怡
副理事长：陈国强　陆大祥　董尔丹　王建枝
　　　　　李　萍
秘 书 长：李　萍（兼）
监 事 长：陈　琪

中国营养学会
Chinese Nutrition Society（CNS）

地　　址：北京市西城区广安门内大街 6 号枫桦豪景 A 座五单元 16 层
邮政编码：100053
电子信箱：cns@cnsoc.org
主页网址：https://www.cnsoc.org
电　　话：010–83554781
传　　真：010–83554780
理 事 长：杨月欣
党委书记：丁钢强
副理事长：马爱国（常务）　朱蓓薇　任发政
　　　　　蔡　威　杨晓光　常翠青　肖　荣
　　　　　凌文华　刘烈刚　李增宁　于　康
秘 书 长：韩军花
监 事 长：孙长颢

中国药理学会
Chinese Pharmacological Society
（CNPHARS）

地　　址：北京市西城区先农坛街 1 号
邮政编码：100050
电子信箱：ylxh@cnphars.org
主页网址：http://www.cnphars.org.cn
电　　话：010–63165211
传　　真：010–63165211
理 事 长：张永祥
党委书记：杜冠华
副理事长：杜冠华　胡　刚　李　林　缪朝玉
　　　　　石京山　余细勇
秘 书 长：张永鹤
监 事 长：李学军

中国针灸学会
China Association of Acupuncture and Moxibustion（CAAM）

地　　址：北京市东城区东直门内南小街 16 号
邮政编码：100700
电子信箱：caambgs@126.com
主页网址：http://www.caam.cn
电　　话：010–64030959
传　　真：010–64030959
会　　长：刘保延
党委书记：刘保延
副 会 长：王　华　王　舒　王麟鹏　方剑乔
　　　　　朱　兵　刘智斌　许能贵　孙忠人
　　　　　杨金生　吴焕淦　余曙光　夏有兵
　　　　　高树中　喻晓春
秘 书 长：喻晓春（兼）
监 事 长：王映辉

中国防痨协会

Chinese Antituberculosis Association（CATA）

地　　址：北京市东城区东四西大街 42 号
邮政编码：100010
电子信箱：cata_1933@126.com
主页网址：http://www.cata1933.cn
电　　话：010–65255817
理 事 长：刘剑君
党委书记：刘剑君
副理事长：钟　球　袁政安　张宗德　成诗明
　　　　　黄　春　刘永煜　陈效友　张　帆
秘 书 长：成诗明（兼）
监 事 长：洪　峰

中国麻风防治协会

China Leprosy Association（CLA）

地　　址：北京市朝阳区十里堡甲 3 号 5 号楼 1E
邮政编码：100025
电子信箱：clabj@vip.163.com
主页网址：http://www.chinalep.org
电　　话：010–67522205
传　　真：010–67522206
会　　长：张福仁
党委书记：张福仁
副 会 长：潘春枝　冯清华　严良斌　李进岚
　　　　　李　伟　张连华　杨　军　郑道城
秘 书 长：袁联朝
监 事 长：潘美儿

中国心理卫生协会

China Association for Mental Health（CAMH）

地　　址：北京市西城区德胜门外安康胡同 5 号
邮政编码：100088
电子信箱：camh@126.com
主页网址：http://www.camh.org.cn
电　　话：010–64001786
理 事 长：王　刚
副理事长：刘　靖　赵旭东　王　力　钱　明
　　　　　王　振　王志仁
秘 书 长：邵桂忠

中国抗癌协会

China Anti-Cancer Association（CACA）

地　　址：天津市新技术产业园区兰苑路 5 号 A 座 10 楼
邮政编码：300384
电子信箱：bgs@caca.org.cn
主页网址：http://www.caca.org.cn
电　　话：022–23359958
传　　真：022–23526512
理 事 长：樊代明
党委书记：陆　伟
副理事长：赫　捷　郭小毛　徐瑞华　朴浩哲
　　　　　吴永忠　陆　伟　王　瑛　张建功
　　　　　程向东　李子禹　石汉平
秘 书 长：赵　勇
监 事 长：詹启敏

中国体育科学学会

China Sport Science Society（CSSS）

地　　址：北京市东城区体育馆路 11 号
邮政编码：100061
电子信箱：csssbgs@126.com
主页网址：http://www.csss.cn
电　　话：010–87182586/87182587/87182593/87182594
传　　真：010–87183928
理 事 长：李颖川
副理事长：曹景伟　李志全　谢敏豪　张　剑
　　　　　李业武　陈佩杰　刘　青　王健全
秘 书 长：曹景伟（兼）
监 事 长：王　清

中国毒理学会

Chinese Society of Toxicology（CST）

地　　址：北京市海淀区永定路 88 号

邮政编码：100039
电子信箱：cst@chntox.org
主页网址：http://www.chntox.org
电　　话：010–68183899
理 事 长：陈景元
党委书记：陈景元
副理事长：岑小波　陈春英　陈　雯　韩　玲
骆文静　马　璟　浦跃朴　沈建忠
吴永宁
秘 书 长：胡向军
监 事 长：郑玉新

中国康复医学会
Chinese Association of Rehabilitation Medicine（CARM）

地　　址：北京市朝阳区北辰东路8号汇欣大厦A座307室
邮政编码：100101
电子信箱：bgs@carm.org.cn
主页网址：http://www.carm.org.cn
电　　话：010–64210670
传　　真：010–64219690
会　　长：陈立典
党委书记：彭明强
副 会 长：彭明强（常务）　岳寿伟　黄晓琳
燕铁斌　何成奇　唐　强　席家宁
窦祖林　许光旭　冯　珍　杜　青
单春雷
秘 书 长：李云波
监 事 长：牛恩喜

中国免疫学会
Chinese Society for Immunology（CSI）

地　　址：北京市东城区东单三条5号
邮政编码：100005
电子信箱：office@csi.org.cn
主页网址：http://www.csi.org.cn
电　　话：010–69156451
传　　真：010–69156451
理 事 长：吴玉章
党委书记：吴玉章
副理事长：孙　兵　姚　智　吴　励　储以微
黄　波
秘 书 长：黄　波（兼）
监 事 长：田志刚

中华预防医学会
Chinese Preventive Medicine Association（CPMA）

地　　址：北京市东城区广渠门内大街47号楼雍贵中心A座8层
邮政编码：100062
电子信箱：cpma@cpma.org.cn
主页网址：http://www.cpma.org.cn
电　　话：010–84039879
传　　真：010–84039873
会　　长：李　斌
秘书处党委书记：冯子健
功能型党委书记：梁晓峰
副 会 长：冯子健　乔　杰　李立明　杨维中
谷晓红　张　学　顾东风　常继乐
梁晓峰
秘 书 长：冯子健（兼）
监 事 长：梁东明

中国法医学会
Chinese Forensic Medicine Association（CFMA）

地　　址：北京市西城区木樨地南里17号楼
邮政编码：100038
电子信箱：fyxh6626@sina.com
主页网址：http://www.fyxh.org
电　　话：010–66269250
传　　真：010–63495531
会　　长：闵建雄
党委书记：闵建雄
副 会 长：马春玲　沈　敏　聂绍禄　韩业兴
路宏利
秘 书 长：于忠山
监 事 长：贾雪峰

中华口腔医学会

Chinese Stomatological Association（CSA）

地　　址：北京市海淀区中关村南大街甲 18 号北京国际大厦 C 座 4 层
邮政编码：100081
电子信箱：csa@cndent.com
主页网址：http://www.cndent.com
电　　话：010-62116665
传　　真：010-62110880
会　　长：郭传瑸
党委书记：郭传瑸
副 会 长：王松灵　凌均棨　王　林　白玉兴
　　　　　卢海平　张思兵　岳　林　叶　玲
　　　　　蒋欣泉　陈谦明　王佐林　周延民
　　　　　尚政军
秘 书 长：岳　林
监 事 长：边　专

中国医学救援协会

China Association for Disaster & Emergency Rescue Medicine（CADERM）

地　　址：北京市海淀区永定路 69 号行政 6 层 613 室
邮政编码：100039
电子信箱：caderm@163.com
主页网址：http://www.caderm.org
电　　话：010-53672301
传　　真：010-53672301
会　　长：李宗浩
党委书记：吴永平
副 会 长：钱阳明　王明晓　黎檀实　李立兵
　　　　　殷　明　封志纯　田军章　吴永平
　　　　　赵劲民
秘 书 长：李立兵（兼）

中国女医师协会

China Medical Women's Association（CMWA）

地　　址：北京市西城区西直门南大街 2 号成铭大厦 B12F
邮政编码：100035
电子信箱：nysh120@126.com
主页网址：http://www.cmwa.org.cn
电　　话：010-51209891/51209893
会　　长：乔　杰
副 会 长：陈晓枫　毛　汛
秘 书 长：毛　汛（兼）
监 事 长：陈赛娟

中国研究型医院学会

Chinese Research Hospital Association（CRHA）

地　　址：北京市海淀区西三环北路甲 2 号
邮政编码：100081
电子信箱：yjxyyxh@163.com
主页网址：http://www.crha.cn
电　　话：010-68484810
会　　长：何振喜
党委书记：何振喜
副 会 长：周先志　乔　杰　葛均波　宋尔卫
　　　　　雷光华　梁廷波　邵凤民　华树成
　　　　　郝定均　王永晨　何昆仑　王延军
　　　　　王明晓　刘希华　姚　军
秘 书 长：何振喜（兼）
监 事 长：姚春雨

中国睡眠研究会

Chinese Sleep Research Society（CSRS）

地　　址：北京市海淀区高梁桥斜街 40 号 B 座 902 室
邮政编码：100044
电子信箱：sleep.cn@vip.163.com
主页网址：http://www.zgsmyjh.org
电　　话：010-65230156
传　　真：010-65230156
理 事 长：黄志力
副理事长：唐向东　高雪梅　赵忠新　李庆云
　　　　　时　杰　陈贵海　胡志安　殷善开
秘 书 长：左和鸣
监 事 长：刘春风

中国卒中学会
Chinese Stroke Association（CSA）

地　　址：北京市丰台区南四环西路 188 号总部基地三区 6 号楼
邮政编码：100070
电子信箱：csa@chinastroke.net
主页网址：http://www.chinastroke.net
电　　话：010–57986266
传　　真：010–57986256
会　　长：王拥军
党委书记：王彩云
副 会 长：董　强　葛均波　纪立农　卢德宏
　　　　　王彩云　徐安定
秘 书 长：王　枫
监 事 长：樊东升

中国胰腺病学会
Chinese Association of Pancreatology（CAP）

地　　址：湖北省武汉市江汉区解放大道 1277 号（20 栋）51 号 17–3 室
邮政编码：430022
电子信箱：cap2022@126.com
理 事 长：赵玉沛
副理事长：王春友　戴梦华　宁　光　吴文铭
　　　　　郑树森
秘 书 长：戴梦华（兼）
监 事 长：陈　杰

中国自然辩证法研究会
The Chinese Society for Dialectics of Nature（CSDN）

地　　址：北京市西城区三里河路 54 号
邮政编码：100045
电子信箱：zrbzhf@vip.sina.com
主页网址：http://www.chinasdn.org.cn
电　　话：010–68598474
传　　真：010–62173674
理 事 长：何鸣鸿
党委书记：何鸣鸿
副理事长：郭贵春　陈　凡　张大庆　刘孝廷
　　　　　尚智丛
秘 书 长：赵月刚
监 事 长：张体勤

中国管理现代化研究会
Chinese Academy of Management（CAM）

地　　址：北京市海淀区中关村东路 80 号青年公寓 7 号楼
邮政编码：100190
电子信箱：camchina@126.com
主页网址：http://www.camchina.org.cn
电　　话：010–82680396
传　　真：010–82680396
理 事 长：石　勇
党委书记：赵景华
副理事长：李维安　席酉民　杨善林　张　维
　　　　　董继昌　黄丽华　王稼琼　杨　丹
　　　　　赵景华　赵曙明　曾　勇
秘 书 长：赵景华（兼）
监 事 长：薛　澜

中国技术经济学会
Chinese Society of Technology Economics（CSTE）

地　　址：北京市海淀区学院南路 86 号
邮政编码：100081
电子信箱：jishujingjixuehui@vip.163.com
主页网址：http://www.cste.org.cn
电　　话：010–65124716
传　　真：010–62174221
理 事 长：李　平
党委书记：李　平
副理事长：李志军（常务）　牛东晓　王宗军
　　　　　李开孟　杨德林　黄检良
秘 书 长：黄检良（兼）

中国现场统计研究会
Chinese Association for Applied Statistics（CAAS）

地　　址：北京市朝阳区平乐园 100 号北京工业大学理学部
邮政编码：100124
电子信箱：caasoffice@bjut.edu.cn
主页网址：http://www.caas–net.org.cn

电　　话：010–67392433
传　　真：010–67392433
理 事 长：郭建华
党委书记：郭建华
副理事长：艾明要　崔恒建　林华珍　石　坚
　　　　　孙六全　唐年胜　汪荣明　王学钦
　　　　　张宝学　张忠占　邹长亮
秘 书 长：张忠占（兼）
监 事 长：房祥忠

中国未来研究会

China Society for Futures Studies（CSFS）

地　　址：北京市海淀区学院南路 86 号
邮政编码：100081
电子信箱：e05@cast.org.cn
主页网址：http://www.csfs.org.cn
电　　话：010–62103295
传　　真：010–62103295
理 事 长：金灿荣
党委书记：金灿荣
副理事长：阎耀军　顾朝林　何传启　陈恩红
　　　　　刘益东　张延岐
秘 书 长：张延岐（兼）
监 事 长：韦锡新

中国科学技术史学会

Chinese Society for the History of Science and Technology（CSHST）

地　　址：北京市怀柔区怀北庄 380 号中国科学院大学雁栖湖校区
邮政编码：101499
电子信箱：cshst1980ucas@163.com
主页网址：http://www.cshst.org
电　　话：010–69671592
传　　真：010–69671591
理 事 长：孙小淳
党委书记：孙小淳
副理事长：曲安京　石云里　张　藜　郭世荣
　　　　　潜　伟
秘 书 长：罗兴波
监 事 长：关增建

中国科学技术情报学会

China Society for Scientific and Technical Information（CSSTI）

地　　址：北京市海淀区复兴路 15 号
邮政编码：100038
电子信箱：cssti@istic.ac.cn
主页网址：http://www.cssti.org.cn
电　　话：010–58882544
传　　真：010–58882028
理 事 长：戴国强
党委书记：戴国强
副理事长：揭玉斌　刘　炜　潘云涛　魏大威
　　　　　夏立新　曾祥效
秘 书 长：潘云涛（兼）
监 事 长：马费成

中国图书馆学会

Library Society of China（LSC）

地　　址：北京市海淀区中关村南大街 33 号
邮政编码：100081
电子信箱：ztxhmsc@nlc.cn
主页网址：http://www.lsc.org.cn
电　　话：010–88545677
传　　真：010–68417815
理 事 长：熊远明
党委书记：熊远明
副理事长：刘小琴　孙　坦　陈　超　陈　锐
　　　　　陈　樱　陈传夫　陈建龙　程焕文
秘 书 长：王雁行
监 事 长：王余光

中国城市科学研究会

Chinese Society for Urban Studies（CSUS）

地　　址：北京市西城区三里河路 9 号
邮政编码：100835
电子信箱：office@chinasus.org
主页网址：http://www.chinasus.org
电　　话：010–58933149

传　　真：010–68313149
理 事 长：杨焕明
副理事长：王建国　曲久辉　江　亿　郭仁忠
王　俊　俞孔坚　吴志强　张爱林
余　刚
秘 书 长：余　刚（兼）
监 事 长：徐　林

中国科学学与科技政策研究会
The Chinese Association for Science of Science and S&T Policy（CASSSP）

地　　址：北京市海淀区中关村东路 55 号思源楼 1213 室
邮政编码：100190
电子信箱：casssp@casisd.cn
主页网址：http://www.casssp.org.cn
电　　话：010–62542615
传　　真：010–62542615
理 事 长：穆荣平
党委书记：穆荣平
副理事长：李　光　李　垣　吴建南　张卫国
陈　劲　胡志坚　柳卸林　游光荣
蔡　莉　薛　澜　魏　江
秘 书 长：陈　光
监 事 长：李廉水

中国农村专业技术协会
China Rural Special Technology Association（CRSTA）

地　　址：北京市朝阳区白家庄东里 13 号楼 7 层
邮政编码：100026
电子信箱：zgnjx2022@163.com
主页网址：http://www.nongjixie.org
电　　话：010–82031105
传　　真：010–82031105
理 事 长：柯炳生
党委书记：师　铎
副理事长：师　铎（常务）　张福锁　张改平
李杰人　张建华　纳　翔　陈豫川
秘 书 长：王　诚
监 事 长：张晓军

中国工业设计协会
China Industrial Design Association（CIDA）

地　　址：北京市丰台区金家村 288 号院 6 号楼 4 层
邮政编码：100036
电子信箱：cida@vip.163.com
主页网址：https://www.chinadesign.cn
电　　话：010–68256223
传　　真：010–68256223
会　　长：刘　宁
党委书记：刘　宁
副 会 长：应放天　孟　琪　李培松
秘 书 长：应放天（兼）
监 事 长：施继红

中国工艺美术学会
China National Arts & Crafts Society（CNACS）

地　　址：北京市西城区阜外大街乙 22 号 408 室
邮政编码：100833
电子信箱：xuehuiwangzhan@126.com
主页网址：http://www.cnacs.net.cn
电　　话：010–68396408
传　　真：010–68396408
理 事 长：才大颖
党委书记：才大颖
副理事长：任建新
监 事 长：王建良

中国科普作家协会
China Science Writers Association（CSWA）

地　　址：北京市海淀区学院南路 86 号
邮政编码：100081
电子信箱：kpcswa@163.com
主页网址：http://www.kpcswa.org.cn
电　　话：010–62103258
理 事 长：周忠和
党委书记：王　挺
副理事长：王　挺（常务）　汤书昆　崔丽娟

　　　　吴　岩　王劲松　尹传红　张文宏
　　　　王元卓　徐　颖　陈楸帆
秘 书 长：陈　玲
监 事 长：刘泽林

中国自然科学博物馆学会

Chinese Association of Natural Science Museums（CANSM）

地　　址：北京市朝阳区北辰东路 5 号
邮政编码：100012
电子信箱：cansm@vip.sina.com
主页网址：http://www.cansm.org.cn
电　　话：010-59041302
传　　真：010-59041331
理 事 长：程东红
副理事长：王小明　李春冀　单　敏　欧阳辉
　　　　欧建成　贾跃明　黄克力
秘 书 长：欧建成（兼）

中国可持续发展研究会

Chinese Society for Sustainable Development（CSSD）

地　　址：北京市海淀区玉渊潭南路 8 号
邮政编码：100038
电子信箱：cssd@acca21.org.cn
主页网址：http://www.cssd1992.org
电　　话：010-58884791
传　　真：010-58884795
理 事 长：王　浩
副理事长：黄　晶　曲久辉　郭日生　赵　清
秘 书 长：周海林

中国青少年科技教育工作者协会

China Association of Children's Science Instructors（CACSI）

地　　址：北京市海淀区复兴路 3 号中国科技会堂 C 座 301
邮政编码：100863
电子信箱：cacsi@cacsi.org.cn
主页网址：http://www.cacsi.org.cn
电　　话：010-68518719
传　　真：010-68516005
理 事 长：武向平
党委书记：辛　兵
副理事长：辛　兵（常务）　俞书宏　苏　青
　　　　胡卫平　郑永和　徐雁龙　李晓辉
　　　　林利琴
秘 书 长：林利琴（兼）
监 事 长：李晓亮

中国科教电影电视协会

China Science Film and Video Association（CSFVA）

地　　址：北京市海淀区学院南路 86 号西楼 414
邮政编码：100081
电子信箱：cicsep@cast.org.cn
主页网址：http://www.csfva.org.cn
电　　话：010-62113038
传　　真：010-62113038
理 事 长：薛继军
党委书记：季　林
副理事长：兰　军　李海胜　何苏六　张　健
　　　　张　跃　季　林　蒋　涛　王晓晖
秘 书 长：季　林（兼）
监 事 长：张小林

中国科学技术期刊编辑学会

China Editology Society of Science Periodicals（CESSP）

地　　址：北京市海淀区学院南路 86 号
邮政编码：100081
电子信箱：cessp1987@vip.163.com
主页网址：http://www.cessp.org.cn
电　　话：010-62147743
理 事 长：田　伟
党委书记：田　伟
副理事长：方　梅　任延刚　任胜利　杨亚政
　　　　汪新红　武　文　柳建乔　俞　敏
　　　　栗延文　魏均民
秘 书 长：魏均民（兼）
监 事 长：郝梓国

中国流行色协会

China Fashion & Color Association（CFCA）

地　　址：北京市朝阳区朝阳门北大街 18 号 6 层 618 室
邮政编码：100027
电子信箱：fashioncolor@fashioncolor.org.cn
主页网址：http://www.fashioncolor.org.cn
电　　话：010-85229531
会　　长：朱　莎
副 会 长：贺显伟　宋建明　徐海松　陈玲芬
　　　　　吴　剑　夏国新　程慧玲
秘 书 长：王　森

中国档案学会

The Society of Chinese Archives（SCA）

地　　址：北京市西城区永安路 106 号
邮政编码：100050
电子信箱：sca@saac.gov.cn
主页网址：http://www.idangan.com
电　　话：010-63020081
传　　真：010-63018703
理 事 长：杨冬权
党委书记：杨冬权
副理事长：邓小军　孙森林　李华强　张　斌
秘 书 长：邓小军
监 事 长：姜延溪

中国国土经济学会

China Society of Territorial Economists（CSOTE）

地　　址：北京市通州区科创五街七楼
邮政编码：101100
电子信箱：bj_jrgt@126.com
主页网址：http://www.csote.org.cn
电　　话：010-56872003
传　　真：010-56872003
理 事 长：肖金成
党委书记：肖金成
副理事长：刘军萍　周毅仁　董祚继　王宏广
　　　　　严金明　李国平　吴文良　邹统钎
　　　　　安树伟　倪鹏飞　沈泽江
秘 书 长：王京涛
监 事 长：刘随臣

中国土地学会

China Land Science Society（CLSS）

地　　址：北京市西城区冠英园西区 37 号
邮政编码：100035
电子信箱：office_clss@126.com
主页网址：http://www.clss.org.cn
电　　话：010-83064669
理 事 长：王世元
党委书记：王世元
副理事长：李海兵　高延利　王仰麟　冯淑怡
　　　　　严金明　何　平　张凤荣　范树印
　　　　　黄贤金　蒋文彪　谢俊奇
秘 书 长：高延利（兼）

中国科技新闻学会

Chinese Society for Science and Technology Journalism（CSSTJ）

地　　址：北京市西城区三里河路 54 号
邮政编码：100045
电子信箱：kjxw@sina.com
主页网址：http://www.csstj.org.cn
电　　话：010-68598031/68598032
传　　真：010-68598473
理 事 长：宋南平
党委书记：宋南平
副理事长：周建强　陈　鹏　周德进　郝建新
　　　　　刘守训　田俊荣　许　英　刘志军
　　　　　崔保国　赵　承　龙兵华　宋玉荣
　　　　　冷文生　任福君
秘 书 长：许　英
监 事 长：秦德继

中国老科学技术工作者协会

China Association of Senior Scientists and Technologists（CASST）

地　　址：北京市海淀区复兴路 3 号中国科技会堂 A 座

邮政编码：100038
电子信箱：zhglkx@cast.org.cn
主页网址：http://www.casst.org.cn
电　　话：010-62148263
传　　真：010-62170582
会　　长：李学勇
党委书记：王延祜
副 会 长：齐　让　王延祜　刘永忠　孙建国
李　芳　李　健　张友君　赵崇德
班程农　蒋笃运　蒋济雄　臧胜业
秘 书 长：李　芳
监 事 长：王江宏

中国科学探险协会

China Association for Scientific Expeditions（CASE）

地　　址：北京市海淀区西小关大气所铁塔分部
邮政编码：100083
电子信箱：huocuiping@mail.iap.ac.cn
主页网址：http://www.case.org.cn
电　　话：010-62378038
传　　真：010-62379818
主　　席：崔　鹏
党委书记：王　维
副 主 席：郭　柯　康世昌　李　杰　马耀明
王　维　效存德　张百平　朱　江
秘 书 长：李　杰（兼）
监 事 长：张文敬

中国城市规划学会

Urban Planning Society of China（UPSC）

地　　址：北京市海淀区三里河路 9 号
邮政编码：100037
电子信箱：planning@planning.org.cn
主页网址：http://www.planning.org.cn
电　　话：010-58323862/58323863/58323864/58323866
传　　真：010-58323850
理 事 长：杨保军
党委书记：杨保军
副理事长：石　楠（常务）　王　凯　王建国
王树声　伍　江　孙一民　何兴华
张　杰　张少康　张文忠　赵燕菁
周　岚　段　进
秘 书 长：石　楠（兼）
监 事 长：吴志强

中国产学研合作促进会

China Industry-University-Research Institute Collaboration Association（CIUR）

地　　址：北京市海淀区学清路 18 号院 8 号楼
邮政编码：100083
电子信箱：ciur@ciur.org.cn
主页网址：http://www.ciur.org.cn
电　　话：010-68988078
传　　真：010-68986913
会　　长：路甬祥
副 会 长：陈小娅　石　军　赵长禄　王建华
秘 书 长：王建华（兼）

中国知识产权研究会

China Intellectual Property Society（CIPS）

地　　址：北京市海淀区知春路 1 号学院国际大厦 5 层
邮政编码：100081
电子信箱：cips1985@126.com
主页网址：http://www.cnips.org.cn
电　　话：010-61073468
传　　真：010-61073455
理 事 长：田力普
副理事长：马小航　王丽娟　王宏祥　王晓云
匡立春　朱雪忠　许　坚　张　平
张　勤　张雪红　张景利　李国华
李明德　杨宗仁　杨铁军　陈文彤
周中琦　林广海　俞思瑛　毕效革
袁雷峰　郭　禾　陶鑫良　高　峰
黄　峰　彭学龙　曾祥麦　谢商华
秘 书 长：谢小勇

中国发明协会

China Association of Inventions（CAI）

地　　址：北京市海淀区复兴路甲 15 号科技部专家公

寓 6 层
邮政编码：100036
电子信箱：zgfmxh@cainet.org.cn
主页网址：http://www.cainet.org.cn
电　　话：010-63951008/63955833
传　　真：010-63951008
理 事 长：吴朝晖
党委书记：余华荣
副理事长：余华荣（常务）　唐大立　钱为强
　　　　　贺振福　王承文　马玉山　王锡娟
　　　　　刘成城　苏小军　李红建　宋永华
　　　　　张红伟　张贺雷　刘　杰　林晓东
　　　　　胡智荣　姚　斌　敖小强　倪晋仁
　　　　　高凤林　褚景春　戴琼海
秘 书 长：余华荣（兼）
监 事 长：房建成

中国工程教育专业认证协会

China Engineering Education Accreditation Association（CEEAA）

地　　址：北京市海淀区学院路 30 号天工大厦 A 座 12 层
邮政编码：100083
电子信箱：ceeaa@moe.edu.cn
主页网址：http://www.ceeaa.org.cn
电　　话：010-66093184
理 事 长：王树国
党委书记：王树国
副理事长：周爱军（常务）　陈十一　谢建新
　　　　　范　唯　范海林　刘冬梅　王庆林
秘 书 长：周爱军（兼）
监 事 长：袁　驷

中国检验检测学会

China Inspection and Testing Society（CITS）

地　　址：北京市朝阳区麦子店街 22 号 3 楼
邮政编码：100125
电子信箱：info@cits.ac.cn
主页网址：http://www.cits.ac.cn
电　　话：010-59196550
传　　真：010-59196551
会　　长：李怀林
党委书记：李怀林
副 会 长：生　飞（常务）　王海舟　沈建忠
　　　　　吴尊友　刘　挺　滕俊恒　张　峰
　　　　　陈永煊　夏　扬　金　震　张　平
　　　　　万　峰　秦殊涵　王立宇
秘 书 长：夏　扬（兼）

中国女科技工作者协会

China Women's Association for Science and Technology（CWAST）

地　　址：北京市海淀区复兴路 3 号
邮政编码：100863
电子信箱：nvkeji@163.com
主页网址：http://www.cwst.net
电　　话：010-68529985
传　　真：010-69529985
会　　长：王红阳
党委书记：曹淑敏
副 会 长：郑晓静（常务）　高瑞平（常务）
　　　　　曹淑敏（常务）　吕　植　朱美芳
　　　　　向　巧　秦　川　曹晓风　韩喜球
秘 书 长：解　欣
监 事 长：许　平

中国创造学会

China Creative Studies Institute（CCSI）

地　　址：上海市杨浦区 1239 号
邮政编码：200092
电子信箱：ccsis@ccsis.org
主页网址：http://www.chinaccsis.com
电　　话：021-65986960
传　　真：021-65985811
理 事 长：徐建平
党委书记：徐建平
副理事长：张亚雷（常务）　魏　江　刘俊利
　　　　　毕亚雷　张志胜　冷护基　芮仁杰
　　　　　管忠民　殷　业　冯　林　程根银
秘 书 长：张亚雷（兼）
监 事 长：余安敏

中国高科技产业化研究会

China High-Tech Industrialization Association
（CHIA）

地　　址：北京市海淀区阜成路 8 号档案馆楼 315 室
邮政编码：100830
电子信箱：zghw10@163.com
主页网址：http://www.chia.org.cn
电　　话：010–68370413/68370784
传　　真：010–68370884
理 事 长：包为民
党委书记：梁小虹
副理事长：梁小虹（常务）　冯记春　王秋良
王　涛　李　锋　李雪梅　陈　宇
周志权
秘 书 长：刘　霞
监 事 长：刘延宁

中国基本建设优化研究会

China Optimization Society of Capital Construction（COSOCC）

地　　址：北京市西城区复兴门内大街 45 号院 2 号楼 9 层
邮政编码：100031
电子信箱：1150869320@qq.com
主页网址：http://www.cosocc.org.cn
电　　话：010–62809310
传　　真：010–62809310
会　　长：孙晓洲
党委书记：孙晓洲
副 会 长：傅泽田　石俊志　董晓庄　郭衍敬
欧阳惠斌　张己芹
秘 书 长：宫　然
监 事 长：刘志刚

中国科技馆发展基金会

Foundation for the Development of Science and Technology Museums in China
（FDSTMC）

地　　址：北京市朝阳区北辰东路 5 号
邮政编码：100101
电子信箱：fdstmc@cstm.org.cn
主页网址：http://www.fdstmc.org.cn
电　　话：010–59041573
传　　真：010–59041576
理 事 长：熊群力
党委书记：宋　军
副理事长：殷　皓　宋　军
秘 书 长：李鸿森
监 事 长：林润华

中国生物多样性保护与绿色发展基金会

China Biodiversity Conservation and Green Development Foundation（CBCGDF）

地　　址：北京市西城区西直门成铭大厦 B16E
邮政编码：100035
电子信箱：v1@cbcgdf.org
主页网址：http://www.cbcgdf.org
电　　话：010–68485952
传　　真：010–88431370
理 事 长：谢伯阳
党委书记：张　划
副理事长：周晋峰
秘 书 长：周晋峰（兼）
监 事 长：崔大鹏

中国高等教育学会

China Association of Higher Education
（CAHE）

地　　址：北京市海淀区学院路 35 号世宁大厦二层
邮政编码：100191
电子信箱：gjxh@moe.edu.cn
主页网址：https://www.cahe.edu.cn
电　　话：010–82289759
传　　真：010–82289565
会　　长：杜玉波
副 会 长：林蕙青　管培俊　李家俊　张大良
郝　平　王希勤　刘　伟　赵长禄
张　军　姜治莹　周　玉　金　力
杨振斌　吕　建　吴朝晖　郭新立
李元元　罗　俊　舒立春　王建国
严纯华　宋永华　施一公　葛道凯

郐大光　姜恩来

秘 书 长：姜恩来（兼）

监 事 长：孙维杰

詹天佑科学技术发展基金会

Zhantianyou Development Foundation for Science and Technology（ZDFST）

地　　址：北京市海淀区复兴路 10 号

邮政编码：100844

电子信箱：zdfst@china-railway.com.cn

主页网址：http://zdfst.org

电　　话：010-51875800

传　　真：010-51870321

理 事 长：钱　铭

副理事长：马福海　王　民　王顺洪　江建端
孙永才　刘成军　刘　辉

秘 书 长：马福海（兼）

监 事 长：张汉祥

省、自治区、直辖市科协，新疆生产建设兵团科协简介

北京市科学技术协会

地　　址：北京市朝阳区育慧里 4 号
邮政编码：100101
电子信箱：bastbgsh@126.com
主页网址：http://www.bast.net.cn
电　　话：010-84635008/84635009
传　　真：010-84655007
主　　席：李静海
党组书记：沈　洁
副 主 席：沈　洁（常务）　于德明　王光谦
王恩哥　田　文　包为民　司马红
刘晓勘　孙丽丽　孙宝国　陈维成
孟凡兴　赵春江　高　福　郭鲁钢
龚旗煌　彭　寿

天津市科学技术协会

地　　址：天津市和平区和平路 287 号
邮政编码：300041
电子信箱：skxbgs@tj.gov.cn
主页网址：http://www.tast.org.cn
电　　话：022-27129898
传　　真：022-23434553
主　　席：饶子和
党组书记：陆为民
副 主 席：陆为民（常务）　罗进飞　夏秋雨
王亚群　卢彦昌　白海力　刘丛强
陈　军　周其林　孟凡新　姚　智
袁　鹰　韩金玉　韩振勇

河北省科学技术协会

地　　址：河北省石家庄市长安区西大街 73 号
邮政编码：050011
电子信箱：skxbgs2015@163.com
主页网址：http://www.hbast.org.cn
电　　话：0311-86049311
传　　真：0311-86049311
主　　席：葛会波
党组书记：王海龙
副 主 席：王海龙（常务）　刘　波　刘伯颖
许顺斗　杜彦良　杨晓江　汪殿龙
张铁龙　赵丁选　郭　毅　蒋　栋

山西省科学技术协会

地　　址：山西省太原市迎泽区迎泽大街 388 号山西国际大厦
邮政编码：030001
电子信箱：sxskx@163.com
主页网址：http://www.sxast.cn
电　　话：0351-4068848
传　　真：0351-4068848
主　　席：周　然
党组书记：丁纪岗
副 主 席：丁纪岗　王继龙　谭丽红　李建文
金智新　牛青山　许小红　李晋平
苏铁熊　王娟玲　张瑞平　吕春祥
王天翔　张　靖　王正通

内蒙古自治区科学技术协会

地　　址：内蒙古自治区呼和浩特市回民区新华大街70号
邮政编码：010020
电子信箱：nmgkxbgs@126.com
主页网址：http://www.imast.org.cn
电　　话：0471-6936018
传　　真：0471-6290014
党组书记：麻　魁
主　　席：赵　吉
副 主 席：麻　魁　荣昌平　苏雅来　王小海
　　　　　乌　兰　刘利强　刘振刚　刘景海
　　　　　苏日娜　吴苏海　宋希文　张喜荣
　　　　　林丛虎　俞海明　塔　娜　路战远

辽宁省科学技术协会

地　　址：辽宁省沈阳市浑南区智慧三街159号
邮政编码：110167
电子信箱：lnkxbgs@163.com
主页网址：https://www.lnast.net
电　　话：024-23221693
传　　真：024-23221693
主　　席：郭东明
党组书记：张春英
副 主 席：王　良　成会明　朱玉宏　刘　佳
　　　　　孙　聪　杨学明　张春英　陈温福
　　　　　赵　继　闻德亮　袁　立　崔铁民
　　　　　韩恩厚　戴继双

吉林省科学技术协会

地　　址：吉林省长春市朝阳区人民大街6255号
邮政编码：130021
电子信箱：sudawei1989@126.com
主页网址：http://www.jlskx.org.cn
电　　话：0431-85261419
传　　真：0431-85682405
主　　席：于吉红
党组书记：林　天
副 主 席：林　天　张晶莹　韩宇鸿　穆晓东
　　　　　杜　锐　甘建国　冯　江　刘益春
　　　　　李　冰　杨小牛　杨华民　冷向阳
　　　　　陈学思　金宁一　郑伟涛　徐世利
　　　　　董英山

黑龙江省科学技术协会

地　　址：黑龙江省哈尔滨市南岗区中山路204号
邮政编码：150001
电子信箱：hljkx@sina.com
主页网址：http://www.hljkx.org.cn
电　　话：0451-82626403
传　　真：0451-82642716
主　　席：庞　达
党组书记：张晓燕
副 主 席：张晓燕　刘　福　臧晓敏　王希豹
　　　　　王豫龙　付宏刚　包　军　孙柏涛
　　　　　李　斌　李己华　李文华　杨宝峰
　　　　　杨德森　周　玉　郭春景

上海市科学技术协会

地　　址：上海市黄浦区南昌路47号
邮政编码：200020
电子信箱：zhuzhu@sast.gov.cn
主页网址：http://www.sast.gov.cn
电　　话：021-53822040
传　　真：021-53826013
主　　席：陈赛娟
党组书记：马兴发
副 主 席：丁奎岭　丁晓东　马兴发　王建宇
　　　　　李　林　沈余生　陈　平　金　力
　　　　　秦文波　顾祥林　徐学敏　徐建光
　　　　　梁兆正　蒋昌俊　蔡友铭

江苏省科学技术协会

地　　址：江苏省南京市鼓楼区北京西路30号宁海大厦1216室
邮政编码：210024
电子信箱：3728437@qq.com
主页网址：http://www.jskx.org.cn
电　　话：025-83625555
传　　真：025-83625666

主　　席：陈　骏
党组书记：孙春雷
副 主 席：孙春雷　刘志红　张建云　缪昌文
王广基　朱怀诚　易中懿　胡敏强
沈洪兵　常　进　任洪强　崔铁军
徐郭平　冯少东　徐春生　陈文娟
方胜昔　李千目　王建明　卫　达
高裕弟

浙江省科学技术协会

地　　址：浙江省杭州市拱墅区武林广场 8 号浙江省科协大楼
邮政编码：310003
电子信箱：zast310003@126.com
主页网址：http://www.zast.org.cn
电　　话：0571-88091326
传　　真：0571-85107032
主　　席：how健敏
党组书记：谢志远
副 主 席：谢志远　陆　锦　武传宇　曾肖芃
张笑钦　王　涛　王立平　朱世强
孙旭东　李校堃　李家彪　应义斌
林福呈　蔡袁强

安徽省科学技术协会

地　　址：安徽省合肥市庐阳区花园街 4 号安徽省科技大厦 6—7 层
邮政编码：230001
电子信箱：ahskx62661726@126.com
主页网址：http://www.ahpst.net.cn
电　　话：0551-62661725
传　　真：0551-62655031
主　　席：韩　军
党组书记：金春龙
副 主 席：金春龙　魏军锋　刘　旭　王英俭
方勇华　朱长飞　伍　军　刘晓平
闫红新　陈学东　项兴初　胡以华
俞本立　袁　亮　徐义流　曹云霞
蒋育翔　靳学明

福建省科学技术协会

地　　址：福建省福州市鼓楼区东大路 73 号省直东湖大院 2 号楼
邮政编码：350001
电子信箱：fjafsat@163.com
主页网址：http://www.fjkx.org
电　　话：0591-86270660
传　　真：0591-86270670
主　　席：郑兰荪
党组书记：曾能建
副 主 席：曾能建　林学理　史　斌　鲁伟群
田中群　焦念志　付贤智　徐西鹏
陈立典　杨江帆　江云宝　王长平
兰思仁　陈晓春　李清彪　曹　荣
翁启勇　朱鹏立

江西省科学技术协会

地　　址：江西省南昌市青山湖区洪都中大道 248 号
邮政编码：330002
电子信箱：357496307@qq.com
主页网址：http://www.jxkx.gov.cn
电　　话：0791-86261298
传　　真：0791-86261298
党组书记：曾　萍
主　　席：史　可
副 主 席：梁纯平　孙卫民　李世锋　蔡震峰

山东省科学技术协会

地　　址：山东省济南市市中区杆南东街 8 号
邮政编码：250001
电子信箱：skxbgsgy@shandong.cn
主页网址：http://www.sdast.org.cn
电　　话：0531-82073208
传　　真：0531-82073209
主　　席：王恩东
党组书记：邹广德
副 主 席：邹广德　张　波　秦维强　陈爱国
袁慎庆　李　娜（挂职）　于金明
万书波　王　涛　王英龙　包振民
李术才　郑建华　郝　芳　凌沛学
梁建英

河南省科学技术协会

地　　址：河南省郑州市金水区花园路 53 号
邮政编码：450008
电子信箱：hnskxbgswm@163.com
主页网址：http://www.hast.net.cn
电　　话：0371-65707511
传　　真：0371-65707512
党组书记：王新会
主　　席：吕国范
副 主 席：谈朗玉　房卫平　邓洪军　王继芬
阚云超　张新友　张改平　刁玉华
常俊标　张建国　李红霞

湖北省科学技术协会

地　　址：湖北省武汉市武昌区八一路 9 号
邮政编码：430071
电子信箱：hubeikexie@126.com
主页网址：http://www.hbkx.org.cn
电　　话：027-87823704
传　　真：027-87823704
主　　席：窦贤康
党组书记：周德文
副 主 席：周德文　王永良　王焰新　王新云
朱志斌　郛堂春　孙击翔　孙建刚
李培武　张清杰　周德文　钮新强
秦顺全　袁志明　徐卫林

湖南省科学技术协会

地　　址：湖南省长沙市开福区东风路 17 号
邮政编码：410005
电子信箱：hnkxbgs@163.com
主页网址：http://www.hnast.org.cn
电　　话：0731-84884374
传　　真：0731-84884348
主　　席：田红旗
党组书记：王瑰曙
副 主 席：王瑰曙　王耀南　付　玲　刘少军
李　为　吴义强　张辉学　陈　松
陈晓红　罗　安　周后德　柏连阳
段美娟　柴立元　蒋晓云

广东省科学技术协会

地　　址：广东省广州市越秀区连新路 171 号
邮政编码：510040
电子信箱：stainfo@sta.gd.cn
主页网址：http://www.gdsta.cn
电　　话：020-83550424
传　　真：020-83549085
主　　席：陈　勇
党组书记：郑庆顺
副 主 席：王迎军　刘建军　吴创之　吴清平
陆华忠　陈　新　罗　俊　郑庆顺
范英妍　林晓湧　徐义刚　龚国平
廖　兵　瞿金平

广西壮族自治区科学技术协会

地　　址：广西壮族自治区南宁市青秀区古城路 31 号
邮政编码：530022
电子信箱：gxkxzxb@126.com
主页网址：http://www.gxast.org.cn
电　　话：0771-2630650
传　　真：0771-2630650
主　　席：黄日波
党组书记：纳　翔
副 主 席：纳　翔　梁　宏　刘家凯　何　求
朱其东　赵劲民　邓国富　马少健
孙国友　唐咸来　袁智军

海南省科学技术协会

地　　址：海南省海口市琼山区红城湖路 100 号省直机关 12 号楼 1 层 103 室
邮政编码：570203
电子信箱：hnkxxcb@hainan.gov.cn
主页网址：http://www.hainanast.org.cn
电　　话：0898-65393360
传　　真：0898-65332244
主　　席：骆清铭
党组书记：胡月明
副 主 席：胡月明　王　胜　徐　伟　刘　丹
姜宏彦　米立军　吴世政

重庆市科学技术协会

地　　址：重庆市渝中区双钢路 3 号科协大厦裙楼 3 楼
邮政编码：400013
电子信箱：cqkxbgs@yahoo.cn
主页网址：http://www.cqast.cn
电　　话：023-63003916
传　　真：023-63003788
主　　席：潘复生
副 主 席：王生成　卞修武　石晓辉　龙　晖（挂职）　卢　涛　刘　波　刘宴兵　许洪斌　杜云贵　李　林　李祖伟　李儒冠　张卫国　周后康　钟　宁　唐伯明　唐洪军　蒋和全　曾　礼　谭明星　颜朝华

四川省科学技术协会

地　　址：四川省成都市武侯区人民南路四段 11 号
邮政编码：610042
电子信箱：sckx@sckx.org.cn
主页网址：http://www.sckx.org.cn
电　　话：028-85221933
传　　真：028-85220824
主　　席：李言荣
党组书记：毛大付
副 主 席：毛大付　经　戈　徐　勇　周利平

贵州省科学技术协会

地　　址：贵州省贵阳市南明区瑞金南路 40 号贵州科技馆
邮政编码：550002
电子信箱：gzskxbgs@126.com
主页网址：http://www.gzast.org
电　　话：0851-85832225
传　　真：0851-85831965
主　　席：何　力
党组书记：向虹翔
副 主 席：向虹翔　杨泳滨　黄远红　宋宝安　赵德刚　谭　红　杨　柱　冯新斌　秦水介　周　琦　韦　维　罗　扬　董泽琴　刘志杰　潘学军　杨三可　夏峥嵘　魏　巍

云南省科学技术协会

地　　址：云南省昆明市五华区护国路 26 号
邮政编码：650021
电子信箱：ynast@163.com
主页网址：http://www.ynast.cn
电　　话：0871-63138614
传　　真：0871-63155032
主　　席：朱有勇
党组书记：赵　刚
副 主 席：赵　刚　鲁　斌　袁晓瑭　向　云　陈世波　陈钟耕　白　松　丁中涛　王学群　周　杰

西藏自治区科学技术协会

地　　址：西藏自治区拉萨市城关区藏大东路岗廓路 5 号
邮政编码：850000
电子信箱：xzkx_006@163.com
主页网址：http://kjg.cdstm.cn/index.php?a=subweb&wsid=39&webname=xzkx
电　　话：0891-6890529
传　　真：0891-6828576
主　　席：杨开勇
党组书记：程四曲
副 主 席：俞宏文　方江平（挂职）

陕西省科学技术协会

地　　址：陕西省西安市新城区新城大院
邮政编码：710006
主页网址：http://www.snast.org.cn
电　　话：029-63917164
传　　真：029-63917173
主　　席：蒋庄德
党组书记：李豫琦
副 主 席：李肇娥（常务）　吕建军　张俊华　李延潮　王树声　任　芳　任全彬　刘亚旭　李学龙　沙爱民　张修社

陈志南　房玉林　赵祥模　贺增林
管晓宏　魏炳波

甘肃省科学技术协会

地　　址：甘肃省兰州市安宁区银安路 566 号
邮政编码：730070
电子信箱：gsskxbgs@163.com
主页网址：http://www.gsast.org.cn
电　　话：0931–6184302
传　　真：0931–6184256
主　　席：张世珍
党组书记：包俊宗
副 主 席：包俊宗（第一副主席）　毛曼君　冯永成

青海省科学技术协会

地　　址：青海省西宁市城西区文景街 32 号国投广场 A 栋 7 楼
邮政编码：810008
电子信箱：qhskxbgs@163.com
主页网址：http://www.qast.org.cn
电　　话：0971–6335628
传　　真：0971–6302839
党组书记：尤伟利
主　　席：王　彤
副 主 席：黄俊玉　张晓蕾　朱春云　刘峰贵
吴向培　宋仁德　张超远　罗仙平
樊海宁

宁夏回族自治区科学技术协会

地　　址：宁夏回族自治区银川市金凤区人民广场西路宁夏科协综合楼
邮政编码：750011
电子信箱：nxkxbgsh@163.com
主页网址：http://www.nxdzkj.org.cn
电　　话：0951–5085100
传　　真：0951–5043588
主　　席：陈红缨
党组书记：陈红缨
副 主 席：张晓玲　李红军

新疆维吾尔自治区科学技术协会

地　　址：新疆维吾尔自治区乌鲁木齐市沙依巴克区新医路 686 号
邮政编码：830054
电子信箱：xjkxbgs@126.com
主页网址：https://www.xast.org.cn
电　　话：0991–6386011
传　　真：0991–6386012
主　　席：邓铭江
党组书记：王光强
副 主 席：王光强　李　鸣　姑丽娜尔·吾布力
张　煜　摆晓宏　叶尔波力·沙比尤拉

新疆生产建设兵团科学技术协会

地　　址：新疆维吾尔自治区乌鲁木齐市水磨沟区南湖北路 516 号南湖明珠大厦
邮政编码：830018
电子信箱：xjbtkx@163.com
主页网址：http://kjj.xjbt.gov.cn
电　　话：0991–2896182/2896193
传　　真：0991–2896190
主　　席：童中华
副 主 席：吕学强　叶含春　周　平　史晨辉
杨学东　陈　伟　宋晓玲　彭　延

索　引

主题索引

编制说明

1. 本索引为主题索引，以年鉴内容述及的主题为索引对象，包括收入机构名、会议名等专有名词。主题选取力求概括全面，突出重点，揭示特色内容，提供多方位检索。

2. 索引范围为全书正文及附录中的部分相关内容。

3. 索引排序按先汉语拼音音序，再阿拉伯数字、拉丁字母的次序排列。

4. 索引以“见”的形式，将非标引词指向标引词，例如：科技工作者评选表彰　见　优秀科技工作者举荐表彰；以“参见”的形式，揭示相关条目之间的联系，例如：建言献策　参见　决策咨询；再如：国际科技交流与合作　参见　各全国学会、省级科学技术协会。后一例指可参看年鉴中全国学会、省级科学技术协会条目下的相关内容。

5. 检索页码后的“a”为该页文献左栏，“b”为该页文献右栏。检索数字“d1.01”中“d”表示“大事记”，“1.01”表示1月1日的记录。连续页码只记录起始页。二级标题在主标题下以缩格方式显示，以“—”表示主标题的区分；以“，”表示主标题的补充说明。

A

B

C

D

E

F

G

H

J

K

L

M

P

Q

R

S

T

W

X

Y

Z

人名索引

本索引收入年鉴中的人名，先按汉语拼音音序排列中文人名，再按西文字母的次序排列其余人名。

M

X

国际组织机构名称索引

本索引收录国际机构组织名称，先按中文译名的拼音排列，再按西文字母的次序排列。